L'outil indispensable pour votre

Pause  CAFÉ

Le
DICTIONNAIRE
des
MOTS CROISÉS

D0233526

Couverture et conception graphique : Kevin Fillion et Mélodie Landry
Révision et correction : Maude-Iris Hamelin-Ouellette et Sylvie Lallier

© 2016, Les Éditions Goélette inc.
1350, rue Marie-Victorin
Saint-Bruno-de-Montarville (Québec) CANADA J3V 6B9
Téléphone : 450 653-1337
Télécopieur : 450 653-9924
www.boutiquegoelette.com
www.facebook.com/EditionsGoelette

Dépôts légaux : 3e trimestre 2016
Bibliothèque et Archives nationales du Québec
Bibliothèque et Archives Canada

Membre de l'Association nationale des éditeurs de livres

Imprimé au Canada

ISBN : 978-2-89690-632-1

INTRODUCTION

Voici le dictionnaire qui deviendra la référence absolue pour tous les amateurs des mots croisés! Aux débutants, il apportera le succès à coup sûr; aux cruciverbistes confirmés, la satisfaction d'une performance accrue.

Divisé en deux parties, cet ouvrage vous aidera à résoudre les mots croisés, les mots croisés extra et les super grilles de votre Pause café. Il vous accompagnera également lorsque vous relèverez le défi des livres de *Grilles inédites* ainsi que celui des *Super grilles géantes*. Vous pourrez sans peine mettre le doigt sur le mot à trouver pour résoudre votre jeu préféré.

Spécialement conçu pour solutionner les mots croisés du *Journal de Montréal* et du *Journal de Québec*, ce dictionnaire vous sera aussi d'une aide précieuse pour remplir les grilles d'autres mots croisés des Éditions Goélette et des Éditions Coup d'œil ainsi que les jeux d'autres éditeurs.

Bonne Pause café!

Les Éditions Goélette

QUELQUES NOTES D'UTILISATION

PARTIE 1

Dans cette partie, vous trouverez une liste de définitions sous forme d'énoncés et le choix de réponses qui leur est associé. Cette partie vous sera utile lorsque vous devrez chercher la réponse à une définition bien précise. Aussi, plusieurs définitions sont composées d'un seul mot, vous pouvez utiliser ces mots comme mot-clé pour vous aider à trouver le bon mot à placer dans votre grille.

Exemple : La définition est **Criquet**.
Vous devez chercher **Criquet** (p. 290).
La réponse sera **grillon** ou **sauterelle**. Vous n'aurez plus qu'à choisir celle qui correspond à votre grille.

PARTIE 2

Dans cette partie, vous trouverez des tableaux thématiques sur divers sujets de culture générale. À la fin de la partie, un index des tableaux saura vous guider dans vos recherches. Les tableaux sont classés par sujet général, puis par thème. Cette partie vous sera utile, entre autres, pour trouver des noms propres.

Exemple : La définition est **Capitale du Bangladesh**.
Dans l'index, cherchez **Pays • Capitales et monnaies**. (p. 1357).
Dans le tableau, cherchez **Bangladesh**.
La réponse sera **Dacca**.

DÉCLINAISON DES MOTS

Dans tout le dictionnaire, la forme la plus simple des mots a été privilégiée.

Le genre et le nombre

Les adjectifs sont le plus souvent donnés au masculin singulier.

Exemple : La définition est **Léguées**.
Vous devez chercher **Légué** (p. 699).
Vous devrez choisir entre **abandonné** et **transmis**.
Votre réponse sera donc **abandonnées** ou **transmises**.

La même règle s'applique aux noms dont le féminin dérive du masculin.

Exemple : La définition est **Lectrice**.
Vous cherchez **Lecteur** (p. 698).
Votre réponse, ne sera pas **enseignant** ou **liseur**, mais **enseignante** ou **liseuse**.

Il y a par contre quelques mots qui, en raison du contexte, sont donnés au pluriel.
Exemple : **Personnes** (p. 884) au sens de **gens**.

Les verbes

Les verbes sont le plus souvent donnés à l'infinitif.
Exemple : La définition est **Fermera à clé**.
Vous cherchez **Fermer à clé** (p. 493).
Votre réponse ne sera pas **verrouiller**, mais **verrouillera**.

PARTIE 1

A

... Angeles
Los

... culpa
mea

... de pie
queue

... Lupin
Arsène

...-mélo
méli

« Bébé » anglais
baby

« C'est appétissant ! »
miam

« C'est tout naturel ! »
pardi

« Chien » anglais
dog

« Est » anglais
is

« J'ai eu chaud ! »
ouf

« J'ai trouvé ! »
eurêka

« Je l'ai échappé belle ! »
ouf

« Jésus, sauveur des hommes »
IHS

« Ne dévoilez pas le secret ! »
motus

« Oui » anglais
yes

« Ovni » anglais
UFO

« Y » hébreu
yod

100 ans
siècle

2000 livres
tonne

3,26 années-lumière
parsec

365 jours
an

58,47 mètres
arpent

60 dans une heure
minutes

60 minutes
heure

60 secondes
minute

À aucun moment
jamais

À ce moment
alors

À cœur ouvert
librement

A contrario
versus

À côté de
auprès, lez

À de nombreuses reprises
souvent

À demi
semi

À deux places
biplace

À deux voix
duo

À elle (pl.)
ses

À eux
leur

À eux (pl.)
leurs

À foison
abondamment, amplement

À haute voix
hautement

À l'aise
relaxé

À l'écart
retiré

À l'égard de
avec, envers

À l'exception de
hormis

À l'intérieur de
dans

À l'occasion
parfois

À la fin
finalement

À la fin d'une période
tard

À la fois moqueur et malicieux
narquois

À la manière des jeunes
jeunement

À la manière des nobles
noblement

À la mode
in

À la robe blanche tachée de gris, pour un cheval
pommelé

À la suite
arrière, postérieur

À la suite de
derrière

À la traîne
arrière

À lui
sa, ses, sien, sienne, siennes, siens, son

À moi
ma, mes, mien, mienne, miennes, miens, mon

À moitié
mi, semi

À mots couverts
allusif

À Noël, celle de minuit est très fréquentée par les fidèles
messe

À nous
notre, nos

À nouveau
encore

À partir de
dès, depuis

À peu près
presque, quasiment, vaguement

À peu près semblable
similaire

À présent
maintenant

À profusion
beaucoup

À quel degré
combien

À quel point
combien

À quel prix
combien

À qui mieux mieux (À l')
envi

À qui on a redonné un sentiment de sécurité
rassuré

À raison (À bon)
escient

A rapport au nez
nasal

À reculons
arrière

À satiété
abondamment

À skis, descendre en virages courts
godiller

À souhait
beaucoup

À toi
ta, tes, tien, tienne, ton

À tort (À mauvais)
escient

À travers
par

À trois phases
triphasé

À trois places
triplace

À trois plans
triplan

À un niveau supérieur
dessus

À un rang indéterminé
énième

À-côté
extra

À-coup
saccade, secousse

À-peu-près, équivoque
calembour

À-propos
esprit, pertinence

À-valoir
acompte, arrhes, avance

Abaca
tagal

Abaissant
humiliant

Abaissé
abâtardi, abattu, adouci, affaibli, affaissé, amené, amenuisé, amoindri, amorti, anéanti, aplati, atténué, avili, baissé, compromis, déchu, dégradé, déprécié, dérogé, descendu, dévalué, diminué, écrasé, galvaudé, humilié, incliné, mortifié, penché, plié, prosterné, rabaissé, rabattu, rampé, rapetissé, ravalé, réduit, soumis, tiré

Abaisse-langue
spatule

Abaissement
baisse, bassesse, déchéance, dégradation, détérioration, diminution, réduction

Abaissement progressif du son
fondu

Abaisser
amenuiser, abâtardir, abattre, adoucir, affaiblir, amener, amoindrir, amortir, anéantir, atténuer dégrader, baisser, déprécier, descendre galvauder, dévaluer, diminuer, écraser, humilier, incliner, mortifier, pencher, prosterner, rabaisser, rabattre, ramper, rapetisser, ravaler, réduire, soumettre, tirer

Abaisser (S')
affaisser, aplatir, avilir, compromettre, déchoir, plier

Abaisser le niveau
déraser

Abajoue
bajoue, joue

Abandon
abandonnement, abdication, abolition, abrogation, aliénation, apostasie, arrêt, capitulation, cessation, cession, concession, défaite, défection, délaissement, démission, départ, désertion, désistement, détente, don, donation, fin, forfait, fuite, isolement, jachère, lâchage, mollesse, négligence, nonchalance, oubli, ouverture, reculade, reddition, rejet, reniement, renoncement, renonciation, rétractation, retrait, retraite, sécurité, solitude, suspension

Abandon de la foi
apostasie

Abandon, solitude
viduité

Abandonné
abdiqué, abjuré, aliéné, capitulé, cédé, cessé, concédé, confié, décroché, délaissé, démis, dépouillé, désaffecté, désert, déserté, désisté, dessaisi, donné, enterré, épanché, errant, esseulé, évacué, fui, incliné, inemployé, inhabité, isolé, jeté, lâché, laissé, largué, légué, livré, négligé, oublié, perdu, plaqué, quitté, rejeté, rendu, renié, renoncé, repoussé, répudié, résigné, retiré, sauvage, seul, solitaire, sombré, suspendu, trahi, vacant, vautré, vide

Abandonnement
abandon, cession

Abandonner
abdiquer, abjurer, aliéner, capituler, céder, cesser, concéder, confier, décrocher, délaisser, démettre, dépouiller, désaffecter, déserter, désister, dessaisir, donner, enterrer, évacuer, flancher, fuir, incliner, jeter, lâcher, laisser, larguer, léguer, livrer, négliger, oublier, plaquer, poser, quitter, reculer, rejeter, rendre, renier, renoncer, repousser, répudier, résigner, retirer, sacrifier, sombrer, sortir, suspendre, trahir, vautrer

Abandonner (S')
épancher

Abandonner en faveur de quelqu'un
résigner

Abandonner l'état ecclésiastique
défroquer

Abandonner un lieu en se sauvant
déguerpir

Abandonner une voie pour une autre
bifurquer

Abaque
bolier, boulier, calculateur, compteur, couronnement, nomographie, tailloir

Abasie
astasie, dysbasie

Abasourdi
abêti, abruti, ahuri, assommé, atterré, baba, coi, consterné, déconcerté, ébahi, ébaubi, éberlué, estomaqué, étonné, étouffé, étourdi, hébété, interdit, interloqué, médusé, pantois, perclus, pétrifié, sidéré, soufflé, stupéfait, stupéfié, stupide, suffoqué, surpris, traumatisé

Abasourdir
abêtir, abrutir, ahurir, assommer, atterrer, consterner, déconcerter, ébahir, éberluer, étonner, étourdir, hébéter, interloquer, méduser, pétrifier, sidérer, souffler, stupéfier, suffoquer, traumatiser

Abasourdissant
ahurissant

Abasourdissement
charivari, stupeur

Abat
abattement

Abatage
abattement, allant, bagou, bagout, boucherie, brillant, brio, chic, coupe, démolition, dynamisme, entrain, personnalité, sacrifice, tuage, tuerie, vivacité

Abâtardi
abaissé, affaibli, altéré, appauvri, avili, baissé, corrompu, dégénéré, dégradé, dénaturé, dépravé, déshonoré, diminué, émasculé, frelaté, mélangé, métissé, rabaissé

Abâtardir
abaisser, affaiblir, altérer, appauvrir, avilir, baisser, corrompre, dégénérer, dégrader, dénaturer, dépraver, déshonorer, diminuer, frelater, mélanger, métisser, rabaisser

Abatis
abats, bras, déboisement, entassement, jambes, membres

Abats
abatis, abattis, triperie, tripes, viscères

Abats de sanglier cuits au feu et donnés aux chiens après la chasse
fouaille

Abats, viscères
tripes

Abattage
abattement, allant, bagou, bagout, boucherie, brillant, brio, chic, coupe, démolition,

dynamisme, entrain, personnalité, sacrifice, tuage, tuerie, vivacité

Abattant
volet

Abattement
abat, abatage, abattage, accablement, adynamie, affaiblissement, affaissement, affliction, alanguissement, anéantissement, anémie, aplatissement, atonie, atterrement, blues, chute, collapsus, coma, consternation, débilité, décharge, découragement, déduction, dégoût, dégrèvement, démoralisation, dépression, déréliction, désespérance, désespoir, diminution, écœurement, effondrement, ennui, épuisement, escompte, exonération, faiblesse, fatigue, finition, harassement, langueur, lassitude, léthargie, lourdeur, lypémanie, marasme, mélancolie, mollesse, morosité, neurasthénie, parement, pause, peine, prostration, réduction, réfaction, remise, répit, ristourne, stupeur, torpeur, tristesse

Abatteur
boucher, bourreau, bûcheron, travailleur, tueur

Abattis
abats, bras, déboisement, entassement, jambes, membres

Abattoir
assommoir, boucherie, carnage, équarrissoir, tuerie

Abattre
abaisser, abolir, accabler, affaiblir, affliger, alanguir, anéantir, annihiler, apaiser, assassiner, assommer, atterrer, attrister, briser, broyer, consterner, coucher, couper, décourager, dégoûter, démanteler, démolir, démonter, démoraliser, déprimer, désespérer, détruire, ébranler, écœurer, écraser, éliminer, épuiser, étendre, exécuter, fatiguer, faucher, foudroyer, fusiller, lapider, liquider, mater, miner, rabattre, raser, renverser, ruiner, saper, scier, supprimer, terrasser, tirer, trancher, tuer, vaincre

Abattre (S')
affaisser, effondrer, affaler, crouler, écrouler, étaler, tomber

Abattu
accablé, affaibli, affligé, alangui, amorphe, anéanti, annihilé, assassiné, assommé, atterré, attristé, brisé, broyé, caduc, consterné, coupé, croulé, découragé, défait, dégoûté, démantelé, démoli, démonté, déprimé, désespéré, détruit, écœuré, écrasé, éliminé, épuisé, exécuté, faible, fatigué, fauché, las, miné, morne, morose, prostré, rasé, renversé, ruiné, sapé, scié, sombre, terrassé, tombé, tranché, triste, tué, vaincu

Abbadie
abbaye

Abbatial
claustral, monacal, monastique, monial

Abbaye
abescat, béguinage, cloître, communauté, couvent, laure, monastère, moutier, prieuré

Abbé
aumônier, chapelain, chef, confesseur, curé, doyen, ecclésiastique, officiant, pasteur, père, pontife, pope, prédicant, prédicateur, prélat, prêtre, recteur, religieux, révérend, vicaire

Abbesse
supérieur

Abc
abécédaire, alphabet, syllabaire

Abcéder
suppurer

Abcès
acné, adénite, adénome, anthrax, apostème, apostume, boursouflure, bubon, chancre, clou, dépôt, écrouelles, empyème, fluxion, furoncle, grosseur, hypocrâne, kyste, panaris, parulie, phlegmon, pustule, scrofule, tourniole, tumeur

Abcès des gencives
parulie

Abdication
abandon, abrogation, annulation, capitulation, démission, désistement, dessaisissement, reddition, renoncement, renonciation, résiliation, rétractation

Abdiqué
abandonné, capitulé, cédé, démis, démissionné, désisté, incliné, quitté, renié, renoncé

Abdiquer
abandonner, capituler, céder, démettre, démissionner, désister, incliner, quitter, renoncer

Abdomen
bedaine, bedon, épigastre, estomac, hypogastre, intestin, panse, ventre

Abdominal
tripal, ventral

Abécédaire
abc, alphabet, syllabaire

Abeille
apidé, apis, apoïde, avette, bourdon, cirière, dasypode, guêpe, hyménoptère, insecte, ouvrière, reine

Abeille ou taon
insecte

Abeiller
rucher

Abénaquis
amérindien, autochtone

Aber
embouchure, estuaire, golfe, ria

Aberrant
absurde, anormal, atypique, bancal, confusionnel, déraisonnable, erroné, extravagant, farfelu, faux, fou, grotesque, idiot, illogique, imbécile, inimaginable, insensé, irrégulier, loufoque, paradoxal, ridicule, saugrenu

Aberration
absurdité, anomalie, aveuglement, bêtise, bévue, confusion, contresens, délire, démence, déraison, déviation, divagation, écart, égarement, énormité, erreur, étourderie, fausseté, faute, folie, fourvoiement, gaffe, idiotie, illusion, impair, insanité, irrégularité, lapsus, méprise, stupidité

Abescat
abbaye

Abêti
abasourdi, abruti, ahuri, bêtifié, ébahi, étonné, étourdi, hébété, stupide

Abêtissant
abrutissant

Abêtissement
gâtisme

Abhorrer
abominer, détester, exécrer, haïr, honnir, maudire, vomir

Abîme
abysse, aven, bois, cavité, différence, distance, division, écart, fossé, gouffre, immensité, monde, océan, précipice, profondeur, puits, ruine

Abîmé
aigri, altéré, amoché, arrangé, avarié, blessé, blet, bousillé, cassé, compromis, corrompu, coulé, défiguré, délabré, démoli, détérioré, détraqué, disparu, ébréché, endommagé, enlaidi, fatigué, faussé, fêlé, gâché, gâté, massacré, meurtri, moisi, mort, mutilé, perdu, pourri, ruiné, saboté, saccagé, sali, sombré, souffert, talé, terni, usé, vétuste

Abîmer
altérer, amocher, arranger, avarier, blesser, bousiller, casser, compromettre, couler, délabrer, démolir, détériorer, détraquer, ébrécher, endommager, enlaidir, fausser, fêler, gâcher, gâter, massacrer, meurtrir, mutiler, pourrir, ruiner, saboter, saccager, salir, taler, ternir, user

Abîmer (S')
couler, disparaître, enfoncer, sombrer

Abject
abominable, affreux, atroce, bas, crasseux, dégoûtant, détestable, écœurant, effrayant, effroyable, encrassé, fangeux, grossier, haïssable, hideux, honteux, horrible, ignoble, ignominieux, immonde, immoral, indigne, infamant, infâme, infect, infime, lâche, laid, malheureux, malpropre, malsain, mauvais, méchant, méprisable, minable, misérable, miteux, monstrueux, nauséabond, nauséeux, obscène, odieux, ordurier, pétrifiant, pitoyable, pouilleux, repoussant, répugnant, révoltant, sale, sordide, souillé, terrible, terrifiant, vil, vulgaire

Abject, trouble
fangeux

Abjectement
bassement

Abjection
bassesse, bourbe, fange, hideur, honte, horreur, ignominie, indignité, infamie, laideur, opprobre, saleté, turpitude, vilenie

Abjuration
apostasie, reniement, rétractation

Abjuré
abandonné, apostasié, laissé, quitté, renié, renoncé, rétracté

Abjurer
abandonner, apostasier, laisser, quitter, renier, renoncer, rétracter

Ablater
arracher, enlever, exciser, ôter, prélever, retirer, supprimer

Ablation
affouillement, amputation, corrosion, désagrégation, enlèvement, érosion, excision, exérèse, extraction, mutilation, opération, prélèvement, résection, sectionnement

Ablation de l'estomac
gastrectomie

Ablégat
commissaire, représentant, vicaire

Ableret
ablier, carrelet, filet

Ablier
ableret, filet

Ablution
affusion, bain, débarbouillage, douche, immersion, lavage, lavement, lavure, lotion, nettoyage, purgation, rinçage, toilette

Abnégation
désintéressement, dévouement, renoncement, sacrifice

Aboi
aboiement, cri, glapissement, grognement, hurlement, jappement

Aboiement
aboi, cri, glapissement, jappement

Aboiement clair ou aigu du chien
jappement

Aboiement du chien
ouah

Aboiteau
digue

Aboli
abattu, abrogé, absous, altéré, anéanti, annihilé, annulé, barré, cassé, débarrassé, défait, démantelé, démoli, destitué, détruit, dissous, effacé, englouti, enlevé, enterré, éteint, étouffé, gommé, infirmé, invalidé, levé, massacré, neutralisé, proscrit, radié, retiré, révoqué, ruiné, saccagé, supprimé, tué

Abolir
abattre, abroger, absoudre, altérer, anéantir, annihiler, annuler, barrer, casser, débarrasser, défaire, démanteler, démolir, destituer, détruire, dissoudre, effacer, engloutir, enlever, enterrer, éteindre, étouffer, gommer, infirmer, invalider, lever, massacrer, neutraliser, proscrire, radier, retirer, révoquer, ruiner, saccager, supprimer, tuer

Abolition
abandon, abrogation, anéantissement, annulation, arrêt, cassation, cessation, destruction, disparition, effacement, élimination, extinction, fin, invalidation, rescision, résiliation, révocation, suppression

Abominable
abject, affreux, atroce, catastrophique, damné, désastreux, détestable, effroyable, épouvantable, exécrable, fétide, hideux, horrible, inhumain, laid, maudit, mauvais, monstrueux, odieux, répugnant, tragique

Abominable homme des neiges
yéti

Abomination
atrocité, effroi, épouvante, exécration, haine, honte, horreur, ignominie, infamie, monstruosité, peur, phobie, répugnance, répulsion, scandale

Abominer
abhorrer, détester, exécrer, haïr, honnir, maudire, mépriser, réprouver, vomir

Abondamment
amplement, beaucoup, considérablement, copieusement, énormément, fabuleusement, grassement, largement, libéralement, plantureusement, profusément, richement

Abondance
affluence, afflux, aisance, aise, ampleur, avalanche, beaucoup, débauche, débordement, déluge, exubérance, fécondité, flot, flux, foison, foisonnement, fortune, luxe, luxuriance, masse, mer, multiplicité, multitude, nuée, opulence, plénitude, pléthore, pluie, profusion, prolifération, prospérité, pullulement, quantité, richesse

Abondance de biens
opulence, richesse

Abondant
ample, charnu, copieux, dense, diffus, diluvien, épais, fécond, foisonnant, fourmillant, fourni, fructueux, généreux, gras, grouillant, innombrable, intarissable, large, luxuriant, multiple, nombreux, nourri, opulent, plantureux, prodigue, prolixe, pullulent, riche, torrentiel, touffu, volumineux

Abondant en pluie
pluvieux

Abondant, actif
débordant

Abonder
affluer, approuver, foisonner, fourmiller, grouiller, proliférer, pulluler, regorger

Abonné
collaborateur, coutumier, donateur, fidèle, habitué, habituel, souscripteur, usager

Abonnement
forfait

Abonner
cotiser, souscrire

Abonner de nouveau
réabonner

Abonni
amélioré, amendé, bonifié

Abonnir
améliorer, amender, bonifier

Abonnissement
amendement

Abord
abordable, accès, accessible, accueil, apparence, approche, caractère, dehors, entour, parlable, primo

Abordable
accessible, accort, affable, aisé, disponible, facile, modéré, moyen

Abordage
accostage, arraisonnement, assaut, attaque, atterrage, charge, débarquement

Aborder
accéder, accoster, accrocher, apponter, approcher, arraisonner, arrêter, arriver, attaquer, atteindre, entamer, éperonner,

essayer, évoquer, heurter, joindre, prendre, racoler, soulever, toucher, traiter

Aborder de nouveau
reparler

Aborder sur la Lune
alunir

Abords
accès, alentours, approches, environs, parages, périphérie, voisinage

Aborigène
habitant, indigène, natif, naturel

Abouchement
jonction

Aboucher (S')
abouter, accoupler, adjoindre, ajointer, communiquer, enter, joindre, jumeler, raccorder, réunir

Abouler (S')
amener, apporter, arriver, donner, rappliquer, remettre, venir

Aboulie
apathie, apragmatisme, débilité, dysbasie, dysboulie, faiblesse, impuissance, neurasthénie

About
adjonction, ajoutage, assemblage, emboîtement, emboîture, embout, embreuvement, embrèvement, enture, extrémité, mortaise, tenon

Aboutage
jonction

Abouter
aboucher, adapter, ajointer, ajuster, assembler, enter, joindre, placer, rabouter, rapporter, réunir

Abouti
accompli, achevé, arrivé, conclu, couronné, fini, parachevé, parvenu, réussi, terminé

Aboutir
accomplir, achever, aller, arriver, atteindre, atterrir, conclure, converger, couronner, déboucher, donner, finir, induire, parachever, parvenir, rejoindre, réussir, terminer

Aboutissement
bout, conclusion, corrigé, couronnement, dénouement, fin, issue, réalisation, résultat, solution, terme

Aboyer
brailler, crier, glapir, hurler, injurier, invectiver, japper, jeter, réprimander, tonitruer, vociférer

Aboyeur
adjudicateur, annonceur, clabaud, crieur, jappeur

Abracadabrant
absurde, ahurissant, baroque, biscornu, bizarre, burlesque, cocasse, curieux, étonnant, étrange, extravagant, fantaisiste, fantasque, farfelu, fou, grotesque, inattendu, incohérent, incroyable, insensé, insolite, invraisemblable, loufoque, original, rocambolesque, saugrenu

Abrasé
usé

Abraser
user

Abrasif
corrosif, décapant, émeri, rêche

Abrasion
corrosion, érosion, polissage, raclage, usure

Abréaction
catharsis

Abrégé
allégé, analyse, aperçu, compendium, condensé, coupé, court, digest, diminué, échantillon, écourté, esquisse, extrait, guide, idée, lapidaire, limité, manuel, mémento, raccourci, récapitulatif, réduit, resserré, restreint, résumé, schéma, sommaire, succinct, synopsis, synthèse, tronqué

Abrégé d'un ouvrage historique
épitomé

Abrégement
diminution, réduction

Abréger
alléger, condenser, couper, diminuer, écourter, limiter, mutiler, raccourcir, réduire, resserrer, restreindre, résumer, tronquer

Abreuvé
accablé, comblé, coulé

Abreuver
accabler, arroser, combler, couvrir, désaltérer, gorger, humecter, imbiber, imprégner, inonder, saturer

Abreuver (S')
boire, nourrir, pénétrer, rafraîchir

Abreuvoir
auge

Abréviation
acronyme, sigle

Abréviation de limitée
ltée

Abréviation de phonographe
phono

Abréviation de route
rte

Abréviation de volley-ball
volley

Abréviation de sud-ouest
SO

Abréviation familière d'aspirant
aspi

Abri
abribus, abrivent, aire, ancrage, anse, antre, asile, auvent, baie, baraque, baraquement, bassin, bergerie, blockhaus, box, bunker, cabane, cage, case, caserne, chapiteau, chenil, clapier, couvert, crique, demeure, écran, écurie, étable, fort, forteresse, fortification, fortin, foyer, gîte, guérite, guitoune, habitation, hangar, havre, hutte, loge, logement, magasin, maison, mouillage, mur, muraille, niche, nid, oasis, porche, porcherie, port, poulailler, rade, refuge, remise, rempart, repaire, retraite, retranchement, ruche, tanière, tente, terrier, toit, tour, tourelle, tranchée, trou, vacherie

Abri à une station d'autobus
abribus

Abri de glace
igloo, iglou

Abri de neige
igloo, iglou

Abri de paille
hutte

Abri de toile
tente

Abri de toile goudronnée
taud

Abri de tranchée
gourbi

Abri enterré d'un fort
casemate

Abri militaire
cagna

Abri orientable blindé
tourelle

Abri portatif démontable
tente

Abri portatif démontable, en toile
tente

Abri pour chien
niche

Abri pour essaim d'abeilles
ruche

Abri pour les chasseurs de gibier d'eau
gabion

Abri pour les chiens
chenil

Abri pour les navires
port

Abri pour les porcs
soue

Abri pour une sentinelle
guérite

Abri protégé contre les obus
casemate

Abri sommaire
guitoune

Abri, habitation misérable
cahute

Abri, maison
cagna

Abribus
abri, aubette, kiosque

Abricot
alberge, fruit

Abrité
accueilli, caché, couvert, défendu, dissimulé, garanti, garé, hébergé, logé, préservé, protégé, recelé, recouvert, reçu, réfugié, retranché, tapi, terré

Abriter
accueillir, cacher, couvrir, défendre, dissimuler, garantir, garer, héberger, loger, préserver, receler, recevoir, recouvrir, terrer

Abriter (S')
protéger, réfugier, retrancher, tapir

Abrivent
abri, bivouac, paillasson

Abrogation
abandon, abdication, abolition, annulation, cassation, rescision, retrait, révocation, suppression

Abrogé
aboli, annulé, cassé, dissous, rapporté, révoqué, supprimé

Abroger
abolir, annuler, casser, dissoudre, rapporter, révoquer, supprimer

Abrupt
acerbe, âpre, bourru, brusque, brutal, coupé, dur, escarpé, falaise, haché, heurté, inégal, malaisé, net, raide, rapide, revêche, rogue, rude, rustique, sauvage, sec, tranchant

Abruti
abasourdi, abêti, ahuri, andouille, balourd, benêt, bêta, bête, cruche, étourdi, hébété, idiot, imbécile, incapable, inepte, innocent, limité, naïf, niais, nigaud, obtus, pantois, simplet, sot, stupide, toquard, vaseux

Abrutissant
abêtissant, assommant, assourdissant, consternant, crétinisant, dégradant, étourdissant, fatigant, harassant, hébétant

Abrutissement
gâtisme, hébétude, stupeur

ABS
freins

Abscission
excision

Abscons
abstrait, abstrus, embrouillé, énigmatique, hermétique, impénétrable, indéchiffrable, nébuleux, obscur, sibyllin, ténébreux

Absence
abstention, amnésie, carence, défaut, disparition, distraction, éclipse, égarement, inattention, indigence, lacune, manque, manquement, néant, omission, oubli, pénurie, privation, séparation, trou

Absence d'agents microbiens
asepsie

Absence d'appétit
anorexie

Absence d'organisation naturelle
anomie

Absence de ce qui serait nécessaire
défaut

Absence de coloration normale, surtout de pigmentation de la peau
achromie

Absence de communication verbale
mutisme

Absence de culpabilité
innocence

Absence de générosité
petitesse

Absence de graisse
maigreur

Absence de loi
anomie

Absence de noblesse
roture

Absence de passion
indolence

Absence de punition
impunité

Absence de salive
asialie

Absence de saveur
fadeur

Absence de sens musical
amusie

Absence de sensibilité morale
indolence

Absence de tout bruit
silence

Absence de tout germe microbien
asepsie

Absent
absorbé, ailleurs, défaillant, disparu, distrait, éloigné, inattentif, inexistant, lointain, manquant, parti, pensif, rêveur, songeur

Absenté
sorti

Absenter (S')
disparaître, échapper, éclipser, éloigner, manquer, partir, retirer, sortir

Absidal
absidial

Abside
cercle, chevet

Absidial
absidal

Absinthe
armoise, vert

Absolu
achevé, arbitraire, autocratique, autoritaire, aveugle, catégorique, complet, despotique, dictatorial, dogmatique, entier, essentiel, exclusif, exprès, formel, fort, idéal, illimité, impératif, impérieux, inconditionnel, infini, inflexible, intégral, intransigeant, mortel, nécessaire, parfait, perfection, plein, profond, pur, radical, rigoureux, royal, souverain, suprême, total, totalitaire, tyrannique, unanime

Absolu dans ses goûts
exclusif

Absolu, de parti pris
exclusif

Absolument
bien, carrément, essentiellement, oui, purement, totalement, vraiment

Absolution
amnistie, grâce, oubli, pardon, relaxe, remise, rémission

Absolutisme
césarisme, dictature

Absolutiste
autoritaire

Absorbant
buvard

Absorbant comme une éponge
spongieux

Absorbé
absent, accaparé, aspiré, assimilé, attaché, attiré, avalé, bu, concentré, consommé, contemplatif, dévoré, digéré, distrait, épongé, épuisé, gobé, imbibé, ingéré, ingurgité, inhalé, lointain, mangé, méditatif, occupé, pensif, préoccupé, pris, racheté, résorbé, respiré, retenu, songeur, sucé, usé

Absorber
accaparer, aspirer, assimiler, attacher, attirer, avaler, boire, consommer, dévorer, digérer, éponger, épuiser, gober, imbiber, ingérer, ingurgiter, inhaler, manger, occuper, prendre, préoccuper, racheter, résorber, respirer, retenir, sucer, user

Absorber par les voies respiratoires
inhaler

Absorption
assimilation, ingestion, prise

Absoudre
abolir, acquitter, amnistier, blanchir, disculper, effacer, excuser, gracier, innocenter, libérer, oublier, pardonner, régler, réhabiliter, relaxer, remettre, solder

Abstème
abstinent, modéré, sobre

Abstention
absence, neutralité, récusation, refus, renoncement, renonciation

Abstinence
ascétisme, chasteté, continence, diète, frugalité, jeûne, pénitence, privation, renoncement, sobriété, tempérance

Abstinent
abstème, chaste, continent, sobre

Abstraction
argutie, concept, idéalité, idée

Abstraire
isoler

Abstrait
abscons, conceptuel, désincarné, fumeux, hermétique, immatériel, intellectuel, invisible, irréel, léger, nébuleux, obscur, profond, sibyllin, spéculatif, spirituel, subtil, théorique, utopique

Abstrus
abscons, alambiqué, amphigourique, cabalistique, énigmatique, ésotérique, hermétique, impénétrable, incompréhensible, inintelligible, mystérieux, nébuleux, obscur, opaque, profond, sibyllin, ténébreux

Absurde
aberrant, abracadabrant, alogique, andouille, anormal, bête, biscornu, bizarre, burlesque, dadais, dément, déraisonnable, déséquilibré, détraqué, erroné, extravagant, farfelu, faux, fou, gratuit, grotesque, idiot, illogique, impossible, inattendu, incohérent, inconséquent, inepte, insane, insensé, instinctif, irrationnel, irréfléchi, loufoque, paradoxal, ridicule, saugrenu, sot, stupide, tordu

Absurdité
aberration, ânerie, astigmatisme, bêtise, bévue, contresens, cynisme, déraison, désordre, énormité, erreur, extravagance, faute, folie, grossièreté, idiotie, illogisme, imbécillité, impolitesse, incohérence, incongruité, inconvenance, incorrection, indécence, ineptie, insanité, irrationalité, licence, niaiserie, paradoxe, sottise, stupidité

Abus
débauche, disproportion, escroquerie, exaction, exagération, excès, hyperbole, illégalité, iniquité, injustice, outrance, pléthore, tromperie

Abusé
amplifié, attrapé, berné, bluffé, dupé, égaré, enflé, enjôlé, escroqué, eu, exagéré, filouté, flatté, forcé, fourvoyé, grossi, leurré, mésusé, mystifié, outré, outrepassé, piégé, pigeonné, séduit, surchargé, surestimé, trompé, violé, violenté

Abuser
accroire, amplifier, attraper, avoir, berner, bluffer, duper, égarer, enfler, enjôler, escroquer, exagérer, filouter, flatter, forcer, fourvoyer, grossir, leurrer, mentir, mésuser, mystifier, outrepasser, outrer, piéger, pigeonner, séduire, surcharger, surestimer, tromper, violenter, violer

Abusif
astronomique, démesuré, déraisonnable, disproportionné, envahissant, exagéré, excessif, exorbitant, extrême, illégitime, immodéré, impropre, incommensurable, incorrect, indu, infondé, inique, injuste, injustifié, léonin, mauvais, monumental, possessif, surabondant

Abusivement
immodérément

Abyssal
cyclopéen, hadal, illimité, incommensurable, infini, insondable, pélagique, profond

Abysse
abîme, aven, doline, fosse, gouffre, précipice

Abyssin
abyssinien, éthiopien

Abyssinien
abyssin

Ac
actinium

Acabit
calibre, catégorie, espèce, essence, format, gabarit, genre, groupe, nature, sorte, style, type, variété

Acacia
cachou, cassier, mimosa, robinier

Académie
aréopage, assemblée, cénacle, école, faculté, gymnase, institut, rectorat

Académique
guindé, pompeux, soigné, soutenu

Acadien
cajun, cambrien, canadien

Acajou
auburn, teck, tek

Acariâtre
acerbe, acidulé, âcre, acrimonieux, aigre, anguleux, arrogant, atrabilaire, bilieux, boudeur, bougon, bourru, coléreux, colérique, désagréable, difficile, fielleux, grincheux, grogneur, grognon, hargneux, incommode, insociable, intraitable, irascible, irritable, maussade, méchant, mélancolique, misanthrope, morose, pessimiste, querelleur, rageur, rébarbatif, renfrogné, revêche, rogue, ronchon, ronchonneur, rugueux, rustaud, rustre, sombre, soucieux, susceptible, teigneux

Acarien
acarus, août, araignée, demodex, sarcopte, tique, trombidion

Acarien du fromage
ciron

Acarien parasite du chien, des ruminants
tique

Acarien parasite extérieur des volailles
argas

Acarus
acarien, août, araignée, demodex, sarcopte, tique, trombidion

Accablant
alourdissant, écrasant, fâcheux, harassant, lourd, pesant, suffocant, triste

Accablé
abattu, abreuvé, accusé, affaibli, affligé, alourdi, anéanti, assailli, assiégé, assommé, atterré, bombardé, brisé, calomnié, chargé, comblé, confondu, consterné, couvert, criblé, découragé, démoli, dénoncé, désespéré, écœuré, écrasé, effondré, enfoncé, épuisé, éreinté, exténué, fatigué, foudroyé, grevé, harassé, humilié, noirci, oppressé, opprimé, pesé, pressé, pressuré, prostré, submergé, surchargé, terrassé, vilipendé

Accablement
abattement, affaiblissement, affliction, apathie, atonie, cafard, consternation, découragement, décrépitude, démoralisation, dépression, désespoir, ennui, épuisement, fatigue, langueur, lassitude, morosité, poids, prostration, stress, torpeur, tristesse

Accabler
abattre, abreuver, accuser, affaiblir, affliger, alourdir, anéantir, assaillir, assiéger, assommer, atterrer, bombarder, calomnier, charger, combler, confondre, consterner, couvrir, cribler, décourager, démolir, dénoncer, désespérer, écraser, effondrer, enfoncer, épuiser, éreinter, exténuer, fatiguer, foudroyer, grever, harasser, humilier, noircir, oppresser, opprimer, peser, presser, pressurer, submerger, surcharger, terrasser, vilipender

Accabler d'injures
agonir

Accabler de dettes
obérer

Accabler de fatigue
harasser, vanner

Accalmie
accord, amélioration, apaisement, arrêt, béatitude, calme, éclaircie, embellie, guérison, halte, immobilité, impassibilité, imperturbabilité, inaction, inactivité, interruption, mieux, pacte, paix, pause, placidité, quiétude, réconciliation, relâche, rémission, répit, repos, sérénité, tranquillité, trêve

Accaparant, prenant
exigeant

Accaparé
absorbé, affairé, arrogé, capté, confisqué, dérobé, dérouté, détourné, emparé, enlevé, intercepté, monopolisé, occupé, prélevé, pris, ravi, réservé, retenu, saisi, soustrait, spolié, usurpé, volé

Accaparement
accumulation, centralisation, emprise, exclusivité, mainmise, monopolisation, saisie, usurpation

Accaparer
absorber, annexer, approprier, arroger, attribuer, capter, centraliser, confisquer, dérober, dérouter, détourner, dévorer, emparer, enlever, envahir, intercepter, monopoliser, occuper, prendre, rafler, rassembler, ravir, razzier, recueillir, renfermer, réserver, retenir, saisir, spolier, usurper, voler

Accapareur
haussier

Accéder
aborder, accoster, acquiescer, approcher, arriver, atteindre, concéder, consentir, déboucher, entrer, parvenir, pénétrer, souscrire

Accélérateur
activeur

Accélération d'un coureur
sprint

Accéléré
infernal, rapide

Accélérer
activer, assaillir, avancer, bousculer, courir, dépêcher, empresser, exciter, foncer, forcer, grouiller, hâter, précipiter, presser, pressurer, sprinter, stimuler, talonner

Accent
accentuation, façon, inflexion, intonation, manière, modulation, patte, prononciation, style, timbre, ton, tonalité, touche, voix

Accentuation
accent, accroissement

Accentué
accru, accusé, amplifié, approfondi, appuyé, attisé, augmenté, crû, développé, exagéré, fortifié, grandi, insisté, intensifié, marqué, martelé, ponctué, prononcé, renforcé, souligné, soutenu, tonique

Accentuer
accroître, accuser, aggraver, amplifier, approfondir, appuyer, attiser, augmenter, aviver, creuser, croître, développer, étendre, exagérer, forcer, fortifier, grandir, insister, intensifier, marquer, marteler, monter, oublier, ponctuer, pousser, prononcer, redoubler, rehausser, renforcer, scander, souligner

Accentuer son discours par des gestes ou des exclamations
ponctuer

Acceptable
admissible, approuvable, buvable, convenable, correct, décent, honnête, honorable, moyen, passable, pensable, plausible, possible, potable, présentable, probable, probatoire, raisonnable, recevable, satisfaisant, suffisant, tolérable, valable, vivable

Acceptation
accord, acquiescement, adhésion, admission, adoption, agrément, approbation, assentiment, autorisation, aval, cautionnement, consentement, dispense, grâce, habilitation, oui, permis, permission, suffrage, visa

Accepté
agréé

Accepté à un examen, à un concours
admis

Accepter
accorder, accueillir, acquiescer, adhérer, admettre, adopter, agréer, approuver, assumer, attribuer, autoriser, avaler, avaliser, avouer, céder, concéder, condescendre, consentir, croire, daigner, digérer, donner, embrasser, endosser, endurer, entériner, excuser, gréer, habiliter, inclure, joindre, marcher, octroyer, opiner, pardonner, parvenir, passer, permettre, pratiquer, ratifier, recevoir, reconnaître, respecter, signer, souscrire, subir, supporter, tolérer, vouloir

Accepter que quelque chose se fasse
consentir

Accepter un défi
toper

Acception
considération, portée, préférence, reconnaissance, sens, signification, valeur

Accès
abord, accession, allée, approche, attaque, atteinte, bouche, bouffée, crise, élan, entrée, éruption, ouverture, passage, porte, poussée, transport

Accès de toux
quinte

Accès passager
bouffée

Accessibilité
atteinte, facilité, limpidité

Accessible
abord, abordable, accort, accueillant, affable, aimable, amène, approchable, assimilable, atteignable, clair, compréhensible, compréhensif, disponible, engageant, facile, faisable, familier, intelligible, joignable, libre, ouvert, pénétrable, perméable, praticable, proche, public, réalisable, simple, transparent

Accession
accès, admission, arrivée, ascension, attribution, avènement, couronnement, nomination, promotion, venue

Accessit
distinction, nomination, prix, récompense

Accessoire
accidentel, anecdotique, annexe, attribut, auxiliaire, complémentaire, concomitant, dérisoire, garniture, incident, insignifiant, instrument, inutile, marginal, mineur, négligeable, objet, organe, ornement, outil, praticable, secondaire, subsidiaire, superfétatoire, superflu, supplémentaire, ustensile

Accessoire d'alpinisme
dégaine

Accessoire d'usage domestique
ustensile

Accessoire de gymnastique
espalier

Accessoire portatif pour protéger de la pluie
parapluie

Accident
accroc, accrochage, adversité, aléa, anicroche, aspérité, aventure, calamité, carambolage, cas, catastrophe, choc, collision, contretemps, déformation, ennui, imprévu, incident, inégalité, malchance, malheur, mésaventure, péripétie, phénomène, pli, plissement, relief, revers, sinistre, tragédie, vicissitude

Accident fâcheux
esclandre

Accidenté
blessé, détérioré, estropié, inégal, rugueux, tourmenté, vallonné

Accidentel
accessoire, casuel, contingent, éventuel, extrinsèque, fortuit, imprévu, inattendu, incident, inhabituel, inopiné, occasionnel

Accise
excise

Acclamation
applaudissement, ardeur, bis, bravo, clameur, cri, délire, enthousiasme, exaltation, excitation, exclamation, hourra, hurrah, ovation, rappel, ravissement, surexcitation, tabac, vivat

Acclamation en l'honneur de quelqu'un
vivat

Acclamation religieuse
hosanna

Acclamer
applaudir, bisser, célébrer, délirer, exalter, glorifier, magnifier, ovationner, rappeler, saluer

Acclimatant
accommodant

Acclimatation
accoutumance, adaptation

Acclimaté
accoutumé, habitué, naturalisé

Acclimatement
accoutumance, adaptation

Acclimater
accommoder, accoutumer, adapter, ajuster, apprivoiser, cadrer, coller, convenir, domestiquer, familiariser, habituer, importer, introduire, maîtriser, naturaliser, plier, roder, transplanter

Accointance
complicité, lien, relation

Accointer (S')
acoquiner, lier, rapprocher

Accolade
embrassade, embrassement, enlacement, étreinte, serrement

Accolé
attenant, contigu, joint

Accolement
adhérence

Accoler
accoupler, accrocher, adhérer, adjoindre, affilier, agglutiner, ajointer, ajouter, allier, annexer, apparier, appliquer, assembler, associer, attacher, cimenter, coaliser, coller, confédérer, coupler, enchaîner, encoller,

étreindre, fédérer, fixer, fusionner, intégrer, joindre, juxtaposer, lier, marier, rapprocher, recoller, relier, réunir, sceller, souder, unir

Accommodant
acclimatant, accoutumant, adaptant, affable, agençant, agréable, aimable, aménageant, apaisant, apprêtant, appropriant, arrangeant, assaisonnant, attentionné, bienveillant, commode, complaisant, conciliant, conciliateur, coulant, courtois, cuisinant, débonnaire, déférent, disposant, empressé, facile, faible, familiarisant, flexible, habituant, indulgent, mijotant, mitonnant, obligeant, organisant, préparant, prévenant, secourable, serviable, sociable, souple, tolérant, traitable, vivable

Accommodé
apprêté, cuisiné, orchestré

Accommodement
accord, compromis, entente, transaction

Accommoder
acclimater, accorder, accoutumer, adapter, agencer, ajuster, allier, aménager, apprêter, approprier, arranger, assaisonner, concilier, concocter, conformer, cuisiner, disposer, familiariser, fricoter, habituer, installer, mijoter, mitonner, organiser, préparer

Accommoder avec une sauce
cuisiner

Accompagnant
aidant

Accompagnateur
cicérone, convoyeur, escorte, guide

Accompagné
suivi

Accompagné d'algidité
algide

Accompagnement
conduite, escorte, garniture, suite

Accompagner
aider, ajouter, assister, assortir, compléter, conduire, emmener, entourer, escorter, flanquer, garnir, guider, joindre, mener, piloter, protéger, reconduire, seconder, suivre, surveiller

Accompagner de persil haché
persiller

Accompli
abouti, achevé, admirable, adulte, aguerri, beau, bel, clos, complet, complété, conçu, distingué, effectué, émérite, excellent, exécuté, exemplaire, expert, fait, fieffé, fini, idéal, impeccable, incomparable, irréprochable, modèle, opéré, parachevé, parfait, passé, pratiqué, pur, réalisé,

remarquable, réussi, révolu, soldé, sonné, sublime, suprême, terminé

Accomplir
aboutir, achever, amputer, arriver, avancer, brader, clore, commettre, compléter, comprendre, concevoir, consommer, couronner, découler, effectuer, exaucer, exécuter, faire, finir, fournir, intervenir, liquider, opérer, ouvrir, parachever, parfaire, perpétrer, pratiquer, procéder, purger, réaliser, remplir, réussir, satisfaire, solder, suivre, terminer, vendre

Accomplir à la hâte
précipiter

Accomplir audacieusement
oser

Accomplir rapidement
expédier

Accomplissement
couronnement, réalisation

Accon
acon, allège, barque, chaland, péniche

Acconage
chargement, débardage, débarquement, déchargement, livraison, manipulation, manutention

Acconier
arrimeur, débardeur, docker, portefaix, porteur

Accord
accalmie, acceptation, accointances, accommodement, adaptation, adhésion, admission, agrément, alliance, amitié, approbation, appui, arpège, arrangement, assentiment, autorisation, aval, aveu, bénédiction, coalition, collusion, communion, complicité, compromis, concert, conciliation, concordance, concorde, connivence, consensus, consentement, contrat, convenance, convention, coordination, entente, fraternité, harmonie, identité, intelligence, marché, oui, pacte, paix, permission, rapport, règlement, soutien, symbiose, sympathie, synchronisation, traité, transaction, unanimité, union, unisson, unité

Accord complet des suffrages
unanimité

Accord de crédit réciproque
swap

Accord de plusieurs personnes, de plusieurs textes
consensus

Accord de tous
unanimité

Accord exécuté sur un instrument
arpège

Accord musical
arpège

Accordé
adjugé, allié, alloué, coordonné, orchestré, prêté

Accordéon
bandonéon

Accorder
accepter, accommoder, acquiescer, adapter, adhérer, adjuger, admettre, adonner, agencer, agréer, ajuster, allier, allouer, approprier, approuver, assembler, associer, assortir, attacher, attribuer, autoriser, avouer, cadencer, cadrer, céder, coïncider, combiner, concéder, concilier, concorder, confesser, conformer, consacrer, consentir, convenir, décerner, départir, dispenser, donner, exaucer, fournir, gratifier, harmoniser, impartir, laisser, octroyer, offrir, pactiser, permettre, porter, pourvoir, prêter, procurer, ratifier, réconcilier, reconnaître, rétrocéder, satisfaire, vouloir

Accorder généralement comme une faveur
octroyer

Accorder sa confiance (Se)
fier

Accorder un titre de noblesse
anoblir

Accorder une subvention
subsidier

Accorder, autoriser
consentir

Accordeur
harmoniste

Accort
abordable, accessible, accueillant, affable, agréable, aimable, amène, avenant, facile, gracieux, hospitalier, ouvert, souriant

Accostage
abordage

Accoster
aborder, accéder, accrocher, approcher, arrêter, arriver, atteindre, atterrir, racoler, rejoindre, toucher

Accotement
trottoir

Accoter
accouder, adosser, appuyer, arrêter, étayer, soutenir

Accotoir
appui, bras, étai

Accouchement
maternité, naissance

Accouchement laborieux
dystocie

Accouchement normal
eutocie

Accoucher
créer, enfanter, engendrer, procréer, produire

Accoucher avant terme
avorter

Accouder (S')
accoter, adosser, appuyer, poser, soutenir

Accoudoir
appui, bras

Accouplement
croisement, étreinte, mélange, union

Accoupler
aboucher, accoler, accrocher, agglomérer, agglutiner, ajointer, allier, annexer, appareiller, apparier, assembler, associer, assortir, attacher, attrouper, coaliser, collationner, combiner, concentrer, confédérer, coordonner, coupler, croiser, épouser, fédérer, fusionner, grouper, joindre, jumeler, lier, marier, mélanger, métisser, rallier, rapprocher, rassembler, relier, réunir, souder, unir

Accourcir
raccourcir, rapetisser

Accourir
affluer, bondir, courir, décamper, détaler, filer, galoper, pourchasser, poursuivre, trotter

Accoutré
déguisé, habillé, vêtu

Accoutrement
affublement, artifice, attifement, costume, déguisement, équipement, fagotage, habillement, habit, harnais, mise, parure, tenue, vêtement

Accoutrer
affubler, arranger, attifer, déguiser, fagoter, fringuer, habiller, harnacher, vêtir

Accoutumance
acclimatation, acclimatement, adaptation, addiction, apprivoisement, assuétude, coutume, dépendance, habituation, habitude, immunisation, insensibilisation, mithridatisation, mithridatisme, routine

Accoutumant
accommodant

Accoutumé
acclimaté, adapté, aguerri, approprié, courant, coutumier, éduqué, entraîné, façonné, familiarisé, familier, habitué, habituel, initié, ordinaire, usuel

Accoutumer
acclimater, accommoder, adapter, aguerrir, apprendre, apprivoiser, dresser, éduquer, façonner, familiariser, former, habituer, initier, plier, roder

Accrédité
officiel

Accréditer
autoriser, établir, propager

Accro
adepte, fanatique, féru, fou

Accroc
accident, anicroche, blessure, complication, contretemps, coupure, déchirure, difficulté, écorchure, égratignure, embarras, empêchement, entaille, entorse, éraflure, éraillure, griffure, imprévu, incident, infraction, obstacle, problème, souillure, tache, transgression, trou, violation

Accrochage
accident, affront, agrafage, algarade, altercation, choc, collision, dispute, escarmouche, fixation, friction, heurt, rencontre, rixe, scène

Accroché
amarré, enlevé, pendu, retenu, saisi, suspendu

Accroche publicitaire destinée à intriguer
aguiche

Accroche-cœur
boucle, bouclette, frisette, frison, frisottis, frisure, guiche, mèche

Accrocher
aborder, accoler, accoster, accoupler, adjoindre, agrafer, amarrer, ancrer, appendre, arrêter, arrimer, assurer, attacher, atteler, attraper, boulonner, bousculer, capter, captiver, cheviller, clouer, coller, coudre, crocher, déchirer, décrocher, enchaîner, encorder, enlever, épingler, ficeler, fixer, frapper, heurter, implanter, intéresser, joindre, lacer, lier, ligoter, nouer, obtenir, pendre, planter, riveter, saisir, sangler, sceller, stabiliser, suspendre, télescoper, unir, visser

Accrocher
agripper

Accrocher (S')
agripper, cramponner, résister, retenir, tenir

Accrocher avec un harpon
harponner

Accrocher avec une gaffe
gaffer

Accrocher des wagons
atteler

Accrocheur
agressif, battant, racoleur, tenace, vendeur

Accroire
abuser, calomnier, feindre, inventer, mentir, mystifier, tromper

Accroissement
accentuation, accumulation, aggravation, agrandissement, allongement, alourdissement, amplification, augmentation, croissance, crue, développement, élargissement, élévation, enrichissement, épaississement, essor, excédent, extension, gain, gradation, grossissement, hausse, inflation, intensification, majoration, montée, multiplication, recrudescence, redoublement, regain, rehaussement, relèvement, renforcement, reprise, retour, supplément, surcharge, surcroît, surplus

Accroître
accentuer, additionner, aggraver, agrandir, aiguiser, ajouter, allonger, amplifier, arrondir, augmenter, croître, développer, doubler, élargir, élever, enfler, engraisser, enrichir, épaissir, étendre, évaser, forcir, fortifier, fructifier, gonfler, grandir, grossir, hausser, hisser, intensifier, majorer, multiplier, pousser, proliférer, propager, redoubler, rehausser, relever, renforcer, septupler, sextupler, surcharger, surhausser

Accroupi
baissé, blotti, pelotonné, plié, recroquevillé, replié, tapi

Accru
accentué, agrandi, aiguisé, allongé, alourdi, amplifié, augmenté, chargé, complété, doublé, élargi, élevé, enflé, enrichi, épaissi, étendu, étiré, évasé, exagéré, forci, gonflé, grandi, grossi, haussé, hissé, intensifié, levé, majoré, multiplié, poussé, proliféré, propagé, rallongé, redoublé, relevé, renforcé, répandu, surchargé, surélevé, surhaussé

Accu
batterie, pile

Accueil
abord, admission, bienvenue, entrée, hall, réception, traitement

Accueillant
accessible, accort, affable, agréable, avenant, convivial, cordial, hospitalier

Accueilli
abrité, hébergé, logé

Accueillir
abriter, accepter, acquérir, admettre, adopter, amasser, apprendre, contenir, convier, enthousiasmer, héberger, inclure, inviter, loger, prendre, recevoir, recueillir, réunir, saluer, traiter

Accueillir avec ferveur
agréer

Accueillir par des cris d'hostilité
huer

Acculé
contraint

Acculer
buter, coincer, condamner, contraindre, forcer, obliger, pousser, réduire, serrer

Acculturation
assimilation

Accumulateur
batterie

Accumulateur électrique
accu

Accumulation
accaparement, accroissement, amas, cumul, encombrement, faisceau, monceau, réunion, tas

Accumulation de débris entraînés puis abandonnés par les glaciers
moraine

Accumulation de neige et de glace
glacier

Accumulation excessive d'urée dans le sang
urémie

Accumuler
amasser, amonceler, assembler, attrouper, capitaliser, collectionner, concentrer, cumuler, économiser, emmagasiner, empiler, engranger, entasser, épargner, grouper, rassembler, regrouper, réunir, superposer, tasser, thésauriser

Accusateur
cafteur, délateur, détracteur

Accusation
attaque, calomnie, charge, condamnation, critique, dénonciation, reproche, réquisitoire

Accusé
accablé, accentué, attaqué, calomnié, chargé, dénigré, dénoncé, dénoté, désigné, dessiné, détracté, diffamé, exagéré, incriminé, inculpé, indiqué, marqué, montré, poursuivi, prévenu, prononcé, révélé, souligné, vilipendé

Accuser
accabler, accentuer, actionner, admonester, attaquer, avouer, blâmer, calomnier, charger, dénigrer, dénoncer, dénoter, désigner, dessiner, détracter, diffamer, exagérer, incriminer, inculper, indiquer, marquer, montrer, poursuivre, révéler, souligner, taxer, vilipender

Acéphale
anencéphale

Acéracée
acérinée

Acerbe
abrupt, acariâtre, acéré, acide, acidulé, âcre, acrimonieux, agressif, aigre, aigri, amer, âpre,

blessant, caustique, criard, désagréable,
dur, fielleux, grinçant, impitoyable, incisif,
méchant, moqueur, mordant, offensant,
piquant, rêche, revêche, sarcastique,
saumâtre, sec, sûr, venimeux, vert, vexant,
vif, virulent

Acéré
acerbe, âcre, affilé, affûté, aigre, aigu,
aiguisé, blessant, caustique, coupant, dur,
fin, incisif, intense, méchant, méprisant,
mordant, offensant, piquant, pointu, strident,
tranchant, vif

Acérer
affiler, affûter, aiguiser

Acérinée
acéracée

Acescent
acide, acidifié, acidulé, âcre, aigre

Acétate
acétocellulose, acétylcellulose

Acétate de cuivre
verdet

Acétifié
acidulé

Acétifier
aciduler

Acétocellulose
acétate

Acétone
cétone, dissolvant, solvant

Acétylcellulose
acétate

Achalandage
clientèle

Achalandé
pourvu

Achalant
énervant, importun

Acharné
animé, âpre, ardent, buté, coriace,
courageux, dur, enragé, entêté, fanatique,
farouche, forcené, furibond, furieux, obstiné,
opiniâtre, persévérant, tenace, têtu, vaillant

Acharnement
animosité, ardeur, détermination, effort,
énergie, entêtement, férocité, frénésie, fureur,
furie, haine, lutte, obstination, opiniâtreté,
passion, persévérance, persistance, rage,
résolution, rupture, ténacité, volonté

Acharner (S')
battre, continuer, cramponner, entêter,
insister, lutter, obstiner, persécuter,
persévérer, persister, poursuivre

Achat
acquêt, acquisition, course, emplette,
obtention

Ache
céleri

Acheminant
allant

Acheminé
amené

Acheminement
transport

Acheminer
amener, conduire, véhiculer, voiturer

Acheté
acquis, acquitté, brocanté, chiné, commercé,
corrompu, déboursé, marchandé, offert,
payé, réglé, soudoyé, suborné

Acheter
acquérir, acquitter, avoir, brocanter,
chiner, commercer, corrompre, débourser,
marchander, négocier, offrir, payer, prendre,
procurer, régler, soudoyer, suborner

Acheteur
acquéreur, chaland, client, consommateur,
preneur

Achevé
abouti, absolu, accompli, complet,
consommé, défini, fini, limité, mort, perdu,
réussi, révolu, sacré, terminé

Achèvement
bout, clôture, corrigé, couronnement,
dénouement, fin, perfection, réalisation,
résolution, solution, terme

Achèvement minutieux
finition

Achever
abouti, accompli, arrêter, boucler,
cesser, clore, compléter, conclure,
consommer, couronner, exécuter, fermer,
finir, interrompre, parachever, parfaire,
perfectionner, réaliser, régler, réussir, rompre,
tarir, terminer

Achigan
perche

Achopper
blesser, buter, casser, choquer, chuter,
cogner, contrarier, emboutir, froisser, heurter,
offusquer, percuter, scandaliser, tamponner,
télescoper, trébucher, vexer

Achrome
monochrome

Achromie
albinisme, dépigmentation, dyschromie,
leucodermie, vitiligo

Acide
acerbe, acescent, acidulé, âcre, acrimonieux,
aigre, aigrelet, amer, âpre, caustique,
désagréable, incisif, mordant, piquant,
sarcastique, sur, suret, urique, vert

Acide aminé
valine

Acide aminé naturel aliphatique
alanine

Acide désoxyribonucléique
ADN

Acide produit par l'oxydation de l'iode
iodique

Acide ribonucléique
ARN

Acide sulfurique
vitriol

Acide sulfurique fumant
oléum

Acidifié
acescent, acidulé

Acidifier
aciduler

Acidité
âcreté, acrimonie, aigreur, amertume,
brûlure, causticité, irritation

Acidité anormalement élevée du sang
acidose

Acidose
alcalose

Acidulé
acariâtre, acerbe, acescent, acétifié, acide,
acidifié, âcre, acrimonieux, aigre, aigrelet,
âpre, atrabilaire, piquant, sur, suret, vinaigré

Aciduler
acétifier, acidifier, vinaigrer

Acier
fer, fonte, métal

Acier au nickel, de dilatation très faible
invar

Acier inoxydable
inox

Acier très fin
damas

Aciérie
atelier, fonderie, forge, industrie,
manufacture, raffinerie, usine

Acmé
apogée, extrémité, faîte, maximum, sommet,
zénith

Acné
abcès, bouton, couperose, papule, pustule

Acné causée par l'iode
iodique

Acolyte
adjoint, aide, ami, associé, auxiliaire,
camarade, collaborateur, collègue,
compagnon, comparse, compère, complice,
condisciple, confrère, copain, partenaire

Acompte
arrhes, avance, caution, débours, gage,
garantie, hypothèque, provision

Acon
accon, allège, barque, chaland, péniche

Aconage
acconage, chargement, débardage,
débarquement, déchargement, livraison,
manipulation, manutention

Aconier
arrimeur, débardeur, docker, portefaix,
porteur

Aconier, docker
acconier

Aconit des montagnes
napel

Acoustique
sonorité

Acquéreur
acheteur, client, preneur

Acquérir
accueillir, acheter, assimiler, avoir, brocanter,
chiner, concilier, conquérir, contracter, forcer,
gagner, hériter, négocier, obtenir, prendre,
procurer, rallier, recevoir, recueillir, remporter,
suborner

Acquérir des connaissances
apprendre

Acquêt
achat, acquisition, bien, conquête, emplette,
obtention, profit

Acquiescé
adopté

Acquiescement
acceptation, adoption, agrément,
approbation, assentiment, consentement, oui,
permission, suffrage

Acquiescer
accéder, accepter, accorder, adopter, agréer,
pratiquer, souscrire

Acquis
acheté, bagage, contracté, établi, gagné,
notion, obtenu, pris, privilège, savoir

Acquisition
achat, acquêt, assimilation, emplette, gain,
obtention

Acquit
acquittement, affranchissement, décharge,
exonération, facture, paiement, quittance,
quitus, récépissé, reçu, règlement

Acquittable
payable

Acquitté
acheté

Acquitté de ses péchés
absous

Acquittement
acquit, amnistie, paiement, règlement

Acquitter
absoudre, acheter, apurer, éteindre, honorer,
oublier, payer, purger, régler, remplir,
satisfaire, solder

Acquitter un compte
solder

Acra
beignet

Âcre
acariâtre, acerbe, acéré, acescent, acide,
acidulé, acrimonieux, aigre, aigrelet, amer,
âpre, caustique, incisif, irritant, mordant,
piquant, rêche, sur

Âcreté
acidité, acrimonie, aigreur, amertume,
animosité, âpreté, colère, dépit, humeur,
irritation, rancœur, rancune, ressentiment

Acrimonie
acidité, âcreté, aigreur, amertume, bile,
chagrin, découragement, dégoût, dépit,
écœurement, fiel, hargne, humiliation,
malignité, mélancolie, peine, rancœur,
rancune, tristesse, venin

Acrimonieusement
amèrement

Acrimonieux
acariâtre, acerbe, acide, acidulé, âcre, aigre,
amer, maussade, méchant, mordant, revêche

Acrobate
athlète, audacieux, bateleur, cascadeur,
culturiste, équilibriste, fildefériste, funambule,
gymnaste, sauteur, sportif, sportive,
trapéziste, voltigeur

Acrobatie
adresse, cabriole, cascade, contorsion,
looping, saut, voltige

Acrobatique
périlleux

Acronyme
abréviation, sigle, signe

Acrophobie
vertige

Acrostiche
poème

Acrotère
socle

Acte
action, agissements, certificat, citation,
contrat, démarche, diplôme, division,
document, épisode, exploit, fait, geste,
initiative, intervention, manière, manigance,
mesure, minute, mouvement, opération,
ordonnance, original, partie, pièce, titre,
travail

**Acte accompli en vue de porter atteinte
délibérément aux droits et intérêts d'autrui**
fraude

Acte contraire à la justice
injustice

Acte d'intimidation
semonce

Acte de générosité
bienfait

Acte de pensée
noèse

Acte de volonté
volition

Acte déloyal
déloyauté

Acte dressé par un huissier de justice
protêt

Acte illégal
illégalité

**Acte juridique par lequel on annule des
jugements**
cassation

Acte législatif émanant du roi
édit

Acte notarié
brevet

Acte par lequel on pense
noèse

**Acte par lequel une partie de la population
d'un État s'en sépare volontairement**
sécession

Acte passé devant notaire
notarié

Acte rituel
sacrement

Actée
cimicaire

Acter
consigner

Acteur
amuseur, artiste, baladin, bouffon, clown,
comédien, comique, doublure, figurant,
interprète, intervenant, mime, personnage,
protagoniste, sociétaire, star, tragédien,
vedette

Acteur américain d'origine britannique
Grant

Acteur américain mort en 1955
Dean

Acteur américain mort en 1982
Fonda

Acteur américain né en 1901
Gable

Acteur américain né en 1924
Brando

Acteur ayant joué dans *La Grande Séduction*
Bouchard, Raymond

Acteur comique
bouffon

Acteur de la pièce *Broue*
Gauthier

Acteur jouant des farces grossières
histrion

Acteur québécois
Bédard, Besré, Bolduc, Bouchard,
Brouillette, Cespedes, Coallier, Côté,
Drainville, Duceppe, Dupuis, Durand,
Favreau, Fortin, Fruitier, Girard, Houde,
Labrèche, Lasalle, Legault, Lepage,
Létourneau, Marotte, Masson, Mauricet,
Messier, Meunier, Millette, Picard, Poirier,
Ponton, Postigo, Provost, Reddy, Sapieha,
Senay, Sicotte, Thériault, Zouvi

Acteur qui a coutume de faire des cascades
cascadeur

Acteur qui interprète des tragédies
tragédien

Acteur qui joue des rôles muets et ne s'exprime que par le geste et la mimique
pantomime

Acteur qui joue spécialement les rôles tragiques
tragédien

Actif
affairé, agissant, allant, avoir, capital,
diligent, dynamique, efficace, empressé,
entreprenant, fringant, laborieux, militant,
occupé, pétulant, prompt, rapide, remuant,
sémillant, travailleur, vif

Actinie
anémone

Actinium
Ac

Action
acte, activité, agissements, animation,
attaque, bataille, combat, comportement,
conduite, démarche, effet, efficacité,
effort, engagement, entreprise, exploit,
fait, fonctionnement, force, geste, impact,
impression, impulsion, initiative, intervention,
intrigue, jeu, lutte, manœuvre, marche,
mouvement, œuvre, opération, part,
péripétie, poursuite, pratique, procédure,
procès, réalisation, scénario, service, travail,
valeur, vie

Action bienfaisante
bienfait

Action d'abattre
abatage, abattage

Action d'abjurer
reniement

Action d'accompagner
escorte

Action d'accorder un instrument de musique
accord

Action d'aérer
aération

Action d'affiler
affilage

Action d'affiner
affinage

Action d'affranchir au moyen d'un timbre
timbrage

Action d'agrafer
agrafage

Action d'aiguiser
affûtage

Action d'ajouter
addition

Action d'ajouter de nouveau
rajout

Action d'ajouter du tan, écorce de chêne réduite en poudre qui sert pour le tannage des cuirs
tanisage

Action d'aléser
alésage

Action d'allumer
allumage

Action d'amarrer
amarrage

Action d'amorcer
amorçage

Action d'amortir
amorti

Action d'ancrer à un point fixe
ancrage

Action d'annexer
annexion

Action d'annuler
annulation

Action d'annuler une dérive en aéronautique
recalage

Action d'apprêter avec de l'empois
empesage

Action d'armer une personne ou une troupe
armement

Action d'arrimer
arrimage

Action d'arriver
arrivée

Action d'arriver à l'improviste
survenue

Action d'arriver à un lieu
abord

Action d'arroser
arrosage

Action d'aspirer un liquide dans la bouche
succion

Action d'assembler des pièces destinées à former un ensemble fonctionnel
montage

Action d'assembler, de coudre ensemble les feuilles d'un livre
brochage

Action d'atteindre quelque chose, quelqu'un
atteinte

Action d'attirer des gens
racolage

Action d'ébarber
ébarbage

Action d'éclat
prouesse

Action d'écraser avec un pilon
pilonnage

Action d'égaliser en raclant
raclement

Action d'égaliser le niveau d'une surface
nivelage

Action d'égrener
égrenage

Action d'élever
élevage

Action d'élever des animaux
élevage

Action d'émonder
émondage

Action d'empêcher, de retenir
blocage

Action d'enduire de laque
laquage

Action d'enduire quelque chose de graisse ou d'un corps gras
graissage

Action d'enflammer
allumage

Action d'enlever de la terre pour niveler
déblai

Action d'enrober
enrobage

Action d'ensiler, de mettre en silo
ensilage

Action d'entendre
audition

Action d'errer
errance

Action d'établir une taxe
taxation

Action d'étendre du linge
étendage

Action d'étendre en versant
épandage

Action d'étendre la jambe pour franchir
enjambée

Action d'étendre pour faire sécher
étendage

Action d'étêter
étêtage

Action d'évaluer une quantité
compte

Action d'éventer
éventage

Action d'exciser, de couper
excision

Action d'exprimer de manière confuse
délayage

Action d'imprégner une étoffe avec de l'alun
alunage

Action d'imprimer des dessins en creux et en reliefs
gaufrage

Action d'inciter, de pousser à quelque chose
incitation

Action d'inclure
inclusion

Action d'infuser quelque chose dans un liquide
infusion

Action d'insérer, d'introduire un objet dans une chose
insertion

Action d'introduire par la bouche
ingestion

Action d'islamiser
islamisation

Action d'offrir quelque chose à Dieu
oblation

Action d'ôter les éléments de soutènement en bois
déboisage

Action d'une pièce de théâtre
scénario

Action d'user avec les dents
rongement

Action d'user par frottement
abrasion

Action d'user une pièce par frottement
rodage

Action d'usiner
usinage

Action de bâcher
bâchage

Action de baguer
baguage

Action de baiser ce qui est sacré
baisement

Action de balayer
balayage

Action de barrer un chèque
barrement

Action de battre la mesure
battue

Action de bercer dans un berceau ou dans ses bras
bercement

Action de biffer
raturage

Action de blinder
blindage

Action de boiser
boisement

Action de boiter
boitement

Action de botteler
bottelage

Action de boucaner
boucanage

Action de boucher
bouchage

Action de brasser la crème pour obtenir du beurre
barattage

Action de bricoler
bricolage

Action de briser ou de se briser
brisement

Action de bronzer, de brunir
bronzage

Action de brosser
brossage

Action de broyer des minerais avec un bocard
bocardage

Action de brûler
brûlage

Action de brûler les morts
crémation

Action de camper
campement

Action de capituler
reddition

Action de caqueter
caquetage

Action de casser
cassage, casse

Action de céder
cession

Action de changer une chose contre une autre
change

Action de chiffrer
chiffrage

Action de ciller
cillement

Action de cirer
cirage

Action de cliver un minerai cristallisé
clivage

Action de coller des choses quelconques
collage

Action de colorier
coloriage

Action de condamner
improbation

Action de conférer un grade universitaire
collation

Action de contraindre
coercition

Action de contraindre quelqu'un par la force
forcement

Action de coudre les bords d'un tissu
surfilage

Action de coudre les lèvres d'une plaie
suture

Action de couler
flux

Action de couper ou de retrancher
résection

Action de couvrir d'une bâche
bâchage

Action de créer des bruits
bruitage

Action de crêper les cheveux
crêpage

Action de creuser
forage

Action de creuser en spirale les parois d'un écrou
taraudage

Action de creuser intérieurement
évidage

Action de creuser une mine
minage

Action de cumuler
cumul

Action de curer
curage

Action de daller
dallage

Action de damer le sol
damage

Action de débarrasser des aspérités
ébarbage

Action de débarrasser un lieu des rats
dératisation

Action de débiter en tranches
tranchage

Action de déblayer
déblayage

Action de débrayer
débrayage

Action de décaper
décapage

Action de déceler la présence
détection

Action de décerveler
décervelage

Action de décoder
décodage

Action de décoller
envol

Action de démancher
démanchement

Action de dénier
déni

Action de désavouer
reniement

Action de déterminer, d'attribuer une date
datation

Action de détruire par le feu
autodafé

Action de dicter
dictée

Action de diluer
dilution

Action de diriger un aéronef
pilotage

Action de diriger un navire en mer
pilotage

Action de diriger une embarcation
gouverne

Action de discuter avec d'autres personnes en vue d'une décision à prendre
délibération

Action de diviser
division

Action de dompter
domptage

Action de donner
dation

Action de donner forme à un objet
formage

Action de donner une certaine forme
formation

Action de doser
dosage

Action de draguer
dragage

Action de draper
drapement

Action de faciliter
facilitation

Action de façonner au tour
tournage

Action de faire cuire à la broche ou au four
rôtissage

Action de faire cuire, son résultat
cuisson

Action de faire paître le bétail
pacage

Action de faire perdre sa fraîcheur
fanage

Action de faire sécher
séchage

Action de faire sécher à la fumée
boucanage

Action de faire tomber
abatage, abattage

Action de faire tremper
trempage

Action de fermer au moyen d'une barre
barrage

Action de ferrer un cheval
ferrage, ferrure

Action de fignoler
fignolage

Action de fixer
fixation

Action de fixer avec une cale
calage

Action de fixer, d'attacher avec des clous
clouage

Action de flâner
flânerie

Action de forer, résultat de cette action
forage, foulage

Action de freiner, son résultat
freinage

Action de frôler
frôlement

Action de gâcher
gâchage

Action de gamin
gaminerie

Action de garder une marchandise volée
recel

Action de garnir d'arbres un terrain
boisement

Action de gaver
gavage

Action de gerber
gerbage

Action de gercer
gercement

Action de gérer une entreprise avec une ou plusieurs personnes
cogérance, cogestion

Action de glacer
glaçage

Action de glacer, résultat de cette action
glaçure

Action de glaner
glanage

Action de glapir
glapissement

Action de glisser du train arrière dans les virages, en parlant d'une voiture
survirage

Action de gondoler
gondolage

Action de graisser la semelle des skis
fartage

Action de graver au burin
burinage

Action de grener les parties ombrées d'une gravure
grenure

Action de guider
conduite, guidage

Action de guiper
guipage

Action de jauger
jaugeage

Action de jumeler
jumelage

Action de labourer
charruage

Action de lacer
laçage, lacement

Action de lâcher
lâchage, largage

Action de lancer
jet

Action de latter
lattage

Action de lécher
lèchement

Action de lessiver
lessivage

Action de lester
lestage

Action de lever son verre en l'honneur de quelque chose
toast

Action de lever une charge
levage

Action de lier avec de la ficelle
ficelage

Action de limer
limage

Action de limoger quelqu'un
limogeage

Action de mâcher
mâchement

Action de manger du bout des dents, lentement et sans appétit
chipotage

Action de marquer le bétail au fer rouge
ferrade

Action de médire
médisance

Action de mélanger avec un liquide
délayage

Action de ménager
épargne

Action de mettre à l'eau
mouillage

Action de mettre bas en parlant des vaches
vêlage

Action de mettre bas pour une vache
vêlement

Action de mettre dans un sens opposé
inversion

Action de mettre du bois en fagots
fagotage

Action de mettre en morceaux, de briser
cassement

Action de mettre en pile
empilage

Action de mettre un enjeu supérieur
relance

Action de mettre une capsule à une bouteille
capsulage

Action de meuler
meulage

Action de moirer une étoffe
moirage

Action de monter
ascension

Action de monter de nouveau
remontée

Action de monter la garde
veille

Action de mordre
morsure

Action de moudre des grains
mouture

Action de mouvoir
motion

Action de multiplier les végétaux par boutures
bouturage

Action de murer
murage

Action de nager
natation

Action de nettoyer
nettoyage, raclement

Action de nieller
niellage

Action de nier
négation

Action de noter
notation

Action de nouer
nouement

Action de palper
palpation

Action de parler beaucoup
babillage

Action de parquer
parcage

Action de passer sa langue sur quelque chose
léchage

Action de patiner
patinage

Action de paver
pavage

Action de paver avec des carreaux
carrelage

Action de pendre
pendaison

Action de pépier
pépiement

Action de percer
perçage

Action de perforer
perforage

Action de peser
pesage, pesée

Action de pianoter
pianotage

Action de piller
rafle

Action de piqueter, de tacheter
piquetage

Action de planer quelque chose
planage

Action de plaquer un adversaire
plaquage

Action de platiner
platinage

Action de plier
pliage, pliement

Action de plomber
plombage

Action de plumer un oiseau
plumaison

Action de poncer
ponçage

Action de pondre
ponte

Action de poursuivre le gibier
chasse

Action de pousser en faisant reculer
repousse

Action de praliner
pralinage

Action de prendre par violence
rapine

Action de progresser
avancement

Action de puiser
puisage, puisement

Action de purifier certaines matières premières
raffinage

Action de quitter le sol
décollage

Action de raboter
rabotage

Action de raccommoder en mettant des pièces
rapiéçage

Action de raccommoder un vêtement
reprisage

Action de racoler
racolage

Action de ramasser les épis de blé, après la moisson
glanage

Action de ramer
nage

Action de ramper
rampement, reptation

Action de ranger
rangement

Action de râper
râpage

Action de ratisser
ratissage

Action de raturer
raturage

Action de rayer
rayage

Action de réaliser un isolement
isolation

Action de recouvrir d'une enveloppe ou d'une couche protectrice
enrobage

Action de recouvrir de gomme
gommage

Action de recueillir
ramassage

Action de récupérer des déchets dans un nouveau cycle de production
recyclage

Action de récurer
récurage

Action de récurer le tuyau d'une cheminée
ramonage

Action de refondre, de donner une nouvelle forme
refonte

Action de régaler
régalage

Action de rejeter au dehors
éjection

Action de remblayer
remblai

Action de remboîter
remboîtement

Action de remettre à neuf
réfection

Action de remettre au feu
recuit

Action de remettre en mouvement
déblocage

Action de remonter
remontage

Action de rendre chaud
chauffage

Action de rendre étanche un navire
calfatage

Action de rendre la pareille pour un mal reçu
revanche

Action de renouveler l'air
aération

Action de réprimer
répression

Action de retenir
détention

Action de retirer
levée, retrait

Action de retomber dans la même faute
récidive

Action de retoucher
retouche

Action de retourner la terre
labourage

Action de revendre
revente

Action de revenir
retour

Action de revêtir de gazon
gazonnage

Action de rider
ridage

Action de rincer
rinçage

Action de river, son résultat
rivure

Action de rogner
rognage

Action de rompre par excès de tension
crevaison

Action de s'accroupir
accroupissement

Action de s'affranchir
émancipation

Action de s'approcher
approche

Action de s'échapper
sortie

Action de s'élever de terre
bond

Action de s'immiscer
immixtion

Action de s'ingérer
ingérence

Action de s'introduire quelque part et de fouiller partout
furetage

Action de sabler
sablage

Action de sasser
sassement

Action de satiner
satinage

Action de se déprendre
déprise

Action de se détourner de sa direction
déviation

Action de se donner la mort
suicide

Action de se fâcher, de se disputer
fâcherie

Action de se nourrir, pour les animaux
nourrissage

Action de se produire en public
prestation

Action de se produire par intermittence
clignotement

Action de se promener
promenade

Action de se ressaisir
sursaut

Action de se retirer
récession

Action de se ruer
ruée

Action de sécher
séchage

Action de serrer
serrage, serrement

Action de sortir de l'eau
émersion

Action de sortir une marchandise de son emballage
déballage

Action de soulever un corps à l'aide d'un levier
levage

Action de soulever un poids
levage

Action de sucer
succion

Action de suivre le gibier pour le chasser
traque

Action de surfiler
surfil

Action de tailler
coupe

Action de tanner les peaux
tannage

Action de taper
tapement

Action de tasser un adversaire
tassage

Action de tâter, de palper
maniement

Action de tendre des lanières de canne
cannage

Action de téter
tétée

Action de tirer
traction

Action de tirer à l'aide d'un cordage
halage

Action de tirer avec une arme à feu
décharge

Action de tirer du néant
création

Action de tondre les draps
tonture

Action de tordre
torsion

Action de torpiller
torpillage

Action de tortiller
tortillement

Action de tracer
tracement

Action de traire
mulsion

Action de transgresser une loi
infraction, viol

Action de transplanter une plante venue de semis
repiquage

Action de transporter dans une charrette
charriage

Action de tremper
trempage

Action de tricher
tricherie

Action de tricoter
tricotage

Action de tromper
imposture

Action de tuer un animal
tuage

Action de tuer un animal de boucherie
abatage, abattage

Action de vanner
vannage

Action de veiller un malade
veillée

Action de vêler
vêlement

Action de vendre à vil prix
bradage

Action de vendre plus cher que le prix normal
survente

Action de verser de l'argent
versement

Action de virer de bord
virement

Action de viser
mire

Action de voyager par plaisir
tourisme

Action dramatique représentée en pantomime
mimodrame

Action mauvaise
méfait

Action nuisible à autrui
méfait

Action pleine de ruse
rouerie

Action rosse
rosserie

Action, fait d'obtenir
obtention

Action, manière de découper
découpage

Actionnaire
associé

Actionner
accuser, commander, déclencher, enclencher, entraîner, intenter, mouvoir, poursuivre, pousser

Actionner un klaxon
klaxonner

Actions pour guérir les malades
soins

Activant
avivant, stimulant

Activé
affairé, excité

Activement
ardemment, efficacement, fixement

Activer
accélérer, attiser, avancer, aviver, dynamiser, exciter, hâter, pousser, précipiter, presser, stimuler

Activer (S')
affairer

Activeur
accélérateur, promoteur

Activiste
militant

Activité
action, affairement, agitation, animation, ardeur, besogne, boulot, dynamisme, emploi, énergie, entrain, essor, exercice, fonction, force, industrie, job, labeur, loisir, marche, métier, mission, mouvement, occupation, œuvre, ouvrage, poste, profession, prospérité, service, sève, tâche, travail, usage, vigueur, vitalité, vivacité, zèle

Activité bancaire
finance

Activité commerciale
négoce

Activité de l'écrivain
littérature

Activité de l'esprit
pensée

Activité de loisir
plaisance

Activité de styliste
stylisme

Activité fructueuse
prospérité

Activité ludique
ludisme

Activité physique
sport

Activité pratiquée pour l'agrément
plaisance

Activité professionnelle
fonction, travail

Activité temporaire dans une entreprise
stage

Actrice américaine morte en 1962
Monroe

Actrice québécoise
Aubry, Béliveau, Bussières, Cardinal, Champagne, Coutu, Deschâtelets, Deschênes, Dorval, Dussault, Filiatrault, Hébert, Grenon, Kim, Lachapelle, Lapointe, Lavallée, Leblanc, Michel, Orsini, Paquin, Proulx, Ruel, Sénart, Tremblay

Actrice qui a joué dans le film *Bon cop, bad cop*
Laurier, Lucie

Actualisation
révision

Actualisé
révisé

Actualiser
rajeunir, réaliser, réviser

Actualité
info, nouveauté, nouvelles, pertinence, présent

Actualités
journal

Actuel
contemporain, courant, effectif, existant, moderne, présent, réel

Actuellement
là, maintenant, présentement

Acuité
clairvoyance, finesse, gravité, intelligence, intensité, lucidité, pénétration, perspicacité, sagacité, stridence, sûreté, vivacité

Acuminé
aigu, pointu

Adage
appréciation, axiome, conseil, critique, devise, dicton, dogme, enseignement, entendement, expression, formule, idée, maxime, opinion, ordonnance, parole, pensée, précepte, principe, promesse, propos, proposition, proverbe, raison, raisonnement, recommandation, réflexion, règle, remarque, sentence, verdict, vocable

Adagio
doucement, lentement

Adansonia
baobab

Adaptabilité
souplesse

Adaptable
mobile

Adaptant
accommodant

Adaptation
acclimatation, acclimatement, accord, accoutumance, adéquation, ajustement, aménagement, application, arrangement, habitude, harmonisation, intégration, modification, réduction, rodage, scénario, script, traduction, transformation, transition, transposition

Adapté
accoutumé, adéquat, aménagé, approprié, assorti, conforme, congru, congruent, convenable, habitué, idoine, orchestré, propre

Adapter
abouter, accommoder, accorder, agencer, ajuster, aménager, appliquer, approprier, arranger, assembler, assortir, conformer, harmoniser, joindre, moderniser, modifier, moduler, poser, rattacher, réajuster, réunir, roder, transposer, unir

Adapter (S')
acclimater, accoutumer, habituer

Adapter à de nouvelles conditions
réajuster

Adapter de nouveau
réadapter

Adapter parfaitement
ajuster

Adapter un phénomène à la masse
massifier

Addenda
additif, addition, ajout, annexe, appendice, complément, note, supplément

Addiction
accoutumance

Additif
addenda, addition, additionnel, adjuvant, ajout, annexe, appendice, complément, conservateur, supplément

Addition
addenda, additif, adjonction, ajout, annexe, appendice, complément, compte, cumul, décompte, dû, facture, note, rajout, relevé, somme, supplément, total

Addition faite à un texte
additif, ajout

Addition ou changement dans un testament
codicille

Additionné
ajouté, enrichi

Additionné de carbonate
carbonaté

Additionnel
additif, annexe, joint

Additionner
accroître, adjoindre, ajouter, couper, diluer, étendre, mouiller, rallonger, sommer, totaliser

Additionner d'alcool
viner

Additionner de rhum
rhumer

Adénite
abcès

Adénoïde
ganglionnaire, lymphoïde

Adénome
abcès, cancer, excroissance, fibrome, furoncle, ganglion, kyste, orgelet, tubérosité, tuméfaction, tumeur

Adepte
accro, adhérent, allié, amateur, ami, associé, camarade, compagnon, compère, consœur, défenseur, disciple, fidèle, initié, membre, militant, partenaire, partisan, prosélyte, recrue, sectaire, sectateur, soutien, sympathisant, tenant, zélateur

Adepte d'un mouvement des années 1960 et 1970
hippie

Adepte d'une secte religieuse du Moyen Âge
cathare

Adepte de l'hindouisme
hindou

Adepte de la théosophie
théosophe

Adepte déclaré d'une doctrine philosophique, religieuse ou politique
sectateur

Adepte du manichéisme
manichéen

Adepte du nihilisme
nihiliste

Adepte du pacifisme
pacifiste

Adepte du sikhisme
sikh

Adepte du taoïsme
taoïste

Adepte fanatique de Mahomet
séide

Adéquat
ad hoc, adapté, approprié, bon, bonne, conforme, congru, congruent, convenable, fondé, idoine, juste, parfait, pertinent, propice, propre

Adéquatement
justement

Adéquation
adaptation, convenance, propriété

Adhérant
gommant

Adhérence
accolement, adhésion, cohésion, collage, collement, connexion, contact, liaison, soudure, union

Adhérent
adepte, affilié, associé, attaché, collant, collé, cotisant, fixé, joint, membre, militant,

participant, partisan, recrue, sectateur,
souscripteur

Adhérer
accepter, accoler, accorder, adopter,
appliquer, approuver, collaborer, coller,
consentir, cotiser, entrer, incruster, participer,
rejoindre, souder, souscrire, soutenir, suivre,
tenir

Adhésif
agglutinant, autocollant, collant, diachylon,
pansement, scotch, sparadrap, thermocollant

Adhésion
acceptation, accord, adhérence, adoption,
affiliation, agrément, appartenance,
approbation, assentiment, association,
consentement, entrée, inscription,
souscription, suffrage, union

Adieu
bonjour, bonsoir, bye, révérence, salut,
salutation

Adieux
au revoir

Adipeux
bouffi, charnu, corpulent, dodu, empâté,
enveloppé, épais, fort, graisseux, gras, gros,
obèse, plantureux, poisseux, replet, rond,
rondouillard, ventru, visqueux

Adipose
adiposité, corpulence, embonpoint, grosseur,
obésité

Adiposité
adipose

Adiré
égaré, perdu

Adjacent
adossé, attenant, avoisinant, contigu,
frontalier, juxtaposé, limitrophe, mitoyen,
prochain, proche, tangent, touchant, voisin

Adjectif
appositif, apposition, attribut, déterminant,
épithète, qualificatif

Adjectif exprimant le nombre
numéral

Adjectif numéral ordinal
unième

Adjectif qui évoque le dieu Pluton
plutonien

Adjoindre
aboucher, accoler, accrocher, additionner,
affilier, agréger, ajouter, annexer, apposer,
assembler, associer, attacher, atteler, coller,
emboîter, grouper, inclure, joindre, juxtaposer,
lier, prendre, rapprocher, rassembler,
rattacher, relier, réunir, souder, unir

Adjoint
acolyte, affilié, aide, assesseur, assistant,
associé, attaché, auxiliaire, collaborateur,
collègue, employé, lieutenant, remplaçant,
second, subordonné, suppléant

Adjonction
about, addition, ajout, rajout, réunion

Adjudicateur
aboyeur

Adjugé
accordé, attribué, décerné, donné, gratifié,
octroyé

Adjuger
accorder, arroger, attribuer, décerner, donner,
gratifier, octroyer

Adjuration
prière

Adjurer
conjurer, demander, implorer, invoquer, prier,
supplier

Adjuvant
additif, ajout, stimulant

Admettre
accepter, accorder, accueillir, affilier, agréer,
agréger, approuver, autoriser, avaler, avouer,
comporter, comprendre, concéder, confesser,
consentir, croire, entendre, excuser, imaginer,
inclure, introduire, permettre, poser, postuler,
pratiquer, recevoir, reconnaître, souscrire,
supporter, supposer, tolérer

**Admettre dans un corps constitué, en
dispensant de certaines conditions**
coopter

Admettre dans une association
affilier

Administrateur
directeur, dirigeant, économe, gérant,
gestionnaire, intendant, manager

Administratif
officiel

Administration
agence, bureau, conduite, direction,
économie, gérance, gestion, gouvernement,
police, questure, régie, service, tenue, tutelle

**Administration chargée de percevoir les
impôts**
fisc

Administration municipale
mairie

Administré
donné, habitant

Administrer
appliquer, asséner, commander, conduire,
conférer, diriger, donner, gérer, gouverner,
gratifier, infliger, manager, mener, piloter,
porter, régenter, régir, réglementer, tenir

Administrer en commun une entreprise
cogérer

Administrer le baptême
baptiser

Admirable
accompli, adorable, ahurissant, auguste,
beau, bel, bien, bon, brillant, charmant,
considérable, coruscant, délicat, délicieux,
divin, doué, éblouissant, éclatant, émérite,
éminent, épatant, étonnant, excellent,
exemplaire, exquis, extraordinaire, fabuleux,
fantastique, féerique, formidable, glorieux,
gracieux, grand, immense, important,
inaccoutumé, incomparable, incroyable,
inégalable, inouï, insigne, magique,
magnifique, majestueux, mémorable,
merveilleux, mirifique, noble, notable,
olympien, parfait, particulier, particulière,
prodigieux, rare, ravissant, remarquable,
saisissant, sensas, singulier, splendide,
stupéfiant, sublime, superbe, surprenant,
unique

Admirablement
bien

Admirateur
amoureux, fan, flatteur, groupie

Admirateur de Wagner
wagnérien

Admirateur enthousiaste
fan

Admiration
adoration, adulation, culte, éblouissement,
emballement, émerveillement, engouement,
enthousiasme, exaltation, extase, inspiration,
ravissement, sensation

Admiré
adoré, adulé, affectionné, aimé, apprécié,
célébré, complimenté, encensé, estimé,
fasciné, glorifié, louangé, loué, magnifié,
mythique, recherché, vanté, vénéré

Admirer
adorer, aduler, affectionner, aimer, célébrer,
complimenter, contempler, éblouir, encenser,
enticher, estimer, fasciner, flatter, glorifier,
louanger, louer, magnifier, révérer, vanter,
vénérer

Admis
agréé, autorisé, avéré, connu, établi,
incontestable, indéniable, indiscutable,
indiscuté, légal, légendaire, licite, notoire,
permis, prouvé, proverbial, reconnu, toléré

Admis à un examen, à un concours
reçu

Admis dans une association
affilié

Admissible
acceptable, approuvable, concevable,
convenable, correct, crédible, croyable,
envisageable, faisable, légitime, pardonnable,
passable, permis, plausible, possible,
potable, présentable, probable, probant,
réalisable, recevable, réglementaire,
satisfaisant, suffisant, supportable, tolérable,
valable, valide, vraisemblable

Admission
acceptation, accession, accord, accueil,
adoption, affiliation, assentiment, association,
autorisation, consentement, entrée, initiation,
introduction, réception, recette

Admonestation
gronderie, leçon, morale, réprimande,
reproche, savon, semonce, sermon

Admonesté
secoué

Admonester
accuser, attaquer, attraper, avertir, batailler,
blâmer, chamailler, chapitrer, critiquer,
disputer, flageller, fustiger, gourmander,
gronder, haranguer, houspiller, menacer,
moraliser, morigéner, quereller, rabrouer,
remontrer, réprimander, secouer, semoncer,
sermonner, tancer, vitupérer

Ado
adolescent, cadet, damoiseau, éphèbe, fille,
garçon, jeune, jouvenceau

Adobe
brique

Adolescence
jeunesse, puberté

Adolescent
ado, benjamin, cadet, damoiseau, éphèbe,
fille, fils, gamin, garçon, garçonnet, gars,
gosse, jeune, jouvenceau, junior, juvénile,
marmot, môme, moutard, pubère

Adon
hasard

Adonide
adonis

Adonis
adonide, apollon, éphèbe, papillon

Adonné
vautré

Adonner (S')
accorder, appliquer, consacrer, cultiver,
fraterniser, pratiquer

Adopté
acquiescé, approuvé, choisi, élu, embrassé,
employé, emprunté, entériné, épousé,
préféré, ratifié, retenu, suivi, voté

Adopter
accepter, accueillir, acquiescer, adhérer, approuver, assimiler, choisir, élire, embrasser, employer, emprunter, entériner, épouser, introduire, opter, pratiquer, préférer, prendre, ratifier, rejoindre, retenir, suivre, valider, voter, vouloir

Adopter par préférence
choisir

Adoptif
nourricier

Adoption
acceptation, acquiescement, adhésion, admission, approbation, assimilation, attachement, autorisation, choix, consentement, élection, ralliement, ratification, référendum, sanction, sélection, vote

Adorable
admirable, affable, aimable, amène, avenant, beau, bel, charmant, civil, courtois, délicat, délicieux, élégant, empressé, exquis, galant, gentil, gracieux, joli, mignon, plaisant, poli, ravissant, sublime, tendre

Adorateur
amant, amoureux, flatteur, groupie, idolâtre

Adorateur des animaux
zoolâtre

Adoration
admiration, adulation, affection, amour, attraction, béguin, considération, culte, dévotion, dévouement, émerveillement, enchantement, engouement, enthousiasme, exaltation, extase, ferveur, flamme, idolâtrie, passion, prosternation, prosternement, ravissement, respect, tendresse, transport, vénération

Adoré
admiré, adulé, affectionné, aimé, apprécié, célébré, cher, chéri, divinisé, encensé, estimé, glorifié, honoré, idolâtré, loué, magnifié, passionné, raffolé, révéré, sacralisé, vénéré

Adorer
admirer, aduler, affectionner, aimer, apprécier, célébrer, chérir, déifier, diviniser, encenser, estimer, glorifier, honorer, idolâtrer, louer, magnifier, passionner, prier, raffoler, révérer, sacraliser, servir, vénérer

Ados
butte, parapet, pente, talus

Adossé
adjacent

Adosser
accoter, accouder, appuyer

Adouber
armer, réparer

Adouci
affadi, affaibli, allégé, amoindri, amolli, amorti, apaisé, assoupli, attendri, atténué, attiédi, calmé, diminué, édulcoré, estompé, étouffé, minimisé, mitigé, modéré, réduit, soulagé, tamisé, tempéré, tiédi

Adoucir
abaisser, affadir, affaiblir, alléger, amadouer, amenuiser, amoindrir, amollir, amortir, apaiser, apprivoiser, arrondir, assagir, assoupir, assouplir, attendrir, atténuer, attiédir, bercer, calmer, consoler, corriger, désarmer, diminuer, édulcorer, endormir, estomper, éteindre, étouffer, fléchir, fondre, guérir, lénifier, minimiser, mitiger, modérer, nuancer, pacifier, panser, polir, radoucir, réduire, relâcher, soulager, sucrer, tamiser, tempérer, tiédir, velouter

Adoucir à l'aide d'un calmant
lénifier

Adoucir dans son expression
édulcorer

Adoucir une douleur morale en consolant
panser

Adoucissant
apaisant, lénifiant, lénitif, palliatif

Adoucissement
baume, correctif, correction

Adresse
acrobatie, agilité, aisance, allocution, aptitude, art, astuce, brio, débrouillardise, dextérité, diplomatie, discours, doigté, domicile, élégance, entrée, entregent, escamotage, esprit, facilité, finesse, habileté, industrie, ingéniosité, intelligence, jonglerie, maestria, maîtrise, patte, persuasion, précision, prestesse, résidence, ruse, tscience, souplesse, subtilité, sûreté, talent, technique, virtuosité

Adressé
déclaré, dédicacé, dédié, destiné, dirigé, envoyé, expédié, posté, présenté, proclamé, transmis

Adresse des doigts
doigté

Adresse manuelle
dextérité

Adresse, habileté
dextérité

Adresser
allonger, déclarer, décocher, dédicacer, dédier, destiner, diriger, donner, envoyer, expédier, exprimer, poster, présenter, proclamer, proférer, regarder, transmettre

Adresser (S')
concerner, questionner, toucher

Adresser une semonce à un navire
semoncer

Adret
soulane, versant

Adroit
agile, astucieux, bon, capable, compréhensif, débrouillard, dégourdi, délicat, délié, diplomate, doué, élégant, exercé, expérimenté, expert, fin, fort, habile, ingénieux, intelligent, maître, malin, pointu, politique, raffiné, roué, rusé, subtil, tactique

Adroit, habile
ingénieux

Adroitement
bien, finement, savamment, sensément

Adsorbé
retenu

Adsorber
retenir

Adulateur
courtisan, fan, flatteur, groupie, laudateur

Adulation
admiration, adoration, amour, cajolerie, compliment, culte, dévotion, extase, ferveur, flagornerie, flatterie, obséquiosité, passion, prosternation, respect, révérence, servilité, vénération

Adulé
admiré, adoré, vénéré

Aduler
admirer, adorer, auréoler, caresser, célébrer, chérir, choyer, complimenter, courtiser, déifier, diviniser, encenser, féliciter, flagorner, flatter, glorifier, idéaliser, idolâtrer, louanger, louer, magnifier, raffoler, vanter, vénérer

Adulte
accompli, développé, fait, formé, grand, majeur, mûr, posé, raisonnable, réfléchi, responsable, sérieux

Adultère
déloyal, extraconjugal, félon, hérétique, illicite, inconstant, infidèle, infidélité, trahison, traître, tromperie, volage

Adultéré
frelaté

Adultérer
contrefaire, déformer, déguiser, dénaturer, falsifier, fausser, frelater, maquiller, mentir, modifier, trafiquer, tronquer, truquer

Advenir
apparaître, arriver, échoir, passer, produire, surgir, survenir

Adventice
secondaire

Advenu
apparu, arrivé, échu, manifesté, surgi, survenu

Adverbe de lieu
hors, ici, là

Adverbe de temps
alors, encore, ici

Adverbe interrogatif
où

Adverbe marquant la fin d'une attente
enfin

Adverbe qui signifie « pour quel motif »
pourquoi

Adversaire
antagoniste, compétiteur, débatteur, détracteur, émule, ennemi, opposant, rival

Adverse
antagonique, antinomique, antithétique, concurrent, contradictoire, contraire, défavorable, ennemi, hostile, opposé, rival

Adversité
accident, déboire, déplaisir, désastre, détresse, déveine, difficulté, épreuve, fatalité, infortune, malchance, malheur, misère, obstacle, opposition, peine, péril, perte, ruine, souci, tourment, tracas, tribulations

Adynamie
abattement, faiblesse, langueur, prostration

Aède
auteur, barde, chansonnier, chanteur, chantre, félibre, ménestrel, poète, rhapsode, troubadour, trouvère, versificateur

Aérage
aération, soufflerie, tirage, ventilation

Aérateur
radiateur, soufflerie, ventilateur

Aération
aérage, ajour, assainissement, drainage, soufflerie, tirage, ventilation

Aéré
ajouré, allégé, assaini, clair, clairsemé, clarifié, détendu, détourné, distrait, éclairci, espacé, ouvert, oxygéné, percé, purifié, respiré, sorti, venté, ventilé

Aérer
alléger, assainir, clarifier, éclaircir, espacer, éventer, purifier, sortir, ventiler

Aérer (S')
détendre, distraire, oxygéner, respirer

Aérien
ailé, céleste, délicat, divin, élevé, éthéré, fin, frivole, haut, immatériel, léger, limpide, mince, vaporeux, volant

Aérium
hôpital, préventorium, sanatorium, solarium

Aéro
air

Aérodrome
aéroport

Aérodyne
aéronef, aérostat, avion

Aérogare
aéroport, terminal

Aéroglisseur
aérotrain, hovercraft, hydroglisseur, naviplane

Aérographe
pistolet

Aérolithe
météore

Aéromoteur
éolienne

Aéronautique
aviation

Aéronef
aérodyne, aérostat, astronef, avion,
ballon, ballonnet, dirigeable, hélicoptère,
montgolfière, zeppelin

Aéronef dérivé du parachute, permettant la pratique du vol libre
parapente

Aéronef sans moteur
planeur

Aéroplane
avion

Aéroport
aérodrome, aérogare, altiport, héligare,
héliport, terminal

Aéroport de Tokyo
Narita

Aéroport du Japon
Itami

Aéroport pour hélicoptères
héliport

Aérosol
atomiseur, bombe, brouillard, brumisateur,
nébuliseur, pulvérisateur, vaporisateur

Aérostat
aérodyne, aéronef, ballon, ballonnet,
dirigeable, montgolfière, zeppelin

Aérotrain
aéroglisseur, train

Æschne
agrion, libellule

Æthuse
ciguë

Affabilité
amabilité, aménité, amitié, attention,
bienveillance, bonhomie, civilité,
complaisance, courtoisie, délicatesse,

douceur, gentillesse, grâce, liant, obligeance,
politesse, prévenance, urbanité

Affable
abordable, accessible, accommodant, accort,
accueillant, adorable, agréable, aguichant,
aimable, amène, amical, attrayant, avenant,
bonhomme, charmant, civil, complaisant,
compréhensible, compréhensif, courtois,
délectable, délicat, doux, engageant, exquis,
facile, galant, gentil, gracieux, honnête,
hospitalier, intelligible, liant, obligeant, ouvert,
plaisant, poli, prévenant, séduisant, serviable,
sociable, souriant, succulent, sympathique,
tendre, urbain

Affablement
poliment

Affabulateur
vantard

Affabulation
fable, imagination, invention, roman

Affabuler
fabuler, inventer

Affadi
adouci, affaibli, amoindri, atténué, décoloré,
délavé, détrempé, éclairci, édulcoré, effacé,
estompé, modéré, naturalisé, pâle, pâli,
tempéré

Affadir
adoucir, affaiblir, amoindrir, atténuer,
décolorer, délaver, détremper, éclaircir,
édulcorer, effacer, émousser, estomper, faner,
modérer, naturaliser, pâlir, réduire, tempérer

Affaibli
abaissé, abâtardi, abattu, accablé, adouci,
affadi, alangui, altéré, amaigri, amenuisé,
amoindri, amolli, amorti, appauvri, attaqué,
atteint, atténué, avili, baissé, chancelant,
déclinant, décliné, défaillant, défait, démoli,
diminué, ébranlé, écœuré, émoussé, entamé,
épuisé, éreinté, érodé, estompé, étiolé,
expirant, exténué, faible, faibli, fatigué, fléchi,
fragilisé, freiné, harassé, miné, modéré,
mourant, ruiné, sapé, tempéré, usé, vacillé

Affaiblir
abaisser, abâtardir, abattre, accabler,
adoucir, affadir, alanguir, altérer, amaigrir,
amenuiser, amoindrir, amollir, amortir,
anémier, appauvrir, assoupir, attaquer,
atteindre, atténuer, avilir, débiliter, déchoir,
démolir, diluer, diminuer, ébranler, édulcorer,
émousser, entamer, épuiser, éreinter, éroder,
estomper, éteindre, expirer, exténuer, fatiguer,
fragiliser, harasser, infirmer, miner, modérer,
mourir, pâlir, ralentir, ramollir, refroidir, ruiner,
saper, tempérer, tomber, user, vieillir

Affaiblir (S')
baisser, décliner, décroître, dépérir, étioler, faiblir, vaciller

Affaiblir énormément
épuiser

Affaiblir, amollir
aveulir

Affaiblissement
abattement, accablement, anémie, asthénie, atrophie, baisse, décadence, déclin, décrue, faiblesse, langueur, recul, usure

Affaiblissement du sens de l'ouïe
surdité

Affaiblissement produit par la vieillesse
sénilité

Affaire
aubaine, aventure, brouille, cas, cause, commerce, différend, dossier, entreprise, espèce, événement, fait, firme, histoire, intrigue, litige, magasin, marché, objet, occasion, occupation, opération, passade, problème, procès, querelle, question, scandale, société, sujet, transaction, travail

Affairé
accaparé, actif, activé, agité, démené, entreprenant, occupé, pris, surchargé, travailleur

Affaire compliquée
démêlé

Affaire d'honneur
duel

Affaire malhonnête
scandale

Affairement
activité, agitation, animation, presse

Affairer (S')
activer, agiter, démener, empresser, occuper

Affaires
commerce, effets, entreprises, falbalas, finance, habits, questions

Affaissé
courbé, pendu

Affaissement
abattement, baisse, cuvette, décadence, dépression, descente, diminution, éboulement, éboulis, langueur, tassement

Affaisser (S')
abattre, affaler, avachir, courber, crouler, dégringoler, déprimer, diminuer, ébouler

Affalé
amené, vautré

Affaler (S')
abattre, affaisser, amener, avachir, baisser, chuter, descendre, écrouler, tomber, vautrer

Affamé
assoiffé, avide, famélique, inassouvi, insatiable, jeûné, misérable, passionné, privé, vorace

Affamer
jeûner, priver

Affameur
exploiteur

Affectation
application, apprêt, art, chichis, coquetterie, emphase, étude, grimace, imitation, mièvrerie, nomination, pompe, poste, préciosité, prétention, purisme, raideur, recherche, simagrées, singerie, snobisme

Affectation de vertu
pruderie

Affecté
affété, affiché, affligé, altéré, ampoulé, appliqué, apprêté, artificiel, atteint, attribué, attristé, cérémonieux, chagriné, classé, composé, consacré, contourné, contraint, contrefait, conventionnel, cuistre, dédié, désolé, destiné, emprunté, ému, établi, étudié, exagéré, façonnier, factice, faux, feint, forcé, frappé, gêné, grave, guindé, important, impressionné, imputé, installé, joué, maniéré, marqué, mièvre, mignard, minaudier, muté, nommé, ostentatoire, outré, pédant, peiné, poseur, précieux, prétentieux, pris, qualifié, raide, recherché, secoué, simulé, snob, solennel, superficiel, tarabiscoté, touché, troublé

Affecté d'une hypertrophie de la glande thyroïde
goitreux

Affecté, maniéré
affété

Affecter
afficher, affliger, altérer, appliquer, assigner, atteindre, attribuer, attrister, blesser, chagriner, classer, consacrer, contrefaire, dédier, désigner, désoler, destiner, détacher, émouvoir, établir, étaler, feindre, frapper, grever, impressionner, imputer, installer, jouer, marquer, mettre, mimer, muter, navrer, nommer, peiner, perturber, prendre, qualifier, secouer, simuler, singer, toucher, traumatiser, troubler, verser

Affecter à un autre poste
muter

Affecter de parler latin
latiniser

Affectif
amical, délicat, émotif, émotionnel, passionnel, sensible, sensitif, sentimental, tendre, touchant

Affection
adoration, amitié, amour, caresse, dilection, maladie, passion, penchant, piété, sympathie, tendresse

Affection articulaire
arthrite

Affection causée par un virus du groupe des herpès
zona

Affection chronique dégénérative non inflammatoire des artères
arthrose

Affection contagieuse de la peau
gale, impétigo

Affection cutanée
eczéma, herpès

Affection d'origine virale
herpès

Affection de la peau
dartre, lupus

Affection du foie
hépatite

Affection entre deux personnes
amitié

Affection intestinale chronique
sprue

Affection respiratoire
asthme

Affection subite
ictus

Affectionné
admiré, adoré, prisé

Affectionner
admirer, adorer, aimer, apprécier, chérir, priser

Affectueusement
chèrement

Affectueux
aimant, ami, amical, amitieux, amoureux, câlin, caressant, collant, cordial, doux, fraternel, tendre

Affectueux, gentil
amitieux

Afférent
annexe, attingent, connexe, rattaché

Affermage
location

Affermé
amodié, arrenté, loué

Affermer
amodier, arrenter, louer

Affermi
affirmé, aguerri, amélioré, ancré, assuré, cimenté, conforté, consolé, consolidé, défendu, durci, encouragé, fortifié, protégé, raffermi, raidi, renforcé, revigoré, scellé, tonifié

Affermir
affirmer, aguerrir, améliorer, ancrer, asseoir, assurer, attacher, cimenter, confirmer, conforter, consacrer, consoler, consolider, corroborer, défendre, durcir, encourager, fortifier, protéger, raffermir, raidir, renforcer, revigorer, sceller, tonifier, tremper

Affété
affecté, apprêté, artificiel, étudié, maniéré, mignard, minaudier, précieux, recherché, sophistiqué, tarabiscoté

Afféterie
apprêt, coquetterie, étude, préciosité, recherche, snobisme

Affichage
aguiche, publication, publicité

Affiche
affichette, annonce, avis, casting, communiqué, dazibao, distribution, écriteau, enseigne, manifeste, message, pancarte, panneau, placard, poster, programme, prospectus, publicité, réclame

Affiché
affecté, annoncé, apposé, déployé, étalé, exhibé, exposé, extériorisé, indiqué, manifesté, montré, placardé, présenté, publié, visualisé

Afficher
affecter, annoncer, apposer, arborer, déployer, étaler, exhiber, exposer, extérioriser, indiquer, manifester, montrer, parader, placarder, présenter, professer, publier, visualiser

Affichette
affiche

Affidé
partisan

Affilage
affûtage, aiguisage, émorfilage, émoulage, repassage

Affilé
acéré, affûté, aigu, aiguisé, coupant, incisif

Affiler
acérer, affûter, aiguiser, émorfiler, émoudre, repasser

Affiliation
adhésion, admission, appartenance, association, entrée, initiation

Affilié
adhérent, adjoint, cotisant, enrôlé, incorporé, inscrit, intégré, membre, partisan, rattaché

Affilier
accoler, adjoindre, admettre, agréger, enrôler, incorporer, intégrer, rattacher

Affiloir
aiguisoir, arme, fusil, meule

Affin
linéaire, pareil, parent, semblable, voisin

Affinage
dépuration, épuration, finissage, maturation,
purification, raffinage

Affiné
aiguisé, épuré, pur

Affinement
éducation, épuration

Affiner
aiguiser, amincir, assainir, civiliser, dégrossir,
délier, éduquer, épurer, façonner, mincir,
parfaire, perfectionner, polir, purifier, raffiner,
vieillir

Affiner (S')
préciser

Affinité
analogie, attrait, chimie, concordance,
connexion, convenance, lien, parenté,
proximité, rapport, sympathie

Affins
pareils, voisins

Affiquet
jouet

Affirmatif
catégorique, décisif, dogmatique, oui, positif

Affirmation
assertion, assurance, confirmation,
déclaration, jugement, oui, preuve,
proposition

Affirmation solennelle
serment

Affirmé
affermi, attesté, dévoilé, garanti, manifeste

Affirmer
alléguer, annoncer, assurer, attester, avancer,
avertir, certifier, citer, colporter, confirmer,
crier, déclarer, démontrer, dévoiler, dire,
divulguer, exposer, exprimer, extérioriser,
formuler, garantir, indiquer, informer, insinuer,
invoquer, jurer, maintenir, manifester, notifier,
parier, parler, plaider, poser, prétendre,
proclamer, proférer, promettre, prouver,
raconter, relater, répondre, soutenir,
témoigner

Affirmer (S')
affermir, consolider, dessiner, fortifier,
montrer, renforcer

Affirmer avec vigueur
parier

Affirmer par serment
jurer

Affixe
infixe, particule, préfixe, suffixe

Affleuré
sorti

Affleurer
émerger, percer, sortir

Affliction
abattement, accablement, chagrin, croix,
désespoir, désolation, détresse, deuil,
douleur, épreuve, mal, malheur, peine, plaie,
regret, tristesse

Affligé
abattu, accablé, affecté, anéanti, apitoyé,
atteint, atterré, attristé, chagrin, chagriné,
consterné, contrarié, contristé, découragé,
démoralisé, dépité, désespéré, déshérité,
désolé, dévasté, écœuré, ennuyé, éploré,
trappé, froissé, infortuné, malchanceux,
malheureux, mécontenté, navré, paria,
pauvre, peiné, réprouvé, souffrant,
tourmenté, triste, troublé

Affligeant
amer, cruel, désolant, fâchant, fâcheux,
funeste, lamentable, minable, navrant,
pénible, piètre, piteux, pitoyable, triste

Affliger
abattre, accabler, affecter, anéantir, apitoyer,
atteindre, atterrer, attrister, chagriner,
consterner, contrarier, contrister, déchirer,
décourager, démoraliser, dépiter, désespérer,
désoler, dévaster, ennuyer, fâcher, frapper,
froisser, gratifier, mécontenter, nantir, navrer,
peiner, tourmenter, troubler, ulcérer

Affliger profondément
assommer

Afflué
coulé

Affluence
abondance, afflux, arrivée, attroupement,
avalanche, cohue, débordement,
déferlement, déluge, écoulement, flot, flux,
foisonnement, foule, grouillement, masse,
monde, multitude, nombre, nuée, pluie,
presse, profusion, quantité, rassemblement,
regroupement, réunion

Affluent
fleuve, rivière

Affluent de la Lena
Aldan

Affluent du Mississippi
Arkansas

Affluer
abonder, accourir, apparaître, arriver,
bousculer, concentrer, converger, couler,
débarquer, déferler, déverser, foisonner,
fourmiller, grouiller, masser, monter, pleuvoir,
presser, survenir

Afflux

abondance, affluence, arrivée, déferlement, flot, flux, foule, monde, multitude, nombre, rassemblement, ruée, rush, vague

Affolant

affriolant, aguichant, alarmant, angoissant, apeurant, effarant, effrayant, épouvantable, épouvantant, exaltant, excitant, inquiétant, paniquant, terrible, terrifiant, terrorisant, traumatisant

Affolé

affriolé, agité, aguiché, alarmé, angoissé, animé, apeuré, bouleversé, déboussolé, désorienté, effaré, effrayé, égaré, enflammé, éperdu, épouvanté, exalté, excité, horrifié, inquiété, paniqué, terrifié, terrorisé, tourmenté, troublé

Affolement

agitation, alarme, angoisse, anxiété, bouleversement, crainte, démence, désarroi, désordre, effroi, égarement, émotion, épouvante, folie, frayeur, fureur, hâte, inquiétude, nervosité, panique, peur, précipitation, psychose, terreur, tracas, trouble

Affoler

affrioler, agiter, aguicher, alarmer, animer, apeurer, bouleverser, déboussoler, désorienter, effarer, effrayer, égarer, enflammer, épouvanter, exalter, exciter, horrifier, inquiéter, paniquer, terrifier, terroriser, troubler

Affoler (S')

angoisser, dépêcher, hâter, précipiter, tourmenter

Affouillé

sapé

Affouillement

ablation, érosion

Affouiller

creuser, miner, raviner, saper

Affranchi

autonome, composté, débarrassé, déchargé, défait, dégagé, délié, délivré, détaxé, émancipé, exempt, exempté, exonéré, indépendant, informé, initié, libéré, libre, oblitéré, renseigné, soustrait, souverain, tamponné, taxé, timbré

Affranchir

composter, débarrasser, décharger, défaire, dégager, délier, délivrer, détaxer, émanciper, exempter, exonérer, informer, initier, libérer, renseigner, soustraire, tamponner, taxer, timbrer

Affranchissement

acquit, émancipation, libération, port, timbrage

Affres

agitation, angoisse, anxiété, peur, supplice, terreur, torture, tourments

Affréter

charger, chartériser, équiper, fréter, louer, noliser

Affreusement

laidement

Affreux

abject, abominable, atroce, cruel, désagréable, désolant, détestable, difforme, disgracieux, effrayant, effroyable, épouvantable, exécrable, hideux, horrible, ignoble, infect, inhumain, laid, moche, monstrueux, odieux, pénible, repoussant, répugnant, soudard, terrible, triste, vil, vilain

Affriander

appâter

Affriolant

affolant, aguichant, alléchant, appétissant, attirant, charmant, charmeur, désirable, émoustillant, engageant, ensorcelant, excitant, plaisant, provocant, ragoûtant, séduisant, suggestif, tentant

Affriolé

affolé, aguiché, alléché, excité, séduit

Affrioler

affoler, agacer, aguicher, exciter, séduire

Affront

accrochage, attaque, atteinte, avanie, brimade, calotte, camouflet, claque, échec, gifle, heurt, honte, humiliation, injure, insulte, invective, mortification, offense, outrage, querelle, raillerie, ravage, rebuffade, saillie, sarcasme, soufflet, tort, vexation

Affront public

avanie

Affrontement

bataille, choc, conflit, heurt, lutte, rivalité, rixe

Affronter

assaillir, attaquer, batailler, braver, combattre, défier, guerroyer, heurter, jouter, lutter, objecter, offenser, provoquer, rencontrer, risquer, rivaliser, vilipender

Affronterie

hardiesse

Affublé

déguisé, habillé, vêtu

Affublement

accoutrement

Affubler
accoutrer, costumer, déguiser, donner,
fagoter, habiller, harnacher, octroyer,
surnommer, travestir, vêtir

Affusion
ablution

Affût
cache, embuscade, guet

Affûtage
affilage, aiguisage, émorfilage, émoulage,
repassage

Affûté
acéré, affilé, aigu, aiguisé, appointé, coupant,
émorfilé, émoulu, fin, pénétrant, pointu,
repassé, rusé, subtil, tranchant

Affûter
acérer, affiler, aiguiser, appointer, émorfiler,
émoudre, meuler, repasser, tailler

Aficionado
amateur

Afin
pour

Africain
noir

African National Congress
ANC

Afrique
continent

Afrique équatoriale
AE

After-shave
lotion

Ag
argent

Agaçant
atroce, barbant, contrariant, crispant,
déplaisant, dérangeant, désagréable,
embêtant, énervant, ennuyant, ennuyeux,
enrageant, espiègle, exaspérant, excédant,
fâcheux, fatigant, gênant, hérissant,
horripilant, importun, importunant, infernal,
insupportable, irritant, lassant, nuisant,
odieux, pénible, provocant, rageant, râlant,
tannant, taquin, vexant

Agacé
énervé, exaspéré, excité, impatient, irrité,
tanné

Agacement
contrariété, déception, déplaisir,
désagrément, embêtement, énervement,
ennui, exaspération, impatience, irritation,
mécontentement, nervosité, souci

Agacer
affrioler, aguicher, asticoter, chagriner,
chatouiller, contrarier, crisper, embêter,
énerver, ennuyer, exacerber, exaspérer,
excéder, exciter, fâcher, fatiguer, gêner,
gonfler, hérisser, horripiler, impatienter,
importuner, indisposer, irriter, nuire, piquer,
provoquer, tanner, taquiner, tarabuster, titiller,
tracasser

Agacerie
asticotage, avance, chatouillement, chichi,
coquetterie, marivaudage, minauderie,
provocation, simagrées, taquinerie

Agape
banquet, bombance, festin, repas, ripaille

Agar-agar
algue, gélose

Agate
bille, calcédoine, camée, chrysoprase,
cornaline, onyx, pierre, sardoine

Agate semi-transparente
onyx

Agave
mescal, pite, pulque, sisal

Agave d'Amérique
pite

Agave du Mexique
sisal

Âge
ancienneté, cycle, décrépitude, durée,
époque, ère, étape, état, étendue, existence,
fréquence, génération, longévité, période,
règne, saison, siècle, temps, vie, vieillesse

Âgé
ancien, barbon, caduc, centenaire, séculaire,
vieil, vieillard, vieux

Âge d'à peu près trente ans
trentaine

Agençant
accommodant

Agence
administration, antenne, bureau, cabinet,
comptoir, établissement, filiale, firme, office,
organisme, service, succursale

Agencé
aménagé, arrangé, coordonné, disposé,
harmonisé, orchestré, ordonné, organisé,
structuré

Agence centrale de renseignement américaine
CIA

Agence de presse américaine
UPI

Agence de presse soviétique
TASS

Agence secrète
CIA

Agencement
aménagement, association, composition,
coordination, disposition, économie,
installation, ordonnance, ordre, place,

placement, rangement, répartition, structure, texture

Agencement de plis souples
drapé

Agencer
accommoder, accorder, adapter, ajuster, aménager, arranger, combiner, composer, coordonner, disposer, distribuer, équiper, harmoniser, installer, manigancer, ordonner, organiser, placer, ranger, structurer

Agenda
almanach, cahier, calendrier, calepin, carnet, échéancier, éphéméride, livret, manuel, mémento, mémorandum, planification, planning, répertoire

Agénésie
stérilité

Agenouillé
prosterné

Agent
âme, assureur, auxiliaire, boursier, cause, commis, correspondant, courtier, délégué, émissaire, employé, envoyé, espion, exécutant, facteur, ferment, gendarme, gérant, imprésario, inspecteur, intendant, intermédiaire, manager, mandataire, moteur, moyen, origine, policier, préposé, principe, représentant, ressort, suppôt

Agent chargé de la manœuvre des wagons
wagonnier

Agent de change
boursier

Agent de la douane
douanier

Agent de maîtrise
contremaître, prote

Agent de police
cogne

Agent de police chargé de la surveillance habituelle d'un îlot de maisons
îlotier

Agent diplomatique
consul

Agent diplomatique du Saint-Siège
nonce

Agent officiel d'un État
consul

Agent responsable d'une pollution
polluant

Agent secret
espion

Agent subalterne
commis

Agérate
ageratum

Ageratum
agérate

Agglomérant
agglutinant, liant

Agglomérat
agrégat, amas, magma, masse

Agglomération
amas, association, bourgade, cité, commune, district, localité, métropole, réunion, village

Agglomération centrale d'une ville
bourg

Agglomération constituée hors de l'enceinte d'une ville
faubourg

Agglomération d'abris de fortune
bidonville

Agglomération rurale
village

Aggloméré
brique

Agglomérer
accoupler, agréger, assembler, grouper, masser, réunir

Agglutinant
adhésif, agglomérant, ameutant, amoncelant, assemblant, attroupant, collant, concentrant, conglomérant, entassant, entremêlant, groupant, liant, massant, ralliant, rassemblant, réunissant, unissant

Agglutiner
accoler, accoupler, agréger, coller, réunir, souder, unir

Aggravation
accroissement, complication, poussée, regain

Aggravé
excité

Aggraver
accentuer, accroître, ajouter, allonger, alourdir, amplifier, attiser, augmenter, aviver, compliquer, dégénérer, empirer, envenimer, étendre, exciter, grossir, intensifier, pourrir, redoubler, renforcer

Agile
adroit, alerte, allègre, dégourdi, délié, dispos, félin, fringant, habile, ingambe, léger, leste, mobile, preste, souple, vif

Agile, rapide
véloce

Agilement
lestement

Agilité
adresse, aisance, dextérité, doigté, facilité, habileté, légèreté, mobilité, prestesse, rapidité, souplesse, sûreté, vivacité

Agio
charges, commission, coût, frais, intérêt

Agiotage
boursicotage, spéculation

Agioter
boursicoter, spéculer

Agioteur
boursicoteur, spéculateur

Agir
bouger, comporter, conduire, entraîner,
entreprendre, faire, influencer, influer,
intervenir, jouer, œuvrer, opérer, procéder,
provoquer, travailler

Agir à l'encontre d'un devoir
forfaire

Agir avec lenteur
lambiner

Agir cérémonieusement
officier

Agir en cabotin
cabotiner

Agir en faveur d'une cause
militer

Agir sans violence
militer

Agir sur le passé
rétroagir

Agissant
actif, effectif, efficace, énergique, opérant,
productif, puissant

Agissements
acte, action, intrigue

Agissements secrets et artificieux
menées

Agitateur
baguette, émeutier, meneur, rebelle,
séditieux, trublion

Agitateur, révolté
insurgé

Agitation
activité, affairement, affolement, affres,
angoisse, animation, anxiété, bouillonnement,
bouleversement, déchaînement, délire,
désarroi, désordre, ébullition, effervescence,
embrasement, émeute, émoi, émotion,
excitation, faction, fébrilité, fièvre, flux,
foule, fourmillement, fracas, frénésie, fureur,
grouillement, hâte, inquiétude, insurrection,
lutte, manifestation, mouvement, nervosité,
ondulation, panique, précipitation,
remous, révolte, révolution, secousse,
sédition, surexcitation, tempête, tourbillon,
tourbillonnement, tourment, tourmente,
tracas, trouble, tumulte, turbulence, vibration,
vie

Agitation bruyante
chahut

Agitation de la mer
ressac

Agitation due au déferlement
ressac

Agitation légère de l'eau, produisant un petit bruit
clapotage

Agité
affairé, affolé, animé, anxieux, bouillonnant,
bouleversé, brassé, dissolu, effervescent,
ému, énervé, éperdu, excité, fébrile, fiévreux,
houleux, inquiet, instable, mouvementé,
nerveux, orageux, préoccupé, remuant,
remué, secoué, stressé, surexcité, survolté,
tempétueux, tourmenté, travaillé, trépidant,
troublé, tumultueux, turbulent

Agité de tremblements
tremblant

Agité et rapide
trépidant

Agiter
affoler, animer, balancer, ballotter, battre,
brandir, branler, brasser, cahoter, débattre,
discuter, ébranler, ébrouer, embraser,
enfiévrer, examiner, exciter, fermenter,
trétiller, inquiéter, mélanger, piaffer,
préoccuper, remuer, secouer, soulever, traiter,
travailler

Agiter (S')
affairer, bouger, claquer, courir, démener,
énerver, gesticuler, tourbillonner, trembler

Agiter d'un tremblement
trémuler

Agiter dans une baratte pour faire du beurre
baratter

Agiter doucement
bercer

Agiter par un mouvement violent, involontaire
convulser

Agiter, osciller
brimbaler

Agnation
filiation

Agneau
agnelet, mouton

Agneau pascal
pâque

Agnelage
agnèlement, naissance

Agnèlement
agnelage

Agnelet
agneau

Agnelin
peau, pelage, toison

Agneline
laine

Agnelle
brebis

Agnosie
alexie, amaurose, amblyopie, amnésie, aphasie, aveuglement, infirmité

Agnosticisme
athéisme, impiété, incroyance, indifférence, irréligion, positivisme, scepticisme

Agnostique
incrédule, incroyant, mécréant

Agonie
chute, crépuscule, décadence, déclin, fin, mort, torture

Agonir
injurier, insulter, invectiver, maudire, offenser, outrager, salir, vilipender

Agonisant
expirant, moribond, mourant

Agoniser
décéder, décliner, disparaître, effondrer, éteindre, expirer, mourir, péricliter, périr, succomber, trépasser

Agora
esplanade, forum, parvis, place

Agrafage
accrochage, attache, fixage

Agrafe
attache, barrette, boucle, bouclette, broche, clip, crampon, crochet, épingle, fermail, fermoir, fibule, trombone

Agrafe chirurgicale
clip

Agrafe destinée à tenir un sac fermé
fermoir

Agrafer
accrocher, agriffer, assembler, attacher, épingler, fixer, harponner, joindre, maintenir

Agraire
agrarien, agreste, agricole, champêtre, cultural, fermier, foncier, paysan, rural

Agrandi
accru, allongé, amplifié, augmenté, déployé, déroulé, développé, dilaté, élargi, élevé, enflé, enrichi, épaissi, étalé, étendu, étiré, évasé, exagéré, forci, fortifié, gonflé, grandi, grossi, haussé, hissé, levé, poussé, rehaussé, surélevé

Agrandir
accroître, ajouter, allonger, amplifier, arrondir, augmenter, creuser, croître, déplier, déployer, détirer, développer, dilater, dresser, élargir, élever, enfler, enrichir, étaler, étendre, étirer, évaser, exagérer, fortifier, gonfler, grandir, grossir, hausser, hisser, intensifier, lever, pousser, proliférer, rallonger, redresser, rehausser, relever, renforcer, surélever, surhausser

Agrandir obliquement l'embrasure
ébraser

Agrandissement
accroissement, croissance, gain

Agrandisseur
ampli

Agrarien
agraire, agricole

Agréable
accommodant, accort, accueillant, affable, aimable, amène, amical, amusant, appétissant, attirant, attrayant, avenant, beau, bel, bien, bienséant, bon, calme, charmant, cher, choute, clair, coulant, courtois, délectable, délicat, délicieux, digne, douce, doux, drôle, engageant, exact, excitant, exquis, facile, favorable, flatteur, galant, gentil, gouleyant, gracieux, harmonieux, hilarant, joli, jovial, joyeux, juste, mélodieux, mignon, plaisant, prévenant, radieux, ragoûtant, ravi, rayonnant, riant, rieur, sage, savoureux, séduisant, serviable, sociable, souriant, suave, succulent, sympathique, vertueux

Agréable à toucher
doux

Agréable oisiveté
farniente

Agréable, avenant
amène

Agréablement
bellement, bien

Agréé
accepté, admis, approuvé, conventionné, mandataire, permis

Agréer
accepter, accorder, acquiescer, admettre, aller, approuver, convenir, daigner, incorporer, permettre, plaire, pratiquer, prouver, ratifier, satisfaire

Agreg
agrégation

Agrégat
aggloméré, agrégation, amas, assemblage, conglomérat, masse

Agrégation
agreg, agrégat, association, réunion

Agréger
adjoindre, admettre, affilier, agglomérer, agglutiner, assembler, associer, attacher, choisir, coopter, incorporer, intégrer, recruter, réunir, unir

Agrément
acceptation, accord, acquiescement, adhésion, amusement, appas, approbation, assentiment, attrait, autorisation, aveu, beauté, bonheur, charme, commodité, consentement, élégance, enjolivement, facilité, fioriture, garniture, grâce, joie, ornement, oui, permission, piquant, plaisir, saveur, séduction

Agrémenté
égayé, émaillé, garni, pimenté, poivré

Agrémenter
assaisonner, chamarrer, décorer, égayer, émailler, embellir, garnir, orner, parer, pimenter, rehausser, relever

Agrès
anneau, balançoire, barre, corde, gréement, portique, trapèze

Agressé
assailli, attaqué, cogné, défié, frappé, injurié, insulté, provoqué, vilipendé

Agresser
assaillir, attaquer, cogner, défier, étriper, frapper, injurier, insulter, provoquer, vilipender, violenter

Agresseur
offenseur

Agressif
accrocheur, acerbe, aigre, amer, âpre, bagarreur, batailleur, belliqueux, braillard, brutal, cabré, coléreux, combatif, criard, dangereux, déchaîné, désagréable, hargneux, inamical, irritant, méchant, menaçant, mordant, offensif, outrancier, polémique, provocant, provocateur, pugnace, querelleur, rageur, rude, teigneux, véhément, vif, violent, virulent

Agression
attaque, attentat, brutalité, charge, nuisance, pollution, stress, violence

Agressivement
rageusement

Agressivité
animosité, haine, hargne, hostilité, malveillance, mordant, pugnacité, violence

Agreste
agraire, agricole, bucolique, campagnard, champêtre, idyllique, pastoral, paysan, rural, rustique, sauvage

Agricole
agraire, agrarien, agreste, agriculteur, champêtre, cultural, foncier, paysan, rural

Agriculteur
agricole, agronome, campagnard, cultivateur, éleveur, exploitant, fermier, horticulteur, laboureur, maraîcher, métayer, paysan, planteur, producteur, rural, terrien, travailleur

Agriculture
agrologie, agronomie, botanique, champ, culture, élevage, fermage, horticulture, jardinage, métayage, paysannerie

Agriffer (S')
agrafer, agripper, attraper, épingler

Agrion
æschne, libellule

Agrippé
attrapé, cramponné, harponné, saisi, tenu

Agripper
accrocher, agriffer, attraper, emparer, harponner, prendre, saisir, tenir

Agripper (S')
cramponner

Agro
champ

Agrologie
agriculture

Agronome
agriculteur, paysan

Agronomie
agriculture

Agrume
citron, clémentine, fruit, lime, mandarine, orange, pamplemousse, pomelo, tangerine

Agrume plus petit que l'orange
mandarine

Aguerri
accompli, accoutumé, affermi, appris, armé, cuirassé, dressé, dur, éduqué, endurci, entraîné, éprouvé, exercé, familiarisé, formé, fort, fortifié, habitué, initié, préparé, rompu

Aguerrir
accoutumer, affermir, apprendre, armer, cuirasser, dresser, éduquer, endurcir, entraîner, exercer, familiariser, former, fortifier, habituer, initier, préparer, tremper

Aguiche
affichage, publicité

Ah
eh, exclamation, ha, hep, ho, interjection, oh

Ahané
peiné

Ahaner
besogner, essouffler, fatiguer, peiner, souffler, suer

Ahonter
honnir

Ahuri
abasourdi, abêti, abruti, baba, bête, confondu, déconcerté, décontenancé, dérouté, désorienté, ébahi, ébaubi, éberlué, effaré, émerveillé, épaté, époustouflé, étonné,

étourdi, frappé, hébété, idiot, imbécile, impressionné, interdit, interloqué, médusé, pantois, sidéré, sot, stupéfait, stupéfié, stupide, surpris, troublé

Ahurir
abasourdir, abêtir, abrutir, confondre, déconcerter, décontenancer, dérouter, désorienter, ébahir, ébaubir, éberluer, émerveiller, épater, époustoufler, étonner, étourdir, frapper, hébéter, impressionner, interdire, interloquer, méduser, sidérer, stupéfier, surprendre, troubler

Ahurissant
abasourdissant, abracadabrant, admirable, confondant, déconcertant, désorientant, ébahissant, éberluant, effarant, émerveillant, épatant, étonnant, étourdissant, excessif, fabuleux, fantastique, frappant, impressionnant, incroyable, inhabituel, insensé, insolite, médusant, prodigieux, saisissant, scandaleux, sidérant, stupéfiant, suffocant, surprenant

Ahurissement
hébétude, stupeur

Aï
bradype, paresseux

Aiche
appât

Aicher
amorcer, appâter, attirer

Aidant
accompagnant, appuyant, assistant, confortant, consolant, contribuant, coopérant, défendant, délivrant, dépannant, épaulant, facilitant, participant, patronnant, poussant, protégeant, réconfortant, remontant, renforçant, secondant, sccourant, servant, soignant, soulageant, soutenant

Aide
acolyte, adjoint, adjointe, allié, allocation, appoint, apprenti, appui, assistance, complicité, concours, contribution, défense, épaule, faveur, grâce, outil, piston, prestation, protection, réconfort, renfort, second, secours, service, soutien, subside, subvention, viatique

Aidé
entouré, secondé

Aide financière
subside

Aide mutuelle
entraide

Aide-mémoire
agenda, manuel, mémento

Aider
accompagner, appuyer, assister, collaborer, conforter, consoler, contribuer, coopérer, défendre, délivrer, dépanner, épauler, faciliter, favoriser, obliger, parrainer, participer, patronner, pousser, privilégier, promouvoir, protéger, réconforter, remonter, renforcer, seconder, secourir, servir, soulager, soutenir, stimuler

Aïe
interjection, ouille

Aïeul
aîné, ancêtre, ascendant, bisaïeul, papi, parent, pépé, père, précurseur, prédécesseur, trisaïeul

Aigle
aiglon, alérion, as, champion, circaète, génie, gypaète, lumière, oiseau, phénix, prodige, pygargue, rapace, surdoué, uraète, virtuose

Aigle d'Australie
uraète

Aigle de très grande envergure
uraète

Aigle pêcheur
balbuzard

Aiglefin
cabillaud, haddock, morue

Aiglette
aiglon

Aiglon
aigle, aiglette, alérion, circaète, gypaète, pygargue, uraète

Aigre
acariâtre, acerbe, acéré, acescent, acide, acidulé, âcre, acrimonieux, agressif, aigrelet, aigri, aigu, amer, âpre, cassant, caustique, coupant, criard, cuisant, déplaisant, désagréable, fielleux, froid, glacé, glacial, grinçant, hargneux, mordant, pénible, perçant, piquant, piqué, râpeux, revêche, rude, saisissant, sec, strident, sur, suret, suri, tourné, tranchant, venimeux, vert, vif

Aigre-de-cèdre
orangeade

Aigrefin
arnaqueur, carotteur, escroc, filou, fripon, pirate, voleur, voyou

Aigrelet
acide, acidulé, âcre, aigre, âpre, fluet, piquant, sur, suret

Aigrement
amèrement

Aigrette
héron, houppe, huppe, mèche, ornement, panache, plume, plumet, touffe

Aigreur
acidité, âcreté, acrimonie, amertume, animosité, brûlure, déception, dépit, fiel, humeur, irritation, mordant, rancœur, rancune, ressentiment, rudesse

Aigri
abîmé, acerbe, aigre, amer, désabusé, désenchanté, exaspéré, fâché, gâté, incommodé, indisposé, irrité, suri, tourné

Aigri, en parlant du lait ou du vin
tourné

Aigrir
altérer, avarier, corrompre, exaspérer, fâcher, gâter, incommoder, indisposer, irriter, piquer, surir, tourner

Aigu
acéré, acuminé, affilé, affûté, aigre, aiguisé, anguleux, clair, coupant, criard, cuisant, déchirant, éclatant, effilé, élevé, exaspéré, fin, flûté, grinçant, haut, incisif, intense, mordant, ouvert, pénétrant, perçant, piquant, pointu, profond, sagace, saillant, scrutateur, strident, subtil, suraigu, taraudant, torturant, tranchant, vif, violent

Aiguail
rosée

Aiguillage
guidage

Aiguille
aiguillon, alène, bec, broche, cime, crête, crochet, dent, éperon, épine, fiche, flèche, index, obélisque, pic, piquoir, piton, pointe, sommet, style, tête, tige

Aiguille d'un cadran
index

Aiguille des secondes
trotteuse

Aiguille emmanchée servant à piquer un dessin
piquoir

Aiguiller
canaliser, guider, orienter

Aiguillette
cordon, filet, lacet

Aiguillon
aiguille, dard, éperon, épine, excitant, piquant, tentation

Aiguillonné
animé, excité

Aiguillonner
aiguiser, animer, enhardir, exciter, fouetter, piquer, pousser, presser, provoquer, ranimer, réanimer, stimuler

Aiguisage
affilage, affûtage

Aiguisé
accru, acéré, affilé, affiné, affûté, aigu, augmenté, avivé, coupant, exacerbé, excité, fignolé, fouetté, incisif, pénétrant, perçant, pointu, poli, sagace, stimulé, subtil, tranchant, travaillé

Aiguisé sur une meule
émoulu

Aiguiser
accroître, acérer, affiler, affiner, affûter, aiguillonner, augmenter, aviver, émoudre, exacerber, exciter, fignoler, fouetter, parfaire, polir, ranimer, réanimer, repasser, stimuler, travailler

Aiguiser à la meule
meuler

Aiguisoir
affiloir

Ail
caïeu, condiment

Aile
aileron, élytre, flanc, plan

Ailé
aérien, céleste, éthéré, pur, vaporeux

Aileron
aile, bras, élytre, empennage, flanc, nageoire

Ailette
lame, pale

Ailier surnommé « Boom Boom »
Bernard, Geoffrion

Ailier surnommé « Le Petit Viking »
Mats, Naslund

Ailler
assaisonner, épicer

Ailleurs
absent, loin

Aimable
accessible, accommodant, accort, adorable, affable, agréable, amène, amical, attentionné, attirant, attrayant, avenant, beau, bel, bien, bienveillant, bon, bonhomme, charmant, civil, complaisant, convenable, coquet, correct, courtois, doux, engageant, enjoué, exquis, gentil, gracieux, joli, liant, obligeant, plaisant, poli, prévenant, riant, séduisant, serviable, sociable, sympathique

Aimable et gracieux
accort

Aimablement
gentiment

Aimant
affectueux, amoureux, câlin, caressant, doux, sensible, tendre

Aimanter
attirer, magnétiser

Aimé
admiré, adoré, cher, chéri, prisé, vénéré

Aimée de Tristan
Iseut, Iseult

Aimée de Zeus
Io

Aimer
admirer, adorer, affectionner, apprécier, approuver, chérir, déguster, désirer, estimer, goûter, idolâtrer, priser, raffoler, savourer, souhaiter, vénérer, vouloir

Aimer avec passion
idolâtrer

Aimer passionnément
adorer

Aimer tendrement
chérir

Aîné
aïeul, ancêtre, ancien, devancier, doyen, enfant, fils, précurseur, prédécesseur, premier, vieillard

Aînesse
primogéniture

Ainsi
aussi, comme, donc, finalement, pareillement, partant, sic, subséquemment, tel

Ainsi dans le texte
sic

Ainsi soit-il
amen

Air
aéro, allure, ambiance, apparence, aria, aspect, atmosphère, attitude, azur, ballade, brise, caractère, chanson, chant, climat, comportement, contenance, dégaine, dehors, éther, expression, extérieur, façon, figure, galop, genre, maintien, manière, masque, mélodie, milieu, mine, musique, physionomie, port, pression, ressemblance, rigaudon, rigodon, semblant, souffle, style, touche, tour, turbulence, vent, visage

Air exhalé
souffle

Air que l'on sonne pour lancer le cerf
fanfare

Air qui se glisse par les ouvertures
coulis

Air très vif à deux temps
rigaudon, rigodon

Airain
bronze, cloche

Airbus
avion

Aire
abri, champ, domaine, emplacement, espace, étendue, niche, nid, région, repaire, sphère, superficie, surface, terrain, territoire, zone

Airé
niché

Aire de vent
ENE, ESE, est, NE, NNE, NNO, NO, nord, ONO, OSO, ouest, SE, SO, SSE, SSO, sud

Airelle
arbrisseau, bleuet, bluet, canneberge, lucet, myrtille

Airer
nicher, nidifier

Ais
bardeau, latte, planche, planchette, sapine, tablette, volige

Aisance
abondance, adresse, agilité, aise, aplomb, assurance, chic, commodité, confort, décontraction, désinvolture, élégance, facilité, grâce, habileté, légèreté, liberté, naturel, opulence, panache, prestesse, prospérité, richesse, souplesse, talent

Aisance de la parole
volubilité

Aise
abondance, aisance, amusement, assurance, commodité, confort, content, contentement, convenance, décontraction, désinvolture, euphorie, félicité, heureux, joie, naturel, opulence, richesse, satisfaction

Aisé
abordable, commode, cossu, dégagé, désinvolte, facile, familier, fluide, fortuné, huppé, libre, nanti, naturel, opulent, pratique, prospère, riche, simple, souple

Aisé, bien installé
bourgeois

Aisément
amplement, commodément, facilement, largement, naturellement, simplement, volontiers

Aisseau
aissette, asse, asseau, bardeau

Aissette
aisseau

Ajointer
aboucher, abouter, accoler, accoupler, allier, assembler, associer, attacher, combiner, connecter, emboîter, grouper, joindre, jumeler, lier, raccorder, relier, réunir, souder, unir

Ajonc
arbrisseau

Ajour
aération, bouche, brèche, châssis,
embrasure, fenêtre, jour, orifice, ouverture,
passage, trou

Ajouré
aéré, ouvragé

Ajourer
entrouvrir, forer, ouvrir, percer, perforer, trouer

Ajourné
ergoté, retardé

Ajournement
atermoiement, remise, renvoi, report, retard,
sursis

Ajourner
coller, différer, éliminer, proroger, recaler,
reculer, refuser, remettre, renvoyer, reporter,
repousser, retarder, surseoir, suspendre

Ajout
addenda, additif, addition, adjonction,
adjuvant, annexe, appendice, augmentation,
bonus, complément, prime, rajout, rallonge,
supplément, surplus

Ajoutage
about

Ajouté
additionné, joint, poivré

Ajouter
accoler, accompagner, accroître, additionner,
adjoindre, aggraver, agrandir, allonger,
amplifier, annexer, attacher, augmenter,
compléter, dire, doter, embellir, enchérir,
enrichir, épaissir, greffer, inclure, incorporer,
insérer, intercaler, introduire, joindre, majorer,
orner, prolonger, rajouter, rallonger, remettre,
réunir, sertir, surcharger

Ajouter de la moutarde
sinapiser

Ajouter de nouveau
rajouter

Ajouter du tanin
taniser, tanniser

Ajouter un affixe
suffixer

Ajouter un préfixe
préfixer

Ajoutoir
ajutage

Ajustable
réglable

Ajustage
alésage, assemblage, joint, limage, montage,
polissage, rodage, taraudage, usinage

Ajusté
collant, moulant, orchestré, rétréci, serré

Ajustement
adaptation, mise, rodage, transition

Ajuster
abouter, acclimater, accommoder, accorder,
adapter, agencer, aléser, aligner, approprier,
arranger, arrondir, assembler, centrer,
cibler, combiner, composer, concilier,
conformer, connecter, disposer, égaliser,
emboîter, joindre, jumeler, moduler, monter,
mouler, ordonner, organiser, placer, pointer,
raccorder, régler, rétrécir, serrer, viser

Ajuster un ressort
tarer

Ajuster un vêtement à la taille
cintrer

Ajusteur
aléseur, assembleur, installateur, monteur,
tailleur

Ajutage
ajoutoir, trou

Al
aluminium

Alâ al-Din
Aladin

Alabastrite
albâtre

Alacrité
allant, allégresse, amusement, badinage,
contentement, enjouement, entrain,
exultation, gaieté, hilarité, joie, jovialité,
jubilation, liesse, plaisanterie, réjouissance,
rigolade, vivacité

Alaise
calibre, fraise, tissu

Alambic
athanor

Alambiqué
abstrus, contourné, implexe, nébuleux,
obscur, subtil, tarabiscoté, tourmenté

Alangui
abattu, affaibli, amolli, amoureux, apaisé,
assoupi, attendri, énamouré, éreinté,
exténué, fatigué, harassé, indolent,
langoureux, languide, languissant, lent, miné,
mourant, nonchalant, paresseux, ramolli,
sentimental, somnolent, tendre

Alanguir
abattre, affaiblir, amollir, apaiser, assoupir,
attendrir, éreinter, exténuer, fatiguer, harasser,
miner, ramollir

Alanguissement
abattement, indolence, langueur

Alarmant
affolant, angoissant, atterrant, critique,
effarant, effrayant, grave, inquiétant,
paniquant, préoccupant, sinistre, sombre,
terrifiant, terrorisant, troublant

Alarme
affolement, alerte, antivol, anxiété, appréhension, avertisseur, crainte, effroi, émoi, émotion, éveil, frayeur, inquiétude, peur, signal, sirène, souci, terreur, tocsin

Alarmé
affolé, alerté, apeuré, dérangé, effarouché, effrayé, épouvanté, horrifié, inquiet, inquiété, paniqué, préoccupé, pressé, terrifié, terrorisé, tourmenté, tracassé

Alarmer
affoler, alerter, apeurer, déranger, effarer, effaroucher, effrayer, émouvoir, épeurer, épouvanter, horrifier, inquiéter, paniquer, préoccuper, presser, terrifier, terroriser, tourmenter, tracasser, trembler

Alarmiste
anxieux, catastrophiste, défaitiste, inquiet, noir, pessimiste, tourmenté, troublé

Alastrim
variole

Alaterne
nerprun

Albâtre
alabastrite, gypse, marbre, plâtre

Albe
blanc

Alberge
abricot, brugnon

Albert Eistein
AE

Albinisme
achromie

Albuginé
blanc

Albugo
tache, taie

Album
bouquin, cahier, classeur, coffret, collection, corpus, disque, livre, recueil, registre

Alcade
bourgmestre, juge, magistrat, maire

Alcali
ammoniac, ammoniaque, base

Alcalin
antiacide, basique

Alcaloïde contenu dans le poivre noir
piperin

Alcaloïde de la feuille de thé
théine

Alcaloïde de la fève de Calabar
ésérine

Alcaloïde dérivé de la morphine
codéine

Alcaloïde du café
caféine

Alcaloïde du poivrier
piperin

Alcaloïde du tabac
nicotine

Alcaloïde extrait de l'écorce de yohimbehe
yohimbine

Alcaloïde extrait de l'ipéca
émétine

Alcaloïde extrait de l'opium
codéine

Alcaloïde toxique
ésérine

Alcaloïde toxique de certains champignons
muscarine

Alcaloïde utilisé comme vomitif
émétine

Alcalose
acidose

Alcazar
castel, château, citadelle, édifice, fort, forteresse, fortification, fortin, palace, palais, résidence

Alchimie
chimie, ésotérisme, hermétisme, magie, sorcellerie

Alchimiste
magicien

Alcide
hercule

Alcool
apéritif, armagnac, boisson, brandy, cognac, digestif, fine, genièvre, gin, gnaule, gnôle, goutte, kirsch, kummel, kvas, kwas, liqueur, marc, rhum, schnaps, spiritueux, vin, vodka, whisky

Alcool de canne à sucre
rhum

Alcool de grain à base de maïs
bourbon

Alcool de masse moléculaire élevée
stérol

Alcool fait d'eau et de miel
hydromel

Alcool frelaté
robine

Alcool mexicain à base d'agave
tequila

Alcool polycyclique
stérol

Alcool sucré incolore et inodore
glycérine

Alcool-phénol extrait de l'essence de menthe poivrée
menthol

Alcoolat
esprit, essence, extrait, vapeur

Alcoolé
teinture

Alcoolique
ivrogne, soiffard

Alcooliques anonymes
AA

Alcooliser
rhumer

Alcootest
éthylomètre, éthylotest, ivressomètre

Alcôve
cabinet, chambre, lit, niche, recoin, réduit, renfoncement

Aldéhyde
aldol, formol

Aldol
aldéhyde

Ale
bière, cervoise, chope, demi, stout

Aléa
accident, aventure, chance, danger, hasard, impondérable, imprévu, incertitude, péripétie, risque, variation, vicissitude

Aléatoire
casuel, éventuel, hasardeux, incertain, risqué

Alène
aiguille, poinçon

Alentour
autour, entour

Alentours
abords, approches, entourage, environs, parages, rapprochement, secteur, voisinage

Aleph
puissance, transfini

Alérion
aigle, aiglon

Alerte
agile, alarme, allègre, danger, dispos, éveil, éveillé, fringant, gaillard, ingambe, léger, leste, menace, peur, preste, rapide, sémillant, semonce, signal, sirène, souple, vert, vif

Alerté
alarmé, ameuté, annoncé, appelé, averti, avisé, éveillé, fringant, informé, mobilisé, prévenu, semoncé, sommé

Alertement
lestement

Alerter
alarmer, ameuter, annoncer, appeler, apprendre, avertir, aviser, éveiller, informer, inquiéter, instruire, mobiliser, prévenir, semoncer, sommer

Alésage
ajustage, calibrage, calibre, cylindrée, fraisage, rectification, usinage, volume

Alèse
calibre, fraise, tissu

Aléser
ajuster, calibrer, cylindrer, évaser, fraiser, percer, polir, rectifier, tourner, usiner

Aléser une seconde fois
réaléser

Aléseur
ajusteur, fraiseur, monteur, outilleur

Aléseuse
calibreuse, meule, rectifieuse

Alevin
blanchaille, frai, fretin, nourrain

Aleviner
empoissonner, ensemencer, frayer, repeupler

Alevinier
vivier

Alexie
agnosie

Alezan
bai, cheval, étalon, roux

Alezane
jument

Alfa
spart

Alganon
chaîne

Algarade
accrochage, altercation, attaque, avanie, caprice, dispute, esclandre, explosion, incartade, incident, insulte, invective, offense, querelle, savon, scène, sortie

Algazelle
antilope

Algèbre
calcul, géométrie, mathématique

Algérianiser
arabiser

Algide
froid

Algie
douleur, mal, souffrance

Algonquin
amérindien, autochtone

Algue
fucus, goémon, ulve, varech

Algue appelée laitue de mer
ulve

Algue bleue microscopique
nostoc

Algue brune
fucus

Algue marine
goémon

Algue rouge gélatineuse
némale

Algue verte marine
ulve

Algues marines
varech

Alias
dit

Alibi
circonstance, excuse, justification, prétexte,
preuve, raison

Alibile
nutritif

Aliénation
abandon, démence, égarement, folie, legs,
psychose, transfert

Aliéné
abandonné, altéré, cédé, dément,
déséquilibré, écarté, éloigné, fol, fou, inféodé,
malade, maniaque, mécontenté, vendu

Aliéner
abandonner, altérer, céder, déranger,
distribuer, donner, écarter, égarer, éloigner,
inféoder, laisser, léguer, mécontenter, perdre,
transférer, troubler, vendre

Aliéniste
neuropsychiatre, psychanalyste, psychiatre

Aligné
droit, rangé

Alignement
enfilade, file, ligne, rang, rangée

Alignement de colonnes
colonnade

Aligner
ajuster, classifier, disposer, niveler, placer,
présenter, ranger, standardiser, unifier,
uniformiser

Aligoté
bourgogne, vin

Aliment
comestible, denrée, mets, nourriture,
nutriment, nutrition, pain, pâture, pitance,
produit, provision, vivre

**Aliment composé essentiellement de cacao et
de sucre**
chocolat

Aliment de saveur douce
sucre

Aliment fait de farine, d'eau et de sel
pain

Aliment frit
friture

Aliment mariné
marinade

**Aliment préparé conformément aux lois
hébraïques**
casher

Aliment qui contient du lait
laitage

Aliment tiré du lait
laitage

Alimentation
arrivée, épicerie, fourniture, nourriture,
nutrition, régime

Alimenté
animé, nourri

Alimenter
allaiter, animer, approvisionner, consommer,
entretenir, espérer, fournir, manger, nourrir,
pourvoir, préparer, procurer, ravitailler,
soutenir, sustenter

Alimenter avec une canule
canuler

Alimenter de force
gaver

Alinéa
article, division, espace, paragraphe, partie,
passage

Alise
fruit

Alisier
sorbier

Alité
allongé, couché, étendu, grabataire

Aliter
allonger, coucher, étendre

Alize
fruit

Alizé
vent

Alizé qui souffle sur le Sahara
harmattan

Allache
alose

Allaiter
alimenter, nourrir

Allant
abatage, abattage, acheminant, actif,
alacrité, allègre, ardeur, cheminant, circulant,
cœur, conduisant, déplaçant, dynamique,
dynamisme, énergie, enthousiasme, entrain,
feu, fougue, fraîcheur, leste, marchant,
mordant, progressant, pugnacité, punch,
ressort, véhiculant, vif, vitalité, vivacité,
voyageant

Allée
accès, avancée, avenue, boulevard, chemin, cours, mail, mouvement, passage, progression, promenade, route, rue, voie

Allée carrossable bordée d'arbres
drève

Allée d'arbres taillés
charmille

Allée, haie de charmes
charmille

Allégation
calomnie, prétexte, proposition, thèse

Allège
accon, acon, chaînage, embarcation, gabare, gabarre

Allégé
abrégé, adouci, aéré, aminci, amoindri, apaisé, atténué, baissé, calmé, débarrassé, déchargé, dégrevé, délesté, diététique, diminué, écrémé, édulcoré, exempté, exonéré, hypocalorique, léger, maigre, minimisé, réduit, soulagé, tamisé, tempéré

Allégeance
appartenance, fidélité, obéissance, vassalité

Allégeant
apaisant

Allègement
décharge, diminution

Alléger
abréger, adoucir, aérer, amincir, amoindrir, apaiser, atténuer, baisser, calmer, consoler, débarrasser, décharger, dégrever, délester, diminuer, écourter, édulcorer, élégir, exempter, exonérer, minimiser, radoucir, réduire, soulager, tamiser, tempérer

Allégorie
apologue, comparaison, conte, emblème, fable, fiction, figure, image, métaphore, mythe, parabole, personnification, représentation, reproduction, symbole

Allègre
agile, alerte, allant, content, dispos, enjoué, folâtre, fringant, gai, gaillard, guilleret, jovial, joyeux, léger, leste, pimpant, preste, radieux, ravi, réjoui, riant, rieur, sémillant, souriant, vert, vif

Allègrement
gaiement, gaîment

Allégresse
alacrité, amusement, enthousiasme, euphorie, exultation, gaieté, hilarité, joie, jubilation, liesse, réjouissance

Allégresse, enjouement
alacrité

Allegretto
allegro, animé, vif

Allegro
allegretto, vif

Allégué
cité

Alléguer
affirmer, arguer, avancer, citer, déclarer, dire, invoquer, objecter, opposer, poser, présenter, prétendre, prétexter, produire, signaler

Alléguer comme prétexte
prétexter

Allène
propadiène

Aller
aboutir, agréer, atteindre, avancer, cheminer, circuler, convenir, entrer, errer, être, fonctionner, marcher, mener, parcourir, partir, pénétrer, porter, promener, sentir, seoir, suffire, venir, voyager

Aller au hasard
vaguer

Aller d'un côté et de l'autre
fluctuer

Aller d'un lieu à l'autre
parcourir

Aller de nouveau à la chasse
rechasser

Aller de travers
zigzaguer

Aller en arrière
culer

Aller en s'écartant
diverger

Aller en skis
skier

Aller l'amble
ambler

Aller manger
grailler

Aller plus vite
accélérer

Aller rapidement
trotter

Aller retrouver quelqu'un
rejoindre

Aller vers un même point
converger

Allergie
anaphylaxie, antipathie, dégoût, hostilité, hypersensibilité, intolérance, rejet, répugnance, répulsion

Allez, en latin
ite

Alliage
aloi, amalgame, assemblage, combinaison, composé, composition, fusion, mélange

Alliage à base de cuivre
airain

Alliage à haute teneur en cobalt
Stellite

Alliage d'aluminium et de silicium affiné
alpax

Alliage de cuivre et de nickel
Monel

Alliage de cuivre et de zinc
laiton, tombac

Alliage de fer
invar

Alliage de fer et de carbone
acier, fonte

Alliage de fer et de nickel
platinite

Alliage naturel d'or et de rhodium
rhodite

Alliance
accord, amalgame, anneau, association,
assortiment, bague, coalition, combinaison,
confédération, convention, entente,
fédération, harmonie, hyménée, jonc, liaison,
ligue, mariage, mélange, mixage, pacte,
parenté, rapprochement, réunion, synthèse,
traité, union

Allié
accordé, adepte, aide, ami, annexé,
apparenté, appui, assemblé, associé,
auxiliaire, coalisé, combiné, concilié,
confédéré, conjugué, couplé, fédéré,
fusionné, harmonisé, lié, ligué, marié,
membre, orchestré, parent, partenaire,
partisan, réuni, satellite, second, soudé,
soutien, uni

Allié avec de l'iridium
iridié

Allier (S')
accoler, accommoder, accorder, accoupler,
ajointer, annexer, apparenter, apparier,
assembler, associer, assortir, coaliser,
combiner, concilier, conjuguer, coupler,
cumuler, entendre, fiancer, fusionner,
harmoniser, joindre, lier, liguer, marier,
mélanger, mêler, réunir, souder, unir

Alligator
caïman, crocodile

Allô
interjection

Allocation
aide, assignation, attribution, compensation,
contribution, dédommagement, dotation,
indemnité, octroi, pension, prestation,
rémunération, rente, rétribution, secours,
soutien, subside, subvention

Allocation versée aux demandeurs d'emploi
chômage

Allochtone
allogène

Allocutaire
auditeur, destinataire

Allocution
adresse, causerie, déclamation, déclaration,
discours, harangue, laïus, message, oraison,
plaidoirie, plaidoyer, prêche, proclamation,
propos, sermon, tirade, toast

Allogène
allochtone, étranger

Allongé
accru, agrandi, alité, amplifié, augmenté,
couché, déplié, déployé, déroulé, distendu,
effilé, élancé, étalé, étendu, étiré, fin, frappé,
long, mince, oblong, prolongé, rallongé, tiré

Allongement
accroissement, élongation, étirement

Allongement accidentel d'un muscle
élongation

Allonger
accroître, adresser, aggraver, agrandir,
ajouter, aliter, amplifier, aplatir, augmenter,
avancer, coucher, croître, délayer, déplier,
déployer, dérouler, développer, diluer,
distendre, éclaircir, effiler, élonger, étaler,
étendre, étirer, fluidifier, grandir, lancer,
mincir, mouiller, porter, presser, prolonger,
proroger, rallonger, tendre, tirer, traîner

Allotir
distribuer

Allotissement
groupage

Alloué
accordé, attribué, concédé, décerné, dévolu,
donné, doté, gratifié, imparti, octroyé

Allouer
accorder, attribuer, concéder, décerner,
distribuer, donner, doter, faire, gratifier,
impartir, octroyer, offrir, procurer

Allumage
contact, démarrage

Allumette
feu

Allumeur
delco

Allure
air, amble, apparence, aspect, attitude,
cadence, caractère, chic, classe,
comportement, conduite, contenance,
dégaine, démarche, direction, distinction,
élégance, erre, extérieur, face, façon, forme,
galop, genre, ligne, maintien, manière,
marche, mine, panache, pas, physionomie,

port, présentation, prestance, rythme,
silhouette, style, touche, tour, tournure, train,
trot, visage, vitesse

Allure d'un quadrupède
amble

Allure de certains quadrupèdes
trot

Allure défectueuse d'un cheval
aubin

Allure du cheval
galop, trot

Allure élégante
chic

Allure, rythme
tempo

Allure, train
erre

Allusif
détourné, évasif, implicite, indirect,
métaphorique

Allusion
évocation, fiction, insinuation, rappel

Alluvial
alluvien, limoneux, sédimentaire

Alluvien
alluvial

Alluvions
boue, colluvion, dépôt, limon, lœss,
sédiments

Almanach
agenda, annuaire, bloc, calendrier, calepin,
carnet, éphéméride, mémento, planning,
recueil, registre

Almandin
grenat

Almée
ballerine, danseuse

Alogique
absurde, illogique

Aloi
alliage, goût, loi, qualité, réputation, titre,
valeur

Alopécie
atrichie, calvitie, décalvation, dépilation,
pelade, psilose, tonsure

Alors
après, aussi, cependant, donc, lors, puis

Alose
allache

Alouate
hurleur

Alouette
cochevis, mauviette

Alouette cornue
ortolan

Alouette de mer
charlot

Alouette des bois
lulu

Alouette vivant sur les hauts plateaux d'Afrique
sirli

Alourdi
accablé, accru, appesanti, chargé, engourdi,
engraissé, épaissi, lesté, pesant, pesé,
plombé, ralenti, surchargé

Alourdir
accabler, aggraver, appesantir, augmenter,
charger, compliquer, embarrasser, empâter,
endormir, engourdir, engraisser, envenimer,
épaissir, exaspérer, forcir, frapper, grever,
grossir, lester, peser, ralentir, surcharger

Alourdissant
accablant, appesantissant, augmentant,
chargeant, engourdissant, engraissant,
épaississant, lestant, opprimant, pesant,
surchargeant

Alourdissement
accroissement, lourdeur

Aloyau
travers

Alpaga
guanaco, lama, vigogne

Alpage
alpe, estive, herbage, pacage, pâturage,
pâture, prairie, pré

Alpe
alpage, estivage, herbage, pacage, pâturage,
pâture, prairie

Alpenstock
bâton, canne

Alpestre
alpin, montagneux

Alphabet
abc, abécédaire

Alphabet à l'usage des aveugles
braille

Alphabétiser
apprendre, cultiver, enseigner, former,
instruire

Alpin
alpestre, montagneux, neigeux

Alpinisme
escalade, varappe

Alpiniste
grimpeur, varappeur

Alpiste
chiendent, graminée, millet

Altération
anomalie, changement, corruption,
décomposition, dégât, dégradation,
dénaturation, détérioration, falsification,

modification, perversion, pourrissement, pourriture, putréfaction, tache, talure, tare, tavelure, transformation, trouble, truquage

Altération de la voix quand elle mue
muance

Altercation
accrochage, algarade, bagarre, chamaille, chamaillerie, chicane, conflit, contestation, démêlé, désaccord, différend, discussion, dispute, empoignade, escarmouche, explication, fâcherie, litige, malentendu, mésentente, opposition, querelle, rixe, scène

Altéré
abâtardi, abîmé, affaibli, affecté, aliéné, appauvri, asséché, assoiffé, attaqué, atteint, avarié, avide, bouleversé, changé, contrefait, corrompu, décomposé, défiguré, déformé, dégradé, dénaturé, dépravé, déshydraté, désintégré, desséché, détérioré, détraqué, diminué, ébranlé, endommagé, estropié, éventé, falsifié, faussé, flétri, frelaté, métamorphosé, moisi, mutilé, oxydé, perverti, pourri, putréfié, rongé, rouillé, ruiné, terni, tourné, travesti, tronqué, troublé, truqué, vicié

Altérer
abâtardir, abîmer, abolir, affaiblir, affecter, aigrir, aliéner, appauvrir, assécher, assoiffer, attaquer, atteindre, avarier, avilir, bouleverser, changer, contrefaire, corrompre, décomposer, défigurer, déformer, dégrader, déguiser, dénaturer, déparer, dépraver, déranger, déshydrater, désintégrer, dessécher, détériorer, détraquer, diminuer, ébranler, endommager, estropier, éventer, falsifier, faner, farder, fausser, flétrir, forcer, frelater, gâter, maquiller, métamorphoser, modifier, mutiler, oxyder, pervertir, pourrir, putréfier, ronger, rouiller, ruiner, ternir, tourner, trafiquer, trahir, transformer, travestir, tronquer, troubler, truquer, vicier, violenter

Altérer dans sa pureté
frelater

Altérer la couleur
décolorer

Altérer la voix
enrouer

Altérité
différence

Alternance
alternat, cadence, changement, enchaînement, fréquence, mutation, ordre, revirement, rotation, roulement, rythme, série, succession, suite, tour, variation

Alternat
alternance, assolement, rotation

Alternateur
dynamo

Alternatif
alterné, rythmique

Alternative
choix, dilemme, option, parallèle

Alterné
alternatif, changé, commuté, croisé, échangé, permuté, remplacé, succédé, tourné, varié

Alterner
changer, commuter, échanger, permuter, remplacer, succéder, tourner, varier

Altesse
empereur, impératrice, majesté, prince, princesse, reine, roi, souverain, souveraine, sultan

Altier
arrogant, condescendant, dédaigneux, distant, élevé, fier, hautain, méprisant, noble, orgueilleux, prétentieux, suffisant

Altimètre
baromètre

Altiport
aéroport

Altitude
cime, élévation, hauteur, sommet, surélévation

Alto
contralto

Altocumulus
nuage

Altostratus
nuage

Altruisme
bonté, charité, humanité, solidarité

Altruiste
charitable, désintéressé, généreux, humain, humaniste, philanthrope

Altuglas
plexiglas

Alu
alumine, aluminium, bauxite

Aluminage
alunage

Alumine
alu, aluminium

Alumine anhydre cristallisée
corindon

Aluminium
Al, alu, alumine, bauxite, métal

Alun
astringent

Alunage
aluminage, mordançage

Alunir
arriver, atterrir

Alvéole
case, cavité, cellule, compartiment, locule, loge, niche, trou

Alvin
cœliaque, entérique, intestinal

Alysse
alysson

Alysson
alysse

Am
américium

Amabilité
affabilité, aménité, bonté, civilité, cordialité, courtoisie, douceur, galanterie, gentillesse, grâce, obligeance, politesse, prévenance, serviabilité, urbanité

Amabilité pleine de charme
aménité

Amadoué
enjôlé

Amadouer
adoucir, apaiser, apprivoiser, bichonner, cajoler, câliner, charmer, enjôler, entortiller, flagorner, flatter, fléchir, louanger, persuader, prendre, séduire

Amaigri
affaibli, appauvri, creusé, décharné, dépéri, desséché, émacié, épuisé, étique, fluet, fondu, grêle, hâve, maigre, maigrelet, maigri, minci

Amaigri par le manque de nourriture
famélique

Amaigrir
affaiblir, appauvrir, creuser, décharner, dépérir, dessécher, efflanquer, émacier, épuiser, fondre, momifier, ruiner

Amaigrir (S')
amincir, maigrir, mincir

Amaigrissement
atrophie, maigreur

Amalgame
alliage, alliance, assemblage, assimilation, combinaison, composé, confusion, fusion, mélange, mixtion, panachage, plombage, rapprochement, réunion, union

Amalgame d'étain
tain

Amalgame métallique
tain

Amalgamer
assimiler, confondre, englober, fondre, fusionner, incorporer, mélanger, mêler, rapprocher, réunir, unir

Amande
dragée, graine, praline, vert

Amande de coco
copra, coprah

Amande de mer
pétoncle

Amandier
amygdalus, prunus

Amanite
oronge

Amant
adorateur, ami, amoureux, céladon, compagnon, concubin, damoiseau, fréquentation, galant, greluchon, homme, intime, partenaire, relation, soupirant

Amante
amoureuse, maîtresse, soupirante

Amarante
pourpre, rouge, sumac

Amariner
équiper, fréter, gréer, pourvoir

Amarrage
ancrage, arrimage, fixation, mouillage

Amarrage en cordage
liure

Amarrage fait sur deux cordages
étrive

Amarre
ancre, attache, câble, chaîne, cordage, corde, cordon, filin

Amarré
accroché, ancré, arrimé, enchaîné, fixé, immobilisé, lié, retenu

Amarrer
accrocher, ancrer, arrimer, assujettir, assurer, attacher, élinguer, enchaîner, fixer, immobiliser, lier, retenir, tenir

Amas
accumulation, aggloméré, agglomération, agrégat, amoncellement, bloc, collection, concentration, cumul, échafaudage, empilage, empilement, encombrement, entassement, faisceau, fatras, gisement, groupement, masse, monceau, montagne, multitude, pile, provision, pyramide, quantité, ramassis, réunion, tas

Amas chaotique de glace
sérac

Amas confus
fatras

Amas d'arbres
abatis, abattis

Amas d'étoiles
nébuleuse

Amas d'objets divers sans grand intérêt
fourbi

Amas d'ossements
ossuaire

Amas de bois abattu
abatis, abattis

Amas de bois sur lequel on brûlait les condamnés
bûcher

Amas de cellulose
cal

Amas de filaments tirés des tiges de certains végétaux textiles
filasse

Amas de fils tirés d'une vieille toile
charpie

Amas de glace résultant de l'action du vent
bouscueil

Amas de matière pulvérulente ou coagulée
grumeau

Amas de neige entassée par le vent
congère

Amas de papiers
liasse

Amas de petites pierres
rocaille

Amas de plusieurs furoncles
anthrax

Amas de poils
bourre

Amas de pus
abcès

Amas de sable et de gravier
jar, jard

Amas de sporanges sous la feuille d'une fougère
sore

Amas de tripes
tripaille

Amas de vapeur d'eau condensée
nuage

Amas graisseux dans les tissus
capiton

Amas serré de bulles
mousse

Amasser
accueillir, accumuler, amonceler, assembler, capitaliser, collectionner, cumuler, économiser, emmagasiner, empiler, engranger, entasser, épargner, faire, grouper, masser, ramasser, rassembler, recueillir, regrouper, réunir, thésauriser

Amasser, empiler
bloquer

Amateur
adepte, aficionado, amoureux, client, collectionneur, connaisseur, dilettante, fantaisiste, friand, fumiste, gourmand, gourmet, passionné, plaisantin, preneur

Amateur de courses de chevaux
turfiste

Amateur de jeu de boules
boulomane

Amateur de musique
mélomane

Amateur habile
bricoleur

Amatir
dépolir

Amaurose
agnosie, aveugle, cécité

Amazone
cavalière, écuyère

Amazonie
jungle

Ambages
ambiguïté, biais, détours, équivoque

Ambassade
consulat

Ambassadeur
consul, député, diplomate, émissaire, envoyé

Ambassadeur du pape
nonce

Ambassadeur du Saint-Siège
légat

Ambiance
air, animation, atmosphère, aura, cadre, climat, décor, entourage, entrain, environnement, gaieté, milieu

Ambiance vaporeuse qui adoucit les formes
sfumato

Ambiance, atmosphère
climat

Ambiant
environnant, voisin

Ambigu
ambivalent, amphibologique, confus, double, douteux, élusif, énigmatique, équivoque, étrange, évasif, flou, imprécis, incertain, indécis, indéterminé, louche, malsain, oblique, obscur, sibyllin, trouble, vague

Ambiguïté
ambages, malentendu

Ambitieux
vaste

Ambition
appétence, aspiration, but, désir, dessein, faim, fin, idéal, objectif, passion, prétention, projet, quête, recherche, rêve, soif, souhait, visée, vue

Ambitionner
aspirer, briguer, caresser, convoiter, désirer, espérer, inspirer, jalouser, postuler,

poursuivre, prétendre, rechercher,
revendiquer, rêver, souhaiter, viser, vouloir

Ambitus
étendue, registre, tessiture

Ambivalent
ambigu

Amble
allure, course, démarche, galop, marche,
rythme, trot

Ambler
trotter

Amblyope
aveugle, malvoyant

Amblyopie
agnosie, cécité

Ambon
chaire, estrade, jubé, tribune

Ambré
doré, fauve, jaunâtre, jaune, jaunet

Ambre jaune
succin

Ambrer
bronzer, dorer, jaunir, tanner

Ambulancier
infirmier

Ambulant
colporteur, forain, itinérant, mobile, mouvant,
nomade, voyageur

Ambulation
marche

Âme
agent, animateur, artisan, auteur, caractère,
centre, cerveau, chef, cœur, conscience,
dedans, énergie, esprit, être, fond, habitant,
homme, individu, instigateur, intérieur,
moteur, noyau, organe, personnalité,
personne, promoteur, psyché, souffle,
spiritualité, vie, volonté

Âme des ancêtres
mane

Amélioration
accalmie, amendement, avancement,
bonification, bonnissement, correction,
détente, éclaircie, éducation, embellie,
embellissement, enrichissement, évolution,
fertilisation, finition, guérison, mieux,
normalisation, perfectionnement, plus,
progrès, promotion, radoucissement,
réchauffement, redoux, réforme, rémission,
rénovation, répit, rétablissement, retouche,
révision

Amélioré
abonni, affermi, amendé, arrangé, bonifié,
corrigé, décoré, détendu, embelli, enrichi,
épuré, exalté, fertilisé, fortifié, modernisé,
normalisé, parfait, peaufiné, perfectionné,

raccommodé, raffiné, réconcilié, régénéré,
rénové, réparé, restauré, rétabli, retouché,
révisé, revu, travaillé

Améliorer
abonnir, affermir, amender, ameublir,
arranger, avancer, bonifier, civiliser, corriger,
décorer, détendre, embellir, enrichir,
épurer, exalter, féconder, fertiliser, fortifier,
moderniser, modifier, normaliser, parfaire,
peaufiner, perfectionner, promouvoir,
raccommoder, raffiner, réconcilier, réformer,
régénérer, remodeler, rénover, réparer,
restaurer, rétablir, retoucher, réviser, revoir,
travailler

**Améliorer quelque chose de défectueux, de
rudimentaire, d'insuffisant**
parfaire

Aménagé
adapté, agencé, amendé, arrangé, assoupli,
coordonné, corrigé, disposé, édifié,
emménagé, équipé, établi, flexible, installé,
modifié, orchestré, ordonné, placé, rectifié

Aménageable
flexible

Aménageant
accommodant

Aménagement
adaptation, agencement, amendement,
arrangement, assouplissement, construction,
développement, disposition, distribution,
économie, équipement, installation,
modification, ordonnance, ordre,
organisation, transformation

Aménager
accommoder, adapter, agencer, amender,
arranger, assouplir, construire, corriger,
créer, disposer, distribuer, équiper, installer,
ménager, meubler, modifier, ordonner,
organiser, placer, préparer, ranger, rectifier,
réglementer, régler

Amende
contravention, indemnité, peine, pénalité,
sanction

Amendé
amélioré, aménagé, corrigé, enrichi, révisé

Amendement
abonnissement, amélioration, aménagement,
avenant, bonification, changement, chaulage,
compost, correction, engrais, engraissement,
enrichissement, fertilisation, fumure,
marnage, mieux, modification, progrès,
rectification, réforme, révision, valorisation

Amender
abonnir, améliorer, aménager, ameublir,
bonifier, changer, chauler, corriger, enrichir,

fertiliser, fertliser, fumer, modifier, rectifier, redresser, réformer, rénover, réviser

Amender (S')
arranger, assagir

Amender avec de la glaise
glaiser

Amender de nouveau les terres
ramender

Amender un terrain en y répandant de la marne
marner

Amender une terre avec du compost
composter

Amène
accessible, accort, adorable, affable, agréable, aimable, courtois, doux, engageant, gracieux, liant, plaisant, poli, sociable, urbain

Amené
abaissé, acheminé, affalé, apporté, attiré, causé, conduit, déclenché, déterminé, distribué, donné, emmené, engendré, entraîné, introduit, mené, occasionné, préparé, présenté, produit, provoqué, suscité, tiré, transporté

Amener
abaisser, abouler, acheminer, affaler, appeler, apporter, attirer, baisser, causer, conduire, convertir, créer, déclencher, déterminer, distribuer, donner, emmener, engendrer, entraîner, induire, introduire, mener, occasionner, opérer, prédisposer, préparer, préparer, présenter, procurer, produire, provoquer, susciter, tirer, traîner, transporter

Amener à
induire

Amener à sa fin
conclure

Amener avec soi
entraîner

Amener l'eau nécessaire à la croissance, au développement
irriguer

Aménité
affabilité, amabilité, civilité, courtoisie, douceur, grâce, liant, onction, politesse, urbanité

Amenuisé
affaibli

Amenuisement
diminution

Amenuiser
abaisser, adoucir, affaiblir, amincir, amoindrir, atténuer, diminuer, effriter, estomper, évanouir, évaporer, rapetisser

Amer
acerbe, acide, âcre, acrimonieux, affligeant, agressif, aigre, aigri, âpre, attristant, blessant, caustique, cruel, cuisant, décevant, décourageant, déplaisant, désagréable, désolant, douloureux, dur, fielleux, grinçant, hargneux, humiliant, ironique, irritant, mordant, offensant, pénible, piquant, rêche, rude, sarcastique, saumâtre, sévère, sombre, triste

Amèrement
acrimonieusement, aigrement, cruellement, désagréablement, douloureusement, mélancoliquement, péniblement, rudement, sarcastiquement, tristement

Américain des États-Unis
gringo, yankee

Américium
Am

Amérindien
abénaquis, algonquin, attikamek, autochtone, cri, huron, innu, inuit, malécite, micmac, mohawk, naskapi, wendat

Amérindiens de Bolivie et du Pérou
Aymara

Amérique
continent

Amerri
arrivé, posé

Amerrir
arriver, atterrir, poser

Amertume
acidité, âcreté, acrimonie, aigreur, animosité, âpreté, chagrin, déception, dégoût, dépit, désappointement, écœurement, fiel, rancœur, rancune, ressentiment, tristesse

Amertume, méchanceté
fiel

Améthyste
coridon, pierre, quartz

Amétrope
astigmate, hypermétrope, myope

Amétropie
astigmatisme, hypermétropie, myopie

Ameublement
meuble

Ameublir
améliorer, amender, bêcher, biner, cultiver, désherber, émotter, façonner, gratter, herser, labourer, ramollir, sarcler, sillonner

Ameutant
agglutinant

Ameuté
alerté

Ameuter
alerter, appeler, attrouper, grouper, mobiliser, rameuter, rassembler, regrouper, soulever

Ameuter de nouveau
rameuter

Ami
acolyte, adepte, affectueux, allié, amant, amical, amoureux, bienveillant, camarade, compagne, compagnon, compère, complice, confident, connaissance, copain, défenseur, familier, favorable, fiancé, fréquentation, frère, intime, partisan, relation

Amiante
asbeste

Amibe
amibien

Amibien
amibe

Amical
affable, affectif, affectueux, agréable, aimable, ami, bienveillant, chaleureux, charmant, cordial, courtois, fraternel, gentil, prévenant, sympathique

Amicale
association

Amict
pallium

Amidon
apprêt, colle, empois, fécule

Amidon contenu dans certaines racines
fécule

Amidonnage
empesage

Amidonné
empesé

Amidonner
empeser

Amie
adepte, alliée, compagne, copine, maîtresse, mie

Aminci
allégé, étiré

Amincir
affiner, alléger, amaigrir, amenuiser, doler, étirer, maigrir, mincir, réduire

Amincir par l'usage
élimer

Amine
aminoacide

Aminoacide
amine

Amiraux, contre-amiraux
généraux

Amitié
accord, affabilité, affection, amour, attachement, bienveillance, bonté, camaraderie, confiance, cordialité, dilection, émotion, entente, fraternité, gentillesse, inclination, intimité, liaison, lumière, rapport, relation, sentiment, solidarité, sympathie, tendresse, union

Amitiés
condoléances

Amitieux
affectueux, gentil

Amitose
division

Ammodyte
équille

Ammoniac
alcali

Ammoniaque
alcali

Amnésie
absence, agnosie, apraxie, oubli, trou

Amnistie
absolution, acquittement, grâce, indulgence, libération, oubli, pardon, relaxe, rémission

Amnistier
absoudre, gracier, libérer, oublier, pardonner

Amoché
abîmé

Amocher
abîmer, blesser, bousiller, endommager, massacrer

Amodiation
location

Amodié
affermé

Amodier
affermer, louer

Amoindri
adouci, affadi, affaibli, allégé, écorné, usé

Amoindrir
abaisser, adoucir, affadir, affaiblir, alléger, amenuiser, amollir, atténuer, baisser, diminuer, ébrécher, écorner, édulcorer, entamer, faiblir, modérer, mutiler, rabaisser, rabattre, ramollir, rapetisser, raréfier, réduire, restreindre, tempérer, user

Amoindrir (S')
décroître

Amoindrissement
atrophie, diminution, réduction, usure

Amolli
adouci, affaibli, alangui, molli

Amollir
adoucir, affaiblir, alanguir, amoindrir, attendrir, avachir, débiliter, lénifier, liquéfier, ramollir

Amollir (S')
diminuer, faiblir, fléchir, mollir

Amollir en imprégnant de liquide ou d'humidité
détremper

Amollissant
lénifiant

Amoncelant
agglutinant

Amonceler
accumuler, amasser, cumuler, empiler, entasser, pleuvoir, superposer

Amoncellement
amas, cumul, fatras, masse, monceau, montagne, pile, tas

Amont
commencement, début, départ, source

Amoral
dépravé, dévoyé, immoral, malhonnête, scabreux

Amorçage
amorce, amorcement, commencement, déclenchement, décollage, démarrage, départ, envol

Amorçage spontané
autoamorçage

Amorce
amorçage, appât, commencement, début, détonateur, devon, ébauche, embryon, entame, esche, esquisse, hameçon, leurre, plastic, prémices, signal

Amorcement
amorçage

Amorcer
aicher, appâter, attaquer, attirer, causer, commencer, débuter, démarrer, ébaucher, écher, engager, engrener, entamer, entreprendre, escher, esquisser, initier, lancer, leurrer, ouvrir, provoquer

Amoroso
tendrement

Amorphe
abattu, apathique, asthénique, atone, avachi, cotonneux, endormi, éteint, fatigué, flasque, gnangnan, inactif, inconsistant, indolent, inerte, lymphatique, mou, passif, ramolli

Amorti
adouci, affaibli, atténué, couvert, émoussé, épongé, estompé, étouffé, feutré, freiné, modéré, réduit, rentabilisé, tempéré

Amortir
abaisser, adoucir, affaiblir, assourdir, atténuer, calmer, couvrir, diminuer, émousser, éponger, estomper, éteindre, étouffer, feutrer, freiner, modérer, neutraliser, radoucir, réduire, rembourser, rentabiliser, tempérer

Amortissable
payable, remboursable, restituable

Amortisseur
cardan, tampon

Amour
adoration, adulation, affection, amitié, amourette, ange, angelot, attachement, attirance, aventure, béguin, caprice, culte, dévotion, engouement, entente, estime, faible, fièvre, flamme, flirt, fraternité, goût, idylle, intérêt, liaison, mariage, passade, passion, penchant, piété, relation, sentiment, tendresse, trésor, union, vénération

Amour de la lutte
pugnacité

Amour excessif de soi
égoïsme

Amour pour les animaux
zoophilie

Amour pur
dilection

Amour tendre et naïf
idylle

Amour tendre et spirituel
dilection

Amour très vif
adoration

Amour-propre
dignité, fierté, orgueil

Amourette
amour, aventure, béguin, caprice, flirt, idylle, passade

Amoureuse
amante, flirt

Amoureusement
chèrement

Amoureux célèbre
Roméo

Amovible
animé, changeant, déplaçable, détachable, interchangeable, mobile, modifiable, mouvant, transformable, transportable

Ampérage
intensité

Amphi
amphithéâtre, arène, auditorium, cirque, hémicycle, théâtre

Amphibien à peau verruqueuse
crapaud

Amphibien à queue aplatie
triton

Amphibologique
ambigu, double

Amphigourique
abstrus, confus, fumeux, nébuleux, obscur, tarabiscoté

Amphithéâtre
amphi, cirque

Amphithéâtre d'une université
aula

Amphithéâtre sportif
aréna

Amphitryon
hôte

Amphore
jarre, récipient, urne, vase

Ample
abondant, blousant, copieux, développé,
épanoui, étendu, évasé, flottant, flou, fort,
généreux, grand, gros, immense, important,
large, plein, retentissant, sonore, spacieux,
vague, vaste, volumineux

Ample cape
mante

Ample tunique japonaise à manches
kimono

Amplement
abondamment, aisément, beaucoup,
copieusement, énormément, facilement,
grandement, grassement, largement,
longuement, pleinement, richement

Ampleur
abondance, amplitude, développement,
dimension, envergure, étendue, grandeur,
gravité, importance, largeur, opulence,
plénitude, poids, portée, taille, valeur, volume

Ampli
agrandisseur, amplificateur, enceinte

Ampliatif
copie

Ampliation
copie, double

Amplificateur
ampli

Amplificateur de micro-ondes
maser

Amplificateur quantique de radiations lumineuses
laser

Amplification
accroissement, crescendo, montée

Amplifié
abusé, accentué, accru, agrandi, allongé,
étalé, exagéré, surestimé

Amplifier
abuser, accentuer, accroître, aggraver,
agrandir, ajouter, allonger, augmenter,
développer, dramatiser, élargir, enfler,
étendre, exacerber, exagérer, forcir, gonfler,
grandir, grossir, intensifier, monter, nourrir,
outrer, redoubler, renchérir, surestimer,
surfaire

Amplitude
ampleur, étendue, grandeur, intensité, portée,
variation

Ampoule
applique, boursouflure, brûlure, bulle,
burette, cassin, cloque, éclairage, fiole,
flacon, lampe, lumière, vésicule

Ampoulé
affecté, apprêté, bouffi, boursouflé,
déclamatoire, empesé, emphatique, enflé,
grandiloquent, guindé, pompeux, prétentieux,
redondant, ronflant, tarabiscoté, théâtral

Ampoulé, prétentieux
pompeux

Amputation
ablation, excision, résection

Amputé
enlevé, impotent, mutilé

Amputer
accomplir, couper, diminuer, enlever, mutiler,
réséquer, supprimer, tronquer

Amulette
charme, fétiche, grigri, mascotte, médaille,
relique, scapulaire, talisman, totem

Amulette d'Afrique
grigri

Amure
câble, cordage, corde, lof

Amusant
agréable, bizarre, bouffon, burlesque,
cocasse, comique, curieux, délassant,
désopilant, détendant, distrayant, divertissant,
drolatique, drôle, égayant, étrange, folichon,
gai, hilarant, humoristique, joyeux, loufoque,
piquant, plaisant, plaisantant, récréatif,
réjouissant, risible, spirituel

Amusant, grotesque
bouffon

Amusé
déridé, distrait, diverti, ébaudi, égayé,
plaisanté, réjoui, ri

Amusement
agrément, aise, alacrité, allégresse,
appétit, babiole, badinage, badinerie,
bévue, bienfait, bonheur, contentement,
délassement, délectation, délice, dérivatif,
détente, distraction, diversion, divertimento,
divertissement, étourderie, faveur, félicité,
fête, frivolité, fun, grâce, hilarité, impair,
imprudence, inadvertance, inapplication,
inattention, inconstance, insouciance,
interprétation, jeu, joie, jouet, jouissance,
légèreté, ludisme, maladresse, manège,
match, mégarde, omission, oubli, pause,
plaisanterie, plaisir, puérilité, ravissement,
récréation, régal, réjouissance, repos,

rigolade, satisfaction, sensualité, service, sport, vanité

Amuser
badiner, délasser, dérider, distraire, divertir, ébattre, égayer, endormir, flâner, folâtrer, gausser, jouer, lanterner, musarder, occuper, plaisanter, récréer, réjouir, rire, sourire

Amuser un public par des pitreries
bateler

Amusette
babiole, badinage, bagatelle, bêtise, bibelot, billevesée, breloque, bricole, broutille, distraction, divertissement, fadaise, fantaisie, frivolité, futilité, jouet

Amuseur
acteur, auguste, baladin, bateleur, bouffon, clown, comique, conteur, farceur, humoriste, narrateur, pitre, plaisantin, saltimbanque, zouave

Amuseur public
bateleur

Amuseur public qui introduit une lame dans son gosier
avaleur

Amygdalus
amandier

An
année, berge, pige, printemps

Anabiose
reviviscence

Anabolisant
dopant

Anacarde
cajou

Anachorète
ascète, ermite, moine, solitaire

Anachronique
arriéré, inactuel, périmé

Anaconda
boa, eunecte

Anagogie
exégèse

Analeptique
remontant, stimulant

Analgésique
calmant, sédatif

Analogie
affinité, association, comparaison, concordance, connexion, correspondance, induction, liaison, lien, parallélisme, parenté, proximité, rapport, relation, ressemblance, similarité, similitude, voisinage

Analogue
approchant, approchante, comparable, conforme, connexe, contigu, équivalent, homologue, identique, parallèle, pareil, parent, proche, ressemblant, semblable, similaire, uniforme, voisin

Analphabète
ignare, ignorant, illettré, inculte

Analphabétisme
ignorance

Analyse
abrégé, article, autopsie, commentaire, critique, débat, décomposition, digest, essai, estime, étude, examen, exposé, extrait, introspection, notice, observation, précis, psychanalyse, rapport, résolution, résumé, sommaire, tableau, thérapie

Analysé
désuni, potassé, sondé

Analyse d'une situation
constat

Analyser
approfondir, critiquer, débattre, décomposer, dépiauter, dépouiller, désosser, discuter, disséquer, énumérer, étudier, évaluer, examiner, explorer, fouiller, inspecter, observer, potasser, prospecter, psychanalyser, rechercher, réfléchir, scruter, sonder, travailler

Analyste
psychanalyste, psychiatre

Anamnèse
prière

Ananas
fruit

Anapeste
poème

Anaphylaxie
allergie

Anar
anarchiste, libertaire

Anarchie
chaos, confusion, désordre, pagaille, trouble

Anarchique
chaotique, confus, sauvage

Anarchiste
anar, gauchiste, subversif

Anathématiser
blâmer, condamner, maudire, réprouver

Anathème
blâme, condamnation, exclusion, excommunication, imprécation, interdiction, interdit, malédiction, réprobation

Anathémisation
condamnation

Anathémiser
réprouver

Anatife
barnache, bernache, bernacle, crustacé

Anatomie
corps, forme, morphologie, musculature, plastique, proportion, silhouette

Ancestral
ancien, antique, patriarcal, séculaire, vieux

Ancêtre
aïeul, aîné, ascendant, devancier, initiateur, parent, père, précurseur, prédécesseur

Ancêtre de la bicyclette
bi

Ancêtre de la clarinette
chalumeau

Ancêtre de la dynastie samanide
Asad

Ancêtre du violoncelle
gambe

Ancien
âgé, aîné, ancestral, antédiluvien, antique, archaïque, caduc, démodé, dépassé, désuet, doyen, éloigné, ex, haut, immémorial, inactuel, invétéré, lointain, long, millénaire, obsolète, passé, périmé, précédent, préhistorique, premier, reculé, révolu, séculaire, suranné, vétéran, vétuste, vieil, vieillard, vieillot, vieux

Ancien amphithéâtre romain
arène

Ancien bateau de guerre
gabare

Ancien chef de l'Action démocratique du Québec
Dumont

Ancien chef du Bloc québécois
Bouchard, Duceppe

Ancien chef du Nouveau Parti démocratique du Canada
Layton

Ancien chef du Parti libéral du Québec
Bourassa, Charest

Ancien chef du Parti québecois
Bouchard, Landry, Parizeau

Ancien combattant
vétéran

Ancien conjoint
ex

Ancien do
ut

Ancien émirat de l'Arabie
Asir

Ancien empire
inca

Ancien État situé dans le sud-ouest de l'Iran actuel
Élam

Ancien fort situé sur la rivière San Antonio
Alamo

Ancien instructeur des Canadiens
Martin

Ancien instrument à vent
bombarde

Ancien instrument de musique
luth

Ancien instrument de musique analogue au luth
mandore

Ancien jeu de cartes
bésigue

Ancien jeu de cartes, ancêtre du bridge
whist

Ancien juron familier
tudieu

Ancien maire de Montréal
Bourque, Doré, Drapeau, Houde, Tremblay

Ancien membre des Chick'n Swell
Fecteau

Ancien mortier de marine
pierrier

Ancien navire de commerce
senau

Ancien navire de guerre
frégate, trirème

Ancien nom d'une entreprise américaine de services financiers
GMAC

Ancien nom d'une partie de l'Asie Mineure
Ionie

Ancien nom de l'Iran
Perse

Ancien nom de l'oxyde d'uranium
urane

Ancien nom de la Thaïlande
Siam

Ancien nom de Tokyo
Edo

Ancien nom du paradisier
phénix

Ancien oui
oc, oïl

Ancien parti politique du Québec
RIN

Ancien poids de huit onces
marc

Ancien port d'Éthiopie
Adulis

Ancien premier ministre de l'Ontario
Rae

Ancien premier ministre du Canada originaire du Québec
Abbott, Chrétien, Laurier, Mulroney, Trudeau

Ancien prêtre
druide

Ancien réseau de télévision québécois
TQS

Ancien sabre de cavalerie
latte

Ancien serviteur
diacre

Ancien signe de notation musicale
neume

Ancien souverain égyptien
pharaon

Ancien vêtement d'homme
chausse

Ancienne arme à feu
escopette

Ancienne arme de jet
dard

Ancienne arme franque
angon

Ancienne auge glaciaire envahie par la mer
fjord

Ancienne capitale de l'Orléanais
Orléans

Ancienne capitale de la Numidie
Cirta

Ancienne capitale de Palau
Koror

Ancienne capitale du Canada
Kingston

Ancienne capitale du Maroc
Fès

Ancienne capitale du Népal
Patan

Ancienne capitale du Nigeria
Lagos

Ancienne chef du Parti québécois
Marois

Ancienne cité de la Méditerranée
Ougarit, Ugarit

Ancienne coiffure
cornette

Ancienne coiffure militaire rigide
shako

Ancienne contrée de l'Asie Mineure
Éolide, Éolie

Ancienne danse à rythme binaire
gavotte

Ancienne danse à trois temps
menuet

Ancienne danse où l'on tournait en se tenant par le doigt ou par la main
carole

Ancienne épée
estoc

Ancienne équipe de hockey de la LNH
Nordiques

Ancienne équipe de hockey de la LNH qui évoluait à Québec
Nordiques

Ancienne langue indo-européenne
slave

Ancienne mesure agraire
acre, arpent

Ancienne mesure de capacité
quarte, velte

Ancienne mesure de capacité pour les grains
boisseau

Ancienne mesure de longueur
aune, empan, mille, pouce, toise

Ancienne mesure itinéraire
lieue

Ancienne mesure valant huit pintes
setier

Ancienne monnaie
denier, écu, esterlin

Ancienne monnaie chinoise
tael

Ancienne monnaie d'or arabe
dinar

Ancienne monnaie d'or de la Perse
toman

Ancienne monnaie de compte
livre

Ancienne monnaie du Pérou
inti

Ancienne municipalité du Québec qui fait maintenant partie de Gatineau
Aylmer

Ancienne petite flûte rustique
larigot

Ancienne province de la Chine
Rehe

Ancienne région de la Nouvelle-France
Acadie

Ancienne Russie
URSS

Ancienne Union soviétique
URSS

Ancienne unité d'éclairement
phot

Ancienne unité de dose absorbée de rayonnements
rad

Ancienne unité de mesure
curie, muid

Ancienne unité de mesure d'accélération
gal

Ancienne unité de mesure d'intensité lumineuse
bougie

Ancienne unité de mesure de capacité pour les liquides
muid

Ancienne unité de mesure de force du système CGS
dyne

Ancienne unité monétaire du Pérou
inti

Ancienne vallée glaciaire
fjord

Ancienne ville d'Afrique du Nord
Utique

Ancienne ville d'Asie Mineure
Nicée

Ancienne ville de l'Outaouais
Hull

Ancienne ville de la Basse Mésopotamie
Our, Ur

Ancienne ville de la Palestine
Silo

Ancienne ville de Palestine
Pella

Ancienne ville du Saguenay–Lac-Saint-Jean
Chicoutimi, Jonquière, La Baie

Ancienne voiture décapotable
torpédo

Ancienne voiture découverte à quatre roues
victoria

Ancienne voiture publique
diligence

Anciennement
autrefois, avant, jadis, naguère

Anciennes lunettes rondes
bésicles

Ancienneté
âge, caducité, vieillesse

Ancrage
abri, amarrage, arrimage, blocage, enracinement, fixation, implantation, mouillage

Ancre
amarre, croc, grappin

Ancré
affermi, amarré, ferme, invétéré, vieux

Ancrer
accrocher, affermir, amarrer, arrimer, attacher, consolider, enraciner, établir, fixer, implanter, mouiller, river

Andésite
plagioclase

Andouille
abruti, absurde, benêt, cruche, imbécile, niais, nigaude, ridicule, saucisse, sot

Andouiller
corne, époi

Andouillette
saucisse

Andrinople
rouge

Androïde
automate, humanoïde, machine, robot

Âne
ânon, balourd, bardot, baudet, bête, bourricot, bourrique, butor, cruche, grison, hémione, idiot, ignorant, imbécile, niais, onagre, sot, stupide

Âne sauvage
onagre

Anéanti
abattu, accablé, affligé, atterré, brisé, catastrophé, consterné, consumé, découragé, démoli, détruit, écœuré, écrasé, effondré, englouti, enterré, épuisé, éreinté, étouffé, évanoui, exténué, exterminé, faible, fatigué, fauché, liquidé, massacré, miné, prostré, pulvérisé, rasé, ravagé, réduit, ruiné, submergé, tué, vaincu

Anéantir
abaisser, abattre, abolir, accabler, affliger, annihiler, annuler, assommer, balayer, briser, broyer, consterner, consumer, décimer, démolir, détruire, dévorer, dissiper, écraser, emporter, engloutir, enterrer, envoler, épuiser, éteindre, étirer, étouffer, évanouir, exténuer, exterminer, extirper, fatiguer, faucher, foudroyer, fusiller, harasser, liquider, massacrer, mourir, néantiser, neutraliser, périr, précipiter, pulvériser, raser, ratatiner, ravager, réduire, renverser, ruiner, submerger, supprimer, terrasser, tuer, vaincre

Anéantissement
abattement, abolition, annulation, destruction, écrasement, faiblesse, fin, langueur, mort, perte, prostration, ruine, stupeur

Anecdote
bruit, conte, détail, écho, fable, fait, histoire, historiette, nouvelle, récit

Anecdotier
narrateur

Anecdotique
accessoire

Anémie
abattement, affaiblissement, blancheur, carence, dépérissement, épuisement,

étiolement, fadeur, faiblesse, fatigue, langueur, lividité, mollesse, pâleur

Anémié
anémique, étiolé, exsangue, faible

Anémier
affaiblir, débiliter, dépérir, épuiser, étioler, végéter

Anémique
anémié, chétif, débile, déficient, délicat, épuisé, étiolé, exsangue, faible, fatigué, fluet, fragile, frêle, livide, malingre, pâle

Anémone
actinie

Anémone de mer
actinie

Anencéphale
acéphale

Ânerie
absurdité, baliverne, balourdise, bêtise, bévue, billevesée, bourde, erreur, fadaise, faute, gaffe, idiotie, imbécillité, impair, ineptie, insanité, niaiserie, plaisanterie, sottise, stupidité

Ânesse
ânon, bourrique, hémione, onagre

Anesthésie
narcose

Anesthésié
endormi

Anesthésier
endormir

Anesthésique
calmant

Anesthésiste
médecin

Aneth
fenouil

Aneurine
thiamine

Anfractueux
tortueux

Anfractuosité
cavité, creux, crevasse, trou

Ange
amour, angelot, archange, bébé, chérubin, gamin, marmot, messager, perfection, perle, providence, séraphin, trésor

Ange déchu qui habite l'enfer
démon

Ange qui occupe une place prééminente dans la hiérarchie angélique
archange

Angéite
artérite, inflammation, lymphangite, phlébite

Angélique
céleste, doux, innocent, parfait, pur, ravissant, séraphique, vertueux

Angelot
amour, ange, archange, chérubin, protecteur, putto, saint, séraphin

Angélus
prière

Angine
inflammation, irritation, toux

Angine de poitrine
angor

Angiome
tumeur

Angle
arête, aspect, biais, coin, corne, côté, coude, détour, éclairage, encoignure, facette, jour, optique, perspective, rapport, recoin, renfoncement, retour, saillie, tournant

Angle aigu que forme la jonction entre branche et rameau
aisselle

Angle constitué par deux plans en intersection
dièdre

Angle d'une pale d'hélice d'avion avec le plan de rotation
calage

Angle d'une pièce
coin

Angle géodésique
azimut

Angle saillant d'un objet
coude

Angoissant
affolant, alarmant, grave, palpitant, pénible, sinistre, sombre, stressant

Angoisse
affolement, affres, agitation, alarme, anxiété, appréhension, crainte, démence, désarroi, détresse, effroi, embarras, frayeur, frousse, hantise, horreur, inquiétude, malaise, obsession, oppression, panique, peur, phobie, psychose, souci, stress, supplice, terreur, tourment, trac, tracas, trouble

Angoissé
affolé, anxieux, apeuré, contrarié, craintif, effrayé, épouvanté, horrifié, inquiet, oppressé, paniqué, soucieux, stressé, tourmenté

Angoisser
affoler, effarer, effrayer, gêner, horrifier, inquiéter, oppresser, paniquer, terrifier, tourmenter

Angora
laine

Anguille
civelle, congre, gymnote, lançon, pibale

Anguille de mer
congre

Anguille de sable
équille, lançon

Anguleux
acariâtre, aigu, maigre, revêche, saillant

Anhélant
haletant

Anhélation
apnée, dyspnée

Anhéler
essouffler, haleter, panteler, souffler

Anicroche
accident, accroc, cahot, complication, contretemps, difficulté, embarras, ennui, heurt, histoire, incident, obstacle, problème

Anille
béquille

Animadversion
blâme, censure, condamnation, critique, haine, réprobation

Animal à deux bosses servant de moyen de transport
chameau

Animal aquatique à respiration branchiale
poisson

Animal au cœur de ce festival célébré à Sainte-Perpétue
cochon

Animal au long cou
girafe

Animal considéré comme ancêtre mythique
totem

Animal crustacé
balanc

Animal de compagnie
chien

Animal de l'embranchement des cœlentérés
tubulaire

Animal de l'espèce bovine
bœuf

Animal de sexe féminin
femelle

Animal des eaux douces ou salées
amibe

Animal des fonds marins
oursin

Animal des mers chaudes
corail

Animal domestique
chien

Animal fabuleux
dragon, sirène

Animal fabuleux doté d'une corne au milieu du front
licorne

Animal fabuleux qui crache du feu
dragon

Animal fabuleux qui n'avait qu'une corne
unicorne

Animal fantastique
dahu, monstre

Animal mâle destiné à la reproduction
géniteur

Animal marin
actinie, méduse

Animal marin couvert de piquants mobiles
oursin

Animal marin de belle couleur
actinie

Animal marin de consistance gélatineuse
méduse

Animal marin transparent
méduse

Animal minuscule
ciron

Animal que l'on chasse
gibier

Animal qui a une carapace
tortue

Animal qui se nourrit d'aliments divers
omnivore

Animal qui se nourrit de proies
prédateur

Animal se nourrissant de crabes
crabier

Animalité
brutalité

Animateur
âme, chef, moteur, promoteur, protagoniste, speaker

Animateur d'*Infoman*
Dufort

Animateur de *Beau et chaud*
Brathwaite

Animateur de *Belle et Bum*
Brathwaite

Animateur de *Fort Boyard*
Mongrain

Animateur de *Jeunesse d'aujourd'hui*
Denis, Lalonde

Animateur de l'émission *Les démons du midi*
Latulippe

Animateur de *La fin du monde est à sept heures*
Labrèche

Animateur de *La guerre des clans*
Baril, Senay

Animateur de *Piment fort*
Brathwaite

Animateur de *Tout le monde en parle*
Lepage

Animateur de *Vazimolo*
Robitaille

Animateur du *Club des 100 watts*
Coallier

Animateur du jeu *Les mordus*
Robitaille

Animateur du jeu *Taxi payant*
Barrette

Animation
action, activité, affairement, agitation, ambiance, ardeur, chaleur, éclat, enthousiasme, entrain, exaltation, excitation, feu, fièvre, flamme, fougue, foule, mouvement, passion, vie, vivacité

Animatrice de l'émission *Les démons du midi*
Lapointe

Animaux pris à la chasse
gibier

Animé
acharné, affolé, agité, aiguillonné, alimenté, allegretto, amovible, ardent, avivé, bouillant, bouillonnant, brûlant, chaud, coloré, conduit, créé, débordant, déterminé, dirigé, échauffé, égayé, énervé, enfiévré, enflammé, enthousiasmé, épique, exalté, excité, gai, houleux, illuminé, imagé, incité, inspiré, mené, mobile, mouvant, mouvementé, mû, orageux, passant, populeux, poussé, présidé, remuant, trépidant, tumultueux, vif, vivant, vivifié

Animer
affoler, agiter, aiguillonner, alimenter, aviver, colorer, conduire, créer, déterminer, diriger, échauffer, égayer, électriser, enfiévrer, enflammer, enthousiasmer, éveiller, exalter, exciter, fouetter, habiter, illuminer, imprimer, inciter, inspirer, irriter, mener, mouvoir, orner, pousser, présenter, présider, promouvoir, provoquer, ranimer, réanimer, stimuler, susciter, vivifier

Animer d'un souffle
inspirer

Animisme
vitalisme

Animosité
acharnement, âcreté, agressivité, aigreur, amertume, antipathie, âpreté, aversion, colère, dégoût, désobligeance, emportement, fiel, haine, hargne, hostilité, inimitié, malveillance, prévention, rancœur, rancune, répulsion, ressentiment, véhémence, venin, violence, virulence

Anion
atome, ion, molécule, particule

Anis
anisette, badiane, cumin, fenouil, ouzo, pastis, vert

Anisette
anis, badiane, cumin, fenouil, liqueur, ouzo, pastis

Ankylose
courbature, engourdissement, paralysie, raideur

Ankylosé
courbatu, endolori, engourdi, gourd, raide, rigide

Ankyloser
pétrifier, raidir, rouiller

Annal
annuel

Annales
archives, chronique, document, dossier, histoire, mémoires, récit, recueil, registre, revue, tables

Annaliste
biographe, chroniqueur, écrivain, historien, historiographe, mémorialiste

Annamite
vietnamien

Anneau
agrès, alliance, annelet, anse, attache, bague, bijou, boucle, bouclette, bracelet, cercle, chaînon, chevalière, heurtoir, jonc, maillon, œillet, rond

Anneau d'une chaîne
chaînon, maillon

Anneau de cordage
erse

Anneau de papier autocollant
œillet

Anneau double
poucettes

Anneau métallique dont on entoure une pièce
frette

Anneau qui se porte au bras, au poignet
bracelet

Année
an, annuité, cuvée, millésime, pige, printemps, promotion

Annelé
bouclé, frisé

Anneler
boucler, friser

Annelet
anneau

Annélide
ver

Annelure
bague

Annexe
accessoire, addenda, additif, addition, additionnel, afférent, ajout, appendice, attaché, auxiliaire, canot, complément, complémentaire, dépendance, filiale, joint, marginal, mineur, secondaire, subsidiaire, succursale, supplément, supplémentaire

Annexé
allié, inclus, joint

Annexe d'une église
sacristie

Annexer
accoler, accoupler, adjoindre, ajouter, allier, attacher, coloniser, englober, grouper, incorporer, joindre, jumeler, lier, monopoliser, occuper, rattacher, réunir, squatter, unir

Annexer (S')
accaparer

Annexion
confiscation, incorporation, rattachement, réunion

Annihilation
destruction

Annihilé
abattu, détruit, ruiné

Annihiler
abattre, abolir, anéantir, annuler, broyer, détruire, dévaster, effacer, engloutir, foudroyer, neutraliser, paralyser, pulvériser, radier, raser, ruiner, saccager, supprimer

Anniversaire
bicentenaire, célébration, centenaire, commémoration, fête, jubilé, tricentenaire

Annonce
affiche, alerte, augure, avertissement, avis, ban, communication, communiqué, dazibao, déclaration, discours, enchère, indication, indice, information, lancement, marque, message, notification, nouvelle, placard, préavis, prédiction, prélude, prémices, présage, proclamation, programme, promesse, prophétie, publication, publicité, réclame, signal, signe

Annoncé
affiché, alerté, marqué

Annonce d'un événement futur
prophétie

Annonce de mariage affichée à l'église
ban

Annonce de mariage affichée à la mairie
ban

Annoncé par les cloches
sonné

Annoncer
afficher, affirmer, alerter, apprendre, augurer, avertir, aviser, carillonner, claironner, clamer, communiquer, crier, déclarer, dénoncer, dénoter, dire, divulguer, indiquer, informer, manifester, marquer, montrer, notifier, parler, porter, précéder, prêcher, prédire, préluder, préparer, présager, présenter, prévenir, prévoir, proclamer, promettre, pronostiquer, prophétiser, prouver, publier, révéler, semoncer, signaler, signifier, sommer

Annoncer ce qui doit arriver
prédire

Annoncer fort quelque chose
trompeter

Annoncer par des signes
présager

Annonces d'événements, généralement récents
nouvelles

Annonceur
aboyeur, speaker

Annonciateur
héraut, précurseur, prémonitoire, prophétique, visionnaire

Annone
imposition, impôt, taxe

Annotateur
exégète

Annotation
commentaire, glose, notation, note, remarque

Annoter
commenter, écrire, expliquer, gloser, justifier, marginer, marquer, noter, remarquer

Annuaire
almanach, bottin, recueil

Annuaire des téléphones
bottin

Annuaire téléphonique
bottin

Annuel
annal

Annuité
année, échéance, expiration, terme

Annulable
résoluble

Annulaire
doigt

Annulation
abdication, abolition, abrogation, anéantissement, arrêt, cassation, contravis, dénonciation, destruction, dissolution, effacement, extinction, infirmation, invalidation, liquidation, prescription, radiation, rescision, résiliation, résolution,

rétractation, retrait, révocation, rupture,
suppression

Annulation judiciaire d'un acte
rescision

Annulé
abrogé, barré, caduc, cassé, décommandé,
détruit, effacé, éteint, gommé, infirmé,
liquidé, rayé, résilié, résolu, rompu, supprimé

Annuler
abolir, abroger, anéantir, annihiler, barrer,
casser, décommander, dénoncer, détruire,
dissoudre, effacer, éteindre, gommer,
infirmer, invalider, lever, liquider, neutraliser,
oublier, prescrire, radier, rapporter, rayer,
réformer, rescinder, résilier, résoudre,
révoquer, rompre, supprimer, vicier

Annuler, casser
rescinder

Anobie
vrillette

Anobli
élevé, ennobli

Anoblir
élever, ennoblir

Anodin
banal, bénin, commun, doux, effacé, fade,
falot, innocent, insignifiant, insipide, léger,
neutre, quelconque, terne, véniel

Anomalie
aberration, altération, anormalité, bizarrerie,
défaut, défectuosité, déformation, difformité,
étrangeté, exception, irrégularité, lacune,
malformation, monstruosité, particularité,
perversion, singularité

**Anomalie caractérisée par la petitesse de la
taille**
nanisme

Anomalie chromosomique
trisomie

Anomalie de fonctionnement
trouble

Anomalie de la vision
presbytie

Anomalie de position d'un organe
ectopie

Anomalie génétique
trisomie

Ânon
âne, ânesse, baudet, bête, bourricot,
bourrique, hémione, onagre

Ânonnement
bafouillage, balbutiement, bredouillage,
bredouillement

Ânonner
bafouiller, balbutier, bredouiller, hésiter

Anonymat
banalité, discrétion, incognito, insignifiance,
médiocrité, obscurité, ombre, oubli

Anonyme
aseptisé, banal, camouflé, ignoré,
impersonnel, inconnu, indéterminé,
insignifiant, insipide, masqué, méconnu,
ordinaire, quelconque, secret

Anonymement
incognito

Anorak
blazer, blouson, doudoune, parka, veste

Anorexie
inappétence

Anormal
aberrant, absurde, arriéré, atypique, bizarre,
caractériel, énorme, étonnant, étrange,
exceptionnel, extraordinaire, fou, handicapé,
inaccoutumé, inadapté, inhabituel, insolite,
inusité, irrégulier, loufoque, malade, maladif,
morbide, paradoxal, particulier, singulier,
surprenant

Anormalement
bizarrement, curieusement, étrangement,
inhabituellement, irrégulièrement

Anormalité
anomalie

Anosmie
dysosmie

Anoxémie
asphyxie

Anse
abri, anneau, baie, calanque, crique, golfe,
poignée, portant

Antagonique
adverse, antagoniste, contraire, rival

Antagonisme
choc, collision, combat, désaccord, duel,
heurt, lutte, opposition, rivalité, tension

Antagoniste
adversaire, antagonique, concurrent,
contradicteur, contraire, ennemi, opposant,
opposé, rival

Antalgique
sédatif

Antan
autrefois, jadis

Antarctique
austral, polaire

Antarctique
continent

Ante
colonne, pilastre, pilier

Antécédemment
précédemment

Antécédent
antérieur, exemple, passé, préalable, précédent, préexistant

Antédiluvien
ancien, antique, caduc, fossile, suranné

Antenne
agence, antennule, bureau, mât, poste, succursale, tige

Antennule
antenne

Antérieur
antécédent, passé, préalable, précédent, préexistant, premier

Antérieurement
avant, précédemment

Antériorité
priorité

Antériorité dans le temps
priorité

Antéversion
déviation

Anthémis
camomille

Anthèse
fleuraison, floraison

Anthologie
choix, miscellanées, recueil

Anthracite
charbon, gris, noir

Anthrax
abcès, furoncle, phlegmon, tumeur

Anthropoïde
gorille, simien, singe

Anthropophage
cannibale

Anti
contre

Antiacide
alcalin

Antibiotique
pénicilline

Antichambre
entrée, hall, vestibule

Antichar
obus

Antichrèse
nantissement

Anticipation
futurologie, horoscope, prévision, pronostic, prospective

Anticipé
préconçu, prématuré, prévu

Anticiper
précéder, pressentir, prévenir, prévoir

Anticombustible
ignifugé

Anticonformiste
avancé, beatnik, iconoclaste

Antidote
contrepoison, dérivatif, diversion, exutoire, médicament, palliatif, panacée, remède, solution, vaccin

Antienne
chanson, chant, couplet, leitmotiv, litanie, musique, rabâchage, refrain, rengaine, scie

Antihalo
enduit

Antilogique
illogique

Antilope
algazelle, bubale, gnou, impala, nilgaut, saïga

Antilope africaine
bubale

Antilope d'Afrique
gnou, kob

Antilope d'Afrique du Sud
impala

Antilope de la taille du daim
saïga

Antimilitarisme
pacifisme

Antimilitariste
pacifiste

Antimoine
Sb

Antinomie
paradoxe

Antinomique
adverse, contraire, opposé, paradoxal

Antipathie
allergie, animosité, aversion, dégoût, froid, froideur, haine, hostilité, inimitié, mésestime, prévention, répugnance, répulsion, ressentiment

Antipathique
désagréable, détestable, grimaçant, imbuvable, odieux

Antipode
antithèse, contraire, inverse, opposé

Antiprotectionniste
libéral

Antipyrétique
fébrifuge

Antiquaille
vieillerie

Antiquaire
chineur

Antique
ancestral, ancien, antédiluvien, archaïque, arriéré, démodé, dépassé, éloigné, fossile, immémorial, passé, patriarcal, préhistorique, reculé, séculaire, suranné, usé, vétuste, vieil, vieillot, vieux

Antiquité
brocante, caducité, vieillerie, vieillesse

Antisémite
raciste

Antisémitisme
racisme

Antisocial
asocial

Antispasmodique
calmant

Antisudorifique
déodorant

Antithèse
antipode, antonyme, contraire, contraste, inverse, négation, opposé

Antithétique
adverse, contraire, inverse, opposé

Antivol
alarme

Antonyme
antithèse, contraire, inverse, opposé

Antonyme de noblesse
plèbe

Antre
abri, caverne, cratère, gîte, grotte, refuge, repaire, retraite, tanière

Anxiété
affolement, affres, agitation, alarme, angoisse, appréhension, crainte, désarroi, détresse, effroi, égarement, épouvante, frayeur, inquiétude, peur, souci, stress, tourment, trac, tracas, transe

Anxieusement
impatiemment

Anxieux
agité, alarmiste, angoissé, bileux, craintif, effrayé, impatient, inquiet, préoccupé, soucieux, stressé, tendu, tourmenté, tracassé

Anxiolytique
sédatif

Aorte
artère

Août
mois

Aoûtat
acarien, acarus, rouget, trombidion, vendangeon

Aoûté
mûri

Aoûter
mûrir

Aoûtien
baigneur, estivant, plaisancier, touriste, vacancier

Apache
amérindien, autochtone

Apaisant
accommodant, adoucissant, allégeant, calmant, conciliant, consolant, consolateur, consolatoire, émollient, lénifiant, lénitif, pacifiant, rassurant, réconfortant, relaxant, reposant, soulageant, tamisant, tranquillisant

Apaisé
adouci, alangui, allégé, détendu, rasséréné, rassuré

Apaisement
accalmie, baume, calme, détente, guérison, paix, quiétude, rémission, sédation

Apaisement au moyen d'un sédatif
sédation

Apaiser
abattre, adoucir, alanguir, alléger, amadouer, assagir, assoupir, assouvir, atténuer, bercer, calmer, cicatriser, consoler, contenter, décolérer, dérager, diminuer, dissiper, endormir, étancher, éteindre, guérir, lénifier, modérer, normaliser, pacifier, panser, radoucir, rassasier, rasséréner, rassurer, retomber, satisfaire, sécuriser, soulager, tempérer, tomber, tranquilliser

Apaiser en flattant
amadouer

Apaiser la soif
désaltérer

Apanage
attribut, exclusivité, lot, monopole, particularité, patrimoine, prérogative, privilège, propre, sort

Aparté
monologue, soliloque

Apathie
aboulie, accablement, atonie, calme, dépression, faiblesse, inactivité, indolence, inertie, langueur, lenteur, léthargie, mollesse, nonchalance, paresse, passivité, prostration, torpeur, veulerie

Apathique
amorphe, atone, éteint, impassible, inactif, indolent, inerte, lent, mou, nonchalant, paresseux, passif, prostré, somnolent, veule

Apatite
fluor

Apatride
déplacé, étranger, expatrié

Apepsie
dyspepsie

Apercevable
apparent

Apercevoir
appréhender, aviser, comprendre, constater,
déceler, découvrir, deviner, discerner,
distinguer, entrevoir, noter, observer, pénétrer,
percevoir, réaliser, remarquer, rencontrer,
repérer, saisir, sentir, situer, surprendre, voir

Aperçu
abrégé, concept, découvert, échantillon,
esquisse, estimation, exemple, exposé, idée,
noté, présentation, résumé, saisi, sommaire,
vu

Apéritif
alcool, apéro, boisson, kir, spiritueux

Apéritif anisé
pastis

Apéro
apéritif, boisson

Apert
clair

Apetisser
raccourcir, rapetisser

Apeurant
affolant, épeurant

Apeuré
affolé, alarmé, angoissé, craintif, effarouché,
effrayé, épouvanté, horrifié, inquiet, peureux,
terrifié, tremblant

Apeurer
affoler, alarmer, effarer, effaroucher, effrayer,
épeurer, épouvanter, horrifier, inquiéter,
terrifier, terroriser

Apex
pointe

Aphasie
agnosie, dysphasie, mutisme, mutité

Aphélie
apoastre, apogée, apside

Aphiase
pelade

Aphone
muet, silencieux

Aphorisme
axiome, formule, maxime, pensée, précepte,
proposition, proverbe, sentence

Aphrodisiaque
excitant

Aphteux
fièvre

Api
pomme

Apidé
abeille

Apion
charançon

Apis
abeille

Apitoiement
attendrissement, commisération,
compassion, lamentation, pitié, plainte

Apitoyé
affligé

Apitoyer
affliger, attendrir, chagriner, compatir,
émouvoir, fléchir, geindre, plaindre, remuer,
toucher

Aplanir
araser, atténuer, dégauchir, dresser, égaliser,
épanner, lever, lisser, niveler, planer,
polir, préparer, raboter, régaler, simplifier,
supprimer, uniformiser, unir

Aplanir avec la doloire
doler

Aplanir l'un des côtés
épanner

Aplanissement
nivelage

Aplati
camard, camus, écaché, écrasé, épaté,
laminé, lissé, plaqué, plat, prosterné

Aplatir
écraser, laminer, lisser, plaquer, rabattre

Aplatir (S')
abaisser, allonger, appliquer, avachir, éreinter,
étendre, froisser, humilier, prosterner, ramper,
soumettre

Aplatir, écraser
écacher

Aplatissement
abattement

Aplomb
aisance, assurance, audace, confiance,
courage, culot, effronterie, équilibre,
hardiesse, impudence, stabilité, toupet,
verticalité

Apnée
anhélation

Apoastre
aphélie

Apocalyptique
épouvantable

Apocryphe
controuvé, faux

Apogée
acmé, aphélie, apothéose, bouquet, comble,
faîte, pinacle, sommet, summum, zénith

Apoïde
abeille

Apollon
adonis, éphèbe

Apologie
célébration, défense, discours, disculpation, dithyrambe, éloge, encensement, glorification, justification, louange, panégyrique, plaidoyer

Apologiste
apôtre, avocat, défenseur, glorificateur, laudateur, louangeur, panégyriste, prôneur

Apologue
allégorie, fable, fiction, morale, moralité, parabole

Apophtegme
maxime, pensée, précepte, sentence

Apophyse
bosse, crête, éminence, épine, protubérance, saillie, tubérosité

Apophyse du cubitus
olécrane

Apoplexie
attaque, congestion, embolie, ictus

Aporétique
sceptique

Aporie
paradoxe

Apostasie
abandon, abjuration, désaveu, reniement, renonciation, rétractation

Apostasié
renié

Apostasier
abjurer, renier

Apostat
hérétique, impie, renégat

Apostème
abcès

Apostille
note, PS, renvoi

Apostolat
sacerdoce

Apostrophe
injure

Apostropher
appeler, héler, injurier

Apostume
abcès

Apothéose
apogée, bouquet, comble, consécration, faîte, sacre, triomphe

Apothéoser
glorifier

Apothicaire
pharmacien

Apothicairerie
officine

Apôtre
apologiste, avocat, champion, défenseur, disciple, missionnaire, prédicateur, propagateur, prosélyte, tenant

Apôtre, frère de saint Pierre
André

Apparaître
advenir, affluer, apparoir, avérer, déclarer, dévoiler, éclore, émerger, former, introduire, jaillir, manifester, montrer, naître, paraître, percer, poindre, pointer, ressortir, révéler, sourdre, surgir, survenir, transparaître, venir

Apparat
décorum, éclat, faste, flamboiement, grandeur, luxe, magnificence, montre, ostentation, pompe, protocole, solennité, somptuosité, splendeur, tralala

Apparaux
gréement

Appareil
arsenal, attirail, avion, cérémonie, collection, combiné, dentier, dispositif, engin, faste, instrument, machine, outil, pompe, poste, prothèse, récepteur, système, téléphone, ustensile

Appareil à bascule servant à puiser l'eau destinée à l'irrigation
chadouf

Appareil à jauger
jaugeur

Appareil à lettres et à chiffres mobiles pour supposer les dates
dateur

Appareil à tamiser
tamiseuse

Appareil assurant la réception
récepteur

Appareil automatique de sûreté
soupape

Appareil capable d'enregistrer les messages téléphoniques
répondeur

Appareil capable de s'élever dans les airs
aéronef

Appareil cinématographique
caméra, projecteur

Appareil cylindrique
tube

Appareil d'acrobatie
trapèze

Appareil d'éclairage
lampadaire, luminaire

Appareil d'éclairage fixé au mur
applique

Appareil d'éclairage suspendu
lustre

Appareil d'optique
projecteur

Appareil de chauffage
chaudière, cheminée, radiateur

Appareil de climatisation
climatiseur

Appareil de cuisine destiné aux fritures
friteuse

Appareil de cuisson à l'air libre
barbecue

Appareil de cuisson portatif
réchaud

Appareil de détection sous-marine
asdic

Appareil de distillation
alambic

Appareil de fermeture
serrure

Appareil de gymnastique
trapèze

Appareil de levage
bigue, cric, palan, treuil, vérin

Appareil de levage sur rails
portique

Appareil de locomotion
avion, cycle

Appareil de mesure du temps
horloge

Appareil de mesure qui sert à compter les pas
podomètre

Appareil de navigation aérienne
hélicoptère

Appareil de photocomposition pour titres
titreuse

Appareil de prises de vues
caméra

Appareil de projection
projecteur

Appareil de propulsion
hélice

Appareil de propulsion à pales
hélice

Appareil de prothèse dentaire
bridge

Appareil de radiodiagnostic
scanner

Appareil de réfrigération
congélateur

Appareil de refroidissement
réfrigérateur

Appareil de séchage
sécheur

Appareil de serrage
étau

Appareil de télémétrie
télémètre

Appareil de traitement automatique de données
ordinateur

Appareil destiné à alimenter une machine
chargeuse

Appareil destiné à amortir les sons
sourdine

Appareil destiné à faire absorber un gaz, des vapeurs, par les voies respiratoires
inhalateur

Appareil destiné à mesurer un gaz
gazomètre

Appareil destiné à mesurer une différence de potentiel en volts
voltmètre

Appareil électrique
mixeur

Appareil électrique en marche
allumé

Appareil électroménager
aspirateur, congélateur, hotte

Appareil électroménager servant à mélanger
batteur

Appareil établissant ou interrompant l'écoulement d'un fluide dans une canalisation
robinet

Appareil ménager
aspirateur, cafetière

Appareil mobile de cuisson à l'air libre
barbecue

Appareil orthopédique
minerve

Appareil ou support pour faire sécher le linge
séchoir

Appareil permettant d'enregistrer des données sur un disque
graveur

Appareil permettant de communiquer à distance
télégraphe, téléphone

Appareil permettant le ralentissement d'une chute
parachute

Appareil photographique
Kodak, polaroïd

Appareil portatif intégrant une caméra vidéo et un magnétoscope
caméscope

Appareil portatif servant à écouter de la musique
baladeur

Appareil pour capturer les souvenirs
caméra

Appareil pour enlever le givre
dégivreur

Appareil pour fabriquer de l'eau de Seltz
gazogène

Appareil pour indiquer la direction des vents
girouette

Appareil pour injecter
injecteur

Appareil pour la respiration artificielle
respirateur

Appareil pour le transport vertical
ascenseur

Appareil pour régler une combustion
brûleur

Appareil pour transvaser un liquide sans son dépôt
décanteur

Appareil pouvant produire du feu
briquet

Appareil qui convertit des signaux afin de transmettre des données entre ordinateurs
modem

Appareil qui fait l'émanation
émanateur

Appareil qui permet d'obtenir une température constante
thermostat

Appareil qui permet de détecter la présence de quelque chose
détecteur

Appareil qui produit des vibrations
vibrateur

Appareil qui sert à monter
ascenseur

Appareil qui sert à pulvériser le soufre
soufreuse

Appareil qui servait à mesurer le temps par écoulement régulier d'eau
clepsydre

Appareil qui transforme les vibrations sonores
micro

Appareil sanitaire
lavabo

Appareil sanitaire bas
bidet

Appareil sanitaire servant à prendre un bain
baignoire

Appareil servant à battre les sauces
fouet

Appareil servant à broyer
moulin

Appareil servant à décaper
décapeur

Appareil servant à déceler la présence d'un corps
détecteur

Appareil servant à déterminer la profondeur de l'eau
sonde

Appareil servant à écraser le raisin
fouloir

Appareil servant à égrener les céréales
batteuse

Appareil servant à élargir certaines cavités du corps
spéculum

Appareil servant à étuver, à traiter à la vapeur
étuveur

Appareil servant à évacuer un fluide
éjecteur

Appareil servant à l'aération
aérateur

Appareil servant à la coupe du gazon
tondeuse

Appareil servant à la distillation
alambic

Appareil servant à la signalisation des voies ferrées
sémaphore

Appareil servant à malaxer diverses substances
mélangeur

Appareil servant à masser
masseur

Appareil servant à mélanger
mélangeur

Appareil servant à mesurer l'éclairement
luxmètre

Appareil servant à mesurer la vitesse d'un navire
loch

Appareil servant à mesurer le temps de stationnement autorisé, moyennant paiement
parcmètre, parcomètre

Appareil servant à mesurer une distance parcourue à pied
podomètre

Appareil servant à observer les spectres lumineux
spectroscope

Appareil servant à préparer des émulsions
émulseur

Appareil servant à remplacer un membre
prothèse

Appareil sur lequel la sustentation aérodynamique est produite
giravion

Appareil transformant un combustible en gaz
gazogène

Appareil utilisant un gaz plus léger que l'air
aérostat

Appareil utilisé pour la transmission de l'information
modem

Appareil utilisé pour transporter des matériaux
élévateur

Appareil utilisé pour transporter verticalement
élévateur

Appareil végétatif des végétaux inférieurs
thalle

Appareil, chaudière
étuveuse

Appareillage
départ, prothèse

Appareiller
accoupler, apparier, assortir, coupler, équiper, gréer, partir, réunir

Appareils utilisés en gymnastique
agrès

Apparemment
censément

Apparence
abord, air, allure, aspect, attrape, cachet, caractère, chimère, couleur, dégaine, dehors, écorce, enveloppe, erreur, extérieur, façade, face, fantôme, figure, forme, genre, idée, illusion, image, jour, lueur, masque, mine, mirage, ombre, phase, phénomène, physionomie, physique, présentation, présomption, rayon, semblant, simulacre, songe, soupçon, style, surface, teinture, touche, tournure, trace, vernis, vestige, visage, voile

Apparence d'une personne
personnalité

Apparence du corps
mine

Apparence trompeuse
mirage

Apparence trompeuse d'une personne
façade

Apparent
apercevable, criant, détectable, discernable, évident, extérieur, faux, flagrant, illusoire, incontestable, manifeste, ostensible, patent, perceptible, prétendu, probable, sensible, spécieux, superficiel, supposé, trompeur, visible

Apparentage
parenté

Apparenté
allié, parent, similaire

Apparenter (S')
allier, ressembler

Apparié
coordonné

Apparier
accoler, accoupler, allier, appareiller, associer, assortir, combiner, coupler, grouper, harmoniser, joindre, marier, réunir, unir

Apparition
approche, arrivée, avènement, commencement, constitution, création, éclosion, ectoplasme, émergence, entrée, éruption, esprit, éveil, fantôme, formation, forme, genèse, irruption, manifestation, naissance, poussée, production, revenant, sortie, spectre, survenue, venue, vision

Apparition de feuilles sur les arbres
frondaison

Apparition de l'épi des céréales
épiage

Apparition de lésions cutanées
éruption

Apparition effrayante d'un mort
spectre

Apparoir
apparaître, constater, ressortir, résulter

Appartement
demeure, domicile, foyer, garçonnière, habitat, habitation, intérieur, loft, logement, meublé, résidence, studio

Appartement à deux niveaux
duplex

Appartement des femmes, chez les peuples musulmans
harem

Appartement sur trois niveaux
triplex

Appartenance
adhésion, affiliation, allégeance, possession, rattachement

Appartenir
incomber

Appartient à la nature
naturel

Apparu
advenu, coulé, paru, venu

Appas
agrément, atours, attraits, beauté, charmes

Appât
aiche, amorce, asticot, attrait, devon, èche, esche, hameçon, leurre, perspective, piège, ratière

Appât articulé ayant l'aspect d'un poisson
devon

Appât pour attirer le poisson
boette

Appâté
alléché

Appâter
affriander, aicher, allécher, amorcer, attirer, charmer, écher, escher, séduire, tenter

Appauvri
abâtardi, affaibli, altéré, amaigri, étiolé, pauvre

Appauvrir
abâtardir, affaiblir, altérer, amaigrir, dégénérer, dessécher, épuiser, étioler, raréfier, stériliser

Appauvrissement
pauvreté, perte, réduction

Appeau
chanterelle, fifre, flûte, leurre, pipeau

Appel
attirance, attraction, bip, clameur, communication, cri, exhortation, fascination, impulsion, incitation, incorporation, interjection, invitation, invite, mobilisation, pourvoi, prière, proclamation, rappel, recensement, recours, recrutement, révision, signal, signe, sollicitation, sonnerie, tentation, voix

Appel à l'aide
SOS

Appel de Dieu
vocation

Appel de trompettes et de tambours
chamade

Appelé
alerté, dit, excité, militaire, prénommé, recrue, soldat, voué

Appeler
alerter, amener, ameuter, apostropher, assigner, baptiser, causer, convier, convoquer, demander, dénommer, désigner, destiner, déterminer, engager, entraîner, évoquer, exciter, exhorter, exiger, héler, implorer, inciter, incorporer, interpeller, intituler, inviter, invoquer, mobiliser, motiver, nécessiter, nommer, occasionner, prédestiner, prédisposer, prénommer, prier, provoquer, qualifier, rameuter, rappeler, réclamer, recourir, recruter, requérir, siffler, solliciter, souhaiter, surnommer, susciter, taxer, téléphoner, traiter, vouer

Appeler à l'aide d'un porte-voix
héler

Appeler à se réunir
convoquer

Appeler à son secours avec des prières
invoquer

Appeler d'un prénom
prénommer

Appeler de loin
héler

Appeler en criant
hucher

Appeler en sifflant
hucher

Appellation
marque, nom, titre, vocable

Appellation tendre donnée à une femme
doudou

Appendice
addenda, additif, addition, ajout, annexe, cæcum, complément, supplément

Appendice abdominal natatoire des crustacés
uropode

Appendice allongé cartilagineux qui termine inférieurement le sternum
xiphoïde

Appendice allongé et souple
tentacule

Appendice de certains invertébrés
cirre, cirrhe

Appendice essentiel à la déglutition
luette

Appendice fin
cirre, cirrhe

Appendice mobile de certains animaux
tentacule

Appendice nasal
nez

Appendice nasal de l'éléphant
trompe

Appendre
accrocher, attacher, pendiller, pendre, suspendre

Appentis
atelier, auvent, cabanon, hangar, remise

Appesanti
alourdi, endormi, lourd, pesant

Appesantir
alourdir, peser

Appesantissant
alourdissant

Appesantissement
lourdeur

Appétence
ambition, appétit, besoin, convoitise, désir, envie, propension, tendance

Appéter
désirer

Appétissant
affriolant, agréable, aguichant, attirant, engageant, excitant, ragoûtant, savoureux, tentant

Appétit
amusement, appétence, appétition, avidité, besoin, boulimie, convoitise, cupidité, curiosité, désir, envie, exigence, faim, fringale, gloutonnerie, goinfrerie, gourmandise, goût, inclination, passion, penchant, soif, tendance, voracité

Appétition
appétit

Applaudir
acclamer, approuver, congratuler, féliciter, glorifier, ovationner, réjouir, saluer

Applaudissement
acclamation, approbation, bravo, louange, ovation

Applaudissements rythmés
ban

Applicable
congruent

Applicable sur
superposable

Application
adaptation, affectation, assiduité, attention, attribution, concentration, contention, curiosité, destination, diligence, effort, emploi, exactitude, exécution, imputation, logiciel, minutie, placage, pose, pratique, programme, réalisation, sérieux, soin, superposition, tension, usage, utilisation, zèle

Application d'huile sainte
onction

Application d'un lien, d'une bande servant à maintenir une partie lésée du corps
bandage

Applique
ampoule, lampe

Appliqué
affecté, aplati, assidu, attentif, collé, concentré, consacré, consciencieux, destiné, diligent, donné, employé, étalé, étendu, imprimé, imputé, infligé, laborieux, mis, passé, placé, porté, posé, sérieux, soigné, soigneux, studieux, travailleur, utilisé

Appliqué à un secteur
sectoriel

Appliqué, empressé
attentif

Appliquer
accoler, adapter, adhérer, administrer, adonner, affecter, aplatir, apposer, arroger, asséner, attribuer, coller, consacrer, destiner, donner, employer, envoyer, étaler, étendre, imprimer, imputer, infliger, lancer, mettre, passer, placer, plaquer, porter, poser, potasser, tâcher, utiliser

Appliquer de l'émail
émailler

Appliquer fortement
plaquer

Appliquer le boycott
boycotter

Appliquer un cachet sur une lettre ou sur un objet
cacheter

Appoint
aide, apport, appui, assistance, complément, concours, contribution, différence, extra, monnaie, part, secours, solde, supplément

Appointé
affûté

Appointements
gages, gain, paie, paye, salaire, traitement

Appointer
affûter, épointer, payer, pointer, rémunérer, rétribuer, salarier, tailler

Appondre
unir

Appontement
estacade, pont, quai

Apponter
aborder, arriver, atterrir

Apport
appoint, concours, contribution, cotisation, financement, investissement, part, participation, rapport

Apporté
amené, donné

Apporter
abouler, amener, causer, conduire, conférer, contribuer, donner, employer, engendrer, entraîner, fournir, occasionner, porter, procurer, produire, provoquer, rapporter, susciter, valoir, verser

Apporter des retouches
retoucher

Apposé
affiché

Apposer
adjoindre, afficher, appliquer, écrire, imprimer, inscrire, insérer, mettre, placarder, poser

Apposer son paraphe
parapher

Apposer un timbre
tamponner

Apposer une affiche sur un support
afficher

Appositif
adjectif

Apposition
adjectif

Appréciable
important, notable, précieux, rondelet, sensible

Appréciation
adage, avis, calcul, critique, estimation, impression, jugement, notation, note, opinion, vue

Apprécié
admiré, adoré, couru, populaire, prisé, saisi, senti, vénérable

Apprécier
adorer, affectionner, aimer, approuver, calculer, chaîner, comprendre, concevoir, coter, déguster, discerner, entendre, estimer, évaluer, expertiser, goûter, jauger, jouir, juger, mesurer, noter, percevoir, peser, priser, profiter, saisir, savourer, sentir, soupeser, voir

Apprécier avec la main le poids d'un objet
soupeser

Apprécier en touchant
palper

Apprécier par un jugement de valeur
jauger

Appréhendé
alpagué

Appréhender
alpaguer, apercevoir, arrêter, attraper, capturer, cerner, coincer, comprendre, concevoir, craindre, épingler, percevoir, pincer, piquer, prendre, redouter, saisir, trembler

Appréhender par la perception
percevoir

Appréhension
alarme, angoisse, anxiété, crainte, frayeur, peur, timidité, trac, vision

Appréhension extrêmement vive
transe

Apprendre
accoutumer, accueillir, aguerrir, alerter, alphabétiser, annoncer, assimiler, avertir, aviser, communiquer, connaître, découvrir, digérer, dire, éduquer, enseigner, étudier, expliquer, faire, inculquer, indiquer, informer, ingurgiter, initier, instruire, montrer, plonger, potasser, pratiquer, professer, repasser, savoir, travailler

Apprendre à lire et à écrire
alphabétiser

Apprenti
aide, débutant, écolier, élève, grouillot, néophyte, novice, stagiaire

Apprenti boulanger
mitron

Apprenti dans un atelier de peinture
rapin

Apprentissage
assimilation, éducation, essai, exercice, formation, initiation, pratique, préparation, stage

Apprentissage théorique de la notation musicale
solfège

Apprêt
affectation, afféterie, amidon, art, artifice, badigeon, corroi, enduit, étude, maniérisme, mièvrerie, préciosité, préparation, recherche

Apprêt qui rend les étoffes plus lustrées
cati

Apprêtant
accommodant

Apprêté
accommodé, affecté, affété, ampoulé, arrangé, artificiel, compassé, composé, cuisiné, empesé, étudié, factice, guindé, maniéré, mièvre, poseur, précieux, préparé, recherché, snob

Apprêter
accommoder, arranger, assaisonner, cuisiner, empeser, fouler, parer, préparer

Apprêter au gratin
gratiner

Apprêter avec de l'empois
empeser

Appris
aguerri, connu, enseigné, étudié, potassé, su, travaillé

Appris de nouveau
rappris, réappris

Apprivoisé
charmé, civilisé, conquis, domestiqué, dompté, dressé, familier, gagné, humanisé, poli, séduit, soumis

Apprivoisement
accoutumance

Apprivoiser
acclimater, accoutumer, adoucir, amadouer, assouplir, charmer, civiliser, conquérir, domestiquer, dompter, dresser, familiariser, gagner, humaniser, séduire, soumettre

Approbateur
favorable

Approbation
acceptation, accord, acquiescement, adhésion, adoption, agrément, applaudissement, assentiment, autorisation, aval, aveu, concession, consentement, écho, éloge, endossement, entérinement, estime,

homologation, permission, ratification,
sanction, suffrage

Approchable
accessible

Approchant
analogue, proche, semblable, similaire

Approche
abord, accès, apparition, approximatif,
arrivée, avance, conception, contact,
démarche, fréquentation, imminence,
parages, proximité, venue, voisinage

Approches
abords, alentours, environs, voisinage

Approché
venu

Approcher
aborder, accéder, accoster, arriver, avancer,
contacter, côtoyer, coudoyer, égaler, entourer,
flirter, fréquenter, friser, frôler, joindre,
rappeler, rapprocher, rencontrer, ressembler,
rivaliser, tomber, valoir, venir

Approfondi
accentué, potassé, sondé

Approfondi dans le détail
fouillé

Approfondir
accentuer, analyser, creuser, étudier,
examiner, explorer, fouiller, méditer, mûrir,
pénétrer, plonger, potasser, pousser,
rechercher, scruter, sonder

Approfondissement
étude

Appropriant
accommodant

Appropriation
assimilation, prise, saisie, usurpation

Approprié
accoutumé, ad hoc, adapté, adéquat, apte,
assorti, bienvenu, bon, conforme, congru,
congruent, convenable, digne, heureux,
idoine, juste, opportun, pertinent, propre,
sortable, soufflé

Approprier
accommoder, accorder, adapter, ajuster,
conformer

Approprier (S')
accaparer, arroger, assimiler, conquérir,
emparer, prendre, rafler, ravir, razzier,
souffler, usurper, voler

Approuvable
acceptable, admissible

Approuvé
adopté, agréé

Approuver
abonder, accepter, accorder, adhérer,
admettre, adopter, agréer, aimer, applaudir,

apprécier, autoriser, cautionner, encourager,
endosser, entériner, féliciter, goûter, opiner,
permettre, plébisciter, prôner, ratifier,
sanctionner, signer, souscrire, valider, vouloir

Approvisionné
garni

Approvisionnement
fourniture, provision, stock

Approvisionner
alimenter, fournir, garnir, nourrir, pourvoir,
procurer

Approvisionner de nouveau
recharger

Approximatif
approche, imparfait, imprécis, rudimentaire,
vague

Approximation
estimation, itération

Approximativement
autour, environ, presque, quasiment,
sensiblement, vaguement

Appui
accord, accotoir, accoudoir, aide, allié,
appoint, assistance, aval, balustrade,
barre, base, béquille, caution, champion,
collaboration, concours, contrefort,
contribution, coopération, défenseur, égide,
encouragement, épaulement, étai, faveur,
fondement, garant, influence, patronage,
pilier, piston, protecteur, protection, rampe,
recommandation, réconfort, relation,
relations, renfort, second, secours, service,
soutènement, soutien, tenant, tuteur

Appuie-tête
têtière

Appuyant
aidant

Appuyé
accentué, gros, insistant, instant, lourd,
pressant, prononcé, secondé

Appuyé sur son séant
assis

Appuyer
accentuer, accoter, accouder, adosser, aider,
asseoir, assister, avaliser, baser, buter, coller,
confirmer, consolider, corroborer, défendre,
encourager, épauler, étayer, favoriser, fonder,
fortifier, frotter, insister, maintenir, mettre,
parrainer, patronner, peser, pistonner,
plaquer, pousser, presser, prononcer,
protéger, recommander, renforcer, seconder,
servir, soutenir, tenir

Appuyer d'un côté
accoter

Appuyer en donnant sa caution
avaliser

Appuyer en mettant le dos contre
adosser

Appuyer sur le bouton de la souris
cliquer

Appuyer sur une syllabe en chantant
pauser

Apragmatisme
aboulie, dysboulie

Apraxie
amnésie

Âpre
abrupt, acerbe, acharné, acide, acidulé, âcre,
agressif, aigre, aigrelet, amer, austère, brutal,
chaud, cruel, cuisant, cupide, désagréable,
dur, escarpé, farouche, féroce, hargneux,
inégal, mordant, opiniâtre, pénible, raboteux,
râpeux, rauque, rêche, rigoureux, rude,
rugueux, sauvage, vif, violent, virulent

Âprement
ardemment, brutalement, durement,
énergiquement, farouchement, résolument,
rudement, sévèrement, violemment

Après
alors, consécutivement, conséquemment,
derrière, ensuite, passé, postérieurement,
puis, selon, subséquemment,
successivement, ultérieurement

Après le moment habituel
tard

Âpreté
âcreté, amertume, animosité, ardeur,
aspérité, avarice, avidité, convoitise, cupidité,
dureté, pénibilité, rapacité, rigueur, rudesse,
sévérité, véhémence, violence, virulence,
voracité

Apside
aphélie

Apte
approprié, bon, capable, compétent,
expérimenté, qualifié

Apte à bénéficier d'un concours bancaire
bancable

Apte à comprendre
perspicace

Apte à être élu
éligible

Apte à vivre
viable

Aptitude
adresse, capacité, compétence, disposition,
don, facilité, faculté, habileté, habilité,
instinct, moyen, penchant, portée,
prédisposition, qualité, talent, tendance

Aptitude à percevoir des sensations
esthésie

Aptitude à vivre d'un organisme
viabilité

Aptitude supérieure de l'esprit
génie

Apuré
épuré

Apurer
acquitter, épurer, raffiner, solder, vérifier

Apyre
incombustible, infusible, ininflammable,
réfractaire

Aquanaute
océanaute

Aquarelle
dessin, peinture

Aquatique
nautique

Aqueduc
rigole

Aqueux
fluide, humide, marécageux, séreux,
spongieux

Aquicole
lacustre

Aquilin
arqué, bourbonien, busqué, crochu, recourbé

Aquilon
vent

Ar
argon

Ara
perroquet, perruche

Arabe
bédouin, berbère, maghrébin, maure, more,
sarrasin

Arabe nomade du désert
bédouin

Arabesque
dessin, spirale, volute

Arabica
café

Arabiser
algérianiser, islamiser

Arable
cultivable, labourable

Arac
spiritueux

Aracée
aroïdée, taro

Arachide
cacahuète

Arachnéen
délicat, fin, léger, ténu, vaporeux

Arachnide
araignée

Arachnide aptère minuscule
ciron

Arachnide très en vue le soir de l'Halloween
araignée

Araignée
acarien, acarus, arachnide, aranéide,
carrelet, épeire, mygale, orbitèle, tarentule

Araignée à l'abdomen coloré
épeire

Araignée d'eau
vélie

Araignée de mer
maïa

Araignée du genre lycose
tarentule

Araignée très commune
épeire

Araire
areau, brabant, charrue

Araméen
sémite

Aranéide
araignée

Arasement
nivelage

Araser
aplanir, égaliser, niveler

Arbalète
arc, arme, catapulte

Arbitrage
entremise, jugement, médiation, règlement,
sentence

Arbitraire
absolu, artificiel, conventionnel, despotique,
fictif, gratuit, illégal, illimité, immotivé,
infondé, injuste, injustifié, irrégulier, libre,
subjectif, totalitaire, tyrannique

Arbitre
conciliateur, expert, juge, justicier, médiateur,
souverain

Arbitrer
contrôler, décider, juger, régler, trancher

Arboré
hissé

Arborer
afficher, déployer, dresser, élever, étaler,
exhiber, hisser, montrer, planter, porter, revêtir

Arborescence
arbre, ramification

Arboriculteur
paysan

Arborisation
ramification

Arbre
arborescence, arbuste, axe, bouleau,
épineux, érable, essence, essieu, feuillu, fût,
genévrier, if, lignée, marronnier, mât, orme,
pêcher, pin, pivot, plante, résineux, sapin,
sassafras, savonnier, schéma, tige, tilleul,
végétal, vilebrequin

Arbre à beurre
karité

Arbre à bois clair
frêne

Arbre à caoutchouc
hévéa

Arbre à cire
cirier

Arbre à écorce blanche argentée
bouleau

Arbre à feuilles aiguës
houx

Arbre à feuilles persistantes
acacia, laurier

Arbre à fleurs blanches et à fruits acides
sureau

Arbre à fleurs monoïques
mûrier

Arbre à fleurs odorantes
tilleul

Arbre à fleurs odorantes originaire d'Asie
mélia

Arbre à fruits rouges
if

Arbre à grandes feuilles
acéracée

Arbre à melon
papayer

Arbre à pain
jaquier

Arbre à thé
théier

**Arbre au tronc énorme des régions tropicales
d'Afrique et d'Australie**
baobab

Arbre commun dans nos forêts
frêne

Arbre cultivé pour ses baies sucrées
goyavier

Arbre cultivé pour ses feuilles
théier

Arbre d'Afrique de la famille des sapotacées
karité

**Arbre d'Afrique occidentale fournissant la noix
de cola**
cola

Arbre d'Afrique tropicale
baobab

Arbre d'Afrique utilisé en médecine
néré

Arbre d'Amérique à bois dur
acajou

Arbre d'Amérique dont le latex est très vénéneux
mancenillier

Arbre d'Amérique qui produit le cacao
cacaotier

Arbre d'Amérique tropicale
ipé

Arbre d'Amérique tropicale au bois très dur
ipé

Arbre d'Amérique tropicale ayant un bois très peu dense
balsa

Arbre d'Amérique tropicale de la famille des légumineuses
tonka

Arbre d'ornement appelé aussi arbre de Judée
gainier

Arbre d'où provient la pomme
pommier

Arbre de futaie
tronche

Arbre de grande taille
magnolia

Arbre de grande taille produisant du latex
hévéa

Arbre de Judée
gainier

Arbre de l'Amérique centrale
gaïac

Arbre de l'Asie tropicale
santal, teck

Arbre de l'Inde
sal

Arbre de la famille des conifères
mélèze

Arbre de la famille des ébénacées
ébénier

Arbre de la famille des rosacées
prunier, sorbier

Arbre de Louisiane qui pousse dans l'eau
cipre

Arbre de Malaisie utilisé comme poison
upas

Arbre de Noël
sapin

Arbre de taille élevée
ginkgo

Arbre des forêts tempérées
hêtre

Arbre des pays tropicaux
filao

Arbre des régions équatoriales
ébénier

Arbre des régions tempérées
tilleul

Arbre des régions tropicales
acajou, baobab

Arbre des régions tropicales de la famille des moracées
jaquier

Arbre dont le bois est très résistant
hickory

Arbre dont le fruit est comestible
olivier

Arbre dont le fruit est l'amande
amandier

Arbre dont le fruit est la figue
figuier

Arbre dont les fruits fournissent le kapok
fromager

Arbre dont on extrait une essence huileuse
cajeput

Arbre du Chili dont l'écorce, utilisée en infusion, est tonique pour le foie
boldo

Arbre élevé au feuillage épais
platane

Arbre épineux
acacia

Arbre épineux ornemental
févier

Arbre équatorial
anone

Arbre étêté
têteau

Arbre exotique du Brésil
jaborandi

Arbre forestier
hêtre

Arbre fruitier
cerisier, néflier, poirier

Arbre nain cultivé en pot
bonsaï

Arbre originaire d'Amérique de la famille des lauracées
sassafras

Arbre originaire d'Extrême-Orient
ginkgo

Arbre originaire de l'Amérique tropicale à fleurs bleues ou violettes
jacaranda

Arbre ornemental
fusain

Arbre ornemental de la famille des érables
sycomore

Arbre producteur de gomme
gommier

Arbre produisant des câpres
câprier

Arbre produisant des prunes
prunier

Arbre produisant la lime
limettier

Arbre produisant les bananes
bananier

Arbre produisant les papayes
papayer

Arbre produisant un fruit à pépins
pommier

Arbre qui a poussé spontanément dans la nature
sauvageon

Arbre qui pousse au bord des rivières
saule

Arbre qui produit des fraises
fraisier

Arbre qui produit la caroube
caroubier

Arbre qui produit la myrrhe
balsamier, baumier

Arbre qui produit le kapok
kapokier

Arbre qui produit les goyaves
goyavier

Arbre qui produit les marrons
marronnier

Arbre qui produit les poires
poirier

Arbre répandu dans les régions méditerranéennes
jujubier

Arbre résineux
pin, sapin

Arbre résineux toujours vert
cipre, cyprès

Arbre tropical
dracena, letchi, litchi, palmier

Arbre tropical produisant les clous de girofle
giroflier

Arbre tropical riche en quinine
quinquina

Arbre tropical très voisin de l'arbre à pain
jacquier

Arbre voisin du bouleau
aune

Arbre voisin du sapin
épicéa

Arbrisseau
airelle, ajonc, arbuste, moret

Arbrisseau à feuilles épineuses
ajonc

Arbrisseau à fleurs blanches
garou

Arbrisseau à fleurs blanches décoratives
viorne

Arbrisseau à fleurs décoratives
obier

Arbrisseau à fleurs roses très odorantes
daphné

Arbrisseau à petits rameaux
fragon

Arbrisseau aromatique originaire d'Asie
cinnamome

Arbrisseau buissonnant
seringat

Arbrisseau cultivé pour ses superbes fleurs
rosier

Arbrisseau d'Amérique du Sud
ipéca

Arbrisseau d'Asie
théier

Arbrisseau d'origine asiatique de la famille des rutacées
kumquat

Arbrisseau de la famille des thyméléacées
sainbois

Arbrisseau des régions méditerranéennes
ciste

Arbrisseau des régions tempérées
noisetier

Arbrisseau des régions tropicales
manioc

Arbrisseau du genre viorne
obier

Arbrisseau épineux
acacia

Arbrisseau épineux des régions tempérées
grenadier

Arbrisseau grimpant
gnète

Arbrisseau méditerranéen
hysope

Arbrisseau muni de vrilles
vigne

Arbrisseau originaire de Chine
théier

Arbrisseau ornemental
hortensia

Arbrisseau portant de belles fleurs
rosier

Arbrisseau porteur de baies
airelle

Arbrisseau produisant de petites fleurs jaunes parfumées
mimosa

Arbrisseau qui produit le café
caféier

Arbrisseau qui produit le coton
cotonnier

Arbrisseau rampant
lierre

Arbrisseau vivace épineux
fragon

Arbrisseau vivant près de l'eau
saule

Arbuste
arbre, arbrisseau, gardénia, philodendron

Arbuste à feuilles épineuses
genévrier

Arbuste à feuilles persistantes
buis

Arbuste à feuilles persistantes ovales, vertes et luisantes
azalée

Arbuste à fleurs odorantes
aubépine

Arbuste à fruits noirs
nerprun

Arbuste à huile toxique
croton

Arbuste aux feuilles coriaces
houx

Arbuste aux fleurs très odorantes
jasmin

Arbuste aux fleurs très parfumées
lilas

Arbuste cultivé pour ses fleurs
azalée

Arbuste d'Amérique et d'Asie
hamamélis

Arbuste d'Arabie
qat

Arbuste de la famille des magnoliacées
badiane

Arbuste de la famille des rhamnacées
bourdaine

Arbuste des régions chaudes qui produit une résine aromatique
balsamier

Arbuste dont le bois a une odeur aromatique
santal

Arbuste dont le bois distillé donne le camphre
camphrier

Arbuste dont le fruit contient des grains de café
caféier

Arbuste du Pérou
coca

Arbuste du Yémen
qat

Arbuste épineux qui produit les câpres
câprier

Arbuste originaire d'Asie occidentale
henné

Arbuste ornemental
lilas, troène

Arbuste ou plante ornementale à feuilles luisantes
camélia

Arbuste souvent épineux
ronce

Arbuste tropical
croton

Arbuste tropical grimpant produisant le poivre
poivrier

Arc
arbalète, arcade, arceau, arche, arme, berceau, cambrure, cerceau, cintre, courbe, porche, porte, voûte

Arc brisé
ogive

Arc brisé gothique
ogive

Arc de 45 degrés
octant

Arc lumineux entourant la Lune
halo

Arc-boutant
étai

Arc-bouter
cambrer, étayer

Arcade
arc, arche, dôme, voûte

Arcadien
idyllique

Arcane
occultisme

Arcanes
mystère, secret

Arcanson
colophane

Arceau
arc, archet, cerceau, cercle, cintre, courbure, voûte

Archaïque
ancien, antique, arriéré, démodé, désuet, féodal, fossile, primitif, suranné, vieilli

Archal
laiton

Archange
ange, angelot

Arche
arc, arcade, ponceau, pont, voûte

Archer
sagittaire

Archère
meurtrière

Archet
arc, arceau, arçon, cerceau

Archétype
canon, corrigé, étalon, idée, modèle, original,
spécimen, symbole, type

**Archétype du vampire qui se nourrit du sang
de ses victimes**
Dracula

Archevêché
diocèse

Archiduc
prince

Archipel
atoll, île, îlot

**Archipel américain séparant la mer des
Caraïbes de l'océan Atlantique**
Antilles

Archipel d'Amérique centrale
Antilles

Archipel d'Océanie
Samoa

Archipel de Polynésie
Tonga

Archipel des Philippines
Sulu

Archipel du Pacifique
Palau, Samoa

Architecte
bâtisseur, fondateur

Architecte américain d'origine chinoise
Pei

Architecte américain né en 1901
Kahn

Architecte et designer américain né en 1907
Eames

Architectonique
ordonnance

Architecture
charpente, construction, édifice, ordonnance,
ossature, squelette, structure

Architecturer
construire, organiser

Architrave
linteau

Archiver
cataloguer, classer, classifier, enregistrer,
ranger, répertorier, sauvegarder, stocker, trier

Archives
annales, chroniques, histoire

Archiviste
historien

Arçon
archet, arcure, pommeau

Arctique
boréal, hyperboréen, nord, nordique, polaire,
septentrional

Arcure
arçon

Ardemment
activement, âprement, chaudement,
énormément, éperdument, fortement,
furieusement, passionnément, profondément,
vivement

Ardeur
acclamation, acharnement, activité, allant,
animation, âpreté, avidité, bouillonnement,
chaleur, cœur, convoitise, courage, désir,
élan, emballement, empressement,
énergie, enthousiasme, entrain, exaltation,
ferveur, feu, fièvre, flamme, force, fougue,
frénésie, fureur, furie, impétuosité, lyrisme,
passion, pétulance, rage, ressort, transport,
véhémence, vigueur, violence, vitalité,
vivacité, zèle

Ardeur d'une personne qui va de l'avant
allant

Ardeur, feu
flamme

Ardoise
bleu, gris, schiste, tableau

Ardoisière
carrière

Ardu
aride, calé, compliqué, corsé, difficile, dur,
épineux, escarpé, laborieux, malaisé, pénible,
raide, rude, savant, sévère, sportif, trapu

Areau
araire

Arec
aréquier, palmier

Arécacée
latanier

Areligieux
mécréant

Arénacé
sablonneux

Arène
amphi, carrière, chapiteau, cirque, enceinte,
lice, ring, stade

Arène d'un cirque
ring

Arénicole
ver

Aréopage
academie, assemblée, congrégation, conseil, rassemblement, réunion, tribunal

Aréquier
arec

Arête
angle, aspect, aspérité, bord, coin, faîte, ligne, pli, pliure, saillie

Areu
interjection

Argent
Ag, avoir, bien, billet, blé, capital, centime, denier, espèces, finances, fonds, fortune, gain, grisbi, jackpot, liquide, liquidité, liquidités, monnaie, moyens, numéraire, oseille, pépète, pièce, ressources, richesse, roupie, sou, thune, trésor, trésorerie, tune

Argent disponible
fonds

Argent dû
compte

Argent en caisse
encaisse

Argent recouvert d'or
vermeil

Argenté
blanc, fortuné, gris, riche

Argentier
trésorier

Argentin
clair, pur

Argile
boue, glaise, kaolin, limon, ocre, sil, terre

Argile ocreuse
sil

Argile rouge ou jaune
sil

Argileux
glaiseux

Argon
ar

Argot
jargon, javanais, langage, langue, slang, verlan

Argot consistant à inverser les syllabes de certains mots
verlan

Argovie
aargau

Argué
ergoté

Arguer
alléguer, argumenter, conclure, déduire, inférer, objecter

Argument
argumentation, démonstration, exposé, idée, indice, intrigue, preuve, raison, raisonnement, sommaire, sujet, synopsis, thème, thèse

Argumentateur
ergoteur, polémiste, rhéteur

Argumentation
argument, logique, raisonnement

Argumenté
discuté, ergoté

Argumenter
arguer, batailler, discuter, ergoter, parlementer

Argus
espion, policier, surveillant

Argutie
abstraction, artifice, chicane, discussion, escamotage, finesse, raisonnement, subtilité

Aria
air, chant, difficulté, embarras, ennui, mélodie, souci, tracas

Aride
ardu, austère, décharné, désertique, desséché, difficile, froid, improductif, inculte, incultivable, indifférent, infécond, infertile, ingrat, insensible, maigre, nu, pauvre, pelé, rébarbatif, rebutant, sec, sévère, stérile

Aridité
austérité, froideur, improductivité, indifférence, infertilité, insensibilité, pauvreté, sécheresse, sévérité, stérilité

Ariette
chant, mélodie

Arioso
chant

Aristocrate
grand, noble, patricien

Aristocratie
élite, gratin, monde, noblesse, oligarchie

Aristocratiquement
noblement

Arithmétique
calcul

Arlequin
bouffon, guignol, marionnette, pantin, polichinelle

Arlequinade
bouffonnerie

Armada
armée, bataillon, cohorte, escadre, flot, flotte, flottille, kyrielle, légion, masse, meute, multitude, nuée, quantité, régiment, ribambelle

Armagnac
alcool, cognac, gnôle, goutte, schnaps

Armateur
corsaire, fréteur

Armature
bâti, carcasse, charpente, échafaudage,
ferrure, fondation, ossature, squelette,
structure, support, treillis

Armature de la selle
arçon

Armature de plomb d'un vitrail
plombure

Arme
affiloir, arbalète, arc, armement, arquebuse,
atout, avantage, bâton, bazooka, blason,
bombe, boomerang, canne, canon, carabine,
colt, couteau, coutelas, dague, dard, épée,
épieu, fléau, fourche, francisque, fronde,
fusil, glaive, gourdin, hache, hallebarde,
javeline, javelot, lance, maillet, marteau,
masse, massue, matraque, mitraillette,
mitrailleuse, mousquet, moyen, obusier,
pilum, pique, pistolet, plombée, poignard,
ressource, revolver, roquette, sabre, sagaie,
stylet, trique, tromblon

Armé
aguerri, consolidé, cuirassé, doté, endurci,
équipé, fort, gréé, muni, pourvu, prémuni,
renforcé

Arme à feu
colt, revolver

Arme à feu courte et portative
pistolet

Arme à feu portative
escopette

Arme blanche
épée, hast, sabre

Arme courte composée d'une lame et d'un manche
poignard

Arme d'hast
lance

Armé d'ongles longs et crochus
griffu

Arme d'origine japonaise
sai

Armé de griffes
griffu

Arme de jet
flèche, fronde

Arme de jet, plus légère qu'un javelot
javeline

Arme de trait composée d'un arc tendu
arbalète

Arme destinée à projeter des flèches
sarbacane

Arme en forme de faux
fauchard

Arme formée d'une hampe garnie d'un fer plat et pointu
pique

Arme japonaise en forme de trident
sai

Arme offensive
lance

Arme proche du maillet
maillotin

Armée
armada, bande, bataillon, brigade,
compagnie, détachement, division, escadre,
escadron, essaim, flot, forces, formation,
foule, foultitude, kyrielle, légion, masse,
meute, milice, multitude, nuée, ost,
patrouille, peloton, régiment, tapée, troupe

Armée féodale
ost

Armement
arme, arsenal, équipage, équipement,
garniture, matériel, pouvoir

Armer
adouber, aguerrir, consolider, cuirasser, doter,
endurcir, équiper, fortifier, fournir, fréter,
gréer, munir, pourvoir, prémunir, renforcer

Armer un chevalier par l'adoubement, au Moyen Âge
adouber

Armer de nouveau
réarmer

Armet
casque

Armistice
arrêt, paix, trêve

Armoire
bahut, buffet, cagibi, commode, penderie,
placard, rangement

Armoiries
blason, écu, panonceau

Armoiries, écusson
blason

Armoise
absinthe, génépi

Armor
arvor

Armorial
blason, nobiliaire

Armorier
blasonner

Armure
barde, bouclier, carapace, cuirasse, défense,
protection

Armure d'un homme d'armes
harnais

Arnaque
carambouille, escroquerie, malversation, tricherie, tromperie, vol

Arnaquer
blouser, duper, escroquer, estamper, filouter, tromper

Arnaqueur
aigrefin, captateur, charlatan, escroc, filou, fraudeur, tricheur, voleur

Aroïdée
aracée

Aromate
assaisonnement, cinnamome, condiment, épice

Aromatique
odorant, parfumé

Aromatisé
parfumé

Aromatiser
parfumer

Aromatiser avec de l'anis
aniser

Aromatiser avec du safran
safraner

Arôme
bouquet, effluve, émanation, essence, exhalaison, fragrance, fumet, odeur, parfum, senteur

Aronde
hirondelle

Arpège
accord

Arpenter
cavaler, chaîner, marcher, mesurer, métrer, parcourir, sillonner

Arpenteur
géomètre

Arpion
pied

Arqué
aquilin, bombé, busqué, convexe, courbé, plié, tordu, tortu, voûté

Arquebuse
arme

Arquer
avancer, bomber, busquer, cambrer, cintrer, courber, fléchir, incurver, marcher, plier, ployer, voûter

Arrachage
récolte

Arraché
enlevé

Arrachement du cuir chevelu
scalp

Arrachement ou rupture des tissus
divulsion

Arracher
ablater, couper, déchirer, déplanter, dépouiller, déraciner, dérober, déterrer, écorcher, emporter, enlever, entraîner, essarter, extirper, extorquer, extraire, lacérer, obtenir, ôter, prendre, ravir, récolter, remporter, retirer, rompre, séparer, soutirer

Arracher la peau du crâne
scalper

Arracher les cheveux
épiler

Arracher les poils
épiler

Arraisonnement
abordage

Arraisonner
aborder, contrôler, inspecter, reconnaître

Arrangé
abîmé, agencé, amélioré, aménagé, apprêté, artificiel, coordonné, entendu, habillé, masqué, orchestré, structuré

Arrangeable
réparable

Arrangeant
accommodant, complaisant, conciliant, coulant, facile

Arrangement
accord, adaptation, aménagement, assortiment, collusion, composition, compromis, constitution, construction, contrat, convention, coordination, disposition, économie, édifice, entente, facilité, forme, installation, montage, ordonnance, ordre, pacte, place, rangement, règlement, structure, transaction

Arrangement de plis
plissure

Arrangement décoratif en forme de chaîne
guirlande

Arrangement des marchandises arrimées
arrimage

Arranger
abîmer, accommoder, accoutrer, adapter, agencer, ajuster, améliorer, aménager, amender, apprêter, assembler, assortir, calculer, classer, coiffer, combiner, composer, concerter, concilier, concocter, configurer, construire, contenter, convenir, coordonner, décorer, déguiser, disposer, distribuer, dresser, édifier, embellir, faciliter, façonner, faire, goupiller, habiller, harmoniser, installer, inventer, malmener, maltraiter, masquer, ménager, mettre, meubler, monter, orchestrer, ordonnancer, ordonner, organiser, parer,

patenter, placer, plaire, préparer, rafistoler, rajuster, ranger, réajuster, rectifier, récupérer, refaire, régler, remanier, remédier, réparer, reprendre, restaurer, retaper, retoucher, satisfaire, structurer, tisser, transiger, trier

Arranger à son avantage
truquer

Arranger d'une manière sommaire, fragile
replâtrer

Arranger en forme de corne
corner

Arranger grossièrement
retaper

Arrangeur
compositeur, orchestrateur

Arrenté
affermé

Arrenter
affermer

Arrérages
arriéré, fermage, rente

Arrestation
capture, rafle

Arrêt
abandon, abolition, accalmie, annulation, armistice, arrestation, arrêté, arrêtoir, asphyxie, blocage, break, cessation, clôture, condamnation, contrôle, coupure, crise, décision, décret, escale, étape, fermeture, fin, fixation, gare, gel, halte, immobilisation, inhibition, intermède, interruption, intervalle, jugement, latence, levée, panne, paralysie, pause, privation, relâche, rémission, répit, repos, rétention, rupture, saisie, séjour, sentence, silence, stagnation, station, stop, suppression, suspension, temps, verdict

Arrêt d'autobus équipé d'un abri pour les voyageurs
abribus

Arrêt dans le développement d'une faculté
atrophie

Arrêt de la pluie
accalmie

Arrêt du vent
accalmie

Arrêt marqué des battements du cœur
syncope

Arrêt momentané d'une maladie
rémission

Arrêt momentané et accidentel d'un fonctionnement
panne

Arrêt naturel ou provoqué d'une hémorragie
hémostase

Arrêté
alpagué, arrêt, décidé, décision, décret, définitif, déterminé, enrayé, étouffé, ferme, fixe, loi, ordonnance, règlement, retenu, terminé, verdict

Arrêter
aborder, accoster, accoter, accrocher, achever, alpaguer, appréhender, attacher, attraper, bloquer, borner, cacher, caler, capturer, cesser, choisir, circonscrire, clore, coincer, conclure, contenir, convenir, couper, décider, desservir, dételer, déterminer, empêcher, empoigner, endiguer, enrayer, entraver, épingler, établir, étouffer, fermer, finir, fixer, freiner, geler, gripper, immobiliser, interpeller, interrompre, juguler, lever, limiter, maintenir, maîtriser, paralyser, piler, prendre, prescrire, régler, relâcher, réprimer, résoudre, retenir, séjourner, stationner, statuer, stopper, supprimer, suspendre, terminer

Arrêter un navire en mer et contrôler sa cargaison
arraisonner

Arrêtoir
arrêt, butée, interrupteur

Arrhes
acompte, avance, caution, dépôt, gage, garantie, provision

Arriération
débilité, idiotie, retard

Arrière
derrière, dos, postérieur, poupe, queue, revers

Arriéré
anachronique, anormal, antique, archaïque, arrérages, attardé, barbare, débile, demeuré, démodé, dépassé, désuet, dette, dû, fruste, grossier, idiot, imbécile, impayé, inculte, obsolète, périmé, primaire, réactionnaire, retard, retardé, rétrograde, sauvage, suranné, vieux

Arrière d'un bateau
poupe

Arrière d'un navire
poupe

Arrière-boutique
réserve

Arrière-faix
placenta

Arrière-goût
souvenir

Arrière-grand-parent
bisaïeul

Arrière-grand-père
bisaïeul

Arrière-pensée
réticence

Arrière-plan
fond

Arrière-saison
automne

Arrière-train
croupe, séant

Arrimage
amarrage, ancrage, fixation

Arrimé
amarré

Arrimer
accrocher, amarrer, ancrer, assujettir, assurer, attacher, caler, charger, fixer, immobiliser, maintenir

Arrimeur
acconier, aconier, chargeur, docker

Arrivage
arrivée

Arrivé
abouti, advenu, amerri, débarqué, parvenu, rendu, réussi, venu

Arrivé à destination
rendu

Arrivé à échéance
échu

Arrivé à maturité
mature, mûri

Arrivé par accident
advenu

Arrivé plus tard que prévu
retardé

Arrivée de marchandises sur le lieu où elles seront vendues
arrivage

Arrivée massive
afflux

Arriver
aborder, abouler, aboutir, accéder, accomplir, accoster, advenir, affluer, alunir, amerrir, apponter, approcher, atteindre, atterrir, débarquer, dérouler, échouer, gagner, lever, parvenir, passer, pénétrer, percer, produire, réaliser, réussir, survenir, tomber, venir

Arriver à destination
parvenir

Arriver à échéance
échoir

Arriver avant
précéder

Arriver près de la côte
terrir

Arriviste
intrigant, parvenu

Arroche
belladone

Arrogance
audace, dédain, fierté, hauteur, impudence, insolence, mépris, morgue, orgueil, présomption, prétention, superbe

Arrogant
acariâtre, altier, baveux, bêcheur, cynique, dédaigneux, fat, fendant, fier, hautain, impertinent, important, impudent, insolent, insultant, méprisant, orgueilleux, outrecuidant, provocant, rogue, satisfait, suffisant, superbe, supérieur

Arrogé
accaparé

Arroger (S')
accaparer, adjuger, appliquer, approprier, attribuer, octroyer, usurper

Arroi
train

Arrondi
bombé, convexe, courbé, galbe, galbé, gibbeux, gros, plein, renflé, rond

Arrondi à l'avant d'une selle
pommeau

Arrondir
accroître, adoucir, agrandir, ajuster, atténuer, augmenter, ballonner, bedonner, compléter, courber, élargir, enfler, épaissir, étendre, gonfler, grossir, rogner

Arrondissement
canton, chefferie, division, quartier, secteur

Arrondissement de l'est de la ville de Montréal
Anjou

Arrondissement de Montréal
Anjou, Lachine, LaSalle, Outremont, Verdun

Arrondissement de Québec
Charlesbourg, Limoilou, Sillery

Arrondissement de Saguenay
Chicoutimi, Jonquière, La Baie

Arrosage
arrosement, aspersion, bain, bakchich, bassinage, bombardement, douche, irrigation, pot

Arrosant
célébrant

Arrosé
bombardé, coulé, éclaboussé

Arrosement
arrosage

Arroser
abreuver, asperger, baigner, bassiner, bombarder, célébrer, doucher, éclabousser, fêter, humecter, humidifier, inonder, irriguer, mouiller, pulvériser, répandre, seringuer, traverser, tremper, vaporiser

Arroser au moyen d'une douche
doucher

Arroser en pluie fine
bassiner

Arrow-root
maranta

Arrugie
canal

Arsenal
appareil, armement, atelier, batterie, collection, dépôt, magasin, munitions, panoplie, réserve

Arsenic
As, mispickel, orpiment

Arsouille
fripouille, gredin

Art
adresse, affectation, apprêt, artifice, dextérité, discipline, don, donation, génie, habileté, industrie, maîtrise, manière, métier, pouvoir, procédé, recherche, science, talent, technique, tour, virtuosité

Art corporel constitué d'une suite de mouvements ordonnés, souvent rythmés par de la musique
danse

Art d'apprêter les mets
cuisine

Art de broder
broderie

Art de combiner des sons
musique

Art de coudre
couture

Art de fabriquer des vases de terre
céramique

Art de faire des statues
statuaire

Art de gouverner un État
politique

Art de la chasse à courre
vénerie

Art de la guerre
milice

Art de lire
lecture

Art de monter les pierres précieuses
joaillerie

Art de peindre
peinture

Art de tirer à l'arc
archerie

Art des fauves
fauvisme

Art du façonnage et de la cuisson des poteries
céramique

Art du luthier
lutherie

Art du potier
céramique

Art et métier du sculpteur sur ivoire
ivoirerie

Art martial
kungfu, taekwondo

Art martial d'origine japonaise
kendo

Art martial japonais
aïkido, karaté

Art traditionnel du papier plié
origami

Artefact
produit

Artère
aorte, avenue, axe, boulevard, canal, carotide, rue, vaisseau, voie

Artérite
angéite

Artésien
puits

Arthrite
rhumatisme

Arthro
articulation

Arthropode
lycose

Arthropode à cinq paires de pattes
crabe

Arthropode qui tisse, au moyen de filières abdominales, des pièges à insectes
araignée

Article
alinéa, analyse, billet, chapitre, chronique, clause, convention, courrier, denrée, déterminant, division, écrit, éditorial, entrefilet, étude, interview, jointure, les, marchandise, matière, objet, papier, partie, point, produit, question, reportage, rubrique, section, sujet, tribune

Article contracté
au, du

Article contracté (pl.)
aux, des

Article dans un journal
papier

Article étranger
el

Article féminin
la

Article masculin
le

Article textile
étoffe

Articles en tôle
tôlerie

Articulation
arthro, assemblage, attache, cardan, charnière, cheville, diction, élocution, emboîtement, genou, jeu, joint, jointure, jonction, ligament, organisation, parler, prononciation, voix

Articuler
construire, dire, émettre, énoncer, former, moduler, organiser, proférer, prononcer, rythmer

Articuler distinctement les sons
prononcer

Artifice
accoutrement, apprêt, argutie, art, astuce, fard, feinte, ficelle, finesse, fraude, leurre, manège, manœuvre, moyen, piège, procédé, ruse, stratagème, subterfuge, subtilité, technique, tour, truc

Artifice de sorcier
sortilège

Artificiel
affecté, affété, apprêté, arbitraire, arrangé, composé, contraint, contrefait, conventionnel, emprunté, étudié, fabriqué, factice, faux, feint, forcé, imité, industriel, littéraire, postiche, simulé, sophistiqué, synthétique, truqué

Artificiel, faux
postiche

Artificieux
déloyal, habile, retors, roué, rusé, tortueux, trompeur

Artilleur
canonnier

Artisan
âme, auteur, cerveau, comédien, créateur, fabricant, façonnier, initiateur, instigateur, moteur, ouvrier, promoteur

Artisan de métaux précieux
orfèvre

Artisan qui fait des vêtements sur mesure
tailleur

Artisan qui foule, apprête les étoffes de drap ou de laine
foulon

Artisan qui répare des verrous
serrurier

Artisan qui taille les pierres précieuses
lapidaire

Artisan qui travaille l'ivoire
ivoirier

Artiste
acteur, actrice, auteur, bohème, chanteur, comédien, danseur, dessinateur, étoile, exécutant, fantaisiste, graveur, illustrateur, interprète, musicien, original, peintre, sculpteur, star, starlette, vedette, virtuose

Artiste connu
vedette

Artiste dont l'œuvre est figurative
figuratif

Artiste du burlesque québécois
Guimond, Latulippe, Ouellette, Parent, Petrie

Artiste extrêmement doué
virtuose

Artiste qui exécute un solo
soliste

Artiste qui exerce l'art de sculpter
sculpteur

Artiste qui joue un rôle à la scène ou à l'écran
acteur

Artiste qui réalise des gravures
graveur

Artiste qui sculpte l'ivoire
ivoirier

Artocarpe
jacquier

Arum
gouet

Arvor
armor

Aryen
blond

Arythmie
extrasystole

As
aigle, arsenic, champion, chef, crack, expert, génie, lumière, maître, numéro, phénix, phénomène, prodige, virtuose

Asbeste
amiante

Ascaride
ver

Ascendance
extraction, famille, généalogie, lignage, naissance, origine, parenté, race, souche

Ascendant
aïeul, ancêtre, autorité, crédit, empire, emprise, mainmise, montant, parent, père, pouvoir, prestige, prise, séduction, suprématie

Ascenseur
élévateur

Ascension
accession, élévation, escalade, montée, progrès, progression, promotion

Ascensionner
gravir

Ascensionniste
grimpeur

Ascèse
jeûne, mortification, privation

Ascète
anachorète, cénobite, ermite, fakir, gymnosophiste, pénitent, tempérant, yogi

Ascète hindou
fakir

Ascète hindou qui pratique le yoga
yogi

Ascète musulman
fakir, santon

Ascétique
austère, continent, frugal, monacal, rigoriste, sobre

Ascétisme
abstinence, austérité, continence, pénitence, privation, rigorisme, sobriété

Asdic
sonar

Ase
enzyme

Asepsie
assainissement, désinfection, pasteurisation, prophylaxie, stérilisation

Aseptique
stérile

Aseptisé
anonyme, neutre

Aseptiser
désinfecter, stériliser

Asiate
asiatique

Asiatique
asiate

Asie
continent

Asile
abri, cachette, havre, hôpital, hospice, oasis, port, refuge, repaire, retraite, sanctuaire, toit

Asocial
antisocial, farouche, marginal

Aspartame
saccharine

Aspect
air, allure, angle, apparence, arête, attitude, biais, caractère, configuration, côté, couleur, dehors, éclairage, écorce, enveloppe, extérieur, face, facette, figure, forme, genre, jour, mine, optique, pan, perspective, physionomie, rapport, style, tournure, versant, visage, vue

Aspect apparent
surface

Aspect d'un visage que l'on voit de côté
profil

Aspect d'une personne
pâleur

Aspect de l'expression littéraire
style

Aspect du papier
épair

Aspect du visage
faciès

Aspect imposant
prestance

Aspect jaspé
jaspure

Aspect veiné du bois
veinure

Asperge
baguette

Asperge du pauvre
poireau

Asperger
arroser, doucher, éclabousser, humecter, inonder, mouiller, tremper

Aspérité
accident, âpreté, arête, bosse, inégalité, irrégularité, prise, protubérance, relief, rudesse, rugosité, saillie

Asperseur
gicleur

Aspersion
arrosage

Aspersion d'eau sur une partie du corps
affusion

Aspersion en fines gouttes
irroration

Aspersoir
goupillon

Asphalte
bitume, goudron, macadam

Asphalter
bitumer, paver

Asphyxiant
délétère, suffocant, toxique

Asphyxie
anoxémie, arrêt, dépérissement, étiolement, étouffement, étranglement, gazage, oppression, paralysie, sclérose, suffocation

Asphyxié
étiolé, étouffé

Asphyxier
étioler, étouffer, gazer, scléroser, suffoquer

Aspi
aspirant

Aspic
canon, cobra, lavande, vipère

Aspirant
aspi, candidat, élève, postulant, prétendant

Aspiration
ambition, attente, désir, élan, espérance, espoir, inhalation, inspiration, ponction, rêve, souhait, succion

Aspiré
absorbé

Aspirer
absorber, ambitionner, attirer, avaler, désirer, espérer, humer, inhaler, inspirer, lécher, pomper, renauder, respirer, rêver, siphonner, souhaiter, sucer

Aspirer à
ambitionner

Aspirer par le nez pour sentir
humer

Assabler
ensabler

Assagi
calmé

Assagir
adoucir, apaiser, atténuer, calmer, diminuer, discipliner, modérer, tempérer

Assagir (S')
amender, ranger

Assai
très

Assailli
accablé, agressé, bombardé

Assaillir
accabler, accélérer, affronter, agresser, assiéger, attaquer, bombarder, combattre, foncer, harceler, importuner, presser, tourmenter

Assaini
aéré, épuré, pur, régénéré

Assainir
aérer, affiner, assécher, désinfecter, drainer, épurer, équilibrer, nettoyer, normaliser, purifier, régénérer, rétablir, stabiliser

Assainissement
aération, asepsie, épuration, nettoyage

Assaisonnant
accommodant

Assaisonné
épicé, pimenté, poivré, relevé

Assaisonnement
aromate, condiment, épice, sel

Assaisonnement indien
cari, curry

Assaisonner
accommoder, agrémenter, ailler, apprêter, émailler, épicer, parfumer, pimenter, poivrer, rehausser, relever, safraner, saler, vinaigrer

Assaisonner au safran
safraner

Assassin
aguicheur, barbare, criminel, égorgeur, homicide, malfaiteur, malveillant, meurtrier, provocant, sicaire, tueur

Assassin à gages
spadassin

Assassin de profession
escarpe

Assassinant
tuant

Assassinat
crime, homicide, meurtre

Assassiné
abattu

Assassiner
abattre, décapiter, égorger, éliminer, empoisonner, exécuter, exterminer, fusiller, immoler, lapider, massacrer, poignarder, supprimer, tuer

Assaut
abordage, attaque, charge, combat, engagement, épreuve, escalade, escarmouche, lutte, offensive, raid

Assaut donné d'un navire à un autre
abordage

Asse
aisseau, asseau

Asseau
aisseau, asse, assette

Asséché
altéré, tari, vide

Assécher
altérer, assainir, dessécher, drainer, épuiser, étancher, sécher, tarir, tirer, vider

Assemblage
about, agrégat, ajustage, alliage, amalgame, articulation, association, assortiment, attirail, bâti, bloc, collage, composition, conjonction, disposition, écheveau, édifice, ensemble, faisceau, jointure, jonction, jumelage, mélange, montage, monture, recueil, réunion, soudage, soudure, union

Assemblage à l'aide d'entailles
adent

Assemblage bizarre de couleurs
bariolage

Assemblage de barreaux
grille

Assemblage de branchages
fagot, fascine

Assemblage de brins tordus
tortis

Assemblage de couleurs très variées
bigarrure

Assemblage de deux cordages par entrelacement
épissure

Assemblage de pièces formant la charpente d'un objet
armature

Assemblage de plusieurs gros fils
toron

Assemblage disparate de couleurs
bariolage

Assemblage hétérogène d'éléments
agrégat

Assemblage naturel de poils
touffe

Assemblage serré de petits objets
grappe

Assemblage sommaire qui peut flotter
radeau

Assemblant
agglutinant

Assemblé
allié, scellé

Assemblée
académie, aréopage, assistance, audience, auditoire, bureau, cercle, chambre, compagnie, concile, conclave, conférence, congrès, conseil, corps, cour, ensemble, foule, meeting, parlement, public, rassemblement, réunion, société

Assemblée d'ecclésiastiques
synode

Assemblée des délégués élus en URSS
soviet

Assemblée des évêques
concile

Assemblée judiciaire du Moyen Âge
plaid

Assemblée nombreuse
cohue

Assemblée parlementaire
chambre

Assemblée politique
sénat

Assemblée russe
mir

Assembler
abouter, accoler, accorder, accoupler, accumuler, adapter, adjoindre, agglomérer, agrafer, agréger, ajointer, ajuster, allier, amasser, arranger, associer, assortir, attacher, collecter, collectionner, colliger, combiner, composer, concentrer, connecter, convoquer, coordonner, coupler, emboîter, enter, fédérer, fixer, fusionner, grouper, joindre, lier, maintenir, marier, masser, mélanger, mêler, monter, raccorder, rallier, ramasser, rapprocher, rassembler, recueillir, regrouper, relier, réunir, river, sceller, serrer, unir

Assembler à l'aide de goujons
goujonner

Assembler au moyen d'un fil
coudre

Assembler avec des épingles
épingler

Assembler bout à bout
rabouter

Assembler des fils pour former une houppe
houpper

Assembler deux à deux
coupler

Assembler deux bouts de câble
épisser

Assembler en entrelaçant les torons
épisser

Assembler en tordant
épisser

Assembler obliquement deux pièces de bois
embrever

Assembler par une enture
enter

Assembler sur le composteur
composter

Assembleur
ajusteur, relieur

Asséné
donné

Asséner
administrer, appliquer, décharger, donner, envoyer, frapper, lancer, porter

Assentiment
acceptation, accord, acquiescement, adhésion, admission, agrément, approbation, autorisation, consentement, permission, suffrage, unanimité

Asseoir
affermir, appuyer, assurer, conforter, consacrer, consolider, établir, étonner, fixer, fonder, installer, mettre, motiver, placer, planter, poser, renforcer, souffler

Assertion
affirmation, proposition, thèse

Asservi
captif, contraint, dominé, inféodé, soumis

Asservir
assujettir, captiver, contraindre, dominer, dompter, enchaîner, inféoder, juguler, maîtriser, opprimer, soumettre, subjuguer, tyranniser, vassaliser

Asservissant
pesant

Asservissement
contrainte, esclavage, oppression, servage, servitude, sujétion, vassalité

Assesseur
adjoint, second, suppléant

Assette
asseau, marteau

Assez
basta, bien, largement, moyennement, passablement, plutôt, relativement, suffisamment, suffisant, très

Assez amusant
drôlet

Assez drôle
drôlet

Assidu
appliqué, attentif, consciencieux, constant, continu, dévoué, diligent, empressé, exact, fidèle, persévérant, ponctuel, présent, régulier, scrupuleux, soutenu, studieux, suivi, vigilant, zélé

Assiduité
application, constance, continuité, diligence, empressement, exactitude, fidélité, persévérance, ponctualité, présence, régularité, scrupule, zèle

Assidûment
constamment, continuellement, exactement, ponctuellement, régulièrement

Assiéger
accabler, assaillir, bloquer, cerner, emprisonner, encercler, entourer, harceler, importuner, investir, obséder, poursuivre, presser, solliciter, talonner, tourmenter, troubler

Assiette
assiettée, assise, auge, base, écuelle, équilibre, fondation, fondement, gamelle, plat, position, soubassement, stabilité, tenue

Assiette creuse sans rebord
écuelle

Assiettée
assiette

Assignation
allocation, citation, constitution, intimation, sommation

Assigné
attribué, cité

Assigner
affecter, appeler, attribuer, citer, convoquer, décerner, délimiter, destiner, déterminer, distribuer, donner, fixer, impartir, imputer, intimer, marquer, sommer

Assigner à résidence fermée
interner

Assigner devant un tribunal
attraire

Assimilable
accessible, similaire

Assimilation
absorption, acculturation, acquisition, adoption, amalgame, apprentissage, appropriation, comparaison, compréhension, confusion, digestion, équivalence, identification, imprégnation, incorporation, insertion, intégration, rapprochement, similitude

Assimilé
absorbé, retenu, semblable

Assimiler
absorber, acquérir, adopter, amalgamer, apprendre, approprier, comparer, comprendre, confondre, digérer, identifier, incorporer, insérer, intégrer, piger, rapprocher, retenir, saisir

Assimiler à autre chose
identifier

Assis
équilibré, établi, ferme, situé, stable

Assise
assiette, base, couche, fondation, fondement, pied, session, socle, soubassement, stable, strate, support

Assise de pierre
margelle

Assises
congrès, réunion, tribunal

Assistance
aide, appoint, appui, assemblée, audience, auditoire, aumône, bienfaisance, collaboration, complicité, concours, coopération, foule, galerie, grâce, parterre, présence, protection, public, renfort, salle, secours, service, société, soutien, spectateurs

Assistant
adjoint, aidant, collègue, présent, second, spectateur, témoin

Assister
accompagner, aider, appuyer, épauler, participer, protéger, seconder, secourir, soigner, soulager, soutenir

Association
adhésion, admission, affiliation, agencement, agglomération, agrégation, alliance,

amicale, analogie, assemblage, assortiment,
attraction, bande, cartel, chambre, clan,
club, coalition, collaboration, combinaison,
comité, compagnie, confédération, confrérie,
congrégation, consortium, coopération,
coopérative, corporation, corps, coterie,
enchaînement, entente, évocation, ghilde,
gilde, groupe, groupement, guilde, liaison,
ligue, mariage, mélange, mutuelle, noyau,
ordre, organisation, parti, participation,
patronage, rapprochement, réunion, société,
suggestion, symbiose, syndicat, synergie,
synthèse, trust, union

Association biologique de deux organismes
symbiose

Association canadienne des automobilistes
CAA

Association de francs-maçons
loge

Association de groupements en vue d'une action commune
cartel

Association de malfaiteurs
gang

Association de marchands, au Moyen Âge
hanse

Association de plusieurs cristaux
macle

Association de plusieurs systèmes
synergie

Association pour alcooliques
AA

Association privée à intérêt commercial
guilde

Association secrète servant des intérêts privés
maffia, mafia

Association sportive
club

Associé
acolyte, actionnaire, adepte, adhérent,
adjoint, allié, assorti, camarade, coalisé,
coéquipier, collaborateur, collègue, combiné,
commanditaire, compagnon, compère,
complice, confrère, enrôlé, groupé, incorporé,
intéressé, joint, marié, mêlé, membre,
mobilisé, partenaire, partisan, rapproché,
recruté, sociétaire, syndiqué, uni

Associer
accoler, accoupler, adjoindre, agréger,
ajointer, allier, apparier, assembler, assortir,
coaliser, combiner, concentrer, confondre,
conjuguer, coupler, cumuler, enchaîner,
enrôler, fusionner, grouper, incorporer,
intégrer, intéresser, joindre, jumeler, lier,
marier, mélanger, mêler, mobiliser, pactiser,
rapprocher, recruter, relier, réunir

Associer (S')
accorder, liguer, unir

Assoiffé
affamé, altéré

Assoiffer
altérer

Assolement
alternat

Assombri
couvert, obscur, sombre

Assombrir
chagriner, endeuiller, enténébrer, foncer,
gâcher, noircir, obscurcir, peser, troubler

Assommant
abrutissant, assourdissant, fatigant,
harassant, lassant, pesant, rasoir, tuant

Assommé
abasourdi, abattu, abruti, épuisé, accablé,
brisé, écœuré, éreinté, étourdi, fatigué,
fourbu, harassé, las, recru, rompu, sonné

Assommé par un choc violent
KO

Assommer
abasourdir, abattre, accabler, anéantir,
assourdir, bassiner, bâtonner, briser, embêter,
empoisonner, endormir, ennuyer, épuiser,
éreinter, étourdir, excéder, exténuer, fatiguer,
harasser, importuner, incommoder, lasser,
matraquer, saouler, sonner, soûler, vider

Assommoir
abattoir, bâton

Assomption
hypothèse

Assorti
adapté, approprié, associé, coordonné,
harmonieux, harmonisé

Assortiment
alliance, arrangement, assemblage,
association, attirail, brochette, choix,
collection, combinaison, ensemble, éventail,
garniture, harmonie, jeu, lot, mariage,
mélange, panel, panoplie, plateau, sélection,
série, stock, variété

Assortiment d'outils
outillage

Assortiment de petites entrées variées
tapas

Assortir
accompagner, accorder, accoupler, adapter,
allier, appareiller, apparier, arranger,
assembler, associer, cadrer, combiner,
conformer, coordonner, harmoniser, marier,
pourvoir, réunir, unir

Assortir par paire
apparier

Assoupi
alangui, endormi, somnolent

Assoupir (S')
adoucir, affaiblir, alanguir, apaiser, atténuer, calmer, diminuer, endormir, engourdir, éteindre, étouffer, lénifier, somnoler

Assoupissement
indolence, paralysie, paresse, sommeil, torpeur

Assoupli
adouci, aménagé

Assouplir
adoucir, aménager, apprivoiser, atténuer, corriger, délier, dénouer, déraidir, discipliner, façonner, former, mater, modérer, plier, radoucir, relâcher, soumettre, tempérer

Assouplissement
aménagement

Assourdi
étouffé, pâteux, sourd

Assourdir
amortir, assommer, atténuer, diminuer, éteindre, étouffer, étourdir, excéder, feutrer

Assourdissant
abrutissant, assommant, bruyant, étouffant, étourdissant, fatigant, fracassant, perçant, retentissant, tonitruant

Assouvi
rassasié, repu

Assouvir
apaiser, calmer, contenter, étancher, éteindre, rassasier, repaître, satisfaire

Assouvissement
contentement

Assuétude
accoutumance

Assujetti
contraint, courbé, dominé, imposé, inféodé, taxable

Assujetti à
passible

Assujetti à l'impôt
imposable

Assujetti à la corvée
corvéable

Assujettir
amarrer, arrimer, asservir, assurer, attacher, captiver, conquérir, contraindre, courber, dominer, dompter, enchaîner, envoûter, fixer, inféoder, maintenir, maîtriser, occuper, opprimer, river, soumettre

Assujettissant
gênant, pénible, pesant, strict

Assujettissement
carcan, contrainte, entrave, esclavage, joug, oppression, servitude, sujétion, vassalité

Assumer
accepter, assurer, endosser, supporter

Assurance
affirmation, aisance, aise, aplomb, audace, caution, certitude, confiance, confirmation, conviction, culot, déclaration, engagement, espérance, espoir, fermeté, gage, garant, garantie, hardiesse, parole, persuasion, preuve, promesse, protection, protestation, sécurité, serment, sûreté

Assurance-emploi
AE

Assuré
affermi, attesté, authentique, avéré, certain, confiant, convaincu, décidé, délibéré, déterminé, énergique, évident, expert, ferme, formel, garanti, immanquable, indubitable, infaillible, manifeste, positif, pourvu, précis, protégé, résolu, retenu, solide, stable, sûr

Assurément
certes, oui, sûrement, vraiment

Assurer
accrocher, affermir, affirmer, amarrer, arrimer, asseoir, assujettir, assumer, attacher, attester, caler, certifier, confirmer, consolider, couvrir, défendre, dire, étayer, fixer, fournir, garantir, immobiliser, jurer, maintenir, ménager, prémunir, préserver, prétendre, procurer, promettre, protéger, répondre, retenir, sauvegarder, sécuriser, soutenir, témoigner

Assurer un service de transport
desservir

Assureur
agent

Astasie
abasie

Astate
At

Aste
hampe

Aster
vendangeuse

Astérisque
étoile, marque

Astéroïde
astre, bolide, météore, météorite

Asthénie
affaiblissement, atonie, débilité, dépression, dysboulie, épuisement, faiblesse, mélancolie

Asthénique
amorphe, écœuré, exsangue

Asthme
dyspnée, essoufflement

Asticot
appât, larve, type, ver

Asticotage
agacerie

Asticoté
énervé

Asticoter
agacer, harceler, tarabuster, titiller

Astigmate
amétrope

Astigmatisme
amétropie

Astiquage
nettoyage, toilette

Astiqué
ciré, net

Astiquer
briquer, cirer, curer, cureter, décrasser,
fourbir, frotter, nettoyer, polir

Astral
céleste, cosmique, sidéral, stellaire, universel,
zodiacal

Astre
astéroïde, astro, comète, étoile, lune,
météore, nébuleuse, nova, planète, satellite,
soleil

**Astre d'apparence stellaire, ayant une
luminosité supérieure à celle des galaxies**
quasar

Astre qui gravite autour d'une planète
satellite

Astreignant
opprimant, pénible, pesant, strict

Astreindre
attacher, contraindre, enchaîner, engager,
forcer, lier, obliger, réduire

Astreint
contraint

Astreinte
condamnation, obligation

Astringent
alun, styptique, tanin

Astro
astre

Astrologie
horoscope, magie

Astrologue
devin, mage, magicien

Astronef
aéronef, engin, spationef

Astronome américain
Baade

Astronomique
abusif, colossal, énorme, exagéré, fabuleux,
fou, grand

Astuce
adresse, artifice, attrape, coup, dextérité,
feinte, ficelle, finesse, formule, habileté,
ingéniosité, invention, malice, moyen, piège,
procédé, ressource, roublardise, rouerie,
ruse, secret, solution, stratagème, système,
tactique, technique, tour, trouvaille, truc

Astucieusement
finement

Astucieux
adroit, entendu, éveillé, fin, finaud, futé,
génial, habile, ingénieux, inventif, malicieux,
malin, roué, rusé, subtil, tactique

Asymétrie
irrégularité

Asymétrique
biscornu

At
astate

Ataca
canneberge

Ataraxie
quiétude

Atavique
inné

Atavisme
génotype, hérédité

Atchoumer
éternuer

Atèle
singe

Atelier
aciérie, appontis, arsenal, boutique, fabrique,
laboratoire, local, manufacture, officine,
séminaire, studio

Atelier d'artiste
studio

Atelier de photographe d'art
studio

Atelier de toiles
toilerie

Atelier où l'on scie le bois
scierie

Atelier où l'on taille des pierres précieuses
taillerie

Atelier où l'on travaille les métaux
forge

Atermoiement
ajournement, concordat, délai, dilatoire,
grâce, hésitation, manœuvre, procrastination,
remise, retard, temporisation, tergiversation

Atermoyé
ergoté, retardé

Atermoyer
attendre, différer, hésiter, remettre, tarder

Athanor
alambic

Athée
impie, incrédule, incroyant, matérialiste,
mécréant, sceptique

Athéisme
agnosticisme, impiété, incrédulité,
incroyance, irréligiosité, matérialisme,
scepticisme

Athlète
acrobate, champion, colosse, gaillard,
gymnaste, hercule, lutteur, skieur, sportif

Athlète de grande valeur
champion

Athlète qui pratique la lutte
lutteuse

Athlète spécialisé dans un lancer
lanceur

Athlète spécialiste du plongeon
plongeur

Athlète spécialiste du saut à la perche
perchiste

Athlétique
costaud, fort, gymnique, vigoureux

Athrepsie
marasme

Atlante
cariatide, télamon

Atlas
carte

Atmosphère
air, ambiance, aura, auréole, climat, espace,
milieu

Atmosphère morale, conditions de la vie
climat

Atmosphère, saison froide
froidure

Atoca
canneberge

Atoll
archipel, île

Atome
anion, bribe, brin, goutte, grain, ion, miette,
molécule, once, parcelle, particule, pointe

Atomique
nucléaire

Atomisé
détruit

Atomiser
briser, désintégrer, détruire, disperser, diviser,
émietter, fractionner, morceler, parcelliser,
pulvériser, vaporiser

Atomiseur
aérosol, bombe, brumisateur, flacon,
nébuliseur, pulvérisateur, vaporisateur

Atonal
sériel

Atone
amorphe, apathique, écœuré, éteint, fixe,
flasque, hypotonique, immobile, inaccentué,
indolent, inerte, inexpressif, languissant,
monocorde, morne, mou, paresseux, passif,
terne, uniforme

Atonie
abattement, accablement, apathie, asthénie,
engourdissement, hypotonie, indolence,
inertie, langueur, léthargie, mollesse, paresse,
torpeur

Atour
ornement, toilette

Atours
appas, habits, parure, tenue

Atout
arme, avantage, chance, joker, plus,
ressource

Atrabilaire
acariâtre, acidulé, bilieux, chagrin, coléreux,
colérique, désagréable, hypocondriaque,
irascible, irritable, mélancolique, morose,
sombre

Atrabile
bile

Âtre
cheminée, feu, foyer

Atrichie
alopécie

Atrium
cour

Atrocité
abomination, barbarie, brutalité, calomnie,
crime, cruauté, horreur, inhumanité,
monstruosité, noirceur, sauvagerie, torture

Atrophie
affaiblissement, amaigrisscment,
amoindrissement, dépérissement, étiolement,
handicap, régression

Atrophié
étiolé

Atrophier
éteindre, étioler, végéter

Attabler
inviter

Attachant
passionnant, plaisant, touchant

Attachant, captivant
fascinant

Attache
adjoint, agrafage, agrafe, amarre, anneau,
articulation, boucle, bouton, bride, broche,
câble, chaîne, chaînette, clip, collier, corde,
cordon, courroie, crampon, crochet, entrave,

épingle, fermeture, ficelle, fil, fixation, ganse, jointure, joug, lacet, laisse, lanière, lien, ligature, longe, menotte, menottes, nœud, relation, ruban, sangle, tresse, trombone

Attaché
absorbé, adhérent, adjoint, annexe, dévoué, diplomate, ficelé, fidèle, fixé, joint, lié, noué, pendu, retenu, solidaire, uni

Attaché à ce qui est utile
utilitaire

Attaché à un lieu
sédentaire

Attaché au passé
passéiste

Attache du bras avec le thorax
épaule

Attache pour les feuilles
trombone

Attache pour tenir un collier fermé
fermoir

Attache profonde à un lieu
racine

Attaché-case
mallette

Attache, agrafe
clip

Attachement
adoption, amitié, amour, culte, fidélité, goût, lien, nœud, passion, sympathie, tendresse, union

Attachement à la monarchie
royalisme

Attachement aux valeurs juives
judaïsme

Attachement étroit à la règle juridique
juridisme

Attachement excessif pour les animaux
zoophilie

Attacher
absorber, accoler, accorder, accoupler, accrocher, adjoindre, affermir, agrafer, agréger, ajointer, ajouter, amarrer, ancrer, annexer, appendre, arrêter, arrimer, assembler, assujettir, assurer, astreindre, atteler, attirer, attribuer, bloquer, boucler, boulonner, boutonner, ceinturer, charmer, cheviller, coller, coupler, donner, élinguer, enchaîner, engager, enlacer, entraver, épingler, ficeler, fixer, garrotter, immobiliser, intéresser, joindre, lacer, lier, ligaturer, ligoter, maintenir, mettre, nouer, passionner, pendre, placer, porter, prendre, prêter, rattacher, relier, retenir, réunir, river, sangler, séduire, serrer, soumettre, suspendre, tenir, unir, visser

Attacher à une charrue
atteler

Attacher à une voiture
atteler

Attacher avec des clous
clouer

Attacher avec des cordages
amarrer

Attacher avec une agrafe
agrafer

Attacher deux à deux
coupler

Attacher solidement
ligoter, river

Attacher solidement à un bateau
arrimer

Attaquable
faillible

Attaque
abordage, accès, accusation, action, affront, agression, algarade, apoplexie, assaut, attentat, calomnie, charge, condamnation, crise, critique, dénigrement, diatribe, épreuve, estocade, fou, incrimination, incursion, insulte, invasion, irruption, offensive, opération, pique, pointe, raid, razzia, reproche, réquisitoire, siège, sortie, trait

Attaqué
accusé, affaibli, agressé, altéré, défié, détruit, lésé, sapé

Attaque brusque
assaut

Attaqué par l'ergot
ergoté

Attaquer
aborder, accuser, admonester, affaiblir, affronter, agresser, altérer, amorcer, assaillir, blâmer, bombarder, braquer, calomnier, canonner, charger, combattre, commencer, commérer, corroder, corrompre, critiquer, débuter, décrier, défier, démarrer, dénigrer, détériorer, détruire, diffamer, ébranler, endommager, engager, entamer, entreprendre, étriper, foncer, frapper, fronder, heurter, incriminer, infester, intenter, léser, lutter, manger, matraquer, médire, miner, molester, mordre, piquer, provoquer, ronger, saper, vilipender

Attaquer avec des projectiles explosifs
bombarder

Attaquer brusquement (Se)
ruer

Attaquer en justice
intenter

Attaquer en provoquant
fronder

Attaquer les bases
saper

Attaquer sournoisement
torpiller

Attaquer, assaillir
insulter

Attardé
arriéré, débile, demeuré, dépassé, périmé,
primaire, resté, retardataire, retardé,
rétrograde, suranné

Attarder
lambiner, musarder, muser, rester, retarder,
traîner

Atteignable
accessible, égalable, joignable

Atteindre
aborder, aboutir, accéder, accoster, affaiblir,
affecter, affliger, aller, altérer, arriver, attraper,
blesser, choquer, contacter, détruire,
ébranler, égaler, émouvoir, éprouver, frapper,
heurter, joindre, lécher, léser, offenser,
parvenir, pénétrer, piquer, prendre, rattraper,
réaliser, rejoindre, remuer, rencontrer, saisir,
toucher, troubler, trouver, vexer

Atteindre également
rejaillir

Atteindre sa valeur maximale
plafonner

Atteindre un plafond
plafonner

Atteindre une hauteur plus grande
culminer

Atteint
affaibli, affecté, affligé, altéré, détruit, ébranlé,
éprouvé, lésé, malade, saisi, souffrant

Atteint d'albinisme
albinos

Atteint d'aliénation mentale
aliéné

Atteint d'amblyopie
amblyope

Atteint d'anémie
anémique

Atteint d'ergot
ergoté

Atteint d'ulcères
ulcéreux

Atteint de bégaiement
bègue

Atteint de gâtisme
gâteux

Atteint de jaunisse
ictérique

Atteint de la lèpre
lépreux

Atteint de la morve
morveux

Atteint de la peste
pestiféré

Atteint de paludisme
impaludé, paludéen

Atteint de rhume
enrhumé

Atteint du tétanos
tétanique

Atteinte à l'intégrité des personnes
agression

Atteinte morale
blessure

Attelage
équipage, fiacre, joug

Attelage de trois chevaux de front en Russie
troïka

Atteler
accrocher, adjoindre, attacher

Attelle
éclisse, gouttière

Attenant
accolé, adjacent, avoisinant, contigu, joint,
limitrophe, mitoyen, prochain, proche, voisin

Attendre
atermoyer, différer, escompter, espérer,
exiger, guetter, guigner, hésiter, languir,
mariner, moisir, morfondre, patienter,
prévoir, rester, souhaiter, tarder, temporiser,
tergiverser, traîner, vouloir

Attendre sans impatience
patienter

Attendri
adouci, alangui, molli

Attendrir
adoucir, alanguir, amollir, apitoyer, désarmer,
fléchir, ramollir, remuer, toucher, troubler

Attendrir (S')
compatir, émouvoir, faiblir, mollir

Attendrissant
émouvant, tendre, touchant

Attendrissement
apitoiement, compassion, pitié

Attendu
considérant, motif, normal, prévu, resté

Attentat
agression, attaque, atteinte, complot, coup,
crime, infraction, offense, outrage, préjudice,
profanation, sacrilège

Attentatoire
contraire

Attente
aspiration, calcul, désir, espérance, espoir,
expectative, faction, pause, prévision,
souhait, station

Attenter
entreprendre, offenser, outrager

Attentif
appliqué, assidu, attentionné, concentré,
consciencieux, diligent, empressé, exact,
obligeant, prévenant, prudent, scrupuleux,
soigneux, vigilant, zélé

Attention
affabilité, application, audience,
concentration, conscience, contention,
curiosité, délicatesse, diligence, effort,
égard, empressement, gentillesse, intérêt,
méfiance, méticulosité, minutie, obligeance,
œil, précaution, prévenance, prudence,
révérence, scrupule, sérieux, soin, sollicitude,
soupçon, surveillance, tact, tension, vigilance,
zèle

Attention, soin
application

Attentionné
accommodant, aimable, attentif, courtois,
délicat, empressé, galant, gentil, obligeant,
prévenant, serviable

Attentivement
bien

Atténuation
correctif, correction, gommage, litote,
réduction, rémission

Atténué
adouci, affadi, affaibli, allégé, amorti, corrigé,
estompé, étouffé, mitigé, tempéré

Atténuer
abaisser, adoucir, affadir, affaiblir, alléger,
amenuiser, amoindrir, amortir, apaiser,
aplanir, arrondir, assagir, assoupir, assouplir,
assourdir, baisser, consoler, corriger,
diminuer, dissimuler, édulcorer, émousser,
endormir, estomper, étouffer, faiblir, feutrer,
fondre, gommer, lénifier, modérer, nuancer,
pâlir, pallier, rabattre, radoucir, ralentir,
rattraper, réduire, réfréner, soulager, tamiser,
tempérer, tiédir, tomber

Atterrage
abordage, parages

Atterrant
alarmant

Atterré
abasourdi, abattu, accablé, affligé, anéanti,
consterné, désolé, écrasé, horrifié

Atterrement
abattement, consternation

Atterrer
abasourdir, abattre, accabler, affliger,
consterner, désoler, écraser, horrifier,
stupéfier, terrasser

Atterrir
aboutir, accoster, alunir, amerrir, apponter,
arriver, échouer, poser

Attestation
bulletin, confirmation, déclaration, marque,
preuve, témoin

Attesté
affirmé, assuré, authentique, avéré, certain,
confirmé, constaté, démontré, établi, évident,
factuel, garanti, incontestable, indéniable,
indiscutable, indubitable, marqué, positif,
réel, sérieux, solide, sûr, testé, véridique,
véritable, vrai

Attester
affirmer, assurer, certifier, confirmer, déclarer,
démontrer, garantir, indiquer, manifester,
marquer, montrer, plaider, prouver, révéler,
signer, soutenir, témoigner, valider

Attiédi
adouci, tiédasse, tiède

Attiédir
adoucir, diminuer, endormir, modérer,
radoucir, refroidir, tempérer

Attiédissement
tiédeur

Attifé
habillé

Attifement
accoutrement, mise

Attifer
accoutrer, bichonner, habiller, harnacher

Attikamek
amérindien, autochtone

Attingent
afférent

Attirail
appareil, assemblage, assortiment,
bagage, barda, bataclan, bazar, équipage,
équipement, fourbi, harnachement, panoplie,
ramassis

Attirance
amour, appel, attraction, attrait, charme,
désir, faible, faiblesse, fascination, goût,
inclination, intérêt, penchant, prédilection,
préférence, propension, séduction,
sympathie, tentation, vocation

Attirant
affriolant, agréable, aguichant, aimable,
alléchant, appétissant, attractif, attrayant,
charmant, engageant, fascinant, intéressant,
plaisant, prenant, séduisant, tentant

Attiré

absorbé, aguiché, alléché, amené, conquis, enjôlé, excité, intéressé, leurré, retenu, séduit

Attirer

absorber, aguicher, aicher, aimanter, allécher, amener, amorcer, appâter, aspirer, attacher, causer, charmer, commander, conquérir, déclencher, drainer, enjôler, entraîner, éveiller, exciter, fasciner, forcer, leurrer, occasionner, plaire, polariser, pomper, provoquer, rabattre, racoler, retenir, séduire, solliciter, soulever, susciter, tenter, titiller, valoir

Attirer (S')

concilier, encourir, gagner, obtenir, procurer, risquer

Attirer l'attention

polariser

Attirer par quelque espérance trompeuse

leurrer

Attirer vers soi

tirer

Attisé

accentué, excité

Attiser

accentuer, activer, aggraver, aviver, déchaîner, embraser, enflammer, envenimer, exacerber, exaspérer, exciter, fouetter, irriter, piquer, pousser, raffermir, ranimer, réanimer, réveiller, stimuler

Attitré

habituel, patenté, préféré

Attitude

actes, agissements, air, allure, aspect, comportement, conduite, contenance, disposition, expression, extérieur, façon, figure, genre, maintien, manières, physionomie, port, pose, position, posture, station, tenue

Attitude cynique

cynisme

Attitude d'une personne qui ne croit pas en Dieu

athéisme

Attitude de jeu

ludisme

Attitude des droitiers en politique

droitisme

Attitude des partisans de la droite

droitisme

Attitude du corps

pose, tenue

Attitude ou doctrine de l'athée

athéisme

Attitude religieuse traditionnelle, en Afrique

animisme

Attorney

magistrat, ministre, procureur

Attractif

attirant, lucratif

Attraction

admission, adoration, appel, association, attirance, attrait, gravité, imitation, pesanteur, séduction, spectacle, sympathie, tentation

Attrait

affinité, agrément, appât, attirance, attraction, charme, enchantement, faible, fascination, goût, grâce, inclination, invitation, invite, mirage, penchant, prestige, séduction, sympathie, tentation

Attrait exercé sur quelqu'un

charme

Attrapade

réprimande, savon

Attrape

apparence, astuce, blague, canular, chimère, duperie, erreur, facétie, farce, feinte, galéjade, illusion, leurre, mensonge, mirage, mystification, ombre, piège, plaisanterie, ruse, subterfuge, supercherie, taquinerie, tour, tromperie

Attrapé

abusé, agrippé, alpagué, berné, contracté, enjôlé, happé, leurré, saisi

Attraper

abuser, accrocher, admonester, agriffer, agripper, alpaguer, appréhender, arrêter, atteindre, berner, capturer, contracter, cramponner, décrocher, disputer, duper, empoigner, enjôler, épingler, escamoter, gagner, gober, gronder, happer, harponner, houspiller, joindre, leurrer, mystifier, obtenir, pêcher, piéger, prendre, profiter, ramasser, recevoir, remporter, réprimander, saisir, sermonner, surprendre, tromper

Attraper lestement

gripper

Attrayant

affable, agréable, aguichant, aimable, attirant, charmant, engageant, excitant, gracieux, joli, plaisant, ragoûtant, séduisant

Attribué

adjugé, affecté, alloué, assigné, confié, dévolu, donné, prêté, pris

Attribuer

accaparer, accepter, accorder, adjuger, affecter, allouer, appliquer, arroger, assigner, attacher, conférer, confier, décerner, destiner, distribuer, donner, impartir, imputer, octroyer, partager, prendre, prêter, rapporter, reconnaître, supposer, usurper

Attribuer à quelqu'un
assigner

Attribuer un handicap à un concurrent
handicaper

Attribuer une date
dater

Attribut
accessoire, adjectif, apanage, caractère, caractéristique, décoration, droit, emblème, épithète, marque, particularité, prérogative, propre, propriété, qualité, signe, symbole, trait

Attribution
accession, allocation, application, fonction, octroi, pouvoir, remise, répartition, rôle

Attribution d'une date
datation

Attributions
autorité, ressort

Attristant
amer, fâchant, navrant, pénible, triste

Attristé
abattu, affecté, affligé, chagrin, consterné, contristé, désolé, écœuré, navré, peiné, triste

Attrister
abattre, affecter, affliger, chagriner, consterner, contrister, déchirer, désespérer, désoler, endeuiller, fâcher, gâcher, navrer, peiner

Attrister, peiner
chagriner

Attrition
regret, remords

Attroupant
agglutinant

Attroupement
affluence, cohue, foule, groupe, manifestation, ralliement, rassemblement, troupeau

Attrouper
accoupler, accumuler, ameuter, rassembler

Attrouper dans une intention de soulèvement
ameuter

Atypique
aberrant, anormal, original, singulier, spécial

Au
or

Au bras de
avec

Au bridge, la septième levée
tric

Au Canada, salle de séjour
vivoir

Au départ
primo

Au fond de soi-même (... intérieur)
for

Au goût infect
imbuvable

Au goût très mauvais
imbuvable

Au Japon, de 1192 à 1868, détenteur effectif du pouvoir à la place de l'empereur
shogun

Au loin dans le temps ou dans l'espace
éloigné

Au long cours
hauturier

Au même endroit d'un texte
ibidem

Au moyen de
avec

Au plus haut point
follement

Au préalable
primo

Au prix élevé
chèrement

Au Québec, après l'avoir essuyé, on la souffle
tempête

Au Québec, on y joue à Montréal, à Gatineau, à La Malbaie ou à Mont-Tremblant
casino

Au revers d'une manche
rebras

Au revoir
adieu, bye

Au rugby, coup de pied donné au ballon juste après le rebond
drop

Au rugby, mêlée ouverte
maul

Au soccer, arrière qui surveille l'attaque adverse
stoppeur

Au sud de la Terre
austral

Au sujet de
relativement

Au suprême degré
fieffé

Au tennis, coup violent
smash

Au-delà
ciel, paradis

Au-dessous de
deçà

Au-dessus
avant

Aubade
chant, concert, sérénade

Aubaine
affaire, avantage, bénédiction, bonheur, chance, gain, hasard, manne, occasion, opportunité, profit, rabais, veine

Aube
aurore, commencement, début, enfance, jour, matin, matinée, naissance, origine, palette, robe, seuil, vêtement

Aubépine
cenellier

Auberge
brasserie, gargote, guinguette, hôtel, hôtellerie, motel, relais, restaurant, taverne

Aubergine
mélongine, violet

Aubergiste
hôtelier, restaurateur

Aubette
abribus

Aubier
cœur

Aubifoin
bleuet, bluet

Auburn
acajou, châtain, rouquin, roux

Aucun
nul, pas, personne, sans, zéro

Aucunement
jamais, nullement, pas, point

Audace
aplomb, arrogance, assurance, bravoure, courage, cran, culot, effronterie, fierté, front, hardiesse, impertinence, impudence, indemnité, insolence, intrépidité, originalité, outrecuidance, présomption, privauté, résolution, témérité, toupet

Audace excessive, insupportable ou insultante
insolence

Audacieusement
hardiment

Audacieux
acrobate, courageux, crâne, effronté, hardi, hasardeux, impertinent, imprudent, innovant, insolent, intrépide, neuf, novateur, osé, résolu, risqué, téméraire

Audible
compréhensible, décelable, écoutable, perceptible

Audience
assemblée, assistance, attention, auditoire, écoute, entretien, entrevue, intérêt, popularité, public, salle, séance, spectateur, vacation

Audiomètre
sonomètre

Audit
auditeur, auditif, conseil, conseiller, consultant, contrôle, contrôleur, expert, vérification

Auditer
vérifier

Auditeur
allocutaire, audit, auditoire, récepteur, spectateur, témoin, vérificateur

Auditeurs
salle

Auditif
audit

Audition
écoute, épreuve, essai, examen, oreille, ouïe

Auditoire
assemblée, assistance, audience, auditeur, foule, galerie, parterre, public, salle

Auditorium
amphi, salle

Auge
abreuvoir, assiette, auget, crèche, godet, mangeoire, trémie

Auge de pierre
maye

Auget
auge, godet

Augmentant
alourdissant

Augmentation
accroissement, ajout, bond, boom, crescendo, croissance, gain, hausse, inflation, montée, poussée, rallonge, regain, rehaussement, retour, surcroît, surplus

Augmenté
accentué, accru, agrandi, aiguisé, allongé, enrichi, exagéré, exalté, gonflé, surexcité, triplé

Augmenter
accentuer, accroître, aggraver, agrandir, aiguiser, ajouter, allonger, alourdir, amplifier, arrondir, aviver, centupler, compléter, creuser, croître, cumuler, décupler, densifier, développer, doubler, élargir, élever, enfler, enrichir, épaissir, étendre, étirer, forcer, exacerber, exagérer, exalter, exciter, flamber, fortifier, gonfler, grandir, grimper, grossir, hausser, intensifier, irriter, majorer, monter, multiplier, nourrir, proliférer, prolonger, quadrupler, rallonger, ranimer, réanimer, redoubler, rehausser, relever, remonter, renchérir, renforcer, septupler, sextupler, stimuler, surexciter, tripler

Augmenter considérablement
décupler

Augmenter de volume
bouffer

Augmenter la durée
allonger

Augmenter la hauteur
remonter

Augmenter la valeur
enrichir

Augmenter le volume de quelque chose
dilater

Augmenter par degrés
graduer

Augmenter, agrandir
arrondir

Augure
annonce, auspices, devin, indice, prédiction, présage, pressenti, prêtre, prophète, signe

Augurer
annoncer, conjecturer, deviner, inférer, prédire, présager, pressentir, présumer, prévoir, promettre

Auguste
admirable, amuseur, clown, digne, imposant, majestueux, noble, respectable, sacré, saint, solennel, vénérable

Aujourd'hui
actuellement, hui, maintenant

Aulne
bourdaine, vergne

Aulne noire
bourdaine

Aumaille
bétail

Aumône
assistance, bienfait, charité, don, faveur, grâce, libéralité, obole, offrande, secours

Aumônier
abbé, chapelain, prêtre

Aumônière
bourse

Aune
bourdaine

Aunée
inule

Auparavant
avant, déjà, précédemment

Auprès
contre, près

Auquel on a donné un profil précis
profilé

Aura
ambiance, atmosphère, auréole, brume, charisme, émanation, halo, impact, influence, prestige, renom, renommée, réputation, voile

Aurélie
méduse

Auréole
atmosphère, aura, cercle, cerne, couronne, diadème, éclat, émanation, gloire, halo, nimbe, prestige, tache, trace

Auréoler
aduler, baigner, ceindre, couronner, entourer, envelopper, exalter, glorifier, magnifier, nimber, parer

Auriculaire
doigt

Aurochs
bison, ure, urus

Aurore
aube, commencement, début, enfance, jour, matin, matinée, naissance, origine, seuil

Auscultation
examen

Ausculter
étudier, examiner, explorer, tâter

Auspices
augure, devin, patronage, présage, signe

Aussi
ainsi, alors, autant, donc, également, encore, idem, même, pareillement, tellement

Aussi rapidement
sitôt

Aussière
cordage

Aussitôt
illico, immédiatement, incontinent, instantanément, sitôt

Austère
âpre, aride, ascétique, dépouillé, dur, froid, frugal, grave, janséniste, monacal, monastique, nu, puritain, raide, rigide, rigoriste, rigoureux, rude, rustique, sec, sérieux, sévère, simple, sobre, spartiate, stoïque, strict, triste

Austérité
aridité, ascétisme, dépouillement, dureté, froideur, frugalité, gravité, jansénisme, nudité, pénitence, puritanisme, raideur, rigidité, rigorisme, rigueur, sévérité, sobriété, stoïcisme, tristesse

Austral
antarctique, midi, sud

Autan
vent

Autant
aussi, également, pareillement, tant, tellement

Autarcie
autoconsommation, autonomie, autosubsistance, autosuffisance

Auteur
aède, âme, artisan, artiste, cause, compositeur, conteur, créateur, dramaturge, écrivain, essayiste, fondateur, initiateur, inventeur, langagier, moteur, parolier, père, poète, premier, promoteur, rédacteur, responsable, romancier, satiriste, scripteur

Auteur d'*Au pied de la pente douce*
Lemelin

Auteur d'ouvrages juridiques
juriste

Auteur d'ouvrages sous forme de romans
romancier

Auteur d'un faux
faussaire

Auteur d'un testament
testateur

Auteur d'une chose
artisan

Auteur d'une parodie
parodiste

Auteur de biographies
biographe

Auteur de *Carrie*
King

Auteur de *Ceci n'est pas un roman, c'est ma vie*
Stanké

Auteur de gags
gagman

Auteur de l'*Odyssée*
Homère

Auteur de l'opéra *Carmen*
Bizet

Auteur de l'ouvrage *Le conte*
Émond

Auteur de l'ouvrage *Le nom de la rose*
Eco

Auteur de l'ouvrage *Les patins d'André*
Garneau

Auteur de *La Cantatrice chauve*
Ionesco

Auteur de *La frousse autour du monde*
Blanchet

Auteur de la série de livres *Amos Daragon*
Perro

Auteur de la théorie de la relativité
Einstein

Auteur de la trilogie *Le rejeton*
Monette

Auteur de la tuerie de l'École polytechnique de Montréal
Lépine

Auteur de *Love Story*
Segal

Auteur de *Pieds nus dans l'aube*
Leclerc

Auteur de poésie
poète

Auteur de psaumes
psalmiste

Auteur de satires ou d'écrits satiriques
satiriste

Auteur de *Voyage au centre de la Terre*
Verne

Auteur de *Zone*
Dubé

Auteur des *Aventures de Tintin*
Hergé

Auteur dramatique américain né en 1915
Miller

Auteur du livre *Le manuscrit*
Émond

Auteur du troisième évangile
Luc

Auteur québécois d'*Un simple soldat*
Dubé

Auteur qui écrit des revues
revuiste

Auteur qui écrit en prose
prosateur

Auteur-compositeur du Québec mort en 1988
Leclerc

Auteure de la série de romans *Alexis*
Demers

Auteure de la série de romans *Le journal d'Aurélie Laflamme*
Desjardins, India

Auteure de la série de romans *Twilight*
Meyer

Auteure de la série de romans *Docteure Irma*
Gill

Auteure de *Nous étions sept*
Benoît

Auteure de *Pélagie-la-Charrett*e
Maillet

Auteure de *Putain*
Arcan

Auteure de *Virginie*
Larouche

Auteure du recueil de nouvelles *Le torrent*
Hébert

Auteure du roman *Les filles de Caleb*
Cousture

Auteure du téléroman *Les machos*
Lise, Payette

Auteure québécoise d'*Henri, l'Italie et moi*
Ouimet

Auteure québécoise de *Folle*
Arcan

Authenticité
fraîcheur, historicité, justesse, naturel, pureté, réalité, sincérité, véracité, vérité

Authentifié
garanti

Authentifier
certifier, garantir, légaliser, ratifier, signer, valider

Authentique
assuré, attesté, avéré, certain, certifié, conforme, effectif, établi, exact, inattaquable, incontestable, indéniable, indiscutable, indubitable, juste, naturel, officiel, positif, prouvé, public, pur, réel, sincère, solennel, spontané, sûr, tangible, textuel, vécu, véridique, véritable, vrai

Authentiquement
vraiment

Autiste
autistique

Autistique
autiste, déréel

Auto
automobile, berline, char, voiture

Auto-école
AE

Autoberge
voie

Autobiographie
histoire, mémoires

Autobus
autocar, bus, car, véhicule

Autocar
autobus, car, véhicule

Autocar très confortable
pullman

Autochtone
abénaquis, algonquin, attikamek, cri, habitant, huron, indigène, innu, inuit, local, malécite, micmac, mohawk, naskapi, natif, naturel, wendat

Autochtone de la Nouvelle-Calédonie
Kanak

Autochtone parlant une langue algonquienne
Algonquien

Autochtone parlant une langue iroquienne
Iroquoien

Autoclave
étuve, four

Autocollant
adhésif, collant

Autoconsommation
autarcie

Autocrate
despote, dictateur, potentat, tyran, tyranneau

Autocratie
dictature, tyrannie

Autocratique
absolu, directif, directive, totalitaire

Autocuiseur
braisière, cocotte, marmite

Autodestructeur
kamikaze

Autodestruction
suicide

Autodrome
circuit, piste

Autogestion
cogestion

Autogire
hélicoptère

Autographe
manuscrit

Autolyse
suicide

Automate
androïde, fantoche, guignol, humanoïde, jouet, machine, marionnette, pantin, robot, somnambule

Automate à figure humaine
androïde

Automate à l'aspect humain
robot

Automation
mécanisation

Automatique
inconscient, machinal, mécanique, pistolet, spontané

Automatiquement
forcément

Automatisation
mécanisation

Automatiser
mécaniser

Automatisme
habitude, réflexe

Automitrailleuse
tank

Automnal
saisonnier

Automne
saison, soir

Automobile
auto, berline, limousine, véhicule, voiture

Automobile à deux portes et à quatre places
coach

Automobile à quatre portes et à quatre places
berline

Automobile à quatre roues motrices
Jeep

Automobile de mauvaise qualité
cancer

Automobile tout-terrain
Jeep

Automobiliste
chauffeur

Automotrice
autorail

Autonome
affranchi, indépendant, libre, souverain

Autonomie
autarcie, émancipation, liberté, sécession

Autonomisme
séparatisme

Autonomiste
séparatiste

Autopsie
analyse, dissection, docimasie

Autopsier
disséquer

Autorail
automotrice, micheline, turborail

Autorégulation
rétroaction

Autorisation
acceptation, accord, admission, adoption,
agrément, approbation, assentiment, aval,
aveu, bon, concession, congé, consensus,
consentement, dérogation, dispense, droit,
exemption, habilitation, liberté, licence,
permis, permission, pouvoir, visa

Autorisation officielle
licence

Autorisation spéciale
dispense

Autorisé
admis, habilité, libre, licite, officiel, permis,
possible, qualifié, valable, valide

Autoriser
accepter, accorder, accréditer, admettre,
approuver, comporter, confirmer, consentir,
décriminaliser, dépénaliser, habiliter, justifier,
légitimer, permettre, qualifier, ratifier, tolérer,
vouloir

Autoritaire
absolu, absolutiste, catégorique, coupant,
despotique, dictatorial, directif, drastique,
dur, ferme, fort, impératif, impérieux,

intransigeant, musclé, péremptoire, pressant,
raide, rigide, sec, sévère, strict, totalitaire,
tranchant, tyrannique

Autoritarisme
dictature, tyrannie

Autorité
ascendant, attributions, charisme,
commandement, compétence, crédit,
dignitaire, domination, empire, emprise,
fermeté, férule, gouvernement, hégémonie,
influence, instance, loi, mainmise, maîtrise,
notabilité, officiel, omnipotence, personnalité,
poids, poigne, pouvoir, prérogative, présence,
prestige, puissance, réputation, ressort,
rigueur, séduction, sommité, souveraineté,
supériorité, suprématie, tutelle, vigueur

Autorité absolue
empire

Autorité du tuteur
tutelle

Autoroute
route, voie

Autosatisfaction
fatuité, orgueil

Autosubsistance
autarcie

Autosuffisance
autarcie

Autour
alentour, approximativement, environ

Autour de
environ

Autre
autrui, changé, dernier, désuni, différent,
dissemblable, distinct, encore, étranger,
méconnaissable, nouveau, prochain, second,
transformé

Autre nom de Jacob dans la Bible
Israël

Autre nom de la ciboule
cive

Autre nom donné à Dieu
Père

Autre nom donné à Satan
Lucifer

Autre nom du hurleur
alouate

Autre nom pour ableret
ablier

Autre part
ailleurs

Autrefois
anciennement, antan, avant, jadis, naguère,
passé

Autrefois, fumer du pétun
pétuner

Autrefois, fusée de guerre incendiaire
roquette

Autrefois, il était rempli d'oranges la veille de Noël
bas

Autrement
ou, sinon

Autrement dit
alias

Autrement nommé
alias

Autrui
autre, prochain, semblable, tiers

Auvent
abri, appentis, marquise

Aux
article

Aux anges
enchanté

Aux cartes, couleur noire
trèfle

Aux échecs, remettre en place une pièce déplacée par accident
adouber

Aux environs
alentour, autour

Aux limites de la nuit
NT

Aux quilles, tenir le pied à l'endroit marqué
piéter

Auxiliaire
accessoire, acolyte, adjoint, agent, allié, annexe, employé, second, soutien, vacataire

Av.
avant

Avachi
amorphe, déformé, exténué, fatigué, flasque, flétri, indolent, mou, pendu, ramolli, relâché, somnolent, usé, vautré, veule

Avachir
amollir, déformer, ramollir, user

Avachir (S')
affaisser, affaler, aplatir, effondrer, pendre, relâcher, vautrer

Avachissement
veulerie

Aval
acceptation, accord, approbation, appui, autorisation, caution, garantie, oui, permission, soutien

Avalanche
abondance, affluence, averse, bordée, cascade, déluge, flot, grêle, kyrielle, multitude, nuée, pelletée, pluie, profusion, torrent, vague

Avalé
absorbé, résorbé

Avaler
absorber, accepter, admettre, aspirer, boire, boulotter, croire, déglutir, dévorer, endurer, engloutir, gober, ingérer, ingurgiter, laper, manger, oublier, prendre, rentrer, résorber, sauter, supporter, tolérer, vider

Avaler d'un trait
caler

Avaler de nouveau
ravaler

Avaler un liquide en l'aspirant
humer

Avalisé
garanti

Avaliser
accepter, appuyer, cautionner, garantir

Avaliseur
avaliste

Avaliste
avaliseur

Avaloir
bouche

Avance
acompte, agacerie, arrhes, avancée, avancement, avantage, crédit, déplacement, escompte, mouvement, offre, ouverture, pas, prêt, progrès, progression, provision, saillie

Avancé
anticonformiste, avarié, bleu, élaboré, éveillé, évolué, faisandé, gâté, libre, moderne, passé, perfectionné, précoce, prématuré, progressiste, révolutionnaire, tardif, vénérable, venu

Avancée
allée, avance, avancement, balcon, canonique, marche, progrès, progression, ressaut, saillie

Avancement
amélioration, avancée, avance, civilisation, développement, évolution, marche, perfectionnement, progrès, progression, promotion, saillie

Avancer
accélérer, accomplir, activer, affirmer, alléguer, aller, allonger, améliorer, approcher, arquer, bouger, déborder, décaler, déclarer, dépasser, développer, émettre, empiéter, énoncer, évoluer, gagner, hasarder, hâter, invoquer, marcher, mordre, oser, pénétrer, perfectionner, poser, pousser, précipiter, présenter, prétendre, prêter, prétexter, progresser, proposer, rapprocher, saillir, soutenir, suggérer, surplomber, tendre, venir

Avancer avec le ballon, au basket-ball
dribbler

Avancer en faisant de petits sauts
sautiller

Avancer lentement
ramper

Avancer sur l'eau
nager, voguer

Avanie
affront, algarade, brimade, ennui, gifle,
humiliation, injure, insulte, offense, outrage,
vexation

Avant
anciennement, antérieurement, auparavant,
autrefois, av., déjà, devant, front,
jadis, préalablement, précédemment,
premièrement, proue, supra, surtout

Avant d'un bateau
proue

Avant d'un navire
proue

Avant l'hameçon
avancée

Avant mai
avril

Avant placé entre un ailier et l'avant-centre
inter

Avant terme
prématuré

Avant tout
primo

Avant toute chose (Au)
préalable

Avant-corps
saillie

Avant-coureur
annonciateur, précurseur

Avant-garde
annonciateur, pointe, tête

Avant-gardiste
futuriste

Avant-goût
aperçu, échantillon, idée, préambule,
prélude, prémices, présage

Avant-midi
am, matin

Avant-propos
avis, exorde, notice, préambule, préface,
présentation, prologue

Avant-scène
loge

Avant-toit
auvent, saillie

Avant-train d'une voiture à chevaux
armon

Avantage
arme, atout, aubaine, avance, bénéfice,
bien, bienfait, bonheur, commodité, compte,
dessus, facilité, faveur, fruit, gain, grâce,
intérêt, joie, mérite, plus, prééminence,
préférence, prérogative, primauté, prime,
privilège, profit, ressource, supériorité, utilité

Avantage dû à une fonction
prérogative

Avantage inespéré
aubaine

Avantage particulier accordé par quelqu'un
privilège

Avantager
doter, embellir, favoriser, flatter, gratifier, lotir,
privilégier

Avantageusement
bien, efficacement, heureusement, utilement

Avantageux
beau, bel, bon, élogieux, faste, favorable,
fier, flatteur, fructueux, important, joli, juteux,
lucratif, payant, plantureux, plein, précieux,
profitable, rentable, salutaire, satisfait, seyant,
suffisant, utile, vainqueur

Avare
avide, chiche, cupide, économe, harpagon,
ladre, mesquin, pingre, rapace, rat,
regardant, séraphin, serré

Avare particulièrement mesquin
pingre

Avarice
âpreté, cupidité, ladrerie, lésine, mesquinerie,
pingrerie, radinerie, rapacité

Avarice sordide
ladrerie

Avaricieux
mesquin, pingre, regardant

Avarie
détérioration, dommage

Avarié
abîmé, altéré, avancé, corrompu,
décomposé, détérioré, endommagé, faisandé,
gâté, moisi, pourri, putréfié, tourné

Avarier
abîmer, aigrir, altérer, blettir, corrompre,
détériorer, endommager, faisander, gâter,
pourrir, putréfier

Avatar
malheur, mésaventure, métamorphose,
transformation

Ave
prière

Avec
envers, parmi, préposition

Avec agitation
nerveusement

Avec aisance
aisément

Avec amertume
amèrement

Avec âpreté
âprement

Avec assurance
fermement

Avec avidité
goulûment

Avec calme et tranquillité
sagement

Avec calme, de façon tranquille
calmement

Avec entrain
gaiement, gaîment

Avec fierté
fièrement

Avec force
fortement

Avec fruit
utilement

Avec gaieté
gaiement, gaîment

Avec intensité
fortement

Avec lenteur
lento

Avec platitude
platement

Avec pureté
purement

Avec qui on peut entrer en contact
joignable

Avec rage
rageusement

Avec raison
justement

Avec régularité
uniment

Avec réserve
sobrement

Avec respect
poliment

Avec rudesse
rudement

Avec souplesse et légèreté
lestement

Avec tristesse
amèrement

Avec un grand poids
pesamment

Avec un tempo moins vif que l'allegro
allegretto

Avec une énergie dure, cruelle
âprement

Avec vivacité, rudesse
vertement

Avec volonté
fermement

Aveline
noisette

Avelinier
noisetier

Aven
abîme, abysse, cavité, cratère, gouffre, igue

Avenant
accort, accueillant, adorable, affable, agréable, aimable, amendement, codicille, déférent, empressé, engageant, gracieux, joli, modification, plaisant, prévenant, sociable, soigné, sympathique

Avènement
accession, apparition, arrivée, commencement, début, éclosion, élévation, naissance, venue

Avenir
aventure, carrière, demain, destin, destinée, devenir, fortune, futur, horizon, lendemain, postérieur, postérité, situation, sort

Aventure
accident, affaire, aléa, amour, amourette, avenir, caprice, entreprise, épisode, épopée, équipée, événement, galanterie, hasard, histoire, idylle, incident, intrigue, liaison, mésaventure, odyssée, passade, péril, péripétie, relation, rencontre, revers, tocade, tribulations

Aventurer (S')
engager, hasarder, jouer, risquer, tenter

Aventureux
dangereux, hardi, hasardeux, imprudent, incertain, osé, risqué, téméraire

Aventurier
corsaire, ruffian, ruflan, vagabond, voyageur

Aventurier, pirate
corsaire

Avenu
existant

Avenue
allée, artère, boulevard, chemin, cours, drève, mail, promenade, rue, voie

Avéré
admis, assuré, attesté, authentique, certain, confirmé, établi, incontestable, indéniable, indiscutable, indubitable, notoire, prouvé, reconnu, réel, sûr, véridique, véritable, vrai

Avérer (S')
apparaître, confirmer, montrer, paraître, ressortir, révéler, trouver, vérifier

Avers
face, tête

Averse
avalanche, cascade, déferlement, déluge, drache, flot, giboulée, grain, grêle, multitude, ondée, pluie, précipitations, torrent

Averse abondante
abat

Averse violente
abat

Aversion
animosité, antipathie, dégoût, désaccord, écœurement, exécration, haine, horreur, hostilité, inimitié, nausée, peur, phobie, répugnance, répulsion, ressentiment

Averti
alerté, avisé, compétent, éclairé, émancipé, exercé, expérimenté, expert, fin, informé, instruit, noté, prévenu, professionnel, prudent, renseigné, sagace, sage

Avertir
admonester, affirmer, alerter, annoncer, apprendre, avertir, aviser, corner, éclairer, informer, instruire, klaxonner, notifier, préfacer, prévenir, renseigner, réprimander, signaler, signifier, sonner

Avertissement
annonce, avis, conseil, leçon, menace, notice, préambule, préavis, préface, présage, prologue, rappel, réprimande, reproche, signe, voix

Avertissement préalable
préavis

Avertisseur
alarme, bip, bruiteur, klaxon, signal, sirène, trompe

Avertisseur sonore
klaxon

Avette
abeille

Aveu
accord, agrément, approbation, autorisation, confession, confidence, consentement, déballage, déclaration, épanchement, permission, reconnaissance, révélation

Aveuglant
éclatant, évident, fulgurant, manifeste

Aveugle
absolu, amaurose, amblyope, borgne, cécité, complet, entier, fanatique, forcené, furieux, illimité, inconditionnel, intégral, malvoyant, orbe, total

Aveuglé
ébloui, égaré, muré

Aveuglement
aberration, agnosie, cécité, égarement, erreur, folie, partialité

Aveugler
boucher, calfeutrer, colmater, éblouir, égarer, étancher, hypnotiser, murer, obnubiler, obstruer, troubler, voiler

Aveulir
ramollir

Aveulissement
faiblesse

Aviateur
navigant, navigateur, pilote

Aviation
aéronautique

Avide
affamé, altéré, ardent, avare, concupiscent, cupide, curieux, désireux, dévorant, envieux, épris, fervent, friand, glouton, goulu, impatient, insatiable, intéressé, passionné, rapace, vorace

Avide d'argent
cupide

Avide, insatiable
dévorant

Avidement
goulûment, impatiemment

Avidité
appétit, âpreté, ardeur, boulimie, concupiscence, convoitise, cupidité, curiosité, désir, envie, faim, gloutonnerie, goinfrerie, gourmandise, passion, pingrerie, rapacité, soif, voracité

Avidité à manger
voracité

Avili
abâtardi, affaibli, terni, vil

Avilir
abaisser, abâtardir, affaiblir, altérer, corrompre, dégénérer, dégrader, déshonorer, diminuer, flétrir, galvauder, humilier, profaner, rabaisser, ravaler, souiller, ternir

Avilir (S')
déchoir

Avilissant
bas, dégradant, honteux, humiliant, immonde, infâmant, infâme, révoltant

Avilissement
bassesse, corruption, déchéance, dégradation, opprobre, profanation, ravalement, souillure

Aviné
ivre

Avion
aérodyne, aéronef, aéroplane, airbus, appareil, zinc

Avion à décollage et à atterrissage courts
stol

Avion à deux plans de sustentation
biplan

Avion à réaction
jet

Avion à trois moteurs
trimoteur

Avion à trois plans de sustentation superposés
triplan

Avion d'un modèle ancien
coucou

Avion de transport transocéanique
clipper

Avion léger sans moteur
planeur

Avion qui se pose sur l'eau
hydravion

Avion-suicide
kamikaze

Aviron
godille, pagaie, rame

Avironneur
rameur

Avis
affiche, annonce, appréciation, vertissement, bulletin, commentaire, communication, communiqué, conseil, consultation, dénonciation, directive, estimation, exhortation, idée, impression, indication, information, instruction, jugement, message, note, notice, notification, opinion, optique, papillon, pensée, position, préambule, préavis, préface, proclamation, prologue, recommandation, religion, renseignement, sentiment, suffrage, voix, vote, vue

Avis contraire au précédent
contravis

Avis donné à l'avance
préavis

Avis donné par un vote
suffrage

Avisé
alerté, averti, bon, circonspect, clairvoyant, compétent, éclairé, fin, habile, inspiré, intelligent, noté, pensé, perspicace, prévoyant, prudent, réfléchi, sagace, sage

Aviser
alerter, annoncer, apercevoir, apprendre, avertir, conseiller, informer, notifier, prévenir, regarder, remarquer, signaler, signifier

Avitailler
équiper

Avitaminose
béribéri, scorbut

Avivant
activant

Avivé
aiguisé, animé, exalté, excité

Aviver
accentuer, activer, aggraver, aiguiser, animer, attiser, augmenter, envenimer, exalter, exaspérer, exciter, irriter, pousser, raffermir, ranimer, réanimer, redoubler, rehausser, renforcer, réveiller, stimuler

Avocat
apologiste, apôtre, avoué, champion, défense, défenseur, intercesseur, juriste, plaideur, protecteur, représentant, serviteur, solicitor, tenant

Avocat sans importance
avocaillon

Avoine
céréale

Avoir
abuser, acheter, acquérir, actif, argent, bénéficier, berner, bien, capital, connaître, crédit, créditeur, détenir, duper, entretenir, éprouver, estamper, finances, fortune, garder, leurrer, mystifier, obtenir, passer, piéger, porter, posséder, possession, présenter, procurer, propriété, recevoir, ressentir, richesse, sentir, solde, tenir, tromper, vivre

Avoir à la fois
cumuler

Avoir à la main
tenir

Avoir à soi
posséder

Avoir chaud
suer

Avoir comme pointure de gants
ganter

Avoir de nouveau
ravoir

Avoir des battements de cils
ciller

Avoir des fantasmes
fantasmer

Avoir des paroles tendres envers quelqu'un
cajoler

Avoir des répercussions imprévues
rebondir

Avoir du succès
réussir, triompher

Avoir en quantité
déborder

Avoir la bouche ouverte
béer

Avoir le hoquet
hoqueter

Avoir peur
appréhender

Avoir pour conséquence
générer

Avoir pour désir que quelque chose se réalise
souhaiter

Avoir pour prix
coûter

Avoir pour résultat
aboutir

Avoir présent à l'esprit
songer

Avoir recours
recourir

Avoir tel air
dégoter, dégotter

Avoir tel prix
valoir

Avoir telle allure
dégoter, dégotter

Avoir un effet rétroactif
rétroagir

Avoir un effet tonique
tonifiant

Avoir un même but
converger

Avoir un mouvement de vrille
vriller

Avoir un sens
signifier

Avoir un signe brusque de désapprobation
tiquer

Avoir un volume
cuber

Avoir une ovulation
ovuler

Avoir une réalité
exister

Avoisinant
adjacent, attenant, contigu, proche

Avoisiné
frisé

Avoisiner
friser, jouxter, toucher

Avortement
échec

Avorter
capoter, échouer, rater

Avorton
freluquet, gnome, gringalet, mauviette, nabot

Avoué
admis, avocat, concédé, confessé, confié,
déballé, déclaré, défenseur, dit, parlé,
raconté, reconnu, révélé

Avouer
accepter, accorder, accuser, admettre,
concéder, confesser, confier, convenir,
déballer, déclarer, dire, parler, raconter,
reconnaître, révéler

Avril
mois

Axe
arbre, artère, centre, charnière, direction,
essieu, ligne, orientation, pivot, principe,
route, voie

Axe d'une plante
tige

Axe d'une plume d'oiseau
rachis

Axer
centrer, diriger, orienter

Axiome
adage, aphorisme, commencement,
énoncé, évidence, hypothèse, maxime,
notion, pensée, postulat, prémisse, principe,
proposition, sentence, vérité

Axonge
graisse, saindoux

Ay
champagne

Ayant atteint un certain degré de développement
évolué

Ayant pour prénom
prénommé

Azalée
fleur

Azimut
direction, sens

Azimuté
fou

Azote
nitrogène

Azoteux
nitreux

Azotite
nitrite

Aztèque
mexicain

Azur
air, azuréen, bleu, ciel, firmament

Azuré
bleu, bleui, bleuté, pervenche

Azuréen
azur

Azurer
bleuir

Azurin
bleu

B

Baba
abasourdi, ahuri, dessert, ébahi, époustouflé, gâteau, sidéré, stupéfait

Babelutte
bonbon

Babiche
lanière

Babil
babillage, babillement, bavardage, caquet, caquetage, gazouillis, jacassement, lallation, murmure, ramage

Babillage
babil, babillement, bavardage, caquet, caquetage, gazouillis, jacassement, lallation, murmure, papotage, ramage

Babillard
bavard, cancanier, causant, commère, communicatif, concierge, disert, indiscret, jaseur, long, loquace, potinier, prolixe, redondant, tableau, verbeux, volubile

Babillement
babil, babillage

Babiller
balbutier, bavarder, cailleter, cancaner, causer, déblatérer, discourir, gazouiller, jacasser, jaser, papoter, parler

Babine
lèvre

Babines
bouche, lèvres

Babiole
amusement, amusette, bagatelle, bébelle, bêtise, bibelot, bibus, breloque, bricole, brimborion, broutille, camelote, colifichet, détail, faribole, frivolité, futilité, hochet, jouet, joujou, misère, niaiserie, rien, sottise, vétille

Bâbord
bord, gauche

Babouche
charentaise, chausson, chaussure, mule, soulier

Babouin
papion

Bac
baccalauréat, baquet, bassin, caisse, casier, cuve, esquif, ferry, jale, jardinière, seillon, toue, traille, traversier

Bac de douche
receveur

Baccalauréat
bac, diplôme

Baccarat
cristal

Bacchanale
beuverie

Bacchante
débauchée, furie, ménade, thyade

Bacchantes
moustache

Bâche
banne, casquette, couverture, prélart

Bachelier
diplômé

Bachelier en sciences
BS

Bacillaire
bactérien

Bacille
bactérie, ferment, microbe

Bacille qui se meut par la vibration d'un cil
vibrion

Bâclage
bousillage, sabotage

Bâcle
barre

Bâclé
hâtif, précipité

Bâcler
cochonner, expédier, gâcher, saboter, torcher

Bacon
lard, lardon

Bacon, laitue, tomate
BLT

Bactérie
bacille, ferment, germe, microbe, virus

Bactérien
bacillaire, infectieux, microbien, septique

Badaboum
patatras

Badaud
curieux, flâneur, nigaud, passant, promeneur, rôdeur

Baderne
tresse

Badge
épinglette, insigne, médaille, plaque, signe

Badiane
anis, anisette

Badigeon
apprêt, enduit, peinture, teinture

Badigeonné
étalé, oint

Badigeonner
enduire, étaler, oindre, peindre, ripoliner

Badigeonneur
peintre

Badin
enjoué, espiègle, folâtre, folichon, gai, guilleret, léger, mutin, taquin

Badinage
alacrité, amusement, amusette, badinerie, batifolage, folâtrerie, jeu, jouet, marivaudage, plaisanterie

Badine
baguette, bâton, jonc, stick

Badiner
amuser, batifoler, folâtrer, jouer, marivauder, plaisanter, rire

Badinerie
amusement, badinage, batifolage, enfantillage, fôlatrerie, futilité, jeu, marivaudage, plaisanterie

Baffe
claque, gifle

Baffle
enceinte

Bafouer
conspuer, fouler, gouailler, mépriser, outrager, persifler, railler, ridiculiser, vilipender

Bafouillage
ânonnement

Bafouille
missive

Bafouiller
ânonner, balbutier, bégayer, bredouiller, prononcer

Bagage
acquis, attirail, bagot, balluchon, barda, cargaison, compétence, connaissance, équipage, équipement, formation, fourbi, malle, mallette, notion, pacson, paqson, paquet, paquetage, paxon, sac, savoir, science, valise

Bagage de forme rectangulaire
valise

Bagarre
altercation, baroud, baston, bastonnade, bataille, combat, compétition, conflit, désordre, dispute, échauffourée, empoignade, grabuge, guerre, lutte, mêlée, pugilat, querelle, rif, riffe, rififi, rivalité, rixe

Bagarre à coups de poing
pugilat

Bagarrer (Se)
batailler, battre, cogner, combattre, démener, disputer, frapper, lutter, objecter, taper

Bagarreur
agressif

Bagatelle
amusette, babiole, bêtise, bibelot, bibus, bricole, brimborion, broutille, détail, fadaise, faribole, fifrelin, frivolité, futilité, jeu, jouet,

misère, niaiserie, objet, plaisanterie, rien, rigolade, sottise, vétille

Bagnard
détenu, forçat, galérien, prisonnier, taulard, tôlard

Bagne
enfer, galère, pénitencier, pré, prison

Bagot
bagage

Bagoter
cavaler

Bagou
abatage, abattage, blablabla, éloquence, faconde, loquacité, verve, volubilité

Bagout
abatage, abattage, blablabla, éloquence, faconde, loquacité, verve, volubilité

Bague
alliance, anneau, annelure, chevalière, collier, jonc, manchon, marquise, semaine

Bague de métal
virole

Baguenaude
flânerie, niaiserie, promenade

Baguenauder
flâner, lanterner, musarder, muser

Baguette
agitateur, asperge, badine, barre, bâton, bâtonnet, broche, canne, chapelet, cordelière, cravache, frette, houssine, jauge, jonc, listel, membron, moulure, pain, stick, tige, tringle, tube, verge

Baguette aplatie à un bout
spatule

Baguette de bois ou de métal
verge

Baguette de bois supportant une tablette
liteau

Baguette flexible servant à mettre en vibration les cordes de certains instruments de musique
archet

Baguette mince et flexible
badine

Baguette mince et légère
badine

Baguette mince et souple qu'on tient à la main
badine

Baguier
boîte, coffret, écrin

Bah
bof

Bahut
armoire, buffet, cabinet

Bai
alezan, brun, roux

Baie
abri, anse, calanque, conche, crique, fenêtre,
fruit, golfe, ouverture, rade

Baie bleue
bleuet, bluet

Baie de la côte du Québec
Ungava

Baie des côtes de Honshu
Ise

Baie du nord du Québec et de l'Ontario
Hudson

Baie du Nunavik
Ungava

Baie où se trouve Nagoya
Ise

Baie reconnue pour ses marées
Fundy

Baie rouge
ataca, atoca

Baie rouge de l'aubépine
cenelle

Baie rouge orangé
sorbe

Baie rouge vif
cenellier

**Baie rouge, ronde et aigrelette contenant
plusieurs pépins**
grenade

**Baie située entre le Nouveau-Brunswick et la
Nouvelle-Écosse**
Fundy

Baignade
bain, saucette, trempette

Baignade rapide
saucette

Baigné
coulé, noyé, plongé, ramé

Baigner
arroser, auréoler, entourer, envelopper,
humecter, illuter, immerger, imprégner,
inonder, irriguer, macérer, marincr, mouiller,
nager, noyer, pénétrer, plonger, remplir,
tremper

Baigner dans l'eau chaude
étuver

Baigneur
aoûtien, buveur, curiste, nageur, poupée,
poupon

Baigneuse
naïade

Baignoire
bassin, loge, passerelle, piscine, sabot

Bail
contrat, emphytéose, location, loyer

Baille
baquet

Bailleur
commanditaire, créancier, loueur, prêteur

Bâillon
bandeau, muselière, tampon

Bâillonner
garrotter, museler, opprimer, taire

Bain
ablution, arrosage, baignade, bassin,
coloration, immersion, milieu, piscine, sauna,
teinture, toilette, trempette

Bain à remous
spa

Bain de cendre et d'alun
mégis

Bain de vapeur
étuve, sauna

Bains
thermes

Baïonnette
poignard

Baisemain
hommage

Baiser
baisoter, bec, bécot, bécoter, becqueter,
béqueter, bise, biser, bisou, bisouter, câlin,
embrasser

Baiser rituel envers un objet sacré
baisement

Baisoter
baiser

Baissant
reflux

Baisse
abaissement, affaiblissement, affaissement,
chute, déclin, décote, décrue, dégringolade,
dépréciation, descente, désescalade,
détérioration, diminution, discrédit, érosion,
fléchissement, rabais, récession, réduction,
reflux, régression, repli, tassement

Baissé
abâtardi, accroupi, affaibli, allégé, amené,
courbé, molli

Baisse du niveau des eaux
décrue

Baisse par rapport à un précédent niveau
tassement

Baisse périodique des eaux d'un cours d'eau
étiage

Baisse une note d'un demi-ton
bémol

Baisser
abaisser, abâtardir, affaiblir, affaler, alléger,
amener, amoindrir, atténuer, chuter, courber,
déchaler, déchoir, décliner, décroître,

déprécier, descendre, diminuer, expirer, faiblir, fléchir, incliner, mollir, pencher, péricliter, rabaisser, rabattre, ralentir, ramener, reculer, réduire, refluer, relâcher, retirer, retomber, tomber

Baisser de nouveau
rebaisser

Bajoue
abajoue, joue

Bakchich
arrosage, pourboire

Baklava
dessert, feuilleté

Bal
boum, dancing, discothèque, guinguette, rallye, sauterie, soirée

Balade
excursion, flânerie, promenade, randonnée, sortie, tour, tournée, virée, voyage

Baladé
sorti, promené

Balader
sortir, promener

Balader (Se)
déambuler, flâner, musarder, promener, voyager

Baladeur
flâneur, iPod, promeneur

Baladin
acteur, amuseur, bateleur, bouffon, comédien, farceur, histrion, saltimbanque

Balafon
marimba, xylophone

Balafre
blessure, cicatrice, coupure, couture, entaille, estafilade, griffure, taillade

Balafrer
barrer, blesser, couper, couturer, déchirer, taillader

Balai
balayette, brosse, écoupe, écouvillon, époussette, faubert, goret, houssoir, plumail, plumard, plumeau, vadrouille

Balai de branchages
houssoir

Balai de houx
houssoir

Balalaïka
guitare

Balançant, à bascule
berçant

Balance
baroscope, bilan, débit, équilibre, pesette, peson, pondération, solde

Balance à levier
peson, romaine

Balancelle
balançoire

Balancement
bercement, branle, cadence, dandinement, dodelinement, équilibre, flottement, flux, fréquence, harmonie, hésitation, ondulation, oscillation, roulis, rythme, symétrie, tangage, tortillement, vacillation

Balancer
agiter, ballotter, bercer, branler, chalouper, comparer, compenser, congédier, contrebalancer, corriger, dandiner, dénoncer, dodeliner, envoyer, équilibrer, flotter, fluctuer, hésiter, jeter, lâcher, larguer, limoger, mouvoir, neutraliser, opposer, osciller, peser, pondérer, remuer, renvoyer, tanguer, tortiller, vaciller

Balancer doucement
bercer

Balancer son corps (Se)
dandiner

Balancier
contrepoids, horloge, pendule

Balancine
bretelle

Balançoire
agrès, balancelle, baliverne, bascule, brandilloire, escarpolette, tapecul

Balayage
nettoiement, nettoyage, scannage, scanning

Balayé
enlevé, rejeté, repoussé

Balayer
anéantir, chasser, débarrasser, déblayer, dépoussiérer, disperser, écarter, éliminer, emporter, enlever, entraîner, nettoyer, pulvériser, purger, refouler, rejeter, renvoyer, repousser, ruiner, supprimer

Balayette
balai, brosse, écouvillon, plumeau

Balayeur
essuyeur

Balayures
immondices, ordures

Balbutiement
ânonnement

Balbutier
ânonner, babiller, bafouiller, bégayer, bredouiller, commencer, débuter, hésiter, marmotter, prononcer

Balcon
avancée, galerie, loggia, méniane, moucharabieh, plateforme, rambarde, terrasse

Balconnière
jardinière

Baldaquin
ciborium, ciel, dais

Baleine
cétacé, jubarte, obèse

Baleine blanche
bélouga, béluga

Baleine meurtrière
orque

Baleinoptère
rorqual

Balèvre
saillie

Balèze
trapu

Balise
bip, bouée, jalon, marque, repère, signal

Balisé
fléché, jalonné, marqué, signalisé

Baliser
flécher, jalonner, marquer, piqueter, ponctuer, repérer, signaler, signaliser, tracer

Baliseur
bateau

Balisier
canna

Baliste
catapulte

Baliveau qui a deux fois l'âge de la coupe
pérot

Baliverne
ânerie, balançoire, billevesée, blague, bourde, broutille, calembredaine, chanson, conte, coquecigrue, enfantillage, facétie, fadaise, faribole, futilité, gaminerie, niaiserie, puérilité, rien, sornette, sottise

Balkaniser
morceler

Ballade
air, barcarolle, berceuse, cantilène, cavatine, chanson, chant, complainte, comptine, lied, mélodie, mélopée, musique, romance, ronde, vaudeville, villanelle

Ballant
pendant, tombant

Ballast
gravier

Ballaster
caillouter

Ballastière
carrière

Balle
ballon, ballot, botte, boule, bulle, cartouche, chevrotine, colis, cosse, farde, glume, glumelle, gousse, pelote, plomb, projectile, sac

Balle d'arme à feu
bastos

Balle de fusil
bastos, pruneau

Balle dure
éteuf

Baller
danser, osciller, pendre

Ballerine
almée, chaussure, danseuse

Ballet
boléro, chorégraphie, danse, valse

Ballon
aéronef, aérostat, balle, baudruche, bulle, cumulus, dirigeable, montgolfière, sphère, zeppelin

Ballon dirigeable rigide
zeppelin

Ballon-panier
basket

Ballonnant
bouffant

Ballonné
enflé

Ballonner
arrondir, bouffir, distendre, enfler, gonfler

Ballonnet
aéronef, aérostat

Ballot
halle, balluchon, colis, niais, pacson, paqson, paxon

Ballotté
secoué

Ballotter
agiter, balancer, bercer, brimbaler, cahoter, osciller, remuer, secouer, tirailler, trembler

Balluchon
bagage, ballot, pacson, paqson, paquet, paxon, sac, valise

Balourd
abruti, âne, butor, cuistre, empoté, fruste, gauche, grossier, inélégant, lourd, lourdaud, maladroit, niais, obtus, pataud, rustaud, rustre, sot, stupide

Balourdise
ânerie, bêtise, bouffonnerie, gaffe, gaucherie, inconvenance, lourdeur, maladresse, rusticité, sottise, stupidité

Balsamier
baumier

Balsamine
impatiens, impatiente

Balthazar
banquet

Balthazar
mage

Balthazar et Gaspard
mages

Balthazard
bouteille

Balustrade
appui, parapet, rambarde, rampe

Balustre
parapet, rambarde, rampe

Bambin
bébé, enfant, gamin, gosse, marmot, môme, moutard, petit, poupard, poupon

Bamboche
bamboula, bombance

Bambocher
festoyer, nocer, ripailler

Bambocheur
jouisseur

Bambou
canne

Bamboula
bamboche, ripaille

Ban
annonce, bannissement, ovation, proclamation, publication

Banal
anodin, anonyme, bateau, classique, cliché, commual, commun, courant, fade, fréquent, habituel, insignifiant, insipide, moyen, neutre, normal, ordinaire, pauvre, plat, quelconque, quotidien, rebattu, répandu, simple, trivial, usé, usité, usuel, vulgaire

Banalité
anonymat, cliché, évidence, facilité, fadeur, insignifiance, insipidité, lapalissade, pauvreté, platitude, poncif, stéréotype, truisme

Banane
fruit

Bananier des Philippines
abaca

Banc
bancelle, bande, banquette, barre, colonie, établi, formation, gisement, gradin, levée, siège, strate, table

Banc d'algues
herbier

Banc d'herbes sous l'eau
herbier

Banc de neige
congère

Bancaire
financier

Bancal
aberrant, bâtard, boiteux, branlant, claudicant, erroné, incorrect, insatisfaisant, instable, tortu

Bancelle
banc

Banco
engagement, pisé

Bandage
bande, compresse, écharpe, ligature, pansement, spica, tension

Bandage croisé
spica

Bandage pour soigner une plaie
pansement

Bandage que l'on fixe à la jante des roues
pneu

Bandana
madras

Bande
armée, association, banc, bandage, bandeau, bandelette, banderole, barre, clan, clique, cohorte, compagnie, cordon, côte, coterie, courroie, dragonne, écharpe, épaulette, équipe, étole, frange, galon, gang, groupe, guiche, horde, jarretelle, jarretière, laize, lanière, lé, ligue, meute, nuée, pansement, patte, pellicule, raie, ramassis, rayure, rouleau, ruban, ruche, sangle, trépointe, troupe, troupeau, vidéo, vol, volant, volée, zébrure

Bandé
contracté

Bande adhésive servant à protéger une plaie
sparadrap

Bande d'étoffe
cravate, écharpe, jeté

Bande d'étoffe ornementale portée à l'épaule gauche de la robe
épitoge

Bande de chiens
meute

Bande de cuir qui se porte en écharpe
baudrier

Bande de fer
rail

Bande de fréquences publique
CB

Bande de gens acharnés
meute

Bande de terre entre les pieds de vigne
cavaillon

Bande de tissu
ruban

Bande de tissu pour orner
frange

Bande de tissu qu'on porte autour du cou
écharpe

Bande dessinée
BD

Bande diminuée de largeur
cotice

Bande étroite
cotice

Bande étroite d'une matière textile
ruban

Bande formant bordure
liseré

Bande large et plate
sangle

Bande organisée
gang

Bande originale
BO

Bande plate destinée à maintenir
sangle

Bande-annonce
publicité

Bande-son
BS

Bande, bandeau
brassard

Bandeau
bâillon, bande, coiffe, couronne, diadème, frise, fronteau, moulure, turban

Bandelette
bande, pansement

Bandelette sacrée
infule

Bandor
contracter, panser, raidir, roidir, tendre

Bandereau
cordon

Banderole
bande, bannière, calicot, drapeau, enseigne, étendard, fanion, flamme, gonfalon, oriflamme

Banderole, bannière
calicot

Bandes d'étoffe
lés

Bandes d'étoffe froncées en largeur, garnissant les toilettes féminines
falbalas

Bandière
bannière

Bandit
brigand, canaille, carotteur, coquin, corsaire, crapule, criminel, desperado, escroc, filou, flibustier, forban, fripouille, gangster, gredin, malfaiteur, misérable, pirate, scélérat, terreur, truand, vaurien, voleur

Bandit, brigand
forban

Bandit, brigand, pillard
malandrin

Banditisme
gangstérisme

Bandonéon
accordéon

Bandoulière
baudrier, bretelle, courroie

Bang
bing, onomatopée

Banian
figuier

Banlieue
couronne, environs, faubourg, périphérie

Banlieue de Buenos Aires
Lanus

Banlieue de Toronto
Brampton, Mississauga

Banlieue de Vancouver
Burnaby

Banlieue nord-ouest de Montréal
Laval

Banlieusard
habitant

Banne
bâche, manne, panier

Banneton
boutique, panier

Bannette
corbillon

Banni
évité, exilé, expulsé, fugitif, proscrit, rejeté

Bannière
banderole, bandière, drapeau, enseigne, étendard, fanion, flamme, oriflamme, pavillon

Bannir
chasser, déporter, écarter, éliminer, éloigner, éviter, exclure, exiler, expatrier, expulser, forbannir, interdire, ostraciser, proscrire, refouler, rejeter, reléguer, repousser, réprouver, supprimer

Bannissement
ban, exil

Banque
collection, réserve

Banque nationale du Canada
BNC

Banqueroute
culbute, désastre, faillite, krach, naufrage, ruine

Banquet
agape, balthazar, bombance, festin, frairie, repas

Banqueter
festoyer, fêter

Banquette
banc, chaussée, digue, gradin, levée, obstacle, palissade, remblai, siège, talus, trottoir

Banquier
financier

Banquise
glace, iceberg, pack

Banquiste
bateleur

Baobab
adansonia

Baptême
immersion, initiation, révélation

Baptisé
chrétien, prénommé

Baptiser
appeler, couper, dénommer, diluer, intituler, mouiller, nommer, ondoyer, prénommer, surnommer, taxer

Baptistère
fonts

Baquet
bac, baille, cuve, cuvier, jale

Baquet de bois de petites dimensions
seillon

Baquet en bois de sapin
sapine

Bar
bistro, bistrot, bouchon, brasserie, buvette, café, comptoir, estaminet, pub, rade, zinc

Baragouin
langue, sabir

Baragouiner
parler

Baragouineur
bredouilleur, cafouilleur, marmotteur

Baraka
bénédiction, bonheur, chance, sort, veine

Baraque
abri, bicoque, boutique, cabane, cahute, cambuse, échoppe, gourbi, hutte, maison, masure, taudis

Baraqué
trapu

Baraque de chantier servant de bureau
guérite

Baraquement
abri, bidonville, caserne, favela

Baratin
bavardage, blablabla, boniment, galanterie, mensonge

Baratiner
filouter, parler

Baratineur
bavard

Barattage
battage

Baratter
battre

Baratton
bâton

Barbacane
meurtrier

Barbant
agaçant, fatigant, lassant

Barbaque
carne

Barbarisme
faute, impropriété, incorrection, solécisme

Barbe
barbiche, barbichette, barbille, barbillon, barbule, bavure, bouc, collier, favoris, impériale, moustache, poil

Barbe au menton
bouc

Barbe le long des joues
favoris

Barbe naissante
duvet

Barbeau
bleuet, bluet

Barbecue
brasero, four, fourneau, gril, réchaud, rôtisserie, rôtissoire, tournebroche

Barbelé
barbelure, clôture, haie, piquant, ronce, ronceux

Barbelés
palissade

Barbelure
barbelé

Barber
ennuyer, fatiguer, importuner, lasser

Barbet
bichon, brigand, épagneul

Barbiche
barbe, bouc

Barbichette
barbe, bouc

Barbier
coiffeur, figaro

Barbille
barbe, bavure

Barbillon
barbe

Barbiturique
somnifère

Barbon
âgé, birbe

Barbotage
larcin

Barbote
loche, lote, lotte

Barboter
chaparder, embourber, empêtrer, patauger,
voler

Barbotte
loche, lote, lotte

Barbouillage
bariolure, écriture, graffiti, gribouillage,
gribouillis, griffonnage, peinture

Barbouillé
écrit, étalé

Barbouiller
écrire, embarbouiller, enduire, étaler,
gribouiller, griffonner, maculer, noircir,
peindre, peinturer, peinturlurer, ripoliner, salir,
souiller, tacher

Barbouiller de noir
mâchurer

Barbouilleur
peintre

Barbouze
taupe

Barbu
chevelu, moustachu, poilu, pubescent, velu

Barbule
barbe

Barcarolle
ballade, chanson, chant

Barcasse
esquif

Bard
brancard

Barda
attirail, bagage, bazar, désordre, équipement,
fourbi, paquetage, sac

Bardage
protection

Barde
aède, armure, lard, poète, rhapsode, tranche

Bardé
cuirassé

Bardeau
ais, aisseau

Barder
cuirasser, garantir, protéger

Barder, blinder
cuirasser

Bardot
âne, mulet

Barème
échelle, graduation, prix, recueil, table,
tableau, tarif, taux

Baréter
barrir

Barge
barque, chaloupe, esquif, meule, péniche

Baril
barrot, caque, fût, futaille, gonne, tonneau,
tonnelet

Baril à anchois
barrot

Baril à battre le beurre
baratte

Barillet
tambour

Bariolage
bariolis, bariolure, bigarrure, chamarrure,
coloriage

Bariolé
bicolore, bigarré, chamarré, diapré, divers,
multicolore, panaché, tacheté, varié

Barioler
bigarrer, chamarrer, diaprer, marbrer,
panacher, peindre, peinturer, peinturlurer

Bariolis
bariolage, bariolure

Bariolure
barbouillage, bariolage, bariolis, bigarrure,
chamarrure

Barjo
fou

Barlotière
traverse

Barmaid
serveuse

Barman
garçon, serveur

Barnache
anatife, oie, outarde

Barographe
baromètre

Baromètre
altimètre, barographe, hypsomètre

Baron
bière, hidalgo, magnat, roi

Baroque
abracadabrant, biscornu, bizarre, étrange,
excentrique, extravagant, fantasque, farfelu,
insolite, irrégulier, rococo, saugrenu, singulier,
tarabiscoté, tordu

Baroscope
balance

Baroud
bagarre, bataille, combat

Baroudeur
reporter

Barouf
chahut, charivari, potin, tapage, tintamarre, vacarme

Barque
accon, acon, barge, barquerolle, bélandre, bette, biscaïenne, canoë, canot, chaland, chaloupe, embarcation, esquif, filadière, gondole, gribane, kayak, patache, pinasse, pirogue, plate, pointu, satteau, saugue, tillole, voirolle

Barque égyptienne
cange

Barque qui servait sur le Nil
cange

Barque vénitienne
gondole

Barquerolle
barque

Barquette
panier, récipient, tartelette

Barrage
barricade, barrière, batardeau, blocage, centrale, digue, écluse, estacade, fermeture, mur, obstacle, opposition, réticence, reversoir, rideau, vanne

Barrage fait de planches inclinées pour guider l'eau
guideau

Barrage par-dessus lequel l'eau s'écoule en nappe
reversoir

Barre
agrès, appui, bâcle, baguette, banc, bande, barreau, bâton, cric, épar, fermeture, gouvernail, ligne, limite, lingot, montant, niveau, plafond, seuil, tige, timon, trait, traverse, tringle

Barré
annulé, ôté

Barre avec laquelle on ferme une porte
bâcle

Barre courbée munie d'un crochet
cintre

Barre d'une voie ferrée
rail

Barre de bois, de métal
barreau

Barre métallique de soutien
poutrelle

Barre servant à fermer une porte
épar, épart

Barre soutenant la hotte d'une cheminée
soupente

Barre transversale d'une ancre
jas

Barreau
barre, degré, échelon, traverse

Barreaux
grille

Barrer
abolir, annuler, balafrer, barricader, biffer, bloquer, boucher, condamner, contrarier, couper, effacer, empêcher, endiguer, fermer, gouverner, interdire, obstruer, ôter, oublier, radier, raturer, rayer, supprimer

Barrette
agrafe, bonnet, broche, calotte, décoration

Barreur
pilote

Barricade
barrage, barrière, clôture, haie

Barricader
barrer, boucher, enfermer, fermer, verrouiller

Barrière
barrage, barricade, cloison, clôture, difficulté, digue, échalier, empêchement, enceinte, entrave, fossé, glissière, haie, limite, mur, obstacle, palissade, rail, rambarde, récif, rempart, rideau, séparation

Barrière, clôture
barricade

Barrique
tonneau

Barrique où l'on empile les harengs salés
caque

Barrir
baréter

Barrissement
cri

Barrit
cri

Barrot
baril, bau

Barzoï
lévrier

Bas
abject, avilissant, base, caverneux, chaussette, collant, court, dégradant, faible, fangeux, fond, grave, grossier, honteux, ignoble, impur, inaudible, indigne, infamant, infâme, inférieur, infirme, innommable, lâche, laid, lourd, mauvais, méchant, médiocre, mesquin, minable, modéré, modique, moindre, odieux, petit, pied, piètre, profond,

rampant, socquette, sombre, soumis,
subalterne, vil, vulgaire

Bas du dos
râble

Bas-fond
barre, bourbier, cloaque, lie, marécage

Bas-fonds
marais

Bas-relief
médaillon, sculpture

Bas, obséquieux
rampant

Basalte
lave

Basane
cuir, peau

Basané
bistré, boucané, bronzé, brun, doré, foncé,
hâlé, noir, sombre, tanné

Basaner
boucaner, bronzer, hâler

Bascule
balance, balançoire

Basculer
capoter, chalouper, chavirer, chuter, culbuter,
renverser, tomber, verser

Base
alcali, appui, assiette, assise, bas, centre,
charpente, embase, embasement,
empattement, fond, fondation, fondement,
notion, origine, pied, piédestal, pivot,
plateforme, principe, racine, radical,
référence, rudiment, siège, socle,
soubassement, source, support, terrain

Base d'une science
abc

Base qui donne de la stabilité
assise

Base sur laquelle repose un édifice
socle

Base, fondement
assise, fondation

Baseball
cricket

Baseball ou hockey
sport

**Baseballeur des Yankees dont une maladie
porte le nom**
Gehrig

**Baseballeur qui a frappé 4191 coups sûrs en
carrière**
Cobb

**Baseballeur qui a frappé 755 circuits en
carrière**
Aaron

**Baseballeur qui a frappé le plus de coups sûrs
(4256) dans les ligues majeures**
Rose

Baseballeur qui fut l'époux de Marilyn Monroe
DiMaggio

Baseballeur surnommé « Le bambino »
Ruth

Baser
appuyer, échafauder, édifier, établir, fonder,
installer, reposer

Basilaire
os

Basilic
canon, pistou

Basilique
cathédrale, église, sanctuaire

Basique
alcalin, primaire, primitif, rudimentaire,
simple, simpliste, sommaire

Basket-ball
basket

**Basketteur qui fut l'âme des Celtics de Boston
de 1956 à 1969**
Russel

Basophile
leucocyte

Basque
pan, tambour

Basse soumission
servilité

Basse vallée d'un cours d'eau
aber

Bassement
abjectement, grossièrement, honteusement,
ignoblement, indignement, lâchement,
servilement, vilement

Bassesse
abaissement, abjection, avilissement,
bourbe, bourbier, compromission, courbette,
déchéance, déférence, dégradation, hideur,
honte, ignominie, indignité, infamie, lâcheté,
laideur, médiocrité, misère, noirceur,
petitesse, saleté, servilité, turpitude, vénalité,
vice, vilenie, vulgarité

Basset
beagle, chien, teckel

Basset à jambes droites
beagle

Basset à poil ras
teckel

Basset allemand, à pattes très courtes
teckel

Bassin
abri, bac, baignoire, bain, bassine, bassinet,
canal, cuvette, darce, darse, dépression,

dock, étang, gisement, mare, pelvis, piscine, plaine, port, rade, réservoir, tronc, vase

Bassin à eau bénite
bénitier

Bassin à parois transparentes
aquarium

Bassin abrité
darse

Bassin d'eau de mer
claire

Bassin d'un port méditerranéen
darce

Bassin de natation
piscine

Bassin en pierre ou en bois
auge

Bassin entouré de quais
dock

Bassin ornemental
vasque

Bassin où se garent les bateaux
gare

Bassin où un liquide est mis en réserve
réservoir

Bassin rempli d'eau
piscine

Bassin servant au baptême
fonts

Bassinage
arrosage

Bassine
bassin, cuvette

Bassiner
arroser, assommer, ennuyer, fatiguer

Bassinet
bassin, casque

Bassiste
contrebassiste, guitariste

Basta
assez, halte, stop

Bastide
bastidette, bastidon, bastille, castel, château, citadelle, cottage, demeure, donjon, fort, forteresse, fortification, gentilhommière, mas, palais

Bastidette
bastide

Bastidon
bastide

Bastille
bastide, bastion, castel, château, citadelle, donjon, enceinte, fort, forteresse, fortification, gentilhommière, ouvrage, palais

Bastingage
rambarde

Bastion
bastille, bouclier, citadelle, défense, fortification, ouvrage, protection, rempart, retranchement, soutien

Baston
bagarre, castagne

Bastonnade
bagarre, horion

Bastonner
battre

Bât
cacolet, harnais, selle

Bataclan
attirail

Bataille
action, affrontement, bagarre, baroud, choc, combat, conflit, échauffourée, escarmouche, guerre, lutte, mêlée, offensive, opération, pugilat, querelle, rencontre, rivalité, rixe

Batailler
admonester, affronter, argumenter, bagarrer, battre, combattre, démener, discuter, disputer, escrimer, ferrailler, guerroyer, jouter, lutter, quereller

Batailleur
agressif, battant, offensif, provocant, teigneux

Bataillon
armada, armée, cohorte, compagnie, escadron, groupe, légion, masse, meute, nuée, régiment, troupe, unité

Bâtard
adultérin, bancal, champi, croisé, hybride, illégitime, imparfait, mâtiné, mélangé, métis, métissé, naturel, pain

Batardeau
barrage, écluse

Bâtardise
illégitimité

Batavia
laitue

Bateau
baliseur, banal, bâtiment, canoë, canular, cargo, chalutier, classique, dragueur, embarcation, esquif, goélette, liner, mystification, navire, nef, paquebot, péniche, pinasse, rafiot, vaisseau, vedette, yacht

Bateau à fond plat
chaland

Bateau à fond plat servant au transport fluvial
péniche

Bateau à voiles
voilier

Bateau annexe à fond plat
prame

Bateau antillais à fond plat
gommier

Bateau de couple
scull

Bateau de Malaisie à balancier unique
prao

Bateau de pêche
pinasse

Bateau de sport très long
skif, skiff

Bateau des douanes
patache

Bateau muni de voiles
voilier

Bateau plat
flette

Bateau plat pour le transport des marchandises
chaland

Bateau pour la pêche de la sardine
sardinier

Bateau pour la pêche du thon
thonier

Bateau qui n'avance pas vite
baille

Bateau-citerne
pétrolier

Batelage
batellerie

Bateleur
acrobate, amuseur, baladin, banquiste, bouffon, charlatan, équilibriste, farceur, forain, funambule, hercule, histrion, jongleur, lutteur, paillasse, prestidigitateur, saltimbanque

Bateleur, forain
banquiste

Bateller
gondolier, marinier, nautonier, nocher, passeur

Batelier qui conduit une gondole
gondolier

Batellerie
batelage

Bâti
armature, assemblage, carcasse, charpente, châssis, faufil, plan, structuré

Bâti servant à pointer un canon
affût

Batifolage
badinage, badinerie, ébats, jeu

Batifoler
badiner, folâtrer, gambader

Bâtiment
bateau, bâtisse, chalutier, construction, édifice, hangar, immeuble, maison, monument, navire, ouvrage, paquebot, structure, vaisseau

Bâtiment à chevaux
écurie

Bâtiment à deux mâts et à voiles triangulaires ou auriques
goélette

Bâtiment consacré au culte israélite
synagogue

Bâtiment d'escorte anti-sous-marin
frégate

Bâtiment d'une exploitation agricole
grange

Bâtiment de grandes dimensions
bâtisse

Bâtiment de guerre
corvette, galère

Bâtiment important
édifice

Bâtiment militaire
caserne

Bâtiment où est logé le bétail
étable

Bâtiment où sont conservés des ossements humains
ossuaire

Bâtiment pour abriter les moutons
bergerie

Bâtiment servant d'abri
entrepôt

Bâtir
construire, coudre, créer, édifier, élever, ériger, établir, fabriquer, façonner, faire, faufiler, fonder, former, monter, structurer

Bâtir en cintre
cintrer

Bâtisse
bâtiment, construction, édifice, immeuble, maison

Bâtisseur
architecte, constructeur, créateur, entrepreneur, faiseur, fondateur, initiateur, instaurateur, pionnier, promoteur

Bâtisseur, entrepreneur
maçon

Batiste
lin, linon, toile

Bâton
alpenstock, arme, assommoir, badine, baguette, baratton, barre, bâtonnet, batte, béquille, bourdon, brigadier, brique, canne, chevillon, crosse, épieu, férule, gourdin, hampe, houlette, jalon, lituus, manche, masse, massue, matraque, perche, pieu, piquet, poteau, rondelet, sceptre, stick, témoin, tige, tortoir, tricot, trique, tuteur, verge

Bâton à grosse tête
massue

Bâton d'alpiniste
piolet

Bâton de berger
houlette

Bâton de commandement
sceptre

Bâton de golf
driver, fer

Bâton en forme de crosse
pédum

Bâton enfoncé
pieu

Bâton garni de fer
épieu

Bâton mince et flexible
baguette

Bâton muni d'une mèche pour mettre le feu à la charge d'un canon
boutefeu

Bâton pastoral d'évêque
crosse

Bâton pastoral en forme de béquille
tau

Bâtonner
assommer, battre, biffer, rudoyer

Bâtonnet
baguette, bâton, stick

Bâtonnet de fard
crayon

Bâtonnet de pomme de terre frit
frite

Bâtonnet pour écrire au tableau
craie

Batracien
crapaud

Battage
barattage, boniment, bruit, matraquage, publicité, réclame, tapage

Battant
accrocheur, batailleur, combattant, fonceur, gagneur, lutteur, porte, taquet, vantail

Batte
bâton, massue

Battement
bruit, choc, cillement, clignement, cognement, coup, décalage, entrechoquement, fourche, heurt, interruption, intervalle, martèlement, palpitation, pause, pulsation, roulement, vibration

Battement d'un vaisseau sanguin
pouls

Battement de la mesure dans le vers
ictus

Battement du cœur
palpitation

Battement rapide de deux notes voisines
trille

Batterie
accu, accumulateur, arsenal, breloque, canon, chamade, charge, cuisine, cymbale, diane, drums, ensemble, générale, militaire, percussion, pile, rappel, réveil, rixe, série, timbale, train

Batterie de tambour
chamade, diane

Batteur
drummer, fouet, mixeur, moussoir, percussionniste

Batteur du groupe The Beatles
Starr

Battiture
déchet

Battoir
fléau, tapette

Battoir étroit avec lequel on joue à la paume
triquet

Battre
agiter, baratter, bâtonner, boxer, calotter, cingler, claquer, cravacher, culbuter, défaire, démolir, échiner, éliminer, enfoncer, explorer, faseyer, fesser, flageller, fouetter, fouiller, fustiger, gagner, gifler, malmener, marteler, matraquer, mélanger, mêler, molester, palpiter, parcourir, punir, remuer, rosser, rouer, sangler, sortir, souffleter, tabasser, vaincre

Battre (Se)
acharner, bagarrer, bastonner, batailler, chamailler, cogner, combattre, démener, disputer, escrimer, étriper, ferrailler, frapper, lutter, militer, quereller, taper

Battre à coups de bâton
fustiger

Battre la crème dans une baratte
baratter

Battre le champion
détrôner

Battre un arbre pour en faire tomber les fruits
gauler

Battre violemment
rosser, rouer

Battre vivement
fouetter

Battu
corrigé, perdant, sorti, vaincu

Battue
chasse, rabattage, traque

Batture
estran

Bau
barrot, poutre

Baudet
âne, ânon, bourricot, bourrique, grison, mulet, onagre

Baudrier
bandoulière, harnais

Baudroie
lote, lotte

Baudruche
ballon, pellicule

Bauge
boue, bouge, écurie, galetas, gîte, pisé, porcherie, souille, tanière, taudis

Baume
adoucissement, apaisement, consolation, crème, dictame, gomme, liniment, onguent, pansement, pommade, résine

Baumier
balsamier

Bauxite
alu, aluminium, minerai, pierre

Bavard
babillard, baratineur, belette, caillette, cancanier, causant, causeur, commère, communicatif, concierge, diffus, discoureur, disert, gazette, indiscret, jacasseur, jasant, jaseur, javotte, long, loquace, margot, parlant, péronnelle, phraseur, pie, pipelette, potinier, prolixe, redondant, verbeux, volubile

Bavardage
babil, babillage, baratin, bavarderie, boniment, cailletage, cancan, caquet, caquetage, causette, commérage, délayage, faconde, indiscrétion, jacasserie, jasette, jaspin, médisance, papotage, parlage, parlerie, parlote, phraséologie, placotage, racontar, ragot, verbiage

Bavardé
discuté, ergoté

Bavarder
babiller, bavasser, cailleter, cancaner, caqueter, causer, commérer, converser, deviser, discourir, discuter, glousser, jaboter, jacasser, jaser, jaspiner, lantiponner, papoter, parler, placoter

Bavarderie
bavardage

Bavasser
bavarder, potiner

Bave
écume, fiel, salive, venin

Baver
calomnier, couler, déblatérer, écumer, fuir, médire, salir, saliver, souiller

Bavette
bavoir

Baveux
arrogant, écumeux, médisant, moelleux, mousseux

Bavoir
bavette

Bavolet
bonnet, chapeau

Bavure
barbe, barbille, bévue, bourde, ébarbure, erreur, faute, macule, masselotte, pâté, ratage, tache, traînée

Bayadère
danseuse

Bazar
attirail, barda, capharnaüm, cirque, désordre, fatras, fouillis, fourbi, kermesse, marché, pagaille, souk, tapage

Bazooka
arme

Bazou
tacot

Be
béryllium

Beagle
basset, teckel

Béant
bée, ouvert

Béat
bête, bienheureux, bigot, content, heureux, niais, satisfait, serein, tranquille

Béatifier
canoniser

Béatitude
accalmie, bonheur, contentement, euphorie, extase, félicité, quiétude, ravissement

Beatnik
anticonformiste, hippie

Beau
accompli, admirable, adorable, agréable, aimable, avantageux, bel, bellissime, bien, bienséant, bon, brillant, canon, charmant, chic, chouette, clair, convenable, coquet, correct, dégagé, délicat, délicieux, digne, distingué, divin, éblouissant, éclatant, élégant, élevé, enchanteur, enjoué, ensoleillé, épatant, esthétique, estimable, exquis, extra, favorable, féerique, fin, florissant, formidable, fort, gai, généreux, gentil, glorieux, gracieux, grand, grandiose, habile, haut, heureux, honnête, honorable, intéressant, joli, juste, magique, magistral, magnanime, magnifique,

majestueux, merveilleux, mignon, noble,
parfait, passionnant, perfection, poétique,
poli, propice, prospère, pur, radieux, raffiné,
ravissant, reluisant, resplendissant, rude,
sacré, saint, sculptural, séduisant, serein,
somptueux, splendide, sublime, superbe,
vertueux

Beau parleur
hâbleur

Beau-fils
gendre

Beau, bien fait
girond

Beaucoup
abondamment, abondance, amplement,
bien, bigrement, bougrement, copieusement,
diablement, énormément, ferme, fort,
fortement, foule, foultitude, fréquemment,
grandement, gros, grouillement,
immodérément, infiniment, joliment,
largement, long, longtemps, longuement,
maint, moult, multitude, nombreux,
prodigieusement, profusion, pullulement, sec,
singulièrement, souvent, très, trop, vivement

Beaufort
comté, emmental, gruyère

Beaupré
mât

Beauté
agrément, appas, charme, collier, déesse,
délicatesse, distinction, éclat, élégance,
élévation, esthétique, faste, féerie, finesse,
fleur, fraîcheur, fruste, générosité, glamour,
grâce, grandeur, harmonie, joliesse, joyau,
magie, magnificence, majesté, noblesse,
perfection, plastique, poésie, séduction,
somptuosité, splendeur, sublimité, trésor,
vénus, vénusté

Bébé
ange, bambin, chérubin, descendant, enfant,
gamin, gosse, marmot, môme, nourrisson,
petit, poupard, poupon, puéril, rejeton

Bébé grassouillet
poupard

Bébelle
babiole

Bébête
bêta, bête, infantile, niais, puéril

Bébite
bestiole

Bec
aiguille, baiser, béquillon, bise, bisou,
bouche, cap, ouverture, pointe, promontoire,
rostre, saillie

Bec de gaz
réverbère

Bec-d'âne
bédane

Bec-de-cane
serrure

Bécane
bi, bicycle, bicyclette, clou, cycle, engin,
machine, moto, motocyclette, ordinateur,
vélo, vélocipède

Bécasse
échassier, niaise, nigaude, oiseau, sotte

Bêchage
labourage

Béchamel
sauce

Bêche
bêcheton, bêchette, bêchot, binette, houe,
houlette, laboure, louchet, palot, pelle

Bêche à trois dents
trident

**Bêche servant à retirer les coquillages du
sable**
palot

Bêchelon
binette

Bêcher
ameublir, biner, creuser, labourer, remuer

Bêcheton
bêche

Bêchette
bêche

Bêcheur
arrogant, méprisant, orgueilleux, poseur,
prétentieux, snob, vaniteux

Bêchot
bêche

Bécot
baiser, bise, bisou

Bécoter
baiser, embrasser

Becquée
bouchée, cuillerée, nourriture, pâture

Becqueter
baiser, manger, picorer, picoter

Bectance
nourriture

Bedaine
abdomen, bedon, bedondaine, bide, bidon,
brioche, estomac, panse, ventre

Bédane
burin, ciseau

Bedeau
marguillier, sacristain, suisse

Bedon
abdomen, bedaine, bide, bidon, brioche,
panse, ventre

Bedondaine
bedaine, bide, bidon, brioche

Bedonnant
gros, obèse, pansu, rebondi, ventru

Bedonner
arrondir, enfler, gonfler, grossir

Bédouin
arabe, nomade

Bée
béant

Béer
rêvasser, rêver

Beffroi
campanile, clocher

Bégaiement
essai

Bégayer
bafouiller, balbutier, bredouiller, commencer, hésiter, prononcer, tâtonner

Béguètement
bêlement

Bégueter
bêler, chevroter

Bégueule
chaste, prude, pudibond, pudique

Béguin
adoration, amour, amourette, amoureux, bonnet, caprice, chéri, engouement, fantaisie, flirt, idylle, passade, passion, pépin, tocade

Béguinage
abbaye, couvent

Bégum
princesse

Beige
bis, marron, sable

Beigne
beignet, bosse, bugne, claque, coup, gifle

Beignet
acra, beigne, brick, bugne

Beignet parfumé à la fleur d'oranger et à l'eau-de-vie
roussette

Béjaune
niais

Bel
accompli, admirable, adorable, agréable, aimable, avantageux, beau, bellissime, bienséant, bon, brillant, canon, charmant, chic, chouette, convenable, coquet, correct, dégagé, délicat, délicieux, digne, distingué, divin, éblouissant, éclatant, élégant, élevé, enchanteur, enjoué, ensoleillé, épatant, esthétique, estimable, exquis, extra, favorable, féerique, fin, florissant, formidable, fort, gai, généreux, glorieux, gracieux,

grand, grandiose, habile, haut, heureux, honnête, honorable, intéressant, joli, juste, magique, magistral, magnanime, magnifique, majestueux, merveilleux, mignon, noble, passionnant, poli, propice, prospère, pur, radieux, raffiné, ravissant, resplendissant, sacré, saint, sculptural, séduisant, serein, somptueux, splendide, sublime, superbe, vertueux

Bel homme
adonis

Bel homme fat et niais
bellâtre

Bélandre
barque, esquif

Bêlement
béguètement, braillement, chevrotement, cri

Bêler
bégueter, brailler, braire, chevroter, geindre, plaindre, pleurnicher

Belette
bavard, furet

Belette à fourrure rousse ou jaunâtre
roselet

Bélier
mouton

Bélière
clochette

Bélître
coquin

Belladone
arroche

Bellâtre
fat, gandin, poseur, vaniteux

Belle plante volubile ou rampante
ipomée

Belle-dame
belladone

Belle-de-jour
liseron

Belle-fille
bru

Belle-mère
marâtre

Bellement
agréablement, bien, joliment

Belles-lettres
littérature

Belliciste
guerrier

Belliqueux
agressif, guerrier, martial, offensif, provocant

Bellissime
beau, bel

Belluaire
dompteur

Belon
huître

Bélouga
cétacé, marsouin

Belvédère
kiosque, mirador, observatoire, pavillon, plateforme, terrasse, tour, tourelle

Belvédère en haut d'un bâtiment
mirador

Bémol
nuance

Ben
bien

Bene
bien

Bénédiction
accord, aubaine, baraka, bien, bienfait, bonheur, cadeau, consécration, couronnement, don, donation, faveur, grâce, permission, protection

Bénédiction, au Maghreb
baraka

Bénéfice
avantage, bien, bienfait, boni, canonicat, compte, excédent, faveur, fruit, gain, grâce, intérêt, lucre, privilège, produit, profit, rapport, recette, récompense, rendement, revenu

Bénéficiaire
donataire, fructueux, impétrant

Bénéficier
avoir, posséder, profiter

Bénéfique
bienfaisant, bon, faste, favorable, profitable, salutaire

Benêt
abruti, andouille, dadais, godiche, innocent, jocrisse, naïf, niais, nigaud, sot

Bénévolat
volontarisme

Bénévole
bienveillant, désintéressé, gracieux, gratuit, volontaire

Béni
consacré, exalté, glorifié, louangé, oint, protégé, remercié, sacré

Bénignité
bienfaisance

Bénin
anodin, bienveillant, bonasse, complaisant, compréhensif, doux, indulgent, innocent, inoffensif, léger, superficiel, véniel

Bénir
consacrer, exalter, glorifier, louanger, louer, oindre, protéger, remercier, sacrer

Benjamin
adolescent, cadet, dernier, junior

Benne
berline, blondin, cabine, chariot, comporte, dumper, hotte, œuf, wagonnet

Benoît
bienveillant, doucereux, doux, mielleux, onctueux, patelin

Benzène
hydrocarbure

Benzine
ligroïne

Béotien
barbare, grossier, ignare, ignorant, ilote, lourd, lourdaud, philistin, profane, rustre

Béqueter
baiser, manger, picorer, picoter

Béquillard
bourreau

Béquille
anille, appui, bâton, cale, canne, étai, étançon, gaule, poignée, soutien, support, tin

Béquiller
étayer

Béquillon
bec

Ber
berceau

Berbère
arabe, maure, more

Bercail
bergerie, famille, foyer, maison, patrie, pénates

Berçante
berceuse

Berceau
arc, ber, berce, bercelonnette, brandebourg, charmille, cintre, ciseau, commencement, couffin, lit, moïse, origine, tonnelle, voûte

Berceau d'Abraham
Our, Ur

Berceau de verdure
charmille

Bercelonnette
berceau

Bercement
balancement, dandinement, oscillation

Bercer
adoucir, apaiser, balancer, ballotter, calmer, charmer, consoler, dodeliner, endormir, imprégner, nourrir, remuer

Berceuse
ballade, berçante, chanson, musique

Béret
calot, casquette, chapeau, coiffure, faluche

Béret de velours
faluche

Bergamote
citron

Berge
an, berme, bord, rivage, rive, talus

Berger
bergerot, bouvier, chef, chevrier, chien,
gardien, guide, muletier, pasteur, pastour,
pastoureau, pâtre, vacher

Berger d'Amérique du Sud
gaucho

Bergerade
bergerie

Bergerette
bergerie

Bergerie
abri, bercail, bergerade, bergerette,
bucolique, églogue, pastorale

Bergerot
berger

Béribéri
avitaminose

Berk
pouah

Berkélium
Bk

Berline
auto, automobile, benne, véhicule, voiture,
wagonnet

Berlingot
bonbon, brique

Berlue
hallucination, illusion

Berme
berge

Bermuda
short

Bernache
anatife, oie, outarde

Bernache du Canada
outarde

Bernacle
anatife, oie, outarde

Bernard-l'hermite
pagure

Berné
abusé, attrapé, brimé, circonvenu, dupé,
embobiné, eu, joué, leurré, mystifié, piégé,
possédé, roulé

Berner
abuser, attraper, avoir, blouser, brimer,
circonvenir, duper, embobiner, filouter,
flatter, flouer, gouailler, jouer, leurrer, mentir,
mystifier, piéger, posséder, rouler, tromper

Bertha
canon

Berthe
bidon

Béryllium
Be

Besace
bissac, gibecière, sac

Besaiguë
ciseau

Bésicles
binocle, lunettes

Besogne
activité, boulot, corvée, labeur, mission,
occupation, œuvre, ouvrage, tâche, travail

Besogné
travaillé

Besogner
ahaner, bosser, marner, peiner, suer,
travailler, trimer

Besogneux
indigent, misérable, pauvre, tâcheron

Besoin
appétence, appétit, dénuement, désir,
envie, exigence, faim, fringale, gêne, goût,
indigence, manque, misère, nécessité,
pauvreté, peine, pénurie, privation, pulsion,
soif

Besoin de manger
faim

Besoin irrépressible de manger
boulimie

**Besoin que l'on tente d'assouvir durant ses
vacances**
évasion

Besson
jumeau, paire, sosie

Bestiaire
dompteur, gladiateur, recueil

Bestiaux
bétail, cheptel, troupeau

Bestiole
animal, bébite, bestion, bête, insecte

Bestion
bestiole

Bêta
abruti, bébête, bête, cloche, débile,
élémentaire, enfantin, étourdi, grecque, idiot,
imbécile, inattentif, inepte, niais, nigaud,
simple, sot

Bétail
animal, aumaille, bestiaux, bêtes, cheptel, troupeau

Bête
abruti, absurde, ahuri, âne, animal, ânon, béat, bébête, bestiole, bêta, bourricot, bourrique, brute, cloche, débile, élémentaire, enfantin, étourdi, gourde, idiot, imbécile, inattentif, inepte, innocent, lourd, lourdaud, niais, nigaud, nul, obtus, ridicule, simple, sot, stupide

Bêtement
bonnement, naïvement, niaisement, sottement, stupidement

Bêtifier
abêtir, abrutir, gâtifier

Bêtise
aberration, absurdité, amusette, ânerie, babiole, bagatelle, balourdise, bévue, blague, bourde, bricole, broutille, enfantillage, énormité, erreur, fadaise, faribole, faute, folie, futilité, gaffe, gag, gaminerie, idiotie, ignorance, imbécillité, ineptie, injure, insanité, insulte, maladresse, naïveté, niaiserie, plaisanterie, platitude, rien, sornette, sottise, stupidité, vétille

Bêtisier
sottisier

Bétoire
cavité, gouffre, puisard

Béton
ciment, mortier

Bétonné
cimenté, inattaquable, renforcé

Bétonner
cimenter, renforcer

Bette
barque, blette, carde, cardon, chaland, poirée

Beuglement
cri, hurlement

Beugler
brailler, hurler, meugler, mugir, vociférer

Beurk
pouah

Beurre
graisse

Beurrée
tartine

Beurrerie
crèmerie, laiterie

Beuverie
bacchanale, bombance, guindaille, soûlerie

Bévue
aberration, absurdité, amusement, ânerie, bavure, bêtise, blague, boulette, bourde,

distraction, énormité, erreur, faute, gaffe, ignorance, impair, lapsus, maladresse, perle, sottise, stupidité

Bi
bécane, bicyclette, bismuth, cycle, vélo, vélocipède

Biais
ambages, angle, aspect, biseau, côté, détour, diagonale, éclairage, oblique, obliquité

Biaisé
gauchi, indirect

Biaiser
dérober, finasser, gauchir, louvoyer, obliquer, ruser, tergiverser

Bibelot
amusette, babiole, bagatelle, bimbelot, bricole, brimborion, chose, colifichet, jouet, objet

Bibelot de style japonais
japonerie

Bibite
insecte

Bible
bréviaire, canon, écritures, évangile

Bibliographie
littérature, table

Bibliothèque et Archives nationales du Québec
BAnQ

Bibliothèque itinérante
bibliobus

Bibus
babiole, bagatelle, bricole

Bicentenaire
anniversaire

Biceps
biscotteau, muscle

Biche
cerf

Bicherie
cajolerie

Bichlamar
pidgin

Bichon
barbet

Bichonner
amadouer, attifer, boucler, choyer, dorloter, gâter, parer, pomponner, soigner, toiletter

Bicolore
bariolé, bigarré, chamarré

Bicoque
baraque, cabane, cahute, clapier, hutte, maison, masure, taudis

Bicoquet
chapeau

Bicorne
bicuspide, chapeau

Bicuspide
bicorne

Bicycle
bécane

Bicyclette
bécane, bi, cycle, tandem, vélo

Bidasse
troupier

Bide
bedaine, bedon, bedondaine, bidon, brioche, catastrophe, échec, fiasco, flop, four, insuccès, panse, ventre

Bidon
bedaine, bedon, bedondaine, berthe, bide, bouille, bouteille, faux, gourde, jerrycan, nourrice, panse, simulé, truqué, ventre

Bidon d'essence
jerrycan

Bidon pour transporter le lait
boille, bouille

Bidonner (Se)
marrer, truquer

Bidonville
baraquement, camp, favela, taudis, zone

Bidonville, au Brésil
favela

Bidouillage
bricolage

Bidule
chose, gadget, machin, objet, patente, truc, zinzin

Bielle
bras, manivelle, tige

Bien
absolument, acquêt, admirable, admirablement, adroitement, agréable, agréablement, aimable, argent, assez, attentivement, avantage, avantageusement, avoir, beau, beaucoup, bellement, ben, bene, bénédiction, bénéfice, bienfait, bigrement, bon, bougrement, bravo, capital, chic, chose, commode, commodément, complètement, confortable, confortablement, conquêt, content, convenable, convenablement, correct, correctement, diablement, digne, dignement, distingué, domaine, don, dot, effectivement, énormément, entendu, entièrement, estimable, expressément, extrêmement, faveur, favorablement, félicité, fonds, formellement, fort, fortune, grâce, gracieusement, habilement, heureusement, heureux, honnête, honnêtement, honorable, honorablement, intégralement, intérêt, judicieusement, judicieux, largement,

louable, merveilleusement, moyens, nettement, parfait, patrimoine, perfection, pleinement, poliment, possession, pratique, présent, produit, profit, profondément, propre, propriété, prudemment, raisonnablement, réellement, respectable, ressources, richesse, sacrément, sagement, satisfaction, satisfaisant, séant, sélect, sérieux, service, soit, terre, totalement, très, trop, utile, utilement, utilité, volontiers, vraiment

Bien acquis par les époux
acquêt

Bien adapté
congruent

Biens apportés au moment du mariage
dot

Bien dans sa peau
épanoui

Bien dont on jouit par usufruit
usufruit

Bien dont on jouit sans le posséder
usufruit

Bien en chair
dodu, girond

Bien fait
galbé

Biens qu'une femme apporte à son mari
dot

Biens versés par la future épouse au futur époux
dot

Bien-aimé
amant, amoureux, favori, fiancé, préféré

Bien-aimée
dulcinée, maîtresse

Bien-dire
élégance

Bien-disant
disert

Bien-être
accalmie, aisance, aise, amusement, béatitude, bonheur, confort, euphorie, jouissance, plaisir, prospérité, sérénité, volupté

Bien-fondé
justesse, justice, légitimité, pertinence, validité

Bien, service créé
produit

Bienfaisance
assistance, bénignité, bienveillance, bonté, charité, débonnaireté, faveur, générosité, humanité, philanthropie, secours

Bienfaisant
bénéfique, bienfaiteur, bon, charitable, favorable, généreux, humain, profitable, salutaire, tonique

Bienfait
amusement, aumône, avantage, bénédiction, bénéfice, bien, bonté, cadeau, don, donation, faveur, grâce, joie, largesse, libéralité, manne, obole, plaisir, présent, service, utilité

Bienfaiteur
bienfaisant, donateur, mécène, philanthrope, protecteur, providence, sauveur

Bienheureux
béat, ravi, saint

Bienheureux et paisible
béat

Biennal
bisannuel

Biens familiaux
patrimoine

Bienséance
convenances, correction, décence, décorum, éducation, étiquette, honnêteté, politesse, protocole, pudeur, usages

Bienséant
agréable, beau, bel, convenable, correct, courtois, décent, délicat, honnête, poli, séant

Bientôt
demain, incessamment, prochainement, promptement, rapidement, tantôt, vite

Bienveillance
affabilité, amitié, bienfaisance, bonté, charité, cordialité, douceur, faveur, grâce, humanité, intérêt, pitié, sympathie

Bienveillant
accommodant, aimable, ami, amical, bénévole, bénin, benoît, bon, charitable, clément, complaisant, cordial, doux, engageant, favorable, fraternel, généreux, gracieux, humain, indulgent, obligeant, paterne, protecteur, tendre

Bienvenu
approprié, heureux, opportun

Bienvenue
accueil, bonjour, opportune, salutations

Bière
ale, baron, bock, boisson, broue, brune, canette, cercueil, cervoise, chope, demi, faro, formidable, galopin, gueuze, lambic, mousse, porter, stout

Bière blonde
ale

Bière brune
stout

Bière de l'ancienne Égypte à base d'orge fermentée
zython

Bière de l'Égypte ancienne
zythum

Bièvre
castor

Biffé
ôté

Biffer
barrer, bâtonner, corriger, effacer, ôter, oublier, radier, raturer, rayer, sabrer, supprimer

Biffin
chiffonnier, troupier

Biffure
correction, rature

Bifteck
chateaubriand, rumsteck, steak, tournedos, viande

Bifurcation
carrefour, fourche

Bifurquer
dédoubler, diverger, diviser

Big Brother
BB

Bigame
polyandre, polygame

Bigamie
polyandrie, polygamie

Bigarade
orange

Bigarré
bariolé, bicolore, chamarré, coloré, diapré, disparate, hétéroclite, hétérogène, jaspé, mêlé, moucheté, tacheté, varié

Bigarreau
burlat, cerise, griotte, guigne

Bigarrer
barioler, chamarrer, colorer, diaprer, jasper, mêler, panacher, varier

Bigarrer par bandes pour donner un aspect jaspé
jasper

Bigarrure
bariolage, bariolure, disparité, jaspure, mélange

Bigarrure d'une peau tavelée
tavelure

Bigarrure de ce qu'on a jaspé
jaspure

Bige
char

Bigle
bigleux, louchard, louche, miraud, myope

Bigler
loucher

Bigleux
bigle, myope

Bigne
bosse

Bigophone
téléphone

Bigorneau
coquillage, guignette, littorine, vigneau, vignot

Bigorner
forger

Bigot
béat, bondieusard, cafard, cagot, calotin, dévot, momier, pieux, pioche, tartufe, tartuffe

Bigoterie
bigotisme, bondieuserie, cagoterie, momerie, tartuferie, tartufferie

Bigotisme
bigoterie

Bigoudi
bobine, rouleau

Bigre
interjection

Bigrement
beaucoup, bien, énormément, rudement, très

Bijou
anneau, boucle, bracelet, broche, collier, joujou, joyau, merveille, parure, perfection, perle, perlouse, perlouze, torque, trésor

Bijou contenant un portrait, un petit objet, etc.
médaillon

Bijou de femme
broche

Bijou en forme d'anneau
bracelet

Bijou féminin entourant le front
diadème

Bijou muni d'une épingle
broche

Bijou qui se porte suspendu au cou par une chaînette
pendentif

Bijou suspendu à une chaîne de cou
pendentif

Bijouterie
joaillerie

Bijoutier
ciseleur, horloger, joaillier, orfèvre

Bilan
balance, conséquence, constat, corrigé, état, inventaire, point, résultat, résumé, solde, suites

Bilatéral
réciproque, synallagmatique

Bilboquet
poussah

Bile
acrimonie, atrabile, fiel

Bile des animaux de boucherie
fiel

Biler (Se)
inquiéter

Bileux
anxieux, inquiet, tourmenté

Bilieux
acariâtre, atrabilaire, chagrin, coléreux, hypocondriaque, irritable, mélancolique, morose, pessimiste, sombre, soucieux, tourmenté

Bilingue
traducteur

Billard électrique
flipper

Bille
agate, billette, billon, billot, boule, calot, pitoune, tête, tronc, tronçon

Bille de bois
billon, rondin, tronche

Billet
argent, article, blé, bon, carte, chronique, contremarque, coupon, coupure, devise, entrée, lettre, missive, mot, place, pli, ticket, titre

Billet de banque
fafiot

Billet de chemin de fer
coupon

Billet de sortie
excat

Billet délivré à un usager
bulletin

Billet donnant accès à un lieu
ticket

Billette
bille

Billevesée
amusette, ânerie, baliverne, fadaise, faribole, sornette

Billon
bille, tronçon

Billot
bille, bloc, cageot, chapus, tin, tronc, tronchet, tronçon

Billot de bois
plot

Bimbelot
bibelot

Bimoteur
biréacteur, biturbine

Binage
hersage, labourage

Binard
chariot, fardier

Biner
ameublir, bêcher, désherber, sarcler, serfouir

Biner, herser, labourer
ameublir

Binette
bêche, bêchelon, figure, houe, sarcloir

Bineur
sarcleur

Bing
bang, déflagration, explosion

Bingo
loto

Biniou
cornemuse, téléphone

Binocle
bésicles, lorgnon, lunette

Binôme
couple, paire, tandem

Bio
biologique, vie

Biochimiste et écrivain américain d'origine russe
Asimov

Biographe
annaliste, historien

Biographie
histoire, vie

Biologique
bio

Biologiste américain mort en 1984
Cori

Biomasse
biosphère

Biosphère
biomasse, biotope

Biotope
biosphère, élément, habitat, milieu

Bip
appel, avertisseur, balise, bipeur, signal, signe, top

Bipeur
bip

Bique
chèvre

Biquet
cabri

Biquette
chèvre

Birbe
barbon, vieillard

Biréacteur
bimoteur

Birème
esquif

Biroute
boudin

Bis
acclamation, beige, bistre, encore, ovation, rappel

Bisaïeul
aïeul, parent

Bisannuel
biennal

Bisbille
chicane, dispute

Biscaïenne
barque

Biscornu
abracadabrant, absurde, asymétrique, baroque, bizarre, cornu, difforme, extravagant, farfelu, saugrenu, tarabiscoté, tordu

Biscotte
canapé

Biscotteau
biceps

Biscuit
bonbon, boudoir, bretzel, couque, cracker, craquelin, croquet, croquignole, galette, gâteau, gaufrette, sablé, tuile

Biscuit léger en forme de bâtonnet
bretzel

Biscuit sec et croquant
croquet

Biscuitier
pâtissier

Bise
baiser, bec, bécot, bisou, vent

Biseau
biais, chanfrein, ciseau

Biseauter
chanfreiner, tailler, truquer

Biseauteur
tricheur

Biser
baiser, embrasser, noircir

Biset
pigeon

Bismuth
Bi

Bison
aurochs, buffalo, ure, urus, zébu

Bisou
baiser, bec, bécot, bise

Bisouter
baiser

Bisquain
peau

Bisque
coulis, potage

Bisquer
enrager

Bissac
besace

Bisser
acclamer, rappeler, refaire, répéter

Bissoc
charrue

Bistouri
fer, scalpel

Bistournage
torsion

Bistourner
castrer, tourner

Bistre
basané, bis, bistré, brun, brunâtre, brune, bruni, foncé, hâlé, tanné

Bistré
basané, bistre, brun

Bistro
bar, bistroquet, bistrot, brasserie, caboulot, café, estaminet, pinte, pub, troquet, zinc

Bistro, café
cabaret

Bistroquet
bistro, bistrot

Bistrot
bar, bistro, bistroquet, caboulot, café, estaminet, pinte, pub, troquet, zinc

Bistrotier
restaurateur

Bitonal
polytonal

Bitord
cordage

Bitos
chapeau

Bitte
bollard, borne

Bitter
vermouth

Bitume
asphalte, chaussée, goudron, macadam, pavé, trottoir

Bitume naturel
asphalte

Bitumer
asphalter, goudronner, macadamiser

Biturbine
bimoteur

Biveau
équerre, té

Bivouac
abrivent, camp, campement

Bivouaqué
campé

Bivouaquer
camper, cantonner

Bizarre
abracadabrant, absurde, amusant, anormal, baroque, biscornu, braque, cinglé, cocasse, curieux, déconcertant, dérangé, détraqué, drôle, étonnant, étrange, excentrique, extravagant, fantasque, farfelu, fêlé, fou, inattendu, insensé, insolite, intrigant, inusité, loufoque, original, paradoxal, particulier, saugrenu, singulier, spécial, surprenant, tordu

Bizarre, un peu fou
zinzin

Bizarrement
anormalement, curieusement, drôlement

Bizarrerie
anomalie, chinoiserie, curiosité, folie, originalité, paradoxe, singularité, tic

Bizut
bleu, débutant, nouveau, novice

Bizutage
initiation

Bizuth
bleu, débutant, nouveau, novice

Bk
berkélium

Blablabla
bagou, bagout, baratin, bobards, boniment

Black-bass
achigan

Blafard
blanc, blême, cireux, décoloré, exsangue, glauque, hâve, livide, pâle, pâlot, plombé, terne, terreux, verdâtre, vert, vitreux

Blafard, blême
livide

Blague
attrape, baliverne, bêtise, bévue, bobard, bouffonnerie, bourde, calembredaine, canular, fable, facétie, farce, gag, galéjade, histoire, impair, imposture, invention, mensonge, niche, plaisanterie, rigolade, sornette, tour, tromperie

Blaguer
charrier, galéjer, jouer, plaisanter, railler, rigoler, taquiner

Blagueur
facétieux, farceur, galéjeur, gouailleur,
humoriste, ironique, loustic, moqueur,
plaisantin

Blair
blaze, nez, pif, tarin

Blaireau
brosse, carcajou

Blairer
piffer

Blâmable
condamnable, coupable, critiquable,
damnable, répréhensible

Blâme
anathème, animadversion, censure,
condamnation, critique, désapprobation,
désaveu, improbation, remontrance,
répréhension, réprimande, réprobation,
reproche, sermon

Blâmer
accuser, admonester, anathématiser,
attaquer, censurer, condamner, critiquer,
désapprouver, désavouer, fustiger, haranguer,
honnir, improuver, incriminer, reprendre,
réprimander, reprocher, réprouver,
sermonner, stigmatiser, vitupérer

Blâmer sévèrement
vitupérer

Blanc
albe, albuginé, argenté, blafard, blanchâtre,
blancheur, blême, chenu, crayeux, espace,
exsangue, fenêtre, filet, immaculé, incolore,
interligne, intervalle, ivoirin, lacté, lactescent,
laiteux, livide, net, nivéen, opalescent, opalin,
pâle, pâlot, pause, propre, pur, silence, terne,
trou, vide, vierge, vin, virginal

Blanc d'œuf cru
glaire

Blanc-bec
béjaune, freluquet

Blanc-manger
gelée

Blanchaille
alevin

Blanchâtre
blanc, laiteux, opalin

Blancheur
anémie, blanc, candeur, canitie, lactescence,
lividité, netteté, opalescence, pâleur,
propreté, pureté

Blanchi
bleui, chenu

Blanchi, marqué par l'âge
chenu

Blanchiment
blanchissage

Blanchir
absoudre, blêmir, bleuir, chauler, décharger,
décolorer, décrasser, dégrossir, disculper,
ébouillanter, échauder, éclaircir, excuser,
innocenter, justifier, laver, lessiver, limer,
meuler, nettoyer, pâlir, pocher, purifier,
raboter, réhabiliter

Blanchir le linge en le passant au bleu
azurer

Blanchissage
blanchiment, coulage, lessivage, lessive,
nettoyage, raffinage

Blanchissement
canitie

Blanchisserie
buanderie, lavoir

Blanchisseur
buandier, teinturier

Blanquette
clairette, ragoût

Blasant
lassant

Blasé
dégoûté, désabusé, désenchanté, écœuré,
froid, incurieux, indifférent, insensible, las,
lassé, saturé

Blasement
lassitude, satiété

Blaser
dégoûter, désabuser, lasser, rassasier

Blaseur
railleur

Blason
arme, armoiries, armorial, écu, écusson,
emblème, poème

Blasonner
armorier, railler

Blasphémateur
impie, jureur

Blasphématoire
impie

Blasphème
impiété, imprécation, injure, insulte,
jurement, juron, profanation, sacre, sacrilège

Blasphémer
injurier, insulter, jurer, sacrer

Blatte
cafard

Blaze
blair

Blazer
anorak, blouson, caban, canadienne,
dolman, jaquette, paletot, saharienne,
smoking, vareuse, veste, veston

Blé
argent, billets, céréale, épeautre, espèces, foin, froment, kaoliang, liquide, liquidités, pièce

Blé de Guinée
kaoliang

Blé tendre
froment

Bled
endroit, patelin, pays, trou, village

Blême
blafard, blanc, bleu, cireux, exsangue, faible, hâve, livide, pâle, pâlot, plombé, terne, terreux, verdâtre, vert, vitreux

Blêmir
blanchir, décomposer, pâlir, verdir

Blèsement
blésité, zézaiement, zozotement

Bléser
grasseyer, prononcer, zézayer, zozoter

Blésité
blèsement, zézaiement, zozotement

Blessant
acerbe, acéré, amer, cuisant, désagréable, désobligeant, dur, injurieux, insultant, méchant, mortifiant, offensant, piquant, sanglant, vexant

Blessé
abîmé, accidenté, choqué, éclopé, estropié, froissé, frustré, handicapé, impotent, invalide, lésé, mortifié, mutilé, offensé, offusqué, orchestré, ulcéré, vexé, victime

Blesser
abîmer, achopper, affecter, amocher, atteindre, balafrer, bousiller, broyer, choquer, cingler, contrarier, contusionner, couper, déchirer, écharper, écorcher, écraser, entailler, entamer, escagasser, estropier, fouler, froisser, griffer, heurter, humilier, inciser, irriter, léser, meurtrir, mutiler, nuire, offenser, offusquer, percer, piquer, poignarder, scandaliser, toucher, ulcérer, vexer

Blesser à coups de cornes
encorner

Blesser sauvagement
étriper

Blessure
accroc, balafre, bobo, chagrin, cicatrice, contusion, coupure, déchirure, douleur, écorchure, égratignure, entaille, éraflure, estafilade, excoriation, fêlure, fracture, froissement, griffure, injure, lésion, meurtrissure, morsure, offense, peine, piqûre, plaie, taillade, talure, trauma, vexation

Blessure faite par une pointe
piqûre

Blessure longue faite au visage
balafre

Blet
abîmé, avancé, meurtri, passé, taché, talé

Blette
bette

Bletti
molli

Blettir
avarier, mollir

Bleu
ardoise, azur, azuré, azurin, bizut, bizuth, blême, bleuâtre, bleuissure, bleusaille, bleusaillon, bleuté, cérulé, céruléen, ciel, cobalt, conscrit, contusion, couleur, ecchymose, écolier, hématome, indigo, interdit, lavande, livide, marque, meurtrissure, néophyte, nouveau, novice, outremer, pers, pur, saignant, smalt, stupéfait, suçon, tuméfaction, vert, vêtement

Bleu foncé
marine

Bleu, en parlant de la viande
saignant

Bleuâtre
bleu, bleuté, glauque

Bleuet
airelle, aubifoin, barbeau, brimbelle, centaurée, myrtille

Bleui
azuré, blanchi

Bleuir
azurer, blanchir

Bleuissure
bleu

Bleusaille
bleu

Bleusaillon
bleu

Bleuté
azuré, bleu, bleuâtre

Bliaud
blouse

Blindage
cuirasse, écran, protection

Blindé
char, cuirassé, immunisé, ivre, tank

Blinder
cuirasser, endurcir, immuniser, protéger, renforcer, tremper

Blini
crêpe

Blizzard
poudrerie, vent

Bloc
almanach, amas, assemblage, billot, boulder, calepin, carnet, coalition, ensemble, front, îlot, libage, masse, moellon, pâté, pavé, poids, prison, réunion, roche, rocher, tas, totalité, tout, union

Bloc de bois
billot

Bloc de ciment aggloméré
parpaing

Bloc de glace
sérac

Bloc de glace de très grande taille
iceberg

Bloc de matière minérale
roche

Bloc-notes
agenda, cahier, calepin, carnet

Blocage
ancrage, arrêt, barrage, blocaille, complexe, encadrement, fixation, frein, gel, immobilisation, inhibition, obstacle, obstruction, paralysie, remplage, résistance, sclérose, serrage

Blocaille
blocage

Blocaille de petits matériaux et de mortier dont on remplit l'intervalle entre les deux parements d'un mur de pierre
remplage

Blockhaus
abri, bunker, carnet, casemate, ouvrage

Blocus
embargo, investissement, siège

Blond
aryen, blondin, blondinet, décoloré, doré, jaunâtre, jaune, jaunet, oxygéné, platiné

Blond très clair
platine

Blondasse
filasse, jaunâtre

Blonde
blondine, blondinette, femme

Blonde enivrante
ale

Blondel
candela

Blondin
benne, blond, blondinet, jaune

Blondinet
blond, blondin, jaune

Blondir
décolorer, dorer, jaunir, pâlir, rissoler

Bloqué
coincé, enrayé, retenu

Bloquer
arrêter, assiéger, attacher, barrer, boucher, caler, cerner, coincer, complexer, contrer, couper, embouteiller, empêcher, enrayer, fermer, geler, gêner, gripper, grouper, immobiliser, inhiber, interrompre, investir, maintenir, masser, obstruer, paralyser, pétrifier, rassembler, refouler, regrouper, retenir, réunir, serrer, souquer, stopper, suspendre, verrouiller

Bloquet
bobine

Blotti
accroupi, ramassé, tapi

Blottir (Se)
cacher, enfouir, lover, pelotonner, ramasser, recroqueviller, réfugier, replier, tapir

Blousant
ample, bouffant

Blouse
bliaud, bourgeron, casaque, chemise, chemisette, chemisier, corsage, roulière, sarrau, souquenille, tablier

Blouse de travail
sarrau

Blouser
arnaquer, berner, bouffer, embobiner, gonfler, piéger, pigeonner, rouler, tromper

Blouson
anorak, blazer, bombardier, caban, jaquette, paletot, parka, perfecto, vareuse, veste, veston

Blousse
déchet

Blues
abattement, bourdon, cafard, chagrin, chant, dépression, mélancolie, nostalgie, tristesse

Bluet
airelle, aubifoin, barbeau, brimbelle, centaurée, myrtille

Bluette
étincelle, flammèche

Bluff
chiqué, cinéma, duperie, esbroufe, fanfaronnade, feinte, flan, frime, hâblerie, intox, leurre, mensonge, tromperie, vantardise

Bluffé
abusé, épaté, estomaqué, frimé, impressionné, leurré, menti, trompé

Bluffer
abuser, épater, estomaquer, frimer, impressionner, leurrer, mentir, tromper

Bluffeur
esbroufeur, fanfaron, frimeur, hâbleur,
imposteur, menteur, trompeur, vantard

Bluteau, sas
blutoir

Bluter
tamiser, vanner

Blutoir
sas, tamis

Boa
anaconda, eunecte, python, reptile, serpent

Boa constricteur
python

Bob
bobsleigh

Bobard
blague, boniment, mensonge, plaisanterie

Bobèche
bouffon

Bobettes
caleçon

Bobine
bigoudi, bloquet, bobineau, canette, cannelle,
dévidoir, figure, film, frimousse, fuseau,
fusette, pellicule, rochet, roquetin, rouleau,
tête

Bobineau
bobine

Bobiner
embobiner, enrouler, envider, peloter,
rembobiner, renvider

Bobinette
loquet

Bobo
blessure, déchirure, écorchure, égratignure,
éraflure, éraillure, mal, plaie

Bobsleigh
bob, luge

Bocage
bois, bosquet, buisson, forêt, fourré, pinède,
taillis

Bocal
pot, récipient

Bocard
broyeur

Bocarder
broyer

Bock
bière, cervoise, chope, demi, verre

Boësse
ébarboir

Boëtte
èche, esche

Bœuf
bovidé, karbau, taureau, yack, yak

Bœuf d'eau
butor

Bœuf domestiqué d'Asie
gayal

Bœuf non castré
taureau

Bœuf sauvage
gaur

Bœuf sauvage noir
aurochs

Bœuf semi-domestique
gayal

Bof
bah, interjection, peuh

Boghei
cabriolet

Bogie
chariot

Bogue
cosse, défaut

Bohème
artiste, fantaisiste, marginal, original

Bohémien
gitan, nomade, tsigane, tzigane

Boire
abreuver, absorber, avaler, buvoter,
consommer, désaltérer, écluser, enivrer,
gober, ingérer, ingurgiter, lamper, laper,
lécher, lichur, picoler, pomper, prendre,
rafraîchir, saouler, siffler, siroter, soûler, sucer,
téter, trinquer, vider

Boire à coups de langue
laper

Boire à petits coups
siroter

**Boire après avoir choqué son verre avec un
autre en gage d'amitié**
trinquer

Boire avec gloutonnerie
chiquer

Boire de nouveau
reboire

Boire lentement
siroter

Boire ou manger avec grand plaisir
déguster

Bois
abîme, bocage, boisé, boqueteau, bosquet,
bouquet, branche, breuil, broussaille,
buisson, châtaigneraie, chênaie, cor, corne,
feuillage, feuillaison, forêt, fourré, frênaie,
frondaison, futaie, garenne, haie, massif,
pignade, pinède, pineraie, pinière, ramure,
sable, sapinière, sylve, taillis

Bois constitué de petits arbres
taillis

Bois d'un arbre africain
sipo

Bois d'un grain uni et d'une grande dureté
ébène

Bois de lit
châlit

Bois de pins
pinède, pineraie

Bois détruit par le feu
arsin

Bois du cerf
ramure

Bois du genévrier
genièvre

Bois dur
teck

Bois incomplètement réduit en charbon
braise

Bois noir
ébène

Bois rond
rondin

Bois sur pied endommagé par le feu
arsin

Bois très léger
balsa

Bois utilisé en tabletterie
ébène

Boisage
boisement

Boisé
bois, planté, reboisé

Boisement
boisage, plantation

Boiser
planter, reboiser

Boiserie
huisserie, lambris, menuiserie, moulure, panneau

Boisseau
conduite, tuyau

Boisson
alcool, apéritif, apéro, bière, breuvage, café, champagne, cidre, cocktail, cognac, consommation, digestif, eau, hydromel, infusion, jus, kirsch, lait, limonade, liqueur, liquide, mousseux, nectar, panaché, potion, punch, rafraîchissement, remontant, sapinette, soda, thé, tisane, vin

Boisson à base d'eau gazeuse
soda

Boisson à base de jus de fruits
sorbet

Boisson à base de rhum
punch

Boisson à saveur exquise
nectar

Boisson alcoolique obtenue par la fermentation du seigle, de l'orge ou de fruits acides
kwas

Boisson alcoolisée
cidre, gentiane, saké, vin

Boisson alcoolisée à l'anis
pastis

Boisson alcoolisée forte
alcool

Boisson alcoolisée servie avant les repas
apéritif

Boisson apéritive amère
bitter

Boisson au pastis et au sirop de menthe
perroquet

Boisson aux fruits ou aux légumes
jus

Boisson chaude au rhum
grog

Boisson composée de vin rouge et de fruits
sangria

Boisson d'Asie centrale, à base de lait fermenté de jument
koumis

Boisson enivrante tirée du kava
kava

Boisson fabriquée à partir de pommes
cidre

Boisson fabriquée à partir des bourgeons de cet épicéa
sapinette

Boisson faite d'eau-de-vie
grog

Boisson faite d'orge fermenté
kvas, kwas

Boisson faite de jus d'orange, de sucre et d'eau
orangeade

Boisson faite de rhum, de jus de citron et de cannelle
punch

Boisson gazéifiée
coca

Boisson gazeuse
limonade, orangeade

Boisson gazeuse aromatisée
soda

Boisson gazeuse et acidulée
kéfir

Boisson japonaise
saké

Boisson obtenue de la fermentation de raisins
vin

Boisson parfumée à l'anis
ouzo

Boisson réconfortante
grog

Boisson russe
kvas

Boisson sucrée alcoolisée
liqueur

Boisson très répandue en Chine
thé

Boitage
boitement, boiterie

Boîte
baguier, boîtier, bonbonnière, cabaret, cage, caisse, carton, case, casier, cassette, chocolatière, coffre, coffret, collège, conserve, contenant, dancing, discothèque, drageoir, école, écrin, emballage, entreprise, étui, lycée, paquet, poudrier, récipient, tronc, trousse

Boîte à matière grise
cendrier

Boîte de nuit
cabaret

Boîte destinée à contenir un objet
étui

Boîte oblongue dans laquelle on range des crayons
plumier

Boîte osseuse
crâne

Boîte où l'on abrite une source de lumière
lanterne

Boîte permettant de déposer l'amorce au fond de l'eau
amorçoir

Boîte postale
BP

Boîte servant à l'emballage des marchandises
caisse

Boitement
boitage, boiterie, boitillement, claudication

Boiter
boitiller, claudiquer, clocher, clopiner

Boiter légèrement
boitiller

Boiterie
boitage, boitement, boitillement, claudication

Boiteux
bancal, branlant, chancelant, éclopé, faux, fragile, imparfait, insatisfaisant, instable, maladroit, précaire

Boîtier
boîte, cage, coffre, coffret, écrin, étui, magasin

Boîtier métallique renfermant une serrure
cadenas

Boitillement
boitement, boiterie

Boitiller
boiter, claudiquer, clopiner, osciller

Bol
bolée, chance, coupe, gamelle, jatte, pot, récipient, tasse, vase, veine

Bolduc
ruban

Bolée
bol, jatte

Boléro
ballet, chorégraphie, danse, veste, veston

Bolet
cèpe, champignon

Bolide
astéroïde, météore, météorite, voiture

Bolier
abaque

Bolivar
chapeau

Bollard
bitte, borne

Bombage
tag

Bombance
agape, bamboche, banquet, beuverie, festin, fête, noce, ribote, ripaille

Bombarde
canon, musette

Bombardé
accablé, arrosé, assailli, canonné, catapulté, criblé, harcelé, marmité, matraqué, mitraillé, parachuté, pilonné, propulsé

Bombardement
arrosage, canonnade, canonnage, feu, marmitage, pilonnage

Bombarder
accabler, arroser, assaillir, attaquer, canonner, catapulter, cribler, harceler, lancer, marmiter, matraquer, mitrailler, nommer, parachuter, pilonner, projeter, promouvoir, propulser

Bombarder un objectif
pilonner

Bombardier
blouson

Bombe
aérosol, arme, atomiseur, dynamite, grenade, projectile, pulvérisateur, toque

Bombé
arqué, arrondi, cintré, convexe, courbe, courbé, gros, proéminent, rebondi, renflé, rond, soufflé, ventru

Bombement
bosse, convexité, courbure, gonflement, renflement

Bomber
arquer, cambrer, cintrer, courber, enfler, goder, gondoler, gonfler, redresser, renfler

Bomber, cambrer
cintrer

Bon
adéquat, admirable, adroit, agréable, aimable, approprié, apte, autorisation, avantageux, avisé, beau, bel, bénéfique, bien, bienfaisant, bienveillant, billet, brave, capable, caritatif, charitable, clément, complaisant, correct, débonnaire, délicat, délicieux, doué, éclairé, efficace, estimable, exact, excellent, expert, exquis, favorable, fertile, fidèle, fort, fructueux, généreux, gentil, goûteux, gracieux, habile, heureux, honnête, humain, humaniste, indulgent, ingénieux, instructif, joyeux, judicieux, juste, louable, lucratif, magnanime, mangeable, méritoire, miséricordieux, modèle, noble, obligeant, opportun, pacifique, parfait, paterne, philanthrope, productif, profitable, propice, prudent, pur, raisonnable, rigoureux, sage, sain, salubre, salutaire, satisfaisant, savoureux, secourable, sensible, sérieux, serviable, soit, solide, succulent, sûr, titre, utile, valable, véritable, vertueux, vrai

Bon à
apte

Bon chic, bon genre
BCBG

Bon chien
toutou

Bon et doux
benoît

Bon état physiologique
santé

Bon jugement
sagesse

Bon travailleur
tâcheron

Bonace
calme

Bonasse
bénin, boniface, débonnaire, faible, mou, niais

Bonbon
babelutte, berlingot, biscuit, boule, caramel, chatterie, chique, chocolat, confiserie, douceur, dragée, friandise, gâterie, gourmandise, pastille, praline, suçon, sucrerie

Bonbon au chocolat
praline

Bonbon fixé à une tige de bois
sucette

Bonbonne
bouteille, jaquelin

Bonbonne entourée d'osier
tourie

Bonbonnière
boîte

Bond
augmentation, bondissement, boom, cabriole, explosion, flambée, gambade, hausse, pas, rebond, ricochet, saut, soubresaut, sursaut

Bond vif
gambade

Bonde
bouchon, tampon, vanne

Bondé
bourré, comble, complet, plein, rempli, surchargé

Bonder
emplir

Bondi
coulé

Bondieusard
bigot

Bondieuserie
bigoterie

Bondir
accourir, cabrioler, cavaler, courir, élancer, gambader, jaillir, précipiter, rebondir, ruer, sauter, sautiller, surgir, sursauter

Bondissement
bond, saut

Bondon
tampon

Bonheur
agrément, amusement, aubaine, avantage, baraka, béatitude, bénédiction, calme, chance, contentement, délice, enchantement, euphorie, félicité, fête, heur, joie, paix, plaisir, plénitude, prospérité, ravissement, régal, sérénité, succès

Bonheur parfait
béatitude

Bonhomie
affabilité, bonté, douceur, familiarité, gentillesse, rondeur, simplicité

Bonhomme
affable, aimable, conciliant, débonnaire, facile, gentil, homme, individu, monsieur, patelin, quidam, type

Boni
bénéfice, bonification, excédent, gratification, guelte, recette

Boniche
bonne

Bonichon
bonnet

Boniface
bonasse

Bonification
amélioration, amendement, boni, plus, remise

Bonifié
amélioré, enrichi

Bonifier
abonnir, améliorer, amender, enrichir, fertiliser, régénérer

Boniment
baratin, battage, bavardage, blablabla, bobard, laïus, matraquage, mensonge

Bonimenter
frimer

Bonimenteur
phraseur

Bonjour
adieu, bienvenue, ciao, salut, salutation

Bonne action
BA, bienfait

Bonne chère
banquet

Bonne d'enfant
nurse

Bonne disposition de l'humeur
gaieté

Bonne foi
sincérité

Bonne fortune
heur

Bonne-maman
mamie

Bonnement
bêtement

Bonnet
barrette, bavolet, béguin, bonichon, cabochon, calot, capuche, casque, casquette, chapeau, coiffe, coiffure, foulard, képi, toque, turban

Bonnet carré
barrette

Bonnet d'enfant noué sous le menton
béguin

Bonnet de laine
tuque

Bonnet de prêtre
pâtisson

Bonnet surmonté d'un pompon
tuque

Bonneterie
jersey, lingerie

Bonnette
voile

Bonnissement
amélioration

Bonsoir
adieu, au revoir, salut, salutation

Bonté
altruisme, amabilité, amitié, bienfaisance, bienfait, bienveillance, bonhomie, clémence, cœur, compassion, complaisance, débonnaireté, douceur, faveur, gentillesse, grâce, humanité, indulgence, magnanimité, mansuétude, miséricorde, naïveté, obligeance, pitié, simplicité, tendresse

Bonté naturelle
bonhomie

Bonus
ajout, gratification, prime, récompense, supplément

Bonze
moine, personnalité, ponte, pontife

Boom
augmentation, bond, croissance, essor, expansion, explosion, flambée, hausse, prospérité

Boomerang
arme

Boqueteau
bois, bosquet

Boqueteaux, brande
maquis

Bora
vent

Borasse
rônier

Borate hydraté de sodium
borax

Borax
tincal

Borborygme
bruit, glouglou

Bord
arête, bâbord, berge, bordage, bordure, cadre, contour, côte, côté, entourage, extrémité, flanc, frange, grève, lèvre, limite, lisière, littoral, marge, orée, ourlet, parti, périmètre, périphérie, plage, pourtour, rebord, rivage, rive, tranche, tribord

Bord d'un bois
orée

Bord d'un cours d'eau
berge

Bord d'une étoffe
lisière

Bord de la mer
rivage

Bord extérieur du disque d'un astre
limbe

Bord intérieur d'un plat
marli

Bord taillé obliquement
biseau

Bordage
bord

Bordé
encadré, garni

Bordeaux
grenat, médoc, pourpre, rouge

Bordée
avalanche, bourbier, cascade, décharge,
déluge, escapade, flot, grêle, pelletée, salve,
torrent, virée

Border
borner, côtoyer, encadrer, enceindre,
entourer, festonner, flanquer, frôler, garnir,
liserer, longer, ourler, suivre

Border d'un liseré
liserer

Border de nouveau
reborder

Border ou orner d'un galon
galonner

Bordereau
bulletin, état, facture, imprimé, liste

Borderie
métairie

Bordure
bord, cadre, contour, cordon, côte,
encadrement, engrêlure, feston, frontière,
garniture, haie, ligne, limite, liseré, lisière,
littoral, marge, orée, orle, ourlet, périmètre,
périphérie, pourtour, rebord, tour

Bordure d'arbustes
haie

Bordure du bois
orée

Bordure entourant une glace
cadre

Bordure étroite
orle

Boréal
arctique, hyperboréen, nord, nordique,
polaire

Borgne
aveugle, éborgné, interlope, louche, malfamé

Bornage
cabotage, délimitation, démarcation,
limitation, limite

Borne
bitte, bollard, bouteroue, colonne, fin,
frontière, limite, marque, règle, repère,
séparation, terme

Borné
bouché, buté, étriqué, étroit, idiot, imbécile,
limité, marqué, médiocre, mesquin, obtus,
petit, primaire, resserré, rétréci, sot, stupide

Borne d'incendie
hydrant

Borne d'un circuit électrique
pôle

Borné, étriqué
rétréci

Borner
border, circonscrire, confiner, délimiter,
fermer, limiter, marquer, modérer, réduire,
renfermer, repérer, resserrer, restreindre,
rétrécir, terminer

Borsalino
chapeau

Bort
diamant

Bosquet
bocage, bois, boqueteau, bouquet, buisson,
massif, parterre, touffe

Boss
patron

Bossage
saillie

Bosse
apophyse, aspérité, beigne, bigne,
bombement, bosselure, brick, cyphose,
élévation, élevure, éminence, enflure,
excroissance, gibbosité, grosseur, inégalité,
monticule, protubérance, prune, relief,
renflement, rugosité, saillie, tumeur

Bossé
potassé, travaillé

Bosselage
bosselure

Bosselé
gibbeux, inégal, rugueux, tourmenté

Bosseler
bossuer, cabosser, déformer

Bosseler, cabosser
bossuer

Bossellement
bosselure, inégalité

Bosselure
bosse, bosselage, bossellement

Bosser
besogner, bûcher, étudier, ouvrer, potasser, tâcher, travailler

Bossette
clou

Bosseur
laborieux, travaillant, travailleur

Bossu
contrefait, difforme, gibbeux

Bossuer
bosseler, cabosser

Bostonner
valser

Bot
difforme

Botanique
agriculture

Bothriocéphale
ténia

Botte
balle, bottée, bottelée, bottillon, bottine, bouquet, brodequin, chaussure, cuissarde, fagot, faisceau, gerbe, godillot, heuse, kamik, manoque, ranger, santiag

Botte de céréales coupées
gerbe

Botte de paille
gerbe

Bottée
botte

Bottelée
botte

Botteler
gerber, lier, manoquer, trousser

Botteleur
lieur

Botteleuse, faucheuse
lieuse

Botter
chausser, convenir, frapper, plaire, shooter, tirer

Bottes courtes
boots

Bottier
chausseur, cordonnier

Bottillon
botte, bottine, brodequin, chaussure, godillot

Bottin
annuaire

Bottine
botte, bottillon, brodequin, chaussure, godillot

Boubou
tunique

Bouc
barbe, barbiche, barbichette, bouquin

Bouc émissaire
lampiste

Boucaille
bruine

Boucan
bruit, cacophonie, chahut, éclat, fracas, potin, raffut, sabbat, sarabande, tapage, tintamarre, tumulte, vacarme

Boucane
fumée

Boucané
basané, brun, fumé, hâlé, tanné

Boucaner
basaner, cuire, fumer, hâler, rôtir, saurer, tanner

Boucanier
corsaire, forban, pirate

Boucaut
tonneau

Bouchage
bouchement, capsulage, colmatage, fermeture

Bouchard
ciseau

Bouche
accès, ajour, avaloir, babines, bec, clapet, embouchure, entrée, gosier, goule, goulot, gueule, margoulette, museau, orifice, ouverture

Bouché
borné, brumeux, comblé, couvert, fermé, gris, muré, obstrué, obtus, sombre

Bouche de volcan
cratère

Bouche des animaux
gueule

Bouchée
becquée, bout, chocolat, collation, entrée, lippée, morceau, repas

Bouchement
bouchage

Boucher
abatteur, aveugler, barrer, barricader, bloquer, cacher, calfater, calfeutrer, chevillard, clore, colmater, combler, condamner, encombrer, engorger, étalier, étancher, étouper, fermer, louchébème, loucherbem, murer, oblitérer, obstruer, obturer, rabouter, tamponner

Boucher avec de l'étoupe
étouper

Boucher avec de la maçonnerie
murer

Boucher avec du lut
luter

Boucher avec du mastic
mastiquer

Boucher de nouveau
reboucher

Boucherie
abatage, abattage, abattoir, carnage, étal,
guerre, hécatombe, massacre, tuerie

Bouchon
bar, bonde, brasserie, café, capuchon,
clapet, cochonnet, congestion, embouteillage,
encombrement, flotteur, retenue, tampon,
tape, tapon

Bouchonnement
friction

Bouchonner
essuyer, étriller, friper, froisser, frotter, panser

Bouchot
moulière

Bouclage
fermeture

Boucle
agrafe, anglaise, anneau, attache, bijou,
bouclette, courbe, cran, cycle, détour,
fermoir, frisette, frison, frisottis, frisure,
heurtoir, looping, maille, méandre, mèche,
nœud, œil, rétroaction, ronde, rosette,
sinuosité, virage

Bouclé
annelé, frisé, ondulé, terminé

Boucler
achever, anneler, attacher, bichonner, cerner,
crêper, encercler, enfermer, équilibrer, fermer,
finaliser, finir, friser, frisotter, investir, onduler,
terminer, verrouiller

Boucler de nouveau
refermer

Bouclette
agrafe, anglaise, anneau, boucle, courbe,
cycle, fermoir, frisette, frison, frisottis, frisure,
maille, méandre, nœud, œil, ronde, rosette,
sinuosité

Bouclier
armure, bastion, broquel, cuirasse, défense,
écran, écu, égide, palladium, pavois, pelta,
pelte, protection, rempart, rondache,
rondelle, sauvegarde, targe

Bouclier de Zeus
égide

Bouder
grimacer, grogner, ignorer, rechigner, refuser,
rouspéter

Bouderie
fâcherie, froid, moue

Boudeur
acariâtre, bougon, grincheux, grognon,
maussade, mécontent, renfrogné, ronchon,
rouspéteur, têtu

Boudin
biroute, bourrelet, cylindre, laideron, tore

Boudiné
bouffi, comprimé, dodu, saucissonné, serré

Boudoir
biscuit, salon, séjour

Boue
alluvions, argile, bauge, bouette, bouillasse,
bourbe, bourbier, cloaque, curure, dépôt,
fange, gadoue, gadouille, limon, marais,
ordure, résidu, saleté, tourbe, vase

Boue épaisse
fange

Boue noire épaisse
bourbe

Bouée
balise, flotte, flotteur, marque

Bouée, pièce conçue pour flotter
flotteur

Bouette
boue, vase

Boueux
bourbeux, crotté, éboueur, fangeux,
gadouilleux, sale, terreux, trouble, troublé,
vaseux

Boueux, vaseux
fangeux

Bouffant
ballonnant, blousant, froncé, gonflant

Bouffarde
pipe

Bouffe
graille, nourriture

Bouffée
accès, crise, émanation, exhalaison,
explosion, gorgée, halenée, poussée, souffle

Bouffer
blouser, boulotter, engloutir, gonfler, manger

Bouffette
nœud

Bouffeur
mangeur

Bouffi
adipeux, ampoulé, boudiné, boursouflé,
empâté, emphatique, enflé, gonflé,
grandiloquent, gras, gros, joufflu, mafflu,
pompeux, vultueux

Bouffir
ballonner, boursoufler, enfler, gonfler

Bouffissure
enflure, grosseur, pompe

Bouffon
acteur, amusant, amuseur, arlequin, baladin,
bateleur, bobèche, burlesque, clown,
cocasse, comique, drôle, fagotin, farceur,
folâtre, fou, gouailleur, gracioso, grotesque,

guignol, histrion, humoriste, loufoque, loustic, matassin, nul, nullité, pantin, pasquin, pitre, plaisant, plaisantin, polichinelle, ridicule, risible, saltimbanque, scurrile, singe, zani, zanni

Bouffon de comédie
baladin

Bouffonner
plaisanter

Bouffonnerie
arlequinade, balourdise, blague, clownerie, cocasserie, comédie, drôlerie, espièglerie, facétie, farce, grotesque, joyeuseté, pitrerie, plaisanterie, pochade, singerie

Bouge
bauge, bousin, cabaret, clapier, écurie, galetas, gourbi, réduit, taudis

Bougé
évolué, ôté

Bougeoir
chandelier

Bouger
agiter, avancer, branler, broncher, changer, ciller, déplacer, déranger, évoluer, gigoter, modifier, mouvoir, osciller, ôter, progresser, protester, réagir, remuer, swinguer, tanguer, varier

Bouger (Se)
agir, démener

Bougie
calbombe, camoufle, candela, chandelle, cierge, flambeau, lumignon

Bougon
acariâtre, boudeur, bougonneux, bourru, chagrin, geignard, grincheux, grogneur, grognon, grondeur, irritable, renfrogné, ronchon, ronchonneur, rouspéteur

Bougonner
critiquer, grognasser, grogner, grognonner, grommeler, gronder, marmonner, marmotter, maugréer, pester, protester, râler, ronchonner, rouspéter, semoncer

Bougonneux
bougon, grognon

Bougre
type

Bougrement
beaucoup, bien, énormément, rudement, très

Bouif
cordonnier

Bouillabaisse
ragoût

Bouillant
animé, ardent, brûlant, chaud, emporté, enflammé, exalté, explosif, fougueux, fumant,

impatient, impétueux, impulsif, pétulant, prompt, torride, véhément, volcanique

Bouillasse
boue, gadoue

Bouille
bidon, figure, frimousse, tête

Bouillie
bouillon, charpie, compote, magma, pâte, porridge, purée, salmigondis

Bouillie épaisse
magma

Bouillie épaisse de flocons d'avoine
porridge

Bouillie médicamenteuse
cataplasme

Bouillir
bouillonner, bouilloter, brûler, cuire, cuisiner, emporter, énerver, frémir, frissonner, impatienter, mitonner, piaffer

Bouilloire
canard

Bouilloire russe
samovar

Bouillon
bouillie, bouillonnement, brouet, chaudeau, consommé, décoction, ébullition, infusion, jus, minestrone, potage, potée, soupe, velouté

Bouillon épaissi avec des légumes
soupe

Bouillon-blanc
molène

Bouillon, potage
brouet

Bouillonnant
agité, animé, ardent, effervescent, fébrile, fiévreux, passionné, trépidant, véhément

Bouillonnement
agitation, ardeur, bouillon, ébullition, fièvre, remous

Bouillonner
bouillir, écumer, fermenter

Bouilloter
bouillir

Boulange
boulangerie

Boulanger
fournier, gindre, mitron

Boulangerie
boulange

Boulder
bloc

Boule
balle, bille, bonbon, boulet, boulette, bulle, globe, grosseur, miche, pelote, sphère

Boule d'or
trolle

Boule de métal
boulet

Boule formée de fils
pelote

Boule pour jouer au billard
bille

Boule-de-neige
obier

Boule, sphère
globe

Bouleau
arbre

Bouleau à écorce foncée
merisier

Bouledogue
dogue

Boulet
boule, charge, croix, fardeau, obus, poids,
projectile

Boulette
bévue, boule, bourde, croquette, erreur,
fricadelle, gaffe, globule, impair, kefta, pelote,
sphère, stupidité

Boulette à base de semoule
gnocchi

Boulette d'andouillettes et de veau haché
godiveau

Boulette de morue
acra

Boulette de pâte, de viande hachée
croquette

Boulette faite d'une pâte de farine et de poisson
acra

Bouleux
trapu

Boulevard
allée, artère, avenue, cours, mail,
perspective, promenade, rocade, route, rue,
théâtre, voie

Bouleversant
consternant, déchirant, émouvant,
pathétique, poignant, saisissant, vibrant

Bouleversant, poignant
émouvant

Bouleversé
affolé, agité, altéré, choqué, ému, éperdu,
malade, secoué, sonné

Bouleversement
affolement, agitation, chaos, choc,
commotion, confusion, dérangement,
désordre, émotion, ravage, retournement,
séisme, subversion, tempête, tourmente,
tournant, trouble

Bouleverser
affoler, altérer, bousculer, briser, choquer,
déchirer, déranger, dérégler, désorganiser,
détruire, ébranler, émouvoir, frapper, modifier,
perturber, ravager, remanier, remuer,
renverser, retourner, révolutionner, révulser,
ruiner, saccager, secouer, sonner, toucher,
tournebouler, traumatiser, troubler

Bouleverser l'ordre existant
subvertir

Boulier
abaque

Boulimie
appétit, avidité, faim, frénésie, fringale,
gloutonnerie, goinfrerie, gourmandise,
hyperphagie, insatiabilité, sitiomanie, voracité

Boulimique
vorace

Bouliste
boulomane

Bouloche
peluche

Boulocher
pelucher

Boulomane
bouliste

Boulon
écrou, vis

Boulonner
accrocher, attacher, cheviller, clouer, fixer,
joindre, riveter, travailler, visser

Boulot
activité, besogne, corvée, emploi, exercice,
fonction, grassouillet, gros, job, labeur, métier,
ouvrage, poste, profession, rond, rondelet,
rondouillard, tâche, trapu, travail, turbin

Boulotter
avaler, bouffer, dévorer, engloutir, manger

Boum
bal, dancing, expansion, fête, guinguette,
soirée

Bouque
détroit

Bouquet
apogée, apothéose, arôme, bois, bosquet,
botte, conclusion, couronnement, faisceau,
finale, fumet, gerbe, nez, odeur, panache,
parfum, plumet, réunion, salicoque, touffe

Bouquetin
chamois, isard

Bouquin
album, bouc, écrit, livre, livret, œuvre,
ouvrage, récit, recueil, roman, satyre, volume

Bouquiner
feuilleter, lire

Bourbe
abjection, bassesse, boue, bourbier, cloaque, dépôt, fange, gadoue, impureté, infamie, limon, ordure, récipient, salissure, sédiment, tourbe, vase, vilenie

Bourbeux
boueux, fangeux, trouble, vaseux

Bourbier
bassesse, bordée, boue, bourbe, charnier, cloaque, décharge, dépôt, égout, fange, fondrière, gadoue, gâtine, infamie, limon, marais, marécage, ordure, ornière, polder, saline, salissure, sédiment, sentine, tourbe, trou, vase, vilenie

Bourbier où le sanglier se vautre
souille

Bourbon
rye, whisky

Bourbonien
aquilin, busqué

Bourdaine
aulne, aune, nerprun

Bourdalou
tresse

Bourde
ânerie, baliverne, bavure, bêtise, bévue, blague, boulette, erreur, faribole, faute, gaffe, gaucherie, perle, sottise, stupidité

Bourdon
abeille, bâton, blues, cafard, cloche, insecte, tristesse

Bourdonnement
brouhaha, cornement, cri, murmure, ronron

Bourdonner
répéter, ronfler, ronronner, vrombir

Bourg
bourgade, cité, commune, endroit, hameau, localité, patelin, pays, village, ville

Bourg de Palestine
Emmaüs

Bourgade
agglomération, bourg, commune, hameau, localité, patelin, pays, village

Bourgeois
civil, conformiste, conventionnel, cossu, familial, notable, rentier, résidentiel, riche, roturier, traditionaliste

Bourgeoise
femme

Bourgeon
bouton, bulbe, bulbille, caïeu, germe, gousse, jet, mailleton, œil, pousse, rejet, rejeton, scion, stolon, turion

Bourgeon de la chicorée de Bruxelles
endive

Bourgeon naissant de l'arbre
pousse

Bourgeon secondaire de certaines plantes
caïeu

Bourgeonnant
fleuri

Bourgeonner
fleurir

Bourgeron
blouse

Bourgmestre
alcade, édile, maire

Bourguignon
ragoût

Bourguignotte
casque

Bourlinguer
naviguer, voyager

Bourlingueur
voyageur

Bourrade
poussée, ramponneau

Bourrasque
grain, ouragan, rafale, tempête, tornade, tourmente

Bourratif
lourd

Bourre
bourrette, bourrillon, capiton, chiffon, déchet, lassis, ouate, policier, strasse

Bourré
bondé, chargé, comble, complet, empli, encombré, enivré, farci, garni, ivre, matelassé, plein, rempli, saoul, saturé, soûl, surchargé, truffé

Bourre de soie
lassis

Bourre de soie ou de laine
capiton

Bourreau
abatteur, béquillard, exécutant, exécuteur, guillotineur, inquisiteur, questionnaire, tortionnaire, tourmenteur, tueur

Bourrée
fagot

Bourrèlement
tourment

Bourrelet
boudin, capiton, enflure, grosseur, pli, renflement, repli, saillie, tortillon

Bourrelet situé sous les pattes de certains mammifères
coussinet

Bourrelier
sellier

Bourrer
emplir, entasser, farcir, garnir, gaver, gorger,
larder, matelasser, rassasier, rembourrer,
remplir, surcharger, tasser, truffer

Bourrer (Se)
goinfrer

Bourrette
bourre

Bourriche
corbeille, panier

Bourricot
âne, ânon, baudet, bête, bourrique,
bourriquet, ignorant, niais, onagre, sot,
stupide

Bourrillon
bourre

Bourrin
canasson, cheval, étalon, poney, poulain

Bourrique
âne, ânesse, ânon, baudet, bête, bourricot,
hémione, ignorante, niaise, onagre, sotte,
stupide

Bourriquet
bourricot

Bourroir
pilon

Bourru
abrupt, acariâtre, bougon, brusque,
désagréable, maussade, ours, rêche,
renfrogné, revêche, rogue, rude

Bourse
aumônière, cote, escarcelle, finances,
marché, pension, pochette, réticule, sacoche,
subside, subvention

Boursicotage
agiotage

Boursicoter
agioter, spéculer

Boursicoteur
agioteur

Boursier
agent, commissionnaire, coulissier, courtier,
financier, placier, remisier

Boursouflé
ampoulé, bouffi, déclamatoire, enflé,
gonflé, grandiloquent, gros, guindé, joufflu,
pompeux, ronflant, soufflé

Boursoufler
bouffir, enfler, gonfler

Boursouflure
abcès, ampoule, ballonnement, cloque,
emphase, enflure

Boursouflure de la peau
cloque

Bouscueil
débâcle

Bousculade
cohue, course, foule, poussée

Bousculé
repoussé, secoué

Bousculer
accélérer, accrocher, affluer, bouleverser,
brusquer, chambarder, chambouler, culbuter,
déranger, émouvoir, hâter, heurter, malmener,
percuter, pousser, presser, renverser, rudoyer,
secouer, tournebouler, troubler

Bousculer, malmener
sabouler

Bousier
géotrupe

Bousillage
bâclage, gâchage, pisé

Bousiller
abîmer, amocher, blesser, briser, casser,
dégrader, délabrer, détériorer, endommager,
gâcher, gâter, massacrer, saboter, torcher,
tuer

Bousilleur
saboteur

Bousin
bouge, cabaret, limon, tourbe

Bousingot
chapeau

Boussole
compas, guide

Bout
aboutissement, achèvement, bouchée,
bribe, brisure, carré, cordage, croûton,
éclat, embout, entame, extrémité, fin, fond,
fragment, issue, lambeau, limite, lopin, lot,
mégot, miette, morceau, parcelle, part, partie,
pointe, portion, proue, queue, quignon,
rondelle, section, segment, terme, tranche

Bout d'un pain long
quignon

Bout d'un rameau
ramille

Bout de cigare
mégot

Bout de cigarette
mégot

Bout de cordage capelé à un mât
pantoire

Bout de filin muni d'un croc
vérine

Bout de la mamelle, chez les animaux
tette

Bout pointu
pointe

Boutade
caprice, galéjade, niche, plaisanterie,
repartie, saillie

Boute-en-train
amuseur, farceur, loustic, luron

Boutefeu
brûleur

Bouteille
balthazar, bidon, bonbonne, canette, carafe,
cruche, fiasque, fillette, fiole, flacon, gourde,
jéroboam, litre, magnum, mathusalem,
nabuchodonosor, pichet, récipient,
réhoboam, salmanazar, topette, tourie

Bouteille à col long
fiasque

Bouteille de champagne de 3,2 litres
jéroboam

Bouteille de lait
biberon

Bouteille garnie de paille
fiasque

Bouteille isolante
Thermos

Bouteille mince et allongée
quille

Bouter
chasser, expulser, pousser, refouler,
repousser

Bouteroue
borne

Bouteur
bull, bulldozer

Boutique
atelier, banneton, baraque, commerce,
échoppe, établissement, fonds, magasin,
officine

Boutique qui vend des livres
librairie

Boutiquier
épicier, marchand, vendeur

Bouton
acné, attache, bourgeon, bubon, bulbe,
clenche, commutateur, interrupteur, œil,
piton, poignée, pousse, poussoir, pustule,
sonnette, touche, tumeur, vésicule

Bouton à fleur du câprier
câpre

Bouton des arbres qui donne les tiges et les feuilles
bourgeon

Bouton des fleurs du giroflier
girofle

Bouton-d'argent
camomille

Boutonner
attacher, fermer

Boutonneux
fleuri

Boutonnière
entaille, incision, œillet

Bouturage
greffe, marcotte

Bouture
greffe

Bouture de l'année
mailleton

Bouverie
étable

Bouvet
gorget, rabot

Bouvier
berger, gardian, gaucho, vacher

Bouvillon
bovidé, veau

Bovidé
bœuf, bouvillon, bovin

Bovidé sauvage
bison

Bovin
bovidé, lourd

Bow-window
oriel

Bowling
quille

Box
abri, compartiment, écurie, garage, loge,
logette, stalle, veau

Boxe
pugilat, sport

Boxer
battre, cogner, frapper, tabasser, taper

Boxeur
pugiliste

Boxeur célèbre
Ali

Boxeur d'abord connu sous le nom de Cassius Clay
Ali

Boxeur qui a inspiré le film Raging Bull
LaMotta

Boxeur qui a perdu son titre de champion contre Mohamed Ali en 1974
Foreman

Boxeur qui devint champion du monde des poids légers le 20 juin 1980 à Montréal
Duran

Boxeur surnommé « El Cholo »
Duran

Boxeur surnommé « Mains de pierre »
Duran

Boxeur surnommé « Sugar Ray »
Leonard

Boyau
catgut, conduit, conduite, entrailles, fosse, galerie, intestin, passage, rue, tranchée, tube, tuyau

Boyau d'un animal
tripe

Boyaux
tripes, viscères

Boycott
embargo, interdit

Boycottage
censure

Boycotter
ostraciser

Br
brome

Brabant
araire, charrue

Bracelet
anneau, bijou, brassard, chaîne, chaînette, gourmette, parure, psellion

Bracelet en mailles de métal aplaties
gourmette

Bractée
spathe

Bradage
liquidation, sacrifice

Bradé
vendu

Brader
accomplir, brocanter, liquider, sacrifier, solder, vendre

Braderie
débit, foire, marché, vente

Bradeur
liquidateur

Bradype
aï, paresseux, unau

Braiement
cri

Braillard
agressif, criard, gueulard, hurleur, tapageur, vociférateur

Braillement
bêlement, cri, glapissement

Brailler
aboyer, bêler, beugler, glapir, hurler, mugir, piailler, plaindre, pleurer, pleurnicher, tonitruer, vociférer

Brailleur
vociférateur

Braiment
cri

Braire
bêler, pleurer

Braise
charbon, tison

Braiser
cuire

Braisière
autocuiseur, brasero, casserole, cocotte, daubière

Bramement
cri

Bramer
crier, raire, raller, réer

Bran
sciure

Brancard
bard, civière

Brancard destiné à transporter des malades
civière

Brancardier
infirmier

Branchage
branche, fétu, ramage, ramée, ramure

Branche
bois, branchage, branchette, brindille, broutille, discipline, division, domaine, embranchement, famille, fourche, pampre, partie, pièce, race, rameau, ramification, ramille, ramure, rayon, rouette, sarment, secteur, spécialité, tige

Branche à fruits
vinée

Branche de l'Oubangui
Ouéllé, Uélé

Branche de la microbiologie
virologie

Branche des mathématiques
algèbre

Branche des sciences naturelles qui étudie les animaux
zoologie

Branche gluante
gluau

Branche mère de l'Oubangui
Ouelé, Uélé

Branche souple fendue en deux
feuillard

Branchement
connexion, jonction

Brancher
connecter, embrancher, joindre, ouvrir, raccorder

Branches nuisibles retranchées d'un arbre
émondes

Branchette
branche, brindille, rameau

Branchie
ouïe

Branchies
opercules

Branchies des poissons
ouïes

Brande
fagot, lande, nervure

Brandebourg
berceau, cordon, galon

Brandilloire
balançoire

Brandir
agiter, montrer, pointer, remuer

Brandon
feu, tison

Brandy
alcool

Branlant
bancal, boiteux, brimbalant, bringuebalant,
chambranlant, chancelant, instable, vacillant,
vétuste

Branle
balancement

Branlé
secoué

Branler
agiter, balancer, bouger, chanceler, hocher,
osciller, remuer, secouer, trépider, vaciller

Braque
bizarre

Braquer
attaquer, cabrer, diriger, obliquer, pointer,
tourner

Bras
abatis, abattis, accotoir, accoudoir, aileron,
bielle, détroit, division, égide, membre

Bras de mer
détroit, manche

Bras et jambes
abatis, abattis

Bras secondaire du Mississippi en Louisiane
bayou

Braser
souder

Brasero
barbecue, braisière, réchaud

Brasier
feu, fournaise, foyer, incendie

Brasillant
brillant

Brasiller
étinceler, reluire, scintiller

Brassage
mélange

Brassard
bracelet, ruban

Brasse
nage, natation

Brassé
agité

Brasse papillon
nage

Brasser
agiter, manier, manipuler, mélanger, pétrir,
remuer, secouer, tourner, traiter

Brasserie
auberge, bar, bistro, bouchon, buvette,
cabaret, café, comptoir, estaminet, gargote,
pub, restaurant, taverne, troquet

Brasseur
nageur

Brassière
camisole, caraco, chemise, chemisette, gilet

Brasure
soudure

Bravache
capitan, fanfaron, matamore, olibrius,
rodomont

Bravacherie
bravade

Bravade
bravacherie, défi, fanfaronnade, hâblerie,
provocation, rodomontade, vantardise

Brave
bon, bonne, chic, courageux, crâne,
généreux, gentil, hardi, héroïque, héros,
honnête, intrépide, obligeant, paladin, preux,
résolu, serviable, vaillant, valeureux

Brave, énergique
courageux

Bravement
courageusement, crânement, crâneusement,
fièrement, hardiment, vaillamment,
valeureusement

Braver
affronter, défier, mépriser, narguer, offenser,
provoquer

Bravo
acclamation, applaudissement, bien, hourra,
ovation, vivat

Bravoure
audace, courage, crânerie, hardiesse,
héroïsme, vaillance, valeur

Break
arrêt, breakdance, coupure, fourgon,
interruption, pause, véhicule, voiture

Breakdance
break

Brebis
agnelle, fidèle, ouailles

Brebis de deux ans qui n'a pas encore porté
vacive

Brèche
ajour, cassure, col, entaille, faille, fente,
fissure, fracture, hoche, ouverture, passage,
percée, trou, trouée

Bredouillage
ânonnement

Bredouillant
tremblant

Bredouillement
ânonnement

Bredouiller
ânonner, bafouiller, balbutier, bégayer,
chuchoter, grommeler, marmonner,
marmotter, prononcer

Bredouilleur
baragouineur

Bref
brusque, brutal, concis, coupant, court,
éphémère, fugace, fugitif, impératif,
instantané, laconique, lapidaire, momentané,
passager, petit, prompt, provisoire, ramassé,
rapide, sec, sobre, sommaire, succinct,
tranchant, ultimo

Breloque
amusette, babiole, batterie, colifichet, jouet

Brésiller
teindre

Bretailleur
duelliste

Bretelle
balancine, bandoulière, courroie,
embranchement, épaulette, lanière, sortie

Breton
armoricain

Bretteler
bretter, tailler

Bretter
bretteler, traîner

Bretteur
duelliste, escrimeur, spadassin

Bretzel
biscuit

Breuil
bois

Breuvage
boisson, décoction, infusion, liquide, nectar,
philtre, potion

Breuvage des dieux
nectar

Breuvage divin
nectar

Brève manifestation inachevée
ébauche

Brève maxime extraite d'un livre sacré
verset

Brevet
certificat, diplôme, examen, licence,
parchemin, patente

Bréviaire
bible, livre, paroissien, psautier

Bribe
atome, bout, brin, citation, élément, extrait,
fragment, lambeau, miette, morceau,
parcelle, partie, passage, portion

Bribes
restes

Bric-à-brac
bazar, capharnaüm, désordre, fatras

Brick
beignet, bosse, brigantine, roussette, soufflet,
voilier

Bricolage
bidouillage, bricole, raccommodage,
rafistolage, réparation

Bricole
amusette, babiole, bagatelle, bêtise, bibelot,
bibus, bricolage, brimborion, broutille,
catapulte, colifichet, ennui, fadaise,
fanfreluche, frivolité, futilité, gadget, jouet,
problème, rien, sottise, vétille

Bricoler
fabriquer, faire, patenter, trafiquer

Bride
attache, bridon, courroie, jugulaire, licol,
mentonnière, rêne

Bridé
enrayé, ficelé, retenu, serré

Brider
endiguer, enrayer, ficeler, freiner, gêner,
modérer, museler, plafonner, réprimer, retenir,
serrer, trousser

Bridge
dentier, prothèse, whist

Bridon
bride

Brie
fromage

Brièvement
sèchement

Brièveté
brusquerie, concision, laconisme, rapidité

Brigade
armée, équipe, escouade, régiment, troupe

Brigades spéciales
BS

Brigadier
bâton, caporal, gendarme

Brigandage
gueuserie, pillage, vol

Brigandage sur mer
piraterie

Brigantine
brick, voile

Brigue
faction

Brigué
envié

Briguer
ambitionner, convoiter, désirer, envier,
postuler, prétendre, rechercher, solliciter,
viser, vouloir

Brillance
brillant, éclat, intensité, limpidité, lumière,
luminance, luminosité

Brillant
abatage, abattage, admirable, ardent, beau,
bel, brasillant, brillance, captivant, chatoyant,
clinquant, coruscant, diamant, distingué,
doré, doué, éblouissant, éclat, éclatant,
émérite, éminent, étincelant, étourdissant,
fameux, fard, faste, fastueux, feu, flambant,
flamboyant, fleuri, fringant, génial, glorieux,
illustre, intéressant, luisant, lumière,
lumineux, luminosité, lustré, luxueux,
magnifique, miroitant, nitescent, pétillant,
phosphorescent, poli, radieux, rayonnant,
reflet, reluisant, remarquable, resplendissant,
riche, rutilant, satiné, scintillant, séduisant,
signalé, solitaire, somptueux, spirituel,
splendeur, splendide, superbe, verni, vernis,
vernissé, vif, vivacité

Brillant, éclatant
coruscant

Brillanter
tailler

Brillantine
gomina

Brillé
réussi

Briller
étinceler, exceller, flamber, fleurir, illustrer,
irradier, luire, miroiter, paraître, pétiller,
rayonner, reluire, resplendir, réussir, rutiler,
scintiller

Briller avec éclat
resplendir

Briller comme l'éclair, d'un éclat très vif
fulgurer

Briller d'un vif éclat
rutiler

Brimade
affront, avanie, épreuve, tracasserie, vexation

Brimbalant
branlant

Brimbalé
secoué

Brimbaler
ballotter, bringuebaler, chalouper, secouer

Brimbelle
bleuet, bluet

Brimborion
babiole, bagatelle, bibelot, bricole, jouet

Brimé
berné

Brimer
berner, maltraiter, opprimer, persécuter

Brin
atome, bribe, brindille, doigt, fétu, fibre, fil,
filament, miette, morceau, nuance, parcelle,
peu, teinte, tige, touche

**Brin de bois ou de carton à l'extrémité
imprégnée d'un produit inflammable par
friction**
allumette

Brin de paille
fétu

Brin long et fin
fil

Brindille
branche, branchette, brin, fétu, rameau,
ramille

Bringuebalant
branlant

Bringuebalé
secoué

Bringuebaler
brimbaler, cahoter, osciller, secouer

Brio
abatage, abattage, adresse, éclat, entrain,
esprit, facilité, fougue, maestria, panache,
pétulance, talent, verve, virtuosité, vivacité

Brioche
bedaine, bedon, bedondaine, bide, couque,
danoise, gâche, panse, ventre, viennoiserie

Brioche aromatisée à la fleur d'oranger
pogne

Brique
adobe, aggloméré, bâton, berlingot, brun,
brune, carton, catelle, million, parpaing,
rouge

Briqué
ciré, net, poli

Brique d'argile
adobe

Brique de revêtement de four
catelle

Briquer
astiquer, cirer, fourbir, frotter, nettoyer, polir

Briquet
feu, fusil

Briquette
catelle, tomette

Bris
brisement, casse, déchet, démolition, destruction, effraction, fracture, rupture

Brisant
écueil, récif, roche, rocher, vague

Briscard
vétéran

Brise
air, vent, zéphyr

Brisé
abattu, accablé, anéanti, assommé, cassé, désuni, détruit, écœuré, écrasé, effondré, enrayé, épuisé, éreinté, exténué, flapi, fourbu, fracassé, miné, recru, rompu, ruiné, vanné, vidé

Brise légère
zéphyr

Brise-lames
digue, estacade, jetée, môle

Brise-vent
abrivent

Brisement
bris, rupture

Briser
abattre, anéantir, assommer, atomiser, bouleverser, bousiller, broyer, casser, concasser, déferler, défoncer, démolir, détruire, disloquer, ébrécher, éclater, écraser, enfreindre, enrayer, épuiser, éreinter, étouffer, exténuer, fatiguer, forcer, foudroyer, fracasser, fracturer, harasser, mater, pulvériser, ravager, renverser, réprimer, rompre, ruiner, supprimer, terrasser, violer

Briser avec violence
fracasser

Briser grossièrement et réduire en granulats des matières dures ou sèches
concasser

Briser les mottes de terre après le labour
émotter

Briseuse
iconoclaste, jaune

Briska
traîneau

Bristol
carte

Brisure
bout, cassure, éclat, fêlure, fente, fracture, fragment, miette, morceau, parcelle, rupture

Broc
cruche, pichet, pot, récipient

Brocante
antiquité, chine, friperie, regrat, vieillerie

Brocanté
acheté

Brocante de vêtements
friperie

Brocanter
acheter, acquérir, brader

Brocanteur
chineur, fripier

Brocard
épigramme, flèche, moquerie, pointe, raillerie, sarcasme, trait

Brocarder
fronder, persifler, railler, rire

Brocart
brocatelle, samit, tissu

Brocatelle
brocart

Brochage
pliage

Broche
agrafe, aiguille, attache, baguette, barrette, bijou, brochette, épingle, fibule, fiche, hâtelet, piton, tige, tringle

Broche à rôtir
hastée

Brocher
éperonner, relier, tisser

Brochet adulte
bécard

Brochette
assortiment, broche, groupe, hâtelet, lardoire, pléiade, rangée, sélection, tringle

Brocheur
relieur

Brocheuse
pliure, relieuse

Brochure
bulletin, dépliant, écrit, fascicule, imprimé, livret, opuscule, plaquette, programme, prospectus, publicité, revue, tract

Brochure gratuite
tract

Brochure publicitaire
dépliant

Brocoli
chou

Brodé
exagéré, ouvragé

Brodequin
botte, bottillon, bottine, chaussure, galoche, godillot, ranger

Broder
embellir, exagérer, fabuler, festonner, inventer, orner

Broderie
dentelle, garniture, guipure, macramé, passementerie, tapisserie

Broderie de faux or
oripeau

Broderie en forme de dent
feston

Broderie japonaise étroite et haute
kakémono

Brome
Br

Broncher
bouger, protester, ronchonner, trébucher

Bronchite
inflammation, irritation

Broncho-pneumonie
bronchite

Bronzage
hâle

Bronze
airain, cloche, jaune, marron, vert

Bronzé
basané, brun, bruni, cuivré, doré, hâlé, noir, tanné

Bronzer
ambrer, basaner, brunir, cuivrer, dorer, foncer, hâler, tanner

Broquel
bouclier

Broquette
clou

Brossage
nettoyage

Brosse
balai, balayette, blaireau, écouvillon, étrille, goupillon, hérisson, pinceau, plumeau

Brossé
ciré, épousseté

Brosse à l'usage des orfèvres
saie

Brosse métallique de ramoneur
hérisson

Brosse pour laver la vaisselle
lavette

Brosser
cirer, coiffer, décrasser, démêler, étriller, frotter, nettoyer, panser, peindre, tracer

Brou
écale

Broue
bière

Brouet
bouillon, chaudeau, consommé, jus, potage

Brouette
diable

Brouetter
charroyer

Brouhaha
bourdonnement, bruit, rumeur, tapage, tintamarre, tumulte

Brouillage
parasite

Brouillard
aérosol, brouillasse, brume, buée, confusion, obscurité, smog, vapeur

Brouillard épais
frimas, smog

Brouillard léger
brume

Brouillardeux
brumeux

Brouillasse
brouillard, bruine, brume

Brouille
affaire, chamaille, conflit, désaccord, différend, discorde, dispute, fâcherie, froid, incident, malentendu, méprise, mésentente, querelle, rupture, séparation, tension, zizanie

Brouillé
désuni, fâché, flou, incertain, terne, terreux, troublé, trouble, turbide

Brouille, dispute
orage

Brouiller
coder, compliquer, confondre, crypter, désunir, diviser, embrouiller, emmêler, enchevêtrer, fâcher, mélanger, mêler, obscurcir, parasiter, remuer, rompre, séparer, troubler

Brouillon
confus, désordonné, ébauche, embrouillé, esquisse, incohérent, maquette, tentative

Brouillonné
écrit

Brouillonner
écrire

Broussaille
bois, buisson

Broussailleux
touffu

Brousse
savane

Broussin
loupe

Broutart
veau

Brouter
manger, pacager, paître, pâturer

Broutille
amusette, babiole, bagatelle, baliverne, bêtise, branche, bricole, détail, fadaise, frivolité, futilité, jouet, misère, niaiserie, objet, rien, sottise, vétille

Broyage
écrasement

Broyé
abattu, détruit

Broyer
abattre, anéantir, annihiler, blesser, bocarder, briser, casser, concasser, croquer, détruire, écrabouiller, écraser, égruger, laminer, mâcher, mastiquer, meuler, moudre, piler, pilonner, presser, pulvériser, renverser, triturer

Broyer les aliments avec les dents
mastiquer

Broyeur
bocard, concasseur, mâcheur, masticateur, meule, pilon, pulvérisateur

Broyeur de noir
pessimiste

Brucelles
pince, pincette

Brugnon
alberge, nectarine

Bruine
boucaille, brouillasse, crachin, pluie

Bruiné
coulé

Bruiner
crachiner, pleuviner, pleuvoir, pluviner

Bruineux
pluvieux

Bruire
bruisser, chuchoter, frémir, murmurer

Bruissement
bruit, frisson, murmure

Bruisser
bruire

Bruit
anecdote, battage, battement, borborygme, boucan, brouhaha, bruissement, cacophonie, cassement, chahut, chant, charivari, chuchotement, chuintement, clameur, clapotage, clapotement, clapotis, clappement, claquement, cliquetis, cornage, craquement, craquètement, crépitation, crépitement, crissement, déflagration, détonation, écho, éclat, foin, fracas, froissement, froufrou, gargouillement, gargouillis, gazouillement, grésillement, grincement, grondement,

hurlement, murmure, musique, nouvelle, parasite, pétarade, pétillement, potin, racontar, ragot, râle, renommée, ronron, ronronnement, roulement, rumeur, scandale, sifflage, sifflement, son, souffle, soupir, stridulation, tapage, tintamarre, tintement, tumulte, vacarme, vrombissement

Bruit aigu produit par des objets métalliques lorsqu'ils sont frappés
tintement

Bruit assourdissant
tonnerre

Bruit assourdissant, vacarme
charivari

Bruit brusque
boum

Bruit confus
tapage

Bruit confus de personnes qui protestent
rumeur

Bruit confus qui s'élève d'une foule
brouhaha

Bruit d'explosion
bang

Bruit d'un objet qui tombe dans l'eau
flac

Bruit de ce qui tombe
boum

Bruit de chute
flop

Bruit de la foudre
tonnerre

Bruit de la foudre qui accompagne l'éclair
tonnerre

Bruit de la souris
clic

Bruit de voix qui chuchotent
chuchotis

Bruit discordant
charivari

Bruit parmi les pleurs
snif

Bruit produit par à-coups
hoquet

Bruit que fait un bébé lorsqu'il est bien
areu

Bruit que produisent certains insectes
stridulation

Bruit que produit ce qui bat
battement

Bruit rauque de la respiration
râle

Bruit sec
déclic, tac

Bruit sec d'un déclic
clic

Bruit sonore
boum

Bruit sourd et continu
ronron

Bruit strident que peuvent produire certains insectes
stridence

Bruit violent
bang, fracas

Bruiteur
avertisseur

Bruits provoqués par le froissement d'une étoffe
froufrous

Brûlage
brûlis, écobuage

Brûlant
amoureux, animé, ardent, bouillant, caustique, chaud, cuisant, dangereux, délicat, dévorant, enflammé, épineux, fervent, fiévreux, flambant, fumant, passionné, périlleux, sensible, tabou, tendu, torride, vif

Brûlé
calciné, enflammé, roussi

Brûlé, carbonisé
calciné

Brûler
bouillir, calciner, carboniser, consommer, consumer, cuire, dévorer, embraser, flamber, griller, incendier, incinérer, irriter, miner, piquer, ronger, rôtir, roussir, sauter, taper, torréfier

Brûler l'extérieur d'un aliment sans en cuire l'intérieur
havir

Brûler légèrement
cramer

Brûler superficiellement
roussir

Brûlerie
distillerie, rhumerie

Brûleur
boutefeu

Brûlis
brûlage

Brûloir
torréfacteur

Brûlot
moustique

Brûlure
acidité, aigreur, ampoule, chaleur, cloque, corrosion, échaudure, échauffement, feu, irritation, morsure, urtication

Brumaille
brume

Brume
aura, brouillard, brouillasse, brumaille, brumasse, buée, nuée, vapeur, voile

Brumeux
bouché, brouillardeux, confus, couvert, flou, fumeux, nébuleux, nuageux, obscur, sibyllin, sombre, vague, vaporeux, vaseux, voilé

Brumisateur
aérosol, atomiseur

Brun
bai, basané, bistre, bistré, boucané, brique, bronzé, brunâtre, châtain, chocolat, couleur, foncé, hâlé, kaki, marron, mordoré, sombre, tanné

Brun clair proche du jaune
beige

Brun jaunâtre
bistre

Brun-jaune
kaki

Brunante
brune, soir

Brunâtre
bistre, brun, brune

Brunch
collation, déjeuner, repas

Brune
bière, bistre, brique

Brunette
fillette

Bruni
bistre, bronzé, doré, poli, tanné

Brunir
bronzer, cuivrer, dorer, foncer, hâler, noircir, polir, tanner

Brunisseur
limeur

Brunissoir
polissoir

Brunissure
poli

Brusque
abrupt, animal, bestial, bourru, bref, brutal, cassant, cavalier, cinglant, fulgurant, impatient, imprévu, inattendu, inopiné, nerveux, précipité, prompt, rapide, rude, saccadé, sec, soudain, subit, vif, violent

Brusque accès de gaieté
hilarité

Brusquement
net, pile, rudement, sèchement, soudain

Brusquer
bousculer, contraindre, hâter, malmener, maltraiter, précipiter, presser, rudoyer, traiter, violenter

Brusquerie
brièveté, brutalité, rudesse

Brut
écru, fruste, grège, grossier, immédiat, inachevé, indompté, naturel, originel, premier, primitif, pur, rudimentaire, rustique, sauvage, sec, vierge

Brutal
abrupt, agressif, animal, barbare, bestial, bref, brusque, cru, direct, dur, emporté, franc, grossier, inhumain, instantané, méchant, pénible, précipité, rapide, réaliste, rude, sec, soudain, subit, tranchant, vif, violent, viril

Brutalement
âprement, crûment, durement, net, rudement, sec, sèchement, soudain, vertement, vivement

Brutaliser
frapper, malmener, maltraiter, molester, rudoyer, taper, tourmenter, violenter

Brutalité
agression, animalité, atrocité, barbarie, bestialité, brusquerie, cruauté, crudité, dureté, férocité, force, inhumanité, réalisme, rudesse, sauvagerie, sévices, violence

Brute
barbare, bête, butor, gougnafier, goujat, malappris, malotru, mufle, rustaud, rustre, sauvage

Bruyant
assourdissant, éclatant, grondeur, retentissant, sonore, tapageur, tonitruant, turbulent

Bruyère
lande

Buanderie
blanchisserie, laverie, lavoir, lingerie, pressing

Buandier
blanchisseur, lavandier, laveur

Bubale
antilope

Bubon
abcès, bouton, pustule

Buccal
oral

Buccin
trompette

Buccinateur
clairon

Bûche
bûchette, chute, rondin

Bûché
potassé, travaillé

Bûcher
bosser, étudier, potasser, travailler

Bûcheron
abatteur

Bûchette
bûche

Bûcheur
laborieux, travaillant, travailleur

Bucolique
agreste, bergerie, champêtre, églogue, forestier, idyllique, pastoral, rural, rustique

Budget
comptabilité, compte, enveloppe, finances, somme

Budgétaire
financier

Budgéter
budgétiser

Budgétiser
budgéter

Buée
brouillard, brume, condensation, humidité, nuée, vapeur

Buffalo
bison

Buffet
armoire, bahut, buvette, cabinet, cafétéria, coffre, commode, crédence, desserte, dressoir, lunch, placard, vaisselier

Buffet rustique
bahut

Buffle
karbau, kérabau, yack, yak

Buffle d'Asie
karbau, kérabau

Buffle sauvage de la Malaisie
gaur

Buggy
voiture

Bugle
trompette

Bugne
beigne, beignet

Buisson
bocage, bois, bosquet, broussaille, fourré, haie, hallier, massif, roncier, taillis, touffe

Bulbe
bourgeon, bouton, bulbille, caïeu, oignon, pustule, racine

Bulbille
bourgeon, bulbe, racine

Bull
bouteur

Bulldozer
bouteur

Bulle
ampoule, balle, ballon, boule, cloque, décret, globule, phlyctène, phylactère, vésicule

Bulles d'un liquide en ébullition
bouillon

Bulletin
attestation, avis, bordereau, brochure, carnet, certificat, communiqué, état, feuille, journal, nouvelles, ordre, périodique, publication, rapport, récépissé, reçu, recueil, revue, ticket

Bungalow
chalet, cottage, pavillon, villa

Bunker
abri, blockhaus, casemate

Bureau
administration, agence, antenne, assemblée, cabinet, comité, commission, étude, local, meuble, office, organisme, pupitre, secrétaire, secrétariat, service, table

Bureau d'un trésorier-payeur
paierie

Bureau de normalisation du Québec
BNQ

Bureau de tabac
tabagie

Bureau des questeurs d'une assemblée
questure

Bureaucrate
scribe

Burette
ampoule, fiole, flacon

Burin
bédane, charnière, ciseau, drille, échoppe, guilloche, onglette, trépan

Burin étroit
bédane

Burinage
ciselage, écriture

Buriné
marqué

Buriner
champlever, graver, marquer, sculpter, taillader

Burlat
bigarreau

Burlesque
abracadabrant, absurde, amusant, bouffon, caricatural, cocasse, comique, extravagant, farfelu, grotesque, hilarant, loufoque, ridicule, risible, saugrenu, ubuesque

Bus
autobus, car

Buse
canalisation, conduit, rapace, tuyau

Buse d'aérage
canar

Business
négoce, travail

Busqué
aquilin, arqué, bourbonien, convexe, courbé, recourbé, tordu

Busquer
arquer, ciseler, courber, galber

Buste d'une statue entière
torse

Bustier
caraco

But
ambition, cause, cible, désir, dessein, direction, esprit, fin, finalité, goal, intention, mission, motif, motivation, objectif, objet, panier, point, projet, propos, raison, résolution, sens, terme, visée, vue

But à atteindre
objectif

But auquel tend chaque chose
finalité

But que l'on vise
cible, clé, clef

Butane
combustible

Buté
acharné, borné, entêté, étroit, exclusif, obstiné, tenace, têtu

Butée
arrêtoir, butoir, contrefort

Butée d'un pont
culée

Buter
acculer, achopper, appuyer, cabrer, cogner, trébucher

Buteur
marqueur

Butin
capture, dépouille, prise, proie, récolte, trésor, trophée

Butiner
glaner, récolter, recueillir

Butoir
butée, drayoir, heurtoir, marque

Butor
âne, balourd, brute, goujat, grossier, idiot, lourdaud, malappris, malotru, mufle, rustre, sauvage

Butte
ados, colline, dune, élévation, éminence, hauteur, mont, monticule, motte, talus, tertre

Buttoir
charrue

Buvable
acceptable, consommable, mangeable, passable, potable, saine, supportable, tolérable

Buvard
absorbant

Buvette
bar, brasserie, buffet, café, cafétéria, taverne

Buveur
baigneur, consommateur, ivrogne, soiffard

Buvoter
boire

Bye
adieu, salutation

Byzantin
compliqué, oiseux, stérile, vain

C

C'est-à-dire
soit

Ca
calcium

Ça
ceci, cela, celui, cet, démonstratif, icelui

Cab
cabriolet, décapotable, voiture

Cabale
clique, complot, conjuration, conspiration, coterie, faction, intrigue, ligue, magie, occultisme, parti, théosophie

Cabaler
comploter, intriguer

Cabalistique
abstrus, magique, obscur, occulte

Caban
blazer, blouson, cape, capote, gabardine, manteau, pardessus, pèlerine, vareuse, veste

Cabane
abri, baraque, bicoque, cabanon, cahute, cambuse, case, chaumière, gourbi, hutte, masure, refuge

Cabane à lapins
clapier

Cabane, chaumine
chaumière

Cabaner
naufrager, renverser

Cabanon
appentis, cabane, cachot, chalet, remise

Cabaret
boîte, bouge, bousin, brasserie, café, caveau, gargote, taverne

Cabaret installé au sous-sol
cueva

Cabaret mal famé
bousin, caboulot

Cabas
corbeille, couffin, panier, sac

Cabasset
casque

Cabestan
treuil, winch

Cabestan horizontal pour lever l'ancre
guindeau

Cabestan volant
vindas

Cabillaud
aiglefin, églefin

Cabine
benne, carlingue, chambre, cockpit, coffre, couchette, habitacle

Cabine où l'électeur vote
isoloir

Cabinet
agence, alcôve, bahut, buffet, bureau, cagibi, débarras, étude, gouvernement, musée, muséum, réduit

Cabinet d'aisance rudimentaire
latrines

Cabinet d'aisances
tinette, toilettes

Cabinets
latrines, toilettes

Câblage
connexion

Câble
amarre, amure, attache, câblogramme, cordage, corde, cordon, drosse, élingue, fil, filin, liaison, liure, manœuvre, remorque, télégramme, touée

Câble de remorquage
remorque

Câble élastique utilisé pour fixer des bagages sur un véhicule
sandow

Câble qui maintient un mât
étai

Câble qui retient un navire
amarre

Câble servant à maintenir
hauban, liure

Câbler
connecter, télégraphier, tordre, toronner

Câblogramme
câble

Cabochard
entêté, têtu

Caboche
clou, tête

Cabochon
bonnet, clou

Cabossé
détérioré

Cabosser
bosseler, bossuer, déformer

Cabot
cabotin, chabot, chien, chiot

Cabotage
bornage

Caboter
longer, naviguer

Cabotin
cabot, fanfaron, faux, histrion, poseur, prétentieux

Caboulot
bistro, bistrot

Cabrage
pesade

Cabré
agressif, galbé

Cabrer
braquer, buter

Cabrer (Se)
dresser, fâcher, protester, regimber, révolter

Cabri
biquet, chèvre, chevreau

Cabriole
acrobatie, bond, culbute, entrechat, galipette, gambade, pirouette, ruade, saut, sautillement, tour, voltige

Cabrioler
bondir, caracoler, folâtrer, ruer, sauter, sautiller

Cabriolet
boghei, cab, chapeau, décapotable, tilbury, voiture

Cabriolet à deux chevaux
tandem

Cabriolet à quatre roues, à deux places
milord

Cabriolet découvert à deux roues
boghei

Cabrouet
charrette

Cacahuète
arachide

Cacao
chocolat

Cacaoté
chocolaté

Cacaotier
cacaoyer

Cacaoyer
cacaotier

Cacatoès
oiseau, perroquet

Cacatoès gris
rosalbin

Cachalot
cétacé

Cache
affût, cachette, planque, protection, terrier

Caché
abrité, clandestin, codé, cryptique, déguisé, dissimulé, drapé, enfoui, étouffé, furtif, inavoué, latent, masqué, obscur, occulte,

profond, recouvert, scellé, secret, sourd,
souterrain, tapi

Cache-cœur
brassière

Cache-col
écharpe, fichu, foulard

Cache-cou
fichu

Cache-nez
cagoule, écharpe, foulard

Cache-poussière
blouse

Cachectique
étique

Cachemire
cashmere, tissu

Cacher
abriter, arrêter, blottir, boucher, camoufler,
celer, couvrir, dissimuler, éclipser, enfermer,
enfouir, enserrer, ensevelir, enterrer,
envelopper, escamoter, étouffer, masquer,
obscurcir, occulter, pallier, receler, recouvrir,
réfugier, renfermer, rentrer, serrer, taire, voiler

Cacher (Se)
disparaître, fuir, tapir, terrer

Cacher en déguisant
travestir

Cacher pour autrui par un moyen approprié
dissimuler

Cacher, masquer
recouvrir

Cachet
apparence, capsule, caractère, charme,
comprimé, empreinte, estampille, griffe,
marque, oblitération, originalité, pastille,
patte, pilule, rétribution, salaire, sceau, style,
tampon, timbre, touche

Cachet authentique
visa

Cachet officiel
sceau

Cacheté
scellé

Cacheter
fermer, sceller

Cachette
asile, cache, refuge, repaire, retraite, tanière

Cachexie
marasme

Cachot
cabanon, cellule, geôle, mitard, oubliette,
prison

Cachot où l'on enfermait les fous jugés dangereux
cabanon

Cachotterie
mystère, secret

Cachottier
secret

Cachou
acacia

Cacique
chef, major, premier

Cacochyme
débile, faible, malade, maladif, malingre,
souffreteux, valétudinaire

Cacographe
écrivain

Cacolet
bât

Cacophonie
boucan, bruit, charivari, confusion,
discordance, dissonance, tintamarre,
vacarme

Cacophonique
dissonant

Cactus à rameaux aplatis
nopal

Cadastre
registre

Cadavéreux
livide, plombé

Cadavérique
exsangue, livide, plombé, terreux, vitreux

Cadavre
charogne, corps, dépouille, macchabée,
mort, restes

Cadavre desséché
momie

Cadavre desséché qui reprend vie le soir de l'Halloween
momie

Caddie
cadet, chariot

Cadeau
bénédiction, bienfait, don, étrenne, faveur,
largesse, libéralité, manne, offrande, présent,
prix, récompense, souvenir, surprise

Cadeau, offrande
hommage

Cadenas
fermeture, loquet

Cadenasser
fermer, verrouiller

Cadence
allure, alternance, balancement, débit,
harmonie, mesure, nombre, rythme, tempo,
train, vitesse

Cadencé
musical, nombreux, rythmique

Cadencer
accorder, mesurer, rythmer

Cadène
chaîne

Cadenette
couette, natte, tresse

Cadet
ado, adolescent, benjamin, caddie, dernier, élève, jeune, jeunet, junior, puîné

Cadmie
résidu

Cadmium
Cd

Cadran
clavier, gnomon, horloge

Cadre
ambiance, bord, bordure, chambranle, champ, châssis, décor, domaine, élément, encadrement, environnement, illustration, limite, manager, milieu, paysage, plan, schéma, sphère, tableau, théâtre, zone

Cadre de forme généralement rectangulaire
châssis

Cadrer
acclimater, accorder, assortir, centrer, coïncider, concorder, convenir, correspondre

Cadreur
caméraman, opérateur

Caduc
abattu, âgé, ancien, annulé, antédiluvien, cassé, déciduale, démodé, dépassé, désuet, inactuel, muet, nul, obsolète, passé, périmé, suranné, vieillot, vieux

Caducité
ancienneté, antiquité, décadence, déchéance, déclin, décrépitude, nullité, prescription, sénescence, usure, vétusté, vieillesse

Cæcum
appendice, vermiforme

Cæsium
Cs

Cafard
accablement, bigot, blatte, blues, bourdon, découragement, dénonciateur, déprime, ennui, hypocrite, insecte, mélancolie, nostalgie, rapporteur, spleen, sycophante, tartufe, tartuffe, tristesse

Cafarder
dénoncer, déprimer, rapporter, répéter

Cafardeur
cafteur

Cafardeux
morne, morose, triste

Café
arabica, bar, bistro, bistrot, boisson, bouchon, brasserie, buvette, cabaret, cafétéria, cappuccino, comptoir, déca, estaminet, express, expresso, gargote, loup, moka, pub, taverne, troquet, zinc

Café-chantant
cabaret

Café-concert
cabaret, théâtre

Café-restaurant, dans une gare
buffet

Café-théâtre
théâtre

Caféine
stimulant

Caféine contenue dans le thé
théine

Cafetan
dolman, tunique

Cafétéria
buffet, buvette, café, snack

Cafetier
tavernier

Cafetière
carafe, percolateur, verseuse

Cafouilleur
baragouineur

Cafre
zoulou

Caftan
dolman, tunique

Cafter
dénoncer, moucharder, rapporter, répéter

Cafteur
accusateur, cafardeur, calomniateur

Cage
abri, boîte, boîtier, clapier, épinette, geôle, lapinière, mue, nichoir, prison, tournette, volière

Cage où l'on enferme les oiseaux
volière

Cage vitrée au-dessus d'un escalier
lanterneau

Cageot
billot, cagette, caisse, caissette, clayette, pieux

Cagerotte
égouttoir

Caget
caseret, caserette, égouttoir

Cagette
cageot, claie

Cagibi
armoire, cabinet, coqueron, débarras, réduit

Cagna
cahute, guitoune

Cagnard
canicule

Cagneux
tordu

Cagnotte
cassette, tirelire

Cagot
bigot, hypocrite

Cagoterie
bigoterie

Cagoulard
malfaiteur

Cagoule
capuche, capuchon, cuculle

Cahier
agenda, album, calepin, carnet, fascicule, journal, livret, registre

Cahier de copies
farde

Cahiers
mémoires

Cahot
anicroche, cahotement, contrariété, difficulté, heurt, inégalité, obstacle, saut, secousse, soubresaut, vicissitude

Cahoté
secoué

Cahotement
cahot

Cahoter
agiter, ballotter, bringuebaler, éprouver, osciller, secouer, tressauter

Cahoteux
inégal

Cahute
baraque, bicoque, cabane, cagna, hutte, masure

Caïd
chef

Caïeu
ail, bourgeon, bulbe, gousse, racine

Caillage
hémostase

Caillasse
rocaille

Caillé
sérac

Cailler
coaguler, figer, geler, tourner

Cailler avec de la présure
présurer

Cailletage
bavardage, caillette

Cailleter
babiller, bavarder

Caillette
bavard, cailletage, frivole

Caillot
grumeau

Caillot de sang
embolie

Caillou
galet, gravier, gravillon, pierre, roc, rocaille, roche, rocher, silex

Caillou rond
galet

Caillou usé
galet

Caillouter
ballaster, empierrer

Caillouteux
pierreux, rocheux

Caïman
alligator, crocodile

Cairn
tumulus

Caisse
bac, boîte, cageot, caissette, coffre, gaine, malle, tirelire

Caisse métallique de grandes dimensions
conteneur

Caisse trouée pour conserver le poisson dans l'eau
banneton

Caissette
cageot, caisse

Caissier
trésorier

Caisson
chariot, cloche, moulure

Caisson basculant intégré à un camion
benne

Cajoler
amadouer, câliner, caresser, charmer, choyer, dorloter, enjôler, flatter, gâter, mignoter, mitonner, pouponner

Cajolerie
adulation, bicherie, câlin, câlinerie, caresse, chatterie, gâterie, tendresse

Cajoleur
câlin, caressant, séducteur, tendre

Cajou
anacarde, noix

Cajun
acadien

Cake
gâteau

Cal
callosité, calorie, calus, cor, corne, durillon

Calamar
chipiron, encornet, mollusque, seiche

Calame
roseau

Calamine
résidu

Calamité
accident, cataclysme, catastrophe, désastre,
désolation, fléau, infortune, mal, malheur,
misère, tragédie

Calamiteux
détestable, funeste, minable, pitoyable,
tragique, triste

Calandre
charançon

Calandrer
glacer, lisser, lustrer, moirer

Calanque
anse, baie, crique, fiord, fjord

Calavérite
tellure

Calbombe
bougie, chandelle

Calcaire
calcium, craie, oolithe, tartreux

Calcaire dur
liais

Calcaire métamorphique à veines serpentines
cipolin

Calcédoine
agate

Calcédoine zonée de couleur rouge
cornaline

Calciné
brûlé, carbonisé, grillé, roussi

Calciner
brûler, carboniser, consumer, flamber, griller,
incinérer, roussir, torréfier

Calcite
calcium

Calcium
Ca, calcaire, calcite

Calcul
algèbre, appréciation, arithmétique,
attente, compte, détermination, estimation,
évaluation, intérêt, manigance, manœuvre,
menées, mesure, opération, plan, politique,
prévision, spéculation, stratégie, supputation

Calculateur
abaque, intéressé, ordinateur

Calculatrice
calculette

Calculé
chiffré, ergoté, étudié, intéressé, mûri,
prémédité, raisonné, réglé

Calculer
apprécier, arranger, chiffrer, combiner,
compter, estimer, établir, évaluer, mesurer,
peser, planifier, préméditer, prévoir, raisonner,
réfléchir, régler, supputer

Calculette
calculatrice

Caldarium
étuve, hammam, sauna

Cale
béquille, crique, étai, étançon, froid, marque,
soute

Calé
ardu, compliqué, cultivé, difficile, doué, ferré,
fort, qualifié, savant, trapu

Cale d'un navire
soute

Cale en forme de V
vé

Calèche
fiacre, landau

Caleçon
bobettes, culotte, slip

Calédonien
kanak

Caléfaction
cuisson

Calembredaine
baliverne, blague, faribole, sornette

Calendrier
agenda, almanach, échéancier, éphéméride,
ménologe, ordo, planning, programme

Calendrier liturgique
ordo

Calepin
agenda, almanach, bloc, cahier, carnet,
registre, répertoire

Caler
arrêter, arrimer, assurer, bloquer, carrer,
céder, coincer, couler, étayer, fixer, flancher,
lamper, maintenir, reculer, renoncer, serrer,
soutenir

Caler de nouveau
recaler

Calfatage
étoupement, réparation

Calfater
boucher, étancher, réparer

Calfater, mettre un bouchon d'étoupe
étouper

Calfeutrer
boucher, obturer

Calfeutrer (Se)
aveugler, claquemurer, confiner, enfermer,
étancher, fermer, isoler, terrer

Calibrage
alésage, triage

Calibre
acabit, alaise, alésage, alèse, capacité,
carrure, classe, diamètre, dimension,
envergure, étalon, feu, format, gabarit,
grosseur, jauge, mesure, pistolet, qualité,
style, taille, valeur, volume

Calibre permettant de profiler une construction
cerce

**Calibre servant à donner une forme courbe à
un ouvrage**
cerce

Calibrer
aléser, chaîner, classer, cribler, jauger,
mesurer, proportionner, trier

Calibrer, fraiser
aléser

Calibreuse
aléseuse, crible

Calice
coupe

Calicot
banderole

Calife
émir

Californium
Cf

Câlin
affectueux, aimant, amoureux, baiser,
cajolerie, cajoleur, caressant, caresse, doux,
tendre

Câliner
amadouer, cajoler, caresser, choyer, dorloter,
enjôler, flatter, gâter, pouponner

Câlinerie
cajolerie, caresse, chatterie

Calligramme
poème

Calligraphie
écriture

Calligraphié
écrit, noté

Calligraphier
écrire, former

Callosité
cal, calus, cor, corne, durillon, induration,
oignon

Calmant
analgésique, anesthésique, antispasmodique,
apaisant, hypnotique, lénifiant, palliatif,
rassurant, relaxant, reposant, sédatif,
tranquillisant

Calmar
chipiron, encornet, mollusque, seiche

Calme
accalmie, agréable, apaisement, apathie,
bonace, bonheur, cool, détendu, égal,
égalité, embellie, étale, flegmatique, flegme,
froideur, impassibilité, impassible, impavide,
imperturbable, lent, marasme, ordre,
pacifique, paisible, paix, patience, patient,
pépère, philosophe, placide, placidité,
pondération, pondéré, posé, quiet, quiétude,
rassis, relax, rémission, répit, repos, réservé,
sage, sagesse, sécurité, serein, sérénité,
silence, stabilité, stagnation, tranquille,
tranquillité, uni

Calmé
adouci, allégé, assagi, rasséréné, rassuré,
relaxé, retenu

Calme et sérieux
posé

Calme passager de la mer
accalmie

Calme plat de la mer
bonace

Calme, paix
silence

Calmement
flegmatiquement, froidement,
impassiblement, imperturbablement,
mûrement, pacifiquement, paisiblement,
placidement, posément, sagement,
sereinement, tranquillement

Calmer
adoucir, alléger, amortir, apaiser, assagir,
assoupir, assouvir, bercer, consoler,
désaltérer, détendre, diminuer, endormir,
étancher, éteindre, guérir, lénifier, mater,
modérer, pacifier, panser, rabattre, radoucir,
rasséréner, rassurer, relaxer, remédier,
réprimer, retenir, retomber, satisfaire,
sécuriser, soulager, tempérer, tomber,
tranquilliser

Calmer, apaiser
dulcifier

Calomniateur
cafteur, corbeau, éreinteur, médisant

Calomnie
accusation, allégation, atrocité, attaque,
dénigrement, dénonciation, détraction,
diffamation, imposture, infamie, médisance,
mensonge, racontar, ragot, venin

Calomnié
accablé, accusé, sali

Calomnier
accabler, accroire, accuser, attaquer, baver, déchirer, décrier, dénigrer, diffamer, médire, noircir, salir, souiller

Calomnieux
diffamant, mauvais, médisant

Calorie
cal

Calorifère
poêle

Calorifique
thermique

Calorique
nutritif

Calot
béret, bille, bonnet, œil

Calotin
bigot

Calotte
affront, barrette, chapeau, chéchia, fez, gifle, kippa, pôle

Calotte de caoutchouc qui peut se fixer sur une surface plane en faisant le vide d'air
ventouse

Calotte portée en permanence par les juifs pratiquants
kippa

Calotte portée par les juifs pratiquants
kippa

Calotte qu'on portait en Afrique du Nord
fez

Calotter
battre, taper

Calque
copie, démarquage, double, emprunt, imitation, pillage, plagiat, réplique

Calquer
conformer, contrefaire, copier, décalquer, démarquer, imiter, piller, plagier, reproduire

Calter (Se)
décamper, déguerpir, enfuir, partir

Calumet
narghilé, narguilé, pipe

Calus
cal, callosité

Calva
calvados

Calvados
calva

Calvaire
croix, épreuve, géhenne, martyre, supplice, torture

Calvitie
alopécie, pelade, tonsure

Cam
camelopardalis

Camaïeu
camée

Camail
chapeau, mosette

Camarade
acolyte, adepte, ami, associé, collègue, compagne, compagnon, compère, complice, confident, confrère, connaissance, copain, frère, intime, partenaire, pote, relation

Camarade, amie
copine

Camaraderie
amitié, entente, fraternité, solidarité, union

Camard
aplati, camus, plat

Camarde
camus, mort

Camarilla
lobby

Cambiste
changeur, monnayeur

Cambodgien
khmer

Cambouis
graisse

Cambrer
arquer, bomber, cintrer, courber, creuser, incurver, plier, voûter

Cambrien
acadien

Cambriolage
vol

Cambrioler
dévaliser, voler

Cambrioleur
brigand, casseur, voleur

Cambrousard
paysan

Cambrure
arc, convexité

Cambuse
baraque, cabane, magasin, réduit, taudis

Camée
agate, camaïeu

Caméléon
lézard

Camélia
fleur

Camelopardalis
cam

Camelot
charlatan, chineur, forain, marchand, vendeur

Camelote
babiole, faux, marchandise, pacotille, saleté, stuc, toc

Caméra
caméscope

Caméra vidéo portative avec magnétoscope
caméscope

Caméraman
cadreur, filmeur, opérateur

Camérier
valet

Camériste
gouvernante, servante

Caméscope
caméra

Camion
fourgon, utilitaire

Camionnage
roulage

Camionner
débarder, transporter, véhiculer

Camionneur
chauffeur, routier, transporteur

Camisole
brassière, caraco, casaquin, chemisier

Camomille
anthémis

Camoufle
bougie, chandelle

Camouflé
anonyme, déguisé, habillé, inavoué, masqué

Camoufler
cacher, costumer, déguiser, dissimuler, éclipser, escamoter, habiller, maquiller, masquer, recouvrir, travestir, voiler

Camouflet
affront, claque, gifle, offense, outrage, rebuffade, soufflet

Camp
bidonville, bivouac, campée, campement, cantonnement, chalet, clan, côté, équipe, faction, groupe, parti, pavillon, quartiers, terrain, villa

Camp de concentration dans l'ex-URSS
goulag

Campagnard
agreste, agriculteur, habitant, pastoral, paysan, rural, rustique, terrien

Campagne
champ, combat, croisade, expédition, guerre, nature, offensive, opération, raid, terroir, vert

Campagne en Afrique du Nord
bled

Campagnol
lemming, rat

Campane
clochette

Campanile
beffroi, clocher, lanterne, minaret

Campé
bivouaqué, cantonné, décrit, fixé, incarné, installé, peint, planté, posté, représenté, situé

Campée
camp, campement

Campement
bivouac, camp, campée, camping, cantonnement, quartiers

Campement de plein air
bivouac

Campement léger et provisoire en plein air
bivouac

Camper
bivouaquer, cantonner, croquer, décrire, incarner, installer, laisser, mettre, peindre, planter, poser, représenter

Campeur
caravanier, vacancier

Camping
campement, caravanage, caravaning

Camping-gaz
réchaud

Campus
faculté, institut

Camus
aplati, camard, camarde, écrasé, épaté, plat

Canadian Automobile Association
CAA

Canadian Broadcasting Corporation
CBC

Canadian National Railways
CNR

Canadien
acadien

Canadien National
CN

Canadienne
blazer, canot, tente, veste

Canaille
bandit, brigand, carotteur, charrette, chenapan, coquin, crapule, escroc, fripon, fripouille, gangster, gredin, malfaiteur, pègre, peuple, polisson, populace, racaille, scélérat, vaurien, vermine, voleur, voyou

Canaillerie
crapulerie

Canal
arrugie, artère, bassin, canalicule, chaîne, chenal, circuit, conduit, conduite, cunette, dalot, détroit, drain, égout, émissaire, entremise, étier, filière, fosse, goulette, goulotte, intermédiaire, miroir, noulet, passe,

pipeline, rainure, rigole, robine, saignée, trompe, truchement, tube, tuyau, uretère, urètre, vaisseau, veine, voie

Canal 10
TVA

Canal 2
SRC

Canal creusé pour faire passer un bateau
chenal

Canal d'irrigation, en Afrique
séguia

Canal de dérivation
bief

Canal de sports
RDS, TSN

Canal du corps humain
uretère

Canal fixé au bord inférieur des toits
gouttière

Canal reliant le larynx aux bronches
trachée

Canalicule
canal

Canalisation
buse, conduit, conduite, égout, gazoduc, oléoduc, pipeline, plomberie, tube, tuyau, tuyauterie

Canalisation par laquelle s'écoule un liquide ou un fluide
conduit

Canaliser
aiguiller, capter, centraliser, concentrer, contrôler, diriger, endiguer, focaliser, grouper, maîtriser, mobiliser, orienter, réunir

Canapé
biscotte, causeuse, cosy, divan, fauteuil, méridienne, ottomane, siège, sofa

Canard
bouilloire, caneton, colvert, couac, eider, oiseau, palmipède, sarcelle

Canard de petite taille
cacaoui

Canard mâle
malard, malart

Canard marin
eider

Canard sauvage
cacaoui, pilet, sarcelle

Canard sauvage à plumage noir
morillon

Canard sauvage de surface très répandu
colvert

Canardeau
caneton

Canarder
criailler, fausser, mitrailler, tirailler

Canari
passereau, serin

Canasson
bourrin, cheval, rosse

Cancan
bavardage, clabaudage, commérage, papotage, potin, racontar, ragot

Cancaner
babiller, bavarder, causer, commérer, jaboter, jacasser, jaser, médire, papoter, potiner

Cancanier
babillard, bavard, commère, indiscret, médisant, placoteur, placoteux, potinier

Cancer
adénome, carcinome, chancre, épithélioma, gangrène, lèpre, leucémie, métastase, néoplasme, sarcome, tumeur

Cancérigène
oncogène

Cancérologie
oncologie

Cancérologue
médecin, oncologue

Cancre
fainéant, paresseux

Candela
blondel, bougie

Candeur
blancheur, crédulité, fraîcheur, ignorance, ingénuité, innocence, naïveté, pureté, simplicité, sincérité, virginité

Candida
levure

Candidat
aspirant, compétiteur, concurrent, postulant, prétendant

Candide
crédule, frais, ingénu, innocent, jeune, naïf, novice, profane, puéril, pur, simple, sincère, virginal

Candidement
ingénument, naïvement, purement

Candir (Se)
cristalliser

Cane
canette

Caner
décéder, enfuir, mourir, reculer

Caneter
enrouler

Caneton
canard, canardeau, colvert, voilier

Canette
bière, bobine, bouteille, cane, fiole, flacon

Canevas
charpente, croquis, ébauche, esquisse, fond, maquette, modèle, ossature, plan, projet, scénario, schéma, squelette, structure, synopsis, toile, trame

Canevas d'une pièce
scénario

Cangue
collier

Caniculaire
torride

Canicule
cagnard, chaleur, étuve, fournaise

Canidé
coyote

Canier
cannaie, empailleur

Canif
couteau, opinel

Canine
croc, dent

Canisse
canne

Canitie
blancheur, blanchissement

Caniveau
rigole

Canna
balisier

Cannaie
canier

Canne
alpenstock, arme, baguette, bambou, bâton, béquille, canisse, houlette, jambe, roseau

Canne à pêche
gaule

Canne faite d'une tige de rotang
jonc

Canne souple
stick

Canneberge
airelle, ataca, atoca

Cannelle
bobine

Cannelure
gorge, goujure, moulure, rainure, sillon, strie

Canner
joncer

Canneur
cannier, rempailleur

Cannibale
anthropophage, ogre

Cannier
canneur, empailleur, rempailleur

Canoë
barque, bateau, canot, kayak, pirogue

Canoéiste
kayakiste

Canon
archétype, arme, aspic, basilic, batterie, beau, bel, bertha, Bible, bombarde, caronade, chant, couleuvrine, émerillon, faucon, fauconneau, idéal, loi, magnifique, modèle, mortier, musique, obusier, parangon, pierrier, superbe, type, verre, veuglaire

Canon court
obusier

Canonicat
bénéfice, chanoinie

Canonique
avancé, conforme, légal, légitime, normatif, orthodoxe, respectable, vénérable

Canonisé
saint

Canoniser
béatifier, diviniser, glorifier, sanctifier

Canonnade
bombardement, canonnage, pilonnage, salve

Canonnage
bombardement, canonnade, mitraillage, pilonnage

Canonné
bombardé

Canonner
attaquer, bombarder, pilonner

Canonnier
artilleur, munitionnaire

Canonnière
meurtrière

Canope
vase

Canot
annexe, barque, canadienne, canoë, chaloupe, esquif, kayak, nacelle, périssoire, pinasse, pirogue, vedette, yole, youyou

Canoté
ramé

Canoter
godiller, pagayer, ramer

Canotier
chapeau

Cantabile
chant

Cantal
fourme

Cantaloup
melon

Cantatrice
diva, divette

Cantatrice célèbre
diva

Cantatrice de renom
diva

Cantilène
ballade, chanson, chant, complainte, mélodie

Cantine
coffre, malle, mess, popote, réfectoire, restaurant

Cantique
chant, hymne, psalmodie, psaume

Cantique d'action de grâces
Te Deum

Canton
arrondissement, circonscription, division, région, territoire

Canton d'Estrie
Orford

Canton de la MRC de Memphrémagog
Orford

Cantonné
campé

Cantonnement
camp, campement, quartiers

Cantonner
bivouaquer, camper, confiner, reléguer

Cantonner (Se)
cloîtrer, délimiter, enfermer, établir, isoler, retirer

Cantonnière
draperie

Canular
attrape, bateau, blague, facétie, imposture, mensonge, plaisanterie

Canule
cathéter, drain, sonde, tube, tuyau

Canyon
défilé, gorge, goulet, vallée

Caoutchouc
chaussure, ficus, latex

Caoutchouc durci
ébonite

Caoutchouc synthétique très résistant
néoprène

Cap
bec, direction, étape, limite, orientation, palier, pointe, promontoire, route, stade

Cap dans le Massachusetts
Cod

Capable
adroit, apte, bon, bonne, compétent, dégourdi, doué, efficace, expert, fort, habile, habilité, intelligent, qualifié, valable, versé

Capable de s'élever
volant

Capable de tracter
tracteur

Capacité
aptitude, calibre, compétence, contenance, cubage, disposition, don, donation, étendue, facilité, faculté, force, génie, habileté, jauge, mérite, moyen, portée, possibilité, potentiel, pouvoir, puissance, qualité, science, talent, tonnage, valeur, vertu, volume

Capacité d'action
potentiel

Capacité légale
habilité

Capacité que doit avoir un récipient déterminé
jauge

Caparaçon
harnais

Caparaçonné
cuirassé

Caparaçonner
cuirasser

Cape
caban, gabardine, houppelande, imperméable, manteau, pardessus, pèlerine, pelisse, plaid, robe, vareuse

Cape de femme
mantelet

Capelan
gade

Capeline
casque, chapeau

Capet
casquette

Capillaire
vaisseau

Capilliculteur
coiffeur, figaro

Capilotade
purée

Capitaine
guerrier, louvetier

Capitaine de vaisseau commandant une division navale
commodore

Capitaine des Canadiens de 1999 à 2009
Koivu, Saku

Capitaine du Nautilus
Nemo

Capital
actif, argent, avoir, bien, cardinal, central, clé, clef, critique, crucial, décisif, épargne, essentiel, fondamental, fonds, fortune, important, maître, majeur, patrimoine,

premier, primordial, principal, propriété,
richesse, suprême, trésor, valeur, vital

Capital de financement
fonds

Capitale
majuscule, métropole

Capitale de la dynastie shogunale des Tokugawa
Edo

Capitale de la province romaine d'Afrique
Utique

Capitale de la Tanzanie jusqu'en 1990
Dar es Salam

Capitalisation
épargne

Capitaliser
accumuler, amasser, entasser, thésauriser

Capitaliste
financier

Capitan
bravache, fanfaron

Capiteux
enivrant, étourdissant, excitant, grisant

Capiton
bourre, bourrelet, rembourrage

Capitonné
garni, matelassé

Capitonner
garnir, matelasser, rembourrer

Capitulation
abandon, abdication, cession, défaite,
démission, reddition, renoncement

Capituler
abandonner, abdiquer, céder, démissionner,
fléchir, incliner, négocier, rendre, renoncer,
tomber

Caplan
gade

Capon
couard, peureux, pleutre

Caponnerie
poltronnerie

Caporal
brigadier, général, militaire

Caporalisme
dictature

Capote
caban, chapeau, chavire, culbute, manteau

Capoter
avorter, basculer, chavirer, culbuter, échouer,
rater, renverser, retourner, verser

Cappuccino
café

Capricant
capricieux

Caprice
algarade, amour, amourette, aventure,
béguin, boutade, chinoiserie, comédie, désir,
envie, extravagance, fantaisie, flirt, folie,
foucade, frasque, humeur, irrégularité, lubie,
marotte, passade, passion, versatilité

Caprice extravagant
lubie

Caprice, fantaisie
vertigo

Capricieux
capricant, changeant, difficile, écœuré,
fantasque, gâté, inconséquent, inconstant,
instable, lunatique, mobile, ondoyant,
quinteux, sautillant, versatile

Capricorne
insecte

Capripède
satyre

Capsulage
bouchage

Capsule
cachet, écale, enveloppe, fruit, gélule, gousse

Capsule de gélatine dure
gélule

Capsule utilisée comme condiment
macis

Captateur
arnaqueur

Captatif
possessif

Captation
dol, fraude, prise

Capté
accaparé, conquis, retenu

Capter
accaparer, accrocher, canaliser, captiver,
comprendre, conquérir, gagner, intercepter,
obtenir, recevoir, recueillir, retenir, surprendre

Capteur
détecteur, senseur

Captieux
déloyal, faux, insidieux, trompeur, vain

Captif
asservi, détenu, emprisonné, enfermé,
esclave, incarcéré, prisonnier, séquestré,
soumis

Captivant
brillant, charmeur, enthousiasmant,
envoûtant, fascinant, intéressant, magique,
palpitant, passionnant, prenant, séduisant

Captivé
alléché, intéressé, séduit

Captiver
accrocher, asservir, assujettir, capter,
charmer, conquérir, enchaîner, enchanter,

ensorceler, entraîner, envoûter, fasciner,
gagner, intéresser, maîtriser, passionner,
plaire, séduire, soumettre, subjuguer

Captivité
claustration, détention, emprisonnement,
incarcération, internement, réclusion,
séquestration, servitude, sujétion

Capture
arrestation, butin, prise, proie, saisie, trophée

Capturé
séquestré

Capture des animaux sauvages à l'aide de pièges
piégeage

Capturer
appréhender, arrêter, attraper, piéger,
prendre, séquestrer

Capuche
bonnet, cagoule, coiffe, cuculle

Capuchon
bouchon, cagoule, cuculle

Capuchon de moine, spécialement de chartreux
cuculle

Capuchon percé à l'endroit des yeux
cagoule

Capuchon taillé en pointe que portent certains moines
capuce

Capucin
frère, saï, sajou, sapajou

Caque
baril, tonneau

Caquelon
casserole, marmite

Caquer
flotter

Caquet
babil, babillage, bavardage, caquetage, cri,
jacasserie, jactance, piaillerie

Caquetage
babil, babillage, bavardage, caquet,
commérage, papotage, pépiement, verbiage

Caqueter
bavarder, glousser, jaboter, jacasser, jaser,
papoter

Car
autobus, autocar, bus, comme, conjonction,
puisque

Car-ferry
ferry

Carabe
carabidé

Carabidé
carabe

Carabine
arme, fusil, rifle

Carabiné
fort, intense

Carabosse
fée

Carabosse et Morgane
fées

Caraco
brassière, bustier, camisole, corsage

Caracoler
cabrioler, chevaucher, sauter, sautiller

Caractère
abord, air, allure, âme, apparence, aspect,
attribut, cachet, caractéristique, chiffre,
constitution, couleur, courage, décision,
détermination, énergie, essence, fermeté,
figure, génie, humeur, idiosyncrasie, indice,
lettre, marque, nature, naturel, originalité,
particularité, personnalité, présence,
propriété, protagoniste, qualité, registre,
relief, résolution, ressort, signe, spécificité,
stoïcisme, style, symbole, tempérament,
ténacité, trait, trempe, visage, volonté

Caractère acide d'un corps
acidité

Caractère aigu
acuité

Caractère basique excessif du plasma sanguin
alcalose

Caractère d'imprimerie
aldin, cicéro

Caractère d'une chose désuète
désuétude

Caractère d'une odeur fétide
fétidité

Caractère d'une personne brutale
brutalité

Caractère d'une personne lascive
lascivité

Caractère d'une personne pudique
pudicité

Caractère d'une voix rauque
raucité

Caractère de ce qui a de l'importance
gravité

Caractère de ce qui a trois lobes
trilobé

Caractère de ce qui a un but
finalité

Caractère de ce qui est anonyme
anonymat

Caractère de ce qui est âpre
âpreté

Caractère de ce qui est blanc
blancheur

Caractère de ce qui est blond
blondeur

Caractère de ce qui est brillant
brillance

Caractère de ce qui est collégial
collégialité

Caractère de ce qui est contenu dans un être
immanence

Caractère de ce qui est de trois couleurs
tricolore

Caractère de ce qui est double
dualité, duplicité

Caractère de ce qui est exigu
exiguïté

Caractère de ce qui est exotique
exotisme

Caractère de ce qui est fugace
fugacité

Caractère de ce qui est humide
humidité

Caractère de ce qui est imminent
imminence

Caractère de ce qui est infini
infinité

Caractère de ce qui est irréel
irréalité

Caractère de ce qui est léger et sans importance
frivolité

Caractère de ce qui est liquide
liquidité

Caractère de ce qui est mixte
mixité

Caractère de ce qui est net
netteté

Caractère de ce qui est nettement intelligible
clarté

Caractère de ce qui est normal
normalité

Caractère de ce qui est propre ou conforme au latin
latinité

Caractère de ce qui est rustique
rusticité

Caractère de ce qui est rutilant
rutilance

Caractère de ce qui est saint
sainteté

Caractère de ce qui est salubre
salubrité

Caractère de ce qui est sapide
sapidité

Caractère de ce qui est souple
souplesse

Caractère de ce qui est ténu
ténuité

Caractère de ce qui est toxique
toxicité

Caractère de ce qui est unique
unicité

Caractère de ce qui est univoque
univocité

Caractère de ce qui est valide
validité

Caractère de ce qui s'écarte d'une norme
déviance

Caractère de celui qui n'agit pas
passivité

Caractère de l'ancien alphabet
rune

Caractère de la personne qui lésine
lésinerie

Caractère de la sensation auditive
tonie

Caractère du béotien
béotisme

Caractère encore vivant
présence

Caractère esthétique d'œuvres et d'objets dont les traits dominants sont de mauvais goût
kitsch

Caractère global
globalité

Caractère incliné vers la droite
italique

Caractère laïque
laïcité

Caractère maussade
morosité

Caractère mixte
mixité

Caractère obscur
opacité

Caractère particulier
propriété

Caractère peu sérieux
puérilité

Caractère toxique
toxicité

Caractère unanime d'une action
unanimité

Caractère viable de quelque chose
viabilité

Caractériel
anormal, fou, instable

Caractérisé
éclairé, marqué

Caractérisé par des sensations de froid
algide

Caractérisé par l'absence d'interdictions
permissif

Caractérisé par l'hétérogénéité des éléments d'un tout
composite

Caractérisé par la pluie
pluvieux

Caractérisé par la présence d'aphtes
aphteux

Caractériser
clarifier, décrire, définir, délimiter, dépeindre, désigner, détailler, déterminer, différencier, établir, étiqueter, peindre, préciser, qualifier, spécifier, typer

Caractéristique
attribut, caractère, essentiel, particulier, propre, propriété, qualité, signe, significatif, spécial, trait, typique, vertu

Carafe
bouteille, cafetière, carafon

Carafe en verre épais
siphon

Carafon
carafe

Carambolage
accident, choc, collision

Carambouillage
recel, trafic, vol

Carambouille
arnaque

Caramel
bonbon, friandise

Carapace
armure, coquille, cuirasse, écaille, protection, test

Carat
ct, poids

Caravanage
camping

Caravane
convoi, remorque, roulotte, VR

Caravanier
campeur, chamelier

Caravaning
camping

Caravelle
voilier

Carbonade
charbonnée, grillade

Carbonado
diamant

Carbonate de plomb
céruse

Carbonate de sodium
soude

Carbonate naturel de calcium
dolomite

Carbonate naturel hydraté de sodium cristallisé
natron

Carboné
carbure

Carbone pur cristallisé
graphite

Carbonifère
houiller

Carbonisé
calciné

Carboniser
brûler, calciner, flamber, griller

Carburant
combustible, essence, kérosène, pétrole

Carburant d'aviation
kérosène

Carbure
carboné

Carbure d'hydrogène
benzène

Carcailler
margoter, margotter

Carcajou
blaireau

Carcan
assujettissement, chaînes, collier, contrainte, entrave, esclavage, joug, pilori

Carcasse
armature, bâti, charpente, châssis, coque, esquisse, os, ossature, ossements, plan, squelette, structure

Carcinome
cancer, tumeur

Cardage
débrouillement, démêlage

Cardamine
cressonnette

Cardamome
zingibéracée

Cardan
amortisseur, articulation

Carde
bette, côte

Carder
peigner

Cardère
chardon

Cardigan
gilet, lainage, sweater, tricot, veste

Cardinal
capital, éminence, essentiel, fondamental, oiseau, primordial, principal

Cardiologue
médecin

Cardon
bette

Carême
jeûne

Carénage
carène, radoub, réparation

Carence
absence, anémie, défaut, déficience, disette, faiblesse, faille, indigence, insuffisance, lacune, manque, pénurie, vacance

Carène
carénage, carlingue, coque

Caréné
profilé

Caréner
profiler, radouber, réparer

Caressant
affectueux, aimant, amoureux, cajoleur, câlin, doux, enjôleur, flatteur, tendre

Caresse
affection, attouchement, cajolerie, câlin, câlinerie, chatterie, contact, effleurement, embrassade, embrassement, enlacement, entrelace, étreinte, frôlement, gâterie

Caressé
excité

Caresse câline, parfois hypocrite
chatterie

Caresse légère
attouchement

Caresse, câlinerie doucereuse
chatterie

Caresser
aduler, ambitionner, cajoler, câliner, dorloter, effleurer, entretenir, étreindre, exciter, flatter, frôler, lécher, mignoter, nourrir, patiner, pouponner, rebaudir, tapoter, toucher

Carex
laîche

Cargaison
bagage, charge, chargement, collection, fret, masse, multitude, panoplie, provision, quantité, réserve, tas

Cargaison d'un navire
fret

Cargo
bateau, chalutier, charbonnier, liner, navire, transporteur

Cariatide
atlante

Caribou
renne

Carica papaya
papayer

Caricatural
burlesque, comique, exagéré, grotesque, loufoque, outré, parodique, primaire, ridicule, saugrenu, simpliste

Caricature
charge, critique, déformation, dessin, image, imitation, parodie, satire, simulacre, travestissement

Caricaturer
charger, contrefaire, croquer, déformer, outrer, parodier, pasticher, singer

Caricaturiste
humoriste

Carie
chancre, pourriture, ulcération

Carié
gâté, malade

Carier
gâter

Carillon
clepsydre, cloche, horloge, pendule, sonnerie, sonnette, tintement

Carillonné
sonné

Carillonner
annoncer, clamer, proclamer, résonner, sonner, tinter, trompeter

Carillonneur
sonneur

Caritatif
bon, charitable, généreux

Carlingue
cabine, carène, cockpit

Carmin
colorant, corail, pourpre, rouge

Carnage
abattoir, boucherie, dégât, destruction, dévastation, guerre, hécatombe, massacre, pâture, ravage, tuerie, viande

Carnassier au pelage roux tacheté de noir
guépard

Carnation
coloration, coloris, couleur, teint, ton, tonalité

Carnaval
mascarade

Carnaval célèbre
Rio

Carne
barbaque, chameau, cheval, rosse, vache

Carné
rose

Carnet
agenda, almanach, bloc, bulletin, cahier, calepin, chéquier, fascicule, livret, registre, répertoire, triptyque

Carnet de notes
bulletin, manifold

Carnivore aux pattes palmées
loutre

Caronade
canon

Caroncule
excroissance, fraise, protubérance

Carotide
artère

Carotte sauvage
panais

Carotteur
aigrefin, bandit, canaille

Carpette
tapis

Carrare
marbre

Carré
bout, carreau, carrelet, case, catégorique, coin, cube, dé, direct, droit, écharpe, épais, ferme, fichu, foulard, franc, jardin, large, loyal, net, place, planche, popote, quadrilatère, robuste, rond, sincère, sportif, square, tranché

Carreau
carré, case, catelle, fenêtre, flèche, glace, lime, pavé, plaque, verre, vitre

Carrefour
bifurcation, confluent, croisée, croisement, embranchement, étoile, forum, fourche, intersection, place, rencontre, symposium

Carrelage
dallage, mosaïque, parterre, pavé, pavement

Carreler
daller, paver

Carrelet
ableret, araignée, carré, lime, plie, règle

Carreleur
dalleur, mosaïste, paveur

Carrément
absolument, catégoriquement, clairement, complètement, franchement, librement, nettement, rondement, totalement

Carrer (Se)
caler, installer, prélasser

Carrière
ardoisière, arène, avenir, ballastière, cirque, cursus, excavation, exploitation, glaisière, grésière, lice, marbrière, marnière, métier, meulière, mine, occupation, parcours, plâtrière, profession, sablière, situation, voie

Carrière de sable
sablière

Carriole
chariot, charrette, fiacre, haquet, roulotte, voiture

Carrossable
viable

Carrousel
fantasia, manège

Carrure
calibre, classe, envergure, format, gabarit, largeur, qualité, silhouette, stature, taille, trempe, valeur

Cartable
sac, serviette

Carte
atlas, billet, bristol, carton, choix, mappemonde, menu, plan, planisphère, ticket, valet

Carte à jouer
as, joker, tarot

Carte d'invitation
carton

Carte du ciel
horoscope

Carte forte faite de pâte de papier
carton

Cartel
association, consortium, entente, front, maffia, mafia, trust

Cartes servant à la divination
tarot

Cartésien
clair, logique, méthodique, rationnel

Cartomancien
voyant

Carton
boîte, brique, carte, dessin, étude, modèle, patron

Cartonner
relier

Cartouche
balle, douille, munition, projectile, recharge

Cartouche de cigarettes
farde

Cartouchière
giberne

Carva
polytechnicien

Caryopse
fruit

Cas
accident, affaire, cause, circonstance, déclinaison, désinence, dossier, espèce, événement, éventualité, exemple, fait,

hypothèse, occasion, occurrence, possibilité, problème, procès, situation

Cas où naissent des jumeaux
gémellité

Cas où un fait se produit
fois

Cas servant à marquer le complément d'attribution
datif

Cas urgent
urgence

Cas utilisé pour indiquer qu'un modificateur dépend d'un nom ou d'un pronom présentant ce cas
ablatif

Casanier
popote, sédentaire

Casanova
séducteur, tombeur

Casaque
blouse

Casaque de guerre
sayon

Casaque de guerre des Gaulois
sayon

Casaquin
camisole, corsage

Casbah
citadelle

Cascade
acrobatie, avalanche, averse, bordée, cascatelle, cataracte, chute, déluge, flot, grêle, kyrielle, ribambelle, saut, série, succession, suite, torrent, voltige

Cascadeur
acrobate, figurant, voltigeur

Cascatelle
cascade

Case
abri, alvéole, boîte, cabane, carré, carreau, casier, cellule, chambre, compartiment, hutte, loge, paillote, tiroir

Casé
situé

Case postale
CP

Casemate
blockhaus, bunker, fortification, fortin, tourelle

Caser
enfourner, établir, fixer, installer, introduire, loger, marier, mettre, placer, ranger

Caserel
égouttoir

Caseret
caget, caserette

Caserne
abri, baraquement, casernement, quartiers

Casernement
caserne, quartiers

Cash
numéraire

Cashmere
cachemire

Casier
bac, boîte, case, classeur, compartiment, dossier, nasse, tiroir

Casoar
plumet, ratite

Casque
armet, bassinet, bonnet, bourguignotte, cabasset, capeline, coiffe, coiffure, heaume, morion, protection, salade, séchoir

Casqué
déboursé, financé, payé, réglé

Casque en métal
armet

Casque médiéval
heaume

Casquer
coiffer, débourser, financer, payer, régler

Casquette
bâche, béret, bonnet, capet, chapeau, coiffe, gapette, képi

Casquette de jockey
toque

Cassable
cassant, fragile, friable

Cassage
concassage, rupture

Cassant
aigre, brusque, cassable, catégorique, coupant, dur, fragile, impérieux, inflexible, péremptoire, rude, sec, tranchant

Cassant, dur
tranchant

Cassation
abolition, abrogation, annulation, dégradation, jury, remise, renvoi

Casse
bris, cassure, dégât, effraction, grabuge, ravage

Cassé
abîmé, abrogé, annulé, brisé, caduc, désuni, détruit, écœuré, écorné, enroué, éraillé, faible, fatigué, fichu, rasé, ratatiné, rauque, rompu, voilé

Casse-cou
acrobate, cascadeur, risqué, téméraire

Casse-croûte
collation

Casse-lunettes
bleuet, bluet

Casse-pieds
embêtant, fatigant, gêneur

Casse-tête
arme, massue, problème, puzzle, travail, trique

Casseau
récipient

Cassement
bruit, tracas

Casser
abîmer, abolir, abroger, achopper, annuler, bousiller, briser, broyer, céder, claquer, craquer, déboîter, dégrader, démettre, démolir, déposer, destituer, détruire, disloquer, ébrécher, éclater, écorner, écraser, émousser, esquinter, fatiguer, fendre, fracasser, fracturer, infirmer, invalider, limoger, raser, ratatiner, rescinder, résilier, résoudre, révoquer, rompre, supprimer

Casser en forçant, par un choc ou par un coup violent
fracturer

Casserole
braisière, caquelon, chaudron, cocotte, faitout, marmite, poêle, poêlon, sauteuse

Casserole allant au feu
poêlon

Casserole pour faire sauter les aliments
sauteuse

Cassette
boîte, cagnotte, coffret, écrin, réserve, tirelire, trésor

Casseur
cambrioleur, épaviste, vandale

Cassier
acacia, séné

Cassin
ampoule

Cassis
crevasse, kir, ruisselet

Cassius Clay
Ali

Cassolette
réchaud

Cassoulet
ragoût

Cassure
brèche, brisure, casse, coupure, crevasse, diaclase, faille, fêlure, fente, fissure, fracture, joint, rupture, séparation

Castagne
baston

Caste
clan, classe, coterie, division, milieu, rang

Castel
alcazar, bastide, bastille, château, manoir

Casting
affiche

Castor
bièvre

Castrat
eunuque, hongre

Castré
châtré, coupé, hongre

Castrer
bistourner, chaponner, châtrer, couper, émasculer, hongrer, mutiler, stériliser

Castrer un jeune coq
chaponner

Casuarina
filao

Casuel
accidentel, aléatoire, contingent, éventuel, fortuit, occasionnel

Casuistique
subtilité

Cataclysme
calamité, déluge, désastre, fléau, séisme

Catacombes
cimetière, crypte, hypogée, ossuaire

Catalepsie
paralysie

Catalogue
dénombrement, énumération, index, inventaire, liste, nomenclature, recueil, répertoire, rôle, table

Catalogue explicatif
livret

Cataloguer
archiver, classer, indexer, juger, lister, répertorier

Catalyser
causer, déclencher, induire, occasionner, produire, provoquer, susciter

Catamaran
voilier

Cataplasme
emplâtre

Catapultage
nomination

Catapulte
arbalète, baliste, bricole, mangonneau, onagre, scorpion

Catapulté
bombardé

Catapulte servant à lancer des projectiles
onagre

Catapulter
bombarder, lancer, nommer, promouvoir, propulser

Cataracte
cascade, chute, déluge, pluie, saut, torrent, trombe

Catarrhe
coryza

Catarrheux
enrhumé

Catastrophe
accident, bide, calamité, désastre, drame, fléau, flop, gouffre, infortune, malheur, péripétie, précipice, sinistre, tragédie, tuile

Catastrophé
anéanti

Catastrophique
abominable, détestable, épouvantable, funeste, lamentable, terrible, tragique

Catastrophisme
pessimisme

Catastrophiste
alarmiste

Catch
combat, duel, joute, lutte

Catcheur
lutteur

Catéchèse
catéchisme

Catéchiser
convertir, prêcher

Catéchisme
catéchèse, évangile

Catégorie
acabit, classe, couche, division, espèce, étage, famille, forme, gabarit, genre, grade, groupe, milieu, nature, ordre, plan, race, rang, rubrique, série, sorte, style, type

Catégorie d'impôt
cédule

Catégorie de personnes détestables
engeance

Catégorie, classe sociale
couche

Catégoriel
sectoriel

Catégorique
absolu, affirmatif, autoritaire, carré, cassant, clair, coupant, définitif, dogmatique, entier, explicite, exprès, formel, franc, impératif, impérieux, indiscutable, net, péremptoire, précis, radical, tranchant

Catégoriquement
carrément, net, nettement

Catégoriser
classer, distribuer, répartir

Catelle
brique, briquette, carreau

Catgut
boyau

Catharsis
abréaction, déblocage, désinhibition

Cathartique
laxatif

Cathédrale
basilique, dôme, église

Cathéter
canule, sonde

Cathétérisme
sondage

Cathode
diode, électrode

Catholicisme
papisme

Catholique
chrétien

Cati
moiré

Catilinaire
discours, harangue, réquisitoire, satire

Cation
ion

Catogan
nœud

Cauchemar
délire, hantise, obsession, peur, rêve, tourment

Cauchemardesque
terrible

Caucus politique
plénum

Cauri
coquillage

Causal
causatif, factitif

Causalité
déterminisme, étiologie, interdépendance

Causant
babillard, bavard, causeur, communicatif, disert, jaseur, loquace, parlant, prolixe, volubile

Causatif
causal

Cause
affaire, agent, auteur, but, cas, créateur, élément, espèce, facteur, ferment, fondement, germe, instigateur, intention, intérêt, litige, mère, mobile, moteur, motif, objet, occasion, origine, parti, pourquoi, principe, procès, raison, ressort, source, sujet, titre, virus

Causé
  amené, discuté, excité, jeté

Cause d'une action
  moteur

Causé par des germes pathogènes
  septique

Causer
  amener, amorcer, appeler, apporter, attirer,
  babiller, bavarder, cancaner, catalyser,
  confabuler, conférer, converser, coûter, créer,
  déclencher, déterminer, deviser, discuter,
  disserter, donner, entraîner, exciter, fomenter,
  former, générer, induire, jacasser, jacter, jaser,
  jaspiner, jeter, mettre, motiver, occasionner,
  papoter, parler, procurer, produire, provoquer,
  soulever, susciter, valoir

Causer de l'inquiétude
  tarabuster

**Causer de la lassitude physique ou
intellectuelle**
  fatiguer

Causer de nouveau
  recauser

Causer la perte de la fortune de quelqu'un
  ruiner

Causer un tort
  nuire

Causer une douleur profonde
  déchirer

Causer une enflure anormale
  tuméfier

Causer, discuter
  deviser

Causerie
  allocution, causette, colloque, conciliabule,
  conférence, conversation, discours, entretien,
  exposé, parlote

Causette
  bavardage, causerie

Causeur
  bavard, causant, discoureur, discuteur, disert,
  jaseur, loquace, orateur, parleur, prolixe,
  volubile

Causeuse
  canapé

Causticité
  acidité

Caustique
  acerbe, acéré, acide, âcre, aigre, amer,
  brûlant, corrodant, corrosif, cuisant,
  décapant, grinçant, incisif, moqueur,
  mordant, narquois, piquant, railleur, satirique,
  vif

Caustique, stimulant
  décapant

Cautèle
  rouerie, ruse

Cauteleux
  doucereux, faux, hypocrite, mielleux, patelin,
  perfide, roué, rusé, sournois

Cautère
  thermocautère

Caution
  acompte, appui, arrhes, assurance, aval,
  cautionnement, gage, garant, garantie, otage,
  parrain, patronage, preuve, répondant, sûreté

Caution morale
  parrain

Cautionné
  garanti

Cautionnement
  acceptation, caution, dépôt, gage, garantie

Cautionner
  approuver, avaliser, garantir, parrainer,
  patronner, répondre, soutenir

Cautionner, soutenir
  avaliser

Cavalcade
  chevauchée, cortège, course, galopade,
  sarabande

Cavalcader
  gambader

Cavale
  évasion, fuite, jument

Cavalé
  évadé

Cavaler
  arpenter, bagoter, bondir, chevaucher, courir,
  évader, galoper, pédaler

Cavaleur
  léger, volage

Cavalier
  brusque, chevalier, danseur, dégagé,
  désinvolte, écuyer, familier, galant, hardi,
  hautain, impertinent, inconvenant, indélicat,
  inélégant, insolent, jockey, leste, libre,
  partenaire

Cavalier armé d'une lance
  lancier

**Cavalier canadien qui a participé à dix Jeux
olympiques, de 1972 à 2012**
  Ian, Millar

**Cavalier chargé de surveiller les troupeaux de
bovins dans la pampa**
  gaucho

**Cavalier d'un corps de cavalerie de l'armée
russe**
  cosaque

Cavalier de l'armée russe
  cosaque

Cavalier qui bat les timbales
timbalier

Cavalière
amazone, écuyère, partenaire

Cavalière en jupe longue
amazone

Cavatine
ballade, chanson, chant

Cave
caveau, cellier, chai, creux, enjeu, mise,
poule

Cave à vins
chai

Caveau
cabaret, cave, cénotaphe, cercueil, cimetière,
sépulture, tombe, tombeau

Caveau souterrain servant de sépulture
crypte

Caver
miner, miser

Caverne
antre, cavité, cratère, creux, grotte, refuge,
repaire, spélonque, tanière

Caviarder
censurer, effacer

Caviste
échanson, œnologue, sommelier

Cavité
abîme, alvéole, anfractuosité, aven, bétoire,
caverne, chambre, chantoir, concavité,
cratère, creux, diverticule, doline, enfonçure,
évidure, excavation, fosse, galerie, gouffre,
grotte, igue, niche, ouverture, poljé,
précipice, ravin, terrier, trou, vide

Cavité au-dessous de l'épaule
aisselle

**Cavité de forme irrégulière à la surface d'un
organe**
crypte

Cavité de l'organisme
poche

Cavité des rayons des nids d'abeilles
alvéole

**Cavité en cul-de-sac du canal excréteur d'une
glande**
acinus

Cavité intercellulaire des végétaux
méat

Cavité intérieure d'une roche
géode

Cavité irrégulière de certains os
sinus

Cavité naturelle
grotte

Cavité naturelle creusée dans la roche
caverne

Cavité osseuse
orbite

Cavité pathologique
kyste

Cavité située sous l'épaule
aisselle

Cavité souterraine ayant servi de sépulture
catacombe

Cb
colombium

Cd
cadmium

CD
disque

Ce
cérium, démonstratif

Ce dont on vient de parler
ledit

Ce qu'il y a de plus distingué
élite

Ce qu'il y a de plus secret
tréfonds

Ce qu'on enlève avec la râpe
râpure

Ce qu'on enlève avec un balai
balayure

Ce qu'on enlève d'une chose que l'on coupe
rognure

Ce qu'on fait ou dit en plaisantant
badinerie

**Ce qu'on implante dans le tissu cellulaire
sous-cutané**
implant

Ce qu'on prend aux ennemis
butin

Ce que les bras peuvent contenir
brassée

Ce qui arrive
cas

Ce qui avance, forme saillie
avancée

Ce qui cause un grand plaisir
régal

Ce qui constitue l'essence d'un genre
entité

Ce qui contient
contenant

Ce qui contient des richesses à exploiter
gisement

Ce qui dépasse la quantité autorisée
excédent

Ce qui donne une impression de douceur
velours

Ce qui entrave la liberté
carcan

Ce qui est conforme au droit
légalité

Ce qui est doux au toucher
velours

Ce qui est imposé par une discipline
exigence

Ce qui est pensé, en phénoménologie
noème

Ce qui est volé dans les champs ou dans une ferme
maraude

Ce qui fait qu'un être est lui-même et non un autre
ipséité

Ce qui forme une bordure
frange

Ce qui n'a pas de signification
vacuité

Ce qui n'a pas de valeur intellectuelle
vacuité

Ce qui n'existe pas
néant

Ce qui permet de recharger
recharge

Ce qui ralentit
frein

Ce qui reste à payer
reliquat

Ce qui reste au fond du plat après la cuisson
gratin

Ce qui reste d'un fruit
trognon

Ce qui reste d'un saint
relique

Ce qui reste dû à la clôture d'un compte
reliquat

Ce qui se détache d'une chose que l'on coupe
rognure

Ce qui se passe plus tôt que prévu
précocité

Ce qui sert à habiller un bébé
layette

Ce qui sert d'excuse
alibi

Ce qui soutient
charpente, viatique

Ce qui véhicule, transmet
vecteur

Ce sur quoi repose et tourne un ensemble d'éléments
pivot

Céans
ici

Cébiste
cibiste

Ceci
ça, cela, celui, démonstratif, icelui

Cécidie
galle

Cécité
amaurose, amblyopie, aveugle, aveuglement

Cécité psychique
agnosie

Cédé
abandonné, abdiqué, aliéné, plié, renié, vendu

Céder
abandonner, abdiquer, accepter, accorder, aliéner, caler, capituler, casser, cesser, concéder, consentir, craquer, disparaître, donner, écrouler, enfoncer, faiblir, flancher, fléchir, fuir, incliner, lâcher, laisser, léguer, offrir, passer, plier, ployer, rendre, renoncer, résigner, rompre, satisfaire, tomber, transférer, transmettre, vendre

Céder ce qu'on vient d'acheter
recéder

Céder pour de l'argent
vendre

Céder pour un temps
prêter

Céder temporairement
prêter

Céder, s'incliner
bactor

Cèdre
conifère, sapin

Cédule
titre

Cégep
collège, lycée

Ceindre
auréoler, ceinturer, cercler, couronner, encercler, enclore, enfermer, enserrer, entourer, mettre, revêtir, sangler

Ceinturage
ficelage

Ceinture
ceinturon, cordon, corset, écharpe, enceinte, faubourg, gaine, obi, périmètre, pourtour, taille

Ceinture de crin portée par pénitence
cilice

Ceinture de cuir très solide
ceinturon

Ceinture japonaise
obi

Ceinture portée sur le kimono
obi

Ceinturer
attacher, ceindre, encercler, enclore,
enfermer, enserrer, entourer, sangler, serrer

Ceinturon
ceinture, cordon, écharpe, sangle

Cela
ça, ceci, celui, démonstratif, icelui

Céladon
amant, amoureux, vert

Célébrant
arrosant, chantant, commémorant, exaltant,
festoyant, fêtant, glorifiant, honorant, louant,
officiant, sanctifiant, sanctificateur, vantant

Célébration
anniversaire, apologie, cérémonie,
commémoration, éloge, exaltation, festivités,
fête, glorification, messe, solennité

Célèbre
connu, distingué, éminent, fameux, glorieux,
historique, illustre, immortel, important,
inoubliable, insigne, légendaire, mémorable,
notoire, populaire, proverbial, reconnu,
renommé, réputé

Célébré
admiré, adoré, exalté

Célèbre astrophysicien québécois
Reeves

Célèbre baseballeur prénommé Ty
Cobb

Célèbre couturier
Dior

Célèbre couturier québécois prénommé Philippe
Dubuc

Célèbre famille imaginée par Roger Lemelin
Plouffe

Célèbre golfeur prénommé Arnold
Palmer

Célèbre humoriste québécois
Lemire

Célèbre joueuse de tennis prénommée Chris
Evert

Célèbre marathonien québécois en fauteuil roulant
Viger

Célèbre n° 10 des Canadiens de Montréal
Lafleur

Célèbre n° 23 des Bulls de Chicago, dans la NBA
Jordan

Célèbre n° 32 des Bills de Buffalo, dans la NFL
Simpson

Célèbre n° 33 des Canadiens de Montréal
Roy

Célèbre n° 66 des Penguins de Pittsburgh
Lemieux

Célèbre n° 9 des Canadiens de Montréal
Richard

Célèbre philosophe chinois
Confucius

Célèbre pour sa tour
Babel

Célèbre quart-arrière des Colts de Baltimore
Unitas

Célèbre ténor italien
Caruso, Pavarotti

Célèbre trophée sportif
Stanley

Célèbre vedette de cinéma
star

Célébrer
acclamer, admirer, adorer, aduler, arroser,
chanter, commémorer, exalter, festoyer, fêter,
glorifier, honorer, louanger, louer, magnifier,
officier, prôner, révérer, sanctifier, vanter

Célébrer le culte
officier

Célèbres chutes de l'Amérique du Nord
Niagara

Célèbres plaines de la ville de Québec
Abraham

Célébrité
éclat, étoile, gloire, idole, nom, notoriété,
personnalité, popularité, renom, renommée,
réputation, sommité, star, succès, vedette,
vogue

Celer
cacher, couvrir, déguiser, dissimuler, taire

Céleri
ache

Céleri-rave
ache

Célérifère
cycle, vélo

Célérité
diligence, empressement, hâte, prestesse,
promptitude, rapidité, vélocité, vitesse

Céleste
aérien, ailé, angélique, astral, cosmique, dive,
divin, merveilleux, parfait, suave, surnaturel,
universel

Célibataire
garçon, seul, solitaire

Celle de Halley est la plus connue
comète

Celle dont le métier est d'acheter ou d'élever des oiseaux
oiselière

Celle qui arrose
arroseuse

Celle qui bricole
bricoleuse

Celle qui crée
créatrice

Celle qui est experte dans l'art de rôtir les viandes
rôtisseuse

Celle qui fabrique de la bière et la vend en gros
brasseuse

Celle qui fait les finitions
pareuse

Celle qui louange
louangeuse

Celle qui met les céréales en javelles
javeleuse

Celle qui ramasse avec un râteau
râteleuse

Celle qui s'emploie à arranger des mariages
marieuse

Cellier
cave, chai, cuvier

Cellulaire
mobile, téléphone

Cellule
alvéole, cachot, case, chambrette, comité, compartiment, corps, geôle, groupe, loge, mitard, noyau, oubliette, posemètre, prison, section

Cellule créée par l'abeille
alvéole

Cellule disciplinaire
mitard

Cellule du sang
globule

Cellule du système nerveux
neurone

Cellule en cire
alvéole

Cellule grillagée pour le stockage des épis de maïs
crib

Cellule obscure
cachot

Cellule reproductrice
gamète

Cellule reproductrice disséminée par certains végétaux
spore

Cellule sanguine sans noyau
plaquette

Cellulite
capitons, graisse

Celluloïd
cellulose, rhodoïd

Cellulose
celluloïd

Celte
gaélique, gaulois

Celui
ça, ceci, cela, démonstratif, icelui

Celui dont la profession est de tailler ou de raser la barbe
barbier

Celui dont le métier est d'élever des oiseaux
oiselier

Celui dont on est la marraine
filleul

Celui qui a commis un viol
violeur

Celui qui a des devoirs, des obligations envers un souverain, un État, une collectivité
serviteur

Celui qui a été désigné
ledit

Celui qui a la charge du service des vins
sommelier

Celui qui a obtenu de l'autorité compétente ce qu'il avait sollicité
impétrant

Celui qui a pour prénom
prénommé

Celui qui achète pour revendre
revendeur

Celui qui annonce la venue de quelqu'un
héraut

Celui qui arrose
arroseur

Celui qui bricole
bricoleur

Celui qui chante
chantre

Celui qui cherche à se marier
épouseur

Celui qui combat les taureaux
torero

Celui qui combat les taureaux dans l'arène
toréador

Celui qui décèle, qui détecte
détecteur

Celui qui dévaste
ravageur

Celui qui écrit
scripteur

Celui qui écrit le texte de présentation d'un ouvrage
préfacier

Celui qui écrit une préface
préfacier

Celui qui élève
éleveur

Celui qui émonde les arbres
émondeur

Celui qui enseigne aux enfants
pédant

Celui qui entôle
entôleur

Celui qui épie, guetteur
épieur

Celui qui éprouve le besoin de beaucoup parler, bavard
parolier

Celui qui est expert dans l'art de rôtir les viandes
rôtisseur

Celui qui est ordonné prêtre
ordinand

Celui qui est trop naïf
jobard

Celui qui fabrique de la bière et la vend en gros
brasseur

Celui qui fabrique des bottes
bottier

Celui qui fabrique des viroles
virolier

Celui qui fabrique ou vend le verre
verrier

Celui qui fait la cour à une femme
soupirant

Celui qui fait la quête
quêteur

Celui qui fait un envoi
envoyeur

Celui qui fait une offense
offenseur

Celui qui formule et développe un système d'idées, une doctrine
idéologue

Celui qui fraude
fraudeur

Celui qui habite un pays autre que celui d'origine
résident

Celui qui joute contre quelqu'un
jouteur

Celui qui laboure la terre
laboureur

Celui qui louange
louangeur

Celui qui met par écrit
scripteur

Celui qui nettoie les conduits de cheminées
ramoneur

Celui qui partait en croisade
croisé

Celui qui plaide en justice
plaideur

Celui qui pose, surveille et entretient les balises
baliseur

Celui qui possède le pouvoir d'agir au nom d'une autre personne
procureur

Celui qui pratique la boxe
boxeur

Celui qui pratique le tir à l'arc
archer

Celui qui prête serment
jureur

Celui qui prise du tabac
priseur

Celui qui prône l'étatisme
étatiste

Celui qui ravage
ravageur

Celui qui recherche quelque chose
quêteur

Celui qui reçoit l'enseignement d'un maître
disciple

Celui qui recrute
recruteur

Celui qui redit sans cesse la même chose
rabâcheur

Celui qui réduit une substance en grains
graineur

Celui qui regarde
regardeur

Celui qui regimbe
regimbeur

Celui qui rend légèrement grenue une surface lisse
graineur

Celui qui rêvasse
rêvasseur

Celui qui s'assoit sur son banc a les fesses froides
neige

Celui qui s'emploie à arranger des mariages
marieur

Celui qui sacrifie sa vie pour une cause
kamikaze

Celui qui se distingue par ses exploits
héros

Celui qui se fait aimer et fait souffrir
ravageur

Celui qui sème le trouble
trublion

Celui qui sonne le cor
sonneur

Celui qui sonne les cloches
sonneur

Celui qui tend des collets pour prendre du gibier
colleteur

Celui qui tient le timon
timonier

Celui qui tient une crêperie
crêpier

Celui qui traite avec du soufre
soufreur

Celui qui travaille à la cire
cirier

Celui qui trompe, qui abuse autrui par des mensonges
imposteur

Celui qui vend ou fabrique des armes
armurier

Celui-ci
ça, ceci, cela, celui, démonstratif, icelui

Celui-là
ça, ceci, cela, celui, démonstratif, icelui

Celui, celle qui a tué sa mère
matricide

Celui, celle qui habitait les États du Nord
nordiste

Cénacle
académie, cercle, chapelle, clan, club, coterie, groupe, réunion

Cendre
débris, résidu, reste, ruine, scorie

Cendré
gris

Cendre de charbon
fraisil

Cendrer
colorer

Cendres
débris, déchets, poussière, restes

Cendreux
gris, grisâtre

Cenellier
aubépine

Cenne
cent

Cénobite
ascète, moine

Cénotaphe
caveau, mausolée, sarcophage, sépulcre, tombe, tombeau

Cens
impôt, redevance

Censé
présumé, réputé, supposé

Censément
apparemment, prétendument

Censeur
critique, juge

Censure
animadversion, blâme, boycottage, condamnation, contrôle, critique, désapprobation, improbation, index, interdit, réprobation

Censuré
épuré

Censure ecclésiastique
suspense

Censurer
blâmer, caviarder, condamner, couper, critiquer, désapprouver, effacer, épurer, expurger, interdire, prohiber, proscrire, refouler, réfréner, reprendre, réprouver, sabrer, supprimer, taillader, taire

Cent
cenne, centaine, sou

Cent ares
hectare

Cent, environ
centaine

Centaine
cent

Centaure
nessus

Centaurée
bleuet, bluet

Centaurée à fleurs mauves
jacée

Centenaire
âgé, anniversaire, centennal, séculaire, siècle, vieil, vieillard

Centennal
centenaire, séculaire

Centième partie de l'are
centiare

Centième partie de l'euro
cent

Centième partie de plusieurs unités monétaires
cent

Centigramme
cg

Centime
argent, sou

Centimètre
cm, galon

Centon
pastiche

Central
capital, clé, clef, crucial, essentiel, fondamental, important, indispensable, médian, nécessaire, primordial, principal, vital

Central Intelligence Agency
CIA

Centrale
barrage, confédération, groupement, pénitencier, prison

Centrale syndicale du Québec
FTQ

Centralisation
accaparement, monopole

Centraliser
accaparer, canaliser, concentrer, focaliser, rassembler, regrouper, réunir

Centraliser, concentrer
canaliser

Centre
âme, base, cerveau, citadelle, cœur, fondement, foyer, intérieur, milieu, nœud, nombril, noyau, organe, pivot, pôle, principe, promoteur, siège

Centre d'aide par le travail
CAT

Centre d'assistance pour vieillards, pour malades, etc.
hospice

Centre de direction
cerveau

Centre de ski du Québec
Bromont, Orford, Sutton

Centre du commerce international
CCI

Centre hospitalier universitaire
CHU

Centre local de services communautaires
CLSC

Centre sportif
palestre

Centrer
ajuster, axer, cadrer, diriger, focaliser, orienter, placer

Centriste
modéré

Centupler
augmenter, décupler, multiplier

Cénure
ténia

Cépage
plant, raisin

Cépage à raisins noirs
merlot

Cépage utilisé pour produire des vins blancs de grande qualité
chardonnay

Cèpe
bolet, champignon

Cépée
rejet, rejeton, taillis

Cependant
alors, comme, mais, malgré, néanmoins, nonobstant, or, pourtant, seulement, tandis, toujours, toutefois

Céphalalgie
névralgie

Céphalée
migraine, névralgie

Céphalopode
pieuvre

Cérame
urne, vase

Céramique
faïence, poterie

Céramiste
faïencier, porcelainier, potier

Céraste
vipère

Cérat
cire, rosat

Cerbère
chien, gardien

Cerceau
arc, arceau, archet, cercle, feuillard, rond

Cercle
abside, anneau, arceau, assemblée, auréole, cénacle, cerceau, cerne, champ, chapelle, circonvolution, clan, club, coterie, cour, couronne, disque, étau, étendue, groupe, halo, nimbe, noyau, onde, parasélène, périple, pourtour, rayon, rond, rosace, rotation, société, sphère, tour, univers

Cercle annuel
cerne

Cercle concentrique sur la coupe d'un arbre
cerne

Cercle de bois
cerce

Cercle de bois tendu d'une peau
tambourin

Cercle en bois ou en métal
cerceau

Cercle en bois servant à monter les tamis
cerce

Cercle lumineux
auréole

Cercler
ceindre, cerner, encercler, entourer

Cercler de nouveau
recercler

Cercueil
bière, caveau, sarcophage, sépulture, tombe, tombeau

Céréale
avoine, blé, froment, grain, graminée, malt, mil, millet, muesli, musli, orge, riz, sarrasin, seigle

Céréale à épis
maïs

Céréale cultivée dans le Sahel
fonio

Céréale des régions chaudes
riz

Céréale germée
malt

Céréale surtout cultivée en Asie
riz

Céréalier
vraquier

Cérébral
intellectuel, mental

Cérémonial
cérémonie, décorum, étiquette, liturgie, pompe, protocole, règle, rite, rituel, solennité

Cérémonial somptueux
pompe

Cérémonie
appareil, célébration, cérémonial, commémoration, culte, décorum, emphase, fête, gala, kermesse, liturgie, messe, parade, pompe, réception, rite, rituel, salutation, service, solennité

Cérémonie d'usage qui accompagne l'ensevelissement d'un mort
sépulture

Cérémonie de prise d'habit à l'entrée du noviciat
vêture

Cérémonie funèbre
obsèques

Cérémoniel
rituel, solennel

Cérémonieux
affecté, façonnier, formel, pompeux, solennel

Cerf
biche, chevreuil, daguet, daim, élan, faon, orignal

Cerf de Virginie
chevreuil

Cerf-volant
lucane

Cerise
bigarreau, fruit, marasque, rouge

Cerise à longue queue
guigne

Cerise à queue courte
griotte

Cerise acidulée
griotte

Cerise d'une variété acide
marasque

Cerise rouge et blanche à chair ferme et sucrée
bigarreau

Cerisier sauvage
merisier

Cérium
Ce

Cerne
auréole, cercle, halo, marbrure, poche

Cerné
entouré

Cerner
appréhender, assiéger, bloquer, boucler, cercler, circonscrire, comprendre, définir, délimiter, encercler, enserrer, entourer, envelopper, investir, saisir

Certain
assuré, attesté, authentique, avéré, confirmé, convaincu, décidé, déterminé, éprouvé, établi, évident, exact, fixe, flagrant, formel, franc, garanti, immanquable, incontestable, indéniable, indiscutable, indubitable, inéluctable, inévitable, manifeste, notoire, palpable, persuadé, positif, précis, réel, relatif, rigoureux, sûr, tangible, vrai

Certainement
certes, oui, sûrement

Certes
assurément, certainement, oui, sûrement

Certificat
acte, brevet, bulletin, contrat, déposition, diplôme, examen, pièce, titre, visa

Certifié
authentique, garanti

Certifier
affirmer, assurer, attester, authentifier, confirmer, déclarer, dire, garantir, légaliser, maintenir, promettre, répondre, soutenir, témoigner

Certifier conforme à l'original
vidimer

Certitude
assurance, confirmation, conviction, espérance, espoir, évidence, opinion, persuasion, vérité

Cérulé
bleu

Céruléen
bleu

Cérumen
cire

Cerveau
âme, artisan, centre, cervelle, chef, crâne,
esprit, instigateur, intelligence, meneur,
moteur, organisateur, tête

Cervelas
saucisson

Cervelle
cerveau, crâne, intelligence, méninges, tête

Cervidé
daim

Cervoise
ale, bière, bock, chope, demi, stout

Ces
démonstratif

César
despote, dictateur, empereur

Césarisme
absolutisme, dictature

Césium
Cs

Cessation
abandon, abolition, arrêt, clôture, fermeture,
fin, guérison, interruption, levée, rémission,
rupture, suspension, trêve, vacations

Cessation de toute activité
inaction

Cessation du travail
grève

Cessation du travail ordinaire
vacances

**Cessation volontaire des relations de tous
ordres**
boycottage

Cessé
abandonné, évanoui

Cesse le travail
débraye

Cesser
abandonner, achever, arrêter, céder,
disparaître, effacer, enfuir, évanouir, expirer,
finir, interrompre, lâcher, mourir, passer,
stopper, suspendre, terminer, tomber

Cesser d'allaiter
sevrer

Cesser d'être croisé
décroiser

Cesser d'être en colère
décolérer

Cesser d'être soûl
dessoûler

Cesser d'être valable (Se)
périmer

Cesser de couler
tarir

Cesser le travail
chômer

Cessez-le-feu
trêve

Cession
abandon, abandonnement, capitulation,
concession, délaissement, donation, transfert,
transmission, transport, vente

Césure
coupe

Cet
démonstratif

Cétacé
baleine, bélouga, cachalot, dauphin,
marsouin, narval, orque, rorqual

Cétacé carnivore blanc voisin des dauphins
bélouga, béluga

Cétacé de l'Atlantique nord
épaulard

Cétacé de très grande taille
baleine

Cétacé proche du narval
bélouga, béluga

Cétérach
fougère

Cétone
acétone

Cétone à odeur de violette
ionone

Cétone de la racine d'iris
irone

Cette chose
ça, cela

Cf
californium

Cg
centigramme

Chabot
cabot

Chabraque
drap

Chacal
coyote, vautour

Chacun
chaque, un

Chacun des chapitres du Coran
sourate, surate

Chacun des cinq membres du Directoire
directeur

Chacun des deux organes de la respiration
poumon

Chacun des deux points de la sphère céleste
pôle

Chacun des éléments de même numéro atomique, mais dont les noyaux n'ont pas le même nombre de neutrons
isotope

Chacun des grands milieux du globe terrestre
biome

Chacun des os composant la colonne vertébrale
vertèbre

Chacune des barres verticales et transversales d'une croisée
meneau

Chacune des deux parties égales d'une chose
moitié

Chacune des douze divisions de l'année
mois

Chacune des grandes divisions d'une pièce de théâtre
acte

Chacune des parois d'un filon de minerai
éponte

Chacune des parties d'un tout divisé
division

Chacune des parties d'une feuille de papier pliée
feuillet

Chacune des parties d'une publication qui paraît par tranches successives
acte, fascicule

Chacune des parties de la corolle d'une fleur
pétale

Chacune des pièces du calice de la fleur
sépale

Chafouin
rusé

Chagrin
acrimonie, affliction, affligé, amertume, atrabilaire, attristé, bilieux, blessure, blues, bougon, contrariété, cuir, déception, dépit, désolation, détresse, deuil, douleur, épreuve, grimaud, mal, malheur, maussade, misère, morose, morosité, peine, revêche, sombre, soucieux, souffrance, tourment, triste, tristesse

Chagrin profond
désespoir

Chagrinant
ennuyant

Chagriné
affecté, affligé, contrarié, désolé, navré, peiné

Chagriner
affecter, affliger, agacer, apitoyer, assombrir, attrister, consterner, contrarier, décevoir, dépiter, désenchanter, désespérer, désoler, émouvoir, ennuyer, fâcher, inquiéter, mécontenter, mortifier, navrer, peiner, rembrunir, tracasser, tuer

Chah
roi

Chahut
barouf, boucan, bruit, charivari, désordre, esclandre, fracas, huée, potin, raffut, sabbat, tapage, tollé, tumulte, vacarme

Chahuter
fronder, huer, malmener, siffler

Chahuteur
hyperactif, impétueux, perturbant, turbulent

Chai
cave, cellier

Chaînage
allège

Chaîne
alganon, amarre, attache, bracelet, cadène, canal, chaînon, chapelet, châtelaine, circuit, collier, décoration, entrave, ferronnière, fers, jaseran, joug, massif, rangée, réseau, sautoir, séquence, série, succession, suite, sujétion

Chaîne d'arpenteur de dix mètres de longueur
décamètre

Chaîne de montagnes
Ida, sierra

Chaîne de montagnes de Russie
Oural

Chaîne servant à touer
touée

Chaîner
apprécier, arpenter, calibrer, comparer, compter, concaténer, doser, estimer, évaluer, jauger, juger, lutter, mesurer, métrer, sonder, toiser

Chaînes
amarres, carcan, esclavage, fers, lien, oppression, servitude

Chaînette
attache, bracelet, gourmette

Chaînon
anneau, chaîne, maille, maillon

Chair
pulpe, rose, sexualité, tissu, viande

Chair comestible
viande

Chair comestible de gros gibier
venaison

Chair de grand gibier
venaison

Chair des animaux qui sert à la nourriture
viande

Chair des mammifères
viande

Chair des oiseaux de basse-cour
volaille

Chair sur la croupe d'un animal de boucherie
cimier

Chaire
ambon, estrade, podium, tribune

Chaise
siège, transat

Chaise à bascule
berçante

Chaise à porteurs
litière

Chaise longue pliante en toile
transat

Chaland
accon, acheteur, acon, barque, bette, client,
drague, esquif, passant, péniche

Chaland à fond plat
accon, acon

Chaland ponté
ponton

Chalazion
orgelet

Châle
écharpe, étoffe, fichu, foulard, pointe

Châle porté par les Juifs
taleth

Châle pourvu de franges
taleth

Chalet
bungalow, cabanon, camp, cottage, maison,
pavillon, villa

Chaleur
animation, ardeur, brûlure, canicule, chaud,
cordialité, effervescence, élan, enthousiasme,
entrain, étuve, exaltation, ferveur, feu, fièvre,
flamme, fougue, fournaise, impétuosité,
lyrisme, moiteur, passion, pétulance, thermo,
touffeur, véhémence, vie, vigueur, vivacité,
zèle

Chaleur humide et étouffante
touffeur

Chaleureux
amical, cordial, fanatique, fervent, pressant,
triomphal, zélé

Challenge
championnat, compétition, coupe, défi,
épreuve, exploit, gageure, performance,
prestation, prouesse, record, tournoi

Challenger
champion, compétiteur

Challengeur
champion, compétiteur

Chaloupe
barge, barque, canot

Chalouper
balancer, basculer, brimbaler, dandiner

Chalumeau
flageolet, flûte, flûtiau, paille, pipe, pipeau,
tige, tuyau

Chalut
drège

Chalutier
bateau, bâtiment, cargo, embarcation

Chamade
batterie

Chamaillé
ergoté

Chamailler
admonester

Chamaillerie
altercation, escarmouche, polémique,
querelle

Chaman
sorcier

Chamarré
bariolé, bicolore, bigarré, diapré

Chamarrer
agrémenter, barioler, bigarrer, colorer, diaprer,
dorer, panacher

Chamarrure
bariolage, bariolure

Chambardement
dérangement

Chambarder
bousculer, déranger, perturber, renverser,
saccager

Chambouler
bousculer, déranger, perturber, remuer,
renverser, saccager, troubler

Chambranlant
branlant, instable

Chambranle
cadre

Chambranler
chanceler, vaciller

Chambre
alcôve, assemblée, association, cabine, case,
cavité, chambrette, compartiment, conseil,
logement, parlement, pièce, salle

Chambre chauffée
poêle

Chambrée
dortoir

Chambrette
cellule, chambre, réduit

Chambrière
fouet, servante

Chameau
carne, rosse, teigne

Chamelier
caravanier

Chamois
bouquetin, isard, mouflon

Chamoisage
tannerie

Champ
agriculture, agro, aire, cadre, campagne, cercle, culture, domaine, élevage, enclos, étendue, herbage, latitude, matière, pâturage, plantation, potager, prairie, pré, sphère, sujet, terrain, terre, verger, zone

Champ d'action
horizon, sphère

Champ de glace éternelle
glacier

Champ de lin
linière

Champ de raves
ravière

Champ où poussent les fougères
fougeraie

Champ planté de rosiers
roseraie

Champ, sol cultivé
glèbe

Champagne
ay, boisson, mousseux

Champagne millésimé
vintage

Champêtre
agraire, agreste, agricole, bucolique, pastoral, paysan, rural, rustique, sauvage

Champêtre, rustique
agreste

Champi
bâtard

Champignon
bolet, cèpe, fongus, mèche, oronge, pleurote, stomatite

Champignon à lames
amanite, coprin

Champignon à lames, à pied coriace
souchette

Champignon blanc
coprin

Champignon charnu
bolet

Champignon comestible
agaric, girolle, helvelle, morille, pleurote

Champignon comestible à chapeau épais
fistuline

Champignon des bois
helvelle

Champignon des bois, à lames roses
entolome

Champignon jaune orangé
girolle

Champignon microscopique
levure

Champignon siphomycète
mucor

Champignon souterrain comestible
truffe

Champignon très commun dans nos forêts
amanite

Champion
aigle, apôtre, appui, as, avocat, challengeur, chef, compétiteur, crack, défenseur, dominateur, gagnant, leader, maître, meilleur, premier, protecteur, soldat, soutien, tenant, triomphateur, vainqueur, victorieux, virtuose

Champion boxeur de la IBF dans la catégorie des super-moyens
Bute

Championnat
challenge, rencontre, tournoi

Champlever
buriner

Chance
aléa, atout, aubaine, baraka, bol, bonheur, destin, espérance, étoile, éventualité, fortune, hasard, occasion, opportunité, possibilité, pot, probabilité, providence, réussite, sort, veine

Chancelant
affaibli, boiteux, branlant, faible, hésitant, incertain, instable, précaire, tremblant, vacillant

Chancelé
molli

Chanceler
branler, chambranler, faiblir, flageoler, fléchir, hésiter, mollir, tanguer, tituber, vaciller

Chancellerie
consulat

Chanceux
heureux, verni

Chancir
gâter, moisir, pourrir

Chancre
abcès, cancer, carie, fléau, gangrène, ulcération, ulcère

Chandail
lainage, pull, sweater, tricot

Chandelier
bougeoir

Chandelier garni de pointes
herse

Chandelier sans pied
bougeoir

Chandelle
bougie, calbombe, camoufle, cierge,
flambeau, lampion, lob, oribus

Chandelle de résine
oribus

Chandelle illuminée dans une citrouille
bougie

Chanfrein
biseau, ciseau

Chanfreiner
biseauter, tailler

Change
amende, conversion, couche, garniture,
numéraire, troc

Changé
altéré, alterné, autre, différent, évolué

Changeant
amovible, capricieux, chatoyant, divers,
fantaisiste, fantasque, flottant, fugitif,
incertain, inconstant, inégal, instable, mobile,
moiré, mouvant, ondoyant, papillonnant,
protéiforme, variable, varié, versatile,
versicolore, volage, volatil

Changement
altération, alternance, amendement,
conversion, devenir, différence, évasion,
inégalité, métamorphose, mue, mutation,
nouveauté, passage, pirouette, refonte,
réforme, retournement, substitution, tournant,
transition, variation, variété, versatilité

Changement d'opinion
palinodie

Changement de pâturage
remue

Changement du registre de la voix à l'adolescence
muance

Changement en mieux
amélioration

Changement profond
réforme

Changer
altérer, alterner, amender, bouger, commuer,
contrefaire, convertir, décaler, défigurer,
déformer, déguiser, dénaturer, devenir,
diversifier, échanger, évoluer, falsifier,
fausser, fluctuer, innover, métamorphoser,
modifier, mûrir, permuter, refondre, réformer,
remanier, remplacer, renouveler, reprendre,
transfigurer, transformer, troquer, truquer,
varier

Changer (une peine) en une peine moindre
commuer

Changer d'avis (Se)
raviser

Changer d'idée (Se)
raviser

Changer de direction
bifurquer

Changer de nouveau
rechanger

Changer de peau
muer

Changer de place réciproquement
permuter

Changer de plumage
muer

Changer de route
volter

Changer de ton
déchanter

Changer en pierre
pétrifier

Changer l'affectation
désaffecter

Changer l'itinéraire
détourner

Changer les meubles
remeubler

Changeur
cambiste

Chanoinie
canonicat

Chanson
air, antienne, baliverne, ballade, barcarolle,
berceuse, cantilène, cavatine, chant,
complainte, comptine, couplet, épopée,
geste, goualante, histoire, laisse, lied, litanic,
mélodie, mélopée, murmure, musique,
poème, refrain, rengaine, ritournelle,
romance, ronde, scie, sornette, variété,
vaudeville, villanelle

Chanson populaire
lied

Chanson sentimentale
ballade

Chansonnier
aède, chantre, parolier, recueil

Chant
air, antienne, aria, ariette, arioso, aubade,
ballade, barcarolle, blues, bruit, canon,
cantabile, cantilène, cantique, cavatine,
chanson, complainte, couplet, division,
fado, gazouillis, gospel, hymne, lied, litanie,
mélodie, mélopée, motet, musique, opéra,

pépiement, poésie, prière, psalmodie, psaume, ramage, récitatif, refrain, rhapsodie, romance, sérénade, turlute, tyrolienne

Chant d'action de grâces
cantique

Chant d'allégresse
alléluia

Chant d'église
motet

Chant d'église à plusieurs voix
motet

Chant d'entrée de la messe
introït

Chant d'oiseau
trille

Chant de joie
alléluia

Chant des oiseaux dans les arbres
ramage

Chant exécuté avant la messe
introït

Chant liturgique
psaume

Chant mélancolique
lamento

Chant monotone, mélancolique
cantilène

Chant religieux
cantique, credo, psaume

Chant religieux des Noirs d'Amérique du Nord
gospel

Chant religieux populaire à Noël
cantique

Chantage
menace, pression

Chantant
célébrant, musical

Chanté
exalté

Chantepleure
cratère, robinet

Chanter
célébrer, chantonner, exalter, fredonner, gazouiller, glorifier, iodler, moduler, pépier, psalmodier, ramager, roucouler, siffler, ténoriser, turluter, vocaliser

Chanter à la manière d'un ténor
ténoriser

Chanter à la manière des Tyroliens
iodler, iouler, jodler

Chanter à mi-voix
fredonner

Chanter de façon assourdissante
brailler

Chanter de nouveau
rechanter

Chanter en nommant les notes
solfier

Chanter hors du ton
détonner

Chanter ou jouer avec swing
swinguer

Chanterelle
appeau, girolle

Chanteur
aède, artiste, chantre, interprète

Chanteur canadien
Adams, Voisine

Chanteur de la Louisiane
Richard

Chanteur de musique country américain
Cash

Chanteur de rap
rappeur

Chanteur du groupe Aerosmith
Tyler

Chanteur du groupe Aut'Chose
Francœur, Lucien

Chanteur du groupe Harmonium
Fiori, Serge

Chanteur du groupe Offenbach
Boulet

Chanteur du groupe The Commodores
Lionel, Richie

Chanteur du groupe The Police
Sting

Chanteur du groupe The Rolling Stones
Jagger

Chanteur que l'on émasculait dès l'enfance
castrat

Chanteur québécois
Bélanger, Bertrand, Bigras, Bolduc, Boucher, Boulet, Breau, Charlebois, Charles, Ciccone, Corcoran, Corneille, Cossette, Deschamps, Desjardins, Desrosiers, Dubois, Dupré, Ferland, Garou, Gauthier, Hamilton, Hart, Lapointe, Latraverse, Lavoie, Leclerc, Leloup, Léveillée, Lévesque, Louvain, Mervil, Noël, Norman, Pagliaro, Parent, Pelchat, Pelletier, Piché, Rivard, Séguin, Simard, Valiquette, Vallières, Vigneault

Chanteur québécois reconnu pour son large répertoire de reprises
Charles

Chanteur qui a popularisé *Cuts Like a Knife*
Adams

Chanteur qui exécute une partie de solo
soliste

Chanteuse canadienne
DiCaire

Chanteuse d'opérette
divette

Chanteuse de café-concert
divette

Chanteuse du groupe The Supremes
Ross

Chanteuse et imitatrice canadienne
DiCaire

Chanteuse japonaise
geisha

Chanteuse québécoise
Boulay, Claude, Dion, Dufault, Dufresne,
Fabian, Forestier, Jalbert, Julien, Lemay,
Marjo, Martel, Martin, Masse, Mitsou, Moffatt,
Reno, Richard, Tell, Thibert, Toupin, Watters

Chanteuse québécoise ayant une carrière internationale
Céline, Dion

Chanteuse qui a popularisé *J'ai douze ans*
Diane, Dufresne

Chantoir
cavité

Chantonner
chanter, fredonner

Chantourné
violoné

Chantourner
découper, tailler

Chantre
aède, chansonnier, chanteur, choriste, poète

Chantre de psaumes
psalmiste

Chants funèbres
nénies

Chaos
anarchie, bouleversement, confusion,
désordre, fouillis, mêlée, pagaille,
perturbation, tempête

Chaotique
anarchique, confus, désordonné, incohérent,
tourmenté

Chapardage
larcin, maraudage, vol

Chaparder
barboter, dérober, filouter, marauder, prendre,
rafler, subtiliser, voler

Chapardeur
maraudeur

Chape
couvercle, enveloppe, revêtement

Chapeau
ascot, bavolet, béret, bicoquet, bicorne,
bitos, bolivar, bonnet, borsalino, bousingot,
cabriolet, calotte, camail, canotier, capeline,
capote, casquette, charlotte, claque, coiffe,
coiffure, feutre, galure, gibus, képi, manille,
melon, panama, sombrero, stetson, toque,
tricorne, tromblon, turban

Chapeau à larges bords
pétase, sombrero

Chapeau à trois bords relevés
tricorne

Chapeau claque
gibus

Chapeau d'été
panama

Chapeau en toile
bob

Chapeau haut de forme
gibus

Chapeau haut-de-forme, évasé et à larges bords
bolivar

Chapeau imperméable
suroît

Chapeau mexicain à larges bords
sombrero

Chapeau pour se protéger du froid
tuque

Chapeau souple
panama

Chapeauter
coiffer

Chapelain
abbé, aumônier, confesseur, curé, prêtre

Chapelet
baguette, chaîne, défilé, grêle, groupe,
guirlande, kyrielle, neuvaine, nuée, régiment,
réunion, ribambelle, série, succession, suite

Chapelet composé de quinze dizaines d'Ave Maria
rosaire

Chapelet d'oignons
glane

Chapelle
cénacle, cercle, clan, coterie, école, église,
faction, noyau, oratoire, paroisse, parti, secte

Chapelle souterraine
crypte

Chapelure
croûte, panure

Chaperon
protecteur

Chaperonner
escorter

Chapiteau
abri, arène, cirque, saillie, tente, tipi

Chapiteau en forme de cloche renversée
campane

Chapitre
article, division, matière, partie, point,
rubrique, section

Chapitre du Coran
sourate, surate

Chapitrer
admonester, critiquer, disputer, fustiger,
gourmander, gronder, houspiller, moraliser,
morigéner, quereller, rabrouer, raisonner,
remontrer, reprendre, réprimander, reprocher,
semoncer, sermonner, tancer

Chapon
coq, oiseau, poulet, poussin

Chaponner
castrer, châtrer

Chaptalisé
sucré

Chaptaliser
sucrer

Chapus
billot

Chaque
chacun, quelque, tout

Chaque foliole du calice d'une fleur
sépale

Chaque partie d'un fruit sec qui s'ouvre
valve

Char
auto, bige, blindé, chariot, charrette,
quadrige, tank, voiture

Char d'assaut
blindé, tank

Charabia
jargon, pataquès, sabir

Charade
devinette, énigme, rébus

Charançon
apion, calandre

**Charançon dont la larve attaque certaines
légumineuses**
apion

Charbon
anthracite, braise, crayon, fusain, houille,
noir, travail

Charbon à demi consumé
flambard

Charbon fossile
lignite

Charbon friable
fusain

Charbonnée
carbonade

Charbonner
noircir

Charbonnier
cargo, houiller, vraquier

Charcuter
taillader

Charcuterie
porc, rillettes

Charcuterie à base de boyaux de porc
andouille

**Charcuterie à base de viandes blanches
désossées**
galantine

Charcuterie cuite cylindrique
roulade

Chardon
cardère, panicaut

Chardon doré
artichaut

Chardonneret
tarin

Charentaise
babouche, chausson, mule, pantoufle

Charge
abordage, accusation, agio, agression,
assaut, attaque, batterie, boulet, cargaison,
caricature, chargement, contenu, contrainte,
critique, croix, dépense, devoir, dignité,
discours, dynamite, embarras, emploi, estive,
faix, fardeau, fonction, frais, gêne, grief,
imitation, imposition, impôt, incommodité,
indice, lest, mandat, ministère, mission,
obligation, office, ordre, place, plomb,
poids, position, poste, potentiel, poussée,
présomption, preuve, quantité, redevance,
satire, servitude, sinécure, soin, taxe

Chargé
accablé, accru, accusé, alourdi, bourré,
comblé, complet, exagéré, lesté, lourd,
obscur, plombé, préposé, rempli, surchargé,
tarabiscoté, truffé

Charge d'explosifs
pétard

**Charge d'un recteur, du responsable d'une
académie ou d'une université**
rectorat

**Charge de pasteur spirituel et en particulier de
pasteur protestant**
pastorat

Charge de poudre à canon
gargousse

Charge de prêteur
préture

Chargé légèrement d'eau
humide

Chargé nommément, par un titre, d'une fonction
attitré

Charge qui grève un bien immobilier
servitude

Charge très pesante
faix

Charge, fardeau
faix

Charge, fonction du curateur
curatelle

Chargeant
alourdissant

Chargée de l'approvisionnement
acheteuse

Chargement
acconage, aconage, cargaison, charge, contenu, fret, levage

Chargement comprimé d'un navire
estive

Charger
accabler, accuser, affréter, alourdir, arrimer, attaquer, caricaturer, colorer, combattre, combler, commettre, couvrir, embarquer, emplir, employer, encombrer, exagérer, foncer, forcer, fréter, garnir, grever, incriminer, lester, mettre, noircir, outrer, placer, recouvrir, remplir, surcharger, taxer, truffer

Charger de dettes
endetter

Charger et transporter par bateau
batelier

Charger un navire
lester

Chargeur
arrimeur, magasin

Chariot
benne, binard, bogie, caddie, caisson, carriole, char, charrette, charroi, diable, fardier, fourgon, guimbarde, ribaudequin, triqueballe, voiture, wagonnet

Chariot bas
camion

Chariot muni de roues très basses
fardier

Charisme
aura, autorité, pouvoir

Charitable
altruiste, bienfaisant, bienveillant, bon, bonne, caritatif, compatissant, fraternel, généreux, hospitalier, humain, humaniste, indulgent, miséricordieux, pieux, secourable

Charitablement
grassement

Charité
altruisme, aumône, bienfaisance, bienveillance, compassion, fraternité, humanité, indulgence, libéralité, miséricorde, obole, offrande, philanthropie, pitié, secours

Charivari
abasourdissement, barouf, bruit, cacophonie, chahut, clameur, confusion, désordre, éclat, esclandre, fracas, grabuge, huée, pétarade, potin, scandale, tapage, tintamarre, tollé, tumulte, vacarme

Charlatan
arnaqueur, bateleur, camelot, escroc, filou, fumiste, hâbleur, imposteur, menteur, pharmacole, pirate, voleur

Charlot
clown, guignol, pantin, singe

Charlotte
chapeau

Charmant
admirable, adorable, affable, affriolant, agréable, aimable, amical, attirant, attrayant, beau, bel, charmeur, coquet, cordial, délicieux, divin, élégant, enchanteur, engageant, ensorcelant, envoûtant, exquis, fascinant, gentil, gracieux, joli, merveilleux, mignon, piquant, plaisant, ravissant, séduisant, sympathique, tendre

Charme
agrément, amulette, attirance, attrait, beauté, cachet, délice, élégance, enchantement, ensorcellement, envoûtement, fleur, glamour, grâce, hypnose, joliesse, magie, magnétisme, piquant, plaisir, poésie, pouvoir, prestige, saveur, séduction, sort, sortilège, talisman

Charmé
alléché, apprivoisé, conquis, content, émerveillé, enchanté, enjôlé, enlevé, excité, heureux, ravi, séduit

Charme sophistiqué
glamour

Charmer
allécher, amadouer, appâter, apprivoiser, attacher, attirer, bercer, cajoler, captiver, chatouiller, conjurer, conquérir, courtiser, délecter, éblouir, émerveiller, émouvoir, enchanter, enjôler, enlever, ensorceler, enthousiasmer, entraîner, envoûter, exciter, fasciner, flatter, hypnotiser, intéresser, passionner, plaire, ravir, séduire, subjuguer, troubler

Charmeur
affriolant, captivant, charmant, damoiseau, lovelace, séducteur, troublant

Charmille
berceau, tonnelle

Charné
rondelet

Charnier
bourbier, nécropole

Charnière
articulation, axe, burin, ferrure, gond, jointure, jonction, valve

Charnu
abondant, adipeux, corpulent, dodu, épais, gras, grassouillet, gros, plantureux, plein, potelé, pulpeux, rebondi, replet, rond, rondelet

Charognard
vautour

Charogne
cadavre, méchant, pourriture

Charpente
architecture, armature, base, bâti, canevas, carcasse, châssis, fondation, organisation, ossature, plan, squelette, structure, trame

Charpenté
structuré

Charpente apparente d'un mur
colombage

Charpente qui supporte un navire en construction
ber

Charpenter
menuiser, structurer, tailler

Charpenterie
menuiserie

Charpentier
menuisier

Charpie
bouillie, chiffon, haillon, pansement, purée

Charrette
cabrouet, canaille, carriole, char, chariot, chartil, gerbière, haquet, surtout, tombereau

Charrette à quatre roues utilisée en Russie
téléga, télègue

Charrette campagnarde
carriole

Charrette servant essentiellement au transport des tonneaux
haquet

Charriage
charroi, voiturage

Charrié
exagéré, roulé

Charrier
blaguer, charroyer, emporter, entraîner, exagérer, gausser, plaisanter, pousser, rire, rouler, transporter, véhiculer, voiturer

Charroi
chariot, charriage, transport

Charroyer
brouetter, charrier, trimballer

Charrue
araire, bissoc, brabant, buttoir, déchaumeuse, défonceuse, fouilleuse, grattoir, motoculteur, ritte, trissoc

Charrue à trois socs
trisoc

Charrue métallique
brabant

Charrue simple sans avant-train
araire

Charrue vigneronne
fossoir

Charte
convention, diplôme, loi, protocole, règlement, traité

Chartériser
affréter, noliser

Chartil
charrette

Chartreuse
couvent

Chartreux
moine

Chas
œil, trou

Chasse
battue, fauconnerie, pêche, piégeage, poursuite, quête, recherche, traque, vénerie, volerie

Chassé
exilé, rejeté, repoussé

Chasse à courre simulée
drag

Chasse au pipeau
pipée

Chasse dans laquelle on prend les oiseaux aux pipeaux
pipée

Chasse pratiquée avec des oiseaux de proie
volerie

Chasse-marée
galiote

Chasse-punaises
actée

Chasser
balayer, bannir, bouter, congédier, conjurer, débusquer, déjucher, déloger, démettre, dénicher, déraper, détrôner, disperser, dissiper, écarter, éconduire, éliminer, éloigner, évincer, exclure, excommunier, exiler, exorciser, expulser, glisser, licencier, limoger, patiner, pourchasser, poursuivre, pousser, proscrire, rechercher, refouler,

rejeter, remercier, renvoyer, repousser, riper, supprimer, traquer

Chasser ou pêcher sans respecter la loi
braconner

Chasser sans permis en temps ou en lieux interdits
braconner

Chasses
yeux

Chasseur
groom, tireur, traqueur

Chasseur de bœufs sauvages
boucanier

Chasseur passionné
Nemrod

Chasseur professionnel
trappeur

Chassie
pus

Chassieux
miteux

Châssis
ajour, bâti, cadre, carcasse, charpente, fenêtre

Châssis à claire-voie
ridelle

Châssis courbé en arc
archet

Châssis fixe
cadre

Châssis vitré
croisée, fenêtre

Chaste
abstinent, bégueule, continent, décent, honnête, immaculé, innocent, modeste, platonique, pudibond, pudique, pur, sage, vertueux, vierge

Chasteté
abstinence, continence, décence, honnêteté, honneur, pureté, sagesse, vertu, virginité

Chasuble
vêtement

Chat
fauve, félidé, félin, matou, mimi, minet, minou, siamois

Chat de dessin animé, ennemi de Jerry
Tom

Chat domestique qui est retourné à l'état sauvage
haret

Chat gris
chartreux

Chat mâle
matou

Chat-huant
hulotte

Chat-tigre
ocelot

Châtaigne
coup, marron

Châtaigne d'eau
macre

Châtaigneraie
bois

Châtain
auburn, brun

Château
alcazar, bastide, bastille, castel, citadelle, demeure, fort, forteresse, gentilhommière, manoir, palace, palais

Château de la ville de Québec
Frontenac

Chateaubriand
bifteck, filet

Châtelain
seigneur

Châtelaine
chaîne

Châtié
choisi, correct, corrigé, épuré, poli, pur, soigné, soutenu

Châtié, précieux
choisi

Châtier
corriger, épurer, pénaliser, perfectionner, polir, punir, raffiner, réprimer, sanctionner, sévir, soigner

Chatière
trou

Châtiment
damnation, expiation, leçon, peine, pénalité, pénitence, punition, répression, salaire, sanction, supplice, talion, tribut, vengeance

Châtiment corporel
correction

Chatoiement
éclat, moirure, reflet

Chaton de certaines fleurs
iule

Chatonner
sertir

Chatouillé
excité

Chatouillement
agacerie, attouchement, démangeaison, prurit

Chatouiller
agacer, charmer, démanger, exciter, flatter, picoter, piquer, plaire, taquiner, titiller, toucher

Chatouilleux
délicat, douillet, irritable, ombrageux, sensible, susceptible

Chatoyant
brillant, changeant, diapré, étincelant, luisant, miroitant, mobile, moiré, reluisant, rutilant, scintillant

Chatoyer
étinceler, fulgurer, luire, miroiter, pétiller, reluire, rutiler, scintiller

Châtré
castré, coupé, émasculé, épuré, eunuque, hongre, stérilisé

Châtrer
castrer, chaponner, couper, émasculer, épurer, expurger, stériliser

Chatterie
bonbon, cajolerie, câlinerie, caresse, confiserie, douceur, friandise, gâterie, gourmandise, sucrerie

Chaud
amoureux, animé, âpre, ardent, bouillant, brûlant, chaleur, dangereux, décidé, dur, emballé, emporté, enthousiaste, équatorial, fanatique, farouche, fébrile, fervent, fiévreux, fougueux, passionné, pressant, risqué, sanglant, sensible, sévère, torride, tropical, vif, zélé

Chaudeau
bouillon, brouet

Chaudement
ardemment

Chaudière
étuveur, seau

Chaudron
casserole, faitout

Chauffage
climatisation, réchauffement

Chauffard
chauffeur

Chauffé
exalté

Chauffe-eau
ballon

Chauffe-plats
réchaud

Chauffer
embraser, exalter, presser, réveiller, swinguer, taper, tiédir

Chaufferette
réchaud

Chauffeur
automobiliste, camionneur, chauffard, conducteur, machiniste, pelleteur, pilote, routier, wattman

Chauffeur de camions sur longue distance
routier

Chaulage
amendement

Chauler
amender, blanchir, échauder

Chaume
éteule, glui, paille, tige

Chaume qui reste sur place après la moisson
éteule

Chaumière
cabane, chaumine

Chaumine
chaumière

Chausse-trape
écueil, piège, ruse, traîtrise, trappe

Chaussée
banquette, biturne, écueil, levée, macadam, pavé, remblai, route, rue, talus, voie

Chaussée formée de pieux et de cailloux
duit

Chausser
botter, enfiler

Chausses
culotte, grègues, guêtre, jambière

Chaussette
bas, filtre, socquette

Chaussette basse et légère
socquette

Chausseur
bottier

Chausson
babouche, charentaise, mule

Chausson aux fruits
gosette

Chausson de pâte feuilletée
rissole

Chaussure
babouche, ballerine, botte, bottillon, bottine, brodequin, caoutchouc, claque, cothurne, croquenot, derby, escarpin, espadrille, godasse, godillot, grole, grolle, mocassin, pataugas, pompe, ranger, richelieu, sabot, sandale, savate, socque, soulier, spartiate, tong

Chaussure avec une semelle de bois
socque

Chaussure basse à bride
baby

Chaussure basse lacée
richelieu

Chaussure couvrant le pied et une partie de la jambe
brodequin

Chaussure d'intérieur
mule

Chaussure de cuir
galoche

Chaussure de cuir sans quartier ni talon
babouche

Chaussure de plage
tong

Chaussure de sport
basket

Chaussure de sport en toile à semelle de caoutchouc
basket

Chaussure de ville
trotteur

Chaussure légère
sandale

Chaussure militaire à tige courte
godillot

Chaussure paysanne
sabot

Chaussure très fine
escarpin

Chaussures de sport à semelles de caoutchouc
tennis

Chauve
dégarni, dénudé, déplumé, nu, pelé

Chauve-souris d'Amérique du Sud
vampire

Chauvin
cocardier, nationaliste, patriotard, patriote, xénophobe

Chauvinisme
clanisme, xénophobie

Chaviré
coulé

Chavirement
retournement

Chavirer
basculer, capoter, couler, dessaler, étourdir, renverser, révulser, sombrer, tourner, vaciller

Che
Guevara

Chéchia
calotte, fez

Chef
abbé, âme, animateur, as, berger, cacique, caïd, cerveau, champion, cheik, cheikh, commandant, coryphée, crack, cuisinier, directeur, dirigeant, empereur, entraîneur, gradé, guide, leader, maître, meneur, monarque, moteur, officier, parrain, pasteur, patriarche, patron, point, président, prince, principal, proviseur, responsable, roi, sachem, souverain, stratège, supérieur, tête

Chef apache mort en 1908
Geronimo

Chef au-dessus du caïd
aga, agha

Chef d'équipe
prote, contremaître

Chef d'État
dirigeant

Chef d'État dans certains États arabes
raïs

Chef d'orchestre
maestro

Chef d'un diocèse
évêque

Chef d'une mafia
parrain

Chef de bataillon
major

Chef de clinique
clinicien

Chef de l'Église catholique romaine
pape

Chef de l'État
président

Chef de prière dans une mosquée
imam

Chef de tribu arabe
cheik, cheikh

Chef de tribu chez les Arabes
cheik, cheikh

Chef des armées américaines
Lee

Chef des Métis qui a été pendu
Riel

Chef du Parti libéral du Québec
Couillard

Chef éthiopien
ras

Chef ismaélien
Aladin

Chef militaire dans les pays arabes
caïd

Chef militaire et civil du Japon
shogoun

Chef religieux
rabbin

Chef religieux musulman
imam

Chef spirituel de l'Inde
Gandhi, Mahatma

Chef suprême de certains États
empereur

Chef-d'œuvre
bijou, collier, joyau, prodige, trésor

Chef, commandant
führer

Chefferie
arrondissement, territoire

Cheik
chef, émir, prince

Cheikh
chef, émir, prince

Chemin
allée, avenue, circuit, course, direction, distance, itinéraire, méthode, moyen, parcours, passage, piste, route, rue, sente, sentier, tapis, tortille, trajectoire, trajet, voie

Chemin creux dans une forêt
cavée

Chemin de fer
métro, rail

Chemin de fer à rails plats
tramway

Chemin étroit
sentier

Chemin plus court
raccourci

Chemin réservé aux cyclistes
piste

Chemin tout tracé
ornière

Cheminant
allant

Chemineau
gueux, mendiant, nomade, rôdeur, routard, vagabond

Cheminée
âtre, conduit, feu, foyer, tuyau

Cheminement
itinéraire, marche, parcours, progrès, voyage

Cheminer
aller, déambuler, développer, marcher, progresser, propager, répandre, trimarder, trotter

Chemise
blouse, brassière, chemisette, chemisier, corsage, couverture, dossier, liquette

Chemise de nourrisson
brassière

Chemise de nuit très courte
nuisette

Chemise de poil de chèvre
haire

Chemise de sport en maille, à col ouvert
polo

Chemise de sport en tricot
polo

Chemise longue
tunique

Chemise, dossier
farde

Chemisette
blouse, brassière, chemise, corsage, guimpe

Chemisier
blouse, camisole, chemise, corsage, liquette

Chemisier de femme
blouse

Chênaie
bois

Chenal
canal, détroit, goulet, grau, gruau, passage, passe

Chenal de communication
grau

Chenal naturel reliant deux cours d'eau
arroyo

Chenapan
brigand, canaille, coquin, fripon, fripouille, galopin, garnement, gredin, polisson, sacripant, vaurien, voyou

Chêne
yeuse

Chêne à feuilles oblongues
vélani

Chêne vert
yeuse

Chéneau
gouttière

Chenet
hâtier, landier

Chenil
abri

Chenille
larve, tordeuse

Chenu
blanc, blanchi, dépouillé

Cheptel
bestiaux, bétail, troupeau

Chéquier
carnet

Cher
adoré, agréable, aimé, chèrement, chéri, coûteux, dispendieux, exorbitant, inabordable, onéreux, précieux, préféré, ruineux, tendre

Cherché
étudié

Chercher
étudier, fureter, inventer, prendre, quérir, rechercher, tâcher, tâtonner, viser

Chercher à convaincre par des discours
exhorter

Chercher à éviter
fuir

Chercher à faire la conquête de quelqu'un
courtiser

Chercher à rabaisser, souvent de façon injuste
détracter

Chercher des livres d'occasion
bouquiner

Chercher en tâtant
tâtonner

Chercher sa nourriture
picorer

Chercheur
enquêteur, investigateur, prospecteur, savant,
scientifique

Chercheur d'or
orpailleur

Chèrement
affectueusement, amoureusement, cher,
onéreusement, pieusement, tendrement

Chergui
vent

Chéri
adoré, aimé, béguin, cher, chouchou, favori,
flirt, préféré, trésor, vénéré

Chérie
poupée

Chérir
adorer, aduler, affectionner, aimer, préférer,
vénérer

Cherté
coût, prix

Chérubin
ange, angelot, bébé, enfant, gamin, gosse,
marmot, môme, moutard

Chétif
anémique, clairsemé, débile, délicat,
dérisoire, étiolé, faible, fluet, fragile, frêle,
maigre, maladif, malingre, mesquin,
misérable, pauvre, piètre, piteux, rabougri,
rachitique, ratatiné

Chétivité
délicatesse, faiblesse, rabougrissement

Cheval
alezan, bourrin, canasson, carne, coureur,
crack, dada, étalon, haquenée, haridelle,
mileur, monture, mustang, palefroi, poney,
poulain, pouliche, sauteur, tarpan, trotteur,
yearling

Cheval à robe noire luisante
moreau

Cheval assez trapu
cob

Cheval aux pieds avant tournés vers l'arrière
panard

Cheval ayant des aptitudes pour le galop
galopeur

Cheval châtré
hongre

Cheval d'Afrique du Nord
barbe

Cheval de bataille
destrier

Cheval de chasse
hunter

Cheval de course aux nombreuses victoires
crack

Cheval de course médiocre
tocard, toquard

Cheval de petite taille
genet, poney

Cheval demi-sang
cob

Cheval demi-sang utilisé pour la selle
cob

Cheval dont la robe est jaune rougeâtre
alezan

Cheval dressé pour le trot
trotteur

Cheval ou jument qui amble
haquenée

Cheval qui trotte avec vivacité
stepper

Cheval reproducteur
étalon

Cheval retourné à l'état sauvage
tarpan

Cheval sauvage
mustang

Cheval-vapeur
CH

Chevaleresque
galant, magnanime, noble

Chevaleresquement
noblement

Chevalet
tréteau

Chevalier
cavalier, écuyer, galant, paladin, preux,
protecteur, sigisbée

Chevalier errant
paladin

Chevalière
anneau, bague

Chevauchée
cavalcade, galopade

Chevaucher
caracoler, cavaler, empiéter

Chevelu
barbu, filamenteux, poilu, velu

Chevelure
cheveux, chignon, coiffure, crinière, poil, scalp, tignasse, toison, traînée

Chevelure mal peignée
tignasse

Chevelure très fournie
toison

Chevet
abside

Chevêtre
licol

Cheveu
crin, fil, poil

Cheveux
chevelure, crinière, toison

Chevillard
boucher

Cheville
articulation, clou, goupille, tige

Cheville à tête plate
esse

Cheville de bois conique
épite

Cheville de fer
tolet

Cheville de golf
tee

Cheville métallique servant à assembler deux pièces percées chacune d'un trou
goupille

Cheville qui sert à assujettir le tire-fond
trenail

Cheville qui traverse une pièce de bois
enture

Cheviller
accrocher, attacher, boulonner, clouer, fixer, joindre

Chevillette
clou

Chevillon
bâton

Chèvre
bique, biquette, cabri

Chèvre sauvage à longues et puissantes cornes annelées, arquées vers l'arrière
bouquetin

Chèvre-pied
faune, satyre

Chevreau
cabri

Chevrette
trépied

Chevreuil
cerf

Chevreuil mâle
brocard

Chevrier
berger, haricot

Chevron
galon, grade, insigne, madrier, marque, poutre, signe, symbole

Chevronné
émérite, expérimenté, expert, qualifié

Chevrotant
tremblant

Chevrotement
bêlement

Chevroter
bégueter, bêler, trembler, trembloter

Chevrotine
balle, plomb

Chez
dans, parmi, préposition

Chez les champignons, lamelle fixée sur le pied
adné

Chez-soi
appartement, domicile, intérieur, logement, logis, maison, pénates

Chialer
pleurer

Chic
abatage, abattage, aisance, allure, beau, bel, bien, brave, chouette, classe, coquet, coquetterie, distinction, distingué, élégance, élégant, gentil, habileté, huppé, mignon, obligeant, prestance, raffiné, riche, sélect

Chic, élégant
habillé

Chicane
altercation, argutie, bisbille, chicanerie, chipotage, démêlé, difficulté, dispute, dissension, empoignade, ergotage, ergoterie, finasserie, logomachie, noise, procès, querelle

Chicané
ergoté, vétillé

Chicaner
chipoter, contester, disputer, ennuyer, ergoter, gronder, lésiner, objecter, raisonner, soucier, taquiner, tourmenter, tracasser, vétiller

Chicanerie
chicane

Chicaneur
chicanier, difficile, ergoteur, plaideur, procédurier, processif, vétilleux

Chicanier
chicaneur, ergoteur, pinailleur, pointilleux, tatillon, vétillard, vétilleux

Chiche
avare, économe, frugal, juste, ladre, maigre, mesquin, parcimonieux, pauvre, petit, pingre, radin, regardant, serré

Chiche-kebab
kebab

Chichement
petitement

Chichi
agacerie, cérémonie, mignardise, tralala

Chichis
affectation, embarras, façons, manières, mignardises, minauderies, simagrées

Chicon
endive

Chicorée à larges feuilles, mangée en salade
scarole

Chicot
dent

Chicoter
titiller, tracasser

Chien
basset, berger, cabot, cerbère, chiot, danois, doberman, dogue, épagneul, mâtin, molosse, roquet, setter, toutou

Chien à oreilles pendantes
épagneul

Chien à poil ras
boxer

Chien à poil ras de très grande taille
danois

Chien à poils durs
schnauzer

Chien à robe blanche tachetée de noir ou de brun
dalmatien

Chien au poil rude
griffon

Chien barbet à poil frisé
caniche

Chien célèbre au cinéma
Rintintin

Chien courant
basset

Chien d'agrément très répandu
caniche

Chien d'arrêt à poil ras
braque

Chien d'Obélix
Idéfix

Chien de berger
molosse

Chien de berger, de taille moyenne
bobtail

Chien de chasse
basset, labrador, springer, terrier

Chien de chasse à courre
clabaud

Chien de chasse à poil court
braque

Chien de chasse longiligne et très rapide
lévrier

Chien de compagnie
pékinois

Chien de garde
boxer, doberman, dogue

Chien de Tintin
Milou

Chien dont le poil blanc est tacheté de noir ou de brun
dalmatien

Chien qui chasse les rats
ratier

Chien sauvage d'Asie
cyon

Chien sauvage d'Australie
dingo

Chien terrier
fox

Chien terrier à poil dur
airedale

Chien-assis
lucarne

Chiendent
alpiste

Chiffe
guenille, haillon, lâche, lavette, loque, veule

Chiffon
bourre, charpie, fripe, guenille, haillon, lambeau, lavette, torchon

Chiffon utilisé dans la fabrication du papier
peille

Chiffon, torchon
patte

Chiffonnant
froissant

Chiffonner
fâcher, friper, froisser, plisser, tarabuster, tourmenter

Chiffonnier
biffin, commode, fripier

Chiffre
caractère, cinq, code, combinaison, cryptage, fréquence, indice, marque, monogramme, montant, nombre, numéro, signe, somme, symbole, taux, total

Chiffré
calculé, codé, compté, crypté, évalué, numéroté, quantifié, secret

Chiffre malchanceux
treize

Chiffrer
calculer, coder, compter, encoder, estimer, évaluer, facturer, numéroter

Chignole
foreuse, perceuse, tacot, vilebrequin

Chignon
chevelure, cheveux, choucroute

Chile
piment

Chili
piment

Chimère
apparence, attrape, dragon, fantaisie, fantasme, fiction, folie, fumée, idéal, idée, illusion, imagination, mirage, monstre, mythe, ombre, rêve, rêverie, roman, songe, tromperie, utopie, vision

Chimérique
fabuleux, faux, fou, idéaliste, illusoire, imaginaire, impossible, irréalisable, irréel, trompeur, utopique, vain, visionnaire

Chimie
affinité, alchimie

Chimiste américain mort en 1981
Urey

Chimpanzé
gorille, singe

Chiné
acheté, moucheté

Chiner
acheter, acquérir, moquer, plaisanter, railler, rire, taquiner

Chineur
antiquaire, brocanteur, camelot, railleur

Chinois
mandarin, passoire, tamis

Chinois simplifié
wu

Chinoiser
ergoter

Chinoiserie
bizarrerie, caprice, étrangeté, singularité

Chiot
cabot, chien, toutou

Chip
puce

Chipie
femme, méchante, mégère, peste, pimbêche

Chipiron
calamar, calmar

Chipolata
saucisse

Chipotage
chicane, pinaillage

Chipoter
chicaner, contester, ergoter, grignoter, objecter, pignocher, pinailler, tracasser, tripoter, vétiller

Chipoteur
tatillon

Chips
croustilles

Chique
bonbon, puce

Chiqué
bluff, cinéma, épate, esbroufe, frime

Chiquenaude
coup, nasarde

Chiquer
mâcher

Chiromancien
diseur, mage

Chirurgie
opération

Chirurgien
médecin

Chiton
robe

Chlore
Cl

Chloroformer
endormir

Chlorure d'ammonium
ammoniac

Chlorure naturel de sodium
halite

Chnouf
reniflette

Choc
accident, accrochage, affrontement, antagonisme, bataille, battement, bouleversement, carambolage, collision, combat, commotion, conflit, confrontation, coup, ébranlement, émotion, frappe, heurt, impact, lutte, opposition, percussion, rencontre, secousse, télescopage, traumatisme

Choc d'un corps contre un autre
percussion

Choc grave
commotion

Chocolat
bonbon, bouchée, brun, cacao, truffe

Chocolaté
cacaoté

Chocolatière
boîte

Chœur
chorale, choriste, chorus, concert,
manécanterie, symphonie

Choir
chuter, écrouler, tomber

Choisi
adopté, châtié, distingué, écrémé, élégant,
élu, favorable, opportun, précieux, propice,
raffiné, recherché, retenu, sélect, voté

Choisi par Dieu
élu

Choisir
adopter, agréger, arrêter, coopter, désigner,
distinguer, écrémer, élire, embrasser,
habiliter, nommer, opter, pratiquer, préférer,
prendre, retenir, sélecter, sélectionner,
trancher, trier, voter

Choisir de nouveau
réélire

Choix
adoption, alternative, anthologie, assortiment,
carte, collection, convenance, décision,
désignation, dilemme, élection, éventail,
florilège, gamme, nomination, option, palette,
panoplie, préférence, recueil, résolution,
réunion, sélection, série, tri, triage, variété

Choix de l'image, en photographie
cadrage

Choix entre diverses perspectives
carrefour

Cholémie
ictère, jaunisse

Choléra
morbus, peste

Chômage
inactivité

Chômé
férié

Chômeur
inactif

Chope
ale, bière, bock, cervoise, demi, gobelet,
godet, pot, verre

Chopper
trébucher

Choquant
criant, cru, dur, grossier, impudent, incongru,
indécent, malséant, révoltant, vexant

Choquant, révoltant
criant

Choqué
blessé, bouleversé, commotionné, ébranlé,
fâché, froissé, frustré, heurté, horrifié,
indigné, offensé, offusqué, outré, révolté,
scandalisé, secoué, traumatisé, vexé

Choquer
achopper, atteindre, blesser, bouleverser,
cogner, commotionner, ébranler, écœurer,
enrager, frapper, froisser, heurter, horrifier,
indigner, offenser, offusquer, outrer, révolter,
scandaliser, secouer, traumatiser, vexer

Chorale
chœur, chorus, musique

Chorégraphie
ballet, boléro, danse

Choriste
chantre, chœur, divette

Chorus
chœur, chorale

Chose
bibelot, bidule, bien, corps, engin, esclave,
fait, instrument, objet, outil, possession,
substance, truc, trucmuche, ustensile

Chose agréable
miel

Chose curieuse
curiosité

Chose difficile à comprendre
algèbre

Chose établie, fondée
institut

Chose exquise
nanan

Chose facile
rigolade

Chose hideuse
hideur

Chose imposée
diktat

Chose insignifiante
vétille

Chose nouvelle
novation, primeur

Chose que l'on répète, que l'on ressasse
antienne

Chose qui ne compte pas
fifrelin

Chose qui occupe le deuxième rang
deuxième

Chose répétée inutilement
redite

Chose sale ou impure
immondice

Chose sans importance
rien

Chose tortillée
tortillon

Choses horribles
horreurs

Chosifier
réifier

Chou
brocoli, légume

Chou pommé à feuilles lisses
cabus

Chou-navet
rutabaga

Chou-rave
turnep

Choucas
corneille

Chouchou
chéri, favori

Chouchouter
dorloter, gâter

Choucroute
chignon

Chouette
beau, bel, chic, effraie, épatant, génial, joli

Chouette au plumage clair
effraie

Chouette blanche
harfang

Chouiner
piailler, pleurer

Choute
agréable, plaisant

Choyé
gâté

Choyer
aduler, bichonner, cajoler, câliner, couver, dorloter, entourer, gâter, materner, mitonner, pouponner, soigner

Chrétien
baptisé, catholique, croyant, fidèle, généreux, pratiquant, uniate

Chrétien d'Égypte
copte

Chrétien d'Éthiopie
copte

Chrétien fidèle à un pasteur
brebis

Christ
Jésus, Messie

Christianisme
papisme

Chromatisé
irisé

Chromatiser
iriser

Chrome
Cr, métal

Chromé
tanné

Chromer
tanner

Chromo
image

Chronique
annales, article, billet, courrier, durable, éditorial, gazette, histoire, invétéré, mémoires, opiniâtre, permanent, persistant, récit, recueil, rubrique

Chroniques
archives

Chroniqueur
annaliste, historien, journaliste, narrateur, rédacteur, reporter

Chronologie
succession

Chronologiste
historien

Chronomètre
montre

Chronométrer
minuter

Chrysocale
similor

Chrysolithe
topaze

Chrysoprase
agate, cornaline

Chuchoté
soufflé

Chuchotement
bruit, cri, murmure

Chuchoter
bredouiller, bruire, grommeler, marmonner, marmotter, murmurer, prononcer, souffler, susurrer

Chuchotis
murmure, rumeur

Chuintement
bruit, cri

Chuinter
prononcer, siffler

Chut
interjection, silence

Chute
abattement, agonie, baisse, bûche, cascade, cataracte, culbute, décadence, déchéance, déchet, déclin, déconfiture, dégringolade, dépréciation, descente, dévissage, disgrâce, éboulement, échec, écrasement, écroulement, effondrement, fin, gadin, gamelle, glissade, péché, plongeon, renversement, rognure, ruine, saut, tombée, trébuchement

Chute d'eau
cascade

Chute d'un grand cours d'eau
cataracte

Chute d'un organe
ptose

Chute de quelqu'un qui tombe en avant
plongeon

Chute des cheveux
pelade

Chute des fleurs
coulure

Chute en piqué d'un avion
abattée

Chute ou absence de cheveux
alopécie

Chute temporaire, partielle ou totale des cheveux ou des poils
alopécie

Chute violente
culbute

Chuter
abattre, achopper, affaler, baisser, basculer, choir, couper, déchoir, dégringoler, déprécier, diminuer, disparaître, échouer, effondrer, foncer, manquer, mourir, pleuvoir, rater, réduire, retomber, tomber, trébucher, valdinguer

Ci
curie, ici

Ci-après
infra, suivant

Ci-dessous
suivant

Ci-dessus
avant

Ciao
bonjour

Cibiste
cébiste

Cible
but, dessein, mire, objectif, résultat

Cible pour le tir d'entraînement
carton

Cibler
ajuster, circonscrire, délimiter, déterminer, pointer, positionner

Ciboire
coupe

Ciborium
baldaquin

Ciboule
cive

Ciboulette
civette

Ciboulot
tête

Cicatrice
balafre, blessure, couture, écorchure, égratignure, empreinte, éraflure, hile, lésion, marque, meurtrissure, plaie, stigmate, taillade, trace

Cicatrice au milieu du ventre
nombril

Cicatrice d'une plaie
couture

Cicatrice sur le tégument d'une graine
hile

Cicatrisation
guérison

Cicatriser
apaiser, guérir

Cicérone
accompagnateur, guide, pilote

Cidre
boisson

Cie
compagnie

Ciel
azur, baldaquin, bleu, cieux, empyrée, espace, éther, firmament, nues, olympe, paradis, providence, univers

Ciel de lit
dais

Ciel de lit en forme demi-circulaire
baldaquin

Cierge
bougie, chandelle, lumignon, luminaire

Cieux
ciel, firmament, paradis

Cigale
psylle

Cigare
cigarillo, havane, ninas, tête, voltigeur

Cigare réputé
havane

Cigarette
mégot

Cigarillo
cigare, havane, ninas

Ciguë
æthuse, poison

Cil
poil

Cilice
haire

Cillement
battement, clignement, clignotement, clin

Ciller
bouger, cligner, clignoter, loucher, sourciller

Cime
aiguille, altitude, cimier, crête, faîte, haut, pic, pointe, sommet, tête, zénith

Cime d'un arbre rompue
volis

Cime d'une montagne
sommet

Ciment
béton, mortier

Ciment artificiel très résistant
portland

Cimenté
affermi, bétonné, scellé

Cimenter
accoler, affermir, bétonner, consolider, lier, murer, raffermir, resserrer, sceller, unir

Cimeterre
épée, sabre

Cimetière
catacombes, caveau, crypte, grotte, hypogée, nécropole, ossuaire, sépulture

Cimicaire
actée

Cimier
cime

Cinabre
rouge, vermillon

Ciné
cinéma

Cinéaste américain
Penn

Cinéaste américain mort en 1982
Vidor

Cinéaste américain mort en 1991
Capra

Cinéaste américain né en 1911
Dassin, Ray

Cinéaste canadien né au Québec en 1929
Carle

Cinéaste et producteur américain mort en 1966
Disney

Cinéaste québécois
Godbout

Cinéma
bluff, chiqué, ciné, cirque, comédie, film, salle

Cinémomètre
radar

Cinglant
brusque, cruel, cuisant, dur, sec, sévère, vexant, vif, virulent

Cingle
méandre

Cinglé
bizarre, dingo, fada, fou, loufoque

Cingler
battre, blesser, cravacher, flageller, fouailler, fouetter, fustiger, gifler, naviguer, progresser, vexer, voguer

Cinnamome
aromate

Cinoque
fou, loufoque

Cinq
chiffre

Cinq ans
lustre

Cinq fois dix
cinquante

Cinq numéros sortis ensemble
quine

Cinquième
quint

Cinquièmement
quinto

Cintrage
galbe

Cintre
arc, arceau, berceau, support, voûte

Cintré
bombé, courbé, voûté

Cintrer
arquer, bomber, cambrer, courber, incurver, voûter

Cippe
stèle

Cirage
crème, nettoyage

Circaète
aigle, aiglon

Circonférence
grosseur, périmètre, périphérie, pourtour, tour

Circonlocution
détour

Circonscription
canton, division, fief, région, territoire

Circonscription administrée par un igame
igamie

Circonscription ecclésiastique
paroisse

Circonscrire
arrêter, borner, cerner, cibler, définir, délimiter, enclore, enrayer, entourer, freiner, juguler, limiter, localiser, renfermer, tracer

Circonscrit
situé

Circonspect
avisé, défiant, méfiant, mesuré,
précautionneux, prévoyant, prudent, réfléchi,
réservé, réticent, sage, vigilant

Circonspection
discernement, maturité, mesure, précaution,
prudence, réserve, réticence, sagesse,
sobriété, vigilance

Circonstance
alibi, cas, coïncidence, condition,
conjoncture, donnée, épisode, fait, hasard,
heure, modalité, moment, occasion,
occurrence, particularité, passe, péripétie,
situation

Circonstancié
précis

Circonvallation
tranchée

Circonvenir
berner, corrompre, séduire, subjuguer,
surprendre, tromper

Circonvenu
berné, séduit

Circonvoisin
proche

Circonvolution
cercle, détour, tour, volute

Circuit
autodrome, canal, chaîne, chemin, croisière,
itinéraire, parcours, périple, piste, pourtour,
promenade, rallye, randonnée, réseau, tour,
tournée, trajet, voyage

Circulaire
note, rond, rotatif, rotatoire, sphérique

Circulant
allant

Circularité
rondeur

Circulation
courant, passage, roulement, trafic

Circulation aérienne
aviation

Circulation de l'air
aérage

Circulation de véhicules
trafic

Circulatoire
tournant

Circuler
aller, colporter, conduire, couler, courir,
déplacer, partir, passer, promener, propager,
répandre, rouler, transmettre, voyager

Circumduction
rotation, tour

Circumnavigation
périple

Circumpolaire
polaire

Cire
cérat, cérumen, encaustique

Ciré
astiqué, briqué, brossé, encaustiqué,
gabardine, huilé, imper, lustré, poli

Cire d'oreille
cérumen

Cirer
astiquer, briquer, brosser, décrasser,
encaustiquer, frotter, glacer, huiler, lustrer,
nettoyer, polir

Cireur
nettoyeur

Cireux
blafard, blême, hâve, jaunâtre, livide, pâle,
pâlichon, plombé, terreux, vitreux

Cirière
abeille

Cirque
amphi, amphithéâtre, arène, bazar, carrière,
chapiteau, cinéma, comédie, mascarade,
pagaille, pantomime, piste

Cirque, tente
chapiteau

Cirrostratus
nuage

Cirrus
nuage

Cisaille
rognure

Cisaillement
ciselage

Cisailler
couper, ébarber, élaguer, scier, trancher

Cisailles
riflard, sécateur

Ciseau
bédane, berceau, besaiguë, biseau,
bouchard, burin, chanfrein, ciselet, cisoir,
ébauchoir, fermoir, gouge, gougette, grattoir,
matoir, plane, poinçon, pointe, repoussoir,
riflard, rondelle, sécateur

Ciseau à tranchant
gouge

Ciseau d'acier
burin

Ciseau en acier trempé
bédane

Ciseau pour la taille des arbustes
sécateur

Ciselage
burinage, cisaillement

Ciselé
limé, travaillé

Ciseler
busquer, fignoler, fouiller, limer, parachever, parfaire, peaufiner, polir, sculpter, soigner, tailler, travailler

Ciselet
ciseau

Ciselet à bout aplati
planoir

Ciseleur
bijoutier, joaillier, orfèvre

Ciselure
gravure

Cisoir
ciseau

Ciste
corbeille

Citadelle
alcazar, bastide, bastille, bastion, casbah, centre, château, fort, fortification, oppidum, ouvrage, rempart

Citadelle d'un souverain, dans les pays arabes
casbah

Citadin
habitant, urbain

Citation
acte, assignation, bribe, convocation, extrait, fragment, mention, morceau, passage, rappel, sommation, témoignage

Cité
agglomération, allégué, assigné, bourg, commune, convoqué, énuméré, état, indiqué, intimé, invoqué, mégalopole, mentionné, métropole, nation, nommé, noté, patrie, rapporté, république, tribu, villa, ville

Cité ancienne de la Basse Mésopotamie
Our, Ur

Cité ancienne de Syrie
Ebla

Cité antique de l'Asie Mineure
Troie

Cité antique de la Basse Mésopotamie
Our, Ur

Cité de carnaval
Rio

Cité légendaire bretonne
Ys

Citer
affirmer, alléguer, assigner, convoquer, énumérer, évoquer, indiquer, intimer, invoquer, mentionner, nommer, produire, rappeler, rapporter, répéter, signaler

Citer devant les tribunaux
traduire

Citer devant un tribunal
attraire

Citerne
cuve, pétrolier, réserve, réservoir, tank

Cithare
manicorde

Citoyen
civique, être, habitant, homme, humain, individu, national, patriote, patriotique, personne, quidam, résident, ressortissant, sujet, type

Citoyen de dernière classe du peuple
prolétaire

Citoyen juif d'Israël
sabra

Citoyenneté
civisme

Citron
agrume, bergamote, citrus, jaune

Citron très acide
limon

Citron vert
lime

Citronnade
limonade

Citronnelle
mélisse

Citronnier
citrus, limettier

Citrouille
courge, potiron

Citrus
citron, citronnier, limettier, pamplemoussier

Civadière
voile

Cive
ciboule

Civelle
anguille, leptocéphale, pibale

Civet
ragoût

Civette
ciboulette, genette

Civière
brancard, litière

Civil
adorable, affable, aimable, bourgeois, civique, courtois, gracieux, intérieur, intestin, laïque, pékin, poli, politique, profane, séculier, social, urbain

Civilement
poliment

Civilisation
avancement, culture, développement, évolution, progrès

Civilisé
apprivoisé, évolué, poli

Civiliser
affiner, améliorer, apprivoiser, cultiver,
dégrossir, éduquer, humaniser, perfectionner,
policer

Civilité
affabilité, amabilité, aménité, entregent,
galanterie, politesse, respect, urbanité

Civique
citoyen, civil, nationaliste, patriotique,
politique

Civisme
citoyenneté, patriotisme

Cl
chlore

Clabaud
aboyeur

Clabaudage
cancan, cri, racontar, ragot

Clabauder
criailler, protester

Clac
interjection

Clafoutis
pâtisserie

Claie
cagette, clayon, clisse, clôture, crible, éclisse,
égouttoir, fascine, grille, nasse, sas, tamis,
treillage, volette

Clair
accessible, aéré, agréable, aigu, apert,
argentin, beau, cartésien, catégorique,
clairement, clairsemé, compréhensible,
cristallin, défini, dégagé, distinct, éclairé,
éclatant, évident, explicite, facile, flagrant,
fluide, formel, franc, franchement, intelligible,
limpide, liquide, lisible, lucide, lumineux,
manifeste, net, notoire, pâle, palpable,
patent, précis, pur, sain, sensible, serein,
simple, transparent, visible, voyant

Clair-obscur
pénombre

Clair, lumineux
clairet

Claire
huître

Claire-voie
grillage, treillis

Clairement
carrément, clair, nettement, sensiblement

Clairette
blanquette

Clairière
échappée, percée, trouée

Clairon
buccinateur, trompette

Claironnant
fort, retentissant

Claironner
annoncer, clamer, corner, crier, proclamer,
publier, trompeter

Clairsemé
aéré, chétif, clair, dispersé, disséminé,
éparpillé, épars, espacé, maigre, rare

Clairvoyance
acuité, finesse, flair, jugement, lucidité,
perspicacité, prévision, sagacité, sûreté,
vision

Clairvoyant
avisé, éclairé, fin, lucide, pénétrant, perçant,
perspicace, sagace, subtil

Clam
palourde

Clamer
annoncer, carillonner, claironner, corner, crier,
écrier, hurler, proclamer, publier, trompeter

Clameur
acclamation, appel, bruit, charivari, cri,
hourra, huée, hurlement, protestation, tollé,
tumulte, vacarme, vivat, vocifération

Clameur d'indignation
tollé

Clamp
clip, garrot

Clan
association, bande, camp, caste, cénacle,
cercle, chapelle, classe, clique, côté, coterie,
division, faction, famille, gang, groupe, noyau,
parti, secte, société, tribu

Clan, groupement
secte

Clandestin
caché, furtif, illégal, illicite, marron, occulte,
parallèle, pirate, secret, souterrain

Clanisme
chauvinisme

Clap
claquette, claquoir

Clapet
bouche, bouchon, obturateur, soupape, valve

Clapier
abri, bicoque, bouge, cage, lapinière

Clapir
glapir

Clapir (Se)
cacher, tapir

Clapotage
bruit, clapotement, clapotis

Clapotement
bruit, clapotage

Clapotis
bruit, clapotage

Clappement
bruit

Claquage
élongation

Claquant
éreintant

Claque
affront, baffe, beigne, camouflet, chapeau, chaussure, coup, gifle, humiliation, mornifle, offense, soufflet, taloche, tape

Claqué
crevé, épuisé, éreinté, fatigué, fourbu, harassé, mort

Claquement
bruit, éclat

Claquemuré
reclus, séquestré

Claquemurer
enfermer, séquestrer

Claquer
agiter, battre, casser, cogner, crever, dépenser, épuiser, éreinter, exténuer, fatiguer, fermer, flamber, forcer, frapper, gaspiller, gifler, harasser, lâcher, mourir, tambouriner

Claquer des dents
grelotter

Claqueter
craqueter

Claquette
clap, claquoir, sandale

Claquettes
danse

Claquoir
clap, claquette

Clarification
épuration, filtrage

Clarifié
aéré, coulé, éclairé, épuré

Clarifier
aérer, caractériser, débrouiller, décanter, démêler, éclaircir, éclairer, élucider, épurer, filtrer, passer, préciser, purifier, soutirer

Clarine
clochette, sonnaille, sonnette

Clarté
éclairage, éclat, facilité, flamme, jour, limpidité, lucidité, lueur, lumière, luminosité, netteté, nitescence, poli, précision, pureté, transparence

Clarté, lumière
jour

Classe
allure, calibre, carrure, caste, catégorie, chic, clan, classieux, couche, cours, degré, distinction, distingué, division, école, élégance, envergure, espèce, étage, état, famille, gabarit, genre, groupe, leçon, milieu, monde, nature, niveau, promotion, qualité, race, raffinement, rang, série, sorte, standing, stature, strate, style, tranche, type, valeur

Classé
affecté, désuni, orchestré, rangé

Classe d'animaux vertébrés à sang chaud
mammifères

Classe sociale des paysans
paysannat, paysannerie

Classe sociale fermée
caste

Classement
division, hiérarchie, ordre, place, position, rangement, répartition, répertoire, tri, triage

Classer
affecter, archiver, arranger, calibrer, cataloguer, catégoriser, classifier, différencier, distinguer, distribuer, diviser, écouler, étager, étiqueter, grouper, jauger, juger, lister, ordonner, organiser, placer, ranger, répartir, séparer, sériation, sérier, trier

Classer dans les archives
archiver

Classer de nouveau
reclasser

Classer par séries
sérier

Classeur
album, casier, fichier

Classeur personnel
album

Classieux
classe

Classification
division, hiérarchie, répartition

Classification pour l'huile
SAE

Classification taxinomique des animaux
zootaxie

Classifier
aligner, archiver, classer, distribuer, ordonner, organiser, ranger, répartir, répertorier, sérier, trier

Classique
banal, bateau, commun, conventionnel, courant, habituel, normal, ordinaire, rangé, sobre, standard, strict, traditionnel

Classiquement
généralement

Claude Vorilhon
Raël

Claudicant
bancal, éclopé

Claudication
boitement, boiterie

Claudiquer
boiter, boitiller, clocher

Clause
article, compromis, condition, contrat,
convention, disposition, prescription

Claustra
cloison

Claustral
abbatial, monacal, monastique

Claustration
captivité, isolement, réclusion

Claustré
reclus, séquestré

Claustrer
cloîtrer, emprisonner, séquestrer

Claustrer (Se)
emmurer, enfermer, isoler, murer, terrer

Claustrophobie
phobie

Claveau
voussoir

Clavelée
variole

Clavette
clou

Clavier
cadran, gamme, piano, pupitre, registre

Clavier inférieur de l'orgue
pédalier

Clayette
cageot

Clayon
claie, égouttoir

Clé
capital, central, crochet, essentiel,
explication, moyen, réponse, rossignol,
secret, sens, sésame, signification, solution

Clé utilisée pour tendre les cordes d'un piano
retendoir

Clef
capital, central, crochet, essentiel,
explication, moyen, réponse, rossignol,
secret, sens, sésame, signification, solution

Clématite
viorne

Clémence
bonté, douceur, humanité, pitié

Clément
bienveillant, bon, doux, exorable, favorable,
généreux, humain, indulgent, magnanime,
miséricordieux, tempéré

Clément, tolérant
indulgent

Clémentine
agrume, fruit, mandarine, tangerine

Clenche
bouton, fermeture, pêne, poignée

Clephte
brigand

Clepsydre
carillon, comtoise, horloge

Cleptomane
voleur

Clerc
copiste, ecclésiastique, humaniste,
intellectuel, lettré, savant

**Clerc qui a reçu l'ordre immédiatement
inférieur à la prêtrise**
diacre

Clerc qui préside une messe
officiant

Clergé
clercs, église

Clic
tilt

Cliché
banal, banalité, épreuve, image, négatif,
photo, photographie, phototype, platitude,
poncif, stéréotype, tirage

Cliché de photogravure
simili

Clicher
reproduire

Client
acheteur, acquéreur, amateur, chaland, clille,
consommateur, fidèle, habitué, importateur,
malade, patient, preneur, usager

Client, acheteur
chaland

Clientèle
achalandage, clients, débouché, marché,
pratique

Clientélisme
népotisme

Clignant
vacillant

Clignement
battement, cillement, clignotement, clin

Cligner
ciller, clignoter, papilloter, vaciller

Clignotant
intermittent, vacillant

Clignotement
cillement, clignement, clin

Clignoter
ciller, cligner, scintiller, trembler, vaciller

Clille
client

Climat
air, ambiance, atmosphère, contexte, milieu, température

Climatisation
chauffage

Climatiser
tiédir

Climatiseur
conditionneur

Clin
cillement, clignement, clignotement

Clin d'œil
œillade

Clinfoc
voile

Clinicien
médecin, praticien

Clinique
hôpital

Clinquant
brillant, criard, faux, simili, tapageur, toc, vernis, voyant

Clip
agrafe, attache, clamp, film, vidéoclip

Clipper
voilier

Clique
bande, cabale, clan, coterie, fanfare, maffia, mafia, musique

Cliquetis
bruit

Clisse
claie, éclisse, égouttoir

Clivage
différenciation, disjonction, division, divorce, séparation

Cliver
fendre

Cloaque
boue, bourbe, bourbier, décharge, égout, sentine

Clochard
gueux, mendiant, pouilleux, vagabond

Cloche
airain, bêta, bête, bourdon, bronze, caisson, carillon, clochette, couvercle, grelot, signal, sonnette, timbre

Clocher
beffroi, boiter, campanile, claudiquer, clopiner

Clochette
bélière, campane, clarine, cloche, grelot, sonnaille, sonnette, timbre

Clochette à son clair pendue au cou des animaux
clarine

Clochette du bélier
bélière

Clochette que l'on attache au cou des bestiaux
clarine, sonnaille

Cloison
barrière, claustra, division, membrane, mur, paroi, séparation

Cloison de planches
bardis

Cloison membraneuse de la noix
zeste

Cloison séparant deux cavités
septum

Cloison séparant deux parties d'organe
septum

Cloisonné
désuni

Cloisonner
diviser, partager, séparer

Cloître
abbatiale, abbaye, clôture, couvent, monastère

Cloîtré
reclus

Cloîtrer
claustrer, emmurer, enfermer, isoler

Clone
copie, double, jumeau, jumelle, réplique, sosie

Cloner
copier

Clopiner
boiter, boitiller, clocher

Cloporte d'eau douce
aselle

Cloquage
gaufrage

Cloque
ampoule, boursouflure, brûlure, bulle, plyctène

Cloque de la peau
ampoule, vésicule

Cloquer
boursoufler, enfler, gaufrer

Clore
accomplir, achever, arrêter, boucher, clôturer, conclure, enclore, enfermer, entourer, fermer, finir, régler, terminer

Clore un orifice naturel
occlure

Clos
accompli, enclos, fermé, jardin, potager, terminé, vigne, vignoble

Closerie
jardin

Clôture
achèvement, arrêt, barbelé, barricade, barrière, cessation, claie, cloître, conclusion, échalier, enceinte, enclos, fermeture, fin, grillage, grille, haie, levée, lice, mur, palissade, treillage, treillis

Clôturé
désuni, terminé

Clôture de pieux
palissade

Clôture faite d'arbres
haie

Clôture métallique
grille

Clôturer
clore, enclore, entourer, fermer, finir, solder, terminer

Clou
abcès, bécane, bossette, broquette, caboche, cabochon, cheville, chevillette, clavette, furoncle, piton, pointe, semence

Clou à grosse tête pour ferrer les souliers
caboche

Clou de girofle
girofle

Clouage
fixage, pitonnage

Cloué
immobile, retenu, transi

Clouer
accrocher, boulonner, cheviller, clouter, fermer, ficher, figer, fixer, immobiliser, méduser, paralyser, pétrifier, retenir, river, tétaniser

Clouer de nouveau
reclouer

Cloutage
fixation

Clouté
ferré

Clouter
clouer, fixer

Clovisse
palourde

Clown
acteur, actrice, amuseur, auguste, bouffon, charlot, comique, farceur, guignol, humoriste, mariole, paillasse, pantin, pitre, singe, zouave

Clownerie
bouffonnerie, facétie, pitrerie, singerie

Club
association, cénacle, cercle, crosse, équipe, groupe, société

Club de golf
fer

Club pratiquant des activités aéronautiques
aéroclub

Club utilisé principalement sur le vert
putter

Cluse
vallée

Clystère
lavement

Cm
centimètre, curium

Cnémide
jambière

Commission des normes, de l'équité, de la santé et de la sécurité du travail
CNESST

Co
cobalt

Coach
diligence, entraîneur

Coaction
contrainte

Coagulation
hémostase, prise

Coaguler
cailler, figer

Coagulum
grumeau

Coalisé
allié, associé, cobelligérant, groupé, ligué, uni

Coaliser
accoler, accoupler, allier, associer, fédérer, liguer, rassembler

Coalition
accord, alliance, association, bloc, confédération, entente, front, ligue, union

Coaltar
goudron

Coassement
cri

Coassocié
collaborateur, partenaire

Coauteur du film *Nos voisins Dhantsu*
Béland, Réal

Coaxial
concentrique

Cobalt
bleu, Co

Cobelligérant
coalisé

Cobra
aspic, cracheur, naja

Cobra femelle
uræus

Coca-cola
cola

Cocarde
emblème, ruban

Cocardier
chauvin, militariste, nationaliste, patriotard, patriote

Cocasse
abracadabrant, amusant, bizarre, bouffon, bouffonne, burlesque, comique, drôle, grotesque, hilarant, loufoque, marrant, poilant, risible

Cocasserie
bouffonnerie, drôlerie

Coche
cran, diligence, encoche, entaille, marque

Coché
marqué, noté

Coche d'eau
péniche

Cochelet
coq

Cochenille
kermès

Cocheniller
teindre

Cocher
conducteur, entailler, marquer, noter, postillon

Cochet
coq, coquelet

Cochevis
alouette

Cochon sauvage d'Amérique
pécari

Cochonner
bâcler, gâcher, maculer, salir, souiller, tacher, torcher

Cochonnerie
impureté, ordure, toc

Cochonnet
bouchon, cochon, goret, porc, porcelet

Cockpit
cabine, carlingue, habitacle, nacelle

Cocktail
boisson, lunch, mélange, réception

Cocktail à base de gin et de vermouth
dry

Cocktail de gin
martini

Cocktail de rhum blanc, de citron vert et de sucre
daiquiri

Coco
haricot, œuf, tête, type

Cocon
enveloppe, giron

Cocorico
cri

Cocotte
autocuiseur, braisière, casserole, faitout, marmite, poule

Cocréateur de Superman
Siegel

Coction
cuisson, digestion

Coda
fin

Codage
codification, cryptage, encodage

Code
chiffre, combinaison, convention, évangile, langage, législation, loi, norme, protocole, recueil, règle, règlement

Codé
caché, chiffré, secret

Coder
brouiller, chiffrer, codifier, crypter, encoder

Codicille
avenant, complément

Codification
codage

Codifier
coder, légiférer, normaliser, réglementer, régler

Coefficient
facteur, indice, ratio

Cœliaque
alvin

Coéquation
répartition

Coéquipier
associé, collaborateur, équipier, partenaire

Coercitif
contraignant, désagréable, oppressif, opprimant, pénible

Coercition
contrainte, oppression, pression

Cœur
allant, âme, ardeur, aubier, bonté, centre, conviction, courage, duramen, enthousiasme, entrain, ferveur, fibre, fierté, fond, fort, foyer, goût, hardiesse, milieu, nœud, noyau, organe, pitié, poitrine, pôle, vaillance, vertu, zèle

Coexistant
simultané

Coexistence de deux éléments différents
dualisme

Coexister
cohabiter

Coffre
boîte, boîtier, buffet, cabine, caisse, cantine, coffret, écrin, gaine, huche, layette, maie, malle, tronc

Coffre à bijoux
baguier

Coffre à compartiments
boîtier

Coffre destiné aux salaisons
saloir

Coffre servant de petite serre
bâche

Coffre-fort
coffre

Coffrer
enfermer

Coffret
album, baguier, boîte, boîtier, cassette, coffre, écrin, étui, tronc

Coffret à bijoux
écrin

Cofondateur, avec Steve Wozniak, de la compagnie Apple Computer
Jobs

Cogestion
autogestion, participation

Cogitation
pensée, réflexion

Cogité
pensé

Cogiter
concevoir, méditer, penser, raisonner, réfléchir

Cognac
alcool, armagnac, boisson, gnôle, goutte, schnaps

Cognation
consanguinité, filiation, parenté

Cogne
gendarme, policier

Cogné
agressé

Cognée
hache

Cognement
battement, heurt

Cogner
achopper, agresser, bagarrer, battre, boxer, buter, choquer, claquer, frapper, heurter, rosser, rouer, taper, télescoper, toucher, trébucher

Cogner de manière répétée
tosser

Cognition
connaissance, savoir

Cohabitation
promiscuité

Cohabiter
coexister

Cohérence
cohésion, connexion, équilibre, harmonie, homogénéité, liaison, lien, logique, rapport, rationalité, régularité, rigueur, suite, uniformité, unité

Cohérent
équilibré, harmonieux, homogène, logique, ordonné, organisé, rationnel, régulier, suivi, uni, uniforme

Cohésion
adhérence, cohérence, ensemble, logique, solidarité, unité

Cohober
distiller

Cohorte
armada, bande, bataillon, colonne, cortège, gang, groupe, légion, masse, meute, multitude, nuée, régiment, troupe

Cohue
affluence, attroupement, bousculade, confusion, désordre, foule, mêlée, multitude, presse, ruée, tumulte

Coi
abasourdi, muet, pantois, pétrifié, sidéré, silencieux, stupéfait

Coiffe
bandeau, bonnet, capuche, casque, casquette, chapeau, coiffure, couronne, foulard, képi, panama, turban

Coiffer
arranger, brosser, casquer, chapeauter, couronner, couvrir, démêler, diriger, friser, houpper, peigner, recouvrir, superviser, surmonter

Coiffer d'un casque
casquer

Coiffer de nouveau
recoiffer

Coiffeur
barbier, capilliculteur, figaro, perruquier

Coiffeuse
poudreuse

Coiffure
béret, bonnet, casque, chapeau, chevelure, coiffe, faluche, toque

Coiffure d'évêque
mitre

Coiffure de certaines religieuses
cornette

Coiffure de faux cheveux
perruque

Coiffure de forme conique
tiare

Coiffure de paysanne
bavolet

Coiffure des Bédouins
keffieh

Coiffure du pape
tiare

Coiffure ecclésiastique
calotte

Coiffure en matière souple
casquette

Coiffure féminine
coiffe, hennin

Coiffure féminine consistant en cheveux ramassés et relevés
chignon

Coiffure féminine en forme de bonnet conique
hennin

Coiffure liturgique
mitre

Coiffure masculine orientale
tarbouche

Coiffure militaire
calot, képi

Coiffure orientale portée par les hommes
turban

Coiffure portée par certains dignitaires
tiare

Coiffure postiche
perruque

Coiffure protectrice
casque

Coiffure rigide destinée à protéger la tête
casque

Coiffure rigide munie d'une visière
képi

Coiffure ronde et plate
béret

Coiffure sans rebord
bonnet

Coiffure traditionnelle des Bédouins
keffieh

Coiffure tronconique
fez

Coin
angle, arête, carré, contrée, écoinçon, encoignure, endroit, extrémité, lieu, localité, parages, pays, poinçon, quartier, recoin, région, renfoncement, saillie, sceau, secteur, tournant

Coin caché
recoin

Coin caché, en retrait
recoin

Coin de la scène
cantonade

Coincé
bloqué, complexé, constipé, engoncé, guindé, immobilisé, inhibé, pincé, retenu, timide

Coincer
acculer, appréhender, arrêter, bloquer, caler, coller, fixer, immobiliser, inhiber, piéger, pincer, plaquer, retenir, serrer, surprendre

Coincer (Se)
enrayer, gripper

Coïncidence
circonstance, concordance, hasard, identité, rencontre

Coïncident
simultané

Coïncider
accorder, cadrer, concorder, confondre, converger, correspondre, recouper, recouvrir, superposer

Coing
jaune

Col
brèche, collerette, collet, cou, défilé, détroit, encolure, fraise, gorge, goulot, pas, passage, port

Col bleu
employé

Col d'une bouteille
goulot

Col étroit d'un récipient
goulot

Coléoptère dont les larves rongent les racines des céréales
agriote

Coléoptère qui façonne des boulettes de bouse
bousier

Colère
âcreté, animosité, courroux, emportement, fiel, foudre, fureur, furie, hargne, hostilité, ire, irritation, ouragan, rage, ressentiment, révolte, rogne

Colère violente
fureur

Colère virulente
fureur

Coléreusement
impatiemment, rageusement

Coléreux
acariâtre, agressif, atrabilaire, bilieux, colérique, emporté, grondeur, irascible, irritable, prompt, rageur, violent

Colérique
acariâtre, atrabilaire, coléreux, hargneux, irascible, nerveux, rageur, susceptible

Colibri
trochile

Colic
haricot

Colifichet
babiole, bibelot, breloque, bricole, jouet,
objet, ornement

Colimaçon
escargot, limaçon

Colin
lieu

Colin-tampon
batterie

Colis
balle, ballot, envoi, expédition, livraison,
marchandise, pacson, paqson, paquet, paxon

Collaborateur
abonné, acolyte, adjoint, associé, coassocié,
coéquipier, collègue, incivique, partenaire,
second

Collaboration
appui, assistance, association, collusion,
concours, contribution, service, soutien

Collaborer
adhérer, aider, concourir, contribuer,
coopérer, partager, participer, soutenir

Collage
adhérence, assemblage, fixation, scellage

Collant
adhérent, adhésif, affectueux, agglutinant,
ajusté, autocollant, bas, étroit, gluant,
gommant, gomme, importun, juste, lourd,
moulant, poisseux, serré, visqueux

Collapsus
abattement, faiblesse

Collatéral
indirect, parent, secondaire

Collation
bouchée, brunch, comparaison,
confrontation, goûter, lunch, repas, snack,
souper

Collation où l'on boit du thé
thé

Collationnement
comparaison

Collationner
accoupler, collecter, comparer, confronter,
manger

Colle
amidon, consigne, emplâtre, empois, énigme,
examen, glu, interrogation, poix, problème,
question, retenue

Collé
adhérent, appliqué, situé

Colle à base d'amidon
empois

Colle sèche
gomme

Collectage
ramassage

Collecte
cueillette, levée, moisson, perception,
quête, ramassage, récolte, recouvrement,
sollicitation, souscription

Collecter
assembler, collationner, collectionner,
concentrer, glaner, lever, masser, percevoir,
quêter, ramasser, rassembler, récolter,
recueillir, regrouper, relever, réunir

Collecteur
conduit, conduite, pipeline

Collectif
collégial, commun, communautaire, général,
global, groupe, public, social, unanime

Collection
album, amas, appareil, arsenal, assortiment,
banque, cargaison, choix, corpus,
échantillon, ensemble, famille, galerie,
gamme, musée, muséum, nuée, palette,
panoplie, recueil, régiment, réunion, série,
variété

Collection d'articles variés
varia

Collection de fiches
fichier

Collection de timbres-poste
philatélie

Collectionner
accumuler, amasser, assembler, collecter,
colliger, cumuler, entasser, grouper,
rassembler, réunir

Collectionneur
amateur, connaisseur

**Collectionneur de monnaies anciennes ou
contemporaines**
numismate

Collectivement
ensemble

Collectiviser
étatiser, nationaliser

Collectivisme
étatisme

Collectivité
ensemble, groupe, société

Collège
boîte, cégep, école, ensemble, institution,
lycée

Collège d'enseignement
cégep

Collège électoral
électorat

Collégial
collectif

Collégien
écolier, élève, potache

Collègue
acolyte, adjoint, assistant, associé, camarade,
collaborateur, compagnon, confrère,
consœur, homologue, pair

Collement
adhérence

Coller
acclimater, accoler, accrocher, adhérer,
adjoindre, agglutiner, ajourner, appliquer,
appuyer, attacher, coincer, consigner, donner,
encoller, fixer, gommer, infliger, mettre,
placarder, plaquer, poisser, presser, punir,
recaler, recoller, refléter, refuser, suivre,
tapisser, tenir

Coller de nouveau
recoller

Collerette
col

Collet
col, collier, lacet, lacs, piège

Collet pour prendre les grives
tendelle

Collier
attache, bague, barbe, beauté, bijou, cangue,
carcan, chaîne, collet, contrainte, joug,
joyau, labeur, merveille, ornement, parure,
perfection, pilori, sautoir

Collier celtique métallique et rigide
torque

Collier de fer
carcan

Colliger
assembler, collectionner, rassembler, réunir

Colline
butte, côte, coteau, dune, éminence, hauteur,
mont, montagne, monticule, sommet, talus,
tertre

Colline artificielle
tell

Colline caillouteuse
aspre

Colline de sable
dune

Collision
accident, accrochage, antagonisme,
carambolage, choc, désaccord, heurt,
impact, lutte, opposition, rencontre, rivalité,
télescopage

Colloque
causerie, conférence, congrès, forum,
rencontre, réunion, séminaire, symposium

Collusion
accord, arrangement, collaboration,
complicité, connivence, entente, intelligence

Colluvion
alluvions, sédiment

Colmatage
bouchage

Colmaté
comblé

Colmater
aveugler, boucher, combler

Colocase
taro

Colombage
pan, poutre

Colombe
pacifiste, pigeon, rabot, ramier, tourterelle

Colombier
fuie, pigeonnier, volière

Colombium
Cb

Colon
fermier, pionnier, rustre

Colonat
colons, fermage

Colonel
meistre, mestre

Colonie
banc, communauté, ensemble, essaim,
groupe, harpail, horde, meute, peuplement,
possession, ruche, troupe

Colonisé
conquis

Coloniser
annexer, conquérir, peupler

Colonnade
péristyle, portique

Colonnade qui décore la façade d'un édifice
péristyle

Colonne
ante, borne, cohorte, colonnette, conduit,
conduite, cortège, défilé, dos, dosseret, file,
gerbe, pilastre, pile, pilier, poteau, rang,
rangée, support, trombe, troupe

Colonne d'eau mue en tourbillon par le vent
trombe

Colonne de gens
file

Colonne vertébrale
échine, rachis

Colonne verticale soutenant un pont
épontille

Colonnette
colonne

Colonnette ornant le dos d'un siège
balustre

Colons d'Afrique du Sud d'origine néerlandaise
Boers

Colophane
arcanson

Coloquinte
potiron

Colorant
carmin, couleur, teinture

Colorant bleu
smalt

Colorant d'un beau rouge orangé
rocou

Colorant minéral naturel
ocre

Coloration
bain, carnation, coloris, couleur,
pigmentation, teint, teinture, ton, tonalité

Coloration de la peau
pigmentation

Coloration jaune des muqueuses
ictère

Coloration naturelle de la chair humaine
carnation

Coloration rouge de la peau
rougeur

Coloration rouge, parfois violacée, du visage
couperose

Coloration violacée de la peau
lividité

Coloré
animé, bigarré, égayé, fleuri, florissant,
imagé, rouge, rougeaud, rubicond, sanguin,
teint, teinté, truculent, vif

Colorer
animer, bigarrer, cendrer, chamarrer, charger,
colorier, égayer, empreindre, enduire,
enluminer, farder, laquer, parer, peindre,
pigmenter, teindre, teinter

Colorer avec les couleurs de l'arc-en-ciel
iriser

Colorer avec un pigment
pigmenter

Colorer légèrement
teinter

Colorer vivement
enluminer

Coloriage
bariolage, enluminure

Colorier
colorer, enluminer

Coloris
carnation, coloration, couleur, nuance,
peinture, teint, teinte, ton, tonalité

Coloris du visage
teint

Colossal
astronomique, considérable, démesuré,
déraisonnable, disproportionné,
éléphantesque, énorme, épatant,
épouvantable, excessif, exorbitant,
extraordinaire, extrême, fabuleux, fantastique,
formidable, fort, géant, gigantesque, grand,
grandiose, gros, herculéen, immense,
immodéré, imposant, incommensurable,
infini, majestueux, monstre, monstrueux,
monumental, phénoménal, prodigieux,
pyramidal, redoutable, renversant,
sensationnel, stupéfiant, titanesque,
titanique, vaste

Colossalement
énormément

Colosse
athlète, géant, hercule, mastodonte, titan

Colporter
affirmer, circuler, diffuser, divulguer, ébruiter,
propager, rapporter, répandre

Colporter des cancans
commérer

Colporteur
ambulant, forain, marchand

Colt
arme, pistolet, revolver

Colvert
canard, caneton

Coma
abattement

Combat
action, antagonisme, assaut, bagarre, baroud,
bataille, campagne, catch, choc, conflit, duel,
échauffourée, engagement, escarmouche,
guerre, joute, lutte, match, mêlée, opération,
opposition, pugilat, querelle, rencontre, rif,
riffe, rivalité, rixe

Combat à cheval
joute

Combat entre boxeurs aux poings gantés de cestes
pugilat

Combat entre deux personnes
duel

Combat singulier
duel

Combat, rencontre
match

Combatif
agressif, guerrier, martial, offensif

Combativité
hargne, pugnacité**

Combattant
battant, fantassin, guerrier, poilu, samouraï, samuraï, soldat

Combattant appartenant à un maquis
maquisard

Combattant palestinien
fedayin

Combattre
affronter, assaillir, attaquer, bagarrer, batailler, battre, charger, empêcher, guerroyer, heurter, jouter, lutter, militer, réagir, rencontrer, rivaliser

Combattre à cheval, avec la lance
jouter

Combattre le taureau
toréer

Combattu
contrarié

Combe
vallée

Combien
quantième

Combinaison
alliage, alliance, amalgame, association, assortiment, chiffre, code, composition, disposition, dosage, édifice, fusion, invention, manigance, manœuvre, mariage, mélange, moyen, plan, procédé, réunion, salopette, synergie, synthèse, système, union, vêlement

Combinaison d'un corps simple avec du carbure
carbure

Combinaison de métaux
alliage

Combinaison de pièces fonctionnant ensemble
mécanisme

Combinaison du sélénium avec un ou plusieurs corps simples
séléniure

Combinaison gazeuse d'azote et d'hydrogène
ammoniac

Combinard
roué

Combinat
trust

Combine
coup, filon, intrigue, manigance, manœuvre, moyen, procédé, recette, ressource, rouerie, ruse, secret, solution, technique, tour, truc

Combiné
allié, appareil, associé, mixte, orchestré, téléphone

Combiner
accorder, accoupler, agencer, ajointer, ajuster, allier, apparier, arranger, assembler, associer, assortir, calculer, comploter, composer, concerter, conjuguer, couver, disposer, édifier, élaborer, fusionner, imaginer, imbriquer, incorporer, joindre, machiner, manigancer, marier, méditer, mélanger, mêler, mijoter, monter, nouer, ordonner, organiser, ourdir, préméditer, préparer, projeter, réunir, tisser, trafiquer, tramer, unir

Combiner avec de l'eau
hydrater

Combiner avec l'hydrogène
hydrogéner

Combiner avec l'oxygène
oxyder

Combiner avec le soufre
sulfurer

Combiner avec un liquide en l'y détrempant
délayer

Combiner dans un alliage
allier

Comble
apogée, apothéose, bondé, bourré, complet, couronnement, faîte, grenier, mansarde, maximum, paroxysme, pinacle, plein, rempli, sommet, summum, surchargé, zénith

Comblé
abreuvé, accablé, bouché, chargé, colmaté, contenté, couvert, garni, gâté, gorgé, heureux, obturé, rassasié, ravi, remblayé, satisfait

Comblement
plénitude

Combler
abreuver, accabler, boucher, charger, colmater, contenter, couvrir, emplir, entourer, exaucer, garnir, gâter, gorger, obturer, plaire, rassasier, ravir, remblayer, remplir, répondre, satisfaire, suppléer

Combler de flatteries
aduler

Combler, en ajoutant
suppléer

Combles
galetas, grenier

Combustible
butane, carburant

Combustible de couleur noire
charbon

Combustible liquide
fioul

Combustible minéral
houille

Combustible provenant de végétaux en décomposition
tourbe

Combustible qui alimente un moteur
carburant

Combustible spongieux
amadou

Combustion
crémation

Comédie
bouffonnerie, caprice, cinéma, cirque,
farce, feinte, mascarade, pantomime, pièce,
pochade, scène, sérénade, simagrées,
simulation, sketch, théâtre, vaudeville

Comédien
acteur, artisan, artiste, baladin, doublure,
farceur, figurant, interprète, mime, sociétaire,
star, tragédien

Comédien ambulant
baladin

Comédien et imitateur québécois
Gagnon

Comédien qui tourne des scènes dangereuses
cascadeur

Comédienne de la série *Moi et l'autre*
Filiatrault, Michel

Comestible
aliment, denrée, mangeable

Comète
astre, étoile, météore

Comique
acteur, amusant, amuseur, bouffon,
burlesque, caricatural, clown, cocasse,
divertissant, drôle, drôlerie, facétieux, gai,
grotesque, hilarant, humoriste, loufoque,
marrant, pitre, plaisant, ridicule, risible

Comique de cirque
clown

Comiquement
drôlement

Comité
association, bureau, cellule, commission,
noyau, organisme

Comité international olympique
CIO

Commandant
chef

Commandant d'équipage pour la chasse au loup
louvetier

Commandant d'un navire
pacha

Commandant d'un régiment sous l'Ancien Régime
meistre, mestre

Commandant d'une force navale
amiral

Commande
levier, ordre

Commandé
dicté, dominé

Commandement
autorité, conduite, demande, direction,
empire, férule, loi, ordre, oukase, pouvoir,
précepte, prescription, règle, sommation,
ukase, ultimatum, va

Commander
actionner, administrer, attirer, conduire,
contrôler, décider, déclencher, décréter,
demander, dicter, dire, diriger, dominer,
enjoindre, entraîner, exiger, gérer, gouverner,
guider, imposer, inspirer, intimer, mener,
nécessiter, obliger, ordonner, piloter,
prescrire, présider, réclamer, régenter, régir,
régler, régner, signifier, sommer, vouloir

Commanditaire
associé, bâilleur, prêteur

Commandite
mécénat

Commanditer
financer, parrainer

Commando
raid, troupe

Comme
ainsi, car, cependant, également,
identiquement, pareillement, pour, puisque,
quand, semblablement, tandis, tel

Comme mari et femme
maritalement

Commémorant
célébrant

Commémoration
anniversaire, célébration, cérémonie, fête,
rappel

Commémorer
célébrer, fêter, rappeler

Commençant
novice

Commençant, novice
débutant

Commencé
parti

Commencement
amont, amorçage, amorce, apparition,
arrivée, aube, aurore, avènement, axiome,
berceau, création, début, déclenchement,
démarrage, départ, ébauche, éclosion,
embryon, enfance, essai, éveil, exorde,
germe, introduction, matin, naissance,
origine, ouverture, postulat, préambule,
préface, prélude, prémices, primeur,
principe, prologue, racine, rudiment, seuil,
signal, source, tête, venue

Commencement de la ruine
décadence

Commencer
amorcer, attaquer, balbutier, bégayer, créer, débuter, déclencher, démarrer, ébaucher, éclater, éclore, engager, entamer, fonder, former, initier, instituer, naître, ouvrir, partir, provoquer

Commencer à apparaître
naître

Commencer à chanter un air
entonner

Commencer à être diffusé
transpirer

Commencer à exister
naître

Commencer à lire, apprendre
épeler

Commencer à réaliser
amorcer

Commencer à se développer
germer

Commencer le dressage
débourrer

Commencer sans exécuter jusqu'au bout
ébaucher

Commencer, esquisser
ébaucher

Commensal
convive, hôte, invité, visiteur

Commensalisme
symbiose

Commentaire
analyse, annotation, avis, critique, éclaircissement, exégèse, explication, glose, indication, interprétation, motif, note, observation, précision, réflexion, remarque, renseignement, retour

Commentaire malveillant
glose

Commentaire qui exprime l'opinion d'un journaliste
édito

Commentateur
critique, exégète, interprète, journaliste

Commenter
annoter, critiquer, développer, expliquer, gloser, interpréter, remarquer

Commérage
bavardage, cancan, caquetage, médisance, papotage, potin, racontar, ragot, rumeur

Commerçant
marchand, négociant, tonnelier, vendeur

Commerçant de gros
grossiste

Commerce
affaire, affaires, boutique, compagnie, contact, débit, échange, entreprise, finance, fonds, fréquentation, magasin, marché, marketing, mercatique, négoce, pratique, rapport, relation, société, trafic, transaction

Commercé
acheté

Commerce d'images
imagerie

Commerce de fruits
fruitier

Commerce de l'argent et des titres fiduciaires
banque

Commerce de la soie
soierie

Commerce de livres
librairie

Commerce de produits d'entretien
droguerie

Commerce de rubans
rubanerie

Commerce de toile
toilerie

Commerce de tripes
triperie

Commerce de verrerie pour la table
gobeleterie

Commerce de vieux objets hétéroclites
brocante

Commerce des images
imagerie

Commerce du boulanger
boulange, boulangerie

Commerce du brocanteur
brocante

Commerce du drap
draperie

Commerce du fruitier
fruiterie

Commerce du gantier
ganterie

Commerce du livre
édition

Commerce du tulle
tullerie

Commerce du vitrier
vitrerie

Commerce en gros
grosserie

Commercer
acheter, négocier, spéculer, trafiquer, troquer

Commercialisation
marketing

Commercialisé
vendu

Commère
babillard, bavard, cancanier, concierge, gazette, pie

Commérer
attaquer, bavarder, cancaner, critiquer, papoter, potiner, ragoter

Commettre
accomplir, charger, commissionner, consommer, déléguer, désigner, effectuer, employer, établir, exécuter, exposer, faire, hasarder, nommer, perpétrer, préposer, réaliser, remettre, risquer

Commettre un attentat
attenter

Commettre une deuxième infraction après une première condamnation
récidiver

Commettre une faute
faillir

Commettre une maladresse
gaffer

Comminatoire
menaçant

Commis
agent, employé, préposé, vendeur

Commis de la gabelle
gabelou

Commisération
apitoiement, compassion, pitié

Commissaire
ablégat, délégué, inspecteur

Commissaire chargé d'une mission par le pape
ablégat

Commissaire-priseur
aboyeur

Commissariat
police

Commission
agio, bureau, comité, course, emplette, enveloppe, mandat, message, mission, organisme, pouvoir, salaire, vacation

Commissionnaire
boursier, courtier, groom, livreur, messager, porteur

Commissionner
commettre

Commissure
froissure, jonction, ridule

Commode
accommodant, aisé, armoire, bien, buffet, chiffonnier, facile, fonctionnel, maniable, meuble, pratique, semainier, utile

Commodément
aisément, bien

Commodité
agrément, aisance, aise, avantage, confort, facilité, utilité

Commotion
bouleversement, choc, coup, désordre, ébranlement, émotion, explosion, secousse, séisme, tourmente, trauma, traumatisme, trouble

Commotionné
choqué, secoué

Commotionner
frapper, secouer, traumatiser

Commual
banal

Commuer
changer, pardonner, transformer

Commuer la peine de quelqu'un
gracier

Commun
anodin, banal, classique, collectif, comparable, conjoint, connu, courant, fréquent, général, grossier, habituel, identique, inélégant, inférieur, lambda, médiocre, même, mitoyen, moyen, naturel, ordinaire, populaire, public, quelconque, quotidien, rebattu, répandu, semblable, simple, standard, trivial, unanime, universel, usé, usuel, vulgaire

Commun diviseur
dénominateur

Communal
urbain

Communautaire
collectif, ethnique, public

Communauté
abbaye, colonie, compagnie, confrérie, corporation, corps, couvent, église, ethnie, groupe, identité, nation, ordre, parité, paroisse, patrie, similitude, société, unité

Communauté de moines
abbaye

Communauté des juifs
judaïsme

Communauté religieuse
ordre

Commune
agglomération, bourg, bourgade, cité, division, hameau, localité, municipalité, village, ville

Communément
généralement, souvent

Communicatif
babillard, bavard, causant, confiant, expansif, ouvert, sociable

Communication
annonce, appel, avis, conférence, déclaration, exposé, information, liaison, message, note, promotion

Communication d'un secret
confidence

Communion
accord, entente, fraternité, harmonie, partage, union

Communiqué
affiche, annonce, avis, bulletin, confié, donné, info, information, message, note, proclamation

Communiquer
annoncer, apprendre, confier, correspondre, dialoguer, dire, divulguer, donner, échanger, exposer, exprimer, imprimer, infuser, inspirer, livrer, notifier, passer, publier, révéler, transmettre

Communiquer à quelqu'un
infuser

Communiquer à un corps la propriété de l'aimant
aimanter

Communiquer en manière de dialogue avec quelqu'un
dialoguer

Communisme
étatisme

Commutateur
bouton

Commutation
substitution

Commuté
alterné

Commuter
alterner, permuter

Compact
consistant, dense, épais, ferme, lourd, massif, pressé, serré, tassé, touffu

Compactage
tassement

Compacter
comprimer, damer, tasser

Compagne
ami, camarade, concubine, copine, doudou, épouse, femme, maîtresse

Compagnie
armée, assemblée, association, bande, bataillon, cie, commerce, communauté, corps, cortège, entreprise, équipage, escorte, firme, fréquentation, groupe, présence, société, théâtre, troupe, unité

Compagnie de chemin de fer du Canada
CN

Compagnon
acolyte, adepte, amant, ami, associé, camarade, collègue, compère, copain, époux, frère, mari, partenaire

Compagnon comique de Hardy
Laurel

Compagnon d'Iseut
Tristan

Compagnon de Batman
Robin

Compagnon de Jane
Tarzan

Compagnon de Mahomet
Amr

Compagnon de saint Paul
Tite

Compagnon de table
commensal

Comparable
analogue, commun, parallèle, pareil, proche, semblable, similaire

Comparaison
allégorie, analogie, assimilation, collation, collationnement, confrontation, image, métaphore, parabole, parallèle, rapprochement, recension, similitude

Comparaître en justice
comparoir

Comparant
comparoir

Comparer
assimiler, balancer, chaîner, collationner, confronter, évaluer, opposer, peser, rapprocher, rivaliser

Comparoir
comparant

Comparse
acolyte, compère, figurant

Compartiment
alvéole, box, case, casier, cellule, chambre, loge, recoin, stalle, tiroir

Compartiment à bagages d'un avion
soute

Compartiment cloisonné réservé à un cheval
stalle

Compartiment creux d'un plafond
caisson

Compartiment d'un joueur de trictrac
jan

Compartiment d'un meuble
case, tiroir

Compartimenté
désuni

Compartimenter
diviser, sectionner

Compas
boussole

Compas tire-lignes
simbleau

Compassé
apprêté, composé, empesé, grave, guindé, poseur, raide, recherché, solennel

Compassion
apitoiement, attendrissement, bonté, charité, commisération, humanité, miséricorde, pardon, pitié, sympathie

Compatible
convenable

Compatir
apitoyer, attendrir, plaindre

Compatissant
charitable, humain, sensible

Compendieux
concis, rapide, résumé

Compendium
abrégé, épitomé, résumé, sommaire, somme

Compensation
allocation, consolation, correction, dédit, dédommagement, équilibre, indemnité, pondération, récompense, réparation, troc

Compensé
corrigé

Compenser
balancer, consoler, contrebalancer, corriger, dédommager, équilibrer, expier, indemniser, neutraliser, pondérer, racheter, rattraper, récompenser, récupérer, remédier, réparer, suppléer

Compère
acolyte, adepte, ami, associé, camarade, compagnon, comparse, complice, confrère, copain, intime, luron, partenaire, pote

Compère-loriot
orgelet

Compétence
aptitude, autorité, bagage, capacité, domaine, fonction, qualité, rayon, ressort, science, talent

Compétent
apte, averti, avisé, capable, connaisseur, doué, efficace, expérimenté, expert, habilité, maître, qualifié, savant, valable

Compétiteur
adversaire, candidat, challenger, champion, concurrent, émule, joueur, prétendant, rival

Compétiteur qui a le plus de chances de gagner
favori

Compétition
bagarre, challenge, concours, concurrence, critérium, épreuve, joute, lutte, match, rencontre, rivalité, tournoi

Compétition d'athlétisme regroupant dix épreuves
décathlon

Compétition d'embarcations à voile ou à avirons
régate

Compétition de motocyclisme
enduro

Compétition réunissant amateurs et professionnels
open

Compétition sportive
open, tournoi

Compétition sportive comportant dix épreuves
décathlon

Compilation
recueil

Compiler
rassembler

Complainte
ballade, cantilène, chanson, chant, jérémiade, lamentation, plainte, romance

Complaisance
affabilité, bonté, facilité, faiblesse, politesse, prévenance, sympathie, tolérance, vanité

Complaisant
accommodant, affable, aimable, arrangeant, bénin, bienveillant, bon, conciliant, condescendant, content, déférent, doux, empressé, facile, faible, flagorneur, flatteur, gentil, indulgent, obligeant, prévenant, satisfait, serviable, souple, tolérant

Complément
addenda, additif, addition, ajout, annexe, appendice, appoint, codicille, différence, extra, plus, rallonge, régime, reliquat, renfort, reste, solde, supplément, surplus

Complément d'objet direct
COD

Complément d'objet indirect
COI

Complémentaire
accessoire, annexe

Complet
absolu, accompli, achevé, aveugle, bondé, bourré, chargé, comble, complété, costume, entier, exhaustif, fieffé, fini, franc, global, habit, inentamé, intégral, mortel, parfait, plein, plénier, profond, pur, radical, rempli, révolu, rond, royal, surchargé, terminé, total, tout, unanime, universel, vrai

Complété
accompli, accru, complet, enrichi

Complètement
bien, carrément, tout

Compléter
accompagner, accomplir, achever,
ajouter, arrondir, augmenter, enrichir, finir,
parachever, parfaire, perfectionner, remplir,
suppléer, terminer

Complexe
blocage, composé, délicat, difficile, groupe,
obscur, raffiné, ténébreux

Complexé
coincé, timide

Complexe touristique construit en bord de mer
marina

Complexe universitaire
campus

Complexer
bloquer, gêner, inhiber, intimider, paralyser

Complexifier
compliquer

Complexion
constitution, humeur, nature, naturel,
physique, santé

Complexité
complication, délicatesse, difficulté

Complication
accroc, aggravation, anicroche, complexité,
contretemps, difficulté, embarras,
embrouillement, ennui, histoire, imbroglio,
incident, lacis, piège, subtilité

Complice
acolyte, ami, associé, camarade, compère,
partenaire, séide, suppôt

Complicité
accointance, accord, aide, assistance,
collusion, connivence, coopération, entente,
intelligence, participation

Complicité, connivence
compérage

Compliment
adulation, congratulation, discours, éloge,
galanterie, louange, respect

Complimenté
admiré

Complimenter
admirer, aduler, féliciter, flagorner, flatter,
louer, vanter

Complimenteur
flatteur, laudatif, louangeur

Compliments
félicitations

Compliqué
ardu, byzantin, calé, confus, contourné,
corsé, délicat, difficile, fumeux, malaisé,

mêlant, obscur, raffiné, savant, subtil,
tarabiscoté, ténébreux, tordu, touffu,
tourmenté

Compliquer
aggraver, alourdir, brouiller, complexifier,
corser, dérégler, embarrasser, embêter,
embrouiller, emmêler, ennuyer, entortiller,
importuner, incommoder, obscurcir, perturber

Complot
attentat, cabale, conjuration, conspiration,
faction, intrigue, machination, menées, trame

Comploter
cabaler, combiner, conjurer, conspirer,
intriguer, machiner, manigancer, méditer,
ourdir, préméditer, préparer, prévoir, projeter,
tisser, tramer

Comploteur
conjuré, intrigant, trublion

Componction
contrition, gravité, raideur, regret, repentir,
solennité

Comportant des nœuds
nodulaire

Comportement
action, air, allure, attitude, conduite,
contenance, façon, tenue

Comportement affectueux
douceur

Comportement de jeu
ludisme

Comportement de snob
snobisme

Comportement digne d'un bandit
gangstérisme

**Comportement qui échappe aux règles
admises**
déviance

Comportement qui manque de simplicité
chichi

Comporter
admettre, agir, autoriser, composer,
comprendre, compter, consister, contenir,
englober, entraîner, impliquer, inclure,
offrir, posséder, présenter, procéder, réagir,
renfermer, tolérer

Composant
élément, partie, unité

Composé
affecté, alliage, amalgame, apprêté,
artificiel, compassé, complexe, composante,
composite, écrit, étudié, mélange, mixte,
noté, orchestré, varié

Composé d'aldéhydes et de cétones
imine

Composé dans lequel le fer est bivalent
ferreux

Composé de deux éléments
binaire, bipartite

Composé de deux partis politiques
bipartite

Composé de fluor et d'un autre corps simple
fluorure

Composé de petits grains
granuleux

Composé de plantes
végétal

Composé de trois éléments
ternaire

Composé défini d'azote et d'un métal
nitrure

Composé dérivant de l'urée
uréide

Composé organique chloré
chloral

Composé organique de l'ammoniac
amine

Composé possédant une même formule brute qu'un autre, mais ayant des propriétés différentes
isomère

Composé renfermant trois fonctions alcool
trialcool

Composé volatil
éther

Composer
agencer, ajuster, arranger, assembler, combiner, confectionner, constituer, construire, créer, disposer, écrire, édifier, élaborer, étudier, façonner, faire, former, organiser, pactiser, pitonner, préparer, produire, rédiger, traiter, transiger

Composer (Se)
comporter, consister

Composer d'éléments différents
panacher

Composeur
typographe

Composite
composé, disparate, divers, hétéroclite, hétérogène, hybride, mâtiné, mélangé

Compositeur
arrangeur, auteur, musicien

Compositeur américain
Riley

Compositeur de l'œuvre *Le beau Danube bleu*
Strauss

Compositeur de l'opéra *Aïda*
Verdi

Compositeur de musique
maestro

Compositeur russe
Cui

Composition
agencement, alliage, arrangement, assemblage, combinaison, composants, confection, constitution, construction, copie, création, devoir, disposition, dissertation, écrit, élaboration, épreuve, examen, formation, ingrédients, œuvre, organisation, pâte, préparation, production, rédaction, structure, synthèse, teneur, texture, transaction, typo, typographie

Composition à la linotype
linotypie

Composition à la main
typographie

Composition d'une substance ou d'une matière
texture

Composition de plâtre
stuc

Composition littéraire ou musicale
pièce

Composition musicale
fugue, partition, sonate

Composition musicale de caractère improvisé
rhapsodie

Composition musicale pour deux voix
duo

Composition musicale pour orchestre
symphonie

Composition musicale superposant des dessins mélodiques autour d'un thème central
fugue

Composition où chaque voix répète un même motif mélodique à intervalle et à distance fixes
canon

Composition pour sept voix
septuor

Compost
amendement, débris, déchet, décombres, détritus, engrais, fertilisation, fumure, guano, humus, limon, marne, mélange, mixtion, ossements, poudrette, résidu, reste, rognure, terreau

Composté
affranchi

Composter
affranchir, valider

Composteur
règle

Compote
bouillie, confiture, gelée, marmelade, purée

Compotier
coupe

Compréhensibilité
transparence

Compréhensible
accessible, affable, audible, clair, facile, intelligible, légitime, limpide, lisible, naturel, normal, simple, transparent

Compréhensif
accessible, adroit, affable, bénin, fraternel, indulgent, large, libéral, souple, tolérant

Compréhension
assimilation, connaissance, intérêt, pensée, raison, respect, souplesse, tolérance

Compréhension soudaine et intuitive
déclic

Comprenant
inclusif

Comprendre
accomplir, admettre, apercevoir, apprécier, appréhender, assimiler, capter, cerner, comporter, compter, concevoir, consister, contenir, déchiffrer, décoder, décrypter, démêler, deviner, embrasser, enclore, enfermer, englober, enregistrer, entendre, impliquer, inclure, intégrer, interpréter, pénétrer, percer, percevoir, percuter, piger, réaliser, recouvrir, renfermer, saisir, sentir, suivre, trouver, voir

Compresse
bandage, emplâtre, gaze, pansement

Compresser
comprimer, empiler, serrer

Compresseur utilisé dans les moteurs d'avion
gaveur

Compressif
oppressif

Compression
diminution, écrasement, pression, réduction, tassement

Comprimé
boudiné, cachet, pastille, pilule, pressé, resserré, retenu, saisi, tassé

Comprimé destiné à fondre sous la langue
linguette

Comprimé médicamenteux
pellet

Comprimer
compacter, compresser, condenser, diminuer, écraser, empêcher, presser, pressurer, réduire, refouler, réfréner, réprimer, résorber, resserrer, restreindre, retenir, serrer, tasser

Compris
contenu, démêlé, englobé, inclus, senti, vu

Compromettre
abaisser, abîmer, dire, discréditer, éclabousser, engager, entacher, exposer, galvauder, gâter, hypothéquer, impliquer, jouer, mêler, mouiller, nuire, risquer

Compromis
abîmé, accommodement, accord, arrangement, clause, concession, conciliation, contrat, convention, éclaboussé, entente, impliqué, intermédiaire, marché, médiation, mouillé, transaction

Compromission
bassesse, lâcheté, turpitude

Comptabilité
budget, finances, gérance

Comptable
économe, trésorier

Comptable public
payeur

Compte
addition, avantage, bénéfice, budget, calcul, décompte, dénombrement, énumération, enveloppe, état, explication, facture, intérêt, note, profit, recensement, recension, somme, total

Compté
chiffré

Compte d'épargne libre d'impôt
CELI

Compte des sommes dues par une personne à une autre
débit

Compte rendu
analyse, aperçu, bilan, rapport, reportage

Compte-gouttes
pipette

Compte-pas
odomètre, podomètre

Compte-tours
tachymètre

Compter
calculer, chaîner, chiffrer, comporter, comprendre, contenir, décompter, dénombrer, englober, entendre, énumérer, épargner, estimer, évaluer, exister, facturer, importer, inclure, jouer, mesurer, nombrer, numéroter, posséder, présumer, prévoir, recenser, targuer, totaliser

Compter au total
totaliser

Compter de nouveau
recompter

Compter sur
tabler

Compter sur (Se)
fier

Compteur
abaque, montre, taximètre

Compteur de taxi
taximètre

Compteur horokilométrique
taximètre

Comptine
ballade, chanson, musique

Comptoir
agence, bar, brasserie, café, rayon, succursale, table

Comptoir où s'effectue le change
change

Compulser
consulter, examiner, feuilleter, fouiller, lire

Comte
titre

Comté
beaufort, gruyère

Comtoise
clepsydre, horloge

Concassage
cassage

Concassé
écrasé

Concasser
briser, broyer, écacher, écraser, égruger, piler, pulvériser, triturer

Concasseur
broyeur, émotteur, meule

Concaténer
chaîner

Concave
courbé, creux, incurvé

Concavité
cavité, cratère

Concédé
abandonné, alloué, donné

Concéder
abandonner, accéder, accepter, accorder, admettre, allouer, avouer, céder, consentir, convenir, décerner, donner, laisser, octroyer, offrir, passer, reconnaître, vouloir

Concéder par amodiation
amodier

Concentrant
agglutinant

Concentration
amas, application, attention, diminution, effort, fusion, réunion, tension

Concentration d'acide dans le plasma sanguin
acidose

Concentré
absorbé, appliqué, attentif, condensé, essence, extrait, quintessence, ramassé, réduit, résumé

Concentrer
accoupler, accumuler, assembler, associer, canaliser, centraliser, collecter, condenser, converger, diriger, fixer, focaliser, grouper, intégrer, mobiliser, polariser, ramasser, rassembler, réduire, regrouper, réunir

Concentrer (Se)
affluer, appliquer, masser, réfléchir

Concentrer sur un point
focaliser

Concentrique
coaxial

Concept
abstraction, aperçu, idée, image, notion, pensée, plan, projet, représentation, schème, théorie, vision, vue

Concepteur
créateur, fondateur, promoteur

Conception
approche, création, élaboration, gestation, idée, optique, pensée, position, préparation, théorie, thèse, vision, vue

Conception contraire aux idées admises
hérésie

Conceptualisation
idéation

Conceptuel
abstrait, idéel

Concernant
sur, touchant

Concerner
adresser, intéresser, référer, regarder, toucher, viser

Concert
accord, aubade, chœur, ensemble, entente, harmonie, musique, récital, sérénade

Concert donné à l'aube sous les fenêtres de quelqu'un
aubade

Concert donné la nuit
sérénade

Concertation
dialogue

Concerté
prémédité

Concerter
arranger, combiner, conférer, délibérer, échafauder, organiser, préméditer, préparer, tramer

Concerto
musique

Concession
abandon, approbation, autorisation, cession, compromis, don, épitrope, facilité, octroi, paromologie, renoncement

Concession minière
claim

Concessionnaire
négociant

Concevable
admissible, pensable, plausible, possible

Concevoir
accomplir, apprécier, appréhender, cogiter,
comprendre, construire, créer, découvrir,
échafauder, élaborer, enfanter, engendrer,
entendre, envisager, éprouver, faire, féconder,
former, imaginer, inventer, nourrir, penser,
percevoir, préparer, procréer, projeter,
ressentir, saisir, supposer, trouver, voir

Conche
baie, crique

Concierge
babillard, bavard, commère, gardien, gazette,
pie, pipelet, portier

Concierge d'un hôtel particulier
suisse

Conciergerie
loge

Concile
assemblée, synode

Conciliabule
causerie, conversation, entretien, palabres

Conciliant
accommodant, apaisant, arrangeant,
bonhomme, complaisant, coulant, doux,
facile, indulgent, lénifiant, souple, tolérant,
traitable

Conciliateur
accommodant, arbitre, médiateur

Conciliation
accord, compromis, entente, médiation,
pacification, paix, transaction

Concllié
allié, orchestré

Concilier
accommoder, accorder, acquérir, ajuster,
allier, arranger, attirer, fléchir, harmoniser,
rapprocher, réconcilier, réunir

Concilier des opinions
réconcilier

Concis
bref, compendieux, condensé, court, dense,
dépouillé, incisif, laconique, lapidaire,
nerveux, petit, précis, ramassé, rapide,
résumé, serré, sobre, sommaire, succinct

Concis, laconique
succinct

Concision
brièveté, laconisme, nerf, précision, sobriété

Concision dans le langage
brièveté

Conclave
assemblée

Conclu
abouti, terminé

Concluant
convaincant, décisif, définitif, probant

Conclure
aboutir, achever, arguer, arrêter, clore,
couronner, déduire, finir, fixer, induire, inférer,
juger, passer, présumer, régler, résoudre,
signer, terminer, traiter

Conclure un pacte
pactiser

Conclusion
aboutissement, bouquet, clôture, corrigé,
dénouement, enseignement, épilogue, fin,
issue, leçon, morale, moralité, règlement,
résolution, résultat, solution, synthèse, terme,
terminaison

Conclusion d'un morceau de musique
coda

Conclusion d'une intrigue
dénouement

Concocter
accommoder, arranger, couver, cuisiner,
échafauder, élaborer, fabriquer, mijoter,
mitonner, mûrir, organiser, préparer, prévoir

Concoction
préparation

Concombre
cornichon, courge, cucurbitacée

Concomitant
accessoire, simultané

Concordance
accord, affinité, analogie, coïncidence,
conformité, convergence, correspondance,
égalité, harmonie, parité, rapport,
ressemblance, similitude, symétrie

Concordat
atermoiement, traité, transaction

Concorde
accord, consensus, entente, fraternité,
harmonie, paix, union

Concorder
accorder, cadrer, coïncider, converger,
correspondre

Concourir
collaborer, contribuer, converger, coopérer,
jouter, participer, soutenir

Concours
aide, appoint, apport, appui, assistance,
collaboration, compétition, contribution,
coopération, épreuve, examen, intervention,
joute, lutte, match, patronage, rencontre,
secours, service, soutien, tournoi

Concours, compétition
tournoi

Concret
condensé, effectif, existant, fait, matériel, objectif, palpable, positif, pragmatique, pratique, réaliste, réel, sensible, solide, tangible, visible

Concrétion calcaire de l'oreille
otolithe

Concrétisation
réalisation

Concrétiser
réaliser

Conçu
accompli, éprouvé, pensé

Concubin
amant

Concubine
compagne, favori, maîtresse

Concurrence
compétition, émulation, lutte, rivalité

Concurrencer
rivaliser

Concurrent
adverse, antagoniste, candidat, compétiteur, émule, rival

Concurrent qualifié pour une finale
finaliste

Concussion
malversation, pillage

Condamnable
blâmable, coupable, damnable

Condamnation
accusation, anathème, anathémisation, animadversion, arrêt, astreinte, attaque, blâme, censure, critique, damnation, dénonciation, désaveu, excommunication, fermeture, foudres, interdiction, interdit, jugement, négation, obstruction, peine, procès, punition, réprobation, sanction, sentence, verrouillage

Condamné
incurable, muré, perdu, rejeté, voué

Condamné aux travaux forcés
forçat

Condamner
acculer, anathématiser, barrer, blâmer, boucher, censurer, critiquer, défendre, dénoncer, désapprouver, désavouer, fermer, forcer, fustiger, improuver, interdire, maudire, murer, pénaliser, prohiber, proscrire, punir, rejeter, reprendre, réprouver, stigmatiser, verrouiller, vouer

Condamner à l'enfer
damner

Condensation
buée

Condensé
abrégé, concentré, concis, concret, coulé, dense, précis, ramassé, resserré, résumé, sommaire, succinct

Condensé d'un livre
digest

Condenser
abréger, comprimer, concentrer, dépouiller, diminuer, figer, grouper, liquéfier, ramasser, récapituler, réduire, resserrer, résumer

Condescendance
dédain, fierté, hauteur, pitié

Condescendant
altier, complaisant, dédaigneux, hautain, protecteur, supérieur

Condescendre
accepter, daigner, déroger

Condiment
ail, aromate, assaisonnement, cumin, épice, moutarde, poivre, safran, sel, vinaigre

Condiment indien
cari, curry

Condiment vert très piquant fait à partir de raifort japonais
wasabi

Condisciple
acolyte, pair

Condition
circonstance, clause, convention, destinée, disposition, élément, état, exigence, fondement, formalité, métier, milieu, modalité, nature, position, posture, préalable, prérequis, prétention, prix, profession, qualité, rang, règlement, situation, sort, statut, stipulation

Condition d'extrême pauvreté d'une personne, d'un lieu
gueuserie

Condition d'hybride animal ou végétal
hybridité

Condition d'ilote
ilotisme

Condition dans un contrat
clause

Condition de Juif
judaïté

Condition du colon romain ou médiéval
colonat

Condition du serf
servage

Conditionné
dicté, emballé

Conditionnel
incertain, potentiel

Conditionnement
réflexe, traitement

Conditionner
déterminer, dicter, emballer, ensacher

Conditionneur
climatiseur

Conditions climatiques
météo

Condo
condominium

Condoléances
amitiés, sympathie

Condominium
condo

Condor
vautour

Conducteur
chauffeur, cocher, guide, pasteur, pilote

Conducteur aérien destiné à capter les ondes
antenne

Conducteur commun à plusieurs circuits
bus

Conducteur d'ânes
ânier

Conducteur d'engin de manutention
cariste

Conducteur d'un éléphant
cornac

Conducteur d'un métier à filer
fileur

Conducteur d'un tramway électrique
wattman

Conducteur d'une charrette
charreton

Conducteur d'une pirogue
piroguier

Conducteur de chameaux, de dromadaires
chamelier

Conducteur de char
aurige

Conducteur de chariot automoteur
cariste

Conducteur de gabarres
gabarrier

Conducteur de véhicule automobile imprudent et souvent dangereux
chauffard

Conducteur des chevaux de la voiture de la poste
postillon

Conducteur des messages nerveux
nerf

Conducteur professionnel
chauffeur

Conducteur, conductrice d'automobile
chauffeur

Conduire
accompagner, acheminer, administrer, agir, amener, animer, apporter, circuler, commander, convoyer, déterminer, diriger, distribuer, emmener, entraîner, escorter, gérer, gouverner, guider, induire, initier, introduire, manager, manier, manœuvrer, mener, orienter, piloter, porter, procéder, réagir, régenter, régir, régler, transmettre, transporter

Conduire une enquête
enquêter

Conduisant
allant

Conduisant l'air pour un tube ou pour un conduit
aérifère

Conduit
amené, animé, boyau, buse, canal, canalisation, cheminée, collecteur, colonne, conduite, drain, égout, pipeline, rigole, tube, tubulure, tuyau, voie

Conduit à déchets
vidoir

Conduit amenant l'air de la trachée aux poumons
bronche

Conduit d'écoulement des eaux
goulotte

Conduit de pierres sèches
pierrée

Conduit ménagé dans un moule de fonderie
évent

Conduit qui recueille les eaux d'un toit
chéneau

Conduit souterrain
drain, égout

Conduit, tuyau
buse

Conduite
accompagnement, action, administration, agissements, allure, attitude, boisseau, boyau, canal, canalisation, collecteur, colonne, commandement, comportement, conduit, direction, gestion, gouvernement, guidage, mœurs, moralité, pilotage, procédés, réaction, surveillance, tenue, tube, tuyau

Conduite destinée au transport du gaz
gazoduc

Conduite en caoutchouc
durit

Conduite extravagante
démence

Conduite, administration
direction

Cône
entonnoir

Cône servant à égoutter les bouteilles
if

Confabuler
causer, jaser

Confection
composition, couture, élaboration, exécution, fabrication, façon, facture, mode, préparation, réalisation

Confection d'ouvrages en fer
serrurerie

Confectionner
composer, élaborer, exécuter, façonner, faire, produire

Confédération
alliance, association, centrale, coalition, ligue, union

Confédération des syndicats nationaux
CSN

Confédéré
allié, helvète

Confédérer
accoler, accoupler

Conféré
discuté

Conférence
assemblée, causerie, colloque, communication, congrès, cours, débat, discours, entretien, exposé, forum, leçon, meeting, palabres, rencontre, réunion, séminaire, sommet, symposium

Conférencier
débatteur, orateur, parleur

Conférer
administrer, apporter, attribuer, causer, concerter, converser, décerner, dialoguer, discuter, donner, parler

Conférer la tonsure
tonsurer

Conférer un titre de noblesse
anoblir

Confessé
confié

Confesser
accorder, admettre, avouer, confier, convenir, déballer, déclarer, dire, raconter, reconnaître

Confesseur
abbé, chapelain, prêtre

Confession
aveu, confidence, credo, croyance, culte, déballage, déclaration, église, foi, pénitence, reconnaissance, religion

Confession publique
coulpe

Confiance
amitié, aplomb, assurance, confidence, créance, crédit, espérance, foi, hardiesse, sécurité

Confiance en soi
aplomb

Confiant
assuré, communicatif, crédule, expansif, naïf, ouvert, serein, sûr

Confidence
aveu, confession, confiance, déclaration, effusion, épanchement, expansion, révélation, secret

Confident
ami, camarade, conseiller, copain, intime

Confidentialité
secret

Confidentiel
inavoué, personnel, secret

Confié
abandonné, attribué, avoué, communiqué, confessé, débondé, déclaré, délégué, dévoilé, dit, donné, épanché, laissé, livré, prêté, remis, révélé

Confier
abandonner, attribuer, avouer, communiquer, confesser, débonder, déclarer, déléguer, dévoiler, dire, donner, épancher, glisser, laisser, livrer, prêter, remettre, révéler

Confier une responsabilité
déléguer

Configuration
aspect, disposition, figure, forme, géométrie, relief, structure

Configurer
arranger, disposer, façonner

Confiné
étroit, renfermé, restreint

Confiner
borner, calfeutrer, cantonner, enfermer, isoler, parquer, reléguer, renfermer, toucher

Confins
bornes, frontière, limite

Confirmation
affirmation, assurance, attestation, certitude, consécration, entérinement, garantie, homologation, légalisation, preuve, ratification, sacrement, sanction, validation, vérification

Confirmé
attesté, avéré, certain, endurci, éprouvé, garanti, scellé, vieux

Confirmer
affermir, affirmer, appuyer, assurer, attester, autoriser, avérer, certifier, conforter, consacrer, consolider, corroborer, démontrer, encourager, entériner, établir, fortifier, garantir, homologuer, justifier, légaliser, maintenir, montrer, prouver, raffermir, ratifier, reconduire, renforcer, sanctionner, sceller, valider, vérifier

Confirmer, rendre plus solide
conforter

Confiscation
annexion, gel, mainmise, saisie, séquestre, usurpation

Confiserie
bonbon, chatterie, dragée, friandise, nougatine, sucrerie

Confiserie au sirop d'érable
tire

Confiserie aux amandes
touron

Confiserie en forme de truffe
truffe

Confiserie fabriquée avec des amandes
nougat

Confiserie orientale
halva, loukoum

Confisqué
accaparé, enlevé, frustré, ôté, retenu, saisi

Confisquer
accaparer, enlever, ôter, prendre, priver, ravir, retenir, retirer, saisir

Confiture
compote, gelée, marmelade

Conflagration
guerre, ignition

Conflictuel
litigieux

Conflit
affrontement, altercation, bagarre, bataille, brouille, choc, combat, démêlé, désaccord, différend, discorde, dispute, divorce, duel, fâcherie, friction, guerre, heurt, joute, litige, lutte, malentendu, mésentente, opposition, problème, procès, querelle, rivalité, rixe, tirage

Confluent
carrefour, croisement, jonction, rencontre

Confluer
converger

Confondant
ahurissant, étonnant, sidérant, stupéfiant, suffocant

Confondre
accabler, ahurir, amalgamer, assimiler, associer, brouiller, coïncider, consterner, déconcerter, décontenancer, découvrir, déjouer, démasquer, démonter, dérouter, désarçonner, embrouiller, étonner, fondre, foudroyer, fusionner, identifier, interdire, intervertir, mélanger, sidérer, stupéfier, troubler, unir

Confondu
accablé, ahuri, décontenancé, dérouté, étonné, interdit, stupéfait, stupide

Conformation
constitution, figure, forme

Conforme
adapté, adéquat, analogue, approprié, authentique, canonique, conformiste, congruent, convenable, correct, exact, fidèle, identique, littéral, orthodoxe, pareil, réglementaire, régulier, semblable, standard, textuel

Conforme à la loi
licite

Conforme à la norme
normal

Conforme à la vérité
véritable

Conforme au bon sens
logique

Conforme au dogme, à la doctrine d'une religion
orthodoxe

Conforme au texte
textuel

Conforme aux canons de l'Église
canonique

Conforme aux règles
correct

Conforme aux règles des Jeux olympiques
olympique

Conforme aux rites
rituel

Conformément à
selon, suivant

Conformer
accommoder, accorder, adapter, ajuster, approprier, assortir, calquer, remodeler, satisfaire

Conformisme
conservatisme, routine

Conformiste
bourgeois, conforme, orthodoxe, rangé, suiviste

Conformité
concordance, convenance, correction, égalité, harmonie, légalité, régularité,

similitude, sympathie, unanimité, unité, validité

Conformité totale
identité

Confort
aisance, aise, commodité, réconfort

Confortable
bien, cosy, douillet, doux

Confortablement
bien, grassement

Confortant
aidant

Conforté
affermi

Conforter
affermir, aider, asseoir, confirmer, dynamiser, étayer, fortifier, raffermir, renforcer, soutenir

Confraternité
fraternité

Confrère
acolyte, associé, camarade, collègue, compère, frère

Confrérie
association, communauté, congrégation, corporation, ghilde, gilde, guilde, ordre, société

Confrontation
choc, collation, comparaison

Confronter
collationner, comparer, évaluer, mesurer, opposer, rapprocher

Confus
ambigu, amphigourique, anarchique, brouillon, brumeux, chaotique, compliqué, contrit, déconcerté, décousu, désolé, difficile, embarrassé, embrouillé, ennuyé, équivoque, fou, fumeux, gêné, honteux, imprécis, incertain, incohérent, indécis, indéfini, indéterminé, indigeste, indistinct, intimidé, lourd, mêlant, navré, nébuleux, obscur, pâteux, penaud, piteux, quinaud, repentant, sot, trouble, troublé, vague, vaseux

Confusément
vaguement

Confusion
aberration, amalgame, anarchie, assimilation, bouleversement, brouillard, cacophonie, capharnaüm, chaos, charivari, cohue, débâcle, débandade, dédale, délire, désarroi, désordre, désorganisation, difficulté, embarras, embrouillamini, embrouillement, enchevêtrement, erreur, fatras, fouillis, gabegie, gêne, honte, imbroglio, incohérence, lacis, malentendu, mélange, mêlée, méprise, micmac, myopie, obscurité, pagaille, pudeur, quiproquo, réseau, réunion, timidité, trouble

Confusionnel
aberrant

Conga
tambour

Congé
autorisation, congédiement, inactivité, licenciement, permission, relâche, renvoi, repos, vacances

Congédié
renvoyé

Congédiement
congé, départ, éviction, licenciement, remerciement, renvoi

Congédier
balancer, chasser, débaucher, destituer, éconduire, éloigner, expédier, licencier, radier, remercier, renvoyer, révoquer, sacquer, virer

Congélateur
frigidaire, réfrigérateur

Congélation des eaux
gel

Congelé
figé, frigorifié, gelé, givré, glacé, rafraîchi, réfrigéré, refroidi, solidifié, transi

Congeler
figer, frigorifier, geler, givrer, glacer, réfrigérer, refroidir, solidifier, surgeler, transir

Congénère
frère, pareil, prochain, semblable

Congénital
inné, originel

Congestion
apoplexie, bouchon, encombrement, enflure, stase

Congestion et inflammation du pied du cheval
fourbure

Congestionné
rouge, rougeaud, rubicond

Congestionner
engorger, gonfler

Conglomérant
agglutinant

Conglomérat
agrégat, trust

Conglomérer
souder

Conglutiner
épaissir

Congratulation
compliment, éloge

Congratuler
applaudir, féliciter

Congre
anguille

Congréganiste
récollet

Congrégation
aréopage, association, confrérie, ordre

Congrès
assemblée, assises, colloque, conférence, forum, réunion, séminaire, symposium

Congrès scientifique réunissant des spécialistes
symposium

Congru
adapté, adéquat, approprié, congruent, convenable, pertinent, propre

Congruence
égalité

Congruent
adapté, adéquat, applicable, approprié, conforme, congru, opportun

Conifère
cèdre, if, mélèze, pin, sapin

Conifère à gros tronc conique
épicéa

Conifère apparenté au sapin
pruche

Conifère aux dimensions gigantesques
séquoia

Conifère fusiforme au feuillage persistant
cyprès

Conifère gigantesque
séquoia

Conifère voisin du sapin
pruche

Conjecture
hypothèse, opinion, prédiction, présomption, prévision, probabilité, pronostic, supposition

Conjecturer
augurer, imaginer, poser, prédire, préjuger, présager, présumer, prévoir, soupçonner, supposer, supputer, suspecter

Conjoint
commun, époux, mari

Conjointement
ensemble

Conjonction
assemblage, car, donc, et, jonction, mais, ni, or, ou, rencontre, réunion, si, sinon, union

Conjonction de faits
interférence

Conjoncture
circonstance, hasard, moment, occasion, occurrence, paysage, rencontre, situation

Conjugaison
jonction, synergie, union

Conjugalement
maritalement

Conjugué
allié, joint

Conjuguer
allier, associer, combiner, cumuler, fusionner, joindre, réunir, unir

Conjuration
cabale, complot

Conjuré
comploteur, conspirateur, ligueur

Conjurer
adjurer, charmer, chasser, comploter, conspirer, empêcher, exorciser, implorer, invoquer, supplier, tramer

Connaissance
ami, bagage, camarade, cognition, compréhension, conscience, copain, culture, éducation, entendement, érudition, escient, familier, formation, fréquentation, liaison, notion, raison, relation, rencontre, représentation, sagesse, savoir, science, sens

Connaissance élémentaire
notion

Connaissance suprême des mystères de la religion
gnose

Connaisseur
amateur, collectionneur, compétent, expert, gourmand, gourmet, professionnel, versé

Connaître
apprendre, avoir, éprouver, expérimenter, fréquenter, jouir, posséder, rencontrer, ressentir, savoir, sentir, vivre, voir

Connecter
ajointer, ajuster, assembler, brancher, câbler, coupler, joindre, raccorder, relier, réunir

Connexe
afférent, analogue, contigu, joint, lié, solidaire, uni, voisin

Connexion
adhérence, affinité, analogie, branchement, câblage, cohérence, couplage, jonction, liaison, lien, ligne, rapport, relation

Connexion d'une chose avec une autre
cohérence

Connexité
rapport

Connivence
accord, collusion, complicité, entente

Connotation
sens

Connu
admis, appris, célèbre, commun, établi, éventé, fameux, familier, illustre, important, légendaire, notoire, populaire, proverbial, public, rebattu, réchauffé, reconnu, renommé, répandu, réputé, su

Conquérant
fier, gagneur, guerrier, hautain, pionnier, vainqueur, victorieux

Conquérir
acquérir, apprivoiser, approprier, assujettir, attirer, capter, captiver, charmer, coloniser, dominer, emporter, enchanter, enjôler, enlever, entraîner, envahir, envoûter, gagner, obtenir, plaire, prendre, rafler, remporter, saisir, séduire, soumettre, subjuguer, vaincre

Conquêt
bien

Conquête
acquêt, obtention, possession, prise, victoire

Conquis
apprivoisé, attiré, capté, charmé, colonisé, dominé, enchanté, enjôlé, enlevé, envoûté, gagné, obtenu, occupé, remporté, saisi, séduit, soumis, subjugué, vaincu

Consacré
affecté, appliqué, béni, dédié, donné, habituel, oint, sacré, saint, scellé, voué

Consacrer
accorder, adonner, affecter, affermir, appliquer, asseoir, bénir, confirmer, dédier, destiner, dévouer, donner, employer, entériner, inaugurer, oindre, ordonner, passer, ratifier, sacrer, sacrifier, sanctifier, sanctionner, sceller, vouer

Consacrer par ordination
ordonner

Consanguinité
cognation, filiation, parenté

Consciemment
sciemment

Conscience
âme, attention, connaissance, esprit, être, foi, lucidité, moralité, notion, probité, scrupule, sens, sentiment, sérieux

Consciencieux
appliqué, assidu, attentif, exact, fiable, honnête, probe, sérieux, soigné, soigneux, travailleur

Conscient
délibéré, éveillé, lucide, perspicace, réfléchi, volontaire, voulu

Conscrit
bleu, recrue, soldat

Conscrit, adepte
recrue

Consécration
apothéose, bénédiction, confirmation, couronnement, dédicace, onction, ratification, sacre, sanction, triomphe, validation, victoire

Consécutif
secondaire

Consécutif à une carence
carentiel

Consécutivement
après

Conseil
adage, aréopage, assemblée, audit, avertissement, avis, chambre, conseiller, consultant, expert, indication, juridiction, proposition, recommandation, suggestion, tribunal, voix

Conseil de la radiodiffusion et des télécommunications canadiennes
CRTC

Conseillé
recommandé, soufflé

Conseiller
audit, aviser, confident, conseil, conseilleur, consultant, déterminer, exhorter, guide, guider, insinuer, inspirateur, inspirer, inviter, mentor, prêcher, préconiser, prescrire, prôner, proposer, recommander, souffler, suggérer

Conseiller attentif
mentor

Conseiller municipal
échevin, édile, maire

Conseillère secrète
égérie

Conseilleur
conseiller

Consensus
accord, autorisation, concorde, entente, unanimité

Consentant
volontaire

Consentement
acceptation, accord, acquiescement, adhésion, admission, adoption, agrément, approbation, assentiment, autorisation, aveu, euphorie, permission, unanimité

Consenti
donné

Consentir
accéder, accepter, accorder, adhérer, admettre, autoriser, céder, concéder, daigner, donner, octroyer, opiner, permettre, souscrire

Conséquemment
après

Conséquence
bilan, contrecoup, corrigé, effet, fruit, impact, incidence, lendemain, portée, prix, produit, rançon, réaction, répercussion, résultat, ricochet, suite, trace

Conséquence plus ou moins directe de quelque chose
incidence

Conséquent
coquet, important, logique, rondelet, sérieux

Conservateur
additif, garde, gardien, modéré, protecteur

Conservation
entretien, garde, maintien, protection

Conservatisme
conformisme, routine

Conservatoire
école, musée, muséum

Conserve
boîte, pot

Conservé
éprouvé, resté, retenu, sauvé

Conservé dans la graisse
confit

Conservé dans la saumure
mariné

Conserver
détenir, durer, emporter, entretenir, éprouver, garder, laisser, maintenir, perpétuer, persister, préserver, protéger, réserver, rester, retenir, sauvegarder, sauver, soigner, subsister, survivre, tenir

Conserver par congélation
congeler

Considérable
admirable, colossal, élevé, éminent, énorme, étendu, grand, gros, important, imposant, inestimable, large, majeur, massif, nombreux, notable, puissant, redoutable, rondelet, sérieux, signalé, vaste

Considérablement
abondamment, copieusement, énormément, follement, fort, fortement, gravement

Considérant
attendu, motif

Considération
acception, adoration, déférence, égard, estime, faveur, hommage, honneurs, note, pensée, remarque, renom, renommée, réputation, respect, révérence

Considéré
pensé, vénérable, vu

Considérer
contempler, estimer, étudier, examiner, juger, observer, peser, prendre, regarder, révérer, songer, voir

Considérer à part
isoler

Considérer avec attention
examiner

Considérer avec envie
jalouser

Considérer avec étonnement
admirer

Considérer comme une divinité
déifier

Consignataire
débiteur, gardien

Consignation
dépôt, garantie

Consigne
colle, directive, instruction, ordre, prescription, règlement, retenue, réticence

Consigné
écrit, inscrit, marqué, noté

Consigner
acter, coller, constater, coucher, déposer, écrire, enregistrer, inscrire, marquer, noter, punir, rapporter, relater, relever, retenir

Consistance
dureté, fermeté, fondement, solidité, texture

Consistant
compact, épais, ferme, nutritif, solide

Consister
comporter, composer, comprendre

Consœur
adepte, collègue

Consolant
aidant, apaisant, lénifiant, réconfortant

Consolateur
apaisant

Consolation
baume, compensation, réconfort, sondage

Consolatoire
apaisant

Console
pupitre, saillie, table

Consolé
affermi, rasséréné, rassuré

Consoler
adoucir, affermir, aider, alléger, apaiser, atténuer, bercer, calmer, compenser, dédommager, diminuer, endormir, guérir, rasséréner, rassurer, réconforter, remonter, soulager

Consolidation
renfort, réparation

Consolidé
affermi, armé, resserré, scellé

Consolider
affermir, affirmer, ancrer, appuyer, armer, asseoir, assurer, cimenter, confirmer, enraciner, étayer, fixer, fortifier, implanter, muscler, raffermir, renforcer, réparer, répartir, resserrer, sceller, soutenir, stabiliser

Consommable
buvable, mangeable, potable

Consommateur
acheteur, buveur, client, utilisateur

Consommation
boisson, dépense, perfection, usage

Consommé
absorbé, achevé, bouillon, brouet, fameux, fieffé, modèle, parfait, sacré

Consommer
absorber, accomplir, achever, alimenter, boire, brûler, commettre, consumer, couronner, dépenser, employer, épuiser, manger, parfaire, perpétrer, pomper, prendre, terminer, user, utiliser

Consommer une cigarette
fumer

Consomption
langueur, maigreur

Consonance
harmonie, unisson

Consonnes jumelles
nn

Consortium
association, cartel, groupe, syndicat, trust

Conspirateur
conjuré, partisan

Conspiration
cabale, complot, faction, intrigue

Conspirer
comploter, conjurer, intriguer, manigancer, méditer, ourdir, projeter, tramer

Conspuer
bafouer, honnir, huer, malmener, persifler, siffler

Constamment
assidûment, continuellement, continûment, incessamment, invariablement, perpétuellement, régulièrement, toujours

Constance
assiduité, continuité, durabilité, égalité, énergie, fermeté, fidélité, force, immutabilité, invariabilité, obstination, opiniâtreté, patience, permanence, persévérance, persistance, régularité, résolution, solidité, stabilité

Constant
assidu, continu, continuel, durable, égal, éternel, ferme, fixe, général, identique, immuable, incessant, invariable, obstiné, opiniâtre, patient, permanent, perpétuel, persévérant, persistant, régulier, résolu, soutenu, stable, suivi, uniforme

Constat
bilan, constatation, reconnaissance

Constatation
constat, examen, observation, remarque

Constaté
attesté, éprouvé, noté

Constater
apercevoir, apparoir, consigner, découvrir, enregistrer, éprouver, établir, noter, observer, reconnaître, relever, remarquer, sentir, vérifier, voir

Constellation
groupe, poissons

Constellation, Grande ou Petite
Ourse

Constellé
couvert, émaillé, étoilé, parsemé, recouvert

Consteller
couvrir, émailler, étoiler, parsemer

Consternant
abrutissant, bouleversant, désolant, effarant, minable, navrant, pénible, pitoyable

Consternation
abattement, accablement, atterrement, désolation, frayeur, surprise

Consterné
abasourdi, abattu, accablé, affligé, anéanti, atterré, attristé, désolé, écœuré, écrasé, navré, sidéré, stupéfié, terrassé

Consterner
abasourdir, abattre, accabler, affliger, anéantir, atterrer, attrister, chagriner, confondre, désoler, écraser, effarer, navrer, stupéfier, terrasser

Constipé
coincé

Constituant
pièce, unité

Constituer
composer, édifier, établir, être, faire, fonder, forger, former, instaurer, instituer, monter, organiser, produire, représenter

Constituer une présence menaçante
planer

Constitutif
essentiel, naturel

Constitution
apparition, arrangement, assignation, caractère, complexion, composition, conformation, construction, création, désignation, disposition, édification, élaboration, établissement, fondation, formation, forme, institution, nature, naturel, organisation, organisme, personnalité, physique, règlement, santé, structure, tempérament, texture

Constriction
contraction, étranglement, pression, resserrement

Constructeur
bâtisseur, créateur, entrepreneur, faiseur,
fondateur

Constructif
positif

Construction
aménagement, architecture, arrangement,
bâtiment, bâtisse, composition, constitution,
création, disposition, édification, édifice,
élaboration, érection, fabrication, immeuble,
installation, locution, maison, monument,
organisation, ouvrage, structure, système,
texture, tournure

Construction en forme de tour qui abrite les cloches
clocher

Construction en hauteur
tour

Construction flottante formant une plateforme
ponton

Construction funéraire
ciste

Construction pontée
navire

Construction pour l'attache du beaupré, sur un navire en bois
guibre

Construction provisoire en planches
baraque

Construction rurale de forme conique
trullo

Construction semi-circulaire à gradins
hémicycle

Construction syntaxique erronée
solécisme

Construire
aménager, architecturer, arranger, articuler,
bâtir, composer, concevoir, créer, disposer,
échafauder, édifier, élaborer, élever, ériger,
établir, fabriquer, faire, fonder, forger, former,
imaginer, jeter, organiser, produire, structurer,
tracer

Construire avec du béton
bétonner

Construire conformément à un gabarit
gabarier

Construire en briques
briqueter

Construire en maçonnerie
maçonner

Construire par pigeons
pigeonner

Construire un nid
nidifier

Construit
jeté, organisé, structuré

Consul
ambassadeur, diplomate, émissaire,
magistrat, mandataire

Consulat
ambassade, chancellerie, représentation

Consultant
audit, conseil, conseiller

Consultation
avis, enquête, étude, examen, interrogation,
lecture, plébiscite, référendum, sondage,
visite, vote

Consulté
sondé

Consulter
compulser, délibérer, examiner, feuilleter,
fouiller, interroger, lire, questionner, regarder,
sonder, voir

Consulter des vieux livres
bouquiner

Consumé
détruit, ruiné

Consumer
anéantir, brûler, calciner, consommer,
détruire, dévorer, embraser, employer,
éteindre, fatiguer, flamber, incendier, manger,
miner, passer, prodiguer, ronger, ruiner, tarir,
user

Contact
adhérence, allumage, approche,
attouchement, caresse, commerce,
coudoiement, effleurement, fréquentation,
liaison, rapport, relation, rencontre, toucher

Contacter
approcher, atteindre, joindre, rencontrer,
toucher, trouver

Contadin
habitant

Contagieux
pestilentiel, virulent

Contagion
contamination, diffusion, épidémie, imitation,
propagation, transmission

Contagionner
contaminer

Contaminant
polluant

Contamination
contagion, pollution, souillure

Contaminé
sali, septique

Contaminer
contagionner, corrompre, empoisonner,
envahir, gagner, gangréner, infecter, polluer,
salir, souiller, vicier

Conte
allégorie, anecdote, baliverne, fable,
fabliau, faribole, fiction, histoire, historiette,
imagination, invention, légende, mensonge,
nouvelle, racontar, ragot, récit, sornette

Conte satirique en vers
fabliau

Contemplateur
contemplatif, rêveur

Contemplatif
absorbé, contemplateur, méditatif, pensif,
préoccupé, rêveur, songeur, soucieux

Contemplation
extase

Contempler
admirer, considérer, dévisager, envisager,
examiner, méditer, observer, regarder

Contempler avec admiration
admirer

Contemporain
actuel, moderne, présent, simultané

Contempteur
critique, dénigreur, détracteur, polémique

Contenance
air, allure, attitude, capacité, comportement,
cubage, jauge, maintien, mesure, mine, port,
posture, prestance, tonnage, volume

Contenant
boîte, conteneur, enveloppe, récipient, sac

Contenant de la houille
houiller

Conteneur
contenant, emballage, récipient

Contenir
accueillir, arrêter, comporter, comprendre,
compter, contraindre, contrôler, dominer,
dompter, embrasser, empêcher, enchaîner,
enclore, endiguer, englober, enrayer, étouffer,
faire, inclure, jauger, loger, maintenir,
maîtriser, modérer, museler, porter, posséder,
ravaler, receler, recevoir, refouler, réfréner,
renfermer, rentrer, réprimer, retenir,
surmonter, tempérer, tenir

Contenir, réfréner
brider

Content
aise, allègre, béat, bien, charmé,
complaisant, enchanté, fier, gai, heureux,
jovial, joyeux, radieux, rassasié, ravi, réjoui,
saoul, satisfait, soûl

Contenté
comblé, rasséréné

Contentement
aise, alacrité, amusement, assouvissement,
béatitude, bonheur, félicité, fierté, joie, plaisir,
plénitude, ravissement, satisfaction

Contentement intérieur
félicité

Contenter
apaiser, arranger, assouvir, combler, exaucer,
payer, plaire, rassasier, rasséréner, satisfaire,
suffire

Contentieux
différend, litigieux

Contention
application, attention, effort, tension

Contenu
charge, chargement, compris, contraint,
dominé, enrayé, étouffé, fond, inclus,
intérieur, logé, matière, réservé, retenu, sens,
substance, teneur

Contenu d'un bol
bolée

Contenu d'un carafon
carafon

Contenu d'un discours
teneur

Contenu d'un plat
platée

Contenu d'un pot
potée

Contenu d'un verre plein à ras bords
rasade

Contenu d'une assiette
assiettée

Contenu d'une cuve
cuvée

Contenu d'une jatte
jattée

Contenu d'une pelle
pelletée

Contenu d'une poêle
poêlée

Contenu exact
teneur

Conter
dire, narrer, peindre, raconter, rapporter,
relater, retracer

Contestable
incertain, litigieux

Contestant
plaideur

Contestataire
frondeur, rebelle, séditieux, subversif

Contestation
altercation, contradiction, controverse, débat,
démêlé, dénégation, déni, désaveu, différend,
difficulté, discussion, dispute, fronde, litige,
négation, objection, opposition, polémique,
querelle, réplique, révolte, subversion

Contesté
controversé, discuté, ergoté, litigieux, nié

Contester
chicaner, chipoter, controverser, dénier,
discuter, disputer, nier, récuser, refuser,
renauder, répliquer, répondre

Conteur
amuseur, auteur, diseur, écrivain, narrateur,
orateur, raconteur

Contexte
climat, situation

Contexture
ossature, structure, texture

Contigu
accolé, adjacent, analogue, attenant,
avoisinant, connexe, frontalier, mitoyen,
prochain, proche, semblable, similaire, voisin

Contiguïté
liaison, proximité

Continence
abstinence, ascétisme, chasteté, privation,
pureté, sagesse, tempérance

Continent
abstinent, Afrique, Amérique, Antarctique,
ascétique, Asie, chaste, Eurasie, Europe,
Océanie, pur, sage, tempérant, terre,
vertueux, vierge

Continent disparu
Atlantide

Contingent
accidentel, casuel, éventuel, fortuit, incertain,
nombre, part, possible, quota, secondaire

Contingentement
limitation

Contingenter
limiter, rationner

Continu
assidu, constant, continuel, fixe, immuable,
incessant, indéfectible, ininterrompu, nourri,
opiniâtre, permanent, perpétuel, persistant,
prolongé, régulier, roulant, soutenu, stable,
suivi, uniforme

Continuateur
héritier

Continuation
continuité, poursuite, prolongation, reprise,
suite

Continué
maintenu, perpétué, poursuivi, prolongé,
reconduit, soutenu

Continuel
constant, continu, éternel, fréquent,
incessant, ininterrompu, permanent,
perpétuel, sempiternel

Continuellement
assidûment, constamment, toujours

Continuer
acharner, demeurer, étendre, exister, insister,
maintenir, perpétuer, persévérer, persister,
poursuivre, pousser, prolonger, reconduire,
reprendre, soutenir, subsister, tenir

Continuer longtemps
perdurer

Continuité
assiduité, constance, continuation, durée,
égalité, enchaînement, fidélité, ininterruption,
liaison, lien, maintien, pérennité,
permanence, perpétuation, persistance,
rapport, solidité, stabilité

Continûment
constamment, toujours

Contorsion
acrobatie, convulsion, gesticulation, grimace,
mouvement, pantomime, singerie, torsion

Contorsionné
grimaçant

Contour
bord, bordure, courbe, délinéament, dessin,
détour, forme, galbe, lacet, ligne, limite,
méandre, ombre, ondulation, périmètre,
périphérie, pourtour, profil, silhouette,
sinuosité, tour

Contour d'une figure plane
périmètre

Contour découpé
découpure

Contour harmonieux
galbe

Contourné
affecté, alambiqué, compliqué, débordé,
éludé, escamoté, esquivé, évité, tarabiscoté,
tordu, tors, tourmenté, tourné

Contourner
déborder, éluder, escamoter, esquiver, éviter,
forcer, tourner

Contracté
acquis, attrapé, bandé, crispé, développé,
diminué, énervé, noué, pris, raccourci, raidi,
réduit, resserré, serré, souscrit, stressé, tassé,
tendu

Contracté par le mécontentement
renfrogné

Contracter
acquérir, attraper, bander, convulser, crisper,
développer, diminuer, nouer, prendre,
raccourcir, raidir, réduire, resserrer, rétrécir,
serrer, souscrire, stresser, tasser, tendre

Contractilité
irritabilité

Contraction
constriction, crampe, diminution, raideur, réduction, serrement, spasme, striction, tension, torsion

Contraction brève d'un muscle
clonie

Contraction brusque du diaphragme
hoquet

Contraction de la pupille
myosis

Contraction de la voyelle
crase

Contraction de syllabes
crase

Contraction douloureuse
crampe

Contraction du cœur
systole

Contraction involontaire d'un muscle
crampe

Contraction spasmodique du diaphragme
sanglot

Contractuel
vacataire

Contracture
crampe, spasme

Contradicteur
antagoniste, débatteur, opposant

Contradiction
contestation, démenti, désaccord, différence, divergence, divorce, négation, objection, paradoxe

Contradictoire
adverse, contraire, différent, illogique, incohérent, opposé, paradoxal

Contragestif
abortif

Contraignant
coercitif, drastique, gênant, pénible, pesant, strict

Contraindre
acculer, asservir, assujettir, astreindre, brusquer, contenir, enchaîner, engager, entraver, forcer, gêner, obliger, ranger, réduire, refouler, réfréner, réprimer, retenir, soumettre, violenter

Contraindre par la force
violenter

Contraint
acculé, affecté, artificiel, asservi, assujetti, astreint, contenu, embarrassé, emprunté, entravé, étudié, factice, forcé, gauche, gêné, guindé, obligé, raide, refoulé, réfréné, réprimé, retenu

Contrainte
asservissement, assujettissement, carcan, charge, coaction, coercition, collier, embarras, entrave, esclavage, exigence, force, gêne, impératif, intimidation, joug, loi, menace, obligation, oppression, pression, règle, servitude, sujétion, tyrannie

Contrainte, esclavage
servitude

Contraire
adverse, antagonique, antagoniste, antinomique, antipode, antithèse, antithétique, antonyme, attentatoire, contradictoire, contre, défavorable, désuni, différent, ennemi, envers, hostile, incompatible, inverse, négation, opposé

Contraire à l'amitié
inamical

Contraire à la bienséance
incivil

Contraire à la logique
illogique

Contraire aux lois
illégal

Contralto
alto

Contrariant
agaçant, désagréable, désolant, difficile, embêtant, ennuyeux, fâchant, fâcheux, navrant, vexant

Contrarié
affligé, angoissé, chagriné, combattu, décontenancé, déçu, dépité, désolé, embêté, énervé, ennuyé, fâché, frustré, insatisfait, irrité, malheureux, mécontent, navré, noué, offusqué, préoccupé, rembruni, soucieux, tourmenté, tracassé, triste, ulcéré, vexé

Contrarler
achopper, affliger, agacer, barrer, blesser, chagriner, contrecarrer, contredire, défriser, déjouer, dépiter, déranger, embêter, ennuyer, entraver, fâcher, freiner, frustrer, gêner, heurter, irriter, mécontenter, navrer, nuire, offusquer, opposer, résister, tarabuster, tracasser, troubler, ulcérer

Contrarier fortement
embêter

Contrariété
agacement, cahot, chagrin, contretemps, déception, déplaisir, désagrément, difficulté, embarras, ennui, irritation, mécontentement, ombre, regret, souci, traverse

Contraste
antithèse, désaccord, différence, discordance, disparité, dissemblance, écart, opposition

Contrasté
  différent, distinct, opposé, tranché

Contraster
  détonner, ressortir, trancher

Contrat
  accord, acte, arrangement, bail, certificat,
  clause, compromis, convention, document,
  engagement, marché, pacte, police,
  promesse, traité

Contrat de location
  bail, louage

**Contrat par lequel l'une des parties donne à
l'autre un fonds de bétail**
  cheptel

Contravention
  amende, délit, entorse, infraction, violation

Contravis
  annulation, contrordre

Contre
  anti, auprès, contraire, malgré, moyennant,
  nonobstant, opposé, pour, sur, versus

Contre-attaque
  riposte

Contre-attaquer
  riposter

Contre-espionnage
  surveillance

Contre-offensive
  riposte

Contre-pied
  inverse, négation, opposé

Contre-poil d'une étoffe
  rebours

Contre-réaction
  rétroaction

Contre-taille
  taille

Contre-torpilleur
  destroyer

Contrebalancer
  balancer, compenser, neutraliser, suppléer

Contrebande
  interlope, trafic

Contrebandier
  passeur

Contrebassiste
  bassiste

Contrecarrer
  contrarier, contrer, déjouer, neutraliser,
  troubler

Contrechoc
  contrecoup

Contrecoup
  conséquence, contrechoc, effet, incidence,
  réaction, répercussion, résultat, retour,
  ricochet, séquelle, suite

Contredanse
  quadrille

Contredire
  contrarier, dédire, démentir, diverger, nier,
  réfuter

Contredit
  démenti, nié

Contrée
  coin, parages, pays, province, région, terre,
  territoire

Contrée occidentale
  Amérique

Contrée située dans le Grand Caucase
  Ossétie

Contrefaçon
  copie, fraude, imitation, trucage

Contrefacteur
  copiste, faussaire, imitateur, imposteur,
  plagiaire

Contrefaire
  adultérer, affecter, altérer, calquer,
  caricaturer, changer, copier, décomposer,
  défigurer, déformer, déguiser, démarquer,
  dénaturer, faire, falsifier, feindre, imiter,
  jouer, mimer, parodier, pasticher, plagier,
  reproduire, simuler, singer, trafiquer, travestir

Contrefait
  affecté, altéré, artificiel, bossu, difforme

Contrefort
  appui, butée, étançon, renfort, soutien

Contremaître
  prote

**Contremaître d'un atelier d'imprimerie au
plomb**
  prote

Contremander
  décommander

Contremarque
  billet

Contrepartie
  envers, inverse, pendant, prix, rançon,
  revanche

Contrepoids
  balancier, correction

**Contrepoint primitif écrit au-dessus du
plain-chant**
  déchant

Contrepoison
  antidote

Contrer
  bloquer, contrecarrer

Contresens
aberration, absurdité, erreur, ineptie

Contretemps
accident, accroc, anicroche, complication, contrariété, difficulté, empêchement, ennui, impondérable, imprévu, obstacle

Contretype
négatif

Contrevenant
violateur

Contrevenir
déroger, désobéir, pécher

Contrevent
jalousie, persienne, volet

Contrevérité
erreur, mensonge

Contribuable
corvéable, imposé

Contribuant
aidant

Contribuer
aider, apporter, collaborer, concourir, coopérer, cotiser, participer, souscrire

Contribuer à
concourir

Contribution
aide, allocation, appoint, apport, appui, collaboration, concours, coopération, cote, cotisation, dîme, droit, écot, imposition, impôt, obole, part, patente, prélèvement, redevance, subside, subvention, support, taxe, tribut

Contribution forcée
tribut

Contribution positive de quelqu'un
apport

Contristé
affligé, attristé

Contrister
affliger, attrister, fâcher, navrer

Contrit
confus, marri, mortifié, penaud, pénitent, repentant

Contrition
componction, douleur, pénitence, regret, remords, repentir, résipiscence

Contrôle
arrêt, audit, censure, devoir, domination, empire, examen, filtrage, filtre, guet, inspection, limitation, maîtrise, observation, pointage, possession, révision, suivi, surveillance, test, vérification

Contrôlé
dominé, retenu, révisé

Contrôle minutieux
filtrage

Contrôler
arbitrer, arraisonner, canaliser, commander, contenir, dominer, dompter, endiguer, essayer, examiner, filtrer, inspecter, maîtriser, observer, occuper, pointer, réfréner, régenter, retenir, réviser, surmonter, surveiller, tenir, tester, vérifier

Contrôleur
audit, inspecteur, vérifieur

Contrôleur de gestion dans une entreprise
réviseur

Contrordre
contravis

Controuvé
apocryphe, fabriqué, faux, inventé, mensonger

Controuver
inventer

Controverse
contestation, débat, discussion, dispute, éristique, litige, lutte, polémique, problème, querelle, question

Controversé
contesté, débattu, discuté

Controverser
contester

Contumace
défaut

Contus
contusionné, meurtri

Contusion
blessure, bleu, déchirure, ecchymose, hématome, lésion, meurtrissure

Contusionné
contus

Contusionner
blesser, froisser, meurtrir

Convaincant
concluant, décisif, fort, percutant, persuasif, probant

Convaincre
convertir, décider, démontrer, déterminer, établir, persuader

Convaincu
assuré, certain, déterminé, éloquent, fanatique, farouche, pénétré, persuadé, résolu, sûr

Convecteur
radiateur

Convenable
acceptable, adapté, adéquat, admissible, aimable, approprié, beau, bel, bien, bienséant, compatible, conforme, congru, correct, décent, digne, expédient, favorable, honnête, honorable, idoine, juste, modeste, moral, moyen, opportun, passable, pertinent,

poli, portable, possible, potable, propice,
propre, raisonnable, rangé, satisfaisant,
séant, sérieux, seyant, sortable, suffisant, vrai

Convenable, approprié
idoine

Convenablement
bien, décemment, dignement, dûment,
justement

Convenance
accord, adéquation, affinité, aise, choix,
conformité, décence, décorum, goût, gré,
harmonie, justesse, mode, pertinence,
propriété, protocole, rapport, sympathie

Convenance logique des idées entre elles
cohérence

Convenances
bienséance, correction, étiquette, politesse,
règles

Convenir
acclimater, accorder, agréer, aller, arranger,
arrêter, avouer, botter, cadrer, concéder,
confesser, correspondre, décider, fixer, plaire,
reconnaître, régler, satisfaire, seoir, sourire,
suffire

Convenir d'un accord
capituler

Convention
accord, alliance, arrangement, article, charte,
clause, code, compromis, condition, contrat,
disposition, engagement, entente, fiction, loi,
marché, norme, pacte, postulat, principe,
promesse, règle, règlement, stipulation,
tradition, traité

Convention conclue entre belligérants
armistice

Convention de location
bail

Conventionné
agréé

Conventionnel
affecté, arbitraire, artificiel, bourgeois,
classique, factice, fade, fictif, formel,
orthodoxe, pompier, rituel, routinier

Convenu
décidé, dit, entendu, inexprimé

Convergence
concordance, réunion

Converger
aboutir, affluer, coïncider, concentrer,
concorder, concourir, confluer

Convers
frère, lai, moine

Conversation
causerie, conciliabule, dialogue, discours,
discussion, entretien, entrevue, interview,
palabres, rencontre

Conversé
discuté

Converser
bavarder, causer, conférer, deviser, dialoguer,
discourir, discuter, jacter, jaspiner, parler

Conversion
change, changement, métamorphose,
mutation, reconversion, revirement,
somatisation, transformation

Converti
néophyte

Convertible
divan

Convertir
amener, catéchiser, changer, convaincre,
gagner, métamorphoser, rallier, transformer,
transmuer, transmuter

Convertir à l'islam
islamiser

Convertir en malt
malter

Convertir en tissu osseux
ossifier

Convertir l'orge
malter

Convertir une céréale en malt
malter

Convertisseur qui transforme la fonte en acier
bessemer

Convexe
arqué, arrondi, bombé, busqué, courbe,
renflé

Convexité
bombement, cambrure, rondeur

Conviction
assurance, certitude, cœur, credo, croyance,
détermination, espérance, espoir, feu, foi,
opinion, persuasion, principe, religion,
résolution, sérieux, thèse, vérité

Convier
accueillir, appeler, convoquer, engager,
exciter, exhorter, inciter, induire, inviter, prier,
recevoir, solliciter

Convive
commensal, dîneur, hôte, invité, mangeur

Convivial
accueillant, festif

Convivialité
facilité

Convocation
citation, indiction

Convoi
caravane, cortège, funèbre, train

Convoité
envié

Convoiter
ambitionner, briguer, désirer, envier, guetter, guigner, jalouser, lorgner, loucher, rechercher, rêver, souhaiter, viser, vouloir

Convoitise
appétence, appétit, âpreté, ardeur, avidité, concupiscence, cupidité, désir, envie, jalousie, passion

Convoler
marier

Convolvulus
liseron

Convoqué
cité

Convoquer
appeler, assembler, assigner, citer, convier, demander, inviter, mander

Convoquer en justice
citer

Convoyer
conduire, escorter, mener, transférer, transporter, véhiculer, voiturer

Convoyeur
accompagnateur, escorteur, transporteur

Convulser
contracter, convulsionner, crisper, décomposer, tirailler, tordre

Convulsif
nerveux, saccadé

Convulsion
contorsion, secousse, spasme

Convulsionner
convulser

Convulsivement
nerveusement

Cool
calme, décontracté, relax

Coolie
porteur

Coopérant
aidant, coopérateur, coopératif

Coopérateur
coopérant

Coopératif
coopérant

Coopération
appui, assistance, association, complicité, concours, contribution, soutien

Coopératisme
mutualisme

Coopérative
association, syndicat

Coopérative, dans l'ancienne Russie
artel

Coopérer
aider, collaborer, concourir, contribuer, participer

Coopter
agréger, choisir, élire, mandater

Coordination
accord, agencement, arrangement, enchaînement, harmonisation, liaison, ordre, organisation, praxie, synchronisation, syndicat

Coordonné
accordé, agencé, aménagé, apparié, arrangé, assorti, harmonieux, lié, orchestré, ordonné, organisé, structuré, systématisé

Coordonnée
point

Coordonnée horizontale qui sert à définir un point
abscisse

Coordonnées
position, référence

Coordonner
accoupler, agencer, arranger, assembler, assortir, enchaîner, ordonner, organiser

Copain
acolyte, ami, camarade, compagnon, compère, confident, connaissance, flirt, fréquentation, frère, intime, pote, relation

Copeau
débris, fragment, frison, rognure

Copiage
imitation, plagiat

Copie
ampliatif, ampliation, calque, clone, composition, contrefaçon, démarcage, devoir, double, duplicata, emprunt, épreuve, exemplaire, falsification, feuille, imitation, manuscrit, maquette, papier, pastiche, photocopie, pillage, plagiat, réduction, répétition, réplique, reproduction, suivisme, texte

Copié
inscrit, reproduit, triché

Copie à l'aide d'un papier transparent
calque

Copie conforme
CC, clone, duplicata

Copie conforme cachée
CCI

Copie conforme d'un acte
extrait

Copie d'un ordinateur
clone

Copie dactylographiée pour la composition
tapuscrit

Copie exacte
double

Copie parfaite
sosie

Copier
calquer, cloner, contrefaire, décalquer,
démarquer, emprunter, falsifier, imiter,
inscrire, mimer, noter, parodier, pasticher,
piller, pirater, plagier, pomper, relever,
reproduire, singer, transcrire, tricher

Copier un enregistrement
repiquer

Copier une œuvre
plagier

Copieur
fraudeur, imitateur, photocopieur, plagiaire,
suiveur, tricheur

Copieusement
abondamment, amplement, beaucoup,
considérablement, énormément, grassement,
largement, richement, sacrément

Copieux
abondant, ample, généreux, large,
plantureux, prolixe, riche

Copilote
pilote

Copine
amie, compagne, flirt

Copiste
clerc, contrefacteur, démarqueur, imitateur,
pasticheur, plagiaire, scribe

Coq
chapon, cochelet, cochet, coquelet, oiseau,
poulet, poussin, tétras

Coq castré
chapon

Coq d'Amérique
hocco

Coq de bruyère
tétras

Coq indien
hocco

Coque
carcasse, carène, coquille, écaille, écalure,
test

Coquecigrue
baliverne

Coquelet
cochet, coq, poulet

Coquelicot
pavot, rouge

Coqueluche
favori

Coqueron
cagibi, logement

Coquet
aimable, beau, bel, charmant, chic,
conséquent, élégant, galant, gandin, gentil,
joli, mignon, pimpant, provocant, rondelet,
soigné, substantiel

Coquetterie
affectation, afféterie, agacerie, chic, élégance,
galanterie, goût, marivaudage, minauderie,
séduction

Coquillage
bigorneau, cauri

Coquillage comestible appelé aussi vigneau
bigorneau

Coquillage du groupe des porcelaines
cauri

Coquillage marin comestible
palourde

Coquillage univalve
troche

Coquille
carapace, coque, écaille, erreur, faute, test

Coquillette
pâte

Coquin, drôle
maraud

Cor
bois, cal, callosité, corne, durillon, oignon,
olifant, ramure, trompe

Cor d'ivoire des chevaliers au Moyen Âge
oliphant

Cor de chasse
huchet

Cor qui termine la tête d'un cerf
époi

Corail
carmin, écarlate, madrépore, rouge, vermillon

Corallien
madréporique

Corallin
rouge

Coranique
islamique

Corbeau
calomniateur, corneille, délateur,
dénonciateur, saillie

Corbeille
bourriche, cabas, ciste, couffin, hotte,
manne, massif, mezzanine, paneton, panier,
panière, parterre, poubelle

Corbeille d'argent
alysse, ibéris

Corbeille d'or
alysse

Corbeille servant de berceau
couffin

Corbillard
fourgon

Corbillon
bannette

Cordage
amarre, amure, aussière, bitord, bout, câble, corde, drisse, drosse, filin, garcette, grelin, hauban, ligne, lusin, manœuvre, merlin, quarantenier, ralingue

Cordage destiné à serrer les voiles
cargue

Cordage dont on entoure les fardeaux pour les soulever
élingue

Cordage en chanvre
filin

Cordage formé de fils de caret
bitord

Cordage muni d'un nœud
laguis

Cordage ou filin non goudronné
funin

Cordage pour le remorquage d'un navire
grelin

Cordage qui renforce une poulie
gerseau

Cordage qui sert à hisser une voile
drisse

Cordage qui soutient une ancre
cravate

Cordage reliant une ancre à la bouée
orin

Cordage servant à carguer les voiles
cargue

Cordage servant à lier
liure

Cordage servant à retenir une voile
amure

Cordage terminé par un nœud de chaise
agui

Cordage tressé
garcette

Cordages nécessaires pour gréer un bâtiment
gréement

Corde
agrès, amarre, amure, attache, câble, cordage, cordeau, cordelette, cordon, fibre, ficelle, fil, filin, lacet, laisse, lien, longe, potence, trait

Corde à linge
étendage

Corde attachant ensemble les pouces d'un prisonnier
poucettes

Corde avec laquelle on pendait les criminels
hart

Corde mince
ficelle

Corde pour suspendre la viande dans une boucherie
pendoir

Cordeau
corde, ficelle

Cordeau servant à tracer des cercles
simbleau

Cordeler
torsader, tortiller

Cordelette
corde, fil

Cordelière
baguette, cordon, cordonnet

Corder
cordonner, haubaner, stérer, tordre, torsader, tortiller

Cordial
accueillant, affectueux, amical, bienveillant, chaleureux, charmant, fortifiant, fraternel, gracieux, ouvert, réconfortant, reconstituant, remontant, stimulant, sympathique, tonique

Cordialité
amabilité, amitié, bienveillance, chaleur, courtoisie, sympathie

Cordon
aiguillette, amarre, attache, bande, bandereau, bordure, brandebourg, câble, ceinture, ceinturon, corde, cordelière, cordonnet, côte, décoration, dragonne, enguichure, file, frange, galon, ganse, haie, lacet, lacs, lien, ligne, lisière, mèche, passepoil, rang, rangée, ruban, soutache, toron, tresse

Cordon étroit
lacet

Cordon littoral
lido

Cordon plat fait de fils entrelacés
tresse

Cordon-bleu
cuisinier

Cordonner
corder, tresser

Cordonnet
cordelière, cordon, ficelle, ganse

Cordonnet étroit
ganse

Cordonnier
bottier, bouif, savetier

Cordons tordus en hélice
torsade

Corégone
lavaret

Coresponsable
solidaire

Coriace
acharné, difficile, dur, ferme, nerveux, obstiné, opiniâtre, résistant, rigide, tenace, vivace

Coridon
améthyste

Cormier
sorbier

Cornac
pilote

Cornage
bruit

Cornaline
agate, chrysoprase, onyx

Cornaquer
guider, piloter

Corne
andouiller, angle, bois, cal, callosité, cor, cornet, klaxon, pli, pliure, ramure, trompe, trompette

Corné
plié, sonné

Corne d'Ammon
ammonite

Cornéen
kératique

Corneille
choucas, corbeau, corvidé, grole, grolle

Corneille à bec étroit
freux

Cornement
bourdonnement

Cornemuse
biniou, musette, pibrock

Cornemuse bretonne
biniou

Corner
avertir, claironner, clamer, klaxonner, plier, proclamer, publier, sonner, tinter

Cornet
corne, huchet, poche, trompe, trompette

Cornette
drapeau, pavillon

Corniche
saillie

Cornichon
concombre, courge, cucurbitacée, imbécile

Cornu
biscornu, encorné, ergoté

Corollaire
secondaire

Corporation
association, communauté, confrérie, corps, ghilde, gilde, guilde, hanse, métier, ordre, tribu

Corps
anatomie, assemblée, association, cadavre, cellule, chose, communauté, compagnie, corporation, dépouille, ensemble, groupe, matière, morphologie, mort, objet, ordre, organe, organisme, physique, plastique, régiment, société, substance, troupe, unité

Corps céleste
astre, planète, satellite

Corps céleste du système solaire
planète

Corps céleste lumineux
météore

Corps cellulaire du neurone
soma

Corps d'armée
légion

Corps d'individus unis par un lien quelconque
confrérie

Corps d'infanterie romaine
cohorte

Corps d'une cuirasse
corselet

Corps de certains chapiteaux
échine

Corps de Jésus-Christ
hostie

Corps de police spécialisé dans un domaine particulier
brigade

Corps des amiraux
amirauté

Corps des notaires
notariat

Corps ecclésiastique
clergé

Corps embaumé
momie

Corps étranger qui pénètre accidentellement sous la peau
écharde

Corps flottant
bouée

Corps fuselé d'un avion
fuselage

Corps gras alimentaire
beurre

Corps gras d'origine animale ou végétale
graisse, lipide

Corps gras dont on enduit la semelle des skis
fart

Corps gras servant à frire
friture

Corps humain dévêtu
nudité

Corps inorganique
minéral

Corps lancé par une arme
projectile

Corps noir et visqueux issu de la distillation de produits organiques
goudron

Corps obtenu à partir de l'urée
uréide

Corps pesant
lest

Corps sans âme mais animé
zombi, zombie

Corps simple
métal

Corps simple de la famille des halogènes
iode

Corps simple gazeux
fluor, ozone

Corps simple gazeux extrêmement léger
hydrogène

Corps simple métallique de numéro atomique 55
cæsium, césium

Corps simple métallique utilisé notamment dans les thermomètres
gallium

Corps simple répandu dans les corps vivants
carbone

Corps sphérique
boule, globe

Corpulence
adipose, grosseur

Corpulent
adipeux, charnu, dodu, épais, fort, gras, gros, imposant, lourd, massif, obèse, plantureux, ventru

Corpus
album, collection, recueil

Corpuscule
fragment, grain, particule

Corpuscule reproducteur de nombreuses espèces végétales
spore

Corral
enclos

Correct
acceptable, admissible, aimable, beau, bel, bien, bienséant, bon, châtié, conforme, convenable, décent, exact, fidèle, honnête, honorable, juste, loyal, modeste, moral, moyen, normal, passable, poli, possible, potable, précis, propre, pudique, pur, raisonnable, réglo, régulier, sage, satisfaisant, scrupuleux, séant, sortable, suffisant, vrai

Correctement
bien, décemment, justement, sainement

Correcteur
réviseur

Correctif
adoucissement, atténuation, correction, rectificatif, rectification

Correction
adoucissement, amélioration, amendement, atténuation, bienséance, biffure, compensation, conformité, contrepoids, convenances, correctif, coups, décence, épuration, exactitude, fessée, fidélité, honnêteté, justesse, leçon, modification, neutralisation, pâtée, pertinence, politesse, propriété, punition, raclée, rature, rectification, refonte, remaniement, réprimande, reprise, retouche, révision, rossée, roulée, scrupule, surcharge, tenue, trempe, volée

Corrélatif
solidaire

Corrélation
liaison, lien, parenté, rapport, relation

Correspondance
analogie, concordance, courrier, écrit, liaison, lien, message, rapport, recueil, relation, symétrie

Correspondant
agent, homologue, journaliste, pendant, rédacteur, reporter

Correspondre
cadrer, coïncider, communiquer, concorder, convenir, écrire, recouvrir, satisfaire

Correspondu
noté

Corrida
rodéo

Corridor
couloir, galerie, passage

Corrigé
aboutissement, achèvement, amélioré, aménagé, amendé, archétype, atténué, battu, bilan, châtié, compensé, conclusion, dénouement, dompté, dressé, équilibré, esquisse, exemple, fessé, fouetté, fustigé, giflé, idéal, maquette, minimisé, modèle, morigéné, original, pallié, parangon, parfait, patron, perfectionné, portée, produit, prototype, puni, rectifié, redressé, référence, réformé, régénéré, relevé, réprimandé, repris, reproduction, restauré, résultat, rétabli,

retouché, réussite, révisé, revu, solution, spécimen, tempéré

Corrigeable
réparable

Corriger
adoucir, améliorer, aménager, amender, assouplir, atténuer, balancer, biffer, châtier, compenser, dégauchir, équilibrer, expurger, fesser, frapper, guérir, modifier, museler, neutraliser, noter, pallier, perfectionner, punir, racheter, raturer, rectifier, redresser, refondre, réformer, régénérer, remanier, remédier, réparer, reprendre, retoucher, réviser, revoir, suppléer, tempérer, toiletter

Corriger à coups de fouet
fustiger

Corroborer
affermir, appuyer, confirmer, étayer, fortifier, raffermir, renforcer, soutenir, vérifier

Corrodant
caustique

Corrodé
détruit

Corroder
attaquer, désagréger, détériorer, détruire, entamer, éroder, manger, miner, mordre, ronger, user

Corroi
apprêt, corroyage

Corrompant
polluant

Corrompre
abâtardir, acheter, aigrir, altérer, attaquer, avarier, avilir, circonvenir, contaminer, croupir, débaucher, décomposer, défigurer, déformer, dénaturer, dépraver, détruire, empester, empoisonner, fausser, gagner, gangréner, gâter, infecter, payer, perdre, pervertir, polluer, pourrir, putréfier, salir, soudoyer, souiller, stipendier, suborner, tarer, tourner, vicier

Corrompre l'air
vicier

Corrompre, vicier
gangréner

Corrompu
abâtardi, abîmé, acheté, altéré, avarié, débauché, dépravé, détérioré, détruit, dissolu, gâté, immoral, impur, marron, mauvais, perdu, pervers, perverti, pestilentiel, pétrifié, pourri, relâché, sali, vénal, vendu, véreux, vicié, vicieux, vil

Corrosif
abrasif, caustique, décapant, méchant, mordant, nuisible, virulent

Corrosion
ablation, abrasion, brûlure, désagrégation, destruction, érosion, ravinement, rongement, rouille, usure

Corroyage
corroi

Corroyer
forger, fouler

Corroyeur
habilleur

Corrupteur
délétère, malfaisant, malsain, néfaste, nuisible, pestilentiel, putride, suborneur

Corruptible
vénal

Corruption
altération, avilissement, décomposition, déformation, dépravation, dérèglement, dissolution, empoisonnement, gangrène, impureté, infection, malversation, perversion, pestilence, pourriture, putréfaction, souillure, tare, vénalité, vice

Corruption morale
pourriture

Corsage
blouse, caraco, casaquin, chemise, chemisette, chemisier, haut, poitrine

Corsage droit
caraco

Corsage sans bretelles
bustier

Corsaire
armateur, aventurier, bandit, boucanier, flibustier, forban, pillard, pilleur, pirate

Corsé
ardu, compliqué, difficile, épicé, généreux, grivois, osé, pimenté, piquant, relevé, salé, scabreux

Corselet
corset, cuirasse

Corser
compliquer, épicer, pimenter, rehausser, relever

Corset
ceinture, corselet, gaine

Corseté
guindé, serré

Corseter
enserrer, serrer

Cortège
cavalcade, cohorte, colonne, compagnie, convoi, cour, défilé, équipage, escorte, file, foule, kyrielle, noria, nuée, procession, régiment, ribambelle, série, succession, suite, théorie, troupe

Cortex
corticale, écorce

Corticale
cortex

Coruscant
admirable, brillant, étincelant

Coruscation
éclat

Corvéable
taillable

Corvée
besogne, boulot, obligation, pensum, tâche, travail

Corvidé
corneille

Coryphée
chef

Coryza
catarrhe, rhinite

Cosmétique
fard

Cosmique
astral, céleste, sidéral, spatial, universel

Cosmonaute russe né en 1934
Leonov

Cosmos
espace, galaxie, monde, nature, univers, vide

Cosse
balle, bogue, enveloppe, gousse, paresse, peau

Cosser
heurter

Cossu
aisé, bourgeois, fortuné, luxueux, nanti, opulent, riche

Costaud
athlétique, doué, dur, endurant, énergique, ferme, fort, malabar, puissant, résistant, robuste, solide, trapu, vigoureux, viril

Costume
accoutrement, complet, déguisement, équipage, habillement, habit, smoking, tailleur, tenue, vêtement

Costumé
masqué

Costume de bal masqué
domino

Costume des religieux
soutane

Costume féminin, en Inde
sari

Costume habillé d'homme
smoking

Costumer
affubler, camoufler, déguiser, farder, habiller, travestir, vêtir

Costumier
habilleur

Cosy
canapé, confortable, divan, douillet

Cotation
cote, estimation, prix, valeur

Cote
bourse, contribution, cotation, cotisation, cours, indice, marque, niveau, popularité, prix, renom, renommée, succès, tarif, taux, vogue

Côte
bande, bord, bordure, carde, colline, cordon, coteau, côtelette, entrecôte, flanc, hauteur, littoral, montée, nervure, pente, raidillon, rampe, rayure, rivage, rive

Coté
marqué, noté, renommé, réputé

Côté
angle, aspect, biais, bord, camp, clan, éclairage, face, facette, flanc, pan, parti, partie, pente, profil, sens, tranche, versant

Côte abrupte au-dessus de la mer
falaise

Côte comestible des feuilles de cardon
carde

Côté d'où un bateau reçoit le vent
amure

Côté de la montagne au-dessus du skieur
amont

Côté de la rivière
rive

Côte des animaux de boucherie de taille moyenne
côtelette

Côté droit
droite

Côté droit d'un navire en regardant vers l'avant
tribord

Côté du front
tempe

Côté du navire frappé par le vent
lof

Côté effilé d'un instrument coupant
tranchant

Côté secret d'une chose
coulisse

Côté situé vers le haut d'une pente
amont

Coteau
colline, côte, flanc, hauteur, monticule, pente, versant

Côtelette
côte

Coter
apprécier, estimer, évaluer, juger, marquer, noter, numéroter, tarifer

Coterie
association, bande, cabale, caste, cénacle, cercle, chapelle, clan, clique, école, église, faction, famille, lobby, maffia, mafia, parti, secte, tribu

Cothurne
chaussure

Côtier
littoral, maritime

Cotillon
jupon, kilt

Cotir
meurtrir

Cotisant
adhérent, affilié

Cotisation
apport, contribution, cote, écot, impôt, participation

Cotiser
abonner, adhérer, contribuer, participer

Cotissure
meurtrissure

Coton
ouate, pansement, tissu

Coton très fin
percale

Cotonnade
tissu

Cotonneux
amorphe, duveté, mou, poilu, sourd

Côtoyer
approcher, border, coudoyer, fréquenter, frôler, longer, suivre, toucher

Cotre
sloop

Cotret
fagot

Cottage
bastide, bungalow, chalet, pavillon, villa

Cotte
cuirasse, jupon, tunique

Cotylédon
lobule

Cou
col, encolure, gorge, goulot

Couac
canard, incident, mésaventure

Couard
capon, lâche, peureux, pleutre, poltron, pusillanime, timoré, veule

Couardise
lâcheté, peur, pleutrerie, poltronnerie, pusillanimité, veulerie

Couchage
literie

Couchant
occident, ouest, ponant

Couche
assise, catégorie, change, classe, couchette, croûte, épaisseur, étage, film, garniture, gisement, lange, lit, matelas, pellicule, pointe, sédiment, strate, tapis

Couché
alité, allongé, courbé, étalé, étendu, vautré

Couche d'un fluide
nappe

Couche de glace
givre, verglas

Couche de la lithosphère
sial

Couche de pierres concassées maintenant les traverses d'une voie ferrée
ballast

Couche de sauce
nappage

Couche intermédiaire de l'écorce terrestre
sima

Couche poudreuse qui recouvre certains fruits
pruine

Couche profonde de la peau
derme

Couche profonde de la personnalité
abysse

Couche superficielle du globe terrestre
sial

Couche tendre au milieu d'une roche
moie

Couche-tard
nocturne

Couché, sans mouvement
gisant

Coucher
abattre, aliter, allonger, consigner, courber, demeurer, disparaître, dormir, étendre, faucher, gîter, incliner, inscrire, loger, mettre, noter, pencher, pieuter, porter, rabattre, renverser, vautrer, verser

Coucher hors de chez soi
découcher

Coucher tout du long
étendre

Couchette
cabine, couche, lit, paddock, pageot, paillasse

Coude
angle, courbe, détour, méandre, ondulation, raccord, saillie, sinuosité, tour, tournant, virage

Coudé
courbé, plié, recourbé

Coude de la crosse d'un fusil
busc

Couder
courber, plier, ployer

Coudoiement
contact

Coudoyer
approcher, côtoyer

Coudre
accrocher, bâtir, faufiler, monter, ourler, piquer, raccommoder, rapiécer, ravauder, repriser, suturer

Coudre avec un point de surjet
surjeter

Coudre en surjet
surjeter

Coudre provisoirement à grands points
faufiler

Coudrier
noisetier

Couenne
peau

Couette
cadenette, duvet, édredon, épi

Couffin
berceau, cabas, corbeille, moïse, panier

Couguar
eyra, puma

Couiner
crisser, grincer, piailler, piauler, pleurer, pleurnicher

Coulage
blanchissage, coulure, gaspillage

Coulant
accommodant, agréable, arrangeant, conciliant, coulissant, doux, facile, flexible, fluide, indulgent, stolon

Coulé
abîmé, abreuvé, afflué, apparu, arrosé, baigné, bondi, bruiné, chaviré, clarifié, condensé, crachiné, débordé, dégouliné, dégoutté, dépassé, dévasté, distillé, éclaboussé, écoulé, égoutté, émergé, englouti, envahi, épanché extrait, épuré, exhalé, exsudé, filtré, fui, fusé, giclé, goutté, immergé, inondé, jailli, mouillé, noyé, parti, passé, peiné, pleuvassé, pleuviné, pleuvoté, plu, purifié, réduit, rempli, répandu, roulé, ruiné, ruisselé, sabordé, sauté, sécrété,

sombré, submergé, sué, suinté, suppuré, surgi, tamisé, transpiré, travaillé, trempé, vérifié

Coulée
coulure, flot, flux, ruissellement, vague

Couler
abîmer, affluer, baver, caler, chavirer, circuler, courir, déborder, décliner, dégouliner, dégoutter, dépérir, déplacer échapper, écouler, enfoncer, engloutir, entrer, exsuder, filer, filtrer, fluer, fondre, fuir, gicler, glisser, goutter, immerger, introduire, jaillir, mouler, noyer, passer, pénétrer, perdre, péricliter, répandre, rouler, ruiner, ruisseler, saborder, saboter, sombrer, sourdre, suinter, tomber, torpiller, transvaser, verser, vivre

Couler en abondance vers
affluer

Couler goutte à goutte
goutter

Couler petit à petit, goutte à goutte
découler

Couler, en parlant de l'eau
fluer

Couler, se répandre sans arrêt
ruisseler

Couleur
apparence, aspect, bleu, brun, caractère, carnation, colorant, coloration, coloris, éclat, figure, jaune, nuance, peinture, pigment, pigmentation, robe, rouge, teint, teinte, teinture, ton, tonalité, tournure, vert, vigueur, violet, vivacité

Couleur bleu clair, tirant sur le mauve
pervenche

Couleur bleu d'azur
outremer

Couleur bleu foncé légèrement violacé
indigo

Couleur bleue tirée de l'indigo
inde

Couleur brun clair
café

Couleur brun jaunâtre
bistre

Couleur d'un beau bleu clair
azur

Couleur d'un brun orangé
ocre

Couleur d'un rouge éclatant
écarlate

Couleur d'une personne
pâleur

Couleur de cendre, gris ou bleuté
cendre

Couleur de chair
carné

Couleur de châtaigne
châtaigne

Couleur de l'ébène
noir

Couleur de la peau foncée
bronzage

Couleur de plomb
plombé

Couleur dorée du pain
grigne

Couleur du jeu de cartes
trèfle

Couleur entre le roux et le noir
brun

Couleur jaune orangé très doux
abricot

Couleur rose vif
groseille

Couleur rose, rosée
roseur

Couleur rouge bordeaux
amarante

Couleur rousse
rousseur

Couleur verte de la végétation
verdure

Couleur violet pâle
mauve

Couleur violette
violet

Couleur, teinte
coloris

Couleurs
drapeau, pavillon

Couleuvre
ophidien, serpent

Couleuvrine
canon

Coulis
bisque, purée, sauce

Coulis d'ail pilé
ailloli, aïoli

Coulissant
coulant

Coulisse
glissière, gouttière, rainure

Coulisser
glisser

Coulisses
secret

Coulisses, au théâtre
cantonade

Coulissier
boursier

Couloir
corridor, défilé, file, galerie, gorge, goulet,
passage, piston, rail, voie

Couloire
égouttoir, passoire

Coulpe
péché

Coulure
coulage, coulée, dégoulinade, fuite, traînée

Coup
astuce, atteinte, attentat, battement,
beigne, châtaigne, chiquenaude, choc,
claque, combine, commotion, dommage,
ébranlement, épreuve, essai, estocade, fois,
frappe, gifle, gorgée, heurt, impact, injure,
manœuvre, meurtrissure, occasion, outrage,
percussion, préjudice, raclée, ramponneau,
secousse, tamponnement, tape, tentative,
tour, trait

Coup au visage
talmouse

Coup brusque
bourrade

**Coup consistant à déclarer puis à réussir six
ou sept levées**
chelem

Coup d'État
putsch

Coup d'œil
aperçu, regard, survol

Coup de chance
raccroc

Coup de fer
affilage

Coup de fil
appel

Coup de filet
capture

Coup de fusil
tir

Coup de griffe
griffade

Coup de main qui détend
massage

Coup de sang
ictus

Coup de soleil
actinite

Coup de tête
fougasse

Coup donné avec la main
tape

Coup donné avec la pointe de l'épée
estocade

Coup donné sur la joue
gifle

Coup droit, à la boxe
direct

Coup frappé dans les arts martiaux
atémi

Coup généralement violent
horion

Coup porté avec une partie du corps
atémi

Coup violent
horion

Coup violent au volley-ball
smash

Coup, au tennis
lift, lob

Coup, aux échecs
mat, pat

Coup, gnon
jeton

Coupable
blâmable, condamnable, damnable, fautif, honteux, illégitime, illicite, inavouable, indigne, infâme, mauvais, punissable, répréhensible, responsable, vicieux

Coupage
mouillage

Coupant
acéré, affilé, affûté, aigre, aigu, aiguisé, autoritaire, bref, cassant, catégorique, incisif, péremptoire, rude, tranchant

Coupe
abatage, abattage, bol, calice, césure, challenge, ciboire, compotier, coupelle, cratère, découpage, découpure, émondage, forme, jatte, patère, pièce, prix, profil, sébile, section, taille, tonte, trophée, vase, vasque, verre, vue

Coupé
abattu, abrégé, abrupt, additionné, castré, châtré, désuni, discontinu, enlevé, épuré, haché, heurté, inégal, rasé, sectionné, stérilisé, taillé, tranché, voiture

Coupe de cheveux
afro

Coupe des foins
fenaison

Coupe glacée
sundae

Coupe-circuit
fusible

Coupe-coupe
machette

Coupe-jarret
bandit, brigand

Coupe-papier servant de signet
liseuse

Coupelle
coupe, sébile, têt

Couper
abattre, abréger, additionner, amputer, arracher, arrêter, balafrer, baptiser, barrer, blesser, bloquer, castrer, censurer, châtrer, chuter, cisailler, croiser, débiter, découper, denteler, dépecer, diviser, ébarber, ébouter, ébrancher, écimer, écorcher, écourter, effacer, élaguer, émarger, émasculer, émincer, émonder, enlever, entailler, entamer, épurer, étendre, étêter, exciser, expurger, faucher, fendre, fermer, fractionner, hacher, inciser, intercepter, interrompre, labourer, lever, mélanger, mincer, morceler, mouiller, mutiler, ouvrir, partager, raccourcir, rafraîchir, raser, rayer, retirer, rogner, rompre, sabrer, scier, scinder, sectionner, segmenter, séparer, stériliser, supprimer, suspendre, taillader, tailler, tempérer, tondre, trancher, traverser, tremper, tronçonner, tronquer

Couper à ras
tondre

Couper au ras de la peau
raser

Couper avec une lame tranchante
scier

Couper du bois
scier

Couper en angles droits
équerrer

Couper en incisant
entamer

Couper en petits morceaux
hacher

Couper en tranches minces
émincer

Couper la cime d'un arbre
étêter

Couper la gorge
égorger

Couper la partie supérieure d'un arbre
écimer

Couper la tranche d'un livre
rogner

Couper le bout de
ébouter

Couper le gazon
tondre

Couper le papier à l'aide d'un massicot
massicoter

Couper les branches inutiles d'un arbre
émonder

Couper un arbuste près de la terre
recéper

Couper un objet en plusieurs morceaux
séparer

Couper, amasser du fourrage
fourrager

Couper, découper avec une cisaille
cisailler

Couper, épurer
expurger

Couperet
couteau, hachoir

Couperose
acné, inflammé, rougeaud, rougeur, sulfate

Couperosé
rouge, rougeaud, rubicond

Coupeur
tailleur

Couplage
connexion, jonction, jumelage

Couple
binôme, deux, duo, mariage, ménage, paire, tandem

Couplé
allié

Couple de deux idées
dyade

Couple de deux idées complémentaires
dyade

Coupler
accoler, accoupler, allier, appareiller, apparier, assembler, associer, attacher, connecter, géminer, jumeler

Couplet
antienne, chanson, chant, litanie, refrain, rengaine, ritournelle, scie, stance, strophe, tirade

Couplet de trois vers
tercet

Couplet lyrique composé de deux vers inégaux
épode

Coupoir
tranchoir, zancle

Coupole
dôme, voûte

Coupole, dôme
bulbe

Coupon
billet, pièce, ticket

Coups
correction, punition, raclée, sévices

Coupure
accroc, arrêt, balafre, billet, blessure, break, cassure, déchirure, entaille, estafilade, faille, fente, fermeture, fossé, fracture, hiatus, incision, interruption, panne, pause, plaie, rayure, rupture, section, séparation, suppression, taillade, tiret

Coupure allongée
incision

Coupure dans le front d'abattage d'une mine
havage

Coupure de presse
censure

Couque
biscuit, brioche

Cour
assemblée, atrium, cercle, cortège, courtisan, galanterie, juridiction, jury, parlement, patio, suite, tribunal

Cour bordée de portiques
atrium

Cour intérieure à ciel ouvert
patio

Cour intérieure d'un cloître
préau

Cour intérieure d'une prison
préau

Courage
aplomb, ardeur, audace, bravoure, caractère, cœur, cran, culot, énergie, hardiesse, héroïsme, intrépidité, patience, résolution, ressort, solidité, stoïcisme, témérité, vaillance, valeur, vertu, volonté

Courage pour supporter la douleur
stoïcisme

Courageusement
bravement, crânement, fièrement, hardiment

Courageux
acharné, audacieux, brave, crâne, décidé, dur, énergique, ferme, fier, fort, gagneur, hardi, héroïque, intrépide, mâle, noble, preux, résolu, stoïque, téméraire, travailleur, vaillant, valeureux, zélé

Couramment
généralement, volontiers

Courant
accoutumé, actuel, banal, circulation, classique, commun, cours, déplacement, école, élan, électricité, facile, fil, flot, fluide, flux, force, général, groupe, habituel, marche, mouvement, moyen, normal, ordinaire, quelconque, répandu, souffle, standard, tendance, usité, usuel, vulgaire

Courant alternatif obtenu par induction
faradique

Courant continu
CC

Courant d'eau pour un moulin
chenal

Courant marin
raz

Courant marin (El)
Niño

Courbatu
ankylosé, courbaturé, fourbu, moulu

Courbature
ankylose

Courbaturé
courbatu

Courbe
arc, bombé, boucle, bouclette, contour, convexe, coude, détour, diagramme, galbe, galbé, graphique, ligne, méandre, ondulé, onduleux, rond, sinueux, sinuosité, tordu, tour, tournant, virage, volute

Courbé
affaissé, arqué, arrondi, assujetti, baissé, bombé, busqué, cintré, concave, couché, coudé, crochu, dominé, faussé, fléchi, gauchi, gondolé, humilié, incliné, incurvé, infléchi, ondulé, penché, plié, prosterné, rabaissé, renflé, replié, serpentin, soumis, tordu, voûté

Courbe d'une voie, d'un chemin
tournant

Courbe décrite par une planète autour du Soleil
orbite

Courbe qui tourne autour d'un axe
spirale

Courber
affaisser, arquer, arrondir, assujettir, bomber, busquer, cambrer, cintrer, coucher, couder, déformer, déjeter, dominer, fausser, fléchir, gauchir, gondoler, humilier, incliner, incurver, infléchir, pencher, plier, prosterner, rabaisser, replier, soumettre, tordre, voûter

Courber (Se)
baisser, ployer

Courber à son extrémité
recourber

Courber en arc
arquer

Courber par le bout
recourber

Courber, déformer
déjeter

Courbette
bassesse, obséquiosité, plongeon, révérence, salut, salutation

Courbure
arceau, bombement, galbe, méandre, ondulation, sinuosité, tournant

Courbure de la colonne vertébrale
lordose

Courbure en arc
arcure

Coureur
cheval, débauché, dévergondé, léger, libertin, pistard, volage

Coureur automobile brésilien
Senna

Coureur des bois
trappeur

Coureur qui part
partant

Courge
citrouille, concombre, cornichon, courgette, cucurbitacée, gourde, loofa, pâtisson, potimarron, potiron

Courgette
courge, zucchini

Courir
accélérer, accourir, agiter, bondir, cavaler, circuler, communiquer, couler, couvrir, dépêcher, écouler, élancer, empresser, filer, foncer, fréquenter, galoper, glisser, hanter, hâter, parcourir, passer, presser, propager, répandre, ruer, sillonner, sprinter, trotter, visiter

Courir après
pourchasser

Courir très vite
galoper

Couronne
auréole, bandeau, banlieue, cercle, coiffe, diadème, jaquette, monarchie, nimbe, royauté, trépan, trône

Couronné
abouti, dominé

Couronnement
abaque, aboutissement, accession, accomplissement, achèvement, bénédiction, bouquet, comble, consécration, faîte, intronisation, perfection, pinacle, sacre, sommet

Couronner
aboutir, accomplir, achever, auréoler, ceindre, coiffer, conclure, consommer, couvrir, diplômer, dominer, entourer, environner, honorer, introniser, parachever, parfaire, primer, récompenser, sacrer, surmonter, terminer

Courriel
email, mail

Courrier
article, chronique, correspondance, envoi, estafette, lettre, mail, messager, porteur, poste

Courroie
attache, bande, bandoulière, bretelle, bride, jugulaire, lanière, lien, rêne, sangle

Courroie du harnais du cheval
martingale

Courroie garnie de plomb
ceste

Courroie passée autour du cou d'une bête de somme
licol

Courroie pour attacher un cheval
longe

Courroie pour suspendre un bouclier
guiche

Courroie qui passe sous le menton
jugulaire

Courroucé
exaspéré, fâché, furibond, furieux, irrité

Courroucer
fâcher, irriter

Courroux
colère, fureur, rage

Cours
allée, avenue, boulevard, classe, conférence, cote, courant, déroulement, développement, école, enchaînement, flot, leçon, lit, manuel, marche, parcours, prix, processus, progrès, progression, promenade, rue, séminaire, succession, suite, taux, tournure, traité, valeur, vogue

Cours d'eau
fleuve, gave, rivière

Cours d'eau à forte pente
torrent

Cours d'eau artificiel
canal

Cours d'eau de montagne à débit rapide
torrent

Cours d'eau de montagne impétueux
torrent

Cours d'eau temporaire
oued

Cours des événements
tournure

Course
achat, amble, bousculade, cavalcade, chemin, commission, déplacement, distance, emplette, errance, espace, excursion, footing, galopade, gymkhana, lutte, magasinage, marche, mouvement, parcours, promenade, rallye, randonnée, sprint, succession, trajet

Course à pied en terrain varié
cross

Course avec obstacles
steeple

Course bruyante de voitures
rodéo

Course de motos
motocross

Course de taureaux
corrida

Course de vélo
cross

Course de vitesse sur petite distance
sprint

Course motocycliste d'obstacles
trial

Course navale
régate

Course ouverte aux chevaux de tous âges
omnium

Course précipitée
galopade

Course rapide
sprint

Courser
pourchasser

Courses
turf

Courses de chevaux
hippisme

Coursier
destrier, livreur, monture, porteur

Court
abrégé, bas, bref, concis, direct, éphémère, étriqué, étroit, fil, fugace, fugitif, immédiat, insuffisant, jeune, juste, laconique, lapidaire, limité, momentané, passager, petit, précaire, prompt, provisoire, raccourci, ramassé, rapide, ras, résumé, simpliste, sommaire, succinct, tassé, temporaire, transitoire

Court chemin en pente rapide
raidillon

Court espace de temps
minute

Court et large
trapu

Court manteau de laine
sagum

Court texte destiné à expliquer, à vendre
brochure

Court-circuit
shunt

Court-circuit dans la circulation du sang
shunt

Courtaud
épais, gros, ramassé, trapu

Courte comédie burlesque et satirique
mime

Courte durée
brièveté

Courte jaquette de femme
casaque

Courte lettre
mot

Courte note exposant une question
notule

Courte phrase musicale
riff

Courte pièce musicale
interlude

Courte pioche d'alpiniste
piolet

Courte scène gérénalement comique
sketch

Courte tige cylindrique
rivet

Courtier
agent, boursier, commissionnaire, opérateur, placeur, placier, représentant

Courtier d'assurances
assureur

Courtine
rideau

Courtisan
adulateur, cour, favori, flatteur, intrigant, louangeur

Courtisane
hétaïre, lorette

Courtiser
aduler, charmer, draguer, flatter, flirter, louanger

Courtois
accommodant, adorable, affable, agréable, aimable, amène, amical, attentionné, bienséant, civil, galant, gracieux, poli, prévenant, urbain

Courtoisement
poliment

Courtoisie
affabilité, amabilité, aménité, cordialité, galanterie, politesse, urbanité

Couru
apprécié, galopé, prisé, recherché

Cousin
parent

Cousinage
parenté

Coussin
coussinet, matelas, oreiller, polochon, pouf, traversin

Coussin cylindrique
traversin

Coussin en forme de couronne et rempli de bourre
bourrelet

Coussin rembourré
oreiller

Coussinet
coussin, oreiller

Coussinet pour piquer des aiguilles
pelote

Cousu
faufilé, surfilé

Coût
agio, cherté, débours, dépense, frais, montant, prix, tarif, valeur

Coût additionnel
surcoût

Coût supplémentaire
surcoût

Couteau
arme, canif, couperet, coutelas, criss, dague, kandjar, kriss, machette, opinel, poignard, stylet, surin, tranchet, tranchoir

Couteau à enter
entoir

Couteau à greffer
entoir, greffoir

Couteau à racler le cuir
butoir

Couteau à saigner les animaux de boucherie
saignoir

Couteau de poche
laguiole

Couteau pliant à manche de bois
opinel

Coutelas
arme, couteau, machette, opinel

Coûter
causer, entraîner, faire, occasionner, prendre, provoquer, valoir

Coûteusement
ruineusement

Coûteux
cher, dangereux, dispendieux, onéreux, riche, ruineux, somptueux

Coutil
toile

Coutume
accoutumance, habitude, mode, mœurs, pratique, règle, rite, rituel, tradition, us, usage

Coutumier
abonné, accoutumé, familier, habituel, ordinaire, rituel, usité, usuel

Couture
balafre, cicatrice, confection, marque, mode, piqûre, points, surfilage, suture, trace

Couturer
balafrer

Couturier
créateur, faiseur, modéliste, tailleur

Couturier québécois prénommé Jean
Airoldi

Couvaison
incubation

Couvée
famille, nichée, oiseau, ponte

Couvent
abbaye, béguinage, chartreuse, cloître, communauté, monastère, prieuré

Couver
choyer, combiner, concocter, fomenter, gâter, gronder, incuber, manigancer, mûrir, nicher, préparer, protéger, soigner, surprotéger, tramer

Couvercle
chape, cloche, opercule, tampon

Couvercle qui obture les cellules des abeilles
opercule

Couvert
abri, abrité, accablé, amorti, assombri, bouché, brumeux, comblé, constellé, déguisé, drapé, étouffé, garanti, gris, habillé, jonché, lourd, masqué, nébuleux, noir, nuageux, obscur, ombragé, ombre, sombre, ténébreux, vêtu, voile

Couvert d'arbres
boisé

Couvert d'une buée
embué

Couvert d'une herbe abondante
herbu

Couvert de beurre
beurré

Couvert de bois
boisé

Couvert de brume
brumeux

Couvert de chapelure
pané

Couvert de duvet
pubescent

Couvert de duvet, semblant avoir du duvet
duveté

Couvert de moisissure
moisi

Couvert de mousse
moussu

Couvert de neige
enneigé, neigeux

Couvert de nouveau
recouvert

Couvert de peinture
peint

Couvert de petits nuages ronds blancs ou gris
pommelé

Couvert de pierres
pétré

Couvert de plâtre
plâtreux

Couvert de plumes
emplumé

Couvert de poils
laineux, velu

Couvert de poussière
poudreux

Couvert de poux
pouilleux

Couvert de squames
squameux

Couvert de verglas
verglacé

Couvert de vermine
vermineux

Couvert de vêtements
habillé

Couvert, en parlant du temps
nuageux

Couverture
bâche, chemise, dépôt, drap, garantie, jaquette, parapluie, plaid, prétexte, protection, reliure, toit, toiture

Couverture cartonnée
reliure

Couverture d'un dossier
chemise

Couverture de voyage à carreaux
plaid

Couverture du faîte
faîtage

Couverture métallique protégeant un moteur
capot

Couverture rigide
reliure

Couverture volante de certains livres
jaquette

Couvre de pavés
pave

Couvre-chef
béret, bonnet, chapeau, coiffe, képi

Couvre-lit
alaise, alèse

Couvre-livre
liseuse

Couvre-pied de duvet
édredon

Couvre-plat
couvercle

Couvrir
abreuver, abriter, accabler, amortir, assurer, cacher, celer, charger, coiffer, combler, consteller, courir, couronner, cribler, déguiser, dissimuler, dominer, draper, embrasser, enduire, envahir, envelopper, étouffer, excuser, flanquer, franchir, garantir, garnir, gorger, habiller, inonder, joncher, justifier, masquer, monter, napper, occulter, occuper, pallier, parcourir, parsemer, paver, receler, recouvrir, rembourser, revêtir, saillir, submerger, tapisser, vêtir, voiler

Couvrir d'affiches
placarder

Couvrir d'eau
inonder, submerger

Couvrir d'émeri
émeriser

Couvrir d'étoiles
consteller

Couvrir d'iode
ioder

Couvrir d'ombre
obombrer

Couvrir d'une armure
barder

Couvrir d'une bâche
bâcher

Couvrir d'une couche d'argent
argenter

Couvrir d'une couche de métal
plaquer

Couvrir d'une feuille ou d'une solution d'argent
argenter

Couvrir d'une gaine, d'un étui
gainer

Couvrir d'une natte
natter

Couvrir d'une pâte
empâter

Couvrir de briquetage
briqueter

Couvrir de buée
embuer

Couvrir de chapelure
paner

Couvrir de choses vaporeuses
ennuager

Couvrir de diamants
diamanter

Couvrir de givre
givrer

Couvrir de glu
engluer

Couvrir de gouttelettes
emperler

Couvrir de neige
enneiger

Couvrir de nuages
ennuager

Couvrir de perles
emperler

Couvrir de poudre
poudrer

Couvrir de poudre d'émeri
émeriser

Couvrir de quelque chose
barder

Couvrir de sable
sabler, sablonner

Couvrir de tapisseries
tapisser

Couvrir entièrement
recouvrir

Couvrir le faîte d'un toit
enfaîter

Couvrir un navire d'un pont
ponter

Couvrir, marquer de hachures
hachurer

Cover-girl
mannequin

Cow-boy
bouvier, vacher

Coyote
canidé, chacal

Cr
chrome

Crabe
crustacé, étrille

Crac
interjection

Crachat
crachotement, expectoration, glaire, mollard, postillon, salive

Craché
rejeté, soufflé

Crachement
crachotement

Cracher
crachoter, crachouiller, craquer, crépiter,
débiter, expectorer, grésiller, proférer, projeter,
rejeter, souffler, tousser, vomir

Cracher fréquemment et par petites quantités
crachoter

Cracheur
cobra

Crachin
bruine, pluie

Crachiné
coulé

Crachiner
bruiner, pleuviner, pleuvoir, pleuvoter,
pluviner, pluvioter

Crachotement
crachat, crachement, crépitement,
expectoration, friture

Crachoter
cracher, crachouiller, crépiter, expectorer,
grésiller, pétiller

Crachouiller
cracher, crachoter

Cracker
biscuit

Craie
calcaire, crayon

Craie de Briançon
stéatite

Craillement
cri

Craindre
appréhender, redouter, respecter, révérer,
trembler

Craindre grandement
redouter

Crainte
affolement, alarme, angoisse, anxiété,
appréhension, frayeur, hantise, inquiétude,
peur, phobie, respect, révérence, souci,
terreur, timidité, trac, tracas, vénération

Crainte excessive
phobie

Craintif
angoissé, anxieux, apeuré, effarouché,
effrayé, farouche, frileux, inquiet, jaloux,
ombrageux, peureux, pleutre, poltron,
pusillanime, sauvage, soupçonneux, timide,
timoré, tremblant

Craintivement
peureusement

Cramé
roussi

Cramer
roussir

Cramoisi
écarlate, rouge, rougeaud, rubicond, sanguin,
vermeil

Crampe
contraction, contracture, spasme

Crampon
agrafe, attache, crochet, glu, grappin, griffe

Crampon métallique
tenon

Crampon servant à relier
agrafe

Cramponné
agrippé, retenu

Cramponner
accrocher, acharner, attraper, fixer

Cramponner (Se)
agripper, retenir

Cran
audace, boucle, coche, courage, degré,
échelon, encoche, entaille, niveau,
ondulation, solidité, volonté

Crâne
audacieux, brave, cerveau, cervelle,
courageux, décidé, tête, vaillant

Crânement
bravement, courageusement, fièrement

Crâner
cranter, fanfaronner, frimer, parader, pavaner,
plastronner

Crânerie
bravoure, fanfaronnade, prétention, valeur

Crâneur
fanfaron, fier, hâbleur, outrecuidant,
plastronneur, poseur, prétentieux, snob,
vaniteux, vantard

Crâneusement
bravement

Cranter
crâner

Crapaud
batracien, paille, têtard

Crapaud volant
engoulevent

Crapule
bandit, brigand, canaille, escroc, filou,
fripouille, gangster, gredin, misérable, racaille,
truand, vendu, vermine, voleur, voyou

Crapulerie
canaillerie

Crapuleux
mauvais, sordide

Craquage
raffinage

Craquant
mignon

Craqueler
crevasser, fendiller, fissurer, grésiller, lézarder

Craquelin
biscuit

Craquelure
crevasse, faille, fêlure, fente, gerçure

Craquement
bruit

Craquer
casser, céder, cracher, craqueter, crépiter, crisser, croquer, déchirer, écrouler, effondrer, flancher, fondre, grésiller, lâcher, pétiller

Craquer de façon répétée
craqueter

Craquer souvent et à petit bruit
craqueter

Craquètement
bruit, cri

Craqueter
claqueter, craquer, pétiller

Craspec
crasseux, crotté, poisseux

Crasse
épais, grossier, lourd, malpropreté, méchanceté, noirceur, ordure, saleté

Crasseux
abject, craspec, dégoûtant, malpropre, sale, sordide

Crassier
terril

Cratère
antre, aven, caverne, cavité, chantepleure, concavité, coupe, creux, enfoncement, entonnoir, évidement, excavation, fente, fosse, grotte, hypogée, puits, souterrain, trou, urne, vase, vide

Cravache
baguette, fouet, jonc, stick

Cravacher
battre, cingler, fouetter, fustiger

Cravate
lavallière, rabat, régate

Crawl
nage, natation

Crawlé
ramé

Crawler
nager

Crawleur
nageur

Crayeux
blanc, crétacé, livide

Crayon
charbon, craie, dessin, esquisse, fusain, plume

Crayon à bille
stylo

Crayon composé d'agglomérés de couleur
pastel

Crayonné
écrit

Crayonner
croquer, dessiner, ébaucher, écrire, esquisser, gribouiller, griffonner, tracer

Créance
confiance, dette, gage, nantissement, obligation

Créancier
bâilleur, créditeur, locateur, prêteur

Créateur
artisan, auteur, bâtisseur, cause, concepteur, constructeur, couturier, créatif, dieu, fécond, fondateur, forgeur, générateur, innovateur, inventeur, novateur, père, pionnier, précurseur, principe, producteur, promoteur, styliste

Créateur de *La petite vie*
Meunier

Créateur de la saga cinématographique *Star Wars*
Lucas

Créateur de la technique des courants polyphasés
Tesla

Créateur de Lucky Luke
Morris

Créateur des aventures de Tintin
Hergé

Créateur du personnage Charlie Brown
Schulz

Créateur qui pratique l'art figuratif
figuratif

Créatif
créateur, fécond, fertile, imaginatif, innovant, inventif, productif

Création
apparition, commencement, conception, constitution, construction, début, découverte, élaboration, enfantement, établissement, fondation, formation, genèse, institution, invention, modèle, monde, naissance, nature, nouveauté, œuvre, organisation, origine, production, réalisation, trouvaille, univers

Création de nouveaux mots
néologie

Créativité
fantaisie, fertilité, imagination, invention, souffle

Créature
être, favori, homme, individu, personne, poulain, protégé

Créature féminine de rêve
sylphide

Créature monstrueuse
monstre

Crèche
auge, garderie, mangeoire, pouponnière

Crécher
habiter, percher

Crédence
buffet, desserte, dressoir, table

Crédibilité
fiabilité

Crédible
admissible, fiable, plausible, probable

Crédit
ascendant, autorité, avance, avoir, confiance, empire, emprunt, enveloppe, estime, faveur, foi, force, importance, influence, pouvoir, prestige, prêt, puissance, recette, renom, renommée, réputation, vogue

Créditeur
avoir, créancier

Credo
confession, conviction, dogme, foi, opinion, principe, religion

Crédule
candide, confiant, dupe, gobeur, ingénu, innocent, libertin, naïf, simple

Crédulité
candeur, ingénuité, innocence, naïveté, niaiserie, simplicité

Créé par l'imagination
fictif

Créer
accoucher, aménager, amener, animer, bâtir, causer, commencer, composer, concevoir, construire, déclencher, édifier, élaborer, élever, enfanter, engendrer, ériger, établir, fabriquer, façonner, faire, fonder, former, générer, imaginer, innover, instaurer, instituer, inventer, mettre, monter, occasionner, organiser, ouvrir, produire, provoquer, réaliser, susciter, trouver

Créer quelque chose de nouveau
innover

Crémation
combustion, incinération

Crème
baume, cirage, élite, entremets, fleur, gratin, liniment, onguent, pâte, pommade, purée, velouté

Crème à base de lait, d'œufs et de farine
flan

Crème faite avec de la crème fraîche émulsionnée
chantilly

Crème glacée
glace

Crème glacée napolitaine
cassate

Crème mousseuse
sabayon

Crème renversée, sorte de dessert
flan

Crémerie
beurrerie, laiterie

Crémier
fromager, laitier

Crémone
espagnolette, poignée

Créneau
espace, fenêtre, intervalle, mâchicoulis, parapet, plage, segment, trou

Crénelé
dentelé

Créneler
denteler

Crénelure
dentelure

Créole
métis

Créole français parlé à Haïti
haïtien

Crêpe
blini, galette, touffe, voile

Crêpé
crépu, frisé

Crêpe épais
crépon

Crêpelé
frisé

Crêpelure
frisottis, ondulation

Crêper
boucler, friser, frisotter, onduler

Crépi
mouchetis

Crépine
frange

Crépinette ronde
atriau

Crépir
plâtrer, rustiquer

Crépir de nouveau
recrépir

Crépitation
bruit

Crépitement
bruit, crachotement

Crépiter
cracher, crachoter, craquer, éclater, grésiller, pétiller

Crépu
afro, crêpé, frisé, frisotté

Crépuscule
agonie, déclin, fin, soir, tombée

Crescendo
amplification, augmentation, escalade, hausse, montée, renforcement

Cresson
nasitort

Cressonnette
cardamine

Crétacé
crayeux

Crête
aiguille, apophyse, cime, faîte, haut, huppe, pic, saillie, sommet

Creusage
creusement, minage

Creusé
amaigri, creux, maigre, sapé, sondé

Creusement
creusage

Creuser
accentuer, affouiller, agrandir, amaigrir, approfondir, augmenter, bêcher, cambrer, éroder, évider, excaver, explorer, forer, fouiller, labourer, miner, ouvrir, percer, piocher, raviner, rentrer, ronger, saper, sillonner, sonder, terrasser

Creuser davantage
recreuser

Creuser des entailles longues et étroites
rainurer

Creuser des rainures
rainurer

Creuser la terre
fouir

Creuser le sol
fouir

Creuser le sol de ravins
raviner

Creuser plus profond
recreuser

Creuser une cavité
forer

Creuser une rainure
rainer

Creuser, miner
caver

Creux
anfractuosité, cave, caverne, cavité, concave, cratère, creusé, cuvette, dépression, émacié, encaissé, enfoncé, évidé, évidure, excavation, faim, fosse, fringale, frivole, futile, gorge, insignifiant, inutile, maigre, niche, oiseux, ornière, plat, pliure, profond, rainure, ride, ronflant, superficiel, terrier, trou, vain, vide

Creux d'un objet évidé
évidure

Creux de la main
paume

Crevaison
éclatement, explosion, perçage, percement, rupture

Crevant
déchirant, éclatant, épuisant, éreintant, fatigant, harassant, tuant, usant

Crevasse
anfractuosité, cassis, cassure, craquelure, déchirure, engelure, entaille, faille, fente, fissure, fracture, gerçure, lézarde, trou

Crevassé
fêlé

Crevasser
craqueler, fêler, fendiller, fendre, fissurer, gercer, lézarder

Crevé
claqué, déchiré, éclaté, épuisé, éreinté, fatigué, fourbu, harassé, mort, percé, pété, recru, rompu

Crève-cœur
douleur

Crève-la-faim
famélique

Crever
claquer, déchirer, éclater, épuiser, éreinter, éventrer, fatiguer, forcer, harasser, mourir, percer, perforer, péter, transpercer, travailler

Crevette
gamba

Crevette rose
palémon, salicoque

Cri
aboi, aboiement, acclamation, amérindien, appel, autochtone, barrissement, barrit, bêlement, beuglement, bourdonnement, braiement, braillement, braiment, bramement, caquet, chuchotement, chuintement, clabaudage, clameur, coassement, cocorico, craillement, craquètement, criaillement, criaillerie, croassement, ébrouement, feulement, gazouillement, gazouillis, gémissement, glapissement, gloussement, graillement, grognement, grommellement, hallali, hennissement, huée, hululement, hurlement, jacassement, jappement, lamentation, meuglement, miaulement, mugissement,

nasillement, ovation, pépiement, piaulement, plainte, prière, protestation, râle, ronronnement, roucoulement, rugissement, son, tollé, vagissement, vocifération

Cri aigu et étranglé
couic

Cri aigu et prolongé
hurlement

Cri d'acclamation
hourra

Cri d'appel à l'aide
haro

Cri d'enthousiasme
hourra, youpi

Cri d'un animal auquel on tord le cou
couic

Cri d'un petit animal auquel on tord le cou
couic

Cri de dérision
huée

Cri de douleur
aïe

Cri de joie
alléluia, youpi

Cri de l'âne
braiment

Cri de la famille des ovidés
bêlement

Cri de louange
alléluia

Cri déchirant
hurlement

Cri des bacchantes
évoé

Cri des charretiers
dia

Cri des troupes russes marchant à l'ennemi
hurrah

Cri du cerf en rut
bramement

Cri du cerf ou du daim
bramement

Cri du chat
feulement, miaou

Cri du chien
aboi

Cri du coq
cocorico

Cri du grillon
cricri

Cri du tigre
feulement

Cri du veneur qui a repéré la bête
taïaut

Cri employé par les veneurs à la chasse au cerf
taïaut

Cri hostile
huée

Cri poussé par plusieurs oiseaux nocturnes
ululement

Cri qui fait peur
hou

Cri sourd
ahan

Cri sourd d'un homme qui frappe avec effort
han

Cri, pour un moineau
pépiement

Criailler
canarder, clabauder, crier, japper, piailler, plaindre, protester, rouspéter

Criaillerie
cri, plainte

Criailleur
criard

Criant
apparent, choquant, éclatant, évident, flagrant, frappant, manifeste, patent, révoltant, scandaleux, voyant

Criard
acerbe, agressif, aigre, aigu, braillard, clinquant, criailleur, cru, discordant, dissonant, gueulard, hurleur, outrancier, perçant, strident, suraigu, tapageur, vif, voyant

Criard, pleurnichard
braillard

Criblage
triage

Crible
calibreuse, claie, passoire, sas, tamis, trieuse

Criblé
accablé, bombardé, émaillé

Crible pour les cendres du foyer
tamiseur

Cribler
accabler, bombarder, calibrer, couvrir, émailler, harceler, larder, passer, percer, sasser, tamiser, transpercer, trier, vanner

Cric
barre, levier, treuil, vérin

Cric rouleur
rouleur

Cricket
baseball

Cricri
grillon

Crié
jeté

Crier
aboyer, affirmer, annoncer, bramer, claironner, clamer, criailler, crisser, disputer, écrier, égosiller, époumoner, fulminer, geindre, gémir, glapir, hurler, japper, jeter, jurer, pépier, piailler, piauler, plaindre, pleurer, proclamer, publier, réprimander, rugir, tempêter, tonitruer, tonner, trompeter, vociférer

Crier en pleurnichant
piauler

Crier sans motif
clabauder

Crier, en parlant d'un rapace nocturne
hululer, ululer

Crier, en parlant de l'aigle
glatir

Crier, en parlant de l'éléphant
barrir

Crier, en parlant de l'hirondelle
trisser

Crier, en parlant de l'oie
criailler

Crier, en parlant de la chèvre
béguéter

Crier, en parlant de la cigogne
claqueter

Crier, en parlant de la grenouille
coasser

Crier, en parlant des bovins
meugler

Crier, en parlant des corneilles
grailler

Crier, en parlant des oiseaux de nuit
hululer, ululer

Crier, en parlant des poussins
pépier

Crier, en parlant du cerf
bramer, raller

Crier, en parlant du chat
miauler

Crier, en parlant du cheval
hennir

Crier, en parlant du chevreuil
réer

Crier, en parlant du crapaud
coasser

Crier, en parlant du daim
bramer

Crier, en parlant du jars
jargonner

Crier, en parlant du lièvre, du crocodile
vagir

Crier, en parlant du lion
rugir

Crier, en parlant du mouton
bêler

Crier, en parlant du nouveau-né
vagir

Crier, en parlant du rhinocéros
barrir

Crier, en parlant du serpent
siffler

Crier, en parlant du tigre
feuler, rauquer

Crieur
aboyeur, hurleur

Crime
assassinat, atrocité, attentat, délit, faute, forfait, hérésie, homicide, horreur, infraction, iniquité, mal, méfait, meurtre, sacrilège

Crime énorme
forfait

Criminaliste
pénaliste

Criminalité
gangstérisme

Criminel
assassin, bandit, homicide, mafioso, malfaiteur, méchant, meurtrier, pénal, scélérat, tueur

Crin
cheveu, poil

Crin très résistant employé pour la pêche à la ligne
florence

Crinière
chevelure, cheveux, tignasse, toison, touffe

Crinoline
jupon

Crique
abri, anse, baie, calanque, cale, conche, galette

Criquet
grillon, sauterelle

Criquet migrateur
locuste

Cris poussés pour manifester l'hostilité
huées

Crise
accès, arrêt, attaque, atteinte, bouffée, dépression, désarroi, ébranlement, embarras, malaise, marasme, paroxysme, pénurie, perturbation, poussée, récession, tassement, tension, trouble

Crispant
agaçant, énervant, irritant, râlant, vexant

Crispation
frisson, spasme, tension, torsion

Crispé
contracté, décomposé, déformé, énervé,
exaspéré, horripilé, inquiet, irrité, noué,
stressé, tendu

Crisper
agacer, contracter, convulser, décomposer,
déformer, énerver, exaspérer, excéder,
grincer, hérisser, impatienter, irriter, serrer

Criss
couteau, dague, kriss, poignard

Crissement
bruit

Crissement émis par le criquet
stridulation

Crisser
couiner, craquer, crier, gémir, grincer

Cristal
baccarat, verre

Cristal de la manufacture de Baccarat
baccarat

Cristal de roche
quartz

Cristal hyalin
quartz

Cristallerie
verrerie

Cristallin
clair, limpide, pur, transparent

Cristalliser (Se)
candir

Critère
donnée, élément, épreuve, facteur, indice,
marque, paramètre, preuve, raison, référence

Critérium
compétition, épreuve, sélection

Critiquable
blâmable

Critique
accusation, adage, alarmant, analyse,
animadversion, appréciation, attaque, blâme,
capital, caricature, censeur, censure, charge,
commentaire, commentateur, condamnation,
contempteur, crucial, dangereux, décisif,
défavorable, déterminant, détracteur, diatribe,
difficile, éreintement, examen, exégèse,
exégète, explosif, frondeur, grave, journaliste,
jugement, négatif, objection, périlleux,
polémique, raillerie, remarque, remontrance,
réplique, réprimande, réprobation, reproche,
réquisitoire, réserve, satire, sérieux, sévère,
tendu

Critiqué
discuté, ergoté

Critique d'art qui rend compte des salons
salonnier

Critique malveillante
glose

Critique moqueuse
satire

Critiquer
admonester, analyser, attaquer, blâmer,
bougonner, censurer, chapitrer, commenter,
commérer, condamner, décrier, démolir,
dénigrer, déprécier, désapprouver, détracter,
discuter, éreinter, étriller, étriper, étudier,
examiner, exécuter, fronder, fustiger, gloser,
jaser, juger, malmener, maltraiter, massacrer,
matraquer, médire, récriminer, reprendre,
réprouver, vitupérer

Critiquer avec amertume
récriminer

Critiquer en raillant
fronder

Critiquer violemment
flinguer

Critiquer vivement
fustiger

Critiqueur
grondeur

Croassement
cri

Croc
ancre, canine, crochet, dent, fourche, gaffe,
grappin, hameçon, harpon, patte, perche

Croc de métal ou de bois
ancre

Croche
crochu, malhonnête, tordu

Croché
saisi

Crocher
accrocher, saisir

Crochet
agrafe, aiguille, attache, clé, clef, crampon,
croc, dent, détour, esse, fourche, grappin,
griffe, patte, pendoir, rossignol, uppercut,
zigzag

Crochet double
esse

Crochet en forme de S
esse

Crochet pointu
érigne, érine

Crochet qui était fixé sur le côté droit des armures
faucre

Crocheter
déverrouiller, forcer, ouvrir

Crochu
aquilin, courbé, croche, recourbé

Crocodile
alligator, caïman, gavial

Crocus
safran

Croire
accepter, admettre, avaler, écouter, estimer,
gober, imaginer, juger, présumer, supposer

Croisade
campagne, guerre, offensive

Croisé
alterné, bâtard, hybride, mâtiné

Croisée
carrefour, croisement, étoile, fenêtre,
intersection

Croisement
accouplement, carrefour, confluent, croisée,
embranchement, fourche, hybridation,
intersection, jonction, mélange, métissage,
tournant

Croiser
accoupler, couper, enlacer, entrecroiser,
entrelacer, franchir, hybrider, mâtiner,
mélanger, mêler, métisser, rencontrer,
traverser, voir

Croisière
circuit, traversée, voyage

Croisiériste
touriste

Croissance
accroissement, agrandissement,
augmentation, boom, développement, essor,
expansion, formation, pousse, poussée,
progrès, progression, venue

**Croissance hélicoïdale d'un végétal au cours
de sa croissance**
nutation

Croissance soudaine et peu stable
boom

Croissant
grandissant, pâtisserie, quartier, viennoiserie

Croître
accentuer, accroître, agrandir, allonger,
augmenter, développer, enfler, étendre,
fleurir, gagner, gonfler, grandir, grossir,
intensifier, monter, pousser, prospérer,
redoubler, venir

**Croître, augmenter subitement avec plus de
force**
redoubler

Croix
affliction, boulet, calvaire, charge, crucifix,
décoration, épreuve, face, fardeau, gibet,
marque, martyre, tourment

Cromlech
dolmen, menhir

Cronos
saturne

Croquant
rustre

Croquemitaine
épouvantail

Croquenot
chaussure

Croquer
broyer, camper, caricaturer, craquer,
crayonner, croustiller, dessiner, ébaucher,
manger, mordre, peindre, pocher, reproduire

Croquet
biscuit, jeu

Croquette
boulette, fricadelle, hachis

Croquignole
biscuit

Croquignolet
mignon

Croquis
canevas, description, dessin, diagramme,
ébauche, épure, esquisse, plan, pochade,
schéma

Crosne
épiaire

Crosse
bâton, club

Crosse de hockey
stick

Croulant
décrépit, délabré, vétuste, vieux

Croulé
abattu

Crouler
abattre, affaisser, délabrer, ébouler, écrouler,
effondrer, périr

Croup
laryngite

Croupi
immobile

**Croupière constituant une pièce du
harnachement**
bacul

Croupir
corrompre, encroûter, moisir, pourrir,
séjourner, stagner, végéter

Croupissant
immobile

Croustade
dessert, pâté

Croustillant
grivois, osé, piquant, poivré, savoureux

Croustiller
croquer

Croustilles
chips

Croûte
chapelure, couche, dépôt, écaille, écorce,
pâte, pellicule, plaque, vernis

Croûte du fromage
couenne

Croûton
bout, entame, quignon

Croûton de pain frotté d'ail
aillade

Croyable
admissible, pensable, plausible, possible,
probable

Croyance
confession, conviction, doctrine, dogme,
espérance, foi, idée, opinion, persuasion,
préjugé, prévision, religion, tradition, vérité

**Croyance qui attribue une âme aux choses,
aux animaux**
animisme

Croyant
chrétien, dévot, fidèle, mystique, pieux,
pratiquant, religieux, théiste

Cruche
abruti, andouille, âne, bouteille, broc,
cruchon, débile, idiot, imbécile, jarre, niais,
nigaud, pichet, pot, récipient, sot, vase

Cruchon
cruche

Crucial
capital, central, critique, décisif, déterminant,
essentiel, important, majeur, primordial, vital

Crucifère annuelle
roquette

Crucifier
martyriser, mortifier, supplicier, torturer

Crucifix
croix

Crue
accroissement, débord, hausse

Cruellement
amèrement, rudement

Crûment
brutalement, durement, franchement, net,
nuement, nûment, rudement, sèchement,
vertement, vivement

Crustacé
anatife, crabe

**Crustacé au cœur de ce festival célébré à
Shediac**
homard

Crustacé décapode
pagure

Crustacé terrestre
cloporte

Crustacé voisin des cloportes
ligie

Cryolithe
fluor

Cryptage
chiffre, codage

Crypte
catacombes, cimetière, grotte

Crypté
chiffré

Crypter
brouiller, coder, encoder

Cryptique
caché, occulte

Cs
cæsium, césium

Ct
carat

Cu
cuivre

Cubage
capacité, contenance, tonnage, volume

Cube
carré, dé

Cuber
jauger, mesurer

Cubital
ulnaire

Cuculle
cagoule, capuche, capuchon

Cucurbitacée
concombre, cornichon, courge

**Cucurbitacée à l'écorce jaune pâle et à la
pulpe assez sèche**
pâtisson

Cueillaison
cueillette

Cueillette
collecte, cueillaison, moisson, ramassage,
récolte, vendange

Cueillette des glands
glandage

Cueillette des olives
olivaison

Cueilleur
glaneur, ramasseur

Cueillir
épingler, grappiller, ramasser, récolter,
recueillir, vendanger

Cui-cui
pépiement

Cuiller
cuillère, louche, spatule, ustensile

Cuillère
cuiller

Cuillère à pot
poche

Cuillerée
becquée

Cuir
basane, chagrin, maroquin, pataquès, peau, vachette, vélin

Cuir d'aspect velouté
suède

Cuir de veau tanné
box

Cuirasse
armure, blindage, bouclier, carapace, corselet, cotte, défense, protection, rempart, test

Cuirassé
aguerri, armé, bardé, blindé, caparaçonné, endurci, fortifié, matelassé

Cuirasser
aguerrir, armer, barder, blinder, caparaçonner, endurcir, fortifier, matelasser, protéger

Cuire
boucaner, bouillir, braiser, brûler, flamber, frire, griller, mijoter, mitonner, piquer, poêler, préparer, rissoler, rôtir

Cuire à l'étuvée
étuver

Cuire à la poêle
poêler

Cuire à la vapeur
étuver

Cuire dans un corps gras bouillant
frire

Cuire de nouveau
recuire

Cuire longuement à feu doux
mijoter

Cuire par friture
frire

Cuisant
aigre, aigu, amer, âpre, blessant, brûlant, caustique, cinglant, cruel, douloureux, écrasant, humiliant, mordant, piquant, retentissant, sanglant, vif, virulent

Cuisinant
accommodant

Cuisine
batterie, gastronomie, manger, manigances, manœuvre, nourriture, popote, repas, table, tripotage

Cuisiné
accommodé, apprêté, interrogé, mitonné, questionné

Cuisiner
accommoder, apprêter, bouillir, concocter, fricoter, interroger, manger, mijoter, mitonner, préparer, questionner

Cuisinier
chef, pâtissier, rôtisseur, saucier

Cuisinier à bord d'un navire
coq

Cuisinier chargé des sauces
saucier

Cuisinière
fourneau

Cuissard d'armure
cuissot

Cuissarde
botte

Cuisse
gigot, gigue, pilon

Cuisse de chevreuil
cuissot

Cuisse de mouton
gigot

Cuisse du gros gibier
cuissot

Cuisse du porc
jambon

Cuisson
caléfaction, coction, cuite, marengo, préparation

Cuisson à couvert et à feu doux
braisage

Cuissot
gigot, gigue

Cuistre
affecté, balourd, lourdaud, pédant, suffisant, vaniteux

Cuit
fichu, grillé, rôti

Cuit à feu vif
rôti

Cuit à la poêle dans un corps gras
frit

Cuit avant d'être conditionné
précuit

Cuite dans la friture
frite

Cuivre
Cu, métal

Cuivré
bronzé, doré, hâlé, jaune, mordoré, rouge, vibrant

Cuivrer
bronzer, brunir, dorer, hâler, métalliser, tanner

Cul-de-four
conque

Cul-de-sac
impasse

Culbute
banqueroute, cabriole, capote, chute,
dégringolade, faillite, galipette, plongeon,
roulade, ruine, soleil

Culbuter
basculer, battre, bousculer, capoter, défaire,
dégringoler, écrouler, enfoncer, renverser,
repousser, tomber, vaincre, verser

Culbuter, en parlant d'un véhicule
capoter

Culer
reculer

Culinaire
gastronomique

Culminant
dominant, maximum, supérieur

Culminé
dominé

Culminer
dominer, plafonner, surplomber

Culot
aplomb, assurance, audace, courage,
effronterie, fond, front, hardiesse,
impudence, Indécence, insolence, toupet

Culotte
caleçon, chausses, froc, pantalon, slip,
vêtement

Culotté
hardi, impudent, outrecuidant

Culotte à jambes longues
pantalon

Culotte courte
short

Culotte d'un coureur cycliste
cuissard

Culotte de cheval
cellulite

Culotte échancrée
slip

Culottier
tailleur

Culpabilité
faute

Culte
admiration, adoration, adulation, amour,
attachement, cérémonie, confession,
dévotion, dévouement, église, foi, hommage,
liturgie, messe, office, passion, piété,
pratique, religion, respect, rite, rituel, service,
vénération

Culte animiste répandu aux Antilles
vaudou

Culte d'honneur rendu aux anges
dulie

Culte du moi
égotisme

Culte passionné
adoration

Culte polythéiste
paganisme

Culte rendu à Satan
satanisme

Culte rendu à un animal ou à des animaux
zoolâtrie

Cultisme
préciosité

Cultivable
arable

Cultivateur
agriculteur, fermier, laboureur, maraîcher,
paysan, semeur

Cultivé
calé, développé, docte, érudit, évolué,
exploité, formé, instruit, labouré, lettré,
perfectionné, raffiné, savant, travaillé

Cultiver
alphabétiser, ameublir, civiliser, développer,
éduquer, élever, exercer, exploiter, former,
jardiner, labourer, perfectionner, soigner,
travailler

Cultuel
hiératique, liturgique, rituel, sacré

Cultural
agraire, agricole

Culture
agriculture, champ, civilisation,
connaissance, éducation, érudition, esprit,
exploitation, formation, instruction, notion,
plantation, savoir, science

Culture des jardins
jardinage

**Culture récoltée avant maturité pour le
fourrage**
verdage

Culturel
éducatif, ethnique, instructif

Culturiste
acrobate

Cumin
anis, anisette, condiment

Cumul
accumulation, addition, amas,
amoncellement, empilement, entassement,
réunion, stockage, tas

Cumuler
accumuler, allier, amasser, amonceler, associer, augmenter, collectionner, conjuguer, empiler, entasser, masser, rassembler, réunir, totaliser

Cumulonimbus
nuage

Cumulus
ballon, nuage

Cunette
canal

Cupide
âpre, avare, avide, intéressé, rapace, vénal, vorace

Cupidité
appétit, âpreté, avarice, avidité, convoitise, faim, rapacité, vénalité, voracité

Curable
guérissable, soignable

Curage
curetage, lavage, lessivage, nettoiement, nettoyage

Curaillon
cureton

Curatelle
direction, tutelle

Curatif
médical, thérapeutique

Cure
médecine, médication, régime, soins, thérapie, traitement

Curé
abbé, chapelain, pasteur, prêtre

Curé célèbre au Québec
Labelle

Curé, prêtre
curaillon

Curée
pitance

Curer
astiquer, cureter, décaper, décrasser, draguer, écurer, gratter, laver, lessiver, nettoyer, purger, racler, récurer

Curetage
curage, décrassage, lavage, lessivage, nettoiement, nettoyage

Cureter
astiquer, curer, décaper, décrasser, évider, laver, lessiver, nettoyer, récurer

Cureton
curaillon

Curette
raclette, racloir

Cureur
récureur

Curie
Ci

Curieusement
anormalement, bizarrement, drôlement, étonnamment, étrangement, singulièrement

Curieux
abracadabrant, amusant, avide, badaud, bizarre, drôle, étonnant, étrange, flâneur, fouilleur, fouineur, fureteur, impatient, incompréhensible, indiscret, intéressé, original, piquant, singulier, surprenant, unique, voyeur

Curiosité
appétit, application, attention, avidité, bizarrerie, indiscrétion, intérêt, rareté, singularité, soif

Curiste
baigneur

Curium
Cm

Curriculum vitæ
CV

Cursif
laconique, lapidaire, rapide

Cursus
carrière, parcours, scolarité

Curure
boue

Cutané
dermique, épidermique, superficiel

Cuti
cutiréaction

Cutiréaction
cuti

Cuve
bac, baquet, citerne, échaudoir, réservoir, seillon

Cuve de bois
baquet

Cuve fermée
citerne

Cuve munie d'une alimentation en eau
évier

Cuve où l'on fabrique la bière
brassin

Cuvée
année

Cuveler
tuber

Cuver
fermenter

Cuvette
affaissement, bassin, bassine, creux, dépression, lavabo, pli, tine

Cuvette sanitaire sur pied
bidet

Cuvier
baquet, cellier

Cyanure
prussiate

Cyberespace
Internet

Cycle
âge, bécane, bi, bicyclette, boucle, bouclette, célérifère, draisienne, fréquence, geste, période, règne, révolution, ronde, rotation, roulement, saga, séquence, série, suite, vélo, vélocipède

Cycle des saisons
an

Cyclisme
vélo

Cycliste
pédaleur, pistard

Cyclomoteur
scooter, solex

Cyclomoteur de conception particulièrement simple
solex

Cyclone
dépression, ouragan, tempête, tornade, tourmente, trombe, typhon

Cyclone des mers
typhon

Cyclope
géant

Cyclopéen
abyssal, énorme, géant, gigantesque, titanesque

Cyclopéen hadal pélagique
abyssal

Cyclopousse
rickshaw

Cylindre
boudin, roue, rouleau, tambour, tige

Cylindré
écrasé

Cylindre allongé
rouleau

Cylindre de bois utilisé pour la castration des animaux
casseau

Cylindre de tabac haché
cigarette

Cylindre destiné à raccorder
manchon

Cylindre plat servant à broyer
meule

Cylindrée
alésage

Cylindrer
aléser, écraser, lustrer

Cylindrique
rond, tubulaire

Cymbale
batterie

Cymbalier
cymbaliste

Cymbaliste
cymbalier

Cynique
arrogant, effronté, éhonté, grossier, immoral, impudent, insolent

Cynisme
absurdité, immoralité, impudence, indécence, insolence

Cynocéphale
papion

Cypéracée
papyrus

Cyphose
bosse, déviation

Cyprès blanc
thuya

Cyprès chauve
cipre

D

D'abord
auparavant

D'Acadie
acadien

D'Alger
algérois

D'apparence frêle
maigrelet

D'après ce qui est réputé conforme à la réalité
censément

D'Arius
arien

D'arrière-saison
tardif

D'autrefois (D')
antan

D'égale inclinaison magnétique
isocline

D'égale pression atmosphérique
isobare

D'Eurasie
eurasien

D'humeur capricieuse
fantasque

D'humeur maussade et revêche
grincheux

D'Oran
oranais

D'ordre indéterminé
énième, nième

D'origine latine
latin

D'origine sanguine
hématique

D'un bleu foncé tirant sur l'ardoise
turquin

D'un bleu lumineux
saphir

D'un brun chaud à reflets dorés
mordoré

D'un brun rouge
bai

D'un brun roux
bai

D'un brun roux, en parlant des cheveux
auburn

D'un caractère désagréable
acariâtre

D'un chérif
chérifien

D'un esprit vif, dégourdi
déluré

D'un goût acide et aigre
sur

D'un jaune terne
jaunâtre

D'un jaune tirant sur le roux
fauve

D'un jaune très doux
blond

D'un meilleur produit
bonifié

D'un mouvement vif et rapide
allegro

D'un palais
palatial

D'un point à un autre
entre

D'un regard fixe
fixement

D'un rouge brun
rouille

D'un rouge vif
carmine

D'un rouge vif et léger
vermeil

D'un verbe gai
ries

D'un vert tirant sur le bleu
glauque

D'un violet qui tire sur le rouge
violine

D'une activité incessante
trépidant

D'une beauté irréelle
féérique

D'une blancheur de plâtre
plâtreux

D'une blancheur parfaite
immaculé

D'une couleur bleu mauve
lavande

D'une couleur entre le bleu et le vert
pers

D'une couleur fade, pâle
délavé

D'une couleur orangée plus ou moins vive
roux

D'une couleur proche de celle des vins rouges
bourgogne

D'une couleur rouge bordeaux velouté
amarante

D'une couleur tenant du gris et du beige
grège

D'une couleur violet foncé
prune

D'une douceur fade
douceâtre

D'une douceur hypocrite
mielleux, patelin

D'une excessive sévérité
draconien

D'une extrême maigreur
étique

D'une extrême minceur
filiforme

D'une façon naïve
naïvement

D'une façon nette, décidée
carrément

D'une grande crédulité
jobard

D'une grande vivacité
endiablé

D'une gravité exagérée
solennel

D'une hardiesse excessive, provocante
déluré

D'une lagune
lagunaire

D'une manière basse, vile
bassement

D'une manière béate
béatement

D'une manière brave
bravement

D'une manière calme
calmement

D'une manière crâne
crânement

D'une manière décente
décemment

D'une manière déraisonnable
follement

D'une manière digne
dignement

D'une manière empressée
galamment

D'une manière ferme
fermement

D'une manière fine
finement

D'une manière hardie
hardiment

D'une manière hautaine
fièrement

D'une manière indue, contraire à la règle
indûment

D'une manière inélégante
inélégamment

D'une manière jeune
jeunement

D'une manière judicieuse
sagement

D'une manière lâche, sans être tendu ou serré
lâchement

D'une manière laide
laidement

D'une manière leste
lestement

D'une manière orale
oralement

D'une manière polie
poliment

D'une manière qui a du sens
sensément

D'une manière qui suscite un agrément et un plaisir
joliment

D'une manière riche
richement

D'une manière sale
salement

D'une manière savante
savamment

D'une manière sèche
sèchement

D'une manière servile
platement

D'une manière stupide
bêtement

D'une manière tiède
tièdement

D'une manière unie
uniment

D'une manière utile
utilement

D'une manière vague
vaguement

D'une pâleur maladive
hâve

D'une probité absolue
intègre

D'une qualité supérieure
superfin

D'une santé déficiente
cacochyme

D'une simplicité excessive
simpliste

D'une teinte rose orangé
saumon

D'une tiédeur désagréable
tiédasse

D'une très petite taille
nain

Da
interjection

Dab
père

Dabe
père

Dacron
tergal

Dactylo
dactylographe, sténo, sténodactylo

Dactylographe
dactylo

Dactylographie
saisie

Dactylographié
saisi

Dactylographier
saisir, taper

Dada
cheval, hobby, manie, marotte, toquade

Dadais
absurde, benêt, gille, niais, nigaud, sot

Dag
décagramme

Dague
arme, couteau, criss, épée, kandjar, kriss,
poignard, stylet

Daguet
cerf, daim, faon

Dahlia
fleur

Daigner
accepter, agréer, condescendre, consentir,
vouloir

Daim
cerf, cervidé, daguet, faon, veau

Dais
baldaquin

Dais à colonnes
baldaquin

Dallage
carrelage, pavé, pavement, revêtement

Dalle
pavé, pierre, plaque

Daller
carreler, paver

Dalleur
carreleur, paveur

Dalot
canal, gorge, trou

Dam
damnation, dommage, peine, préjudice

Damage
tassement

Dame
épouse, femme, hie, interjection, lady,
madame, maîtresse, pilon, reine

Dame anglaise
lady

**Dame d'honneur d'une personne de haut rang
ou suivante à la cour**
cameriste

Dame-jeanne
bonbonne, bouteille

Damer
compacter, tasser

Damier
échiquier, tablier

Damnable
blâmable, condamnable, coupable,
répréhensible

Damnation
châtiment, condamnation, dam

Damné
abominable, fichu, maudit, réprouvé, sacré,
satané

Damner
maudire, réprouver

Damoiseau
ado, adolescent, amant, charmeur, éphèbe,
freluquet, galant, séducteur

Dan
grade

Dancing
bal, boîte, boum

Dandinement
balancement, bercement

Dandiner (Se)
balancer, chalouper, déhancher

Dandy
élégant, gandin, gommeux, mirliflore,
muscadin

Danger
aléa, alerte, écueil, embûche, guêpier,
hasard, menace, péril, piège, risque

Danger fabuleux
tarasque

Danger immédiat
péril

Danger imminent
volcan

Dangereusement
gravement

Dangereux
agressif, aventureux, brûlant, chaud, coûteux,
critique, délicat, difficile, épineux, explosif,
fou, funeste, glissant, grave, hasardé,

hasardeux, imprudent, loufoque, malsain,
mauvais, méchant, menaçant, néfaste,
nocif, nuisible, perfide, périlleux, pernicieux,
redoutable, risqué, scabreux, sensible,
sérieux, téméraire, toxique, traître, violent

Dans
chez, dedans, en, entre, parmi, pendant,
préposition

Dans certains sports, frapper de haut en bas
smasher

Dans l'Antiquité
autrefois

Dans la conscience (… intérieur)
for

Dans la direction de la pesanteur
vertical

Dans la montagne, versant à l'ombre
ubac

Dans la religion chrétienne, personne qui a été jugée digne d'être l'objet du culte de dulie
saint

Dans la rose des vents
ENE, ESE, est, NE, NNE, NNO, NO, nord,
ONO, OSO, ouest, SE, SO, SSE, SSO, sud

Dans la suite
désormais

Dans le bouddhisme, titre donné à celui qui est parvenu à la sagesse
bouddha

Dans le but de
afin

Dans le calme
calmement

Dans le nom d'une ville du Brésil
Sao

Dans le nom de l'auteur d'*Elle ou la source de feu*
Haggard

Dans le nom du pays dont la capitale est Sri Jayawardenapura
Sri

Dans le pastis
anis

Dans le titre d'un drame lyrique de Debussy
Pelléas

Dans le vent
in

Dans les arts martiaux japonais, suite de mouvements exécutés pour s'entraîner
kata

Dans les Évangiles, voleur gracié par Pilate
Barabbas

Dans les langues à déclinaisons, cas exprimant l'interpellation directe
vocatif

Dans les tranchées, trou par lequel on tire
créneau

Dans quelle mesure
combien

Dans sa chanson, Donald Lautrec invite Manon à le danser
ska

Dans un énoncé, ce que l'on affirme ou ce que l'on nie à propos de ce dont on parle
prédicat

Dans un état d'excitation
excité

Dans un mouvement modéré
andante

Dans une dépression de terrain, petite nappe d'eau ou de boue
flaque

Dans une locution signifiant « dès maintenant »
ores

Dans une maison, local aménagé pour faire la lessive
buanderie

Dansant
entraînant, ondoyant

Danse
ballet, boléro, chorégraphie, claquettes,
farandole, flamenco, gesticulation, gigue,
java, jerk, mambo, menuet, merengue,
rigaudon, rigodon, ronde, samba, sarabande,
slow, tambourin, tango, valse

Danse à deux temps
mambo

Danse à deux temps et aux mouvements rapides
galop

Danse à deux temps, proche de la samba
merengue

Danse à trois temps
mazurka, valse

Danse andalouse traditionnelle
soleá

Danse argentine à rythme à deux temps plutôt lent
tango

Danse brésilienne où les deux partenaires, enlacés, balancent lascivement les hanches
lambada

Danse caractérisée par des mouvements syncopés
smurf

Danse comprenant des figures acrobatiques
bop

Danse cubaine
conga, rumba

Danse d'origine américaine
twist

Danse d'origine antillaise
biguine

Danse d'origine brésilienne
baion, forró, lambada, samba

Danse d'origine cubaine
habanera, mambo

Danse de bal musette
java

Danse de cour lente et majestueuse
pavane

Danse de la Jamaïque
calypso

Danse de Saint-Guy
chorée

Danse des Gitans
flamenco

Danse du temps des Fêtes
gigue

Danse du ventre
baladi

Danse figurée, exécutée par une ou plusieurs personnes
ballet

Danse folklorique québécoise se dansant en groupe
rigaudon, rigodon

Danse lascive des Antilles
chica

Danse lente
slow

Danse lente à trois temps
chacone, loure

Danse originaire d'Argentine
tango

Danse originaire de La Havane
habanera

Danse originaire de République dominicaine
merengue

Danse originaire des îles de l'océan Indien
séga

Danse ou chanson sur laquelle on dansait, au Moyen Âge
estampie

Danse où plusieurs personnes forment un cercle et tournent
ronde

Danse péruvienne
valicha

Danse polynésienne à deux temps
tamouré

Danse populaire de l'Argentine, voisine du tango
milonga

Danse proche de la samba
rumba

Danse tournante
valse

Danse très populaire à Noël et dans le temps des Fêtes
rigaudon, rigodon

Danse très rapide
galop

Danser
baller, dansoter, gambader, gesticuler, gigoter, guincher, osciller, tanguer, trembler, vaciller, valser

Danser la valse
valser

Danser le boston
bostonner

Danseur
artiste, cavalier, partenaire, valseur

Danseur à claquettes et acteur américain mort en 1987
Astaire

Danseur de ballets
baladin

Danseur de corde
funambule

Danseur de music-hall
boy

Danseuse
almée, ballerine, bayadère, étoile

Danseuse de music-hall
girl

Danseuse de profession qui fait partie d'un ballet
ballerine

Danseuse égyptienne lettrée
almée

Danseuse japonaise
geisha

Danseuse orientale
almée

Danseuse qui fait partie d'une revue
girl

Dansoter
danser

Daphné
garou, sainbois

Darbouka
tambour, tambourin

Darce
bassin

Dard
aiguillon, arme, flèche, harpon, javelot, lance, pique, trait

Darder
décocher, émettre, frapper, jeter, lancer, pointer, transpercer

Dare-dare
vite

Dariole
flan

Darse
bassin

Dasypode
abeille

Datage
datation

Datation
datage

Date
échéance, époque, jour, moment, période, quantième, temps, terme

Daté
noté

Date inscrite antérieure à la date réelle
antidate

Dater
millésimer, remonter, vieillir

Dattier
palmier

Dauber
dénigrer, moquer, railler

Daubière
braisière

Dauphin
cétacé, héritier, marsouin, second

Daurade rose
rousseau

Davantage
encore, mieux, plus, principalement, surtout

Davier
pince, pincette

Dazibao
affiche, annonce, panneau, placard, poster

DB
décibel

DDT
pesticide

De
préposition

Dé
carré, cube

Dé à jouer
cube

De belle manière
bellement

De bon cœur
gaîment

De bon gré
volontiers

De bonne heure
matinal, tôt

De ce côté-ci
deçà

De ce fait
donc

De cette façon
ainsi

De couleur différente, en parlant des yeux
vairon

De couleur orange clair
mandarine

De couleur pourpre
purpurin

De couleur rouge vif
vermillon

De couleur rousse
rouquin

De couleur variée et changeante
diapre

De deux couleurs
bicolore

De Dieu, en latin
Dei

De Doride
dorien

De façon crâne
crânement

De façon dure
durement

De façon entendue
tacitement

De façon étonnante
curieusement

De façon fière
fièrement

De façon mesurée dans l'expression
sobrement

De façon sage
sagement

De façon tendre, amoureusement
amoroso

De format réduit
compact

De forme arrondie
rebondi

De forme triangulaire
deltoïde

De Galilée
galiléen

De grand prix
précieux

De l'abside
absidal, absidial

De l'Abyssinie
abyssin

De l'Acadie
acadien

De l'Afrique
africain

De l'Amérique latine
latino

De l'âne
asinien

De l'Arabie
arabe

De l'argent est amassé pour cet organisme le soir de l'Halloween
Unicef

De l'aviculture
avicole

De l'Éolie
éolienne

De l'estomac
gastrique

De l'État
étatique

De l'ex-URSS
russe, soviétique

De l'Ibérie
ibérien

De l'île de Crète
crétois

De l'iléon
iléal

De l'image en général
iconique

De l'Ionie
ionien, ionique

De l'Olympe
olympien

De l'ongle
unguéal

De l'Ontario
ontarien

De l'ONU
onusien

De l'Organisation des Nations Unies
onusien

De l'uranium
uranique

De la Cafrerie
cafre

De la cornée
cornéen

De la couleur brun-rouge du cachou
cachou

De la couleur d'un brun très clair
beige

De la couleur de l'olive
olivacé

De la couleur du citron
citrin

De la couleur mauve
parme

De la couleur rouge pourpre de l'amarante
amarante

De la Dalmatie
dalmate

De la femme
féminin

De la Frise
frison

De la Gaule
gaulois

De la haute mer
hauturier

De la Lune
sélène

De la Lydie
lydien

De la mafia
mafieux

De la médecine
médical

De la Médie
mède

De la mer Égée
égéen

De la métropole
métro

De la montagne Pelée
peléen

De la nature d'une petite tumeur
kystique

De la nature de l'éther
éthéré

De la nature de l'herbe
herbacé

De la nature de l'huile
huileux

De la nature de l'huître
ostracé

De la nature de la farine
farineux

De la nature de la glaise
glaiseux

De la nature de la sclérose
scléreux

De la nature des gaz
gazeux

De la nature du bois
ligneux

De la nature du grès
gréseux

De la nature du plomb
plombier

De la nature du sable
arénacé

De la nature du tartre
tartreux

De la nature et de la consistance du sirop
sirupeux

De la nuque
nucal

De la paume de la main
palmaire

De la planète Terre
terrestre

De la poste
postal

De la queue
caudal

De la Sibérie
sibérien

De la sorte
donc

De la tempe ou des tempes
temporal

De la tribu
tribal

De la ville
citadin, urbain

De la ville d'Élée
éléate

De Lesbos
lesbien

De manière bienveillante
gentiment

De manière fixe
fixement

De manière suave
suavement

De manière vile
vilement

De mauvaise humeur
hargneux, maussade

De mauvaise qualité
moche

De même
ainsi, dito, idem, item

De même que (À l')
instar

De Mongolie
mongol

De naissance
inné, né

De nature à frustrer
frustrant

De nature à rassurer
rassurant

De Nazareth
nazaréen

De nos jours
actuellement

De nouveau
encore

De Nubie
nubien

De peu de durée
bref

De préférence
plutôt

De première qualité
surchoix

De profession
professionnel

De qualité supérieure
surfin

De Québec
québécois

De quelle façon
comment

De Tahiti
tahitien

De taille importante
maous

De temps à autre
tantôt

De temps en temps
parfois, tantôt

De travers (De)
traviole

De trente ans
tricennal

De vive voix
oralement

Déambulation
marche

Déambuler
balader, cheminer, errer, flâner, marcher, musarder, promener, rôder, traîner, vadrouiller, voyager

Débâcle
bousculil, confusion, débandade, déconfiture, défaite, dégel, déroute, effondrement, faillite, fonte, fuite, krach, naufrage, retraite, ruine

Déballage
aveu, confession, déploiement, déroulement, désemballage, dévoilement, étalage

Déballé
dévoilé, étalé

Déballer
avouer, confesser, défaire, dépaqueter, désemballer, dévoiler, étaler, exposer, montrer, ouvrir

Débandade
confusion, débâcle, défaite, déroute, dispersion, fuite, retraite

Débandade, déroute
débâcle

Débander
détendre, disperser, lâcher, relâcher

Débarbouillage
ablution

Débarbouiller
frotter, nettoyer

Débarcadère
estacade, jetée, quai

Débardage
acconage, aconage

Débardé
débarqué

Débarder
camionner, débarquer, décharger

Débardeur
acconier, aconier, maillot, marcel, porteur

Débardeur, dans les ports africains
laptot

Débarqué
arrivé, débardé, déchargé, descendu, immigré

Débarquement
abordage, acconage, aconage, arrivée

Débarquer
affluer, arriver, débarder, décharger, descendre, déverser, échouer, évincer, limoger

Débarras
cabinet, cagibi, réduit, remise

Débarrassage
déblayage

Débarrassé
affranchi, allégé, enlevé, ôté, quitte

Débarrasser
abolir, affranchir, alléger, balayer, débâter, déblayer, décharger, défaire, dégager, dégarnir, délester, délivrer, dépêtrer, désencombrer, désobstruer, desservir, éliminer, enlever, exonérer, guérir, libérer, ôter, purger, purifier, quitter, soulager

Débarrasser de sa bourbe
débourber

Débarrasser de ses bavures
ébavurer

Débarrasser de son écale
écaler

Débarrasser de son ignorance
décrasser

Débarrasser des nœuds
énouer

Débarrasser des pierres nuisibles
épierrer

Débarrasser des puces
épucer

Débarrasser du givre
dégivrer

Débarrasser le nez des mucosités qu'il contient en pratiquant une forte expiration et en s'aidant généralement d'un mouchoir
moucher

Débarrasser le sol du chaume
déchaumer

Débarrasser un arbre des yeux inutiles
éborgner

Débarrasser un fruit de sa queue
équeuter

Débarrasser un linge de l'eau dont il est imprégné
essorer

Débarrasser un terrain de l'excès d'eau
drainer

Débarrasser une vigne des pampres
épamprer

Débarrer
débloquer

Débat
analyse, conférence, contestation, controverse, délibération, différend, discussion, dispute, explication, forum, lutte, polémique, querelle, réunion, séance, tribune, vacation

Débâter
débarrasser, décharger

Débâtir
découdre

Débatteur
adversaire, conférencier, contradicteur, déclamateur, discoureur, orateur, prédicateur, tribun

Débattre
agiter, analyser, délibérer, discuter, examiner, parlementer

Débattre (Se)
démener

Débattu
controversé, ergoté

Débaucher
congédier, corrompre, dépraver, dévergonder, dissiper, licencier, pervertir, renvoyer, séduire

Débecqueter
écœurer

Débecter
dégoûter, déplaire, écœurer, ennuyer, fâcher, gêner, indisposer, irriter, rebuter

Débet
dette, dû

Débile
anémique, arriéré, attardé, bêta, bête, cacochyme, chétif, cruche, déficient, délicat, demeuré, égrotant, faible, fou, fragile, idiot, imbécile, malingre, rachitique, retardé

Débilitant
lénifiant

Débilité
abattement, aboulie, arriération, asthénie, délicatesse, étiolé, faiblesse, folie, fragilité, idiotie, imbécillité, stupidité

Débiliter
affaiblir, amollir, anémier, décourager, déforcer, démoraliser, déprimer, étioler, lénifier, ramollir

Débillarder
tailler

Débit
balance, braderie, cadence, commerce, diction, doit, élocution, fonds, régime, rythme, vente

Débit de boissons
bar, taverne

Débitage
découpage, sciage

Débité
sorti, vendu

Débiter
couper, cracher, découper, dépecer, détailler, dire, diviser, écouler, fabriquer, faire, fournir, partager, proclamer, produire, proférer, prononcer, raconter, réciter, sectionner, sortir, vendre

Débiteur
dette, emprunteur, endetté, obligé

Débitrice
consignataire

Déblai
fouille, terrassement

Déblaiement
déblayage

Déblais
décombres, gravats, plâtras

Déblatérer
babiller, baver, jacasser, jaser, médire

Déblayage
débarrassage, déblaiement, dégagement

Déblayé
enlevé

Déblayer
balayer, débarrasser, défricher, dégager, désencombrer, enlever, libérer, ôter, préparer, retirer, vider

Déblocage
catharsis, dégagement, dégel, libération

Débloquer
débarrer, décoincer, dégager, dégeler, dégripper, libérer, radoter

Débobiner
dérouler, dévider

Déboire
adversité, déception, désagrément, désillusion, échec, ennui, revers

Déboisage
déforestation, défrichage

Déboisement
abatis, abattis, dépeuplement

Débolser
défricher

Déboîté
désuni

Déboîtement
démanchement, entorse, luxation

Déboîter
casser, démancher, démettre, démonter, désarticuler, disjoindre, disloquer, fouler, luxer

Débondé
confié

Débonder (Se)
confier, déboutonner, épancher, ouvrir

Débonnaire
accommodant, bon, bonhomme, bonasse, bonne, doux, facile, faible, pacifique, paisible, paternel, patient, tolérant

Débonnaireté
bienfaisance, bonté, faiblesse

Débord
crue

Débordant
animé, ardent, débridé, déchaîné, dévorant, expansif, exubérant, exultant, fécond, fertile, fougueux, impétueux, intarissable, pétulant, prodigue

Débordé
contourné, coulé, dépassé, éclaté, encerclé, explosé, franchi, noyé, ressorti, sorti, submergé, surchargé, surplombé, tourné

Débordement
abondance, affluence, débauche, effusion, erreur, éruption, excès, flot, flux, frénésie,

invasion, licence, pléthore, profusion,
surabondance, surcharge, tempête

Déborder
avancer, contourner, couler, déchaîner,
dépasser, échapper, éclater, encercler,
exploser, franchir, regorger, répandre,
ressortir, saillir, sortir, submerger, surplomber,
tourner

Déborder de joie
exulter

Déborder sur quelque chose
empiéter

Débouché
clientèle, dégagé, désengorgé, désobstrué,
déversoir, issue, marché, opportunité, ouvert,
ouverture, passage, perspective, sorti, sortie

Déboucher
aboutir, accéder, décapsuler, dégager,
désengorger, désobstruer, ouvrir, sortir, surgir

**Déboucher d'une passe, d'un chenal dans
la mer**
débouquer

Déboucler
débrider, défriser, dégrafer

Débouler
dégringoler, déguerpir, détaler, dévaler, surgir

Déboulonnage
dévissage

Débourber
désenvaser, draguer, nettoyer

Débourrer
dépiler, ébourrer

Débours
acompte, coût, déboursement, dépense, frais

Déboursé
acheté, casqué

Déboursement
débours

Débourser
acheter, casquer, décaisser, dépenser, payer,
verser

Déboussolé
affolé, perdu, troublé

Déboussoler
affoler, troubler

Debout
dressé, droit, guéri, levé, vertical,
verticalement

Débouté
rejeté

Débouter
récuser, rejeter

Déboutonner
défaire, détacher, ouvrir

Débraillé
désordre, indécent, liberté, libre, négligé

Débrayage
grève

Débridé
débordant, déchaîné, effréné, endiablé,
exagéré, fou

Débrider
déboucler, défaire, exciser, inciser, ouvrir,
percer

Débris
cendre, cendres, compost, copeau, déchet,
décombres, détritus, éclat, épave, ferraille,
fragment, gravats, lambeau, miette, morceau,
ordure, plâtras, poussière, rebut, relief,
relique, résidu, reste, restes, rognure, ruine,
sciure, tesson, vestiges

Débris d'ouvrages de plâtre
plâtras

Débris d'un objet de verre
tesson

Débris d'un objet en céramique
tesson

Débris d'une bouteille
tesson

Débris d'une construction
ruines

Débris de construction
déblai

Débris de glace
calcin

Débris provenant d'une démolition
gravois

Débris, déchets de fer, de fonte ou d'acier
ferraille

Débrouillard
adroit, finaud, futé, habile, malin, roué

Débrouillardise
adresse, habileté

Débrouillé
démêlé, désuni

Débrouillement
cardage

Débrouiller
clarifier, défricher, démêler, dénouer, éclaircir,
élucider, ordonner, ranger, résoudre

Débroussaillant
herbicide

Débroussailler
défricher, éclaircir, essarter

Débucher
débusquer

Débusquer
chasser, débucher, déloger, détecter

Début
amont, amorce, arrivée, aube, aurore,
avènement, commencement, création,
démarrage, départ, ébauche, éclosion,
embryon, enfance, entrée, essai, éveil,
exorde, matin, naissance, origine, ouverture,
prélude, prémices, principe, rentrée, seuil,
signal, tête, venue

Début d'appel
allô

Début d'école
éc

Début d'un exposé
prémisse

Début de forêt
fo

Début de l'intestin grêle à la sortie de l'estomac
duodénum

Début du jour
matin

Débutant
apprenti, bizut, bizuth, écolier, inexpert,
néophyte, neuf, nouveau, novice, profane

Débuter
amorcer, attaquer, balbutier, commencer,
déclencher, démarrer, entamer, entreprendre,
naître, ouvrir, parlir

Déca
café, décaféiné

Deçà
ici

Déoaohctei
ouvrir

Décadence
affaiblissement, affaissement, agonie,
caducité, chute, déchéance, déclin,
décrépitude, dégénérescence, dégradation,
dégringolade, déliquescence, détérioration,
écroulement, effondrement, perte, ruine

Décaféiné
déca

Décagramme
dag

Décaissement
dépense

Décaisser
débourser, payer

Décalage
battement, désaccord, différence,
discordance, distance, écart, hiatus,
intervalle, retard, rupture, variation

Décalé
repoussé, retardé

Décaler
avancer, changer, déplacer, étaler, modifier,
reculer, remettre, reporter, repousser, retarder

Décalquage
imitation

Décalquer
calquer, copier, dupliquer, imiter, plagier

Décalvation
alopécie

Décampé
sorti

Décamper
accourir, calter, déguerpir, détaler, fuir, partir,
sortir

Décantation
épuration

Décanté
épuré, pur

Décanter
clarifier, épurer, reposer

Décapage
décapement, frottage, nettoyage, polissage

Décapant
abrasif, caustique, corrosif, mordant, solvant,
subversif, virulent

Décapé
sablé

Décapement
décapage, nettoyage

Décaper
curer, cureler, décrasser, décrotter, frotter,
gratter, nettoyer, polir, poncer, récurer, sabler

Décapeur
ponceur

Décapiter
assassiner, découronner, écimer, étêter,
exécuter, guillotiner, raccourcir

Décapotable
cab, cabriolet

Décapoter
découvrir

Décapsuler
déboucher, ouvrir

Décati
décoloré, fané, flétri, usé

Décatir
décolorer, délustrer, faner, flétrir, user, vieillir

Décédé
défunt, disparu, éteint, expiré, mort, passé,
péri, succombé, trépassé

Décéder
agoniser, caner, disparaître, éteindre, expirer,
mourir, périr, succomber, trépasser

Décelable
audible, détectable, manifeste

Décelé
découvert

Déceler
apercevoir, découvrir, dépister, détecter, deviner, dévoiler, discerner, indiquer, manifester, montrer, percer, pressentir, prouver, repérer, révéler, signaler, situer, surprendre, trahir, trouver

Déceler la présence d'un corps, d'un phénomène caché
détecter

Décélérer
freiner, ralentir

Décembre
mois

Décemment
convenablement, correctement, honnêtement, raisonnablement

Décence
bienséance, chasteté, convenance, correction, honnêteté, modestie, politesse, pudeur, pudicité, réserve, tact, tenue

Décent
acceptable, bienséant, chaste, convenable, correct, honnête, modeste, poli, pudique, raisonnable, réservé, sage, séant, sortable, suffisant

Décentré
excentré

Décentrer
désaxer, déséquilibrer

Déception
agacement, aigreur, amertume, chagrin, contrariété, déboire, décompte, déconvenue, désabusement, désappointement, désenchantement, désillusion, échec, ennui, mécompte, regret

Décerné
adjugé, alloué

Décerner
accorder, adjuger, allouer, assigner, attribuer, concéder, conférer, déférer, doter, octroyer, procurer, remettre

Décerner un diplôme à
diplômer

Décès
deuil, disparition, fin, mort, trépas

Décevant
amer, frustrant, illusoire, insatisfaisant, mensonger, trompeur

Décevoir
chagriner, dégoûter, dépiter, désappointer, désillusionner, duper, frustrer, leurrer, mécontenter, surprendre, tromper

Décevoir, tromper
frustrer

Déchaîné
agressif, allumé, débordant, débridé, démonté, effréné, endiablé, exalté, excité, exubérant, fou, fougueux, furibond, furieux, impétueux, remuant, surexcité, survolté, terrible

Déchaînement
agitation, frénésie, ouragan, rage, tempête, transport, violence

Déchaîner
allumer, attiser, déborder, déclencher, détacher, entraîner, exciter, exploser, irriter, libérer, occasionner, provoquer, sévir, soulever, surexciter, survolter, susciter, tempêter

Déchaler
baisser

Décharge
abattement, acquit, allègement, bordée, bourbier, cloaque, déchetterie, dépotoir, diminution, excuse, exemption, exonération, fusillade, poubelle, quittance, quitus, rafale, récépissé, reçu, salve, soulagement, tir, volée

Déchargé
affranchi, allégé, débarqué, exempt, ôté

Décharge électrique
foudre

Décharge simultanée d'armes à feu
salve

Déchargement
acconage, aconage

Décharger
affranchir, alléger, asséner, blanchir, débarder, débarquer, débarrasser, débâter, décocher, dégager, délester, délivrer, descendre, déverser, disculper, dispenser, épancher, excuser, exempter, exonérer, innocenter, justifier, libérer, ôter, soulager

Décharger à quai
débarder

Décharger quelqu'un de ses frais
défrayer

Déchargeur
porteur

Déchargeur de gabarres
gabarrier

Décharné
amaigri, aride, émacié, étique, famélique, hâve, maigre, maigrelet, noueux, osseux, sec

Décharné, très maigre
étique

Décharner
amaigrir, dessécher, efflanquer

Déchaumeuse
charrue

Déchaussé
déchaux

Déchaux
déchaussé

Déchéance
abaissement, avilissement, bassesse,
caducité, chute, décadence, déclin,
décrépitude, dégradation, dégringolade,
déposition, destitution, disgrâce, forclusion,
incapacité, opprobre, perte, vieillissement

Déchet
battiture, blousse, bourre, bris, chute,
compost, débris, déperdition, détritus, épave,
épluchure, gaspillage, ordure, perte, rebut,
résidu, riblon, rognure, ruine, scorie

Déchets
cendres, ferraille, immondices, restes

Déchetterie
décharge

Déchiffonner
lisser

Déchiffrable
lisible

Déchiffrable, intelligible
lisible

Déchiffrage
lecture

Déchiffré
démêlé

Déchiffrement
lecture

Déchiffrer
comprendre, décoder, décrypter, démêler,
éclaircir, interpréter, lire, percer, piger,
résoudre, traduire, trouver

Déchiffreur
décodeur

Déchiqueté
haché

Déchiqueter
déchirer, hacher, lacérer, mâchurer, mordre,
pulvériser, ronger, taillader

Déchirant
aigu, atroce, bouleversant, crevant,
émouvant, navrant, pathétique, pénible,
perçant, poignant, strident, térébrant,
tragique, triste, vibrant

Déchiré
crevé, loqueteux, usé

Déchirement
dissension, douleur, peine, tourment

Déchirer
accrocher, affliger, arracher, attrister, balafrer,
blesser, bouleverser, calomnier, craquer,
crever, déchiqueter, délabrer, diffamer,
diviser, écarteler, égratigner, entamer, érafler,

érailler, griffer, labourer, lacérer, médire,
meurtrir, mordre, navrer, offenser, outrager,
ouvrir, percer, scinder, taillader, tirailler,
torturer, tourmenter, trouer

Déchirure
accroc, blessure, bobo, contusion, coupure,
crevasse, écorchure, égratignure, éraflure,
éraillure, faille, fêlure, fente, ouverture,
percée, rupture, trou, trouée

Déchoir
abaisser, affaiblir, avilir, baisser, chuter,
déclasser, décliner, dégénérer, dégrader,
déroger, descendre, faiblir, forfaire, régresser,
rétrograder

Déchu
déposé, dépossédé, destitué, détrôné

Déci
décilitre

Décibel
dB

Décidable
résoluble

Décidé
arrêté, assuré, certain, chaud, convenu,
courageux, crâne, décisif, déclaré, délibéré,
déterminé, dicté, dit, entendu, évident,
ferme, fixé, gaillard, hardi, manifeste, net,
prémédité, prêt, réglé, résolu, volontaire

Décider
arbitrer, arrêter, commander, convaincre,
convenir, décréter, définir, déterminer, dicter,
entraîner, faire, fixer, juger, opter, ordonner,
persuader, pousser, régler, résoudre, statuer,
trancher

Décider en qualité d'arbitre
arbitrer

Décider sans appel
trancher

Décideur
décisionnaire, ordonnateur, responsable

Déciduale
caduc

Décilitre
déci, dl

Déciller
désabuser, détromper, éclairer

Décimé
détruit

Décimer
anéantir, détruire, exterminer, faucher,
massacrer, tuer

Décisif
affirmatif, capital, concluant, convaincant,
critique, crucial, décidé, définitif, dernier,
déterminant, dogmatique, final, fort,
important, incontestable, irréfutable, massue,

péremptoire, prépondérant, primordial, principal, probant, tranchant, vital

Décision
arrêt, arrêté, caractère, choix, décret, délibération, détermination, diktat, édit, énergie, fermeté, intention, jugement, mesure, ordonnance, oukase, parti, règlement, résolution, sentence, ukase, verdict, volonté

Décision arbitraire
oukase, ukase

Décision d'un jury
verdict

Décision unilatérale
diktat

Décision volontaire après délibération
fiat

Décision volontaire mettant fin à une délibération
fiat

Décisionnaire
décideur

Déclamateur
débatteur, orateur, parleur, phraseur, rhéteur

Déclamation
allocution

Déclamatoire
ampoulé, boursouflé, oratoire, pompeux, ronflant, théâtral

Déclamer
dire, parler, réciter, scander

Déclaration
affirmation, allocution, annonce, assurance, attestation, aveu, communication, confession, confidence, déposition, dires, discours, énoncé, manifeste, message, parole, proclamation, promesse, propos, révélation

Déclaré
adressé, confié, décidé, dévoilé, irréductible, juré, ouvert

Déclarer
adresser, affirmer, alléguer, annoncer, apparaître, attester, avancer, avouer, certifier, confesser, confier, dévoiler, dire, éclater, exposer, exprimer, indiquer, jurer, manifester, montrer, notifier, porter, prétendre, proclamer, professer, prononcer, publier, reconnaître, révéler, signifier, survenir

Déclarer hautement
proclamer

Déclarer nul
rescinder

Déclarer ouvertement
professer

Déclarer qu'on ne croit plus en quelqu'un
renier

Déclassement
déplacement, dérangement, régression, rétrogradation

Déclasser
battre, déchoir, déplacer, déranger, régresser, reléguer, rétrograder

Déclenché
allumé, amené, excité

Déclenché dans toute sa violence
déchaîné

Déclenchement
amorçage, commencement, tilt

Déclencher
actionner, allumer, amener, attirer, catalyser, causer, commander, commencer, créer, débuter, déchaîner, démarrer, déterminer, éclater, entraîner, éveiller, exciter, générer, induire, initier, lancer, mettre, motiver, occasionner, opérer, produire, provoquer, soulever, susciter

Déclencheur
déclic, détonateur, tilt

Déclic
déclencheur, tilt

Déclin
affaiblissement, agonie, baisse, caducité, chute, crépuscule, décadence, déchéance, décours, décrépitude, décroissance, décrue, dégénérescence, détérioration, diminution, étiolement, fin, recul, régression, soir, vieillesse

Déclin du jour
soir

Déclin précédant la fin
agonie

Déclinaison
cas

Déclinant
affaibli, mourant

Décliné
affaibli, molli, rejeté

Décliner
affaiblir, agoniser, baisser, couler, déchoir, décroître, dédaigner, dégénérer, dépérir, diminuer, dire, écarter, effondrer, effriter, empirer, énoncer, énumérer, étioler, expirer, faiblir, fléchir, languir, mollir, péricliter, refuser, régresser, rejeter, repousser, tomber, vieillir

Déclivité
descente, inclinaison, obliquité, pente

Décocher
adresser, darder, décharger, envoyer, lancer

Décoction
bouillon, breuvage, drogue, infusion, macération, tisane

Décodable
lisible

Décodage
lecture

Décoder
comprendre, déchiffrer, décrypter, deviner, interpréter, lire, pénétrer, percer, saisir, traduire

Décodeur
déchiffreur

Décoiffant
étourdissant

Décoiffé
étonné, hérissé

Décoiffer
dépeigner, ébouriffer, écheveler, étonner, hérisser

Décoincer
débloquer, décomplexer, dégager, dégeler, dégripper, dérider, désinhiber, détendre, libérer

Décolérer
apaiser, dérager, désénerver

Décollage
amorçage, démarrage, départ, envol, envolée, essor

Décollé
désuni, enlevé

Décollement
séparation

Décoller
décrocher, détacher, développer, distancer, enlever, envoler, ôter, partir, progresser, séparer

Décolleté
échancré, échancrure, encolure, poitrine

Décoloration complète ou partielle des cheveux
canitie

Décoloré
affadi, blafard, blond, décati, défraîchi, délavé, éteint, fade, pâle, passé, plat, terne, terni

Décolorer
affadir, blanchir, blondir, décatir, délaver, déteindre, effacer, faner, flétrir, jaunir, oxygéner, pâlir, passer, ternir

Décolorer par l'action de l'eau
délaver

Décombres
compost, déblais, débris, éboulis, gravats, plâtras, restes, ruines, vestiges

Décommandé
annulé

Décommander
annuler, contremander

Décomplexer
décoincer

Décomposé
altéré, avarié, crispé, défait, pourri, putride

Décomposer
altérer, analyser, blêmir, contrefaire, convulser, corrompre, crisper, dégrader, déliter, désagréger, désorganiser, détruire, disloquer, disséquer, dissocier, dissoudre, diviser, gâter, pourrir, putréfier, résoudre, scinder, séparer, troubler

Décomposer un mot
épeler

Décomposition
altération, analyse, corruption, gangrène, pourriture, résolution

Décompresser
dételer

Décompte
addition, compte, déception, déduction, défalcation, dénombrement, détail, énumération, facture, réduction, relevé, retranchement, score, soustraction

Décompté
retenu, retranché

Décompter
compter, déduire, défalquer, dénombrer, énumérer, rabattre, retenir, retirer, retrancher, soustraire

Déconcertant
ahurissant, bizarre, déroutant, désarçonnant, déstabilisant, étonnant, imprévu, inattendu, surprenant, troublant

Déconcerté
abasourdi, ahuri, confus, décontenancé, dérouté, désemparé, étonné, interdit, pantois, penaud, stupéfait, surpris

Déconcerter
abasourdir, ahurir, confondre, déconfire, décontenancer, démonter, dérouter, désappointer, désarçonner, désarmer, désemparer, désorienter, déstabiliser, étonner, interdire, perturber, surprendre, troubler

Déconfire
déconcerter, décontenancer

Déconfit
honteux, penaud, piteux

Déconfiture
chute, débâcle, défaite, déroute, désastre, faillite, naufrage, ruine

Décongeler
dégeler

Déconnecter
dissocier

Déconseiller
dissuader

Déconsidération
discrédit

Déconsidération
discrédit

Déconsidérer
déshonorer, discréditer, nuire, perdre

Déconstruire
défaire

Décontenancé
ahuri, confondu, contrarié, déconcerté, défait, démonté, dérouté, désappointé, désemparé, destabilisé, effaré, embarrassé, étonné, interdit, interloqué, pantois, surpris, troublé

Décontenancé, à la suite d'un échec
déconfit

Décontenancer
ahurir, confondre, déconcerter, déconfire, démonter, dérouter, désappointer, désarçonner, désarmer, désemparer, désorienter, destabiliser, embarrasser, étonner, gêner, interdire, troubler

Décontractant
relaxant

Décontracté
cool, dégagé, détendu, nonchalant, relax, relaxé, souple

Décontracter
détendre, relâcher, relaxer

Décontraction
aisance, aise, détente, flegme

Décontracturant
relaxant

Déconvenue
déception, désabusement, échec, mécompte

Décor
ambiance, cadre, décoration, environnement, guirlande, milieu, ornementation, panorama, parure, paysage, plateau, scène

Décor d'un tissu broché
brochure

Décoratif
ornement, ornemental

Décoration
attribut, barrette, chaîne, cordon, croix, décor, embellissement, étoile, fioriture, insigne, médaille, ornement, ornementation, palme, parure, plaque, récompense, rosette, ruban

Décoration en relief sur métal
repoussé

Décorations dans le tableau
ors

Décoré
amélioré, égayé, garni, habillé, paré

Décorer
agrémenter, améliorer, arranger, diplômer, distinguer, égayer, embellir, enjoliver, garnir, habiller, illustrer, médailler, orner, parer, récompenser

Décorer d'une médaille
médailler

Décorer de scènes narratives
historier

Décorer un ouvrage par quelque chose en forme de feston
festonner

Décorné
écorné

Décorner
écorner

Décorréler
dissocier

Décorticage
examen

Décortiqué
désossé

Décortiquer
dépiauter, dépouiller, désosser, disséquer, écaler, écorcer, émonder

Décorum
apparat, bienséance, cérémonial, cérémonie, convenance, étiquette, pompe, protocole

Décote
baisse, dépréciation, rabais, réduction

Découdre (En)
affronter, contester, débâtir, défaufiler, dépiquer

Découdre le bâti d'une jupe
débâtir

Découler
accomplir, dégoutter, dériver, écouler, émaner, procéder, provenir, résulter, venir

Découpage
coupe, débitage, dépeçage, division, équarrissage, fractionnement, morcellement, partage, scénario

Découpe
découpure

Découpé
désuni, haché, profilé

Découpe dans la tranche d'un livre
encoche

Découper
chantourner, couper, débiter, denteler, dépecer, détacher, détailler, diviser, échancrer, entailler, équarrir, évider, fractionner, hacher, lever, morceler, partager, profiler, ressortir, segmenter, tailler, trancher

Découper aux ciseaux
ciseler

Découper du bois
débiter

Découper en filets
fileter

Découper en morceaux
débiter

Découper en suivant un tracé
repercer

Découpler
désaccoupler, désunir, détacher, isoler

Découpure
coupe, découpe, dentelure, échancrure, encoche, entaille, feston, incisure

Découpure en forme de créneaux
crénelure

Découpure en forme de dent
redan

Découragé
abattu, accablé, affligé, anéanti, dégoûté, démobilisé, démonté, démoralisé, démotivé, déprimé, désabusé, désenchanté, désespéré, écœuré, lassé, rebuté, triste

Décourageant
amer, dissuasif, glaçant, navrant, rebutant

Découragement
abattement, accablement, acrimonie, cafard, démoralisation, désenchantement, désespoir, écœurement, ennui, lassitude, marasme

Décourager
abattre, accabler, affliger, débiliter, démoraliser, déprimer, dissuader, ébranler, écœurer, lasser, rebuter, refroidir, saper

Découronner
décapiter, étêter

Décours
déclin

Décousu
confus, désordonné, haché, illogique, incohérent, inconséquent, sautillant

Découvert
aperçu, décelé, déficit, dégagé, dénudé, dette, dévoilé, éprouvé, éventé, exposé, frustré, noté, nu, ouvert, senti

Découverte
création, détection, exploration, illumination, invention, recherche, reconnaissance, révélation, trouvaille

Découvreur
inventeur

Découvrir
apercevoir, apprendre, concevoir, confondre, constater, décapoter, déceler, dégager, dégoter, dégotter, dénicher, dénuder, dépister, détecter, déterrer, deviner, dévoiler, discerner,

distinguer, divulguer, épancher, éprouver, établir, éventer, exhiber, explorer, exposer, imaginer, inventer, lire, montrer, pénétrer, percer, percevoir, relever, remarquer, repérer, révéler, saisir, sentir, situer, surprendre, trouver, voir

Découvrir le sens caché de quelque chose
décrypter

Décrassage
curetage, nettoyage

Décrasser
astiquer, blanchir, brosser, cirer, curer, cureter, décaper, dégraisser, désencrasser, draguer, épousseter, essuyer, étriller, laver, lessiver, nettoyer, purger, purifier, racler, récurer, rincer, sarcler, toiletter

Décrasser, dégrossir
décrotter

Décrêper
défriser

Décrépit
croulant, défraîchi, délabré, détérioré, galeux, gâteux, ramolli, sénile, usagé, usé, vieux

Décrépitude
accablement, âge, caducité, décadence, déchéance, déclin, dégénérescence, délabrement, déliquescence, gâtisme, sénilité, usure, vieillesse

Décret
arrêt, arrêté, bulle, décision, diktat, édit, jugement, loi, ordonnance, ordre, oukase, règlement, sentence, ukase, volonté

Décret du roi
rescrit

Décret du roi du Maroc
dahir

Décréter
commander, décider, disposer, édicter, imposer, légiférer, ordonner, promulguer, prononcer

Décri
défaveur, discrédit

Décrier
attaquer, calomnier, critiquer, dénigrer, déprécier, détracter, discréditer, médire, noircir, vilipender

Décriminaliser
autoriser

Décrire
camper, caractériser, dépeindre, dessiner, détailler, esquisser, évoquer, expliquer, exposer, montrer, peindre, raconter, représenter, retracer, tracer

Décrire des sinuosités
sinuer

Décrire les armoiries selon les règles
blasonner

Décrispation
dégel, détente

Décrisper
relâcher, relaxer

Décrit
campé

Décrochage
recul, retrait, retraite

Décroché
abandonné, ôté

Décrocher
abandonner, accrocher, attraper, décoller,
décourager, démissionner, dépendre,
descendre, détacher, dételer, gagner, obtenir,
ôter, reculer, remporter, renoncer

Décrocher de l'école
droper

Décroissance
déclin, décrue, diminution

Décroissement
diminution

Décroître
affaiblir, amoindrir, baisser, décliner,
descendre, diminuer, effriter, expirer, faiblir,
péricliter, rapetisser, régresser

Décrottage
nettoyage

Décrotter
décaper, nettoyer

Décrotter, dégrossir
décrasser

Décrottoir
grattoir

Décrue
affaiblissement, baisse, déclin, décroissance,
désescalade, diminution, étiage

Décryptable
lisible

Décryptage
lecture

Décrypter
comprendre, déchiffrer, décoder, deviner,
interpréter, lire, percer, saisir, traduire

Déçu
contrarié, dégoûté, dépité, désabusé,
désappointé, désenchanté, désillusionné,
écœuré, frustré, inassouvi, insatisfait, leurré,
mécontent, navré, triste

Décupler
augmenter, centupler, gonfler, multiplier,
redoubler

Dédaigné
rejeté

Dédaigner
décliner, gouailler, ignorer, mépriser, négliger,
oublier, refuser, rejeter, repousser, snober

Dédaigneusement
fièrement

Dédaigneux
altier, arrogant, condescendant, fier, froid,
hautain, méprisant, pincé, protecteur, rogue,
superbe, supérieur

Dédain
arrogance, condescendance, dérision, fierté,
hauteur, insolence, mépris, mésestime,
morgue, orgueil, pitié, superbe

Dédale
complications, confusion, écheveau,
embrouillamini, enchevêtrement, forêt,
labyrinthe, lacis, maquis, repli, réseau

Dedans
âme, dans, intérieur, parmi

Dédicace
consécration, envoi

Dédicacé
adressé, dédié

Dédicacer
adresser, dédier, signer

Dédié
adressé, affecté, consacré, dédicacé, dévoué,
offert, voué

Dédier
adresser, affecter, consacrer, dédicacer,
dévouer, offrir, vouer

Dédier à Dieu, à un saint
consacrer

Dédire
contredire, démentir, raviser

Dédit
compensation, dédommagement, démenti,
forfait, indemnité, rétractation, révocation

Dédommagement
allocation, compensation, dédit, récompense,
remerciement, réparation

Dédommager
compenser, consoler, payer, récompenser,
remercier, réparer, venger

Déductif
logique

Déduction
abattement, décompte, raisonnement,
réduction, remise, synthèse

Déduire
arguer, conclure, décompter, défalquer,
enlever, inférer, ôter, rabattre, raisonner,
rendre, retenir, retirer, retrancher, soustraire,
tirer

Déduit
enlevé, ergoté, ôté, retenu, retranché

Déesse
beauté, divinité, muse, nymphe, pétard, vénus

Déesse de la Vengeance
Némésis

Déesse des Eaux
Ondine

Déesse des Moissons
Cérès

Déesse des mythologies nordiques
Walkyrie

Déesse devenue vache
Io

Déesse grecque de la Jeunesse
Hébé

Déesse grecque de la Vengeance
Némésis

Déesse grecque, épouse de Zeus
Héra

Déesse indienne
Apsara

Déesse inférieure
Apsara

Défaillance
défaut, faiblesse, malaise, manque, pâmoison, syncope

Défaillant
absent, affaibli, faible, infidèle, labile

Défailli
évanoui

Défaillir
faiblir

Défaire
abolir, affranchir, battre, culbuter, déballer, débarrasser, déboutonner, débrider, déconstruire, dégager, dégrafer, délacer, délier, délivrer, démolir, démonter, dénouer, dépêtrer, déplier, déposer, désassembler, dessangler, desserrer, détacher, dévisser, écraser, enfoncer, miner, ouvrir, piler, quitter, renverser, saper, subvertir, vaincre

Défaire ce qui était cloué
déclouer

Défaire ce qui était cousu
découdre

Défaire de nouveau
redéfaire

Défaire fil à fil
parfiler

Défaire la boucle de
déboucler

Défaire la brochure d'un livre
débrocher

Défaire le bâti d'une couture
débâtir

Défaire le couple formé par deux personnes
découpler

Défaire les tresses
dénatter

Défait
abattu, affaibli, affranchi, décomposé, décontenancé, écrasé, épuisé, exténué, pâle, perdant, sapé, tiré, vaincu

Défaite
abandon, capitulation, débâcle, débandade, déconfiture, déroute, échec, écrasement, fiasco, perte, retraite, revers

Défaitisme
pessimisme

Défaitiste
alarmiste, pessimiste

Défalcation
décompte

Défalqué
enlevé, ôté, retenu

Défalquer
décompter, déduire, enlever, ôter, rabattre, retenir, retirer

Défatigant
délassant, relaxant

Défatigué
relaxé

Défatiguer
délasser, relaxer

Défaufiler
découdre

Défausser
redresser

Défaut
absence, anomalie, bogue, carence, contumace, défaillance, défectuosité, désavantage, disette, faiblesse, faille, faute, imperfection, inconvénient, indigence, insuffisance, irrégularité, lacune, loup, malfaçon, malformation, manque, paille, pauvreté, penchant, pénurie, privation, rareté, tare, tort, travers, vice

Défaut consistant à être rétif
rétivité

Défaut d'alignement des centres des lentilles d'un appareil optique
décentration

Défaut d'aplomb d'un mur
dévers

Défaut d'apprentissage de la lecture
dyslexie

Défaut d'égalité
inégalité

Défaut d'enthousiasme
tiédeur

Défaut d'un logiciel
bogue

Défaut d'un propos verbeux
verbosité

Défaut d'une personne verbeuse
verbosité

Défaut dans la structure optique de l'œil
amétropie

Défaut de l'esprit simpliste
simplisme

Défaut de l'ouïe
surdité

Défaut de parité
imparité

Défaut de prononciation de la personne qui blèse
blèsement

Défaut du bois
lunure

Défaut du bois en forme de croissant de lune
lunure

Défaut héréditaire
tare

Défaut léger
travers

Défaveur
décri, discrédit, disgrâce, hostilité, inimitié

Défavorable
adverse, contraire, critique, mauvais, néfaste, négatif, nuisible, opposé, polémique

Défavorablement
mal

Défavorisé
frustré, lésé, paria, pauvre

Défavoriser
désavantager, déshériter, frustrer, handicaper, léser, nuire

Défection
abandon, délaissement, désertion, lâchage, retrait, trahison

Défectueux
détraqué, fautif, imparfait, incorrect

Défectuosité
anomalie, défaut, imperfection, irrégularité, lacune, malfaçon, malformation, tare, vice

Défendable
disputable

Défendant
aidant

Défendre
abriter, affermir, aider, appuyer, assurer, condamner, empêcher, excuser, fortifier, garantir, garder, inhiber, intercéder, interdire, justifier, légitimer, lutter, plaider, prémunir, préserver, prohiber, proscrire, protéger, réagir, refuser, répondre, riposter, sauvegarder, sauver, secourir, soutenir, tenir

Défendre une cause devant les juges
plaider

Défendu
abrégé, affermi, garanti, illégal, illicite, interdit, prohibé, protégé, sauvé

Défense
aide, apologie, armure, avocat, bastion, bouclier, cuirasse, défenseur, excuse, garde, inhibition, interdiction, justification, parade, plaidoirie, plaidoyer, prohibition, protection, rempart, rescousse, sauvegarde, secours, sécurité, soutien, surveillance

Défense antiaérienne
DCA

Défense de sanglier
dague

Défenseur
adepte, ami, apologiste, apôtre, appui, avocat, avoué, champion, défense, garant, gardien, partisan, pilier, plaideur, protecteur, soldat, soutien, tenant, tribun, zélateur

Défenseur d'une cause
champion

Défenseur des Canadiens ayant gagné le trophée James Norris
Chelios

Défenseur des Canadiens qui a marqué le plus de buts en une saison
Lapointe

Défenseur des Canadiens surnommé « Big Bird »
Robinson

Défenseur du christianisme
apologiste

Défenseur éloquent
tribun

Déférence
bassesse, considération, égard, estime, humilité, obséquiosité, politesse, respect, révérence, servilité

Déférent
accommodant, avenant, complaisant, pieux, poli, prévenant, respectueux, soumis

Déférer
décerner, livrer

Déferlante
rouleau

Déferlement
affluence, afflux, avalanche, averse, déluge, flux, invasion, ruée, rush, tempête, torrent, vague

Déferler
affluer, déployer, envahir, envoyer, larguer, répandre

Défeuiller
effeuiller

Défi
bravade, challenge, fanfaronnade, gageure,
pari, performance, provocation

Défiance
doute, méfiance, ombrage, prévention,
prudence, soupçon, suspicion

Défiant
circonspect, incrédule, jaloux, méfiant,
ombrageux, réticent, sceptique, soupçonneux

Déficeler
ouvrir

Déficience
carence, faiblesse, indigence, lacune,
manque, pauvreté, rareté, retard, tare

Déficience permanente d'une partie du corps
infirmité

Déficient
anémique, débile, faible, handicapé,
insuffisant

Déficit
découvert, disette, mali, manque, perte, trou

Défié
affronté, agressé, attaqué, bravé, nargué,
provoqué, rivalisé

Défier
affronter, agresser, attaquer, braver, narguer,
provoquer, rivaliser

Défier l'adversaire
contrer

Défiger
liquéfier

Défiguration
défigurement

Défiguré
abîmé, altéré

Défigurement
défiguration

Défigurer
altérer, changer, contrefaire, corrompre,
déformer, dénaturer, déshonorer, enlaidir,
falsifier, fausser, gâter, massacrer, torturer

Défilé
canyon, chapelet, col, colonne, cortège,
couloir, détroit, file, foule, gorge, goulet,
manif, marche, noria, parade, pas, passage,
porte, procession, revue, ribambelle,
succession, suite, théorie

Défilé d'une troupe de cavaliers
cavalcade

Défilé de chars
corso

Défilé militaire
parade

Défiler
dérouler, effiler, parader, passer, succéder

Défiler (Se)
dérober, disparaître, esquiver, éviter, fuir

Défini
achevé, clair, délimité, déterminé, fixe, précis

Défini par la loi
légal

Définir
caractériser, cerner, circonscrire, décider,
délimiter, déterminer, expliquer, fixer,
indiquer, préciser, spécifier

Définir comme cible
cibler

Définir de nouveau
redéfinir

Définir le lieu
localiser

Définitif
arrêté, catégorique, concluant, décisif,
dernier, déterminé, ferme, final, finalisé,
fixe, inébranlable, invariable, irrémédiable,
irrévocable, probant, ultime

Définition
fixation, principe, sens

Déflagration
bing, bruit, détonation

Déflagrer
détoner, dynamiter

Défléchir
dévier

Défleurir
fanor

Déflexion
déviation

Défoliant
herbicide

Défoncé
détruit

Défoncer
briser, détériorer, détruire, emboutir, enfoncer,
éventrer, fracturer, labourer, tamponner

Défonceuse
charrue

Déforcer
débiliter

Déforestation
déboisage, dépeuplement

Déformant par torsion
tordant

Déformation
accident, anomalie, caricature, corruption,
déviation, gondolage, habitude, torsion

Déformation de la partie antérieure du cou
goitre

Déformé
altéré, avachi, crispé, difforme, fatigué, gauchi, inexact, infidèle, pauvre, tordu, travaillé, usé

Déformer
adultérer, altérer, avachir, bosseler, cabosser, caricaturer, changer, contrefaire, corrompre, courber, crisper, défigurer, déjeter, dénaturer, dévier, distendre, distordre, falsifier, fausser, forcer, gâter, gauchir, gondoler, jouer, modifier, mutiler, pervertir, ployer, tordre, torturer, trahir, transformer, travailler, travestir

Déformer à l'ouverture
égueuler

Déformer en pressant
écacher

Déformer la vérité
fausser

Déformer par des bosses
bosseler, bossuer

Déformer par torsion
tordre

Déformer par une torsion
distordre

Déformer, dévier
déjeter

Défouloir
exutoire

Défourailler
dégainer

Défraîchi
décoloré, décrépit, délabré, délavé, détérioré, éculé, élimé, estompé, éteint, fade, fané, fatigué, flétri, fripé, pâle, passé, râpé, terne, terni, usagé, usé, vétuste, vieilli, vieux

Défraîchir
faner, flétrir, ternir

Défrayer
indemniser, payer, rembourser

Défrichage
déboisage

Défricher
déblayer, déboiser, débrouiller, débroussailler, dégrossir, démêler, éclaircir, essarter, frayer, préparer

Défricheur
pionnier

Défriper
lisser, repasser

Défriser
contrarier, déboucler, décrêper, déranger, ennuyer, lisser, raidir

Défroisser
lisser

Défroque
habit, haillon, harde

Défunt
décédé, disparu, feu, mort, trépassé

Dégagé
affranchi, aisé, beau, bel, cavalier, clair, débouché, décontracté, découvert, dénudé, désencombré, désinvolte, enlevé, exempt, léger, leste, libre, ôté, quitte, souple

Dégagé de tout formalisme
informel

Dégagement
déblayage, déblocage, issue, libération, passage, production

Dégager
affranchir, débarrasser, déblayer, débloquer, déboucher, décharger, décoincer, découvrir, défaire, délier, délivrer, dénouer, dénuder, dépêtrer, dépouiller, désencombrer, désobstruer, dispenser, distinguer, éclaircir, émaner, émerger, émettre, enlever, exempter, exhaler, exonérer, extraire, isoler, libérer, montrer, ôter, produire, relever, répandre, respirer, restituer, retirer, sécréter, séparer, sortir, tirer

Dégager d'un embarras
dépêtrer

Dégager d'un lien
dépêtrer

Dégager de ce qui encombre
déblayer

Dégager un lieu des choses qui l'encombrent
déblayer

Dégaine
air, allure, apparence, façon, genre, style, touche

Dégainer
défourailler, tirer

Dégarni
chauve, dénudé, frustré, nu, pauvre, pelé

Dégarnir
débarrasser, démunir, dénuder, dépouiller, dépourvoir, élaguer, émonder, tailler, vider

Dégarnir de pavés
dépaver

Dégarnir de sa croûte
écroûter

Dégarnir de ses cornes
décorner

Dégarnir de ses lardons
délarder

Dégarnir un terrain
déboiser

Dégât
altération, carnage, casse, dégradation, déprédation, destruction, détérioration, dévastation, dommage, grabuge, méfait, perte, ravage, saccage, tort

Dégâts causés aux grains par la nielle
niellure

Dégauchir
aplanir, corriger, raboter, redresser

Dégel
débâcle, déblocage, décrispation, détente,
fonte, libération

Dégelant
déglaçant

Dégelée
raclée

Dégeler
débloquer, décoincer, décongeler, dérider,
détendre, libérer, réchauffer

Dégeler brusquement, en parlant d'une rivière
débâcler

Dégénéré
abâtardi, imbécile

Dégénérer
abâtardir, aggraver, appauvrir, avilir, déchoir,
décliner, dégrader, dépérir, détériorer,
empirer, pervertir, pourrir, tourner

Dégénérer en abcès
abcéder

Dégénérescence
décadence, déclin, décrépitude, lésion, perte,
perversion

Dégivrant
déglaçant

Dégivrer
déglacer, déneiger

Déglaçant
dégelant, dégivrant, déneigeant

Déglacer
dégivrer

Déglutir
avaler

Dégommer
destituer, limoger, renverser, renvoyer, virer

Dégonflard
lâche

Dégonflé
lâche, peureux, plat, pleutre, timoré

Dégonflement
diminution

Dégonfler
diminuer

Dégorgeoir
déversoir

Dégorger
évacuer

Dégoter
découvrir, marquer, obtenir, piocher, prendre,
trouver

Dégotter
découvrir, obtenir, marquer, piocher, prendre,
trouver

Dégoulinade
coulure, traînée

Dégoulinant
sirupeux, trempé

Dégouliné
coulé

Dégouliner
couler, ruisseler, suer, transpirer

Dégourdi
adroit, agile, capable, déluré, éveillé, futé,
malin

Dégourdir
délurer, déniaiser, dessaler, façonner, réveiller

Dégoût
abattement, acrimonie, allergie,
amertume, animosité, antipathie, aversion,
désabusement, écœurement, ennui,
exécration, haine, horreur, inappétence,
mépris, nausée, phobie, répugnance,
répulsion

Dégoûtant
abject, cochon, crasseux, désagréable,
écœurant, fétide, grivois, grossier, hideux,
honteux, horrible, ignoble, imbuvable,
immangeable, immonde, infâme, infect,
innommable, laid, licencieux, malpropre,
mauvais, nauséabond, nauséeux, obscène,
odieux, porc, puant, rebutant, repoussant,
répugnant, répulsif, révoltant, sale, sordide,
vicieux

Dégoûté
abattu, blasé, découragé, déçu, désabusé,
désenchanté, écœuré, las, répugné

Dégoûter
abattre, blaser, débecter, décevoir,
démoraliser, détourner, dissuader, écœurer,
indisposer, lasser, rebuter, repousser,
répugner, révolter, révulser, saturer, tuer

Dégouttant
mouillé, trempé

Dégoutté
coulé

Dégoutter
couler, découler, égoutter, goutter, ruisseler,
suer, suinter, tomber, transpirer

Dégradant
abrutissant, avilissant, bas, déshonorant,
honteux, humiliant, ignoble, immonde,
infamant, infâme

Dégradation
abaissement, altération, avilissement,
bassesse, cassation, décadence, déchéance,
dégât, délabrement, déposition, déshonneur,

destitution, destruction, détérioration,
dommage, endommagement, érosion,
ignominie, perte, pollution, profanation,
ravage, ruine, usure

Dégradation du relief
érosion

Dégradé
abâtardi, altéré, délabré, détérioré, ruiné,
vétuste

Dégradé par le temps
décrépit

Dégrader
abaisser, abâtardir, altérer, avilir, bousiller,
casser, décomposer, délabrer, déshonorer,
destituer, diminuer, ébrécher, endommager,
éroder, galvauder, gâter, mutiler, profaner,
rabaisser, ruiner, suspendre

Dégrader par la base
saper

Dégrafer
déboucler, défaire, détacher, ouvrir

Dégraissage
licenciement, nettoyage

Dégraissé
désuni

Dégraisser
décrasser, délarder, lessiver, nettoyer, réduire

Dégraisseur
détacheur

Degré
barreau, classe, cran, échelle, échelon,
étage, étape, état, galon, gradation, grade,
gradin, marche, niveau, nuance, palier, pas,
phase, point, position, rang, rangée, stade,
tablette, titrage, titre, ton, tonalité

Degré au judo
dan

Degré d'élévation
niveau

Degré d'énergie
intensité

Degré d'enseignement
cours

Degré d'une hiérarchie
grade

Degré de fréquence ou d'intensité des séismes dans un lieu donné
sismicité

Degré de qualification d'une ceinture noire
dan

Degré du zodiaque
décan

Degré extrême
comble

Degré hygrométrique
humidité

Degré le plus élevé
zénith

Dégrevé
allégé

Dégrèvement
abattement, diminution, réduction

Dégrever
alléger, exempter, exonérer

Dégringolade
baisse, chute, culbute, décadence,
déchéance, descente, éboulement,
écroulement, effondrement, glissade

Dégringolé
roulé

Dégringoler
affaisser, chuter, culbuter, débouler,
descendre, dévaler, ébouler, écrouler,
effondrer, rouler, sombrer, tomber, valdinguer

Dégripper
débloquer, décoincer

Dégriser
désenivrer, dessoûler

Dégrosser
étirer

Dégrossi
étiré

Dégrossir
affiner, blanchir, civiliser, défricher, ébaucher,
éclaircir, façonner, polir

Dégrossir à la meule
meuler

Dégrossir, épanneler
ébaucher

Déguenillé
loqueteux, pouilleux

Déguerpi
renié, sorti

Déguerpir
calter, débouler, décamper, déloger, détaler,
échapper, enfuir, filer, fuir, partir, quitter,
sauver, sortir

Déguisé
accoutré, affublé, caché, camouflé, couvert,
dénaturé, dissimulé, embelli, fagoté, fardé,
faussé, grimé, habillé, maquillé, masqué,
métamorphosé, modifié, transformé, travesti,
vêtu, voilé

Déguisement
accoutrement, costume, fard, feinte, habit,
mascarade, panoplie

Déguiser
accoutrer, adultérer, affubler, altérer, arranger,
camoufler, celer, changer, contrefaire,
costumer, couvrir, dénaturer, dissimuler,
enrober, falsifier, farder, feindre, fringuer,

habiller, maquiller, masquer, pallier, recouvrir, travestir, vêtir, voiler

Dégustateur
goûteur

Dégustation
gustation

Déguster
aimer, apprécier, délecter, goûter, manger, profiter, savourer, siroter

Déhanchement
tortillement

Dehors
abord, air, apparence, aspect, écorce, enveloppe, extérieur, façade, figure, forme, hors, masque, mine, surface, teinture, vernis

Déifié
exalté, vénéré

Déifier
adorer, aduler, diviniser, exalter, glorifier, honorer, idolâtrer, sanctifier, vénérer

Déisme
théisme

Déiste
théiste

Déité
dieu, divinité, idole

Déjà
auparavant, avant

Déjanté
fou

Déjeté
difforme, tordu

Déjeter
courber, déformer, dévier, gondoler

Déjeuner
brunch, dîner, manger, repas

Déjeuner-dîner
brunch

Déjouer
confondre, contrarier, contrecarrer, dépister, empêcher, éventer, tromper

Déjucher
chasser, déloger

Délabré
abîmé, croulant, décrépit, défraîchi, dégradé, détérioré, ruiné, usagé, usé, vétuste, vieux

Délabrement
décrépitude, dégradation, ruine

Délabrer
abîmer, bousiller, crouler, déchirer, dégrader, démolir, dépérir, détériorer, endommager, gâter, ravager, ruiner

Délacer
défaire, dénouer, desserrer, ouvrir

Délai
atermoiement, échéance, extension, marge, moratoire, période, prolongation, remise, répit, retard, sursis, suspension, temps, terme, tolérance

Délai de paiement
crédit

Délai entre un stimulus et sa réaction
latence

Délaissé
abandonné, déserté, esseulé, inhabité, isolé, laissé, négligé, quitté, renié

Délaissement
abandon, cession, défection, désertion, isolement, lâchage, solitude

Délaisser
abandonner, déserter, lâcher, larguer, négliger, oublier, quitter

Délarder
dégraisser

Délassant
amusant, défatigant, distrayant, divertissant, hilarant, récréatif, relaxant, reposant

Délassé
relaxé, reposé, soufflé

Délassement
amusement, détente, distraction, divertissement, évasion, jouet, loisir, pause, récréation, relâchement, repos

Délasser
amuser, défatiguer, désennuyer, détendre, distraire, divertir, récréer, relaxer, reposer, souffler

Délateur
accusateur, corbeau, dénonciateur, espion, indicateur, rapporteur, sycophante, traître, vendu

Délation
dénonciation

Délavé
affadi, décoloré, défraîchi, détrempé, éteint, fade, fané, livide, pâle, pâlot, passé, terne, terni

Délaver
affadir, décolorer, détremper, éclaircir, laver, ternir

Délayage
bavardage, éclaircissement, longueur, remplissage, verbiage

Délayé
détrempé, noyé, redondant, verbeux

Délayer
allonger, détremper, diluer, dissoudre, étendre, fondre, gâcher, laver, noyer, rallonger

Delco
allumeur

Déléaturer
supprimer

Délébile
effaçable

Délectable
affable, agréable, délicieux, doux, exquis, fameux, fin, friand, sapide, savoureux, suave, succulent

Délectation
amusement, délice, jouissance, plaisir, ravissement, régal, volupté

Délecter (Se)
charmer, déguster, flatter, goûter, régaler, réjouir, repaître, savourer

Délégation
mandat, mission, pouvoir

Délégué
agent, commissaire, confié, député, élu, émissaire, envoyé, habilité, mandataire, messager, représentant

Délégué représentant les créanciers
syndic

Déléguer
commettre, confier, députer, détacher, envoyer, habiliter, mandater, transmettre

Délestage
déviation

Délesté
allégé

Délester
alléger, débarrasser, décharger, soulager, voler

Délétère
asphyxiant, corrupteur, irrespirable, malsain, mauvais, méphitique, néfaste, nocif, nuisible, pestilentiel, toxique

Délibération
débat, décision, délibéré, discussion, examen, réflexion, résolution

Délibération entre juges
délibéré

Délibéré
assuré, conscient, décidé, délibération, déterminé, ferme, intentionnel, libre, pesé, prémédité, réfléchi, résolu, volontaire, voulu

Délibérément
exprès, sciemment

Délibérer
concerter, consulter, débattre, hésiter, méditer, penser, réfléchir, tenir, tergiverser

Délicat
admirable, adorable, adroit, aérien, affable, affectif, agréable, anémique, arachnéen, attentionné, beau, bel, bienséant, bon, brûlant, chatouilleux, chétif, complexe, compliqué, dangereux, débile, délicieux, délié, difficile, douillet, doux, écœuré, élégant, embarrassant, épineux, éthéré, exigeant, exquis, faible, fin, fluet, fragile, frêle, friand, galant, gentil, gracieux, gracile, grêle, harmonieux, honnête, joli, léger, malaisé, malingre, menu, mignon, mince, ombrageux, pénétrant, périlleux, poli, précaire, précieux, prévenant, probe, pudique, pur, raffiné, recherché, risqué, savoureux, scabreux, scrupuleux, sensible, soigné, sophistiqué, suave, subtil, succulent, susceptible, tendre, ténu, vaporeux

Délicatement
délicieusement, doucement, élégamment, exquisément, finement, gracieusement, joliment, précautionneusement, savoureusement, soigneusement, subtilement

Délicatesse
affabilité, attention, beauté, chétivité, complexité, débilité, difficulté, discrétion, douceur, élégance, faiblesse, finesse, fragilité, friandise, galanterie, grâce, harmonie, honnêteté, joliesse, légèreté, précaution, prévenance, pudeur, pureté, raffinement, recherche, scrupule, soin, suavité, subtilité, succulence, tact, ténuité

Délice
amusement, bonheur, charme, délectation, félicité, joie, jouissance, plaisir, régal, séduction, volupté

Délicieusement
délicatement, suavement

Délicieux
admirable, adorable, agréable, beau, bel, bon, charmant, délectable, délicat, divin, doux, enchanteur, exquis, fameux, friand, merveilleux, savoureux, suave, sublime, succulent, tendre

Délié
adroit, affranchi, agile, délicat, effilé, fin, fluide, fuselé, grêle, léger, mince, pénétrant, prompt, souple, subtil, svelte, ténu

Délier
affiner, affranchir, assouplir, défaire, dégager, déligoter, délivrer, dénouer, désenchaîner, détacher, libérer, relever

Déligoter
délier

Délimitation
bornage, fixation, frontière, limitation

Délimité
défini, déterminé, marqué

Délimiter
assigner, borner, cantonner, caractériser, cerner, cibler, circonscrire, définir,

déterminer, entourer, fixer, limiter, localiser, marquer, piqueter, restreindre

Délinéament
contour, forme, ligne

Délinquant
dévoyé

Déliquescence
décadence, décrépitude, ruine

Déliquescent
ramolli

Délirant
dément, démentiel, déréglé, dingue, effréné, exalté, extravagant, fou, frénétique, incohérent, insensé, surexcité, triomphal

Délire
aberration, acclamation, agitation, cauchemar, confusion, déraison, divagation, égarement, enthousiasme, exaltation, exultation, folie, frénésie, hallucination, hystérie, phantasme, psychose, transport, trouble

Délire d'interprétation
paranoïa

Délire, forme délirante polymorphique de la schizophrénie caractérisée par l'incohérence
paranoïa

Délirer
acclamer, dérailler, déraisonner, divaguer, extravaguer, halluciner, radoter, rêver

Délit
contravention, crime, faute, infraction, recel, répit

Déliter
décomposer

Délivrance
émancipation, fourniture, libération, rachat, remise, tradition

Délivrance de ce qui embarrassait
débarras

Délivrant
aidant

Délivré
affranchi, guéri, libéré, quitte

Délivrer
affranchir, aider, débarrasser, décharger, défaire, dégager, délier, dépêtrer, détacher, dispenser, fournir, guérir, libérer, livrer, racheter, relâcher, remettre, soulager

Délivrer une patente
patenter

Délocalisation
transfert

Délocaliser
envoyer, transférer

Délogé
déménagé, renié

Déloger
chasser, débusquer, déguerpir, déjucher, déménager, expulser, extirper, extraire, partir, retirer

Délot
doigtier

Déloyal
adultère, artificieux, captieux, faux, félon, fourbe, hypocrite, incorrect, indélicat, infidèle, lâche, malhonnête, parjure, perfide, traître, trompeur, véreux

Déloyauté
fausseté, félonie, forfaiture, fourberie, hypocrisie, indélicatesse, malhonnêteté, perfidie, trahison, traîtrise

Delta
embouchure, estuaire

Deltaplane
parapente

Déluge
abondance, affluence, avalanche, averse, bordée, cascade, cataclysme, cataracte, déferlement, fleuve, flot, flux, giboulée, grêle, inondation, kyrielle, marée, nuée, océan, ondée, orage, pluie, profusion, ruée, surabondance, torrent, trombe

Déluré
coquin, dégourdi, dessalé, effronté, éveillé, fripon, futé, hardi, malin, vif

Délurer
dégourdir, déniaiser, dessaler

Délustrer
décatir

Démagogique
racoleur

Demain
avenir, bientôt, futur, lendemain, prochainement, rapidement

Démanché
désuni

Démanchement
déboîtement, désarticulation

Démancher
déboîter, démantibuler, démonter, disloquer

Demande
commandement, désir, exigence, imploration, injonction, instance, interrogation, mandement, ordre, pétition, prière, question, réclamation, requête, revendication, sollicitation, sommation, souhait, supplique, vœu, volonté

Demandé
recherché, requis

Demander
adjurer, appeler, commander, convoquer, désirer, douter, enjoindre, exiger, hésiter,

implorer, imposer, mander, mendier,
nécessiter, ordonner, postuler, prendre,
prescrire, prétendre, prier, quémander,
réclamer, requérir, revendiquer, solliciter,
souhaiter, supplier, taper, vouloir

Demander humblement et avec insistance
quémander

Demander la charité
mendier

Demandeur
exposant, plaideur

Démangeaison
chatouillement, désir, envie, feu, irritation,
picotement, prurit, tentation

Démangeaison de la peau
prurit

Démanger
chatouiller, gratter, irriter, picoter, piquer

Démantelé
abattu, détruit, rasé

Démantèlement
démolition, destruction, ruine

Démanteler
abattre, abolir, démolir, détruire, disloquer,
raser

Démantibulé
désossé, désuni

Démantibuler
démancher, désosser, disloquer

Démarcage
copie

Démarcation
bornage, frontière, ligne, limitation, limite,
séparation

Démarche
acte, action, allure, amble, approche, essai,
formalité, marche, méthode, pas, port,
requête, tentative, visite

Démarcheur
placeur, placier, visiteur

Démarquage
calque, imitation, pillage, plagiat

Démarquer
calquer, contrefaire, copier, imiter, pasticher,
piller, pirater, plagier

Démarqueur
copiste

Démarrage
allumage, amorçage, commencement, début,
décollage, départ, lancement

Démarrage économique
décollage

Démarrer
amorcer, attaquer, commencer, débuter,
déclencher, entamer, lancer, ouvrir, partir

Démarreur
starter

Démarreur à pied
kick

Démasqué
dévoilé

Démasquer
confondre, deviner, dévoiler, montrer, signaler

Démêlage
cardage

Démêlé
altercation, chicane, coiffé, compris, conflit,
contestation, débrouillé, déchiffré, désaccord,
désentortillé, désuni, dévidé, deviné,
différencié, différend, discerné, dispute,
distingué, éclaircie, élucidé, litige, ordonné,
peigné, percé, querelle, séparé

Démêler
brosser, clarifier, coiffer, comprendre,
débrouiller, déchiffrer, défricher, dénouer,
désentortiller, dévider, deviner, différencier,
discerner, distinguer, éclaircir, élucider,
ordonner, peigner, percer, ranger, résoudre,
séparer

Démêler des fibres textiles
carder

Démêler les cheveux
peigner

Démêloir
peigne

Démembré
désuni

Démembrement
division, partage, séparation

Démembrer
dépecer, disloquer, diviser, écarteler,
morceler, partager, séparer

Déménagé
délogé, parti, quitté

Déménagement
transfert

Déménager
déloger, partir, quitter, transférer, transporter

Déménageur
porteur

Démence
aberration, affolement, aliénation, angoisse,
égarement, folie, insanité, psychose, sénilité

Démené
affairé

Démener (Se)
affairer, agiter, bagarrer, batailler, battre,
bouger, dépenser, dépenser, lutter, ramer,
remuer, résister

Dément
absurde, aliéné, délirant, déraisonnable, extra, extraordinaire, fol, fou, génial, halluciné, incroyable, insane, insensé, loufoque, terrible

Démenti
contradiction, contredit, dédit, dénégation, déni, désaveu, désavoué, faibli, infirmation, infirmé, nié, réfuté

Démentiel
délirant, infernal, insensé

Démentir
contredire, dédire, désavouer, faiblir, infirmer, nier, réfuter

Démérite
faute, tort

Démesure
excès

Démesuré
abusif, colossal, déraisonnable, dévorant, effréné, énorme, exagéré, excessif, exorbitant, extrême, gigantesque, grand, illimité, immense, immodéré, incommensurable, infini, monstrueux, monumental, outrancier, outré, titanesque

Démesurément
énormément, exagérément, excessivement, immensément, immodérément, monstrueusement

Démettre
casser, chasser, déboîter, déposer, désarticuler, destituer, disloquer, limoger, luxer, radier, relever, renvoyer, résigner, révoquer, suspendre

Démettre (Se)
abandonner, abdiquer

Démettre, déboîter
disloquer

Demeure
abri, appartement, bastide, château, domicile, foyer, gîte, habitation, logement, logis, maison, nid, résidence, séjour, toit

Demeuré
arriéré, attardé, débile, fou, idiot, inintelligent, innocent, resté

Demeurer
continuer, coucher, durer, être, exister, gîter, habiter, loger, maintenir, percher, perdurer, persévérer, persister, résider, rester, séjourner, siéger, subsister, survivre, tenir, vivre

Demeurer en vie
survivre

Demi
ale, bière, bock, cervoise, chope, moitié, semi

Demi de bière additionné de grenadine
tango

Demi-bouteille
fillette

Demi-cercle
arc

Demi-croix de Saint-André
guète

Demi-dieu
héros

Demi-douzaine
six

Demi-étage
entresol

Demi-frère
utérin

Demi-jour
ombre, pénombre

Demi-lune
ravelin

Demi-mondaine
hétaïre

Demi-portion
gringalet

Demi-ronde
lime

Demi-sœur
utérine

Demi-teinte
nuance

Demi-tour
volte

Démilitariser
désarmer

Démis
abandonné, abdiqué, désuni

Démission
abandon, abdication, capitulation, départ, désistement, renonciation, résignation

Démission d'un arbitre
déport

Démissionné
abdiqué

Démissionner
abdiquer, capituler, décrocher, quitter, renoncer, résigner

Démobilisé
découragé

Démobiliser
libérer, renvoyer

Démocrate
jacobin

Démocratique
populaire

Démodé
ancien, antique, archaïque, arriéré, caduc, dépassé, désuet, fossile, obsolète, passé,

périmé, rétro, rétrograde, révolu, ringard, rococo, suranné, usé, vieil, vieillot, vieux

Démodé et un peu ridicule
rococo

Demodex
acarien, acarus

Demoiselle
donzelle, femme, fille, hie, libellule

Demoiselle anglaise
miss

Démoli
abattu, abîmé, accablé, affaibli, anéanti, désuni, détruit, écrasé, rasé, ratatiné, ruiné, sapé

Démolir
abattre, abîmer, abolir, accabler, affaiblir, anéantir, battre, briser, casser, critiquer, défaire, délabrer, démanteler, démonter, détériorer, détruire, disloquer, écraser, emboutir, épuiser, éreinter, exécuter, exténuer, massacrer, matraquer, raser, ratatiner, ravager, renverser, rosser, rouer, ruiner, saccager, saper, subvertir, supprimer, tamponner, terrasser, torpiller

Démolisseur
fossoyeur, saboteur

Démolition
abatage, abattage, bris, démantèlement, destruction

Démon
diable, dieu, djinn, dragon, esprit, garnement, génie, harpie, incube, lutin, penchant, peste, poison, succube, tentateur

Démon abuseur
incube

Démon masculin
incube

Démon qui prend la forme d'une femme pour séduire les hommes durant leur sommeil
succube

Démoniaque
infernal, maléfique, méchant, possédé, satanique

Démonstrateur
placeur, placier

Démonstratif
ça, ceci, cela, celui, cet, expansif, icelui, ouvert, parlant, probant, significatif

Démonstratif, communicatif
expansif

Démonstration
argument, étalage, festival, lemme, marque, montre, preuve, protestation, raisonnement, signe

Démonstration de marchandises
étalage

Démonstration enthousiaste
effusion

Démonstration équestre de cavaliers arabes
fantasia

Démonté
abattu, déchaîné, décontenancé, découragé, dérouté, désossé

Démonter
abattre, confondre, déboîter, déconcerter, décontenancer, défaire, démancher, démolir, démoraliser, dérouter, désarçonner, désassembler, désemparer, désorienter, désosser, déstabiliser, désunir, dévider, disjoindre, disloquer, renverser, troubler, vider

Démonter les enroulements d'un dispositif électrique
débobiner

Démontré
attesté, ergoté, établi

Démontrer
affirmer, attester, confirmer, convaincre, établir, illustrer, indiquer, justifier, manifester, montrer, prouver, révéler, témoigner

Démoralisant
rebutant

Démoralisation
abattement, accablement, découragement, écœurement

Démoralisé
affligé, découragé, déprimé, écœuré, sapé

Démoraliser
abattre, affliger, débiliter, décourager, dégoûter, démonter, démotiver, déprimer, désespérer, écœurer, rebuter, saper

Démoraliser profondément
écœurer

Démotivé
découragé

Démotiver
démoraliser

Démuni
dénué, dépourvu, exempt, frustré, indigent

Démunir
dégarnir, dénantir, déposséder, dépouiller, dépourvoir, priver

Démystifier
détromper

Dénantir
démunir, dépouiller

Dénaturation
altération

Dénaturé
abâtardi, altéré, déguisé, éventé, frelaté, indigné, masqué, pervers

Dénaturer
abâtardir, adultérer, altérer, changer, contrefaire, corrompre, défigurer, déformer, déguiser, falsifier, fausser, forcer, frelater, gangréner, gâter, masquer, modifier, mutiler, pervertir, pourrir, torturer, trafiquer, trahir, transformer, travestir, tronquer, vicier, violenter

Dénégation
contestation, démenti, déni, désaveu, négation, protestation, refus

Déneigeant
déglaçant

Déneiger
dégivrer

Déni
contestation, démenti, dénégation, désaveu, infirmation, négation, récusation, reniement

Déniaiser
dégourdir, délurer, dessaler

Dénicher
chasser, découvrir, déterrer, obtenir, prendre, trouver

Dénié
nié

Denier
argent, monnaie

Dénier
contester, nier, récuser, refuser

Dénigré
accusé, détracté

Dénigrement
attaque, calomnie, médisance, potin

Dénigrer
accuser, attaquer, calomnier, critiquer, dauber, décrier, déprécier, dépriser, détracter, diminuer, discréditer, médire, noircir, rabaisser, ravaler, vilipender

Dénigreur
contempteur, détracteur

Denim
jean

Dénivelé
différence

Dénivellation
différence, inégalité

Dénombrement
catalogue, compte, décompte, énumération, inventaire, liste, recensement

Dénombrer
compter, décompter, énumérer, lister, recenser, répertorier

Dénombrer, inventorier
recenser

Dénomination
nom, titre

Dénomination adoptée par un mouvement de révolte en 1916
dada

Dénommé
qualifié

Dénommer
appeler, baptiser, désigner, intituler, nommer, qualifier

Dénoncé
accablé, accusé, dévoilé, donné, marqué, vendu

Dénoncer
accabler, accuser, annoncer, annuler, balancer, cafarder, cafter, condamner, dénoter, dévoiler, dire, donner, indiquer, livrer, manifester, marquer, montrer, moucharder, nommer, rapporter, résilier, révéler, signaler, trahir, vendre

Dénoncer par intérêt
vendre

Dénonciateur
cafard, corbeau, délateur

Dénonciation
accusation, annulation, avis, calomnie, condamnation, délation, félonie, indice, proclamation, résiliation, révélation, rupture, trahison

Dénotation
référence

Dénoté
accusé, marqué

Dénoter
accuser, annoncer, dénoncer, designer, dire, indiquer, manifester, marquer, montrer, signifier, traduire, trahir

Dénoué
flottant

Dénouement
aboutissement, achèvement, conclusion, corrigé, épilogue, fin, issue, résolution, résultat, solution, terme

Dénouer
assouplir, débrouiller, défaire, dégager, délacer, délier, démêler, désengourdir, desserrer, détacher, développer, éclaircir, élucider, peigner, résoudre

Denrée
aliment, article, comestible, marchandise, produit, subsistance, vivre

Denrée alimentaire conservée par le sel
salaison

Denrées
nourriture, victuailles

Dense
abondant, compact, concis, condensé, dru, épais, fort, fourni, impénétrable, intense,

lourd, nombreux, nourri, plein, précis, ramassé, riche, serré, tassé, touffu

Densifier
augmenter

Densité
poids

Dent
aiguille, canine, chicot, croc, crochet, denture, éperon, feston, incisive, molaire, pic, prémolaire, quenotte, saillie

Dent cassée
chicot

Dent d'éléphant non travaillée
morfil

Dent d'une fourche
fourchon

Dent d'une fourchette
fourchon

Dent dont la fonction est de broyer
molaire

Dent pointue
canine, croc

Dent-de-lion
pissenlit

Dentaire
dental

Dental
dentaire

Dentelé
crénelé, engrêlé

Denteler
couper, créneler, découper, ourler, tailler

Dentelle
broderie, guipure

Dentelle fine
valenciennes

Dentelle légère au fuseau
blonde

Dentelure
crénelure, découpure

Dentelure en créneaux
crénelure

Dentier
appareil, bridge, prothèse, râtelier

Dentine
ivoire

Dentiste
médecin

Dentition
denture

Denture
dent, dentition, râtelier

Dénudé
chauve, découvert, dégagé, dégarni, dépouillé, dévêtu, frustré, nu, pelé, vide

Dénuder
découvrir, dégager, dégarnir, dépouiller, déshabiller, dévêtir, exhiber, montrer, révéler

Dénué
démuni, dépouillé, dépourvu, exempt, pauvre, privé

Dénué d'esprit
sot

Dénué d'intelligence
gâteux

Dénuement
besoin, détresse, indigence, manque, misère, nécessité, pauvreté

Dénuer (Se)
dépouiller, priver

Déodorant
antisudorifique, déodorisant, désodorisant

Déodorisant
déodorant

Déontologie
éthique, morale

Déontologique
éthique

Dépannage
réparation

Dépannant
aidant

Dépanner
aider, réparer

Dépanneur
épicerie, mécano, réparateur

Dépaqueter
déballer, ouvrir

Dépareillé
désuni, exceptionnel, incomplet

Dépareiller
séparer

Déparer
altérer, déshonorer, enlaidir, gâter

Déparier
séparer

Déparler
divaguer

Départ
abandon, amont, amorçage, appareillage, commencement, congédiement, début, décollage, démarrage, démission, différence, envol, envolée, exil, licenciement, limogeage, naissance, origine, ouverture, partance, renvoi, retrait, sortie

Départ imminent
partance

Départager
dissocier, partager, séparer

Département
direction, division, service

Départementale
route

Départir
accorder, dispenser, distribuer, impartir,
mesurer, partager, séparer

Départir (Se)
sortir

Dépassé
ancien, antique, arriéré, attardé, caduc,
coulé, débordé, démodé, fossile, inactuel,
obsolète, périmé, révolu, ringard, suranné,
vieilli, vieillot, vieux

Dépasser
avancer, déborder, devancer, distancer,
doubler, empiéter, excéder, franchir, griller,
lâcher, outrepasser, passer, précéder, saillir,
submerger, surpasser, surplomber

Dépasser la limite fixée
excéder

Dépasser les limites
outrepasser

Dépaysé
perdu

Dépayser
désorienter

Dépeçage
découpage

Dépecé
détruit

Dépecer
couper, débiter, découper, démembrer,
détruire, disséquer, diviser, équarrir, morceler,
partager

Dépêche
fax, lettre, message, missive, nouvelle

Dépêcher
accélérer, détacher, envoyer, expédier,
mandater, presser

Dépeigné
hirsute

Dépeigner
décoiffer

Dépeindre
caractériser, décrire, montrer, peindre,
raconter, représenter, reproduire

Dépenaillé
pouilleux

Dépénaliser
autoriser

Dépendance
accoutumance, annexe, emprise, esclavage,
joug, liaison, obédience, parenté, possession,
rapport, relation, servitude, solidarité,
succursale, sujétion, tutelle, vassalité

Dépendance gênante
tutelle

Dépendant
inférieur, satellite, solidaire, subordonné

Dépendant d'une autorité
subordonné

Dépendre
décrocher, détacher, provenir

Dépendre de
ressortir

Dépense
charge, consommation, coût, débours,
décaissement, extra, frais, sacrifice, sortie,
usage, utilisation

Dépense d'énergie
exercice

Dépenser
claquer, consommer, débourser, démener,
déployer, dévorer, dilapider, dissiper, écorner,
employer, engloutir, épuiser, flamber,
gaspiller, manger, payer, prodiguer, user,
utiliser

Dépenser excessivement
prodiguer

Dépensier
fastueux, prodigue

Déperdition
déchet, diminution, fuite, perte, saignée

Dépéri
amaigri

Dépérir
affaiblir, amaigrir, anémier, couler, décliner,
dégénérer, délabrer, détériorer, étioler, languir,
mourir, péricliter, sécher, végéter, vivoter

Dépérissement
anémie, asphyxie, atrophie, langueur, perte,
ruine

Dépêtrer
débarrasser, défaire, dégager, délivrer, libérer,
sortir, tirer

Dépeuplé
désert, inhabité, solitaire, vide

Dépeuplement
déboisement, déforestation, dépopulation,
déruralisation

Déphasé
perdu

Dépiauter
analyser, décortiquer, dépouiller, disséquer,
écorcher, éplucher, peler

Dépigmentation
achromie

Dépilation
alopécie

Dépiler
débourrer, ébourrer, épiler

Dépiquer
découdre

Dépistage
détection

Dépister
déceler, découvrir, déjouer, dérouter, détecter, égarer, identifier, rattraper, repérer, retrouver

Dépit
âcreté, acrimonie, aigreur, amertume, chagrin, désappointement, jalousie, rancœur, rancune, ressentiment, tristesse, vexation

Dépité
affligé, contrarié, déçu, mécontent, navré, vexé

Dépité, décontenancé
déconfit

Dépiter
affliger, chagriner, contrarier, décevoir, désappointer, fâcher, froisser, navrer, vexer

Déplaçable
amovible

Déplaçant
allant

Déplacé
apatride, incongru, incorrect, indécent, indélicat, insolent, malséant, malvenu, ôté, roulé, scabreux, venu

Déplacement
avance, courant, course, déclassement, errance, galop, locomotion, migration, mutation, tournée, transfert, transport, voyage

Déplacement d'air
vent

Déplacement, destitution
limogeage

Déplacer
bouger, décaler, déclasser, déporter, déranger, désaxer, muter, ôter, pousser, promener, reculer, remuer, reporter, transférer, transporter

Déplacer à l'aide d'un ou de plusieurs palans
palanquer

Déplacer au moyen d'une grue
gruter

Déplacer avec les mains
manipuler

Déplacer avec une pelle
pelleter

Déplacer de nouveau ce qui ferme un espace afin que cet espace communique avec l'extérieur
rouvrir

Déplacer le centre de quelque chose
décentrer

Déplacer vers le bas
descendre

Déplaire
débecter, fâcher, rebuter, répugner

Déplaisant
agaçant, aigre, amer, désagréable, ennuyeux, fâcheux, gênant, hideux, importun, inamical, ingrat, odieux, pénible, rebutant, saumâtre

Déplaisir
adversité, agacement, contrariété, désagrément, regret

Déplanter
arracher

Dépliant
brochure, imprimé, prospectus

Déplié
allongé, étalé

Déplier
agrandir, allonger, défaire, déployer, étaler, étendre, étirer, ouvrir

Déploiement
déballage, étalage

Déplorable
désolant, fâcheux, funeste, lamentable, mauvais, minable, misérable, navrant, pauvre, pénible, piètre, piteux, pitoyable, triste

Déplorer
lamenter, plaindre, pleurer, regretter

Déployé
affiché, agrandi, allongé, étalé, étendu

Déployer
afficher, agrandir, allonger, arborer, déferler, dépenser, déplier, employer, épanouir, éployer, étaler, étendre, exercer, exhiber, larguer, manifester, montrer, ouvrir, prodiguer

Déplu
écœuré

Déplumé
chauve, nu, pelé, plumé

Déplumer
plumer

Dépoli
sablé

Dépolir
amatir, mater, sabler

Dépopulation
dépeuplement

Déportation
exil

Déporté
exilé

Déporter
bannir, déplacer, déraciner, dévier, exiler, expulser, reléguer

Déposant
témoin

Déposé
déchu, enlevé, noté, renié

Déposer
casser, consigner, décanter, défaire, démettre, destituer, détrôner, emmagasiner, enlever, entreposer, incruster, intervenir, laisser, mettre, ôter, perdre, placer, poser, précipiter, radier, remettre, témoigner, verser, virer

Déposer les armes
capituler

Déposer ses œufs
pondre

Dépositaire
garde, gardien, possesseur

Déposition
certificat, déchéance, déclaration, dégradation, destitution, témoignage

Dépossédé
déchu, frustré, ôté

Déposséder
démunir, dépouiller, désapproprier, déshériter, dessaisir, évincer, frustrer, ôter, priver, spolier, supplanter, tondre, voler

Déposséder juridiquement
évincer

Dépossession
éviction

Dépôt
abcès, alluvions, arrhes, arsenal, bouc, bourbe, bourbier, cautionnement, consignation, couverture, croûte, entrepôt, gage, garage, garantie, lie, limon, magasin, pellicule, précipité, prison, provision, remise, réserve, résidu, resserre, sédiment, stock, vase, versement

Dépôt d'armes et de munitions
arsenal

Dépôt d'origine marine
falun

Dépôt de carbonate de chaux
calcin

Dépôt de matières organiques
tartre

Dépôt du vin
lie

Dépôt laissé par le recul d'un glacier
drift

Dépôt pulvérulent d'origine éolienne
lœss

Dépôt qui se forme dans le vin
tartre

Dépôt résultant d'une précipitation
précipité

Dépôt se formant sur les dents
tartre

Dépôt, résidu
culot

Dépoter
transplanter, transvaser

Dépotoir
décharge, poubelle

Dépôts de matériaux détritiques charriés par les eaux
alluvion

Dépouillage
vol

Dépouille
butin, cadavre, corps, exuvie, mort, mue, restes, trophée

Dépouillé
abandonné, austère, chenu, concis, dénudé, dénué, enlevé, épuré, frustré, monacal, nu, ôté, précis, renié, ruiné, rustique, sévère, simple, sobre, triste

Dépouillement
austérité, examen, privation, sévérité, sobriété

Dépouiller
abandonner, analyser, arracher, condenser, décortiquer, dégager, dégarnir, démunir, dénantir, dénuder, dénuer, dépiauter, déposséder, déshabiller, déshériter, destituer, détrousser, dévaliser, dévêtir, disséquer, ébourrer, écorcher, etteuiller, enlever, épurer, examiner, fouiller, frustrer, muer, ôter, perdre, priver, quitter, rançonner, rétamer, retirer, ruiner, saigner, spolier, tondre, vider, voler

Dépouiller de ce qui garnit
dégarnir

Dépouiller de la chair
décharner

Dépouiller de la crème
écrémer

Dépouiller de la matière grasse
écrémer

Dépouiller de sa peau
peler

Dépouiller de ses pétales
effeuiller

Dépouiller de son éclat
flétrir

Dépouiller de son écorce
rober

Dépouiller du cuir chevelu
scalper

Dépouiller quelqu'un
plumer

Dépouiller un animal de son pelage
tondre

Dépouiller un fruit de sa queue
équeuter

Dépouiller une peau d'animal de sa bourre
ébourrer

Dépourvoir
dégarnir, démunir, destituer

Dépourvu
démuni, dénué, exempt, pauvre, sans

Dépourvu d'éléments constructifs
négatif

Dépourvu d'épines
inerme

Dépourvu de gène contaminant
axène

Dépourvu de pattes
apode

Dépourvu de pédicule
sessile

Dépourvu de pieds
apode

Dépourvu de poils
glabre

Dépourvu de valeur
vain

Dépoussiérer
balayer, essuyer, rajeunir, rénover

Déprécation
obsécration

Dépréciateur
détracteur

Dépréciation
baisse, chute, décote, dévalorisation,
dévaluation, diminution, érosion

Déprécié
terni

Déprécier
abaisser, baisser, critiquer, décrier, dénigrer,
déshonorer, dévaloriser, dévaluer, diminuer,
discréditer, méjuger, mépriser, mésestimer,
minimiser, noircir, rabaisser, rapetisser,
ravaler, ternir

Déprédateur
ravageur, saboteur, vandale

Déprédation
dégât, pillage, sac, saccage

Dépressif
déprimé, écœuré

Dépression
abattement, accablement, affaissement,
apathie, asthénie, bassin, blues, creux, crise,
cuvette, cyclone, déprime, enfoncement,
faiblesse, fosse, langueur, marasme,
mélancolie, neurasthénie, pli, prostration,
récession, surmenage, torpeur, tristesse, trou,
vallée

Dépression créée par la chute d'une météorite
cratère

Dépression de la rétine
fovéa

Dépression peu profonde
fossette

Déprimant
harassant

Déprime
cafard, dépression, mélancolie, spleen

Déprimé
abattu, découragé, démoralisé, dépressif,
écœuré, sombre

Déprimer
abattre, affaisser, cafarder, débiliter,
décourager, démoraliser, enfoncer

Déprise
mésestime

Dépriser
dénigrer

Depuis peu de temps
récemment

Dépuratif
laxatif, purgatif

Dépuration
affinage, épuration

Députation
mission

Député
ambassadeur, délégué, élu, envoyé, légat,
mandataire, mandaté, parlementaire,
représentant

Députer
déléguer, détacher

Déraciné
détruit, enlevé

Déraciner
arracher, déporter, déterrer, détruire, enlever,
éradiquer, exiler, expatrier, extirper, extraire

Dérager
apaiser, décolérer

Déraidir
assouplir, réveiller

Dérailler
délirer, déraper, divaguer, radoter

Déraison
aberration, absurdité, délire, folie

Déraisonnable
aberrant, absurde, abusif, colossal, dément,
démesuré, exagéré, excessif, extravagant,
forcené, fou, idiot, illégitime, illogique,
insensé, irraisonnable, irrationnel, irréfléchi,
léger, ridicule, sot

Déraisonner
délirer, divaguer, radoter, rêver

Dérangé
alarmé, bizarre, détraqué, fou

Dérangeant
agaçant

Dérangement
bouleversement, chambardement,
déclassement, dérèglement, désordre,
désorganisation, détraquement, égarement,
embarras, ennui, folie, gêne, interruption,
malaise, nuisance, pagaille, perturbation,
perversion, trouble

Déranger
alarmer, aliéner, altérer, bouger, bouleverser,
bousculer, chambarder, chambouler,
contrarier, déclasser, défriser, déplacer,
dérégler, désorganiser, détraquer, distraire,
embarrasser, embêter, ennuyer, gêner,
importuner, intervertir, nuire, perturber,
pervertir, troubler

Dérapage
dérive, glissade, patinage

Dérapé
dérivé

Déraper
chasser, dérailler, dériver, dévier, glisser,
patiner, riper

Derby
chaussure

Déréel
autistique, déréistique

Déréglé
dolent, détraqué, dissolu, immodéré,
immoral, libertin, pervers

Dérèglement
corruption, dérangement, désordre,
égarement, erreur, excès, licence, perversion,
trouble, vice

Dérèglement mental
folie

Déréglementation
libération

Dérégler
bouleverser, compliquer, déranger, détraquer,
perturber, pervertir, troubler

Dérégulation
libération

Déréistique
déréel

Déréliction
abattement, isolement, solitude

Déridage
lifting

Déridé
amusé, égayé

Dérider
amuser, décoincer, dégeler, distraire, égayer,
épanouir, réjouir, remodeler, rire

Dérision
dédain, fierté, ironie, mépris, moquerie,
persiflage, raillerie, risée, sarcasme, satire

Dérisoire
accessoire, chétif, futile, infime, insignifiant,
médiocre, minable, minime, minuscule,
misérable, négligeable, oiseux, pauvre, petit,
piètre, pitoyable, puéril, ridicule, risible, vain

Dérivatif
amusement, antidote, distraction, diversion,
exutoire, remède, soupape

Dérivation
déviation, shunt

Dérive
dérapage, déviation

Dérivé
dérapé, détourné, dévié, glissé, issu,
secondaire

Dérivé carbonylé
cétone

Dérivé de l'acide acétique
acétyle

Dérivé de l'ammoniac
imide

Dérivé du benzène
phénol

Dérivé hydrogéné du silicium
silane

Dériver
découler, déraper, détourner, dévier, émaner,
glisser, provenir, résulter

Dériveur
voile, voilier

Dermatologiste
médecin

Dermatologue
médecin

Dermatose chronique
psoriasis

Derme
peau

Dermique
cutané

Dernier
autre, benjamin, cadet, décisif, définitif,
extrême, final, lambin, nouveau, passé,
précédent, récent, suprême, terminal,
traînard, ultime

Dernier appendice abdominal des crustacés
uropode

Dernier au revoir
adieu

Dernier capitaine à porter le flambeau sur la glace du Forum
Turgeon

Dernier des prophètes d'Israël
Joël

Dernier repas
Cène

Dernier repas du Christ
Cène

Dernier roi d'Israël
Osée

Dernier roi de Lydie
Crésus

Dernier service d'un repas
dessert

Dernier-né
benjamin

Dernière œuvre d'un artiste
testament

Dernière partie du jour
soir, soirée

Dernière période de la vie normale
vieillesse

Dernière poche de l'estomac des oiseaux
gésier

Dernière ressource
recours

Dernière station d'une ligne de transport
terminus

Dernièrement
nouvellement, récemment

Dernières volontés
testament

Dérobade
excuse, pirouette, reculade

Dérobé
accaparé, enlevé, secret

Dérobement
immersion

Dérober
accaparer, arracher, biaiser, chaparder, dérober, distraire, échapper, enlever, escamoter, escroquer, extorquer, fuir, glisser, manquer, marauder, ôter, piller, prendre, rafler, ravir, reculer, retirer, soustraire, subtiliser, surprendre, usurper, voler

Dérober de nouveau
revoler

Dérochage
nettoyage

Dérocher
dévisser, épierrer, nettoyer

Dérogation
autorisation, dispense, franchise, infraction

Déroger
condescendre, contrevenir, déchoir, déshonorer, transgresser, violer

Dérouiller
nettoyer, réveiller, taper

Déroulé
agrandi, allongé, étalé

Déroulement
cours, déballage, fil, film, marche, processus, succession, suite

Dérouler
allonger, débobiner, dévider, étaler, étendre

Dérouler ce qui était en bobine
débobiner

Dérouler du fil
dévider

Déroutant
déconcertant, inattendu, insolite, troublant

Déroute
débâcle, débandade, déconfiture, défaite, désastre, dispersion, échec, fuite, naufrage, panique, retraite, ruine

Dérouté
accaparé, ahuri, confondu, déconcerté, décontenancé, démonté, désarçonné, désemparé, désorienté, destabilisé, détourné, dévié, ébranlé, égaré, interloqué, perdu, perturbé

Déroute, débâcle
débandade

Dérouter
accaparer, ahurir, confondre, déconcerter, décontenancer, démonter, dépister, désarçonner, désorienter, destabiliser, détourner, dévier, ébranler, égarer, éloigner, interloquer, perdre, perturber

Déruralisation
dépeuplement

Dès
désormais, immédiatement, sitôt

Des Andes
andin

Des artères
artériel

Des étoiles
stellaire

Dès l'heure présente
déjà

Dès lors
déjà

Dès maintenant
déjà

Des murs
mural

Des oasis
oasien

Dès que
sitôt

Désabusé
aigri, blasé, découragé, déçu, dégoûté, désenchanté, désillusionné, éclairé, maussade

Désabusement
déception, déconvenue, dégoût, désappointement, désenchantement, désillusion, désillusionnement

Désabuser
blaser, déciller, dessiller, détromper, éclairer

Désaccord
altercation, antagonisme, aversion, brouille, collision, conflit, contradiction, contraste, décalage, démêlé, désunion, différence, différend, discordance, discorde, dispute, dissension, dissentiment, dissonance, divergence, division, divorce, écart, fâcherie, friction, hiatus, incohérence, incompatibilité, inimitié, malentendu, mésentente, mésintelligence, opposition, polémique, procès, querelle, zizanie

Désaccordé
désuni

Désaccorder, manquer d'harmonie
discorder

Désaccoupler
découpler, séparer

Désaffecté
abandonné, inutilisé

Désaffecter
abandonner, inutiliser

Désagréable
acariâtre, acerbe, acide, affreux, agaçant, agressif, aigre, amer, antipathique, âpre, atrabilaire, blessant, bourru, coercitif, contrariant, dégoûtant, déplaisant, désobligeant, discourtois, disgracieux, écœurant, ennuyeux, fâcheux, fade, fastidieux, fétide, fielleux, gênant, hideux, impoli, importun, incommodant, ingrat, insipide, irritant, laid, malencontreux, malheureux, maussade, mauvais, méchant, moche, nauséabond, offensant, pénible, putride, rebutant, réfrigérant, revêche, rude, saumâtre, vexant, vilain

Désagréable à voir
vilain

Désagréable au goût
amer

Désagréable, fâcheux
saumâtre

Désagréablement
amèrement, durement, mal, rudement

Désagrégation
ablation, corrosion, destruction, érosion, ruine, séparation

Désagrégé
désuni, dissous

Désagréger
corroder, décomposer, dissocier, diviser, effriter, émietter, morceler, pulvériser, séparer

Désagrément
agacement, contrariété, déboire, déplaisir, embarras, ennui, malheur, mécontentement, souci, tracas

Désaltérer
abreuver, rafraîchir

Désaltérer (Se)
boire, calmer

Désamorcer
désarmer, neutraliser

Désangoisser
sécuriser

Désappointé
décontenancé, déçu, frustré, mécontent, navré

Désappointement
amertume, déception, dépit, désabusement, mécompte

Désappointer
décevoir, déconcerter, décontenancer, dépiter, frustrer, navrer

Désapprendre
oublier

Désapprobateur
sévère

Désapprobation
blâme, censure, désaveu, improbation, opposition, protestation, réprobation

Désapproprier
déposséder

Désapprouver
blâmer, censurer, condamner, critiquer, désavouer, épiloguer, huer, improuver, protester, regretter, réprouver, siffler, vitupérer

Désarçonnant
déconcertant

Désarçonné
dérouté

Désarçonner
confondre, déconcerter, décontenancer, démonter, dérouter, désorienter, déstabiliser, perturber, renverser, troubler

Désargenté
gêné, pauvre, raide, ruiné

Désarmant
touchant

Désarmé
désemparé, faible

Désarmer
adoucir, attendrir, déconcerter, décontenancer, démilitariser, désamorcer, déséquiper, fléchir, toucher

Désarroi
affolement, agitation, angoisse, anxiété, confusion, crise, désordre, détresse, égarement, émotion, tristesse, trouble

Désarticulation
démanchement, luxation

Désarticulé
désuni

Désarticulé, disloqué
désossé

Désarticuler
déboîter, démettre, disloquer, luxer

Désassemblé
désossé

Désassembler
défaire, démonter, désosser, désunir

Désastre
adversité, banqueroute, calamité, cataclysme, catastrophe, déconfiture, déroute, drame, échec, faillite, fiasco, fléau, flop, four, gouffre, krach, malheur, naufrage, précipice, ravage, ruine, tragédie

Désastreux
abominable, fatal, funeste, lamentable, minable, néfaste, pitoyable, terrible

Désavantage
défaut, faiblesse, gêne, handicap

Désavantagé
frustré, lésé

Désavantager
défavoriser, déshériter, desservir, frustrer, gêner, handicaper, léser, nuire, pénaliser

Désavantageux
nuisible

Désaveu
apostasie, blâme, condamnation, contestation, démenti, dénégation, déni, désapprobation, palinodie, reniement, rétractation

Désavoué
démenti, nié, renié

Désavouer
blâmer, condamner, démentir, désapprouver, nier, renier, réprouver, répudier, rétracter

Désaxé
déséquilibré, égaré, fou, instable, loufoque, perdu

Désaxer
décentrer, déplacer, déséquilibrer

Descendance
extraction, famille, filiation, généalogie, lignage, ligne, lignée, maison, origine, parenté, postérité, progéniture, souche

Descendant
bébé, enfant, fils, gamin, marmot, parent, rejeton

Descendant des Perses zoroastriens établis en Inde
Parsi

Descendants
postérité, progéniture

Descendre
abaisser, affaler, baisser, débarquer, décharger, déchoir, décrocher, décroître, dégringoler, dévaler, diminuer, émaner, éreinter, exécuter, faiblir, fusiller, loger, massacrer, provenir, résider, retirer, rétrograder, sauter, séjourner, suivre, tirer, tomber, tuer

Descendre à un niveau plus bas
abaisser

Descendu
débarqué, issu, logé

Descente
affaissement, baisse, chute, déclivité, dégringolade, incursion, pente, perquisition, plongeon, prolapsus, ptose, rafle, raid, razzia, visite

Descente d'un organe
ptose

Descente de ski très sinueuse
slalom

Descente directe, en ski
schuss

Descente en radeau pneumatique
raft

Descriptif
plan, présentation

Description
croquis, état, exposé, graphique, hypotypose, image, peinture, portrait, rapport, récit, signalement, tableau

Description des animaux d'un pays
faune

Description détaillée
devis

Désemballage
déballage

Désemballer
déballer

Désembrouiller
élucider

Désemparé
déconcerté, décontenancé, dérouté, désarmé, interdit

Désemparer
déconcerter, décontenancer, démonter,
déstabiliser

Désenchaîner
délier, détacher

Désenchanté
aigri, blasé, découragé, déçu, dégoûté,
désabusé, écœuré

Désenchantement
déception, découragement, désabusement,
mécompte

Désenchanter
chagriner

Désencombré
dégagé

Désencombrer
débarrasser, déblayer, dégager, libérer, vider

Désencrasser
décrasser

Désénervé
relaxé

Désénerver
décolérer, détendre, relaxer

Désenfler
diminuer

Désengagement
retrait, retraite

Désengorgé
débouché

Désengorger
déboucher, nettoyer

Désengourdir
dénouer

Désenivrer
dégriser, dessoûler

Désennuyé
égayé

Désennuyer
délasser, distraire, égayer

Désensabler
draguer

Désentortillé
démêlé

Désentortiller
démêler

Désenvaser
débourber, draguer

Désépaissir
éclaircir

Déséquilibre
folie, inégalité

Déséquilibré
absurde, aliéné, désaxé, détraqué, fou,
inégal, instable, loufoque

Déséquilibrer
décentrer, désaxer

Déséquiper
désarmer

Désert
abandonné, dépeuplé, désolé, inhabité, mort,
néant, nu, perdu, reg, retiré, sahara, sauvage,
solitaire, solitude, vide

Désert d'Afrique
Sahara

Désert d'Asie
Gobi

Déserté
abandonné, délaissé, inhabité, quitté, renié,
trahi

Déserter
abandonner, délaisser, évacuer, laisser,
larguer, quitter, renier, trahir

Déserteur
fugitif, lâche, renégat, traître, transfuge

Désertion
abandon, défection, délaissement,
insoumission, reniement, trahison

Désertique
aride, désolé, infécond, infertile, stérile

Désescalade
baisse, décrue

Désespérance
abattement, désespoir, lassitude

Désespérant
fâcheux, navrant

Désespéré
abattu, accablé, affligé, découragé, écœuré,
écrasé, éperdu, perdu, suprême

Désespérer
abattre, accabler, affliger, attrister, chagriner,
démoraliser, écraser, fâcher, tuer

Désespoir
abattement, accablement, affliction,
découragement, désespérance, désolation,
détresse

Déshabillé
dévêtu, frustré, négligé, nu, nuisette, peignoir

Déshabiller
dénuder, dépouiller, dévêtir

Désherbant
herbicide

Désherber
ameublir, biner, sarcler

Déshérité
affligé, frustré, misérable

Déshériter
défavoriser, déposséder, dépouiller,
désavantager, exhéréder, frustrer

Déshonnête
impur, mauvais

Déshonneur
dégradation, honte, ignominie, indignité, infamie, opprobre, tache, turpitude

Déshonorant
dégradant, diffamant, honteux, humiliant, ignoble, infamant, infâme, révoltant

Déshonoré
abâtardi, sali, séduit

Déshonorer
abâtardir, avilir, déconsidérer, défigurer, dégrader, déparer, déprécier, déroger, discréditer, flétrir, galvauder, gâter, humilier, mutiler, noircir, rabaisser, salir, séduire, souiller

Déshydraté
altéré, sec

Déshydrater
altérer, dessécher, étuver, sécher

Desiderata
vœu

Design
style

Désignation
choix, constitution, élection, nom, nomination

Désignation honorifique
titre

Désigné
accusé, élu, marqué

Désigne un bar clandestin ou une maison close illégale
clandé

Désigne un jardin réservé à la culture des légumes
potager

Désigne une femme anonyme
unetelle

Désigne une localisation dorsale
dorsalgie

Designer
styliste

Désigner
accuser, affecter, appeler, caractériser, choisir, commettre, dénommer, dénoter, destiner, élire, indiquer, marquer, montrer, nommer, préciser, qualifier, représenter, signaler, signifier, symboliser

Désigner à une dignité
élire

Désigner par élection
élire

Designer québécoise prénommée Hélène
Barbeau

Designeur
styliste

Désillusion
déboire, déception, désabusement, mécompte

Désillusionné
déçu, désabusé

Désillusionnement
désabusement

Désillusionner
décevoir

Désincarné
abstrait

Désinence
cas

Désinfecter
aseptiser, assainir, étuver, purifier, stériliser

Désinfection
asepsie, purge

Désinformation
mensonge

Désinhiber
décoincer

Désinhibition
catharsis

Désintégration
destruction

Désintégré
altéré, détruit

Désintégrer
altérer, atomiser, détruire, dissocier, miner

Désintéressé
altruiste, bénévole, détaché, généreux, gratuit, impartial, indifférent, objectif, prodigue, pur, sceptique

Désintéressement
abnégation, pureté, sacrifice

Désintéresser
payer

Désintoxication
sevrage

Désintoxiquer
guérir, sevrer

Désinvolte
aisé, cavalier, dégagé, détaché, familier, fumiste, impertinent, inconvenant, insolent, léger, leste, libre, nonchalant

Désinvolture
aisance, aise, facilité, familiarité, impertinence, inconvenance, insolence, légèreté, liberté

Désir
ambition, appétence, appétit, ardeur, aspiration, attente, attirance, avidité, besoin, but, caprice, concupiscence, convoitise,

demande, démangeaison, dessein, envie,
espérance, espoir, esprit, exigence, faim,
flamme, frénésie, goût, idée, inclination,
intention, intérêt, libido, passion, penchant,
prétention, propos, rêve, sexualité, soif,
souhait, tentation, velléité, visée, vœu, volonté

Désir ardent
faim

Désir ardent et immodéré de quelque chose
avidité

Désir de plaire
coquetterie

Désir de se venger
vengeance

Désir faible
velléité

Désir intense
boulimie

Désir irrépressible
prurit

Désir passionné
soif

Désirable
affriolant, enviable, séduisant, tentant

Désiré
envié, voulu

Désirer
aimer, ambitionner, appéter, aspirer, briguer,
convoiter, demander, entendre, envier,
espérer, jalouser, lorgner, loucher, prétendre,
rechercher, rêver, souhaiter, viser, vouloir

Désirer ardemment
soupirer

Désireux
avide, envieux, impatient, jaloux

Désisté
abandonné, abdiqué, renié

Désistement
abandon, abdication, démission

Désister (Se)
abandonner, abdiquer, donner, renoncer,
retirer

Désobéir
contrevenir, enfreindre, rebeller, violer

Désobéissance
infraction, rébellion

Désobéissant
difficile, dissident, indocile, insoumis,
insubordonné, mutin, rebelle, récalcitrant,
résistant, rétif, terrible

Désobligé
peiné

Désobligeance
animosité, hostilité

Désobligeant
blessant, cru, désagréable, offensant, sec,
vexant

Désobliger
froisser, peiner

Désobstrué
débouché

Désobstruer
débarrasser, déboucher, dégager, purger,
vider

Désodorisant
déodorant

Désœuvré
fainéant, inactif, inoccupé, oisif, paresseux

Désœuvrement
ennui, inaction, oisiveté

Désolant
affligeant, affreux, amer, consternant,
contrariant, déplorable, ennuyeux, funeste,
hideux, lamentable, navrant, pénible

Désolation
affliction, calamité, chagrin, consternation,
désespoir, destruction, détresse, dévastation,
douleur, mal, peine, ravage, ruine,
souffrance, tourment, tristesse

Désolé
affecté, affligé, atterré, attristé, chagriné,
confus, consterné, contrarié, désert,
désertique, embêté, éploré, fâché, navré,
ruine, sauvage, sinistre, triste

Désoler
affecter, affliger, atterrer, attrister, chagriner,
consterner, détruire, dévaster, fâcher, infester,
lamenter, navrer, ravager, ruiner, saccager

Désopilant
amusant, drôle, hilarant

Désopiler
exciter

Désordonné
brouillon, chaotique, décousu, fou,
incohérent

Désordonné, extravagant
délirant

Désordre
absurdité, affolement, agitation, anarchie,
bagarre, barda, bazar, bouleversement,
capharnaüm, chahut, chaos, charivari,
cohue, commotion, confusion, débraillé,
dérangement, dérèglement, désarroi,
désorganisation, dissension, dissipation,
égarement, embrasement, émeute, fatras,
fouillis, fourbi, gabegie, gâchis, grabuge,
imbroglio, irrégularité, lacis, licence, mélange,
pagaille, panique, perturbation, souk, tapage,
tempête, trouble, tumulte

Désordre résultant d'une mauvaise gestion
gabegie

Désorganisation
confusion, dérangement, désordre,
destruction, incurie, trouble

Désorganisé
détruit

Désorganiser
bouleverser, décomposer, déranger, détruire,
perturber, troubler

Désorientant
ahurissant

Désorienté
affolé, ahuri, dérouté, égaré, indécis, perdu,
surpris

Désorienter
affoler, ahurir, déconcerter, décontenancer,
démonter, dépayser, dérouter, désarçonner,
déstabiliser, égarer, embrouiller, perdre,
perturber, troubler

Désormais
dès, dorénavant, maintenant, sitôt

Désossé
décortiqué, démantibulé, démonté,
désassemblé, désuni, disséqué, épluché

Désosser
analyser, décortiquer, démantibuler,
démonter, désassembler, disséquer, éplucher,
examiner

Desperado
bandit

Despote
autocrate, césar, dictateur, dominateur,
potentat, tyran, tyranneau

Despotique
absolu, arbitraire, autoritaire, totalitaire

Despotisme
tyrannie

Desquamation de l'épiderme
dartre

Desquamer
peler

Dessaisi
abandonné, frustré, renié

Dessaisir
déposséder, priver, spolier

Dessaisissement
abdication

Dessalage
retournement

Dessalé
déluré

Dessaler
chavirer, dégourdir, délurer, déniaiser,
renverser, retourner

Dessangler
défaire

Desséchant
torride

Desséché
altéré, amaigri, aride, étique, maigre,
rabougri, ratatiné

Dessécher
altérer, amaigrir, appauvrir, assécher,
décharner, déshydrater, endurcir, épuiser,
étancher, étuver, exténuer, flétrir, griller,
lyophiliser, racornir, ratatiner, scléroser,
sécher, stériliser, tarir, vider

Dessein
ambition, but, cible, désir, entreprise, esprit,
idée, intention, objectif, objet, pensée, plan,
prétention, programme, projet, propos,
résolution, visée, voie, volonté, vue

Desserrage
dévissage

Desserré
lâche

Desserrement
dévissage

Desserrer
défaire, délacer, dénouer, écarter, lâcher,
relâcher

Dessert
baklava, croustade, entremets, pâtisserie

Dessert alcoolisé
baba

Dessert maison apprécié à Noël
beigne

Desserte
buffet, crédence, dressoir, service, table

Desservi
lésé

Desservir
arrêter, débarrasser, désavantager,
handicaper, léser, nuire, relier, trahir

Dessication
séchage

Dessiller
désabuser, détromper, éclairer

Dessin
aquarelle, arabesque, caricature, carton,
contour, crayon, croquis, ébauche, esquisse,
estampe, étude, figure, forme, fusain,
gouache, graffiti, graphique, gravure,
illustration, image, intention, lavis, ligne,
motif, ornement, patron, plan, profil, projet,
relevé, représentation, sanguine, schéma,
sépia, tracé, trait, volonté

Dessin broché sur une étoffe
brochure

Dessin de profil
silhouette

Dessin des velnes du bois
veinure

Dessin fait à la gouache
gouache

Dessin gravé
graffiti

Dessin indélébile pratiqué sur la peau
tatouage

Dessin le plus exact possible
épure

Dessinateur
artiste

Dessiné
accusé

Dessiner
accuser, affirmer, crayonner, croquer, décrire, dévoiler, ébaucher, esquisser, exposer, faire, figurer, former, gribouiller, griffonner, indiquer, lever, montrer, paraître, présenter, profiler, représenter, reproduire, ressortir, révéler, tracer

Dessiner à la hâte avec un crayon
crayonner

Dessiner des motifs de rameaux et de feuillages sur une étoffe
ramager

Dessoûler
dégriser, désenivrer

Dessous
envers, linge, lingerie, secret, sous

Dessous d'un larmier
soffite

Dessous féminins
guêpière

Dessous-de-table
bakchich

Dessus
avantage, endroit, recto, sommet, sur

Dessus d'une chaussure
empeigne

Dessus-de-plat
cloche

Déstabilisant
déconcertant

Déstabilisé
décontenancé, dérouté

Déstabiliser
déconcerter, décontenancer, démonter, dérouter, désarçonner, désemparer, désorienter, ébranler, troubler

Destin
avenir, chance, destinée, état, étoile, existence, fatalité, fatum, fortune, hasard,

karma, lot, nécessité, prédestination, providence, sort, vie

Destinataire
allocutaire, interlocuteur, récepteur

Destination
application, destinée, direction, emploi, fin, mission, utilisation

Destiné
adressé, affecté, appliqué, dévolu, voué

Destiné à être mis en musique
lyrique

Destinée
avenir, condition, destin, destination, étoile, existence, fatalité, fatum, finalité, fortune, lot, partage, sort, vie, vocation

Destiner
adresser, affecter, appeler, appliquer, assigner, attribuer, consacrer, désigner, garder, prédestiner, préparer, promettre, réserver, vouer

Destiner à un usage
consacrer

Destitué
déchu

Destituer
abolir, casser, congédier, dégommer, dégrader, démettre, déposer, dépouiller, dépourvoir, détrôner, disgracier, licencier, limoger, priver, radier, relever, remercier, renvoyer, révoquer, suspendre

Destitution
déchéance, dégradation, déposition, licenciement, radiation, renvoi

Destrier
coursier, monture

Destructeur
dévorant, gâcheur, iconoclaste, meurtrier, ravageur, saboteur, subversif, vandale

Destructeur brutal
vandale

Destruction
abolition, anéantissement, annihilation, annulation, bris, carnage, corrosion, dégât, dégradation, démantèlement, démolition, désagrégation, désintégration, désolation, désorganisation, détérioration, dévastation, disparition, dommage, écrasement, écroulement, effondrement, extermination, fin, gangrène, génocide, massacre, mort, ravage, ruine, sabotage, saccage, suppression, tuerie

Destruction d'éléments organiques
lyse

Destruction lente et progressive
corrosion

Destruction par le feu
incendie

Destruction progressive du tissu osseux
carie

Destruction totale
naufrage

Destruction, rupture
bris

Désuet
ancien, archaïque, arriéré, caduc, démodé, obsolète, passé, périmé, rétro, ringard, rococo, suranné, vieilli, vieillot, vieux

Désuétude
obsolescence

Désuni
autre, brisé, brouillé, cassé, classé, cloisonné, clôturé, compartimenté, contraire, coupé, déboîté, débrouillé, décollé, découpé, dégraissé, démanché, démantibulé, démêlé, démembré, démis, démoli, dépareillé, désaccordé, désagrégé, désarticulé, désossé, détaché, détaillé, différent, disjoint, disloqué, dispersé, dissemblable, dissocié, distrait, divergent, divisé, écarté, enlevé, espacé, fâché, faussé, fendu, fractionné, fragmenté, isolé, luxé, morcelé, nettoyé, opposé, ôté, partagé, rompu, scié, scindé, sectionné, séparé, subdivisé, tranché, trié

Désunion
désaccord, divergence, division, divorce, mésentente, rupture, séparation, zizanie

Désunir
brouiller, découpler, démonter, désassembler, détacher, disjoindre, disloquer, dissocier, diviser, divorcer, écarter, séparer

Désynchronisé
retardé

Détachable
amovible, séparable

Détachage
nettoyage

Détachant
détacheur, nettoyant

Détaché
désintéressé, désinvolte, désuni, égal, enlevé, froid, impassible, isolé, libre, objectif, sorti

Détaché du réel
déréel

Détachement
armée, escorte, flegme, formation, froideur, mépris, quiétude, tiédeur, troupe

Détachement de la réalité extérieure
autisme

Détacher
affecter, déboutonner, déchaîner, décoller, découper, découpler, décrocher, défaire, dégrafer, déléguer, délier, délivrer, dénouer, dépêcher, dépendre, députer, désenchaîner, désunir, dételer, disjoindre, éloigner, enlever, envoyer, espacer, extraire, isoler, lancer, larguer, laver, libérer, mandater, marteler, nettoyer, nommer, piquer, prélever, prononcer, relever, ressortir, saillir, séparer, sortir, trancher

Détacher de la grappe, généralement en parlant des fruits
égrapper

Détacher un cordage
larguer

Détacher une bête
dételer

Détacheur
dégraisseur, détachant

Détail
anecdote, babiole, bagatelle, broutille, décompte, élément, énumération, explication, exposé, information, liste, morceau, particularité, partie, précision, relevé, renseignement, rien, vétille

Détail accessoire servant à orner
fioriture

Détail imaginaire ajouté à un récit
broderie

Détaillant
marchand, revendeur, vendeur

Détaillé
désuni, explicite, précis

Détailler
caractériser, débiter, découper, décrire, dévisager, énumérer, examiner, exposer, fouiller, préciser, raconter

Détaler
accourir, débouler, décamper, déguerpir, enfuir, filer, fuir, partir

Détaxé
affranchi

Détaxer
affranchir, exempter, exonérer

Détectable
apparent, décelable

Détecter
débusquer, déceler, découvrir, dépister, discerner, localiser, pressentir, repérer, révéler, situer, trouver

Détecteur
capteur, radar, valve

Détection
découverte, dépistage, localisation, repérage

Détective
enquêteur, inspecteur, limier, police, policier, privé

Déteindre
décolorer, passer

Déteint
pâle

Dételer
arrêter, décompresser, décrocher, détacher

Détendant
amusant

Détendre
aérer, améliorer, calmer, débander, décoincer, décontracter, dégeler, délasser, désénerver, égayer, épanouir, étendre, lâcher, récréer, relâcher, souffler

Détendre (Se)
distraire, relâcher, reposer

Détendu
aéré, amélioré, apaisé, calme, décontracté, distendu, lâche, relâché, relax, relaxé, reposé, serein, soufflé

Détenir
avoir, conserver, disposer, garder, occuper, posséder, receler, retenir, séquestrer, tenir

Détente
abandon, amélioration, amusement, apaisement, décontraction, décrispation, dégel, délassement, distraction, récréation, relâche, relaxation, rémission, répit, repos, résolution, vacances

Détenteur
gardien, porteur, possesseur, propriétaire, receleur, tenant, titulaire

Détention
captivité, emprisonnement, enfermement, incarcération, internement, possession, prison, propriété, réclusion, séquestration

Détention illégale de choses volées par autrui
recel

Détenu
bagnard, captif, forçat, incarcéré, interné, prisonnier, réclusionnaire, retenu, séquestré, taulard, tôlard

Détergent
détersif, lessive, nettoyant, poudre, savon

Déterger
nettoyer

Détérioration
abaissement, altération, avarie, baisse, décadence, déclin, dégât, dégradation, destruction, dommage, endommagement, érosion, ravage, ruine, sabotage, usure

Détérioration du timbre de la voix à cause d'une altération des cordes vocales
dysphonie

Détérioré
abîmé, accidenté, altéré, avarié, cabossé, corrompu, décrépit, défraîchi, dégradé, délabré, élimé, endommagé, fatigué, gâté, moisi, passé, ruiné, usagé, usé, vétuste, vieilli

Détérioré, dénaturé
altéré

Détériorer
abîmer, altérer, attaquer, avarier, bousiller, corroder, défoncer, délabrer, démolir, détraquer, ébrécher, endommager, gâter, massacrer, mutiler, pervertir, pourrir, ruiner, saboter, user

Détériorer en faisant des entailles sur le bord
ébrécher

Détériorer peu à peu
corroder

Déterminant
adjectif, article, critique, crucial, décisif, principal

Détermination
acharnement, calcul, caractère, conviction, décision, énergie, estimation, fermeté, fixation, intention, mesure, résolution, volonté, vouloir

Détermination du groupe sanguin
groupage

Détermination du zéro d'un instrument de mesure
zérotage

Déterminé
amené, animé, arrêté, assuré, certain, convaincu, décidé, défini, définitif, délibéré, délimité, ferme, fixé, inconnu, inébranlable, intrépide, opiniâtre, précis, précisé, réglé, résolu, spécifique, volontaire

Déterminer
amener, animer, appeler, arrêter, assigner, caractériser, causer, cibler, conditionner, conduire, conseiller, convaincre, décider, déclencher, définir, délimiter, diagnostiquer, encourager, engager, engendrer, entraîner, établir, évaluer, faire, fixer, former, guider, identifier, inciter, indiquer, inspirer, limiter, mesurer, motiver, nécessiter, occasionner, persuader, peser, préciser, prédestiner, prédéterminer, produire, provoquer, qualifier, régir, régler, soulever, spécifier, susciter

Déterminer le prix de façon officielle
tarifer

Déterminer par le calcul
compter

Déterminisme
causalité

Déterré
enlevé

Déterrer
arracher, découvrir, dénicher, déraciner, exhumer, ressortir, ressusciter, trouver

Détersif
détergent, lessive, nettoyant, poudre

Détestable
abject, abominable, affreux, antipathique,
calamiteux, catastrophique, épouvantable,
exécrable, haïssable, infâme, infect,
insupportable, maudit, mauvais, méprisable,
odieux, répugnant, vilain

Détestation
haine, horreur

Détesté
haï

Détester
abhorrer, abominer, exécrer, haïr, maudire,
réprouver, vomir

Détiré
étiré

Détirer
agrandir, étirer, tirer

Détisser
effiler

Détonant
fulminant

Détonateur
amorce, déclencheur, étoupille, plastic

Détonation
bruit, déflagration, éclatement, explosion

Détoner
déflagrer, exploser

Détonner
contraster, fulminer, hurler, jurer, ressortir,
trancher

Détour
angle, biais, boucle, circonlocution,
circonvolution, contour, coude, courbe,
crochet, déviation, incursion, lacet, lacis,
louvoiement, manigance, méandre,
ondulation, périphrase, repli, ruse, sinuosité,
subterfuge, tour, tournant, virage, zigzag

Détourné
accaparé, aéré, allusif, dérivé, dérouté,
écœuré, égaré, enlevé, évasif, évité, indirect,
latéral

Détournement
déviation, malversation, pillage, prise

Détournement des deniers publics
péculat

Détourner
accaparer, dégoûter, dériver, dérouter, dévier,
dissuader, distraire, divertir, égarer, éloigner,
éluder, empêcher, esquiver, éviter, forcer,
parer, pirater, prévenir, soustraire, voler

Détourner l'attention
distraire

Détracté
accusé, dénigré

Détracter
accuser, critiquer, décrier, dénigrer, rabaisser

Détracteur
accusateur, adversaire, contempteur, critique,
dénigreur, dépréciateur, diffamateur, ennemi,
médisant, opposant

Détraction
calomnie

Détraqué
abîmé, absurde, altéré, bizarre, défectueux,
dérangé, déréglé, déséquilibré, fou, loufoque

Détraquement
dérangement, perversion

Détraquer
abîmer, altérer, déranger, dérégler, détériorer,
endommager, fausser, perturber, pervertir

Détrempé
affadi, délavé, délayé, humide, imbibé, lourd,
mouillé, trempé

Détremper
affadir, délaver, délayer, imbiber, tremper

Détresse
adversité, affliction, angoisse, anxiété,
chagrin, dénuement, désarroi, désespoir,
désolation, douleur, épreuve, indigence,
infortune, malheur, misère, nécessité, peine,
perdition, trouble

Détriment
dommage, préjudice

Détritus
compost, débris, déchet, immondices,
ordure, rebut, résidu, restes

Détroit
bouque, bras, canal, chenal, col, défilé,
manche, pas, passage, passe

Détromper
déciller, démystifier, désabuser, dessiller,
éclairer

Détrôné
déchu

Détrôner
chasser, déposer, destituer, éclipser, évincer,
remplacer, renverser, supplanter

Détrousser
dépouiller, dévaliser, lester, voler

Détrousseur
voleur

Détruire
abattre, abolir, anéantir, annihiler, annuler,
atomiser, attaquer, atteindre, bouleverser,
briser, broyer, casser, consumer, corroder,
corrompre, décimer, décomposer, défoncer,
démanteler, démolir, dépecer, déraciner,
désintégrer, désoler, désorganiser, dévaster,
dévorer, disloquer, dissiper, dissoudre,
ébranler, écraser, éliminer, emporter, enlever,

entamer, enterrer, épuiser, éteindre, étioler, étouffer, exterminer, extirper, faucher, foudroyer, fracasser, fusiller, gâter, grignoter, infirmer, invalider, massacrer, miner, mordre, pilonner, pulvériser, raser, ravager, renverser, rompre, ronger, ruiner, saborder, saboter, saccager, saper, suicider, supprimer, troubler, tuer, user

Détruire entièrement
anéantir

Détruire les bourgeons poussant sur les troncs
épincer

Détruire les obstructions
désopiler

Détruire par le feu
consumer, incendier

Détruit
abattu, anéanti, annihilé, annulé, atomisé, attaqué, atteint, brisé, broyé, cassé, consumé, corrodé, corrompu, décimé, défoncé, démantelé, démoli, dépecé, déraciné, désintégré, désorganisé, dévasté, dévoré, disloqué, dissipé, dissous, ébranlé, écrasé, éliminé, enlevé, entamé, étiolé, étouffé, exterminé, extirpé, fracassé, gâté, grignoté, infirmé, invalidé, massacré, miné, pilonné, pulvérisé, rasé, ravagé, renversé, rompu, rongé, ruiné, saccagé, sapé, supprimé, troublé, tué, usé

Dette
arriéré, créance, debel, débiteur, découvert, devoir, dû, engagement, impayé, obligation, solde

Deuil
affliction, chagrin, décès, douleur, malheur, perte, souffrance, tristesse

Deutéron
deuton

Deuton
deutéron

Deux
couple, duo, jumeaux, paire, second

Deux choses de même espèce
couple

Deux fois
bis

Deux pour 120 minutes
heures

Deux présidents des États-Unis ont porté ce nom
Adams, Bush, Harrison, Johnson, Roosevelt

Deux semestres
an

Deux-pièces
bikini

Deuxième
second, seconde

Deuxième estomac des oiseaux
gésier

Deuxième fils de Noé
Cham

Deuxième meilleur pointeur en séries en carrière avec les Canadiens
Lemaire

Deuxième plus grande société agroalimentaire au monde
PepsiCo

Deuxième plus grande ville de l'Arizona
Tucson

Deuxième plus grande ville du Nigeria
Kano

Deuxième version d'un logiciel, avant sa commercialisation
bêta

Deuxième vertèbre du cou
axis

Deuxième ville la plus peuplée d'Algérie
Oran

Dévalé
roulé

Dévaler
débouler, dégringoler, descendre, rouler, tomber

Dévalisé
frustré

Dévaliser
cambrioler, dépouiller, détrousser, piller, voler

Dévaloir
poubelle

Dévalorisation
dépréciation, diminution

Dévaloriser
déprécier, dévaluer, diminuer

Dévaluation
dépréciation, diminution

Dévaluer
abaisser, déprécier, dévaloriser

Devancer
dépasser, distancer, passer, précéder, prévenir, surpasser

Devancier
aîné, ancêtre, précurseur, prédécesseur

Devant
avant, devanture, endroit, façade, face, front, nez, pas, proue, tête

Devant du corps du cheval
poitrail

Devant être dit ou réalisé avant
préalable

Devant, front
façade

Devantier
tablier

Devanture
devant, étalage, façade, vitrine

Dévastateur
dévorant, iconoclaste, ravageur, vandale

Dévastation
carnage, dégât, désolation, destruction,
ravage, ruine, sac, saccage

Dévasté
affligé, coulé, détruit, noyé, rasé, ruiné, sapé,
usé

Dévaster
affliger, annihiler, désoler, détruire, emporter,
infester, inonder, noyer, piller, raser, ravager,
ruiner, saccager, saper

Déveine
adversité, fatalité, malchance, poisse,
scoumoune

Développé
accentué, adulte, agrandi, ample, contracté,
cultivé, enrichi, ergoté, étalé, évolué, exalté,
mûr, précis, riche, venu

Développement
accroissement, aménagement, ampleur,
avancement, civilisation, cours, croissance,
éducation, élaboration, envolée, essor,
étendue, formation, marche, montée, percée,
précision, précision, présentation, processus,
progrès, prospérité, suite, tartine, tirade,
tournure, venue

Développement des bourgeons
gemmation

Développement durable
DD

Développement important
percée

Développement littéraire
tirade

Développement progressif
croissance

Développer
accentuer, accroître, agrandir, allonger,
amplifier, augmenter, commenter, contracter,
cultiver, dénouer, éclaircir, éduquer, élaborer,
élargir, enrichir, équiper, étaler, étendre,
étoffer, éveiller, exalter, exposer, fortifier,
manifester, montrer, pousser, préciser,
présenter, projeter, répandre

Devenir
avenir, changement, changer, être, évoluer,
évolution, faire, futur, mouvement, mutation,
transformation, transformer

Devenir aigre
surir

Devenir blet
blettir

Devenir bleu
bleuir

Devenir blond
blondir

Devenir calme
calmer, calmir

Devenir démodé
vieillir

Devenir gauche
gauchir

Devenir gris, en parlant du système pileux
grisonner

Devenir maigre
amaigrir

Devenir moins frais, en parlant du pain
rassir

Devenir moins fréquent
raréfier

Devenir mou
mollir, ramollir

Devenir muet (S')
amuïr

Devenir noble
anoblir

Devenir noir
noircir

Devenir opaque (S')
opacifier

Devenir plus étroit
rétrécir

Devenir plus fort
forcir

Devenir plus frais
fraîchir

Devenir plus mince
mincir

Devenir plus mou
ramollir

Devenir raide
raidir

Devenir rance
rancir

Devenir riche
enrichir

Devenir rose
rosir

Devenir rouge
rougir

Devenir roux
roussir

Devenir sur
surir

Devenir terne, mat, en parlant d'un tableau
embuer

Devenir triple
tripler

Devenir un peu aigre
surir

Devenir vert
verdir

Devenir visible
paraître

Devenu
évolué

Devenu terne
embu

Déverrouiller
crocheter, ouvrir

Devers
vers

Dévers
pente

Déversé
jeté

Déverser
affluer, débarquer, décharger, écouler,
épancher, évacuer, exhaler, jeter, lancer,
larguer, pencher, répandre, verser, vider

Déversoir
débouché, dégorgeoir, évacuation, exutoire,
issue, poubelle, vanne

Déversoir d'un étang
daraise

Dévêtir
dénuder, dépouiller, déshabiller

Dévêtu
dénudé, déshabillé, nu

Déviance
perversion

Déviation
aberration, antéversion, cyphose, déflexion,
déformation, délestage, dérivation, dérive,
détour, détournement, déviationnisme,
diffraction, dissidence, écart, hétérodoxie,
inversion, lordose, perversion, réfraction,
rétroversion, schisme, scoliose, variation

Déviation d'un navire
dérive

Déviation du bon sens
aberration

Déviationnisme
déviation

Dévidé
démêlé

Dévider
débobiner, démêler, démonter, dérouler, filer

Dévider et enrouler sur une bobine
bobiner

Dévidoir
bobine

Dévidoir des cordiers
caret

Dévidoir qui sert à tirer la soie des cocons
aspe, asple

Dévié
dérivé, dérouté, gauche, gauchi, infléchi,
sorti, tordu

Dévier
défléchir, déformer, déjeter, déporter, déraper,
dériver, dérouter, détourner, éloigner, gauchir,
infléchir, modifier, obliquer, sortir

Devin
astrologue, augure, auspices, diseur,
mage, magicien, oracle, prophète, sorcier,
vaticinateur, visionnaire, voyant

Deviné
démêlé, senti

Deviner
apercevoir, augurer, comprendre, déceler,
décoder, découvrir, décrypter, démasquer,
démêler, discerner, entrevoir, éventer, flairer,
imaginer, interpréter, pénétrer, percer,
prédire, pressentir, prévoir, prophétiser,
reconnaître, résoudre, sentir, soupçonner,
subodorer, suspecter, trouver

Deviner confusément
pressentir

Devineresse
sorcière

Devinette
charade, énigme, logogriphe, question, rébus

Devinette graphique
rébus

Déviriliser
féminiser

Devis
estimation, évaluation

Dévisager
contempler, détailler, examiner, fixer,
observer, regarder, scruter, toiser

Devise
adage, billet, légende, loi, maxime, monnaie,
slogan

Deviser
bavarder, causer, converser, dialoguer,
discuter, jaser, parler, placoter

Dévissage
chute, déboulonnage, desserrage,
desserrement

Dévisser
défaire, dérocher, tomber

Dévoilé
affirmé, confié, déballé, déclaré, découvert, démasqué, dénoncé, dit, divulgué, enseigné, étalé, éventé, exhibé, expliqué, livré, montré, précisé, publié, révélé, trahi

Dévoilement
déballage, révélation

Dévoiler
affirmer, apparaître, confier, déballer, déceler, déclarer, découvrir, démasquer, dénoncer, dessiner, dire, divulguer, enseigner, étaler, éventer, exhiber, expliquer, livrer, montrer, paraître, préciser, publier, révéler, trahir

Devoir
charge, composition, contrôle, copie, dette, emprunter, épreuve, exercice, falloir, fonction, impératif, interrogation, loi, nécessité, obligation, office, prescription, respect, responsabilité, rôle, soin, tâche, travail

Devoir comme reliquat de dette
redevoir

Devoir de l'argent comme reliquat
redevoir

Devoir donné comme modèle
corrigé

Dévolu
alloué, attribué, destiné, imparti, réservé

Devon
amorce, appât, leurre

Dévorant
ardent, avide, brûlant, débordant, démesuré, destructeur, dévastateur, dévorateur, inextinguible, insatiable, ravageur

Dévorateur
dévorant

Dévoré
absorbé, détruit

Dévorer
absorber, accaparer, anéantir, avaler, boulotter, brûler, consumer, dépenser, détruire, dilapider, dissiper, engloutir, engouffrer, épuiser, flamber, gaspiller, hanter, manger, miner, obséder, poursuivre, prendre, ravager, repaître, ronger, torturer, tourmenter, user

Dévot
bigot, croyant, dévotieux, fervent, idolâtre, pieux, pratiquant, religieux

Dévotieux
dévot

Dévotion
adoration, adulation, amour, culte, ferveur, passion, piété, prière, religion, religiosité, vénération, zèle

Dévotion excessive du bigot
bigoterie

Dévoué
ardent, assidu, attaché, dédié, empressé, fidèle, loyal, prévenant, serviable, sûr, zélé

Dévoué, loyal
féal

Dévouement
abnégation, adoration, culte, don, donation, fidélité, loyalisme, loyauté, sacrifice, soin, voué, zèle

Dévouement allant jusqu'à la servilité
dévotion

Dévouement, fidélité
loyalisme

Dévouer
consacrer, dédier, donner, livrer, offrir, sacrifier, vouer

Dévoyé
amoral, débauché, délinquant, dépravé, égaré, gredin, impur, perdu, pervers

Dévoyer
égarer, pervertir

Dextérité
adresse, agilité, art, astuce, doigté, habileté, industrie, précision, sûreté, talent

Dextrose
glucose

Diabète
maladie

Diable
brouette, chariot, démon, diableteau, diablotin, diantre, garnement, incube, lutin, tentateur

Diable de mer
baudroie, rascasse

Diable femelle
diablesse

Diablement
beaucoup, bien, drôlement, rudement

Diablerie
espièglerie, intrigue, machination, maléfice, manigance, mystère, sortilège

Diablesse
démone, dragon, succube

Diableteau
diable

Diablotin
diable, djinn, enfant, farfadet, lutin, voile

Diabolique
infernal, maléfique, méchant, noir, pernicieux, pervers, satanique

Diabolo
limonade

Diachylon
adhésif, emplâtre, sparadrap

Diaclase
cassure

Diaconique
étoupe

Diadème
auréole, bandeau, couronne, ornement

Diagnostiquer
déterminer, identifier

Diagonale
biais

Diagramme
courbe, croquis, graphique, plan, schéma

Dialcool
glycol

Dialectal
régional

Dialecte
idiome, langage, langue, oc, parler, patois

Dialecte chinois
wu

Dialecte chinois parlé au Hunan
xiang

Dialectique
logique, raisonnement

Dialogue
concertation, conversation, discours,
discussion, échange, entretien, négociation

Dialoguer
communiquer, conférer, converser, deviser,
échanger, entretenir, jacter, négocier, parler

Dialoguiste
parolier

Diamant
bort, brillant, carbonado, solitaire, strass

Diamant à usage industriel
bort

Diamant noir utilisé industriellement
carbonado

Diamant présentant un défaut
bort

Diamètre
calibre, grosseur, largeur, module

Diamètre d'un cylindre
alésage

Diane
batterie

Diantre
diable

Diapason
registre, tessiture

Diaphane
limpide, opalescent, pâle, translucide,
transparent

Diaphanéité
transparence

Diapo
diapositive

Diapositive
diapo, photo, transparent

Diapré
bariolé, bigarré, chamarré, chatoyant, émaillé

Diaprer
barioler, bigarrer, chamarrer, émailler

Diarrhée
colique

Diascope
périscope

Diatribe
attaque, critique, factum, harangue, libelle,
pamphlet, philippique, réquisitoire, satire

Dico
dictionnaire

Dictame
baume

Dictateur
autocrate, César, despote, führer, potentat,
tyran, tyranneau

Dictatorial
absolu, autoritaire, impérieux, totalitaire

Dictature
absolutisme, autocratie, autoritarisme,
caporalisme, césarisme, fascisme, nazisme,
totalitarisme, tyrannie

Dicté
commandé, conditionné, décidé, imposé,
inspiré, ordonné, prescrit, réglé, soufflé,
stipulé, suggéré

Dicter
commander, conditionner, décider, disposer,
imposer, inspirer, ordonner, prescrire, régler,
souffler, stipuler, suggérer

Diction
articulation, débit, élocution, énonciation,
parler, parole, prononciation

Dictionnaire
dico, encyclopédie, glossaire, lexique, Robert

Dictionnaire de prosodie latine
gradus

Dictionnaire poétique
gradus

Dictionnaire qui donne l'explication de mots anciens
glossaire

Dicton
adage, maxime, pensée, proverbe, sentence

Didacticien
pédagogue

Didactique
éducatif

Diélectrique
isolant

Diesel
gazole

Diète
abstinence, jeûne, privation, régime

Diététique
allégé, léger

Dieu
créateur, déité, démon, divinité, esprit, Ésus, génie, géniteur, idole, interjection, paternel, père, procréateur, providence, seigneur

Dieu celte de la Tribu et de la Guerre
Teutatès

Dieu des Bergers
Pan

Dieu gaulois
Ésus

Dieu grec de la Mer
Nérée

Dieu grec de la Végétation
Attis

Dieu indien de l'Amour
Kama

Dieu phénicien de la Végétation
Adonis

Dieu suprême du panthéon sumérien
Anou

Dieu unique des musulmans
Allah

Diffamant
calomnieux, déshonorant, diffamatoire, infamant, médisant, mensonger

Diffamateur
détracteur, médisant

Diffamation
calomnie, libelle, médisance

Diffamatoire
diffamant, médisant

Diffamé
accusé, sali, terni

Diffamer
accuser, attaquer, calomnier, déchirer, discréditer, médire, noircir, salir, souiller, ternir

Différé
repoussé, retardé

Différence
abîme, altérité, appoint, changement, complément, contradiction, contraste, décalage, dénivelé, dénivellation, départ, désaccord, différentiel, discordance, disparité, disproportion, dissemblance, dissimilitude, distance, distinction, divergence, diversité, écart, excédent, fossé, homogénéité, incohérence, incompatibilité, inégalité, intervalle, marge, mélange, modification, nuance, opposition, partage, particularité, reste, séparation, solde, spécificité, supplément, variation, variété

Différenciation
clivage, séparation

Différencié
démêlé

Différencier
caractériser, classer, démêler, discerner, dissocier, distinguer, nuancer, reconnaître, séparer

Différend
affaire, altercation, brouille, conflit, contentieux, contestation, débat, démêlé, désaccord, discussion, dispute, litige, polémique, procès, querelle

Différent
autre, changé, contradictoire, contraire, contrasté, désuni, dissemblable, distinct, divergent, divers, éloigné, étranger, exceptionnel, exotique, inégal, méconnaissable, modifié, nouveau, opposé, original, pluriel, plusieurs, singulier, transformé

Différent de la norme
anormal

Différentiel
différence

Différer
ajourner, atermoyer, attendre, différencier, discorder, distinguer, diverger, écarter, éloigner, opposer, reculer, remettre, renvoyer, reporter, repousser, retarder, surseoir, suspendre, tarder, temporiser

Difficile
acariâtre, ardu, aride, calé, capricieux, chicaneur, complexe, compliqué, confus, contrariant, coriace, corsé, critique, dangereux, délicat, désobéissant, douloureux, dur, écœuré, embarrassant, énigmatique, ennuyeux, épineux, escarpé, ésotérique, exigeant, fâcheux, impénétrable, indiscipliné, indocile, ingrat, intraitable, irascible, laborieux, malaisé, maniaque, mauvais, mystérieux, obscur, ombrageux, pénible, périlleux, pointilleux, profond, querelleur, raffiné, raide, rêche, rétif, rigoureux, rude, savant, scabreux, sensible, sévère, sportif, subtil, tatillon, tendu, ténébreux, trapu

Difficile à comprendre
abstrus

Difficile à contenter
exigeant

Difficile à digérer
indigeste

Difficile à pénétrer
profond

Difficile, pénible
hard

Difficilement
mal

Difficilement supportable
infernal

Difficulté
accroc, adversité, anicroche, aria, barrière,
cahot, chicane, complexité, complication,
confusion, contestation, contrariété,
contretemps, délicatesse, écueil, embarras,
embûche, empêchement, ennui, force, gêne,
incident, mal, nœud, objection, obscurité,
obstacle, os, peine, péril, problème,
résistance, souci, subtilité, tirage, tracas,
traverse

Difficulté à avaler
dysphagie

Difficulté à déglutir
dysphagie

Difficulté à dormir
insomnie

Difficulté à garder la station debout
astasie

Difficulté à respirer
dyspnée

Difficulté à se tenir debout
dystasie

Difficulté d'expression
dysphasie

Difficulté d'ordre rationnel
aporie

Difficulté de l'accouchement
dystocie

Difficulté insurmontable
montagne

Difficulté soudaine
hoquet

Difficulté, obstacle
embûche

Difforme
affreux, biscornu, bossu, bot, contrefait,
déformé, déjeté, hideux, monstrueux,
rabougri, tordu, tors

Difformité
anomalie, disgrâce, hideur, laideur

Diffraction
déviation

Diffus
abondant, bavard, long, prolixe, redondant,
répandu, répété, sourd, tamisé, verbeux,
voilé, zodiacal

Diffusé
émis

Diffuser
colporter, disperser, distribuer, émettre,
irradier, populariser, programmer, propager,
rayonner, répandre, retransmettre,
transmettre, véhiculer, vulgariser

Diffusion
contagion, dissémination, distribution,
émission, invasion, programmation,
propagation, retransmission, transmission,
vulgarisation

Digérer
absorber, accepter, apprendre, assimiler,
endurer, intégrer, supporter, tolérer

Digest
abrégé, analyse, extrait, résumé, sommaire

Digeste
léger, mangeable

Digestible
léger

Digestif
alcool, boisson, liqueur

Digestion
assimilation, coction

Digital
numérique

Digitale
doigtier

Digitaliser
numériser

Digne
agréable, approprié, auguste, beau, bel, bien,
convenable, estimable, fier, grave, honnête,
honorable, louable, méritant, méritoire, noble,
respectable, sobre, solennel, vénérable

Digne d'envie
enviable

Digne d'être publié
publiable

Digne d'Hercule
herculéen

Digne d'un ange
angélique

Digne d'un héros
héroïque

Digne d'un roi
royal

Digne de confiance
fiable

Digne de respect
auguste, vénérable

Dignement
bien, convenablement, fièrement, gravement, honnêtement, honorablement, noblement

Dignitaire
autorité, évêque, personnalité

Dignitaire de l'Église
pontife

Dignitaire ecclésiastique
évêque, prélat

Dignitaire religieux dans un pays musulman
mollah

Dignité
charge, fierté, grandeur, gravité, honnêteté, honneur, noblesse, orgueil, place, promotion, rang, réserve, respect, respectabilité, retenue, réticence, solennité, valeur

Dignité d'émir
émirat

Dignité d'éparque dans l'Antiquité
éparchie

Dignité d'imam
imamat

Dignité de bâtonnier
bâtonnat

Dignité de calife
califat

Dignité de cardinal
pourpre

Dignité de comte palatin
palatinat

Dignité de consul
consulat

Dignité de khan
khanat

Dignité de la conduite
tenue

Dignité de palatin
palatinat

Dignité de patrice
patriciat

Dignité de prieur
prieuré

Dignité de prince
principat

Dignité épiscopale
évêché

Dignité morale
honneur

Dignité papale
tiare

Dignité, fonction de pape
papauté

Dignité, office de chanoine
canonicat

Digon
hampe, harpon

Digue
aboiteau, banquette, barrage, barrière, écluse, estacade, frein, jetée, levée, môle, obstacle, remblai, rempart

Digue provisoire établie sur un cours d'eau
batardeau

Diktat
décision, décret, oukase, tyrannie, ukase

Dilapidateur
prodigue

Dilapider
dépenser, dévorer, dissiper, engloutir, flamber, gaspiller, manger, prodiguer

Dilatation
enflure

Dilatation permanente d'une veine
varice

Dilaté
agrandi, gonflé

Dilater
agrandir, distendre, élargir, gonfler, grossir

Dilatoire
atermoiement, procrastinateur, temporisateur

Dilection
affection, amitié, tendresse

Dilemme
alternative, choix, impasse

Dilettante
amateur, fumiste, plaisantin

Diligemment
efficacement

Diligence
application, assiduité, attention, célérité, coach, coche, empressement, hâte, omnibus, patache, promptitude, rapidité, soin, vitesse, zèle

Diligent
actif, appliqué, assidu, attentif, empressé, expéditif, laborieux, preste, prévoyant, prompt, rapide, soigneux, travailleur, zélé

Dilué
additionné, noyé

Diluer
additionner, affaiblir, allonger, baptiser, délayer, diminuer, dissoudre, éclaircir, étendre, gâcher, mouiller, noyer, tremper

Diluvial
diluvien, torrentiel

Diluvien
abondant, diluvial, impétueux, torrentiel

Dimanche
jour

Dîme
contribution, imposition, impôt, redevance, taxe

Dimension
ampleur, calibre, envergure, épaisseur, étendue, format, gabarit, grandeur, grosseur, hauteur, importance, largeur, mensuration, mesure, pointure, portée, profondeur, proportion, puissance, stature, superficie, surface, taille, valeur, volume

Diminué
abâtardi, abrégé, adouci, affaibli, allégé, altéré, contracté, écorné, estompé, molli, réduit, resserré, rétréci

Diminuer
abaisser, abâtardir, abréger, adoucir, affaiblir, affaisser, alléger, altérer, amenuiser, amoindrir, amollir, amortir, amputer, apaiser, assagir, assoupir, assourdir, atténuer, attiédir, avilir, baisser, calmer, chuter, comprimer, condenser, consoler, contracter, décliner, décroître, dégonfler, dégrader, dénigrer, déprécier, descendre, désenfler, dévaloriser, diluer, discréditer, ébrécher, écorner, écourter, effriter, émousser, estomper, éteindre, expirer, faiblir, fléchir, freiner, infirmer, laminer, limiter, miner, mitiger, modérer, mollir, mourir, mutiler, pallier, rabaisser, rabattre, raccourcir, radoucir, ralentir, rapetisser, raréfier, ravaler, reculer, réduire, réfréner, refroidir, régresser, relâcher, résorber, resserrer, restreindre, résumer, retomber, rétrécir, rogner, soulager, tempérer, tiédir, tomber, tronquer

Diminuer l'excès d'une chose
tempérer

Diminuer l'expansion de
élégir

Diminuer la surface d'une voile
ariser

Diminuer la valeur
dévaluer

Diminuer par un défaut
entacher

Diminutif d'Édouard
Ed

Diminutif d'Edward
Ed, Eddy

Diminutif de David
Dave

Diminutif de Gisèle
Gigi

Diminutif de Jennifer
Jenny

Diminutif de Léonard
Léo

Diminutif de Liliane
Lili

Diminutif de manifestation
manif

Diminutif de Maxime
Max

Diminutif de mignon
mignonnet

Diminutif de Timothy
Tim

Diminutif de Victor
Vic

Diminution
abaissement, abattement, abrégement, affaissement, allègement, amenuisement, amoindrissement, baisse, compression, concentration, contraction, décharge, déclin, décroissance, décroissement, décrue, dégonflement, dégrèvement, déperdition, dépréciation, dévalorisation, dévaluation, exemption, exonération, modération, rabais, raccourcissement, ralentissement, récession, réduction, régression, remise, repli, rétrécissement, soulagement, usure

Diminution de l'appétit
dysorexie

Diminution de la mémoire
amnésie

Diminution de la soif
adipsie

Diminution de la vitesse
freinage

Diminution de la volonté
aboulie

Diminution du volume d'un corps ou d'un organe
atrophie

Diminution durable des prix
déflation

Diminution ou abolition définitive ou passagère de la motricité
paralysie

Diminution physiologique ou pathologique du diamètre de la pupille
myosis

Diminution, perte de rang social
déchéance

Dîner
déjeuner, manger, repas, souper

Dînette
repas

Dîneur
convive, hôte, invité, mangeur, soupeur

Ding
drelin, onomatopée

Ding dong
drelin

Dingo
cinglé, dingue, fou, loufoque

Dingue
délirant, dingo, fou, loufoque

Diocèse
archevêché, évêché

Diode
cathode, électrode, soupape, valve

Diplomate
adroit, ambassadeur, attaché, consul,
émissaire, envoyé, fin, habile, légat,
ministre, négociateur, nonce, parlementaire,
plénipotentiaire, politique, résident, roué,
rusé, secrétaire, souple, subtil

Diplomatie
adresse, doigté, entregent, finesse, habileté,
persuasion, politique, précaution, ruse,
souplesse, tact

Diplomatie, tact
doigté

Diplomatique
politique

Diplomatiquement
finement

Diplôme
acte, baccalauréat, brevet, certificat,
charte, doctorat, licence, maîtrise, médaille,
parchemin, patente, pièce, prix, récompense,
titre

Diplômé
bachelier, promu

Diplôme d'études collégiales
DEC

Diplôme d'études professionnelles
DEP

Diplôme d'études secondaires
DES

Diplôme préuniversitaire ou technique
DEC

Diplôme reçu à la fin d'études professionnelles
DEP

Diplôme reçu à la fin du secondaire
DES

Diplômer
couronner, décorer, gratifier, primer,
récompenser

Diptyque
tableau

Dire
affirmer, ajouter, alléguer, annoncer,
apprendre, articuler, assurer, avouer, certifier,
commander, communiquer, compromettre,
confesser, confier, conter, débiter, déclamer,
déclaration, déclarer, décliner, dénoncer,

dénoter, dévoiler, divulguer, donner, ébruiter,
émettre, enjoindre, énoncer, exposer,
exprimer, fixer, formuler, glisser, indiquer,
lâcher, lancer, lire, manifester, marquer,
montrer, narrer, objecter, opiner, ordonner,
parole, porter, préciser, prétendre, proclamer,
proférer, prononcer, propos, protester,
raconter, rapporter, réciter, relater, répandre,
répliquer, répondre, rétorquer, révéler,
sommer, sortir, stipuler

Dire à haute voix
dicter, oraliser, réciter

Dire à voix basse à l'oreille de quelqu'un
chuchoter

Dire avec violence
vomir

Dire d'une façon langoureuse
roucouler

Dire d'une voix forte et émue (S')
écrier

Dire des choses insignifiantes
papoter

Dire en criant (S')
écrier

Dire en plus
ajouter

Dire non
refuser

Direct
brutal, carré, court, cru, droit, franc,
immédiat, instantané, intuitif, rapide,
rectiligne, rond, sincère, spontané, train

Directement
rondement

Directeur
administrateur, chef, dirigeant, gérant, guide,
manager, moteur, patron, président, principal,
recteur, supérieur, tenancier

Directeur général des Canadiens de 1983 à 1995
Savard, Serge

Directif
autocratique, autoritaire, directionnel,
dominateur

Direction
administration, allure, axe, azimut, but, cap,
chemin, commandement, conduite, curatelle,
département, destination, dirigeants,
férule, gérance, gestion, gouvernement,
ligne, organisation, orientation, pilotage,
présidence, réalisation, route, section, sens,
service, surveillance, tendance, tenue, tour,
tournure, voie

Direction d'un navire
cap

Direction de la rose des vents
ENE, ESE, est, NE, NNE, NNO, NO, nord, ONO, OSO, ouest, SE, SO, SSE, SSO, sud

Direction sur une carte
ENE, ESE, est, NE, NNE, NNO, NO, nord, ONO, OSO, ouest, SE, SO, SSE, SSO, sud

Direction verticale
aplomb

Directionnel
directif

Directive
avis, consigne, indication, ordre, prescription, règle

Dirigé
adressé, animé, dominé, encadré

Dirigeable
aéronef, aérostat, ballon, zeppelin

Dirigeant
administrateur, chef, directeur, gérant, gouvernant, leader, maître, manager, meneur, patron, politicien, président, promoteur, régent, responsable, supérieur

Dirigeant d'une tuilerie
tuilier

Diriger
administrer, adresser, animer, axer, braquer, canaliser, centrer, coiffer, commander, concentrer, conduire, dominer, encadrer, entraîner, exposer, focaliser, gérer, gouverner, guider, inspirer, manager, manier, manœuvrer, mener, orchestrer, ordonner, organiser, orienter, piloter, pointer, porter, pousser, présenter, présider, réaliser, régenter, régir, régler, régner, tenir

Diriger avec une autorité excessive
régenter

Diriger le flottage du bois
draver

Diriger politiquement
gouverner

Diriger selon un itinéraire précis
router

Diriger suivant un axe
axer

Diriger vers
axer

Diriger, regrouper
canaliser

Dirigisme
étatisme

Discernable
apparent

Discerné
démêlé, senti

Discernement
circonspection, discrimination, distinction, flair, identification, jugement, perspicacité, prudence, raison, sagacité, sagesse, sens

Discerner
apercevoir, apprécier, déceler, découvrir, démêler, détecter, deviner, différencier, discriminer, distinguer, entendre, entrevoir, identifier, isoler, lire, percevoir, reconnaître, remarquer, repérer, ressentir, saisir, sentir, séparer, situer, surprendre, voir

Discerner par intuition
flairer

Disciple
adepte, apôtre, élève, fidèle, héritier, partisan, prosélyte, tenant

Disciple de saint Benoît
Maur

Disciple sans originalité personnelle
épigone

Discipline
art, branche, docilité, domaine, loi, matière, méthode, obéissance, ordre, règle, règlement, régularité, science, soumission, spécialité, sujet

Discipliné
docile, obéissant, organisé, plié, rigide, soumis

Discipline médicale
chirurgie

Discipline olympique d'été
aviron

Discipline spirituelle et corporelle
yoga

Discipline sportive regroupant trois épreuves
triathlon

Discipline traditionnelle indienne
yoga

Discipliner
assagir, assouplir, éduquer, former, maîtriser, plier

Discontinu
coupé, intermittent, momentané, saccadé, variable

Discontinuation
interruption, suspension

Discontinuer
suspendre

Discontinuité
interruption

Disconvenir
nier

Disconvenu
nié

Discordance
cacophonie, contraste, décalage, désaccord, différence, disparité, opposition

Discordant
criard, disparate, dissonant, divergent, grinçant, opposé

Discorde
brouille, conflit, désaccord, dispute, dissension, mésentente, mésintelligence, opposition, querelle, tension, zizanie

Discorder
différer, diverger

Discothèque
bal, boîte

Discounter
solder, soldeur

Discoureur
bavard, causeur, débatteur, parleur, phraseur, pie

Discourir
babiller, bavarder, converser, disserter, jacasser, jaser, palabrer, parler, pérorer, phraser

Discourir longuement
palabrer

Discours
adresse, allocution, annonce, apologie, catilinaire, causerie, charge, compliment, conférence, conversation, déclaration, dialogue, éloge, énoncé, entretien, exhortation, exposé, harangue, homélie, instruction, laïus, langage, langue, louange, message, morale, oraison, palabres, panégyrique, parénèse, parole, philippique, plaidoyer, préambule, prêche, prédication, proclamation, prône, propos, réprimande, réquisitoire, sermon, tartine, tirade, toast, topo, traité, verbe

Discours banal
fadeur

Discours confus
pataquès

Discours d'un avocat
plaidoyer

Discours ennuyeux
harangue

Discours moralisateur
sermon

Discours prolixe, bavard, mais qui n'exprime que peu d'idées
verbiage

Discours qu'on s'adresse à soi-même
soliloque

Discours répété sans cesse
antienne

Discours solennel
harangue

Discours trompeur
boniment

Discours violent
diatribe

Discours, écrit destiné à attaquer violemment quelqu'un
réquisitoire

Discourtois
désagréable, grossier, impoli, incivil, incorrect, inélégant, malappris, malpoli, rustre

Discouru
ergoté

Discrédit
baisse, déconsidération, décri, défaveur, disgrâce, opprobre

Discrédité
frustré, sali, terni

Discréditer
compromettre, déconsidérer, décrier, dénigrer, déprécier, déshonorer, diffamer, diminuer, exécuter, noircir, nuire, salir, ternir

Discret
effacé, feutré, furtif, isolé, léger, modéré, modeste, muet, neutre, poli, pudique, rapide, réservé, retenu, réticent, retiré, secret, silencieux, simple, sobre, ténu, tranquille, voilé

Discrètement
incognito, sobrement

Discrétion
anonymat, délicatesse, modestie, mystère, précaution, pudeur, réserve, réticence, secret, sobriété

Discrétionnaire
illimité

Discriminant
pertinent

Discrimination
discernement, racisme

Discrimination envers toute personne âgée
âgisme

Discriminer
discerner, distinguer, reconnaître, séparer

Disculpation
apologie

Disculpé
enlevé

Disculper
absoudre, blanchir, décharger, excuser, innocenter, justifier, réhabiliter

Discursif
logique

Discussion
altercation, argutie, contestation, controverse, conversation, débat, délibération, dialogue, différend, dispute, échange, empoignade, entretien, entrevue, ergotage, examen, explication, litige, lutte, palabres, polémique, querelle, question, réplique, tribune

Discussion longue et difficile en vue d'un résultat précis
palabres

Discussion où l'on parle tout bas
conciliabule

Discutable
disputable

Discutaillé
ergoté

Discutailler
ergoter, pignocher

Discutailleur
ergoteur

Discuté
argumenté, bavardé, causé, conféré, contesté, controversé, conversé, critiqué, épilogué, ergoté, marchandé, négocié, palabré, parlementé, polémiqué

Discuter
agiter, analyser, argumenter, batailler, bavarder, causer, conférer, contester, converser, critiquer, débattre, deviser, disputer, épiloguer, ergoter, examiner, jacter, marchander, négocier, palabrer, parlementer, parler, polémiquer, raisonner, traiter

Discuter interminablement
palabrer

Discuteur
causeur, ergoteur

Disert
babillard, bavard, causant, causeur, éloquent, loquace, prolixe

Disette
carence, défaut, déficit, faim, famine, indigence, insuffisance, manque, pauvreté, pénurie, rareté

Diseur
chiromancien, conteur, devin, raconteur, voyant

Disgrâce
chute, déchéance, défaveur, difformité, discrédit, hideur, infortune, laideur, malheur, revers

Disgracié
ingrat, laid

Disgracié de la nature
bossu

Disgracier
destituer, limoger, renvoyer

Disgracieux
affreux, désagréable, fâcheux, hideux, inélégant, ingrat, laid, vilain

Disjoindre
déboîter, démonter, désunir, détacher, dissocier, écarter, isoler, scinder, séparer

Disjoint
désuni, enlevé

Disjoncteur
rupteur

Disjonction
clivage, séparation

Dislocation
luxation, rupture, séparation

Disloqué
désuni, détruit, enlevé

Disloquer
briser, casser, déboîter, décomposer, démancher, démanteler, démantibuler, démembrer, démettre, démolir, démonter, désarticuler, désunir, détruire, disperser, dissoudre, diviser, fausser, luxer

Disparaître
abîmer, absenter, agoniser, cacher, céder, cesser, chuter, coucher, décéder, défiler, dissiper, échapper, éclipser, écouler, effacer, égarer, enfuir, enlever, envoler, estomper, évanouir, évaporer, expirer, filer, fondre, fuir, manquer, mourir, partir, passer, périr, plonger, raréfier, retirer, retomber, sombrer, succomber, tomber, voiler, volatiliser

Disparate
bigarré, composite, discordant, disparité, divers, hétéroclite, hétérogène, hybride, inégal, mélangé, panaché

Disparité
bigarrure, contraste, différence, discordance, disparate, dissemblance, dissonance, diversité, hétérogénéité, imparité, inégalité, opposition

Disparition
abolition, absence, décès, destruction, fin, fuite, levée, mort, résolution, trépas

Disparition apparente d'un astre
éclipse

Disparition d'un mal
guérison

Disparition de l'allergie
anergie

Disparition de la mobilité d'une articulation
ankylose

Disparition progressive
agonie

Disparu
abîmé, absent, décédé, défunt, enlevé, évanoui, évaporé, mort, noyé, parti, perdu, plongé, résorbé, révolu

Dispatcher
répartir, ventiler

Dispendieux
cher, coûteux, onéreux, ruineux

Dispensaire
hôpital

Dispense
acceptation, autorisation, dérogation, exemption, exonération, franchise, immunité, permission

Dispensé
exempt

Dispenser
accorder, décharger, dégager, délivrer, départir, distribuer, donner, épargner, exempter, exonérer, libérer, partager, répandre, répartir, soustraire

Dispersé
clairsemé, désuni, enlevé, épars, jeté

Disperser
atomiser, balayer, chasser, débander, diffuser, disloquer, disséminer, dissiper, diviser, émietter, envoler, épandre, éparpiller, essaimer, fragmenter, irradier, jeter, morceler, parsemer, partir, répandre, répartir, semer, séparer, vaporiser

Disperser, séparer
disloquer

Dispersion
débandade, déroute, divergence, séparation, variation

Disponibilité
liberté, vacance

Disponibilités
économies

Disponible
abordable, accessible, inoccupé, libre, vacant, vide

Dispos
agile, alerte, allègre, enlevé, gaillard, ingambe, leste, ouvert, reposé, vaillant, vert

Disposant
accommodant, testateur

Disposé
agencé, aménagé, enclin, installé, orchestré, partant, placé, prêt, situé, tourné

Disposé cinq par cinq
quiné

Disposé d'un seul côté
unilatéral

Disposé en rayons partant d'un centre
rayonnant

Disposé en spirale
spiralé

Disposé en tableaux
tabulaire

Disposer
accommoder, agencer, ajuster, aligner, aménager, arranger, combiner, composer, configurer, construire, décréter, détenir, dicter, dresser, établir, exposer, façonner, faire, inciter, installer, mettre, monter, ordonner, organiser, orienter, placer, poser, posséder, préparer, prescrire, ranger, régler, répartir, tendre, tourner

Disposer d'avance
prédisposer

Disposer de la terre en petites buttes
butter

Disposer des choses en les faisant se chevaucher
imbriquer

Disposer des pierres de façon à assurer leur liaison
enlier

Disposer des produits dans un étalage
étalager

Disposer en anneaux
anneler

Disposer en boucles
anneler

Disposer en boucles fines et serrées
friser

Disposer en combinant
agencer

Disposer en croix
croiser

Disposer en houppes
houpper

Disposer en macles
macler

Disposer en stères, en parlant des cordes de bois
stérer

Disposer les plis d'un vêtement
draper

Disposer par lits
liter

Dispositif
appareil, engin, machine, mécanique, mécanisme, procédé, système

Dispositif à lettres et à chiffres
dateur

Dispositif câblé permettant de remonter une pente
téléski

Dispositif cylindrique
  barillet
Dispositif d'alarme ou d'avertissement
  sonnerie
Dispositif d'allumage des moteurs à explosion
  delco
Dispositif d'amorçage
  détonateur
Dispositif d'arrosage
  gicleur
Dispositif de détection sous-marine
  sonar
Dispositif de lancement d'avions
  catapulte
Dispositif de protection
  blindage
Dispositif de sécurité
  antivol, parachute
Dispositif de transport pour les bêtes de somme
  bât
Dispositif destiné à couper le courant
  fusible
Dispositif destiné à guider le navigateur
  balise
Dispositif destiné à provoquer la détonation d'un explosif
  détonateur
Dispositif fixe de fermeture
  serrure
Dispositif formé d'une lame
  palin
Dispositif lumineux clignotant placé sur le toit de véhicules prioritaires
  gyrophare
Dispositif manuel d'appel d'un téléphone
  cadran, clavier
Dispositif muni de bras pour transporter les blessés
  civière
Dispositif permettant de décoder
  décodeur
Dispositif permettant de recueillir et de conserver les informations
  mémoire
Dispositif permettant l'aération d'une pièce
  aérateur
Dispositif pour amorcer une arme à feu
  amorçoir
Dispositif pour amortir le son
  sourdine
Dispositif pour présenter des produits
  présentoir
Dispositif pour tenir un livre fermé
  fermoir

Dispositif qui injecte un liquide
  injecteur
Dispositif servant à viser
  viseur
Dispositif utilisé pour le dégivrage
  dégivreur
Disposition
  agencement, aménagement, aptitude,
  arrangement, assemblage, attitude,
  capacité, clause, combinaison, composition,
  condition, configuration, constitution,
  construction, convention, distribution,
  économie, facilité, faculté, forme, génie,
  humeur, instinct, intention, mesure, montage,
  moyen, ordonnance, ordre, organisation,
  orientation, penchant, place, placement,
  point, position, possession, précaution,
  prescription, propension, qualité, rangement,
  règle, répartition, situation, structure, talent,
  tendance, vocation
Disposition à éprouver un sentiment
  fibre
Disposition à être généreux
  largesse
Disposition à faire le bien
  vertu
Disposition à penser que tout finira mal
  pessimisme
Disposition affective passagère
  humeur
Disposition d'esprit qui consiste à voir le bon côté des choses
  optimisme
Disposition de sons identiques
  rime
Disposition des bordages d'une embarcation
  clin
Disposition des diverses parties d'une habitation
  êtres
Disposition des lieux dans un bâtiment
  êtres
Disposition des nervures
  nervation
Disposition en saillie par rapport à la base
  surplomb
Disposition habituelle au mal
  vice
Disposition naturelle
  aptitude
Disposition par stries parallèles
  striure
Disproportion
  abus, différence, excès, inégalité

Disproportionné
abusif, colossal, extrême, inégal

Disputable
défendable, discutable

Disputailler
ergoter

Dispute
accrochage, algarade, altercation, bagarre, bisbille, brouille, chamaille, chicane, conflit, contestation, controverse, débat, démêlé, désaccord, différend, discorde, discussion, division, escarmouche, explication, fâcherie, friction, grabuge, guerre, heurt, joute, litige, lutte, mésentente, noise, polémique, querelle, rixe, rupture, scène

Disputé
ergoté

Disputer
admonester, attraper, bagarrer, batailler, chapitrer, chicaner, contester, crier, discuter, gourmander, gronder, houspiller, jouer, jouter, lutter, morigéner, quereller, rencontrer, réprimander, sermonner, tancer

Disqualifier
distancer, éliminer

Disque
album, CD, cercle, galet, halo, litanie, microsillon, musique, refrain, rengaine, rond, rondelle, roue, vinyle

Disque compact
CD

Disque dur
DD

Disque en plastique
frisbee

Disque plein tournant sur un axe
roue

Disque servant de support
rondeau

Dissection
autopsie, examen

Dissection et examen d'un cadavre pour connaître les causes de la mort
autopsie

Dissemblable
autre, désuni, différent, distinct, opposé

Dissemblance
contraste, différence, disparité

Dissémination
diffusion

Disséminé
clairsemé, épars, étalé

Disséminer
disperser, émietter, espacer, parsemer, propager, répandre, répartir, semer

Dissension
chicane, déchirement, désaccord, désordre, discorde, dissentiment, divorce, guerre, mésentente, mésintelligence, opposition, querelle

Dissentiment
désaccord, dissension, opposition

Disséqué
désossé

Disséquer
analyser, autopsier, décomposer, décortiquer, dépecer, dépiauter, dépouiller, désosser, examiner, fouiller, scruter

Dissertation
composition, mémoire, rédaction, traité

Disserté
ergoté

Disserter
causer, discourir, palabrer, parler

Dissidence
déviation, hérésie, mésentente, rébellion, schisme, scission, séparation, séparatisme

Dissident
désobéissant, hérétique, indiscipliné, insoumis, libre, mutin, opposé, rebelle, réfractaire, révolté, séditieux, séparatiste, transfuge, zélé

Dissimilitude
différence

Dissimulateur
sournois

Dissimulation
duplicité, fard, fausseté, feinte, fourberie, fraude, retenue

Dissimulé
abrité, caché, déguisé, double, enlevé, étouffé, faux, fourbe, inavoué, masqué, renfermé, secret, tortueux

Dissimuler
abriter, atténuer, cacher, camoufler, celer, couvrir, déguiser, éclipser, enfouir, escamoter, étouffer, farder, feindre, masquer, occulter, offusquer, pallier, receler, recouvrir, refouler, renfermer, simuler, taire, tapir, travestir, tricher, voiler

Dissimuler, escamoter un objet dans la paume de la main
empaumer

Dissipateur
prodigue

Dissipation
désordre, levée

Dissipé
débauché, désobéissant, détruit, dévergondé, dissolu, dur, écorné, espiègle, évanoui,

évaporé, indiscipliné, indocile, léger,
turbulent

Dissiper
anéantir, apaiser, chasser, débaucher,
dépenser, détruire, dévorer, dilapider,
disparaître, disperser, distraire, écarter,
écorner, éliminer, engloutir, envoler, éparpiller,
évanouir, évaporer, expirer, flamber, fuir,
gâcher, gaspiller, manger, passer, perdre,
prodiguer, supprimer, tarir, vaporiser

Dissociable
isolable, séparable

Dissociation
séparation

Dissocié
désuni, enlevé, ramifié

Dissocier
décomposer, déconnecter, décorréler,
départager, désagréger, désintégrer, désunir,
différencier, disjoindre, dissoudre, distinguer,
diviser, isoler, séparer

Dissolu
agité, corrompu, débauché, dépravé, déréglé,
dévergondé, dissipé, immoral, léger, libertin,
relâché

Dissolution
annulation, corruption, débauche, résolution,
rupture

Dissolvant
acétone, solvant

Dissonance
cacophonie, désaccord, disparité

Dissonant
cacophonique, criard, discordant, divergent,
faux, grinçant

Dissoner
hurler, jurer

Dissoudre
abolir, abroger, annuler, décomposer, délayer,
détruire, diluer, disloquer, dissocier, fondre,
gâcher, résilier, résoudre, rompre, ronger

Dissoudre un contrat
résilier

Dissous
abrogé, désagrégé, détruit, rompu

Dissuadé
écœuré

Dissuader
déconseiller, décourager, dégoûter, détourner

Dissuasif
décourageant, rebutant

Dissymétrie
irrégularité

Distance
abîme, chemin, course, décalage, différence,
écart, écartement, éloignement, espace,

espacement, étendue, fierté, intervalle,
longueur, mode, parcours, portée, recul,
séparation, temps, trajet

Distance d'un lieu à l'équateur
latitude

Distancer
décoller, dépasser, devancer, disqualifier,
dominer, espacer, lâcher, larguer, semer,
surclasser, surpasser

Distanciation
recul

Distant
altier, éloigné, fier, froid, hautain,
inaccessible, loin, lointain, reculé, réservé,
sauvage

Distendre
allonger, ballonner, déformer, dilater, étirer,
gonfler, tendre, tirer

Distendu
allongé, détendu, étiré, relâché

Distension du ventre par des gaz
ballonnement

Distillé
coulé, épuré

Distiller
cohober, épancher, épurer, exsuder, raffiner,
rectifier, réduire, répandre, sécréter, sublimer,
suer, suinter

Distillerie
brûlerie

Distillerie d'eau-de-vie
brûlerie

Distillerie de rhum
rhumerie

Distinct
autre, clair, contrasté, différent, dissemblable,
divers, étranger, indépendant, individuel,
net, perceptible, ponctuel, précis, séparé,
singulier, tranché, visible, voyant

Distinctement
nettement

Distinctif
particulier, pertinent, propre, spécial, typique

Distinction
accessit, allure, beauté, chic, classe,
différence, discernement, éducation,
élégance, finesse, grandeur, noblesse,
prestance, promotion, qualité, séparation,
tenue, valeur

Distinction honorifique
accessit

Distingué
accompli, beau, bel, bien, brillant, célèbre,
chic, choisi, classe, démêlé, élégant, émérite,
éminent, exquis, gracieux, insigne, noble,

noté, poli, raffiné, remarquable, sélect,
supérieur

Distinguer
apercevoir, choisir, classer, décorer,
découvrir, dégager, démêler, différencier,
différer, discerner, discriminer, dissocier,
diverger, émerger, entendre, entrevoir,
exceller, illustrer, isoler, marquer, nuancer,
particulariser, percer, percevoir, préférer,
reconnaître, remarquer, repérer, ressortir,
séparer, spécifier, voir

Distinguer et ordonner
sérier

Distordre
déformer, tordre

Distorsion
torsion

Distraction
absence, amusement, amusette, bévue,
délassement, dérivatif, détente, diversion,
divertissement, erreur, étourderie, évasion,
exutoire, gaffe, inadvertance, inattention, jeu,
loisir, négligence, occupation, oubli, plaisir,
récréation, rigolade

Distraction sans importance
amusette

Distractions pendant les temps libres
loisirs

Distraire
aérer, amuser, déranger, dérider, dérober,
désennuyer, détourner, dissiper, divertir,
égayer, éloigner, évader, occuper, prélever,
récréer, réjouir, retrancher, rire, soustraire

Distraire (Se)
délasser, détendre

Distrait
absent, absorbé, aéré, amusé, désuni,
écervelé, enlevé, étourdi, évadé, évaporé,
inattentif, lointain, lunatique, négligent,
retranché, rêveur

Distraitement
négligemment

Distrayant
amusant, délassant, hilarant, récréatif,
reposant

Distribué
amené, donné

Distribuer
agencer, aliéner, allotir, allouer, aménager,
amener, arranger, assigner, attribuer,
catégoriser, classer, classifier, conduire,
départir, diffuser, dispenser, diviser, donner,
échelonner, mesurer, octroyer, ordonner,
organiser, partager, prodiguer, ranger,
répandre, répartir, revendre, servir

Distribuer des rations déterminées et limitées
rationner

Distributeur
négociant

Distribution
affiche, aménagement, diffusion, disposition,
division, donne, économie, ordonnance,
ordre, partage, remise, répartition

Distribution du courrier par le facteur
factage

District
agglomération, division, domaine, quartier,
rayon, région, secteur, territoire

District de Columbia
DC

Dit
alias, appelé, confié, convenu, décidé,
dévoilé, donné, exprimé, fixé, marqué, noté,
raconté, sorti, surnommé

Dit ci-dessus
susdit

Dithyrambe
apologie, éloge, louange

Dithyrambique
élogieux

Dito
idem

Diva
cantatrice, divette

Divagation
aberration, délire, égarement, élucubration,
folie, imagination

Divagué
erré, vagabondé

Divaguer
délirer, déparler, dérailler, déraisonner, égarer,
errer, radoter, rêver, vagabonder, vaguer

Divan
canapé, convertible, cosy, fauteuil,
méridienne, ottomane, sofa

Dive
céleste, divine

Divergence
contradiction, désaccord, désunion,
différence, dispersion, divorce, écart,
écartement, mésentente, opposition

Divergent
désuni, différent, discordant, dissonant,
éloigné, opposé

Diverger
bifurquer, contredire, différencier, différer,
discorder, distinguer, écarter, éloigner,
opposer, varier

Divers
bariolé, certains, changeant, composite,
différent, disparate, distinct, diversifié,

diversiforme, éclectique, hétérogène, inégal, maint, mélangé, multiple, plusieurs, varié

Diversifié
divers

Diversifier
changer, varier

Diversiforme
divers, multiforme

Diversion
amusement, antidote, dérivatif, distraction, divertissement, exutoire, parade, soupape

Diversité
différence, disparité, éclectisme, hétérogénéité, multiplicité, pluralité, variété

Diverti
amusé, ébaudi, égayé

Diverticule
cavité, recoin

Divertimento
amusement

Divertir
amuser, délasser, détourner, distraire, ébattre, égayer, jouer, récréer, réjouir, rire, soustraire

Divertissant
amusant, comique, délassant, facétieux, gai, hilarant, ludique, plaisant, récréatif

Divertissement
amusement, amusette, délassement, distraction, diversion, entracte, évasion, intermède, jeu, jouet, plaisir, récréation, rigolade, spectacle

Divertissement entre les actes d'une pièce
intermède

Divette
cantatrice, choriste, diva

Dividende
gain, intérêt, rente, revenu

Divin
admirable, aérien, beau, bel, céleste, charmant, délicieux, éternel, exquis, merveilleux, parfait, religieux, sacré, souverain, sublime, suprême, surnaturel

Divin, merveilleux
délicieux

Divination
horoscope, magie, oracle, prédiction, prévision, prophétie, révélation

Divine
admirable, dive

Divinisé
adoré, exalté

Diviniser
adorer, aduler, canoniser, déifier, exalter, glorifier, idéaliser, idolâtrer, magnifier, sacraliser, sanctifier

Divinité
déesse, déité, dieu, génialité, génie

Divinité des rivières
naïade

Divinité féminine
déesse

Divinité grecque
Astrée, Lethe

Divinité mythique
déité

Divinité protectrice chez les Romains
lare

Divinité, dans la religion shintoïste
kami

Divinité, être surnaturel
kami

Divinités du foyer
pénates

Divis
divisé, partagé

Divisable
sécable, séparable

Divisé
désuni, divis, enlevé, ramifié

Divisé en deux parties
bipartite

Divisé en trois
tierce, trin

Divisé en trois parties
triparti

Diviser
atomiser, bifurquer, brouiller, classer, cloisonner, compartimenter, couper, débiter, déchirer, décomposer, découper, démembrer, dépecer, désagréger, désunir, disloquer, disperser, dissocier, distribuer, écarter, échelonner, éclater, fendre, fractionner, fragmenter, lotir, morceler, opposer, parceller, partager, répartir, scier, scinder, sectionner, segmenter, séparer, sérier, trier

Diviser dans le sens de la longueur
fendre

Diviser en degrés
graduer

Diviser en lots
allotir

Diviser en petits carrés
quadriller

Diviser en rameaux
ramifier

Diviser en tomes
tomer

Diviseur
facteur

Divisible par deux
pair

Division
abîme, acte, alinéa, amitose, armée, arrondissement, article, branche, bras, canton, caste, catégorie, chant, chapitre, circonscription, clan, classe, classement, classification, clivage, cloison, commune, découpage, démembrement, département, désaccord, désunion, dispute, distribution, district, divorce, embranchement, époque, ère, espèce, famille, fractionnement, fragment, fragmentation, genre, groupe, instant, livre, lotissement, méiose, mésentente, mésintelligence, mitose, moment, morceau, morcellement, ordre, paragraphe, part, partage, partie, période, pièce, portion, province, querelle, rameau, ramification, rupture, scène, schisme, scission, secteur, section, sectionnement, segment, segmentation, séparation, série, strophe, subdivision, tiret, titre, tomaison, tome, tribu, type, unité, variété, verset, zone

Division administrative de l'ancienne Égypte
nome

Division d'infanterie
DI

Division d'un feuilleton
épisode

Division d'un fleuve
bras

Division d'un ouvrage
tome

Division d'un pays
partition

Division d'une branche d'arbre
rameau

Division d'une pièce de théâtre
acte

Division d'une religion en religions distinctes
schisme

Division de l'an
mois

Division de la cellule
méiose

Division du temps
minute

Division indirecte de la cellule
mitose

Division sur un damier
case

Division territoriale
district

Divorce
clivage, conflit, contradiction, désaccord, désunion, dissension, divergence, division, opposition, rupture, séparation

Divorcer
désunir, quitter, rompre, séparer

Divulgation
proclamation, publication, révélation

Divulgué
dévoilé

Divulguer
affirmer, annoncer, colporter, communiquer, découvrir, dévoiler, dire, ébruiter, éventer, proclamer, propager, publier, répandre, révéler, trahir, trompeter

Dix
dizaine, nombre

Dix ans
décennie

Dix jours
décade

Dixième partie du bel
décibel

Dixième partie du litre
décilitre

Dixième partie du mètre
décimètre

Dizaine
dix

Djinn
démon, diablotin, esprit, génie, lutin

Dl
décilitre

Do
note, ut

Doberman
chien

Docile
discipliné, doux, facile, flexible, malléable, maniable, obéissant, passif, perméable, pliant, résigné, sage, soumis, souple

Docilité
discipline, facilité, flexibilité, malléabilité, obéissance, passivité, sagesse, soumission

Docimasie
autopsie

Dock
bassin, entrepôt, silo

Docker
acconier, aconier, arrimeur, porteur

Docte
cultivé, doctoral, doctrinaire, dogmatique, érudit, instruit, professoral, savant, sentencieux

Doctement
savamment

Docteur
Dr, érudit, médecin, praticien, professeur, savant

Docteur de la loi
ouléma, uléma

Docteur de la loi d'une communauté juive
rabbin

Docteur de la loi musulmane
ouléma, uléma

Doctoral
docte, doctrinaire, dogmatique, grave, magistral, pédant, pontifiant, professoral, sentencieux, solennel

Doctoralement
savamment

Doctorant
thésard

Doctorat
diplôme, thèse

Doctrinaire
docte, doctoral, dogmatique, fanatique, idéologue, sectaire

Doctrine
croyance, dogme, doxa, école, idée, idéologie, opinion, pensée, philosophie, principe, religion, système, théorie, thèse

Doctrine de certains hérétiques chrétiens
adamisme

Doctrine de Kant
kantisme

Doctrine de la fixité des espèces
fixisme

Doctrine des agrariens
agrarianisme

Doctrine des partisans d'une union
unionisme

Doctrine des partisans de l'autorité absolue du pape
papisme

Doctrine des philosophes cyniques
cynisme

Doctrine du retour à la nature
naturisme

Doctrine mystique islamique
soufisme

Doctrine piétiste
piétisme

Doctrine politique
étatisme

Doctrine politique de ceux qui se situent au centre d'un parti
centrisme

Doctrine politique des gaullistes
gaullisme

Doctrine qui admet l'existence d'un dieu unique
théisme

Doctrine religieuse ésotérique
gnose

Doctrine selon laquelle rien n'existe au sens absolu
nihilisme

Document
acte, annales, contrat, documentaire, dossier, écrit, formulaire, manuscrit, papier, pièce, reportage, texte, titre

Document d'identité codé
badge

Document établissant un droit
titre

Documentaire
document, reportage

Documents anciens
archives

Dodécaphonique
sériel

Dodelinement
balancement

Dodeliner
balancer, bercer, osciller, remuer

Dodo
dronte, lit, sommeil

Dodu
adipeux, boudiné, charnu, corpulent, gras, grassouillet, plantureux, plein, potelé, poupin, rebondi, replet, rond, rondelet

Dogmatique
absolu, affirmatif, catégorique, décisif, docte, doctoral, doctrinaire, pédant, professoral, sectaire, sentencieux, systématique, tranchant

Dogmatisme
fanatisme, intolérance, intransigeance, rigorisme

Dogme
adage, credo, croyance, doctrine, doxa, évangile, foi, idéologie, loi, précepte, principe, règle, religion, théorie, vérité

Dogme central de la religion hindouiste
karman

Dogue
bouledogue, chien

Doigt
annulaire, auriculaire, brin, goutte, index, majeur, orteil, pouce

Doigt de pied
orteil

Doigt du milieu de la main
majeur, médius

Doigté
adresse, agilité, dextérité, diplomatie,
élégance, entregent, habileté, précision,
prudence, souplesse, tact, talent

Doigtier
délot, digitale

Doigtier de cuir du calfat
délot

**Doigtier de protection du pouce nécessaire à
certains métiers**
poucier

Doit
débit

Dol
captation, fraude, tromperie

Doléances
gémissements, griefs, plaintes, protestations,
réclamations, récriminations, revendications

Doleau
hache

Dolent
geignard, gémissant, malade, maladif,
plaintif, pleureur, pleurnicheur, souffrant

Doler
amincir

Doline
abysse, cavité

Dolman
blazer, cafetan, caftan, veste

Dolmen
cromlech, mégalithe, menhir

Doloire
hache

Domaine
aire, bien, branche, cadre, champ,
compétence, discipline, district, étendue,
ferme, fief, filière, fort, limite, matière,
monde, orbite, partie, patrimoine, pays, plan,
possession, propriété, rayon, région, registre,
ressort, royaume, science, secteur, spécialité,
sphère, sujet, terrain, terre, truc, univers,
zone

Domaine de chasse réservée
garenne

Domaine féodal
fief

Domaine libre de toute redevance
alleu

Domaine où l'on élève les taureaux de combat
ganaderia

Domaine où quelqu'un est maître
fief

Domaine réservé
fief

Domaine rural
terre

Dôme
arcade, cathédrale, coupole, église, voûte

Domestication
dressage

Domestique
bonne, familial, familier, intérieur, intime,
laquais, nurse, page, privé, servante,
serviteur, soubrette, valet

Domestiqué
apprivoisé

Domestique en livrée
laquais

Domestiquer
acclimater, apprivoiser, dompter

Domicile
adresse, appartement, demeure, foyer,
habitat, habitation, logement, maison,
pénates, résidence, siège, toit

Dominant
culminant, élevé, essentiel, général, haut,
premier, principal, supérieur

Dominateur
champion, despote, directif, impératif,
impérieux

Domination
autorité, contrôle, emprise, esclavage,
hégémonie, joug, loi, maîtrise, oppression,
possession, pouvoir, primauté, règne,
suprématie

Domination souveraine
hégémonie

Dominatrice
directive

Dominé
asservi, assujetti, commandé, conquis,
contenu, contrôlé, courbé, couronné,
culminé, dirigé, dompté, écrasé, enchaîné,
gouverné, maîtrisé, maté, prédominé,
prévalu, primé, régi, régné, soumis,
subjugué, surmonté, surpassé, surplombé,
triomphé, vaincu

Dominer
asservir, assujettir, commander, conquérir,
contenir, contrôler, courber, couronner,
couvrir, culminer, diriger, distancer, dompter,
éclipser, écraser, enchaîner, envoûter,
gouverner, maîtriser, mater, mener, modérer,
posséder, prédominer, prévaloir, primer,
ravaler, refouler, réfréner, régenter, régir,
régner, retenir, soumettre, subjuguer,
surmonter, surpasser, surplomber, triompher,
vaincre

Dominicain
frère

Domino
jeu

Dommage
atteinte, avarie, coup, dam, dégât,
dégradation, destruction, détérioration,
détriment, endommagement, fléau, lésion,
mal, méfait, nuisance, outrage, perte,
préjudice, ravage, sinistre, tort, usure

Dommage causé indûment
tort

Dommage que l'on subit
grief

Dommage, préjudice
détriment

Dommageable
fâcheux, fatal, malfaisant, mauvais, néfaste,
nocif, nuisible, pernicieux

Domptage
dressage

Dompté
apprivoisé, corrigé, dominé, plié

Dompter
apprivoiser, asservir, assujettir, contenir,
contrôler, domestiquer, dominer, dresser,
enchaîner, juguler, maîtriser, mater, museler,
plier, réduire, soumettre, subjuguer,
surmonter, terrasser, vaincre

Dompteur
belluaire, bestiaire, dresseur

Don
abandon, aptitude, art, aumône, bénédiction,
bien, bienfait, cadeau, capacité, concession,
dévouement, donation, facilité, faculté,
faveur, génie, grâce, gratification, habileté,
instinct, largesse, legs, libéralité, moyen,
obole, octroi, offrande, pouvoir, présent,
qualité, récompense, remise, sacrifice,
secours, subside, subvention, talent, vertu

Don de double vue
voyance

Don Juan
séducteur

Donataire
bénéficiaire

Donateur
abonné, bienfaiteur, philanthrope

Donation
abandon, art, bénédiction, bienfait, capacité,
cession, dévouement, don, facilité, faveur,
fondation, génie, grâce, gratification, habileté,
legs, libéralité, offrande, présent, qualité,
sacrifice, subside, subvention

Donc
ainsi, alors, aussi, conjonction, partant, sic

Donjon
bastide, bastille

Donne
distribution

Donné
abandonné, adjugé, administré, alloué,
appliqué, apporté, assené, attribué,
communiqué, concédé, confié, consacré,
consenti, dénoncé, distribué, dit, employé,
établi, exposé, fixé, fourni, imparti, imposé,
indiqué, infligé, joué, laissé, octroyé, offert,
prescrit, présenté, prêté, procuré, prodigué,
provoqué, remis, renié, réparti, représenté,
signifié, suscité, vendu, voué

Donné franchement
appliqué

Donnée
circonstance, critère, élément, information,
paramètre

Donner
abandonner, abouler, aboutir, accepter,
accorder, adjuger, administrer, adresser,
affubler, aliéner, allouer, amener, appliquer,
apporter, asséner, assigner, attacher,
attribuer, causer, céder, coller, communiquer,
concéder, conférer, confier, consacrer,
consentir, dénoncer, désister, dévouer, dire,
dispenser, distribuer, employer, envoyer,
établir, exposer, exprimer, faire, filer, fixer,
fournir, fourrer, glisser, gratifier, impartir,
imposer, imprimer, indiquer, infliger, inspirer,
jouer, laisser, lancer, léguer, livrer, ménager,
nommer, octroyer, offrir, passer, payer,
porter, prescrire, présenter, prêter, procurer,
prodiguer, produire, proposer, provoquer,
publier, rapporter, remettre, rendre, répartir,
représenter, sacrifier, servir, signifier, susciter,
tendre, trahir, transférer, transmettre, vendre,
verser, vouer

Donner à boire
servir

Donner à loyer
louer

Donner à manger
servir

Donner comme certain
avérer

Donner de l'énergie, pousser à l'action
dynamiser

Donner de la vigueur
vivifier

Donner des complexes
complexer

Donner des coups
cogner

Donner des saccades à un cheval
saccader

Donner des soins de beauté aux mains
manucurer

Donner du corps
corser

Donner du galbe
galber

Donner du rythme
rythmer

Donner en partage
impartir

Donner l'apparence du velours
velouter

Donner l'impression
sembler

Donner la couleur du bronze
bronzer

Donner la forme d'un cylindre
cylindrer

Donner la tonsure
tonsurer

Donner la vie
procréer

Donner le caractère slave
slaviser

Donner le goût de la chair
acharner

Donner les couleurs du prisme
iriser

Donner lieu
occasionner

Donner plus de hauteur à quelque chose
surélever

Donner sa voix dans une élection
voter

Donner un aspect satiné
satiner

Donner un bien en échange d'un autre
troquer

Donner un bon revenu
rapporter

Donner un caractère arabe
arabiser

Donner un caractère de noblesse, élever moralement
ennoblir

Donner un caractère féminin
féminiser

Donner un caractère typé
typer

Donner un choc plus ou moins violent
choquer

Donner un contour gracieux
galber

Donner un coup
paumer

Donner un grade
grader

Donner un navire en location
fréter

Donner un nom
baptiser

Donner un préavis
préaviser

Donner un prénom à quelqu'un
prénommer

Donner un profil harmonieux
galber

Donner un quatrième labour
quartager, retercer

Donner un surnom
surnommer

Donner un troisième labour
tercer, terser, tiercer

Donner un vif éclat à
illuminer

Donner un warrant en garantie
warranter

Donner une coloration
teinter

Donner une couleur de cendre
cendrer

Donner une fin, une orientation précise
finaliser

Donner une forme carrée
carrer

Donner une impulsion
impulser

Donner une légère teinte de bleu
bleuter

Donner une marque d'attention
saluer

Donner une perfection idéale
idéaliser

Donner une quatrième façon à la vigne
retercer

Donner une représentation simplifiée et ornementale d'un objet
styliser

Donner une seconde façon aux terres
biner

Donner une teinte tirant sur le bleu
bleuter

Donner une terre à titre de fief
inféoder

Donner une texture particulière
texturer

Donner, apporter une conclusion à quelque chose
finir

Donneur d'ordres
décideur

Dont l'acuité visuelle est très diminuée
amblyope

Dont l'aspect rappelle celui du porc
porcin

Dont l'extrémité se termine en pointe fine
acuminé

Dont l'impulsion est violente et rapide
impétueux

Dont l'intrigue, composée d'éléments variés, est compliquée
implexe

Dont la conjointe est décédée
veuf

Dont la corolle présente deux lobes en forme de lèvres
labié

Dont la couleur pâle semble avoir déteint
élavé

Dont la durée est longue
pérenne

Dont la fonction est de vérifier
vérifieur

Dont la force est épanouie
vigoureux

Dont la forme rappelle celle d'un tore
turique

Dont la forme rappelle celle d'une mitre
mitral

Dont la nature est vague, difficile à identifier, à définir
imprécis

Dont la peau est durcie et épaissie
calleux

Dont la réalité est sûre
assuré

Dont la robe est d'un brun rougeâtre
alezan

Dont la robe est jaune rougeâtre
alezane

Dont la signature est à la fin de l'acte
soussigné

Dont la surface est rude au toucher
rugueux

Dont la surface présente à l'extérieur une courbure sphérique
convexe

Dont la surface présente des petites aspérités
rugueux

Dont la surface présente un renfoncement
concave

Dont la vision est troublée par un éclat insoutenable
ébloui

Dont le but est de punir
punitif

Dont le centre s'est déplacé
excentré

Dont le conjoint est mort
veuve

Dont le pied ne présente qu'un seul sabot
solipède

Dont le QI est très élevé
surdoué

Dont les caractères sont intermédiaires entre l'état aigu et l'état chronique
subaigu

Dont les caractéristiques diffèrent fortement des caractéristiques habituelles
exotique

Dont les liens de parenté sont étroits
proche

Dont les vêtements sont en désordre
débraillé

Dont les yeux sont humides de larmes
larmoyant

Dont on a connaissance
connu

Dont on a coupé le poil
tondu

Dont on a fauché l'herbe
tondu

Dont on a ôté l'énergie
découragé

Dont on a ôté les os
désossé

Dont on a retranché quelque partie
tronqué

Dont on a trop souvent parlé
rebattu

Dont on assourdit l'éclat
étouffé

Dont on extrait l'huile
oléifère

Dont on ignore le nom
anonyme

Dont on ne peut parler
tabou

Dont on surestime la valeur
surfait

Donzelle
demoiselle, femme, fille

Dopage
doping, drogue

Dopant
anabolisant, doping, excitant, remontant, stimulant, vivifiant

Doper
droguer, stimuler, vivifier

Doping
dopage, dopant

Dorade
rousseau

Dorage
dorure

Doré
ambré, basané, blond, brillant, bronzé, bruni, cuivré, doux, grillé, hâlé, jaunâtre, jaune, jaunet, mordoré, rissolé, tanné

Dorénavant
désormais

Dorer
ambrer, blondir, bronzer, brunir, chamarrer, cuivrer, gratiner, griller, hâler, jaunir, rissoler, rôtir

Dorer de nouveau
redorer

Dorloté
gâté

Dorloter
bichonner, cajoler, câliner, caresser, chouchouter, choyer, gâter, materner, mignoter, mitonner, pouponner, soigner

Dorloter maternellement des bébés
pouponner

Dormant
immobile, latent, mort, stagnant

Dormir
coucher, lanterner, récupérer, reposer, ronfler, sommeiller, somnoler, traîner

Dormir légèrement
somnoler

Dormitif
narcotique, sédatif, somnifère, soporifique

Dormition
sommeil

Dortoir
chambrée

Dortoir dans un hôpital
salle

Dorure
dorage

Dorures
ors

Dos d'une cuirasse
dossière

Dosage
combinaison, mesure, posologie, proportion

Dosage excessif
surdosage

Dose
mesure, part, partie, portion, posologie, prise, proportion, quantité, ration, teinte

Dose excessive de drogue
surdose

Doser
chaîner, mesurer, proportionner, régler

Dosseret
colonne

Dossier
affaire, annales, cas, casier, chemise, document, dos, question, répertoire, sujet

Dot
bien

Dotation
allocation, octroi, pension

Doté
alloué, armé, doué, muni, pourvu

Doter
ajouter, allouer, armer, avantager, décerner, douer, équiper, gratifier, investir, lotir, munir, nantir, pourvoir

Doter d'un réseau de télévision par câble
câbler

Doter d'une rente
renter

Doter de quelque chose
investir

Doter de robots
robotiser

Doter un métal des propriétés de l'aimant
aimanter

Douane
péage

Douanier
gabelou

Double
ambigu, amphibologique, ampliation, calque, clone, copie, dissimulé, dualité, duplicata, équivoque, fantôme, figurant, géminé, hypocrite, jumeau, jumelle, mort, ombre, réplique, reproduction, sosie, sournois, trompeur

Doublé
accru, garni, géminé

Double coup de baguette
fla

Double lorgnette
jumelles

Double médaillée d'or en biathlon en 1994
Bédard

Double point
tréma

Doubler
accroître, augmenter, dépasser, fourrer, franchir, garnir, redoubler, remplacer

Doubler d'ouate
ouater

Doubler un pion, au jeu de dames
damer

Doublet
strass

Doublure
acteur, comédien, figurant

Doublure d'un chapeau
coiffe

Douce
affable, agréable, bénigne, délectable, délicieuse, exquise, savoureuse, suave, succulente, sucrée

Douce oisiveté
farniente

Douceâtre
doucereux, doucet, doux, fade, insipide, mielleux, onctueux, patelin, sirupeux

Doucement
adagio, délicatement, lentement, lento, piano, posément, suavement

Doucereux
benoît, douceâtre, mielleux, mièvre, onctueux, patelin, paterne, sirupeux, sucré, visqueux

Doucet
douceâtre

Douceur
affabilité, amabilité, aménité, bienveillance, bonbon, bonhomie, bonté, chatterie, clémence, délicatesse, fadeur, friandise, galanterie, gâterie, gentillesse, grâce, humanité, indulgence, joie, jouissance, mansuétude, miel, modération, moelleux, onction, onctuosité, patience, sagesse, suavité, sucrerie, tiédeur, velouté

Douceur agréable
tiédeur

Douceur exquise
suavité

Douche
ablution, arrosage

Douché
saucé, trempé

Doucher
arroser, asperger, refroidir, tremper

Douchette
pomme

Doucheur
laveur

Doucine
rabot, varlope

Doudou
compagne, épouse

Doudoune
anorak, veste

Doué
admirable, adroit, bon, brillant, calé, capable, compétent, costaud, doté, fort, pourvu, talentueux

Doué d'une action néfaste
maléfique

Doué de raison
raisonnable

Douer
doter, gratifier, nantir, pourvoir

Douille
cartouche, embouchoir, étui, manchon

Douillet
chatouilleux, confortable, cosy, délicat, doux, mol, mollet, ouaté, sensible

Douleur
affliction, algie, blessure, chagrin, contrition, déchirement, désolation, détresse, deuil, épreuve, géhenne, mal, malheur, martyre, peine, plaie, souffrance, supplice, torture, tristesse

Douleur d'oreille
otalgie

Douleur le plus souvent diffuse
algie

Douleur lombaire
lombago, lumbago

Douleur morale ou physique
torture

Douleur musculaire
myalgie

Douleur osseuse profonde
ostéalgie

Douleur physique
algie, bobo

Douleur ressentie dans l'abdomen
colique

Douleur ressentie sur le trajet d'un nerf
névralgie

Douleur rhumatismale dans la région lombaire
lombago, lumbago

Douleur, en langage enfantin
bobo

Douloureusement
amèrement

Douloureux
amer, atroce, cruel, cuisant, difficile, endolori, funeste, hideux, lamentable, lourd, navrant, pénible, pitoyable, poignant, sensible, triste

Doute
défiance, flottement, hésitation, incertitude, indécision, indétermination, irrésolution, méfiance, perplexité, réserve, scepticisme, scrupule, soupçon, suspicion, vacillation

Douter
demander, hésiter, méfier, soupçonner, suspecter

Douteux
ambigu, incertain, indécis, interlope, litigieux, louche, mauvais, obscur, sale, sceptique, suspect, véreux

Douve
fosse

Doux
affable, affectueux, agréable, aimable, aimant, amène, amoureux, angélique, anodin, bénin, benoît, bienveillant, câlin, caressant, clément, complaisant, conciliant, confortable, coulant, débonnaire, délectable, délicat, délicieux, docile, doré, douceâtre, douillet, engageant, exquis, facile, faible, fin, gentil, gracieux, harmonieux, indolent, indulgent, inoffensif, laineux, léger, liant, liquoreux, lisse, maniable, mélodieux, mielleux, modéré, moelleux, mollet, mou, musical, obéissant, onctueux, pacifique, paisible, pâle, passionné, paterne, patient, plaisant, sage, satiné, savoureux, sirupeux, soumis, souple, soyeux, suave, succulent, sucré, tamisé, tempéré, tendre, tiède, tolérant, velouté

Doux au toucher
velouté

Douzaine
douze

Douze
douzaine

Douze mois
an, année

Douze pouces
pied

Doxa
doctrine, dogme

Doyen
abbé, aîné, ancien, président, vétéran

Dr
docteur

Drache
averse, pluie

Draconien
drastique, dur, énergique, inexorable, intransigeant, radical, rigoureux, sévère, strict

Drag
travesti

Dragée
amande, bonbon, confiserie, pastille, praline

Drageoir
boîte

Drageon
rejeton

Dragon
chimère, démon, diablesse, furie, gendarme, génie, hydre, mégère, monstre

Dragon de Komodo
varan

Dragonne
bande, cordon

Drague
chaland

Draguer
courtiser, curer, débourber, décrasser, désensabler, désenvaser, nettoyer

Dragueur
bateau

Drain
canal, canule, conduit, séton, sonde, tranchée, tube, tuyau

Drainage
aération

Drainer
assainir, assécher, attirer, égoutter

Drainer goutte à goutte
égoutter

Draisienne
cycle

Dramatique
grave, poignant, scénique, sérieux, sombre, téléfilm, théâtral, tragique

Dramatisé
exagéré

Dramatiser
amplifier, exagérer, grandir, grossir, noircir, outrer

Dramaturge
auteur

Dramaturge américain
Albee

Drame
catastrophe, désastre, malheur, pièce, scène, théâtre, tragédie

Drame japonais
nô

Drame lyrique sur un sujet religieux
oratorio

Drame populaire
mélo

Drap
chabraque, couverture, étoffe, linceul, marengo, tissu

Drap de lit
bâche

Drap fin et uni
sedan

Drap léger en laine croisée ou en coton
casimir

Drapé
caché, couvert, enveloppé, habillé

Drapeau
banderole, bannière, cornette, couleurs,
emblème, enseigne, étendard, fanion,
flamme, gonfalon, guidon, oriflamme,
pavillon, pennon

Draper
couvrir, envelopper, habiller, lainer, railler

Draperie
cantonnière, rideau, tenture

Drastique
autoritaire, contraignant, draconien, dur,
extrême, hydragogue, purgatif, radical,
rigoureux, sévère, strict

Draveur
flotteur

Drayoir
butoir

Drège
chalut

Drelin
ding

Drenne
grive

Dressage
domestication, domptage, éducation,
installation, instruction, montage

Dressé
aguerri, apprivoisé, corrigé, debout, habitué,
haut, savant, situé

Dressé à rechercher les truffes
truffier

Dresser
accoutumer, agrandir, aguerrir, aplanir,
apprivoiser, arborer, arranger, cabrer,
disposer, dompter, édifier, éduquer, élancer,
élever, entraîner, ériger, établir, exercer,
façonner, familiariser, fixer, former, habituer,
installer, instruire, jaillir, lever, mater, mettre,
monter, planter, pointer, poser, préparer,
rédiger, redresser, relever, tailler, tendre

Dresser un oiseau pour le vol
oiseler

Dresseur
dompteur

Dressoir
buffet, crédence, desserte, vaisselier

Drève
avenue, mail

Drift
moraine

Drille
burin, foret, gaillard, luron, perceuse, trépan,
vrille

Dring
onomatopée, sonnette

Drisse
cordage

Droguet de soie
lustrine

Droit
aligné, attribut, autorisation, carré,
contribution, debout, direct, équitable,
faculté, ferme, franc, habileté, honnête,
impartial, imposition, impôt, intègre, juste,
justice, légalité, légitimité, licence, loi, loyal,
net, patente, permis, permission, possibilité,
pouvoir, prérogative, privilège, probe,
puissance, pur, raide, rectiligne, redevance,
rigide, sain, sincère, sportif, taxe, vertical

Droit d'accès à une route
péage

Droit d'exploitation
copyright

**Droit d'utiliser la chose dont on est
propriétaire**
usus

Droit de passage
péage

Droit de passer avant les autres
priorité

Droit de primogéniture
aînesse

Droit de retour
réversion

**Droit des porcs de manger les glands dans la
forêt**
glandage

Droit exclusif que se réserve un auteur
copyright

Droit payé par un navire
tonnage

**Droit que l'on paye pour emprunter une voie de
communication**
péage

Droite
ligne, tribord

Droitier
droitiste

Droitiste
droitier

Droiture
équité, franchise, honnêteté, impartialité, justice, loyauté, probité, pureté, rectitude, sincérité

Drolatique
amusant, hilarant

Drôle
agréable, amusant, bizarre, bouffon, cocasse, comique, curieux, désopilant, étonnant, étrange, facétieux, farfelu, folichon, gai, garnement, hilarant, humoristique, ineffable, inénarrable, piquant, plaisant, polisson, risible, singulier, spirituel, surprenant, tordant

Drôlement
bizarrement, comiquement, curieusement, diablement, étrangement, extrêmement, joliment, rudement

Drôlerie
bouffonnerie, cocasserie, comique, fantaisie, humour

Dromadaire
méhari

Dromadaire d'Afrique du Nord
méhari

Dromaiidé
émou

Dronte
dodo

Droper
larguer

Drosse
câble, cordage

Dru
dense, épais, fourni, serré, touffu

Dru, épais
fourni

Druide
eubage, saronide

Druide gaulois
ovate

Drummer
batteur

Drums
batterie

Drupe
fruit

Drupe globuleuse et oblongue
olive

Drupe oblongue dont la graine est riche en huile
amande

Dry
martini

Dû
addition, arriéré, débet, dette, impayé, redevable

Dû à des ions
ionique

Dû à la neige
nival

Dû au paludisme
paludéen

Du centre, en politique
centriste

Dû comme reliquat
redû

Du côté de
dévers

Du couchant
vespéral

Du crâne
crânien

Du dirigisme
dirigiste

Du fœtus
fœtal

Du Latium
latin

Du même temps
contemporain

Du nez
nasal

Du nord
boréal

Du papier
papetier

Du pays de Saba
sabéen

Du père
paternel

Du peuple
plébéien

Du point directeur de la sphère céleste
zénithal

Du pôle Nord
arctique

Du printemps
printanier

Du renard
vulpin

Du saint patron
patronal

Du sapin
abiétin

Du Siam
siamois

Du temps passé (D')
antan

Du Texas
texan

Du tibia
tibial

Du tulle
tullier

Du vent
éolien

Du verbe avoir
aies, ait, eussent, eûtes

Du verbe rire
rie, ries

Dualisme
dualité

Dualité
double, dualisme

Dubitatif
incrédule, indécis, perplexe, réservé, réticent, sceptique

Duc
hibou, souverain

Ducasse
foire, kermesse

Duché
principauté, seigneurie

Ductile
étirable, malléable, maniable

Duègne
gouvernante

Duel
antagonisme, catch, combat, conflit, escarmouche, joute, lutte, opposition, rencontre, rivalité

Duelliste
bretailleur, brelleur, escrimeur, ferrailleur

Duetto
duo

Dugong
lamantin

Dulcifier
édulcorer

Dulcinée
épouse, fiancée, maîtresse

Dûment
convenablement, justement

Dumper
benne

Dundee
ketch

Dune
butte, colline, monticule, tertre

Duo
couple, deux, duetto, paire, tandem

Dupe
crédule, naïf, pigeon, poire

Dupé
abusé, berné, enjôlé, leurré

Duper
abuser, arnaquer, attraper, avoir, berner, décevoir, enjôler, feinter, flouer, gruger, jobarder, leurrer, mentir, mystifier, organiser, piéger, pigeonner, posséder, refaire, rouler, surprendre, tromper

Duper, tromper
jobarder

Duperie
attrape, bluff, imposture, leurre, mensonge, supercherie, trahison, tromperie

Dupeur
trompeur

Duplicata
copie, double

Duplicité
dissimulation, fausseté, fourberie, hypocrisie, mensonge

Dupliquer
décalquer

Dur
abrupt, acerbe, acéré, acharné, aguerri, amer, âpre, ardu, atroce, austère, autoritaire, blessant, brutal, cassant, chaud, choquant, cinglant, coriace, costaud, courageux, cruel, difficile, dissipé, draconien, drastique, égoïste, empesé, endurant, endurci, épais, fâcheux, farouche, ferme, féroce, fibreux, fort, froid, glacial, impitoyable, implacable, inclément, indiscipliné, inébranlable, inexorable, inflexible, inhumain, insensible, intraitable, intransigeant, laborieux, lourd, malaisé, mauvais, méchant, musclé, offensant, pénible, radical, raide, rassis, rêche, résistant, revêche, rigide, rigoriste, rigoureux, robuste, rogue, rosse, rude, rugueux, saignant, sauvage, sec, sévère, solide, stoïque, strict, tendu, turbulent, vache, vif, violent

Dur à supporter
rigoureux

Dur comme du cuir
coriace

Durabilité
constance, solidité

Durable
chronique, constant, enraciné, éternel, fidèle, immuable, incessant, permanent, persistant, profond, robuste, solide, stable, tenace, viable, vivace, vivant

Duramen
cœur

Durant
pendant, pour

Durci
affermi, endurci

Durci, coagulé
pris

Durcir
affermir, endurcir, fortifier, indurer, prendre, radicaliser, raffermir, raidir, rassir, sécher, solidifier, tonifier, tremper

Durcissement
prise

Durcissement d'un tissu
sclérose

Duré
conservé, demeuré, subsisté

Durée
âge, continuité, fréquence, instant, longévité, longueur, moment, pérennité, période, permanence, persistance, temps

Durée d'un mandat électif
mandature

Durée de huit jours
octave

Durée de la fonction d'un prieur
priorat

Durée de la vie
longévité

Durée de notre passage sur terre
vie

Durée de sept ans
septennat

Durée des études
scolarité

Durement
âprement, brutalement, crûment, désagréablement, lourdement, méchamment, rudement, sèchement, sévèrement, vertement, vivement

Durer
conserver, demeurer, éterniser, exister, maintenir, perpétuer, persister, piétiner, prolonger, résister, rester, subsister, survivre, tenir, traîner, vivre

Dureté
âpreté, austérité, brutalité, consistance, cruauté, fermeté, froideur, inclémence, insensibilité, méchanceté, rigidité, rigueur, rosserie, rudesse, sécheresse, sévérité, solidité, stoïcisme

Durian
durion

Durillon
cal, callosité, cor, oignon

Durion
durian

Duvet
couette, édredon, plume, poil

Duvet de certaines plantes
laine

Duvet de fibres très courtes
linter

Duveté
cotonneux, moutonneux, velouté

Duveteux
laineux, poilu, velouté, velouteux

Dy
dysprosium

Dynamique
actif, allant, énergique, entreprenant, nerveux, pétulant, remuant, tonique, vivant

Dynamisant
encourageant

Dynamiser
activer, conforter, euphoriser, muscler, stimuler, tonifier

Dynamisme
abatage, abattage, activité, allant, énergie, entrain, force, nerf, pep, punch, ressort, tonus, vie, vigueur, vitalité, vivacité

Dynamite
bombe, charge, explosif, plastic

Dynamiter
déflagrer, éclater

Dynamo
alternateur

Dynastie
famille, lignée, maison, parenté

Dynastie chinoise
Qin, Sui, Xia

Dynastie impériale chinoise
Han, Hia, Ming

Dysbasie
abasie, aboulie

Dysboulie
aboulie, apragmatisme, asthénie

Dyschromie
achromie

Dysenterie
colique

Dysfonctionnement
trouble

Dysosmie
anosmie

Dyspepsie
apepsie

Dysphasie
aphasie, mutité

Dyspnée
anhélation, asthme, essoufflement, halètement

Dysprosium
Dy

E

EA
voyelles

Eau
boisson, flots, flotte, lavure, liquide, onde, pluie, suc

Eau congelée
glace, neige

Eau de Cologne
alcoolat

Eau de toilette
alcoolat, lotion

Eau en mouvement
onde

Eau gazéifiée
soda

Eau minérale
Vichy

Eau minérale chaude aux propriétés thérapeutiques
thermal

Eau qui a servi à rincer
rinçure

Eau qui suinte du bois chauffé
suage

Eau salée dans laquelle on conserve les denrées
saumure

Eau-de-vie
alcool, arac, armagnac, champagne, cognac, gin, liqueur

Eau-de-vie à base de fruits
brandy

Eau-de-vie d'origine russe
vodka

Eau-de-vie de canne à sucre
rhum, tafia

Eau-de-vie de cerises
kirsch

Eau-de-vie de cidre
calva, calvados

Eau-de-vie de grain de seigle
vodka

Eau-de-vie de raisin
armagnac

Eau-de-vie de vin
cognac

Eau-de-vie parfumée à l'anis
arak, ouzo, pastis, raki

Eaux peu profondes de la Louisiane
bayou

Ébahi
abasourdi, abêti, ahuri, baba, ébaubi, éberlué, effaré, épaté, époustouflé, étonné, interdit, interloqué, médusé, pantois, sidéré, stupéfait, stupéfié, stupide, surpris

Ébahir
abasourdir, abêtir, ahurir, ébaubir, éberluer, épater, époustoufler, étonner, étourdir, interdire, interloquer, méduser, pétrifier, renverser, sidérer, stupéfier, surprendre

Ébahissant
ahurissant

Ébahissement
étonnement, stupéfaction, stupeur, surprise

Ébarbage
limage, rognure

Ébarbé
limé

Ébarber
cisailler, couper, ébavurer, limer, tailler

Ébarber une pièce de métal
ébavurer

Ébarboir
boësse, grattoir

Ébarbure
bavure

Ébats
batifolage, jeu

Ébattre (S')
amuser, batifoler, divertir, ébrouer, folâtrer, gambader, jouer

Ébaubi
abasourdi, ahuri, ébahi, éberlué, effaré, époustouflé, étonné, interdit, interloqué, médusé, réjoui, stupéfait, stupéfié, surpris

Ébaubir
ahurir, ébahir, étonner

Ébauche
amorce, brouillon, canevas, commencement, croquis, début, dessin, embryon, épure, esquisse, essai, étude, germe, idée, maquette, modèle, naissance, plan, pochade, projet, rudiment, schéma

Ébaucher
amorcer, commencer, crayonner, croquer, dégrossir, dessiner, engager, entamer, entreprendre, épanneler, esquisser, indiquer, pocher, préparer, projeter, tracer

Ébaucher un rapprochement
flirter

Ébauchoir
ciseau, riflard

Ébaudi
amusé, diverti, réjoui

Ébaudir
égayer

Ébavurer
ébarber

Ébène
macassar, noir

Ébénier
plaqueminier

Ébéniste
menuisier, tabletier

Éberluant
ahurissant, stupéfiant, suffocant

Éberlué
abasourdi, ahuri, ébahi, ébaubi, époustouflé,
estomaqué, étonné, interdit, interloqué,
médusé, stupéfait, stupide

Éberluer
abasourdir, ahurir, ébahir, époustoufler,
estomaquer, étonner, interdire, interloquer,
méduser, sidérer, stupéfier

Ébiseler
tailler

Ébloui
aveuglé, émerveillé, épaté, époustouflé,
fasciné, impressionné, séduit, subjugué

Éblouir
admirer, aveugler, charmer, émerveiller,
épater, époustoufler, fasciner, frapper,
impressionner, séduire, subjuguer

Éblouissant
admirable, beau, bel, brillant, éclatant,
étincelant, étourdissant, fulgurant, lumineux,
radieux, rayonnant, rutilant, somptueux,
splendide

Éblouissant, éclatant
fulgurant

Éblouissement
admiration, égarement, faiblesse, malaise,
syncope, vertige

Éborgné
borgne

Éboueur
boueux, vidangeur

Ébouillanter
blanchir, pocher

Éboulement
affaissement, chute, dégringolade, éboulis,
écroulement, effondrement, glissement

Ébouler
affaisser, crouler, dégringoler, écrouler,
tomber

Éboulis
affaissement, décombres, éboulement

Ébourgeonner
tailler

Ébouriffant
étonnant, étourdissant

Ébouriffé
hérissé, hirsute

Ébouriffer
décoiffer, hérisser, surprendre

Ébourrer
débourrer, dépiler, dépouiller

Ébouter
couper, raccourcir

Ébranchage
élagage, émondage, taille

Ébrancher
couper, élaguer, émonder, tailler

Ébrancheur
élagueur, émondeur

Ébranchoir
serpe

Ébranlé
affaibli, altéré, atteint, choqué, dérouté,
détruit, ému, éprouvé, sapé, sonné

Ébranlé, traumatisé
choqué

Ébranlement
choc, commotion, coup, crise, émotion,
secousse, tourmente, vibration

Ébranlement soudain et violent
commotion

Ébranler
abattre, affaiblir, agiter, altérer, attaquer,
atteindre, bouleverser, décourager, dérouter,
déstabiliser, détruire, émouvoir, entamer,
éprouver, étourdir, fléchir, mouvoir, perturber,
remuer, saper, secouer, sonner, toucher,
traumatiser, troubler

Ébréché
abîmé, écorné

Ébrécher
abîmer, amoindrir, briser, casser, dégrader,
détériorer, diminuer, écorner, égueuler,
endommager, entailler, entamer, mutiler

Ébriété
enivrement, ivresse

Ébrouement
cri

Ébrouer (S')
agiter, ébattre, folâtrer, renifler, secouer,
souffler

Ébruité
éventé

Ébruiter
colporter, dire, divulguer, éventer, percer,
propager, publier, répandre, répéter,
transpirer

Ébullition
agitation, bouillon, bouillonnement,
effervescence, énervement, exaltation,
excitation, fermentation

Éburné
éburnéen

Éburnéen
éburné, ivoirin

Écaché
aplati, écrasé

Écacher
concasser, écraser

Écaille
carapace, coque, coquille, croûte, écale, écalure, lamelle, pellicule, plaque, squame

Écailler
effriter

Écailleux
squameux

Écale
brou, capsule, écaille, écorce, gousse

Écaler
décortiquer, éplucher

Écalure
coque, écaille

Écarlate
corail, cramoisi, empourpré, pivoine, rouge, rougeaud, rubicond, tomate, vermeil

Écarquiller
ouvrir

Écart
aberration, abîme, contraste, décalage, désaccord, déviation, différence, distance, divergence, écartement, égarement, éloignement, embardée, équipée, erreur, espace, excès, fourchette, frasque, gap, interstice, intervalle, irrégularité, marge, monde, océan, péché, rupture, variation

Écart dans le temps
décalage

Écart moral
déviation

Écart spatial
décalage

Écart temporel
décalage

Écarté
aliéné, désuni, égaré, éloigné, enlevé, épuré, évité, exilé, indirect, isolé, lointain, perdu, reculé, rejeté, repoussé, retiré, retranché, solitaire

Écarteler
déchirer, démembrer, partager, tirailler

Écartement
distance, divergence, écart, espace, ouverture

Écarter
aliéner, balayer, bannir, chasser, décliner, desserrer, désunir, différer, disjoindre, dissiper, diverger, diviser, égarer, éliminer, éloigner, empêcher, entrouvrir, épurer, espacer, évincer, éviter, excepter, exclure, exiler, isoler, lever, licencier, marginaliser, négliger, ouvrir, partager, pousser, proscrire, radier, récuser, refuser, rejeter, reléguer, remercier, renvoyer, repousser, retrancher, séparer, supprimer

Écarter de sa direction naturelle
déjeter

Ecchymose
bleu, contusion, hématome, lésion, marque, meurtrissure, tache

Ecchymose faite à la peau en la suçant fortement
suçon

Ecclésiastique
abbé, clerc, pasteur, prêtre

Ecclésiastique chargé de l'inspection des écoles d'un diocèse
écolâtre

Écervelé
distrait, étourdi, évaporé, fou, hurluberlu, imprudent, inattentif, inconséquent, insensé, irréfléchi, léger

Échafaud
tribune

Échafaudage
amas, armature, triquet

Échafaudage en arc de cercle
cintre

Échafauder
baser, concerter, concevoir, concocter, construire, édifier, élaborer, établir, fabriquer, fonder, méditer, monter, nouer, nourrir, préparer, projeter, tisser, tramer

Échalas
escogriffe, paisseau, perche, pieu, tuteur

Échalier
barrière, clôture

Échalote
oignon

Échancré
décolleté, profond

Échancrer
découper, évider, tailler

Échancrure
décolleté, découpure, entaille

Échancrure d'un organe, d'une feuille, etc.
incisure

Échancrure d'une côte
baie

Échange
commerce, dialogue, discussion, intervention, inversion, marché, permutation, réciprocité, remplacement, substitution, transaction, troc

Échangé
alterné, remplacé, vendu

Échange de coups de feu
fusillade

Échange de données informatisées
EDI

Échange de monnaies de pays différents
change

Échange direct d'un bien contre un autre
troc

Échange verbal violent
altercation

Échanger
alterner, changer, communiquer, dialoguer,
expliquer, intervertir, inverser, parler,
permuter, remplacer, troquer, vendre

Échanson
caviste, serdeau, sommelier

Échantillon
abrégé, aperçu, collection, exemplaire,
exemple, fragment, idée, illustration,
individu, modèle, panel, prototype, référence,
représentant, spécimen, type, variété

Échappatoire
excuse, issue, pirouette, prétexte

Échappé
évadé, intact, sauf

Échappée
clairière, escapade, espace, fugue, fuite,
promenade, sortie, trouée

Échappement
fuite, sortie

Échapper
dérober, écouler, éluder, éviter, fuguer, glisser,
parer, sourdre, tomber

Échapper (S')
absenter, couler, déborder, déguerpir,
disparaître, éclipser, enfuir, esquiver, évader,
fuir, sauver, suinter

Échapper à un danger
réchapper

Écharde
éclat, épine

Échardonner
sarcler

Écharpe
bandage, bande, carré, ceinture, ceinturon,
châle, étole, fichu, foulard, pointe

Écharpe de dentelle
mantille

Écharpe de fourrure
étole

Écharpe de toile que portaient les prêtres hébreux
éphod

Écharper
blesser, lyncher

Échassier
bécasse, grue

Échauder
blanchir, chauler, pocher

Échaudoir
cuve

Échaudure
brûlure

Échauffant
épicé

Échauffé
animé, exalté, excité, surexcité

Échauffement
brûlure, préparation

Échauffer
animer, embraser, énerver, exalter, exciter,
fermenter, incendier, surexciter

Échauffourée
bagarre, bataille, combat, escarmouche,
lutte, mêlée, pugilat, rencontre, rififi, rixe

Èche
appât, boëtte

Échéance
annuité, date, délai, expiration, terme

Échéancier
agenda, calendrier

Échec
affront, avortement, bide, chute, déboire,
déception, déconvenue, défaite, déroute,
désastre, faillite, fiasco, flop, four, insuccès,
loupage, malheur, naufrage, raté, revers,
ruine

Échec complet
faillite

Échec total
bide

Échelle
barème, degré, échelon, escabeau, escalier,
éventail, gamme, graduation, hiérarchie,
indexation, niveau, série, succession, suite

Échelle de sons
gamme

Échelle des sons d'une voix ou d'un instrument
tessiture

Échelle double
triquet

Échelle, en photographie
ISO

Échelon
barreau, cran, degré, échelle, étage, étape,
galon, grade, marche, niveau, palier, phase,
point, position, rang, stade

Échelonné
étalé, graduel

Échelonnement
répartition

Échelonner
distribuer, diviser, espacer, étager, étaler,
graduer, répartir, sérier

Écher
amorcer, appâter

Écheveau
assemblage, dédale, fils, labyrinthe

Échevelé
effréné, hérissé, hirsute, insensé, trépidant

Écheveler
décoiffer

Échiffe
guérite

Échine
dos, rachis

Échiner
éreinter, meurtrir, tuer

Échiner (S')
battre, épuiser, esquinter, exténuer, fatiguer,
suer

Échinocoque
ténia

**Échinoderme appelé couramment étoile de
mer**
astérie

Échiquier
damier, tablier

Écho
anecdote, approbation, bruit, expression,
impact, nouvelle, reflet, répercussion,
réponse, résonance, retentissement, retour,
réverbération, rumeur, sonore, sympathie

Échoir
advenir, expirer

Échoppe
baraque, boutique, burin, magasin

Échotier
journaliste

Échouer
arriver, atterrir, avorter, capoter, chuter,
débarquer, ensabler, envaser, foirer, manquer,
perdre, rater

Échu
advenu

Échu par droit
dévolu

Écimage
étêtage, taille

Écimer
couper, décapiter, élaguer, étêter, raccourcir,
tailler

Éclaboussé
arrosé, aspergé, compromis, coulé, giclé,
mouillé, rejailli, sali, souillé, taché, terni

Éclabousser
arroser, asperger, compromettre, gicler,
mouiller, rejaillir, salir, souiller, tacher, ternir

Éclaboussure
ricochet, salissure, souillure, tache

Éclair
éclat, étincelle, flamboiement, flamme,
flash, foudre, fulgurance, illumination, lueur,
révélation, tonnerre

Éclairage
ampoule, angle, aspect, biais, clarté, côté,
feu, illumination, jour, lampe, lumière,
luminaire, lustrerie, perspective

Éclairant
lumineux

Éclairci
aéré, affadi, démêlé, éclairé

Éclaircie
accalmie, amélioration, démêlé, répit

Éclaircir
aérer, affadir, allonger, blanchir, clarifier,
débrouiller, débroussailler, déchiffrer,
défricher, dégager, dégrossir, délaver,
démêler, dénouer, désépaissir, développer,
diluer, éclairer, élaguer, élucider, étendre,
expliciter, expliquer, fluidifier, gloser, illuminer,
interpréter, jaunir, passer, raréfier, tailler,
trouver

Éclaircir la couleur de
décolorer

Éclaircir une chose compliquée
démêler

Éclaircissement
commentaire, délayage, filtrage, réponse

Éclairé
allumé, averti, avisé, bon, caractérisé, clair,
clairvoyant, clarifié, désabusé, dessillé,
détrompé, éclairci, édifié, élucidé, embrasé,
enluminé, étincelé, évolué, expérimenté,
expliqué, fixé, guidé, illuminé, illustré,
informé, initié, instruit, judicieux, lucide, lui,
lumineux, rayonné, renseigné, sage, savant,
sensé

Éclairement
illumination, lumière

Éclairer
allumer, avertir, clarifier, déciller, désabuser,
dessiller, détromper, éclaircir, édifier, élucider,
embraser, enluminer, enseigner, étinceler,
expliquer, fixer, guider, illuminer, illustrer,
informer, initier, instruire, luire, rayonner,
renseigner

Éclaireur
scout

Éclat
animation, apparat, auréole, beauté, boucan, bout, brillance, brillant, brio, brisure, bruit, célébrité, charivari, chatoiement, claquement, clarté, coruscation, couleur, débris, écharde, éclair, éclisse, épanouissement, esclandre, esquille, étincelle, faste, feu, flamboiement, flamme, fleur, fracas, fragment, fraîcheur, gloire, grandeur, lueur, lumière, luminance, luminosité, lustre, luxe, magnificence, majesté, miette, miroitement, morceau, netteté, panache, parcelle, pétillement, poli, pompe, prestige, rayonnement, recoupe, reflet, relief, retentissement, richesse, rognure, scandale, scintillation, scintillement, somptuosité, splendeur, tapage, tumulte, vacarme, vivacité

Éclat d'un style imagé et vivant
coloris

Éclat de voix
cri

Éclat et teinte du visage
coloris

Éclat naturel ou artificiel
lustre

Éclat pompeux
apparat

Éclat trompeur
clinquant

Éclat vif et passager
étincelle

Éclat, brillant
flamme

Éclatant
admirable, aigu, ardent, aveuglant, beau, bel, brillant, bruyant, clair, crevant, criant, éblouissant, enlevé, épanoui, étincelant, évident, fastueux, flagrant, flamboyant, florissant, fracassant, frais, frappant, fulgurant, gai, glorieux, haut, illustre, incontestable, indéniable, indiscutable, insigne, irrécusable, lumineux, luxueux, magnifique, manifeste, notoire, patent, perçant, poli, radieux, ravi, rayonnant, reluisant, remarquable, resplendissant, retentissant, riche, rutilant, signalé, sonore, strident, supérieur, tonitruant, tonnant, transcendant, triomphal, vibrant, vif, voyant

Éclaté
crevé, débordé

Éclatement
crevaison, détonation, rupture

Éclater
briser, casser, commencer, crépiter, crever, déborder, déclarer, déclencher, diviser, dynamiter, emporter, exploser, fendre, frapper, fulminer, manifester, montrer, ouvrir, paraître, péter, pétiller, rayonner, retentir, révéler, rompre, sauter, scinder, tonner

Éclectique
divers

Éclectisme
diversité, variété

Éclipse
absence, interruption, obscurcissement

Éclipsé
écrasé, évadé, évanoui, évaporé, masqué, sorti, terni

Éclipser
absenter, cacher, camoufler, détrôner, disparaître, dissimuler, dominer, échapper, écraser, effacer, envoler, escamoter, éteindre, évader, évanouir, évaporer, fuir, intercepter, masquer, obscurcir, occulter, offusquer, partir, sortir, supplanter, surclasser, surpasser, ternir, vaincre, voiler

Éclisse
attelle, claie, clisse, éclat, égouttoir

Éclisse servant à égoutter les fromages
volette

Éclopé
blessé, boiteux, claudicant, estropié, impotent, infirme

Éclore
apparaître, commencer, épanouir, éveiller, fleurir, germer, manifester, naître, ouvrir, paraître, poindre, produire, sourdre, surgir

Éclos
fleuri

Éclosion
apparition, avènement, commencement, début, épanouissement, éveil, fleuraison, floraison, naissance, production, surgissement

Écluse
barrage, batardeau, digue, vanne

Écluser
boire, sasser

Écobuage
brûlage

Écœurant
abject, dégoûtant, désagréable, fade, fétide, génial, imbuvable, immonde, infect, nauséabond, nauséeux, pestilentiel, puant, rebutant, répugnant, répulsif, sordide

Écœuré
abattu, accablé, affaibli, affligé, anéanti, assommé, asthénique, atone, attristé,

blasé, brisé, capricieux, cassé, consterné, découragé, déçu, dégoûté, délicat, démoralisé, déplu, dépressif, déprimé, désenchanté, désespéré, détourné, difficile, dissuadé, écrasé, effondré, ennuyé, épuisé, éreinté, éteint, fatigué, las, lassé, malheureux, mélancolique, morne, morose, prostré, rebelle, rebuté, répugné, révolté, saturé, sombre, taciturne, terne, triste, vaincu, vidé, vide

Écœurement
abattement, acrimonie, amertume, aversion, découragement, dégoût, démoralisation, indignation, lassitude, mépris, nausée, répugnance, répulsion

Écœurer
abattre, choquer, débecqueter, débecter, décourager, dégoûter, démoraliser, indigner, lasser, rebuter, repousser, répugner, révolter, révulser, saturer, scandaliser, taquiner

Écoinçon
coin

École
académie, boîte, chapelle, classe, collège, conservatoire, coterie, courant, cours, doctrine, ENA, établissement, faculté, famille, groupe, institut, leçon, lycée, mouvement, pension, pépinière, secte, système, tendance

École bouddhiste
zen

École d'administration
EA

École de gestion
HEC

École de technologie supérieure
ETS

École des Hautes Études Commerciales
HEC

École nationale d'administration publique
ENAP

École nationale d'aérotechnique
ENA

Écolier
apprenti, bleu, collégien, débutant, élève, étudiant, néophyte, novice

Écolier paresseux et nul
cancre

Écolo
écologiste, vert

Écologiste
écolo, vert

Éconduire
chasser, congédier, éloigner, expédier, reconduire, refouler, refuser, remercier, renvoyer, repousser

Économe
administrateur, avare, chiche, comptable, épargnant, gestionnaire, intendant, parcimonieux, prévoyant, regardant, régisseur, serré

Économie
administration, agencement, aménagement, arrangement, disposition, distribution, gain, gestion, harmonie, ménage, mesure, ordonnance, ordre, organisation, parcimonie, plan, structure

Économies
disponibilités, épargne, magot, pécule

Économiser
accumuler, amasser, emmagasiner, entasser, épargner, garder, gratter, lésiner, ménager, réserver, thésauriser

Économiste américain né en 1934
Nader

Économiste égyptien né en 1931
Amin

Écoper
encaisser, recevoir, subir, vider

Écorce
apparence, aspect, cortex, croûte, dehors, écale, enveloppe, extérieur, peau, pelure, tan, vernis, zeste

Écorce d'un fruit
zeste

Écorce de chêne
tan

Écorce de la noix muscade
macis

Écorce de la tige de chanvre
teille, tille

Écorce du citron
zeste

Écorce extérieure des agrumes
zeste

Écorcer
décortiquer, peler

Écorché
frustré

Écorcher
arracher, blesser, couper, dépiauter, dépouiller, érafler, érailler, griffer, labourer, peler

Écorcher légèrement
excorier

Écorchure
accroc, blessure, bobo, cicatrice, déchirure, éraflure, fente, griffure, plaie

Écorné
amoindri, cassé, décorné, diminué, dissipé, ébréché, entamé, réduit

Écorner
amoindrir, casser, décorner, dépenser, diminuer, dissiper, ébrécher, entamer, réduire

Écornifler
espionner, fouiner, fureter

Écornifleur
fouineur, indiscret, parasite

Écossais
quadrillé

Écosser
égrener

Écot
contribution, cotisation, obole, part, tronc

Écoulé
coulé, passé

Écoulement
affluence, flot, flux, fuite, passage, régime, sécrétion, sortie, vente

Écoulement de pus
pyorrhée

Écoulement de sève
pleur

Écoulement des marchandises
débit

Écouler
débiter, placer, vendre

Écouler (S')
classer, couler, courir, découler, dégouliner, dégoutter, déverser, disparaître, échapper, envoler, épuiser, faire, fuir, liquider, passer, répandre, suinter

Écoupe
balai

Écourté
abrégé, tronqué

Écourter
abréger, alléger, couper, diminuer, raccourcir, rapetisser, réduire, résumer, rogner, tronquer

Écourter les oreilles
essoriller

Écoutable
audible

Écoute
audience, audition

Écouter
croire, entendre, exaucer, obéir, ouïr, suivre

Écouter de nouveau
réécouter

Écoutille
trappe

Écouvillon
balai, balayette, brosse

Écouvillonner
nettoyer

Écrabouillage
écrasement

Écrabouillé
écrasé

Écrabouillement
écrasement

Écrabouiller
broyer, écraser

Écran
abri, blindage, bouclier, filtre, moniteur, obstacle, paravent, protection, rideau, tenture, voile

Écran de télévision
télécran

Écran monté sur un haut-parleur
baffle

Écran suspendu au plafond
panca

Écrasant
accablant, cuisant, étonnant, étouffant, humiliant, lourd, oppressant, pénible, pesant, suffocant

Écrasé
abasourdi, abattu, accablé, anéanti, aplati, atterré, brisé, camus, concassé, consterné, cylindré, défait, démoli, désespéré, détruit, dominé, écaché, éclipsé, écœuré, écrabouillé, effondré, égrugé, épaté, étouffé, foulé, humilié, laminé, martelé, opprimé, pilé, pilonné, pressé, pressuré, prostré, pulvérisé, rapetissé, soumis, surchargé, surclassé, surpassé, tassé, terrassé, vaincu

Écrasement
anéantissement, broyage, chute, compression, défaite, destruction, écrabouillage, écrabouillement, élimination, pilonnage, répression

Écrasement brutal d'un corps creux
implosion

Écraser
abaisser, abattre, accabler, anéantir, aplatir, atterrer, blesser, briser, broyer, casser, comprimer, concasser, consterner, cylindrer, défaire, démolir, désespérer, détruire, dominer, écacher, éclipser, écrabouiller, effondrer, égruger, enfoncer, étouffer, foudroyer, fouler, froisser, humilier, laminer, mâchurer, marteler, meurtrir, moudre, oppresser, opprimer, peser, pétrir, piétiner, piler, pilonner, presser, pressurer, pulvériser, rabaisser, rapetisser, ratatiner, renverser, réprimer, soumettre, submerger, surcharger, surclasser, surpasser, tasser, terrasser, tuer, vaincre

Écraser au moyen d'un pilon
égruger

Écraser avec les dents
mâcher

Écraser avec un pilon
pilonner

Écraser sous les bombes
pilonner

Écrémage
tri

Écrémé
allégé, choisi, maigre, sélectionné, trié

Écrémer
choisir, sélectionner, trier

Écrêter
niveler

Écrier (S')
clamer, crier, exclamer, hurler, récrier,
vociférer

Écrin
baguier, boîte, boîtier, cassette, coffre, coffret,
enveloppe, étui

Écrin pour ranger les bijoux
baguier

Écrire
annoter, apposer, barbouiller, brouillonner,
calligraphier, composer, consigner,
correspondre, crayonner, exposer, faire,
former, gribouiller, griffonner, indiquer,
inscrire, jeter, libeller, marquer, noter,
orthographier, pondre, produire, publier,
rédiger, signer

Écrire de nouveau
récrire, réécrire

Écrire en vers
versifier

Écrit
article, barbouillé, bouquin, brochure,
brouillonné, calligraphié, composé,
composition, consigné, correspondance,
crayonné, document, épreuve, examen,
gribouillé, griffonné, inscrit, jeté, lettre, libellé,
livre, manuscrit, marqué, mot, noté, œuvre,
opuscule, orthographié, ouvrage, papier,
parchemin, production, produit, publication,
publié, rédaction, rédigé, signé, texte

**Écrit adressé à un ministre pour demander
justice**
placet

Écrit attestant du paiement d'une dette
quittance

Écrit diffamatoire
libelle

Écrit en trois langues
trilingue

Écrit politique posthume
testament

Écrit sans valeur
torchon

Écrit satirique
pamphlet

Écrit tenu pour sans valeur
paperasse

Écriteau
affiche, enseigne, étiquette, pancarte,
panneau, placard, plaque

Écriture
barbouillage, burinage, calligraphie,
graphie, graphisme, gribouillage, gribouillis,
griffonnage, patarafe, plume, rédaction, style

Écriture à traits droits et anguleux
gothique

Écriture formée de signes
sténo

Écritures
Bible

Écrivailler
écrivasser

Écrivailleur
écrivain

Écrivaillon
écrivain

Écrivain
annaliste, auteur, cacographe, conteur,
écrivailleur, écrivaillon, écrivassier, littérateur,
plume, plumitif, poète, romancier

Écrivain algérien né en 1920
Dib

Écrivain américain
Auden, Poe

Écrivain américain mort en 1973
Auden

Écrivain américain né en 1871
Dreiser

Écrivain américain né en 1933
Roth

Écrivain australien né en 1916
West

**Écrivain australien, lauréat d'un prix Nobel
en 1973**
White

Écrivain brésilien
Amado

Écrivain guinéen mort en 1980
Laye

Écrivain israélien
Agnon

Écrivain japonais
Oe

Écrivain mexicain mort en 1959
Reyes

Écrivain mexicain né en 1914
Paz

Écrivain public
scribe

Écrivain québécois
Aquin, Desrochers, Ducharme, Garneau,
Godbout, Grignon, Lemelin, Nelligan, Savard,
Tremblay

Écrivain québécois d'origine haïtienne
Laferrière, Péan

Écrivain qui compose des fables
fabuliste

Écrivain russe
Tolstoï

Écrivain russe mort en 1994
Leonov

Écrivain soviétique
Babel

Écrivain uruguayen mort en 1994
Onetti

Écrivaine québécoise
Gill

Écrivasser
écrivailler

Écrivassier
écrivain

Écrou
boulon

Écroué
incarcéré

Écrouelles
abcès

Écrouer
emprisonner, enfermer, incarcérer

Écrouir
laminer

Écroulé
roulé

Écroulement
chute, décadence, dégringolade, destruction,
éboulement, fin, mort, naufrage, ruine

Écrouler (S')
abattre, céder, choir, craquer, crouler,
culbuter, dégringoler, ébouler, rouler, tomber

Écroûter
herser

Écroûteuse
herse

Écru
brut, cru, naturel

Ectoplasme
apparition, fantôme, revenant, spectre,
zombi, zombie

Écu
armoiries, blason, bouclier, écusson

Écu armorial
écusson

Écueil
brisant, chaussée, danger, difficulté,
embûche, obstacle, perdition, péril, piège,
problème, récif, roche, rocher

Écuelle
assiette, gamelle, sébile

Éculé
défraîchi, élimé, pauvre, rebattu, usagé, usé

Éculer
élimer

Écume
bave, mousse, rebut, salive, spume

Écumer
baver, bouillonner, enrager, infester, mousser,
moutonner, piller, rager

Écumeur
pillard

Écumeux
baveux

Écurer
curer, nettoyer, récurer

Écureuil
suisse, tamia

Écurie
abri, bauge, bouge, box, équipe, étable,
porcherie, stalle, taudis

Écusson
blason, écu, emblème, enseigne, greffon,
insigne, panonceau

Écusson d'insecte
scutum

Écuyer
cavalier, chevalier, jockey, page

Écuyer au service d'un seigneur
valet

Écuyère
amazone, cavalière

Ed
Édouard

Édam
fromage

Éden
eldorado, paradis

Édénique
paradisiaque

Édesse
Urfa

Édicter
décréter, fixer, imposer, prescrire,
promulguer, publier

Édicule
kiosque

Édifiant
exemplaire, haut, instructif, modèle, moral, moralisateur, pieux, vertueux

Édification
constitution, construction, érection, fondation

Édifice
alcazar, architecture, arrangement, assemblage, bâtiment, bâtisse, combinaison, construction, ensemble, entreprise, immeuble, monument, œuvre, organisation, ouvrage, palace

Édifice circulaire
rotonde

Édifice consacré à la musique
odéon

Édifice consacré au culte de la religion chrétienne
église

Édifice consacré aux chants
odéon

Édifice destiné à la représentation de pièces dramatiques
théâtre

Édifice gouvernemental américain
Pentagone

Édifice où siègent les sénateurs
sénat

Édifice religieux
église

Édifié
aménagé, éclairé

Édifier
arranger, baser, bâtir, combiner, composer, constituer, construire, créer, dresser, échafauder, éclairer, élaborer, élever, ériger, établir, faire, fixer, fonder, instruire, organiser, renseigner

Édile
bourgmestre, maire

Édit
décision, décret, loi

Édit promulgué par le tsar
oukase, ukase

Édité
sorti

Éditer
imprimer, publier, reproduire, sortir, tirer

Éditer de nouveau
rééditer

Édition
impression, livre, parution, publication, sortie, tirage

Édito
éditorial

Éditorial
article, chronique, édito

Éditorialiste
journaliste

Édouard
Ed

Édredon
couette, duvet

Éducateur
enseignant, maître, pédagogue

Éducatif
culturel, didactique, formateur, pédagogique

Éducation
affinement, amélioration, apprentissage, bienséance, connaissance, culture, développement, distinction, dressage, enseignement, formation, initiation, instruction, pédagogie, perfectionnement, politesse, préparation, tact

Édulcorant
saccharine, sucre

Édulcoration
sucrage

Édulcoré
adouci, affadi, allégé, estompé, mielleux, sucré

Édulcorer
adoucir, affadir, affaiblir, alléger, amoindrir, atténuer, dulcifier, envelopper, estomper, mitiger, sucrer

Éduqué
accoutumé, aguerri, habitué, poli

Éduquer
accoutumer, affiner, aguerrir, apprendre, civiliser, cultiver, développer, discipliner, dresser, élever, enseigner, entraîner, exercer, façonner, former, gouverner, guider, habituer, inculquer, instruire, nourrir

Éfaufiler
effiler

Effaçable
délébile

Effacé
affadi, annulé, anodin, discret, enlevé, estompé, éteint, falot, flou, humble, ignoré, insignifiant, insipide, modeste, quelconque, réservé, résorbé, terne, terni, timide

Effacement
abolition, annulation, gommage, modestie, oubli, radiation, rémission

Effacer
abolir, absoudre, affadir, annihiler, annuler, barrer, biffer, caviarder, censurer, cesser, couper, décolorer, disparaître, éclipser, éliminer, enlever, envoler, escamoter, essuyer, estomper, éteindre, évanouir, faiblir, faner,

gommer, gratter, laver, lever, mourir, oblitérer, oublier, pâlir, pardonner, passer, purger, racheter, radier, raturer, rayer, réparer, résorber, sabrer, supprimer, surpasser, ternir

Effacer par une usure progressive
oblitérer

Effaner
effeuiller

Effarant
affolant, ahurissant, alarmant, consternant, effrayant, étonnant, incroyable, inouï, inquiétant, sidérant, stupéfiant, suffocant, terrifiant

Effaré
affolé, ahuri, décontenancé, ébahi, ébaubi, effrayé, épouvanté, hagard, inquiet, stupéfait

Effarement
effroi

Effarer
affoler, alarmer, angoisser, apeurer, consterner, effaroucher, effrayer, épouvanter, horrifier, sidérer, stupéfier, terrifier

Effarouchable
timide

Effarouché
alarmé, apeuré, craintif, inquiet, timide, timoré

Effaroucher
alarmer, apeurer, effarer, effrayer, intimider

Effectif
actuel, agissant, authentique, concret, existant, matériel, nombre, objectif, personnel, positif, réel, solide, tangible, véritable, vrai

Effectivement
bien, vraiment

Effectué
accompli

Effectuer
accomplir, commettre, exécuter, faire, mener, opérer, pratiquer, procéder, réaliser, remplir

Effectuer l'alésage de
aléser

Effectuer l'assolement
assoler

Effectuer l'insémination artificielle
inséminer

Effectuer le dégazage
dégazer

Effectuer le recyclage
recycler

Effectuer un clonage
cloner

Effectuer un coup violent, au tennis
smasher

Effectuer un parcours en slalom
slalomer

Effectuer un pontage sur une artère
ponter

Effectuer un slalom
slalomer

Effectuer une migration
migrer

Effectuer une oxydation anodique sur un métal
anodiser

Effectuer une vidange
vidanger

Effectuer une volte
volter

Efféminé
émasculé, féminisé

Efféminer
émasculer, féminiser

Effervescence
agitation, chaleur, ébullition, émoi, fébrilité

Effervescent
agité, bouillonnant, embrasé, fébrile, frénétique, surexcité, trépidant

Effet
action, conséquence, contrecoup, force, fruit, impact, impression, impulsion, incidence, influence, montre, portée, prix, produit, réaction, recours, répercussion, résultante, résultat, retentissement, ricochet, sensation, séquelle, suite, titre

Effet artificiel
artéfact

Effet comique rapide
gag

Effet d'une action forte
impact

Effet de commerce
chèque

Effet du moiré
moirure

Effet magique nuisible provoqué par la sorcellerie
sort

Effet rétrograde, au billard
rétro

Effets
affaires, habits, tenue, vêtements

Effets, objets personnels
affaires

Effeuiller
défeuiller, dépouiller, effaner

Efficace
actif, agissant, bon, capable, compétent, efficient, fort, infaillible, opérant, payant,

pratique, profitable, puissant, radical,
souverain, sûr, utile, valable

Efficacement
activement, avantageusement, diligemment,
rentablement, sérieusement, utilement

Efficacité
action, force, pouvoir, propriété, puissance,
rendement, sûreté, utilité, valeur

Efficient
efficace

Effigie
empreinte, figure, idole, image, marque,
portrait, représentation, sceau, symbole

Effilé
aigu, allongé, délié, élancé, étroit, fin, frange,
fuselé, mince, mordant, pointu, svelte

Effiler
allonger, défiler, détisser, éfaufiler, effilocher,
effranger, érailler, parfiler

Effilocher
effiler

Efflanqué
étique, famélique, gringalet, maigre, mince,
sec

Efflanquer
amaigrir, décharner

Effleuré
frisé, rasé

Effleurement
attouchement, caresse, contact, frôlement

Effleurer
caresser, évoquer, examiner, friser, frôler,
frotter, lécher, raser, survoler, toucher

Ffflorooocnce
éruption

Efflorescent
épanoui, gai, luxuriant

Effluence
effluve

Effluve
arôme, effluence, émanation, exhalaison,
fluide, fumet, haleine, odeur, parfum, relent,
senteur, souffle, vapeur

Effondré
accablé, anéanti, brisé, écœuré, écrasé,
prostré

Effondrement
abattement, chute, débâcle, décadence,
dégringolade, destruction, éboulement,
implosion, mort, naufrage, ruine, tassement

Effondrement de la Bourse
krach

Effondrement soudain
débâcle

Effondrer
briser, défoncer, détruire, rompre

Effondrer (S')
abattre, accabler, agoniser, avachir, chuter,
craquer, crouler, décliner, dégringoler,
écraser, sombrer, tomber

Efforcer (S')
tâcher

Effort
acharnement, action, application, attention,
concentration, contention, essai, force,
patience, peine, poussée, pression, sacrifice,
sursaut, tension, tentative, travail, volonté

Effort pour connaître, découvrir
recherche

Effraction
bris, casse

Effraie
chouette, hulotte

Effranger
effiler

Effrayant
abject, affolant, affreux, alarmant, atroce,
effarant, épouvantable, hideux, horrible,
ignoble, inouï, laid, redoutable, sinistre,
sombre, terrible

Effrayant, terrifiant
épeurant

Effrayé
affolé, alarmé, angoissé, anxieux, apeuré,
craintif, effaré, épouvanté, hagard, horrifié,
inquiet

Effrayer
affoler, alarmer, angoisser, apeurer, effarer,
effaroucher, épeurer, épouvanter, glacer,
horrifier, inquiéter, intimider, menacer,
terrifier, terroriser, tourmenter

Effrayer vivement
terrifier

Effréné
débridé, déchaîné, délirant, démesuré,
échevelé, élevé, endiablé, enragé, exagéré,
excessif, fou, frénétique, immodéré,
impétueux, insensé, outré, passionné,
vertigineux

Effriter
amenuiser, décliner, décroître, désagréger,
diminuer, écailler, émietter, fléchir, fondre,
pulvériser

Effroi
abomination, affolement, alarme, angoisse,
anxiété, effarement, épouvante, frayeur,
horreur, panique, peur, terreur

Effroi violent
panique

Effronté
audacieux, cynique, déluré, éhonté, gonflé, grossier, hardi, impertinent, impoli, impudent, insolent, malappris, outrecuidant, provocant

Effronté, trop libre
déluré

Effrontément
grossièrement, hardiment, impoliment, impudemment, insolemment

Effronterie
aplomb, audace, culot, front, gouaille, impudence, insolence, toupet

Effronterie de la personne qui se moque des conventions
cynisme

Effronterie, audace
impudence

Effroyable
abject, abominable, affreux, atroce, épouvantable, hideux, horrible, laid, noir, terrible, tragique

Effusion
confidence, débordement, élan, enthousiasme, épanchement, exaltation, ferveur, flot, transport

Éfrit
génie

Égailler (S')
essaimer

Égal
calme, constant, détaché, égalitaire, émule, équitable, équivalent, frère, identique, impartial, indifférent, invariable, lisse, même, monocorde, monotone, neutre, pair, paisible, pareil, plain, plan, plat, pondéré, ras, régulier, rival, semblable, similaire, superposable, tranquille, uni, uniforme

Égal, uni
lisse

Égalable
atteignable, disputable

Également
aussi, autant, comme, idem, uniment

Égaler
approcher, atteindre, équivaloir, faire, niveler, rivaliser, unir, valoir

Égaliser
ajuster, aplanir, araser, équilibrer, niveler, polir, régaler, unifier, uniformiser, unir

Égalitaire
égal, niveleur

Égalité
calme, concordance, conformité, congruence, constance, continuité, équanimité, équilibre, équipollence, équité, équivalence, identité, justice, parité, péréquation, pondération, régularité, sérénité, tranquillité, uniformité

Égard
attention, considération, déférence, estime, gentillesse, ménagement, politesse, prévenance, respect, révérence, soin

Égards
hommage, honneurs

Égaré
abusé, adiré, affolé, aveuglé, dérouté, désaxé, désorienté, détourné, dévoyé, écarté, éperdu, errant, fou, fourvoyé, hagard, halluciné, noyé, perdu, perverti, séduit, trompé, troublé

Égarement
aberration, absence, affolement, aliénation, anxiété, aveuglement, délire, démence, dérangement, dérèglement, désarroi, désordre, divagation, éblouissement, écart, erreur, faute, folie, fourvoiement, frénésie, perversion, trouble, vertige

Égarer
abuser, adirer, affoler, aliéner, aveugler, dépister, dérouter, désorienter, détourner, dévoyer, disparaître, divaguer, écarter, errer, fourvoyer, noyer, paumer, perdre, pervertir, séduire, tromper, troubler

Égayant
amusant

Égayé
agrémenté, amusé, animé, coloré, décoré, déridé, désennuyé, diverti, embelli, enjolivé, orné, réjoui

Égayer
agrémenter, amuser, animer, colorer, décorer, dérider, désennuyer, détendre, distraire, divertir, ébaudir, élaguer, embellir, enjoliver, orner, réjouir, rire

Égée
mer

Égérie
conseillère, femme, inspiratrice, muse

Égide
appui, auspices, bouclier, bras, patronage, protection, sauvegarde, tutelle

Églantier
rosier

Églantine
rose

Églefin
cabillaud, haddock, morue

Églefin fumé
haddock

Église
basilique, cathédrale, chapelle, clergé, communauté, confession, coterie, culte,

dôme, foi, oratoire, paroisse, religion, sanctuaire, secte, temple

Église romane et gothique
Yenne

Église tibétaine
lamaïsme

Églogue
bergerie, bucolique, idylle, pastorale

Ego
individualité, je, moi, personnalité, psyché

Égocentrique
égoïste, personnel

Égocentrisme
égoïsme, égotisme

Égocentriste
égoïste

Égoïne
scie

Égoïsme
égocentrisme, égotisme, individualisme

Égoïste
dur, égocentrique, égocentriste, exclusif, individualiste, ingrat, personnel

Égorger
assassiner, étrangler, exploiter, immoler, rançonner, sacrifier, saigner, tuer

Égorgeur
assassin

Égosiller (S')
crier, hurler, tonitruer, vociférer

Égotisme
égocentrisme, égoïsme, individualisme, narcissisme, nombrilisme

Égout
bourbier, canal, canalisation, cloaque, conduit, gouttière, puisard

Égoutté
coulé

Égoutter
dégoutter, drainer, goutter

Égouttoir
cagerotte, caget, caserel, claie, clayon, clisse, couloire, éclisse, faisselle, hérisson, jonchée, passoire

Égrainage
égrappage

Égrappage
égrenage, égrainage

Égrapper
égrainer, égrener

Égratigné
éraillé

Égratigner
déchirer, entamer, érafler, érailler, excorier, griffer, labourer, piquer, railler

Égratignure
accroc, blessure, bobo, cicatrice, déchirure, éraflure, griffure, plaie, raillerie

Égrenage
égrappage

Égrener
écosser, égrapper, éplucher

Égriser
polir

Égrotant
débile, malade, maladif

Égrugé
écrasé

Égruger
broyer, concasser, écraser, émietter, piler, pulvériser, triturer

Égueuler
ébrécher

Eh
ah, ha, hem, hep, ho, interjection, ohé, psitt, pst

Éhonté
cynique, effronté, honteux, impudent, scandaleux

Eider
canard

Einsteinium
Es

Éjecté
rejeté

Éjecter
évincer, exclure, expulser, jeter, projeter, refouler, rejeter, renvoyer, repousser

Éjection
éviction, expulsion, projection, rejet

Élaboration
composition, conception, confection, constitution, construction, création, développement, fabrication, formation, genèse, gestation, préparation, production, réalisation

Élaboré
avancé, ouvragé, travaillé

Élaborer
combiner, composer, concevoir, concocter, confectionner, construire, créer, développer, échafauder, édifier, enfanter, établir, fabriquer, façonner, faire, former, ouvrer, préparer, produire, programmer, réaliser, sécréter, transformer, travailler

Élæis
palmier

Élagage
ébranchage, émondage, étêtage, taille

Élagué
enlevé, retranché

Élaguer
cisailler, couper, dégarnir, ébrancher, écimer, éclaircir, égayer, embrancher, émonder, enlever, étêter, ôter, raccourcir, retrancher, soustraire, supprimer, tailler, tronquer

Élagueur
ébrancheur, émondeur

Élan
accès, ardeur, aspiration, cerf, chaleur, courant, effusion, emportement, envolée, essor, feu, flamme, fougue, impulsion, lancée, mouvement, orignal, passion, poussée, ressort, transport, vivacité

Élan capricieux
foucade

Élan d'Amérique
orignal

Élancé
allongé, effilé, élégant, filiforme, fin, fluet, fuselé, gracile, grand, grêle, haut, léger, long, longiligne, maigre, menu, mince, svelte

Élancé et fragile
gracile

Élancer (S')
bondir, courir, dresser, élever, envoler, jaillir, jeter, lanciner, pointer, précipiter, ruer, sauter, voler

Élargi
accru, agrandi, enrichi, évasé, relaxé

Élargir
accroître, agrandir, amplifier, arrondir, augmenter, développer, dilater, enrichir, étendre, évaser, forcir, gonfler, grossir, libérer, relâcher, relaxer

Élargir à l'extrémité
évaser

Élargir à l'orifice
évaser

Élargir l'ouverture
évaser

Élargir la base
épater

Élargir un trou pour y faire entrer une vis
fraiser

Élargissant la base
épatant

Élargissement
accroissement, libération

Élasticité
ressort, souplesse

Élastique
étirable, flexible, maniable, mou, souple

Élastomère
néoprène, silicone

Elbot
flétan

Eldorado
éden, paradis

Éléate
éléatique

Éléatique
éléate

Électeur
votant

Électif
sélectif

Élection
adoption, choix, désignation, nomination, scrutin, vote

Élection en dehors des élections générales
partielle

Électricité
courant, lumière

Électrisant
exaltant, excitant, passionnant

Électrisé
enlevé, exalté, excité, survolté

Électriser
animer, embraser, enflammer, enlever, enthousiasmer, entraîner, exalter, exciter, galvaniser, passionner, soulever, surexciter, survolter, transporter

Électrode
cathode, diode

Électrode positive
anode

Électrode reliée au pôle négatif
cathode

Électrolyser
nickeler

Électron de charge négative
négaton

Électronvolt
eV

Électrophone
phono

Élégamment
délicatement, heureusement, noblement

Élégance
adresse, agrément, aisance, allure, beauté, charme, chic, classe, coquetterie, délicatesse, distinction, doigté, finesse, goût, grâce, habileté, harmonie, noblesse, raffinement, style, sveltesse, tact

Élégant
adorable, adroit, beau, bel, charmant, chic, choisi, coquet, dandy, délicat, distingué, élancé, fin, fleuri, fringant, galant, gracieux, habile, habillé, pimpant, poli, pur, raffiné, sélect, seyant, soigné, svelte

Élégant, chic
smart

Élégant, distingué
nap

Élégie
poème

Élégir
alléger

Éléis
palmier

Élément
biotope, bribe, cadre, cause, composant,
composante, condition, constituant, critère,
détail, donnée, entité, environnement,
facteur, item, milieu, morceau, notion,
organe, paramètre, particule, partie, pièce,
pion, principe, unité

Élément ajouté à l'original
ajout

Élément ajouté, apport
alliage

Élément artificiel et instable
astate

Élément atomique du même groupe que l'aluminium
bore

Élément chimique artificiel
hafnium

Élément chimique de couleur jaune
soufre

Élément constant d'un calcul
paramètre

Élément contribuant à un résultat
facteur

Élément d'un engrenage
rouage

Élément d'un ensemble
partie

Élément d'un espace vectoriel
vecteur

Élément d'une chaîne acoustique
ampli

Élément d'une chaîne binaire
bit

Élément d'une famille de plantes comprenant le muguet des bois et l'asperula
aspérule

Élément d'une machine
organe

Élément d'une matière rigide peu épais et plat
plaque

Élément d'une mosaïque
abacule

Élément d'une poulie
réa

Élément de mesure de l'information
bit

Élément de passementerie, de forme ovoïde
gland

Élément de tricot
maille

Élément entrant dans la production d'un bien
intrant

Élément exprimant l'opposition
anti

Élément gazeux radioactif
radon

Élément incorporé à un mot pour modifier le sens
affixe

Élément instable et radioactif
astate

Élément métallique qui fait partie des alcalinoterreux
baryum

Élément nécessaire pour juger
paramètre

Élément non essentiel
détail

Élément non métallique
bore

Élément radioactif naturel
radon, uranium

Élément stabilisateur de certains projectiles
ailette

Élément vibrant grâce à un courant électrique
vibreur

Élémentaire
bêla, bête, enfantin, facile, grossier,
imparfait, petit, premier, primitif, principal,
rudimentaire, simple, simpliste, sommaire

Éléments
matériau, rudiments

Éléphant
mastodonte, obèse, pachyderme

Éléphantesque
colossal, énorme

Élevage
agriculture, champ

Élevage de lapins
lapinière

Élevage de taureaux de combat
ganaderia

Élévateur
ascenseur, silo, treuil

Élévation
accroissement, altitude, ascension,
avènement, beauté, bosse, butte, éminence,
érection, grandeur, hausse, hauteur, mont,
montagne, noblesse, nomination, promotion,
rehaussement

Élévation au-dessus du sol
altitude

Élévation de la température du corps
fièvre

Élévation de terrain
éminence

Élévation du niveau dans un cours d'eau
crue

Élévation peu considérable de terre
tertre

Élévation verticale d'un point par rapport au niveau de la mer
altitude

Élève
apprenti, aspirant, cadet, collégien, disciple, écolier, étudiant, lycéen

Élevé
accru, aérien, agrandi, aigu, altier, anobli, beau, bel, considérable, dominant, effréné, éminent, endiablé, enlevé, érigé, généreux, grand, gros, haut, hissé, important, lourd, noble, pointu, profond, rapide, relevé, sévère, soigné, soutenu, sublime, supérieur

Élève d'un collège
collégien

Élève d'un lycée
lycéen

Élève d'une école normale
normalien

Élevé dans le Charolais
charolais

Élève de première année
bizut, bizuth

Élève paresseux et nul
cancre

Élever
accroître, agrandir, anoblir, arborer, augmenter, bâtir, construire, créer, cultiver, dresser, édifier, éduquer, élancer, émettre, enlever, ennoblir, entretenir, envoler, ériger, établir, exhausser, faire, fonder, former, gouverner, grandir, grimper, hausser, hisser, instruire, jaillir, lever, majorer, monter, naître, nourrir, percer, planter, poétiser, promouvoir, réagir, rehausser, relever, remonter, soigner, soulever, sublimer, surélever, surgir, surhausser

Élever à un haut degré de perfection
exalter

Éleveur
agriculteur, engraisseur, nourrisseur, paysan

Éleveur de coqs de combat
coqueleux

Élevure
bosse

Elfe
esprit, génie, lutin, sylphe

Élie
prophète

Élier
soutirer

Élimé
défraîchi, détérioré, éculé, limé, lustré, pauvre, râpé, usagé, usé, vieux

Élimer
éculer, limer, râper, user

Élimination
abolition, écrasement, éviction, radiation, rejet

Éliminé
abattu, détruit, enlevé, épuré, rejeté, résorbé, sorti

Éliminer
abattre, ajourner, assassiner, balayer, bannir, battre, chasser, détruire, disqualifier, dissiper, écarter, effacer, enlever, épurer, évacuer, évincer, exclure, excréter, exécuter, expulser, liquider, proscrire, radier, rayer, recaler, refuser, rejeter, renvoyer, repousser, résorber, se débarrasser, sortir, supplanter, supprimer, tuer, vaincre

Éliminer l'excédent
éponger

Élingue
câble, filin

Élinguer
amarrer, attacher

Élire
adopter, choisir, coopter, désigner, nommer, plébisciter, pratiquer, préférer, retenir, sélectionner, voter

Élire une seconde fois
renommer

Élite
aristocratie, crème, fleur, gratin

Élixir
essence, hydromel, potion, teinture

Elle a animé *La Fureur*
Cloutier

Elle a animé *Le téléjournal le week-end*
Nadeau

Elle a animé *Les enfants de la télé*
Cloutier

Elle a beaucoup chanté avec Patrick Norman
Martel

Elle a chanté *Bella*
Jalbert

Elle a chanté *Billy*
Masse

Elle a chanté *Bye Bye mon cowboy*
Mitsou

Elle a chanté *C'est zéro*
  Masse

Elle a chanté *Ça va venir, découragez-vous pas*
  Bolduc

Elle a chanté *Chanson pour les mois d'hiver*
  Boulay

Elle a chanté *Comment j'pourrais te l'dire*
  Toupin

Elle a chanté *Dans tes yeux*
  Thibert

Elle a chanté *Dis-moi, dis-moi*
  Mitsou

Elle a chanté *Donnez-moi de l'oxygène*
  Dufresne

Elle a chanté *En veillant su'l'perron*
  Michel

Elle a chanté *Encore et encore*
  Jalbert

Elle a chanté *Fais-moi la tendresse*
  Reno

Elle a chanté *I'm Alive*
  Dion

Elle a chanté *Il était une fois des gens heureux*
  Martin

Elle a chanté *J'ai rencontré l'homme de ma vie*
  Dufresne

Elle a chanté *J'ai un bouton sur la langue*
  Bolduc

Elle a chanté *J'veux que tu saches*
  Toupin

Elle a chanté *Je suis malade*
  Fabian

Elle a chanté *Je veux tout*
  Moffatt

Elle a chanté *L'âme à la tendresse*
  Julien

Elle a chanté *L'essentiel*
  Reno

Elle a chanté *La boulée*
  Forestier

Elle a chanté *La centenaire*
  Lemay

Elle a chanté *La plus belle pour aller danser*
  Richard

Elle a chanté *Le début d'un temps nouveau*
  Claude

Elle a chanté *Le monde est stone*
  Dufault

Elle a chanté *Le parc Belmont*
  Dufresne

Elle a chanté *Le plus fort, c'est mon père*
  Lemay

Elle a chanté *Le saule*
  Boulay

Elle a chanté *Le tour de la terre*
  Claude

Elle a chanté *Les soirs de scotch*
  Dufault

Elle a chanté *Les yeux du cœur* avec Gerry Boulet
  Marjo

Elle a chanté *Lindberg* avec Robert Charlebois
  Forestier

Elle a chanté *Mille après mille*
  Martel

Elle a chanté *Moi, j'mange*
  Arsenault

Elle a chanté *My Heart Will Go On*
  Dion

Elle a chanté *Pour que tu m'aimes encore*
  Dion

Elle a chanté *Poussière d'ange*
  Moffatt

Elle a chanté *Provocante*
  Marjo

Elle a chanté *Quand le film est triste*
  Richard

Elle a chanté *Qui je suis*
  Watters

Elle a chanté *Requiem pour un fou* avec Johnny Hallyday
  Fabian

Elle a chanté *Si exceptionnel*
  Watters

Elle a chanté *Si j'étais un homme*
  Tell

Elle a chanté *Sous le vent* avec Garou
  Dion

Elle a chanté *Tu n'as pas de nom*
  Julien

Elle a chanté *Tu trouveras la paix*
  Claude

Elle a chanté *Un amour qui ne veut pas mourir*
  Martel

Elle a chanté *Un peu plus haut*
  Reno

Elle a chanté *Viens faire un tour chez moi*
  Claude

Elle a contribué à créer *L'Osstidcho*
  Forestier

Elle a donné son nom à la coupe remise aux championnes du monde au hockey féminin
  Clarkson

Elle a été coach à l'émission *La voix*
  Moffatt

Elle a fait connaître *Flashdance... What a Feeling*
Cara

Elle a fait connaître *Paquetville*
Butler

Elle a fait connaître *She Bop*
Lauper

Elle a fait plusieurs *Bye Bye*
Cloutier, Filiatrault, Michel

Elle a popularisé *Animal*
D'Amour, France

Elle a popularisé *Bette Davis Eyes*
Carnes

Elle a popularisé *C'est trop facile*
Arel

Elle a popularisé *California*
Joni, Mitchell

Elle a popularisé *Emmanuella*
Pary

Elle a popularisé *Fame*
Cara

Elle a popularisé *For Your Eyes Only*
Easton

Elle a popularisé *Girlfriend*
Lavigne

Elle a popularisé *Hot Stuff*
Summer

Elle a popularisé *If I Can't Have You*
Elliman

Elle a popularisé *Immortality*
Dion

Elle a popularisé *Incognito*
Céline, Dion

Elle a popularisé *L'essentiel*
Reno

Elle a popularisé *Le saule*
Boulay, Isabelle

Elle a popularisé *Quand je ferme les yeux*
Annie, Villeneuve

Elle a popularisé *Respect*
Aretha, Franklin

Elle a popularisé *Rush, Rush*
Abdul, Paula

Elle a popularisé *Soirs de scotch*
Dufault, Luce

Elle a popularisé *Straight Up*
Abdul

Elle a popularisé *The Best*
Turner

Elle a popularisé *Tout*
Fabian, Lara

Elle a popularisé *Turn Around*
Tyler

Elle a popularisé *Un amour qui ne veut pas mourir*
Martel, Renée

Elle a reçu l'Oscar du meilleur second rôle féminin pour son rôle d'Anita dans *West Side Story*
Moreno

Elle a repris le succès *Laisse-moi t'aimer*
Ima

Elle délimite la moulière
bouchot

Elle empêche le cheval de voir sur le côté
œillère

Elle est accrochée dans le sapin de Noël
boule

Elle est avancée l'été
heure

Elle est sous le sapin de Noël pour évoquer la naissance prochaine de Jésus
crèche

Elle était de la distribution originale de *Starmania*
Dufresne, Gall

Elle fait des recherches spatiales
NASA

Elle fait la pluie et le beau temps durant les vacances
météo

Elle fut changée en génisse
Io

Elle fut piquée par un taon
Io

Elle habite la maison aux pignons verts
Anne

Elle jacasse
pie

Elle nage
nageuse

Elle s'est fait connaître grâce à *Baila*
Ima

Elle travaille dans une pharmacie
pharmacienne

Elle vaut la seizième partie de la livre
once, oz

Elle vend de la lingerie
lingère

Elle vole sur son balai le soir de l'Halloween
sorcière

Elles sont plus souvent mises aux pieds l'hiver
bottes

Ellipse
ovale, ovoïde, raccourci

Elliptique
laconique, ovale, succinct

Élocution
articulation, débit, diction, parler, parole

Éloge
apologie, approbation, célébration, compliment, congratulation, discours, dithyrambe, épithète, glorification, louange, mérite, panégyrique, plaidoyer

Éloges
félicitations

Élogieux
avantageux, dithyrambique, flatteur, laudatif, louangeur

Élogieux, obligeant
flatteur

Éloigné
absent, aliéné, ancien, antique, différent, distant, divergent, écarté, enlevé, exilé, haut, indirect, isolé, loin, lointain, perdu, profond, reculé, rejeté, retiré, séparé, vieux

Éloignement
distance, écart, espace, exil, récession, recul, séparation

Éloigner
absenter, aliéner, bannir, chasser, congédier, dérouter, détacher, détourner, dévier, différer, distraire, diverger, écarter, éconduire, espacer, évincer, exiler, isoler, pousser, reculer, rejeter, reléguer, repousser, retarder, séparer

Élongation
allongement, claquage, entorse, étirage, foulure, luxation

Élongé
étiré

Élonger
allonger, étendre, étirer

Éloquence
bagou, bagout, facilité, faconde, flamme, force, loquacité, parole, persuasion, verve

Éloquent
convaincu, disert, persuasif, probant, significatif, suggestif, volubile

Élu
adopté, choisi, délégué, député, désigné, glorieux, mandaté, parlementaire, plébiscité, représentant, retenu, saint, sélectionné, voté

Élu, prédestiné
choisi

Élucidation
explication

Élucidé
démêlé, éclairé

Élucider
clarifier, débrouiller, démêler, dénouer, désembrouiller, éclaircir, éclairer, expliquer, résoudre

Élucubration
divagation

Éludé
contourné, évité

Éluder
contourner, détourner, échapper, escamoter, esquiver, éviter, fuir, tourner, tromper

Élue du calendrier
sainte, ste

Élusif
ambigu, évasif, flottant, incertain, indécis, obscur, vague

Elvis Presley y a vécu
Memphis

Élyme des sables
oyat

Élytre
aile, aileron

EM
éminence

Émaciation
maigreur

Émacié
amaigri, creux, décharné, étique, famélique, fluet, grêle, hâve, maigre, maigrelet, sec, squelettique

Émacier
amaigrir, maigrir

Email
courriel

Émail
vernis

Émaillé
agrémenté, constellé, criblé, diapré, embelli, enjolivé, enrichi, orné, paré, parsemé, semé, truffé

Émailler
agrémenter, assaisonner, consteller, cribler, diaprer, embellir, enjoliver, enrichir, fleurir, larder, orner, parer, parsemer, semer, truffer

Émanation
arôme, aura, auréole, bouffée, effluve, émission, fluide, gaz, haleine, miasme, odeur, organe, radiation, relent, souffle, vapeur

Émanation d'un corps
aura

Émanation de gaz qui s'échappe d'un volcan
fumerolle

Émanation du thorium
thoron

Émanation qui exhale de certains corps organiques ou de certaines substances
effluve

Émancipation
affranchissement, autonomie, délivrance, indépendance, libération, promotion

Émancipé
affranchi, averti, libéré

Émanciper
affranchir, libérer

Émané
enlevé

Émaner
découler, dégager, dériver, descendre, exhaler, monter, partir, procéder, provenir, rayonner, sortir, sourdre, ternir, venir

Émargement
paraphe, signature

Émarger
couper, signer

Émasculé
châtré, efféminé, féminisé, hongre

Émasculer
castrer, châtrer, couper, efféminer, féminiser, stériliser

Embâcle
obstacle

Emballage
boîte, conteneur, enveloppe, étui, pack, paquet, poche, pochette, sac, sachet

Emballage en carton pour confiseries
ballotin

Emballage pour les liquides
berlingot

Emballage servant au transport des petits fruits
casseau

Emballant
exaltant, excitant

Emballé
chaud, conditionné, émerveillé, enchanté, enthousiasmé, enthousiaste, enveloppé, exalté, excité, fougueux, grisé, partant, passionné, ravi, séduit, transporté

Emballement
admiration, ardeur, enthousiasme, fougue, passion

Emballer
conditionner, émerveiller, empaqueter, enchanter, ensacher, enthousiasmer, envelopper, exalter, exciter, galoper, griser, passionner, ravir, séduire, transporter

Emballeur
paqueteur

Embarbouiller
barbouiller

Embarcadère
jetée, quai

Embarcation
allège, barque, bateau, chalutier, esquif, pinasse, pirogue, sampan, vedette

Embarcation à flotteurs
pédalo

Embarcation à fond plat
accon, acon, barge, doris

Embarcation étroite et légère à voile unique
sampan

Embarcation légère
canoë, canot, yole

Embarcation non pontée et légère
yole

Embarcation plate et pontée qui sert à transporter des marchandises
gabarre

Embarcation portative
canoë, canot

Embarcation pour charger et décharger les navires
allège

Embarcation pour le transport des marchandises
gabare

Embarcation, esquif
barque

Embardée
écart

Embargo
blocus, boycott, saisie

Embarqué
enlevé, parti

Embarquer
charger, emporter, engager, enlever, entraîner

Embarras
accroc, angoisse, anicroche, aria, charge, chichis, complication, confusion, contrainte, contrariété, crise, dérangement, désagrément, difficulté, embêtement, embouteillage, émotion, empêchement, encombrement, engorgement, ennui, entrave, façons, froid, gaucherie, gêne, hésitation, histoire, honte, incertitude, incommodité, inconvénient, indécision, indétermination, indisposition, irrésolution, malaise, manières, manque, obstacle, obstruction, pauvreté, peine, perplexité, pétrin, poids, problème, pudeur, simagrées, souci, timidité, tracas, trouble

Embarrassant
délicat, difficile, ennuyeux, épineux, fâcheux, gênant, importun, incommode, pénible, pesant, scabreux

Embarrassé
confus, contraint, décontenancé, emprunté, gauche, gêné, laborieux, lourd, maladroit,

penaud, perplexe, serré, tarabiscoté, timide,
troublé, vaseux

Embarrassé par pudeur
confus

Embarrasser
alourdir, compliquer, décontenancer,
déranger, empêtrer, engorger, ennuyer,
entraver, gêner, importuner, intimider,
obstruer, patauger, ralentir, troubler

Embase
base

Embasement
base

Embaucher
employer, engager, prendre, recruter

Embaucheur
recruteur

Embaumé
senti

Embaumer
exhaler, fleurer, parfumer, sentir

Embecquer
gaver

Embelli
amélioré, déguisé, égayé, émaillé, enrichi,
garni, idyllique

Embellie
accalmie, amélioration, calme, mieux

Embellir
agrémenter, ajouter, améliorer, arranger,
avantager, broder, décorer, égayer, émailler,
enjoliver, enrichir, farder, flatter, fleurir, garnir,
idéaliser, illuminer, magnifier, maquiller,
ornementer, orner, parer, poétiser, rehausser,
rimer

Embellissement
amélioration, décoration, fioriture, ornement

Embêtant
agaçant, contrariant, empoisonnant,
ennuyant, ennuyeux, fâcheux, importun,
lassant, pesant

Embêté
contrarié, désolé, énervé, perplexe

Embêtement
agacement, embarras, ennui, souci, tracas

Embêter
agacer, assommer, compliquer, contrarier,
déranger, empoisonner, ennuyer,
enquiquiner, fâcher, fatiguer, gêner,
importuner, lasser, peser, tracasser

Emblaver
ensemencer

Emblée (D')
aussitôt, d'abord, illico, immédiatement,
incontinent

Emblème
allégorie, attribut, blason, cocarde, drapeau,
écusson, fanion, figure, image, insigne, signe,
symbole

Embobiné
berné, enjôlé, leurré

Embobiner
berner, blouser, bobiner, enjôler, enrouler,
leurrer, subjuguer, tromper

Emboîtement
about, articulation, insertion

Emboîter
adjoindre, ajointer, ajuster, assembler,
emmancher, encastrer, enchâsser, endenter,
imbriquer, insérer, joindre, mettre

Emboîture
about

Embolie
apoplexie, thrombose

Embonpoint
adipose, grosseur, rondeur, rotondité

Embossage
mouillage

Embouche
pâturage

Embouchoir
douille

Embouchure
aber, bouche, delta, entrée, estuaire, grau

Embouchure d'un fleuve
estuaire

Embourber
enliser, envaser

Embourber (S')
barboter, ensabler, patauger

Embout
about, bout, extrémité

**Embout cylindrique qui s'adapte à l'extrémité
d'un aspirateur**
suceur

Embout d'un soufflet
tuyère

Embouteillage
bouchon, embarras, encombrement,
réticence

Embouteillé
saturé

Embouteiller
bloquer

Emboutir
achopper, défoncer, démolir, emplafonner,
enfoncer, estamper, heurter, percuter,
tamponner, télescoper

Embranchement
branche, bretelle, carrefour, croisement, division, fourche, jonction, partie, rameau, ramification

Embrancher
brancher, élaguer, raccorder

Embrasé
allumé, ardent, éclairé, effervescent, enflammé, excité

Embrasement
agitation, désordre, feu, guerre

Embraser
agiter, allumer, attiser, brûler, chauffer, consumer, échauffer, éclairer, électriser, enfiévrer, enflammer, exalter, exciter, flamber, griller, illuminer, incendier, passionner

Embrassade
accolade, caresse

Embrassé
adopté, saisi

Embrassement
accolade, caresse, étreinte

Embrasser
accepter, adopter, baiser, bécoter, biser, choisir, comprendre, contenir, couvrir, englober, enlacer, enserrer, épouser, étreindre, partager, pratiquer, prendre, presser, recouvrir, renfermer, saisir, serrer, suivre, voir

Embrasure
ajour

Embreuvement
about

Embrèvement
about

Embrigadement
racolage

Embrigader
enrégimenter, enrôler, mobiliser, racoler, rameuter, recruter

Embringuer
engager

Embrocation
onguent

Embrocher
empaler, enfiler, transpercer

Embrouillage
embrouillement

Embrouillamini
confusion, dédale, fouillis, imbroglio, lacis, mélange, quiproquo

Embrouillé
abscons, brouillon, confus, fumeux, indigeste, mêlant, noyé, obscur, tarabiscoté, tordu, touffu, vaseux

Embrouillement
complication, confusion, embrouillage

Embrouiller
brouiller, compliquer, confondre, désorienter, emmêler, mélanger, noyer, obscurcir, patauger, troubler

Embrumé
humide, nébuleux, vitreux

Embrumer
voiler

Embryon
amorce, commencement, début, ébauche, fœtus, germe, œuf, origine, prémices, rudiment

Embryonnaire
imparfait, rudimentaire

Embryons ou larves des huîtres
naissain

Embûche
danger, difficulté, écueil, embuscade, filet, obstacle, piège, problème, rets, traquenard

Embué
humecté, humide, mouillé, voilé

Embuer
humecter, mouiller, voiler

Embuscade
affût, embûche, piège, traquenard

Embusqué
tapi

Éméché
gai, gris, ivre, pompette

Émeraude
vert

Émergé
coulé, sorti

Émergence
apparilion, pointe, sortie

Émerger
affleurer, apparaître, dégager, distinguer, jaillir, montrer, naître, paraître, percer, poindre, pointer, sortir, sourdre, surgir

Émeri
abrasif

Émerillon
canon, faucon

Émérite
accompli, admirable, brillant, chevronné, distingué, éminent, éprouvé, exceptionnel, expérimenté, habile, insigne, remarquable, signalé, supérieur

Émersion
sortie

Émerveillant
ahurissant

Émerveillé
ahuri, charmé, ébloui, emballé, enchanté,
enthousiasmé, fasciné, ravi, subjugué,
transporté

Émerveillement
admiration, adoration, enthousiasme, extase,
ravissement

Émerveiller
ahurir, charmer, éblouir, emballer, enchanter,
enthousiasmer, fasciner, ravir, subjuguer,
transporter

Émerveiller (S')
admirer, extasier, pâmer

Émétique
nauséeux, vomitif

Émetteur
locuteur

Émettre
articuler, avancer, darder, dégager, diffuser,
dire, élever, énoncer, épandre, essaimer,
exhaler, exprimer, exsuder, faire, former,
formuler, hasarder, jeter, lâcher, lancer,
manifester, pousser, produire, proférer,
prononcer, propager, publier, rendre,
répandre, transmettre

Émettre des gémissements
gémir

**Émettre des tiges secondaires à la base de
sa tige**
taller

Émettre par les médias
diffuser

Émettre par suintement
exsuder

Émettre son bruit, en parlant de la cigale
craqueter

Émettre un babillage
jaser

Émettre un bruit plaintif
geindre

Émettre une théorie
théoriser

Émeu
oiseau

Émeute
agitation, désordre, insurrection, mutinerie,
rébellion, révolte, sédition, soulèvement,
trouble

Émeutier
agitateur, factieux, insurgé, rebelle, révolté,
séditieux

Émiettant
grainant

Émietter
atomiser, désagréger, disperser, disséminer,
effriter, égruger, éparpiller, fractionner,
fragmenter, morceler, parcelliser, pulvériser,
sectionner

Émigrant
exilé, immigré, migrant, migrateur

Émigration
exode, fuite, migration

Émigration en masse
exode

Émigré
exilé, expatrié, migrant, réfugié, renié

Émigrer
exiler, expatrier, immigrer, migrer, partir,
réfugier

Émigrer en groupe
essaimer

Émincer
couper

Éminemment
hautement

Éminence
apophyse, bosse, butte, cardinal, colline,
élévation, em, excellence, excroissance,
hauteur, mont, montagne, monticule, motte,
pic, piton, pli, proéminence, protubérance,
saillie, sommet, supériorité, tertre, tubercule,
tubérosité

Éminence à la surface de certains objets
saillie

Éminent
admirable, brillant, célèbre, considérable,
distingué, élevé, émérite, exceptionnel,
fameux, grand, haut, important, insigne,
noble, remarquable, renommé, réputé,
signalé, supérieur, vénérable

Émir
calife, cheik, cheikh

Émis
diffusé, jeté, prononcé, transmis

Émis par le gosier
guttural

Émissaire
agent, ambassadeur, canal, consul, délégué,
diplomate, envoyé, messager, représentant

Émission
diffusion, émanation, flux, jet, lancement,
production, programme, radiation,
transmission

Émission de rayons
radiation

Emmagasinage
entreposage, stockage

Emmagasiner
accumuler, amasser, déposer, économiser,
entasser, entreposer

Emmailloter
enrouler, langer

Emmanché
gauche
Emmancher
emboîter
Emmêlement
imbroglio, mélange
Emmêler
brouiller, compliquer, embrouiller,
enchevêtrer, entrelacer, entremêler, mélanger,
mêler, obscurcir
Emménagé
aménagé
Emménagement
installation
Emménager
installer
Emmené
amené, enlevé, rapide
Emmener
accompagner, amener, conduire, emporter,
entraîner, escorter, mener, prendre,
remmener, transporter
Emmener après avoir amené
remmener
Emmental
beaufort
Emmenthal
gruyère
Emmiellé
mielleux
Emmuré
muré
Emmurer
claustrer, cloîtrer, enfermer, murer
Émoi
agitation, alarme, effervescence, émotion,
excitation, frisson, trouble
Émollient
apaisant
Émoluments
gain, honoraires, paie, paye, salaire,
traitement, vacations
Émondage
coupe, ébranchage, élagage, étêtage, taillage,
taille
Émondement
taille
Émonder
couper, décortiquer, dégarnir, ébrancher,
élaguer, monder, raccourcir, tailler, trier
Émondeur
ébrancheur, élagueur
Émorfilage
affilage, affûtage

Émorfilé
affûté
Émorfiler
affiler, affûter
Émotif
affectif, émotionnable, émotionnel,
impressionnable, nerveux, sensible, sensitif,
vibrant
Émotion
affolement, agitation, alarme, amitié,
bouleversement, choc, commotion, désarroi,
ébranlement, embarras, émoi, impression,
ivresse, passion, poésie, saisissement,
scandale, secousse, sensation, sensibilité,
sentiment, trouble
Émotion tendre
trouble
Émotionnable
émotif
Émotionné
troublé
Émotionnel
affectif, émotif
Émotionner
émouvoir
Émottage
roulage
Émotter
ameublir, herser
Émotteur
concasseur
Émotteuse
herse
Émou
dromaiidé
Émoudre
affiler, affûter, aiguiser, repasser
Émoulage
affilage, affûtage
Émoulu
affûté, tranchant
Émoussé
affaibli, amorti, usé
Émousser
affadir, affaiblir, amortir, atténuer, casser,
diminuer, endormir, épointer, éroder,
éteindre, refroidir, user
Émoustillant
affriolant, aguichant, excitant, provocant,
troublant
Émoustillé
aguiché, excité, gai
Émoustiller
aguicher, exciter, provoquer, troubler

Émouvant
attendrissant, bouleversant, déchirant,
navrant, palpitant, pathétique, poignant,
saisissant, touchant, tragique, vibrant

Émouvoir
affecter, alarmer, apitoyer, atteindre, attendrir,
bouleverser, bousculer, chagriner, charmer,
ébranler, émotionner, fléchir, frapper,
impressionner, motionner, mouvoir, remuer,
saisir, secouer, toucher, troubler

Empaillé
gauche, maladroit, malhabile

Empailleur
cannier, taxidermiste

Empaler
embrocher, enfiler, piquer, transpercer

Empanaché
pompeux

Empaqueter
emballer

Empaqueteur
paqueteur

Emparé
accaparé

Emparer (S')
accaparer, agripper, approprier, envahir,
fasciner, gagner, prendre, rafler, saisir,
subjuguer, submerger, usurper

Empâté
adipeux, bouffi, épais, gras, gros, pâteux

Empâtement
enflure

Empâter
alourdir, épaissir, gonfler, grossir

Empathique
pompier

Empattement
base

Empatter
renforcer, soutenir

Empaumer
séduire, tromper

Empêché
enrayé, étouffé, gauche, retenu

Empêchement
accroc, barrière, contretemps, difficulté,
embarras, entrave, frein, objection, obstacle,
opposition

Empêcher
arrêter, barrer, bloquer, combattre,
comprimer, conjurer, contenir, défendre,
déjouer, détourner, écarter, endiguer, enrayer,
entraver, étouffer, éviter, exclure, gêner,
inhiber, interdire, juguler, opposer, paralyser,
piqueter, prévenir, prohiber, retenir, stopper,
supprimer

Empêcher d'évoluer (Se)
scléroser

Empennage
aileron, gouverne, rémige

Empenne
empennon

Empenner
emplumer

Empennon
empenne

Empereur
altesse, César, chef, kaiser, mikado,
monarque, Napoléon, roi, souverain, tsar, tzar

Empereur de Russie
tsar, tzar

**Empereur du Japon, autrefois chef spirituel du
shintoïsme**
mikado

Empereur légendaire de Chine
Yao

Empereur romain
Néron

Emperler
perler

Empesage
amidonnage

Empesé
amidonné, ampoulé, apprêté, compassé,
dur, gourmé, grave, guindé, pincé, pompeux,
raide

Empeser
amidonner, apprêter

Empesté
fétide, impur, nauséabond, puant, senti

Empester
corrompre, empoisonner, empuantir, exhaler,
infecter, puer, sentir, vicier

Empêtrer
barboter, embarrasser, encombrer, entraver,
gêner, patauger

Emphase
affectation, boursouflure, cérémonie, enflure,
exagération, grandiloquence, hyperbole,
outrance, pathos, pédantisme, pompe,
prétention, solennité

Emphatique
ampoulé, bouffi, enflé, grand, guindé,
pompeux, ronflant, solennel, théâtral

Emphytéose
bail

Empierrer
caillouter

Empiètement
enclave, usurpation

Empiéter
avancer, chevaucher, dépasser, envahir, gagner, grignoter, outrepasser, recouvrir, usurper

Empiffrer
manger

Empilage
amas, empilement, entassement, pile, superposition, tas

Empilement
amas, cumul, empilage, monceau, montagne, pile, tas

Empiler
accumuler, amasser, amonceler, compresser, cumuler, entasser, gerber, mettre, presser, serrer, superposer, tasser, tromper

Empire
ascendant, autorité, commandement, contrôle, crédit, emprise, gouvernement, hégémonie, impulsion, influence, loi, mainmise, maîtrise, monarchie, pays, possession, pouvoir, pression, prestige, prise, puissance, règne, royaume, souveraineté

Empire de l'Amérique précolombienne
inca

Empirer
aggraver, décliner, dégénérer, dégrader, détériorer, envenimer, gâter, pourrir

Empirique
pratique

Emplacement
aire, endroit, lieu, localisation, place, point, position, poste, secteur, site, situation, terrain, théâtre

Emplacement à l'avant du navire
gatte

Emplacement précis
site

Emplacement réservé à un exposant
stand

Emplafonner
emboutir, tamponner

Emplâtre
cataplasme, colle, compresse, diachylon, onguent, sparadrap

Emplâtre à base de résine
diachylon

Emplette
achat, acquêt, acquisition, commission, course

Empli
bourré, farci, garni, truffé

Emplir
bonder, bourrer, charger, combler, encombrer, envahir, farcir, garnir, gonfler, occuper, remplir, saturer, truffer

Emploi
activité, application, boulot, charge, destination, fonction, job, maniement, métier, occupation, office, place, position, poste, pratique, profession, recours, rôle, service, situation, travail, usage, utilisation

Emploi d'argent
dépense

Emploi du temps
agenda, horaire

Emploi excessif de la main-d'œuvre
suremploi

Emploi involontaire d'un mot pour un autre
lapsus

Emploi, fonction
rôle, situation

Employé
adjoint, adopté, agent, appliqué, auxiliaire, commis, donné, préposé, salarié, subordonné, suppôt, surnuméraire, travailleur, usité, utilisé, voué

Employé chargé de l'approvisionnement de la cave
caviste

Employé d'église
bedeau

Employé de la douane
gabelou

Employé de la poste
postier

Employé de la poste qui distribue le courrier au domicile des destinataires
facteur

Employé laïque d'une église
bedeau

Employé qui sert dans un bar
barman

Employé subalterne qui n'est pas titularisé
surnuméraire

Employée de maison
boniche, bonne

Employer
adopter, appliquer, apporter, charger, commettre, consacrer, consommer, consumer, dépenser, déployer, donner, embaucher, exercer, manier, mettre, occuper, passer, prendre, préposer, recourir, recruter, remplir, utiliser, vouer

Employer de l'argent
dépenser

Employeur
patron

Emplumer
empenner

Empocher
encaisser, gagner, palper, percevoir, rafler, ramasser, recevoir, toucher

Empoignade
altercation, bagarre, chicane, discussion

Empoigné
saisi

Empoigner
arrêter, attraper, étreindre, prendre, saisir, serrer

Empois
amidon, colle, glu

Empoisonnant
embêtant

Empoisonné
perfide, toxique

Empoisonnement
corruption, souci, toxémie

Empoisonner
assassiner, assommer, contaminer, corrompre, embêter, empester, ennuyer, envenimer, gâcher, gangréner, gâter, gêner, harceler, infecter, infester, pervertir, pourrir, tuer

Empoisonner, ronger
gangréner

Empoisonneur
gêneur, peste, poison

Empoissonner
aleviner, ensemencer, repeupler

Emporté
bouillant, brutal, chaud, coléreux, enlevé, fervent, fougueux, impétueux, impulsif, irascible, irritable, rageur, roulé, véhément, vif, violent

Emporte-pièce
pince

Emporté, ardent
bouillant

Emportement
animosité, colère, élan, folie, fougue, frénésie, fureur, furie, hostilité, ire, irritabilité, rage, vivacité

Emportement enthousiaste
furia

Emporter (L')
anéantir, arracher, balayer, bouillir, charrier, conquérir, conserver, détruire, dévaster, éclater, embarquer, emmener, enlever, entraîner, exploser, fulminer, gagner, garder, obtenir, pester, piller, porter, pousser, prendre, primer, rafler, ravir, razzier, remporter, rouler, soustraire, submerger, tempêter, transporter, tuer, voler

Emporter quelque chose
prendre

Empoté
balourd, engourdi, gauche, gourde, lourd, maladroit, malhabile, pataud, raide

Empourpré
écarlate, enflammé, rouge, rougeaud, rubicond, vermeil

Empourprer (S')
enluminer, rougeoyer, rougir

Empreindre
colorer, graver, marquer

Empreint
marqué, noté, pétri

Empreint d'héroïsme
héroïque

Empreint de sincérité
senti

Empreinte
cachet, cicatrice, effigie, gravure, griffe, impression, marque, moulage, pas, patte, sceau, seing, signature, stigmate, style, trace, vestige

Empreinte conservée dans des dépôts sédimentaires
fossile

Empreinte sur le sol
trace

Empressé
accommodant, actif, adorable, ardent, assidu, attentif, attentionné, avenant, complaisant, dévoué, diligent, fervent, galant, gentil, gracieux, impatient, pressé, preste, prévenant, prompt, rapide, vigilant, zélé

Empressement
ardeur, assiduité, attention, célérité, diligence, enthousiasme, hâte, prévenance, soin, urgence, zèle

Empresser (S')
accélérer, affairer, courir, hâter, ruer

Emprise
accaparement, ascendant, autorité, dépendance, domination, empire, influence, joug, mainmise, maîtrise, pouvoir, prise, puissance, règne, tutelle, tyrannie

Emprisonné
captif, incarcéré, prisonnier, retenu, séquestré

Emprisonnement
captivité, détention, internement, peine, prison, réclusion

Emprisonner
assiéger, claustrer, écrouer, encager, enfermer, enserrer, interner, retenir, séquestrer

Emprunt
calque, copie, crédit, imitation, pillage, plagiat, prêt, valeur

Emprunt au latin
latinisme

Emprunté
adopté, affecté, artificiel, contraint, embarrassé, étudié, faux, gauche, gêné, maladroit, précieux, tarabiscoté

Emprunter
adopter, copier, devoir, enfiler, imiter, longer, plagier, prendre, puiser, répéter, reproduire, revêtir, singer, suivre, taper, tirer

Emprunteur
débiteur

Empuanti
nauséabond, puant

Empuantir
empester, infecter, puer

Empyème
abcès, épanchement

Empyrée
ciel, firmament

Ému
affecté, agité, bouleversé, ébranlé, éperdu, secoué, touché, troublé

Émulation
concurrence, rivalité

Émule
adversaire, compétiteur, concurrent, égal, équivalent, rival

Émulsion riche en amidon
latex

En
dans, pendant, préposition

En abondance
amplement

En Afrique du Nord, canal d'irrigation
seghia

En Afrique, fonction d'un chef de tribu
chefferie

En Afrique, lit bas fait de fibres végétales
tara

En alternance
alterné

En arrière
postérieur

En aucun temps
jamais

En augmentant progressivement l'intensité sonore
crescendo

En bec d'aigle
aquilin

En bon ordre
ordonné

En bonne santé
sain

En boxe, coup de poing
swing

En boxe, coup porté de bas en haut
uppercut

En ce moment
actuellement

En chimie, suffixe qui désigne les alcools
ol

En Chine, affiche manuscrite traitant de l'actualité politique
dazibao

En colère
courroucé, enragé

En compagnie de
avec

En conséquence
alors, autant, donc, encore

En consommant peu
sobrement

En danger
menacé

En définitive
enfin, finalement

En dépit de
malgré

En dernier lieu
ultimo

En désignant quelqu'un, quelque chose, par son nom
nommément

En désordre
épars

En désordre (En)
vrac

En dessous
sous

En détachant nettement les notes
staccato

En diagonale (De)
biais

En direct
live

En direction de
vers

En ébullition
bouillant

En échange de
pour

En effet
car

En état d'ébriété
ivre

En état de grossesse
enceinte

En face de
devant

En fleurs
fleuri

En fonction de
suivant

En forme
dispos

En forme d'anneau
annulaire

En forme d'hélice
hélicoïde

En forme d'œuf
ovale, ovée

En forme d'ombilic
ombilical

En forme de bec
rostral

En forme de boudin
boudiné

En forme de croix
croisé

En forme de flèche
sagittal

En forme de fuseau
fuselé

En forme de poire
piriforme

En forme de poisson
ichtyoïde

En forme de roue
rotacé

En forme de sphère
sphérique

En forme de table
tabulaire

En forme de violon
violoné

En harmonie, assorti
coordonné

En hiver, temps que les navires passent en relâche
hivernage

En jazz, court fragment mélodique
riff

En loques, déchiré
loqueteux

En marge
off

En matière de
ès

En même temps
avec, ensemble

En neuvième lieu
neuvièmement

En noir et blanc
achrome

En Orient, abri pour les voyageurs
kan, khan

En ôtant
moins

En outre
item

En parlant de l'Orient, de l'Est
Levant

En paroles
oralement

En passant par
via

En pente
pentu

En petits morceaux
menu

En piteux état
miteux

En plein dessus
tapant

En plus (En)
sus

En position de guetteur (Aux)
aguets

En préambule
primo

En premier lieu
auparavant, primo

En prendre un coup l'été nous fait foncer
soleil

En Provence, terme désignant le thym
farigoule

En public
live

En référence au dieu romain, jeune homme de grande prestance
bacchus

En résumé
bref

En rond, selon une ligne courbe
rondement

En Russie, assemblée
douma

En Russie, voiture légère, calèche de voyage
briska

En sachant précisément ce que l'on fait
sciemment

En sueur
suant

En télégraphie, unité de rapidité de modulation
baud

En tenant
avec

En tous lieux
partout

En toute liberté
librement

En travers (De)
biais

En troisième lieu
tertio

En typographie, feuille aussi appelée cœur floral
aldine

En un autre lieu
ailleurs

En vain
vainement

En vérité
certes

En vigueur
actif

En vue de
afin

En-cas
collation, lunch

En-cas, lunch
collation

En-tête
titre

Énamouré
alangui, languide

Énamourer (S')
éprendre

Encadré
bordé, dirigé, entouré, garni, mené, supervisé

Encadrement
blocage, bordure, cadre, supérieur

Encadrement de l'âtre
cheminée

Encadrer
border, diriger, entourer, flanquer, garnir, mener, superviser

Encagé
enfermé

Encager
emprisonner, enfermer

Encaissable
payable

Encaissé
creux, étroit, profond

Encaissement
perception, recouvrement, rentrée

Encaisser
écoper, empocher, endurer, entourer, gagner, palper, percevoir, rafler, ramasser, recevoir, recouvrer, souffrir, supporter, toucher

Encan
enchères

Encanailler
pervertir

Encaquer
entasser, presser, tasser

Encarter
insérer

Encastrement
insertion

Encastrer
emboîter, enchâsser, enclaver, endenter, insérer, loger

Encaustiqué
ciré

Encaustiquer
cirer, frotter

Enceindre
border, enclore, entourer

Enceinte
ampli, arène, baffle, barrière, bastille, ceinture, clôture, enclos, haie, limite, mur, muraille, palissade, périmètre, rempart

Enceinte acoustique
baffle

Enceinte circulaire destinée aux jeux publics chez les Romains
cirque

Enceinte demi-circulaire de filets
venet

Enceinte où l'on tient enfermés les taureaux
toril

Enceinte stérile
bulle

Encensé
admiré, adoré

Encensement
apologie

Encenser
admirer, adorer, aduler, flatter, louanger, louer, prôner, révérer

Encenseur
flatteur, louangeur

Encerclé
débordé

Encerclement
siège

Encercler
assiéger, boucler, ceindre, ceinturer, cercler, cerner, déborder, enclore, enserrer, entourer, investir, verrouiller

Enchaîné
amarré, dominé, inféodé, retenu

Enchaînement
alternance, association, continuité, coordination, cours, fil, filiation, film, liaison, lien, logique, ordre, raccord, réunion, succession, suite, tissu, transition

Enchaîner
accoler, accrocher, amarrer, asservir, associer, assujettir, astreindre, attacher, captiver, contenir, contraindre, coordonner, dominer, dompter, garrotter, inféoder, lier, ligoter, maîtriser, museler, opprimer, refouler, relier, retenir, river, soumettre, subjuguer

Enchanté
charmé, conquis, content, emballé, émerveillé, féerique, heureux, magique, ravi

Enchantement
adoration, attrait, bonheur, charme, félicité, fête, hypnose, ivresse, joie, magie, ravissement, sort, sortilège

Enchanter
captiver, charmer, conquérir, emballer, émerveiller, ensorceler, envoûter, fasciner, plaire, ravir, réjouir, séduire, subjuguer

Enchanteresse
admirable, sorcière

Enchanteur
beau, bel, charmant, délicieux, fascinant, féerique, magicien, magique, ravissant, riant, séduisant, sorcier, suave

Enchanteur, magique
féerique

Enchâsser
emboîter, encastrer, fixer, imbriquer, insérer, monter, sertir

Enchatonner
insérer

Enchère
annonce

Enchérir
ajouter, renchérir

Enchevêtrement
confusion, dédale, forêt, imbroglio, lacis, mélange, réseau, tissu, trame

Enchevêtrer
brouiller, emmêler, entremêler, intriquer, mélanger, mêler

Enchifrené
enrhumé

Enclave
empiètement, territoire

Enclaver
encastrer, enclore, enfermer, englober, entourer, insérer, isoler

Enclencher
actionner

Enclin
disposé, porté, prédisposé

Enclin à la colère
colérique

Enclin à percevoir les bons côtés d'une chose
optimiste

Enclore
ceindre, ceinturer, circonscrire, clore, clôturer, comprendre, contenir, enceindre, encercler, enclaver, enfermer, enserrer, entourer, fermer, inclure, renfermer, subsumer

Enclos
champ, clos, clôture, corral, enceinte, mur, palissade, parc

Enclos aménagé dans une prairie pour les juments poulinières et leurs poulains
paddock

Enclos grillagé où l'on élève des oiseaux
volière

Enclos où est enfermé le bétail
parc

Enclos où l'on parque le bétail
corral

Enclos où vivent les moutons
bergerie

Enclos pour le bétail en Afrique du Sud
kraal

Encoche
coche, cran, découpure, entaille, fente, marque

Encodage
codage

Encoder
chiffrer, coder, crypter

Encoignure
angle, coin

Encoller
accoler, coller

Encolleuse
pareuse

Encolure
col, cou, décolleté

Encombrant
ennuyeux, gênant, incommode, parasite, pesant

Encombré
bourré, farci, saturé

Encombrement
accumulation, amas, bouchon, congestion, embarras, embouteillage, entassement, foule, ralentissement, retenue, réticence, volume

Encombrer
boucher, charger, empêtrer, emplir, engorger, farcir, gêner, obstruer

Encorbellement
loggia, saillie

Encorbellement (En)
surplomb

Encorder
accrocher

Encore
aussi, autre, bis, davantage, plus, toujours

Encore plus
davantage

Encorné
cornu

Encorner
transpercer

Encornet
calamar, calmar, seiche

Encouragé
affermi, incité, motivé, poussé, soutenu

Encourageant
aguichant, dynamisant, engageant, gai,
invitant, motivant, optimiste, prometteur,
rassurant, réconfortant, stimulant

Encouragement
appui, incitation, louange, réconfort, soutien,
subvention

Encourager
affermir, approuver, appuyer, confirmer,
déterminer, enhardir, exhorter, favoriser,
flatter, fortifier, impulser, inciter, induire,
inspirer, inviter, pousser, prêcher, privilégier,
promouvoir, protéger, ranimer, réanimer,
réconforter, soutenir, stimuler

Encourir
attirer, mériter, risquer

Encrassé
abject, malpropre, sali

Encrasser
entartrer, graisser, maculer, poisser, salir

Encre
sépia

Encre de la seiche
sépia

Encroûter (S')
croupir, stagner, végéter, vivoter

Encyclopédie
dictionnaire, lexique, somme, traité

Encyclopédique
universel

Encyclopédiste
philosophe

Endémie
pandémie

Endémique
permanent

Endenter
emboîter, encastrer

Endetté
débiteur

Endetter
obérer

Endeuiller
assombrir, attrister

Endiablé
ardent, débridé, déchaîné, effréné, élevé,
enlevé, frénétique, impétueux, infernal

Endigué
enrayé, retenu

Endiguer
arrêter, barrer, brider, canaliser, contenir,
contrôler, empêcher, enrayer, entraver,
freiner, juguler, refouler, réfréner, retenir

Endimanché
paré

Endimancher
parer

Endive
chicon

Endoctriner
enrégimenter

Endogène
interne

Endolori
ankylosé, douloureux, meurtri, perclus,
sensible

Endolorir
meurtrir

Endommagé
abîmé, altéré, avarié, détérioré, frustré, lésé,
perdu, ruiné, vétuste

Endommagé par le feu
arsin

Endommagement
dégradation, détérioration, dommage

Endommager
abîmer, altérer, amocher, attaquer, avarier,
bousiller, dégrader, délabrer, détériorer,
détraquer, ébrécher, esquinter, gâter, léser,
meurtrir, mutiler, nuire, ravager, ruiner,
saccager

Endormant
ennuyeux, monotone

Endormi
amorphe, anesthésié, appesanti, assoupi,
engourdi, enjôlé, ensommeillé, inactif,
indolent, inerte, lent, leurré, lourd, mou,
nonchalant, paresseux, somnolent

Endormir
adoucir, alourdir, amuser, anesthésier,
apaiser, assommer, assoupir, atténuer,
attiédir, bercer, calmer, chloroformer,

consoler, émousser, engourdir, enjôler,
ennuyer, enquiquiner, éteindre, hypnotiser,
insensibiliser, lasser, lénifier, leurrer, raser,
soulager, surmonter, tromper, vaincre

Endormir de nouveau
rendormir

Endos
endossement

Endossement
approbation, endos

Endosser
accepter, approuver, assumer, enfiler, mettre,
passer, revêtir, supporter

Endosser de nouveau
rendosser

Endosseur
répondant

Endroit
bled, bourg, coin, dessus, devant,
emplacement, face, lieu, localité, moment,
passage, pays, place, point, position, recto,
site, situation, théâtre, village, zone

Endroit d'où l'on extrait de la glaise
glaisière

Endroit d'une rivière où l'on peut se baigner
baignade

**Endroit d'une rivière où l'on peut traverser
à pied**
gué

Endroit dans un désert
oasis

Endroit frayé sur la glace pour y glisser
glissoire

Endroit mal défini
limbes

Endroit malpropre et malsain
cloaque

Endroit où arrêtent les trains
gare

Endroit où habite une personne peu sociable
antre

Endroit où l'on fait germer l'orge
germoir

Endroit où l'on mange mal
gargote

Endroit où l'on remise des objets encombrants
débarras

Endroit où l'on se poste pour guetter le gibier
affût

Endroit où l'on sert des repas
cantine

Endroit où poussent des arbustes épineux
épinaie

Endroit où poussent les truffes
truffier

Endroit où se croisent plusieurs voies
carrefour

Endroit où se prépare quelque chose
officine

Endroit réfrigéré destiné à la conservation
glacière

Endroit retiré
coin

Endroit très chaud, surchauffé
fournaise

Enduire
badigeonner, barbouiller, colorer, couvrir,
étaler, étendre, frotter, imprégner, laquer,
napper, oindre, poisser, recouvrir, revêtir,
ripoliner, tartiner

Enduire avec du lut
luter

Enduire d'encaustique
cirer

Enduire d'encre
encrer

Enduire de beurre
beurrer

Enduire de bitume
bitumer

Enduire de caoutchouc
caoutchouter

Enduire de chaux
chauler

Enduire de colle
encoller

Enduire de crépi
crépir

Enduire de fart
farter

Enduire de glaise
glaiser

Enduire de gomme
engommer, gommer

Enduire de gomme d'apprêt
encoller

Enduire de laque
laquer

Enduire de matière gluante
engluer

Enduire de plâtre
plâtrer

Enduire de pommade
pommader

Enduire de résine
résiner

Enduire de soufre
soufrer

Enduire de suif
suiffer

Enduire de talc
talquer

Enduire de vaseline
vaseliner

Enduire de vernis
vernir, vernisser

Enduit
antihalo, apprêt, badigeon, étalé, glaçure, oint, pellicule, revêtement, vernis

Enduit de gomme
gommant

Enduit de mortier
crépi

Enduit de plâtre
crépi

Enduit durcissant par dessiccation
lut

Enduit imitant le marbre
stuc

Enduit imperméable
chape

Enduit très résistant
lut

Endurable
tenable, tolérable

Endurance
fermeté, patience, solidité

Endurant
costaud, dur, endurci, patient, persévérant, résigné, résistant, robuste, solide, tolérant, vivace

Endurci
aguerri, armé, confirmé, cuirassé, dur, durci, endurant, éprouvé, habitué, impénitent, impitoyable, implacable, indifférent, inflexible, insensible, invétéré, irrécupérable, résistant, sec

Endurcir
aguerrir, armer, blinder, cuirasser, dessécher, durcir, entraîner, exercer, fortifier, raffermir, tremper

Enduré
éprouvé

Endurer
accepter, avaler, digérer, encaisser, éprouver, essuyer, patienter, pâtir, permettre, ressentir, souffrir, soutenir, subir, supporter, tolérer, vivre, vouloir

ENE
orientation

Énergétique
puissant

Énergie
acharnement, activité, allant, âme, ardeur, caractère, constance, courage, décision, détermination, dynamisme, fermeté, force, nerf, persévérance, poigne, puissance, punch, résolution, ressort, ressource, sève, tonus, trempe, verdeur, vie, vigueur, virilité, vitalité, volonté

Énergie morale
vertu

Énergie, dynamisme
tonus

Énergie, vitalité
dynamisme

Énergique
agissant, assuré, costaud, courageux, draconien, dynamique, enlevé, ferme, fort, mâle, nerveux, résolu, robuste, tonique, vigoureux, viril, vivant, volontaire

Énergiquement
âprement, fermement, fort, fortement, nerveusement

Énergumène
exalté, excité, phénomène, possédé

Énervant
achalant, agaçant, crispant, exaspérant, excédant, gonflant, harassant, horripilant, irritant, rageant, râlant, tuant

Énervé
agacé, agité, animé, asticoté, contracté, contrarié, crispé, embêté, exaspéré, excité, fâché, fébrile, harcelé, horripilé, impatient, irrité, nerveux, obsédé, picoté, piqué, provoqué, surexcité, survolté, taquiné, tarabusté, titillé, tourmenté, tracassé

Énervement
agacement, ébullition, fièvre, irritation, nervosité, rage

Énerver
agacer, agiter, bouillir, crisper, échauffer, ennuyer, exaspérer, excéder, exciter, gonfler, horripiler, impatienter, irriter, surexciter

Enfance
aube, aurore, commencement, début, jeunesse, matin, origine

Enfant
aîné, bambin, bébé, chérubin, descendant, diablotin, fille, fillette, fils, fruit, galopin, gamin, garçon, garçonnet, garnement, gavroche, gone, gosse, héritier, innocent, marmaille, marmot, minot, môme, moutard, nourrisson, petit, postérité, poupon, produit, progéniture, rejeton

Enfant à cheveux blonds
blondin

Enfant de sexe masculin
garçon

Enfant en bas âge
nourrisson

Enfant espiègle
diablotin, lutin, peste

Enfant insupportable
garnement

Enfant mâle
garçon

Enfant qu'on a tenu sur les fonts baptismaux
filleul

Enfant que l'on a trouvé abandonné dans les champs
champis

Enfant trouvé dans les champs
champis

Enfant turbulent
jojo

Enfant-star des années 1970
Simard

Enfantement
création, maternité, naissance, production

Enfanter
accoucher, concevoir, créer, élaborer, engendrer, faire, préparer, procréer, produire

Enfantillage
badinerie, baliverne, bêtise, futilité, gaminerie, momerie, puérilité

Enfantin
bêta, bête, élémentaire, facile, immature, infantile, ingénu, naïf, puéril, simple

Enfarger (S')
trébucher

Enfariné
farineux

Enfariner
poudrer

Enfer
bagne, galère, géhenne

Enfermé
captif, encagé, incarcéré, interné, muré, prisonnier, reclus, séquestré

Enfermement
détention, internement, réclusion

Enfermer
barricader, boucler, cacher, calfeutrer, cantonner, ceindre, ceinturer, claquemurer, claustrer, cloîtrer, clore, coffrer, comprendre, confiner, écrouer, emmurer, emprisonner, encager, enclaver, enclore, enserrer, entourer, fermer, incarcérer, inclure, interner, parquer, remiser, renfermer, séquestrer, serrer, verrouiller

Enfermer dans un cachot
emmurer

Enfermer dans un cloître ou dans un autre lieu
claustrer

Enferrer (S')
patauger

Enfiellé
haineux, méchant

Enfieller
envenimer

Enfiévré
animé, enflammé, exalté, excité, surexcité

Enfiévrer
agiter, animer, embraser, enflammer, exalter, exciter, surexciter, transporter, troubler

Enfilade
alignement, file, rang, rangée, série, succession, suite, tissu

Enfilé par tous ceux qui passent l'Halloween
costume

Enfiler
chausser, embrocher, empaler, emprunter, endosser, essayer, mettre, passer, posséder, prendre, revêtir

Enfiler de nouveau
renfiler

Enfiler une seconde fois
renfiler

Enfin
finalement, ultimo

Enflammé
affolé, allumé, animé, ardent, bouillant, brûlant, brûlé, embrasé, empourpré, enfiévré, enlevé, enthousiaste, exalté, excité, fervent, fougueux, irrité, lyrique, passionné, pétillant, rouge, rougeaud, rubicond, surexcité, survolté, véhément, zélé

Enflammer
affoler, allumer, animer, attiser, électriser, embraser, enfiévrer, enlever, enluminer, envenimer, exalter, exciter, flamber, illuminer, incendier, irriter, provoquer, raffoler, soulever, stimuler, surexciter, survolter

Enflé
abusé, accru, agrandi, ampoulé, ballonné, bouffi, boursouflé, emphatique, exagéré, exalté, gonflé, grandiloquent, hypertrophié, intumescent, pompeux, redondant, renflé, ronflant, tuméfié, tumescent, turgescent, volumineux

Enfler
abuser, accroître, agrandir, amplifier, arrondir, augmenter, ballonner, bedonner, bomber, bouffir, boursoufler, cloquer, croître, exagérer, exalter, gonfler, grandir, grossir, hausser, majorer, nourrir, renforcer, tuméfier

Enflure
bosse, bouffissure, bourrelet, boursouflure, congestion, dilatation, empâtement, emphase, gonflement, grandiloquence,

grosseur, intumescence, œdème, outrance, pompe, tuméfaction, tumeur

Enflure à la suite d'un coup
bosse

Enflure douloureuse due au froid
engelure

Enfoncé
accablé, creux, enlevé, plongé, profond, vaincu

Enfoncement
cratère, dépression, immersion, niche

Enfoncement du rivage
crique

Enfoncer
abîmer, accabler, battre, céder, couler, culbuter, défaire, défoncer, déprimer, écraser, emboutir, enfouir, engager, entrer, ficher, forcer, fourrer, fracturer, fuir, introduire, laminer, mettre, passer, pénétrer, piler, piquer, planter, plonger, rentrer, replonger, sombrer, surpasser, vaincre

Enfoncer dans l'eau
caler

Enfoncer plus avant
renfoncer

Enfonçure
cavité

Enfoui
caché, plongé, secret

Enfouir
blottir, cacher, dissimuler, enfoncer, ensevelir, enterrer, mettre, plonger, taire

Enfourchure
fourche

Enfourner
caser, fourrer, introduire

Enfreindre
briser, désobéir, manquer, outrepasser, piétiner, rompre, violer

Enfreindre les règles
tricher

Enfui
évadé

Enfuir (S')
calter, caner, cesser, déguerpir, détaler, disparaître, échapper, envoler, esquiver, évader, évanouir, filer, fuir, partir, passer, réfugier

Enfumer
fumiger, noircir

Enfutailler
enfûter

Enfûter
enfutailler, entonner

Engagé
fanatique, parti, solidaire

Engagé dans une coalition
coalisé

Engagé dans une mutinerie
mutiné

Engageant
accessible, affable, affriolant, agréable, aguichant, aimable, alléchant, amène, appétissant, attirant, attrayant, avenant, bienveillant, charmant, doux, encourageant, excitant, gracieux, invitant, liant, plaisant, prometteur, ragoûtant, ravissant, riant, séducteur, séduisant, sociable, sympathique, tentant

Engagement
action, assaut, assurance, banco, combat, contrat, convention, dette, escarmouche, foi, garantie, obligation, occupation, pacte, parole, promesse, serment, service, traité, vœu

Engagement à payer si on perd un pari
gageure

Engagement religieux
vœu

Engager
appeler, astreindre, attacher, attaquer, aventurer, commencer, compromettre, contraindre, convier, déterminer, ébaucher, embarquer, embaucher, embringuer, enfoncer, enrégimenter, enrôler, entamer, entraîner, entreprendre, exhorter, exposer, fiancer, glisser, hypothéquer, inciter, incorporer, induire, initier, introduire, investir, inviter, lancer, lier, livrer, mettre, militer, obliger, ouvrir, parier, partir, placer, prendre, racoler, recruter, risquer, signer, tenir

Engager (S')
amorcer, entrer, pénétrer

Engager dans des dettes
endetter

Engager de nouveau
rengager

Engager de nouveau dans un engrenage
rengrener

Engager les uns dans les autres
enlier

Engager quelqu'un dans une situation difficile
empêtrer

Engainer
gainer

Engazonner
gazonner

Engeance
espèce, race

Engelure
crevasse, froidure, gelure, lésion, rougeur

Engendré
amené

Engendrer
accoucher, amener, apporter, concevoir, créer, déterminer, enfanter, entraîner, faire, féconder, former, générer, motiver, occasionner, porter, procréer, procurer, produire, provoquer, soulever, susciter

Engerbage
gerbage

Engin
appareil, astronef, bécane, chose, dispositif, instrument, machine, missile, outil, truc, ustensile

Engin blindé monté sur chenilles
char

Engin bruyant
zinzin

Engin de levage
poulie

Engin de pêche
nasse

Engin de terrassement constitué par un tracteur à chenilles équipé d'une lame à l'avant
bouteur

Engin de terrassement destiné à racler les surfaces
décapeuse

Engin de terrassement qui fait de l'excavation
décapeuse

Engin de terrassement servant à niveler un sol
niveleuse

Engin destiné à forer des tunnels
tunnelier

Engin explosif utilisé sous l'eau
torpille

Englobé
compris

Englober
amalgamer, annexer, comporter, comprendre, compter, contenir, embrasser, enclaver, enserrer, inclure, intégrer, joindre, rassembler, renfermer, réunir

Englouti
anéanti, coulé, noyé, plongé

Engloutir
abolir, anéantir, annihiler, avaler, bouffer, boulotter, couler, dépenser, dévorer, dilapider, dissiper, enterrer, flamber, gaspiller, manger, noyer, plonger, sombrer, submerger, tarir

Engluer
poisser

Engoncé
coincé, guindé, raide, rigide

Engoncer
gêner

Engorgé
saturé

Engorgement
embarras, réticence

Engorger
boucher, congestionner, embarrasser, encombrer, obstruer, saturer

Engorger de sable
ensabler

Engoué
fou, infatué

Engouement
admiration, adoration, amour, béguin, enthousiasme, goût, mode, passion

Engouffrer
dévorer, entrer

Engourdi
alourdi, ankylosé, empoté, endormi, étourdi, gelé, gourd, hébété, immobile, inerte, lent, léthargique, paralysé, raide, rigide, transi

Engourdi par le froid
gourd

Engourdir
alourdir, assoupir, endormir, glacer, paralyser, raidir, rouiller, scléroser

Engourdissant
alourdissant

Engourdissement
ankylose, atonie, indolence, lourdeur, paralysie, paresse, pesanteur, raideur, sclérose, sommeil, torpeur

Engrais
amendement, compost, fertilisant, guano

Engrais azoté
urée

Engrais composé de terre et de déchets organiques
compost

Engrais fait de goémon
goémon

Engrais naturel
terreau

Engrais vert
verdage

Engraissant
alourdissant

Engraissé
alourdi

Engraissement
amendement, gavage

Engraissement du bétail dans les prés
embouche

Engraisser
accroître, alourdir, épaissir, fertiliser, forcir, fumer, gaver, gorger, grossir, prospérer

Engraisser avec du grain
engrener

Engraisser une volaille
empâter

Engraisseur
éleveur

Engranger
accumuler, amasser

Engraver
ensabler, graver

Engrêlé
dentelé

Engrêlure
bordure

Engrenage
mécanisme

Engrener
amorcer

Enguichure
cordon

Enguirlander
houspiller

Enhardir
aiguillonner, encourager, stimuler

Énième
ixième

Énigmatique
abscons, abstrus, ambigu, difficile, étrange, inconnu, nébuleux, obscur, secret, sibyllin, ténébreux

Énigme
charade, colle, devinette, logogriphe, mystère, problème, question, rébus, secret

Énigme qui consiste à découvrir un mot décomposé en syllabes
charade

Énigme, devinette
charade

Enivrant
capiteux, entêtant, enthousiasmant, étourdissant, exaltant, excitant, fort, grisant, passionnant, séduisant, troublant

Enivré
bourré, éperdu, exalté, excité, ivre, saoul, soûl

Enivrement
ébriété, extase, griserie, ivresse, vertige

Enivrer
biturer, boire, cuiter, étourdir, exalter, exciter, griser, rétamer, saouler, soûler, soulever, transporter, troubler

Enivrer légèrement
émécher

Enjambée
foulée, pas

Enjambement
rejet

Enjamber
escalader, franchir, marcher, passer, sauter, traverser

Enjeu
cave, mise, pari, poule

Enjoindre
commander, demander, dire, exiger, imposer, intimer, ordonner, prescrire, signifier, sommer

Enjôlé
abusé, amadoué, attiré, attrapé, cajolé, câliné, charmé, conquis, dupé, embobiné, endormi, ensorcelé, entortillé, flatté, leurré, séduit, trompé

Enjôler
abuser, amadouer, attirer, attraper, cajoler, câliner, charmer, conquérir, duper, embobiner, endormir, ensorceler, entortiller, flatter, leurrer, séduire, tromper

Enjôleur
caressant, flatteur, séducteur

Enjôleur, flagorneur
flatteur

Enjolivé
égayé, émaillé, garni

Enjolivement
agrément, fioriture, ornement

Enjoliver
décorer, égayer, émailler, embellir, garnir, orner, parer, romancer

Enjoué
aimable, allègre, badin, beau, bel, folâtre, fou, gai, gaillard, guilleret, jovial, joyeux, léger, réjoui, riant, rieur, souriant

Enjouement
alacrité, euphorie, gaieté, hilarité, joie, jovialité

Enlacement
accolade, caresse, étreinte

Enlacer
attacher, croiser, embrasser, entourer, entrecroiser, entrelacer, entremêler, étreindre, lier, serrer

Enlaidi
abîmé, hideux

Enlaidir
abîmer, défigurer, déparer, faner, gâter

Enlevé
aboli, accaparé, accroché, amputé, arraché, balayé, charmé, confisqué, conquis, coupé, débarrassé, déblayé,

décollé, déduit, défalqué, dégagé, déposé, dépouillé, déraciné, dérobé, détaché, détruit, disparu, effacé, élagué, électrisé, élevé, éliminé, embarqué, emporté, enflammé, enthousiasmé, entraîné, exalté, excepté, excité, exclu, extirpé, extrait, gagné, galvanisé, gratté, hissé, kidnappé, lavé, levé, monté, obtenu, ôté, oublié, passionné, prélevé, pris, privé, proscrit, quitté, radié, raflé, ramassé, ravi, razzié, remporté, retiré, retranché, sabré, séparé, soulevé, soustrait, soutiré, supprimé, tiré, volé

Enlèvement
ablation, excision, levée, prise, ramassage, rapine, rapt, ravissement

Enlever
ablater, abolir, accaparer, accrocher, amputer, arracher, balayer, charmer, confisquer, conquérir, couper, débarrasser, déblayer, décoller, déduire, défalquer, dégager, déposer, dépouiller, déraciner, dérober, détacher, détruire, disparaître, effacer, élaguer, électriser, élever, éliminer, embarquer, emporter, enflammer, enthousiasmer, entraîner, exalter, excepter, exciter, exclure, extirper, extraire, gagner, galvaniser, gratter, hisser, kidnapper, laver, lever, monter, obtenir, ôter, oublier, passionner, prélever, prendre, priver, proscrire, quitter, radier, rafler, ramasser, ravir, razzier, remporter, retirer, retrancher, sabrer, séparer, soulever, soustraire, soutirer, supprimer, tirer, voler

Enlever à quelqu'un ce qu'il a
priver

Enlever avec un instrument tranchant
exciser

Enlever de la matière à un objet
évider

Enlever l'eau
essorer

Enlever l'éclat
dépolir

Enlever la bande, le bandage
débander

Enlever la boue
ébouer

Enlever la clôture entourant un lieu
déclore

Enlever la cosse
écosser

Enlever la crête d'un animal
écrêter

Enlever la tête
étêter

Enlever la validité (Se)
périmer

Enlever le bandage
débander

Enlever le boisage
déboiser

Enlever le chaume d'un champ
chaumer

Enlever le coffrage d'un ouvrage en béton
décoffrer

Enlever le crépi
décrépir

Enlever le savon
rincer

Enlever les dents
édenter

Enlever les frisures
défriser

Enlever les pépins
épépiner

Enlever les poux
épouiller

Enlever par résection
réséquer

Enlever sa fraîcheur
rassir

Enlever une partie
tronquer

Enlever, effectuer une ablation
ablater

Enlevure
relief

Enliser
embourber, ensabler, envaser, patauger, sombrer, stagner

Enluminé
éclairé, rouge, rougeaud, rubicond

Enluminer
colorer, colorier, éclairer, empourprer, enflammer, illuminer, orner, rougir

Enluminure
coloriage, illustration

Enneigé
neigeux

Enneiger
neiger, poudrer

Ennemi
adversaire, adverse, antagoniste, contraire, détracteur, hostile, inamical, malfaisant, nuisible, opposant, opposé, rival

Ennobli
anobli

Ennoblir
anoblir, élever, grandir, idéaliser, rehausser, relever, sublimer, surélever

Ennuagé
nuageux

Ennui
abattement, accablement, accident, agacement, anicroche, aria, avanie, bricole, cafard, complication, contrariété, contretemps, déboire, déception, découragement, dégoût, dérangement, désagrément, désœuvrement, difficulté, embarras, embêtement, fatigue, gêne, histoire, incident, incommodité, inconvénient, langueur, lassitude, malheur, mélancolie, mésaventure, misère, monotonie, morosité, neurasthénie, nostalgie, nuisance, os, pépin, problème, souci, spleen, tracas, tracasserie, tristesse, tuile, vicissitude, vide

Ennuyant
agaçant, chagrinant, embêtant, ennuyeux, fâcheux, harassant, lassant, plat, rasant, somnifère

Ennuyé
affligé, confus, contrarié, écœuré, harassé, las, mécontent, préoccupé, rasé, soucieux, tanné

Ennuyé ou fâché
contrarié

Ennuyer
abrutir, affliger, agacer, assommer, barber, bassiner, chagriner, chicaner, compliquer, contrarier, débecter, défriser, déranger, embarrasser, embêter, empoisonner, endormir, énerver, enquiquiner, escagasser, excéder, exténuer, fâcher, fatiguer, gêner, harasser, importuner, incommoder, inquiéter, languir, lasser, mécontenter, morfondre, navrer, obséder, peser, préoccuper, raser, soucier, taler, tanner, tourmenter, tracasser

Ennuyeux
agaçant, contrariant, déplaisant, désagréable, désolant, difficile, embarrassant, embêtant, encombrant, endormant, ennuyant, fâcheux, fade, fastidieux, fatigant, froid, gênant, harassant, importun, inquiétant, insipide, interminable, invivable, lancinant, lassant, long, malencontreux, maussade, monotone, morne, mortel, navrant, pénible, pesant, rasant, rasoir, rébarbatif, soporifique, tannant

Énoncé
axiome, déclaration, discours, énonciation, énumération, exposé, formule, parole, phrase, terme, texte

Énoncé considéré indépendamment de sa vérité
lexis

Énoncer
articuler, avancer, décliner, dire, émettre, énumérer, établir, expliciter, exposer, exprimer, former, formuler, mentionner, poser, préciser, proférer, prononcer, raconter, réciter, stipuler

Énoncer comme condition
stipuler

Énoncer son avis
opiner

Énoncer successivement
énumérer

Énonciateur
locuteur

Énonciation
diction, énoncé

Énorme
anormal, astronomique, colossal, considérable, cyclopéen, démesuré, éléphantesque, épouvantable, étonnant, exceptionnel, excessif, extraordinaire, fabuleux, fantastique, formidable, fou, géant, génial, gigantesque, grand, gros, hypertrophié, immense, incalculable, incroyable, infini, monstre, monstrueux, monumental, obèse, phénoménal, prodigieux, super, titanesque, tonitruant, vaste

Énorme reptile de l'ère secondaire
dinosaure

Énormément
abondamment, amplement, ardemment, beaucoup, bien, bigrement, bougrement, colossalement, considérablement, copieusement, démesurément, excessivement, extrêmement, follement, formidablement, fortement, gigantesquement, gravement, immensément, infiniment, intensément, largement, pleinement, prodigieusement, profondément, rudement, sacrément, sérieusement, suprêmement, terriblement, très

Énormité
aberration, absurdité, bêtise, bévue, excès, folie, gaffe, grandeur, immensité, invraisemblance, sottise

Énouer
épinceter

Enquérir
enquêter

Enquête
consultation, étude, examen, info, information, instruction, investigation, recherche, reportage, sondage

Enquêter
enquérir, informer, renseigner

Enquêteur
chercheur, détective, inspecteur, limier

Enquiquinant
importun

Enquiquiner
embêter, endormir, ennuyer, fatiguer,
importuner

Enquiquineur
gêneur, poison

Enraciné
durable, établi, invétéré, vieux, vivace

Enracinement
ancrage

Enraciner
ancrer, consolider, fixer, implanter, incruster

Enragé
acharné, effréné, éperdu, exalté, exaspéré,
excessif, excité, extrémiste, fan, fanatique,
féru, forcené, fou, furibond, furieux, illuminé,
impétueux, insensé, intrépide, irrité, mordu,
passionné, surexcité, violent

Enrageant
agaçant, irritant, râlant

Enrager
bisquer, choquer, écumer, fulminer, fumer,
rager, râler

Enrayé
arrêté, bloqué, bride, brisé, contenu,
empêché, endigué, étouffé, freiné, jugulé,
stoppé

Enrayer
arrêter, bloquer, brider, briser, circonscrire,
contenir, empêcher, endiguer, entraver,
étouffer, freiner, inhiber, juguler, maîtriser,
neutraliser, réfréner, stopper, suspendre

Enrégimenter
embrigader, endoctriner, engager, enrôler,
incorporer, mobiliser, rameuter, recruter

Enregistré
inscrit, noté, retenu, saisi

Enregistrement
repiquage, saisie

Enregistrer
archiver, comprendre, consigner, constater,
entériner, filmer, graver, inscrire, noter, piger,
recueillir, repiquer, retenir, saisir

Enrhumé
catarrheux, enchifrené, grippé, pris

Enrichi
accru, additionné, agrandi, amélioré,
amendé, augmenté, bonifié, complété,
développé, élargi, émaillé, embelli, étendu,
étoffé, fertilisé, meublé, orné, parvenu

Enrichir
accroître, agrandir, ajouter, améliorer,
amender, augmenter, bonifier, compléter,
développer, élargir, émailler, embellir,

étendre, étoffer, féconder, fertiliser, grossir,
meubler, nourrir, orner, parfaire, prospérer

Enrichir de matière
étoffer

Enrichissant
formateur, profitable

Enrichissement
accroissement, amélioration, amendement,
ornement

Enrobé
masqué, roulé

Enrobé de sucre
candi

Enrober
déguiser, entourer, envelopper, glacer,
masquer, napper, recouvrir, rouler, voiler

Enrober de chapelure
paner

Enrober de farine
fariner

Enrôlé
affilié, associé, inscrit

Enrôlement
levée, racolage

Enrôler
affilier, associer, embrigader, engager,
enrégimenter, incorporer, inscrire, lever,
mobiliser, racoler, rameuter, recruter

Enrôleur
racoleur, recruteur

Enroué
cassé, éraillé, guttural, rauque, rocailleux,
sourd, voilé

Enrouement
râle

Enrouer
érailler, voiler

Enroulant
roulant

Enroulé
plié, roulé

Enroulement
roulure, spirale, volute

Enrouler
bobiner, caneter, embobiner, emmailloter,
envelopper, envider, lover, peloter, plier,
renvider, rouler, vriller

Enrouler en torsade
tordre

Enrouler sur une bobine
bobiner

Enrouler un fil sur un support
envider

Enrubanner
rubaner

Ensabler
assabler, échouer, embourber, enfoncer, engraver, enliser, envaser

Ensacher
conditionner, emballer

Ensanglanté
saignant, sanglant

Enseignant
éducateur, instituteur, lecteur, maître, pédagogue, professeur

Enseigne
affiche, banderole, bannière, drapeau, écriteau, écusson, étendard, marque, oriflamme, pancarte, panneau, panonceau, pavillon

Enseigné
appris, dévoilé, expliqué, inculqué, montré, professé, transmis

Enseigne de guerre
étendard

Enseignement
adage, conclusion, éducation, leçon, morale, moralité, pédagogie, précepte, synthèse

Enseignement de Jésus-Christ
Évangile

Enseignement de la religion chrétienne
catéchèse

Enseigner
alphabétiser, apprendre, dévoiler, éclairer, éduquer, expliquer, former, inculquer, indiquer, initier, instruire, montrer, prêcher, professer, propager, révéler, transmettre

Enseigner les bonnes manières
éduquer

Enseigner, diriger
régenter

Ensemble
assemblage, assemblée, assortiment, batterie, bloc, cohésion, collection, collectivement, collectivité, collège, colonie, concert, conjointement, corps, édifice, entier, faisceau, formation, globalité, groupe, groupement, immeuble, intégralité, jeu, lot, masse, orchestre, palette, parc, réseau, réunion, simultanément, somme, total, totalité, tout, unanimité, unité

Ensemble d'acheteurs
clientèle

Ensemble d'animaux
bétail

Ensemble d'animaux dans un même gîte
litée

Ensemble d'éléments homogènes
continuum

Ensemble d'embranchements d'un réseau
ramification

Ensemble d'examinateurs
jury

Ensemble d'habitations
coron

Ensemble d'habits, de tissus, d'objets usagés et de peu de valeur
friperie

Ensemble d'individus
ethnie

Ensemble d'instruments d'une musique militaire
clique

Ensemble d'objets nécessaires pour un usage
attirail

Ensemble d'opérations
traitement

Ensemble d'ordinateurs interconnectés par les télécommunications
réseau

Ensemble d'ustensiles de cuisine
batterie

Ensemble de bâtiments édifiés sur de vastes espaces verts
campus

Ensemble de bâtiments nécessaires au trafic aérien
aéroport

Ensemble de branches avec leurs feuilles
feuillard

Ensemble de brins
touffe

Ensemble de ce qui est rajouté
rajout

Ensemble de chevaux
cavalerie

Ensemble de choses embrouillées
dédale

Ensemble de choses formant un tout solide
faisceau

Ensemble de choses sans valeur
ramas

Ensemble de cloches
carillon

Ensemble de commentaires sur la Torah
Talmud

Ensemble de connaissances
acquis

Ensemble de disciplines artistiques
arts

Ensemble de documents concernant un sujet
dossier

Ensemble de feuilles de papier
paperasse

Ensemble de fibres
ligament

Ensemble de fiches
fichier

Ensemble de frais bancaires
agio

Ensemble de furoncles
anthrax

Ensemble de glisseurs
torseur

Ensemble de haubans
haubanage

Ensemble de lettres
lettrage, mot

Ensemble de lignes entrecroisées
réseau

Ensemble de marchandises destinées à rétablir un assortiment
réassort

Ensemble de marches
escalier

Ensemble de mots ayant un sens complet
phrase

Ensemble de moyens d'action
panoplie

Ensemble de napperons
set

Ensemble de notes additionnelles à la fin d'un ouvrage
addenda

Ensemble de pages Web accessibles par Internet
site

Ensemble de personnages célèbres
panthéon

Ensemble de personnes
équipage, famille, gens

Ensemble de personnes remarquables
élite

Ensemble de perturbations agressantes sur un organisme
stress

Ensemble de petits cailloux roulés ou non
gravier

Ensemble de petits grains minéraux
sable

Ensemble de pièces, d'organes mécaniques pour un usage particulier
appareil

Ensemble de pieux
pilotis

Ensemble de plusieurs gros fils tordus ensemble
toron

Ensemble de produits ou d'objets soumis à la cuisson du four
fournée

Ensemble de règles
règlement

Ensemble de règles conventionnelles pour un emploi correct de la langue écrite
grammaire

Ensemble de richesses
gisement

Ensemble de ruches réunies sur un même emplacement
rucher

Ensemble de soins
traitement

Ensemble de solutions
corrigé

Ensemble de sons harmonieux
euphonie

Ensemble de touches
clavier

Ensemble de toutes les connaissances
encyclopédie

Ensemble de trois œuvres formant une certaine unité
trilogie

Ensemble de troubles de la volonté
dysboulie

Ensemble de troupes à cheval
cavalerie

Ensemble de troupes occupant une place, une forteresse, pour la défendre
garnison

Ensemble de vêtements
trousseau

Ensemble de vêtements d'une garde-robe
vestiaire

Ensemble de vitres
vitrage

Ensemble des activités relatives aux Jeux olympiques
olympisme

Ensemble des agglomérations autour d'une grande ville
banlieue

Ensemble des animaux
faune

Ensemble des branches et des rameaux
houppier

Ensemble des caractères spécifiques de la femme
féminité

Ensemble des cellules non reproductrices
soma

Ensemble des cheveux
chevelure

Ensemble des choses choisies
sélection

Ensemble des chrétiens non ecclésiastiques
laïcat

Ensemble des clients
clientèle

Ensemble des conditions d'habitation
habitat

Ensemble des conditions météorologiques d'un lieu donné
climat

Ensemble des crins de certains animaux
crinière

Ensemble des dents
denture

Ensemble des ecclésiastiques d'une religion
clergé

Ensemble des écosystèmes de la planète
biosphère

Ensemble des électeurs
électorat

Ensemble des élèves externes
externat

Ensemble des embarcations appartenant à un navire
drome

Ensemble des espèces végétales
flore

Ensemble des êtres humains
humanité

Ensemble des facultés mentales
cervelle

Ensemble des filets d'un écrou
filetage

Ensemble des forces navales
flotte

Ensemble des frais qui grèvent une opération bancaire
agio

Ensemble des frères et sœurs d'une famille
fratrie

Ensemble des gestes
gestuelle

Ensemble des installations spécialement aménagées pour la pêche
pêcherie

Ensemble des journaux
presse

Ensemble des Juifs, de leur culture
judaïté

Ensemble des jurés
jury

Ensemble des laïcs de l'Église catholique
laïcat

Ensemble des larves des huîtres et des moules
naissain

Ensemble des lecteurs
lectorat

Ensemble des localités qui entourent une grande ville
banlieue

Ensemble des lois constitutionnelles d'un État
charte, chartre

Ensemble des luminaires muraux d'un bâtiment
lustrerie

Ensemble des magistrats d'une cour
parquet

Ensemble des manières d'agir et de penser
mentalité

Ensemble des manières de penser propres à la civilisation chinoise
sinité

Ensemble des marchandises chargées à bord d'un navire de commerce
cargaison

Ensemble des objets composant un lit
literie

Ensemble des oiseaux d'une cage
cagée

Ensemble des opérations effectuées lors d'une élection
scrutin

Ensemble des organismes pélagiques
pélagos

Ensemble des os
ossature

Ensemble des os chez l'homme et chez les vertébrés
squelette

Ensemble des parents
parentèle

Ensemble des parlers rhéto-romans
ladin

Ensemble des paroles et actions de Mahomet
sunna

Ensemble des partis conservateurs
droite

Ensemble des pays soumis à la loi de Mahomet
islamisme

Ensemble des paysans
paysannat, paysannerie

Ensemble des personnalités de l'aristocratie
gotha

Ensemble des personnes qui habitent la même maison
maisonnée

Ensemble des pétales
corolle

Ensemble des peuples païens
gentilité

Ensemble des phénomènes psychiques conscients et inconscients
psyché

Ensemble des pièces qui constituent un écu héraldique
blason

Ensemble des pieds et des traverses d'un meuble
piètement

Ensemble des plantes
flore

Ensemble des poils
pilosité

Ensemble des puissances éternelles émanées de l'Être suprême
Éon

Ensemble des pulsions de mort
thanatos

Ensemble des rabbins
rabbinat

Ensemble des récipients qui servent à manger
vaisselle

Ensemble des règles
rituel

Ensemble des règles de bienséance
décorum

Ensemble des réjouissances qui accompagnent un mariage
noce

Ensemble des reliefs et des creux d'un ouvrage
gaufrerie

Ensemble des roues d'une machine
rouage

Ensemble des sépales d'une fleur
calice

Ensemble des soins de propreté corporelle
hygiène

Ensemble des sports nautiques
nautisme

Ensemble des sports pratiqués à cheval
hippisme

Ensemble des substances élaborées par l'ovocyte qui serviront à la nourriture du germe
vitellus

Ensemble des techniques vidéo
vidéo

Ensemble des terres appartenant à un vicomte
vicomté

Ensemble des toits d'un édifice
toiture

Ensemble des touches d'un terminal d'ordinateur
clavier

Ensemble des vaches d'une étable
vacherie

Ensemble des vêtements qui habillent une personne
habillage

Ensemble des vitres d'un édifice
vitrage

Ensemble des voies de communication
réseau

Ensemble des voies de communication publiques
voirie

Ensemble des voiles d'un bateau
voilure

Ensemble du savoir propre à une époque
épistémè

Ensemble du toit et de sa structure
toiture

Ensemble formé par le groin et par les canines du sanglier
boutoir

Ensemble montagneux de l'Afrique du Nord
Atlas

Ensemble particulier de faits psychiques
psychisme

Ensemble structuré d'informations informatiques
fichier

Ensemble vocal
chorale

Ensemencement
semailles, semis

Ensemencer
aleviner, emblaver, empoissonner, féconder, planter, semer

Ensemencer de nouveau
ressemer

Enserrer
cacher, ceindre, ceinturer, cerner, corseter, embrasser, emprisonner, encercler, enclore, enfermer, englober, entourer, immobiliser, renfermer, serrer

Ensevelir
cacher, enfouir, enterrer, inhumer, recouvrir

Ensilage
silotage

Ensoleillé
beau, bel, lumineux, radieux

Ensoleiller
illuminer

Ensommeillé
endormi, somnolent

Ensorcelant
affriolant, charmant, fascinant, magique, tentant, troublant

Ensorcelé
enjôlé, possédé, séduit

Ensorceler
captiver, charmer, enchanter, enjôler, envoûter, fasciner, marabouter, séduire, subjuguer, troubler

Ensorceleur
lovelace, magicien, séducteur

Ensorcellement
charme, hypnose, maléfice, séduction, sort, sortilège

Ensuite
après, puis, subséquemment, ultérieurement

Ensuivre (S')
suivre

Entablement
saillie

Entaché
sali, terni

Entaché d'hérésie
hérétique

Entacher
compromettre, flétrir, gâter, salir, souiller, tacher, ternir

Entaille
accroc, balafre, blessure, boutonnière, brèche, coche, coupure, cran, crevasse, découpure, échancrure, encoche, entaillure, entamure, enture, estafilade, faille, fêlure, fente, gerçure, gravure, hoche, incision, raie, rainure, rayure, saignée, scarification, sillon, taillade

Entaille oblique destinée à l'assemblage
adent

Entaille, échancrure dans un contour
découpure

Entailler
blesser, cocher, couper, découper, ébrécher, entamer, hachurer, inciser, ouvrir, rayer, scarifier, taillader

Entailler d'une rainure
rainer

Entailler en faisant des crans
créneler

Entaillure
entaille

Entame
amorce, bout, croûton, extrémité

Entamé
affaibli, détruit, écorné, usé

Entamer
aborder, affaiblir, amoindrir, amorcer, attaquer, blesser, commencer, corroder, couper, débuter, déchirer, démarrer, détruire, ébaucher, ébranler, ébrécher, écorner, égratigner, engager, entailler, entreprendre, inciser, initier, lancer, mâchurer, manger, mordre, ouvrir, percer, piquer, rader, rayer, réduire, ronger, toucher, user

Entamer de nouveau
rentamer

Entamer par pression
mâchurer

Entamure
entaille

Entartrer
encrasser

Entassant
agglutinant

Entassé
serré

Entassement
abatis, abattis, amas, cumul, empilage, encombrement, pile, tas

Entassement de déchets
terril

Entasser
accumuler, amasser, amonceler, bourrer, capitaliser, collectionner, cumuler, économiser, emmagasiner, empiler, encaquer, épargner, masser, parquer, presser, réunir, serrer, stocker, superposer, tasser, thésauriser

Entasser de nouveau
rempiler

Entasser des êtres vivants dans un espace exigu
empiler

Entasser des tonneaux les uns sur les autres
gerber

Ente
greffe, greffon, prune

Entendement
adage, connaissance, esprit, intellect, jugement, pensée, raison, sens

Entendre
admettre, allier, apprécier, comprendre, compter, concevoir, désirer, discerner, distinguer, écouter, exiger, insinuer, interpréter, ouïr, pactiser, percevoir, préférer, prendre, prétendre, reconnaître, saisir, transiger, vouloir

Entendu
arrangé, astucieux, bien, convenu, décidé, finaud, intelligent, malin, réglé, résolu, soit

Entendu par l'oreille
audible

Enténébré
obscur

Enténébrer
assombrir, obscurcir

Entente
accommodement, accord, alliance,
amitié, amour, arrangement, association,
camaraderie, cartel, coalition, collusion,
communion, complicité, compromis,
concert, conciliation, concorde, connivence,
consensus, convention, fraternité, harmonie,
idylle, intelligence, pacte, paix, symbiose,
traité, transaction, trust, unanimité, union

Entente entre des groupements
cartel

Entente entre les auteurs d'une tromperie
compérage

Entente entre personnes visant à en tromper d'autres
compérage

Enter
aboucher, abouter, assembler, greffer, joindre

Entéralgie
colique

Entériné
adopté, scellé

Entérinement
approbation, confirmation, sanction

Entériner
accepter, adopter, approuver, confirmer,
consacrer, enregistrer, homologuer, pratiquer,
ratifier, sanctionner, sceller, valider

Entérique
alvin

Entérite
colique

Entérocolite
colique

Enterré
abandonné, anéanti, étouffé

Enterrement
fin, mort, obsèques, rejet

Enterrer
abandonner, abolir, anéantir, cacher, détruire,
enfouir, engloutir, ensevelir, étouffer, inhumer,
mettre

Entêtant
enivrant, grisant

Entêté
acharné, buté, cabochard, entier, exclusif,
obstiné, opiniâtre, persévérant, tenace, têtu,
volontaire

Entêtement
acharnement, obstination, rétivité, ténacité

Entêter
étourdir, griser

Entêter (S')
acharner, insister, obstiner

Enthousiasmant
captivant, enivrant, exaltant, excitant, grisant

Enthousiasme
acclamation, admiration, adoration, allant,
allégresse, animation, ardeur, chaleur,
cœur, délire, effusion, emballement,
émerveillement, empressement, engouement,
entrain, entraînement, euphorie, exaltation,
excitation, ferveur, feu, flamme, fougue,
frénésie, fureur, inspiration, ivresse,
joie, lyrisme, optimisme, passion, plaisir,
ravissement, souffle, transe, transport,
véhémence, zèle

Enthousiasmé
animé, emballé, émerveillé, enlevé, exalté

Enthousiasmer
accueillir, animer, charmer, électriser,
emballer, émerveiller, enlever, exalter, exciter,
ravir, soulever, tenter, transporter

Enthousiasmer, passionner
exalter

Enthousiaste
chaud, emballé, enflammé, exalté, excitant,
fanatique, fervent, fougueux, lyrique,
optimiste, passionné, triomphal, zélé

Entiché
amoureux, épris, féru, fou, infatué, passionné

Entier
absolu, aveugle, catégorique, complet,
ensemble, entêté, exclusif, exhaustif, fier,
franc, global, globalité, indemne, inentamé,
intact, intégral, intégralité, intraitable,
intransigeant, long, obstiné, opiniâtre, parfait,
plein, plénier, pur, rond, sauf, têtu, total,
totalité, tout, unanime

Entièrement
bien, tout

Entièreté
globalité, intégralité, totalité

Entité
élément, essence, nature, objet, unité

Entité concrète ou abstraite assurant la sauvegarde ou la survie d'une collectivité
palladium

Entité immatérielle
miasme

Entoir
greffoir

Entôler
tromper

Entonner
enfûter

Entonnoir
cône, cratère

Entonnoir en étoffe
chausse

Entorse
accroc, atteinte, contravention, déboîtement, élongation, foulure, infraction, luxation, manquement, outrage, violation

Entortillage
préciosité

Entortillé
enjôlé, obscur, séduit

Entortiller
amadouer, compliquer, enjôler, nouer, prendre, séduire, subjuguer

Entour
abord, alentour

Entourage
alentours, ambiance, bord, milieu, société, voisinage

Entouré
aidé, cerné, encadré, habillé, recherché, soutenu, supporté

Entouré
ceint

Entourer
accompagner, approcher, assiéger, auréoler, baigner, border, ceindre, ceinturer, cercler, cerner, choyer, circonscrire, clore, clôturer, combler, couronner, délimiter, encadrer, encaisser, enceindre, encercler, enclaver, enclore, enfermer, enlacer, enrober, enserrer, envelopper, environner, fermer, fréquenter, habiller, nimber, renfermer, serrer, soutenir

Entourer d'une clôture
enclore

Entourer d'une enceinte
ceinturer

Entourer d'une enveloppe extérieure
rober

Entourer de branches épineuses
épiner

Entourer de cerceaux
cercler

Entourer de murs
murer

Entourer de plaques de métal
blinder

Entourer un fardeau d'une élingue pour le hisser
élinguer

Entourer un fil électrique d'un isolant
guiper

Entourer une plante d'une butte de terre
butter

Entracte
divertissement, interlude, intermède, intermezzo, interruption, pause

Entraide
secours, solidarité

Entrain
abatage, abattage, activité, alacrité, allant, ambiance, animation, ardeur, brio, chaleur, cœur, dynamisme, enthousiasme, euphorie, feu, fougue, gaieté, gaîté, joie, pétulance, vie, vitalité, vivacité, zèle

Entrain, efficacité
dynamisme

Entraînant
dansant, excitant

Entraîné
accoutumé, aguerri, amené, enlevé, exercé, habitué, roulé

Entraînement
enthousiasme, exercice, habitude, impulsion, passion, pratique, préparation

Entraîner
actionner, agir, aguerrir, amener, appeler, apporter, arracher, attirer, balayer, captiver, causer, charmer, charrier, commander, comporter, conduire, conquérir, coûter, déchaîner, décider, déclencher, déterminer, diriger, dresser, éduquer, électriser, embarquer, emmener, emporter, endurcir, engager, engendrer, enlever, exercer, fabriquer, faire, familiariser, forcer, former, galvaniser, guider, habituer, impliquer, inciter, induire, mêler, mener, motiver, occasionner, opérer, orienter, persuader, porter, pousser, préparer, procurer, produire, provoquer, régir, roder, rouler, séduire, soulever, susciter, tirer, traîner, transporter

Entraîner à la révolte
soulever

Entraîner dans un engrenage
engrener

Entraîner vers la côte
drosser

Entraîneur
chef, coach, instructeur, manager, moniteur

Entraîneur d'un athlète
manager

Entrapercevoir
entrevoir

Entrave
assujettissement, attache, barrière, carcan, chaîne, contrainte, embarras, empêchement, fer, frein, gêne, handicap, joug, lien, obstacle

Entravé
contraint

Entrave que l'on attache aux paturons d'un cheval
abot

Entraver
arrêter, attacher, contraindre, contrarier, embarrasser, empêcher, empêtrer, endiguer,

enrayer, freiner, gêner, handicaper, ligoter, limiter, nuire, obstruer, paralyser, ralentir, suivre, troubler

Entre
dans, parmi, sur

Entre autres
notamment

Entre l'état aigu et l'état chronique
subaigu

Entre le chaud et le froid
tiède

Entre le vert et l'indigo
bleu

Entre-deux
broderie

Entrebâillement
ouverture

Entrebâiller
ouvrir

Entrechat
cabriole, gambade

Entrechoquement
battement

Entrecôte
côte

Entrecoupé
haché, saccadé

Entrecouper
entremêler, hacher, larder, ponctuer

Entrecroisement
laçage, nœud, réseau

Entrecroisement de fils métalliques
treillis

Entrecroiser
croiser, enlacer, entrelacer, entremêler, imbriquer

Entrée
accès, accueil, adhésion, admission, adresse, affiliation, antichambre, apparition, arrivée, billet, bouche, bouchée, début, embouchure, hall, input, intégration, introduction, intromission, irruption, orée, orifice, ouverture, passage, place, porche, porte, réception, seuil, venue, vestibule

Entrée d'origine libanaise composée de blé concassé, de tomates et d'épices
taboulé

Entrée d'un port
boucau

Entrée d'une maison
seuil

Entrée jugée importune
incursion

Entrée soudaine et massive
invasion

Entrefilet
article

Entregent
adresse, civilité, diplomatie, doigté, habileté, tact

Entrelacement
laçage, lacement, lacis, mélange, réseau

Entrelacer
croiser, emmêler, enlacer, entrecroiser, entremêler, imbriquer, mélanger, natter, nouer, tisser, tresser

Entrelacer des brins
tresser

Entrelacs
réseau

Entrelardé
farci

Entrelarder
entremêler, farcir, larder

Entremêlant
agglutinant

Entremêler
emmêler, enchevêtrer, enlacer, entrecouper, entrecroiser, entrelacer, entrelarder, entremêler, intriquer, larder, mélanger, mêler, parsemer

Entremets
crème, dessert, gâteau, soufflé

Entremets fait de fruits
compote

Entremetteur
marieur, ruffian

Entremise
arbitrage, canal, intercession, intermédiaire, interposition, intervention, médiation, truchement

Entreposage
emmagasinage

Entreposer
déposer, emmagasiner, garder, stocker

Entrepôt
dépôt, dock, halle, hangar, magasin, réserve, resserre

Entreprenant
actif, affairé, dynamique, séducteur, téméraire

Entreprendre
agir, amorcer, attaquer, attenter, débuter, ébaucher, engager, entamer, faire, inaugurer, oser, risquer, tenter

Entrepreneur
bâtisseur, constructeur, fondateur, industriel, patron, usinier

Entrepreneur en acconage
acconier, aconier

Entreprise
action, affaire, aventure, boîte, commerce, compagnie, dessein, édifice, équipée, essai, établissement, exploitation, firme, industrie, maison, négoce, œuvre, opération, ouvrage, plan, projet, société, tentative, travail, usine

Entreprise américaine spécialisée dans l'électronique et dans les télécommunications
Motorola

Entreprise américaine, troisième distributeur en volume aux États-Unis
Target

Entreprise américaine, un des plus grands constructeurs d'ordinateurs au monde
Dell

Entreprise de production du sel
saline

Entreprise hasardeuse
aventure

Entreprise industrielle
firme

Entreprise japonaise basée à Tokyo et spécialisée dans les produits optiques
Canon

Entreprise japonaise qui a lancé le Walkman en 1979 et le CD en 1982
Sony

Entreprise principalement connue pour son moteur de recherche sur Internet
Google

Entreprise publique mexicaine chargée de l'exploitation du pétrole
Pemex

Entreprise puissante
trust

Entreprise qui a mis sur le marché l'ordinateur Macintosh
Apple

Entreprise qui est le leader mondial des semi-conducteurs
Intel

Entreprise qui vend des produits de rénovation et de quincaillerie
Rona

Entrer
accéder, adhérer, aller, couler, enfoncer, engager, engouffrer, faufiler, franchir, glisser, infiltrer, insérer, insinuer, introduire, pénétrer, plonger, rentrer, venir

Entrer en accommodement
capituler

Entrer en rapport avec quelqu'un
contacter

Entretaille
taille

Entretenir
alimenter, avoir, caresser, conserver, dialoguer, élever, flatter, maintenir, nettoyer, nourrir, parler, perpétuer, prolonger, soigner

Entretenir les ongles de quelqu'un
manucurer

Entretenir une forêt
jardiner

Entretenu
net, nourri

Entretien
audience, causerie, conciliabule, conférence, conservation, conversation, dialogue, discours, discussion, entrevue, interview, maintenance, ménage, nettoyage

Entretien à l'écart
aparté

Entretien à voix basse
chuchoterie

Entretien des chemins
voirie

Entretien des jardins
jardinage

Entretien entre deux ou plusieurs personnes
dialogue

Entretien particulier, dans une réunion
aparté

Entretoise
épar

Entretoit
mansarde

Entretuer (S')
étriper

Entrevoir
apercevoir, deviner, discerner, distinguer, entrapercevoir, percevoir, présager, pressentir, prévoir, soupçonner, subodorer, suspecter, voir

Entrevue
audience, conversation, discussion, entretien, interview, rencontre, visite

Entrouvrir
ajourer, écarter, ouvrir

Enture
about, entaille, fente

Énucléer
extraire

Énumération
catalogue, compte, décompte, dénombrement, détail, énoncé, inventaire, liste, litanie, recensement, recension, répertoire, succession, table, tableau

Énuméré
cité

Énumérer
analyser, citer, compter, décliner, décompter, dénombrer, détailler, énoncer, indiquer, inventorier, nommer, recenser

Énumérer une lettre à la fois
épeler

Envahi
coulé, imbu, occupé

Envahir
accaparer, conquérir, contaminer, couvrir, déferler, emparer, empiéter, emplir, gagner, imprégner, infester, inonder, occuper, peupler, prendre, proliférer, pulluler, recouvrir, remplir, subjuguer, submerger, usurper

Envahissant
abusif, gênant, importun

Envahissement
invasion, irruption, occupation

Envahisseur
occupant

Envaser
échouer, embourber, enliser, ensabler

Enveloppe
apparence, aspect, budget, capsule, chape, cocon, commission, compte, contenant, cosse, crédit, dehors, source, écrin, emballage, épicarpe, étui, extérieur, façade, fourreau, gaine, gangue, gratification, housse, membrane, peau, pellicule, pli, sac, sachet, semblant, taie, toge, tunique, voile

Enveloppé
adipeux, drapé, emballé, épais, gros, habillé, roulé

Enveloppe coriace
écale

Enveloppe de certains fruits
écale

Enveloppe de certains mollusques
test

Enveloppe de l'épillet des graminées
glume

Enveloppe de la châtaigne
bogue

Enveloppe de la fleur des graminées
glumelle

Enveloppe de tissu
taie

Enveloppe destinée à conserver la chaleur d'une théière
cosy

Enveloppe du cœur
péricarde

Enveloppe du marron
bogue

Enveloppe extérieure
coque

Enveloppe extérieure des fruits
peau

Enveloppe sèche et dure, généralement de forme ovoïde
capsule

Enveloppe souple
housse

Enveloppe soyeuse du ver
cocon

Envelopper
auréoler, baigner, cacher, cerner, couvrir, draper, édulcorer, emballer, enrober, enrouler, entourer, farder, guiper, habiller, napper, nouer, recouvrir, rouler, voiler

Envelopper dans une gaine
engainer

Envelopper de tranches de lard
barder

Envenimé
excité, fielleux, perfide

Envenimer
aggraver, alourdir, attiser, aviver, empirer, empoisonner, enfieller, enflammer, exaspérer, exciter, fomenter, infecter, irriter, pourrir

Envergure
ampleur, calibre, carrure, classe, dimension, étendue, étoffe, format, gabarit, largeur, longueur, portée, qualité, stature, trempe, valeur

Envers
avec, contraire, contrepartie, derrière, dessous, dos, inverse, opposé, pour, rançon, revers, sanction, verso

Envers d'un feuillet
verso

Enviable
désirable, souhaitable, tentant

Envider
bobiner, enrouler, renvider

Envie
appétence, appétit, avidité, besoin, caprice, convoitise, démangeaison, désir, faim, fantaisie, fringale, goût, gré, humeur, jalousie, lubie, pulsion, soif, souhait, tentation, verrue

Envié
brigué, convoité, désiré, jalousé, voulu

Envie de boire
soif

Envier
briguer, convoiter, désirer, haïr, jalouser, souhaiter, vouloir

Envieux
avide, désireux, jaloux

Environ
approximativement, autour, presque, quelque, vers

Environnant
ambiant, proche

Environnement
ambiance, cadre, décor, élément, habitat, horizon, milieu, situation

Environnementaliste
écolo

Environner
couronner, entourer, investir

Environs
abords, alentours, approches, banlieue, parages, périphérie, secteur, voisinage

Envisagé
pensé

Envisageable
admissible, pensable, possible, probable

Envisager
concevoir, contempler, imaginer, juger, penser, planifier, prendre, prévoir, regarder, voir

Envoi
colis, courrier, dédicace, expédition, hommage, paquet, transport

Envol
amorçage, décollage, départ, envolée, essor, vol, volée

Envolé
évadé, évanoui, évaporé, perdu, révolu

Envolée
décollage, départ, développement, élan, envol, escalade, essor, flambée, mouvement, vol

Envoler (S')
anéantir, décoller, disparaître, disperser, dissiper, éclipser, écouler, effacer, élancer, élever, enfuir, estomper, évader, évanouir évaporer, flamber, monter, partir, passer, perdre, voler

Envoûtant
captivant, charmant, fascinant, magique, troublant

Envoûtant, troublant
fascinant

Envoûté
conquis, possédé, séduit

Envoûtement
charme, hypnose, maléfice, sort, sortilège

Envoûter
assujettir, captiver, charmer, conquérir, dominer, enchanter, ensorceler, fasciner, posséder, séduire, subjuguer

Envoûteur
marabout, sorcier

Envoyé
adressé, agent, ambassadeur, délégué, député, diplomate, émissaire, jeté,

mandataire, messager, missionnaire, plénipotentiaire, représentant

Envoyé d'Allah
Mahdi

Envoyer
adresser, appliquer, asséner, balancer, décocher, déferler, déléguer, délocaliser, dépêcher, détacher, donner, expédier, habiliter, hisser, jeter, lâcher, lancer, larguer, mandater, porter, poster, précipiter, projeter, propulser, transmettre

Envoyer au diable
rabrouer

Envoyer au loin
essaimer

Envoyer comme représentant d'une collectivité
déléguer

Envoyer de nouveau
renvoyer

Envoyer promener
éconduire

Envoyer un document par télécopie
faxer

Enzyme
ase, kinase

Enzyme du suc gastrique
pepsine

Enzyme sécrétée par le rein
rénine

EO
voyelles

Éolienne
aéromoteur

Éolithe
silex

Épagneul
barbet, chien

Épais
abondant, adipeux, carré, charnu, compact, consistant, corpulent, courtaud, crasse, dense, dru, dur, empâté, enveloppé, fort, fourni, gluant, gras, gros, grossier, impénétrable, lent, lourd, massif, obtus, opaque, pâteux, pesant, profond, râblé, ramassé, serré, sirupeux, touffu, trapu, visqueux

Épaisseur
couche, dimension, grosseur, lenteur, pellicule, relief

Épaisseur de roche enlevée à l'extraction
enlevure

Épaissi
accru, agrandi, alourdi

Épaissir
accroître, ajouter, alourdir, arrondir, augmenter, conglutiner, empâter, engraisser,

figer, forcir, grossir, lier, prendre, réduire,
renforcer, solidifier

Épaississant
alourdissant

Épaississement
accroissement

Épaississement de l'épiderme
cal

**Épaississement et durcissement de la peau,
souvent produits par des frottements répétés**
callosité

Épanché
confié

Épanchement
aveu, confidence, effusion, empyème

Épanchement de sérosité dans le péritoine
ascite

Épanchement sanguin
hématome

Épancher
abandonner, confier, débonder, décharger,
découvrir, déverser, distiller, épandre, exhaler,
exprimer, libérer, livrer, ouvrir, prodiguer,
répandre, révéler, soulager

Épandage
répandage, semailles

Épandre
disperser, émettre, épancher, éparpiller,
étaler, étendre, jeter, prodiguer, répandre,
semer, verser

Épandu
jeté

Épanneler
ébaucher, tailler

Épanner
aplanir

Épanoui
ample, éclatant, efflorescent, équilibré,
florissant, gai, gros, heureux, jovial, joyeux,
large, plantureux, plein, radieux, ravi,
rayonnant, réjoui, sain, souriant

Épanouir
déployer, dérider, détendre, étaler, étendre,
réjouir

Épanouir (S')
éclore, fleurir, prospérer

Épanouissement
éclat, éclosion, essor, fleuraison, floraison,
maturité, plénitude

Épar
barre, entretoise, traverse

Épargnant
économe

Épargne
capital, capitalisation, économie, magot,
parcimonie, pécule, réserve, thésaurisation,
tirelire

Épargné
évité

Épargner
accumuler, amasser, compter, dispenser,
économiser, entasser, éviter, garder, gracier,
lésiner, ménager, préserver, réserver,
respecter, sauver, thésauriser

Épargner avec avarice
lésiner

Éparpillé
clairsemé, épars, étalé, jeté

Éparpiller
disperser, dissiper, émietter, épandre,
espacer, essaimer, étaler, étendre, jeter,
joncher, répandre, répartir, semer, zapper

Épars
clairsemé, dispersé, disséminé, éparpillé,
flottant, rare, répandu

Épatant
admirable, ahurissant, beau, bel, chouette,
colossal, étonnant, extra, formidable, génial,
merveilleux, sensationnel, signalé, sublime,
super, terrible

Épate
chiqué

Épaté
ahuri, aplati, bluffé, camus, ébahi, ébloui,
écrasé, époustouflé, étonné, impressionné,
scié, soufflé, stupéfait, surpris

Épatement
surprise

Épater
ahurir, bluffer, ébahir, éblouir, étonner,
impressionner, scier, souffler, stupéfier,
surprendre

Épateur
esbroufeur, frimeur

Épaulant
aidant

Épaulard
orque

Épaule
aide, plateforme

Épaulé
secondé

Épaule d'animal
ars

Épaulement
appui, rempart, renfort

Épauler
aider, appuyer, assister, favoriser, patronner, pousser, protéger, recommander, seconder, soutenir

Épaulette
bande, bretelle, galon

Épave
débris, déchet, loque, restes, ruine, vestiges

Épaviste
casseur

Épeautre
blé, froment

Épée
arme, cimeterre, dague, estoc, fer, glaive, lame, rapière, sabre

Épée à deux tranchants
glaive

Épée courte
dague

Épée de combat
glaive

Épée longue et effilée
rapière

Épeire
araignée

Épéisme
escrime

Épéiste
escrimeur

Éperdu
affolé, agité, bouleversé, désespéré, égaré, ému, enivré, enragé, exalté, extrême, fou, frénétique, furieux, intense, ivre, passionné, retourné, transporté, vif, violent

Éperdument
ardemment, follement

Éperon
aiguille, aiguillon, dent, ergot, molette, pointe, rostre, saillie, stimulant

Éperon des navires de l'Antiquité
rostre

Éperonné
excité

Éperonner
aborder, brocher, exciter, fouetter, piquer, pousser, ranimer, réanimer, stimuler

Épervier
filet, rapace

Épeurant
apeurant

Épeurer
alarmer, apeurer, effrayer

Éphèbe
ado, adolescent, adonis, apollon, damoiseau, jouvenceau

Éphélide
rousseur

Éphémère
bref, court, fragile, fugace, fugitif, manne, momentané, mortel, passager, périssable, précaire, provisoire, rapide, temporaire, temporel, transitoire

Éphéméride
agenda, almanach, calendrier

Épi
couette, inflorescence, mèche, panicule, touffe, toupet

Épiaire
crosne

Épicarpe
enveloppe, épiderme, peau

Épice
aromate, assaisonnement, condiment, muscade, poivre

Épicé
assaisonné, coquin, corsé, échauffant, fort, gaillard, gaulois, gras, grivois, leste, libre, licencieux, osé, parfumé, pimenté, piquant, poivré, relevé, salé

Épice indienne
cari, curry

Épicéa
sapin

Épicer
ailler, assaisonner, corser, pimenter, relever

Épicerie
alimentation, dépanneur, supermarché

Épicier
boutiquier

Épidémie
contagion, mode, pandémie, peste

Épidémie qui s'étend à la quasi-totalité d'une population
pandémie

Épiderme
épicarpe, peau

Épidermique
cutané

Épidiascope
projecteur

Épié
espionné, guetté, guigné, lorgné, observé, pisté, scruté, surveillé

Épier
espionner, guetter, guigner, lorgner, observer, pister, scruter, suivre, surveiller

Épierrer
dérocher

Épieu
bâton, lance, pieu, pique

Épieur
espion, guetteur, veilleur

Épigastre
abdomen

Épigone
imitateur, successeur, suiveur

Épigramme
brocard, flèche, lazzi, moquerie, pointe, quolibet, raillerie, sarcasme, satire, trait

Épiler
dépiler

Épilogue
conclusion, dénouement, fin, péroraison, solution

Épilogué
discuté, ergoté

Épiloguer
désapprouver, discuter, ergoter, vaser

Épinard
vert

Épinard des Indes
baselle

Épincer
épinceter

Épinceter
énouer, épincer

Épinceter une étoffe
énouer

Épine
aiguille, aiguillon, apophyse, écharde, piquant, pointe, ronce

Épine de rat
fragon

Épine du Christ
jujube, jujubier

Épinette
cage

Épineux
arbre, ardu, brûlant, dangereux, délicat, difficile, embarrassant, pénible, ronceux, scabreux, tendu

Épingle
agrafe, attache, broche

Épinglé
alpagué

Épingle de sûreté en métal
fibule

Épingler
accrocher, agrafer, agriffer, alpaguer, appréhender, arrêter, attacher, attraper, cueillir, fixer, harponner, pincer, piquer, ramasser, stigmatiser

Épinglette
badge

Épiphénomène
phénomène

Épiphyte
vanillier

Épiploon
tablier

Épique
animé, grandiose, héroïque, homérique, mouvementé

Épiscope
périscope

Épisode
acte, aventure, circonstance, époque, événement, fait, histoire, incident, moment, page, partie, péripétie, phase

Épisode d'un combat entre deux points de vue
round

Épisodique
intermittent, passager, transitoire

Épissure
jonction, nœud

Épithélioma
cancer, tumeur

Épithète
adjectif, attribut, éloge, qualificatif

Épithète portée par certains souverains d'Orient
épiphane

Épitoge
robe

Épitomé
compendium, sommaire

Épître
lettre, missive

Épitrope
concession

Éploré
affligé, désolé, larmoyant, triste

Éployer
déployer, étendre

Épluchage
examen

Épluché
désossé, plumé

Éplucher
dépiauter, désosser, écaler, égrener, étudier, examiner, fouiller, peler, plumer

Épluchure
déchet, pelure, rognure

Époi
andouiller, ramure

Épointer
appointer, émousser

Épongé
absorbé, amorti, résorbé

Éponger
absorber, amortir, essuyer, étancher, nettoyer, oublier, payer, résorber, sécher

Épopée
aventure, chanson, geste, légende, odyssée

Épopée familiale
saga

Époque
âge, date, division, épisode, ère, étape, fréquence, heure, moment, période, règne, saison, siècle, temps

Époque où l'on sème
semailles

Épouiller
épucer

Époumoner (S')
crier, hurler, tonitruer, vociférer

Épousailles
mariage, noce

Épouse
compagne, conjointe, dame, doudou, dulcinée, femme, moitié

Épousé
adopté

Épouse d'Athamas
Ino

Épouse d'Osiris
Isis

Épouse d'un rajah
rani

Épouse de Cronos
Rhéa

Épouse de saint Joachim
Anne

Épouse du fils
bru

Épouser
accoupler, adopter, embrasser, gainer, marier, mouler, partager, prendre, serrer, soutenir, suivre

Épouser les contours
mouler

Épouseur
prétendant

Époussetage
nettoyage

Époussé
brossé

Épousseter
décrasser, essuyer, nettoyer

Époussette
balai

Époustouflant
étonnant, étourdissant, sidérant, stupéfiant, suffocant, surprenant

Époustouflé
ahuri, baba, ébahi, ébaubi, éberlué, ébloui, épaté, stupéfait

Époustoufler
ahurir, ébahir, éberluer, éblouir, sidérer, stupéfier

Épouvantable
abominable, affolant, affreux, apocalyptique, atroce, catastrophique, colossal, cruel, détestable, effrayant, effroyable, énorme, extraordinaire, extrême, formidable, hideux, horrible, ignoble, infernal, inhumain, insupportable, intenable, intolérable, mauvais, monstrueux, noir, odieux, pénible, phénoménal, répugnant, révoltant, scandaleux, terrible, terrifiant

Épouvantail
croquemitaine, fantôme, menace, spectre

Épouvantant
affolant

Épouvante
abomination, affolement, alarme, anxiété, effroi, frayeur, horreur, panique, peur, terreur

Épouvanté
affolé, alarmé, angoissé, apeuré, effaré, effrayé, horrifié

Épouvanter
affoler, alarmer, apeurer, effarer, effrayer, horrifier, inquiéter, paniquer, terrifier, terroriser

Époux
compagnon, conjoint, homme, mari, moitié

Époux d'Isis
Osiris

Époux d'une femme qui a du pouvoir
consort

Époux d'une reine, sans être roi
consort

Époux de la fille
gendre

Épreinte
ténesme

Épreuve
adversité, affliction, assaut, attaque, atteinte, audition, brimade, calvaire, chagrin, challenge, cliché, compétition, composition, concours, copie, coup, critère, critérium, croix, détresse, devoir, douleur, écrit, essai, examen, expérience, expérimentation, image, interrogation, mal, malheur, match, morasse, oral, peine, péril, persécution, photo, photographie, placard, purgatoire, rencontre, reproduction, revers, souffrance, test, tirage, torture, tourment, tournoi, traverse

Épreuve automobile sur route
rallye

Épreuve d'athlétisme comprenant dix spécialités
  décathlon
Épreuve d'endurance à moto
  enduro
Épreuve de ski alpin
  slalom
Épreuve de tournage
  rush
Épreuve de vitesse
  course
Épreuve de vitesse qui se dispute à moto
  enduro
Épreuve internationale annuelle de tennis
  Davis
Épreuve judiciaire par les éléments naturels
  ordalie
Épreuve où un gagnant est l'objet d'un défi
  challenge
Épreuve sportive
  critérium
Épreuve sportive impliquant course de ski et tir
  biathlon
Épreuve sportive servant à classer les concurrents
  critérium
Épris
  amoureux, avide, entiché, féru, fou, mordu, passionné, séduit, toqué
Éprouvant
  pénible
Éprouvé
  aguerri, atteint, certain, conçu, confirmé, conservé, constaté, découvert, ébranlé, émérite, endurci, enduré, essayé, expérimenté, expert, fidèle, frappé, goûté, hasardé, marqué, peiné, perçu, réalisé, reconnu, rencontré, risqué, secoué, senti, souffert, supporté, sûr, tenté, touché, vécu, vérifié
Éprouver
  atteindre, avoir, cahoter, concevoir, connaître, conserver, constater, découvrir, ébranler, endurer, essayer, essuyer, examiner, expérimenter, frapper, goûter, hasarder, marquer, partager, participer, peiner, percevoir, réaliser, recevoir, reconnaître, rencontrer, ressentir, risquer, secouer, sentir, souffrir, subir, supporter, tenter, tester, toucher, vérifier, vivre
Éprouver douloureusement
  souffrir
Éprouver un violent dépit
  enrager

Éprouver une difficulté à respirer
  suffoquer
Éprouver une grande joie
  jubiler
Éprouver une satisfaction profonde qu'on laisse s'extérioriser
  jubiler
Éprouvette
  tube
Épucer
  épouiller
Épuisant
  crevant, éreintant, exténuant, fatigant, harassant, pénible, tuant, usant
Épuisé
  abattu, absorbé, accablé, affaibli, amaigri, anéanti, anémique, assommé, brisé, claqué, crevé, défait, écœuré, éreinté, exténué, faible, fatigué, fini, flagada, flapi, fourbu, harassé, las, mort, moulu, raplapla, recru, rompu, usé, vanné, vidé
Épuisé de fatigue
  harassé
Épuisement
  abattement, accablement, anémie, asthénie, faiblesse, fatigue, inanition, langueur, pénurie, surmenage
Épuiser
  abattre, absorber, accabler, affaiblir, amaigrir, anéantir, anémier, appauvrir, assécher, assommer, briser, claquer, consommer, crever, démolir, dépenser, dessécher, détruire, dévorer, écouler, éreinter, excéder, exténuer, fatiguer, forcer, harasser, lasser, lessiver, liquider, pomper, pressurer, ruiner, saigner, sécher, stériliser, surmener, tarir, terminer, tuer, user, vanner, vider
Épuisette
  filet
Épulide
  épulis, parulie
Épulis
  épulide
Épuration
  affinage, affinement, assainissement, clarification, correction, décantation, dépuration, exclusion, expulsion, filtrage, filtration, lessive, nettoyage, purge, purification, raffinage, toilettage
Épure
  croquis, ébauche, esquisse, plan
Épuré
  affiné, amélioré, apuré, assaini, censuré, châtié, châtré, clarifié, coulé, coupé, décanté, dépouillé, distillé, écarté, éliminé, exclu, expulsé, expurgé, filtré, nettoyé, parfait,

perfectionné, poli, pur, purgé, purifié, raffiné, rectifié, toiletté

Épurer
affiner, améliorer, apurer, assainir, censurer, châtier, châtrer, clarifier, couper, décanter, dépouiller, distiller, écarter, éliminer, exclure, expulser, expurger, filtrer, nettoyer, parfaire, perfectionner, polir, purger, purifier, raffiner, rectifier, styliser, toiletter

Épurer, raffiner
sublimer

Équanime
serein

Équanimité
égalité, sérénité

Équarrir
découper, dépecer, tailler

Équarrissage
découpage

Équarrissoir
abattoir

Équatorial
chaud, torride

Équerre
biveau, té

Équestre
hippique

Équidé d'Afrique à la robe rayée
zèbre

Équilibre
aplomb, assiette, balance, balancement, cohérence, compensation, égalité, forme, harmonie, mesure, ordre, pondération, proportion, santé, stabilité, symétrie

Équilibré
assis, cohérent, corrigé, épanoui, pondéré, rationnel, régulier, sage, sain, sensé, stable, tempéré

Équilibre moléculaire
isotonie

Équilibrer
assainir, balancer, boucler, compenser, corriger, égaliser, neutraliser, pondérer

Équilibrer les forces, les pouvoirs
pondérer

Équilibriste
acrobate, bateleur, funambule

Équille
ammodyte, lançon

Équin
hippique

Équinoxial
équatorial

Équipage
armement, attelage, attirail, bagage, compagnie, cortège, costume, escorte, matériel, personnel, suite, tenue, train

Équipage accompagnant un personnage
arroi

Équipe
bande, brigade, camp, club, écurie, escouade, formation, groupe

Équipé
aménagé, armé, garni, gréé, muni

Équipe ayant remporté le plus de fois la coupe Stanley
Canadiens

Équipe de quatre joueurs, à la pétanque
quadrette

Équipe de soccer de Montréal
Impact

Équipe pour laquelle jouait Joe Namath
Jets

Équipée
aventure, écart, entreprise, escapade, frasque, fredaine, fugue, promenade, randonnée, sortie

Équipement
accoutrement, aménagement, armement, attirail, bagage, barda, fourbi, installation, joug, matériel, organe, outillage

Équipement d'un cheval de selle
harnais

Équipement de détection sous-marine
sonar

Équiper
affréter, agencer, amariner, aménager, appareiller, armer, avitailler, développer, doter, fournir, fréter, garnir, gréer, habiller, harnacher, industrialiser, installer, meubler, moderniser, monter, munir, nantir, outiller, pourvoir

Équiper un lieu d'appareils de diffusion sonore
sonoriser

Équiper un navire de matelots
amariner

Équipier
coéquipier, joueur, partenaire

Équipier extérieur d'une patrouille de chasse
ailier

Équipollence
égalité

Équitable
droit, égal, honnête, impartial, intègre, juste, légitime, objectif, probe

Équitablement
justement

Équitation
hippisme

Équité
droiture, égalité, impartialité, justice, probité

Équivalence
assimilation, égalité, identité, parité, synonymie

Équivalent
analogue, égal, homogène, homologue, identique, même, parallèle, pareil, semblable, synonyme

Équivaloir
égaler

Équivoque
ambages, ambigu, confus, double, évasif, faux, incertain, indécis, interlope, louche, malentendu, obscur, suspect, trouble

Er
erbium, infinitif

Érable
arbre, négondo

Éradiquer
déraciner, extirper, supprimer

Éraflé
éraillé

Érafler
déchirer, écorcher, égratigner, érailler, excorier, frôler, grafigner, griffer, rayer

Érafler, écorner accidentellement
épaufrer

Éraflure
accroc, blessure, bobo, cicatrice, déchirure, écorchure, égratignure, éraillure, excoriation, gratignure, griffade, griffure, rayure

Éraflure sur une surface
rayure

Éraillé
cassé, égratigné, enroué, éraflé, griffé, guttural, rauque, rocailleux, voilé

Éraillement
usure

Érailler
déchirer, écorcher, effiler, égratigner, enrouer, érafler, griffer, rayer

Éraillure
accroc, bobo, déchirure, éraflure, fente

Érato
muse

Erbium
Er

Ère
âge, division, époque, fréquence, moment, période, règne, siècle, temps

Ère de l'Islam
hégire

Éreintant
claquant, crevant, épuisant, exténuant, fatigant, harassant, pénible, tuant, usant

Éreintant, fatigant
épuisant

Éreinté
accablé, affaibli, alangui, anéanti, assommé, brisé, claqué, crevé, écœuré, épuisé, exténué, fatigué, fini, flagada, flapi, fourbu, harassé, mort, moulu, raplapla, recru, rompu, vanné, vidé

Éreintement
critique, fatigue

Éreinter
accabler, affaiblir, alanguir, aplatir, assommer, briser, claquer, crever, critiquer, démolir, descendre, échiner, épuiser, esquinter, étriller, exécuter, exténuer, fatiguer, harasser, malmener, maltraiter, massacrer, rosser, surmener, tuer, vanner, vider

Éreinteur
calomniateur

Éréthisme
passion, tension

Ergol
monergol

Ergot
éperon, saillie

Ergot du coq
éperon

Ergotage
chicane, discussion

Ergoté
ajourné, argué, argumenté, atermoyé, bavardé, calculé, chamaillé, chicané, contesté, cornu, critiqué, débattu, déduit, démontré, développé, discouru, discutaillé, discuté, disputé, disserté, épilogué, expliqué, hésité, induit, objecté, parlé, pensé, péroré, philosophé, prouvé, querellé, radoté, raisonné, ratiociné, réfuté, répété, tergiversé, vétillé

Ergoter
argumenter, chicaner, chinoiser, chipoter, discutailler, discuter, disputailler, épiloguer, pinailler, raisonner, tailler, tergiverser, vétiller

Ergoterie
chicane

Ergoteur
argumentateur, chicaneur, chicanier, discutailleur, discuteur, pinailleur, pointilleux, procédurier, sophiste, vétilleux

Érigé
élevé

Ériger
bâtir, construire, créer, dresser, édifier, élever, établir, fonder, instaurer, instituer, lever

Éristale
mouche

Éristique
controverse

Ermite
anachorète, ascète, isolé, moine, sauvage, solitaire

Ermite saint de l'Islam
marabout

Érodé
affaibli, sapé

Éroder
affaiblir, corroder, creuser, dégrader, émousser, miner, raviner, ronger, saper, user

Érosion
ablation, abrasion, affouillement, baisse, corrosion, dégradation, dépréciation, désagrégation, détérioration, minage, usure

Érosion due au vent chargé de sable
corrasion

Errance
course, déplacement, erreur, flânerie, hésitation, nomadisme, promenade, rêverie, vagabondage, voyage

Errant
abandonné, égaré, flottant, fugitif, furtif, instable, itinérant, mobile, nomade, perdu, rôdeur, vagabond, vague

Erratique
intermittent

Erre
allure, lancée, train, vitesse

Erré
divagué, vagabondé

Errements
erreur

Errer
aller, déambuler, divaguer, égarer, flâner, flotter, marcher, passer, perdre, promener, rôder, tâtonner, trimarder, tromper, vadrouiller, vagabonder, vaguer

Errer au hasard
rôder

Errer çà et là
divaguer

Errer inoccupé
traînasser

Errer sans but
flâner

Erreur
aberration, absurdité, ânerie, apparence, attrape, aveuglement, bavure, bêtise, bévue, boulette, bourde, confusion, contresens, contrevérité, coquille, débordement, dérèglement, distraction, écart, égarement, errance, errements, extravagance, faiblesse, fausseté, faute, folie, fourvoiement, gaffe, illusion, impair, inexactitude, irrégularité,

lapsus, maladresse, malentendu, mensonge, méprise, péché, perle, préjugé, quiproquo, stupidité, tort

Erreur d'interprétation
malentendu

Erreur dans la distribution des cartes
maldonne

Erreur dans un calcul
mécompte

Erroné
aberrant, absurde, bancal, fautif, faux, incorrect, inexact, infidèle, infondé, mauvais, mensonger

Ers
légumineuse, lentille

Ersatz
imitation, substitut, succédané

Érubescence
rougeur

Érudit
cultivé, docte, docteur, humaniste, instruit, intellectuel, lettré, mandarin, savant

Érudit de la Renaissance qui a exalté la dignité de l'esprit humain
humaniste

Érudition
connaissance, culture, savoir, science

Éruption
accès, apparition, débordement, efflorescence, explosion, feu, jaillissement, poussée

Éruption accompagnée de démangeaisons
urticaire

Éruption cutanée
urticaire

Éruption cutanée transitoire
rash

Éruption de taches rosées
roséole

Éruption rouge au cours des maladies infectieuses
énanthème

Éruption vésiculeuse des pieds et des mains
dysidrose, dyshidrose

Érythème
rash, rougeur

Es
einsteinium

Ès
préposition

Esbroufe
bluff, chiqué, fanfaronnade, hâblerie, ostentation, parade

Esbroufer
frimer

Esbroufeur
bluffeur, épateur, fanfaron, menteur

Escabeau
échelle, marchepied, tabouret

Escadre
armada, armée, flotte, flottille

Escadrille
flottille

Escadron
armée, bataillon, groupe, régiment, troupe

Escagasser
blesser, ennuyer

Escaladant
grimpant

Escalade
alpinisme, ascension, assaut, crescendo,
envolée, grimpe, hausse, inflation, montée,
varappe

Escalade d'une paroi rocheuse
varappe

Escalade de parois abruptes
varappe

Escalader
enjamber, franchir, gravir, grimper, monter,
passer, varapper

Escaladeur
varappeur

Escale
arrêt, étape, halte, relâche

Escalier
degrés, échelle, marches

Escamotage
adresse, argutie

Escamoté
contourné, étouffé, masqué

Escamoter
attraper, cacher, camoufler, contourner,
dérober, dissimuler, éclipser, effacer, éluder,
esquiver, étouffer, éviter, masquer, occulter,
recouvrir, rentrer, replier, sauter, subtiliser,
supprimer, taire, voiler, voler

Escamoteur
magicien, voleur

Escapade
bordée, échappée, équipée, évasion, folie,
frasque, fredaine, fugue, fuite, sortie, virée

Escarcelle
bourse

Escargot
colimaçon, hélix, limaçon, mollusque

Escargot de mer
bigorneau

Escarmouche
accrochage, altercation, assaut, bataille,
chamaillerie, combat, dispute, duel,
échauffourée, engagement, joute, polémique

Escarpé
abrupt, âpre, ardu, difficile, malaisé, montant,
raide, rigide

Escarpement
falaise, pente, raidillon

Escarpement littoral
falaise

Escarpement rocheux
crêt

Escarpin
chaussure, soulier

Escarpolette
balançoire

Esche
amorce, appât, boëtte

Escher
amorcer, appâter

Escient
connaissance

Esclaffer (S')
glousser, pouffer, rire

Esclandre
algarade, chahut, charivari, éclat, querelle,
scandale, scène, tapage

Esclavage
asservissement, assujettissement,
carcan, chaînes, contrainte, dépendance,
domination, fers, ilotisme, joug,
oppression, servage, servitude, soumission,
subordination, sujétion, tyrannie

Esclave
captif, chose, ilote, jouet, marionnette, pantin,
prisonnier, serf, serviteur, valet

Esclave égyptienne d'Abraham
Agar

Escogriffe
échalas

Escompte
abattement, avance, intérêt, rabais,
réduction, remise

Escompter
attendre, espérer, tabler

Escorte
accompagnateur, accompagnement,
compagnie, cortège, détachement, équipage,
garde, suite

Escorter
accompagner, chaperonner, conduire,
convoyer, emmener, flanquer, piloter,
protéger, reconduire, suivre

Escorteur
convoyeur

Escouade
brigade, équipe, groupe, peloton, troupe

Escourgeon
orge

Escrime
épéisme, lutte

Escrime où l'on combat avec une épée
épéisme

Escrimer (S')
batailler, battre, tâcher

Escrimeur
bretteur, duelliste, épéiste, sabreur, tireur

Escroc
aigrefin, arnaqueur, bandit, brigand, canaille, charlatan, coquin, crapule, filou, fraudeur, fripon, fripouille, gangster, imposteur, malfaiteur, pirate, racaille, voleur

Escroquer
abuser, arnaquer, dérober, estamper, filouter, flouer, matraquer, pirater, soigner, soutirer, tondre, tromper, truander, voler

Escroquerie
abus, arnaque, fraude, malversation, piraterie, tromperie, vol

ESE
orientation

Esgourde
oreille

Eskimo
inuit

Ésotérique
abstrus, difficile, magique, obscur, occulte, secret, sibyllin

Ésotérisme
alchimie

Espace
aire, alinéa, atmosphère, blanc, ciel, cosmos, course, créneau, distance, écart, écartement, échappée, éloignement, espacement, étendue, éther, fente, immensité, infini, interligne, interstice, intervalle, lacune, lieu, longueur, marge, mer, milieu, place, région, route, sphère, superficie, surface, terrain, trajectoire, trajet, univers, vide, volume, zone

Espacé
aéré, clairsemé, désuni, étalé

Espace carré où l'on range les neuf quilles
quillier

Espace clos
cage

Espace compris entre deux solives
solin

Espace couvert devant l'entrée d'un bâtiment
porche

Espace de huit jours
huitaine

Espace de temps
durée, ère, heure

Espace de temps du coucher au lever
nuit

Espace de terrain
enclos

Espace de terrain couvert d'arbres
bois

Espace déboisé tracé dans une forêt
laie

Espace découvert au milieu d'un cloître
préau

Espace entre deux choses
hiatus

Espace extraterrestre
cosmos

Espace intersidéral
cosmos

Espace libre, ouvert à la vue
découvert

Espace ouvert et plat
champ

Espace plat où nichent les oiseaux de proie
aire

Espace rasé au sommet du crâne
tonsure

Espace séparant deux solives
solin

Espace vide dans une substance
pore

Espace vide, sans matière
vacuum

Espace vitré contre une maison
véranda

Espacement
distance, espace

Espacer
aérer, détacher, disséminer, distancer, écarter, échelonner, éloigner, éparpiller, étaler, répartir, séparer

Espada
matador

Espadrille
chaussure, mule

Espagnolette
crémone, poignée

Espalier
palmette

Espar
vergue

Espar horizontal
bôme

Espar horizontal servant à gréer des lignes
tangon

Espèce
acabit, affaire, cas, catégorie, cause, classe, division, engeance, essence, famille, forme, gabarit, genre, gent, groupe, monnaie, nature, pièce, qualité, race, sorte, type, variété

Espèce d'antilope
topi

Espèce d'araignée qui ne tisse pas de toile
lycose

Espèce d'épagneul
barbet

Espèce de courge
gourde

Espèce de rhododendron
rosage

Espèce de sapin
épinette

Espèce de singe
rhésus

Espèce disparue et conservée dans des roches
fossile

Espèce très commune d'aconit
napel

Espèces
argent, blé, fonds, liquide, monnaie, numéraire

Espèces de plantes herbacées appartenant à la famille des balsaminacées
impatiens

Espérance
aspiration, assurance, attente, certitude, chance, confiance, conviction, croyance, désir, espoir, estimation, expectative, perspective, possibilité, pressentiment, prétention, prévision, promesse, souhait

Espérance ferme
confiance

Espéré
désiré, souhaité, voulu

Espérer
alimenter, ambitionner, aspirer, attendre, désirer, escompter, penser, rêver, souhaiter, tabler, targuer

Espiègle
agaçant, badin, coquin, dissipé, éveillé, facétieux, farceur, folâtre, fripon, gamin, lutin, malicieux, malin, mièvre, mutin, polisson, railleur, rieur, taquin, turbulent

Espiègle et éveillée
lutine

Espiègle, taquin
malicieux

Espièglerie
bouffonnerie, diablerie, facétie, gaminerie, jeu, malice, mièvrerie

Espion
agent, argus, délateur, épieur, fouineur, indicateur, limier, œil, policier, taupe, traître, transfuge

Espionnage
surveillance

Espionné
épié

Espionner
écornifler, épier, guetter, observer, pister, surveiller

Esplanade
agora, forum, parvis, place, terrasse

Espoir
aspiration, assurance, attente, certitude, conviction, désir, espérance, optimisme, possibilité, rêve, souhait, vœu

Esprit
adresse, alcoolat, âme, apparition, brio, but, cerveau, conscience, culture, démon, désir, dessein, dieu, djinn, elfe, entendement, essence, être, fantôme, farfadet, fée, finesse, génie, gnome, humour, idées, imagination, ingéniosité, intellect, intelligence, intention, jugement, kobold, korrigan, lutin, malice, mânes, moi, mort, opinion, optique, pensée, piment, poulpiquet, raison, réflexion, revenant, salamandre, sel, sens, souffle, spectre, sujet, sylphe, tête, vapeur, verve, vie, zombi, zombie

Esprit bienfaisant dans les croyances musulmanes
djinn

Esprit combatif
pugnacité

Esprit de corps
solidarité

Esprit des légendes scandinaves
troll

Esprit du bien
manitou

Esprit follet très taquin
farfadet

Esquif
bac, barcasse, barge, barque, bateau, bélandre, birème, canot, chaland, embarcation, pirogue, toue, traille, voilier, youyou

Esquille
éclat, fragment

Esquimau
inuit

Esquinté
rompu, ruiné

Esquinter
casser, endommager, éreinter, exécuter, maltraiter, massacrer, ruiner

Esquisse
abrégé, amorce, aperçu, brouillon, canevas, carcasse, corrigé, crayon, croquis, dessin, ébauche, épure, essai, exemple, idée, maquette, modèle, ossature, plan, pochade, projet, rudiment, schéma

Esquisser
amorcer, crayonner, décrire, dessiner, ébaucher, indiquer, pocher, tracer

Esquive
pirouette

Esquivé
contourné, évadé, évité, sorti

Esquiver
contourner, défiler, détourner, échapper, éluder, enfuir, escamoter, évader, éviter, fuir, parer, partir, sortir

Essai
analyse, apprentissage, audition, bégaiement, commencement, coup, début, démarche, ébauche, effort, entreprise, épreuve, esquisse, essayage, étude, expérience, expérimentation, monographie, ouvrage, tâtonnement, tentative, test, traité, troupe, vérification

Essaim
armée, colonie, groupe, meute, multitude, nuée, quantité, troupe, troupeau, volée

Essaim d'abeilles
ruche

Essaimer
disperser, disséminer, égailler, émettre, éparpiller, produire, répandre, semer

Essarter
arracher, débroussailler, défricher, sarcler

Essayage
essai

Essayé
éprouvé

Essayer
aborder, contrôler, enfiler, éprouver, examiner, expérimenter, goûter, hasarder, oser, passer, tâcher, tâtonner, tenter, tester, vérifier

Essayer de nouveau
réessayer, retenter

Essayeur
tailleur

Essayiste
auteur

Esse
crochet, ouïe

Essence
acabit, alcoolat, arbre, arôme, caractère, carburant, concentré, élixir, entité, espèce, esprit, être, extrait, fond, genre, kérosène, nature, oléolat, parfum, pétrole, principe, propriété, qualité, quintessence, substance, substrat

Essence d'un individu
entité

Essence d'une chose
quiddité

Essence de l'homme
humanité

Essence solidifiée par du palmitate de sodium
napalm

Essence très volatile tirée du pétrole brut
gazoline

Essence, entité
nature

Essentiel
absolu, capital, caractéristique, cardinal, central, clé, clef, constitutif, crucial, dominant, foncier, fondamental, grand, important, indispensable, inhérent, intime, intrinsèque, maître, majeur, nécessaire, premier, primaire, primitif, primordial, principal, radical, requis, rudiments, substance, véritable, vital, vrai

Essentiellement
absolument, fondamentalement, nécessairement, obligatoirement, totalement

Esseulé
abandonné, délaissé, isolé, seul, solitaire

Essieu
arbre, axe, pivot, pont, support

Esso
pétrolière

Essor
accroissement, activité, boom, croissance, décollage, développement, élan, envol, envolée, épanouissement, expansion, extension, impulsion, progrès, progression, prospérité, vol, volée

Essorer
presser

Essoreuse
tordeur

Essoufflé
haletant, oppressé, pantelant, soufflé

Essoufflement
asthme, dyspnée

Essouffler (S')
ahaner, anhéler, haleter, ralentir, souffler

Essuie-glace
balayette

Essuie-mains
serviette, torchon

Essuyage
nettoyage

Essuyer
bouchonner, décrasser, dépoussiérer, effacer, endurer, éponger, épousseter, éprouver, frotter, nettoyer, recevoir, sécher, subir, tamponner, torcher

Essuyeur
balayeur, frotteur

Est
levant, orient

Estacade
appontement, barrage, débarcadère, digue, jetée

Estafette
courrier, messager, porteur

Estafilade
balafre, blessure, coupure, entaille, fente, taillade

Estaminet
bar, bistro, bistrot, brasserie, café, taverne

Estampe
dessin, figure, gravure, image, kakémono, planche, vignette

Estampé
marqué

Estamper
arnaquer, avoir, emboutir, escroquer, estamper, estampiller, étamper, filouter, graver, imprimer, marquer, matricer, relever, tromper, voler

Estampillage
timbrage

Estampille
cachet, griffe, marque, poinçon, sceau

Estampillé
marqué, noté

Estampiller
estamper, marquer, tamponner, timbrer

Ester
glutamate, intenter, polyester, sel

Ester de l'acide borique
borate

Ester de l'acide oléique
oléine

Ester de l'acide stéarique et du glycérol
stéarine

Ester de l'acide urique
urate

Esthésie
sensibilité

Esthétique
beau, beauté, bel, style, stylisme

Estimable
beau, bel, bien, bon, bonne, digne, honorable, louable, valable, vénérable

Estimation
aperçu, appréciation, approximation, avis, calcul, cotation, détermination, devis, espérance, estime, évaluation, expertise, prévision, prisée

Estimation d'un effet probable
calcul

Estimation du prix
devis

Estime
amour, analyse, approbation, considération, crédit, déférence, égard, estimation, faveur, fierté, honneur, popularité, réputation, respect, révérence

Estimé
admiré, adoré, populaire, prisé, vénéré

Estimer
admirer, adorer, aimer, apprécier, calculer, chaîner, chiffrer, compter, considérer, coter, croire, évaluer, examiner, expertiser, goûter, honorer, jauger, juger, mesurer, penser, peser, présumer, priser, respecter, révérer, soupeser, supputer, tenir, trouver, vénérer, voir

Estimer à la vue
toiser

Estivage
alpe, estive, migration

Estivant
aoûtien, juillettiste, touriste, vacancier, villégiateur, visiteur

Estive
alpage, charge, estivage, lest, poids

Estoc
épée

Estocade
attaque, coup

Estomac
abdomen, bedaine, panse, ventre

Estomaquant
sidérant, stupéfiant, suffocant

Estomaqué
abasourdi, bluffé, éberlué, étonné, pantois, sidéré, stupéfait, surpris

Estomaquer
bluffer, éberluer, étonner, renverser, sidérer, stupéfier, suffoquer, surprendre

Estompage
gommage

Estompé
adouci, affadi, affaibli, amorti, atténué, défraîchi, diminué, édulcoré, effacé, éteint, flou, imprécis, modéré, tamisé, voilé

Estompe faite de papier enroulé
tortillon

Estomper
adoucir, affadir, affaiblir, amenuiser, amortir, atténuer, diminuer, disparaître, édulcorer, effacer, éteindre, faiblir, fondre, gommer, modérer, mourir, oblitérer, oublier, pâlir, passer, radoucir, tamiser, voiler

Estourbi
sonné

Estourbir
étourdir, sonner

Estrade
ambon, chaire, podium, ring, tribune

Estrade pour orateurs
tribune

Estrade sur laquelle un vainqueur reçoit sa récompense
podium

Estrade, au Moyen Âge
hourd

Estran
batture

Estropié
accidenté, altéré, blessé, éclopé, handicapé, impotent, infirme, invalide, mutilé

Estropier
altérer, blesser, mutiler, tronquer

Estuaire
aber, delta, embouchure, ria

Estuaire lagunaire de fleuves
liman

Ésus
dieu

Et
conjonction, lien

Et aussi
voire

Et cætera
etc.

Et le reste
etc.

Et même
voire

Étable
abri, bouverie, écurie, porcherie, soue, vacherie

Étable à bœufs
bouverie

Étable à cochons
soue

Étable à porcs
porcherie

Étable à vaches
vacherie

Établi
acquis, admis, affecté, aménagé, assis, attesté, authentique, avéré, banc, certain, connu, démontré, donné, enraciné, incontestable, jeté, noté, prouvé, reconnu, reçu, réel, situé, stable, sûr, table, tangible

Établir
accréditer, affecter, ancrer, arrêter, asseoir, baser, bâtir, calculer, cantonner, caractériser, caser, commettre, confirmer, constater, constituer, construire, convaincre, créer, découvrir, démontrer, déterminer, disposer, donner, dresser, échafauder, édifier, élaborer, élever, énoncer, ériger, faire, fixer, fonder, forger, former, formuler, implanter, installer, instaurer, instituer, introniser, jeter, loger, marier, mettre, monter, montrer, nommer, nouer, organiser, placer, poser, poster, préciser, prouver, reconnaître, rédiger, régler, régner, statuer

Établir à l'avance
programmer

Établir à l'avance un délai à respecter
préfixer

Établir dans un lieu déterminé
cantonner

Établir un camp militaire
camper

Établir une facture
facturer

Établissement
agence, boutique, constitution, création, école, entreprise, firme, fixation, fondation, fonds, industrie, installation, institut, lycée, maison, position, possession, rédaction, société

Établissement commercial
agence

Établissement créé par une fondation
fondation

Établissement d'assistance publique
asile

Établissement d'enseignement
collège, école

Établissement d'enseignement supérieur
université

Établissement dans lequel est donné un enseignement collectif
école

Établissement de bains de vapeur
hammam

Établissement de crédit
banque

Établissement de jeux
casino

Établissement de repos
aérium

Établissement hôtelier
motel

Établissement mal fréquenté
bouge

Établissement où l'on conserve et expose des objets dignes d'intérêt, notamment des œuvres d'art
musée

Établissement où l'on expose des œuvres d'art
musée

Établissement où l'on loge
hôtel

Établissement où l'on prend des bains de vapeur sèche
sauna

Établissement où l'on tanne les peaux
tannerie

Établissement où les Canadiens de Montréal ont disputé leurs matchs locaux jusqu'en 1996
Forum

Établissement pénitentiaire
bagne

Établissement public
hôpital, pub

Établissement public d'enseignement
lycée

Établissement scolaire
école

Établissement scolaire qui reçoit des élèves internes
internat

Étage
catégorie, classe, couche, degré, échelon, gradin, niveau, palier, plateforme, rang, stade

Étage bas de plafond
entresol

Étage supérieur d'une maison
grenier

Étager
classer, échelonner, graduer, hiérarchiser, structurer, superposer

Étagère
rayon, rayonnage, tablar, tablard, tablette

Étagère dans la porte d'un réfrigérateur
balconnet

Étagère de salle à manger
archelle

Étagère où l'on range la vaisselle
dressoir

Étai
accotoir, appui, béquille, cale, étançon, pilier, renfort, soutènement, soutien, support, tuteur

Étai de bois vertical
pointal

Étai qui soutient un mur
étançon

Étain
Sn

Étal
boucherie, éventaire, table, tablier

Étalage
déballage, démonstration, déploiement, devanture, éventaire, exhibition, montre, ostentation, parade, vitrine

Étalager
étaler

Étale
calme, fixe, immobile, stationnaire

Étalé
affiché, agrandi, amplifié, appliqué, badigeonné, barbouillé, couché, déballé, déplié, déployé, déroulé, développé, dévoilé, disséminé, échelonné, enduit, éparpillé, espacé, étendu, exhibé, exposé, montré, ouvert, rayonné, répandu, réparti, vautré

Étalement
répartition

Étalement de l'herbe fauchée pour qu'elle sèche
fanage

Étaler
affecter, afficher, agrandir, allonger, appliquer, arborer, badigeonner, barbouiller, déballer, décaler, déplier, déployer, dérouler, développer, dévoiler, échelonner, enduire, épandre, épanouir, éparpiller, espacer, étalager, étendre, exhiber, exposer, mettre, montrer, napper, ouvrir, parader, passer, poser, publier, raconter, répandre, répartir, révéler, vautrer

Étalier
boucher

Étalon
alezan, archétype, bourrin, calibre, cheval, mesure, modèle, parangon, référence, reproducteur, standard, type

Étalon de l'ânesse
baudet

Étambot
poupe

Étamer de nouveau
rétamer

Étamine
filtre

Étampe
poinçon

Étamper
estamper**

Étanche
  hermétique, imperméable

Étanchéité
  imperméabilité

Étancher
  apaiser, assécher, assouvir, aveugler,
  boucher, calfater, calfeutrer, calmer,
  dessécher, éponger, éteindre, satisfaire,
  sécher, tamponner

Étancher avec un chiffon
  éponger

Étançon
  béquille, cale, contrefort, étai

Étançonner
  étayer

Étang
  bassin, lac, lagune, marais, mare, marécage,
  réservoir

Étant donné
  car, soit

Étape
  âge, arrêt, cap, degré, échelon, époque,
  escale, état, halte, palier, parcours, partie,
  pas, période, phase, point, relais, route,
  stade, temps, trajet, volet

Étape des caravanes, au Moyen-Orient
  kan, khan

Étape entre deux lieux
  relais

Étape intermédiaire
  transition

Étasunien
  yankee

État
  âge, bilan, bordereau, bulletin, cité, classe,
  compte, condition, degré, description,
  destin, étape, existence, exposé, facture,
  fonction, forme, gouvernement, humeur,
  identité, inventaire, liste, mémoire, métier,
  mouture, nation, nature, niveau, note, pays,
  point, politique, position, pouvoir, profession,
  puissance, rang, recensement, régime,
  relevé, répertoire, résultat, situation, sort,
  statistique, statut, tableau, territoire, travail,
  version, vie

État à l'ouest du Vietnam
  Laos

État affectif complexe
  sentiment

État affectif élémentaire
  affect

État caractérisé par une perte de conscience
  coma

État d'Afrique centrale
  Zaïre

État d'Afrique dirigé par Abbas El Fassi en 2007
  Maroc

État d'Afrique dirigé par Ali Bongo en 2009
  Gabon

État d'Afrique dirigé par Alpha Condé en 2010
  Guinée

État d'Afrique dirigé par Mahamadou Issoufou en 2011
  Niger

État d'Afrique, voisin de l'Algérie
  Tunisie

État d'agitation intense
  fébrilité

État d'Amérique centrale dirigé par Ricardo Martinelli en 2009
  Panama

État d'Asie dirigé par Mahmoud Ahmadinejad en 2005
  Iran

État d'Asie dirigé par Ram Baran Yadav en 2008
  Népal

État d'attente confiante
  espoir

État d'esprit
  mentalité

État d'esprit ponctuel ou durable qui conditionne son propre caractère
  thymie

État d'un corps convexe
  convexité

État d'un corps en combustion
  ignition

État d'un héritage qui n'est pas noble
  roture

État d'un liquide trouble
  turbidité

État d'un pays qui se suffit à lui-même
  autarcie

État d'un utérus qui porte un fœtus
  gravidité

État d'une chevelure crêpelée ou crépue
  crêpelure

État d'une femme enceinte
  grossesse

État d'une fonction non exercée
  vacance

État d'une personne atteinte d'affaiblissement physique ou intellectuel
  gâtisme

État d'une personne blasée
  blasement

État d'une personne en âge d'être mariée et qui ne l'est pas
célibat

État d'une personne impubère
impuberté

État d'une personne ivre
ébriété

État d'une personne née libre
ingénuité

État d'une personne non mariée
célibat

État d'une personne privée de la vue
cécité

État d'une personne qui dort
sommeil

État d'une personne qui se meut difficilement
impotence

État d'une personne veuve
veuvage

État d'une plante naine
nanisme

État d'une surface grenue
grenure

État de ce qui est bombé, convexe
bombement

État de ce qui est cher
cherté

État de ce qui est chétif
chétivité

État de ce qui est divers
diversité

État de ce qui est en pente
déclivité

État de ce qui est rayé
rayage

État de ce qui est tiqueté
tiqueture

État de ce qui est vide
vacuité

État de ce qui est visqueux
viscosité

État de ce qui est voilé
voilement

État de ce qui ne bouge pas
statisme

État de ce qui se suffit à soi-même
autarcie

État de ce qui se vend
vénalité

État de celui qui a plusieurs épouses
polygamie

État de celui qui est bâtard
bâtardise

État de celui qui ignore quelque chose
ignorance

État de celui qui survit à un autre
survie

État de dépression
asthénie

État de détresse respiratoire
asphyxie

État de jeûne
inanition

État de l'est de la Birmanie
Chan

État de l'est des États-Unis
Maryland

État de l'extrémité orientale de l'Arabie
Oman

État de l'Inde
Assam

État de l'Inde occidentale
Goa

État de l'océan Indien
Comores

État de l'organisme
santé

État de l'ouest des États-Unis
Utah

État de la Malaisie
Sabah

État de la personne ou de la chose qui est anonyme
anonymat

État de malaise
dysphorie

État de péché dangereux pour le salut de l'âme
perdition

État de servilité
ilotisme

État de subordination d'un vassal à un suzerain
vassalité

État de très grande affliction
navrement

État de veille
vigilance

État de veuve
viduité

État des cheveux devenus blancs
canitie

État des dépenses et des revenus
budget

État des États-Unis acheté à la Russie
Alaska

État des États-Unis au nord-ouest de l'Amérique
Alaska

État des États-Unis célèbre pour ses oranges
Floride

État des États-Unis constitué d'îles
Hawaï

État des États-Unis longé par le fleuve Mississippi
Arkansas, Illinois, Iowa, Kentucky, Louisiane, Minnesota, Mississippi, Missouri, Tennessee, Wisconsin

État des États-Unis où le français est bien présent
Louisiane

État des États-Unis où se trouve la vallée de la Mort
Nevada

État des États-Unis qui accueille beaucoup de Québécois durant l'hiver
Floride

État des États-Unis situé au nord du Canada
Alaska

État des États-Unis situé dans l'océan Pacifique
Hawaï

État des États-Unis situé sur les rives d'un des Grands Lacs
Indiana, Michigan, Minnesota, Ohio, Wisconsin

État des États-Unis situé sur les rives de l'océan Atlantique
Caroline, Connecticut, Delaware, Floride, Géorgie, Maine, Maryland, Massachusetts, Virginie

État des États-Unis situé sur les rives de l'océan Pacifique
Alaska, Californie, Oregon, Washington

État des États-Unis situé sur les rives du golfe du Mexique
Alabama, Floride, Louisiane, Mississippi, Texas

État des États-Unis voisin du Canada
Dakota, Idaho, Maine, Michigan, Minnesota, Montana, Ohio, Pennsylvanie, Vermont, Washington, Wisconsin

État des États-Unis voisin du Mexique
Arizona, Californie, Texas

État des États-Unis voisin du Québec
Maine, New York, Vermont

État des États-Unis, du Nord et du Sud
Caroline, Dakota

État des filets d'une vis
filetage

État des fruits mûrs
maturité

État des oreilles qui cornent
cornement

État détaillé des travaux à exécuter
devis

État du Brésil méridional
Parana

État du littoral de la Méditerranée
Monaco

État du nord du Brésil
Para

État du nord-est de l'Inde
Orissa, Tripura

État du nord-est des États-Unis
Maine

État du nord-est du Brésil
Piaui

État du nord-ouest de l'Afrique
Algérie

État du nord-ouest des États-Unis
Montana

État du Proche-Orient
Liban

État du sud de l'Arabie
Yémen

État du Venezuela
Zulia

État entre le Bangladesh et la Birmanie
Assam

État gouverné par un roi ou par une reine
royaume

État habituel
normale

État insulaire de l'Asie orientale
Taïwan

État insulaire situé dans l'océan Indien
Comores

État le plus récent des États-Unis
Hawaï

État maladif lié à des troubles métaboliques
dyscrasie

État morbide dû à une surcharge graisseuse
adipose

État occupant la Corne orientale de l'Afrique
Somalie

État ou caractère de ce qui est latent
latence

État passager
condition

État passionné
fièvre

État pathologique
diabète

État résultant d'un manque de nourriture
inanition

État résultant d'une fatigue excessive
surmenage

État sous l'autorité d'un sultan
sultanat

État sur le golfe Persique
Qatar

État trouble d'un liquide
turpidité

État voisin de l'Alabama
Géorgie, Mississippi

État voisin de l'Arizona
Utah

État voisin de l'Arkansas
Oklahoma

État voisin de l'Idaho
Montana

État voisin de l'Illinois
Indiana

État voisin de l'Indiana
Illinois

État voisin de l'Ohio
Kentucky

État voisin de l'Oklahoma
Kansas

État voisin de l'Oregon
Idaho, Washington

État voisin de l'Utah
Nevada

État voisin de la Californie
Arizona, Nevada, Oregon

État voisin de la Caroline du Nord
Virginie

État voisin de la Floride
Géorgie

État voisin de la Géorgie
Alabama

État voisin de la Louisiane
Arkansas

État voisin de la Virginie
Maryland

État voisin de New York
Connecticut, Vermont

État voisin de Washington
Oregon

État voisin du Colorado
Kansas, Nebraska, Utah, Wyoming

État voisin du Dakota du Sud
Nebraska

État voisin du Delaware
Maryland

État voisin du Kansas
Colorado, Missouri, Nebraska, Oklahoma

État voisin du Kentucky
Tennessee

État voisin du Maryland
Delaware, Virginie

État voisin du Massachusetts
Connecticut

État voisin du Minnesota
Iowa

État voisin du Mississippi
Alabama, Louisiane

État voisin du Missouri
Arkansas, Iowa

État voisin du Montana
Idaho, Wyoming

État voisin du Nebraska
Kansas

État voisin du Nevada
Utah

État voisin du New Hampshire
Maine

État voisin du New Jersey
Delaware

État voisin du Nouveau-Mexique
Arizona, Colorado, Texas

État voisin du Tennessee
Kentucky

État voisin du Texas
Oklahoma

État voisin du Vermont
Massachusetts

État voisin du Wisconsin
Indiana

État voisin du Wyoming
Montana

Étatiser
collectiviser, nationaliser, socialiser

Étatisme
collectivisme, communisme, dirigisme,
interventionnisme, socialisme

États-Unis
USA

Étau
cercle, étreinte, piège, tenaille

Étayage
soutènement

Étayer
accoter, appuyer, assurer, béquiller, caler,
conforter, consolider, corroborer, étançonner,
fortifier, raffermir, renforcer, soutenir,
supporter

Étayer avec une ou plusieurs béquilles
béquiller

Été
saison

Été des Indiens
redoux

Éteindre
abolir, acquitter, adoucir, affaiblir, amortir,
anéantir, annuler, apaiser, assoupir, assourdir,

assouvir, atrophier, calmer, consumer,
détruire, diminuer, éclipser, effacer,
émousser, endormir, étancher, étouffer,
exterminer, faner, fermer, obscurcir, prescrire,
refouler, rembourser, retenir, souffler,
supprimer, tarir, ternir

Éteindre (S')
agoniser, décéder, estomper, expirer, mourir,
passer, périr, retomber, tomber, trépasser

Éteint
amorphe, annulé, apathique, atone, décédé,
décoloré, défraîchi, délavé, écœuré, effacé,
estompé, étouffé, fade, fané, fatigué, inerte,
inexpressif, morne, mort, pâle, pâli, passé,
passif, prescrit, retenu, soufflé, sourd, terne,
terni, usé

Étendage
séchage

Étendard
banderole, bannière, drapeau, enseigne,
fanion, gonfalon, oriflamme, pavillon, pennon

Étendoir
sécheur, séchoir

Étendoir, séchoir
étendage

Étendre
abattre, accentuer, accroître, additionner,
aggraver, agrandir, aliter, allonger, amplifier,
aplatir, appliquer, arrondir, augmenter,
continuer, coucher, couper, croître, délayer,
déplier, déployer, dérouler, détendre,
développer, diluer, éclaircir, élancer, élonger,
enduire, enrichir, épandre, épanouir,
éparpiller, éployer, étaler, étirer, fluidifier,
généraliser, grandir, grossir, mélanger,
mettre, mouiller, ouvrir, passer, placer, poser,
prendre, propager, prospérer, rayonner,
renforcer, renverser, répandre, tamponner,
tendre, terrasser, tirer

Étendu
accru, additionné, agrandi, alité, allongé,
ample, appliqué, considérable, couché,
déployé, enrichi, étalé, étiré, généralisé,
gisant, grand, important, large, long, pendu,
ramifié, riche, spacieux, varié, vaste, vautré

Étendue
âge, aire, ambitus, ample, ampleur,
amplitude, capacité, cercle, champ,
développement, dimension, distance,
domaine, envergure, espace, extension,
grandeur, gravité, horizon, immensité,
importance, largeur, longueur, périmètre,
portée, proportion, région, registre, sphère,
superficie, surface, tessiture, volume

Étendue considérable
immensité

Étendue couverte de broussailles
brousse

Étendue d'eau
lac, plaine

Étendue d'eau de mer
lagune

Étendue d'eau stagnante
étang

Étendue d'herbe à la campagne
pré

Étendue de la voix
médium

Étendue de pays plat
plaine

Étendue de terre
terrain

Étendue de terre immergée
île

**Étendue de terre inculte couverte de plantes
sauvages**
lande

**Étendue de terre où ne croissent que certaines
plantes sauvages**
lande

Étendue désertique
reg

Étendue sableuse
arène

Éternel
constant, continuel, divin, durable,
habituel, immortel, immuable, impérissable,
inaltérable, incessant, indéfectible,
indélébile, indestructible, indissoluble, infini,
inséparable, interminable, permanent,
perpétuel, sempiternel

Éternisé
resté

Éterniser
durer, immortaliser, pérenniser, perpétuer,
prolonger, rester, traîner

Éternité
immortalité, pérennité

Éternuement
sternutation

Éternuer
atchoumer

Étêtage
écimage, élagage, émondage, étêtement,
taille

Étêtement
étêtage

Étêter
couper, décapiter, découronner, écimer,
élaguer, tailler

Éteule
chaume, paille, tige

Éther
air, ciel, espace, infini

Éthéré
aérien, ailé, délicat, impalpable, noble, pur, sublime, vaporeux

Éthiopien
abyssin

Éthique
déontologie, déontologique, moral, morale, moralité

Ethnie
communauté, famille, groupe, nation, peuplade, peuple, race, tribu

Ethnie africaine
Tutsi

Ethnies africaines vivant au sud de l'équateur
Bantous

Ethnique
communautaire, culturel, racial

Ethnocide
génocide

Éthylique
ivrogne

Éthylomètre
alcootest

Éthylotest
alcootest

Étiage
décrue

Étier
canal

Étincelant
brillant, chatoyant, coruscant, éblouissant, éclatant, flamboyant, fulgurant, incandescent, luisant, lumineux, miroitant, poli, radieux, rayonnant, reluisant, resplendissant, rutilant, scintillant, splendide

Étinceler
brasiller, briller, chatoyer, éclairer, flamber, flamboyer, luire, miroiter, pétiller, rayonner, reluire, resplendir, rutiler, scintiller

Étincelle
bluette, éclair, éclat, flammèche, lueur, source

Étiolé
affaibli, anémié, anémique, appauvri, asphyxié, atrophié, chétif, débilité, détruit, rabougri, ruiné

Étiolement
anémie, asphyxie, atrophie, déclin

Étioler
affaiblir, anémier, appauvrir, asphyxier, atrophier, débiliter, décliner, dépérir, détruire, languir, rabougrir, ruiner, végéter, vivoter

Étiologie
causalité

Étique
amaigri, cachectique, décharné, desséché, efflanqué, émacié, famélique, hâve, maigre, osseux, sec, squelettique

Étiqueté
marqué, noté

Étiqueter
caractériser, classer, juger, marquer

Étiquette
bienséance, cérémonial, convenances, décorum, écriteau, formes, griffe, inscription, label, marque, protocole, règle, rituel, timbre, vignette

Étirable
ductile, élastique, extensible, flexible, malléable, souple

Étirage
élongation, tirage, tréfilage

Étiré
accru, agrandi, allongé, aminci, dégrossi, détiré, distendu, élongé, étendu, étroit, laminé, tiré, tréfilé

Étirement
allongement, extension, laminage

Étirer
agrandir, allonger, amincir, anéantir, augmenter, dégrosser, déplier, délirer, distendre, élonger, étendre, laminer, tendre, tirer, tréfiler

Étoc
roche

Étoffe
aptitude, capacités, châle, drap, envergure, matière, qualité, stature, textile, tissu, trempe, valeur

Étoffé
enrichi, fourni, garni, gras, nourri, plein

Étoffe à chaîne de soie et à trame de coton, de couleurs vives
madras

Étoffe brillante
satin

Étoffe brodée de soie, d'or ou d'argent
brocart

Étoffe cardée et foulée
molleton

Étoffe cloquée employée pour les vêtements d'intérieur
zénana

Étoffe croisée de laine
escot

Étoffe d'ameublement à côtes perpendiculaires
reps

Étoffe d'ameublement d'armure toile
reps

Étoffe de coton
cotonnade

Étoffe de coton brodée au plumetis
plumetis

Étoffe de coton croisée
finette

Étoffe de crin
crinoline

Étoffe de laine
droguet, lainage, tartan

Étoffe de laine croisée dont le poil est tiré en dehors et frisé
ratine

Étoffe de laine croisée légère
casimir

Étoffe de lin tissée comme le damas
damassé

Étoffe de mauvaise qualité
chiffe

Étoffe de soie
ottoman, pékin, satin, soie, taffetas

Étoffe de soie à dessins variés
foulard

Étoffe de soie croisée
surah

Étoffe de tussah
tussor

Étoffe dont les poils sont frisés
ratine

Étoffe drapée indienne
sari

Étoffe en poils de chèvre
moire

Étoffe faite au métier avec des retailles de tissus
catalogne

Étoffe grossière
jute

Étoffe imitant la dentelle
guipure

Étoffe légère de soie, analogue au foulard
tussor

Étoffe mince
étamine

Étoffe molletonnée
ouatine

Étoffe obtenue en foulant
feutre

Étoffe orientale
samit

Étoffe portée pour protéger ses vêtements
tablier

Étoffe qu'on met dans ou devant une bouche pour empêcher quelqu'un de crier
bâillon

Étoffe qui orne une fenêtre, un mur
tenture

Étoffe semblable au velours
panne

Étoffe tissée artisanalement
catalogne

Étoffe tissée avec du cardé
carde

Étoffer
développer, enrichir, garnir, meubler, mûrir, nourrir

Étoile
artiste, astérisque, astre, carrefour, célébrité, chance, comète, croisée, danseuse, décoration, destin, destinée, fortune, météore, naine, nova, pentacle, planète, soleil, sort, star, starlette, vedette

Étoilé
constellé, stellaire

Étoile à cinq branches, considérée comme un talisman
pentacle

Étoile de cinéma
star

Étoile de la constellation de l'Aigle
Altaïr

Étoile de la constellation du Grand Chien
Sirius

Étoile de mer
astérie

Étoile dont l'éclat peut s'accroître brusquement
nova

Étoile la plus brillante de la constellation de l'Aigle
Altaïr

Étoile qui devient soudainement plus brillante
supernova

Étoiler
consteller, fêler, fendiller

Étole
bande, écharpe

Étonnamment
curieusement

Étonnant
abracadabrant, admirable, ahurissant, anormal, bizarre, confondant, curieux, déconcertant, drôle, ébouriffant, écrasant, effarant, énorme, épatant, époustouflant, étourdissant, étrange, exceptionnel, extra, extraordinaire, fabuleux, fantastique, faramineux, formidable, fort, frappant,

gigantesque, impressionnant, inattendu,
inconcevable, incroyable, inouï, insolite,
magique, merveilleux, miraculeux,
mirifique, mirobolant, monstrueux, original,
phénoménal, prodigieux, rare, remarquable,
renversant, saisissant, sensationnel, signalé,
singulier, stupéfiant, suffocant troublant,
super, surprenant, unique

Étonné
abasourdi, abêti, ahuri, confondu, décoiffé,
déconcerté, décontenancé, ébahi, ébaubi,
éberlué, épaté, estomaqué, étourdi, frappé,
impressionné, interdit, interloqué, médusé,
renversé, saisi, scié, sidéré, soufflé, stupéfait,
suffoqué, surpris

Étonnement
ébahissement, sensation, surprise

Étonner
abasourdir, abêtir, ahurir, asseoir, confondre,
décoiffer, déconcerter, décontenancer,
ébahir, ébaubir, éberluer, épater, estomaquer,
étourdir, foudroyer, frapper, impressionner,
interdire, interloquer, intriguer, méduser,
renverser, saisir, scier, sidérer, souffler,
stupéfier, suffoquer, surprendre

Étonner vivement
éberluer

Étouffant
assourdissant, écrasant, malsain, pesant,
suffocant, torride

Étouffé
abasourdi, adouci, amorti, anéanti, arrêté,
asphyxié, assourdi, atténué, caché, contenu,
couvert, détruit, dissimulé, écrasé, empêché,
enrayé, enterré, escamoté, éteint, étranglé,
faible, gêné, inavoué, incommodé, jugulé,
maté, muselé, neutralisé, noyé, oppressé,
opprimé, refoulé, réprimé, retenu, sourd,
stoppé, suffoqué, supprimé, tué

Étouffement
asphyxie, oppression, paralysie, répression,
touffeur

Étouffer
abolir, adoucir, amortir, anéantir, arrêter,
asphyxier, assoupir, assourdir, atténuer,
briser, cacher, contenir, couvrir, détruire,
dissimuler, écraser, empêcher, enrayer,
enterrer, escamoter, éteindre, étrangler,
étreindre, gêner, incommoder, juguler,
mater, museler, neutraliser, noyer, occulter,
oppresser, opprimer, peser, radoucir, ravaler,
refouler, rentrer, réprimer, retenir, stopper,
suffoquer, supprimer, taire, tuer

Étouffer en avalant trop vite (S')
engouer

Étouffer sous un poids
oppresser

Étoupe
diaconique, filasse

Étoupement
calfatage

Étouper
boucher

Étoupille
détonateur

Étourderie
aberration, amusement, distraction,
négligence, oubli

Étourdi
abasourdi, abêti, abruti, ahuri, assommé,
bêta, bête, distrait, écervelé, engourdi,
étonné, étourneau, évaporé, éventé, follet,
fou, frivole, hurluberlu, imprudent, inattentif,
insouciant, irréfléchi, léger, négligent, sonné,
sot

Étourdir
abasourdir, abêtir, abrutir, ahurir, assommer,
assourdir, chavirer, ébahir, ébranler, enivrer,
entêter, estourbir, étonner, fatiguer, griser,
incommoder, sonner, saouler, soûler,
stupéfier

Étourdissant
abrutissant, ahurissant, assourdissant,
brillant, capiteux, décoiffant, éblouissant,
ébouriffant, enivrant, époustouflant,
étonnant, extraordinaire, fatigant, merveilleux,
prodigieux, sensationnel, surprenant

Étourdissement
faiblesse, griserie, ivresse, malaise, syncope,
tournis, vertige

Étourneau
étourdi, fou, sansonnet

Étrange
abracadabrant, ambigu, amusant, anormal,
baroque, bizarre, curieux, drôle, énigmatique,
étonnant, extraordinaire, fantasque,
inaccoutumé, inattendu, incompréhensible,
inexplicable, inhabituel, inouï, insolite,
inusité, original, paradoxal, saugrenu,
singulier, spécial, surprenant

Étrangement
anormalement, curieusement, drôlement

Étranger
allogène, apatride, autre, différent, distinct,
exotique, extérieur, ignoré, immigrant,
immigré, inconnu, intrus, isolé, lointain,
réfugié, résident, tiers

Étranger aux lois de la logique
alogique

Étrangeté
anomalie, chinoiserie, originalité, singularité

Étranglé
étouffé, étroit, resserré

Étranglement
asphyxie, constriction, paralysie

Étrangler
égorger, étouffer, garrotter, oppresser, presser, resserrer, serrer, tuer

Étrave
proue

Être
aller, âme, citoyen, conscience, constituer, créature, demeurer, devenir, esprit, essence, exister, faire, individu, individualité, intime, loger, moi, nature, personnalité, personne, porter, représenter, résider, rester, sentir, trouver, type, vivre

Être actif (S')
affairer

Être agité de frémissements
palpiter

Être agité de petites secousses
trépider

Être agréable
plaire

Être amoureux
soupirer

Être apte à satisfaire
suffire

Être assis
seoir

Être atteint de strabisme
loucher

Être au courant de quelque chose
savoir

Être au gîte, au repaire
repairer

Être capable
pouvoir

Être contigu
jouxter

Être contraint
devoir

Être couché
gésir

Être dans l'incertitude
douter

Être de garde
veiller

Être déçu
déchanter

Être dévolu par le sort
échoir

Être en ébullition
bouillir

Être en parfait accord d'idées
communier

Être en quantité suffisante
suffire

Être en suspension dans les airs
flotter

Être en union spirituelle
communier

Être engagé dans un processus évolutif devant aboutir à un changement d'état
devenir

Être entrouvert
bâiller

Être étendu sans mouvement
gésir

Être étendu, immobile
gésir

Être fabuleux
centaure

Être fâché
bouder

Être fantastique et terrible le soir de l'Halloween
monstre

Être favorable
sourire

Être grand ouvert
béer

Être humain
bipède, créature, individu

Être imaginaire
fée

Être immatériel
esprit

Être l'objet d'un besoin
falloir

Être la propriété de
appartenir

Être le premier à instruire
initier

Être le premier à subir un inconvénient
étrenner

Être le privilège de
appartenir

Être lent à faire quelque chose
tarder

Être nécessaire
falloir

Être obligatoire
falloir

Être prêt à tout (Se)
damner

Être pris de peur
paniquer

Être puni
écoper

Être situé près de
jouxter

Être souhaitable
seoir

Être spirituel
ange

Être supérieur en son genre
exceller

Être suprême
créateur, Dieu

Être suprême unique des religions monothéistes
Dieu

Être sur le côté de quelque chose, de quelqu'un
flanquer

Être surnaturel
génie

Être suspendu
pendiller

Être tenu
devoir

Être unicellulaire
bactérie

Être utile
profiter

Être vaincu dans une lutte
succomber

Être vivant organisé
animal

Étréci
étroit, resserré, rétréci

Étrécir
resserrer

Étreindre
accoler, caresser, embrasser, empoigner, enlacer, étouffer, oppresser, presser, serrer, tenailler, tenir

Étreinte
accolade, accouplement, caresse, embrassement, enlacement, étau, pression

Étrenne
cadeau, présent, primeur

Étrenner
inaugurer

Étrier de cuir attaché aux jambes
jambier

Étrier en forme d'U
manille

Étrille
brosse, crabe, portune

Étriller
bouchonner, brosser, critiquer, décrasser, éreinter, frotter, malmener, maltraiter, nettoyer, panser, rosser, rouer, rudoyer

Étriper
éventrer, éviscérer, vider

Étriper (S')
agresser, attaquer, battre, critiquer, entretuer

Étriqué
borné, court, étroit, exigu, intolérant, juste, limité, maigre, médiocre, mesquin, minable, minuscule, petit, restreint, rétréci, riquiqui, sec, sectaire, serré

Étrivière
fouet

Étroit
borné, buté, collant, confiné, court, effilé, encaissé, étiré, étranglé, étréci, étriqué, exact, exclusif, exigu, fin, fort, intime, intolérant, juste, limité, maigre, médiocre, mesquin, mince, moulant, petit, privé, profond, réduit, resserré, restreint, restrictif, rétréci, rigoureux, sectaire, serré, strict

Étroit, ayant peu d'étendue
resserré

Étroite bande de tissu
ruban

Étroitement collé
adné

Étroitesse
exiguïté, médiocrité, mesquinerie, petitesse

Étronçonner
tailler

Étude
affectation, afféterie, analyse, apprêt, approfondissement, article, bureau, cabinet, carton, consultation, dessin, ébauche, enquête, essai, examen, expérimentation, expertise, exploration, information, maquette, mémoire, observation, ouvrage, préparation, recherche, traité, travail

Étude d'une langue
philologie

Étude de la constitution des corps
chimie

Étude de la destinée
horoscope

Étude de la nature de la mort
thanatologie

Étude de la religion, de sa doctrine
théologie

Étude des langues et des littératures classiques
humanités

Étude des observations d'ovnis et de phénomènes connexes
ufologie

Étude des ovnis
ufologie

Étude des phénomènes atmosphériques
météo

Étude des sérums
sérologie

Étude des tumeurs cancéreuses
oncologie

Étude du pied et de ses affections
podologie

Étude linguistique des noms de lieux
toponymie

Étude scientifique de la mort
thanatologie

Études
scolarité

Études scolaires
scolarité

Études secondaires
humanités

Étudiant
écolier, élève, lycéen

Étudié
affecté, affété, apprêté, appris, artificiel,
calculé, cherché, composé, contraint,
emprunté, faux, feint, guindé, médité, mûri,
pensé, potassé, raffiné, recherché, réfléchi,
soigné, sondé, sophistiqué, soutenu, travaillé

Étudier
analyser, apprendre, approfondir, ausculter,
bosser, bûcher, chercher, composer,
considérer, critiquer, éplucher, examiner,
explorer, faire, fouiller, inspecter, mesurer,
observer, penser, piocher, potasser,
préméditer, préparer, rechercher, repasser,
scruter, sonder, tâter, traiter, travailler, voir

Étui
boîte, boîtier, coffret, douille, écrin,
emballage, enveloppe, fourreau, gaine,
trousse

Étui à compartiments
trousse

Étui allongé
fourreau

Étui plat
pochette

Étui rempli d'eau
coffin

Étuvage
étuvement

Étuve
autoclave, caldarium, canicule, chaleur, four,
fournaise, sauna, séchoir, stérilisateur

Étuvement
étuvage

Étuver
déshydrater, désinfecter, dessécher, sécher,
stériliser

Étuveur
chaudière

Étymologie
origine

Eu
europium

Eubage
druide

Eucalyptus
gommier

Euh
interjection

Eunecte
anaconda, boa

Eunuque
castrat, châtré

Euphémisme
litote

Euphonie
harmonie, musique

Euphorbe qui purge violemment
épurge

Euphorie
aise, allégresse, béatitude, bonheur,
consentement, enjouement, enthousiasme,
entrain, excitation, extase, joie, jubilation,
liesse, optimisme, plaisir, satisfaction,
surexcitation, vertige

Euphorique
optimiste

Euphorisant
excitant

Euphoriser
dynamiser

Eurasie
continent

Eurasien
métis

Europium
Eu

Eurythmie
harmonie, musique, proportion

Euthanasier
piquer

Eux
ils

EV
électronvolt

Évacuant
laxatif

Évacuation
déversoir, flux, rejet, retrait, retraite, sortie

Évacué
abandonné, rejeté, renié

Évacuer
abandonner, dégorger, déserter, déverser, éliminer, excréter, expulser, libérer, liquider, quitter, refouler, rejeter, sortir, vidanger, vider, vomir

Évacuer le contenu d'un réservoir
vidanger

Évacuer par excrétion
excréter

Évacuer un lieu
déserter

Évadé
allé, cavalé, distrait, échappé, éclipsé, enfui, envolé, esquivé, fugitif, fui, fuyard, libéré, retiré, sauvé, sorti, soustrait

Évader (S')
cavaler, distraire, échapper réfugier, éclipser, enfuir, envoler, esquiver, fuir, libérer, retirer, sauver, sortir, soustraire

Évagination
hernie

Évaluation
calcul, devis, estimation, mesure, recensement, recension, test, valeur

Évaluation d'un volume en unités cubiques
cubage

Évaluation en chiffres
chiffrage

Évalué
chiffré, prisé

Évaluer
analyser, apprécier, calculer, chaîner, chiffrer, comparer, compter, confronter, coter, déterminer, estimer, expertiser, jauger, juger, mesurer, noter, peser, poser, priser, recenser, soupeser, supputer

Évaluer de nouveau
réévaluer

Évanescent
fugace, fugitif

Évangéliser
prêcher

Évangéliste
Luc

Évangile
Bible, catéchisme, code, dogme, loi, règle, vérité

Évanoui
anéanti, cessé, défailli, disparu, dissipé, éclipsé, envolé, évaporé, fini, fondu, fui, inanimé, mort, perdu, révolu, terminé

Évanouir (S')
amenuiser, anéantir, cesser, défaillir, disparaître, dissiper, éclipser, effacer, enfuir, enfuir, envoler, évaporer, expirer, finir, fondre, fuir, mourir, pâmer, perdre, terminer

Évanouissement
faiblesse, malaise, pâmoison, syncope

Évaporable
volatil

Évaporation
séchage

Évaporé
disparu, dissipé, distrait, écervelé, éclipsé, envolé, étourdi, évanoui, éventé, folâtre, fou, frivole, inattentif, insouciant, léger, superficiel, vaporisé, volatilisé

Évaporer (S')
amenuiser, disparaître, dissiper, éclipser, envoler, évanouir, éventer, exhaler, exprimer, gazéifier, sécher, vaporiser, volatiliser

Évasé
accru, agrandi, ample, élargi, large, ouvert

Évaser
accroître, agrandir, aléser, élargir

Évaser l'orifice d'une cavité avec une fraise
fraiser

Évasif
allusif, ambigu, détourné, dilatoire, élusif, équivoque, fuyant, imprécis, indirect, laconique, vague

Évasion
cavale, changement, délassement, distraction, divertissement, escapade, exode, fuite, imagination

Évasivement
vaguement

Évêché
diocèse

Éveil
alarme, alerte, apparition, commencement, début, éclosion, naissance, prémisses, réveil, veille, vigilance

Éveil à la connaissance de la vérité, dans le bouddhisme japonais
satori

Éveillé
alerte, alerté, allumé, astucieux, avancé, conscient, dégourdi, déluré, espiègle, excité, fringant, futé, guilleret, intelligent, malicieux, malin, ouvert, pétillant, prompt, vif, vivant

Éveiller
alerter, allumer, animer, attirer, déclencher, développer, éclore, évoquer, exciter, piquer, provoquer, rappeler, réveiller, révéler, stimuler, susciter

Événement
affaire, aventure, cas, épisode, fait, histoire, occasion, occurrence, page, péripétie, phénomène

Événement extraordinaire
miracle, prodige

Événement fâcheux
déboire

Événement imprévisible
aléa

Événement imprévu
hasard, incident

Événement servant de transition
charnière

Éventail
assortiment, choix, échelle, fourchette, gamme, palette, panka, panoplie, registre, sélection, variété

Éventaire
étal, étalage, montre

Éventé
altéré, connu, découvert, dénaturé, dévoilé, ébruité, étourdi, évaporé, tourné, venté, venteux

Éventer
aérer, altérer, découvrir, déjouer, deviner, dévoiler, divulguer, ébruiter, évaporer, filtrer, flairer, percer, raconter, rafraîchir, répandre, transpirer

Éventrer
crever, défoncer, étriper, ouvrir, transpercer

Éventualité
cas, chance, hypothèse, possibilité, possible, virtualité

Éventuel
accidentel, aléatoire, casuel, contingent, futur, hypothétique, imprévisible, incertain, possible, virtuel

Évêque
dignitaire, pontife, prélat

Évêque de Lyon
Irénée

Évêque de Noyon
Éloi

Évertuer (S')
tâcher

Éviction
congédiement, dépossession, éjection, élimination, évincement, exclusion, expulsion, rejet, renvoi, supplantation

Évidage
évidement, éviscération

Évidé
creux

Évidement
cratère, évidage

Évidemment
forcément, oui

Évidence
axiome, banalité, certitude, généralité, lapalissade, platitude, réalité, transparence, truisme, vérité

Évident
apparent, assuré, attesté, aveuglant, certain, clair, criant, décidé, éclatant, facile, flagrant, formel, frappant, incontestable, indéniable, indiscutable, indubitable, irréfutable, latent, lumineux, manifeste, net, notoire, obvie, palpable, patent, positif, réel, saillant, sensible, sûr, transparent, trivial, visible, voyant

Évider
creuser, cureter, découper, échancrer, vider

Évidure
cavité, creux

Évier
lavabo

Évincement
éviction

Évincer
chasser, débarquer, déposséder, détrôner, écarter, éjecter, éliminer, éloigner, excepter, exclure, expulser, radier, renvoyer, repousser, supplanter, virer

Éviscération
évidage

Éviscérer
étriper, vider

Évité
banni, contourné, détourné, écarté, éludé, épargné, esquivé, fui, interdit, paré, prévenu, supprimé

Éviter
bannir, contourner, défiler, détourner, écarter, échapper, éluder, empêcher, épargner, escamoter, esquiver, fuir, interdire, obvier, parer, prévenir, supprimer, tourner

Éviter avec adresse
éluder

Éviter habilement une chose
esquiver

Évocateur
significatif, suggestif

Évocation
allusion, association, incantation, mention, rappel, remémoration, représentation, sortilège, souvenir

Évocation volontaire du passé
anamnèse

Évocatoire
incantatoire

Évolué
avancé, bougé, changé, civilisé, cultivé, développé, devenu, éclairé, innové, manœuvré, moderne, modifié, mu, progressé, transformé, varié

Évoluer

avancer, bouger, changer, devenir, fluctuer, innover, manœuvrer, modifier, mouvoir, progresser, tourner, transformer, varier

Évolution

amélioration, avancement, civilisation, devenir, formation, forme, manœuvre, marche, métamorphose, mutation, processus, progrès, tour, tournure, transition, variation

Évolution sinueuse

zigzag

Évoqué

pensé

Évoque le bruit du reniflement

snif, sniff

Évoquer

aborder, appeler, citer, décrire, effleurer, éveiller, imaginer, incarner, invoquer, mentionner, montrer, nommer, penser, poser, rappeler, remémorer, repasser, représenter, ressembler, retracer, réveiller, soulever, suggérer, susciter, symboliser

Evzone

palikare, soldat

Ex

ancien

Exacerbation

paroxysme, regain

Exacerbé

aiguisé, exalté, exaspéré, excité, extrême, furieux

Exacerber

agacer, aiguiser, amplifier, attiser, augmenter, exciter, irriter, pousser, redoubler, renforcer

Exact

agréable, assidu, attentif, authentique, bon, certain, conforme, consciencieux, correct, étroit, fiable, fidèle, juste, littéral, mathématique, même, minutieux, net, parfait, ponctuel, précis, propre, réel, régulier, rigoureux, scrupuleux, sévère, sincère, solide, strict, sûr, tangible, textuel, véridique, vrai

Exactement

assidûment, justement

Exaction

abus, malversation, pillage, piraterie

Exactitude

application, assiduité, correction, fidélité, justesse, minutie, ponctualité, précision, propriété, réalité, rectitude, régularité, rigueur, sincérité, soin, véracité, vérité

Exactitude rigoureuse

précision

Exagération

abus, emphase, excès, hyperbole

Exagération anormale de la cambrure du dos

lordose

Exagération prétentieuse

emphase

Exagéré

abusé, abusif, accentué, accru, accusé, affecté, agrandi, amplifié, astronomique, augmenté, brodé, caricatural, chargé, charrié, débridé, démesuré, déraisonnable, dramatisé, effréné, enflé, excessif, exorbitant, extrême, fabulé, forcé, fort, fou, gonflé, grand, grandi, hyperbolique, immodéré, inabordable, insensé, majoré, outrancier, outré, poussé, surestimé, surfait, vanté

Exagérément

démesurément, immodérément, trop

Exagérer

abuser, accentuer, accuser, agrandir, amplifier, augmenter, broder, charger, charrier, dramatiser, enfler, fabuler, forcer, gonfler, grandir, grossir, hâbler, majorer, noircir, outrer, pousser, surestimer, surfaire, vanter

Exaltant

affolant, célébrant, électrisant, emballant, enivrant, enthousiasmant, excitant, galvanisant, grisant, passionnant, stimulant, vivifiant

Exaltation

acclamation, admiration, adoration, animation, ardeur, célébration, chaleur, délire, ébullition, effusion, enthousiasme, extase, fébrilité, ferveur, feu, fièvre, flamme, fougue, frénésie, fureur, furie, griserie, ivresse, joie, louange, lyrisme, passion, rage, ravissement, souffle, transe, transport, triomphe, vertige

Exalté

affolé, amélioré, animé, ardent, augmenté, avivé, béni, bouillant, célébré, chanté, chauffé, déchaîné, déifié, délirant, développé, divinisé, échauffé, électrisé, emballé, énergumène, enfiévré, enflammé, enflé, enivré, enlevé, enragé, enthousiasmé, enthousiaste, éperdu, exacerbé, excité, fanatique, fanatisé, fervent, fiévreux, fortifié, fou, fougueux, frénétique, furibond, furieux, galvanisé, glorifié, gonflé, grandi, grisé, haussé, idolâtre, illuminé, impétueux, intense, intensifié, loué, lyrique, magnifié, passionné, perfectionné, ranimé, ravivé, réchauffé, rehaussé, relevé, remonté, renforcé, réveillé, soulevé, stimulé, surexcité, survolté, transporté, vanté, vif, vivifié

Exalter

acclamer, affoler, améliorer, animer, augmenter, auréoler, aviver, bénir, célébrer,

chanter, chauffer, déifier, développer,
diviniser, échauffer, électriser, emballer,
embraser, enfiévrer, enflammer, enfler,
enivrer, enlever, enthousiasmer, exciter,
fanatiser, fermenter, fortifier, galvaniser,
glorifier, gonfler, grandir, griser, hausser,
incendier, intensifier, irriter, louanger,
louer, magnifier, passionner, perfectionner,
prôner, raffermir, ranimer, raviver, réanimer,
réchauffer, rehausser, relever, remonter,
renforcer, réveiller, soulever, stimuler,
surexciter, survolter, transporter, vanter,
vivifier

Exalter par des louanges
magnifier

Examen
analyse, audition, auscultation, brevet,
certificat, colle, composition, concours,
constatation, consultation, contrôle, critique,
décorticage, délibération, dépouillement,
discussion, dissection, écrit, enquête,
épluchage, épreuve, étude, exploration,
information, inspection, interrogation,
investigation, observation, oral, partiel,
recherche, reconnaissance, revue, ronde,
survol, test, vérification, visite

Examen attentif, approfondi
autopsie

Examen critique
recension

Examiné
pensé, sondé

Examiner
agiter, analyser, approfondir, ausculter,
compulser, considérer, consulter, contempler,
contrôler, critiquer, débattre, dépouiller,
désosser, détailler, dévisager, discuter,
disséquer, effleurer, éplucher, éprouver,
essayer, estimer, étudier, expérimenter,
explorer, feuilleter, fixer, fouiller, inspecter,
instruire, interroger, juger, observer, palper,
penser, peser, prospecter, rechercher,
reconnaître, regarder, repasser, ressasser,
revoir, scruter, sonder, supputer, survoler,
tâter, toiser, toucher, traiter, vérifier, visiter,
voir

Examiner attentivement
dépouiller, interroger

Examiner avec soin
soupeser

Examiner d'un point de vue différent
repenser

Examiner de façon superficielle
survoler

Examiner des documents avec soin
compulser

Examiner en touchant
palper

Examiner rapidement
parcourir

Examiner soigneusement
délibérer

Exaspérant
agaçant, énervant, hérissant, irritant, râlant,
révoltant, vexant

Exaspération
agacement, irritation, nervosité, rage

Exaspéré
agacé, aigri, aigu, courroucé, crispé, énervé,
enragé, exacerbé, excité, extrême, furibond,
furieux, irrité, tanné, ulcéré, vif

Exaspérer
agacer, aigrir, alourdir, attiser, crisper, énerver,
envenimer, excéder, exciter, fâcher, fatiguer,
hérisser, irriter, révolter, ulcérer

Exaucé
satisfait

Exaucer
accomplir, accorder, combler, contenter,
écouter, réaliser, satisfaire

Excavateur
pelle

Excavation
carrière, cavité, cratère, creux, fosse, grotte,
souterrain, trou

Excavation longitudinale pratiquée dans le sol
tranchée

Excavé
sapé

Excaver
creuser, saper

Excédant
agaçant, énervant, râlant, révoltant, vexant

Excédé
fatigué, las

Excédent
accroissement, bénéfice, boni, différence,
excès, gain, reliquat, résidu, reste, solde,
supplément, surcharge, surcroît, surplus

Excédent important de poids
obésité

Excédentaire
surnombre, surnuméraire

Excéder
agacer, assommer, assourdir, crisper,
dépasser, énerver, ennuyer, épuiser,
exaspérer, horripiler, importuner, insupporter,
irriter, lasser, outrepasser, passer, surpasser

Excéder de fatigue
éreinter

Excellence
éminence, perfection

Excellent
accompli, admirable, bon, exquis, fameux, fort, grand, magistral, meilleur, parfait, signalé, sublime, succulent, superbe, supérieur

Exceller
briller, distinguer, illustrer, triompher

Excentré
décentré, excentrique, loufoque

Excentricité
fantaisie, originalité, singularité

Excentrique
baroque, bizarre, excentré, farfelu, fou, insolite, loufoque, original, phénomène, saugrenu, singulier

Excepté
enlevé, hormis, hors, intact, retranché, sans, sauf, sinon

Excepté, hormis
fors

Excepter
écarter, enlever, évincer, exclure, négliger, ôter, oublier, réserver, retirer, retrancher

Exception
anomalie, irrégularité

Exceptionnel
anormal, dépareillé, différent, émérite, éminent, énorme, étonnant, excessif, extraordinaire, extrême, fabuleux, insolite, inusité, isolé, occasionnel, rare, rarissime, remarquable, spécial, supérieur, unique

Exceptionnellement
rarement, très

Excès
abus, cruauté, débauche, débordement, démesure, dérèglement, dévergondage, disproportion, écart, énormité, exagération, excédent, foison, folie, immodération, inconduite, incontinence, intempérance, libertinage, licence, luxe, outrance, pléthore, profusion, reste, satiété, saturation, surabondance, surcharge, surplus, trop

Excès d'estime de soi
orgueil

Excès de charge
surcharge

Excès de poids
obésité

Excès de table
ribote

Excessif
abusif, ahurissant, colossal, démesuré, déraisonnable, effréné, énorme, enragé, exagéré, exceptionnel, exorbitant, extraordinaire, extrême, fou, furieux, horrible, immodéré, inabordable, infini, insensé, outrancier, outré, prodigieux, prohibitif, ridicule, rigoureux, surabondant, surhumain

Excessif et violent
hard

Excessivement
démesurément, énormément, follement, fort, fortement, immodérément, rudement, très, trop

Excessivement chaud
torride

Excise
accise

Exciser
ablater, couper, débrider

Excision
ablation, abscission, amputation, enlèvement, exérèse, extirpation, incision

Excitabilité
irritabilité

Excitable
nerveux

Excitation violente, inattendue, spectaculaire et qui paraît exagérée
hystérie

Exciter
accélérer, activer, affoler, affrioler, agacer, aggraver, agiter, aguicher, aiguillonner, aiguiser, allumer, animer, appeler, attirer, attiser, augmenter, aviver, caresser, causer, charmer, chatouiller, convier, déchaîner, déclencher, désopiler, échauffer, électriser, emballer, embraser, émoustiller, énerver, enfiévrer, enflammer, enivrer, enlever, enthousiasmer, envenimer, éperonner, éveiller, exacerber, exalter, exaspérer, exhorter, flatter, fomenter, fouetter, galvaniser, griser, inciter, instiguer, insuffler, inviter, irriter, mouvoir, passionner, piquer, plaire, pousser, provoquer, ranimer, ravir, raviver, réanimer, remuer, réveiller, solliciter, soulever, stimuler, surexciter, susciter, taquiner, tenter, transporter, travailler, troubler

Exciter la curiosité
intriguer

Exciter la pitié, la compassion
apitoyer

Exclamation
acclamation, ah

Exclamation attribuée à Archimède
eurêka

Exclamation d'étonnement
mazette

Exclamation enfantine
na

Exclamation exprimant le plaisir de manger
miam

Exclamation moqueuse
turlututu

Exclamation qui marque l'admiration
diantre

Exclamation qui marque la surprise
diable

Exclamation qui renforce
pardieu

Exclamation renforçant une affirmation
na

Exclamer (S')
écrier, protester, récrier

Exclu
enlevé, épuré, exilé, marginal, paria, pestiféré, radié, refusé, rejeté, repoussé, réprouvé

Exclure
bannir, chasser, écarter, éjecter, éliminer, empêcher, enlever, épurer, évincer, excepter, excommunier, exiler, expulser, forclore, interdire, isoler, ôter, prohiber, proscrire, radier, rayer, refouler, refuser, rejeter, renvoyer, repousser, retrancher, supprimer, vider, virer

Exclusif
absolu, buté, égoïste, entêté, entier, étroit, jaloux, particulier, personnel, possessif, propre, sélect, spécial, spécifique, unique

Exclusion
anathème, épuration, éviction, radiation, rejet, renvoi

Exclusivement
purement, seulement

Exclusivité
accaparement, apanage, monopole, prérogative

Excommunication
anathème, condamnation

Excommunication prononcée contre les non-croyants
anathème

Excommunié
rejeté

Excommunier
chasser, exclure, rejeter

Excoriation
blessure, éraflure, gerçure, griffure

Excorier
égratigner, érafler

Excréter
éliminer, évacuer, expulser, sécréter

Excroissance
adénome, bosse, caroncule, éminence, grosseur, tumeur

Excroissance apparaissant sur un tissu végétal
galle

Excroissance charnue
crête

Excroissance cutanée
verrue

Excroissance épidermique
corne

Excroissance naturelle de la surface d'un os
apophyse

Excursion
balade, course, marche, promenade, randonnée, tour, visite, voyage

Excursionniste
promeneur, visiteur

Excusable
véniel

Excuse
alibi, décharge, défense, dérobade, échappatoire, explication, justification, motif, pardon, pirouette, prétexte, raison, regret

Excuser
absoudre, accepter, admettre, blanchir, couvrir, décharger, défendre, disculper, expliquer, innocenter, justifier, légitimer, motiver, oublier, pardonner, passer, réhabiliter, supporter, tolérer

Excuser (S')
regretter

Exécrable
abominable, affreux, détestable, haïssable, hideux, horrible, imbuvable, infect, infernal, maudit, minable, odieux, pitoyable, répugnant, vilain

Exécration
abomination, aversion, dégoût, haine, horreur, répulsion

Exécrer
abhorrer, abominer, détester, haïr, maudire, rejeter, repousser, vomir

Exécutable
faisable

Exécutant
agent, artiste, bourreau, praticien, subalterne

Exécuté
abattu, accompli, interprété

Exécuté à la hâte
express

Exécuté avec brio
enlevé

Exécuté avec le plus grand soin
travaillé

Exécuté avec succès
réussi

Exécuter
abattre, accomplir, achever, assassiner, commettre, confectionner, critiquer, décapiter, démolir, descendre, discréditer,

effectuer, éliminer, éreinter, esquinter,
exercer, fabriquer, faire, fusiller, guillotiner,
interpréter, jouer, lapider, liquider, lyncher,
massacrer, obéir, observer, opérer, pendre,
perpétrer, procéder, purger, réaliser, remplir,
satisfaire, tenir, tuer

Exécuter à la hâte un travail
torcher

Exécuter avec des aiguilles
tricoter

Exécuter avec un soin minutieux
perler

Exécuter des travaux manuels
bricoler

Exécuter rapidement un tableau
pocher

Exécuter simultanément
cumuler

Exécuter une incursion guerrière en territoire ennemi
razzier

Exécuter une succession de voltes et de demi-voltes à droite et à gauche
caracoler

Exécuter une volte
volter

Exécuter, jouer en arpège
arpéger

Exécuteur
bourreau, tortionnaire

Exécuteur des jugements criminels
bourreau

Exécution
application, confection, façon, facture, jeu,
opération, pratique, réalisation, supplice,
travail

Exécution anticipée d'un acte
anticipation

Exégèse
anagogie, commentaire, critique, explication,
herméneutique, interprétation

Exégète
annotateur, commentateur, critique,
interprète, scoliaste

Exemplaire
accompli, admirable, copie, échantillon,
édifiant, exemple, individu, modèle, moral,
numéro, parfait, spécimen, vertueux

Exemple
antécédent, aperçu, cas, corrigé, échantillon,
esquisse, exemplaire, idéal, idée, illustration,
image, maître, modèle, notion, paradigme,
parangon, précédent, preuve, règle,
spécimen, type

Exemplifier
illustrer

Exempt
affranchi, déchargé, dégagé, démuni, dénué,
dépourvu, dispensé, exempté, exonéré,
libéré, libre, privé

Exempt de toute souillure
immaculé

Exempté
affranchi, allégé, exempt, quitte

Exempter
affranchir, alléger, décharger, dégager,
dégrever, détaxer, dispenser, exonérer,
garantir, immuniser, libérer, préserver,
réformer

Exemption
autorisation, décharge, diminution, dispense,
franchise, immunité

Exercé
adroit, aguerri, averti, entraîné, expérimenté,
expert, fin, formé, habile, habitué,
professionnel, qualifié

Exercé par un collège
collégial

Exercer
aguerrir, cultiver, déployer, dresser, éduquer,
employer, endurcir, entraîner, exécuter,
façonner, faire, former, habituer, occuper,
plier, pratiquer, produire, remplir, roder, tenir,
travailler

Exercer des ravages
sévir

Exercer des représailles (Se)
venger

Exercer la répression avec rigueur
sévir

Exercer la satire sur quelqu'un, sur quelque chose
satiriser

Exercer le métier de torero
toréer

Exercer le pouvoir
régner

Exercer plusieurs fonctions
cumuler

Exercer son chant
vocaliser

Exercer une action
influer

Exercer une action en justice
ester

Exercer une action réciproque
interagir

Exercice
activité, apprentissage, boulot, devoir,
entraînement, expérience, gymnastique,
habitude, instruction, job, manœuvre,
pratique, préparation, sport, usage

Exercice à l'arme blanche
escrime

Exercice d'assouplissement
plié

Exercice de gymnastique
traction

Exercice musculaire
aérobie

Exercice scolaire d'orthographe
dictée

Exercices de dévotion qui durent neuf jours
neuvaine

Exercices tendant vers l'accomplissement spirituel
ascèse

Exérèse
ablation, excision

Exfoliation
gommage

Exhalaison
arôme, bouffée, effluve, fumée, gaz, odeur, parfum, senteur, souffle, vapeur

Exhalé
coulé, soufflé

Exhaler
dégager, déverser, émaner, embaumer, émettre, empester, épancher, évaporer, expirer, exprimer, fleurer, manifester, odorer, pousser, produire, proférer, puer, rendre, répandre, respirer, sécréter, souffler, suer, transpirer

Exhaler une odeur infecte
puer

Exhaussement de terre fait en labourant
billon

Exhausser
élever, hausser, monter, rehausser, relever, remonter, surélever

Exhaustif
complet, entier, intégral

Exhérédé
frustré

Exhéréder
déshériter

Exhortation
appel, avis, discours, harangue, incitation, leçon, prêche, prône, sermon

Exhorter
appeler, conseiller, convier, encourager, engager, exciter, haranguer, inciter, inviter, persuader, pousser, prêcher, presser, recommander

Exhumer
déterrer, produire, rappeler, ressortir, ressusciter, réveiller

Exigé
requis, voulu

Exigeant
délicat, difficile, pénible, rigide, sévère, strict

Exigence
appétit, besoin, condition, contrainte, demande, désir, impératif, loi, nécessité, obligation, ordre, prescription, prétention, règle, revendication, scrupule, ultimatum, volonté

Exigence absolue
diktat

Exiger
appeler, attendre, commander, demander, enjoindre, entendre, imposer, mériter, nécessiter, ordonner, prendre, prescrire, prétendre, réclamer, requérir, revendiquer, supposer, vouloir

Exigu
étriqué, étroit, minuscule, petit, réduit, restreint, riquiqui

Exiguïté
étroitesse, médiocrité, modicité, petitesse

Exil
bannissement, départ, déportation, éloignement, expatriation, expulsion, isolement, proscription, réclusion, relégation, renvoi, retraite, séparation, transportation

Exilé
banni, chassé, déporté, écarté, éloigné, émigrant, émigré, exclu, expatrié, expulsé, immigré, migrant, ostracisé, proscrit, réfugié, relégué

Exiler
bannir, chasser, déporter, déraciner, écarter, éloigner, émigrer, exclure, expatrier, expulser, immigrer, ostraciser, proscrire, réfugier, reléguer

Existant
actuel, avenu, concret, effectif, palpable, positif, présent, réel

Existence
âge, destin, destinée, état, présence, réalité, vie

Exister
compter, continuer, demeurer, durer, être, importer, persister, régner, rencontrer, subsister, trouver, valoir, vivre

Exister en même temps
coexister

Exister ensemble
coexister

Exit
sortie

Exode
émigration, évasion, expatriation, fuite

Exonération
abattement, acquit, décharge, diminution, dispense, franchise, immunité

Exonération totale ou partielle en faveur de certains contribuables
décote

Exonéré
affranchi, allégé, exempt, quitte

Exonérer
affranchir, alléger, débarrasser, décharger, dégager, dégrever, détaxer, dispenser, exempter, libérer

Exorable
clément

Exorbitant
abusif, cher, colossal, démesuré, exagéré, excessif, fabuleux, fou, immodéré, inaccessible, onéreux, ruineux

Exorciser
chasser, conjurer

Exorde
commencement, début, introduction, préambule, préliminaire, prélude, prologue

Exostose
suros

Exotique
dépaysant, différent, étranger, inhabituel, lointain, tropical

Expansif
communicatif, confiant, débordant, démonstratif, extraverti, exubérant, franc, ouvert, prolixe

Expansion
boom, boum, confidence, croissance, essor, progrès, prospérité

Expatriation
exil, exode

Expatrié
apatride, émigré, exilé

Expatrier
bannir, déraciner, exiler, expulser

Expatrier (S')
émigrer, immigrer, migrer, réfugier

Expectative
attente, espérance

Expectoration
crachat, crachotement, glaire, mollard, toux

Expectorer
cracher, crachoter, tousser, toussoter

Expédié
adressé

Expédient
convenable, invention, opportun, palliatif, remède, ressource, solution, truc, utile

Expédier
adresser, bâcler, congédier, dépêcher, éconduire, envoyer, liquider, poster, régler, renvoyer, torcher, transmettre, trousser

Expéditif
diligent, hâtif, preste, prompt, rapide, sommaire

Expédition
campagne, colis, envoi, fret, guerre, mission, opération, périple, port, raid, transport, voyage

Expédition de chasse, en Afrique
safari

Expéditivement
vite

Expérience
épreuve, essai, exercice, fait, habitude, métier, pratique, recherche, science, tentative, test, vécu

Expérience de vie
vécu

Expérience professionnelle
CV

Expérimental
pilote, pratique

Expérimentation
épreuve, essai, étude, recherche, tentative, test

Expérimenté
adroit, apte, averti, chevronné, compétent, éclairé, émérite, éprouvé, exercé, expert, fort, instruit, professionnel, qualifié

Expérimenter
connaître, éprouver, essayer, examiner, rechercher, risquer, tâtonner, tenter, tester, vérifier

Expert
accompli, adroit, arbitre, as, assuré, audit, averti, bon, capable, chevronné, compétent, connaisseur, conseil, éprouvé, exercé, expérimenté, habile, instruit, maître, professionnel, qualifié, savant, spécialiste, virtuose

Expert chargé d'estimer la valeur des marchandises
sapiteur

Expertise
estimation, étude, habileté, rapport, science, test

Expertiser
apprécier, estimer, évaluer, juger, vérifier

Expiation
châtiment, rachat, réparation, sanction

Expier
compenser, payer, racheter, réparer

Expirant
affaibli, agonisant, moribond, mourant

Expiration
annuité, échéance, fin, souffle, terme

Expiré
décédé, soufflé

Expirer
affaiblir, agoniser, baisser, cesser, décéder, décliner, décroître, diminuer, disparaître, dissiper, échoir, éteindre, évanouir, exhaler, finir, mourir, passer, périr, respirer, souffler, soupirer, succomber, trépasser

Explication
altercation, clé, clef, commentaire, compte, débat, détail, discussion, dispute, élucidation, excuse, exégèse, glose, illustration, lecture, motif, notice, pourquoi, précision, raison, raisonnement, réponse, solution

Explication de base
aperçu

Explicite
catégorique, clair, détaillé, exprès, formel, limpide, net, positif, précis

Expliciter
éclaircir, énoncer, formuler, préciser

Expliqué
dévoilé, éclairé, enseigné, ergoté

Expliquer
annoter, apprendre, commenter, décrire, définir, dévoiler, échanger, éclaircir, éclairer, élucider, enseigner, excuser, exposer, exprimer, gloser, illustrer, interpréter, justifier, lire, montrer, motiver, raconter

Expliquer par un commentaire
gloser

Exploit
acte, action, challenge, geste, performance, prouesse, record, réussite, succès, victoire

Exploit sportif
record

Exploitant
agriculteur, paysan

Exploitant d'un marais salant
saunier

Exploitant de serres
serriste

Exploitation
carrière, culture, entreprise, ferme, fonds, industrie, plantation, terre, utilisation

Exploitation agricole collective, en Israël
kibboutz

Exploité
cultivé, saisi

Exploiter
cultiver, égorger, pressurer, rançonner, saisir, utiliser

Exploiter une colonie
coloniser

Exploiteur
affameur

Explorateur
pionnier, voyageur

Exploration
découverte, étude, examen, recherche, voyage

Exploré
sondé

Explorer
analyser, approfondir, ausculter, battre, creuser, découvrir, étudier, examiner, feuilleter, fouiller, fureter, inspecter, parcourir, prospecter, rechercher, reconnaître, scruter, sillonner, sonder, tâter, visiter

Explorer de la main
tâter

Explosé
débordé

Exploser
déborder, déchaîner, détoner, éclater, emporter, fulminer, péter, sauter, tempêter, tonitruer, tonner

Exploser avec bruit
détoner

Explosible
explosif

Explosif
bouillant, critique, dangereux, dynamite, explosible, fougueux, fulminant, impétueux, plastic, poudre, sensible, tendu, TNT, violent, volcanique

Explosion
algarade, bing, bond, boom, bouffée, commotion, crevaison, détonation, éruption, montée, rage, tempête

Explosion très lumineuse qui marque la fin de la vie de certaines étoiles
supernova

Exportateur
négociant

Exportation
fuite

Exposant
demandeur, puissance, requérant

Exposé
affiché, analyse, aperçu, argument, causerie, communication, conférence, découvert, description, détail, discours, donné, énoncé, étalé, état, exposition, laïus, mémoire, narration, noté, notice, présentation, rapport, récit, relation, topo, tourné, version

Exposé détaillé
rapport

Exposé écrit
notice

Exposer
afficher, affirmer, commettre, communiquer, compromettre, déballer, déclarer, découvrir, décrire, dessiner, détailler, développer, dire, diriger, disposer, donner, écrire, engager, énoncer, étaler, exhiber, expliquer, exprimer, former, formuler, fournir, hasarder, indiquer, jouer, livrer, manifester, montrer, narrer, orienter, placer, préciser, présenter, prodiguer, publier, raconter, rapporter, relater, représenter, retracer, révéler, risquer, soumettre, tourner, traiter

Exposer à feu vif
rissoler

Exposer à la lumière du soleil
insoler

Exposer à un risque
risquer

Exposer au vent
éventer

Exposer des marchandises
étalager

Exposer méthodiquement ses idées sur un sujet
disserter

Exposer pour la vente
étaler

Exposer verbalement ou par écrit
traiter

Exposition
exposé, foire, montre, narration, orientation, position, préambule, présentation, récit, salon, situation

Exposition horticole où sont présentées des fleurs
floralies

Exprès
absolu, catégorique, délibérément, explicite, expressément, formel, impératif, intentionnellement, juste, messager, net, positif, précis, précisément, sciemment, spécialement, volontairement

Express
rapide, train

Expressément
bien, exprès, nettement

Expressif
imagé, mobile, parlant, significatif, vivant

Expression
adage, air, attitude, écho, forme, formule, hommage, image, locution, manif, masque, mine, mot, organe, parole, phrase, reflet, signe, style, touche, tournure, traduction, visage

Expression de la douleur
sanglot

Expression de la pensée
langage

Expression des sentiments violente, fougueuse, passionnée
véhémence

Expression orale incompréhensible
babélisme

Expression propre à une langue
idiotisme

Expression propre au latin
latinisme

Expression stéréotypée
poncif

Expression verbale de la pensée
verbe

Exprimé
dit, partagé

Exprime la déception
zut

Exprime le bruit d'un plongeon
floc

Exprime un bruit sec
pif

Exprime un bruit violent
vlan

Exprime un raté
oups

Exprimer
adresser, affirmer, communiquer, déclarer, dire, donner, émettre, énoncer, épancher, évaporer, exhaler, expliquer, exposer, exsuder, extérioriser, extraire, former, formuler, manifester, marquer, montrer, parler, peindre, porter, préciser, présenter, presser, prononcer, prouver, publier, refléter, rendre, représenter, reproduire, respirer, restituer, révéler, signifier, symboliser, témoigner, tirer, tourner, traduire, transmettre

Exprimer en termes violents
clamer

Exprimer la gaieté
rire

Exprimer son suffrage
voter

Exprimer sous forme numérique
numériser

Exprimer une chose fausse
mentir

Exprimer, manifester
exhaler

Expropriation
saisie

Expulsé
banni, épuré, exilé, rejeté, sorti

Expulser
bannir, bouter, chasser, déloger, déporter, éjecter, éliminer, épurer, évacuer, évincer, exclure, excréter, exiler, expatrier, projeter, proscrire, reconduire, refouler, rejeter, renvoyer, repousser, sortir, vider, virer, vomir

Expulser de l'air
souffler

Expulser de l'air par le nez et par la bouche
éternuer

Expulser de nouveau
rechasser

Expulser du pays
bannir

Expulser l'air
expirer

Expulsion
éjection, épuration, éviction, exil, radiation, rejet, renvoi

Expulsion d'air contenu dans les poumons
toux

Expurgé
épuré

Expurger
censurer, châtrer, corriger, couper, épurer, mutiler, purger

Exquis
admirable, adorable, affable, agréable, aimable, beau, bel, bon, charmant, délectable, délicat, délicieux, distingué, divin, doux, excellent, fameux, fin, friand, parfait, raffiné, rare, savoureux, suave, succulent

Exquisément
délicatement

Exsangue
anémié, anémique, asthénique, blafard, blanc, blême, cadavérique, hâve, livide, pâle, pâlot, plombé

Exsudé
coulé

Exsuder
couler, distiller, émettre, exprimer, sécréter, suer, suinter, transpirer

Extase
admiration, adoration, adulation, béatitude, contemplation, émerveillement, enivrement, euphorie, exaltation, félicité, ivresse, ravissement, transe, transport

Extensible
étirable, malléable, souple

Extension
accroissement, délai, essor, étendue, étirement, inflation, progrès

Exténuant
épuisant, éreintant, fatigant, harassant, pénible, tuant, usant

Exténuation
fatigue

Exténué
accablé, affaibli, alangui, anéanti, avachi, brisé, défait, épuisé, éreinté, fatigué, fourbu, harassé, rompu

Exténuer
accabler, affaiblir, alanguir, anéantir, assommer, briser, démolir, dessécher, ennuyer, épuiser, éreinter, fatiguer, harasser, lessiver, surmener, tuer, vanner

Extérieur
air, allure, apparence, apparent, aspect, attitude, dehors, écorce, enveloppe, étranger, externe, extrinsèque, figure, forme, genre, masque, mine, objectif, périphérique, pourtour, superficiel, surface, tournure, visible

Extériorisé
affiché, noté

Extérioriser
afficher, affirmer, exprimer, manifester, montrer

Extermination
destruction, génocide, hécatombe

Extermination d'un groupe ethnique
génocide

Exterminé
anéanti, détruit

Exterminer
anéantir, assassiner, décimer, détruire, éteindre, immoler, massacrer, tuer

Externat
lycée

Externe
extérieur, extrinsèque, périphérique

Extinction
abolition, annulation, perte, prescription

Extinction de la douleur
nirvana

Extirpation
excision

Extirpé
détruit, enlevé

Extirper
anéantir, arracher, déloger, déraciner, détruire, enlever, éradiquer, extorquer, extraire, libérer, ôter, retirer, sarcler, soutirer, tirer

Extorquer
arracher, dérober, extirper, pressurer, soutirer, voler

Extra
appoint, beau, bel, complément, dément,
dépense, épatant, étonnant, fin, géant,
génial, sensationnel, super, supérieur,
supplément

Extraconjugal
adultère

Extraction
ablation, ascendance, descendance, lignage,
lignée, naissance, origine, race, souche

Extrafin
menu, mince

Extrafort
ganse, ruban

Extraire
arracher, dégager, déloger, déraciner,
détacher, enlever, énucléer, exprimer,
extirper, isoler, ôter, prélever, prendre, puiser,
relever, retirer, séparer, sortir, tirer

Extraire l'eau
essorer

Extraire la tourbe
tourber

Extraire le lait du pis
traire

Extraire le sel
sauner

Extraire, extirper par énucléation
énucléer

Extrait
abrégé, alcoolat, analyse, bribe, citation,
concentré, coulé, digest, enlevé, essence,
fragment, morceau, page, parfum, partie,
passage, quintessence, résumé, sommaire,
tronçon

Extrait d'un ouvrage
passage

Extrait de la noix d'arec
cachou

Extrait de plantes
végétal

Extrait de suc de fruit
rob

Extrait mou d'ergot de seigle
ergotine

Extralucide
voyant

Extraordinaire
admirable, anormal, colossal, dément,
énorme, épouvantable, étonnant,
étourdissant, étrange, exceptionnel, excessif,
extrême, fabuleux, fameux, fantasque, fort,
imprévu, indicible, ineffable, inouï, insolite,
inusité, magistral, parfait, particulier, rare,
sacré, sidérant, signalé, singulier, spécial,
stupéfiant, sublime, super, surnaturel, unique

Extrapolation
prévision, pronostic

Extrasystole
arythmie

Extraterrestre
martien

Extravagance
absurdité, caprice, erreur, fantaisie, folie,
frasque, imagination, singularité

Extravagant
aberrant, abracadabrant, absurde, baroque,
biscornu, bizarre, burlesque, délirant,
déraisonnable, fantasque, farfelu, fou,
grotesque, idiot, impossible, incohérent,
insensé, insolite, loufoque, saugrenu, tordu,
visionnaire

Extravagant, complètement fou
délirant

Extravaguer
délirer, radoter

Extraverti
expansif, ouvert, parlant

Extrême
abusif, colossal, démesuré, dernier,
disproportionné, drastique, éperdu,
épouvantable, exacerbé, exagéré, exaspéré,
exceptionnel, excessif, extraordinaire, final,
furieux, grand, haut, horrible, immodéré,
infini, intense, limite, mortel, outré,
paroxysme, passionné, profond, radical,
souverain, suprême, terminal, ultime, vif,
violent

Extrême complexité
maquis

Extrême maigreur
étisie

Extrêmement
bien, drôlement, énormément, follement, fort,
hautement, rudement, tout, très, vraiment

Extrêmement affaibli
exténué

Extrêmement agréable
délicieux

Extrêmement fatigant
harassant

Extrêmement fatigué
recru

Extrêmement fin
superfin

Extrêmement heureux
enchanté

Extrêmement joli
ravissant

Extrêmement maigre
décharné

Extrémiste
enragé, fanatique, gauchiste, radical

Extrémité
about, acmé, bord, bout, coin, embout,
entame, fin, fond, limite, lisière, partie,
pointe, pôle, queue, terminaison

Extrémité charnue des doigts
pulpe

Extrémité d'un os long
épiphyse

Extrémité d'une aile
aileron

Extrémité d'une branche maîtresse
têteau

Extrémité d'une jambe de bois
pilon

Extrémité d'une parcelle agricole
fourrière

Extrémité d'une pièce
about

Extrémité d'une planche
onglet

Extrémité de l'aile d'un oiseau
aileron

**Extrémité des douves qui dépasse cette
rainure**
jabloir

Extrémité du canon
culasse

Extrémité du corps d'un oiseau
croupion

Extrémité du museau du chien
truffe

Extrémité effilée d'un récipient
bec

Extrémité effilée de certains instruments à air
bec

Extrémité méridionale du plateau brésilien
mar

Extrémité pointue d'un arbre
cime

Extrémité renflée d'un os long
épiphyse

Extrémité sud-est du Pakistan
Sind

Extrémité supérieure d'une antenne
penne

Extrémum
maximum

Extrinsèque
accidentel, extérieur, externe, fictif

Exubérance
abondance, faconde, fougue, pétulance,
profusion, surabondance, volubilité

Exubérant
débordant, déchaîné, expansif, fougueux,
loquace, luxuriant, pétulant, prolixe

Exubérant, ouvert
expansif

Exultant
débordant

Exultation
alacrité, allégresse, délire, gaieté, joie, liesse

Exulter
jubiler, réjouir, triompher

Exutoire
antidote, défouloir, dérivatif, déversoir,
distraction, diversion, issue, palliatif, remède,
soupape

Exuvie
dépouille

Eyra
couguar, puma

F

Fa
note

Fable
affabulation, allégorie, anecdote, apologue, blague, conte, fantaisie, faribole, fiction, folklore, histoire, imagination, index, invention, légende, mensonge, mythe, parabole, récit, roman, sornette, tromperie

Fabliau
conte

Fablier
recueil

Fabricant
artisan, facteur, industriel, manufacturier, usinier

Fabricant d'horloges, de montres
horloger

Fabricant d'instruments à cordes
luthier

Fabricant de bijoux
bijoutier

Fabricant de cannes
cannier

Fabricant de corde
cordier

Fabricant de draps
drapier

Fabricant de faïence
faïencier

Fabricant de gants
gantier

Fabricant de heaumes
heaumier

Fabricant de lunettes
lunetier

Fabricant de moules en sable
sableur

Fabricant de parfums
parfumeur

Fabricant de produits détersifs
lessivier

Fabricant de savon
savonnier

Fabricant de selles
sellier

Fabricant de tamis
tamisier

Fabricant de voitures mondial
Volvo

Fabricant ou marchand d'armes
armurier

Fabricant, marchand d'huile
huilier

Fabrication
confection, construction, élaboration, façon, production, réalisation

Fabrication assistée par ordinateur
FAO

Fabrication d'un câble métallique
câblage

Fabrication d'un cordage
câblage

Fabrication de la tôle
tôlerie

Fabrication du fil métallique
filage

Fabrication du papier
papeterie

Fabrication et commerce des lustres
lustrerie

Fabrication, commerce de clous et d'objets similaires
clouterie

Fabrique
atelier, façon, facture, industrie, laboratoire, manufacture, usine

Fabriqué
artificiel, controuvé, factice, fictif

Fabrique d'huile végétale
huilerie

Fabrique de beurre
beurrerie

Fabrique de bière
brasserie

Fabrique de la pacotille
camelote

Fabrique de poudre
poudrerie

Fabrique de sabots
saboterie

Fabrique de toiles
toilerie

Fabrique de tuiles
tuilerie

Fabrique de tulle
tullerie

Fabriquer
bâtir, bricoler, concocter, construire, créer, débiter, échafauder, élaborer, entraîner, exécuter, façonner, faire, forger, former, fricoter, inventer, manigancer, manufacturer, mijoter, monter, préparer, procréer, produire, réaliser, tisser, trafiquer, tramer, usiner

Fabriquer des noyaux
noyauter

Fabriquer en usine
usiner

Fabriquer par tissage
tisser

Fabriquer un cliché
clicher

Fabriquer un tissu de laine en entrelaçant les mailles avec des aiguilles
tricoter

Fabriquer une étoffe à la façon du damas
damasser

Fabulateur
menteur

Fabulation
imagination, mensonge

Fabulé
exagéré

Fabuler
affabuler, broder, exagérer, imaginer, inventer, mentir

Fabuleusement
abondamment

Fabuleux
admirable, ahurissant, astronomique, chimérique, colossal, énorme, étonnant, exceptionnel, exorbitant, extraordinaire, fantastique, faux, féerique, fictif, formidable, fou, génial, imaginaire, incroyable, invraisemblable, irréel, légendaire, merveilleux, mythique, mythologique, prodigieux, réel, surnaturel

Fac-similé
copie, double

Façade
apparence, dehors, devant, devanture, enveloppe, face, front, fronton, masque, surface, vernis

Face
allure, apparence, aspect, avers, côté, croix, devant, endroit, façade, facette, faciès, figure, frimousse, front, image, mine, minois, obvers, pan, paroi, physionomie, plan, surface, tête, tournure, versant, visage

Face d'un dé marquée de cinq points
cinq

Face d'une médaille
avers

Face d'une monnaie
avers

Face extérieure d'un bâtiment
façade

Face inférieure
dessous

Face supérieure
dessus

Face supérieure d'une aile d'avion
extrados

Face-à-face
débat, dialogue

Face-à-main
binocle, lorgnon

Facétie
attrape, baliverne, blague, bouffonnerie, canular, clownerie, espièglerie, farce, gaminerie, mystification, pitrerie, plaisanterie, singerie, tour

Facétie de clown, farce
clownerie

Facétieux
blagueur, comique, divertissant, drôle, espiègle, farceur, gouailleur, hilarant, moqueur, plaisant, plaisantin, railleur, réjouissant, rigolo, spirituel, taquin

Facette
angle, aspect, côté, face, pan, versant

Facetter
tailler

Fâchant
affligeant, attristant, contrariant, hérissant

Fâché
aigri, brouillé, choqué, contrarié, courroucé, désolé, désuni, énervé, indigné, irrité, marri, mécontent, navré, peiné

Fâcher
affliger, agacer, aigrir, attrister, cabrer, chagriner, chiffonner, contrarier, contrister, courroucer, débecter, dépiter, déplaire, désespérer, désoler, embêter, ennuyer, exaspérer, hérisser, indisposer, irriter, mécontenter, mortifier, navrer, peiner, piquer, refroidir, révolter, vexer

Fâcher (Se)
brouiller, froisser, offenser

Fâcherie
altercation, bouderie, brouille, conflit, désaccord, dispute, froid, froideur, rupture

Fâcheux
accablant, affligeant, agaçant, contrariant, cruel, déplaisant, déplorable, désagréable, désespérant, difficile, disgracieux, dommageable, dur, embarrassant, embêtant, ennuyant, ennuyeux, gênant, gêneur, importun, incommode, indiscret, inopportun, intempestif, malencontreux, malheureux, malvenu, mauvais, moche, navrant, préoccupant, regrettable, triste

Faciès
face, figure, masque, physionomie

Facile
abordable, accessible, accommodant, accort, affable, agréable, aisé, arrangeant,

bonhomme, clair, commode, complaisant,
compréhensible, conciliant, coulant, courant,
débonnaire, docile, doux, élémentaire,
enfantin, évident, faible, faisable, familier,
indulgent, intelligible, libre, limpide, naturel,
possible, simple, sociable, tolérant, traitable,
tranquille, usé

Facilement
aisément, amplement, volontiers

Facilement corruptible
vénal

Facilement irritable
emporté

Facilitant
aidant

Facilité
accessibilité, adresse, agilité, agrément,
aisance, aptitude, arrangement, avantage,
banalité, brio, capacité, clarté, commodité,
complaisance, concession, convivialité,
désinvolture, disposition, docilité, don,
donation, éloquence, faconde, faculté,
faiblesse, grâce, habileté, inclination,
intelligibilité, latitude, légèreté, liberté, marge,
moyen, moyens, naturel, occasion, penchant,
platitude, possibilité, prédisposition,
propension, simplicité, tendance

Facilité à croire sur une base fragile
crédulité

Facilité à se casser
fragilité

Faciliter
aider, arranger, favoriser, ménager, préparer,
privilégier, simplifier

Façon
accent, air, allure, attitude, comportement,
confection, dégaine, exécution, fabrication,
fabrique, facture, forme, genre, grimace,
guise, labour, maintien, manière, mine,
mode, moyen, port, procédé, sorte, style,
tour, tournure, travail, voie

Façon de faire cuire à l'étouffée
daube

Façon de marcher
allure

Façon de noter
notation

Façon de peindre par taches
tachisme

Façon de s'exprimer
langage

Façon monotone de chanter ou de réciter
psalmodie

Faconde
bagou, bagout, bavardage, éloquence,
exubérance, facilité, loquacité, prolixité,
verve, volubile, volubilité

Façonnage
labourage, taillage

Façonnage à partir d'un bloc brut
taillage

Façonné
accoutumé, habitué, ouvragé, pétri

Façonner
accoutumer, affiner, ameublir, arranger,
assouplir, bâtir, composer, confectionner,
configurer, créer, dégourdir, dégrossir,
disposer, dresser, éduquer, élaborer, exercer,
fabriquer, faire, forger, former, habituer,
herser, labourer, modeler, modifier, nourrir,
orner, ouvrager, ouvrer, pétrir, polir, préparer,
produire, sculpter, transformer, travailler,
tremper, usiner

Façonner à coups de marteau
marteler

Façonner avec une machine-outil
usiner

Façonner en forme de fuseau
fuseler

Façonner en taillant une matière dure
sculpter

Façonnier
affecté, artisan, cérémonieux, formaliste,
minaudier, ouvrier

Façons
embarras, pose, simagrées, singerie, tralala

Façons maniérées, simagrées
chichis

Facteur
agent, cause, coefficient, critère, diviseur,
élément, fabricant, messager, multiplicateur,
paramètre, porteur, préposé, principe,
quotient

**Facteur qui constitue un préjudice pour
l'environnement**
nuisance

Factice
affecté, apprêté, artificiel, contraint,
conventionnel, fabriqué, faux, feint, fictif,
forcé, imité, insincère, postiche, simulé

Factieux
émeutier, insurgé, ligueur, mutin, partisan,
rebelle, récalcitrant, séditieux

Faction
agitation, attente, brigue, cabale, camp,
chapelle, clan, complot, conspiration, coterie,
garde, guet, intrigue, ligue, mutinerie, parti,
quart, secte, sédition, service, surveillance,
veille

Factionnaire
guetteur, planton, sentinelle, veilleur, vigie, vigile

Factitif
causal

Factotum
intendant

Factuel
attesté, réel

Factum
diatribe, libelle, pamphlet, réquisitoire

Facture
acquit, addition, bordereau, compte, confection, décompte, état, exécution, fabrique, façon, faire, main, manière, mémoire, note, récépissé, relevé, style, technique, ton, tonalité, travail

Facturer
chiffrer, compter

Facultatif
optionnel

Faculté
académie, aptitude, campus, capacité, disposition, don, droit, école, facilité, force, latitude, liberté, moyen, possibilité, pouvoir, privilège, propriété, puissance, ressource, talent, université, vertu

Faculté d'être partout à la fois
ubiquité

Faculté de connaître
cognition, intellect

Faculté de former des idées
idéation

Faculté de percevoir la lumière, les couleurs
vue

Faculté de s'identifier à quelqu'un
empathie

Faculté de se mettre à la place d'autrui
empathie

Facultés
tête

Facultés intellectuelles, physiques et naturelles
moyens

Fada
cinglé, fou

Fadaise
amusette, ânerie, bagatelle, baliverne, bêtise, billevesée, bricole, broutille, faribole, futilité, ineptie, niaiserie, platitude, sornette, sottise

Fade
anodin, banal, conventionnel, décoloré, défraîchi, délavé, désagréable, douceâtre, écœurant, ennuyeux, éteint, incolore, inexpressif, inintéressant, insignifiant, insipide, mièvre, nauséabond, neutre, pâle, passé, plat, quelconque, terne

Fadeur
anémie, banalité, douceur, insignifiance, insipidité, lividité, mièvrerie, pâleur, platitude

Fado
chant, lamento

Fagne
lande

Fagot
botte, bourrée, brande, cotret, fagotin, falourde, fascine, fouée, gerbe, javelle, margotin

Fagot de bois court
cotret

Fagot de bûches liées ensemble
falourde

Fagotage
accoutrement

Fagoté
déguisé, habillé

Fagoter
accoutrer, affubler, fringuer, habiller, rhabiller, vêtir

Fagotin
bouffon, fagot

Faible
abattu, accommodant, affaibli, amour, anéanti, anémié, anémique, attirance, attrait, bas, blême, bonasse, cacochyme, cassé, chancelant, chétif, complaisant, débile, débonnaire, défaillant, déficient, délicat, désarmé, doux, épuisé, étouffé, facile, faillible, fatigué, fluet, fragile, frêle, goût, grêle, gringalet, imparfait, imperceptible, impotent, impuissant, incertain, inconsistant, indécis, indulgent, influençable, insaisissable, insuffisant, invalide, lâche, languissant, las, léger, maigre, malingre, manipulateur, mauvais, médiocre, mince, modéré, modeste, modique, mou, mourant, nul, pâle, pauvre, penchant, petit, piètre, préférence, pusillanime, rachitique, réduit, réfutable, restreint, souffreteux, sympathie, tendresse, ténu, timide, vacillant, vague, velléitaire, veule, vice, vulnérable

Faible d'esprit
imbécile

Faible frémissement
friselis

Faible lumière
lueur

Faiblement
peu, vaguement

Faiblement teinté de rouge
rose

Faiblesse
abattement, aboulie, adynamie,
affaiblissement, anéantissement, anémie,
apathie, asthénie, attirance, aveulissement,
carence, chétivité, collapsus, complaisance,
débilité, débonnaireté, défaillance, défaut,
déficience, délicatesse, dépression,
désavantage, éblouissement, épuisement,
erreur, étourdissement, évanouissement,
facilité, faille, fatigue, faute, fissure, fragilité,
glissade, goût, impotence, impuissance,
inanition, inclination, inconvénient,
indécision, indigence, indulgence, infériorité,
inintérêt, insignifiance, insuffisance,
irrésolution, lâcheté, lacune, malaise,
manque, médiocrité, minceur, modicité,
mollesse, nullité, pâmoison, partialité,
pauvreté, penchant, petitesse, platitude,
prédilection, préférence, pusillanimité,
syncope, timidité, travers, trou, veulerie, vice,
vulnérabilité

Faiblesse extrême
débilité

Faiblesse, vulnérabilité
fragilité

Faibli
affaibli, démenti, molli, plié

Faiblir
affaiblir, amoindrir, amollir, attendrir, atténuer,
baisser, céder, chanceler, déchoir, décliner,
décroître, défaillir, démentir, descendre,
diminuer, effacer, estomper, flancher, fléchir,
lâcher, mollir, pâlir, plier, ployer, relâcher,
retomber, tiédir, tomber, troubler, user, vaciller

Faïence
céramique, poterie

Faïencier
céramiste, potier

Faille
brèche, carence, cassure, coupure,
craquelure, crevasse, déchirure, défaut,
entaille, faiblesse, fêlure, fente, fissure,
fracture, hiatus, insuffisance, lacune,
ouverture, strie, trouée

Faillibilité
fragilité

Faillible
attaquable, faible, fautif, fragile

Faillir
fauter, louper, manquer, pécher, perdre, rater,
tomber

Faillite
banqueroute, culbute, débâcle, déconfiture,
désastre, échec, fiasco, insuccès, krach,
liquidation, naufrage, plongeon, précipice,
ratage, ruine

Faim
ambition, appétit, avidité, besoin, boulimie,
creux, cupidité, désir, disette, envie, famine,
frénésie, fringale, goût, inanition, soif

Faim subite
fringale

Fainéant
cancre, désœuvré, inactif, indolent,
paresseux, vaurien

Fainéanter
paresser

Fainéantise
farniente, paresse

Faire
accomplir, agir, allouer, amasser, apprendre,
arranger, bâtir, bricoler, commettre,
composer, concevoir, confectionner,
constituer, construire, contenir, contrefaire,
coûter, créer, débiter, décider, dessiner,
déterminer, devenir, disposer, donner,
écouler, écrire, édifier, effectuer, égaler,
élaborer, élever, émettre, enfanter, engendrer,
entraîner, entreprendre, établir, être, étudier,
exécuter, exercer, fabriquer, façonner,
facture, feindre, forger, former, fournir,
franchir, gagner, imiter, instruire, intervenir,
jouer, manufacturer, modeler, monter, mûrir,
nettoyer, obtenir, occasionner, offrir, paraître,
parcourir, perpétrer, pousser, pratiquer,
préparer, procéder, procréer, procurer,
produire, prospecter, provoquer, ranger,
réaliser, remplir, représenter, servir, simuler,
sortir, susciter, trafiquer, usiner, valoir, vendre,
visiter

Faire à manger
cuisiner

Faire adhérer
souder

Faire admettre comme juste
légitimer

Faire apparaître par la magie
évoquer

Faire appel à
recourir

Faire appel au droit pour régler
judiciariser

Faire asseoir à table
attabler

Faire attendre quelqu'un
lanterner

Faire avancer au moyen d'un propulseur
propulser

Faire avancer un navire
touer

Faire avancer une chaloupe
ramer

Faire bamboche
bambocher

Faire beaucoup rire
désopiler

Faire bonne chère
banqueter, festoyer

Faire briller comme un diamant
diamanter

Faire cesser la lassitude physique ou morale
délasser

Faire changer de direction un rayon lumineux par le phénomène de la réfraction
réfracter

Faire commerce d'objets d'occasion
brocanter

Faire confiance (Se)
fier

Faire couler
épancher

Faire couler un navire
saborder

Faire cuire
griller

Faire cuire à feu doux
braiser

Faire cuire à feu vif
rôtir

Faire cuire dans la friture
frire

Faire cuire dans une poêle
poêler

Faire cuire des morceaux de viande dans une sauce
fricasser

Faire cuire en gratin
gratiner

Faire de grands efforts
ahaner

Faire de l'ironie
ironiser

Faire de la bicyclette
pédaler

Faire de la luge
luger

Faire de la pâtisserie
pâtisser

Faire de la varappe
varapper

Faire de mauvais vers
rimailler

Faire de nouveau
réitérer

Faire de petites manières
minauder

Faire défaut
dépérir, évanouir, faillir

Faire déposer par électrolyse une fine couche de laiton sur une pièce
laitonner

Faire des arpèges
arpéger

Faire des bénéfices en revendant de seconde main
regratter

Faire des commentaires malveillants
gloser

Faire des commérages
potiner

Faire des courses
magasiner

Faire des crans à, entailler
cranter

Faire des détours
sinuer

Faire des emplettes
magasiner

Faire des entailles en forme de dents
denteler

Faire des farces de mauvais goût
turlupiner

Faire des faux plis
goder

Faire des faux plis par suite d'une mauvaise coupe
godailler

Faire des fentes à la surface d'une chose
crevasser

Faire des flocons
floconner

Faire des grimaces
grimacer

Faire des meurtrissures à des fruits
taler

Faire des mines pour attirer l'attention
minauder

Faire des petits, en parlant d'une chatte
chatonner

Faire des tiges secondaires à la base de sa tige
taller

Faire des tours d'adresse
jongler

Faire des vers
rimer, versifier

Faire descendre
affaler, caler

Faire disparaître
effacer, néantiser

Faire disparaître graduellement
résorber

Faire dodo
dormir

Faire dormir
endormir

Faire dormir par anesthésie
endormir

Faire du bruit en mangeant
saper

Faire du commerce
négocier

Faire du ski
skier

Faire du surf
surfer

Faire du tapage
tapager

Faire du verglas
verglacer

Faire éclater le tronc d'un arbre en l'abattant
écuisser

Faire entendre un bruit de ronron
ronronner

Faire entendre un cliquetis
cliqueter

Faire entendre une pétarade
pétarader

Faire entendre une voix aigre
glapir

Faire entrer
introduire

Faire entrer dans un corps
infiltrer

Faire entrer dans un parti, un groupement, etc.
affilier

Faire espérer
promettre

Faire exploser à l'aide de torpilles
torpiller

Faire exploser avec de la dynamite
dynamiter

Faire explosion
détoner

Faire face
répliquer

Faire fonctionner
actionner, démarrer

Faire fortune (S')
enrichir

Faire garder le lit
aliter

Faire glisser la fermeture
zipper

Faire gonfler les cheveux
crêper

Faire illusion
bluffer

Faire implosion
imploser

Faire l'élégant
fringuer

Faire l'élision de
élider

Faire la cour
flirter

Faire la drave
draver

Faire la guerre contre quelqu'un
guerroyer

Faire la tête
bouder

Faire la toilette d'un animal
toiletter

Faire la vendange
vendanger

Faire le cabotage
caboter

Faire le cabotin
cabotiner

Faire le chaînage d'un mur
chaîner

Faire le mouton
bêler

Faire le rauchage
raucher

Faire le tour
contourner

Faire marcher
avoir

Faire mauvais usage d'une chose
mésuser

Faire mourir
occire

Faire mourir par le supplice de la roue
rouer

Faire naître une réaction
exciter

Faire naufrage
naufrager

Faire par écrit des commentaires sur un texte
annoter

Faire paraître étroit
étriquer

Faire paraître un texte
éditer

Faire pardonner
racheter

Faire partie d'une assemblée
siéger

Faire passer à l'état liquide
liquéfier

Faire passer à terre
débarquer

Faire passer d'un lieu dans un autre
transférer

Faire passer sous un rouleau
cylindrer

Faire pâturer le bétail
pacager

Faire payer autoritairement
imposer

Faire payer par la force
rançonner

Faire payer trop cher
matraquer

Faire payer un prix excessif
rançonner

Faire pénétrer
enfoncer

Faire pénétrer progressivement
instiller

Faire perdre sa couleur
déteindre

Faire périr
immoler

Faire peur
apeurer

Faire prendre l'habitude de
accoutumer

Faire preuve de mauvaise volonté
rechigner

Faire quitter son juchoir
déjucher

Faire reculer
repousser

Faire référence
référer

Faire rentrer la bête dans le bois
rembucher

Faire répéter
bisser

Faire résonner
sonner

Faire ressortir
rehausser

Faire revenir dans sa patrie
rapatrier

Faire revivre
réanimer

Faire ricochet
ricocher

Faire rire
dérider

Faire s'engager quelqu'un par une promesse solennelle de mariage
fiancer

Faire saigner
ensanglanter

Faire saillie
avancer

Faire savoir
signifier

Faire sécher
essorer, ressuyer

Faire sécher à la fumée
saurer

Faire sécher de la viande fumée
boucaner

Faire semblant
affecter

Faire ses œufs
pondre

Faire ses premiers pas
débuter

Faire son frais
frimer

Faire son nid
airer, nicher

Faire son testament
tester

Faire sortir
tirer

Faire sortir de son logement, disjoindre
déboîter

Faire sortir du bois, du terrier
débusquer

Faire sortir un pneu de la jante
déjanter

Faire sortir une bête de son gîte
forlancer

Faire souffrir de la faim
affamer

Faire subir
infliger

Faire subir des épreuves brutales et vexatoires
brimer

Faire subir une nouvelle intervention chirurgicale
réopérer

Faire tinter la sonnette d'une personne pour lui demander des bonbons le soir d'Halloween
sonner

Faire tomber en putréfaction
putréfier

Faire tomber le poil
dépiler, épiler

Faire tomber par désagrégation
ébouler

Faire tremper
macérer

Faire un bon repas (Se)
régaler

Faire un bruit particulier du nez en dormant
ronfler

Faire un bruit saccadé
hoqueter

Faire un bruit sec
croquer

Faire un bruit sec et répété
cliqueter

Faire un cliché
clicher

Faire un faux pas
broncher, trébucher

Faire un faux pli
grimacer

Faire un impair
gaffer

Faire un lob
lober

Faire un raccord
raccorder

Faire un ressaut
ressauter

Faire un trafic malhonnête ou clandestin
trafiquer

Faire un travail à la hâte
bâcler

Faire une déposition en justice
témoigner

Faire une enquête
enquêter

Faire une fausse note
canarder

Faire une faute d'orthographe
fauter

Faire une feinte
feinter

Faire une nébulisation
nébuliser

Faire une pause
pauser

Faire une rechute
rechuter

Faire usage de quelque chose
employer

Faire venir auprès de soi de façon impérative
convoquer

Faire venir quelqu'un
mander

Faire vite et mal
bâcler

Faire voile dans une direction
cingler

Faire-part
affiche, annonce

Faisable
accessible, admissible, exécutable, facile,
jouable, pensable, possible, réalisable

Faisait partie d'un duo de comiques
Hardy, Laurel

Faisan
voleur

Faisandé
avancé, avarié, pourri, putride

Faisander
avarier

Faisceau
accumulation, amas, assemblage, botte,
bouquet, ensemble, gerbe, grappe, groupe,
jet, paquet, pinceau, radiation, rai, rayon,
réunion

Faisceau de cheveux serrés derrière la tête
queue

Faisceau de crins
séton

Faisceau de fils
câble

Faisceau de jets d'eau
girandole

Faisceau de menu bois
fagot

Faisceau de tissus fibreux
ligament

Faisceau fibreux
tendon

Faiseur
bâtisseur, constructeur, couturier, hâbleur,
tailleur, vantard

Faiseur de mariages
marieur

Faiseur de miracles
thaumaturge

Faisselle
égouttoir

Fait
accompli, acte, action, adulte, affaire,
anecdote, cas, chose, circonstance, concret,
épisode, événement, expérience, incident,
mûr, observation, page, phénomène,
pratique, précédent, prouesse, réalité, réel,
sujet, trait, vérité

Fait anormal
phénomène

Fait antérieur
antécédent

Fait antérieur invoqué comme référence
précédent

Fait d'arrêter de fonctionner brusquement
lâchage

Fait d'élaguer
élagage

Fait d'engluer
engluage

Fait d'être bombé
bombement

Fait d'être client
clientèle

Fait d'être juif
judaïcité, judaïté, judéité

Fait d'être jumelé
jumelage

Fait d'être marié à deux personnes simultanément
bigamie

Fait d'être nu
nudité

Fait d'imiter un initiateur
suivisme

Fait d'immerger
immersion

Fait d'où découle une conséquence
prémisse

Fait de barboter dans l'eau
barbotage

Fait de bronzer sous l'action du soleil
bronzage

Fait de céder à loyer
louage

Fait de combiner différents éléments
dosage

Fait de contraindre
coercition

Fait de dresser, de dompter, de soumettre
dressage

Fait de gicler
giclement

Fait de givrer, de se givrer
givrage

Fait de jouer du tambour
tambourinage

Fait de laisser une terre inculte
inculture

Fait de mettre fin à quelque chose
cessation

Fait de pirater
piratage

Fait de poser un placage
plaquage

Fait de prendre congé
adieu

Fait de présenter l'état des recettes et des dépenses
reddition

Fait de pulpe
pulpeux

Fait de rebondir
rebond

Fait de s'élever, de se développer
décollage

Fait de s'inverser
inversion

Fait de se diluer
dilution

Fait de se succéder alternativement
alternat

Fait de servir à quelque chose
utilité

Fait de sortir de son sommeil
éveil

Fait de soumettre à l'action de gaz
gazage

Fait de tresser
tressage

Fait et ajouté après coup
postiche

Fait ou répété plusieurs fois
itératif

Fait par immersion
immersif

Fait par un notaire
notarié

Fait révoltant
scandale

Fait sur-le-champ
impromptu

Fait, action de fleurir
fleuraison, floraison

Fait, manière d'être juif
judéité

Faîtage
faîte, toiture

Faîte
acmé, apogée, apothéose, arête, cime, comble, couronnement, crête, faîtage, haut, limite, pinacle, sommet, summum, tête, zénith

Faîteau
faîtière

Faîtière
faîteau, lucarne

Faitout
casserole, chaudron, cocotte, marmite

Faix
charge, fardeau, poids

Fakir
ascète

Falaise
abrupt, escarpement

Falbala
ornement, volant

Falbalas
affaires

Fallacieux
faux, illusoire, imaginaire, insidieux,
mensonger, menteur, perfide, trompeur, vain

Falloir
devoir, mériter, nécessiter

Falot
anodin, effacé, fanal, humble, inconsistant,
insignifiant, insipide, lanterne, médiocre, plat,
terne

Falourde
fagot

Falsificateur
faussaire

Falsification
altération, copie, fraude, tromperie, trucage

Falsifié
altéré, faux, frelaté

Falsifier
adultérer, altérer, changer, contrefaire, copier,
défigurer, déformer, déguiser, dénaturer,
fausser, filouter, frelater, gauchir, imiter,
maquiller, trafiquer, travestir, truquer

Faluche
béret, coiffure

Famélique
affamé, décharné, efflanqué, émacié, étique,
hâve, maigre, misérable, miséreux, pauvre,
squelettique

Fameusement
rudement

Fameux
brillant, célèbre, connu, consommé,
délectable, délicieux, éminent, excellent,
exquis, extraordinaire, fieffé, fier, formidable,
furieux, glorieux, grand, illustre, insigne,
mémorable, notable, parfait, populaire,
reconnu, reluisant, renommé, réputé, rude,
savoureux, signalé, sublime, succulent,
supérieur

Familial
bourgeois, domestique, intime, parental

Familiarisant
accommodant

Familiarisation
rodage

Familiarisé
accoutumé, aguerri, habitué

Familiariser
acclimater, accommoder, accoutumer,
aguerrir, apprivoiser, dresser, entraîner,
habituer, roder

Familiarité
bonhomie, désinvolture, intimité, liberté,
naturel, privauté, promiscuité

Familiarité malséante
privauté

Familier
accessible, accoutumé, aisé, ami, apprivoisé,
cavalier, connaissance, connu, coutumier,
désinvolte, domestique, facile, grossier,
habitué, habituel, insolent, intime, liant, libre,
lié, ordinaire, pilier, proche, relâché, relation,
simple, sociable, usuel

Familièrement
librement

Famille
ascendance, bercail, branche, catégorie,
clan, classe, collection, coterie, couvée,
descendance, division, dynastie, école,
espèce, ethnie, filiation, foyer, genre, gent,
groupe, lignage, lignée, logis, maison,
maisonnée, marmaille, ménage, naissance,
nichée, nom, origine, parent, parenté,
progéniture, race, sang, smala, société, sorte,
souche, tribu, type

**Famille de langues amérindiennes de
l'Amérique centrale**
maya

Famille de mammifères carnivores
ursidés

**Famille de mammifères ruminants aux cornes
creuses**
bovidés

Famille de peuples autochtones
Algonquiens, Iroquoiens

**Famille de peuples autochtones
traditionnellement nomades**
Algonquiens

**Famille de peuples autochtones
traditionnellement sédentaires**
Iroquoiens

Famille de plantes dicotylédones
labiées, linacées

Famille de poissons généralement marins
gades

Famille de singes cynocéphales
papions

Famille élargie que l'on voit à Noël
parenté

Famine
disette, faim, pénurie

Fan
admirateur, adulateur, enragé, fana, fanatique, fondu, groupie, idolâtre, inconditionnel, partisan

Fana
fan, groupie

Fanal
falot, feu, flambeau, lanterne, phare

Fanatique
accro, acharné, amoureux, ardent, aveugle, chaleureux, chaud, convaincu, doctrinaire, engagé, enragé, enthousiaste, exalté, extrémiste, fan, féru, fervent, forcené, fou, furieux, groupie, idolâtre, illuminé, intolérant, mordu, passionné, sectaire, séide, tifosi

Fanatisé
exalté

Fanatiser
exalter

Fanatisme
dogmatisme, passion

Fanchon
mantille, marmotte

Fané
décati, défraîchi, délavé, éteint, fatigué, flétri, passé, terne, terni, vieilli

Faner
affadir, altérer, décatir, décolorer, défleurir, défraîchir, effacer, enlaidir, éteindre, flétrir, friper, gâter, pâlir, passer, rider, sécher, ternir, végéter, vieillir

Fanfare
clique, harmonie, musique, orchestre, orphéon

Fanfaron
bluffeur, bravache, cabotin, capitan, crâneur, esbroufeur, faraud, fier, frimeur, hâbleur, matamore, vantard

Fanfaronnade
bluff, bravade, crânerie, défi, esbroufe, forfanterie, frime, gasconnade, hâblerie, jactance, rodomontade, tarasconnade, vantardise

Fanfaronner
crâner, frimer

Fanfreluche
bricole, freluche, jouet, ornement, volant

Fanfreluches
froufrous

Fange
abjection, boue, bourbe, bourbier, gadoue, ignominie, immondices, limon, ordure, vase

Fangeux
abject, bas, boueux, bourbeux, crotté, ignominieux, limoneux, marécageux, trouble, vaseux, vil

Fanion
banderole, bannière, drapeau, emblème, étendard, flamme, guidon, insigne

Fanon
pli

Fantaisie
amusette, béguin, caprice, chimère, créativité, drôlerie, envie, excentricité, extravagance, fable, folie, foucade, guise, humeur, idée, illusion, imagination, imprévu, invention, inventivité, lubie, manie, mode, originalité, passade, roman, tocade

Fantaisiste
abracadabrant, amateur, artiste, bohème, changeant, fantasque, farfelu, fumiste, humoriste, imaginaire, infidèle, original, phénomène

Fantasia
carrousel, réjouissance

Fantasmagorique
imaginaire, irréel

Fantasmatique
irréel

Fantasme
chimère, fantôme, idéal, idée, illusion, imagination, mirage, mythe, rêve, rêverie, songe, utopie, vision

Fantasmer
imaginer, rêver

Fantasque
abracadabrant, baroque, bizarre, capricieux, changeant, étrange, extraordinaire, extravagant, fantaisiste, farfelu, fou, lunatique, mobile, original, saugrenu, versatile, volage

Fantassin
combattant, guerrier, militaire, pion, recrue, soldat, volontaire

Fantastique
admirable, ahurissant, colossal, énorme, étonnant, fabuleux, féerique, fou, génial, imaginaire, irréel, magique, monstre, superbe, surnaturel, terrible

Fantastiquement
très

Fantoche
automate, guignol, mannequin, marionnette, pantin, polichinelle, zombi, zombie

Fantomatique
spectral

Fantôme
apparence, apparition, double, ectoplasme, épouvantail, esprit, fantasme, idée, illusion, larve, lémure, mirage, mort, ombre, revenant, semblant, simulacre, spectre, vampire, vision, zombi, zombie

Fantôme malfaisant
larve

Fantôme qui sort le soir de l'Halloween pour sucer le sang des vivants
vampire

Fantôme, revenant
zombie

Faon
cerf, daguet, daim

Faquin
coquin

Far
flan, gâteau, pâtisserie

Faramineux
étonnant, fou

Farandole
danse, ronde, sarabande

Faraud
fanfaron, fat, fier, fiérot

Farce
attrape, blague, bouffonnerie, comédie, facétie, galéjade, godiveau, hachis, joyeuseté, mystification, pantalonnade, pitrerie, plaisanterie, rigolade, théâtre, tour, tromperie

Farce de mauvais goût
frasque

Farce jouée à quelqu'un
niche

Farceur
amuseur, baladin, bateleur, blagueur, bouffon, clown, comédien, espiègle, facétieux, fumiste, gouailleur, humoriste, loustic, malicieux, moqueur, plaisant, plaisantin, polisson, railleur, taquin, turlupin

Farceur, pitre
clown

Farci
bourré, empli, encombré, entrelardé, garni, lardé, plein, rempli, surchargé, truffé

Farcir
bourrer, emplir, encombrer, entrelarder, fourrer, garnir, larder, remplir, surcharger, truffer

Fard
artifice, brillant, cosmétique, déguisement, dissimulation, feinte, grimage, khôl, kohol, maquillage, mascara, ornement, poudre, rimmel, rouge

Fard à cils
mascara

Fard à joues sec
blush

Fard pour les sourcils
rimmel

Farde
balle

Fardé
déguisé, masqué

Fardeau
boulet, charge, croix, faix, joug, poids, surcharge

Farder
altérer, colorer, costumer, déguiser, dissimuler, embellir, envelopper, fausser, grimer, maquiller, masquer, orner, parer, peindre, travestir, voiler

Fardier
binard, chariot, triqueballe

Fardoches
broussailles

Farfadet
diablotin, esprit, gnome, lutin, nain, troll

Farfadet qui aide le père Noël
lutin

Farfelu
aberrant, abracadabrant, absurde, baroque, biscornu, bizarre, burlesque, drôle, excentrique, extravagant, fantaisiste, fantasque, fou, hurluberlu, loufoque, original, phénomène, saugrenu, tordu

Farfouiller
fouiner, fourrager, tripoter

Faribole
babiole, bagatelle, baliverne, bêtise, billevesée, bourde, calembredaine, conte, fable, fadaise, futilité, histoire, niaiserie, puérilité, sornette, sottise, vétille

Farigoule
pouliot, serpolet, thym

Farinacé
farineux

Farine
fécule, maïzena, tapioca

Farine de blé dur
minot

Farine de manioc
gari

Farine granuleuse
semoule

Farineux
enfariné, farinacé, féculent, pâteux

Farlouche
ferlouche

Farlouse
passereau, pipit

Farniente
fainéantise, inaction, loisir, oisiveté, paresse

Faro
bière

Farouche
acharné, âpre, ardent, asocial, chaud, convaincu, craintif, dur, ferme, féroce, fier,

hagard, implacable, indompté, insociable, méfiant, misanthrope, ombrageux, opiniâtre, résolu, sauvage, solide, tenace, timide, véhément

Farouchement
âprement, fortement

Farsi
iranien, persan

Fasce rétrécie sur un écu
burelé

Fascicule
brochure, cahier, carnet, livret, opuscule, plaquette, publication

Fascinant
attirant, captivant, charmant, enchanteur, ensorcelant, envoûtant, magique, magnétique, passionnant, séducteur, séduisant, troublant

Fascination
appel, attirance, attrait, séduction, sortilège

Fascine
claie, fagot

Fasciné
admiré, ébloui, émerveillé, séduit

Fascisme
dictature, totalitarisme

Faseyer
battre

Faste
apparat, appareil, avantageux, beauté, bénéfique, brillant, éclat, favorable, fécond, heureux, lustre, luxe, magnificence, opportun, opulence, pompe, propice, prospère, richesse, somptuosité, splendeur

Fastidieux
désagréable, ennuyeux, fatigant, insipide, laborieux, long, rebutant

Fastueusement
richement

Fastueux
brillant, dépensier, éclatant, large, luxueux, luxuriant, opulent, ostentatoire, pompeux, princier, prodigue, riche, royal, somptueux, splendide

Fat
arrogant, bellâtre, faraud, fier, fiérot, important, infatué, orgueilleux, outrecuidant, poseur, prétentieux, puant, suffisant, vain, vaniteux

Fatal
désastreux, dommageable, fatidique, forcé, funeste, immanquable, imparable, inéluctable, inévitable, létal, malheureux, mortel, nécessaire, néfaste, nuisible, obligatoire, obligé, sûr

Fatalement
forcément, sûrement

Fataliste
philosophe, résigné

Fatalité
adversité, destin, destinée, déveine, fatum, hasard, logique, malchance, malédiction, malheur, nécessité, sort

Fatidique
fatal, inéluctable, inévitable, inexorable, obligatoire

Fatigant
abrutissant, agaçant, assommant, assourdissant, barbant, crevant, ennuyeux, épuisant, éreintant, étourdissant, exténuant, fastidieux, harassant, importun, laborieux, lancinant, lassant, pénible, rasant, rasoir, rebutant, rude, tuant, usant

Fatigue
abattement, accablement, anémie, ennui, épuisement, éreintement, exténuation, faiblesse, harassement, lassitude, peine, poids, surmenage, usure

Fatigué
abattu, abîmé, accablé, affaibli, alangui, amorphe, anéanti, anémique, assommé, avachi, cassé, claqué, crevé, déformé, défraîchi, détérioré, écœuré, épuisé, éreinté, éteint, excédé, exténué, faible, fané, flagada, flapi, fourbu, harassé, las, lessivé, mort, moulu, nase, pompé, recru, rendu, rompu, surmené, tiré, travaillé, usagé, usé, vanné, vaseux, vermoulu, vidé, vieux

Fatigué et amaigri
tiré

Fatiguer
abattre, accabler, affaiblir, agacer, ahaner, alanguir, anéantir, assommer, barber, bassiner, briser, casser, claquer, consumer, crever, échiner, embêter, ennuyer, enquiquiner, épuiser, éreinter, étourdir, exaspérer, exténuer, forcer, harasser, harceler, importuner, lasser, lessiver, maganer, peiner, peser, pomper, raser, rebuter, saouler, saturer, soûler, surmener, tanner, tarabuster, tourner, travailler, tuer, user, vanner, vider

Fatiguer à l'excès
surmener

Fatras
amas, amoncellement, bazar, confusion, désordre, fouillis, masse, mélange, monceau, ramassis, tas

Fatuité
autosatisfaction, infatuation, orgueil, outrecuidance, présomption, prétention, suffisance, vanité

Fatum
destin, destinée, fatalité

Faubert
balai

Faubourg
banlieue, ceinture, fg, périphérie

Faubourien
habitant, poissard

Fauchage
fauche

Fauchaison
fauche

Fauchard
serpe

Fauche
fauchage, fauchaison, vol

Fauché
abattu, anéanti, gêné, misérable, miteux, pauvre, ruiné

Faucher
abattre, anéantir, coucher, couper, décimer, détruire, foudroyer, moissonner, renverser, terrasser, tondre, tuer

Fauchet
râteau

Faucheuse
moissonneuse, mort, tondeuse

Faucille
serpe

Faucon
canon, émerillon, guerrier, laneret

Faucon de petite taille
hobereau

Faucon femelle dressé pour la chasse
lanier

Faucon ressemblant au pèlerin
lanier

Faucon très commun
pèlerin

Fauconneau
canon

Fauconnerie
chasse

Faufil
bâti

Faufilé
cousu

Faufiler
bâtir, coudre, entrer, glisser, introduire

Faune
animal, satyre, sylvain

Faune et flore démersales
benthos

Faune femelle
faunesse

Faussaire
contrefacteur, falsificateur, imitateur, imposteur, mystificateur, trompeur

Faussé
abîmé, altéré, courbé, déguisé, dépravé, désuni, gauchi, plié

Fausse épervière
picris

Fausse note
couac

Fausse nouvelle
canular

Fausse pierre précieuse
doublet

Fausse pierrerie
strass

Fausse verveine
sauge

Faussé, dénaturé
altéré

Fausser
abîmer, adultérer, altérer, canarder, changer, corrompre, courber, défigurer, déformer, dénaturer, dépraver, détraquer, disloquer, falsifier, farder, forcer, gâter, gauchir, jouer, maquiller, modifier, pervertir, plier, ployer, tordre, trahir, transformer, travestir, truquer, vicier, violer, voiler

Fausseté
aberration, déloyauté, dissimulation, duplicité, erreur, fourberie, hypocrisie, imposture, inexactitude, jésuitisme, lâcheté, mensonge, perfidie, pharisaïsme, tartuferie, tartufferie, tromperie

Fausseté, traîtrise
déloyauté

Faute
aberration, absurdité, ânerie, barbarisme, bavure, bêtise, bévue, bourde, coquille, crime, culpabilité, défaut, délit, démérite, égarement, erreur, faiblesse, forfait, gaffe, imbécillité, impair, imperfection, impropriété, imprudence, inconduite, inconvénient, incorrection, inexactitude, infraction, irrégularité, lapsus, mal, maladresse, malversation, manquement, méfait, négligence, offense, pataquès, péché, privation, responsabilité, solécisme, sottise, souillure, stupidité, tort, travers

Faute commise par le patron ou par l'équipage d'un navire
baraterie

Faute d'impression signalée
erratum

Faute énorme
forfait

Faute grossière de langage
barbarisme, pataquès

Faute lourde
bourde

Faute survenue dans l'impression d'un ouvrage
erratum

Fauter
faillir, pécher

Fautes d'impression signalées
errata

Fautes survenues dans l'impression d'un ouvrage
errata

Fauteuil
canapé, divan, place, siège, sofa, trône

Fauteuil à bascule
berçante

Fauteur
excitateur, fomentateur, instigateur, partisan, provocateur, responsable, suppôt, suscitateur

Fautif
coupable, défectueux, erroné, faillible, faux, imparfait, incorrect, inexact, pécheur, responsable, vicieux

Fauve
ambré, animal, chat, félidé, félin, féroce, jaguar, jaune, léopard, lion, once, panthère, roussâtre, roux, sauvage, tigre

Faux
aberrant, absurde, affecté, apocryphe, apparent, artificiel, bidon, boiteux, cabotin, camelote, captieux, cauteleux, chimérique, clinquant, controuvé, déloyal, dissimulé, dissonant, emprunté, équivoque, erroné, étudié, fabuleux, factice, fallacieux, falsifié, fautif, feint, fictif, forcé, fourbe, hypocrite, illogique, illusoire, imaginaire, imitation, imité, inauthentique, incorrect, inexact, injustifié, insincère, inventé, mauvais, mensonger, menteur, papelard, pastiche, patelin, perfide, pharisien, postiche, prétendu, pseudo, simili, simulé, sournois, subreptice, supposé, tortu, traître, trompeur, truqué, usurpé, vain

Faux brave qui fanfaronne
bravache

Faux dévot
cagot, tartufe

Faux ébénier
genêt

Faux éclats masquant la réalité
oripeaux

Faux liseron
vrillée

Faux pas de la langue
lapsus

Faux platane
érable, sycomore

Faux serment
parjure

Faux-fuyant
atermoiement, détour, excuse, pirouette, prétexte

Faux-monnayeur
faussaire

Faux-semblant
apparence, attrape, fard, feinte, simulacre, teinture

Faux-sens
erreur

Faux, hypocrite, sous une apparence doucereuse et affable
papelard

Faux, postiche
simulé

Favela
baraquement, bidonville

Faveur
aide, amusement, appui, aumône, avantage, bénédiction, bénéfice, bien, bienfaisance, bienfait, bienveillance, bonté, cadeau, considération, crédit, don, donation, estime, grâce, honneur, largesse, popularité, préférence, prérogative, présent, privilège, protection, recommandation, ruban, service, sympathie, vogue

Favorable
agréable, ami, approbateur, avantageux, beau, bel, bénéfique, bienfaisant, bienveillant, bon, choisi, clément, convenable, faste, gracieux, heureux, indulgent, opportun, partant, positif, propice, prospère, sympathique

Favorable à la vie en commun
social

Favorablement
bien, heureusement

Favori
chéri, chouchou, concubine, coqueluche, courtisan, créature, fétiche, maîtresse, poulain, préféré, protégé

Favoris
barbe, rouflaquettes

Favorisé
heureux

Favoriser
aider, appuyer, avantager, encourager, épauler, faciliter, flatter, gratifier, impulser, permettre, pistonner, pousser, privilégier, promouvoir, protéger, provoquer, seconder, servir, sourire, soutenir

Favoriser par le sort
lotir

Favorite
maîtresse

Favoritisme
népotisme, partialité, préférence

Favus
teigne

Fax
dépêche, télécopie

Faxé
télécopié

Faxer
télécopier

Fayard
hêtre

Fe
fer

Féal
fidèle, loyal, partisan

Fébrifuge
antipyrétique

Fébrile
agité, ardent, bouillonnant, chaud, effervescent, énervé, excité, fiévreux, frénétique, impatient, nerveux, passionné, vif, violent

Fébrilement
impatiemment, nerveusement

Fébrillté
agitation, effervescence, exaltation, excitation, fièvre, frénésie, nervosité, surexcitation

Fécond
abondant, créateur, créatif, débordant, faste, fertile, fructifiant, fructueux, généreux, gras, imaginatif, intarissable, inventif, plantureux, prodigue, productif, prolifique, prospère, riche

Féconder
améliorer, concevoir, engendrer, enrichir, ensemencer, fertiliser, imprégner, inséminer

Fécondité
abondance, fertilité, richesse

Fécule
amidon, farine, tapioca

Fécule amylacée
tapioca

Fécule de manioc
tapioca

Fécule qu'on retire de la moelle des sagoutiers
sagou

Fécule servant à empeser le linge
amidon

Fécule venant de la moelle d'un palmier
sagou

Féculent
farineux

Fédéral
fédératif

Federal Bureau of Investigation
FBI

Fédératif
fédéral

Fédération
alliance, ligue, société, syndicat, union

Fédération des travailleurs du Québec
FTQ

Fédération qui a existé de 1895 à 1958
AOF

Fédéré
allié

Fédérer
accoler, accoupler, assembler, coaliser, grouper, liguer, rassembler, regrouper, réunir, unir

Fée
Carabosse, esprit, femme, génie, magicienne

Feeling
flair

Féerie
beauté

Féerique
admirable, beau, bel, enchanté, enchanteur, fabuleux, fantastique, irréel, magique, magnifique, merveilleux, prodigieux, surnaturel

Feignant
paresseux

Feindre
accroire, affecter, contrefaire, déguiser, dissimuler, faire, imiter, jouer, mentir, mimer, paraître, prétexter, simuler, singer, tromper

Feint
affecté, artificiel, étudié, factice, faux, fictif, simulé

Feint, qui n'est pas réel
simulé

Feinte
artifice, astuce, attrape, bluff, comédie, déguisement, dissimulation, fard, hypocrisie, leurre, mensonge, piège, ruse, stratagème, subterfuge, tromperie

Feinter
duper, rouler, tromper

Félatier
verrier

Fêlé
abîmé, bizarre, crevassé, fendillé, fendu, fissuré, fou, lézardé

Fêler
abîmer, crevasser, étoiler, fendiller, fendre, fissurer, lézarder

Félibre
aède

Félicitations
compliments, éloges, louanges

Félicité
aise, amusement, béatitude, bien, bonheur, contentement, délice, enchantement, extase, joie, plaisir, prospérité, salut

Félicité éternelle
salut

Féliciter
aduler, applaudir, approuver, complimenter, congratuler, louanger, louer

Félidé
chat, fauve, félin

Félin
agile, chat, fauve, félidé, gracieux, léopard, lion, matou, minou, once, panthère, souple, tigre

Félin carnassier de la savane
serval

Félin sauvage d'Amérique
ocelot

Félon
adultère, déloyal, hypocrite, infidèle, parjure, traître, transfuge, vendu

Félonie
déloyauté, dénonciation, forfaiture, infidélité, perfidie, trahison, traîtrise

Fêlure
blessure, brisure, cassure, craquelure, déchirure, entaille, faille, fente, fissure, fracture, gerçure, incision, rainure, rupture, strie

Femelle
féminin

Femelle d'oiseau qui pond
pondeuse

Femelle d'un chien de chasse
lice

Femelle de divers gallinacés
poule

Femelle reproductrice de l'espèce porcine
truie

Féminin
femelle

Féminisé
efféminé, émasculé

Féminiser
déviriliser, efféminer, émasculer

Féministe
suffragette

Femme
adolescente, blonde, bourgeoise, chipie, compagne, conjointe, dame, demoiselle, donzelle, égérie, épouse, fée, fille, furie, gazelle, génitrice, harpie, individu, lady, madame, matrone, mégère, mère, muse, poupée, sœur

Femme à cheval
cavalière

Femme acariâtre
chipie, harpie

Femme amérindienne
squaw

Femme attachée au culte d'une divinité
prêtresse

Femme chargée de l'entretien et de la distribution du linge dans une communauté
lingère

Femme corpulente
matrone

Femme d'Osiris
Isis

Femme d'un certain âge
mémé, mémère

Femme d'un harem
odalisque

Femme d'un maire
mairesse

Femme d'un rajah
rani

Femme d'une grande beauté
vénus

Femme de chambre
camériste

Femme de la famille Borgia
Lucrèce

Femme de lettres américaine
Nin, Oates, Stein

Femme de lettres canadienne
Blais

Femme de lettres canadienne morte en 1983
Roy

Femme de lettres québécoise
Hébert

Femme de mœurs légères
drôlesse

Femme de Tahiti
vahiné

Femme difficile à vivre
chipie

Femme du tsar
tsarine

Femme effrontée
drôlesse

Femme emportée et violente
panthère

Femme énigmatique
sphinge

Femme et sœur de Zeus
Héra

Femme exerçant les fonctions de maire
mairesse

Femme fatale
vamp

Femme fière, fougueuse
lionne

Femme grossière
harengère

Femme grotesque ayant la fonction de faire rire dans un cirque
clownesse

Femme imaginaire
fée

Femme jalouse
lionne

Femme jouissant d'une grande autorité
papesse

Femme mariée
épouse

Femme mariée, chez les Amérindiens
squaw

Femme méchante
mégère

Femme musulmane
fatma

Femme pape
papesse

Femme plantureuse
Walkyrie

Femme poète
poétesse

Femme politique israélienne
Meir

Femme politique philippine
Aquino

Femme politique québécoise
Marois

Femme qui a tout perdu
ruinée

Femme qui allaite un enfant
nourrice

Femme qui élève un nourrisson
nourrice

Femme qui fait du chahut
chahuteuse

Femme qui fait la cuisine
cuisinière

Femme qui livra Samson
Dalila

Femme qui monte à cheval
amazone

Femme qui n'a pas eu d'enfant
nullipare

Femme qui pratique la sorcellerie
sorcière

Femme qui reçoit des rentes
rentée

Femme qui sait et colporte toutes les nouvelles
commère

Femme qui sème
semeuse

Femme sans dents
édentée

Femme sotte et prétentieuse
pécore

Femme stupide
dinde

Femme svelte
élancée

Femme très active, remuante
diablesse

Femme très chaste
vestale

Femme très jalouse
tigresse

Femme unie à plusieurs hommes
polygame

Femme, fille
typesse

Fémur
os

Fenaison
ramassage, récolte

Fendant
arrogant, matamore, prétentieux

Fendillé
fêlé

Fendillement
gerçure

Fendiller
craqueler, crevasser, étoiler, fêler, fendre, fissurer, gercer, lézarder

Fendiller (Se)
disjoindre

Fendoir
hache, merlin

Fendre
casser, cliver, couper, crevasser, diviser, éclater, fêler, fendiller, fissurer, gercer, inciser, lézarder, ouvrir, pénétrer, tailler, trancher

Fendre à nouveau
refendre

Fendre dans le sens de la longueur
refendre

Fendre la roche pour faire des pavés
épincer

Fendre légèrement
fêler

Fendre par lame un diamant
cliver

Fendu
désuni, fêlé

Fendu en deux
bifide

Fenestration
fenêtrage

Fenêtrage
fenestration

Fenêtre
ajour, baie, blanc, carreau, châssis, créneau, croisée, hublot, lucarne, lunette, oriel, orifice, ouverture, soupirail, trappe, trou, vasistas, vide, vitrage, vitre

Fenêtre d'un avion de transport
hublot

Fenêtre faisant saillie
oriel

Fenêtrer
percer

Fenil
grange, grenier

Fennec
renard

Fenouil
aneth, anis, anisette

Fenouil bâtard
aneth

Fente
brèche, brisure, cassure, coupure, craquelure, cratère, crevasse, déchirure, écorchure, encoche, entaille, enture, éraillure, espace, estafilade, faille, fêlure, fissure, gerçure, griffure, hiatus, incision, interstice, intervalle, jour, lézarde, ouverture, raie, rainure, rayure, regard, ride, sillon, strie, trou, vide

Fente dans le bois
gerce

Fente profonde
crevasse, sillon

Fente verticale qui se forme au sabot du cheval
seime

Féodal
archaïque, moyenâgeux

Fer
acier, bistouri, entrave, épée, Fe, fleuret, lame, métal, scalpel

Fer spathique
sidérose

Fer tranchant
coutre

Ferblanterie
quincaillerie

Ferblantier
quincaillier

Férié
chômé

Férir
frapper

Ferlouche
farlouche

Fermage
agriculture, arrérages, colonat, loyer, redevance

Fermail
agrafe

Ferme
ancré, arrêté, assis, assuré, autoritaire, beaucoup, carré, compact, consistant, constant, coriace, costaud, courageux, décidé, définitif, délibéré, déterminé, domaine, droit, dur, énergique, exploitation, farouche, fixe, formel, fort, gaillard, immobile, immuable, impassible, imperturbable, inchangé, inébranlable, inflexible, intensément, intrépide, métairie, opiniâtre, précis, radical, raide, résistant, résolu, rigide, rigoureux, robuste, sec, serré, sévère, solide, stable, stoïque, strict, sûr, tenace, vigoureux, viril

Fermé
bouché, clos, impassible, pincé, plié, scellé, sélect, snob, terminé

Ferme de campagne
mas

Ferme de la prairie, aux États-Unis
ranch

Ferme, stable
inchangé

Fermement
énergiquement, fortement, nettement, opiniâtrement, résolument, solidement

Ferment
agent, bacille, bactérie, cause, germe, levain, levure, moisissure, présure, principe, source, suc, zymase

Fermentation
ébullition

Fermenté
travaillé

Fermenter
agiter, bouillonner, cuver, échauffer, exalter, gonfler, lever, travailler

Fermer
achever, arrêter, barrer, barricader, bloquer, borner, boucher, boucler, boutonner, cacheter, cadenasser, calfeutrer, claquer, clore, clôturer, clouer, condamner, couper, enclore, enfermer, entourer, éteindre, guérir, interdire, interrompre, nouer, obstruer, obturer, occlure, plier, pousser, rabattre, refermer, resserrer, sceller, serrer, solder, suspendre, terminer, tirer, verrouiller

Fermer à clé
verrouiller

Fermer et ouvrir rapidement les yeux
cligner

Fermer une fenêtre au moyen d'une barre
bâcler

Fermer une porte avec une barre
bâcler

Fermeté
assurance, autorité, caractère, consistance, constance, décision, détermination, dureté, endurance, énergie, inflexibilité, opiniâtreté, persévérance, persistance, rectitude, résistance, résolution, rigidité, rigueur, solidité, stabilité, stoïcisme, sûreté, ténacité, valeur, vigueur, virilité, volonté

Fermeté dans l'adversité
stoïcisme

Fermeture
arrêt, attache, barrage, barre, bouchage, bouclage, cadenas, cessation, clenche, clôture, condamnation, coupure, fermoir, haie, interdiction, interruption, loquet, obstruction, obturation, occlusion, palissade, pêne, portillon, serrure, verrou, verrouillage

Fermeture éclair
glissière

Fermier
agraire, agriculteur, colon, cultivateur, laboureur, métayer, paysan, preneur, rural

Fermion
neutron

Fermium
Fm

Fermoir
agrafe, boucle, bouclette, ciseau, fermeture

Féroce
âpre, barbare, bestial, cruel, dur, farouche, fauve, impitoyable, implacable, inhumain, méchant, radical, rapace, sanguinaire, sauvage

Ferrage
ferrure

Ferraille
débris, déchets, mitraille, monnaie

Ferrailler
batailler

Ferrailleur
duelliste, spadassin

Ferré
calé, clouté, fort, instruit, paré, qualifié, trapu

Ferrement
ferrure

Ferronnerie
serrurerie

Ferronnière
chaîne

Ferroutage
transport

Ferrure
armature, charnière, ferrage, ferrement, penture

Ferrure destinée à soutenir une porte
penture

Ferry
bac, transbordeur, traversier

Ferry-boat
bac, ferry, traversier

Fers
chaîne, chaînes, esclavage

Ferté
forteresse

Fertile
bon, créatif, débordant, fécond, généreux, gras, ingénieux, inventif, planturoux, prodigue, productif, prolifique, riche, subtil

Fertilisant
engrais

Fertilisation
amélioration, amendement, compost

Fertilisé
amélioré, enrichi

Fertiliser
améliorer, amender, bonifier, engraisser, enrichir, féconder, fumer

Fertiliser
amender

Fertilité
créativité, fécondité, générosité, ingéniosité, inventivité, productivité, prolificité, rendement, richesse

Féru
accro, amoureux, enragé, entiché, épris, fanatique, fervent, fou, mordu, passionné, toqué

Férule
autorité, bâton, commandement, direction, houlette, pouvoir

Fervent
ardent, avide, brûlant, chaleureux, chaud, dévot, emporté, empressé, enflammé, enthousiaste, exalté, excité, fanatique, féru, passionné, religieux, transporté, zélateur, zélé

Ferveur
adoration, adulation, ardeur, chaleur, cœur, dévotion, effusion, enthousiasme, exaltation, feu, flamme, passion, piété, zèle

Festif
convivial

Festin
agape, agapes, banquet, bombance, régal, repas, ripaille

Festival
démonstration, festivités, fête, manifestation, représentation, série

Festivités
célébration, festival, fêtes, kermesse, réjouissances

Festivités où l'on maîtrise des bêtes
rodéo

Feston
bordure, découpure, dent, guirlande

Festonner
border, broder

Festoyant
célébrant

Festoyer
bambocher, banqueter, célébrer, fêter, régaler

Fêtant
célébrant

Fêtard
jouisseur, nocturne, viveur

Fête
amusement, anniversaire, bombance, bonheur, boum, célébration, cérémonie, commémoration, enchantement, festival, fiesta, foire, gala, java, joie, jubilé, kermesse, noce, Noël, nouba, plaisir, rallye, réception, régal, réjouissance, soirée, solennité

Fête
Noël

Fête célébrée le 31 octobre
Halloween

Fête célébrée le lendemain de l'Halloween
Toussaint

Fête chrétienne, mobile, célébrant la résurrection du Christ
Pâques

Fête de bienfaisance
kermesse

Fête de Noël
Nativité

Fête de plein air pour motos et automobiles
gymkhana

Fête donnée pour le marquage du bétail
rodéo

Fête foraine
foire

Fête judaïque annuelle
Pâque

Fête juive
Pâque

Fête mondaine
raout

Fête musulmane qui suit le ramadan, chez les Turcs
Beiram

Fête où l'on distribuait mets et vins
cocagne

Fête patronale au village
frairie

Fête suivant un mariage
noce

Fêter
arroser, banqueter, célébrer, commémorer, festoyer, nocer, réceptionner, ripailler, solenniser

Fêtes
festivités

Fétiche
amulette, favori, grigri, idole, mascotte, préféré, relique, talisman

Fétichisme
totémisme

Fétidité
puanteur, remugle

Fétu
branchage, brin, brindille, paille

Feu
allant, allumette, animation, ardeur, âtre, attaque, bombardement, brandon, brasier, brillant, briquet, brûlure, calibre, chaleur, cheminée, conviction, défunt, démangeaison, éclairage, éclat, élan, embrasement, enthousiasme, entrain, éruption, exaltation, excitation, fanal, ferveur, fièvre, flambeau, flambée, flamme, force, fougue, fournaise, foyer, fusillade, impétuosité, incendie, inflammation, irritation, lamparo, lanterne, lueur, lumière, lyrisme, maison, ménage, mort, passion, pétulance, phare, pistolet, revolver, rouge, signal, tir, véhémence, virulence, vivacité, zèle

Feu de circulation
lampe

Feu éternel
damnation

Feu follet
furole

Feudataire
vassal

Feuil
film, pellicule

Feuillage
bois, frondaison, ombrage, ramée, ramure

Feuillaison
bois, frondaison

Feuillard
cerceau

Feuille
bulletin, copie, feuillet, fiche, formulaire,
gazette, journal, lame, lamelle, page, papier,
périodique, plaque

Feuillé
folié, ramé

Feuille d'acier
tôle

Feuille d'un registre
folio

Feuille de carton mince
carte

Feuille de fer
tôle

Feuille de palmier
palme

Feuille de propagande
tract

Feuille de tabac
cape

Feuille de trèfle
trilobé

Feuille insérée dans une brochure
encart

Feuille volante
encart

Feuillée
frondaison

Feuilleret
rabot

Feuilles de tabac roulées que l'on fume
cigare

Feuilles que l'on peut porter sous le bras
fascicule

Feuillet
feuille, folio, page, pli, volet

Feuillet superflu d'un ouvrage imprimé
défet

Feuilleté
baklava

Feuilleter
bouquiner, compulser, consulter, examiner,
explorer, lire, parcourir, regarder, survoler

Feuilleton
roman, série

Feuillette
tonneau

Feuillu
arbre, folié, fourni, touffu

Feulement
cri, grognement, miaulement, rauquement

Feuler
grogner, miauler, rauquer, rugir

Feurre
paille

Feutre
chapeau, marqueur, stylo, surligneur

Feutré
amorti, discret, ouaté, silencieux, sourd

Feutre à poil long
mélusine

Feutrer
amortir, assourdir, atténuer

Fève
haricot, tonka

Février
mois

Fez
calotte, chéchia, tarbouche

FG
faubourg

Fi
pouah

Fiabiliser
sécuriser

Fiabilité
crédibilité, infaillibilité, sécurité, sérieux,
sûreté

Fiable
consciencieux, crédible, exact, fidèle,
sécurisé, sérieux, solide, sûr

Fiacre
attelage, calèche, carriole, véhicule, voiture

Fiancé
ami, futur, prétendant, promis

Fiancée
dulcinée, maîtresse

Fiancer
allier, engager, unir

Fiasco
bide, défaite, désastre, échec, faillite, flop,
four, insuccès, ratage, revers

Fiasque
bouteille

Fibre
brin, cœur, corde, fibrille, fil, filament, nerf,
poil, sensibilité, sentiment

Fibre coriace de certaines viandes
filandre

Fibre de noix de coco
coir

Fibre élastomère
lycra

Fibre provenant de la toison de certains ruminants
laine

Fibre synthétique
nylon, orlon, tergal

Fibre textile
coton, jute, lin, orlon

Fibre végétale soyeuse et légère
kapok

Fibreux
dur, filamenteux, filandreux, nerveux

Fibrille
fibre

Fibrome
adénome, tumeur

Fibule
agrafe, broche

Ficelage
ceinturage, nouage

Ficelé
attaché, bridé, habillé, lié

Ficeler
accrocher, attacher, brider, habiller, lier, ligoter, tisser

Ficelle
artifice, astuce, attache, corde, cordeau, cordonnet, fil, lien, matois, procédé, ruse, stratagème, technique, tour, truc

Ficelle de fouet
mèche

Fiche
aiguille, broche, feuille

Ficher
clouer, enfoncer, fixer, infliger, introduire, lister, mettre, piquer, placer, planter, répertorier, trafiquer

Fichier
classeur, répertoire

Fichier compressé contenant un ou plusieurs fichiers
archives

Fichtrement
très

Fichu
carré, cassé, châle, cuit, damné, écharpe, foulard, guimpe, madras, mantille, maudit, mauvais, mouchoir, pointe, sacré

Fichu posé sur la tête et noué sous le menton
fanchon

Fictif
arbitraire, conventionnel, extrinsèque, fabriqué, fabuleux, factice, faux, feint, illusoire, imaginaire, inexistant, inventé, irréel, nominal, supposé, théorique, trompeur

Fiction
allégorie, allusion, apologue, chimère, conte, convention, fable, illusion, imagination, invention, mensonge, mirage, rêve, roman, songe

Ficus
caoutchouc

Fidèle
abonné, adepte, assidu, attaché, bon, brebis, chrétien, client, conforme, correct, croyant, dévoué, disciple, durable, éprouvé, exact, féal, fiable, groupie, habitué, honnête, juste, littéral, loyal, paroissien, partisan, persévérant, pilier, ponctuel, précis, probe, profond, régulier, scrupuleux, sectateur, sincère, solide, sûr, textuel, véridique, véritable, vertueux, vrai

Fidèle, par rapport au pasteur spirituel
ouaille

Fidélité
allégeance, assiduité, attachement, constance, continuité, correction, dévouement, exactitude, honnêteté, loyalisme, loyauté, obéissance, persévérance, précision, régularité, véracité, véridicité, vérité, vertu

Fidélité à son souverain ou au régime et aux institutions établies
loyalisme

Fief
circonscription, domaine, possession, royaume, secteur, seigneurie, spécialité, territoire

Fieffé
accompli, complet, consommé, fameux, franc, grand, parfait, sacré, vrai

Fiel
acrimonie, aigreur, amertume, animosité, bave, bile, colère, haine, hostilité, humeur, malveillance, méchanceté, venin

Fielleux
acariâtre, acerbe, aigre, amer, désagréable, envenimé, haineux, malveillant, mauvais, méchant, médisant, perfide, venimeux

Fier
altier, arrogant, avantageux, conquérant, content, courageux, crâneur, dédaigneux, digne, distant, entier, fameux, fanfaron, faraud, farouche, fat, froid, généreux, glorieux, hautain, inaccessible, inapprivoisable, indépendant, indomptable,

infatué, insolent, intrépide, majestueux, méprisant, mettre, noble, orgueilleux, prétentieux, rogue, sacré, satisfait, sauvage, suffisant, superbe, supérieur, vain, vaniteux

Fier-à-bras
bravache, hâbleur

Fièrement
bravement, courageusement, crânement, dédaigneusement, dignement, noblement, orgueilleusement

Fiérot
faraud, fat

Fierté
arrogance, audace, cœur, condescendance, contentement, dédain, dérision, dignité, distance, estime, gloire, hauteur, honneur, indifférence, irrévérence, joie, mépris, moquerie, morgue, noblesse, orgueil, présomption, satisfaction, suffisance, superbe, vanité

Fierté légitime
orgueil

Fiesta
fête

Fièvre
agitation, amour, animation, ardeur, bouillonnement, chaleur, énervement, exaltation, excitation, fébrilité, feu, flamme, folie, fougue, frénésie, fureur, furie, impatience, manie, passion, rage, soif, surexcitation, température, trouble

Fiévreusement
impatiemment

Fiévreux
agité, ardent, bouillonnant, brûlant, chaud, exalté, excité, fébrile, frénétique, inquiet, intense, nerveux, orageux, surexcité, tourmenté

Fifille
fille, fillette

Fifre
appeau, flûte, flûtiau, piccolo

Fifrelin
bagatelle, rien, vétille

Figaro
barbier, capilliculteur, coiffeur, perruquier

Figé
congelé, fixe, immobile, immuable, inerte, transi

Figement
sclérose

Figer
cailler, clouer, coaguler, condenser, congeler, épaissir, fossiliser, geler, glacer, immobiliser, paralyser, pétrifier, prendre, raidir, scléroser, solidifier, tétaniser

Fignolage
léchage

Fignolé
aiguisé, limé, poli, travaillé

Fignoler
aiguiser, ciseler, finir, lécher, limer, parfaire, peaufiner, polir, raffiner, soigner, travailler

Figue
fruit

Figuier
banian

Figuier de l'Inde
banian

Figurant
acteur, cascadeur, comédien, comparse, double, doublure, personnage, utilité

Figurante
starlette

Figuratif
symbolique

Figure
air, allégorie, apparence, aspect, attitude, binette, bobine, bouille, caractère, configuration, conformation, couleur, dehors, dessin, effigie, emblème, estampe, extérieur, face, faciès, forme, frimousse, graphique, illustration, image, métaphore, mine, minois, nom, notable, personnage, personnalité, physionomie, planche, portrait, représentation, schéma, signe, sommité, statue, symbole, tableau, tête, tracé, trogne, trombine, tronche, type, visage

Figuré
imagé

Figure à quatre faces triangulaires
tétraèdre

Figure circulaire
rond

Figure de patinage artistique
axel

Figure de rhétorique
métaphore

Figure de style qui consiste à utiliser une expression qui en dit moins pour en faire entendre plus
litote

Figure découpée
découpage

Figure dessinée négligemment
bonhomme

Figure emblématique
devise

Figure importante de la Rébellion des Patriotes de 1837-1838
Papineau

Figure importante du Bloc québécois
Duceppe

Figure importante du Nouveau Parti démocratique du Canada
Layton

Figure marquante de l'Action démocratique du Québec
Dumont

Figuré par des lignes
graphique

Figure représentant le corps humain, exécutée dans diverses matières et destinée à différents usages
mannequin

Figure tauromachique
véronique

Figurer
dessiner, imaginer, incarner, modeler, paraître, participer, peindre, percevoir, préfigurer, représenter, sculpter, styliser, symboliser, tracer, voir

Figurine
marionnette, marmot, poupée, santon, sculpture, statuette

Figurine humaine
poupée

Figurine ornant les crèches de Noël
santon

Figurine provençale
santon

Figurine servant de heurtoir
marmot

Fil
attache, brin, câble, cheveu, corde, cordelette, courant, court, déroulement, enchaînement, fibre, ficelle, filament, film, liaison, lien, sens, succession, suite, trame, tranchant

Fil conducteur
filament

Fil de fer muni de pointes
barbelé

Fil enduit de poix utilisé par les cordonniers et par les bourreliers
ligneul

Fil passé en faufilant
faufil

Fil qui est utilisé en chirurgie pour suturer les plaies
catgut

Fil synthétique de polyester
tergal

Fil terminé par un hameçon
ligne

Fil textile gainé de polyester
lurex

Fil très fin
filament

Filadière
barque

Filaire
ver

Filament
brin, fibre, fil, radicelle

Filament délié de chanvre
brin

Filament fin
cil

Filament qui relie l'ovule au placenta des plantes à graines
funicule

Filamenteux
chevelu, fibreux

Filandière
fileuse

Filandreux
fibreux, fumeux, nerveux

Filao
casuarina

Filasse
blondasse, étoupe, lin

Filature
pistage, poursuite, recherche

Fildefériste
acrobate, funambule

File
alignement, colonne, cordon, cortège, couloir, défilé, enfilade, haie, ligne, procession, queue, rang, rangée, série, succession, suite, voie

File de bordages
virure

File de personnes
queue

Filer
accourir, couler, courir, déguerpir, démailler, détaler, dévider, disparaître, donner, enfuir, foncer, fondre, fuir, glisser, guetter, infliger, lâcher, larguer, partir, passer, pister, remettre, suivre

Filer le parfait amour
roucouler

Filet
ableret, ablier, aiguillette, blanc, chateaubriand, embûche, épervier, épuisette, hallier, lacet, lacs, magret, nasse, panneau, piège, résille, réticule, rets, senne, suprême, tournedos, traîne, traîneau, trait

Filet à larges mailles
résille

Filet à petites mailles
rissole

Filet à poissons plats
picot

Filet dans lequel on attache les cheveux
résille

Filet de bœuf coupé en tranches
tournedos

Filet de canard
magret

Filet de hareng mariné au vinaigre
rollmops

Filet de pêche
gabare, havenet, senne, traîne

Filet de pêche carré
ableret, ablier

Filet de pêche de forme conique
épervier

Filet de pêche en forme de poche
drague, truble

Filet en forme d'entonnoir
chalut

Filet en forme de sac
guideau

Filet pour capturer du gibier
rets

Filet pour la chasse aux perdrix
tonnelle

Filet pour la pêche
rets, senne

Filet pour la pêche à la crevette
haveneau

Filet pour prendre des oiseaux
rets

Filet que l'on traîne sur le fond de la mer
chalut

Filet qui borde la moulure d'une assiette
marli

Filet servant à capturer des cailles
tirasse

Filet suspendu horizontalement servant de lit
hamac

Filetage
taraudage

Fileter
fraiser, tarauder

Fileuse
filandière

Filiale
agence, annexe, succursale

Filialiser
racheter

Filiation
agnation, cognation, consanguinité,
descendance, enchaînement, famille, fratrie,
généalogie, génération, hérédité, liaison,
lien, lignage, ligne, lignée, naissance, ordre,
origine, parenté, race, rapport, souche,
succession, suite

Filière
canal, domaine, réseau, voie

Filiforme
élancé, fluet, frêle, gracile, grêle, longiligne,
menu, mince

Filin
amarre, câble, cordage, corde, élingue,
manœuvre

Filin de retenue d'une mine
orin

Filin qui relie une ancre à la bouée
orin

Filin qui sert à soutenir une poulie
gerseau

Filin terminé par un croc
vérine

Filipendule
spirée

Fille
ado, adolescente, demoiselle, donzelle,
enfant, femme, fifille, fillette, mademoiselle,
mère, nana, sœur

Fille d'Harmonie
Ino

Fille de Cadmos
Ino

Fille de la belle-sœur
nièce

Fille du frère ou de la sœur
nièce

Fille du roi d'Argos
Danaé

Fille ou femme d'un prince
princesse

Fille ou femme très jeune
jeunesse

Fille prétentieuse
donzelle

Fille vulgaire et négligée
fillasse

Fillette
blondinette, bouteille, brunette, enfant, fifille,
fille, gamine, môme, petite

Fillette appartenant au scoutisme
jeannette

Film
bobine, cinéma, clip, couche, déroulement,
enchaînement, feuil, fil, pellicule, rouleau,
spectacle, succession, toile

Film à épisodes
cinéroman

Film conçu spécialement pour la télévision
téléfilm

Film d'horreur
gore

Film dont l'action se situe dans le Far West
western

Film mettant en vedette John Travolta et Olivia Newton-John
Grease

Film pour lequel Jamie Foxx a reçu l'Oscar du meilleur acteur, en 2005
Ray

Film tourné en vidéo
vidéo

Filmage
tournage

Filmé
noté

Filmer
enregistrer, réaliser, tourner

Filmeur
caméraman

Filon
combine, gisement, mine, moyen, plan, source, système, truc, veine

Filon de roche magmatique
dyke

Filou
aigrefin, arnaqueur, bandit, brigand, charlatan, coquin, crapule, escroc, fraudeur, fripon, fripouille, gangster, garnement, pirate, requin, tricheur, voleur, voyou

Filouter
abuser, arnaquer, baratiner, berner, chaparder, escroquer, estamper, falsifier, flouer, frauder, rouler, tricher, tromper, truquer, voler

Filouterie
piraterie, tricherie, vol

Fils
adolescent, aîné, descendant, écheveau, enfant, garçon, héritier, jeune, postérité

Fils aîné d'Adam et Ève
Caïn

Fils aîné de Noé
Sem

Fils arabe
ibn

Fils d'Abraham
Isaac, Ismaël

Fils d'Adam et Ève
Abel, Caïn, Seth

Fils d'Agamemnon
Oreste

Fils d'Énée
Iule

Fils d'Éson
Jason

Fils d'Isaac
Ésaü, Jacob

Fils d'Isaac et de Rébecca
Ésaü

Fils de Cham et petit-fils de Noé
Canaan

Fils de David
Absalon

Fils de Dédale
Icare

Fils de Lot
Ammon

Fils de Noé
Cham, Sem

Fils de Nun
Josué

Fils du beau-frère
neveu

Fils du frère ou de la sœur
neveu

Fils entrelacés formant une surface souple
tissu

Fils ou fille
enfant

Filtrage
clarification, contrôle, éclaircissement, épuration, filtration, purification, vérification

Filtration
épuration, filtrage

Filtre
chaussette, contrôle, écran, étamine, passoire, protection, vérification

Filtré
coulé, épuré, pur

Filtrer
clarifier, contrôler, couler, épurer, éventer, passer, pénétrer, percer, purifier, répandre, savoir, sourdre, suinter, tamiser, transpirer, transsuder, traverser, trier, vanner, vérifier, voiler

Fin
abandon, abolition, aboutissement, acéré, achèvement, adroit, aérien, affûté, agonie, aigu, allongé, ambition, anéantissement, arachnéen, arrêt, astucieux, averti, avisé, beau, bel, borne, bout, but, cessation, chute, clairvoyant, clôture, coda, conclusion, crépuscule, décès, déclin, délectable, délicat, délié, dénouement, destination, destruction, diplomate, disparition, doux, écroulement,

effilé, élancé, élégant, enterrement, épilogue, étroit, exercé, expiration, exquis, extra, extrémité, finale, finalité, finaud, fluet, fond, fuselé, futé, galant, gentil, gracile, grêle, habile, ingénieux, intelligent, intention, issue, léger, levée, limite, malin, matois, menu, mince, mort, objectif, objet, pénétrant, perfection, péroraison, perspicace, petit, piquant, pointu, politique, précieux, précis, pur, queue, raffiné, résolution, retors, roué, ruine, rusé, sagace, savoureux, sensible, soir, solution, sophistiqué, sortie, spirituel, subtil, supérieur, svelte, ténu, terme, terminaison, tombée, trépas, vaporeux, visée

Fin d'une prière
amen

Fin et doux au toucher comme de la soie
soyeux

Fin gravier
gravillon

Fin tissu de paille ou d'osier
lacerie

Final
décisif, définitif, dernier, extrême, suprême, terminal, ultime

Finale
bouquet, fin

Finalement
ainsi, enfin, total, ultimo

Finalisé
définitif

Finaliser
boucler, finir

Finalité
but, destinée, fin, objectif, visée

Finance
affaires, commerce

Financé
casqué

Financement
apport, subvention

Financer
casquer, commanditer, parrainer, payer, soutenir, sponsoriser, subventionner

Finances
argent, avoir, bourse, budget, comptabilité, fonds, moyens, ressources, trésorerie

Financier
bancaire, banquier, boursier, budgétaire, capitaliste, gestionnaire, matériel, monétaire, pécuniaire

Financier écossais né en 1671
Law

Finasser
biaiser, louvoyer, ruser, tergiverser, tromper

Finasserie
chicane, subtilité

Finasseur
roué, rusé

Finaud
astucieux, débrouillard, entendu, fin, futé, habile, intelligent, madré, malin, matois, retors, roublard, roué, rusé

Fine
alcool

Fine galette
crêpe

Fine pellicule cireuse de certains fruits
pruine

Fine tranche
lamelle

Fine tranche de viande
émincé

Finement
adroitement, astucieusement, délicatement, diplomatiquement, habilement, savamment, subtilement

Fine herbe
estragon

Finesse
acuité, adresse, argutie, artifice, astuce, beauté, clairvoyance, délicatesse, diplomatie, distinction, élégance, esprit, grâce, gracilité, intelligence, joliesse, jugement, justesse, légèreté, minceur, nuance, pénétration, perspicacité, petitesse, pureté, raffinement, ruse, sagacité, sel, sensibilité, souplesse, stratagème, subtilité, sveltesse, tact, ténuité

Fini
abouti, accompli, achevé, complet, épuisé, éreinté, évanoui, finition, incurable, limité, parfait, poli, sacré, temporel, terminé, usé

Finir
aboutir, accomplir, achever, arrêter, boucler, cesser, clore, clôturer, compléter, conclure, évanouir, expirer, fignoler, finaliser, mourir, parachever, parfaire, passer, périr, polir, terminer, vider

Finir par arriver
atterrir

Finissage
affinage

Finition
abattement, amélioration, fini

Fiole
ampoule, bouteille, burette, canette, flacon, flasque

Fiole longue et étroite
topette

Fion
moquerie

Fiord
calanque, golfe

Fioriture
agrément, décoration, embellissement,
enjolivement, ornement, parement, parure

Fioul
gasoil, gazole, mazout, pétrole

Firmament
azur, ciel, cieux, empyrée, nues

Firme
affaire, agence, compagnie, entreprise,
établissement, maison, société

Fisc
fiscalité, impôt, percepteur

Fiscalité
fisc, impôt, loi, taxe

Fissible
fissile

Fissile
fissible

Fissure
brèche, cassure, crevasse, faiblesse, faille,
fêlure, fente, gerçure, jour, lacune, lézarde,
ouverture, rainure, ride, scissure, sillon, trou,
vide

Fissuré
fêlé

Fissurer
craqueler, crevasser, fêler, fendiller, fendre,
lézarder

Fixage
agrafage, clouage

Fixateur
fixatif

Fixatif
fixateur

Fixation
accrochage, amarrage, ancrage, arrêt,
arrimage, attache, blocage, cloutage, collage,
définition, délimitation, détermination,
établissement, implantation, limitation,
obsession, rivetage, scellement,
sédentarisation, sertissage, suspension,
vissage

Fixation à un jour dit
indiction

Fixation de sarments à des piquets
accolage

**Fixation des jeunes pousses de vigne sur un
support**
accolage

Fixe
arrêté, atone, certain, constant, continu,
défini, définitif, déterminé, étale, ferme,
figé, fou, immobile, immuable, inaltérable,
inchangé, invariable, irrévocable, permanent,
persistant, réglé, réglementé, régulier, salaire,
sédentaire, stable, stationnaire

Fixé
adhérent, amarré, attaché, campé, décidé,
déterminé, dit, donné, éclairé, pendu,
prescrit, réglé, retenu, scellé, situé, voulu

Fixé sur le revers d'un organe
dorsal

Fixement
activement, intensément, vivement

Fixer
accoler, accrocher, agrafer, amarrer, ancrer,
arrêter, arrimer, assembler, asseoir, assigner,
assujettir, assurer, attacher, boulonner, caler,
caser, cheviller, clouer, clouter, coincer, coller,
concentrer, conclure, consolider, convenir,
cramponner, décider, définir, délimiter,
déterminer, dévisager, dire, donner, dresser,
éclairer, édicter, édifier, enchâsser, enraciner,
épingler, établir, examiner, ficher, focaliser,
formuler, graver, immobiliser, implanter,
imposer, imprimer, indiquer, informer,
instruire, lier, maintenir, marquer, nouer,
observer, pendre, pétrifier, planter, poser,
préciser, prescrire, regarder, réglementer,
régler, renseigner, retenir, river, riveter,
sceller, scruter, sédentariser, sertir, spécifier,
stabiliser, suspendre, tenir, visser

Fixer à l'aide de goupilles
goupiller

Fixer à l'aide de rivets
riveter

Fixer au moyen de haubans
haubaner

Fixer avec des boulons
boulonner

Fixer avec des clous
clouer, clouter

Fixer avec des épingles
épingler

Fixer avec des punaises
punaiser

Fixer avec une bosse
bosser

Fixer le montant
tarifer

Fixer le prix de
tarifer

Fixer les limites d'une étendue
délimiter

Fixer par adsorption
adsorber

Fixer par un nœud
amarrer

Fixer solidement
ancrer, crocher

Fixer sur un carton
encarter

Fixer une chose dans une autre
implanter

Fixer une voile par son point d'amure
amurer

Fixité
immutabilité

Fjord
calanque, golfe

Fjord du Québec
Saguenay

Flac
ploc

Flache
trou

Flacon
ampoule, atomiseur, bouteille, burette, canette, fiole, flasque, gourde, topette, vaporisateur

Flacon destiné à contenir l'eau et le vin à la messe
burette

Flagada
épuisé, éreinté, fatigué, fourbu, rompu

Flagellation
fouet, fouettement, fustigation

Flageller
admonester, battre, cingler, fouetter, fustiger

Flageolant
vacillant

Flageoler
chanceler, tituber, trembler, vaciller

Flageolet
chalumeau, flûte, flûtiau, haricot, picolo, pipeau

Flagorner
aduler, amadouer, complimenter, flatter, louanger, louer

Flagornerie
adulation

Flagorneur
complaisant, flatteur, louangeur

Flagrant
apparent, certain, clair, criant, éclatant, évident, formel, manifeste, notoire, ouvert, patent, reconnu, visible, voyant

Flagrant délit
flag

Flair
clairvoyance, discernement, feeling, instinct, intuition, odorat, olfaction, perspicacité, pif, sagacité

Flairé
senti

Flairer
deviner, éventer, humer, percevoir, pressentir, prévoir, renifler, repérer, sentir, soupçonner, subodorer, suspecter

Flairer l'odeur du gibier, en parlant du chien
halener

Flaireur
soupçonneux

Flambant
ardent, brillant, brûlant

Flambeau
bougie, chandelle, fanal, feu, guide, lumière, phare, torche

Flambée
bond, boom, envolée, feu, hausse, poussée

Flamber
augmenter, briller, brûler, calciner, carboniser, claquer, consumer, cuire, dépenser, dévorer, dilapider, dissiper, embraser, enflammer, engloutir, envoler, étinceler, flamboyer, gaspiller, gazer, griller, grimper, incendier, manger, rôtir, roussir, scintiller

Flambeur
joueur

Flambolement
apparat, éclair, éclat

Flamboyant
ardent, brillant, éclatant, étincelant, fleuri, pétillant, rayonnant, reluisant, rutilant

Flamboyer
étinceler, flamber, fulgurer, luire, reluire, resplendir, rutiler, scintiller

Flamenco
danse

Flamme
adoration, amour, animation, ardeur, banderole, bannière, chaleur, clarté, désir, drapeau, éclair, éclat, élan, éloquence, enthousiasme, exaltation, excitation, fanion, ferveur, feu, fièvre, flammèche, flammerole, fougue, foyer, lueur, lumière, oriflamme, passion, pétulance, tampon, véhémence, zèle

Flammèche
bluette, étincelle, flamme

Flammerole
flamme, follet

Flammes
incendie

Flan
bluff, dariole, far, gâteau

Flan aux raisins secs ou aux pruneaux
far

Flan breton aux raisins secs
far

Flan léger au beurre et aux œufs
dariole

Flânage
flânerie

Flanché
molli, plié

Flancher
abandonner, caler, céder, craquer, dégonfler, faiblir, fléchir, lâcher, mollir, plier, ployer, reculer

Flâner
amuser, baguenauder, balader, déambuler, errer, flemmarder, lambiner, lanterner, marcher, musarder, muser, paresser, promener, traîner, vadrouiller

Flânerie
baguenaude, balade, errance, flânage, promenade, vagabondage

Flâneur
badaud, baladeur, curieux, musard, oisif, passant, promeneur, rôdeur

Flanqué
jeté

Flanquer
accompagner, border, couvrir, encadrer, escorter, fourrer, garantir, infliger, jeter, placer, protéger

Flapi
brisé, épuisé, éreinté, fatigué, fourbu, rompu

Flaque
mare

Flash
éclair, illumination, message, tilt

Flasque
amorphe, atone, avachi, fiole, flacon, flétri, inconsistant, inerte, lâche, mollasse, mou, ramolli, relâché, spongieux, tombant

Flat
studio

Flatté
abusé, enjôlé, leurré

Flatter
abuser, admirer, aduler, amadouer, avantager, berner, cajoler, câliner, caresser, charmer, chatouiller, complimenter, courtiser, délecter, embellir, encenser, encourager, enjôler, entretenir, exciter, favoriser, flagorner, honorer, idéaliser, leurrer, louanger, louer, plaire, ramper, targuer

Flatter bassement
flagorner

Flatterie
adulation, louange, pommade

Flatterie excessive
adulation

Flatteur
admirateur, adorateur, adulateur, agréable, avantageux, caressant, complaisant, complimenteur, courtisan, élogieux, encenseur, enjôleur, flagorneur, génuflecteur, hypocrite, laudatif, lécheur, louangeur, obligeant, obséquieux, patelin, rampant, séduisant, seyant, thuriféraire

Flatteur, rempli d'éloges
élogieux

Flaveur
saveur

Fléau
arme, battoir, calamité, cataclysme, catastrophe, chancre, désastre, dommage, malheur, plaie

Flèche
aiguille, brocard, carreau, dard, épigramme, lazzi, matras, pointe, quolibet, raillerie, sagette, sarcasme, timon, trait

Fléché
balisé

Flèche d'eau
archet

Flécher
baliser, signaler

Fléchi
affaibli, courbé, molli, plié

Fléchir
adoucir, amadouer, amollir, apitoyer, arquer, attendrir, baisser, capituler, céder, chanceler, concilier, courber, décliner, désarmer, diminuer, ébranler, effriter, émouvoir, faiblir, flancher, gagner, gauchir, incliner, incurver, infléchir, mollir, pencher, plier, ployer, ralentir, recourber, reculer, soumettre, toucher, vaciller

Fléchissement
baisse, récession

Flegmatique
calme, froid, impassible, impavide, placide

Flegmatiquement
calmement

Flegme
calme, décontraction, détachement, froideur, impassibilité, imperturbabilité, indifférence, lymphe, patience, placidité, sérénité, tranquillité

Flemmard
paresseux

Flemmarder
flâner, paresser

Flemmardise
paresse

Flemme
paresse

Flet
flondre

Flétan
elbot

Flétri
altéré, avachi, décati, défraîchi, fané, flasque, fripé, marqué, passé, ridé, sali, vieilli

Flétrir
altérer, avilir, décatir, décolorer, défraîchir, déshonorer, dessécher, entacher, faner, friper, galvauder, gâter, marquer, ravager, rider, salir, sécher, souiller, tacher, ternir, vieillir

Flétrissure
honte, marque, opprobre, outrage, souillure, stigmate, tache

Fleur
azalée, beauté, camélia, charme, crème, dahlia, éclat, élite, fleuron, fraîcheur, gratin, lis, lys, œillet, plante, rose, tulipe

Fleur au cœur du festival célébré à Chédigny
rose

Fleur blanche
lis, lys

Fleur d'oranger destinée à la distillation
néroli

Fleur de l'églantier
églantine

Fleur du tournesol
soleil

Fleur mauve
muguet

Fleur violette
colchique

Fleuraison
anthèse, éclosion, épanouissement, fleurissement

Fleurant
odorant

Fleuré
senti

Fleurer
embaumer, exhaler, sentir

Fleuret
épée, fer

Fleuri
bourgeonnant, boutonneux, brillant, coloré, éclos, élégant, flamboyant, florissant, frais, orné, recherché, vermeil, vif

Fleurir
bourgeonner, briller, croître, développer, éclore, émailler, embellir, épanouir, grandir, orner, parer, prospérer

Fleurissement
floraison

Fleuron
fleur, gloire, honneur, ornement

Fleuve
affluent, déluge, flot, interminable, rivière, torrent

Fleuve d'Afrique
Congo, Dra, Draa, Nil

Fleuve d'Asie orientale
Yalu

Fleuve de Chine
Tarim

Fleuve de Géorgie
Rion, Rioni

Fleuve de l'Afrique de l'Ouest
Niger

Fleuve de l'Afrique équatoriale
Chari

Fleuve de l'Afrique occidentale
Niger

Fleuve de l'Inde
Gange

Fleuve de la Chine centrale
Houai, Huai

Fleuve de la Côte d'Ivoire
Bandama

Fleuve de la Nouvelle-Guinée
Sepik

Fleuve de Laponie
Torne

Fleuve de Mésopotamie
Tigre

Fleuve de Russie
Don, Neva, Ob, Oural, Volga

Fleuve de Russie et du Kazakhstan
Oural

Fleuve de Russie long d'environ 1950 km
Don

Fleuve de Russie long de 1024 km
Pour

Fleuve de Russie qui se jette dans la mer Blanche
Onega

Fleuve de Russie, tributaire de la mer des Laptev
Anabar

Fleuve de Sibérie
Léna

Fleuve de Turquie et d'Irak
Tigre

Fleuve du Canada
Fraser, Nelson

Fleuve du centre de l'Amérique du Sud
Amazone

Fleuve du Gabon
Ogooué

Fleuve du Ghana
Volta

Fleuve du Kazakhstan
Emba

Fleuve du Maroc
Sebou

Fleuve du Maroc méridional
Sous

Fleuve du Proche-Orient
Oronte

Fleuve du Sénégal
Saloum

Fleuve du sud-ouest des États-Unis
Colorado

Fleuve du Vietnam
Rouge

Flexibilité
docilité, souplesse

Flexible
accommodant, aménagé, aménageable, coulant, docile, élastique, étirable, malléable, maniable, mobile, modulable, mou, obéissant, plastique, pliable, pliant, souple, strict, tuyau

Flexueux
ondoyant, ondulé, onduleux, serpentin, sinueux, tortueux

Flibuste
piraterie

Flibusterie
piraterie

Flibustier
bandit, corsaire, forban, pirate

Flic
policier

Flingue
pistolet, revolver

Flirt
amour, amourette, amoureuse, amoureux, béguin, caprice, chéri, copain, copine, histoire, idylle, passade, tocade

Flirter
approcher, courtiser

Floc
ploc, plouf

Floconner
neiger

Flondre
flet

Flop
bide, catastrophe, désastre, échec, fiasco, four, insuccès, ploc

Flopée
flot, foison, forêt, kyrielle, légion, masse, meute, multitude, myriade, nuée, régiment, série, tapée, troupe

Floraison
anthèse, éclosion, épanouissement, fleuraison, fleurissement

Flore
végétation

Florilège
choix, recueil, spicilège

Florin
gulden

Florissant
beau, bel, coloré, éclatant, épanoui, fleuri, frais, prospère, rayonnant, rebondi, resplendissant, riche, sain, splendide

Flot
abondance, affluence, afflux, armada, armée, avalanche, averse, bordée, cascade, coulée, courant, cours, débauche, débordement, déluge, écoulement, effusion, fleuve, flopée, flux, foule, kyrielle, légion, marée, mer, meute, multitude, nuée, océan, onde, pelletée, profusion, régiment, ruée, ruisseau, rush, torrent, vague

Flots
afflux, eau, océan

Flottage du bois
drave

Flottant
ample, changeant, dénoué, élusif, épars, errant, flou, fluctuant, fluide, hésitant, incertain, inconstant, indécis, indéterminé, instable, irrésolu, lâche, libre, mobile, mouvant, ondoyant, ondulant, vacillant, vague, variable, velléitaire

Flotte
armada, bouée, eau, escadre, flotteur, flottille, marine, parc, train

Flotté
ramé

Flotte importante
armada

Flottement
balancement, doute, hésitation

Flotter
balancer, caquer, errer, fluctuer, hésiter, nager, ondoyer, onduler, osciller, pleuvoir, surnager, voler, voleter, voltiger

Flotter au gré du vent
voltiger

Flotteur
bouchon, bouée, draveur, flotte

Flotteur d'une ligne de pêcheur
bouchon

Flottille
armada, escadre, escadrille, flotte, marine

Flou
ambigu, ample, brouillé, brumeux, effacé, estompé, flottant, flouté, fondu, fumeux, imprécis, inarticulé, incertain, indécis, indéfini, indistinct, lâche, large, nébuleux, noyé, obscur, trouble, vague, vaporeux

Flouer
berner, duper, escroquer, filouter, leurrer, posséder, refaire, rouler, tromper, voler

Flouté
flou

Fluate
fluorure

Fluctuant
flottant, fluide, hésitant, incertain, inconstant, indécis, instable, mobile, mouvant, variable, volatil

Fluctuation
inégalité, variation

Fluctuer
balancer, changer, évoluer, flotter, hésiter, modifier, osciller, transformer, varier

Fluctueux
instable

Fluent
mouvant

Fluer
couler

Fluet
aigrelet, amaigri, anémique, chétif, délicat, élancé, émacié, faible, filiforme, fin, frêle, gracile, grêle, maigre, maigrelet, menu, mince, petit, ténu

Fluide
aisé, aqueux, clair, coulant, courant, délié, effluve, émanation, flottant, fluctuant, flux, force, gaz, inconsistant, indécis, influence, influx, insaisissable, limpide, liquide, magnétisme, mouvant, onde, radiation, rayonnement, souple

Fluide frigorifique
fréon

Fluide très subtil
éther

Fluidifier
allonger, éclaircir, étendre

Fluor
apatite, cryolithe, fluorine, topaze

Fluorescent
lumineux

Fluorine
fluor

Fluorure
fluate

Flûte
appeau, chalumeau, fifre, flageolet, flûtiau, haricot, mirliton, pain, piccolo, pipeau, verre

Flûté
aigu

Flûte à bec
flageolet

Flûte champêtre
flûtiau, pipeau

Flûte champêtre, roseau percé de trous
chalumeau

Flûte de pan
syrinx

Flûte traversière en bois
fifre

Flûtiau
chalumeau, fifre, flageolet, flûte, mirliton, piccolo, pipeau

Flux
abondance, affluence, afflux, agitation, balancement, coulée, courant, débauche, débordement, déferlement, déluge, écoulement, émission, évacuation, flot, fluide, marée, mer, mouvement, profusion, surabondance, torrent

Fluxion
abcès, pneumonie

Fm
fermium

Foc
génois, tourmentin

Focaliser
canaliser, centraliser, centrer, concentrer, diriger, fixer, mobiliser, polariser

Foehn
vent

Foène
harpon

Fœtus
embryon, œuf

Föhn
vent

Foi
confession, confiance, conscience, conviction, crédit, credo, croyance, culte, dogme, église, engagement, honneur, loyauté, opinion, parole, probité, promesse, religion, sincérité

Foin
blé, bruit, fourrage, herbe, scandale, tumulte

Foire
braderie, ducasse, exposition, fête, frairie, java, kermesse, marché, salon

Fois
coup, occurrence, reprise

Foison
abondance, excès, flopée, foule, kyrielle, masse, multitude, nuée, quantité

Foisonnant
abondant, tarabiscoté, touffu

Foisonnement
abondance, affluence, fourmillement, luxe, multitude, profusion, pullulement, richesse, surabondance

Foisonner
abonder, affluer, fourmiller, grouiller, proliférer, prospérer, pulluler, regorger, surabonder

Fol
aliéné, dément

Folâtre
allègre, badin, bouffon, enjoué, espiègle, évaporé, folichon, fou, gai, guilleret, léger, plaisant

Folâtrer
amuser, badiner, batifoler, cabrioler, ébattre, ébrouer, gambader, jouer, papillonner

Folâtrerie
badinage, badinerie

Foldingue
fou

Folichon
amusant, badin, drôle, folâtre, gai, léger, réjouissant

Folie
aberration, absurdité, affolement, aliénation, aveuglement, bêtise, bizarrerie, caprice, chimère, débilité, délire, démence, déraison, dérangement, déséquilibre, divagation, égarement, emportement, énormité, erreur, escapade, excès, extravagance, fantaisie, fièvre, frasque, fredaine, frénésie, hystérie, idiotie, imagination, imbécillité, incartade, insanité, lubie, manie, marotte, mégalomanie, monomanie, paranoïa, passion, perversion, psychose, sottise, stupidité, toquade, trouble, vertige, vésanie

Folié
feuillé, feuillu

Folie passagère
égarement

Folio
feuillet, page

Folioter
numéroter, paginer

Folklore
fable, légende, tradition

Folklorique
populaire

Follement
considérablement, énormément, éperdument, excessivement, extrêmement, inconsidérément, incroyablement, passionnément, prodigieusement, rudement, très, vachement

Follet
étourdi, flammerole

Follicule
fruit

Fomentateur
fauteur

Fomenté
allumé, excité

Fomenter
allumer, causer, couver, envenimer, exciter, provoquer, susciter

Fonçage
forage

Foncé
basané, bistre, brun, mat, noir, obscur, profond, sombre

Foncer
accélérer, assaillir, assombrir, attaquer, bronzer, brunir, charger, chuter, courir, dépêcher, filer, ruer, sprinter

Fonceur
battant, gagneur

Foncier
agraire, agricole, essentiel, fonds, inné, radical, terre, terrien

Fonction
activité, attribution, boulot, charge, compétence, devoir, emploi, état, galon, job, mandat, métier, mission, occupation, office, place, position, poste, pouvoir, profession, qualité, rang, rôle, service, situation, tâche, titre, travail, usage, utilisation, utilité, vocation, voie

Fonction d'aide d'anatomie ou de chirurgie
adjuvat

Fonction d'externe dans les hôpitaux
externat

Fonction d'un vicaire
vicariat

Fonction de général d'un ordre religieux
généralat

Fonction de gérant
gérance

Fonction de lecteur
lectorat

Fonction de maire
mairie

Fonction de mécène
mécénat

Fonction de notaire
notariat

Fonction de prieur
priorat

Fonction de rabbin
rabbinat

Fonction de régent
régence

Fonction de sultan
sultanat

Fonction du tuteur
tutorat

Fonction et dignité de prêtre catholique
prêtrise

Fonction pour agrandir une image en informatique
zoom

Fonction, titre ou charge d'imam
imamat

Fonctionnaire à la tête d'un département
préfet

Fonctionnaire adjoint à un proconsul
légat

Fonctionnaire musulman
caïd

Fonctionnaire musulman attaché à une mosquée, ayant pour principale fonction l'appel des fidèles à la prière
muezzin

Fonctionnaire qui dirige les services du greffe
greffier

Fonctionnaire qui reçoit les deniers publics
receveur

Fonctionné
réussi

Fonctionnel
commode, pratique, utilitaire

Fonctionnement
action, jeu, marche, mécanisme, usage

Fonctionnement défectueux de quelque chose
raté

Fonctionner
aller, marcher, réussir, rouler, tourner

Fonctions de bâtonnier
bâtonnat

Fond
âme, bas, base, bout, canevas, cœur, contenu, culot, essence, extrémité, fin, fondement, idée, intrigue, lointain, matière, nœud, profondeur, résidu, substance, substrat, sujet, teneur, thème, trame, tréfonds

Fond d'un parc à huîtres
acul

Fond d'un terrier
acul

Fond de l'être
essence

Fond limoneux
bourbier

Fond sur lequel se détache le dessin d'une dentelle
toilage

Fond sur lequel se détachent les événements marquants
trame

Fondamental
capital, cardinal, central, essentiel, important, maître, majeur, nécessaire, premier, primaire, primitif, primordial, principal, pur, radical, vital

Fondamental, essentiel
basal

Fondamentalement
essentiellement

Fondant
juteux, moelleux, tendre

Fondateur
architecte, auteur, bâtisseur, concepteur, constructeur, créateur, entrepreneur, initiateur, inventeur, maçon, mère, père, pionnier

Fondateur d'un des plus grands constructeurs d'avions
Boeing

Fondateur de l'oratoire Saint-Joseph
André

Fondateur de la métaphysique
Aristote

Fondateur de la religion musulmane
Mahomet

Fondateur de la société Microsoft
Gates

Fondateur du christianisme
Jésus

Fondateur du Manitoba
Riel

Fondateur du nazisme
Hitler

Fondateur du Parti québécois
Lévesque

Fondation
armature, assiette, assise, base, charpente, constitution, création, donation, édification, érection, établissement, fondement, formation, infrastructure, instauration, institut, institution, socle, solage, soubassement

Fondé
adéquat, juste, légitime, raisonnable, sérieux, solide, valable

Fondement
appui, assiette, assise, base, cause, centre, condition, consistance, fond, fondation, germe, infrastructure, justification, motif, objet, origine, pied, pivot, principe, raison, socle, soubassement, source, sujet

Fondement qui sert de base
substrat

Fonder
appuyer, asseoir, baser, bâtir, commencer, constituer, construire, créer, échafauder, édifier, élever, ériger, établir, forger, former, instaurer, instituer, justifier, motiver, organiser, ouvrir, placer

Fonder ses calculs sur
tabler

Fonderie
aciérie, fonte, forge, métallurgie, usine

Fondeur
skieur

Fondre
adoucir, amaigrir, amalgamer, atténuer, confondre, couler, craquer, délayer, disparaître, dissoudre, effriter, estomper, évanouir, filer, fusionner, grouper, incorporer, intégrer, liquéfier, maigrir, mélanger, mêler, mincir, mouler, refondre, réunir, sculpter, unir

Fondrière
bourbier, trou

Fonds
argent, bien, boutique, capital, commerce, débit, espèces, établissement, exploitation, finances, foncier, immeuble, magasin, mine, moyens, propriété, ressources, somme, terre

Fondu
amaigri, évanoui, fan, flou, fou, groupie, imprécis, incertain, shunt, vaporeux

Fongus
champignon

Fontaine
geyser, source

Fonte
acier, débâcle, dégel, fonderie, fusion, liquation, liquéfaction

Fonte de la glace
dégel

Fonte naturelle de la neige
dégel

Fonts
baptistère

Foot
football, sport

Football
foot, soccer

Footballeur dont le numéro 34 fut retiré par les Bears de Chicago
Payton

Footing
course

Forage
fonçage, perforage, sondage

Forain
ambulant, bateleur, camelot, colporteur, itinérant, marchand, nomade, saltimbanque

Foramen
orifice

Forban
bandit, boucanier, brigand, corsaire, flibustier, gangster, pilleur, pirate, requin, voleur

Forbannir
bannir

Forçat
bagnard, détenu, galérien

Forçat interné dans un bagne
bagnard

Force
action, activité, ardeur, brutalité, capacité, constance, contrainte, courant, crédit, difficulté, dynamisme, effet, efficacité, effort, éloquence, énergie, faculté, feu, fluide, grandeur, habileté, importance, impulsion, influence, intensité, mérite, mordant, moyen, nécessité, nerf, niveau, obligation, plénitude, poids, portée, possibilité, potentiel, poussée, pression, profondeur, puissance, punch, qualité, relief, rendement, résistance, ressort, robustesse, sève, solidité, souffle, talent, travail, valeur, véhémence, vie, vigueur, violence, vitalité, vitesse, vivacité

Forcé
abusé, affecté, artificiel, contraint, exagéré, factice, fatal, faux, logique, nécessaire, obligé, outrancier, théâtral

Force d'âme
vertu

Force d'attraction
aimant

Force navale commandée par un vice-amiral
escadre

Forcément
automatiquement, évidemment, fatalement, immanquablement, inéluctablement, inévitablement, logiquement, nécessairement, sûrement

Forcené
acharné, aveugle, déraisonnable, enragé, fanatique, fou, frénétique, furibond, furieux, illuminé, infernal, insensé, loufoque, passionné

Forceps
pincette

Forcer
abuser, accélérer, accentuer, acculer,
acquérir, altérer, astreindre, attirer,
augmenter, briser, charger, claquer,
condamner, contourner, contraindre, crever,
crocheter, déformer, dénaturer, détourner,
enfoncer, entraîner, épuiser, exagérer,
fatiguer, fausser, fracturer, gagner, grossir,
hausser, monter, noircir, obliger, outrer, ouvrir,
pousser, précipiter, prendre, réduire, solliciter,
surmener, tordre, torturer, traquer, violenter,
violer

Forces
armée

Forci
accru, agrandi

Forcir
accroître, alourdir, amplifier, développer,
élargir, engraisser, épaissir, fortifier, grandir,
grossir, pousser

Forclore
exclure

Forclusion
déchéance

Foré
sondé

Forer
ajourer, creuser, percer, perforer, sonder,
tarauder, transpercer

Forestier
bucolique, sylvestre, sylvicole

Foret
drille, fraise, mèche, vrille

Forêt
bocage, bois, dédale, enchevêtrement,
flopée, foule, futaie, jungle, kyrielle,
labyrinthe, lacis, maquis, méandres,
multitude, nuée, plantation, quantité

Forêt d'arbres très élevés
futaie

Forêt de conifères
taïga

Forêt de pins
pinède

Forêt de sapins
sapinière

Forêt de type amazonien
selve

Forêt dense
sylve

Forêt tropicale
jungle

Forêt vierge équatoriale
selve

Foret, mèche
vrille

Foreur
perceur, puisatier

Foreuse
chignole, perforatrice, trépan

Forfaire
déchoir

Forfait
abandon, abonnement, crime, dédit, faute,
méfait

Forfaiture
déloyauté, félonie, trahison

Forfanterie
fanfaronnade, hâblerie

Forge
aciérie, fonderie, pince

Forger
bigorner, constituer, construire, corroyer,
établir, fabriquer, façonner, faire, fonder,
former, imaginer, inventer, monter, produire,
rêver, trouver

Forger, imaginer
feindre

Forgeron
forgeur

Forgeur
créateur, forgeron, inventeur

Forjet
saillie

Formalisme
juridisme, légalisme

**Formalisme de l'esprit qui incline à faire
prévaloir rigoureusement l'application des
textes sur des mesures dictées par la justice
ou par l'équité**
juridisme

Formaliste
façonnier, formel, légaliste, rigoriste

Formalité
condition, démarche, procédure, règle,
solennité

Formant
formateur

Format
acabit, calibre, carrure, dimension,
envergure, gabarit, grandeur, importance,
taille

Format de compression de fichiers
zip

Format de papier
tellière

Formateur
éducatif, enrichissant, formant, instructif,
profitable

Formation
apparition, apprentissage, armée, bagage, banc, composition, connaissance, constitution, création, croissance, culture, détachement, développement, éducation, élaboration, ensemble, équipe, évolution, fondation, genèse, gestation, groupe, groupement, initiation, institution, instruction, naissance, orchestre, organisation, parti, préparation, production, puberté, sédiment, stage, terrain, troupe, unité

Formation d'un caillot dans un vaisseau sanguin
thrombose

Formation de la graine dans les céréales
grenaison

Formation de quatre musiciens
quatuor

Formation de sept musiciens
septuor

Formation de sigles à partir des lettres initiales de termes formant une unité lexicale fréquemment employée
siglaison

Formation de trois musiciens
trio

Formation herbeuse des régions tropicales
savane

Formation militaire recrutée au Maroc
goum

Formation pathologique arrondie et dure
nodosité

Forme
allure, anatomie, apparence, apparition, arrangement, aspect, catégorie, configuration, conformation, constitution, contour, coupe, dehors, délinéament, dessin, disposition, équilibre, espèce, état, évolution, expression, extérieur, façon, figure, formulation, gabarit, galbe, genre, gîte, ligne, manière, matrice, mode, modèle, modelé, morphologie, moule, ombre, patron, plastique, présentation, protocole, relief, santé, schème, silhouette, sort, sorte, structure, style, ton, tonalité, tour, tournure, tracé, type, variété, vision

Formé
adulte, aguerri, cultivé, exercé, habitué, nubile, pubère

Forme adulte d'un insecte
imago

Forme atténuée du choléra
cholérine

Forme cristalline de la silice, dure et insoluble
quartzeux

Forme d'art
op

Forme d'esprit
humour

Forme d'un cristal qui a plusieurs faces
prisme

Forme de bouddhisme
lamaïsme

Forme de cinéma qui ne comportait ni paroles ni son
muet

Formé de coraux
corallien

Forme de fructification de la rouille du blé
écidie

Forme de jeu
pari

Forme de musique populaire noire américaine issue du rhythm and blues
soul

Formé de plusieurs éléments
composé

Formé de récifs
récifal

Forme de sable mêlé de vase
vasard

Formé de sel
salin

Formé de six choses semblables
sextuple

Formé de talc
talqueux

Forme de tourisme consistant à vivre sous la tente
camping

Formé de tubes
tubulaire

Formé de vase
vaseux

Forme donnée à un vêtement
façon

Forme du culte
liturgie

Forme du hindi
ourdou

Forme échancrée de la Lune
croissant

Forme embryonnaire des insectes
larve

Forme enroulée en hélice
volute

Forme générale
silhouette

Forme instrumentale
menuet

Forme instrumentale ou vocale
rondo

Forme larvaire de certains crustacés
zoé

Forme larvaire des vers parasites trématodes
rédie

Forme masculine
masculin

Forme musicale
blues

Forme nominale du verbe latin
supin

Forme particulière
modalité

Forme particulière de désert rocheux
reg

Forme primitive du brahmanisme
védisme

Formée de vase
vaseuse

Formel
absolu, assuré, catégorique, cérémonieux,
certain, clair, conventionnel, évident,
explicite, exprès, ferme, flagrant, formaliste,
incontestable, indéniable, indiscutable,
indubitable, irréfutable, manifeste, net,
officiel, platonique, positif, précis, prononcé,
protocolaire, solennel, structurel, sûr,
théorique, traditionaliste

Formellement
bien, nettement

Former
accoutumer, aguerrir, alphabétiser,
apparaître, articuler, assouplir, bâtir,
calligraphier, causer, commencer, composer,
concevoir, constituer, construire, créer,
cultiver, dessiner, déterminer, discipliner,
dresser, écrire, éduquer, élaborer, élever,
émettre, engendrer, énoncer, enseigner,
entraîner, établir, exercer, exposer, exprimer,
fabriquer, façonner, faire, fonder, forger,
formuler, germer, habituer, imaginer, initier,
instituer, instruire, modeler, mûrir, naître,
nouer, nourrir, organiser, polir, préparer,
présenter, produire, rédiger, sculpter, tracer

Former aux bonnes manières
décrotter

Former d'avance
préformer

Former des cloques
cloquer

Former des plis en forme de tuyaux à une étoffe
tuyauter

Former des spores
sporuler

Former un complot
comploter

Former un jarret
jarreter

Former un tubercule
tubériser

Former une syncope
syncoper

Formes
étiquette, rondeur, rotondité

Formidable
admirable, beau, bel, bière, colossal, énorme,
épatant, épouvantable, étonnant, fabuleux,
fameux, fort, fumant, génial, imposant, inouï,
magistral, redoutable, signalé, super, terrible,
titanesque

Formidablement
énormément, très

Formol
aldéhyde

Formulaire
document, feuille, imprimé, recueil

Formulation
forme, texte

Formule
adage, aphorisme, astuce, énoncé,
expression, intitulé, libellé, locution, méthode,
modalité, mode, modèle, moyen, parole,
paroles, phrase, précepte, procédé, proverbe,
recette, remède, sentence, slogan, solution,
système, technique, tournure, truc

Formule courte et frappante utilisée pour propager une idée
slogan

Formule d'acclamation
vive

Formule d'égalité
équation

Formule qui exprime une règle
précepte

Formule répétée à tout propos
rengaine

Formule sacrée du brahmanisme
mantra

Formule utilisée en publicité
slogan

Formuler
affirmer, dire, émettre, énoncer, établir,
expliciter, exposer, exprimer, fixer, former,
libeller, oraliser, poser, présenter, prononcer,
théoriser, tourner

Fors
hors, sauf

Fort
abri, absolu, adipeux, adroit, aguerri,
alcazar, ample, armé, athlétique, autoritaire,
bastide, bastille, beau, beaucoup, bel, bien,
bon, calé, capable, carabiné, cartonné,

château, citadelle, claironnant, cœur,
colossal, considérablement, convaincant,
corpulent, costaud, courageux, décisif,
dense, domaine, doué, dur, efficace,
énergique, énergiquement, enivrant, épais,
épicé, étonnant, étroit, exagéré, excellent,
excessivement, expérimenté, extraordinaire,
extrêmement, ferme, ferré, fétide, formidable,
fortement, forteresse, fortification, fortin,
généreux, génial, grand, grandement, gras,
grave, gros, habile, hautement, imbattable,
important, incroyable, inouï, intelligent,
intense, invincible, invraisemblable,
irrésistible, large, lourd, mâle, malin, marqué,
massif, milieu, musclé, nettement, noir,
obèse, opulent, outré, partie, pénétrant,
pimenté, piquant, poivré, poussé, profond,
prononcé, puissamment, puissant, relevé,
résistant, résolu, retentissant, rigide, robuste,
savant, serré, solide, sonore, souverainement,
spécialité, stupéfiant, tassé, tenace, trapu,
trempé, très, trop, valide, vif, vigoureusement,
vigoureux, violemment, violent, vivement,
volontaire, volumineux

Fort connu
Alamo

Fort cordage
grelin

Fort mince
ténu

Fort sensible au froid
frileux

Fort, énergique
vigoureux

Fort, retentissant
sonore

Fortement
ardemment, beaucoup, considérablement,
énergiquement, énormément, excessivement,
farouchement, fermement, fort, grandement,
hautement, infiniment, intensément,
lourdement, nettement, passionnément,
profondément, puissamment, rudement,
solidement, vigoureusement, violemment,
vivement

Fortement attaché
adhérent

Forteresse
abri, alcazar, bastide, bastille, château, ferté,
fort, ouvrage, rempart

**Forteresse construite à l'intérieur ou près
d'une ville**
citadelle

**Fortes tempêtes caractérisées par des vents
violents**
ouragan

Fortifiant
cordial, nutritif, quinquina, remontant,
stimulant, tonifiant, tonique, vivifiant

Fortification
abri, alcazar, bastide, bastille, bastion,
casemate, citadelle, fort, mur, muraille,
ouvrage, rempart

Fortifié
accentué, affermi, agrandi, aguerri, amélioré,
cuirassé, exalté, invétéré

Fortifier
accentuer, accroître, affermir, affirmer,
agrandir, aguerrir, améliorer, appuyer, armer,
augmenter, confirmer, conforter, consolider,
corroborer, cuirasser, défendre, développer,
durcir, encourager, endurcir, étayer, exalter,
forcir, muscler, protéger, raffermir, ragaillardir,
réconforter, remonter, renforcer, renforcir,
requinquer, retremper, revigorer, soutenir,
stimuler, tonifier, tremper, vivifier

Fortin
abri, alcazar, casemate, fort, ouvrage

Fortuit
accidentel, casuel, contingent, imprévu,
inattendu, inopiné, occasionnel, soudain

Fortune
abondance, argent, avenir, avoir, bien,
capital, chance, destin, destinée, étoile,
hasard, heur, jackpot, luxe, opulence,
pactole, patrimoine, prospérité, ressources,
réussite, richesse, sort, succès, trésor, vie

Fortuné
aisé, argenté, cossu, heureux, nanti, opulent,
prospère, riche

Forum
agora, carrefour, colloque, conférence,
congrès, débat, csplanade, parvis, place,
rencontre, séminaire, sommet, symposium,
tribune

Forure
trou

Fosse
abysse, boyau, canal, cavité, cratère, creux,
dépression, douve, excavation, fossé, gouffre,
puisard, silo, tombe, tranchée, trou

Fossé
abîme, barrière, coupure, différence, fosse,
mur, océan, rigole, rupture, tranchée

Fossé rempli d'eau
douve

Fosse sous-marine très profonde
abysse

Fossile
antédiluvien, antique, archaïque, démodé,
dépassé, préhistorique, rétrograde, suranné,
vieux

Fossilisation
sclérose

Fossiliser
figer, pétrifier, scléroser

Fossoir
houe

Fossoyeur
démolisseur, naufrageur

Fou
aberrant, abracadabrant, absurde, accro, aliéné, allumé, amoureux, anormal, astronomique, azimuté, barjo, bizarre, bouffon, caractériel, chimérique, cinglé, cinoque, confus, dangereux, débile, débridé, déchaîné, déjanté, délirant, dément, demeuré, déraisonnable, dérangé, désaxé, déséquilibré, désordonné, détraqué, dingo, dingue, écervelé, effréné, égaré, engoué, enjoué, énorme, enragé, entiché, éperdu, épris, étourdi, étourneau, évaporé, exagéré, exalté, excentrique, excessif, exorbitant, extravagant, fabuleux, fada, fanatique, fantasque, fantastique, faramineux, farfelu, fêlé, féru, fixe, folâtre, foldingue, fondu, forcené, foufou, frappé, furieux, gaga, gai, gigantesque, hagard, halluciné, hasardé, hasardeux, hystérique, idiot, idolâtre, immense, immodéré, incoercible, inconscient, insane, insensé, irrationnel, irrépressible, irrésistible, ivre, loufoque, lunatique, malade, maniaque, marteau, mélancolique, névrosé, obsédé, obsessionnel, paranoïaque, passionné, perdu, pervers, pétulant, phobique, prodigieux, psychopathe, psychotique, saugrenu, schizophrène, sinoque, sonné, tapé, terrible, timbré, toqué, tordu, vertigineux, violent, zinzin

Fou de colère
forcené

Fouace
fougasse, galette, gâteau

Fouailler
cingler, fouetter

Fouarre
paille

Foucade
caprice, fantaisie, fougasse, lubie, toquade

Foudre
colère, éclair, tonneau, tonnerre

Foudres
condamnation

Foudroyant
fulgurant, mortel, soudain, subit

Foudroyer
abattre, accabler, anéantir, annihiler, briser, confondre, détruire, écraser, étonner, faucher, interdire, méduser, paralyser, pétrifier, renverser, ruiner, saisir, sidérer, stupéfier, terrasser, tétaniser, tuer

Fouée
fagot, fougasse

Fouet
batteur, chambrière, cravache, étrivière, flagellation, knout, martinet, mixeur, moussoir

Fouetté
aiguisé, corrigé, excité

Fouettement
flagellation

Fouetter
aiguillonner, aiguiser, animer, attiser, battre, cingler, cravacher, éperonner, exciter, flageller, fouailler, frapper, fustiger, gifler, irriter, mélanger, sangler, stimuler

Fouetter, en parlant de la pluie
cingler

Foufou
fou

Fougasse
fouace, foucade, fouée, galette

Fougère
cétérach

Fougère appelée aussi herbe à dorer
cétérach

Fougue
allant, animation, ardeur, brio, chaleur, élan, emballement, emportement, enthousiasme, entrain, exaltation, exubérance, feu, fièvre, flamme, fureur, furie, impétuosité, mordant, passion, pétulance, véhémence, verve, vigueur, violence, virulence, vivacité

Fougueux
ardent, bouillant, chaud, débordant, déchaîné, emballé, emporté, enflammé, enthousiaste, exalté, explosif, exubérant, fringant, impatient, impétueux, impulsif, indocile, indompté, pétulant, prompt, remuant, vaillant, véhément, vif, violent, zélé

Fouille
déblai, poche, recherche, visite

Fouillé
poussé, sondé, travaillé

Fouille sommaire
palpation

Fouiller
analyser, approfondir, battre, ciseler, compulser, consulter, creuser, dépouiller, détailler, disséquer, éplucher, étudier, examiner, explorer, fouiner, fouir, fourrager, fureter, gratter, inspecter, interroger, perquisitionner, potasser, pousser, ratisser, rechercher, remuer, retourner, scruter, sonder, tâter, travailler, visiter

Fouiller indiscrètement
fouiner

Fouiller la terre, en parlant du blaireau
vermillonner

Fouiller le sol à coups de boutoir
fouger

Fouiller méthodiquement
ratisser

Fouilleur
curieux, fouineur, fureteur

Fouilleuse
charrue

Fouillis
bazar, capharnaüm, chaos, confusion,
désordre, embrouillamini, fatras, mélange,
micmac, pagaille, souk

Fouine
fouineur, fureteur

Fouiner
écornifler, farfouiller, fouiller, fourgonner,
fourrager, fureter, tripoter

Fouineur
curieux, écornifleur, espion, fouilleur, fouine,
fureteur, indiscret

Fouir
fouiller, gratter, piocher, remuer

Foulard
bonnet, carré, châle, coiffe, écharpe, fichu,
hidjab, madras, pointe, tchador, voile

Foule
affluence, afflux, agitation, animation, armée,
assemblée, assistance, attroupement,
auditoire, beaucoup, bousculade, cohue,
cortège, débauche, défilé, encombrement,
flot, foison, forêt, gens, grouillement,
kyrielle, masse, meute, monde, montagne,
multitude, nuée, peuple, plèbe, populace,
presse, public, régiment, série, tapée, troupe,
troupeau

Foulé
écrasé, talé

Foulée
enjambée, pas, piste, voie

Fouler
apprêter, bafouer, blesser, corroyer, déboîter,
écraser, froisser, marcher, mépriser, piétiner,
presser, taler

Fouloir
foulon, pressoir

Foulon
fouloir

Foultitude
armée, beaucoup, infinité, kyrielle, légion,
masse, meute, multitude, myriade, nuée,
tapée

Foulure
élongation, entorse, luxation

Four
autoclave, barbecue, bide, désastre, échec,
étuve, fiasco, flop, fournaise, fourneau,
insuccès

Fourbe
déloyal, dissimulé, faux, hypocrite, judas,
mensonger, menteur, perfide, rusé, sournois,
tortueux, traître, trompeur

Fourberie
déloyauté, dissimulation, duplicité, fausseté,
hypocrisie, perfidie, roublardise, rouerie,
ruse, sournoiserie, trahison, traîtrise,
tromperie

Fourbi
attirail, bagage, barda, bazar, capharnaüm,
désordre, équipement

Fourbir
astiquer, briquer, frotter, nettoyer, polir

Fourbissage
nettoyage

Fourbu
assommé, brisé, claqué, courbatu, crevé,
épuisé, éreinté, exténué, fatigué, flagada,
flapi, harassé, las, lessivé, mort, moulu,
recru, rendu, rompu, vanné, vidé

Fourche
arme, battement, bifurcation, branche,
carrefour, croc, crochet, croisement,
embranchement, enfourchure, fourchon,
trident

Fourche à trois dents
trident

Fourchette
écart, éventail

Fourchon
fourche

Fourgon
break, camion, chariot, corbillard, tisonnier,
van, voiture, wagon

Fourgon pour les chevaux
van

Fourgonné
tisonné

Fourgonner
fouiner, fourrager, tisonner

Fourguer
fourrer

Fourme
cantal

Fourmi blanche
termite

Fourmilière
nid, ruche

Fourmillant
abondant, populeux

Fourmillement
agitation, foisonnement, multitude, nuée

Fourmiller
abonder, affluer, foisonner, grouiller, pulluler, regorger

Fournaise
brasier, canicule, chaleur, étuve, feu, four, fourneau

Fourneau
barbecue, cuisinière, four, fournaise, gazinière, poêle, réchaud

Fourneau de cuisine
cuisinière

Fourneau pour griller les tissus
grilloir

Fournée
lot, promotion

Fourni
abondant, dense, donné, dru, épais, étoffé, feuillu, garni, pourvu, prêté, serré, touffu

Fournier
boulanger

Fournir
accomplir, accorder, alimenter, apporter, approvisionner, armer, assurer, débiter, délivrer, donner, équiper, exposer, faire, garnir, livrer, ménager, munir, nourrir, offrir, outiller, pourvoir, présenter, prêter, procurer, produire, ravitailler, satisfaire, servir, subvenir

Fournir de nerfs, en parlant d'un tronc nerveux
innerver

Fournir massivement des capitaux à une entreprise
injecter

Fournisseur
marchand

Fourniture
alimentation, approvisionnement, délivrance, livraison, prestation, provision, ravitaillement, remise

Fourrage
foin, herbe

Fourrage de disette
spergule

Fourrager
farfouiller, fouiller, fouiner, fourgonner, fureter, trifouiller

Fourré
bocage, bois, buisson, garni, hallier, taillis

Fourré d'épines
épinier

Fourreau
enveloppe, étui, gaine, robe

Fourreau qui protège un doigt
doigtier

Fourrer
donner, doubler, enfoncer, enfourner, farcir, flanquer, fourguer, garnir, glisser, introduire, mettre, molletonner, ouater, plonger

Fourreur
pelletier

Fourrure
manteau, peau, pelage, pelisse, pelleterie, poil, roselet, toison

Fourrure de jeune agneau d'Asie, à poil frisé
astrakan

Fourrure de marmotte
murmel

Fourrure de petit-gris
vair

Fourvoiement
aberration, égarement, erreur, méprise

Fourvoyé
abusé, égaré, perdu

Fourvoyer
abuser, égarer, perdre, tromper

Foutaise
rigolade, sottise

Fouteau
hêtre

Foutoir
pagaille

Foutre
placer

Foutu
mauvais

Fox-terrier
fox

Foyer
abri, appartement, âtre, bercail, brasier, centre, cheminée, cœur, demeure, domicile, famille, feu, flamme, intérieur, logis, maison, ménage, milieu, nid, noyau, pays, pénates, résidence, siège, source, toit

Foyer d'incendie
brasier

Foyer d'un four de céramiste
alandier

Foyer d'une cheminée
âtre

Foyer de chaleur
brasier

Foyer de corruption
cloaque

Foyer familial
bercail

Fr
francium

Frac
habit, jaquette, smoking

Fracas
agitation, boucan, bruit, chahut, charivari, éclat, fracture, raffut, tapage, tintamarre, tonnerre, tumulte, vacarme

Fracassant
assourdissant, éclatant, retentissant

Fracassé
brisé, détruit

Fracasser
briser, casser, détruire, pulvériser, rompre

Fraction
morceau, parcelle, part, partie, portion, quartier, quotité, rapport, ratio, segment

Fraction d'un tout divisé en quatre parties égales
quart

Fraction des actifs amortie en un an par une entreprise
annuité

Fractionné
désuni, ramifié

Fractionnement
découpage, division, partage

Fractionner
atomiser, couper, découper, diviser, émietter, morceler, partager, sectionner, segmenter

Fracture
blessure, brèche, bris, brisure, cassure, coupure, crevasse, faille, fêlure, fracas, rupture

Fracturer
briser, casser, défoncer, enfoncer, forcer, rompre

Fragile
anémique, boiteux, cassable, cassant, chétif, débile, délicat, éphémère, faible, faillible, frêle, friable, fugace, fugitif, grêle, inconstant, instable, maigrelet, malingre, menacé, mobile, passager, précaire, sensible, souffreteux, ténu, vulnérable

Fragilisé
affaibli

Fragiliser
affaiblir

Fragilité
débilité, délicatesse, faiblesse, faillibilité, incertitude, inconstance, instabilité, précarité, ténuité, vanité, vulnérabilité

Fragment
bout, bribe, brisure, citation, copeau, corpuscule, débris, division, échantillon, éclat, esquille, extrait, grain, lambeau, miette, morceau, parcelle, part, particule, partie, passage, pièce, portion, reste, section, tronçon

Fragment d'os retenu dans un tissu après fracture
séquestre

Fragment de glace fondante
frasil

Fragment de pierre
caillou, éolithe

Fragment de roche vitreuse
tectite

Fragment de tuile
tuileau

Fragment du corps d'un saint
relique

Fragment narratif qui se rapproche des inflexions de la voix parlée
récitatif

Fragmentaire
imparfait, incomplet, lacunaire, morcelé, partiel

Fragmentation
division, partage, séparation

Fragmenté
désuni

Fragmenter
disperser, diviser, émietter, morceler, partager, scinder, sectionner, segmenter, séparer

Fragrance
arôme, odeur, parfum, senteur

Frai
alevin, usure

Fraîchement
frais, nouvellement, récemment

Fraîcheur
allant, authenticité, beauté, candeur, éclat, fleur, frais, froid, froideur, froidure, humidité, ingénuité, innocence, jeunesse, jouvence, naïveté, naturel, nouveauté, originalité, propreté, pureté, réserve, spontanéité, virginité, vivacité

Fraîchir
rafraîchir, refroidir

Frairie
banquet, foire

Frais
agio, candide, charge, coût, débours, dépense, éclatant, fleuri, florissant, fraîchement, fraîcheur, frisquet, froid, gaillard, ingénu, innocent, jeunet, naïf, naturel, net, neuf, nouveau, nouvellement, poupard, présent, propre, pur, récemment, récent, reposé, réservé, sain, spontané, vif, vivant

Frais de scolarité
écolage, minerval

Frais et léger, en parlant d'un vin
gouleyant

Frais judiciaires
dépens

Fraisage
alésage, usinage

Fraise
alaise, alèse, caroncule, col, foret, fruit, lime, rouge, roulette

Fraiser
aléser, fileter, percer, plisser

Fraiseur
aléseur

Framboisier sauvage
mûron

Franc
brutal, carré, catégorique, certain, clair, complet, cru, direct, droit, entier, expansif, fieffé, honnête, libre, limpide, loyal, naturel, net, ouvert, parfait, plein, précis, probe, pur, rond, sincère, spontané, tranché, véritable, vif, vrai

Franc-maçon
maçon

Franc-parler
franchise, liberté

Franc-tireur
maquisard, partisan, résistant

Franchement
carrément, clair, crûment, librement, net, nettement, nuement, nûment, rondement, vraiment

Franchi
débordé

Franchir
couvrir, croiser, déborder, dépasser, doubler, enjamber, entrer, escalader, faire, gravir, outrepasser, parcourir, passer, sauter, surmonter, transgresser, traverser, vaincre, violer

Franchir en sautant par-dessus
enjamber

Franchir un obstacle en étendant la jambe
enjamber

Franchise
dérogation, dispense, droiture, exemption, exonération, honnêteté, immunité, ingénuité, liberté, loyauté, ouverture, probité, pureté, rondeur, sincérité, véracité, vérité

Franchissement
passage

Franciscain
frère, récollet

Francisque
arme, hachereau

Francium
Fr

Franco
gratuitement

Franco à bord
FOB

Francophone de Louisiane
Cajun

Frange
bande, bord, bordé, cordon, crépine, effilé, limite, marge, minorité, ornement, passementerie, torsade

Frange de passementerie ouvragée
crépine

Frangin
frère

Frangine
sœur

Frappant
ahurissant, criant, éclatant, étonnant, évident, impressionnant, indubitable, lumineux, manifeste, notable, percutant, saillant, saisissant, signalé, spectaculaire, surprenant

Frappe
choc, coup, saisie

Frappé
affecté, affligé, agressé, ahuri, allongé, éprouvé, étonné, fou, froid, glacé, loufoque, rafraîchi, sonné, surpris

Frappé de stupeur
sidéré

Frappé par un malheur
éprouvé

Frapper
accrocher, affecter, affliger, agresser, ahurir, alourdir, asséner, attaquer, atteindre, bagarrer, battre, botter, bouleverser, boxer, brutaliser, choquer, claquer, cogner, commotionner, corriger, darder, éblouir, éclater, émouvoir, éprouver, étonner, férir, fesser, fouetter, glacer, grever, heurter, impressionner, interloquer, maltraiter, marteler, matraquer, méduser, molester, pénaliser, percuter, porter, punir, remuer, rosser, rouer, saisir, secouer, sonner, tambouriner, taper, tapoter, terrasser, toucher, traumatiser

Frapper à coups de bâton
bâtonner

Frapper à coups de cravache
cravacher

Frapper au moyen d'une matraque
matraquer

Frapper avec le bec, en parlant d'un oiseau
becqueter

Frapper avec un objet flexible
cingler

Frapper d'estoc
estoquer

Frapper d'une surtaxe
surtaxer

Frapper de charges financières
grever

Frapper de la foudre
foudroyer

Frapper de paralysie
paralyser

Frapper de stupeur
méduser, sidérer

Frapper légèrement à petits coups répétés
tapoter

Frapper sur la joue
gifler

Frapper un arbre avec une gaule pour faire tombler les fruits
gauler

Frapper violemment
cingler

Frappeur ambidextre qui a réussi le plus de circuits en carrière dans les Ligues majeures
Mantle

Frasque
caprice, écart, équipée, escapade, extravagance, folie, fredaine, incartade, inconduite, libertinage

Frasque sans gravité
fredaine

Fraternel
affectueux, amical, bienveillant, charitable, compréhensif, cordial, généreux, gentil, secourable, sympathique

Fraterniser
pactiser

Fraternité
accord, amitié, amour, camaraderie, charité, communion, concorde, confraternité, entente, harmonie, parenté, solidarité, sympathie, union

Fratricide
homicide

Fratrie
filiation

Fraude
artifice, captation, contrefaçon, dissimulation, dol, escroquerie, falsification, gabegie, hypocrisie, manœuvre, piraterie, resquille, ruse, supercherie, tricherie, tripotage, tromperie, trucage, vol

Fraudé
triché, truandé

Frauder
filouter, resquiller, tricher, tromper, truander, voler

Fraudeur
arnaqueur, brigand, copieur, escroc, filou, resquilleur, tricheur, voleur

Frauduleux
illégal, illicite, interlope

Frayer
aleviner, défricher, fréquenter, ouvrir, préparer, tracer

Frayeur
affolement, alarme, angoisse, anxiété, appréhension, consternation, crainte, effroi, épouvante, panique, peur, terreur

Fredaine
équipée, escapade, folie, frasque, fugue, galanterie, incartade, passade

Fredonner
chanter, chantonner, turluter

Frein
blocage, digue, empêchement, entrave, gêne, handicap, limitation, mors, obstacle, parachute

Freinage
ralentissement

Freiné
affaibli, amorti, enrayé

Freiner
amortir, arrêter, brider, circonscrire, contrarier, décélérer, diminuer, endiguer, enrayer, entraver, gêner, handicaper, inhiber, limiter, modérer, nuire, ralentir, réfréner, refroidir, retenir, tempérer

Freins
ABS

Frelaté
abâtardi, adultéré, altéré, dénaturé, falsifié, trafiqué

Frelater
abâtardir, adultérer, altérer, dénaturer, falsifier, gâter, mélanger, trafiquer

Frêle
anémique, chétif, délicat, faible, filiforme, fluet, fragile, fugitif, gracile, léger, maigrelet, malingre, menu, mince, périssable, rabougri, ténu

Freluche
fanfreluche, houppe

Freluquet
avorton, damoiseau, godelureau, gringalet, prétentieux

Frémir
bouillir, bruire, frissonner, mijoter, palpiter, remuer, trembler, tressaillir, vibrer

Frémissant
palpitant, pantelant, passionné, tremblant

Frémissement
friselis, frisson, frôlement, ondulation, palpitation, pulsation, vibration

Frémissement doux
friselis

Frênaie
bois

Frêne
orne

Frêne à fleurs blanches
orne

Frénésie
acharnement, agitation, ardeur, boulimie, débordement, déchaînement, délire, désir, égarement, emportement, enthousiasme, exaltation, faim, fébrilité, fièvre, folie, fringale, fureur, furie, ouragan, passion, rage, véhémence, violence, virulence

Frénétique
ardent, délirant, effervescent, effréné, endiablé, éperdu, exalté, fébrile, fiévreux, forcené, furieux, impétueux, insensé, passionné, surexcité, trépidant, véhément

Fréquemment
beaucoup, souvent, volontiers

Fréquence
âge, alternance, balancement, chiffre, cycle, durée, époque, ère, intervalle, morceau, nombre, numéro, occurrence, période, phase, phrase, quantième, quantité, rabâchage, réitération, répétition, rythme, stade, temps

Fréquence et intensité des tremblements de terre
sismicité

Fréquent
banal, commun, continuel, habituel, itératif, ordinaire, périodique, perpétuel, régulier, réitéré, répandu, répété, standard, usité, usuel

Fréquentatif
itératif

Fréquentation
amant, ami, approche, commerce, compagnie, connaissance, contact, copain, lien, pratique, présence, rapport, relation, société

Fréquenté
hanté, passant, populeux, sorti, vivant

Fréquenter
approcher, connaître, côtoyer, courir, entourer, frayer, hanter, pratiquer, sortir, visiter, voir, voisiner

Fréquenter habituellement un lieu
hanter

Frère
ami, camarade, capucin, compagnon, confrère, congénère, convers, copain, dominicain, égal, franciscain, frangin, frérot, ignorantin, mariste, moine, pair, pareil, prochain, religieux, semblable

Frère d'Abel
Caïn, Seth

Frère de Caïn et d'Abel
Seth

Frère de Jacob
Ésau

Frère de Jocaste
Créon

Frère de la mère
oncle

Frère de Moïse
Aaron

Frère du père
oncle

Frère jumeau de Romulus
Rémus

Frères et sœurs nés des mêmes père et mère
germains

Frérot
frère

Fresque
peinture, tableau

Fret
cargaison, chargement, expédition, loyer, nolis, transport

Fret d'un bateau
nolis

Fréter
affréter, amariner, armer, charger, équiper, louer, noliser, orner

Fréteur
armateur

Frétillant
fringant, guilleret, remuant, sémillant

Frétiller
agiter, remuer, trémousser

Fretin
alevin

Frette
baguette

Friable
cassable, fragile, meuble

Friand
amateur, amoureux, avide, délectable, délicat, délicieux, exquis, gourmand, gourmet, pâté

Friandise
bonbon, caramel, chatterie, confiserie,
délicatesse, douceur, gâterie, gourmandise,
jujube, nanan, sucrerie, touron

Friandise très délicate
chatterie

**Friandise très recherchée le soir de
l'Halloween**
sucrerie

Fricadelle
boulette, croquette

Fricassée
fricot, gibelotte, ragoût

**Fricassée de lapin au vin blanc ou au vin
rouge**
gibelotte

Fricasser
fricoter, mijoter

Friche
garrigue, gâtine, jachère, lande, maquis, pâtis

Fricot
fricassée, ragoût

Fricotage
tripotage

Fricoter
accommoder, cuisiner, fabriquer, fricasser,
mijoter, mitonner, préparer, trafiquer, tramer,
tripoter

Friction
accrochage, bouchonnement, conflit,
désaccord, dispute, froissement, frottement,
grippage, heurt, massage, onction, tirage

Frictionner
frotter, masser, nettoyer

Frictionner avec une lotion
lotionner

Frigidaire
congélateur

Frigorifié
congelé, gelé

Frigorifier
congeler, geler, intimider, refroidir, surgeler

Frileux
craintif, hésitant, pusillanime, timide, timoré

Frilosité
hésitation, paranoïa, timidité

Frimas
gelée, givre, grésil, verglas

Frime
bluff, chiqué, fanfaronnade, simulacre

Frimer
bluffer, bonimenter, crâner, esbroufer,
fanfaronner, parader, plastronner, vanter

Frimeur
bluffeur, épateur, fanfaron

Frimousse
bobine, bouille, face, figure, minois, museau,
visage

Fringale
appétit, besoin, boulimie, creux, envie, faim,
frénésie, gloutonnerie, gourmandise, soif

Fringant
actif, agile, alerte, alerté, allègre, brillant,
élégant, éveillé, fougueux, frétillant, gaillard,
guilleret, ingambe, léger, leste, pétillant,
pétulant, pimpant, sémillant, vert, vif,
vigoureux

Fringué
vêtu

Fringuer
accoutrer, déguiser, fagoter, gambader,
nipper, vêtir

Fringues
habits, tenue, vêtements

Fripe
chiffon, habit, haillon, loque, nippe

Fripé
défraîchi, flétri, usé

Friper
bouchonner, chiffonner, faner, flétrir, froisser,
marquer, plisser, rider

Friperie
brocante, vieillerie

Fripier
brocanteur, chiffonnier

Fripon
aigrefin, brigand, canaille, chenapan, coquin,
déluré, escroc, espiègle, filou, galopin,
garnement, gredin, malicieux, pendard,
polisson, sacripant, scélérat, vaurien, voleur,
voyou

Friponnerie
tricherie

Fripouille
arsouille, bandit, brigand, canaille, chenapan,
coquin, crapule, escroc, filou, gangster,
garnement, gredin, misérable, nervi, pirate,
racaille, sacripant, scélérat, terreur, vaurien,
vermine, voyou

Friquet
moineau

Frire
cuire

Frisant
rasant

Frise
bandeau

Frisé
annelé, avoisiné, bouclé, crêpé, crêpelé,
crépu, effleuré, frisotté, frôlé, ondulé,
permanenté, rasé

Frisé serré
crépu

Friselis
frémissement, froufrous

Friser
anneler, approcher, avoisiner, boucler, coiffer, crêper, effleurer, frisotter, frôler, onduler, permanenter, raser

Friser légèrement
frisotter

Friser une chevelure
bichonner

Frisette
boucle, bouclette, frison, frisottis, frisure, lambris

Frison
boucle, bouclette, copeau, frisette, frisottis, frisure

Frisotté
crépu, frisé

Frisotter
boucler, crêper, friser, onduler

Frisottis
boucle, bouclette, crêpelure, frisette, frison, frisure

Frisquet
frais, froid

Frisson
bruissement, crispation, émoi, frémissement, frissonnement, froissement, grelottement, horripilation, ondulation, saisissement, secousse, soubresaut, spasme, sursaut, tremblement, tressaillement, vertige, vibration

Frissonnant
vacillant

Frissonnement
frisson, frôlement

Frissonner
bouillir, frémir, grelotter, remuer, trembler, vaciller, vibrer

Frisure
boucle, bouclette, frisette, frison, frisottis

Frisure que l'on fait à certaines étoffes
ratinage

Frit
rissolé

Friture
crachotement, graillon, graisse, grésillement, parasite

Frivole
aérien, caillette, creux, étourdi, évaporé, futile, inconsistant, inconstant, infidèle, insignifiant, insouciant, léger, mondain, oiseux, puéril, spécieux, superficiel, vain, vide, volage, vrai

Frivole, déréglé
dissipé

Frivolité
amusement, amusette, babiole, bagatelle, bricole, broutille, fumée, futilité, gaminerie, inanité, inconstance, insignifiance, insouciance, jouet, légèreté, plaisanterie, puérilité, vanité

Froc
culotte, habit, pantalon, robe, vêtement

Froid
aigre, algide, antipathie, aride, austère, blasé, bouderie, brouille, cale, dédaigneux, détaché, distant, dur, embarras, ennuyeux, fâcherie, fier, flegmatique, fraîcheur, frais, frappé, frigide, frisquet, froideur, froidure, gelé, gêne, glaçant, glacé, glacial, grave, hautain, hibernal, hiver, hostile, impassible, imperturbable, inaccessible, inanimé, indifférent, inexpressif, insensible, languissant, malaise, marmoréen, mécontentement, mésentente, mésintelligence, monotone, nu, placide, plat, posé, réfrigérant, renfermé, réservé, réticent, rogue, rude, sec, sérieux, sévère, tension, terne, triste, trouble

Froid répandu dans l'air
froidure

Froidement
calmement, rudement, sèchement

Froideur
antipathie, aridité, austérité, calme, détachement, dureté, fâcherie, flegme, fraîcheur, froid, froidure, hostilité, impassibilité, imperturbabilité, indifférence, insensibilité, mécontentement, réserve, sécheresse, sévérité, tristesse

Froidure
engelure, fraîcheur, froid, froideur, gel, gelure

Froissant
chiffonnant, vexant

Froissé
affligé, blessé, choqué, offusqué, ulcéré, vexé

Froissement
blessure, bruit, friction, frisson, frôlement, heurt

Froisser
achopper, affliger, aplatir, blesser, bouchonner, chiffonner, choquer, contusionner, dépiter, désobliger, écraser, fâcher, fouler, friper, heurter, indisposer, meurtrir, mortifier, offenser, offusquer, piétiner, piquer, plisser, toucher, ulcérer, vexer

Froissure
commissure

Frôlé
frisé, rasé

Frôlement
attouchement, caresse, effleurement, frémissement, frissonnement, froissonnement, froufrou

Frôler
approcher, border, caresser, côtoyer, effleurer, érafler, friser, longer, raser, serrer, toucher

Fromage
brie, édam, géromé, gouda, hollande, mimolette, ricotta, roquefort, vacherin

Fromage à pâte dure
cheddar

Fromage à pâte ferme
cantal

Fromage à pâte grasse
reblochon

Fromage à pâte molle
brie, reblochon

Fromage à pâte pressée cuite
comté

Fromage au lait de brebis
niolo

Fromage au lait de chèvre
niolo

Fromage aux fines herbes
pie

Fromage blanc
séré

Fromage cylindrique
tomme

Fromage de lait de brebis
roquefort

Fromage de lait de vache
brick, cantal, fourme, morbier

Fromage de lait de vache à pâte ferme, cuite et pressée
gruyère

Fromage du Québec à pâte ferme fait de lait de vache
oka

Fromage en forme de disque
tomme

Fromage voisin de l'édam
mimolette

Fromage voisin du gruyère
beaufort

Fromager
crémier, kapokier, laitier

Froment
blé, céréale, épeautre, sarrasin

Fronce
pince, pincette, pli, plissure, rabat

Froncé
bouffant, plié, plissé, renfrogné, sévère

Froncement
ride

Froncer
grigner, plier, plisser, rider

Frondaison
bois, feuillage, feuillaison, feuillée, feuilles, ombrage, ramée, ramure

Fronde
arme, contestation, insoumission, rébellion, révolte, sédition

Fronder
attaquer, brocarder, chahuter, critiquer, railler

Frondeur
contestataire, critique, impertinent, insoumis, irrespectueux, moqueur, railleur, rebelle, récalcitrant, rétif

Front
audace, avant, bloc, cartel, coalition, culot, devant, effronterie, façade, face, fontière, fronton, groupement, guerre, hardiesse, impudence, ligne, ligue, masse, tête, toupet, union, visage

Frontal
os

Frontalier
adjacent, contigu, limitrophe, proche, voisin, zonier

Fronteau
bandeau

Frontière
bordure, borne, confins, délimitation, démarcation, front, ligne, limite, limitrophe, lisière, séparation

Frontispice
fronton, titre

Fronton
façade, front, frontispice, mur, pignon

Frottage
décapage, nettoyage

Frotté
poli

Frottement
friction

Frotter
appuyer, astiquer, bouchonner, briquer, brosser, cirer, débarbouiller, décaper, effleurer, encaustiquer, enduire, essuyer, étriller, fourbir, frictionner, gratter, laver, limer, lustrer, masser, nettoyer, oindre, polir, poncer, racler, râper, récurer, tamponner

Frotter avec les mains
masser

Frotter avec une peau de chamois
peaufiner

Frotter d'ail
ailler

Frotter d'huile
oindre

Frotter pour faire reluire
astiquer

Frotteur
essuyeur

Frottoir
grattoir

Froufrou
bruit, frôlement

Froufrous
fanfreluches, friselis, ornements

Froussard
lâche, peureux, pleutre, timoré

Frousse
angoisse, peur, terreur, trac

Fructifiant
fécond

Fructifier
accroître, développer, produire, prospérer, rapporter

Fructueusement
utilement

Fructueux
abondant, avantageux, bénéficiaire, bon, fécond, intéressant, juteux, lucratif, payant, productif, profitable, rémunérateur, rentable, utile

Frugal
ascétique, austère, chiche, léger, malgre, pauvre, rustique, simple, sobre, sommaire, tempérant

Frugalité
abstinence, austérité, modération, simplicité, sobriété, tempérance

Frugivore
lérot

Fruit
abricot, agrume, alise, alize, ananas, avantage, baie, banane, bénéfice, capsule, caryopse, cerise, clémentine, conséquence, drupe, effet, enfant, figue, follicule, fraise, gain, gousse, grenade, kiwi, letchi, lime, litchi, merise, mûre, olive, orange, pêche, poire, pomme, production, produit, profit, prune, prunelle, raisin, rapport, récompense, résultat, revenu, samare, silique

Fruit à chair blanche et au goût de miel
letchi, litchi

Fruit à coque ligneuse
noix

Fruit à deux valves
gousse

Fruit à gros noyau très dur, à chair ferme
pêche

Fruit à noyau
olive

Fruit à noyau lisse, à peau et à chair jaunes
abricot

Fruit à peau fine, à pulpe molle juteuse et sucrée
prune

Fruit à peau jaune
banane

Fruit à pépins, de forme oblongue
poire

Fruit à pulpe molle et sucrée
kaki

Fruit à pulpe sucrée
datte

Fruit à pulpe verte
kiwi

Fruit à saveur acide
agrume

Fruit à saveur douce
limette

Fruit charnu
anone, baie, drupe, figue

Fruit charnu à un seul noyau
drupe

Fruit comestible
datte, nèfle

Fruit comestible du châtaignier cultivé
marron

Fruit comestible du papayer
papaye

Fruit comestible très parfumé, composé de petites drupes veloutées
framboise

Fruit d'un citrus
kumquat

Fruit d'un jaune orangé qui a la forme de la tomate
kaki

Fruit de forme ellipsoïdale
olive

Fruit de l'abricotier
abricot

Fruit de l'alisier
alise, alize

Fruit de l'amandier
amande

Fruit de l'anacardier
anacarde, cajou

Fruit de l'arachide
cacahuète

Fruit de l'aubépine
cenelle

Fruit de l'érable
samare

Fruit de l'icaquier
icaque

Fruit de l'obier
pimbina

Fruit de l'olivier
olive

Fruit de la ketmie
nafé

Fruit de la ronce
mûre, mûron

Fruit de la taille d'une grosse pêche
mangue

Fruit de la vigne
raisin

Fruit de mer
cauri

Fruit des conifères
pive

Fruit des graminées
grain

Fruit des légumineuses
gousse

Fruit des régions tropicales et méditerranéennes
agrume

Fruit dont la pulpe est nourrissante et sucrée
datte

Fruit du cacaoyer
cabosse

Fruit du calebassier
calebasse

Fruit du cédratier
cédrat

Fruit du cédratier, plus gros que le citron
cédrat

Fruit du châtaignier
châtaigne

Fruit du chêne
gland

Fruit du citronnier
citron

Fruit du cocotier
coco

Fruit du cognassier
coing

Fruit du dattier
datte

Fruit du goyavier
goyave

Fruit du groseillier
groseille

Fruit du hêtre
faine

Fruit du jujubier
jujube

Fruit du limettier
limette

Fruit du merisier
merise

Fruit du muscadier
muscade

Fruit du néflier
nèfle

Fruit du noisetier
noisette

Fruit du noyer
noix

Fruit du piment doux
poivron

Fruit du pistachier
pistache

Fruit du sapotier
sapotille

Fruit du sorbier
sorbe

Fruit du vanillier
vanille

Fruit en forme de poire, âpre et cotonneux
coing

Fruit étoilé
carambole

Fruit exotique
letchi, litchi

Fruit farineux entouré d'une enveloppe épineuse
châtaigne

Fruit jaune
citron

Fruit juteux
ananas

Fruit oblong à peau jaune
banane

Fruit oblong, écailleux, brun rouge, pulpeux, à chair sucrée et parfumée
ananas

Fruit ou graine de l'arachide
cacahuète

Fruit ou légume hâtif, précoce
hâtiveau

Fruit riche en amidon
jaque

Fruit rouge
alise, cerise, fraise, tomate

Fruit rouge à pulpe blanche
letchi, litchi

Fruit rouge, à forme de fraise
arbouse

Fruit sec
follicule

Fruit sec semblable à la gousse
silique

Fruit souvent donné le soir de l'Halloween
pomme

Fruit sphérique rouge
tomate

Fruit sucré et parfumé
anone

Fruit surnommé « cerise de la Barbade »
acérola

Fruit très apprécié avec de la dinde, à Noël
ataca, atoca

Fruit tropical
mangue

Fruit tropical appelé « pomme de Goa » dans les Antilles
carambole

Fruitier
jardinier, verger

Fruits cuits avec un sirop de sucre
confiture

Frusques
habits, oripeaux, tenue

Fruste
balourd, beauté, brut, grossier, inculte, indigent, lourd, lourdaud, primitif, rude, rudimentaire, rustaud, rustique, rustre, sauvage, simple, simpliste, sommaire

Frustrant
décevant

Frustration
privation

Frustré
blessé, choqué, confisqué, contrarié, découvert, déçu, défavorisé, dégarni, démuni, dénudé, dépossédé, dépouillé, désappointé, désavantagé, déshabillé, déshérité, dessaisi, dévalisé, discrédité, écorché, endommagé, exhérédé, handicapé, inassouvi, insatisfait, lésé, nui, offensé, ôté, pelé, privé, rasé, ruiné, saisi, séparé, sevré, spolié, trahi, trompé, volé

Frustrer
contrarier, décevoir, défavoriser, déposséder, dépouiller, désappointer, désavantager, déshériter, léser, priver, sevrer, spolier, trahir, tromper

Fucus
algue, goémon, varech

Fuel
kérosène

Fugace
bref, court, éphémère, évanescent, fragile, fugitif, furtif, fuyant, insaisissable, instantané, momentané, passager, périssable, précaire, provisoire, temporaire, transitoire

Fugacité
instabilité

Fugitif
banni, bref, changeant, court, déserteur, éphémère, errant, évadé, évanescent, fragile, frêle, fugace, furtif, fuyard, inconstant, instable, instantané, mobile, mouvant, passager, précaire, proscrit, provisoire, transitoire, variable

Fugue
échappée, équipée, escapade, fredaine, fuite

Fuguer
échapper, fuir

Führer
dictateur

Fui
abandonné, coulé, évadé, évanoui, évité, renié

Fuie
colombier

Fuir
abandonner, baver, cacher, carapater, céder, couler, débiner, décamper, défiler, déguerpir, dérober, détaler, disparaître, dissiper, échapper, éclipser, écouler, éluder, enfoncer, enfuir, esquiver, évader, évanouir, éviter, filer, fuguer, partir, passer, quitter, réfugier

Fuite
abandon, cavale, coulure, débâcle, débandade, déperdition, déroute, disparition, échappée, échappement, écoulement, émigration, escapade, évasion, exode, exportation, fugue, hémorragie, indiscrétion, panique, passage, perte, pirouette, récession, retraite, révélation, saignée

Fuite après évasion
cavale

Fuite des idées
mentisme

Fulgurance
éclair

Fulgurant
aveuglant, brusque, éblouissant, éclatant, étincelant, foudroyant, rapide, soudain, subit, vif, violent

Fulgurer
chatoyer, flamboyer

Fuligineux
fumant, sibyllin

Fulminant
détonant, explosif, furibond, furieux, menaçant

Fulminer
crier, détonner, éclater, emporter, enrager, exploser, fumer, indigner, invectiver, pester, rager, râler, tempêter, tonitruer, tonner

Fumant
bouillant, brûlant, formidable, fuligineux

Fumé
teinté

Fumée
boucane, chimère, exhalaison, frivolité, fumerolle, fumet, futilité, gaz, illusion, noir, odeur, saur, teinté, vanité, vapeur

Fumer
amender, boucaner, engraisser, enrager, fertiliser, fulminer, griller, pester, rager, saurer, teinter

Fumerolle
fumée, gaz

Fumet
arôme, bouquet, effluve, fumée, goût, odeur, parfum, saveur, senteur

Fumeux
abstrait, amphigourique, brumeux, compliqué, confus, embrouillé, filandreux, flou, nébuleux, obscur, sibyllin, ténébreux, vague

Fumeux, nébuleux
brumeux

Fumiger
enfumer

Fumiste
amateur, charlatan, désinvolte, dilettante, fantaisiste, farceur, imposteur, mystificateur, plaisantin

Fumure
amendement, compost

Fun
amusement, funboard, joie, plaisir

Funambule
acrobate, bateleur, équilibriste, fildefériste

Funboard
fun

Funèbre
convoi, funéraire, funeste, lugubre, macabre, mortuaire, noir, sépulcral, sinistre, sombre, ténébreux, triste

Funérailles
obsèques, service

Funéraire
funèbre, mortuaire, sépulcral

Funeste
affligeant, calamiteux, catastrophique, dangereux, déplorable, désastreux, désolant, douloureux, fatal, funèbre, lamentable, lugubre, macabre, malheureux, malsain, mauvais, meurtrier, mortel, navrant, néfaste, nocif, noir, nuisible, pénible, pernicieux, pitoyable, préjudiciable, regrettable, sinistre, sombre, tragique, triste, violent

Fur
taux

Furet
belette

Furetage
recherche

Fureter
chercher, écornifler, explorer, fouiller, fouiner, fourrager

Fureteur
curieux, fouilleur, fouine, fouineur, indiscret, inquisiteur, investigateur, navigateur

Fureur
acharnement, affolement, agitation, ardeur, colère, courroux, emportement, enthousiasme, exaltation, férocité, fièvre, fougue, frénésie, furie, impétuosité, ire, passion, possession, rage, véhémence, verve, violence, virulence

Furia
impétuosité

Furibond
acharné, courroucé, déchaîné, enragé, exalté, exaspéré, forcené, fulminant, furieux, impétueux, rageur, violent

Furie
acharnement, ardeur, bacchante, colère, dragon, emportement, exaltation, femme, fièvre, fougue, frénésie, fureur, gendarme, harpie, impétuosité, ire, méchant, mégère, passion, rage, véhémence, violence

Furieusement
ardemment

Furieux
acharné, aveugle, courroucé, déchaîné, enragé, éperdu, exacerbé, exalté, exaspéré, excessif, extrême, fameux, fanatique, forcené, fou, frénétique, fulminant, furibond, impétueux, opiniâtre, rageur, remonté, sacré, terrible, violent

Furoncle
abcès, adénome, anthrax, clou, phlegmon, pustule

Furtif
caché, clandestin, discret, errant, fugace, fugitif, invisible, rapide, secret, subreptice

Fusain
charbon, crayon, dessin

Fusé
coulé, sorti

Fuseau
bobine

Fusée
gerbe, missile, roquette, serpenteau

Fusée éclatant sous l'action d'un choc
percutant

Fuselé
délié, effilé, élancé, fin, mince, svelte

Fuser
gicler, jaillir, partir, sortir, sourdre

Fusette
bobine

Fusible
plomb

Fusil
affiloir, arme, briquet, carabine, pistolet, tireur

Fusil à répétition de petit calibre
lebel

Fusilier
tireur

Fusillade
décharge, feu, salve

Fusiller
abattre, anéantir, assassiner, descendre,
détruire, exécuter, massacrer, mitrailler,
supprimer, tuer

Fusion
alliage, amalgame, combinaison,
concentration, fonte, fusionnement,
intégration, interpénétration, liquéfaction,
mariage, mélange, regroupement, réunion,
unification, union

Fusionné
allié

Fusionnement
fusion

Fusionner
accoler, accoupler, allier, amalgamer,
assembler, associer, combiner, confondre,
conjuguer, fondre, mêler, rassembler, réunir,
unifier, unir

Fustigation
flagellation, réprimande

Fustigé
corrigé

Fustiger
admonester, battre, blâmer, chapitrer, cingler,
condamner, cravacher, critiquer, flageller,
fouetter, haranguer, réprouver, stigmatiser,
vitupérer

Fût
arbre, baril, futaille, tige, tonneau, tonnelet,
tronc

Fût d'une colonne
escape

Futaie
bois, forêt

Futaille
baril, fût, tonneau

Futé
astucieux, débrouillard, dégourdi, déluré,
éveillé, fin, finaud, madré, malicieux, malin,
perspicace, roué, rusé, subtil

Futile
creux, dérisoire, frivole, inconsistant,
insignifiant, inutile, léger, mondain, oiseux,
perçant, puéril, stérile, superficiel, vain, vide

Futilité
amusette, babiole, badinerie, bagatelle,
baliverne, bêtise, bricole, broutille,
enfantillage, fadaise, faribole, frivolité,
fumée, gaminerie, inanité, inconsistance,
insignifiance, inutilité, jouet, légèreté,
niaiserie, puérilité, rien, sottise, stérilité,
superficialité, vanité, vétille, vide

Futon
matelas

Futur
avenir, demain, devenir, éventuel, fiancé,
horizon, lendemain, possible, postérieur,
postérité, prétendant, prochain, promis,
suivant, ultérieur

Futur bouvillon
veau

Futuriste
moderniste, novateur, révolutionnaire

Futurologie
anticipation, prévision

Fuyant
évasif, fugace, glissant, inconstant,
insaisissable, mobile, secret

Fuyard
évadé, fugitif, lâche

G

Ga
gallium

Gabardine
caban, cape, ciré, imper, imperméable, manteau, pardessus, pèlerine, tissu

Gabare
seine

Gabarit
acabit, calibre, carrure, catégorie, classe, dimension, envergure, espèce, format, forme, genre, grandeur, modèle, nature, patron, sorte, stature, taille, tonnage, type, volume

Gabarre
allège

Gabegie
confusion, désordre, fraude, gâchis, gaspillage, pagaille

Gabelle
impôt, redevance, taxe

Gabelou
douanier

Gable
pignon

Gâchage
bousillage, gâchis, galvaudage, gaspillage, perte, sabotage

Gâche
brioche, spatule

Gâcher
abîmer, assombrir, attrister, bâcler, bousiller, cochonner, délayer, diluer, dissiper, dissoudre, empoisonner, galvauder, gaspiller, gâter, manquer, massacrer, perdre, rater, ruiner, saboter, torcher

Gâcher un ouvrage
galvauder

Gâchette
ressort, tireur

Gâcheur
destructeur, gaspilleur, ravageur, saboteur

Gâchis
désordre, gabegie, gâchage, gaspillage, massacre, mortier, pagaille, perte, sabotage

Gade
capelan, caplan

Gadget
bidule, bricole, jouet

Gadin
chute

Gadolinium
Gd

Gadoue
boue, bouillasse, bourbe, bourbier, fange, saleté, sloche, vase, vidange

Gadouille
boue

Gadouilleux
boueux

Gaffe
aberration, ânerie, balourdise, bêtise, bévue, boulette, bourde, croc, distraction, énormité, erreur, faute, gaucherie, impair, lapsus, maladresse, pataquès, sottise, stupidité

Gag
bêtise, blague, plaisanterie

Gaga
fou

Gage
acompte, arrhes, assurance, caution, cautionnement, créance, dépôt, garant, garantie, hypothèque, nantissement, otage, preuve, promesse, punition, sûreté, témoignage

Gager
garantir, miser, parier, salarier

Gager par un warrant
warranter

Gages
appointements, paie, paye, salaire, traitement

Gageure
challenge, défi, pari

Gagnant
champion, lauréat, premier, sortant, vainqueur, victorieux

Gagnant de l'Oscar du meilleur réalisateur en 1930 pour son film À l'ouest, rien de nouveau
Milestone

Gagné
acquis, apprivoisé, conquis, enlevé, réussi

Gagne-pain
activité, boulot, métier, travail

Gagner
acquérir, allécher, apprivoiser, arriver, attirer, attraper, avancer, battre, capter, captiver, conquérir, contaminer, convertir, corrompre, croître, décrocher, emparer, empiéter, empocher, emporter, encaisser, enlever, envahir, faire, fléchir, forcer, grignoter, irradier, mériter, moissonner, obtenir, palper, pénétrer, percevoir, persuader, prendre, primer, rafler, rallier, ramasser, rapporter, récolter, recueillir, remporter, retirer, réussir, subjuguer, tirer, toucher, triompher, vaincre

Gagneur
battant, conquérant, courageux, fonceur

Gai

allègre, amusant, animé, badin, beau, bel, comique, content, divertissant, drôle, éclatant, efflorescent, éméché, émoustillé, encourageant, enjoué, épanoui, folâtre, folichon, fou, gaillard, gris, guilleret, hilare, ivre, jovial, joyeux, marrant, mutin, plaisant, rayonnant, réjoui, réjouissant, riant, rieur, rigolo, rose, sémillant, souriant, vif

Gaiement

allègrement, jovialement, joyeusement, plaisamment, volontiers

Gaieté

alacrité, allégresse, ambiance, enjouement, entrain, exultation, hilarité, humour, ironie, joie, jovialité, jubilation, liesse, rire, sel

Gaieté simple et communicative

jovialité

Gaillard d'arrière sur un voilier

dunette

Gaillet

gratteron

Gaîment

allègrement, jovialement, joyeusement, plaisamment, volontiers

Gain

accroissement, acquisition, agrandissement, appointements, argent, aubaine, augmentation, avantage, bénéfice, dividende, économie, émoluments, excédent, fruit, honoraires, intérêt, lot, lucre, paie, paye, plus, produit, profit, rapport, recette, récolte, rémunération, rendement, rentrée, rétribution, revenu, salaire, solde, succès, traitement, victoire

Gain, profit

lucre

Gaine

caisse, ceinture, coffre, corset, enveloppe, étui, fourreau, housse, piédestal, sellette, socle

Gaine baleinée

corset

Gaine étroite qui amincit la taille

guêpière

Gainer

engainer, épouser, guiper, mouler, sangler, serrer

Gaîté

entrain, hilarité, joie

Gal

galilée

Gala

cérémonie, fête, réception, réjouissance, repas, spectacle

Galamment

gracieusement, poliment

Galant

adorable, affable, agréable, amant, amoureux, attentionné, cavalier, chevaleresque, chevalier, coquet, courtois, damoiseau, délicat, élégant, empressé, érotique, fin, gentleman, libertin, poli, prévenant, séducteur, servant, soupirant

Galanterie

amabilité, aventure, baratin, civilité, compliment, coquetterie, cour, courtoisie, délicatesse, douceur, fredaine, intrigue, liaison, marivaudage, passade, politesse, prévenance, respect, séduction

Galapiat

garnement, vaurien

Galaxie

cosmos, nébuleuse, univers

Galbe

arrondi, cintrage, contour, courbe, courbure, forme, ligne, panse, profil, sinuosité

Galbé

arrondi, cabré, courbé, pansu, renflé

Galber

busquer, profiler

Gale

peste, poison, teigne, vermine, vipère

Galéasse

galère

Galéjade

attrape, blague, boutade, farce, plaisanterie

Galéjer

blaguer, plaisanter

Galéjeur

blagueur

Galère

bagne, enfer, galéasse, galiote, guêpier, mésaventure, piège, prame, réale, traquenard, travaux, trière, trirème

Galéré

travaillé

Galère à deux rangs de rames

birème

Galère de l'Antiquité

birème

Galérer

travailler

Galerie

assistance, auditoire, balcon, boyau, cavité, collection, corridor, couloir, jubé, loge, loggia, monde, musée, muséum, paradis, passage, péristyle, portique, public, souterrain, spectateurs, témoin, tribune, triforium, tunnel, véranda

Galerie arrière d'une église
jubé

Galerie légère en bois
véranda

Galerie souterraine
tunnel

Galérien
bagnard, forçat

Galet
caillou, disque, pierre, roulette

Galetas
bauge, bouge, combles, gourbi, grenier,
mansarde, réduit, taudis

Galette
biscuit, crêpe, crique, fouace, fougasse,
rœsti, rösti, tortilla

Galette de farine de maïs
polenta

Galette de fleur de froment
fouace

Galette de pommes de terre râpées
rœsti, rösti

Galette mince
bricelet

Galeux
décrépit, lépreux, paria, pestiféré, sale

Galgal
tumulus

Galhauban
hauban

Galilée
gal

Galimatias
sabir

Galiote
galère, lougre

Galipette
cabriole, culbute, pirouette, roulade

Galipot
résine

Galle
cécidie

Gallérie
teigne

Galliforme
gallinacé

Gallinacé
galliforme, poule

Gallinacé au plumage sombre
pintade

Gallium
Ga

Gallup
sondage

Galoche
brodequin, sabot, socque

Galon
bande, brandebourg, centimètre, chevron,
cordon, degré, échelon, épaulette, fonction,
ganse, grade, lézarde, marque, passement,
promotion, ruban, soutache, tresse

Galonné
soutaché

Galonner
orner, soutacher

Galop
air, allure, amble, déplacement, pas

Galop d'essai
canter

Galopade
cavalcade, chevauchée, course

Galopé
couru

Galoper
accourir, cavaler, courir, dépêcher, emballer,
hâter

Galopin
bière, chenapan, enfant, fripon, gamin,
garnement, gredin, polisson, vaurien, voyou

Galure
chapeau

Galvanisant
exaltant, excitant

Galvanisé
enlevé, exalté, excité, survolté

Galvaniser
électriser, enlever, entraîner, exalter, exciter,
nickeler, réveiller, survolter, transporter,
zinguer

Galvaudage
gâchage

Galvauder
abaisser, avilir, compromettre, dégrader,
déshonorer, flétrir, gâcher, gaspiller, perdre,
salir, souiller

Galvaudeux
vagabond

Gamba
crevette, langoustine

Gambade
bond, cabriole, entrechat, pirouette, saut,
sautillement

Gambader
batifoler, bondir, cavalcader, danser, ébattre,
folâtrer, fringuer, sauter, sautiller

Gambergé
pensé

Gambiste
violiste

Gamelle
assiette, bol, chute, écuelle, récipient, soucoupe

Gamète
ovule

Gamète femelle animal
ovule

Gamète femelle végétal
ovule

Gamin
adolescent, ange, bambin, bébé, chérubin, descendant, enfant, espiègle, galopin, garçonnet, garnement, gavroche, gone, gosse, infantile, marmot, môme, moutard, mutin, nourrisson, petit, poulbot, poupon, rejeton, taquin, titi

Gamine
fillette, polissonne, tendron

Gaminerie
baliverne, bêtise, enfantillage, espièglerie, facétie, frivolité, futilité, légèreté, niaiserie, puérilité, sottise

Gamme
choix, clavier, collection, échelle, éventail, ligne, nuance, palette, panoplie, registre, série, spectre, succession, suite, variété

Ganache
lourdaud

Gandin
bellâtre, coquet, dandy

Gandoura
tunique

Gang
bande, clan, cohorte, groupe, horde, maffia, mafia

Ganglion
adénome, glande, grosseur, kyste, renflement

Ganglionnaire
adénoïde

Gangrène
cancer, chancre, corruption, décomposition, destruction, lèpre, mal, mortification, nécrose, pourriture, putréfaction

Gangrené
pourri

Gangréner
contaminer, corrompre, dénaturer, empoisonner, gâter, infecter, nécroser, pervertir, pourrir, ronger, souiller, vicier

Gangster
bandit, brigand, canaille, crapule, escroc, filou, forban, fripouille, gredin, mafioso, malfaiteur, pirate, truand, voleur

Gangstérisme
banditisme, criminalité

Gangue
enveloppe

Ganse
attache, cordon, cordonnet, extrafort, galon, lacet, nervure, œil, passement, ruban, tirant

Ganse servant à retenir un rideau
embrasse

Ganser
passementer

Gant
mitaine, moufle

Gant de cuir ou de peau couvert de lames de fer, de mailles
gantelet

Gant de cuir pour la chasse au faucon
gantelet

Gant de Notre-Dame
campanule

Gant, généralement fourré
moufle

Gantelet formé d'un doigtier articulé pour le pouce
miton

Gantelet garni de plomb
ceste

Gantelet pesant
ceste

Gap
écart

Gapette
casquette

Garage
box, dépôt, hangar, parking, remise, stationnement

Garagiste
mécano

Garance
purpurin, rouge

Garancer
teindre

Garant
appui, assurance, caution, défenseur, gage, garantie, gardien, otage, parrain, preuve, protecteur, répondant, responsable, soutien, sûreté, témoignage

Garanti
abrité, affirmé, assuré, attesté, authentifié, avalisé, cautionné, certain, certifié, confirmé, couvert, défendu, immunisé, juré, légalisé, prémuni, préservé, promis, protégé, sauvé, sauvegardé, soutenu, validé

Garantie
acompte, arrhes, assurance, aval, caution, cautionnement, confirmation, consignation, couverture, dépôt, engagement, gage, garant,

hypothèque, nantissement, palladium, poinçon, précaution, preuve, protection, signature, sûreté, warrant

Garantir
abriter, affirmer, assurer, attester, authentifier, avaliser, barder, cautionner, certifier, confirmer, couvrir, défendre, exempter, flanquer, gager, immuniser, jurer, légaliser, ménager, prémunir, préserver, prétendre, promettre, protéger, répondre, sauvegarder, sauver, sécuriser, soutenir, valider

Garantir par une réassurance
réassurer

Garcette
cordage, tresse

Garçon
ado, adolescent, barman, célibataire, enfant, fils, gars, homme, mec, rejeton, serveur, type

Garçon d'écurie
lad

Garçon de café
caviste, loufiat

Garçonnet
adolescent, enfant, gamin, gosse

Garçonnier
masculin

Garçonnière
appartement, logement, studio

Garde
conservateur, conservation, défense, dépositaire, escorte, faction, gardien, gendarme, geôlier, guet, maton, milice, planton, préservation, protection, sentinelle, soin, surveillance, surveillant, troupe, tutelle, veille, veilleur, vigie, vigile

Gardé
réservé, retenu, sauvé, séquestré

Garde du sabre japonais
tsuba

Garde-corps
balustre, parapet, rambarde

Garde-fou
balustre, parapet, rambarde

Garde-robe
armoire, penderie, vestiaire

Gardénia
arbuste

Garder
avoir, conserver, défendre, destiner, détenir, économiser, emporter, entreposer, épargner, guetter, laisser, maintenir, observer, perpétuer, pratiquer, prémunir, préserver, protéger, receler, réserver, respecter, retenir, sauvegarder, sauver, séquestrer, surveiller, tenir

Garder à la main
tenir

Garder pour soi
ravaler

Garder une chose volée par un autre
receler

Garderie
crèche, pouponnière

Gardian
bouvier, vacher

Gardien
berger, cerbère, concierge, conservateur, consignataire, défenseur, dépositaire, détenteur, garant, garde, gendarme, geôlier, magasinier, pasteur, portier, protecteur, sentinelle, surveillant, tuteur, vacher, veilleur, vigie, vigile

Gardien de but
goal

Gardien de but des Canadiens
Price

Gardien de but russe qui portait le n° 20
Tretiak

Gardien de la paix
policier

Gardien de moutons
berger

Gardien de porcs
porcher

Gardien de prison
geôlier, maton

Gardien de troupeaux de la pampa
gaucho

Gardien de troupeaux, en Camargue
gardian

Gardien sévère
cerbère

Gardien vigilant et intraitable
dragon

Gardienne
nurse

Gare
arrêt, station, terminus

Gare d'hélicoptères
héligare

Gare située en tête de ligne
terminal

Garenne
bois, lapinière

Garer
abriter, parquer, ranger, remiser, stationner

Gargantua
mangeur, ogre

Gargantuesque
plantureux

Gargote
auberge, brasserie, cabaret, café, taverne

Gargotier
restaurateur

Gargouillement
bruit, glouglou

Gargouillis
bruit, glouglou

Garnement
chenapan, coquin, démon, diable, drôle,
enfant, filou, fripon, fripouille, galapiat,
galopin, gamin, gavroche, gone, gredin, jojo,
polisson, sacripant, vaurien, voyou

Garni
agrémenté, approvisionné, bordé, bourré,
capitonné, comblé, décoré, doublé, embelli,
empli, encadré, enjolivé, équipé, étoffé,
farci, fourni, fourré, matelassé, meublé,
muni, occupé, orné, ornementé, ouatiné,
paré, passementé, plein, pourvu, rembourré,
rempli, soutaché, truffé

Garni d'une doublure ouatinée
matelassé

Garni d'une empenne
empenne

Garni de cheveux
chevelu

Garni de cils
cilié

Garni de clous
clouté

Garni de créneaux
crénelé

Garni de dents
denté

Garni de diamants
diamanté

Garni de feuilles
folié

Garni de plomb
plombé

Garni de poils
cilié

Garni de poils fins
velu

Garni de rubans
rubané

Garni de truffes
truffé

Garnir
accompagner, agrémenter, approvisionner,
border, bourrer, capitonner, charger, combler,
couvrir, décorer, doubler, embellir, emplir,
encadrer, enjoliver, équiper, étoffer, farcir,
fournir, fourrer, gréer, matelasser, meubler,
munir, occuper, ornementer, orner, ouatiner,
outiller, parer, passementer, pourvoir,
rembourrer, remplir, revêtir, soutacher, truffer

Garnir avec des briques
briqueter

Garnir avec du bois
boiser

Garnir d'acier
ferrer

Garnir d'acier par soudure
aciérer

Garnir d'anneaux
baguer

Garnir d'étoffe
étoffer

Garnir d'ouate
ouater

Garnir d'ouatine
ouatiner

Garnir d'un bord, d'une bordure
border

Garnir d'un cercle métallique
fretter

Garnir d'un cercle ou de plusieurs cercles
cercler

Garnir d'un drap
draper

Garnir d'un grillage
grillager

Garnir d'un liséré
lisérer

Garnir d'un parquet
parqueter

Garnir d'un treillis de rotin
canner

Garnir d'une aiche
aicher

Garnir d'une clisse
clisser

Garnir d'une èche
écher

Garnir d'une frette
fretter

Garnir d'une ganse
ganser

Garnir d'une ou de plusieurs vitres
vitrer

Garnir d'une tontine
tontiner

Garnir de bagues
baguer

Garnir de carton
cartonner

Garnir de clous
clouter

Garnir de coulisses
coulisser

Garnir de dents
endenter

Garnir de fers
ferrer

Garnir de hourds
hourder

Garnir de jarretières
jarreter

Garnir de jonc
joncer

Garnir de lattes
latter

Garnir de lest un bâtiment
lester

Garnir de menuiserie
boiser

Garnir de nouveau
regarnir

Garnir de terre le pied d'une plante
butter

Garnir de toile
entoiler

Garnir de truffes
truffer

Garnir de tubes
tuber

Garnir intérieurement une confiserie
fourrer

Garnir le bord
border

Garnir les cornes d'un taureau de boules de cuir
bouler

Garnir quelque chose d'objets saillants ou pointus
hérisser

Garnir un voilier
gréer

Garnir une flèche de plumes
empenner

Garnison
régiment, troupe

Garniture
accessoire, accompagnement, agrément, armement, assortiment, bordure, broderie, change, couche, gréement, ornement, parement, parure, passementerie, protection, renfort, serviette, volant

Garniture d'étoffe transparente
voilage

Garniture de lattes
lattis

Garniture de métal
ferrure

Garniture de tarte faite de raisin et de mélasse
ferlouche

Garniture métallique du bord d'un vêtement
grébiche

Garniture qui protège le bout d'une canne
embout

Garou
daphné, sainbois

Garrigue
friche, lande, maquis

Garrot
clamp

Garrotter
attacher, bâillonner, enchaîner, étrangler, lier, ligoter, museler, opprimer

Gars
adolescent, garçon, homme, monsieur, type

Gascon
hâbleur

Gasconnade
fanfaronnade, hâblerie

Gasoil
diesel, fioul, pétrole

Gaspillage
coulage, déchet, gabegie, gâchage, gâchis, perte

Gaspiller
claquer, dépenser, dévorer, dilapider, dissiper, engloutir, flamber, gâcher, galvauder, manger, passer, perdre, prodiguer

Gaspilleur
gâcheur, prodigue

Gastéropode
limace, limaçon

Gastralgique
gastrique

Gastrique
gastralgique, stomacal

Gastro-entérite attaquant plusieurs animaux
typhus

Gastroentérologue
médecin

Gastronome
gourmand, gourmet

Gastronomie
cuisine, table

Gastronomique
culinaire, gourmand

Gâté
abîmé, aigri, avancé, avarié, capricieux, carié, choyé, comblé, corrompu, détérioré, détruit, dorloté, malade, moisi, perdu, pourri, putride, rance, véreux

Gâte-sauce
tournebroche

Gâteau
biscuit, cake, entremets, far, flan, fouace,
pâtisserie, tarte

Gâteau alcoolisé
baba

Gâteau de cire d'abeilles
gaufre

Gâteau de farine de maïs
millas

Gâteau en pâte feuilletée
palmier

Gâteau fait d'amandes pilées
massepain

Gâteau fait de fruits mêlés
clafoutis

Gâteau garni de fruits
pouding, pudding

Gâteau garni de raisins secs
cake

Gâteau meringué
vacherin

Gâteau oriental
baklava

Gâteau plat
galette

Gâteau sec
biscuit, macaron

Gâteau sec, rond et plat
palet

Gâteau très sec, craquant sous la dent
craquelin

Gâter
abîmer, aigrir, altérer, avarier, bichonner,
bousiller, cajoler, câliner, carier, chancir,
chouchouter, choyer, combler, compromettre,
corrompre, couver, décomposer, défigurer,
déformer, dégrader, délabrer, dénaturer,
déparer, dépraver, déshonorer, détériorer,
détruire, dorloter, empirer, empoisonner,
endommager, enlaidir, entacher, faner,
fausser, flétrir, frelater, gâcher, gangrener,
infecter, massacrer, moisir, pervertir, pourrir,
putréfier, saboter, saccager, soigner, souiller,
tacher, tourner, user, vicier

Gâter par la nielle
nieller

Gâterie
bonbon, cajolerie, caresse, chatterie,
douceur, friandise, gourmandise, prévenance,
sucrerie

Gâteux
décrépit, idiot, ramolli, sénile, vieux

Gâtifier
bêtifier

Gâtine
bourbier, friche, marécage

Gâtisme
abêtissement, abrutissement, décrépitude,
ramollissement, sénilité

Gauche
bâbord, balourd, contraint, dévié,
embarrassé, emmanché, empaillé, empêché,
empoté, emprunté, gauchi, gêné, godiche,
gourde, inhabile, laborieux, lourd, lourdaud,
maladroit, malhabile, nigaud, oblique,
pataud, pesant, piteux, senestre, timide,
tordu

Gauche, contraint
engoncé

Gauchement
mal, pesamment

Gaucherie
balourdise, bourde, embarras, gaffe, impair,
inhabileté, lourdeur, maladresse, timidité

Gauchi
biaisé, courbé, déformé, dévié, faussé,
gauche, joué, tordu, travaillé, voilé

Gauchir
biaiser, courber, déformer, dévier, falsifier,
fausser, fléchir, gondoler, jouer, tordre,
travailler, travestir, voiler

Gauchissement
voilage, voilement, voilure

Gauchiste
anarchiste, extrémiste

Gaucho
bouvier, vacher

Gaude
réséda

Gaufrage
gravure, lithogravure

Gaufre très mince et croustillante
bricelet

Gaufrer
cloquer, graver, imprimer, lithographier

Gaufrette
biscuit

Gaufrette conique garnie de crème glacée
cornet

Gaufreur
lithographe

Gaule
béquille, perche

Gaulis
taillis

Gausser (Se)
amuser, charrier, ironiser, moquer, plaisanter,
railler, ricaner, ridiculiser, rire

Gausserie
raillerie

Gavage
engraissement

Gavé
repu

Gaver
bourrer, embecquer, engraisser, gorger,
rassasier, repaître, saturer

Gavial
crocodile

Gavroche
enfant, gamin, garnement, gone, gosse,
poulbot, titi

Gaz à effet de serre
GES

Gaz bleu
ozone

Gaz combustible
éthane

Gaz combustible formé de méthane
grisou

**Gaz combustible qui se dégage spontanément
dans certaines mines de houille**
grisou

Gaz incolore
azote

Gaz incolore à odeur forte
arsine

Gaz incolore et inodore
argon

Gaz inerte
argon

Gaz inerte de l'air
xénon

Gaz inflammable
propane

Gaz inodore
azote

Gaz jaune verdâtre
chlore

Gaz moutarde
ypérite

Gaz putride
miasme

Gaz rare
xénon

Gaz rare de l'atmosphère
néon

Gaz rare très léger
hélium

Gazage
asphyxie

Gaze
compresse, mousseline, pansement, voile

Gazéifier
évaporer, sublimer, vaporiser

Gazelle
femme

Gazer
asphyxier, boumer, flamber, intoxiquer

Gazetier
journaliste

Gazette
bavard, chronique, commère, concierge,
feuille, journal, magazine, potinière,
quotidien, revue

Gazeux
pétillant, piquant

Gazinière
fourneau

Gazoduc
canalisation, oléoduc, pipeline

Gazole
diesel, fioul, pétrole

Gazon
herbe, pelouse, prairie, pré, tourbe, verdure

Gazonnage
gazonnement

Gazonnement
gazonnage

Gazonner
engazonner

Gazouillement
bruit, cri, murmure, pépiement, ramage, voix

Gazouiller
babiller, chanter, jaser, pépier

Gazouillis
babil, babillage, chant, cri, murmure,
pépiement, ramage

Gd
gadolinium

Ge
germanium

Geai
oiseau

Géant
colossal, colosse, cyclope, cyclopéen,
énorme, extra, génial, génie, gigantesque,
grand, hercule, héros, immense, monstre,
ogre, superpuissance, surhomme, titan,
titanesque

Géant de grand appétit
gargantua

Géant des contes de fées
ogre

Géant monstrueux
cyclope

Géant vorace
ogre

Géant, fils de Poséidon et de Gaïa
Antée

Gecko
lézard, saurien, tarente

Géhenne
calvaire, douleur, enfer, martyre, question,
souffrance, supplice, torture

Geignard
bougon, dolent, grondeur, larmoyant, plaintif,
pleurard, pleureur

Geignement
gémissement, plainte

Geignements
pleurs

Geindre
apitoyer, bêler, crier, gémir, lamenter,
larmoyer, plaindre, pleurer, pleurnicher,
récriminer, ronchonner, soupirer

Gel
arrêt, blocage, confiscation, froidure,
gelée, givre, glace, gomina, immobilisation,
interruption, spoliation, suspension, verglas

Gélatine
gelée

Gelé
congelé, drogué, engourdi, frigorifié, froid,
glacé, glacial, gourd, transi

Gelée
compote, confiture, frimas, gel, gélatine,
givre, glace, marmelade, pâte, verglas

Gelée blanche
givre

Gelée des eaux
gel

Geler
arrêter, bloquer, cailler, coaguler, congeler,
droguer, figer, frigorifier, gêner, givrer, glacer,
grelotter, immobiliser, interrompre, paralyser,
pétrifier, prendre, réfrigérer, refroidir, solidifier,
surgeler, suspendre, tétaniser, transir

Geler de nouveau
regeler

Géline
poule

Gélinotte
lagopède, perdrix

Gélivure
gerçure

Gélule
capsule, pastille

Gelure
engelure, froidure

Gémeaux
jumeaux

Gémellé
géminé

Géminé
double, doublé, gémellé, jumeau, jumelé,
mixte, redoublé

Géminer
coupler, dédoubler

Gémir
crier, crisser, geindre, grincer, lamenter,
larmoyer, plaindre, pleurer, pleurnicher,
récriminer, ronchonner, souffrir, soupirer

Gémissant
dolent, larmoyant, plaintif

Gémissement
cri, geignement, jérémiade, lamentation,
peur, plainte, récrimination, sanglot, soupir

Gémissements
doléances

Gemmail
vitrail

Gemme
joyau, pierre, résine

Gênant
agaçant, assujettissant, contraignant,
déplaisant, désagréable, embarrassant,
encombrant, ennuyeux, envahissant,
fâcheux, gêneur, importun, incommodant,
incommode, inconfortable, indiscret,
malcommode, pénible, pesant

Gendarme
agent, brigadier, cogne, dragon, furie, garde,
gardien

Gendre de Mahomet
Ali

Gêne
besoin, charge, confusion, contrainte,
dérangement, désavantage, difficulté,
embarras, ennui, entrave, frein, froid,
handicap, honte, incommodité, inconvénient,
indigence, malaise, misère, nécessité,
nuisance, obstacle, oppression, pauvreté,
pénurie, poids, privation, pudeur, réserve,
sujétion, timidité, torture, trouble

Gêné
affecté, confus, contraint, désargenté,
embarrassé, emprunté, étouffé, fauché,
gauche, impécunieux, importuné, intimidé,
penaud, repentant, réservé, serré, timide

Gêne respiratoire
oppression

Gêne, misère
poisse

Généalogie
ascendance, descendance, filiation, lignée,
pedigree

Génépi
armoise

Gêner
agacer, angoisser, bloquer, brider,
complexer, contraindre, contrarier, débecter,
décontenancer, déranger, désavantager,
embarrasser, embêter, empêcher, empêtrer,
empoisonner, encombrer, engoncer, ennuyer,
entraver, étouffer, freiner, geler, handicaper,
importuner, incommoder, indisposer,
intimider, nuire, obstruer, oppresser,
paralyser, peser, ralentir, restreindre,
scandaliser, serrer, tourmenter, travailler,
troubler

Général
caporal, collectif, commun, constant,
courant, dominant, générique, global,
habituel, indécis, large, ordinaire, partagé,
public, répandu, synoptique, total, unanime,
universel

Général américain né en 1924
Haig

Général byzantin
Narsès

Général et homme politique israélien né en 1922
Rabin

Général et homme politique panaméen
Noriega

Général sous Saül et David
Abner

Générale
batterie, répétition

Généralement
classiquement, communément, couramment,
habituellement, normalement, ordinairement,
souvent, traditionnellement, usuellement

Généralisation
induction, synthèse

Généralisé
étendu

Généraliser
étendre, induire, répandre

Généraliste
médecin

Généralité
évidence, platitude

Générateur
créateur, pile, source

Générateur d'ondes électromagnétiques
laser

Génération
âge, filiation, genèse, maternité, production

Génératrice
magnéto

Générer
causer, créer, déclencher, engendrer,
occasionner, produire, provoquer

Généreusement
grassement, largement, noblement,
richement

Généreux
abondant, altruiste, ample, beau, bel,
bienfaisant, bienveillant, bon, brave, caritatif,
charitable, chrétien, clément, copieux,
corsé, désintéressé, élevé, fécond, fertile,
fier, fort, fraternel, gentil, grand, gros,
humain, humaniste, indulgent, inépuisable,
intarissable, large, libéral, magnanime,
magnifique, noble, obligeant, opulent,
plantureux, plein, prodigue, productif,
rebondi, riche, royal, sensible, tonique

Générique
général

Générosité
beauté, bienfaisance, fertilité, grandeur,
grosseur, largesse, libéralité, noblesse,
opulence, valeur

Genèse
apparition, création, élaboration, formation,
génération, gestation, naissance, origine,
production

Généticien américain né en 1903
Snell

Génétique
hérédité

Genette
civette

Gêneur
empoisonneur, enquiquineur, fâcheux,
gênant, importun, indésirable, intrus, plaie,
raseur

Genévrier
arbre, genièvre, sabine

Génial
astucieux, brillant, chouette, dément,
écœurant, énorme, épatant, extra, fabuleux,
fantastique, formidable, fort, géant,
ingénieux, lumineux, sensationnel, super,
terrible

Génialité
divinité, originalité

Génie
aigle, art, as, capacité, caractère, crack,
démon, dieu, disposition, divinité, djinn, don,
donation, dragon, éfrit, elfe, esprit, fée, géant,
gnome, instinct, lumière, lutin, nature, ondin,
phénix, prodige, spécificité, sylphe, talent,
tête, troll

Génie de l'air
elfe

Génie de l'air féminin
sylphide

Génie de l'air mythique
sylphe

Génie des eaux, dans la mythologie nordique
ondin

Génie malfaisant, dans la mythologie arabe
éfrit

Genièvre
alcool, genévrier, péquet

Génisse
taure, vache, vachette

Géniteur
dieu, papa, parent, paternel, père,
reproducteur

Génitrice
femme, maman, marâtre, mère

Génocide
destruction, ethnocide, extermination,
hécatombe, massacre, sacrifice

Génois
foc

Génoise
nougatine

Génotype
atavisme

Genou
articulation

Genre
acabit, air, allure, apparence, aspect, attitude,
catégorie, classe, dégaine, division, espèce,
essence, extérieur, façon, famille, forme,
gabarit, groupe, manière, mode, nature,
ordre, race, registre, sorte, style, tenue,
touche, tournure, type, variété

Genre comique du cinéma et du théâtre
burlesque

Genre de champignons
agaric

Genre de labiées à odeur forte
népète

Genre de musique
disco, jazz

Genre de palmier
rotin

**Genre de poisson de l'ordre des
acanthoptérygiens de la famille des serranidés**
serran

**Genre de spectacle fondé sur le geste et sur
l'expression corporelle**
mime

Genre littéraire et artistique
grotesque

Genre poétique
poésie

**Genre poétique provençal qui se moque de
l'actualité**
sirvente

Gens
foule, habitants, monde, personnes, public,
suite

Gens qui mangent
tablée

Gent
espèce, famille, nation, peuple, race

Gentil
adorable, affable, agréable, aimable, amical,
amitieux, attentionné, beau, bon, bonhomme,
brave, charmant, chic, complaisant, coquet,
délicat, doux, empressé, fin, fraternel,
généreux, gracieux, idolâtre, important,
infidèle, joli, mécréant, mignard, mignon,
mignonnet, obéissant, obligeant, païen,
plaisant, prévenant, rondelet, sage, sympa,
sympathique, tendre, tranquille

Gentilhomme
hidalgo, noble, seigneur

Gentilhomme qui servait comme soldat
cadet

Gentilhommerie
noblesse

Gentilhommière
bastide, bastille, château, manoir

Gentilité
paganisme

Gentillesse
affabilité, amabilité, amitié, attention,
bonhomie, bonté, douceur, égard, grâce,
intérêt, prévenance

Gentillet
joliet, mièvre, mignon, mignonnet

Gentiment
aimablement, sagement, tranquillement

Gentleman
galant

Génuflecteur
flatteur

Géo
terre

Geôle
cachot, cage, cellule, mitard, oubliette,
pénitencier, prison

Geôlier
garde, gardien, maton, surveillant

Géomètre
arpenteur

Géométrie
algèbre, configuration

Géométrique
régulier, rigoureux

Géothermique
thermique

Géotrupe
bousier

Gérance
administration, comptabilité, direction, gestion, régie

Géranium
rouge

Gérant
administrateur, agent, directeur, dirigeant, gestionnaire, mandataire, patron, régisseur, responsable, syndic, tenancier

Gérant du groupe The Beatles
Epstein

Gerbage
engerbage

Gerbe
botte, bouquet, colonne, fagot, faisceau, fusée, touffe

Gerber
botteler, empiler

Gerbier
grange, meule

Gerbière
charrette

Gerce
teigne

Gercer
crevasser, fendiller, fendre

Gerçure
craquelure, crevasse, entaille, excoriation, fêlure, fendillement, fente, fissure, gélivure

Gérer
administrer, commander, conduire, diriger, gouverner, manager, manier, manipuler, mener, organiser, piloter, régenter, régir, tenir

Gérer en commun
cogérer

Gériatre
médecin

Gériatrie
gérontologie

Germandrée à fleurs jaunes
ive, ivette

Germanium
Ge

Germe
bactérie, bourgeon, cause, commencement, ébauche, embryon, ferment, fondement, levain, microbe, origine, principe, racine, rudiment, semence, source, virus

Germer
développer, éclore, former, naître

Germon
thon

Géromé
fromage

Géronte
vieillard

Gérontisme
sénilisme

Gérontologie
gériatrie

Gérontologue
médecin

Gésir
loger, nicher, résider, trouver

Gestation
conception, élaboration, formation, genèse, gravidité, grossesse, préparation, réflexion

Geste
acte, action, chanson, cycle, épopée, exploit, mimique, mouvement, pantomime, signe

Geste de politesse
baisemain

Geste imposé par le respect des convenances
formalité

Geste posé
acte

Gesticulation
contorsion, danse, pantomime

Gesticuler
agiter, danser, remuer

Gestion
administration, conduite, direction, économie, gérance, gouvernance, gouvernement, intendance, management, maniement, manutention, organisation, régie, tenue

Gestion d'un service public
régie

Gestion en commun
cogérance, cogestion

Gestionnaire
administrateur, économe, financier, gérant, intendant, manager

Gestique
gestuelle

Gestualité
gestuelle

Gestuelle
gestique, gestualité, langage

Geyser
fontaine

Ghilde
association, confrérie, corporation, hanse

Gibbeux
arrondi, bosselé, bossu, voûté

Gibbosité
bosse

Gibecière
besace, sacoche

Gibelotte
fricassée, ragoût

Giberne
cartouchière

Gibet
croix, pendaison, potence

Gibier
animal, proie, venaison

Giboulée
averse, déluge, grain, ondée, pluie

Gibus
chapeau

Giclé
coulé, éclaboussé

Giclée
jet, rafale

Gicler
couler, éclabousser, fuser, jaillir, rejaillir

Gicleur
asperseur

Gifle
affront, avanie, baffe, beigne, calotte,
camouflet, claque, coup, humiliation,
mandale, nasarde, offense, soufflet,
talmouse, tape, torgnole, vexation

Giflé
corrigé

Gifler
battre, cingler, claquer, fouetter, souffleter

Gigalitre
GL

Gigantesque
colossal, cyclopéen, démesuré, énorme,
étonnant, fou, géant, grand, herculéen,
illimité, immense, titanesque, titanique, vaste

Gigantesquement
énormément

Gigantisme
immensité

Gigot
cuisse, cuissot, gigue

Gigoter
bouger, danser, remuer

Gigue
cuisse, cuissot, danse, gigot

Gilde
association, confrérie, corporation, hanse

Gilet
brassière, cardigan, lainage, paletot, sweater,
tricot, veste, veston

Gilet de laine
sweater

Gilet de sauvetage
brassière

Giletier
tailleur

Gille
dadais, niais

Gin
alcool

Gindre
boulanger, mitron

Ginkgo
sapin

Girandole
guirlande, pendant, pendentif

Girasol
hélianthe, opale, soleil, tournesol

Giration
révolution, rotation, tour

Giratoire
rotatif, rotatoire, tournant

Giravion
girodyne, hélicoptère

Girodyne
giravion, hélicoptère

Giroflée
plante

Giroflée des jardins
ravenelle

Giroflée rouge
violier

Girolle
chanterelle

Giron
cocon, milieu

Girond
joli, rond

Girouette
pantin

Gisant
étendu, immobile

Gisement
amas, banc, bassin, couche, filon, mine,
pépinière, réserve, réservoir, veine

Gisement de tourbe
tourbière

Gitan
bohémien, manouche, nomade, romanichel,
tsigane, tzigane, zingaro

Gitan nomade
manouche

Gîte
abri, antre, bauge, demeure, forme,
habitation, logement, maison, nid, refuge,

relais, repaire, résidence, retraite, tanière, terrier, toit

Gîté
logé

Gîte fangeux de mammifères
bauge

Gîter
coucher, demeurer, habiter, loger, résider, stationner

Givre
frimas, gel, gelée, glace, verglas

Givré
congelé

Givrer
congeler, geler, glacer, réfrigérer, refroidir, transir

Givreux
glaceux

Givrure
glace

GL
gigalitre

Gla-gla
brrr

Glabre
imberbe, lisse, nu, rasé

Glaçage
lissage, lustrage, nappage, satinage

Glaçant
décourageant, froid, glacé, glacial, rebutant, réfrigéré

Glace
banquise, carreau, gel, gelée, givre, givrure, glacier, glaçon, iceberg, lunette, miroir, patinoire, psyché, sérac, sorbet, verglas, verre, vitrage, vitre

Glacé
aigre, congelé, frappé, froid, gelé, glaçant, glacial, hostile, transi

Glace à gâteau
crémage

Glace légère à base d'eau
sorbet

Glacer
calandrer, cirer, congeler, effrayer, engourdir, enrober, figer, frapper, geler, givrer, intimider, lisser, lustrer, paralyser, pétrifier, réfrigérer, refroidir, tétaniser, transir

Glaceur
lisseur

Glaceux
givreux

Glaciaire
glaciation

Glacial
aigre, dur, froid, gelé, glaçant, glacé, hautain, hivernal, hostile, imperturbable, insensible, marmoréen, polaire, réfrigérant, sec, sibérien

Glaciation
glaciaire

Glacier
glace

Glacis
protection, rempart, talus, vernis

Glaçon
glace

Glaçure
enduit

Gladiateur
bestiaire

Glaïeul
iris

Glaire
crachat, expectoration, morve, mucosité

Glaise
argile, marne

Glaiseux
argileux, limoneux, marneux

Glaisière
carrière

Glaive
arme, épée, lame

Glamour
beauté, charme

Glanage
ramassage

Glande
ganglion

Glande abdominale
pancréas

Glande annexe du tube digestif
pancréas

Glande au-dessous de l'angle interne de l'œil
larmier

Glande dont les parties sécrétrices sont groupées autour d'un canal
acineuse

Glande endocrine
thyroïde

Glande endocrine située à la base du cou
thyroïde

Glande salivaire paire
parotide

Glandulaire
hormonal

Glaner
butiner, collecter, grappiller, picorer, puiser, ramasser, récolter, recueillir

Glaneur
cueilleur, grappilleur, ramasseur

Glapir
aboyer, brailler, clapir, crier, hurler, japper, piauler

Glapissement
aboi, aboiement, braillement, cri, hurlement, jappement

Glas
tocsin

Glatir
trompeter

Glauque
blafard, bleuâtre, livide, lugubre, malsain, noir, olivâtre, sinistre, sordide, triste, verdâtre, vert

Glie
névroglie

Glissade
chute, dégringolade, dérapage, faiblesse, glisse, glissoire

Glissant
dangereux, fuyant, gras, hasardeux, insaisissable, instable, précaire, risqué, savonneux

Glisse
glissade, glissement

Glissé
dérivé, roulé

Glissement
éboulement, glisse

Glisser
chasser, confier, couler, coulisser, courir, déraper, dériver, dérober, dire, donner, échapper, engager, entrer, faufiler, filer, fourrer, inclure, insérer, insinuer, introduire, mettre, passer, patiner, pénétrer, piétiner, ramper, remettre, riper, rouler, skier, sombrer, souffler, tomber

Glisser par frottement
riper

Glisser sur des coulisses
coulisser

Glisser sur des patins
patiner

Glisser sur le sol
déraper

Glissière
barrière, coulisse, guide, rail, rainure

Glissoire
glissade, goulotte

Global
collectif, complet, entier, général, intégral, mondial, planétaire, total, universel

Globalité
ensemble, entier, entièreté, intégralité, somme, totalité

Globe
boule, lampe, mappemonde, monde, orbe, planète, planisphère, rond, sphère, terre, univers

Globe de verre
verrine

Globe de verre protégeant une lampe
verrine

Globe-trotteur
voyageur

Globeux
sphérique

Globule
boulette, bulle, goutte, grain

Globule blanc
leucocyte

Globule rouge du sang
hématie

Globuleux
gros, saillant

Gloire
auréole, célébrité, éclat, fierté, fleuron, grandeur, halo, honneur, illustration, lauriers, louange, lustre, majesté, mérite, nimbe, nom, notoriété, orgueil, ornement, personnalité, phénix, popularité, prestige, rayonnement, renom, renommée, réputation, sommité, splendeur, star, succès, vedette

Gloriette
kiosque, tonnelle, volière

Glorieux
admirable, beau, bel, brillant, célèbre, éclatant, élu, fameux, fier, grand, héroïque, illustre, immortel, important, magnifique, mémorable, orgueilleux, présomptueux, prestigieux, renommé, réputé, saint, signalé, splendide, suffisant, superbe, triomphal, vain, vaniteux, victorieux

Glorifiant
célébrant

Glorificateur
apologiste

Glorification
apologie, célébration, éloge, louange

Glorificatrice
apologiste

Glorifié
admiré, adoré, béni, exalté

Glorifier
acclamer, admirer, adorer, aduler, apothéoser, applaudir, auréoler, bénir, canoniser, célébrer, chanter, déifier, diviniser, exalter, honorer,

idéaliser, louanger, louer, magnifier, prôner,
révérer, sanctifier, vanter

Glorifier, magnifier
exalter

Gloriole
orgueil, ostentation, prétention, suffisance,
vanité

Glose
annotation, commentaire, explication,
interprétation, note

Gloser
annoter, commenter, critiquer, éclaircir,
expliquer, interpréter, jaser, traduire

Glossaire
dictionnaire, index, lexique, vocabulaire

Glouglou
borborygme, gargouillement, gargouillis,
onomatopée

Gloussement
cri

Glousser
bavarder, caqueter, esclaffer, jacasser, marrer,
pouffer, ricaner, rigoler, rire

Glouton
avide, goinfre, goulu, gourmand, insatiable,
mangeur, ogre, vorace

Glouton, goulu
vorace

Gloutonnement
goulûment

Gloutonnerie
appétit, avidité, boulimie, fringale, goinfrerie,
gourmandise, voracité

Glu
colle, crampon, empois, gluau, importun,
poix

Gluant
collant, épais, glutineux, gras, importun,
poisseux, sirupeux, visqueux

Gluau
glu

Glucide
hydrate, saccharide, saccharose

Glucide décomposable par hydrolyse
oside

Glucide hydrolysable
oside

Glucide voisin de l'amidon
inuline

Glucose
dextrose

Glucose dextrogyre
dextrose

Glucoside extrait de nombreux végétaux
rutine

Glui
chaume

Glume
balle

Glumelle
balle

Glutamate
ester

Glutineux
gluant

Glycérine
glycérol

Glycérol
glycérine

Glycol
dialcool

Glyphe
gravure, trait

Glyptique
sculpture

Gnangnan
amorphe

Gnaule
alcool

Gnète
liane

Gnôle
armagnac, cognac

Gnome
avorton, esprit, farfadet, génie, lutin, nabot,
nain

Gnomon
cadran, horloge

Gnou
antilope

Goal
but

Gobe-mouches
badaud

Gobelet
chope, godet, quart, tasse, timbale, verre

Gobelet de métal
timbale

Gobelin
lutin

Gober
absorber, attraper, avaler, boire, croire,
ingérer, ingurgiter, manger

Gobeur
crédule, naïf

Godailler
goder, grigner, pocher

Godasse
chaussure

Godelureau
freluquet

Goder
bomber, godailler, grigner, grimacer, pocher

Godet
auge, auget, chope, gobelet, quart, timbale, verre

Godiche
benêt, gauche, maladroit, malhabile, niais, nigaud

Godille
aviron, rame

Godillé
ramé

Godiller
canoter, ramer

Godillot
botte, bottillon, bottine, brodequin, chaussure

Godiveau
farce, quenelle

Godron
pli

Goéland
mouette

Goélette
bateau, voilier

Goémon
algue, fucus, varech

Goglu
passereau

Goguenard
gouailleur, ironique, moqueur, narquois, railleur, sarcastique, taquin

Goguenardise
gouaille, ironie, moquerie, raillerie

Goinfre
glouton, goulu, gourmand, mangeur, vorace

Goinfrerie
appétit, avidité, boulimie, gloutonnerie, voracité

Goitre
strume

Golf
sport

Golf ou ski
sport

Golfe
aber, anse, baie, fiord, fjord

Golfe de l'océan Indien
Bengale, Mannar

Golfeur prénommé Tiger
Woods

Golfeur qui a gagné quatre fois le US Open de 1923 à 1930
Jones

Goliath
titan

Gomina
brillantine, gel, pommade

Gommage
atténuation, effacement, estompage, exfoliation, peeling

Gommant
adhérant, collant

Gomme
baume, collant, latex, résine

Gommé
annulé, collant

Gomme résine odorante
myrrhe

Gommer
abolir, annuler, atténuer, coller, effacer, estomper, lisser, oblitérer, ôter, oublier, supprimer

Gommeux
dandy

Gommier
eucalyptus

Gon
grade

Gond
charnière

Gondolage
déformation

Gondole
barque, présentoir

Gondolé
courbé, travaillé

Gondoler
bomber, courber, déformer, déjeter, gauchir, gonfler, jouer, travailler, voiler

Gondolier
batelier, marinier

Gone
enfant, gamin, garnement, gavroche, gosse, titi

Gonfalon
banderole, drapeau, étendard, oriflamme

Gonflant
bouffant, énervant

Gonflé
accru, agrandi, augmenté, bouffi, boursouflé, dilaté, effronté, enflé, exagéré, exalté, joufflu, juponné, renflé, saillant, saturé, soufflé, surestimé, travaillé, tuméfié, turgescent

Gonflement
ballonnement, bombement, enflure, grosseur, œdème

Gonflement pathologique d'un tissu
œdème

Gonflement, augmentation anormale de volume
enflure

Gonfler
accroître, agacer, agrandir, amplifier,
arrondir, augmenter, ballonner, bedonner,
blouser, bomber, bouffer, bouffir, boursoufler,
congestionner, croître, décupler, dilater,
distendre, élargir, empâter, emplir, énerver,
enfler, exagérer, exalter, fermenter, gondoler,
gorger, grandir, grossir, lever, majorer,
monter, remplir, souffler, surestimer, surfaire,
travailler, tuméfier

Gonfler les tissus, bouffir
empâter

Gong
signal

Gongorisme
recherche

Gonio
radiogoniomètre

Gonne
baril

Gonze
homme, individu, type

Goret
balai, cochon, cochonnet, porc, porcelet,
pourceau, verrat

Gorfou
pingouin

Gorgé
comblé, pétri

**Gorge creusée par un cours d'eau dans une
chaîne de montagnes**
canyon

**Gorge creusée perpendiculairement à une
chaîne de montagnes**
cluse

Gorge transversale dans un pli anticlinal
cluse

Gorgée
bouffée, coup, goulée, lampée, trait

Gorger
abreuver, bourrer, combler, couvrir,
engraisser, gaver, gonfler, imprégner,
rassasier, remplir, repaître, saturer

Gorget
bouvet, rabot

Gorille
anthropoïde, chimpanzé, primate, singe

Gosier
bouche, gorge, gueule

Gospel
chant

Gosse
adolescent, bambin, bébé, chérubin,
enfant, gamin, garçonnet, gavroche, gone,
nourrisson, petit, poupon, rejeton

Gosser
tailler

Gotha
gratin, monde

Gothique
médiéval, moyenâgeux, suranné

Gouache
dessin, peinture

Gouacher
peindre, peinturer

Gouaille
effronterie, goguenardise, moquerie,
persiflage, raillerie, verve

Gouailler
bafouer, berner, dédaigner, ironiser, mépriser,
moquer, parodier, plaisanter, railler, ricaner,
ridiculiser, rire

Gouailleur
blagueur, bouffon, facétieux, farceur,
goguenard, moqueur, narquois, plaisantin,
railleur, taquin

Goualante
chanson

Gouda
fromage

Goudron
asphalte, bitume, coaltar, macadam

Goudronner
bitumer

Gouet
arum, gouge

Gouffre
abîme, abysse, aven, bétoire, catastrophe,
cavité, désastre, fosse, igue, monde, océan,
précipice, puits, ruine, trou

Gouge
ciseau, gouet, goujon, riflard

Gougette
ciseau

Gougnafier
brute, goujat, malotru, mufle, rustre

Goujat
brute, butor, gougnafier, impertinent, impoli,
indélicat, malappris, malotru, mufle, rustre,
sauvage

Goujaterie
muflerie, rusticité

Goujon
gouge

Goujure
cannelure

Goulasch
ragoût

Goule
bouche, vampire

Goulée
gorgée

Goulet
canyon, chenal, couloir, défilé, goulot,
passage, passe, vallée

Goulette
canal

Gouleyant
agréable

Goulot
bouche, col, cou, goulet, ouverture

Goulotte
canal, glissoire, rigole

Goulu
avide, glouton, goinfre, gourmand, insatiable,
ogre, vorace

Goulûment
avidement, gloutonnement, voracement

Goupil
renard

Goupille
cheville

Goupiller
arranger

Goupillon
aspersoir, brosse

Goupillonner
nettoyer

Gourbi
baraque, bouge, cabane, galetas, guitoune,
habitation, hutte, masure, réduit, taudis

Gourd
ankylosé, engourdi, gelé, paralysé

Gourde
bête, bidon, bouteille, courge, empoté,
flacon, gauche, idiot, imbécile, maladroit,
malhabile, niais, nigaud, outre, récipient, sot

Gourdin
arme, bâton, massue, matraque, trique

Gourmand
amateur, connaisseur, friand, gastronome,
gastronomique, glouton, goinfre, goulu,
gourmet, insatiable, vorace

Gourmander
admonester, chapitrer, disputer, gronder,
houspiller, reprendre, tancer

Gourmandise
appétit, avidité, bonbon, boulimie, chatterie,
friandise, fringale, gâterie, gloutonnerie,
sucrerie

Gourmé
empesé, grave, guindé, raide

Gourmet
amateur, connaisseur, friand, gastronome,
gourmand

Gourmette
bracelet, chaînette

Gourou
guide, maître, mentor, pape

Gousse
balle, bourgeon, caïeu, capsule, cosse, écale,
fruit

Gousse de légumineuses
légume

Gousset
poche, pochette

Goût
aloi, amour, appétit, attachement, attirance,
attrait, besoin, cœur, convenance,
coquetterie, désir, élégance, engouement,
envie, faible, faiblesse, faim, fumet,
grâce, guise, inclination, intérêt, manie,
mode, penchant, prédilection, préférence,
propension, sapidité, saveur, style, tendresse,
vocation

Goût bizarre
fantaisie

**Goût morbide pour des substances non
comestibles**
pica

**Goût pour la vie intérieure, pour la méditation,
pour un certain mysticisme**
intimisme

Goût pour les objets d'art japonais
japonisme

Goûté
éprouvé, prisé, senti

Goûter
aimer, apprécier, approuver, collation,
déguster, délecter, éprouver, essayer, estimer,
jouir, lunch, priser, profiter, repas, ressentir,
savourer, sentir

Goûter avec plaisir
savourer

Goûteur
dégustateur

Goûteux
bon

Goutte
alcool, armagnac, atome, cognac, doigt,
globule, gouttelette, larme, perle, roupie,
tache

Goutté
coulé

Goutte de salive projetée
postillon

Goutte qui pend du nez
roupie

Gouttelette
goutte, perle

Goutter
couler, dégoutter, égoutter, perler, pluviner

Gouttes
pluie

Goutteux
rhumatisant

Gouttière
attelle, chéneau, coulisse, égout

Gouvernable
obéissant, soumis

Gouvernail
barre, gouverne, timon

Gouvernance
gestion, politique

Gouvernant
dirigeant, maître

Gouvernante
camériste, duègne, nounou, nourrice, nurse

Gouverne
empennage, gouvernail, palonnier

Gouverné
dominé, sujet

Gouvernement
administration, autorité, cabinet, conduite, direction, empire, état, gestion, institution, management, maniement, ministère, politique, pouvoir, régime, règne, système

Gouverner
administrer, barrer, commander, conduire, diriger, dominer, éduquer, élever, gérer, guider, influencer, instruire, maîtriser, manier, manœuvrer, mener, piloter, réfréner, régenter, régir, régler, régner, tenir

Gouverner autoritairement
régenter

Gouverner plus près du vent
lofer

Gouverneur
guide, mentor

Gouverneur général
GG

Gouverneur général du Canada de 1893 à 1898
Aberdeen

Gr
grade

Grabat
lit, paillasse

Grabataire
alité, impotent, infirme

Grabuge
bagarre, casse, charivari, dégât, désordre, dispute, querelle

Grâce
absolution, acceptation, affabilité, agrément, aide, aisance, amabilité, aménité, amnistie, amusement, assistance, atermoiement, attrait, aumône, avantage, beauté, bénédiction, bénéfice, bien, bienfait, bienveillance, bonté, charme, délicatesse, don, donation, douceur, élégance, facilité, faveur, finesse, gentillesse, goût, gracieuseté, harmonie, honneur, indulgence, joliesse, légèreté, merci, miséricorde, pardon, pitié, plaisir, pureté, remerciement, remise, rémission, secours, suavité, vénusté, virginité

Grâce puérile
mièvrerie

Grâces
absolutions, prières

Gracier
absoudre, amnistier, épargner, libérer, oublier, pardonner

Gracieusement
bien, délicatement, galamment, gratis

Gracieuseté
grâce

Gracieux
accort, admirable, adorable, affable, agréable, aimable, amène, attrayant, avenant, beau, bel, bénévole, bienveillant, bon, charmant, civil, cordial, courtois, délicat, distingué, doux, élégant, empressé, engageant, favorable, félin, gentil, gratuit, harmonieux, joli, mignon, pimpant, plaisant, poli, raffiné, ravissant, souple, suave, sympathique

Gracieux et vif
accort

Gracieux, avenant
accort

Gracile
délicat, élancé, filiforme, fin, fluet, frêle, grêle, léger, menu, mince, ténu

Gracilité
finesse, légèreté, minceur, sveltesse, ténuité

Gracioso
bouffon

Gradation
accroissement, degré, hiérarchie, nuance, ordre, palier, passage, progression

Grade
catégorie, chevron, dan, degré, échelon, galon, gon, gr, niveau, rang, sergent, titre

Gradé
chef, officier

Grade le moins élevé dans l'armée
caporal

Grade le moins élevé dans la cavalerie
brigadier

Grade universitaire
licence

Grade universitaire le plus élevé
doctorat

Grader
graduer

Gradin
banc, banquette, degré, étage, marche,
palier, terrasse

Graduation
barème, échelle

Gradué
progressif

Graduel
échelonné, progressif

Graduellement
lentement

Graduer
échelonner, étager, grader

Graffiti
barbouillage, dessin, inscription, tag

Grafigner
érafler

Grafignure
éraflure

Graille
bouffe, graine

Graillement
cri

Graillon
friture, graisse, rogaton

Graillonner
tousser

Grain
atome, averse, bourrasque, céréale,
corpuscule, fragment, giboulée, globule,
graine, granule, morceau, nuance, ondée,
parcelle, particule, pilule, pluie, rafale,
semence, teinte, tempête, tornade

Grain d'avoine privé de son
gruau

Grain d'eau congelée
grêlon

Grain de beauté
nævus

Grain de glace
grêlon

Grain de raisin
grume

Grain qu'on sème
semailles

Grainant
émiettant

Graine
amande, graille, grain, noyau, pépin,
semence

Graine contenue dans l'arachide
cacahuète

Graine d'un fruit à noyau
amande

Graine de certains fruits
pépin

Graine de légumineuse
grain

Graine de lin
linette

Graine du cacaoyer
cacao

Graine du caféier
café

Graine qui se forme dans des gousses
légume

Graine verdâtre du pistachier
pistache

Grainetier
grainier

Grainier
grainetier

Grains de beauté
nævi

Grains de métal
grenaille

Graissage
huilage, lubrification

Graisse
axonge, beurre, cambouis, cellulite, friture,
graillon, gras, huile, lard, lipide, lubrifiant,
paraffine, saindoux, suif, vaseline

Graissé
sali

Graisse alimentaire
margarine

Graisse animale
suif

**Graisse de porc fondue servant principalement
à la friture**
saindoux

Graisse des animaux
oint

Graisse des ruminants
suif

Graisse du sanglier
sain

Graisse minérale, onctueuse et incolore
vaseline

Graisse qui imprègne la toison des moutons
suint

Graisse retirée du suint du mouton
lanoline

Graisse servant à la lubrification
vaseline

Graisse sous la peau du porc
panne

Graisser
encrasser, huiler, lubrifier, oindre, salir, suiffer, tacher

Graisseux
adipeux, gras, huileux, sale, suiffeux

Graminacée à tige cylindrique ligneuse
bambou

Graminée
alpiste, céréale, herbe, spart

Graminée à graines toxiques
ivraie

Graminée aromatique
nard

Graminée dont on apprécie l'épi
maïs

Graminée employée à fixer les sables des dunes
oyat

Graminée fourragère
crételle

Grammaire
linguistique

Gramophone
phono

Grand
admirable, adulte, ample, aristocrate, astronomique, beau, bel, colossal, considérable, démesuré, élancé, élevé, éminent, emphatique, énorme, essentiel, étendu, exagéré, excellent, extrême, fameux, fieffé, fort, géant, généreux, gigantesque, glorieux, grandiloquent, gros, haut, illimité, illustre, immense, important, influent, intense, invétéré, large, long, magistral, magnanime, magnat, magnifique, majeur, monumental, mûr, noble, nombreux, prestigieux, principal, profond, puissance, puissant, remarquable, réputé, sacré, sérieux, spacieux, sublime, supérieur, suprême, talentueux, varié, vaste, vif, violent

Grand arbre
chêne

Grand arbre à la forme majestueuse
platane

Grand arbre de l'archipel indien
durion

Grand arbre de l'Inde
sal

Grand arbre de la forêt africaine
sipo

Grand arbre originaire du nord du Mexique et du sud des États-Unis
pacanier

Grand avion de transport pour passagers
Airbus

Grand bassin où les navires peuvent mouiller
rade

Grand bâtiment
bâtisse

Grand bâtiment armé
galion

Grand bâtiment public
halle

Grand boa constricteur d'Amérique du Sud
anaconda

Grand bœuf sauvage bossu
bison

Grand bovidé de l'Inde
zébu

Grand bruit d'objets divers
charivari

Grand bruit discordant
tintamarre

Grand cabas
couffin

Grand casque des hommes d'armes
heaume

Grand cercle du globe terrestre
Équateur

Grand cerf d'Amérique du Nord
wapiti

Grand champignon
mérule

Grand chat sauvage
ocelot

Grand chat sauvage d'Afrique
serval

Grand chenet de cuisine
hâtier

Grand chien de chasse
limier

Grand cimetière
nécropole

Grand coffre
bahut

Grand coffre de bois
huche

Grand conifère
mélèze

Grand conifère d'origine exotique
thuya

Grand couteau à lame épaisse servant à de multiples usages
  machette

Grand crabe comestible
  maïa

Grand crocodile à museau court et large
  caïman

Grand crustacé décapode à pinces
  homard

Grand dieu solaire
  Ra

Grand dirigeable rigide
  zeppelin

Grand échassier à long cou grêle
  héron

Grand établissement public où sont effectués les soins médicaux
  hôpital

Grand faucon
  sacre

Grand félin
  fauve, jaguar

Grand félin sauvage
  once

Grand filet
  drège

Grand filet de pêche
  bolier, boulier, drège, tramail

Grand fleuve d'Asie
  Indus

Grand format de papier
  colombier

Grand fourmilier
  tamanoir

Grand fromage en forme de disque
  meule

Grand gobelet
  chope

Grand héron blanc
  aigrette

Grand hôtel de la ville de Québec
  Frontenac

Grand hôtel de luxe
  palace

Grand lac salé d'Asie
  Aral

Grand lac, huitième nappe d'eau douce en Amérique du Nord
  Ontario

Grand lézard carnivore
  varan

Grand luth
  téorbe, théorbe

Grand malheur
  désastre

Grand mammifère
  cerf

Grand mammifère aquatique
  cétacé

Grand mammifère carnivore
  jaguar, lion

Grand mammifère marin
  morse

Grand mammifère ruminant
  girafe

Grand manteau
  cape, capote

Grand marché public
  foire

Grand miroir inclinable dans lequel on peut se voir en pied
  psyché

Grand mollusque
  pinne

Grand morceau d'étoffe
  châle, pan

Grand moustique
  tipule

Grand navire
  bâtiment

Grand navire à voiles du Moyen Âge
  nef

Grand navire armé en guerre
  galion

Grand navire des XVe et XVIe siècles
  caraque

Grand nombre
  armada

Grand nombre de gens
  populo

Grand nombre de personnes
  régiment

Grand oiseau
  albatros

Grand oiseau coureur
  nandou

Grand oiseau coureur de l'île Maurice
  dronte

Grand oiseau de basse-cour
  dindon

Grand oiseau de mer
  frégate

Grand oiseau échassier
  héron

Grand oiseau échassier d'Amérique du Sud
  kamichi

Grand oiseau palmipède
  cygne

Grand oiseau vivant en Australie
  ménure

Grand ours brun-gris vivant dans les montagnes Rocheuses
grizzli, grizzly

Grand ouvert
béant

Grand panier à deux anses
panière

Grand panier d'osier
manne

Grand panier que l'on porte sur le dos
hotte

Grand panier sans fond
gabion

Grand papillon
machaon

Grand papillon de Madagascar
uranie

Grand papillon de nuit
saturnie

Grand papillon nocturne
cossus

Grand perroquet
ara

Grand perroquet aux couleurs vives
ara

Grand perroquet d'Amérique du Sud
ara

Grand pic à plumage jaune et vert
pivert

Grand plat en terre
tian

Grand poisson
morue

Grand poisson plat
flétan

Grand prêtre et juge des Hébreux
Héli

Grand rabot à poignée
varlope

Grand rapace diurne
gerfaut

Grand récipient
cuve, jarre, tonne

Grand récipient de forme circulaire
bassin

Grand récipient en bois
seille

Grand récipient en terre cuite
jarre

Grand repas
banquet

Grand reptile carnivore vorace
crocodile

Grand requin
pèlerin

Grand rideau de fenêtre
voilage

Grand ruminant cervidé
cerf

Grand seigneur
baron

Grand serpent de l'Amérique du Sud
anaconda

Grand serpent venimeux
cobra

Grand singe
drill

Grand singe anthropoïde d'Afrique
chimpanzé

Grand terrain aménagé pour la pratique des sports
stade

Grand thon pêché dans l'Atlantique
germon

Grand vase à boire
hanap

Grand vase en porcelaine
potiche

Grand vase en terre cuite
jarre

Grand vautour des Andes
condor

Grand vitrage
verrière

Grand voile rectangulaire
haïk

Grand-maman
mamie

Grand-mère
aïeule, ancêtre, mamie, mémé, mémère

Grand-messe
réunion

Grand-papa
aïeul, papi, pépé

Grand-parent
aïeul

Grand-père
aïeul, ancêtre, papi, pépé, pépère

Grande abondance
luxe

Grande antilope africaine
éland

Grande araignée
mygale

Grande banque du Canada
BNC

Grande bouteille entourée de paille
tourie

Grande caisse
caisson

Grande chaîne de montagnes
Andes

Grande chaleur
canicule

Grande civière
bard

Grande clarté
limpidité

Grande colère
foudres

Grande coquille concave
conque

Grande course
derby

Grande cuillère
louche

Grande cuillère percée de trous
écumoire

Grande église métropolitaine
basilique

Grande épée
estoc

Grande étendue de terre
continent

Grande exploitation rurale, en Amérique du Sud
hacienda

Grande facilité de parole
bagou, bagout, faconde

Grande ferme d'élevage
ranch

Grande ferme ou important établissement d'élevage en Amérique latine
estancia

Grande fête
gala

Grande futaille
pipe

Grande gerbe jaillissante
geyser

Grande hache
cognée

Grande île du Québec
Anticosti

Grande inquiétude
transe

Grande jatte
jale

Grande lanterne
falot

Grande liane
lierre

Grande libellule
æschne

Grande manifestation musicale
festival

Grande marionnette
bamboche

Grande nappe naturelle d'eau douce
lac

Grande ouverte
bée

Grande péniche plate
barge

Grande période de l'histoire
âge

Grande personne
adulte

Grande peur
effroi

Grande pièce d'étoffe
châle, vélum

Grande place avec boutiques
agora

Grande plaine à végétation pauvre et herbeuse, dépourvue d'arbres, au climat sec
steppe

Grande plume
rémige

Grande plume utilisée comme ornement
panache

Grande quantité
armada, millier, tas

Grande quantité d'armes
arsenal

Grande quantité, immensité
océan

Grande quantité, réserve
stock

Grande renommée
gloire

Grande rivière
fleuve

Grande salle
halle

Grande salle d'une université
aula

Grande toile formant une tente amovible
vélarium

Grande tortue marine
luth

Grande trace qui s'étend en surface
traînée

Grande vedette
star

Grande veste de laine des marins
caban

Grande vitesse
vélocité

Grande voiture tirée par des chevaux
coche

Grande vrille de charpentier
tarière

Grandelet
grandet

Grandement
amplement, beaucoup, fort, fortement, grassement, noblement, très

Grandet
grandelet

Grandeur
ampleur, amplitude, apparat, beauté, dignité, dimension, distinction, éclat, élévation, énormité, étendue, force, format, gabarit, générosité, gloire, hauteur, importance, influence, intensité, longueur, magnanimité, magnitude, majesté, mérite, mesure, noblesse, poids, pompe, portée, pouvoir, prestige, puissance, quantité, rayonnement, splendeur, stature, taille, valeur, variable

Grandeur d'âme
noblesse

Grandeur géométrique
vecteur

Grandeur mesurable
dimension

Grandeur sans limites
immensité

Grandi
accentué, accru, agrandi, exagéré, exalté

Grandiloquence
emphase, enflure, pompe

Grandiloquent
ampoulé, bouffi, boursouflé, enflé, grand, pompeux, ronflant, théâtral

Grandiose
beau, bel, colossal, épique, imposant, impressionnant, magnifique, majestueux, monumental, pompeux, royal, solennel

Grandir
accentuer, accroître, agrandir, allonger, amplifier, augmenter, croître, développer, dramatiser, élever, enfler, ennoblir, étendre, exagérer, exalter, fleurir, forcir, gonfler, grossir, hausser, intensifier, monter, mûrir, outrer, pousser, profiter, proliférer

Grandissant
croissant

Grange
fenil, gerbier, grenier, hangar

Grange où l'on emmagasine le foin
fenil

Granité
granuleux, grenu, sorbet

Granulaire
granuleux

Granulation
tumeur

Granule
grain, pilule

Granulé
granuleux, grené, grenu, pilule

Granules formés de neige et de cristaux de glace
grésil

Granuleux
granité, granulaire, granulé, grenu, grumeleux, papilleux

Graphème
lettre

Graphie
écriture, orthographe, signe, transcription

Graphique
courbe, description, dessin, diagramme, figure, tableau, tracé

Graphique rond divisé en secteurs
camembert

Graphisme
écriture

Graphite
plombagine

Grappe
faisceau, groupe

Grappe de fleurs en forme de pyramide
thyrse

Grappillage
ramassage

Grappiller
cueillir, glaner, grignoter, picorer, prendre, puiser, ramasser, récolter, recueillir, rogner, voler

Grappilleur
glaneur

Grappin
ancre, crampon, croc, crochet, harpon

Gras
abondant, adipeux, bouffi, charnu, corpulent, cru, dodu, égrillard, empâté, épais, épicé, étoffé, fécond, fertile, fort, gaillard, gaulois, glissant, gluant, graisse, graisseux, grassouillet, graveleux, grivois, gros, grossier, huileux, joufflu, licencieux, lourd, obèse, obscène, onctueux, ordurier, pansu, pâteux, pesant, plantureux, plein, poisseux, poivré, polisson, potelé, rebondi, replet, rond, rondelet, salé, scabreux, ventru, visqueux

Grassement
abondamment, amplement, charitablement, confortablement, copieusement, généreusement, grandement, largement

Grasseyer
bléser, prononcer, zézayer, zozoter

Grassouillet
boulot, charnu, dodu, gras, potelé, poupin, rebondi, replet, rond, rondelet

Gratification
boni, bonus, don, donation, enveloppe, libéralité, pourboire, prime, récompense, remerciement, salaire

Gratification accordée par un employeur
bonus

Gratification de fin d'année
étrenne

Gratifié
adjugé, alloué

Gratifier
accorder, adjuger, administrer, affliger, allouer, avantager, diplômer, donner, doter, douer, favoriser, nantir, pourvoir, primer, privilégier, récompenser, remercier, valoriser

Gratifier d'un prix
primer

Gratin
aristocratie, crème, élite, fleur, gotha

Gratiner
dorer, rôtir

Gratis
gracieusement, gratuit, gratuitement

Gratitude
obligation, reconnaissance, remerciement

Gratitude, reconnaissance
gré

Gratouiller
gratter

Grattage
raclage, ravalement

Gratte
grattoir, prurit, sarcloir

Gratté
enlevé, travaillé

Gratte légèrement une surface pour la polir
grattelle

Gratte-ciel
édifice

Gratte-dos
grattoir

Gratte-papier
scribe

Gratte-pieds
grattoir

Gratter
ameublir, curer, décaper, démanger, économiser, effacer, enlever, fouiller, fouir, frotter, gratouiller, griffer, oublier, peler, picoter, piquer, racler, râper, ravaler, remuer, travailler

Gratter de nouveau
regratter

Gratteron
gaillet

Grattoir
charrue, ciseau, décrottoir, ébarboir, frottoir, gratte, racle, racloir, sarcloir

Gratton
prise

Gratuit
absurde, arbitraire, bénévole, désintéressé, gracieux, gratis, hasardeux, immotivé, infondé, injustifié, libre

Gratuitement
franco, gratis, rien

Grature
rognure

Grau
chenal, embouchure

Gravats
déblais, débris, décombres, gravois, plâtras

Grave
affecté, alarmant, angoissant, austère, bas, caverneux, compassé, critique, cruel, dangereux, digne, doctoral, dramatique, empesé, fort, froid, gourmé, gros, important, imposant, inquiétant, lourd, majestueux, malin, mauvais, méchant, mortel, pénible, pernicieux, posé, préoccupant, profond, raide, redoutable, réfléchi, réservé, rigide, sage, sérieux, sévère, sinistre, solennel, tragique, triste

Gravé
inscrit, noté

Graveleux
cru, gaillard, gaulois, gras, grivois, libre, obscène, ordurier, pierreux, poivré, polisson, scabreux, vert

Gravelle
gravier, lithiase, sable

Gravement
considérablement, dangereusement, dignement, énormément, grièvement, posément, sérieusement, sévèrement, solennellement, terriblement, vraiment

Graver
buriner, empreindre, engraver, enregistrer, estamper, fixer, gaufrer, imprimer, incruster, indiquer, inscrire, lithographier, marquer, nieller, sculpter

Graver au moyen d'un burin
buriner

Graveur
artiste, orfèvre

Graveur de nielles
nielleur

Gravide
plein

Gravidité
gestation, grossesse

Gravier
ballast, caillou, gravelle, gravillon

Gravier absorbant
litière

Gravillon
caillou, gravier

Gravir
ascensionner, escalader, franchir, grimper,
monter

Gravitation
gravité, pesanteur

Gravité
acuité, ampleur, attraction, austérité,
componction, dignité, étendue, gravitation,
importance, majesté, pesanteur, poids,
portée, raideur, réserve, rigidité, sérieux,
sévérité, solennité, urgence

Gravité affectée
solennité

Graviter
tourner

Gravois
gravats, plâtras

Gravure
ciselure, dessin, empreinte, entaille, estampe,
gaufrage, glyphe, illustration, image,
impression, nielle, photographie, planche,
reproduction, sculpture, taille, tirage

Gray
Gy

Gré
convenance, envie, guise, volonté

Gréage
gréement

Gréciser
helléniser

Grécité
hellénisme

Grecque
bêta

Gredin
arsouille, bandit, canaille, chenapan, coquin,
crapule, dévoyé, fripon, fripouille, galopin,
gangster, garnement, nervi, requin, sacripant,
scélérat, vaurien, vermine

Gréé
armé, équipé

Gréement
agrès, apparaux, garniture, gréage

Green
pelouse, vert

Gréer
accepter, amariner, appareiller, armer,
équiper, garnir

Greffe
bouturage, bouture, ente, greffon, scion,
transplantation

Greffer
ajouter, enter, insérer, introduire, replanter,
transplanter

Greffer pour la seconde fois
regreffer

Greffer une seconde fois, après un échec
regreffer

Greffier
plumitif, scribe, tabellion

Greffoir
entoir

Greffon
écusson, ente, greffe, scion

Grégaire
moutonnier

Grège
brut, naturel

Grègue
chausses

Grêle
amaigri, avalanche, averse, bordée, cascade,
chapelet, délicat, délié, déluge, élancé,
émacié, faible, filiforme, fin, fluet, fragile,
gracile, grêlon, grésil, kyrielle, léger, long,
maigre, menu, mince, pluie, ténu, volée

Grêle comme un fil
filiforme

Grêler
grésiller

Grelin
cordage

Grêlon
grêle

Grelot
cloche, clochette, sonnaille, sonnette,
téléphone, timbre

Grelottement
frisson

Grelotter
frissonner, geler, trembler, trembloter

Greluchon
amant

Grenade
bombe, fruit, projectile

Grenaille
plomb

Grenat
almandin, bordeaux, pourpre, rouge, vermillon

Grenat aluminoferreux
almandin

Grené
granulé, grenu

Grenier
comble, fenil, galetas, grange, mansarde, pailler, silo

Grenier où l'on met les foins
fenil

Grenouille géante d'Amérique du Nord
ouaouaron

Grenouille mugissante
ouaouaron

Grenouille taureau
ouaouaron

Grenu
granité, granulé, granuleux, grené

Grès
mollasse

Grès calcaire ou argileux que l'on utilise comme pierre à bâtir
molasse

Grésière
carrière

Grésil
frimas, grêle

Grésillement
bruit, friture, parasite

Grésiller
cracher, crachoter, craqueler, craquer, crépiter, grêler, parasiter, pétiller

Grève
bord, débrayage, plage, rivage, rive

Grevé
accablé, plombé, surchargé

Grève de courte durée
débrayage

Grever
accabler, affecter, alourdir, charger, frapper, hypothéquer, imposer, obérer, peser, surcharger

Gribane
barque

Gribouillage
barbouillage, écriture

Gribouillé
écrit

Gribouiller
barbouiller, crayonner, dessiner, écrire, rédiger

Gribouilleur
peintre

Gribouillis
barbouillage, écriture

Grief
charge, plainte, récrimination, remarque, reproche

Grièvement
gravement

Griffade
éraflure

Griffe
cachet, crampon, crochet, empreinte, estampille, étiquette, main, manière, marque, ongle, paraphe, patte, racine, sceau, serre, signature, touche

Griffé
éraillé

Griffe des carnassiers
ongle

Griffe lancée par Ralph Lauren en 1967
Polo

Griffer
blesser, déchirer, écorcher, égratigner, érafler, érailler, gratter, labourer, rayer

Griffon
vautour

Griffon à poil long et frisé
barbet

Griffonnage
barbouillage, écriture

Griffonné
écrit, noté

Griffonner
barbouiller, crayonner, dessiner, écrire, rédiger

Griffu
onglé

Griffure
accroc, balafre, blessure, écorchure, égratignure, éraflure, excoriation, fente, raie, rayure

Grigner
froncer, godailler, goder, grimacer

Grignoté
détruit

Grignotement
rongement

Grignoter
chipoter, détruire, empiéter, gagner, grappiller, gruger, manger, picorer, pignocher, prendre, rattraper, ronger

Grigou
ladre

Grigri
amulette, fétiche, mascotte, talisman

Gril
barbecue

Grill
rôtisserie

Grillade
carbonade

Grillage
clôture, haie, palissade, rôtissage,
torréfaction, treillage, treillis

Grille
barreaux, claie, clôture, herse, palissade,
porte, programmation

Grillé
calciné, cuit, doré, rôti, roussi

Griller
brûler, calciner, carboniser, cuire, dépasser,
dessécher, dorer, embraser, flamber, fumer,
incendier, incinérer, rôtir, roussir, torréfier

Grillon
cricri, criquet

Grillon domestique
cricri

Grimaçant
antipathique, contorsionné

Grimace
affectation, contorsion, façon, hypocrisie,
lippe, mimique, moue, rictus, singerie, tic

Grimace faite par mécontentement
moue

Grimace sarcastique
rictus

Grimacer
bouder, goder, grigner, pocher, renfrogner

Grimaces
simagrées

Grimage
fard, maquillage

Grimaud
chagrin

Grimé
déguisé

Grimer
farder, maquiller, peindre

Grimoire
livre

Grimpant
escaladant, montant

Grimpe
escalade, varappe

Grimpé
hissé

Grimpée
montée, pente, rampe

Grimper
augmenter, élever, escalader, flamber, gravir,
hisser, monter, renchérir, varapper

Grimper de nouveau
regrimper

Grimpette
montée, pente, raidillon

Grimpeur
alpiniste, ascensionniste, varappeur

Grinçant
acerbe, aigre, aigu, amer, caustique,
discordant, dissonant, mordant

Grincement
bruit

Grincer
couiner, crisper, crisser, gémir, piauler

Grincheux
acariâtre, boudeur, bougon, gringe,
grognon, grondeur, hargneux, malcommode,
maussade, mécontent, râleur, renfrogné,
revêche, rogue, ronchon, ronchonneur,
rouspéteur

Gringalet
avorton, efflanqué, faible, freluquet, maigre,
mauviette, minus

Gringe
grincheux

Griotte
bigarreau

Grippage
friction

Grippe
influenza

Grippé
enrhumé, happé

Grippe-sou
pingre

Gripper
arrêter, bloquer, coincer, happer

Gris
anthracite, ardoise, argenté, bouché,
cendré, cendreux, couvert, éméché, gai,
grisâtre, grisonnant, ivre, mastic, maussade,
monotone, morne, morose, nuageux,
pinchard, plombé, pompette, souris, terne,
tourterelle, triste

Gris foncé
bis

Gris-beige
grège

Grisaille
monotonie, morosité, tristesse

Grisant
capiteux, enivrant, entêtant, enthousiasmant,
exaltant, excitant, tentant

Grisant, excitant
enivrant

Grisâtre
cendreux, gris, maussade, monotone, morne, terne, triste

Grisbi
argent

Grisé
emballé, exalté, ivre, saoul, soûl

Griser
emballer, enivrer, entêter, étourdir, exalter, exciter, saouler, soûler

Griserie
enivrement, étourdissement, exaltation, excitation, ivresse, joie, vertige

Grisette
lorette

Grison
âne, baudet

Grisonnant
gris

Grisou
soufflard

Grive
drenne, oiseau, vendangette

Grive à tête cendrée
litorne

Grivelé
tacheté, tigré

Grivèlerie
vol

Griveleur
voleur

Grizzli
ours

Grizzly
ours

Grognard
grognon

Grognasser
bougonner

Grogne
insatisfaction, mécontentement, protestation, récrimination

Grognement
aboi, cri, feulement, jappement, murmure

Grogner
bouder, bougonner, feuler, grommeler, gronder, jurer, marmonner, maugréer, pester, protester, râler, rechigner, récriminer, renauder, ronchonner, rouspéter

Grogner, en parlant du chat
feuler

Grogner, en parlant du sanglier
grommeler

Grogneur
acariâtre, bougon

Grognon
acariâtre, boudeur, bougon, bougonneux, grincheux, grognard, grondeur, maussade, mécontent, morose, pleurnicheur, râleur, renfrogné, ronchon, rouspéteur

Grognon, maussade
boudeur

Grognonner
bougonner, ronchonner

Groin
museau, nez

Grole
chaussure, corneille

Grolle
chaussure, corneille

Grommeler
bougonner, bredouiller, chuchoter, grogner, gronder, marmonner, marmotter, maugréer, murmurer, plaindre, ronchonner

Grommellement
cri

Grondant
menaçant

Grondé
roulé

Grondement
bruit, murmure, ronron, roulement, tonnerre

Gronder
admonester, attraper, bougonner, chapitrer, chicaner, couver, disputer, gourmander, grogner, grommeler, houspiller, maronner, menacer, morigéner, murmurer, protester, quereller, rabrouer, râler, ronchonner, ronfler, rouler, rouspéter, rugir, sermonner, tancer, tempêter, tonner, vrombir

Gronderie
admonestation, réprimande

Grondeur
bougon, bruyant, coléreux, critiqueur, geignard, grincheux, grognon, mécontent, râleur, ronchon, rouspéteur, tonnant

Groom
chasseur, commissionnaire, laquais

Gros
adipeux, ample, appuyé, arrondi, beaucoup, bedonnant, bombé, bouffi, boulot, boursouflé, charnu, colossal, considérable, corpulent, courtaud, élevé, empâté, énorme, enveloppé, épais, épanoui, fort, généreux, globuleux, grand, gras, grave, grossier, immense, important, imposant, influent, intense, joufflu, large, lourd, maous, massif, membru, nourri, obèse, opulent, pansu, pesant, plantureux, plein, potelé, profond,

puissant, rebondi, renflé, replet, riche,
rond, rondelet, saillant, sérieux, sévère,
sonore, trapu, ventripotent, ventru, violent,
volumineux

Gros bâton
trique

Gros chien de garde
mâtin, molosse

Gros coussin
pouf

Gros crapaud
pipa

Gros doigt rond
boudin

Gros et court
trapu

Gros et long bâton
épieu

Gros félin sauvage
fauve

Gros fromage
géromé

Gros fruit oblong
ananas

Gros fruit tropical
corossol

Gros harpon
foène

Gros homme petit et ventru
poussah

Gros insecte carnivore
mante

Gros lot
jackpot

Gros maillet
mailloche, masse

Gros mangeur
gargantua

Gros mil
sorgho

Gros nuage
nuée

Gros oiseau d'Amérique du Sud
nandou

Gros pain rond
miche

Gros paquet de marchandises
balle

Gros pieu employé à faire un pilotis
pilot

Gros pigeon à huppe érectile
goura

Gros pigeon sauvage
ramier

Gros pivot
tourillon

Gros plan
zoom

Gros plan bref
insert

Gros poisson carnassier
mérou

Gros poisson d'eau douce
carpe

Gros poisson des mers froides
morue

Gros poisson marin très primitif
tarpon

Gros rongeur de l'Amérique du Sud
agouti

Gros saucisson
salami

Gros serpent
boa

Gros tas de foin
meule

**Gros véhicule automobile servant au transport
des marchandises**
camion

Groseille
rouge

Groseille rouge
raisinet

Grosse araignée redoutée pour ses piqûres
tarentule

Grosse bévue
énormité

Grosse bille
calot

**Grosse bobine servant à enrouler les fils
de soie**
rochet

Grosse bouteille de champagne
magnum, réhoboam

**Grosse bouteille servant à garder et à
transporter de l'huile**
bonbonne

Grosse courge
potiron

Grosse crevette
gamba, scampi

Grosse crevette rose
palémon

Grosse grive, appelée aussi litorne
jocasse

Grosse guêpe rousse et jaune
frelon

Grosse hache de bûcheron
cognée

Grosse holothurie comestible
tripang

Grosse mouche
œstre, taon

Grosse mouche ressemblant à une guêpe
éristale

Grosse moulure pleine de profil arrondi
tore

Grosse noisette
aveline

Grosse pièce de bois
poutre

Grosse pièce de bois utilisée comme soutènement
étançon

Grosse pierre pour grimper sur un cheval
montoir

Grosse pilule
bol

Grosse pluie soudaine
ondée

Grosse pomme à chair parfumée
golden

Grosse prune oblongue
quetsche

Grosse tache d'encre
pâté

Grosse verrue chez les chevaux
fic

Grosse vrille servant à percer un moyeu
quillier

Grosserie
taillanderie

Grossesse
gestation, gravidité, maternité

Grosseur
abcès, adipose, bosse, bouffissure, boule, bourrelet, calibre, circonférence, corpulence, diamètre, dimension, embonpoint, enflure, épaisseur, excroissance, ganglion, générosité, gonflement, largeur, obésité, opulence, pustule, rondeur, rotondité, taille, tumeur, volume

Grosseur au cou
goitre

Grossi
abusé, accru, agrandi

Grossière étoffe de laine brune
bure

Grossièrement
bassement, effrontément, lourdement, rudement

Grossièreté
absurdité, barbarie, horreur, insolence, insulte, muflerie, obscénité, ordure, rudesse, rusticité, saleté, vulgarité

Grossir
abuser, accroître, aggraver, agrandir, alourdir, amplifier, arrondir, augmenter, bedonner, croître, développer, dilater, dramatiser, élargir, empâter, enfler, engraisser, enrichir, épaissir, étendre, exagérer, forcer, forcir, gonfler, grandir, monter, nourrir, outrer, profiter, renforcer, tuméfier

Grossir de nouveau
regrossir

Grossissement
accroissement

Grossiste
marchand, négociant, vendeur

Grossiste qui vendait des œufs
coquetier

Grotesque
aberrant, abracadabrant, absurde, bouffon, bouffonnerie, burlesque, caricatural, cocasse, comique, extravagant, insensé, loufoque, parodique, ridicule, risible, saugrenu, vaudevillesque

Grotesque et caricatural comme le personnage Ubu
ubuesque

Grotte
antre, caverne, cavité, cimetière, cratère, crypte, excavation

Grouillant
abondant

Grouillement
affluence, agitation, beaucoup, foule

Grouiller
abonder, accélérer, affluer, foisonner, fourmiller, pulluler, regorger, remuer

Grouillot
apprenti

Groupage
allotissement

Groupant
agglutinant

Groupe
acabit, association, attroupement, bande, bataillon, brochette, camp, catégorie, cellule, cénacle, cercle, chapelet, clan, classe, club, cohorte, collectif, collectivité, colonie, communauté, compagnie, complexe, consortium, constellation, corps, courant, division, école, ensemble, équipe, escadron, escouade, espèce, essaim, ethnie, faisceau, famille, formation, gang, genre, grappe, groupement, masse, nation,

noyau, orchestre, ordre, parti, pâté, peloton, peuplade, pléiade, race, régiment, réunion, section, série, société, sorte, tribu, troupe, trust, volée

Groupé
associé, coalisé

Groupe anglais des années 1960 originaire de Liverpool
Beatles

Groupe composé de cinq musiciens ou chanteurs
quintette

Groupe comprenant huit éléments binaires
octet

Groupe d'abeilles
essaim

Groupe d'alpinistes réunis par une corde
cordée

Groupe d'arbres ou d'arbustes
bosquet

Groupe d'arbres plantés pour l'agrément
bosquet

Groupe d'entreprises
trust

Groupe d'êtres vivants isolé
isolat

Groupe d'habitations ouvrières
coron

Groupe d'îles
archipel

Groupe d'oiseaux
volée

Groupe d'ondes
faisceau

Groupe d'une certaine importance
escadron

Groupe de buissons touffus
hallier

Groupe de cent unités
centaine

Groupe de chanteurs qui exécutent un morceau d'ensemble
chœur

Groupe de chanteurs scandinaves
Abba

Groupe de cordelettes utile aux Incas
quipu

Groupe de discussion
panel

Groupe de huit bits
octet

Groupe de huit unités
huitaine

Groupe de jazz composé de quatre musiciens
quartette

Groupe de joueurs associés en nombre déterminé
équipe

Groupe de langues indo-européennes
slave

Groupe de lettres liées ensemble
logotype

Groupe de musique québécois
Colocs, Garolou, Harmonium, Offenbach

Groupe de musique québécois des années 1980
BB

Groupe de notes émises d'un seul souffle
neume

Groupe de personnes
corps, fournée

Groupe de personnes qu'on méprise
engeance

Groupe de personnes qui partagent une activité
équipe

Groupe de personnes réunies devant un auditoire
panel

Groupe de pression
lobby

Groupe de quatre personnes
quatuor

Groupe de quelques hommes
escouade

Groupe de sporanges chez les fougères
sore

Groupe de trois
trio

Groupe de trois dieux
trinité

Groupe de trois éléments
triade

Groupe de trois notes
triolet

Groupe de trois personnes
triade

Groupe de trois principes
trinité

Groupe de trois vers
tercet

Groupe dont le chanteur Jim Morrison est décédé en 1971
Doors

Groupe ethnique islamisé
afar

Groupe ethnique isolé
isolat

Groupe humain
noyau

Groupe manipulé par d'autres personnes
fantoche

Groupe nombreux
bataillon, tribu

Groupe nombreux qui se déplace
essaim

Groupe organisé
secte

Groupe pétrolier et pétrochimique américain
Sunoco

Groupe qui a attiré plus de 100 000 personnes à Québec en juillet 2011
Metallica

Groupe qui a chanté *Câline de blues*
Offenbach

Groupe qui a chanté *Dust in the Wind*
Kansas

Groupe qui a chanté *Germaine*
Garolou

Groupe qui a chanté *Julie*
Colocs

Groupe qui a chanté *La rue principale*
Colocs

Groupe qui a chanté *Mes blues passent pu dans porte*
Offenbach

Groupe qui a chanté *Pour un instant*
Harmonium

Groupe qui a chanté *Tassez-vous de d'là*
Colocs

Groupe qui a chanté *Victoria*
Garolou

Groupe qui a fait connaître *Jump*
Van Halen

Groupe qui a fait connaître *Sandman*
America

Groupe qui a popularisé *Barracuda*
Heart

Groupe qui a popularisé *Black Magic Woman*
Santana

Groupe qui a popularisé *Evil Woman*
ELO

Groupe qui a popularisé *Hotel California*
Eagles

Groupe qui a popularisé *I Need You*
America

Groupe qui a popularisé *I'm Not in Love*
TenCC

Groupe qui a popularisé *Invisible Touch*
Genesis

Groupe qui a popularisé *One of These Nights*
Eagles

Groupe qui a popularisé *Oye Como Va*
Santana

Groupe qui a popularisé *Poker*
ELO

Groupe qui a popularisé *Proud Mary*
CCR

Groupe qui a popularisé *Samba Pa Ti*
Santana

Groupe qui a popularisé *These Dreams*
Heart

Groupe qui a popularisé *We Will Rock You*
Queen

Groupe religieux isolé
secte

Groupe réuni à une même table autour d'un repas
tablée

Groupe social exclusif
caste

Groupe subversif
faction

Groupement
amas, association, centrale, ensemble, formation, front, groupe, ligue, peuplade, réunion, syndicat, union

Groupement à but non lucratif
mutuelle

Groupement d'humains
ethnie

Groupement de dix villes
décapole

Groupement de quelques maisons rurales
hameau

Grouper
accoupler, accumuler, adjoindre, agglomérer, ajointer, amasser, ameuter, annexer, apparier, assembler, associer, bloquer, canaliser, classer, collectionner, concentrer, condenser, fédérer, fondre, joindre, liguer, masser, organiser, ranger, rapprocher, rassembler, répartir, réunir, totaliser, unir

Grouper en une union politique d'États
fédérer

Groupie
admirateur, adorateur, adulateur, fan, fana, fanatique, fidèle, fondu, idolâtre, inconditionnel

Groupuscule
noyau

Grouse
lagopède

Gruau
chenal, gruon

Grue
échassier

Grue très puissante
bigue

Gruger
duper, grignoter, rogner, ronger

Grume
tronc, tronçon

Grumeau
caillot, coagulum

Grumeleux
granuleux, pierreux, rêche, rugueux

Gruon
gruau

Gruyère
beaufort, comté, emmenthal

Guanaco
alpaga, lama

Guano
compost, engrais

Gué
passage

Guéable
traversable

Guède
pastel

Guelte
boni

Guenille
chiffe, chiffon, habit, haillon, loque, vêtement

Guenilles
hardes, nippes, oripeaux

Guêpe
abeille

Guêpe solitaire
eumène

Guêpier
danger, galère, piège, souricière, traquenard

Guère
médiocrement, peu, pratiquement, presque, rarement

Guéret
jachère

Guéri
debout, délivré, remis, rétabli, sauvé

Guéridon
table

Guérilla
troupe

Guérillero
partisan

Guérir
adoucir, apaiser, calmer, cicatriser, consoler, corriger, débarrasser, délivrer, désintoxiquer, fermer, pallier, ramancher, réchapper, récupérer, refermer, remédier, remettre, rétablir, retaper, sauver, soigner, soulager

Guérison
accalmie, amélioration, apaisement, cessation, cicatrisation, rémission, résurrection, rétablissement

Guérissable
curable

Guérisseur
médecin, rebouteux

Guérite
abri, échiffe, guitoune, poste

Guerre
bagarre, bataille, boucherie, campagne, carnage, combat, conflagration, conflit, croisade, dispute, dissension, embrasement, expédition, front, hostilités, inimitié, lutte, querelle

Guerre d'embuscade
guérilla

Guerre de harcèlement menée par des partisans
guérilla

Guerre des gueux
jacquerie

Guerrier
belliciste, belliqueux, capitaine, combattant, combattif, conquérant, fantassin, faucon, martial, militaire, samouraï, samuraï, soldat

Guerrier armé d'une fronde
frondeur

Guerrier brutal
reître

Guerrier japonais
samouraï, samuraï

Guerrier philistin vaincu par David
Goliath

Guerroyer
affronter, batailler, combattre, jouter, lutter

Guet
affût, contrôle, faction, garde, ronde, surveillance

Guet-apens
attaque, attrape, embuscade, piège

Guêtre
chausses, houseau, jambière

Guêtre enveloppant la jambe
jambière

Guetté
épié

Guetter
attendre, convoiter, épier, espionner, filer, garder, guigner, observer, patienter, pister, surveiller

Guetter avec convoitise
guigner

Guetteur
épieur, factionnaire, sentinelle, soldat, surveillant, veilleur, vigie, vigile

Guetteur chargé de surveiller le large
vigie

Gueuserie
brigandage, pauvreté

Gueux
brigand, chemineau, clochard, coquin, indigent, malandrin, mendiant, misérable, miséreux, nécessiteux, pauvre, pouilleux, quémandeur, vagabond

Gueuze
bière

Guevara
Che

Guiche
bande

Guidage
aiguillage, conduite, orientation, pilotage

Guide
abrégé, accompagnateur, berger, boussole, chef, cicérone, conducteur, conseiller, directeur, flambeau, glissière, gourou, gouverneur, guru, horaire, indicateur, lanière, manuel, mémento, mentor, notice, pasteur, phare, pilote, rêne, résumé, scout, sherpa, synopsis

Guide de montagne dans l'Himalaya
sherpa

Guide expérimenté
mentor

Guide spirituel d'un groupe
gourou

Guider
accompagner, aiguiller, commander, conduire, conseiller, cornaquer, déterminer, diriger, éclairer, éduquer, entraîner, gouverner, inspirer, mener, orienter, piloter, radioguider, régir, télécommander, téléguider

Guidon
drapeau, fanion, pavillon

Guigne
bigarreau, malchance, malheur, poisse

Guigné
épié

Guigner
attendre, convoiter, épier, guetter, lorgner, loucher, reluquer

Guignette
bigorneau

Guignol
arlequin, automate, bouffon, charlot, clown, fantoche, marionnette, pantin, pitre, polichinelle, poupée, singe

Guilde
association, confrérie, corporation, ghilde, gilde, hanse

Guillaume
rabot

Guillemot
manchot, pingouin

Guilleret
allègre, badin, enjoué, éveillé, folâtre, frétillant, fringant, gai, gaillard, jovial, joyeux, léger, leste, libre, primesautier, réjoui, rieur, sémillant, vif

Guilloche
burin

Guillocher
orner

Guillotiner
décapiter, exécuter, raccourcir

Guillotineur
bourreau

Guimbarde
chariot, rabot, voiture

Guimpe
chemisette, fichu

Guincher
danser

Guindaille
beuverie

Guindé
académique, affecté, ampoulé, apprêté, boursouflé, coincé, compassé, contraint, corseté, empesé, emphatique, engoncé, étudié, gourmé, maniéré, obséquieux, pincé, pompeux, raide, solennel

Guinder
hisser

Guinderesse
hauban

Guinguette
auberge, bal, boum, taverne

Guiper
envelopper, gainer

Guipure
broderie, dentelle

Guirlande
chapelet, décor, feston, girandole

Guirlande de fleurs
feston

Guise
façon, fantaisie, goût, gré, manière, mode, sorte, volonté

Guitare
balalaïka

Guitariste
bassiste**

Guitoune
abri, cagna, gourbi, guérite, tente
Gulden
florin
Guru
guide, maître, mentor, pape
Gus
type
Gustation
dégustation
Guttural
enroué, éraillé, rauque, vélaire
Gy
gray
Gym
gymnase
Gymkhana
course
Gymnase
académie, gym, palestre
Gymnaste
acrobate, athlète, sportif
Gymnastique
exercice, sport
Gymnastique chinoise
taïchi
Gymnique
athlétique
Gymnosophiste
ascète
Gymnote
anguille
Gynécée
harem, sérail
Gynécologue
médecin
Gypaète
aigle, aiglon, vautour
Gypse
albâtre, plâtre

H

Ha
eh, hectare, interjection, oh
Habile
adextre, adroit, adroite, agile, artificieux,
astucieux, avisé, beau, bel, bon, capable,
débrouillard, diplomate, élégant, émérite,
exercé, expert, fin, finaud, fort, industrieux,
ingénieux, inventif, malin, politique, roublard,
roué, rusé, savant, souple, subtil, virtuose
Habilement
bien, finement, savamment
Habileté
adresse, agilité, aisance, aptitude, art,
astuce, capacité, chic, débrouillardise,
dextérité, diplomatie, doigté, don, donation,
droit, élégance, entregent, expertise, facilité,
force, industrie, ingéniosité, maîtrise, métier,
patte, perspicacité, persuasion, qualifié,
roublardise, rouerie, ruse, subtilité, sûreté,
tact, talent, technique, virtuosité
Habileté à la vie sociale
entregent
Habileté dans la manière d'agir
dextérité
Habilitation
acceptation, autorisation, permission
Habilité
aptitude, autorisé, capable, compétent,
délégué, droit, mandaté, permis
Habiliter
accepter, autoriser, choisir, déléguer, envoyer,
mandater, permettre
Habillage
habillement, protection
Habillé
accoutré, affublé, arrangé, attifé, camouflé,
couvert, décoré, déguisé, dissimulé, drapé,
élégant, entouré, enveloppé, fagoté, ficelé,
harnaché, mis, orné, paré, recouvert, vêtu
Habillement
accoutrement, costume, habillage, habit,
mise, sape, tenue, toilette, vêtement
Habillement inélégant
fagotage
Habiller
accoutrer, affubler, arranger, attifer,
camoufler, costumer, couvrir, décorer,
déguiser, dissimuler, draper, entourer,
envelopper, équiper, fagoter, ficeler,
harnacher, orner, parer, recouvrir, revêtir,
rhabiller, vêtir

Habiller avec mauvais goût
attifer

Habiller de nouveau
rhabiller

Habilleur
corroyeur, costumier

Habit
accoutrement, complet, costume, défroque,
déguisement, frac, fripe, froc, guenille,
habillement, jaquette, nippe, sape, tenue,
toilette, uniforme, vêtement

Habit de moine
froc

Habit masculin de cérémonie
frac

Habitable
vivable

Habitacle
cabine, cockpit

Habitacle d'un ascenseur
cabine

Habitacle d'un avion où se trouve le poste de pilotage
carlingue

Habitacle du pilote et du copilote dans un avion
cockpit

Habitant
aborigène, administré, âme, autochtone,
banlieusard, campagnard, citadin, citoyen,
contadin, faubourien, hôte, indigène,
insulaire, montagnard, natif, naturel,
occupant, paysan, peuple, résident, rural,
sujet, urbain, villageois

Habitant d'Abercorn
Abercornien

Habitant d'Acton Vale
Valois

Habitant d'Adstock
Adstockois

Habitant d'Aguanish
Aguanishois

Habitant d'Ahuntsic
Ahuntsicois

Habitant d'Albanel
Albanélois

Habitant d'Albertville
Albertvillois

Habitant d'Alma
Almatois

Habitant d'Amos
Amossois

Habitant d'Amqui
Amquien

Habitant d'Anjou
Angevin

Habitant d'Argenteuil
Argenteuillois

Habitant d'Armagh
Armageois

Habitant d'Arntfield
Arntfieldois

Habitant d'Arthabaska
Arthabaskien

Habitant d'Arvida
Arvidien

Habitant d'Asbestos
Asbestrien

Habitant d'Ascot
Ascotois

Habitant d'Aston-Jonction
Astonnais

Habitant d'Auclair
Auclairois

Habitant d'Audet
Audettois

Habitant d'Aumont
Aumondois

Habitant d'Authier
Authiérois

Habitant d'Authier-Nord
Authiernordois

Habitant d'Aylmer
Aylmerois

Habitant d'Entrelacs
Entrelacois

Habitant d'Esprit-Saint
Spiritois

Habitant d'Inverness
Invernois

Habitant d'Ivry-sur-le-Lac
Ivryen

Habitant d'Oka
Okois

Habitant d'Otterburn Park
Otterburnois

Habitant d'Outremont
Outremontais

Habitant d'Ulverton
Ulvertonien

Habitant d'une grande ville en août
aoûtien

Habitant d'une oasis
oasien

Habitant d'une ville
citoyen

Habitant d'une zone frontière
zonier

Habitant d'Upton
Uptonais
Habitant de Bagotville
Bagotvillois
Habitant de Baie-James
Jamésien
Habitant de Barraute
Barrautois
Habitant de Bassin
Bassinier
Habitant de Batiscan
Batiscanais
Habitant de Béarn
Béarnais
Habitant de Beauceville
Beaucevillois
Habitant de Beauharnois
Beauharlinois
Habitant de Beaumont
Beaumontois
Habitant de Beauport
Beauportois
Habitant de Beaupré
Beaupréen
Habitant de Bécancour
Bécancourois
Habitant de Bedford
Bedfordois
Habitant de Bégin
Béginois
Habitant de Bélair
Bélairien
Habitant de Belcourt
Belcourtois
Habitant de Bellechasse
Bellechassois
Habitant de Belleterre
Belleterrien
Habitant de Belœil
Belœillois
Habitant de Berry
Berryen
Habitant de Berthier
Berthelais
Habitant de Berthierville
Berthelais
Habitant de Béthanie
Béthanien
Habitant de Biencourt
Biencourtois
Habitant de Blainville
Blainvillois
Habitant de Bois-des-Filion
Filionois

Habitant de Boisbriand
Boisbriannais
Habitant de Boischatel
Boischatelois
Habitant de Bonaventure
Bonaventurien
Habitant de Bonsecours
Bonsecourois
Habitant de Boucherville
Bouchervillois
Habitant de Bouchette
Bouchettois
Habitant de Bourget
Bourgetain
Habitant de Bowman
Bowmanois
Habitant de Brigham
Brighamois
Habitant de Brome-Missisquoi
Bromisquois
Habitant de Bromont
Bromontois
Habitant de Brossard
Brossardois
Habitant de Bury
Buryen
Habitant de Cabano
Cabanois
Habitant de Cacouna
Cacounois
Habitant de Candiac
Candiacois
Habitant de Cantley
Cantléen
Habitant de Cap-Rouge
Carougeois
Habitant de Cap-Saint-Ignace
Capignacien
Habitant de Cap-Santé
Capsantéen
Habitant de Caplan
Caplinot
Habitant de Carignan
Carignanois
Habitant de Carleton
Carletonnais
Habitant de Causapscal
Causapscalien
Habitant de Chambly
Chamblyen
Habitant de Chambord
Chambordais
Habitant de Champlain
Champlainois

Habitant de Champneuf
Champneufois

Habitant de Chandler
Chandlerois

Habitant de Chapais
Chapaisien

Habitant de Charette
Charettois

Habitant de Charlemagne
Charlemagnois

Habitant de Charlesbourg
Charlesbourgeois

Habitant de Charlevoix
Charlevoisien

Habitant de Chartierville
Chartiervillois

Habitant de Châteauguay
Châteauguois

Habitant de Chazel
Chazelois

Habitant de Chénéville
Chénévillois

Habitant de Chertsey
Chertsois

Habitant de Chesterville
Chestervillois

Habitant de Chibougamau
Chibougamois

Habitant de Chicoutimi
Chicoutimien

Habitant de Chisasibi
Chisasibien

Habitant de Chute-aux-Outardes
Outardois

Habitant de Clermont
Clermontois

Habitant de Clerval
Clervalois

Habitant de Cloridorme
Cloridormien

Habitant de Coaticook
Coaticookois

Habitant de Colombier
Colombien

Habitant de Compton
Comptonois

Habitant de Contrecœur
Contrecœurois

Habitant de Cookshire
Cookshirois

Habitant de Coteau-du-Lac
Coteaulacois

Habitant de Courcelles
Courcellois

Habitant de Cowansville
Cowansvillois

Habitant de Crabtree
Crabtreen

Habitant de Danville
Danvillois

Habitant de Daveluyville
Daveluyvien

Habitant de Dégelis
Dégelisien

Habitant de Déléage
Déléageois

Habitant de Delson
Delsonnien

Habitant de Desbiens
Desbienois

Habitant de Disraeli
Disraelois

Habitant de Dixville
Dixvillois

Habitant de Dolbeau
Dolbien

Habitant de Dolbeau-Mistassini
Dolmissois

Habitant de Donnacona
Donnaconien

Habitant de Dorval
Dorvalois

Habitant de Dosquet
Dosquetois

Habitant de Drumondville
Drummondvillois

Habitant de Dudswell
Dudswellois

Habitant de Duhamel
Duhamellois

Habitant de Dunham
Dunhamien

Habitant de Duparquet
Duparquetois

Habitant de Dupuy
Dupuyen

Habitant de East Angus
Angussien

Habitant de Eastman
Eastmanois

Habitant de Elgin
Elginois

Habitant de Farnham
Farnhamien

Habitant de Fassett
Fassettois

Habitant de Ferland-et-Boilleau
Ferboillien

Habitant de Ferme-Neuve
Fermeneuvien

Habitant de Fermont
Fermontois

Habitant de Forestville
Forestvillois

Habitant de Fort-Coulonge
Coulongien

Habitant de Fortierville
Fortiervillois

Habitant de Frampton
Framptonnien

Habitant de Franklin
Franklinois

Habitant de Frontenac
Frontenacois

Habitant de Fugèreville
Fugèrevillois

Habitant de Gaspé
Gaspésien

Habitant de Gatineau
Gatinois

Habitant de Girardville
Girardvillois

Habitant de Godbout
Godboutois

Habitant de Godmanchester
Godmancastrien

Habitant de Gracefield
Gracefieldois

Habitant de Granby
Granbyen

Habitant de Grandes-Piles
Grandpilois

Habitant de Grantham
Granthamien

Habitant de Grenville
Grenvillois

Habitant de Grosses-Roches
Rochelois

Habitant de Havre-Aubert
Aubertîlien

Habitant de Havre-aux-Maisons
Maisonnois

Habitant de Havre-Saint-Pierre
Cayen

Habitant de Hébertville
Hébertvillois

Habitant de Hemmingford
Hemmingfordien

Habitant de Henryville
Henryvillois

Habitant de Hérouxville
Hérouxvillois

Habitant de Hochelaga
Hochelagais

Habitant de Honfleur
Honfleurois

Habitant de Hope
Hopien

Habitant de Howick
Howickois

Habitant de Huberdeau
Huberdois

Habitant de Hudson
Hudsonois

Habitant de Hull
Hullois

Habitant de Huntingdon
Huntingdonnais

Habitant de Joliette
Joliettain

Habitant de Jonquière
Jonquiérois

Habitant de Kamouraska
Kamouraskois

Habitant de Kénogami
Kénogamien

Habitant de Kipawa
Kipawais

Habitant de Kirkland
Kirklandais

Habitant de l'Abitibi
Abitibien

Habitant de l'Abitibi-Témiscamingue
Témiscabitibien

Habitant de l'Algérie
Algérien

Habitant de L'Ancienne-Lorette
Lorettain

Habitant de L'Ange-Gardien
Angelois, Gardangeois

Habitant de L'Anse-Saint-Jean
Anjeannois

Habitant de L'Épiphanie
Épiphanien

Habitant de l'Estrie
Estrien

Habitant de l'île d'Anticosti
Anticostien

Habitant de l'île d'Orléans
Orléanais

Habitant de L'Île-Bizard
Bizardien

Habitant de L'Île-Cadieux
Cadilois

Habitant de L'Île-du-Grand-Calumet
Calumettan

Habitant de L'Île-Perrot
  Perrotois
Habitant de l'Isle-aux-Coudres
  Coudrien
Habitant de l'Outaouais
  Outaouais
Habitant de l'Ungava
  Ungavien
Habitant de La Baie
  Baieriverain
Habitant de la Beauce
  Beauceron
Habitant de La Bostonnais
  Bostonnois
Habitant de La Conception
  Conceptionnois
Habitant de La Corne
  Lacornois
Habitant de la Gaspésie
  Gaspésien
Habitant de la Jamésie
  Jamésien
Habitant de la Livonie
  Live
Habitant de La Macaza
  Macazien
Habitant de la Malaisie
  Malais
Habitant de La Malbaie
  Malbéen
Habitant de La Martre
  Martrien
Habitant de la Matawinie
  Mattawinien
Habitant de la Mauricie
  Mauricien
Habitant de La Minerve
  Minervois
Habitant de la Minganie
  Minganien
Habitant de la Montérégie
  Montérégien
Habitant de La Morandière
  La Morandien
Habitant de La Motte
  Lamottois
Habitant de La Plaine
  Plainois
Habitant de La Pocatière
  Pocatois
Habitant de La Prairie
  Laprairien
Habitant de La Rédemption
  Rédemptois

Habitant de la région de Gap
  Gavot
Habitant de La Sarre
  Lasarrois
Habitant de la Terre
  Terrien
Habitant de La Tuque
  Latuquois
Habitant de la vallée du Richelieu
  Richelain
Habitant de la vallée du Saint-Laurent
  Laurentien
Habitant de Labelle
  Labellois
Habitant de Labrecque
  Labrecquois
Habitant de Lac-à-la-Croix
  LaCroisien
Habitant de Lac-au-Saumon
  Saumonois
Habitant de Lac-aux-Sables
  Sablois
Habitant de Lac-Brome
  Bromois
Habitant de Lac-Delage
  Delageois
Habitant de Lac-des-Écorces
  Écorçois
Habitant de Lac-des-Plages
  Plageois
Habitant de Lac-des-Seize-Îles
  Seizilien
Habitant de Lac-Drolet
  Drolelois
Habitant de Lac-du-Cerf
  Cervois
Habitant de Lac-Frontière
  Frontiérois
Habitant de Lac-Mégantic
  Méganticois
Habitant de Lac-Saint-Paul
  Paulacquois
Habitant de Lac-Sainte-Marie
  Marilacois
Habitant de Lac-Sergent
  Sergentois
Habitant de Lac-Simon
  Simonet
Habitant de Lachenaie
  Lachenois
Habitant de Lachine
  Lachinois
Habitant de Lachute
  Lachutois

Habitant de Lacolle
Lacollois

Habitant de Laforce
Laforçois

Habitant de Laforge
Laforgeois

Habitant de Lamarche
Lamarchois

Habitant de Lambton
Lambtonnien

Habitant de Lanaudière
Lanaudois

Habitant de Landrienne
Landriennois

Habitant de Lanoraie
Lanorois

Habitant de Lantier
Lantiérois

Habitant de Larouche
Larouchois

Habitant de LaSalle
LaSallois

Habitant de Laurierville
Lauriervillois

Habitant de Laval
Lavallois

Habitant de Lavaltrie
Lavaltrois

Habitant de Lawrenceville
Lawrencevillois

Habitant de Lebel-sur-Quévillon
Quévillonnais

Habitant de Leclercville
Leclercvillois

Habitant de Lefebvre
Lefebvrois

Habitant de Léry
Léryverain

Habitant de Lévis
Lévisien

Habitant de Limoilou
Limoulois

Habitant de Longueuil
Longueuillois

Habitant de Lorraine
Lorrain

Habitant de Lorrainville
Lorrainvillois

Habitant de Lotbinière
Lotbiniérien

Habitant de Louiseville
Louisevillois

Habitant de Macamic
Macamicois

Habitant de Magog
Magogois

Habitant de Malartic
Malarticois

Habitant de Mandeville
Mandevillois

Habitant de Manicouagan
Manicois

Habitant de Maniwaki
Maniwakien

Habitant de Manseau
Mansois

Habitant de Maria
Marien

Habitant de Maricourt
Maricourtois

Habitant de Marieville
Marievillois

Habitant de Martinville
Martinvillois

Habitant de Mascouche
Mascouchois

Habitant de Maskinongé
Maskinongeois

Habitant de Matagami
Matagamien

Habitant de Matane
Matanais

Habitant de Matapédia
Matapédien

Habitant de Mayo
Mayolois

Habitant de McMasterville
McMastervillois

Habitant de Mercier
Mercierois

Habitant de Métis-sur-Mer
Métissien

Habitant de Milan
Milanois

Habitant de Mingan
Minganien

Habitant de Mirabel
Mirabellois

Habitant de Mistassini
Mistassinien

Habitant de Mistissini
Mistassin

Habitant de Mont-Carmel
Carmelois

Habitant de Mont-Laurier
Lauriermontois

Habitant de Mont-Saint-Grégoire
Grégorien

Habitant de Mont-Saint-Hilaire
Hilairemontais

Habitant de Mont-Tremblant
Tremblantois

Habitant de Montebello
Montebellois

Habitant de Montmagny
Magnymontien

Habitant de Montréal
Montréalais

Habitant de Murdochville
Murdochvillois

Habitant de Namur
Namurien

Habitant de Nantes
Nantais

Habitant de Napierville
Napiervillois

Habitant de Natashquan
Natashquanais

Habitant de Neuville
Neuvillois

Habitant de Nicolet
Nicolétain

Habitant de Nominingue
Nomininguois

Habitant de Normandin
Normandinois

Habitant de Normétal
Normétalien

Habitant de Notre-Dame-de-Bon-Secours
Bonsecouréen

Habitant de Notre-Dame-de-l'Île-Perrot
Perrotdamois

Habitant de Notre-Dame-de-la-Merci
Mercien

Habitant de Notre-Dame-de-la-Salette
Salettois

Habitant de Notre-Dame-de-Lorette
Lorettois

Habitant de Notre-Dame-de-Lourdes
Lourdinois

Habitant de Notre-Dame-de-Montauban
Montaubain

Habitant de Notre-Dame-de-Stanbridge
Stanbridgeois

Habitant de Notre-Dame-des-Monts
Montois

Habitant de Notre-Dame-des-Neiges
Pistolois

Habitant de Notre-Dame-des-Pins
Notredamois

Habitant de Notre-Dame-des-Prairies
Prairiquois

Habitant de Notre-Dame-des-Sept-Douleurs
Verdoyant

Habitant de Notre-Dame-du-Bon-Conseil
Bonconseillois

Habitant de Notre-Dame-du-Lac
Damelacois

Habitant de Notre-Dame-du-Laus
Lausois

Habitant de Notre-Dame-du-Mont-Carmel
Carmellois

Habitant de Notre-Dame-du-Portage
Portageois

Habitant de Notre-Dame-du-Rosaire
Rosarien

Habitant de Noyan
Noyantais

Habitant de Padoue
Padovien

Habitant de Palmarolle
Palmarollois

Habitant de Papineauville
Papineauvillois

Habitant de Parisville
Parisvillois

Habitant de Paspéblac
Paspéya

Habitant de Percé
Percéen

Habitant de Péribonka
Péribonkois

Habitant de Petit-Saguenay
Saguenois

Habitant de Petite-Rivière-Saint-François
Riverain

Habitant de Piedmont
Piedmontais

Habitant de Pierreville
Pierrevillien

Habitant de Pincourt
Pincourtois

Habitant de Piopolis
Piopolissois

Habitant de Plaisance
Plaisancien

Habitant de Plessisville
Plessisvillois

Habitant de Pointe-aux-Outardes
Outardéen

Habitant de Pointe-aux-Trembles
Pointelier

Habitant de Pointe-Lebel
Lebelois

Habitant de Port-Cartier
Portcartois

Habitant de Portneuf
Portneuvien

Habitant de Portneuf-sur-Mer
Portneuvois

Habitant de Prévost
Prévostois

Habitant de Princeville
Princevillois

Habitant de Québec
Québécois

Habitant de Racine
Racinois

Habitant de Rawdon
Rawdonnois

Habitant de Repentigny
Repentignois

Habitant de Restigouche
Restigouchois

Habitant de Richelieu
Richelois

Habitant de Richmond
Richmondais

Habitant de Rigaud
Rigaudien

Habitant de Rimouski
Rimouskois

Habitant de Rivière-à-Pierre
Ripierrois

Habitant de Rivière-Beaudette
Beaudettois

Habitant de Rivière-Bleue
Riverain

Habitant de Rivière-du-Loup
Louperivois

Habitant de Rivière-Éternité
Éternitois

Habitant de Rivière-Héva
Hévarivois

Habitant de Rivière-Ouelle
Rivelois

Habitant de Rivière-Rouge
Riverougeois

Habitant de Rivière-Saint-Jean
Jeanriverain

Habitant de Roberval
Robervalois

Habitant de Rosemère
Rosemèrois

Habitant de Rougemont
Rougemontois

Habitant de Rouyn-Noranda
Rouynorandien

Habitant de Roxton Falls
Roxtonnois

Habitant de Roxton Pond
Roxtonais

Habitant de Saguenay
Saguenéen

Habitant de Saint-Adelphe
Adelphien

Habitant de Saint-Adolphe-d'Howard
Adolphin

Habitant de Saint-Adrien
Adriennois

Habitant de Saint-Adrien-d'Irlande
Adrienirlandois

Habitant de Saint-Agapit
Agapitois

Habitant de Saint-Aimé-des-Lacs
Aimélacois

Habitant de Saint-Alban
Albanois

Habitant de Saint-Albert
Albertois

Habitant de Saint-Alexandre
Alexandrin

Habitant de Saint-Alexandre-de-Kamouraska
Alexandrin

Habitant de Saint-Alexandre-des-Lacs
Alexandrien

Habitant de Saint-Alexis
Alexinois

Habitant de Saint-Alexis-des-Monts
Aleximontois

Habitant de Saint-Alphonse-de-Granby
Alphonsois

Habitant de Saint-Alphonse-Rodriguez
Rodriguais

Habitant de Saint-Amable
Amablien

Habitant de Saint-Ambroise
Ambroisien

Habitant de Saint-Ambroise-de-Kildare
Ambroisien

Habitant de Saint-Anaclet-de-Lessard
Anaclois

Habitant de Saint-André
Andréen

Habitant de Saint-André-Avellin
Avellinois

Habitant de Saint-André-d'Argenteuil
Andréen

Habitant de Saint-André-du-Lac-Saint-Jean
Andréjeannois

Habitant de Saint-Anicet
Anicetois

Habitant de Saint-Antoine-de-l'Isle-aux-Grues
Gruois

Habitant de Saint-Antoine-de-Tilly
Antonien

Habitant de Saint-Antoine-sur-Richelieu
Antonien

Habitant de Saint-Antonin
Antonien

Habitant de Saint-Apollinaire
Apollinairois

Habitant de Saint-Armand
Armandois

Habitant de Saint-Arsène
Arsénois

Habitant de Saint-Athanase
Athanasois

Habitant de Saint-Aubert
Aubertois

Habitant de Saint-Augustin
Augustinien

Habitant de Saint-Augustin-de-Desmaures
Augustinois

Habitant de Saint-Augustin-de-Woburn
Woburnois

Habitant de Saint-Barnabé-Sud
Barnabéen

Habitant de Saint-Barthélemy
Barthélemien

Habitant de Saint-Basile
Basilien

Habitant de Saint-Basile-le-Grand
Grandbasilois

Habitant de Saint-Benjamin
Benjaminois

Habitant de Saint-Benoît-Labre
Benois

Habitant de Saint-Bernard
Bernardin

Habitant de Saint-Bernard-de-Lacolle
Bernardin

Habitant de Saint-Bernard-de-Michaudville
Bermigeois

Habitant de Saint-Blaise-sur-Richelieu
Blaisois

Habitant de Saint-Bonaventure
Bonaventurain

Habitant de Saint-Boniface
Bonifacien

Habitant de Saint-Bruno
Brunois

Habitant de Saint-Bruno-de-Guigues
Guiguois

Habitant de Saint-Bruno-de-Kamouraska
Brulois

Habitant de Saint-Bruno-de-Montarville
Montarvillois

Habitant de Saint-Calixte
Calixtien

Habitant de Saint-Camille-de-Lellis
Camillois

Habitant de Saint-Casimir
Casimirien

Habitant de Saint-Célestin
Annavillois

Habitant de Saint-Césaire
Césairois

Habitant de Saint-Charles-Borromée
Charlois

Habitant de Saint-Charles-de-Bellechasse
Charléen

Habitant de Saint-Charles-Garnier
Charlois

Habitant de Saint-Charles-sur-Richelieu
Charlerivain

Habitant de Saint-Christophe-d'Arthabaska
Christophien

Habitant de Saint-Chrysostome
Chrysostomien

Habitant de Saint-Claude
Claudien

Habitant de Saint-Clément
Clémentois

Habitant de Saint-Cléophas-de-Brandon
Cléophassois

Habitant de Saint-Clet
Clétois

Habitant de Saint-Colomban
Colombanois

Habitant de Saint-Côme
Cômier

Habitant de Saint-Constant
Constantin

Habitant de Saint-Cyprien
Cyprianais

Habitant de Saint-Cyrille-de-Wendover
Cyrillois

Habitant de Saint-Damase
Damasien

Habitant de Saint-Damase-de-L'Islet
Damasien

Habitant de Saint-Damien
Damiennois

Habitant de Saint-Damien-de-Buckland
Damien

Habitant de Saint-David
Davidien

Habitant de Saint-David-de-Falardeau
Falardien

Habitant de Saint-Denis-sur-Richelieu
Dionysien

Habitant de Saint-Didace
Didacien

Habitant de Saint-Dominique
Dominiquois

Habitant de Saint-Dominique-du-Rosaire
Dominiquois

Habitant de Saint-Donat
Donatien

Habitant de Saint-Edmond-de-Grantham
Edmondois

Habitant de Saint-Édouard-de-Fabre
Fabrien

Habitant de Saint-Édouard-de-Maskinongé
Édouardien

Habitant de Saint-Élie-de-Caxton
Caxtonien

Habitant de Saint-Elzéar
Elzéarois

Habitant de Saint-Émile-de-Suffolk
Suffolkien

Habitant de Saint-Éphrem-de-Beauce
Éphremois

Habitant de Saint-Épiphane
Épiphanois

Habitant de Saint-Esprit
Spiritois

Habitant de Saint-Étienne-de-Beauharnois
Stéphanois

Habitant de Saint-Étienne-des-Grès
Stéphanois

Habitant de Saint-Eugène
Eugénois

Habitant de Saint-Eugène-de-Guigues
Eugénien

Habitant de Saint-Eugène-de-Ladrière
Eugénois

Habitant de Saint-Eusèbe
Eusèbien

Habitant de Saint-Eustache
Eustachois

Habitant de Saint-Fabien
Fabiennois

Habitant de Saint-Fabien-de-Panet
Panétois

Habitant de Saint-Faustin–Lac-Carré
Faustinois

Habitant de Saint-Félicien
Félicinois

Habitant de Saint-Félix-d'Otis
Otissien

Habitant de Saint-Félix-de-Dalquier
Dalquiérois

Habitant de Saint-Félix-de-Kingsey
Kingséen

Habitant de Saint-Félix-de-Valois
Félicien

Habitant de Saint-Ferdinand
Ferdinois

Habitant de Saint-Flavien
Flaviénois

Habitant de Saint-Fortunat
Fortunois

Habitant de Saint-François-d'Assise
Assisien

Habitant de Saint-François-de-la-Rivière-du-Sud
Sudfranciscois

Habitant de Saint-François-de-Sales
Salésien

Habitant de Saint-François-du-Lac
Francilois

Habitant de Saint-François-Xavier-de-Brompton
Tomcodois

Habitant de Saint-François-Xavier-de-Viger
Vigérois

Habitant de Saint-Frédéric
Frédéricois

Habitant de Saint-Fulgence
Fulgencien

Habitant de Saint-Gabriel-de-Brandon
Brandonien

Habitant de Saint-Gabriel-de-Rimouski
Gabriélois

Habitant de Saint-Gabriel-de-Valcartier
Valcartois

Habitant de Saint-Gabriel-Lalemant
Gabriellois

Habitant de Saint-Georges
Georgien

Habitant de Saint-Georges-de-Clarenceville
Clarencevillois

Habitant de Saint-Germain
Germainien

Habitant de Saint-Germain-de-Grantham
Germainois

Habitant de Saint-Gervais
Gervaisien

Habitant de Saint-Gilbert
Gilbertain

Habitant de Saint-Gilles
Gillois

Habitant de Saint-Guillaume
Guillaumien

Habitant de Saint-Henri
Henriçois

Habitant de Saint-Herménégilde
Mégilien

Habitant de Saint-Hilaire-de-Dorset
Dorsétois

Habitant de Saint-Hippolyte
Hippolytois

Habitant de Saint-Honoré
Honorien

Habitant de Saint-Honoré-de-Shenley
Shenléen

Habitant de Saint-Honoré-de-Témiscouata
Honorois

Habitant de Saint-Hubert
Hubertin

Habitant de Saint-Hyacinthe
Maskoutain

Habitant de Saint-Ignace-de-Loyola
Loyolois

Habitant de Saint-Ignace-de-Stanbridge
Ignaçois

Habitant de Saint-Isidore
Isidorien, Isidorois

Habitant de Saint-Isidore-d'Auckland
Isidorien

Habitant de Saint-Isidore-de-Clifton
Isidorien

Habitant de Saint-Jacques
Jacobin

Habitant de Saint-Jacques-de-Leeds
Leedois

Habitant de Saint-Jacques-le-Majeur-de-Wolfestown
Jacquois

Habitant de Saint-Jacques-le-Mineur
Jacqueminois

Habitant de Saint-Janvier-de-Joly
Jolyen

Habitant de Saint-Jean-de-Brébeuf
Brébeufois

Habitant de Saint-Jean-de-Cherbourg
Cherbourgeois

Habitant de Saint-Jean-de-Dieu
Johannois

Habitant de Saint-Jean-de-la-Lande
Jeannois

Habitant de Saint-Jean-de-Matha
Mathalois

Habitant de Saint-Jean-sur-Richelieu
Johannais

Habitant de Saint-Jérôme
Jérômien

Habitant de Saint-Joachim-de-Beauce
Josephois

Habitant de Saint-Joachim-de-Shefford
Joachimien

Habitant de Saint-Joseph-de-Beauce
Joselois

Habitant de Saint-Joseph-de-Coleraine
Colerainois

Habitant de Saint-Joseph-de-Ham-Sud
Hamsudois

Habitant de Saint-Joseph-de-Kamouraska
Joséphien

Habitant de Saint-Joseph-de-Lepage
Lepageois

Habitant de Saint-Joseph-du-Lac
Josephois

Habitant de Saint-Jovite
Jovitien

Habitant de Saint-Jude
Rochvillois

Habitant de Saint-Julien
Juliénois

Habitant de Saint-Juste-du-Lac
Lacjustois

Habitant de Saint-Justin
Justinien

Habitant de Saint-Lambert
Lambertien, Lambertois

Habitant de Saint-Lambert-de-Lauzon
Lambertin

Habitant de Saint-Lazare
Lazarois

Habitant de Saint-Lazare-de-Bellechasse
Lazarien

Habitant de Saint-Léandre
Léandais

Habitant de Saint-Léon-de-Standon
Standonnien

Habitant de Saint-Léon-le-Grand
Léonais, Léongrandien

Habitant de Saint-Léonard-d'Aston
Léonardais, Léonardois

Habitant de Saint-Léonard-de-Portneuf
Léonardois

Habitant de Saint-Liboire
Liboirois

Habitant de Saint-Liguori
Liguorien

Habitant de Saint-Louis-de-Blandford
Ludovicien

Habitant de Saint-Louis-de-Gonzague
Gonzaguois, Louisien

Habitant de Saint-Louis-du-Ha ! Ha !
Louisien

Habitant de Saint-Luc-de-Vincennes
Lucois

Habitant de Saint-Lucien
Luciennois

Habitant de Saint-Ludger
Ludgérois

Habitant de Saint-Ludger-de-Milot
Milotois

Habitant de Saint-Majorique-de-Grantham
Majoriquois

Habitant de Saint-Malachie
Malachois

Habitant de Saint-Malo
Malouin

Habitant de Saint-Marc-des-Carrières
Carriérois

Habitant de Saint-Marc-du-Lac-Long
Marcois

Habitant de Saint-Marcel
Marcellois

Habitant de Saint-Marcel-de-Richelieu
Marcelois

Habitant de Saint-Marcellin
Marcellinois

Habitant de Saint-Martin
Martinois

Habitant de Saint-Mathias-sur-Richelieu
Mathiassois

Habitant de Saint-Mathieu
Mathéen

Habitant de Saint-Mathieu-d'Harricana
Harricanien

Habitant de Saint-Mathieu-de-Belœil
Belœillois

Habitant de Saint-Mathieu-de-Rioux
Mathéen

Habitant de Saint-Mathieu-du-Parc
Mathieusaintois

Habitant de Saint-Maurice
Mauriçois

Habitant de Saint-Médard
Médardois

Habitant de Saint-Michel
Michelois

Habitant de Saint-Michel-de-Bellechasse
Michelois

Habitant de Saint-Michel-du-Squatec
Squatécois

Habitant de Saint-Modeste
Modestois

Habitant de Saint-Moïse
Moïsien

Habitant de Saint-Narcisse
Narcissois

Habitant de Saint-Narcisse-de-Beaurivage
Narcissien

Habitant de Saint-Narcisse-de-Rimouski
Narcissois

Habitant de Saint-Nazaire-d'Acton
Nazairien

Habitant de Saint-Nazaire-de-Dorchester
Nazairéen

Habitant de Saint-Nérée
Néréen

Habitant de Saint-Norbert
Norbertois

Habitant de Saint-Norbert-d'Arthabaska
Norbertien

Habitant de Saint-Octave-de-Métis
Métissien

Habitant de Saint-Omer
Audomarois

Habitant de Saint-Pacôme
Pacômien

Habitant de Saint-Pamphile
Pamphilien

Habitant de Saint-Pascal
Pascalien

Habitant de Saint-Patrice-de-Beaurivage
Beaurivageois

Habitant de Saint-Patrice-de-Sherrington
Sherringtonnois

Habitant de Saint-Paul
Paulois

Habitant de Saint-Paul-d'Abbotsford
Abbotsfordien

Habitant de Saint-Paul-de-l'Île-aux-Noix
Paulinoix

Habitant de Saint-Paul-de-la-Croix
Paulois

Habitant de Saint-Paul-de-Montminy
Montminyen

Habitant de Saint-Philémon
Philémontois

Habitant de Saint-Pie-de-Guire
Guirois

Habitant de Saint-Pierre-Baptiste
Baptistois

Habitant de Saint-Pierre-les-Becquets
Becquetois

Habitant de Saint-Placide
Placidien

Habitant de Saint-Polycarpe
Polycarpien

Habitant de Saint-Prime
Primois

Habitant de Saint-Prosper
Prospérien

Habitant de Saint-Raphaël
Raphaélois

Habitant de Saint-Raymond
Raymondois

Habitant de Saint-Rémi-de-Tingwick
Rémien

Habitant de Saint-René
Renéen

Habitant de Saint-Robert
Robertois

Habitant de Saint-Robert-Bellarmin
Bellarminois

Habitant de Saint-Roch-de-l'Achigan
Achiganois

Habitant de Saint-Roch-de-Mékinac
Mékinacois

Habitant de Saint-Roch-de-Richelieu
Rochois

Habitant de Saint-Roch-des-Aulnaies
Aulnois

Habitant de Saint-Romain
Romanois

Habitant de Saint-Rosaire
Rosarois

Habitant de Saint-Samuel
Samuelois

Habitant de Saint-Sauveur
Sauverois

Habitant de Saint-Sébastien
Sébastiennais, Sébastinois

Habitant de Saint-Sévère
Sévèrois

Habitant de Saint-Simon
Simonais, Simonois

Habitant de Saint-Stanislas
Stanois

Habitant de Saint-Stanislas-de-Kostka
Staniçois

Habitant de Saint-Sulpice
Sulpicien

Habitant de Saint-Sylvère
Sylvérois

Habitant de Saint-Sylvestre
Sylvestois

Habitant de Saint-Télesphore
Télesphorois

Habitant de Saint-Théodore-d'Acton
Théodorien

Habitant de Saint-Théophile
Théophilien

Habitant de Saint-Thomas
Thomassien

Habitant de Saint-Thomas-Didyme
Didymien

Habitant de Saint-Thuribe
Thuribien

Habitant de Saint-Ubalde
Ubaldien

Habitant de Saint-Ulric
Ulricois

Habitant de Saint-Valère
Valérien

Habitant de Saint-Valérien
Valérienois

Habitant de Saint-Valérien-de-Milton
Valériennois

Habitant de Saint-Vallier
Vallierois

Habitant de Saint-Venant-de-Paquette
Paquettevillien

Habitant de Saint-Vianney
Viannois

Habitant de Saint-Victor
Victorois

Habitant de Saint-Zacharie
Zacharois

Habitant de Saint-Zénon
Zénonien

Habitant de Saint-Zéphirin-de-Courval
Zéphirinois

Habitant de Saint-Zotique
Zotiquien

Habitant de Sainte-Adèle
Adélois

Habitant de Sainte-Agathe-de-Lotbinière
Agathois

Habitant de Sainte-Angèle-de-Mérici
Méricien

Habitant de Sainte-Angèle-de-Monnoir
Angéloirien

Habitant de Sainte-Angèle-de-Prémont
Prémontois

Habitant de Sainte-Anne-de-Bellevue
Annabellevois

Habitant de Sainte-Anne-de-la-Pérade
Péradien

Habitant de Sainte-Anne-de-la-Pocatière
Pocatiérain

Habitant de Sainte-Anne-de-la-Rochelle
Larochellois

Habitant de Sainte-Anne-des-Lacs
Annelacois

Habitant de Sainte-Anne-des-Monts
Annemontois

Habitant de Sainte-Anne-du-Lac
Lacquois

Habitant de Sainte-Anne-du-Sault
Saintannois

Habitant de Sainte-Apolline-de-Patton
Apollinois

Habitant de Sainte-Aurélie
Aurélien

Habitant de Sainte-Barbe
Barberivain

Habitant de Sainte-Béatrix
Béatrixois

Habitant de Sainte-Brigide-d'Iberville
Brigidien

Habitant de Sainte-Brigitte-de-Laval
Lavalois

Habitant de Sainte-Brigitte-des-Saults
Brigittois

Habitant de Sainte-Catherine-de-Hatley
Catherinois

Habitant de Sainte-Catherine-de-la-Jacques-Cartier
Catherinois

Habitant de Sainte-Cécile-de-Lévrard
Cécilien

Habitant de Sainte-Cécile-de-Milton
Miltonnais

Habitant de Sainte-Cécile-de-Whitton
Whittonnais

Habitant de Sainte-Christine
Christinois

Habitant de Sainte-Clotilde-de-Beauce
Clotildois

Habitant de Sainte-Clotilde-de-Châteauguay
Clotildien

Habitant de Sainte-Clotilde-de-Horton
Clotildois

Habitant de Sainte-Élisabeth
Bayollais

Habitant de Sainte-Élizabeth-de-Warwick
Élizabethois

Habitant de Sainte-Émélie-de-l'Énergie
Émélinois

Habitant de Sainte-Eulalie
Eulalien

Habitant de Sainte-Euphémie-sur-Rivière-du-Sud
Sudriverain

Habitant de Sainte-Famille
Famillois

Habitant de Sainte-Félicité
Félicitois

Habitant de Sainte-Flavie
Flavien

Habitant de Sainte-Florence
Florencien

Habitant de Sainte-Foy
Fidéen

Habitant de Sainte-Françoise
Franlageois

Habitant de Sainte-Geneviève-de-Batiscan
Geneviévois

Habitant de Sainte-Geneviève-de-Berthier
Berthelais

Habitant de Sainte-Germaine-Boulé
Germainien

Habitant de Sainte-Hedwidge
Hedwidgien

Habitant de Sainte-Hélène
Hélénois

Habitant de Sainte-Hélène-de-Bagot
Hélénois

Habitant de Sainte-Hélène-de-Mancebourg
Mancebourgeois

Habitant de Sainte-Irène
Irénien

Habitant de Sainte-Jeanne-d'Arc
Jeannedarcois

Habitant de Sainte-Julie
Julievillois

Habitant de Sainte-Julienne
Juliennois

Habitant de Sainte-Justine
Justinien

Habitant de Sainte-Justine-de-Newton
Justinois

Habitant de Sainte-Louise
Louisien

Habitant de Sainte-Luce
Lucois

Habitant de Sainte-Lucie-de-Beauregard
Beauregardois

Habitant de Sainte-Lucie-des-Laurentides
Lucilois

Habitant de Sainte-Madeleine
Madeleinois

Habitant de Sainte-Madeleine-de-la-Rivière-Madeleine
Madeleinoriverain

Habitant de Sainte-Marcelline-de-Kildare
Marcellinois

Habitant de Sainte-Marguerite
Margueritien

Habitant de Sainte-Marguerite-du-Lac-Masson
Massonais

Habitant de Sainte-Marie
Mariverain

Habitant de Sainte-Marie-de-Blandford
Marielandais

Habitant de Sainte-Marie-Salomée
Saloméen

Habitant de Sainte-Marthe
Marthéen

Habitant de Sainte-Marthe-sur-le-Lac
Marthelacquois

Habitant de Sainte-Martine
Martinois

Habitant de Sainte-Mélanie
Mélanien

Habitant de Sainte-Monique
  Moniquois
Habitant de Sainte-Paule
  Pauléen
Habitant de Sainte-Perpétue
  Perpétuen
Habitant de Sainte-Pétronille
  Pétronillais
Habitant de Sainte-Rita
  Ritois
Habitant de Sainte-Rose-du-Nord
  Roserain
Habitant de Sainte-Sabine
  Sabinois
Habitant de Sainte-Séraphine
  Séraphinois
Habitant de Sainte-Sophie
  Sophien
Habitant de Sainte-Sophie-d'Halifax
  Halifaxois
Habitant de Sainte-Thècle
  Thèclois
Habitant de Sainte-Thérèse
  Térésien
Habitant de Sainte-Thérèse-de-Gaspé
  Thérésien
Habitant de Sainte-Thérèse-de-la-Gatineau
  Thérésois
Habitant de Sainte-Ursule
  Ursulois
Habitant de Sainte-Victoire-de-Sorel
  Victoirien
Habitant de Saints-Anges
  Angelinois
Habitant de Saints-Martyrs-Canadiens
  Martyrois
Habitant de Salaberry-de-Valleyfield
  Campivallensien
Habitant de Sayabec
  Sayabécois
Habitant de Schefferville
  Scheffervillois
Habitant de Scotstown
  Scotstownois
Habitant de Scott
  Scottois
Habitant de Senneterre
  Senneterrien
Habitant de Sept-Îles
  Septilien
Habitant de Shawinigan
  Shawiniganais
Habitant de Sherbrooke
  Sherbrookois

Habitant de Shigawake
  Shigawakien
Habitant de Sillery
  Sillerois
Habitant de Sorel
  Sorelois
Habitant de Stanstead
  Stansteadois
Habitant de Stoke
  Stokois
Habitant de Stornoway
  Stornowayen
Habitant de Stukely-Sud
  Diligent
Habitant de Sutton
  Suttonnais
Habitant de Tadoussac
  Tadoussacien
Habitant de Taschereau
  Tascherellois
Habitant de Témiscaming
  Témiscaminois
Habitant de Terrebonne
  Terrebonnien
Habitant de Thetford Mines
  Thetfordois
Habitant de Thurso
  Thursolien
Habitant de Tourville
  Tourvillien
Habitant de Tracy
  Tracien
Habitant de Très-Saint-Rédempteur
  Rédempteurois
Habitant de Très-Saint-Sacrement
  Sacrementois
Habitant de Trois-Pistoles
  Pistolois
Habitant de Trois-Rivières
  Trifluvien
Habitant de Val-Bélair
  Bélairois
Habitant de Val-d'Or
  Valdorien
Habitant de Val-des-Bois
  Valboisien
Habitant de Val-des-Lacs
  Vallacquois
Habitant de Val-des-Monts
  Montvalois
Habitant de Val-Morin
  Valmorinois
Habitant de Valcourt
  Valcourtois

Habitant de Vallée-Jonction
Valléen

Habitant de Varennes
Varennois

Habitant de Vaudreuil-Dorion
Vaudreuillois

Habitant de Venise-en-Québec
Vénisien

Habitant de Verchères
Verchèrois

Habitant de Verdun
Verdunois

Habitant de Victoriaville
Victoriavillois

Habitant de Villeroy
Villerain

Habitant de Waltham
Walthameux

Habitant de Warwick
Warwickois

Habitant de Waterloo
Waterlois

Habitant de Waterville
Watervillois

Habitant de Weedon
Weedonnais

Habitant de Westmount
Westmountais

Habitant de Wickham
Wickhamois

Habitant de Windsor
Windsorois

Habitant de Wotton
Wottonnais

Habitant de Yamachiche
Yamachichois

Habitant de Yamaska
Maskoutain

Habitant des Becquets
Becquettois

Habitant des Bergeronnes
Bergeronnais

Habitant des Bois-Francs
Sylvifranc

Habitant des Cantons-de-l'Est
Cantonnier

Habitant des Cèdres
Cèdreau

Habitant des Coteaux
Coteaulois

Habitant des Éboulements
Éboulois

Habitant des Escoumins
Escouminois

Habitant des îles de la Madeleine
Madelinot

Habitant des Laurentides
Laurentien

Habitant des Méchins
Méchinois

Habitant du Cap-de-la-Madeleine
Madelinois

Habitant du Centre-du-Québec
Centricois

Habitant du deuxième pays le plus peuplé du monde
Indien

Habitant du Lac-Saint-Jean
Jeannois

Habitant du pays dont la capitale est Ankara
Turc

Habitant du Suroît
Suroîsien

Habitant du Témiscamingue
Témiscamien

Habitant du Témiscouata
Témiscouatain

Habitant imaginaire de la Lune
Sélénite

Habitant présumé de la planète Mars
Martien

Habitat
appartement, biotope, domicile, environnement, habitation, logement, maison, milieu, résidence

Habitation
abri, appartement, demeure, domicile, gîte, gourbi, habitat, logement, logis, maison, nid, pénates, résidence, séjour, toit

Habitation blanche
igloo, iglou

Habitation comportant trois appartements
triplex

Habitation d'ermite
ermitage

Habitation des pays russes
isba

Habitation en bois de sapin
isba

Habitation en forme de dôme
igloo, iglou

Habitation mal construite ou mal tenue
bicoque

Habitation rudimentaire
abri

Habitation rudimentaire en Afrique du Nord
gourbi

Habitation rurale
manse

Habitation sordide
tanière

Habitation traditionnelle de certains Amérindiens
tipi

Habitation traditionnelle de Tahiti
faré

Habitation traditionnelle provençale faite de pierres sèches
borie

Habité
hanté, occupé, populeux, possédé

Habité par des êtres surnaturels, comme c'est le cas le soir de l'Halloween
hanté

Habiter
animer, crécher, demeurer, gîter, hanter, loger, obséder, occuper, percher, peupler, posséder, poursuivre, résider, rester, séjourner, tarabuster, tourmenter, vivre

Habiter ensemble
cohabiter

Habits
affaires, atours, effets, fringues, frusques, hardes, oripeaux

Habituant
accommodant

Habituation
accoutumance

Habitude
accoutumance, adaptation, automatisme, coutume, déformation, entraînement, exercice, expérience, manie, marotte, mode, mœurs, penchant, pli, pratique, règle, rite, rituel, routine, tic, tradition, us, usage

Habitude de boire du thé en quantité excessive
théisme

Habitude de flâner
flânerie

Habitué
abonné, acclimaté, accoutumé, adapté, aguerri, client, dressé, éduqué, endurci, entraîné, exercé, façonné, familiarisé, familier, fidèle, formé, pilier, resté

Habitué à bien se comporter en public
sortable

Habituel
abonné, accoutumé, attitré, banal, classique, commun, consacré, courant, coutumier, éternel, familier, fréquent, général, itératif, normal, ordinaire, perpétuel, quotidien, régulier, rituel, routinier, standard, traditionnel, usité, usuel

Habituelle et précise
rituelle

Habituellement
généralement, souvent, volontiers

Habituer
acclimater, accommoder, accoutumer, adapter, aguerrir, dresser, éduquer, entraîner, exercer, façonner, familiariser, former, rester, roder

Habituer à la mer
amariner

Habituer aux dangers de la guerre
aguerrir

Hâbler
exagérer, parler

Hâblerie
bluff, bravade, esbroufe, fanfaronnade, forfanterie, gasconnade, rodomontade, vantardise

Hâbleur
bluffeur, charlatan, crâneur, faiseur, fanfaron, gascon, matamore, menteur, rodomont, vantard

Hache
arme, cognée, doleau, doloire, fendoir, hachette, herminette, merlin, tomahawk

Haché
abrupl, coupé, déchiqueté, découpé, décousu, entrecoupé, hachuré, heurté, interrompu, saccadé, sautillant, taillé, tranché

Hache à fendre le bois
merlin

Hache de fer étroite, à long manche
cognée

Hache de guerre
tomahawk

Haché, saccadé
heurté

Hacher
couper, déchiqueter, découper, entrecouper, hachurer, interrompre, tailler, trancher

Hachereau
francisque, hachette

Hachette
hache, hachereau

Hachis
croquette, farce

Hachis d'aliments servi avec la dinde de Noël
farce

Hachis de pommes de terre, d'oignons et de viande
chiard

Hachoir
couperet

Hachure
raie, rayure, strie, trait

Hachuré
haché, strié

Hachurer
entailler, hacher, rayer, strier

Hadal
abyssal

Haddock
aiglefin, églefin

Hadron formé d'un quark et d'un antiquark
méson

Hafnium
Hf

Hagard
effaré, effrayé, égaré, farouche, fou,
halluciné, hébété, sauvage, troublé

Haï
détesté

Haie
barbelé, barricade, barrière, bois, bordure,
buisson, clôture, cordon, enceinte, fermeture,
file, grillage, obstacle, palissade, rang,
rangée, rideau

Haïk
voile

Haïku
poème

Haillon
charpie, chiffe, chiffon, défroque, fripe,
guenille, lambeau, loque, nippe, vêtement

Haillons
hardes, oripeaux

Haine
abomination, acharnement, agressivité,
animadversion, animosité, antipathie,
aversion, dégoût, détestation, exécration,
fiel, horreur, hostilité, inimitié, méchanceté,
phobie, racisme, rancœur, rancune,
répugnance, répulsion, ressentiment, venin,
xénophobie

Haine des étrangers
xénophobie

Haineux
enfiellé, fielleux, hostile, malveillant, mauvais,
méchant, venimeux

Haïr
abhorrer, abominer, détester, envier, exécrer,
honnir, maudire, mépriser, vomir

Haire
cilice

Haïssable
abject, détestable, exécrable, horrible,
ignoble, infâme, insupportable, maudit,
odieux

Halage
lé, tirage, touage

Hâle
bronzage

Hâlé
basané, bistre, boucané, bronzé, brun,
cuivré, doré, noir, sombre, tanné

Haleine
effluve, émanation, odeur, parfum,
respiration, souffle

Halenée
bouffée

Haler
paumoyer, remorquer, tirer, touer, traîner

Hâler
basanner, boucaner, bronzer, brunir, cuivrer,
dorer, tanner

Haletant
anhélant, essoufflé, oppressé, pantelant,
pantois, précipité, saccadé

Haleté
soufflé

Halètement
dyspnée

Haleter
anhéler, essouffler, panteler, respirer, souffler

Haleur
remorqueur, toueur, treuil

Hall
accueil, antichambre, entrée, salle, vestibule

Hallali
cri

Halle
entrepôt, hangar, magasin, marché

Hallebarde
arme, pique

Hallier
buisson, filet, fourré

Hallucination
berlue, délire, illusion, mirage, phantasme,
vision

Halluciné
dément, égaré, fou, hagard, loufoque,
visionnaire

Halluciner
délirer

Halo
aura, auréole, cercle, cerne, disque, gloire,
nimbe

Halo lumineux
auréole, nimbe

Halogène
iode

Hâloir
séchoir

Halte
accalmie, arrêt, basta, escale, étape,
interruption, pause, relâche, relais, répit,
repos, station, stop, terminus, trêve

Hamburger, frites et boisson gazeuse
trio

Hameau
bourg, bourgade, commune, îlet, village

Hameau, en Algérie
mechta

Hameçon
amorce, appât, croc, leurre, piège

Hameçon double
bricole

Hammam
erreur

Hampe
aste, bâton, digon, manche, queue, tige

Hampe d'une bannière
trabe

Han
onomatopée

Handicap
atrophie, désavantage, entrave, frein,
gêne, impotence, incapacité, inconvénient,
infériorité, infirmité, invalidité, obstacle,
pénalité, tare

Handicapé
anormal, blessé, déficient, estropié, frustré,
impotent, infirme, invalide, mutilé

Handicaper
défavoriser, désavantager, desservir, entraver,
freiner, gêner, nuire, pénaliser

Hangar
abri, appentis, bâtiment, entrepôt, garage,
grange, halle, remise

Hanneton
insecte

Hanse
corporation, ghilde, gilde, guilde

Hanté
fréquenté, habité, miné, obsédé, peuplé,
possédé, poursuivi, rongé, tarabusté,
tourmenté

Hanter
courir, dévorer, fréquenter, habiter, harceler,
infester, lanciner, miner, obnubiler, obséder,
peupler, posséder, pourchasser, poursuivre,
pratiquer, ronger, tarabuster, tenailler, torturer,
tourmenter

Hantise
angoisse, cauchemar, crainte, manie,
obsession, peur, phobie, psychose, souci,
tracas, vision

Happé
attrapé, grippé, saisi

Happer
attraper, gripper, prendre, saisir

Haquenée
cheval

Haquet
carriole, charrette

Hara-kiri
seppuku

Harangue
allocution, catilinaire, diatribe, discours,
exhortation, laïus, oraison, philippique,
prêche, prône, prosopopée, sermon

Haranguer
admonester, blâmer, exhorter, fustiger,
houspiller, morigéner, réprimander,
sermonner

Haranguet
sprat

Harangueur
orateur, tribun

Harassant
abrutissant, accablant, assommant, crevant,
déprimant, énervant, ennuyant, ennuyeux,
épuisant, éreintant, exténuant, fatigant,
lassant, pénible, rude, surmenant, tuant

Harassé
accablé, affaibli, alangui, assommé, claqué,
crevé, ennuyé, épuisé, éreinté, exténué,
fatigué, fourbu, lessivé, mort, moulu, nase,
recru, rendu, rompu, surmené, vanné, vidé

Harassement
abattement, fatigue, surmenage

Harasser
accabler, affaiblir, alanguir, anéantir,
assommer, briser, claquer, crever, ennuyer,
épuiser, éreinter, exténuer, fatiguer, lasser,
lessiver, surmener, user, vanner, vider

Harcelé
bombardé, énervé, secoué

Harcèlement
taraudage

Harceler
assaillir, assiéger, asticoter, bombarder,
cribler, empoisonner, fatiguer, hanter,
importuner, infester, inquiéter, miner,
obnubiler, obséder, persécuter, poursuivre,
pousser, presser, provoquer, relancer,
secouer, taler, talonner, tarabuster, tirailler,
tourmenter, traquer, travailler

Harde
troupe, troupeau

Harde de biches et de jeunes cerfs
harpail

Hardes
défroques, guenilles, habits, haillons,
harpailles, loques, nippes, oripeaux, vieilleries

Hardi
audacieux, aventureux, brave, cavalier, courageux, culotté, décidé, déluré, effronté, gaillard, impertinent, imprudent, impudent, impudique, indécent, insolent, intrépide, leste, libre, licencieux, mâle, nouveau, novateur, original, osé, polisson, présomptueux, provocant, résolu, risqué, salé, scabreux, téméraire, vaillant

Hardi, résolu
déterminé

Hardiesse
affronterie, aplomb, assurance, audace, bravoure, cœur, confiance, courage, culot, front, impudence, innovation, insolence, intrépidité, liberté, licence, nouveauté, originalité, présomption, privauté, témérité, toupet, vaillance

Hardiment
audacieusement, bravement, courageusement, effrontément, impudemment, insolemment, intrépidement

Harem
gynécée, sérail, zénana

Hareng fumé
saur

Hareng nouvellement sauré
saurin

Hareng ouvert, fumé et salé
kipper

Hargne
acrimonie, agressivité, animosité, colère, combativité, rage, rogne, ténacité

Hargneusement
rageusement

Hargneux
acariâtre, agressif, aigre, amer, âpre, colérique, grincheux, maussade, méchant, querelleur, rageur, rechigné, renfrogné, revêche, rogue, teigneux

Haricot
chevrier, coco, dolic, fève, flageolet, flûte, ragoût

Haricot nain très estimé
flageolet

Haridelle
cheval

Harissa
piment

Harle du Grand Nord
bièvre

Harmattan
vent

Harmonie
accord, alliance, assortiment, balancement, beauté, cadence, cohérence, communion, concert, concordance, concorde, conformité, consonance, convenance, délicatesse, économie, élégance, entente, équilibre, euphonie, eurythmie, fanfare, fraternité, grâce, homogénéité, mélodie, musique, nombre, orchestre, ordre, orphéon, paix, philharmonie, proportion, régularité, rythme, similitude, symbiose, symétrie, sympathie, symphonie, unanimité, union, unisson, unité

Harmonie de sons
euphonie

Harmonieusement
heureusement

Harmonieux
agréable, assorti, cohérent, coordonné, délicat, doux, gracieux, heureux, homogène, juste, musical, régulier, suave

Harmonisation
adaptation, coordination

Harmonisé
agencé, allié, assorti, orchestré

Harmoniser
accorder, adapter, agencer, allier, apparier, arranger, assortir, concilier, marier, orchestrer, unifier

Harmoniste
accordeur

Harnaché
habillé

Harnachement
attirail, harnais, joug

Harnacher
accoutrer, affubler, attifer, équiper, habiller, vêtir

Harnais
accoutrement, bât, baudrier, caparaçon, harnachement, joug

Haro
dénonciation, tollé

Harpagon
avare, rat

Harpail
colonie, troupe, troupeau

Harpailles
hardes, nippes

Harpie
démon, femme, furie, méchant, mégère, sorcière

Harpon
croc, dard, digon, foène, grappin

Harpon à plusieurs branches
foène

Harponné
agrippé, alpagué

Harponner
agrafer, agripper, alpaguer, attraper, épingler, pincer

Hasard
adon, aléa, aubaine, aventure, chance, circonstance, coïncidence, conjoncture, danger, destin, fatalité, fortune, imprévu, occasion, péril, providence, rencontre, risque, sort

Hasardé
dangereux, éprouvé, fou, imprudent, loufoque, téméraire

Hasarder
avancer, aventurer, commettre, émettre, éprouver, essayer, exposer, jouer, oser, proposer, risquer, suggérer, tenter

Hasardeux
aléatoire, audacieux, aventureux, dangereux, fou, glissant, gratuit, imprudent, incertain, périlleux, risqué, scabreux, téméraire

Hassium
Hs

Hast
javelot

Hastaire
lancier, uhlan

Hâte
affolement, agitation, célérité, diligence, empressement, impatience, précipitation, presse, promptitude, rapidité, urgence, vitesse

Hâtelet
broche, brochette

Hâter
accélérer, activer, affoler, avancer, bousculer, brusquer, précipiter, presser, ruer, trousser

Hâter (Se)
courir, dépêcher, empresser

Hâtier
chenet

Hâtif
bâclé, expéditif, précipité, précoce, prématuré, pressé, prompt, rapide, sommaire

Hâtiveau
pois, primeur

Hâtivement
vite

Hauban
cordage, galhauban, guinderesse, suspente

Haubaner
corder

Haubert
jaseran

Hausse
accroissement, augmentation, bond, boom, crescendo, crue, élévation,

escalade, flambée, haussement, inflation, majoration, montée, poussée, progression, recrudescence, rehaussement, relèvement, valorisation

Haussé
accru, agrandi, exalté, hissé, levé

Hausse d'un demi-ton en musique
dièse

Hausse des prix
inflation

Hausse soudaine
boom

Haussement
hausse

Hausser
accroître, agrandir, augmenter, élever, enfler, exalter, exhausser, forcer, grandir, hisser, lever, majorer, monter, redresser, rehausser, relever, remonter, soulever, surélever, surhausser

Haussier
accapareur

Haut
aérien, aigu, ancien, beau, bel, cime, corsage, crête, dominant, dressé, éclatant, édifiant, élancé, élevé, éloigné, eminent, extrême, faîte, grand, héroïque, important, intense, levé, noble, pointe, puissant, reculé, relevé, retentissant, sommet, sonore, sublime, supérieur, tête, transcendant, vif

Haut bonnet de femme
hennin

Haut de gamme
luxueux

Haut de robe d'un seul tenant
corsage

Haut en couleur
truculent

Haut fonctionnaire chinois
mandarin

Haut plateau des Andes
puna

Haut prix des choses qui sont à vendre
cherté

Haut-de-chausses
chausses

Haut-de-forme
chapeau, tube

Haut-fond
banc, barre

Haut-fourneau
fonderie

Haut-le-cœur
écœurement, nausée, répulsion

Haut-le-corps
frisson, sursaut

Haut-parleur
ampli, baffle, enceinte

Haut-relief
sculpture

Hautain
altier, arrogant, cavalier, condescendant,
conquérant, dédaigneux, distant, fier, froid,
glacial, impérieux, inaccessible, infatué,
insolent, méprisant, orgueilleux, pincé,
protecteur, rogue, snob, supérieur

Hautbois
hautboïste, musette

Hautboïste
hautbois

Haute coiffure de cérémonie
mitre

Haute récompense cinématographique
Oscar

Haute théologie
gnose

Haute tour
phare

Hautement
éminemment, extrêmement, fort, fortement,
ouvertement, très

Hauteur
altitude, arrogance, butte, colline,
condescendance, côte, coteau, dédain,
dimension, élévation, éminence, fierté,
grandeur, insolence, mépris, mont,
montagne, monticule, morgue, niveau,
noblesse, orgueil, plan, présomption, stature,
sublimité, superbe, supériorité, taille, tertre

Havane
cigare, cigarillo, marron

Hâve
amaigri, blafard, blême, cireux, décharné,
émacié, étique, exsangue, famélique, livide,
maigre, pâle, pâlot, plombé, terreux, vitreux

Haveneau
havenet

Havenet
haveneau

Havre
abri, asile, oasis, port, rade, refuge, retraite,
toit

Havresac
musette, sac, sacoche

Hayon
layon

He
hélium

Hé
ah, hem, hep, ho, holà, interjection, oh, ohé,
psitt, pst

Heaume
casque

Hebdomadaire
journal

Hebdomadier
semainier

Hébergé
abrité, accueilli, logé, reçu

Hébergement
logement

Héberger
abriter, accueillir, loger, recevoir

Hébétant
abrutissant

Hébété
abasourdi, abêti, abruti, ahuri, engourdi,
hagard, sidéré, stupide, troublé

Hébétement
hébétude

Hébéter
abasourdir, abêtir, abrutir, ahurir

Hébétude
abrutissement, ahurissement, hébétement,
ivresse, prostration, stupeur

Hébraïque
hébreu, juif

Hébreu
hébraïque, juif

Hécatombe
boucherie, carnage, extermination, génocide,
immolation, massacre, sacrifice, tuerie

Hectare
ha

Hecto
hectolitre

Hectolitre
hecto, hl

Hectomètre
hm

Hégémonie
autorité, domination, empire, pouvoir,
prépondérance, supériorité, suprématie

Hein
quoi

Hélas
las, malheureusement

Héler
apostropher, appeler, interpeller

Hélianthe
girasol, soleil, tournesol

Hélice
propfan, spirale, vis, volute, vrille

Hélicon
saxhorn

Hélicoptère
aéronef, autogire, giravion, girodyne

Héligare
aéroport, héliport, hélistation

Héliport
aéroport, héligare

Hélistation
héligare

Hélium
gaz, He

Hélix
escargot

Hellène
grec, hellénique

Hellénique
grec, hellène

Helléniser
gréciser

Hellénisme
grécité

Hem
eh, hé, hep, hum, psitt, pst

Hématome
bleu, contusion, ecchymose, lésion

Hémicycle
amphi

Hémione
âne, ânesse, ânon, bourrique, onagre

Hémiplégique
impotent

Hémorragie
fulte, perte, saignée

Hémorragie cutanée sous forme de stries
vibices

Hémostase
caillage, coagulation

Hennissement
cri

Hep
ah, eh, hé, hem, ho, ohé, psitt, pst

Heptacorde
lyre

Héraut
annonciateur, messager, proclamateur,
promoteur

Herbage
alpage, alpe, champ, pacage, pâturage,
pâture, prairie, pré

Herbager
pacager

Herbe
foin, fourrage, gazon, graminée, pâturage,
pâture, pelouse, verdure

Herbé
herbu

Herbe à feu
épilobe

Herbe à gazon
gramen

Herbe annuelle ou vivace
lotier

Herbe appelée aussi spart
alfa

Herbe aquatique des régions tempérées
pesse

Herbe aquatique vivace
isoète

Herbe aux ânes
arbalète

Herbe aux coqs
tanaisie

Herbe aux perles
grémil

Herbe bisannuelle appelée aussi herbe jaune
gaude

Herbe courte et fine
herbette

Herbe de saint Christophe
actéc

Herbe de Saint-Jacques
jacobée, séneçon

Herbe de Saint-Jean
génépi

Herbe des prairies
foin

Herbe dont on tire une huile laxative
ricin

Herbe fourragère
mélilot

Herbe fourragère odorante
flouve

Herbe potagère
cerfeuil

Herbe très commune dans les prés
brome

Herbe vivace et bulbeuse
narcisse

Herbe-aux-chats
valériane

Herbeux
herbu, verdoyant

Herbicide
débroussaillant, défoliant, désherbant,
pesticide

Herbivore
phytophage, végétalien

Herbu
herbé, herbeux, verdoyant, vert

Hercule
alcide, athlète, bateleur, colosse, géant, lutteur, titan

Herculéen
colossal, gigantesque, malabar, puissant, titanesque

Héréditaire
inné

Hérédité
atavisme, filiation, génétique, héritage, lignée, parenté, patrimoine, sang, succession, transmission

Hérésiarque
hérétique

Hérésie
crime, dissidence, hétérodoxie, sacrilège, schisme

Hérétique
adultère, apostat, dissident, hérésiarque, hétérodoxe, impie, incroyant, infidèle, mécréant, relaps, renégat

Hérissant
agaçant, exaspérant, fâchant, horripilant, irritant

Hérissé
décoiffé, ébouriffé, échevelé, hirsute, indigné, rigide, rude

Hérissement des pointes du fil barbelé
barbelure

Hérisser
agacer, crisper, décoiffer, ébouriffer, exaspérer, fâcher, horripiler, indisposer, irriter, redresser

Hérisson
brosse, égouttoir, herse

Hérisson de mer
oursin

Héritage
hérédité, hoirie, legs, lot, patrimoine, succession, tradition

Hériter
acquérir, recevoir, recueillir

Héritier
continuateur, dauphin, disciple, enfant, fils, hoir, légataire, successeur

Héritiers
postérité, progéniture

Herméneutique
exégèse, lecture

Hermès
terme

Hermétique
abscons, abstrait, abstrus, étanche, inaccessible, nébuleux, obscur, occulte, secret, sibyllin

Hermétisme
alchimie, obscurité

Hermine
marte, martre, roselet

Hermine dans son pelage d'été
roselet

Herminette
hache

Hernie
évagination

Héroïne, compagne de Tristan
Iseult, Iseut

Héroïne légendaire grecque, épouse d'Héraclès
Iole

Héroïque
brave, courageux, épique, glorieux, haut, homérique, intrépide, noble, preux, stoïque, vaillant, valeureux

Héroïsme
bravoure, courage, stoïcisme, vaillance, valeur

Héron
aigrette

Héros
brave, géant, légende, modèle, preux, protagoniste, surhomme

Héros de bande dessinée créé par René Goscinny
Astérix

Héros de BD créé par Hergé
Tintin

Héros de Castro
Cid

Hersage
binage

Herse
écroûteuse, émotteuse, grille, hérisson, sarrasine

Herse utilisée pour émotter
émotteur

Herser
ameublir, écroûter, émotter, façonner, labourer

Hertz
Hz

Hésitant
chancelant, flottant, fluctuant, frileux, incertain, indécis, indéterminé, irrésolu, perplexe, prudent, réservé, réticent, tiède, timide, vacillant

Hésitation
atermoiement, balancement, doute, embarras, errance, errements, flottement, frilosité, incertitude, indécision,

indétermination, perplexité, prudence, réserve, résistance, réticence, scrupule, tâtonnement, tergiversation

Hésité
ergoté

Hésiter
ânonner, atermoyer, attendre, balancer, balbutier, bégayer, chanceler, délibérer, demander, douter, flotter, fluctuer, interroger, osciller, réfléchir, tâtonner, tergiverser, trébucher, vaciller

Hétaïre
courtisane

Hétéroclite
bigarré, composite, disparate, kitsch

Hétérodoxe
hérétique

Hétérodoxie
déviation, hérésie

Hétérogène
bigarré, composite, disparate, divers, hybride

Hétérogénéité
disparité, diversité, variété

Hêtre
fayard, fouteau

Heur
bonheur, fortune

Heure
circonstance, époque, instant, moment, occasion, période, temps

Heure avancée du Centre
HAC

Heure du milieu du jour
midi

Heureusement
avantageusement, bien, élégamment, favorablement, harmonieusement, idéalement

Heureux
aise, approprié, béat, beau, bel, bien, bienvenu, bon, chanceux, charmé, comblé, content, enchanté, épanoui, faste, favorable, favorisé, fortuné, harmonieux, jouisseur, jovial, joyeux, juste, propice, prospère, radieux, ravi, rayonnant, réjoui, réussi, satisfait, serein, tranquille, veinard

Heureux en Dieu
béat

Heurt
accrochage, affront, affrontement, anicroche, antagonisme, battement, cahot, choc, cognement, collision, conflit, coup, dispute, friction, froissement, impact, opposition, querelle, rencontre, saccade, scène, secousse, tamponnement, télescopage, tirage

Heurté
abrupt, choqué, coupé, haché, offusqué, rude, saccadé, vexé

Heurté dans sa sensibilité, ses opinions
offusqué

Heurter
aborder, accrocher, achopper, affronter, attaquer, atteindre, blesser, bousculer, choquer, cogner, combattre, contrarier, cosser, emboutir, frapper, froisser, offenser, offusquer, percuter, rencontrer, saccader, tamponner, taper, télescoper, toucher, ulcérer, vexer

Heurter par petits coups
cingler

Heurter violemment
emboutir

Heurtoir
anneau, boucle, butoir, marteau

Heuse
botte

Hexapode
insecte

Hf
hafnium

Hg
mercure

Hi
interjection

Hi-han
braiement, braiment

Hiatus
coupure, décalage, désaccord, faille, fente, interruption, interstice, lacune, rupture

Hibernal
froid, hiémal, hivernal

Hiberner
hiverner

Hibiscus
ketmie

Hibou
duc

Hic
histoire, nœud, os, problème

Hickory
pacanier

Hidalgo
baron, gentilhomme

Hideur
abjection, bassesse, difformité, disgrâce, horreur, ignominie, infamie, laideur, monstruosité, saleté, vilenie

Hideux
abject, abominable, affreux, atroce, barbare, cruel, déplaisant, désagréable, désolant, difforme, disgracieux, douloureux, effrayant,

effroyable, enlaidi, épouvantable, exécrable, horrible, ignoble, inélégant, inesthétique, infâme, insupportable, intolérable, laid, macabre, monstrueux, noir, odieux, repoussant, répugnant, révoltant, sordide, terrible, vilain

Hidjab
foulard

Hie
dame, demoiselle, pilon

Hièble
sureau

Hiémal
hibernal, hivernal

Hier
récemment, veille

Hiérarchie
classement, classification, échelle, gradation, ordre, subordination, supérieur

Hiérarchisé
organisé

Hiérarchiser
étager, ordonner, sérier

Hiératique
cultuel, immobile

Hilarant
agréable, amusant, burlesque, cocasse, comique, délassant, désopilant, distrayant, divertissant, drolatique, drôle, facétieux, inénarrable, joyeux, marrant, plaisant, récréatif, réjouissant, rigolo, spirituel

Hilare
gai, radieux, réjoui, rieur

Hilarité
alacrité, allégresse, amusement, enjouement, gaieté, gaîté, joie, jovialité, jubilation, plaisanterie, réjouissance, rigolade, rire

Hile
cicatrice

Hindou
hindouiste

Hindouisme
védisme

Hindouiste
hindou

Hippie
beatnik

Hippique
équestre, équin

Hippisme
équitation, turf

Hippodrome
turf

Hippopotame
obèse, pachyderme

Hirondelle
aronde

Hirondelle de mer
goélette, sterne

Hirondelle des marais
glaréole

Hirsute
dépeigné, ébouriffé, échevelé, hérissé, poilu, touffu

Hissé
accru, agrandi, arboré, élevé, enlevé, grimpé, haussé, levé, monté, soulevé

Hisser
accroître, agrandir, arborer, élever, enlever, envoyer, grimper, guinder, jucher, lever, monter, rehausser, soulever

Hisser (Se)
hausser

Hisser le drapeau blanc
capituler

Hisser un mât
guinder

Histoire
affaire, anecdote, anicroche, annales, archives, autobiographie, aventure, balivernes, biographie, blague, chanson, chronique, complication, conte, embarras, ennui, épisode, événement, fable, faribole, flirt, hic, incident, intrigue, invention, légende, liaison, litanie, mémoires, mensonge, narration, os, passé, pépin, problème, question, racontar, ragot, récit, relation, rengaine, roman, saga, scénario, sérénade, vie

Histoire drôle
blague

Histoire inventée
galéjade

Historicité
authenticité, réalité

Historien
annaliste, archiviste, biographe, chroniqueur, chronologiste, historiographe, mémorialiste, narrateur

Historiette
anecdote, conte, nouvelle, récit

Historiographe
annaliste, historien, narrateur

Historique
célèbre, mémorable, récit, réel, vieux

Histrion
baladin, bateleur, bouffon, cabotin

Histrionique
théâtral

Hit-parade
palmarès

Hitlérien
nazi

Hiver
froid, saison, soir

Hivernage
labour

Hivernal
glacial, hibernal, hiémal

Hivernant
touriste, vacancier

Hiverner
hiberner

Hl
hectolitre

Hm
hectomètre

Ho
ah, eh, hé, hep, holà, holmium, interjection, psitt, pst

Hobby
dada, occupation

Hobereau
seigneur

Hoche
brèche, entaille

Hoché
secoué

Hocher
branler, remuer, secouer

Hochet
bablole

Hockey sur glace adapté à la pratique féminine
ringuette

Hockeyeur
sportif

Hoir
héritier

Hoirie
héritage

Holà
hé, ho, oh

Holding
trust

Hollande
fromage, toile

Holmium
Ho

Holocauste
sacrifice

Homard
macroure, rouge

Homélie
discours, instruction, prêche, prédication, prône, remontrance, réprimande, sermon

Homéopathe
médecin

Homérique
épique, héroïque

Homicide
assassin, assassinat, crime, criminel, fratricide, infanticide, matricide, meurtre, meurtrier, parricide

Hominidé
humain

Hominoïde
humanoïde

Hommage
baisemain, considération, culte, égards, envoi, expression, respect, révérence, témoignage, tribut

Homme
amant, âme, bonhomme, citoyen, créature, époux, garçon, gars, gonze, humain, humanité, individu, jules, mâle, mari, mec, monsieur, mortel, personne, quidam, type

Homme à l'esprit chevaleresque et idéaliste
hidalgo

Homme à tout faire
factotum

Homme âgé
vieillard

Homme allant l'amble sur son cheval
ambleur

Homme avide d'argent
vampire

Homme castré
eunuque

Homme condamné aux galères
forçat

Homme cruel
cannibale

Homme d'âge plus que mûr
barbon

Homme d'armes
thane

Homme d'État cubain
Castro

Homme d'État sans scrupules
Machiavel

Homme d'un grand âge
vieillard

Homme d'une grande avarice
harpagon

Homme de barre
timonier

Homme de couleur
mulâtre

Homme de guerre brutal
soudard

Homme de loi
légiste, robin

Homme de main
nervi, sbire

Homme de petite taille
gringalet

Homme de rien
bélître

Homme de veille placé en observation
vigie

Homme dépourvu de virilité
eunuque

Homme dont on ignore ou dont on tait le nom
quidam

Homme doué de capacités physiques ou intellectuelles exceptionnelles
surhomme

Homme employé à jauger
jaugeur

Homme hardi et sans scrupules qui vit d'expédients
rufian

Homme insociable
ours

Homme léger et sans mérite
freluquet

Homme malveillant
rossard

Homme misérable
hère

Homme opulent
financier

Homme politique algérien né en 1899
Abbas

Homme politique américain
Hull

Homme politique américain mort en 1930
Taft

Homme politique américain mort en 1972
Truman

Homme politique américain né en 1913
Ford

Homme politique angolais né en 1922
Neto

Homme politique argentin
Menem

Homme politique argentin mort en 1974
Perón

Homme politique brésilien mort en 1954
Vargas

Homme politique canadien métis
Riel

Homme politique canadien-français
Cartier, Papineau

Homme politique chilien
Bello, Frei

Homme politique chinois
Mao

Homme politique coréen
Rhee

Homme politique des États-Unis
Washington

Homme politique égyptien mort en 1970
Nasser

Homme politique égyptien mort en 1981
Sadate

Homme politique indien
Nehru

Homme politique israélien
Begin

Homme politique nicaraguayen
Ortega

Homme politique nigérien né en 1916
Diori

Homme politique philippin mort en 1989
Marcos

Homme politique québécois
Couillard, Ryan

Homme politique russe né en 1870
Lénine

Homme politique salvadorien né en 1925
Duarte

Homme politique soviétique
Beria, Staline

Homme politique soviétique d'origine hongroise
Varga

Homme politique turc
Evren, Inonu

Homme politique turc mort en 1993
Ozal

Homme puissant et despotique
satrape

Homme qui affecte une grande recherche dans sa toilette
dandy

Homme qui est chargé de ramer
rameur

Homme qui fait du chahut
chahuteur

Homme qui ramait sur une galère
galérien

Homme qui se croit ou se sait beau
bellâtre

Homme qui vit dans la jungle
Tarzan

Homme qui vit de revenus non professionnels
rentier

Homme riche et élégant
milord

Homme sans courage
pleutre

Homme simple et borné
nicodème

Homme trapu
mastoc

Homme très avare
harpagon

Homme très fort
hercule, malabar

Homme très laid
magot

Homme très riche
Crésus

Homme uni à plusieurs femmes
polygame

Homme-grenouille
plongeur

Homme, individu
gonze

Hommes
humanité, monde

Homogène
cohérent, équivalent, harmonieux, régulier, semblable, similaire, uni, uniforme

Homogénéiser
normaliser, unifier, uniformiser

Homogénéité
cohérence, différence, harmonie, régularité, uniformité, unité

Homologation
approbation, confirmation

Homologie
identité, synonymie

Homologue
analogue, collègue, correspondant, équivalent, semblable, similaire

Homologuer
confirmer, entériner, ratifier, sanctionner, valider

Hongre
castrat, castré, châtré, émasculé

Hongrer
castrer

Honnête
acceptable, affable, beau, bel, bien, bienséant, bon, brave, chaste, consciencieux, convenable, correct, décent, délicat, digne, droit, équitable, fidèle, franc, honorable, incorruptible, intègre, irréprochable, juste, louable, loyal, modeste, moral, moyen, naturel, net, passable, probe, propre, pudique, pur, raisonnable, réglo, sage,

satisfaisant, scrupuleux, sérieux, sincère, sportif, suffisant, vertueux

Honnêtement
bien, décemment, dignement, purement

Honnêteté
bienséance, chasteté, correction, décence, délicatesse, dignité, droiture, fidélité, franchise, honneur, intégrité, loyauté, modestie, morale, moralité, probité, pudeur, pureté, rectitude, sagesse, sincérité, vertu

Honnêteté totale
intégrité

Honneur
chasteté, dignité, estime, faveur, fierté, fleuron, foi, gloire, grâce, honnêteté, joie, mérite, orgueil, prérogative, privilège, pudeur, pureté, réputation, respect, satisfaction

Honneur rendu aux anges et aux saints
dulie

Honneurs
considération, distinctions, égards, titres

Honnir
abhorrer, abominer, ahonter, blâmer, conspuer, haïr, mépriser, réprouver, vilipender, vomir

Honorable
acceptable, beau, bel, bien, convenable, correct, digne, estimable, honnête, louable, moyen, noble, potable, respectable, satisfaisant, suffisant, vénérable

Honorablement
bien, dignement

Honoraires
émoluments, gain, rétribution, salaire, traitement, vacations

Honorant
célébrant

Honoré
adoré, vénéré

Honorer
acquitter, adorer, célébrer, couronner, déifier, estimer, flatter, glorifier, louer, médailler, payer, primer, récompenser, régler, remplir, respecter, révérer, saluer, vénérer

Honorer d'hommages excessifs
encenser

Honorer d'une médaille
médailler

Honorer quelqu'un
glorifier

Honte
abjection, abomination, affront, bassesse, confusion, déshonneur, embarras, flétrissure, gêne, humiliation, ignominie, indignité, infamie, opprobre, pudeur, réserve, retenue,

scandale, scrupule, timidité, turpitude,
vergogne

Honteusement
bassement, lâchement

Hop
interjection

Hôpital
aérium, asile, clinique, dispensaire, hospice,
maternité, sanatorium

Hôpital où l'on soignait les lépreux
ladrerie

Hoquet
sanglot

Hoqueton
veste

Horaire
guide, indicateur, planning, programme

Horde
bande, colonie, gang, meute, multitude,
nuée, peuplade, tribu, troupe

Horion
bastonnade

Horizon
avenir, environnement, étendue, futur,
lointain, paysage, perspective, vue

Horizontal
plat

Horloge
balancier, cadran, carillon, clepsydre,
comtoise, gnomon, pendule, sablier

Horloge à eau
clepsydre

Horloger
bijoutier, joaillier, pendulier

Horlogerie
joaillerie

Hormis
excepté, hors, sans, sauf, sinon

Hormonal
glandulaire

Hormone ayant la structure d'un stérol
stéroïde

**Hormone corticosurrénale, employée en
thérapeutique**
cortisone

Hormone dérivée des stérols
stéroïde

**Hormone produite par la muqueuse du
duodénum**
sécrétine

**Hormone qui active l'utilisation du glucose
dans l'organisme**
insuline

Horoscope
anticipation, astrologie, divination, prédiction,
prévision, pronostic, prophétie

Horreur
abjection, abomination, angoisse, atrocité,
aversion, crime, dégoût, détestation, effroi,
épouvante, exécration, grossièreté, haine,
hideur, ignominie, infamie, injure, insulte,
laideron, laideur, mocheté, monstre,
monstruosité, nausée, noirceur, obscénité,
peur, phobie, répugnance, répulsion,
scandale, terreur, turpitude

Horrible
abject, abominable, affreux, atroce,
dégoûtant, effrayant, effroyable,
épouvantable, excessif, exécrable, extrême,
haïssable, hideux, ignoble, immonde, infâme,
infect, laid, mauvais, monstrueux, répugnant,
révoltant, terrible, vilain

Horrifier
affoler, alarmer, angoisser, apeurer, atterrer,
choquer, effarer, effrayer, épouvanter,
pétrifier, révolter, scandaliser, terrasser,
terrifier, terroriser, traumatiser

Horrifique
terrible

Horripilant
agaçant, énervant, hérissant, irritant

Horripilation
frisson

Horripilé
crispé, énervé

Horripiler
agacer, énerver, excéder, hérisser, irriter

Hors
dehors, excepté, fors, hormis, sans, sauf,
sinon

Hors champ
off

Hors d'haleine
haletant

Hors d'un lieu
dehors

Hors du commun
original

Hors pair
inégalé

Hors-bord
moteur

Hors-d'œuvre
entrée

Hors-d'œuvre à la russe
zakouski

Hors-la-loi
desperado

Hors, excepté
fors
Horticulteur
agriculteur, jardinier, paysan
Horticulture
agriculture, jardinage
Hospice
asile, hôpital, refuge
Hospitalier
accort, accueillant, affable, charitable, ouvert,
recevant
Hospitalisation
placement
Hospitalité
réception
Hostie
victime
Hostile
adverse, contraire, ennemi, froid, glacé,
glacial, haineux, inamical, inhospitalier,
malveillant, néfaste, négatif, nuisible, opposé
Hostile aux étrangers
xénophobe
Hostilité
agressivité, allergie, animosité, antipathie,
aversion, colère, défaveur, désobligeance,
emportement, fiel, froideur, haine, inimitié,
malveillance, méchanceté, opposition,
rancœur, rancune, ressentiment, véhémence,
violence
Hostilité à ce qui est étranger
xénophobie
Hostilités
guerre, lutte
Hôte
amphitryon, commensal, convive, dîneur,
habitant, hôtelier, invité, locataire, logeur,
maître, occupant, propriétaire, restaurateur,
visiteur
Hôtel
auberge, motel, palace, pension, relais
Hôtel de un ou deux étages
motel
Hôtel de ville
mairie
Hôtel luxueux
palace
Hôtelier
aubergiste, hôte, logeur, restaurateur, taulier,
tôlier
Hôtellerie
auberge
Hotte
benne, corbeille, panier
Hotte pour la vendange
bouille

Hotte servant à la vendange
brante
Houari
voile
Houe
bêche, binette, fossoir, pioche, piolet
Houe à lame en biseau
hoyau
Houe employée en viticulture
fossoir
Houille
charbon
Houiller
carbonifère, charbonnier
Houka
narghilé, narguilé
Houle
ressac, roulis, tangage, vague
Houlette
bâton, bêche, canne, férule, pédum
Houleux
agité, animé, mouvementé, orageux,
tempétueux, tourmenté, troublé, tumultueux
Houp
interjection
Houppe
aigrette, freluche, houppette, huppe, mèche,
panache, pompon, touffe, toupet
Houppelande
cape
Houpper
coiffer, peigner
Houppette
houppe, huppe, pompon, toupillon
Houri
vénus
Hourra
acclamation, bravo, clameur, ovation, vivat,
youpi
Hourvari
tumulte
Houseau
guêtre, jambière
Houspillé
secoué
Houspiller
admonester, attraper, chapitrer, disputer,
enguirlander, gourmander, gronder,
haranguer, malmener, morigéner, quereller,
réprimander, rudoyer, secouer, sermonner,
tancer, tirailler
Houssaie
houssière
Housse
enveloppe, gaine

Housse de selle
chabraque

Houssière
houssaie

Houssine
baguette

Houssoir
balai, plumeau

Hovercraft
aéroglisseur

Hs
hassium

Huard
plongeon, pygargue

Huart
plongeon, pygargue

Hublot
fenêtre, ouverture

Huche
coffre, maie, pétrin

Huche à pain
maie

Huchet
cornet

Hue
huhau

Huée
chahut, charivari, clameur, cri, tollé

Huer
chahuter, conspuer, désapprouver,
malmener, mugir, siffler, hululer, ululer

Huhau
hue

Huilage
graissage

Huile
graisse, lubrifiant, mazout, notable,
personnalité, ponte, sommité

Huilé
ciré, oint

Huile bénite mêlée de baume
chrême

Huile consacrée
chrême

Huile minérale naturelle
pétrole

Huile parfumée tirée de la noix de coco
monoï

Huiler
cirer, graisser, lubrifier, oindre

Huileux
graisseux, gras, oléagineux, oléiforme,
onctueux, visqueux

Huis
porte

Huisserie
boiserie

Huissier
portier

Huit
nombre

Huit-reflets
tube

Huitain
poème

Huitaine
octave

Huitante
octante

Huitième jour après certaines fêtes
octave

Huître
belon, claire

Huître à chair brune
belon

Huître perlière
pintadine

Huître plate et arrondie
belon

Huîtrier
ostréiculteur

Hulotte
effraie

Hululation
ululement

Hululement
cri

Hululer
Huer

Hum
hem

Humain
altruiste, bienfaisant, bienveillant, bon,
charitable, citoyen, clément, compatissant,
généreux, hominidé, homme, individu,
mortel, personne, philanthrope, secourable,
sensible, social

Humains
humanité

Humanisé
apprivoisé

Humaniser
apprivoiser, civiliser

Humaniste
altruiste, bon, charitable, clerc, érudit,
généreux, lettré, penseur, philanthropique,
philosophe, sage, savant

Humaniste flamand né en 1547
Lipse

Humaniste hollandais né en 1469
Érasme

Humanitariste
philanthrope

Humanité
altruisme, bienfaisance, bienveillance, bonté, charité, clémence, compassion, douceur, hommes, humains, indulgence, monde, philanthropie, pitié, sensibilité

Humanités
lettres

Humanoïde
androïde, automate, hominoïde

Humanoïde légendaire de l'Himalaya
yéti

Humble
effacé, falot, médiocre, modeste, obscur, pauvre, petit, plat, populaire, réservé, respectueux, servile, simple, soumis

Humé
senti

Humecté
embué

Humecter
abreuver, arroser, asperger, baigner, embuer, humidifier, hydrater, imbiber, imprégner, mouiller, tremper

Humecter doucement
bassiner

Humer
aspirer, flairer, inhaler, inspirer, renifler, respirer, sentir

Humerus
os

Humeur
âcreté, aigreur, caprice, caractère, complexion, disposition, envie, état, fantaisie, fiel, impulsion, moral, nature, naturel, tempérament, thymie

Humeur exprimée généralement en grognant
grogne

Humide
aqueux, détrempé, embrumé, embué, liquide, moite, mouillé, pluvieux, pourri, suintant, trempé

Humidifié
moite

Humidifier
arroser, humecter, irriguer, mouiller

Humidité
buée, fraîcheur, hygrométrie, moiteur, vapeur

Humidité qui sort des bois d'un vaisseau neuf
suage

Humiliant
abaissant, amer, avilissant, cuisant, dégradant, déshonorant, écrasant, mortifiant, vexant

Humiliation
acrimonie, affront, avanie, claque, gifle, honte, offense, soufflet, vexation

Humilié
accablé, courbé, écrasé, penaud, prosterné, ulcéré, vexé

Humilier
abaisser, accabler, avilir, blesser, courber, déshonorer, écraser, mater, mortifier, offenser, outrager, prosterner, rabaisser, ravaler, ulcérer, vexer

Humilier (S')
aplatir, ramper

Humilité
déférence, modestie, petitesse, réserve, retenue, soumission, timidité

Humoriste
amuseur, blagueur, bouffon, caricaturiste, clown, comique, fantaisiste, farceur, ironiste, pitre

Humoriste du Québec
Matte

Humoriste québécois
Anctil, Audette, Badouri, Baril, Barrette, Béland, Blanchet, Bond, Brassard, Brathwaite, Brière, Chevalier, Cloutier, Courtemanche, Deschamps, Desrosiers, Diouf, Dubois, Ducharme, Dufort, Dufresne, Fallu, Footeau, Gagnon, Gaudet, Gratton, Grenier, Groulx, Guimond, Houde, Huard, Jean, Jobin, Kavanagh, Landry, Larocque, Latulippe, Laurendeau, Légaré, Lemire, Lepage, Léveillée, Lévesque, Massicotte, Matte, Morency, Morissette, Nantel, Paquin, Parent, Pelletier, Perron, Pérusse, Petrie, Rousseau, Sauvé, Sillon, Sirois, Tellier, Tessier, Trudel, Turcotte

Humoriste québécois reconnu pour ses questions existentielles
Légaré

Humoriste québécois très actif en France
Kavanagh, Rousseau

Humoriste québécoise
Dion, Gauthier, Ouellette, Pilote

Humoriste qui a fait ses débuts dans *L'Osstidcho*
Deschamps

Humoriste qui a joué dans *Bon cop, bad cop*
Huard

Humoriste qui a joué dans *De père en flic*
Houde

Humoriste vedette du film *Nuit de noces*
Morency

Humoristique
amusant, drôle, spirituel

Humour
drôlerie, esprit, gaieté, ironie, moquerie,
plaisanterie, raillerie, sarcasme, sel

Humus
compost, terreau

Hune placée au sommet des mâts à antenne
gabie

Huppe
aigrette, crête, houppe, houppette, panache,
plumet, touffe

Huppé
aisé, chic, riche

Hurlement
aboi, beuglement, bruit, clameur, cri,
glapissement, jappement, mugissement,
plainte, rugissement, vocifération

Hurlement prolongé
bramement

Hurler
aboyer, beugler, brailler, clamer, crier,
détonner, dissoner, écrier, égosiller,
époumoner, glapir, gueuler, jurer, mugir,
pleurer, rugir, tonitruer, tonner, vociférer

Hurleur
alouate, braillard, criard, crieur, piaillard,
pleurard, pleurnichard

Hurluberlu
écervelé, étourdi, farfelu

Huron
amérindien, autochtone, wendat

Hurrah
acclamation, ovation

Hurricane
ouragan

Hussard
paladin, soldat

Hutte
abri, baraque, bicoque, cabane, cahute,
case, gourbi, iourte, paillote, wigwam

Hutte des Indiens d'Amérique du Nord
wigwam

Hybridation
croisement

Hybride
bâtard, composite, croisé, disparate,
hétérogène, mâtiné, métis, mixte

Hybrider
croiser, métisser

Hydragogue
drastique

Hydrate
glucide

Hydrater
humecter, imbiber

Hydre
dragon

Hydrocarbure
benzène, pétrole

Hydrocarbure benzénique employé comme solvant
toluène

Hydrocarbure gazeux incolore
éthylène

Hydrocarbure gazeux saturé
butane

Hydrocarbure polycyclique
pyrène

Hydrocarbure possédant deux liaisons éthyléniques
allène

Hydrocarbure saturé
cétane, octane

Hydrocraquage
raffinage

Hydrogène arsénié
arsine

Hydroglisseur
aéroglisseur

Hydromel
boisson, élixir

Hydrominéral
thermal

Hydroxyde de fer rouge orangé
rouille

Hydroxyde de sodium
soude

Hygiène
propreté, salubrité, santé, soin

Hygiénique
sain, salubre, sanitaire

Hygrométrie
humidité

Hyménoptère
abeille

Hymne
cantique, chant, poème, psaume

Hymne guerrier en l'honneur d'Apollon
paean

Hymne religieux
gloria

Hyperactif
chahuteur

Hyperazotémie
urémie

Hyperbole
abus, emphase, exagération, outrance

Hyperbolique
exagéré, outrancier, outré

Hyperboréen
arctique, boréal, nordique, polaire

Hypermétrope
amétrope, presbyte

Hypermétropie
amétropie, presbytie

Hyperphagie
boulimie

Hypersécrétion de sébum
séborrhée

Hypersensibilité
allergie

Hypertrophié
enflé, énorme

Hyperuricémie
uricémie

Hypnose
charme, enchantement, ensorcellement,
envoûtement, transe

Hypnotique
calmant, somnifère

Hypnotiser
aveugler, charmer, endormir, fasciner

Hypoacousie
surdité

Hypocalorique
allégé

Hypocondriaque
atrabilaire, bilieux

Hypocrâne
abcès

Hypocrisie
déloyauté, duplicité, fausseté, feinte,
fourberie, fraude, grimace, imposture,
mascarade, mensonge, tromperie

Hypocrite
cafard, cagot, cauteleux, déloyal, double,
faux, félon, flatteur, fourbe, imposteur,
insincère, judas, menteur, papelard, patelin,
perfide, pharisien, renard, sournois, sucré,
tartufe, tartuffe, tortueux, trompeur, visqueux

Hypogastre
abdomen

Hypogée
catacombes, cimetière, cratère, tombeau

Hypothèque
acompte, gage, garantie

Hypothéquer
compromettre, engager, grever, menacer

Hypothèse
assomption, axiome, cas, conjecture,
éventualité, idée, notion, possibilité, postulat,
prémisse, présomption, prévision, principe,
pronostic, supposition, théorie

Hypothétique
éventuel, incertain, potentiel, préconçu,
présumé, supposé

Hypotonie
atonie

Hypotonique
atone

Hypotypose
description

Hypsomètre
baromètre

Hystérie
délire, excitation, folie, névrose

Hystérique
fou

Hz
hertz

I

Iambe
pied

Ib.
ibidem

Ibéride
ibéris

Ibéris
ibéride

Ibid.
ibidem

Ibidem
ib., ibid., pareil

Icaque
prune

Iceberg
banquise, glace, laitue, pack

Icelui
ça, ceci, cela, celui, démonstratif

Ichtyoïde
pisciforme

Ichtyophage
piscivore

Ichtyose
xérodermie

Ici
céans, ci, deçà, là, maintenant

Ici dedans
céans

Ici, en ces lieux
céans

Icône
image

Iconoclaste
anticonformiste, barbare, briseuse,
destructeur, dévastateur, vandale

Iconographie
illustration

Ictère
cholémie, jaunisse

Ictus
apoplexie

Id.
idem

Id est
i.e.

Ide
poisson

Idéal
absolu, accompli, ambition, canon, chimère,
corrigé, exemple, fantasme, idéel, idyllique,
imaginaire, modèle, optimal, parangon,
parfait, perfection, poétique, pur, rêve,
souverain, type, utopie

Idéal d'équilibre entre les espèces végétales
climax

Idéal pour regrouper les feuilles l'automne
râteau

Idéalement
heureusement

Idéalisé
idyllique

Idéaliser
aduler, diviniser, embellir, ennoblir, flatter,
glorifier, magnifier, poétiser, sublimer

Idéalisme
irréalisme, utopisme

Idéaliste
chimérique, idéologue, irréaliste, poète,
rêveur, utopique, utopiste

Idéalité
abstraction, utopisme

Idée
abrégé, abstraction, adage, aperçu,
apparence, archétype, argument, avis,
chimère, concept, conception, croyance,
désir, dessein, doctrine, ébauche, échantillon,
esquisse, exemple, fantaisie, fantasme,
fantôme, fond, hypothèse, idéologie,
illumination, imagination, inspiration,
intention, invention, jugement, mythe, notion,
ombre, opinion, optique, pensée, perception,
philosophie, plan, position, projet, réflexion,
rêve, rêverie, sentiment, source, sujet,
système, thème, théorie, trouvaille, vision,
volonté, vue

Idée fixe
hantise, marotte, obsession

Idéel
conceptuel, idéal

Idem
aussi, dito, également, id., itou, pareil,
pareillement

Identification
assimilation, discernement, transfert

Identifier
assimiler, confondre, dépister, déterminer,
diagnostiquer, discerner, reconnaître

Identique
analogue, commun, conforme, constant,
égal, équivalent, immuable, inaltérable,
inchangé, jumeau, jumelle, même, pareil,
partagé, semblable, uniforme

Identiquement
comme

Identité
accord, coïncidence, communauté,
égalité, équivalence, état, homologie,

parité, ressemblance, similarité, similitude,
uniformité, unité

Idéogramme
signe

Idéologie
doctrine, dogme, idée, norme, pensée,
philosophie, système, théorie, thèse

**Idéologie de certains mouvements politiques
se fondant sur le peuple**
populisme

Idéologique
intellectuel

Idéologue
doctrinaire, idéaliste, rêveur, théoricien,
utopiste

Idi... Dada
Amin

Idiolecte
parler

Idiome
dialecte, langue, parler, patois

Idiosyncrasie
caractère

Idiot
aberrant, abruti, absurde, ahuri, âne, arriéré,
bêta, bête, borné, butor, cruche, débile,
demeuré, déraisonnable, extravagant, fou,
gâteux, gourde, illogique, imbécile, inepte,
inintelligent, innocent, insensé, irrationnel,
niais, nul, nullité, ridicule, sot, stupide

Idiot, au Québec
larte, tata

Idiotie
aberration, absurdité, ânerie, arriération,
bêtise, crétinerie, débilité, folie, imbécillité,
ineptie, inintelligence, insanité, niaiserie,
nullité, sottise, stupidité

Idiotisme
locution

Idoine
adapté, adéquat, approprié, convenable,
pertinent

Idolâtre
adorateur, dévot, exalté, fan, fanatique,
fou, gentil, groupie, inconditionnel, païen,
passionné, sectateur

Idolâtré
adoré

Idolâtrer
adorer, aduler, aimer, déifier, diviniser,
révérer, sanctifier, vénérer

Idolâtrie
adoration, passion, totémisme

Idole
célébrité, déité, dieu, effigie, fétiche, statue

Idylle
amour, amourette, aventure, béguin, églogue,
entente, flirt, intrigue, passade, pastorale

Idyllique
agreste, arcadien, bucolique, embelli, idéal,
idéalisé, merveilleux, paradisiaque, parfait,
pastoral, rêve, sublime

If
arbre, conifère

If du Canada
buis

Ignare
analphabète, barbare, béotien, ignorant,
illettré, incapable, incompétent, inculte,
inexpérimenté, nul, nullité

Igné
ardent

Ignifugé
anticombustible, ininflammable

Ignition
conflagration, incendie

Ignoble
abject, affreux, atroce, bas, dégoûtant,
dégradant, déshonorant, effrayant,
épouvantable, fétide, haïssable, hideux,
honteux, horrible, ignominieux, immonde,
infâme, infect, innommable, méprisable,
nauséabond, nauséeux, odieux, ordurier,
repoussant, répugnant, révoltant, sordide, vil

Ignoblement
bassement, lâchement, odieusement

Ignominie
abjection, abomination, bassesse,
dégradation, déshonneur, fange, hideur,
honte, horreur, indignité, infamie, laideur,
monstruosité, opprobre, ordure, turpitude,
vilenie

Ignominieux
abject, fangeux, honteux, ignoble, infamant,
infâme, répugnant

Ignorance
analphabétisme, barbarie, bêtise, bévue,
candeur, illettrisme, impéritie, incapacité,
incompétence, inconscience, inculture,
inexpérience, ingénuité, innocence,
insuffisance, lacune, méconnaissance,
naïveté, nullité, obscurantisme

Ignorance grossière
ânerie

Ignorance, incertitude
ténèbres

Ignorant
analphabète, âne, barbare, béotien,
bourricot, ignare, illettré, ilote, incapable,
incompétent, inculte, inexpérimenté,

inexpert, ingénu, inhabile, novice, nul,
nullard, nullité, profane

Ignorantin
    frère

Ignoré
    anonyme, effacé, étranger, inconnu,
    inexploré, méconnu, négligé, obscur, secret,
    vierge

Ignorer
    bouder, dédaigner, méconnaître, mépriser

Igue
    aven, cavité, gouffre

Il
    lui

Il a quinze ans
    ado

Il a animé *Dieu, merci!*
    Salvail

Il a animé *Fidèle au poste!*
    Salvail

Il a animé *L'heure JMP*
    Parent

Il a beaucoup chanté avec Renée Martel
    Norman

Il a chanté *1990*
    Leloup

Il a chanté *23 décembre* **avec Beau Dommage**
    Rivard

Il a chanté *Aime*
    Pelletier

Il a chanté *Attend-moé ti-gars*
    Leclerc

Il a chanté *Aux portes du matin*
    Séguin

Il a chanté *Avec le temps*
    Ferré, Léo

Il a chanté *Belle*
    Garou, Lavoie

Il a chanté *Bienvenue à Montréal* **pour les Jeux olympiques de 1976**
    Simard

Il a chanté *Bobépine*
    Latraverse

Il a chanté *Boules à mites*
    Boucher

Il a chanté *C'est le temps des vacances*
    Lalonde

Il a chanté *California*
    Charlebois

Il a chanté *Câline de blues* **avec Offenbach**
    Boulet

Il a chanté *Casanova*
    Deschamps

Il a chanté *Changer*
    Breau

Il a chanté *Comme j'ai toujours envie d'aimer*
    Hamilton

Il a chanté *Comme je suis*
    Deschamps

Il a chanté *Comme un million de gens*
    Dubois

Il a chanté *Dans la forêt des mal-aimés*
    Lapointe

Il a chanté *Deux par deux rassemblés*
    Lapointe, Pierre

Il a chanté *Elle s'en va*
    Norman

Il a chanté *Et tu marches*
    Séguin

Il a chanté *Flip Flop Fly*
    Noël

Il a chanté *Frédéric*
    Claude, Léveillée

Il a chanté *Hélène*
    Voisine

Il a chanté *Heureux d'un printemps*
    Piché

Il a chanté *Hey hey Lolita*
    Denis

Il a chanté *I Lost My Baby*
    Leloup

Il a chanté *I'll Always Be There*
    Voisine

Il a chanté *Ils s'aiment*
    Lavoie

Il a chanté *Infidèle*
    Dubois

Il a chanté *J'ai pour toi un lac*
    Vigneault

Il a chanté *J'ai souvenir encore*
    Dubois

Il a chanté *J'entends frapper*
    Pagliaro

Il a chanté *J't'aime tout court*
    Ciccone

Il a chanté *Je l'aime à mourir*
    Cabrel, Francis

Il a chanté *Je ne t'aime plus*
    Pelchat

Il a chanté *Je reviendrai à Montréal*
    Charlebois

Il a chanté *Je suis cool*
    Valiquette

Il a chanté *Je t'aimais, je t'aime, je t'aimerai*
    Cabrel

Il a chanté *Journée d'Amérique*
    Séguin

Il a chanté *Jusqu'à me perdre*
    Garou

Il a chanté *L'alouette en colère*
Leclerc

Il a chanté *L'école est finie*
Denis

Il a chanté *L'escalier*
Piché

Il a chanté *L'hymne au printemps*
Leclerc

Il a chanté *L'oiseau*
Simard

Il a chanté *La ballade de Jean Batailleur*
Richard

Il a chanté *La chanson du petit voilier*
Noël

Il a chanté *La dame en bleu*
Louvain

Il a chanté *La valse à mille temps*
Brel, Jacques

Il a chanté *La vie en rose*
Valiquette

Il a chanté *Le blues d'la métrople* avec Beau Dommage
Rivard

Il a chanté *Le chêne*
Vigneault

Il a chanté *Le frigidaire*
Lecor, Tex

Il a chanté *Le petit bonheur*
Leclerc

Il a chanté *Le petit roi*
Ferland

Il a chanté *Le petit train du Nord*
Leclerc

Il a chanté *Le plus beau voyage*
Gauthier

Il a chanté *Le temps des cathédrales*
Pelletier

Il a chanté *Les deux printemps*
Bélanger

Il a chanté *Les gens de mon pays*
Vigneault

Il a chanté *Les trois petits cochons*
Bigras

Il a chanté *Les yeux du cœur* avec Marjo
Boulet

Il a chanté *Lindberg* avec Louise Forestier
Charlebois

Il a chanté *Love is in The Air*
Martin

Il a chanté *Ma gang de malades*
Boucher

Il a chanté *Marie-Stone*
Lapointe

Il a chanté *Maudite jalousie*
Parent

Il a chanté *Miserere*
Pelletier

Il a chanté *Moi, mes souliers*
Leclerc

Il a chanté *Mon ange*
Lapointe

Il a chanté *Mon Joe*
Piché

Il a chanté *Mon pays*
Léveillée

Il a chanté *Mon pays, c'est l'hiver*
Vigneault

Il a chanté *N'importe quoi*
Lapointe

Il a chanté *Nous on est dans le vent*
Lalonde

Il a chanté *Nous sommes les mêmes*
Dupré

Il a chanté *On va s'aimer encore*
Vallières

Il a chanté *Parce qu'on vient de loin*
Corneille

Il a chanté *Pleurs dans la pluie*
Pelchat

Il a chanté *Quand j'aime une fols, j'aime pour toujours*
Desjardins

Il a chanté *Quand on aime, on a toujours 20 ans*
Ferland

Il a chanté *Quand on est en amour*
Norman

Il a chanté *Rêver mieux*
Bélanger

Il a chanté *Rideau*
Latraverse

Il a chanté *Satisfaction*
Jagger, Mick

Il a chanté *Sèche tes pleurs*
Bélanger

Il a chanté *Seigneur*
Parent

Il a chanté *Si Dieu existe*
Dubois

Il a chanté *Sous le vent* avec Céline Dion
Garou

Il a chanté *Sunglasses at Night*
Hart

Il a chanté *Ti-Nor*
Vigneault

Il a chanté *Together Forever*
Astley

Il a chanté *Ton amour est trop lourd*
Corcoran

Il a chanté *Tu m'aimes-tu*
Desjardins

Il a chanté *Tue-moi*
Bigras

Il a chanté *Un certain sourire*
Louvain

Il a chanté *Une chance qu'on s'a*
Ferland

Il a chanté *Wild World*
Cat, Stevens

Il a chanté *Y a pas grand-chose dans l'ciel à soir*
Piché

Il a coanimé *Des kiwis et des hommes*
Diouf, Gratton

Il a composé *Quand les hommes vivront d'amour*
Lévesque

Il a compté le but gagnant lors de la Série du siècle en 1972
Henderson

Il a créé *L'Osstidcho*
Charlebois, Deschamps

Il a créé la série *Un gars, une fille*
Lepage

Il a créé *Les 2 minutes du peuple*
Pérusse

Il a découvert la pénicilline
Fleming

Il a découvert le bacille de la peste
Yersin

Il a découvert les lois de l'hérédité
Mendel

Il a découvert les rayons X
Röntgen

Il a défendu la culture des Métis
Riel

Il a dirigé Cuba de 1959 à 2008
Castro

Il a donné son nom à la coupe remise au gagnant du championat de la Ligue nationale de hockey
Stanley

Il a donné son nom à la coupe remise au gagnant du championnat canadien de football
Grey

Il a donné son nom à la coupe remise au gagnant du championnat canadien de football universitaire
Vanier

Il a donné son nom à un célèbre trophée sportif
Stanley

Il a écrit la chanson *Aimons-nous*
Deschamps, Yvon

Il a écrit un boléro célèbre
Ravel

Il a été coach à l'émission *La Voix*
Dupré, Ferland, Lapointe

Il a été élu le meilleur joueur du tournoi Coupe Canada en 1976
Orr

Il a été le plus jeune président américain élu
Kennedy

Il a été le plus vieux président américain élu
Reagan

Il a été maire de Montréal durant 29 ans
Drapeau

Il a exploré le fleuve du Saint-Laurent
Cartier

Il a fait connaître *I Left My Heart in San Francisco*
Bennett, Tony

Il a fait connaître *La bitt à Tibi*
Duguay, Raôul

Il a fait connaître *Love Letters in the Sand*
Boone

Il a fait connaître *My Way*
Sinatra

Il a frappé 512 circuits avec les Cubs de Chicago
Banks

Il a gagné le Tour de France de 1991 à 1995
Indurain

Il a interprété Clopin dans la comédie musicale *Notre-Dame de Paris*
Mervil

Il a interprété Frollo dans la comédie musicale *Notre-Dame de Paris*
Lavoie

Il a interprété Gringoire dans la comédie musicale *Notre-Dame de Paris*
Pelletier

Il a interprété Quasimodo dans la comédie musicale *Notre-Dame de Paris*
Garou

Il a joué dans *450, chemin du Golf*
Anctil, Legault, Massicotte

Il a lancé plusieurs *Albums du peuple*
Pérusse

Il a mis au point la pilule contraceptive
Pincus

Il a mis au point le vaccin antipoliomyélitique
Salk

Il a mis au point le vaccin contre la rage
Pasteur

Il a participé à l'émission *La fin du monde est à sept heures*
Blanchet, Dufort

Il a popularisé *Achy Breaky Dance* au Québec
Carse

Il a popularisé *Comme j'ai toujours envie d'aimer*
Hamilton, Marc

Il a popularisé *Con Te Partiro*
Bocelli

Il a popularisé *Daniel*
John

Il a popularisé *Diana*
Anka, Paul

Il a popularisé *Éloïse* au Québec
Lautrec

Il a popularisé *Faire la paix avec l'amour*
Bédar

Il a popularisé *Father and Son*
Cat, Stevens

Il a popularisé *Flip Flop Fly* au Québec
Noël

Il a popularisé *Glory of Love*
Cetera

Il a popularisé *Hello Again*
Diamond, Neil

Il a popularisé *Honesty*
Joel

Il a popularisé *Imagine*
Lennon

Il a popularisé *It Don't Come Easy*
Ringo, Starr

Il a popularisé *Je t'attendais*
Hétu

Il a popularisé *L'escalier*
Paul, Piché

Il a popularise *L'oiseau*
Simard

Il a popularisé *La complainte de La Manic*
Dor

Il a popularisé *Layla*
Clapton, Eric

Il a popularisé *Le petit roi*
Ferland

Il a popularisé *Les divorcés*
Sardou

Il a popularisé *Lindberg*
Charlebois

Il a popularisé *Love Is in the Air*
Stevens

Il a popularisé *Love Me Tender*
Presley

Il a popularisé *Oh! Carol!*
Sedaka

Il a popularisé *Oh ma Lili*
Stax

Il a popularisé *Photograph*
Starr

Il a popularisé *Pretty Woman*
Orbison

Il a popularisé *Sacrifice*
Elton, John

Il a popularisé *Silly Love Songs*
McCartney

Il a popularisé *That's Amore*
Martin

Il a popularisé *Truly*
Lionel, Richie

Il a popularisé *Tue-moi*
Bigras, Dan

Il a popularisé *Unforgettable*
Cole

Il a popularisé *Your Song*
Elton, John

Il a présenté le spectacle *Rien*
Légaré

Il a présenté le spectacle *Tout est relatif*
Laurent, Paquin

Il a présenté son spectacle *Ouate else* en France
Kavanagh

Il a pris possession du Canada au nom de la France
Cartier

Il a rassemblé les chevaliers de la Table ronde
Arthur

Il a réalisé *L'erreur boréale*
Desjardins

Il a rendu populaire *Hello*
Richie

Il a repris *I'm Just a Gigolo* dans les années 1980
Lee, Roth

Il a un parrain
filleul

Il amarre les navires dans un port
lamaneur

Il anime *Jobs de bras*
Groulx

Il anime *La petite séduction*
Turcotte

Il bat quand il aime
cœur

Il cache le visage de bien des enfants le soir de l'Halloween
masque

Il change de ton sous le soleil
teint

Il complète le yang
yin

Il complète le yin
yang

609

Il construit des barrages
castor

Il crache le feu
dragon

Il démissionne après le référendum de 1995
Parizeau

Il détient toujours le record de buts en une saison à la position de centre chez les Canadiens
Larouche

Il est à l'origine de la fête de Noël
Jésus

Il est associé à la Grande Noirceur
Duplessis

Il est l'auteur de la télésérie *Smash*
Lemire

Il est le fou du roi à l'émission *Tout le monde en parle*
Turcotte

Il est opposé au zénith
nadir

Il est réputé pour sa série *L'album du peuple*
Pérusse

Il est souvent placé au-dessus du sapin de Noël
ange

Il est toujours intérieur
for

Il était de la distribution originale de *Starmania*
Dubois

Il était réputé pour ses questions existentielles
Légaré

Il exploite des navires
armateur

Il fabrique des selles
sellier

Il fabrique des violons
luthier

Il fait de la mousse
savon

Il fait des sondages
sondeur

Il fait du sport
sportif

Il fit des améliorations importantes dans la conception des machines à coudre
Singer

Il forma un duo de comiques
Laurel, Hardy

Il importa le tabac en France
Nicot

Il incarnait le personnage de Patof
Desrosiers

Il incarnait Sol
Favreau

Il incarnait Ti-Guy dans *Les Boys*
Huard

Il incarne le personnage d'oncle Georges
Lemire

Il incarne le personnage de Bob Cashflow
Léveillée

Il incarne le personnage de Jean-Guy Hood
Alain, Dumas

Il incarne le personnage de Mme Jigger
Rousseau

Il incarne le personnage de Priscilla
Anctil

Il incarne le personnage de Râteau
Anctil

Il incarne le personnage de Réjean de Terrebonne
Gélinas

Il incarne le personnage de Roland Hi ! Ha ! Tremblay
Barrette

Il incarne le personnage de Tite-Dent
Blanchet

Il incarne le personnage du King des ados
Béland

Il incarne le rôle principal dans la comédie musicale *Don Juan*
Breau

Il incarne Réjean dans *La petite vie*
Marc, Messier

Il incite à swinger la baquaise à Noël
reel

Il incruste
nielleur

Il interprète Alexis Labranche dans le film *Un homme et son péché*
Dupuis

Il interprète Michel Richard dans le film du même nom
Dupuis

Il joue seul
soliste

Il laine le drap
laineur

Il lisse
lisseur

Il lutta pour l'abolition de l'apartheid en Afrique du Sud
Mandela

Il mesure le vent
anémomètre

Il n'entend pas
sourd

Il nettoie la cheminée
ramoneur

Il parle le quechua
Inca

Il permet de patiner sur la rivière
gel

Il pratique l'élevage
éleveur

Il présente le spectacle *Micro de feu*
Petit

Il produit des fleurs semblables aux tulipes
tulipier

Il produit la muscade
muscadier

Il publie
éditeur

Il refusa d'engager le Canada dans la guerre du Vietnam
Pearson

Il sécrète de la bile
foie

Il suit le huitième
neuvième

Il suit un stage
stagiaire

Il tape vite
sténo

Il tient une épicerie
épicier

Il tire pour amorcer les courses
starter

Il travaille à l'entretien des routes
cantonnier

Il travaille derrière le marbre
receveur

Il vend des corsets
corsetier

Il vend des gants
gantier

Il vend des porcelaines
porcelainier

Il vend du beurre
crémier

Il vit à Abercorn
Abercornien

Il vit à Acton Vale
Valois

Il vit à Adstock
Adstockois

Il vit à Aguanish
Aguanishois

Il vit à Ahuntsic
Ahuntsicois

Il vit à Albanel
Albanélois

Il vit à Albertville
Albertvillois

Il vit à Alma
Almatois

Il vit à Amos
Amossois

Il vit à Amqui
Amquien

Il vit à Anjou
Angevin

Il vit à Argenteuil
Argenteuillois

Il vit à Armagh
Armageois

Il vit à Arntfield
Arntfieldois

Il vit à Arthabaska
Arthabaskien

Il vit à Arvida
Arvidien

Il vit à Asbestos
Asbestrien

Il vit à Ascot
Ascotois

Il vit à Aston-Jonction
Astonnais

Il vit à Auclair
Auclairois

Il vit à Audet
Audettois

Il vit à Aumont
Aumondois

Il vit à Authier
Authiérois

Il vit à Authier-Nord
Authiernordois

Il vit à Aylmer
Aylmerois

Il vit à Bagotville
Bagotvillois

Il vit à Baie-James
Jamésien

Il vit à Barraute
Barrautois

Il vit à Bassin
Bassinier

Il vit à Batiscan
Batiscanais

Il vit à Béarn
Béarnais

Il vit à Beauceville
Beaucevillois

Il vit à Beauharnois
Beauharlinois

Il vit à **Beaumont**
Beaumontois

Il vit à **Beauport**
Beauportois

Il vit à **Beaupré**
Beaupréen

Il vit à **Bécancour**
Bécancourois

Il vit à **Bedford**
Bedfordois

Il vit à **Bégin**
Béginois

Il vit à **Bélair**
Bélairien

Il vit à **Belcourt**
Belcourtois

Il vit à **Bellechasse**
Bellechassois

Il vit à **Belleterre**
Belleterrien

Il vit à **Belœil**
Belœillois

Il vit à **Berry**
Berryen

Il vit à **Berthier**
Berthelais

Il vit à **Berthierville**
Berthelais

Il vit à **Béthanie**
Béthanien

Il vit à **Biencourt**
Biencourtois

Il vit à **Blainville**
Blainvillois

Il vit à **Bois-des-Filion**
Filionois

Il vit à **Boisbriand**
Boisbriannais

Il vit à **Boischatel**
Boischatelois

Il vit à **Bonaventure**
Bonaventurien

Il vit à **Bonsecours**
Bonsecourois

Il vit à **Boucherville**
Bouchervillois

Il vit à **Bouchette**
Bouchettois

Il vit à **Bourget**
Bourgetain

Il vit à **Bowman**
Bowmanois

Il vit à **Brigham**
Brighamois

Il vit à **Bromont**
Bromontois

Il vit à **Brossard**
Brossardois

Il vit à **Bury**
Buryen

Il vit à **Cabano**
Cabanois

Il vit à **Cacouna**
Cacounois

Il vit à **Candiac**
Candiacois

Il vit à **Cantley**
Cantléen

Il vit à **Cap-Rouge**
Carougeois

Il vit à **Cap-Saint-Ignace**
Capignacien

Il vit à **Cap-Santé**
Capsantéen

Il vit à **Caplan**
Caplinot

Il vit à **Carignan**
Carignanois

Il vit à **Carleton**
Carletonnais

Il vit à **Causapscal**
Causapscalien

Il vit à **Chambly**
Chamblyen

Il vit à **Chambord**
Chambordais

Il vit à **Champlain**
Champlainois

Il vit à **Champneuf**
Champneufois

Il vit à **Chandler**
Chandlerois

Il vit à **Chapais**
Chapaisien

Il vit à **Charette**
Charettois

Il vit à **Charlemagne**
Charlemagnois

Il vit à **Charlesbourg**
Charlesbourgeois

Il vit à **Charlevoix**
Charlevoisien

Il vit à **Chartierville**
Chartiervillois

Il vit à **Châteauguay**
Châteauguois

Il vit à **Chazel**
Chazelois

Il vit à **Chénéville**
Chénévillois

Il vit à **Chertsey**
Chertsois

Il vit à **Chesterville**
Chestervillois

Il vit à **Chibougamau**
Chibougamois

Il vit à **Chicoutimi**
Chicoutimien

Il vit à **Chisasibi**
Chisasibien

Il vit à **Chute-aux-Outardes**
Outardois

Il vit à **Clermont**
Clermontois

Il vit à **Clerval**
Clervalois

Il vit à **Cloridorme**
Cloridormien

Il vit à **Coaticook**
Coaticookois

Il vit à **Colombier**
Colombien

Il vit à **Compton**
Comptonois

Il vit à **Contrecœur**
Contrecœurois

Il vit à **Cookshire**
Cookshirois

Il vit à **Coteau-du-Lac**
Coteaulacois

Il vit à **Courcelles**
Courcellois

Il vit à **Cowansville**
Cowansvillois

Il vit à **Crabtree**
Crabtreen

Il vit à **Danville**
Danvillois

Il vit à **Daveluyville**
Daveluyvien

Il vit à **Dégelis**
Dégelisien

Il vit à **Déléage**
Déléageois

Il vit à **Delson**
Delsonnien

Il vit à **Desbiens**
Desbienois

Il vit à **Disraeli**
Disraelois

Il vit à **Dixville**
Dixvillois

Il vit à **Dolbeau**
Dolbien

Il vit à **Dolbeau-Mistassini**
Dolmissois

Il vit à **Donnacona**
Donnaconien

Il vit à **Dorval**
Dorvalois

Il vit à **Dosquet**
Dosquetois

Il vit à **Drumondville**
Drummondvillois

Il vit à **Dudswell**
Dudswellois

Il vit à **Duhamel**
Duhamellois

Il vit à **Dunham**
Dunhamien

Il vit à **Duparquet**
Duparquetois

Il vit à **Dupuy**
Dupuyen

Il vit à **East Angus**
Angussien

Il vit à **Eastman**
Eastmanois

Il vit à **Elgin**
Elginois

Il vit à **Entrelacs**
Entrelacois

Il vit à **Esprit-Saint**
Spiritois, Spiritoise

Il vit à **Farnham**
Farnhamien

Il vit à **Fassett**
Fassettois

Il vit à **Ferland-et-Boilleau**
Ferboillien

Il vit à **Ferme-Neuve**
Fermeneuvien

Il vit à **Fermont**
Fermontois

Il vit à **Forestville**
Forestvillois

Il vit à **Fort-Coulonge**
Coulongien

Il vit à **Fortierville**
Fortiervillois

Il vit à **Frampton**
Framptonnien

Il vit à **Franklin**
Franklinois

Il vit à **Frontenac**
Frontenacois

Il vit à Fugèreville
Fugèrevillois

Il vit à Gaspé
Gaspésien

Il vit à Gatineau
Gatinois

Il vit à Girardville
Girardvillois

Il vit à Godbout
Godboutois

Il vit à Godmanchester
Godmancastrien

Il vit à Gracefield
Gracefieldois

Il vit à Granby
Granbyen

Il vit à Grandes-Piles
Grandpilois

Il vit à Grantham
Granthamien

Il vit à Grenville
Grenvillois

Il vit à Grosses-Roches
Rochelois

Il vit à Havre-Aubert
Aubertîlien

Il vit à Havre-aux-Maisons
Maisonnois

Il vit à Havre-Saint-Pierre
Cayen

Il vit à Hébertville
Hébertvillois

Il vit à Hemmingford
Hemmingfordien

Il vit à Henryville
Henryvillois

Il vit à Hérouxville
Hérouxvillois

Il vit à Hochelaga
Hochelagais

Il vit à Honfleur
Honfleurois

Il vit à Hope
Hopien

Il vit à Howick
Howickois

Il vit à Huberdeau
Huberdois

Il vit à Hudson
Hudsonois

Il vit à Hull
Hullois

Il vit à Huntingdon
Huntingdonnais

Il vit à Inverness
Invernois

Il vit à Ivry-sur-le-Lac
Ivryen

Il vit à Joliette
Joliettain

Il vit à Jonquière
Jonquiérois

Il vit à Kamouraska
Kamouraskois

Il vit à Kénogami
Kénogamien

Il vit à Kipawa
Kipawais

Il vit à Kirkland
Kirklandais

Il vit à L'Ancienne-Lorette
Lorettain

Il vit à L'Ange-Gardien
Angelois, Gardangeois

Il vit à L'Anse-Saint-Jean
Anjeannois

Il vit à L'Épiphanie
Épiphanien

Il vit à L'Île-Bizard
Bizardien

Il vit à L'Île-Cadieux
Cadilois

Il vit à L'Île-du-Grand-Calumet
Calumettan

Il vit à L'Île-Perrot
Perrotois

Il vit à L'Isle-aux-Coudres
Coudrien

Il vit à La Baie
Baieriverain

Il vit à La Bostonnais
Bostonnois

Il vit à La Conception
Conceptionnois

Il vit à La Corne
Lacornois

Il vit à La Macaza
Macazien

Il vit à La Malbaie
Malbéen

Il vit à La Martre
Martrien

Il vit à la Matawinie
Mattawinien

Il vit à la Mauricie
Mauricien

Il vit à La Minerve
Minervois

Il vit à La Motte
Lamottois

Il vit à La Plaine
Plainois

Il vit à La Pocatière
Pocatois

Il vit à La Prairie
Laprairien

Il vit à La Rédemption
Rédemptois

Il vit à La Sarre
Lasarrois

Il vit à La Tuque
Latuquois

Il vit à Labelle
Labellois

Il vit à Labrecque
Labrecquois

Il vit à Lac-à-la-Croix
LaCroisien

Il vit à Lac-au-Saumon
Saumonois

Il vit à Lac-aux-Sables
Sablois

Il vit à Lac-Brome
Bromois

Il vit à Lac-Delage
Delageois

Il vit à Lac-des-Écorces
Écorçols

Il vit à Lac-des-Plages
Plageois

Il vit à Lac-des-Seize-Îles
Seizilien

Il vit à Lac-Drolet
Droletois

Il vit à Lac-du-Cerf
Cervois

Il vit à Lac-Frontière
Frontiérois

Il vit à Lac-Mégantic
Méganticois

Il vit à Lac-Saint-Paul
Paulacquois

Il vit à Lac-Sainte-Marie
Marilacois

Il vit à Lac-Sergent
Sergentois

Il vit à Lac-Simon
Simonet

Il vit à Lachenaie
Lachenois

Il vit à Lachine
Lachinois

Il vit à Lachute
Lachutois

Il vit à Lacolle
Lacollois

Il vit à Laforce
Laforçois

Il vit à Laforge
Laforgeois

Il vit à Lamarche
Lamarchois

Il vit à Lambton
Lambtonnien

Il vit à Lanaudière
Lanaudois

Il vit à Landrienne
Landriennois

Il vit à Lanoraie
Lanorois

Il vit à Lantier
Lantiérois

Il vit à Larouche
Larouchois

Il vit à LaSalle
LaSallois

Il vit à Laurierville
Lauriervillois

Il vit à Laval
Lavallois

Il vit à Lavaltrie
Lavaltrois

Il vit à Lawrenceville
Lawrencevillois

Il vit à Lebel-sur-Quévillon
Quévillonnais

Il vit à Leclercville
Leclercvillois

Il vit à Lefebvre
Lefebvrois

Il vit à Léry
Léryverain

Il vit à Les Becquets
Becquettois

Il vit à Les Bergeronnes
Bergeronnais

Il vit à Les Cèdres
Cèdreau

Il vit à Les Coteaux
Coteaulois

Il vit à Les Méchins
Méchinois

Il vit à Lévis
Lévisien

Il vit à Limoilou
Limoulois

Il vit à **Longueuil**
Longueuillois

Il vit à **Lorraine**
Lorrain

Il vit à **Lorrainville**
Lorrainvillois

Il vit à **Lotbinière**
Lotbiniérien

Il vit à **Louiseville**
Louisevillois

Il vit à **Macamic**
Macamicois

Il vit à **Magog**
Magogois

Il vit à **Malartic**
Malarticois

Il vit à **Mandeville**
Mandevillois

Il vit à **Manicouagan**
Manicois

Il vit à **Maniwaki**
Maniwakien

Il vit à **Manseau**
Mansois

Il vit à **Maria**
Marien

Il vit à **Maricourt**
Maricourtois

Il vit à **Marieville**
Marievillois

Il vit à **Martinville**
Martinvillois

Il vit à **Mascouche**
Mascouchois

Il vit à **Maskinongé**
Maskinongeois

Il vit à **Matagami**
Matagamien

Il vit à **Matane**
Matanais

Il vit à **Matapédia**
Matapédien

Il vit à **Mayo**
Mayolois

Il vit à **McMasterville**
McMastervillois

Il vit à **Mercier**
Mercierois

Il vit à **Métis-sur-Mer**
Métissien

Il vit à **Milan**
Milanois

Il vit à **Mingan**
Minganien

Il vit à **Mirabel**
Mirabellois

Il vit à **Mistassini**
Mistassinien

Il vit à **Mistissini**
Mistassin

Il vit à **Mont-Carmel**
Carmelois

Il vit à **Mont-Laurier**
Lauriermontois

Il vit à **Mont-Saint-Grégoire**
Grégorien

Il vit à **Mont-Saint-Hilaire**
Hilairemontais

Il vit à **Mont-Tremblant**
Tremblantois

Il vit à **Montebello**
Montebellois

Il vit à **Montmagny**
Magnymontien

Il vit à **Montréal**
Montréalais

Il vit à **Murdochville**
Murdochvillois

Il vit à **Namur**
Namurien

Il vit à **Nantes**
Nantais

Il vit à **Napierville**
Napiervillois

Il vit à **Natashquan**
Natashquanais

Il vit à **Neuville**
Neuvillois

Il vit à **Nicolet**
Nicolétain

Il vit à **Nominingue**
Nomininguois

Il vit à **Normandin**
Normandinois

Il vit à **Normétal**
Normétalien

Il vit à **Notre-Dame-de-Bon-Secours**
Bonsecouréen

Il vit à **Notre-Dame-de-l'Île-Perrot**
Perrotdamois

Il vit à **Notre-Dame-de-la-Merci**
Mercien

Il vit à **Notre-Dame-de-la-Salette**
Salettois

Il vit à **Notre-Dame-de-Lorette**
Lorettois

Il vit à **Notre-Dame-de-Lourdes**
Lourdinois

Il vit à **Notre-Dame-de-Montauban**
Montaubain

Il vit à **Notre-Dame-de-Stanbridge**
Standbridgeois

Il vit à **Notre-Dame-des-Monts**
Montois

Il vit à **Notre-Dame-des-Neiges**
Pistolois

Il vit à **Notre-Dame-des-Pins**
Notredamois

Il vit à **Notre-Dame-des-Prairies**
Prairiquois

Il vit à **Notre-Dame-des-Sept-Douleurs**
Verdoyant

Il vit à **Notre-Dame-du-Bon-Conseil**
Bonconseillois

Il vit à **Notre-Dame-du-Lac**
Damelacois

Il vit à **Notre-Dame-du-Laus**
Lausois

Il vit à **Notre-Dame-du-Mont-Carmel**
Carmellois

Il vit à **Notre-Dame-du-Portage**
Portageois

Il vit à **Notre-Dame-du-Rosaire**
Rosarien

Il vit à **Noyan**
Noyantais

Il vit à **Oka**
Okois

Il vit à **Otterburn Park**
Otterburnois

Il vit à **Outremont**
Outremontais

Il vit à **Padoue**
Padovien

Il vit à **Palmarolle**
Palmarollois

Il vit à **Papineauville**
Papineauvillois

Il vit à **Parisville**
Parisvillois

Il vit à **Paspébiac**
Paspéya

Il vit à **Percé**
Percéen

Il vit à **Péribonka**
Péribonkois

Il vit à **Petit-Saguenay**
Saguenois

Il vit à **Petite-Rivière-Saint-François**
Riverain

Il vit à **Piedmont**
Piedmontais

Il vit à **Pierreville**
Pierrevillien

Il vit à **Pincourt**
Pincourtois

Il vit à **Piopolis**
Piopolissois

Il vit à **Plaisance**
Plaisancien

Il vit à **Plessisville**
Plessisvillois

Il vit à **Pointe-aux-Outardes**
Outardéen

Il vit à **Pointe-aux-Trembles**
Pointelier

Il vit à **Pointe-Lebel**
Lebelois

Il vit à **Port-Cartier**
Portcartois

Il vit à **Portneuf**
Portneuvien

Il vit à **Portneuf-sur-Mer**
Portneuvois

Il vit à **Prévost**
Prévostois

Il vit à **Princeville**
Princevillois

Il vit à **Québec**
Québécois

Il vit à **Racine**
Racinois

Il vit à **Rawdon**
Rawdonnois

Il vit à **Repentigny**
Repentignois

Il vit à **Restigouche**
Restigouchois

Il vit à **Richelieu**
Richelois

Il vit à **Richmond**
Richmondais

Il vit à **Rigaud**
Rigaudien

Il vit à **Rimouski**
Rimouskois

Il vit à **Rivière-à-Pierre**
Ripierrois

Il vit à **Rivière-Beaudette**
Beaudettois

Il vit à **Rivière-Bleue**
Riverain

Il vit à **Rivière-du-Loup**
Louperivois

Il vit à **Rivière-Éternité**
Éternitois

Il vit à Rivière-Héva
Hévarivois

Il vit à Rivière-Ouelle
Rivelois

Il vit à Rivière-Rouge
Riverougeois

Il vit à Rivière-Saint-Jean
Jeanriverain

Il vit à Roberval
Robervalois

Il vit à Rosemère
Rosemèrois

Il vit à Rougemont
Rougemontois

Il vit à Rouyn-Noranda
Rouynorandien

Il vit à Roxton Falls
Roxtonnois

Il vit à Roxton Pond
Roxtonais

Il vit à Saguenay
Saguenéen

Il vit à Saint-Adelphe
Adelphien

Il vit à Saint-Adolphe-d'Howard
Adolphin

Il vit à Saint-Adrien
Adriennois

Il vit à Saint-Adrien-d'Irlande
Adrienirlandois

Il vit à Saint-Agapit
Agapitois

Il vit à Saint-Aimé-des-Lacs
Aimélacois

Il vit à Saint-Alban
Albanois

Il vit à Saint-Albert
Albertois

Il vit à Saint-Alexandre
Alexandrin

Il vit à Saint-Alexandre-de-Kamouraska
Alexandrin

Il vit à Saint-Alexandre-des-Lacs
Alexandrien

Il vit à Saint-Alexis
Alexinois

Il vit à Saint-Alexis-des-Monts
Aleximontois

Il vit à Saint-Alphonse-de-Granby
Alphonsois

Il vit à Saint-Alphonse-Rodriguez
Rodriguais

Il vit à Saint-Amable
Amablien

Il vit à Saint-Ambroise
Ambroisien

Il vit à Saint-Ambroise-de-Kildare
Ambroisien

Il vit à Saint-Anaclet-de-Lessard
Anaclois

Il vit à Saint-André
Andréen

Il vit à Saint-André-Avellin
Avellinois

Il vit à Saint-André-d'Argenteuil
Andréen

Il vit à Saint-André-du-Lac-Saint-Jean
Andréjeannois

Il vit à Saint-Anicet
Anicetois

Il vit à Saint-Antoine-de-l'Isle-aux-Grues
Gruois

Il vit à Saint-Antoine-de-Tilly
Antonien

Il vit à Saint-Antoine-sur-Richelieu
Antonien

Il vit à Saint-Antonin
Antonien

Il vit à Saint-Apollinaire
Apollinairois

Il vit à Saint-Armand
Armandois

Il vit à Saint-Arsène
Arsénois

Il vit à Saint-Athanase
Athanasois

Il vit à Saint-Aubert
Aubertois

Il vit à Saint-Augustin
Augustinien

Il vit à Saint-Augustin-de-Desmaures
Augustinois

Il vit à Saint-Augustin-de-Woburn
Woburnois

Il vit à Saint-Barnabé-Sud
Barnabéen

Il vit à Saint-Barthélemy
Barthélemien

Il vit à Saint-Basile
Basilien

Il vit à Saint-Basile-le-Grand
Grandbasilois

Il vit à Saint-Benjamin
Benjaminois

Il vit à Saint-Benoît-Labre
Benois

Il vit à Saint-Bernard
Bernardin

Il vit à Saint-Bernard-de-Lacolle
Bernardin

Il vit à Saint-Bernard-de-Michaudville
Bermigeois

Il vit à Saint-Blaise-sur-Richelieu
Blaisois

Il vit à Saint-Bonaventure
Bonaventurain

Il vit à Saint-Boniface
Bonifacien

Il vit à Saint-Bruno
Brunois

Il vit à Saint-Bruno-de-Guigues
Guiguois

Il vit à Saint-Bruno-de-Kamouraska
Brulois

Il vit à Saint-Bruno-de-Montarville
Montarvillois

Il vit à Saint-Calixte
Calixtien

Il vit à Saint-Camille-de-Lellis
Camillois

Il vit à Saint-Casimir
Casimirien

Il vit à Saint-Célestin
Annavillois

Il vit à Saint-Césaire
Césairois

Il vit à Saint-Charles-Borromée
Charlois

Il vit à Saint-Charles-de-Bellechasse
Charléen

Il vit à Saint-Charles-Garnier
Charlois

Il vit à Saint-Charles-sur-Richelieu
Charlerivain

Il vit à Saint-Christophe-d'Arthabaska
Christophien

Il vit à Saint-Chrysostome
Chrysostomien

Il vit à Saint-Claude
Claudien

Il vit à Saint-Clément
Clémentois

Il vit à Saint-Cléophas-de-Brandon
Cléophassois

Il vit à Saint-Clet
Clétois

Il vit à Saint-Colomban
Colombanois

Il vit à Saint-Côme
Cômier

Il vit à Saint-Constant
Constantin

Il vit à Saint-Cyprien
Cyprianais

Il vit à Saint-Cyrille-de-Wendover
Cyrillois

Il vit à Saint-Damase
Damasien

Il vit à Saint-Damase-de-L'Islet
Damasien

Il vit à Saint-Damien
Damiennois

Il vit à Saint-Damien-de-Buckland
Damien

Il vit à Saint-David
Davidien

Il vit à Saint-David-de-Falardeau
Falardien

Il vit à Saint-Denis-sur-Richelieu
Dionysien

Il vit à Saint-Didace
Didacien

Il vit à Saint-Dominique
Dominiquois

Il vit à Saint-Dominique-du-Rosaire
Dominiquois

Il vit à Saint-Donat
Donatien

Il vit à Saint-Edmond-de-Grantham
Edmondois

Il vit à Saint-Édouard-de-Fabre
Fabrien

Il vit à Saint-Édouard-de-Maskinongé
Édouardien

Il vit à Saint-Élie-de-Caxton
Caxtonien

Il vit à Saint-Elzéar
Elzéarois

Il vit à Saint-Émile-de-Suffolk
Suffolkien

Il vit à Saint-Éphrem-de-Beauce
Éphremois

Il vit à Saint-Épiphane
Épiphanois

Il vit à Saint-Esprit
Spiritois

Il vit à Saint-Étienne-de-Beauharnois
Stéphanois

Il vit à Saint-Étienne-des-Grès
Stéphanois

Il vit à Saint-Eugène
Eugénois

Il vit à Saint-Eugène-de-Guigues
Eugénien

Il vit à Saint-Eugène-de-Ladrière
Eugénois

Il vit à Saint-Eusèbe
Eusébien

Il vit à Saint-Eustache
Eustachois

Il vit à Saint-Fabien
Fabiennois

Il vit à Saint-Fabien-de-Panet
Panétois

Il vit à Saint-Faustin–Lac-Carré
Faustinois

Il vit à Saint-Félicien
Félicinois

Il vit à Saint-Félix-d'Otis
Otissien

Il vit à Saint-Félix-de-Dalquier
Dalquiérois

Il vit à Saint-Félix-de-Kingsey
Kingséen

Il vit à Saint-Félix-de-Valois
Félicien

Il vit à Saint-Ferdinand
Ferdinois

Il vit à Saint-Flavien
Flaviénois

Il vit à Saint-Fortunat
Fortunois

Il vit à Saint-François-d'Assise
Assisien

Il vit à Saint-François-de-la-Rivière-du-Sud
Sudfranciscois

Il vit à Saint-François-de-Sales
Salésien

Il vit à Saint-François-du-Lac
Francilois

Il vit à Saint-François-Xavier-de-Brompton
Tomcodois

Il vit à Saint-François-Xavier-de-Viger
Vigérois

Il vit à Saint-Frédéric
Frédéricois

Il vit à Saint-Fulgence
Fulgencien

Il vit à Saint-Gabriel-de-Brandon
Brandonien

Il vit à Saint-Gabriel-de-Rimouski
Gabriélois

Il vit à Saint-Gabriel-de-Valcartier
Valcartois

Il vit à Saint-Gabriel-Lalemant
Gabriellois

Il vit à Saint-Georges
Georgien

Il vit à Saint-Georges-de-Clarenceville
Clarencevillois

Il vit à Saint-Germain
Germainien

Il vit à Saint-Germain-de-Grantham
Germainois

Il vit à Saint-Gervais
Gervaisien

Il vit à Saint-Gilbert
Gilbertain

Il vit à Saint-Gilles
Gillois

Il vit à Saint-Guillaume
Guillaumien

Il vit à Saint-Henri
Henriçois

Il vit à Saint-Herménégilde
Mégilien

Il vit à Saint-Hilaire-de-Dorset
Dorsétois

Il vit à Saint-Hippolyte
Hippolytois

Il vit à Saint-Honoré
Honorien

Il vit à Saint-Honoré-de-Shenley
Shenléen

Il vit à Saint-Honoré-de-Témiscouata
Honorois

Il vit à Saint-Hubert
Hubertin

Il vit à Saint-Hyacinthe
Maskoutain

Il vit à Saint-Ignace-de-Loyola
Loyolois

Il vit à Saint-Ignace-de-Stanbridge
Ignaçois

Il vit à Saint-Isidore
Isidorien, Isidorois

Il vit à Saint-Isidore-d'Auckland
Isidorien

Il vit à Saint-Isidore-de-Clifton
Isidorien

Il vit à Saint-Jacques
Jacobin

Il vit à Saint-Jacques-de-Leeds
Leedois

Il vit à Saint-Jacques-le-Majeur-de-Wolfestown
Jacquois

Il vit à Saint-Jacques-le-Mineur
Jacqueminois

Il vit à Saint-Janvier-de-Joly
Jolyen

Il vit à Saint-Jean-de-Brébeuf
Brébeufois

Il vit à Saint-Jean-de-Cherbourg
Cherbourgeois

Il vit à Saint-Jean-de-Dieu
Johannois

Il vit à Saint-Jean-de-la-Lande
Jeannois

Il vit à Saint-Jean-de-Matha
Mathalois

Il vit à Saint-Jean-sur-Richelieu
Johannais

Il vit à Saint-Jérôme
Jérômien

Il vit à Saint-Joachim-de-Beauce
Josephois

Il vit à Saint-Joachim-de-Shefford
Joachimien

Il vit à Saint-Joseph-de-Beauce
Joselois

Il vit à Saint-Joseph-de-Coleraine
Colerainois

Il vit à Saint-Joseph-de-Ham-Sud
Hamsudois

Il vit à Saint-Joseph-de-Kamouraska
Joséphien

Il vit à Saint-Joseph-de-Lepage
Lepageois

Il vit à Saint-Joseph-du-Lac
Josephois

Il vit à Saint-Jovite
Jovitien

Il vit à Saint-Jude
Ruchvillois

Il vit à Saint-Julien
Juliénois

Il vit à Saint-Juste-du-Lac
Lacjustois

Il vit à Saint-Justin
Justinien

Il vit à Saint-Lambert
Lambertien, Lambertois

Il vit à Saint-Lambert-de-Lauzon
Lambertin

Il vit à Saint-Lazare
Lazarois

Il vit à Saint-Lazare-de-Bellechasse
Lazarien

Il vit à Saint-Léandre
Léandais

Il vit à Saint-Léon-de-Standon
Standonnien

Il vit à Saint-Léon-le-Grand
Léonais, Léongrandien

Il vit à Saint-Léonard-d'Aston
Léonardais, Léonardois

Il vit à Saint-Léonard-de-Portneuf
Léonardois

Il vit à Saint-Liboire
Liboirois

Il vit à Saint-Liguori
Liguorien

Il vit à Saint-Louis-de-Blandford
Ludovicien

Il vit à Saint-Louis-de-Gonzague
Gonzaguois, Louisien

Il vit à Saint-Louis-du-Ha! Ha!
Louisien

Il vit à Saint-Luc-de-Vincennes
Lucois

Il vit à Saint-Lucien
Luciennois

Il vit à Saint-Ludger
Ludgérois

Il vit à Saint-Ludger-de-Milot
Milotois

Il vit à Saint-Majorique-de-Grantham
Majoriquois

Il vit à Saint-Malachie
Malachois

Il vit à Saint-Malo
Malouin

Il vit à Saint-Marc-des-Carrières
Carriérois

Il vit à Saint-Marc-du-Lac-Long
Marcois

Il vit à Saint-Marcel
Marcellois

Il vit à Saint-Marcel-de-Richelieu
Marcelois

Il vit à Saint-Marcellin
Marcellinois

Il vit à Saint-Martin
Martinois

Il vit à Saint-Mathias-sur-Richelieu
Mathiassois

Il vit à Saint-Mathieu
Mathéen

Il vit à Saint-Mathieu-d'Harricana
Harricanien

Il vit à Saint-Mathieu-de-Belœil
Belœillois

Il vit à Saint-Mathieu-de-Rioux
Mathéen

Il vit à Saint-Mathieu-du-Parc
Mathieusaintois

Il vit à Saint-Maurice
Mauriçois

Il vit à Saint-Médard
Médardois

Il vit à Saint-Michel
Michelois

Il vit à Saint-Michel-de-Bellechasse
Michelois

Il vit à Saint-Michel-du-Squatec
Squatécois

Il vit à Saint-Modeste
Modestois

Il vit à Saint-Moïse
Moïsien

Il vit à Saint-Narcisse
Narcissois

Il vit à Saint-Narcisse-de-Beaurivage
Narcissien

Il vit à Saint-Narcisse-de-Rimouski
Narcissois

Il vit à Saint-Nazaire-d'Acton
Nazairien

Il vit à Saint-Nazaire-de-Dorchester
Nazairéen

Il vit à Saint-Nérée
Néréen

Il vit à Saint-Norbert
Norbertois

Il vit à Saint-Norbert-d'Arthabaska
Norbertien

Il vit à Saint-Octave-de-Métis
Métissien

Il vit à Saint-Omer
Audomarois

Il vit à Saint-Pacôme
Pacômien

Il vit à Saint-Pamphile
Pamphilien

Il vit à Saint-Pascal
Pascalien

Il vit à Saint-Patrice-de-Beaurivage
Beaurivageois

Il vit à Saint-Patrice-de-Sherrington
Sherringtonnois

Il vit à Saint-Paul
Paulois

Il vit à Saint-Paul-d'Abbotsford
Abbotsfordien

Il vit à Saint-Paul-de-l'Île-aux-Noix
Paulinoix

Il vit à Saint-Paul-de-la-Croix
Paulois

Il vit à Saint-Paul-de-Montminy
Montminyen

Il vit à Saint-Philémon
Philémontois

Il vit à Saint-Pie-de-Guire
Guirois

Il vit à Saint-Pierre-Baptiste
Baptistois

Il vit à Saint-Pierre-les-Becquets
Becquetois

Il vit à Saint-Placide
Placidien

Il vit à Saint-Polycarpe
Polycarpien

Il vit à Saint-Prime
Primois

Il vit à Saint-Prosper
Prospérien

Il vit à Saint-Raphaël
Raphaélois

Il vit à Saint-Raymond
Raymondois

Il vit à Saint-Rémi-de-Tingwick
Rémien

Il vit à Saint-René
Renéen

Il vit à Saint-Robert
Robertois

Il vit à Saint-Robert-Bellarmin
Bellarminois

Il vit à Saint-Roch-de-l'Achigan
Achiganois

Il vit à Saint-Roch-de-Mékinac
Mékinacois

Il vit à Saint-Roch-de-Richelieu
Rochois

Il vit à Saint-Roch-des-Aulnaies
Aulnois

Il vit à Saint-Romain
Romanois

Il vit à Saint-Rosaire
Rosarois

Il vit à Saint-Samuel
Samuelois

Il vit à Saint-Sauveur
Sauverois

Il vit à Saint-Sébastien
Sébastiennais, Sébastinois

Il vit à Saint-Sévère
Sévèrois

Il vit à Saint-Simon
Simonais, Simonois

Il vit à Saint-Stanislas
Stanois

Il vit à Saint-Stanislas-de-Kostka
Staniçois

Il vit à Saint-Sulpice
Sulpicien

Il vit à Saint-Sylvère
Sylvérois

Il vit à Saint-Sylvestre
Sylvestois

Il vit à Saint-Télesphore
Télesphorois

Il vit à Saint-Théodore-d'Acton
Théodorien

Il vit à Saint-Théophile
Théophilien

Il vit à Saint-Thomas
Thomassien

Il vit à Saint-Thomas-Didyme
Didymien

Il vit à Saint-Thuribe
Thuribien

Il vit à Saint-Ubalde
Ubaldien

Il vit à Saint-Ulric
Ulricois

Il vit à Saint-Valère
Valérien

Il vit à Saint-Valérien
Valérienois

Il vit à Saint-Valérien-de-Milton
Valériennois

Il vit à Saint-Vallier
Vallierois

Il vit à Saint-Venant-de-Paquette
Paquettevillien

Il vit à Saint-Vianney
Viannois

Il vit à Saint-Victor
Victorois

Il vit à Saint-Zacharie
Zacharois

Il vit à Saint-Zénon
Zénonien

Il vit à Saint-Zéphirin-de-Courval
Zéphirinois

Il vit à Saint-Zotique
Zotiquien

Il vit à Sainte-Adèle
Adélois

Il vit à Sainte-Agathe-de-Lotbinière
Agathois

Il vit à Sainte-Angèle-de-Mérici
Méricien

Il vit à Sainte-Angèle-de-Monnoir
Angèloirien

Il vit à Sainte-Angèle-de-Prémont
Prémontois

Il vit à Sainte-Anne-de-Bellevue
Annabellevois

Il vit à Sainte-Anne-de-la-Pérade
Péradien

Il vit à Sainte-Anne-de-la-Pocatière
Pocatiérain

Il vit à Sainte-Anne-de-la-Rochelle
Larochellois

Il vit à Sainte-Anne-des-Lacs
Annelacois

Il vit à Sainte-Anne-des-Monts
Annemontois

Il vit à Sainte-Anne-du-Lac
Lacquois

Il vit à Sainte-Anne-du-Sault
Saintannois

Il vit à Sainte-Apolline-de-Patton
Apollinois

Il vit à Sainte-Aurélie
Aurélien

Il vit à Sainte-Barbe
Barberivain

Il vit à Sainte-Béatrix
Béatrixois

Il vit à Sainte-Brigide-d'Iberville
Brigidien

Il vit à Sainte-Brigitte-de-Laval
Lavalois

Il vit à Sainte-Brigitte-des-Saults
Brigittois

Il vit à Sainte-Catherine-de-Hatley
Catherinois

Il vit à Sainte-Catherine-de-la-Jacques-Cartier
Catherinois

Il vit à Sainte-Cécile-de-Lévrard
Cécilien

Il vit à Sainte-Cécile-de-Milton
Miltonnais

Il vit à Sainte-Cécile-de-Whitton
Whittonnais

Il vit à Sainte-Christine
Christinois

Il vit à Sainte-Clotilde-de-Beauce
Clotildois

Il vit à Sainte-Clotilde-de-Châteauguay
Clotildien

Il vit à Sainte-Clotilde-de-Horton
Clotildois

Il vit à Sainte-Élisabeth
Bayollais

Il vit à Sainte-Élizabeth-de-Warwick
Élizabethois

Il vit à Sainte-Émélie-de-l'Énergie
Émélinois

Il vit à Sainte-Eulalie
Eulalien

Il vit à Sainte-Euphémie-sur-Rivière-du-Sud
Sudriverain

Il vit à Sainte-Famille
Famillois

Il vit à Sainte-Félicité
Félicitois

Il vit à Sainte-Flavie
Flavien

Il vit à Sainte-Florence
Florencien

Il vit à Sainte-Foy
Fidéen

Il vit à Sainte-Françoise
Franlageois

Il vit à Sainte-Geneviève-de-Batiscan
Genevièvois

Il vit à Sainte-Geneviève-de-Berthier
Berthelais

Il vit à Sainte-Germaine-Boulé
Germainien

Il vit à Sainte-Hedwidge
Hedwidgien

Il vit à Sainte-Hélène
Hélénois

Il vit à Sainte-Hélène-de-Bagot
Hélénois

Il vit à Sainte-Hélène-de-Mancebourg
Mancebourgeois

Il vit à Sainte-Irène
Irénien

Il vit à Sainte-Jeanne-d'Arc
Jeannedarcois

Il vit à Sainte-Julie
Julievillois

Il vit à Sainte-Julienne
Juliennois

Il vit à Sainte-Justine
Justinien

Il vit à Sainte-Justine-de-Newton
Justinois

Il vit à Sainte-Louise
Louisien

Il vit à Sainte-Luce
Lucois

Il vit à Sainte-Lucie-de-Beauregard
Beauregardois

Il vit à Sainte-Lucie-des-Laurentides
Lucilois

Il vit à Sainte-Madeleine
Madeleinois

Il vit à Sainte-Madeleine-de-la-Rivière-Madeleine
Madeleinoriverain

Il vit à Sainte-Marcelline-de-Kildare
Marcellinois

Il vit à Sainte-Marguerite
Margueritien

Il vit à Sainte-Marguerite-du-Lac-Masson
Massonais

Il vit à Sainte-Marie
Mariverain

Il vit à Sainte-Marie-de-Blandford
Marielandais

Il vit à Sainte-Marie-Salomée
Saloméen

Il vit à Sainte-Marthe
Marthéen

Il vit à Sainte-Marthe-sur-le-Lac
Marthelacquois

Il vit à Sainte-Martine
Martinois

Il vit à Sainte-Mélanie
Mélanien

Il vit à Sainte-Monique
Moniquois

Il vit à Sainte-Paule
Pauléen

Il vit à Sainte-Perpétue
Perpétuen

Il vit à Sainte-Pétronille
Pétronillais

Il vit à Sainte-Rita
Ritois

Il vit à Sainte-Rose-du-Nord
Roserain

Il vit à Sainte-Sabine
Sabinois

Il vit à Sainte-Séraphine
Séraphinois

Il vit à Sainte-Sophie
Sophien

Il vit à Sainte-Sophie-d'Halifax
Halifaxois

Il vit à Sainte-Thècle
Thèclois

Il vit à Sainte-Thérèse
Térésien

Il vit à Sainte-Thérèse-de-Gaspé
Thérésien

Il vit à Sainte-Thérèse-de-la-Gatineau
Thérésois

Il vit à Sainte-Ursule
Ursulois

Il vit à Sainte-Victoire-de-Sorel
Victoirien

Il vit à Saints-Anges
Angelinois

Il vit à Saints-Martyrs-Canadiens
Martyrois

Il vit à Salaberry-de-Valleyfield
Campivallensien

Il vit à Sayabec
Sayabécois

Il vit à Schefferville
Scheffervillois

Il vit à Scotstown
Scotstownois

Il vit à Scott
Scottois

Il vit à Senneterre
Senneterrien

Il vit à Sept-Îles
Septilien

Il vit à Shawinigan
Shawiniganais

Il vit à Sherbrooke
Sherbrookois

Il vit à Shigawake
Shigawakien

Il vit à Sillery
Sillerois

Il vit à Sorel
Sorelois

Il vit à Stanstead
Stansteadois

Il vit à Stoke
Stokois

Il vit à Stornoway
Stornowayen

Il vit à Stukely-Sud
Diligent

Il vit à Sutton
Suttonnais

Il vit à Tadoussac
Tadoussacien

Il vit à Taschereau
Tascherellois

Il vit à Témiscaming
Témiscaminois

Il vit à Terrebonne
Terrebonnien

Il vit à Thetford Mines
Thetfordois

Il vit à Thurso
Thursolien

Il vit à Tourville
Tourvillien

Il vit à Tracy
Tracien

Il vit à Très-Saint-Rédempteur
Rédempteurois

Il vit à Très-Saint-Sacrement
Sacrementois

Il vit à Trois-Pistoles
Pistolois

Il vit à Trois-Rivières
Trifluvien

Il vit à Ulverton
Ulvertonien

Il vit à Upton
Uptonais

Il vit à Val-Bélair
Bélairois

Il vit à Val-d'Or
Valdorien

Il vit à Val-des-Bois
Valboisien

Il vit à Val-des-Lacs
Vallacquois

Il vit à Val-des-Monts
Montvalois

Il vit à Val-Morin
Valmorinois

Il vit à Valcourt
Valcourtois

Il vit à Vallée-Jonction
Valléen

Il vit à Varennes
Varennois

Il vit à Vaudreuil-Dorion
Vaudreuillois

Il vit à Venise-en-Québec
Vénisien

Il vit à Verchères
Verchérois

Il vit à Verdun
Verdunois

Il vit à Victoriaville
Victoriavillois

Il vit à Villeroy
Villerain

Il vit à Waltham
Walthameux

Il vit à Warwick
Warwickois

Il vit à Waterloo
Waterlois

Il vit à Waterville
Watervillois

Il vit à Weedon
Weedonnais

Il vit à Westmount
Westmountais

Il vit à Wickham
Wickhamois

Il vit à Windsor
Windsorois

Il vit à Wotton
Wottonnais

Il vit à Yamachiche
Yamachichois

Il vit à Yamaska
Maskoutain

Il vit au Centre-du-Québec
Centricois

Il vit au Lac-Saint-Jean
Jeannois

Il vit au Suroît
Suroîsien

Il vit au Témiscamingue
Témiscamien

Il vit au Témiscouata
Témiscouatain

Il vit aux Éboulements
Éboulois

Il vit aux Escoumins
Escouminois

Il vit aux îles de la Madeleine
Madelinot

Il vit dans la vallée du Richelieu
Richelain

Il vit dans la vallée du Saint-Laurent
Laurentien

Il vit dans les Bois-Francs
Sylvifranc

Il vit dans Brome-Missisquoi
Bromisquois

Il vit dans les Cantons-de-l'Est
Cantonnier

Il vit dans les Laurentides
Laurentien

Il vit en Abitibi
Abitibien

Il vit en Abitibi-Témiscamingue
Témiscabitibien

Il vit en Beauce
Beauceron

Il vit en Estrie
Estrien

Il vit en Gaspésie
Gaspésien

Il vit en Jamésie
Jamésien

Il vit en Minganie
Minganien

Il vit en Montérégie
Montérégien

Il vit en Outaouais
Outaouais

Il vit en Ungava
Ungavien

Il vit sur l'île d'Anticosti
Anticostien

Il vit sur l'île d'Orléans
Orléanais

Il y a belle...
lurette

Il y a peu de temps
naguère

Il y en a une dans ça
cédille

Île
archipel, atoll, îlot, terre

Île d'Indonésie
Bali

Île de l'Inde
Diu

Île de l'Indonésie
Timor

Île de la Guinée équatoriale
Bioco

Île des mers tropicales
atoll

Île des Philippines
Cebu, Samar

Île des Samoa
Upolu

Île du Danube
Csepel

Île du golfe du Saint-Laurent
Anticosti

Île du Pacifique
Niue

Île la plus peuplée de l'archipel d'Hawaï
Oahu

Îlet
hameau, îlot

Îlien
insulaire

Illégal
arbitraire, clandestin, défendu, frauduleux,
illégitime, illicite, injuste, interdit, interlope,
irrégulier, parallèle, pirate, prohibé, sauvage,
usurpatoire

Illégalement
indûment

Illégalité
abus, illicéité, irrégularité

Illégitime
abusif, bâtard, coupable, déraisonnable,
illégal, illicite, indu, infondé, injuste,
injustifiable, irrégulier, naturel

Illégitimement
indûment

Illégitimité
bâtardise

Illétrisme
ignorance

Illettré
analphabète, ignare, ignorant, inculte

Illicéité
illégalité

Illicite
adultère, clandestin, coupable, défendu,
frauduleux, illégal, illégitime, interdit,
interlope, pirate, prohibé, sauvage

Illico
aussitôt

Illimité
absolu, abyssal, arbitraire, aveugle,
démesuré, discrétionnaire, gigantesque,
grand, immense, incalculable,
incommensurable, indéfini, indéterminé,
infini

Illisible
incompréhensible, indéchiffrable

Illogique
aberrant, absurde, alogique, antilogique,
contradictoire, décousu, déraisonnable, faux,
idiot, incohérent, inconséquent, irrationnel,
paradoxal

Illogisme
absurdité, paradoxe

Illumination
découverte, éclair, éclairage, éclairement,
flash, idée, inspiration, lumière, trouvaille

Illuminé
allumé, animé, éclairé, enragé, exalté,
fanatique, forcené, inspiré, mystique,
utopiste, visionnaire

Illuminer
allumer, animer, éclaircir, éclairer, embellir,
embraser, enflammer, enluminer, ensoleiller,
resplendir

Illusion
aberration, apparence, attrape, berlue,
chimère, erreur, fantaisie, fantasme, fantôme,
fiction, fumée, hallucination, imagination,
irréalité, leurre, mensonge, mirage, mythe,
ombre, prestige, rêve, rêverie, simulacre,
songe, tromperie, utopie, vision

Illusionnisme
magie

Illusionniste
magicien

Illusoire
apparent, chimérique, décevant, fallacieux,
faux, fictif, imaginaire, impossible, insidieux,
irréel, mythique, spécieux, trompeur,
utopique, vain

Illustrateur
artiste

Illustration
cadre, dessin, échantillon, enluminure,
exemple, explication, figure, gloire, gravure,

iconographie, image, miniature, photo,
photographie, planche, reproduction

Illustre
brillant, célèbre, connu, éclatant, fameux,
glorieux, grand, immortel, important,
légendaire, mémorable, noble, prestigieux,
renommé, réputé

Illustre, célèbre
connu

Illustrer (S')
briller, décorer, démontrer, distinguer, éclairer,
exceller, exemplifier, expliquer, montrer,
orner, prouver, rehausser, signaler

Illuter
baigner

Îlot
archipel, bloc, île, îlet, poche

Îlot de la Méditerranée
If

Ilote
béotien, esclave, ignorant, paria

Îlotier
inspecteur

Ilotisme
esclavage

Ils
eux

Ils battent quand ils aiment
cœurs

Ils m'appartiennent
mes, miens

Ils tirent le traîneau du père Noël
rennes

Im
préfixe

Image
allégorie, apparence, caricature, chromo,
cliché, comparaison, concept, description,
dessin, effigie, emblème, épreuve, estampe,
exemple, expression, face, figure, gravure,
icône, illustration, incarnation, manifestation,
métaphore, mirage, miroir, peinture,
perception, personnification, photo, planche,
portrait, reflet, réplique, représentation,
reproduction, signe, silhouette, souvenir,
symbole, tableau, visage, vision, vue

Imagé
animé, coloré, expressif, figuré,
métaphorique, truculent, vivant

Image d'une publicité
visuel

Image découpée
découpage

Image des saints
icône

Image en couleur de mauvais goût
chromo

Image imprimée
estampe

Image lithographique en couleur
chromo

Image réfléchie
reflet

Imaginable
pensable, possible

Imaginaire
chimérique, fabuleux, fallacieux, fantaisiste, fantasmagorique, fantastique, faux, fictif, idéal, illusoire, imagination, irréel, légendaire, magique, mythique, onirique, spécieux, trompeur, utopique, vain

Imaginatif
créatif, fécond, innovant, inventif, productif, rêveur

Imagination
affabulation, chimère, conte, créativité, divagation, esprit, évasion, extravagance, fable, fabulation, fantaisie, fantasme, fiction, folie, idée, illusion, imaginaire, inspiration, invention, inventivité, mensonge, rêve, rêverie, songe

Imaginé
pensé

Imaginé par avance
préconçu

Imaginer
admettre, combiner, concevoir, conjecturer, construire, créer, croire, découvrir, deviner, envisager, évoquer, fabuler, fantasmer, figurer, forger, former, inventer, manigancer, méditer, pêcher, penser, percevoir, prévoir, représenter, rêver, romancer, songer, soupçonner, supposer, supputer, trouver, voir

Imam
mollah

Imbattable
fort

Imbécile
aberrant, abruti, ahuri, andouille, âne, arriéré, bêta, bête, borné, cornichon, cruche, débile, dégénéré, gourde, idiot, incapable, inepte, inintelligent, niais, sot, stupide

Imbécillité
absurdité, ânerie, bêtise, débilité, faute, folie, idiotie, ineptie, insanité, niaiserie, nullité, sottise, stupidité

Imberbe
glabre, lisse, nu

Imbibé
absorbé, détrempé, trempé

Imbibé d'un liquide
détrempé

Imbiber
abreuver, absorber, détremper, humecter, hydrater, imprégner, mouiller, tamponner, tremper

Imbiber de vin
aviner

Imbiber un corps d'un liquide
imprégner

Imbriqué
lié

Imbriquer
combiner, emboîter, enchâsser, enchevêtrer, entrecroiser, entrelacer

Imbroglio
complication, confusion, désordre, embrouillamini, emmêlement, enchevêtrement, intrigue, mélange

Imbu
envahi, imprégné, infatué, pénétré, plein, prétentieux, rempli

Imbuvable
antipathique, dégoûtant, écœurant, exécrable, infect, insipide, insoutenable, insupportable, intolérable, invivable, mauvais, odieux

Imitant un bruit sec
crac

Imitateur
contrefacteur, copieur, copiste, épigone, faussaire, mime, pasticheur, plagiaire, suiveur

Imitatif
reproducteur

Imitation
affectation, attraction, calque, caricature, charge, contagion, contrefaçon, copiage, copie, décalquage, démarquage, emprunt, ersatz, faux, mimétisme, parodie, pastiche, pillage, piraterie, plagiat, reflet, répétition, réplique, reproduction, révélation, simili, simulacre, simulation, singerie, strass, suivisme, toc

Imitation comique
parodie

Imitation d'un métal précieux
toc

Imitation d'une matière
simili

Imitation de pierres précieuses
strass

Imitation maladroite
singerie

Imitation servile
calque

Imité
artificiel, factice, faux, reproduit

Imiter
calquer, contrefaire, copier, décalquer, démarquer, emprunter, faire, falsifier, feindre, jouer, mimer, parodier, pasticher, piller, pirater, plagier, rappeler, répéter, représenter, reproduire, simuler, singer, suivre

Imiter frauduleusement
pirater

Imiter le cri de la chouette
frouer

Imiter le style, la manière d'un artiste
pasticher

Imiter les veines et les couleurs du marbre
marbrer

Immaculé
blanc, chaste, impeccable, inaltéré, innocent, intact, net, propre, pur, vierge

Immanent
inhérent, intrinsèque

Immangeable
dégoûtant, mauvais

Immanquable
assuré, certain, fatal, nécessaire, obligé

Immanquablement
forcément, sûrement, toujours

Immatérialité
légèreté

Immatériel
abstrait, aérien, léger, pur, spirituel

Immatriculé
inscrit

Immatriculer
inscrire, numéroter

Immature
enfantin, infantile, puéril

Immédiat
brut, court, direct, imminent, instantané, présent, primitif, prochain, proche, prompt, simple, subit

Immédiatement
aussitôt, dès, sitôt

Immédiatement après dans une série
prochain

Immémorial
ancien, antique, lointain, séculaire

Immense
admirable, ample, colossal, démesuré, énorme, fou, géant, gigantesque, grand, gros, illimité, incommensurable, inestimable, infini, intense, monumental, profond, spacieux, vaste

Immensément
démesurément, énormément, rudement

Immensité
abîme, énormité, espace, étendue, gigantisme, infini, infinité, infinitude, multitude, quantité, vastitude

Immergé
coulé, inondé, noyé, plongé

Immerger
baigner, plonger

Immerger (S')
baigner, couler, inonder, noyer, plonger, tremper

Immérité
immotivé, indu, inéquitable, injuste, injustifié

Immersion
ablution, bain, baptême, dérobement, enfoncement, plongée, plongement, plongeon

Immeuble
bâtiment, bâtisse, construction, édifice, ensemble, fonds, immobilier, propriété, tour

Immeuble comportant deux appartements sur deux étages
duplex

Immigrant
étranger, immigré, résident

Immigration
migration

Immigré
débarqué, émigrant, étranger, exilé, expatrié, immigrant, migrant, parti, réfugié

Immigré originaire de l'Amérique latine
Latino

Immigrer
émigrer, exiler, expatrier

Imminence
approche, arrivée, proximité

Imminent
immédiat, instant, instantané, prochain, proche

Immiscer (S')
interférer

Immixtion
incursion, ingérence, intervention, intrusion

Immobile
atone, cloué, croupi, croupissant, dormant, engourdi, étale, ferme, figé, fixe, gisant, hiératique, immobilisé, immuable, impassible, inactif, inanimé, inébranlable, inerte, invariable, médusé, mort, paralysé, passif, pétrifié, prostré, rivé, sidéré, stagnant, stationnaire, statique, stupéfait, stupéfié, stupide

Immobilier
immeuble

Immobilisation
arrêt, blocage, gel

Immobilisé
amarré, coincé, immobile, retenu

Immobiliser
amarrer, arrêter, arrimer, assurer, attacher, bloquer, clouer, coincer, enserrer, figer, fixer, geler, maintenir, maîtriser, paralyser, pétrifier, retenir, river, scléroser, stopper, tenir

Immobiliser dans le sable
ensabler

Immobilisme
inertie, sclérose

Immobilité
accalmie, immutabilité, inaction, inactivité, paralysie, sclérose

Immodération
excès

Immodéré
abusif, colossal, démesuré, déréglé, effréné, exagéré, excessif, exorbitant, extrême, fou, indiscret, intempérant, outrancier, outré

Immodérément
abusivement, beaucoup, démesurément, exagérément, excessivement, outrageusement, surabondamment, trop

Immodeste
impudique, inconvenant, indécent, licencieux, prétentieux, suffisant

Immodestie
impudeur, indécence

Immolation
hécatombe, offrande, sacrifice

Immoler
assassiner, égorger, exterminer, massacrer, offrir, sacrifier, tuer

Immonde
abject, avilissant, dégoûtant, dégradant, écœurant, fétide, honteux, horrible, ignoble, infâme, infect, mauvais, méchant, nauséabond, nauséeux, odieux, ordurier, repoussant, répugnant, répulsif, révoltant, sale, sordide, vil

Immondices
balayures, déchets, détritus, fange, ordures, saletés, salissures

Immoral
abject, amoral, corrompu, cynique, débauché, dépravé, déréglé, dévergondé, dissolu, honteux, impur, indécent, licencieux, malhonnête, malpropre, malsain, mauvais, nauséabond, obscène, putride, vicieux

Immoralité
cynisme, impureté, licence, lubricité, obscénité, turpitude, vice

Immortaliser
éterniser, pérenniser, perpétuer

Immortalité
éternité, pérennité, postérité

Immortel
célèbre, éternel, glorieux, illustre, immuable, impérissable, inaltérable, indéfectible, indélébile, indestructible, perpétuel

Immotivé
arbitraire, gratuit, immérité, infondé, injustifiable, injustifié

Immuabilité
immutabilité

Immuable
constant, continu, durable, éternel, ferme, figé, fixe, identique, immobile, immortel, impérissable, inaltérable, indéfectible, indélébile, indestructible, inébranlable, invariable, perpétuel, stable, stéréotypé

Immunisation
accoutumance, immunité, vaccin

Immunisé
blindé, garanti

Immuniser
blinder, exempter, garantir, prémunir, préserver, protéger, vacciner

Immunité
dispense, exemption, exonération, franchise, immunisation, inviolabilité, irresponsabilité, liberté, préservation, privilège, protection

Immutabilité
constance, fixité, immobilité, immuabilité, invariabilité, permanence, stabilité

Impact
action, aura, choc, collision, conséquence, coup, écho, effet, heurt, impression, incidence, influence, lendemain, percussion, portée, répercussion, retentissement, séquelle

Impair
aberration, amusement, ânerie, bévue, blague, boulette, erreur, faute, gaffe, gaucherie, maladresse, pataquès, sottise

Impala
antilope

Impalpabilité
ténuité

Impalpable
éthéré, ténu

Impaludé
paludéen

Imparable
fatal, implacable, incontournable, inéluctable, inévitable, inexorable, obligé

Impardonnable
indéfendable

Imparfait
approximatif, bâtard, boiteux, défectueux, élémentaire, embryonnaire, faible, fautif, fragmentaire, grossier, imprécis, inachevé, incomplet, inégal, insuffisant, lacunaire, manqué, mauvais, médiocre, partiel, relatif, rudimentaire, sommaire, vague

Imparfaitement
mal, vaguement

Imparité
disparité

Imparti
alloué, dévolu, donné

Impartial
désintéressé, droit, égal, équitable, intègre, juste, loyal, neutre, objectif, probe, vertueux

Impartialement
justement

Impartialité
droiture, équité, justice, neutralité, probité

Impartir
accorder, allouer, assigner, attribuer, départir, donner, octroyer, réserver

Impasse
dilemme, rue

Impassibilité
accalmie, calme, flegme, froideur, placidité, stoïcisme, tiédeur

Impassible
apathique, calme, détaché, fermé, flegmatique, froid, immobile, impavide, impénétrable, imperturbable, indifférent, inébranlable, insensible, paisible, placide, pondéré, posé, serein, stoïque, tranquille

Impassiblement
calmement

Impatiemment
anxieusement, avidement, coléreusement, fébrilement, fiévreusement, nerveusement

Impatience
agacement, fièvre, hâte, irritation, nervosité

Impatiens
balsamine

Impatient
agacé, anxieux, ardent, avide, bouillant, brusque, curieux, désireux, empressé, énervé, fébrile, fougueux, impétueux, inquiet, nerveux, pressé, vif

Impatienter
agacer, crisper, énerver, irriter, lasser

Impatienter (S')
bouillir, piaffer

Impavide
calme, flegmatique, impassible, imperturbable, inébranlable, intrépide, placide, tranquille

Impayable
inestimable, unique

Impayé
arriéré, dette, dû

Impeccable
accompli, immaculé, net, nickel, parfait, propre, pur, soigné

Impécunieux
gêné, misérable, pauvre

Impécuniosité
pauvreté

Impénétrable
abscons, abstrus, dense, difficile, épais, impassible, inaccessible, inconnu, obscur, profond, secret, sibyllin, ténébreux, touffu

Impénitence
péché

Impénitent
endurci, impie, invétéré

Impensable
impossible

Imper
ciré, gabardine, imperméable, trench

Impératif
absolu, autoritaire, bref, catégorique, contrainte, devoir, dominateur, exigence, exprès, impérieux, injonctif, loi, nécessaire, nécessité, obligation, péremptoire, prescription, pressant, tranchant, urgent

Impératrice
altesse, souveraine, tsarine

Impératrice d'Orient
Irène

Impératrice de Russie
tsarine

Imperceptible
faible, inaudible, infime, inobservable, invisible, léger, minime, petit, subtil

Imperceptible à l'oreille
inaudible

Imperfection
défaut, défectuosité, faute, infirmité, paille, tare, travers, vice

Impérial
imposant, majestueux

Impériale
barbe

Impérieux
absolu, autoritaire, cassant, catégorique, dictatorial, dominateur, hautain, impératif, incoercible, irrépressible, irrésistible, magistral, péremptoire, pressant, tranchant, tyrannique, urgent, violent

Impérissable
éternel, immortel, immuable, indéfectible, indélébile, perpétuel, vivace

Impéritie
ignorance, incapacité

Imperméabilité
étanchéité

Imperméable
cape, étanche, gabardine, imper, manteau,
pardessus

Impersonnel
anonyme

Impertinence
audace, désinvolture, impudence, indécence,
insolence, irrespect, toupet

Impertinent
arrogant, audacieux, cavalier, désinvolte,
effronté, frondeur, goujat, hardi, impoli,
impudent, incongru, inconvenant, incorrect,
insolent, irrespectueux, irrévérencieux,
malappris, malpoli, outrecuidant, railleur

Imperturbabilité
accalmie, flegme, froideur, maîtrise, placidité,
stoïcisme

Imperturbable
calme, ferme, froid, glacial, impassible,
impavide, intrépide, patient, placide

Imperturbablement
calmement

Impétrant
bénéficiaire, lauréat

Impétueux
ardent, bouillant, chahuteur, débordant,
déchaîné, diluvien, effréné, emporté,
endiablé, enragé, exalté, explosif, fougueux,
frénétique, furibond, furieux, impatient,
passionné, pétulant, prompt, rapide,
torrentiel, torrentueux, véhément, vif, violent

Impétuosité
ardeur, chaleur, feu, fougue, fureur, furia,
furie, pétulance, véhémence, virulence,
vivacité

Impie
apostat, athée, blasphémateur,
blasphématoire, hérétique, impénitent,
incrédule, incroyant, infidèle, irréligieux,
libertin, mécréant, païen, profanateur,
renégat, sacrilège, sceptique

Impiété
agnosticisme, athéisme, blasphème,
incrédulité, incroyance, irréligion, profanation,
sacrilège

Impitoyable
acerbe, atroce, barbare, dur, endurci, féroce,
inhumain, rapace, sévère

Implacabilité
rigueur

Implacable
cruel, dur, endurci, farouche, féroce,
imparable, inhumain, mortel, rigoureux,
sévère

Implant
pellet

Implantation
ancrage, fixation, localisation, plantation

Implanter
accrocher, ancrer, consolider, enraciner,
établir, fixer, incruster, insérer, installer,
instaurer, instituer, introduire, planter,
prendre, situer

Implexe
alambiqué

Implication
incidence, suite

Implicite
allusif, inexprimé, latent, tacite

Implicitement
tacitement

Impliqué
compromis

Impliquer
comporter, comprendre, compromettre,
entraîner, inclure, intéresser, mêler, mouiller,
nécessiter, participer, signifier, supposer

Imploration
demande, prière

Implorer
adjurer, appeler, conjurer, demander,
invoquer, mendier, pleurer, prier, quémander,
quêter, réclamer, solliciter, supplier

Implosion
effondrement

Impoli
désagréable, discourtois, effronté, goujat,
grossier, impertinent, incivil, inconvenant,
incorrect, indélicat, insolent, irrespectueux,
irrévérencieux, malappris, malhonnête,
malotru, malpoli, malséant, rustre

Impoli, malappris
malpoli

Impoliment
effrontément

Impolitesse
absurdité, muflerie

Impondérable
aléa, contretemps

Importance
ampleur, crédit, dimension, étendue, force,
format, grandeur, gravité, intérêt, ordre, plan,
poids, portée, prestige, prix, sérieux, stature,
taille, volume

Importance de quelque chose
ampleur

Important
admirable, affecté, ample, appréciable, arrogant, avantageux, capital, célèbre, central, connu, conséquent, considérable, crucial, décisif, élevé, éminent, essentiel, étendu, fat, fondamental, fort, gentil, glorieux, grand, grave, gros, haut, illustre, imposant, infatué, influent, insigne, joli, large, lourd, maître, majeur, marquant, massif, méchant, mémorable, nécessaire, net, nombreux, notable, outrecuidant, prétentieux, primordial, principal, puissant, renommé, respectable, rondelet, sensible, sérieux, sévère, significatif, substantiel, suffisant, vain, vaste, vital

Important centre économique du Canada
Mississauga

Importante masse minérale, gazeuse, etc.
gisement

Importateur
client, négociant

Importer
acclimater, compter, exister, intéresser, introduire, jouer, peser, rapatrier, rapporter

Importun
achalant, agaçant, collant, déplaisant, désagréable, embarrassant, embêtant, ennuyeux, enquiquinant, envahissant, fâcheux, fatigant, gênant, gêneur, glu, gluant, incommode, indésirable, indiscret, inopportun, intempestif, intrus, parasite, pesant, plaie, poison, raseur, teigne, trublion

Importun, fâcheux
gêneur

Importunant
agaçant

Importuné
gêné

Importuner
agacer, assaillir, assiéger, assommer, barber, compliquer, déranger, embarrasser, embêter, ennuyer, enquiquiner, excéder, fatiguer, gêner, harceler, incommoder, indisposer, lasser, persécuter, peser, pomper, poursuivre, solliciter, taler, tarabuster, tirailler, tourmenter

Importuner à force de répéter
seriner

Imposable
redevable, taxable

Imposant
auguste, colossal, considérable, corpulent, formidable, grandiose, grave, gros, impérial, important, impressionnant, lourd, magistral, majestueux, massif, noble, pompeux, solennel, superbe, vaste

Imposant, distingué
noble

Imposant, majestueux
pompeux

Imposé
assujetti, contribuable, dicté, donné, obligatoire, prescrit, requis

Imposer
commander, décréter, demander, dicter, donner, édicter, enjoindre, exiger, fixer, grever, infliger, inspirer, mettre, nécessiter, obliger, ordonner, percer, prescrire, réclamer, régir, requérir, susciter, taxer

Imposition
charge, contribution, dîme, droit, impôt, taxation, taxe, tribut

Impossibilité
incapacité

Impossibilité à s'endormir
insomnie

Impossibilité accidentelle de fonctionner
panne

Impossibilité de faire certains mouvements
akinésie

Impossibilité de mobiliser normalement une articulation mobile
ankylose

Impossibilité de procréer
stérilité

Impossible
absurde, chimérique, extravagant, illusoire, impensable, impraticable, inadmissible, inapplicable, inconcevable, incroyable, indu, inenvisageable, inexcusable, inexécutable, inextricable, infaisable, internal, inimaginable, inouï, insensé, insoluble, insupportable, intenable, intolérable, invivable, invraisemblable, irréalisable, pénible, ridicule, utopique, vain

Impossible à éviter
imparable

Impossible à vivre
invivable

Imposteur
bluffeur, charlatan, contrefacteur, escroc, faussaire, fumiste, hypocrite, menteur, mystificateur, simulateur, tartufe, tartuffe, usurpateur

Imposture
blague, calomnie, canular, duperie, fausseté, hypocrisie, leurre, mascarade, mensonge, mystification, supercherie, tromperie

Impôt
annone, cens, charge, contribution, cotisation, dîme, droit, fisc, fiscalité, gabelle, imposition, patente, prélèvement, redevance, taxe, tribut

Impôt canadien indirect
accise

Impôt en nature perçu sur le produit de la récolte annuelle
annone

Impôt indirect, très impopulaire, prélevé notamment sur des denrées de luxe
gabelle

Impôt prélevé par l'Église
dîme

Impotence
faiblesse, handicap, infirmité, invalidité

Impotent
amputé, blessé, éclopé, estropié, faible, grabataire, handicapé, hémiplégique, infirme, invalide, mutilé, paralysé, paralytique, paraplégique, perclus, unijambiste

Impraticable
impossible, inaccessible, inapplicable, inexécutable, infaisable, irréalisable, malaisé

Imprécation
anathème, blasphème

Imprécation sacrilège
jurement

Imprécis
ambigu, approximatif, confus, estompé, évasif, flou, fondu, grossier, imparfait, incertain, indécis, indéfini, indéfinissable, indéterminé, indiscernable, indistinct, rudimentaire, vague

Imprécisément
vaguement

Imprécision
vague

Imprégnation
assimilation

Imprégné
imbu, marqué, trempé

Imprégné d'humidité
moite

Imprégner
abreuver, baigner, bercer, enduire, envahir, féconder, gorger, humecter, imbiber, imprimer, influencer, marquer, parfumer, pénétrer, tremper, vaporiser

Imprégner d'alun
aluner

Imprégner d'eau
imbiber, moitir

Imprégner d'une odeur agréable
parfumer

Imprégner d'une substance colorante
teindre

Imprégner de sel
saler

Imprégner de substances ignifuges
ignifuger

Imprésario
agent, manager

Impression
action, appréciation, avis, édition, effet, émotion, empreinte, gaufrage, gravure, impact, influence, intuition, jugement, marque, opinion, pensée, perception, reproduction, sensation, sentiment, souvenir, tirage, trace, vues

Impressionnable
émotif, sensible

Impressionnant
ahurissant, étonnant, frappant, grandiose, imposant, poignant, signalé

Impressionné
affecté, ahuri, bluffé, ébloui, épaté, étonné, marqué, soufflé

Impressionner
affecter, ahurir, bluffer, éblouir, émouvoir, épater, étonner, frapper, intimider, marquer, souffler

Imprévisible
éventuel, inattendu, variable

Imprévoyant
imprudent

Imprévu
accident, accidentel, accroc, aléa, brusque, contretemps, déconcertant, extraordinaire, fantaisie, fortuit, hasard, impromptu, inattendu, inespéré, informel, inopiné, péripétie, soudain, subit, surprise

Imprimé
appliqué, bordereau, brochure, dépliant, formulaire, marqué, papier, prospectus, tiré

Imprimer
animer, appliquer, apposer, communiquer, donner, éditer, estamper, fixer, gaufrer, graver, imprégner, incruster, inculquer, inspirer, insuffler, marquer, pénétrer, publier, reproduire, tirer

Imprimer au moyen de fers chauds
gaufrer

Imprimer en continu
lister

Imprimer quelque chose dans l'esprit de quelqu'un
inculquer

Imprimer un tatouage
tatouer

Imprimerie
typo, typographie

Imprimeur
prote, typographe

Improbation
blâme, censure, désapprobation, réprobation

Improbe
malhonnête

Improbité
malhonnêteté

Improductif
aride, infécond, infertile, ingrat, pauvre,
stérile

Improductivité
aridité, stérilité

Impromptu
imprévu, improvisé, inattendu, inopiné,
inopinément, soudain, subit, surprise

Impropre
abusif, inadapté, inadéquat, inapproprié,
inapte, incapable, incompétent, incorrect,
inexact, mauvais, saugrenu, vicieux

Impropriété
barbarisme, faute, solécisme

Improuver
blâmer, condamner, désapprouver

Improvisé
impromptu

Improviser
inventer

Imprudence
amusement, faute, légèreté, témérité

Imprudent
audacieux, aventureux, dangereux,
écervelé, étourdi, hardi, hasardé, hasardeux,
imprévoyant, inconséquent, inconsidéré,
léger, malavisé, osé, périlleux, risqué,
téméraire

Impudemment
effrontément, hardiment

Impudence
aplomb, arrogance, audace, culot, cynisme,
effronterie, front, hardiesse, impertinence,
indécence, insolence, outrecuidance,
témérité, toupet

Impudent
arrogant, choquant, culotté, cynique, effronté,
éhonté, hardi, impertinent, indécent, insolent,
outrecuidant

Impudeur
immodestie, impudicité, inconvenance,
indécence

Impuissance
aboulie, faiblesse, incapacité, paralysie

Impuissant
faible, incapable, incompétent, inopérant

Impulser
encourager, favoriser, initier, lancer,
promouvoir

Impulsif
bouillant, emporté, fougueux, irréfléchi,
spontané, vif, violent

Impulsion
action, appel, effet, élan, empire,
entraînement, essor, force, humeur,
influence, instinct, lancée, motion,
mouvement, penchant, poussée, pression,
pulsion, tendance

Impulsion électrique de synchronisation
top

Imputation
application

Imputé
affecté, appliqué

Imputer
affecter, appliquer, assigner, attribuer,
incriminer, prêter, rapporter

In
indium

In extenso
intégral

Inabordable
cher, exagéré, excessif, inaccessible, onéreux

Inabouti
inachevé, incomplet

Inaccentué
atone

Inacceptable
inadmissible, inconcevable, insupportable,
intolérable, irrecevable, révoltant, scandaleux

Inacceptation
refus, rejet

Inaccessible
distant, exorbitant, fier, froid, hautain,
hermétique, impénétrable, impraticable,
inabordable, inapprochable,
incompréhensible, inconnaissable,
irréalisable, utopique

Inaccompli
inachevé, incomplet

Inaccoutumé
admirable, anormal, étrange, insolite, inusité,
nouveau, rare

Inachevé
brut, imparfait, inabouti, inaccompli,
incomplet, lacunaire

Inactif
amorphe, apathique, chômeur, désœuvré,
endormi, fainéant, flâneur, immobile,
indolent, inefficace, inerte, inoccupé,
inopérant, mou, oisif, paresseux, passif,
somnolent

Inaction
accalmie, désœuvrement, farniente, immobilité, inactivité, inertie, léthargie, oisiveté, paralysie, torpeur

Inactivité
accalmie, apathie, chômage, congé, immobilité, inaction, inertie, repos, sommeil, stagnation, torpeur

Inactuel
anachronique, ancien, caduc, dépassé, périmé, suranné

Inadapté
anormal, impropre, inadéquat, inapproprié, inapte, mauvais

Inadéquat
impropre, inadapté, inapproprié, mauvais

Inadmissible
impossible, inacceptable

Inadvertance
amusement, distraction, mégarde, oubli

Inaliénable
sacré

Inaltérable
éternel, fixe, identique, immortel, immuable, indélébile, permanent, perpétuel, stable

Inaltéré
immaculé, intact, pur, vierge

Inamical
agressif, déplaisant, ennemi, hostile, malveillant

Inanimé
évanoui, froid, immobile, inconscient, inerte, inexpressif

Inanité
frivolité, futilité, inconsistance, inutilité, néant, rien, vanité, vide

Inanition
épuisement, faiblesse, faim

Inapaisé
inassouvi, insatisfait

Inapparent
invisible

Inappétence
anorexie, dégoût

Inapplicable
impossible, impraticable

Inapplication
amusement, négligence

Inappréciable
inestimable, précieux

Inapprivoisable
fier, sauvage

Inapprivoisé
sauvage

Inapprochable
inaccessible

Inapproprié
impropre, inadapté, inadéquat, mauvais

Inapte
impropre, inadapté, incapable, incompétent, inhabile, nul

Inaptitude
incapacité

Inarticulé
flou, indistinct, inintelligible

Inassimilable
indigeste, pesant

Inassouvi
affamé, déçu, frustré, inapaisé, insatiable, insatisfait, vorace

Inattaquable
authentique, bétonné

Inattendu
abracadabrant, absurde, accidentel, bizarre, brusque, déconcertant, déroutant, étonnant, étrange, fortuit, imprévisible, imprévu, impromptu, inespéré, inopiné, nouveau, piquant, saugrenu, soudain, surprenant, surprise

Inattendu et surprenant
incongru

Inattentif
absent, bêta, bête, distrait, écervelé, étourdi, évaporé, léger, négligent, oublieux

Inattentif et turbulent
dissipé

Inattention
absence, amusement, distraction, négligence, oubli

Inaudible
bas, imperceptible, inécoutable, inintelligible, invisible

Inauguration
lancement, ouverture

Inaugurer
consacrer, entreprendre, étrenner, instaurer, ouvrir

Inauthentique
faux

Inavouable
coupable, honteux, trouble

Inavoué
caché, camouflé, confidentiel, dissimulé, étouffé, occulté, secret, tu

Inc.
incorporé

Inca
incasique

Incalculable
énorme, illimité, inestimable, infini

Incandescent
ardent, étincelant, lumineux, rouge

Incantation
évocation, sortilège

Incantatoire
évocatoire

Incapable
abruti, ignare, ignorant, imbécile, impropre, impuissant, inapte, incompétent, inepte, infichu, inhabile, maladroit, malhabile, mazette, médiocre, minable, nul, nullard, nullité, ringard, zéro

Incapacité
déchéance, handicap, ignorance, impéritie, impossibilité, impuissance, inaptitude, incompétence, infirmité, inhabileté, insuffisance, invalidité, nullité

Incapacité pathologique à agir
aboulie

Incarcération
captivité, détention, internement, réclusion

Incarcéré
captif, détenu, écroué, emprisonné, enfermé, interné, prisonnier, séquestré

Incarcérer
écrouer, enfermer

Incarnadin
rouge

Incarnat
rouge, violet

Incarnation
image, métamorphose, symbole

Incarné
campé

Incarner
camper, évoquer, figurer, interpréter, jouer, personnifier, représenter, symboliser

Incartade
algarade, folie, frasque, fredaine

Incasique
inca

Incassable
infrangible, robuste, solide

Incendiaire
pyromane, séditieux

Incendie
brasier, feu, flammes, ignition, sinistre

Incendier
brûler, consumer, échauffer, embraser, enflammer, exalter, flamber, griller, injurier, réprimander, surexciter

Incertain
aléatoire, ambigu, aventureux, brouillé, chancelant, changeant, conditionnel, confus, contestable, contingent, douteux, élusif, équivoque, éventuel, faible, flottant, flou, fluctuant, fondu, hasardeux, hésitant, hypothétique, imprécis, inconstant, indécis, indéfini, indéfinissable, indéterminé, indistinct, infidèle, instable, irrésolu, louche, menaçant, menacé, mitigé, nébuleux, obscur, osé, perplexe, précaire, problématique, risqué, ténébreux, troublé, trouble, vacillant, vague, vaporeux, variable, versatile

Incertitude
aléa, doute, embarras, fragilité, hésitation, précarité

Incessamment
bientôt, constamment

Incessant
constant, continu, continuel, durable, éternel, ininterrompu, pérenne, permanent, perpétuel, persistant, régulier, sempiternel, soutenu, suivi

Inchangé
ferme, fixe, identique, intact, même, stable

Incidence
conséquence, contrecoup, effet, impact, implication, influence, prolongement, répercussion, retombée, suite

Incident
accessoire, accident, accidentel, accroc, algarade, anicroche, aventure, brouille, complication, couac, difficulté, ennui, épisode, fait, histoire, pépin, péripétie, secondaire

Incinération
crémation

Incinérer
brûler, calciner, griller

Incise
remarque

Inciser
blesser, couper, débrider, entailler, entamer, fendre, ouvrir, scarifier, tailler

Inciser superficiellement la peau
scarifier

Incisif
acerbe, acéré, acide, âcre, affilé, aigu, aiguisé, caustique, concis, coupant, mordant, pénétrant, perçant, piquant, railleur, rude, sec, tranchant, virulent

Incision
boutonnière, coupure, entaille, excision, fêlure, fente, incisure, rainure, scarification

Incision pour arrêter la descente de la sève
baguage

Incisive
dent

Incisure
découpure, incision

Incitant
invitant
Incitateur
moteur, promoteur
Incitatif
stimulant
Incitation
appel, encouragement, excitation, exhortation, instigation, invitation, mobilisation, provocation, récompense, tentation
Incité
animé, encouragé, excité
Inciter
animer, appeler, convier, déterminer, disposer, encourager, engager, entraîner, exciter, exhorter, incliner, induire, instiguer, inviter, porter, pousser, prédisposer, soutenir, stimuler, tenter
Inciter à l'action
motiver
Inciter quelqu'un à faire quelque chose
instiguer
Incivil
discourtois, grossier, impoli, incorrect, malappris, malpoli, rustre
Incivilisé
sauvage
Incivique
collaborateur
Inclémence
dureté, rigueur, rudesse
Inclément
dur, rigoureux, rude
Inclinaison
déclivité, obliquité, pente, position, rampe, talus
Inclinaison d'une ligne sur une autre
obliquité
Inclinaison, pente
dévers
Inclination
amitié, appétit, attirance, attrait, désir, facilité, faiblesse, goût, instinct, intérêt, nature, penchant, propension, révérence, sympathie, tendance, tentation, vocation
Incliné
abandonné, abdiqué, courbé, infléchi, italique, penché, pentu, plié, prosterné, rapide
Incliner
abaisser, baisser, coucher, courber, fléchir, inciter, pencher, plier, ployer, prédisposer, préférer

Incliner (S')
abandonner, abdiquer, capituler, céder, infléchir, obéir, prosterner, renoncer
Incliner d'un côté
pencher
Incluant
inclusif
Inclure
accepter, accueillir, adjoindre, admettre, ajouter, comporter, comprendre, compter, contenir, enclore, enfermer, englober, glisser, impliquer, insérer, intégrer, introduire, joindre, mettre, recouvrir, renfermer
Inclus
annexé, compris, contenu, inséré, joint
Inclusif
comprenant, incluant
Inclusion présente dans toutes les cellules des végétaux eucaryotes
plaste
Incoercible
fou, impérieux
Incognito
anonymat, anonymement, discrètement, secrètement
Incohérence
absurdité, confusion, désaccord, différence, paradoxe, versatilité
Incohérent
abracadabrant, absurde, brouillon, chaotique, confus, contradictoire, décousu, délirant, désordonné, extravagant, illogique, incompréhensible, inconséquent, inepte, insensé, irrationnel
Incolore
blanc, fade, inexpressif, insipide, livide, neutre, pâle, pâlot, plat, terne, transparent
Incomber
appartenir
Incombustible
apyre
Incommensurable
abusif, abyssal, colossal, démesuré, illimité, immense, infini
Incommodant
désagréable, gênant
Incommode
acariâtre, embarrassant, encombrant, fâcheux, gênant, importun, inconfortable, malaisé, malcommode
Incommodé
aigri, étouffé, indisposé, malade, souffrant
Incommoder
aigrir, assommer, compliquer, ennuyer, étouffer, étourdir, gêner, importuner, troubler

Incommodité
charge, embarras, ennui, gêne, inconfort,
malaise, sujétion

Incommunicable
indicible

Incomparable
accompli, admirable, magistral, parfait,
supérieur, unique

Incompatibilité
désaccord, différence

Incompatible
contraire, opposé

Incompétence
ignorance, incapacité, inculture, nullité

Incompétent
ignare, ignorant, impropre, impuissant,
inapte, incapable, inhabile, médiocre, novice,
nul, profane

Incomplet
dépareillé, fragmentaire, imparfait, inabouti,
inaccompli, inachevé, insuffisant, lacunaire,
partiel, relatif, superficiel

Incomplètement
mal

Incompréhensibilité
opacité

Incompréhensible
abstrus, curieux, étrange, illisible,
inaccessible, incohérent, indigeste, nébuleux,
obscur, ténébreux

Incompressible
irréductible

Incompris
méconnu

Inconcevable
étonnant, impossible, inacceptable,
paradoxal, stupéfiant

Inconciliable
opposé

Inconditionné
nécessaire

Inconditionnel
absolu, aveugle, fan, groupie, idolâtre, total

Inconduite
débauche, excès, faute, frasque, licence, vice

Inconfort
incommodité

Inconfortable
gênant, incommode, scabreux

Incongru
choquant, déplacé, impertinent, inconvenant,
incorrect, indécent, inopportun, intempestif,
malséant, malvenu, saugrenu

Incongruité
absurdité

Inconnaissable
inaccessible

Inconnu
anonyme, déterminé, énigmatique, étranger,
ignoré, impénétrable, inédit, inexplicable,
inexploré, inouï, méconnu, mystérieux, neuf,
nouveau, obscur, occulte, quidam, secret,
tiers

Inconscience
ignorance, légèreté

Inconscient
automatique, fou, inanimé, insouciant,
instinctif, involontaire, irraisonné, irréfléchi,
irresponsable, léger, machinal, mécanique,
spontané, viscéral

Inconséquence
paradoxe

Inconséquent
absurde, capricieux, décousu, écervelé,
illogique, imprudent, incohérent, léger

Inconsidéré
imprudent, indiscret, léger, maladroit

Inconsidérément
follement, négligemment

Inconsistance
futilité, inanité, platitude, vanité

Inconsistant
amorphe, faible, falot, flasque, fluide, frivole,
futile, indécis, insipide, léger, mou, ondoyant,
plat, superficiel, terne, vaporeux

Inconstance
amusement, fragilité, frivolité, précarité,
trahison, versatilité

Inconstant
adultère, capricieux, changeant, flottant,
fluctuant, fragile, frivole, fugitif, fuyant,
incertain, infidèle, instable, léger, mobile,
ondoyant, perfide, précaire, variable,
versatile, volage

Incontestable
admis, apparent, attesté, authentique, avéré,
certain, décisif, éclatant, établi, évident,
formel, manifeste, notoire, positif, reconnu,
tangible, véritable

Incontinent
aussitôt, luxurieux

Incontournable
imparable, obligé, primordial, vital

Incontrôlé
irraisonné

Inconvenance
absurdité, balourdise, désinvolture,
impudeur, indécence, muflerie, obscénité

Inconvenant
cavalier, désinvolte, grossier, immodeste,
impertinent, impoli, impudique, incongru,

incorrect, indécent, indélicat, indigné,
indiscret, inélégant, insolent, libre, malappris,
malhonnête, malpoli, malpropre, malséant,
malvenu, obscène, sale, scabreux

Inconvénient
défaut, embarras, ennui, faiblesse, faute,
gêne, handicap, malheur, nuisance,
objection, rançon, risque

**Incoordination des mouvements avec
conservation de la force musculaire**
ataxie

Incorporation
annexion, appel, assimilation, insertion,
réunion

Incorporé
affilié, associé, inc.

Incorporel
spirituel

Incorporer
affilier, agréer, agréger, ajouter, amalgamer,
annexer, appeler, assimiler, associer,
combiner, engager, enrégimenter, enrôler,
fondre, insérer, intégrer, introduire, joindre,
mélanger, mêler, mobiliser, rattacher, recruter,
réunir, unir, verser

Incorrect
abusif, bancal, barbare, défectueux, déloyal,
déplacé, discourtois, erroné, fautif, faux,
grossier, impertinent, impoli, impropre, incivil,
incongru, inconvenant, indécent, indélicat,
inélégant, inexact, irrégulier, irrespectueux,
irrévérencieux, malappris, malhonnête,
malpoli, malséant, mauvais, vicieux

Incorrectement
mal

Incorrection
absurdité, barbarisme, faute, irrégularité

Incorrigible
incurable, invétéré

Incorruptibilité
intégrité, probité

Incorruptible
honnête, intègre, probe

Incrédule
agnostique, athée, défiant, dubitatif, impie,
incroyant, irréligieux, mécréant, sceptique,
soupçonneux

Incrédulité
athéisme, impiété

Increvable
résistant, robuste

Incrimination
attaque

Incriminé
accusé

Incriminer
accuser, attaquer, blâmer, charger, imputer,
inculper, soupçonner, suspecter

Incroyable
abracadabrant, admirable, ahurissant,
dément, effarant, énorme, étonnant,
fabuleux, fort, impossible, indécent, indicible,
inouï, insensé, insolent, sacré, singulier,
stupéfiant, surprenant, unique

Incroyablement
follement

Incroyance
agnosticisme, athéisme, impiété, nihilisme

Incroyant
agnostique, athée, hérétique, impie,
incrédule, irréligieux, mécréant, païen,
sceptique

Incrustation
insertion

Incrustation d'émail noir
nielle

Incruster
implanter, insérer, introduire

Incruster (S')
adhérer, déposer, enraciner, graver, imposer,
imprimer

Incubation
couvaison

Incube
démon, diable

Incuber
couver

Inculpé
accusé, prévenu

Inculper
accuser, incriminer

Inculqué
enseigné

Inculquer
apprendre, éduquer, enseigner, imprimer,
instruire

Inculte
analphabète, aride, arriéré, barbare, fruste,
grossier, ignare, ignorant, illettré, infertile,
philistin, primitif, rude, rustre, sauvage,
stérile, vierge

Incultivable
aride, infertile, stérile

Inculture
ignorance, incompétence

Incurable
condamné, fini, incorrigible, inguérissable,
invétéré, mortel, perdu

Incurie
désorganisation, insouciance, négligence

Incurieux
blasé

Incursion
attaque, descente, détour, immixtion,
ingérence, intervention, intrusion, invasion,
irruption, raid, razzia

Incurvé
concave, courbé, plié

Incurver
arquer, cintrer, courber

Incurver (S')
cambrer, fléchir, pencher, plier, ployer

Indécelable
invisible, léger

Indécence
absurdité, culot, cynisme, immodestie,
impertinence, impudence, impudeur,
impudicité, inconvenance, insolence,
obscénité

Indécent
choquant, débraillé, déplacé, grossier, hardi,
honteux, immodeste, immoral, impudent,
impudique, impur, incongru, inconvenant,
incorrect, incroyable, insolent, licencieux,
malhonnête, malpropre, malséant, obscène,
ostentatoire, sale, scabreux, scandaleux

Indéchiffrable
abscons, illisible, obscur, sibyllin

Indéchirable
solide

Indécidé
irrésolu

Indécis
ambigu, confus, désorienté, douteux,
dubitatif, élusif, équivoque, faible, flottant,
flou, fluctuant, fluide, général, hésitant,
imprécis, incertain, inconsistant, indéfini,
indéterminable, indéterminé, indistinct,
irrésolu, nébuleux, ondoyant, perplexe, tiède,
timide, trouble, vacillant, vague, vaporeux

Indécision
doute, embarras, faiblesse, hésitation,
timidité

Indécomposable
simple

Indéfectible
continu, éternel, immortel, immuable,
impérissable, indestructible, indissoluble,
solide, sûr

Indéfendable
impardonnable, inexcusable, injustifiable,
insoutenable, intenable, intolérable

Indéfini
confus, flou, illimité, imprécis, incertain,
indécis, indéterminé, infini, perpétuel,
trouble, vague

Indéfinissable
imprécis, incertain, indicible, ineffable

Indélébile
éternel, immortel, immuable, impérissable,
inaltérable, indestructible, ineffaçable,
inoubliable, mémorable, perpétuel

Indélicat
cavalier, déloyal, déplacé, goujat, grossier,
impoli, inconvenant, incorrect, inélégant,
irrégulier, malhonnête, malséant, mufle,
véreux

Indélicatesse
déloyauté, muflerie

Indemne
entier, intact, rescapé, sauf

Indemnisation
réparation

Indemniser
compenser, défrayer, payer, rembourser,
réparer

Indemniser, rembourser
défrayer

Indemnité
allocation, amende, audace, compensation,
dédit, prestation, réparation, salaire, vacation

Indéniable
admis, attesté, authentique, avéré, certain,
éclatant, évident, formel, manifeste, notoire,
reconnu

Indépendamment
outre

Indépendance
émancipation, liberté, sécession

Indépendant
affranchi, autonome, distinct, fier, insoumis,
libre, souverain

Indépendantisme
séparatisme

Indépendantiste
séparatiste

Indéracinable
tenace

Indescriptible
indicible, ineffable

Indésirable
gêneur, importun, intrus

Indestructible
éternel, immortel, immuable, indéfectible,
indélébile, perpétuel, robuste, solide, tenace,
vivace

Indéterminable
indécis, vague

Indétermination
doute, embarras, hésitation, vague

Indéterminé
ambigu, anonyme, confus, flottant, hésitant, illimité, imprécis, incertain, indécis, indéfini, irrésolu, perplexe, vague

Index
aiguille, catalogue, censure, doigt, fable, glossaire, indice, inventaire, lexique, liste, répertoire, table

Indexation
échelle

Indexer
cataloguer, inventorier, lister, reconsidérer, réévaluer, réexaminer, revaloriser

Indic
taupe

Indicateur
délateur, espion, guide, horaire, policier, taupe

Indication
annonce, avis, commentaire, conseil, directive, indice, information, instruction, marque, mention, notation, note, ordre, piste, prescription, preuve, recommandation, référence, renseignement, repère, signal, signe, suggestion, symptôme, trace

Indication de la quantité
posologie

Indication de mouvement lent
adagio

Indication de tempo désignant un mouvement assez lent
andante

Indication du jour, du mois et de l'année
date

Indication du numéro du tome d'un ouvrage
tomaison

Indication pour désigner un morceau de musique
opus

Indice
annonce, argument, augure, caractère, charge, chiffre, coefficient, cote, critère, dénonciation, index, indication, marque, paramètre, piste, présage, présomption, preuve, renseignement, repère, résidu, signal, signe, soupçon, symptôme, trace

Indicible
extraordinaire, incommunicable, incroyable, indéfinissable, indescriptible, ineffable, inénarrable, inexprimable, inouï, inracontable, intraduisible

Indiction
convocation

Indienne
toile

Indifféremment
tièdement

Indifférence
agnosticisme, aridité, fierté, flegme, froideur, mépris, passivité, tiédeur

Indifférent
aride, blasé, désintéressé, égal, endurci, froid, impassible, neutre, nonchalant, passif, résigné, sec, tiède

Indigence
absence, besoin, carence, défaut, déficience, dénuement, détresse, disette, faiblesse, gêne, manque, misère, nécessité, pauvreté, pénurie, poisse, privation, rareté

Indigène
aborigène, autochtone, habitant, local, natif, naturel

Indigent
besogneux, démuni, fruste, gueux, insuffisant, mendiant, misérable, nécessiteux, pauvre, rare, rudimentaire, simpliste, sommaire

Indigeste
confus, embrouillé, inassimilable, incompréhensible, lourd, pesant

Indignation
écœurement, rage, révolte, révulsion, scandale

Indigne
abject, bas, coupable, impur, infâme, lâche, mauvais, odieux, révoltant, vil

Indigné
choqué, dénaturé, fâché, hérissé, inconvenant, offensé, offusqué, outré, révolté, scandalisé, vexé

Indignement
bassement, lâchement

Indigner
choquer, écœurer, outrer, révolter, scandaliser

Indigner (S')
fulminer, irriter, offenser, offusquer, protester, récrier, révulser, tonner, vexer, vitupérer

Indignité
abjection, bassesse, déshonneur, honte, ignominie, infamie, injure, lâcheté, laideur, noirceur, saleté, turpitude, vilenie

Indigo
bleu

Indiqué
accusé, affiché, cité, donné, inscrit, opportun, senti

Indiqué ci-dessus
susvisé

Indique la présence d'une fonction alcool
ol

Indique le point de départ
depuis

Indique que quelque chose est alléchant
miam

Indique une soustraction
moins

Indiquer
accuser, afficher, affirmer, annoncer,
apprendre, attester, citer, déceler, déclarer,
définir, démontrer, dénoncer, dénoter,
désigner, dessiner, déterminer, dire, donner,
ébaucher, écrire, enseigner, énumérer,
esquisser, exposer, fixer, graver, inscrire,
manifester, marquer, mentionner, montrer,
nommer, noter, pointer, porter, préciser,
préconiser, présager, prescrire, prouver,
refléter, renseigner, représenter, révéler,
sentir, signaler, signifier, spécifier, stipuler,
témoigner, tracer, trahir

Indirect
allusif, biaisé, collatéral, détourné, écarté,
éloigné, évasif, insinuant, latéral, lointain,
oblique, sournois

Indiscernable
imprécis, invisible, léger, vague

Indisciplinable
indocile

Indiscipline
sédition

Indiscipliné
difficile, dissident, dur, insoumis,
insubordonné, méchant, rebelle, récalcitrant,
rétif, terrible

Indiscret
babillard, bavard, cancanier, curieux,
écornifleur, fâcheux, fouineur, fureteur,
gênant, immodéré, importun, inconsidéré,
inconvenant, inquisiteur, insistant,
intempestif, intrus, malavisé

Indiscrétion
bavardage, curiosité, fuite, révélation

Indiscutable
admis, attesté, authentique, avéré,
catégorique, certain, éclatant, évident, formel,
manifeste, massue, reconnu

Indiscuté
admis, reconnu

Indispensable
central, essentiel, nécessaire, obligé, premier,
primaire, primordial, requis, utile, vital

Indisposé
aigri, incommodé, malade, souffrant

Indisposer
agacer, aigrir, débecter, dégoûter, fâcher,
froisser, gêner, hérisser, importuner, irriter

Indisposer, choquer par une attitude
offusquer

Indisposition
embarras, malaise

Indissociable
uni

Indissoluble
éternel, indéfectible, insoluble, perpétuel

Indistinct
confus, flou, imprécis, inarticulé, incertain,
indécis, nébuleux, obscur, sourd, trouble

Indistinctement
vaguement

Indium
In

Individu
âme, bonhomme, citoyen, créature,
échantillon, être, exemplaire, femme, gaillard,
gonze, homme, humain, individualité,
monsieur, oiseau, personne, quidam,
spécimen, type, unité, untel

Individu à l'esprit borné
âne

Individu atteint d'albinisme
albinos

Individu chargé de basses besognes
sbire

Individu considéré comme bon à gruger
pante

Individu désagréable
moineau

Individu grossier et brutal
soudard

Individu hors caste, en Inde
paria

Individu mâle ayant subi la castration
castrat

Individu malhonnête
faisan, gredin

Individu prétentieux et insignifiant
paltoquet

Individu quelconque
citoyen, type

**Individu qui est atteint du sida par infection
virale**
sidatique

Individu qui exploite la crédulité du public
charlatan

Individu sans consistance
fantoche

Individu sans scrupules
forban

Individualiser
isoler

Individualisme
égoïsme, égotisme

Individualiste
égoïste

Individualité
ego, être, individu, personnalité, personne, singularité

Individuel
distinct, isolé, particulier, personnel, ponctuel, privé, propre, seul, singulier, spécial, spécifique, subjectif

Indivisibilité
unité

Indivisible
simple

Indo-européen
aryen

Indocile
désobéissant, difficile, dissipé, fougueux, indisciplinable, indomptable, insoumis, insubordonné, intenable, rebelle, récalcitrant, réfractaire, rétif, terrible

Indolence
alanguissement, apathie, assoupissement, atonie, engourdissement, inertie, langueur, mollesse, nonchalance, paresse, passivité, torpeur

Indolent
alangui, amorphe, apathique, atone, avachi, doux, endormi, fainéant, inactif, inerte, lambin, langoureux, languissant, lent, lymphatique, mou, négligent, nonchalant, oisif, paresseux, somnolent

Indolore
insensible

Indomptable
fier, indocile, irréductible, opiniâtre, sauvage

Indompté
brut, farouche, fougueux, sauvage

Indu
abusif, illégitime, immérité, impossible, infondé, injuste, injustifié, tardif

Indubitable
assuré, attesté, authentique, avéré, certain, évident, formel, frappant, manifeste, réel, vrai

Induction
analogie, généralisation, inférence, raisonnement

Induire
aboutir, amener, catalyser, causer, conclure, conduire, convier, déclencher, encourager, engager, entraîner, généraliser, inciter, inférer, inviter, occasionner, porter, pousser, provoquer, raisonner, supposer

Induit
ergoté

Indulgence
amnistie, bonté, charité, douceur, faiblesse, grâce, humanité, pardon, patience, pitié, respect, tolérance

Indulgent
accommodant, bénin, bienveillant, bon, charitable, clément, complaisant, compréhensif, conciliant, coulant, doux, facile, faible, favorable, généreux, large, magnanime, miséricordieux, patient, tolérant

Indûment
illégalement, illégitimement

Induration
callosité

Indurer
durcir

Industrialisé
riche

Industrialiser
équiper, mécaniser

Industrie
aciérie, activité, adresse, art, dextérité, entreprise, établissement, exploitation, fabrique, habileté, ingéniosité, intelligence, invention, manufacture, métier, profession, talent, travail, usine

Industrie de l'acier
sidérurgie

Industrie de l'extraction, du débitage et du polissage du marbre
marbrerie

Industrie de la fabrication des caisses et de tout ce qui s'y rattache
caisserie

Industrie des robinets
robinetterie

Industrie des vitres
vitrerie

Industrie du gantier
ganterie

Industrie du sellier
sellerie

Industrie du tannage
tannerie

Industriel
artificiel, entrepreneur, fabricant, manufacturier, usinier

Industriel américain
Eastman

Industriel américain né en 1819
Drake

Industriel de la biscuiterie
biscuitier

Industriel du fumage des viandes et du poisson
  fumeur
Industrieux
  habile, ingénieux
Inébranlable
  définitif, déterminé, dur, ferme, immobile,
  immuable, impassible, impavide, intrépide,
  irréductible, opiniâtre, persistant, robuste,
  solide
Inécoutable
  inaudible
Inécouté
  oublié
Inédit
  inconnu, innovant, neuf, nouveau, original
Ineffable
  drôle, extraordinaire, indéfinissable,
  indescriptible, indicible, inénarrable,
  inexprimable, inracontable, intraduisible,
  sublime
Ineffaçable
  indélébile, mémorable, tenace
Inefficace
  inactif, inopérant, inutile, mauvais, nul,
  stérile, vain
Inefficacité
  inutilité, stérilité, vanité
Inégal
  abrupt, accidenté, âpre, bosselé, cahoteux,
  changeant, coupé, déséquilibré, différent,
  disparate, disproportionné, divers, imparfait,
  injuste, instable, irrégulier, raboteux, rugueux,
  tourmenté, variable, versatile
Inégalable
  admirable, unique
Inégalitaire
  injuste
Inégalité
  accident, aspérité, bosse, bossellement,
  cahot, changement, dénivellation,
  déséquilibre, différence, disparité,
  disproportion, fluctuation, inéquation,
  iniquité, irrégularité, oscillation, relief, saute,
  variation
Inégalité dans un pavage
  flache
Inégalité du feutre
  grigne
Inélégant
  balourd, cavalier, commun, discourtois,
  disgracieux, grossier, hideux, inconvenant,
  incorrect, indélicat, lourdaud, trivial, vulgaire
Inéluctable
  certain, fatal, fatidique, imparable,
  nécessaire, obligé

Inéluctablement
  forcément, toujours
Inemployable
  inexploitable, inutilisable
Inemployé
  abandonné, inusité, inutilisé, oisif
Inénarrable
  drôle, hilarant, indicible, ineffable
Inentamé
  complet, entier, intact, intégral, intouché,
  plein
Inenvisageable
  impossible
Inepte
  abruti, absurde, bêta, bête, idiot, imbécile,
  incapable, incohérent, inintelligent, insane,
  insensé, niais, nul, sot, stupide
Ineptie
  absurdité, ânerie, bêtise, contresens, fadaise,
  idiotie, imbécillité, inintelligence, insanité,
  niaiserie, sottise, stupidité
Inépuisable
  généreux, intarissable
Inéquation
  inégalité
Inéquitable
  immérité, inique, injuste
Inerte
  amorphe, apathique, atone, endormi,
  engourdi, éteint, figé, flasque, immobile,
  inactif, inanimé, indolent, léthargique, mou,
  paresseux, passif, veule
Inertie
  apathie, atonie, immobilisme, inaction,
  inactivité, indolence, léthargie, mollesse,
  paralysie, paresse, passivité, pesanteur,
  sommeil
Inespéré
  imprévu, inattendu
Inesthétique
  hideux, ingrat, laid
Inestimable
  considérable, immense, impayable,
  inappréciable, incalculable, précieux
Inévitable
  certain, fatal, fatidique, imparable, logique,
  nécessaire, obligé
Inévitablement
  forcément, sûrement
Inexact
  déformé, erroné, fautif, faux, impropre,
  incorrect, infidèle, mauvais, mensonger
Inexactitude
  erreur, fausseté, faute
Inexcusable
  impossible, indéfendable

Inexécutable
impossible, impraticable, irréalisable

Inexercé
inexpérimenté, inexpert, inhabile, maladroit

Inexistant
absent, fictif, nul

Inexorable
cruel, draconien, dur, fatidique, imparable, sévère

Inexpérience
ignorance, ingénuité

Inexpérimenté
ignare, ignorant, inexercé, inexpert, ingénu, jeune, jeunet, naïf, néophyte, neuf, nouveau, novice, profane

Inexpert
débutant, ignorant, inexercé, inexpérimenté, inhabile, maladroit, malhabile, nouveau, novice

Inexplicable
étrange, inconnu, obscur, singulier

Inexploitable
inemployable, inutilisable

Inexploité
inutilisé, vierge

Inexploré
ignoré, inconnu, nouveau, vierge

Inexpressif
atone, éteint, fade, froid, inanimé, incolore, morne, terne

Inexprimable
indicible, ineffable

Inexprimé
convenu, implicite, informulé, latent, tacite, tu

Inextinguible
dévorant, vorace

Inextirpable
tenace

Inextricable
impossible, insoluble, ténébreux

Infaillibilité
fiabilité

Infaillible
assuré, efficace, nécessaire, obligé, parfait, radical, souverain

Infailliblement
sûrement

Infaisable
impossible, impraticable, irréalisable

Infamant
abject, avilissant, bas, dégradant, déshonorant, diffamant, honteux, ignominieux, infâme

Infâme
abject, atroce, avilissant, bas, coupable, dégoûtant, dégradant, déshonorant, détestable, haïssable, hideux, honteux, horrible, ignoble, ignominieux, immonde, impur, indigne, infamant, infect, innommable, laid, malpropre, monstrueux, nauséabond, nauséeux, odieux, ordurier, répugnant, révoltant, sale, scélérat, sordide, vil

Infamie
abjection, abomination, bassesse, bourbe, bourbier, calomnie, déshonneur, hideur, honte, horreur, ignominie, indignité, laideur, noirceur, opprobre, ordure, scandale, turpitude, vilenie

Infanticide
homicide

Infantile
bébête, enfantin, gamin, immature, puéril

Infantilisme
puérilité

Infatigable
résistant, robuste, tenace

Infatuation
fatuité, orgueil, présomption, vanité

Infatué
engoué, entiché, fat, fier, hautain, imbu, important, orgueilleux, outrecuidant, prétentieux, puant, suffisant, vain, vaniteux

Infécond
aride, désertique, improductif, infertile, inutile, pauvre, stérile, vain

Infécondité
stérilité

Infect
abject, affreux, dégoûtant, détestable, écœurant, exécrable, fétide, horrible, ignoble, imbuvable, immonde, infâme, innommable, malpropre, mauvais, méchant, moche, nauséabond, nauséeux, odieux, pestilentiel, pourri, puant, repoussant, répugnant, révoltant, sordide

Infectant
polluant

Infecter
contaminer, corrompre, empester, empoisonner, empuantir, envenimer, gangréner, gâter, pervertir, polluer, pourrir, souiller, vicier

Infectieux
bactérien, virulent

Infection
corruption, puanteur

Infection aiguë du doigt
panaris

Infection bactérienne du poumon
pneumonie

Infection de la peau
furoncle, impétigo

Infection, puanteur
fétidité

Inféodé
aliéné, asservi, assujetti, enchaîné, soumis, vassalisé

Inféoder
aliéner, asservir, assujettir, enchaîner, soumettre, vassaliser

Inférence
induction, raisonnement

Inférer
arguer, augurer, conclure, déduire, induire, tirer

Inférieur
bas, commun, dépendant, médiocre, mineur, moindre, profond, secondaire, subalterne, subordonné, sujet

Infériorité
faiblesse, handicap

Infernal
accéléré, agaçant, démentiel, démoniaque, diabolique, endiablé, épouvantable, exécrable, forcené, impossible, inhumain, insupportable, intenable, invivable, maléfique, méphistophélique, pénible, satanique, terrible

Infertile
aride, désertique, improductif, inculte, incultivable, infécond, pauvre, stérile

Infertilité
aridité, pauvreté, stérilité

Infestant
polluant

Infester
attaquer, désoler, dévaster, écumer, empoisonner, envahir, hanter, harceler, piller, polluer, ravager, saccager, tourmenter

Infichu
incapable, infoutu

Infidèle
adultère, défaillant, déformé, déloyal, erroné, fantaisiste, félon, frivole, gentil, hérétique, impie, incertain, inconstant, inexact, léger, mauvais, mécréant, mensonger, païen, parjure, perfide, traître, volage

Infidélité
adultère, félonie, perfidie, trahison

Infidélité conjugale
adultère

Infiltrer
entrer, injecter, introduire, noyauter, pénétrer, traverser

Infime
abject, dérisoire, imperceptible, infinitésimal, insignifiant, léger, méchant, microscopique, minable, minime, minuscule, négligeable, nul, petit, ridicule

Infime quantité
particule

Infini
absolu, abyssal, colossal, démesuré, énorme, espace, éternel, éther, excessif, extrême, illimité, immense, immensité, incalculable, incommensurable, indéfini, infinité, infinitude, innombrable, interminable, parfait, perpétuel, profond, vaste, vastitude

Infiniment
beaucoup, énormément, fortement, rudement, vivement

Infinité
foultitude, immensité, infini, infinitude, kyrielle, multiplicité, multitude, myriade, profusion, quantité, surabondance, vastitude

Infinitésimal
infime, minime, petit

Infinitif
er, ir, re

Infinitude
immensité, infini, infinité

Infirmation
annulation, démenti, déni

Infirme
bas, éclopé, estropié, grabataire, handicapé, impotent, invalide, mutilé

Infirmé
annulé, démenti, détruit

Infirmer
abolir, affaiblir, annuler, casser, démentir, détruire, diminuer, réfuter, ruiner

Infirmier
ambulancier, brancardier, secouriste, soignant

Infirmité
agnosie, handicap, imperfection, impotence, incapacité, invalidité

Infirmité de celui qui boite
boiterie

Infixe
affixe

Inflammation
angéite, angine, bronchite, colite, feu, irritation, lésion, œdème, panaris, parulie, phlegmon, rougeur

Inflammation aiguë d'un doigt
panaris

Inflammation aiguë de la muqueuse nasale
rhume

Inflammation aiguë du poumon
pneumonie

Inflammation de l'aorte
aortite

Inflammation de l'iléon
iléite

Inflammation de l'intestin grêle
entérite

Inflammation de l'iris
íritis

Inflammation de l'isthme du pharynx
angine

Inflammation de l'œil
iritis

Inflammation de l'oreille
otite

Inflammation de l'uvée
uvéite

Inflammation de la cornée
kératite

Inflammation de la glande mammaire
mammite, mastite

Inflammation de la langue
glossite

Inflammation de la muqueuse buccale
stomatite

Inflammation de la muqueuse de l'estomac
gastrite

Inflammation de la muqueuse de l'intestin grêle
entérite

Inflammation de la muqueuse des fosses nasales
rhinite

Inflammation de la muqueuse nasale
coryza

Inflammation de la peau
dermite

Inflammation de la peau provoquée par les rayons solaires
actinite

Inflammation de la rate
splénite

Inflammation de la rétine
rétinite

Inflammation de la trachée
trachéite

Inflammation de la vessie
cystite

Inflammation des ganglions
adénite

Inflammation des gencives
gingivite

Inflammation des grosses et des moyennes bronches
bronchite

Inflammation des muqueuses
muguet

Inflammation des os
ostéite

Inflammation des sinus
sinusite

Inflammation des uretères
urétérite

Inflammation des veines
phlébite

Inflammation du côlon
colite

Inflammation du corps vitré de l'œil
hyalite

Inflammation du foie
hépatite

Inflammation du larynx
laryngite

Inflammation du tendon
tendinite

Inflammation du tissu conjonctif cellulaire
cellulite

Inflammation suppurée infiltrant les tissus et pouvant se condenser en abcès
phlegmon

Inflammé
couperose

Inflation
accroissement, augmentation, escalade, extension, hausse, intensification, montée, multiplication, progression

Infléchi
courbé, dévié, incliné, modifié, plié

Infléchir
courber, dévier, fléchir, incliner, modifier, orienter, plier, ployer

Inflexibilité
fermeté, rigidité, rigueur, sévérité

Inflexible
absolu, cassant, cruel, dur, endurci, ferme, irréductible, raide, rigide, rigoureux, sévère

Inflexion
accent, ton

Inflexions
mélodie

Infligé
appliqué, donné

Infliger
administrer, appliquer, coller, donner, ficher, filer, flanquer, imposer, torturer

Infliger une peine à
pénaliser, punir

Inflorescence
épi, ramification

Influençable
faible, malléable, mobile, perméable, traitable

Influence
appui, aura, autorité, crédit, effet, empire,
emprise, fluide, force, grandeur, impact,
impression, impulsion, incidence, mainmise,
piston, poids, portée, pouvoir, présence,
pression, prestige, prise, puissance,
séduction, suggestion

Influencé
marqué

Influencer
agir, gouverner, imprégner, influer, manipuler,
marquer, orienter, peser, prédisposer

Influencer profondément
imprégner

Influent
grand, gros, important, puissant

Influenza
grippe

Influer
agir, influencer, jouer, opérer, orienter, peser

Influx
fluide

Info
actualité, communiqué, enquête,
information, instruction, investigation, journal,
renseignement

Infondé
abusif, arbitraire, erroné, gratuit, illégitime,
immotivé, indu, injuste, injustifié

Information
annonce, avis, communication, communiqué,
détail, donnée, enquête, étude, examen,
indication, info, instruction, investigation,
média, message, note, nouvelle, précision,
renseignement

Information diffusée
nouvelle

Informe
grossier, laid

Informé
affranchi, alerté, averti, éclairé

Informel
imprévu

Informer
affirmer, affranchir, alerter, annoncer,
apprendre, avertir, aviser, éclairer, enquêter,
fixer, instruire, notifier, prévenir, rancarder,
référer, renseigner

Informer à l'avance
prévenir

Informer oralement
briefer

Informulé
inexprimé, tacite

Infortune
adversité, calamité, catastrophe, détresse,
disgrâce, malchance, malheur, misère, revers

Infortuné
affligé, malchanceux, malheureux, maudit,
misérable, pauvre

Infoutu
infichu

Infraction
accroc, atteinte, attentat, contravention,
crime, délit, dérogation, désobéissance,
entorse, faute, transgression, violation

Infrangible
incassable, solide

Infrastructure
fondation, fondement

Infréquenté
sauvage

Infructueux
inutile, oiseux, stérile, vain

Infus
inné, naturel

Infusé
macéré

Infuser
communiquer, injecter, inoculer, insuffler,
introduire, macérer, transfuser, transmettre

Infusible
apyre

Infusion
boisson, bouillon, breuvage, décoction,
macération, souchong, thé, tisane

Ingambe
agile, alerte, dispos, fringant, gaillard, léger,
valide, vert, vif

Ingénier (S')
évertuer, tâcher

Ingénieusement
savamment

Ingénieux
adroit, astucieux, bon, fertile, fin, génial,
habile, industrieux, intelligent, inventif,
pratique, raffiné, subtil

Ingéniosité
adresse, astuce, esprit, fertilité, habileté,
industrie, subtilité

Ingénu
candide, crédule, enfantin, frais, ignorant,
inexpérimenté, innocent, jeune, naïf, pur,
simple, simplet

Ingénuité
candeur, crédulité, fraîcheur, franchise,
ignorance, inexpérience, innocence, naïveté,
naturel, pureté, simplicité, sincérité, virginité

Ingénument
candidement, innocemment, naïvement, purement

Ingérence
immixtion, incursion, intervention, intrusion

Ingérer (S')
absorber, avaler, boire, gober, ingurgiter, intervenir, manger, prendre

Ingestion
absorption, ingurgitation, prise

Ingrat
aride, déplaisant, désagréable, difficile, disgracié, disgracieux, égoïste, improductif, inesthétique, laid, moche, oublieux, pauvre, pénible, sec, stérile

Ingrédients
composition

Inguérissable
incurable

Ingurgitation
ingestion

Ingurgiter
absorber, apprendre, avaler, boire, gober, ingérer, manger, vider

Inhabile
gauche, ignorant, inapte, incapable, incompétent, inexercé, inexpert, maladroit, malhabile, novice

Inhabilement
maladroitement

Inhabileté
gaucherie, incapacité

Inhabité
abandonné, délaissé, dépeuplé, désert, déserté, inoccupé, sauvage, solitaire, vacant, vide

Inhabituel
accidentel, ahurissant, anormal, étrange, exotique, insolite, inusité, nouveau, rare, singulier

Inhabituellement
anormalement

Inhalation
aspiration, prise

Inhaler
absorber, aspirer, humer, inspirer, respirer

Inhérent
essentiel, immanent, intrinsèque, joint, naturel

Inhibé
coincé

Inhiber
bloquer, coincer, complexer, défendre, empêcher, enrayer, freiner, interdire, intimider, juguler, paralyser, prohiber, refouler, réfréner, supprimer

Inhibiteur de la monoamine
imao

Inhibition
arrêt, blocage, défense, paralysie, timidité

Inhospitalier
hostile, sauvage

Inhumer
ensevelir, enterrer

Inimaginable
aberrant, impossible

Inimitable
unique

Inimitié
animosité, antipathie, aversion, défaveur, désaccord, guerre, haine, hostilité, rancune, ressentiment

Ininflammable
apyre, ignifugé

Inintelligence
idiotie, ineptie, sottise, stupide, stupidité

Inintelligent
demeuré, idiot, imbécile, inepte, obtus, sot

Inintelligibilité
opacité

Inintelligible
abstrus, inarticulé, inaudible, nébuleux, obscur

Inintéressant
fade, terne

Inintérêt
faiblesse

Ininterrompu
continu, continuel, incessant, permanent, perpétuel, persistant, roulant, soutenu, suivi

Ininterruption
continuité

Inique
abusif, inéquitable, injuste, léonin, partial

Iniquité
abus, crime, inégalité, injustice, partialité, usurpation

Initial
liminaire, original, originel, premier, primitif

Initiale
majuscule

Initiale servant d'abréviation
sigle

Initiales
signature

Initiales d'une province maritime
IPE

Initiales du premier ministre du Canada de 1968 à 1979 et de 1980 à 1984
PET

Initiateur
ancêtre, artisan, auteur, bâtisseur, fondateur, introducteur, maître, novateur, père, pionnier, précurseur, premier, promoteur

Initiation
admission, affiliation, apprentissage, baptême, bizutage, éducation, formation, instruction, introduction

Initiative
acte, action, mesure

Initiatrice
maîtresse, mère

Initié
accoutumé, adepte, affranchi, aguerri, éclairé, instruit

Initier
accoutumer, affranchir, aguerrir, amorcer, apprendre, commencer, conduire, déclencher, éclairer, engager, enseigner, entamer, former, impulser, instruire, lancer, révéler

Injecté
rouge, rougeaud, rubicond

Injecter
infiltrer, infuser, inoculer, insuffler, introduire, transmettre

Injection
piqûre

Injection d'un liquide dans le gros intestin
lavement

Injonctif
impératif

Injonction
demande, intimation, ordre, prescription, sommation, ultimatum

Injure
affront, apostrophe, atteinte, avanie, bêtise, blasphème, blessure, coup, horreur, indignité, insolence, insulte, invective, irrévérence, offense, outrage, pouilles, sottise

Injurier
aboyer, agonir, agresser, apostropher, blasphémer, incendier, insulter, invectiver, maudire, offenser, outrager, vilipender

Injurieux
blessant, grossier, insolent, insultant, mortifiant, offensant, outrageant, sanglant

Injuste
abusif, arbitraire, illégal, illégitime, immérité, indu, inégal, inégalitaire, inéquitable, infondé, inique, injustifié, léonin, mauvais, partial, rosse

Injustice
abus, iniquité, partialité, tort

Injustifiable
illégitime, immotivé, indéfendable, intenable

Injustifié
abusif, arbitraire, faux, gratuit, immérité, immotivé, indu, infondé, injuste

Inlassable
intarissable, patient

Inné
atavique, congénital, foncier, héréditaire, infus, natif, naturel, originel, spontané

Innocemment
ingénument, naïvement, purement

Innocence
candeur, crédulité, fraîcheur, ignorance, ingénuité, innocuité virginité, naïveté, pureté, simplicité

Innocent
abruti, angélique, anodin, benêt, bénin, bête, candide, chaste, crédule, demeuré, enfant, frais, idiot, immaculé, ingénu, inoffensif, irrépréhensible, naïf, niais, nigaud, pur, simple, simplet, vierge, virginal

Innocenter
absoudre, blanchir, décharger, disculper, excuser, justifier, pardonner, réhabiliter

Innocuité
innocence

Innombrable
abondant, infini, nombreux

Innommable
bas, dégoûtant, fétide, ignoble, infâme, infect, répugnant, sordide, vil

Innovant
audacieux, créatif, imaginatif, inédit, inventif, nouveau, novateur, original, révolutionnaire

Innovateur
créateur, novateur, pionnier

Innovation
hardiesse, invention, nouveauté, originalité, trouvaille

Innové
évolué

Innover
changer, créer, évoluer, inventer, trouver

Innu
amérindien, autochtone

Inobservable
imperceptible, invisible

Inoccupation
oisiveté, vacance

Inoccupé
désœuvré, disponible, inactif, inhabité, libre, oisif, vacant, vide

Inoculation
piqûre, vaccin

Inoculer
infuser, injecter, inspirer, instiller, introduire, transmettre, vacciner

Inodore
neutre

Inoffensif
bénin, doux, innocent, pacifique

Inoffensif, sans danger
anodin

Inondation
déluge, invasion, multitude

Inondé
coulé, immergé, noyé, sinistré, submergé

Inonder
abreuver, arroser, asperger, baigner, couvrir,
dévaster, envahir, immerger, mouiller, noyer,
recouvrir, remplir, saturer, submerger,
tremper

Inopérant
impuissant, inactif, inefficace, inutile, vain

Inopiné
accidentel, brusque, fortuit, imprévu,
impromptu, inattendu, soudain, subit,
surprenant

Inopinément
impromptu

Inopportun
fâcheux, importun, incongru, malséant,
malvenu

Inopportunément
mal

Inoubliable
célèbre, indélébile, mémorable, signalé

Inouï
admirable, effarant, effrayant, étonnant,
étrange, extraordinaire, formidable, fort,
impossible, inconnu, incroyable, indicible,
insolent, nouveau, prodigieux, sensationnel,
sidérant, stupéfiant, surprenant, unique

Input
entrée

Inqualifiable
révoltant

Inquiet
agité, alarmé, alarmiste, angoissé, anxieux,
apeuré, bileux, craintif, crispé, effaré,
effarouché, effrayé, fiévreux, impatient,
pessimiste, préoccupé, soucieux, tendu,
tourmenté, tracassé, troublé

Inquiétant
affolant, alarmant, effarant, ennuyeux, grave,
menaçant, redoutable, sérieux, sinistre,
sombre, terrible, troublant, vilain

Inquiété
affolé, alarmé, travaillé

Inquiéter
affoler, agiter, alarmer, alerter, angoisser,
apeurer, biler, chagriner, effrayer, ennuyer,
épouvanter, harceler, préoccuper, tourmenter,
tracasser, travailler, trembler, troubler

Inquiétude
affolement, agitation, alarme, angoisse,
anxiété, crainte, malaise, ombrage, ombre,
peur, souci, tracas, trouble

Inquiétude morale
scrupule

Inquiétude très vive
transe

Inquisiteur
bourreau, fureteur, indiscret, perçant

Inracontable
indicible, ineffable

Insaisissable
faible, fluide, fugace, fuyant, glissant,
invisible, nébuleux, obscur, secret, variable

Insalubre
impur, malpropre, malsain, nuisible, polluant,
pollué

Insane
absurde, dément, fou, inepte, insensé

Insanité
aberration, absurdité, ânerie, bêtise,
démence, folie, idiotie, imbécillité, ineptie,
sottise

Insatiabilité
boulimie, voracité

Insatiable
affamé, avide, dévorant, glouton, goulu,
gourmand, inassouvi, rapace, vorace

Insatisfaction
grogne

Insatisfaisant
bancal, boiteux, décevant, médiocre

Insatisfait
contrarié, déçu, frustré, inapaisé, inassouvi,
mécontent

Inscription
adhésion, étiquette, graffiti

Inscription funéraire
épitaphe

Inscription gravée sur un tombeau
épitaphe

Inscription sur la Croix
INRI

Inscription sur un mur, sur une voiture, etc.
graffiti

Inscrire
apposer, consigner, copier, coucher, écrire,
enregistrer, enrôler, graver, immatriculer,
indiquer, marquer, matriculer, mentionner,
noter, porter, relever, tracer

Inscrire à la suite
aligner

Inscrire au budget
  budgéter

Inscrire au cadastre
  cadastrer

Inscrit
  affilié, consigné, copié, écrit, enregistré,
  enrôlé, gravé, immatriculé, indiqué, marqué,
  matriculé, membre, mentionné, noté, porté

Inscrit de nouveau
  réinscrit

Insécable
  simple

Insecte
  abeille, bestiole, bibite, bourdon, cafard,
  capricorne, hanneton, hexapode, luciole

Insecte à la larve aquatique
  sialis

Insecte à quatre ailes
  termite

Insecte à quatre ailes membraneuses
  cigale

Insecte à quatre ailes transparentes
  libellule

Insecte adulte apte à se reproduire
  imago

Insecte appelé aussi vrillette
  anobie

Insecte aquatique
  vélie

Insecte aquatique appelé aussi tourniquet
  gyrin

Insecte aquatique au corps noir
  gyrin

Insecte archiptère
  thrips

Insecte brun des prairies
  sialis

Insecte carnassier
  mante

Insecte coléoptère
  altise, capricorne, cétoine, gyrin, hanneton,
  luciole, scarabée

Insecte coléoptère de grande taille
  blaps

Insecte coléoptère nuisible aux graines
  charançon

Insecte coléoptère parasite des céréales
  zabre

Insecte coléoptère sauteur
  altise

Insecte coléoptère vésicant
  méloé

Insecte de l'ordre des homoptères
  cigale

Insecte des eaux stagnantes
  nèpe

Insecte diptère
  œstre

Insecte diptère de grande taille
  tipule

Insecte diptère qui ressemble à l'abeille
  éristale

Insecte dont les larves vivent dans le bois
  xylophage

Insecte hyménoptère
  guêpe

Insecte lépidoptère
  cossus, lycène

Insecte lépidoptère pourvu d'ailes colorées à écailles
  papillon

Insecte longicorne
  saperde

Insecte orthoptère
  grillon

Insecte parasite
  pou

Insecte piqueur
  taon

Insecte qui lèche le nectar
  lécheur

Insecte qui pique
  guêpe

Insecte qui ressemble au bourdon
  volucelle

Insecte qui se nourrit de bois
  termite

Insecte qui vit sous les pierres
  forficule

Insecte rhynchote
  nèpe

Insecte sans ailes
  pou, puce

Insecte sauteur
  criquet, puce, taupin

Insecte sauteur de couleur noire
  grillon

Insecte sauteur herbivore
  sauterelle

Insecte social
  fourmi

Insecte social à abdomen annelé
  guêpe

Insecte vert doré
  cétoine

Insecte vésicant noir ou bleu
  méloé

Insecte vivant en société organisée
  fourmi

Insecte voisin du hanneton
scarabée

Insecte volant
criquet

Insécurité
précarité

Insémination artificielle avec donneur
IAD

Inséminer
féconder

Insensé
aberrant, abracadabrant, absurde,
ahurissant, bizarre, délirant, dément,
démentiel, déraisonnable, écervelé,
échevelé, effréné, enragé, exagéré, excessif,
extravagant, forcené, fou, frénétique,
grotesque, idiot, impossible, incohérent,
incroyable, inepte, insane, irrationnel,
irréfléchi, irresponsable, loufoque, saugrenu,
sot, stupide, téméraire, tumultueux

Insensibilisation
accoutumance

Insensibiliser
endormir

Insensibilité
aridité, dureté, froideur

Insensible
aride, blasé, dur, endurci, froid, glacial,
impassible, indolore, inhumain, léger, sec

Insensiblement
lentement

Inséparable
éternel

Inséparables
siamois

Inséré
inclus

Insérer
ajouter, apposer, assimiler, emboîter, encarter,
encastrer, enchâsser, enchatonner, enclaver,
entrer, glisser, greffer, implanter, inclure,
incorporer, incruster, intercaler, introduire,
joindre, mettre, sertir

Insérer dans une cavité
encastrer

Insérer une fiche dans un connecteur
enficher

Insérer, placer entre
enclaver

Insert
insertion

Insertion
assimilation, emboîtement, encastrement,
incorporation, incrustation, insert, intégration,
intercalation, introduction

Insidieux
captieux, fallacieux, illusoire, piégé, rusé,
sournois, spécieux, traître, trompeur

Insigne
admirable, badge, célèbre, chevron,
décoration, distingué, éclatant, écusson,
emblème, émérite, éminent, fameux, fanion,
important, macaron, marque, médaille,
notable, plaque, récompense, remarquable,
ruban, signalé, signe, symbole

Insigne aux couleurs nationales
cocarde

Insigne liturgique
étole

Insignifiance
anonymat, banalité, fadeur, faiblesse, frivolité,
futilité, petitesse, platitude, vanité

Insignifiant
accessoire, anodin, anonyme, banal,
creux, dérisoire, effacé, fade, falot, frivole,
futile, infime, insipide, méchant, médiocre,
menu, mesquin, minable, mince, minime,
misérable, neutre, nul, oiseux, petit, piètre,
vague, vain, véniel, vide

Insignifiant, sans danger
anodin

Insincère
factice, faux, hypocrite

Insinuant
indirect, patelin

Insinuation
allusion

Insinué
soufflé

Insinuer
affirmer, conseiller, entendre, entrer, glisser,
instiller, introduire, pénétrer, souffler, suggérer

Insipide
anodin, anonyme, banal, désagréable,
douceâtre, effacé, ennuyeux, fade, falot,
fastidieux, imbuvable, incolore, inconsistant,
insignifiant, maussade, morne, neutre,
ordinaire, pâle, plat, quelconque, terne,
uniforme, vide

Insipidité
banalité, fadeur, pâleur, platitude

Insistance
instance

Insistant
appuyé, indiscret, instant, lourd, persévérant,
persistant, pressant, têtu

Insisté
accentué, persisté

Insister
accentuer, acharner, appuyer, continuer,
entêter, obstiner, persévérer, persister,
souligner

Insociable
acariâtre, farouche, ours, sauvage

Insolemment
effrontément, hardiment

Insolence
arrogance, audace, culot, cynisme, dédain,
désinvolture, effronterie, grossièreté,
hardiesse, hauteur, impertinence,
impudence, indécence, injure, insulte,
irrespect, irrévérence, mépris, morgue,
offense, orgueil, outrecuidance, suffisance,
superbe, toupet

Insolent
arrogant, audacieux, cavalier, cynique,
déplacé, désinvolte, effronté, familier, fier,
grossier, hardi, hautain, honteux, impertinent,
impoli, impudent, inconvenant, incroyable,
indécent, injurieux, inouï, insultant,
irrespectueux, irrévérencieux, leste, malpoli,
orgueilleux, outrecuidant, prétentieux,
provocant

Insolite
abracadabrant, ahurissant, anormal,
baroque, bizarre, déroutant, étonnant,
étrange, excentrique, exceptionnel,
extraordinaire, extravagant, inaccoutumé,
inhabituel, inusité, nouveau, rare, saugrenu,
singulier, surprenant

Insoluble
impossible, indissoluble, inextricable

Insomnie
veille

Insondable
abyssal, secret

Insonore
isolé

Insonorisation
isolation

Insonoriser
isoler

Insouciance
amusement, frivolité, incurie, légèreté,
négligence

Insouciant
étourdi, évaporé, frivole, inconscient, léger,
négligent, nonchalant, oublieux, superficiel

Insouciant, paresseux
indolent

Insoucieux
oublieux

Insoumis
désobéissant, dissident, frondeur,
indépendant, indiscipliné, indocile,
insubordonné, insurgé, mutin, rebelle,
récalcitrant, réfractaire, rétif, révolté, séditieux

Insoumission
désertion, fronde, rébellion

Insoutenable
imbuvable, indéfendable, invivable

Inspecté
sondé

Inspecter
analyser, arraisonner, contrôler, étudier,
examiner, explorer, fouiller, parcourir, ratisser,
reconnaître, regarder, scruter, sonder,
superviser, surveiller, toiser, vérifier, visiter

Inspecteur
agent, commissaire, contrôleur, détective,
enquêteur, îlotier, limier, policier, vérificateur

Inspection
contrôle, examen, ronde, surveillance,
tournée, visite

Inspirant
inspirateur, suggestif

Inspirateur
conseiller, inspirant, moteur, pionnier,
promoteur

Inspiration
admiration, aspiration, enthousiasme, idée,
illumination, imagination, instinct, intuition,
invention, souffle, veine, verve, voix

Inspiration vive
verve

Inspiratrice
égérie, muse

Inspiratrice d'un artiste
égérie

Inspiré
animé, avisé, dicté, illuminé, mystique,
soufflé

Inspiré par la charité
caritatif

Inspirer
ambitionner, animer, aspirer, commander,
communiquer, conseiller, déterminer,
dicter, diriger, donner, encourager, guider,
humer, imposer, imprimer, inhaler, inoculer,
instiller, insuffler, introduire, persuader,
plaire, provoquer, respirer, souffler, suggérer,
susciter

Inspirer de la répugnance
dégoûter

Instabilité
fragilité, fugacité, précarité, versatilité

Installateur
ajusteur

Installation
agencement, aménagement, arrangement, construction, dressage, emménagement, équipement, établissement, intronisation, investiture, montage, organisation, placement, plantation, pose

Installation ambulante où l'on vend des fritures, des frites
friterie

Installation rudimentaire
campement

Installé
affecté, aménagé, campé, disposé, logé, situé

Installé dans une maison
logé

Installé sur un siège
assis

Installer
accommoder, affecter, agencer, aménager, arranger, asseoir, baser, camper, carrer, caser, disposer, dresser, emménager, équiper, établir, implanter, introniser, loger, ménager, mettre, meubler, monter, placer, planter, poser, poster, situer

Installer dans un nouveau logement
emménager

Instance
autorité, demande, insistance, institution, pression, prière, procédure, procès, requête, sollicitation

Instant
appuyé, division, durée, heure, imminent, insistant, minute, moment, période, présent, pressant, seconde, temps

Instantané
bref, brutal, direct, fugace, fugitif, immédiat, imminent, photo, prompt, rapide, soudain, subit

Instantanément
aussitôt

Instar (à l')
comme

Instaurateur
bâtisseur, père

Instauration
fondation

Instaurer
constituer, créer, ériger, établir, fonder, implanter, inaugurer, instituer, organiser, promouvoir

Instigateur
âme, artisan, cause, cerveau, fauteur, meneur, moteur, père, pionnier, promoteur, protagoniste

Instigation
incitation

Instiguer
exciter, inciter, pousser, provoquer

Instiller
inoculer, insinuer, inspirer, insuffler

Instinct
aptitude, disposition, don, flair, génie, impulsion, inclination, inspiration, intuition, nature, penchant, perspicacité, pulsion, sens, sentiment, talent, tendance

Instinct qui pousse à agir
impulsion, pulsion

Instinctif
absurde, animal, inconscient, irraisonné, libidinal, machinal, mécanique, réflexe, spontané, viscéral

Instituer
commencer, constituer, créer, ériger, établir, fonder, former, implanter, instaurer, nommer, organiser, promouvoir

Institut
académie, campus, école, établissement, fondation, institution, lycée, organisme

Institut géographique national
IGN

Instituteur
enseignant, maître, professeur

Institution
collège, constitution, création, fondation, formation, gouvernement, instance, institut, lycée, pension, règle

Institution spécialisée de l'ONU
UNESCO

Institutions
régime

Institutrice
maîtresse

Instructeur
entraîneur, moniteur, professeur

Instructeur des gardiens de but des Canadiens de 1997 à 2009
Melanson

Instructif
bon, culturel, édifiant, formateur, moral, profitable

Instruction
avis, consigne, culture, discours, dressage, éducation, enquête, exercice, formation, homélie, indication, info, information, initiation, leçon, ordre, pédagogie, précepte, préparation, prescription, procédure, règle, savoir, science

Instruction donnée à des subordonnés
directive

Instruction stricte
consigne

Instruire
alerter, alphabétiser, apprendre, avertir,
dresser, éclairer, édifier, éduquer, élever,
enseigner, examiner, faire, fixer, former,
gouverner, inculquer, informer, initier, notifier,
potasser, préparer, prévenir, renseigner,
révéler

Instruire un oiseau à l'aide d'un petit orgue mécanique
seriner

Instruit
averti, cultivé, docte, éclairé, érudit,
expérimenté, expert, ferré, initié, lettré,
potassé, sage, savant, trapu

Instrument
accessoire, appareil, chose, engin, machine,
matériel, mécanisme, moyen, objet, organe,
outil, outillage, scie, titre, ustensile

Instrument à anches activé par le souffle
harmonica

Instrument à battre la crème
baratte

Instrument à cadran qui donne l'heure et que l'on porte sur soi
tocante

Instrument à clavier
orgue, vielle

Instrument à clavier et à soufflerie muni d'anches libres
harmonium

Instrument à cordes
gambe, harpe, vielle

Instrument à dents
herse

Instrument à dents recourbées
griffe

Instrument à dents utilisé pour arranger les cheveux
peigne

Instrument à dents utilisé pour démêler les cheveux
peigne

Instrument à deux lunettes
jumelles

Instrument à lame
hache

Instrument à mesurer des angles
compas

Instrument à percussion
batterie, cymbale, tambour, timbale, triangle

Instrument à percussion d'Afrique
balafon

Instrument à pointe
poinçon

Instrument à réflexion
sextant

Instrument à six cordes frottées
viole

Instrument à tranchant très fin
rasoir

Instrument à vent
bugle, clarinette, cor, flûte, hautbois,
trombone, trompette, tuba

Instrument à vent à pistons
bugle

Instrument à vent composé d'une outre et de tuyaux
cornemuse

Instrument à vent en bois
basson

Instrument à vent en cuivre
bombardon, saxophone

Instrument à vent en cuivre, sans pistons ni clés, au son clair et strident
clairon

Instrument acoustique
sirène

Instrument agricole
araire

Instrument augmentant l'intensité des sons
microphone

Instrument avec lequel on imite le cri des oiseaux pour les attirer au piège
appeau

Instrument chirurgical
bistouri, érigne, érine

Instrument chirurgical en forme de pinces
forceps

Instrument chirurgical pour percer les os du crâne
trépan

Instrument conique utilisé par l'orfèvre pour mesurer ou arrondir les bagues
triboulet

Instrument d'optique
lunette, télescope

Instrument d'optique constitué d'un spath
nicol

Instrument de chamoiseur
palisson

Instrument de chirurgie
bistouri, érigne, érine

Instrument de forme plate, mince et allongée
palette

Instrument de gymnastique
haltère

Instrument de la famille des violons
alto

Instrument de la famille du luth, à cordes pincées et à manche court
mandoline

Instrument de labour à bras
houe

Instrument de maçon, à long manche
bouloir

Instrument de mesure de contenu
jauge

Instrument de mesure formé de deux règles graduées
vernier

Instrument de musique
clarinette, épinette, guitare, marimba, orgue, piano, sitar, vièle, violon, violoncelle

Instrument de musique à air
musette

Instrument de musique à archet et à cordes
viole

Instrument de musique à clavier
célesta

Instrument de musique à clavier et à cordes frappées
piano

Instrument de musique à cordes
banjo, cistre, guzla

Instrument de musique à cordes pincées
guitare, pandore

Instrument de musique à long manche
cistre

Instrument de musique à percussion
sistre, xylophone

Instrument de musique à quatre cordes et à archet
alto

Instrument de musique à vent
ocarina, saxhorn, tuba

Instrument de musique africain
sanza

Instrument de musique antique
lyre

Instrument de musique de l'Inde
sarode

Instrument de musique indienne
tabla

Instrument de musique médiéval à trois cordes
rebec

Instrument de musique russe à trois cordes
balalaïka

Instrument de navigation
compas

Instrument de percussion
gong

Instrument de percussion d'origine latino-américaine
bongo

Instrument de supplice
croix, garrot, gibet, potence

Instrument destiné à tirer des fils
filière

Instrument dont la pièce principale est un soc tranchant
charrue

Instrument en forme de lance
lance

Instrument en forme de T
équerre

Instrument en métal résonnant à l'aide d'un battant
cloche

Instrument formé d'une lourde masse
hie

Instrument métallique, en forme de fourche à deux branches
diapason

Instrument obstétrical
forceps

Instrument où s'enroulent des fils
dévidoir

Instrument permettant de mesurer la distance angulaire d'un astre avec l'horizon
sextant

Instrument portatif à deux lunettes
jumelle

Instrument pour aiguiser les couteaux
fusil

Instrument pour briser la tige du chanvre et du lin
broie

Instrument pour crocheter les portes
rossignol

Instrument pour déterminer l'intensité accoustique
sonomètre

Instrument pour écrire
plume

Instrument pour jouer au tennis
raquette

Instrument pour la mesure des poids
peson

Instrument pour lisser
lissoir

Instrument propre à couper
lame

Instrument qui indique la direction du nord magnétique
boussole

Instrument qui permet de projeter en un point fixe les rayons du soleil
héliostat

Instrument qui sert à affiler
affiloir

Instrument qui sert à battre
battoir

Instrument qui sert à battre la mesure
métronome

Instrument qui sert à jauger les tonneaux
velte

Instrument qui sert à mesurer la pression atmosphérique
baromètre

Instrument servant à broyer
broyeur

Instrument servant à carder la laine
carde

Instrument servant à écrire
stylo

Instrument servant à élargir certaines cavités du corps
spéculum

Instrument servant à entamer la corne d'un sabot
rénette

Instrument servant à filer la laine
rouet

Instrument servant à mesurer la distance parcourue
odomètre

Instrument servant à piler
pilon

Instrument servant à remuer la chaux, le mortier
bouloir

Instrument tranchant
couteau

Instrument tranchant servant à plier et à couper le papier
plioir

Instrument utilisé pour couper les fourrages, les céréales
fauchon

Instrument utilisé pour donner un signal sonore
gong

Instrumenté
orchestré

Instrumenter
orchestrer

Instrumentiste
musicien, organiste

Instrumentiste qui joue de la harpe
harpiste

Instrumentiste qui joue du tuba
tubiste

Insubordination
rébellion, rétivité

Insubordonné
désobéissant, indiscipliné, indocile, insoumis, rebelle, récalcitrant, rétif

Insuccès
bide, échec, faillite, fiasco, flop, four, perte, revers

Insuffisamment
mal

Insuffisance
carence, défaut, disette, faiblesse, faille, ignorance, incapacité, lacune, maigreur, manque, pauvreté, pénurie, rareté

Insuffisance, médiocrité
pauvreté

Insuffisant
court, déficient, faible, imparfait, incomplet, indigent, jeune, juste, lacunaire, léger, maigre, mauvais, médiocre, nul, pauvre, piètre, relatif, rudimentaire

Insufflé
excité

Insuffler
exciter, imprimer, infuser, injecter, inspirer, instiller, introduire

Insulaire
habitant, îlien

Insultant
arrogant, blessant, grossier, injurieux, insolent, offensant, outrageant, vexant

Insulte
affront, algarade, attaque, atteinte, avanie, bêtise, blasphème, grossièreté, horreur, injure, insolence, invective, offense, outrage, vexation

Insulte, contrariété
vexation

Insulter
agonir, agresser, blasphémer, injurier, invectiver, offenser, outrager, piétiner, profaner, traiter

Insulteur
offenseur

Insupportable
agaçant, agaçante, atroce, cruel, détestable, épouvantable, haïssable, hideux, imbuvable, impossible, inacceptable, infernal, inhumain, intenable, invivable, méchant, odieux, pénible, pourri, vilain

Insupporter
excéder, irriter

Insurgé
émeutier, factieux, insoumis, mutin, rebelle, récalcitrant, révolté, séditieux

Insurger (S')
rebeller, récrier, révolter

Insurrection
agitation, émeute, mutinerie, rébellion, révolte, sédition

Insurrection de paysans ou de classes inférieures
jacquerie

Intact
échappé, entier, excepté, immaculé, inaltéré, inchangé, indemne, inentamé, net, propre, pur, réchappé, rescapé, sain, sauf, sauvé, vierge

Intangible
sacré

Intarissable
abondant, débordant, fécond, généreux, inépuisable, inlassable, prolixe

Intégral
absolu, aveugle, complet, entier, exhaustif, global, inentamé, total, tout

Intégralement
bien, purement

Intégralité
ensemble, entier, entièreté, globalité, intégrité, totalité, tout

Intégration
adaptation, assimilation, entrée, fusion, insertion

Intègre
droit, équitable, honnête, impartial, incorruptible, juste, probe, propre, pur, vertueux

Intégré
affilié

Intégrer
accoler, affilier, agréger, assimiler, associer, comprendre, concentrer, digérer, englober, fondre, inclure, incorporer, introduire, réunir, unir

Intégrer à l'islam
islamiser

Intégrité
honnêteté, incorruptibilité, intégralité, justice, plénitude, probité, pureté, totalité, vertu

Intellect
entendement, esprit, intelligence, raison

Intellectuel
abstrait, cérébral, clerc, érudit, idéologique, intello, mental, moral, penseur, psychique, spirituel

Intelligemment
savamment, sensément

Intelligence
accord, acuité, adresse, cerveau, cervelle, collusion, complicité, entente, esprit, finesse, industrie, intellect, jugement, lucidité, pensée, perspicacité, raison, sagacité, subtilité

Intelligent
adroit, avisé, capable, entendu, éveillé, fin, finaud, fort, ingénieux, lucide, malin, ouvert, pensant, perspicace, pétillant, profond, raisonnable, réceptif, sagace, sage, sensé

Intelligibilité
facilité, limpidité, transparence

Intelligible
accessible, affable, clair, compréhensible, facile, limpide, lisible, lumineux, net, simple, transparent

Intello
intellectuel

Intempérance
excès

Intempérant
immodéré, ivrogne

Intempestif
fâcheux, importun, incongru, indiscret, malséant, malvenu

Intenable
épouvantable, impossible, indéfendable, indocile, infernal, injustifiable, insupportable, intolérable, invivable, pénible, terrible, turbulent

Intendance
gestion

Intendant
administrateur, agent, économe, factotum, gestionnaire, régisseur

Intendant d'une grande maison
économe

Intense
acéré, aigu, ardent, carabiné, cru, dense, éperdu, exalté, extrême, fiévreux, fort, grand, gros, haut, immense, massif, mortel, nourri, passionné, profond, puissant, soutenu, tumultueux, vibrant, vif, violent

Intensément
énormément, ferme, fixement, fortement, vivement

Intensification
accroissement, inflation, montée, regain, retour

Intensifié
accentué, accru, exalté, resserré

Intensifier
accentuer, accroître, aggraver, agrandir, amplifier, augmenter, croître, exalter, grandir, monter, redoubler, renforcer, resserrer

Intensité
acuité, ampérage, amplitude, brillance, force, grandeur, puissance, tonicité, véhémence, violence, vivacité, volume

Intensité d'un courant électrique
ampérage

Intensité d'un son
volume

Intenter
actionner, attaquer, ester

Intention
but, cause, décision, désir, dessein, dessin, détermination, disposition, esprit, fin, idée, mobile, motif, objectif, objet, pensée, plan, préméditation, prétention, programme, projet, propos, résolution, velléité, visée, volonté, vouloir

Intention de nuire
malveillance

Intentionnel
délibéré, prémédité, volontaire, voulu

Intentionnellement
exprès, sciemment

Intentionnellement
exprès, sciemment

Inter
interurbain

Interaction
interférence

Interagir
interférer, réagir

Intercalation
insertion

Intercaler
ajouter, insérer, introduire, joindre

Intercéder
défendre, intervenir, plaider

Intercepté
accaparé, alpagué, retenu

Intercepter
accaparer, alpaguer, capter, couper, éclipser, prendre, retenir, surprendre

Intercesseur
avocat, marieur

Intercession
entremise, prière

Interchangeable
amovible

Interclasse
récréation

Interdépendance
causalité, liaison, relation, solidarité

Interdépendant
lié, solidaire

Interdiction
anathème, condamnation, défense, fermeture

Interdire
ahurir, bannir, barrer, censurer, condamner, confondre, déconcerter, décontenancer, défendre, ébahir, éberluer, empêcher, étonner, éviter, exclure, fermer, foudroyer, inhiber, interloquer, prohiber, proscrire, punir, refuser, réprouver, suspendre, tabouiser

Interdire la diffusion d'une œuvre
censurer

Interdit
abasourdi, ahuri, anathème, bleu, boycott, censure, condamnation, confondu, déconcerté, décontenancé, défendu, désemparé, ébahi, ébaubi, éberlué, étonné, évité, illégal, illicite, médusé, muet, pantois, penaud, pétrifié, prohibé, proscrit, saisi, sidéré, stupéfait, stupide, tabou

Intéressant
attirant, beau, bel, brillant, captivant, fructueux, joli, juteux, lucratif, palpitant, passionnant, payant, piquant, positif, profitable, rentable, séduisant

Intéressé
associé, attiré, avide, calculateur, calculé, captivé, cupide, curieux, passionné, pingre, préoccupé, séduit, utilitaire, vénal

Intéresser
accrocher, associer, attacher, captiver, charmer, concerner, impliquer, importer, passionner, plaire, préoccuper, regarder, séduire, tenter, toucher, viser

Intérêt
agio, amour, attention, attirance, audience, avantage, bénéfice, bien, bienveillance, calcul, cause, compréhension, compte, curiosité, désir, dividende, escompte, gain, gentillesse, goût, importance, inclination, loyer, penchant, piment, portée, profit, qualité, rapport, rente, revenu, sel, sollicitude, sympathie, usure, utilité, valeur

Interférence
interaction, intervention

Interférer
immiscer, interagir, intervenir

Intérieur
âme, appartement, centre, civil, contenu, dedans, domestique, entrailles, foyer, interne, intestin, intime, logement, logis, maison, nid, privé, psychique, secret, spirituel

Intérieur d'un cigare
tripe

Intérieur des coulisses, dans un théâtre
cantonade

Intérieur des terres en Afrique du Nord
bled

Intérieur du pain
mie

Intérim
remplacement, suppléance, travail

Intérimaire
suppléant, temporaire, transitoire, vacataire

Interjection
ah, aïe, allô, appel, areu, bigre, bof, chut, clac, crac, da, dame, dieu, eh, euh, ha, hé, hi, ho, hop, houp, oh, pardi, tac

Interjection de plainte
hélas

Interjection évoquant le bruit d'une chute dans l'eau
plouf

Interjection exprimant l'admiration
bigre

Interjection exprimant l'écœurement
beurk

Interjection exprimant l'incrédulité
taratata

Interjection exprimant l'indifférence
bof, pfut

Interjection exprimant l'insouciance
bah

Interjection exprimant la douleur
ouille

Interjection exprimant la joie
gué

Interjection exprimant la réticence
hum

Interjection exprimant la surprise
hein, ouais

Interjection exprimant le dégoût
berk, beurk

Interjection exprimant le doute
hum

Interjection exprimant le froid
brrr

Interjection exprimant le mépris
fi, pff, pfut

Interjection exprimant le regret
hélas

Interjection exprimant le rire
hi

Interjection exprimant le soulagement
ouf

Interjection exprimant un mouvement rapide
hop

Interjection familière
sapristi

Interjection familière d'interrogation
hein

Interjection imitant le bruit d'une chute
badaboum

Interjection imitant les sons du bébé
areu

Interjection imitant un bruit sec
clac

Interjection invitant à sortir
zou

Interjection marquant l'impatience
basta, baste

Interjection marquant l'indifférence
peuh

Interjection marquant la joie
évoé, évohé

Interjection marquant la lassitude
basta, baste

Interjection marquant le dédain
basta, baste

Interjection marquant le mépris
peuh

Interjection marquant le refus
zest, zeste

Interjection pour appeler
ohé

Interjection pour chasser quelqu'un
ouste

Interjection pour conspuer
hou

Interjection pour donner le signal d'un saut
hop, houp

Interjection pour faire peur
hou

Interjection pour marquer l'enthousiasme
hip

Interjection pour marquer la joie
hip

Interjection pour presser quelqu'un
oust, ouste

Interjection qui exprime le bruit d'une chute
patapouf

Interjection qui exprime le dégoût
pouah

Interjection qui exprime le mépris
pouah

Interjection qui exprime un bruit de chute
paf

Interjection qui indique un refus
turlututu

Interjection qui marque l'embarras
heu

Interjection qui marque le doute
heu

Interjection qui sert à attirer l'attention
psitt, pst

Interjection qui sert à manifester sa présence
coucou

Interjection servant à appeler
hem, hep, ho, ohé

Interjection servant à arrêter
holà

Interjection servant à exprimer le doute
hem

Interjection servant à stimuler
hop

Interjection servant d'appel
allô

Interligne
blanc, espace

Interlocuteur
destinataire, locuteur, partenaire

Interlope
borgne, contrebande, douteux, équivoque,
frauduleux, illégal, illicite, malfamé, suspect

Interloqué
abasourdi, ahuri, décontenancé, dérouté,
ébahi, ébaubi, éberlué, étonné, muet,
pantois, stupéfait, stupide

Interloquer
abasourdir, ahurir, dérouter, ébahir, éberluer,
étonner, frapper, interdire, méduser, sidérer

Interlude
entracte, intermède, interruption

Intermède
arrêt, divertissement, entracte, interlude,
intermezzo, interruption, intervalle

Intermédiaire
agent, canal, compromis, entremise,
interprète, lien, médiateur, médiation, moyen,
pont, relais, tiers

**Intermédiaire entre le détaillant et le
producteur**
grossiste

Intermédiaire, moyen
médian

Intermezzo
entracte, intermède

Interminable
ennuyeux, éternel, fleuve, infini, long

Intermittence
rémission

Intermittent
clignotant, discontinu, épisodique, erratique,
irrégulier, momentané, rémittent, sporadique,
temporaire

Internat
lycée, pension, pensionnat

International
mondial, universel

International Business Machines
IBM

International Telephone & Telegraph
ITT

Interne
endogène, intérieur, intestin, intrinsèque,
pensionnaire, profond

Interné
détenu, enfermé, incarcéré, pensionnaire,
prisonnier, séquestré

Internement
captivité, détention, emprisonnement,
enfermement, incarcération, placement,
réclusion

Interner
emprisonner, enfermer, reléguer, séquestrer

Internet
cyberespace

Interpeller
appeler, arrêter, héler, interroger, intriguer,
toucher

Interpénétration
fusion, osmose

Interplanétaire
spatial

Interposition
entremise, médiation

Interprétation
amusement, commentaire, exégèse, glose,
jeu, jouet, lecture, traduction, version

Interprétation d'un texte
exégèse

Interprète
acteur, artiste, chanteur, comédien,
commentateur, exégète, intermédiaire,
musicien, starlette, traducteur

Interprété
exécuté

Interprète d'Alcide Plamondon dans *Le sorcier*
Chagnon

Interprète d'Alexis Cadieux dans *Ent'Cadieux*
Bolduc

**Interprète d'Alys Robi dans *Ma vie en
cinémascope***
Bussières

**Interprète d'Anatole Marsouin dans *Rue des
Pignons***
Bédard

**Interprète d'Antoine Jacquemin dans *Terre
humaine***
Provost

**Interprète d'Éléonore Volant dans *Marguerite
Volant***
Bussières

Interprète d'Émery Lafeuille dans *Rue des Pignons*
Duceppe

Interprète d'Émilie Bordeleau dans *Les filles de Caleb*
Orsini

Interprète d'Éric Séguin dans *Annie et ses hommes*
Legault

Interprète d'Estelle dans *Les hauts et les bas de Sophie Paquin*
Élise, Guilbault

Interprète d'Hélène Gagnon-Vallée dans *La misère des riches*
Tulasne

Interprète d'Olivier Guimond dans *Cher Olivier*
Brière

Interprète d'Ovila Pronovost dans *Les filles de Caleb*
Dupuis

Interprète de Bella Cormoran dans la série *Cormoran*
Leblanc

Interprète de Ben Fournier dans *Le temps d'une paix*
Ouellet

Interprète de Bijou Bousquet dans *Rue des Pignons*
Béliveau

Interprète de Blanche dans la série du même nom
Bussières

Interprète de Bob Leclerc dans *L'or du temps*
Bergeron

Interprète de Bob Martin dans *Lance et compte*
Marien, Robert

Interprète de Brett et Brad dans *Le cœur a ses raisons*
Labrèche

Interprète de Bruno Hamelin dans *Le retour*
Laperrière

Interprète de Caleb Bordeleau dans *Les filles de Caleb*
Houde

Interprète de Caro dans dans *La petite vie*
Tremblay

Interprète de Claire Trudel dans *Des dames de cœur*
Guilbeault, Luce

Interprète de Claude Volant dans *Marguerite Volant*
Sicotte

Interprète de Coco dans *Histoires de filles*
Jean, Mario

Interprète de Cyprien Fournier dans *Le temps d'une paix*
Poirier

Interprète de Marc Gagnon dans *Lance et compte*
Messier

Interprète de Délicat dans *Grujot et Délicat*
Mauricet

Interprète de Derek Shepherd dans *Grey's Anatomy*
Dempsey

Interprète de Diane Cadieux dans *Ent'Cadieux*
Deschâtelets

Interprète de Donalda dans *Les belles histoires des pays d'en haut*
Champagne

Interprète de Fanfreluche
Kim, Yaroshevskaya

Interprète de Flavien dans *Dans une galaxie près de chez vous*
Legault

Interprète de Francine Duval dans *Jamais deux sans toi*
Coutu

Interprète de François Dion dans *4 et demi...*
Postigo

Interprète de François Dumoulin dans *Scoop*
Gagnon, René

Interprète de François Pelletier dans *Omertà*
Picard

Interprète de Gabrielle Solis dans *Beautés désespérées*
Eva, Longoria

Interprète de Geneviève Lacoste dans *Chambres en ville*
Paquin

Interprète de Gobelet dans *Sol et Gobelet*
Durand

Interprète de Grujot dans *Grujot et Délicat*
Lasalle

Interprète de Jacques Mercier dans *Lance et compte*
Ponton

Interprète de Jean-Lou dans *La petite vie*
Côté

Interprète de Jeanne Jacquemin dans *Terre humaine*
Hébert

Interprète de Joseph-Arthur Lavoie dans *Le temps d'une paix*
Besré

Interprète de Josiane Martineau dans *Chambres en ville*
Pilote

Interprète de Julien Landry dans *Le retour*
Rivard

Interprète de Julien Philippe dans *Chambres en ville*
Charles

Interprète de Ken Fréchette dans *L'auberge du chien noir*
Massé

Interprète de la Sagouine
Léger, Viola

Interprète de La Souris verte
Dussault

Interprète de Léonne Vigneault dans *Scoop*
Ruel

Interprète de Lionel Rivard dans *Scoop*
Girard

Interprète de Lison dans *La petite vie*
Deschênes

Interprète de Lola Corbeil dans *Chambres en ville*
Dorval

Interprète de Louis Martineau dans *4 et demi...*
Brouillette

Interprète de Loup-Garou dans *Le Pirate Maboule*
Fruitier

Interprète de Lucien Boivin dans *Lance et compte*
Bouchard

Interprète de Marc Daneau dans *La galère*
Bernard

Interprète de Marc Forest dans *Minuit, le soir*
Legault

Interprète de Marcel Dugas dans *19-2*
Éric, Hoziel

Interprète de Marguerite Volant dans la série du même nom
Sénart

Interprète de Marie dans *Unité 9*
Tremblay

Interprète de Marie-Rose Desrosiers dans *Le temps d'une paix*
Proulx

Interprète de Marie-Thérèse Fournier dans *Le temps d'une paix*
Lachapelle

Interprète de Mémère Bouchard dans *Le temps d'une paix*
Aubry

Interprète de Michel Gagné dans *Scoop*
Dupuis

Interprète de Michel Rivest dans *Virginie*
Lebœuf, Marcel

Interprète de Moman dans *La petite vie*
Thériault

Interprète de Monsieur Bedondaine dans *La Ribouldingue*
Lepage

Interprète de Nick Berrof dans *19-2*
Bossé, Réal

Interprète de Noëlla Saint-Cyr
Cardinal

Interprète de Paillasson dans *La Ribouldingue*
Millette

Interprète de Pascal Constantin dans *4 et demi...*
Alain, Zouvi

Interprète de Paul Bougon dans *Les Bougon*
Girard, Rémy

Interprète de Paul Vézina dans *Scoop*
Bouchard

Interprète de Pete Béliveau dans *Chambres en ville*
Reddy

Interprète de Philippe Trudeau dans *L'auberge du chien noir*
Léger, Roger

Interprète de Pierre Gauthier dans *Omertà*
Côté

Interprète de Pierre Lambert dans *Lance et compte*
Marotte

Interprète de Popa dans *La petite vie*
Meunier

Interprète de Réjean dans *La petite vie*
Messier

Interprète de Rémi Duval dans *Jamais deux sans toi*
Besré

Interprète de Rénald dans *La petite vie*
Labrèche

Interprète de Richard Fortin dans *Scoop*
Drainville

Interprète de Richard Pincourt dans *L'or du temps*
Cespedes

Interprète de Rod dans *La petite vie*
Fortin

Interprète de Rose Landry dans *Le retour*
Lafontaine, Rita

Interprète de Rose-Anna Saint-Cyr dans *Le temps d'une paix*
Leblanc

Interprète de Séraphin dans *Les belles histoires des pays d'en haut*
Masson

Interprète de Siméon Desrosiers dans *Le temps d'une paix*
Hébert

Interprète de Sol dans *Sol et Gobelet*
Favreau

Interprète de Stéphanie Rousseau dans *Scoop*
Grenon

Interprète de Suzie Lambert dans *Lance et compte*
Orsini

Interprète de Sylvain Dorais dans *Les poupées russes*
Lafortune

Interprète de Symphorien
Gilles, Latulippe

Interprète de Thérèse dans *La petite vie*
Lavallée

Interprète de Yolande Rousseau dans *Scoop*
Lachapelle

Interprète du capitaine Chase dans *Marguerite Volant*
Sapieha

Interprète du *Pirate Maboule*
Létourneau

Interprète officiel
exégète

Interprète officiel de la loi musulmane
mufti

Interpréter
commenter, comprendre, déchiffrer, décoder, décrypter, deviner, éclaircir, entendre, exécuter, expliquer, gloser, incarner, jouer, lire, pénétrer, prendre, représenter, saisir, théoriser

Interracial
mixte

Interrogation
colle, consultation, demande, devoir, épreuve, examen, pourquoi, question, test

Interrogé
cuisiné, sondé

Interroger
consulter, cuisiner, examiner, fouiller, hésiter, interpeller, interviewer, questionner, scruter, sonder, tâter

Interrompre
achever, arrêter, bloquer, cesser, couper, fermer, geler, hacher, juguler, lever, stopper, suspendre

Interrompre la connexion entre roues et moteur
débrayer

Interrompu
haché

Interrupteur
arrêtoir, bouton

Interruption
accalmie, arrêt, battement, break, cessation, coupure, dérangement, discontinuation, discontinuité, éclipse, entracte, fermeture, gel, halte, hiatus, interlude, intermède, intervalle, lacune, levée, moratoire, panne, pause, relâche, rémission, répit, repos, rupture, saut, silence, suspension, temps, trêve, vacance, vacances, vide

Interruption d'une activité
gel

Intersection
carrefour, croisée, croisement

Intersidéral
spatial

Interstellaire
spatial

Interstice
écart, espace, fente, hiatus, intervalle, ouverture

Interstice minuscule
pore

Intertrigo
rougeur

Interurbain
inter

Intervalle
arrêt, battement, blanc, créneau, décalage, différence, distance, écart, espace, fente, fréquence, intermède, interruption, interstice, laps, moment, pause, période, rémission

Intervalle de six degrés
sixte

Intervalle de temps
intérim, laps

Intervalle de trois tons
triton

Intervalle entre deux solives
entrevous

Intervalle entre un stimulus et sa réaction
latence

Intervalle musical
comma

Intervenant
acteur, orateur

Intervenir
accomplir, agir, déposer, faire, intercéder, interférer, jouer, opérer, survenir

Intervention
acte, action, concours, échange, entremise, immixtion, incursion, ingérence, interférence, intrusion, laïus, médiation, opération, piston, traitement

Interventionnisme
étatisme

Interversion
inversion

Intervertir
confondre, déranger, échanger, inverser,
permuter, renverser, transposer

Interview
article, conversation, entretien, entrevue

Interviewer
interroger, questionner

Intestin
abdomen, boyau, civil, intérieur, interne,
tripe, viscère

Intestin d'un animal
boyau

Intestinal
alvin

Intimation
assignation, injonction, signification,
sommation, ultimatum

Intimé
cité

Intimer
assigner, citer, commander, enjoindre,
notifier, signifier, sommer

Intimidation
contrainte, menace, terreur

Intimidé
confus, gêné

Intimider
complexer, effaroucher, effrayer, embarrasser,
frigorifier, gêner, glacer, impressionner,
inhiber, menacer, paralyser, terroriser,
troubler

Intimité
amitié, familiarité

Intitulé
formule, titre

Intituler
appeler, baptiser, dénommer, nommer,
qualifier, titrer

Intolérable
épouvantable, hideux, imbuvable, impossible,
inacceptable, indéfendable, intenable,
invivable, odieux

Intolérance
allergie, dogmatisme, rigidité

Intolérant
étriqué, étroit, fanatique, intraitable,
intransigeant, rigide, sectaire

Intonation
accent, mélodie, son, ton, tonalité, voix

Intouchable
paria, sacré, tabou

Intouché
inentamé

Intox
bluff

Intoxication
toxémie

Intoxication due à l'opium
thébaïsme

Intoxication par l'iode
iodisme

Intoxication par le tabac
tabagisme

Intoxication provoquée par l'abus du tabac
tabagisme

Intoxiqué
toxicomane

Intoxiquer
gazer

Intraduisible
indicible, ineffable

Intraitable
acariâtre, difficile, dur, entier, intolérant,
irréductible, méchant, raide, revêche, rigide,
rigoriste, sévère, strict

Intransigeance
dogmatisme, raideur, rigidité, rigorisme,
rigueur, sévérité

Intransigeant
absolu, autoritaire, draconien, dur, entier,
intolérant, irréductible, puritain, radical, raide,
rigide, rigoriste, sévère, strict

Intrépide
audacieux, brave, courageux, déterminé,
enragé, ferme, fier, hardi, héroïque, impavide,
imperturbable, inébranlable, osé, vaillant,
valeureux

Intrépidement
hardiment

Intrépidité
audace, courage, hardiesse, témérité,
vaillance

Intrigant
arriviste, bizarre, comploteur, courtisan

Intrigue
action, affaire, agissements, argument,
aventure, cabale, combine, complot,
conspiration, diablerie, faction, fond,
galanterie, histoire, idylle, imbroglio,
machination, manège, manigance,
manœuvre, menées, micmac, nœud, relation,
rouerie, ruse, scénario, synopsis, trame,
tripotage

Intriguer
cabaler, comploter, conspirer, étonner,
interpeller, manœuvrer, surprendre

Intrinsèque
essentiel, immanent, inhérent, interne,
naturel, propre

Intriquer
enchevêtrer, entremêler

Introducteur
initiateur, premier, promoteur

Introduction
admission, commencement, entrée, exorde,
initiation, insertion, préambule, préface,
prélude, préparation, présentation, prologue

Introduction d'un tube dans le larynx
tubage

Introduire
acclimater, admettre, adopter, ajouter,
apparaître, caser, conduire, couler, enfoncer,
enfourner, engager, entrer, faufiler, ficher,
fourrer, glisser, greffer, implanter, importer,
inclure, incorporer, incruster, infiltrer, infuser,
injecter, inoculer, insérer, insinuer, inspirer,
insuffler, intégrer, intercaler, lancer, mettre,
parrainer, passer, patronner, pénétrer, planter,
plonger, pousser, préfacer, présenter, rentrer

**Introduire dans la bouche par petits coups des
lèvres et de la langue**
suçoter

Introduire dans son pays
importer

Introduire dans un support
enficher

Introduire de nouveau
réinsérer

Introduire des complices dans un groupe
noyauter

Introduire des méthodes inspirées du fascisme
fasciser

Introduire le fascisme
fasciser

Introduire par la bouche
ingérer

Introduire sous pression dans un corps
injecter

Introduire sur le territoire national
importer

Introduire une fiche dans une douille
enficher

Introduit
amené, plongé

Intromission
entrée

Intronisation
couronnement, installation, réception, sacre

Introniser
couronner, établir, installer, sacrer

Introspection
analyse

Introuvable
invisible, perdu, précieux, rare

Introversion
timidité

Introverti
timide

Intrus
étranger, gêneur, importun, indésirable,
indiscret, tiers, usurpateur

Intrusion
immixtion, incursion, ingérence, intervention,
irruption

Intubation
tubage

Intuitif
direct, naïf, perceptible, prémonitoire, viscéral

Intuition
flair, impression, inspiration, instinct,
perspicacité, pifomètre, prémonition,
prescience, pressentiment, révélation,
sagacité, sens, sentiment, tact, vision

Intuition sensible
sentiment

Intumescence
enflure, tumeur

Intumescent
enflé

Inuit
amérindien, autochtone, eskimo, esquimau,
lapon

Inule
aunée

Inusable
résistant, robuste, solide

Inusité
anormal, bizarre, étrange, exceptionnel,
extraordinaire, inaccoutumé, inemployé,
inhabituel, insolite, inusuel, inutilisé,
nouveau, rare, singulier, surprenant

Inusuel
inusité, rare

Inutile
accessoire, creux, futile, inefficace, infécond,
infructueux, inopérant, mauvais, oiseux,
parasite, stérile, superfétatoire, superflu, vain,
vide

Inutilement
vainement

Inutilisable
inemployable, inexploitable, perdu

Inutilisé
désaffecté, inemployé, inexploité, inusité,
vierge

Inutiliser
désaffecter

Inutilité
futilité, inanité, inefficacité, stérilité, vanité

Invalidation
abolition, annulation, prescription, résolution, rupture

Invalide
blessé, estropié, faible, handicapé, impotent, infirme, mutilé, nul, perclus

Invalidé
détruit

Invalider
abolir, annuler, casser, détruire, périmer, résilier, résoudre, révoquer

Invalidité
handicap, impotence, incapacité, infirmité, nullité, prescription

Invariabilité
constance, immutabilité

Invariable
constant, définitif, égal, fixe, immobile, immuable, permanent, stable, uniforme

Invariablement
constamment, toujours, uniment

Invasion
attaque, débordement, déferlement, diffusion, envahissement, incursion, inondation, irruption, migration, occupation, pénétration, propagation, ruée

Invasion soudaine
irruption

Invective
affront, algarade, injure, insulte, pique, sortie

Invectiver
aboyer, agonir, fulminer, injurier, insulter, menacer, pester

Invectives
pouilles

Inventaire
bilan, catalogue, dénombrement, énumération, état, index, liste, nomenclature, récapitulation, recensement, recension, relevé, répertoire, revue, table, tableau

Inventaire périodique
bilan

Inventé
controuvé, faux, fictif

Inventer
accroire, affabuler, arranger, broder, chercher, concevoir, controuver, créer, découvrir, fabriquer, fabuler, forger, imaginer, improviser, innover, méditer, mentir, rêver, romancer, supposer, trouver

Inventer de nouveau
recréer

Inventer de toutes pièces
controuver, fabriquer

Inventer, imaginer
forger

Inventeur
auteur, créateur, découvreur, fondateur, forgeur, mère, père, premier

Inventeur américain né en 1847
Edison

Inventeur de l'antenne radioélectrique
Popov

Inventeur de l'automobile
Ford

Inventeur de l'esquimau glacé
Nelson

Inventeur de la dynamite
Nobel

Inventeur de la souffleuse à neige
Sicard

Inventeur du parcomètre
Magee

Inventeur du premier pneumatique
Dunlop

Inventeur du revolver
Colt

Inventeur du saxophone
Sax

Inventeur du stéthoscope
Laennec

Inventeur du téléphone
Bell

Inventeur du vaccin contre la rage
Pasteur

Inventeur et ingénieur canadien
Bell

Inventif
astucieux, créatif, fécond, fertile, habile, imaginatif, ingénieux, innovant, original

Invention
affabulation, astuce, blague, combinaison, conte, création, créativité, découverte, expédient, fable, fantaisie, fiction, histoire, idée, imagination, industrie, innovation, inspiration, inventivité, mensonge, originalité, racontar, ragot, ressource, roman, songe, trouvaille

Inventivité
fantaisie, fertilité, imagination, invention, originalité

Inventorier
énumérer, indexer, lister, ordonner, répertorier

Inverse
antipode, antithèse, antithétique, antonyme, contraire, contrepartie, envers, opposé, réciproque, renversé

Inverser
échanger, intervertir, invertir, permuter, renverser, retourner, transposer

Inverser le mouvement d'écoulement en parlant d'un fluide
refluer

Inversion
déviation, échange, interversion, permutation, renversement, retournement

Invertir
inverser, permuter

Investigateur
chercheur, fureteur

Investigation
enquête, examen, info, information, palpation, recherche

Investiguer
rechercher

Investir
assiéger, bloquer, boucler, cerner, doter, encercler, engager, environner, mettre, placer, pourvoir, revêtir

Investir des capitaux
financer

Investissement
apport, blocus, mise, placement

Investissement d'un pays
blocus

Investissement d'une ville
blocus

Investiture
installation, réception

Invétéré
ancien, ancré, chronique, endurci, enraciné, fortifié, grand, impénitent, incorrigible, incurable, vieux

Invincible
fort, irréductible

Inviolabilité
immunité

Inviolable
sacré, tabou

Invisible
abstrait, furtif, imperceptible, inapparent, inaudible, indécelable, indiscernable, inobservable, insaisissable, introuvable, microscopique, minuscule, mystérieux, occulte, petit, secret, sympathique, voilé

Invitant
encourageant, engageant, incitant, tentant

Invitation
appel, attrait, incitation, prière

Invitation faite à quelqu'un de ne pas répéter quelque chose
motus

Invite
appel, attrait

Invité
alléché, commensal, convive, dîneur, hôte, visiteur

Inviter
accueillir, appeler, attabler, conseiller, convier, convoquer, encourager, engager, exciter, exhorter, inciter, induire, porter, pousser, presser, prier, recevoir, sommer, stimuler, tenter

Inviter à se réunir
convoquer

Inviter de nouveau
réinviter

Invivable
atroce, ennuyeux, imbuvable, impossible, infernal, insoutenable, insupportable, intenable, intolérable, odieux, pénible

Invocation
prière

Involontaire
inconscient, machinal, mécanique, réflexe, spontané

Involontairement
mégarde

Invoqué
cité

Invoquer
adjurer, affirmer, alléguer, appeler, avancer, citer, conjurer, évoquer, implorer, objecter, opposer, prétexter, prier

Invraisemblable
abracadabrant, fabuleux, fort, impossible

Invraisemblance
énormité

Io
satellite

Iode
halogène

Iodler
chanter, vocaliser

Ion
anion, atome, cation, molécule

Ion à charge négative
anion

Ion chargé négativement
anion

Iourte
hutte

Ipéca
ipécuanha

Ipécuanha
ipéca

iPod
baladeur

Ipomée
volubilis

Ir
infinitif, iridium

Irak
pays

Iran
perse

Iranien
farsi, persan

Irascibilité
irritabilité

Irascible
acariâtre, atrabilaire, coléreux, colérique, difficile, emporté, irritable, ombrageux, prompt, rageur, vif, violent

Ire
colère, emportement, fureur, furie, irritation, rage, rogne

Iridescent
irisé, moiré, nacré

Iridium
Ir

Iris
glaïeul

Iris ou rose
fleur

Irisation
moirure, reflet

Irisé
chromatisé, iridescent, moiré, nacré, opalescent, opalin

Iriser
chromatiser

Ironie
dérision, gaieté, goguenardise, humour, malice, moquerie, persiflage, raillerie, sarcasme

Ironie mordante
sarcasme

Ironique
amer, blagueur, goguenard, malicieux, moqueur, narquois, persifleur, railleur, sarcastique

Ironiser
gausser, gouailler, moquer, railler, rire

Ironiste
humoriste, moqueur, railleur

Irradiant
rayonnant

Irradiation
radiation

Irradier
briller, développer, diffuser, disperser, gagner, propager, rayonner, répandre, resplendir

Irraisonnable
déraisonnable

Irraisonné
inconscient, incontrôlé, instinctif, irréfléchi, irrépressible, viscéral

Irrationalité
absurdité

Irrationnel
absurde, déraisonnable, fou, idiot, illogique, incohérent, insensé

Irréalisable
chimérique, impossible, impraticable, inaccessible, inexécutable, infaisable, utopique

Irréalisme
idéalisme

Irréaliste
idéaliste, utopique

Irréalité
illusion

Irrecevable
inacceptable

Irréconciliable
irréductible, juré

Irrécupérable
endurci, perdu

Irrécusable
éclatant

Irréductible
déclaré, incompressible, indomptable, inébranlable, inflexible, intraitable, intransigeant, invincible, irréconciliable, juré, mortel, opiniâtre, réfractaire, simple, tenace

Irréel
abstrait, chimérique, fabuleux, fantasmagorique, fantasmatique, fantastique, féerique, fictif, illusoire, imaginaire, surnaturel

Irréfléchi
absurde, déraisonnable, écervelé, étourdi, impulsif, inconscient, insensé, irraisonné, léger, machinal, mécanique, négligent, spontané

Irréflexion
légèreté, négligence

Irréfutable
décisif, évident, formel, massue

Irrégularité
aberration, anomalie, aspérité, asymétrie, caprice, défaut, défectuosité, désordre, dissymétrie, écart, erreur, exception, faute, illégalité, incorrection, inégalité, manquement, particularité, perturbation

Irrégularité de la démarche d'un cheval qui boite
boiterie

Irrégularité du rythme cardiaque ou respiratoire
arythmie

Irrégulier
aberrant, anormal, arbitraire, baroque, illégal, illégitime, incorrect, indélicat, inégal, intermittent, marron, pirate, rugueux, saccadé, sauvage, tourmenté, variable

Irrégulièrement
anormalement

Irréligieux
impie, incrédule, incroyant, libertin, mécréant, sceptique

Irréligion
agnosticisme, impiété

Irréligiosité
athéisme

Irrémédiable
définitif

Irremplaçable
précieux, unique

Irrépréhensible
innocent

Irrépressible
fou, impérieux, irraisonné, maladif, violent

Irréprochable
accompli, honnête, modèle, parfait, probe

Irrésistible
fort, fou, impérieux, probant, séduisant

Irrésolu
flottant, hésitant, incertain, indécidé, indécis, indéterminé, perplexe, suspendu, vacillant, versatile

Irrésolution
doute, embarras, faiblesse

Irrespect
impertinence, insolence, irrévérence

Irrespectueux
frondeur, impertinent, impoli, incorrect, insolent, leste, malappris, malpoli

Irrespirable
délétère, pestilentiel

Irresponsabilité
immunité

Irresponsable
inconscient, insensé, léger, loufoque

Irrévérence
fierté, injure, insolence, irrespect

Irrévérencieux
impertinent, impoli, incorrect, insolent, leste, malappris, malpoli

Irrévocable
définitif, fixe, radical

Irrigation
arrosage

Irriguer
arroser, baigner, humidifier

Irritabilité
contractilité, emportement, excitabilité, irascibilité

Irritable
acariâtre, atrabilaire, bilieux, bougon, chatouilleux, coléreux, emporté, irascible, nerveux, ombrageux, rageur, sensible, susceptible

Irritant
âcre, agaçant, agressif, amer, crispant, désagréable, énervant, enrageant, exaspérant, excitant, hérissant, horripilant, provocant, râlant, révoltant, suffocant, vexant

Irritant au goût
âcre

Irritation
acidité, âcreté, agacement, aigreur, angine, bronchite, brûlure, colère, contrariété, démangeaison, énervement, exaspération, feu, impatience, inflammation, ire, nervosité, prurit, rougeur

Irritation locale pour arrêter une inflammation
révulsion

Irritation nerveuse désagréable
agacement

Irrité
agacé, aigri, contrarié, courroucé, crispé, énervé, enflammé, enragé, exaspéré, excité, fâché, las, mécontent, nerveux, ulcéré

Irriter
agacer, aigrir, animer, attiser, augmenter, aviver, blesser, brûler, contrarier, courroucer, crisper, débecter, déchaîner, démanger, énerver, enflammer, envenimer, exacerber, exalter, exaspérer, excéder, exciter, fâcher, fouetter, hérisser, horripiler, impatienter, indigner, indisposer, insupporter, outrer, piquer, révolter, surexciter, ulcérer

Irriter vivement
courroucer

Irruption
apparition, attaque, entrée, envahissement, incursion, intrusion, invasion, raid, razzia, venue

Isard
bouquetin, chamois, mouflon

Isatis
renard

Islam
religion

Islamique
coranique

Islamiser
arabiser

Islamisme
mahométisme

Islamiste
mahométan, musulman

Iso
préfixe

Isolable
dissociable, séparable

Isolant
diélectrique

Isolation
insonorisation, isolement

Isolé
abandonné, délaissé, désuni, détaché, discret, écarté, éloigné, ermite, esseulé, étranger, exceptionnel, individuel, insonore, particulier, perdu, ponctuel, précis, rare, reclus, reculé, retiré, séparé, seul, singulier, solitaire, unique

Isolement
abandon, claustration, délaissement, déréliction, exil, isolation, quarantaine, réclusion, séquestration, solitude

Isoler
abstraire, calfeutrer, cantonner, claustrer, cloîtrer, confiner, découpler, dégager, détacher, discerner, disjoindre, dissocier, distinguer, écarter, éloigner, enclaver, exclure, extraire, individualiser, insonoriser, reclure, séparer, terrer

Isoler les fibres textiles
rouir

Isomère
isométrique

Isométrique
isomère

Israélite
juif

Issu
dérivé, descendu, natif, né, originaire, produit, provenu, résultant, sorti, venu

Issue
aboutissement, bout, conclusion, débouché, dégagement, dénouement, déversoir, échappatoire, exutoire, fin, ouverture, passage, porte, ressource, résultat, solution, sortie, soupape, terme

Italique
incliné, penché

Ite
suffixe

Item
élément, unité

Itératif
fréquent, fréquentatif, habituel, récurrent, réitéré, renouvelé, répété, répétitif

Itération
approximation, répétition, stéréotypie

Itéré
répété

Itérer
répéter

Itinéraire
chemin, cheminement, circuit, parcours, progression, route, trajectoire, trajet, voie, voyage

Itinérant
ambulant, errant, forain, mobile, nomade, vagabond

Itou
idem

Ive
ivette

Ivette
ive

Ivoire
dentine

Ivoire brut
morfil

Ivoirin
blanc, éburnéen

Ivre
aviné, blindé, bourré, éméché, enivré, éperdu, fou, gai, gris, grisé, noir, paf, paqueté, plein, pompette, rond, saoul, soûl, transporté, troublé

Ivresse
ébriété, émotion, enchantement, enivrement, enthousiasme, étourdissement, exaltation, excitation, extase, griserie, hébétude, joie, passion, soûlerie, transport, vertige, volupté

Ivressomètre
alcootest

Ivrogne
alcoolique, buveur, éthylique, intempérant, soiffard

Ixième
énième, nième

Ixode
tique

J

J'ai froid !
brrr

Jabot
rabat

Jaboter
bavarder, cancaner, caqueter, jacasser,
médire

Jacaranda
palissandre

Jacassement
babil, babillage, cri

Jacasser
babiller, bavarder, cancaner, caqueter,
causer, déblatérer, discourir, glousser, jaboter,
jacter, jaser, palabrer, papoter, parler

Jacasserie
bavardage, caquet

Jacasseur
bavard, jaseur, pie

Jachère
abandon, friche, guéret

Jacinthe des bois
endymion

Jackpot
argent, fortune, magot, pactole

Jaco
perroquet

Jacobée
séneçon

Jacobin
démocrate, révolutionnaire

Jacot
perroquel

Jacquerie
révolte

Jacquier
artocarpe

Jactance
caquet, fanfaronnade, vanité, vantardise

Jacter
causer, converser, dialoguer, discuter,
jacasser, parler

Jacuzzi
spa

Jade
vert

Jadis
anciennement, antan, autrefois, avant,
naguère

Jadis les grands rivaux des Canadiens
Nordiques

Jaguar
fauve, léopard

Jailli
coulé, sorti

Jaillir
apparaître, bondir, couler, dresser, élancer,
élever, émerger, fuser, gicler, monter, partir,
pointer, répandre, saillir, sortir, sourdre, surgir

Jaillir avec force
saillir

Jaillir de terre
sourdre

Jaillissement
éruption, jet

Jale
bac, baquet

Jalon
balise, bâton, marque, repère

Jalonné
balisé, marqué

Jalonner
baliser, marquer, piqueter, ponctuer, repérer,
signaler, signaliser, tracer

Jalonner de balises
baliser

Jalousé
envié

Jalouser
ambitionner, convoiter, désirer, envier,
souhaiter, vouloir

Jalousie
contrevent, convoitise, dépit, envie, ombrage,
persienne, store, volet

Jaloux
craintif, défiant, désireux, envieux, exclusif,
ombrageux, possessif, soupçonneux

Jamais
aucunement, nullement, onc

Jamais encore atteint
record

Jambage
montant, piédroit

Jambe
canne, membre, patte

Jambe de derrière d'un cheval
gigot

Jambes
abatis, abattis

Jambier
tibial

Jambière
chausses, cnémide, guêtre, houseau, legging

Jangada
radeau

Jansénisme
austérité, rigorisme

Janséniste
austère, puritain, rigoriste, rigoureux

Janvier
mois

Japonais
nippon

Jappement
aboi, aboiement, cri, glapissement,
grognement, hurlement

Japper
aboyer, criailler, crier, glapir

Jappeur
aboyeur

Jaquelin
bonbonne

Jaquette
blazer, blouson, couronne, couverture, frac,
habit, veste, veston

Jarde
jardon

Jardin
carré, clos, closerie, jardinet, parc, paysager,
potager, serre, square

Jardin d'enfants
garderie

Jardin planté de rosiers
roseraie

Jardin potager
légumier

Jardin zoologique
zoo

Jardinage
agriculture, horticulture, plantation

Jardiner
cultiver, jardin, labourer, sarcler

Jardinier
fruitier, horticulteur, jardiniste, paysagiste,
pépiniériste, sarcleur

Jardinière
bac, balconnière, macédoine

Jardiniste
jardinier, jardinière

Jardon
jarde

Jargon
argot, charabia, langage, langue, lexique,
sabir

Jargonner
parler

Jarre
amphore, cruche, pot, urne, vase

Jarret
saillie

Jarretelle
bande

Jarretière
bande

Jasant
bavard, volubile

Jaser
babiller, bavarder, cancaner, caqueter,
causer, confabuler, critiquer, déblatérer,
deviser, discourir, gazouiller, gloser, jacasser,
jaspiner, médire, papoter, parler, piailler,
placoter, potiner

Jaseran
chaîne, haubert, plastron

Jasette
bavardage

Jaseur
babillard, bavard, causant, causeur,
jacasseur, loquace, parleur, pie, prolixe,
volubile

Jaspé
bigarré, marbré

Jasper
bigarrer, marbrer, veiner

Jaspin
bavardage

Jaspiner
bavarder, causer, converser, jaser

Jaspure
bigarrure, marbrure

Jatte
bol, bolée, coupe, jatte

Jauge
baguette, calibre, capacité, contenance,
jaugeage, règle, tonnage, tonneau, tranchée,
volume

Jaugeage
jauge

Jauger
apprécier, calibrer, chaîner, classer, contenir,
cuber, estimer, évaluer, juger, mesurer, peser,
soupeser, supputer, tenir

Jaunâtre
ambré, blond, blondasse, cireux, doré, jaune,
ocre

Jaune
ambré, blond, blondin, blondinet, briseuse,
bronze, citron, coing, couleur, cuivré, doré,
fauve, jaunâtre, jaunet, miel, mirabelle,
mordoré, ocre, or, platiné, safran, saure,
soufre, topaze

Jaune doré
ambre

Jaunet
ambré, blond, doré, jaune, ocre

Jauni
passé

Jaunir
ambrer, blondir, décolorer, dorer, éclaircir,
pâlir, passer, safraner

Jaunisse
cholémie, ictère

Java
danse, fête, foire

Javanais
argot

Javeline
arme, javelot, lance, pilum, sagaie

Javelle
fagot

Javelliser
stériliser

Javelot
arme, dard, hast, javeline, lance, pilum,
pique, sagaie, trait

Javelot de l'infanterie romaine
pilum

Javelot de tribus primitives
sagaie

Javelot en fer
digon

Javotte
bavard

Jazz
musique

Jazz doux et détendu
cool

Je
ego, moi

Jean
denim, pantalon

Jeanne
papesse

Jérémiade
complainte, gémissement, plainte

Jerk
danse

Jéroboam
bouteille

Jerrycan
bidon, nourrice

Jersey
bonneterie, maille, tricot

Jésuitisme
fausseté

Jésus
Christ

Jésus-Christ
galiléen, messie, sauveur

Jet
bourgeon, émission, faisceau, giclée,
jaillissement, lancement, lancer, pousse,
projection, rayon, rejet, rejeton, trait

Jet de liquide qui gicle en éclaboussant
giclée

Jeté
abandonné, aboyé, causé, construit, crié,
déversé, dispersé, écrit, émis, envoyé,
épandu, éparpillé, établi, flanqué, noté,
parsemé, plongé, poussé, précipité, proféré,
projeté, provoqué, rejeté, répandu, semé,
versé

Jeté dans la consternation
consterné

Jetée
débarcadère, digue, embarcadère, estacade,
môle

Jeter
abandonner, aboyer, balancer, causer,
construire, crier, darder, déverser, disperser,
écrire, éjecter, élancer, émettre, envoyer,
épandre, éparpiller, établir, flanquer, lâcher,
lancer, larguer, noter, parsemer, plonger,
pousser, précipiter, proférer, projeter,
provoquer, rejeter, répandre, semer, verser,
vider, vomir

Jeton
pièce

**Jeton d'ivoire servant d'entrée aux spectacles
dans l'Antiquité**
tessère

Jettatura
sortilège

Jeu
action, amusement, articulation, assortiment,
badinage, badinerie, bagatelle, batifolage,
distraction, divertissement, domino,
ébats, ensemble, espièglerie, exécution,
fonctionnement, interprétation, jouet, joujou,
liberté, lot, loterie, manège, manigances,
manœuvre, marge, partie, plaisanterie, plaisir,
récréation, série, sport, stratégie

Jeu africain
walé

**Jeu consistant à reconstituer une image en
assemblant les morceaux prédécoupés**
puzzle

Jeu d'adresse
mikado

Jeu d'enfants
marelle

Jeu d'esprit
rébus

Jeu d'origine chinoise
go

Jeu de balle
baseball

Jeu de billes
billard

Jeu de boules
croquet, pétanque

Jeu de cartes
baccara, belote, bésigue, brelan, bridge, canasta, manille, poker, rami, tarot, whist

Jeu de cartes d'origine hollandaise
yass

Jeu de cartes dans lequel on bluffe
poker

Jeu de cartes issu du whist
bridge

Jeu de cartes qui réunit quatre joueurs
bridge

Jeu de casino
roulette

Jeu de construction
Lego

Jeu de crosses
hockey

Jeu de dés
Yum

Jeu de dés où l'on fait avancer des pions sur une surface à deux compartiments comportant chacun six cases triangulaires
trictrac

Jeu de devinettes
pendu

Jeu de hasard
baccara, bingo, loterie, loto, roulette

Jeu de hasard à trois dés
zanzi

Jeu de lettres qui comprend seize dés à six faces
Boggle

Jeu de logique consistant à compléter une grille de neuf fois neuf cases avec les chiffres de 1 à 9
sudoku

Jeu de loto
bingo

Jeu de mutation de l'orgue
nasard

Jeu de quilles
bowling

Jeu de société
corbillon, Scrabble

Jeu de société qui oppose l'armée de chaque joueur
Risk

Jeu de stratégie d'origine chinoise
go

Jeu de table proche du backgammon
jacquet

Jeu de volant
badminton

Jeu dérivé du trictrac
jacquet

Jeu japonais
go

Jeu où l'on forme des mots à placer sur une grille
Scrabble

Jeu qui consiste à aligner des signes sur le quadrillé d'un papier
morpion

Jeu qui se joue à deux, avec quarante pions, sur un damier de cent cases
dames

Jeudi
jour

Jeune
ado, adolescent, cadet, candide, court, fils, inexpérimenté, ingénu, insuffisant, jeunet, jeunot, junior, juste, juvénile, léger, maigre, mineur, misérable, naïf, neuf, nouveau, novice, parcimonieux, pauvre, petit, récent, tendre

Jeûne
abstinence, ascèse, carême, diète, pénitence, privation, ramadan

Jeûné
affamé

Jeune actrice qui veut devenir une star du cinéma
starlette

Jeune admirateur
fan

Jeune bovin
broutard

Jeune branche destinée à être greffée
scion

Jeune branche droite
scion

Jeune cadre dynamique et ambitieux
yuppie

Jeune chêne
chéneau

Jeune d'un animal
juvénile

Jeune danseuse
girl

Jeune domestique
boy

Jeune employé de la Bourse
grouillot

Jeune employé en livrée dans un hôtel
groom

Jeune employée chargée de faire les courses
trottin

Jeune enfant
bambin, bébé, gone, môme

Jeune enfant joufflu
poupon

Jeune être humain
enfant

Jeune femme de chambre gracieuse et délurée
soubrette

Jeune femme élégante et facile
lorette

Jeune femme laide
laideron

Jeune femme prétentieuse et ridicule
donzelle

Jeune femme responsable d'une troupe
cheftaine

Jeune fille à l'allure masculine
garçonne

Jeune fille de condition modeste
grisette

Jeune fille de naissance noble
ménine

Jeune fille espiègle
gamine

Jeune fille frivole
midinette

Jeune fille vertueuse
rosière

Jeune fille vive et turbulente
diablesse

Jeune garçon
éphèbe

Jeune garçon d'écurie
lad

Jeune garçon galant
damoiseau

Jeune gentilhomme n'étant pas encore chevalier
damoiseau

Jeune homme
adolescent, damoiseau, garçon

Jeune homme d'une grande beauté
adonis

Jeune homme de naissance noble
menin

Jeune homme très élégant
gandin

Jeune manœuvre
galibot

Jeune noble
page

Jeune orme
ormeau

Jeune ouvrière parisienne de la couture
midinette

Jeune plante
plant

Jeune poisson destiné au peuplement des rivières
alevin

Jeune poule qui a subi un engraissement intensif
poularde

Jeune pousse
brout

Jeune pousse d'un végétal qui, séparé de la plante originelle, régénère les organes manquants
bouture

Jeune rameau de l'année
pampre

Jeune reine de beauté
miss

Jeune sportif âgé de 13 à 16 ans
cadet

Jeune vache qui n'a pas encore vêlé
génisse

Jeune visage délicat
minois

Jeûner
affamer

Jeunesse
adolescence, enfance, fraîcheur, jouvence, nouveauté, printemps, tendron, verdeur, vigueur, vivacité

Jeunet
cadet, frais, inexpérimenté, jeune, jeunot, junior, juvénile, nouveau, nouvel, novice, petit, récent

Jeunot
jeune, jeunet

Jeux amoureux
ébats

Jeux olympiques
olympiade

Joaillerie
bijouterie, horlogerie, orfèvrerie

Joaillier
bijoutier, ciseleur, horloger, orfèvre

Job
activité, boulot, emploi, exercice, fonction, métier, occupation, poste, profession, travail

Jobard
naïf, nigaud

Jobarder
duper, tromper

Jobarderie
naïveté, niaiserie

Jobardise
naïveté, niaiserie

Jocasse
litorne

Jockey
cavalier, écuyer

Jocrisse
benêt, niais, nigaud, pigeon

Joie
agrément, aise, alacrité, allégresse,
amusement, avantage, bienfait,
bonheur, contentement, délice, douceur,
enchantement, enjouement, enthousiasme,
entrain, euphorie, exaltation, exultation,
félicité, fête, fierté, fun, gaieté, gaîté, griserie,
hilarité, honneur, ivresse, jouissance,
jubilation, liesse, plaisir, ravissement, régal,
réjouissance, satisfaction

Joie débordante et collective
liesse

Joie intense
jubilation

Joie profonde
félicité

Joignable
accessible, atteignable

Joindre
aborder, aboucher, abouter, accepter,
accoler, accompagner, accoupler, accrocher,
adapter, adjoindre, agrafer, ajointer, ajouter,
ajuster, allier, annexer, apparier, approcher,
assembler, associer, attacher, atteindre,
attraper, boulonner, brancher, cheviller,
combiner, conjuguer, connecter, contacter,
emboîter, englober, enter, grouper, inclure,
incorporer, insérer, intercaler, jumeler, lier,
marier, mélanger, mêler, nouer, parvenir,
raccorder, rapprocher, rassembler, relier,
rencontrer, réunir, serrer, souder, toucher,
trouver, unir, visser

Joindre au moyen d'un filin passant dans des œillets
transfiler

Joindre au moyen de pattes
empatter

Joindre bout à bout
ajointer

Joindre en entrelaçant les torons
épisser

Joindre par les bouts
abouter

Joindre par une couture
coudre

Joindre sur son radiomessageur
biper

Joint
accolé, additionnel, adhérent, adjoint, ajouté,
ajustage, annexe, annexé, articulation,
associé, attaché, attenant, cassure, conjugué,
connexe, inclus, inhérent, jointif, jointure, lié,
parvenu, uni

Joint articulé de la jambe
genou

Joint assurant l'étanchéité
garniture

Jointif
joint

Jointure
article, articulation, assemblage, attache,
charnière, joint, jonction, suture

Jojo
garnement

Joker
atout

Joli
adorable, agréable, aimable, attrayant,
avantageux, avenant, beau, bel, charmant,
chouette, coquet, délicat, gentil, girond,
gracieux, important, intéressant, mignon,
pimpant, plaisant, ravissant, rondelet, rude,
substantiel

Joliesse
beauté, charme, délicatesse, finesse, grâce

Joliet
gentillet

Joliment
beaucoup, bellement, délicatement,
drôlement, rudement

Jonc
alliance, anneau, badine, bague, baguette,
cravache, stick

Jonc des chaisiers
scirpe

Jonc métallique
sillet

Joncer
canner

Jonchaie
joncheraie, jonchère

Jonché
couvert

Jonchée
égouttoir, tapis

Joncher
couvrir, éparpiller, parsemer, recouvrir, semer,
tapisser

Joncheraie
jonchaie

Jonchère
jonchaie

Jonction
abouchement, aboutage, articulation, assemblage, branchement, charnière, commissure, confluent, conjonction, conjugaison, connexion, couplage, croisement, embranchement, épissure, jointure, liaison, raccord, raccordement, rencontre, réunion, soudure, suture, synthèse, union

Jongler
réfléchir

Jonglerie
adresse

Jongleur
bateleur

Jouable
faisable, possible

Joue
abajoue, bajoue

Joué
affecté, berné, donné, gauchi, travaillé

Joué maladroitement
raclé

Joue pendante
bajoue

Jouer
affecter, agir, amuser, aventurer, badiner, berner, blaguer, compromettre, compter, contrefaire, déformer, disputer, divertir, donner, ébattre, exécuter, exposer, faire, fausser, feindre, folâtrer, gauchir, gondoler, hasarder, imiter, importer, incarner, influer, interpréter, intervenir, mettre, mimer, miser, monter, parier, passer, personnifier, peser, plaisanter, programmer, projeter, représenter, rire, risquer, simuler, singer, tenir, tourner, travailler, voiler

Jouer à l'octave supérieure
octavier

Jouer à la paume
peloter

Jouer à la volée
volleyer

Jouer au bridge
bridger

Jouer aux cartes
bridger

Jouer de la flûte
flûter

Jouer de la trompette
trompeter

Jouer de la vielle
vieller

Jouer de nouveau
rejouer

Jouer du piano de façon maladroite
pianoter

Jouer du violon
violoner

Jouer l'octave supérieure au lieu de la note
octavier

Jouer une œuvre
interpréter

Jouer une phrase musicale
phraser

Jouet
affiquet, amusement, amusette, automate, babiole, badinage, bagatelle, bibelot, breloque, bricole, brimborion, broutille, colifichet, délassement, divertissement, esclave, fanfreluche, frivolité, futilité, gadget, interprétation, jeu, joujou, ludisme, manège, match, plaisanterie, plaisir, proie, toupie, vétille, yoyo

Jouet à grelot pour les bébés
hochet

Jouet d'enfant figurant un bébé
baigneur

Jouet d'enfant formé d'une plateforme montée sur deux roues
patinette

Jouet formé d'un disque de bois
yoyo

Jouet formé d'une boule, d'une cordelette et d'un bâton
bilboquet

Jouet lesté dans lequel on frappe
ramponneau

Jouet qui tourne au moyen d'une ficelle
toupie

Jouet, cadeau au Québec
bébelle

Joueur
compétiteur, équipier, flambeur, parieur, sportif, turfiste

Joueur adroit qui marque des buts
buteur

Joueur avant
ailier

Joueur d'instruments à percussion
batteur

Joueur de banjo
banjoïste

Joueur de batterie
batteur

Joueur de cymbales
cymbalier

Joueur de hockey
hockeyeur

Joueur de pelote
peloteur

Joueur de quilles
quilleur

Joueur de rugby à quinze
quinziste

Joueur de rugby chargé de talonner
talonneur

Joueur de soccer brésilien
Pelé

Joueur de tennis
tennisman

Joueur de tennis américain d'origine tchèque
Lendl

Joueur de tennis australien
Laver

Joueur de tennis de table
pongiste

Joueur de tennis qui a remporté seize tournois du Grand Chelem
Federer

Joueur de vielle
vielleur

Joueur de volley-ball
volleyeur

Joueur des Canadiens qui porte le n° 14
Tomas

Joueur placé aux extrémités de la ligne d'attaque
ailier

Joueuse de tennis américaine née en 1954
Evert

Joueuse de tennis numéro 1 en 1975, 1976, 1977, 1980 et 1981
Evert

Joueuse de tennis qui fut le plus longtemps numéro 1 au monde
Graf

Joufflu
bouffi, boursouflé, gonflé, gras, gros, mafflu, potelé, poupin, rebondi

Joug
assujettissement, attache, attelage, carcan, chaîne, collier, contrainte, dépendance, domination, emprise, entrave, équipement, esclavage, fardeau, harnachement, harnais, oppression, servitude, sujétion, tyrannie

Jouir
apprécier, connaître, goûter, posséder, savourer

Jouir de
apprécier

Jouir de plusieurs droits simultanément
cumuler

Jouissance
amusement, délectation, délice, douceur, joie, plaisir, possession, régal, satisfaction, usage, usufruit, volupté

Jouissance d'un bien par usufruit
usufruit

Jouisseur
bambocheur, débauché, épicurien, fêtard, hédoniste, heureux, libertin, noceur, pourceau, sybarite, viveur

Joujou
babiole, bijou, jeu, jouet

Jour
ajour, angle, apparence, aspect, aube, aurore, clarté, date, dimanche, éclairage, fente, fissure, jeudi, journée, lueur, lumière, lundi, mardi, matin, matinée, mercredi, moment, naissance, ouverture, quantième, samedi, vendredi, vide, vie

Jour de congé
férié

Jour de l'an vietnamien
Têt

Jour de repos
férié

Jour qui suit immédiatement
lendemain

Journal
actualités, bulletin, cahier, feuille, gazette, hebdomadaire, info, magazine, mémoires, nouvelles, périodique, presse, publication, quotidien, registre, revue

Journal en général, quotidien ou non
gazette

Journal personnel, chronique d'humeur sur Internet
blogue

Journal qui paraît chaque jour
quotidien

Journalier
ouvrier, quotidien

Journaliste
chroniqueur, commentateur, correspondant, critique, échotier, éditorialiste, gazetier, nouvelliste, pamphlétaire, pigiste, polémiste, rédacteur, reporter, salonnier

Journaliste célèbre
Tintin

Journaliste chargé des échos
échotier

Journaliste payé à la ligne
lignard

Journalistes
presse

Journée
jour

Joute
catch, combat, compétition, concours, conflit, dispute, duel, escarmouche, lutte, match, rivalité, tournoi

Jouter
affronter, batailler, combattre, concourir, disputer, guerroyer, lutter, rivaliser

Jouteur
lutteur

Jouvence
fraîcheur, jeunesse, vitalité

Jouvenceau
ado, adolescent, éphèbe

Jouxter
avoisiner, toucher

Jovial
agréable, allègre, content, enjoué, épanoui, gai, gaillard, guilleret, heureux, joyeux, radieux, ravi, rayonnant, réjoui, riant, rieur, souriant

Jovialement
gaiement, gaîment

Jovialité
alacrité, enjouement, gaieté, hilarité

Joyau
beauté, bijou, collier, gemme, merveille, ornement, parure, perfection, perle, pierre

Joyaux
pierreries

Joyeuse partie de plaisir
frairie

Joyeusement
gaiement, gaîment

Joyeuseté
bouffonnerie, farce, pitrerie, plaisanterie

Joyeux
agréable, allègre, amusant, bon, content, enjoué, épanoui, gai, gaillard, guilleret, heureux, hilarant, jovial, pimpant, radieux, ravi, rayonnant, réjoui, riant, souriant

Joyeux compagnon
falot

Joyeux excès de table
ribote

Jubarte
baleine, mégaptère

Jubé
ambon, galerie, tribune

Jubilation
alacrité, allégresse, euphorie, gaieté, hilarité, joie, liesse, réjouissance, rire

Jubilé
anniversaire, fête

Jubiler
exulter, réjouir, triompher

Jucher
percher

Jucher (Se)
hisser

Juchoir
perchoir

Judaïcité
judaïsme, judaïté, judéité

Judaïsme
judaïcité, judaïté, judéité

Judaïté
judaïcité, judaïsme

Judas
fourbe, hypocrite, œil, traître, transfuge, vendu

Judéité
judaïcité, judaïsme

Judicieusement
bien, sainement

Judicieux
bien, bon, éclairé, logique, opportun, pertinent, raisonnable, rationnel, sage, sensé, utile

Judoka
lutteur

Juge
alcade, arbitre, censeur, justicier, magistrat

Jugé
pensé

Juge des Hébreux
Samson

Jugé meilleur
préféré

Juge musulman
cadi

Jugement
affirmation, appréciation, arbitrage, arrêt, avis, clairvoyance, condamnation, critique, décision, décret, discernement, entendement, esprit, finesse, idée, impression, intelligence, jugeote, opinion, pensée, perspicacité, position, proposition, raison, sens, sentence, sentiment, tact, tête, verdict, vue

Jugement virtuel
lexis

Jugeote
jugement, perspicacité, raison, sapience

Juger
apprécier, arbitrer, cataloguer, chaîner, classer, conclure, considérer, coter, critiquer, croire, décider, envisager, estimer, étiqueter, évaluer, examiner, expertiser, jauger, mesurer,

noter, penser, peser, prononcer, raisonner,
statuer, trancher, trouver, voir

Jugulaire
bride, courroie, mentonnière

Jugulé
enrayé, étouffé

Juguler
arrêter, asservir, circonscrire, dompter,
empêcher, endiguer, enrayer, étouffer,
inhiber, interrompre, maîtriser, mater,
museler, neutraliser, réfréner, stopper,
tempérer

Juif né en Israël
sabra

Juillet
mois

Juillettiste
estivant, touriste, vacancier

Juin
mois

Jujube
friandise

Jules
homme

Julienne
potage, soupe

Jumeau
besson, clone, double, géminé, identique,
paire, pareil, réplique, semblable, sosie

Jumeaux
deux, gémeaux

Jumelage
assemblage, couplage

Jumolé
géminé

Jumeler
aboucher, accoupler, ajointer, ajuster,
annexer, associer, coupler, joindre,
rapprocher, réunir

Jumelle
bessonne, clone, double, identique, lorgnette,
lunette, paire, semblable, sosie

Jument
alezane, cavale, pouliche

Jument de moins de trois ans
pouliche

Jument de race
cavale

Jument qui n'est pas encore adulte
pouliche

Jungle
amazonie, forêt, maquis

Junior
adolescent, benjamin, cadet, jeune, jeunet,
puîné, second

Jupe
jupon, kilt

Jupe courte des Écossais
kilt

Jupe courte et plissée
kilt

Jupe de dessous
jupon

Jupe de gaze
tutu

Jupe des danseuses
tutu

Jupe longue et ample portée par une cavalière
amazone

Jupe plissée à la taille
cotte

Jupe très courte
jupette

Jupe-culotte
kilt

Jupette
minijupe

Jupiter
planète

Jupon
cotillon, cotte, crinoline, jupe, kilt

Jupon bouffant
crinoline

Juponné
gonflé

Juré
déclaré, garanti, irréconciliable, irréductible,
promis

Jurement
blasphème, juron

Jurement atténué pour exprimer l'assentiment
parbleu

Jurer
affirmer, assurer, blasphémer, crier, déclarer,
détonner, dissoner, garantir, grogner, hurler,
maugréer, pester, prétendre, promettre, râler,
sacrer, soutenir, témoigner

Jureur
blasphémateur, parjure

Juridiction
conseil, cour, tribunal

Juridiction d'un khan
khanat

Juridique
légal

Juridisme
formalisme, légalisme

Jurisconsulte
juriste, légiste

Juriste
avocat, jurisconsulte, légiste

Juriste spécialiste du droit public
publiciste

Juron
blasphème, jurement, pardieu, sacre

Juron atténué marquant l'impatience
sacrebleu

Juron exprimant la surprise
sacristi

Juron exprimant une colère mêlée d'impatience et d'indignation
morbleu

Juron familier
sapristi

Juron qui marque l'étonnement
diantre

Jury
cassation, cour, justice, parquet, prétoire, tribunal

Jus
boisson, bouillon, brouet, liquide, sauce, suc

Jus concentré
coulis

Jus de la canne à sucre écrasée
vesou

Jus de raisin non fermenté
moût

Jus de viande, de légumes
bouillon

Jus extrait de pommes
moût

Jusant
reflux

Juste
adéquat, agréable, approprié, authentique, beau, bel, bon, chiche, collant, convenable, correct, court, droit, équitable, étriqué, étroit, exact, exprès, fidèle, fondé, harmonieux, heureux, honnête, impartial, insuffisant, intègre, jeune, justifié, léger, légitime, limite, logique, loyal, maigre, mérité, moral, motivé, objectif, pertinent, petit, pile, précis, probe, propre, raisonnable, rationnel, réel, rigoureux, sain, sensé, serré, seulement, sonnant, sportif, strict, tangent, tapant, véritable, vrai

Justement
adéquatement, convenablement, correctement, dûment, équitablement, exactement, impartialement, légitimement, logiquement, pertinemment, précisément

Justesse
authenticité, convenance, correction, exactitude, finesse, lucidité, netteté, objectivité, perspicacité, précision, propriété, raison, rectitude, rigueur, sûreté, véracité, vérité

Justice
droit, droiture, égalité, équité, impartialité, intégrité, jury, légalité, légitimité, loi, police, probité

Justicier
arbitre, juge, magistrat, vengeur

Justification
alibi, apologie, défense, excuse, fondement, motif, plaidoyer, preuve, raison, réponse

Justification de la bonté de Dieu en dépit de l'existence du mal
théodicée

Justifié
juste, légitime, valable

Justifier
annoter, autoriser, blanchir, confirmer, couvrir, décharger, défendre, démontrer, disculper, excuser, expliquer, fonder, innocenter, laver, légitimer, mériter, motiver, permettre, prouver, vérifier

Juteux
avantageux, fondant, fructueux, intéressant, lucratif, payant, productif, rémunérateur, rentable

Juvénile
adolescent, jeune, jeunet, vert, vif

Juxtaposé
adjacent

Juxtaposer
accoler, adjoindre

K

K.-O.
knock-out

Ka
kaon

Kabyle
maure, more

Kaiser
empereur, monarque, roi

Kakémono
estampe

Kaki
brun, marron

Kalachnikov
mitraillette

Kalium
potassium

Kamik
botte

Kamikaze
autodestructeur, suicidaire, suicide

Kanak
calédonien

Kandjar
couteau, dague, poignard

Kangourou
marsupial, wallaby

Kaoliang
blé, sorgho

Kaolin
argile

Kaon
ka

Kapokier
fromager

Karaté
sport

Karbau
bœuf, buffle, kérabau, yack, yak

Karma
destin

Kayak
barque, canoë, canot, périssoire

Kayakiste
canoéiste

Kefta
boulette

Képi
bonnet, casquette, chapeau, coiffe

Kérabau
buffle, karbau

Kératique
cornéen

Kermès
cochenille

Kermesse
bazar, cérémonie, ducasse, festivités, fête, foire, réjouissance

Kérosène
carburant, essence, fuel, pétrole

Ketch
dundee

Ketmie
hibiscus

KF
kilofranc

Kg
kilogramme

Khamsin
vent

Khmer
cambodgien

Khôl
fard, mascara, noir

Kidnappé
enlevé

Kidnapper
enlever, ravir, séquestrer, voler

Kidnappeur
ravisseur

Kidnapping
rapt, ravissement

Kief
plénitude

Kilo
kilogramme

Kilofranc
kf

Kilogramme
kg, kilo

Kilt
cotillon, jupe, jupon

Kimono
peignoir, tunique

Kinase
enzyme

Kinésithérapeute
masseur, soigneur

Kiosque
abribus, belvédère, édicule, gloriette, pavillon, stand

Kiosque à journaux
aubette

Kippa
calotte

Kir
apéritif, cassis

Kirsch
alcool, boisson

Kit
lot

Kitsch
hétéroclite, quétaine, rétro, ringard, rococo

Kiwi
fruit

Klaxon
avertisseur, corne, signal, sonnerie

Klaxonner
avertir, corner

Kleenex
mouchoir

Knout
fouet

Kobold
esprit

Kohol
fard, mascara, noir

Kolkhoz
mir

Korrigan
esprit

Koubba
tombeau

Koulak
moujik

Kr
krypton

Krach
banqueroute, débâcle, désastre, faillite

Kriss
couteau, criss, dague, poignard, sabre

Krypton
Kr

Kummel
alcool

Kvas
alcool

Kwas
alcool

Kyrie...
eleison

Kyrielle
armada, armée, avalanche, cascade,
chapelet, cortège, déluge, flopée, flot, foison,
forêt, foule, foultitude, grêle, infinité, légion,
masse, meute, multiplicité, multitude,
myriade, noria, nuée, pluie, quantité,
régiment, ribambelle, série, succession, suite,
tapée

Kyste
abcès, adénome, ganglion, loupe, tanne,
tumeur

L

L'abominable homme des neiges
yéti

L'âge mûr
maturité

L'Apôtre des gentils
Paul

L'Église y prépare Noël
avent

L'élève y prend des notes
cahier

L'emporter sur
prévaloir

L'ensemble de ce qui existe
univers

L'entourage du souverain
cour

L'État le moins peuplé des États-Unis
Wyoming

L'État le plus peuplé des États-Unis
Californie

L'été, on la savoure en mangeant, et l'hiver, en patinant
glace

L'Europe et l'Asie
Eurasie

L'homme aux 400 voix
Gagnon

L'île principale des îles Wallis
Uvéa

L'instructeur Pat Burns l'a surnommé « Le chevreuil »
Russ

L'œil est celui de la vue
organe

L'oncle d'à côté
Sam

L'organisme humain
corps

L'un de ses spectacles s'intitule _Condamné à l'excellence_
Matte

L'un de ses spectacles s'intitule _Gare au gros nounours_
Jean

L'un de ses spectacles s'intitule _Soulever des Corneliu_
Jobin

L'un de ses spectacles s'intitule _Suivre la parade_
Houde

L'un de ses spectacles s'intitule _Tortures_
Parent

L'un des sept sacrements de l'Église
baptême

L'unique athlète féminine canadienne à avoir remporté des médailles aux Jeux olympiques d'été et d'hiver
Clara, Hughes

La
article, lanthane, note

Là
actuellement, ici, maintenant

La bille rouge, au billard
carambole

La capitale des États-Unis s'y trouve
DC

La centième partie du franc
centime

La classe noble
aristocratie

La deuxième compagnie pétrolière des États-Unis derrière ExxonMobil
Chevron

La deuxième plus grande chaîne de restauration rapide au monde, après Subway
McDonald's

La durée de la nuit
nuitée

La fourmi de La Fontaine ne l'était pas
prêteuse

La Grande Bibliothèque en fait partie
BAnQ

La loi du silence selon la mafia
omerta

La maîtresse de maison, pour les domestiques
madame

La moitié d'une chopine
demiard

La Nativité
Noël

La nuit de Noël, on en laisse sur la table, à côté d'un biscuit, à l'intention du père Noël
lait

Là où les pièces sont montées et jouées
théâtre

La partie intérieure
dedans

La partie la plus grossière de la filasse
étoupe

La peinture en est un
art

La plus aiguë des voix
soprano

La plus élevée des voix
soprano

La plus grande société agroalimentaire au monde
Nestlé

La plus grande ville de l'Alberta
Calgary

La plus grande ville de la Birmanie
Rangoun

La plus grande ville de la Colombie-Britannique
Vancouver

La plus grande ville du Nouveau-Brunswick
Moncton

La plus grave des voix d'homme
basse

La plus grosse planète
Jupiter

La plus septentrionale des îles Loyauté
Ouvéa

La Poésie
Parnasse

La Poune
Ouellette

La quatrième plus grande ville du Canada
Ottawa

La rose en est une
fleur

La Sainte Vierge
Marie

La Sainte-Flanelle
Canadiens

La Scala
opéra

La scène
théâtre

La sculpture en est un
art

La sienne
sa

La sorcière ou la fée la tient en main le soir de l'Halloween
baguette

La souris s'y déplace devant l'ordinateur
tapis

La Terre
monde

La troisième plus grande ville du Canada
Calgary

La vie psychique
psychisme

La ville de l'aluminium
Arvida

La Voie lactée
galaxie

Label
étiquette, marque, nom, poinçon

Labelle
pétale

Labeur
activité, besogne, boulot, collier, occupation, œuvre, ouvrage, tâche, travail

Labferment
présure

Labiée à fleurs jaunes
ive, ivette

Labile
défaillant, instable

Labo
laboratoire

Laboratoire
atelier, fabrique, labo, officine, pépinière

Laboratoire annexé à une pharmacie
officine

Laborieux
actif, appliqué, ardu, bosseur, bûcheur, difficile, diligent, dur, embarrassé, fastidieux, fatigant, gauche, lourd, maladroit, malaisé, pénible, pesant, populaire, studieux, travailleur

Labour
façon, hivernage, labourage

Labourable
arable

Labourage
bêchage, binage, façonnage, labour

Labouré
cultivé, travaillé

Labourer
ameublir, bêcher, couper, creuser, cultiver, déchirer, défoncer, écorcher, égratigner, façonner, griffer, herser, jardiner, lacérer, retourner, scarifier, sillonner, taillader, tercer, terser, tiercer, travailler

Labourer avec la houe
houer

Labourer superficiellement une terre
écrouter

Labourer un champ pour la quatrième fois
quartager

Labourer une terre pour la troisième fois
tercer, terser, tiercer

Laboureur
agriculteur, cultivateur, fermier, paysan

Labrador
retriever

Labre
tourd

Labyrinthe
dédale, écheveau, forêt, lacis, maquis, repli, réseau

Lac
étang, lagon
Lac d'Éthiopie
Tana
Lac de l'Amérique du Nord
Huron, Ontario
Lac de la Turquie orientale
Van
Lac de Russie
Ilmen
Lac de Syrie
Assad
Lac du nord-ouest de la Russie
Onega
Laçage
entrecroisement, entrelacement, lacement
Lacement
entrelacement, laçage
Lacer
accrocher, attacher, lier, mailler, nouer
Lacérer
arracher, déchiqueter, déchirer, labourer,
taillader
Lacet
aiguillette, attache, collet, contour, corde,
cordon, détour, filet, ganse, lacs, lien,
méandre, piège, rets, sinuosité, tournant,
virage, zigzag
Lâchage
abandon, défection, délaissement, trahison
Lâche
abject, bas, chiffe, couard, dégonflard,
dégonflé, déloyal, déserteur, desserré,
détendu, faible, flasque, flottant, flou,
froussard, fuyard, honteux, indigne, laid,
languissant, large, lopette, mauviette,
méprisable, mou, paresseux, peureux,
pleutre, poltron, pusillanime, relâché, sale,
traînant, traître, trouillard, vague, veule, vil
Lâché
abandonné, renié
Lâchement
bassement, honteusement, ignoblement,
indignement, vilement
Lâcher
abandonner, balancer, céder, cesser, claquer,
craquer, débander, délaisser, dépasser,
desserrer, détendre, dire, distancer, émettre,
envoyer, faiblir, filer, flancher, jeter, laisser,
lancer, larguer, plaquer, pousser, quitter,
relâcher, semer
Lâcheté
bassesse, compromission, couardise,
faiblesse, fausseté, indignité, mollesse,
peur, pleutrerie, poltronnerie, pusillanimité,
trahison, turpitude, veulerie, vilenie

Lacis
complication, confusion, dédale, désordre,
détour, embrouillamini, enchevêtrement,
entrelacement, forêt, labyrinthe, maquis,
méandres, réseau
Laconique
bref, concis, court, cursif, elliptique, évasif,
lapidaire, petit, précis, sec, sommaire,
succinct
Laconisme
brièveté, concision
Lacs
collet, cordon, filet, lacet, piège, rets
Lacté
blanc, laiteux
Lactescence
blancheur
Lactescent
blanc
Lacunaire
fragmentaire, imparfait, inachevé, incomplet,
insuffisant, lacuneux, partiel
Lacune
absence, anomalie, carence, défaut,
défectuosité, déficience, espace, faiblesse,
faille, fissure, hiatus, ignorance, insuffisance,
interruption, manque, omission, oubli, trou,
vide
Lacuneux
lacunaire
Lacustre
aquicole
Lad
palefrenier
Ladin
romanche
Ladre
avare, chiche, grigou, lépreux, pingre, radin,
rat, regardant
Ladrerie
avarice, lèpre, léproserie, lésinerie, pingrerie,
radinerie
Lady
dame, femme, madame
Lagon
lac, lagune, mare
Lagopède
gélinotte, grouse
Lagune
étang, lagon, lido
Lagune centrale d'un atoll
lagon
Lagune d'Australie
Eyre
Lagune d'eau douce
moëre

Lagune derrière un cordon littoral
lido

Lagune isolée par un cordon littoral
liman

Lai
convers, laïque, poème

Laïc
profane, séculier

Laïc qui sert le prêtre
servant

Laîche
carex

Laïciser
séculariser

Laid
abject, abominable, affreux, atroce,
bas, dégoûtant, désagréable, disgracié,
disgracieux, effrayant, effroyable, hideux,
honteux, horrible, inesthétique, infâme,
informe, ingrat, lâche, malhonnête,
méprisable, moche, monstrueux, repoussant,
répugnant, sale, vil, vilain

Laidement
affreusement

Laideron
boudin, horreur

Laideur
abjection, bassesse, difformité, disgrâce,
hideur, horreur, ignominie, indignité, infamie,
mocheté, obscénité, saleté, turpitude, verrue,
vilenie

Laideur extrême
hideur

Laie
layon

Lainage
cardigan, chandail, gilet, lainerie, pull, tissu,
toison, tricot

Lainage foulé et imperméable
loden

Laine
agneline, angora, mohair, toison

Laine de seconde qualité, tirée de la vigogne
carmeline

Laine obtenue en tondant les moutons
tonte

Lainer
draper

Lainerie
lainage

Laineux
doux, duveteux

Laïque
civil, lai, profane, public, séculier

Laisse
attache, chanson, corde, lien

Laissé
abandonné, confié, délaissé, donné, renié

Laissé seul
esseulé

Laisser
abandonner, abjurer, accorder, aliéner,
camper, céder, concéder, confier, conserver,
déposer, déserter, donner, garder, lâcher,
léguer, maintenir, oublier, passer, permettre,
planter, quitter, remettre, tenir, transmettre,
vendre, vouloir

Laisser aller
promener

Laisser craindre
menacer

Laisser croire une chose
accroire

Laisser écouler du pus
suppurer

Laisser en garde
entreposer

Laisser séjourner
macérer

Laisser tomber
jeter

Laisser tomber par mégarde
échapper

Laisser tremper dans un liquide très chaud
infuser

Laisser-aller
débraillé, désinvolture, incurie, liberté,
mollesse, négligé, négligence

Laisser-faire
tolérance

Laissez-passer
acceptation, autorisation, passeport, permis

Lait
boisson

Lait caillé fermenté
yaourt, yoghourt, yogourt

Lait caillé par des ferments lactiques spéciaux
yaourt, yoghourt, yogourt

Laiterie
beurrerie, crémerie

Laiteux
blanc, blanchâtre, lacté, latescent, opalin

Laitier
crémier, fromager, scorie

Laiton
archal

Laiton additionné de zinc
similor

Laitue
batavia, iceberg, mâche, mélange, romaine, salade

Laitue à feuilles dentées et croquantes
batavia

Laitue romaine
chicon

Laïus
allocution, boniment, discours, exposé, harangue, intervention, oraison, speech, tartine, tirade, topo

Laize
bande, largeur, lé

Lallation
babil, babillage

Lama
alpaga, guanaco, vigogne

Lama à l'état sauvage
guanaco

Lamantin
dugong, sirénien

Lambda
commun, moyen, ordinaire, quelconque

Lambeau
bout, bribe, chiffon, débris, fragment, haillon, loque, morceau, partie

Lambic
bière

Lambin
dernier, indolent, lent, mollasson, mou, traînard

Lambiner
attarder, flâner, lanterner, musarder, tarder, traînasser, traîner

Lambris
boiserie, frisette, parquet

Lame
ailette, épée, fer, feuille, glaive, lamelle, languette, paillet, plaque, vague

Lame cornée
ongle

Lame cornée, implantée sur l'extrémité dorsale des doigts et des orteils chez l'homme
ongle

Lame d'osier
éclisse

Lame de baleine
busc

Lame métallique triangulaire
soc

Lame plate servant à couper le cuir
tranchet

Lame saillante
ailette

Lamelle
écaille, feuille, lame, paillette, pellicule, plaque, plaquette

Lamelle de peau sèche qui se détache naturellement
squame

Lamentable
affligeant, catastrophique, déplorable, désastreux, désolant, douloureux, funeste, malheureux, mauvais, minable, misérable, miteux, navrant, nul, pathétique, pauvre, piètre, piteux, pitoyable, ridicule, sinistre, triste

Lamentation
apitoiement, complainte, cri, gémissement, plainte, pleur

Lamenter (Se)
déplorer, désoler, geindre, gémir, plaindre, pleurer, pleurnicher, regretter, soupirer

Lamento
fado

Lamie
taupe

Laminage
étirement

Laminé
aplati, écrasé, étiré, vaincu

Laminer
aplatir, broyer, diminuer, écraser, écrouir, enfoncer, étirer, piler, réduire, rogner, vaincre

Laminoir
presse

Lampadaire
lampe, réverbère

Lamparo
feu

Lampe
ampoule, applique, éclairage, globe, lampadaire, lumière, lumignon, luminaire, réverbère, suspension, torche, veilleuse

Lampe à filament de tungstène
flood

Lampe émettant une lumière brève
flash

Lampe placée à l'avant d'un bateau
lamparo

Lampe qui éclaire faiblement
lumignon

Lampée
gorgée, trait

Lamper
boire, caler, laper

Lampion
chandelle, lanterne

Lamprillon
lamproie

Lamproie
lamprillon

Lance
arme, dard, épieu, javeline, javelot, lancette, pertuisane, pique, trait

Lancé
sorti

Lance de tribus primitives
sagaie

Lance-fusées
bazooka

Lance-pierre
fronde

Lance-roquettes
bazooka

Lance-roquettes antichar portatif
bazooka

Lancée
élan, erre, impulsion

Lancement
annonce, démarrage, émission, inauguration, jet, lancer, ouverture, parution, projection, promotion, publication, sortie

Lancer avec force
projeter

Lancer avec violence
carrer

Lancette
lance, scalpel, vaccinostyle

Lanceur
releveur

Lanceur de disque
discobole

Lanceur de relève qui a joué dans les Ligues majeures de 1959 à 1971
Raymond

Lanceur spatial européen, conçu pour la mise en orbite de satellites d'applications géostationnaires
Ariane

Lancier
hastaire, uhlan

Lancinant
ennuyeux, fatigant, lassant, obsédant, torturant

Lanciner
élancer, hanter, obséder, poursuivre, tenailler, tourmenter, tracasser, travailler

Lançon
anguille, équille

Landau
calèche

Lande
brande, bruyère, fagne, friche, garrigue, maquis, pâtis, steppe

Lande marécageuse
fagne

Landier
chenet

Laneret
faucon

Langage
argot, code, dialecte, discours, gestuelle, jargon, langue, lexique, parler, parole, patois, propos, sémiotique, terminologie, verbe, vocabulaire

Langage de programmation
algol

Langage de programmation appliqué, de gestion
cobol

Langage de programmation symbolique
LISP

Langage du milieu
argot

Langage fait d'emprunts, difficilement compréhensible
sabir

Langage particulier à une profession
argot

Langagier
auteur, rédacteur

Lange
couche, maillot

Langer
emmailloter

Langoureux
alangui, amoureux, indolent, languide, mourant, nonchalant, tendre

Langoustine
gamba, scampi

Langue
argot, baragouin, dialecte, discours, idiome, jargon, langage, parler, parole, patois, propos, style, ton, verbe

Langue algonquienne
abénaquis, algonquin, attikamek, cri, innu, malécite, micmac, naskapi

Langue amérindienne
abénaquis, algonquien, algonquin, attikamek, cri, innu, inuit, iroquoien, malécite, micmac, mohawk, naskapi, otomi, sioux

Langue amérindienne parlée au Brésil
tupi

Langue balte
lette

Langue bantoue
swahili

Langue caucasienne
géorgien

Langue chinoise
mandarin

Langue de terre entre deux mers
isthme

Langue des Goths
gotique

Langue des hauts plateaux andins
aymara

Langue dravidienne
tamoul

Langue du groupe iranien
kurde

Langue du groupe iranien oriental
afghan

Langue du groupe thaï
annamite

Langue indo-aryenne
hindi, sanscrit, sanskrit

Langue indo-européenne
hittite, latin, parsi, perse

Langue internationale artificielle
volapük

Langue iranienne
ossèle

Langue iroquoienne
huron, mohawk, wendat

Langue littéraire et sacrée de la civilisation brahmanique de l'Inde
sanscrit, sanskrit

Langue nigéro-congolaise
peul

Langue parlée à Tahiti
tahitien

Langue parlée au Bengale
bengali

Langue parlée au Cambodge
khmer

Langue parlée aux Philippines
tagal

Langue parlée des Bantous
bantou

Langue parlée en Acadie
acadien

Langue parlée en Inde du Nord
hindi

Langue polynésienne
tahitien

Langue râpeuse de certains mollusques
radula

Langue romane parlée dans le canton des Grisons
romanche

Langue sémitique
hébreu

Langue supplantée par l'espéranto
volapük

Langue turque parlée dans la vallée de la Volga
tatar

Langue verte
argot, jars

Langue vivante
LV

Languette
lame

Languette mobile
anche

Langueur
abattement, accablement, adynamie, affaiblissement, affaissement, alanguissement, anéantissement, anémie, apathie, atonie, consomption, dépérissement, dépression, ennui, épuisement, indolence, léthargie, marasme, mollesse, nonchalance, paresse, prostration, relâchement, somnolence, torpeur

Languide
alangui, énamouré, langoureux, languissant, mourant, nonchalant, transi

Languir
attendre, décliner, dépérir, ennuyer, étioler, moisir, morfondre, pâtir, sécher, stagner, traîner, végéter, vivoter

Languissant
alangui, atone, faible, froid, indolent, lâche, languide, morne, nonchalant, paresseux, traînant

Lanière
attache, babiche, bande, bretelle, courroie, guide, longe, rêne

Lanière terminée par un nœud
lasso

Lanka
Sri

Lanterne
campanile, falot, fanal, feu, lampion, lumière, phare, projecteur, rétroprojecteur, réverbère, tourelle, veilleuse

Lanterné
retardé

Lanterne d'automobile
veilleuse

Lanterne destinée à l'éclairage public
réverbère

Lanterne vénitienne
lampion

Lanterner
amuser, baguenauder, dormir, flâner,
lambiner, musarder, retarder, tarder, traîner

Lanthane
La

Lantiponner
bavarder

Lanugineux
velu

Lapalissade
banalité, évidence, platitude, truisme

Laper
avaler, boire, lamper, lécher, siroter

Lapidaire
abrégé, bref, concis, court, cursif, laconique,
précis, ramassé, sec, sommaire, succinct,
tailleur

Lapider
abattre, assassiner, exécuter, lyncher,
massacrer, supprimer, tuer

Lapidifier
pétrifier

Lapin
lièvre

Lapinière
cage, clapier, garenne

Lapis
lazurite

Lapis-lazuli
outremer

Lapon
inuit

Laps
intervalle, moment, période

Lapsus
aberration, bévue, erreur, faute, gaffe

Laquais
domestique, groom, larbin, serviteur, valet

Laque
peinture, vernis

Laqué
verni

Laquer
colorer, enduire, peindre, vernir

Larbin
laquais

Larcin
barbotage, chapardage, maraudage, pillage,
vol

Lard
bacon, barde, graisse, saindoux

Lard fumé
bacon

Lardé
farci, truffé

Larder
bourrer, cribler, émailler, entrecouper,
entrelarder, entremêler, farcir, parsemer,
percer, semer, transpercer, truffer

Lardoire
brochette

Lardon
bacon

Largage
parachutage, renvoi, vidage

Large
abondant, ample, carré, compréhensif,
considérable, copieux, épanoui, étendu,
évasé, fastueux, flou, fort, général, généreux,
grand, gros, important, indulgent, lâche,
largeur, latitudinaire, libéral, libre, mer,
munificent, ouvert, prodigue, souple,
spacieux, tolérant, vague, vaste

Large carré de laine
lange

Large ceinture
ceinturon

Large col d'une blouse, d'une robe
berthe

Large couteau
hachoir

Large cuvette d'une fontaine
vasque

Large extension
latitude

Large semelle pour marcher sur la neige molle
raquette

Largement
abondamment, aisément, amplement, assez,
beaucoup, bien, copieusement, énormément,
généreusement, grassement, libéralement,
profusément, richement

Largement fixé sur le pied (bot.)
adné

Largement ouvert
béant

Largesse
bienfait, cadeau, don, faveur, générosité,
libéralité, munificence, présent, prodigalité

Largeur
ampleur, carrure, diamètre, dimension,
envergure, étendue, grosseur, laize, large, lé,
mer, mesure, ouverture, tolérance

Largeur d'esprit
tolérance

Largeur d'une étoffe
lé

Largeur d'une étoffe entre les deux lisières
laize

Largeur de la marche d'un escalier
giron

Largeur du dos, d'une épaule à l'autre
carrure

Largué
abandonné

Larguer
abandonner, balancer, déferler, délaisser,
déployer, déserter, détacher, déverser,
distancer, droper, envoyer, filer, jeter, lâcher,
lancer, parachuter, quitter, renvoyer

Larme
goutte, pleurs

Larmier
mouchette

Larmoyant
éploré, geignard, gémissant, plaintif, pleureur,
pleurnichard, pleurnicheur, sanglotant

Larmoyer
geindre, gémir, pleurer, pleurnicher, sangloter

Larron
brigand, voleur

Larve
asticot, chenille, fantôme, lavette, têtard

Larvé
latent, souterrain

Larve d'un acarien
aoûtat

Larve de batracien
têtard

Larve de la lamproie
ammocète

Larve de la mouche à viande
asticot

Larve du hanneton
man

Larve du trombidion
aoûtat, lepte

Larve parasite de la peau des bovins
varon

Larve utilisée pour la pêche à la ligne
asticot

Laryngite
croup

Laryngite diphtérique
croup

Laryngite pseudomembraneuse
croup

Las
abattu, assommé, blasé, dégoûté, écœuré,
ennuyé, épuisé, excédé, faible, fatigué,
fourbu, hélas, irrité, moulu, recru, rompu

Lasagne
pâte

Lascar
loustic, numéro

Lassant
agaçant, assommant, barbant, blasant,
embêtant, ennuyant, ennuyeux, fatigant,
harassant, lancinant, monotone, rasoir,
rebutant, tannant

Lassé
blasé, découragé, écœuré

Lasser
assommer, barber, blaser, décourager,
dégoûter, écœurer, embêter, endormir,
ennuyer, épuiser, excéder, fatiguer, harasser,
impatienter, importuner, raser, rebuter,
saturer, tanner

Lassis
bourre

Lassitude
abattement, accablement, blasement,
découragement, désespérance, écœurement,
ennui, fatigue

Latanier
arécacée, palmacée

Latence
arrêt, virtualité

Latent
caché, dormant, évident, implicite, inexprimé,
larvé, masqué, profond, rampant, secret,
somnolent, sourd, virtuel

Latéral
détourné, flanc, indirect

Latescent
laiteux

Latex
caoutchouc, gomme

Latin
romain

Latitude
champ, facilité, faculté, liberté, licence,
marge, permission, possibilité, pouvoir,
tolérance

Latitudinaire
large, permissif

Latrines
cabinets, toilettes, vespasienne

Lattage
lattis

Latte
ais, planche

Lattis
lattage, poutre

Laudateur
adulateur, apologiste, louangeur, panégyriste,
thuriféraire

Laudatif
complimenteur, élogieux, flatteur, louangeur, mélioratif

Laure
abbaye

Lauréat
gagnant, impétrant, vainqueur

Lauréat de l'Oscar du meilleur acteur dans un second rôle pour Forrest Gump
Sinise

Lauréat du prix Nobel de la paix en 2009
Obama

Laurier dont on extrait le camphre
camphrier

Laurier tulipier
magnolia

Lauriers
gloire

Lavable
lessivable

Lavabo
cuvette, évier

Lavage
ablution, curage, curetage, lessivage, lessive, nettoyage

Lavage au savon
savonnage

Lavage de la chevelure au moyen d'un produit spécial
shampoing

Lavallière
cravate

Lavande
aspic, bleu

Lavande dont on extrait une essence odorante
spic

Lavandier
buandier

Lavaret
corégone

Lave
basalte, magma

Lavé
enlevé, propre

Lave-linge
laveuse

Lave-mains
lavabo

Lavement
ablution, clystère, purge

Laver
blanchir, curer, cureter, décrasser, délaver, délayer, détacher, effacer, enlever, frotter, justifier, lessiver, nettoyer, purger, purifier, récurer, réhabiliter, rincer, savonner, toiletter, venger

Laver avec du savon
savonner

Laver de nouveau
relaver

Laverie
buanderie

Lavette
chiffe, chiffon, larve, mauviette, mou, torchon

Laveur
buandier, doucheur, nettoyeur, plongeur

Lavis
dessin

Lavoir
blanchisserie, buanderie

Lavure
ablution, eau, rinçure

Lawrencium
Lr

Laxatif
cathartique, dépuratif, évacuant, purgatif

Laxatif extrait du cassier
séné

Laxisme
liberté, négligence, permissivité, tolérance

Laxiste
permissif, relâché

Layette
coffre

Layon
hayon, laie, sentier

Lazurite
lapis

Lazzi
épigramme, flèche, moquerie, pique, plaisanterie, pointe, quolibet, raillerie, sarcasme

Lb
livre

Le
article

Lé
bande, halage, laize, largeur

Le berceau de la musique country
Nashville

Le bien possédé
possession

Le bon côté
pour

Le bourdon en est un
apidé

Le carabe en est un
carabidé

Le chemin le plus court
raccourci

Le cinquième doigt de la main
auriculaire

Le cinquième jour du mois
cinq

Le compagnon d'Ève
Adam

Le corps humain
organisme

Le côté gauche d'un navire
bâbord

Le degré extrême
paroxysme

Le dessous de la chaussure
semelle

Le drapeau canadien
unifolié

Le fait d'échanger une marchandise contre son prix
vente

Le fait d'être mère
maternité

Le fait d'être périmé
obsolescence

Le fait de saler
salage

Le fait de vivre comme un saint
sainteté

Le festival de cette fleur est célébré à Ottawa
tulipe

Le feuillage
frondaison

Le français en usage au Québec
québécois

Le gland est son fruit
chêne

Le joueur le plus pénalisé de l'histoire de l'équipe des Canadiens
Nilan

Le lendemain
demain

Le maître du dessin animé
Disney

Le mari de la tante
oncle

Le moi
ego

Le mouvement dada
dadaïsme

Le n° 31 des Canadiens
Price

Le noble art
boxe

Le père et le fils ont été présidents des États-Unis
Bush

Le père et le fils ont fait de l'humour
Guimond

Le petit coin
toilettes

Le plus âgé
doyen

Le plus célèbre carnaval du Brésil
Rio

Le plus grand carnaval de la Bolivie
Oruro

Le plus grand des océans
Pacifique

Le plus grand État des États-Unis
Alaska

Le plus grand festival de rodéo au monde
Stampede

Le plus grand nombre
pluralité

Le plus haut degré
faîte, paroxysme, summum

Le plus haut degré atteint par quelque chose
maximum

Le plus important fabricant de petits gâteaux au Canada
Saputo

Le plus jeune enfant d'une famille
benjamin

Le plus jeune premier ministre du Canada
Clark

Le plus petit parc national du Québec
Miguasha

Le plus réputé a le plus d'étoiles
hôtel

Le plus vieux
aîné

Le plus volumineux des os du tarse
calcanéum

Le premier homme
Adam

Le premier impair
un

Le premier livre de l'Ancien Testament
Genèse

Le premier-né
aîné

Le quatrième doigt de la main
annulaire

Le Québec produit 74 % de la production mondiale de ce sirop
érable

Le retour à l'école
rentrée

Le revers de la médaille
rançon

Le sein de l'Église
bercail

Le seul boxeur qui a battu Marvin Hagler, en 1987
Leonard

Le soir de l'Halloween, un squelette peut en sortir pour participer à la fête
tombe

Le sommet du monde
Everest

Le sujet
ego

Le théâtre, l'art dramatique
scène

Le Tricolore
Canadiens

Le ventre vide (À)
jeun

Le Vieux Continent
Europe

Leader
champion, chef, crack, dirigeant, meneur, pape, premier, promoteur, protagoniste, tête

Leader des groupes The Beatles et Wings
McCartney

Leader du groupe The Beatles
Lennon

Lécanore
lichen

Léchage
fignolage, lèchement

Léché
limé, poli, travaillé

Lèchement
léchage

Lécher
aspirer, atteindre, boire, caresser, effleurer, fignoler, laper, léchouiller, licher, limer, peaufiner, polir, pourlécher, soigner, sucer, suçoter, téter

Lécheur
flatteur

Léchouiller
lécher

Leçon
admonestation, avertissement, châtiment, classe, conclusion, conférence, correction, cours, école, enseignement, exhortation, instruction, lecture, morale, moralité, précepte, punition, répétition, réprimande, sermon, variante, version

Leçon des apôtres
épître

Lecteur
enseignant, liseur

Lecture
consultation, déchiffrage, déchiffrement, décodage, décryptage, explication, herméneutique, interprétation, leçon, relecture

Lécythe
vase

Lee
sudiste

Légal
admis, canonique, juridique, légitime, licite, loyal, permis, réglementaire, régulier, valide

Légalisation
confirmation

Légalisé
garanti

Légaliser
authentifier, certifier, confirmer, garantir, légitimer, officialiser, sanctionner, valider

Légalisme
formalisme, juridisme, rigorisme

Légaliste
formaliste, rigoriste

Légalité
conformité, droit, justice, licéité, régularité, validité

Légat
député, diplomate, nonce

Légataire
héritier

Légendaire
admis, célèbre, connu, fabuleux, illustre, imaginaire

Légende
conte, devise, épopée, fable, folklore, héros, histoire, mythe, mythologie, récit, saga, tradition

Léger
abstrait, aérien, agile, alerte, allégé, allègre, anodin, arachnéen, badin, bénin, cavaleur, coureur, dégagé, délicat, délié, déraisonnable, désinvolte, diététique, digeste, digestible, discret, dissipé, dissolu, doux, écervelé, égrillard, élancé, enjoué, étourdi, évaporé, faible, fin, folâtre, folichon, frêle, fringant, frivole, frugal, futile, gaillard, gracile, grêle, grivois, guilleret, immatériel, imperceptible, imprudent, inattentif, inconscient, inconséquent, inconsidéré, inconsistant, inconstant, indécelable, indiscernable, infidèle, infime, ingambe, insensible, insouciant, insuffisant, irréfléchi, irresponsable, jeune, juste, leste, libertin, libre, licencieux, maigre, menu, mince,

minime, mobile, négligeable, négligent,
nonchalant, osé, oublieux, petit, poivré,
preste, printanier, sémillant, sobre, sommaire,
souple, subtil, succinct, superficiel, svelte,
ténu, vaporeux, véniel, vif, volage, voyant

Léger et flou
vaporeux

Léger et folâtre
foufou

Léger repas
collation

Légère différence
nuance

Légère élévation de terrain
butte

Légère entorse
foulure

Légère humidité
moiteur

Légèrement
lestement, peu, sobrement, vaguement

Légèrement acide
acidulé

Légèrement aigre
aigrelet

Légèrement coloré
teinté

Légèrement froid
frais, frisquet

Légèrement humide
moite

Légèrement jaune
jaunet

Légèrement salé
saumâtre

Légèreté
agilité, aisance, amusement, délicatesse,
désinvolture, facilité, finesse, frivolité, futilité,
gaminerie, grâce, gracilité, immatérialité,
imprudence, inconscience, insouciance,
irréflexion, minceur, naturel, souplesse

Legging
jambière

Légiférer
codifier, décréter, réglementer, régler

Légion
armada, armée, bataillon, cohorte, flopée,
flot, foultitude, kyrielle, masse, meute,
multitude, nuée, quantité, régiment,
ribambelle, troupe

Législation
code, loi

Légiste
jurisconsulte, juriste, médecin

Légitime
admissible, canonique, compréhensible,
équitable, fondé, juste, justifié, légal, mérité,
motivé, naturel, normal, permis, raisonnable,
valable

Légitimement
justement

Légitimer
autoriser, défendre, excuser, justifier,
légaliser, motiver, reconnaître

Légitimité
droit, justice, souveraineté

Legs
aliénation, don, donation, héritage, libéralité,
succession, tradition

Légué
abandonné, transmis

Léguer
abandonner, aliéner, céder, donner, laisser,
transférer, transmettre

Légume
chou, navet, notable

Légumes écrasés
purée

Légumier
plat, primeur

Légumineuse
ers

Légumineuse annuelle
fève

Leitmotiv
antienne, litanie, motif, refrain, rengaine,
thème

Lemme
démonstration, raisonnement

Lemming
campagnol

Lémur
maki

Lémure
fantôme

Lémurien arboricole vivant à Madagascar
indri

Lendemain
avenir, conséquence, demain, futur, impact,
prolongement, répercussion, suite

Lénifiant
adoucissant, amolissant, apaisant, calmant,
conciliant, consolant, débilitant, lénitif,
optimiste, rasséréfant, rassurant

Lénifié
allégé

Lénifier
adoucir, amollir, apaiser, assoupir, atténuer,
calmer, débiliter, endormir, modérer, soulager,
tempérer

Lénitif
adoucissant, apaisant, lénifiant

Lent
alangui, apathique, calme, endormi, engourdi, épais, indolent, lambin, long, lourd, lourdaud, mou, nonchalant, paresseux, pataud, posé, tardif, traînant, tranquille

Lent dans son fonctionnement
paresseux

Lente
œuf, toto

Lentement
adagio, doucement, graduellement, insensiblement, lento, mollement, pianissimo, piano, posément

Lentement et avec ampleur
largo

Lenteur
apathie, épaisseur, longueur, lourdeur, mollesse, nonchalance, paresse, pesanteur, retard

Lentigo
lentille, nævus, verrue

Lentille
ers, lentigo, loupe, nævus, verre

Lentille correctrice
lorgnon

Lentille d'eau
lenticule

Lentille de verre grossissante
loupe

Lento
doucement, lentement

Léonin
abusif, inique, injuste

Léopard
fauve, félin, jaguar, once, panthère

Léopard des neiges
once

Leper
ypres

Lépidoptère
papillon

Lèpre
cancer, gangrène, ladrerie, peste

Lépreux
galeux, ladre, malade, misérable, miteux, pouilleux, scrofuleux

Léproserie
ladrerie

Leptocéphale
civelle

Lequel
quantième

Lérot
frugivore, loir, rat

Les
article

Les arbres en général
bois

Les autres
autrui

Les Bruins de Boston ont retiré son chandail n° 4
Orr

Les chaînes d'ancre y sont rangées
gatte

Les doigts la composent
main

Les enfants d'un couple
famille

Les enfants ont très hâte de déballer celui qui est dans la boîte
jouet

Les Expos de Montréal pratiquaient ce sport
baseball

Les films sont présentés sur le grand
écran

Les générations à venir
postérité

Les gens qui y dorment durant leurs vacances ne font pas leur lit
motel

Les Habs
Canadiens

Les Islanders de New York ont retiré son chandail n° 22
Bossy

Les Laonnois y vivent
Laon

Les Lensois y vivent
Lens

Les officiers y mangent
mess

Les Penguins de Pittsburgh ont retiré son chandail n° 66
Lemieux, Mario

Les petits qui viennent d'éclore
couvée

Les rois mages ont suivi celle de Bethléem pour découvrir le lieu de naissance de Jésus
étoile

Les skieurs en mettent à la planche !
fart

Lésé
attaqué, atteint, blessé, défavorisé, désavantagé, desservi, endommagé, frustré, spolié, touché

Léser
attaquer, atteindre, blesser, défavoriser,
désavantager, desservir, endommager,
frustrer, nuire, spolier, toucher

Lésine
avarice, pingrerie

Lésiner
chicaner, économiser, épargner, liarder,
mégoter, rogner

Lésinerie
ladrerie, radinerie

Lésion
blessure, cicatrice, contusion,
dégénérescence, dommage, ecchymose,
engelure, hématome, inflammation, nécrose,
plaie, préjudice, tort, trauma, ulcération

**Lésion cutanée causée par les radiations
lumineuses**
lucite

Lésion de la peau
acné

Lésion de la peau causée par le froid
froidure, gelure

**Lésion dentaire amenant la formation d'une
cavité**
carie

Lésion inflammatoire des nerfs
névrite

Lésion, blessure grave
trauma

Lessivable
lavable

Lessivage
blanchissage, curage, curetage, lavage,
nettoyage, perte

Lessive
blanchissage, détergent, détersif, épuration,
lavage, linge, nettoyage, perte, poudre, purge

Lessivé
fatigué, fourbu, harassé, mort

Lessiver
blanchir, curer, cureter, décrasser, dégraisser,
épuiser, exténuer, fatiguer, harasser, laver,
lotionner, nettoyer, récurer, savonner

Lest
charge, estive, poids

Lest formé de sable et de cailloux
ballast

Lestant
alourdissant

Lesté
alourdi, chargé, plombé, rempli

Lestement
agilement, alertement, légèrement,
rondement, vite

Lester
alourdir, charger, détrousser, plomber, remplir

Létal
fatal, mortel

Létalité
mortalité

Letchi
fruit

Léthargie
abattement, apathie, atonie, inaction, inertie,
langueur, prostration, torpeur

Léthargique
engourdi, inerte, nonchalant

Lettre
billet, caractère, courrier, dépêche, écrit,
épître, graphème, message, missive, mot, pli,
sens, signe

Lettré
clerc, cultivé, érudit, humaniste, instruit,
savant

Lettre écrite par un auteur ancien
épître

Lettre en vers
épître

Lettre patente du pape
bulle

Lettre plus grande et de forme différente
majuscule

Lettres
humanités, littérature

Lettres inscrites au-dessus de la Croix
INRI

Leucémie
cancer, leucose

Leucocyte
basophile, monocyte

Leucodermie
achromie

Leucome
taie

Leucose
leucémie

Leur
possessif

Leur temps est au printemps
sucres

Leurre
amorce, appât, appeau, artifice, attrape,
bluff, devon, duperie, feinte, hameçon,
illusion, imposture, mirage, mystification,
piège, piperie, supercherie, tromperie

Leurré
abusé, bluffé, enjôlé

Leurre métallique pour la pêche
devon

Leurrer
abuser, amorcer, attirer, attraper, avoir,
berner, bluffer, décevoir, duper, embobiner,
endormir, enjôler, flatter, flouer, mentir,
mystifier, pigeonner, rouler, tromper

Levage
chargement

Levain
ferment, germe, levure

Levant
est, orient

Levé
accru, agrandi, debout, enlevé, haussé, haut,
hissé, plan, sorti, soulevé

Levée
arrêt, banc, banquette, cessation, chaussée,
clôture, collecte, digue, disparition,
dissipation, enlèvement, enrôlement, fin,
interruption, main, mobilisation, perception,
pli, ramassage, récolte, recouvrement,
recrutement, remblai, suppression,
suspension, talus

Levée, aux cartes
pli

Lever
abolir, agrandir, annuler, aplanir, arrêter,
arriver, collecter, couper, découper, dessiner,
dresser, écarter, effacer, élever, enlever,
enrôler, ériger, fermenter, gonfler, hausser,
hisser, interrompre, mobiliser, monter,
ôter, percevoir, poindre, pousser, prélever,
ramasser, recruter, recueillir, redresser,
rehausser, relever, retirer, séduire, sortir,
soulever, supprimer, suspendre, trousser

Levier
commande, cric, manette, moyen, pédale,
pincette, poignée, vérin

Levier de commande
manette

Lèvre
babine, bord, lippe

Lèvre épaisse et proéminente
lippe

Lèvre inférieure
lippe

Lèvre inférieure des insectes
labium

Lèvre inférieure renflée et saillante
lippe

Lèvres pendantes de certains animaux
babines

Lévrier
barzoï, sloughi

Lévrier d'Afrique du Nord
sloughi

Lévrier d'une race à poil long
afghan

Levure
candida, ferment, levain

**Levure responsable de mycoses et d'affections
de la peau**
candida

Lexique
dictionnaire, encyclopédie, glossaire, index,
jargon, langage, nomenclature, répertoire,
terminologie, thésaurus, vocabulaire

Lexique d'une langue vivante
glossaire

Lexique de philologie
thésaurus

Lézard
caméléon, gecko, saurien

Lézard à pattes très courtes
seps

Lézard apode insectivore
orvet

Lézard grimpeur
gecko

Lézarde
crevasse, fente, fissure, galon

Lézardé
fêlé

Lézarder
craqueler, crevasser, fêler, fendiller, fendre,
fissurer, paresser

Li
lithium

Liaison
adhérence, alliance, amitié, amour, analogie,
association, aventure, câble, cohérence,
communication, connaissance, connexion,
contact, contiguïté, continuité, coordination,
corrélation, correspondance, dépendance,
enchaînement, fil, filiation, fréquentation,
galanterie, histoire, interdépendance,
jonction, lien, ligne, mortier, passade, pont,
raccord, rapport, relation, réunion, solidarité,
succession, suite, transition, union

Liaison amoureuse de courte durée
passade

Liaison entre deux éléments
raccord

**Liaison étroite et enchaînement entre
certaines choses**
connexion

Liane
gnète

Liane d'Afrique et d'Asie
luffa

Liane originaire du Mexique
cobée

Liant
affabilité, affable, agglomérant, agglutinant, aimable, amène, aménité, doux, engageant, familier, sociable, souple

Liarder
lésiner

Liasse de copies
farde

Libage
bloc, moellon

Libation
offrande, sacrifice

Libelle
diatribe, diffamation, factum, pamphlet, satire

Libellé
écrit, formule, noté, rédaction, texte

Libeller
écrire, formuler, mandater, rédiger, remplir

Libelliste
polémiste

Libellule
æschne, agrion, demoiselle

Liber du tilleul
teille

Libéral
antiprotectionniste, compréhensif, généreux, large, munificent, ouvert, permissif, prodigue, tolérant

Libéralement
abondamment, largement

Libéralisme
tolérance

Libéralité
aumône, bienfait, cadeau, charité, don, donation, générosité, gratification, largesse, legs, magnificence, munificence, prodigalité

Libéralité faite par testament
legs

Libérateur
sauveur

Libérateur d'Israël
Moïse

Libérateur envoyé par Dieu
messie

Libération
affranchissement, amnistie, déblocage, dégagement, dégel, délivrance, déréglementation, dérégulation, élargissement, émancipation, soulagement

Libération bouddhiste du cycle des réincarnations
nirvana

Libéré
affranchi, délivré, émancipé, évadé, exempt, libre, quitte, relaxé

Libéré d'une obligation
quitte

Libérer
absoudre, affranchir, amnistier, débarrasser, déblayer, débloquer, déchaîner, décharger, décoincer, dégager, dégeler, délier, délivrer, démobiliser, dépêtrer, désencombrer, détacher, dispenser, élargir, émanciper, épancher, évacuer, évader, exempter, exonérer, extirper, gracier, purger, purifier, racheter, relâcher, relaxer, relever, restituer, soulager, soustraire

Libertaire
anar

Liberté
aisance, autonomie, autorisation, débraillé, désinvolture, disponibilité, facilité, faculté, familiarité, franchise, hardiesse, immunité, indépendance, jeu, latitude, laxisme, licence, loisir, négligé, permission, permissivité, possibilité, pouvoir, privauté, souplesse

Liberté du langage
verdeur

Libouret
mitraillette

Libre
accessible, affranchi, aisé, arbitraire, autonome, autorisé, avancé, cavalier, coquin, cru, débraillé, dégagé, délibéré, désinvolte, détaché, disponible, dissident, égrillard, épicé, exempt, facile, familier, flottant, franc, gaillard, gaulois, gratuit, graveleux, grivois, guilleret, hardi, inconvenant, indépendant, inoccupé, large, léger, leste, libéré, libertin, licencieux, osé, ouvert, permis, pimenté, poivré, polisson, possible, privé, public, quitte, salé, scabreux, souverain, spontané, vacant, vide, volontaire

Libre, résolu
délibéré

Librement
carrément, familièrement, franchement, ouvertement, volontairement

Librettiste
parolier

Libretto
livret

Lice
arène, carrière, clôture, palissade

Licéité
légalité

Licenciement
congé, congédiement, dégraissage, départ, destitution, radiation, remerciement, renvoi, révocation

Licencier
chasser, congédier, débaucher, destituer, écarter, limoger, radier, remercier, renvoyer, révoquer, virer

Lichen
lécanore, parmélie, rocelle

Lichen de couleur grisâtre
usnée

Lichen des régions froides
parmélie

Lichen filamenteux
usnée

Lichen formant une plaque jaune sur les pierres
parmélie

Licher
boire, lécher

Licier
tisserand, tisseur

Licite
admis, autorisé, légal, permis, possible, toléré

Licol
bride, chevêtre, licou

Licorne
unicorne

Licorne de mer
narval

Licou
licol

Lido
lagune

Lie
dépôt, racaille, rebut, résidu

Lié
allié, amarré, attaché, connexe, coordonné, familier, ficelé, imbriqué, interdépendant, intime, joint, proche, relié, solidaire, subordonné, uni

Lie-de-vin
vineux

Lied
ballade, chanson, chant, mélodie

Liège
suber

Lien
accointance, affinité, analogie, attache, attachement, chaînes, cohérence, connexion, continuité, corde, cordon, corrélation, correspondance, courroie, enchaînement, entrave, et, ficelle, fil, filiation, intermédiaire, lacet, laisse, liaison, ligature, nœud, parenté, passerelle, rapport, rapprochement, relation, sangle, suite, transition

Lien avec lequel on attache un animal
laisse

Lien d'osier flexible
hart

Lien de parenté entre tous les descendants d'une même souche
cognation

Lien de parenté unissant un être humain à ses ascendants
filiation

Lien dont on se sert pour fixer la vigne
mailleton

Lien juridique entre un père et son enfant
paternité

Lien servant à attacher
couple

Lien servant à comprimer une artère
garrot

Lien servant à retenir
bride

Liens créés par la parenté entre cousins
cousinage

Lier
accointer, accoler, accoupler, accrocher, adjoindre, ajointer, allier, amarrer, annexer, assembler, associer, assujettir, astreindre, attacher, botteler, cimenter, enchaîner, engager, enlacer, épaissir, ficeler, fixer, garrotter, joindre, lacer, ligaturer, ligoter, nouer, obliger, relier, réunir, serrer, unir

Lier en bottes
botteler

Lierne
nervure

Liesse
alacrité, allégresse, euphorie, exultation, gaieté, joie, jubilation, réjouissance

Lieu
coin, colin, emplacement, endroit, espace, merlu, pays, place, point, position, scène, secteur, site, situation, terre, zone

Lieu aménagé pour se promener
promenade

Lieu bourbeux où se vautre le sanglier
souille

Lieu commun
banalité

Lieu couvert destiné à la déambulation
promenoir

Lieu d'aisances
tinette

Lieu d'entreposage
débarras

Lieu d'habitation
résidence

Lieu de délices
éden

Lieu de dépôt d'animaux errants
fourrière

Lieu de formation de professionnels
vivier

Lieu de la Terre diamétralement opposé à un autre
antipode

Lieu de passage couvert
galerie

Lieu de pâturage temporaire
remue

Lieu de pêche
pêcherie

Lieu de rapports amoureux
alcôve

Lieu de souffrances
enfer

Lieu de spectacle
cirque

Lieu de travail
bureau

Lieu de vacances à la campagne
chalet

Lieu destiné à la prière
oratoire

Lieu destiné à la reproduction de l'espèce chevaline
haras

Lieu destiné à loger les chiens
chenil

Lieu destiné à recevoir des immondices
cloaque

Lieu destiné au supplice des damnés
enfer

Lieu déterminé
localité

Lieu du temple
cella

Lieu du temple où se trouvait la statue du dieu
cella

Lieu écarté, solitaire
ermitage

Lieu enchanteur
paradis

Lieu ensoleillé, abrité du vent
cagnard

Lieu fangeux
bourbier

Lieu fortifié, en Afrique du Nord
ksar

Lieu noir
colin

Lieu où croissent des arbustes épineux
épinaie

Lieu où croissent les ronces
ronceraie

Lieu où diverses choses se mêlent, se fondent
creuset

Lieu où est rendue la justice
tribunal

Lieu où l'on abat les animaux de boucherie
abattoir

Lieu où l'on abrite les ovins
bergerie

Lieu où l'on affine les fromages
hâloir

Lieu où l'on campe
campement

Lieu où l'on dépose provisoirement des choses
vestiaire

Lieu où l'on empile le bois
bûcher

Lieu où l'on enterre les morts
cimetière

Lieu où l'on étend pour faire sécher
étendoir

Lieu où l'on fait du feu
âtre, foyer

Lieu où l'on fait paître le bétail
pâturage

Lieu où l'on fait rouir des fibres textiles
rouissoir

Lieu où l'on fume de l'opium
fumerie

Lieu où l'on habite
demeure

Lieu où l'on présente des films
cinéma

Lieu où l'on range certaines choses
resserre

Lieu où l'on range le linge
lingerie

Lieu où l'on recueille le sel
salinage

Lieu où l'on s'exerce à la pratique d'un art
académie

Lieu où l'on sèche le chanvre
hâloir

Lieu où l'on tue les bestiaux
abattoir

Lieu où l'on vend des médicaments
pharmacie

Lieu où l'on vend des produits laitiers
laiterie

Lieu où l'on vend le poisson aux enchères
criée

Lieu où le grand gibier va se sécher après la pluie
ressui

Lieu où le sol est couvert de pierres
pierrier

Lieu où on lave le minerai
laverie

Lieu où poussent les joncs
jonchaie, joncheraie, jonchère

Lieu où poussent les roseaux
canier

Lieu où se croisent plusieurs routes
carrefour

Lieu où se fait le traitement du lait
laiterie

Lieu où se tient l'administration d'une académie
rectorat

Lieu où sont déposés les cadavres qu'il faut identifier
morgue

Lieu où sont emmagasinés les vins en fûts
chai

Lieu où sont mortes beaucoup de personnes
cimetière

Lieu où sont rassemblés des véhicules hors d'usage
cimetière

Lieu où une communauté vit
ghetto

Lieu planté d'aulnes
aulnaie, aunaie

Lieu planté d'ormes
ormaie

Lieu planté d'osiers
oseraie

Lieu planté de fougères
fougeraie

Lieu planté de frênes
frênaie

Lieu planté de hêtres
hêtraie

Lieu planté de houx
houssaie

Lieu planté de palmiers
palmeraie

Lieu planté de pommiers
pommeraie

Lieu planté de saules
saulaie

Lieu planté de trembles
tremblaie

Lieu public où on lavait le linge
lavoir

Lieu qui procure le calme
oasis

Lieu rempli d'objets précieux
musée

Lieu réservé aux exercices physiques
palestre

Lieu saint
sanctuaire

Lieu sale et humide
sentine

Lieu solitaire
solitude

Lieu souterrain
cave

Lieu très sale
bauge, porcherie

Lieu vers lequel on se dirige
direction

Lieu-dit
hameau, patelin, village

Lieur
botteleur

Lieutenant
adjoint, second

Lieutenant de louveterie
louvetier

Lieutenant du sénéchal
maje

Lieutenant-général qui a inspiré le film J'ai serré la main du diable
Dallaire

Lieutenant-gouverneur du Québec de 1997 à 2007
Lise, Thibault

Lieux d'aisance sommaires
latrines

Lieux qui entourent un espace
environs

Lieux qui sont alentour
environs

Lièvre
lapin

Lifting
déridage, lissage, remodelage, toilettage

Ligament
tendon

Ligature
attache, bandage, lien

Ligaturer
attacher, lier

Lignage
ascendance, descendance, extraction, famille, filiation, lignée, naissance, nom, parenté, race, sang, souche

Ligne
alignement, allure, arête, axe, barre, bordure, connexion, contour, cordage, cordon, courbe, délinéament, démarcation, descendance, dessin, direction, droite, file, filiation, forme, front, frontière, galbe, gamme, liaison, lignée, limite, linéament, modelé, niveau, orientation, parenté, poids, profil, raie, rainure, rang, rangée, rayure, règle, ride, rideau, séparation, silhouette, sillon, souche, strie, trait, variété, voie

Ligné
rayé

Ligne courbe
sinuosité

Ligne d'action
programme

Ligne d'amarrage faite de deux fils
lusin

Ligne d'artillerie sur le flanc d'un navire
bordée

Ligne d'intersection de deux plans
arête

Ligne d'intersection des deux versants
arête

Ligne d'un mur mitoyen séparant deux bâtiments d'inégale hauteur
héberge

Ligne de conduite
credo

Ligne de fond d'une vallée
talweg, thalweg

Ligne de fond utilisée pour la pêche aux anguilles
vermille

Ligne de jonction du pont et de la coque d'un navire
livet

Ligne droite
raie

Ligne droite des lettres p, m, n et u
jambage

Ligne droite qui partage symétriquement un cercle
diamètre

Ligne équinoxiale
Équateur

Ligne formée par les herbes que le faucheur rejette sur le côté
andain

Ligne formée par les points les plus bas d'une vallée
talweg, thalweg

Ligne joignant les points les plus profonds d'une vallée ou du lit d'un cours d'eau
talweg, thalweg

Lignée
arbre, descendance, dynastie, extraction, famille, filiation, généalogie, hérédité, lignage, ligne, maison, naissance, nom, parenté, postérité, race, sang, souche

Ligner
rayer

Lignite d'une variété d'un noir brillant
jais

Lignomètre
règle

Ligoter
accrocher, attacher, enchaîner, entraver, ficeler, garrotter, lier

Ligroïne
benzine

Ligue
alliance, association, bande, cabale, coalition, confédération, faction, fédération, front, groupement, organisation, parti, union

Ligué
allié, coalisé

Ligue nationale
LN

Ligue Nationale d'Improvisation
LNI

Liguer
allier, associer, coaliser, fédérer, grouper, organiser, unir

Ligueur
conjuré, factieux

Lilas
mauve, parme, pourpre, violet

Liliacée
yucca

Liliacée à petites fleurs blanches
muguet

Liliacée bulbeuse à grande et belle fleur
tulipe

Lilliputien
minuscule, nain, petit

Limace
gastéropode, limaçon, loche

Limace de mer
liparis

Limace grise
loche

Limaçon
colimaçon, escargot, gastéropode, limace, mollasson

Limage
ajustage, ébarbage

Lime
agrume, carreau, carrelet, fraise, fruit, râpe, riflard, rifloir

Limé
ciselé, ébarbé, élimé, fignolé, léché, peaufiné, peigné, poli, râpé, usé

Limer
blanchir, ciseler, ébarber, élimer, fignoler, frotter, lécher, parfaire, peaufiner, peigner, polir, râper, user

Limer avec un riflard
rifler

Limettier
citronnier, citrus

Limeur
brunisseur

Limier
détective, enquêteur, espion, inspecteur, policier

Liminaire
initial, premier

Limitatif
prohibitif, restrictif

Limitation
bornage, contingentement, contrôle, délimitation, démarcation, fixation, frein, limite, réduction, restriction

Limite
barre, barrière, bord, bordure, bornage, borne, bout, cadre, cap, confins, contour, démarcation, domaine, enceinte, extrême, extrémité, faîte, fin, frange, frontière, juste, ligne, limitation, lisière, maximum, mesure, orée, périmètre, périphérie, plafond, plancher, rebord, séparation, seuil, sphère, terme

Limité
abrégé, abruti, achevé, borné, court, étriqué, étroit, fini, maigre, marqué, médiocre, mesquin, mince, modeste, partiel, petit, ponctuel, réduit, relatif, restreint, rétréci, simpliste, sommaire, superficiel

Limite d'arrivée d'une course à pied
fil

Limite fixée
terme

Limite quantitative
quota

Limite supérieure
plafond

Limiter
abréger, arrêter, borner, circonscrire, contingenter, délimiter, déterminer, diminuer, entraver, freiner, localiser, marquer, mesurer, modérer, plafonner, rabaisser, rabattre, ramener, rationner, réduire, réfréner, renfermer, restreindre, rétrécir, terminer

Limitrophe
adjacent, attenant, frontalier, frontière, proche

Limogeage
départ, renvoi

Limoger
balancer, casser, chasser, débarquer, dégommer, démettre, destituer, disgracier, licencier, radier, relever, remercier, renvoyer, rétrograder, révoquer, virer

Limon
alluvions, argile, boue, bourbe, bourbier, bousin, compost, dépôt, fange, silt, vase

Limon d'origine éolienne
lœss

Limon des plateaux
lœss

Limonade
boisson, citronnade, diabolo, soda

Limonaire
orgue

Limoneux
alluvial, fangeux, glaiseux, vaseux

Limousine
automobile, véhicule, voiture

Limpide
aérien, clair, compréhensible, cristallin, diaphane, explicite, facile, fluide, franc, intelligible, lumineux, précis, pur, simple, translucide, transparent

Limpidité
accessibilité, brillance, clarté, intelligibilité, lisibilité, netteté, pureté, transparence

Lin
batiste, filasse

Lin de Nouvelle-Zélande
phormion

Linceul
drap, suaire

Linceul blanc
suaire

Linéaire
affin, présentoir, rayonnage

Linéament
ligne, profil, rudiment, schéma

Liner
bateau, cargo, paquebot

Linge
dessous, lessive, lingerie, pansement, tissu, toile, vêtement

Linge absorbant
couche

Linge bénit couvrant les épaules du prêtre
amict

Linge de corps
lingerie

Linge de table
set

Linge dont on recouvre la table
nappe

Linge qui sert à l'infusion
nouet

Lingerie
bonneterie, buanderie, dessous, linge

Lingerie qui protège les bébés des taches
bavoir

Linges, mèches qui permettent de soigner une plaie
pansement

Lingot
barre

Linguistique
grammaire, toponymie

Liniment
baume, crème, onguent, pommade

Lino
linoléum

Linoléum
lino, prélart, toile

Linon
batiste, toile

Linteau
architrave, poitrail, sommier

Lion
fauve, félin

Lipide
graisse

Lipome
tumeur

Lippe
grimace, lèvre, mimique, moue

Lippée
bouchée

Liquation
fonte

Liquéfaction
fonte, fusion

Liquéfiable
soluble

Liquéfier
amollir, condenser, défiger, fondre, rallonger

Liquette
chemise, chemisier

Liqueur
alcool, anisette, boisson, digestif, spiritueux

Liqueur aromatisée au cumin
kummel

Liqueur d'Orient
raki

Liqueur de cerise
cherry

Liqueur de guignes
guignolet

Liqueur faite avec de l'absinthe
absinthe

Liqueur faite avec de l'eau-de-vie sucrée et des écorces d'oranges amères
curaçao

Liqueur préparée avec des graines d'anis
anisette

Liqueur spiritueuse obtenue à partir d'une variété de griotte acide
marasquin

Liquidateur
bradeur, syndic

Liquidation
annulation, bradage, faillite, meurtre, partage, réalisation, règlement, vente

Liquidation de soldes
braderie

Liquide
argent, blé, boisson, breuvage, clair, eau, espèces, fluide, humide, jus, liquidités, numéraire, solution, suc

Liquidé
anéanti, annulé, terminé, vendu

Liquide à boire
boisson

Liquide amniotique
eaux

Liquide blanc
lait

Liquide blanc qui reste du lait dans la fabrication du beurre
babeurre

Liquide coulant en abondance
ruisseau

Liquide des végétaux
sève

Liquide extrait de la pulpe
jus

Liquide fluide filtré
filtrat

Liquide formé de sucre
sirop

Liquide gras, légèrement épais, inflammable et insoluble dans l'eau
huile

Liquide incolore et inflammable
acétone

Liquide incolore et inodore
eau

Liquide métallique blanc argenté
mercure

Liquide naturel des jeunes mammifères
lait

Liquide noir
encre

Liquide nourricier
sève

Liquide nutritif
lait

Liquide nutritif tiré du sol
sève

Liquide obtenu par distillation
alcool

Liquide obtenu par distillation de l'alcool
alcoolat

Liquide obtenu par le lessivage du tan
jusée

Liquide organique
suc

Liquide organique riche en protéines et en lymphocytes
lymphe

Liquide organique sécrété par certaines membranes
sérosité

Liquide pâteux
bouillie

Liquide pétrolier
kérosène

Liquide physiologique qui sert principalement à la digestion buccale
salive

Liquide produit par les glandes muqueuses
mucus

Liquide rouge
sang

Liquide rouge qui irrigue tous les organes du corps
sang

Liquide sécrété par la seiche
sépia

Liquide sécrété par le foie
bile

Liquide sirupeux extrait de corps gras
glycérine

Liquide sucré
sirop

Liquide utilisé comme solvant
acétone

Liquide utilisé pour diluer un autre liquide
diluant

Liquide utilisé pour écrire
encre

Liquide visqueux et amer
bile

Liquide visqueux rouge
sang

Liquider
abattre, accomplir, anéantir, annuler, brader, écouler, éliminer, épuiser, évacuer, exécuter, expédier, partager, payer, réaliser, régler, sacrifier, solder, supprimer, terminer, tuer, vendre

Liquidité
argent, monnaie

Liquidités
blé, liquide, numéraire

Liquoreux
doux

Lire
bouquiner, compulser, consulter, déchiffrer, décoder, découvrir, décrypter, dire, discerner, expliquer, feuilleter, interpréter, parcourir, pénétrer, percer, prononcer, réciter, survoler

Lire d'une manière pénible
ânonner

Lire de nouveau
relire

Lire en chantant et en nommant les notes
solfier

Lire une nouvelle fois
relire

Lirette
tapis

Lis
fleur

Lis rose tacheté de pourpre
martagon

Liseré
bordure, passepoil, raie, ruban

Liséré dépassant le bord dans le bas d'un vêtement
débord

Liserer
border

Liseron
convolvulus

Lisette
soubrette

Liseur
lecteur

Lisibilité
limpidité

Lisible
clair, compréhensible, déchiffrable, décodable, décryptable, intelligible

Lisière
bord, bordure, cordon, extrémité, frontière, limite, orée, seuil

Lisière du bois
orée

Lissage
glaçage, lifting

Lisse
doux, égal, glabre, imberbe, plat, poli, satiné, uni

Lissé
aplati

Lisser
aplanir, aplatir, calandrer, déchiffonner, défriper, défriser, défroisser, glacer, gommer, lustrer, polir, ragréer, remodeler, repasser, tirer

Lisseur
glaceur

Lissoir
pressing

Liste
bordereau, catalogue, dénombrement, détail, énumération, état, index, inventaire, nomenclature, palmarès, recensement, relevé, répertoire, rôle, table

Liste de gagnants
palmarès

Liste de marchandises
manifeste

Liste de morts
nécrologe

Liste de succès
palmarès

Liste des fautes
errata

Liste des lettres servant à transcrire les sons d'une langue
alphabet

Liste des membres d'une famille
généalogie

Listel
baguette

Lister
cataloguer, classer, dénombrer, ficher, indexer, inventorier, recenser, répertorier

Lit
alcôve, berceau, couche, couchette, cours, dodo, grabat, matelas, meuble, nasse, paddock, paillasse, pieu, plumard, ravin, ravine, strate, tapis

Lit ambulant généralement couvert
litière

Lit artificiel d'un cours d'eau
duit

Lit de calcaire grossier
caillasse

Lit de malade
grabat

Lit de paille
paillasse

Lit de plumes
couette

Lit misérable
grabat

Lit mobile suspendu
hamac

Lit simple, sans ciel ni tour et généralement sans rideau
couchette

Litanie
antienne, chanson, chant, couplet, disque, énumération, histoire, leitmotiv, prière, rabâchage, refrain, rengaine, scie

Litchi
fruit

Liteau
tanière, tasseau

Literie
couchage

Litham
voile

Lithium
Li

Litho
lithographie

Lithographe
gaufreur

Lithographie
litho

Lithographier
graver, reproduire

Lithogravure
gaufrage

Litière
civière, paillasse, palanquin

Litige
affaire, altercation, cause, conflit, contestation, controverse, démêlé, différend, discussion, dispute, procès

Litige soumis à une juridiction
procès

Litigieux
conflictuel, contentieux, contestable, contesté, douteux

Litorne
jocasse

Litote
atténuation, euphémisme

Litre
bouteille

Littéraire
artificiel, soigné, soutenu

Littéral
conforme, exact, fidèle, précis, propre, strict, textuel

Littérateur
écrivain, poète

Littérature
bibliographie, lettres, poésie, prose

Littérature sacrée des brahmanes
sanscrit, sanskrit

Littoral
bord, bordure, côte, côtier, plage, rivage, rive

Littorine
bigorneau

Liturgie
cérémonial, cérémonie, culte, rite, rituel, service

Liturgique
cultuel, rituel, sacré

Lituus
bâton

Liure
câble

Livide
anémique, blafard, blanc, blême, bleu, cadavéreux, cadavérique, cireux, crayeux, délavé, exsangue, glauque, hâve, incolore, pâle, pâlot, plombé, terne, terreux, verdâtre, vert, vitreux

Lividité
anémie, blancheur, fadeur, pâleur, platitude

Living
salle, séjour, studio, vivoir

Livraison
acconage, aconage, colis, fourniture, numéro, publication, remise, tradition

Livre
album, bouquin, bréviaire, division, écrit, édition, grimoire, lb, livret, manuel, manuscrit, missel, œuvre, opuscule, ouvrage, plaquette, publication, registre, roman, sterling, texte, tome, traité, travail, volume

Livré
abandonné, confié, dévoilé, vendu

Livre contenant les prières quotidiennes du prêtre
bréviaire

Livre d'images
imagier

Livre de magie à l'usage des sorciers
grimoire

Livre liturgique
missel

Livre liturgique contenant l'office du soir
vespéral

Livre pour apprendre l'alphabet
abécédaire

Livre sacré des musulmans
Coran

Livrée
pelage, plumaison, vêtement

Livrer
abandonner, communiquer, confier, déférer, délivrer, dénoncer, dévoiler, dévouer, donner, engager, épancher, exposer, fournir, porter, procurer, raconter, remettre, révéler, trahir, vendre

Livrer par extradition
extrader

Livret
agenda, bouquin, brochure, cahier, carnet, fascicule, libretto, livre, plaquette, texte

Livret d'une œuvre lyrique
libretto

Livreur
commissionnaire, coursier, porteur

Lm
lumen

Lob
chandelle

Lobby
camarilla, coterie

Lobule
cotylédon

Local
atelier, autochtone, bureau, indigène, loft, logement, pièce, ponctuel, régional, remise

Local industriel transformé en logement
loft

Local où l'on conserve les fruits
fruitier

Local où l'on conserve les graines de semence
grainier

Local où l'on enferme les taureaux avant la corrida
toril

Local où l'on enregistre pour le cinéma
studio

Local où l'on fume les viandes
fumoir

Local où opère un photographe
studio

Local où se fait l'incubation des œufs
couvoir

Local où travaillent des artisans
atelier

Local réservé à la lessive, dans une maison
buanderie

Localisation
détection, emplacement, implantation,
position, positionnement, reconnaissance,
repérage, situation

Localisation d'un gène
locus

Localisation géographique
ENE, ESE, est, NE, NNE, NNO, NO, nord,
ONO, OSO, ouest, SE, SO, SSE, SSO, sud

Localisé
ponctuel, situé

Localiser
circonscrire, délimiter, détecter, limiter,
placer, positionner, renfermer, repérer,
retrouver, siéger, situer, trouver

Localité
agglomération, bourg, bourgade, coin,
commune, endroit, place, village

**Localité du Québec, en Montérégie, à l'est de
Saint-Hyacinthe**
Upton

Locataire
hôte, occupant, preneur

Locateur
créancier, propriétaire

Location
affermage, amodiation, bail, louage, loyer

Loche
barbote, barbotte, limace

Locomotion
déplacement, marche, traction, transport,
voyage

**Locomotion dans l'atmosphère à l'aide
d'appareils plus lourds que l'air**
aviation

Locule
alvéole

Locuteur
émetteur, énonciateur, interlocuteur

Locution
construction, expression, formule, idiotisme,
tour, tournure

Locution propre à une langue
idiotisme

**Locution signifiant « sans que cette personne
s'en doute » (À l')**
insu

Loden
manteau

Lœss
alluvions

Lof
amure

Loft
appartement, local

Loge
abri, alvéole, baignoire, box, case, cellule,
compartiment, conciergerie, galerie, loggia,
niche, place, stalle

Logé
abrité, accueilli, contenu, descendu, gîté,
hébergé, installé, mis, niché, placé, rangé,
reçu, résidé, resté, séjourné, situé, tenu

Logement
abri, appartement, chambre, coqueron,
demeure, domicile, garçonnière, gîte, habitat,
habitation, hébergement, intérieur, local,
logis, maison, nid, pénates, résidence, studio,
toit

Logement d'un concierge
loge

Logement étroit, obscur, sale
bouge

Logement misérable
galetas, taudis

Logement sale et en désordre
chenil

Loger
abriter, accueillir, caser, contenir, coucher,
demeurer, descendre, encastrer, établir, être,
gésir, gîter, habiter, héberger, installer, mettre,
nicher, percher, placer, ranger, recevoir,
rencontrer, résider, séjourner, tenir, trouver,
vivre

Logette
box

Logeur
hôte, hôtelier

Loggia
balcon, encorbellement, galerie, loge,
mezzanine, perron

Logiciel
application, programme

**Logiciel capable de détecter les virus
informatiques et de les éliminer**
antivirus

**Logiciel qui permet de représenter des
données sous forme de graphiques**
grapheur

Logique
argumentation, cartésien, cohérence,
cohérent, cohésion, conséquent, déductif,
dialectique, discursif, enchaînement, fatalité,
forcé, inévitable, judicieux, juste, méthode,
méthodique, naturel, nécessaire, normal,
ordonné, raison, raisonnable, raisonné,
raisonnement, rationnel, rigoureux, rigueur,
sophistique, suivi, systématique, vrai

Logiquement
forcément, justement

Logis
demeure, famille, foyer, habitation, intérieur, logement, maison, pénates, toit

Logis seigneurial
manoir

Logo
marque, symbole

Logographe
rhéteur

Logogriphe
devinette, énigme

Logomachie
chicane, verbiage

Logomachique
verbeux

Logorrhée
verbiage

Logorrhéique
verbeux

Logos
verbe

Loi
aloi, arrêté, autorité, canon, charte, code, commandement, contrainte, convention, décret, devise, devoir, discipline, dogme, domination, droit, édit, empire, évangile, exigence, fiscalité, impératif, justice, législation, maxime, nécessité, norme, obligation, ordonnance, pouvoir, précepte, prescription, principe, puissance, règle, règlement, statut, textes, théorie, titre, vérité

Loi canonique islamique
charia

Loi du silence
omerta

Loi ecclésiastique
canon

Loi, règle fondamentale
charte, chartre

Loin
ailleurs, distant, éloigné, lointain

Loin du centre
excentré

Lointain
absent, absorbé, ancien, distant, distrait, écarté, éloigné, étranger, exotique, fond, horizon, immémorial, indirect, loin, long, petit, profond, reculé, vague, vieux

Loir
lérot, muscardin

Loisible
permis, possible

Loisir
activité, délassement, distraction, farniente, liberté, occupation, oisiveté, permission, possibilité, récréation, repos, vacances

Loisir qui exige le déplacement d'une personne en un lieu éloigné d'où elle réside
voyage

Loisir qui incite à prendre des livres
lecture

Lolita
nymphette

Lombago
lombalgie, rhumatisme

Lombalgie
lombago, lumbago

Lombes
reins

Lombric
ver

Londonien caractérisé par son parler populaire
cockney

Long
allongé, ancien, babillard, bavard, beaucoup, diffus, élancé, ennuyeux, entier, étendu, fastidieux, grand, grêle, interminable, lent, lointain, longiligne, longuet, mortel, oblong, prolixe, verbeux, vieux

Long bâton de pèlerin
bourdon

Long bâton utilisé dans les arts martiaux
bo

Long canal d'irrigation
bisse

Long coussin de chevet
traversin

Long manteau de cérémonie
chape

Long morceau de bois rond
bâton

Long pagne de l'Asie du Sud-Est
sarong

Long poème
épopée

Long poignard malais, à manche oblique et à lame généralement ondulée
kriss

Long prolongement du neurone
axone

Long sac
besace

Long siège à dossier et à accotoirs
canapé

Long siège sans dossier ni bras
divan

Long tremplin utilisé par les acrobates
batoude

Long-courrier
paquebot

Longanime
patient

Longanimité
patience

Longe
attache, corde, lanière

Longé
rasé

Longer
border, caboter, côtoyer, emprunter, frôler, ranger, raser, suivre

Longeron
poutre

Longévité
âge, durée

Longiligne
élancé, filiforme, long, mince, svelte

Longtemps
beaucoup, longuement, peu

Longue bande de cuir
lanière

Longue barque étroite et plate utilisée en Afrique
pirogue

Longue barre de fer
tisonnier

Longue construction destinée à retenir les eaux
digue

Longue corde
lasso

Longue entaille au visage
balafre

Longue énumération
litanie

Longue et profonde dépression sous-marine
canyon

Longue étoffe drapée
sari

Longue histoire mouvementée
saga

Longue lance
sarisse

Longue perche
gaule

Longue période difficile
tunnel

Longue pièce de bois
ais, espar

Longue pièce transversale sous une voiture
essieu

Longue plume de l'aile des oiseaux
penne

Longue redingote
lévite

Longue robe
simarre

Longue robe boutonnée
soutane

Longue suite de phrases
tirade

Longue suite ininterrompue
kyrielle

Longue tige à pointe de fer
javelot

Longue tige pointue
broche

Longue tresse de cheveux de chaque côté du visage
cadenette

Longue tunique ample
boubou

Longue tunique flottante
boubou

Longue veste d'homme à pans ouverts
jaquette

Longue-vue
lorgnette, lunette

Longuement
amplement, beaucoup, longtemps

Longuet
long

Longueur
distance, durée, envergure, espace, étendue, grandeur, lenteur, mesure, taille, trajet

Longueur d'un fil de la trame
duite

Longueur de la remorque d'un navire
touée

Longueurs
délayage, verbiage

Loofa
courge

Looping
acrobatie, boucle

Lopette
lâche, mauviette, peureux

Lopin
bout, morceau, parcelle, part, portion

Loquace
babillard, bavard, causant, causeur, disert, exubérant, jaseur, parlant, phraseur, prolixe, volubile

Loquacité
bagou, bagout, éloquence, faconde, prolixité, rhétorique, verve, volubile, volubilité

Loquacité tendant à convaincre
bagou, bagout

Loquacité tendant à faire illusion
bagou, bagout

Loque
chiffe, épave, fripe, guenille, haillon, lambeau, ruine, torchon, vêtement

Loques
hardes, nippes, oripeaux

Loquet
bobinette, cadenas, fermeture, taquet, verrou

Loqueteux
déchiré, déguenillé, misérable, pouilleux

Lordose
déviation

Lorette
courtisane, grisette, midinette

Lorgné
épié

Lorgner
convoiter, désirer, épier, guigner, loucher, prétendre, regarder, reluquer, viser

Lorgner, convoiter
guigner

Lorgnette
jumelle, lunette

Lorgnon
binocle, monocle, verre

Lorgnons qui s'adaptent sur le nez
binocles

Loriot
passereau

Lorry
wagon, wagonnet

Lors
alors, lorsque

Lorsque
lors, quand, si

Los
éloge, louange

Los Angeles
LA

Losange
quadrilatère

Lot
apanage, assortiment, bout, destin, destinée, ensemble, fournée, gain, héritage, jeu, kit, lotissement, parcelle, part, partage, portion, ration, sort, stock

Lot des princes n'ayant pas accès à la couronne
apanage

Lote
barbote, barbotte, baudroie

Loterie
jeu, loto, tombola

Loterie de société
tombola

Loterie où l'on peut gagner des lots en nature
tombola

Lotion
ablution

Lotionner
lessiver

Lotir
avantager, diviser, doter, morceler, munir, partager, pourvoir, répartir

Lotissement
division, lot, parcelle, terrain

Lotisseur
promoteur

Loto
bingo, loterie

Lotte
barbote, barbotte, baudroie

Lotus
nénuphar

Lotus sacré
nélombo

Louable
bien, bon, digne, estimable, honnête, honorable, méritoire

Louage
location

Louage d'un navire
fret

Louange
apologie, applaudissement, compliment, discours, dithyrambe, éloge, encouragement, exaltation, flatterie, gloire, glorification, mérite, panégyrique

Louangé
admiré, béni, voué

Louange, flatterie excessive
encens

Louanger
admirer, aduler, amadouer, bénir, célébrer, courtiser, encenser, exalter, féliciter, flagorner, flatter, glorifier, louer, magnifier, vouer

Louanges
félicitations

Louangeur
apologiste, complimenteur, courtisan, élogieux, encenseur, flagorneur, flatteur, laudateur, laudatif, thuriféraire

Louant
célébrant

Louchard
bigle

Louche
ambigu, bigle, borgne, cuiller, douteux, équivoque, incertain, malfamé, oblique, obscur, pochon, suspect, torve, troublant, trouble, véreux

Louchébème
boucher

Louchement
loucherie

Loucher
bigler, ciller, convoiter, désirer, guigner, lorgner, reluquer, viser

Loucherbem
boucher

Loucherie
louchement, strabisme

Louchet
bêche

Loué
admiré, adoré, affermé, exalté, retenu

Louer
admirer, adorer, aduler, affermer, affréter, amodier, bénir, célébrer, complimenter, encenser, exalter, féliciter, flagorner, flatter, fréter, glorifier, honorer, louanger, magnifier, noliser, placer, prôner, remercier, réserver, retenir, vanter

Louer à ferme ou à bail
affermer

Louer avec excès
vanter

Louer de nouveau
relouer

Louer par un contrat d'amodiation
amodier

Louer un moyen de transport (camion, navire, avion, etc.)
affréter

Louer, céder par affermage
affermer

Loueur
bailleur

Loufoque
aberrant, abracadabrant, absurde, amusant, anormal, bizarre, bouffon, burlesque, caricatural, cinglé, cinoque, cocasse, comique, dangereux, dément, démente, désaxé, déséquilibré, détraqué, dingo, dingue, excentré, excentrique, extravagant, farfelu, forcené, fou, frappé, grotesque, halluciné, hasardé, insensé, irresponsable, maboul, maboule, marteau, névrosé, paranoïaque, parodique, piqué, possédé, saugrenu, schizophrène, sinoque, tapé, timbré, vaudevillesque, zinzin

Lougre
galiote

Louis Vuitton
LV

Loup
café, défaut, masque

Loup-cervier
lynx

Loupage
échec, loupé, ratage

Loupe
broussin, kyste, lentille, nodosité

Loupé
loupage

Louper
faillir, foirer, manquer, perdre, rater

Lourd
accablant, appesanti, appuyé, balourd, bas, béotien, bête, bourratif, bovin, chargé, collant, compact, confus, corpulent, couvert, crasse, dense, détrempé, douloureux, dur, écrasant, élevé, embarrassé, empoté, endormi, épais, fort, fruste, gauche, gras, grave, gros, grossier, important, imposant, indigeste, insistant, laborieux, lent, lourdaud, lourdingue, maladroit, malhabile, massif, mastoc, menaçant, niais, obtus, oppressant, opulent, orageux, pataud, pâteux, pénible, pesant, plombé, profond, rustaud, rustre, sévère, sot, stupide, surchargé, tarabiscoté, tendu, trapu

Lourd instrument qui immobilise le navire
ancre

Lourd javelot utilisé comme arme de jet
pilum

Lourd marteau
martinet

Lourd, épais
massif

Lourdaud
balourd, béotien, bête, butor, cuistre, fruste, ganache, gauche, grossier, inélégant, lent, lourd, maladroit, malhabile, obtus, pataud, rustaud, rustre

Lourde
porte

Lourde charge
fardeau

Lourdement
durement, fortement, grossièrement, pesamment, rudement, sévèrement

Lourdement, sans grâce
pesamment

Lourdeur
abattement, alourdissement, appesantissement, balourdise,

engourdissement, gaucherie, lenteur, masse, paresse, pesanteur, poids, rusticité

Lourdeur, grossièreté du béotien
béotisme

Lourdingue
lourd

Loure
musette

Loustic
blagueur, bouffon, farceur, gaillard, lascar, numéro, pitre, plaisant, plaisantin, type, zigoto

Louveteau
scout

Louvetier
capitaine

Louvoiement
détour

Louvoyer
biaiser, finasser, ruser, zigzaguer

Lové
roulé

Lover
blottir, enrouler, pelotonner, recroqueviller, rouler

Lover un cordage
gléner

Loyal
carré, correct, dévoué, droit, féal, fidèle, franc, honnête, impartial, juste, légal, net, probe, réglo, régulier, rond, sincère, somptueux, sûr, vrai

Loyalement
rondement

Loyalisme
dévouement, fidélité

Loyauté
dévouement, droiture, fidélité, foi, franchise, honnêteté, probité, rondeur, sincérité

Loyer
bail, fermage, fret, intérêt, location, nolis, prix, terme

Loyer de l'argent emprunté
intérêt

Lr
lawrencium

Lu
lutécium

Lubie
caprice, envie, fantaisie, folie, foucade, manie, marotte, passade, tocade

Lubrifiant
graisse, huile

Lubrification
graissage

Lubrifier
graisser, huiler, oindre, suiffer

Luc
évangéliste

Lucarne
faîtière, fenêtre, regard, tabatière

Lucet
airelle

Lucide
clair, clairvoyant, conscient, éclairé, intelligent, lumineux, pénétrant, perçant, perspicace, sagace, sensé, translucide

Lucidité
acuité, clairvoyance, clarté, conscience, intelligence, justesse, netteté, pénétration, perspicacité, raison, sagacité, sûreté, tête

Lucifer
Satan

Luciférien
satanique

Luciole
insecte

Lucratif
attractif, avantageux, bon, fructueux, intéressant, juteux, payant, productif, profitable, rémunérateur, rentable

Lucre
bénéfice, gain, produit

Ludique
divertissant, récréatif

Ludisme
amusement, jouet

Luette
uvule

Lueur
apparence, clarté, éclair, éclat, étincelle, feu, flamme, jour, lumière, nitescence, trace

Luge
bobsleigh, traîneau

Lugubre
funèbre, funeste, glauque, macabre, mortel, noir, sépulcral, sinistre, sombre, triste

Lui
éclairé, il

Lui, elle
soi

Luigi Riccoboni
Lélio

Luire
briller, chatoyer, éclairer, étinceler, flamboyer, miroiter, rayonner, reluire, resplendir, rutiler, scintiller

Luisant
brillant, chatoyant, étincelant, lustré, lustre, moiré, phosphorescent, poli, reluisant, rutilant, verni, vernissé

Lulu
mauviette

Lumbago
lombalgie, rhumatisme

Lumen
lm

Lumière
aigle, amitié, ampoule, as, brillance, brillant, clarté, crack, éclairage, éclairement, éclat, électricité, feu, flambeau, flamme, génie, illumination, jour, lampe, lanterne, lueur, luminaire, luminosité, phare, phénix, prodige, rayonnement, reflet, savant, sommité, splendeur

Lumière faible, tamisée
pénombre

Lumière vive, de courte durée
éclair

Lumière, éclairage
clarté

Lumières
notions, savoir

Lumignon
bougie, cierge, lampe, mèche

Luminaire
cierge, éclairage, lampe, lumière, lustre, projecteur

Luminance
brillance, éclat

Luminescent
lumineux

Lumineux
ardent, brillant, clair, éblouissant, éclairant, éclairé, éclatant, ensoleillé, étincelant, évident, fluorescent, frappant, génial, incandescent, intelligible, limpide, lucide, luminescent, net, nitescent, pénétrant, phosphorescent, pur, radieux, rayonnant

Luminosité
brillance, brillant, clarté, éclat, lumière, pureté

Lunaire
sélène, sélénite

Lunatique
capricieux, distrait, fantasque, fou, instable, versatile

Lunch
buffet, cocktail, collation, goûter, repas, souper

Lundi
jour

Lune
astre

Lune d'eau
nymphéa

Lune de mer
môle

Lunetier
opticien

Lunette
binocle, fenêtre, glace, jumelle, lorgnette, télescope

Lunettes
besicles, verres

Lunule
satellite

Luron
compère, drille, gaillard

Lusin
cordage

Lustrage
glaçage, satinage

Lustration
sacrifice

Lustre
brillant, éclat, faste, gloire, luisant, luminaire, magnificence, miroitement, plafonnier, relief, réputation, somptuosité, splendeur, suspension, valeur, vernis

Lustré
brillant, ciré, élimé, luisant, poli, râpé, satiné, soyeux, usé, velouté, verni

Lustrer
calandrer, cirer, cylindrer, frotter, glacer, lisser, polir, satiner, vernir

Lustrerie
éclairage

Lutécium
Lu

Lutéine
progestérone

Luth
téorbe, théorbe

Lutin
démon, diable, diablotin, djinn, elfe, espiègle, esprit, farfadet, génie, gnome, gobelin, mutin, nain, taquin, troll

Lutin d'une grâce légère et vive
farfadet

Lutin des légendes scandinaves
troll

Lutin, esprit follet
farfadet

Lutiner
taquiner, tripoter

Lutrin
pupitre

Lutte
acharnement, action, affrontement, agitation, antagonisme, assaut, bagarre, bataille,

catch, choc, collision, combat, compétition
concurrence, concours, conflit, controverse,
course, débat, discussion, dispute, duel,
échauffourée, escrime, guerre, hostilités,
joute, match, mêlée, offensive, opposition,
pugilat, querelle, résistance, révolte, rivalité,
rixe

Lutte armée entre groupes sociaux
guerre

Lutte japonaise
sumo

Lutte libre
catch

Lutte sans illusion
baroud

Lutte sportive à coups de poing
boxe

Lutter
acharner, affronter, attaquer, bagarrer,
batailler, battre, chaîner, combattre, débattre,
défendre, démener, disputer, guerroyer,
jouter, militer, réagir, résister, rivaliser

Lutter contre ce qui attire
résister

Lutter sans violence
militer

Lutteur
athlète, bateleur, battant, catcheur, hercule,
jouteur, judoka

Lutteur à l'origine de la Hulkamania
Hogan

Lutteur qui tombe
tombeur

Luxation
déboîtement, désarticulation, dislocation,
élongation, entorse, foulure

Luxe
abondance, aises, apparat, débauche,
éclat, excès, faste, foisonnement, fortune,
magnificence, opulence, pompe, profusion,
pullulement, raffinement, richesse,
somptuosité, splendeur, superflu, superfluité,
tralala

Luxé
désuni

Luxe tapageur
tralala

Luxer
déboîter, démettre, désarticuler, disloquer

Luxueusement
richement

Luxueux
brillant, cossu, éclatant, fastueux,
magnifique, opulent, princier, riche, royal,
rupin, somptueux, splendide

Luxueux, splendide
somptueux

Luxuriance
abondance, profusion, richesse,
surabondance

Luxuriant
abondant, efflorescent, exubérant, fastueux,
riche, surabondant, touffu

Lycée
boîte, cégep, collège, école, établissement,
externat, institut, institution, internat,
université

Lycéen
élève, étudiant

Lychee
litchi

Lycose
arthropode, tarentule

Lymphangite
angéite, phlébite

Lymphatique
amorphe, indolent, mou

Lymphe
flegme, sérosité

Lymphoïde
adénoïde

Lyncher
écharper, exécuter, lapider, massacrer, tuer

Lynx à oreilles noires
caracal

Lyophiliser
dessécher

Lypémanie
abattement

Lyre
heptacorde

Lyre munie d'une grande caisse de résonance
cithare

Lyrique
ardent, enflammé, enthousiaste, exalté,
passionné, poétique, vibrant

Lyrique et léger
bouffe

Lyrisme
ardeur, chaleur, enthousiasme, exaltation,
feu, passion, poésie, souffle

Lys
fleur

M

Ma
mienne

Maboul
loufoque

Mac
ordinateur

Macabre
funèbre, funeste, hideux, lugubre, mortel, mortuaire, noir, sépulcral, sinistre, sombre, triste

Macadam
asphalte, bitume, chaussée, goudron, pavage, revêtement

Macadamiser
bitumer

Macareux
pingouin

Macaron
insigne, natte, pâtisserie, rosette

Macaroni
pâte

Macassar
ébène

Macchabée
cadavre, mort, trépassé

Macédoine
jardinière, salade

Macération
décoction, infusion, tisane

Macéré
baigne, infusé, mariné, maté, mortifié, trempé

Macérer
infuser, mariner, mater, mortifier, tremper

Mach
machmètre

Mâchage
mâchement

Mâche
laitue

Mâchefer
résidu, scorie

Mâchement
mâchage, mâchonnement, mastication

Mâcher
broyer, chiquer, mâchonner, mâchouiller, manger, mastiquer, triturer

Mâcher de nouveau
ruminer

Mâcher plus ou moins machinalement
mâchonner

Mâcher une seconde fois
remâcher

Machette
couteau, coutelas, sabre

Mâcheur
broyeur

Machiavélique
perfide, retors, roué, rusé

Machiavélisme
perfidie, ruse

Mâchicoulis
créneau

Machin
bidule, objet, truc, trucmuche

Machinal
automatique, inconscient, instinctif, involontaire, irréfléchi, mécanique, réflexe, spontané

Machination
complot, diablerie, intrigue, manège, manigance, manœuvre, menées, ruse

Machine
androïde, appareil, automate, bécane, dispositif, engin, instrument, marionnette, mécanique, mécanisme, moteur, ordinateur, outil, piège, robot, treuil

Machine à aléser
aléseuse

Machine à broyer
broyeur

Machine à découper le bois, les tissus
découpeur

Machine à ébarber
ébarbeur

Machine à égrener le maïs
égreneuse

Machine à étirer
étireuse

Machine à faner
faneur

Machine à filer
rouet

Machine à filer le coton
jenny

Machine à gaufrer
gaufreur

Machine à imprimer
minerve

Machine à l'aspect humain
robot

Machine à lainer
laineuse

Machine à laver
laveuse

Machine à parer les draps
pareuse**

Machine à plisser les étoffes
plisseuse

Machine à râteler, à ramasser
râteleuse

Machine à reproduire un texte dactylographié
ronéo

Machine à rogner le papier
massicot

Machine à scier
scieuse

Machine à sécher
sécheuse

Machine à tamiser
tamiseuse

Machine à teiller
teilleuse

Machine à traire
trayeuse

Machine de guerre
bélier, bombarde

Machine de guerre antique
catapulte

Machine de guerre en forme de tour mobile
hélépole

Machine de levage
grue

Machine destinée à un usage particulier
engin

Machine employée pour la pose des rivets
riveteuse

Machine hydraulique à godets
noria

Machine munie d'une pelle pour ramasser
chargeuse

Machine permettant d'effectuer des opérations arithmétiques
calculatrice

Machine pour abattre mécaniquement la roche
haveuse

Machine pour ébarber les plantes
ébarbeur

Machine qui effectue le travail d'une pelle
pelleteur

Machine qui sème le grain
semoir

Machine qui servait à trier les cartes perforées
trieuse

Machine qui, par pression, réduit l'épaisseur d'un objet
laminoir

Machine servant à brocher
brocheuse

Machine servant à nettoyer
nettoyeur

Machine servant à répandre des engrais, du fumier, de l'asphalte
épandeur

Machine servant à tondre
tondeuse

Machine souvent munie d'une sonnerie
horloge

Machine transformant l'énergie mécanique en énergie électrique
dynamo

Machine utilisée pour exécuter un filetage
taraudeur

Machine volante
aéronef

Machiner
combiner, comploter, manigancer, monter, nouer, organiser, ourdir, tramer

Machinerie
moteur

Machiniste
chauffeur, opérateur

Machmètre
mach

Macho
machiste

Mâchoire
mandibule, maxillaire

Mâchonnement
mâchement

Mâchonner
mâcher, mâchouiller, marmonner, marmotter, mastiquer, mordiller, mordre, prononcer, ruminer

Mâchouiller
mâcher, mâchonner, mastiquer, mordre, ronger

Mâchurer
déchiqueter, écraser, entamer, meurtrir, mordre, noircir

Maçon
fondateur, plâtrier

Maçonner avec du mortier fait de paille et de boue
bousiller

Maçonner grossièrement
hourder

Maçonnerie servant de base aux murs d'un édifice
fondement

Macramé
broderie

Macrobiotique
végétarien

Macrocosme
monde

Macromolécule hydrolysable présente dans tous les tissus de l'organisme
protéine

Macroure
homard

Macule
bavure, pâté, tache

Maculé
malpropre, sali, terreux

Maculer
barbouiller, cochonner, crotter, encrasser, noircir, salir, souiller, tacher

Madame
dame, femme, lady, Mme

Mademoiselle
fille, mlle, señorita

Madras
bandana, fichu, foulard

Madré
finaud, futé, malin, matois, retors, roué, rusé, tacheté, veiné

Madrépore
corail

Madréporique
corallien

Madrier
chevron, poutre, poutrelle

Madrigal
poème

Madrure
tache

Maelström
ouragan

Moestria
adresse, brio, maîtrise, panache, talent

Maestro
maître, virtuose

Maffia
cartel, clique, coterie, gang, pègre

Mafflu
bouffi, joufflu, rebondi, rond, rondelet

Mafia
cartel, clique, coterie, gang, pègre

Mafieux
mafioso

Mafioso
criminel, gangster, mafieux

Maganer
fatiguer, malmener, maltraiter, rudoyer

Magasin
abri, affaire, arsenal, boîtier, boutique, cambuse, chargeur, commerce, dépôt, docks, échoppe, entrepôt, fonds, halle, officine, réserve, resserre, silo, supérette, supermarché

Magasin à explosifs
poudrière

Magasin dans lequel on vend du tabac et divers articles à l'usage des fumeurs
tabagie

Magasin de fruits
fruiterie

Magasin de l'épicier
épicerie

Magasin de prêt-à-porter
boutique

Magasin de serrures
serrurerie

Magasin du gantier
ganterie

Magasin où l'on torréfie le café
brûlerie

Magasin situé dans la cale d'un navire
soute

Magasinage
course

Magasinier
gardien

Magazine
gazette, journal

Mage
astrologue, balthazar, chiromancien, devin, magicien, marabout, prêtre

Maghrébin
arabe

Magicien
alchimiste, astrologue, devin, enchanteur, ensorceleur, escamoteur, illusionniste, mage, nécromancien, nécromant, prestidigitateur, sorcier, thaumaturge

Magicien québécois
Choquette

Magicien qui évoque les morts
nécromant

Magicienne
fée

Magie
alchimie, astrologie, beauté, cabale, charme, divination, enchantement, illusionnisme, prestidigitation, prestige, puissance, séduction, sorcellerie, sortilège

Magique
admirable, beau, bel, cabalistique, captivant, enchanté, enchanteur, ensorcelant, envoûtant, ésotérique, étonnant, fantastique, fascinant, féerique, imaginaire, merveilleux, occulte, sublime, surnaturel

Magistral
beau, bel, doctoral, excellent, extraordinaire, formidable, grand, impérieux, imposant, incomparable, magnifique, merveilleux,

pédant, péremptoire, pontifiant, professoral, remarquable, solennel, souverain, splendide, superbe, supérieur, suprême

Magistrat
alcade, attorney, consul, juge, justicier, maire, robin

Magistrat municipal
échevin, édile

Magistrat musulman
cadi

Magistrat représentant le ministère public dans un tribunal de grande instance
procureur

Magistrat révocable créé au XVIe siècle représentant le pouvoir royal
intendant

Magma
agglomérat, bouillie, lave, masse, mélange

Magnanime
beau, bel, bon, chevaleresque, clément, généreux, grand, indulgent, miséricordieux, noble, tolérant

Magnanimement
noblement

Magnanimité
bonté, grandeur, noblesse

Magnat
baron, grand, potentat, roi

Magnésium
Mg

Magnétique
fascinant

Magnétiser
aimanter, fasciner

Magnétisme
charme, fluide

Magnéto
génératrice, magnétophone

Magnétophone
magnéto, phono

Magnétoscope
vidéo

Magnificence
apparat, beauté, éclat, faste, libéralité, lustre, luxe, pompe, richesse, splendeur

Magnifié
admiré, adoré, exalté

Magnifier
acclamer, admirer, adorer, aduler, auréoler, célébrer, diviniser, embellir, exalter, glorifier, idéaliser, louanger, louer, sublimer

Magnifique
admirable, beau, bel, brillant, canon, éclatant, féerique, généreux, glorieux, grand, grandiose, luxueux, magistral, noble,

pompeux, princier, ravissant, rayonnant, riche, royal, somptueux, splendide, superbe

Magnifiquement
noblement, richement

Magnitude
grandeur

Magnum
bouteille

Magot
économies, épargne, jackpot, pactole, pécule, trésor

Magouille
manigance, manœuvre, rouerie, trafic, tripotage

Magouiller
trafiquer, tramer, tripoter

Magret
filet

Mahométan
islamiste, musulman

Mahométisme
islamisme

Mai
mois

Maie
coffre, huche, pétrin

Maigre
allégé, amaigri, anguleux, aride, chétif, chiche, clairsemé, creusé, creux, décharné, desséché, écrémé, efflanqué, élancé, émacié, étique, étriqué, étroit, faible, famélique, fluet, frugal, grêle, gringalet, hâve, insuffisant, jeune, juste, léger, limité, maigrelet, maigrichon, maigriot, méchant, médiocre, menu, mesquin, minable, mince, misérable, modeste, modique, noueux, osseux, pauvre, petit, piètre, rabougri, rachitique, rare, réduit, sec, squelettique, stérile, succinct

Maigre et pâle
hâve

Maigre, efflanqué
élancé

Maigrelet
amaigri, décharné, émacié, fluet, fragile, frêle, maigre, maigrichon, maigriot

Maigreur
amaigrissement, consomption, émaciation, insuffisance, médiocrité, minceur, modicité, pauvreté

Maigri
amaigri

Maigrichon
maigre, maigrelet, maigriot

Maigriot
maigre, maigrelet, maigrichon

Maigrir
    amaigrir, amincir, dessécher, émacier, fondre,
    mincir
Mail
    allée, avenue, boulevard, courriel, courrier,
    drève, marteau, promenade, rue
Maille
    boucle, bouclette, chaînon, jersey, maillon,
    maillure, point, tache, tricot
Maille d'une chaînette
    paillon
Mailler
    lacer, tordre
Maillet
    arme, mailloche, marteau, masse
Maillet de bois
    mailloche
Mailleton
    bourgeon
Mailloche
    maillet, marteau, masse
Maillon
    anneau, chaînon, maille
Maillot
    débardeur, lange, polo
Maillot de bain en deux pièces réduites à
l'extrême
    bikini
Maillot de bain formé d'un slip et d'un
soutien-gorge
    bikini
Maillot de corps
    camisole
Maillure
    maille, tache
Main courante
    rampe
Main droite
    dextre
Mainmise
    accaparement, ascendant, autorité,
    confiscation, empire, emprise, influence,
    pouvoir, prise, saisie, séquestre, tutelle,
    usurpation
Maint
    beaucoup, divers, multiple, nombreux
Maintenance
    entretien, révision
Maintenant
    actuellement, désormais, ici, là, présent,
    présentement
Mainteneur
    protecteur

Maintenir
    affirmer, agrafer, appuyer, arrêter, arrimer,
    assembler, assujettir, assurer, attacher,
    bloquer, caler, certifier, confirmer, conserver,
    contenir, continuer, demeurer, durer,
    entretenir, fixer, garder, immobiliser, laisser,
    perpétuer, persister, poursuivre, préserver,
    reconduire, refouler, réitérer, répéter,
    résister, rester, retenir, sauvegarder, soutenir,
    subsister, supporter, surnager, survivre, tenir
Maintenu
    continué, resté, retenu
Maintien
    air, allure, attitude, conservation, contenance,
    continuité, façon, mine, port, posture,
    présentation, préservation, prestance,
    sauvegarde, survie, tenue, tournure
Maintien fier et élégant
    prestance
Maire
    alcade, bourgmestre, édile, magistrat, préfet
Maire de Montréal lors de l'Expo 67
    Drapeau
Maire de Montréal lors des Jeux olympiques
de 1976
    Drapeau
Mairie
    municipalité
Mais
    cependant, conjonction, néanmoins, or,
    pourtant, seulement, toutefois
Maison
    abri, baraque, bâtiment, batisse, bercail,
    bicoque, chalet, construction, demeure,
    descendance, domicile, dynastie, entreprise,
    établissement, famille, feu, firme, foyer, gîte,
    habitat, habitation, intérieur, lignée, logement,
    logis, maisonnée, mas, masure, ménage, nid,
    pavillon, pénates, race, résidence, société,
    toit, villa
Maison ambulante
    roulotte
Maison d'agrément à toit de chaume
    chaumière
Maison de bois à la montagne
    chalet
Maison de campagne
    chalet, mas
Maison de campagne avec un jardin
    villa
Maison de campagne, en Russie
    datcha
Maison de jeu
    casino, tripot
Maison de religieux
    couvent

Maison du berger
niche

Maison traditionnelle, en Polynésie
faré

Maisonnée
famille, maison, ménage, tribu

Maisonnette
pavillon, villa

Maître
adroit, as, capital, champion, chef,
compétent, dirigeant, éducateur, enseignant,
essentiel, exemple, expert, fondamental,
gourou, gouvernant, guru, hôte, important,
initiateur, instituteur, maestro, majeur,
mentor, modèle, patron, pédagogue,
possesseur, précepteur, premier, primordial,
principal, professeur, propriétaire, savant,
seigneur, sommité, souverain, virtuose

Maître à penser
gourou, guru

Maître de maison
hôte, patron

Maître de manœuvre
bosco

Maître du château
châtelain

Maître spirituel
gourou, guru

Maître-queux
cuisinier

Maîtresse
aimée, amante, amie, belle, compagne,
concubine, dame, dulcinée, éducatrice,
enseignante, favori, favorite, fiancée,
initiatrice, institutrice, mignonne, préceptrice,
professeure

Maîtresse de maison
patronne

Maîtresse du château
châtelaine

Maîtrise
adresse, art, autorité, contrôle, diplôme,
domination, empire, emprise, habileté,
imperturbabilité, maestria, manécanterie,
métier, possession, pouvoir, prépondérance,
science, souveraineté, suprématie,
technique, virtuosité

Maîtrisé
dominé, retenu, vaincu

Maîtrise en administration des affaires
MBA

Maîtriser
acclimater, arrêter, asservir, assujettir,
canaliser, captiver, contenir, contrôler,
discipliner, dominer, dompter, enchaîner,
enrayer, gouverner, immobiliser, juguler,
mater, neutraliser, posséder, ravaler, refouler,
réfréner, réprimer, retenir, savoir, soumettre,
stopper, surmonter, tenir, terrasser, vaincre

Maïzena
farine

Majesté
altesse, beauté, éclat, gloire, grandeur,
gravité, noblesse, pompe, reine, sire,
solennité

Majestueux
admirable, auguste, beau, bel, colossal, fier,
grandiose, grave, impérial, imposant, noble,
olympien, pompeux, royal, solennel

Majeur
adulte, capital, considérable, crucial, doigt,
essentiel, fondamental, grand, important,
maître, médius, primordial, principal, vital

Major
cacique, premier

Majoration
accroissement, hausse, rehaussement

**Majoration d'une prime d'assurance
automobile**
malus

Majoration d'une taxe
surtaxe

Majoré
accru, exagéré, surestimé

Majorer
accroître, ajouter, augmenter, élever, enfler,
exagérer, gonfler, hausser, rehausser, relever,
surestimer, surfaire, valoriser

Majuscule
capitale, initiale

Maki
lémur

Mal
affliction, algie, bobo, calamité, chagrin,
crime, défavorablement, désagréablement,
désolation, difficilement, difficulté,
dommage, douleur, épreuve, faute,
gangrène, gauchement, imparfaitement,
incomplètement, incorrectement,
inopportunément, insuffisamment,
maladie, maladroitement, malaisément,
malencontreusement, malheur, martyre,
mauvais, médiocrement, péché, peine,
péniblement, perte, peu, plaie, préjudice,
souffrance, supplice, tort, torture, vice

Mal à l'aise, peu naturel
guindé

Mal de gorge
croup, laryngite

Mal de mer
naupathie

Mal de tête
céphalée, migraine
Mal des montagnes
puna
Mal du pays
nostalgie
Mal élevé, grossier
malpoli
Mal famé
borgne
Malabar
costaud, herculéen
Malade
aliéné, anormal, atteint, bouleversé,
cacochyme, carié, client, dolent, égrotant,
fou, gâté, incommodé, indisposé, lépreux,
maladif, malingre, patient, patraque,
retourné, schizophrène, secoué, souffrant,
sujet, valétudinaire
Malade atteint de schizophrénie
schizophrène
Maladie
affection, diabète, mal, malaise, manie,
obsession, passion, pathologie, rage,
syndrome, tare, vice, virus
Maladie à virus de la pomme de terre
frisolée
Maladie à virus, contagieuse
grippe
Maladie bactérienne du porc
rouget
Maladie caractérisée par des maux d'oreille
oreillons
Maladie caractérisée par des sueurs abondantes
suette
Maladie caractérisée par l'augmentation considérable des globules blancs dans le sang
leucémie
Maladie congénitale de la peau
ichtyose
Maladie contagieuse
choléra, gale, rubéole
Maladie contagieuse caractérisée par un catarrhe nasal
gourme
Maladie contagieuse de l'enfance
rougeole
Maladie contagieuse des équidés
morve
Maladie cryptogamique des plantes
mildiou, rot
Maladie cutanée
gale, lupus

Maladie d'origine virale
variole
Maladie d'origine virale et contagieuse, provoquant des éruptions cutanées
varicelle
Maladie de Barlow
scorbut
Maladie de l'épi des céréales
nielle
Maladie de l'œil
glaucome
Maladie de la muqueuse buccale
muguet
Maladie de la peau
eczéma
Maladie de la pomme de terre
dartrose
Maladie de peau
psoriasis
Maladie dégénérative du système nerveux
Parkinson
Maladie des chevaux
vertigo
Maladie des oiseaux transmissible à l'homme
ornithose
Maladie des plantes
fumagine
Maladie des plantes cultivées
mildiou
Maladie des vers à soie
grasserie, pébrine
Maladie du cheval
gourme
Maladie du cheval due à l'emphysème pulmonaire
pousse
Maladie du foie
jaunisse
Maladie du mouton
tournis, tremblante
Maladie du sabot des équidés
seime
Maladie du sang très grave
leucémie
Maladie due à l'insuffisance de vitamine C
scorbut
Maladie due à un trouble d'assimilation des glucides
diabète
Maladie due au bacille de Hansen
lèpre
Maladie épidémique contagieuse
choléra
Maladie éruptive
vérole

Maladie éruptive contagieuse voisine de la rougeole
rubéole

Maladie fébrile contagieuse
suette

Maladie infectieuse
grippe, lèpre, typhus, variole, zona

Maladie infectieuse des oiseaux
ornithose

Maladie infectieuse due à un virus
polio

Maladie infectieuse grave, se manifestant par des contractures musculaires intenses
tétanos

Maladie infectieuse transmise par l'anophèle
paludisme

Maladie inflammatoire du rein
néphrite

Maladie juvénile de la peau
acné

Maladie mentale
névrose

Maladie mentale causant une altération de la personnalité
psychose

Maladie mortelle d'origine virale transmise à l'homme par la morsure de certains animaux
rage

Maladie mortelle des vers à soie
flacherie

Maladie nerveuse
chorée

Maladie particulière à une région donnée
endémie

Maladie pulmonaire affectant la respiration
asthme

Maladie régionale
endémie

Maladie virale
rubéole

Maladie virulente
rage

Maladie, souvent mortelle
sida

Maladif
anormal, cacochyme, chétif, dolent, égrotant, irrépressible, malade, malingre, malsain, morbide, pathologique, souffrant, souffreteux, valétudinaire

Maladresse
amusement, balourdise, bêtise, bévue, erreur, faute, gaffe, gaucherie, impair, sottise

Maladresse choquante
impair

Maladroit
balourd, boiteux, embarrassé, empaillé, empoté, emprunté, gauche, godiche, gourde, grossier, incapable, inconsidéré, inexercé, inexpert, inhabile, laborieux, lourd, lourdaud, malavisé, malhabile, manchot, pataud, pesant, sot

Maladroit, mal à l'aise
gourd

Maladroitement
inhabilement, mal, pesamment

Malaise
angoisse, crise, défaillance, dérangement, éblouissement, embarras, étourdissement, évanouissement, faiblesse, froid, gêne, incommodité, indisposition, inquiétude, maladie, marasme, mécontentement, ombre, pâmoison, pesanteur, souffrance, syncope, tension, tourment, tristesse, trouble, vertige

Malaisé
abrupt, ardu, compliqué, délicat, difficile, dur, escarpé, impraticable, incommode, laborieux, pénible

Malaise moral
inconfort

Malaisément
mal

Malandrin
brigand, gueux, voleur

Malappris
brute, butor, discourtois, effronté, goujat, grossier, impertinent, impoli, incivil, inconvenant, incorrect, irrespectueux, irrévérencieux, malhonnête, malotru, malpoli, mufle, rustre

Malaria
paludisme

Malavisé
imprudent, indiscret, maladroit, sot

Malaxé
travaillé

Malaxer
manier, manipuler, masser, mélanger, pétrir, remuer, tourner, travailler, tripoter, triturer

Malaxeur
mixeur

Malchance
accident, adversité, déveine, fatalité, guigne, infortune, malédiction, malheur, mésaventure, poisse, scoumoune

Malchance, poisse
scoumoune

Malchanceux
affligé, infortuné

Malcommode
gênant, grincheux, incommode, turbulent

Maldisant
médisant

Maldonne
malentendu, méprise, quiproquo

Mâle
courageux, énergique, fort, hardi, homme, masculin, noble, vigoureux, viril

Mâle du faucon lanier
laneret

Mâle du faucon sacre
sacret

Mâle reproducteur
étalon

Mâle reproducteur de l'espèce porcine
verrat

Malécite
amérindien, autochtone

Malédiction
anathème, fatalité, malchance, malheur, réprobation

Maléfice
diablerie, ensorcellement, envoûtement, sort, sortilège

Maléfique
démoniaque, diabolique, infernal, malfaisant, malin, nuisible, satanique

Malencontreusement
mal

Malencontreux
désagréable, ennuyeux, fâcheux

Malentendant
sourd

Malentendu
altercation, ambiguïté, brouille, conflit, confusion, désaccord, équivoque, erreur, maldonne, méprise, quiproquo

Malfaçon
défaut, défectuosité, tare, vice

Malfaisant
corrupteur, dommageable, ennemi, maléfique, malsain, mauvais, méchant, néfaste, nocif, nuisible, pernicieux, pervers, pestilentiel, préjudiciable

Malfaiteur
assassin, bandit, brigand, cagoulard, canaille, criminel, escroc, gangster, malfrat, truand, voleur

Malfamé
borgne, interlope, louche

Malformation
anomalie, défaut, défectuosité, tare

Malfrat
malfaiteur, truand

Malgré
cependant, contre, nonobstant

Malgré cela
mais, pourtant

Malgré tout
néanmoins

Malhabile
empaillé, empoté, gauche, godiche, gourde, incapable, inexpert, inexperte, inhabile, lourd, lourdaud, maladroit, manchot, pataud

Malheur
accident, adversité, affliction, avatar, calamité, catastrophe, chagrin, désagrément, désastre, détresse, deuil, disgrâce, douleur, drame, échec, ennui, épreuve, fatalité, fléau, guigne, inconvénient, infortune, mal, malchance, malédiction, misère, peine, perte, poisse, revers, scoumoune, tragédie, traverse

Malheureusement
hélas, seulement

Malheureux
abject, affligé, contrarié, désagréable, écœuré, fâcheux, fatal, funeste, infortuné, lamentable, maudit, méchant, misérable, noir, pauvre, pénible, piteux, pitoyable, triste

Malhonnête
amoral, croche, déloyal, grossier, immoral, impoli, improbe, inconvenant, incorrect, indécent, indélicat, laid, malappris, malpropre, marron, mauvais, misérable, sale, tricheur, véreux, vilain

Malhonnêteté
déloyauté, improbité, tricherie

Mali
déficit

Malice
astuce, espièglerie, esprit, ironie, malignité, malveillance, méchanceté, moquerie, raillerie, rouerie, ruse

Malicieux
astucieux, coquin, espiègle, éveillé, farceur, fripon, futé, ironique, malin, moqueur, mutin, narquois, piquant, railleur, roué, rusé, spirituel, taquin, vif

Malignité
acrimonie, malice, malveillance, méchanceté, nocivité, perfidie, toxicité, venin

Malin
adroit, astucieux, débrouillard, dégourdi, déluré, entendu, espiègle, éveillé, fin, finaud, fort, futé, grave, habile, intelligent, madré, maléfique, malicieux, marle, matois, mauvais, méchant, moqueur, mutin, néfaste, négatif, nocif, nuisible, pernicieux, perspicace, railleur, ratoureur, ratoureux, retors, roué, rusé, spirituel, subtil, tactique

Malingre
anémique, cacochyme, chétif, débile, délicat, faible, fragile, frêle, malade, maladif, rabougri, rachitique, souffreteux

Malintentionné
méchant

Malle
bagage, caisse, cantine, coffre, valise

Malléabilité
docilité, souplesse

Malléable
docile, ductile, étirable, extensible, flexible, influençable, maniable, mou, obéissant, plastique, pliable, souple

Mallette
bagage, sac, serviette, valise

Malmené
orchestré, secoué

Malmener
arranger, battre, bousculer, brusquer, brutaliser, chahuter, conspuer, critiquer, éreinter, étriller, houspiller, huer, maganer, maltraiter, molester, piétiner, rudoyer, secouer, traiter

Malmener fortement
étriller

Malodorant
fétide, nauséabond, puant

Malotru
brute, butor, gougnafier, goujat, impoli, malappris, mufle, rustre, sauvage

Malpoli
discourtois, grossier, impertinent, impoli, incivil, inconvenant, incorrect, insolent, irrespectueux, irrévérencieux, malappris

Malpropre
abject, cochon, crasseux, crotté, dégoûtant, encrassé, grossier, immoral, impur, inconvenant, indécent, infâme, infect, insalubre, maculé, malhonnête, nauséabond, négligé, obscène, pollué, sale, sali, sordide, souillé

Malpropreté
crasse, saleté

Malsain
abject, ambigu, corrupteur, dangereux, délétère, étouffant, funeste, glauque, immoral, impur, insalubre, maladif, malfaisant, mauvais, morbide, néfaste, nocif, nuisible, pathologique, pernicieux, pervers, pestilentiel, pollué, pourri, putride, trouble

Malsain, nuisible à la santé
insalubre

Malséant
choquant, déplacé, grossier, impoli, incongru, inconvenant, incorrect, indécent, indélicat,

inopportun, intempestif, malsonnant, malvenu, messéant

Malsonnant
grossier, malséant

Malt
céréale, orge

Maltraitance
sévices

Maltraité
secoué

Maltraiter
arranger, battre, brimer, brusquer, brutaliser, critiquer, éreinter, esquinter, étriller, frapper, maganer, malmener, molester, rudoyer, secouer, tourmenter, traiter

Malveillance
agressivité, animosité, fiel, hostilité, malice, malignité, méchanceté, sabotage

Malveillant
assassin, fielleux, haineux, hostile, inamical, mauvais, médisant

Malvenu
déplacé, fâcheux, incongru, inconvenant, inopportun, intempestif, malséant

Malversation
arnaque, concussion, corruption, détournement, escroquerie, exaction, faute, prévarication, trafic, trahison, tripotage, tromperie, vol

Malvoyant
amblyope, aveugle

Maman
génitrice, marâtre, mater, mère

Mambo
danse

Mamelle
pis, poitrine, tétine

Mamelle d'un mammifère
tétine

Mamelle d'une femelle
pis

Mamie
mémé, mémère

Mammifère
mulot, tétrapode

Mammifère à fourrure estimée
marte, martre, vison

Mammifère à odeur nauséabonde
putois

Mammifère à queue aplatie
castor

Mammifère à trompe courte
tapir

Mammifère appelé grand fourmilier
tamanoir

Mammifère arboricole
aï

Mammifère au cerveau développé
primate

Mammifère australien
koala

Mammifère australien se déplaçant par bonds
kangourou

Mammifère aux mouvements lents
aï

Mammifère bas sur pattes
belette

Mammifère carnassier
hyène, léopard, puma

Mammifère carnassier de la famille des félidés
panthère

Mammifère carnassier voisin du loup
coyote

Mammifère carnivore
blaireau, chat, civette, fennec, furet, guépard, hermine, loup, ocelot, ours, ratel, raton, renard

Mammifère carnivore à la tête triangulaire effilée et à la queue touffue
renard

Mammifère carnivore albinos
furet

Mammifère carnivore au museau pointu
marte, martre

Mammifère carnivore au museau terminé en groin
coati

Mammifère carnivore au pelage gris-brun
fouine

Mammifère carnivore aussi appelé carcajou
glouton

Mammifère carnivore aux oreilles pointues
lynx

Mammifère carnivore d'Afrique
genette

Mammifère carnivore d'Afrique et d'Asie
hyène

Mammifère carnivore de la famille des canidés
chacal

Mammifère carnivore de Sibérie
zibeline

Mammifère carnivore, sorte de blaireau, friand de miel
ratel

Mammifère cétacé
marsouin, rorqual

Mammifère charognard
hyène

Mammifère cuirassé de plaques cornées
tatou

Mammifère d'Afrique
girafe

Mammifère d'Amérique tropicale
unau

Mammifère de l'ordre des primates
singe

Mammifère de la famille des antilopes
gazelle

Mammifère des forêts d'Asie
panda

Mammifère disparu
rhytine

Mammifère domestique
taureau

Mammifère du Pacifique
otarie

Mammifère grimpeur australien
koala

Mammifère herbivore
gnou, tapir

Mammifère herbivore aquatique au corps massif
lamantin

Mammifère lémurien vivant à Madagascar
indri

Mammifère marin
baleine, cétacé, épaulard

Mammifère marin au corps épais
morse

Mammifère marin carnassier
phoque

Mammifère marin carnivore
orque

Mammifère marin habitant les mers arctiques
bélouga, béluga

Mammifère marin proche du marsouin
dauphin

Mammifère marsupial d'Australie
koala

Mammifère omnivore domestique, de l'ordre des ongulés
cochon

Mammifère ongulé
gnou, lama, tapir

Mammifère ongulé de l'ordre des proboscidiens
éléphant

Mammifère ongulé omnivore
porc

Mammifère ongulé ruminant à cornes ramifiées
cervidé

Mammifère ovipare d'Australie
échidné

Mammifère presque aveugle
taupe

Mammifère proche de la belette
hermine

Mammifère quadrupède ruminant du genre antilope
chamois

Mammifère qui se meut avec grande lenteur
bradype

Mammifère qui se nourrit de pousses de bambou
panda

Mammifère rayé
zèbre

Mammifère recherché pour sa fourrure
vison

Mammifère rongeur
lièvre

Mammifère rongeur d'Amérique du Sud
cobaye

Mammifère rongeur hibernant
marmotte

Mammifère ruminant
bœuf, cerf, chèvre, mouton, renne

Mammifère ruminant ongulé
daim, mouflon

Mammifère ruminant qui a deux bosses sur le dos
chameau

Mammifère ruminant qui vit dans la cordillère des Andes
lama

Mammifère ruminant sauvage d'Afrique
antilope

Mammifère ruminant voisin du bœuf
buffle

Mammifère ruminant, aux pattes grêles et aux longues cornes arquées
antilope

Mammifère très prolifique
lapin

Mammifère végétarien des rivières
castor

Mammifère voisin de l'otarie
phoque

Mammifère voisin de la belette
zorille

Mammifère voisin des mouffettes
zorille

Mammifère voisin du lama
alpaga

Mammifère voisin du phoque
otarie

Mammite
mastite

Manadier
vacher

Management
gestion, gouvernement

Manager
administrateur, administrer, agent, cadre, conduire, directeur, dirigeant, diriger, entraîneur, gérer, gestionnaire, imprésario, patron

Manant
paysan, roturier, rustre

Manche
bâton, bois, détroit, hampe, manchette, partie, queue, set

Manche en bois
hampe

Manche, au tennis
set

Manche, au volley-ball
set

Manchette
manche, poignet, titre

Manchon
bague, douille, raccord

Manchon mobile
nille

Manchot
guillemot, maladroit, malhabile, pingouin

Mandale
gifle

Mandarin
chinois, érudit, manitou, patron, personnalité, ponte, pontife, sommité

Mandarine
agrume, clémentine

Mandat
charge, commission, délégation, fonction, mission, ordre, pouvoir, procuration, rôle

Mandat de sept ans
septennat

Mandataire
agent, agréé, consul, délégué, député, envoyé, gérant, syndic

Mandaté
député, élu, habilité

Mandater
coopter, déléguer, dépêcher, détacher, envoyer, habiliter, libeller

Mandement
demande, ordre

Mander
convoquer, demander, ordonner, signifier, solliciter

Mandibule
mâchoire, os

Mandrill
papion

Manécanterie
chœur, maîtrise

Manège
agissements, amusement, artifice, carrousel,
intrigue, jeu, jouet, machination, manigance,
manœuvre, menées, rouerie

Manège de chevaux de bois
carrousel

Mânes
esprit, mort

Manette
levier, poignée, télécommande

Manganèse
Mn

Mange-disque
phono

Mange-tout
haricot

Mangeable
bon, buvable, comestible, consommable,
digeste

Mangeaille
nourriture, repas

Mangeoire
auge, crèche, râtelier, trémie

Mangeoire pour la volaille
trémie

Mangeoter
picorer

Manger
absorber, alimenter, attaquer, avaler,
becqueter, béqueter, bouffer, boulotter,
brouter, collationner, consommer, consumer,
corroder, croquer, cuisiner, déguster,
déjeuner, dépenser, dévorer, dilapider,
dîner, dissiper, empiffrer, engloutir, entamer,
flamber, gaspiller, gober, grignoter, ingérer,
ingurgiter, mâcher, mastiquer, nourrir,
nourriture, oublier, paître, pâturer, piquer,
prendre, rassasier, repaître, restaurer, ronger,
savourer, souper, sucer, sustenter, user

Manger avec gloutonnerie
chiquer

Manger de nouveau
remanger

Manger du bout des dents
grignoter, pignocher

Manger en déchirant avec les dents
dévorer

Manger l'herbe, en parlant du bétail
brouter

Manger par petits morceaux
chipoter

Manger peu
picorer

Manger sans appétit
pignocher

Manger une autre fois
remanger

Mangeur
bouffeur, convive, dîneur, gargantua, glouton,
goinfre, soupeur

Mangonneau
catapulte

Maniabilité
souplesse

Maniable
commode, docile, doux, ductile, élastique,
flexible, malléable, manœuvrable, mou,
obéissant, pratique, soumis, souple, traitable

Maniaque
aliéné, difficile, fou, obsédé, rigide, tatillon

Manichéen
manichéiste

Manichéiste
manichéen

Manicorde
cithare

Manie
dada, fantaisie, fièvre, folie, goût, habitude,
hantise, lubie, maladie, marotte, monomanie,
obsession, pli, rage, tic, toquade, vice, virus

Maniement
emploi, gestion, gouvernement, manipulation,
usage, utilisation

Manier
brasser, conduire, diriger, employer, gérer,
gouverner, malaxer, manipuler, manœuvrer,
modeler, palper, pétrir, remuer, tâcher, tâter,
toucher, traiter, travailler, tripoter, triturer,
utiliser

Manier avec habileté
jongler

Manier brutalement
patouiller, triturer

Manière
accent, acte, air, allure, art, façon, facture,
forme, genre, griffe, guise, méthode,
modalité, mode, moyen, nature, patte,
période, préciosité, procédé, recette, sorte,
style, système, technique, ton, touche,
tournure, truc, variété

Maniéré
affecté, affété, apprêté, guindé, mièvre,
mignard, poseur, précieux, recherché,
tarabiscoté

Manière d'agir à l'égard d'autrui
procédé

Manière d'agir jugée aberrante
hérésie

Manière d'appliquer la couleur
touche

Manière d'avancer
erre

Manière d'écrire propre à une personne
prose

Manière d'écrire vague et emphatique
laïus

Manière d'écrire, style
écriture

Manière d'être
acabit, état, qualité, style

Manière d'utiliser
utilisation

Manière de boucher
bouchage

Manière de chanter des psaumes
psalmodie

Manière de chasser au hasard du lancer
trolle

Manière de cuisson
daube

Manière de dactylographier
frappe

Manière de draper
drapement

Manière de faire des plis
plissure

Manière de griller la viande sur les charbons
carbonade

Manière de lacer
lacement

Manière de lancer
tir

Manière de parler
diction

Manière de parler latin
latinité

Manière de procéder juridiquement
procédure

Manière de raconter un fait
version

Manière de recevoir
accueil

Manière de réciter
débit

Manière de ressentir une situation
feeling

Manière de s'exprimer
ton

Manière de s'exprimer en peu de mots
laconisme

Manière de saluer exagérée
salutation

Manière de se comporter
attitude

Manière de se tenir
attitude

Manière de tenir le corps
attitude

Manière de tracer des lignes
graphisme

Manière de tricoter
tricotage

Manière dont les choses sont rangées
rangement

Manière dont on réagit
réaction

Manière dont un livre est relié
reliure

Manière dont un mot est écrit
graphie

Manière dont une chose est fabriquée
fabrique

Manière dont une chose est faite
façon

Manière dont une chose est pliée
pliage

Manière dont une chose est tressée
tressage

Manière dont une chose s'est faite
comment

Manière tendre
cajolerie

Manières
attitude, chichi, embarras, simagrées, singerie, tenue

Manières câlines
câlinerie

Maniérisme
apprêt, préciosité, recherche

Manif
défilé, expression, manifestation

Manifestation
agitation, apparition, attroupement, festival, image, manif, marche, marque, meeting, phénomène, preuve, signe, symptôme, traduction

Manifestation bruyante
tonnerre

Manifestation morbide brutale
ictus

Manifeste
affiche, affirmé, apparent, assuré, aveuglant, certain, clair, criant, décelable, décidé,

déclaration, éclatant, évident, flagrant, formel, frappant, incontestable, indéniable, indiscutable, indubitable, net, notoire, ouvert, palpable, patent, patente, précis, proclamation, public, réel, tangible, visible, voyant

Manifesté
advenu, affiché, marqué, noté

Manifester
afficher, affirmer, annoncer, apparaître, attester, déceler, déclarer, démontrer, dénoncer, dénoter, déployer, développer, dire, éclater, éclore, émettre, exhaler, exposer, exprimer, extérioriser, indiquer, marquer, montrer, paraître, porter, proclamer, prodiguer, professer, prouver, publier, rayonner, refléter, respirer, révéler, signifier, surgir, survenir, témoigner, traduire, trahir

Manifester en termes violents, par des cris
clamer

Manifester sa colère bruyamment
tempêter

Manifester ses sentiments, ses idées par la parole, par le geste ou par une expression
exprimer

Manifester une joie intense
jubiler

Manigance
acte, agissements, calcul, combinaison, combine, détour, diablerie, intrigue, machination, magouille, manège, manœuvre, micmac, trame, tripotage

Manigancer
agencer, combiner, comploter, conspirer, couver, fabriquer, imaginer, machiner, méditer, mijoter, monter, nouer, ourdir, préméditer, projeter, tisser, trafiquer, tramer, tripoter

Manigances
cuisine, jeu

Manille
chapeau

Manillon
vis

Manipulateur
faible, opérateur

Manipulation
acconage, aconage, maniement, manœuvre, mensonge, opération, traitement, tripotage

Manipuler
brasser, gérer, influencer, malaxer, manier, manœuvrer, mélanger, mêler, palper, pétrir, remuer, suggestionner, tâter, télécommander, téléguider, toucher, traiter, tripoter

Manipuler avec une fourche
fourcher

Manitou
mandarin, patron

Manivelle
bielle, vilebrequin

Manne
aubaine, banne, bienfait, cadeau, corbeille, éphémère, panière

Mannequin
fantoche, marionnette, modèle, pantin

Manœuvrable
maniable

Manœuvre
action, agissements, artifice, atermoiement, câble, calcul, combinaison, combine, cordage, coup, cuisine, évolution, exercice, filin, fraude, intrigue, jeu, machination, magouille, manège, manigance, manipulation, menées, mouvement, ouvrier, ruse, stratégie, tâcheron, tactique, tentative, tripotage

Manœuvré
évolué

Manœuvre de massage
friction

Manœuvre frauduleuse
dol

Manœuvre qui pousse des chariots
rouleur

Manœuvre secrète
manigance

Manœuvrer
conduire, diriger, évoluer, gouverner, intriguer, manier, manipuler, mouvoir, piloter, ruser

Manœuvrer pour arriver à ses fins
intriguer

Manœuvrer une embarcation à l'aide d'une godille
godiller

Manœuvres secrètes et malveillantes
menées

Manœuvrier
stratège

Manoir
castel, château, gentilhommière

Manoque
botte

Manoquer
botteler

Manouche
gitan, nomade

Manquant
absent

Manquant d'originalité
rebattu

Manque
absence, besoin, carence, défaillance, défaut, déficience, déficit, dénuement, disette, embarras, faiblesse, indigence, insuffisance, lacune, manquement, omission, oubli, paupérisme, pauvreté, pénurie, privation, rareté, trou, vide

Manqué
imparfait

Manque absolu d'activité
inertie

Manque d'assurance
timidité

Manque d'attention
négligence

Manque d'éclat
grisaille

Manque d'équité
iniquité

Manque d'intelligence
idiotie

Manque d'oxygène
asphyxie

Manque de civisme, de dévouement pour le bien de la nation
incivisme

Manque de clarté
obscurité

Manque de confort
inconfort

Manque de courage
lâcheté

Manque de discernement
myopie

Manque de force
asthénie

Manque de force, de vigueur physique
faiblesse

Manque de franchise
fausseté

Manque de largeur d'esprit
étroitesse

Manque de liaison
décousu

Manque de loyauté
perfidie

Manque de loyauté, de bonne foi
déloyauté

Manque de probité
improbité

Manque de rapidité
lenteur

Manque de respect
irrespect

Manque de ressources
pauvreté

Manque de retenue
impudeur

Manque de réussite
insuccès

Manque de richesse
maigreur

Manque de robustesse
fragilité

Manque de saine raison
insanité

Manque de soin
incurie

Manque de travail
chômage

Manque total d'aliments
famine

Manquer
absenter, chuter, dérober, disparaître, échouer, enfreindre, faillir, gâcher, louper, offenser, oublier, paumer, perdre, rater, sauter, sécher, transgresser

Mansarde
comble, entretoit, galetas, grenier

Mansuétude
bonté, douceur, pitié, tolérance

Mante
manteau

Manteau
caban, cape, capote, fourrure, gabardine, imperméable, loden, mante, paletot, pardessus, parka, pèlerine, pelisse, pelure, poncho, voile

Manteau à capuchon
burnous

Manteau court en drap de laine
caban

Manteau d'une seule pièce percé d'une fente pour passer la tête
poncho

Manteau de femme
mante

Manteau de femme ample, sans manches, muni d'un capuchon
mante

Manteau de laine à capuchon que portent les Arabes
burnous

Manteau de prélat
mantelet

Manteau du chien
mantelure

Manteau imperméable à capuche
parka

Manteau porté sur l'armure, au Moyen Âge
tabard

Manteau sans manches
pèlerine

Mantille
fanchon, fichu

Manuel
abrégé, agenda, cours, guide, livre, mémento, ouvrage, précis, traité

Manufacture
aciérie, atelier, fabrique, industrie, usine

Manufacturé
ouvré

Manufacturer
fabriquer, faire, usiner

Manufacturier
fabricant, industriel, usinier

Manufacturier de laine
lainier

Manuscrit
autographe, copie, document, écrit, livre, œuvre, original, ouvrage, papyrus, recueil, texte

Manuscrit dactylographié
tapuscrit

Manutention
acconage, aconage, gestion

Manutention des marchandises des navires
acconage, aconage

Manzanilla
xérès

Manus
gros

Mappemonde
carte, globe, sphère

Maquette
brouillon, canevas, copie, corrigé, ébauche, esquisse, étude, modèle, ossature, plan, projet, réduction, schéma, synopsis, trame

Maquignon
marchand, mercanti

Maquignonnage
rouerie, trafic

Maquillage
fard, grimage, mascara

Maquillage de théâtre
grimage

Maquillé
déguisé

Maquiller
adultérer, altérer, camoufler, déguiser, embellir, falsifier, farder, fausser, grimer, peindre, travestir, truquer

Maquiller pour le théâtre
grimer

Maquis
dédale, forêt, friche, garrigue, jungle, labyrinthe, lacis, lande, méandres, taillis

Maquisard
partisan, résistant

Marabout
envoûteur, mage, mausolée, mosquée, sorcier, tombeau

Marabouter
ensorceler

Maraîcher
agriculteur, cultivateur, paysan

Marais
boue, bourbier, étang, mare, marécage, palus

Marais salant
salin, saline

Marasme
abattement, athrepsie, cachexie, calme, crise, découragement, dépression, langueur, malaise, morosité, récession, stagnation

Marasque
cerise

Marâtre
génitrice, maman, mère

Maraud
coquin

Maraudage
chapardage, larcin, maraude, pillage, rapine, vol

Maraude
maraudage, vol

Marauder
chaparder, dérober, piller, voler

Maraudeur
chapardeur, pillard, voleur

Marbre
albâtre, carrare

Marbré
jaspé, marqué, veiné

Marbre blanc très estimé
carrare

Marbre bleu
turquin

Marbre brun-rouge
griotte

Marbrer
barioler, jasper, marquer, tacheter, veiner

Marbrière
carrière

Marbrure
cerne, jaspure, marque, raie

Marc
alcool, résidu

Marcel
débardeur

Marchand
boutiquier, camelot, colporteur, commerçant, détaillant, forain, fournisseur, grossiste, maquignon, négociant, vendeur

Marchand ambulant
camelot, crieur

Marchand d'ouvrages de marbrerie
marbrier

Marchand d'ouvrages de sellerie
sellier

Marchand de chevaux
maquignon

Marchand de couleurs
droguiste

Marchand de faïence
faïencier

Marchand de glaces
glacier

Marchand de laine
lainier

Marchand de légumes
légumier

Marchand de lunettes
lunetier

Marchand de sel
saunier

Marchand de volailles
volailler

Marchand en gros
grossiste

Marchand qui tient une épicerie
épicier

Marchandage
palabres

Marchandé
acheté, discuté

Marchander
acheter, discuter, négocier, palabrer

Marchandise
article, camelote, colis, denrée, produit

Marchandise non emballée
vrac

Marchandises du vitrier
vitrerie

Marchandises en magasin
stock

Marchandises sans emballage
vrac

Marchandises sans valeur
pacotille

Marchant
allant

Marche
action, activité, allure, ambulation, avancée, avancement, cheminement, courant, cours, course, déambulation, défilé, degré, démarche, déroulement, développement, échelon, évolution, excursion, fonctionnement, gradin, locomotion, manifestation, pas, procès, processus, progrès, progression, promenade, propagation, randonnée, route, tour, tournure, train

Marché
accord, affaire, bazar, bourse, braderie, clientèle, commerce, compromis, contrat, convention, débouché, échange, foire, halle, négociation, offre, pacte, proposition, réussi, souk, transaction

Marche à suivre
méthode, procédure, tactique

Marché aux herbes
herberie

Marché aux puces
bazar

Marché couvert des pays du Moyen-Orient
souk

Marche pratiquée pour le plaisir ou à titre d'exercice physique
footing

Marché public en Orient
bazar

Marché, dans les pays arabes
souk

Marchepied
escabeau, tremplin

Marchepied à quelques degrés
escabeau

Marcher
accepter, aller, arpenter, arquer, avancer, cheminer, déambuler, déplacer, enjamber, errer, flâner, fonctionner, fouler, mouvoir, passer, piéter, piétiner, prendre, promener, prospérer, réussir, rouler, tourner, trotter, trottiner

Marcher à petits pas courts
trottiner

Marcher avec affectation (Se)
pavaner

Marcher avec des béquilles
béquiller

Marcher côte à côte avec quelqu'un
côtoyer

Marcher sans but précis
déambuler

Marcher sur un sol détrempé
patauger

Marcher très vite
galoper

Marcher vite et à petits pas
trottiner

Marches
escalier

Marcheur
piéton, promeneur

Marcotte
bouturage

Marcotte de vigne
provin

Mardi
jour

Mare
bassin, étang, flaque, lagon, marais

Marécage
bourbier, étang, gâtine, marais

Marécage salé
sebka

Marécageux
aqueux, fangeux

Maréchal des logis
margis

Maréchal-ferrant
forgeron

Marée
déluge, flot, flux, mer, ruée, rush, vague

Marengo
cuisson, drap

Marge
bord, bordure, délai, différence, écart,
espace, facilité, frange, jeu, latitude, sursis,
temps, tolérance, volant

Margelle
pierre, rebord

Marginal
accessoire, annexe, asocial, bohème, exclu,
mineur, original, parallèle, paria, secondaire

Marginaliser
écarter

Marginer
annoter

Margot
bavard

Margoter
carcailler

Margotin
fagot

Margotter
carcailler

Margoulette
bouche

Margoulin
brigand

Marguilier
bedeau

Mari
compagnon, conjoint, époux, homme

Mari de Bethsabée
Urie

Mariable
nubile

Mariage
alliance, amour, association, assortiment,
combinaison, couple, épousailles, fusion,
hyménée, mélange, ménage, noce, pacte,
rapprochement, réunion, synthèse, union

Marial
pur, virginal

Marié
allié, associé, pris

Marié à deux personnes
bigame

Marier
accoler, accoupler, allier, apparier, assembler,
associer, assortir, caser, combiner, convoler,
épouser, établir, harmoniser, joindre,
mélanger, réunir, unir

Marier de nouveau
remarier

Marieur
entremetteur, intercesseur

Marimba
balafon, xylophone

Marin
marinier, maritime, matelot, mousse,
nautique, naval, navigateur

Marin toulonnais
moco

Marina
plage, trempa

Marinade aromatisée de poissons étêtés
escabèche

Marine
flotte, flottille, maritime, navigation, plage

Mariné
macéré

Mariner
attendre, baigner, macérer, tremper

Marinier
batelier, gondolier, marin, nautonier

Mariole
clown

Marionnette
arlequin, automate, esclave, fantoche,
figurine, guignol, machine, mannequin,
pantin, poupée, zombi, zombie

Marionnette sans fils
guignol

Marionnette, pantin
fantoche

Mariste
frère

Maritalement
conjugalement, matrimonialement

Maritime
côtier, marin, marine, nautique, naval,
océanique

Marivaudage
agacerie, badinage, badinerie, coquetterie,
galanterie, préciosité

Marivauder
badiner

Marjolaine
origan

Marketing
commerce

Marle
malin

Marmaille
enfant, famille, smala

Marmelade
compote, confiture, gelée, purée

Marmitage
bombardement

Marmite
autocuiseur, caquelon, casserole, cocotte,
faitout, récipient

Marmité
bombardé

Marmite en fonte
braisière, cocotte

Marmiter
bombarder

Marmiteux
piteux

Marmiton
tournebroche

Marmonnement
murmure

Marmonner
bougonner, bredouiller, chuchoter, grogner,
grommeler, mâchonner, marmotter,
maugréer, murmurer, ronchonner

Marmoréen
froid, glacial

Marmot
adolescent, ange, bambin, bébé, chérubin,
descendant, enfant, figurine, gamin,
nourrisson, petit, poupon, rejeton

Marmotte
fanchon

Marmottement
murmure

Marmotter
balbutier, bougonner, bredouiller, chuchoter,
grommeler, mâchonner, marmonner,
maugréer, murmurer, ronchonner

Marmotteur
baragouineur

Marnage
amendement

Marne
compost, glaise

Marné
travaillé

Marner
besogner, travailler

Marneux
glaiseux

Marnière
carrière

Maronner
gronder, ronchonner

Maroquin
cuir

Maroquinerie
tannerie

Marotte
caprice, dada, folie, habitude, lubie, manie,
obsession, tic

Maroufle
coquin

Marquage
piquetage

Marquage au moyen de lettres
lettrage

Marquant
important, mémorable, notable, saillant,
signalé, significatif

Marque
annonce, appellation, astérisque, attestation,
attribut, balise, bleu, borne, bouée, butoir,
cachet, cale, caractère, chevron, chiffre,
cicatrice, coche, cote, couture, critère,
croix, démonstration, ecchymose, effigie,
empreinte, encoche, enseigne, estampille,
étiquette, flétrissure, galon, griffe, impression,
indication, indice, insigne, jalon, label,
logo, manifestation, marbrure, matricule,
meurtrissure, monogramme, nom, numéro,
paraphe, pli, poinçon, point, présage,
preuve, repère, résultat, ride, sceau, score,
seing, signal, signalement, signature, signe,
signet, stigmate, symbole, symptôme, tache,
tampon, témoignage, témoin, timbre, trace,
traînée, trait, vergeture, vestige, vignette,
zébrure

Marqué
accentué, accusé, affecté, annoncé, attesté,
balisé, borné, buriné, caractérisé, coché,
consigné, coté, délimité, dénoncé, dénoté,
désigné, dit, écrit, empreint, éprouvé,
estampé, estampillé, étiqueté, flétri, fort,

imprégné, impressionné, imprimé, influencé, inscrit, jalonné, limité, manifesté, marbré, marqueté, matérialisé, matriculé, montré, net, noté, numéroté, piqueté, poinçonné, pointé, ponctué, précis, prononcé, prouvé, relevé, repéré, respiré, réussi, révélé, scandé, sensible, stigmatisé, taché, tacheté, tatoué, tavelé, témoigné, timbré, touché, tracé, zébré

Marque apposée
label

Marque caractéristique, distinctive
trait

Marque d'approbation
bravo

Marque d'ordinateurs
Macintosh

Marque d'une victoire
trophée

Marqué de bandes
fascié

Marque de commerce
MC, Zip

Marqué de petites raies
vergelé

Marque de vénération
hommage

Marque faite en mordant
morsure

Marque formée par un pli
pliure

Marque l'intention, le but
afin

Marque la joie
hip

Marque la répétition dans le temps
chaque

Marque laissée par une plaie
stigmate

Marque le doute
euh

Marqué par le fanatisme
fanatique

Marque qu'on fait à la peau en la suçant fortement
suçon

Marque qui reste sur la peau qui a été pincée
pinçon

Marque sur la peau
pinçon

Marque-page
marque

Marque, repère
jalon

Marquer
accentuer, accuser, affecter, annoncer, annoter, assigner, attester, baliser, borner, buriner, cocher, consigner, coter, dégoter, dégotter, délimiter, dénoncer, dénoter, désigner, dire, distinguer, écrire, empreindre, éprouver, estamper, estampiller, étiqueter, exprimer, fixer, flétrir, friper, graver, imprégner, impressionner, imprimer, indiquer, influencer, inscrire, jalonner, limiter, manifester, marbrer, marqueter, matérialiser, matriculer, montrer, noter, numéroter, observer, piqueter, poinçonner, pointer, ponctuer, prononcer, prouver, ravager, relever, repérer, respirer, réussir, révéler, rider, scander, signaler, signifier, souligner, stigmatiser, tacher, tacheter, tatouer, taveler, témoigner, timbrer, toucher, tracer, typer, zébrer

Marquer d'un cran
créner

Marquer d'un signe
cocher

Marquer d'un trait
cocher

Marquer d'une entaille
créner

Marquer de bandes foncées
zébrer

Marquer de bigarrures
bigarrer

Marquer de couleurs contrastantes
bigarrer

Marquer de couleurs qui tranchent l'une sur l'autre
bigarrer

Marquer de dessins indélébiles
tatouer

Marquer de l'esprit latin
latiniser

Marquer de lignes sinueuses
zébrer

Marquer de petites taches
picoter, tacheter

Marquer de raies
rayer, strier

Marquer de rides
raviner

Marquer de traits
ligner

Marquer de traits profonds
sabrer

Marquer l'emplacement
tracer

Marquer la mesure
scander

Marquer le début de
inaugurer

Marquer les arbres à épargner dans une coupe
layer

Marquer par tomes
tomer

Marquer une note d'un dièse
diéser

Marques de fierté
honneurs

Marqueté
marqué, tacheté, tigré, veiné

Marqueter
marquer, tacheter

Marqueur
buteur, feutre, stylo, traceur

Marquis bien connu
Sade

Marquise
auvent, bague

Marrant
cocasse, comique, gai, hilarant, récréatif

Marrer (Se)
bidonner, glousser, plaisanter, poiler, pouffer, rigoler, rire

Marri
contrit, fâché, repentant

Marron
beige, bronze, brun, châtaigne, clandestin, corrompu, havane, irrégulier, kaki, malhonnête, tabac, véreux

Marronnier
arbre

Marrube d'eau
lycope

Mars
mois

Mars
planète

Marsouin
bélouga, béluga, cétacé, dauphin

Marsupial
kangourou

Marteau
arme, assette, fou, heurtoir, loufoque, mail, maillet, mailloche, masse, massette, outil, picot

Marteau à deux pointes
smille

Marteau à river
rivoir

Marteau de couvreur
asseau, assette

Marteau de porte
heurtoir

Marteau long et fin
longuet

Martelé
accentué, écrasé

Martèlement
battement

Marteler
accentuer, battre, détacher, écraser, frapper, pilonner, prononcer, scander

Martial
belliqueux, combattif, guerrier, militaire

Martien
extraterrestre

Martinet
fouet, oiseau

Martingale
patte

Martini
dry, vermouth

Martre
hermine

Martre de Sibérie et du Japon
zibeline

Martre du Canada
pékan

Martyr
victime

Martyre
calvaire, croix, douleur, géhenne, mal, souffrance, supplice, torture, tourment

Martyriser
crucifier, persécuter, torturer, tourmenter

Mas
bastide, maison

Mascara
fard, khôl, kohol, maquillage, noir, rimmel

Mascarade
carnaval, cirque, comédie, déguisement, hypocrisie, imposture, momerie, mystification, pantalonnade, supercherie

Mascotte
amulette, fétiche, grigri, talisman

Masculin
garçonnier, mâle, viril

Masque
air, apparence, couvert, dehors, expression, extérieur, façade, faciès, loup, physionomie, semblant, vernis, visage, voile

Masqué
anonyme, arrangé, caché, camouflé, costumé, couvert, déguisé, dénaturé, dissimulé, éclipsé, enrobé, escamoté, fardé, latent, occulté, offusqué, recouvert, travesti, voilé

Masque qui filtre l'air
respirateur

Masquer
arranger, cacher, camoufler, couvrir, déguiser, dénaturer, dissimuler, éclipser, enrober, escamoter, farder, occulter, offusquer, pallier, recouvrir, travestir, voiler

Massacre
abîme, boucherie, carnage, destruction, gâchis, génocide, hécatombe, tuerie

Massacré
abîmé, anéanti, détruit

Massacrer
abîmer, abolir, amocher, anéantir, assassiner, bousiller, critiquer, décimer, défigurer, démolir, descendre, détériorer, détruire, éreinter, esquinter, exécuter, exterminer, fusiller, gâcher, gâter, immoler, lapider, lyncher, saccager, tuer

Massage
friction, pétrissage

Massant
agglutinant

Masse
abondance, affluence, agglomérat, agrégat, amas, amoncellement, armada, arme, armée, bataillon, bâton, bloc, cargaison, cohorte, ensemble, fatras, flopée, foison, foule, foultitude, front, groupe, kyrielle, légion, lourdeur, magma, maillet, mailloche, marteau, massette, massue, mer, meute, mise, moisson, monceau, morceau, multitude, myriade, nuée, paquet, pesanteur, peuple, poids, populace, profusion, public, quantité, rassemblement, régiment, réunion, ribambelle, somme, tapée, tas, total, totalité, volume

Masse charnue qui enveloppe le fœtus
placenta

Masse compacte et pesante
bloc

Masse continentale formée par l'Asie et l'Europe
Eurasie

Masse d'eau
rivière

Masse d'eau qui se déplace
flot

Masse d'une matière moulée
pain

Masse de beurre
motte

Masse de fer aciéré
enclume

Masse de glace flottante
iceberg

Masse de matière en fusion versée dans un moule
coulée

Masse de métal
lingot

Masse de métal ou d'alliage
lingot

Masse de neige durcie
névé

Masse de pierre dure
rocher

Masse du papier exprimée en grammes au mètre carré
grammage

Masse pierreuse sphérique
géode

Masse pour assommer les bœufs
merlin

Masse solide
bloc

Masselotte
bavure

Masser
affluer, agglomérer, amasser, assembler, bloquer, collecter, concentrer, cumuler, entasser, frictionner, frotter, grouper, malaxer, palper, pétrir, presser, rassembler, regrouper, réunir, serrer, tasser

Massette
marteau, masse, roseau

Masseur
kinésithérapeute, massothérapeute, soigneur

Massicoter
rogner

Massif
bois, bosquet, buisson, chaîne, compact, considérable, corbeille, corpulent, épais, fort, gros, grossier, important, imposant, intense, lourd, mont, montagne, obèse, opulent, parterre, pesant, plein, ramassé, sommet, trapu

Massif boisé du bassin parisien
Othe

Massif d'arbustes
fourré

Massif de fondation d'un bâtiment
platée

Massif de l'Algérie orientale
Aurès

Massif de maçonnerie
culée

Massif de pierre destiné à recevoir une poussée
butée

Massif du nord du Maroc
Rif

Massif montagneux de l'Algérie septentrionale
Dahra

Massif montagneux de l'Asie centrale russe
Altaï

Massif montagneux du Sahara méridional
Aïr

Massif où, suivant la Bible, s'arrêta l'arche de Noé
Ararat

Massifier
répandre

Massothérapeute
masseur

Massue
arme, bâton, batte, décisif, gourdin, indiscutable, irréfutable, masse, percutant

Mastic
gris

Masticateur
broyeur

Mastication
mâchement

Mastiquer
broyer, mâcher, mâchonner, mâchouiller, manger, triturer

Mastite
mammite

Mastoc
grossier, lourd, trapu

Mastodonte
colosse, éléphant, obèse, titan

Masure
baraque, bicoque, cabane, cahute, gourbi, maison, taudis

Mat
foncé, sourd, terne

Mât
antenne, arbre, beaupré, pylône

Mât arrière d'un voilier qui en comporte deux ou davantage
artimon

Mât de misaine
trinquet

Mât horizontal
bôme

Mât le plus arrière sur un navire à trois mâts et plus
artimon

Mât placé obliquement à l'avant du navire
beaupré

Matador
espada, toréador, torero

Mataf
matelot

Matamore
bravache, fanfaron, fendant, hâbleur, vantard

Matassin
bouffon

Match
amusement, combat, compétition, concours, épreuve, jouet, joute, lutte, partie, rencontre, tournoi

Maté
dominé, étouffé, macéré

Matelas
couche, coussin, futon, lit, natte, paillasse, protection, sécurité

Matelas d'origine japonaise
futon

Matelas de coton
futon

Matelassé
bourré, capitonné, cuirassé, garni, rembourré

Matelasser
bourrer, capitonner, cuirasser, garnir, rembourrer

Matelot
marin, mataf, mousse

Matelot affecté au service de la cale
calier

Matelot au Sénégal
laptot

Matelot chargé de l'entretien
gabier

Matelot chargé du service de la cale
calier

Matelot qui ouvre les morues
trancheur

Matelote
pochouse, ragoût

Mater
abattre, assouplir, briser, calmer, dépolir, dominer, dompter, dresser, étouffer, humilier, juguler, macérer, maîtriser, maman, matir, mère, mortifier, opprimer, réprimer, soumettre, terrasser, vaincre, visser

Matérialisé
marqué

Matérialiser
marquer, réaliser, tracer

Matérialisme
athéisme

Matérialiste
athée, matériel, positif, utilitaire

Matérialité
réalité

Matériau
documents, données, éléments, matériel, matière, support

Matériau céramique
grès

Matériau composite formé de produits céramiques
cermet

Matériau de construction
béton

Matériau de construction constitué de terre argileuse
pisé

Matériau formé d'un mortier
béton

Matériau léger
liège

Matériau stratifié
formica

Matériau synthétique imitant le cuir
Skaï

Matériel d'une armée
bagage

Matériel de couchage
literie

Matériel de guerre
artillerie, engin

Matériel du tireur à l'arc
archerie

Maternel
natal

Materner
choyer, dorloter, pouponner, surprotéger

Maternité
accouchement, enfantement, génération, grossesse, hôpital, procréation

Mathématique
algèbre, exact, nécessaire, précis, rationnel, rigoureux

Mathusalem
bouteille

Matière
article, champ, chapitre, contenu, corps, discipline, domaine, étoffe, fond, matériau, matériel, motif, objet, occasion, partie, point, propos, question, science, secteur, substance, sujet, teneur, terrain, thème, tissu

Matière à base de résine polyamide
nylon

Matière avec laquelle on fait les dirigeables
baudruche

Matière carbonée noire
suie

Matière collante
glu

Matière colorante
éosine

Matière colorante brunâtre
sépia

Matière colorante brune utilisée pour la teinture du coton
cachou

Matière colorante rouge
éosine

Matière colorée végétale ou animale
pigment

Matière en fusion émise par un volcan en activité
lave

Matière fertilisante d'origine animale
guano

Matière fétide mélangée de sang
sanie

Matière grasse
crème, sébum

Matière grasse du lait
crème

Matière inflammable
résine

Matière minérale utilisée en bijouterie
gemme

Matière onctueuse et jaune
cérumen

Matière organique
humus

Matière plastique
PVC

Matière plastique fluorée
téflon

Matière plastique translucide, malléable, très inflammable
celluloïd

Matière première
matériau

Matière propre à être tissée
textile

Matière pulvérulente
ciment

Matière pulvérulente d'origine volcanique
cendre

Matière purulente
sanie

Matière qui se forme dans l'oreille
cérumen

Matière qui use par frottement
abrasif

Matière résistante d'un blanc laiteux
ivoire

Matière rocheuse et dure
roc

Matière sébacée que sécrète la peau des moutons
suint

Matière synthétique
plastique

Matière textile
abaca, ouate

Matière textile aussi appelée tagal
abaca

Matière tinctoriale bleue
indigo

Matière utilisée dans la cémentation
cément

Matière utilisée en céramique fine
porcelaine

Matière visqueuse
glu

Matière visqueuse à base de résine
poix

Matière volcanique légère, bulbeuse et rude
scorie

Matière vomie
vomissure

Matin
aube, aurore, commencement, début, enfance, jour, matinée, printemps

Mâtin
chien

Matinal
matineux, matutinal, tôt

Mâtiné
bâtard, composite, croisé, hybride, mélangé, mêlé, métis, métissé, panaché

Matinée
aube, aurore, jour, matin, séance

Mâtiner
croiser, mélanger

Matines
vigile

Matineux
matinal, matutinal

Matinier
matutinal

Matir
mater

Matoir
ciseau

Matois
ficelle, fin, finaud, madré, malin, retors, roué, rusé

Matoiserie
rouerie, ruse

Maton
garde, geôlier

Matos
outillage

Matou
chat, félin, minet, minou

Matraquage
battage, boniment

Matraque
arme, bâton, gourdin, trique

Matraqué
bombardé

Matraquer
assommer, attaquer, battre, bombarder, critiquer, démolir, escroquer, frapper, pilonner

Matras
flèche

Matrice en acier
étampe

Matricer
estamper

Matricide
homicide

Matricule
marque, nombre, numéro

Matriculé
inscrit, marqué

Matriculer
inscrire, marquer

Matrimonialement
maritalement

Matrone
femme, rombière, sorcière

Matthiole
violier

Maturation
affinage

Maturation des fruits
véraison

Mature
mûr

Maturité
circonspection, épanouissement, mesure, modération, plénitude, pondération, sagesse, vigueur

Maturité d'une inflammation
coction

Matutinal
matinal, matineux, matinier

Maudire
abhorrer, abominer, agonir, anathématiser, condamner, damner, détester, exécrer, haïr, injurier, pester, réprouver, vomir

Maudit
abominable, damné, détestable, exécrable, fichu, haïssable, infortuné, malheureux,

mauvais, paria, pestiféré, réprouvé, sacré, satané

Maudit, sacré
satané

Maugréer
bougonner, grogner, grommeler, jurer, marmonner, marmotter, pester, plaindre, râler, rechigner, récriminer, ronchonner, rouspéter

Maupiteux
cruel

Maure
arabe, berbère, kabyle, sarrasin, touareg

Mausolée
cénotaphe, marabout, monument, tombeau

Maussade
acariâtre, acrimonieux, boudeur, bourru, chagrin, désabusé, désagréable, ennuyeux, grincheux, gris, grisâtre, grognon, hargneux, insipide, mécontent, mélancolique, morne, morose, pessimiste, rébarbatif, renfrogné, revêche, terne, triste

Mauvais accueil
rebuffade

Mauvais bateau
rafiot

Mauvais cheval
rosse, tocard, toquard

Mauvais cheval efflanqué
haridelle

Mauvais cuisinier
gargotier

Mauvais film
navet

Mauvais fusil
pétoire

Mauvais garçon
malandrin

Mauvais jeu de mots
calembour

Mauvais petit cheval
mazette

Mauvais poète
poétereau

Mauvais ragoût
rata

Mauvais traitements
sévices

Mauvais vin
vinasse

Mauvaise chance, mauvaise fortune
malchance

Mauvaise constitution
dyscrasie

Mauvaise cuisine trop grasse
graillon

Mauvaise donne, aux cartes
maldonne

Mauvaise foi
duplicité

Mauvaise herbe
chiendent

Mauvaise humeur
bouderie, hargne

Mauvaise imitation de pierreries
clinquant

Mauvaise interprétation
contresens

Mauvaise mère
marâtre

Mauvaise nourriture mal préparée
rata

Mauvaise odeur
relent

Mauvaise plaisanterie
crasse

Mauvaise voiture
patache

Mauve
lilas, violet

Mauviette
alouette, avorton, gringalet, lâche, lavette, lopette, lulu, poltron

Maxi
maximal

Maxillaire
mâchoire

Maxillaire inférieur
mandibule

Maximal
maxi, maximum, optimal

Maximaliser
maximiser

Maxime
adage, aphorisme, apophtegme, axiome, devise, dicton, loi, morale, moralité, pensée, postulat, précepte, principe, proposition, proverbe, règle, sentence, vérité

Maxime populaire
adage

Maximiser
maximaliser, optimiser

Maximum
acmé, comble, culminant, extrémum, limite, maximal, optimal, paroxysme, plafond, record, summum

Mayonnaise à l'ail
aïoli, ailloli

Mayonnaise à l'ail et à l'huile d'olive
aïoli, ailloli

Mayonnaise à la moutarde
rémoulade

Mazagran
verre

Mazdéisme
parsisme

Mazette
incapable

Mazout
fioul, huile

Mbar
millibar

Mc
mégacoulomb, mégacycle

Md
mendélévium

Me
moi

Mea-culpa
aveu, repentir

Méandre
boucle, bouclette, cingle, contour, coude,
courbe, courbure, détour, lacet, ondulation,
repli, sinuosité, tour, tournant, virage, zigzag

Méandres
forêt, lacis, maquis

Méat
orifice

Mec
garçon, homme, monsieur, type

Mécanicien
mécano

Mécanique
automatique, dispositif, inconscient, instinctif,
involontaire, irréfléchi, machinal, machine,
mécanisme, moteur, réflexe, spontané,
technique

Mécanisation
automation, automatisation, motorisation,
robotisation

Mécaniser
automatiser, industrialiser, motoriser, robotiser

Mécanisme
dispositif, engrenage, fonctionnement,
instrument, machine, mécanique,
mouvement, organe, procédure, processus,
rouage, système

Mécanisme de déclenchement
déclic

Mécanisme servant à éjecter une pièce
éjecteur

Mécanisme servant à faire tourner une broche
tournebroche

Mécano
dépanneur, garagiste, mécanicien

Mécénat
commandite, parrainage, protection,
sponsorisation

Mécène
bienfaiteur, philanthrope, protecteur, sponsor

Méchamment
durement, rudement, vilainement

Méchanceté
crasse, cruauté, dureté, fiel, haine, hostilité,
malice, malignité, malveillance, misère,
noirceur, pique, piqûre, rosserie, saleté

Méchanceté, haine
venin

Méchant
abject, acariâtre, acerbe, acéré, acrimonieux,
agressif, amer, atroce, bas, blessant, brutal,
charogne, chipie, corrosif, criminel, cruel,
dangereux, démoniaque, désagréable,
diabolique, dur, enfiellé, féroce, fielleux,
furie, grave, haineux, hargneux, harpie,
immonde, important, indiscipliné, infect,
infime, insignifiant, insupportable, intraitable,
maigre, malfaisant, malheureux, malin,
malintentionné, mauvais, médiocre,
médisant, minable, misérable, miteux,
moche, mordant, négligeable, noir, nuisible,
odieux, pauvre, perfide, pervers, peste, petit,
piètre, rosse, satanique, scélérat, sérieux,
sorcière, teigne, teigneux, terrible, turbulent,
vache, venimeux, vilain

Mèche
aigrette, boucle, champignon, cordon,
épi, foret, houppe, lumignon, moucheron,
postiche, touffe, toupet, vrille

Mèche de cheveux
couette, épi

**Mèche recouverte de suif et servant à
l'éclairage**
chandelle

Mécher
soufrer

Mécompte
déception, déconvenue, désappointement,
désenchantement, désillusion

Méconnaissable
autre, différent

Méconnaissance
ignorance

Méconnaître
ignorer, méjuger, mésestimer, négliger

Méconnu
anonyme, ignoré, incompris, inconnu, obscur

Mécontent
boudeur, contrarié, déçu, dépité,
désappointé, ennuyé, fâché, grincheux,
grognon, grondeur, insatisfait, irrité,
maussade, ronchon

Mécontenté
affligé, aliéné

Mécontentement
agacement, contrariété, désagrément, froid,
froideur, grogne, malaise

Mécontentement
grogne

Mécontenter
affliger, aliéner, chagriner, contrarier, décevoir,
ennuyer, fâcher

Mécréant
agnostique, areligieux, athée, gentil,
hérétique, impie, incrédule, incroyant,
infidèle, irréligieux, païen, sceptique

Médaille
amulette, badge, décoration, diplôme,
insigne, médaillon, plaque, prix, récompense,
trophée

Médaillé d'argent en judo en 2000
Gill, Nicolas

Médaillé d'argent, avec sa sœur, en patinage artistique, en 1992
Duchesnay, Paul

Médaillé d'or au 10 000 m en 1928
Paavo

Médaillé d'or au 100 m à Pékin, en 2008
Bolt

Médaillé d'or au 100 m en 1988
Carl, Lewis

Médaillé d'or au 100 m en 1996
Bailey

Médaillé d'or au 200 m à Pékin, en 2008
Bolt, Usain

Médaillé d'or au relais 4x100 m en 1996
Surin

Médaillé d'or en patinage de vitesse courte piste sur 500 m en 2010
Charles, Hamelin

Médaillé d'or en surf des neiges en 2010
Anderson

Médaillé de bronze en judo en 1992
Gill

Médaillée d'argent au 1000 m en patinage de vitesse courte piste en 1988
Lambert

Médaillée d'argent en patinage de vitesse sur courte piste, au relais 3000 m, en 2006 et en 2010
Roberge

Médaillée d'or en gymnastique en 1976
Comaneci

Médaillée d'or en plongeon au tremplin de 3 m en 1984
Bernier

Médaillée de bronze en plongeon, au tremplin de 3 m, en 1996
Annie, Pelletier

Médailler
décorer, honorer

Médailliste
numismate

Médaillon
médaille

Médecin américain mort en 1993
Sabin

Médecin expérimenté au diagnostic très sûr
clinicien

Médecin spécialiste en oncologie
oncologue

Médecin spécialiste en urologie
urologue

Médecin traitant
praticien

Médecine
cure, drogue, médicament, pilule, remède,
thérapeutique, traitement

Médecine de la vieillesse
gériatrie

Médecine des enfants
pédiatrie

Média
information, presse

Médian
central, moyen

Médianoche
minuit, repas, réveillon, souper

Médiateur
arbitre, conciliateur, intermédiaire,
négociateur, ombudsman, relais, tiers

Médiation
arbitrage, compromis, conciliation, entremise,
intermédiaire, interposition, intervention,
office

Médiator
plectre

Médical
curatif, médicinal, soignant, thérapeutique

Médicament
antidote, drogue, médecine, panacée, pilule,
potion, remède, thérapie

Médicament analgésique
aspirine

Médicament employé comme traitement du paludisme
quinine

Médicament fictif
placebo

Médicament liquide
potion

Médicament qui fortifie
tonique

Médicament sous forme de cachet
pilule

Médication
cure, remède, soins, thérapeutique, thérapie, traitement

Médicinal
médical

Médiéval
gothique, moyenâgeux

Médiocre
bas, borné, commun, dérisoire, étriqué, étroit, faible, falot, humble, imparfait, incapable, incompétent, inférieur, insatisfaisant, insignifiant, insuffisant, limité, maigre, mauvais, méchant, mesquin, minable, mince, minime, misérable, moche, modeste, modique, moyen, négligeable, nul, obscur, ordinaire, pâle, pauvre, petit, piètre, piteux, pitoyable, plat, quelconque, ringard, triste

Médiocrement
guère, mal, peu

Médiocrité
anonymat, bassesse, étroitesse, exiguïté, faiblesse, maigreur, modestie, pauvreté, petitesse, platitude

Médire
attaquer, baver, calomnier, cancaner, critiquer, déblatérer, déchirer, décrier, dénigre, diffamer, jaboter, jaser, potiner, vilipender

Médisance
bavardage, calomnie, commérage, dénigrement, diffamation, potin, racontar, ragot, venin

Médisant
baveux, calomniateur, calomnieux, cancanier, détracteur, diffamant, diffamateur, diffamatoire, fielleux, maldisant, malveillant, mauvais, méchant, venimeux

Méditatif
absorbé, contemplatif, penseur, pensif, recueilli, rêveur, songeur

Méditation
pensée, rêverie, songerie

Médité
étudié, mûri, pensé, roulé

Méditer
approfondir, cogiter, combiner, comploter, conspirer, contempler, délibérer, échafauder, imaginer, inventer, manigancer, mijoter, mûrir, ourdir, penser, préparer, projeter, raisonner, recueillir, réfléchir, rêvasser, rêver, rouler, ruminer, songer, tramer

Méditerranée
mer

Médium
moyen, spirite, voyant

Médius
majeur

Médusant
ahurissant, stupéfiant, suffocant

Méduse
aurélie

Médusé
abasourdi, ahuri, ébahi, ébaubi, éberlué, étonné, immobile, interdit, pantois, stupéfait, stupide, transi

Méduse des mers tempérées
aurélie

Méduser
abasourdir, ahurir, clouer, ébahir, éberluer, étonner, foudroyer, frapper, interloquer, pétrifier, sidérer, stupéfier

Meeting
assemblée, conférence, manifestation, rassemblement, rencontre, réunion

Méfait
crime, dégât, dommage, faute, forfait, nuisance, ravage

Méfiance
attention, défiance, doute, précaution, prévention, réserve, scepticisme, soupçon, suspicion

Méfiant
circonspect, défiant, farouche, ombrageux, réservé, réticent, sauvage, sceptique, soupçonneux, suspicieux

Méfier (Se)
douter

Meg
mégaoctet

Mégacoulomb
MC

Mégacycle
Mc

Mégalithe
dolmen, menhir

Mégalomanie
folie

Mégalopole
cité

Mégaoctet
meg

Mégaptère
jubarte

Mégarde
amusement, inadvertance, involontairement

Mégère
chipie, dragon, femme, furie, harpie, peste, sorcière

Mégi
tanné

Mégir
mégisser, tanner

Mégisser
mégir, tanner

Mégisserie
tannerie

Mégissier
tanneur

Mégot
bout, cigarette

Mégoter
lésiner

Méhari
dromadaire

Meilleur
champion, excellent, mieux, premier, supérieur

Meilleur en son genre
as

Meilleur joueur de la NBA à la fin des années 1970
Erving

Meilleur joueur de soccer de l'année FIFA en 1996, 1997 et 2002
Ronaldo

Meilleure performance
record

Méiose
division, mitose

Meistre
colonel

Méjuger
déprécier, méconnaître, mésestimer

Mélancolie
abattement, acrimonie, asthénie, blues, cafard, dépression, déprime, ennui, morosité, neurasthénie, noirceur, nostalgie, regret, spleen, tristesse

Mélancolie douce et rêveuse
langueur

Mélancolique
acariâtre, atrabilaire, bilieux, écœuré, fou, maussade, morne, morose, pessimiste, sombre, ténébreux, triste

Mélancoliquement
amèrement

Mélange
accouplement, alliage, alliance, amalgame, assemblage, association, assortiment, bigarrure, brassage, cocktail, combinaison, composé, compost, confusion, croisement, désordre, différence, embrouillamini, emmêlement, enchevêtrement, entrelacement, fatras, fouillis, fusion, imbroglio, laitue, magma, mariage, métissage, mixage, mixture, mosaïque, panachage, patchwork, préparation, promiscuité, réunion, salade, salmigondis, tissu, union, variété

Mélangé
abâtardi, bâtard, composite, disparate, divers, mâtiné, mitigé, mixte, pétri

Mélange confus
magma

Mélange d'argile et de calcaire
marne

Mélange d'hydrocarbures utilisé comme solvant
benzine

Mélange d'orge et de froment
caron

Mélange de chaux et de sable
mortier

Mélange de cire et d'huile
cérat

Mélange de couleurs contrastées
bariolure

Mélange de deux ou de plusieurs choses
mixage

Mélange de feuilles de salades
mesclun

Mélange de flocons d'avoine
muesli, musli

Mélange de flocons de céréales et de fruits secs
muesli, musli

Mélange de fumée et de brouillard
smog

Mélange de langues
volapük

Mélange de légumes
macédoine

Mélange de raisins secs et de mélasse
farlouche

Mélange de sable et de ciment
gunite

Mélange de seigle et de froment semés et récoltés ensemble
méteil

Mélange de sucre et d'eau
caramel

Mélange de tabac et de chanvre indien
kif

Mélange fermenté de résidus organiques et minéraux
compost

Mélange formant une masse pâteuse
magma

Mélange liquide provenant de la rectification des alcools
fusel

Mélange mou et gluant
poix

Mélange naturel de nitrates
salpêtre

Mélange pour faire mariner
marinade

Mélange très fluide de ciment et d'eau
barbotine

Mélanger
abâtardir, accoupler, agiter, allier, amalgamer, assembler, associer, battre, brasser, brouiller, combiner, confondre, couper, croiser, embrouiller, emmêler, enchevêtrer, entrelacer, entremêler, étendre, fondre, fouetter, frelater, incorporer, joindre, malaxer, manipuler, marier, mâtiner, mêler, mixer, panacher, recouper, remuer, réunir, touiller, tourner, tremper, unir

Mélanger avec un coupage
recouper

Mélangeur
mitigeur, mixeur, robinet, shaker

Mélanine
pigment

Mêlant
compliqué, confus, embrouillé

Mélasse
misère

Mêlé
associé, bigarré, mâtiné, mitigé, mixte, perdu

Mêlé de malt grillé
malté

Mêlé de terre
terreux

Méléagrine
pintadine

Mêlée
bagarre, bataille, chaos, cohue, combat, confusion, échauffourée, lutte, pugilat, rixe

Mêlée de gens qui se battent
bagarre

Mêler
allier, amalgamer, assembler, associer, battre, bigarrer, brouiller, combiner, compromettre, croiser, emmêler, enchevêtrer, entraîner, entremêler, fondre, fusionner, impliquer, incorporer, joindre, manipuler, mélanger, mixer, panacher, rassembler, réunir, troubler, unir

Mêler d'iode
ioder

Mélèze
conifère, sapin

Méli-mélo
confusion, fouillis, mélange

Mélioratif
laudatif

Mélisse
citronnelle, mélitte

Mélitte
mélisse

Melliflu
mielleux, sucré, visqueux

Mélodie
air, aria, ariette, ballade, cantilène, chanson, chant, harmonie, inflexions, intonation, lied, musique, rythme

Mélodie langoureuse
cantilène

Mélodieux
agréable, doux, musical, suave

Mélodrame
pathos, théâtre

Melon
cantaloup, chapeau, pastèque

Melon à chair jaune, très parfumé
cavaillon

Melon à côtes rugueuses
cantaloup

Melon brodé
cantaloup

Melon d'eau
pastèque

Mélongine
aubergine

Mélopée
ballade, chanson, chant, récitatif

Membrane
cloison, enveloppe, pellicule, tissu

Membrane colorée de l'œil
iris

Membrane de l'œil
rétine

Membrane de l'oreille
tympan

Membrane épaisse qui recouvre le pied et le chapeau de certains champignons jeunes
volve

Membrane mince
pellicule

Membrane qui enveloppe le fœtus
amnios

Membrane qui permet de nager
nageoire

Membrane qui protège l'ouverture des narines des oiseaux
opercule

Membrane très mince faite avec les intestins du bœuf ou du mouton
baudruche

Membre
adepte, adhérent, affilié, allié, associé, bras, inscrit, jambe, participant, partie, patte, recrue, sociétaire

Membre actif d'une organisation
militant

Membre d'un ancien peuple amérindien du Mexique
Aztèque

Membre d'un gang
gangster

Membre d'un jury
juré

Membre d'un mouvement religieux
mormon

Membre d'un mouvement religieux protestant
quaker

Membre d'un mouvement religieux qui constate le baptême
baptiste

Membre d'un peuple bantou d'Afrique australe
Zoulou

Membre d'un peuple habitant le Laos
Moï

Membre d'un sénat
sénateur

Membre d'une ambassade
attaché

Membre d'une commission de censure
censeur

Membre d'une communauté religieuse de l'Inde rejetant le système des castes hindoues
sikh

Membre d'une conjuration
conjuré

Membre d'une ethnie vivant au Rwanda et au Burundi
Tutsi

Membre d'une peuplade de l'Amérique du Nord
Huron

Membre d'une secte américaine
shaker

Membre d'une secte hérétique du Moyen Âge
cathare

Membre d'une secte juive conservatrice, rivale des pharisiens
saducéen

Membre de l'ajisme
ajiste

Membre de l'ordre fondé par Ignace de Loyola
jésuite

Membre de la Cagoule
cagoulard

Membre de la congrégation de Saint-Sulpice
sulpicien

Membre de la mafia
mafioso

Membre de la nation abénaquise
Abénaquis

Membre de la nation algonquine
Algonquin

Membre de la nation attikamek
Attikamek

Membre de la nation crie
Cri

Membre de la nation huronne
Huron

Membre de la nation innue
Innu

Membre de la nation inuite
Inuit

Membre de la nation malécite
Malécite

Membre de la nation micmaque
Micmac

Membre de la nation mohawk
Mohawk

Membre de la nation naskapie
Naskapi

Membre de la nation wendate
Wendat

Membre de la tribu de Lévi
Lévite

Membre des animaux supportant le corps
patte

Membre du clergé
prêtre

Membre du conseil des califes
vizir

Membre du duo Ding et Dong
Meunier, Thériault

Membre du duo Dominic et Martin
Cloutier, Sillon

Membre du duo Jim et Bertrand
Corcoran

Membre du duo Les Grandes Gueules
Gaudet, Tessier

Membre du groupe Beau Dommage
Bertrand, Desrosiers, Rivard

Membre du parti libéral opposé aux torys
whig

Membre permettant la nage
nageoire

Membre rattaché à l'épaule
bras

Membré, ossu
membru

Membres
abatis, abattis

Membron
baguette

Membru
gros

Même
aussi, commun, égal, équivalent, exact,
identique, inchangé, pareil, pareillement,
propre, semblable, similaire, strict, uniforme,
voire

Mémé
mamie, mémère

Mémento
abrégé, agenda, almanach, guide, manuel,
résumé, synopsis

Mémère
mamie, mémé

Mémoire
dissertation, état, étude, exposé, facture,
monographie, passé, postérité, rappel,
rémanence, renommée, réputation, requête,
souvenance, souvenir, trace, traité

Mémoire vive
RAM

Mémoires
annales, autobiographie, cahiers, chronique,
commentaires, histoire, journal, récit

Mémorable
admirable, célèbre, fameux, glorieux,
historique, illustre, important, indélébile,
ineffaçable, inoubliable, marquant,
remarquable, saillant, signalé

Mémorandum
agenda, note

Mémorialiste
annaliste, historien

Mémorisé
retenu

Mémoriser
retenir

Menaçant
agressif, comminatoire, dangereux, fulminant,
grondant, incertain, inquiétant, lourd, noir,
nuisible, redoutable, sinistre, sombre

Menace
alerte, avertissement, chantage, contrainte,
danger, épouvantail, intimidation, péril,
présage, risque, spectre

Menacé
fragile, incertain

Menacer
admonester, effrayer, gronder, hypothéquer,
intimider, invectiver, provoquer, réprimander

Ménade
bacchante

Ménage
couple, économie, entretien, famille, feu,
foyer, maison, maisonnée, mariage

Ménagement
égard, précaution, prudence, soin

Ménager
aménager, arranger, assurer, donner,
économiser, épargner, faciliter, fournir,
garantir, installer, mesurer, modérer,
organiser, pratiquer, préparer, procurer,
réserver, soigner

Ménager des gradations dans les couleurs
nuancer

Ménagerie
zoo

Mendélévium
Md

Mendiant
chemineau, clochard, gueux, indigent,
mendigot, miséreux, nécessiteux

Mendier
demander, implorer, quémander, quêter,
solliciter

Mendigot
mendiant

Mené
amené, animé, encadré

Ménechme
sosie

Menées
agissements, calcul, complot, intrigue,
machination, manège, manœuvre

Mener
accompagner, administrer, aller, amener,
animer, commander, conduire, convoyer,
diriger, dominer, effectuer, emmener,
encadrer, entraîner, gérer, gouverner, guider,
orienter, piloter, régenter, régir, tenir, traiter,
transférer, transporter

Mener à
aboutir

Mener à bien
réussir

Mener à son terme
accomplir, terminer

Mener au terme de son accomplissement
consommer

Mener avec soi
emmener

Mener quelqu'un quelque part
conduire

Mener un train de vie tranquille
boulotter

Mener une existence insipide
végéter

Mener une vie faite de parties de plaisir
bambocher

Mener une vie plus calme
dételer

Ménestrel
aède, poète, trouvère

Ménétrier
violoneux

Meneur
agitateur, cerveau, chef, dirigeant, instigateur, leader, moteur, promoteur, protagoniste, provocateur, tête

Menhir
cromlech, dolmen, mégalithe, peulven

Méniane
balcon

Menin
page

Méninges
cervelle

Ménologe
calendrier

Menotte
attache, main

Menottes
poucettes

Mensonge
attrape, baratin, blague, bluff, bobard, boniment, calomnie, canular, conte, contrevérité, désinformation, duperie, duplicité, erreur, fable, fabulation, fausseté, feinte, fiction, histoire, hypocrisie, illusion, imagination, imposture, invention, manipulation, menterie, mirage, mystification, mythomanie, simulacre, tromperie

Mensonger
controuvé, décevant, diffamant, erroné, fallacieux, faux, fourbe, inexact, infidèle, menteur, trompeur, vain

Mensonger, trompeur
décevant

Mensualité
salaire

Mensuration
dimension, mesure, stature

Mental
cérébral, intellectuel, moral, psychique, psychisme, psychologique, spirituel

Mentalité
mœurs, morale, moralité, psychologie

Menterie
mensonge

Menteur
bluffeur, charlatan, esbroufeur, fabulateur, fallacieux, faux, fourbe, hâbleur, hypocrite, imposteur, mensonger, mystificateur, mythomane, perfide, simulateur, trompeur, vantard

Menti
bluffé, leurré, triché

Mention
citation, évocation, indication, nomination, note, précision, rappel, récompense

Mention portée au dos d'un titre à ordre
endos

Mentionné
cité, inscrit, noté

Mentionné ci-dessus
susdit

Mentionner
citer, énoncer, évoquer, indiquer, inscrire, nommer, noter, préciser, relater, signaler, spécifier, stipuler

Mentir
abuser, accroire, adultérer, berner, bluffer, duper, fabuler, feindre, inventer, leurrer, tricher, tromper

Mentonnière
bride, jugulaire

Mentor
conseiller, gourou, gouverneur, guide, guru, maître

Menu
carte, délicat, élancé, extrafin, filiforme, fin, fluet, frêle, gracile, grêle, insignifiant, léger, maigre, mince, négligeable, petit, programme, ténu

Menu morceau
bribe

Menuet
danse

Menuiser
charpenter

Menuiserie
boiserie, charpenterie

Menuisier
charpentier, ébéniste

Menus décombres de démolition
gravois

Méphistophélique
infernal, satanique

Méphitique
délétère, nauséabond, pestilentiel, puant,
toxique

Mépris
arrogance, dédain, dégoût, dérision,
détachement, écœurement, fierté, hauteur,
indifférence, insolence, mésestime, morgue,
nique, pitié, superbe

Mépris pour les choses de la religion
impiété

Méprisable
abject, détestable, honteux, ignoble,
lâche, laid, minable, misérable, pitoyable,
répugnant, vil

Méprisant
acéré, altier, arrogant, bêcheur, dédaigneux,
fier, hautain, rogue

Méprise
aberration, brouille, confusion, erreur,
fourvoiement, maldonne, malentendu,
quiproquo

Mépriser
abominer, bafouer, braver, dédaigner,
déprécier, fouler, gouailler, haïr, honnir,
ignorer, narguer, négliger, oublier, repousser,
snober, toiser, transgresser

Mer
abondance, égée, espace, flot, flux, large,
largeur, marée, masse, méditerranée,
multitude, océan, onde, surabondance

Mercanti
maquignon

Mercantilisme
vénalité

Mercatique
commerce

Mercenaire
vénal

Merci
grâce, miséricorde, pitié, remerciement

Mercredi
jour

Mercure
Hg, métal, planète

Mère
cause, femme, fille, fondateur, génitrice,
initiatrice, inventeur, maman, marâtre, mater,
origine, parent, source

Mère d'Artémis et d'Apollon
Léto

Mère d'Ismaël
Agar

Mère de Jésus
Marie

Mère de la Sainte Vierge
Anne

Mère de Zeus
Rhéa

Mère dénaturée
marâtre

Mère patrie
métropole

Mère-grand
mamie, mémé

Merengue
danse

Merguez
saucisse

Méridienne
canapé, divan, sieste

Méridional
midi, sud

Merise
fruit

Merisier à grappes
putier

Méritant
digne, vertueux

Mérite
avantage, capacité, éloge, force, gloire,
grandeur, honneur, louange, qualité, talent,
valeur, vertu

Mérité
juste, légitime

Mériter
encourir, exiger, falloir, gagner, justifier,
réclamer, risquer, valoir

Méritoire
bon, digne, louable, vertueux

Merlin
cordage, fendoir, hache

Merlu
lieu

Merrain
ramure

Merveille
bijou, collier, joyau, miracle, perfection, perle,
phénomène, prodige, trésor

Merveilleusement
bien

Merveilleux
admirable, beau, céleste, charmant,
délicieux, divin, épatant, étonnant,
étourdissant, fabuleux, féerique, idyllique,
magique, magistral, ravissant, splendide,
sublime, superbe, surnaturel

Mes
miens

Mésange
oiseau

Mésaventure
accident, avatar, aventure, couac, ennui,
galère, malchance

Mésaventure, malheur
avatar

Mescal
agave

Mésentente
altercation, brouille, conflit, désaccord,
désunion, discorde, dispute, dissension,
dissidence, divergence, division, froid,
mésintelligence, tension, zizanie

Mésestime
antipathie, dédain, déprise, mépris

Mésestimer
déprécier, méconnaître, méjuger

Mésintelligence
désaccord, discorde, dissension, division,
froid, mésentente, zizanie

Mesquin
avare, avaricieux, bas, borné, chétif, chiche,
étriqué, étroit, insignifiant, limité, maigre,
médiocre, minable, minuscule, misérable,
moche, parcimonieux, pauvre, petit, piètre,
pingre, radin, regardant, sordide, vil

Mesquinerie
avarice, étroitesse, petitesse, pingrerie

Mess
cantine, popote, réfectoire

Message
affiche, allocution, annonce, avis,
commission, communication, communiqué,
correspondance, déclaration, dépêche,
discours, flash, information, lettre, missive,
mot, pli, publicité

Message électronique
courriel

Messager
ange, commissionnaire, courrier, délégué,
émissaire, envoyé, estafette, exprès, facteur,
héraut, porteur

Messager d'un hôtel
groom

Messagerie
transport

Messe
célébration, cérémonie, culte, office, service

Messéant
malséant

Messie
Christ, sauveur

Messire
monseigneur, sire

Mestre
colonel

Mesurage
mesure

Mesure
acte, cadence, calcul, calibre, circonspection,
contenance, décision, détermination,
dimension, disposition, dosage, dose,
économie, équilibre, étalon, évaluation,
grandeur, initiative, largeur, limite, longueur,
maturité, mensuration, mesurage, mètre,
métrique, modération, mouvement, moyen,
pondération, précaution, proportion,
prudence, rapport, ration, réserve, retenue,
réticence, rythme, sagesse, sobriété, taille,
tempérance, test, unité

Mesuré
circonspect, modéré, placide, pondéré,
prudent, réglé, régulier, réservé, rythmique,
sage, sensé, sobre, tempérant

Mesure agraire de superficie
are

Mesure anglo-saxonne de longueur
mile

Mesure chinoise
li

Mesure d'environ une paume
palme

Mesure de capacité
gallon

Mesure de capacité anglo-saxonne
pinto

Mesure de capacité équivalant à dix litres
décalitre

Mesure de distance
lieue

Mesure de la surface
superficie

Mesure de longueur
arpent, coudée, kilomètre, mille, toise

Mesure de longueur anglo-saxonne
yard

**Mesure de longueur correspondant à
l'envergure des bras**
brasse

Mesure de longueur de cinquante cm
coudée

Mesure de longueur valant dix mètres
décamètre

Mesure de longueur, soit deux bras étendus
brasse

Mesure de poids anglo-saxonne
once, oz

Mesure de quantité liquide
litre

Mesure des distances par procédé optique, acoustique ou radioélectrique
télémétrie

Mesure des poids
pesage

Mesure itinéraire chinoise
li

Mesure provisoire
palliatif

Mesure répressive
sanction

Mesurer
apprécier, arpenter, cadencer, calculer, calibrer, chaîner, compter, confronter, cuber, départir, déterminer, distribuer, doser, estimer, étudier, évaluer, jauger, juger, limiter, ménager, métrer, modérer, nuancer, peser, prévoir, proportionner, quantifier, rader, régler, sonder, supputer, toiser

Mesurer à l'aide d'un mètre
métrer

Mesurer au stère
stérer

Mesurer avec la chaîne d'arpenteur
chaîner

Mesurer avec une pige
piger

Mesurer en mètres
métrer

Mesurer la profondeur
sonder

Mesurer le poids
peser

Mésusé
abusé

Mésuser
abuser

Méta
métaldéhyde

Métairie
borderie, ferme

Métal
acier, aluminium, chrome, cuivre, fer, mercure, monnaie, nickel, plomb

Métal alcalin
potassium

Métal alcalin blanc et mou
calcium

Métal alcalin, mou, jaune pâle
cæsium, césium

Métal argenté très dense
Ta

Métal blanc
indium, titane

Métal blanc argenté très dur
chrome

Métal blanc brillant
niobium, rhénium, titane

Métal blanc du même groupe que le fer et le nickel
cobalt

Métal blanc grisâtre
étain

Métal blanc inoxydable
nickel

Métal blanc léger
aluminium

Métal blanc précieux
argent

Métal blanc rougeâtre, dur et cassant
cobalt

Métal blanc très dur
iridium

Métal blanc très malléable
étain

Métal blanc, mou
calcium

Métal bleu-blanc
osmium

Métal brillant à reflets rouges
bismuth

Métal connu sous forme d'erbine
erbium

Métal d'un blanc bleuâtre
zinc

Métal d'un gris bleuâtre
plomb

Métal de couleur rouge-brun
cuivre

Métal du groupe des lanthanides
cérium

Métal du groupe des terres rares
terbium

Métal dur
zinc

Métal dur, blanc, brillant
cobalt

Métal dur, brillant, extrait de la cérite
cérium

Métal gris rougeâtre
bismuth

Métal gris, dur
uranium

Métal imitant l'or
similor

Métal jaune
or

Métal mou, jaune
cæsium, césium

Métal précieux
or, platine

Métal radioactif
actinium

Métal rouge-brun
cuivre

Métal terreux
erbium

Métal très brillant, ductile
hafnium

Métal très dense
plomb

Métaldéhyde
méta

Métallerie
serrurerie

Métalliser
cuivrer, zinguer

Métalloïde assez rare
tellure

Métalloïde jaune verdâtre d'odeur suffocante
chlore

Métallurgie
fonderie, sidérurgie

Métallurgie du fer, de la fonte
sidérurgie

Métamorphose
avatar, changement, conversion, évolution,
incarnation, mue, mutation, révolution,
transfiguration, transformation

Métamorphosé
altéré, déguisé

Métamorphose, transformation
avatar

Métamorphoser
altérer, changer, convertir, modifier, remanier

Métaphore
allégorie, comparaison, figure, image, trope

Métaphore passe-partout
poncif

Métaphorique
allusif, imagé

Métaphysicien
philosophe

Métaphysique
spirituel

Métastase
cancer

Métaux brillants
ors

Métayage
agriculture

Métayer
agriculteur, fermier, paysan

Météo
température, temps

Météore
aérolite, aérolithe, astéroïde, astre, bolide,
comète, étoile, météorite, planétoïde

Météore très brillant, qui a l'aspect d'une boule de feu
bolide

Météorisme
ballonnement

Météorite
astéroïde, bolide, météore

Méthanier
transporteur

Méthode
chemin, démarche, discipline, formule,
logique, manière, méthodologie, mode,
moyen, ordre, organisation, procédé,
procédure, processus, recette, secret,
solution, système, tactique, technique, truc,
voie

Méthode d'enseignement
pédagogie

Méthode de conservation de produits agricoles
ensilage

Méthode de purification du sang par filtration
dialyse

Méthode faisant appel à un tachéographe
tachéométrie

Méthodique
cartésien, logique, ordonné, organisé,
rationnel, réglé, régulier

Méthodologie
méthode

Méticuleux
ordonné, précis, rigoureux, soigneux, tatillon

Méticulosité
attention, minutie, ordre, scrupule

Métier
activité, art, boulot, carrière, condition,
corporation, emploi, état, expérience,
fonction, habileté, industrie, job, maîtrise,
occupation, office, partie, place, pratique,
profession, rôle, technique, travail, voie

Métier à tisser qui porte le nom de son inventeur
jacquard

Métier de reporter
reportage

Métier du sellier
sellerie

Métis
bâtard, créole, eurasien, hybride, mâtiné, métissé, mulâtre, quartero

Métis qui a été pendu
Riel

Métissage
croisement, mélange

Métissé
abâtardi, bâtard, mâtiné, métis

Métisser
abâtardir, accoupler, croiser, hybrider

Mètre
mesure, pied, rythme

Mètre-tonne-seconde
MTS

Métrer
arpenter, chaîner, mesurer

Métrique
mesure

Métro
métropolitain, train

Métropole
agglomération, capitale, cité, patrie, ville

Métropole du Québec
Montréal

Métropolitain
hexagonal, métro

Mets
aliment, nourriture, plat, spécialité

Mets à la viande souvent servi à table à Noël
pâté

Mets accommodé avec beaucoup d'oignons
oignonade

Mets créole à base de poisson
acra

Mets fait avec des œufs
omelette

Mets fait de feuilles d'herbes potagères
salade

Mets fait de pommes de terre émincées
rœsti, rösti

Mets japonais fait de poisson
sushi

Mets mexicain composé d'une tortilla de maïs garnie de viande
taco

Mets très populaire à Noël
ragoût

Mets typique d'une région
spécialité

Mettable
portable

Mettre
affecter, appliquer, apposer, appuyer, arranger, asseoir, attacher, camper, caser, causer, ceindre, charger, coller, coucher, créer, déclencher, déposer, disposer, dresser, emboîter, empiler, employer, endosser, enfiler, enfoncer, enfouir, engager, enterrer, établir, étaler, étendre, ficher, fier, fourrer, glisser, imposer, inclure, insérer, installer, introduire, investir, jouer, loger, miser, nicher, passer, placer, planter, plonger, porter, poser, poster, prendre, préparer, préposer, provoquer, ranger, revêtir, semer, serrer, situer, verser

Mettre à couver
incuber

Mettre à jour un objet en ôtant le voile qui le recouvrait
dévoiler

Mettre à l'abri
abriter, remiser

Mettre à l'écart
isoler

Mettre à l'épreuve
éprouver

Mettre à la porte
congédier

Mettre à la poste
poster

Mettre à la poubelle
jeter

Mettre à la suite
enfiler

Mettre à mort
estoquer

Mettre à mort sans jugement régulier
lyncher

Mettre à part
réserver

Mettre à pied, faute de travail
débaucher

Mettre à sec
assécher, tarir

Mettre à ses pieds
enfiler

Mettre au courant par un bref exposé
briefer

Mettre au lit
coucher

Mettre au même niveau
égaler

Mettre au monde
enfanter

Mettre au nombre des bienheureux
béatifier

Mettre au point
peaufiner

Mettre au point par des essais
roder

Mettre au point une entente
finaliser

Mettre au propre
recopier

Mettre au rang des bienheureux par l'acte de la béatification
béatifier

Mettre au rang des dieux
diviniser

Mettre auprès
approcher

Mettre autour d'une ficelle
enfiler

Mettre bas
vêler

Mettre bas, en parlant d'une chatte
chatonner

Mettre bas, en parlant de la brebis
agneler

Mettre bas, en parlant de la chèvre
chevroter

Mettre bas, en parlant de la lapine
lapiner

Mettre bas, en parlant de la truie
cochonner

Mettre bas, en parlant du loup
louveter

Mettre bout à bout
abouter

Mettre d'accord
concilier

Mettre dans l'erreur
fourvoyer

Mettre dans l'impossibilité d'agir librement
garrotter

Mettre dans l'ombre
ombrer

Mettre dans la saumure
mariner

Mettre dans sa poche
empocher

Mettre dans un lieu fermé, d'où il est impossible de sortir
enfermer

Mettre dans une gaine
engainer

Mettre de l'ambiance
animer

Mettre de niveau
araser

Mettre de nouveau
rendosser

Mettre dehors
bouter, chasser

Mettre des balises
baliser

Mettre des couches à un bébé
langer

Mettre des gants
ganter

Mettre des rênes
enrêner

Mettre des vers
versifier

Mettre du piquant
pimenter

Mettre du vinaigre pour assaisonner
vinaigrer

Mettre en allégresse
ébaudir

Mettre en bloc
bloquer

Mettre en boule
peloter

Mettre en caque
encaquer

Mettre en cave
encaver

Mettre en circulation
émettre

Mettre en code
coder

Mettre en colère
courroucer

Mettre en communication
brancher

Mettre en cuve
encuver

Mettre en danger
menacer

Mettre en désordre
bousculer, fourrager

Mettre en discussion
contester

Mettre en éveil
alerter

Mettre en évidence
souligner

Mettre en fagots
fagoter

Mettre en faisceau
trousser

Mettre en futaille
enfûter

Mettre en gerbes
gerber

Mettre en herbe, engazonner
enherber

Mettre en lambeaux
délabrer

Mettre en liaison
connecter

Mettre en lieu sûr
serrer

Mettre en mouvement
mouvoir

Mettre en orbite autour d'un astre
satelliser

Mettre en petits grains
granuler

Mettre en pièces
lacérer

Mettre en place
établir

Mettre en place les éléments de l'image, au cinéma
cadrer

Mettre en possession d'un lot
lotir

Mettre en pot une plante
empoter

Mettre en présence
confronter

Mettre en prison
écrouer

Mettre en question
discuter

Mettre en rapport
aboucher

Mettre en sac
ensacher

Mettre en silo
ensiler

Mettre en tas
entasser

Mettre en terre
enterrer, inhumer, semer

Mettre en terre des plantes
repiquer

Mettre en torsade
torsader

Mettre en vers
rimer

Mettre ensemble
compiler

Mettre ensemble pour former un groupe
regrouper

Mettre entièrement dans l'eau ou dans un autre liquide
immerger

Mettre fin à un contrat
résilier

Mettre la date
dater

Mettre le feu à
allumer

Mettre par couches
liter

Mettre par lits
liter

Mettre par terre
déposer

Mettre pêle-mêle
brouiller

Mettre pour titre
titrer

Mettre ses vêtements des grandes occasions (S')
endimancher

Mettre sur un siège
asseoir

Mettre un enjeu
miser

Mettre un harnais à un cheval
harnacher

Mettre un index sur une fiche
indexer

Mettre une certaine distance entre vous et autrui
distancer

Mettre une moto sur sa béquille
béquiller

Mettre une pièce de bois sur le côté
canter

Meuble
ameublement, bureau, commode, friable, lit, mobilier, souple, table

Meublé
appartement, enrichi, garni

Meuble à compartiments où l'on classe des dossiers
classeur

Meuble à fiches
fichier

Meuble à pupitre
lutrin

Meuble à tiroirs
cabinet

Meuble à trois pieds
trépied

Meuble de l'écu
macle

Meuble de repos
lit

Meuble formé de montants
étagère

Meuble haut destiné au rangement
armoire

Meuble où l'on range la vaisselle
buffet

Meuble sur lequel on fait ses devoirs
pupitre

Meubler
aménager, arranger, enrichir, équiper, étoffer, garnir, installer, nourrir, occuper, remplir

Meuglement
cri

Meugler
beugler, mugir

Meule
affiloir, aléseuse, barge, broyeur, concasseur, gerbier, roue, tas

Meuler
affûter, blanchir, broyer

Meulière
carrière

Meunerie
minoterie, moulin

Meunier
minotier

Meurtre
assassinat, crime, homicide, liquidation

Meurtri
abîmé, blet, contus, endolori, peiné, talé, tapé

Meurtri, en parlant d'un fruit
talé

Meurtrier
archère, assassin, barbacane, canonnière, criminel, destructeur, funeste, homicide, mortel, sanglant, sicaire, tueur

Meurtrir
abîmer, blesser, contusionner, cotir, déchirer, écraser, endolorir, endommager, froisser, machûrer, navrer, peiner, pocher, taler

Meurtrissure
blessure, bleu, cicatrice, contusion, cotissure, coup, ecchymose, marque, morsure, peine, pinçon, plaie, tache, talure

Meurtrissure d'un fruit
talure

Meurtrissure de la peau
contusion

Meute
armada, armée, bande, bataillon, cohorte, colonie, essaim, flopée, flot, foule, foultitude, horde, kyrielle, légion, masse, multitude, myriade, nuée, populace, quantité, ramassis, régiment, ribambelle, tas, troupe

Mexicain
aztèque

Mexicain établi aux États-Unis
Chicano

Mezzanine
corbeille, loggia

Mg
magnésium

Mgr
monseigneur

Mi
note

Mi-bas
bas, socquette

Mi-journée
midi

Mi-temps
pause

Miaou
miaulement

Miasme
émanation, relent

Miasmes
puanteur

Miaulement
cri, feulement, miaou

Miauler
feuler, piauler

Mica
minéral

Miche
boule, pain

Micheline
autorail

Micmac
amérindien, autochtone, confusion, fouillis, intrigue, manigance, tripotage

Micro
microphone, mini, ordinateur

Micro-ondes
four

Micro-ordinateur d'usage individuel
PC

Micro-organisme agent de la contagion
virus

Micro-organisme provoquant la fermentation
ferment

Microbe
bacille, bactérie, germe, petit, vibrion

Microbien
bactérien

Microcosme
monde

Micromètre
micron

Micron
micromètre

Microphone
micro

Microscopique
infime, invisible, minime, minuscule, petit

Microsillon
disque, sillon

Midi
austral, méridional, sud

Midinette
lorette

Mie
amie

Miel
douceur, jaune

Miellé
sucré

Mielleux
benoît, cauteleux, douceâtre, doucereux,
doux, édulcoré, emmiellé, melliflu, mièvre,
onctueux, papelard, patelin, sirupeux, sucré,
visqueux

Mien
mon, possessif

Miette
atome, bout, bribe, brin, brisure, débris,
éclat, fragment, morceau, once, parcelle,
partie, rognure

Miettes
purée

Mieux
accalmie, amélioration, amendement,
davantage, embellie, meilleur, plus,
préférable, progrès, ultra

Mièvre
affecté, apprêté, doucereux, espiègle, fade,
gentillet, maniéré, mielleux, mignard, plat,
sirupeux, sucré

Mièvrerie
affectation, apprêt, espièglerie, fadeur,
mignardise, platitude, préciosité

Mignard
affecté, affété, gentil, maniéré, mièvre,
précieux, recherché

Mignardise
chichi, mièvrerie, préciosité

Mignon
adorable, agréable, beau, bel, charmant,
chic, coquet, craquant, croquignolet, délicat,
gentil, gentillet, gracieux, joli

Mignonnet
gentil, gentillet

Mignoter
cajoler, caresser, dorloter

Migraine
céphalée, névralgie

Migrant
émigrant, émigré, exilé, immigré

Migrateur
émigrant, nomade, voyageur

Migration
déplacement, émigration, estivage,
immigration, invasion, transhumance

Migration de produits pathologiques
métastase

Migrer
émigrer, expatrier, partir, voyager

Mijaurée
pimbêche

Mijotant
accommodant

Mijoter
accommoder, combiner, concocter, cuire,
cuisiner, fabriquer, frémir, fricasser, fricoter,
manigancer, méditer, mitonner, mûrir, ourdir,
préméditer, préparer, tramer

Mikado
empereur

Mil
céréale

Mileur
cheval

Milice
armée, garde

Milieu
air, ambiance, atmosphère, bain, biotope,
cadre, caste, catégorie, centre, classe, climat,
cœur, condition, décor, élément, entourage,
environnement, espace, fort, foyer, giron,
habitat, mitan, moitié, monde, moyenne,
noyau, parmi, rang, société, sphère, univers

Milieu de la nuit
minuit

Milieu des voleurs
pègre

Milieu du jour
midi

Milieu favorable
terreau

Milieu refermé sur lui-même
ghetto

Milieu, centre
mitan

Militaire
appelé, batterie, caporal, fantassin, guerrier,
martial, soldat, soldatesque, stratégique,
tankiste

Militaire appartenant à la gendarmerie
gendarme

Militaire d'un corps de cavalerie
hussard

Militaire qui a le grade le moins élevé
caporal

Militaire spécialisé dans le service des canons
    canonnier

Militant
    actif, activiste, adepte, adhérent, partisan, permanent, prosélyte

Militariste
    cocardier

Militer
    battre, combattre, engager, lutter

Mille
    millier

Mille-pattes
    iule

Millénaire
    ancien

Millésime
    année

Millésimer
    dater

Millet
    alpiste, céréale, panic

Millibar
    mbar

Millier
    mille

Millilitre
    ml

Million
    brique

Millionnaire
    riche

Mime
    acteur, comédien, imitateur, mimique, mimodrame, pantomime

Mimer
    affecter, contrefaire, copier, feindre, imiter, jouer, parodier, pasticher, représenter, reproduire, simuler, singer

Mimétisme
    imitation

Mimi
    chat, surnom

Mimique
    geste, grimace, lippe, mime, tic

Mimodrame
    mime, pantomime

Mimolette
    fromage

Mimosa
    acacia

Minable
    abject, affligeant, bas, calamiteux, consternant, déplorable, dérisoire, désastreux, étriqué, exécrable, incapable, infime, insignifiant, lamentable, maigre, mauvais, méchant, médiocre, méprisable, mesquin, misérable, miteux, navrant, nul, nullité, pauvre, piètre, piteux, pitoyable, pouilleux, ridicule, sordide

Minage
    creusage, érosion

Minaret
    campanile

Minauderie
    agacerie, coquetterie, singerie

Minauderies
    chichis, simagrées

Minaudier
    affecté, affété, façonnier, poseur

Mince
    aérien, allongé, délicat, délié, effilé, efflanqué, élancé, étroit, extrafin, faible, filiforme, fin, fluet, frêle, fuselé, gracile, grêle, insignifiant, léger, limité, longiligne, maigre, médiocre, menu, modeste, négligeable, pauvre, petit, pincé, plat, réduit, svelte, ténu

Mince comme un fil
    filiforme

Mince couche de glace
    verglas

Mince et allongé
    effilé

Mince et d'apparence frêle
    fluet

Mince et délicat
    gracile

Mince et svelte
    élancé

Mince lit de vase
    varve

Mincer
    couper

Minceur
    faiblesse, finesse, gracilité, légèreté, maigreur, sveltesse, ténuité

Minceur délicate
    gracilité

Minceur qui accroît l'impression de longueur
    sveltesse

Minci
    amaigri

Mincir
    affiner, allonger, amaigrir, amincir, fondre, maigrir

Mine
    air, allure, apparence, aspect, carrière, contenance, dehors, expression, extérieur, face, façon, figure, filon, fonds, gisement, maintien, minois, pépinière, physionomie, prestance, source, tenue, tête, trésor, visage

Miné
abattu, affaibli, alangui, anéanti, brisé, détruit, hanté, ruiné, sapé

Mine de plomb
graphite

Mine de soufre
soufrière

Mine peu profonde que l'on remplit de poudre pour faire sauter des pierres
fougasse

Mine, parole destinée à aguicher
agacerie

Miner
abattre, affaiblir, affouiller, alanguir, attaquer, brûler, caver, consumer, corroder, creuser, défaire, désintégrer, détruire, dévorer, diminuer, éroder, hanter, harceler, nuire, ravager, ronger, ruiner, saper, tarabuster, tarauder, tenailler, tracasser, user

Minerai
bauxite, mica, minéral

Minerai de couleur blanc argenté contenant du cobalt et du nickel
smaltite

Minerai de sulfure de zinc
blende

Minerai noir
magnétite

Minéral
minerai

Minéral à structure lamellaire et cristalline
spath

Minéral brillant
mica

Minéral fusible
fluor

Minéral naturel transparent
cristal

Minéral se présentant sous forme de lamelles
. mica

Mines
simagrées

Minestrone
bouillon

Minet
chat, matou, minou

Mineur
accessoire, annexe, inférieur, jeune, marginal, moindre, petit, second, secondaire, subalterne

Mineur chargé du herchage
hercheur

Mineur qui détache le minerai
trancheur

Mini
micro

Miniature
illustration, ornement, petit, réduction

Minijupe
jupette

Minima
minimaux, minimums

Minimal
minimum

Minimaliste
rustique

Minimaux
minima

Minime
dérisoire, imperceptible, infime, infinitésimal, insignifiant, léger, médiocre, microscopique, minuscule, misérable, modique, négligeable, petit, piètre, réduit

Minimisé
adouci, allégé, corrigé

Minimiser
adoucir, alléger, déprécier, réduire

Minimum
minimal, nécessaire, plancher

Ministère
charge, gouvernement, mission, sacerdoce

Ministre
attorney, diplomate, pasteur

Ministre d'un souverain musulman
vizir

Ministre de Dagobert
Éloi

Ministre de l'ordination sacrée
ordinant

Ministre du culte
révérend

Ministre du culte juif
rabbin

Ministre protestant anglo-saxon
clergyman

Minois
face, figure, frimousse, mine, museau, visage

Minorer
réduire

Minorité
frange

Minot
enfant

Minoterie
meunerie, moulin

Minotier
meunier

Minou
chat, félin, matou, minet

Minuit
médianoche

Minus
gringalet

Minuscule
dérisoire, étriqué, exigu, infime, invisible, lilliputien, mesquin, microscopique, minime, nain, négligeable, petit, riquiqui

Minuscule goutte de graisse
liposome

Minute
acte, instant, moment, original, seconde

Minuter
chronométrer

Minutie
application, attention, exactitude, méticulosité, ordre, précision, rigueur, scrupule, soin, vétille

Minutier
registre

Minutieux
exact, précis, raffiné, regardant, rigoureux, sérieux, soigné, soigneux, tatillon

Minutieux à l'excès
tatillon

Mir
kolkhoz

Mirabelle
jaune, prune

Miracle
merveille, mystère, phénomène, prodige

Miraculé
survivant

Miraculeux
étonnant, surnaturel

Mirador
belvédère

Mirage
apparence, attrait, attrape, chimère, fantasme, fantôme, fiction, hallucination, illusion, image, leurre, mensonge, mythe, ombre, rêve, rêverie, séduction, songe, tromperie, utopie, vision

Miraud
bigle

Mire
cible

Mirer
refléter, regarder, viser

Mirette
œil

Mireur
observateur, vérificateur

Mirifique
admirable, étonnant

Mirliflore
dandy

Mirliton
flûte, flûtiau

Mirliton affectant la forme de divers instruments
bigophone

Mirobolant
étonnant

Miroir
canal, glace, image, psyché, reflet, représentation, reproduction, tableau

Miroitant
brillant, chatoyant, étincelant, reluisant

Miroitement
éclat, lustre, reflet

Miroiter
briller, chatoyer, étinceler, luire, reluire, rutiler, scintiller

Miroiterie
verrerie

Miroton
ragoût

Mis
appliqué, habillé, logé, placé, plongé, vêtu

Mis au point
rôdé

Mis en cause
discuté

Mis en prison
incarcéré

Mis en rond
roulé

Misanthrope
acariâtre, farouche, ours, sauvage, solitaire

Miscellanées
anthologie

Mise
accoutrement, ajustement, attifement, cave, enjeu, habillement, investissement, masse, parure, placement, poule, tenue, toilette

Mise à l'épreuve des délinquants
probation

Mise à mort
abatage, abattage

Mise bas
vêlement

Mise bas, chez la brebis
agnelage

Mise de fonds
placement

Mise en circulation
émission, lancement

Mise en forme d'un projet
formage

Mise en gerbes
gerbage

Mise en place du sujet par rapport au cadre
cadrage

Mise en scène destinée à faire croire à une réalité fictive
simulacre

Mise en vente d'un produit
sortie

Miser
caver, gager, jouer, mettre, parier, ponter, risquer

Miser une somme d'argent
caver

Misérable
abject, affamé, bandit, besogneux, chétif, crapule, déplorable, dérisoire, déshérité, famélique, fauché, fripouille, gueux, honteux, impécunieux, indigent, infortuné, insignifiant, jeune, lamentable, lépreux, loqueteux, maigre, malheureux, malhonnête, mauvais, méchant, médiocre, méprisable, mesquin, minable, minime, miséreux, miteux, nécessiteux, paria, pauvre, pénible, petit, piètre, piteux, pitoyable, pouilleux, regrettable, ruiné, scélérat, sordide, triste, vil

Misérable, mendiant
gredin

Misérable, vaurien
maraud

Misère
adversité, babiole, bagatelle, bassesse, besoin, broutille, calamité, chagrin, dénuement, détresse, ennui, gêne, indigence, infortune, malheur, méchanceté, mélasse, mistoufle, panade, panne, pauvreté, peine, pénurie, privation, problème, purée, rien, sottise, taquinerie, tracasserie, vétille

Miserere
psaume

Miséreux
famélique, gueux, mendiant, misérable, pauvre, pouilleux

Miséricorde
bonté, charité, compassion, grâce, merci, pardon, pitié

Miséricordieux
bon, charitable, clément, indulgent, magnanime

Misogyne
machiste, sexiste

Mispickel
arsenic

Missel
livre, paroissien

Missile
engin, fusée

Mission
activité, besogne, but, charge, commission, délégation, députation, destination, expédition, fonction, mandat, ministère, objectif, office, pouvoir, raid, rôle, soin, tâche, travail, vocation

Missionnaire
apôtre, envoyé

Missive
bafouille, billet, dépêche, épître, lettre, message, mot, pli

Mistoufle
misère, pauvreté

Mistral
vent

Mitaine
gant, moufle

Mitan
milieu

Mitard
cachot, cellule, geôle

Mite
teigne

Miteux
abject, chassieux, fauché, lamentable, lépreux, méchant, minable, misérable, pauvre, piètre, piteux, pitoyable, pouilleux, ridicule

Mithridatisation
accoutumance

Mithridatisme
accoutumance

Mitigé
adouci, atténué, incertain, mélangé, mêlé, nuancé, partagé, relâché, tiède

Mitiger
adoucir, diminuer, édulcorer, modérer, radoucir, tempérer

Mitigeur
mélangeur, robinet

Mitonnant
accommodant

Mitonné
cuisiné

Mitonner
accommoder, bouillir, cajoler, choyer, concocter, cuire, cuisiner, dorloter, fricoter, mijoter, préparer, soigner

Mitose
division, méiose

Mitoyen
adjacent, attenant, commun, contigu

Mitoyenneté
proximité

Mitraillage
canonnage

Mitraille
ferraille

Mitraillé
bombardé

Mitrailler
bombarder, canarder, fusiller

Mitraillette
arme, kalachnikov, libouret

Mitrailleuse
arme

Mitron
boulanger, gindre

Mixage
alliance, mélange

Mixer
mélanger, mêler

Mixeur
batteur, fouet, malaxeur, mélangeur

Mixte
combiné, composé, géminé, hybride,
interracial, mélangé, mêlé, panaché

Mixtion
amalgame, compost

Mixture
drogue, mélange

Ml
millilitre

Mlle
mademoiselle

Mme
madame

Mn
manganèse

Mo
molybdène

Mobile
adaptable, agile, ambulant, amovible, animé,
capricieux, cause, cellulaire, changeant,
chatoyant, errant, expressif, fantasque,
flexible, flottant, fluctuant, fragile, fugitif,
fuyant, inconstant, influençable, instable,
intention, itinérant, léger, modulable, moteur,
motif, mouvant, nomade, ondoyant, portable,
portatif, pourquoi, raison, sautillant, souple,
sujet, téléphone, vacillant, variable, versatile,
vif, volant

Mobilier
meubles

Mobilisation
appel, incitation, levée, rappel

Mobilisé
alerté, associé

Mobiliser
alerter, ameuter, appeler, associer, canaliser,
concentrer, embrigader, enrégimenter,
enrôler, focaliser, incorporer, lever, motiver,
rallier, rameuter, rappeler, rassembler,
recruter, requérir, réquisitionner

Mobilité
agilité, versatilité

Mocassin
chaussure

Moche
affreux, désagréable, fâcheux, infect, ingrat,
laid, méchant, médiocre, mesquin, pitoyable,
vilain

Mocheté
horreur, laideur

Modalité
circonstance, condition, formule, manière,
mode, particularité, type

Mode
confection, convenance, coutume, couture,
distance, engouement, épidémie, façon,
fantaisie, forme, formule, genre, goût, guise,
habitude, manière, méthode, modalité,
mœurs, pratique, style, succès, tendance,
ton, tradition, type, usage, vogue, volonté

**Mode d'assemblage de deux pièces
métalliques ou plastiques**
soudage

Mode d'exploitation par ferme
fermage

Mode d'expression
agilité, art

Mode de concession d'une terre
tenure

Mode de cuisson à l'étouffée
daube

Mode de déplacement de certains animaux
saut

Mode de gestion d'une entreprise publique
régie

Mode de locomotion animale
reptation

Mode de préparation de carottes
vichy

Mode de rémunération du travail par le salaire
salariat

Mode de vie des nomades
nomadisme

Mode de vie propre à une époque
idéologie

Mode, popularité passagère
vague

Modèle
accompli, archétype, bon, canevas, canon,
carton, consommé, corrigé, création,

ébauche, échantillon, édifiant, esquisse, étalon, exemplaire, exemple, forme, formule, gabarit, héroïne, héros, idéal, irréprochable, maître, mannequin, maquette, motif, moule, norme, original, paradigme, parangon, parfait, patron, pilote, plan, prototype, réduction, référence, spécimen, standard, sujet, type

Modelé
forme, ligne, pétri, relief, travaillé

Modèle à suivre en construction
plan

Modèle de pistolet automatique
mauser

Modèle destiné à certains travaux d'artisanat
patron

Modèle réduit
maquette

Modelé vaporeux
sfumato

Modèle, étalon
standard

Modeler
façonner, faire, figurer, former, manier, pétrir, sculpter, travailler

Modeleur
sculpteur

Modéliste
couturier

Modérantiste
modéré

Modération
diminution, douceur, frugalité, maturité, mesure, pondération, réduction, réserve, retenue, sagesse, sobriété, tiédeur

Modération, tempérance
frugalité

Modéré
abordable, abstème, adouci, affadi, affaibli, amorti, bas, centriste, conservateur, discret, doux, estompé, faible, mesuré, modérantiste, modeste, modique, moyen, pondéré, raisonnable, réduit, réservé, retenu, sage, sobre, tempérant, tempéré, tiède

Modéré, sobre
abstème

Modérément
peu, sobrement

Modérer
adoucir, affadir, affaiblir, amoindrir, amortir, apaiser, assagir, assouplir, atténuer, attiédir, borner, brider, calmer, contenir, diminuer, dominer, estomper, freiner, lénifier, limiter, ménager, mesurer, mitiger, nuancer, pondérer, rabaisser, rabattre, radoucir, ralentir, réduire, réfréner, refroidir, régler,

réprimer, restreindre, retenir, soulager, tempérer

Moderne
actuel, avancé, contemporain, évolué, neuf, nouveau, présent, récent

Modernisation
renouveau

Modernisé
amélioré

Moderniser
adapter, améliorer, équiper, rajeunir, réhabiliter, rénover, rhabiller

Modernisme
nouveauté

Moderniste
futuriste

Modernité
présent

Modeste
chaste, convenable, correct, décent, discret, effacé, faible, honnête, humble, limité, maigre, médiocre, mince, modéré, modique, pauvre, petit, piètre, pudique, raisonnable, réservé, sage, simple, succinct

Modeste offrande
obole

Modestie
décence, discrétion, effacement, honnêteté, humilité, médiocrité, modicité, petitesse, pudeur, réserve, retenue, réticence, simplicité, timidité, vertu

Modicité
exiguïté, faiblesse, maigreur, modestie, petitesse

Modifiable
amovible

Modification
adaptation, altération, aménagement, amendement, avenant, correction, différence, mutation, refonte, réforme, retouche, révision, variation

Modification à un projet de loi
amendement

Modifié
aménagé, déguisé, différent, évolué, infléchi, révisé, revu

Modifier
adapter, adultérer, altérer, améliorer, aménager, amender, bouger, bouleverser, changer, corriger, décaler, déformer, dénaturer, dévier, évoluer, façonner, fausser, fluctuer, infléchir, métamorphoser, rectifier, refaire, refondre, réformer, remanier, reprendre, retoucher, réviser, revoir, transformer, transposer, travestir, truquer, varier

Modifier la direction
défléchir

Modifier légèrement
nuancer

Modique
bas, faible, maigre, médiocre, minime,
modéré, modeste, petit, piètre

Modulable
flexible, mobile, variable

Modulation
accent, ton

Modulation d'un son
vibration

Module
diamètre

Moduler
adapter, ajuster, articuler, chanter, pondérer,
siffler, siffloter

Moduler sa voix
vocaliser

Moelle du palmier que l'on peut consommer
palmite

Moelleux
baveux, douceur, doux, fondant, mollesse,
mollet, mou, onctueux, pulpeux, souple,
tendre, velouté

Moellon
bloc, libage, parpaing

Mœurs
conduite, coutume, habitude, mentalité,
mode, morale, moralité, pratiques, principes,
us, usage

Mohair
laine, moire

Mohawk
amérindien, autochtone

Moi
ego, esprit, être, je, me, personnalité,
personne

Moindre
bas, inférieur, mineur, réduit, subalterne

Moindrement
moins

Moine
anachorète, bonze, cénobite, chartreux,
convers, ermite, frère, père, religieux, toupie

Moine bouddhiste
lama

Moine qui vit en communauté
cénobite

Moineau
friquet, oiseau, passereau, piaf, pierrot

Moineau de petite taille, d'une grande vivacité
friquet

Moins
moindrement

Moins strict
mitigé

Moins-value
diminution

Moire
mohair

Moiré
cati, changeant, chatoyant, iridescent, irisé,
luisant, ondé

Moirer
calandrer

Moirure
chatoiement, irisation, reflet

Mois
août, avril, décembre, février, janvier,
juillet, juin, mai, mars, novembre, octobre,
septembre

Mois de l'automne
octobre

Mois de l'été
juin

Mois de l'Halloween
octobre

Mois de l'hiver
janvier

Mois de vingt-huit jours
février

Mois du printemps
avril, mars

Moïse
berceau, couffin

Moisi
abîmé, altéré, avarié, détérioré, gâté, pourri,
rance

Moisir
attendre, chancir, croupir, gâter, languir,
piquer, pourrir, rancir, végéter

Moisissure
ferment

Moisson
collecte, cueillette, masse, ramassage,
récolte, tas

Moissonner
faucher, gagner, récolter, recueillir

Moissonneuse
faucheuse

Moite
humide, humidifié, mouillé, tiède, trempé

Moiteur
chaleur, humidité, tiédeur, touffeur,
transpiration

Moitié
demi, épouse, époux, milieu, partie

Moitié d'un tout
demi

Moitié de l'échine du veau
longe

Moka
café

Mol
douillet, mou, tendre

Molaire
dent, total

Môle
digue, jetée

Molécule
anion, atome, ion, particule

Moleskine
toile

Molestation
vexation

Molester
attaquer, battre, brutaliser, frapper, malmener, maltraiter, persécuter, rudoyer, secouer, tourmenter

Molette
éperon, roulette

Mollah
imam, mufti, muphti

Mollard
crachat, expectoration

Mollasse
flasque, grès, nonchalant, pâteux

Mollasson
lambin, limaçon, ramolli

Mollement
lentement, négligemment

Mollesse
abandon, abattement, anémie, apathie, atonie, faiblesse, indolence, inertie, lâcheté, langueur, lenteur, moelleux, négligence, nonchalance, paresse, passivité, somnolence, souplesse, tiédeur, veulerie

Mollet
douillet, doux, moelleux, mou

Molletonner
fourrer, ouater

Molli
amolli, attendri, baissé, bletti, chancelé, décliné, diminué, faibli, flanché, fléchi, plié, ramolli

Mollir
amollir, attendrir, baisser, blettir, chanceler, décliner, diminuer, faiblir, flancher, fléchir, plier, ployer, ramollir, reculer, tiédir

Molluscum
tumeur

Mollusque
calamar, calmar, escargot, moule, pecten, pourpre, solen, turbo

Mollusque à coquille en forme de cœur
isocarde

Mollusque à longs bras
poulpe

Mollusque à valves égales
isocarde

Mollusque au corps vermiforme
taret

Mollusque bivalve
huître, mye, pinne, solen

Mollusque bivalve à la coquille brun-rouge
verni

Mollusque bivalve comestible
pétoncle

Mollusque bivalve d'eau douce
anodonte

Mollusque bivalve marin
clam, lime, vénus

Mollusque céphalopode
ammonite

Mollusque comestible
littorine

Mollusque d'eau douce
limnée

Mollusque gastéropode
cône, doris

Mollusque gastéropode carnassier
nasse

Mollusque gastéropode des mers chaudes
vermet

Mollusque marin
clam, oscabrion, taret

Mollusque marin comestible
calamar, calmar

Mollusque marin des rochers littoraux
chiton

Mollusque pulmoné
limnée

Mollusque pulmoné à coquille en spirale
planorbe

Mollusque qui vit dans les étangs
paludine

Mollusque sans coquille
limace

Mollusque terrestre
limace

Molosse
chien

Molybdène
Mo

Môme
adolescent, bambin, bébé, chérubin, enfant,
fillette, gamin, nourrisson, petit, poupon,
rejeton

Moment
circonstance, conjoncture, date, division,
durée, endroit, épisode, époque, ère,
heure, instant, intervalle, jour, laps, minute,
occasion, passage, passe, période, phase,
point, saison, seconde, situation, temps

Moment cinétique intrinsèque d'une particule
spin

Moment de la fin du repas
dessert

Moment opposé à l'équinoxe
solstice

Moment où la bête chassée sort du bois
débuche

Moment où un organe du système sanguin se contracte
systole

Moment où une chose s'achève
fin

Momentané
bref, court, discontinu, éphémère, fugace,
intermittent, passager, provisoire, temporaire,
transitoire

Momerie
bigoterie, enfantillage, mascarade

Momier
bigot

Momification
sclérose

Momifier
amaigrir

Mon
mien, possessif

Monacal
abbatial, ascétique, austère, claustral,
dépouillé, monastique, monial, nu, rigoureux,
spartiate

Monarchie
couronne, empire, royaume, royauté

Monarchique
royal

Monarchisme
royalisme

Monarchiste
royaliste

Monarque
chef, empereur, kaiser, potentat, prince, roi,
souverain

Monastère
abbaye, cloître, couvent

Monastère de bonzes
bonzerie

Monastère de lamas
lamaserie

Monastère orthodoxe
laure

Monastique
abbatial, austère, claustral, monacal, monial

Monceau
accumulation, amas, amoncellement,
empilement, fatras, masse, montagne,
monticule, pile, tas

Mondain
frivole, futile, profane, social, terrestre, vain

Monde
abîme, affluence, afflux, aristocratie, classe,
cosmos, création, domaine, écart, foule,
galerie, gens, globe, gotha, hommes,
humanité, macrocosme, microcosme, milieu,
nature, océan, peuple, planète, société, terre,
univers

Monde des escrocs
pègre

Monder
émonder, trier

Mondial
global, international, planétaire, universel

Mondialement
partout

Monergol
ergol

Monétaire
financier

Mongolisme
trisomie

Monial
abbatial, monacal, monastique

Moniale
nonne, religieuse

Moniteur
écran, entraîneur, instructeur, professeur

Monnaie
appoint, argent, denier, devise, espèce,
ferraille, liquidité, métal, numéraire, oseille,
pièce, roupie, sou, thune, tune

Monnaie à l'effigie d'un duc
ducat

Monnaie d'argent chez les Hébreux
sicle

Monnaie d'argent de la Renaissance
teston

Monnaie d'or frappée en Iran
toman

Monnaie de cuivre
billon

Monnaie-du-pape
lunaire
Monnayé
vendu
Monnayer
vendre
Monnayeur
cambiste
Mono
monophonie
Monochrome
achrome, uni
Monocle
lorgnon, verre
Monocoque
voilier
Monocorde
atone, égal, monotone
Monocyte
leucocyte
Monogramme
chiffre, marque, signature
Monogramme du Christ
chrisme
Monographie
essai, mémoire, plaquette
Monolingue
unilingue
Monolithe
stèle
Monologue
aparté, soliloque, tirade
Monologue, aparté
soliloque
Monomanie
folie, manie
Monophonie
mono
Monopole
apanage, centralisation, exclusivité,
prérogative, privilège, régie
Monopolisation
accaparement
Monopolisé
accaparé
Monopoliser
accaparer, annexer
Monotone
égal, endormant, ennuyeux, froid, gris,
grisâtre, lassant, monocorde, morne, plat,
terne, traînant, uni, uniforme
Monotone et lent
traînant

Monotonie
ennui, grisaille, platitude, prosaïsme, ronron,
tristesse, uniformité
Monovalent
univalent
Monseigneur
messire, mgr, prélat
Monseigneur de l'Afrique du Sud
Tutu
Monsieur
bonhomme, gars, homme, individu, mec,
quidam, sieur, sommité, type
Monsieur B
Brière
Monsignor
prélat
Monstre
barbare, chimère, colossal, dragon, énorme,
fantastique, géant, horreur, phénomène,
prodige, prodigieux, sauvage
Monstre de la mythologie
gorgone
Monstre fabuleux à tête de femme
harpie
Monstre femelle à queue de serpent
lamie
Monstre légendaire
tarasque
Monstre mythique
sphinx
Monstrueusement
démesurément
Monstrueux
abject, abominable, affreux, colossal,
démesuré, difforme, énorme, épouvantable,
étonnant, hideux, horrible, infâme, inhumain,
laid, révoltant, titanesque
Monstruosité
abomination, anomalie, atrocité, hideur,
horreur, ignominie, noirceur
Mont
butte, colline, élévation, éminence, hauteur,
massif, montagne, monticule, pic, tertre
Montage
ajustage, arrangement, assemblage,
disposition, dressage, installation, monture,
pose
Montagnais
Innu
Montagnard
habitant
Montagnard libre de la région de l'Olympe
clephte
Montagne
amas, amoncellement, colline, élévation,
éminence, empilement, foule, hauteur,

massif, monceau, mont, pic, pile, piton,
quantité, sommet, tas

Montagne à relief allongé
sierra

Montagne biblique
Nébo

Montagne d'Algérie
Zab

Montagne qui émet des matières en fusion
volcan

Montagne située près du lac Memphrémagog
Orford

Montagneux
alpestre, alpin

Montant
ascendant, barre, chiffre, coût, escarpé,
grimpant, jambage, pile, portant, prix,
somme, tarif, total, valeur

Montant d'un lambris
pilastre

Montant d'une quote-part
quotité

Montant du prix d'un service
tarif

Montants verticaux d'une porte, d'une fenêtre, etc.
jambage

Monté
enlevé, hissé

Monte-charge
ascenseur

Monte-plat
ascenseur

Montée
accroissement, amplification, ascension,
augmentation, côte, crescendo,
développement, escalade, explosion,
grimpée, grimpette, hausse, inflation,
intensification, pente, percée, poussée,
progrès, progression, raidillon, rampe

Montée de l'eau, entre marée basse et marée haute
revif

Montée rapide
escalade

Monter
accentuer, affluer, ajuster, amplifier, arranger,
assembler, augmenter, bâtir, combiner,
constituer, coudre, couvrir, créer, croître,
disposer, dresser, échafauder, élever,
émaner, enchâsser, enlever, envoler, équiper,
escalader, établir, exhausser, fabriquer, faire,
forcer, forger, gonfler, grandir, gravir, grimper,
grossir, hausser, hisser, installer, intensifier,
jaillir, jouer, lever, machiner, manigancer,
nouer, organiser, ourdir, percer, planter,

poser, préparer, rehausser, relever, remonter,
saillir, sertir, servir, surélever, surhausser,
tisser, tramer

Monter une cabale, en faire partie
cabaler

Monter, en parlant de la mer
marner

Monteur
ajusteur, aléseur

Montgolfière
aéronef, aérostat, ballon

Monticule
bosse, butte, colline, coteau, dune,
éminence, hauteur, monceau, mont, relief,
tas, tertre

Monticule de déchets miniers
terril

Monticule de sable
dune

Monticule fait de terre ou de pierres
cairn

Montrable
sortable

Montrant de la pudeur
pudique

Montre
apparat, chronomètre, compteur,
démonstration, effet, étalage, éventaire,
exhibition, exposition, ostentation, parade,
tocante, vitrine

Montré
accusé, affiché, dévoilé, enseigné, étalé,
marqué, noté

Montrer
accuser, afficher, affirmer, annoncer,
apparaître, apprendre, arborer, attester,
avérer, brandir, confirmer, déballer, déceler,
déclarer, découvrir, décrire, dégager,
démasquer, démontrer, dénoncer, dénoter,
dénuder, dépeindre, déployer, désigner,
dessiner, développer, dévoiler, dire, éclater,
émerger, enseigner, établir, étaler, évoquer,
exhiber, expliquer, exposer, exprimer,
extérioriser, illustrer, indiquer, manifester,
marquer, parader, paraître, peindre, percer,
poindre, porter, présenter, produire, proposer,
prouver, raconter, refléter, représenter,
reproduire, retracer, révéler, signaler, signifier,
souligner, surgir, témoigner, tracer, traduire,
transpirer, vérifier

Montrer de nouveau
remontrer

Montrer du mécontentement
bouder

Montrer quelque chose d'une manière précise
indiquer

Montrer sa répugnance
rechigner

Montueux
tourmenté

Monture
assemblage, cheval, coursier, destrier, montage, selle

Monument
bâtiment, construction, édifice, mausolée, ouvrage, stèle

Monument commémoratif
mémorial

Monument égyptien, le plus souvent monolithe
obélisque

Monument élevé à la mémoire d'un mort et qui ne contient pas son corps
cénotaphe

Monument funéraire
stoupa, stupa, tombeau

Monument funéraire indien
stoupa, stupa

Monument mégalithique
dolmen

Monument mégalithique formé d'une pierre levée
menhir

Monument monolithe
stèle

Monument sur la tombe d'un marabout
koubba

Monument vertical, souvent funéraire
stèle

Monumental
abusif, colossal, démesuré, énorme, grand, grandiose, immense, titanesque

Moquer
chiner, dauber, gausser, gouailler, ironiser, railler, ricaner, ridiculiser, rire, satiriser

Moquerie
brocard, dérision, épigramme, fierté, fion, goguenardise, gouaille, humour, ironie, lazzi, malice, pique, piqûre, plaisanterie, pointe, quolibet, raillerie, rire, risée, sarcasme, satire

Moquerie collective
risée

Moquerie ironique
sarcasme

Moquette
tapis

Moqueur
acerbe, blagueur, caustique, facétieux, farceur, frondeur, goguenard, gouailleur, ironique, ironiste, malicieux, malin, mordant, narquois, persifleur, piquant, railleur, sardonique, taquin

Moqueur, impertinent
frondeur

Moraine
drift

Moral
convenable, correct, édifiant, éthique, exemplaire, honnête, humeur, instructif, intellectuel, juste, mental, probe, propre, psychique, psychologique, spirituel, vertueux

Morale
admonestation, apologue, conclusion, déontologie, discours, enseignement, éthique, honnêteté, leçon, maxime, mentalité, mœurs, moralité, probité, religion, réprimande, valeurs, vertu

Moralement désenchanté
nihiliste

Moralisateur
édifiant, prêcheur, prédicant

Moraliser
admonester, chapitrer, morigéner, prêcher, réprimander, sermonner

Moralité
apologue, conclusion, conduite, conscience, enseignement, éthique, honnêteté, leçon, maxime, mentalité, mœurs, morale, principes, probité, sentence, vertu

Morasse
épreuve

Moratoire
délai, interruption, répit, sursis, suspension

Morbide
anormal, dépravé, maladif, malsain, pathologique, putride

Morbleu
palsambleu, sacrebleu

Morbus
choléra

Morceau
bouchée, bout, bribe, brin, brisure, citation, débris, détail, division, éclat, élément, extrait, fraction, fragment, fréquence, grain, lambeau, lopin, masse, miette, page, pan, parcelle, part, particule, partie, passage, pièce, plat, poids, portion, quartier, rondelle, section, segment, tranche, tronçon

Morceau coupé finement
tranche

Morceau d'étoffe utilisée pour essuyer
torchon

Morceau d'or
pépite

Morceau de bœuf
aloyau

Morceau de bœuf, près de l'aloyau
bavette

Morceau de bois brûlé
tison

Morceau de bois de chauffage
bûche

Morceau de bois scié
planche

Morceau de glace
glaçon

Morceau de l'aloyau de bœuf plus savoureux que le filet
rumsteck

Morceau de linge
lavette

Morceau de linge roulé en boule
tapon

Morceau de musique à quatre parties
quartette

Morceau de musique d'un caractère mélancolique
nocturne

Morceau de pain
quignon

Morceau de papier
feuille

Morceau de pâte
pâton

Morceau de porc
jambon

Morceau de terre
motte

Morceau de tissu
linge

Morceau de viande de boucherie
rôti

Morceau de vieux linge
chiffon

Morceau découpé
découpure

Morceau exécuté par l'orchestre tout entier
tutti

Morceau joué seul
solo

Morceau pour trois instruments
trio

Morcelé
désuni, fragmentaire

Morceler
atomiser, balkaniser, couper, découper, démembrer, dépecer, désagréger, disperser, diviser, émietter, fractionner, fragmenter, lotir, partager, répartir, scinder, sectionner, séparer

Morceler à l'excès
émietter

Morcellement
découpage, division, partage, séparation

Mordançage
alunage

Mordant
acerbe, acéré, acide, âcre, acrimonieux, agressif, agressivité, aigre, aigreur, aigu, allant, amer, âpre, caustique, corrosif, cuisant, décapant, effilé, force, fougue, grinçant, incisif, mauvais, méchant, moqueur, mordicant, pénétrant, perçant, piquant, pugnacité, punch, railleur, relief, satirique, sec, vif, vil, vivacité

Mordant, vif
piquant

Mordicant
mordant

Mordiller
mâchonner, mordre, ronger

Mordoré
brun, cuivré, doré, jaune

Mordre
attaquer, avancer, corroder, croquer, déchiqueter, déchirer, détruire, entamer, mâchonner, mâchouiller, mâchurer, mordiller, pincer, piquer, ronger, user

Mordre de nouveau
remordre

Mordu
amoureux, enragé, épris, fanatique, féru, passionné, pincé

More
arabe, berbère, kabyle, sarrasin, touareg

Moret
arbrisseau

Morfondre (se)
attendre, désespérer, ennuyer, languir

Morgue
arrogance, dédain, fierté, hauteur, insolence, mépris, orgueil, suffisance, superbe, vanité

Moribond
agonisant, expirant, mourant

Moricaud
noiraud

Morigéné
corrigé

Morigéner
admonester, chapitrer, disputer, gronder, haranguer, houspiller, moraliser, reprendre, sermonner, tancer

Morio
vanesse

Morion
casque

Morne
abattu, atone, cafardeux, écœuré, ennuyeux, éteint, gris, grisâtre, inexpressif, insipide, languissant, maussade, mélancolique,

monotone, morose, neutre, plat, sombre,
taciturne, terne, traînant, triste, uniforme,
vide

Mornifle
claque

Morose
abattu, acariâtre, atrabilaire, bilieux,
cafardeux, chagrin, écœuré, gris, grognon,
maussade, mélancolique, morne, renfrogné,
sombre, taciturne, triste

Morosité
abattement, accablement, chagrin, ennui,
grisaille, marasme, mélancolie, neurasthénie,
tristesse

Morphème
racine

Morphologie
anatomie, corps, forme

Mors
frein

Morsure
blessure, brûlure, meurtrissure, piqûre, plaie

Mort
abîmé, achevé, agonie, anéantissement,
cadavre, camarde, claqué, corps, crevé,
décédé, décès, défunt, dépouille, désert,
destruction, disparition, disparu, dormant,
double, écroulement, effondrement,
enterrement, épuisé, éreinté, esprit, éteint,
évanoui, fantôme, fatigué, faucheuse, feu,
fin, fourbu, harassé, immobile, lessivé,
macchabée, mânes, ombre, parti, péri, perte,
revenant, rompu, ruine, spectre, stagnant,
trépas, trépassé, tué, usé, vanné, victime,
vide

Mort de faim
affamé

Mort-aux-rats
arsenic, raticide

Mortaise
about

Mortalité
létalité

Mortel
absolu, complet, ennuyeux, éphémère,
extrême, fatal, foudroyant, funeste, grave,
homme, humain, implacable, incurable,
intense, irréductible, létal, long, lugubre,
macabre, meurtrier, mortifère, nuisible,
pénible, périssable, personne, sinistre,
temporel, total

Mortier
béton, canon, ciment, gâchis, liaison, obusier,
pisé, rusticage

Mortier détrempé avec de l'eau
gâchis

Mortifère
mortel

Mortifiant
blessant, humiliant, injurieux, offensant,
vexant

Mortification
affront, ascèse, gangrène, nécrose,
pénitence, soufflet, vexation

Mortifié
blessé, contrit, macéré, penaud, ulcéré, vexé

Mortifier
abaisser, chagriner, crucifier, fâcher, froisser,
humilier, macérer, mater, outrager, ulcérer,
vexer

Mortuaire
funèbre, funéraire, macabre, obituaire

Morue
aiglefin, églefin, poisson

Morue fraîche
cabillaud

Morue, merlu
merluche

Morutier
pêcheur

Morve
glaire, roupie

Mosaïque
carrelage, mélange, variété

Mosaïste
carreleur

Mosette
camail

Mosquée
marabout, sanctuaire, temple

Mot
billet, écrit, expression, lettre, message,
missive, nom, parole, phrase, pli, terme,
vocable

Mot à mot
textuel

Mot de passe
sésame

Mot de trois lettres
trigramme

Mot dont le son imite la chose dénommée
onomatopée

Mot dont on se sert pour faire avancer un cheval
hue

Mot imitant un bruit sec
crac

Mot invariable qui change le sens d'un verbe
adverbe

Mot latin qui signifie « ainsi »
sic

Mot ou expression ayant une signification voisine d'un autre
synonyme

Mot piquant
fion

Mot que l'acteur dit à part soi
aparté

Mot qui a un sens opposé à celui d'un autre
antonyme

Mot qui exprime une action
verbe

Mot servant à désigner un objet, une notion
vocable

Mot-valise
acronyme

Motard
motocycliste

Motel
auberge, hôtel

Motet
chant

Moteur
agent, âme, animateur, artisan, auteur, cause, cerveau, chef, directeur, incitateur, inspirateur, instigateur, machine, machinerie, mécanique, meneur, mobile, motif, motivation, moulin, principe, promoteur, protagoniste, réacteur, ressort

Moteur à combustion interne
diesel

Moteur à réaction
réacteur

Moteur actionné par l'énergie du vent
éolienne

Moteur d'avion
réacteur

Motif
attendu, but, cause, commentaire, considérant, dessin, excuse, explication, fondement, intention, justification, leitmotiv, matière, mobile, modèle, moteur, motivation, objet, occasion, origine, ornement, pourquoi, prétexte, propos, raison, secret, source, sujet, thème, titre

Motif de plainte
grief

Motif décoratif de forme ronde
pastille

Motif ornemental d'un ouvrage vermiculé
vermiculure

Motion
impulsion, mouvement, proposition

Motivant
encourageant, stimulant

Motivation
but, moteur, motif, pourquoi

Motivé
encouragé, juste, légitime

Motiver
appeler, asseoir, causer, déclencher, déterminer, engendrer, entraîner, excuser, expliquer, fonder, justifier, légitimer, mobiliser, nécessiter, occasionner, provoquer, stimuler, susciter

Moto
bécane, motocross, motocyclette, véhicule

Motocross
moto, trial

Motoculteur
charrue

Motocycle
véhicule

Motocyclette
bécane, moto, scooter, solex, véhicule

Motocycliste
motard

Motoneige
motoski

Motorisation
mécanisation

Motoriser
mécaniser

Motoski
motoneige

Mots
propos

Motte
butte, éminence

Motus
silence

Mou
amorphe, apathique, atone, avachi, bonasse, cotonneux, doux, élastique, endormi, faible, flasque, flexible, inactif, inconsistant, indolent, inerte, lâche, lambin, lavette, lent, lymphatique, malléable, maniable, moelleux, mol, mollet, nonchalant, paresseux, pâteux, plastique, ramolli, relâché, somnolent, souple, sourd, tendre, tiède, timide, traînant, velléitaire, veule

Moucharabieh
balcon

Mouchard
taupe

Moucharder
cafter, dénoncer, répéter

Mouche
éristale, œstre

Mouche à feu
luciole

Mouche africaine
glossine

Mouche dont la larve vit dans les flaques de pétrole
psilopa

Mouche dorée
lucilie

Mouche ressemblant au bourdon, parasite des nids de guêpes
volucelle

Mouche verte
lucilie

Moucher
nettoyer

Moucheron
mèche

Moucheté
bigarré, chiné, ocellé, pommelé, tacheté, tavelé, tigré

Moucheter
piqueter, tacher, tacheter

Mouchetis
crépi

Mouchette
larmier, rabot, varlope

Moucheture
tache

Moucheture sur le plumage d'un oiseau
maillure

Mouchoir
fichu, kleenex

Mouchoir jetable
kleenex

Moudre
broyer, écraser, piler, pulvériser

Moue
bouderie, grimace, lippe

Mouette
goéland

Mouffette
sconse

Moufle
gant, mitaine

Mouflon
chamois, isard

Mouillage
abri, amarrage, ancrage, coupage, embossage

Mouillasser
pleuvoir

Mouillé
additionné, compromis, coulé, dégouttant, détrempé, éclaboussé, embué, humide, moite, ruisselant, saucé, trempé

Mouiller
additionner, allonger, ancrer, arroser, asperger, baigner, baptiser, compromettre, couper, diluer, éclabousser, embuer, étendre, humecter, humidifier, imbiber, impliquer, inonder, pleuvoir, saucer, transpercer, tremper

Mouiller abondamment
doucher

Mouiller légèrement
humecter

Mouiller, arroser
baigner

Moujik
koulak

Moulage
empreinte, reproduction

Moulant
ajusté, collant, étroit, serré

Moule
forme, matrice, modèle, mollusque, type

Moule à fromage
caseret

Moule à gaufre
gaufrier

Mouler
ajuster, couler, épouser, fondre, gainer, sangler, sculpter, serrer

Moulière
bouchot

Moulin
meunerie, minoterie, moteur, pressoir

Mouliner
ronger

Moult
beaucoup, nombreux, plusieurs, très

Moulu
courbatu, épuisé, éreinté, fatigué, fourbu, harassé, las, recru, rompu

Moulure
baguette, bandeau, boiserie, caisson, cannelure, panneau, saillie

Moulure à hauteur d'appui
cimaise

Moulure concave
cavet

Moulure en saillie
sacome

Moulure plate ou saillante
listel

Moulure ronde
tore

Moulure semi-circulaire concave
scotie

Mourant
affaibli, agonisant, alangui, déclinant, expirant, faible, langoureux, languide, moribond

Mourir
affaiblir, agoniser, anéantir, caner, cesser, chuter, claquer, crever, décéder, dépérir, diminuer, disparaître, effacer, estomper, éteindre, évanouir, expirer, finir, partir, péricliter, périr, souffrir, succomber, tomber, trépasser, tuer

Mouron
triton

Mouron d'eau
samole

Mousquet
arme

Moussaillon
mousse

Mousse
bière, écume, marin, matelot, moussaillon, pâté

Mousse blanchâtre
écume

Mousse des milieux acides et humides qui forme la tourbe en se décomposant
sphaigne

Mousseline
gaze, purée, toile

Mousseline de coton
organdi

Mousseline imitant la guipure
giselle

Mousseline raidie par un apprêt
organdi

Mousser
écumer, rager

Mousseux
baveux, boisson, champagne, pétillant

Moussoir
batteur, fouet

Moustache
bacchantes, barbe, poil, vibrisse

Moustachu
barbu, poilu, velu

Moustiquaire
rideau

Moustique
brûlot, tipule

Moustique aux longues pattes fines
cousin

Moutard
adolescent, bambin, chérubin, enfant, gamin, rejeton

Moutarde
condiment

Moutarde des champs
ravenelle, sanve

Moutarde sauvage
sénevé

Moutier
abbaye

Mouton
agneau, bélier, nuage, ovin, rouleau, suiveur, vague

Mouton en ragoût
navarin

Moutonnant
mouvant

Moutonné
pommelé

Moutonner
écumer

Moutonneux
duveté

Moutonnier
grégaire

Moutons
écume

Mouture
état, variante, version

Mouvance
obédience, orbite, sphère, tendance

Mouvant
ambulant, amovible, animé, changeant, flottant, fluctuant, fluent, fluide, fugitif, instable, mobile, moutonnant, ondoyant, ondulant, variable, versatile, volatil

Mouvement
acte, action, activité, agitation, allée, animation, avance, contorsion, courant, course, devenir, école, élan, envolée, flux, geste, impulsion, manœuvre, mécanisme, mesure, motion, parti, partie, poussée, progrès, remous, rythme, tendance, trafic, transport, variation, vie

Mouvement acrobatique aérien qui consiste à faire une boucle dans un plan vertical
looping

Mouvement alternatif d'un navire
tangage

Mouvement artistique
cubisme

Mouvement brusque
sursaut

Mouvement circulaire
giration, rotation

Mouvement culturel jamaïcain
rasta

Mouvement d'haltérophilie
épaulé

Mouvement d'un animal qui rue
ruade

Mouvement d'un corps sur lui-même
roulement

Mouvement d'un fluide vers un point
afflux

Mouvement d'un liquide
coulure

Mouvement de colère
rage

Mouvement de contestation regroupant des jeunes
punk

Mouvement de demi-tour
virevolte

Mouvement de grève
débrayage

Mouvement de l'air
vent

Mouvement de l'âme vers un idéal
aspiration

Mouvement de l'eau
courant

Mouvement de la mer
marée

Mouvement de la mer descendante
reflux

Mouvement de sens inverse
retour

Mouvement des équidés qui lancent leurs membres postérieurs en arrière
ruade

Mouvement en rond
volte

Mouvement giratoire
giration

Mouvement impétueux d'une foule
ruée

Mouvement journalier d'oscillation du niveau de la mer, dû à l'attraction lunaire
marée

Mouvement musical, culturel et social
punk

Mouvement ondulatoire
houle

Mouvement périodique de la mer
marée

Mouvement politique
séparatisme

Mouvement qui oscille
vibration

Mouvement qui suit une ligne sinueuse
zigzag

Mouvement rapide
ruée, vélocité

Mouvement rapide d'un végétal en réaction à un choc
nastie

Mouvement religieux et culturel
rastafari

Mouvement sinueux
ondulation

Mouvement, tourbillon
remous

Mouvementé
agité, animé, épique, houleux, orageux, tourmenté, trépidant, troublé

Mouvements folâtres
ébats

Mouvoir
actionner, animer, balancer, bouger, ébranler, émouvoir, évoluer, exciter, manœuvrer, marcher, porter, pousser, remuer

Mouvoir son corps en cadence
danser

Mouvoir une charge à l'aide d'un treuil
treuiller

Moyen
abordable, acceptable, agent, aptitude, arme, artifice, astuce, banal, capacité, chemin, clé, clef, combinaison, combine, commun, convenable, correct, courant, disposition, don, facilité, façon, faculté, filon, force, formule, honnête, honorable, instrument, intermédiaire, lambda, levier, manière, médian, médiocre, médium, mesure, méthode, modéré, normal, ordinaire, outil, passable, possibilité, pouvoir, procédé, procédure, quelconque, recette, relatif, remède, ressort, ressource, ruse, solution, standard, stratégie, subterfuge, système, tactique, technique, voie

Moyen d'épuration
creuset

Moyen de diffusion
média

Moyen de protection
armure

Moyen de réussir
atout

Moyen de séduire
séduction

Moyen de transport
auto, train

Moyen de transport rarement utilisé l'hiver
moto

Moyen détourné d'atteindre un but
biais

Moyenâgeux
féodal, gothique, médiéval

Moyennant
contre, pour

Moyenne
acceptable, milieu, norme, standard

Moyennement
assez, plutôt

Moyens
argent, bien, finances, fonds

Mu
évolué

Mû par un élan créateur
inspiré

Muance
mue

Mucher
musser

Mucosité
glaire

Mue
cage, changement, dépouille, métamorphose,
muance, peau, transformation

Muer
dépouiller, transmuter

Muet
aphone, caduc, coi, discret, interdit,
interloqué, silencieux, sourd, stupéfait,
taciturne

Mufle
brute, butor, gougnafier, goujat, grossier,
indélicat, malappris, malotru, museau, rustre

Muflerie
goujaterie, grossièreté, impolitesse,
inconvenance, indélicatesse

Mufti
mollah

Muge
mulet

Mugir
beugler, brailler, huer, hurler, meugler, ronfler,
rugir, tonitruer, vrombir

Mugissement
cri, hurlement

Muguet
stomatite

Muid
tonneau

Mulâtre
métis

Mule
babouche, charentaise, chausson, espadrille,
mulet, pantoufle, savate

Mulet
bardot, baudet, muge, mule

Muletier
berger

Mulot
mammifère, rat

Mulsion
traite

Multicolore
bariolé

Multicoque
prao

Multiforme
diversiforme, multiple

**Multinationale informatique américaine,
fondée par Bill Gates et Paul Allen**
Microsoft

Multiple
abondant, divers, maint, multiforme,
nombreux, plural, pluriel, plusieurs, varié

Multiplicateur
facteur

Multiplication
accroissement, inflation

Multiplication indéfinie d'un fragment d'ADN
clonage

Multiplicité
abondance, diversité, infinité, kyrielle,
multitude, pluralité, profusion

Multiplié
accru

Multiplié par cinq
quintuple

Multiplié par quatre
quadruple

Multiplier
accroître, augmenter, centupler, décupler,
redoubler

Multiplier par boutures
bouturer

Multiplier par cent
centupler

Multiplier par sept
septupler

Multiplier par six
sextupler

Multiplier par trois
tripler

Multitude
abondance, affluence, afflux, amas, armada,
armée, avalanche, averse, beaucoup,
cargaison, cohorte, cohue, débauche,
essaim, flopée, flot, foison, foisonnement,
forêt, foule, foultitude, fourmillement, horde,
immensité, infinité, inondation, kyrielle,
légion, masse, mer, meute, multiplicité,
myriade, nuée, peuple, pluralité, populace,

presse, profusion, public, quantité, régiment,
ribambelle, tapée, tas, tombereau, torrent,
tourbe, troupe, troupeau

Multitude de personnes
foule

Muni
armé, doté, équipé, garni, nanti, outillé,
pourvu, ravitaillé

Muni d'armes
armé

Muni d'un bât
bâté

Muni d'une anse
ansé

Muni de deux moteurs
bimoteur

Muni de roues
roulant

Municipal
urbain

Municipalité
commune, mairie

Municipalité de Chaudière-Appalaches
Adstock, Armagh, Beaumont, Dosquet,
Frampton, Honfleur, Irlande, Leclercville,
Lotbinière, Scott, Tourville

Municipalité de l'Abitibi-Témiscamingue
Angliers, Authier, Barraute, Béarn, Belcourt,
Berry, Champneuf, Chazel, Clerval, Dupuy,
Fugèreville, Gallichan, Kipawa, Laforce,
Laverlochère, Lorrainville, Moffet, Normétal,
Palmarolle, Poularies, Preissac, Rémigny,
Rochebaucourt, Roquemaure, Taschereau

Municipalité de l'Estrie
Audet, Austin, Bonsecours, Bury,
Chartierville, Compton, Courcelles, Dixville,
Dudswell, Eastman, Frontenac, Hatley,
Kingsbury, Lambton, Lawrenceville,
Maricourt, Martinville, Milan, Nantes,
Newport, Ogden, Piopolis, Racine, Stoke,
Stornoway, Ulverton, Weedon, Wotton

Municipalité de l'Outaouais
Boileau, Bouchette, Bowman, Bristol, Bryson,
Cantley, Cayamant, Chelsea, Chénéville,
Clarendon, Déléage, Denholm, Duhamel,
Fassett, Kazabazua, Litchfield, Mayo,
Messines, Montebello, Montpellier, Namur,
Papineauville, Plaisance, Pontiac, Ripon,
Shawville, Sheenboro, Thorne, Waltham

Municipalité de la Capitale-Nationale
Boischatel, Shannon

Municipalité de la Côte-Nord
Aguanish, Colombier, Franquelin, Godbout,
Natashquan, Ragueneau, Tadoussac

Municipalité de la Gaspésie–Îles-de-la-Madeleine
Caplan, Escuminac, Maria, Marsoui,
Matapédia, Nouvelle, Shigawake

Municipalité de la Mauricie
Batiscan, Champlain, Charrette, Hérouxville,
Maskinongé, Yamachiche

Municipalité de la Montérégie
Abercorn, Béthanie, Brigham, Brome,
Elgin, Franklin, Frelighsburg, Hemmingford,
Henryville, Howick, Lacolle, Massueville,
McMasterville, Napierville, Noyan, Ormstown,
Rigaud, Rougemont, Upton, Verchères,
Warden, Yamaska

Municipalité de la MRC d'Abitibi
Barraute, Berry, Champneuf, Preissac,
Rochebaucourt

Municipalité de la MRC d'Abitibi-Ouest
Authier, Chazel, Clerval, Dupuy, Gallichan,
Normétal, Palmarolle, Poularies,
Roquemaure, Taschereau

Municipalité de la MRC d'Acton
Béthanie, Upton

Municipalité de la MRC d'Antoine-Labelle
Kiamika, Nominingue

Municipalité de la MRC d'Argenteuil
Grenville

Municipalité de la MRC d'Arthabaska
Chesterville, Tingwick

Municipalité de la MRC d'Avignon
Escuminac, Maria, Matapédia, Nouvelle

Municipalité de la MRC de Bécancour
Fortierville, Lemieux, Manseau, Parisville

Municipalité de la MRC de Bellechasse
Armagh, Beaumont, Honfleur

Municipalité de la MRC de Bonaventure
Caplan, Shigawake

Municipalité de la MRC de Brome-Missisquoi
Abercorn, Brigham, Brome, Frelighsburg

Municipalité de la MRC de Coaticook
Compton, Dixville, Martinville

Municipalité de la MRC de D'Autray
Lanoraie, Mandeville

Municipalité de la MRC de Deux-Montagnes
Oka

Municipalité de la MRC de Drummond
Lefebvre, Wickham

Municipalité de la MRC de Joliette
Crabtree

Municipalité de la MRC de Kamouraska
Kamouraska

Municipalité de la MRC de L'Érable
Inverness, Laurierville, Lyster, Villeroy

Municipalité de la MRC de L'Islet
Tourville

Municipalité de la MRC de La Côte-de-Beaupré
Boischatel

Municipalité de la MRC de La Haute-Côte-Nord
Colombier, Tadoussac

Municipalité de la MRC de La Haute-Gaspésie
Marsoui

Municipalité de la MRC de La Haute-Yamaska
Warden

Municipalité de la MRC de La Jacques-Cartier
Shannon

Municipalité de la MRC de La Matapédia
Albertville, Sayabec

Municipalité de la MRC de La Mitis
Padoue, Price

Municipalité de la MRC de La Nouvelle-Beauce
Frampton, Scott

Municipalité de la MRC de La Vallée-de-l'Or
Belcourt

Municipalité de la MRC de La Vallée-de-la-Gatineau
Bouchette, Cayamant, Déléage, Denholm, Kazabazua, Messines

Municipalité de la MRC de La Vallée-du-Richelieu
McMasterville

Municipalité de la MRC de Lac-Saint-Jean-Est
Hébertville, Labrecque, Lamarche

Municipalité de la MRC de Lotbinière
Dosquet, Leclercville, Lotbinière

Municipalité de la MRC de Manicouagan
Franquelin, Godbout, Ragueneau

Municipalité de la MRC de Maria-Chapdelaine
Albanel, Girardville, Péribonka

Municipalité de la MRC de Maskinongé
Charrette, Maskinongé, Yamachiche

Municipalité de la MRC de Matawinie
Chertsey, Entrelacs, Rawdon

Municipalité de la MRC de Mékinac
Hérouxville

Municipalité de la MRC de Memphrémagog
Austin, Eastman, Hatley, Ogden

Municipalité de la MRC de Minganie
Aguanish, Natashquan

Municipalité de la MRC de Nicolet-Yamaska
Pierreville

Municipalité de la MRC de Papineau
Boileau, Bowman, Chénéville, Duhamel, Fassett, Mayo, Montebello, Montpellier, Namur, Papineauville, Plaisance, Ripon

Municipalité de la MRC de Pierre-De Saurel
Massueville, Yamaska

Municipalité de la MRC de Pontiac
Bristol, Bryson, Clarendon, Litchfield, Shawville, Sheenboro, Thorne, Waltham

Municipalité de la MRC de Rivière-du-Loup
Cacouna

Municipalité de la MRC de Rouville
Rougemont

Municipalité de la MRC de Témiscamingue
Angliers, Béarn, Fugèreville, Kipawa, Laforce, Laverlochère, Lorrainville, Moffet, Rémigny

Municipalité de la MRC de Témiscouata
Auclair, Biencourt, Lejeune, Packington

Municipalité de la MRC de Vaudreuil-Soulanges
Rigaud

Municipalité de la MRC des Appalaches
Adstock, Irlande

Municipalité de la MRC des Chenaux
Batiscan, Champlain

Municipalité de la MRC des Collines-de-l'Outaouais
Cantley, Pontiac

Municipalité de la MRC des Jardins-de-Napierville
Hemmingford, Napierville

Municipalité de la MRC des Laurentides
Brébeuf, Huberdeau, Labelle, Lantier, Montcalm

Municipalité de la MRC des Pays-d'en-Haut
Piedmont

Municipalité de la MRC des Sources
Wotton

Municipalité de la MRC du Domaine-du-Roy
Chambord

Municipalité de la MRC du Fjord-du-Saguenay
Bégin, Larouche

Municipalité de la MRC du Granit
Audet, Courcelles, Frontenac, Lambton, Milan, Nantes, Piopolis, Stornoway

Municipalité de la MRC du Haut-Richelieu
Henryville, Lacolle, Noyan

Municipalité de la MRC du Haut-Saint-François
Bury, Chartierville, Dudswell, Newport, Weedon

Municipalité de la MRC du Haut-Saint-Laurent
Elgin, Franklin, Howick, Ormstown

Municipalité de la MRC du Val-Saint-François
Bonsecours, Kingsbury, Lawrenceville, Maricourt, Racine, Stoke, Ulverton

Municipalité de Lanaudière
Chertsey, Crabtree, Entrelacs, Lanoraie, Mandeville, Rawdon

Municipalité des Laurentides
Brébeuf, Grenville, Huberdeau, Kiamika, Labelle, Lantier, Montcalm, Nominingue, Oka, Piedmont

Municipalité du Bas-Saint-Laurent
Albertville, Auclair, Biencourt, Cacouna,
Kamouraska, Lejeune, Packington, Padoue,
Price, Sayabec

Municipalité du Centre-du-Québec
Chesterville, Fortierville, Inverness,
Laurierville, Lefebvre, Lemieux, Lyster,
Manseau, Parisville, Pierreville, Tingwick,
Villeroy, Wickham

Municipalité du Saguenay–Lac-Saint-Jean
Albanel, Bégin, Chambord, Girardville,
Hébertville, Labrecque, Lamarche, Larouche,
Péribonka

Munificence
largesse, libéralité

Munificent
large, libéral, prodigue

Munir
armer, doter, équiper, fournir, garnir, lotir,
nantir, outiller, pourvoir, procurer, ravitailler

Munir d'un busc
busquer

Munir d'un grillage
grillager

Munir d'un tuteur
tuteurer

Munir d'une arme
armer

Munir d'une bague
baguage

Munir d'une coulisse
coulisser

Munir d'une fermeture à glissière
zipper

Munir d'une mèche
mécher

Munir d'une selle
seller

Munir d'une virole
viroler

Munir de balises
baliser

Munir de cercles
cercler

Munir de fenêtres
fenêtrer

Munir les pneus de chaînes
chaîner

Munition
cartouche, provision, recharge

Munitionnaire
canonnier

Munitions
arsenal, vivres

Muphti
mollah

Muqueuse de la cavité utérine
endomètre

Muqueuse entourant la base des dents
gencive

Mur
abri, barrage, barrière, cloison, clôture,
enceinte, enclos, fortification, fossé, fronton,
muraille, muret, murette, obstacle, parapet,
paroi, rempart, rideau, séparation

Mûr
adulte, développé, fait, grand, mature,
pondéré, posé, prêt, raisonnable, réfléchi,
sérieux

Mur à hauteur d'appui
parapet

Mur d'appui
allège

Mur d'appui d'une fenêtre
allège

Mur d'une salle d'exposition
cimaise

Mur de soutènement
perré

Mur entourant un amphithéâtre romain antique
podium

Muraille
abri, enceinte, fortification, mur, paroi,
rempart

Mûre
fruit, mûron

Muré
aveuglé, bouché, condamné, emmuré,
enfermé, reclus

Mûrement
calmement

Murer
aveugler, boucher, cimenter, condamner,
emmurer

Muret
mur, muretin

Muretin
muret

Murette
mur

Mûri
aoûté, calculé, étudié, médité, pensé,
prémédité, préparé, prévu, réfléchi

Mûrier
ronce

Mûrir
aoûter, approfondir, changer, concocter,
couver, développer, étoffer, faire, former,
grandir, méditer, mijoter, ourdir, préciser,

préméditer, préparer, projeter, réfléchir, tramer, vieillir

Mûrir par la chaleur d'août
août er

Mûrir par la réflexion
digérer

Murmure
babil, babillage, bourdonnement, bruissement, bruit, chanson, chuchotement, chuchotis, gazouillement, gazouillis, grognement, grondement, marmonnement, marmottement, musique, plainte, protestation, ronron, rumeur, susurrement

Murmurer
bruire, chuchoter, grommeler, gronder, marmonner, marmotter, prononcer, protester, ronfler, souffler, susurrer

Murmurer confusément
marmotter

Murmurer doucement
susurrer

Mûron
mûre

Musard
flâneur

Musarder
amuser, attarder, baguenauder, balader, déambuler, flâner, lambiner, lanterner, muser, promener, tarder, traîner, vadrouiller

Musc
parfum

Muscade
épice

Muscadin
dandy

Muscadine
truffe

Muscardin
loir

Muscle
biceps, tendon

Musclé
autoritaire, dur, fort, nerveux, puissant, solide, trapu

Muscle circulaire qui ferme un orifice en se contractant
sphincter

Muscle de l'épaule élévateur du bras
deltoïde

Muscle de la jambe
jambier

Muscle du bras
biceps

Muscle du corps humain
psoas

Muscle qui entre en jeu pour l'exécution d'un mouvement
agoniste

Muscle qui produit une tension
tenseur

Muscler
consolider, dynamiser, fortifier, renforcer

Musculature
anatomie

Muse
déesse, égérie, érato, femme, inspiratrice, poésie

Muse de la Poésie épique et de l'Histoire
Clio

Muse de la Poésie lyrique
Érato

Museau
bouche, frimousse, groin, minois, mufle, nez, tête, truffe, visage

Museau du porc
groin

Museau du sanglier
groin

Musée
cabinet, collection, conservatoire, galerie, muséum, pinacothèque

Musée consacré aux sciences naturelles
muséum

Muselé
étouffé, retenu

Museler
bâillonner, brider, contenir, corriger, dompter, enchaîner, étouffer, garrotter, juguler, opprimer, réfréner, réprimer, retenir, soumettre, taire

Muselière
bâillon

Muser
attarder, baguenauder, flâner, musarder, traîner

Musette
bombarde, cornemuse, hautbois, havresac, loure, pipeau, sac, sacoche

Musette de grande taille
loure

Muséum
cabinet, collection, conservatoire, galerie, musée, salon

Music-hall
cabaret, variétés

Musical
cadencé, chantant, doux, harmonieux, mélodieux, musicien, poétique, rythmé

Musicien
artiste, compositeur, instrumentiste, interprète, musical, organiste, soliste, violoneux

Musicien du Moyen Âge
ménestrel

Musicien qui joue de l'alto
altiste

Musicien qui joue de la basse ou du violoncelle
bassiste

Musicien qui joue de la flûte
flûtiste

Musicien qui joue de la harpe
harpiste

Musicien qui joue de la viole
violiste

Musicien qui joue des timbales
timbalier

Musicien qui joue du tuba
tubiste

Musique
air, antienne, ballade, berceuse, bruit, canon, chanson, chant, chorale, clique, comptine, concert, concerto, disque, euphonie, eurythmie, fanfare, harmonie, jazz, mélodie, murmure, opéra, orchestre, orphéon, refrain, rengaine, ritournelle, scie, son, sonate, symphonie, tube

Musique à bouche
harmonica

Musique afro-américaine
jazz

Musique afro-cubaine au rythme marqué
salsa

Musique andalouse
flamenco

Musique au rythme martelé sur laquelle sont scandées des paroles
rap

Musique au rythme martelé, basée sur des paroles scandées
rap

Musique composée pour des grands-messes
messe

Musique d'origine américaine
disco, rock

Musique de danse afro-cubaine
salsa

Musique de jazz lente
blues

Musique de régiment
nouba

Musique jamaïcaine
calypso

Musique jamaïcaine, à rythme syncopé
reggae

Musique originaire d'Algérie
raï

Musique populaire jamaïcaine
reggae

Musique syncopée et rapide
ragtime

Musique traditionnelle populaire modernisée
folk

Musique très rythmée dont les paroles sont hachées
rap

Musli
céréale

Musser
mucher

Mustang
cheval

Musulman
islamiste, mahométan

Musulman, au Moyen Âge
sarrasin

Mutacisme
mutisme

Mutation
alternance, changement, conversion, déplacement, devenir, évolution, métamorphose, modification, révolution, succession, transformation, transmutation, variation

Muté
affecté

Muter
affecter, déplacer, transmuter, verser

Mutilation
ablation, perte

Mutilé
abîmé, altéré, amputé, blessé, estropié, handicapé, impotent, infirme, invalide

Mutiler
abîmer, abréger, altérer, amoindrir, amputer, blesser, castrer, couper, déformer, dégrader, dénaturer, déshonorer, détériorer, diminuer, ébrécher, endommager, estropier, expurger, raccourcir, tronquer

Mutin
badin, désobéissant, dissident, espiègle, factieux, gai, gamin, insoumis, insurgé, lutin, malicieux, malin, piquant, rebelle, récalcitrant, révolté, séditieux, vif

Mutinerie
émeute, faction, insurrection, rébellion, révolte, révolution, sédition, soulèvement

Mutisme
aphasie, mutacisme, silence

Mutité
aphasie, dysphasie

Mutualiser
répartir

Mutualisme
coopératisme, symbiose

Mutuel
partagé, réciproque

Mutuelle
association

Mygale
araignée

Myope
amétrope, bigle, bigleux

Myopie
amétropie, confusion

Myriade
flopée, foultitude, infinité, kyrielle, masse,
meute, multitude, nuée, profusion, quantité

Myriapode noir et luisant
iule

Myrte épineux
fragon

Myrtille
airelle, bleuel, bluet

Mystère
arcanes, cachotterie, diablerie, discrétion,
énigme, miracle, obscurité, ombre,
profondeur, secret, silence

Mystérieux
abstrus, difficile, inconnu, invisible, obscur,
occulte, profond, secret, sibyllin, sombre,
ténébreux

Mystificateur
faussaire, furniste, imposteur, menteur,
trompeur

Mystification
attrape, bateau, facétie, farce, imposture,
leurre, mascarade, mensonge, plaisanterie,
tour, tromperie

Mystifié
abusé, berné, leurré

Mystifier
abuser, accroire, attraper, avoir, berner,
duper, leurrer, tromper

Mystique
croyant, illuminé, inspiré, spirituel

Mythe
allégorie, chimère, fable, fantasme, idée,
illusion, légende, mirage, mythologie, récit,
rêve, tradition, utopie

Mythe du cinéma hollywoodien
Monroe

Mythique
admiré, fabuleux, illusoire, imaginaire,
utopique

Mythologie
légende, mythe, théogonie

Mythologique
fabuleux

Mythomane
menteur

Mythomanie
mensonge

N

N'ayant subi aucune teinture
écru

N'importe où
partout

N'importe qui
quiconque

Na
sodium

Nabot
avorton, gnome, nain

Nabuchodonosor
bouteille

Nacarat
rouge

Nacelle
canot, cockpit

Nacré
iridescent, irisé, opalin

Nævus
lentigo, lentille, tache, verrue

Nage
brasse, crawl, dos, natation, papillon

Nagé
ramé

Nage ou insecte
papillon

Nage rapide
crawl

Nage sur le ventre
brasse, crawl

Nageoire
aileron

Nageoire de caoutchouc
palme

Nageoire de certains poissons
aileron

Nageoire de requin
aileron

Nager
baigner, crawler, flotter, naviguer, patauger, ramer, surnager, tremper

Nager le crawl
crawler

Nageur
baigneur, brasseur, crawleur, plongeur, rameur

Nageur qui a gagné sept médailles d'or lors des Jeux olympiques d'été de 1972
Spitz

Nageuse
naïade

Naguère
anciennement, autrefois, jadis, passé, récemment

Naïade
baigneuse, nageuse, nymphe

Naïf
abruti, benêt, candide, confiant, crédule, dupe, enfantin, frais, gobeur, inexpérimenté, ingénu, innocent, intuitif, jeune, jobard, naturel, niais, nigaud, primitif, puéril, simple, simplet, spontané

Nain
farfadet, gnome, lilliputien, lutin, minuscule, nabot, petit, pygmée

Naine
étoile

Naissance
accouchement, agnelage, apparition, arrivée, ascendance, aube, aurore, avènement, commencement, création, début, départ, ébauche, éclosion, enfantement, éveil, extraction, famille, filiation, formation, genèse, jour, lignage, lignée, Nativité, Noël, origine, parturition, prémices, race, racine, souche, source

Naissance de Jésus-Christ
Nativité

Naissant
nouveau

Naître
apparaître, commencer, débuter, développer, éclore, élever, émerger, former, germer, paraître, percer, poindre, pointer, résulter, sourdre, surgir

Naïve
poire

Naïvement
bêtement, candidement, ingénument, innocemment, naturellement, simplement, spontanément

Naïveté
bêtise, bonté, candeur, crédulité, fraîcheur, ignorance, ingénuité, innocence, jobarderie, jobardise, naturel, niaiserie, nigauderie, puérilité, simplicité

Naja
cobra

Nana
fille

Nanan
friandise

Nanifier
naniser

Naniser
nanifier

Nano
petit

Nanocoulomb
nc

Nanofarad
nf

Nanoseconde
ns

Nanti
aisé, cossu, fortuné, muni, opulent, pourvu, riche

Nantir
affliger, doter, douer, équiper, gratifier, munir, pourvoir, procurer

Nantir d'un avantage
gratifier

Nantissement
antichrèse, créance, gage, garantie

Napoléon
empereur, louis

Nappage
glaçage

Nappe d'eau stagnante
marais

Napper
couvrir, enduire, enrober, envelopper, étaler, recouvrir, saupoudrer, tapisser, tartiner

Napperon
set

Narcissisme
égotisme

Narcose
anesthésie

Narcotine
opianine

Narcotique
dormitif, somnifère, stupéfiant

Narghilé
calumet, houka, pipe

Narguer
braver, défier, mépriser, provoquer, rire

Narguilé
calumet, houka, pipe

Narine
naseau, nez

Narine de certains animaux
naseau

Narine de certains mammifères
naseau

Narine des cétacés
évent

Narine du cheval
naseau

Narquois
caustique, goguenard, gouailleur, ironique, malicieux, moqueur, persifleur, railleur, ricaneur, rusé, sarcastique, taquin

Narrateur
amuseur, anecdotier, chroniqueur, conteur, historien, historiographe, raconteur

Narration
exposé, exposition, histoire, rapport, récit, rédaction, relation, version

Narrer
conter, dire, exposer, raconter, rapporter, relater, retracer

Narval
cétacé

Nasal
nasillard

Nasarde
chiquenaude, gifle

Nase
fatigué, harassé

Naseau
narine, nez

Nasillard
nasal

Nasillement
cri

Nasiller
prononcer

Nasitort
cresson

Naskapi
amérindien, autochtone

Nasonner
prononcer

Nasse
casier, claie, filet, lit, panier, piège, trappe

Natal
maternel, originel

Natalité
peuplement

Natation
brasse, crawl, nage

Natif
aborigène, autochtone, habitant, indigène, inné, issu, naturel, originaire

Nation
cité, communauté, état, ethnie, gent, groupe, patrie, pays, peuple, population, puissance, race, territoire

Nation amérindienne
micmac, sioux

Nation amérindienne anciennement nommée les Montagnais
Innus

Nation amérindienne établie sur les rives du lac Huron
Hurons, Wendats

Nation autochtone établie dans les régions arctiques
Inuits

National
citoyen, public

Nationale
route

Nationaliser
collectiviser, étatiser, socialiser

Nationalisme
racisme, xénophobie

Nationaliste
chauvin, civique, cocardier, patriote, raciste, xénophobe

Nativité
naissance, Noël

Nattage
tressage

Natte
cadenette, macaron, matelas, paillasse, paillasson, paillet, tapis, tresse

Natte de cheveux roulée sur l'oreille
macaron

Natte de cordage
paillet

Natte en osier
caget

Natte servant à la pratique du judo
tatami

Natter
entrelacer, torsader, tresser

Naturalisé
acclimaté, affadi

Naturaliser
acclimater, affadir

Naturalisme
naturisme, réalisme

Naturaliste
réaliste

Nature
acabit, campagne, caractère, catégorie, classe, complexion, condition, constitution, cosmos, création, entité, espèce, essence, état, être, gabarit, génie, genre, humeur, inclination, instinct, manière, monde, naturel, ordre, penchant, personnalité, propre, propriété, quiddité, réalité, santé, simple, sorte, spontané, substance, tempérament, type, univers, vert

Naturel
aborigène, aisance, aise, aisé, authenticité, authentique, autochtone, bâtard, brut, caractère, charnel, commun, complexion, compréhensible, constitutif, constitution, corporel, cru, écru, facile, facilité, familiarité, fraîcheur, frais, franc, grège, habitant, honnête, humeur, illégitime, indigène, infus, ingénuité, inhérent, inné, intrinsèque, légèreté, légitime, logique, naïf, naïveté, natif, nature, normal, originel, physiologique, primitif, propre, pur, raisonnable, simple, simplicité, sincère, sincérité, spontané, spontanéité, tempérament, véritable, vérité, vierge, vrai

Naturellement
aisément, naïvement

Naturisme
naturalisme, nudisme

Naturiste
nudiste

Naufrage
banqueroute, débâcle, déconfiture, déroute, désastre, échec, écroulement, effondrement, faillite, perte, ruine, sinistre, submersion

Naufrager
cabaner

Naufrageur
fossoyeur

Nauséabond
abject, dégoûtant, désagréable, écœurant, empesté, empuanti, fade, fétide, ignoble, immonde, immoral, infâme, infect, malodorant, malpropre, mauvais, méphitique, nauséeux, pestilentiel, puant, rebutant, repoussant, répugnant, répulsif, sale, sordide, vireux

Nausée
aversion, dégoût, écœurement, horreur, répugnance, répulsion, révolte

Nauséeux
abject, dégoûtant, écœurant, émétique, ignoble, immonde, infâme, infect, nauséabond, répugnant, sordide, vomitif

Nautique
aquatique, marin, maritime, naval

Nautonier
batelier, marinier, pilote, timonier

Naval
marin, maritime, nautique

Navarin
ragoût

Navel
orange

Navet
légume, rutabaga

Navet fourrager
turneps

Navette
voyage
Navigant
aviateur, volant
Navigateur
aviateur, fureteur, marin, yachtman
Navigation
marine, pilotage
Navigation autour d'une mer, d'une région
périple
Navigué
ramé
Naviguer
bourlinguer, caboter, cingler, nager, surfer,
voguer, voyager
Naviguer à faible distance des côtes
caboter
Naviguer à reculons
culer
Naviplane
aéroglisseur
Navire
bateau, bâtiment, cargo, nef, paquebot,
vaisseau
Navire à fond plat
prame
Navire à voiles à un mât
sloop
**Navire aménagé pour le transport des
passagers**
paquebot
Navire armé
corsaire
Navire citerne
pétrolier
Navire de charge
tramp
**Navire de charge transportant des grains
en vrac**
céréalier
Navire de guerre
corvette, cuirassé, nef
Navire de ligne
liner
Navire de plaisance
yacht
Navire destiné au transport du butane liquéfié
butanier
Navire englouti
Titanic
Navire marchand qui trafiquait en fraude
interlope
Navire pour la pêche à la baleine
baleinier

Navire pour la pêche au thon
thonier
Navire pour le transport du propane
propanier
Navire qui roule beaucoup
rouleur
Navire rapide de petit tonnage
caravelle
Navire réservé au transport des marchandises
cargo
Navire spécialisé dans le transport du butane
butanier
Navire transportant des produits en vrac
vraquier
Navrant
affligeant, attristant, consternant, contrariant,
cruel, déchirant, décourageant, déplorable,
désespérant, désolant, douloureux,
émouvant, ennuyeux, fâcheux, funeste,
lamentable, minable, pénible, piteux,
pitoyable, poignant, regrettable, triste
Navrant, pathétique
déchirant
Navré
affligé, attristé, chagriné, contus, consterné,
contrarié, déçu, dépité, désappointé, désolé,
fâché, peiné
Navrer
affecter, affliger, attrister, chagriner,
consterner, contrarier, contrister, déchirer,
dépiter, désappointer, désoler, ennuyer,
fâcher, meurtrir, peiner
Nazi
hitlérien, ss
Nazisme
dictature
NC
nanocoulomb
Nd
néodyme
Ne
négation
Né
issu, sorti
Né dans le pays qu'il habite
indigène
Né hors du mariage
bâtard, illégitime
Ne pas avouer
nier
Ne pas comprendre dans un ensemble
excepter
Ne pas dire la vérité
mentir

Ne pas reconnaître
nier

Ne pas rentrer coucher chez soi
découcher

Ne pas savoir
ignorer

Ne progresse pas
piétine

Ne rien faire
niaiser, végéter

Néanmoins
cependant, mais, nonobstant, pourtant,
seulement, toutefois

Néant
absence, désert, inanité, nullité, oubli, rien,
vacuité, vanité, vide, zéro

Néantiser
anéantir

Nébuleuse
astre, galaxie

Nébuleux
abscons, abstrait, abstrus, alambiqué,
amphigourique, brumeux, confus, couvert,
embrumé, énigmatique, flou, fumeux,
hermétique, incertain, incompréhensible,
indécis, indistinct, inintelligible, insaisissable,
nuageux, obscur, obscurci, sibyllin, trouble,
vague, vaporeux, vaseux, voilé

Nébuliseur
aérosol, atomiseur

Nébulosité
nuage

Nec plus ultra
perfection

Nécessaire
absolu, central, essentiel, fatal, fondamental,
forcé, immanquable, impératif, important,
inconditionné, indispensable, inéluctable,
inévitable, infaillible, logique, mathématique,
minimum, obligatoire, obligé, premier,
primordial, requis, utile

Nécessaire pour voyage
équipage

Nécessairement
essentiellement, forcément

Nécessité
besoin, dénuement, destin, détresse, devoir,
exigence, fatalité, force, gêne, impératif,
indigence, loi, obligation, pauvreté, utilité

Nécessité absolue
impératif

Nécessité d'agirvite
urgence

Nécessiter
appeler, commander, demander, déterminer,
exiger, falloir, impliquer, imposer, motiver,
prendre, réclamer, requérir, supposer

Nécessiteux
gueux, indigent, mendiant, misérable, pauvre

Nécromancien
magicien, nécromant

Nécromant
magicien, nécromancien

Nécropole
charnier, cimetière

Nécrose
gangrène, lésion, mortification

Nécrose cutanée
escarre

Nécrose d'un tissu
gangrène

Nécroser
gangréner

Nectar
boisson, breuvage

Nectarine
brugnon, pêche

Néerlandais
hollandais

Nef
bateau, navire, vaisseau

Nef transversale d'une église
transept

Néfaste
corrupteur, dangereux, défavorable,
délétère, désastreux, dommageable, fatal,
funeste, hostile, malfaisant, malin, malsain,
mauvais, négatif, nocif, nuisible, pernicieux,
pestilentiel, préjudiciable

Néflier de Naples
aubépine

Négatif
cliché, contretype, critique, défavorable,
hostile, malin, néfaste, nocif, non, opposé,
pessimiste, photo, polémique

Négatif photographique
cliché

Négation
antithèse, condamnation, contestation,
contradiction, contraire, dénégation, déni, ne,
nenni, ni, non, refus, réfutation, rejet

Négligé
abandonné, débraillé, délaissé, déshabillé,
ignoré, liberté, malpropre, omis, peignoir,
relâché, relâchement, sale

Négligeable
accessoire, dérisoire, infime, léger, méchant,
médiocre, menu, mince, minime, minuscule,
petit, piètre, secondaire, véniel

Négligeant
oublieux

Négligemment
distraitement, inconsidérément, mollement, nonchalamment, paresseusement

Négligence
abandon, distraction, étourderie, faute, inapplication, inattention, incurie, insouciance, irréflexion, laxisme, mollesse, nonchalance, nonchaloir, omission, oubli, paresse, relâchement

Négligent
distrait, étourdi, inattentif, indolent, insouciant, irréfléchi, léger, nonchalant, oublieux

Négliger
abandonner, dédaigner, délaisser, écarter, excepter, méconnaître, mépriser, omettre, oublier, sacrifier

Négliger de mentionner
omettre

Négoce
business, commerce, entreprise, trafic, transaction

Négociant
commerçant, concessionnaire, distributeur, exportateur, grossiste, importateur, marchand, trafiquant, vendeur

Négociateur
diplomate, médiateur, tiers

Négociateur malhonnête
maquignon

Négociation
dialogue, marché

Négocié
discuté, vendu

Négocier
acheter, acquérir, capituler, commercer, dialoguer, discuter, marchander, pactiser, parlementer, trafiquer, traiter, transiger, transmettre, vendre

Négondo
érable

Neige chassée par le vent
poudrerie

Neiger
enneiger, floconner

Neigeux
alpin, enneigé

Nenni
négation, non

Nénuphar
lotus, nymphéa

Néo
nouveau

Néodyme
nd

Néon
gaz

Néophyte
apprenti, bleu, converti, débutant, écolier, inexpérimenté, neuf, nouveau, novice, profane, prosélyte

Néoplasme
cancer, tumeur

Néoprène
élastomère

Nèpe
punaise

Néphélion
taie

Néphrétique
rénal

Néphrologue
urologue

Népotisme
clientélisme, favoritisme, patronage

Neptune
planète

Neptunium
np

Nerf
concision, dynamisme, énergie, fibre, force, nervure, neurone, ressort, vigueur, volonté

Nerprun
alaterne, bourdaine

Nerveusement
convulsivement, énergiquement, fébrilement, impatiemment, spasmodiquement, vigoureusement

Nerveux
agité, brusque, colérique, concis, convulsif, coriace, dynamique, émotif, énergique, énervé, excitable, excité, fébrile, fibreux, fiévreux, filandreux, impatient, irritable, irrité, musclé, psychosomatique, spasmodique, stressé, tendineux, vigoureux

Nervi
fripouille, gredin, sbire, spadassin, tueur

Nervosité
affolement, agacement, agitation, énervement, exaspération, excitation, fébrilité, impatience, irritation, stress, surexcitation

Nervure
brande, côte, ganse, lierne, nerf, pli, pliure, saillie, tierceron, veine, veinure

Nervure de la voûte gothique
lierne

Nessus
centaure

Net

abrupt, astiqué, blanc, briqué, brusquement, brutalement, carré, catégorique, catégoriquement, clair, crûment, décidé, distinct, droit, entretenu, évident, exact, explicite, exprès, formel, frais, franc, franchement, honnête, immaculé, impeccable, important, intact, intelligible, loyal, lumineux, manifeste, marqué, nettement, nickel, ouvertement, pile, précis, propre, propret, pur, rangé, régulier, rond, sensible, significatif, soigné, tangible, tranché, transparent, vierge, visible

Net, propre

soigné

Nettement

bien, carrément, catégoriquement, clairement, distinctement, expressément, fermement, formellement, fort, fortement, franchement, net, nettement, ouvertement, rondement, sensiblement

Netteté

blancheur, clarté, éclat, justesse, limpidité, lucidité, perspicuité, précision, propreté, pureté, rigueur, transparence

Nettoiement

balayage, curage, curetage, nettoyage, toilette

Nettoyage

ablution, assainissement, astiquage, balayage, blanchissage, brossage, cirage, curage, curetage, décapage, décapement, décrassage, décrottage, dégraissage, dérochage, détachage, entretien, époussetage, épuration, essuyage, fourbissage, frottage, lavage, lessivage, lessive, nettoiement, purge, purification, ramonage, ravalement, récurage, rinçage, savonnage

Nettoyage avec un balai

balayage

Nettoyant

détachant, détergent, détersif, purifiant

Nettoyé

désuni, épuré, propre

Nettoyer

assainir, astiquer, balayer, blanchir, briquer, brosser, cirer, curer, cureter, débarbouiller, débourber, décaper, décrasser, décrotter, dégraisser, dérocher, dérouiller, désengorger, détacher, déterger, draguer, écouvillonner, écurer, entretenir, éponger, épousseter, épurer, essuyer, étriller, faire, fourbir, frictionner, frotter, goupillonner, laver, lessiver, moucher, purger, purifier, racler, ragréer, ratisser, ravaler, récurer, rincer, savonner, toiletter, torcher, vider

Nettoyer à fond

écurer

Nettoyer à l'eau

rincer

Nettoyer au râteau

râteler

Nettoyer avec du savon

savonner

Nettoyer avec un abrasif

récurer

Nettoyer des corps étrangers

cureter

Nettoyer en frottant

récurer

Nettoyer en raclant

ramoner

Nettoyer la façade d'un immeuble

ravaler

Nettoyer soigneusement

décrasser

Nettoyer un conduit

ramoner

Nettoyer, frotter énergiquement au point de faire briller l'objet

briquer

Nettoyeur

cireur, laveur, teinturier

Neuf

audacieux, débutant, frais, inconnu, inédit, inexpérimenté, jeune, moderne, néophyte, nouveau, novice, original, printanier, récent, vierge

Neurasthénie

abattement, aboulie, dépression, ennui, mélancolie, morosité, spleen

Neuroleptique

sédatif

Neurologiste

neurologue

Neurologue

médecin, neurologiste

Neurone

nerf

Neuropsychiatre

aliéniste

Neutralisation

correction

Neutralisé

étouffé

Neutraliser

abolir, amortir, anéantir, annihiler, annuler, balancer, compenser, contrebalancer, contrecarrer, corriger, désamorcer, enrayer, équilibrer, étouffer, juguler, maîtriser, paralyser, refouler

Neutralité
abstention, impartialité, objectivité, tiédeur

Neutre
anodin, aseptisé, banal, discret, égal, fade,
impartial, incolore, indifférent, inodore,
insignifiant, insipide, morne, objectif,
quelconque, terne

Neutron
fermion

Neuvaine
chapelet, prières

Neuvième heure du jour
none

Névralgie
céphalalgie, céphalée, migraine

Névralgique
sensible

Névroglie
glie

Névrose
hystérie

Névrosé
fou, loufoque

Nez
blair, bouquet, devant, groin, museau, narine,
naseau, perspicacité, pif, pifomètre, proue,
tarin, truffe

NF
nanofarad

Ni
conjonction, négation, nickel

Ni chaud ni froid
tiède

Niais
abruti, andouille, âne, ballot, balourd, béat,
bébête, béjaune, benêt, bêta, bête, bonasse,
bourricot, cruche, dadais, gille, godiche,
gourde, idiot, imbécile, inepte, innocent,
jocrisse, lourd, naïf, niaiseux, nigaud, puéril,
simple, simplet, sot, stupide

Niais, imbécile
cornichon

Niaise
bécasse, bourrique

Niaisement
bêtement

Niaiser
taquiner

Niaiserie
absurdité, ânerie, babiole, bagatelle,
baguenaude, baliverne, bêtise, broutille,
crédulité, fadaise, faribole, futilité, gaminerie,
idiotie, imbécillité, ineptie, jobarderie,
jobardise, naïveté, nigauderie, platitude,
puérilité, rien, sottise, stupidité, vétille

Niaiseux
niais

Nib
rien

Niche
abri, aire, alcôve, alvéole, blague, boutade,
cavité, creux, enfoncement, loge, réduit,
renfoncement, tour

Niché
airé, logé, situé, tapi

Niche funéraire
caveau

Niche funéraire à fond plat
enfeu

Niche funéraire pour y recevoir des tombes
enfeu

Nichée
couvée, famille, oiseau, portée

Nicher
airer, couver, gésir, loger, mettre, nidifier,
percher

Nichoir
cage

Nickel
impeccable, métal, net, ni

Nickeler
électrolyser, galvaniser

Nicotinisme
tabagisme

Nid
abri, aire, demeure, fourmilière, foyer, gîte,
habitation, intérieur, logement, maison,
pénates, repaire, retraite, toit

Nid de guêpes
guêpier

Nid de l'aigle
aire

Nidifier
airer, nicher

Nidoreux
puant

Nié
contesté, contredit, démenti, dénié,
désavoué, disconvenu, récusé, refusé, réfuté,
rejeté, renié

Niellage
niellure

Nielle
gravure

Nieller
graver

Niellure
niellage

Nième
ixième

Nier
contester, contredire, démentir, dénier,
désavouer, disconvenir, récuser, refuser,
réfuter, rejeter, renier

Niet
non

Nigaud
abruti, andouille, badaud, benêt, bêta, bête,
cruche, dadais, gauche, godiche, gourde,
innocent, jobard, jocrisse, naïf, niais, simplet,
sot, veau

Nigaude
bécasse

Nigauderie
naïveté, niaiserie

Night-club
boîte

Nihilisme
incroyance, pessimisme

Nilgaut
antilope

Nimbe
auréole, cercle, couronne, gloire, halo

Nimber
auréoler, entourer

Nimbus
nuage

Ninas
cigare, cigarillo

Nippe
fripe, habit, haillon, vêtement

Nippé
vêtu

Nipper
fringuer

Nippes
guenilles, hardes, harpailles, loques,
oripeaux, tenue, vieilleries

Nippon
japonais

Nique
mépris

Nirvana
paradis

Nitescence
clarté, lueur

Nitescent
brillant, lumineux

Nitrate de potassium
nitre, salpêtre

Nitre
salpêtre

Nitreux
azoteux

Nitrite
azotite

Nitrogène
azote

Nitroglycérine
plastic

Niveau
barre, classe, cote, cran, degré, échelle,
échelon, étage, état, force, grade, hauteur,
ligne, ordre, palier, plan, point, portée,
position, qualité, rang, sorte, stade, strate,
type, valeur

Niveau à bulle
nivelle

Niveau atteint par le feuillage des végétaux
strate

Niveau le plus bas d'un cours d'eau
étiage

Nivéen
blanc

Nivelage
aplanissement, arasement

Nivelé
uni

Niveler
aligner, aplanir, araser, écrêter, égaler,
égaliser, régaler, unifier, uniformiser

Niveler la surface d'un sol
ragréer

Niveleur
égalitaire

NNE
orientation

NNO
orientation

No
nobélium

Nobélium
no

Nobiliaire
armorial

Noble
admirable, altier, aristocrate, auguste, beau,
bel, bon, bonne, chevaleresque, courageux,
digne, distingué, élevé, éminent, éthéré,
fier, généreux, gentilhomme, grand, haut,
héroïque, honorable, illustre, imposant,
magnanime, magnifique, majestueux, mâle,
olympien, patricien, pur, relevé, respectable,
seigneur, soutenu, sublime, vénérable

Noblement
aristocratiquement, chevaleresquement,
dignement, élégamment, fièrement,
généreusement, grandement,
magnanimement, magnifiquement

Noblesse
aristocratie, beauté, dignité, distinction, élégance, élévation, fierté, générosité, gentilhommerie, grandeur, hauteur, magnanimité, majesté, patriciat, prestance, valeur

Noce
bombance, épousailles, fête, mariage, nouba

Nocer
bambocher, fêter

Noceur
jouisseur, viveur

Nocher
batelier, pilote

Nocif
dangereux, délétère, dommageable, funeste, malfaisant, malin, malsain, mauvais, néfaste, négatif, nuisible, pathogène, pernicieux, préjudiciable, toxique, virulent

Nocif et violent
virulent

Nocif pour les organismes vivants
toxique

Nocivité
malignité, nocuité, toxicité, virulence

Noctambule
nocturne, promeneur

Noctuelle
xanthie

Nocturne
fêtard, noctambule

Nocuité
nocivité, toxicité

Nodosité
loup, nodule, nœud, nouaison, nouure

Nodulaire
noduleux

Nodule
nodosité, tubercule

Noduleux
nodulaire

Noé
patriarche

Noël
fête, naissance, Nativité

Noël est devenu essentiellement leur fête
enfants

Nœud
attache, attachement, boucle, bouclette, bouffette, catogan, centre, cœur, difficulté, entrecroisement, épissure, fond, hic, intrigue, lien, nodosité, péripétie, problème, rosette, ruban

Nœud coulant
lacet, lacs

Nœud d'un végétal
nodosité

Nœud de chaise
agui

Nœud de ruban
cocarde

Nœud fait sur une amarre
embossure

Nœud formé d'une ou deux boucles
rosette

Nœud, loupe
nodosité

Noir
alarmiste, anthracite, atroce, basané, bronzé, charbon, couvert, diabolique, ébène, effroyable, épouvantable, foncé, fort, fumée, funèbre, funeste, glauque, hâlé, hideux, ivre, khôl, kohol, lugubre, macabre, malheureux, mascara, mauvais, méchant, menaçant, noirceur, noirci, nuit, obscur, obscurité, odieux, ombre, opacité, orageux, parallèle, pervers, pessimiste, sale, sinistre, sombre, tache, ténèbres, ténébreux, terrible, triste

Noir de fumée
suie

Noirâtre
sombre

Noiraud
moricaud, sombre

Noirceur
atrocité, bassesse, crasse, horreur, indignité, infamie, méchanceté, mélancolie, monstruosité, noir, obscurité, opacité, perfidie, saleté, ténèbres, vilenie

Noirci
accablé, noir, sali

Noircir
accabler, assombrir, barbouiller, biser, brunir, calomnier, charbonner, charger, décrier, dénigrer, déprécier, déshonorer, diffamer, discréditer, dramatiser, enfumer, exagérer, forcer, mâchurer, maculer, obscurcir, outrer, salir, tacher

Noire
africaine

Noise
chicane, dispute, querelle

Noisetier
avelinier, coudrier

Noisette
aveline, noix

Noix
cajou, noisette, pacane

Noix d'eau
macre

Noix encore verte
cerneau

Noix ovale
pacane

Noli me tangere
balsamine

Nolis
fret, loyer

Noliser
affréter, chartériser, fréter, louer

Nom
appellation, célébrité, dénomination, désignation, famille, figure, gloire, label, lignage, lignée, marque, mot, notoriété, patronyme, prénom, qualificatif, qualification, race, renom, renommée, réputation, sang, signature, signe, signifiant, substantif, surnom, terme, titre, vocable

Nom ajouté au nom de baptême
surnom

Nom ancien du renard
goupil

Nom aztèque du Mexique
Anahuac

Nom collectif désignant certains fruits
agrume

Nom commun à toutes les petites espèces de la famille des perroquets
perruche

Nom courant du merlu
colin

Nom d'un aldose
ribose

Nom d'un avion à réaction moyen courrier
Caravelle

Nom d'un célèbre écrivain canadien
Nelligan

Nom d'un des membres du groupe Les Justiciers masqués
Trudel

Nom d'un des parfums faisant partie de la gamme Céline Dion
Notes

Nom d'un ex-défenseur de hockey prénommé Bobby
Orr

Nom d'une eau de toilette faisant partie de la gamme Céline Dion
Magic

Nom d'une ex-championne de tennis prénommée Chris
Evert

Nom de baptême
prénom

Nom de ce festival des couleurs qui a lieu en Inde
Holi

Nom de deux constellations
Ourse

Nom de deux des livres bibliques
Testament

Nom de deux pharaons de la XIXᵉ dynastie
Seti

Nom de différentes espèces d'insectes nocturnes vivant dans les lieux où se trouvent les détritus
blatte

Nom de famille
patronyme

Nom de famille d'un des membres de Dominic et Martin
Sillon

Nom de famille le plus courant au Québec
Tremblay

Nom de la navigation côtière
bornage

Nom de lieu
toponyme

Nom de pape
Benoît

Nom des deux frères qui ont enlevé Pierre Laporte en octobre 1970
Rose

Nom donné à Dieu par les musulmans
Allah

Nom donné à divers coléoptères
escarbot

Nom donné à divers sommets
apex

Nom donné à Jésus
Christ

Nom donné à la Nouvelle-Guinée par l'Indonésie
Irian

Nom donné à la Syrie dans la Genèse
Aram

Nom donné à la Vierge
Madone

Nom donné au Saint-Esprit, troisième personne de la Trinité
Paraclet

Nom donné aux civils par les militaires
pékin

Nom donné aux non-gitans par les gitans
gadjo

Nom donné aux territoires britanniques de l'Inde
Indes

Nom du centre où l'équipe dispute ses matchs locaux
Bell

Nom du chanteur du groupe The Rolling Stones
Jagger

Nom du Dieu d'Israël
Yahvé

Nom du festival tenu à Saint-Tite et à Dolbeau
western

Nom du quatrième plus haut sommet du monde
Lhotse

Nom du rôle joué par Éric Hoziel dans *Virginie*
Laporte

Nom générique des animaux de sexe féminin
femelle

Nom générique des composés organiques du groupe -CHO
aldéhyde

Nom générique des dérivés du silicium
silicone

Nom générique des hydrocarbones
glucide

Nom hébreu de Babylone
Babel

Nom précédant le patronyme
prénom

Nom représenté par un signe personnel
signature

Nom usuel de divers coléoptères
escarbot

Nomade
ambulant, bédouin, bohémien, chemineau, errant, forain, gitan, instable, itinérant, manouche, migrateur, mobile, romanichel, tsigane, tzigane, vagabond, voyageur

Nomade du désert
bédouin

Nomadisme
errance, pérégrination

Nombre
affluence, afflux, cadence, chiffre, contingent, dix, effectif, fréquence, harmonie, huit, matricule, numéro, onze, quantité, quatre, quinze, rythme, seize, sept, six, symbole, trente, trois

Nombre à deux chiffres
binaire

Nombre approximatif de quinze
quinzaine

Nombre d'environ trente
trentaine

Nombre d'observations d'un événement
fréquence

Nombre de
beaucoup

Nombre de lignes d'un texte imprimé
lignage

Nombre de mille environ
millier

Nombre de moles d'éléments actifs par litre
normalité

Nombre de personnes
effectif

Nombre entier
sept

Nombre ordinal de deux
deuxième

Nombre ordinal de quatre
quatrième

Nombre suivant treize
quatorze

Nombre toujours divisible par deux
pair

Nombrer
compter

Nombreux
abondant, beaucoup, cadencé, considérable, dense, grand, harmonieux, important, innombrable, maint, moult, multiple, plural, rythmé, rythmique

Nombril
centre, ombilic

Nombrilisme
égotisme

Nomenclature
catalogue, inventaire, lexique, liste, répertoire

Nominal
fictif

Nominalement
nommément

Nomination
accession, accessit, affectation, catapultage, choix, désignation, élection, élévation, mention, parachutage, promotion, sélection

Nomination à un poste supérieur
promotion

Nominativement
nommément

Nominer
sélectionner

Nommé
affecté, cité, prénommé

Nommément
nominalement, nominativement, notamment, spécialement

Nommer
affecter, appeler, baptiser, bombarder, catapulter, choisir, citer, commettre,

dénommer, dénoncer, désigner, détacher, donner, élire, énumérer, établir, évoquer, indiquer, instituer, intituler, mentionner, parachuter, prénommer, promouvoir, propulser, qualifier, taxer, verser

Nommer à une fonction
élire

Nommer de nouveau
renommer

Nommer des lettres
épeler

Nomographie
abaque

Non
négatif, négation, nenni, niet, point, refus

Non achevé
grossier

Non apaisé
inapaisé

Non apprêté
cru

Non cassant
liant

Non coupable
innocent

Non cuit
cru

Non gratuit
payant

Non marié
célibataire

Non payé
dû, impayé

Non poli
fruste

Non-conducteur
isolant

Non-conformisme
originalité

Non-conformiste
beatnik, iconoclaste, original

Non-croyant
athée

Non-dit
allusion

Non-engagement
neutralité

Non-être
néant

Non-initié
profane

Non-intervention
abstention

Non-sens
aberration, absurdité, erreur, illogisme

Non-violent
pacifiste

Non-voyant
amblyope, aveugle

Nonce
diplomate, légat

Nonchalamment
négligemment, tièdement

Nonchalance
abandon, apathie, indolence, langueur, lenteur, mollesse, négligence, paresse, placidité

Nonchalant
alangui, apathique, décontracté, désinvolte, endormi, indifférent, indolent, insouciant, langoureux, languide, languissant, léger, lent, léthargique, mollasse, mou, négligent, paresseux, somnolent, tiède

Nonchaloir
négligence, paresse

Nonne
moniale, religieuse, sœur

Nonobstant
cependant, contre, malgré, néanmoins, pourtant, toutefois

Nonpareil
unique

Nopal
oponce

Nord
arctique, boréal, nordique, polaire, septentrion, septentrional

Nordique
arctique, boréal, hyperboréen, nord, polaire, septentrional

Noria
cortège, défilé, kyrielle, sakieh

Normal
attendu, banal, classique, compréhensible, correct, courant, habituel, légitime, logique, moyen, naturel, ordinaire, quotidien, raisonnable, régulier, usuel

Normale
norme

Normalement
généralement

Normalien
élève

Normalisation
amélioration

Normalisé
amélioré, standard

Normaliser
améliorer, apaiser, assainir, codifier, homogénéiser, rationaliser, réglementer,

rétablir, standardiser, systématiser, unifier, uniformiser

Normalité
standard

Normatif
canonique, pratique

Norme
code, convention, idéologie, loi, modèle, moyenne, normale, principe, protocole, règle, règlement, repère, standard, valeur

Noroît
vent

Nostalgie
blues, cafard, ennui, mélancolie, passéisme, regret, spleen, tristesse

Nota bene
NB

Notabilité
autorité, notable, personnalité, sommité

Notable
admirable, appréciable, bourgeois, considérable, fameux, figure, frappant, huile, important, insigne, légume, marquant, notabilité, notoire, personnalité, ponte, réel, remarquable, saillant, saisissant, sensible, signalé, sommité, visible

Notablement
sensiblement

Notaire
solicitor, tabellion

Notamment
nommément, particulièrement, principalement, singulièrement, spécialement, spécifiquement, surtout

Notation
annotation, appréciation, indication, note, observation, remarque, signe, symbole

Notation par des chiffres
chiffrage

Note
addenda, addition, annotation, apostille, appréciation, avis, circulaire, commentaire, communication, communiqué, compte, considération, do, douloureuse, état, fa, facture, glose, indication, information, la, mémorandum, mention, mi, notation, notice, notule, nuance, observation, papier, pensée, pièce, point, ré, référence, réflexion, relevé, remarque, résultat, scolie, score, si, sol, ton, tonalité, total, touche, ut

Noté
aperçu, averti, avisé, calligraphié, cité, coché, composé, consigné, constaté, correspondu, coté, daté, découvert, déposé, distingué, dit, écrit, empreint, enregistré, estampillé, établi, étiqueté, exposé, extériorisé, filmé, gravé,

griffonné, inscrit, jeté, libellé, manifesté, marqué, mentionné, montré, numéroté, observé, perçu, poinçonné, pointé, rapporté, rédigé, regardé, relaté, relevé, remarqué, repéré, retenu, révélé, signé, singularisé, témoigné, tourné, transcrit, trouvé, vérifié, vu

Note de service
mémo

Note ornant une mélodie
broderie

Noter
annoter, apercevoir, apprécier, cocher, consigner, constater, copier, corriger, coter, coucher, écrire, enregistrer, évaluer, indiquer, inscrire, jeter, juger, marquer, mentionner, observer, rédiger, relever, remarquer, souligner

Notes ajoutées à un ouvrage pour le compléter
addenda

Notez bien
NB

Notice
analyse, avertissement, avis, explication, exposé, guide, note, préambule, préface, résumé

Notification
annonce, avis, préavis

Notifier
affirmer, annoncer, avertir, aviser, communiquer, déclarer, informer, instruire, intimer, signaler, signifier

Notion
acquis, axiome, bagage, base, concept, connaissance, conscience, culture, élément, exemple, hypothèse, idée, postulat, prémisse, principe, représentation, rudiment, savoir, sens, sentiment

Notions élémentaires d'une science, d'un art
rudiments

Notoire
admis, avéré, célèbre, certain, clair, connu, éclatant, évident, flagrant, incontestable, indéniable, manifeste, notable, ouvert, patenté, public, reconnu

Notoire, proverbial
connu

Notoriété
célébrité, gloire, nom, popularité, renom, renommée, réputation

Notre
possessif

Notre planète
Terre

Notre-Seigneur
NS

Notule
note

Nouage
ficelage, nouement

Nouaison
nodosité, nouure

Nouba
fête, noce

Noué
attaché, contracté, contrarié, crispé, noueux, serré, tendu, tors

Nouement
nouage

Nouer
accrocher, attacher, combiner, contracter, échafauder, entortiller, entrelacer, envelopper, établir, fermer, fixer, former, joindre, lacer, lier, machiner, manigancer, monter, organiser, ourdir, réunir, serrer, tisser, tramer

Noueux
décharné, maigre, noué, osseux, rugueux, sec, tordu, tors

Nougat
nougatine, touron

Nougat caramélisé
nougatine

Nougatine
confiserie, génoise, nougat

Nouille
pâte

Noulet
canal

Nounou
gouvernante, nourrice

Nounours
ours

Nourrain
alevin

Nourri
abondant, alimenté, continu, dense, entretenu, étoffé, gros, intense, plein, riche

Nourrice
bidon, bonne, gouvernante, jerrycan, nounou, nurse, réservoir

Nourricier
adoptif, nourrissant, nutricier, nutritif

Nourrir
abreuver, alimenter, allaiter, amplifier, approvisionner, augmenter, bercer, caresser, concevoir, échafauder, éduquer, élever, enfler, enrichir, entretenir, étoffer, façonner, former, fournir, grossir, manger, meubler, paître, pâturer, préparer, procurer, ravitailler, repaître, ressentir, restaurer, soutenir, sustenter

Nourrir de son lait
allaiter

Nourrir, rassasier
repaître

Nourrissant
nourricier, nutritif, riche

Nourrisseur
éleveur

Nourrisson
bébé, enfant, gamin, gosse, marmot, môme, petit, poupard, poupon

Nourriture
aliment, alimentation, becquée, bectance, bouffe, cuisine, denrées, mangeaille, manger, mets, nutrition, ordinaire, pain, pâture, pitance, régime, repas, soupe, subsistance, victuailles, vivres

Nourriture miraculeuse
manne

Nourriture providentielle
manne

Nourriture qui reste après un repas
restes

Nourriture sèche pour le bétail
foin

Nous
on

Nouure
nodosité, nouaison

Nouveau
autre, bizut, bizuth, bleu, débutant, dernier, différent, frais, hardi, inaccoutumé, inattendu, inconnu, inédit, inexpérimenté, inexpert, inexploré, inhabituel, innovant, inouï, insolite, inusité, jeune, jeunet, moderne, naissant, néo, néophyte, neuf, nouveauté, novateur, novice, original, primeur, récent, second

Nouveau mariage
remariage

Nouveau membre d'un groupe
recrue

Nouveau montage
remontage

Nouveau riche
parvenu

Nouveau venu
débarqué

Nouveau-né
bébé, nourrisson, poupard, poupon

Nouveau-né au poids inférieur à la moyenne
dysmature

Nouveauté
actualité, changement, création, fraîcheur, hardiesse, innovation, jeunesse, modernisme, nouveau, novation, originalité, primeur, trouvaille

Nouvel
jeunet

Nouvel adepte
néophyte

Nouvel élan
relance

Nouvelle
anecdote, annonce, bruit, conte, dépêche, écho, historiette, information, récit, rumeur, vent

Nouvelle édition
réédition

Nouvelle fantaisiste
canular

Nouvelle gelée
regel

Nouvelle lecture
relecture

Nouvellement
dernièrement, fraîchement, frais, récemment

Nouvelles
actualité, bulletin, journal

Nouvelliste
journaliste

Nova
astre, étoile

Novateur
audacieux, créateur, futuriste, hardi, initiateur, innovant, innovateur, nouveau, pionnier, précurseur, révolutionnaire

Novation
nouveauté

Novembre
mois

Novice
apprenti, bizut, bizuth, bleu, candide, commençant, débutant, écolier, ignorant, incompétent, inexpérimenté, inexpert, inhabile, jeune, jeunet, néophyte, neuf, nouveau, profane

Noyau
âme, association, cellule, centre, cercle, chapelle, clan, cœur, comité, foyer, graine, groupe, groupuscule, milieu, organisation, origine, pépin, pôle, section, siège

Noyau d'hélium
hélion

Noyau de la Terre
nife

Noyauter
infiltrer

Noyé
baigné, coulé, débordé, délayé, dévasté, dilué, disparu, égaré, embrouillé, englouti, étouffé, flou, immergé, inondé, occulté, perdu, plongé, trempé

Noyer
baigner, couler, délayer, dévaster, diluer, égarer, embrouiller, engloutir, étouffer, immerger, inonder, occulter, patauger, perdre, plonger, sombrer, submerger, tremper, tuer

Noyer blanc
hickory

Np
neptunium

Ns
nanoseconde

Nu-pieds
chaussure, sandale

Nuage
altocumulus, altostratus, cirrostratus, cirrus, cumulonimbus, cumulus, mouton, nébulosité, nimbus, nue, nuée, stratocumulus, stratus, vapeur, volée

Nuage en haute altitude en flocons ou filaments
cirrus

Nuage sombre de basse altitude, à contours effilochés, annonciateur de pluie
nimbus

Nuageux
brumeux, couvert, ennuagé, gris, nébuleux, obscur, orageux, plombé, sombre

Nuance
bémol, brin, coloris, couleur, degré, différence, finesse, gamme, gradation, grain, note, once, pointe, précision, soupçon, subtilité, teint, teinte, ton, tonalité, touche

Nuancé
mitigé, pondéré

Nuance de la couleur du visage
teint

Nuance de rouge violacé
magenta

Nuance très foncée de brun-rouge piqueté de blanc
marengo

Nuancer
adoucir, atténuer, différencier, distinguer, mesurer, modérer, nuer, pondérer, préciser, teindre, tempérer

Nubile
formé, mariable, pubère

Nubilité
puberté

Nucléaire
atomique, nucléarisé

Nucléarisé
nucléaire

Nudisme
naturisme, nudité

Nudiste
naturiste

Nudité
austérité, nudisme

Nue
nuage, nuée

Nuée
abondance, affluence, armada, armée,
avalanche, bande, bataillon, brume, buée,
chapelet, cohorte, collection, cortège, déluge,
essaim, flopée, flot, foison, forêt, foule,
foultitude, fourmillement, horde, kyrielle,
légion, masse, meute, multitude, myriade,
nuage, nue, pluie, régiment, ribambelle,
troupe, troupeau, vapeur, vol, volée

Nuement
crûment, franchement, vertement

Nuer
nuancer

Nues
ciel, firmament

Nui
frustré

Nuire
agacer, blesser, compromettre, contrarier,
déconsidérer, défavoriser, déranger,
désavantager, desservir, discréditer,
endommager, entraver, freiner, gêner,
handicaper, léser, miner, préjudicier, ruiner

Nuisance
agression, dérangement, dommage, ennui,
gêne, inconvénient, méfait, pollution,
préjudice, saleté, souillure, tort, toxicité,
trouble

Nuisant
agaçant

Nuisette
déshabillé

Nuisible
corrosif, corrupteur, dangereux, défavorable,
délétère, désavantageux, dommageable,
ennemi, fatal, funeste, hostile, insalubre,
maléfique, malfaisant, malin, malsain,
mauvais, méchant, menaçant, mortel,
néfaste, nocif, parasite, périlleux, pernicieux,
pervers, pestilentiel, préjudiciable,
redoutable, toxique

Nuit
noir, obscurité, ombre, opacité, pénombre,
ténèbres

Nuit passée à l'hôtel
nuitée

Nul
aucun, bête, bouffon, caduc, faible,
idiot, ignare, ignorant, inapte, incapable,
incompétent, inefficace, inepte, inexistant,

infime, insignifiant, insuffisant, invalide,
lamentable, mauvais, médiocre, minable,
nullité, périmé, personne, prescrit, raté,
ridicule, ringard, sot, stupide, zéro

Nullard
ignorant, incapable, nullité, tocard, toquard

Nullement
aucunement, jamais, pas, point

Nullité
bouffon, caducité, faiblesse, idiot, idiotie,
ignare, ignorance, ignorant, imbécillité,
incapable, incapacité, incompétence,
invalidité, minable, néant, nul, nullard,
prescription, sottise, stupidité, tocard,
toquard, zéro

Nûment
crûment, franchement, vertement

Numéraire
argent, cash, change, espèces, liquide,
liquidités, monnaie

Numérique
digital

Numériser
digitaliser, scanner

Numéro
as, chiffre, exemplaire, fréquence, gaillard,
lascar, livraison, loustic, marque, matricule,
nombre, original, parution, phénomène,
publication, rang, sketch, spectacle, tour

Numéro d'assurance sociale
NAS

Numéro d'identification personnel
NIP

Numéro d'ordre du jour dans le mois
quantième

Numéro de chaque page d'un livre
folio

Numéro inscrit dans un registre
matricule

Numéroté
chiffré, marqué, noté

Numéroter
chiffrer, compter, coter, folioter, immatriculer,
marquer, paginer

Numéroter feuillet par feuillet
folioter

Numéroter les pages
paginer

Numismate
médailliste

Nurse
domestique, gardienne, gouvernante,
nourrice

Nutricier
nourricier

Nutriment
aliment

Nutritif
alibile, calorique, consistant, fortifiant,
nourricier, nourrissant, nutritionnel,
producteur, riche, roboratif, substantiel

Nutrition
aliment, alimentation, nourriture

Nutritionnel
nutritif

Nymphe
déesse, naïade, syrinx

Nymphe des insectes diptères
pupe

Nymphe qui a l'apparence d'un faune
faunesse

Nymphéa
nénuphar

Nymphette
lolita

O

Oasis
abri, asile, havre, refuge, retraite

Oasis du Sahara algérien
oued

Obédience
dépendance, mouvance, obéissance, religion,
soumission, subordination, sujétion

Obéir
écouter, exécuter, incliner, observer,
obtempérer, remplir, respecter, satisfaire,
soumettre, suivre

Obéir aux lois de la gravitation
graviter

Obéissance
allégeance, discipline, docilité, fidélité,
obédience, observance, observation,
passivité, respect, sagesse, soumission,
subordination, sujétion

Obéissance à un supérieur ecclésiastique
obédience

Obéissant
discipliné, docile, doux, flexible, gentil,
gouvernable, malléable, maniable, passif,
sage, soumis, souple

Obélisque
aiguille

Obérer
endetter, grever

Obèse
adipeux, baleine, bedonnant, corpulent,
éléphant, énorme, fort, gras, gros,
hippopotame, massif, mastodonte, poussah,
ventripotent, ventru

Obésité
adipose, grosseur

Obi
ceinture

Obituaire
mortuaire

Objecté
ergoté, repoussé

Objecter
affronter, alléguer, arguer, bagarrer, chicaner,
chipoter, dire, invoquer, opposer, prétexter,
récrier, récriminer, répliquer, répondre,
rétorquer

Objectif
ambition, but, cible, concret, désintéressé,
dessein, détaché, effectif, équitable,
extérieur, fin, finalité, impartial, intention,
juste, mission, neutre, objet, positif,

programme, propos, tangible, téléobjectif, visée, vrai, vues, zoom

Objectif visé
but, cible

Objection
contestation, contradiction, critique, difficulté, empêchement, inconvénient, obstacle, opposition, protestation, réfutation, remarque, réplique, reproche

Objectivité
justesse, neutralité

Objet
accessoire, affaire, article, bagatelle, bibelot, bidule, broutille, but, cause, chose, colifichet, corps, dessein, entité, fin, fondement, instrument, intention, machin, matière, motif, objectif, outil, propos, raison, régime, substance, sujet, teneur, thème, ustensile, zinzin

Objet amusant et nouveau
gadget

Objet ancien, usé et démodé
vieillerie

Objet circulaire
cercle

Objet conçu pour amuser un enfant
jouet

Objet d'usage domestique
ustensile

Objet de critiques
cible

Objet de curiosité originaire du Japon
japonerie

Objet de matière précieuse
joyau

Objet de parure
bijou

Objet de taille réduite pour un transport facile
portatif

Objet dont on se sert pour frotter
frottoir

Objet en céramique
poterie

Objet en forme de petite oreille
orillon

Objet fabriqué
machine

Objet intentionnel de pensée
noème

Objet matériel
corps

Objet moulé en plâtre
plâtre

Objet ou partie d'objet de forme plate, mince et allongée
palette

Objet présent dans l'espace interplanétaire qui percute le sol d'une planète
météorite

Objet que l'on ne nomme pas
trucmuche

Objet quelconque
zinzin

Objet recouvrant et représentant parfois tout ou en partie le visage
masque

Objet servant à recouvrir et à protéger le pied
chaussure

Objet servant à se défendre
arme

Objet servant de preuve
document

Objet volant non identifié
ovni

Objet, pièce en forme de langue
languette

Objets de verre
verrerie

Objets divers
affaires

Objets en osier, en rotin
vannerie

Objets faits en tôle
tôlerie

Objets mobiliers
effets

Objurgation
reproche

Oblat
religieux

Oblation
offrande, offre, sacrifice

Obligation
astreinte, charge, contrainte, corvée, créance, dette, devoir, engagement, exigence, force, gratitude, impératif, loi, nécessité, prescription, promesse, responsabilité, serment, servitude, tâche, valeur

Obligation de résider
résidence

Obligation morale
devoir

Obligatoire
fatal, fatidique, imposé, nécessaire, obligé, requis

Obligatoirement
essentiellement, sûrement

Obligé
contraint, débiteur, fatal, forcé, immanquable, imparable, incontournable, indispensable, inéluctable, inévitable, infaillible, nécessaire, obligatoire, reconnaissant, redevable

Obligeance
affabilité, amabilité, attention, bonté, prévenance, tact

Obligeant
accommodant, affable, aimable, attentif, attentionné, bienveillant, bon, brave, chic, complaisant, flatteur, généreux, gentil, officieux, prévenant, secourable, serviable

Obliger
acculer, aider, astreindre, commander, contraindre, engager, forcer, imposer, lier, pousser, réduire, secourir

Obliger à se mettre au lit
aliter

Oblique
ambigu, biais, gauche, indirect, louche, tortueux

Obliquer
biaiser, braquer, dévier, pivoter, tourner, virer

Obliquité
biais, déclivité, inclinaison, pente

Oblitération
cachet, occlusion, tampon

Oblitération brusque d'un vaisseau sanguin
embolie

Oblitéré
affranchi

Oblitérer
affranchir, boucher, effacer, estomper, gommer, obstruer, oublier, tamponner

Oblong
allongé, long

Obnubilant
obsédant

Obnubilation
stupeur

Obnubilé
travaillé

Obnubiler
aveugler, hanter, harceler, obscurcir, obséder, poursuivre, tarauder, travailler

Obole
aumône, bienfait, charité, contribution, don, écot, offrande

Obombrer
obscurcir

Obscur
abscons, abstrait, abstrus, alambiqué, ambigu, amphigourique, assombri, brumeux, cabalistique, caché, chargé, complexe, compliqué, confus, couvert, difficile, douteux, élusif, embrouillé, énigmatique, enténébré, entortillé, équivoque, ésotérique, flou, foncé, fumeux, hermétique, humble, ignoré, impénétrable, incertain, incompréhensible, inconnu, indéchiffrable, indistinct, inexplicable, inintelligible, insaisissable, louche, méconnu, médiocre, mystérieux, nébuleux, noir, nuageux, ombreux, opaque, petit, profond, secret, sibyllin, sombre, ténébreux, triste, trouble, vague, vaseux, voilé

Obscurantisme
ignorance, ténèbres

Obscurantiste
rétrograde

Obscurci
nébuleux, terni

Obscurcir
assombrir, brouiller, cacher, compliquer, éclipser, embrouiller, emmêler, enténébrer, éteindre, noircir, obnubiler, obombrer, offusquer, opacifier, ternir, troubler, voiler

Obscurcir l'esprit
obnubiler

Obscurcissement
éclipse

Obscurité
anonymat, brouillard, confusion, difficulté, hermétisme, mystère, noir, noirceur, nuit, ombre, opacité, oubli, pénombre, petitesse, ténèbres, vague

Obscurité profonde
ténèbres

Obsécration
déprécation, prière, supplication

Obsédant
lancinant, obnubilant

Obsédé
énervé, fou, hanté, maniaque, obsessionnel, possédé, préoccupé, satyre, travaillé

Obséder
assiéger, dévorer, ennuyer, habiter, hanter, harceler, lanciner, obnubiler, posséder, poursuivre, préoccuper, ronger, tarabuster, tarauder, tenailler, tourmenter, tracasser, travailler

Obsèques
enterrement, funérailles

Obséquieux
flatteur, guindé, plat, rampant, servile

Obséquiosité
adulation, courbette, déférence, servilité

Observable
visible, voyant

Observance
obéissance, pratique, règle, respect

Observateur
mireur, spectateur, témoin

Observation
analyse, commentaire, constatation,
contrôle, étude, examen, fait, notation, note,
obéissance, pensée, remarque, réplique,
respect, surveillance

Observation des règles
obéissance

Observatoire
belvédère

Observé
épié, noté, potassé

Observer
analyser, apercevoir, considérer, constater,
contempler, contrôler, dévisager, épier,
espionner, étudier, examiner, exécuter,
fixer, garder, guetter, marquer, noter, obéir,
potasser, pratiquer, rechercher, reconnaître,
regarder, relever, remarquer, remplir,
respecter, satisfaire, scruter, suivre, surveiller,
tenir, toiser, voir

Observer les règles d'une religion
pratiquer

Obsession
angoisse, cauchemar, fixation, hantise,
maladie, manie, marotte, paranoïa, phobie,
psychose, spectre, tourment, vision

Obsessionnel
fou, obsédé

Obsolescence
désuétude

Obsolescent
obsolète

Obsolète
ancien, arriéré, caduc, démodé, dépassé,
désuet, obsolescent, périmé, suranné, vieilli,
vieux

Obstacle
accroc, adversité, anicroche, banquette,
barrage, barrière, blocage, cahot,
contretemps, difficulté, digue, écran,
écueil, embâcle, embarras, embûche,
empêchement, entrave, frein, gêne, haie,
handicap, mur, objection, obstruction,
opposition, os, résistance, restriction, rideau

Obstacle équestre
oxer

Obstétricien
médecin

Obstination
acharnement, constance, entêtement,
opiniâtreté, persévérance, résolution,
ténacité, volonté

Obstiné
acharné, buté, constant, coriace, entêté,
entier, opiniâtre, persévérant, persistant,
résolu, tenace, têtu, volontaire

Obstiner (S')
acharner, continuer, entêter, insister,
persévérer, persister

Obstruction
blocage, condamnation, embarras, fermeture,
obstacle, occlusion, opposition

Obstruction brusque d'un vaisseau sanguin par un caillot
embolie

Obstruction de l'intestin
iléus

Obstrué
bouché

Obstruer
aveugler, barrer, bloquer, boucher,
embarrasser, encombrer, engorger, entraver,
fermer, gêner, oblitérer

Obstruer de nouveau
reboucher

Obstruer par l'accumulation de matières
engorger

Obstruer une voie
embouteiller

Obtempéré
plié

Obtempérer
obéir, plier, ployer

Obtenir
accrocher, acquérir, arracher, attirer, attraper,
avoir, capter, conquérir, décrocher, dégoter,
dégotter, dénicher, emporter, enlever, faire,
gagner, parvenir, prendre, procurer, rafler,
rallier, recevoir, récolter, recueillir, remporter,
retirer, réussir, soutirer, tirer, trouver

Obtenir à prix d'argent
acheter

Obtenir en prêt
emprunter

Obtenir par la ruse
soutirer

Obtenir par une requête
impétrer

Obtention
achat, acquêt, acquisition, conquête

Obtenu
acquis, conquis, enlevé, parvenu

Obtenu par extrusion
extrudé

Obturateur
clapet, soupape, valve

Obturation
fermeture, plombage

Obturation d'une dent
plombage

Obturé
comblé, plombé

Obturer
boucher, calfeutrer, combler, fermer

Obtus
abruti, balourd, bête, borné, bouché, épais,
inintelligent, lourd, lourdaud, pesant, stupide

Obus
antichar, boulet, ogive, projectile

Obus chargé de balles
shrapnel, shrapnell

Obusier
arme, canon, mortier

Obvers
face

Obvie
évident

Obvier
éviter, prévenir, remédier

Oc
dialecte

Occasion
affaire, aubaine, cas, cause, chance,
circonstance, conjoncture, coup, événement,
facilité, hasard, heure, matière, moment,
motif, occurrence, opportunité, possibilité,
prétexte, raison, rencontre, situation

Occasionné
amené

Occasionnel
accidentel, casuel, exceptionnel, fortuit,
temporaire

Occasionner
amener, appeler, apporter, attirer, catalyser,
causer, coûter, créer, déchaîner, déclencher,
déterminer, engendrer, entraîner, faire,
générer, induire, motiver, opérer, procurer,
produire, provoquer, soulever, susciter

Occident
couchant, ouest, ponant

Occidental
ouest

Occire
tuer

Occis
tué

Occlure
fermer

Occlusion
fermeture, oblitération, obstruction

Occlusion intestinale
iléus

Occulte
cabalistique, caché, clandestin, cryptique,
ésotérique, hermétique, inconnu, invisible,
magique, mystérieux, parallèle, secret,
sibyllin, sombre, souterrain

Occulté
inavoué, masqué, noyé

Occulter
cacher, couvrir, dissimuler, éclipser,
escamoter, étouffer, masquer, noyer,
offusquer, taire

Occultisme
arcane, cabale

Occupant
envahisseur, habitant, hôte, locataire,
oppresseur, résident

Occupant, preneur
locataire

Occupation
activité, affaire, besogne, carrière, distraction,
emploi, engagement, envahissement,
fonction, hobby, invasion, job, labeur, loisir,
métier, ouvrage, profession, tâche, travail

Occupation favorite
dada

Occupations pendant le temps de liberté
loisirs

Occupé
absorbé, accaparé, actif, affairé, conquis,
envahi, garni, habité, pensif, pris, retenu,
travaillé

Occuper
absorber, accaparer, amuser, annexer,
assujettir, contrôler, couvrir, détenir, distraire,
emplir, employer, envahir, exercer, garnir,
habiter, meubler, passer, remplir, tenir,
tromper, tuer

Occuper (S')
affairer, charger, travailler

Occuper brusquement
envahir

Occuper de nouveau
réoccuper

Occuper entièrement l'esprit
hanter

Occuper la place d'honneur
trôner

Occuper le trône
régner

Occuper son temps
meubler

Occurrence
cas, circonstance, conjoncture, événement,
fois, fréquence, occasion, rencontre

Océan
abîme, déluge, écart, flot, fossé, gouffre, mer, monde

Océan entre l'Amérique et l'Europe
Atlantique

Océanaute
aquanaute

Océane
océanique

Océanie
continent

Océanique
maritime, océane, tempéré

Ocelle
stemmate

Ocellé
moucheté, tacheté, tigré

Ocre
argile, jaunâtre, jaune, jaunet, ocreux, rouille

Ocreux
ocre

Octante
huitante

Octave
huitaine

Octobre
mois

Octroi
allocation, attribution, concession, don, dotation, remise

Octroi de la vie sauve à un ennemi
aman

Octroyé
adjugé, alloué, donné

Octroyer
accepter, accorder, adjuger, affubler, allouer, arroger, attribuer, concéder, consentir, décerner, distribuer, donner, impartir, offrir, procurer

Oculaire
ophtalmique, visuel

Oculiste
ophtalmologiste

Ode
poème

Odeur
arôme, bouquet, effluve, émanation, exhalaison, fragrance, fumée, fumet, haleine, parfum, puanteur, relent, remugle, senteur, vent

Odeur agréable
fragrance, fumet, parfum

Odeur agréable de certaines essences
arôme

Odeur d'une chose qui commence à brûler
roussi

Odeur de graisse brûlée
graillon

Odeur de renfermé, de moisi
remugle

Odeur du gibier
fumet

Odeur forte
rance

Odeur infecte
puanteur

Odeur, goût de rance
ranci

Odieusement
ignoblement

Odieux
abject, abominable, affreux, agaçant, antipathique, atroce, bas, dégoûtant, déplaisant, détestable, épouvantable, exécrable, haïssable, hideux, ignoble, imbuvable, immonde, indigne, infâme, infect, inhumain, insupportable, intolérable, invivable, mauvais, méchant, noir, pénible, répugnant, révoltant

Odomètre
podomètre

Odorant
aromatique, fleurant, odoriférant, parfumé, suave

Odorat
flair, olfaction, sens

Odorat du chien
flair

Odorer
exhaler

Odoriférant
odorant, parfumé

Odyssée
aventure, épopée, récit

Œdème
enflure, gonflement, inflammation, stase, tuméfaction

Œil
attention, boucle, bouclette, bourgeon, bouton, calot, chas, espion, ganse, judas, mirette, œillet, œilleton, ouverture, pousse, prunelle, pupille, regard, vigilance, vision, vue

Œil d'une meule
œillard

Œil simple des larves d'insectes
stemmate

Œil-de-bœuf
fenêtre, lucarne

Œil-de-perdrix
cor

Œillade
regard

Œillet
anneau, boutonnière, fleur, œil

Œilleton
œil

Œnologue
caviste, sommelier

Œnothère
onagre

Œstre
mouche

Œuf
benne, coco, embryon, fœtus, lente, zygote

Œuf à demi couvé
couvi

Œuf de pou
lente

Œuf factice
nichet

Œuf pourri
couvi

Œufs battus et cuits dans la poêle
omelette

Œufs d'esturgeon
caviar

Œuvé
rogué

Œuvre
action, activité, besogne, bouquin,
composition, création, écrit, édifice,
entreprise, labeur, livre, manuscrit, ouvrage,
production, réalisation, somme, tâche, travail

Œuvré
travaillé

Œuvre cinématographique
film

Œuvre d'Homère
Iliade

Œuvre de Virgile
Énéide

Œuvre démodée
vieillerie

Œuvre dramatique
tragédie

Œuvre du sculpteur
sculpture

Œuvre en prose
roman

Œuvre exécutée sur une toile
tableau

Œuvre faite au pastel
pastel

Œuvre littéraire
ouvrage, roman

**Œuvre lyrique qui comporte une partie
orchestrale et une partie chantée**
opéra

Œuvre narrative d'une certaine ampleur
saga

Œuvre poétique dont le thème est la plainte
élégie

Œuvre semblable à un original
réplique

Œuvre théâtrale
opérette

Œuvre théâtrale mise en musique
opéra

Œuvre, morceau écrit pour six instruments
sextuor

Œuvrer
agir, ouvrer, tâcher, travailler

Offensant
acerbe, acéré, amer, blessant, désagréable,
désobligeant, dur, grossier, injurieux,
insultant, mortifiant, outrageant, sanglant,
vexant

Offense
affront, algarade, attentat, avanie, blessure,
camouflet, claque, faute, gifle, humiliation,
injure, insolence, insulte, outrage, péché,
soufflet

Offensé
blessé, choqué, frustré, indigné, offusqué,
outré, vexé

Offenser
affronter, agonir, atteindre, attenter,
blesser, braver, choquer, déchirer, fâcher,
froisser, heurter, humilier, injurier, insulter,
manquer, offusquer, outrager, outrer, piquer,
scandaliser, toucher, vexer

Offenser vivement
outrager

Offenseur
agresseur, insulteur, pécheur

Offensif
agressif, batailleur, belliqueux, combatif,
pugnace, violent

Offensive
assaut, attaque, bataille, campagne, croisade,
lutte, opération

Offert
acheté, dédié, donné, prêté, voué

Office
agence, bureau, charge, culte, devoir, emploi,
fonction, médiation, messe, métier, mission,
organisme, poste, service, tâche

Office divin
messe

Office du diacre
diaconat

Office du Vatican chargé d'expédier des actes pontificaux
daterie

Office religieux
messe

Officialiser
légaliser, ratifier

Officiant
abbé, célébrant, prêtre

Officiant principal d'une action liturgique
célébrant

Officiel
accrédité, administratif, authentique, autorisé, autorité, formel, public, reconnu, réglementaire, solennel, sûr

Officiellement reconnu
agréé

Officier
célébrer, chef, gradé

Officier chargé du pain à la cour
panetier

Officier civil qui rend la justice
magistrat

Officier commandant un régiment d'infanterie
meistre, mestre

Officier d'épée qui rendait la justice au nom du roi
bailli

Officier de bouche de la table du roi
serdeau

Officier de la cour du sultan
aga, agha

Officier de police
constable, shérif

Officier de police judiciaire
coroner

Officier général d'une marine militaire
amiral

Officier ministériel
tabellion

Officier municipal
maire

Officier porte-drapeau
enseigne

Officier public
notaire

Officier public qui faisait office de notaire
tabellion

Officier public qui reçoit et rédige les actes et les contrats pour les authentifier
notaire

Officier qui commandait une centurie
centurion

Officier supérieur des armées de terre et de l'air
colonel

Officiers supérieurs du grade le plus élevé dans la hiérarchie militaire
généraux

Officieux
obligeant, privé

Officine
apothicairerie, atelier, boutique, laboratoire, magasin, pharmacie

Offrande
aumône, cadeau, charité, don, donation, immolation, libation, oblation, obole, présent, sacrifice, secours

Offrande rituelle
sacrifice

Offre
avance, marché, oblation, ouverture, proposition, sacrifice, soumission, surenchère

Offre plus intéressante qu'une offre faite au préalable
suroffre

Offre publique d'achat
OPA

Offrir
accorder, acheter, allouer, céder, comporter, concéder, dédier, dévouer, donner, faire, fournir, immoler, octroyer, payer, présenter, prêter, procurer, proposer, réserver, sacrifier, servir, soumettre, vouer

Offusqué
blessé, choqué, contrarié, froissé, heurté, indigné, masqué, offensé, scandalisé, vexé

Offusquer
achopper, blesser, choquer, contrarier, dissimuler, éclipser, froisser, heurter, indigner, masquer, obscurcir, occulter, offenser, outrer, révolter, scandaliser, vexer

Oghamique
gaélique

Ogive
obus, tête

Ogre
cannibale, gargantua, géant, glouton, goulu

Oh
ah, ha, hé, holà, interjection

Ohé
eh, hé, hep, psitt, pst

Oie
barnache, bernache, bernacle

Oie sauvage à bec court
bernacle

Oignon
bulbe, callosité, cor, durillon, échalote, racine, rhizome

Oindre
badigeonner, bénir, consacrer, enduire, frotter, graisser, huiler, lubrifier, sacrer

Oint
badigeonné, béni, consacré, enduit, huilé

Oiseau
aigle, bécasse, cacatoès, canard, cardinal, chapon, coq, couvée, émeu, geai, grive, individu, martinet, mésange, moineau, nichée, oiselet, oisillon, pie, poule, poulet, rapace, rousserolle, type, volaille, volatile

Oiseau à bec long
ibis

Oiseau à gorge rose et à tête noire
bouvreuil

Oiseau à gros bec
verdier

Oiseau à plumage coloré et à gros bec
toucan

Oiseau à plumage noir ou gris
corbeau

Oiseau à plumage, à pattes et à bec noirs
corneille

Oiseau aquatique
harle, pélican

Oiseau aquatique migrateur
tadorne

Oiseau aquatique palmipède
grèbe

Oiseau aquatique palmipède de la famille des anatidés
canardeau

Oiseau au bec grêle et aux ailes courtes
pigeon

Oiseau au long bec pointu
sittelle

Oiseau au plumage bigarré
geai

Oiseau au plumage bleu et brun
bengali

Oiseau au plumage jaune vif
loriot

Oiseau chanteur
pinson

Oiseau chanteur, au plumage coloré
chardonneret

Oiseau charadriiforme des marais au très long bec
bécassine

Oiseau comestible qui tient du faisan
hocco

Oiseau construisant un nid en forme de four
fournier

Oiseau coureur d'Afrique, le plus grand des oiseaux actuels
autruche

Oiseau coureur d'Australie
casoar

Oiseau coureur de Nouvelle-Guinée
casoar

Oiseau coureur de Nouvelle-Zélande
kiwi

Oiseau crépusculaire ou nocturne brun-roux
engoulevent

Oiseau d'Amérique centrale au plumage vert mordoré
quetzal

Oiseau d'Amérique du Sud
agami, tinamou

Oiseau d'Asie surmonté d'un casque
calao

Oiseau d'Australie
émeu

Oiseau d'Europe et d'Asie
ganga

Oiseau de basse-cour
coq, oie, poule, volaille, volatile

Oiseau de grande taille qui court très vite
autruche

Oiseau de l'île Maurice
dronte

Oiseau de l'ordre des gallinacés
hocco, lagopède

Oiseau de la famille des mésanges
rémiz

Oiseau de la famille des perroquets
cacatoès

Oiseau de mer
goéland, labbe, mouette, puffin

Oiseau de proie de grande taille
griffon

Oiseau de proie diurne
busard

Oiseau de proie piscivore
balbuzard

Oiseau de proie voisin du faucon
gerfaut

Oiseau des bois et des jardins
bouvreuil

Oiseau des forêts tropicales
calao

Oiseau des montagnes
crave

Oiseau domestique
volatile

Oiseau dont le chant est agréable
  rossignol

Oiseau dont le mâle porte une magnifique livrée bleue
  paon

Oiseau du genre héron
  aigrette

Oiseau échassier
  agami, barge, butor, gambette, ibis, marabout, outarde, râle, vanneau

Oiseau échassier à long bec
  spatule

Oiseau échassier au bec court
  pluvier

Oiseau échassier de l'Afrique tropicale
  ombrette

Oiseau échassier de Nouvelle-Calédonie
  cagou

Oiseau échassier migrateur
  bécasse

Oiseau échassier palmipède
  flamant

Oiseau échassier très friand de coquillages
  huîtrier

Oiseau fabuleux
  rock

Oiseau fabuleux qui vivait plusieurs siècles
  phénix

Oiseau gallinacé
  dindon, faisan

Oiseau gallinacé à plumage roux
  gélinotte

Oiseau gallinacé de la taille du faisan
  paon

Oiseau grégaire des montagnes
  crave

Oiseau grimpeur
  cacatoès, coucou, épeiche, pic

Oiseau grimpeur à cou flexible
  torcol

Oiseau grimpeur de la famille des psittacidés
  perroquet

Oiseau grimpeur et frugivore
  toucan

Oiseau gris et noir qui ressemble à un pigeon
  coucou

Oiseau jeune et non dressé
  béjaune

Oiseau marin
  manchot

Oiseau migrateur
  râle

Oiseau migrateur de grande taille
  cigogne

Oiseau nocturne de l'Arctique
  harfang

Oiseau originaire d'Asie
  paon

Oiseau ou fruit
  kiwi

Oiseau palmipède
  canard, mouette, oie, pélican, sarcelle

Oiseau palmipède à tête noire
  sterne

Oiseau palmipède au long cou
  cygne

Oiseau palmipède des régions arctiques
  pingouin

Oiseau palmipède des régions polaires
  guillemot

Oiseau palmipède piscivore
  goéland

Oiseau palmipède qui pêche dans les étangs
  grèbe

Oiseau palmipède voisin du canard
  harle

Oiseau passereau
  bruant, corbeau, geai, merle, pipit, roitelet, tarin

Oiseau passereau à dos brun
  linotte

Oiseau passereau d'Amérique
  tangara

Oiseau planeur blanc ou gris
  albatros

Oiseau plongeur
  harle

Oiseau plus petit que le merle
  loriot

Oiseau portant une touffe érectile de plumes
  huppe

Oiseau rapace
  aigle, buse

Oiseau rapace diurne
  busard, épervier, faucon, milan

Oiseau rapace diurne, piscivore
  balbuzard

Oiseau rapace nocturne
  hibou

Oiseau ratite d'Australie
  émou

Oiseau ratite de grande taille
  émeu

Oiseau sauvage de grande taille
  tétras

Oiseau voisin de la caille
  colin

Oiseau voisin de la fauvette
  pouillot

Oiseau voisin de la grive
merle

Oiseau voisin de la linotte
sizerin

Oiseau voisin de la perdrix
caille, gélinotte

Oiseau voisin du corbeau
freux

Oiseau voisin du merle
grive, moqueur

Oiseau voisin du pigeon
ganga

Oiseau-mouche
colibri

Oiseaux coureurs
ratites

Oiselet
oiseau, oisillon

Oiseux
byzantin, creux, dérisoire, frivole, futile, infructueux, insignifiant, inutile, stérile, superficiel, superflu, vain

Oisif
désœuvré, inactif, indolent, inemployé, inoccupé, paresseux

Oisillon
oiseau, oiselet

Oisiveté
désœuvrement, farniente, inaction, inoccupation, loisir

OK
Oklahoma

Oklahoma
OK

Old Faithful est le plus célèbre des États-Unis
geyser

Oléacée à fleurs jaunes
forsythia

Oléagineux
huileux, oléiforme

Oléiforme
huileux, oléagineux

Oléoduc
canalisation, gazoduc, pipeline, tube, tuyau

Oléolat
essence

Olfaction
flair, odorat

Olibrius
bravache, original

Olifant
cor

Oligarchie
aristocratie

Olivaie
oliveraie, olivette

Olivâtre
glauque, plombé, verdâtre, vert

Olive
fruit, vert

Oliveraie
olivaie, olivette

Olivette
olivaie, oliveraie

Olympe
ciel

Olympien
admirable, majestueux, noble

Olympiques
jeux

Ombelle
ombellule

Ombellifère aquatique
sium

Ombellule
ombelle

Ombilic
nombril

Omble
truite

Ombrage
défiance, feuillage, frondaison, inquiétude, jalousie, ombre, ramure, soupçon

Ombragé
couvert, ombreux, sombre, ténébreux

Ombrageux
chatouilleux, craintif, défiant, délicat, difficile, farouche, irascible, irritable, jaloux, méfiant, peureux, sauvage, sensible, soupçonneux, susceptible, vicieux

Ombre
anonymat, apparence, attrape, chimère, contour, contrariété, couvert, double, fantôme, forme, idée, illusion, inquiétude, malaise, mirage, mort, mystère, noir, nuit, obscurité, ombrage, opacité, parcelle, pénombre, préoccupation, relent, secret, silence, silhouette, simulacre, soupçon, souvenir, spectre, ténèbres, trace

Ombre épaisse
opacité

Ombrée
ubac

Ombrelle
parapluie, parasol

Ombreux
obscur, ombragé, sombre, ténébreux

Ombudsman
médiateur

Omettre
négliger, oublier, passer, sauter, taire

Omis
négligé, oublié

Omission
absence, amusement, lacune, manque, négligence, oubli, réticence, trou, vide

Omission stylistique
ellipse

Omnibus
diligence, train, tram, tramway

Omnipotence
autorité, suprématie

Omnipotent
puissant, souverain, totalitaire

Omniprésence
pouvoir

Omniprésent
présent, ubiquiste

Omniscient
universel

On
nous, quelqu'un

On célèbre ce festival à Victoriaville et à Joly
rétro

On chante ceux de Noël seulement pour le célébrer
chants

On en fait tout un plat
recette

On en reçoit à la pelle au Québec
neige

On l'obtient en battant la crème du lait de vache
beurre

On l'utilise pour fabriquer des bougies
paraffine

On l'utilise pour servir au tennis
smash

On la fait pour manger
cuisine

On le dit quand on fait une erreur
oups

On le tape pour écrire
clavier

On les mentionne toujours avant les autres
uns

On les porte sur les mains l'hiver
gants

On les utilise pour prendre son mal en patience
cartes

On lui doit la théorie de la relativité
Einstein

On lui doit le camembert
Harel

On lui doit le téléphone
Bell

On lui doit Mickey Mouse
Disney

On y célèbre le Festival de la gibelotte
Sorel

On y danse
bal

On y enferme les taureaux avant la corrida
toril

On y entrepose du vin
cellier

On y fait des trous
golf

On y fume
fumoir

On y marche sur la plage
sable

On y met du poivre
poivrière

On y sert la salade
saladier

On y stocke les récoltes
silo

On y travaille la tôle
tôlerie

On y va pour voter
isoloir

On-dit
bavardage, bruit, écho, murmure, racontar, ragot, rumeur

Onagre
âne, ânesse, ânon, baudet, bourricot, bourrique, catapulte, hémione, œnothère

Onc
jamais

Once
atome, fauve, félin, léopard, miette, nuance, panthère, parcelle

Once anglo-saxonne
oz

Oncle
tonton

Oncle créé par Daniel Lemire
Georges

Oncle d'Amérique
Sam

Oncle de Mahomet
Abbas

Oncle, en langage enfantin
tonton

Oncogène
cancérigène

Oncologie
cancérologie

Oncologue
cancérologue, médecin

Onction
aménité, consécration, douceur, friction

Onctueux
benoît, douceâtre, doucereux, doux,
gras, huileux, mielleux, moelleux, patelin,
savonneux, souple, sucré, velouté

Onctuosité
douceur, velouté

Onde
cercle, eau, flot, fluide, mer, ondulation,
oscillation, radiation, résonance, ride, rond,
son, vague, vibration

Ondé
moiré

Ondée
averse, déluge, giboulée, grain, pluie

Ondin
génie

Ondoiement
ondulation

Ondoyant
capricieux, changeant, dansant, flexueux,
flottant, inconsistant, inconstant, indécis,
mobile, mouvant, ondulant, onduleux,
serpentin, sinueux, souple, tortueux, variable,
versatile

Ondoyer
baptiser, flotter, onduler, remuer, voler, voleter

Ondulant
flottant, mouvant, ondoyant, onduleux,
serpentin

Ondulation
agitation, balancement, contour, coude,
courbure, cran, crêpelure, détour,
frémissement, frisson, méandre, onde,
ondoiement, oscillation, pli, remous, repli,
ride, serpentement, sinuosité, vague,
vallonnement, volute

Ondulation d'un tissu
pli

Ondulation de la mer
lame

Ondulé
bouclé, courbe, courbé, flexueux, frisé,
onduleux, serpentin, sinueux

Onduler
boucler, crêper, flotter, friser, frisotter,
ondoyer, remuer, rider, serpenter, sinuer,
tanguer, voler, voleter, zigzaguer

Onduleux
courbe, flexueux, ondoyant, ondulant,
ondulé, serpentin, sinueux, vallonné

Onéreusement
chèrement

Onéreux
cher, coûteux, dispendieux, exorbitant,
inabordable, ruineux, salé

Ongle
griffe, sabot, serre

Onglé
griffu, ongulé

Ongle de corne
griffe

Ongle très développé
sabot

Onglette
burin

Onguent
baume, crème, drogue, embrocation,
emplâtre, liniment, pommade

Onguent à base de cire et d'huile
cérat

Ongulé
onglé

Onirique
imaginaire, rêvé

Onomatopée
bang, ding, dring, glouglou, han, toc

Onomatopée du rire
hi

Onomatopée évoquant le bruit d'une chute
badaboum

Onomatopée évoquant le bruit d'une sonnette
drelin, dring

Onomatopée évoquant le verbiage
blablabla

Onomatopée évoquant un bruit sec
bing, pif, vlan

Onomatopée exprimant la vitesse
vroum

Onomatopée exprimant une sensation de froid
brrr

Onomatopée imitant le bruit de l'eau qui tombe
flac

Onomatopée imitant un bruit de chute
ploc

Onomatopée imitant un bruit sec
vlan

Onomatopée imitant un claquement sec
clic

Onomatopée imitant un petit cri
couic

Onomatopée qui marque le doute
taratata

Onomatopée souvent précédée par « paf! »
pif

Onyx
agate, cornaline

Onze
nombre

Oolithe
calcaire

Op
opus

Opacifier
obscurcir

Opacité
incompréhensibilité, inintelligibilité, noir, noirceur, nuit, obscurité, ombre, ténèbres

Opacité totale ou partielle du cristallin
cataracte

Opale
girasol

Opale laiteuse et bleutée
girasol

Opalescence
blancheur

Opalescent
blanc, diaphane, irisé, opalin

Opalin
blanc, blanchâtre, irisé, laiteux, nacré, opalescent

Opaque
abstrus, épais, obscur, sombre

Ope
trou

Opéra
chant, musique, opérette, oratorio, théâtre

Opéra de Verdi
Aida

Opéra en trois actes de Rossini
Otello

Opéra-comique
opéra

Opérant
agissant, efficace

Opérateur
cadreur, caméraman, courtier, machiniste, manipulateur, standardiste, téléphoniste

Opérateur de prises de vues
cadreur

Opération
ablation, acte, action, affaire, attaque, bataille, calcul, campagne, chirurgie, combat, entreprise, exécution, expédition, intervention, manipulation, offensive, processus, raid, réalisation, tâche, traitement, transaction, travail

Opération chirurgicale
exérèse

Opération commerciale
transaction, vente

Opération consistant à concentrer une eau salée pour obtenir le dépôt du sel
salinage

Opération consistant à démêler des fibres textiles
cardage

Opération consistant à détourner l'attention
diversion

Opération consistant à donner à un métal la dureté de l'acier
aciérage

Opération consistant à faire bouillir un liquide
décoction

Opération consistant à répandre du sel
salage

Opération consistant à répandre du soufre
soufrage

Opération de classement
tri

Opération de copie d'un disque ou d'une bande magnétique
repiquage

Opération de dosage de solutions
titrage

Opération de fouille méthodique
ratissage

Opération de teinture artisanale
rosage

Opération militaire
frappe

Opération militaire éclair
raid

Opération mystérieuse des alchimistes
arcanes

Opération par laquelle on réunit deux corps solides
soudure

Opération par laquelle on rogne
rognage

Opération qui consiste à aplanir
planage

Opération qui consiste à râper
râpage

Opération qui consiste à remettre en état les murs d'une construction
ravalement

Opération qui consiste à secréter les peaux
secrétage

Opération qui donne aux pièces la dimension exacte
ajustage

Opérations financières
affaires

Opercule
couvercle, ouïe

Opercules
branchies

Opéré
accompli

Opérer
accomplir, agir, amener, déclencher,
effectuer, entraîner, exécuter, influer,
intervenir, occasionner, pratiquer, procéder,
produire, provoquer, réaliser, susciter

Opérette
opéra

Ophidien
couleuvre, reptile, serpent, vipère

Ophtalmique
oculaire

Ophtalmologiste
oculiste

Opianine
narcotine

Opinel
canif, couteau, coutelas

Opiner
accepter, approuver, consentir, dire, pratiquer

Opiniâtre
acharné, âpre, chronique, constant, continu,
coriace, déterminé, entêté, entier résolu,
farouche, ferme, furieux, indomptable,
inébranlable, irréductible, obstiné,
persévérant, persistant, rebelle, tenace, têtu,
volontaire

Opiniâtrement
fermement

Opiniâtrer
persister

Opiniâtreté
acharnement, constance, fermeté,
obstination, résolution, ténacité, volonté

Opinion
adage, appréciation, avis, certitude,
conjecture, conviction, credo, croyance,
doctrine, esprit, foi, idée, impression,
jugement, optique, pensée, position, préjugé,
prévention, principe, religion, renommée,
sentiment, soupçon, théorie, thèse, vision,
vue

**Opinion exprimée concernant un choix
politique**
votation

Opinion exprimée lors d'une élection
vote

Opinion préconçue
préjugé

Opiomane
toxicomane

Opiomanie
thébaïsme

Oponce
nopal, opuntia

Opossum
sarigue

Oppidum
citadelle

Opportun
approprié, bienvenu, bon, choisi, congruent,
convenable, expédient, faste, favorable,
indiqué, judicieux, propice, recommandé,
séant, souhaitable, utile, voulu

Opportunément
pile

Opportunité
aubaine, chance, débouché, occasion,
possibilité

Opposant
adversaire, antagoniste, contradicteur,
détracteur, ennemi, opposé

Opposé
adverse, antagoniste, antinomique,
antipode, antithèse, antithétique, antonyme,
contradictoire, contraire, contrasté, contre,
défavorable, désuni, différent, discordant,
dissemblable, dissident, divergent, ennemi,
envers, hostile, incompatible, inconciliable,
inverse, négatif, opposant, rebelle, rival,
symétrique

Opposé à
versus

Opposé à cela
ceci

Opposé à gisant
orant

Opposé au nadir
zénith

Opposé de cathode
anode

Opposer
alléguer, balancer, comparer, confronter,
contrarier, différer, diverger, diviser,
empêcher, invoquer, objecter, prétexter,
protester, réagir, refuser, rétorquer, séparer

Opposition
adversité, altercation, antagonisme, barrage,
choc, collision, combat, conflit, contestation,
contraste, désaccord, désapprobation,
différence, discordance, discorde, disparité,
dissension, dissentiment, divergence,
divorce, duel, empêchement, heurt, hostilité,
lutte, objection, obstacle, obstruction,
protestation, réaction, rébellion, refus, rivalité,
symétrie, veto

Opposition, refus
veto

Oppressant
écrasant, lourd, pesant, suffocant

Oppressé
accablé, angoissé, essoufflé, étouffé,
haletant, stressé, tourmenté

Oppresser
accabler, angoisser, écraser, étouffer,
étrangler, étreindre, gêner, opprimer,
peser, presser, suffoquer, tenailler, torturer,
tourmenter

Oppresseur
occupant, tyran, tyranneau

Oppressif
coercitif, compressif, opprimant, totalitaire,
tyrannique

Oppression
angoisse, asphyxie, asservissement,
assujettissement, chaînes, coercition,
contrainte, domination, esclavage,
étouffement, gêne, joug, poids, serrement,
servitude, soumission, suffocation, sujétion,
tyrannie

Opprimant
alourdissant, astreignant, coercitif, oppressif

Opprimé
accablé, écrasé, étouffé

Opprimer
accabler, asservir, assujettir, bâillonner,
brimer, écraser, enchaîner, étouffer, garrotter,
mater, museler, oppresser, persécuter, peser,
soumettre, tyranniser

Opprobre
abjection, avilissement, déchéance,
déshonneur, discrédit, flétrissure, honte,
ignominie, infamie, turpitude

Opter
adopter, choisir, décider, pratiquer, préférer

Opticien
lunetier

Optimal
idéal, maximal, maximum, optimum, parfait

Optimaliser
optimiser

Optimiser
maximiser, optimaliser

Optimisme
enthousiasme, espoir, euphorie

Optimiste
encourageant, enthousiaste, euphorique,
hédoniste, lénifiant, philosophe, rassurant

Optimum
optimal

Option
alternative, choix, préférence

Optionnel
facultatif

Optique
angle, aspect, avis, conception, esprit, idée,
opinion, perspective, sentiment, vision, visuel

Opulence
abondance, aisance, aise, ampleur, faste,
fortune, générosité, grosseur, luxe, plénitude,
prospérité, richesse

Opulent
abondant, aisé, cossu, fastueux, fort, fortuné,
généreux, gros, lourd, luxueux, massif, nanti,
plantureux, plein, rebondi, riche, somptueux

Opuntia
oponce

Opus
op

Opuscule
brochure, écrit, fascicule, livre, ouvrage,
plaquette, volume

Or
Au, cependant, conjonction, jaune, mais,
pépite, pourtant, richesse

Or noir
pétrole

Oracle
devin, divination, prédiction, prophète,
prophétie, vaticination

Orage
déluge, ouragan, pluie, revers, tempête,
tonnerre, tourmente

Orageusement
tempétueusement

Orageux
agité, animé, fiévreux, houleux, lourd,
mouvementé, noir, nuageux, tourmenté,
troublé, tumultueux

Oraison
allocution, discours, harangue, laïus, orémus,
patenôtre, pater, prière

Oraison dominicale
patenôtre

Oral
buccal, épreuve, examen, parlé, verbal, vocal

Oralement
verbalement

Oraliser
formuler

Orang-outan
gorille

Orange
agrume, bigarade, fruit, navel

Orangé
rouge

Orange amère
bigarade

Orateur
causeur, conférencier, conteur, débatteur, déclamateur, harangueur, intervenant, parleur, prédicateur, rhéteur, tribun

Orateur qui excelle aux débats publics
débatteur

Oratoire
chapelle, déclamatoire, église

Oratorio
opéra

Oratrice
conférencière, prédicatrice

Orbe
aveugle, globe

Orbiculaire
rond

Orbite
domaine, mouvance, sphère

Orbitèle
araignée

Orbiter
tourner

Orchestique
pantomime

Orchestrateur
arrangeur

Orchestre
ensemble, fanfare, formation, groupe, harmonie, musique, orphéon

Orchestré
accommodé, accordé, adapté, agencé, ajusté, allié, aménagé, arrangé, blessé, classé, combiné, composé, concilié, coordonné, disposé, harmonisé, instrumenté, malmené, ordonnancé, ordonné, organisé, rangé, réglé, réparé, satisfait

Orchestre folklorique
bagad

Orchestre se servant d'instruments de cuivre
fanfare

Orchestre symphonique de Montréal
OSM

Orchestrer
arranger, diriger, harmoniser, instrumenter, organiser, planifier, programmer, régenter, régir

Orchidacée
vanillier

Orchidée
orchis, vanda

Orchidée des forêts de hêtres
néottie

Orchidée sans chlorophylle
néottie

Orchidée sauvage
liparis

Orchis
orchidée

Ordinaire
accoutumé, anonyme, banal, classique, commun, courant, coutumier, familier, fréquent, général, grossier, habituel, insipide, lambda, médiocre, moyen, normal, pitance, populaire, quelconque, quotidien, rituel, simple, standard, traditionnel, trivial, usité, usuel, vulgaire

Ordinairement
généralement, volontiers

Ordinateur
bécane, calculateur, mac, machine, micro, PC

Ordinateur qui met ses ressources à la disposition d'autres ordinateurs
serveur

Ordo
calendrier

Ordonnance
acte, adage, agencement, aménagement, architectonique, architecture, arrangement, arrêté, décision, décret, disposition, distribution, économie, loi, ordonnancement, ordre, organisation, prescription, règlement, répartition, structure, verdict

Ordonnancé
orchestré

Ordonnance de l'empereur
rescrit

Ordonnancement
ordonnance, structure

Ordonnancer
arranger, ordonner, organiser

Ordonnateur
décideur

Ordonné
agencé, aménagé, cohérent, coordonné, démêlé, dicté, logique, méthodique, méticuleux, orchestré, organisé, prescrit, rangé, rationnel, réglé, soigné, soigneux, structuré, suivi

Ordonné et propre
soigneux

Ordonner
agencer, ajuster, aménager, arranger, classer, classifier, combiner, commander, consacrer, coordonner, débrouiller, décider, décréter, demander, démêler, dicter, dire, diriger, disposer, distribuer, enjoindre, exiger, hiérarchiser, imposer, inventorier, mander, ordonnancer, organiser, placer, planifier, prescrire, ranger, rationnaliser, réclamer,

répartir, sérier, signifier, sommer, statuer, structurer, trier, vouloir

Ordre
agencement, alternance, aménagement, arrangement, association, bulletin, calme, catégorie, charge, classement, commande, commandement, communauté, confrérie, congrégation, consigne, coordination, corporation, corps, décret, demande, directive, discipline, disposition, distribution, division, économie, enchaînement, équilibre, exigence, filiation, genre, gradation, groupe, harmonie, hiérarchie, importance, indication, injonction, instruction, mandat, mandement, méthode, méticulosité, minutie, nature, niveau, ordonnance, organisation, oukase, paix, place, plan, police, précepte, prescription, rang, rangement, répartition, sacerdoce, sécurité, sérénité, soin, sommation, sorte, structure, style, succession, suite, sûreté, tranquillité, type, ukase, ultimatum

Ordre d'oiseaux omnivores
gallinacés

Ordre de mammifères dont fait partie l'éléphant
ongulés

Ordre de plantes dicotylédones
urticales

Ordre des avocats
Barreau

Ordre détaillé
prescription

Ordre du jour
programme

Ordre écrit
mandement

Ordre impératif
oukase, ukase

Ordre protocolaire
préséance

Ordre religieux
carmel

Ordure
boue, bourbe, bourbier, cochonnerie, crasse, débris, déchet, détritus, fange, grossièreté, ignominie, infamie, obscénité, pourriture, poussière, rebut, résidu, saleté, salissure, souillure, turpitude

Ordures
balayures, immondices

Ordurier
abject, gras, graveleux, grossier, ignoble, immonde, infâme, obscène, sale, trivial

Orée
bord, bordure, entrée, limite, lisière, seuil

Oreille
audition, esgourde, organe, ouïe, poignée

Oreille-de-souris
myosotis

Oreiller
coussin, coussinet, polochon, traversin

Orémus
oraison, prière

Orfèvre
bijoutier, ciseleur, graveur, joaillier

Orfèvrerie
joaillerie

Organe annexé au tube digestif
foie

Organe buccal de certains insectes
suçoir

Organe central chez l'homme
cœur

Organe charnu
langue

Organe commandé au pied
pédale

Organe contenu dans l'abdomen
foie

Organe de commande
levier

Organe de contrôle d'une planteuse
tâteur

Organe de digestion
estomac

Organe de l'abdomen, du thorax
viscère

Organe de l'appareil digestif
estomac

Organe de l'ouïe
oreille

Organe de la bouche
dent

Organe de la phonation
larynx

Organe de la respiration
poumon

Organe de la vue
œil

Organe de protection cylindrique
manchon

Organe de réserve souterrain de certaines plantes
bulbe

Organe dont la fonction est de sécréter puis d'excréter certaines substances
glande

Organe du chant chez les oiseaux
syrinx

Organe du toucher
main

Organe du vol
aile

Organe dur, souvent pointu
corne

Organe en forme de fer de lance
lancéole

Organe en forme de petit sac
vésicule

Organe femelle des plantes à fleurs
pistil

Organe lymphoïde de la gorge
amygdale

Organe mâle des fleurs
étamine

Organe où se forment les cellules femelles chez les champignons
oogone

Organe ou tissu prélevé pour être greffé
greffon

Organe pointu et venimeux de la guêpe
dard

Organe porté par certaines plantes
vrille

Organe quelconque
viscère

Organe qui produit une sécrétion
glande

Organe richement vascularisé, reliant l'embryon à l'utérus de la mère pendant la gestation
placenta

Organe vocal principal
larynx

Organes du vol
ailes

Organes respiratoires des animaux aquatiques
branchies

Organique
physique, somatique

Organisant
accommodant

Organisateur
cerveau, pivot

Organisation
aménagement, articulation, association, charpente, composition, constitution, construction, coordination, création, direction, disposition, économie, édifice, formation, gestion, installation, ligue, méthode, noyau, ordonnance, ordre, organisme, parti, préparation, rangement, réseau, service, structure, texture

Organisation de l'ordre
police

Organisation de libération de la Palestine
OLP

Organisation des Jeux olympiques
olympisme

Organisation qui fixe les prix du pétrole
OPEP

Organisation sociale basée sur le culte du totem
totémisme

Organisé
agencé, cohérent, construit, coordonné, discipliné, hiérarchisé, méthodique, orchestré, ordonné, planifié, rationnel, réglé, structuré, systématique

Organisé
coordonné

Organiser
accommoder, agencer, ajuster, aménager, architecturer, arranger, articuler, classer, classifier, combiner, composer, concerter, concocter, constituer, construire, coordonner, créer, diriger, disposer, distribuer, duper, édifier, établir, fonder, former, gérer, grouper, instaurer, instituer, liguer, machiner, ménager, monter, nouer, orchestrer, ordonnancer, ordonner, ourdir, planifier, préparer, présider, prévoir, programmer, ranger, réglementer, régler, rythmer, structurer, trier

Organiser en colonie
coloniser

Organiser en fonction d'un résultat défini
coordonner

Organiser en syndicat
syndiquer

Organiser un travail selon un horaire précis
minuter

Organisme
agence, bureau, comité, commission, constitution, corps, institut, office, organisation, physique, service, structure

Organisme aéronautique et spatial des États-Unis
NASA

Organisme créé en 1945
CEA

Organisme en voie de développement
embryon

Organisme génétiquement modifié
OGM

Organisme modifié par l'homme
OGM

Organisme qui élabore des normes
BNQ

Organiste
instrumentiste, musicien

Orge
céréale, escourgeon, malt

Orge germée
malt

Orgeat
sirop

Orgelet
adénome, chalazion

Orgue
limonaire

Orgue mécanique
limonaire

Orgueil
arrogance, autosatisfaction, dédain, dignité,
fatuité, fierté, gloire, gloriole, hauteur,
honneur, infatuation, insolence, morgue,
outrecuidance, présomption, prétention,
suffisance, superbe, vanité

Orgueilleusement
fièrement

Orgueilleux
altier, arrogant, bêcheur, fat, fier, glorieux,
hautain, infatué, insolent, outrecuidant,
pharisien, superbe, vain

Oribus
chandelle

Oriel
fenêtre

Orient
est, levant

Orientation
axe, cap, direction, disposition, ENE, ESE,
exposition, guidage, ligne, NNE, NNO, piste,
position, sens, situation, SO, tendance, voie

Orientation vers un point donné
direction

Orienté
partial, tourné

Orienter
aiguiller, axer, canaliser, centrer, conduire,
diriger, disposer, entraîner, exposer, guider,
infléchir, influencer, influer, mener, placer,
tourner

Orienter dans une nouvelle direction
réorienter

Orienter suivant un axe
axer

Orifice
ajour, bouche, entrée, fenêtre, foramen,
méat, ouverture, pore, trou

Orifice central de l'iris
pupille

Orifice d'un canal
méat

Orifice de l'iris de l'œil
prunelle

Orifice du fer à cheval
étampure

Orifice du larynx
glotte

Orifice du nez
narine

Orifice duquel s'écoule le trop-plein d'un canal
déversoir

**Orifice naturel creusé par les eaux
d'infiltration**
aven

Orifice percé dans un réservoir
ajutage

Orifice respiratoire chez certaines plantes
ostiole

Oriflamme
banderole, bannière, drapeau, enseigne,
étendard, flamme, gonfalon, vexille

Origan
marjolaine

Originaire
issu, natif, original, originel, premier, primitif

Original
abracadabrant, acte, archétype, artiste,
atypique, bizarre, bohème, corrigé, curieux,
différent, étonnant, étrange, excentrique,
fantaisiste, fantasque, farfelu, hardi, inédit,
initial, innovant, inventif, manuscrit, marginal,
minute, modèle, neuf, nouveau, numéro,
olibrius, originaire, originel, particulier,
personnel, phénomène, pittoresque, premier,
primitif, prototype, révolutionnaire, saugrenu,
singulier, source, spécial, truculent, type,
typique

Originalité
audace, bizarrerie, cachet, caractère,
étrangeté, excentricité, fantaisie, fraîcheur,
génialité, hardiesse, innovation, invention,
inventivité, origine, nouveauté, particularité,
personnalité, pittoresque, singularité,
spécificité

Origine d'une famille
souche

Originel
brut, congénital, initial, inné, natal, naturel,
originaire, original, premier, primitif

Orignal
cerf, élan

Oripeaux
frusques, guenilles, habits, haillons, hardes,
loques, nippes

ORL
médecin

Orle
  bordure, ourlet

Orléaniste
  royaliste

Orme
  arbre

Ormeau
  ormet

Ormet
  ormeau

Orne
  frêne

Orné
  égayé, émaillé, enrichi, fleuri, garni, habillé,
  ouvragé, paré, tarabiscoté

Orné à l'excès
  tarabiscoté

Orné d'éperons de navires
  rostral

Orné de boules en forme de pomme
  pommeté

Orné de lauriers
  lauré

Ornemaniste
  stucateur

Ornement
  accessoire, agrément, aigrette, atour,
  colifichet, collier, décoratif, décoration,
  dessin, diadème, embellissement,
  enjolivement, enrichissement, falbala,
  fanfreluche, fard, fioriture, fleuron, frange,
  garniture, gloire, joyau, miniature, motif,
  ornementation, panache, parement, parure,
  plumet, pompon, vignette

Ornement architectural
  ove

Ornement circulaire
  rosace

Ornement circulaire en forme de petite rose
  rosette

Ornement courant en ligne brisée
  frette

**Ornement d'architecture qui couronne l'entrée
principale d'un édifice**
  fronton

**Ornement de dentelle fixé au plastron d'un
vêtement**
  jabot

Ornement de métal recouvrant un toit
  faîteau

Ornement en forme d'œuf
  ove

**Ornement en forme de carte aux bords
enroulés**
  cartouche

Ornement en forme de palme
  palmette

Ornement en forme de petit clocher
  clocheton

Ornement en forme de rosace
  patère

Ornement linéaire
  moulure

Ornement militaire
  épaulette

Ornement pour les cheveux
  barrette

**Ornement qui prend la forme d'une palme
stylisée**
  palmette

Ornement qui surmonte un casque
  cimier

Ornement tordu en hélice
  torsade

Ornement, parure
  garniture

Ornemental
  décoratif

Ornementation
  décor, décoration, ornement

Ornementé
  garni

Ornementer
  embellir, garnir, orner, parer

Ornements
  froufrous, ors

Ornements de mauvais goût
  falbalas

Ornements trompeurs
  oripeaux

Orner
  agrémenter, ajouter, animer, broder, décorer,
  égayer, émailler, embellir, enjoliver, enluminer,
  enrichir, façonner, farder, fleurir, fréter,
  galonner, garnir, guillocher, habiller, illustrer,
  ornementer, ouvrager, parer, passementer,
  pomponner, pourvoir, rehausser, soutacher,
  tapisser

Orner avec des jours, des ouvertures
  ajourer

Orner d'armoiries
  blasonner

Orner d'enluminures
  enluminer

Orner d'un panache
  panacher

Orner d'un racinage
  raciner

Orner d'un tatouage
  tatouer

Orner de cannelures
cannelerer
canneler

Orner de clous
clouter

Orner de dessins sinueux
veiner

Orner de diamants
diamanter

Orner de drapeaux
pavoiser

Orner de façon brillante
diaprer

Orner de festons
festonner

Orner de galon
galonner

Orner de paillettes
pailleter

Orner de perles
emperler, perler

Orner de raies
strier

Orner de rudentures
rudenter

Orner de traits gravés en creux et entrelacés
guillocher

Orner de trilles
triller

Orner, garnir
étoiler

Ornière
bourbier, creux, sillon, trace, trou

Ornithose
psittacose

Oronge
amanite, champignon

Orphelin
pupille

Orphelin mineur
pupille

Orphéon
fanfare, harmonie, musique, orchestre

Orpiment
arsenic

Orpin
sedum

Orque
cétacé, épaulard

Ors
dorures, ornements, parures, pépites,
richesses

Orteil
doigt

Orthodoxe
canonique, conforme, conformiste,
conventionnel, religieux, traditionaliste,
traditionnel

Orthodoxie musulmane
sunna

Orthographe
graphie

Orthographié
écrit

Orthographier
écrire

Orvale
sauge

Orviétan
drogue

Os
basilaire, carcasse, difficulté, ennui, fémur,
frontal, hic, histoire, humérus, mandibule,
obstacle, ossature, ossement, problème,
restes, squelette, tibia

Os de la cuisse
fémur

Os de la face portant les dents
mâchoire

Os de la jambe
péroné, tibia

Os de poisson
arête

Os du nez
vomer

Os du pied
astragale

Os du rachis
vertèbre

Os externe de l'avant-bras
radius

Os formant le haut de l'épaule
omoplate

Os joignant l'omoplate au sternum
clavicule

**Os long, formant la partie antérieure de la
ceinture scapulaire**
clavicule

**Os ou restes d'os d'anciens cadavres d'êtres
humains ou d'animaux**
ossements

Os parallèle au tibia
péroné

Os plat
sternum

Os plat de la partie antérieure de la poitrine
sternum

Os plat du genou
rotule

Os plat du thorax
côte

Os plat triangulaire
omoplate

Os semi-circulaire
hyoïde

Os situé au milieu de la face antérieure du thorax
sternum

Os unique du bras
humérus

Oscillant
tremblant, vacillant

Oscillation
balancement, bercement, inégalité, onde, ondulation, pulsation, roulis, tangage, variation

Osciller
balancer, baller, ballotter, boitiller, bouger, branler, bringuebaler, cahoter, danser, dodeliner, flotter, fluctuer, hésiter, remuer, tanguer, tergiverser, tituber, trépider, vaciller, varier

Oseille
argent, monnaie, surelle

Oser
avancer, entreprendre, essayer, hasarder, permettre, risquer, tenter

Osmose
interpénétration

Ossature
architecture, armature, canevas, carcasse, charpente, contexture, esquisse, maquette, os, ossements, plan, squelette, structure, texture, trame

Ossature d'un mur
pan

Osselet de l'oreille
enclume, étrier

Ossements
carcasse, compost, os, ossature, ossuaire, relique, restes, squelette

Osseux
décharné, étique, maigre, noueux, squelettique

Ossuaire
catacombes, cimetière, ossements

Ost
armée

Ostensible
apparent, ostentatoire, visible, voyant

Ostentation
apparat, esbroufe, étalage, gloriole, montre, parade, vanité

Ostentatoire
affecté, fastueux, indécent, ostensible, tapageur, voyant

Ostéopathe
médecin

Ostéosynthèse à l'aide d'agrafes
agrafage

Ostracisé
exilé

Ostraciser
bannir, boycotter, exiler

Ostréiculteur
huîtrier

Ostrogoth
barbare, sauvage

Otage
caution, gage, garant

Otarie
phoque

Ôté
barré, biffé, bougé, confisqué, débarrassé, déchargé, décroché, déduit, défalqué, dégagé, déplacé, dépossédé, dépouillé, désuni, enlevé, frustré, privé, quitté, radié, ravi, rayé, retenu, retiré, retranché, soustrait, spolié

Ôter
ablater, arracher, barrer, biffer, bouger, confisquer, débarrasser, déblayer, décharger, décoller, décrocher, déduire, défalquer, dégager, déplacer, déposer, déposséder, dépouiller, dérober, élaguer, enlever, excepter, exclure, extirper, extraire, gommer, lever, oublier, prélever, priver, quitter, radier, ravir, rayer, retenir, retirer, retrancher, séparer, soulager, soustraire, spolier, supprimer, vider

Ôter ce qui coiffe
décoiffer

Ôter ce qui obstrue
déboucher

Ôter la bâcle fermant une porte
débâcler

Ôter la barre
débarrer

Ôter la boue
décrotter

Ôter la bourre
débourrer

Ôter la bride à
débrider

Ôter la gomme de quelque chose
dégommer

Ôter la neige
déneiger

Ôter la rate
dérater

Ôter le bât
débâter

Ôter les feuilles inutiles de la vigne
épamprer

Ôter les impuretés qui altèrent une surface
décaper

Ôter les pépins
épépiner

Ôter les pierres d'un terrain
épierrer

Ôter les plats de la table
desservir

Ôter les vis
dévisser

Ôter une plante d'un pot
dépoter

Ottoman
turc

Ottomane
canapé, divan, turquoise

Ou
autrement, conjonction, sinon, soit

Où il pleut beaucoup
pluvieux

Où il y a de l'herbe
herbeux

Où il y a des callosités
calleux

Où il y a des risques
périlleux

Où il y a du vent
venteux

Où il y a peu de bruit
insonore

Où l'herbe foisonne
herbu

Où l'irrationnel tient une grande place
magique

Où l'on est né
natal

Où l'on ne peut pas passer
impraticable

Où l'on parle deux langues
bilingue

Où l'on peut habiter
habitable

Où l'on peut naviguer
navigable

Où l'on peut pratiquer le ski
skiable

Où poussent les ronces
ronceux

Où un navire peut flotter
navigable

Ouaille
brebis

Ouailles
paroissiens

Ouais
oui

Ouananiche
saumon

Ouate
bourre, coton, pansement

Ouaté
douillet, feutré

Ouater
fourrer, molletonner, ouatiner

Ouatiné
garni

Ouatiner
garnir, ouater

Oubli
abandon, absence, absolution, amnésie,
amnistie, amusement, anonymat, distraction,
effacement, étourderie, inadvertance,
inattention, inobservation, lacune, manque,
manquement, néant, négligence, obscurité,
omission, pardon, trou

Oublié
abandonné, enlevé, inécouté, omis, perdu

Oublier
abandonner, absoudre, accentuer, acquitter,
amnistier, annuler, avaler, barrer, biffer,
dédaigner, délaisser, désapprendre, effacer,
enlever, éponger, estomper, excepter,
excuser, gommer, gracier, gratter, laisser,
manger, manquer, mépriser, négliger,
oblitérer, omettre, ôter, pardonner, passer,
payer, perdre, racheter, radier, raturer, raviver,
rayer, recouvrir, réparer, sauter, sécher,
supprimer, taire

Oubliette
cachot, cellule, geôle, souterrain

Oublieux
inattentif, ingrat, insouciant, insoucieux, léger,
négligeant, négligent

Ouest
couchant, occident, occidental, ponant

Oui
absolument, acceptation, accord,
acquiescement, affirmatif, affirmation,
agrément, assurément, aval, certainement,
certes, évidemment, ouais, sûrement,
volontiers

Ouï-dire
rumeur

Ouïe
audition, branchie, esse, opercule, oreille

Ouille
   aïe

Ouïr
   écouter, entendre, percevoir

Ouistiti
   sagouin, singe

Oukase
   commandement, décision, décret, diktat,
   ordre

Ouragan
   bourrasque, colère, cyclone, déchaînement,
   frénésie, hurricane, maelström, orage, rafale,
   tempête, tornade, tourbillon, tourmente,
   typhon

Ouragan dévastateur en 2011
   Irène

Ourdir
   combiner, comploter, conspirer, machiner,
   manigancer, méditer, mijoter, monter, mûrir,
   nouer, organiser, préméditer, préparer,
   projeter, tisser, tramer, tresser

Ourler
   border, coudre, denteler, roulotter, souligner

Ourlet
   bord, bordure, orle, pli, rabat, rebord, rempli,
   repli

Ourlet du pavillon de l'oreille
   hélix

Ours
   bourru, grizzli, grizzly, insociable,
   misanthrope, nounours, sauvage, solitaire,
   ursidé

Ours gris de grande taille
   grizzli, grizzly

Ours noir d'Amérique
   ourson

Oust
   déguerpissez!, dehors!

Ouste
   déguerpissez!, dehors!

Outarde
   barnache, bernache, bernacle

Outil
   accessoire, aide, appareil, chose, engin,
   instrument, machine, marteau, moyen, objet,
   pelle, pince, rabot, scie, ustensile

Outil à ébarber les sculptures
   boësse

Outil à long manche
   bêche, râble

Outil à main en métal
   lime

Outil agricole
   plantoir

Outil agricole portant des dents
   râteau

**Outil composé d'un manche et d'un fer à
pointes**
   pioche

Outil creusé à bout tranchant
   gouge

Outil d'acier
   ciseau

Outil d'alpiniste
   piolet

Outil de forme cylindrique
   mandrin

Outil de graveur sur bois
   canif

Outil de jardinage
   bêche, binette, râteau, sécateur

Outil de maçon
   gâche, truelle

Outil de menuisier
   davier

Outil de sculpteur
   ripe

Outil de tailleur de pierre
   ripe

**Outil dont les ciriers font usage pour rouler les
bougies sur une table**
   rouloir

Outil du facteur d'orgues
   retendoir

Outil du génie civil
   sape

Outil du jardinier qui sert au sarclage
   binette

**Outil logiciel ou matériel qui assure le routage
des données au sein d'un réseau**
   routeur

Outil placé à l'extrémité d'une tige de forage
   carottier

Outil pour couper le verre
   diamant

Outil pour écanguer le lin
   écang

Outil pour émonder
   émondoir

Outil pour le levage des pierres de taille
   louve

Outil pour percer
   perçoir

Outil pour river
   rivoir

Outil pour tourner les vis
   tournevis

**Outil pourvu d'une pointe tranchante et
recourbée**
   rénette

Outil qui sert à matir un métal
matoir

Outil qui sert à parer
paroir

Outil qui sert à roder
rodoir

Outil rotatif de coupe
fraise

Outil servant à aléser
alésoir

Outil servant à arracher une plante avec ses racines
sarcloir

Outil servant à battre
batte

Outil servant à couper les corps durs
coupoir

Outil servant à ébarber les métaux
ébarboir

Outil servant à effectuer des filetages
taraud

Outil servant à émonder les arbres
émondoir

Outil servant à étendre
riflard

Outil servant à faire des pas de vis
taraud

Outil servant à fendre
fendoir

Outil servant à percer
perceuse

Outil servant à polir
polissoir

Outil servant à racler
curette

Outil tranchant à manche court
serpe

Outil tranchant du maréchal-ferrant
boutoir

Outil utilisé pour écanguer
écang

Outil utilisé pour évider
évidoir

Outillage
équipement, instrument, matériel, matos

Outillé
muni

Outiller
équiper, fournir, garnir, munir, pourvoir

Outilleur
aléseur

Outrage
affront, atteinte, attentat, avanie, camouflet, coup, dommage, entorse, flétrissure, injure, insulte, manquement, offense, profanation, sacrilège, soufflet, tort, violation

Outrageant
injurieux, insultant, offensant

Outrager
agonir, attenter, bafouer, déchirer, humilier, injurier, insulter, mortifier, offenser, vexer, violer

Outrageusement
immodérément

Outrance
abus, emphase, enflure, excès, hyperbole

Outrancier
agressif, criard, démesuré, exagéré, excessif, forcé, hyperbolique, immodéré, outré, tapageur, voyant

Outre
delà, gourde, indépendamment

Outré
abusé, affecté, caricatural, choqué, démesuré, effréné, exagéré, excessif, extrême, fort, hyperbolique, immodéré, indigné, offensé, outrancier, révolté, scandalisé, suffoqué, surfait

Outrecuidance
audace, fatuité, impudence, insolence, orgueil, présomption, toupet, vanité

Outrecuidant
arrogant, crâneur, culotté, effronté, fat, impertinent, important, impudent, infatué, insolent, orgueilleux, présomptueux, prétentieux, rogue, suffisant, vaniteux

Outremer
bleu

Outrepasser
abuser, dépasser, empiéter, enfreindre, excéder, franchir, passer, transgresser

Outrer
abuser, amplifier, caricaturer, charger, choquer, dramatiser, exagérer, forcer, grandir, grossir, indigner, irriter, noircir, offenser, offusquer, révolter, révulser, scandaliser

Ouvert
accessible, accort, aéré, affable, aigu, béant, communicatif, confiant, cordial, débouché, déclaré, découvert, démonstratif, dispos, étalé, évasé, éveillé, expansif, extraverti, flagrant, franc, hospitalier, intelligent, large, libéral, libre, manifeste, notoire, parlable, patent, pénétrant, perçant, perméable, poreux, public, réceptif, sincère, sociable, tolérant, vif

Ouverte d'étonnement
bée

Ouvertement
hautement, librement, net, nettement

Ouverture

abandon, accès, ajour, avance, baie, bec, bouche, brèche, cavité, commencement, débouché, début, déchirure, départ, écartement, entrebâillement, entrée, faille, fenêtre, fente, fissure, franchise, goulot, gueule, hublot, inauguration, interstice, issue, jour, lancement, largeur, œil, offre, orifice, passage, percée, porte, portillon, prélude, proposition, regard, sincérité, trou, trouée, vernissage, vide

Ouverture chirurgicale du larynx
laryngotomie

Ouverture d'un orifice
évasure

Ouverture dans le toit d'une caravane destinée à en assurer l'éclairage, l'aération
lanternon

Ouverture dans un mur
baie, fenêtre

Ouverture donnant passage à l'eau
abée

Ouverture du foyer d'une chaudière
gueulard

Ouverture du nez
narine

Ouverture en arc
arcade

Ouverture évasée
évasure

Ouverture ménagée dans un mur
ope

Ouverture pour donner de l'air et du jour aux pièces situées en sous-sol
soupirail

Ouverture pour l'écoulement des eaux
exutoire

Ouverture pratiquée pour le passage d'une tige métallique
œillard

Ouverture quadrangulaire servant, sur un navire de guerre, de passage à la bouche des canons
sabord

Ouverture qui laisse passer la lumière
jour

Ouverture ronde dans le fuselage d'un avion
hublot

Ouverture située à l'avant d'un navire, de chaque côté de l'étrave
écubier

Ouverture sur le devant d'une culotte d'homme
braguette

Ouvertures latérales d'un violon
ouïes

Ouvrage

activité, bastille, bastion, bâtiment, besogne, blockhaus, boulot, bouquin, citadelle, construction, écrit, édifice, entreprise, essai, étude, forteresse, fortification, fortin, labeur, livre, manuel, manuscrit, monument, occupation, œuvre, opuscule, production, produit, publication, rempart, roman, tâche, travail, volume

Ouvragé

ajouré, brodé, élaboré, façonné, orné, ouvré, sculpté, travaillé

Ouvrage aménagé entre deux plans d'eau de niveau différent
écluse

Ouvrage blindé pour la défense
blockhaus

Ouvrage de forme creuse destiné à contenir des objets
corbeille

Ouvrage de fortification
bastide, bastion, redan

Ouvrage de fortification détaché en avant d'une enceinte ou faisant corps avec elle
bastille

Ouvrage de fortification en saillie sur une façade pour en renforcer la défense
bretèche

Ouvrage de fortification isolé
redoute

Ouvrage de menuiserie
boiserie

Ouvrage de sculpture
statue

Ouvrage de terre rapportée
remblai

Ouvrage didactique
manuel

Ouvrage dramatique mis en musique
opéra

Ouvrage en lattes
lattis

Ouvrage en maçonnerie
môle

Ouvrage en pente
rampe

Ouvrage en saillie sur un toit
lucarne

Ouvrage façonné en maille métallique
jaseran

Ouvrage fortifié
ravelin

Ouvrage fortifié défensif
blockhaus

Ouvrage hydraulique
écluse

Ouvrage imprimé antérieur à 1500
incunable

Ouvrage judaïque
Talmud

Ouvrage littéraire
écrit

Ouvrage nouveau
nouveauté

Ouvrage suspendu au-dessus d'un trône
dais

Ouvrage vitré en surplomb
oriel

Ouvrage, commerce du gainier
gainerie

Ouvrager
façonner, orner, travailler

Ouvrages du sellier
sellerie

Ouvré
manufacturé, ouvragé, travaillé

Ouvrer
bosser, élaborer, façonner, œuvrer, travailler

Ouvrier
artisan, façonnier, journalier, manœuvre, populaire, prolétaire, salarié, soudeur, travailleur

Ouvrier affecté au forage des tunnels
tunnelier

Ouvrier agricole
sarcleur

Ouvrier agricole qui s'occupe des porcs
porcher

Ouvrier boulanger qui pétrit le pain
gindre

Ouvrier chargé de calfater un navire
calfat

Ouvrier chargé de détruire les taupes
taupier

Ouvrier chargé du broyage
broyeur

Ouvrier chargé du ramassage des ordures ménagères
éboueur

Ouvrier chargé du sablage
sableur

Ouvrier d'une sardinerie
sardinier

Ouvrier de la drague
dragueur

Ouvrier des filatures de coton
cotonnier

Ouvrier du bâtiment qui exécute les travaux de maçonnerie
maçon

Ouvrier embauché pour remplacer un gréviste
briseur

Ouvrier employé au glaçage
glaceur

Ouvrier employé aux travaux de terrassement
piocheur

Ouvrier exécutant des travaux de tôlerie
tôlier

Ouvrier fabriquant des poudres et des explosifs
poudrier

Ouvrier imprimeur travaillant à une presse à bras
pressier

Ouvrier professionnel qui réalise et met au point des outillages
outilleur

Ouvrier qui apprête le cuir, les peaux
corroyeur

Ouvrier qui arrime la cargaison d'un navire
arrimeur

Ouvrier qui calfate les navires
calfat

Ouvrier qui débite le bois en planches
sagard

Ouvrier qui découpe
découpeur

Ouvrier qui effectue un pavage
paveur

Ouvrier qui effectue un ravalement sur un immeuble
ravaleur

Ouvrier qui étampe
étampeur

Ouvrier qui exécute un filetage
taraudeur

Ouvrier qui fabrique de la toile
toilier

Ouvrier qui fait des tuiles
tuilier

Ouvrier qui fait le fonçage
fonceur

Ouvrier qui fait le rasage des étoffes
raseur

Ouvrier qui ferre les chevaux
ferreur

Ouvrier qui gâche du mortier
gâcheur

Ouvrier qui grave dans la pierre
lapicide

Ouvrier qui laine le drap
lainier

Ouvrier qui lisse
lisseur

Ouvrier qui manœuvre la sonnette
sonneur

Ouvrier qui met le tissu sur les rames
rameur

Ouvrier qui monte les lices d'un métier à tisser
lissier

Ouvrier qui pose des ferrures
ferreur

Ouvrier qui pose les dalles
dalleur

Ouvrier qui pose une pièce déterminée
placeur

Ouvrier qui procède à l'étirage
étireur

Ouvrier qui rabote
raboteur

Ouvrier qui rase le poil des peaux et des cuirs
raseur

Ouvrier qui réalise des pièces mécaniques
ajusteur

Ouvrier qui récolte la résine
résinier

Ouvrier qui rive
riveur

Ouvrier qui rogne
rogneur

Ouvrier qui scie
scieur

Ouvrier qui soude
soudeur

Ouvrier qui tille ou teille le chanvre
teilleur

Ouvrier qui tisse
tisserand

Ouvrier qui travaille à la tâche
tâcheron

Ouvrier qui travaille à une récolte
récolteur

Ouvrier qui travaille avec du plâtre
plâtrier

Ouvrier qui travaille avec la pelle
pelleteur

Ouvrier qui travaille dans le tissage de la soie à Lyon
canut

Ouvrier qui travaille en caisson, sous l'eau
tubiste

Ouvrier qui travaille le coton
cotonnier

Ouvrier qui travaille sur un tour
tourneur

Ouvrier spécialisé dans la pose du carrelage
carreleur

Ouvrier spécialisé dans le ponçage
ponceur

Ouvrier spécialisé dans les revêtements en zinc
zingueur

Ouvrier spécialiste de l'alésage
aléseur

Ouvrier sur métier à tisser
tisseur

Ouvrière
abeille

Ouvrir
accomplir, ajourer, allumer, amorcer, brancher, commencer, couper, créer, creuser, crocheter, déballer, débonder, déboucher, déboutonner, débrider, débuter, décacheter, décapsuler, déchirer, défaire, déficeler, dégrafer, délacer, démarrer, dépaqueter, déplier, déployer, déverrouiller, écarquiller, écarter, éclater, éclore, engager, entailler, entamer, entrebâiller, entrouvrir, épancher, étaler, étendre, éventrer, fendre, fonder, forcer, frayer, inaugurer, inciser, lancer, percer, pousser, pratiquer, préparer, tirer, tracer

Ouvrir en retirant la bonde
débonder

Ouvrir involontairement la bouche
bâiller

Ouvrir les parties d'un corps pour l'examiner
disséquer

Ouvrir une fenêtre en enlevant la bâcle
débâcler

Ouvrir une huître
écailler

Ouvrir une serrure avec un crochet
crocheter

Ouzo
anis, anisette

Ovale
ellipse, elliptique, ove, ové, ovoïdal, ovoïde

Ovation
acclamation, applaudissement, ban, bis, bravo, cri, hourra, hurrah, vivat

Ovation dans un stade
ola

Ovation du public d'une enceinte sportive
ola

Ovationner
acclamer, applaudir

Ove
ovale

Ové
ovale, ovoïde

Overdose
surdosage, surdose

Ovin
mouton

Ovnilogie
ufologie

Ovoïdal
ovale

Ovoïde
ellipse, ovale, ové, ovée

Ovulation
ponte

Ovule
gamète

Ovule fécondé
zygote

Ovule fécondé de la fleur
graine

Oxydation
piqûre

Oxydé
altéré

Oxyde bleu de cobalt
safre

Oxyde d'uranium
urane

Oxyde d'yttrium
yttria

Oxyde de baryum
baryte

Oxyde de béryllium
glucine

Oxyde de calcium
chaux

Oxyde de calcium solide, blanc, caustique
chaux

Oxyde de cuivre
ténorite

Oxyde de mercure
silice

Oxyde de silicium
silice

Oxyde de zinc
tutie

Oxyde ferrique
aétite

Oxyde naturel de cuivre
ténorite

Oxyde naturel de fer
magnétite

Oxyde terreux de l'erbium
erbine

Oxyder
altérer, rouiller

Oxyder au maximum
suroxyder

Oxyder au plus haut degré possible
péroxyder

Oxygéné
aéré, blond, sorti

Oxygéner
aérer, décolorer, sortir

P

Pa
pascal

Pacage
alpage, alpe, herbage, pâquis, pâtis, pâturage, pâture, prairie, pré

Pacager
brouter, herbager, paître, pâturer

Pacane
noix

Pacanier
hickory

Pachyderme
éléphant, hippopotame

Pacifiant
apaisant

Pacification
conciliation, paix

Pacifié
soumis

Pacifier
adoucir, apaiser, calmer, soumettre, tranquilliser

Pacifique
bon, calme, débonnaire, doux, inoffensif, paisible, placide, serein, tranquille

Pacifiquement
calmement

Pacifisme
antimilitarisme, paisibilité

Pacifiste
antimilitariste, colombe

Pack
banquise, emballage, iceberg, paquet

Pacotille
camelote, saleté, toc, verroterie

Pacson
bagage, ballot, balluchon, colis, paquet

Pacte
accalmie, accord, alliance, arrangement, contrat, convention, engagement, entente, marché, mariage, paix, traité

Pactiser
accorder, associer, composer, entendre, fraterniser, négocier, transiger

Pactole
fortune, jackpot, magot, trésor

Paddock
couchette, lit

Padischah
sultan

Paf
ivre

Pagaie
aviron, rame

Pagaille
anarchie, bazar, chaos, cirque, confusion, dérangement, désordre, fouillis, foutoir, gabegie, gâchis, souk

Paganisme
gentilité

Pagayé
ramé

Pagayer
canoter, ramer

Page
domestique, écuyer, épisode, événement, extrait, feuille, feuillet, folio, menin, morceau, passage, valet

Page d'accueil regroupant des accès à des sites et à des services sur Internet
portail

Pageot
couchette

Paginer
folioter, numéroter

Pagne
paréo, sari, sarong

Paidologie
pédiatrie

Paie
appointements, émoluments, gages, gain, rétribution, rémunération, salaire, solde, traitement

Paiement
acquit, acquittement, récompense, règlement, remboursement, rémunération, rétribution, salaire, salariat, versement

Paiement annuel
annuité

Paiement anticipé
avance

Paiement partiel
acompte

Païen
gentil, idolâtre, impie, incroyant, infidèle, mécréant, polythéiste

Paillasse
bateleur, clown, couchette, grabat, lit, litière, matelas, natte

Paillasson
abrivent, natte, tapis

Paillasson vertical pour protéger les cultures du vent
abrivent

Paille
chalumeau, chaume, crapaud, défaut, éteule, fétu, feurre, fouarre, imperfection, tige

Paille de seigle
glui

Paille-en-queue
phaéton

Pailler
grenier

Paillet
lame, natte

Paillette
lamelle, paillon

Paillon
paillette

Paillote
case, hutte

Pain
aliment, baguette, bâtard, flûte, miche,
nourriture, parisien, pistolet, pitance
subsistance

Pain d'autel
hostie

Pain de fantaisie
ficelle

Pain de sucre
casson

Pain émietté
panure

Pain non levé
pita

Pain séché râpé
chapelure

Pair
collègue, condisciple, égal, frère, pareil,
semblable

Paire
besson, binôme, couple, deux, duo, jumeau,
jumelle, pariade, tandem

Paire de verres
lunettes

Paisibilité
pacifisme

Paisible
calme, débonnaire, doux, égal, impassible,
pacifique, pépère, placide, quiet, serein,
tranquille

Paisible, tranquille
pacifique

Paisiblement
calmement, posément, sereinement

Paisseau
échalas

Paître
brouter, manger, nourrir, pacager, pâturer

Paix
accalmie, accord, apaisement, armistice,
bonheur, calme, conciliation, concorde,
entente, harmonie, ordre, pacification, pacte,
quiétude, réconciliation, répit, repos, sécurité,
sérénité, silence, traité, tranquillité, trêve

Pal
pieu

Palabré
discuté

Palabrer
discourir, discuter, disserter, jacasser,
marchander, parlementer, pérorer

Palabres
conciliabule, conférence, conversation,
discours, discussion, marchandage, paroles,
pourparlers, tartine

Palabreur
phraseur

Palace
alcazar, château, édifice, hôtel, palais,
résidence

Paladin
brave, chevalier, hussard

Palais
alcazar, bastide, bastille, château, palace

Palais du sultan, dans l'Empire ottoman
sérail

Palais épiscopal
évêché

Palanquin
litière

Palatal
palatin

Palatial
palatin

Palatin
palatal, palatial

Pale
ailette, palette, pelle

Pâle
affadi, anémique, blafard, blanc, blême,
cireux, clair, décoloré, défait, défraîchi,
délavé, déteint, diaphane, doux, éteint,
exsangue, fade, faible, hâve, incolore,
insipide, livide, médiocre, pâlichon, pâlot,
pauvre, piètre, plat, plombé, tendre, terne,
terreux

Palefrenier
lad

Palefroi
cheval

Paleron
palette

Palestre
gymnase

Palet
rondelle

Paletot
blazer, blouson, gilet, manteau, pardessus, veste, vêtement

Palette
aube, choix, collection, ensemble, éventail, gamme, pale, paleron, panoplie, registre, variété

Palette d'une roue hydraulique
aube

Palette de bois
battoir

Pâleur
anémie, blancheur, fadeur, insipidité, lividité, pauvreté, platitude, tiédeur

Pâli
affadi, éteint, passé

Pâlichon
cireux, pâle, pâlot, terreux

Palier
cap, degré, échelon, étage, étape, gradation, gradin, niveau, pas, phase, plateforme, stade

Palier de gouvernement
fédéral

Palikare
evzone

Palingénésie
régénération, renaissance

Palinodie
désaveu, pirouette, retournement, rétractation, revirement, virevolte

Pâlir
affadir, affaiblir, atténuer, blanchir, blêmir, blondir, décolorer, effacer, estomper, faiblir, faner, jaunir, passer, ternir, verdir

Palis
palissade

Palissade
banquette, barbelés, barrière, clôture, enceinte, enclos, fermeture, grillage, grille, haie, lice, palis

Palissade de bois
lice

Palissade protégeant les cultures du vent
abrivent

Palissandre
jacaranda

Palladium
bouclier, garantie, Pd, sauvegarde

Palliatif
adoucissant, antidote, calmant, expédient, exutoire, remède

Pallié
corrigé

Pallier
atténuer, cacher, corriger, couvrir, déguiser, diminuer, dissimuler, guérir, masquer, remédier, réparer, suppléer, voiler

Pallium
amict

Palmacée
latanier

Palmarès
liste, résultat

Palme
décoration

Palmette
espalier, treillage

Palmier
arec, dattier, élæis raphia, éléis

Palmier à feuilles très longues
raphia

Palmier à huile
élæis, éléis, palmiste

Palmier à huile d'Afrique
élæis, éléis

Palmier à tige ramifiée
doum

Palmier d'Afrique
élæis, éléis

Palmier d'Afrique du Nord
dattier

Palmier d'Arabie
doum

Palmier d'Asie
arec

Palmier de Chine
tallipot

Palmier de l'Inde du Sud
tallipot

Palmier des Mascareignes
latanier

Palmier dont la moelle fournit le sagou
sagoutier

Palmier du genre arec
palmiste

Palmier originaire de Nouvelle-Guinée
kentia

Palmier qui produit la noix de coco
cocotier

Palmipède
canard

Palombe
pigeon, ramier

Palonnier
gouverne, pédale, timon

Palot
bêche, piquet

Pâlot
blafard, blanc, blême, délavé, exsangue, hâve, incolore, livide, pâle, pâlichon, terne, terreux, triste

Palourde
clam, clovisse, praire

Palpable
certain, clair, concret, évident, existant, manifeste, matériel, patent, réel, sensible, tactile, tangible

Palpation
investigation, toucher

Palper
empocher, encaisser, examiner, gagner, manier, manipuler, masser, peloter, percevoir, recevoir, tâter, tâtonner, toucher, tripoter

Palpitant
angoissant, captivant, émouvant, excitant, frémissant, intéressant, pantelant, passionnant, saisissant, signalé, tremblant, vacillant

Palpitation
battement, frémissement, tremblement, trépidation, vibration

Palpiter
battre, frémir, panteler, scintiller, trembler, tressaillir, vaciller, vibrer

Palplanche
poutrelle

Palsambleu
morbleu

Paludéen
impaludé, paludique

Paludier
saunier

Paludique
paludéen

Paludisme
malaria

Pâmer (Se)
défaillir, émerveiller, évanouir, extasier

Pâmoison
défaillance, évanouissement, faiblesse, malaise, syncope

Pampa
steppe

Pamphlet
diatribe, factum, libelle, placard, réquisitoire, satire, tract

Pamphlétaire
journaliste, polémiste

Pamplemousse
agrume

Pamplemoussier
citrus

Pampre
branche, treille, vigne

Pan
aspect, basque, colombage, côté, face, facette, flanc, morceau, paroi, partie, pente, portion, versant, volet

Pan de vêtement
basque

Pan de vêtement taillé en pointe
giron

Panacée
antidote, médicament, remède, solution

Panachage
amalgame, mélange

Panache
aigrette, aisance, allure, bouquet, brio, éclat, houppe, huppe, maestria, ornement, plume, plumet, pompe, prestige, splendeur, talent, touffe, virtuosité

Panaché
bariolé, boisson, disparate, mâtiné, mixte

Panacher
barioler, bigarrer, chamarrer, mélanger, mêler

Panachure
tache

Panade
misère

Panama
chapeau, coiffe

Panard
pied, ripaton

Panaris
abcès, inflammation, phlegmon

Panax épineux
ginseng

Pancarte
affiche, écriteau, enseigne, panneau, placard

Pandémie
endémie, épidémie

Panégyrique
apologie, discours, éloge, louange

Panégyriste
apologiste, laudateur, zélateur

Panel
assortiment, échantillon

Paneton
corbeille, panier

Panic
millet

Panicaut
chardon

Panicule
épi

Panier
banne, banneton, barquette, bourriche, but, cabas, corbeille, couffin, hotte, nasse, paneton, panière

Panier circulaire pour les diapositives
carrousel

Panier dans lequel sont disposés des œufs à couver
couvoir

Panier plat en osier muni de deux anses
van

Panier pour la pêche
nasse

Panier pour prendre les poissons
nasse

Panier souple en paille tressée
cabas

Panier suspendu à un ballon
nacelle

Panière
corbeille, manne, panier

Paniquant
affolant, alarmant, terrible

Panique
affolement, agitation, angoisse, déroute, désordre, effroi, épouvante, frayeur, fuite, peur, terreur

Paniqué
affolé, alarmé, angoissé

Paniquer
affoler, alarmer, angoisser, épouvanter, terrifier

Panka
éventail

Panne
arrêt, coupure, interruption, misère, rôle

Panneau
affiche, boiserie, dazibao, écriteau, enseigne, filet, moulure, pancarte, piège, signal, vantail

Panneau d'une fenêtre qui s'ouvre de deux côtés
vantail

Panneau de fibres
isorel

Panneau de verre
vitre

Panneau de verre décoratif
vitrail

Panneau disposé dans une canalisation pour en régler le débit
vanne

Panneau qui ferme une ouverture
trappe

Panneau routier
stop

Panneau-réclame
affiche

Panonceau
armoiries, écusson, enseigne, plaque

Panoplie
arsenal, assortiment, attirail, cargaison, choix, collection, déguisement, éventail, gamme, palette, sélection, série, train

Panorama
décor, paysage, peinture, perspective, site, spectacle, vue

Panse
abdomen, bedaine, bedon, bide, bidon, brioche, estomac, galbe, rumen, ventre

Pansement
adhésif, bandage, bande, bandelette, baume, charpie, compresse, coton, gaze, linge, ouate, poupée, remède

Panser
adoucir, apaiser, bander, bouchonner, brosser, calmer, étriller, soigner

Pansu
bedonnant, galbé, gras, gros, rebondi, renflé, replet, ventripotent, ventru

Pantagruélique
plantureux

Pantalon
culotte, froc, jean

Pantalon ample des Gaulois
braies

Pantalon bouffant
sarouel

Pantalon de toile
jean, jeans

Pantalon moulant de femme
caleçon

Pantalonnade
farce, mascarade, pochade

Pantelant
essoufflé, frémissant, haletant, palpitant, pantois, suffocant, tremblant

Panteler
anhéler, haleter, palpiter

Pantène
pantière

Panthère
fauve, félin, léopard, once

Panthère d'Afrique
léopard

Pantière
pantène

Pantin
arlequin, automate, bouffon, charlot, clown, esclave, fantoche, girouette, guignol, mannequin, marionnette, polichinelle, zombi, zombie

Pantois
abasourdi, abruti, ahuri, coi, déconcerté, décontenancé, ébahi, estomaqué, haletant, interdit, interloqué, médusé, pantelant, sidéré, stupéfait, suffoqué

Pantomime
cirque, comédie, contorsion, geste, gesticulation, mime, mimodrame, orchestique, saltation, saynète

Pantoufle
charentaise, mule, savate

Pantoufle de femme
mule

Pantoufle en tissu molletonné à carreaux
charentaise

Pantoufle orientale
babouche

Pantoum
poème

Pantoute
pas

Panure
chapelure

Panzer
tank

Paon de jour
vanesse

Paon-de-nuit
saturnie

Papa
géniteur, paternel, père

Papal
pontifical

Papauté
pontificat, vatican

Papaver
pavot

Pape
gourou, guru, leader, pontife

Pape de 155 à 166
Anicet

Pape de 76 à 88
Anaclet

Papelard
faux, hypocrite, mielleux, patelin

Paperasserie
procédure

Papesse
Jeanne

Papi
aïeul, pépé

Papier
article, copie, document, écrit, feuille, imprimé, note, pièce, reportage, titre, valeur

Papier d'emballage
kraft

Papier enveloppant un bonbon
papillote

Papier jaunâtre
bulle

Papier ou tissu à motifs imprimés
imprimé

Papier paraffiné
stencil

Papier poreux servant à sécher l'encre d'une écriture
buvard

Papier servant à la polycopie
stencil

Papier servant d'enveloppe à un bonbon
papillote

Papier tortillé
tortillon

Papier utilisé par pression pour copier
carbone

Papier-monnaie
billet

Papier-mouchoir
kleenex

Papiers
passeport

Papiers administratifs
paperasse

Papille
papule, saillie

Papilleux
granuleux

Papillome
verrue

Papillon
avis, lépidoptère, nage, prospectus, pyrale, teigne, tract, vulcain

Papillon aux ailes fendues
alucite

Papillon brun
mars

Papillon de grande taille
uranie

Papillon de jour
satyre

Papillon de mer
gonnelle

Papillon de nuit
xanthie

Papillon des bois aux ailes brunes
morio

Papillon diurne
lycène, machaon

Papillon diurne aux vives couleurs
vanesse

Papillon dont la chenille attaque la vigne
eudémis

Papillon nocturne
aglossa, liparis, phalène, sphinx

Papillon nocturne ou crépusculaire
géomètre

Papillonnant
changeant, vacillant

Papillonné
ramé

Papillonner
folâtrer, tourner, voleter, voltiger, zapper

Papillons aux ailes fendues
alucites

Papilloter
cligner, scintiller, trembler, vaciller

Papion
babouin, cynocéphale, mandrill

Papisme
catholicisme, christianisme

Papotage
babillage, bavardage, cancan, caquetage,
commérage, parlote, potin, ragot, verbiage

Papoter
babiller, bavarder, cancaner, caqueter,
causer, commérer, jacasser, jaser, placoter,
potiner

Paprika
piment

Papule
acné, papille

Papyrus
cypéracée, manuscrit

Paqson
bagage, ballot, balluchon, colis, paquet

Paquebot
bateau, bâtiment, liner, navire, transatlantique

Paquebot de grande ligne
liner

Paquebot transatlantique
transat

Paquet
bagage, balluchon, boîte, colis, emballage,
envoi, faisceau, masse, pack, pacson,
paqson, paxon, sac, sachet

Paquet de 6 jeux de cartes
sizain

Paquet de billets de banque liés ensemble
liasse

Paquetage
bagage, barda, valise

Paqueté
ivre, plein, rempli

Paqueteur
emballeur, empaqueteur

Pâquis
pacage, pâturage, pâture, prairie, pré

Par
préposition, via

Par chance
heureusement

Par conséquent
donc, partant

Par exemple
notamment

Par l'intermédiaire de
via

Par opposition à
versus

Par quel moyen
comment

Par-dessus le marché (En)
sus

Par-dessus tout
surtout

Para
parachutiste militaire

Parabole
allégorie, apologue, comparaison, fable

Paracentèse
ponction

Parachevé
abouti, accompli

Parachèvement
perfection

Parachever
aboutir, accomplir, achever, ciseler,
compléter, couronner, finir, parfaire,
perfectionner, polir

Parachutage
largage, nomination

Parachute
frein

Parachuté
bombardé

Parachuter
bombarder, larguer, nommer, promouvoir,
propulser

Parachutiste
para

Parade
cérémonie, défense, défilé, diversion,
esbroufe, étalage, exhibition, montre,
ostentation, procession, revue

Parade ridicule
mascarade

Parader
afficher, crâner, défiler, étaler, exhiber, frimer, montrer, pavaner, plastronner, poser

Paradigme
exemple, modèle, parangon

Paradis
ciel, cieux, éden, eldorado, galerie, nirvana, royaume

Paradisiaque
édénique, idyllique

Paradoxal
aberrant, absurde, anormal, antinomique, bizarre, contradictoire, étrange, illogique, inconcevable, singulier

Paradoxe
absurdité, antinomie, aporie, bizarrerie, contradiction, illogisme, incohérence, inconséquence, sophisme

Paraffine
graisse

Parages
abords, alentours, approche, atterrage, coin, contrée, environs, pays, secteur, voisinage

Paragraphe
alinéa, division, section

Paragraphe d'un texte sacré
verset

Paraître
apparaître, avérer, briller, dessiner, dévoiler, éclater, éclore, émerger, faire, feindre, figurer, manifester, montrer, naître, pavaner, percer, plastronner, poindre, pointer, poser, présenter, produire, ressortir, sembler, sourdre, surgir, transparaître, venir

Paraître de nouveau
reparaître

Parallèle
alternative, analogue, clandestin, comparable, comparaison, équivalent, illégal, marginal, noir, occulte, proche, rapprochement, ressemblant, sauvage, secondaire, semblable, similaire, souterrain

Parallélisme
analogie

Parallélogramme
quadrilatère

Parallélogramme dont les côtés sont égaux
losange

Paralogisme
sophisme

Paralysé
engourdi, gourd, immobile, impotent, perclus, transi

Paralyser
annihiler, arrêter, bloquer, clouer, complexer, empêcher, engourdir, entraver, figer, foudroyer, geler, gêner, glacer, immobiliser, inhiber, intimider, neutraliser, pétrifier, scléroser, statufier, stopper, stupéfier, tétaniser, transir, verrouiller

Paralysie
ankylose, arrêt, asphyxie, assoupissement, blocage, catalepsie, engourdissement, étouffement, étranglement, immobilité, impuissance, inaction, inertie, inhibition, sclérose

Paralysie légère consistant dans l'affaiblissement de la contractilité
parésie

Paralytique
impotent, perclus

Paramètre
critère, donnée, élément, facteur, indice, variable

Paramorphine
thébaïne

Parangon
canon, corrigé, étalon, exemple, idéal, modèle, paradigme, patron, prototype

Paranoïa
folie, frilosité, obsession, psychose

Paranoïaque
fou, loufoque

Parapente
deltaplane

Parapet
ados, balustrade, balustre, créneau, ur, rambarde, talus

Paraphe
émargement, griffe, marque, signature

Parapher
signer

Paraphraser
reformuler

Paraplégie
parésie

Paraplégique
impotent

Parapluie
couverture, ombrelle, parasol, pébroc, protection

Parasélène
cercle

Parasite
brouillage, bruit, écornifleur, encombrant, friture, grésillement, importun, inutile, nuisible, pou, profiteur, superflu

Parasite de l'ordre des acariens
acarus

Parasite intestinal
ver

Parasiter
brouiller, grésiller, perturber

Parasites
vermine

Parasol
ombrelle, parapluie

Paravent
écran, protection

Parbleu
pardi

Parc
enclos, ensemble, flotte, jardin, paysager,
réserve, totalité, zoo

Parc à moules
bouchot, vasière

Parc à moutons
bergerie

Parc d'un collège
campus

Parc national du Canada
Mingan

Parc national du Canada situé au Nouveau-Brunswick
Fundy

Parc national du Canada situé au Québec
Forillon, Mauricie

Parc national du Canada situé en Alberta
Banff, Jasper

Parc national du Canada situé en Gaspésie
Forillon

Parc national du Canada situé en Mauricie
Mauricie

Parc national du Québec
Oka, Ortord, Yamaska

Parc national du Québec où l'on trouve plusieurs fossiles
Miguasha

Parc national du Québec situé dans la Chaudière-Appalaches
Frontenac

Parc national du Québec situé dans le Bas-Saint-Laurent
Bic

Parc national du Québec situé dans le golfe du Saint-Laurent
Anticosti

Parc national du Québec situé en Abitibi-Témiscamingue
Aiguebelle

Parc national du Québec situé en Gaspésie
Miguasha

Parc national du Québec situé en Outaouais
Plaisance

Parc national situé dans les Rocheuses
Banff, Jasper

Parcage
stationnement

Parce que
afin, attendu, car

Parcellaire
partiel

Parcelle
atome, bout, bribe, brin, brisure, éclat,
fraction, fragment, grain, lopin, lot,
lotissement, miette, morceau, ombre, once,
part, particule, partie, portion, soupçon,
terrain, terre

Parcelle d'or
paillette

Parcelle de bois
copeau

Parceller
diviser

Parcelliser
atomiser, émietter, sectionner

Parchemin
brevet, diplôme, écrit, peau, vélin

Parcimonie
économie, épargne

Parcimonieux
chiche, économe, jeune, mesquin, pauvre,
pingre, regardant

Parcourir
aller, arpenter, battre, courir, couvrir,
explorer, faire, feuilleter, franchir, inspecter,
lire, prospecter, regarder, sillonner, suivre,
survoler, traverser, visiter

Parcourir à grandes enjambées
arpenter

Parcourir à grands pas
arpenter

Parcourir de haut en bas
descendre

Parcourir des yeux
lire

Parcourir en tous sens
sillonner

Parcourir un lieu
visiter

Parcourir un livre
feuilleter

Parcours
carrière, chemin, cheminement, circuit,
cours, course, cursus, distance, étape,
itinéraire, route, survol, tournée, traite,
trajectoire, trajet, vécu, voie, voyage

Parcours très sinueux
slalom

Pardessus
caban, cape, gabardine, imperméable,
manteau, paletot, pelure, raglan

Pardessus, manteau doublé de fourrure
pelisse

Pardi
interjection, parbleu, pardieu

Pardieu
juron, pardi

Pardon
absolution, amnistie, compassion, excuse, grâce, indulgence, miséricorde, oubli, rédemption, remise, rémission

Pardon d'une faute
rachat

Pardonnable
admissible, véniel

Pardonner
absoudre, accepter, amnistier, commuer, effacer, excuser, gracier, innocenter, oublier, passer, réhabiliter, remettre, supporter, tolérer

Paré
décoré, émaillé, endimanché, évité, ferré, garni, habillé, orné, prêt, vêtu

Pare-étincelles
écran

Pare-feu
écran

Pareil
affin, analogue, comparable, conforme, congénère, égal, équivalent, frère, ibidem, idem, identique, jumeau, même, pair, semblable, similaire, tel, uniforme

Pareillement
ainsi, aussi, autant, comme, idem, même

Parement
abattement, fioriture, garniture, ornement, rabat, rebras, retroussis, revers

Parénèse
discours

Parent
affin, aïeul, allié, analogue, ancêtre, apparenté, ascendant, bisaïeul, collatéral, cousin, descendant, famille, géniteur, mère, père, proche, trisaïeul

Parent d'un bisaïeul
trisaïeul

Parental
familial, patriarcal

Parenté
affinité, alliance, analogie, apparentage, ascendance, cognation, consanguinité, corrélation, cousinage, dépendance, descendance, dynastie, famille, filiation, fraternité, hérédité, lien, lignage, ligne, lignée, origine, parentèle, proche, proximité, rapport, ressemblance, sang, similitude, souche

Parenté entre cousins
cousinage

Parentèle
parenté

Parenthèse
ponction

Parents de souche commune
lignage

Paréo
pagne, sari, sarong

Parer
agrémenter, apprêter, arranger, auréoler, bichonner, colorer, décorer, détourner, échapper, émailler, embellir, endimancher, enjoliver, esquiver, éviter, farder, fleurir, garnir, habiller, ornementer, orner, pomponner, préparer, revêtir

Parer avec grand soin
pomponner

Parer de couleurs variées
diaprer

Parésie
paraplégie

Paresse
apathie, assoupissement, atonie, cosse, engourdissement, fainéantise, farniente, flemmardise, flemme, indolence, inertie, langueur, lenteur, lourdeur, mollesse, négligence, nonchalance, nonchaloir

Paresser
fainéanter, flâner, flemmarder, lézarder, prélasser, traînasser, traîner

Paresseusement
négligemment

Paresseux
aï, alangui, apathique, atone, bradype, cancre, désœuvré, endormi, fainéant, feignant, flemmard, inactif, indolent, inerte, lâche, languissant, lent, mou, nonchalant, oisif, unau, veau

Pareuse
encolleuse

Parfaire
accomplir, achever, affiner, aiguiser, améliorer, ciseler, compléter, consommer, couronner, enrichir, épurer, fignoler, finir, limer, parachever, peaufiner, perfectionner, polir, retoucher

Parfait
absolu, accompli, adéquat, admirable, amélioré, angélique, beau, bien, bon, céleste, complet, consommé, corrigé, divin, entier, épuré, exact, excellent, exemplaire, exquis, extraordinaire, fameux, fieffé, fini, franc, idéal, idyllique, impeccable, incomparable, infaillible, infini, irréprochable, modèle, optimal, précis, pur, réussi, rigoureux, royal,

sacré, souverain, strict, sublime, suprême, total, vrai

Parfaite ressemblance
sosie

Parfaitement
très, vraiment

Parfiler
effiler

Parfois
quelquefois

Parfum
arôme, bouquet, effluve, essence, exhalaison, extrait, fragrance, fumet, haleine, musc, odeur, senteur

Parfumé
aromatique, aromatisé, épicé, odorant, odoriférant

Parfumé à la vanille
vanillé

Parfumé au musc
musqué

Parfumer
aromatiser, assaisonner, embaumer, imprégner, relever, vaporiser

Parfumer à l'anis
aniser

Parfumer au pralin
praliner

Parfumer d'ambre gris
ambrer

Pari
défi, enjeu, gageure

Paria
affligé, défavorisé, exclu, galeux, ilote, intouchable, marginal, maudit, misérable, pestiféré, pouilleux, réprouvé

Pariade
paire

Parier
affirmer, engager, gager, jouer, miser, risquer

Pariétal
rupestre

Parieur
joueur, turfiste

Parité
communauté, concordance, égalité, équivalence, identité, ressemblance, similitude

Parjure
déloyal, félon, infidèle, jureur, renégat, traître, transfuge

Parka
anorak, blouson, manteau

Parking
garage

Parlable
abord, ouvert

Parlage
bavardage

Parlant
bavard, causant, démonstratif, expressif, extraverti, loquace, probant, significatif, vivant

Parlé
ergoté, oral

Parlement
assemblée, chambre, cour

Parlementaire
député, diplomate, élu

Parlementé
discuté

Parlementer
argumenter, débattre, discuter, négocier, palabrer, traiter

Parler
affirmer, annoncer, articulation, avouer, babiller, baragouiner, baratiner, bavarder, causer, conférer, converser, déclamer, deviser, dialecte, dialoguer, diction, discourir, discuter, disserter, échanger, élocution, entretenir, exprimer, hâbler, idiolecte, idiome, jacasser, jacter, jargonner, jaser, langage, langue, parlure, parole, patois, pérorer, prononciation, sociolecte

Parler avec emphase
pérorer

Parler avec un défaut de prononciation
bléser

Parler de
commenter

Parler de façon peu intelligible
jargonner

Parler de façon prétentieuse
pontifier

Parler de nouveau
reparler

Parler du groupe rhéto-roman
romanche

Parler du nez
nasiller

Parler en articulant avec la partie postérieure de la cavité buccale
grasseyer

Parler en développant longuement le sujet
discourir

Parler en hésitant sur certaines syllabes
bégayer

Parler en hurlant
vociférer

Parler en prononçant les j et les s comme des v
zézayer

Parler entre ses dents
marmotter

Parler local
patois

Parler populaire québécois
joual

Parler propre à une région
idiome

Parler toujours des mêmes choses
radoter

Parler-vrai
franchise

Parler, chanter d'une voix tremblante
chevroter

Parler, dire bas à l'oreille
chuchoter

Parlerie
bavardage

Parleur
causeur, conférencier, déclamateur, discoureur, jaseur, orateur, prédicateur, tribun

Parlote
bavardage, causerie, papotage

Parlure
parler

Parme
lilas, violet

Parmélie
lichen

Parmi
avec, chez, dans, dedans, entre, sur

Parodie
caricature, imitation, pastiche, satire, simulacre, travestissement

Parodier
caricaturer, contrefaire, copier, gouailler, imiter, mimer, pasticher, railler, ridiculiser, singer

Parodique
caricatural, grotesque, loufoque

Parodiste
satiriste

Paroi
cloison, face, mur, muraille, pan, rempart

Paroi rocheuse entourant un filon
éponte

Paroi vitrée
verrière

Paroisse
chapelle, communauté, église, territoire, village

Paroissien
bréviaire, fidèle, missel

Paroissiens
ouailles

Parole
adage, assurance, déclaration, diction, dire, discours, élocution, éloquence, engagement, énoncé, expression, foi, formule, langage, langue, mot, palabre, parler, phonation, promesse, propos, serment, texte, ton, verbe, voix

Parole agressive
invective

Parole de Dieu
Bible

Parole extravagante
énormité

Parole impudente
impudence

Parole ou action drôle
drôlerie

Parole outrageante
insulte

Parole qu'on adresse à Dieu
prière

Parole qui outrage la divinité, la religion
blasphème

Parole qui porte atteinte à l'honneur ou à la dignité de quelqu'un
insulte

Parole, regard destiné à provoquer
agacerie

Paroles inintelligibles
patenôtre

Paroles ou écrits destinés à justifier ou à défendre quelqu'un ou quelque chose
apologie

Parolier
auteur, chansonnier, dialoguiste, librettiste, scénariste

Paromologie
concession

Paroxysme
comble, crise, exacerbation, extrême, maximum, poussée, sommet, summum

Parpaing
brique, moellon

Parquer
confiner, enfermer, entasser, garer, ranger, rassembler, stationner

Parquet
jury, lambris, plancher, tribunal

Parqueter
planchéier

Parrain
caution, chef, garant, répondant, sponsor, tuteur

Parrain d'un enfant
compère

Parrainage
mécénat, patronage, piston, protection

Parrainer
aider, appuyer, cautionner, commanditer, financer, introduire, patronner, pistonner, présenter, protéger, recommander, soutenir, sponsoriser

Parricide
homicide

Parsemé
constellé, émaillé, jeté

Parsemé de raies
vergeté

Parsemer
consteller, couvrir, disperser, disséminer, émailler, entremêler, jeter, joncher, larder, recouvrir, répandre, saupoudrer, semer, tapisser

Parsemer d'astres
consteller

Parsemer d'étoiles
consteller, étoiler

Parsemer d'ornements
émailler

Parsemer de branchages
joncher

Parsemer de moisissures, en parlant d'un fromage
persiller

Parsemer de paillettes
pailleter

Parsemer de persil haché
persiller

Parsemer de petites taches
tacheter, taveler

Parsisme
mazdéisme, zoroastrisme

Part
action, appoint, apport, bout, contingent, contribution, division, dose, écot, fraction, fragment, lopin, lot, morceau, parcelle, partage, participation, partie, portion, prorata, quartier, quotité, ration, segment, tranche, tronçon, valeur

Part de bénéfice
dividende

Partage
communion, découpage, démembrement, destinée, différence, distribution, division, fractionnement, fragmentation, liquidation, lot, morcellement, part, participation, partition, répartition, scission, séparation, sort, succession

Partagé
désuni, divis, exprimé, général, identique, mitigé, mutuel, ramifié

Partage d'un bien entre plusieurs propriétaires
divis

Partage politique
partition

Partager
attribuer, cloisonner, collaborer, couper, débiter, découper, démembrer, départager, départir, dépecer, dispenser, distribuer, diviser, écarteler, écarter, embrasser, épouser, éprouver, fractionner, fragmenter, liquider, lotir, morceler, participer, rejoindre, répartir, scinder, sectionner, séparer, subdiviser, tirailler

Partager en quatre quartiers égaux
écarteler

Partager en segments
segmenter

Partager par lots
lotir

Partance
départ

Partant
ainsi, disposé, donc, emballé, favorable, volontaire

Partenaire
acolyte, adepte, allié, amant, associé, camarade, cavalier, coassocié, coéquipier, collaborateur, compagnon, compère, complice, danseur, équipier, interlocuteur

Parterre
assistance, auditoire, bosquet, carrelage, corbeille, massif, pelouse, plancher, public, salle, spectateurs

Parti
absent, association, bord, cabale, camp, cause, chapelle, clan, commencé, côté, coterie, coulé, décision, déménagé, disparu, embarqué, engagé, faction, formation, groupe, immigré, ligue, mort, mouvement, organisation, position, profit, rassemblement, renié, résolution, secte, solution, sorti, tendance, tribu, union

Parti politique
ADQ, CAQ, NPD, ON, PCC, PLC, PLQ, PQ, QS

Parti pris
préjugé

Partial
inique, injuste, orienté, partisan, prévenu, sectaire, subjectif, tendancieux

Partialité
aveuglement, faiblesse, favoritisme, iniquité, injustice, préférence, préjugé, prévention

Participant
adhérent, aidant, membre, protagoniste

Participant de la Jacquerie de 1358
Jacques

Participation
apport, association, cogestion, complicité, cotisation, part, partage

Participe passé
PP

Participer
adhérer, aider, assister, collaborer, concourir, contribuer, coopérer, cotiser, éprouver, figurer, impliquer, partager, servir, soutenir

Participer à une course de bateaux
régater

Participer activement
militer

Particulariser
distinguer, préciser

Particularité
anomalie, apanage, attribut, caractère, circonstance, détail, différence, irrégularité, modalité, originalité, propre, propriété, qualité, singularité, trait

Particule
affixe, anion, atome, corpuscule, élément, fragment, grain, molécule, morceau, parcelle, poussière, préfixe, suffixe, trace

Particule affirmative
oïl

Particule constitutive du noyau d'un atome
nucléon, proton

Particule d'un élément chimique
atome

Particule électriquement neutre
neutron

Particule élémentaire
atome

Particule élémentaire à interactions faibles
muon

Particule élémentaire en physique
kaon

Particule fondamentale chargée de façon négative
électron

Particule fondamentale, quantum du champ électromagnétique
photon

Particulier
admirable, anormal, bizarre, caractéristique, distinctif, exclusif, extraordinaire, individuel, intime, isolé, original, personnel, ponctuel, précis, privé, propre, remarquable, séparé, signalé, singulier, spécial, spécifique, subjectif, typique, unique

Particulier à une région
local

Particulièrement
notamment, surtout

Partie
acte, alinéa, article, bout, branche, bribe, chapitre, composant, côté, détail, division, domaine, dose, élément, embranchement, épisode, étape, extrait, extrémité, fort, fraction, fragment, jeu, lambeau, manche, match, matière, membre, métier, miette, moitié, morceau, mouvement, organe, pan, parcelle, part, passage, phase, pièce, plaideur, point, portion, profession, quartier, rameau, ramification, région, rencontre, scène, secteur, section, segment, spécialité, stade, subdivision, terrain, tranche, tronçon, voix, volet

Partie allongée et saillante d'un os
épine

Partie antérieure
avant

Partie antérieure d'un projectile, de forme conique
ogive

Partie antérieure du tronc
ventre

Partie arrondie
lobe

Partie arrondie de la joue
pommette

Partie avant de la tige d'une chaussure
empeigne

Partie basse
fond

Partie basse de Budapest
Pest

Partie cannée d'un siège
cannage

Partie centrale
noyau

Partie centrale d'un arbre
tronc

Partie centrale de l'ovule d'une plante
nucelle

Partie centrale de la Terre
nife

Partie centrale et saillante d'un bouclier
ombilic

Partie charnue des fruits
pulpe

Partie cintrée d'une arcade, d'une porte ou d'une fenêtre
arceau

Partie cloisonnée d'un théâtre
loge

Partie creuse d'un instrument
douille

Partie creuse d'une salière
saleron

Partie d'un bas
talon

Partie d'un bois dégarni d'arbres
clairière

Partie d'un canal entre deux écluses
sas

Partie d'un carpelle où sont insérés les ovules
placenta

Partie d'un compte
doit

Partie d'un cours d'eau
amont, aval

Partie d'un couvent réservée aux novices
noviciat

Partie d'un drame
épisode

Partie d'un gant qui recouvre le bras
rebras

Partie d'un haut-relief
enlevure

Partie d'un hectare
are

Partie d'un jardin
parterre

Partie d'un jardin réservée à une culture
planche

Partie d'un meuble qui coulisse
tiroir

Partie d'un meuble qui prend appui sur le sol
patte

Partie d'un mouvement d'horlogerie
minuterie

Partie d'un mur
pan

Partie d'un navire
vibord

Partie d'un outil
manche

Partie d'un siège
dossier

Partie d'un tableau qui a été repeinte
repeint

Partie d'un théâtre
coulisse

Partie d'un théâtre où l'on peut circuler
promenoir

Partie d'un tout
lot, portion, tranche

Partie d'un végétal
semence

Partie d'un véhicule spatial
module

Partie d'une arme à feu en forme de tube
canonnage

Partie d'une chanson
couplet

Partie d'une clé
panneton

Partie d'une église
abside, nef

Partie d'une maison religieuse interdite aux laïcs
cloître

Partie d'une manivelle
nille

Partie d'une pièce servant d'appui
embase

Partie d'une roue
jante

Partie d'une ville
quartier

Partie d'une voile destinée à être serrée
ris

Partie dallée de la cheminée
âtre

Partie de certains ustensiles
anse

Partie de certains vêtements
plastron

Partie de l'aloyau
romsteck

Partie de l'appareil digestif après l'estomac
intestin

Partie de l'armure qui couvre et protège le bras
brassard

Partie de l'armure qui protège le pied
soleret

Partie de l'épaule du cheval
ars

Partie de l'équipage qui fait le quart
bordée

Partie de l'estomac des ruminants
caillette

Partie de l'habillement féminin
jupe

Partie de l'intestin grêle
iléon

Partie de l'œil
cornée

Partie de l'office divin du soir
vêpres

Partie de l'oreille
étrier, lobe, tympan

Partie de l'os coxal qui forme la hanche
ischion

Partie de la bête donnée aux chiens après la chasse
curée

Partie de la bouche
gencive, lèvre

Partie de la cale d'un navire
sentine

Partie de la charrue
sep

Partie de la clé qui pénètre dans la serrure et agit sur le pêne
panneton

Partie de la corolle
pétale

Partie de la couronne
ore

Partie de la douve qui dépasse le fond du tonneau
jable

Partie de la face
joue, menton

Partie de la face des animaux
museau

Partie de la face humaine
front

Partie de la jambe
genou, pied

Partie de la journée
matinée

Partie de la main
doigt

Partie de la mathématique
arithmétique

Partie de la médecine qui étudie l'oreille
otologie

Partie de la Méditerranée
Égée

Partie de la mitre
fanon

Partie de la pièce qui entre dans la mortaise
tenon

Partie de la rue réservée aux piétons
trottoir

Partie de la selle
étrier

Partie de la thérapeutique médicale
chirurgie

Partie de la tige des branches du rotang
rotin

Partie de vêtement
col, collet, parement

Partie décorée d'un autel d'église
retable

Partie des mathématiques
algèbre

Partie des plantes à fleurs
graine

Partie des villes destinée aux sépultures
nécropole

Partie du bras
coude

Partie du cheval entre la tête, le garrot et le poitrail
encolure

Partie du chœur d'une église
chevet

Partie du corps
aine, bras, col, cou, hanche, tête

Partie du corps de l'homme
dos

Partie du corps humain
main, tronc

Partie du cou
gorge, nuque

Partie du fruit
péricarpe

Partie du fuselage d'un avion
carlingue

Partie du harnais d'un cheval
dossière

Partie du harnais placée sur la poitrine du cheval
bricole

Partie du lit où l'on pose sa tête
chevet

Partie du membre inférieur
cuisse, jambe

Partie du membre supérieur
coude

Partie du monde
Asie, continent, Europe

Partie du pain
croûte, mie

Partie du pantalon
jambe

Partie du pied
orteil, plante, talon

Partie du rez-de-chaussée d'une salle de théâtre
parterre

Partie du rivage découverte à marée basse
batture

Partie du rivage que la marée laisse à découvert
batture

Partie du squelette de la main
carpe

Partie du squelette du pied
tarse

Partie du tablier qui couvre la poitrine
bavette

Partie du talon d'une flèche
empenne

Partie du théâtre contiguë à la scène et en contrebas, réservée aux musiciens
orchestre

Partie du tube digestif
estomac

Partie du tube digestif, du pharynx à l'estomac
œsophage

Partie du ventre du bœuf
hampe

Partie du vêtement
manche

Partie du vêtement entourant le cou
encolure

Partie du vêtement qui recouvre l'épaule
épaule

Partie en aval d'une vallée
ria

Partie en pente d'un quai
cale

Partie en saillie servant à soulever le loquet d'une porte
poucier

Partie épaisse qui se dépose dans la liqueur
lie

Partie étroite
col

Partie étroite qui unit le limbe à la tige
étiole

Partie externe de l'oreille
pavillon

Partie externe qui forme l'enveloppe d'un organe
cortex

Partie filetée d'une vis
filetage

Partie gauche d'un navire lorsque l'on regarde vers l'avant
bâbord

Partie globuleuse
bulbe

Partie immergée de la coque d'un bateau lorsqu'il est chargé
carène

Partie inférieure d'une cuisse de poulet
pilon

Partie inférieure d'une pierre précieuse
culasse

Partie inférieure de certains arbres
tronc

Partie inférieure de l'aloyau
bavette

Partie inférieure de l'épine dorsale
reins

Partie inférieure ou centrale d'une voûte
rein

Partie interne d'un navire
cale

Partie la plus basse de la mâchoire inférieure
menton

Partie la plus grossière de la laine
lanice

Partie la plus grossière du son
bran, bren

Partie la plus haute d'un édifice
pinacle

Partie la plus renflée d'un tonneau
bouge

Partie la plus secrète
recoin

Partie latérale d'une construction
aile

Partie latérale de la tête
tempe

Partie latérale de la tête de certains animaux
bajoue

Partie latérale du corps
flanc

Partie latérale du nez
aile

Partie latérale et postérieure de la mâchoire inférieure du cheval
ganache

Partie ligneuse du tronc et des branches
aubier

Partie liquide du sang
plasma, sérum

Partie médiane du cervelet
vermis

Partie mobile autour des gonds d'une fenêtre, d'une porte
battant

Partie mobile d'une soupape
clapet

Partie mobile dans un mécanisme rotatif
rotor

Partie mobile de la carrosserie d'une automobile
capot

Partie molle de l'intérieur des os
moelle

Partie molle, tendre
tendron

Partie ôtée par ébarbage
ébarbure

Partie plate d'un aviron
pale

Partie plate d'un piolet
panne

Partie plate des architraves
fasce

Partie pleine d'un parapet
merlon

Partie postérieure d'une arme à feu portative
crosse

Partie postérieure du cheval
croupe

Partie postérieure du cou
nuque

Partie postérieure du genou
jarret, poplité

Partie principale de la feuille
limbe

Partie profonde du cartilage de l'oreille
conque

Partie relativement plane du corps
méplat

Partie renflée d'une bouteille
panse

Partie restante d'un fruit lorsqu'il a été mangé
trognon

Partie rétrécie de certaines régions du corps
isthme

Partie saillante d'un os
apophyse

Partie saillante du visage
menton, nez

Partie saillante qui soutient un élément de construction ou de décoration
console

Partie septentrionale de l'Asie
Sibérie

Partie supérieure de l'os iliaque
ilion

Partie supérieure de la muraille d'un navire
hanche

Partie supérieure de la tête
sinciput

Partie supérieure du corps d'un être humain
buste, tête

Partie supérieure du quaternaire
holocène

Partie supérieure du tronc
thorax

Partie supérieure et triangulaire d'un mur
pignon

Partie tendre et charnue des fruits
pulpe

Partie terminale d'un fleuve
estuaire

Partie terminale de la patte des insectes
tarse

Partie tournante d'une machine
rotor

Partie tranchante d'un couteau
lame

Partie vocale ou instrumentale d'une composition
voix

Partiel
examen, fragmentaire, imparfait, incomplet, lacunaire, limité, parcellaire, relatif

Parties femelles d'une fleur
pistil

Partir
absenter, aller, appareiller, calter, circuler, commencer, débuter, décamper, décoller, déguerpir, déloger, démarrer, déménager, détaler, disparaître, disperser, éclipser, émaner, émigrer, enfuir, engager, envoler, esquiver, filer, fuir, fuser, jaillir, migrer, mourir, provenir, quitter, retirer, retourner, riper, sauter, sauver, sortir, voyager

Partisan
adepte, adhérent, affidé, affilié, allié, ami, associé, conspirateur, défenseur, disciple, factieux, fan, fauteur, féal, fidèle, guérillero, maquisard, militant, partial, pilier, propagandiste, prosélyte, recrue, résistant, sectaire, sectateur, soutien, supporter, suppôt, tenant, zélateur

Partisan de
acquis

Partisan de l'arianisme
arien

Partisan de la paix
pacifiste

Partisan de la Révolution en 1789
patriote

Partisan de Wagner
wagnérien

Partisan des papes
guelfe

Partisan des théories de Freud
freudien

Partisan des théories de Kant
kantien

Partisan des théories de Newton
newtonien

Partisan du castrisme
castriste
Partisan du dirigisme
dirigiste
Partisan du fascisme
fasciste
Partisan du finalisme
finaliste
Partisan du nihilisme
nihiliste
Partisan du populisme
populiste
Partisan du purisme
puriste
Partisan du quiétisme
quiétiste
Partisan du racisme
raciste
Partisan du roi
royaliste
Partisan du tsar
tsariste
Partisan enthousiaste
fanatique
Partisan inconditionnel d'un mouvement
groupie
Partition
partage
Partout
mondialement, universellement
Parturition
naissance, vêlage
Paru
apparu, pointé, publié
Parulie
abcès, épulide, inflammation, phlegmon
Parure
accoutrement, atours, bijou, bracelet, collier, décor, décoration, fioriture, garniture, joyau, mise, ornement, rognure, toilette
Parure féminine
atour
Parure féminine en forme de couronne, posée sur les cheveux
diadème
Parures
ors
Parution
édition, lancement, numéro, publication, sortie
Parvenir
aboutir, accéder, accepter, arriver, atteindre, joindre, obtenir, pénétrer, réussir

Parvenu
abouti, arrivé, arriviste, enrichi, joint, obtenu, réussi, vulgaire
Parvenu au terme de sa croissance
adulte
Parvis
agora, esplanade, forum, place
Pas
allure, aucun, aucunement, avance, bond, col, défilé, degré, démarche, détroit, devant, empreinte, enjambée, étape, foulée, galop, marche, nullement, palier, pantoute, passage, point, porte, progrès, seuil, trace, train, vitesse
Pas admis
rejeté
Pas ailleurs
ici
Pas beau
laid
Pas beaucoup
guère, peu
Pas convenable
indu
Pas de danse glissé
coulé
Pas du tout
non, nullement
Pas dur
mou
Pas en vers
prose
Pas entendu
inécouté
Pas grand
petit
Pas large
étroit
Pas longue
brève, courte
Pas mouillé
sec
Pas mûr
vert
Pas rapide
lent
Pas un
aucun
Pas-de-Calais
artois
Pas-de-géant
vindas
Pascal
Pa

Pasquin
bouffon

Passable
acceptable, admissible, buvable, convenable, correct, honnête, moyen, piètre, pire, possible, potable, satisfaisant, suffisant, supportable

Passablement
assez, plutôt, relativement

Passade
affaire, amour, amourette, aventure, béguin, caprice, fantaisie, flirt, fredaine, galanterie, idylle, liaison, lubie, passion, passionnette, tocade

Passage
accès, ajour, alinéa, allée, boyau, brèche, bribe, changement, chemin, chenal, circonstance, circulation, citation, col, corridor, couloir, débouché, défilé, dégagement, détroit, écoulement, endroit, entrée, extrait, fragment, franchissement, fuite, galerie, gorge, goulet, gradation, gué, issue, moment, morceau, ouverture, page, partie, pas, passe, passerelle, percée, période, pont, port, rue, scène, sentier, seuil, sillage, sortie, trafic, transit, transition, traversée, tronçon, trouée, voie, voyage

Passage à l'eau de ce qui a été lavé
rinçage

Passage au tamis
tamisage

Passage compris entre deux retraits
alinéa

Passage d'un état à un autre
transition

Passage d'un texte
extrait

Passage d'une rivière plus étroit
gué

Passage de voyageurs en franchise des droits de douane
transit

Passage des aliments à travers les voies digestives
transit

Passage étroit
allée, goulet

Passage étroit dans la montagne
goulet

Passage étroit et long
couloir

Passage fréquent d'une chaîne à une autre
zapping

Passage joué en détachant les notes
staccato

Passage maritime étroit
chenal

Passager
bref, court, éphémère, épisodique, fragile, fugace, fugitif, momentané, passant, précaire, provisoire, temporaire, transitoire, voyageur

Passant
animé, badaud, chaland, flâneur, fréquenté, passager, piéton, populeux, promeneur

Passe
canal, chenal, circonstance, détroit, goulet, moment, passage, période, port

Passé
accompli, ancien, antécédent, antérieur, antique, appliqué, après, autrefois, avancé, blet, caduc, coulé, décédé, décoloré, défraîchi, délavé, démodé, dernier, désuet, détérioré, écoulé, éteint, fade, fané, flétri, histoire, jauni, mémoire, naguère, pâli, précédent, prêté, révolu, sonné, souvenir, souvenirs, terne, terni, tradition, usagé, venu, vie, vieilli

Passé à l'état liquide
fondu

Passé récent
hier

Passe servant à ouvrir des serrures à pompes
parapluie

Passe-bouillon
passoire

Passe-droit
prérogative, privilège

Passe-lacet
aiguille

Passe-montagne
cagoule

Passe-partout
cadre, clé, clef, rossignol

Passe-temps
amusement, distraction, jeu, loisir, occupation, plaisir, récréation

Passefiler
repriser

Passefilure
raccommodage, reprise

Passéisme
nostalgie

Passéiste
rétrograde

Passement
galon, ganse, ruban, tresse

Passementé
garni

Passementer
ganser, garnir, orner

Passementerie
broderie, frange, garniture, rubanerie

Passepoil
cordon, liseré

Passeport
papiers, visa

Passer
accepter, advenir, appliquer, arriver,
avoir, céder, cesser, circuler, clarifier,
communiquer, concéder, conclure,
consacrer, consumer, couler, courir, cribler,
décolorer, défiler, dépasser, déteindre,
devancer, disparaître, dissiper, donner,
éclaircir, écouler, effacer, employer, endosser,
enfiler, enfoncer, enfuir, enjamber, envoler,
errer, escalader, essayer, estomper, étaler,
éteindre, étendre, excéder, excuser, expirer,
faner, filer, filtrer, finir, franchir, fuir, gaspiller,
glisser, introduire, jaunir, jouer, laisser,
marcher, mettre, occuper, omettre, oublier,
outrepasser, pâlir, pardonner, perdre,
permettre, présenter, prêter, projeter, refiler,
remettre, rendre, repasser, résorber, revêtir,
sauter, subir, succéder, supporter, surpasser,
tamiser, terminer, ternir, tolérer, tourner,
traîner, transiter, transmettre, traverser,
vanner, venir, visiter, vivre

Passer à
desservir

Passer à gué
guéer

Passer à la flamme
gazer

Passer à la poêle
cuire

Passer à travers
pénétrer

**Passer au crible pour séparer le plus fin
du gros**
cribler

Passer au sasseur
sasser

Passer d'un corps dans un autre
transmigrer

Passer d'une chaîne de télé à d'autres
zapper

Passer en revue
détailler

Passer en transit
transiter

Passer et repasser dans son esprit
remâcher

Passer inaperçu (Se)
faufiler

Passer l'hiver à l'abri
hiverner

Passer l'hiver dans un état d'engourdissement
hiberner

Passer la langue sur quelque chose
lécher

Passer sous silence
occulter, taire

**Passer un fil sur le bord d'un tissu pour
l'empêcher de se défiler**
surfiler

Passer une limite
franchir

Passereau
canari, farlouse, goglu, loriot, moineau

Passereau chanteur
goglu, linotte

Passerelle
baignoire, lien, passage, planche, pont

Passerose
primerose, trémière

Passette
passoire

Passeur
batelier, contrebandier, trafiquant

Passif
amorphe, apathique, atone, docile, éteint,
immobile, inactif, indifférent, inerte, obéissant

Passion
acharnement, adoration, adulation, affection,
ambition, amour, animation, appétit, ardeur,
attachement, avidité, béguin, caprice,
chaleur, convoitise, culte, désir, dévotion,
élan, emballement, émotion, engouement,
enthousiasme, entraînement, éréthisme,
exaltation, excitation, fanatisme, ferveur, feu,
fièvre, flamme, folie, fougue, frénésie, fureur,
furie, idolâtrie, ivresse, lyrisme, maladie,
passade, pathétique, penchant, sensibilité,
sentiment, tocade, transport, véhémence,
vénération, vice, vie, virus, vocation, zèle

Passionnant
attachant, beau, bel, captivant, électrisant,
enivrant, exaltant, excitant, fascinant,
intéressant, palpitant

Passionné
adoré, affamé, amateur, amoureux, ardent,
avide, bouillonnant, brûlant, chaud, doux,
effréné, emballé, enflammé, enlevé, enragé,
enthousiaste, entiché, éperdu, épris, exalté,
excité, extrême, fanatique, fébrile, féru,
fervent, forcené, fou, frémissant, frénétique,
idolâtre, impétueux, intense, intéressé,
lyrique, mordu, romanesque, véhément,
vibrant, vif, violent, zélé

Passionnel
affectif

Passionnément
follement, fortement

Passionner
adorer, attacher, captiver, charmer, électriser, emballer, embraser, enlever, exalter, exciter, intéresser

Passionnette
passade

Passivité
apathie, docilité, indifférence, indolence, inertie, mollesse, obéissance, quiétisme

Passoire
chinois, couloire, crible, égouttoir, filtre, passette, sas, tamis

Pastel
guède, tendre

Pastel des teinturiers
guède

Pastèque
melon

Pasteur
abbé, berger, chef, conducteur, curé, ecclésiastique, gardien, guide, ministre, pâtre, prêtre, révérend

Pasteur anglo-saxon
clergyman

Pasteurisation
asepsie

Pasteuriser
stériliser

Pastiche
centon, copie, faux, imitation, parodie, plagiat

Pasticher
caricaturer, contrefaire, copier, démarquer, imiter, mimer, parodier, plagier, singer

Pasticheur
copiste, imitateur, plagiaire

Pastille
bonbon, cachet, comprimé, dragée, gélule, pilule, pois, tablette

Pastis
anis, anisette

Pastoral
agreste, bucolique, campagnard, champêtre, idyllique, paysan, rural, rustique

Pastoral, rustique
bucolique

Pastorale
bergerie, églogue, idylle

Pastour
berger

Pastoureau
berger

Patache
barque, diligence

Pataquès
charabia, cuir, faute, gaffe, impair

Patarafe
écriture

Patatras
badaboum

Pataud
balourd, empoté, gauche, grossier, lent, lourd, lourdaud, maladroit, malhabile, pattu

Pataugas
chaussure

Pataugé
ramé

Patauger
barboter, embarrasser, embourber, embrouiller, empêtrer, enferrer, enliser, nager, noyer, patouiller, perdre, piétiner, végéter

Pataugeuse
piscine

Patch
timbre

Patchwork
mélange

Pâte
bouillie, composition, coquillette, crème, croûte, gelée, lasagne, macaroni, nouille, pommade, préparation, spaghetti, tagliatelle, vermicelle

Pâté
bavure, bloc, croustade, friand, groupe, macule, mousse, terrine

Pâte à biscuit légère
génoise

Pâté à la viande
tourtière

Pâte alimentaire en forme de large ruban
lasagne

Pâte alimentaire mince et allongée
spaghetti

Pâte amincie sous le rouleau
abaisse

Pâte aplatie pour foncer un moule
abaisse

Pâté chaud enveloppé dans une croûte croquante
croustade

Pâte de chair de poisson
surimi

Pâte de farine
levain

Pâté de soja
tofu

Pâte frite enrobant un aliment
beignet

Pâté impérial
nem

Pâté léger et mousseux
mousse

Pâte malléable
mastic

Pâte molle et sucrée
guimauve

Pâte pectorale faite avec la décoction du jujube
jujube

Pâté profond, à base de plusieurs sortes de viandes de gibier ou de boucherie et de pommes de terre
tourtière

Pâté rond garni de fruits
tourte

Pâté russe à base de poisson et de chou
koulibiac

Pâtée
correction, pitance

Pâtée pour la volaille
pâton

Patelin
benoît, bled, bonhomme, bourg, bourgade, douceâtre, doucereux, faux, flatteur, hypocrite, insinuant, mielleux, onctueux, papelard, pays, quartier, sournois, sucré, trompeur, trou, village, visqueux

Patenôtre
oraison, pater, prière

Patent
apparent, clair, criant, éclatant, évident, flagrant, manifeste, ouvert, palpable, réel, visible

Patente
bidule, brevet, contribution, diplôme, droit, impôt, notoire, redevance, taxe

Patenté
attitré

Patenter
arranger, bricoler, réparer

Pater
oraison, patenôtre, paternel, père, prière

Patère
coupe, portemanteau

Paterne
bienveillant, bon, doucereux, doux

Paternel
débonnaire, dieu, géniteur, papa, pater, père, protecteur

Pâteux
assourdi, confus, empâté, épais, farineux, gras, lourd, mollasse, mou

Pathétique
bouleversant, déchirant, émouvant, lamentable, passion, pathos, poignant, ridicule, touchant, tragique, vibrant

Pathogène
nocif, toxique

Pathologie
maladie

Pathologique
maladif, malsain, morbide

Pathos
emphase, mélodrame, pathétique

Patibulaire
sinistre, terrible

Patience
calme, constance, courage, douceur, effort, endurance, flegme, indulgence, longanimité, persévérance, placidité, résignation, réussite, stoïcisme, ténacité, tolérance

Patient
calme, client, constant, débonnaire, doux, endurant, imperturbable, indulgent, inlassable, longanime, malade, persévérant, placide, résigné, stoïque, sujet, tenace

Patienter
attendre, endurer, guetter

Patin
semelle

Patinage
dérapage, ripage

Patiner
caresser, chasser, déraper, glisser, piétiner, riper, stagner, végéter

Patinette
trottinette

Patineur de vitesse courte piste qui a remporté cinq médailles olympiques
Gagnon

Patinoire
glace

Patinoire couverte
aréna

Patio
cour

Pâtir
endurer, languir, péricliter, souffrir, stagner, subir, supporter

Pâtis
friche, lande, pacage, pâturage

Pâtisserie
clafoutis, croissant, dessert, far, gâteau, macaron, strudel, tarte, tartelette

Pâtisserie à la meringue
vacherin

Pâtisserie allongée
éclair

Pâtisserie alsacienne
bretzel

Pâtisserie de forme ronde
tourte

Pâtisserie de pâte légère
gaufre

Pâtisserie en forme de bûche
bûche

Pâtisserie feuilletée au miel et aux amandes
baklava

Pâtisserie légère
brioche

Pâtisserie salée d'origine turque
börek

Pâtisserie triangulaire au fromage
talmouse

Pâtissier
biscuitier, cuisinier

Pâtisson
courge, potiron

Patois
dialecte, idiome, langage, langue, parler

Patouiller
patauger, tripoter

Patraque
malade

Pâtre
berger, pasteur

Patriarcal
ancestral, antique, parental

Patriarche
chef, noé, vieillard

Patriarche biblique
Noé

Patriarche biblique, fils d'Isaac
Jacob

Patriciat
noblesse

Patricien
aristocrate, noble, privilégié, puissant

Patrie
bercail, cité, communauté, métropole, nation, pays, sol, territoire

Patrie d'Abraham
Our, Ur

Patrie d'Einstein
Ulm

Patrie de Zénon
Élée

Patrimoine
apanage, bien, capital, domaine, fortune, hérédité, héritage, propriété, richesse, trésor

Patriotard
chauvin, cocardier, patriote

Patriote
chauvin, citoyen, cocardier, nationaliste, patriotard, résistant

Patriote exalté
cocardier

Patriotique
citoyen, civique

Patriotisme
civisme

Patron
boss, carton, chef, corrigé, dessin, directeur, dirigeant, employeur, entrepreneur, forme, gabarit, gérant, maître, manager, mandarin, manitou, modèle, parangon, pochoir, ponte, professeur, propriétaire, protecteur, saint, supérieur, taulier, tenancier, tôlier

Patron de café
tenancier

Patron, sur une gabarre
gabarrier

Patronage
appui, association, auspices, caution, concours, égide, népotisme, parrainage, protection, recommandation, soutien

Patronnant
aidant

Patronner
aider, appuyer, cautionner, épauler, introduire, lancer, parrainer, pistonner, promouvoir, protéger, recommander, soutenir, tailler

Patronyme
nom

Patrouille
armée, ronde, troupe

Patte
accent, adresse, bande, cachet, croc, crochet, empreinte, griffe, habileté, jambe, main, manière, martingale, membre, pied, pince, sceau, serre, style, technique, ton, touche, virtuosité

Patte d'insecte qui se replie sur sa proie
ravisseur

Patte d'ours
acanthe

Patte des cirripèdes
cirre, cirrhe

Patte-d'oie
fourche, ride

Patte-de-loup
lycope

Pattu
pataud

Pâturage
alpage, alpe, champ, embouche, herbage, herbe, pacage, pâquis, pâtis, pâture, prairie, pré, savane

Pâturage d'altitude moyenne avec bâtiment
mayen

Pâturage d'été en montagne
estive

Pâturage d'été, en haute montagne
alpage, alpe

Pâture
aliment, alpage, alpe, becquée, carnage, herbage, herbe, nourriture, pacage, pâquis, pâturage, pitance

Pâturer
brouter, manger, nourrir, pacager, paître, viander

Paul-Émile
PE

Paumé
perdu, reculé, retiré

Paumer
égarer, manquer, perdre

Paumoyer
haler

Paupérisation
pauvreté

Paupérisme
manque, pauvreté

Pause
abattement, accalmie, amusement, arrêt, attente, battement, blanc, break, coupure, délassement, entracte, halte, interruption, intervalle, récréation, relâche, rémission, répit, repos, séjour, silence, station, suspension, temps, trêve

Pauvre
affligé, appauvri, aride, banal, besogneux, chétif, chiche, défavorisé, déformé, dégarni, dénué, déplorable, dépourvu, dérisoire, désargenté, éculé, élimé, faible, famélique, fauché, frugal, gueux, humble, impécunieux, improductif, indigent, infécond, infertile, infortuné, ingrat, insuffisant, jeune, lamentable, maigre, malheureux, mauvais, méchant, médiocre, mesquin, minable, mince, misérable, miséreux, miteux, modeste, nécessiteux, nu, pâle, parcimonieux, pauvret, petit, piètre, piteux, pitoyable, plat, populaire, pouilleux, quelconque, raide, râpé, réduit, ridicule, rudimentaire, ruiné, sec, simple, sinistre, sombre, stérile, triste, usé, vulgaire

Pauvret
pauvre

Pauvreté
appauvrissement, aridité, banalité, besoin, défaut, déficience, dénuement, disette, embarras, faiblesse, gêne, gueuserie, impécuniosité, indigence, infertilité, insuffisance, maigreur, manque, médiocrité, misère, mistoufle, nécessité, pâleur, paupérisation, paupérisme, pénurie, petitesse, platitude, privation, purée, ruine, stérilité

Pavage
macadam, pavé, rudération

Pavaner (Se)
crâner, exhiber, parader, paraître, plastronner, poser

Pavé
bitume, bloc, carreau, carrelage, chaussée, dallage, dalle, pavage, pavement, rue

Pavement
carrelage, dallage, pavé

Paver
asphalter, carreler, couvrir, daller, recouvrir, revêtir

Paver de nouveau
repaver

Paveur
carreleur, dalleur

Pavillon
bannière, belvédère, bungalow, camp, chalet, cornette, cottage, couleurs, drapeau, enseigne, étendard, guidon, kiosque, maison, maisonnette, rotonde, villa

Pavillon circulaire à dôme et à colonnes
rotonde

Pavillon de jardin
kiosque

Pavillon recouvrant le ciboire qui contient les hosties consacrées
custode

Pavois
bouclier

Pavoiser
triompher

Pavot
coquelicot, papaver, ponceau

Pavot sauvage
ponceau

Paxon
bagage, ballot, balluchon, colis, paquet

Payable
acquittable, amortissable, encaissable, réglable

Payant
avantageux, efficace, fructueux, intéressant, juteux, lucratif, profitable, rémunérateur, rentable, satisfaisant, utile, valable

Paye
appointements, émoluments, gages, gain,
rémunération, rétribution, salaire, solde,
traitement

Payé
acheté, casqué

Payer
acheter, acquitter, appointer, casquer,
contenter, corrompre, débourser, décaisser,
dédommager, défrayer, dépenser,
désintéresser, donner, éponger, expier,
financer, honorer, indemniser, liquider,
offrir, oublier, racheter, rapporter, raquer,
récompenser, régler, rembourser, rémunérer,
rendre, rétribuer, salarier, satisfaire, servir,
solder, soudoyer, subventionner, verser

Payer au-delà de la juste valeur
surpayer

Payer d'avance
prépayer

Payer de nouveau
repayer

Payer en supplément
repayer

Payer les dépenses de quelqu'un
défrayer

Payer quelqu'un plus qu'il n'est dû
surpayer

Payer sa part
participer

Payer sa quote-part
cotiser

Payer, dépenser
débourser

Pays
bled, bourg, bourgade, coin, contrée, cru,
domaine, empire, endroit, état, foyer, irak,
lieu, nation, parages, patelin, patrie, peuple,
province, puissance, région, royaume, sol,
sphère, tahiti, terre, territoire, terroir, univers,
zone

Pays à l'est de Cuba
Haïti

Pays chimérique
Eldorado

Pays d'Afrique dirigé par Omar el-Béchir en 1993
Soudan

Pays de Gandhi
Inde

Pays des Perses
Perse

Pays puissant
puissance

Pays qui faisait partie de l'Indochine française
Laos

Pays réputé pour ses safaris
Kenya

Pays soumis à un khan
khanat

Pays sous la domination d'un palatin
palatinat

Pays voisin de l'Irak
Iran

Paysage
cadre, conjoncture, décor, horizon,
panorama, perspective, site, situation, vue

Paysager
jardin, parc

Paysagiste
jardinier, jardinière

Paysan
agraire, agreste, agricole, agriculteur,
agronome, arboriculteur, cambrousard,
campagnard, champêtre, cultivateur, éleveur,
exploitant, fermier, habitant, horticulteur,
laboureur, manant, maraîcher, métayer,
pastoral, pécore, producteur, rural, rustique,
rustre, sylviculteur, terrien

Paysan de l'Amérique du Sud
péon

Paysan russe sous l'ancien régime
moujik

Paysan, dans les pays arabes
fellah

Paysannat
paysannerie

Paysannerie
agriculture, paysannat

Pb
plomb

PC
ordinateur

Pd
palladium

Péage
douane

Péager
péagiste

Péagiste
péager

Peau
agnelin, basane, bisquain, cosse, couenne,
cuir, derme, écorce, enveloppe, épicarpe,
épiderme, fourrure, mue, parchemin,
pellicule, pelure, robe, teint, tissu, vachette,
zeste

Peau d'agneau
agnelin, touloupe

Peau d'agneau mort-né à laine frisée
astrakan

Peau d'animal préparée pour l'écriture
parchemin
Peau d'hermine très fine
armeline
Peau d'un fruit
pelure
Peau de certains animaux
cuir
Peau de l'homme
cuir
Peau de porc grillée
couenne
Peau de veau
vélin
Peau de veau mort-né
velot
Peau enlevée à un animal
dépouille
Peau épaisse de certains animaux
cuir
Peau rejetée lors de la mue
exuvie
Peau rejetée par un animal lors de la mue
exuvie
Peaufiné
amélioré, limé, soigné, travaillé
Peaufiner
améliorer, ciseler, fignoler, lécher, limer,
parfaire, perfectionner, polir, soigner
Peausserie
tannerie
Peaussier
tanneur
Pébroc
parapluie
Pécaïre
peuchère
Pécari
cochon, sanglier
Pêche
chasse, fruit, nectarine, récolte, rose
Pêche à peau lisse
nectarine
Pêche nappée de crème chantilly
melba
Pécher
contrevenir, faillir, fauter
Pêcher
arbre, attraper, imaginer, prendre, trouver
Pêcher de nouveau
repêcher
Pécheur
fautif, offenseur
Pêcheur
morutier

Pêcheur chargé de préparer la morue
habilleur
Pêcheur de sardines
sardinier
Pêchu
vaillant
Pécore
paysan, péronnelle, pimbêche, sot
Pecten
mollusque, peigne
Pectoral
rational
Pécule
économies, épargne, magot, réserves
Pécuniaire
financier, matériel
Pédagogie
éducation, enseignement, instruction
Pédagogique
éducatif
Pédagogue
didacticien, éducateur, enseignant, maître,
précepteur, professeur, régent
Pédale
levier, palonnier
Pédaler
cavaler
Pédaleur
cycliste, rouleur
Pédant
affecté, cuistre, doctoral, dogmatique,
magistral, pédantesque, pompeux, poseur,
prétentieux, professoral, savant, solennel,
suffisant, vaniteux
Pédant ridicule
cuistre
Pédantesque
pédant
Pédantisme
emphase, prétention
Pédestre
piéton, piétonnier
Pédiatre
médecin
Pédiatrie
paidologie, pédologie
Pédicule
pédoncule, pied, queue, stipe, tige
Pedigree
généalogie, origine
Pédologie
pédiatrie
Pédoncule
pédicule, queue, sessile, tige

Pédum
houlette
Peeling
gommage
Pègre
canaille, maffia, mafia, populace
Peigne
démêloir, pecten
Peigné
démêlé, limé
Peigner
carder, coiffer, démêler, dénouer, houpper,
limer
Peigner des fibres textiles
carder
Peignoir
déshabillé, kimono, négligé
Peignoir léger
kimono
Peindre
badigeonner, barbouiller, barioler, brosser,
camper, caractériser, colorer, conter, croquer,
décrire, dépeindre, exprimer, farder, figurer,
gouacher, grimer, laquer, maquiller, montrer,
peinturer, peinturlurer, portraiturer, raconter,
représenter, reproduire, retracer, ripoliner,
traduire, vernir
Peindre à neuf
repeindre
Peindre de nouveau
repeindre
**Peindre en posant les couleurs en couche
épaisse**
empâter
Peindre quelque chose au ripolin
ripoliner
Peine
abattement, acrimonie, adversité,
affliction, amende, besoin, blessure,
chagrin, châtiment, condamnation, dam,
déchirement, désolation, détresse, difficulté,
douleur, effort, embarras, emprisonnement,
épreuve, fatigue, mal, malheur, meurtrissure,
misère, pénalité, plaie, punition, regret,
sanction, souci, souffrance, supplice, torture,
tourment, tracas, travail, tribulations, tristesse
Peiné
affecté, affligé, ahané, attristé, chagriné,
coulé, désobligé, éprouvé, fâché, meurtri,
navré, triste
Peine afflictive
détention
Peine cruelle
martyre
Peine des condamnés à ramer sur les galères
galères

Peine pécuniaire
amende
Peine profonde
désolation
Peiner
affecter, affliger, ahaner, attrister, besogner,
chagriner, désobliger, éprouver, fâcher,
fatiguer, meurtrir, navrer, peser, ramer,
souffrir, suer, trimer, tuer
Peint
campé, verni
Peintre
artiste, badigeonneur, barbouilleur,
gribouilleur, rapin, tachiste
Peintre bohème
rapin
Peintre cubain né en 1902
Lam
Peintre de scènes d'intérieur
intimiste
Peintre du Moyen Âge
imagier
Peintre québécois
Pellan
Peintre sans grand talent
rapin
Peintre surréaliste
Dalí
Peinture
aquarelle, badigeon, barbouillage, coloris,
couleur, description, fresque, gouache,
image, laque, panorama, portrait, ravalement,
recouvrement, représentation, revêtement,
tableau, toile
Peinture à l'eau
gouache
Peinture d'une seule couleur
camaïeu
**Peinture dont deux volets extérieurs viennent
se rabattre sur le panneau central**
triptyque
Peinture en camaïeu gris
grisaille
Peinture exécutée rapidement
pochade
Peinture grossière dont on enduit les murs
badigeon
Peinture japonaise plus haute que large
kakémono
Peinture religieuse
icône
Peinture très résistante
laque

Peinturer
   barbouiller, barioler, gouacher, peindre,
   peinturlurer

Peinturlurer
   barbouiller, barioler, peindre, peinturer

Pékin
   civil, pékiné

Pékiné
   pékin

Pelade
   alopécie, aphiase, calvitie, teigne, tonsure

Pelage
   agnelin, fourrure, livrée, poil, robe, toison

Pelage laineux des ovidés
   toison

Pélagique
   abyssal

Pelé
   aride, chauve, dégarni, dénudé, déplumé,
   frustré, nu, râpé, ras, tondu

Pêle-mêle
   bazar, capharnaüm, confusion, désordre,
   fatras, fouillis, mélange

Peler
   dépiauter, desquamer, écorcer, écorcher,
   éplucher, gratter

Peler le grain
   écorcer

Pèlerine
   caban, cape, gabardine, manteau

Péliade
   vipère

Pelisse
   capa, fourrure, manteau

Pelle
   bêche, excavateur, outil, pale

Peller
   pelleter

Pellet
   implant

Pelletée
   avalanche, bordée, flot

Pelleter
   peller

Pelleterie
   fourrure

Pelleteur
   chauffeur

Pelletier
   fourreur

Pellicule
   bande, baudruche, bobine, couche, croûte,
   dépôt, écaille, enduit, enveloppe, épaisseur,
   feuil, film, lamelle, membrane, peau, rouleau,
   squame

Pellicule dure qui recouvre certaines graines
   écalure

Pellicule formée par la glace
   frasil

Pellicule qui recouvre un fruit
   épicarpe

Pellicule transparente
   cellophane

Pelotage
   tripotage

Pelote
   balle, boule, boulette

Peloter
   bobiner, enrouler, palper

Peloton
   armée, escouade, groupe, troupe

Pelotonné
   accroupi, ramassé, tapi

Pelouse
   gazon, green, herbe, parterre, turf

Pelta
   bouclier

Pelte
   bouclier

Peluche
   bouloche, toutou

Peluché
   velu

Pelucher
   boulocher

Pelucheux
   velouté

Pelure
   écorce, épluchure, manteau, pardessus,
   peau, robe

Pelvis
   bassin

Pénal
   criminel

Pénalisation
   pénalité

Pénaliser
   châtier, condamner, désavantager, frapper,
   handicaper, punir, réprimer, sanctionner

Pénaliste
   criminaliste

Pénalité
   amende, châtiment, handicap, peine,
   pénalisation, punition, sanction

Pénates
   bercail, domicile, foyer, habitation, logement,
   logis, maison, nid, toit

Penaud

confus, contrit, déconcerté, déconfit, embarrassé, gêné, honteux, humilié, interdit, mortifié, piteux, quinaud, repentant, sot

Penaud, dépité

déconfit

Penchant

affection, amour, appétit, aptitude, attirance, attrait, défaut, démon, désir, disposition, facilité, faible, faiblesse, goût, habitude, impulsion, inclination, instinct, intérêt, nature, passion, pente, prédisposition, préférence, propension, sympathie, tendance, tendresse, tentation, vice, vocation

Penché

courbé, incliné, italique, plié

Pencher

abaisser, baisser, coucher, courber, déverser, fléchir, incliner, incurver, plier, ployer, renverser

Pencher d'un côté et de l'autre

chanceler

Pendable

mauvais

Pendaison

gibet, potence

Pendant

ballant, contrepartie, correspondant, dans, durant, en, girandole, pendeloque, pendentif, pour, réplique, retombant, semblable, symétrique, tombant, traînant

Pendant la durée de

durant

Pendant un long moment

longtemps

Pendard

coquin, fripon, vaurien

Pendeloque

pendant

Pendentif

girandole, pendant, sautoir

Penderie

armoire, placard

Pendiller

appendre

Pendoir

crochet

Pendouillé

pendu

Pendouiller

pendre, traîner

Pendre

accrocher, appendre, attacher, avachir, baller, exécuter, fixer, pendouiller, retomber, suspendre, tomber, traîner

Pendu

accroché, affaissé, attaché, avachi, étendu, fixé, pendouillé, retombé, suspendu, tombé, traîné

Pendule

balancier, carillon, horloge, pendulette, réveil

Pendulette

pendule

Pendulier

horloger

Pêne

clenche, fermeture

Pénétrable

accessible, perméable, transparent

Pénétrant

affûté, aigu, aiguisé, clairvoyant, délicat, délié, fin, fort, incisif, lucide, lumineux, mordant, ouvert, perçant, perspicace, piquant, profond, puissant, sagace, subtil, vif

Pénétrante

voie

Pénétration

acuité, finesse, invasion, lucidité, perspicacité, sagacité

Pénétration d'esprit

sagacité

Pénétré

convaincu, imbu, senti, sondé

Pénétré de froid

transi

Pénétrer

abreuver, accéder, aller, apercevoir, approfondir, arriver, atteindre, avancer, baigner, comprendre, couler, décoder, découvrir, deviner, enfoncer, engager, entrer, fendre, filtrer, gagner, glisser, imprégner, imprimer, infiltrer, insinuer, interpréter, introduire, lire, parvenir, percer, plonger, pressentir, remuer, résoudre, scruter, sentir, sonder, toucher, transpercer, traverser, vriller

Pénétrer dans l'esprit

insinuer

Pénétrer de nouveau

rentrer

Pénibilité

âpreté

Pénible

affligeant, affreux, agaçant, aigre, amer, amère, angoissant, âpre, ardu, assujettissant, astreignant, atroce, attristant, brutal, coercitif, consternant, contraignant, cruel, déchirant, déplaisant, déplorable, désagréable, désolant, difficile, douloureux, dur, écrasant, embarrassant, ennuyeux, épineux, épouvantable, éprouvant, épuisant, éreintant, exigeant, exténuant, fatigant, funeste, gênant,

grave, harassant, impossible, infernal, ingrat,
insupportable, intenable, invivable, laborieux,
lourd, malaisé, malheureux, mauvais,
misérable, mortel, navrant, odieux, pesant,
poignant, rigoureux, rude, saumâtre, tendu,
terrible, triste, tuant

Péniblement
amèrement, mal

Péniche
accon, acon, barge, bateau, chaland

Pénicilline
antibiotique

Péninsule d'Asie du Sud-Est
Corée

Péninsule de l'Asie orientale
Corée

Péninsule du sud-ouest de l'Asie
Arabie

Péninsule montagneuse d'Égypte
Sinaï

Pénitence
abstinence, ascétisme, austérité, châtiment,
confession, contrition, jeûne, mortification,
punition, regret, remords, repentance,
repentir, résipiscence

Pénitencerie
tribunal

Pénitencier
bagne, centrale, geôle, prison

Pénitent
ascète, contrit, repentant

Pennage
plumaison

Penne
rémige, vanneau

Pennon
drapeau, étendard

Pénombre
nuit, obscurité, ombre

Pensable
acceptable, concevable, croyable,
envisageable, faisable, imaginable, plausible,
possible

Pensant
intelligent, raisonnable

Pensé
avisé, cogité, conçu, considéré, envisagé,
ergoté, étudié, évoqué, examiné, gambergé,
imaginé, jugé, médité, mûri, prémédité,
prévu, raisonné, rappelé, réfléchi, rêvé,
ruminé, songé, spéculé

Pense-bête
agenda, mémento

Pensée
adage, aphorisme, apophtegme, avis,
axiome, cogitation, compréhension, concept,
conception, considération, dessein, dicton,
doctrine, entendement, esprit, idée, idéologie,
impression, intelligence, intention, jugement,
maxime, méditation, note, observation,
opinion, philosophie, position, préoccupation,
projet, propos, proverbe, raison,
raisonnement, réflexion, remarque, rêverie,
sentence, sentiment, souvenir, spéculation,
système, théorie, thèse, vue

Pensée vague
songerie

Penser
cogiter, concevoir, délibérer, envisager,
espérer, estimer, étudier, évoquer, examiner,
imaginer, juger, méditer, planifier, présumer,
prévoir, raisonner, rappeler, réfléchir,
remémorer, rêvasser, rêver, ruminer, songer,
spéculer, supposer

Penser vaguement à des sujets imprécis
rêvasser

Penseur
humaniste, intellectuel, méditatif, philosophe,
rêveur, sage, théoricien

Pensif
absent, absorbé, contemplatif, méditatif,
occupé, préoccupé, rêveur, songeur,
soucieux

Pension
allocation, bourse, dotation, école, hôtel,
institution, internat, pensionnat, rente, retraite

Pensionnaire
interne, interné, résident

Pensionnat
internat, pension

Pensionné
retraité

Pensum
corvée, punition, servitude, tâche, travail

Pentacle
étoile

Pente
ados, côte, côté, coteau, déclivité, descente,
dévers, escarpement, grimpée, grimpette,
inclinaison, montée, obliquité, pan, penchant,
propension, pulsion, raidillon, rampe, talus,
tendance, versant

Pentose
ribose

Pentu
incliné, rapide

Penture
ferrure

Pénurie
absence, besoin, carence, crise, défaut,
disette, épuisement, famine, gêne, indigence,

insuffisance, manque, misère, pauvreté, rareté

Pénurie de vivres
disette

Pep
dynamisme, punch, tonus, vitalité

Pépé
aïeul, papi, pépère

Pépée
poupée

Pépère
calme, paisible, pépé

Peperino
tuf

Pépète
argent

Pépiement
caquetage, chant, cri, gazouillement, gazouillis, ramage

Pépier
chanter, crier, gazouiller, piailler

Pépin
béguin, ennui, graine, histoire, incident, noyau, problème

Pépinière
école, gisement, laboratoire, mine, plantation, réserve, réservoir, source, vivier

Pépiniériste
jardinier, jardinière

Pépite
or

Péquet
genièvre

Perçage
crevaison, perforage

Perçant
aigre, aigu, aiguisé, assourdissant, clairvoyant, criard, déchirant, éclatant, futile, incisif, inquisiteur, lucide, mordant, ouvert, pénétrant, perspicace, piquant, pointu, sagace, strident, suraigu, térébrant, tonitruant, vif

Perce
perceuse, trou

Percé
aéré, crevé, démêlé, perforé, poreux, réussi, sondé, sorti

Percée
brèche, clairière, déchirure, développement, montée, ouverture, passage, progrès, réussite, succès, trouée

Percement
crevaison

Percepteur
fisc

Perceptible
apparent, audible, distinct, intuitif, sensible, visible, voyant

Perception
collecte, encaissement, idée, image, impression, levée, recette, recouvrement, rentrée, représentation, sens, sensation, sentiment

Perception des saveurs par le goût
gustation

Perception des sons
audition

Perception par la vue
vision

Percer
affleurer, ajourer, aléser, apparaître, arriver, blesser, comprendre, creuser, crever, cribler, débrider, déceler, déchiffrer, déchirer, décoder, découvrir, décrypter, démêler, deviner, distinguer, ébruiter, élever, émerger, entamer, éventer, fenêtrer, filtrer, forer, fraiser, imposer, larder, lire, monter, montrer, naître, ouvrir, paraître, pénétrer, perforer, piquer, poinçonner, poindre, pointer, pressentir, répandre, réussir, saisir, sonder, sortir, surgir, tarauder, transpercer, transpirer, traverser, trouer, trouver, vriller

Percer à coups de cornes
encorner

Percer d'ouvertures
ajourer

Percer de nouveau
repercer

Percer des fenêtres et les équiper de châssis et de vitres
fenêtrer

Percer un trou
étamper, forer

Percer violemment
crever

Percer, orner de jours
ajourer

Percerette
vrille

Perceur
foreur, perforateur, taraudeur

Perceuse
chignole, drille, perce, taraud, vrille

Percevoir
apercevoir, apprécier, appréhender, collecter, comprendre, concevoir, découvrir, discerner, distinguer, empocher, encaisser, entendre, entrevoir, éprouver, figurer, flairer, gagner, imaginer, lever, ouïr, palper, pressentir, rafler, ramasser, recevoir, récolter, recouvrer,

recueillir, remarquer, repérer, représenter,
retirer, saisir, sentir, toucher, voir

Percevoir le son
entendre

Percevoir, toucher
empocher

Perche
achigan, bâton, croc, échalas, gaule,
perchoir, ramure, rouable, tige, tuteur

Perche à crochet servant à ramasser la braise
rouable

Perche de mer
serran

Perche munie d'un croc
gaffe

Perche noire
achigan

Perche pour faire jucher la volaille
juchoir

Percher
crécher, demeurer, habiter, jucher, loger,
nicher, placer, résider

Percher (Se)
poser

Perchiste
sauteur

Perchoir
juchoir, perche

Perclus
abasourdi, endolori, impotent, invalide,
paralysé, paralytique

Percolateur
cafetière

Perçu
éprouvé, noté, recueilli, saisi, senti, vu

Percussion
batterie, choc, coup, impact

Percussionniste
batteur, timbalier

Percutant
convaincant, frappant, massue, persuasif,
saisissant

Percuter
achopper, bousculer, comprendre, emboutir,
frapper, heurter, plafonner, rencontrer, saisir,
tamponner, télescoper

Perdant
battu, défait, reflux, vaincu

Perdition
détresse, écueil, perte

Perdre
aliéner, corrompre, couler, déconsidérer,
déposer, dépouiller, dérouter, désorienter,
dissiper, échouer, égarer, envoler, errer,
évanouir, faillir, fourvoyer, gâcher, galvauder,
gaspiller, louper, manquer, noyer, oublier,

passer, patauger, paumer, pervertir, quitter,
rater, ruiner, sombrer

Perdre connaissance (S')
évanouir

Perdre de nouveau
reperdre

Perdre de sa valeur (Se)
déprécier

Perdre de son actualité
vieillir

Perdre du poids
maigrir

Perdre du poids (S')
amaigrir

Perdre du sang
saigner

Perdre lentement ses forces
languir

Perdre les qualités naturelles de sa race
dégénérer

Perdre momentanément
égarer

Perdre sa dorure
dédorer

Perdre sa force par manque d'habitude (Se)
rouiller

Perdre sa forme
gauchir

Perdre sa fraîcheur
décatir

Perdre ses illusions
déchanter

Perdre ses mâts
démâter

Perdre ses moyens, son sang-froid
paniquer

Perdre son éclat
faner, pâlir

Perdre son rang, sa réputation
déchoir

Perdre son temps
attarder, lanterner

Perdre son temps à des riens
lambiner, musarder

Perdrix
gélinotte

Perdrix de mer
glaréole

Perdu
abandonné, abîmé, achevé, adiré,
condamné, corrompu, débauché,
déboussolé, dépaysé, déphasé, dépravé,
dérouté, désaxé, désert, désespéré,
désorienté, dévoyé, disparu, écarté, égaré,
éloigné, endommagé, envolé, errant, évanoui,

fou, fourvoyé, gâté, incurable, introuvable, inutilisable, irrécupérable, isolé, mêlé, noyé, oublié, paumé, reculé, renié, retiré, révolu

Perduré
resté

Perdurer
demeurer, perpétuer, persister, rester, subsister

Père
abbé, aïeul, ancêtre, ascendant, auteur, créateur, dab, dabe, dieu, fondateur, géniteur, initiateur, instaurateur, instigateur, inventeur, moine, papa, parent, pater, paternel, pionnier, prêtre, promoteur, protecteur, religieux, trappiste

Père d'Ésaü
Isaac

Père de Jacob
Isaac

Père de l'aviation
Ader

Père de la psychanalyse
Freud

Père des aïeuls
bisaïeul

Père des Néréides
Nérée

Père ou mère
parent

Pérégrination
nomadisme, tour, tournée

Péremption
prescription

Péremptoire
autoritaire, cassant, catégorique, coupant, décisif, impératif, impérieux, magistral, tranchant

Pérenne
incessant

Pérenniser
éterniser, immortaliser, perpétuer

Pérennité
continuité, durée, éternité, immortalité, perpétuité, solidité

Péréquation
égalité, répartition

Perfection
absolu, achèvement, ange, beau, beauté, bien, bijou, collier, consommation, couronnement, excellence, fin, idéal, joyau, merveille, parachèvement, perle, pureté, sommet, summum, trésor

Perfectionné
amélioré, avancé, corrigé, cultivé, épuré, exalté, raffiné

Perfectionnement
amélioration, avancement, éducation, pratique, progrès

Perfectionner
achever, affiner, améliorer, avancer, châtier, civiliser, compléter, corriger, cultiver, épurer, exalter, parachever, parfaire, peaufiner, polir, raffiner, retoucher, sophistiquer

Perfectionnisme
purisme

Perfecto
blouson

Perfide
cauteleux, dangereux, déloyal, empoisonné, envenimé, fallacieux, faux, fielleux, fourbe, hypocrite, inconstant, infidèle, machiavélique, méchant, menteur, scélérat, sournois, tortueux, traître, trompeur, venimeux, volage

Perfidie
déloyauté, fausseté, félonie, fourberie, infidélité, machiavélisme, malignité, noirceur, ruse, scélératesse, trahison, traîtrise, venin

Perfidie, hypocrisie
fourberie

Perforage
forage, perçage, poinçonnage

Perforant
piquant, térébrant

Perforateur
perceur

Perforation
trou

Perforatrice
foreuse

Perforé
percé, poinçonné, transpercé, traversé, troué

Perforer
ajourer, crever, forer, percer, poinçonner, tarauder, transpercer, traverser, trouer

Performance
challenge, défi, exploit, prestation, prouesse, record, résultat, score, succès, victoire

Pergola
tonnelle

Péri
décédé, mort

Péricarpe de divers fruits
brou

Péricliter
agoniser, baisser, couler, décliner, décroître, dépérir, mourir, pâtir, sombrer

Péril
adversité, aventure, danger, difficulté, écueil, épreuve, hasard, menace, risque

Périlleux
acrobatique, brûlant, critique, dangereux, délicat, difficile, hasardeux, imprudent, nuisible, osé, risqué, scabreux, sensible, téméraire

Périmé
anachronique, ancien, arriéré, attardé, caduc, démodé, dépassé, désuet, inactuel, nul, obsolète, rétrograde, révolu, ringard, rococo, suranné, vétuste, vieilli, vieillot

Périmer (Se)
invalider

Périmètre
bord, bordure, ceinture, circonférence, contour, enceinte, étendue, limite, périphérie, portée, pourtour, rayon, région, sphère, tour, zone

Période
âge, cycle, date, délai, division, durée, époque, ère, étape, fréquence, heure, instant, intervalle, laps, manière, moment, passage, passe, phase, saison, session, siècle, stade, temps

Période d'abstinence
carême

Période d'activité d'une assemblée
session

Période de 18 ans et 11 jours
saros

Période de 6585 jours qui règle le retour des éclipses
saros

Période de cent ans
siècle

Période de contraction du cœur
systole

Période de croissance du fœtus dans l'utérus
gestation

Période de dix ans
décennie

Période de dix jours
décade

Période de formation dans une entreprise
stage

Période de grande chaleur
canicule

Période de jeûne des musulmans
ramadan

Période de l'allaitement chez les animaux
lactation

Période de l'année où le jour a une durée égale à celle de la nuit
équinoxe

Période de l'année qui dure trois mois
trimestre

Période de l'ère tertiaire
éocène

Période de l'histoire où ont régné les tsars
tsarisme

Période de la vie
enfance

Période de lassitude
déprime

Période de quatre ans entre les Jeux olympiques modernes
olympiade

Période de quinze années
indiction

Période de quinze jours
quinzaine

Période de sept jours
semaine

Période de six mois consécutifs
semestre

Période de temps
heure, saison

Période de travail intensif pour terminer à temps un projet urgent
charrette

Période des chaleurs
été

Période du tertiaire
néogène

Période entre la fécondation et l'accouchement
grossesse

Période historique
ère

Période mesurable pendant laquelle a lieu une action
durée

Période pendant laquelle persiste un même vent
nuaison

Période précédant le noviciat
postulat

Période très longue
siècle

Périodicité
régularité, rythme

Périodique
bulletin, feuille, fréquent, journal, publication, rythmique

Périodique de petit format
tabloïd, tabloïde

Péripétie
accident, action, aléa, aventure, catastrophe, circonstance, épisode, événement, imprévu, incident, nœud, rebondissement, retournement

Périphérie
abords, banlieue, bord, bordure,
circonférence, contour, environs, faubourg,
limite, périmètre, pourtour, tour

Périphérique
extérieur, externe

Périphrase
détour

Périple
cercle, circuit, circumnavigation, expédition,
promenade, tour, tournée, voyage

Périr
agoniser, anéantir, crouler, décéder,
disparaître, éteindre, expirer, finir, mourir,
sombrer, succomber, tomber, trépasser

Périscope
diascope, épiscope

Périssable
éphémère, frêle, fugace, mortel

Périssoire
canot, kayak

Péristyle
colonnade, galerie, portique

Perle
ange, bévue, bijou, bourde, erreur, goutte,
gouttelette, joyau, merveille, perfection,
perlouse, perlouze, sottise, trésor

Perler
emperler, goutter, poindre, suinter, transpirer

Perlot
tabac

Perlouse
bijou, perle

Perlouze
bijou, perle

Permanence
constance, continuité, durée, immutabilité,
service, solidité, stabilité

Permanent
chronique, constant, continu, continuel,
durable, endémique, éternel, fixe, inaltérable,
incessant, ininterrompu, invariable, militant,
perpétuel, persistant, sédentaire, stable

Permanenté
frisé

Permanenter
friser

Perméable
accessible, docile, influençable, ouvert,
pénétrable, poreux, sensible

Permet de repérer la position d'un avion
radar

Permettre
accepter, accorder, admettre, agréer,
approuver, autoriser, consentir, endurer,

favoriser, habiliter, justifier, laisser, oser,
passer, tolérer, vouloir

Permis
acceptation, admis, admissible, agréé,
autorisation, autorisé, droit, habilité, légal,
légitime, libre, licence, licite, loisible,
permission, possible, toléré

Permis par la loi
licite

Permissif
latitudinaire, laxiste, libéral, relâché, tolérant

Permission
acceptation, accord, acquiescement,
agrément, approbation, assentiment,
autorisation, aval, aveu, bénédiction, congé,
consentement, dispense, droit, habilitation,
latitude, liberté, licence, loisir, permis,
pouvoir, vacances

Permission de partir
congé

Permission de sortir
exeat

Permissivité
laxisme, liberté, tolérance

Permutation
échange, inversion, substitution

Permuté
alterné

Permuter
alterner, changer, commuter, échanger,
intervertir, inverser, invertir, renverser,
substituer, tourner, transposer

Pernicieux
dangereux, diabolique, dommageable,
funeste, grave, malfaisant, malin, malsain,
mauvais, néfaste, nocif, nuisible, pestilentiel,
putride, sinistre, subversif

Péronnelle
bavard, pécore, sotte

Péroraison
épilogue, fin

Péroré
ergoté

Pérorer
discourir, palabrer, parler, pontifier

Perpendiculaire
vertical

Perpétrer
accomplir, commettre, consommer, exécuter,
faire

Perpétuation
continuité

Perpétué
continué, resté

Perpétuel
constant, continu, continuel, éternel,
fréquent, habituel, immortel, immuable,
impérissable, inaltérable, incessant, indéfini,
indélébile, indestructible, indissoluble, infini,
ininterrompu, permanent, réitéré, renouvelé,
répété, sempiternel

Perpétuellement
constamment, toujours

Perpétuer
conserver, continuer, durer, entretenir,
éterniser, garder, immortaliser, maintenir,
perdurer, pérenniser, prolonger, rester, traîner,
transmettre, vivre

Perpétuité
pérennité

Perplexe
dubitatif, embarrassé, embêté, hésitant,
incertain, indécis, indéterminé, irrésolu,
sceptique, troublé

Perplexité
doute, embarras, hésitation, trouble

Perquisition
descente, visite

Perquisitionner
fouiller

Perron
loggia, plateforme

Perroquet
ara, cacatoès, jaco, jacot, jacquot, voile

Perroquet au plumage brillant
ara

Perroquet d'Australie
lori

Perroquet gris
jaco, jacot, jacquot

Perroquet gris d'Afrique
jaco, jacot, jacquot

Perroquet parleur
jaco, jacot, jacquot

Perruche
ara

Perruque
postiche, tignasse

Perruquier
coiffeur, figaro

Pers
bleu

Persan
farsi, iranien

Perse
iran

Persécuter
acharner, brimer, harceler, importuner,
martyriser, molester, opprimer, presser,
talonner, torturer, tourmenter, tyranniser

Persécution
épreuve, préjudice, vexation

Persévérance
acharnement, assiduité, constance, énergie,
fermeté, fidélité, obstination, patience,
ténacité, volonté

Persévérant
acharné, assidu, constant, endurant, entêté,
fidèle, insistant, obstiné, opiniâtre, patient,
soutenu, tenace, têtu, volontaire

Persévérer
acharner, continuer, demeurer, insister,
obstiner, persister, poursuivre

Persévérer dans une action (S')
acharner

Persienne
contrevent, jalousie, volet

Persiflage
dérision, gouaille, ironie, quolibet, racontar,
ragot, raillerie

Persifler
bafouer, brocarder, conspuer, railler, rire

Persifleur
ironique, moqueur, narquois, railleur

Persistance
acharnement, constance, continuité, durée,
fermeté, solidité

Persistant
chronique, constant, continu, durable,
fixe, incessant, inébranlable, ininterrompu,
insistant, obstiné, opiniâtre, permanent,
rémanent, soutenu, stable, tenace, vivace

Persister
acharner, conserver, continuer, demeurer,
durer, exister, insister, maintenir, obstiner,
opiniâtrer, perdurer, persévérer, poursuivre,
prolonger, rester, subsister, survivre, tenir

Personnage
acteur, figurant, figure, personnalité,
personne, ponte, protagoniste, rôle, sommité

Personnage allégorique féminin
déesse

**Personnage antique responsable des maux de
la Terre**
Pandore

Personnage biblique éprouvé par Dieu
Job

Personnage biblique, épouse d'Abraham
Sara, Sarah

Personnage biblique, épouse de Booz
Ruth

Personnage biblique, fils de Jacob
Juda

Personnage biblique, neveu d'Abraham
Loth

Personnage créé par l'auteur Henry Vernes
  Morane

Personnage créé par Woody Allen
  Annie

Personnage d'une série de romans d'India Desjardins
  Aurélie

Personnage de la comédie bouffonne
  gille

Personnage du *Barbier de Séville*
  Figaro

Personnage du roman *Les liaisons dangereuses*
  Cécile

Personnage du roman *Sans famille*
  Rémi

Personnage du théâtre comique
  jocrisse

Personnage en gage
  otage

Personnage énigmatique
  sphinx

Personnage fanfaron
  rodomont

Personnage fastueux et riche
  nabab

Personnage féminin de l'univers de Tintin
  Irma

Personnage grotesque qui fait des tours d'adresse
  clown

Personnage guidé par une étoile
  mage

Personnage hypocrite
  escobar

Personnage imaginaire de taille minuscule
  nain

Personnage important
  personnalité

Personnage important d'une région
  notable

Personnage incarné par Marc Favreau
  Sol

Personnage incarné par Michel Barrette
  Roland

Personnage niais
  gille

Personnage qui a un grand pouvoir à cause de son capital
  magnat

Personnage représenté en prière
  orant

Personnage sans patrie
  apatride

Personnage satisfait de lui-même
  fat

Personnage vaniteux
  fat

Personnage, au cinéma
  rôle

Personnalité
  abatage, abattage, âme, autorité, bonze, caractère, célébrité, constitution, dignitaire, ego, être, figure, gloire, huile, individualité, mandarin, moi, nature, notabilité, notable, originalité, personnage, personne, pontife, potentat, présence, relief, soi, sommité, tempérament, vedette

Personnalité de marque
  VIP

Personnalité influente
  magnat

Personne
  âme, aucun, citoyen, créature, être, homme, humain, individu, individualité, moi, mortel, nul, personnage, personnalité, quiconque, quidam, sujet, type

Personne à marier
  parti

Personne à qui l'on confie un secret
  confident

Personne à qui l'on impute une infraction
  accusé

Personne à qui on a infligé des supplices et/ou la mort parce qu'elle a refusé d'abjurer sa foi
  martyr

Personne à qui s'adresse un envoi
  destinataire

Personne à qui une donation est faite
  donataire

Personne âgée
  ancêtre

Personne anonyme
  untel

Personne asservie
  ilote

Personne associée à d'autres
  coassocié

Personne attachée à une terre et dépendant du seigneur
  serf

Personne atteinte de presbytie
  presbyte

Personne atteinte de pyromanie
  pyromane

Personne atteinte de voyeurisme
  voyeur

Personne atteinte du sida
  sidatique, sidéen

Personne autoritaire
gendarme

Personne avare
rat

Personne ayant l'habitude de s'enivrer
ivrogne

Personne ayant le pouvoir de décision
décideur

Personne ayant un langage grossier
poissard

Personne ayant une mission à accomplir
envoyé

Personne ayant une perception confuse des couleurs
daltonien

Personne bavarde, qui colporte les cancans
commère

Personne bien entraînée
athlète

Personne bien musclée
athlète

Personne bizarre
hurluberlu

Personne chargée d'assurer les liaisons par télex
télexiste

Personne chargée d'habiller acteurs et mannequins
habilleur

Personne chargée de faire chasser les chiens courants
veneur

Personne chargée de former des professionnels
formateur

Personne chargée de l'administration matérielle
économe

Personne chargée de l'entretien d'un immeuble
concierge

Personne chargée de l'entretien des égouts
égoutier

Personne chargée de l'entretien des lampes
lampiste

Personne chargée de la signalisation
signaleur

Personne chargée de lier les gerbes de céréales
lieuse

Personne chargée de plier une matière souple
plieur

Personne chargée de rabattre le gibier
rabatteur

Personne chargée de reconstituer les bruits
bruiteur

Personne chargée de traire
trayeur

Personne chargée de vérifier des pesées
peseur

Personne chargée des échos
échotier

Personne chargée des semailles
semeur

Personne chargée des soins esthétiques des mains
manucure

Personne chargée du maniement de la caméra
cadreur

Personne chétive
mauviette

Personne combattant dans un duel
duelliste

Personne coupable de recel
receleur

Personne courageuse
lion

Personne curieuse et bavarde
commère

Personne d'une laideur effrayante
monstre

Personne d'une puissance extraordinaire
titan

Personne d'une violence excessive
brute

Personne de caractère bas
reptile

Personne de goût vulgaire
philistin

Personne de grand mérite
perle

Personne de premier plan
vedette

Personne de sexe féminin
fille

Personne de sexe féminin issue des mêmes géniteurs
sœurette

Personne décédée qui apparaît de façon surnaturelle (ou sous un drap blanc) le soir de l'Halloween
fantôme

Personne dépendant d'un seigneur
serf

Personne désignée pour veiller à la régularité d'une épreuve sportive
arbitre

Personne difficile à comprendre
énigme

Personne disposée à acheter
preneur

Personne dont la profession est d'apprêter les peaux
fourreur

Personne dont la profession est la danse
danseur

Personne dont le métier est d'abattre les arbres
bûcheron

Personne dont le métier est d'écrire à la machine
dactylo

Personne dont le métier est de conduire
chauffeur

Personne dont le métier est de déguster les vins
dégustateur

Personne dont le métier est de goûter
goûteur

Personne dont le métier est de jongler
jongleur

Personne dont le métier est de laver
laveur

Personne dont le métier est de prendre des oiseaux
oiseleur, oiselier

Personne dont le métier est de procéder à la fusion thermique de pièces métalliques
soudeur

Personne dont le rôle est plus décoratif que fonctionnel
potiche

Personne dont une autre garantit les droits
garanti

Personne dure et rapace
vautour

Personne employée à la distribution de l'essence
pompiste

Personne employée au sarclage
sarcleur

Personne en fuite
fugitif

Personne en gage
otage

Personne en vacances
vacancier

Personne extrêmement habile
virtuose

Personne extrêmement peureuse
trembleur

Personne fabriquant des instruments tranchants
coutelier

Personne faisant l'ascension de parois rocheuses
varappeur

Personne favorable à l'égalité des sexes
féministe

Personne forte
costaud

Personne fouineuse
furet

Personne furieuse, acharnée
enragée

Personne gaie, insouciante
luron

Personne grossière
brute, huron

Personne habile à gouverner
politique

Personne habile dans les lancers
lanceur

Personne habilitée à effectuer des massages
masseur

Personne inconsistante
pantin

Personne influente
puissant

Personne instruite
clerc

Personne interrogée lors d'un sondage d'opinion
sondé

Personne laide
laideron

Personne lente dans son travail
traînard

Personne malpropre
souillon

Personne malveillante
vipère

Personne méchante, dure
rosse

Personne médisante
rossard

Personne méprisable
vermine

Personne mise au ban d'une société
paria

Personne naïve
pante

Personne née dans les Antilles
Créole

Personne nuisible
peste

Personne originaire d'Asie
Asiate

Personne ou animal qui hale les bateaux
haleur

Personne parfaite
ange

Personne participant à des régates
régatier

Personne payée à la pige
pigiste

Personne perfide et méchante
serpent

Personne peu scrupuleuse
margoulin

Personne pingre
rat

Personne pleine d'expérience
vétéran

Personne pour qui la beauté de l'art est une valeur primordiale
esthète

Personne précieuse
perle

Personne préposée à la garde d'un immeuble
concierge

Personne privée
particulier

Personne qu'on utilise pour marchander
otage

Personne qualifiée qui s'occupe des malades
infirmier

Personne que l'on peut tromper aisément
dupe

Personne quelconque
individu

Personne qui a coutume de mâcher
mâcheur

Personne qui a de gros os
ossue

Personne qui a l'habitude de boire
buveur

Personne qui a l'habitude de nier
négateur

Personne qui a la garde d'un immeuble
concierge

Personne qui a la vue courte
myope

Personne qui a le droit de vote
électeur

Personne qui a remporté un prix
lauréat

Personne qui a tendance à modeler son attitude sur celle des autres
suiviste

Personne qui a un air absent, amorphe
zombi, zombie

Personne qui a une dette morale
débitrice

Personne qui a une parfaite ressemblance avec une autre
sosie

Personne qui abat de la besogne
abatteur

Personne qui abuse de la générosité d'autrui
profiteur

Personne qui accompagne
guide

Personne qui administre les douches
doucheur

Personne qui agit avec habileté pour atteindre un but
stratège

Personne qui agit comme une machine
automate

Personne qui aime à parader
paradeur

Personne qui aime à pérorer
péroreur

Personne qui aime fouiller dans les marchés d'occasion
chineur

Personne qui aime le genre humain
philanthrope

Personne qui aime se vanter
hâbleur

Personne qui appartenait à la classe sociale la plus élevée chez les citoyens romains
patricien

Personne qui apprend un métier
apprenti

Personne qui arrache les poils
épileur

Personne qui arrive
arrivant

Personne qui arrive quelque part
arrivant

Personne qui assure la garde
gardien

Personne qui avait la charge d'une gazette
gazetier

Personne qui bâille
bâilleur

Personne qui balaie
balayeuse

Personne qui bâtit
bâtisseur

Personne qui bêche
bêcheur

Personne qui bluffe
bluffeur

Personne qui boit
buveur

Personne qui boit beaucoup
buveur

Personne qui brade
bradeur

Personne qui brade le territoire national
bradeur

Personne qui brise
briseur

Personne qui brise les mottes de terre
émotteur

Personne qui brise quelque chose
briseur

Personne qui brode
brodeur

Personne qui cafte, qui moucharde
cafteur

Personne qui casse
casseur

Personne qui change aisément d'avis
girouette

Personne qui change sans cesse d'opinion
protée

Personne qui chante en duo
duettiste

Personne qui cherche
chercheur

Personne qui cherche à égaler quelqu'un
émule

Personne qui cherche minutieusement
fouineur

Personne qui chicane et conteste
ergoteur

Personne qui chine
chineur

Personne qui chipote
chipoteur

Personne qui cire
cireur

Personne qui combat les incendies
pompier

Personne qui commet un vol à main armée
braqueur

Personne qui compose des textes en imprimerie
composeur

Personne qui conduit le bois flotté
draveur

Personne qui conduit un bateau
nautonier

Personne qui conduit une opération d'affinage
affineur

Personne qui contrôle les actions d'autrui
censeur

Personne qui copie
copieur

Personne qui coud des vêtements
couturier

Personne qui crée des œuvres d'art
artiste

Personne qui creuse les fosses dans un cimetière
fossoyeur

Personne qui cultive la vigne
vigneron

Personne qui cultive les jardins
jardinier

Personne qui danse
danseur

Personne qui danse la valse
valseur

Personne qui débute
débutant

Personne qui décode
décodeur

Personne qui découvre des sources
sourcier

Personne qui délègue
délégant

Personne qui demande en justice
requérant

Personne qui dépendait d'un seigneur
vassal

Personne qui détache les vêtements
détacheur

Personne qui dirige et administre pour le compte d'autrui
gérant

Personne qui dirige une maison de couture
couturier

Personne qui distrait
amuseur

Personne qui divertit
amuseur

Personne qui divise un terrain en lots
lotisseur

Personne qui doit
débiteur

Personne qui dompte des animaux
dompteur

Personne qui donne à bail
bailleur, locateur

Personne qui donne des conseils
moniteur

Personne qui donne l'hospitalité
hôte

Personne qui dresse des animaux
dresseur

Personne qui dresse les généalogies
généalogiste

Personne qui écoute
auditeur

Personne qui effectue des tests
testeur

Personne qui effectue le réglage de certaines machines
régleur

Personne qui effectue un stage
stagiaire

Personne qui effectue une attaque à main armée
braqueur

Personne qui élague
élagueur

Personne qui empêche d'agir librement
gêneur

Personne qui emprunte souvent de l'argent
tapeur

Personne qui encaisse le droit de place sur un marché
placier

Personne qui enlève avec violence
ravisseur

Personne qui essuie
essuyeur

Personne qui est dans le secret
initié

Personne qui est de connivence avec une autre pour tromper
compère

Personne qui est en train de manger
mangeur

Personne qui est l'objet d'une sorte d'admiration
idole

Personne qui est sacrifiée ou qui se sacrifie
sacrifié

Personne qui étampe
étampeur

Personne qui éveille l'envie
tentateur

Personne qui évoque la beauté, la séduction
fleur

Personne qui examine des œufs
mireur

Personne qui excite à une émeute
émeutier

Personne qui exécute des exercices d'équilibre
acrobate

Personne qui exerce pour son propre compte un métier manuel généralement traditionnel
artisan

Personne qui exerce une censure
censeur

Personne qui exerce une domination
maître

Personne qui exploite un moulin à céréales
meunier

Personne qui exploite un navire
armateur

Personne qui exploite une cantine
cantinier

Personne qui expose ses produits
exposant

Personne qui fabrique de la céramique
céramiste

Personne qui fabrique des filets pour la pêche
laceur

Personne qui fabrique des gaines
gainier

Personne qui fabrique des gilets
giletier

Personne qui fabrique des joyaux
joaillier

Personne qui fabrique des sabots
sabotier

Personne qui fabrique et répare des charrettes
charron

Personne qui fabrique et répare les tonneaux
tonnelier

Personne qui fabrique et vend des chaussures sur mesure
bottier

Personne qui fabrique et vend des lunettes
opticien

Personne qui fabrique et vend des poteries
potier

Personne qui fabrique ou emploie du ciment
cimentier

Personne qui fabrique ou vend des chapeaux
chapelier

Personne qui fabrique ou vend des chemises
chemisier

Personne qui fabrique, vend ou loue des costumes de bal
costumier

Personne qui faisait partie de la Ligue pendant les guerres de religion
ligueur

Personne qui fait de la luge
lugeur

Personne qui fait des paquets
paqueteur

Personne qui fait des sophismes
sophiste

Personne qui fait des tours d'acrobatie
bateleur

Personne qui fait du cannage
  canneur

Personne qui fait du tissage
  tisseur

Personne qui fait et vend de la pâtisserie
  pâtissier

Personne qui fait l'éloge
  laudateur

Personne qui fait la cuisine
  cuisinier

Personne qui fait le commerce d'articles en solde
  soldeur

Personne qui fait le service dans un restaurant
  serveur

Personne qui fait métier de donner en location
  loueur

Personne qui fait ou vend des chapeaux
  chapelier

Personne qui fait ou vend des corsets
  corsetier

Personne qui fait partie d'une équipe
  équipier

Personne qui fait preuve d'hypocrisie
  tartuffe

Personne qui fait régner la justice ou qui l'applique
  justicier

Personne qui fait une cure thermale
  curiste

Personne qui fait, qui vend du pain
  boulanger

Personne qui falsifie
  truqueur

Personne qui fane l'herbe
  faneur

Personne qui fauche les herbes, les céréales
  faucheuse

Personne qui fixe une taxe
  taxateur

Personne qui flaire
  flaireur

Personne qui fomente une émeute
  émeutier

Personne qui forge
  forgeron, forgeur

Personne qui fouille
  fouilleur

Personne qui fraude
  fraudeur

Personne qui fuit le monde
  ours

Personne qui fume
  fumeur

Personne qui gage
  gageur

Personne qui garde et conduit les bœufs
  bouvier

Personne qui garde les vaches
  vacher

Personne qui gaspille
  gâcheur

Personne qui gaufre les étoffes
  gaufreur

Personne qui gave les volailles
  gaveur

Personne qui glane
  glaneur

Personne qui gobe
  gobeur

Personne qui godille
  godilleur

Personne qui goûte la bonne cuisine en connaisseur
  gourmet

Personne qui invente
  inventeur

Personne qui joue au bridge
  bridgeur

Personne qui joue au golf
  golfeur

Personne qui joue au ping-pong
  pongiste

Personne qui joue aux boules
  bouliste

Personne qui joue aux quilles
  quilleur

Personne qui joue d'une manière mesquine
  carotteur

Personne qui joue de l'orgue
  organiste

Personne qui joue de la batterie dans un groupe musical
  batteur

Personne qui joue un premier rôle dans une affaire
  protagoniste

Personne qui joue une partie dans un duo
  duelliste

Personne qui jouit d'une bourse d'études
  boursier

Personne qui lave le linge
  buandier

Personne qui lie des bottes de foin
  lieur

Personne qui livre des marchandises aux acheteurs
  livreur

Personne qui livre les journaux à domicile
camelot

Personne qui mange
mangeur

Personne qui manœuvre un ascenseur
liftier

Personne qui manœuvre une grue
grutier

Personne qui maraude
maraudeur

Personne qui mène grand train
satrape

Personne qui mène une vie austère
ascète

Personne qui mène une vie de plaisirs
viveur

Personne qui méprise
contempteur

Personne qui mesure au niveau
niveleuse

Personne qui met de l'argent de côté
épargnant

Personne qui mètre
métreur

Personne qui monte à cheval
cavalier

Personne qui monte les chevaux dans les courses
jockey

Personne qui montre le chemin, qui renseigne
guide

Personne qui n'a pas réussi
raté

Personne qui ne cherche aucun profit
philanthrope

Personne qui ne s'est pas pleinement développée
malvenue

Personne qui nettoie
nettoyeur

Personne qui pagaie
pagayeur

Personne qui parie
parieur

Personne qui parle
locuteur

Personne qui participe à des courses sur piste
pistard

Personne qui participe à une conjuration
conjuré

Personne qui participe à une émeute
émeutier

Personne qui participe à une grève
gréviste

Personne qui patine
patineur

Personne qui pille
pilleur

Personne qui pilote un avion
aviateur

Personne qui place les spectateurs
placeur

Personne qui plombait les marchandises, les étoffes
plombeur

Personne qui possède des rentes
rentier

Personne qui possède un terrain sur la rive
riverain

Personne qui pratique l'épéisme
épéiste

Personne qui pratique la boxe
boxeur

Personne qui pratique la navigation de compétition ou de plaisance
yachtman

Personne qui pratique le camping
campeur

Personne qui pratique le judo
judoka

Personne qui pratique le kayak
kayakiste

Personne qui pratique le sabotage
saboteur

Personne qui pratique le ski
skieur

Personne qui pratique le sport du canoë
canoéiste

Personne qui pratique le surf ou le surf des neiges
surfeur

Personne qui pratique le yoga
yogi

Personne qui pratique un sport
athlète, sportif

Personne qui précède
devancier

Personne qui prédit l'avenir
prophète

Personne qui prend des oiseaux au filet
oiseleur

Personne qui prend part à un dîner
dîneur

Personne qui prend quelque chose à loyer
locataire

Personne qui prend ses vacances au mois d'août
aoûtien

Personne qui prépare une thèse universitaire
thésard

Personne qui préside
président

Personne qui prête à intérêt excessif
usurier

Personne qui procède à des enquêtes d'opinion
sondeur

Personne qui procède à l'ajustage
ajusteur

Personne qui produit des betteraves
betteravier

Personne qui professe des opinions extrêmes
ultra

Personne qui propage
semeur

Personne qui propage la foi
apôtre

Personne qui provoque l'interruption de grossesse sans respecter la loi
avorteur

Personne qui quitte son pays pour vivre ailleurs
émigrant

Personne qui raconte bien
conteur

Personne qui raconte une histoire
raconteur

Personne qui ramasse
ramasseur

Personne qui râtelle
râteleur

Personne qui ravaude
ravaudeur

Personne qui recherche certaines choses
amateur

Personne qui reçoit des biens en héritage
héritier

Personne qui recourt à des astuces hypocrites
jésuite

Personne qui rédige
rédacteur

Personne qui relie des livres
relieur

Personne qui répare les cheminées
fumiste

Personne qui représente son pays auprès d'un gouvernement étranger
diplomate

Personne qui réside dans un lieu
résident

Personne qui rit
rieur

Personne qui ronfle
ronfleur

Personne qui s'occupe de botanique
botaniste

Personne qui s'occupe un peu de tout
factotum

Personne qui sabote
saboteur

Personne qui sait valser
valseur

Personne qui se baigne
baigneur

Personne qui se balade
baladeur

Personne qui se confesse
pénitent

Personne qui se déplace beaucoup à travers le monde
voyageur

Personne qui se déplace pour son plaisir
touriste

Personne qui se livre à l'exploitation commerciale d'un navire
armateur

Personne qui se sert d'une arme à feu
tireur

Personne qui se trouve sans travail
chômeur

Personne qui sème la polémique
polémiste

Personne qui sert de modèle
phare

Personne qui sollicite
tentateur

Personne qui subit la haine
victime

Personne qui suborne un témoin
suborneur

Personne qui suscite des querelles
boutefeu

Personne qui témoigne
témoin

Personne qui tenait un four à pain
fournier

Personne qui tente
tentateur

Personne qui tient
teneur

Personne qui tient les comptes
comptable

Personne qui tient un garage
garagiste

Personne qui tient un rôle dont l'importance n'est qu'apparente et non effective
figurant

Personne qui tient une auberge
hôtelier

Personne qui tient une droguerie
droguiste

Personne qui tient une épicerie
épicier

Personne qui tient une galerie d'art
galeriste

Personne qui tient une gargote
gargotier

Personne qui tient une mercerie
mercier

Personne qui tient une papeterie
papetier

Personne qui tient une taverne
tavernier

Personne qui tire
tireur

Personne qui tousse
tousseur

Personne qui trahit sa patrie
renégat

Personne qui traite les peaux pour les transformer en cuir
tanneur

Personne qui transporte des bagages par voiture
voiturier

Personne qui transporte les bâtons des joueurs de golf
caddie

Personne qui traque
traqueur

Personne qui travaille à façon
façonnier

Personne qui travaille dans l'industrie du tulle
tulliste

Personne qui travaille le chanvre
chanvrier

Personne qui travaille le stuc
stucateur

Personne qui travaille pour une compagnie de gaz
gazier

Personne qui tricote
tricoteur

Personne qui tue son père ou sa mère
parricide

Personne qui use de raisonnements captieux
sophiste

Personne qui utilise un canoë
canoéiste

Personne qui utilise un service public
usager

Personne qui va à pied
piéton

Personne qui valse
valseur

Personne qui vanne les grains
vanneur

Personne qui veille à la bonne forme physique
soigneur

Personne qui vend au détail des grains, des légumes, etc.
grainière

Personne qui vend des appareils ménagers
ménagiste

Personne qui vend des articles de bonneterie
bonnetier

Personne qui vend des articles en solde
soldeur

Personne qui vend des instruments d'optique
opticien

Personne qui vend des sabots
sabotier

Personne qui vend du lait
laitier

Personne qui vend du plâtre
plâtrier

Personne qui vend ou pose les tapis
tapissier

Personne qui veut gagner
gagneur

Personne qui viole les droits, les lois, etc.
violateur

Personne qui vit aux dépens d'autrui
sangsue

Personne qui vit de ses rentes
rentier

Personne qui vit retirée
ermite

Personne qui voyage à pied ou en auto-stop
routard

Personne qui voyage par agrément
touriste

Personne qui, sans être médecin, prétend guérir
rebouteux

Personne récemment baptisée
néophyte

Personne recherchant le plaisir
jouisseur

Personne réduite au dernier degré de la misère
ilote

Personne robuste
costaud

Personne salariée dans une entreprise
employé

Personne sans éducation
malotru

Personne se servant plutôt de la main droite que de la main gauche
droitier

Personne semblable à une autre
congénère

Personne soupçonnée d'un délit
inculpé

Personne soupçonnée d'une infraction
prévenu

Personne spécialisée dans l'élagage des arbres
élagueur

Personne spécialisée dans l'étude des pieds
podologue

Personne spécialisée dans la comptabilité
comptable

Personne titulaire d'une créance
créancier

Personne très crédule
oison

Personne très riche
nabab

Personne unie à une Église, à une religion, par la foi
fidèle

Personne vendant des instruments tranchants
coutelier

Personne vivant en marge des lois
desperado

Personne volage
coureur

Personne vorace
ogre

Personne, groupe qui affame autrui
affameur

Personne, institution archaïque
dinosaure

Personnel
confidentiel, effectif, égocentrique, égoïste, équipage, exclusif, individuel, intime, original, particulier, ponctuel, privé, propre, relatif, réservé, salarié, spécial, spécifique, subjectif, typique

Personnel d'un ministre
cabinet

Personnes
gens

Personnes ayant des caractères communs
famille

Personnes payées pour applaudir au spectacle
claque

Personnification
allégorie, image, symbole, type

Personnifier
incarner, jouer, représenter

Perspective
angle, appât, aspect, boulevard, débouché, éclairage, espérance, horizon, optique, panorama, paysage, plan, rapport, sens, vue

Perspicace
avisé, clairvoyant, conscient, fin, futé, intelligent, lucide, malin, pénétrant, perçant, profond, psychologue, sagace, subtil

Perspicacité
acuité, clairvoyance, discernement, finesse, flair, habileté, instinct, intelligence, intuition, jugement, jugeote, justesse, lucidité, nez, pénétration, psychologie, sagacité, subtilité

Perspicuité
netteté

Perspiration
sueur

Persuadé
certain, convaincu

Persuader
amadouer, convaincre, décider, déterminer, entraîner, exhorter, gagner, inspirer, prendre, séduire, toucher, vaincre

Persuasif
convaincant, éloquent, percutant

Persuasion
adresse, assurance, certitude, conviction, croyance, diplomatie, éloquence, habileté

Perte
adversité, anéantissement, appauvrissement, décadence, déchéance, déchet, défaite, déficit, dégât, dégénérescence, dégradation, déperdition, dépérissement, deuil, dommage, extinction, fuite, gâchage, gâchis, gaspillage, hémorragie, insuccès, lessivage, mal, malheur, mort, mutilation, naufrage, perdition, préjudice, privation, ruine, saignée, sinistre

Perte d'appétit
anorexie

Perte de conscience
coma

Perte de la mémoire
amnésie

Perte de la parole sans atteinte fonctionnelle au niveau de la langue et du pharynx
aphasie

Perte de la voix
aphonie

Perte de réputation
décri

Perte de substance de la peau
ulcère

Perte du sens de l'ouïe
surdité

Perte en vies humaines
saignée

Perte plus ou moins complète de la marche
abasie

Pertes financières
saignée

Pertinemment
justement

Pertinence
actualité, convenance, correction, sagacité

Pertinent
adéquat, approprié, congru, convenable, discriminant, distinctif, idoine, judicieux, juste, sagace, sensé

Pertuisane
lance

Pertuisanier
piquier

Perturbant
chahuteur

Perturbateur
trublion

Perturbation
chaos, crise, dérangement, désordre, irrégularité, trouble

Perturbation atmosphérique
orage, tornade

Perturbé
dérouté, secoué

Perturber
affecter, bouleverser, chambarder, chambouler, compliquer, déconcerter, déranger, dérégler, dérouter, désarçonner, désorganiser, désorienter, détraquer, ébranler, parasiter, remuer, retourner, secouer, stresser, traumatiser, troubler

Perturber les fonctions d'un organe
détraquer

Pervenche
azuré

Pesade
cabrage

Pesage
pesée, tarage

Pesamment
gauchement, lourdement, maladroitement

Pesant
accablant, alourdi, alourdissant, appesanti, asservissant, assommant, assujettissant, astreignant, contraignant, écrasant, embarrassant, embarrassé, embêtant, encombrant, ennuyeux, épais, étouffant, gauche, gênant, gras, gros, importun, inassimilable, indigeste, laborieux, lourd, maladroit, massif, matériel, obtus, oppressant, pénible, tendu, tyrannique

Pesanteur
attraction, engourdissement, gravitation, gravité, inertie, lenteur, lourdeur, malaise, masse, poids

Pesé
accablé, alourdi, délibéré

Pèse-bébé
balance

Pèse-grain
balance

Pèse-lettre
balance

Pèse-personne
balance

Pesée
pesage, poussée, tarage

Peser
accabler, alourdir, appesantir, apprécier, appuyer, assombrir, balancer, calculer, comparer, considérer, déterminer, écraser, embêter, ennuyer, estimer, étouffer, évaluer, examiner, fatiguer, gêner, grever, importer, importuner, influencer, influer, jauger, jouer, juger, mesurer, oppresser, opprimer, peiner, presser, soupeser, valoir

Peser l'emballage d'une marchandise
tarer

Peser un emballage
tarer

Pesette
balance

Peson
balance

Pesse
pessereau

Pessereau
pesse

Pessimisme
catastrophisme, défaitisme, nihilisme, sinistrose

Pessimiste
acariâtre, alarmiste, bilieux, défaitiste, inquiet, maussade, mélancolique, négatif, noir, sombre

Peste
chipie, choléra, démon, empoisonneur, épidémie, gale, lèpre, méchant, mégère, plaie, poison, teigne, vipère

Pester
bougonner, emporter, fulminer, fumer, grogner, invectiver, jurer, maudire, maugréer, protester, rager, râler, récriminer, ronchonner, rouspéter, tempêter, tonner

Pesticide
DDT, herbicide

Pestiféré
exclu, galeux, maudit, paria, réprouvé

Pestilence
corruption, puanteur, remugle

Pestilentiel
contagieux, corrompu, corrupteur, délétère
nuisible, écœurant, fétide, impur, infect,
irrespirable, malfaisant, malsain, mauvais,
méphitique, nauséabond, néfaste, pernicieux,
puant, putride, répugnant, vicié

Pesto
pistou

Pet-de-nonne
brick

Pétale
labelle

Pétale supérieur de la corolle des orchidées
labelle

Pétarade
bruit, charivari

Pétard
déesse, pistolet, revolver, sirène

Pété
crevé

Pétéchie
purpura, tache

Péter
crever, éclater, exploser, sauter

Pétillant
brillant, enflammé, éveillé, flamboyant,
fringant, gazeux, intelligent, mousseux,
pimpant, piquant, scintillant, sémillant,
spirituel, vif, vivant

Pétillement
bruit, éclat

Pétiller
briller, chatoyer, crachoter, craquer,
craqueter, crépiter, éclater, étinceler, grésiller,
rayonner, resplendir, scintiller

Pétiole
queue

Petiot
petit

Petit
bambin, bas, bébé, borné, bref, chiche,
concis, court, dérisoire, élémentaire, enfant,
étriqué, étroit, exigu, faible, fin, fluet, gamin,
gosse, humble, imperceptible, infime,
infinitésimal, insignifiant, invisible, jeune,
jeunet, juste, laconique, léger, lilliputien,
limité, lointain, maigre, marmot, méchant,
médiocre, menu, mesquin, microbe,
microscopique, mince, mineur, miniature,
minime, minuscule, misérable, modeste,
modique, môme, nain, nano, négligeable,
nourrisson, obscur, pauvre, petiot, piètre,
populaire, poupon, progéniture, puce,
pygmée, quelconque, rapide, ras, réduit,
restreint, riquiqui, rudimentaire, secondaire,
serré, sommaire, subalterne, succinct,
superficiel, ténu, vil

Petit accordéon hexagonal d'orchestres de tango
bandonéon

Petit amas de poussière
chaton

Petit ange
angelot

Petit animal arthropode
cloporte

Petit animal du genre des martres
fouine

Petit animal invertébré
insecte

Petit animal marin
salpe

Petit animal nuisible
souris

Petit anneau
annelet

Petit anneau en cordage
erseau

Petit aqueduc en maçonnerie
dalot

Petit arbre
arbuste

Petit arbre d'Asie
mélia

Petit arbre des régions tropicales
ximénie

Petit avion de reconnaissance
drone

Petit avion télécommandé
drone

Petit bac
bachot

Petit balai à manche court
balayette

Petit balai pour l'époussetage
plumeau

Petit balcon
balconnet

Petit ballon
ballonnet

Petit banc rembourré
banquette

Petit bardeau servant à recouvrir les toits
tavillon

Petit baril
barillet

Petit bassin utilisé en chirurgie
haricot

Petit bateau
barque, batelet

Petit bateau à rames
nacelle

Petit bateau de guerre rapide
aviso

Petit bateau ponté ou non
barque

Petit bateau rapide qui portait le courrier
aviso

Petit bâtiment méditerranéen
felouque

Petit bâtiment rural
mazot

Petit bâton
bâtonnet

Petit bec d'un réchaud
veilleuse

Petit biscuit sec feuilleté
gaufrette

Petit bobo
éraflure

Petit bois
bocage, bosquet

Petit bonnet rond
calotte

Petit bouclier en forme de croissant
pelta, pelte

Petit bouclier en usage au Moyen Âge
targe

Petit bras de levier
clenche

Petit bureau
boudoir

Petit cabriolet découvert
boguet

Petit café
taverne

Petit café à clientèle populaire
caboulot

Petit cageot
cagette

Petit caillou formant le gravillon
gravillon

Petit canal
étier

Petit canot étroit et long recouvert de peau
kayak

Petit capital économisé peu à peu
pécule

Petit carré de pâte farcie
ravioli

Petit carré de pâte renfermant une farce de viande hachée
ravioli

Petit carreau de terre cuite
tomette

Petit carton qui sert à marquer une page
signet

Petit carton rectangulaire
carte

Petit casque fermé
armet

Petit cerf d'Asie à bois courts
axis

Petit champ
lopin

Petit chandelier sans pied
bougeoir

Petit charançon qui s'attaque aux fruits
apion

Petit chardonneret jaune, vert et noir
tarin

Petit chariot roulant le long d'un câble
trolley

Petit chat
minou

Petit château
castel, manoir

Petit cheval de race espagnole
genet

Petit cheval de selle
bidet

Petit chevron
guillemet

Petit chien à poil ras
carlin

Petit chien d'agrément
carlin

Petit chien d'agrément à poil ras
chihuahua

Petit chien d'appartement
bichon, loulou

Petit chien de chasse
cocker

Petit chien qui jappe sans arrêt
roquet

Petit cigare
cigarillo, ninas

Petit cigare analogue aux ninas
señorita

Petit ciseau à l'usage des orfèvres
ciselet

Petit ciseau servant aux graveurs
ciselet

Petit clocher
clocheton

Petit cloporte
aselle

Petit clou à grosse tête qu'on enfonce avec le pouce
punaise

Petit clou à tête plate
broquette

Petit coffre
cassette, coffret

Petit colombier
fuie

Petit concombre conservé dans du vinaigre
cornichon

Petit concombre cueilli avant maturité
cornichon

Petit contenant cubique et léger
casseau

Petit coquillage de mer comestible
bigorneau

Petit cor
cornet

Petit cor de chasse
huchet

Petit cordage de deux fils
lusin

Petit cordon
cordonnet

Petit coulant mobile où passe une chaîne
glissoir

Petit cours d'eau peu large
ruisseau

Petit coussin
coussinet

Petit couteau destiné aux opérations chirurgicales
scalpel

Petit creux
fossette

Petit crochet métallique
hameçon

Petit crustacé
balane

Petit crustacé d'eau douce
cyclope

Petit crustacé marin
crevette

Petit cube
dé

Petit cube constituant l'élément d'une mosaïque
abacule

Petit cube de carton
fusette

Petit cube de glace
glaçon

Petit cylindre à rebords
bobine

Petit démon
lutin

Petit détachement
brigade

Petit diable
diablotin

Petit dispositif de fermeture dérivé du loquet
loqueteau

Petit doigt
auriculaire

Petit domaine féodal
manse

Petit drapeau
fanion

Petit duo
duetto

Petit échassier
guignard

Petit écran
télé

Petit écran portatif pour s'éventer
éventail

Petit écriteau d'identification
étiquette

Petit écureuil
tamia

Petit emballage à anse
flein

Petit enfant
bambin, minot, petiot

Petit ennui qui retarde
anicroche

Petit escalier extérieur
perron

Petit escalier portatif
escabeau

Petit espace isolé
îlot

Petit espace vide
interstice

Petit et court
boulot

Petit étui contenant un nécessaire à couture
cousette

Petit fagot
fagotin

Petit fagot de bois
cotret

Petit fagot de bûchettes
ligot

Petit fagot pour allumer le feu
fagotin

Petit fait curieux
anecdote

Petit faucon au vol rapide
émerillon

Petit filet à écrevisses
pêchette

Petit filet en forme de poche
truble

Petit filet ou crin sur lequel s'attache l'hameçon
empile

Petit fort
fortin

Petit fossé destiné à évacuer l'eau
rigole

Petit fragment
miette

Petit froid vif et piquant
frisquet

Petit fromage de chèvre
crottin

Petit fruit
framboise, mûre

Petit fruit charnu
cerise

Petit furoncle
orgelet

Petit garçon
gamin, garçonnet

Petit garçon nu représentant l'amour
putto

Petit gâteau
muffin

Petit gâteau feuilleté fourré à la frangipane
dariole

Petit gâteau sec à pâte friable
sablé

Petit génie difforme
gnome

Petit grain
granule

Petit gros
bouboule

Petit groupe de maisons
îlot

Petit groupe fermé
clan

Petit homme chétif
gringalet

Petit hôtel à la campagne où l'on trouve à loger et à manger
auberge

Petit houx
fragon

Petit if
ive

Petit insecte
brûlot, fourmi

Petit insecte à corps aplati
punaise

Petit insecte dont la larve s'attaque aux céréales
agriote

Petit insecte parasite des plantes
puceron

Petit insecte volant
mouche

Petit instrument à pendule
métronome

Petit instrument à vent
ocarina

Petit instrument avec lequel on siffle
sifflet

Petit instrument de musique
guimbarde

Petit instrument pour les petites incisions
lancette

Petit intermède
interlude

Petit jardin
jardinet

Petit jardin public
square

Petit jouet en forme de poire, qu'on fait tourner sur la pointe
toupie

Petit kyste blanc
millet

Petit lac d'eau salée
lagon

Petit levier d'un billard mécanique
flipper

Petit lieu de culte privé ou isolé
chapelle

Petit linge de table
napperon

Petit livre
livret, opuscule

Petit livre pour apprendre l'alphabet
abc

Petit livre scientifique
opuscule

Petit lobe
lobule

Petit local
cabine

Petit loir gris
lérot

Petit luth
mandore

Petit maillet à manche flexible
mail

Petit mammifère
vison

Petit mammifère à la robe tachetée
genette

Petit mammifère à longue queue prenante
sarigue

Petit mammifère apprécié en civet
lapin

Petit mammifère au pelage gris
loir

Petit mammifère carnassier
belette, coati

Petit mammifère carnivore
loutre, putois

Petit mammifère carnivore à la robe tachetée
genette

Petit mammifère des Antilles
agouti

Petit mammifère édenté
tatou

Petit mammifère familier
chat

Petit mammifère fouisseur
hamster, taupe

Petit mammifère insectivore
hérisson

Petit mammifère proche de la belette
mangouste

Petit mammifère rongeur
cobaye, lapin, lérot, mulot, souris

Petit mammifère rongeur à la queue en panache
écureuil

Petit manchot pourvu d'une huppe jaune
gorfou

Petit manteau
mantelet

Petit marais tourbeux
fagne

Petit marsupial herbivore australien
wallaby

Petit meuble pour ranger les accessoires de couture
travailleuse

Petit meuble vitré
vitrine

Petit morceau cubique
dé

Petit morceau d'os fracturé
esquille

Petit morceau de bois ou d'ivoire qui sépare les cordes du manche d'un instrument
sillet

Petit morceau de lard
lardon

Petit morceau de pain frit
croûton

Petit morceau de pain sec
croûton

Petit morceau de papier gommé
gommette

Petit morceau de terrain
lopin

Petit mot invariable
particule

Petit mouchoir
pochette

Petit mur
muret

Petit mur bas
muretin

Petit nasard
larigot

Petit navire
cotre

Petit navire à mât vertical
sloop

Petit navire à voile
felouque

Petit navire à voiles très léger
galiote

Petit navire arabe
boutre

Petit navire de guerre
aviso

Petit navire de la Méditerranée
tartane

Petit nodule arrondi à la surface d'un os
tubercule

Petit nom
prénom

Petit nombre
quarteron

Petit nombre de personnes
poignée

Petit objet décoratif
bibelot

Petit objet précieux
bijou

Petit oiseau
bruant, mésange, oiselet, oisillon

Petit oiseau à chair très estimée
ortolan

Petit oiseau à plumage gris ou brunâtre
alouette

Petit oiseau au chant agréable
fauvette

Petit oiseau de basse-cour
poulet

Petit oiseau des champs
alouette

Petit oiseau grégaire des marais
glaréole

Petit oiseau marin
sterne

Petit oiseau migrateur
caille

Petit oiseau passereau
pinson

Petit oiseau qui pratique le vol stationnaire
colibri

Petit oiseau siffleur
linotte

Petit oiseau trapu
sittelle

Petit opéra comique
opérette

Petit orme
ormeau

Petit os
osselet

Petit os à l'extrémité de l'os sacrum
coccyx

Petit os plat du genou
rotule

Petit os situé à l'extrémité de la colonne vertébrale
coccyx

Petit ours
ourson

Petit outil de graveur en médailles
onglette

Petit ouvrage en saillie sur une façade
logette

Petit ouvrage littéraire
bluette

Petit pain
miche

Petit pain d'épice rond
nonnette

Petit pain long et mince
longuet

Petit pain rond
bun

Petit pain rond cuit
muffin

Petit panier
flein

Petit panneau
panonceau

Petit papillon
mite, teigne

Petit papillon blanchâtre de la famille des teignes
mite

Petit papillon eurasiatique
argus

Petit papillon nocturne
acidalie

Petit paquet de vêtements
balluchon

Petit parasol
ombrelle

Petit parasol d'usage féminin, porté à la main et généralement élégant
ombrelle

Petit passereau
pipit, serin

Petit pâté impérial
nem

Petit perroquet
perruche

Petit perroquet d'Océanie
lori

Petit pieu
piquet

Petit pieu pointu
palis

Petit pilon de pharmacien
molette

Petit piment d'origine mexicaine
chile, chili

Petit plat à hors-d'œuvre
ravier

Petit plat creux
ravier

Petit plomb de chasse
dragée

Petit poème champêtre
églogue

Petit poème de forme régulière
ballade

Petit poème de huit vers
huitain

Petit poème japonais
haïku

Petit poème pastoral
églogue

Petit poisson
girelle, loche, sardine

Petit poisson allongé
liparis

Petit poisson carnassier d'Amérique du Sud
piranha

Petit poisson de mer
anchois

Petit poisson de mer, qu'on consomme surtout marine et salé
anchois

Petit poisson des rivières limpides
goujon

Petit poisson marin
sprat

Petit poisson vivant dans les eaux courantes
vairon

Petit pont d'une seule travée
ponceau

Petit port
havre

Petit présent
gâterie

Petit primate à longue queue
ouistiti

Petit projecteur
spot

Petit projectile métallique
balle

Petit puma de l'Amérique du Sud
eyra

Petit racloir
raclette

Petit râle
marouette

Petit rapace
émouchet

Petit rat
raton

Petit ravin
ravine

Petit réchaud suspendu à l'avant d'un bateau
pharillon

Petit récipient
godet, tasse

Petit récipient où l'on met de l'encre
encrier

Petit récipient percé d'une fente
tirelire

Petit récipient plat contenant de la poudre
poudrier

Petit récipient rond et creux en bois ou en terre, en forme de coupe peu profonde
sébile

Petit récipient utilisé pour la cuisson au four
ramequin

Petit récit d'une aventure plaisante
historiette

Petit récit satirique en vers
fabliau

Petit renard du Sahara
fennec

Petit renflement
nodule

Petit renflement arrondi ou fusiforme sur le trajet des vaisseaux lymphatiques
ganglion

Petit repas
dînette

Petit reptile saurien
lézard

Petit requin
griset

Petit requin de Méditerranée
émissole

Petit ressort
spiral

Petit rongeur
gerbille, hamster, souris

Petit rongeur appelé rat palmiste
xérus

Petit rongeur d'Afrique et d'Asie
xérus

Petit rongeur d'Asie et d'Afrique
gerboise

Petit rongeur des savanes
gerbille

Petit rouleau de tabac
cigarette

Petit ruisseau
ru, ruisselet

Petit ruminant à robe fauve et à ventre blanc
chevreuil

Petit sac
sachet

Petit sac à main
réticule

Petit sac à tabac
blague

Petit sac arrondi
bourse

Petit salon de dame
boudoir

Petit salon élégant
boudoir

Petit sanctuaire domestique
laraire

Petit saumon de printemps
smolt

Petit sentier
sente

Petit siège
sellette

Petit siège de bois
sellette

Petit siège de cuir
selle

Petit signe en forme de c
cédille

Petit sillon cutané
ride

Petit singe
saï

Petit singe d'Amérique à longue queue
sapajou

Petit singe d'Amérique du Sud à longue queue
sagouin

Petit soc
rasette

Petit socle
tee

Petit sureau à baies noires
yèble

Petit tambour
tambourin

Petit temple
édicule

Petit terrain d'atterrissage en haute montagne
altiport

Petit toit en saillie
auvent

Petit tonneau
baril, tonnelet

Petit toupet
toupillon

Petit tour de graveur
touret

Petit traîneau
luge

Petit trait
tiret

Petit treuil à main
winch

Petit treuil placé à l'arrière d'une charrette
pouliot

Petit tube servant à prélever du liquide
pipette

Petit tuyau souple ou rigide
canule

Petit tyran
tyranneau

Petit ustensile contenant du sable servant à mesurer le temps
sablier

Petit vaisseau
pinasse

Petit vase
lécythe

Petit vase à encens
navette

Petit vase destiné à contenir de l'huile et du vinaigre
burette

Petit vase pour manger des œufs à la coque
coquetier

Petit vautour au plumage noir
urubu

Petit véhicule à moteur à trois roues
tricycle

Petit véhicule à une seule roue
brouette

Petit véhicule automobile de compétition
kart

Petit véhicule automobile sur chenille
motoneige

Petit verre de bière
galopin

Petit verrou
targette

Petit voile garnissant le chapeau d'une femme
voilette

Petit voilier
finn

Petit voilier arabe
boutre

Petit vol
larcin

Petit wagon
wagonnet

Petit yacht
cruiser

Petit-beurre
biscuit

Petit-lait
sérum

Petite
fillette

Petite affiche
panonceau

Petite affiche métallique
plaque

Petite aigle
alérion

Petite annotation à un texte
notule

Petite anse
ansette

Petite antilope très rapide
gazelle

Petite araignée aux couleurs vives
théridion

Petite arche
arceau

Petite armoire
bonnetière

Petite assiette
soucoupe

Petite association
comité

Petite auge pour oiseaux
auget

Petite automobile de course
racer

Petite baie
anse, crique

Petite balance pour les monnaies
pesette

Petite balance très précise
trébuchet

Petite balle
éteuf

Petite bande de papier
onglet

Petite banne en osier
bannette

Petite bannière en forme de flamme
banderole

Petite bardane
lampourde

Petite barque
barquette, nacelle

Petite barque à fond plat
bachot

Petite barre
barreau, barrette

Petite barrique
baril

Petite bêche de jardinier
houlette

Petite bête
bestiole

Petite bielle
biellette

Petite bobine
fuseau

Petite boîte dont le dessus est perforé et où l'on met le poivre moulu
poivrier

Petite boîte métallique
canette

Petite boîte munie d'une fente
tirelire

Petite boîte où l'on met du tabac
tabatière

Petite botte fourrée
bottillon

Petite boucle
bouclette

Petite boucle de cheveux frisés
frisette, frisottis

Petite boule
bille

Petite boule de minerai de fer
pellet

Petite boule de viande hachée ou de pâte
boulette

Petite boule façonnée à la main
boulette

Petite boule percée d'un trou
perle

Petite boule servant de but au jeu de boules
cochonnet

Petite boule terminant la poignée d'une canne
pommeau

Petite bourse
gousset

Petite bouteille
flacon

Petite bouteille de verre munie d'une tétine
biberon

Petite bouteille longue et étroite
topette

Petite branche d'arbre
broutille, rameau

Petite branche d'arbre mince et courte
brindille

Petite branche frottée de glu
gluau

Petite brique
briquette

Petite brique de carrelage
tomette

Petite broche à rôtir
hâtelet

Petite brosse
balayette

Petite brosse en soies de porc
saie

Petite butte funéraire
tombelle

Petite cabane de jardin
cabanon

Petite caisse
caissette

Petite carafe
carafon

Petite cave
caveau

Petite cavité
vacuole

Petite cavité glandulaire
acinus

Petite cerise sauvage
merise

Petite chaîne
chaînette

Petite chambre à bord d'un navire
cabine

Petite charrue à main utilisée en horticulture
sarcloir

Petite chauve-souris
pipistrelle

Petite chemise en étoffe
haire

Petite chemise portée par les ascètes
haire

Petite cheville de bois
épite

Petite cheville métallique
clavette

Petite cheville plate
clavette

Petite claie d'osier
clisse

Petite claie en paille ou en jonc
clayon

Petite cloche
clochette

Petite colline
coteau

Petite colonne supportant un appui
balustre

Petite comédie bouffonne
saynète

Petite construction de jardin
pergola

Petite construction édifiée sur la voie publique
édicule

Petite construction élevée sur le pont d'un navire
rouf

Petite construction s'appuyant contre un bâtiment
appentis

Petite corbeille
corbillon, moïse

Petite corde
cordeau, cordon

Petite corneille noire à nuque grise
choucas

Petite coupe dans laquelle on mange l'œuf à la coque
coquetier

Petite coupe destinée à recevoir de l'argent
sébile

Petite coupe pour baigner l'œil
œillère

Petite crêpe très épaisse, d'origine russe
blini

Petite cruche à bec et à anse
pichet

Petite cruche pour les boissons
pichet

Petite dent d'un ouvrage en dentelle
picot

Petite dépendance d'un édifice religieux
édicule

Petite élévation
colline

Petite embarcation légère
esquif

Petite éminence à la surface d'une muqueuse
papille

Petite enclume à deux cornes
bigorne

Petite entaille
brèche, encoche

Petite entrée
tambour

Petite épicerie à heures d'ouverture prolongées
dépanneur

Petite erse
erseau

Petite étincelle
bluette

Petite étoffe mince
étamine

Petite excroissance charnue
caroncule

Petite excroissance de la peau
verrue

Petite face
facette

Petite faux en forme de croissant
faucille

Petite fenêtre
lucarne

Petite ferme
fermette

Petite ferme servant de résidence secondaire
fermette

Petite feuille de propagande
tract

Petite ficelle attachée à une ligne de fond
cordée

Petite fièvre
fébricule

Petite fille
fillette

Petite flotte
flottille

Petite flûte
fifre, octavin, piccolo, pipeau

Petite flûte en ré
picolo

Petite flûte traversière
picolo

Petite formation de jazz
combo

Petite friandise sucrée et aromatisée très recherchée le soir de l'Halloween
bonbon

Petite gaufre
gaufrette

Petite girouette pour indiquer la direction du vent
penon

Petite glande du cerveau
épiphyse

Petite glande située à la base du cerveau
hypophyse

Petite grenouille
rainette

Petite grenouille arboricole
rainette

Petite grive
mauvis

Petite habitation misérable
masure

Petite hache
hachereau, hachette

Petite herse
niveleur

Petite heure de l'office qui se récite après tierce
sexte

Petite horloge
montre

Petite houe à lame courbe
hoyau

Petite houppe
pompon

Petite huître
perlot

Petite île
îlet, îlot

Petite inflammation purulente
orgelet

Petite lame
lamelle

Petite lame de bois pour enrouler le fil de pêche
plioir

Petite lamelle de métal
paillon

Petite lampe éclairant peu
veilleuse

Petite languette d'un végétal
ligule

Petite libellule
agrion

Petite linotte commune
sizerin

Petite loge
logette, loggia

Petite lunette
viseur

Petite lunette d'approche
lorgnette

Petite main
menotte

Petite maison couverte de chaume
chaumière

Petite mare de liquide stagnant
flaque

Petite marque
tacheture

Petite masse
tampon

Petite masse d'or
pépite

Petite masse de houille qui sert de combustible
briquette

Petite masse de liquide caillé
caillot

Petite masse de neige
flocon

Petite massue
mil

Petite mèche qui frise
frison

Petite mesure
doigt

Petite meule de foin
meulon

Petite nappe d'eau peu profonde
mare

Petite nappe individuelle
napperon

Petite nodosité
nodule

Petite offrande
obole

Petite orange qui se mange confite
kumquat

Petite ouverture aménagée dans une cloison
judas

Petite ouverture de la peau
pore

Petite ouverture laissant passer le jour
ajour

Petite ouverture ronde dans la coque d'un navire
hublot

Petite parcelle
miette

Petite passoire fine à fond pointu
chinois

Petite pelle
taloche

Petite pelote
peloton

Petite pendule à sonnerie
réveil

Petite pièce de bois collée
sillet

Petite pièce de bois servant à soutenir
tasseau

Petite pièce de monnaie
piécette

Petite pièce de vers
épigramme

Petite pièce de vers composée rapidement
impromptu

Petite pièce du jeu d'échecs
pion

Petite pièce instrumentale
ariette

Petite pièce métallique munie d'encoches
gâchette

Petite pièce pour deux voix
duetto

Petite pièce qui soutient une partie de la charpente
jambette

Petite pièce vocale de caractère mélodique
ariette

Petite pilule
granule

Petite pince
pincette

Petite pipe en forme d'entonnoir
shilom

Petite place d'une ville
placette

Petite plaie insignifiante
bobo

Petite planche
aisseau

Petite plante buissonnante ornementale
ageratum

Petite plante carnivore
dionée

Petite plante d'eau douce
élodée

Petite plante du printemps
ficaire

Petite plante herbacée
violette

Petite plante lacustre
isoète

Petite plaque
plaquette

Petite pluie fine
bruine

Petite pluie fine et pénétrante
crachin

Petite poche du gilet
gousset

Petite pomme (D')
api

Petite pompe utilisée en médecine
seringue

Petite porte
portillon

Petite porte dérobée
poterne

Petite poutre
poutrelle

Petite prairie
pré

Petite prune
prunelle

Petite quantité
brin

Petite quantité d'air
bulle

Petite quantité de liquide
goutte

Petite règle
réglette

Petite réunion dansante
sauterie

Petite ride
ridule

Petite rondelle de pain
hostie

Petite roue de bois
galet

Petite rue
ruelle

Petite rue étroite
venelle

Petite saillie
ressaut

Petite saillie à la surface de la peau communément appelée « point noir »
comédon

Petite salière individuelle
saleron

Petite serpe
guignette, serpette

Petite serpe pour faire des fagots
fauchette

Petite serrure mobile
cadenas

Petite sole allongée
céteau

Petite solive
soliveau

Petite sonate
sonatine

Petite soupape
clapet

Petite statue
statuette

Petite stèle funéraire
cippe

Petite surface de semi-conducteur qui supporte la partie active d'un circuit intégré
puce

Petite surface plane d'un corps nettement délimitée
facette

Petite table à tiroirs ou à abattants devant laquelle les femmes se coiffent
coiffeuse

Petite tache cutanée
éphélide, lentigo

Petite tache cutanée rouge
pétéchie

Petite tache sur la peau
grain

Petite tape
tapette

Petite tarte au fromage
ramequin

Petite tarte individuelle
tartelette

Petite tasse pour la dégustation des vins
coupole

Petite tétine
sucette

Petite tige de métal
clou, épingle

Petite touffe de cheveux
toupet

Petite touffe de cheveux enlevés en les démêlant
démêlure

Petite touffe de laine
flocon

Petite tour
tourelle

Petite trompe
cornet

Petite tumeur
cor

Petite tumeur sous la peau
loupe

Petite ulcération
aphte

Petite valise
mallette

Petite vallée
vallon

Petite vallée à versants raides
ravin

Petite valve d'une conduite d'eau
vannelle

Petite vanne d'écluse
vannelle

Petite verge
vergette

Petite veste de femme
boléro

Petite ville
localité

Petite voiture d'enfant à pousser
poussette

Petitement
chichement

Petitesse
bassesse, étroitesse, exiguïté, faiblesse, finesse, humilité, insignifiance, médiocrité, mesquinerie, modestie, modicité, obscurité, pauvreté, travers, vilenie

Petitesse anormale d'un individu
nanisme

Pétition
demande, placet, requête

Petits
portée

Petits soins
égards

Peton
pied

Pétré
pierreux, rocheux

Pétrel
tourmentin

Pétri
empreint, façonné, gorgé, mélangé, modelé, plein, rempli, riche, travaillé

Pétrifiant
abject

Pétrifié
abasourdi, coi, corrompu, immobile, interdit,
transi

Pétrifier
abasourdir, ankyloser, bloquer, clouer, ébahir,
figer, fixer, fossiliser, foudroyer, geler, glacer,
horrifier, immobiliser, lapidifier, méduser,
paralyser, raidir, saisir, sidérer, statufier,
suffoquer, terroriser, tétaniser

Pétrin
embarras, huche, maie

Pétrir
brasser, écraser, façonner, malaxer, manier,
manipuler, masser, modeler, remuer,
travailler, tripoter, triturer

Pétrissage
massage

Pétrole
carburant, essence, fioul, gasoil,
hydrocarbure, kérosène

Pétrole lampant
kérosène

Pétrolier
citerne, propanier, réservoir, tanker,
transporteur

Pétrolière
Esso

Pétulance
ardeur, brio, chaleur, entrain, exubérance,
feu, flamme, fougue, impétuosité, turbulence,
vie, vitalité, vivacité

Pétulant
actif, bouillant, débordant, dynamique,
exubérant, fou, fougueux, fringant,
impétueux, remuant, sémillant, turbulent, vif

Pétun
tabac

Peu
brin, faiblement, guère, légèrement,
longtemps, mal, médiocrement, modérément,
prou, rarement, sobrement, vaguement

Peu accommodant
revêche

Peu clair
brumeux

Peu communicatif
taciturne

Peu élevé
bas

Peu fréquent
rare

Peu important
minime

Peu naturel
apprêté

Peu pratique à l'usage
incommode

Peu souvent
rarement

Peuchère
pécaïre

Peuh
bof

Peulven
menhir

Peuplade
ethnie, groupe, groupement, horde, peuple,
tribu

Peuple
canaille, ethnie, foule, gent, habitant, masse,
monde, multitude, nation, pays, peuplade,
plèbe, populace, population, prolétariat,
public, race, société, tourbe, troupeau

Peuplé
hanté, populeux

Peuple autochtone des régions arctiques
Inuits

Peuple bantou de l'Ouganda
ganda

Peuple d'Amérique centrale
nahua

Peuple de Chine
dong, miao

Peuple de Djibouti et de la Somalie
issa

Peuple de l'île de Hainan
li

Peuple de l'Inde
garo, ho

Peuple de l'Inde méridionale
tamil, tamoul

Peuple de la Côte d'Ivoire
agni, baoulé, gouro

Peuple de la Guyane
galibi

Peuple de la Sierra Leone
temné

Peuple des Philippines
igorot, moro, tagal

Peuple du Bénin
éwé

Peuple du Burkina
mossi

Peuple du Burundi et du Rwanda
hutu

Peuple du Cameroun
moum

Peuple du Congo
téké

Peuple du Ghana
agni, éoué, éwé, fanti

Peuple du Kenya
masaï

Peuple du Pakistan et de l'Inde
jat

Peuple du Rwanda
tutsi

Peuple du Soudan
nuer

Peuple du Soudan et du Zaïre
zandé

Peuple du sud du Bénin
fon

Peuple du sud-est du Nigeria
tiv

Peuple du Vietnam
mnong

Peuple du Zaïre
luba

Peuple noir du Nigeria oriental
ibo

Peuple nomade du Sahara
touareg

Peuple, populace
populo

Peuplement
colonie, natalité, plantation

Peupler
coloniser, envahir, habiter, hanter, planter, reboiser, remplir, semer

Peupler d'alevins
aleviner

Peupler de colons
coloniser

Peupler de nouveau
repeupler

Peupler les rivières de jeunes poissons
aleviner

Peupleraie
tremblaie

Peuplier à écorce lisse
tremble

Peuplier noir
liard

Peur
abomination, affolement, affres, alarme, alerte, angoisse, anxiété, appréhension, aversion, cauchemar, couardise, crainte, effroi, épouvante, frayeur, frousse, gémissement, hantise, horreur, inquiétude, lâcheté, panique, phobie, pleutrerie, poltronnerie, répulsion, suée, terreur, trac, trouille, venette

Peur d'affronter le public
trac

Peur instinctive
phobie

Peur irraisonnée
phobie

Peur maladive des animaux
zoophobie

Peur violente et passagère
frayeur

Peureusement
craintivement

Peureux
apeuré, capon, couard, craintif, dégonflé, froussard, lâche, lopette, ombrageux, pleutre, poltron, pusillanime, timide, timoré, tremblant

Ph
phot

Phaéton
soleil

Pharaon
roi, seti

Phare
fanal, feu, flambeau, guide, lanterne, lumière, projecteur, sommité

Phare utilisé pour attirer le poisson
lamparo

Pharisaïsme
fausseté

Pharisien
faux, hypocrite, orgueilleux

Pharmaceutique
pharmacie

Pharmacie
officine, pharmaceutique, pharmacologie, tabagie

Pharmacien
apothicaire, potard

Pharmacole
charlatan

Pharmacologie
pharmacie

Phase
apparence, degré, échelon, épisode, étape, fréquence, moment, palier, partie, période, point, stade, tranche, volet

Phase du sommeil durant laquelle on rêve
paradoxal

Phénix
aigle, as, crack, génie, gloire, lumière, prodige, surdoué

Phénoménal
colossal, énorme, épouvantable, étonnant, prodigieux, sensible

Phénomène
accident, apparence, as, énergumène, épiphénomène, événement, excentrique, fait, fantaisiste, farfelu, manifestation, merveille, miracle, monstre, numéro, original, prodige, rareté, réalité

Phénomène de diffusion
osmose

Phénomène de libération des passions
catharsis

Phénomène extraordinaire
prodige

Philanthrope
altruiste, bienfaiteur, bon, donateur, humain, humanitariste, mécène

Philanthropie
bienfaisance, charité, humanité

Philanthropique
humaniste

Philharmonie
harmonie

Philippique
diatribe, discours, harangue, réquisitoire

Philistin
béotien, grossier, inculte

Philodendron
arbuste

Philosophe
calme, encyclopédiste, fataliste, humaniste, métaphysicien, optimiste, penseur, réfléchi, résigné, sage

Philosophé
ergoté

Philosophe américain contemporain
Searle

Philosophe qui professe le scepticisme
sceptique

Philosophe russe
Ern

Philosopher
raisonner

Philosophie
doctrine, idée, idéologie, pensée, religion, sagesse, théorie

Philosophie de Kant
kantisme

Philosophie ou religion qui s'appuie sur des vérités jugées incontestables en rejetant la critique
dogmatisme

Philtre
breuvage, potion

Philtre d'amour
élixir

Philtre magique
élixir

Phlébite
angéite, lymphangite

Phlegmon
abcès, anthrax, furoncle, inflammation, panaris, parulie, tourniole, tumeur

Phlyctène
bulle

Phobie
abomination, angoisse, aversion, claustrophobie, crainte, dégoût, haine, hantise, horreur, obsession, peur, terreur

Phobique
fou

Phonation
parole, phonie

Phonie
phonation, téléphonie

Phono
électrophone, gramophone, magnétophone, phonographe

Phonographe
phono

Phoque
otarie

Phosphate hydraté naturel d'uranium
uranite

Phosphorescent
brillant, luisant, lumineux

Phot
ph

Photo
cliché, diapositive, épreuve, illustration, image, instantané, négatif, photographie, photomaton, portrait, positif, tirage

Photo-roman
cinéroman

Photocopie
copie, polycopie

Photocopier
reproduire, tirer

Photocopieur
copieur

Photographe américain mort en 1958
Weston

Photographie
cliché, épreuve, gravure, illustration, photo

Photographier
poser, représenter, reproduire

Photomaton
photo

Phototype
cliché

Phragmite
roseau

Phrase
énoncé, expression, formule, fréquence, mot, propos, sentence, style

Phraséologie
bavardage, verbiage

Phraser
discourir, pontifier

Phraseur
bavard, bonimenteur, déclamateur, discoureur, loquace, palabreur, pie, prolixe, rhéteur, verbeux, volubile

Phratrie
tribu

Phylactère
bulle, talisman

Physicien pakistanais lauréat du prix Nobel en 1979
Salam

Physiologique
naturel, physique, somatique

Physionomie
air, allure, apparence, aspect, attitude, face, faciès, figure, masque, mine, physique, tournure, visage

Phytophage
herbivore

Piaf
moineau, pierrot

Piaffer
agiter, bouillir, impatienter, piétiner, trépigner

Piaillard
gueulard, hurleur

Piailler
brailler, chouiner, couiner, criailler, crier, jaser, pépier, piauler, protester, râler

Piaillerie
caquet

Pianissimo
lentement

Piano
clavier, doucement, lentement, relax

Piano à bretelles
bandonéon

Pianotage
tambourinage

Pianoter
tambouriner, taper, tapoter

Piaulement
cri

Piauler
couiner, crier, glapir, grincer, miauler, piailler

Pibale
anguille, civelle

Pibrock
cornemuse

Pic
aiguille, cime, crête, dent, éminence, mont, montagne, picot, pioche, piolet, piton, pivert, pointe, sommet

Picaresque
truculent

Piccolo
fifre, flûte, flûtiau

Pichet
bouteille, broc, cruche, pot

Pickpocket
voleur

Picoler
boire

Picolo
flageolet

Picorer
becqueter, béqueter, glaner, grappiller, grignoter, mangeoter, picosser, picoter, pignocher

Picosser
picorer

Picot
marteau, pic

Picotage
piquetage

Picote
varicelle, variole

Picoté
énervé

Picotement
démangeaison, piqûre, prurit

Picoter
becqueter, béqueter, chatouiller, démanger, gratter, picorer, piquer, taquiner

Picrate
vin, vinasse

Pictogramme
signe

Pidgin
bichlamar

Pie
bavard, commère, concierge, discoureur, jacasseur, jaseur, oiseau, phraseur, pipelette

Pièce
acte, argent, blé, branche, certificat, chambre, comédie, constituant, coupe, coupon, diplôme, division, document, drame, élément, espèce, fragment, jeton, local, monnaie, morceau, note, organe, papier, partie, piécette, pion, poème, poésie, pourboire, quartier, rebras, revue, salle, sou, téléfilm, tête, titre, tonneau, tragédie, unité, vaudeville

Pièce centrale d'une roue
moyeu

Pièce cylindrique
manchon

Pièce cylindrique d'une pompe
piston

Pièce cylindrique servant d'axe
tourillon

Pièce d'armure
plastron

Pièce d'armure couvrant la tête du cheval
têtière

Pièce d'armure en cuir ou en métal qui protégeait le devant de la tête d'un cheval
chanfrein

Pièce d'artifice produisant un bruit sec et fort
pétard

Pièce d'artillerie
canon

Pièce d'eau artificielle
bassin

Pièce d'eau où l'on conserve le poisson vivant
vivier

Pièce d'eau servant d'ornement
bassin

Pièce d'entrée
vestibule

Pièce d'étoffe
fichu, voile

Pièce d'étoffe drapée
sarong

Pièce d'étoffe drapée enveloppant les cuisses à la manière d'une culotte
sampot

Pièce d'habillement
habit

Pièce d'horlogerie
marteau

Pièce d'identité officielle
passeport

Pièce d'un mécanisme
ressort

Pièce dans laquelle on dort
chambre

Pièce dans laquelle peut tourner un axe
coussinet

Pièce de bœuf rôti
rosbif

Pièce de bois
chevron, espar

Pièce de bois en forme de bouteille
quille

Pièce de bois qui fait avancer la chaloupe
rame

Pièce de bois qui supporte la quille d'un navire
tin

Pièce de bois servant d'appui
sole

Pièce de charpente
arêtier, étai, longeron, poteau, solive

Pièce de charpente horizontale
solive

Pièce de charpente oblique
lierne

Pièce de charpente placée dans le sens de la longueur
longrine

Pièce de charrue
soc

Pièce de fer coudée en équerre
gond

Pièce de fer sur laquelle tourne une penture
gond

Pièce de forte toile imperméabilisée
bâche

Pièce de gaze hydrophile
compresse

Pièce de harnais
licou

Pièce de l'écu en forme de pointe triangulaire
émanche

Pièce de l'habillement
gant

Pièce de l'habillement qui s'adapte exactement à la main
gant

Pièce de la charrue
sep

Pièce de la serrure
pêne

Pièce de linge
linge, serviette

Pièce de literie
matelas, oreiller

Pièce de mailles portée sur ou sous le casque et protégeant le cou et les épaules
camail

Pièce de métal
crampon

Pièce de métal en forme d'angle
équerre

Pièce de métal recourbée
crochet

Pièce de métal, de bois, percée d'un trou
écrou

Pièce de monnaie recouverte d'une couche d'argent
saucée

Pièce de musique
sonate

Pièce de musique à cinq parties
quintette

Pièce de musique de forme libre
toccata

Pièce de musique mélodieuse
sérénade

Pièce de poésie
sonnet

Pièce de poésie qui comprend six vers
sizain

Pièce de réception
salon

Pièce de Shakespeare
Hamlet

Pièce de tissu
drap

Pièce de tissu léger dont on garnit un lit
drap

Pièce de tissu placée sous le drap
alaise, alèse

Pièce de vaisselle
assiette, bol

Pièce de vaisselle dans laquelle on sert le potage
soupière

Pièce de vers satiriques
iambe

Pièce de vêtement qui recouvre la main l'hiver
mitaine

Pièce de viande
rôti

Pièce de viande enfilée sur un bâton
brochette

Pièce des thermes où l'on pouvait prendre un bain d'eau chaude ou de vapeur
caldarium

Pièce destinée à faire rire
comédie

Pièce destinée à soutenir, à étayer
béquille

Pièce du chien du revolver d'un certain modèle
mentonnet

Pièce du harnais
bride, mors

Pièce du jeu d'échecs
dame, reine, tour

Pièce du loquet d'une porte
clenche

Pièce du train d'une voiture à cheval
armon

Pièce du violon où se fixent les cordes
cordier

Pièce en forme d'équerre
escarre

Pièce en sous-sol d'un bâtiment
cave

Pièce entrant dans le goulot des bouteilles
bouchon

Pièce fixée parallèlement au mur
linçoir

Pièce formant la proue d'un navire
étrave

Pièce honorable de l'écu
pal

Pièce honorable en forme de V renversé
chevron

Pièce horizontale de métal qui soutient la maçonnerie
linteau

Pièce inférieure de l'appareil buccal
labium

Pièce instrumentale
polka, polonaise, sonate

Pièce instrumentale de composition libre
rhapsodie

Pièce littéraire faite de morceaux empruntés
centon

Pièce longitudinale d'une brouette
brancard

Pièce maîtresse de charpente
faîtage

Pièce maîtresse de la charrue
age

Pièce mécanique
came

Pièce mécanique pour imprimer un mouvement de rotation
manivelle

Pièce métallique faisant contact
plot

Pièce métallique mobile qui s'enchâsse dans une pièce fixe sur le devant d'une malle pour la maintenir fermée
moraillon

Pièce métallique permettant d'établir un contact, une connexion électrique
plot

Pièce mobile d'une serrure
pêne

Pièce mobile qui se place ou se rabat sur l'orifice d'un objet
couvercle

Pièce oblique d'un pan de bois
guète

Pièce oscillante qui sert à régler le mouvement d'une horloge ou d'une montre
balancier

Pièce où l'on dort
chambre

Pièce où l'on entrepose le vin
cellier

Pièce où l'on fait les salaisons
saloir

Pièce placée transversalement aux rails de chemin de fer qu'elle supporte
traverse

Pièce plate servant d'appui
semelle

Pièce plate, autrefois utilisée pour calculer
jeton

Pièce poétique simple et attendrissante
romance

Pièce porteuse d'un cintre
vau

Pièce qui soutient un escalier
limon

Pièce qui supporte une voûte en construction
vau

Pièce ronde et mince de métal, caoutchouc, etc.
rondelle

Pièce rotative d'un mécanisme
rotor

Pièce servant à produire une empreinte
estampe

Pièce servant à raccommoder les vêtements
tacon

Pièce servant de couvercle
opercule

Pièce située à l'entrée
vestibule

Pièce tragique de théâtre
drame

Pièce verticale du corps du gouvernail
safran

Pièce verticale sur le pont d'un navire
bitte

Pièce vocale
mélodie

Pièces mouvant les aiguilles d'une montre
cadrature

Piécette
pièce

Pied
arpion, assise, bas, base, fondement, iambe, mètre, panard, patte, pédicule, peton, support, vers

Pied bot tourné vers l'intérieur
varus

Pied de deux syllabes
iambe

Pied de la plante
souche

Pied de vers composé d'une brève et d'une longue accentuée
iambe

Pied de vigne
cep

Pied des champignons
stipe

Pied-à-terre
appartement, logement

Pied-de-biche
cric

Pied-de-loup
lycope

Pied-de-veau
arum

Pied-droit
pile, pilier

Piédestal
base, gaine, piédouche, socle, support

Piédouche
piédestal

Piédroit
jambage

Pieds nus
déchaussé

Piège
appât, artifice, astuce, attrape, collet, complication, danger, écueil, embûche, embuscade, étau, feinte, filet, galère, guêpier, hameçon, lacet, lacs, leurre, machine, nasse, panneau, rets, ruse, souricière, stratagème, subterfuge, tapette, tenderie, traîtrise, trappe, traquenard

Piégé
abusé, berné, insidieux

Piège à rats
ratière

Piège destiné à attraper des oiseaux de passage
tenderie

Piégeage
chasse, trappe

Piéger
abuser, attraper, avoir, berner, blouser, capturer, coincer, duper, traquer, tromper

Pierraille
rocaille

Pierre
agate, améthyste, bauxite, caillou, dalle, galet, gemme, joyau, margelle, roc, roche, rocher, silex, stèle, travertin

Pierre à briquet
silex

Pierre artificielle fabriquée à partir d'une pâte d'argile
brick

Pierre calcaire dure
liais

Pierre d'aigle
aétite

Pierre d'argile cuite au four
brique

Pierre d'un bleu intense
lapis

Pierre dure, pour la construction des murs
caillasse

Pierre Elliott Trudeau
PET

Pierre en saillie
harpe

Pierre fine
améthyste, camaïeu, camée, grenat, jade, opale, topaze

Pierre fine bleue
outremer

Pierre fine d'un bleu azur
lapis

Pierre fine de couleur brun orangé ou rougeâtre
hyacinthe

Pierre fine gravée en creux
intaille

Pierre plate utilisée comme dalle
lause

Pierre précieuse
diamant, gemme, jade, rubis

Pierre précieuse d'un bleu tirant sur le vert
turquoise

Pierre précieuse de teinte bleue
saphir

Pierre précieuse fendillée ou tachée de blanc
givreux

Pierre précieuse jaune transparente
topaze

Pierre précieuse, généralement de couleur verte
émeraude

Pierre qui ressemble au diamant
zircon

Pierre qui tient toute l'épaisseur d'un mur
parpaing

Pierre semi-précieuse
citrine, opale

Pierre tendre et feuilletée
ardoise

Pierreries
joyaux

Pierreux
caillouteux, graveleux, grumeleux, pétré, rocailleux, rocheux

Pierrier
canon

Pierrot
moineau, piaf

Piété
affection, amour, culte, dévotion, ferveur, religion, respect

Piéter
marcher

Piétinement
retard

Piétiner
durer, écraser, enfreindre, fouler, froisser, glisser, insulter, malmener, marcher, patauger, patiner, piaffer, stagner, traîner, transgresser, trépigner, végéter, violer

Piéton
marcheur, passant, pédestre, piétonnier, promeneur

Piétonnier
pédestre, piéton

Piètre
affligeant, bas, chétif, déplorable, dérisoire, faible, insignifiant, insuffisant, lamentable, maigre, mauvais, méchant, médiocre, mesquin, minable, minime, misérable, miteux, modeste, modique, négligeable, pâle, passable, pauvre, petit, piteux, pitoyable, ridicule, triste

Piètre avocat
avocaillon

Pieu
bâton, échalas, épieu, lit, pal, piquet, poteau

Pieu aiguisé à une extrémité
pal

Pieusement
chèrement

Pieuter (Se)
coucher

Pieuvre
céphalopode, poulpe, seiche

Pieux
bigot, cageot, charitable, croyant, déférent, dévot, édifiant, pratiquant, religieux, respectueux

Pièze
pz

Pif
blair, flair, nez

Piffer
blairer

Pifomètre
intuition, nez

Pige
an, année

Pigeon
biset, colombe, dupe, jocrisse, palombe, poire, ramier

Pigeon couronné
goura

Pigeon sauvage de couleur bise
biset

Pigeon, en particulier au plumage blanc
colombe

Pigeonné
abusé, leurré

Pigeonner
abuser, blouser, duper, leurrer, rouler, tromper

Pigeonnier
colombier

Pigeonnier en forme de tour
colombier

Piger
assimiler, comprendre, déchiffrer, enregistrer, saisir, sentir

Pigiste
journaliste, vacataire

Pigment
couleur, mélanine, pigmentation

Pigment brun foncé
mélanine

Pigment jaune présent dans le jaune d'œuf
lutéine

Pigmentation
coloration, couleur, pigment

Pigmenter
colorer, tacheler

Pignade
bois, pinède, pinière

Pignocher
chipoter, discutailler, grignoter, picorer, pinailler

Pignon
fronton, gable, roue

Pignouf
rustre

Pilaf
riz

Pilastre
ante, colonne, pile, pilier

Pilastre carré
ante

Pilastre cornier
ante

Pile
accu, amas, amoncellement, batterie, brusquement, colonne, empilage,
empilement, entassement, générateur, juste, monceau, montagne, montant, net, opportunément, pilastre, pilier, précis, pylône, réacteur, sonnant, tas

Pilé
écrasé

Piler
arrêter, broyer, concasser, défaire, écraser, égruger, enfoncer, laminer, moudre, pulvériser, triturer, vaincre

Pili-pili
piment

Pilier
ante, appui, colonne, défenseur, étai, familier, fidèle, habitué, partisan, pilastre, pile, pivot, poteau, protecteur, pylône, soutien, support

Pilier carré dans une construction
pilastre

Pilier d'encoignure
ante

Pillage
brigandage, calque, concussion, copie, démarquage, déprédation, détournement, emprunt, exaction, imitation, larcin, maraudage, plagiat, rapine, ravage, razzia, sac, saccage, vol, volerie

Pillage fait sur le territoire ennemi
razzia

Pillard
brigand, corsaire, écumeur, maraudeur, pilleur, pirate, plagiaire, ravageur, saccageur, voleur

Piller
calquer, copier, démarquer, dérober, dévaliser, dévaster, écumer, emporter, imiter, infester, marauder, pirater, plagier, prendre, ravager, razzier, saccager, voler

Pilleur
corsaire, forban, pillard, pirate, plagiaire

Pilon
bourroir, broyeur, cuisse, dame, hie

Pilon servant à bourrer l'explosif dans un trou de mine
bourroir

Pilonnage
bombardement, canonnade, canonnage, écrasement, tassement

Pilonné
bombardé, détruit, écrasé

Pilonner
bombarder, broyer, canonner, détruire, écraser, marteler, matraquer, tasser

Pilori
carcan, collier, poteau

Pilotage
conduite, direction, guidage, navigation

Pilote

aviateur, barreur, chauffeur, cicérone, conducteur, copilote, cornac, expérimental, guide, modèle, nautonier, nocher, skipper, test, timonier

Pilote d'un traversier

passeur

Piloter

accompagner, administrer, commander, conduire, cornaquer, diriger, escorter, gérer, gouverner, guider, manœuvrer, mener

Pilule

cachet, comprimé, contraceptif, grain, granule, granulé, médecine, médicament, pastille

Pilum

arme, javeline, javelot

Pimbêche

chipie, mijaurée, pécore, sot

Piment

chile, chili, esprit, harissa, intérêt, osé, paprika, piquant, poivre, poivron, relief, saveur, sel

Piment doux en poudre

paprika

Piment fort

chile, chili

Pimenté

agrémenté, assaisonné, corsé, épicé, fort, gaulois, grivois, libre, licencieux, osé, piquant, poivré, relevé, salé

Pimenter

agrémenter, assaisonner, corser, épicer, rehausser, relever

Pimpant

allègre, coquet, élégant, fringant, gracieux, joli, joyeux, pétillant, propre, propret, sémillant, soigné, vif

Pin

arbre, conifère, sapin

Pin cembro

arole

Pin montagnard

arole

Pin parasol

pignon

Pin-up

beauté, modèle

Pinacle

apogée, comble, couronnement, faîte, sommet, zénith

Pinacothèque

musée

Pinaillage

chipotage

Pinailler

chipoter, ergoter, pignocher

Pinailleur

chicanier, ergoteur, tatillon

Pinasse

barque, bateau, canot, embarcation, pirogue

Pince

brucelles, davier, forge, fronce, outil, patte, pli, poinçonneuse, tenaille

Pincé

amoureux, coincé, dédaigneux, empesé, fermé, guindé, hautain, mince, mordu, précieux, raide, sec, serré

Pince à deux branches

clamp

Pince à longs bras

davier

Pince-jupe

cintre

Pince-nez

bésicles, binocle, lorgnon

Pince-sans-rire

moqueur, taquin

Pinceau

brosse, faisceau

Pinceau pour savonner la barbe

blaireau

Pincée

zeste

Pincement

pinçon, serrement

Pincer

appréhender, coincer, épingler, harponner, mordre, piquer, prendre, ramasser, saisir, serrer, surprendre

Pinces de verrier

morailles

Pincette

brucelles, davier, forceps, fronce, levier, tenaille

Pinchard

gris

Pinçon

meurtrissure, pincement

Pinède

bocage, bois, pignade, pineraie, pinière

Pineraie

bois, pinède, pinière

Pingouin

gorfou, guillemot, macareux, manchot

Pingre

avare, avaricieux, chiche, intéressé, ladre, mesquin, parcimonieux, radin, rapace, rapiat, rat, regardant, sordide

Pingrerie
avarice, avidité, ladrerie, lésine, mesquinerie, radinerie, rapacité

Pinière
bois, pignade, pinède, pineraie

Pinne marine
nacre

Pintadine
méléagrine

Pinte
bistro, bistrot, récipient

Pioche
bigot, houe, pic, piochon, piolet, talon

Pioche à large fer
sape

Piocher
creuser, dégoter, dégotter, étudier, fouir, puiser

Piocheur
terrassier

Piochon
pioche

Piolet
houe, pic, pioche

Pion
élément, fantassin, pièce, surveillant

Pionnier
bâtisseur, colon, conquérant, créateur, défricheur, explorateur, fondateur, initiateur, innovateur, inspirateur, instigateur, novateur, père, précurseur, premier, promoteur, protagoniste, sapeur

Pipe
bouffarde, calumet, chalumeau, narghilé, narguilé, tuyau

Pipe à eau
narghilé, narguilé

Pipe à long tuyau
calumet

Pipe orientale
narghilé, narguilé

Pipe orientale parfois terminée par un bout d'ambre
narghilé, narguilé

Pipeau
appeau, chalumeau, flageolet, flûte, flûtiau, musette

Pipelet
concierge

Pipelette
bavard, pie

Pipeline
canal, canalisation, collecteur, conduit, gazoduc, oléoduc, tube, tuyau

Piper
trafiquer, tromper, truquer

Piperie
leurre, tromperie

Pipette
tube

Pipeur
tricheur, trompeur

Pipit
farlouse

Pipit à plumage gris olive
farlouse

Pipo
polytechnicien

Piquant
acerbe, acéré, acide, acidulé, âcre, agrément, aigre, aigrelet, aigu, aiguillon, amer, amusant, barbelé, blessant, caustique, charmant, charme, corsé, croustillant, cuisant, curieux, drôle, épicé, épine, excitant, fin, fort, gazeux, inattendu, incisif, intéressant, malicieux, moqueur, mordant, mutin, pénétrant, perçant, perforant, pétillant, piment, pimenté, piqué, pittoresque, plaisant, pointe, pointu, railleur, relevé, relief, satirique, saveur, savoureux, sel, spirituel, vexant, vif, vinaigré

Piquant au goût
acide, âcre, aigre

Piquant de certains végétaux
épine

Pique
arme, attaque, dard, épieu, hallebarde, invective, javelot, lance, lazzi, méchanceté, moquerie, piqûre, pointe, quolibet, raillerie, rosserie, sagaie, sarcasme, trait, tuteur, vanne

Piqué
aigre, énervé, excité, loufoque, piquant, plongé, pourri, tacheté, tourné, vermoulu

Piqué par les vers
vermoulu

Pique-assiette
lécheur, parasite

Pique-feu
ringard, tisonnier

Pique-nique
repas

Piquer
agacer, aigrir, aiguillonner, appréhender, attaquer, atteindre, attiser, blesser, brûler, chatouiller, coudre, cuire, démanger, détacher, égratigner, empaler, enfoncer, entamer, éperonner, épingler, euthanasier, éveiller, exciter, fâcher, ficher, froisser, gratter, irriter, manger, moisir, mordre, offenser, percer, picoter, pincer, planter, plonger,

ronger, stimuler, surprendre, tomber, tourner, trouer, tuer, ulcérer, vacciner, vexer, voler

Piquer à plusieurs reprises
larder

Piquer avec du fil
coudre

Piquer avec le bec
becqueter, béqueter

Piquer avec son bec pour se nourrir
becqueter, béqueter

Piquer avec un dard
darder

Piquet
bâton, palot, pieu, repère

Piquet servant à établir des alignements
jalon

Piquetage
marquage, picotage

Piqueté
marqué, tacheté, vermoulu

Piqueter
baliser, délimiter, empêcher, jalonner, marquer, moucheter, tacheter, tracer

Piquier
pertuisanier, soldat

Piquoir
aiguille

Piqûre
blessure, couture, injection, inoculation, méchanceté, moquerie, morsure, oxydation, picotement, pique, pointe, quolibet, raillerie, rosserie, rousseur, sarcasme, tache, urtication, vaccin, vanne, vermoulure

Piratage
piraterie, rapinerie

Pirate
aigrefin, bandit, boucanier, brigand, charlatan, clandestin, corsaire, escroc, filou, flibustier, forban, fripouille, gangster, illégal, illicite, irrégulier, pillard, pilleur, plagiaire, requin, scélérat, truand, vautour, voleur

Pirate, flibustier
forban

Pirater
copier, démarquer, détourner, escroquer, imiter, piller, plagier

Piraterie
escroquerie, exaction, filouterie, flibuste, flibusterie, fraude, imitation, piratage, vol

Pire
passable, pis

Pirogue
barque, canoë, canot, embarcation, esquif, pinasse

Pirouette
cabriole, changement, dérobade, échappatoire, esquive, excuse, fuite, galipette, gambade, palinodie, plaisanterie, retournement, revirement, toupie, tour, virevolte, volte

Pirouetter
pivoter, tourner, tournoyer

Pis
mamelle, pire, tétine

Pis-aller
palliatif

Pisciforme
ichtyoïde

Piscine
baignoire, bain, bassin, pataugeuse, réservoir

Piscivore
ichtyophage

Pisé
banco, bauge, bousillage, mortier, torchis

Pisser
pleuvoir

Pistache
vert

Pistage
filature, poursuite

Pistard
coureur, cycliste

Piste
autodrome, chemin, circuit, cirque, foulée, indication, indice, orientation, ring, sentier, sillon, trace, voie

Pisté
épié

Piste aménagée pour les courses de lévriers
cynodrome

Piste de course
circuit

Piste de patinage
patinoire

Pister
épier, espionner, filer, guetter, suivre

Pistolet
aérographe, arme, automatique, calibre, colt, feu, flingue, fusil, pain, pétard, revolver

Pistolet automatique de 9 mm
luger

Pistolet-mitrailleur
mitraillette

Piston
aide, appui, couloir, influence, intervention, parrainage, protection, recommandation, soutien

Pistonner
appuyer, favoriser, parrainer, patronner, protéger, recommander, soutenir

Pistou
basilic, pesto

Pitance
aliment, curée, nourriture, ordinaire, pain, pâtée, pâture, rata, repas, subsistance

Pite
agave

Piteux
affligeant, chétif, confus, déconfit, déplorable, gauche, honteux, lamentable, malheureux, marmiteux, mauvais, médiocre, minable, misérable, miteux, navrant, pauvre, penaud, piètre, pitoyable, ridicule, triste

Pitié
apitoiement, attendrissement, bienveillance, bonté, charité, clémence, cœur, commisération, compassion, condescendance, dédain, grâce, humanité, indulgence, mansuétude, mépris, merci, miséricorde, sensibilité, sympathie

Piton
aiguille, bouton, broche, clou, éminence, montagne, pic, vis

Piton de roches dures
neck

Pitonnage
clouage, zapping

Pitonner
composer, zapper

Pitoune
bille

Pitoyable
abject, affligeant, calamiteux, consternant, déplorable, dérisoire, désastreux, douloureux, exécrable, funeste, lamentable, malheureux, mauvais, médiocre, méprisable, minable, misérable, miteux, moche, navrant, pauvre, piètre, piteux, pouilleux, ridicule, triste

Pitre
amuseur, bouffon, clown, comique, guignol, humoriste, loustic, plaisantin, singe

Pitre de cirque
paillasse

Pitrerie
bouffonnerie, clownerie, facétie, farce, joyeuseté, plaisanterie, singerie

Pittoresque
original, originalité, piquant, truculent, vie, vivant

Pivert
pic

Pivoine
écarlate

Pivot
arbre, axe, base, centre, essieu, fondement, organisateur, pilier, racine, responsable, soutien, support, tenon, tourillon

Pivotant
tournant

Pivoter
obliquer, pirouetter, tourner, tournoyer, virer

Placage
application, pose, revêtement

Placard
affiche, annonce, armoire, buffet, dazibao, écriteau, épreuve, pamphlet, pancarte, penderie, rangement

Placarder
afficher, apposer, coller, plaquer

Place
agencement, agora, arrangement, billet, carré, carrefour, charge, classement, dignité, disposition, emplacement, emploi, endroit, entrée, espace, esplanade, fauteuil, fonction, forum, lieu, localité, loge, métier, ordre, parvis, point, portée, position, poste, rang, rôle, siège, sile, situation, square, strapontin, terrain, ticket, travail, volume

Placé
aménagé, appliqué, disposé, logé, mis, rangé, situé

Placé au-dessus du rein
surrénal

Place bordée d'édifices publics
agora

Placé en tête
liminaire

Place forte
ferté

Place publique
forum

Place située devant l'entrée d'une église
parvis

Placement
agencement, disposition, hospitalisation, installation, internement, investissement, mise, rangement

Placer
abouter, agencer, ajuster, aligner, aménager, appliquer, arranger, asseoir, attacher, caser, centrer, charger, classer, déposer, disposer, engager, établir, étendre, exposer, ficher, flanquer, fonder, foutre, installer, investir, localiser, loger, louer, mettre, ordonner, orienter, percher, planter, poser, poster, ranger, remiser, serrer, situer, vendre

Placer au centre
centrer

Placer dans un endroit déterminé pour surveiller
poster

Placer dans une position oblique
incliner

Placer des jalons pour construire
bornoyer

Placer des signes de ponctuation
ponctuer

Placer très haut
jucher

Placer un dièse devant une note
diéser

Placer un texte dans le presse-papier
copier

Placet
pétition, requête, revendication

Placeur
courtier, démarcheur, démonstrateur, placier, représentant

Placide
calme, flegmatique, froid, impassible, impavide, imperturbable, mesuré, pacifique, paisible, patient, pondéré, serein, tranquille

Placidement
calmement, sereinement

Placidité
accalmie, calme, flegme, impassibilité, imperturbabilité, nonchalance, patience, sérénité, tranquillité

Placier
boursier, courtier, démarcheur, démonstrateur, placeur, représentant

Placotage
bavardage

Placoter
bavarder, deviser, jaser, papoter

Placoteur
cancanier

Placoteux
cancanier

Plafond
barre, limite, maximum, seuil, sommet, supérieur, voûte

Plafond à caissons
soffite

Plafonner
brider, culminer, limiter, percuter, stagner

Plafonnier
lustre, suspension

Plage
bord, créneau, grève, littoral, marina, marine, rivage, tranche

Plagiaire
contrefacteur, copieur, copiste, imitateur, pasticheur, pillard, pilleur, pirate

Plagiat
calque, copiage, copie, démarquage, emprunt, imitation, pastiche, pillage

Plagier
calquer, contrefaire, copier, décalquer, démarquer, emprunter, imiter, pasticher, piller, pirater, reproduire

Plagioclase
andésite

Plaid
cape, couverture, tartan

Plaidant
plaideur

Plaider
affirmer, attester, défendre, intercéder, soutenir

Plaideur
avocat, chicaneur, contestant, défenseur, demandeur, partie, plaidant, requérant

Plaidoirie
allocution, défense, plaidoyer, réquisitoire

Plaidoyer
allocution, apologie, défense, discours, éloge, justification, plaidoirie

Plaie
affliction, blessure, bobo, cicatrice, coupure, douleur, écorchure, égratignure, fléau, gêneur, importun, lésion, mal, meurtrissure, morsure, peine, peste, souci, taillade, tracas, ulcère

Plaie faite par une arme blanche
séton

Plaie sociale
chancre

Plain
égal, plan, plat, uni

Plain-chant
psalmodie

Plaindre
apitoyer, bêler, brailler, compatir, criailler, crier, déplorer, geindre, gémir, grommeler, lamenter, maugréer, murmurer, pleurer, pleurnicher, protester, râler, réclamer, récrier, récriminer, renauder, revendiquer, ronchonner, soupirer

Plaine
bassin, steppe

Plaine crayeuse
champagne

Plaine du nord-ouest du Maroc
Rharb

Plaine irriguée
huerta

Plainte

apitoiement, complainte, cri, criaillerie, geignement, gémissement, grief, hurlement, jérémiade, lamentation, murmure, pleurs, protestation, réclamation, récrimination, reproche, revendication, soupir

Plaintes

doléances

Plaintif

dolent, geignard, gémissant, larmoyant, pleurard, pleureur, pleurnichard, pleurnicheur

Plaire

agréer, arranger, attirer, botter, captiver, charmer, chatouiller, combler, conquérir, contenter, convenir, enchanter, exciter, fasciner, flatter, inspirer, intéresser, ravir, réjouir, réussir, satisfaire, séduire, sourire, tenter

Plaisamment

gaiement, gaîment

Plaisance

yachting

Plaisancier

aoûtien, yachtman

Plaisant

adorable, affable, affriolant, agréable, aimable, amène, amusant, attachant, attirant, attrayant, avenant, bouffon, charmant, choute, comique, divertissant, doux, drôle, engageant, excitant, facétieux, farceur, folâtre, gai, gentil, gracieux, hilarant, joli, loustic, piquant, ravissant, réjouissant, riant, rigolo, risible, saveur, savoureux, séduisant, sel, souriant, spirituel, sympathique

Plaisantant

amusant

Plaisanté

amusé

Plaisanter

amuser, badiner, blaguer, bouffonner, charrier, chiner, galéjer, gausser, gouailler, jouer, marrer, railler, rigoler, rire, taquiner

Plaisanter et contrarier par jeu

taquiner

Plaisanterie

alacrité, amusement, ânerie, attrape, badinage, badinerie, bagatelle, bêtise, blague, bobard, bouffonnerie, boutade, canular, facétie, farce, frivolité, gag, galéjade, hilarité, humour, jeu, jouet, joyeuseté, lazzi, moquerie, mystification, pirouette, pitrerie, pointe, quolibet, raillerie, rigolade, rire, saillie, satire, taquinerie, tour, vanne

Plaisanterie burlesque

facétie

Plaisanterie moqueuse

lazzi

Plaisantin

amateur, amuseur, blagueur, bouffon, dilettante, facétieux, farceur, fumiste, gouailleur, loustic, pitre, rigolo

Plaisir

agrément, amusement, bienfait, bonheur, charme, contentement, délectation, délice, distraction, divertissement, enthousiasme, épicurisme, euphorie, félicité, fête, fun, grâce, hédonisme, jeu, joie, jouet, jouissance, récréation, régal, réjouissance, satisfaction, volupté

Plaisir extrême

délice

Plaisir physique intense

jouissance

Plaisirs très intenses et très subtils

délices

Plan

aile, bâti, cadre, calcul, canevas, carcasse, carte, catégorie, charpente, combinaison, concept, croquis, croupe, descriptif, dessein, dessin, diagramme, domaine, ébauche, economie, égal, entreprise, épure, esquisse, face, filon, hauteur, idée, importance, intention, levé, maquette, modèle, niveau, ordre, ossature, perspective, plain, planification, plat, programme, projet, registre, relevé, scenario, schéma, squelette, stratégie, structure, surface, synopsis, système, table, tactique, texture, topo, tracé, trame, uni, visée, voilure, vue

Plan incliné d'un toit

versant

Plan incliné mobile

passerelle

Planche

ais, carré, estampe, figure, gravure, illustration, image, latte, passerelle, planchette, rayon, reproduction, tablette

Planche à découper

tranchoir

Planche de bois

latte

Planche de labour

sillon

Planche élastique sur laquelle on saute

tremplin

Planche fine utilisée dans la construction

frisette

Planche posée horizontalement

tablette

Planche qu'on ajoute à une autre pour élargir un panneau
alèse

Planche qui conserve l'écorce de l'arbre lors du sciage
dosse

Planche qui revêt le côté intérieur des membrures d'un navire
vaigre

Planche reproduisant en relief une image
cliché

Planche servant à enduire
taloche

Planche très épaisse
madrier

Planche, solive de sapin
sapine

Planchéier
parqueter

Plancher
limite, minimum, parquet, parterre, plateforme, sol

Plancher à claire-voie
gril

Plancher de charpente
platelage

Plancher élevé
estrade

Plancher en béton armé
dalle

Plancher pelvien
périnée

Planches
plateau, scène, théâtre

Planchette
ais, planche, plaquette, tablette

Planchette à repasser
jeannette

Planchette de bois
ais

Planchette mince et courte
bardeau

Planchettes jointes donnant un signal en claquant
claquette

Planchiste
surfeur

Plançon
plantard

Plane
ciseau

Planer
aplanir, polir, rêvasser, rêver, survoler, voler, voleter, voltiger

Planétaire
global, mondial, universel

Planète
astre, étoile, globe, jupiter, mars, mercure, monde, neptune, pluton, satellite, terre, univers

Planète appartenant à l'univers de fiction de *Star Trek*
Acamar

Planétoïde
météore

Planification
agenda, plan, programme

Planifié
organisé

Planifier
calculer, envisager, orchestrer, ordonner, organiser, penser, préméditer, préparer, prévoir, programmer, projeter

Planisphère
carte, globe

Planning
agenda, almanach, calendrier, horaire, programme

Planque
cache

Planquer
cacher

Plant
cépage, plantation, semis

Plant arraché dont les racines sont à nu
arrachis

Plant de jeunes végétaux obtenus par semis
pépinière

Plant de vigne
cépage

Plant issu d'une graine plantée au printemps
semis

Plantain d'eau aux tissus remplis d'air
alisma, alisme

Plantard
plançon

Plantation
boisement, champ, culture, exploitation, forêt, implantation, installation, jardinage, pépinière, peuplement, plant, pose, potager, repiquage, semis, verger, vignoble

Plantation d'arbres forestiers
boisement

Plantation d'oliviers
oliveraie

Plantation d'orangers
orangeraie

Plantation de cannes à sucre, de roseaux
cannaie

Plantation de chênes
chênaie

Plantation de pommiers
pommeraie

Plantation de riz
rizière

Plantation de sapins
sapinière

Plante
arbre, fleur, giroflée, végétal

Planté
boisé, campé

Plante à baies blanches
gui

Plante à bulbe
crocus

Plante à bulbe à fleurs bleues
endymion

Plante à chair jaune
rutabaga

Plante à feuilles découpées
ache

Plante à feuilles dentées
aloès

Plante à feuilles épineuses
kali

Plante à feuilles et à bractées épineuses
chardon

Plante à feuilles palmées
chanvre, lupin

Plante à feuilles persistantes
gui

Plante à feuilles très découpées
achillée

Plante à feuilles triangulaires
arroche

Plante à fleurs blanchâtres
réséda

Plante à fleurs disposées sur un spadice
arum

Plante à fleurs en forme d'étoile
aster

Plante à fleurs jaunes
aunée, colza, gombo, inule, laiteron

Plante à fleurs jaunes ou blanches
alysse

Plante à fleurs ornementales
dahlia

Plante à fleurs pourpres
nielle

Plante à fleurs purpurines
bardane

Plante à fleurs roses ou mauves
statice

Plante à fleurs velues
velvote

Plante à grandes feuilles palmées
ricin

Plante à grandes fleurs bleues dont on fait des tisanes
bourrache

Plante à haute tige
iris

Plante à larges feuilles dont les tiges sont comestibles
rhubarbe

Plante à nombreuses variétés
laitue

Plante à odeur forte
népète

Plante à petites fleurs en étoile
morelle

Plante à rhizome très développé
réglisse

Plante à rhizome tubéreux
curcuma

Plante à tubercules comestibles
crosne

Plante alimentaire
céléri

Plante appelée aussi corbeille d'argent
ibéris

Plante appelée aussi petite bardane
lampourde

Plante appelée communément corbeille d'argent
ibéride

Plante âpre et toxique
éthuse

Plante aquatique
acore, macre, nélombo

Plante aquatique à larges feuilles
nénuphar

Plante aquatique de haute taille
roseau

Plante aquatique originaire d'Amérique
élodée

Plante aromatique
aneth, cardamome, cerfeuil, cumin, laurier, lavande, origan, romarin

Plante aromatique des régions tropicales d'Asie et d'Océanie
patchouli

Plante aromatique du genre du thym
serpolet

Plante aromatique qui sert de condiment
sarriette

Plante aromatique voisine de la menthe
origan

Plante aromatique, dicotylédone
coriandre

Plante au liquide irritant
ortie

Plante aux feuilles comestibles
oseille

Plante aux fleurs décoratives
aster

Plante aux fleurs pendantes en forme de clochettes
fuchsia

Plante aux propriétés purgatives
jalap

Plante aux tiges traînantes
courge

Plante aux vertus calmantes
verveine

Plante ayant des fleurs hermaphrodites
polygamie

Plante bulbeuse
ail, glaïeul, lis, lys, narcisse

Plante bulbeuse à saveur piquante
ail

Plante carnivore d'Amérique
dionée

Plante carnivore des tourbières
drosera

Plante charnue
orpin, sedum

Plante commune dans les décombres
bardane

Plante connue pour ses vertus fébrifuges et digestives
camomille

Plante considérée comme ancêtre mythique
totem

Plante contenant du latex
laiteron

Plante couverte de poils fins
ortie

Plante cryptogame
prêle

Plante cultivée
céréale, pois

Plante cultivée pour ses fleurs décoratives
aster

Plante cultivée pour ses fleurs ornementales
pavot

Plante cultivée pour ses racines odorantes
vétiver

Plante cultivée pour ses tubercules comestibles
taro

Plante cultivée pour son feuillage décoratif
bégonia

Plante cultivée surtout pour ses racines
radis

Plante d'Amérique du Nord, cultivée pour ses fleurs de couleurs vives
phlox

Plante d'Amérique tropicale
bégonia

Plante d'appartement d'origine tropicale
ficus

Plante d'origine mexicaine
agave

Plante de goût acide
surelle

Plante de l'Asie tropicale
ramie

Plante de la famille des composées
hélianthe

Plante de la famille des graminacées
graminée

Plante de la famille des orchidacées
orchidée

Plante de la famille des rosacées
spirée

Plante de la famille des théacées
camélia

Plante de massif de la famille des composacées
zinnia

Plante de montagne
arnica

Plante des bois et des haies
violette

Plante des bois humides
pirole

Plante des bords de l'eau
carex

Plante des climats chauds
aloès

Plante des herbages humides
cardamine

Plante des lieux humides
aunée, prêle

Plante des marais
acores, muguet

Plante des marais à baies rouges
calla

Plante des prairies
carvi

Plante des prés humides
cardamine

Plante des prés montagneux
gentiane

Plante des prés vivace
rue

Plante des régions chaudes
dracena

Plante des régions désertiques
aloès

Plante des régions tempérées
orobe

Plante des régions tropicales
gnète, manioc

Plante dicotylédone
anis

Plante dicotylédone herbacée
lycope

Plante dont l'une des variétés est le fenouil
aneth

Plante dont la racine est comestible
panais

Plante dont la racine produit une teinture rouge
garance

Plante dont la racine sert à fabriquer une confiserie
réglisse

Plante dont les fleurs se tournent vers le soleil
tournesol

Plante dont les grains servent à l'alimentation
céréale

Plante dont les hautes tiges portent des fleurs ornementales
iris

Plante dont on consomme les feuilles vertes
épinard

Plante dont on extrait l'opium
pavot

Plante dont on fait des infusions
verveine

Plante dont on nourrit les oiseaux
plantain

Plante dont on tire une fibre textile
ramie

Plante dont on utilise la fibre comme textile
lin

Plante du bord des étangs
roseau

Plante du littoral
kali

Plante du littoral africain
lotus

Plante du littoral riche en soude
kali

Plante du Moyen-Orient
henné

Plante fourragère
luzerne

Plante fourragère graminée des prés et des bois
fétuque

Plante fourragère herbacée
crételle

Plante graminée
avoine

Plante graminée tropicale
bambou

Plante grasse à feuilles charnues
joubarbe

Plante grasse à rameaux épineux
oponce

Plante grasse aux tiges charnues portant des épines en faisceaux
cactus

Plante grasse de l'Amérique tropicale
cierge

Plante grimpante
gesse, houblon, liane, lierre

Plante grimpante à fleurs en bouquet
clématite

Plante grimpante à grandes fleurs bleues
cobée

Plante grimpante aux baies rutilantes
tamier

Plante grimpante cultivée pour ses graines
pois

Plante grimpante dont le fruit est la vanille
vanillier

Plante herbacée
alfa, ancolie, arum, asperge, blé, brome, carex, cresson, crocus, drave, épiaire, fenouil, férule, gesse, gingembre, haricot, ipomée, jonc, lentille, lin, linaire, lupin, mauve, moutarde, orge, ortie, panic, pavot, pissenlit, spirée, trèfle, vesce

Plante herbacée à feuilles vertes
pirole

Plante herbacée à fleurs blanches
sagine, samole

Plante herbacée à fleurs bleues
véronique

Plante herbacée à fleurs en épis
molène

Plante herbacée à fleurs jaunes
anémone

Plante herbacée à fleurs roses
valériane

Plante herbacée à fleurs roses ou violet pâle
mauve

Plante herbacée à fleurs sans corolle
anémone

Plante herbacée à fleurs violettes
luzerne

Plante herbacée à grandes fleurs décoratives
glaïeul

Plante herbacée à racine bulbeuse
tulipe

Plante herbacée à tige volubile
liseron

Plante herbacée à variétés ornementales
silène

Plante herbacée annuelle
ers, laitue

Plante herbacée annuelle ou vivace
œillet

Plante herbacée appelée aussi œillet
tagète

Plante herbacée aromatique
armoise

Plante herbacée aux feuilles cendrées
cinéraire

Plante herbacée aux fleurs roses
géranium

Plante herbacée cultivée pour ses fibres textiles
jute

Plante herbacée des pays tropicaux
sorgho

Plante herbacée des régions chaudes
sanicle

Plante herbacée dont les fleurs sont en forme de clochettes bleues, blanches ou violettes
campanule

Plante herbacée exotique
nard

Plante herbacée odorante
menthe

Plante herbacée ornementale
pétunia

Plante herbacée rampante
concombre

Plante herbacée rudérale
mélilot

Plante herbacée très aromatique
menthe

Plante herbacée tropicale
tacca

Plante herbacée vénéneuse
belladone

Plante herbacée vivace
ellébore, lis, lys

Plante indienne dont l'odeur éloigne les insectes
vétiver

Plante insectivore
drosera

Plante lacustre
isoète

Plante légumineuse annuelle
fève

Plante légumineuse d'origine exotique
soja

Plante ligneuse aromatique
thym

Plante liliacée à odeur forte
ail

Plante malodorante
actée

Plante médicinale
bourrache

Plante mellifère, herbacée et aromatique
mélisse

Plante monocotylédone
ivraie, ixia

Plante non ligneuse
herbe

Plante nuisible aux céréales
ivraie

Plante nuisible aux cultures
chiendent

Plante odorante des régions méditerranéennes
férule

Plante odoriférante et amère
absinthe

Plante oléagineuse
sésame

Plante oléagineuse grimpante
soja

Plante ombellifère
ammi

Plante ombellifère, herbacée
ache

Plante originaire de l'Inde
sésame

Plante originaire du Moyen-Orient
cumin

Plante ornementale
dahlia, ibéris, jasmin, tagète

Plante ornementale à belles fleurs
hibiscus

Plante ornementale de la famille des crucifères
julienne

Plante ornementale de la famille des liliacées à grandes fleurs
yucca

Plante ornementale des jardins
agérate

Plante ornementale dont le fruit éclate au toucher
balsamine

Plante ornementale méditerranéenne
acanthe

Plante ou animal résultant d'un croisement
hybride

Plante parasite
gui

Plante piquante
ortie

Plante potagère
artichaut, céléri, chou, courge, oignon, persil, piment, radis, raiponce

Plante potagère à odeur forte
ail

Plante potagère à racine charnue
betterave

Plante potagère à racines comestibles
navet

Plante potagère annuelle
tomate

Plante potagère aromatique
estragon

Plante potagère aromatique utilisée comme condiment
persil

Plante potagère aux feuilles vertes
épinard

Plante potagère cucurbitacée
concombre

Plante potagère cultivée pour ses fruits allongés
concombre

Plante potagère dont les côtes des pétioles sont consommées
céléri

Plante potagère dont on consomme la racine
radis

Plante potagère dont on mange le pied
poireau

Plante potagère du genre de l'artichaut
cardon

Plante potagère feuillue
salade

Plante potagère que l'on mange crue
verdure

Plante potagère tropicale
gombo

Plante potagère vivace
artichaut

Plante qui contient un alcaloïde toxique
tabac

Plante qui croît dans les marais
samole, scirpe

Plante qui forme des prairies sous-marines
zostère

Plante qui nourrit certains animaux
laiteron

Plante qui s'apparente au navet
rutabaga

Plante riche en carotène, en sucre et en vitamines
carotte

Plante sauvage
carvi, gouet

Plante sauvage des hautes montagnes
génépi

Plante sauvage herbacée à fleurs groupées en capitules
lampourde

Plante sauvage très commune
géranium

Plante semblable au nénuphar blanc
lotus

Plante submergée dans les eaux stagnantes
lenticule

Plante textile
chanvre, lin

Plante tropicale
taro

Plante tropicale vivace
igname

Plante utilisée comme condiment
raifort

Plante utilisée dans la fabrication de meubles
bambou

Plante utilisée en cuisine
sauge

Plante valérianacée
nard

Plante vasculaire qui croît surtout dans les bois
fougère

Plante vénéneuse
aconit

Plante vénéneuse de la famille des ombellifères
ciguë

Plante vénéneuse des régions montagneuses
aconit

Plante vivace
asperge, hosta, pivoine

Plante vivace à feuilles en éventail
ellébore

Plante vivace à rhizome épais
phormion

Plante vivace à tige volubile
houblon

Plante vivace cultivée
giroflée

Plante vivace cultivée pour ses larges fleurs roses, blanches ou rouges
pivoine

Plante vivace des bois
actée

Plante vivace des montagnes
arnica

Plante vivace poussant sur les toits
joubarbe

Plante vivace rampante
thym

Plante voisine de l'iris
ixia

Plante voisine de la betterave
bette

Plante voisine de la gesse
orobe

Plante voisine du chou
colza

Plante voisine du navet
rave

Plante volubile
liseron

Plante vomitive
ipéca

Planter
accrocher, arborer, asseoir, boiser, camper, dresser, élever, enfoncer, ensemencer, ficher, fixer, implanter, installer, introduire, laisser, mettre, monter, peupler, piquer, placer, poser, reboiser, repiquer, replanter, semer, transplanter

Planter de nouveau
replanter

Planter des arbres
boiser

Planter des arbres sur un terrain déboisé
reboiser

Planter en herbe à pré
enherber

Plantes
verdure

Planteur
agriculteur

Planton
factionnaire, garde, sentinelle, vigie, vigile

Plantureusement
abondamment

Plantureux
abondant, adipeux, avantageux, charnu, copieux, corpulent, dodu, épanoui, fécond, fertile, gargantuesque, généreux, gras, gros, opulent, pantagruélique, plein, potelé, rebondi, replet, riche, rond

Plaque
badge, carreau, croûte, dalle, décoration, écaille, écriteau, feuille, insigne, lame, lamelle, médaille, panonceau, plaquette, table, tablette

Plaqué
abandonné, aplati

Plaque à lames dentelées pour panser les chevaux
étrille

Plaque blasonnée servant d'enseigne
écusson

Plaque de bois
éclisse

Plaque de neige isolée
névé

Plaque de pierre dure
dalle

Plaque de terre cuite
tuile

Plaque destinée au pavement du sol
dalle

Plaque mobile à charnière
moraillon

Plaque portante
platine

Plaque rouge sur la peau
rougeur

Plaque servant à guider le perçage
perçoir

Plaqueminier
ébénier

Plaqueminier du Japon
kaki

Plaquer
abandonner, aplatir, appliquer, appuyer, coincer, coller, lâcher, placarder, pousser

Plaquer une tarte à la crème sur le visage de quelqu'un
entarter

Plaquette
brochure, fascicule, lamelle, livre, livret, monographie, opuscule, planchette, plaque, publication, recueil, tablette

Plaquette noire rectangulaire divisée en deux et marquée de points blancs
domino

Plasma
sérum

Plastic
amorce, détonateur, dynamite, explosif, nitroglycérine

Plasticité
souplesse

Plastie
réfection

Plastique
anatomie, beauté, corps, flexible, forme, malléable, mou, physique, souple

Plastron
jaseran

Plastronner
crâner, frimer, parader, paraître

Plastronneur
crâneur

Plat
aplati, assiette, banal, camard, camus, creux, décoloré, dégonflé, égal, ennuyant, fade, falot, froid, horizontal, humble, incolore, inconsistant, insipide, légumier, lisse, médiocre, mets, mièvre, mince, monotone, morceau, morne, obséquieux, pâle, pauvre, plain, plan, plateau, platée, prosaïque, quelconque, raide, rampant, service, spécialité, terne, uni, uniforme, ustensile, vide, vil

Plat composé de viande et de haricots blancs
cassoulet

Plat creux monté sur pied
compotier

Plat de légumes bouillis
pistou

Plat de pommes de terre râpées
rœsti, rösti

Plat de viande, de légumes
ragoût

Plat dressé sous de la gelée moulée
aspic

Plat fait de morceaux de viande
tagine, tajine

Plat frais d'origine indienne, à base de yaourt et de légumes
raïta

Plat indien
dal, tandouri

Plat italien composé de riz, de tomates et de parmesan
risotto

Plat japonais
sashimi

Plat particulièrement apprécié à Noël
dinde

Plat peu appétissant
rata

Plat servi avant la viande
entrée

Plat très populaire à Noël et au Lac-Saint-Jean
tourtière

Plat valaisan au fromage
raclette

Plat, uni
plan

Plate
barque

Plate-bande
bande, bandeau, massif, parterre

Plateau
assortiment, décor, planches, plat, plateforme, platine, scène, studio, table, tréteaux, wagon

Plateau calcaire
causse

Plateau de grès
tassili

Plateau formé par les restes d'une coulée volcanique
mesa

Plateau herbeux en Afrique du Sud
veld

Plateau pour découper la viande
tailloir

Plateau rocheux des régions désertiques
hamada

Plateau tournant sur une scène de théâtre
tournette

Platée
plat

Plateforme
balcon, base, belvédère, épaule, étage, palier, perron, plancher, plateau, programme, projet, quai, replat, socle, tablier, terrasse

Plateforme arrondie reposant sur un bas-mât
hune

Plateforme dans un escalier
palier

Plateforme horizontale séparant deux étages
plancher

Plateforme qui repose sur un bas-mât
hune

Plateforme surélevée pour plonger dans l'eau
plongeoir

Platine
plateau, Pt

Platiné
blond, jaune

Platitude
banalité, bêtise, cliché, évidence, facilité, fadaise, fadeur, faiblesse, généralité, inconsistance, insignifiance, insipidité, lapalissade, lividité, médiocrité, mièvrerie, monotonie, niaiserie, pâleur, pauvreté, poncif, prosaïsme, sottise, stéréotype, truisme, uniformité

Platonique
chaste, formel, pur

Plâtras
déblais, débris, décombres, gravats, gravois

Plâtre
albâtre, gypse

Plâtré
scellé

Plâtrer
crépir, sceller

Plâtrier
maçon

Plâtrière
carrière

Plausible
acceptable, admissible, concevable, crédible,
croyable, pensable, possible, probable,
recevable, vraisemblable

Plèbe
foule, peuple, populace, racaille, tourbe,
troupeau

Plébéien
populaire, prolétaire, roturier

Plébiscite
consultation, suffrage, vote

Plébiscité
élu

Plébisciter
approuver, élire

Plectre
médiator

Pléiade
brochette, groupe, ribambelle

Plein
absolu, ample, arrondi, avantageux, bondé,
bourré, charnu, comble, complet, dense,
dodu, entier, épanoui, étoffé, farci, franc,
garni, généreux, gras, gravide, gros, grosse,
imbu, inentamé, ivre, massif, nourri, opulent,
paqueté, pétri, plantureux, plénier, potelé,
poupard, rassasié, rebondi, rempli, replet,
repu, rond, rondelet, saoul, saturé, sonore,
soûl, soutenu, total, tout

Plein d'attentions, vigilant
attentif

Plein d'esprit d'invention
ingénieux

Plein d'un enthousiasme de poète
lyrique

Plein de boue
boueux

Plein de fange
fangeux

Plein de neige
enneigé

Plein de prévenance
empressé

Plein de vie
vivant

Plein de violence
virulent

Pleinement
amplement, bien, énormément, tout

Plénier
complet, entier, plein, total

Plénipotentiaire
diplomate, envoyé

Plénitude
abondance, ampleur, bonheur, comblement,
contentement, épanouissement, force,
intégrité, kief, maturité, opulence, profusion,
saturation, totalité

Pléonasme
redondance, tautologie

Pléonastique
redondant

Pléthore
abondance, abus, débauche, débordement,
excès, profusion, surabondance, surplus

Pléthorique
surchargé

Pleurard
geignard, hurleur, plaintif, pleureur

Pleurer
brailler, braire, chialer, chouiner, couiner,
crier, déplorer, geindre, gémir, hurler,
implorer, lamenter, larmoyer, plaindre,
pleurnicher, réclamer, regretter, sangloter,
soupirer, suinter

Pleurer bruyamment
brailler

Pleurer en se plaignant
brailler

Pleureur
dolent, geignard, larmoyant, plaintif, pleurard,
pleurnichard, pleurnicheur

Pleurnichard
gueulard, hurleur, larmoyant, plaintif,
pleureur

Pleurnichements
pleurs

Pleurnicher
bêler, brailler, couiner, geindre, gémir,
larmoyer, pleurer, sangloter

Pleurnicheries
pleurs

Pleurnicheur
dolent, grognon, larmoyant, plaintif, pleureur

Pleurote
champignon

Pleurs
cris, geignements, gémissements,
jérémiades, lamentations, pleurnichements,
pleurnicheries, sanglots, soupirs

Pleurs
larme, plainte, sanglot

Pleutre
capon, couard, craintif, dégonflé, foireux,
froussard, lâche, peureux, poltron,
pusillanime, timoré, trouillard

Pleutrerie
couardise, lâcheté, peur, poltronnerie

Pleuvassé
coulé

Pleuvasser
pleuvoir, pleuvoter, pluviner

Pleuviné
coulé

Pleuviner
bruiner, crachiner, pleuvoir, pluviner

Pleuvoir
affluer, amonceler, bruiner, chuter, crachiner,
flotter, mouillasser, mouiller, pisser,
pleuvasser, pleuviner, pleuvoter, pluviner,
pulluler, tomber

Pleuvoir à verse
roiller

Pleuvoir finement
pleuviner, pluviner

Pleuvoté
coulé

Pleuvoter
crachiner, pleuvasser, pleuvoir, pluviner

Plexiglas
altuglas

Plexus
réseau

Pli
accident, arête, billet, bourrelet, corne,
cuvette, dépression, éminence, enveloppe,
fanon, feuillet, fronce, godron, habitude,
lettre, levée, manie, marque, message,
missive, mot, nervure, ondulation, ourlet,
pince, plissement, pliure, poche, rabat,
réflexe, repli, ride, ridule, rituel, saignée,
sillon, sinuosité, tuyau

**Pli de la peau provoqué par contraction
musculaire**
fronce

Pli de la peau provoqué par le vieillissement
ride

Pli, aux cartes
levée

Pliable
flexible, malléable, souple

Pliage
brochage, pliement, pliure

Pliant
docile, flexible, siège

Plie
carrelet

Plié
accroupi, arqué, cédé, corné, coudé, courbé,
discipliné, dompté, enroulé, faibli, faussé,
fermé, flanché, fléchi, froncé, incliné,
incurvé, infléchi, molli, obtempéré, penché,
plissé, ployé, rabattu, rangé, recourbé,
reculé, replié, roulé, tordu, voûté

Pliement
pliage, plissage, pliure, ploiement, repli,
repliement

Plier
abaisser, acclimater, accoutumer, arquer,
assouplir, cambrer, céder, corner, couder,
courber, discipliner, dompter, enrouler,
exercer, faiblir, fausser, fermer, flancher,
fléchir, froncer, incliner, incurver, infléchir,
mollir, obtempérer, pencher, plisser, ployer,
rabattre, ranger, recourber, reculer, rendre,
replier, rouler, tordre, voûter

Plier plusieurs fois
replier

Plioir à lignes de pêche
dévidoir

Plissage
pliement

Plissé
froncé, plié, plissure

Plissement
accident, pli, ride

Plisser
chiffonner, fraiser, friper, froisser, froncer,
plier, rider, rucher

Plisser les lèvres en montrant les dents
grigner

Plissure
fronce, plissé

Pliure
arête, brocheuse, corne, creux, nervure, pli,
pliage, pliement

Ploc
flac, floc, flop, plouf

Ploiement
pliement

Plomb
balle, charge, chevrotine, fusible, grenaille,
métal, Pb, saturne, sceau, scellé

Plombage
amalgame, obturation

Plombagine
graphite

Plombé
alourdi, blafard, blême, cadavéreux,
cadavérique, chargé, cireux, exsangue,
grevé, gris, hâve, lesté, livide, lourd, nuageux,
obturé, olivâtre, pâle, scellé, sombre, terreux,
verdâtre

Plombée
arme

Plomber
lester, sceller

Plomberie
canalisation

Plonge
vaisselle

Plongé
baigné, disparu, enfoncé, enfoui, englouti, immergé, introduit, jeté, mis, noyé, piqué, précipité, sauté, sombré, submergé, trempé

Plongé dans les ténèbres
ténébreux

Plonge dans un liquide
trempe

Plongeant
profond

Plongée
immersion

Plongement
immersion

Plongeoir
tremplin

Plongeon
chute, courbette, culbute, descente, faillite, huard, huart, immersion, révérence, salut, saut

Plongeon arctique
huard, huart

Plonger
baigner, disparaître, enfoncer, enfouir, engloutir, fourrer, immerger, introduire, jeter, mettre, noyer, pénétrer, piquer, précipiter, rentrer, ruer, sauter, sombrer, submerger, tremper

Plonger (Se)
apprendre, approfondir, entrer

Plonger dans un liquide très chaud
pocher

Plonger dans une profonde tristesse
contrister

Plonger de nouveau
replonger

Plongeur
laveur, nageur, rinceur, scaphandrier

Plouf
floc, ploc

Ployé
plié

Ployer
arquer, céder, couder, courber, déformer, faiblir, fausser, flancher, fléchir, incliner, incurver, infléchir, mollir, obtempérer, pencher, plier, recourber, reculer, rendre, tordre

Plu
alléché, coulé

Pluie
abondance, affluence, avalanche, averse, bruine, cataracte, crachin, déluge, drache, eau, giboulée, gouttes, grain, grêle, kyrielle, nuée, ondée, orage, précipitations, profusion, torrent, volée

Pluie battante, averse
drache

Pluie fine et persistante
crachin

Pluie fine et serrée
crachin

Pluie soudaine
giboulée, ondée

Pluie subite
lavasse

Pluie torrentielle
trombe

Pluie très abondante, torrentielle
déluge

Plum
pouding, pudding

Plum-pouding
pouding, pudding

Plumage
plumaison

Plumail
balai

Plumaison
livrée, pennage, plumage, plume, plumée

Plumard
balai, lit

Plume
aigrette, crayon, duvet, écriture, écrivain, panache, plumaison, plumet, prose, rémige, style, stylo, ton

Plumé
déplumé, épluché, volé

Plume qui sert à diriger le vol des oiseaux
rectrice

Plume très légère
duvet

Plumeau
balai, balayette, brosse, houssoir, plumeau

Plumée
plumaison

Plumer
déplumer, éplucher, voler

Plumet
aigrette, bouquet, casoar, huppe, ornement, panache, plume, touffe

Plumitif
écrivain, greffier

Plural
multiple, nombreux, pluriel, varié

Pluralité
diversité, multiplicité, multitude, variété

Pluriel
différent, multiple, plural

Plus
amélioration, atout, avantage, bonification, complément, davantage, encore, gain, mieux, supplément

Plus bas, ci-dessous
infra

Plus d'un
plusieurs

Plus doué que la moyenne
surdoué

Plus grand
accru

Plus grand fleuve de Colombie-Britannique
Fraser

Plus grand, plus considérable
majeur

Plus haut
surélevé

Plus haute chaîne de montagnes du monde
Himalaya

Plus important groupe chinois de raffinage
Sinopec

Plus loin que
delà

Plus long cours d'eau des Philippines
Cagayan

Plus long cours d'eau du Kenya
Tana

Plus long fleuve coulant entièrement au Texas
Colorado

Plus long fleuve d'Australie
Murray

Plus mal
pis

Plus mauvais
pire, pis

Plus nuisible
pire

Plus petit
réduit

Plus petit en dimensions
moindre

Plus qu'il en faut
trop

Plus tard
demain, ensuite

Plus-value
excédent, profit

Plusieurs
différent, divers, moult, multiple, quelques

Pluton
planète

Plutonium
Pu

Plutôt
assez, moyennement, passablement, préférablement, relativement

Plutôt gentil
gentillet

Plutôt grand
grandet

Pluvieux
bruineux, humide, pourri

Pluviner
bruiner, crachiner, goutter, pleuvasser, pleuviner, pleuvoir, pleuvoter

Pluvioter
crachiner

Plyctène
cloque

Pm
prométhium

Pneu
pneumatique, roue

Pneumatique
pneu

Pneumonie
fluxion

Po
polonium

Pochade
bouffonnerie, comédie, croquis, ébauche, esquisse, pantalonnade

Poche
cerne, cornet, emballage, fouille, gousset, îlot, pli, pochette, pochon, sac, sachet, trousse, valise

Poche de l'œsophage des oiseaux
jabot

Poche de pus dans une cavité naturelle
empyème

Poche entre la joue et la mâchoire
abajoue

Poche pour ranger un ensemble d'objets
trousse

Pocher
blanchir, croquer, ébaucher, ébouillanter, échauder, esquisser, godailler, goder, grimacer, meurtrir

Pochette
bourse, emballage, gousset, poche, sac, sachet, sacoche, trousse

Pochoir
patron

Pochon
louche, poche, sac

Pochouse
matelote

Podium
chaire, estrade, socle

Podologue
médecin, spécialiste

Podomètre
odomètre

Poêle
calorifère, casserole, fourneau, poêlon,
radiateur, salamandre

Poêle à bois
insert

Poêler
cuire

Poêlon
casserole, poêle

Poème
acrostiche, anapeste, blason, calligramme,
chanson, élégie, haïku, huitain, hymne,
lai, madrigal, ode, pantoum, pièce, poésie,
rondeau, sonnet, vers

Poème à forme fixe du Moyen Âge
rondeau

Poème court
poésie

Poème de douze vers
douzain

Poème de quatre vers
quatrain

Poème de sept vers
septain

Poème de six vers
sixain

Poème destiné à être chanté
ode

Poème lyrique
élégie, lai, ode

Poème lyrique religieux
stance

Poème mis en musique
cantate

Poème moral ou satirique
sirventès

Poème narratif
lai

Poème pastoral
bucolique

Poésie
beauté, chant, charme, émotion, littérature,
lyrisme, muse, pièce, poème, romantisme,
septain, vers

Poète
aède, auteur, barde, chantre, écrivain,
idéaliste, littérateur, ménestrel, rêveur,
rhapsode, rimailleur, rimeur, troubadour,
utopiste, versificateur

Poète ambulant en Afrique
griot

Poète américain mort en 1963
Frost

Poète canadien d'expression française né en 1889
Morin

Poète épique et récitant
aède

Poète latin
Ovide

Poète lyrique de langue d'oïl
trouvère

Poète médiéval
trouvère

Poète médiocre
poétereau

Poète persan
Attar

Poète québécois
Miron

Poète romain
Ovide

Poète sans inspiration
rimeur

Poétique
beau, idéal, lyrique, musical, romantique,
touchant

Poétiser
élever, embellir, idéaliser, rimer, versifier

Pogné
gêné, timide

Pogner
prendre

Poids
accablement, ampleur, autorité, bloc, boulet,
carat, charge, densité, embarras, estive,
faix, fardeau, fatigue, force, gêne, grandeur,
gravité, importance, influence, lest, ligne,
lourdeur, masse, morceau, oppression,
pesanteur, portée, poussée, pression,
responsabilité, sérieux, souci, tare, titre,
valeur

Poids de six grammes
sicle

Poids et monnaie usités dans l'Orient ancien
sicle

Poids mi-moyen
welter

Poids supplémentaire excessif
surcharge

Poids-lourd
camion

Poignant
atroce, bouleversant, déchirant, douloureux,
dramatique, émouvant, impressionnant,
navrant, pathétique, pénible, touchant,
tragique

Poignard
arme, baïonnette, couteau, criss, dague,
kandjar, kriss, stylet, surin

Poignard à lame sinueuse
criss

Poignard à lame triangulaire très effilée
stylet

Poignard malais
criss

Poignard turc
kandjar

Poignarder
assassiner, blesser, saigner, suriner, tuer

Poigne
autorité, énergie, main, virilité

Poignée
anse, béquille, bouton, clenche, crémone,
espagnolette, levier, manette, oreille

Poignée de porte
clenche

Poignet
manchette

Poignet qui termine la manche d'une chemise
manchette

Poil
barbe, chevelure, cheveu, cil, crin, duvet,
fibre, fourrure, moustache, pelage, robe, soie,
toison

Poil de crinière
crin

Poil de la chèvre angora
mohair

Poil de la tête chez l'homme
cheveu

Poil long et épais
crin

Poil long et rude
crin

Poil poussant à la queue du cheval
crin

Poil qui garnit le bord des paupières
cil

Poil qui pousse sur la tête des êtres humains
cheveu

Poil rude du porc
soie

Poilant
cocasse

Poiler (Se)
marrer

Poils au-dessus de l'orbite
sourcil

Poils qui suivent l'arcade sourcilière
sourcil

Poilu
barbu, chevelu, combattant, cotonneux,
duveteux, hirsute, moustachu, pubescent,
soldat, velu, vétéran, villeux

Poinçon
alène, ciseau, coin, estampille, étampe,
garantie, label, marque, matrice, pointeau,
sceau, style, timbre, traceret

Poinçon pour écarter les torons
épissoir

Poinçon servant à percer le cuir
alène

Poinçonnage
perforage

Poinçonné
marqué, noté, perforé

Poinçonner
marquer, percer, perforer, tamponner

Poinçonneuse
pince

Poindre
apparaître, éclore, émerger, lever, montrer,
naître, paraître, percer, perler, pointer,
présenter, profiler, saillir, sortir, sourdre,
surgir, survenir, venir

Point
article, aucunement, bilan, but, chapitre,
chef, coordonnée, degré, disposition,
échelon, emplacement, endroit, étape, état,
lieu, maille, marque, matière, moment,
niveau, non, note, nullement, partie, pas,
phase, place, pointe, ponctuation, position,
problème, question, repère, rubrique, seuil,
signe, situation, sorti, stade, sujet, thème

Point cardinal
ENE, ESE, est, NE, NNE, NNO, NO, nord,
ONO, OSO, ouest, SE, SO, SSE, SSO, sud

Point culminant
acmé, zénith

Point culminant des Philippines
Apo

Point culminant du Canada
Logan

Point culminant du globe
Everest

Point d'insertion des vaisseaux sur un organe
hile

Point d'union du cheval
ars

Point de croyance
doctrine

Point de départ d'une session informatique
bureau

Point de départ de plusieurs croisières aux baleines
Tadoussac

Point de l'orbite d'un astre qui est le plus proche de la Terre
périgée

Point de l'orbite d'un corps céleste où la distance de ce corps par rapport au Soleil est maximale
aphélie

Point de la sphère céleste
nadir

Point de vue
optique

Point décisif, dans les arts martiaux
ippon

Point du ciel opposé au zénith
nadir

Point noir
comédon

Point noir au centre d'une cible
mouche

Pointage
contrôle, score

Pointe
aiguille, apex, atome, attaque, bec, bout, brocard, cap, châle, cime, ciseau, clou, couche, écharpe, émergence, éperon, épigramme, épine, extrémité, fichu, flèche, foulard, haut, lazzi, moquerie, nuance, pic, piquant, pique, piqûre, plaisanterie, point, quolibet, raillerie, relent, saillie, sarcasme, sommet, soupçon, sprint, trait, vanne, zeste

Pointé
marqué, noté, paru

Pointe à tracer
traceret

Pointe aiguë d'un végétal
cuspide

Pointe de corne
ergot

Pointe de terre
cap

Pointe extrême d'une digue
musoir

Pointe recourbée du tarse
ergot

Pointe-sèche
dessin

Pointeau
poinçon

Pointer
ajuster, apparaître, appointer, brandir, braquer, cibler, contrôler, darder, diriger, dresser, élancer, émerger, indiquer, jaillir, marquer, naître, paraître, percer, poindre, pousser, profiler, signaler, surgir, vérifier, viser

Pointer une arme, un fusil
braquer

Pointillage
pointillé

Pointillé
pointillage, tracé

Pointiller
tacheter

Pointilleux
chicanier, difficile, ergoteur, regardant, strict, tatillon

Pointillisme
tachisme

Pointilliste
tachiste

Points
couture

Pointu
acéré, acuminé, adroit, affûté, aigu, aiguisé, effilé, élevé, fin, perçant, piquant, spécialisé, technique

Pointure
dimension, sommité, taille, valeur, vedette

Poire
dupe, fruit, naïve, pigeon, visage

Poire à deux valves
énéma

Poire à la peau rougeâtre
rousselet

Poire pour laver les oreilles
énéma

Poire qui sert à nettoyer le conduit auditif
énéma

Poire sucrée
guyot

Poire utilisée pour déboucher le conduit auditif
énéma

Poire utilisée pour le lavage du conduit auditif
énéma

Poirée
bette

Pois
hâtiveau, pastille

Pois de senteur
gesse

Poison
ciguë, démon, empoisonneur, enquiquineur,
gale, importun, peste, teigne, toxique, venin,
vipère

Poison végétal
upas

Poison végétal paralysant
curare

Poison violent
arsenic

Poissard
faubourien, grossier, populacier, populaire,
vulgaire

Poisse
déveine, guigne, indigence, malchance,
malheur, scoumoune, viscosité

Poissé
sali

Poisser
coller, encrasser, enduire, engluer, salir

Poisseux
adipeux, collant, craspec, gluant, gras, sale,
sirupeux, visqueux

Poisson
ide, morue, sar, sole, thon, truite

**Poisson à corps plat prolongé d'amples
nageoires**
tranchoir

Poisson à flancs tachetés de noir
gonnelle

Poisson à longs barbillons
rouget

Poisson à reflets dorés
daurade

Poisson à squelette peu ossifié
lump

Poisson à ventre argenté
hareng

Poisson allongé aux nageoires rouges
ide

Poisson apprécié pour sa chair délicate
tanche

Poisson au corps effilé
lançon

Poisson au corps long et plat
brême

Poisson aux nageoires en forme d'ailes
pégase

Poisson aux nageoires épineuses
vive

Poisson carnivore d'eau douce
brochet

Poisson comestible
gardon, grondin, labre

Poisson connu sous le nom de chien de mer
squale

Poisson cru
sushi

Poisson cuit dans un court-bouillon
blaff

Poisson cyprinidé
tanche

Poisson d'eau douce
blennie, brême, brochet, gardon, hotu, ide,
lote, lotte, perche, tétra

Poisson d'eau douce à corps allongé
anguille

Poisson d'eau douce voisin du saumon
omble

Poisson de fonds rocheux
murène

Poisson de grande taille
thon

Poisson de la famille des cyprindidés
hotu

Poisson de la Méditerranée
girelle, sébaste

Poisson de mer
aiglefin, congre, églefin, hareng, merlu, pagre

Poisson de mer aussi appelé lieu noir
colin

**Poisson de mer couvert d'appendices et
d'épines**
baudroie

Poisson de mer de la famille des gadidés
capelan, caplan

**Poisson de mer et de rivières de la classe des
agnathes**
lamproie

Poisson de mer plat
barbue

Poisson de mer, voisin de la morue
aiglefin, églefin

Poisson de petite taille
blennie, tacaud

Poisson de rivière
barbote, barbotte

Poisson de roche
rochier

Poisson des fleuves de l'Inde
clarias

Poisson des mers chaudes
môle

Poisson des mers froides
lump

Poisson des récifs coralliens
scare

Poisson des régions chaudes
tarpon

Poisson du genre corégone
bondelle

Poisson du genre labre
tourd

Poisson du littoral
gobie

Poisson exotique d'eau douce
tétra

Poisson féroce
requin

Poisson fusiforme
maquereau

Poisson gluant
lote, lotte

Poisson long et mince
murène

Poisson long et mince qui s'enfouit dans le sable
équille

Poisson marin
alose, congre, éperlan, grondin, labre, turbot

Poisson marin à chair estimée
barbue

Poisson marin comestible
daurade, dorade

Poisson marin vorace
bar

Poisson migrateur à chair estimée
saumon

Poisson osseux
mérou

Poisson osseux aussi appelé gardon rouge
rotengle

Poisson osseux comme la morue
merlan, merlu

Poisson osseux de l'Atlantique
sciène

Poisson osseux des mers tropicales
scare

Poisson plat
flet, plie, raie, sole

Poisson plat à la chair peu estimée
flet

Poisson plat à la chair très estimée
turbot

Poisson plat des fonds marins
raie

Poisson plat des mers froides
flétan

Poisson portant des épines
épinoche

Poisson possédant sur la tête un disque adhésif
rémora

Poisson pourvu de nageoires ventrales en forme de ventouse
gobie

Poisson pouvant respirer hors de l'eau
clarias

Poisson proche de la morue
aiglefin, églefin

Poisson qui se fixe aux rochers
gobie

Poisson salmonidé
omble

Poisson sélacien
requin

Poisson téléostéen de petite taille
loricaire

Poisson téléostéen marin rapide et très vorace
barracuda

Poisson venimeux
baliste

Poisson vivant en bancs sur les côtes atlantiques
rousseau

Poisson voisin de la dorade
pagre

Poisson voisin de la morue
tacaud

Poisson voisin de la perche
sandre

Poisson voisin de la raie
torpille

Poisson voisin de la sardine
alose

Poisson voisin du hareng
sardine

Poisson voisin du saumon
éperlan, omble, truite

Poisson voisin du thon
pélamide

Poisson vorace
murène, piranha

Poisson-chat
silure

Poisson-perroquet
scare

Poissons
constellation

Poitrail
buste, linteau, poitrine, poumon, thorax, torse, tronc

Poitrine de femme
buste, gorge

Poitrine humaine
poitrail

Poivrade
vinaigrette

Poivre
condiment, épice, piment

Poivré
agrémenté, ajouté, assaisonné, coquin,
croustillant, cru, égrillard, épicé, fort, gaillard,
gaulois, gras, graveleux, grivois, grossier,
léger, leste, libertin, libre, licencieux, osé,
pimenté, rabelaisien, relevé, salé

Poivrer
assaisonner

Poivrier d'Hawaï
kawa

Poivrier grimpant originaire de Malaisie
bétel

Poivrier qui pousse en Polynésie
kava

Poivron
piment

Poix
colle, glu

Polaire
antarctique, arctique, boréal, circumpolaire,
glacial, hyperboréen, nord, nordique, sibérien

Polariser
attirer, concentrer, focaliser

Polder
bourbier

Pôle
calotte, centre, cœur, extrémité, noyau

Polémique
agressif, chamaillerie, contempteur,
contestation, controverse, critique,
débat, défavorable, désaccord, différend,
discussion, dispute, escarmouche, négatif,
querelle, sévère

Polémiqué
discuté

Polémiquer
discuter

Polémiste
argumentateur, journaliste, libelliste,
pamphlétaire

Poli
adorable, affable, aiguisé, aimable, amène,
apprivoisé, beau, bel, bienséant, brillant,
briqué, bruni, brunissure, châtié, ciré,
civil, civilisé, clarté, convenable, correct,
courtois, décent, déférent, délicat, discret,
distingué, éclat, éclatant, éduqué, élégant,
épuré, étincelant, fignolé, fini, frotté, galant,
gracieux, léché, limé, lisse, luisant, lustré,

policé, prévenant, raffiné, respectueux, séant,
soigné, travaillé, urbain, vernis

Police
administration, commissariat, contrat,
détective, justice, ordre, policier, rousse,
sécurité

Policé
poli

Police russe
KGB

Policer
civiliser, polir, raffiner, régir

Polichinelle
arlequin, bouffon, fantoche, guignol, pantin

Policier
agent, argus, bourre, cogne, détective,
espion, flic, indicateur, inspecteur, limier,
police, poulet

Policier spécialisé dans les enquêtes
détective

Poliment
affablement, bien, civilement, courtoisement,
galamment, respectueusement

Polio
poliomyélite

Poliomyélite
polio

Polir
adoucir, affiner, aiguiser, aléser, aplanir,
astiquer, briquer, brunir, châtier, cirer, ciseler,
décaper, dégrossir, égaliser, égriser, épurer,
façonner, fignoler, finir, former, fourbir, frotter,
lécher, limer, lisser, lustrer, parachever,
parfaire, peaufiner, perfectionner, planer,
policer, poncer, raboter, raffiner, retoucher,
travailler

Polir à la molette
moleter

Polir avec la ripe
riper

Polir avec un abrasif pulvérulent
égriser

Polir avec une meule
gréser

Polir de nouveau
repolir

Polir par frottement
égriser

Polissage
abrasion, ajustage, décapage, ponçage

Polissage d'une surface
surfaçage

Polissoir
brunissoir

Politesse
affabilité, amabilité, aménité, bienséance, civilité, complaisance, convenances, correction, courtoisie, décence, déférence, éducation, égard, galanterie, respect, tact, tenue, urbanité, usage

Politesse exagérée
courbette

Politicien
dirigeant, politique

Politicien du Nouveau Parti démocratique du Canada né au Québec
Layton

Politicien palestinien
Arafat

Politicien qui vient d'être élu
entrant

Politique
adroit, calcul, civil, civique, diplomate, diplomatie, diplomatique, état, fin, gouvernance, gouvernement, habile, politicien, pouvoir, public, rusé, social, souple, stratégie, tactique

Poljé
cavité

Polluant
contaminant, corrompant, infectant, infestant, insalubre, souillant, viciant

Pollué
impur, insalubre, malpropre, malsain, sali, vicié

Polluer
contaminer, corrompre, infecter, infester, profaner, salir, souiller, vicier

Pollution
agression, contamination, dégradation, impureté, nuisance, profanation, souillure

Polo
maillot, sport

Polochon
coussin, oreiller, traversin

Polonium
Po

Poltron
couard, craintif, lâche, mauviette, peureux, pleutre, pusillanime, timoré

Poltronnerie
caponnerie, couardise, lâcheté, peur, pleutrerie, pusillanimité, veulerie

Polyandre
bigame, polygame

Polyandrie
bigamie, polygamie

Polychlorure de vinyle
PVC

Polycopie
photocopie

Polycopier
reproduire

Polyèdre
prisme

Polyèdre à cinq faces
pentaèdre

Polyèdre à huit faces
octaèdre

Polyèdre à quatre faces triangulaires
tétraèdre

Polyester
ester

Polygame
bigame, polyandre

Polygamie
bigamie, polyandrie

Polygone
quadrilatère

Polygone à cinq côtés
pentagone

Polygone à douze côtés
dodécagone

Polygone à huit côtés
octogone

Polygone à six côtés et six angles
hexagone

Polygone à trois côtés
triangle

Polygone qui a sept angles et sept côtés
heptagone

Polymère
trimère

Polype
poulpe, tumeur

Polypier à support calcaire
corail

Polytechnicien
carva, pipo

Polythéiste
païen

Polytonal
bitonal

Pomelo
agrume

Pommade
baume, crème, flatterie, gomina, liniment, onguent, pâte

Pommade pour les cheveux
gomina

Pomme
douchette, fruit, pommeau, reinette, vert

Pomme à chair juteuse
golden

Pomme cannelle
anone

Pomme de pin
pigne

Pomme de terre
patate

Pomme de terre à peau rose
roseval

Pomme de terre allongée
ratte

Pommeau
arçon, pomme

Pommelé
moucheté, moutonné, tacheté, tigré

Pommes de terre frites
chips

Pompe
affectation, apparat, appareil, bois,
bouffissure, cérémonial, cérémonie,
chaussure, décorum, éclat, emphase,
enflure, faste, grandeur, grandiloquence,
lustre, luxe, magnificence, majesté, panache,
richesse, siphon, solennité, somptuosité,
splendeur, traction, vanité

Pompé
fatigué, triché

Pomper
aspirer, attirer, boire, consommer, copier,
épuiser, fatiguer, importuner, puiser, sucer,
tirer, tricher

Pompette
éméché, gris, ivre

Pompeux
ampoulé, bouffi, boursouflé, cérémonieux,
déclamatoire, empanaché, empesé,
emphatique, enflé, fastueux, grandiloquent,
grandiose, guindé, imposant, magnifique,
majestueux, pédant, pontifiant, prétentieux,
ronflant, sentencieux, solennel, splendide,
théâtral

Pompier
académique, conventionnel, empathique,
prétentieux

Pompon
houppe, houppette, ornement

Pomponner
bichonner, orner, parer, toiletter

Ponant
couchant, occident, ouest

Ponçage
polissage

Ponceau
arche, pavot, pont, rouge

Poncer
décaper, frotter, polir

Poncer avec une meule
gréser

Ponceur
décapeur

Ponceuse
sableuse

Poncho
manteau

Poncif
banalité, cliché, platitude, stéréotype

Ponction
aspiration, paracentèse, parenthèse,
prélèvement

Ponctionné
retenu, surchargé

Ponctionner
retenir, surcharger

Ponctualité
assiduité, exactitude, régularité, scrupule

Ponctuation
point

Ponctué
accentué, marqué

Ponctuel
assidu, distinct, exact, fidèle, individuel, isolé,
limité, local, localisé, particulier, personnel,
précis, privé, propre, régulier, scrupuleux,
singulier, spécial, spécifique

Ponctuellement
assidûment, recta

Ponctuer
accentuer, baliser, entrecouper, jalonner,
marquer, scander, souligner

Pondération
balance, calme, compensation, égalité,
équilibre, maturité, mesure, modération,
prudence, réserve, retenue, réticence,
sagesse, sapience, sobriété

Pondéré
calme, égal, équilibré, impassible, mesuré,
modéré, mûr, nuancé, placide, posé,
proportionné, prudent, raisonnable, raisonné,
réfléchi, réservé, retenu, sage, sensé, sobre,
tempéré

Pondéré, réfléchi
rassis

Pondérer
balancer, compenser, équilibrer, modérer,
moduler, nuancer, répartir, tempérer

Poney
bourrin, cheval

Pont
appontement, arche, essieu, intermédiaire,
liaison, passage, passerelle, ponceau,
transition, viaduc

Pont étroit réservé aux piétons
passerelle
Pont flottant
ponton
Pont supérieur d'un navire
tillac
Pont-neuf
ballade, chanson
Ponte
bonze, couvée, huile, mandarin, notable,
ovulation, patron, personnage
Ponte des œufs par la femelle des poissons
frai
Ponter
miser
Pontife
abbé, bonze, évêque, mandarin, pape,
personnalité, prélat
Pontifiant
doctoral, magistral, pompeux, solennel
Pontifical
papal
Pontificat
papauté
Pontifier
pérorer, phraser
Pool
trust
Pope
abbé, prêtre
Popeline
tissu
Popote
cantine, carré, casanier, cuisine, mess,
réfectoire
Populace
canaille, foule, masse, meute, multitude,
pègre, peuple, plèbe, populo, prolétariat,
racaille, tourbe, troupeau, vulgaire
Populace misérable
racaille
Populacier
poissard, vulgaire
Populaire
apprécié, célèbre, commun, connu,
démocratique, estimé, fameux, folklorique,
humble, laborieux, ordinaire, ouvrier, pauvre,
petit, plébéien, poissard, populeux, prisé,
renommé, répandu, réputé, roturier, simple,
traditionnel, vulgaire
Populariser
diffuser, propager, répandre
Popularité
audience, célébrité, cote, estime, faveur,
gloire, notoriété, renom, renommée,
réputation, sympathie, vogue

Population
nation, peuple, public
Population autochtone de Nouvelle-Calédonie
kanak
Population d'arrivée récente dans un pays
allogène
Population d'une ruche
ruchée
Populeux
animé, fourmillant, fréquenté, habité,
passant, peuplé, populaire, surpeuplé
Populo
populace, troupeau
Poquet
trou
Porc
charcuterie, cochon, cochonnet, débauché,
dégoûtant, dépravé, goret, porcelet,
pourceau, sanglier, truie, verrat, vicieux
Porc consommé froid
andouille
Porc mâle qui sert à la reproduction
verrat
Porc sauvage
sanglier
Porc sauvage à la peau épaisse
sanglier
Porc-épic
hérisson
Porcelaine
vaisselle
Porcelainier
céramiste
Porcelet
cochon, cochonnet, goret, porc
Porche
abri, arc, entrée, porte, portique, vestibule
Porcherie
abri, bauge, écurie, étable, soue, taudis
Pore
orifice, stomate, trou
Poreux
ouvert, percé, perméable, spongieux
Porridge
bouillie
Port
abri, affranchissement, air, allure, asile,
attitude, bassin, col, contenance, démarche,
expédition, façon, havre, maintien, passage,
passe, posture, prestance, rade, refuge,
tenue, tournure, transport
Port bien abrité
hivernage
Port d'Égypte
Suez

Port d'Indonésie
Manado

Port de l'Indonésie
Medan

Port de l'Iran
Abadan

Port de la Corée du Nord
Nampo

Port de la Corée du Sud
Pusan, Ulsan

Port de la Guinée équatoriale
Bata

Port de Russie
Igarka

Port de Tanzanie
Tanga

Port de Tunisie
Gabes, Sousse

Port des États-Unis
Érié, Tampa

Port des Philippines
Iloilo

Port du Brésil
Natal, Santos

Port du Canada, à l'extrémité de la Gaspésie
Gaspé

Port du Chili septentrional
Arica

Port du Costa Rica
Limon

Port du Ghana
Tema

Port du Japon
Aomori, Beppu, Kobe, Nagoya, Otaru,
Sasebo, Ube

Port du Maroc
Agadir, Safi, Tanger

Port du nord du Liban
Tripoli

Port du Sri Lanka
Galle

Port du Yémen
Aden

Port et centre industriel du Japon
Chiba

Portable
convenable, mettable, mobile, portatif,
téléphone, transportable

Portage
transport

Portail
porte

Portant
anse, montant

Portatif
mobile, portable, transportable

Porte
accès, arc, battant, défilé, entrée, gorge,
grille, huis, issue, lourde, ouverture, pas,
porche, portail, portière, portillon, portique,
propylée, sortie, vantail

Porté
appliqué, enclin, inscrit, voué

Porté à
sujet

Porte à battant
portillon

Porté à la licence dans ses manières
polisson

Porte arrière d'un véhicule
hayon

Porte d'un train
portière

Porte d'une maison
huis

Porte d'une voiture
portière

Porte de panneau arrière d'une automobile
hayon

Porté en levant son verre
toast

Porte le numéro atomique 100
fermium

Porte monumentale
portail

Porté naturellement
enclin

Porte-bagages
galerie

Porte-bonheur
amulette, charme, fétiche, grigri, mascotte,
talisman

Porte-bouteilles
égouttoir

Porte-chance
mascotte

Porte-clés
trousseau

Porte-documents
mallette, serviette

Porte-jupe
cintre

Porte-monnaie
bourse, réticule

Porte-parole
interprète

Porte-vent
tuyau

Porte-verge
bedeau

Porte-voix de marin
gueulard

Portée
acception, ampleur, amplitude, aptitude, capacité, conséquence, dimension, distance, effet, envergure, étendue, force, grandeur, gravité, impact, importance, influence, intérêt, nichée, niveau, périmètre, petits, place, poids, progéniture, résultat, signification, trajectoire, valeur

Portée d'une femelle
litée

Portée d'une poutre de plancher
travée

Portefaix
acconier, aconier, porteur

Portefaix qui charge et décharge les gabares
gabarier

Portefeuille diversifié de valeurs immobilières
SICAV

Portemanteau
cintre, patère

Porter
accorder, administrer, aller, allonger, annoncer, appliquer, apporter, arborer, asséner, attacher, avoir, bière, conduire, contenir, coucher, déclarer, dire, diriger, donner, emporter, engendrer, entraîner, envoyer, être, exhiber, exprimer, frapper, inciter, indiquer, induire, inscrire, inviter, lancer, livrer, manifester, mettre, montrer, mouvoir, pousser, préciser, prédisposer, prendre, présenter, prêter, produire, promouvoir, rapporter, reporter, revêtir, soutenir, stipuler, supporter, tenir, traduire, transbahuter, transférer, transporter, trimballer, vêtir, vouer

Porter à la connaissance d'un large public
divulguer

Porter à son maximum
maximiser

Porter assistance
secourir

Porter avec soi en un lieu
apporter

Porter d'un lieu à un autre
transporter

Porter l'estocade au taureau
estoquer

Porter pour la première fois
étrenner

Porter un coup
asséner

Porter un jugement défavorable ou erroné
méjuger

Porter un jugement prématuré
préjuger

Porter un toast
trinquer

Porter un vêtement
revêtir

Porter vers le haut
élever

Porteur
acconier, aconier, commissionnaire, coolie, courrier, coursier, débardeur, déchargeur, déménageur, détenteur, docker, estafette, facteur, livreur, messager, portefaix, préposé, titulaire

Porteur en Extrême-Orient
coolie

Porteur, dans les expéditions himalayennes
sherpa

Portier
concierge, gardien, huissier

Portier intraitable
cerbère

Portière
porte, rideau, tapisserie, tenture

Portillon
fermeture, ouverture, porte

Portion
bout, bribe, division, dose, fraction, fragment, lopin, lot, morceau, pan, parcelle, part, partie, quartier, quotité, ration, rondelle, section, segment, subdivision, tranche, tronçon

Portion congrue
prébende

Portion d'intérêt
dividende

Portion d'un canal comprise entre deux écluses
bief

Portion d'un cours d'eau entre deux chutes
bief

Portion d'un espace
coin

Portion d'une chose
quartier

Portion de code informatique servant à améliorer un logiciel
rustine

Portion de l'axe d'une courbe
abscisse

Portion de roche englobée à la masse rocheuse
enclave

Portion du gros intestin
côlon

Portion du littoral
estran

Portion limitée d'un territoire
canton

Portion moyenne du gros intestin
côlon

Portique
agrès, colonnade, galerie, péristyle, porche, porte

Portique ornemental des temples au Japon
torii

Portraire
représenter

Portrait
description, effigie, figure, image, peinture, photo, représentation, signalement, tableau

Portraiturer
peindre

Portune
étrille

Pose
affectation, application, attitude, façons, installation, montage, placage, plantation, position, posture, prétention, recherche, snobisme

Posé
adulte, amerri, appliqué, calme, froid, grave, impassible, lent, mûr, pondéré, raisonnable, rassis, réfléchi, renié, sage, sensé, sérieux, situé, tempéré

Posé à la surface de l'eau
amerri

Posé sur la mer
amerri

Posément
calmement, doucement, gravement, lentement, paisiblement, tranquillement

Posemètre
cellule

Poser
abandonner, accouder, adapter, admettre, affirmer, alléguer, amerrir, appliquer, apposer, asseoir, atterrir, avancer, camper, conjecturer, déposer, disposer, dresser, énoncer, établir, étaler, étendre, évaluer, évoquer, fixer, formuler, installer, mettre, monter, parader, paraître, pavaner, percher, photographier, placer, planter, poster, postuler, présupposer, quitter, rendre, soulever, supposer

Poser de nouveau
reposer

Poser des questions
questionner

Poser pied
apponter

Poser sur la Lune
alunir

Poser un coffrage
coffrer

Poser une mèche dans une plaie pour drainer
mécher

Poseur
affecté, apprêté, bêcheur, bellâtre, cabotin, compassé, crâneur, fat, maniéré, minaudier, pédant, prétentieux, puant, snob, suffisant, vaniteux

Positif
affirmatif, assuré, attesté, authentique, certain, concret, constructif, effectif, évident, existant, explicite, exprès, favorable, formel, incontestable, intéressant, matérialiste, matériel, objectif, photo, pragmatique, pratique, réaliste, réel, sérieux, solide, sûr, tangible

Positif, réel
existant

Position
assiette, attitude, avis, charge, classement, conception, condition, coordonnées, degré, disposition, échelon, emplacement, emploi, endroit, établissement, état, exposition, fonction, idée, inclinaison, jugement, lieu, localisation, niveau, opinion, orientation, parti, pensée, place, point, pose, poste, posture, rang, rôle, sentiment, site, situation, sort, stade, standing, station, statut, théorie, vue

Position politique des unionistes
unionisme

Positionné
situé

Positionnement
localisation

Positionner
cibler, localiser, repérer

Positivisme
agnosticisme

Posologie
dosage, dose

Possédant
supérieur

Possédé
berné, démoniaque, énergumène, ensorcelé, envoûté, habité, hanté, loufoque, obsédé, roulé, tourmenté

Posséder
avoir, bénéficier, berner, comporter, compter, connaître, contenir, détenir, disposer, dominer, duper, enfiler, envoûter, flouer,

habiter, hanter, jouir, maîtriser, obséder, receler, renfermer, rouler, savoir, tenir

Possesseur
dépositaire, détenteur, maître, propriétaire, titulaire, usufruitier

Possesseur du titre de noblesse entre celui de chevalier et celui de vicomte
baron

Possessif
abusif, captatif, exclusif, jaloux, leur, mien, mon, notre, sien, sienne, son, tien, ton, votre

Possession
appartenance, avoir, bien, chose, colonie, conquête, contrôle, dépendance, détention, disposition, domaine, domination, empire, établissement, fief, fureur, jouissance, maîtrise, propriété, richesse, territoire

Possibilité
capacité, cas, chance, droit, espérance, espoir, éventualité, facilité, faculté, force, hypothèse, latitude, liberté, loisir, moyen, occasion, opportunité, potentialité, potentiel, pouvoir, puissance, ressource, virtualité, voie

Possibilité d'être partout à la fois
ubiquité

Possible
acceptable, admissible, autorisé, concevable, contingent, convenable, correct, croyable, envisageable, éventualité, éventuel, facile, faisable, futur, imaginable, jouable, libre, licite, loisible, passable, pensable, permis, plausible, potentiel, praticable, probable, réalisable, supportable, tolérable, toléré, virtualité, virtuel, vivable, vraisemblable

Post-scriptum
addenda, additif, PS

Poste
activité, affectation, antenne, appareil, boulot, charge, courrier, emplacement, emploi, fonction, guérite, job, office, place, position, radio, récepteur, relais, situation, téléviseur, télévision, transistor, transport, travail

Posté
adressé, campé, situé

Poste d'incendie
caserne

Poste d'observation et de guet
mirador

Poste de pilotage d'un avion
habitacle

Poste de surveillance
mirador

Poste de télévision
télé

Poste récepteur
radio

Poste-frontière
douane

Poster
adresser, affiche, dazibao, envoyer, établir, expédier, installer, mettre, placer, poser

Postérieur
arrière, avenir, croupe, derrière, futur, prochain, séant, suivant, ultérieur

Postérieurement
après

Postérité
avenir, continuateurs, descendance, descendants, enfant, fils, futur, héritiers, immortalité, lignée, mémoire, progéniture, rejeton, successeurs

Postiche
artificiel, factice, faux, mèche, perruque, rapporté, surajouté, tignasse

Postillon
cocher, crachat, salive

Postulant
aspirant, candidat, prétendant

Postulat
axiome, commencement, convention, hypothèse, maxime, notion, principe, proposition, vérité

Postuler
admettre, ambitionner, briguer, demander, poser, présupposer, rechercher, solliciter, supposer

Posture
attitude, condition, contenance, maintien, port, pose, position, situation, station, tenue

Posture de yoga
asana, lotus

Pot
arrosage, bocal, bol, broc, chance, chope, conserve, cruche, jarre, pichet, potiche, récipient, vase, veine, verre

Pot à bière
bock

Pot de terre
têt

Pot destiné aux salaisons
saloir

Pot-au-feu
bouilli, bouillon

Pot-de-vin
bakchich

Pot-pourri
centon, pastiche

Potable
acceptable, admissible, buvable, consommable, convenable, correct, honorable, passable, présentable, pur, sain

Potache
collégien

Potage
bisque, bouillon, brouet, julienne, soupe, velouté

Potage à l'ail
tourin

Potage fait d'un coulis de crustacés
bisque

Potager
champ, clos, jardin, plantation

Potard
pharmacien

Potassé
analysé, appris, approfondi, bossé, bûché, étudié, instruit, observé, recherché, travaillé

Potasser
analyser, appliquer, apprendre, approfondir, bosser, bûcher, étudier, fouiller, instruire, observer, rechercher, travailler

Potassium
kalium

Pote
camarade, compère, copain

Poteau
bâton, colonne, pieu, pilier, pilori, pylône

Poteau où était exposé le condamné
pilori

Poteau servant à porter quelque chose
mât

Potée
bouillon

Potée de viandes et de légumes
oille

Potelé
charnu, dodu, gras, grassouillet, gros, joufflu, plantureux, plein, poupard, poupin, rebondi, rembourré, replet, rond, rondelet, rondouillard

Potence
corde, gibet, pendaison, pouvoir

Potentat
autocrate, despote, dictateur, magnat, monarque, souverain, tyran, tyranneau

Potentialité
possibilité, virtualité

Potentiel
capacité, charge, conditionnel, force, hypothétique, possibilité, possible, puissance, ressource, tension, virtuel, voltage

Potentiel hydrogène
pH

Poterie
céramique, faïence, vaisselle

Poterie de terre
faïence

Potiche
pot, vase

Potier
céramiste, faïencier

Potimarron
courge, potiron

Potin
barouf, boucan, bruit, cancan, chahut, charivari, commérage, dénigrement, médisance, papotage, racontar, raffut, ragot, tapage, tintamarre, vacarme

Potiner
bavasser, cancaner, commérer, jaser, médire, papoter

Potinier
babillard, bavard, cancanier

Potinière
gazette

Potion
boisson, breuvage, drogue, élixir, médicament, philtre, purge, remède

Potion à base d'eau et de sucre
julep

Potiron
citrouille, coloquinte, courge, pâtisson, potimarron

Pou
parasite, toto, vermine

Pouah
berk, beurk, fi

Poubelle
corbeille, décharge, dépotoir, dévaloir, déversoir, vidoir

Pouce
doigt

Poucettes
menottes

Pouding
plum

Poudré
talqué

Poudre de toilette
veloutine

Poudre fine
poussière

Poudre minérale
khôl, kohol

Poudre pour teindre les cheveux, les lèvres, les doigts
henné

Poudre produite par les étamines des plantes à fleurs
pollen

Poudre utilisée pour aromatiser la bière
lupulin

Poudrer
enfariner, enneiger, saupoudrer

Poudrerie
blizzard

Poudrette
compost

Poudreuse
coiffeuse

Poudreux
poussiéreux, pulvérulent

Poudrier
boîte

Poudroyer
scintiller

Pouf
coussin

Pouffer
esclaffer, glousser, marrer, ricaner, rire

Pouilles
injure, invectives, reproches

Pouilleux
abject, clochard, déguenillé, dépenaillé, gueux, lépreux, loqueteux, minable, misérable, miséreux, miteux, paria, pauvre, pitoyable, sordide, stérile, vermineux

Poulailler
abri, volailler

Poulain
bourrin, cheval, créature, favori, protégé, yearling

Poularde
poule, poulet

Poulbot
gamin, gavroche

Poule
cave, cocotte, enjeu, gallinacé, géline, mise, oiseau, poularde, poulette, volaille

Poule au plumage blanc et noir, à la tête ornée d'une huppe
houdan

Poule d'eau
grèbe

Poule d'une race américaine
wyandotte

Poule, dans le langage enfantin
cocotte

Poulet
chapon, coq, coquelet, oiseau, policier, poularde, poussin

Poulette
poule

Pouliche
cheval, jument

Poulie dont le pourtour présente une gorge
réa

Pouliot
farigoule, treuil

Poulpe
pieuvre, polype

Poulpe commun
pieuvre

Poulpiquet
esprit

Pouls
pulsation

Poumon
poitrail, poitrine, thorax

Poupard
bambin, bébé, frais, nourrisson, plein, potelé, poupin, poupon, rond

Poupe
arrière, étambot

Poupée
baigneur, catin, chérie, femme, figurine, guignol, marionnette, pansement, pépée, poupon, sparadrap

Poupée de celluloïd représentant un bébé
baigneur, poupard

Poupin
dodu, grassouillet, joufflu, potelé, poupard, rebondi, rembourré, replet, rondelet

Poupon
baigneur, bambin, bébé, enfant, gamin, gosse, marmot, môme, nourrisson, petit, poupard, poupée

Pouponner
cajoler, câliner, caresser, choyer, dorloter, materner

Pouponnière
crèche, garderie

Pour
afin, comme, contre, durant, envers, moyennant, pendant, selon, vers

Pour appeler
hep

Pour attirer l'attention
psitt

Pour citer textuellement
sic

Pour encourager dans les corridas
olé

Pour fixer un aviron
erseau

Pour injecter des liquides
seringue

Pour la quatrième fois
quater

Pour la troisième fois
ter

Pour le moment
actuellement

Pour noter une page
onglet

Pour récupérer
bac

Pour repasser
fer

Pour sauter
hop

Pour toujours (À)
perpète

Pour une autre fois, après un grand nombre d'autres
ixième

Pourboire
bakchich, gratification, pièce, récompense, salaire, service

Pourceau
cochon, goret, jouisseur, porc

Pourcentage
prime, proportion, quota, ratio, taux, teneur

Pourcentage accordé à un vendeur sur ses ventes
guelte

Pourchasser
accourir, chasser, courser, hanter, poursuivre, rechercher, suivre, talonner, traquer

Pourparlers
palabres

Pourpre
amarante, bordeaux, carmin, grenat, lilas, mollusque, pourpré, pourprin, purpurin, rouge, souveraineté

Pourpré
pourpre, purpurin

Pourprin
pourpre, purpurin

Pourquoi
cause, explication, interrogation, mobile, motif, motivation, origine, question, raison, sujet

Pourrissement
altération

Pourriture
altération, carie, charogne, corruption, décomposition, dépravation, fumier, gangrène, ordure, perversion, pourri, putréfaction

Poursuite
action, chasse, continuation, filature, pistage, procédure, procès, prolongation, prolongement, quête, recherche, reprise, suite, traque

Poursuivi
accusé, continué, hanté, suivi

Poursuivre
accourir, accuser, acharner, actionner, ambitionner, assiéger, chasser, continuer, dévorer, habiter, hanter, harceler, importuner, lanciner, maintenir, obnubiler, obséder, persévérer, persister, pourchasser, pousser, presser, prétendre, prolonger, rechercher, reconduire, relancer, reprendre, ronger, soutenir, suivre, talonner, traquer, viser

Poursuivre avec acharnement
pourchasser

Poursuivre de près
talonner

Poursuivre en justice
ester

Poursuivre en lançant des pierres
lapider

Poursuivre quelqu'un avec violence (S')
acharner

Poursuivre, harceler
traquer

Pourtant
cependant, mais, néanmoins, nonobstant, or, toutefois

Pourtour
bord, bordure, ceinture, cercle, circonférence, circuit, contour, extérieur, périmètre, périphérie, tour

Pourvoi
appel, recours, requête

Pourvoir
accorder, alimenter, amariner, approvisionner, armer, assortir, doter, douer, équiper, fournir, garnir, gratifier, investir, lotir, munir, nantir, orner, outiller, procurer, satisfaire, subvenir

Pourvoir à profusion
gorger

Pourvoir d'un brevet
breveter

Pourvoir d'un suffixe
suffixer

Pourvoir de créneaux
créneler

Pourvoir de ganses
ganser

Pourvoir, chausser quelqu'un de bottes
botter

Pourvu
achalandé, armé, assuré, doté, doué, fourni, garni, muni, nanti, riche

Pourvu d'ailes
ailé, alifère

Pourvu d'albumen
albuminé

Pourvu d'ergots
ergoté

Pourvu d'un crochet
unciné

Pourvu de crénelures
crénelé

Pourvu de dents
denté, endenté

Poussah
bilboquet, obèse

Poussant
aidant

Poussant son cri, en parlant du cerf
râlant

Pousse
bourgeon, bouton, croissance, jet, œil, poussée, recru, rejet, rejeton, scion, surgeon, talle, venue

Poussé
accru, agrandi, animé, encouragé, exagéré, excité, fort, fouillé, jeté, sorti, venu

Pousse caractéristique des graminées
talle

Pousse de petits cris, en parlant d'un oiseau
piaule

Pousse des taillis au printemps
brout

Pousse-café
digestif

Poussée
accès, aggravation, apparition, augmentation, bouffée, bourrade, bousculade, charge, crise, croissance, effort, élan, éruption, flambée, force, hausse, impulsion, montée, mouvement, paroxysme, pesée, poids, pousse, pression, propulsion, souffle

Poussée de l'intérieur
pulsion

Pousser
accentuer, accroître, acculer, actionner, activer, agrandir, aider, aiguillonner, animer, approfondir, appuyer, attiser, avancer, aviver, bousculer, bouter, charrier, chasser, continuer, croître, décider, déplacer, développer, diriger, écarter, éloigner, émettre, emporter, encourager, entraîner, épauler, éperonner, exacerber, exagérer, exciter, exhaler, exhorter, faire, favoriser, fermer, forcer, forcir, fouiller, grandir, harceler, inciter, induire, instiguer, introduire, inviter, jeter, lâcher, lancer, lever, mouvoir, obliger, ouvrir, plaquer, pointer, porter, poursuivre, précipiter, prédisposer, presser, produire, proférer, profiter, projeter, proliférer, prolonger, promouvoir, propulser, protéger, pulluler, repousser, solliciter, sortir, souffler, soutenir, stimuler, tasser, tirer, travailler, venir

Pousser à bout
outrer

Pousser à faire le mal
pervertir

Pousser avec violence
jeter

Pousser de petits cris brefs et aigus
pépier

Pousser de petits cris, en parlant d'oiseaux
piailler

Pousser des cris
hurler

Pousser des cris de dérision
huer

Pousser des cris en secouant le jabot
jaboter

Pousser des cris répétés
glousser

Pousser des cris terribles
rugir

Pousser des drageons, en parlant d'une plante
bouturer

Pousser des sanglots
sangloter

Pousser des soupirs
soupirer

Pousser en avant
avancer

Pousser son cri, en parlant de l'aigle
glatir

Pousser son cri, en parlant de l'âne
braire

Pousser son cri, en parlant de l'éléphant
barrir

Pousser son cri, en parlant de la caille
margoter, margotter

Pousser son cri, en parlant de la cigogne
claqueter

Pousser son cri, en parlant du canard
nasiller

Pousser son cri, en parlant du chacal
japper

Pousser son cri, en parlant du chameau
blatérer

Pousser son cri, en parlant du cheval
hennir

Pousser son cri, en parlant du hibou
ululer

Pousser son cri, en parlant du mâle de la caille lorsqu'il est en période de reproduction
margoter, margotter

Pousser son cri, en parlant du pigeon
roucouler

Pousser son cri, en parlant du rhinocéros
barrir

Pousser son cri, en parlant du sanglier
grogner

Pousser un barrissement
barrir

Pousser un couinement
couiner

Pousser un cri (S')
écrier

Pousser un cri bref et aigu
glapir

Pousser un cri rauque
rugir

Pousser un navire sur un danger
drosser

Poussier
poussière

Poussière
cendres, débris, ordure, particule, poudre,
poussier, restes, saleté, scorie

Poussière d'une matière qu'on scie
sciure

Poussière détrempée dans les rues
boue

Poussière résineuse jaunâtre
lupulin

Poussiéreux
poudreux, sale

Poussin
chapon, coq, poulet

Poussoir
bouton

Poutre
bau, chevron, colombage, lattis, longeron,
madrier, poutrelle, profilé, solive, support

Poutre fixée le long d'un mur
lambourde

Poutre mobile horizontale
tangon

Poutre transversale sur un navire
bitte

Poutrelle
madrier, palplanche, poutre

Poutrelle transversale
barrot

Pouvoir
armement, art, ascendant, attribution,
autorisation, autorité, capacité, charisme,
charme, commandement, commission,
crédit, délégation, domination, don, droit,
efficacité, empire, emprise, état, faculté,
férule, fonction, gouvernement, grandeur,
hégémonie, influence, latitude, liberté,
loi, mainmise, maîtrise, mandat, mission,
moyen, omniprésence, permission, politique,
possibilité, potence, prépotence, prise,
procuration, propriété, puissance, régime,
règne, ressort, savoir, souveraineté, trône,
tutelle, vertu

Pouvoir absolu
dictature, règne

Pouvoir de séduire
séduction

Pouvoir des fées
féerie

**Pouvoir du patron à l'égard de ses ouvriers, de
ses employés**
patronat

Pouvoir exécutif
exécutif

Pouvoir politique d'un État
gouvernement

**Pouvoir qu'une personne donne à une autre
d'agir en son nom**
mandat

Pouvoir royal
royauté

Poux
vermine

Pr
praséodyme

Pragmatique
concret, positif, pratique, réaliste

Pragmatisme
réalisme

Praire
palourde

Prairie
alpage, alpe, champ, gazon, herbage,
pacage, pâquis, pâturage, pré, steppe

Praline
amande, bonbon, dragée

Prame
galère

Prao
multicoque

Praséodyme
Pr

Praticabilité
viabilité

Praticable
accessible, accessoire, possible, viable

Praticien
clinicien, docteur, exécutant, médecin,
professionnel, spécialiste, technicien,
thérapeute, toubib

Pratiquant
chrétien, croyant, dévot, pieux, religieux

Pratique
action, aisé, application, apprentissage, bien, clientèle, commerce, commode, concret, coutume, culte, efficace, empirique, emploi, entraînement, exécution, exercice, expérience, expérimental, fait, fonctionnel, fréquentation, habitude, ingénieux, maniable, matériel, métier, mode, normatif, observance, perfectionnement, positif, pragmatique, praxis, procédure, profession, prosaïque, réalisation, réaliste, rite, rituel, technique, tradition, usage, utile, utilisation, utilitaire

Pratiqué
accompli

Pratique consistant à arrêter un véhicule à l'aide d'un signe pour être transporté gratuitement
autostop

Pratique de la navigation de plaisance
yachting

Pratiquement
guère, quasiment, sensiblement

Pratiquer
accepter, accomplir, acquiescer, admettre, adonner, adopter, agréer, apprendre, choisir, effectuer, élire, embrasser, entériner, exercer, faire, fréquenter, garder, hanter, ménager, observer, opérer, opiner, opter, ouvrir, procéder, visiter

Pratiquer l'ablation d'un organe reproducteur
castrer

Pratiquer l'élision
élider

Pratiquer un curetage
cureter

Pratiquer une engravure
engraver

Pratiquer une feuillure
feuiller

Pratiques
mœurs

Praxie
coordination

Praxis
pratique

Pré
alpage, bagne, champ, gazon, herbage, pacage, pâquis, pâturage, prairie

Préalable
antécédent, antérieur, condition, précédent, préliminaire, premier, préparatoire

Préalablement
avant, précédemment

Préambule
avertissement, avis, commencement, discours, exorde, exposition, introduction, notice, préface, préliminaire, prélude, prémices, présentation, prodrome, prolégomènes, prologue

Préau
promenoir

Préavis
annonce, avertissement, avis, notification, signification

Prébende
profit

Précaire
boiteux, chancelant, court, délicat, éphémère, fragile, fugace, fugitif, glissant, incertain, inconstant, instable, passager, provisoire, temporaire, transitoire

Précarité
fragilité, incertitude, inconstance, insécurité, instabilité, vanité, variabilité, vulnérabilité

Précaution
attention, circonspection, délicatesse, diplomatie, discrétion, disposition, garantie, méfiance, ménagement, mesure, prévention, prévoyance, protection, prudence, réserve, soin, vigilance

Précautionneusement
délicatement

Précautionneux
circonspect, prévoyant, prudent, vigilant

Précédemment
antécédemment, antérieurement, auparavant, avant, préalablement

Précédent
ancien, antécédent, antérieur, dernier, exemple, fait, passé, préalable

Précéder
annoncer, anticiper, dépasser, devancer, préparer

Précepte
adage, aphorisme, apophtegme, commandement, dogme, enseignement, formule, instruction, leçon, loi, maxime, ordre, prescription, principe, proposition, règle, sentence, théorie

Précepte sanskrit
soutra

Précepteur
maître, pédagogue

Prêche
allocution, discours, exhortation, harangue, homélie, prédication, prône, sermon

Prêcher

annoncer, catéchiser, conseiller, encourager, enseigner, évangéliser, exhorter, moraliser, préconiser, prôner, recommander, sermonner

Prêcheur

moralisateur, prédicateur, sermonneur

Précieux

affecté, affété, appréciable, apprêté, avantageux, cher, choisi, délicat, emprunté, fin, inappréciable, inestimable, introuvable, irremplaçable, maniéré, mignard, pincé, prisé, profitable, raffiné, rare, rarissime, recherché, tarabiscoté, utile

Précieux, sophistiqué

affété

Préciosité

affectation, afféterie, apprêt, cultisme, entortillage, manière, maniérisme, marivaudage, mièvrerie, mignardise, purisme, raffinement, recherche, subtilité

Précipice

abîme, abysse, catastrophe, cavité, désastre, faillite, gouffre, ravin, ruine

Précipitation

averse, pluie

Précipitation constituée de grains de glace

grêle

Précipitation de grains de glace

grêle

Précipitations

averse, pluie

Précipité

bâclé, brusque, brutal, dépôt, haletant, hâtif, jeté, plongé, précipitation, pressé, rapide, sommaire

Précipité et imprévu

brusque

Précipiter

accélérer, activer, affoler, anéantir, avancer, bondir, brusquer, déposer, élancer, envoyer, forcer, hâter, jeter, lancer, plonger, pousser, presser, ruer, ruiner

Précis

analyse, assuré, catégorique, certain, circonstancié, clair, concis, condensé, correct, défini, dense, dépouillé, détaillé, déterminé, développé, distinct, exact, explicite, exprès, ferme, fidèle, fin, formel, franc, isolé, juste, laconique, lapidaire, limpide, littéral, manifeste, manuel, marqué, mathématique, méticuleux, minutieux, net, parfait, particulier, pile, ponctuel, propre, résumé, rigide, rigoureux, rituel, serré, simple, singulier, sobre, soigneux, sommaire, sonnant, spécifique, strict, succinct, sûr, tapant, textuel, unique

Précisé

déterminé, dévoilé, spécifié

Précisément

exprès, justement

Précisement, par coïncidence

justement

Préciser

affiner, caractériser, clarifier, définir, désigner, détailler, déterminer, développer, dévoiler, dire, énoncer, établir, expliciter, exposer, exprimer, fixer, indiquer, mentionner, mûrir, nuancer, particulariser, porter, relever, signaler, souligner, spécifier, stipuler

Préciser, arrêter quelque chose

déterminer

Précision

adresse, clarté, commentaire, concision, détail, développement, dextérité, doigté, exactitude, explication, fidélité, information, justesse, mention, minutie, netteté, nuance, propriété, rigueur, scrupule, sûreté

Précoce

avancé, hâtif, prématuré, primeur, prodige, surdoué

Précocement

tôt

Précompte

retenue

Précompté

retenu

Précompter

retenir

Préconception

préjugé

Préconçu

anticipé, hypothétique, préétabli, préjugé

Préconiser

conseiller, indiquer, prêcher, prôner, recommander, vanter

Précurseur

aïeul, aîné, ancêtre, annonciateur, créateur, devancier, initiateur, novateur, pionnier, prédécesseur, promoteur, visionnaire

Prédécesseur

aïeul, aîné, ancêtre, devancier, précurseur

Prédestination

destin

Prédestiner

appeler, destiner, déterminer, prédisposer, vouer

Prédéterminer

déterminer

Prédicant

abbé, moralisateur

Prédicat

rhème

Prédicateur
abbé, apôtre, débatteur, orateur, parleur, prêcheur, prêtre

Prédication
discours, homélie, prêche, prône, sermon

Prédiction
annonce, augure, conjecture, divination, horoscope, oracle, prévision, pronostic, prophétie, révélation, vaticination

Prédiction de l'avenir
horoscope

Prédilection
attirance, faiblesse, goût, préférence, prévision, vocation

Prédire
annoncer, augurer, conjecturer, deviner, présager, prévoir, promettre, pronostiquer, prophétiser, vaticiner

Prédisposé
enclin

Prédisposer
amener, appeler, inciter, incliner, influencer, porter, pousser, prédestiner, préparer

Prédisposition
aptitude, facilité, penchant, talent, tendance

Prédisposition
penchant

Prédominance
primauté, règne, suprématie

Prédominant
premier, primordial, principal

Prédominé
dominé

Prédominer
dominer, prévaloir, primer, régner, triompher

Prééminence
avantage, primauté, suprématie

Prééminent
premier, supérieur

Préétabli
préconçu

Préexistant
antécédent, antérieur

Préface
avertissement, avis, commencement, introduction, notice, préambule, présentation, prolégomènes, prologue

Préfacer
avertir, introduire

Préférable
mieux

Préférablement
plutôt

Préféré
adopté, attitré, cher, chéri, favori, fétiche, protégé

Préférence
acception, attirance, avantage, choix, faible, faiblesse, faveur, favoritisme, goût, option, partialité, penchant, prédilection

Préférence injuste
partialité

Préférer
adopter, chérir, choisir, distinguer, élire, entendre, incliner, opter, privilégier

Préfet
maire

Préfiguration
présage

Préfigurer
figurer

Préfixe
affixe, im, iso, particule

Préhension
prise

Préhistorique
ancien, antique, fossile

Préjudice
atteinte, attentat, coup, dam, détriment, dommage, lésion, mal, nuisance, persécution, perte, risque, tort

Préjudice, châtiment
dam

Préjudice, tort
détriment

Préjudiciable
funeste, malfaisant, mauvais, néfaste, nocif, nuisible

Préjudicier
nuire

Préjugé
croyance, erreur, opinion, partialité, préconception, préconçu, présomption, prévention

Préjuger
conjecturer, présumer

Prélart
bâche, linoléum

Prélassé
vautré

Prélat
abbé, évêque, monseigneur, monsignor, pontife

Prélat chargé de représenter le pape
nonce

Prélevé
accaparé, enlevé, retenu, retranché

Prélèvement
ablation, contribution, impôt, ponction, prise

Prélèvement d'un tissu
biopsie

Prélèvement de l'État sur les revenus
impôt

Prélèvement pour extraire un liquide du corps
ponction

Prélever
ablater, détacher, distraire, enlever, extraire, lever, ôter, prendre, retenir, retirer, retrancher, rogner, soutirer

Prélever des impôts à l'excès
pressurer

Préliminaire
exorde, préalable, préambule, prélude

Préliminaires
prologue

Prélude
annonce, commencement, début, exorde, introduction, ouverture, préambule, préliminaire, présage, prologue, promesse, signal, signe

Préluder
annoncer

Prématuré
anticipé, avancé, hâtif, précoce, pressé

Préméditation
intention

Prémédité
calculé, concerté, décidé, délibéré, intentionnel, mûri, pensé, préparé, prévu, réfléchi, résolu, volontaire, voulu

Préméditer
calculer, combiner, comploter, concerter, étudier, manigancer, mijoter, mûrir, ourdir, planifier, préparer, projeter, tramer

Prémices
amorce, annonce, commencement, début, embryon, naissance, préambule, primeur, signal

Premier
aîné, ancien, antérieur, auteur, brut, cacique, capital, champion, dominant, élémentaire, essentiel, fondamental, gagnant, indispensable, initial, initiateur, introducteur, inventeur, leader, liminaire, maître, major, meilleur, nécessaire, originaire, original, originel, pionnier, préalable, prédominant, prééminent, prépondérant, primaire, primitif, primordial, principal, prochain, promoteur, remarquable, supérieur, vainqueur, vital

Premier acadien gouverneur général du Canada
LeBlanc

Premier artiste québécois qui s'est produit à la Place des Arts
Léveillée

Premier batteur du groupe The Beatles
Best

Premier contact avec l'Église
baptême

Premier estomac des ruminants
panse, réticulum

Premier homme
Adam

Premier joueur tchèque à porter l'uniforme du Tricolore
Svoboda

Premier jour de la semaine
lundi

Premier lait après l'accouchement
colostrum

Premier magistrat municipal
maire

Premier ministre aux côtés de Ji Huanzi
Confucius

Premier ministre d'Australie de 2007 à 2010
Rudd

Premier ministre de la Jamaïque nommé en 2007
Golding

Premier ministre de Saint-Christophe-et-Niévès nommé en 1995
Douglas

Premier ministre du Belize nommé en 2008
Barrow

Premier ministre du Canada qui a été le moins longtemps en fonction
Tupper

Premier ministre du Canada qui a été le plus longtemps en fonction
King

Premier morceau coupé
entame

Premier Noir à jouer dans la Ligue majeure de baseball
Robinson

Premier point qu'on peut marquer au tennis
quinze

Premier premier ministre du Canada né en sol canadien
Abbott

Premier président des États-Unis afro-américain
Obama

Premier président des États-Unis né en sol américain
Buren

947

Premier rang de pierres dans un mur
assise

Premier roi des Hébreux
Saul

Premier segment du gros intestin
cæcum

Premier sillon ouvert par la charrue
enrayure

Premier travail avant correction
brouillon

Premier type chez qui les enfants sonnent pour récolter leurs premiers bonbons à l'Halloween
voisin

Premier-né
aîné, premier

Première
une

Première capitale de l'Assyrie
Assour

Première épouse de Jacob
Léa, Lia

Première femme
Ève

Première journée d'école
rentrée

Première ou deuxième moitié d'une année
semestre

Première page
une

Première page d'un feuillet
recto

Première partie d'un discours
exorde

Première partie de l'office divin qui se dit au point du jour
matines

Première partie du gros intestin
cæcum

Première phase de l'articulation d'une occlusive
implosion

Première racine d'un végétal
radicule

Première vertèbre cervicale
atlas

Premièrement
avant, primo

Premiers mots d'un ouvrage
incipit

Premiers principes d'un art
abc

Premiers produits de la nature offerts aux divinités
prémices

Prémisse
axiome, hypothèse, notion, principe

Prémisses
éveil

Prémolaire
dent

Prémonition
intuition, révélation

Prémonitoire
annonciateur, intuitif

Prémuni
armé, garanti

Prémunir
armer, assurer, défendre, garder, immuniser, préserver, protéger, vacciner

Prémunir (Se)
garantir, munir, prévenir

Prenant
attirant, captivant, touchant, vibrant

Prendre
aborder, absorber, accaparer, accueillir, acheter, acquérir, adjoindre, adopter, affecter, agripper, amadouer, appréhender, approprier, arracher, arrêter, attacher, atteindre, attraper, attribuer, avaler, boire, capturer, chaparder, chercher, choisir, confisquer, conquérir, considérer, consommer, contracter, coûter, dégoter, dégotter, demander, dénicher, dérober, dévorer, durcir, embaucher, embrasser, emmener, emparer, employer, empoigner, emporter, emprunter, enfiler, engager, enlever, entendre, entortiller, envahir, envisager, épaissir, épouser, étendre, exiger, extraire, figer, forcer, gagner, geler, grappiller, grignoter, happer, implanter, ingérer, intercepter, interpréter, manger, marcher, mettre, nécessiter, obtenir, pêcher, persuader, piller, pincer, pogner, porter, prélever, procurer, puiser, raciner, rafler, ramasser, ravir, razzier, recevoir, réclamer, recueillir, reprendre, retenir, retirer, réussir, revêtir, saisir, séduire, solidifier, souffler, soustraire, subtiliser, suivre, surprendre, tenir, tirer, trouver, user, utiliser, voler

Prendre à son compte
assumer

Prendre au piège
piéger

Prendre connaissance d'un texte
lire

Prendre contact
contacter

Prendre dans une masse liquide
puiser

Prendre de l'âge
vieillir

Prendre des manières affectées pour plaire
minauder

Prendre du poisson
pêcher

Prendre du ventre
bedonner

Prendre en film
filmer

Prendre en pitié
plaindre

Prendre l'air
décoller, respirer

Prendre l'aspect de la peluche
pelucher

Prendre la défense de quelqu'un
plaider

Prendre la forme d'un fuseau
fuseler

Prendre le repas du soir
souper

Prendre légalement
adopter

Prendre part
participer

Prendre part à un banquet
banqueter

Prendre part à une bagarre
bagarrer

Prendre patience
patienter

Prendre pied
apponter

Prendre son repas
dîner

Prendre son temps
lambiner

Prendre sur le fait
pincer

Prendre un abonnement pour quelqu'un
abonner

Prendre un navire en location
affréter

Prendre un oiseau à la glu
engluer

Prendre une autre orientation
bifurquer

Prendre une carte dans un tas
piocher

Prendre une direction qui n'est ni perpendiculaire ni parallèle à l'horizon
obliquer

Prendre une teinte jaune
jaunir

Prendre une teinte rougeâtre
rougeoyer

Prendre vivement
agripper

Prendre, reporter des mesures avec un compas
compasser

Preneur
acheteur, acquéreur, amateur, client, fermier, locataire

Prénom
nom

Prénom d'un champion en patinage artistique
Brian

Prénom d'un des chanteurs du groupe Cream
Eric, Jack

Prénom d'un des membres de Lévesque-Turcotte
Dany, Dominique

Prénom d'un des membres de Rock et Belles Oreilles
André, Bruno, Chantal, Guy, Richard, Yves

Prénom d'un des membres des Cyniques
André, Marc, Marcel, Serge

Prénom d'un des membres des Mecs comiques
Alex, Louis

Prénom d'un des membres du groupe The Bee Gees
Barry, Maurice, Robin

Prénom d'un des trois rois mages
Balthazar, Gaspard, Melchior

Prénom d'un détective imaginé par Agatha Christie
Hercule

Prénom d'une ancienne ministre de l'Éducation
Line

Prénom d'une réalisatrice québécoise
Léa

Prénom de César
Jules

Prénom de l'acteur qui a reçu l'Oscar du meilleur acteur pour son rôle dans *Harry et Tonto*, en 1975
Art

Prénom de l'acteur vedette de *15 février 1839*
Luc

Prénom de l'actrice Derek
Bo

Prénom de l'ailier droit Courtnall
Russ

Prénom de l'animateur du jeu *Le cercle*
Charles

Prénom de l'auteur d'*Un purgatoire*
Denis

Prénom de l'auteur de *Cyrano de Bergerac*
Edmond

Prénom de l'auteur de _Dr No_
Ian

Prénom de l'auteur de _L'histoire de Pi_
Yann

Prénom de l'auteur de la pièce de théâtre _Les belles-sœurs_
Michel

Prénom de l'auteur de _Self_
Yann

Prénom de l'auteur de _The Shining_
Stephen

Prénom de l'auteur du _Da Vinci Code_
Dan

Prénom de l'auteur du livre _Des barbelés dans ma mémoire_
Alain

Prénom de l'auteur Hemingway
Ernest

Prénom de l'auteur qui a créé James Bond
Ian

Prénom de l'auteur Tolstoï
Léon

Prénom de l'auteur Zola
Émile

Prénom de l'auteure de _Bonheur d'occasion_
Gabrielle

Prénom de l'auteure québécoise de _Kamouraska_
Anne

Prénom de l'auteure qui a créé le personnage de Miss Marple
Agatha

Prénom de l'humoriste Badouri
Rachid

Prénom de l'humoriste Morissette
Louis

Prénom de l'humoriste Nantel
Guy

Prénom de l'humoriste Paquin
Laurent

Prénom de l'humoriste Tellier
Billy

Prénom de l'imitateur Dupré
Marc

Prénom de l'interprète du père Gédéon
Doris

Prénom de la joueuse de tennis Kournikova
Anna

Prénom de la vedette masculine d'_Une histoire d'amour_
Ryan

Prénom de Rastignac, personnage de Balzac
Eugène

Prénom des joueurs Mahovlich et Morin
Pete

Prénom des joueurs Pouliot et Brunet
Benoît

Prénom des joueurs Savard et Herron
Denis

Prénom du batteur du groupe The Beach Boys
Dennis

Prénom du capitaine de l'Avalanche du Colorado de 1992 à 2009
Joe

Prénom du célèbre golfeur Nicklaus
Jack

Prénom du chanteur du groupe Cream
Jack

Prénom du chanteur du groupe The Rolling Stones
Mick

Prénom du défenseur Desjardins
Éric

Prénom du défenseur Gill
Hal

Prénom du défenseur Harvey
Doug

Prénom du fondateur des magasins DeSerres
Omer

Prénom du gardien de but Dryden
Ken

Prénom du gardien des Devils du New Jersey
Martin

Prénom du joueur de centre Gomez
Scott

Prénom du joueur de défense Langway
Rod

Prénom du membre de Rock et Belles Oreilles surnommé « le petit »
André

Prénom du peintre Dalí
Salvador

Prénom du peintre Picasso
Pablo

Prénom du plus célèbre parolier du Québec
Luc

Prénom du plus grand médaillé masculin olympique canadien
Marc

Prénom du premier spationaute israélien
Ilan

Prénom du principal compositeur du groupe The Beach Boys
Brian

Prénom du rôle joué par Claude Prégent dans _Caméra café_
Normand

Prénom du rôle joué par Johanne-Marie Tremblay dans _Virginie_
Ginette

Prénom du rôle joué par Marc Béland dans *Annie et ses hommes*
   Renaud

Prénom du rôle joué par Michel Barrette dans *Km/h*
   Denis

Prénom du rôle joué par Monique Mercure dans *Providence*
   Édith

Prénom du rôle joué par Nathalie Gascon dans *Virginie*
   Andrée

Prénom du rôle joué par Patrick Swayze dans *Mon fantôme d'amour*
   Sam

Prénom du sculpteur Rodin
   Auguste

Prénom du sprinter canadien Johnson
   Ben

Prénom du sprinter qui fut dépouillé de sa médaille d'or en 1988
   Ben

Prénom du syndicaliste québécois Chartrand
   Michel

Prénom féminin
   Adèle, Anna, Anne, Annie, Ariane, Aurélie, Cécile, Céline, Clara, Diana, Élise, Eugénie, Éva, Ève, Fatima, Florence, Gigi, Gisèle, Irène, Irma, Isabelle, Jenny, Julie, Léa, Léonie, Line, Lucie, Renée, Rita, Rosa, Ruth, Ursule

Prénom féminin russe
   Olga

Prénom masculin
   Adrien, André, Arsène, Arthur, Bernard, Bruno, Charles, Dave, Eddy, Edmond, Eli, Émile, Éric, Ernest, Étienne, Eugène, Eusèbe, Francis, Gaspard, Gédéon, Gilles, Guy, Henri, Ignace, Isidore, Jacques, Jean, Jules, Laurent, Léandre, Léo, Léon, Lino, Louis, Lucien, Marc, Marcel, Maurice, Max, Michel, Nestor, Omer, Ovide, Pascal, Paul, Pierre, Raoul, Raymond, Réal, Rémi, Robert, Rod, Serge, Thomas, Tim, Tom

Prénom masculin russe
   Igor

Prénommé
   appelé, baptisé, nommé

Prénommer
   appeler, baptiser, nommer

Préoccupant
   alarmant, fâcheux, grave, sérieux, sombre

Préoccupation
   ombre, pensée, soin, souci

Préoccupé
   absorbé, agité, alarmé, anxieux, contemplatif, contrarié, ennuyé, inquiet, intéressé, obsédé, pensif, songeur, soucieux, tarabusté, tendu, titillé, tourmenté, tracassé, travaillé

Préoccuper
   absorber, agiter, alarmer, ennuyer, inquiéter, intéresser, obséder, tarabuster, titiller, tourmenter, tracasser, travailler

Préparant
   accommodant

Préparant avec du tan
   tannant

Préparatifs
   préparation

Préparation
   apprentissage, apprêt, composition, conception, concoction, confection, cuisson, échauffement, éducation, élaboration, entraînement, étude, exercice, formation, gestation, instruction, introduction, mélange, organisation, pâte, préparatifs, remède, stage

Préparation à base d'amandes
   pralin

Préparation à base de farine délayée
   pâte

Préparation culinaire
   purée, risotto, timbale

Préparation culinaire à base d'œufs de poisson
   tarama

Préparation culinaire composée d'un mélange de légumes ou de fruits
   macédoine

Préparation culinaire de viandes
   hachis

Préparation de charcuterie
   boudin

Préparation de fruits frais que l'on fait cuire avec du sucre et qui ressemble à une bouillie épaisse
   marmelade

Préparation de morue à la provençale
   brandade

Préparation de viande
   saucisse

Préparation de viande ou de poissons hachés très fins
   hachis

Préparation donnée au cuir
   corroi

Préparation faite avec de la farine délayée et pétrie, que l'on fait cuire
   pâte

Préparation faite d'une pâte
tarte

Préparation liquide
sauce

Préparation liquide fortement salée
saumure

Préparation liquide, sucrée et aromatisée
julep

Préparation médicamenteuse
potion

Préparation médicamenteuse liquide
soluté

Préparation médicinale
cataplasme

Préparation mystérieuse, réservée aux adeptes
arcane

Préparation onctueuse
sauce

Préparation pharmaceutique
suppositoire

Préparation recouverte de fromage et cuite au four
gratin

Préparatoire
préalable

Préparé
aguerri, amené, apprêté, mûri, prémédité, prêt, tanné

Préparé à la façon du damas
damassé

Préparer
accommoder, aguerrir, alimenter, aménager, amener, annoncer, aplanir, apprêter, arranger, combiner, comploter, composer, concerter, concevoir, concocter, couver, cuire, cuisiner, déblayer, défricher, destiner, disposer, dresser, ébaucher, échafauder, élaborer, enfanter, entraîner, étudier, fabriquer, faciliter, façonner, faire, former, frayer, fricoter, instruire, méditer, ménager, mettre, mijoter, mitonner, monter, mûrir, nourrir, organiser, ourdir, ouvrir, parer, planifier, précéder, prédisposer, préméditer, présager, prévoir, produire, programmer, projeter, promettre, provoquer, réserver, tanner, tramer

Préparer à la manière des pralines
praliner

Préparer avec du tan
tanner

Préparer avec soin
étudier, fourbir, potasser

Préparer en vue d'un métrage
emmétrer

Préparer intensivement et hâtivement un examen
bachoter

Préparer le bac
bachoter

Préparer minutieusement
peaufiner

Préparer par chamoisage
chamoiser

Préparer par la cuisson
cuire

Préparer par un complot
comploter

Préparer secrètement
comploter

Prépondérance
hégémonie, maîtrise, primauté, suprématie

Prépondérance d'un État
hégémonie

Prépondérant
décisif, premier, supérieur

Préposé
agent, chargé, commis, employé, facteur, porteur, responsable

Préposé à l'ascenseur
liftier

Préposé aux bagages dans un hôtel, une gare
bagagiste

Préposer
commettre, employer, mettre

Préposition
avec, chez, dans, de, en, ès, par, sans, sous, voici, voilà

Préposition de lieu
delà

Préposition signifiant « à côté de »
lez

Prépotence
pouvoir

Prérequis
condition

Prérogative
apanage, attribut, autorité, avantage, droit, exclusivité, faveur, honneur, monopole, préséance, privilège

Près
auprès, presque, proche, voisin

Près de
lez

Présage
annonce, augure, auspices, avertissement, indice, marque, menace, préfiguration, prélude, promesse, signal, signe, symptôme

Présager
annoncer, augurer, conjecturer, entrevoir, indiquer, prédire, préparer, pressentir, présumer, prévoir, promettre, pronostiquer

Presbyte
hypermétrope

Presbytie
hypermétropie

Prescience
intuition, prévision, révélation

Prescription
annulation, caducité, clause,
commandement, consigne, devoir, directive,
disposition, exigence, extinction, impératif,
indication, injonction, instruction, invalidation,
invalidité, loi, nullité, obligation, ordonnance,
ordre, péremption, précepte, principe, règle,
règlement, suppression

Prescription d'ordre moral
impératif

Prescription légale
règlement

Prescrire
annuler, arrêter, commander, conseiller,
demander, dicter, disposer, donner, édicter,
enjoindre, éteindre, exiger, fixer, imposer,
indiquer, ordonner, réclamer, recommander,
requérir, résilier, stipuler, supprimer, vouloir

Prescrire d'une manière absolue
édicter

Prescrit
dicté, donné, éteint, fixé, imposé, nul,
ordonné, recommandé, requis, voulu

Préséance
prérogative, primauté, priorité

Présélection
tri

Présence
assiduité, assistance, autorité, caractère,
compagnie, existence, fréquentation,
influence, personnalité, rayonnement, rôle,
tempérament, vue

Présence continuelle
assiduité

**Présence d'une maladie dans une région
déterminée**
endémie

Présence de glucose dans le sang
glycémie

Présence de toxines dans le sang
toxémie

Présence en l'homme de sa finalité
immanence

Présent
actualité, actuel, assidu, assistant, bien,
bienfait, cadeau, contemporain, don,
donation, étrenne, existant, faveur, frais,
immédiat, instant, largesse, maintenant,
moderne, modernité, offrande, omniprésent,
spectateur, surprise, témoin

**Présent à l'occasion du premier jour de
l'année**
étrenne

Présent offert à Noël
cadeau

Présentable
acceptable, admissible, potable, sortable

Présentateur
speaker

Présentateur de nouvelles
speaker

Présentation
allure, aperçu, apparence, descriptif,
développement, exhibition, exposé,
exposition, forme, introduction, maintien,
préambule, préface, production, prologue,
représentation, spectacle, tenue

**Présentation des collections sur des
mannequins**
défilé

Présente
adresse

Présenté
adressé, affiché, amené, donné

Présente une chose relativement proche
voici

Présentement
actuellement, maintenant

Présenter
adresser, afficher, aligner, alléguer, amener,
animer, annoncer, avancer, avoir, comporter,
dessiner, développer, diriger, donner, exhiber,
exposer, exprimer, former, formuler, fournir,
introduire, montrer, offrir, paraître, parrainer,
passer, poindre, porter, produire, proposer,
rendre, représenter, servir, soumettre, surgir,
survenir, tendre, tourner

Présenter des bulles, de petites poches d'air
buller

Présenter par une préface
préfacer

Présenter un récit sous forme de roman
romancer

Présentoir
gondole, linéaire, support

Préservation
garde, immunité, maintien, protection

Préservé
abrité, garanti, sauvé

Préserver
abriter, assurer, conserver, défendre,
épargner, exempter, garantir, garder,
immuniser, maintenir, prémunir, protéger,
sauvegarder, sauver

Présidé
animé

Présidence
direction

Président
chef, directeur, dirigeant, doyen

Président américain élu en 2008
Obama

Président américain réélu en 2012
Obama

Président de l'Équateur élu en 2006
Correa

Président de la République d'Azerbaïdjan élu en 2003
Aliev

Président de la République de Nauru élu en 2007
Stephen

Président de la Somalie élu en 2009
Ahmed

Président des États-Unis ayant eu le mandat le plus court
Harrison

Président des États-Unis ayant eu le plus grand nombre de mandats
Roosevelt

Président des États-Unis ayant reçu le prix Nobel de la paix
Carter, Obama, Roosevelt, Wilson

Président des îles Maldives élu en 2008
Nasheed

Président du Costa Rica élu en 2006
Sanchez

Président du Nicaragua élu en 2007
Ortega

Président du Paraguay élu en 2008
Lugo

Président du Rwanda élu en 2000
Kagame

Président du Sri Lanka élu en 2005
Rajapakse

Présidente de l'Inde élue en 2007
Patil

Présidente des Philippines de 2001 à 2010
Arroyo

Présider
animer, commander, diriger, organiser, régler, siéger

Présomptif
présumé

Présomption
apparence, arrogance, audace, charge, conjecture, fatuité, fierté, hardiesse, hauteur, hypothèse, indice, infatuation, orgueil, outrecuidance, préjugé, pressentiment, prétention, soupçon, suffisance, superbe, supposition, suspicion, témérité, vanité

Présomptueux
glorieux, hardi, outrecuidant, téméraire

Presqu'île
péninsule

Presqu'île du Mexique
Yucatan

Presque
approximativement, environ, près, quasi, quasiment, sensiblement

Presque pas
guère

Pressage
pression, tassement

Pressant
appuyé, ardent, autoritaire, chaleureux, chaud, impératif, impérieux, insistant, instant, pressé, suppliant, urgent

Presse
affairement, affluence, cohue, foule, hâte, journal, journalistes, laminoir, média, multitude, précipitation, pressoir, rotative

Pressé
accablé, alarmé, compact, comprimé, écrasé, empressé, hâtif, impatient, précipité, prématuré, pressant, rapide, resserré, serré, urgent

Presse dont la forme imprimante est cylindrique
rotative

Pressenti
augure, prévu, senti, sondé

Pressentiment
espérance, intuition, présomption, prévision, révélation, sentiment

Pressentir
anticiper, augurer, déceler, détecter, deviner, entrevoir, flairer, pénétrer, percer, percevoir, présager, prévoir, sentir, sonder, soupçonner, subodorer, suspecter, tâter

Presser
accabler, accélérer, activer, affluer, aiguillonner, alarmer, allonger, appuyer, assaillir, assiéger, bousculer, broyer, brusquer, chauffer, coller, comprimer, courir, dépêcher, écraser, embrasser, empiler, encaquer, entasser, essorer, étrangler, étreindre, exhorter, exprimer, fouler, harceler, hâter, inviter, masser, oppresser, persécuter, peser, poursuivre, pousser, précipiter, pressurer, rapprocher, resserrer, serrer, stimuler, talonner, tarabuster, tasser, tordre, tourmenter

Presser fortement
pincer

Pressier
prote

Pressing
buanderie, lissoir

Pression
air, chantage, coercition, compression,
constriction, contrainte, demande, effort,
empire, étreinte, force, impulsion, influence,
instance, poids, poussée, pressage,
pressurage, rage, serrage, sollicitation, stress,
tension

Pressoir
fouloir, moulin, presse

Pressurage
pression

Pressuré
accablé, écrasé

Pressurer
accabler, accélérer, comprimer, écraser,
épuiser, exploiter, extorquer, presser,
rançonner, saigner

Prestance
allure, chic, contenance, distinction,
maintien, mine, noblesse, port, tenue,
tournure

Prestation
aide, allocation, challenge, exhibition,
fourniture, indemnité, performance,
redevance, représentation

Preste
agile, alerte, allègre, diligent, empressé,
expéditif, léger, leste, prompt, rapide, souple,
vif

Prestement
rondement, vite, vivement

Prestesse
adresse, agilité, aisance, célérité,
promptitude, rapidité, vélocité, vitesse,
vivacité

Prestidigitateur
bateleur, magicien

Prestidigitation
magie

Prestige
ascendant, attrait, aura, auréole, autorité,
charme, crédit, éclat, empire, gloire,
grandeur, illusion, importance, influence,
magie, panache, rayonnement, renom,
renommée, réputation, séduction, splendeur

Prestigieux
glorieux, grand, illustre, renommé, réputé

Presto
rapidement, vite

Préstratégique
tactique

Présumé
censé, hypothétique, présomptif, prétendu,
putatif, réputé, supposé

Présumer
augurer, compter, conclure, conjecturer,
croire, estimer, penser, préjuger, présager,
prétendre, prévoir, soupçonner, supposer,
suspecter

Présupposer
poser, postuler

Présure
ferment, labferment

Prêt
avance, crédit, décidé, disposé, emprunt,
mûr, paré, préparé, résolu

Prêt à agir
paré

Prêt à manger
mûr

Prêt entre banques
tournage

Prêt-à-monter
kit

Prêt-à-porter
confection, mode

Prêté
accordé, attribué, confié, donné, fourni,
offert, passé

Pretendant
amoureux, aspirant, candidat, compétiteur,
épouseur, fiancé, futur, postulant, promis,
soupirant

Prétendre
affirmer, alléguer, ambitionner, assurer,
avancer, briguer, déclarer, demander, désirer,
dire, entendre, exiger, garantir, jurer, lorgner,
poursuivre, présumer, réclamer, revendiquer,
souhaiter, soutenir, targuer, vanter, viser,
vouloir

Prétendu
apparent, faux, présumé, pseudo, supposé

Prétendument
censément

Prétentieux
affecté, altier, ampoulé, bêcheur, cabotin,
crâneur, fat, fendant, fier, freluquet, imbu,
immodeste, important, infatué, insolent,
outrecuidant, pédant, pompeux, pompier,
poseur, puant, ronflant, satisfait, snob,
suffisant, supérieur, vain, vainqueur

Prétention
affectation, ambition, arrogance, bouffissure,
condition, crânerie, désir, dessein, emphase,
espérance, exigence, fatuité, gloriole,
intention, orgueil, pédantisme, pose,
présomption, revendication, suffisance,
vanité, visée

Prêter
accorder, attacher, attribuer, avancer, confier, donner, fournir, imputer, offrir, passer, porter, reconnaître, supposer

Prêter attention à des choses insignifiantes
vétiller

Prêter une attention
écouter

Prêteur
bailleur, commanditaire, créancier, usurier

Prétexte
alibi, allégation, couverture, échappatoire, excuse, motif, occasion, raison, subterfuge, thème, voile

Prétexter
alléguer, avancer, feindre, invoquer, objecter, opposer, simuler

Prétoire
jury, tribunal

Prêtre
abbé, augure, aumônier, chapelain, confesseur, curé, ecclésiastique, mage, officiant, pasteur, père, pope, prédicateur, vicaire

Prêtre adjoint au curé
vicaire

Prêtre attaché au service d'une divinité
flamine

Prêtre catholique
curé

Prêtre chargé de la discipline
préfet

Prêtre d'Alexandrie
Arius

Prêtre de l'Église orthodoxe
pope

Prêtre de la religion bouddhique
bonze

Prêtre gaulois
ovate

Prêtre gaulois ou celtique
druide

Prêtre qui dirige un diocèse
évêque

Prêtre qui officie
officiant

Prêtre romain qui préparait les banquets sacrés
épulon

Prêtre titulaire d'une chapelle
chapelain

Prêtre, curé
cureton

Prêtresse d'Héra
Io

Prêtresse d'Héra, aimée de Zeus
Io

Prêtresse de Vesta
vestale

Prêtresse du culte de Bacchus
bacchante

Prêtrise
sacerdoce

Preuve
affirmation, alibi, argument, assurance, attestation, caution, charge, confirmation, critère, démonstration, exemple, gage, garant, garantie, indication, indice, justification, manifestation, marque, signe, symptôme, témoignage, trace, vérification

Preuve, raison
critère

Preux
brave, chevalier, courageux, héroïque, héros, vaillant

Prévaloir
dominer, prédominer, primer, régner, triompher

Prévalu
dominé

Prévarication
malversation

Prévenance
affabilité, amabilité, attention, complaisance, délicatesse, égard, empressement, galanterie, gâterie, gentillesse, obligeance, serviabilité, soin, sollicitude, tact

Prévenant
accommodant, affable, agréable, aimable, amical, attentif, attentionné, avenant, complaisant, courtois, déférent, délicat, dévoué, empressé, galant, gentil, obligeant, poli, serviable

Prévenant, attentif
empressé

Prévenir
alerter, annoncer, anticiper, avertir, aviser, détourner, devancer, empêcher, éviter, informer, instruire, obvier, signaler

Préventif
prophylactique

Prévention
animosité, antipathie, défiance, méfiance, opinion, partialité, précaution, préjugé, prophylaxie, protection, prudence

Préventorium
aérium

Prévenu
accusé, alerté, averti, évité, inculpé, partial

Prévision
anticipation, attente, calcul, clairvoyance, conjecture, croyance, divination, espérance, estimation, extrapolation, futurologie, horoscope, hypothèse, prédiction, prédilection, prescience, pressentiment, pronostic, prophétie, prospective, révélation, supposition, vaticination

Prévoir
annoncer, anticiper, attendre, augurer, calculer, comploter, compter, concocter, conjecturer, deviner, entrevoir, envisager, flairer, imaginer, mesurer, organiser, penser, planifier, prédire, préparer, présager, pressentir, présumer, programmer, pronostiquer, prophétiser, réserver, sentir

Prévoyance
précaution, prudence

Prévoyant
avisé, circonspect, diligent, économe, précautionneux, prudent, raisonnable, sage, vigilant

Prévu
anticipé, attendu, mûri, pensé, prémédité, pressenti, réglé, senti

Prie-Dieu
agenouilloir

Prier
adjurer, adorer, appeler, convier, demander, implorer, inviter, invoquer, réclamer, recueillir, solliciter, supplier

Prier avec insistance
solliciter

Prière
adjuration, anamnèse, angélus, appel, ave, chant, cri, demande, dévotion, imploration, instance, intercession, invitation, invocation, litanie, obsécration, oraison, orémus, patenôtre, pater, requête, sanctus, sollicitation, supplication, supplique, vœu, volonté

Prière à la Sainte Vierge
ave

Prière catholique commençant par ce mot
confiteor

Prière de dévotion
angélus

Prière de la liturgie catholique
confiteor

Prière de la messe
sanctus

Prière de louange
gloria

Prière liturgique
litanie

Prière mise en musique
requiem

Prière musulmane
salat

Prière pour les morts
requiem

Prière qui suit la consécration
anamnèse

Prières
grâces, neuvaine

Prieur
supérieur

Prieuré
abbaye, couvent

Prima donna
diva, divette

Primaire
arriéré, attardé, basique, borné, caricatural, essentiel, fondamental, indispensable, premier, primitif, rudimentaire, simpliste, sommaire

Primat
primauté

Primate
gorille, singe

Primate à cerveau développé
singe

Primate de l'Inde
loris

Primate nocturne d'Asie du Sud
loris

Primauté
avantage, domination, prédominance, prééminence, prépondérance, préséance, primat, priorité, règne, supériorité, suprématie

Prime
ajout, avantage, bonus, gratification, pourcentage, récompense, remise, salaire, subvention

Primé
dominé

Primer
couronner, diplômer, dominer, emporter, gagner, gratifier, honorer, prédominer, prévaloir, récompenser, régner

Primerose
passerose

Primesautier
guilleret, sémillant, spontané, vif

Primeur
commencement, étrenne, hâtiveau, légumier, nouveau, nouveauté, précoce, prémices, priorité

Primitif
archaïque, barbare, basique, brut, élémentaire, essentiel, fondamental, fruste, grossier, immédiat, inculte, initial, naïf, naturel, originaire, original, originel, premier, primaire, primordial, rudimentaire, rustre, sauvage, simple, simplet

Primitivisme
barbarie

Primo
d'abord, premièrement

Primogéniture
aînesse

Primordial
capital, cardinal, central, crucial, décisif, essentiel, fondamental, important, incontournable, indispensable, maître, majeur, nécessaire, prédominant, premier, primitif, principal, vital

Prince
altesse, archiduc, chef, cheik, cheikh, monarque, roi, seigneur, souverain

Prince arabe
chérif

Prince de certains pays musulmans
sultan

Prince des démons
Satan

Prince légendaire troyen
Énée

Prince musulman
émir

Prince troyen
Énée

Princesse
altesse, bégum

Princesse athénienne
Aricie

Princesse juive, fille d'Hérodiade
Salomé

Princesse morte en 1997
Diana

Princier
fastueux, luxueux, magnifique, royal, somptueux, splendide, superbe

Principal
capital, cardinal, central, chef, décisif, déterminant, directeur, dominant, élémentaire, essentiel, fondamental, grand, important, maître, majeur, prédominant, premier, primordial, proviseur, quintessence, substance

Principal personnage féminin
héroïne

Principalement
davantage, notamment, surtout

Principalement
surtout

Principat
principauté

Principauté
duché, principat

Principauté du golfe Persique
émirat

Principe
adage, agent, axe, axiome, base, cause, centre, commencement, convention, conviction, créateur, credo, début, définition, doctrine, dogme, élément, essence, facteur, ferment, fondement, germe, hypothèse, loi, maxime, moteur, norme, notion, opinion, origine, postulat, précepte, prémisse, prescription, proposition, racine, raison, règle, source, théorie, vérité

Principe actif des graines de persil
apiol

Principe considéré comme vrai servant de base à un raisonnement
postulat

Principe de mouvement
moteur

Principe de vie
âme

Principe fondamental de la philosophie taoïste
yin

Principe moral de contagion
virus

Principe odorant de l'iris
irone

Principes
mœurs, moralité, rudiments

Printanier
léger, neuf

Printemps
an, année, jeunesse, matin, renouveau, saison, seuil

Priodonte
tatou

Priorité
antériorité, préséance, primauté, primeur

Pris
absorbé, accaparé, acquis, affairé, affecté, attribué, contracté, enlevé, enrhumé, marié, occupé, réservé, retenu, saisi

Pris vivement
agrippé

Prise
absorption, appropriation, ascendant, aspérité, butin, captation, capture, coagulation, conquête, détournement, dose, durcissement, empire, emprise, enlèvement, gratton, influence, ingestion, inhalation,

mainmise, pouvoir, préhension, prélèvement, proie, saillie, saisie, solidification, trophée, victime

Prisé
affectionné, aimé, apprécié, couru, estimé, évalué, goûté, populaire, précieux, recherché

Prise de sang
ponction

Prisée
estimation

Priser
affectionner, aimer, apprécier, estimer, évaluer, goûter

Priser du tabac
pétuner

Prisme
polyèdre

Prison
bagne, bloc, cachot, cage, cellule, centrale, dépôt, détention, emprisonnement, geôle, pénitencier, réclusion, taule, tôle, trou

Prisonnier
bagnard, captif, détenu, emprisonné, enfermé, esclave, incarcéré, interné, taulard, tôlard

Privatif
privé

Privation
absence, abstinence, arrêt, ascèse, ascétisme, besoin, continence, défaut, dépouillement, diète, faute, frustration, gêne, indigence, jeûne, manque, misère, pauvreté, perte, renoncement, renonciation, restriction, sacrifice, suppression

Privation d'aliments
jeûne

Privation de drogue ou d'alcool lors de la désintoxication
sevrage

Privation volontaire
sacrifice

Privauté
audace, familiarité, hardiesse, liberté, licence

Privé
affamé, dénué, détective, domestique, enlevé, étroit, exempt, frustré, individuel, intérieur, intime, libre, officieux, ôté, particulier, personnel, ponctuel, privatif, propre, réservé, sans

Privé de
dépourvu

Privé de ses rameaux
écoté

Privé du sens de la vue
aveugle

Priver
affamer, confisquer, démunir, dénuer, déposséder, dépouiller, dessaisir, destituer, enlever, frustrer, ôter, saisir, sevrer, spolier, voler

Priver d'air
étouffer

Priver d'ampleur
étriquer

Priver d'héritage
déshériter

Priver de lumière
obscurcir

Priver de nourriture
affamer

Priver de saveur
affadir

Priver de ses cornes
décorner

Priver de vivacité, de sensibilité, de lucidité
hébéter

Priver quelqu'un d'un bien
frustrer

Privilège
acquis, apanage, avantage, bénéfice, droit, faculté, faveur, honneur, immunité, monopole, prérogative

Privilégié
patricien

Privilégier
aider, avantager, encourager, faciliter, favoriser, gratifier, préférer

Prix
accessit, barème, cadeau, cherté, condition, conséquence, contrepartie, cotation, cote, coupe, cours, coût, diplôme, effet, importance, loyer, médaille, montant, punition, rançon, récompense, rémunération, rétribution, salaire, tarif, taux, tribut, trophée, valeur

Prix du louage des choses
loyer

Prix du transport d'une lettre
port

Prix élevé
cherté

Prix fixé d'une manière autoritaire
taxe

Prix fixé par une convention
taux

Prix Nobel de la paix en 2009
Obama

Prix Nobel de physique en 1903 et de chimie en 1911
Curie

Prix usuel d'un service
tarif

Pro
professionnel, spécialiste, technicien

Probabilité
chance, conjecture

Probable
acceptable, admissible, apparent, crédible, croyable, envisageable, plausible, possible, virtuel, vraisemblable

Probant
admissible, concluant, convaincant, décisif, définitif, démonstratif, éloquent, irrésistible, parlant

Probatoire
acceptable

Probe
consciencieux, délicat, droit, équitable, fidèle, franc, honnête, impartial, incorruptible, intègre, irréprochable, juste, loyal, moral, propre, pur, régulier, scrupuleux

Probité
conscience, droiture, équité, foi, franchise, honnêteté, impartialité, incorruptibilité, intégrité, justice, loyauté, morale, moralité, pureté, rectitude, sincérité, vertu

Problématique
incertain

Problème
accroc, affaire, anicroche, bricole, cas, colle, conflit, controverse, difficulté, écueil, embarras, embûche, énigme, ennui, hic, histoire, misère, nœud, os, pépin, point, question, souci, sujet, thème

Problème difficile à résoudre
énigme

Procédé
art, artifice, astuce, combinaison, combine, dispositif, façon, ficelle, formule, manière, méthode, moyen, procédure, processus, recette, ressource, secret, solution, système, technique, traitement, truc, voie

Procédé d'écriture
sténo

Procédé de gravure en nielles
niellure

Procédé de peinture murale
fresque

Procédé de reproduction de document par stencil
polycopie

Procédé de tir sur une cible en mouvement
cinétir

Procédé habile destiné à tromper
artifice

Procédé permettant de colorer les microbes
gram

Procédé qui tient du dessin et de la peinture
lavis

Procédé thérapeutique consistant à verser de l'eau sur une partie du corps
affusion

Procéder
accomplir, agir, comporter, conduire, découler, effectuer, émaner, exécuter, faire, opérer, pratiquer, provenir, réaliser, résulter

Procéder à l'appairage
appairer

Procéder à la torréfaction
torréfier

Procéder à une trépanation
trépaner

Procéder au clonage
cloner

Procéder au cylindrage
cylindrer

Procéder au dégazage
dégazer

Procéder au déplacement dans une nouvelle branche
reclasser

Procéder au lainage
lainer

Procéder au mixage
mixer

Procéder par essais
tâtonner

Procédure
action, formalité, instance, instruction, mécanisme, méthode, moyen, paperasserie, poursuite, pratique, procédé, procès, processus, règle, règlement, stratégie, tactique, technique, usage

Procédure de contrôle de la comptabilité
audit

Procédurier
chicaneur, ergoteur

Procès
action, affaire, cas, cause, chicane, condamnation, conflit, désaccord, différend, instance, litige, marche, poursuite, procédure, processus

Procès-verbal
amende, constat, rapport, relation

Procès-verbal de conventions entre deux puissances
recès

Processif
chicaneur

Procession
cortège, défilé, file, parade, ribambelle, succession, suite, théorie

Processus
cours, déroulement, développement, évolution, marche, mécanisme, méthode, opération, procédé, procédure, procès, progrès, technique

Processus de développement de quelqu'un
genèse

Processus de formation de nouvelles unités lexicales
néologie

Prochain
adjacent, attenant, autre, autrui, congénère, contigu, frère, futur, immédiat, imminent, postérieur, premier, proche, prompt, semblable, suivant, ultérieur, voisin

Prochainement
bientôt, demain

Proche
accessible, adjacent, analogue, approchant, attenant, avoisinant, circonvoisin, comparable, contigu, environnant, familier, frontalier, immédiat, imminent, intime, lié, limitrophe, parallèle, parent, parenté, près, prochain, prompt, rapproché, récent, ressemblant, semblable, similaire, voisin

Proclamateur
héraut

Proclamation
allocution, annonce, appel, avis, ban, communiqué, déclaration, dénonciation, discours, divulgation, manifeste, programme, publication

Proclamation officielle
ban

Proclamation solennelle d'un futur mariage
ban

Proclamé
adressé, affirmé

Proclamer
adresser, affirmer, annoncer, carillonner, claironner, clamer, corner, crier, débiter, déclarer, dire, divulguer, manifester, professer, promulguer, prononcer, publier, révéler, trompeter

Procrastinateur
dilatoire, temporisateur

Procrastination
atermoiement

Procréateur
dieu

Procréation
maternité

Procréer
accoucher, concevoir, enfanter, engendrer, fabriquer, faire, produire

Proctalgie
ténesme

Procuration
mandat, pouvoir

Procuré
donné

Procurer
accorder, acheter, acquérir, alimenter, allouer, amener, apporter, approvisionner, assurer, attirer, avoir, causer, décerner, donner, engendrer, entraîner, faire, fournir, livrer, ménager, munir, nantir, nourrir, obtenir, occasionner, octroyer, offrir, pourvoir, prendre, produire, provoquer, ramasser, rapporter, susciter, trouver, valoir

Procurer le salut éternel
sauver

Procurer réparation d'une offense
venger

Procurer un nouveau logement
reloger

Procureur
attorney

Prodigalité
largesse, libéralité, surabondance

Prodige
aigle, as, crack, génie, lumière, merveille, miracle, monstre, phénix, phénomène, précoce, prouesse, surdoué, talent, trésor, virtuose

Prodigieusement
beaucoup, énormément, follement, rudement, très

Prodigieux
admirable, ahurissant, colossal, énorme, étonnant, étourdissant, excessif, fabuleux, féerique, fou, inouï, monstre, phénoménal, sublime, surnaturel, surprenant

Prodigue
abondant, débordant, dépensier, désintéressé, dilapidateur, dissipateur, fastueux, fécond, fertile, gaspilleur, généreux, large, libéral, munificent, prolixe

Prodigué
donné

Prodiguer
consumer, dépenser, déployer, dilapider, dissiper, distribuer, donner, épancher, épandre, exposer, gaspiller, manifester, répandre

Prodrome
préambule, prologue, signal

Producteur
agriculteur, créateur, nutritif, paysan

Producteur de céréales
céréalier

Productif
agissant, bon, créatif, fécond, fertile,
fructueux, généreux, imaginatif, juteux,
lucratif, profitable, prolifique, rentable, riche

Production
apparition, composition, création,
dégagement, éclosion, écrit, élaboration,
émission, enfantement, exhibition,
fabrication, formation, fruit, génération,
genèse, œuvre, ouvrage, présentation,
produit, réalisation, récolte, rendement

Production colorée de certains végétaux
fleur

Production d'une substance par une glande
sécrétion

Production d'une vigne
cuvée

Production filiforme de l'épiderme
poil

Production pathologique liquide
pus

Productivité
fertilité, rendement, richesse

Produire
accoucher, advenir, alléguer, amener,
apporter, arriver, catalyser, causer, citer,
composer, confectionner, constituer,
construire, créer, débiter, déclencher,
dégager, déterminer, donner, éclore, écrire,
élaborer, émettre, enfanter, engendrer,
entraîner, essaimer, exercer, exhaler, exhiber,
exhumer, fabriquer, façonner, faire, forger,
former, fournir, fructifier, générer, montrer,
occasionner, opérer, paraître, porter, pousser,
préparer, présenter, procréer, procurer,
provoquer, rapporter, rendre, sécréter,
soulever, surgir, survenir, susciter, tendre,
travailler, venir

Produire de la brume
brumer

Produire de la graine
grainer, grener

Produire de la mousse
mousser

Produire de la salive
saliver

Produire des bénéfices
fructifier

Produire des bulles, en parlant des poissons
buller

Produire du pus
suppurer

Produire du sel
sauner

Produire généreusement
épancher

Produire la fécondation
féconder

Produire la gélatinisation
gélatiniser

Produire un bruit aigu, grinçant
crisser

Produire un bruit sec
craquer

Produire un bruit sec et éclatant
claquer

Produire un bruit sourd
gronder

Produire un bruit sourd, continu
ronfler

Produire un cliquetis
cliqueter

Produire un crépitement rapide et assez faible
grésiller

Produire un murmure confus
bruire

Produire un ronflement vibrant
vrombir

Produire un son aigu et désagréable
grincer

Produire un son analogue à celui de la flûte
flûter

Produire un trille
triller

Produire un vrombissement
vrombir

Produire une polarisation
polariser

Produire une stridulation
striduler

Produisant des râles
râlant

Produit
aliment, amené, artefact, article, bénéfice,
bien, conséquence, corrigé, denrée,
écrit, effet, enfant, fruit, gain, issu, lucre,
marchandise, ouvrage, production, profit,
progéniture, rançon, rapport, recette,
rendement, rente, résultante, résultat,
revenu, substance, suite, venu

Produit à base d'amidon
empois

Produit alimentaire à base de soya
tofu

Produit alimentaire de forme aplatie
tablette

Produit alimentaire qui en remplace un autre
ersatz

Produit collant et visqueux
résine

Produit combustible de la distillation du pétrole
gazole

Produit comestible de la ponte de certains animaux
œuf

Produit congelé
congelé

Produit cosmétique pour les cils
mascara

Produit d'un vol
butin

Produit d'une distillation
distillat

Produit d'une ruche
miel, ruchée

Produit de charcuterie traité au sel
salaison

Produit de dégradation des acides aminés de l'organisme
urée

Produit de l'abeille
miel

Produit de la conception
fœtus

Produit de la mouture du blé
farine

Produit de la vache
lait

Produit de toute une vigne
cuvée

Produit des femelles ovipares
œuf

Produit destiné à détruire les larves des insectes
larvicide

Produit du cotonnier
coton

Produit laitier
fromage

Produit métallurgique de grande longueur
profilé

Produit nettoyant
savon

Produit obtenu à partir de la cerise
cerisette

Produit par des alluvions
alluvial

Produit par l'action du feu
igné

Produit par la magie
magique

Produit qui détruit les rats
raticide

Produit qui empêche ou retarde la congélation
antigel

Produit qui fait lever le pain
levain

Produit servant au décapage
décapant

Produit translucide à base d'eau
gel

Produit un bruit sec
craque

Produit utilisé pour alimenter un moteur
carburant

Produit utilisé pour le lavage
savon

Proéminence
éminence, relief, saillie

Proéminent
bombé, protubérant, renflé, saillant, signalé

Profanation du sacré
sacrilège

Profane
béotien, candide, civil, débutant, ignorant, incompétent, inexpérimenté, laïc, laïque, mondain, néophyte, novice, séculier

Profaner
avilir, dégrader, insulter, polluer, salir, souiller, vandaliser, violer

Proféré
jeté, sorti

Proférer
adresser, affirmer, articuler, cracher, débiter, dire, émettre, énoncer, exhaler, jeter, pousser, prononcer, sortir, vomir

Professé
enseigné

Professer
afficher, apprendre, déclarer, enseigner, manifester, proclamer, soutenir

Professeur
docteur, enseignant, instituteur, instructeur, maître, moniteur, patron, pédagogue

Professeur de la religion de Mahomet
mahométan

Profession
activité, boulot, carrière, condition, emploi, état, fonction, industrie, job, métier, occupation, partie, pratique, spécialité, travail, voie

Profession de médecin
médecine

Profession de styliste
stylisme

Professionnel chargé de l'affinage
affineur

Professionnel de l'actuariat
actuaire

Professionnel de la gymnastique
gymnaste

Professionnel des industries graphiques
graphiste

Professionnel en mesure d'apprécier l'origine et la qualité des peaux de fourrure
pelletier

Professionnel qui opère en Bourse
boursier

Professionnel qui perce les trous de mine
foreur

Professoral
docte, doctoral, dogmatique, magistral, pédant, solennel

Profil
aptitude, caractéristique, compétence, contour, côté, coupe, dessin, galbe, ligne, linéament, section, silhouette, vue

Profilé
caréné, découpé, poutre

Profiler
caréner, galber, pointer

Profiler (Se)
découper, dessiner, poindre

Profit
acquêt, aubaine, avantage, bénéfice, bien, compte, fruit, gain, intérêt, parti, prébende, produit, rapport, récolte, revenu, salaire, utilité

Profit plus ou moins licite
lucre

Profitable
avantageux, bénéfique, bienfaisant, bon, efficace, enrichissant, formateur, fructueux, instructif, intéressant, lucratif, payant, précieux, productif, rémunérateur, rentable, sain, salutaire, utile

Profitablement
utilement

Profiter
apprécier, attraper, bénéficier, déguster, développer, goûter, grandir, grossir, pousser, saisir, savourer

Profiter de l'existence
vivre

Profiteur
parasite

Profond
absolu, abstrait, abstrus, abyssal, aigu, ardent, bas, caché, caverneux, complet, creux, difficile, durable, échancré, élevé, éloigné, encaissé, enfoncé, épais, étroit, extrême, fidèle, foncé, fort, grand, grave, gros, immense, impénétrable, inférieur, infini, intelligent, intense, interne, intime, latent, lointain, lourd, mystérieux, obscur, pénétrant, perspicace, plongeant, puissant, radical, reculé, sagace, savant, secret, sépulcral, sérieux, solide, sombre, soutenu, total, vaste, vif, violent, viscéral

Profonde tristesse
navrement

Profondément
ardemment, bien, énormément, fortement, vivement

Profondeur
abîme, dimension, force, mystère, puissance, relief, tréfonds

Profondeur d'une eau
fond

Profus
répandu

Profusément
abondamment, largement

Profusion
abondance, affluence, avalanche, beaucoup, débauche, débordement, déluge, excès, exubérance, flot, flux, foisonnement, infinité, luxe, luxuriance, masse, multiplicité, multitude, myriade, plénitude, pléthore, pluie, prolifération, richesse, surabondance

Progéniture
descendance, descendants, enfant, famille, héritiers, petit, portée, postérité, produit, rejeton

Progestérone
lutéine

Programmation
diffusion, grille

Programme
affiche, annonce, application, brochure, calendrier, dessein, émission, horaire, intention, logiciel, menu, objectif, plan, planification, planning, plateforme, proclamation, projet, résolution, stratégie

Programmer
diffuser, élaborer, jouer, orchestrer, organiser, planifier, préparer, prévoir, réglementer, régler

Progrès
amélioration, amendement, ascension, avance, avancée, avancement, cheminement, civilisation, cours, croissance, développement, essor, évolution, expansion, extension, gain, marche, mieux, montée, mouvement, pas, percée, perfectionnement,

processus, progression, promotion,
propagation

Progressant
allant

Progressé
évolué

Progresser
avancer, bouger, cheminer, cingler, décoller,
évoluer, prospérer, remonter

Progressif
gradué, graduel, rythmique

Progression
allée, ascension, avancée, avancement,
cours, croissance, essor, gradation, hausse,
inflation, itinéraire, marche, montée, progrès,
regain, retour, transition

Prohibé
défendu, illégal, illicite, interdit, tabou

Prohiber
censurer, condamner, défendre, empêcher,
exclure, inhiber, interdire, proscrire,
réprouver

Prohibitif
excessif, limitatif, ruineux

Prohibition
défense

Proie
butin, capture, gibier, jouet, prise, victime

Projecteur
épidiascope, lanterne, luminaire, phare,
rétroprojecteur, spot

Projecteur lumineux
phare, spot

Projecteur placé en avant d'une voiture
phare

Projectile
balle, bombe, boulet, cartouche, grenade,
obus, pruneau

Projectile lancé par canon
obus

Projectile propulsé
fusée

Projection
éjection, jet, lancement, lancer, transfert

Projecture
saillie

Projet
ambition, but, canevas, concept, dessein,
dessin, ébauche, entreprise, esquisse,
idée, intention, maquette, pensée, plan,
plateforme, programme, propos, résolution,
visée, volonté, vue

Projeté
jeté

Projeter
bombarder, combiner, comploter, concevoir,
conspirer, cracher, développer, ébaucher,
échafauder, éjecter, envoyer, expulser, jeter,
jouer, lancer, manigancer, méditer, mûrir,
ourdir, passer, planifier, pousser, préméditer,
préparer, propulser, pulvériser, tramer, vomir

Projeter au loin
propulser

Projeter de la salive
cracher

Projeter en fines goutelettes
vaporiser

Projeter un liquide sous forme de gouttelettes
nébuliser

Prolapsus
descente, ptose

Prolégomènes
préambule, préface

Prolétaire
ouvrier, plébéien, prolétarien, travailleur

Prolétariat
peuple, populace

Prolétarien
prolétaire

Prolifération
abondance, profusion

Proliféré
accru

Proliférer
abonder, accroître, agrandir, augmenter,
développer, envahir, foisonner, grandir,
multiplier, pousser, propager, propager,
pulluler, reproduire

Prolificité
fertilité

Prolifique
fécond, fertile, productif

Prolixe
abondant, babillard, bavard, causant,
causeur, copieux, diffus, disert, expansif,
exubérant, intarissable, jaseur, long, loquace,
phraseur, prodigue, verbeux, volubile

Prolixe, vague
diffus

Prolixité
faconde, loquacité, verve, volubilité

Prologue
avertissement, avis, commencement,
exorde, introduction, préambule, préface,
préliminaires, prélude, présentation,
prodrome

Prolongateur
rallonge

Prolongateur électrique
rallonge

Prolongation
continuation, délai, poursuite

Prolongé
allongé, continu, continué, repoussé

Prolongement
incidence, lendemain, poursuite, répercussion, suite

Prolongement constant de la cellule nerveuse
axone

Prolongement d'un organe
processus

Prolongement de l'existence au-delà de la mort
survie

Prolonger
ajouter, allonger, augmenter, continuer, entretenir, éterniser, perpétuer, poursuivre, pousser, proroger, rallonger, reconduire

Prolonger (Se)
durer, persister, traîner

Promenade
allée, avenue, baguenaude, balade, boulevard, circuit, cours, course, échappée, équipée, errance, excursion, flânerie, mail, marche, périple, randonnée, sortie, tour, vadrouille, virée, voyage

Promenade publique
mail

Promenade rapide
virée

Promené
sorti

Promener
aller, balader, circuler, déambuler, déplacer, errer, flâner, marcher, musarder, sortir, traîner, transporter, voyager

Promeneur
badaud, baladeur, excursionniste, flâneur, marcheur, noctambule, passant, piéton, randonneur, rôdeur, visiteur, voyageur

Promenoir
préau

Promesse
adage, annonce, assurance, contrat, convention, déclaration, engagement, espérance, foi, gage, obligation, parole, prélude, présage, protestation, serment, signal, signe, vœu

Promesse solennelle
serment

Prométhéen
titanesque

Prométhium
Pm

Prometteur
aguichant, encourageant, engageant

Promettre
affirmer, annoncer, assurer, augurer, certifier, destiner, garantir, jurer, prédire, préparer, présager, proposer, vouer

Promis
fiancé, futur, garanti, juré, prétendant, voué

Promiscuité
cohabitation, familiarité, mélange, proximité, voisinage

Promise
fiancée, future

Promo
promotion

Promontoire
bec, cap

Promontoire rocheux d'Israël
carmel

Promoteur
activeur, âme, animateur, artisan, auteur, bâtisseur, centre, concepteur, créateur, dirigeant, héraut, incitateur, initiateur, inspirateur, instigateur, introducteur, leader, lotisseur, meneur, moteur, père, pionnier, précurseur, premier, tête

Promotion
accession, amélioration, année, ascension, avancement, classe, communication, dignité, distinction, élévation, émancipation, fournée, galon, lancement, nomination, progrès, promo, publicité, réclame, solde

Promouvoir
aider, améliorer, animer, bombarder, catapulter, élever, encourager, favoriser, impulser, instaurer, instituer, lancer, nommer, parachuter, patronner, porter, pousser, propulser, protéger, provoquer, soutenir

Prompt
actif, bouillant, bref, brusque, coléreux, court, délié, diligent, empressé, éveillé, expéditif, fougueux, hâtif, immédiat, impétueux, instantané, irascible, leste, preste, prochain, proche, rapide, soudain, subit, succinct, susceptible, véloce, vif, zélé

Prompt à la colère
irascible

Prompt à se mettre en colère
irritable

Prompt et agile
preste

Promptement
bientôt, rondement, vite, vivement

Promptitude
célérité, diligence, hâte, prestesse, rapidité, vélocité, vitesse, vivacité

Promu
diplômé

Promulgation
publication

Promulguer
décréter, édicter, proclamer, publier

Prône
discours, exhortation, harangue, homélie, prêche, prédication, sermon

Prôner
approuver, célébrer, conseiller, encenser, exalter, glorifier, louer, prêcher, préconiser, recommander, vanter

Prôneur
apologiste

Pronom
tout

Pronom personnel argotique
tézigue

Prononcé
accentué, accusé, appuyé, émis, formel, fort, marqué, souligné

Prononcer
accentuer, appuyer, articuler, bafouiller, balbutier, bégayer, bléser, bredouiller, chuchoter, chuinter, débiter, déclarer, décréter, détacher, dire, écorcher, émettre, énoncer, exprimer, formuler, grasseyer, juger, lire, mâchonner, marquer, marteler, murmurer, nasiller, nasonner, proclamer, proférer, réciter, rendre, scander, sonner, zézayer

Prononcer à voix basse
chuchoter

Prononcer avec violence
proférer

Prononciation
accent, articulation, diction, parler

Prononciation dissociant en deux syllabes un groupe vocalique
diérèse

Pronostic
anticipation, conjecture, extrapolation, horoscope, hypothèse, prédiction, prévision

Pronostiquer
annoncer, prédire, présager, prévoir

Pronunciamiento
putsch, sédition

Propadiène
allène

Propagande
publicité

Propagandiste
partisan, rabatteur, racoleur, zélateur

Propagateur
apôtre, rabatteur, zélateur

Propagation
contagion, diffusion, invasion, marche, progrès, radiation

Propagation du mouvement dans un gaz
pulsion

Propagé
accru, ramifié, transmis

Propager
accréditer, accroître, cheminer, circuler, colporter, courir, diffuser, disséminer, divulguer, ébruiter, émettre, enseigner, étendre, irradier, populariser, proliférer, rayonner, répandre, semer, transmettre, vulgariser

Propanier
pétrolier

Propension
appétence, attirance, disposition, facilité, goût, inclination, penchant, pente, tendance, vocation

Propfan
hélice

Prophète
augure, devin, élie, oracle, vaticinateur, visionnaire, voyant

Prophète biblique
Élisée

Prophète biblique avant Jésus-Christ
Amos

Prophète hébreu
Élie, Isaie, Nabi

Prophète inspiré par Dieu
Nabi

Prophète juif
Isaie, Nahum

Prophétie
annonce, divination, horoscope, oracle, prédiction, prévision, vaticination

Prophétique
annonciateur

Prophétiser
annoncer, deviner, prédire, prévoir

Prophylactique
préventif, protecteur

Prophylaxie
asepsie, prévention

Propice
adéquat, beau, bel, bon, choisi, convenable, faste, favorable, heureux, opportun

Proportion
anatomie, dimension, dosage, dose, équilibre, étendue, eurythmie, harmonie, mesure, pourcentage, prorata, rapport, ratio, symétrie, taille, taux, teneur

Proportion de sel d'un liquide
salinité

Proportionné
pondéré, régulier

Proportionnel
relatif

Proportionner
calibrer, doser, mesurer

Propos
adage, allocution, but, déclaration, désir,
dessein, dire, discours, intention, langage,
langue, matière, motif, mots, objectif, objet,
parole, paroles, pensée, phrase, projet,
résolution, sujet, thème, verbe, volonté

Propos débités par les charlatans
boniment

Propos du hâbleur
hâblerie

Propos frivole
faribole

Propos méchant
bave

Propos médisant de commère
commérage

Propos rapporté par quelqu'un
écho

Propos, action qui amuse
joyeuseté

Proposer
avancer, conseiller, donner, hasarder,
montrer, offrir, présenter, promettre, servir,
souffler, soumettre, suggérer

Proposer au choix
soumettre

Proposition
adage, affirmation, allégation, aphorisme,
assertion, avance, axiome, conseil, jugement,
marché, maxime, motion, offre, ouverture,
postulat, précepte, principe, résolution,
suggestion, thèse

Proposition impérative
ultimatum

Proposition mathématique
lemme

Propre
adapté, adéquat, apanage, approprié,
attribut, bien, blanc, caractéristique, congru,
convenable, correct, distinctif, exact, exclusif,
frais, honnête, immaculé, impeccable,
individuel, intact, intègre, intrinsèque, juste,
lavé, littéral, même, moral, nature, naturel,
net, nette, nettoyé, particularité, particulier,
personnel, pimpant, ponctuel, précis,
privé, probe, propret, propriété, pur, rangé,
réglo, soigné, soigneux, spécial, spécificité,
spécifique, textuel, typique

Propre à faire rire
risible

Propre à guérir
curatif

Propre à inspirer
inspirant

Propre à l'ablation
ablatif

Propre à l'enfant
enfantin

Propre à l'homme
humain, viril

Propre à l'idéalisme
idéaliste

Propre à l'ouïe
auditif

Propre à la banque
bancaire

Propre à la basilique
basilical

Propre à la grippe
grippal

Propre à la guérison
curatif

Propre à la jeunesse
juvénile

Propre à la résidence
résidentiel

Propre à la vieillesse
sénile

Propre au corps et au physique
somatique

Propre au lion
léonin

Propre au matin
matinal

Propre au miel
miellé

Propre au racisme
raciste

Propre au tétanos
tétanique

Propre aux écoles
scolaire

Propre aux esclaves
servile

Propre aux glaciers
glaciaire

Propre aux larves
larvaire

Propre aux tropiques
tropical

Propre et coquet
propret

Propre, spécifique
exclusif

Propret
net, pimpant, propre

Propreté
blancheur, fraîcheur, hygiène, netteté, pureté, salubrité, tenue, toilette

Propriétaire
détenteur, hôte, locateur, maître, patron, possesseur

Propriétaire d'hôtel
taulier

Propriétaire d'une grande exploitation agricole dans un pays tropical
planteur

Propriétaire, directeur d'une imprimerie
imprimeur

Propriété
adéquation, attribut, avoir, bien, capital, caractère, caractéristique, convenance, correction, détention, domaine, efficacité, essence, exactitude, faculté, fonds, immeuble, justesse, nature, particularité, patrimoine, possession, pouvoir, précision, propre, qualité, résidence, terre, vertu

Propriété de ce à quoi on peut faire confiance
fiabilité

Propriété de ce qui est frais, un peu froid
fraîcheur

Propriété de réfléchir le son
résonance

Propriété de reprendre sa position première
ressort

Propriété des muscles qui ont du tonus
tonicité

Propriété foncière
domaine

Propulsé
bombardé

Propulser
bombarder, catapulter, envoyer, lancer, nommer, parachuter, pousser, projeter, promouvoir

Propulseur
réacteur

Propulseur à réaction
réacteur

Propulsion
poussée

Propylée
porte

Prorata
part, proportion

Prorogation
report

Proroger
ajourner, allonger, prolonger, rallonger, reconduire, remettre, renouveler, repousser, retarder

Prosaïque
matériel, plat, pratique, utilitaire, vulgaire

Prosaïsme
monotonie, platitude

Proscription
exil

Proscrire
abolir, bannir, censurer, chasser, condamner, défendre, écarter, éliminer, enlever, exclure, exiler, expulser, interdire, prohiber, refouler, refuser, rejeter, reléguer, renvoyer

Proscrit
banni, enlevé, exilé, fugitif, interdit, rejeté

Proscrit, exilé de sa patrie
banni

Prose
littérature, plume, style

Prosélyte
adepte, apôtre, disciple, militant, néophyte, partisan, zélateur

Prosopopée
harangue

Prospecter
analyser, examiner, explorer, faire, parcourir, rechercher, reconnaître

Prospecteur
chercheur

Prospection
recherche, sondage

Prospective
anticipation, prévision

Prospectus
affiche, brochure, dépliant, imprimé, papillon

Prospère
aisé, beau, bel, faste, favorable, fécond, florissant, fortuné, heureux, resplendissant, riche

Prospéré
réussi

Prospérer
croître, développer, engraisser, enrichir, épanouir, étendre, fleurir, foisonner, fructifier, marcher, multiplier, progresser, pulluler, réussir

Prospérité
abondance, activité, aisance, bonheur, boom, développement, essor, expansion, félicité, fortune, opulence, réussite, richesse, splendeur, succès

Prosternation
adoration, adulation, prostration

Prosterné
abaissé, agenouillé, aplati, courbé, humilié, incliné

Prosternement
adoration

Prosterner
courber

Prosterner (Se)
abaisser, agenouiller, aplatir, humilier, incliner, ramper, saluer

Prostration
abattement, accablement, adynamie, anéantissement, apathie, dépression, hébétude, langueur, léthargie, prosternation, stupeur, torpeur

Prostré
abattu, accablé, anéanti, apathique, écœuré, écrasé, effondré, immobile

Protagoniste
acteur, actrice, animateur, caractère, héroïne, héros, instigateur, leader, meneur, moteur, participant, personnage, pionnier, rôle

Prote
contremaître, imprimeur, pressier

Protecteur du citoyen
ombudsman

Protecteur du foyer
lare

Protection
aide, appui, armure, assistance, assurance, bardage, bastion, bénédiction, blindage, blondage, bouclier, cache, carapace, casque, conservation, couverture, cuirasse, défense, écran, égide, faveur, filtre, garantie, garde, garniture, glacis, habillage, immunité, matelas, mécénat, parapluie, paravent, parrainage, patronage, piston, précaution, préservation, prévention, recommandation, rempart, sauvegarde, secours, sécurité, soutien, sûreté, surveillance, tablier, tutelle

Protection d'un saint
patronage

Protection divine (au Maghreb)
baraka

Protection en planches
bardage

Protection vigilante
tutelle

Protégé
abrité, affermi, assuré, béni, créature, défendu, enlevé, favori, garanti, poulain, préféré, réservé, sauvé

Protégeant
aidant

Protéger
abriter, accompagner, affermir, aider, appuyer, assister, assurer, barder, bénir, blinder, conserver, couver, cuirasser, défendre, encourager, épauler, escorter, favoriser, flanquer, fortifier, garantir, garder, immuniser, parrainer, patronner, pistonner, pousser, prémunir, préserver, promouvoir, recommander, sauvegarder, sauver, secourir, soutenir, surveiller, vacciner

Protéger comme par une cuirasse
cuirasser

Protéger par un blindage
blinder

Protéger par un brevet
breveter

Protéger quelqu'un contre quelque chose
prémunir

Protéiforme
changeant

Protéine ayant l'aspect d'une gelée
gélatine

Protéine présente dans les organismes animaux
albumine

Protestation
assurance, clameur, cri, démonstration, dénégation, désapprobation, grogne, murmure, objection, opposition, plainte, promesse, réaction, réclamation, récrimination, refus, revendication, serment, témoignage, tempête

Protestation collective
pétition, tollé

Protestations
doléances

Protester
bouger, bougonner, broncher, cabrer, clabauder, criailler, désapprouver, dire, exclamer, grogner, gronder, indigner, murmurer, opposer, pester, piailler, plaindre, râler, réagir, rebeller, réclamer, récrier, récriminer, regimber, renâcler, renauder, répliquer, répondre, résister, révolter, révolter, ronchonner, ruer, tempêter, tonner

Protester avec mauvaise humeur
renauder

Protester avec véhémence (Se)
récrier

Prothèse
appareil, appareillage, bridge, dentier

Prothèse amovible
dentier

Prothèse qu'on introduit sous la peau
implant

Protocolaire
formel, solennel

Protocole
apparat, bienséance, cérémonial, charte,
code, convenance, décorum, étiquette,
forme, norme, règle, règlement, rite, rituel,
traité

Prototype
corrigé, échantillon, modèle, original,
parangon, spécimen, type

Protoxyde de baryum
baryte

Protozoaire d'eau douce
stentor

Protozoaire flagellé des eaux douces
euglène

Protozoaire pourvu d'un noyau
amibe

Protubérance
apophyse, aspérité, bosse, caroncule,
éminence, saillie

Protubérant
proéminent, saillant

Prou
peu

Proue
avant, bout, devant, étrave, nez

Prouesse
challenge, exploit, fait, performance, prodige,
record, succès, victoire

Prouvé
admis, authentique, avéré, ergoté, établi,
marqué, reconnu

Prouver
affirmer, agréer, annoncer, attester, confirmer,
déceler, démontrer, établir, exprimer, illustrer,
indiquer, justifier, manifester, marquer,
montrer, révéler, témoigner, trahir, vérifier

Provenance
origine

Provenir
découler, dépendre, dériver, descendre,
émaner, partir, procéder, résulter, sortir

Provenu
issu

Proverbe
adage, aphorisme, dicton, formule, maxime,
pensée, sentence

Proverbial
admis, célèbre, connu

Providence
ange, bienfaiteur, chance, ciel, destin, dieu,
hasard, protecteur, sauveur, secours, sort

Province
contrée, division, pays, région, territoire,
terroir

Province de l'Empire perse gouvernée par un satrape
satrapie

Province de l'Éthiopie
Choa

Province de la Chine du Nord-Est
Jilin

Province de la Palestine à l'époque gréco-romaine
Judée

Province de Logroño
Rioja

Provincial
régional

Proviseur
chef, principal

Provision
acompte, aliment, amas, approvisionnement,
arrhes, avance, cargaison, dépôt, fourniture,
munition, réserve, stock

Provisoire
bref, court, éphémère, fugace, fugitif,
momentané, passager, précaire, temporaire,
transitoire

Provocant
affriolant, agaçant, agressif, aguichant,
arrogant, assassin, batailleur, belliqueux,
coquet, effronté, émoustillant, excitant, hardi,
insolent, irritant, osé, provocateur, querelleur,
racoleur, suggestif, troublant

Provocateur
agressif, fauteur, meneur, provocant,
tapageur, trublion

Provocation
agacerie, bravade, défi, incitation

Provoquant quelque chose
causant

Provoqué
agressé, aguiché, alléché, allumé, amené,
défié, donné, énervé, excité, jeté

Provoqué par le soleil
solaire

Provoquer
affronter, agacer, agir, agresser, aguicher,
aiguillonner, allumer, amener, amorcer,
animer, appeler, apporter, attaquer, attirer,
braver, catalyser, causer, commencer,
coûter, créer, déchaîner, déclencher, défier,
déterminer, donner, émoustiller, enflammer,
engendrer, entraîner, éveiller, exciter, faire,
favoriser, fomenter, générer, harceler, induire,
inspirer, instiguer, jeter, menacer, mettre,
motiver, narguer, occasionner, opérer,
préparer, procurer, produire, promouvoir,
solliciter, soulever, susciter, titiller

Provoquer des contractions musculaires longues et répétées
tétaniser

Provoquer l'engourdissement qui précède le sommeil
assoupir

Provoquer l'ionisation
ioniser

Provoquer la forte excitation
survolter

Provoquer la gangrène d'un tissu
gangréner

Provoquer la sclérose (Se)
scléroser

Provoquer ou encourager l'engagement actif
stimuler

Provoquer une ou des fissures
fissurer

Provoquer une réaction par sa seule présence
catalyser

Proximité
affinité, analogie, approche, contiguïté, imminence, mitoyenneté, parenté, promiscuité, ressemblance, similitude, voisinage

Prude
bégueule, pudibond, pudique, puritain

Prude, rigoriste
bégueule

Prudemment
bien, sagement

Prudence
attention, circonspection, défiance, discernement, doigté, hésitation, ménagement, mesure, pondération, précaution, prévention, prévoyance, réflexion, réserve, réticence, sagesse, soin, tact, vigilance

Prudence excessive
frilosité

Prudent
attentif, averti, avisé, bon, circonspect, hésitant, mesuré, pondéré, précautionneux, prévoyant, pusillanime, raisonnable, réfléchi, réservé, réticent, sage, sensé, timoré, utile, vigilant

Pruderie
pudeur, pudibonderie, puritanisme

Pruine
pruinosité

Pruinosité
pruine

Prune
bosse, ente, fruit, icaque, mirabelle, pruneau, quetsche

Prune de coton
icaque

Prune séchée
pruneau

Pruneau
projectile, prune

Prunelle
fruit, œil, pupille, regard

Prunus
amandier

Prurit
chatouillement, démangeaison, gratte, irritation, picotement, urticaire

Prussiate
cyanure

PS
apostille

Psalmodie
cantique, chant, psaume

Psalmodier
chanter

Psaume
cantique, chant, hymne, miserere, psalmodie

Psautier
bréviaire

Psellion
bracelet

Pseudo
faux, prétendu, pseudonyme, supposé

Pseudonyme
pseudo, surnom

Psilose
alopécie

Psitt
eh, hé, hem, hep, ho, ohé

Psittacose
ornithose

Pst
eh, hé, hem, hep, ho, ohé

Psychanalyse
analyse, thérapie

Psychanalyser
analyser

Psychanalyste
aliéniste, analyste, médecin

Psyché
âme, ego, glace, miroir, psychisme, psychologie

Psychiatre
aliéniste, analyste, médecin

Psychique
intellectuel, intérieur, mental, moral

Psychisme
mental, psyché, psychologie

Psycholeptique
sédatif

Psychologie
mentalité, perspicacité, psyché, psychisme

Psychologique
mental, moral

Psychologue
perspicace

Psychopathe
fou

Psychorigide
rigide

Psychorigidité
rigidité

Psychose
affolement, aliénation, angoisse, délire, démence, folie, hantise, obsession, paranoïa, vésanie

Psychosomatique
nerveux

Psychothérapie
thérapie

Psychotique
fou

Psylle
cigale

Pt
platine

Ptose
descente, prolapsus

Pu
plutonium

Puant
dégoûtant, écœurant, empesté, empuanti, fat, fétide, infatué, infect, malodorant, mauvais, méphitique, nauséabond, nidoreux, pestilentiel, poseur, pourri, prétentieux, rance, répugnant, satisfait, snob, suffisant, vaniteux

Puanteur
fétidité, infection, miasmes, odeur, pestilence, relent, remugle

Pub
bar, bistro, bistrot, brasserie, café, publicité

Pubère
adolescent, formé, nubile

Puberté
adolescence, formation, nubilité, pubescence

Pubescence
puberté

Pubescent
barbu, poilu, velu

Public
accessible, assemblée, assistance, audience, auditoire, authentique, collectif, commun, communautaire, connu, foule, galerie, général, gens, laïque, libre, manifeste, masse, multitude, national, notoire, officiel, ouvert, parterre, peuple, politique, population, répandu, salle, société, solennel, spectateur, visible

Publication
affichage, annonce, ban, bulletin, divulgation, écrit, édition, fascicule, journal, lancement, livraison, livre, numéro, ouvrage, parution, périodique, plaquette, proclamation, promulgation, recueil, revue, sortie, tirage, volume

Publication périodique
journal, organe

Publication qui fournit des renseignements spécialisés
argus

Publication qui paraît chaque mois
mensuel

Publication qui paraît chaque semaine
hebdomadaire

Publication quotidienne ou périodique destinée à un public populaire
tabloïd, tabloïde

Publiciste
publicitaire

Publicitaire
publiciste

Publicité
affichage, affiche, aguiche, annonce, battage, brochure, message, promotion, propagande, pub, réclame, renommée, retentissement, tapage

Publicité bruyante
battage

Publicité énorme
tapage

Publicité tapageuse
battage

Publié
affiché, dévoilé, écrit, paru, sorti

Publier
afficher, annoncer, claironner, clamer, communiquer, corner, crier, déclarer, dévoiler, divulguer, donner, ébruiter, écrire, édicter, éditer, émettre, étaler, exposer, exprimer, imprimer, lancer, manifester, proclamer, promulguer, répandre, reproduire, sortir, trompeter

Publique
renommée

Puce
chip, chique, petit, vermine

Puce de sable
talitre

Pudding
plum

Pudeur
bienséance, confusion, décence, délicatesse,
discrétion, embarras, gêne, honnêteté,
honneur, honte, modestie, pruderie,
pudibonderie, pudicité, pureté, réserve,
respect, retenue, réticence, sagesse,
scrupule, tact, tenue, timidité, vergogne,
vertu, virginité

Pudeur excessive
pruderie

Pudibond
bégueule, chaste, prude, pudique, puritain,
timide

Pudibonderie
pruderie, pudeur

Pudicité
décence, pudeur, retenue

Pudique
bégueule, chaste, correct, décent, délicat,
discret, honnête, modeste, prude, pudibond,
pur, puritain, réservé, retenu, sage

Puer
empester, empuantir, exhaler, sentir

Puéril
bébé, bébête, candide, dérisoire, enfantin,
frivole, futile, immature, infantile, naïf, niais,
superficiel, vain

Puérilité
amusement, baliverne, enfantillage, faribole,
frivolité, futilité, gaminerie, infantilisme,
naïveté, niaiserie

Pugilat
bagarre, bataille, boxe, combat,
échauffourée, lutte, mêlée, rixe

Pugiliste
boxeur

Pugnace
agressif, offensif

Pugnacité
agressivité, allant, combativité, mordant,
ténacité

Puîné
cadet, junior

Puis
alors, après, ensuite

Puisard
bétoire, égout, fosse, puits

Puisatier
foreur

Puiser
emprunter, extraire, glaner, grappiller,
piocher, pomper, prendre, récolter, tirer,
trouver

Puisque
car, comme

Puissamment
fort, fortement

Puissance
aleph, autorité, capacité, crédit, dimension,
droit, efficacité, empire, emprise, énergie,
état, exposant, faculté, force, grand,
grandeur, influence, intensité, loi, magie,
nation, pays, possibilité, potentiel, pouvoir,
profondeur, royaume, sève, souveraineté,
vigueur, virilité, volume

Puissance d'action
dynamisme

Puissance des fées
féerie

Puissance surnaturelle
mana

Puissant
agissant, considérable, costaud, efficace,
énergétique, fort, grand, gros, haut,
herculéen, important, influent, intense,
musclé, omnipotent, patricien, pénétrant,
profond, ramassé, redoutable, robuste,
solide, soutenu, souverain, trapu, vif,
vigoureux, violent, viril

Puissant appareil sonore
sirène

Puissant astringent
styptique

Puissant explosif
TNT

Puits
abîme, artésien, cratère, gouffre, puisard

Puits destiné à recevoir les eaux résidentielles
puisard

Puits vertical
bure

Pull
chandail, lainage, tricot

Pull-over
lainage, pull, sweater, tricot

Pullman
wagon

Pullulement
abondance, beaucoup, foisonnement, luxe

Pullulent
abondant

Pulluler
abonder, envahir, foisonner, fourmiller,
grouiller, pleuvoir, pousser, proliférer,
prospérer, regorger, répandre

Pulpe
chair

Pulpeux
charnu, moelleux

Pulque
agave

Pulsation
battement, frémissement, oscillation, pouls, vibration

Pulsé
soufflé

Pulsion
besoin, envie, impulsion, instinct, pente, tendance

Pulsion de mort, chez Freud
thanatos

Pulsionnel
libidinal

Pulvérisateur
aérosol, atomiseur, bombe, broyeur

Pulvérisé
anéanti, détruit, écrasé, rasé

Pulvériser
anéantir, annihiler, arroser, atomiser, balayer, briser, broyer, concasser, déchiqueter, désagréger, détruire, écraser, effriter, égruger, émietter, fracasser, moudre, piler, projeter, raser, triturer, vaporiser, volatiliser

Pulvériser pour prévenir les maladies
sulfater

Pulvérulent
poudreux

Puma
couguar, eyra

Punaise
nèpe, vermine

Punaise d'eau
ranatre

Punaise vivant sur l'eau
ranatre, vélie

Punch
allant, boisson, dynamisme, énergie, force, mordant, pep, riposte, tonus, vigueur, vitalité

Puni
corrigé

Punir
battre, châtier, coller, condamner, consigner, corriger, fesser, frapper, interdire, pénaliser, redresser, réprimer, sanctionner, sévir, venger

Punissable
coupable

Punition
châtiment, condamnation, correction, coups, fessée, gage, leçon, peine, pénalité, pénitence, pensum, prix, raclée, récompense, représailles, répression, rossée, sanction, tarif, tribut, vengeance, vindicte

Punition identique à l'offense
talion

Pupille
œil, orphelin, prunelle

Pupitre
bureau, clavier, console, lutrin, table

Pur
absolu, accompli, aérien, affiné, ailé, angélique, argentin, assaini, authentique, beau, bel, blanc, bleu, bon, brut, candide, chaste, châtié, clair, complet, continent, correct, cristallin, décanté, délicat, désintéressé, droit, élégant, entier, épuré, filtré, fin, fondamental, frais, franc, honnête, idéal, immaculé, immatériel, impeccable, inaltéré, ingénu, innocent, intact, intègre, limpide, lumineux, marial, naturel, net, noble, nu, parfait, platonique, potable, probe, propre, pudique, purifié, raffiné, rectifié, sage, sain, saint, séraphique, serein, simple, sincère, soigné, sublime, théorique, transparent, véritable, vertueux, vierge, virginal, vrai

Pur-sang
bourrin, cheval

Purée
bouillie, capilotade, charpie, compote, coulis, crème, marmelade, miettes, misère, mousseline, pauvreté, suprême

Purement
absolument, candidement, exclusivement, honnêtement, ingénument, innocemment, intégralement, seulement, simplement, strictement, totalement, uniquement, vertueusement

Pureté
authenticité, blancheur, candeur, chasteté, clarté, continence, délicatesse, désintéressement, droiture, finesse, fraîcheur, franchise, grâce, honnêteté, honneur, ingénuité, innocence, intégrité, limpidité, luminosité, netteté, perfection, probité, propreté, pudeur, salubrité, sincérité, transparence, vertu, virginité

Purgatif
dépuratif, drastique, laxatif, purgation, purge

Purgation
ablution, purgatif, purge

Purgatoire
épreuve

Purge
désinfection, épuration, lavement, lessive, nettoyage, potion, purgatif, purgation, vidange

Purgé
enlevé, épuré, retranché

Purger
accomplir, acquitter, balayer, curer, débarrasser, décrasser, désobstruer, effacer,

épurer, exécuter, expurger, laver, libérer,
nettoyer, purifier, retrancher, subir, vidanger,
vider

Purifiant
nettoyant

Purification
affinage, épuration, filtrage, nettoyage,
raffinage, régénération

Purifié
aéré, affiné, coulé, enlevé, épuré, pur,
régénéré

Purifier
aérer, affiner, assainir, blanchir, clarifier,
débarrasser, décrasser, désinfecter, épurer,
filtrer, laver, libérer, nettoyer, purger, raffiner,
rectifier, régénérer, stériliser, sublimer

Purisme
affectation, perfectionnisme, préciosité,
rigorisme

Puriste
rigoriste, syntacticien

Puritain
austère, intransigeant, janséniste, prude,
pudibond, pudique, rigide, rigoriste,
rigoureux, sectaire, sévère, strict

Puritanisme
austérité, pruderie, rigidité, rigorisme

Purpura
pétéchie, vibice

Purpurin
garance, pourpre, pourpré, pourprin

Purulent
putride

Pus
chassie, sanie

Pusillanime
couard, craintif, faible, frileux, lâche,
peureux, pleutre, poltron, prudent, timide,
timoré

Pusillanimité
couardise, faiblesse, lâcheté, poltronnerie,
timidité

Pustule
abcès, acné, bouton, bubon, bulbe, furoncle,
grosseur, vésicule

Putatif
présumé, supposé

Putréfaction
altération, corruption, gangrène, pourriture

Putréfié
altéré, avarié

Putréfier
altérer, avarier, corrompre, décomposer,
gâter, pourrir

Putrescent
putride

Putride
corrupteur, décomposé, désagréable,
faisandé, fétide, gâté, immoral, impur,
malsain, morbide, pernicieux, pervers,
pestilentiel, pourri, purulent, putrescent

Putsch
pronunciamiento, sédition, soulèvement

Putti
angelots

Putto
angelot

Pygargue
aigle, aiglon, huard, huart

Pygmée
nain, petit

Pylône
mât, pile, pilier, poteau, support

Pyrale
papillon

Pyramidal
colossal, tétraédrique

Pyramide
amas, tas

Pyramide de pierres élevée par des alpinistes
cairn

Pyromane
incendiaire

Pyrrhonien
sceptique

Python
boa

Pythonisse
voyant

Pz
pièze

Q

Qu'il convient de faire, de dire
   bienséant

Qu'il est impossible de décrire
   ineffable

Qu'on a renvoyé dans sa patrie
   rapatrié

Qu'on doit aller chercher
   quérable

Qu'on ne peut résoudre
   insoluble

Qu'on ne saurait payer trop cher
   impayable

Qu'on peut boire
   potable

Qu'on peut enlever ou remettre à volonté
   amovible

Qu'on peut laver
   lavable

Qu'on peut régler
   réglable

Qu'on peut réparer
   réparable

Qu'on peut tolérer
   tolérable

Quadrangle
   quadrilatère

Quadrige
   char

Quadrilatère
   carré, losange, parallélogramme, polygone, quadrangle, rectangle, trapèze

Quadrillage
   ratissage

Quadrillage pour mots croisés
   grille

Quadrille
   contredanse

Quadrillé
   écossais

Quadrille excentrique et tapageur
   cancan

Quadrupède ruminant à deux bosses dorsales
   chameau

Quadrupler
   augmenter

Quai
   appontement, débarcadère, embarcadère, plateforme

Qualificatif
   adjectif, épithète, nom

Qualificatif d'acide
   uranique

Qualification
   nom, qualité, titre

Qualifié
   affecté, apte, autorisé, calé, capable, chevronné, compétent, dénommé, exercé, expérimenté, expert, ferré, habileté, professionnel, rompu, trapu, valable

Qualifie une dette qui peut être réclamée au domicile du débiteur
   quérable

Qualifie une plante dont une partie est destinée à l'alimentation humaine
   potager

Qualifier
   affecter, appeler, autoriser, caractériser, dénommer, désigner, déterminer, intituler, nommer, sélectionner, surnommer, symboliser, taxer, traiter

Qualité
   aloi, aptitude, attribut, calibre, capacité, caractère, caractéristique, carrure, classe, compétence, condition, disposition, distinction, don, donation, envergure, espèce, essence, étoffe, fonction, force, intérêt, mérite, niveau, particularité, propriété, qualification, rang, spécificité, stature, talent, titre, trempe, valeur, vertu

Qualité d'auteur
   paternité

Qualité d'un boxeur dynamique
   punch

Qualité d'une personne héroïque
   héroïcité

Qualité d'une viande tendre
   tendreté

Qualité de ce qui est âcre
   âcreté

Qualité de ce qui est clair, transparent
   clarté

Qualité de ce qui est commode, utile
   commodité

Qualité de ce qui est fertile
   fertilité

Qualité de ce qui est génial
   génialité

Qualité de ce qui est idéal
   idéalité

Qualité de ce qui est précoce
   précocité

Qualité de ce qui glisse sur la neige
   glisse

Qualité de ce qui n'est pas réel
   irréalité

Qualité de ce qui s'exprime en peu de mots
concision

Qualité de celui qui est frugal
frugalité

Qualité de père
paternité

Qualité de tuteur
tutorat

Qualité de voyant
voyance

Qualité des sons agréables à entendre
euphonie

Qualité du papier
épair

Quand
comme, lorsque, si

Quant à
afin

Quant-à-soi
réserve

Quantième
combien, date, fréquence, jour, lequel

Quantifié
chiffré

Quantifier
mesurer

Quantité
abondance, affluence, amas, armada,
cargaison, charge, dose, essaim, foison, forêt,
fréquence, grandeur, immensité, infinité,
kyrielle, légion, masse, meute, montagne,
multitude, myriade, nombre, ration, régiment,
ribambelle, série, stock, tapée, teneur,
volume

Quantité approximative de vingt
vingtaine

Quantité chiffrée
nombre

Quantité d'aliments mise en bouche en une fois
bouchée

Quantité d'or
carat

Quantité de bois
stère

Quantité de boisson servie à ras bord
rasade

Quantité de foin qu'on prend en une fois avec une fourche
fourchée

Quantité de nourriture dans le bec d'un oiseau
becquée

Quantité de vin qui se fait dans une cuve
cuvée

Quantité déterminée
quantum

Quantité immense
myriade

Quantité infime
brin

Quantité que l'on fait cuire en même temps
fournée

Quantité qui dépasse un nombre fixé
surnombre

Quantité qui excède un nombre déterminé
surnombre

Quantité trois fois plus grande
triple

Quarantaine
isolement

Quarantenier
cordage

Quart
faction, gobelet, godet, quartier, veille

Quart d'une corde de bois
stère

Quart de la circonférence terrestre
quadrant

Quart-arrière des Dolphins de Miami de 1983 à 1999
Marino

Quarteron
métis

Quartier
arrondissement, coin, croissant, district,
fraction, morceau, part, partie, patelin, pièce,
portion, quart, ration, secteur, tranche,
trimestre, zone

Quartier arabe autour d'une citadelle
casbah

Quartier du centre de Londres
Soho

Quartier juif
ghetto

Quartier misérable
bidonville

Quartiers
camp, campement, cantonnement, caserne,
casernement

Quarto
quatrièmement

Quartz
améthyste, silice

Quartz jaune
citrine

Quasar
radiosource

Quasi
presque, quasiment

Quasiment
approximativement, pratiquement, presque, quasi, sensiblement

Quater
quatrièmement

Quatre
nombre

Quatre fois
quadruple

Quatre fois dix
quarante

Quatre plus un
cinq

Quatre trimestres
an

Quatre-vingt-dix
nonante

Quatre-vingts
huitante, octante

Quatrième partie d'un tout
quart

Quatrième partie du jour
none

Quatrièmement
quarto, quater

Que l'on a obtenu
acquis

Que l'on a tordu à nouveau
recourbé

Que l'on cache
furtif

Que l'on doit
dû

Que l'on n'a pas encore exploré
inexploré

Que l'on n'a pas mérlté
immérité

Que l'on peut boire
buvable

Que l'on peut joindre
joignable

Que l'on peut manger
mangeable

Que l'on peut supporter
vivable

Que l'on peut traiter
traitable

Que l'on utilise pour faire des meules à moudre
meulier

Québécoise prénommée Lise dont les cosmétiques et les parfums sont vendus à travers le monde
Watier

Quel nombre
combien

Quelconque
anodin, anonyme, banal, commun, courant, effacé, fade, insipide, lambda, médiocre, moyen, neutre, ordinaire, pauvre, petit, plat, simple, vague, vulgaire

Quelqu'un
on, untel

Quelqu'un, quelque chose mis à nu, dévoilé, révélé
dévêtu

Quelque
chaque, environ

Quelquefois
parfois

Quelques
plusieurs

Quémander
demander, implorer, mendier, quêter, réclamer, solliciter, taper

Quémandeur
gueux, quêteur, tapeur

Quenelle
godiveau

Quenotte
dent

Quenouille
roseau

Querelle
affaire, affront, algarade, altercation, bagarre, bataille, brouille, chamaille, chamaillerie, chicane, combat, conflit, contestation, controverse, débat, démêlé, désaccord, différend, discorde, discussion, dispute, dissension, division, esclandre, grabuge, guerre, heurt, lutte, noise, polémique, rixe, scène

Querellé
ergoté

Querelle bruyante
grabuge

Quereller
admonester, batailler, battre, chapitrer, disputer, gronder, houspiller, réprimander, tancer

Querelleur
acariâtre, agressif, difficile, hargneux, provocant

Quérir
chercher

Question
affaire, article, colle, controverse, demande, devinette, discussion, dossier, énigme, géhenne, histoire, interrogation, matière,

point, pourquoi, problème, sujet, supplice, thème, torture

Question à résoudre
problème

Question dont il faut deviner la réponse
devinette

Questionnaire
bourreau, sondage

Questionné
cuisiné

Questionner
adresser, consulter, cuisiner, interroger, interviewer, sonder, tâter, torturer

Questure
administration

Quétaine
kitsch, ringard

Quête
ambition, chasse, collecte, poursuite, ramassage, recherche

Quêter
collecter, implorer, mendier, quémander, rechercher, réclamer, solliciter

Quêteur
quémandeur

Quetsche
prune

Queue
arrière, bout, extrémité, file, fin, hampe, manche, pédicule, pédoncule, pétiole, rang, rangée, tige, traîne

Queue-de-cheval
couette

Queue-de-pie
frac

Queue-de-rat
prêle

Queue-de-renard
amarante

Queue-rouge
bouffon

Qui a abandonné l'ordre ecclésiastique
défroqué

Qui a atteint l'âge de la puberté
pubère

Qui a beaucoup besoin de s'affirmer
exigeant

Qui a beaucoup de branches
branchu

Qui a beaucoup de jus
juteux

Qui a beaucoup de nœuds
noueux

Qui a cent ans
centenaire

Qui a cessé d'être en usage
suranné

Qui a conscience de ce qu'il fait ou éprouve
conscient

Qui a de gros os
ossu

Qui a de grosses joues
mafflu

Qui a de grosses lèvres
lippu

Qui a de grosses pattes
pattu

Qui a de l'entrain
allant

Qui a de la barbe
barbu

Qui a de la fougue
fougueux

Qui a de la grandeur d'âme
magnanime

Qui a de la laitance
laité

Qui a des cornes
cornu, encorné

Qui a des galons d'ancienneté
chevronné

Qui a des nodules
nodulaire

Qui a des nœuds
noueux

Qui a des rayures
rayé

Qui a des reflets changeants
chatoyant

Qui a des sentiments de loyalisme
loyaliste

Qui a des valeurs conservatrices
bourgeois

Qui a deux cornes
bicorne

Qui a deux côtés
bilatéral

Qui a deux côtés égaux
isocèle

Qui a deux mains à pouces opposables
bimane

Qui a deux moteurs
bimoteur

Qui a deux pales
bipale

Qui a deux pieds
bipède

Qui a deux places
biplace

Qui a deux pôles
bipolaire

Qui a deux têtes
bicéphale

Qui a du courage
courageux

Qui a du duvet
duveteux

Qui a du goût
sapide

Qui a éprouvé une déconvenue
déçu

Qui a été dépoli
mat

Qui a facilement l'injure à la bouche
injurieux

Qui a l'accent de la plainte
plaintif

Qui a l'apparence de l'ivoire
éburnéen, ivoirin

Qui a l'apparence du duvet
duveteux

Qui a l'aspect d'une feuille
foliacé

Qui a l'aspect de l'herbe
herbacé

Qui a l'aspect de la soie de porc
sétacé

Qui a l'aspect du verre
vitreux

Qui a l'éclat du diamant
adamantin

Qui a l'éducation pour but
éducatif

Qui a l'habitude de gronder
grondeur

Qui a l'habitude de japper
jappeur

Qui a l'habitude de se moquer
moqueur

Qui a l'habitude de se percher
percheur

Qui a l'humeur changeante
lunatique

Qui a l'odeur du musc
musqué

Qui a l'odeur et le goût du vin
vineux

Qui a la blancheur de l'ivoire
éburné

Qui a la blancheur du lis
lilial

Qui a la consistance d'une bouillie
pultacé

Qui a la consistance de l'huile
oléiforme

Qui a la consistance du suif
suiffeux

Qui a la consistance, la couleur ou l'aspect de la cire
cireux

Qui a la couleur d'un brun de châtaigne
châtain

Qui a la couleur de l'ivoire
éburné

Qui a la faculté de penser
pensant

Qui a la forme d'un cône
conique

Qui a la forme d'un crochet
unciforme

Qui a la forme d'un fer de lance
hasté

Qui a la forme d'un melon
melonné

Qui a la forme d'un œuf
ovale, ovoïde

Qui a la forme d'une courbe
spiral

Qui a la forme d'une pyramide
pyramidal

Qui a la forme d'une roue
rotacé

Qui a la même inclinaison
isocline

Qui a la nature de l'ulcère
ulcéreux

Qui a la passion du jeu
joueur

Qui a la pureté du lis
lilial

Qui a la teigne
teigneux

Qui a la transparence du verre
hyalin

Qui a la vertu de créer
créatif

Qui a le caractère de la facétie
facétieux

Qui a le caractère ou l'apparence des scories
scoriacé

Qui a le don, le goût d'inventer
inventif

Qui a le nez court et plat
camus

Qui a le nez plat et comme écrasé
camard

Qui a le nez plat, écrasé
camard

Qui a le pouvoir de coercition
coercitif

Qui a le pouvoir de persuader
persuasif

Qui a le rhume
enrhumé

Qui a les caractéristiques de la graisse
adipeux

Qui a les cheveux et le teint noirs
noiraud

Qui a les couleurs de l'arc-en-ciel
irisé

Qui a les genoux tournés en dedans
cagneux

Qui a les jambes tordues
bancal

Qui a les membres forts, vigoureux, gros
membru

Qui a les qualités nécessaires
apte

Qui a les traits d'une poupée
poupin

Qui a lieu deux fois par mois
bimensuel

Qui a lieu la nuit
nocturne

Qui a lieu le jour
diurne

Qui a lieu pendant l'hiver
hibernal

Qui a lieu tous les cent ans
centennal

Qui a lieu tous les mois
mensuel

Qui a lieu tous les trois ans
triennal

Qui a lieu une fois par semaine
hebdomadaire

Qui a mauvaise réputation
malfamé

Qui a peine à se résoudre
irrésolu

Qui a perdu beaucoup de sang
exsangue

Qui a perdu la raison
insensé

Qui a perdu les qualités de sa race
dégénéré

Qui a perdu sa couleur originale
délavé

Qui a perdu sa destination première
désaffecté

Qui a perdu sa fraîcheur, sa jeunesse
décati

Qui a perdu ses dents
édenté

Qui a perdu ses poils
pelé

Qui a perdu son aspect initial après une altération
détruit

Qui a perdu son éclat
éteint

Qui a plus de largeur que d'épaisseur
méplat

Qui a plusieurs branches
branchu

Qui a pour base le nombre huit
octal

Qui a pour but de prévenir
préventif

Qui a pour fondement le concept de nature
naturiste

Qui a prêté serment
juré

Qui a pris l'aspect du cuir
tanné

Qui a pris l'odeur du vin
enviné

Qui a rapport à Bacchus
bachique

Qui a rapport à l'apiculture
apicole

Qui a rapport à l'axe
axial

Qui a rapport à l'orbite de l'œil
orbitaire

Qui a rapport à l'Orient
oriental

Qui a rapport à l'usine
usinier

Qui a rapport à la base de quelque chose
basal

Qui a rapport à la bile
biliaire

Qui a rapport à la cuisine
culinaire

Qui a rapport à la cuisse
fémoral

Qui a rapport à la joue
malaire

Qui a rapport à la luette
uvulaire

Qui a rapport à la planète Saturne
saturnien

Qui a rapport au beurre
beurrier

Qui a rapport au déluge
diluvien

Qui a rapport au labourage
aratoire

Qui a rapport au lait
lacté

Qui a rapport au nom
substantif

Qui a rapport au rêve
onirique

Qui a rapport aux astres
sidéral

Qui a rapport aux fleuves
fluvial

Qui a rapport aux lignes
linéal

Qui a rapport aux marchés
forain

Qui a rapport aux notaires
notarial

Qui a reçu la bénédiction du prêtre
bénit

Qui a reçu un titre de noblesse
anobli

Qui a reçu une tape
tapé

Qui a six angles, six côtés
hexagonal

Qui a six pattes
hexapode

Qui a subi une atteinte, un dommage plus ou moins durable
compromis

Qui a subi une cuisson
cuit

Qui a subi une impaludation
impaludé

Qui a subi une réduction
réduit

Qui a subit une morsure
mordu

Qui a trait à l'atome, qui le caractérise
atomique

Qui a trait à la digestion
peptique

Qui a trait à la douleur
algique

Qui a trait au chœur
choral

Qui a trait au cubitus
ulnaire

Qui a trait au fonctionnement ou à l'aspect pratique
technique

Qui a trois faces planes
trièdre

Qui a trop bu de vin
aviné

Qui a trop de travail
débordé, surchargé

Qui a tué
homicide

Qui a un axe commun avec une autre pièce
coaxial

Qui a un goût âpre
râpeux

Qui a un gros ventre
ventru

Qui a un maintien peu naturel
guindé

Qui a un maintien raide, forcé
guindé

Qui a un nez écrasé
camard

Qui a un ongle à chaque doigt
onguicule

Qui a un rythme alterné
oscillant

Qui a un squelette
vertébré

Qui a une action sur les nerfs
nervin

Qui a une certaine laideur morale
turpide

Qui a une coquille constituée de deux valves
bivalve

Qui a une forme irrégulière
biscornu

Qui a une grosse tête
macrocéphale

Qui a une mauvaise réputation (Mal)
famé

Qui a une nuance bleue
bleuté

Qui a une ou plusieurs bosses
bossu

Qui a une réalité
existant

Qui a une saveur très agréable
savoureux

Qui a une teinte tirant sur le bleu
bleuté

Qui a une température élevée à la source et des propriétés thérapeutiques
thermal

Qui a une tête anormalement petite
microcéphale

Qui a valeur d'indice
indiciel

Qui aboie
aboyeur

Qui abonde en gibier
giboyeux

Qui abuse des formalités judiciaires
chicaneur

Qui accable d'une autorité excessive et souvent injuste
opprimant

Qui accouche pour la première fois
primipare

Qui adhère à un syndicat pour défendre les intérêts communs des travailleurs
syndiqué

Qui adore les idoles
idolâtre

Qui affecte la bravoure
fanfaron

Qui affecte une mine doucereuse
benoît

Qui affecte une pureté excessive du langage
puriste

Qui agit en tournant
rotatif

Qui agit malgré le danger ou la peur
courageux

Qui aide à la digestion
digestif

Qui aime à jacasser
jacasseur

Qui aime à plaisanter
folâtre

Qui aime à rire
badin

Qui aime blaguer
blagueur

Qui aime caresser ou être caressé
caressant

Qui aime discuter
discuteur

Qui aime flirter
flirteur

Qui aime l'autorité
autoritaire

Qui aime la magnificence et qui en montre
fastueux

Qui aime les chiens
cynophile

Qui aime les étrangers
xénophile

Qui aime sa patrie
patriote

Qui aime voyager à pied
pédestre

Qui alarme
alarmant

Qui amène quelque chose de nouveau
innovant

Qui annonce un rapport de cause à effet
causal

Qui annule
annulant

Qui appartient à l'aurore
auroral

Qui appartient à l'expérience de la vie
vécu

Qui appartient à l'Occident
occidental

Qui appartient à la bourgeoisie
bourgeois

Qui appartient à la cuisse
crural

Qui appartient à la face
facial

Qui appartient à la fièvre jaune
amaril

Qui appartient à la gorge
jugulaire

Qui appartient à la langue
lingual

Qui appartient à la même espèce
congénère

Qui appartient à la névroglie
glial

Qui appartient à la peau
cutané

Qui appartient à la poitrine
pectoral

Qui appartient à un empereur
impérial

Qui appartient à un ensemble de peuples du Proche-Orient
sémite

Qui appartient à un fief
féodal

Qui appartient à un port
portuaire

Qui appartient au centre, en politique
centriste

Qui appartient au côté
latéral

Qui appartient au dos
dorsal

Qui appartient au faîte
faîtier

Qui appartient au faîte d'un édifice
faîtier

Qui appartient au fascisme
fasciste

Qui appartient au gosier
guttural

Qui appartient au jaïnisme
  jaïn, jaïna

Qui appartient au mari
  marital

Qui appartient au pape
  papal

Qui appartient au sommet
  apical

Qui appartient aux artères
  artériel

Qui appartient aux côtes
  costal

Qui appartient aux doigts
  digital

Qui appartient aux parents
  parental

Qui appartient ou se rapporte au crâne
  crânien

Qui applique strictement les principes du rigorisme
  rigoriste

Qui apporte le calme et la sérénité
  apaisant

Qui apprécie la musique
  mélomane

Qui arbitre
  arbitral

Qui arrive à propos
  bienvenu, bienvenue

Qui arrive souvent
  fréquent

Qui aspire
  aspirant

Qui assure un déplacement rapide
  express

Qui attaque les tissus organiques
  caustique

Qui attaque, détruit la santé, qui met la vie en danger
  délétère

Qui atteint sa plus grande hauteur
  culminant

Qui atteint sa plus grande valeur
  maximal

Qui atteint son plus haut degré
  maximal

Qui atteint un niveau dont on juge qu'il est grand
  important

Qui atteint une grande hauteur
  élevé

Qui augmente de volume
  bouffe

Qui babille sans cesse
  babillard

Qui bave
  baveux

Qui bégaie
  bègue

Qui bêle
  bêlant

Qui bénificie d'une pension
  pensionné

Qui bénit
  bénisseur

Qui blesse
  blessant

Qui blesse quelqu'un dans son amour-propre
  vexant

Qui boude fréquemment
  boudeur

Qui bouffe, qui gonfle
  bouffant

Qui braille
  braillard

Qui brille d'un vif éclat
  coruscant

Qui brise de fatigue
  éreintant

Qui calme la douleur
  lénifiant

Qui captive
  captivant

Qui caractérise un type
  typique

Qui casse par maladresse
  casseur

Qui cause du dépit
  enrageant

Qui cause la mort
  létal

Qui cause la ruine
  fossoyeur

Qui cesse son mandat
  sortant

Qui cherche à attendrir
  larmoyant

Qui cherche à épater
  épateur

Qui cherche à plaire
  complaisant

Qui chipote
  chipoteur

Qui choisit
  électif

Qui combat
  militant

Qui combat la fièvre
  fébrifuge

Qui commande d'une façon absolue
impérieux

Qui commence à devenir grand
grandelet

Qui comporte beaucoup de vallons
vallonné

Qui comporte des risques
hasardeux

Qui comporte des risques mortels
suicidaire

Qui comporte deux axes optiques
biaxe

Qui comporte deux couleurs
bicolore

Qui comporte deux sons
bitonal

Qui comporte deux unités
dual

Qui comprend des personnes des deux sexes
mixte

Qui concerne ce qu'il y a de plus profond en soi
viscéral

Qui concerne l'agriculture
agricole

Qui concerne l'élevage des abeilles
apicole

Qui concerne l'enregistrement des sons
audio

Qui concerne l'État
étatique

Qui concerne l'illustration
imagier

Qui concerne l'univers
universel

Qui concerne la fabrication, le commerce des rubans
rubanier

Qui concerne la plèvre
pleural

Qui concerne la rétine
rétinien

Qui concerne la sécrétion des larmes
lacrymal

Qui concerne le cosmos
universel

Qui concerne le foyer d'un instrument d'optique
focal

Qui concerne le père
paternel

Qui concerne le sens des réalités
pratique

Qui concerne le travail de la terre
aratoire

Qui concerne le vin
vinaire

Qui concerne les brebis
ovin

Qui concerne les Chinois
han

Qui concerne les citoyens dans leurs rapports avec la société organisée en État
civique

Qui concerne les fleurs
floral

Qui concerne les gestes
gestuel

Qui concerne les hormones
hormonal

Qui concerne les lois du mouvement et de l'équilibre
mécanique

Qui concerne les navires
naval

Qui concerne les os
osseux

Qui concerne un hiatus
hiatal

Qui concerne un spectre de rayonnement
spectral

Qui concerne une collection d'une certaine étendue
collectif

Qui concerne une inauguration
inaugural

Qui concerne une nation en particulier
national

Qui concerne une seule personne
individuel

Qui concilie des intérêts opposés
amiable

Qui connaît trois langues
trilingue

Qui constitue la base de quelque chose
basal

Qui constitue un synode
synodal

Qui consume, détruit
dévorant

Qui contient de l'antimoine
stibié

Qui contient de l'eau
aqueux

Qui contient de l'iode
iodé

Qui contient de l'iridium
iridié

Qui contient de l'opium
opiacé

Qui contient de l'or
aurifère

Qui contient de la craie
crétacé

Qui contient de la farine de moutarde noire
sinapisé

Qui contient de la soude
sodé

Qui contient de la vase
vaseux

Qui contient de la viande
carné

Qui contient des flèches
sagittal

Qui contient des grumeaux
grumeleux

Qui contient des vitamines
vitaminé

Qui contient du cacao
cacaoté

Qui contient du carbone
carbure

Qui contient du chlore
chloré

Qui contient du fer
ferreux

Qui contient du miel
miellé

Qui contient du pus
purulent

Qui contient du sel
salin

Qui contient du sodium
sodé, sodique

Qui contient du venin
venimeux

Qui contient peu d'eau
concentré

Qui contient plusieurs unités
plural

Qui contient un albumen
albuminé

Qui contient un éloge
laudatif

Qui contient une allusion
allusif

Qui contient une base
alcalin

Qui contient une rupture dans le rythme
dissonant

Qui contraste violemment
heurté

Qui convient
conforme

Qui coule
fluent

Qui coule ou tend à couler
liquide

Qui coupe une autre ligne
sécant

Qui creuse des puits
puisatier

Qui croît dans les ruisseaux
rivulaire

Qui croît sur les murs
mural

Qui danse
dansant

Qui date de longtemps
ancien

Qui déborde, qui passe les limites
débordant

Qui débute
débutant

Qui déchire le cœur
déchirant

Qui dégage de la fumée
fumant

Qui demande en justice
requérant

Qui demeure caché
latent

Qui demeure immobile
fixe

Qui dénote la mauvaise humeur
rageur

Qui dénote la richesse
cossu

Qui dépasse la mesure ordinaire
intense

Qui dépeint les aspects vulgaires du réel
réaliste

Qui dépend des circonstances, qui est possible
éventuel

Qui dépose des sédiments
féculent

Qui dépose une lie
féculent

Qui dérobe
voleur

Qui désigne un nombre
numéral

Qui désire
désireux

Qui détache
nettoyant

Qui déteste les Allemands
germanophobe

Qui détourne habilement
élusif

Qui détourne par persuasion
dissuasif

Qui détruit l'ordre établi
subversif

Qui détruit les mauvaises herbes
herbicide

Qui devient acide
acescent

Qui dévore
vorace

Qui diminue le sens d'un mot
diminutif

Qui dirige, qui exerce un pouvoir
dirigeant

Qui divertit
récréatif

Qui doit servir de règle de conduite
gouverne

Qui donne facilement
libéral

Qui donne la même sensation tactile que le velours
velouteux

Qui donne lieu à un choix
optionnel

Qui donne une série
sériel

Qui dort
endormi

Qui doute
méfiant

Qui dure autant que la vie
viager

Qui dure deux ans
biennal

Qui dure dix ans
décennal

Qui dure longtemps
long

Qui dure peu de temps
éphémère

Qui dure sept ans
septennal

Qui dure trente ans
tricennal

Qui dure trois ans
triennal

Qui dure trois mois
trimestriel

Qui dure un an
annal, annuel

Qui émet la lumière
lumineux

Qui empêche la propagation des vibrations
isolant

Qui empêche la transmission des sons
insonore, insonorisant

Qui emploie l'ironie
ironique

Qui encourt une peine
passible

Qui endommage par une pression violente
froissant

Qui engage les deux parties
bilatéral

Qui engendre le mouvement
motrice

Qui enivre
enivrant

Qui ennuie
ennuyant

Qui enrôle
recruteur

Qui enthousiasme, qui passionne
exaltant

Qui entoure
ambiant

Qui entoure le milieu dans lequel on vit
ambiant

Qui entre
entrant

Qui épouse bien le corps ou une partie du corps
moulant

Qui éprouve de la contrariété
contrarié

Qui éprouve un sentiment affectif de possession à l'égard d'une personne
possessif

Qui est à l'est
oriental

Qui est à l'état naturel
écru

Qui est à l'ouest
occidental

Qui est à la droite de l'écu
dextre

Qui est à ras de terre
rasant

Qui est agité
turbide

Qui est agité par le mouvement ondulatoire de la houle
houleux

Qui est alerte dans ses mouvements
ingambe

Qui est anormalement rouge
rougeaud

Qui est assujetti à un rythme
rythmique

Qui est attaché à une chose (bot.)
adné

Qui est atteint d'hémophilie
hémophile

Qui est atteint de gale
galeux

Qui est atteint de la goutte
goutteux

Qui est au bord de la mer
maritime

Qui est au nord
boréal

Qui est au sud du globe terrestre
austral

Qui est bien pourvu
nanti

Qui est bordé de petites dents arrondies
engrêlé

Qui est caché
inavoué

Qui est clair
clairet

Qui est composé de fibres
fibreux

Qui est conforme à la doctrine de Luther
luthérien

Qui est consacré à Bacchus
bachique

Qui est constitué par deux fils
bifilaire

Qui est couvert de neige
enneigé, neigeux

Qui est couvert de roches
rocheux

Qui est couvert ou constitué d'une laine abondante
laineux

Qui est d'un violet pâle
violâtre

Qui est d'une acidité désagréable
aigre

Qui est d'une audace extrême
téméraire

Qui est d'une bienveillance doucereuse
paterne

Qui est d'une drôlerie un peu bizarre
cocasse

Qui est d'une nuance sombre
foncé

Qui est d'une seule couleur
unicolore

Qui est dans l'incapacité de donner naissance
infécond

Qui est dans la lune
lunatique

Qui est dans un état de très forte excitation
surexcité

Qui est de constitution et d'apparence chétives, délicates
malingre

Qui est de feu
igné

Qui est de la nature de l'eau
aqueux

Qui est de la nature du duvet
duveteux

Qui est de la nature du fait
factuel

Qui est de même nature ou de même apparence
semblable

Qui est de trop en parlant des paroles
redondant

Qui est déformé par une grimace
grimaçant

Qui est dépourvu d'ailes
aptère

Qui est devenu blanc de vieillesse
chenu

Qui est devenu dur
endurci

Qui est divisé en deux parties
biparti

Qui est doué d'un bon équilibre psychique
sain

Qui est doux et calme
placide

Qui est dû à un sérum
sérique

Qui est du côté est
oriental

Qui est du domaine du temps
temporel

Qui est en âge d'être marié
nubile, nubilité

Qui est en avance
avancé

Qui est en état d'engourdissement, de torpeur
engourdi

Qui est en flammes
enflammé

Qui est en fonds
argenté

Qui est en mauvais état
délabré

Qui est en retard dans son développement
retardé

Qui est enclin à bougonner
  bougon

Qui est étendu immobile
  gisant

Qui est exagéré, qui excède la mesure
  excessif

Qui est fait avec ostentation
  ostentatoire

Qui est favorable à un retour à la culture
africaine et à sa musique
  rastafari

Qui est fendu en deux parties
  bifide

Qui est fixé par le destin
  fatidique

Qui est fondé sur un mensonge
  mensonger

Qui est heureux en Dieu
  béat

Qui est imposé
  prescrit

Qui est intimement mêlé à ce qui l'entoure
  diffus

Qui est le résultat de l'intuition
  intuitif

Qui est mal à l'aise, peu naturel
  contraint

Qui est marqué par le légalisme
  légaliste

Qui est mauvais conducteur de la chaleur
  isolant

Qui est miné par les vers
  véreux, vermoulu

Qui est mort par noyade
  noyé

Qui est mû par le vent
  éolien

Qui est nommé par élection
  électif

Qui est orné de paillettes
  pailleté

Qui est ou qui peut être objet de contestation
en justice
  litigieux

Qui est plein de difficultés
  épineux

Qui est plus habile de la main gauche
  gaucher

Qui est plus long que large
  oblong

Qui est porté à la méditation
  méditatif

Qui est porté à tout critiquer
  négateur

Qui est près de mourir
  expirant

Qui est présent à
  immanent

Qui est présent en tout lieu, partout
  ubiquiste

Qui est propre à Kant
  kantien

Qui est propre à l'ail, qui contient de l'ail
  alliacé

Qui est propre à l'hiver
  hivernal

Qui est propre à l'homme
  humain, masculin

Qui est propre à la musique
  musical

Qui est propre au notariat
  notarial

Qui est propre au père
  paternel

Qui est propre aux os
  osseux

Qui est relatif à l'équitation
  équestre

Qui est relatif à la civilisation dans ses
aspects intellectuels
  culturel

Qui est relatif à la forêt
  forestier

Qui est relatif au jeu de boules
  bouliste

Qui est relatif aux dents
  dental

Qui est relatif aux lacs
  lacustre

Qui est relatif ou qui est propre au chien
  canin

Qui est relatif, qui est propre à la gnose
  gnostique

Qui est resté sans solution
  irrésolu

Qui est rouge sang
  sanguin

Qui est rude au contact
  râpeux

Qui est saignant
  saigneux

Qui est sans barbe
  imberbe

Qui est semblable ou comparable aux humains
  humanoïde

Qui est situé au milieu de quelque chose
  médian

Qui est spécialiste de l'exégèse
  exégète

Qui est sujet à l'incertitude
  douteux
Qui est sujet à la rancune
  rancunier
Qui est sujet à tomber
  labile
Qui est symétriquement contraire, exactement opposé
  inverse
Qui est systématiquement hostile à tout ce qu'on lui propose
  antitout
Qui est toujours prêt à boire
  soiffard
Qui est tracé à la main
  manuscrit
Qui est très courte, en parlant d'une jupe
  mini
Qui est troublé
  turbide
Qui est venu de l'étranger
  immigré
Qui étudie les langues et les civilisations sémitiques
  sémitisant
Qui éveille les soupçons
  suspect
Qui évolue lentement et se prolonge
  chronique
Qui évoque le bêlement
  bêlant
Qui évoque le lion
  léonin
Qui évoque le serpent par sa forme, son mouvement, sa flexibilité ou sa longueur
  serpentin
Qui évoque une ligne droite
  linéaire
Qui exalte, qui stimule
  exaltant
Qui excite
  ferment
Qui exclut toute affectation
  naturel
Qui exerce un attrait
  attirant
Qui exerce une domination excessive
  despote
Qui existe sans avoir été inventé
  incréé
Qui expose les choses en trop de paroles
  verbeux
Qui exprime l'anxiété
  anxieux

Qui exprime le doute
  dubitatif
Qui exprime le souhait
  optatif
Qui exprime les choses avec crudité et réalisme
  truculent
Qui exprime un avis commun
  unanime
Qui fait avorter
  abortif
Qui fait crier d'indignation
  criant
Qui fait de l'humour
  humoriste
Qui fait des dépenses excessives
  prodigue
Qui fait des fugues, en général un enfant
  fugueur
Qui fait fondre la glace
  déglaçant
Qui fait le brave
  fanfaron
Qui fait le fier
  fiérot
Qui fait naître un désir
  tentant
Qui fait ou rapporte des cancans
  cancanier
Qui fait peur
  épeurant
Qui fait preuve d'indépendance
  autonome
Qui fait preuve d'urbanité
  urbain
Qui fait preuve de fermeté
  constant
Qui fait preuve de snobisme
  snob
Qui fait rire
  hilarant
Qui fait trop de cérémonies
  façonnier
Qui fait une invitation
  invitant
Qui fatigue beaucoup
  épuisant
Qui fatigue en ennuyant
  lassant
Qui flambe, brûle en faisant des flammes
  flambant
Qui fleurit dans la neige
  nivéal
Qui flotte
  flottant

Qui fond
fondant

Qui forme
formateur

Qui forme un axe
axile

Qui forme un reste
résiduel

Qui forme une unité
unitaire

Qui fournit la nourriture
nourricier

Qui galope
galopeur

Qui glace
glaçant

Qui glisse en traîneau
lugeur

Qui grimpe
grimpant, grimpeur

Qui grise en exaltant
grisant

Qui habite au bord d'un cours d'eau
riverain

Qui habite une île
îlien

Qui herse, qui permet d'effectuer un hersage
herseuse

Qui heurte la pudeur
impudique

Qui humilie
humiliant

Qui ignore les règles de la morale
amoral

Qui imite
imitateur, imitatif

Qui imite les mœurs du peuple
poissard

Qui indique une direction
directif

Qui inquiète à tort
alarmiste

Qui insiste
insistant

Qui inspire la pitié
pitoyable

Qui inspire la répulsion
répulsif

Qui insulte
insultant

Qui intéresse l'ensemble d'un pays
national

Qui irrite
irritant

Qui jase
jasant

Qui joint sans laisser d'intervalle
jointif

Qui laisse apparaître le cou, la gorge
décolleté

Qui laisse passer la lumière sans être transparent
diaphane

Qui limite
limitatif

Qui louche
bigle

Qui lutte pour défendre une cause
militant

Qui mange avec avidité
goulu

Qui mange avidement
glouton

Qui mange de tout
omnivore

Qui manifeste de l'orgueil
altier

Qui manifeste un intérêt positif
favorable

Qui manifeste un patriotisme excessif
chauvin

Qui manifeste une extrême délicatesse
exquis

Qui manifeste une prudence mêlée de ruse
cauteleux

Qui manifeste une pudibonderie exagérée
bégueule

Qui manque à sa parole
perfide

Qui manque d'adresse, d'habileté
malhabile

Qui manque d'aisance
emprunté

Qui manque d'ampleur, qui est trop serré
étriqué

Qui manque d'ardeur
nonchalant

Qui manque d'élégance, de classe
inélégant

Qui manque d'énergie
mollasse

Qui manque d'habileté
inexpert, inhabile

Qui manque de certitude
incertain

Qui manque de civisme
incivique

Qui manque de compétence
inexpert

Qui manque de courage
poltron

Qui manque de délicatesse
indélicat

Qui manque de finesse
obtus

Qui manque de force
infirme

Qui manque de modération, de retenue
immodéré

Qui manque de perspicacité
myope

Qui manque de pudeur
immodeste

Qui manque de rigueur, d'équilibre
bancal

Qui manque de savoir-faire
malhabile

Qui manque de stabilité
branlant

Qui manque gravement à l'équité
inique

Qui marche sur deux pieds
bipède

Qui marque la bouderie
boudeur

Qui marque la possession
possessif

Qui marque le sentiment d'appartenance
possessif

Qui marque un retour en arrière
rétro

Qui mène une vie exemplaire
saint

Qui mérite de la haine
haïssable

Qui mérite une réprobation
damnable

Qui met les fils en pelote
peloteur

Qui met sur la défensive
hérissant

Qui migre
migrateur

Qui montre sa prétention de façon déplaisante
fat

Qui n'a aucun goût
insipide

Qui n'a jamais été vaincu
invaincu

Qui n'a ni aiguillon ni épines
inerme

Qui n'a pas complètement brûlé
imbrûlé

Qui n'a pas d'étendue
inétendu

Qui n'a pas de borne
infini

Qui n'a pas de corolle
apétale

Qui n'a pas de curiosité, d'intérêt
incurieux

Qui n'a pas de dénomination
innommé

Qui n'a pas de motif
immotivé

Qui n'a pas de queue
anoure

Qui n'a pas de tête
acéphale

Qui n'a pas encore de barbe
imberbe

Qui n'a pas été diffusé
inédit

Qui n'a pas été dompté
indompté

Qui n'a pas été expié
inexpié

Qui n'a pas été puni
impuni

Qui n'a pas été satisfait
inapaisé

Qui n'a pas été vendu
invendu

Qui n'a pas reçu de nom
innommé

Qui n'a pas servi
neuf

Qui n'a pas subi d'altération
intact

Qui n'a pas subi de transformation
brut

Qui n'a peur de rien
dur

Qui n'a plus de vie
inanimé

Qui n'a plus de voix
aphone

Qui n'a plus ou presque plus de cheveux
chauve

Qui n'a pu être vendu
invendu

Qui n'a qu'une corne
unicorne

Qui n'a qu'une étamine
monandre

Qui n'a qu'une feuille
unifolié

Qui n'accepte pas de se soumettre
insoumis

Qui n'appartient pas au clergé
laïc

Qui n'engage qu'une seule partie
unilatéral

Qui n'est pas adapté
inadapté

Qui n'est pas adapté à la vie sociale
asocial

Qui n'est pas approprié
inadéquat

Qui n'est pas avancé en âge
jeune

Qui n'est pas complet
incomplet

Qui n'est pas connu
méconnu

Qui n'est pas d'actualité
inactuel

Qui n'est pas de race pure
bâtard

Qui n'est pas digne d'un citoyen
incivique

Qui n'est pas droit
courbé

Qui n'est pas égalé
inégalé

Qui n'est pas employé
inemployé

Qui n'est pas encombré
dégagé

Qui n'est pas exercé
inexercé

Qui n'est pas exprimé
inexprimé

Qui n'est pas fertile
infertile

Qui n'est pas fondé
indu

Qui n'est pas franchement bleu
bleuâtre

Qui n'est pas froissable
infroissable

Qui n'est pas loyal
déloyal

Qui n'est pas né noble
roturier

Qui n'est pas puni
impuni

Qui n'est pas rassasié
inassouvi

Qui n'est pas sain
véreux

Qui n'est pas sain d'esprit
insane

Qui n'est pas terminé
inachevé

Qui n'est pas uni
inégal

Qui n'est plus frais
rassis

Qui n'est plus visible
disparu

Qui n'exerce pas ou plus d'activité
désœuvré

Qui n'exhale pas d'odeur
inodore

Qui n'existe pas
irréel

Qui n'exprime pas la réalité
mensonger

Qui n'offre pas d'aspérités
lisse

Qui nasille
nasillard

Qui ne brûle plus
éteint

Qui ne cesse de voyager
errant

Qui ne cesse pas, continuel, toujours poursuivi
incessant

Qui ne change guère
immuable

Qui ne communique guère ses impressions
renfermé

Qui ne convient pas
inadéquat, incongru

Qui ne dure qu'un an
annal, annuel

Qui ne fait aucun progrès
stagnant

Qui ne fait pas partie du clergé
laïque

Qui ne fixe pas les colorants
achromatique

Qui ne laisse pas s'écouler ou pénétrer les liquides
étanche

Qui ne peut être contenu
expansif

Qui ne peut être guéri
incurable

Qui ne peut être sali
insalissable

Qui ne peut être vu
invisible

Qui ne peut plus couler
tari

Qui ne peut rien supporter
intolérant

Qui ne peut s'exprimer que dans une seule langue
unilingue

Qui ne possède pas de dents
anodonte

Qui ne possède qu'un ovule
uniovulé

Qui ne prête à aucune contestation
patente

Qui ne produit rien ou trop peu
infertile

Qui ne provoque pas de douleur
indolore

Qui ne reçoit pas de punition
impuni

Qui ne répond pas aux attentes
décevant

Qui ne s'accorde pas
divergent

Qui ne s'intéresse plus à rien
blasé

Qui ne s'organise pas selon le système tonal
atonal

Qui ne sait ni lire ni écrire
illettré

Qui ne se déplace pas
fixe

Qui ne sert à rien, vain
oiseux

Qui ne sert pas
inutile

Qui ne varie pas
uniforme

Qui nettoie
abrasif

Qui nettoie en dissolvant les impuretés
détersif

Qui nuit à la réputation
diffamant

Qui obsède
obsédant

Qui occupe le rang correspondant au nombre neuf
neuvième

Qui occupe le rang marqué par le nombre cinq
cinquième

Qui offense la religion
impie

Qui organise la famine
affameur

Qui ôte le lustre du papier
déglaçant

Qui ouvre l'appétit
apéro

Qui parle beaucoup
loquace

Qui parle par allusions
allusif

Qui participe à une coalition
coalisé

Qui pend
tombant

Qui permet beaucoup de choses
permissif

Qui peut être coupé
sécable

Qui peut être daté
datable

Qui peut être décelé
décelable

Qui peut être déplacé
amovible

Qui peut être égalé
égalable

Qui peut être élu
éligible

Qui peut être fabriqué, réalisé
faisable

Qui peut être fléchi
flexible

Qui peut être joué
jouable

Qui peut être multiplié
multipliable

Qui peut être opéré
opérable

Qui peut être replié
repliable

Qui peut être résolu
résoluble

Qui peut être séparé
séparable

Qui peut être utilisé sur terre et dans l'eau
amphibie

Qui peut évoluer
évolutif

Qui peut faire encourir la damnation
damnable

Qui peut faire l'objet d'un prélèvement fiscal
taxable

Qui peut ou doit être payé sous certaines conditions
payable

Qui peut prendre deux formes différentes
dimorphe

Qui peut rouler
roulant

Qui peut s'effacer
délébile

Qui peut s'oxyder
oxydable

Qui peut se tromper
faillible

Qui peut servir de matière première dans la fabrication du pain
panifiable

Qui plaisante en se moquant
goguenard

Qui plonge dans une stupeur mêlée d'effroi
effarant

Qui pond
pondeuse

Qui porte à la vertu
édifiant

Qui porte des ailes
alifère

Qui porte des cercles concentriques colorés
zonal

Qui porte des jupons
juponné

Qui porte des ornements
paré

Qui porte la barbe
barbu

Qui porte les mamelles
mammifère

Qui porte un bât
bâté

Qui porte un germe
proligère

Qui possède naturellement
doué

Qui possède trois paires de pattes
hexapode

Qui pousse en abondance et avec vigueur
luxuriant

Qui pratique le mazdéisme ou qui en est ministre
mazdéen

Qui précède dans le temps
antérieur

Qui précède la naissance
prénatal

Qui prédit le destin
fatidique

Qui prend les couleurs du prisme
irisé

Qui prend plaisir à contrarier
taquin

Qui présente de larges ondulations
onduleux

Qui présente des analogies avec le cancer
cancériforme

Qui présente des angles vifs
anguleux

Qui présente des aspérités
âpre

Qui présente des cals
calleux

Qui présente des cannelures
cannelé

Qui présente des fleurs
floral

Qui présente des lacunes
lacunaire

Qui présente des nodosités
noueux

Qui présente des varices
variqueux

Qui présente des veines bleues
veiné

Qui présente des zones d'aspects différents
zoné

Qui présente deux couleurs
bicolore

Qui présente trois dents
tridenté

Qui présente une courbure convexe
busqué

Qui présente une fêlure
fêlé

Qui présente une gibbosité
gibbeux

Qui présente une narration détaillée
narratif

Qui présente une surface en creux
concave

Qui prête attention
attentif

Qui prête volontiers ce qu'il possède
prêteur

Qui prévoit avec perspicacité
prévoyant

Qui procède par huit
octal

Qui procède par induction
inductif

Qui prodigue des approbations
bénisseur

Qui prodigue des soins
soignant

Qui produit de la gomme
gommeux

Qui produit des bénéfices importants
rentable

Qui produit des fruits
fruitier

Qui produit des perles
perlier

Qui produit du sel
salant

Qui produit du sucre
sucrier

Qui produit l'érosion
érosif

Qui produit l'évolution
évolutif

Qui produit l'infection
septique

Qui produit la voix
vocal

Qui produit un goût désagréable
amer

Qui produit un sifflement
sibilant

Qui produit une percussion
percutant

Qui produit une rente
rentable

Qui professe la religion islamique ; qui est adepte de l'islam
musulman

Qui protège du soleil
solaire

Qui protège le matelas
alaise

Qui provient d'une carence
carentiel

Qui provient de l'action du vent
éolien

Qui provient de la laine
lanice

Qui provoque des envies de vomir
nauséeux

Qui provoque des nausées
nauséeuse

Qui provoque des vomissements
émétique

Qui provoque la mort
létal

Qui provoque le sommeil
dormitif

Qui provoque un avortement
abortif

Qui purge
purgatif

Qui que ce soit
quiconque

Qui raffole des cancans
cancanier

Qui ramasse
ramasseur

Qui rampe
reptile

Qui rappelle la forme d'une couronne
coronaire

Qui rappelle le lis
lilial

Qui rappelle les vacances
vacancier

Qui rappelle un paysage naturel
paysager

Qui rayonne
rayonnant

Qui réagit
réactif

Qui reçoit
récepteur

Qui reçoit une tension trop élevée
survolté

Qui recourt à l'intrigue
intrigant

Qui refuse d'entendre
sourd

Qui regarde à la dépense
regardant

Qui relaxe
relaxant

Qui relève
releveur

Qui relève des fonctions psychophysiologiques dans leurs différentes modalités
sensoriel

Qui relève des sentiments en général
affectif

Qui relève du futur tel qu'on peut l'envisager
futuriste

Qui relève du mari
marital

Qui relève du récit
narratif

Qui relève du sujet défini comme être pensant
subjectif

Qui remonte vers son origine
récurrent

Qui remplit les conditions pour être élu
éligible

Qui remporte une épreuve
gagnant

Qui rend l'environnement malsain
polluant

Qui rend service
utile

Qui renferme des perles
perlier

Qui renferme du tanin
tannique

Qui renferme les cendres d'un mort
cinéraire

Qui renferme quelque chose en soi
inclusif

Qui répand de la fumée
fumeux

Qui répand une odeur agréable
parfumé

Qui répond
répondeur

Qui repose de ses fatigues
délassant

Qui reprend un style passé
rétro

Qui représente un état primitif
brut

Qui résiste à la détonation
antidétonant

Qui respire la gaîté
riant

Qui ressemble à de la poudre
poudreux

Qui ressemble à une rose
rosace

Qui ressemble à une soie de porc
sétacé

Qui ressemble au chat
félin

Qui ressent de l'envie
envieux

Qui ressent une grande fureur
furibond

Qui reste
restant

Qui reste sans résultat
nul

Qui résulte d'un excès de bile
bilieux

Qui retient les substances grasses
lipophile

Qui retombe
retombant

Qui réunit en collant
agglutinant

Qui réunit trois partis
triparti

Qui révèle une très forte conviction
convaincu

Qui revient à quelqu'un
afférent

Qui revient chaque année
annuel

Qui revient quatre fois par année
trimestriel

Qui revient tous les deux ans
bisannuel

Qui revient tous les sept ans
septennal

Qui révolte
révoltant

Qui ricane
ricaneur

Qui rit à demi, de façon sarcastique
ricaneur

Qui ronge
rongeur

Qui roule
roulant

Qui s'abstient de boissons alcoolisées
abstème

Qui s'accomplit en un jour
diurne

Qui s'aigrit, devient acide
acescent

Qui s'applique à plusieurs personnes
commun

Qui s'applique à un ensemble sans considérer le détail
global

Qui s'éloigne rapidement
fuyant

Qui s'enroule vers la gauche
senestre

Qui s'érode facilement
érosif

Qui s'est défait d'une mauvaise habitude
repenti

Qui s'est excusé
repenti

Qui s'est fendu sous l'action du froid
gélif

Qui s'est repenti
repenti

Qui s'évapore facilement
volatil

Qui s'exprime avec humour
humoristique

Qui s'exprime en peu de mots
laconique

Qui s'exprime, parle facilement et avec élégance
disert

Qui s'impose à l'esprit
criant

Qui s'inspire des idées de droite
droitiste

Qui s'intéresse au cinéma
cinéphile

Qui s'oppose à l'action des blindés
antichar

Qui s'oppose à tout
antitout

Qui s'oppose aux gangs
antigang

Qui saigne
saignant, saigneux

Qui se balance
ballant

Qui se conforme à la sunna
sunnite

Qui se consacre à un travail
occupé

Qui se déplace à pied
pédestre

Qui se déplace dans l'exercice de sa charge
itinérant

Qui se déplace sur le sol
terrestre

Qui se désagrège facilement en poudre
friable

Qui se développe au-dessus du sol
épigé

Qui se développe dans un milieu stérile
axène

Qui se fâche facilement
quinteux

Qui se fait à pied
pédestre

Qui se fait avec les mains
manuel

Qui se fait dans l'esprit seulement
mental

Qui se fait de vive voix
verbal

Qui se fait difficilement
laborieux

Qui se fait en se déplaçant
itinérant

Qui se fait par mer
maritime

Qui se fait pendant le jour
diurne

Qui se fend facilement en feuillets ou en lamelles
scissile

Qui se fonde sur le rythme
rythmique

Qui se laisse façonner
malléable

Qui se lève
levant

Qui se lie facilement avec autrui
liant

Qui se manifeste par des effets tangibles
agissant

Qui se met en révolte ouverte contre l'autorité établie
séditieux

Qui se montre le jour
diurne

Qui se nourrit d'abeilles
apivore

Qui se nourrit d'herbe
herbivore

Qui se nourrit de bois
xylophage

Qui se nourrit de peu
frugal

Qui se nourrit de poissons
piscivore

Qui se nourrit en rongeant
rongeur

Qui se perd en détails inutiles
prolixe

Qui se plaît à ignorer délibérément la morale, les convenances
cynique

Qui se produit à l'intérieur d'une chose
intestin

Qui se produit en même temps
simultané

Qui se produit par-devant, de face
frontal

Qui se rapporte à César
césarien

Qui se rapporte à l'impôt
fiscal

Qui se rapporte à l'oreille
auriculaire

Qui se rapporte à un axe
axial

Qui se rapporte à un virus
viral

Qui se rapporte à une couronne
coronaire

Qui se rapporte au bœuf
bovin

Qui se rapporte au bouc
hircin

Qui se rapporte au chanvre
chanvrier

Qui se rapporte au fisc
fiscal

Qui se rapporte au général de Gaulle
gaulliste

Qui se rapporte au sapin
abiétin

Qui se rapporte au tissu glandulaire
adénoïde

Qui se rapporte au ventre
alvin

Qui se rapporte aux lèvres
labial

Qui se rapporte aux séismes
sismique

Qui se réclame du gauchisme, qui émane du gauchisme
gauchiste

Qui se répète souvent
fréquente

Qui se signale par son luxe
luxueux

Qui se transmet par la parole
oral

Qui se trouve dans l'air
aérien

Qui sécrète
sécréteur

Qui séduit
fascinant

Qui semble désigné par le destin
fatidique

Qui semble venir des profondeurs d'une caverne
caverneux

Qui sent le bois
boisé

Qui sert à compter
numéraire

Qui sert à décorer
décoratif

Qui sert à encrer
encreur

Qui sert à limer
limeuse

Qui sert à sécher
sécheur

Qui sert au rinçage
rinceur

Qui sert de base
basilaire

Qui sied, qui va bien
seyant

Qui sonne faux
désaccordé

Qui sonne les heures
sonnant

Qui sont d'une acidité désagréable
aigres

Qui sort beaucoup
mondain

Qui souffle du nord, en Méditerranée orientale
étésien

Qui souffre de malnutrition
dénutri

Qui souffre de nausées
nauséeux

Qui soutient une hérésie
hérétique

Qui stimule l'appétit
apéritif

Qui stimule l'organisme
excitant

Qui stresse
stressant

Qui subsiste
restant

Qui suit une cure
curiste

Qui supplée quelqu'un dans ses fonctions
suppléant

Qui supporte avec patience
endurant

Qui supprime le halo
antihalo

Qui supprime les vieilles habitudes
décapant

Qui survit à d'autres
survivant

Qui suscite du déplaisir, qui est désagréable
fâcheux

Qui suscite l'ennui
ennuyeux

Qui suscite l'épouvante par le sang abondamment versé
gore

Qui suscite la dérision
dérisoire

Qui t'appartient
ta, ton, tien, tienne

Qui témoigne d'un certain goût pour la chicane
chicanier

Qui témoigne d'une pruderie excessive
bégueule

Qui tend à opprimer
oppressif

Qui tient de l'utopie
utopique

Qui tient de la fable
fabuleux

Qui tient de la féerie
féerique

Qui tient du bouc
hircin

Qui tient du chat
  félin

Qui tient du dol
  dolosif

Qui tient du fiel
  fielleux

Qui tient du poison
  vireux

Qui tient en étant accroché
  suspendu

Qui tient quelque chose en fief
  fieffé

Qui tient une teinturerie
  teinturier

Qui tire sur le bleu
  bleuâtre

Qui tire sur le brun
  brunâtre

Qui tire sur le gris
  grisâtre

Qui tire sur le jaune
  jaunâtre

Qui tire sur le noir
  noirâtre

Qui tire sur le rouge
  rougeâtre

Qui tire sur le roux
  roussâtre

Qui tire sur le vert olive
  olivâtre

Qui tire sur le violet
  violacé, violâtre

Qui touche à un autre
  contigu

Qui traite quelqu'un de haut
  snob

Qui travaille beaucoup
  laborieux

Qui tue les germes microbiens
  germicide

Qui va en s'élargissant
  évasé

Qui va l'amble (se déplace en levant en même temps les deux pattes du même côté) en parlant d'un quadrupède
  ambleur

Qui va par degrés
  graduel

Qui vaut sept fois autant
  septuple

Qui vaut sept fois la quantité désignée
  septuple

Qui vaut six fois autant
  sextuple

Qui vient de débarquer
  débarqué

Qui vient de la tonture du drap
  tontisse

Qui vient du nez
  nasillard

Qui vient en premier
  unième

Qui vient immédiatement après le premier
  second

Qui vise à développer la culture
  culturel

Qui vise à redresser une déviation
  correctif

Qui vit dans la vase
  limicole

Qui vit dans le besoin
  besogneux

Qui vit dans le bois en parlant des insectes
  lignicole

Qui vit dans les montagnes
  monticole

Qui vit dans les rochers
  rupestre

Qui vit du vol
  voleur

Qui vit isolé du monde
  reclus

Qui vit ou croît dans la forêt
  sylvestre

Qui vit par troupeaux
  grégaire

Qui vit sur terre et dans l'eau
  amphibie

Qui vivifie
  vivifiant

Qui voltige sur un cheval, une corde
  voltigeur

Qui, pendant une semaine, assure un service particulier
  semainier

Quiche
  tarte, tourte

Quiconque
  personne

Quidam
  bonhomme, citoyen, homme, inconnu, individu, monsieur, personne

Quiddité
  nature

Quiet
  calme, paisible, tranquille

Quiétisme
  passivité

Quiétude
accalmie, apaisement, ataraxie, béatitude,
calme, détachement, paix, repos, sérénité,
tranquillité

Quignon
bout, croûton

Quillard
voilier

Quille
bowling

Quinaud
confus, penaud

Quincaillerie
ferblanterie, toc

Quincaillier
ferblantier

Quinquina
fortifiant

Quint
cinquième

Quinte
toux

Quintessence
concentré, essence, extrait, principal,
substance, suc

Quintessencié
subtil, tarabiscoté

Quinteux
capricieux

Quinto
cinquièmement

Quinze
nombre

Quiproquo
confusion, embrouillamini, erreur, maldonne,
malentendu, méprise

Quiscale bronzé
mainate

Quittance
acquit, décharge, quitus, récépissé, reçu

Quitte
débarrassé, dégagé, délivré, exempté,
exonéré, libéré, libre

Quitté
abandonné, abdiqué, délaissé, déménagé,
déserté, enlevé, ôté, renié, sorti

Quitter
abandonner, abdiquer, abjurer, débarrasser,
défaire, déguerpir, délaisser, déménager,
démissionner, dépouiller, déserter, divorcer,
enlever, évacuer, fuir, lâcher, laisser, larguer,
ôter, partir, perdre, poser, résigner, retirer,
rompre, séparer, sortir

Quitter l'état religieux
défroquer

Quitter la ruche en essaim
essaimer

Quitter le port
appareiller

Quitter son pays
émigrer

Quitter un lieu
sortir

Quitus
acquit, décharge, quittance

Quolibet
épigramme, flèche, lazzi, moquerie,
persiflage, pique, piqûre, plaisanterie, pointe,
raillerie, sarcasme, taquinerie, vanne

Quota
contingent, pourcentage

Quote-part
contribution, cotisation, écot, obole, part,
quotité

Quote-part de chacun dans un repas
écot

Quotidien
banal, commun, gazette, habituel, journal,
journalier, normal, ordinaire, régulier, rituel,
tabloïd, tabloïde, usuel

Quotidien de demi-format
tabloïd, tabloïde

Quotient
facteur, rapport, ratio, taux

Quotient intellectuel
QI

Quotité
fraction, part, portion

R

Ra
radium

Rab
rabiot, surplus

Rabâchage
antienne, fréquence, litanie, radotage, redite, refrain, rengaine, répétition, ressassement, ritournelle

Rabâcher
radoter, redire, répéter, ressasser, seriner

Rabâcheur
radoteur, ressasseur

Rabais
aubaine, baisse, décote, diminution, escompte, réduction, remise, ristourne, solde

Rabaissé
abâtardi, courbé

Rabaissement
ravalement

Rabaisser
abaisser, abâtardir, amoindrir, avilir, baisser, courber, dégrader, dénigrer, déprécier, déshonorer, détracter, diminuer, écraser, humilier, limiter, modérer, rabattre, rapetisser, ravaler, réduire, restreindre, ridiculiser

Rabaisser dans sa réputation
décrier

Rabane
raphia

Rabat
cravate, fronce, jabot, ourlet, parement, pli, rabattage, repli, revers, traque

Rabat-joie
renfrogné, triste

Rabattable
repliable

Rabattage
battue, rabat, racolage, traque

Rabatteur
propagandiste, propagateur

Rabattre
abaisser, abattre, amoindrir, aplatir, atténuer, attirer, baisser, calmer, coucher, décompter, déduire, défalquer, diminuer, fermer, limiter, modérer, plier, rabaisser, racoler, ramener, réduire, refermer, replier, restreindre, retenir, retrancher, tempérer, tourner, traquer

Rabattu
plié, retenu, retranché

Rabibochage
réparation

Rabibocher
rafistoler, réconcilier, retaper

Rabiot
rab, supplément, surplus

Râble
dos, rein, tisonnier

Râblé
épais, ramassé, trapu

Rabot
bouvet, colombe, doucine, feuilleret, gorget, guillaume, guimbarde, mouchette, outil, riflard, rugine, tarabiscot, varlope, wastringue

Rabot de menuiserie
bouvet

Rabot de tonnelier
jabloir

Rabot qui sert à faire des rainures, des languettes
bouvet

Rabot servant à faire les moulures appelées gorges
gorget

Raboter
aplanir, blanchir, dégauchir, polir, réduire, varloper

Raboteux
âpre, inégal, râpeux, rêche, rocailleux, rude, rugueux, saccadé

Rabougri
chétif, desséché, difforme, étiolé, frêle, maigre, malingre, rachitique, racorni, ratatiné, recroquevillé

Rabougrir
ratatiner, rider

Rabougrissement
chétivité

Rabouter
abouter, boucher, raccorder

Rabrouer
admonester, chapitrer, gronder, rebuter, refouler, rembarrer, remettre, repousser, rudoyer, tancer

Racaille
canaille, crapule, escroc, fripouille, lie, plèbe, populace, rebut, tourbe, vermine

Raccommodage
bricolage, passefilure, rafistolage, rapiéçage, ravaudage, remmaillage, réparation, reprisage, reprise, rhabillage, stoppage

Raccommodage de vêtements usés
ravaudage

Raccommodé
amélioré

Raccommoder
améliorer, coudre, rapiécer, ravauder,
réconcilier, réparer, repriser, stopper

Raccommoder à l'aiguille
ravauder

Raccommodeur
ravaudeur

Raccommodeur de souliers
savetier

Raccommoder un filet de pêche
radouber

Raccompagner
ramener, reconduire

Raccord
coude, enchaînement, jonction, liaison,
manchon, raccordement, rattachement,
retouche, soudure

Raccordement
jonction, raccord

Raccorder
aboucher, ajointer, ajuster, assembler,
brancher, connecter, embrancher, joindre,
rabouter, rattacher, relier, réunir, unir

Raccorder avec du plâtre
ruiler

Raccourci
abrégé, contracté, court, ellipse, résumé,
rétréci

Raccourcir
abréger, accourcir, apetisser, contracter,
couper, décapiter, diminuer, ébouter, écimer,
écourter, élaguer, émonder, guillotiner,
mutiler, rapetisser, réduire, résumer, rétrécir,
rogner, sabrer, tailler, tronquer

Raccourcir en coupant le bout
ébouter

Raccourcissement
diminution, réduction

Raccrochage
racolage

Raccrocher
rapporter, rattacher, relier, ressaisir

Raccrocheur
racoleur

Race
ascendance, branche, catégorie, classe,
engeance, espèce, ethnie, extraction, famille,
filiation, genre, gent, groupe, lignage, lignée,
maison, naissance, nation, nom, origine,
peuple, sang, sorte, souche, type

Race anglaise de chiens de chasse
springer

Race de lapins
angora

Race de poneys
shetland

Race pure des doctrines d'inspiration nazie
aryenne

Rachat
délivrance, expiation, rédemption,
réhabilitation, remboursement, réméré,
réparation, reprise, salut

Rachetable
réparable

Racheté
absorbé, enlevé, sauvé

Racheter
absorber, compenser, corriger, délivrer,
effacer, expier, filialiser, libérer, oublier, payer,
rattraper, récupérer, rédimer, regagner,
réhabiliter, réparer, reprendre, sauver,
suppléer

Racheter, sauver
rédimer

Rachidien
spinal, vertébral

Rachis
échine, vertèbres

Rachitique
chétif, débile, faible, maigre, malingre,
rabougri

Racial
ethnique

Racine
base, bulbe, bulbille, caïeu, commencement,
germe, griffe, morphème, naissance, oignon,
origine, pivot, principe, radical, radicelle,
radicule, rhizome, souche, source

Racine d'une plante du genre panax
ginseng

Raciner
prendre, teindre

Racisme
antisémitisme, discrimination, haine,
nationalisme, ségrégation, sexisme,
xénophobie

Raciste
antisémite, nationaliste, xénophobe

Racketter
rançonner

Raclage
abrasion, grattage, râpage

Racle
grattoir, racloir

Raclée
correction, coup, dégelée, fessée, punition,
rossée, roulée

Racler
curer, décrasser, frotter, gratter, nettoyer,
râper

Racler le fond de la mer avec une drague
draguer

Raclette
curette

Raclette plate
gratte

Racloir
curette, grattoir, racle

Racloir pour frictionner le corps
strigile

Raclure
rognure

Racontar
bavardage, bruit, calomnie, cancan,
clabaudage, commérage, conte, histoire,
invention, médisance, persiflage, potin, ragot,
rumeur

Raconté
dit, sorti

Raconter
affirmer, avouer, confesser, conter, débiter,
décrire, dépeindre, détailler, dire, énoncer,
étaler, éventer, expliquer, exposer, livrer,
montrer, narrer, peindre, rapporter, réciter,
redire, relater, répéter, retracer, sortir

Raconteur
conteur, diseur, narrateur

Racorni
rabougri, rétréci

Racornir
dessécher, ratatiner, rétrécir, sécher

Rad
radian, rd

Radar
cinémomètre, détecteur

Rade
abri, baie, bar, bassin, havre, port

Radeau
jangada

Radeau en usage dans l'océan Indien
catamaran

Radeau servant à la réparation d'un bâtiment
ras

Rader
entamer, mesurer

Radiale
voie

Radian
rad, rayonnant

Radiateur
aérateur, convecteur, poêle

Radiation
annulation, destitution, effacement,
élimination, émanation, émission, exclusion,
expulsion, faisceau, fluide, irradiation,
licenciement, onde, propagation, rai, rayon,
rayonnement, rejet, renvoi, révocation,
suppression

Radical
absolu, base, catégorique, complet,
draconien, drastique, dur, efficace, essentiel,
extrême, extrémiste, ferme, féroce, foncier,
fondamental, infaillible, intransigeant,
irrévocable, profond, racine, souverain, strict,
sûr, total

Radicaliser
durcir, raidir

Radicelle
filament, racine

Radicule
racine

Radié
enlevé, exclu, ôté

Radier
abolir, annihiler, annuler, barrer, biffer,
congédier, démettre, déposer, destituer,
écarter, effacer, éliminer, enlever, évincer,
exclure, licencier, limoger, ôter, oublier, rayer,
réformer, relever, renvoyer, retirer, révoquer,
supprimer

Radiesthésie
rhabdomancie

Radiesthésiste
sourcier

Radieux
agréable, allègre, beau, bel, brillant,
content, éblouissant, éclatant, ensoleillé,
épanoui, étincelant, heureux, hilare, jovial,
joyeux, lumineux, ravi, rayonnant, réjoui,
resplendissant, splendide

Radin
chiche, ladre, mesquin, pingre, regardant

Radinerie
avarice, ladrerie, lésinerie, pingrerie

Radio
poste, radiodiffusion, radiographie, récepteur,
transistor

Radio portative
transistor

Radio-Canada en anglais
CBC

Radiodiffusion
radio

Radiogoniomètre
gonio

Radiographie
radio

Radioguider
guider

Radiologue
médecin

Radioscopie
scopie

Radiosource
quasar

Radiotélescope
télescope

Radis sauvage
ravenelle

Radium
Ra

Radjah
souverain

Radon
Rn

Radotage
rabâchage, redite, répétition, ressassement

Radoté
ergoté

Radoter
débloquer, délirer, déménager, dérailler,
déraisonner, divaguer, extravaguer, rabâcher,
redire, répéter, ressasser, seriner

Radoteur
rabâcheur

Radoub
carénage, réparation

Radouber
caréner, réparer

Radoucir
adoucir, alléger, amortir, apaiser, assouplir,
atténuer, attiédir, calmer, diminuer, estomper,
étouffer, mitiger, modérer, réchauffer, réduire,
soulager, tempérer

Radoucissement
amélioration, redoux

Radoucissement de la température
redoux

Rafale
bourrasque, décharge, giclée, grain, ouragan,
risée, salve, souffle, tir, tornade, tourbillon,
volée

Raffermi
affermi, resserré

Raffermir
affermir, attiser, aviver, cimenter, confirmer,
conforter, consolider, corroborer, durcir,
endurcir, étayer, exalter, fortifier, ragaillardir,
raidir, ranimer, raviver, réactiver, réanimer,
réchauffer, réconforter, relever, remonter,
renforcer, resserrer, réveiller, revigorer,
revivifier, solidifier, soutenir, stabiliser,
stimuler, tonifier, tremper

Raffermir dans une opinion
conforter

Raffinage
affinage, blanchissage, craquage, épuration,
hydrocraquage, purification, reformage

Raffiné
adroit, amélioré, beau, bel, chic, choisi,
complexe, compliqué, cultivé, délicat,
difficile, distingué, élégant, épuré, étudié,
exquis, fin, gracieux, ingénieux, minutieux,
perfectionné, poli, précieux, pur, recherché,
soigné, sophistiqué, stylé, subtil, travaillé

Raffinement
classe, délicatesse, élégance, finesse, luxe,
préciosité, recherche, subtilité

Raffiner
affiner, améliorer, apurer, châtier, distiller,
épurer, fignoler, perfectionner, policer, polir,
purifier

Raffinerie
aciérie

Raffinerie de sucre
sucrerie

Raffolé
adoré

Raffoler
adorer, aduler, aimer, enflammer

Raffut
boucan, chahut, fracas, potin, sabbat,
sarabande, tapage, vacarme

Rafiot
bateau

Rafistolage
bricolage, raccommodage, rapiéçage,
réparation

Rafistoler
arranger, rabibocher, réparer, retaper

Rafle
arrestation, descente, raid, razzia

Raflé
enlever

Rafler
accaparer, approprier, chaparder, conquérir,
dérober, emparer, empocher, emporter,
encaisser, enlever, gagner, obtenir, percevoir,
prendre, ramasser, ravir, razzier, récolter,
remporter, soustraire, subtiliser, toucher, voler

Rafraîchi
congelé, frappé, rajeuni, ranimé, ravivé,
refait, réfrigéré, refroidi, renouvelé, rénové,
réparé, repeint, retapé, revigoré, revivifié

Rafraîchi dans la glace
frappé

Rafraîchir
abreuver, boire, couper, désaltérer, éventer,
fraîchir, rajeunir, ranimer, raviver, réanimer,
refaire, réfrigérer, refroidir, rénover, réparer,
repeindre, retaper, revigorer, revivifier, tailler,
tempérer

Rafraîchissement
boisson, réparation

Raft
rafting

Rafting
raft

Ragaillardi
régénéré

Ragaillardir
fortifier, raffermir, ranimer, raviver, réanimer, réconforter, reconstituer, régénérer, remonter, requinquer, retaper, réveiller, revigorer, revivifier, tonifier, vivifier

Rage
acharnement, ardeur, colère, courroux, déchaînement, emportement, énervement, exaltation, exaspération, explosion, férocité, fièvre, frénésie, fureur, furie, hargne, indignation, ire, maladie, manie, pression, rogne, transport

Rageant
agaçant, énervant, râlant, vexant

Rager
écumer, enrager, fulminer, fumer, mousser, pester, râler, rouspéter

Rageur
acariâtre, agressif, coléreux, colérique, emporté, furibond, furieux, hargneux, irascible, irritable, révolté, vindicatif, violent

Rageusement
agressivement, coléreusement, hargneusement

Raglan
pardessus

Ragot
bavardage, bruit, calomnie, cancan, clabaudage, commérage, conte, histoire, invention, médisance, papotage, persiflage, potin, racontar, rumeur

Ragoter
commérer

Ragoût
blanquette, bouillabaisse, bourguignon, cassoulet, civet, fricassée, fricot, gibelotte, goulasch, haricot, matelote, miroton, navarin, ratatouille, salmis, tagine, tajine

Ragoût cuit avec du vin
civet

Ragoût de lièvre
civet

Ragoût de mouton
navarin, tagine, tajine

Ragoûtant
affriolant, agréable, alléchant, appétissant, attrayant, engageant, séduisant, tentant

Ragréer
lisser, nettoyer, ravaler, rénover

Rai
faisceau, radiation, rayon

Raid
assaut, attaque, campagne, commando, descente, expédition, incursion, irruption, mission, opération, rafle, rallye, razzia

Raide
abrupt, abrupte, affecté, ankylosé, ardu, austère, autoritaire, compassé, contraint, cru, désargenté, difficile, droit, dur, empesé, empoté, engoncé, engourdi, escarpé, ferme, gourmé, grave, grivois, guindé, inflexible, intraitable, intransigeant, licencieux, osé, pauvre, pincé, plat, rapide, rigide, rigoureux, roide, ruiné, salé, sec, sévère, solennel, strict, tendu, très

Raideur
affectation, ankylose, austérité, componction, contraction, engourdissement, gravité, intransigeance, raidissement, rigidité, rigorisme, rigueur, sévérité, solennité, tension

Raidi
affermi, contracté

Raidillon
côte, escarpement, grimpette, montée, pente

Raidir
affermir, ankyloser, bander, contracter, défriser, durcir, engourdir, figer, pétrifier, radicaliser, raffermir, renforcer, roidir, tendre, tirer

Raidissement
raideur, tension

Raidisseur
tendeur

Raie
bande, entaille, fente, griffure, hachure, ligne, liseré, marbrure, rainure, rayure, ride, sillon, strie, striure, trait, zébrure

Raie formée par les cheveux
pli

Raie sur une surface
zébrure

Rail
barrière, couloir, glissière, train

Railler
bafouer, blaguer, blasonner, brocarder, chiner, dauber, draper, égratigner, fronder, gausser, gouailler, ironiser, moquer, parodier, persifler, plaisanter, ricaner, ridiculiser, rire, satiriser

Railler par des brocards
brocarder

Railler quelqu'un
brocarder

Railler quelqu'un, se moquer plus ou moins vulgairement de lui
gouailler

Railler, faire des brocards
brocarder

Raillerie
affront, brocard, critique, dérision, égratignure, épigramme, flèche, gausserie, goguenardise, gouaille, humour, ironie, lazzi, malice, moquerie, persiflage, pique, piqûre, plaisanterie, pointe, quolibet, rire, risée, sarcasme, satire, trait, vanne

Raillerie insultante
sarcasme

Raillerie malveillante
quolibet

Railleur
blaseur, caustique, chineur, coquin, espiègle, facétieux, farceur, frondeur, goguenard, gouailleur, impertinent, incisif, ironique, ironiste, malicieux, malin, moqueur, mordant, narquois, persifleur, piquant, sarcastique, sardonique, satirique, taquin

Raine
rainure

Rainer
rainurer

Rainure
canal, cannelure, coulisse, creux, entaille, fêlure, fente, fissure, glissière, incision, ligne, raie, raine, rayure, rigole, sillon, strie, trait, zébrure

Rainure à la surface d'un os
gouttière

Rainure pratiquée dans une pièce pour en faire glisser une autre
glissière

Rainurer
rainer

Raire
bramer, raller, réer

Raisin
cépage, fruit, vigne

Raisin à saveur musquée
muscat

Raisin d'ours
arbouse

Raison
adage, alibi, argument, but, cause, compréhension, connaissance, critère, discernement, entendement, esprit, excuse, explication, fondement, intellect, intelligence, jugement, jugeote, justesse, justification, logique, lucidité, mobile, motif, objet, occasion, origine, pensée, pourquoi, prétexte, principe, sagesse, secret, sens, source, sujet, tête, titre

Raisonnable
acceptable, adulte, bon, convenable, correct, décent, fondé, honnête, intelligent, judicieux, juste, légitime, logique, modéré, modeste, mûr, naturel, normal, pensant, pondéré, posé, prévoyant, prudent, rationnel, réfléchi, sage, sain, sensé, sérieux, suffisant, tempérant, tempéré

Raisonnablement
bien, décemment, sagement, sainement, sobrement

Raisonné
calculé, enlevé, ergoté, logique, pensé, pondéré, rationnel, réfléchi

Raisonnement
adage, argument, argumentation, argutie, déduction, démonstration, dialectique, explication, induction, inférence, lemme, logique, pensée, réflexion, sophisme, sorite, syllogisme, synthèse, thèse

Raisonnement de mauvaise foi
sophisme

Raisonnement faux
sophisme

Raisonnement pointilleux
argutie

Raisonner
calculer, chapitrer, chicaner, cogiter, déduire, discuter, ergoter, induire, juger, méditer, penser, philosopher, réfléchir

Raja
souverain

Rajah
souverain

Rajeuni
rafraîchi

Rajeunir
actualiser, dépoussiérer, moderniser, rafraîchir, ranimer, raviver, réanimer, renouveler, rénover, retaper, reverdir, revigorer, revivifier

Rajout
addition, adjonction, ajout, surcharge

Rajouter
ajouter, remettre

Rajuster
arranger, réajuster, rectifier, refaire

Râlant
agaçant, crispant, énervant, enrageant, exaspérant, excédant, irritant, rageant, vexant

Râle
bruit, cri, enrouement

Ralenti
alourdi

Ralentir
affaiblir, alourdir, atténuer, baisser, décélérer, diminuer, embarrasser, entraver, essouffler, fléchir, freiner, gêner, modérer, réduire, retarder

Ralentissement
diminution, encombrement, freinage, récession, recul, retard, réticence, tassement

Ralentissement de la circulation d'un liquide organique
stase

Ralentissement important de la digestion
apepsie

Râler
bougonner, bramer, enrager, fulminer, grogner, gronder, jurer, maugréer, pester, piailler, plaindre, protester, rager, raire, rechigner, réclamer, récriminer, réer, renâcler, ronchonner, rouspéter, tonner

Râleur
grincheux, grognon, grondeur

Ralingue
cordage

Raller
bramer, raire, réer

Ralliant
agglutinant

Ralliement
adoption, attroupement

Rallier
accoupler, acquérir, assembler, convertir, gagner, mobiliser, obtenir, rassembler, regagner, regrouper, réintégrer, rejoindre, remporter, retourner, réunir, revenir, toucher

Rallonge
ajout, allonge, augmentation, complément, prolongateur, supplément, surplus

Rallongé
accru, allongé

Rallonger
additionner, agrandir, ajouter, allonger, augmenter, délayer, liquéfier, prolonger, proroger

Rallumer
ranimer, raviver, réanimer, réchauffer, ressusciter, réveiller

Rallye
bal, circuit, course, fête, raid, réunion

Ramadan
jeûne

Ramage
babil, babillage, branchage, chant, gazouillement, gazouillis, pépiement, rameau

Ramager
chanter

Ramancher
guérir, soigner

Ramas
ramassis, rognure

Ramassage
collectage, collecte, cueillette, enlèvement, fenaison, glanage, grappillage, levée, moisson, quête, râtelage, récolte

Ramassé
blotti, bref, concentré, concis, condensé, court, courtaud, dense, enlevé, épais, lapidaire, massif, pelotonné, puissant, râblé, recroquevillé, resserré, succinct, tapi, trapu

Ramasser
amasser, assembler, attraper, collecter, concentrer, condenser, cueillir, empocher, encaisser, enlever, épingler, gagner, glaner, grappiller, lever, percevoir, pincer, prendre, procurer, rafler, rapailler, rassembler, recevoir, récolter, recueillir, réduire, regrouper, relever, resserrer, résumer, réunir

Ramasser (Se)
blottir

Ramasser au hasard
grappiller

Ramasser avec un râteau
râteler, ratisser

Ramasser dans les champs
glaner

Ramasser les sarments après la taille de la vigne
sarmenter

Ramasseur
cueilleur, glaneur, râteleur

Ramassis
amas, attirail, bande, fatras, meute, ramas, tas, troupe

Rambarde
balcon, balustrade, balustre, barrière, bastingage, parapet, rampe

Ramdam
sabbat, tintamarre, tumulte, vacarme

Rame
aviron, godille, pagaie, train, tuteur, voiture

Ramé
baigné, canoté, crawlé, feuillé, flotté, godillé, nagé, navigué, pagayé, papillonné, pataugé, travaillé

Rameau
branche, branchette, brindille, division, embranchement, partie, ramage, ramification, ramille, sarment, subdivision

Rameau imparfaitement élagué
écot

Rameau ligneux de la vigne
sarment

Rameaux
ramée, ramure

Ramée
branchage, branches, feuillage, feuillée,
frondaison, rameaux, ramure

Ramender
rectifier, réparer

Ramené
rétabli

Ramenée à l'état liquide
dégelée

Ramener
baisser, limiter, rabattre, raccompagner,
ranimer, rappeler, rapporter, reconduire,
redonner, réduire, réintroduire, réanimer,
remettre, remmener, remonter, rendre,
ressusciter, restaurer, restituer, restreindre,
rétablir, tirer

Ramener à la raison
raisonner

Ramener à la règle
corriger

Ramener en arrière
replier

Ramer
canoter, démener, godiller, nager, pagayer,
peiner, souquer, travailler, tuteurer

Ramer avec une pagaie
pagayer

Rameur
avironneur, nageur

Rameur du dernier rang d'une galère
espalier

Rameuter
ameuter, appeler, embrigader, enrégimenter,
enrôler, mobiliser, rassembler, recruter,
regrouper

Ramier
colombe, palombe, pigeon

Ramification
arborescence, arborisation, branche, division,
embranchement, inflorescence, partie,
rameau, subdivision

Ramification de l'arbre
branche

Ramification de la racine principale
radicelle

Ramifié
dissocié, divisé, étendu, fractionné, partagé,
propagé, répandu, scindé, séparé, subdivisé

Ramifier
scinder

Ramille
branche, brindille, rameau

Ramolli
alangui, amorphe, avachi, décrépit,
déliquescent, flasque, gâteux, mollasson,
molli, mou, sénile

Ramollir
affaiblir, alanguir, ameublir, amoindrir, amollir,
attendrir, avachir, aveulir, débiliter, mollir,
relâcher

Ramollissement
gâtisme, sénilité

Ramonage
nettoyage

Rampant
bas, flatteur, latent, obséquieux, plat, servile,
soumis, vil

Rampe
appui, balustrade, balustre, côte, grimpée,
inclinaison, montée, pente, rambarde

Rampe métallique
rambarde

Rampement
reptation

Ramper
abaisser, aplatir, flatter, glisser, humilier,
prosterner, traîner

Ramponneau
bourrade, coup

Ramure
bois, branchage, branche, corne, cors, époi,
feuillage, frondaison, merrain, ombrage,
perche, rameaux, ramée

Rancard
rencontre, renseignement

Rancarder
informer, renseigner, tuyauter

Rance
gâté, moisi, pourri, puant, renfermé

Ranch
rancho

Rancho
ranch

Rancir
moisir, pourrir

Rancœur
âcreté, acrimonie, aigreur, amertume,
animosité, dépit, haine, hostilité, rancune,
ressentiment

Rançon
conséquence, contrepartie, envers,
inconvénient, prix, produit, sanction, tribut

Rançonner
dépouiller, égorger, exploiter, pressurer,
racketter, saigner, voler

Rancune
âcreté, acrimonie, aigreur, amertume, animosité, dépit, haine, hostilité, inimitié, rancœur, ressentiment

Rancuneux
rancunier

Rancunier
rancuneux, vengeur, vindicatif

Randonnée
balade, circuit, course, équipée, excursion, marche, promenade, tour, trek, virée

Randonneur
promeneur

Rang
alignement, caste, catégorie, classe, colonne, condition, cordon, degré, dignité, échelon, enfilade, étage, état, file, fonction, grade, haie, ligne, milieu, niveau, numéro, ordre, place, position, qualité, queue, rangée, série, situation, stade, succession, suite, titre

Rang dans une hiérarchie
place

Rang de colonnes
péristyle

Rang de pieux fichés en terre pour former une digue
palée

Rangé
aligné, classé, classique, conformiste, convenable, logé, net, orchestré, ordonné, placé, plié, propre, réglé, sage, sérieux, situé, soigneux

Rangée
alignement, brochette, chaîne, colonne, cordon, degré, enfilade, file, haie, ligne, queue, rang, série, succession, suite

Rangée de bancs
travée

Rangée de saules
saulée

Rangement
agencement, armoire, arrangement, classement, disposition, ordre, organisation, placard, placement

Rangement en séries
sériation

Ranger
agencer, aligner, aménager, archiver, arranger, assagir, botte, brodequin, caser, chaussure, classer, classifier, contraindre, débrouiller, démêler, disposer, distribuer, faire, garer, grouper, loger, longer, mettre, ordonner, organiser, parquer, placer, plier, remballer, remiser, rentrer, réorganiser, répartir, replacer, sérier, soumettre, trier

Ranger la cargaison dans la cale d'un navire
arrimer

Ranger sur une ligne droite
aligner

Ranimé
exalté, excité, rafraîchi

Ranimer
aiguillonner, aiguiser, allumer, animer, attiser, augmenter, aviver, encourager, éperonner, exalter, exciter, raffermir, rafraîchir, ragaillardir, rajeunir, rallumer, ramener, ravigoter, raviver, réactiver, réchauffer, réconforter, rehausser, relancer, relever, remonter, ressusciter, rétablir, réveiller, reverdir, revigorer, revivifier, stimuler, vivifier

Rantanplan
roulement

Raout
réception

Rapace
aigle, avare, avide, buse, cupide, épervier, féroce, impitoyable, insatiable, oiseau, pingre, requin, vautour, vorace

Rapace de grande taille
vautour

Rapace diurne
aigle

Rapace nocturne
effraie, hibou

Rapacité
âpreté, avarice, avidité, cupidité, férocité, pingrerie, voracité

Râpage
raclage

Rapallier
ramasser

Rapatrié
récupéré, revenu

Rapatrier
importer

Râpe
lime

Râpé
défraîchi, élimé, limé, lustré, pauvre, pelé, usé

Râper
élimer, frotter, gratter, limer, racler, user

Rapetassage
réparation

Rapetissé
écrasé

Rapetissé et déformé
ratatiné

Rapetisser
abaisser, accourcir, amenuiser, amoindrir, apetisser, décroître, déprécier, diminuer,

écourter, écraser, rabaisser, raccourcir,
ratatiner, réduire, restreindre, rétrécir

Râpeux
aigre, âpre, raboteux, rêche, rocailleux, rude,
rugueux

Raphia
palmier, rabane

Rapiat
pingre

Rapide
abrupt, accéléré, actif, alerte, bref, brusque,
brutal, compendieux, concis, court, cursif,
diligent, direct, discret, élevé, emmené,
empressé, enlevé, éphémère, expéditif,
express, fulgurant, furtif, grossier, hâtif,
impétueux, instantané, leste, pentu, petit,
précipité, pressé, preste, prompt, raide,
sommaire, soudain, soutenu, subit, succinct,
train, véloce, vif, vite

Rapide comme l'éclair
fulgurant

Rapidement
bientôt, demain, presto, rondement, sec, vite,
vivement

Rapidité
agilité, brièveté, célérité, diligence, hâte,
précipitation, prestesse, promptitude,
soudaineté, vélocité, vitesse, vivacité,
volubilité

Rapiéçage
raccommodage, rafistolage, ravaudage,
réparation

Rapiécer
coudre, raccommoder, réparer, repriser

Rapière
épée

Rapin
peintre

Rapine
enlèvement, maraudage, pillage, vol

Rapinerie
piratage

Raplapla
épuisé, éreinté

Rappel
acclamation, allusion, appel, avertissement,
batterie, bis, citation, commémoration,
rappelé, évocation, mémoire, mention,
mobilisation, relance, souvenance, souvenir

Rappeler
acclamer, appeler, approcher, bisser,
citer, commémorer, éveiller, évoquer,
exhumer, imiter, mobiliser, penser,
ramener, reconnaître, recruter, redire,
relancer, remémorer, remettre, représenter,

ressembler, retéléphoner, retenir, retracer,
retrouver, réveiller, revoir, songer, suggérer

Rappeler à l'ordre
chapitrer

Rappeler à la mémoire
évoquer

Rappeler au souvenir
retracer

Rappliquer
revenir

Rapport
accord, affinité, amitié, analogie, analyse,
angle, apport, aspect, bénéfice, bulletin,
cohérence, commerce, concordance,
connexion, connexité, contact, continuité,
convenance, corrélation, correspondance,
dépendance, description, expertise, exposé,
filiation, fraction, fréquentation, fruit, gain,
intérêt, liaison, lien, mesure, narration,
parenté, perspective, produit, profit,
proportion, quotient, rapprochement, ratio,
récit, relation, rendement, ressemblance,
revenu, similitude, taux, témoignage, union,
version

Rapport de deux grandeurs
ratio

Rapporté
abrogé, cité, noté, postiche

Rapporter
abouter, abroger, annuler, apporter, attribuer,
cafarder, cafter, citer, colporter, consigner,
conter, dénoncer, dire, donner, exposer,
fructifier, gagner, importer, imputer, narrer,
payer, porter, procurer, produire, raccrocher,
raconter, ramener, rapprocher, rattacher,
redire, redonner, référer, relater, relier,
remettre, rendre, répéter, replacer, reporter,
restituer, retracer, révéler

Rapporter ce qu'on sait
témoigner

Rapporteur
cafard, délateur

Rappris
réappris

Rapproché
associé, proche, resserré, venu, voisin

Rapprochement
alentours, alliance, amalgame, assimilation,
association, comparaison, lien, mariage,
parallèle, rapport, relation, réunion

Rapprocher
accointer, accoler, accoupler, adjoindre,
amalgamer, approcher, assembler, assimiler,
associer, avancer, comparer, concilier,
confronter, grouper, joindre, jumeler, presser,

Rapt
rapporter, réconcilier, relier, ressembler, resserrer, réunir, serrer, unir, venir

Rapt
enlèvement, kidnapping, ravissement

Raquer
payer

Rare
admirable, clairsemé, épars, étonnant, exceptionnel, exquis, extraordinaire, inaccoutumé, indigent, inhabituel, insolite, introuvable, inusité, inusuel, isolé, maigre, précieux, raréfié, rarissime, recherché, remarquable, signalé, singulier

Raréfaction
réduction

Raréfié
rare

Raréfier
amoindrir, appauvrir, diminuer, disparaître, éclaircir, réduire, tarir

Rarement
exceptionnellement, guère, peu

Rareté
curiosité, défaut, déficience, disette, indigence, insuffisance, manque, pénurie, phénomène

Rarissime
exceptionnel, précieux, rare, singulier

Ras
court, égal, pelé, petit, tondu

Ras-le-bol
écœurement

Rasage
tonte

Rasant
ennuyant, ennuyeux, fatigant, frisant

Rascasse
scorpène

Rasé
abattu, anéanti, cassé, coupé, démantelé, démoli, détruit, dévasté, effleuré, ennuyé, frisé, frôlé, frustré, glabre, longé, pulvérisé, renversé, saccagé, serré, taillé, tondu, tonsuré, vide

Raser
abattre, anéantir, annihiler, casser, couper, démanteler, démolir, détruire, dévaster, effleurer, endormir, ennuyer, fatiguer, friser, frôler, lasser, longer, pulvériser, renverser, saccager, serrer, tailler, tondre, tonsurer

Rasette
soc

Raseur
gêneur, importun

Rash
érythème

Rasoir
assommant, ennuyeux, fatigant, lassant, sabre

Rassasié
assouvi, comblé, content, plein, repu, saoul, satisfait, saturé, soûl

Rassasier
apaiser, assouvir, blaser, bourrer, combler, contenter, gaver, gorger, manger, repaître, saouler, satisfaire, soûler

Rassemblant
agglutinant

Rassemblement
affluence, afflux, aréopage, assemblée, attroupement, masse, meeting, parti, regroupement, réunion, troupe

Rassemblement de scouts
jamboree

Rassemblement pour l'indépendance nationale
RIN

Rassembler
accaparer, accoupler, accumuler, adjoindre, amasser, ameuter, assembler, attrouper, bloquer, centraliser, coaliser, collecter, collectionner, colliger, compiler, concentrer, cumuler, englober, fédérer, fusionner, grouper, joindre, masser, mêler, mobiliser, parquer, rallier, ramasser, rameuter, recueillir, regrouper, relier, réunir, totaliser, unifier, unir

Rassérénant
lénifiant

Rasséréné
apaisé, calmé, consolé, contenté, rassuré, réconforté, remonté, sécurisé, soulagé, tranquillisé

Rassir
durcir

Rassis
calme, dur, pondéré, posé, raisonnable, réfléchi, sage, sec, sensé, sérieux

Rassurant
apaisant, calmant, encourageant, lénifiant, optimiste, réconfortant, sécurisant, tranquillisant

Rassuré
apaisé, calmé, consolé, rasséréné, réconforté, remonté, sécurisé, soulagé, tranquillisé

Rassurer
apaiser, calmer, consoler, rasséréner, réconforter, remonter, sécuriser, soulager, tranquilliser

Rasta
rastafari

Rastafari
rasta

Rat
avare, campagnol, harpagon, ladre, lérot, mulot, pingre, rongeur

Rat des champs
mulot

Rat palmiste
xérus

Rat-taupe
spalax

Rata
pitance

Ratage
bavure, faillite, fiasco, loupage, raté

Ratatiné
cassé, chétif, démoli, desséché, rabougri, rétréci, tassé

Ratatiner
anéantir, casser, démolir, dessécher, écraser, rabougrir, racornir, rapetisser, replier, rétrécir, rider, tasser

Ratatouille
ragoût

Raté
échec, nul, ratage, revers, saccade, soubresaut

Râteau
fauchet

Râteau droit ou oblique
fauchet

Râtelage
ramassage

Râteler
ratisser

Râteleur
ramasseur, ratisseur

Râtelier
dentier, denture, mangeoire

Rater
avorter, capoter, chuter, échouer, faillir, foirer, gâcher, louper, manquer, perdre

Ratiboiser
tondre

Ratière
appât, souricière, trappe

Ratification
adoption, approbation, confirmation, consécration, sanction

Ratifié
adopté, scellé

Ratifier
accepter, accorder, adopter, agréer, approuver, authentifier, autoriser, confirmer, consacrer, entériner, homologuer, officialiser, reconnaître, sanctionner, sceller, signer, valider

Ratio
coefficient, fraction, pourcentage, proportion, quotient, rapport, taux

Ratiociné
ergoté

Ration
dose, lot, mesure, part, portion, quantité, quartier, rationnement

Ration d'avoine donnée à un cheval
picotin

Rational
pectoral

Rationaliser
normaliser, ordonner, réglementer

Rationalité
cohérence

Rationnel
cartésien, cohérent, équilibré, judicieux, juste, logique, mathématique, méthodique, ordonné, organisé, raisonnable, raisonné, réfléchi, scientifique, sensé

Rationnellement
sainement

Rationnement
ration

Rationner
contingenter, limiter, réduire, répartir, restreindre

Ratissage
quadrillage

Ratisser
fouiller, inspecter, nettoyer, râteler

Ratisseur
râteleur

Ratite
casoar

Ratoureur
malin

Ratoureux
malin

Rattaché
afférent, affilié

Rattachement
annexion, appartenance, raccord, réunion

Rattacher
adapter, adjoindre, affilier, annexer, attacher, incorporer, raccorder, raccrocher, rapporter, relier, renouer, réunir

Rattacher à l'aide d'une corde
recorder

Rattacher à une société mère
affilier

Rattraper
atteindre, atténuer, compenser, dépister, grignoter, racheter, ravoir, recouvrer,

Rature
biffure, correction, rayure, retouche, suppression, surcharge, trait

Raturé
enlevé, surchargé

Raturer
barrer, biffer, corriger, effacer, oublier, rayer, retoucher, surcharger

Rauque
âpre, cassé, enroué, éraillé, guttural, rocailleux, rude, voilé

Rauquement
feulement

Rauquer
feuler, rugir

Ravage
affront, bouleversement, carnage, casse, dégât, dégradation, désastre, désolation, destruction, détérioration, dévastation, dommage, méfait, pillage, ruine, saccage

Ravagé
anéanti, détruit, ruiné

Ravager
anéantir, bouleverser, briser, délabrer, démolir, désoler, détruire, dévaster, dévorer, endommager, flétrir, infester, marquer, miner, piller, rider, ruiner, saccager

Ravageur
déprédateur, destructeur, dévastateur, dévorant, gâcheur, pillard, saccageur, vandale

Ravalé
retenu

Ravalement
avilissement, grattage, nettoyage, peinture, rabaissement

Ravaler
abaisser, avilir, contenir, dénigrer, déprécier, diminuer, dominer, étouffer, gratter, humilier, maîtriser, nettoyer, rabaisser, ragréer, refaire, refouler, réfréner, rengainer, rentrer, réprimer, retenir, retirer, surmonter, tailler, taire

Ravaleur
réparateur, restaurateur

Ravaudage
raccommodage, rapiéçage, reprise, stoppage

Ravauder
coudre, raccommoder, repriser, stopper

Ravaudeur
raccommodeur

Rave
turnep

Ravi
accaparé, agréable, allègre, bienheureux, charmé, comblé, content, éclatant, emballé, émerveillé, enchanté, enlevé, épanoui, excité, heureux, jovial, joyeux, ôté, radieux, rayonnant, réjoui, satisfait, séduit

Ravigotant
réconfortant, vivifiant

Ravigoté
régénéré

Ravigoter
ranimer, réanimer, réconforter, régénérer, remonter, vivifier

Ravin
cavité, lit, précipice, trou, vallée, vide

Ravinement
corrosion

Raviner
affouiller, creuser, éroder, rider, taillader

Ravir
accaparer, approprier, arracher, charmer, combler, confisquer, dérober, emballer, émerveiller, emporter, enchanter, enlever, enthousiasmer, exciter, kidnapper, ôter, plaire, prendre, rafler, réjouir, séduire, souffler, subjuguer, subtiliser, transporter, usurper, voler

Raviser (Se)
dédire

Ravissant
admirable, adorable, angélique, beau, bel, charmant, enchanteur, engageant, gracieux, joli, magnifique, merveilleux, plaisant, séduisant, superbe

Ravissement
acclamation, admiration, adoration, amusement, béatitude, bonheur, contentement, délectation, émerveillement, enchantement, enlèvement, enthousiasme, exaltation, extase, joie, kidnapping, rapt, régal, transport

Ravisseur
kidnappeur

Ravitaillement
fourniture

Ravitailler
alimenter, fournir, munir, nourrir

Ravivé
enlevé, exalté, excité, rafraîchi

Ravivement
réanimation

Raviver
exalter, exciter, oublier, raffermir, rafraîchir, ragaillardir, rajeunir, rallumer, ranimer, réactiver, réanimer, réconforter, rehausser,

remonter, renouveler, ressusciter, réveiller, revivifier, tonifier

Ravoir
rattraper, recouvrer, récupérer, regagner, retrouver

Ray-grass
ivraie

Rayé
annulé, enlevé, ligné, ôté, strié, tigré, vergeté, zébré

Rayer
annuler, barrer, biffer, couper, effacer, éliminer, entailler, entamer, érafler, érailler, exclure, griffer, hachurer, ligner, ôter, oublier, radier, raturer, rejeter, sabrer, sillonner, strier, supprimer, taillader, tigrer, zébrer

Rayer avec un outil dentelé
bretter

Rayon
apparence, branche, cercle, compétence, comptoir, district, domaine, étagère, faisceau, jet, périmètre, planche, radiation, rai, rayonnage, secteur, sillon, stand, strie, tablette, terrain, trait, UV

Rayon des fruits d'un supermarché
fruiterie

Rayonnage
étagère, linéaire, rayon, tablette

Rayonnant
agréable, brillant, éblouissant, éclatant, épanoui, étincelant, flamboyant, florissant, gai, heureux, irradiant, jovial, joyeux, lumineux, magnifique, radiant, radieux, ravi, réjoui, resplendissant, rutilant, splendide

Rayonnant de bonheur
radieux

Rayonné
éclairé, étalé

Rayonnement
éclat, fluide, gloire, grandeur, lumière, présence, prestige, radiation, splendeur

Rayonner
briller, développer, diffuser, éclairer, éclater, émaner, étendre, étinceler, irradier, luire, manifester, pétiller, propager, répandre, resplendir, rutiler

Rayure
bande, côte, coupure, entaille, éraflure, fente, griffure, hachure, ligne, raie, rainure, rature, strie, taillade, trait, zébrure

Rayure du pelage d'un animal
zébrure

Raz-de-marée
tsunami

Raz-de-marée provoqué par un séisme
tsunami

Razzia
attaque, descente, incursion, irruption, pillage, rafle, raid, sac, saccage

Razzié
enlevé

Razzier
accaparer, approprier, emporter, enlever, piller, prendre, rafler, saccager

Rb
rubidium

Rd
rad, rutherford

Re
infinitif, rhénium

Ré
note

Réaccoutumer
réadapter

Réacteur
moteur, pile, propulseur

Réaction
conduite, conséquence, contrecoup, effet, opposition, protestation, réflexe, remous, repartie, réplique, réponse, résistance, retour, rétroaction, riposte, sursaut

Réaction affective intense
émotion

Réaction d'un organisme à un agent pathogène
allergie

Réactionnaire
arriéré, rétrograde

Réactionnaire extrémiste
ultra

Réactivé
régénéré

Réactivité
vivacité

Réadapter
réaccoutumer, réapprendre, rééduquer, refamiliariser, réhabituer, réinsérer

Réagir
bouger, combattre, comporter, conduire, défendre, élever, interagir, lutter, opposer, protester, répondre, reprendre, résister, ressaisir, révolter, riposter, sursauter

Réajuster
adapter, arranger, rajuster, recentrer, rectifier, refaire, régler, remettre, réparer, reprendre, rétablir

Réal
royal

Réale
galère

Réalisable
accessible, admissible, faisable, possible

Réalisateur de *Bambi*
Hand

Réalisateur de *Douze hommes en colère*
Lumet

Réalisateur de films en vidéo
vidéaste

Réalisateur de *JFK*
Stone

Réalisateur de *La route semée d'étoiles*
McCarey

Réalisateur de *M*A*S*H*
Altman

Réalisateur de *My Fair Lady*
Cukor

Réalisateur de *Platoon*
Stone

Réalisateur de *Titanic*
Cameron

Réalisateur du film *Annie Hall*
Allen

Réalisateur du film *Erreur sur la personne*
Coen

Réalisateur du film *Le docteur Jivago*
Lean

Réalisateur du film *Le lauréat*
Nichols

Réalisateur du film *Le silence des agneaux*
Demme

Réalisateur du film *Les dents de la mer*
Spielberg, Steven

Réalisateur du film *Red*
Carle

Réalisateur du film *Retour vers le futur*
Zemeckis

Réalisateur et acteur vedette de *La ruée vers l'or*
Chaplin

Réalisation
aboutissement, accomplissement, achèvement, action, application, concrétisation, confection, création, direction, élaboration, exécution, fabrication, liquidation, œuvre, opération, pratique, production, réussite, tournage, vente

Réalisé
accompli, éprouvé, vendu

Réaliser
accomplir, achever, actualiser, apercevoir, arriver, atteindre, commettre, comprendre, concrétiser, créer, diriger, effectuer, élaborer, éprouver, exaucer, exécuter, fabriquer, faire, filmer, liquider, matérialiser, opérer, procéder, remplir, saisir, tourner, vendre, voir

Réaliser l'assolement
assoler

Réaliser quelque chose
fabriquer

Réaliser un duplexage
duplexer

Réaliser un édifice, un ouvrage d'art selon un plan déterminé
construire

Réalisme
brutalité, crudité, naturalisme, pragmatisme, réalité, vérisme

Réaliste
brutal, concret, cru, matériel, naturaliste, positif, pragmatique, pratique, utilitaire, vériste

Réalité
authenticité, évidence, exactitude, existence, fait, historicité, matérialité, nature, phénomène, réalisme, réel, sincérité, substance, véracité, vérité

Réaménager
réorganiser, restructurer

Réanimation
ravivement

Réanimer
aiguillonner, aiguiser, animer, attiser, augmenter, aviver, encourager, éperonner, exalter, exciter, raffermir, rafraîchir, ragaillardir, rajeunir, rallumer, ramener, ravigoter, raviver, réactiver, réchauffer, réconforter, rehausser, relancer, relever, remonter, ressusciter, rétablir, réveiller, reverdir, revigorer, revivifier, stimuler, vivifier

Réapparaître
récidiver, renaître, reparaître, ressurgir, resurgir, revenir, revivre

Réapparaître, en parlant d'une maladie
récidiver

Réapparition
récidive, renaissance, retour

Réapparition d'une maladie après sa guérison
récidive

Réapprendre
réadapter

Réappris
rappris

Réarmer
remilitariser

Réastiquer
repolir

Rebab arabe
rebec

Rebâcher
ressortir

Rebaigner
retremper

Rebaisser
redescendre, rediminuer, retomber

Rébarbatif
acariâtre, aride, ennuyeux, maussade, mauvais, rebutant, revêche, sec

Rebâtir
reconstruire, réédifier, relever

Rebattu
banal, commun, connu, éculé, réchauffé, ressassé, usé

Rebaudir
caresser

Rebelle
agitateur, contestataire, désobéissant, dissident, écœuré, émeutier, factieux, frondeur, indiscipliné, indocile, insoumis, insubordonné, insurgé, mutin, opiniâtre, opposé, récalcitrant, regimbeur, résistant, rétif, révolté, révolutionnaire, séditieux, subversif, tenace, transfuge, trublion

Rébellion
désobéissance, dissidence, émeute, fronde, insoumission, insubordination, insurrection, mutinerie, opposition, refus, résistance, révolte, sédition, soulèvement

Rebiffer (Se)
récrier, regimber, révolter

Rebloquer
regeler

Reboisé
boisé

Reboiser
boiser, peupler, planter, repeupler, repiquer, replanter, semer

Rebond
bond, rebondissement, ricochet

Rebondi
bedonnant, bombé, charnu, dodu, florissant, généreux, gras, grassouillet, gros, joufflu, mafflu, opulent, pansu, plantureux, plein, potelé, poupin, rebondi, renflé, replet, rond, rondelet, rondouillard, ventripotent, ventru

Rebondi, rond
poupin

Rebondir
bondir, rejaillir, renaître, repartir, reprendre, revenir, ricocher, sauter

Rebondissement
péripétie, rebond, ricochet

Rebord
bord, bordure, limite, margelle, ourlet

Rebord plié
repli

Reborder
réencadrer, réenvelopper

Rebouter
réduire

Rebouteux
guérisseur, sorcier

Rebras
parement, pièce

Rebuffade
affront, camouflet, refus, vexation

Rébus
charade, devinette, énigme

Rebut
débris, déchet, détritus, écume, lie, ordure, racaille, résidu, reste

Rebutant
aride, décourageant, dégoûtant, démoralisant, déplaisant, désagréable, dissuasif, écœurant, fastidieux, fatigant, glaçant, lassant, nauséabond, rébarbatif, repoussant, répugnant, répulsif, revêche, sec

Rebuté
découragé, écœuré

Rebuter
débecter, décourager, dégoûter, démoraliser, déplaire, écœurer, fatiguer, lasser, rabrouer, repousser, répugner

Recadrer
recentrer

Récalcitrant
désobéissant, factieux, frondeur, indiscipliné, indocile, insoumis, insubordonné, insurgé, mutin, rebelle, regimbeur, rétif, séditieux

Recalé
refusé

Recaler
ajourner, coller, éliminer, refuser

Récapitulatif
abrégé

Récapitulation
inventaire, résumé

Récapituler
condenser, redire, reprendre, résumer, synthétiser

Recaser
replacer

Recauser
reparler

Recéder
rétrocéder, revendre

Recel
carambouillage, délit

Recelé
abrité

Receler
abriter, cacher, contenir, couvrir, détenir, dissimuler, garder, posséder, renfermer

Receleur
détenteur

Récemment
dernièrement, fraîchement, frais, hier, naguère, nouvellement

Récemment diplômé
émoulu

Recensement
appel, compte, dénombrement, énumération, état, évaluation, inventaire, liste, recension

Recenser
compter, dénombrer, énumérer, évaluer, lister

Recension
comparaison, compte, énumération, évaluation, inventaire, recensement

Récent
dernier, frais, jeune, jeunet, moderne, neuf, nouveau, proche

Recentrer
réajuster, recadrer

Recéper
tailler

Récépissé
acquit, bulletin, décharge, facture, quittance, reçu

Réceptacle
récipient, réservoir

Réceptacle en forme de pyramide renversée
trémie

Récepteur
appareil, auditeur, destinataire, poste, radio, receveur, synthoniseur, télé, téléviseur

Réceptif
intelligent, ouvert, sensitif, vif

Réception
accueil, admission, cérémonie, cocktail, entrée, fête, gala, hospitalité, intronisation, investiture, raout, recette, réunion, soirée, visite

Réception du sacrement de l'eucharistie
communion

Réceptionner
fêter

Réceptivité particulière à certaines radiations émises par certains corps
radiesthésie

Récession
baisse, crise, dépression, diminution, éloignement, fléchissement, fuite, marasme, ralentissement, recul, régression, tassement

Recette
admission, bénéfice, boni, combine, crédit, formule, gain, manière, méthode, moyen, perception, procédé, produit, réception, recouvrement, rentrée, revenu, secret, système, tactique, technique, truc

Recevable
acceptable, admissible, plausible, satisfaisant, valable

Recevant
hospitalier

Receveur
récepteur

Recevoir
abriter, accepter, accueillir, acquérir, admettre, attraper, avoir, capter, contenir, convier, écoper, empocher, encaisser, éprouver, essuyer, héberger, hériter, inviter, loger, obtenir, palper, percevoir, prendre, ramasser, recueillir, retirer, subir, tenir, tirer, toucher, traiter

Recevoir chez soi
héberger

Recevoir le paiement des sommes dues
recouvrer

Recevoir le sacrement de l'eucharistie
communier

Recevoir par voie de succession
hériter

Réchappé
intact, rescapé, sauf, survivant

Réchapper
guérir, survivre

Recharge
cartouche, munition, rechargement

Rechargement
recharge

Recharger
regarnir, remettre

Réchaud
barbecue, brasero, cassolette, chaufferette, fourneau

Réchauffé
connu, exalté, rebattu, usé

Réchauffement
amélioration, chauffage, redoux

Réchauffer
dégeler, exalter, radoucir, raffermir, rallumer, ranimer, réanimer, remonter, tempérer, tiédir

Réchauffer légèrement
tiédir

Rêche
abrasif, acerbe, âcre, amer, âpre, bourru, difficile, dur, grumeleux, raboteux, râpeux, revêche, rude, rugueux, sec

Recherche
affectation, afféterie, ambition, apprêt, art, chasse, découverte, délicatesse, enquête, étude, examen, expérience, expérimentation, exploration, filature, fouille, furetage, gongorisme, investigation, maniérisme, pose, poursuite, préciosité, prospection, quête,

raffinement, soin, sophistication, tentative, travail

Recherché
admiré, affecté, affété, apprêté, choisi, compassé, couru, délicat, demandé, entouré, étudié, fleuri, maniéré, mignard, potassé, précieux, prisé, raffiné, rare, savant, soigné, sophistiqué, soutenu, travaillé

Recherche excessive de la pureté du langage
purisme

Recherche incessante
poursuite

Recherché, distingué
choisi

Rechercher
ambitionner, analyser, approfondir, briguer, chasser, chercher, convoiter, désirer, étudier, examiner, expérimenter, explorer, fouiller, investiguer, observer, postuler, potasser, pourchasser, poursuivre, prospecter, quêter, regarder, viser

Rechercher avec ardeur
briguer

Rechigné
hargneux, renfrogné

Rechigner
bouder, grogner, maugréer, râler, renâcler, renauder, ronchonner, rouspéter, sourciller, tiquer

Rechute
récidive, répétition

Rechuter
récidiver, retomber

Récidive
réapparition, rechute, recommencement, répétition, reprise

Récidiver
réapparaître, rechuter, recommencer, reparaître, replonger, reprendre, retomber

Récidiviste
relaps

Récif
barrière, brisant, écueil, roc, roche, rocher

Récif de corail
atoll

Récipient
amphore, barquette, bocal, boîte, bol, bourbe, bouteille, broc, casseau, contenant, conteneur, cruche, gamelle, gourde, marmite, pinte, pot, réceptacle, réservoir, saladier, seau, tasse, théière, ustensile, vase

Récipient à anse
tasse

Récipient à anses
panier

Récipient à bec
saucière

Récipient à boire
gobelet

Récipient à col étroit
cornue

Récipient à deux poignées et à couvercle
faitout

Récipient à large ouverture
bocal

Récipient à long col
matras

Récipient conique
batée

Récipient cylindrique
chope, seau

Récipient cylindrique en verre
bécher

Récipient dans lequel on sert les sauces
saucière

Récipient de bois pour le vin
futaille

Récipient de fonte
braisière

Récipient de terre
terrine

Récipient de terre cuite
tian

Récipient de verre
carafe

Récipient destiné à ranger, à transporter des œufs
œufrier

Récipient destiné à servir une certaine quantité d'aliments au bétail
picotin

Récipient destiné aux liquides
bouteille

Récipient destiné aux ordures ménagères
poubelle

Récipient en bois
tonneau

Récipient en grès
tourie

Récipient en matière dure et résistante
mortier

Récipient en terre réfractaire
têt

Récipient formé par une calebasse vidée et séchée
calebasse

Récipient hémisphérique
bol

Récipient isolant
Thermos

Récipient large et peu profond
cuvette

Récipient métallique
gamelle

Récipient métallique pour chauffer en plein air
brasero

Récipient muni d'une anse
chope

Récipient où l'on dépose le beurre
beurrier

Récipient où l'on fait pousser des fleurs
jardinière

Récipient où l'on met le sucre
sucrier

Récipient où l'on sert la salade
saladier

Récipient peu profond
batée

Récipient portatif pour les liquides
bidon

Récipient portatif servant à l'arrosage des plantes
arrosoir

Récipient pour égoutter le fromage
faisselle

Récipient pour faire bouillir de l'eau
bouilloire

Récipient pour l'infusion du thé
théière

Récipient pour la boisson
pichet

Récipient pour les économies
tirelire

Récipient pour servir la soupe
soupière

Récipient profond
broc

Récipient renfermant du sel de table
salière

Récipient rond
jatte

Récipient servant à faire infuser la tisane
tisanière

Récipient servant à fondre des métaux
creuset

Récipient souvent de forme rectangulaire
bac

Réciprocité
échange

Réciproque
bilatéral, inverse, mutuel

Récit
anecdote, annales, bouquin, chronique, conte, description, exposé, exposition, fable, histoire, historiette, historique, légende, mémoires, mythe, narration, nouvelle, odyssée, rapport, relation, roman, saga, tableau, version

Récit allégorique des livres saints
parabole

Récit d'un fait curieux
anecdote

Récit détaillé
narration

Récit fabuleux
mythe

Récit qui explique la naissance des dieux
théogonie

Récit succinct d'un fait piquant
anecdote

Récital
concert, spectacle

Récitatif
chant, mélopée

Réciter
débiter, déclamer, dire, énoncer, lire, prononcer, raconter

Réclamation
demande, plainte, protestation

Réclamations
doléances

Réclame
affiche, annonce, battage, promotion, publicité

Réclame tapageuse
boom

Réclamer
appeler, commander, demander, exiger, implorer, imposer, mériter, nécessiter, ordonner, plaindre, pleurer, prendre, prescrire, prétendre, prier, protester, quémander, quêter, râler, récrier, récriminer, requérir, revendiquer, ronchonner, rouspéter, solliciter, supposer, taper, vouloir

Reclure
isoler

Reclus
claquemuré, claustré, cloîtré, enfermé, isolé, muré, refermé, renfermé, retiré, solitaire

Réclusion
captivité, claustration, détention, emprisonnement, enfermement, exil, incarcération, internement, isolement, prison, séquestration

Réclusionnaire
détenu

Recoiffer
recouvrir

Recoin
alcôve, angle, coin, compartiment, diverticule, renfoncement, repli, tréfonds

Récoler
vérifier

Recoller
accoler, coller

Récollet
congréganiste, franciscain

Recoloniser
repeupler

Récolte
arrachage, butin, collecte, cueillette, fenaison, gain, levée, moisson, pêche, production, profit, ramassage, vendange

Récolte des foins
fenaison

Récolte du raisin destiné à la fabrication du vin
vendange

Récolter
arracher, butiner, collecter, cueillir, gagner, glaner, grappiller, moissonner, obtenir, percevoir, puiser, rafler, ramasser, recueillir, remporter, retirer, réunir, tirer, vendanger

Récolter la résine
résiner

Récolter les raisins
vendanger

Recommandation
adage, appui, avis, conseil, faveur, indication, patronage, piston, protection, soutien, suggestion

Recommandé
conseillé, opportun, prescrit

Recommander
appuyer, conseiller, épauler, exhorter, parrainer, patronner, pistonner, prêcher, préconiser, prescrire, prôner, protéger, soutenir, suggérer, vanter

Recommander vivement
prôner

Recommencement
récidive, réédition, renouveau, rentrée, répétition, reprise, retour

Recommencer
récidiver, redoubler, refaire, réitérer, reparaître, répéter, replonger, reprendre, retomber, revenir

Recommencer à boire
rechuter

Recommencer à dormir
rendormir

Recommencer, reprendre
rentamer

Récompense
accessit, bénéfice, bonus, cadeau, compensation, décoration, dédommagement, diplôme, don, fruit, gratification, incitation, insigne, médaille, mention, paiement, pourboire, prime, prix, punition, rémunération, rétribution, salaire, sanction, satisfecit, tribut, trophée

Récompense cinématographique
Oscar

Récompenser
compenser, couronner, décorer, dédommager, diplômer, gratifier, honorer, payer, primer, remercier, rémunérer, rétribuer

Recomposer
récrire, réécrire, restructurer, réunir

Réconciliation
accalmie, paix

Réconcilié
amélioré, renoué

Réconcilier
accorder, améliorer, concilier, rabibocher, raccommoder, rapprocher, renouer, réunir

Reconduire
accompagner, confirmer, continuer, éconduire, escorter, expulser, maintenir, poursuivre, prolonger, proroger, raccompagner, ramener, remmener, renouveler

Reconduire à son lieu de départ
remmener

Reconduit
continué

Réconfort
aide, appui, confort, consolation, encouragement, secours, soulagement, soutien

Réconfortant
aidant, apaisant, consolant, cordial, encourageant, excitant, rassurant, ravigotant, remontant, revigorant, stimulant, tonique

Réconforté
rasséréné, rassuré

Réconforter
aider, consoler, encourager, fortifier, raffermir, ragaillardir, ranimer, rasséréner, rassurer, ravigoter, raviver, réanimer, regonfler, remonter, requinquer, revigorer, soutenir, stimuler

Recongeler
regeler

Reconnaissance
acception, aveu, confession, constat, découverte, examen, gratitude, localisation, remerciement

Reconnaissance d'un engagement
cédule

Reconnaissance d'un objet par l'un des cinq sens
gnosie

Reconnaissance écrite de bonne réception
récépissé

Reconnaissant
obligé

Reconnaître
accepter, accorder, admettre, arraisonner, attribuer, avouer, concéder, confesser, constater, convenir, déclarer, deviner, différencier, discerner, discriminer, distinguer, entendre, éprouver, établir, examiner, explorer, identifier, inspecter, légitimer, observer, prêter, prospecter, rappeler, ratifier, remettre, retrouver, sonder, souvenir, visiter

Reconnaître ce qu'il y a de différent et y avoir égard
distinguer

Reconnaître la valeur de quelqu'un
estimer

Reconnaître solennellement par un acte officiel
proclamer

Reconnu
admis, avéré, célèbre, connu, éprouvé, établi, fameux, flagrant, incontestable, indéniable, indiscutable, indiscuté, notoire, officiel, prouvé, renommé, réputé, sondé

Reconnu vrai
avéré

Reconquérir
recouvrer, regagner, retrouver

Reconquête
reprise

Reconsidération
révision

Reconsidéré
révisé

Reconsidérer
indexer, réétudier, réexaminer, repenser, réviser, revoir

Reconstituant
cordial, excitant, remontant, tonifiant, vivifiant

Reconstitué
régénéré, rétabli

Reconstituer
ragaillardir, réformer, régénérer, restaurer, restituer, rétablir, revigorer, vivifier

Reconstituer ses forces armées
réarmer

Reconstitution
régénération, synthèse

Reconstitution artificielle des bruits naturels
bruitage

Reconstruire
rebâtir, recréer, réédifier, refaire, relever, restaurer, rétablir

Reconstruit
rétabli

Reconversion
conversion, recyclage, transformation

Reconvier
réinviter

Recopier
transcrire

Record
challenge, exploit, maximum, performance, prouesse, succès

Recoudre
réparer, suturer

Recoupe
éclat, rognure

Recouper
mélanger, rejoindre, retailler, retoucher

Recouper (Se)
coïncider

Recourbé
aquilin, busqué, coudé, crochu, plié

Recourbé du dehors en dedans
infléchi

Recourber
fléchir, plier, ployer

Recourir
appeler, employer, utiliser

Recours
appel, effet, emploi, pourvoi, refuge, remède, requête, ressource, secours, soutien, usage, utilisation

Recouvert
abrité, caché, constellé, enlevé, habillé, masqué, vêtu

Recouvert d'un blindage
blindé

Recouvert d'une mince couche d'or
doré

Recouvert de cendre
cendré

Recouvert de gélatine
gélatiné

Recouvert de mousse
moussu

Recouvert de neige
enneigé

Recouvrement
collecte, encaissement, levée, peinture, perception, recette, récupération, rentrée, rétablissement

Recouvrer
encaisser, percevoir, rattraper, ravoir, reconquérir, récupérer, regagner, reprendre, ressaisir, retrouver, toucher

Recouvrir
abriter, cacher, camoufler, charger, coiffer, coïncider, comprendre, correspondre, couvrir, déguiser, dissimuler, embrasser, empiéter, enduire, enrober, ensevelir, envahir, envelopper, escamoter, habiller, inclure, inonder, joncher, masquer, napper, oublier, parsemer, paver, recoiffer, revêtir, saupoudrer, tapisser, tartiner, tendre, voiler

Recouvrir d'aluminium
aluminer

Recouvrir d'un cachet
oblitérer

Recouvrir d'un enduit terreux pour décorer
engober

Recouvrir d'une couche
enrober

Recouvrir d'une couche d'étain
étamer

Recouvrir d'une couche de chrome
chromer

Recouvrir d'une couche de sauce
napper

Recouvrir d'une mince couche d'aluminium
aluminer

Recouvrir d'une sauce
napper

Recouvrir de beurre
beurrer

Recouvrir de chrome
chromer

Recouvrir de cuivre
cuivrer

Recouvrir de gazon
gazonner

Recouvrir de gravier
engraver

Recouvrir de peinture
peindre

Recouvrir de soufre
sulfurer

Recouvrir de tain
étamer

Recouvrir de tenture
tapisser

Recouvrir de vernis
vernir

Recouvrir de zinc
zinguer

Recouvrir quelque chose d'une housse
housser

Recouvrir une surface
enduire

Recracher
revomir

Récréatif
amusant, délassant, distrayant, divertissant, hilarant, ludique, marrant

Récréation
amusement, délassement, détente, distraction, divertissement, interclasse, jeu, loisir, pause, plaisir, relâche, repos

Recréer
reconstruire, réinventer, restituer

Récréer
amuser, délasser, détendre, distraire, divertir

Recréer l'unité d'un groupe
réunifier

Récrier (Se)
écrier, exclamer, indigner, objecter, plaindre, protester, rebeller, rebiffer, réclamer, récriminer, regimber, révolter, ronchonner, rouspéter

Récrimination
gémissement, grief, grogne, plainte, protestation, reproche

Récriminations
doléances

Récriminer
critiquer, geindre, gémir, grogner, maugréer, objecter, pester, plaindre, protester, râler, réclamer, récrier, répondre, ronchonner, rouspéter

Récrire
recomposer, refaire, réinscrire, renoter

Recroquevillé
accroupi, rabougri, ramassé, tapi, tassé, tordu

Recru
assommé, brisé, crevé, épuisé, éreinté, fatigué, fourbu, harassé, las, moulu, pousse, rompu, vanné, vidé

Recrudescence
accroissement, hausse, regain, retour

Recrue
adepte, adhérent, appelé, conscrit, fantassin, membre, partisan, soldat

Recruté
associé

Recrutement
appel, levée, racolage

Recruter
agréger, appeler, associer, embaucher, embrigader, employer, engager, enrégimenter, enrôler, incorporer, lever, mobiliser, racoler, rameuter, rappeler, signer

Recruteur
embaucheur, enrôleur, racoleur

Recruteur peu scrupuleux
racoleur

Recta
ponctuellement

Rectangle
quadrilatère

Recteur
abbé, directeur, supérieur

Rectificatif
correctif

Rectification
alésage, amendement, correctif, correction, retouche, révision

Rectification d'un vêtement neuf pour le mettre aux mesures du client
retouche

Rectifié
aménagé, corrigé, épuré, pur, révisé

Rectifier
aléser, aménager, amender, arranger, corriger, distiller, épurer, modifier, purifier, rajuster, ramender, réajuster, redresser, réformer, remanier, rétablir, retoucher, réviser

Rectifieuse
aléseuse

Rectiligne
direct, droit

Rectitude
droiture, exactitude, fermeté, honnêteté, justesse, probité, rigueur

Recto
dessus, endroit

Rectorat
académie

Reçu
abrité, acquit, bulletin, décharge, établi, hébergé, logé, quittance, récépissé

Recueil
album, almanach, annales, annuaire, anthologie, assemblage, barème, bestiaire, bouquin, bulletin, catalogue, chansonnier, choix, chronique, code, collection, compilation, corpus, correspondance, fablier, florilège, formulaire, manuscrit, plaquette, publication, registre, répertoire, réunion, volume, ysopet

Recueil d'archéologie
thésaurus

Recueil d'armoiries
armorial

Recueil d'histoires bêtes ou ridicules
bêtisier

Recueil d'illustrations
album

Recueil d'œuvres variées
varia

Recueil de bêtises, de paroles
bêtisier

Recueil de bons mots
ana

Recueil de cartes géographiques
atlas

Recueil de chartes
chartrier

Recueil de documents variés
spicilège

Recueil de fables
fablier

Recueil de fables sur les animaux
bestiaire

Recueil de livres sacrés
Bible

Recueil de moralités sur les bêtes
bestiaire

Recueil de pensées
ana

Recueil de psaumes
psautier

Recueil de règles
protocole

Recueil de renseignements
annuaire

Recueil de sottises
sottisier

Recueil de textes concernant un sujet
corpus

Recueil de textes sacrés
Bible

Recueil des lois
code

Roouoilli
méditatif, perçu, religieux

Recueillir
accaparer, accueillir, acquérir, amasser, assembler, butiner, capter, collecter, cueillir, enregistrer, gagner, glaner, grappiller, hériter, lever, moissonner, obtenir, percevoir, prendre, ramasser, rassembler, recevoir, récolter, remporter, retirer, réunir, tirer

Recueillir (Se)
méditer, prier, réfléchir

Recueillir une énergie
capter

Recul
affaiblissement, déclin, décrochage, distance, distanciation, éloignement, ralentissement, récession, reculade, reflux, régression, repli, retrait, retraite, rétrogradation, rétrogression, tassement, temps

Reculade
abandon, dérobade, recul

Reculé
ancien, antique, distant, écarté, éloigné, haut, isolé, lointain, paumé, perdu, plié, profond, retiré

Reculer
abandonner, ajourner, baisser, caler, caner, culer, décaler, décrocher, déplacer, dérober, différer, diminuer, éloigner, flancher, fléchir, mollir, plier, ployer, refluer, régresser, remettre, renoncer, renvoyer, replier, reporter, repousser, retarder, retirer, rétrograder, surseoir, suspendre

Récupération
recouvrement, recyclage, reprise

Récupéré
rapatrié, rétabli

Récupérer
arranger, compenser, dormir, guérir, racheter, rattraper, ravoir, recouvrer, recycler, regagner, remettre, remplacer, réparer, reprendre, rétablir, retrouver, sauver

Récurage
nettoyage

Récurer
curer, cureter, décaper, décrasser, écurer, frotter, laver, lessiver, nettoyer

Récurer avec du sablon
sablonner

Récureur
cureur

Récurrence
répétition

Récurrent
itératif, récursif, redondant, répétitif

Récursif
récurrent

Récusation
abstention, déni, rejet

Récusé
nié, rejeté

Récuser
contester, débouter, dénier, écarter, nier, refuser, rejeter, repousser

Recyclage
reconversion, récupération, réutilisation

Recycler
récupérer, réutiliser

Rédacteur
auteur, chroniqueur, correspondant, journaliste, langagier, reporter

Rédacteur en chef
gazetier

Rédacteur payé à la pige
pigiste

Rédaction
composition, dissertation, écrit, écriture, établissement, libellé, narration, texte

Redan
ressaut, saillie

Reddition
abandon, abdication, capitulation

Redéfinir
réexpliquer, repréciser

Redemander
revouloir

Redémarrage
relance, remontée, reprise

Redémarrer
reprendre

Rédempteur
sauveur

Rédemption
pardon, rachat, salut

Redescendre
rebaisser, retomber

Redésirer
revouloir

Redessiner
retracer

Redevable
dû, imposable, obligé

Redevable de
passible

Redevance
cens, charge, contribution, dîme, droit, fermage, gabelle, impôt, patente, prestation, rente, taille, taxe

Redevance annuelle due par le tenancier au seigneur
cens

Redevance équivalant à une année de revenu
annate

Redevance qui se payait par foyer
fouage

Redévelopper
repeupler

Redevenir jeune
rajeunir

Rédhibition
résolution

Rediffusion
reprise

Rédigé
écrit, noté

Rédige des actes notariés
notaire

Rédiger
composer, dresser, écrire, établir, former, gribouiller, griffonner, libeller, noter

Rédiger de nouveau
récrire, réécrire

Rédimer
racheter

Rediminuer
rebaisser

Redingote
veste

Redire
rabâcher, raconter, radoter, rappeler, rapporter, récapituler, répéter, reprendre, ressasser, révéler, seriner

Rediscuter
reparler

Redistribution
transfert

Redite
rabâchage, radotage, redondance, répétition

Redondance
pléonasme, redite, répétition, surabondance

Redondant
ampoulé, babillard, bavard, délayé, diffus, enflé, pléonastique, récurrent, superflu, surabondant, verbeux

Redonner
ramener, rapporter, rembourser, remettre, rendre, restituer, rétrocéder

Redonner de la vigueur
revigorer

Redonner la couleur verte
reverdir

Redonner un aspect neuf
retaper

Redoublé
accru, géminé

Redoublement
accroissement, regain, repiquage

Redoubler
accentuer, accroître, aggraver, amplifier, augmenter, aviver, croître, décupler, doubler, exacerber, intensifier, multiplier, recommencer, refaire, réitérer, renforcer, renouveler, répéter, repiquer

Redoutable
colossal, considérable, dangereux, effrayant, formidable, grave, inquiétant, mauvais, menaçant, nuisible, puissant, rude, sérieux, terrible

Redouter
appréhender, craindre

Redoux
amélioration, radoucissement, réchauffement

Redressé
corrigé, relevé, rétabli

Redressement
rehaussement

Redresser
agrandir, amender, bomber, corriger, défausser, dégauchir, dresser, hausser, hérisser, lever, punir, rattraper, rectifier, réformer, rehausser, relever, remonter, réparer, réprimander, rétablir, venger

Redresser ce qui a été corné
décorner

Redresser et lisser le poil d'une étoffe
lainer

Redresser une pièce qui a été courbée
dégauchir

Redresseur
valve

Redresseur de torts
justicier

Réducteur
sommaire

Réduction
abaissement, abattement, abrégement, adaptation, amoindrissement, appauvrissement, atténuation, baisse, compression, contraction, copie, décompte, décote, déduction, dégrèvement, diminution, escompte, limitation, maquette, miniature, modèle, modération, rabais, raccourcissement, raréfaction, réfaction, remise, resserrement, restriction, résumé, rétrécissement, ristourne

Réduction d'un compte
décompte

Réduction en grains
grainage

Réduire
abaisser, abréger, acculer, adoucir, affadir, alléger, amincir, amoindrir, amortir, anéantir, astreindre, atténuer, baisser, borner, chuter, comprimer, concentrer, condenser, contracter, contraindre, dégraisser, diminuer, distiller, dompter, écorner, écourter, entamer, épaissir, forcer, laminer, limiter, minimiser, minorer, modérer, obliger, rabaisser, rabattre, raboter, raccourcir, radoucir, ralentir, ramasser, ramener, rapetisser, raréfier, rationner, rebouter, renfermer, resserrer, restreindre, résumer, rétrécir, soulager, soumettre, tasser, tomber, tronquer

Réduire à rien
anéantir, néantiser

Réduire à sa merci
subjuguer

Réduire de volume en compressant
compacter

Réduire en cendres
incinérer

Réduire en feuilles
laminer

Réduire en grains
grainer, grener, gruger

Réduire en granules
granuler

Réduire en menus morceaux
hacher

Réduire en petits grains
grener

Réduire en poudre
piler, triturer

Réduire en poudre grossière
râper

Réduire en poudre ou en pâte par choc ou par pression
broyer

Réduire en poussière
effriter

Réduire la taille en déformant
ratatiner

Réduire la taxe sur
détaxer

Réduire les dimensions
élégir

Réduire peu à peu en fragments
effriter

Réduire sa vitesse
décélérer

Réduire une peine
commuer

Réduit
abrégé, adouci, alcôve, allégé, amorti, anéanti, bouge, cabinet, cagibi, cambuse, chambrette, concentré, contracté, coulé, débarras, diminué, écorné, étroit, exigu, faible, galetas, gourbi, limité, maigre, mince, minime, modéré, moindre, niche, pauvre, petit, resserré, restreint, rétréci, soupente, taudis

Réduit aménagé sous un escalier
soupente

Réduit, placard
cagibi

Redynamisé
régénéré

Redynamiser
régénérer

Réécrire
recomposer, refaire, réinscrire, renoter

Réédifié
rétabli

Réédifier
rebâtir, reconstruire, rétablir

Rééditer
refaire, réitérer, reproduire

Réédition
recommencement, réimpression, répétition, réplique, republication

Rééduquer
réadapter

Réel
actuel, attesté, authentique, avéré, certain, concret, effectif, établi, évident, exact, existant, fabuleux, factuel, fait, historique, indubitable, juste, manifeste, notable, palpable, patent, physique, positif, réalité, sensible, sérieux, sincère, solide, substantiel, tangible, vécu, véridique, véritable, visible, vrai

Réel et de fait
effectif

Réélire
renommer

Réellement
bien, vraiment

Réémetteur
relais

Réempaqueter
remballer

Réemployer
rengager

Réencadrer
reborder

Réengager
rengager

Réensemencer
ressemer

Réenvelopper
reborder

Réer
bramer, raire, raller

Réessayer
retenter

Réétudier
reconsidérer

Réévaluation
révision

Réévaluer
indexer, revoir

Réexaminé
révisé, revu

Réexaminer
indexer, reconsidérer, repenser, réviser, revoir

Réexpédier
renvoyer

Réexpédition
renvoi, retour

Réexpliquer
redéfinir

Réfaction
abattement, réduction

Refaire
arranger, bisser, duper, flouer, modifier, rafraîchir, rajuster, ravaler, réajuster, recommencer, reconstruire, récrire, redoubler, réécrire, rééditer, refondre, réhabiliter, réitérer, renouveler, rénover, réparer, répéter, reprendre, restaurer, rétablir, retaper

Refaire un service
resservir

Refait
rafraîchi, rétabli

Refamiliariser
réadapter

Réfection
plastie, refonte, rénovation, réparation, restauration

Réfectoire
cantine, mess, popote

Référence
base, coordonnées, corrigé, critère, dénotation, échantillon, étalon, indication, modèle, note, renvoi, repère, source, standard

Référendum
adoption, consultation, vote

Référer
concerner, informer, rapporter, renvoyer, reporter, viser

Refermé
reclus, resserré

Refermer
fermer, guérir, rabattre, replier, resserrer

Refiler
passer, remettre

Réfléchi
adulte, avisé, circonspect, conscient, délibéré, étudié, grave, mûr, mûri, pensé, philosophe, pondéré, posé, prémédité, prudent, raisonnable, raisonné, rassis, rationnel, sage, sérieux, volontaire

Réfléchir
analyser, calculer, cogiter, concentrer, délibérer, hésiter, jongler, méditer, mûrir, penser, raisonner, recueillir, refléter, renvoyer, rêver, réverbérer, ruminer, songer, tergiverser

Réfléchir sur une question
spéculer

Reflet
brillant, chatoiement, écho, éclat, expression, image, imitation, irisation, lumière, miroir, miroitement, moirure, réflexion, représentation, scintillement, silhouette, traduction

Refléter
coller, exprimer, indiquer, manifester, mirer, montrer, réfléchir, renvoyer, répercuter, représenter, reproduire, réverbérer, traduire

Reflets irisés
nacre

Réflexe
automatisme, conditionnement, instinctif, involontaire, machinal, mécanique, pli, réaction

Réflexion
adage, cogitation, commentaire, délibération, esprit, gestation, idée, note, pensée, prudence, raisonnement, reflet, remarque, répercussion, rêverie

Réflexion critique
remarque

Refluement
reflux

Refluer
baisser, reculer, remonter, resurgir, ressurgir, retirer, retourner, revenir

Reflux
baissant, baisse, jusant, perdant, recul, refluement, régression, repli, retrait, retraite

Refondre
changer, corriger, fondre, modifier, refaire, réformer, remanier, reprendre, retoucher, transformer

Refonte
changement, correction, modification, réfection, remaniement, reprise, restructuration, transformation

Reformage
raffinage

Réformation
réforme

Réforme
amélioration, amende, amendement, changement, modification, réformation, révision, transformation

Réformé
corrigé, régénéré, révisé, revu

Réformer
améliorer, amender, annuler, changer, corriger, exempter, modifier, radier, reconstituer, rectifier, redresser, refondre, régénérer, remanier, rénover, réviser, revoir, transformer

Reformuler
paraphraser

Refoulé
contraint, enlevé, étouffé, rejeté, repoussé, retenu

Refouler

balayer, bannir, bloquer, bouter, censurer, chasser, comprimer, contenir, contraindre, dissimuler, dominer, éconduire, éjecter, enchaîner, endiguer, éteindre, étouffer, évacuer, exclure, expulser, inhiber, maintenir, maîtriser, neutraliser, proscrire, rabrouer, ravaler, réfréner, rejeter, rembarrer, rentrer, renvoyer, repousser, réprimer, retenir, taire

Réfractaire

apyre, dissident, indocile, insoumis, irréductible, rétif

Réfractaire au feu

apyre

Réfraction

déviation

Refrain

antienne, chanson, chant, couplet, disque, leitmotiv, litanie, musique, rabâchage, rengaine, répétition, reprise, ritournelle, scie

Réfréné

contraint, retenu

Réfréner

atténuer, brider, censurer, comprimer, contenir, contraindre, contrôler, diminuer, dominer, endiguer, enrayer, freiner, gouverner, inhiber, juguler, limiter, maîtriser, modérer, museler, ravaler, refouler, refroidir, rentrer, réprimer, retenir, stopper, tempérer

Réfrigérant

désagréable, froid, glacial

Réfrigérateur

congélateur

Réfrigéré

congelé, glaçant, rafraîchi

Réfrigérer

congeler, geler, givrer, glacer, rafraîchir, refroidir

Refroidi

congelé, rafraîchi, transi

Refroidir

affaiblir, attiédir, congeler, décourager, diminuer, doucher, émousser, fâcher, fraîchir, freiner, frigorifier, geler, givrer, glacer, modérer, rafraîchir, réfréner, réfrigérer, tempérer, tiédir

Refroidissement de la peau

algidité

Refuge

abri, antre, asile, cabane, cachette, caverne, gîte, havre, hospice, oasis, port, recours, repaire, repère, ressource, retraite, sanctuaire, sauvegarde, secours, soutien, tanière, toit

Refuge sûr et tranquille

havre

Réfugié

abrité, émigré, étranger, exilé, immigré

Réfugier (Se)

abriter, blottir, cacher, émigrer, enfuir, évader, exiler, expatrier, fuir, retirer, sauver, tapir, terrer

Refus

abstention, dénégation, inacceptation, négation, non, opposition, protestation, rébellion, rebuffade, rejet, résistance, veto

Refus de parler

mutisme

Refus de prendre part à quelque chose

boycottage

Refus formel

veto

Refusé

exclu, nié, recalé, rejeté, repoussé

Refuser

ajourner, bouder, coller, contester, décliner, dédaigner, défendre, dénier, écarter, éconduire, éliminer, exclure, interdire, nier, opposer, proscrire, recaler, récuser, rejeter, renvoyer, repousser, répudier, retoquer, sabrer

Refuser d'obéir

regimber

Refuser de reconnaître quelque chose

dénier

Refuser par soupçon de partialité

récuser

Refuser un candidat

recaler

Réfutable

faible

Réfutation

négation, objection

Réfuté

démenti, ergoté, nié, rejeté, renié

Réfuter

contredire, démentir, infirmer, nier, opposer, rejeter, renier, répondre, repousser

Reg

désert

Regagner

racheter, rallier, rattraper, ravoir, réapproprier, reconquérir, recouvrer, récupérer, réintégrer, rejoindre, reprendre, retourner, retrouver, revenir

Regain

accroissement, aggravation, augmentation, exacerbation, intensification, progression, recrudescence, redoublement, remontée, renforcement, renouveau, renouvellement, reprise, résurgence, retour, réveil, revif

Regain subit
sursaut

Régal
amusement, bonheur, délectation, délice,
festin, fête, joie, jouissance, plaisir,
ravissement, repas, volupté

Régaler
aplanir, délecter, égaliser, festoyer, niveler,
restaurer, traiter

Régaler (Se)
déguster, savourer

Régalien
royal

Regard
fente, lucarne, œil, œillade, ouverture,
prunelle, soupirail, vision, vue, yeux

Regard de connivence
œillade

Regardant
avare, avaricieux, chiche, économe, ladre,
mesquin, minutieux, parcimonieux, pingre,
pointilleux, radin, tatillon, vigilant

Regardé
noté

Regarder
adresser, aviser, concerner, considérer,
consulter, contempler, dévisager, envisager,
examiner, feuilleter, fixer, inspecter, intéresser,
lorgner, mirer, observer, parcourir, rechercher,
reluquer, scruter, suivre, survoler, toiser,
toucher, viser, visionner, voir

Regarder à la dérobée
guigner

Regarder avec attention
mirer

Regarder avec défi
toiser

Regarder avec insistance
dévisager

Regarder d'un œil
bornoyer

Regarder de côté
lorgner

Regardeur
voyeur

Regarnir
recharger, repeupler

Régate
cravate, yachting

Regeler
rebloquer, recongeler

Régénération
palingénésie, purification, reconstitution,
renaissance, renouveau, renouvellement,
rénovation, restauration, résurrection

Régénéré
amélioré, assaini, corrigé, purifié, ragaillardi,
ravigoté, réactivé, reconstitué, redynamisé,
réformé, regonflé, relancé, renouvelé,
requinqué, retapé, revigoré, revivifié

Régénérer
améliorer, assainir, bonifier, corriger, purifier,
ragaillardir, ravigoter, réactiver, reconstituer,
redynamiser, réformer, regonfler, relancer,
renouveler, requinquer, retaper, revigorer,
revivifier

Régent
dirigeant, pédagogue

Régenter
administrer, commander, conduire, contrôler,
diriger, dominer, gérer, gouverner, mener,
orchestrer, régir

Régi
dominé

Régie
administration, gérance, gestion, monopole

Régie des rentes du Québec
RRQ

Regimber
cabrer, mutiner, protester, rebeller, rebiffer,
récrier, résister, révolter, ruer

Regimbeur
rebelle, récalcitrant, rétif

Régime
alimentation, complément, cure, débit, diète,
écoulement, état, gouvernement, institutions,
nourriture, objet, pouvoir, règlement,
réglementation, structure, système, thérapie,
vitesse

Régime autocratique des tsars
tsarisme

Régime d'épargne-retraite
RER

Régime enregistré d'épargne-actions
REA

Régime enregistré d'épargne-retraite
REER

Régime monarchique
royauté

**Régime politique dans lequel le chef d'État est
un membre de la royauté par hérédité**
monarchie

Régime politique dirigé par un empereur
empire

Régime politique institué par Jules César
césarisme

Régime totalitaire
fascisme

Régiment
armada, armée, bataillon, brigade, chapelet,
cohorte, collection, corps, cortège, escadron,

flopée, flot, foule, garnison, groupe, kyrielle, légion, masse, meute, multitude, nuée, quantité, ribambelle, série, service, suite, troupe, unité

Région
aire, canton, circonscription, coin, contrée, district, domaine, espace, étendue, partie, pays, périmètre, province, rivage, secteur, sphère, terre, territoire, terroir, zone

Région à l'est de Montréal
Estrie

Région autonome de l'ouest de la Chine
Tibet

Région centrale du Vietnam
Annam

Région comprise entre les deux sourcils
glabelle

Région couverte de dunes
erg

Région d'Israël
Galilée

Région des provinces maritimes
Acadie

Région du corps située sous la jonction du bras et du thorax
aisselle

Région du Japon
Kanto

Région du nord de la Russie
Sibérie

Région du Sahara
erg

Région du Sahara nigérien
Ténéré

Région du thorax
médiastin

Région entourée par la mer de tous côtés sauf un
péninsule

Région habitée jadis par les Édomites
Édom

Région latérale de la tête
tempe

Région lombaire du bœuf
aloyau

Région montagneuse de l'Asie occidentale
Arménie

Région orientale d'un pays
est

Région plate
plaine

Région rurale
terroir

Régional
dialectal, local, provincial

Régir
administrer, commander, conduire, déterminer, diriger, dominer, entraîner, gérer, gouverner, guider, imposer, mener, orchestrer, policer, régenter, régler

Régisseur
économe, gérant, intendant

Registre
album, almanach, ambitus, annales, cadastre, cahier, calepin, caractère, carnet, clavier, diapason, domaine, étendue, éventail, gamme, genre, journal, livre, matrice, minutier, palette, plan, recueil, répertoire, ressort, rôle, spectre, style, tessiture, ton, tonalité

Registre comptable
chiffrier

Registre d'une voix
médium

Registre où l'on inscrivait le nom des morts d'une communauté religieuse, ainsi que la date de leur décès
nécrologe

Réglable
ajustable, payable, variable

Règle
adage, borne, carrelet, cérémonial, code, commandement, composteur, contrainte, convenances, convention, coutume, directive, discipline, disposition, dogme, étiquette, évangile, exemple, exigence, formalité, habitude, institution, instruction, jauge, ligne, lignomètre, loi, maxime, norme, observance, précepte, prescription, principe, procédure, protocole, règlement, réglementation, réglet, standard, théorie, typomètre, usage

Réglé
acheté, calculé, casqué, décidé, déterminé, dicté, entendu, fixé, fixe, formé, mesuré, méthodique, orchestré, ordonné, organisé, prévu, rangé, régulier, sage, sérieux, systématique, uniforme

Règle de conduite
maxime

Règle de conduite que l'on s'impose
discipline

Règle de dessinateur
té

Règle graduée en millimètres et mesurant deux décimètres
décimètre

Réglé par un rite
rituel

Règle verticale graduée
toise

Règlement

accord, acquit, acquittement, arbitrage, arrangement, arrêté, charte, code, conclusion, condition, consigne, constitution, convention, décision, décret, discipline, liquidation, loi, norme, ordonnance, paiement, prescription, procédure, protocole, régime, règle, réglementation, solde, solution, statut, versement

Règlement fait par un magistrat

édit

Réglementaire

admissible, conforme, légal, officiel, régulier, valable, valide

Réglementation

régime, règle, règlement

Réglementé

fixe

Réglementer

administrer, aménager, codifier, fixer, légiférer, normaliser, organiser, programmer, rationaliser, régler, systématiser

Régler

absoudre, acheter, achever, acquitter, ajuster, aménager, arbitrer, arranger, arrêter, calculer, casquer, clore, codifier, commander, conclure, conduire, convenir, décider, déterminer, dicter, diriger, disposer, doser, établir, expédier, fixer, gouverner, honorer, légiférer, liquider, mesurer, modérer, organiser, payer, présider, programmer, réajuster, régir, réglementer, résoudre, rythmer, solder, solutionner, statuer, terminer, trancher, verser, vider

Régler selon un plan

planifier

Régler un contrat

finaliser

Réglet

règle

Réglo

correct, honnête, loyal, propre, régulier

Régnant

souverain

Règne

âge, cycle, domination, empire, emprise, époque, ère, gouvernement, pouvoir, prédominance, primauté, saison, siècle, suprématie, temps, triomphe

Régné

dominé

Règne d'un empereur romain

principat

Régner

commander, diriger, dominer, établir, exister, gouverner, prédominer, prévaloir, primer, sévir, triompher, trôner

Regonflé

régénéré

Regonfler

réconforter, régénérer, remonter

Regorger

abonder, déborder, foisonner, fourmiller, grouiller, pulluler

Regrat

brocante

Régresser

déchoir, déclasser, décliner, décroître, diminuer, reculer, rétrograder

Régression

atrophie, baisse, déclassement, déclin, diminution, récession, recul, reflux, repli, rétrogradation, rétrogression

Regret

affliction, attrition, componction, contrariété, contrition, déception, déplaisir, excuse, mélancolie, nostalgie, peine, pénitence, remords, repentir, résipiscence, spleen

Regrettable

fâcheux, funeste, misérable, navrant, triste

Regretter

déplorer, désapprouver, excuser, lamenter, pleurer, repentir, reprocher

Regretter vivement quelque chose

déplorer

Regrimper

remonter

Regroupement

affluence, fusion, rassemblement

Regrouper

accumuler, amasser, ameuter, assembler, bloquer, centraliser, collecter, concentrer, fédérer, masser, rallier, ramasser, rameuter, rassembler, réunir, unifier, unir

Régularité

assiduité, cohérence, conformité, constance, discipline, égalité, exactitude, fidélité, harmonie, homogénéité, légalité, périodicité, ponctualité, rigueur, saisonnalité, symétrie, uniformité, unité, validité

Régulier

assidu, cohérent, conforme, constant, continu, correct, égal, équilibré, exact, fidèle, fixe, fréquent, géométrique, habituel, harmonieux, homogène, incessant, légal, loyal, mesuré, méthodique, net, normal, ponctuel, probe, proportionné, quotidien, réglé, réglementaire, réglo, soutenu,

statutaire, suivi, symétrique, systématique,
uniforme

Régulièrement
assidûment, constamment, uniment

Réhabilitation
rachat

Réhabilité
rétabli

Réhabiliter
absoudre, blanchir, disculper, excuser,
innocenter, laver, moderniser, pardonner,
racheter, refaire, rehausser, réinsérer,
réintégrer, relever, rénover, réparer, restaurer,
rétablir, revaloriser

Réhabituer
réadapter

Rehaussé
agrandi, exalté

Rehaussement
accroissement, augmentation, élévation,
hausse, majoration, redressement,
relèvement, surélévation

Rehausser
accentuer, accroître, agrandir, agrémenter,
assaisonner, augmenter, aviver, corser, élever,
embellir, ennoblir, exalter, exhausser, hausser,
hisser, illustrer, lever, majorer, monter,
orner, pimenter, ranimer, raviver, réanimer,
redresser, réhabiliter, relever, remonter,
revaloriser, soulever, souligner, soutenir,
surélever, surhausser

Rehausser avec des touches de gouache
gouacher

**Rehausser une étoffe ou un vêtement
d'ornements somptueux**
chamarrer

Réhoboam
bouteille

Réifier
chosifier

Réimpression
réédition

Rein
râble

Rein d'un animal, destiné à la cuisine
rognon

Rein de certains animaux
rognon

Réincarnation
renaissance

Reine
abeille, altesse, dame, héroïne, majesté,
souveraine, vedette

Reine de beauté
miss

Reine des fleurs
rose

Reine-claude
prune

Reine-des-prés
spirée, ulmaire

Reinette
pomme

Reins
dos, lombes, rognons

Réinscrire
récrire, réécrire

Réinsérer
réadapter, réhabiliter, réintégrer, réintroduire,
remboîter, resocialiser

Réinstallé
rétabli

Réinstaller
replacer, rétablir

Réintégré
rétabli

Réintégrer
rallier, regagner, réhabiliter, réinsérer,
rejoindre, remettre, renommer, rentrer,
replacer, rétablir, retourner, revenir

Réinterpréter
rejouer

Réintroduire
ramener, réinsérer

Réinventer
recréer

Réinviter
reconvier

Réitération
fréquence, répétition

Réitéré
fréquent, itératif, perpétuel

Réitérer
maintenir, recommencer, redoubler, rééditer,
refaire, renouveler, répéter, reprendre, rouvrir

Reître
soldat, soudard

Rejaillir
éclabousser, gicler, rebondir, ressurgir,
resurgir, retomber, ricocher

Rejet
abandon, allergie, bourgeon, cépée, éjection,
élimination, enjambement, enterrement,
évacuation, éviction, exclusion, expulsion,
inacceptation, jet, négation, pousse,
radiation, récusation, refus, rejeton,
reniement

Rejeté
abandonné, balayé, banni, chassé,
condamné, craché, débouté, décliné,
dédaigné, écarté, éjecté, éliminé, éloigné,

enlevé, évacué, exclu, excommunié, expulsé,
jeté, nié, proscrit, récusé, refoulé, refusé
réfuté, relancé, relégué, rendu, renvoyé,
repoussé, réprouvé, répudié, restitué, vomi

Rejeter
abandonner, balayer, bannir, chasser,
condamner, cracher, débouter, décliner,
dédaigner, écarter, éjecter, éliminer, éloigner,
évacuer, exclure, excommunier, exécrer,
expulser, jeter, nier, proscrire, rayer, récuser,
refouler, refuser, réfuter, relancer, reléguer,
rendre, renier, renvoyer, repousser, réprouver,
répudier, restituer, vomir

Rejeter à une position inférieure
reléguer

Rejeter en crachant
recracher

Rejeter par jugement la demande de quelqu'un
débouter

Rejeton
bébé, bourgeon, cépée, descendant,
drageon, enfant, gamin, garçon, gosse, jet,
marmot, môme, moutard, postérité, pousse,
progéniture, rejet, surgeon, tigelle

Rejeton produit par les racines
accru

Rejoindre
aboutir, accoster, adhérer, adopter, atteindre,
partager, rallier, rattraper, recouper, regagner,
réintégrer, rentrer, reprendre, retourner,
retrouver, réunir, revenir, trouver

Rejouer
réinterpréter

Réjoui
allègre, amusé, content, ébaubi, ébaudi,
égayé, enjoué, épanoui, gai, guilleret,
heureux, hilare, jovial, joyeux, radieux, ravi,
rayonnant, riant, rieur, souriant

Réjouir
amuser, dérider, distraire, divertir, égayer,
enchanter, épanouir, exulter, plaire, ravir,
triompher

Réjouir (Se)
applaudir, délecter, jubiler

Réjouissance
alacrité, allégresse, amusement, fantasia,
fête, gala, hilarité, joie, jubilation, kermesse,
liesse, plaisir

Réjouissances
festivités

Réjouissant
amusant, facétieux, folichon, gai, hilarant,
plaisant

Relâche
accalmie, arrêt, congé, détente, escale, halte,
interruption, pause, récréation, relaxation,

rémission, répit, repos, suspension, trêve,
vacances

Relâché
avachi, corrompu, débauché, détendu,
dissolu, distendu, familier, flasque, lâche,
laxiste, libertin, mitigé, mou, négligé,
permissif, relaxé

Relâchement
délassement, langueur, négligé, négligence,
repos, résolution, tolérance

Relâcher
adoucir, arrêter, baisser, débander,
décontracter, décrisper, délivrer, desserrer,
détendre, diminuer, élargir, lâcher, libérer,
ramollir, relaxer

Relâcher (Se)
assouplir, avachir, faiblir

Relâcher ce qui est tendu
détendre

Relâcher ce qui était serré
desserrer

Relais
auberge, étape, gîte, halte, hôtel,
intermédiaire, médiateur, poste, réémetteur,
répéteur, retransmetteur

Relance
rappel, redémarrage, renouveau, reprise,
réveil

Relancé
régénéré, rejeté

Relancer
harceler, poursuivre, ranimer, rappeler,
réactiver, réanimer, régénérer, rejeter,
renvoyer, rouvrir, solliciter, surenchérir,
talonner

Relaps
hérétique, récidiviste

Relaté
noté

Relater
affirmer, consigner, conter, dire, exposer,
mentionner, narrer, raconter, rapporter,
retracer

Relatif
certain, imparfait, incomplet, insuffisant,
limité, moyen, partiel, personnel,
proportionnel, respectif, sommaire, subjectif

Relatif à Bacchus, à son culte
bachique

Relatif à Byzance
byzantin

Relatif à Icare
icarien

Relatif à Junon, épouse de Jupiter
junonien

Relatif à l'action
pratique

Relatif à l'addition, supplément
additif

Relatif à l'adoption
adoptif

Relatif à l'agriculture, à la vie des champs
rustique

Relatif à l'aile
alaire

Relatif à l'aine
inguinal

Relatif à l'anémie
anémique

Relatif à l'animisme
animiste

Relatif à l'aorte
aortique

Relatif à l'apex
apical

Relatif à l'argent
financier

Relatif à l'attitude
postural

Relatif à l'automne
automnal

Relatif à l'aviation
aérien

Relatif à l'aviculture
avicole

Relatif à l'éducation
éducatif

Relatif à l'Élysée
élyséen

Relatif à l'engourdissement d'hiver
hibernal

Relatif à l'ensemble des citoyens
civil

Relatif à l'épaule ou à l'omoplate
scapulaire

Relatif à l'équateur
équatorial

Relatif à l'espace
spatial

Relatif à l'estomac
gastrique

Relatif à l'État
étatique

Relatif à l'été
estival

Relatif à l'ethnie
ethnique

Relatif à l'explosion
explosif

Relatif à l'hiver
hiémal

Relatif à l'horlogerie
horloger

Relatif à l'horticulture
horticole

Relatif à l'hygiène
sanitaire

Relatif à l'Ibérie
ibère

Relatif à l'Icarie
icarien

Relatif à l'ictère
ictérique

Relatif à l'idylle
idyllique

Relatif à l'iléon
iléal

Relatif à l'image
iconique

Relatif à l'indice d'écoute
indiciel

Relatif à l'intestin
intestinal

Relatif à l'islam
islamique

Relatif à l'islamisme
islamiste

Relatif à l'océan
océanique

Relatif à l'odorat
olfactif

Relatif à l'œil
oculaire

Relatif à l'ogive
ogival

Relatif à l'ongle
unguéal

Relatif à l'ouïe
auditif

Relatif à l'ovule
ovulaire

Relatif à la banque
bancaire

Relatif à la bile
biliaire

Relatif à la bouche
buccal

Relatif à la Bourse
boursier

Relatif à la brebis
ovin

Relatif à la chaleur
thermique

Relatif à la chèvre
caprin

Relatif à la colonne vertébrale
spinal

Relatif à la comédie
comique

Relatif à la comptabilité
comptable

Relatif à la congestion
congestif

Relatif à la controverse
polémique

Relatif à la cuisine
culinaire

Relatif à la culture de la vigne et à la production du vin
vinicole

Relatif à la culture des jardins
horticole

Relatif à la culture des légumes
maraîcher

Relatif à la discussion vive
polémique

Relatif à la doctrine d'Arius
arien

Relatif à la doctrine de Descartes
cartésien

Relatif à la Doride
dorien

Relatif à la dot
dotal

Relatif à la dualité
duel

Relatif à la famille
familial

Relatif à la fête
festif

Relatif à la fièvre jaune
amaril

Relatif à la fixation
fixatif

Relatif à la force, au mouvement
dynamique

Relatif à la gale
scabieux

Relatif à la glie
glial

Relatif à la grippe
grippal

Relatif à la guerre
martial

Relatif à la gymnastique
gymnique

Relatif à la hanche
coxal

Relatif à la haute mer
hauturier

Relatif à la houille
houiller

Relatif à la joue
jugal, malaire

Relatif à la larve
larvaire

Relatif à la libido
libidinal

Relatif à la Lune
lunaire

Relatif à la marine militaire
naval

Relatif à la médecine
médical

Relatif à la membrane transparente de l'œil
cornéen

Relatif à la mer Égée
égéen

Relatif à la mise en œuvre des lois
exécutif

Relatif à la mitrale
mitral

Relatif à la moelle épinière
spinal

Relatif à la morale
éthique

Relatif à la naissance
natal

Relatif à la natation
natatoire

Relatif à la nature
physique

Relatif à la neige
nival

Relatif à la nuque
nucal

Relatif à la nutrition
nutritif

Relatif à la planète Mars
martien

Relatif à la poésie
poétique

Relatif à la poste
postal

Relatif à la première enfance
infantile

Relatif à la première portion de l'intestin grêle
duodénal

Relatif à la queue
caudal

Relatif à la race
racial

Relatif à la rage
rabique

Relatif à la reine des dieux
junonien

Relatif à la reine Victoria, à son époque
victorien

Relatif à la religion de Mahomet
mahométan

Relatif à la résine
résinier

Relatif à la rotule
rotulien

Relatif à la santé
sanitaire

Relatif à la scène
scénique

Relatif à la sclérotique
scléral

Relatif à la soude
sodique, soudier

Relatif à la sueur
sudoral

Relatif à la sylviculture
sylvicole

Relatif à la technique de la navigation
nautique

Relatif à la tragédie
tragique

Relatif à la tribu
tribal

Relatif à la vie des bergers
bucolique

Relatif à la vie des champs
rustique

Relatif à la vie mondaine
social

Relatif à la Vierge Marie
marial

Relatif à la vipère
vipérin

Relatif à la voix
vocal

Relatif à la volonté
volitif

Relatif à la vue
visuel

Relatif à moi
ma, mes, mien, mienne, miennes, miens, mon

Relatif à Pluton
plutonien

Relatif à saint François de Sales ou à sa spiritualité
salésien

Relatif à Satan
satanique

Relatif à un anhydride
titanique

Relatif à un collège
collégial

Relatif à un disque
discal

Relatif à un duc
ducal

Relatif à un événement particulier
événementiel

Relatif à un palier
palière

Relatif à un peuple noir d'Afrique du Sud
zoulou

Relatif à un secteur
sectoriel

Relatif à un segment
segmental

Relatif à un syndicat
syndical

Relatif à un synode
synodal

Relatif à un ton
tonal

Relatif à une abbaye
abbatial

Relatif à une carence
carentiel

Relatif à une demande
rogatoire

Relatif à une entité non dénombrable
partitif

Relatif à une fédération d'États
fédéral

Relatif à une île
insulaire

Relatif à une péninsule
péninsulaire

Relatif à une période de l'histoire égyptienne
saïte

Relatif à une région
régional

Relatif à une série
sériel

Relatif à une solennité publique chez les Juifs
jubilaire

Relatif à une suture
sutural

Relatif à une tumeur
tumoral

Relatif au baptême
baptismal

Relatif au bassin
pelvien

Relatif au bœuf
bovin

Relatif au bord de la mer
balnéaire

Relatif au bouc
hircin

Relatif au castrisme
castriste

Relatif au cens
censuel

Relatif au chalut
chalutier

Relatif au chérif
chérifien

Relatif au cheval
équin

Relatif au chien
canin

Relatif au ciel
céleste

Relatif au cloître
claustral

Relatif au côté
latéral

Relatif au cou
cervical

Relatif au cubitus
ulnaire

Relatif au culte
cultuel

Relatif au décès
obituaire

Relatif au désordre général
chaotique

Relatif au doctorat
doctoral

Relatif au dos
dorsal

Relatif au fils ou à la fille
filial

Relatif au firmament
céleste

Relatif au fisc
fiscal

Relatif au fœtus
fœtal

Relatif au fromage
fromager

Relatif au front
frontal

Relatif au gaz
gazeux, gazier

Relatif au germe
germinal

Relatif au geste
gestuel

Relatif au goût
gustatif

Relatif au gouvernement d'un État
politique

Relatif au jeu
ludique

Relatif au judaïsme
judaïque

Relatif au kyste
kystique

Relatif au lait
lactaire, lacté, laitier

Relatif au lin
linier

Relatif au manichéisme
manichéen

Relatif au matin
matutinal

Relatif au mode
modal

Relatif au mollet
sural

Relatif au mouton
ovin

Relatif au Moyen Âge
médiéval

Relatif au nerf vague
vagal

Relatif au nombril
ombilical

Relatif au nouveau-né
néonatal

Relatif au noyau de l'atome
nucléaire

Relatif au noyau de la cellule
nucléaire

Relatif au pape
papal

Relatif au pape Grégoire Ier
grégorien

Relatif au paradoxe
paradoxal

Relatif au patronat
patronal

Relatif au pétrole
pétrolier

Relatif au porc
porcin

Relatif au prince
princier

Relatif au quiétisme
quiétiste

Relatif au rachis
rachidien

Relatif au raisin
uval

Relatif au rayon
radial

Relatif au rein
rénal

Relatif au salaire
salarial

Relatif au sang
hématique, sanguin

Relatif au savon
savonnier

Relatif au sébum
sébacé

Relatif au serpent
ophidien

Relatif au sérum
sérique

Relatif au singe
simien

Relatif au Soleil
solaire

Relatif au système de Newton
newtonien

Relatif au système nerveux
neural

Relatif au tachisme
tachiste

Relatif au tanin
tannique

Relatif au taoïsme
taoïste

Relatif au tarif
tarifaire

Relatif au tarse
tarsien

Relatif au taureau
taurin

Relatif au temps
temporel

Relatif au terrain fluviatile du quaternaire
diluvial

Relatif au tétanos ou à la tétanie
tétanique

Relatif au théisme
théiste

Relatif au thomisme
thomiste

Relatif au tibia
tibial

Relatif au ton
tonal

Relatif au toucher
tactile

Relatif au triomphe
triomphal

Relatif au tsarisme
tsariste

Relatif au ventre
abdominal, alvin, ventral

Relatif au virus
viral

Relatif au vitalisme
vitaliste

Relatif au zodiaque
zodiacal

Relatif aux Abénaquis
abénaquis

Relatif aux abysses
abyssal

Relatif aux alcalis
alcalin

Relatif aux Algonquiens
algonquin

Relatif aux Attikameks
attikamek

Relatif aux autochtones d'Afrique du Nord
berbère

Relatif aux aztèques et à leur civilisation
aztèque

Relatif aux bactéries
bactérien

Relatif aux bains de mer
balnéaire

Relatif aux baleines, à leur chasse
baleinier

Relatif aux céréales
céréalier

Relatif aux chevaux
hippique

Relatif aux côtes
costal

Relatif aux côtes, au bord de la mer
côtier

Relatif aux Cris
cri

Relatif aux dents
dental

Relatif aux doigts
digital

Relatif aux écoles
scolaire

Relatif aux facteurs
factoriel

Relatif aux femmes
féminin

Relatif aux flancs
iliaque

Relatif aux fleurs
floral

Relatif aux funérailles
funéraire

Relatif aux ganglions lymphatiques
adénoïde

Relatif aux gencives
gingival

Relatif aux habitants du Vietnam central
annamite

Relatif aux Hébreux
hébraïque, hébreu

Relatif aux huîtres
huîtrier

Relatif aux Hurons
huron

Relatif aux Incas
inca

Relatif aux infractions
pénal

Relatif aux Innus
innu

Relatif aux interventions chirurgicales
opératoire

Relatif aux Inuits
inuit

Relatif aux ions
ionique

Relatif aux Jeux olympiques
olympique

Relatif aux Khmers
khmer

Relatif aux lignes
linéaire

Relatif aux Malécites
malécite

Relatif aux marais
paludéen

Relatif aux Micmacs
micmac

Relatif aux microbes
microbien

Relatif aux modes des verbes
modal

Relatif aux Mohawks
mohawk

Relatif aux moines
monacal

Relatif aux Naskapis
naskapi

Relatif aux noces
nuptial

Relatif aux nœuds d'une corde
nodal

Relatif aux oasis
oasien

Relatif aux oreillons
ourlien

Relatif aux peines
pénal

Relatif aux pôles terrestres
polaire

Relatif aux populations polynésiennes de la Nouvelle-Zélande
maori

Relatif aux ports
portuaire

Relatif aux récifs
récifal

Relatif aux régimes politiques de dictature militaire
césarien

Relatif aux relations positives entre personnes
convivial

Relatif aux rivières
fluvial

Relatif aux sens
sensoriel

Relatif aux sens, à la sensibilité
sensitif

Relatif aux sibylles
sibyllin

Relatif aux sœurs
sororal

Relatif aux suffixes
suffixal

Relatif aux Tamouls
tamil

Relatif aux terres cultivées, à l'agriculture
agraire

Relatif aux théories de Freud
freudien

Relatif aux totems
totémique

Relatif aux travaux de Galilée
galiléen

Relatif aux trompes de Fallope ou d'Eustache
tubaire

Relatif aux uretères
urétéral

Relatif aux varices
variqueux

Relatif aux veines
veineux

Relatif aux vers intestinaux
vermineux

Relatif aux Wendats
wendat

Relatif aux zones du globe terrestre
zonal

Relation
accointance, amant, ami, amitié, amour, analogie, appui, attache, aventure, camarade, commerce, connaissance, connexion, contact, copain, corrélation, correspondance, dépendance, exposé, familier, fréquentation, histoire, interdépendance, intrigue, liaison, lien, narration, rapport, rapprochement, récit, société, témoignage, union, version

Relation conditionnelle entre deux quantités
équation

Relation de cause à effet
causalité

Relation entre deux mots synonymes
synonymie

Relativement
assez, passablement, plutôt

Relax
calme, cool, décontracté, détendu, piano, reposé, tranquille

Relaxant
apaisant, calmant, décontractant, décontracturant, défatigant, délassant, reposant

Relaxation
détente, relâche

Relaxe
absolution, amnistie

Relaxé
calmé, décontracté, défatigué, délassé, désénervé, détendu, élargi, libéré, relâché, reposé

Relaxer
absoudre, calmer, décontracter, décrisper, défatiguer, délasser, désénerver, détendre, élargir, libérer, relâcher, reposer

Relayer
relever, remplacer, succéder

Relecture
lecture

Relégation
exil

Relégué
exilé, rejeté

Reléguer
bannir, cantonner, confiner, déclasser, déporter, écarter, éloigner, exiler, interner, proscrire, rejeter, remiser

Relent
effluve, émanation, miasme, odeur, ombre, pointe, puanteur, remugle, reste, soupçon, teinte, trace

Relève
remplaçant, succession

Relevé
accru, addition, assaisonné, corrigé, corsé, décompte, dessin, détail, élevé, épicé, état, exalté, facture, fort, haut, inventaire, liste, marqué, noble, note, noté, pimenté, piquant, plan, poivré, redressé, relèvement, remonté, répertoire, rétabli, retroussé, soutenu, tableau, troussé

Relevé d'identité bancaire
RIB

Relevé, épicé
corsé

Relèvement
accroissement, hausse, rehaussement, relevé

Relever
accroître, agrandir, agrémenter, assaisonner, augmenter, collecter, consigner, constater, copier, corser, découvrir, dégager, délier, démettre, destituer, détacher, dresser, élever, ennoblir, épicer, estamper, exalter, exhausser, extraire, hausser, inscrire, lever, libérer, limoger, majorer, marquer, monter, noter, observer, parfumer, pimenter, préciser, radier, raffermir, ramasser, ranimer, réanimer, rebâtir, reconstruire, redresser, réhabiliter, rehausser, relayer, remarquer, remonter, remplacer, renflouer, réparer, restaurer, rétablir, retenir, retrousser, revaloriser, révoquer, soulever, souligner, succéder, tirer, trousser, trouver

Relever de
appartenir, dépendre, ressortir

Relever un vêtement qui pend
trousser

Relever une voile pli par pli tout le long et au-dessus d'une vergue sur l'avant
ferler

Relever vers le haut
retrousser

Relever, épicer
corser

Releveur
lanceur

Releveur, au baseball
lanceur

Relié
lié

Relief
accident, aspérité, bosse, caractère, configuration, débris, éclat, enlevure, épaisseur, force, forme, inégalité, lustre,

modelé, monticule, mordant, personnalité, piment, piquant, proéminence, profondeur, saillie, topographie, vigueur

Relief naturel du crâne humain
bosse

Relief sur une pièce d'argenterie
bosselure

Relier
accoler, accoupler, adjoindre, ajointer, assembler, associer, attacher, brocher, cartonner, connecter, desservir, enchaîner, joindre, lier, raccorder, raccrocher, rapporter, rapprocher, rassembler, rattacher, remboîter, réunir, unir

Relier avec un chalumeau
souder

Relier entre eux
coupler

Relier un livre
brocher

Relier un livre en carton
cartonner

Relieur
assembleur, brocheur

Religieuse
moniale, nonne, rituelle, sœur

Religieuse de l'ordre de Sainte-Ursule
ursuline

Religieuse de l'ordre du Carmel
carmélite

Religieuse de l'ordre du Mont-Carmel
carmélite

Religieuse indienne gagnante d'un prix Nobel
Teresa

Religieuse qui vit en clôture
moniale

Religieuse vorace
mante

Religieux
abbé, croyant, dévot, divin, fervent, frère, moine, oblat, orthodoxe, père, pieux, pratiquant, recueilli, respectueux, rituel, sacré, spirituel

Religieux bouddhiste
bonze

Religieux de certaines congrégations
oblat

Religieux de l'ordre de Notre-Dame-du-Mont-Carmel
carme

Religieux de l'ordre de saint Bruno
chartreux

Religieux de l'ordre de saint Dominique
jacobin

Religieux de l'ordre de saint François
capucin

Religieux de l'ordre des Cisterciens
trappiste

Religieux de l'ordre franciscain
cordelier

Religieux employé aux travaux manuels d'un couvent
convers

Religieux marchant pieds nus dans des sandales
déchaux

Religieux non prêtre
lai

Religieux qui vivait en communauté
cénobite

Religieux réformé de l'ordre de Saint-François
récollet

Religion
avis, confession, conviction, credo, croyance, culte, dévotion, doctrine, dogme, église, foi, islam, morale, obédience, opinion, philosophie, piété, rite, secte, totémisme

Religion d'Extrême-Orient
taoïsme

Religion de l'Iran ancien
mazdéisme

Religion des druides
druidisme

Religion des Juifs
judaïsme

Religion fondée sur le Coran
islam

Religion hindoue
jaïnisme

Religion japonaise
shinto

Religion musulmane
islamisme

Religion païenne
paganisme

Religion populaire de la Chine
taoïsme

Religion prêchée par Mahomet
islam

Religion zoroastre
mazdéisme

Religion zoroastrienne des Parsis
parsisme

Religiosité
dévotion

Reliquat
complément, excédent, restant, reste, solde, suite, surplus, vestige

Relique
amulette, débris, fétiche, ossements, reste, souvenir, talisman

Relire
réviser, revoir

Reliure
couverture

Reliure volante
grébiche

Relu
revu

Reluire
brasiller, briller, chatoyer, étinceler, flamboyer, luire, miroiter, resplendir, rutiler, scintiller

Reluisant
beau, brillant, chatoyant, éclatant, étincelant, fameux, flamboyant, luisant, miroitant, resplendissant, rutilant, scintillant

Reluquer
guigner, lorgner, loucher, regarder

Remâché
roulé

Remâcher
repenser, ressasser, rouler, ruminer

Remâcher, ruminer
ressasser

Rémanence
mémoire

Rémanent
persistant

Remaniement
correction, refonte, révision

Remanier
arranger, bouleverser, changer, corriger, métamorphoser, modifier, rectifier, refondre, réformer, remodeler, réorganiser, reprendre, restructurer, retoucher, réviser, revoir, révolutionner, transformer

Remarquable
accompli, admirable, brillant, distingué, éclatant, émérite, éminent, étonnant, exceptionnel, grand, insigne, magistral, mémorable, notable, particulier, premier, rare, retentissant, rude, saillant, signalé, singulier, sublime, superbe, surprenant, terrible, typique

Remarquable dans son genre
réussi

Remarquable, insigne
signalé

Remarquablement
très

Remarque
adage, annotation, commentaire, considération, constatation, critique, grief, incise, notation, note, objection, observation, pensée, réflexion, remontrance, réprimande, reproche

Remarqué
noté, senti

Remarquer
annoter, apercevoir, aviser, commenter, constater, découvrir, discerner, distinguer, noter, observer, percevoir, relever, repérer, sentir, situer, surprendre, trouver, voir

Remballer
ranger, réempaqueter, rempaqueter, renvelopper

Rembarrer
rabrouer, refouler, repousser, reprendre

Remblai
banquette, chaussée, digue, levée, remblayage, talus, terrassement

Remblayage
remblai

Remblayé
comblé

Remblayer
combler

Rembobiner
bobiner

Remboîter
réinsérer, relier

Rembourrage
capiton

Rembourré
garni, matelassé, potelé, poupin

Rembourré avec du capiton
capitonné

Rembourrer
bourrer, capitonner, garnir, matelasser

Remboursable
amortissable

Remboursement
paiement, rachat

Rembourser
amortir, couvrir, défrayer, éteindre, indemniser, payer, redonner, remettre, rendre, restituer

Rembruni
contrarié

Rembrunir
chagriner

Remède
antidote, dérivatif, drogue, expédient, exutoire, formule, médecine, médicament, médication, moyen, palliatif, panacée, pansement, potion, préparation, recours, ressource, soin, solution, thérapie, traitement, vaccin

Remède analgésique
aspirine

Remède oral
médecine

Remède qui calme
calmant

Remède spécifique du paludisme
quinine

Remède universel
panacée

Remédiable
réparable

Remédier
arranger, calmer, compenser, corriger, guérir, obvier, pallier, rattraper, réparer, soulager

Remémoration
évocation

Remémoré
revu

Remémorer
évoquer, rappeler, repasser

Remercié
béni

Remerciement
congédiement, dédommagement, grâce, gratification, gratitude, licenciement, merci, reconnaissance

Remercier
bénir, chasser, congédier, dédommager, destituer, écarter, éconduire, gratifier, licencier, limoger, louer, récompenser, renvoyer, révoquer

Réméré
rachat

Remettre
abouler, absoudre, ajourner, ajouter, atermoyer, commettre, confier, décaler, décerner, délivrer, déposer, différer, donner, filer, glisser, guérir, laisser, livrer, pardonner, passer, proroger, rabrouer, rajouter, ramener, rappeler, rapporter, réajuster, recharger, reconnaître, reculer, récupérer, redonner, refiler, réintégrer, rembourser, rendre, renvoyer, repasser, replacer, replonger, reporter, repousser, restituer, rétablir, retarder, surseoir, suspendre, verser

Remettre à plus tard
différer, reporter

Remettre aux soins d'un tiers
confier

Remettre d'accord
réconcilier

Remettre dans le fourreau
rengainer

Remettre dans sa poche
rempocher

Remettre dans son emballage
remballer

Remettre de nouvelles cordes
recorder

Remettre debout
relever

Remettre des meubles après les avoir enlevés
remeubler

Remettre en bon état
restaurer

Remettre en état
réhabiliter

Remettre en harmonie
réconcilier

Remettre en mouvement
débloquer

Remettre en ordre
réajuster

Remettre en place
reposer

Remettre en place ce qui a été déboîté
remboîter

Remettre la peine
gracier

Remettre quelqu'un à sa place
rembarrer

Remettre une couche de caoutchouc sur un pneu usé
rechaper

Remettre une somme en dépôt, en garantie
consigner

Rémige
empennage, penne, plume

Remilitariser
réarmer

Réminiscence
souvenir

Remis
confié, donné, guéri, rétabli, retardé

Remis à neuf
régénéré

Remis en bon état
rétabli

Remise
abattement, abri, absolution, ajournement, appentis, atermoiement, attribution, bonification, cabanon, cassation, débarras, déduction, délai, délivrance, dépôt, diminution, distribution, don, escompte, fourniture, garage, grâce, hangar, livraison, local, octroi, pardon, prime, rabais, réduction, rémission, renvoi, report, réserve, resserre, retardement, ristourne, sursis, versement

Remise à plus tard
sursis

Remise au fond du jardin
cabanon

Remise de peine
amnistie

Remise en état de fonctionnement
recharge

Remiser
enfermer, garer, placer, ranger, reléguer, serrer

Remisier
boursier

Rémissible
véniel

Rémission
absolution, accalmie, amélioration, amnistie, apaisement, arrêt, atténuation, calme, cessation, détente, effacement, grâce, guérison, intermittence, interruption, intervalle, pardon, pause, relâche, remise, rémittence, répit, repos, trêve

Rémittence
rémission

Rémittent
intermittent

Remmaillage
raccommodage

Remmener
emmener, ramener, reconduire, remporter

Remodelage
lifting

Remodeler
améliorer, conformer, dérider, lisser, remanier, rénover, réorganiser, restructurer, retravailler

Remontant
aidant, analeptique, boisson, cordial, dopant, excitant, fortifiant, réconfortant, reconstituant, revigorant, roboratif, stimulant, tonifiant, tonique

Remonté
exalté, furieux, rasséréné, rassuré, relevé

Remonte-pente
téléski

Remontée
redémarrage, regain, reprise

Remontée mécanique
télésiège

Remonter
aider, augmenter, consoler, dater, élever, exalter, exhausser, fortifier, hausser, monter, progresser, raffermir, ragaillardir, ramener, ranimer, rasséréner, rassurer, ravigoter, raviver, réanimer, réchauffer, réconforter, redresser, refluer, regonfler, regrimper, rehausser, relever, repartir, reprendre, requinquer, rétablir, retrousser, revigorer, revivifier, soulever, soutenir, stimuler, suivre, surélever, surhausser, tirer, trousser, venir, vivifier

Remontrance
blâme, critique, homélie, remarque, réprimande, reproche, savon, semonce, sermon

Remontrer
admonester, chapitrer

Remords
attrition, contrition, pénitence, regret, repentir, résipiscence

Remorquage
traction

Remorquage d'un navire
touage

Remorque
câble, caravane, roulotte, traction

Remorquer
haler, tirer, touer, tracter, traîner, treuiller

Remorqueur
haleur, toueur

Remouiller
retremper

Remous
agitation, bouillonnement, mouvement, ondulation, réaction, tourbillon, tournoiement, trouble, tumulte, turbulence

Rempailleur
canneur, cannier

Rempaqueter
remballer

Rempart
abri, barrière, bastion, bouclier, citadelle, cuirasse, défense, digue, enceinte, épaulement, forteresse, fortification, glacis, mur, muraille, ouvrage, paroi, protection, sauvegarde

Rempiéter
réparer

Remplaçant
adjoint, relève, substitut, suppléant, temporaire

Remplacé
alterné

Remplacement
échange, intérim, substitution, succédané, succession

Remplacer
alterner, changer, détrôner, doubler, échanger, récupérer, relayer, relever, renouveler, représenter, substituer, succéder, supplanter, suppléer, troquer

Remplacer les pavés
repaver

Remplage
blocage

Rempli
bondé, bourré, chargé, comble, complet, coulé, farci, garni, imbu, lesté, ourlet, paqueté, pétri, plein, repli, saturé, surchargé, truffé

Rempli au maximum
bondé

Rempli complètement
comblé

Rempli d'horreur, d'effroi
horrifié

Rempli de
farci

Rempli de louanges
élogieux

Remplir
accomplir, acquiller, baigner, bourrer, charger, combler, compléter, effectuer, emplir, employer, envahir, exécuter, exercer, faire, farcir, garnir, gonfler, gorger, honorer, inonder, lester, libeller, meubler, obéir, observer, occuper, peupler, réaliser, renseigner, répondre, respecter, satisfaire, saturer, suivre, surcharger, tenir, truffer

Remplir à l'excès
saturer

Remplir avec du plâtre
ruller

Remplir d'effroi
horrifier

Remplir d'indignation
indigner

Remplir d'une garniture
fourrer

Remplir d'une odeur agréable
parfumer

Remplir de bonheur
ensoleiller

Remplir de farce
farcir

Remplir de frayeur, d'effroi
effrayer

Remplir de fumée
enfumer

Remplir de nouveau de grain
rengrener

Remplir de sable
ensabler

Remplir de tristesse
endeuiller

Remplir jusqu'à gonfler
gorger

Remplir un tonneau de vin à mesure que le niveau baisse
ouiller

Remplir une fonction
occuper

Remplissage
délayage, verbiage

Remployer
rengager

Remplumer
retaper

Remporté
conquis, enlevé

Remporter
acquérir, arracher, attraper, conquérir, décrocher, emporter, enlever, gagner, obtenir, rafler, rallier, récolter, recueillir, remmener, reporter, reprendre

Remporter la victoire
triompher

Remuant
actif, agité, animé, déchaîné, dynamique, excité, fougueux, frétillant, pétulant, sémillant, tonique, turbulent, vif

Remué
agité, excité, secoué

Remue-ménage
agitation, dérangement, remous, tintamarre, trouble

Remuer
agiter, apitoyer, atteindre, attendrir, balancer, ballotter, battre, bêcher, bercer, bouger, bouleverser, brandir, branler, brasser, brouiller, chambouler, dandiner, démener, déplacer, dodeliner, ébranler, émouvoir, exciter, fouiller, fouir, frapper, frémir, frétiller, frissonner, gesticuler, gigoter, gratter, grouiller, hocher, malaxer, manier, manipuler, mélanger, mouvoir, ondoyer, onduler, osciller, pénétrer, perturber, pétrir, retourner, secouer, soulever, tortiller, toucher, tourner, travailler, trembler, trémousser, troubler, vaciller

Remuer à la pelle
pelleter

Remuer en mêlant
brasser

Remuer ensemble
malaxer

Remuer fortement
pétrir

Remuer la braise
tisonner

Remuer la terre avec une serfouette
serfouir

Remugle
fétidité, odeur, pestilence, puanteur, relent

Rémunérateur
fructueux, juteux, lucratif, payant, profitable, rentable

Rémunération
allocation, gain, paie, paiement, paye,
prix, récompense, revenu, salaire, solde,
traitement

Rémunération perçue par une banque
agio

Rémunérer
appointer, payer, récompenser, rétribuer,
salarier, subsidier

Renâcler
protester, râler, rechigner, renauder, résister,
rouspéter

Renaissance
palingénésie, réapparition, régénération,
réincarnation, renouveau, renouvellement,
résurgence, résurrection, retour, réveil

Renaître
réapparaître, rebondir, reparaître, repousser,
ressusciter, ressurgir, resurgir, revenir, revivre

Rénal
néphrétique

Renard
fennec, goupil, hypocrite, isatis, rusé

Renard bleu
isatis

Renard polaire
isatis

Renarder
ruser

Renauder
aspirer, contester, grogner, plaindre, protester,
rechigner, renâcler, renifler, répugner, résister,
rouspéter, vitupérer

Renchérir
amplifier, augmenter, enchérir, grimper

Rencontre
accrochage, aventure, bataille, carrefour,
championnat, choc, coïncidence, collision,
colloque, combat, compétition, concours,
conférence, confluent, conjonction,
conjoncture, connaissance, contact,
conversation, duel, échauffourée, entrevue,
épreuve, forum, hasard, heurt, jonction,
match, meeting, occasion, occurrence,
partie, rancard, réunion, séminaire, sommet,
télescopage, visite

Rencontré
éprouvé

Rencontre de deux voyelles
hiatus

Rencontre sportive entre équipes voisines
derby

Rencontrer
affronter, apercevoir, approcher, atteindre,
combattre, connaître, contacter, croiser,
disputer, éprouver, exister, heurter, joindre,
loger, percuter, retrouver, toucher, trouver,
voir

Rendement
bénéfice, efficacité, fertilité, force, gain,
production, productivité, produit, rapport,
rentabilité, revenu

Rendez-vous
audience, entretien, entrevue, rencontre

Rendre
abandonner, capituler, céder, déduire,
donner, émettre, exhaler, exprimer, passer,
payer, plier, ployer, poser, présenter, produire,
prononcer, ramener, rapporter, redonner,
régurgiter, rejeter, rembourser, remettre,
renvoyer, répondre, représenter, reproduire,
restituer, retourner, rétrocéder, venir, vomir

Rendre bleu
bleuir

Rendre borgne
éborgner

Rendre brillant par le frottement
lustrer

Rendre calme
pacifier

Rendre certain
confirmer

Rendre chatoyant
moirer

Rendre chinois
chinoiser

Rendre complexe
compliquer

Rendre coriace
racornir

Rendre courbe
incurver, recourber

Rendre craintif
apeurer

Rendre cultivable une terre inculte
défricher

Rendre de nouveau plat
raplatir

Rendre débile
débiliter

Rendre double
redoubler

Rendre doux en diminuant l'acidité
dulcifier

Rendre du jus
juter

Rendre dur
durcir, indurer

Rendre édenté
édenter

Rendre enceinte
féconder

Rendre enflé, boursouflé
bouffir

Rendre évident
manifester

Rendre facile
faciliter

Rendre familier
habituer

Rendre fidèle un client, un public
fidéliser

Rendre fiévreux
enfiévrer

Rendre flexible
assouplir

Rendre gauche, déformer
gauchir

Rendre glissant
lubrifier

Rendre habile
habiliter

Rendre heureux
réjouir

Rendre hommage
saluer

Rendre humide
humecter

Rendre impropre à la reproduction par la castration
châtrer

Rendre indépendant de l'Église et de la religion
laïciser

Rendre ininflammable
ignifuger

Rendre insipide
affadir

Rendre la pareille à
revaloir, venger

Rendre laïque
laïciser

Rendre languissant
alanguir

Rendre légitime juridiquement
légitimer

Rendre libre d'un engagement
délier

Rendre lisse
lisser, polir

Rendre maigre
amaigrir, émacier

Rendre mat
amatir, matir

Rendre mauvais
corrompre

Rendre mécanique
mécaniser

Rendre meilleur
abonnir, bonifier

Rendre méprisable
avilir

Rendre moelleux
lainer

Rendre moins beau
déparer

Rendre moins bruyant
assourdir

Rendre moins coupant
émousser

Rendre moins dense
aérer, raréfier

Rendre moins difficile
faciliter

Rendre moins épais
amincir

Rendre moins lourd
alléger

Rendre moins massif
aérer

Rendre moins net
estomper

Rendre moins niais
déniaiser

Rendre moins rude
adoucir

Rendre moins salé
dessaler

Rendre moins sauvage
apprivoiser

Rendre moins sévère
assouplir

Rendre moins simple en multipliant les composantes
compliquer

Rendre moins tendu
décrisper, lâcher

Rendre moins touffu
aérer

Rendre moins vif
émousser

Rendre moite
moitir

Rendre mou
alanguir, amollir, avachir

Rendre navigable
canaliser

Rendre net, propre, en débarrassant de tout ce qui salit, souille, ternit
nettoyer

Rendre opaque
opacifier

Rendre païen
paganiser

Rendre plat
aplanir, aplatir, raplatir

Rendre plus compact
compacter

Rendre plus faible
ramollir

Rendre plus fin
affiner

Rendre plus fort
muscler

Rendre plus grand
agrandir

Rendre plus long
rallonger

Rendre plus malléable
assouplir

Rendre plus meuble, plus légère la terre pour la culture
ameublir

Rendre plus mince
amenuiser

Rendre plus pénible
aggraver

Rendre plus plat
raplatir

Rendre plus sociable
apprivoiser

Rendre plus spacieux en augmentant les dimensions
agrandir

Rendre plus tiède
attiédir

Rendre plus vif
raviver

Rendre propre
blanchir

Rendre public
ébruiter

Rendre quelqu'un créancier d'une certaine somme
créditer

Rendre rassis
rassir

Rendre rauque
érailler

Rendre réfractaire à une maladie
immuniser

Rendre rond
arrondir

Rendre rose
roser, rosir

Rendre rouge
rougir

Rendre roux
roussir

Rendre russe
russifier

Rendre sage
assagir

Rendre sain
assainir

Rendre semblable à une chose
chosifier

Rendre service
servir

Rendre slave
slaviser

Rendre solide, inattaquable
bétonner

Rendre son humidité
ressuer

Rendre tabou
tabouiser

Rendre terne
ternir

Rendre tiède
attiédir

Rendre tranchant
acérer

Rendre triste
chagriner

Rendre trop étroit
étriquer

Rendre un peu ivre
griser

Rendre un plat légèrement acide
aciduler

Rendre une surface inégale par des bosses
bossuer

Rendre une surface plane et horizontale
niveler

Rendre uniforme
uniformiser

Rendre vertical
dresser

Rendre veule, sans volonté
aveulir

Rendre vigoureux
fortifier

Rendre vil
avilir

Rendre violacé
violacer

Rendre violet
violacer

Rendre visite
aller, visiter

Rendre visuel
imager

Rendu
abandonné, arrivé, fatigué, fourbu, harassé,
rejeté, venu

Rendu bleu
bleui

Rendu douloureux
endolori

Rendu plus pur
épuré

Rendu serein
rasséréné

Rendu stupide
hébété

Rêne
bride, courroie, guide, lanière

Renégat
apostat, déserteur, hérétique, impie, parjure,
traître, transfuge

Renfermé
confiné, dissimulé, froid, rance, reclus,
réservé, secret, taciturne

Renfermé et isolé
reclus

Renfermer
accaparer, borner, cacher, circonscrire,
comporter, comprendre, confiner, contenir,
dissimuler, embrasser, enclore, enfermer,
englober, enserrer, entourer, inclure,
limiter, localiser, posséder, receler, réduire,
restreindre, séquestrer, tenir

Renfermer, contenir
receler

Renflé
arrondi, bombé, convexe, courbé, enflé,
galbé, gonflé, gros, pansu, proéminent,
rebondi, rond, ventru

Renflement
bombement, bosse, bourrelet, ganglion,
ventre

Renflement corné du sabot, chez les équidés
glome

Renfler
bomber

Renflouer
relever

Renfoncement
alcôve, angle, coin, niche, recoin

Renforçant
aidant

Renforcé
accentué, accru, affermi, armé, bétonné,
exalté, resserré, scellé, triplé

Renforcé de métal
armé

Renforcement
accroissement, crescendo, regain, renfort,
retour

Renforcement momentané du vent
risée

Renforcer
accentuer, accroître, affermir, affirmer,
aggraver, agrandir, aider, appuyer, armer,
asseoir, augmenter, aviver, bétonner, blinder,
confirmer, conforter, consolider, corroborer,
empatter, enfler, épaissir, étayer, étendre,
exacerber, exalter, fortifier, grossir, intensifier,
muscler, raffermir, raidir, redoubler, resserrer,
sceller, soutenir, tripler

Renforcer en fixant sur une toile
entoiler

Renforcer, raffermir
conforter

Renforcir
fortifier

Renfort
aide, appui, assistance, complément,
consolidation, contrefort, épaulement, étai,
garniture, renforcement, secours, soutien,
supplément

Renfrogné
acariâtre, boudeur, bougon, bourru, froncé,
grincheux, grognon, hargneux, maussade,
morose, rechigné, revêche, rogue

Rengager
réemployer, réengager, remployer

Rengaine
antienne, chanson, couplet, disque, histoire,
leitmotiv, litanie, musique, rabâchage, refrain,
répétition, ritournelle, scie, sérénade

Rengainer
ravaler, renquiller, rentrer

Renié
abandonné, abdiqué, abjuré, apostasié, cédé,
déguerpi, délaissé, délogé, déposé, dépouillé,
désavoué, déserté, désisté, dessaisi, donné,
émigré, évacué, fui, lâché, laissé, nié, parti,
perdu, posé, quitté, réfuté, renoncé, répudié,
résigné, résilié, rétracté, rompu, séparé

Reniement
abandon, abjuration, apostasie, déni,
désaveu, désertion, rejet, répudiation,
retournement, rétractation

Renier
abandonner, abjurer, apostasier, désavouer, déserter, nier, réfuter, rejeter, renoncer, répudier, rétracter

Renifler
flairer, humer, renauder

Renifler bruyamment
renâcler

Reniflette
chnouf

Renne
caribou

Renom
aura, célébrité, considération, cote, crédit, gloire, nom, notoriété, popularité, prestige, renommée, réputation, vogue

Renommé
célèbre, connu, coté, éminent, fameux, glorieux, illustre, important, populaire, prestigieux, reconnu, réputé

Renommée
aura, bruit, célébrité, considération, cote, crédit, gloire, mémoire, nom, notoriété, opinion, popularité, prestige, publicité, publique, renom, réputation

Renommer
réélire, réintégrer

Renoncé
abandonné, abdiqué, renié

Renoncement
abandon, abdication, abnégation, abstention, abstinence, capitulation, concession, privation, retrait, sacrifice

Renoncer
abandonner, abdiquer, abjurer, caler, capituler, céder, décrocher, démissionner, désister, incliner, reculer, renier, répudier, résigner, retirer

Renoncer à quelque chose
résigner

Renoncer à un droit (Se)
désister

Renoncer à une fonction
abdiquer

Renonciation
abandon, abdication, abstention, apostasie, démission, privation

Renoter
récrire, réécrire

Renoué
réconcilié, rétabli

Renouer
rattacher, réconcilier, reprendre, rétablir

Renouveau
modernisation, printemps, recommencement, regain, régénération, relance, renaissance,

renouvellement, rénovation, reprise, retour, réveil, transformation

Renouvelé
itératif, perpétuel, rafraîchi, régénéré

Renouveler
changer, proroger, rajeunir, raviver, reconduire, redoubler, refaire, régénérer, réitérer, remplacer, rénover, répéter, rhabiller, varier

Renouveler l'air
ventiler

Renouveler une obligation
nover

Renouvellement
regain, régénération, renaissance, renouveau

Renouvellement
renouveau

Rénovation
amélioration, réfection, régénération, renouveau

Rénové
amélioré, rafraîchi

Rénover
améliorer, amender, dépoussiérer, moderniser, rafraîchir, ragréer, rajeunir, refaire, réformer, réhabiliter, remodeler, renouveler, réparer, restaurer, restructurer, retaper, revaloriser, transformer

Renquiller
rengainer

Renseigné
affranchi, averti, éclairé

Renseignement
avis, commentaire, détail, indication, indice, info, information, rancard, tuyau

Renseigner
affranchir, avertir, éclairer, édifier, enquêter, fixer, indiquer, informer, instruire, rancarder, remplir, tuyauter

Renseigner secrètement
rancarder

Rentabilisé
amorti

Rentabiliser
amortir

Rentabilité
rendement

Rentable
avantageux, fructueux, intéressant, juteux, lucratif, payant, productif, profitable, rémunérateur

Rentablement
efficacement

Rente
allocation, arrérages, dividende, intérêt, pension, produit, redevance, retraite, revenu, valeur

Rentier
bourgeois

Rentraire
stopper

Rentré
retenu

Rentrée
début, encaissement, gain, perception, recette, recommencement, recouvrement, reprise, retour, revenu

Rentrée d'argent
recette

Rentrer
avaler, cacher, contenir, creuser, dissimuler, enfoncer, entrer, escamoter, étouffer, introduire, plonger, ranger, ravaler, refouler, réfréner, réintégrer, rejoindre, rengainer, réprimer, retenir, retirer, retourner, rétracter, revenir

Rentrer dans le bois (en parlant de la bête)
rembucher

Rentrer en possession de ce qu'on avait perdu
recouvrer

Renvelopper
remballer

Renversant
colossal, étonnant, sidérant, stupéfiant, suffocant

Renversé
abattu, détruit, enlevé, étonné, inverse, rasé, surpris, vaincu

Renversement
chute, inversion, retournement, tournant

Renverser
abattre, anéantir, basculer, bouleverser, bousculer, briser, broyer, cabaner, capoter, chambarder, chambouler, chavirer, coucher, culbuter, défaire, dégommer, démolir, démonter, désarçonner, dessaler, détrôner, détruire, ébahir, écraser, estomaquer, étendre, étonner, faucher, foudroyer, intervertir, inverser, pencher, permuter, raser, répandre, retourner, révolutionner, ruiner, sidérer, stupéfier, suffoquer, surprendre, terrasser, transposer, vaincre, verser

Renverser de cheval
désarçonner

Renverser quelqu'un
terrasser

Renverser symétriquement
invertir

Renverser une embarcation, volontairement ou non
cabaner

Renvider
bobiner, enrouler, envider

Renvoyé
congédié, rejeté, repoussé, suspendu, vomi

Renvoyer
ajourner, balancer, balayer, chasser, congédier, débaucher, dégommer, démettre, démobiliser, destituer, différer, disgracier, écarter, éconduire, éjecter, éliminer, évincer, exclure, expédier, expulser, larguer, licencier, limoger, proscrire, radier, reculer, réexpédier, référer, réfléchir, refléter, refouler, refuser, rejeter, relancer, remercier, remettre, rendre, répercuter, reporter, repousser, retourner, réverbérer, révoquer, sabrer, sacquer, suspendre, vomir

Renvoyer à
référer

Renvoyer à une date ultérieure
proroger

Réorganiser
ranger, réaménager, remanier, remodeler, restructurer

Réorienter au centre
recentrer

Repaire
abri, aire, antre, asile, cachette, caverne, gîte, nid, refuge, retraite, tanière, terrier

Repaître
nourrir, rassasier

Repaître (Se)
assouvir, délecter, dévorer, gaver, gorger, manger

Répandage
épandage

Répandre
arroser, cheminer, circuler, colporter, couler, courir, déborder, déferler, dégager, développer, déverser, diffuser, dire, dispenser, disperser, disséminer, distiller, distribuer, divulguer, ébruiter, écouler, émettre, épancher, épandre, éparpiller, essaimer, étaler, étendre, éventer, exhaler, filtrer, généraliser, irradier, jaillir, jeter, lancer, massifier, parsemer, percer, populariser, prodiguer, propager, publier, pulluler, rayonner, renverser, répartir, ruisseler, semer, sortir, sourdre, transpirer, vaporiser, véhiculer, verser, vulgariser

Répandre à l'étranger
exporter

Répandre la civilisation chinoise
siniser

Répandre une bonne odeur
fleurer

Répandu
accru, banal, commun, connu, coulé,
courant, diffus, épars, étalé, fréquent,
général, jeté, populaire, profus, public,
ramifié, sorti, usité

Réparable
arrangeable, corrigeable, rachetable,
remédiable

Reparaître
réapparaître, récidiver, recommencer,
renaître, reprendre, reproduire, ressurgir,
resurgir, réveiller, revenir

Réparateur
dépanneur, ravaleur, stimulant, tonifiant,
vivifiant

Réparation
bricolage, calfatage, carénage, compensation,
consolidation, dédommagement, dépannage,
expiation, indemnisation, indemnité,
rabibochage, raccommodage, rachat,
radoub, rafistolage, rafraîchissement,
rapetassage, rapiéçage, réfection, replâtrage,
reprise, ressemelage, restauration, retapage,
retouche, rhabillage, stoppage

**Réparation à l'aiguille de la trame et de la
chaîne d'un tissu**
stoppage

Réparation faite à la coque d'un navire
radoub

Réparation provisoire
bricolage

Réparé
amélioré, enlevé, orchestré, rafraîchi, rétabli

Réparer
adouber, améliorer, arranger, calfater,
caréner, compenser, consolider, corriger,
dédommager, dépanner, effacer, expier,
indemniser, oublier, pallier, patenter,
raccommoder, racheter, radouber, rafistoler,
rafraîchir, ramender, rapiécer, rattraper,
réajuster, recoudre, récupérer, redresser,
refaire, réhabiliter, relever, remédier,
rempiéter, rénover, replâtrer, reprendre,
repriser, ressemeler, restaurer, rétablir,
retaper, retoucher, rhabiller, stopper, suppléer

Réparer en collant
recoller

Réparer en subissant une peine imposée
expier

Réparer la boiserie d'un tableau
parqueter

Réparer sommairement
bricoler

Réparer un navire
radouber

Réparer un péché par la pénitence
expier

Reparler
recauser, rediscuter

Répartement
répartition

Réparti
donné, étalé

Repartie
boutade, réaction, réplique, réponse, riposte

Repartir
rebondir, remonter, répliquer, répondre,
rétorquer, retourner, revenir

Répartir
catégoriser, classer, classifier, consolider,
dispatcher, dispenser, disperser, disposer,
disséminer, distribuer, diviser, donner,
échelonner, éparpiller, espacer, essaimer,
étaler, grouper, lotir, morceler, mutualiser,
ordonner, partager, pondérer, ranger,
rationner, répandre, riposter, séparer, sérier,
ventiler

Répartir en lots
allotir

Répartir par lots
lotir

Répartir selon des critères
trier

Répartition
agencement, attribution, classement,
classification, coéquation, disposition,
distribution, échelonnement, étalement,
ordonnance, ordre, partage, péréquation,
répartement, ventilation, zonage

Répartition d'un territoire en zones
zonage

Répartition des heures
horaire

Répartition en zones
zonage

Repas
agape, banquet, bouchée, brunch, collation,
cuisine, déjeuner, dîner, dînette, festin, gala,
goûter, lunch, mangeaille, médianoche,
nourriture, pitance, régal, réveillon, ripaille,
souper

**Repas copieux tenant lieu de déjeuner et de
dîner**
brunch

Repas de fête
festin

Repas du nourrisson au sein
tétée

Repas du soir
souper

Repas en commun
agape

Repas en plein air
barbecue

Repas entre amis
agapes

Repas léger
dînette, lunch

Repas pris tard dans la nuit
réveillon

Repas, nourriture
lippée

Repassage
affilage, affûtage

Repassé
affûté, révisé, revu

Repasser
affiler, affûter, aiguiser, apprendre, défriper,
émoudre, étudier, évoquer, examiner,
lisser, passer, remémorer, remettre, répéter,
retourner, retracer, retraverser, revenir,
réviser, revivre, revoir, vérifier

Repasser dans son esprit
ruminer

Repêcher
rattraper, sauver

Repeindre
rafraîchir

Repeint
rafraîchi

Repenser
reconsidérer, réexaminer, remâcher, réviser,
revoir

Repentance
pénitence, repentir

Repentant
confus, contrit, gêné, honteux, marri,
penaud, pénitent

Repentir (Se)
componction, contrition, pénitence, regret,
regretter, remords, repentance, résipiscence

Repérage
détection, localisation

Répercussion
conséquence, contrecoup, écho, effet,
impact, incidence, lendemain, prolongement,
réflexion, renvoi, résultat, retentissement,
retombée, retour, réverbération, ricochet,
séquelle, suite

Répercuter
refléter, renvoyer, transmettre, véhiculer

Repère
balise, borne, indication, indice, jalon,
marque, norme, piquet, point, référence,
refuge, taquet, témoin, trace, valeur

Repéré
marqué, noté

Repérer
apercevoir, baliser, borner, déceler, découvrir,
dépister, détecter, discerner, distinguer,
flairer, jalonner, localiser, marquer, percevoir,
positionner, remarquer, retrouver, situer,
trouver

Répertoire
agenda, calepin, carnet, catalogue,
classement, dossier, énumération, état,
fichier, index, inventaire, lexique, liste,
nomenclature, recueil, registre, relevé,
sommaire, table, tableau

Répertoire de données chiffrées
barème

Répertoire de notes
barème

Répertoire de tarifs
barème

Répertorier
archiver, cataloguer, classifier, dénombrer,
ficher, inventorier, lister

Répété
diffus, ergoté, fréquent, itératif, itéré,
perpétuel, reproduit, révisé, revu

Répéter
bisser, bourdonner, cafarder, cafter, citer,
ébruiter, emprunter, imiter, itérer, maintenir,
moucharder, rabâcher, raconter, radoter,
rapporter, recommencer, redire, redoubler,
refaire, réitérer, renouveler, repasser,
reprendre, reproduire, ressasser, ressortir,
réviser, revoir, seriner

Répéter à la demande du public
bisser

Répéter continuellement
seriner

Répéter sans cesse
ressasser

Répéter souvent et inutilement la même chose
rabâcher

Répéteur
relais

Répétitif
itératif, récurrent

Répétition
copie, fréquence, générale, imitation,
itération, leçon, rabâchage, radotage,
rechute, récidive, recommencement,
récurrence, redite, redondance, réédition,
refrain, réitération, rengaine, réplique,

reprise, reproduction, resucée, retour, ritournelle

Répétition constante
refrain

Répétition d'un morceau
reprise

Répétition d'un son
écho

Répétition d'un sujet déjà traité
resucée

Répétition fréquente d'une chose
fréquence

Répétition inutile de mots qui ont le même sens
pléonasme

Répétition involontaire de un ou plusieurs mots
palilalie

Répétition monotone
litanie

Répétitions lassantes
rabâchage

Repeupler
aleviner, empoissonner, reboiser, recoloniser, redévelopper, regarnir, replanter

Repincer
retrouver

Repiquage
enregistrement, plantation, redoublement, transplantation

Repiquer
enregistrer, planter, reboiser, redoubler, replanter, transplanter

Répit
abattement, accalmie, amélioration, arrêt, calme, délai, détente, éclaircie, halte, interruption, moratoire, paix, pause, relâche, rémission, repos, sursis, temps, trêve

Replacé
rétabli

Replacer
ranger, rapporter, recaser, réinstaller, réintégrer, remettre, reporter, resituer, rétablir

Replacer verticalement
redresser

Replanter
greffer, planter, reboiser, repeupler, repiquer, transplanter

Replat
plateforme

Replâtrage
réparation

Replâtrer
réparer

Replet
adipeux, charnu, dodu, gras, grassouillet, gros, pansu, plantureux, plein, potelé, poupin, rebondi, rond, rondelet, rondouillard

Réplétion
satiété

Repli
baisse, bourrelet, dédale, détour, diminution, labyrinthe, méandre, ondulation, ourlet, pli, pliement, rabat, recoin, recul, reflux, régression, rempli, retrait, retraite, revers, sinuosité, tréfonds, volute

Repli d'étoffe
ourlet

Repli de terrain
talweg, thalweg

Repli du péritoine
épiploon

Repli pathologique sur soi
autisme

Repli sur soi-même
retrait

Repliable
rabattable

Replié
accroupi, courbé, plié

Repliement
pliement

Replier
plier, rabattre, ratatiner, refermer, reployer, retrousser

Replier (Se)
blottir, courber, reculer

Réplique
calque, clone, contestation, copie, critique, discussion, double, image, imitation, jumeau, objection, observation, pendant, réaction, réédition, repartie, répétition, réponse, reproduction, rétorsion, riposte, sosie, tirade

Réplique d'une personne
jumeau

Répliquer
contester, dire, objecter, protester, repartir, répondre, rétorquer, riposter

Répliquer promptement
répartir

Replis musculo-membraneux mobiles bordés de cils
paupières

Replonger
enfoncer, récidiver, recommencer, remettre, retomber

Reployer
replier

Repolir
réastiquer, reponcer

Reponcer
repolir

Répondant
caution, endosseur, garant, parrain,
responsable

Répondre
affirmer, assurer, cautionner, certifier,
combler, contester, défendre, dire, garantir,
objecter, protester, réagir, récriminer, réfuter,
remplir, rendre, repartir, répliquer, rétorquer,
riposter, satisfaire

Répondre avec vivacité
répliquer

Répondre vivement
rétorquer

Réponse
clé, clef, écho, éclaircissement, explication,
justification, réaction, repartie, réplique,
riposte, solution, verdict

Réponse juste et rapide
repartie

Réponse négative
non

Réponse positive
oui

Réponse vive
réplique, riposte

Report
ajournement, prorogation, remise, renvoi,
sursis, transcription, transfert

Reportage
article, document, documentaire, enquête,
papier

Reporté
retardé

Reporter
ajourner, baroudeur, chroniqueur,
correspondant, décaler, déplacer, différer,
journaliste, porter, rapporter, reculer,
rédacteur, référer, remettre, remporter,
renvoyer, replacer, reporter, repousser,
retarder, retourner, reverser, surseoir,
suspendre, transcrire, transférer, transporter

Reporter au pouvoir
réélire

Reporter le calque sur une surface quelconque
décalquer

Repos
accalmie, amusement, arrêt, calme, congé,
délassement, détente, halte, inactivité,
interruption, loisir, paix, pause, quiétude,
récréation, relâche, relâchement, rémission,
répit, retraite, sérénité, sieste, sommeil,
suspension, tranquillité, vacances

Repos hebdomadaire des Juifs
sabbat

Repos pris après le dîner
sieste

Repos total des Orientaux au milieu du jour
kief

Reposant
apaisant, calmant, délassant, distrayant,
relaxant

Reposé
délassé, détendu, dispos, frais, relax, relaxé

Reposer
baser, décanter, délasser, détendre, dormir,
relaxer

Reposer (Se)
souffler

Repoussant
abject, affreux, dégoûtant, fétide, hideux,
ignoble, immonde, infect, laid, nauséabond,
rebutant, répugnant, répulsif, sordide

Repoussé
abandonné, balayé, bousculé, chassé,
décalé, différé, écarté, exclu, objecté,
prolongé, refoulé, refusé, rejeté, renvoyé,
retardé, sorti

Repousser
abandonner, ajourner, balayer, bannir,
bouter, chasser, culbuter, décaler, décliner,
dédaigner, dégoûter, différer, écarter,
écœurer, éconduire, éjecter, éliminer,
éloigner, évincer, exclure, exécrer, expulser,
mépriser, pousser, proroger, rabrouer,
rebuter, reculer, récuser, refouler, refuser,
réfuter, rejeter, rembarrer, remettre, renaître,
renvoyer, reporter, répudier, répugner,
résister, retarder, retoquer, suspendre

Repoussoir
ciseau

Repréciser
redéfinir

Répréhensible
blâmable, coupable, damnable

Répréhension
blâme

Reprendre
arranger, blâmer, censurer, changer,
chapitrer, condamner, continuer, corriger,
critiquer, gourmander, modifier, morigéner,
poursuivre, prendre, racheter, rattraper,
réagir, réajuster, rebondir, récapituler,
récidiver, recommencer, recouvrer, récupérer,
redémarrer, redire, refaire, refondre,
regagner, réitérer, rejoindre, remanier,
rembarrer, remonter, remporter, renouer,
reparaître, réparer, répéter, réprimander,
reproduire, ressaisir, résumer, rétablir,
retaper, retirer, retoucher, rétrécir, retrouver,
revenir, réviser, revoir, sermonner

Reprendre du poids
regrossir

Reprendre du service
rengager

Reprendre ses forces par le repos
récupérer

Représailles
punition, rétorsion, riposte, vengeance

Représentant
ablégat, agent, avocat, courtier, délégué, député, échantillon, élu, émissaire, envoyé, placeur, placier, spécimen, substitut, syndic, type, vendeur

Représentant en justice
avoué

Représentatif
typique

Représentation
allégorie, concept, connaissance, consulat, dessin, effigie, évocation, festival, figure, image, miroir, notion, peinture, perception, portrait, présentation, prestation, reflet, schéma, séance, signe, spectacle, symbole, tableau, traduction, vision

Représentation affaiblie
reflet

Représentation d'une chose
tableau

Représentation d'une divinité
idole

Représentation d'une personne
effigie

Représentation du Christ enfant
Jésus

Représentation du serpent naja dressé
uræus

Représentation figurée du lieu où se passe l'action au théâtre
décor

Représentation figurée du lieu où se passe l'action, au cinéma
décor

Représentation graphique
diagramme

Représentation graphique d'une marque commerciale
logo

Représentation imaginaire traduisant des désirs plus ou moins conscients
phantasme

Représentation imprimée d'un sujet quelconque
image

Représenté
campé, donné

Représenter
camper, constituer, décrire, dépeindre, désigner, dessiner, donner, être, évoquer, exposer, exprimer, faire, figurer, imaginer, imiter, incarner, indiquer, interpréter, jouer, mimer, montrer, peindre, percevoir, personnifier, photographier, portraire, présenter, rappeler, refléter, remplacer, rendre, reproduire, rêver, signifier, simuler, symboliser, voir

Représenter dans son ensemble
décrire

Représenter en profil
profiler

Répression
châtiment, écrasement, étouffement, punition, sanction

Réprimande
admonestation, attrapade, avertissement, blâme, correction, critique, discours, fustigation, gronderie, homélie, leçon, morale, remarque, remontrance, reproche, savon, semonce, sermon

Réprimandé
corrigé, secoué

Réprimande faite de façon bienveillante
gronderie

Réprimander
aboyer, admonester, attraper, avertir, blâmer, chapitrer, crier, disputer, haranguer, houspiller, incendier, menacer, moraliser, quereller, redresser, reprendre, secouer, semoncer, sermonner, tancer

Réprimander sévèrement
chapitrer

Réprimé
contraint, étouffé, retenu

Réprimer
arrêter, brider, briser, calmer, châtier, comprimer, contenir, contraindre, écraser, étouffer, maîtriser, mater, modérer, museler, pénaliser, punir, ravaler, refouler, réfréner, rentrer, retenir, sanctionner, sévir, visser

Repris
corrigé, rétabli, rétréci, révisé, revu

Reprisage
raccommodage

Reprise
accroissement, continuation, correction, fois, passefilure, poursuite, raccommodage, rachat, ravaudage, récidive, recommencement, reconquête, récupération, redémarrage, rediffusion, refonte, refrain, regain, relance, remontée, renouveau, rentrée, réparation, répétition, retouche, retour, ronde, stoppage

Reprise d'un combat de boxe
round

Reprise de l'activité économique
dégel

Reprise en chœur, à l'unisson, d'un refrain
chorus

Repriser
coudre, passefiler, raccommoder, rapiécer, ravauder, réparer, stopper

Réprobation
anathème, animadversion, blâme, censure, condamnation, critique, désapprobation, improbation, malédiction

Reproche
accusation, admonestation, attaque, avertissement, blâme, critique, grief, objection, objurgation, plainte, récrimination, remarque, remontrance, réprimande, semonce, sermon

Reprocher
blâmer, chapitrer, taxer

Reproches
pouilles

Reproducteur
étalon, géniteur, imitatif

Reproduction
allégorie, copie, corrigé, double, épreuve, gravure, illustration, image, imitation, impression, miroir, moulage, planche, répétition, réplique

Reproduction d'un individu à partir d'une de ses cellules
clonage

Reproduction photographique
photo

Reproduire
calquer, clicher, contrefaire, copier, croquer, dépeindre, dessiner, éditer, emprunter, exprimer, imiter, imprimer, lithographier, mimer, montrer, peindre, photocopier, photographier, plagier, polycopier, publier, rééditer, refléter, rendre, reparaître, répéter, reprendre, représenter, reprographier, restituer, revenir, simuler, tirer, traduire

Reproduire (Se)
proliférer

Reproduire frauduleusement, sans payer de droits
pirater

Reproduire inexactement
déformer

Reproduire le comportement de quelqu'un
imiter

Reproduire par boutures
bouturer

Reproduire sans payer de droits
pirater

Reproduire un dessin sur un papier calque
calquer

Reproduit
copié, imité, répété

Reprographier
reproduire

Réprouvé
affligé, damné, exclu, maudit, paria, pestiféré, rejeté

Réprouver
abominer, anathématiser, anathémiser, bannir, blâmer, censurer, condamner, critiquer, damner, désapprouver, désavouer, détester, fustiger, honnir, interdire, maudire, prohiber, rejeter, stigmatiser

Reptation
rampement

Reptile
boa, ophidien, serpent

Reptile à marche lente
tortue

Reptile à quatre pattes courtes
tortue

Reptile aquatique
cunecte

Reptile aquatique à museau large et court
caïman

Reptile au corps allongé
lézard

Reptile ayant l'aspect du lézard
iguane

Reptile crocodilien
gavial

Reptile dinosaurien bipède
iguanodon

Reptile fossile préhistorique
dinosaure

Reptile piscivore au long museau
gavial

Reptile saurien
iguane, orvet, varan

Repu
assouvi, gavé, plein, rassasié, saoul, soûl

Republication
réédition

République
cité

République arabe unie
RAU

Répudiation
reniement

Répudié
abandonné, rejeté, renié

Répudier
abandonner, désavouer, refuser, rejeter,
renier, renoncer, repousser

Répugnance
abomination, allergie, antipathie, aversion,
dégoût, écœurement, haine, horreur, nausée,
répulsion

Répugnant
abject, abominable, affreux, dégoûtant,
détestable, écœurant, épouvantable,
exécrable, fétide, hideux, horrible, ignoble,
ignominieux, immonde, infâme, infect,
innommable, laid, méprisable, nauséabond,
nauséeux, odieux, pestilentiel, puant,
rebutant, repoussant, répulsif, révoltant,
sordide, vil

Répugné
dégoûté, écœuré

Répugner
dégoûter, déplaire, écœurer, rebuter,
renauder, repousser, révulser

Répulsif
dégoûtant, écœurant, immonde, nauséabond,
rebutant, repoussant, répugnant

Répulsion
abomination, allergie, animosité, antipathie,
aversion, dégoût, écœurement, exécration,
haine, horreur, nausée, peur, répugnance,
révolte

Réputation
aloi, aura, autorité, célébrité, considération,
crédit, estime, gloire, honneur, lustre,
mémoire, nom, notoriété, popularité, prestige,
renom, renommée, vertu, vogue

Réputé
célèbre, censé, connu, coté, éminent,
fameux, glorieux, grand, illustre, populaire,
prestigieux, présumé, reconnu, renommé

Requérant
exposant, plaideur

Requérir
appeler, demander, exiger, imposer, mobiliser,
nécessiter, prescrire, réclamer, solliciter,
sommer, vouloir

Requête
demande, démarche, instance, mémoire,
pétition, placet, pourvoi, prière, recours,
réquisition, sollicitation, supplique, volonté

Requête par laquelle on sollicite une grâce
supplique

Requin
filou, forban, gredin, pirate, rapace, squale,
vautour

Requin de grande taille
lamie

Requin de la Méditerranée
perlon

Requin gris aux flancs blancs
griset

Requinqué
régénéré

Requinquer
fortifier, ragaillardir, réconforter, régénérer,
remonter, retaper

Requis
demandé, essentiel, exigé, imposé,
indispensable, nécessaire, obligatoire,
prescrit, voulu

Requis par les circonstances
voulu

Réquisition
requête, réquisitoire, séquestre

Réquisitionné
saisi

Réquisitionner
mobiliser, saisir

Réquisitoire
accusation, attaque, catilinaire, critique,
diatribe, discours, factum, pamphlet,
philippique, plaidoirie, réquisition, satire

Rescapé
indemne, intact, réchappé, sauf, sauvé,
survivant

Rescaper
sauver

Rescinder
annuler, casser, résoudre, révoquer, rompre

Rescision
abolition, abrogation, annulation, renvoi,
résolution, rupture

Rescousse
défense, secours

Réseau
chaîne, circuit, confusion, dédale,
enchevêtrement, ensemble, entrecroisement,
entrelacement, entrelacs, filière, labyrinthe,
lacis, organisation, plexus, structure

Réseau de conduites
canalisation

Réseau de fils entrelacés
lacis

Réseau de l'information
RDI

Réseau de télévision
RDI, SRC, TVA

Réseau de télévision américain
ABC, CBS, Fox, NBC, PBS

Réseau des sports
RDS

Réseau formé par les fibres de certains tissus
réticulum

Réseau routier
voirie

Réseau téléphonique
téléphone

Résection
ablation, amputation

Réséda
gaude

Réséquer
amputer

Réserve
arsenal, banque, cargaison, cassette, circonspection, citerne, critique, décence, dépôt, dignité, discrétion, doute, économie, économies, entrepôt, épargne, fraîcheur, froideur, gêne, gisement, gravité, hésitation, honte, humilité, magasin, méfiance, mesure, modération, modestie, parc, pépinière, pondération, précaution, provision, prudence, pudeur, remise, réservoir, resserre, ressource, restriction, retenue, réticence, sanctuaire, sobriété, stock, timidité, trésor, volant

Réservé
accaparé, calme, circonspect, contenu, décent, dévolu, discret, distant, dubitatif, effacé, frais, froid, gardé, gêné, grave, hésitant, humble, méfiant, mesuré, modéré, modeste, personnel, pondéré, pris, privé, protégé, prudent, pudique, renfermé, retenu, réticent, sage, secret, sélect, simple, sobre, taciturne, tiède, timide

Réserve amérindienne de l'Abitibi-Témiscamingue
Kebaowek, Pikogan, Timiskaming

Réserve amérindienne de la Côte-Nord
Essipit, Maliotenam, Matimekosh, Mingan, Natashquan, Pessamit, Uashat

Réserve amérindienne de la Gaspésie–Îles-de-la-Madeleine
Gesgapegiag, Listuguj

Réserve amérindienne de la Mauricie
Obedjiwan, Wemotaci

Réserve amérindienne de la Montérégie
Akwesasne, Kahnawake

Réserve amérindienne de Lanaudière
Manawan

Réserve amérindienne du Centre-du-Québec
Odanak, Wôlinak

Réserve amérindienne du Saguenay–Lac-Saint-Jean
Mashteuiatsh

Réserve amérindienne située dans la ville de Québec
Wendake

Réservé aux piétons
piéton

Réserve de gibier
garenne

Réserver
accaparer, conserver, destiner, économiser, épargner, excepter, garder, impartir, louer, ménager, offrir, préparer, prévoir, retenir, suspendre

Réservoir
bassin, citerne, cuve, étang, gisement, nourrice, pépinière, pétrolier, piscine, réceptacle, récipient, réserve, réticence, silo, tank, vivier

Réservoir de plongée d'un sous-marin
ballast

Réservoir où l'on filtre l'eau
purgeoir

Réservoir pour les récoltes
silo

Résidé
logé, resté

Résidence
adresse, alcazar, appartement, demeure, domicile, foyer, gîte, habitat, habitation, logement, maison, palace, propriété, séjour

Résidence d'un prêteur romain
prétoire

Résidence d'un vicaire
vicariat

Résidence du président de la Russie
Kremlin

Résidence du souverain
cour

Résident
citoyen, diplomate, étranger, habitant, immigrant, occupant, pensionnaire, ressortissant

Résidentiel
bourgeois

Résider
demeurer, descendre, être, gésir, gîter, habiter, loger, percher, rester, séjourner, siéger, situer, trouver, vivre

Résidu
boue, cadmie, calamine, cendre, compost, débris, déchet, dépôt, détritus, excédent, fond, indice, lie, mâchefer, marc, ordure, rebut, restant, reste, rognure, scorie, tartre

Résidu de la distillation du pétrole
mazout

Résidu des matières brûlées
cendre

Résidu des tiges de canne à sucre
bagasse

Résidu du chanvre
étoupe

Résidu éteint
braise

Résidu laissé par la fumée
suie

Résidu liquide de la fabrication du beurre
babeurre

Résidu pâteux de la houille
brai

Résidu pâteux provenant de la distillation du pétrole
brai

Résidu sirupeux de la cristallisation du sucre
mélasse

Résidu solide des opérations de traitement des minerais métalliques
scorie

Résignation
démission, patience, sacrifice

Résigné
abandonné, docile, endurant, fataliste, indifférent, patient, philosophe, renié, soumis

Résigner
abandonner, démettre, démissionner, quitter, renoncer

Résigner (Se)
céder

Résiliation
abdication, abolition, annulation, dénonciation, résolution, rupture

Résiliation d'un bail
renon

Résilié
annulé, renié

Résilient
résistant

Résilier
annuler, casser, dénoncer, dissoudre, invalider, prescrire, résoudre, révoquer, rompre

Résille
filet, réticule

Résine
baume, galipot, gemme, gomme, silicone

Résine aromatique
encens, myrrhe

Résine aromatique extraite du styrax
benjoin

Résine dont on fait des vernis
copal

Résine extraite de la férule
ase

Résine fossile provenant de conifères
ambre

Résine fournie par des arbres tropicaux
copal

Résine jaunâtre
mastic

Résine malodorante
ase

Résine provenant de la distillation de la térébenthine
arcanson

Résine synthétique
bakélite

Résine synthétique employée comme succédané de l'ambre
bakélite

Résineux
arbre, sapin

Résipiscence
contrition, pénitence, regret, remords, repentir

Résistance
blocage, difficulté, fermeté, force, hésitation, lutte, obstacle, réaction, rébellion, refus, révolte, rusticité, solidité, tolérance

Résistant
coriace, costaud, désobéissant, dur, endurant, endurci, ferme, fort, increvable, infatigable, inusable, maquisard, partisan, patriote, rebelle, résilient, rigide, robuste, rustique, solide, tenace, vigoureux, vivace

Résistant d'un maquis
maquisard

Résistant palestinien
fedayin

Résister
accrocher, contrarier, débattre, démener, durer, lutter, maintenir, protester, réagir, regimber, renâcler, renauder, repousser, supporter, survivre, tenir

Resocialiser
réinsérer

Résolu
annulé, assuré, audacieux, brave, constant, convaincu, courageux, décidé, délibéré, déterminé, énergique, entendu, farouche, ferme, fort, hardi, obstiné, opiniâtre, prémédité, prêt, résorbé, têtu, volontaire

Résoluble
annulable, décidable, soluble, solutionnable

Résolument
âprement, fermement

Résolution
acharnement, achèvement, analyse, annulation, audace, but, caractère, choix, conclusion, constance, conviction, courage, décision, décomposition, délibération, dénouement résorption, dessein, détente,

détermination, disparition, dissolution, énergie, fermeté, fin, intention, invalidation, obstination, opiniâtreté, parti, programme, projet, propos, proposition, rédhibition, relâchement, rescision, résiliation, révocation, rupture, serment, solution, ténacité, terme, vœu, volonté, vouloir

Résonance
écho, onde, retentissement, réverbération, son, sonorité

Résonnant
retentissant, sonore, tonitruant

Résonné
sonné

Résonnement par récurrence
induction

Résonner
carillonner, retentir, sonner, tinter, vibrer

Résorbé
absorbé, avalé, disparu, effacé, éliminé, épongé, résolu, supprimé

Résorber
absorber, avaler, comprimer, diminuer, effacer, éliminer, éponger, passer, résoudre, supprimer

Résorption
résolution

Résoudre
annuler, arrêter, casser, conclure, débrouiller, déchiffrer, décider, décomposer, démêler, dénouer, deviner, dissoudre, élucider, invalider, pénétrer, régler, rescinder, résilier, résorber, révoquer, solutionner, statuer, trancher, transformer, trouver, vider

Respect
adoration, adulation, civilité, compliment, compréhension, considération, crainte, culte, déférence, devoir, dignité, égard, estime, galanterie, hommage, honneur, indulgence, obéissance, observance, observation, piété, politesse, pudeur, révérence, salutation, tolérance, vénération

Respect de soi-même
dignité

Respect des convenances
décence

Respect profond
révérence

Respect que l'on rend aux anges
dulie

Respect strict de la loi
légalisme

Respectabilité
dignité

Respectable
auguste, bien, canonique, digne, honorable, important, noble, saint, vénérable

Respecté
vénérable, vénéré

Respecter
accepter, craindre, épargner, estimer, garder, honorer, obéir, observer, remplir, révérer, satisfaire, suivre, tenir, tolérer, vénérer

Respecter profondément
révérer

Respectif
relatif

Respectueusement
poliment

Respectueux
déférent, humble, pieux, poli, religieux, révérencieux, soumis

Respiration
haleine, souffle

Respiration bruyante
soupir

Respiré
absorbé, aéré, marqué, senti, soufflé

Respire à un rythme précipité
halète

Respirer
absorber, aérer, aspirer, dégager, exhaler, expirer, exprimer, haleter, humer, inhaler, inspirer, manifester, marquer, sentir, souffler, suer, suffoquer, transpirer

Respirer avec gêne
haleter

Respirer avec peine
panteler

Respirer en faisant entendre des râles
râler

Respirer péniblement
anhéler

Resplendir
briller, étinceler, flamboyer, illuminer, irradier, luire, pétiller, rayonner, reluire, rutiler, scintiller

Resplendissant
beau, bel, brillant, éclatant, étincelant, florissant, prospère, radieux, rayonnant, reluisant, rutilant

Responsabilité
devoir, faute, obligation, poids, ressort, rôle, soin

Responsable
adulte, auteur, chef, coupable, décideur, dirigeant, fauteur, fautif, garant, gérant, pivot, préposé, répondant, sérieux, solidaire, stratège, tuteur

Responsable ecclésiastique
doyen

Resquille
fraude, vol

Resquiller
frauder

Resquilleur
fraudeur, voleur

Ressac
houle

Ressaisir
raccrocher, rattraper, réagir, recouvrer,
reprendre

Ressassé
rebattu, roulé, usé

Ressassement
rabâchage, radotage

Ressasser
examiner, rabâcher, radoter, redire, remâcher,
répéter, rouler, ruminer, seriner

Ressasseur
rabâcheur

Ressaut
avancée, redan

Ressemblance
air, analogie, concordance, identité, parenté,
parité, proximité, rapport, similitude, sosie,
symétrie, uniformité, vérité

Ressemblance avec les ancêtres
atavisme

Ressemblant
analogue, parallèle, proche, semblable,
similaire, vivant

Ressembler
apparenter, approcher, évoquer, rappeler,
rapprocher

Ressemelage
réparation

Ressemeler
réparer

Ressemer
réensemencer

Ressenti
senti

Ressentiment
âcreté, aigreur, amertume, animosité,
antipathie, aversion, colère, dépit, haine,
hostilité, inimitié, rancœur, rancune

Ressentiment tenace
rancœur

Ressentir
avoir, concevoir, connaître, discerner,
endurer, éprouver, goûter, nourrir, sentir,
souffrir, subir

Resserre
dépôt, entrepôt, magasin, remise, réserve

Resserré
abrégé, borné, comprimé, condensé,
consolidé, contracté, diminué, étranglé,
étréci, étroit, intensifié, pressé, raffermi,
ramassé, rapproché, réduit, refermé,
renforcé, restreint, rétréci, serré, tassé

Resserrement
constriction, réduction

Resserrement pathologique d'un organe
striction

Resserrer
abréger, borner, cimenter, comprimer,
condenser, consolider, contracter, diminuer,
étrangler, étrécir, fermer, intensifier, presser,
raffermir, ramasser, rapprocher, réduire,
refermer, renforcer, restreindre, rétrécir,
serrer, tasser

Resservir
reverser

Ressort
agent, allant, ardeur, attributions, autorité,
caractère, cause, compétence, courage,
domaine, dynamisme, élan, élasticité,
énergie, force, gâchette, moteur, moyen, nerf,
pouvoir, registre, responsabilité, ressource,
suspension, tonus, volonté

Ressorti
débordé, sorti

Ressortir
apparaître, apparoir, avérer, contraster,
déborder, découper, dessiner, détacher,
déterrer, détonner, distinguer, exhumer,
paraître, rebâcher, répéter, ressurgir, resurgir,
ressusciter, résulter, saillir, sortir, trancher

Ressortissant
citoyen, résident, sujet

Ressource
arme, astuce, atout, avantage, combine,
énergie, expédient, faculté, invention, issue,
moyen, possibilité, potentiel, procédé,
recours, refuge, remède, réserve, ressort,
richesse, secours, solution

Ressources
argent, bien, finances, fonds, fortune, revenu,
trésor

Ressources pécuniaires
moyens

Ressouvenance
souvenir

Ressuer
suinter

Ressurgir
réapparaître, refluer, rejaillir, renaître,
reparaître, ressortir, revenir, revivre

Ressuscité
rétabli, vivant

Ressusciter
déterrer, rallumer, ramener, ranimer, raviver, réanimer, renaître, ressortir, rétablir revivre, réveiller

Restant
reliquat, résidu, reste, solde, subsistant, surplus, survivant

Restaurant
auberge, brasserie, cantine, table

Restaurant à bon marché
gargote

Restaurant modeste
bistro, bistrot

Restaurant où l'on sert un repas léger
mâchon

Restaurant qui prépare et sert des pizzas
pizzeria

Restaurant spécialisé dans les grillades
grill

Restaurateur
aubergiste, bistrotier, gargotier, hôte, hôtelier, ravaleur, rôtisseur, tavernier

Restaurateur qui se fait une spécialité des huîtres et des fruits de mer
écailler

Restauration
réfection, régénération, réparation

Restauré
amélioré, corrigé, rétabli

Restaurer
améliorer, arranger, nourrir, ramener, reconstituer, reconstruire, refaire, régaler, réhabiliter, relever, rénover, réparer, rétablir, retaper

Restaurer (Se)
manger, sustenter

Reste
cendre, complément, compost, débris, différence, excédent, excès, fragment, rebut, relent, reliquat, résidu, restant, résultat, rogaton, rognure, solde, suite, surplus, trace, vestige

Resté
attardé, attendu, conservé, demeuré, éternisé, habitué, logé, maintenu, perduré, perpétué, résidé, séjourné, stationné, subsisté, tenu, traînassé, traîné

Reste d'une pièce d'étoffe
coupon

Reste de bûches
tison

Rester
attarder, attendre, conserver, demeurer, durer, éterniser, être, habiter, habituer, maintenir, perdurer, perpétuer, persister, résider, séjourner, stationner, subsister, surnager, survivre, tenir, traînasser, traîner, vivre

Rester à jeun
jeûner

Rester à la même place
stationner

Rester à la surface
surnager

Rester absent une nuit entière
découcher

Rester la bouche ouverte
bayer

Rester sur ses gardes (Se)
méfier

Restes
bribes, cadavre, cendres, déchets, décombres, dépouille, détritus, épave, os, ossements, poussière, reliefs, relique, ruines, squelette

Restes d'un mort après incinération
cendres

Restes de ce qui a existé dans sa plénitude
décombres

Restituable
amortissable

Restitué
rejeté, rétabli

Restituer
dégager, exprimer, libérer, ramener, rapporter, reconstituer, recréer, redonner, rejeter, rembourser, remettre, rendre, replacer, reproduire, rétablir, retourner, simuler, traduire

Restreindre
abréger, amoindrir, borner, comprimer, délimiter, diminuer, gêner, limiter, modérer, rabaisser, rabattre, ramener, rapetisser, rationner, réduire, renfermer, resserrer, rétrécir

Restreint
abrégé, confiné, étriqué, étroit, exigu, faible, limité, petit, réduit, resserré, rétréci, strict

Restrictif
étroit, limitatif

Restriction
limitation, obstacle, privation, réduction, réserve

Restructuration
refonte

Restructurer
réaménager, recomposer, remanier, remodeler, rénover, réorganiser

Resucée
répétition

Résultant
issu

Résultante
effet, produit, résultat

Résultat
aboutissement, bilan, cible, conclusion,
conséquence, contrecoup, corrigé,
dénouement, effet, état, fruit, issue, marque,
note, palmarès, performance, portée, produit,
répercussion, reste, résultante, réussite,
score, solution, somme, suite, total

Résultat d'une division
quotient

Résultat global
bilan

Résultat heureux
succès

Résultat optimal
performance

Résultat supérieur
record

Résulter
apparoir, découler, dériver, naître, procéder,
provenir, ressortir, venir

Résumé
abrégé, analyse, aperçu, bilan, compendieux,
compendium, concentré, concis, condensé,
court, digest, extrait, guide, mémento, notice,
précis, raccourci, récapitulation, réduction,
schématique, simplifié, sommaire, succinct,
synopsis, synthèse

**Résumé d'un scénario qui permet d'avoir une
idée générale**
synopsis

Résumé écrit
relevé

Résumé par écrit
notice

Résumé, conclusion d'un discours
épilogue

Résumer
abréger, condenser, diminuer, écourter,
raccourcir, ramasser, récapituler, réduire,
reprendre, synthétiser

Résurgence
regain, renaissance, source

Resurgir
réapparaître, refluer, rejaillir, renaître,
reparaître, ressortir, revenir, revivre

Résurrection
guérison, régénération, renaissance, réveil

Retable
tableau

Rétabli
amélioré, corrigé, guéri, ramené, reconstitué,
reconstruit, récupéré, redressé, réédifié,

refait, réhabilité, réinstallé, réintégré, relevé,
remis, renoué, réparé, replacé, repris, resitué,
ressuscité, restauré, restitué, sauvé

Rétabli d'un mal physique
guéri

Rétablir
améliorer, assainir, guérir, normaliser,
ramener, ranimer, réajuster, réanimer,
reconstituer, reconstruire, rectifier, récupérer,
redresser, réédifier, refaire, réhabiliter,
réinstaller, réintégrer, relever, remettre,
remonter, renouer, réparer, replacer,
reprendre, resituer, ressusciter, restaurer,
restituer, retaper, sauver, soigner

Rétablir des liens brisés
renouer

Rétablissement
amélioration, guérison, recouvrement

Retaille
rognure

Retailler
recouper

Rétamer
dépouiller, enivrer, ruiner

Retapage
réparation

Retape
racolage

Retapé
rafraîchi, régénéré

Retaper
arranger, guérir, rabibocher, rafistoler,
rafraîchir, ragaillardir, rajeunir, refaire,
régénérer, remplumer, rénover, réparer,
reprendre, requinquer, restaurer, rétablir,
retoucher

Retard
ajournement, arriération, arriéré,
atermoiement, décalage, déficience, délai,
lenteur, piétinement, ralentissement,
retardement

Retardataire
attardé, traîneur

Retardé
ajourné, arriéré, atermoyé, débile, décalé,
désynchronisé, différé, lanterné, reculé,
remis, reporté, repoussé, sursis, suspendu,
tardé, temporisé, tergiversé

Retardement
remise, retard

Retarder
ajourner, attarder, décaler, différer, éloigner,
lanterner, proroger, ralentir, reculer, remettre,
reporter, repousser, surseoir, suspendre,
temporiser

Reteindre une étoffe
biser

Retéléphoner
rappeler

Retenir
absorber, accaparer, accrocher, adopter, adsorber, amarrer, arrêter, assimiler, assurer, attacher, attirer, bloquer, brider, calmer, capter, choisir, clouer, coincer, comprimer, confisquer, conserver, consigner, contenir, contraindre, contrôler, cramponner, décompter, déduire, défalquer, détenir, dominer, élire, empêcher, emprisonner, enchaîner, endiguer, enregistrer, éteindre, étouffer, fixer, freiner, garder, immobiliser, intercepter, louer, maintenir, maîtriser, mémoriser, modérer, museler, ôter, ponctionner, précompter, prélever, prendre, rabattre, rappeler, ravaler, refouler, réfréner, relever, rentrer, réprimer, réserver, retirer, retrancher, river, saisir, sélectionner, séquestrer, soustraire, soutenir, souvenir, supporter, tenir

Retenir au moyen d'une digue
endiguer

Retenir avec des bosses
bosser

Retenir en soi
intérioriser

Retenir, réprimer
endiguer

Retenter
réessayer

Rétention
arrêt

Retentir
éclater, répercuter, résonner, sonner, tinter, vibrer

Retentissant
ample, assourdissant, bruyant, claironnant, cuisant, éclatant, fort, fracassant, haut, remarquable, résonnant, sonore, spectaculaire, tonitruant, tonnant, triomphal, vibrant

Retentissement
écho, éclat, effet, impact, publicité, répercussion, résonance

Retenu
absorbé, accaparé, accroché, adopté, adsorbé, amarré, arrêté, assimilé, assuré, attaché, attiré, bloqué, bridé, calmé, capté, choisi, cloué, coincé, comprimé, confisqué, conservé, contenu, contraint, contrôlé, cramponné, décompté, déduit, défalqué, détenu, discret, dominé, élu, empêché, emprisonné, enchaîné, endigué, enlevé, enregistré, éteint, étouffé, fixé, gardé, immobilisé, intercepté, loué, maintenu, maîtrisé, mémorisé, modéré, muselé, noté, occupé, ôté, ponctionné, pondéré, précompté, prélevé, pris, pudique, rabattu, rappelé, ravalé, refoulé, réfréné, rentré, réprimé, réservé, retiré, retranché, rivé, saisi, sélectionné, séquestré, soustrait, soutenu, supporté, tenu

Retenu prisonnier
otage

Retenue
bouchon, colle, consigne, consignée, dignité, dissimulation, encombrement, honte, humilité, mesure, modération, modestie, pondération, précompte, pudeur, pudicité, réserve, sagesse, sobriété, tenue

Retenue salariale
précompte

Réticence
barrage, circonspection, consigne, dignité, discrétion, embouteillage, encombrement, engorgement, hésitation, mesure, modestie, omission, pondération, prudence, pudeur, ralentissement, réserve, réservoir, tenue, tiédeur

Réticent
circonspect, défiant, discret, dubitatif, froid, hésitant, méfiant, omission, prudent, réservé, silencieux, tiède

Réticule
bourse, filet, résille, sac

Rétif
désobéissant, difficile, frondeur, indiscipliné, indocile, insoumis, insubordonné, rebelle, récalcitrant, réfractaire, regimbeur, vicieux

Retiré
abandonné, désert, discret, écarté, éloigné, enlevé, évadé, isolé, ôté, paumé, perdu, reclus, reculé, retenu, retranché, sauvage, secret, solitaire, sorti

Retirer
abandonner, ablater, abolir, absenter, arracher, baisser, cantonner, confisquer, couper, déblayer, décompter, déduire, défalquer, dégager, déloger, dépouiller, dérober, descendre, désister, disparaître, enlever, évader, excepter, extirper, extraire, gagner, lever, obtenir, ôter, partir, percevoir, prélever, prendre, quitter, radier, ravaler, recevoir, récolter, recueillir, reculer, refluer, réfugier, renoncer, rentrer, reprendre, retenir, retrancher, sortir, soustraire, supprimer, tapir, terrer, tirer, vider

Retirer d'une broche
débrocher

Retirer de la bourbe
débourber

Retirer de la terre
exhumer

Retirer des barbes ou des aspérités à des métaux, des céréales ou du papier
ébarber

Retirer la bonde d'un tonneau
débonder

Retirer la queue d'un fruit
équeuter

Retirer les fers d'un cheval
déferrer

Retirer sa candidature (Se)
désister

Retirer, enlever ce qui gêne
déblayer

Retirer, ouvrir le ou les capots
décapoter

Rétivité
entêtement, insubordination

Retombant
pendant, tombant

Retombé
pendu

Retombé dans l'hérésie
relaps

Retombée
incidence, répercussion, suite

Retomber
apaiser, baisser, calmer, chuter, diminuer, disparaître, éteindre, faiblir, pendre, rebaisser, rechuter, récidiver, recommencer, redescendre, rejaillir, replonger

Retomber sur quelqu'un
incomber

Retondre
tailler

Retoquer
refuser, repousser

Rétorquer
dire, objecter, opposer, repartir, répliquer, répondre, riposter

Retors
artificieux, ficelle, fin, finaud, machiavélique, madré, malin, matois, roublard, roué, rusé, tordu, tortu, tortueux, vicieux

Rétorsion
réplique, représailles, riposte, vengeance

Retouche
amélioration, correction, modification, raccord, rature, rectification, réparation, reprise

Retouché
amélioré, corrigé, revu

Retoucher
améliorer, arranger, corriger, modifier, parfaire, perfectionner, polir, raturer, recouper, rectifier, refondre, remanier, réparer, reprendre, retaper, réviser, revoir, toiletter, truquer

Retoucheur de cliché
similiste

Retour
accroissement, angle, augmentation, commentaire, contrecoup, écho, intensification, progression, réapparition, recommencement, recrudescence, réexpédition, regain, renaissance, renforcement, renouveau, rentrée, renvoi, réparer, répercussion, répétition, reprise, réveil, ricochet, sinuosité

Retour du même son
rime

Retour du même son à la fin de deux vers
rime

Retour glorieux du Christ sur terre, à la fin des temps
parousie

Retour violent des vagues
ressac

Retourné
éperdu, malade, secoué

Retournement
bouleversement, changement, chavirement, dessalage, inversion, palinodie, péripétie, pirouette, reniement, renversement, revirement, révulsion, virage, virevolte

Retourner
bouleverser, capoter, dessaler, fouiller, inverser, labourer, partir, perturber, rallier, refluer, regagner, réintégrer, rejoindre, remuer, rendre, rentrer, renverser, renvoyer, repartir, repasser, reporter, restituer, retrouver, revenir, révulser, secouer, tourner

Retourner la terre avec la charrue
labourer

Retourner la terre avec une bêche
bêcher

Retracer
conter, décrire, évoquer, exposer, montrer, narrer, peindre, raconter, rappeler, rapporter, redessiner, relater, repasser, retrouver

Rétractation
abandon, abdication, abjuration, annulation, apostasie, dédit, désaveu, palinodie, reniement

Rétracté
renié, rétréci

Rétracter
désavouer, renier, rentrer

Rétraction
retrait

Retrait
abandon, abrogation, annulation, décrochage, défection, départ, désengagement, évacuation, recul, reflux, renoncement, repli, rétraction, retraite, suppression

Retrait dans un texte
alinéa

Retraite
abandon, abri, antre, asile, cachette, débâcle, débandade, décrochage, défaite, déroute, désengagement, évacuation, exil, fuite, gîte, havre, nid, oasis, pension, recul, reflux, refuge, rente, repaire, repli, repos, retrait, solitude, tanière, terrier, thébaïde, toit, trou

Retraité
pensionné

Retranché
abrité, décompté, déduit, distrait, écarté, élagué, enlevé, excepté, exclus, ôté, prélevé, purgé, rabattu, retenu, retiré, rogné, supprimé

Retranche le bord
rogne

Retranchement
abri, bastion, décompte

Retranchement élevé hâtivement avec des moyens de fortune
barricade

Retrancher
décompter, déduire, distraire, écarter, élaguer, enlever, excepter, exclure, ôter, prélever, purger, rabattre, retenir, rotiror, rogner, supprimer

Retransmetteur
relais

Retransmettre
diffuser

Retransmis au petit écran
télévisé

Retransmission
diffusion

Retravailler
remodeler

Retraverser
repasser

Rétréci
ajusté, borné, diminué, étréci, étriqué, étroit, limité, raccourci, racorni, ratatiné, réduit, repris, resserré, restreint, rétracté

Rétrécir
ajuster, borner, contracter, diminuer, limiter, raccourcir, racornir, rapetisser, ratatiner,

réduire, reprendre, resserrer, restreindre, rétracter

Rétrécissement
diminution, réduction, striction

Retremper
fortifier, rebaigner, remouiller

Rétribuer
appointer, payer, récompenser, rémunérer, salarier

Rétribuer par un salaire
salarier

Rétribution
allocation, cachet, gain, honoraires, paiement, paie, paye, prix, récompense, salaire, semaine, solde, vacation

Retriever
labrador

Rétro
démodé, désuet, kitsch, ringard

Rétroaction
autorégulation, boucle, réaction

Rétrocédé
vendu

Rétrocéder
accorder, recéder, redonner, rendre, revendre, vendre

Rétrocession
revente

Rétrogradation
déclassement, recul, régression

Rétrograde
arriéré, attardé, démodé, fossile, obscurantiste, passéiste, périmé, réactionnaire, suranné

Rétrograder
déchoir, déclasser, descendre, limoger, reculer, régresser

Rétrogression
recul, régression

Rétroprojecteur
lanterne, projecteur

Retroussé
relevé

Retrousser
relever, remonter, replier, rouler, soulever, trousser

Retroussis
parement, revers

Retrouver
dépister, localiser, rappeler, rattraper, ravoir, réapproprier, reconnaître, reconquérir, recouvrer, récupérer, regagner, rejoindre, rencontrer, repérer, repincer, reprendre, retourner, retracer, revoir

Retrouver ou reprendre quelque chose
récupérer

Rétroversion
déviation

Rets
embûche, filet, lacet, lacs, piège, ruse, tenderie, traquenard

Réuni
allié, uni

Réuni en collège
collégial

Réunion
accumulation, adjonction, affluence, agglomération, agrégation, alliance, amalgame, amas, annexion, aréopage, assemblage, assemblée, assises, association, bloc, bouquet, cénacle, chapelet, choix, collection, colloque, combinaison, concentration, conférence, confusion, congrès, conjonction, convergence, cumul, débat, enchaînement, ensemble, faisceau, fusion, groupe, groupement, incorporation, jonction, liaison, mariage, masse, meeting, mélange, rallye, rapprochement, rassemblement, rattachement, réception, recueil, rencontre, séance, séminaire, soirée, sommet, symposium, synthèse, tas, union, vacation

Réunion d'animaux dans un même repaire
litée

Réunion d'animaux domestiques
troupeau

Réunion d'évêques
synode

Réunion d'hommes
colonie

Réunion de brins
corde

Réunion de chanteurs
chœur

Réunion de deux choses
paire

Réunion de deux principes qui se complètent
dyade

Réunion de fils tordus ensemble
toron

Réunion de gens méprisables
ramas

Réunion de gens qu'on invite à boire
rastel

Réunion de musiciens qui improvisent
jam

Réunion de neuf choses semblables
ennéade

Réunion de personnes
comité

Réunion de personnes soutenant ensemble leurs intérêts
coterie

Réunion de tentes abritant la famille
smala

Réunion de trois cartes de valeur identique
brelan

Réunion de trois pieds métriques
tripodie

Réunion diplomatique
congrès

Réunion mondaine
raout, réception

Réunion où l'on boit avec excès
beuverie

Réunion où l'on danse
bal

Réunion où l'on débat un sujet
forum

Réunion où l'on sert du thé, des gâteaux
thé

Réunion plénière d'une assemblée
plénum

Réunion, à l'aide de fils
suture

Réunir
aboucher, abouter, accoler, accoupler, accueillir, accumuler, adapter, adjoindre, agglomérer, agglutiner, agréger, ajointer, ajouter, allier, amalgamer, amasser, annexer, appareiller, apparier, assembler, associer, assortir, attacher, bloquer, canaliser, centraliser, collecter, collectionner, colliger, combiner, concentrer, concilier, conjuguer, connecter, cumuler, englober, entasser, fédérer, fondre, fusionner, grouper, incorporer, intégrer, joindre, jumeler, lier, marier, masser, mélanger, mêler, nouer, raccorder, rallier, ramasser, rapprocher, rassembler, rattacher, récolter, recomposer, réconcilier, recueillir, regrouper, rejoindre, relier, souder, totaliser, unifier, unir

Réunir bout à bout
rabouter

Réunir des gens
masser

Réunir en syndicat
syndiquer

Réunir en un tout
agréger, englober

Réunir par une collecte
collecter

Réunir plusieurs cordages avec un filin
brider

Réunissant
agglutinant

Réussi
abouti, accompli, achevé, arrivé, brillé,
fonctionné, gagné, heureux, marché,
marqué, parfait, parvenu, percé, prospéré,
triomphé

Réussir
aboutir, accomplir, achever, arriver, briller,
fonctionner, gagner, marcher, marquer,
obtenir, parvenir, percer, plaire, prendre,
prospérer, triompher

Réussite
chance, corrigé, exploit, fortune, patience,
percée, prospérité, réalisation, résultat,
succès, triomphe, victoire

Réutilisation
recyclage

Réutiliser
recycler

Revaloriser
indexer, réhabiliter, rehausser, relever,
rénover

Revanche
contrepartie, riposte, triomphe, vengeance

Rêvasser
béer, méditer, penser, planer, rêver, songer

Rêvasserie
rêverie, songerie

Rêve
ambition, aspiration, cauchemar, chimère,
désir, espoir, fantasme, fiction, idéal, idée,
idyllique, illusion, imagination, mirage, mythe,
rêverie, songe, souhait, utopie, vision, vœu

Rêvé
onirique, pensé

Revêche
abrupt, acariâtre, acerbe, acrimonieux, aigre,
anguleux, bourru, chagrin, désagréable, dur,
grincheux, hargneux, intraitable, maussade,
mauvais, rébarbatif, rebutant, rêche,
renfrogné, rogue, rude, rugueux, sec

Réveil
batterie, éveil, pendule, regain, relance,
renaissance, renouveau, résurrection, retour

Réveillé
exalté, excité

Réveiller
attiser, aviver, chauffer, dégourdir, déraidir,
dérouiller, éveiller, évoquer, exalter, exciter,
exhumer, galvaniser, raffermir, ragaillardir,
rallumer, ranimer, rappeler, raviver, réanimer,
reparaître, ressusciter, revigorer, revivifier,
stimuler

Réveillon
médianoche, repas, souper

Révélateur
significatif

Révélation
aveu, baptême, confidence, déclaration,
découverte, dénonciation, dévoilement,
divination, éclair, fuite, imitation, indiscrétion,
intuition, prédiction, prédiction, prémonition,
prescience, pressentiment, prévision, vision

Révélé
accusé, confié, dévoilé, marqué, noté, senti

Révéler
accuser, annoncer, apparaître, attester,
avérer, avouer, communiquer, confier,
déceler, déclarer, découvrir, démontrer,
dénoncer, dénuder, dessiner, détecter,
dévoiler, dire, divulguer, éclater, enseigner,
épancher, étaler, éveiller, exhiber, exposer,
exprimer, indiquer, initier, instruire, livrer,
manifester, marquer, montrer, proclamer,
prouver, rapporter, redire, sentir, signaler,
signifier, témoigner, traduire, trahir,
transmettre, transpirer

Revenant
apparition, ectoplasme, esprit, fantôme, mort,
spectre, vision, zombi, zombie

Revendeur
détaillant

Revendication
demande, exigence, placet, plainte,
prétention, protestation

Revendications
doléances

Revendiquer
ambitionner, demander, exiger, prétendre,
réclamer, vouloir

Revendre
distribuer, recéder, rétrocéder, vendre

Revendu
vendu

Revenir
rallier, rappliquer, réapparaître, rebondir,
recommencer, refluer, regagner, réintégrer,
rejoindre, renaître, renouveler, rentrer,
reparaître, repartir, repasser, reprendre,
reproduire, ressurgir, resurgir, retourner

Revenir à la vie
revivre

Revenir dans un lieu
réintégrer

Revenir sur
ressasser

**Revenir vers le point de départ en parlant
d'une foule**
refluer

Revente
rétrocession

Revenu
bénéfice, dividende, fruit, gain, intérêt, produit, profit, rapatrié, rapport, recette, rémunération, rendement, rente, rentrée, ressources, salaire, traitement

Revenu d'un ecclésiastique
prébende

Revenu ecclésiastique
mense

Revenu périodique d'un bien
rente

Rêver
ambitionner, aspirer, béer, convoiter, délirer, déraisonner, désirer, divaguer, espérer, fantasmer, forger, imaginer, inventer, méditer, penser, planer, réfléchir, représenter, rêvasser, songer, souhaiter, vouloir

Rêver, rêvasser
béer

Réverbération
écho, répercussion, résonance

Réverbère
lampadaire, lampe, lanterne

Réverbérer
réfléchir, refléter, renvoyer

Reverdir
rajeunir, ranimer, réanimer

Révéré
adoré, sacré, vénérable, vénéré

Révérence
adieu, adulation, attention, considération, courbette, crainte, déférence, égard, estime, hommage, inclination, plongeon, respect, salut, salutation, vénération

Révérencieux
respectueux

Révérend
abbé, pasteur

Révérend père
RP

Révérer
admirer, adorer, célébrer, considérer, craindre, encenser, estimer, glorifier, honorer, idolâtrer, respecter, vénérer

Rêverie
chimère, errance, fantasme, idée, illusion, imagination, méditation, mirage, pensée, réflexion, rêvasserie, rêve, songe, songerie, utopie

Revers
accident, arrière, aventure, déboire, défaite, derrière, disgrâce, dos, échec, envers, épreuve, fiasco, infortune, insuccès, malheur, orage, parement, rabat, raté, repli, retroussis, sort, traverse, verso

Revers d'un vêtement
parement

Reverser
reporter, resservir

Reversoir
barrage

Revêtement
chape, dallage, enduit, macadam, peinture, placage, tapis, vêture

Revêtement de façade en planches
bardage

Revêtement de menuiserie
lambris

Revêtement de sol
linoléum, parquet, prélart

Revêtement de sol fait de pierres concassées
macadam

Revêtement de très faible épaisseur
feuil

Revêtement des voies de circulation
asphalte

Revêtement en pierres sèches
perré

Revêtement extérieur du corps de l'homme
peau

Revêtement fait avec des pavés ou de la mosaïque
pavage

Revêtement qui recouvre l'ivoire de la racine des dents
cément

Revêtir
arborer, ceindre, couvrir, emprunter, endosser, enduire, enfiler, garnir, habiller, investir, mettre, parer, passer, paver, porter, prendre, recouvrir, rhabiller, tapisser, vêtir

Revêtir d'or
dorer

Revêtir d'un caractère païen
paganiser

Revêtir d'un caractère viril
viriliser

Revêtir d'une chose
couvrir

Revêtir d'une cuirasse
cuirasser

Revêtir de dalles
daller

Revêtir de maçonnerie
maçonner

Revêtir de vêtements
habiller

Revêtir de zinc
zinguer

Revêtir quelqu'un d'un jupon
juponner

Revêtir un mot d'une forme latine
latiniser

Revêtir, garnir de cailloux
caillouter

Revêtu d'un déguisement
travesti

Rêveur
absent, contemplateur, contemplatif, distrait,
idéaliste, idéologue, imaginatif, méditatif,
penseur, pensif, poète, romanesque,
romantique, songeur, utopiste, visionnaire

Revif
regain

Revigorant
réconfortant, remontant, stimulant, tonifiant,
tonique, vivifiant

Revigoré
affermi, rafraîchi, régénéré

Revigorer
affermir, fortifier, raffermir, rafraîchir,
ragaillardir, rajeunir, ranimer, réanimer,
réconforter, reconstituer, régénérer, remonter,
réveiller, revivifier, stimuler, vivifier

Revigoter
stimuler

Revirement
alternance, conversion, palinodie, pirouette,
retournement, virevolte

Révisé
actualisé, amélioré, amendé, contrôlé,
corrigé, modifié, reconsidéré, rectifié,
réexaminé, réformé, remanié, repassé,
répété, repris, revu, vérifié

Réviser
actualiser, améliorer, amender, contrôler,
corriger, modifier, reconsidérer, rectifier,
réexaminer, réformer, relire, remanier,
repasser, repenser, répéter, reprendre,
retoucher, revoir, vérifier

Réviseur
correcteur

Révision
actualisation, amélioration, amendement,
appel, contrôle, correction, maintenance,
modification, reconsidération, rectification,
réévaluation, réforme, remaniement,
vérification

Revitaliser
vivifier

Revivifié
rafraîchi, régénéré

Revivifier
raffermir, rafraîchir, ragaillardir, rajeunir,
ranimer, raviver, réanimer, régénérer,
remonter, réveiller, revigorer, tonifier

Reviviscence
anabiose

Revivre
réapparaître, remémorer, renaître, renouveler,
repasser, ressusciter, ressurgir, resurgir

Révocation
abolition, abrogation, annulation, dédit,
licenciement, radiation, renvoi, résolution,
rupture

Revoici
revoilà

Revoilà
revoici

Revoir
améliorer, corriger, examiner, modifier,
rappeler, reconsidérer, réévaluer, réexaminer,
réformer, relire, remanier, remémorer,
repasser, repenser, répéter, reprendre,
retoucher, retrouver, réviser, souvenir, vérifier

Révoltant
abject, avilissant, choquant, excédant, criant,
dégoûtant, déshonorant, épouvantable,
exaspérant, hideux, honteux, horrible,
ignoble, immonde, inacceptable, indigne,
infâme, infect, inqualifiable, irritant,
monstrueux, odieux, répugnant, scandaleux

Révolte
agitation, colère, contestation, émeute,
fronde, indignation, insurrection, jacquerie,
lutte, mutinerie, nausée, rébellion, répulsion,
résistance, sécession, sédition, soulèvement

Révolté
choqué, dissident, écœuré, émeutier,
indigné, insoumis, insurgé, mutin, outré,
rageur, rebelle, transfuge, ulcéré

Révolte paysanne
jacquerie

Révolter
choquer, dégoûter, écœurer, exaspérer,
fâcher, horrifier, indigner, irriter, offusquer,
outrer, récrier, révulser, scandaliser, ulcérer

Révolter (Se)
cabrer, insurger, protester, réagir, rebiffer,
regimber

Révolu
accompli, achevé, ancien, complet, démodé,
dépassé, disparu, envolé, évanoui, passé,
perdu, périmé, sonné, vieux

Révolution
agitation, cycle, giration, métamorphose,
mutation, mutinerie, rotation, tour

Révolutionnaire
avancé, futuriste, innovant, jacobin, novateur, original, rebelle, séditieux, subversif

Révolutionnaire
iconoclaste

Révolutionnaire argentin
Che, Guevara

Révolutionnaire canadien
Riel

Révolutionner
bouleverser, remanier, renverser

Revolver
arme, colt, feu, flingue, pétard, pistolet

Revomir
recracher

Révoqué
abrogé

Révoquer
abolir, abroger, annuler, casser, congédier, démettre, destituer, invalider, licencier, limoger, radier, relever, remercier, renvoyer, rescinder, résilier, résoudre, rompre

Revouloir
redemander, redésirer

Revu
amélioré, corrigé, modifié, rappelé, réexaminé, réformé, relu, remémoré, repassé, répété, repris, retouché, révisé, souvenu, vérifié

Revue
annales, brochure, bulletin, défilé, examen, gazette, inventaire, journal, parade, pièce, publication, spectacle, théâtre

Révulser
bouleverser, chavirer, dégoûter, écœurer, indigner, outrer, répugner, retourner, révolter, scandaliser

Révulsion
indignation, retournement

Rf
rutherfordium

Rh
rhésus, rhodium

Rhabdomancie
radiesthésie

Rhabdomancien
sourcier

Rhabillage
raccommodage, réparation

Rhabiller
fagoter, habiller, moderniser, renouveler, réparer, revêtir, transformer

Rhapsode
aède, barde, poète

Rhapsodie
chant

Rhème
prédicat

Rhénium
Re

Rhésus
Rh, singe

Rhéteur
argumentateur, déclamateur, logographe, orateur, phraseur, sophiste

Rhétorique
loquacité, style

Rhinite
coryza, rhume

Rhizome
oignon, racine

Rhodium
Rh

Rhodoïd
celluloïd

Rhum
alcool, tafia

Rhumatisant
goutteux

Rhumatisme
arthrite, lombago, lumbago

Rhumatologue
médecin

Rhume
rhinite

Rhume de cerveau
coryza, rhinite

Rhumer
alcooliser

Rhumerie
brûlerie

Ri
amusé

Ria
aber, estuaire

Riant
agréable, aimable, allègre, enchanteur, engageant, enjoué, gai, jovial, joyeux, plaisant, réjoui, ricaneur, rieur

Ribambelle
armada, cascade, chapelet, cortège, défilé, kyrielle, légion, masse, meute, multitude, nuée, pléiade, procession, quantité, régiment, sarabande, série, succession, suite, tapée, théorie

Ribaud
débauché

Ribaudequin
chariot

Riblon
déchet

Ribose
pentose

Ribote
bombance

Ric-rac
exactement, parfaitement, précisément

Ricanement
rire

Ricaner
gausser, glousser, gouailler, moquer, pouffer, railler, rire

Ricaneur
narquois, riant, rieur

Riche
abondant, aisé, argenté, bourgeois, brillant, chic, copieux, cossu, coûteux, dense, développé, éclatant, étendu, fastueux, fécond, fertile, florissant, fortuné, généreux, gros, huppé, industrialisé, luxueux, luxuriant, magnifique, millionnaire, nanti, nourri, nourrissant, nutritif, opulent, pétri, plantureux, pourvu, productif, prospère, rupin, somptueux, substantiel

Riche en grains
grenu

Riche en quartz
quartzeux

Riche industriel
magnat

Riche maison
villa

Riche paysan propriétaire, en Russie
koulak

Richelieu
chaussure

Richement
abondamment, amplement, copieusement, fastueusement, généreusement, largement, luxueusement, magnifiquement, somptueusement

Riches décors d'un tableau
ors

Richesse
abondance, aisance, aise, argent, avoir, bien, capital, éclat, faste, fécondité, fertilité, foisonnement, fortune, luxe, luxuriance, magnificence, opulence, or, patrimoine, pompe, possession, productivité, profusion, prospérité, ressource, somptuosité, splendeur, trésor

Rickshaw
cyclopousse

Ricocher
rebondir, rejaillir, répercuter

Ricochet
bond, conséquence, contrecoup, éclaboussure, effet, rebond, rebondissement, répercussion, retour

Ricotta
fromage

Rictus
grimace, rire, sourire, tic

Ride
creux, fente, fissure, froncement, ligne, marque, onde, ondulation, pli, plissement, raie, ridule, sillon, strie

Ridé
flétri

Rideau
barrage, barrière, courtine, draperie, écran, haie, ligne, moustiquaire, mur, obstacle, portière, store, tablier, tenture, voilage, voile

Rideau léger
voilage

Rideau qui s'enroule ou se replie
store

Ridelle d'une charrette
ber

Rider
faner, flétrir, friper, froncer, marquer, onduler, plisser, rabougrir, ratatiner, ravager, raviner, sillonner

Rider en contractant
froncer

Ridicule
aberrant, absurde, andouille, bête, bouffon, burlesque, caricatural, comique, déraisonnable, dérisoire, excessif, grotesque, idiot, impossible, infime, lamentable, minable, miteux, nul, pathétique, pauvre, piètre, piteux, pitoyable, ringard, risible, rococo, saugrenu, sot, stupide, tocard, toquard, ubuesque

Ridiculiser
bafouer, gouailler, moquer, parodier, rabaisser, railler, rire, satiriser

Ridiculiser (Se)
gausser

Ridule
commissure, pli, ride, sillon

Rien
babiole, bagatelle, baliverne, bêtise, bricole, broutille, détail, fifrelin, futilité, gratuitement, inanité, misère, néant, niaiserie, nib, sottise, vacuité, vétille, vide, zéro

Riesling
vin

Rieur

agréable, allègre, enjoué, espiègle, gai, guilleret, hilare, jovial, réjoui, riant, ricaneur, souriant

Rif

bagarre, combat

Riffe

bagarre, combat

Rififi

bagarre, échauffourée

Riflard

cisailles, ciseau, ébauchoir, gouge, lime, rabot

Rifle

carabine

Rifloir

lime

Rigaudon

air, danse

Rigide

ankylosé, austère, autoritaire, coriace, discipliné, droit, dur, engoncé, engourdi, escarpé, exigeant, ferme, fort, grave, hérissé, inflexible, intolérant, intraitable, intransigeant, maniaque, précis, psychorigide, puritain, raide, résistant, rigoriste, rigoureux, roide, sérieux, sévère, solide, strict, tendu

Rigidité

austérité, dureté, fermeté, gravité, inflexibilité, intolérance, intransigeance, psychorigidité, puritanisme, raideur, rigorisme, rigueur, roideur, sévérité, solidité

Rigodon

air, danse

Rigolade

alacrité, amusement, bagatelle, blague, distraction, divertissement, farce, foutaise, hilarité, plaisanterie, rire

Rigole

aqueduc, canal, caniveau, conduit, fossé, goulotte, rainure, ruisseau, saignée, sillon, tranchée

Rigole d'irrigation, au Sahara

séguia

Rigoler

blaguer, glousser, marrer, plaisanter, rire

Rigolo

facétieux, gai, hilarant, plaisant, plaisantin

Rigorisme

ascétisme, austérité, dogmatisme, intransigeance, jansénisme, légalisme, purisme, puritanisme, raideur, rigidité, rigueur, sévérité

Rigoriste

ascétique, austère, dur, formaliste, intraitable, intransigeant, janséniste, légaliste, puriste, puritain, rigide, rigoureux, sévère, strict

Rigoureux

absolu, âpre, austère, bon, certain, cruel, difficile, draconien, drastique, dur, étroit, exact, excessif, ferme, géométrique, implacable, inclément, inflexible, janséniste, juste, logique, mathématique, méticuleux, minutieux, monacal, parfait, pénible, précis, puritain, raide, rigide, rigoriste, rude, scientifique, serré, sévère, soigneux, strict

Rigueur

âpreté, austérité, autorité, cohérence, cruauté, dureté, exactitude, fermeté, implacabilité, inclémence, inflexibilité, intransigeance, justesse, logique, minutie, netteté, précision, raideur, rectitude, régularité, rigidité, rigorisme, rudesse, scrupule, sévérité, vérité

Rigueur morale

rigorisme

Rillettes

charcuterie

Rimailler

rimer, versifier

Rimailleur

poète, rimeur

Rime

septain, vers

Rime se terminant par une syllabe muette

féminin

Rimer

embellir, poétiser, rimailler, signifier, versifier

Rimeur

poète, rimailleur, versificateur

Rimmel

fard, mascara

Rinçage

ablution, nettoyage, teinture

Rincé

enlevé, saucé

Rincer

décrasser, laver, nettoyer, saucer

Rinceur

plongeur

Rinçure

lavure

Ring

arène, estrade, piste

Ringard

démodé, dépassé, désuet, incapable, kitsch, médiocre, nul, périmé, quétaine, rétro, ridicule, tisonnier, tocard, toquard, vieillot

Ripage
  patinage

Ripaille
  agape, bamboula, bombance, festin, repas

Ripailler
  bambocher, fêter

Ripaton
  panard

Riper
  chasser, déraper, glisser, partir, patiner

Ripoliner
  badigeonner, barbouiller, enduire, peindre

Riposte
  punch, réaction, repartie, réplique, réponse,
  représailles, rétorsion, revanche, vengeance

Riposter
  défendre, réagir, répartir, répliquer, répondre,
  rétorquer, venger

Ripou
  pourri

Riquiqui
  étriqué, exigu, minuscule, petit

Rire
  amuser, badiner, brocarder, charrier, chiner,
  dérider, distraire, divertir, égayer, esclaffer,
  gaieté, gausser, glousser, gouailler, hilarité,
  ironiser, jouer, jubilation, marrer, moquer,
  moquerie, narguer, persifler, plaisanter,
  plaisanterie, pouffer, railler, raillerie,
  ricanement, ricaner, rictus, ridiculiser,
  rigolade, rigoler, sourire, taquiner

Rire de façon sarcastique
  ricaner

Rire un peu
  rioter

Ris
  plaisirs

Risée
  dérision, moquerie, rafale, raillerie, vent

Risette
  sourire

Risible
  amusant, bouffon, burlesque, cocasse,
  comique, dérisoire, drôle, grotesque, plaisant,
  ridicule, saugrenu

Risque
  aléa, danger, hasard, inconvénient, menace,
  péril, préjudice, sinistre

Risqué
  aléatoire, audacieux, aventureux, chaud,
  dangereux, délicat, éprouvé, glissant, hardi,
  hasardeux, imprudent, incertain, leste,
  licencieux, osé, périlleux, scabreux, téméraire

Risque d'entraîner la mort
  létalité

Risque-tout
  téméraire

Risquer
  affronter, aventurer, commettre,
  compromettre, encourir, engager,
  entreprendre, éprouver, expérimenter,
  exposer, hasarder, jouer, mériter, miser, oser,
  parier, tenter

Rissolé
  doré, frit

Rissolé dans du sucre
  praliné

Rissoler
  blondir, cuire, dorer, rôtir

Ristourne
  abattement, rabais, réduction, remise

Rite
  cérémonial, cérémonie, coutume, culte,
  habitude, liturgie, pratique, protocole,
  religion, rituel, tradition, usage

Rite qui consiste à baiser ce qui est sacré
  baisement

Rite qui consiste à oindre une personne
  onction

Ritournelle
  chanson, couplet, musique, rabâchage,
  refrain, rengaine, répétition, scie

Ritte
  charrue

Rituel
  cérémonial, cérémonie, cérémoniel,
  conventionnel, coutume, coutumier, culte,
  cultuel, étiquette, habitude, habituel, liturgie,
  liturgique, ordinaire, pli, pratique, précis,
  protocole, quotidien, religieux, rite, routinier,
  sacramentel, sacré, tradition, traditionnel,
  usage, usuel

Rivage
  berge, bord, côte, grève, littoral, plage,
  région, rive

Rival
  adversaire, adverse, antagonique,
  antagoniste, compétiteur, concurrent, égal,
  émule, ennemi, opposé

Rivaliser
  affronter, approcher, combattre, comparer,
  concurrencer, défier, égaler, jouter, lutter

Rivalité
  affrontement, antagonisme, bagarre, bataille,
  collision, combat, compétition, concurrence,
  conflit, duel, émulation, joute, lutte,
  opposition

Rive
  berge, bord, côte, grève, littoral, rivage

Rivé
  immobile, retenu

River
ancrer, assembler, assujettir, attacher, clouer, enchaîner, fixer, immobiliser, retenir, riveter, souder

Rivetage
fixation, rivure

Riveter
accrocher, boulonner, fixer, river

Riveteuse
rivoir

Rivière
affluent, fleuve, source, torrent

Rivière creusée par l'homme
canal

Rivière d'Afrique
Vaal

Rivière d'Afrique du Nord
oued

Rivière d'Argentine
Salado

Rivière de Bolivie
Beni

Rivière de Colombie
Cauca

Rivière de l'Éthiopie
Omo

Rivière de l'Inde
Ib

Rivière de Russie
Kama, Oka, Tobol, Vitim

Rivière de Sibérie
Angara

Rivière du Pérou
Purus

Rivière du Québec
Chaudière, Gatineau, Manicouagan, Mistassini, Moisie, Outaouais, Outardes, Richelieu, Saguenay

Rivière du Venezuela
Caroni

Rivoir
riveteuse

Rivure
rivetage

Rixe
accrochage, affrontement, altercation, bagarre, bataille, batterie, combat, conflit, dispute, échauffourée, lutte, mêlée, pugilat, querelle

Riz
céréale, pilaf

Riz indien
basmati

Rn
radon

Robe
aube, cape, chiton, couleur, épitoge, fourreau, froc, peau, pelage, pelure, poil, soutane, toge, tunique, vêtement

Robe blanche, alezan et noire
rouan

Robe d'apparat portée dans les pays musulmans
cafetan, caftan

Robe de cérémonie
toge

Robe de chambre
peignoir

Robe de magistrat
toge

Robe de poils blancs et alezans
aubère

Robe des avocats
toge

Robe très ajustée
fourreau

Robin
magistrat

Robine
canal

Robinet
chantepleure, mélangeur, mitigeur, valve

Robinet mélangeur à une seule manette
mitigeur

Robinier
acacia

Roboratif
nutritif, remontant, tonifiant, tonique, vivifiant

Robot
androïde, automate, machine

Robotisation
mécanisation

Robotiser
mécaniser

Robuste
carré, costaud, dur, durable, endurant, énergique, ferme, fort, incassable, increvable, indestructible, inébranlable, infatigable, inusable, puissant, résistant, rustique, sain, solide, trapu, valide, vigoureux, vivace

Robustesse
force, rusticité, solidité, vigueur

Roc
caillou, pierre, récif, roche, rocher

Rocade
boulevard, voie

Rocaille
caillasse, caillou, pierraille, rococo

Rocailleux
enroué, éraillé, pierreux, raboteux, râpeux, rauque, rocheux

Rocambolesque
abracadabrant

Rocelle
lichen

Rochassier
varappeur

Roche
bloc, brisant, caillou, écueil, étoc, pierre, récif, roc, rocher

Roche abrasive
émeri

Roche aux faces cristallines
spath

Roche calcaire
marbre, travertin

Roche constituée de corindon
émeri

Roche constituée de silice
silex

Roche éruptive
basalte, granite

Roche magmatique
granit

Roche magmatique dure
granit

Roche magnétique poreuse
ponce

Roche métamorphique
cipolin, gneiss

Roche plutonique grenue
syénite

Roche poreuse légère
tuf

Roche sédimentaire
falun, grès, gypse

Roche sédimentaire argileuse
marne

Roche sédimentaire formée de quartz
jaspe

Roche sédimentaire silicatée de couleur rougeâtre
bauxite

Roche silicieuse
agate, jaspe, silex

Roche silicieuse compacte
quartzite

Roche terreuse
argile

Roche volcanique
andésite

Roche volcanique basique
basalte

Roche volcanique très poreuse
ponce

Rocher
bloc, brisant, caillou, écueil, pierre, récif, roc, roche

Rocher sur lequel la mer se brise et déferle
brisant

Rochet
bobine

Rocheux
caillouteux, pétré, pierreux, rocailleux

Rococo
baroque, démodé, désuet, kitsch, périmé, ridicule, rocaille, suranné, vieillot

Rodage
adaptation, ajustage, ajustement, familiarisation, usure

Rodéo
corrida

Roder
acclimater, accoutumer, adapter, entraîner, exercer, familiariser, habituer, user

Rôder
déambuler, errer, traînailler, traînasser, traîner, vadrouiller, vagabonder

Rôdeur
badaud, chemineau, errant, flâneur, promeneur, vagabond

Rodomont
bravache, hâbleur, vantard

Rodomontade
bravade, fanfaronnade, hâblerie

Rœsti
galette

Rogaton
graillon, reste, vieillerie

Rogne
colère, hargne, ire, rage

Rogné
enlevé, retranché, usé

Rogner
arrondir, couper, diminuer, écourter, grappiller, gruger, laminer, lésiner, massicoter, prélever, raccourcir, retrancher, tronquer, user

Rogner sur les dépenses
lésiner

Rognon, foie, cœur, etc.
abats

Rognonner
ronchonner

Rognons
reins

Rognure
chute, cisailles, compost, copeau, débris, déchet, ébarbage, éclat, épluchure, grature, miette, parure, raclure, ramas, recoupe, résidu, reste, retaille

Rogue
abrupt, acariâtre, arrogant, bourru, dédaigneux, dur, fier, froid, grincheux, hargneux, hautain, méprisant, outrecuidant, renfrogné, revêche, rude

Rogué
œuvé

Roi
altesse, baron, chef, empereur, kaiser, magnat, monarque, pharaon, prince, schah, seigneur, souverain

Roi d'Arabie Saoudite né en 1923
Fahd

Roi d'Israël
Achab, Jéroboam

Roi d'un petit pays
roitelet

Roi de Juda
Asa

Roi des animaux
lion

Roi des Lapithes
Ixion

Roi élu à titre transitoire lorsque le roi était loin de son royaume
antiroi

Roi hébreu, il succéda à Saül
David

Roi légendaire d'Athènes
Thésée

Roi légendaire de Pylos
Nestor

Roi peu important
roitelet

Roi stupide et cruel
Ubu

Roi, dans les pays hindous
radjah, raja, rajah

Roide
raide, rigide

Roideur
rigidité

Roidir
bander, raidir

Rôle
attribution, catalogue, devoir, emploi, fonction, liste, mandat, métier, mission, panne, personnage, place, position, présence, protagoniste, registre, responsabilité, statut, tâche, travail, utilité, vocation

Rôle de Brigitte Lafleur dans *L'auberge du chien noir*
Bouchard, Nadia,

Rôle de Diane Cardinal dans *Le temps d'une paix*
Noëlla

Rôle de Sylvain Giguère dans *Lance et compte*
Laberge

Rôle de vieillard ridicule
grime

Rôle joué par Jean Petitclerc dans *Jamais deux sans toi*
Francis, Lafleur

Romain
latin

Romaine
laitue

Roman
affabulation, bouquin, chimère, fable, fantaisie, feuilleton, fiction, histoire, invention, livre, ouvrage, récit

Roman d'Yves Thériault
Agaguk

Roman policier
polar

Romance
ballade, chanson, chant, complainte, romantisme, sentimentalisme

Romance chantée
lied

Romancer
enjoliver, imaginer, inventer

Romanche
ladin

Romancier
auteur, écrivain

Romancière canadienne
Maillet

Romanesque
passionné, rêveur, visionnaire

Romanichel
gitan, nomade, romano, tsigane, tzigane

Romano
romanichel

Romantique
poétique, rêveur

Romantisme
poésie, romance

Rombière
matrone

Rompre
achever, annuler, arracher, briser, brouiller, casser, céder, couper, désaccorder, détruire, dissoudre, divorcer, éclater, enfreindre,

fâcher, fracasser, fracturer, quitter, rescinder, résilier, révoquer, séparer, trancher

Rompre le pied de quelque chose
épater

Rompre les relations
boycotter

Rompu
aguerri, annulé, assommé, brisé, cassé, crevé, désuni, détruit, dissous, enlevé, épuisé, éreinté, esquinté, exténué, fatigué, flagada, flapi, fourbu, harassé, las, mort, moulu, qualifié, recru, renié, vanné, vidé

Ronce
barbelé, épine, mûrier

Ronceux
barbelé, épineux

Ronchon
acariâtre, boudeur, bougon, grincheux, grognon, grondeur, mécontent

Ronchonner
bougonner, broncher, geindre, gémir, grogner, grognonner, grommeler, gronder, marmonner, marmotter, maronner, maugréer, pester, plaindre, protester, râler, rechigner, récrier, récriminer, rognonner, rouspéter

Ronchonneur
acariâtre, bougon, grincheux

Roncier
buisson

Rond
adipeux, anneau, arrondi, bombé, boulot, carré, cerceau, cercle, charnu, circulaire, complet, courbe, cylindrique, direct, disque, dodu, entier, franc, girond, globe, gras, grassouillet, gros, ivre, loyal, mafflu, net, onde, orbiculaire, plantureux, plein, potelé, poupard, rebondi, renflé, replet, rondelet, rondelle, rondouillard, simple, sphérique, voûté

Rond-de-cuir
scribe

Rond-point
abside, carrefour, place

Rondache
bouclier

Ronde
ballade, boucle, bouclette, chanson, cycle, danse, examen, farandole, guet, inspection, patrouille, reprise, tour, tournée, visite

Rondeau
poème

Rondelet
appréciable, bâton, boulot, charné, charnu, conséquent, considérable, coquet, dodu, gentil, gras, grassouillet, gros, important, joli,

mafflu, plein, potelé, poupin, rebondi, replet, rond, rondelet, rondouillard, substantiel

Rondelle
bouclier, bout, ciseau, disque, morceau, palet, portion, rond, rouelle, tranche

Rondelle de cuir garnissant la queue de billard
procédé

Rondement
carrément, directement, franchement, lestement, loyalement, nettement, prestement, promptement, rapidement, sincèrement, vite, vivement

Rondeur
bonhomie, circularité, convexité, embonpoint, formes, franchise, grosseur, loyauté, rotondité, simplicité, sincérité, sphéricité

Rondeur, courbure saillante d'un corps
convexité

Rondier
rônier, veilleur

Rondin
bûche, tronc, tronçon

Rondouillard
adipeux, boulot, potelé, rebondi, replet, rond, rondelet

Ronflant
ampoulé, boursouflé, creux, déclamatoire, emphatique, enflé, grandiloquent, pompeux, prétentieux, théâtral

Ronflement
ronron

Ronflement sourd du chat
ronron

Ronfler
bourdonner, dormir, gronder, mugir, murmurer, ronronner, rugir, vrombir

Ronfleur
vibreur

Rongé
altéré, détruit, hanté, sapé, vermoulu

Rongement
corrosion, grignotement

Ronger
altérer, attaquer, brûler, consumer, corroder, creuser, déchiqueter, détruire, dévorer, dissoudre, entamer, éroder, gangréner, grignoter, gruger, hanter, mâchouiller, manger, miner, mordiller, mordre, mouliner, obséder, piquer, pourrir, poursuivre, ruiner, saper, tarabuster, tarauder, tenailler, torturer, tourmenter, tracasser, travailler

Rongeur
rat, tamia

Rongeur au pelage fourni
marmotte

Rongeur des forêts humides
agouti

Rongeur voisin de l'écureuil
xérus

Rônier
borasse, rondier

Ronron
bourdonnement, bruit, grondement, monotonie, murmure, ronflement, ronronnement, routine, vrombissement

Ronronnement
bruit, cri, ronron

Ronronner
bourdonner, ronfler

Röntgen Equivalent Man
rem

Roquefort
fromage

Roquet
chien

Roquetin
bobine

Roquette
arme, fusée, sisymbre

Rorqual
baleinoptère, cétacé

Rosace
cercle, rose, vitrail

Rosat
cérat

Rosbif
rôti

Rose
carné, chair, églantine, fleur, gai, pêche, rosace, saumon, vitrail

Rosé
rosi, vin

Rose d'Inde
tagète

Rose des vents
boussole

Rose ou Blanche
prénom

Rose trémière
primerose

Roseau
calame, canne, massette, phragmite, quenouille, typha

Roseau aromatique
acore

Roseau des bords du Nil utilisé pour écrire
papyrus

Roseau taillé dont les Anciens se servaient pour écrire
calame

Roseau taillé utilisé dans l'Antiquité pour écrire
calame

Rosée
aiguail

Rosée sur les feuilles
aiguail

Roselet
fourrure, hermine

Roser
rosir

Rosette
boucle, bouclette, décoration, macaron, nœud, salami, saucisson

Rosi
rosé

Rosier
églantier

Rosier sauvage
églantier

Rosir
roser

Rossard
rosse

Rosse
canasson, carne, chameau, dur, injuste, méchant, rossard, saleté, sévère, teigne, vache

Rossée
correction, punition, raclée

Rosser
battre, cogner, démolir, éreinter, étriller, frapper, rouer, tabasser, taper

Rosserie
dureté, méchanceté, pique, piqûre, saleté, vacherie, vanne

Rossignol
clé, clef, crochet

Rösti
galette

Rostre
bec, éperon, stylet, tribune

Rôt
rôti

Rotatif
circulaire, giratoire, rotatoire, tournant

Rotation
alternance, alternat, cercle, circumduction, cycle, giration, révolution, roulement, rythme, succession, tour

Rotative
presse

Rotatoire
circulaire, giratoire, rotatif, tournant

Rôti
cuit, grillé, rosbif, rôt

Rôti de bœuf
rosbif

Rôtie
tartine, toast

Rotin
sou

Rôtir
boucaner, brûler, cuire, dorer, flamber, gratiner, griller, rissoler, torréfier

Rôtir, griller
roustir

Rôtissage
grillage

Rôtisserie
barbecue, grill

Rôtisseur
cuisinier, restaurateur

Rôtissoire
barbecue, tournebroche

Rotonde
pavillon

Rotondité
embonpoint, formes, grosseur, rondeur, sphéricité

Roturier
bourgeois, manant, plébéien, populaire, serf, vilain

Roturier assujetti à la justice seigneuriale
manant

Rouable
perche

Rouage
mécanisme

Roublard
finaud, habile, retors, roué

Roublardise
astuce, fourberie, habileté, rouerie, ruse

Roucoulement
cri

Roucouler
chanter, susurrer

Roue
cylindre, disque, meule, pignon, pneu

Roué
adroit, artificieux, astucieux, cauteleux, combinard, débrouillard, diplomate, fin, finasseur, finaud, futé, habile, machiavélique, madré, malicieux, malin, matois, retors, roublard, rusé, subtil, vicieux

Roue à gorge
réa

Roue à gorge d'une poulie
réa

Roue dont le pourtour présente une gorge
réa

Rouelle
rondelle

Rouer
battre, cogner, démolir, étriller, frapper, rosser, tabasser, taper

Rouer de coups
rosser

Rouerie
astuce, cautèle, combine, fourberie, habileté, intrigue, magouille, malice, manège, maquignonnage, matoiserie, roublardise, ruse, stratagème

Rouette
branche

Rouflaquettes
favoris

Rouge
amarante, andrinople, bordeaux, brique, carmin, cerise, cinabre, coloré, congestionné, coquelicot, corail, corallin, couleur, couperosé, cramoisi, cuivré, écarlate, empourpré, enflammé, enluminé, fard, feu, fraise, garance, géranium, grenat, groseille, homard, incandescent, incarnadin, incarnat, injecté, nacarat, orangé, ponceau, pourpre, rougeâtre, rougeaud, rougeoyant, rubescent, rubicond, rubis, safrané, saignant, sang, sanglant, sanguin, tomate, vermeil, vermillon, vin, vineux, vultueux

Rouge éclatant tirant sur le violet
carmin

Rouge foncé tirant sur le violet
bordeaux

Rouge tirant sur le violet
pourpre

Rouge vif
écarlate

Rouge-gorge
merle

Rougeâtre
rouge

Rougeaud
coloré, congestionné, couperosé, cramoisi, écarlate, empourpré, enflammé, enluminé, injecté, rouge, rougi, rubescent, rubicond, sanguin, vermeil, vultueux

Rougeole
rubéole

Rougeoyant
rouge

Rougeoyer
empourprer, rougir

Rouget
aoûtat, surmulet

Rougeur

couperose, engelure, érubescence, érythème, inflammation, intertrigo, irritation, rubéfaction, tache

Rougi

rougeaud, rubicond

Rougir

empourprer, enluminer, rougeoyer

Rouille

corrosion, ocre, roux

Rouillé

altéré

Rouiller

altérer, ankyloser, engourdir, oxyder

Roulade

culbute, galipette

Roulage

camionnage, émottage, roulement, transport

Roulant

continu, enroulant, ininterrompu, soutenu

Roulé

berné, charrié, coulé, dégringolé, déplacé, dévalé, écroulé, emporté, enrobé, enroulé, entraîné, enveloppé, glissé, grondé, leurré, lové, médité, plié, possédé, remâché, ressassé, ruminé, tombé, tourné, transporté, trompé, vautré

Roulé-boulé

culbute, roulade

Roulé, au golf

putt

Rouleau

bande, bigoudi, bobine, cylindre, déferlante, film, mouton, pellicule, tube, vague

Rouleau de bois fixé sur les ralingues et les bourrelets des chaluts

diabolo

Rouleau de bois servant à aplanir la terre

rondeau

Rouleau de feuilles de tabac à fumer

cigare

Rouleau lourd servant à plomber la terre

plombeur

Rouleau, cylindre utilisé pour friser les cheveux

bigoudi

Roulée

correction, raclée

Roulement

alternance, battement, bruit, circulation, cycle, grondement, rantanplan, rotation, roulage, succession

Roulement de tambour

ban, ra

Rouler

berner, blouser, charrier, circuler, couler, dégringoler, déplacer, dévaler, duper, emporter, enrober, enrouler, entraîner, envelopper, feinter, filouter, flouer, fonctionner, glisser, gronder, leurrer, lover, marcher, méditer, pigeonner, plier, posséder, remâcher, ressasser, retrousser, ruminer, tomber, tourner, transporter, tromper, valdinguer, vautrer

Rouler à bicyclette

pédaler

Rouler à bras les wagonnets transportant le minerai au fond des mines

hercher

Rouler comme une boule

débouler

Rouler sur soi-même

bouler

Rouler un cordage en cercles superposés

lover

Roulette

fraise, galet, molette, tournette

Rouleur

pédaleur

Roulier

transporteur, voiturier

Roulière

blouse

Roulis

balancement, houle, oscillation

Roulotte

caravane, carriole, remorque

Roulotter

ourler

Roulure

enroulement

Roupie

argent, goutte, monnaie, morve

Rouquin

auburn, rousseau, roux

Rouspéter

bouder, bougonner, criailler, grogner, gronder, maugréer, pester, rager, râler, rechigner, réclamer, récriminer, renâcler, renauder, ronchonner, tonner

Rouspéteur

boudeur, bougon, grincheux, grognon, grondeur

Roussâtre

fauve, roux

Rousse

police

Rousseau

dorade, rouquin

Rousserolle
oiseau

Roussette
brick, squale

Rousseur
éphélide, piqûre

Roussi
brûlé, calciné, cramé, grillé

Roussir
brûler, calciner, cramer, flamber, griller

Routard
chemineau, vagabond, voyageur

Route
allée, autoroute, axe, boulevard, cap,
chaussée, chemin, départementale, direction,
espace, étape, itinéraire, marche, nationale,
parcours, rue, trajet, voie, voyage

Route rurale
RR

Routier
camionneur, chauffeur, tractionnaire,
transporteur

Routine
accoutumance, conformisme, conservatisme,
habitude, ronron, traditionalisme

Routinier
conventionnel, habituel, rituel

Rouvrir
réitérer, relancer

Roux
alezan, auburn, bai, fauve, rouille, rouquin,
roussâtre, vénitien

Roux clair
caramel

Royal
absolu, complet, fastueux, généreux,
grandiose, luxueux, magnifique, majestueux,
monarchique, parfait, princier, réal, régalien,
somptueux, souverain, splendide, total

Royalisme
monarchisme

Royaliste
monarchiste, orléaniste

Royaume
domaine, empire, fief, monarchie, paradis,
pays, puissance, royauté

Royaume de l'Asie Mineure
Lydie

Royauté
couronne, monarchie, royaume, sceptre,
trône

Ru
ruisseau, ruisselet, ruthénium

Ruade
cabriole

Ruban
attache, bande, bolduc, brassard, cocarde,
cordon, décoration, extrafort, faveur, galon,
ganse, insigne, liseré, nœud, passement

Ruban dont on borde un vêtement
liseré

Ruban gradué
galon, mètre

Ruban passant sur l'épaule et servant à retenir certains vêtements
bretelle

Ruban s'insérant entre les pages
signet

Rubaner
enrubanner

Rubanerie
passementerie

Rubéfaction
rougeur

Rubéole
rougeole

Rubescent
rouge, rougeaud, rubicond

Rubicond
coloré, congestionné, couperosé, cramoisi,
écarlate, empourpré, enflammé, enluminé,
injecté, rouge, rougeaud, rougi, rubescent,
sanguin, vermeil, vultueux

Rubidium
Rb

Rubis
rouge

Rubrique
article, catégorie, chapitre, chronique, point,
section, titre

Rubrique offerte au public par un média
tribune

Ruche
abri, bande, colonie, fourmilière, ruché, usine

Ruché
ruche

Ruchée
abeilles

Rucher
abeiller, plisser

Rude
abrupt, agressif, aigre, amer, âpre, ardu,
austère, beau, bourru, brusque, brutal,
cassant, coupant, cru, cruel, désagréable,
difficile, dur, fameux, fatigant, froid, fruste,
grossier, harassant, hérissé, heurté, incisif,
inclément, inculte, joli, pénible, raboteux,
râpeux, rauque, rêche, redoutable,
remarquable, revêche, rigoureux, rogue,
rugueux, rustique, sacré, saignant, sauvage,

sec, sévère, solide, terrible, tranchant, triste, violent

Rude au toucher
rêche

Rude et violent
brusque

Rudement
amèrement, âprement, bigrement, bougrement, brusquement, brutalement, cruellement, crûment, désagréablement, diablement, drôlement, durement, énormément, excessivement, extrêmement, fameusement, follement, fortement, froidement, grossièrement, immensément, infiniment, joliment, lourdement, méchamment, prodigieusement, sacrément, sauvagement, sèchement, sérieusement, sévèrement, terriblement, vertement, violemment

Rudenture
torsade

Rudération
pavage

Rudesse
aigreur, âpreté, aspérité, barbarie, brusquerie, brutalité, cruauté, crudité, dureté, grossièreté, inclémence, rigueur, rugosité, rusticité, sécheresse, sévérité, verdeur

Rudesse de la voix
raucité

Rudesse désagréable
âpreté

Rudiment
base, commencement, ébauche, embryon, esquisse, germe, linéament, notion

Rudimentaire
approximatif, basique, brut, élémentaire, embryonnaire, fruste, grossier, imparfait, imprécis, indigent, insuffisant, pauvre, petit, primaire, primitif, schématique, simple, simpliste, sommaire, succinct, superficiel

Rudiments
éléments, essentiel, principes

Rudoyer
bâtonner, bousculer, brusquer, brutaliser, étriller, houspiller, maganer, malmener, maltraiter, molester, rabrouer, secouer, violenter

Rue
allée, artère, avenue, boulevard, boyau, chaussée, chemin, cours, impasse, mail, passage, pavé, route, ruelle, venelle, voie

Rue étroite
ruelle

Rue large et plantée d'arbres
boulevard

Ruée
afflux, cohue, déferlement, déluge, flot, invasion, marée, rush, torrent, vague

Ruelle
rue, venelle

Ruer (Se)
bondir, cabrioler, courir, élancer, empresser, foncer, hâter, lancer, plonger, précipiter, protester, regimber

Ruffian
aventurier, entremetteur

Rugby
sport

Rugine
rabot

Rugir
crier, feuler, gronder, hurler, mugir, rauquer, ronfler, tonitruer, tonner, vociférer, vrombir

Rugissement
cri, hurlement

Rugosité
aspérité, bosse, rudesse

Rugueux
acariâtre, accidenté, âpre, bosselé, dur, grossier, grumeleux, inégal, irrégulier, noueux, raboteux, râpeux, rêche, revêche, rude

Ruine
abîme, adversité, anéantissement, banqueroute, cendre, chute, compost, culbute, débâcle, débris, décadence, déchet, déconfiture, dégradation, délabrement, déliquescence, démantèlement, dépérissement, déroute, désagrégation, désastre, désolation, destruction, détérioration, dévastation, échec, écroulement, effondrement, épave, faillite, fin, gouffre, loque, mort, naufrage, pauvreté, perte, précipice, ravage, reste, sabotage

Ruiné
abattu, abîmé, affaibli, altéré, anéanti, annihilé, brisé, consumé, coulé, dégradé, délabré, démoli, dépouillé, désargenté, désolé, détérioré, détruit, dévasté, endommagé, esquinté, étiolé, fauché, frustré, miné, misérable, pauvre, raide, ravagé, rongé, saccagé, sapé, usé

Ruiner
abattre, abîmer, abolir, affaiblir, altérer, amaigrir, anéantir, annihiler, balayer, bouleverser, briser, consumer, couler, dégrader, délabrer, démolir, dépouiller, désoler, détériorer, détruire, dévaster, endommager, épuiser, esquinter, étioler, foudroyer, gâcher, infirmer, miner, nuire, perdre, précipiter, ravager, renverser, rétamer,

ronger, saborder, saccager, saigner, saper,
torpiller, tuer, user

Ruiner peu à peu
miner

Ruines
décombres, vestiges

Ruineusement
coûteusement

Ruineux
cher, coûteux, dispendieux, exorbitant,
onéreux, prohibitif

Ruisseau
flot, rigole, ru, ruisselet, torrent

Ruisselant
mouillé, trempé

Ruisselé
coulé

Ruisseler
couler, dégouliner, dégoutter, répandre, suer,
suinter, tomber, transpirer

Ruisselet
cassis, ru, ruisseau

Ruissellement
coulée

Rumen
panse

Rumeur
brouhaha, bruit, chuchotis, commérage,
écho, murmure, nouvelle, racontar, ragot

Ruminant à longue toison qui vit au Tibet
yack, yak

Ruminant voisin du lama
alpaga

Ruminé
pensé, roulé

Ruminer
mâchonner, méditer, penser, réfléchir,
remâcher, ressasser, rouler

Rumsteck
bifteck

Rupestre
pariétal

Rupin
luxueux, riche

Rupteur
disjoncteur

Rupture
acharnement, annulation, arrêt, bris,
brisement, brisure, brouille, cassage,
cassure, cessation, coupure, crevaison,
décalage, déchirure, dénonciation, désunion,
dislocation, dispute, dissolution, division,
divorce, écart, éclatement, fâcherie,
fêlure, fossé, fracture, hiatus, interruption,
invalidation, rescision, résiliation, résolution,

révocation, scission, sécession, séparation,
tournant

Rupture d'un engagement
dénonciation

Rupture faite en déchirant
déchirure

Rural
agraire, agreste, agricole, agriculteur,
bucolique, campagnard, champêtre, fermier,
habitant, pastoral, paysan, rustique, rustre,
terrien

Ruse
adresse, artifice, astuce, attrape, cautèle,
combine, détour, diplomatie, feinte, ficelle,
finesse, fourberie, fraude, habileté, intrigue,
machiavélisme, machination, malice,
manœuvre, matoiserie, moyen, perfidie,
piège, renarde, rets, roublardise, rouerie,
stratagème, stratégie, subterfuge, subtilité,
trame, truc

Rusé
adroit, affûté, artificieux, astucieux, cauteleux,
chafouin, diplomate, fin, finasseur, finaud,
fourbe, futé, habile, insidieux, machiavélique,
madré, malicieux, malin, matois, narquois,
politique, renard, retors, roué, sournois, subtil

Ruse, attrape
feinte

Rusé, finaud
matois

Ruser
biaiser, finasser, louvoyer, manœuvrer,
renarder, tergiverser

Rush
afflux, déferlement, flot, marée, précipitation,
ruée, vague

Rustaud
acariâtre, balourd, brute, fruste, grossier,
lourd, lourdaud, rustique, rustre, sauvage

Rusticage
mortier

Rusticité
balourdise, goujaterie, grossièreté, lourdeur,
résistance, robustesse, rudesse, rustrerie

Rustique
abrupt, agreste, austère, brut, bucolique,
campagnard, champêtre, dépouillé, frugal,
fruste, grossier, minimaliste, pastoral, paysan,
résistant, robuste, rude, rural, rustaud, rustre,
sauvage, simple, vivace

Rustiquer
crépir, tailler

Rustre
acariâtre, balourd, barbare, béotien, brute,
butor, colon, croquant, discourtois, fruste,
gougnafier, goujat, grossier, impoli, incivil,

inculte, lourd, lourdaud, malappris, malotru,
manant, mufle, paysan, pignouf, primitif,
rural, rustaud, rustique, sauvage

Rustrerie
rusticité

Rutabaga
navet, turnep

Ruthénium
Ru

Rutherford
Rd

Rutherfordium
Rf

Rutilance
rutilement

Rutilant
ardent, brillant, chatoyant, éblouissant,
éclatant, étincelant, flamboyant, luisant,
rayonnant, reluisant, resplendissant

Rutilement
rutilance

Rutiler
briller, chatoyer, étinceler, flamboyer, luire,
miroiter, rayonner, reluire, resplendir, scintiller

Rye
bourbon, scotch, whisky

Rythme
allure, alternance, amble, balancement,
cadence, débit, fréquence, harmonie,
mélodie, mesure, mètre, mouvement,
nombre, périodicité, rotation, son, swing,
tempo, temps, train, vitesse

Rythmé
musical, nombreux, rythmique

Rythme du travail
cadence

**Rythme marqué du talon dans la danse
flamenco**
taconeos

Rythmer
articuler, cadencer, organiser, régler, scander,
structurer

Rythmique
alternatif, cadencé, mesuré, nombreux,
périodique, progressif, rythmé

S

S'abandonner à des fantasmes
fantasmer

S'abandonner à la rêverie
rêvasser

S'accorder avec
cadrer

S'accoutumer (Se)
familiariser

S'adapter exactement à une forme
épouser

S'adapter harmonieusement à quelque chose
cadrer

S'adonner à l'étude de la langue hébraïque
hébraïser

S'adresser à Dieu
prier

**S'adresser à quelqu'un en employant le
pronom vous**
voussoyer

**S'adresser à quelqu'un en utilisant le
pronom vous**
vouvoyer

S'agiter pour se débarrasser de l'eau (S')
ébrouer

S'agripper avec les mains, les ongles (S')
agriffer

S'appliquer à une activité
adonner

S'approprier indûment
usurper

S'approprier par ruse
usurper

S'appuyer sur un coude (S')
accouder

S'arrêter, en parlant d'un moteur
caler

S'assurer de l'exactitude d'un compte
apurer, épurer

S'assurer l'aide de quelqu'un à prix d'argent
soudoyer

**S'attacher les uns aux autres pour former une
cordée (S')**
encorder

**S'attribuer illégitimement un droit, un
pouvoir (S')**
arroger

S'échapper discrètement
esquiver

S'élever au-dessus du sol
léviter

S'élever en fine poussière
poudroyer

S'élever en poudre par les rafales de vent, en parlant de la neige
poudrer

S'élever sur l'eau sous l'effet de la vitesse pour un bateau
déjauger

S'éloigner momentanément (S')
absenter

S'emploie pour exprimer l'allégresse
youp, youpi

S'en aller en courant, s'enfuir
calter

S'en sortir vivant
réchapper

S'enfuir du milieu familial
fuguer

S'engager à faire quelque chose
promettre

S'engager avec quelqu'un (Se)
fiancer

S'enrouler sur soi-même (Se)
lover

S'entretenir familièrement
deviser

S'étendre, en parlant de l'encre
bavocher

S'étudier en vue de produire un effet
concerter

S'exposer à
encourir

S'exprimer d'une voix retentissante
tonitruer

S'occuper activement (S')
affairer

S'occuper assidûment d'un bébé
pouponner

S'occuper de guérir un mal
soigner

S'oppose au verso
recto

S'opposer à l'action de quelqu'un
contrer

S'user par frottement
raguer

Sa biographie s'intitule Ma vie en trois actes
Bertrand, Janette

Sa présence réchauffe tous les gens en vacances
soleil

Sa rentrée est à l'automne
école

Sa Sainteté
SS

Sabbat
boucan, chahut, raffut, ramdam, sarabande, tapage, tintamarre, vacarme

Sabine
genévrier

Sabir
baragouin, charabia, galimatias, jargon

Sable
beige, bois, gravelle, sablon

Sablé
biscuit, décapé, dépoli

Sable à grains fins
sablon

Sable calcaire des rivages
maërl, maerl, merl

Sable d'origine fluviale
jar, jard

Sable de bord de mer
lise

Sable fin
sablon

Sable mouvant
lise

Sable très fin
silt

Sabler
décaper, dépolir

Sableuse
ponceuse

Sablier
horloge

Sablière
carrière, sablonnière

Sablon
sable

Sablonneux
arénacé

Sablonnière
sablière

Sabordé
coulé

Saborder
couler, détruire, ruiner, torpiller

Sabot
baignoire, chaussure, galoche, ongle, socque, toupie

Sabot à dessus de cuir
galoche

Sabotage
bâclage, destruction, détérioration, gâchage, gâchis, malveillance, ruine

Saboté
abîmé

Saboter

abîmer, bâcler, bousiller, couler, détériorer, détruire, gâcher, gâter, torpiller

Saboteur

bousilleur, démolisseur, déprédateur, destructeur, gâcheur

Saboulé

secoué

Sabouler

secouer

Sabre

arme, cimeterre, épée, kriss, machette, rasoir

Sabré

enlevé

Sabre à lame courbe

bancal

Sabre oriental dont la lame courbe n'a qu'un seul tranchant

cimeterre

Sabre turc

yatagan

Sabrer

biffer, censurer, couper, effacer, enlever, raccourcir, rayer, refuser, renvoyer, supprimer, taillader

Sabreur

escrimeur, soudard

Sac

bagage, balle, balluchon, barda, besace, cabas, cartable, contenant, déprédation, dévastation, emballage, enveloppe, havresac, mallette, musette, paquet, pillage, poche, pochette, pochon, razzia, réticule, saccage, sachet, sacoche, serviette

Sac à provisions monté sur une armature à roulettes

poussette

Sac à provisions souple

cabas

Sac de couchage

duvet

Sac de cuir

sacoche

Sac de poste qu'on expédie cacheté d'un lieu à un autre

group

Sac de toile

musette, sacoche, semoir

Sac en peau pour conserver les liquides

outre

Sac long à deux poches

besace

Sac où le semeur place le grain

semoir

Sac que l'on porte en bandoulière

gibecière

Sac se portant sur le dos, contenant l'équipement du fantassin

havresac

Sac, contenant

poche

Saccade

heurt, raté, secousse, soubresaut

Saccadé

brusque, convulsif, discontinu, entrecoupé, haché, haletant, heurté, irrégulier, raboteux, sautillant

Saccade répétée à un rythme rapide

vibration

Saccader

heurter

Saccage

dégât, déprédation, destruction, dévastation, pillage, ravage, razzia, sac

Saccagé

abîmé, détruit, rasé, ruiné

Saccager

abîmer, abolir, annihiler, bouleverser, chambarder, chambouler, démolir, désoler, détruire, dévaster, endommager, gâter, infester, massacrer, piller, raser, ravager, razzier, ruiner, vandaliser

Saccageur

pillard, ravageur, vandale

Saccharide

glucide

Saccharine

aspartame, édulcorant, sucrette

Saccharose

glucide, sucre

Sacerdoce

apostolat, ministère, ordre, prêtrise, vocation

Sachem

chef

Sachet

emballage, enveloppe, paquet, poche, pochette, sac

Sacoche

bourse, gibecière, havresac, musette, pochette, sac, trousse

Sacquer

congédier, renvoyer

Sacralisé

adoré

Sacraliser

adorer, diviniser, sanctifier

Sacramentel

rituel

Sacre
apothéose, blasphème, consécration, couronnement, intronisation, juron, triomphe

Sacré
achevé, auguste, beau, bel, béni, consacré, consommé, cultuel, damné, divin, extraordinaire, fichu, fieffé, fier, fini, furieux, grand, inaliénable, incroyable, intangible, intouchable, inviolable, liturgique, maudit, parfait, religieux, révéré, rituel, rude, saint, satané, tabou, vénérable, vrai

Sacre mâle
sacret

Sacrebleu
morbleu, sacredieu, sacristi

Sacredieu
sacrebleu

Sacrement
confirmation

Sacrément
bien, copieusement, énormément, rudement

Sacrement qui rend chrétien celui qui le reçoit
baptême

Sacrer
bénir, blasphémer, consacrer, couronner, introniser, jurer, oindre, sanctifier

Sacret
tiercelet

Sacrifice
abatage, abattage, abnégation, bradage, dépense, désintéressement, dévouement, don, donation, effort, génocide, hécatombe, holocauste, immolation, libation, lustration, oblation, offrande, offre, privation, renoncement, résignation

Sacrifier
abandonner, brader, consacrer, dévouer, donner, égorger, immoler, liquider, négliger, offrir, sanctifier, solder

Sacrilège
attentat, blasphème, crime, hérésie, impie, impiété, outrage, péché, profanation, violation

Sacripant
chenapan, fripon, fripouille, garnement, gredin, vaurien

Sacristain
bedeau

Sacristi
sacrebleu

Sacro-saint
sacré, tabou

Safran
condiment, crocus, jaune

Safran des Indes
curcuma

Safran des prés
colchique

Safrané
rouge

Safraner
assaisonner, jaunir, teindre

Saga
cycle, histoire, légende, récit

Sagace
aigu, aiguisé, averti, avisé, clairvoyant, fin, intelligent, lucide, pénétrant, perçant, perspicace, pertinent, profond, sage, subtil

Sagacité
acuité, clairvoyance, discernement, finesse, flair, intelligence, intuition, lucidité, pénétration, perspicacité, pertinence

Sagaie
arme, javeline, javelot, pique

Sage
agréable, averti, avisé, bon, calme, chaste, circonspect, continent, correct, décent, docile, doux, éclairé, équilibré, gentil, grave, honnête, humaniste, instruit, intelligent, judicieux, mesuré, modéré, modeste, obéissant, penseur, philosophe, pondéré, posé, prévoyant, prudent, pudique, pur, raisonnable, rangé, rassis, réfléchi, réglé, réservé, sagace, sain, savant, sensé, sérieux, tranquille, vertueux

Sage-femme
matrone

Sage, sensé
judicieux

Sagement
bien, calmement, gentiment, prudemment, raisonnablement, sainement, sobrement, tranquillement

Sagesse
calme, chasteté, circonspection, connaissance, continence, discernement, docilité, douceur, honnêteté, maturité, mesure, modération, obéissance, philosophie, pondération, prudence, pudeur, raison, retenue, sapience, sens, tranquillité, vertu

Sagette
flèche

Sagittaire
archer

Sagouin
ouistiti

Sagum
saie

Sahara
désert

Saharien
torride

Saharienne
blazer, veste

Saï
capucin, singe

Saie
sagum

Saïga
antilope

Saignant
bleu, cruel, dur, ensanglanté, rouge, rude, sanglant

Saignée
canal, déperdition, entaille, fuite, hémorragie, perte, pli, rigole, tuerie

Saigner
dépouiller, égorger, épuiser, poignarder, pressurer, rançonner, ruiner, tuer, vider

Saigneux
sanglant

Saillant
aigu, anguleux, évident, frappant, globuleux, gonflé, gros, marquant, mémorable, notable, proéminent, protubérant, remarquable, saisissant

Sailli
sorti

Saillie
affront, angle, apophyse, arête, aspérité, avance, avancée, avancement, balèvre, bec, bossage, bosse, bourrelet, boutade, chapiteau, coin, console, corbeau, corniche, coude, crête, dent, éminence, encorbellement, entablement, éperon, ergot, forjet, jarret, moulure, nervure, papille, plaisanterie, pointe, prise, proéminence, projecture, protubérance, redan, relief, trait

Saillie arquée, garnie de poils
sourcil

Saillie charnue
luette

Saillie d'une corniche
larmier

Saillie en façade d'un bâtiment
balcon

Saillie osseuse de la cheville
malléole

Saillie ou renforcement dans le plan d'un bâtiment
ressaut

Saillie placée à la partie antérieure du cou
pomme

Saillie qui limite un mouvement dans un mécanisme
arrêtoir

Saillir
avancer, couvrir, déborder, dépasser, détacher, jaillir, monter, poindre, ressortir, sortir

Saïmiri
sajou, sapajou

Sain
bon, clair, droit, épanoui, équilibré, florissant, frais, gaillard, hygiénique, intact, juste, potable, profitable, pur, raisonnable, robuste, sage, salubre, salutaire, sanitaire, sauf, sensé, tonique, valide, viable

Sain et sauf
indemne

Sainbois
daphné, garou

Saindoux
axonge, graisse, lard

Sainement
correctement, judicieusement, raisonnablement, rationnellement, sagement, sensément

Saint
angelot, auguste, beau, bel, bienheureux, canonisé, consacré, élu, glorieux, patron, pur, respectable, sacré, st, vénérable

Saint-Esprit
Paraclet

Saint-Père
pape

Saint-pierre
zée

Saint-Siège
papauté

Sainte
ste

Saisi
accaparé, accroché, agrippé, aperçu, apprécié, atteint, attrapé, comprimé, confisqué, conquis, croché, dactylographié, embrassé, empoigné, enlevé, enregistré, étonné, exploité, frustré, happé, interdit, perçu, pris, réquisitionné, retenu, surpris, tapé, transi, utilisé, vu

Saisi par l'esprit
compris

Saisie
accaparement, appropriation, arrêt, capture, confiscation, dactylographie, embargo, enregistrement, expropriation, frappe, mainmise, prise, séquestre

Saisir
accaparer, accrocher, agripper, apercevoir, apprécier, appréhender, assimiler, atteindre, attraper, cerner, comprendre, concevoir, confisquer, conquérir, crocher,

dactylographier, décoder, découvrir,
décrypter, discerner, embrasser, emparer,
empoigner, enregistrer, entendre, étonner,
exploiter, foudroyer, frapper, happer,
interpréter, percer, percevoir, percuter,
pétrifier, piger, pincer, prendre, priver, profiter,
réaliser, réquisitionner, retenir, surprendre,
taper, transir, trouver, usurper, utiliser, voir

Saisir avidement
gripper

Saisir par les sens
percevoir

Saisissant
admirable, ahurissant, aigre, bouleversant,
émouvant, étonnant, frappant, notable,
palpitant, percutant, saillant, signalé,
stupéfiant, troublant, vif

Saisissement
émotion, frisson, stupeur

Saison
âge, automne, époque, été, hiver, moment,
période, printemps, règne, temps

Saison de la ponte des oiseaux
pondaison

**Saison durant laquelle les animaux
s'accouplent**
amours

Saison où l'on coupe les foins
fenaison

Saison où l'on fait la cueillette des cerises
olivaison

**Saison pendant laquelle le sanglier est le
plus gras**
porchaison

Saisonnalité
régularité

Saisonnier
automnal, temporaire

Sajou
capucin, saïmiri, sapajou

Sakieh
noria

Salade
casque, laitue, macédoine, mélange, verdure

Saladier
récipient

Salage
salaison

Salaire
appointements, cachet, châtiment,
commission, émoluments, fixe, gages,
gain, gratification, honoraires, indemnité,
mensualité, paie, paiement, paye,
pourboire, prime, prix, profit, récompense,
rémunération, rétribution, revenu, sanction,
solde, traitement, tribut

Salaire du batelier
batelage

Salaison
salage, saumure

Salamandre
esprit, poêle

Salami
rosette, saucisson

Salariat
paiement

Salarié
employé, ouvrier, personnel, travailleur

Salarier
appointer, gager, payer, rémunérer, rétribuer

Sale
abject, boueux, cochon, crasseux, crotté,
dégoûtant, douteux, galeux, graisseux,
grivois, honteux, immonde, impudique,
impur, inconvenant, indécent, infâme, lâche,
laid, malhonnête, malpropre, mauvais,
nauséabond, négligé, noir, obscène, ordurier,
poisseux, poussiéreux, salé, scabreux,
sordide, souillé, terreux, vilain

Salement
vilainement

Saler
assaisonner

Saler de nouveau
resaler

Saleron
salière

Saleté
abjection, bassesse, boue, camelote, crasse,
gadoue, grossièreté, hideur, impureté,
indignité, laideur, malpropreté, méchanceté,
noirceur, nuisance, obscénité, ordure,
pacotille, poussière, rosse, rosserie, salissure,
tache, vilenie

Saleté, tache
souillure

Saletés
immondices

Sali
abîmé, calomnié, contaminé, corrompu,
crotté, déshonoré, diffamé, discrédité,
éclaboussé, encrassé, entaché, flétri, graissé,
maculé, malpropre, noirci, poissé, pollué,
souillé, taché, terni

Salicoque
bouquet

Salière
saleron

Saline
bourbier

Salir
abîmer, agonir, barbouiller, baver, calomnier, cochonner, contaminer, corrompre, crotter, déshonorer, diffamer, discréditer, éclabousser, encrasser, entacher, flétrir, galvauder, graisser, maculer, noircir, poisser, polluer, profaner, souiller, tacher, ternir

Salir avec une matière collante
poisser

Salir de noir
mâchurer

Salissure
bourbe, bourbier, éclaboussure, ordure, saleté, souillure, tache

Salissures
immondices

Salive
bave, crachat, écume, postillon

Saliver
baver

Salle
assistance, audience, auditeurs, auditoire, auditorium, chambre, cinéma, hall, living, parterre, pièce, public, salon, séjour, spectateurs, théâtre, vivoir

Salle aménagée en demi-cercle
hémicycle

Salle centrale du temple
naos

Salle commune où dorment les membres d'une communauté
dortoir

Salle d'audience d'un tribunal
prétoire

Salle de conversation
exèdre

Salle de jeu
casino

Salle de jeux électroniques payants
arcade

Salle de séjour
living

Salle de spectacle
cabaret

Salle où Jésus-Christ institua l'Eucharistie
cénacle

Salle où les officiers prennent leurs repas
mess

Salle publique destinée à la projection de films
cinéma

Salmanazar
bouteille

Salmigondis
bouillie, mélange

Salmis
ragoût

Salon
boudoir, exposition, foire, muséum, salle, séjour, vivoir

Salonnier
journaliste

Salopette
combinaison, vêtement

Salpêtre
nitre

Saltation
pantomime

Saltigrade
sauteur

Saltimbanque
amuseur, baladin, bateleur, bouffon, forain

Salto
saut

Salubre
bon, hygiénique, sain, salutaire, tonique

Salubrité
hygiène, propreté, pureté

Saluer
acclamer, accueillir, applaudir, honorer, prosterner, visiter

Salut
adieu, bonjour, bonsoir, civilités, courbette, félicité, plongeon, rachat, rédemption, révérence, salutation, sauvegarde

Salut cérémonieux
révérence

Salut solennel
salutation

Salutaire
avantageux, bénéfique, bienfaisant, bon, profitable, sain, salubre, utile

Salutation
adieu, bienvenue, bonjour, bonsoir, bye, cérémonie, courbette, respect, révérence, salut

Salutation angélique
ave

Salve
bordée, canonnade, décharge, fusillade, rafale, tir, volée

Samare
fruit

Samarium
Sm

Samba
danse

Samedi
jour

Samit
brocart

Samouraï
combattant, guerrier

Sampan
embarcation

Samuraï
combattant, guerrier

Sanatorium
aérium, hôpital

Sanctifiant
célébrant

Sanctificateur
célébrant

Sanctifier
canoniser, célébrer, consacrer, déifier,
diviniser, glorifier, idolâtrer, sacraliser, sacrer,
sacrifier

Sanction
adoption, amende, approbation, châtiment,
condamnation, confirmation, consécration,
entérinement, envers, expiation, peine,
pénalité, punition, rançon, ratification,
récompense, répression, salaire, sentence,
tribut

Sanction monétaire
amende

Sanctionné
scellé

Sanctionner
approuver, châtier, confirmer, consacrer,
entériner, homologuer, légaliser, pénaliser,
punir, ratifier, réprimer, sceller, sévir, valider

Sanctuaire
asile, basilique, église, mosquée, refuge,
réserve, temple

Sanctus
prière

Sandale
chaussure, claquette, spartiate, tong

Sandale de plage
tong

**Sandwich composé de bacon, de laitue et de
tomate**
BLT

Sandwich italien
panini

Sang
famille, hérédité, lignage, lignée, nom,
origine, parenté, race, rouge, souche

Sang purulent
ichor

Sang-froid
aplomb, assurance, calme, empire, flegme,
froideur, maîtrise, patience, placidité

Sang-mêlé
métis

Sanglant
blessant, chaud, cuisant, ensanglanté,
injurieux, meurtrier, offensant, rouge,
saignant, saigneux, sanguinaire,
sanguinolent, sauvage, violent

Sangle
attache, bande, ceinturon, courroie, lien

Sanglé
serré

**Sangle attachée à la naissance de la queue du
cheval pour empêcher le harnais de glisser**
culière

**Sangle que l'on passe sous le ventre d'un
animal**
ventrière

Sangle servant à amarrer
raban

Sangler
accrocher, attacher, battre, ceindre, ceinturer,
fouetter, gainer, mouler, serrer

Sanglier
cochon, pécari, porc

Sanglot
gémissement, hoquet, pleurs, spasme

Sanglotant
larmoyant

Sangloter
larmoyer, pleurer, pleurnicher

Sanguin
coloré, cramoisi, rouge, rougeaud, rubicond,
vermeil, vif

Sanguine
dessin

Sanguinolent
sanglant

Sanie
pus

Sanitaire
hygiénique, sain

Sans
aucun, dépourvu, excepté, hormis, hors,
préposition, privé, sauf

Sans ailes
aptère

Sans arrêt
constamment

Sans aucune énergie
avachi

Sans cesse
assidûment, constamment, toujours

Sans charpente, sans rigidité
désossé

Sans chef
acéphale

Sans connaissance
évanoui

Sans couleur
incolore

Sans déguisement
nuement, nûment

Sans dents
édenté

Sans détours
carrément

Sans difficulté
aisément

Sans difficulté (Sans coup)
férir

Sans dommage
indemne

Sans douleur
indolore

Sans eau
tari

Sans éclat, morne
gris

Sans éducation
malpoli

Sans égal
unique

Sans égard pour
nonobstant

Sans énergie
amorphe

Sans engrais ni pesticides
bio

Sans feuilles en hiver
chauve

Sans fondement
infondé

Sans frais de transport
franco

Sans gratitude
ingrat

Sans gravité
bénin, véniel

Sans importance
anodin

Sans inégalités
uni

Sans instruction
ignare

Sans mal
indolore

Sans mélange
pur

Sans mouvement
étale

Sans nom
innommé

Sans odeur
inodore

Sans pareil
inégalé

Sans poils
imberbe

Sans poils, sans duvet
glabre

Sans prix
inestimable

Sans que la chose soit sue (À l')
insu

Sans queue
anoure

Sans quoi
ou

Sans réaction
inerte

Sans relâche
assidûment

Sans ressort, sans force
anémique

Sans retenue, très libre
débridé

Sans saveur
insipide

Sans se faire connaître
incognito

Sans tarder
tantôt

Sans tête, sans chef
acéphale

Sans tige apparente
acaule

Sans tonicité
atone

Sans une tache
immaculé

Sans valeur
nul

Sans variété
uni

Sans végétation, dénudé
chauve

Sans-abri
vagabond

Sans-allure
idiot

Sans-dessein
idiot, imbécile

Sans-emploi
chômeur

Sans-gêne
audace, désinvolte, désinvolture, familier, liberté, toupet

Sans-travail
chômeur

Sansonnet
étourneau

Santé
complexion, constitution, équilibre, forme, hygiène, nature, tempérament, vie, vitalité

Santiag
botte

Santon
figurine

Sanve
sénevé

Saoul
bourré, content, enivré, grisé, ivre, plein, rassasié, repu

Saouler
assommer, boire, enivrer, étourdir, fatiguer, griser, rassasier, saturer

Sapajou
capucin, saïmiri, sajou

Sape
habillement, habit, tranchée, vêtement

Sapé
abattu, affaibli, affouillé, attaqué, creusé, découragé, défait, démoli, démoralisé, détruit, dévasté, ébranlé, érodé, excavé, miné, rongé, ruiné, vêtu

Saper
abattre, affaiblir, affouiller, attaquer, creuser, décourager, défaire, démolir, démoraliser, détruire, dévaster, ébranler, éroder, excaver, miner, ronger, ruiner, torpiller

Sapeur
pionnier

Sapide
délectable

Sapidité
goût, saveur

Sapience
jugeote, pondération, sagesse

Sapin
arbre, cèdre, conifère, épicéa, ginkgo, mélèze, pin, résineux

Sapine
ais

Sapinette
boisson

Sapinière
bois

Sar
poisson

Sarabande
boucan, cavalcade, danse, farandole, raffut, ribambelle, sabbat, tapage, vacarme

Sarcasme
affront, brocard, dérision, épigramme, flèche, humour, ironie, lazzi, moquerie, pique, piqûre, pointe, quolibet, raillerie, trait, vanne, vexation

Sarcastique
acerbe, acide, amer, goguenard, ironique, narquois, railleur

Sarcastiquement
amèrement

Sarcelle
canard

Sarcler
ameublir, biner, décrasser, désherber, échardonner, essarter, extirper, jardiner, serfouir

Sarclette
sarcloir

Sarcleur
bineur, jardinier

Sarcloir
binette, gratte, grattoir, sarclette

Sarcome
cancer, tumeur

Sarcophage
cénotaphe, cercueil, tombeau

Sarcopte
acarien, acarus

Sardoine
agate

Sardonique
moqueur, railleur

Sari
pagne, paréo, sarong

Sarigue
opossum

Sarment
branche, rameau

Sarment de vigne
arçon, provin

Sarong
pagne, paréo, sari

Saronide
druide

Sarrasin
arabe, céréale, froment, maure, more

Sarrasine
arabe, herse

Sarrau
blouse, tablier

Sarrette
serratule

Sas
blutoir, claie, crible, passoire, tamis

Sassafras
arbre

Sasser
cribler, écluser, tamiser, trier, vanner

Sasseur
tamiseur

Satan
lucifer

Satané
damné, maudit, sacré

Satanique
démoniaque, diabolique, infernal, luciférien, maléfique, méchant, méphistophélique, pervers

Satanisme
sorcellerie

Satellisation
vassalité

Satellite
allié, astre, dépendant, io, lunule, planète

Satellite d'une planète
lune

Satellite d'Uranus
Ariel

Satellite de la Terre
lune

Satiété
blasement, excès, réplétion, satisfaction, saturation

Satin
tissu

Satinage
glaçage, lustrage

Satiné
brillant, doux, lisse, lustré, soyeux, velouté

Satiner
lustrer

Satire
caricature, catilinaire, charge, critique, dérision, diatribe, épigramme, libelle, moquerie, pamphlet, parodie, plaisanterie, raillerie, réquisitoire

Satirique
caustique, mordant, piquant, railleur, spirituel

Satiriser
moquer, railler, ridiculiser

Satiriste
auteur, parodiste

Satisfaction
aise, amusement, bien, contentement, euphorie, fierté, honneur, joie, jouissance, plaisir, satiété, triomphe

Satisfaire
accomplir, accorder, acquitter, agréer, apaiser, arranger, assouvir, calmer, céder, combler, conformer, contenter, convenir, correspondre, étancher, exaucer, exécuter, fournir, obéir, observer, payer, plaire, pourvoir, rassasier, remplir, répondre, respecter, soumettre, subvenir, suffire

Satisfaisant
acceptable, admissible, bien, bon, convenable, correct, honnête, honorable, passable, payant, recevable, suffisant

Satisfait
arrogant, avantageux, béat, comblé, complaisant, content, exaucé, fier, heureux, orchestré, prétentieux, puant, rassasié, ravi, suffisant, vaniteux

Satisfecit
récompense

Satteau
barque

Saturation
excès, plénitude, satiété, surabondance

Saturé
blasé, bourré, écœuré, embouteillé, encombré, engorgé, gonflé, plein, rassasié, rempli

Saturer
abreuver, dégoûter, écœurer, emplir, engorger, fatiguer, gaver, gorger, inonder, lasser, remplir, saouler, soûler

Saturne
cronos

Saturne
plomb

Satyre
bouquin, capripède, exhibitionniste, faune, obsédé, pervers, silène, vicieux, voyeur

Sauce
béchamel, coulis, jus, vinaigrette

Saucé
douché, mouillé, rincé, trempé

Sauce à base de jus de viande
fumet

Sauce à base de tomates
ketchup

Sauce au blanc faite d'oignons, de champignons et de jus de volaille rôtie
dodine

Sauce au poivre
poivrade

Sauce au vin accompagnant le poisson
meurette

Sauce brune additionnée de madère
madère

Sauce chaude pour accompagner le gibier
poivrade

Sauce épaisse à base d'œufs et de beurre fondu
béarnaise

Sauce froide et épaisse dans laquelle on trempe des légumes crus avant de les manger
trempette

Sauce très piquante
Tabasco

Sauce vinaigrette à l'ail
aillade

Saucer
mouiller, rincer, tremper

Saucette
baignade

Saucier
cuisinier

Saucisse
andouille, andouillette, chipolata, merguez

Saucisson
cervelas, rosette, salami

Saucissonné
boudiné

Sauf
échappé, entier, excepté, fors, hormis, hors, indemne, intact, réchappé, rescapé, sain, sans, sauvé, sinon

Sauf-conduit
passeport, permis

Sauge
orvale

Saugrenu
aberrant, abracadabrant, absurde, baroque, biscornu, bizarre, burlesque, caricatural, étrange, excentrique, extravagant, fantasque, farfelu, fou, grotesque, impropre, inattendu, incongru, insensé, insolite, loufoque, original, ridicule, risible, singulier, tordu

Saugue
barque

Saulaie
saussaie

Saule à rameaux flexibles
osier

Saule de petite taille
osier

Saule qui pousse au bord des marais
marsault

Saumâtre
acerbe, amer, déplaisant, désagréable, mauvais, pénible, salé

Saumon
ouananiche, rose

Saumon au museau allongé
bécard

Saumure
salaison

Saumure de harengs
sauris

Sauna
bain, caldarium, étuve, hammam

Saunier
paludier

Saupoudrer
napper, parsemer, poudrer, recouvrir, talquer

Saupoudrer d'une substance imitant le givre
givrer

Saupoudrer de farine
fariner

Saupoudrer de talc
talquer

Saupoudreuse
sucrier

Saur
furnée, sauret

Saure
jaune

Saurer
boucaner, fumer

Sauret
saur

Saurien
gecko, lézard

Saussaie
saulaie

Saut
acrobatie, bond, bondissement, cabriole, cahot, cascade, cataracte, chute, gambade, interruption, plongeon, salto, sautillement, soubresaut, sursaut, tressautement, voltige

Saut du patineur
axel

Saut lancé par une seule jambe
jeté

Saute
inégalité, variation

Sauté
coulé, plongé

Sauter
avaler, bondir, brûler, cabrioler, caracoler, descendre, éclater, élancer, enjamber, escamoter, exploser, franchir, gambader, manquer, omettre, oublier, partir, passer,

péter, plonger, rebondir, sautiller, sursauter, tomber, trépigner, tressaillir, tressauter

Sauter de nouveau
ressauter

Sauter sur soi-même en se retournant
cabrioler

Sauterelle
criquet

Sauterelle verte
locuste

Sauterie
bal, soirée

Sauteur
acrobate, cheval, perchiste, saltigrade

Sauteur à la perche
perchiste

Sauteuse
casserole

Sautillant
capricieux, décousu, haché, mobile, saccadé

Sautillement
cabriole, gambade, saut

Sautiller
bondir, cabrioler, caracoler, gambader, sauter, trépigner

Sautoir
chaîne, collier, pendentif

Sauvagement
rudement

Sauvageon
sauvage, voyou

Sauvé
conservé, défendu, évadé, garanti, gardé, guéri, intact, préservé, protégé, racheté, rescapé, rétabli, sauf, sauvegardé, vivant

Sauve-qui-peut
débandade, fuite

Sauvegarde
bouclier, défense, égide, maintien, palladium, protection, refuge, rempart, salut

Sauvegardé
garanti, sauvé

Sauvegarder
archiver, assurer, conserver, défendre, garantir, garder, maintenir, préserver, protéger, sauver

Sauver
conserver, défendre, épargner, garantir, garder, guérir, préserver, protéger, racheter, récupérer, repêcher, rescaper, rétablir, sauvegarder

Sauver (Se)
déguerpir, échapper, évader, partir, réfugier

Sauvetage
secours

Sauveteur
sauveur

Sauveur
bienfaiteur, libérateur, messie, protecteur, providence, rédempteur, sauveteur

Savamment
adroitement, doctement, doctoralement, finement, habilement, ingénieusement, intelligemment, sciemment

Savane
brousse, pâturage

Savane des plateaux du Brésil
campo

Savant
ardu, calé, chercheur, clerc, compétent, compliqué, cultivé, difficile, docte, docteur, dressé, éclairé, érudit, expert, fort, habile, humaniste, instruit, lettré, lumière, maître, pédant, profond, recherché, sage, scientifique, trapu, universel

Savant spécialiste de la Chine
sinologue

Savate
chaussure, mule, pantoufle

Savetier
cordonnier

Saveur
agrément, charme, flaveur, fumet, goût, piment, piquant, plaisant, sapidité, sel

Saveur acide
acidité

Savoir
acquis, apprendre, bagage, cognition, connaissance, connaître, culture, érudition, filtrer, instruction, lumières, maîtriser, notion, posséder, pouvoir, science, sentir

Savoir approfondi
érudition

Savoir-faire
adresse, art, chic, dextérité, diplomatie, doigté, entregent, flegme, habileté, industrie, maîtrise, métier, pratique, science, tact, talent, technique

Savoir-faire, habileté
doigté

Savoir-vivre
bienséance, convenances, correction, décence, éducation, élégance, étiquette, politesse, tenue, urbanité

Savon
admonestation, algarade, attrapade, détergent, remontrance, réprimande, savonnette, semonce

Savonnage
nettoyage

Savonné
enlevé

Savonner
laver, lessiver, nettoyer

Savonnette
savon

Savonneux
glissant, onctueux

Savonnier
arbre

Savourer
aimer, apprécier, déguster, délecter, goûter, jouir, manger, profiter, régaler, sentir

Savoureusement
délicatement

Savoureux
agréable, appétissant, bon, croustillant, délectable, délicat, délicieux, doux, exquis, fameux, fin, piquant, plaisant, succulent, truculent

Saxhorn
hélicon

Saxo
saxophone, saxophoniste

Saxophone
saxo

Saxophoniste
saxo

Saynète
pantomime, sketch

Sb
antimoine, stibium

Sbire
nervi, spadassin, tueur

Sc
scandium

Scabreux
amoral, corsé, cru, dangereux, délicat, déplacé, difficile, égrillard, embarrassant, épineux, gras, graveleux, hardi, hasardeux, inconfortable, inconvenant, indécent, leste, libre, licencieux, obscène, osé, périlleux, risqué, salé, sale

Scalp
chevelure

Scalpel
bistouri, fer, lancette

Scampi
langoustine

Scandale
abomination, affaire, bruit, charivari, éclat, émotion, esclandre, foin, honte, horreur, indignation, infamie, tapage, turpitude

Scandaleux
ahurissant, criant, éhonté, épouvantable, honteux, inacceptable, indécent, révoltant

Scandalisé
choqué, horrifié, indigné, offusqué, outré, ulcéré, vexé

Scandaliser
achopper, blesser, choquer, écœurer, gêner, horrifier, indigner, offenser, offusquer, outrer, révolter, révulser, suffoquer, ulcérer, vexer

Scandé
marqué

Scander
accentuer, déclamer, marquer, marteler, ponctuer, prononcer, rythmer, souligner

Scandium
Sc

Scannage
balayage

Scanner
numériser, scanographe, tomodensitomètre

Scanneur
scanographe, tomodensitomètre

Scanning
balayage

Scanographe
scanner, scanneur

Scaphandrier
plongeur

Scapulaire
amulette

Scarabée coprophage
bousier

Scarification
entaille, incision

Scarifier
entailler, inciser, labourer, taillader

Sceau
cachet, coin, effigie, empreinte, estampille, griffe, marque, patte, plomb, poinçon, scellé, signature, signe, style, timbre

Sceau accompagné d'une signature
visa

Sceau de métal
bulle

Scélérat
bandit, brigand, canaille, coquin, criminel, fripon, fripouille, gredin, infâme, méchant, misérable, perfide, pirate, vaurien

Scélératesse
perfidie

Scellage
collage

Scellé
affermi, assemblé, caché, cacheté, cimenté, confirmé, consacré, consolidé, entériné, fermé, fixé, plâtré, plomb, plombé, ratifié, renforcé, sanctionné, sceau

Scellé avec des plombs
plombé

Scellement
fixation

Sceller
accoler, accrocher, affermir, assembler, cacheter, cimenter, confirmer, consacrer, consolider, entériner, fermer, fixer, plâtrer, plomber, ratifier, renforcer, sanctionner

Sceller avec du plâtre
plâtrer

Scénario
action, adaptation, canevas, découpage, histoire, intrigue, plan, script, synopsis, trame

Scénario d'un film
script

Scénariste
parolier

Scène
accrochage, algarade, altercation, comédie, décor, dispute, division, drame, esclandre, heurt, lieu, partie, passage, planches, plateau, querelle, séance, séquence, site, spectacle, tableau, théâtre, tréteaux, vue

Scène lyrique
cantate

Scène rapide d'un film
flash

Scénique
dramatique, théâtral

Scepticisme
agnosticisme, athéisme, doute, méfiance

Sceptique
aporétique, athée, défiant, désintéressé, douteux, dubitatif, impie, incrédule, incroyant, irréligieux, mécréant, méfiant, perplexe, pyrrhonien

Sceptre
bâton, royauté

Schah
roi

Schéma
abrégé, arbre, cadre, canevas, croquis, dessin, diagramme, ébauche, esquisse, figure, linéament, maquette, plan, représentation, schème, squelette, trame

Schématique
résumé, rudimentaire, simpliste, sommaire, succinct

Schématiser
styliser

Schème
concept, forme, schéma, structure

Schisme
déviation, dissidence, division, hérésie, scission, sécession, séparation

Schiste
ardoise

Schizophrène
fou, loufoque, malade

Schnaps
alcool, armagnac, cognac

Sciage
débitage

Scie
antienne, chanson, couplet, égoïne, instrument, litanie, musique, outil, refrain, rengaine, ritournelle, sciotte

Scié
abattu, désuni, enlevé, épaté, étonné, sidéré, stupéfait, surpris

Scie à lame rigide
égoïne

Scie à lame très étroite
sauteuse

Scie à main
sciotte

Scie à main des tailleurs de pierres
sciotte

Scie et marteau
outils

Scie mécanique
scieuse

Sciemment
consciemment, délibérément, exprès, intentionnellement, savamment, volontairement

Science
adresse, art, bagage, capacité, compétence, connaissance, culture, discipline, domaine, érudition, expérience, expertise, instruction, maîtrise, matière, savoir, sujet, technique

Science de l'éducation des enfants
pédagogie

Science de la fabrication des vins
œnologie

Science de la forme et des dimensions de la Terre
géodésie

Science des causes naturelles
physique

Science des exercices du corps
gymnique

Science des figures de l'espace physique
géométrie

Science des médicaments
pharmacie

Science des nombres
arithmétique

Science des vins
œnologie

Science mathématique
géométrie

Science qui a pour objet l'étude approfondie de la langue et de la civilisation chinoises
sinologie

Science qui a pour objet l'étude des idées
idéologie

Science qui étudie les sols
pédologie

Science qui traite des végétaux
botanique

Science secrète du Moyen Âge
alchimie

Science-fiction
anticipation

Scientifique
chercheur, rationnel, rigoureux, savant, technique

Scier
abattre, cisailler, couper, diviser, épater, étonner, refendre, sidérer, stupéfier, suffoquer, surprendre, tronçonner

Scier dans le sens de la longueur
refendre

Scieur
tronçonneur

Scindé
désuni, ramifié

Scinder
couper, déchirer, décomposer, disjoindre, diviser, éclater, fractionner, fragmenter, morceler, partager, ramifier, sectionner, segmenter, séparer

Scintillant
brillant, chatoyant, étincelant, pétillant, reluisant, vacillant

Scintillation
éclat

Scintillement
éclat, reflet

Scintiller
brasiller, briller, chatoyer, clignoter, étinceler, flamber, flamboyer, luire, miroiter, palpiter, papilloter, pétiller, poudroyer, reluire, resplendir, rutiler, trembler, vaciller

Scion
bourgeon, greffe, greffon, pousse

Sciotte
scie

Scission
dissidence, division, partage, rupture, schisme, séparation

Scissure
fissure, sillon

Sciure
bran, débris

Sclérose
asphyxie, blocage, engourdissement, figement, fossilisation, immobilisme, immobilité, momification, paralysie, vieillissement

Sclérose en plaques
SP

Scléroser
asphyxier, dessécher, engourdir, figer, fossiliser, immobiliser, paralyser

Scolaire
simpliste

Scolarité
cursus, études

Scoliaste
exégète

Scolie
note

Scoliose
déviation

Sconse
mouffette

Scooter
cyclomoteur, motocyclette, vespa

Scopie
radioscopie

Scorbut
avitaminose

Score
décompte, marque, note, performance, pointage, résultat

Scorie
cendre, déchet, laitier, mâchefer, poussière, résidu

Scories résultant de la combustion du charbon
mâchefer

Scorpène
rascasse

Scorpion
catapulte

Scorpion de mer
rascasse

Scotch
adhésif, rye, whisky

Scoumoune
déveine, malchance, malheur, poisse

Scout
éclaireur, guide, louveteau

Scratch
scratching

Scratching
scratch

Scribe
bureaucrate, copiste, greffier

Script
adaptation, scénario

Scripteur
auteur

Scrofulariacée
véronique

Scrofule
abcès

Scrofuleux
lépreux

Scrupule
assiduité, attention, conscience, correction, délicatesse, doute, exigence, hésitation, honte, méticulosité, minutie, ponctualité, précision, pudeur, rigueur, sérieux, soin, vergogne, zèle

Scrupuleux
assidu, attentif, correct, délicat, exact, fidèle, honnête, ponctuel, probe, sérieux, soigneux, tatillon

Scrutateur
aigu

Scruté
épié, sondé

Scruter
analyser, approfondir, dévisager, disséquer, épier, étudier, examiner, explorer, fixer, fouiller, inspecter, interroger, observer, pénétrer, regarder, sonder, toiser

Scrutin
élection, suffrage, votation, vote

Sculpté
ouvragé

Sculpter
buriner, ciseler, façonner, figurer, fondre, former, graver, modeler, mouler, tailler

Sculpteur
artiste, modeleur, statuaire, stucateur

Sculpteur de statues
statuaire

Sculptural
beau, bel

Sculpture
figurine, glyptique, gravure, statuaire, statue, statuette

Sculpture amérindienne
totem

Sculpture représentant une personne
statue

Scurrile
bouffon

Se
sélénium

Se balancer doucement
dodeliner

Se balancer gauchement (Se)
dandiner

Se battre
combattre

Se bomber sous l'effet de l'humidité
gondoler

Se bourrer le crâne
bachoter

Se charger de
endosser

Se conformer aux prescriptions de la loi juive
judaïser

Se consacrer entièrement à (Se)
dévouer

Se courber, en parlant d'une pièce de métal (S')
envoiler

Se couvrir de bourgeons
gemmer

Se couvrir de crème, en parlant du lait
crémer

Se couvrir de rouille
rouiller

Se déplacer dans l'eau
nager

Se déployer avec force
déferler

Se diffuser par rayonnement
rayonner

Se dit d'un acide de sélénium
sélénique

Se dit d'un animal qui évite la lumière
lucifuge

Se dit d'un animal qui se reproduit par des œufs
ovipare

Se dit d'un calice s'ouvrant en deux lèvres
labié

Se dit d'un cheval dont la robe n'a aucun poil blanc
zain

Se dit d'un cheval dont le dos se creuse
ensellé

Se dit d'un cheval dont les incisives conservent le cornet dentaire
bégu

Se dit d'un document portant une date antérieure à celle où il a été écrit
antidaté

Se dit d'un ecclésiastique qui a été suspendu de ses fonctions
suspens

Se dit d'un hareng fumé et salé
  saur

Se dit d'un homme entièrement dévoué
  lige

Se dit d'un insecte qui subit une métamorphose
  métabole

Se dit d'un mouvement circulaire
  giratoire

Se dit d'un mur sans fenêtre ni porte
  orbe

Se dit d'un navire sans chargement
  lège

Se dit d'un phénomène qui consomme de l'oxygène
  aérobie

Se dit d'un pied difforme
  bot

Se dit d'un poisson femelle contenant des œufs
  œuvé

Se dit d'un produit susceptible de polir par frottement
  abrasif

Se dit d'un propos grossier
  ordurier

Se dit d'un regard oblique et menaçant
  torve

Se dit d'un régime politique non démocratique
  totalitaire

Se dit d'un souvenir inoubliable
  durable

Se dit d'un système formé de deux courants monophasés de même valeur efficace et de signe contraire
  biphase

Se dit d'un temps exécrable
  chien

Se dit d'un vin riche en alcool
  vineux

Se dit d'une carte à jouer dont le dos est imprimé de motifs en compartiments
  tarotée

Se dit d'une coupe de cheveux
  afro

Se dit d'une dette qui peut être amortie
  amortissable

Se dit d'une écriture composée de lettres capitales
  onciale

Se dit d'une femme qui n'a eu qu'un seul enfant
  unipare

Se dit d'une foule manifestant une joie débordante
  liesse

Se dit d'une langue bantoue
  swahili

Se dit d'une médaille sans revers
  incuse

Se dit d'une peau dont le côté chair est à l'extérieur
  suédée

Se dit d'une personne qui subit une frustration
  frustrée

Se dit de ce qui est bien rond
  rebondi

Se dit de certaines plantes épiphytes
  aéricoles

Se dit de couleurs fluorescentes
  fluo

Se dit de frères jumeaux soudés l'un à l'autre
  siamois

Se dit de la ligne suivant l'ordre d'ébranlement, dans un séisme
  sismal

Se dit de langues de l'Asie du Sud-Est
  thaïes

Se dit de mots presque homonymes
  paronymes

Se dit de préparations où il entre des roses
  rosats

Se dit de verres de lunettes à deux foyers
  bifocaux

Se dit des animaux qui ont peur de leur ombre
  ombrageux

Se dit des êtres dont l'organisme a besoin d'air
  aérobies

Se dit des yeux d'une couleur bleu-vert
  pers

Se dit du bois mangé par les vers
  vermoulu

Se dit du groupe le plus ancien des terrains tertiaires
  éocène

Se dit du hareng quand il est vide de laitance et d'œufs
  guai

Se dit du jazz joué avec force
  hot

Se dit du poisson prêt à frayer
  mature

Se dit du ver à soie atteint de la flacherie
  flat

Se dit pour avertir de faire silence
  chut

Se donner la mort (Se)
suicider

Se dresser sur les pattes de derrière (Se)
cabrer

Se faire sentir par élancements douloureux
lanciner

Se faire une idée de
connaître

Se fendiller en surface
craqueler

Se fermer et s'ouvrir fréquemment
clignoter

Se fixer sur un autre être vivant pour y vivre et prospérer à ses dépens
parasiter

Se frapper mutuellement dans la main
toper

Se garnir de feuilles
feuiller

Se laisser aller à des fantasmes
fantasmer

Se laisser séduire
fauter

Se livrer à une activité commerciale
commercer

Se maintenir gonflé
bouffer

Se manifester avec exubérance
déborder

Se marier
convoler, épouser

Se marque par une apostrophe
élision

Se mêler étroitement
intriquer

Se met entre parenthèses à la suite d'une expression
sic

Se mettre à couler en sens contraire
refluer

Se mettre à l'abri (Se)
terrer

Se mettre à présenter des cloques
cloquer

Se mettre au lit (Se)
pieuter

Se mettre en accord avec
conformer

Se mettre en retard (S')
attarder

Se moquer de quelqu'un
persifler

Se mordre les doigts
regretter

Se mouvoir d'une manière rythmée
danser

Se multiplier en abondance
proliférer

Se nourrir en broutant, en paissant
pâturer

Se perdre en discussions
gloser

Se place devant le nom pour désigner
cette

Se plaindre entre les dents
grommeler

Se poser sur la Lune
alunir

Se poser sur un perchoir (Se)
percher

Se préparer sourdement
fermenter

Se priver volontairement
jeûner

Se produire en même temps
coïncider

Se promener dans Internet
surfer

Se promener en canot
canoter

Se promener lentement çà et là
déambuler

Se promener sans but précis (Se)
balader

Se promener sans hâte
flâner

Se prononcer en faveur de quelque chose
consentir

Se quereller avec aigreur
harpailler

Se quereller avec indécence
harpailler

Se racler la gorge
tousser

Se raidir sur ses pieds
piéter

Se régler sur un modèle
conformer

Se rend
va

Se rendre
aller

Se rendre chez un ami
visiter

Se rendre chez un ami à Noël
visiter

Se rendre coupable de braconnage
braconner

Se rendre maître par les armes
conquérir

Se répandre en fondant
fuser

Se répandre par-dessus bord
déborder

Se répandre, en parlant de l'eau
fluer

Se replier sur soi-même (Se)
refermer

Se reproduire en parlant des poissons
frayer

Se reproduire par spores
sporuler

Se retirer définitivement
abandonner

Se sentir bien (S')
épanouir

Se séparer en parlant des époux
divorcer

Se servir de
utiliser

Se soumettre
plier

Se soustraire à (Se)
dérober

Se transformer en abcès
abcéder

Séance
audience, débat, matinée, représentation,
réunion, scène, session, soirée, spectacle,
vacation

**Séance au cours de laquelle des équipes
sélectionnent des joueurs**
repêchage

**Séance au cours de laquelle le tribunal
interroge les parties**
audience

Séance d'enseignement donnée par un maître
leçon

Séance de musique
concert

Séance publique donnée par un artiste
récital

Séance tenue pour juger les crimes
assises

Seau
chaudière, récipient

Seau en bois ou en toile
seille

Seau servant aux vendangeurs
jale

Sébile
coupe, coupelle, écuelle

Sec
abrupt, acerbe, aigre, aride, austère,
autoritaire, beaucoup, bref, brusque, brut,
brutal, brutalement, cassant, cinglant,
décharné, déshydraté, désobligeant, dur,
efflanqué, émacié, endurci, étique, étriqué,
ferme, froid, glacial, incisif, indifférent, ingrat,
insensible, laconique, lapidaire, maigre,
mordant, noueux, pauvre, pincé, raide,
rapidement, rassis, rébarbatif, rebutant,
rêche, revêche, rude, rudement, sèchement,
stérile, tranchant

Sécable
divisable, séparable

Sécateur
cisailles, ciseau

Sécession
autonomie, indépendance, révolte, rupture,
schisme, séparation, séparatisme

Sécessionnisme
séparatisme

Sécessionniste
séparatiste, sudiste

Séchage
dessiccation, étendage, évaporation

Sèche-cheveux
séchoir

Sèche-linge
sécheuse

Sèche-main
torchon

Sèchement
brièvement, brusquement, brutalement,
crûment, durement, froidement, rudement,
sec, sévèrement, vertement, vivement

Sécher
assécher, dépérir, déshydrater, dessécher,
durcir, éponger, épuiser, essuyer, étancher,
étuver, évaporer, faner, flétrir, languir,
manquer, oublier, racornir, tamponner, tarir,
vider

Sécheresse
aridité, dureté, froideur, rudesse, sévérité

Sécheur
étendoir, séchoir

Séchoir
casque, étendoir, étuve, hâloir, sécheur

Second
adjoint, aide, allié, appui, assesseur,
assistant, autre, auxiliaire, collaborateur,
dauphin, deux, deuxième, junior, lieutenant,
mineur, nouveau, subalterne

Second calife des musulmans
Umar

Secondaire
accessoire, adventice, annexe, collatéral, consécutif, contingent, corollaire, dérivé, incident, inférieur, marginal, mineur, négligeable, parallèle, petit, subalterne, subsidiaire

Secondant
aidant

Seconde
deuxième, instant, minute, moment

Secondé
aidé, appuyé, épaulé

Seconde épouse d'Athamas
Ino

Seconde lecture
relecture

Seconder
accompagner, aider, appuyer, assister, épauler, favoriser, servir, soutenir

Secondes noces
remariage

Secoué
admonesté, affecté, agité, ballotté, bouleversé, bousculé, branlé, brimbalé, bringuebalé, cahoté, choqué, commotionné, ému, éprouvé, harcelé, hoché, houspillé, malade, malmené, maltraité, perturbé, remué, réprimandé, retourné, saboulé, tourmenté, tourneboulé, traumatisé

Secouer
admonester, affecter, agiter, ballotter, bouleverser, bousculer, branler, brasser, brimbaler, bringuebaler, cahoter, choquer, commotionner, ébranler, émouvoir, éprouver, frapper, harceler, hocher, houspiller, malmener, maltraiter, molester, perturber, remuer, réprimander, retourner, rudoyer, sabouler, tourmenter, tournebouler, traumatiser

Secouer de droite à gauche
brimbaler

Secouer la tête de gauche à droite
hocher

Secourable
accommodant, bon, charitable, fraternel, humain, obligeant, utile

Secourant
aidant

Secourir
aider, assister, défendre, obliger, protéger, servir, soulager, soutenir

Secourisme
secours

Secouriste
infirmier

Secours
aide, allocation, appoint, appui, assistance, aumône, bienfaisance, charité, concours, défense, don, entraide, grâce, offrande, protection, providence, réconfort, recours, refuge, renfort, rescousse, ressource, sauvetage, secourisme, service, soins, soutien, subside, subvention, utilité, viatique

Secours de dernière minute
bouée

Secours divin
providence

Secousse
agitation, cahot, choc, commotion, convulsion, coup, ébranlement, émotion, frisson, heurt, saccade, séisme, soubresaut, spasme, traumatisme, tremblement, trépidation, tressautement

Secousse brusque
saccade

Secousse musculaire brève et involontaire
clonie

Secousse violente
commotion

Secret
anonyme, arcanes, astuce, caché, cachotterie, cachottier, chiffré, clandestin, clé, clef, codé, combine, confidence, confidentialité, confidentiel, coulisses, dérobé, dessous, discret, discrétion, dissimulé, enfoui, énigmatique, énigme, ésotérique, furtif, fuyant, hermétique, ignoré, impénétrable, inavoué, inconnu, insaisissable, insondable, intérieur, intime, invisible, latent, méthode, motif, mystère, mystérieux, obscur, occulte, ombre, procédé, profond, raison, recette, renfermé, réservé, retiré, silence, sourd, sournois, souterrain, subreptice, taciturne, ténébreux, tréfonds, truc, voilé

Secrétaire
bureau, diplomate

Secrétariat
bureau

Sécrété
coulé

Secrètement
incognito

Sécréter
dégager, distiller, élaborer, excréter, exhaler, exsuder, produire, suer, suinter

Sécrétion
écoulement

Sécrétion d'une muqueuse
glaire

Sécrétion des muqueuses du nez
morve

Sécrétion et excrétion du lait chez la femme
lactation

Sécrétion excessive de sébum
séborrhée

Sécrétion grasse produite par les glandes sébacées
sébum

Sécrétion visqueuse
mucus

Sectaire
adepte, doctrinaire, dogmatique, étriqué, étroit, fanatique, intolérant, partial, partisan, puritain, sectateur

Sectateur
adepte, adhérent, fidèle, idolâtre, partisan, sectaire, séide

Secte
chapelle, clan, coterie, école, église, faction, parti, religion

Secte bouddhique du Japon
zen

Secteur
alentours, arrondissement, branche, coin, district, division, domaine, emplacement, environs, fief, lieu, matière, parages, partie, quartier, rayon, région, sphère, subdivision, terrain, territoire, truc, voisinage, zone

Secteur de la ville de Saguenay
Arvida

Section
article, bout, cellule, chapitre, coupe, coupure, direction, division, fragment, groupe, morceau, noyau, paragraphe, partie, portion, profil, rubrique, segment, subdivision, tronçon, troupe, unité, vue

Section chirurgicale d'un tendon
ténotomie

Sectionné
coupé, désuni, enlevé

Sectionnement
ablation, division

Sectionner
compartimenter, couper, débiter, diviser, émietter, fractionner, fragmenter, morceler, parcelliser, partager, scinder, segmenter, subdiviser, trancher

Sectoriel
catégoriel

Séculaire
âgé, ancestral, ancien, antique, centenaire, centennal, immémorial, vieil

Séculariser
laïciser

Séculier
civil, laïc, laïque, profane, temporel, terrestre

Sécurisant
rassurant

Sécurisé
fiable, rasséréné, rassuré

Sécuriser
apaiser, assurer, calmer, désangoisser, fiabiliser, garantir, rasséréner, rassurer, tranquilliser

Sécurité
abandon, assurance, calme, confiance, défense, fiabilité, matelas, ordre, paix, police, protection, sérénité, sûreté, surveillance, tranquillité

Sédatif
analgésique, antalgique, anxiolytique, calmant, dormitif, neuroleptique, psycholeptique, soporifique, tranquillisant

Sédation
apaisement, soulagement

Sédentaire
casanier, fixe, permanent

Sédentarisation
fixation

Sédentariser
fixer

Sédiment
bourbe, bourbier, colluvion, couche, dépôt, formation

Sédiment organique
maerl, maerl, merl

Sédimentaire
alluvial, alluviale, tartroux

Sédiments
alluvions

Séditieux
agitateur, contestataire, dissident, émeutier, factieux, incendiaire, insoumis, insurgé, mutin, rebelle, récalcitrant, révolutionnaire, subversif

Sédition
agitation, émeute, faction, fronde, indiscipline, insurrection, mutinerie, pronunciamiento, putsch, rébellion, révolte, soulèvement, subversion

Séducteur
aguichant, cajoleur, casanova, charmeur, damoiseau, engageant, enjôleur, ensorceleur, entreprenant, fascinant, galant, lovelace, séduisant, suborneur, tentateur, tombeur

Séduction
agrément, ascendant, attirance, attraction, attrait, autorité, beauté, charme, coquetterie, délice, ensorcellement, fascination,

galanterie, influence, magie, mirage, prestige, tentation

Séduire
abuser, affrioler, allécher, amadouer, appâter, apprivoiser, attacher, attirer, captiver, charmer, circonvenir, conquérir, débaucher, déshonorer, éblouir, égarer, emballer, empaumer, enchanter, enjôler, ensorceler, entortiller, entraîner, envoûter, fasciner, intéresser, lever, persuader, plaire, prendre, ravir, subjuguer, tenter, tromper, troubler

Séduisant
affable, affriolant, agréable, aguichant, aimable, alléchant, attirant, attrayant, beau, bel, brillant, captivant, charmant, désirable, enchanteur, engageant, enivrant, excitant, fascinant, flatteur, intéressant, irrésistible, plaisant, ragoûtant, ravissant, séducteur, tentant

Séduisant, agréable
excitant

Séduit
abusé, affriolé, alléché, apprivoisé, attiré, captivé, charmé, circonvenu, conquis, débauché, déshonoré, ébloui, égaré, emballé, enjôlé, ensorcelé, entortillé, envoûté, épris, fasciné, intéressé, ravi, subjugué, tenté, trompé

Sedum
orpin

Segment
bout, créneau, division, fraction, morceau, part, partie, portion, section, tronçon

Segment supérieur de l'os iliaque
ilion

Segmentation
division

Segmenter
couper, découper, diviser, fractionner, fragmenter, scinder, sectionner

Ségrégation
racisme

Ségrégation à l'encontre des personnes du fait de leur âge
âgisme

Seiche
calamar, calmar, encornet, pieuvre

Séide
complice, fanatique, sectateur, serviteur, suppôt, zélateur

Seigle
céréale

Seigneur
châtelain, dieu, gentilhomme, hobereau, maître, noble, prince, roi, sire, souverain, suzerain

Seigneur d'un fief qui arborait une bannière
banneret

Seigneurie
duché, fief, vicomté

Seigneurs qui suivaient Charlemagne à la guerre
paladins

Seillon
bac, cuve

Seine
gabare

Seing
empreinte, marque, signature

Séisme
bouleversement, cataclysme, commotion, secousse

Seize
nombre

Séjour
arrêt, boudoir, demeure, habitation, living, pause, résidence, salle, salon, vacances, villégiature, vivoir

Séjour dans un hôtel
nuitée

Séjour des âmes des justes
limbes

Séjour et fermentation du moût de raisin dans les cuves
cuvage

Séjour obligatoire dans un lieu
résidence

Séjour plein de charme
éden

Séjourné
logé, resté

Séjourner
arrêter, croupir, demeurer, descendre, habiter, loger, résider, rester, stagner, vivre

Sel
assaisonnement, condiment, esprit, ester, finesse, gaieté, humour, intérêt, piment, piquant, plaisant, saveur

Sel cristallin blanc
borax

Sel de l'acide acétique
acétate

Sel de l'acide borique
borate

Sel de l'acide carbonique
carbonate

Sel de l'acide citrique
citrate

Sel de l'acide ferrique
ferrate

Sel de l'acide glutamique
glutamate

Sel de l'acide iodhydrique
iodure

Sel de l'acide nitreux
nitrite

Sel de l'acide nitrique
nitrate

Sel de l'acide oléique
oléate

Sel de l'acide picrique
picrate

Sel de l'acide sélénieux
sélénite

Sel de l'acide sélénique
séléniate

Sel de l'acide sulfurique
sulfate

Sel de l'acide tellurique
tellurate

Sel de l'acide uranique
uranate

Sel de l'acide urique
urate

Sel extrait d'un marais salant
meulon

Sel ou ester
oléate

Sel ou ester de l'acide cyanhydrique
cyanure

Sel ou ester de l'acide stéarique
stéarate

Sélect
bien, chic, choisi, distingué, élégant, exclusif,
fermé, réservé, snob

Sélecter
choisir, sélectionner

Sélectif
électif

Sélection
adoption, assortiment, brochette, choix,
critérium, éventail, nomination, panoplie, tri,
triage

Sélectionné
écrémé, élu

Sélectionner
choisir, écrémer, élire, nominer, qualifier,
retenir, sélecter, trier

Sélectionner parmi les meilleurs
écrémer

Sélectionneur
trieur

Sélène
lunaire

Sélénite
lunaire

Sélénium
Se

Selle
bât, monture, siège, trépied

Sellette
gaine

Sellier
bourrelier

Selon
d'après, pour, suivant

Selon les formes prescrites
dûment

Semailles
ensemencement, épandage, semis

Semaine
bague, rétribution

Semainier
commode, hebdomadier

Sémaphore
signal, télégraphe

Semblable
affin, analogue, approchant, assimilé, autrui,
commun, comparable, conforme, congénère,
contigu, égal, équivalent, frère, homogène,
homologue, identique, jumeau, jumelle,
même, pair, parallèle, pareil, pendant,
prochain, proche, ressemblant, similaire, tel,
uniforme

Semblablement
comme

Semblant
air, apparence, enveloppe, fantôme, masque,
simulacre, teinte

Sembler
paraître, simuler

Semé
émaillé, jeté

Semelle
patin

Semence
clou, germe, grain, graine

Semer
disperser, disséminer, distancer, émailler,
ensemencer, épandre, éparpiller, essaimer,
jeter, joncher, lâcher, larder, mettre,
parsemer, peupler, planter, propager,
reboiser, répandre

Semer à nouveau
sursemer

Semer de nouveau
ressemer

Semeur
cultivateur

Semi
demi

Semi-étoile
quasar

Semi-remorque
camion

Sémillant
actif, alerte, allègre, frétillant, fringant, gai, guilleret, léger, pétillant, pétulant, pimpant, primesautier, remuant, vif, vivant

Séminaire
atelier, colloque, conférence, congrès, cours, forum, rencontre, réunion, stage, symposium

Sémiotique
langage

Semis
ensemencement, plant, plantation, semailles

Sémite
araméen, juif, sémitique

Sémitique
sémite

Semonce
admonestation, alerte, remontrance, réprimande, reproche, savon

Semoncé
alerté

Semoncer
admonester, alerter, annoncer, bougonner, chapitrer, réprimander, sermonner

Semoule de sarrasin
kacha, kache

Sempiternel
continuel, éternel, incessant, perpétuel

Séné
cassier

Séneçon
jacobée

Séneçon au feuillage cendré
cinéraire

Sénescence
caducité, vieillesse

Senestre
gauche

Sénevé
sanve

Sénile
décrépit, gâteux, ramolli, vieux

Sénilisme
gérontisme, sénilité

Sénilité
décrépitude, démence, gâtisme, ramollissement, sénilisme, vieillesse

Senior
Sr

Senne
filet, traîne, traîneau

Señorita
mademoiselle

Sens
acception, azimut, but, clé, clef, connaissance, connotation, conscience, contenu, côté, définition, direction, discernement, entendement, esprit, fil, instinct, intuition, jugement, lettre, notion, odorat, orientation, perception, perspective, raison, sagesse, sensation, sentiment, sexualité, signification, signifié, tendance, valeur

Sens civique
civisme

Sens contraire
rebours

Sens inverse
contresens

Sens qui permet de percevoir les sons
ouïe

Sensas
admirable

Sensation
admiration, effet, émotion, étonnement, impression, intuition, perception, sens, sentiment, soif, surprise

Sensation de chaleur intense
brûlure

Sensation de forte chaleur, d'irritation
brûlure

Sensation provoquée conjointement par le goût et l'odeur d'un aliment
flaveur

Sensationnel
colossal, épatant, étonnant, étourdissant, extra, génial, inouï, terrible

Sensé
éclairé, équilibré, intelligent, judicieux, juste, lucide, mesuré, pertinent, pondéré, posé, prudent, raisonnable, rassis, rationnel, sage, sain

Sensément
adroitement, intelligemment, sainement

Senseur
capteur

Sensibilité
émotion, esthésie, fibre, finesse, humanité, passion, pitié, sympathie

Sensibilité politique en faveur de la paix
pacifisme

Sensible
affectif, aimant, apparent, appréciable, bon, brûlant, charnel, chatouilleux, chaud, clair, compatissant, concret, dangereux, délicat,

difficile, douillet, douloureux, émotif, endolori,
évident, explosif, fin, fragile, généreux,
humain, important, impressionnable, irritable,
marqué, matériel, net, névralgique, notable,
ombrageux, palpable, perceptible, périlleux,
perméable, phénoménal, réel, sensitif,
sensoriel, substantiel, susceptible, tangible,
tendre, vibrant, visible, vulnérable

Sensiblement
approximativement, clairement, nettement,
notablement, pratiquement, presque,
quasiment, substantiellement, visiblement

Sensitif
affectif, émotif, réceptif, sensible, sensoriel

Sensoriel
sensible, sensitif

Sente
chemin, sentier

Sentence
adage, aphorisme, apophtegme, arbitrage,
arrêt, axiome, condamnation, décision,
décret, dicton, formule, jugement, maxime,
moralité, pensée, phrase, précepte, proverbe,
sanction, verdict

Sentence populaire
adage

Sentencieux
docte, doctoral, dogmatique, pompeux,
solennel

Senteur
arôme, effluve, exhalaison, fragrance, fumet,
odeur, parfum

Senti
apprécié, compris, découvert, deviné,
discerné, embaumé, emposté, enlevé,
éprouvé, flairé, fleuré, goûté, humé, indiqué,
pénétré, perçu, pressenti, prévu, remarqué,
respiré, ressenti, révélé, savouré, sincère,
soupçonné, su, subodoré, trahi, vrai

Sentier
chemin, layon, passage, piste, sente, voie

Sentier de grande randonnée
GR

Sentiment
amitié, amour, avis, conscience, émotion,
fibre, idée, impression, instinct, intuition,
jugement, notion, opinion, optique, passion,
pensée, perception, position, pressentiment,
sens, sensation

Sentiment d'appartenance
solidarité

Sentiment d'éloignement et de répugnance
aversion

Sentiment d'être en mauvaise santé
dysphorie

Sentiment de bien-être intense
euphorie

Sentiment de tendresse
amour

Sentiment durable d'hostilité
inimitié

Sentiment très intense
amour

Sentimental
affectif, alangui, amoureux, tendre

Sentimentalisme
romance

Sentine
bourbier, cloaque

Sentinelle
factionnaire, garde, gardien, guetteur,
planton, veilleur, vigie, vigile

Sentir
aller, apercevoir, apprécier, avoir,
comprendre, connaître, constater, découvrir,
deviner, discerner, embaumer, empester,
éprouver, être, flairer, fleurer, goûter, humer,
indiquer, pénétrer, percevoir, piger, pressentir,
prévoir, puer, remarquer, respirer, ressentir,
révéler, savoir, savourer, souffrir, soupçonner,
subodorer, suer, trahir

Sentir mauvais
puer

Sentir, supporter
piffer

Seoir
aller, convenir

Séparable
détachable, dissociable, divisable, isolable,
sécable

Séparation
absence, barrière, borne, brouille, cassure,
clivage, cloison, coupure, décollement,
démarcation, démembrement, désagrégation,
désunion, différence, différenciation,
disjonction, dislocation, dispersion,
dissidence, dissociation, distance,
distinction, division, divorce, éloignement,
exil, fragmentation, frontière, ligne, limite,
morcellement, mur, partage, rupture,
schisme, scission, sécession

Séparation avec un tamis
tamisage

**Séparation chirurgicale de tissus sans perte
de substance**
diérèse

Séparation de deux éléments d'un mot
tmèse

Séparation de parties contiguës
diérèse

Séparatisme
autonomisme, dissidence, indépendantisme,
sécession, sécessionnisme

Séparatiste
autonomiste, dissident, indépendantiste,
sécessionniste

Séparé
démêlé, désuni, distinct, éloigné, enlevé,
frustré, isolé, particulier, ramifié, renié

Séparé par la ségrégation
ségrégué

Séparer
arracher, brouiller, classer, cloisonner, couper,
décoller, décomposer, dégager, démêler,
démembrer, dépareiller, déparier, départager,
départir, désaccoupler, désagréger, désunir,
détacher, différencier, discerner, discriminer,
disjoindre, disperser, dissocier, distinguer,
diviser, écarter, éloigner, enlever, espacer,
extraire, fragmenter, isoler, morceler, opposer,
ôter, partager, répartir, scinder

Séparer (Se)
divorcer, quitter, rompre

Séparer de son manche
démancher

Séparer les parties d'un tout
disloquer

Séparer les paupières
déciller, dessiller

Séparer un minéral par couches
cliver

Sépia
dessin, encre

Sept
nombre

Sept jours
semaine

Septain
poésie, rime

Septembre
mois

Septentrion
nord

Septentrional
arctique, nord, nordique

Septième art
cinéma

Septique
bactérien, contaminé

Septupler
accroître, augmenter

Sépulcral
caverneux, funèbre, funéraire, lugubre,
macabre, profond, sinistre

Sépulcre
cénotaphe, sépulture, tombe, tombeau

Sépulture
caveau, cercueil, cimetière, sépulcre, tombe,
tombeau

Séquelle
contrecoup, effet, impact, répercussion,
suite, trace

Séquence
chaîne, cycle, scène, série, suite

Séquence d'un gène codant pour une protéine
exon

Séquence de film
scène

Séquestration
captivité, détention, isolement, réclusion

Séquestre
confiscation, mainmise, réquisition, saisie

Séquestré
captif, capturé, claquemuré, claustré, détenu,
emprisonné, enfermé, gardé, incarcéré,
interné, retenu

Séquestrer
capturer, claquemurer, claustrer, détenir,
emprisonner, enfermer, garder, interner,
kidnapper, renfermer, retenir

Séquoia
wellingtonia

Sérac
caillé, glace

Sérail
gynécée, harem, zénana

Séraphin
ange, angelot, avare

Séraphique
angélique, pur

Serdeau
échanson

Serein
béat, beau, bel, calme, clair, confiant,
détendu, équanime, heureux, impassible,
pacifique, paisible, placide, pur, tranquille

Sereinement
calmement, paisiblement, placidement,
tranquillement

Sérénade
aubade, chant, comédie, concert, histoire,
rengaine

Sérénité
accalmie, bonheur, calme, égalité,
équanimité, flegme, ordre, paix, placidité,
quiétude, repos, sécurité, tranquillité

Séreux
aqueux

Serf
esclave, roturier, vassal

Serfouir
biner, sarcler

Serge
tissu

Serge de laine
escot

Sergent
grade

Sergent de ville
constable

Sériation
classement

Série
alternance, assortiment, batterie, cascade, catégorie, chaîne, chapelet, choix, classe, collection, cortège, cycle, division, échelle, enfilade, festival, feuilleton, file, flopée, foule, gamme, groupe, jeu, kyrielle, panoplie, quantité, rang, rangée, régiment, ribambelle, séquence, succession, suite, tissu, train, vague

Série d'images enregistrée par la caméra en une seule fois
plan

Série de coups de baguette
ra

Série de danses africaines exécutées au son d'un tam-tam
bamboula

Série de divisions sur un instrument de mesure
échelle

Série de prières et d'actes de piété faits pendant neuf jours
neuvaine

Série de quatre cartes de la même couleur
quarte

Série de zigzags
lacet

Sériel
atonal, dodécaphonique

Sérier
classer, classifier, diviser, échelonner, hiérarchiser, ordonner, ranger, répartir

Sérieusement
efficacement, énormément, gravement, rudement, vraiment

Sérieux
adulte, application, appliqué, attention, attesté, austère, bien, bon, conscience, consciencieux, conséquent, considérable, convenable, conviction, critique, dangereux, dramatique, fiabilité, fiable, fondé, froid, grand, grave, gravité, gros, honnête, importance, important, inquiétant, mauvais, méchant, minutieux, mûr, poids, posé, positif, préoccupant, profond, raisonnable, rangé, rassis, redoutable, réel, réfléchi, réglé, responsable, rigide, sage, scrupule, scrupuleux, sévère, sévérité, sincère, sincérité, soigné, soigneux, soin, solennel, solennité, solide, solidité, studieux, substantiel, sûr, travailleur, valable, zèle

Serin
canari

Serin de couleur jaune verdâtre
canari

Seriner
rabâcher, radoter, redire, répéter, ressasser, siffloter

Seringuer
arroser

Serment
assurance, engagement, obligation, parole, promesse, protestation, résolution, vœu

Serment fait en justice de se représenter en personne
juratoire

Sermon
admonestation, allocution, blâme, discours, exhortation, harangue, homélie, leçon, prêche, prédication, prône, remontrance, réprimande, reproche

Sermonner
admonester, attraper, blâmer, chapitrer, disputer, gronder, haranguer, houspiller, moraliser, morigéner, prêcher, reprendre, réprimander, semoncer, tancer

Sermonneur
prêcheur

Sérosité
lymphe

Serpe
ébranchoir, fauchard, faucille

Serpe pour élaguer
élagueur

Serpe pour tailler des arbustes
fauchette

Serpe servant à ébrancher les arbres
ébranchoir

Serpent
boa, couleuvre, ophidien, reptile, tentateur, vipère

Serpent à sonnette
crotale

Serpent constricteur
python

Serpent du genre couleuvre
coronelle

Serpent inoffensif, voisin de la couleuvre
coronelle

Serpent monstrueux à sept têtes
hydre

Serpent non venimeux dont il existe plusieurs espèces
couleuvre

Serpent venimeux
céraste, crotale, vipère

Serpenteau
fusée

Serpentement
ondulation

Serpenter
onduler, sinuer, zigzaguer

Serpentin
courbé, flexueux, ondoyant, ondulant, ondulé, onduleux, sinueux, spirale, tortillon, tortueux, volute

Serpillière
tablier, torchon

Serpolet
farigoule, thym

Serrage
blocage, pression, vissage

Serratule
sarrette

Serre
griffe, jardin, ongle, patte

Serré
ajusté, avare, boudiné, bridé, chiche, collant, compact, concis, contracté, corseté, dense, dru, économe, embarrassé, entassé, épais, étriqué, étroit, ferme, fort, fourni, gêné, juste, moulant, noué, petit, pincé, précis, pressé, rasé, resserré, rigoureux, sanglé, tassé, touffu

Serre chaude pour le forçage
forcerie

Serre-joints
étau

Serre-tête
bandeau

Serrement
accolade, contraction, oppression, pincement

Serrer
acculer, ajuster, assembler, attacher, bloquer, brider, cacher, caler, ceinturer, coincer, compresser, comprimer, contracter, corseter, crisper, embrasser, empiler, empoigner, enfermer, enlacer, enserrer, entasser, entourer, épouser, étrangler, étreindre, fermer, frôler, gainer, gêner, joindre, lier, masser, mettre, mouler, nouer, pincer, placer, presser, rapprocher, raser, remiser, resserrer, sangler, souquer, tasser, tenir, visser

Serrer avec une ligature
ligaturer

Serrer avec une sangle
sangler

Serrer contre soi
enlacer

Serrer dans ses bras
enlacer

Serrer dans un corset
corseter

Serrer de près
talonner, traquer

Serrer en tournant
visser

Serrer entre ses doigts
pincer

Serrer étroitement
enserrer

Serrer fortement la taille
sangler

Serrer fortement un nœud ou une amarre
souquer

Serrure
fermeture, verrou

Serrure portative
cadenas

Serrure qui s'ouvre aussi bien de l'intérieur que de l'extérieur
bénarde

Serrurerie
ferronnerie, métallerie

Sert à appeler
holà

Sert à attacher
lien

Sert à éclairer
lampe

Sert à écrire sur un tableau
craie

Sert à lier
et

Sert à ouvrir une serrure
clé, clef

Sert à tenir enfermés des animaux
cage

Serte
serti

Serti
serte

Sertir
ajouter, chatonner, enchâsser, fixer, insérer, monter

Sertissage
fixation

Sertissage des diamants et des pierres fines
serte

Sérum
plasma

Servage
asservissement, esclavage, servitude, soumission

Servant
aidant, galant, protecteur

Servant ou aidant à la natation
natatoire

Servante
bonne, camériste, chambrière, domestique, soubrette

Serveur
barman, garçon

Serveur d'un bar
barman

Serveur dans un restaurant
garçon

Serveuse
barmaid

Serveuse d'un bar
barmaid

Serviabilité
amabilité, prévenance

Serviable
accommodant, affable, agréable, aimable, attentionné, bon, brave, complaisant, dévoué, obligeant, prévenant

Service
action, activité, administration, agence, aide, amusement, appui, assistance, bien, bienfait, bureau, cérémonie, collaboration, concours, culte, département, desserte, direction, emploi, engagement, faction, faveur, fonction, funérailles, liturgie, messe, office, organe, organisation, organisme, permanence, plat, pourboire, régiment, secours, soin, travail, utilité, vaisselle

Service assurant la liaison entre les navires
batelage

Service d'accueil des nouveaux arrivants
SANA

Service de marine
timonerie

Service du travail obligatoire
STO

Service militaire
milice

Service religieux
obit

Service télégraphique
télex

Serviette
cartable, garniture, mallette, sac, torchon

Servile
humble, obséquieux, rampant, soumis, vil

Servile, soumis
rampant

Servilement
bassement, vilement

Servilité
adulation, bassesse, déférence, obséquiosité

Servir
adorer, aider, appuyer, distribuer, donner, faire, favoriser, fournir, monter, offrir, participer, payer, présenter, proposer, seconder, secourir, soutenir, verser

Servir à boire
verser

Servir d'aide à quelqu'un
seconder

Servir de lien
raccorder

Servir de nouveau
resservir

Serviteur
avocat, domestique, esclave, laquais, séide, soldat, suppôt, valet

Servitude
asservissement, assujettissement, captivité, chaînes, charge, contrainte, dépendance, esclavage, joug, obligation, oppression, pensum, servage, soumission, subordination, sujétion, tyrannie, vassalité

Ses proches
siens

Sésame
clé, clef

Sessile
pédoncule

Session
assise, période, séance, vacation

Set
manche, napperon

Seti
pharaon

Séton
drain

Setter
chien

Seuil
aube, aurore, barre, commencement, début, entrée, limite, lisière, orée, pas, passage, plafond, point, printemps

Seul
abandonné, célibataire, esseulé, individuel, isolé, seulet, simple, solitaire, solo, un, unique

Seul champion du monde des poids lourds à n'avoir jamais perdu
Marciano

Seul joueur de la LNH à avoir gagné le trophée Conn Smythe trois fois
Roy

Seul joueur noir gagnant du tournoi de Wimbledon
Ashe

Seul président des États-Unis ayant accédé à la présidence sans avoir été élu
Ford

Seul président des États-Unis de religion catholique
Kennedy

Seul, unique
mono

Seule ville fortifiée au nord du Mexique
Québec

Seulement
cependant, exclusivement, juste, mais, malheureusement, néanmoins, purement, simplement, toutefois, uniquement

Seulet
seul

Sève
activité, énergie, force, puissance, suc, vigueur, vitalité

Sévère
amer, ardu, aride, austère, autoritaire, chaud, cinglant, critique, cruel, dépouillé, désapprobateur, difficile, draconien, drastique, dur, élevé, exact, exigeant, ferme, froid, froncé, grave, gros, impitoyable, implacable, important, inexorable, inflexible, intraitable, intransigeant, lourd, mauvais, polémique, puritain, raide, rigide, rigoriste, rigoureux, rosse, rude, salé, sérieux, simple, sinistre, sobre, sourcilleux, strict, triste, vache

Sévère à l'excès
puritain

Sévère, inflexible
rigoureux

Sévèrement
âprement, durement, gravement, lourdement, rudement, sèchement, vertement

Sévérité
âpreté, aridité, austérité, cruauté, dépouillement, dureté, froideur, gravité, inflexibilité, intransigeance, raideur, rigidité, rigorisme, rigueur, rudesse, sécheresse, sérieux, sobriété

Sévices
brutalité, coups, maltraitance, supplice, violence

Sévir
châtier, déchaîner, punir, régner, réprimer, sanctionner

Sevrage
désintoxication

Sevré
frustré

Sevrer
désintoxiquer, frustrer, priver

Sextupler
accroître, augmenter

Seyant
avantageux, convenable, élégant, flatteur

Sfumato
vaporeux

Shah
roi

Shaker
mélangeur

Sherpa
guide

Sherry
xérès

Shooter
botter

Short
bermuda

Short à jambes étroites descendant jusqu'aux genoux
bermuda

Show
spectacle

Shunt
dérivation, fondu

Si
conjonction, lorsque, note, quand, silicium, tant, tellement

Siam
Thaïlande

Siamois
chat, inséparables, thaïlandais

Sibérien
glacial, polaire

Sibylle
voyant

Sibyllin
abscons, abstrait, abstrus, ambigu, brumeux, énigmatique, ésotérique, fuligineux, fumeux, hermétique, impénétrable, indéchiffrable, mystérieux, nébuleux, obscur, occulte, ténébreux

Sic
ainsi, donc

Sicaire
assassin, meurtrier, spadassin, tueur

SICAV
valeur

Sidéral
astral, cosmique, stellaire

Sidérant
ahurissant, confondant, effarant,
époustouflant, estomaquant, extraordinaire,
inouï, renversant, soufflant, stupéfiant,
suffocant

Sidéré
abasourdi, ahuri, baba, coi, consterné,
ébahi, estomaqué, étonné, hébété, immobile,
interdit, pantois, scié, soufflé, stupéfait,
stupide, surpris

Sidérer
abasourdir, ahurir, confondre, ébahir,
éberluer, effarer, époustoufler, estomaquer,
étonner, foudroyer, interloquer, méduser,
pétrifier, renverser, scier, souffler, stupéfier,
suffoquer

Sidérurgie
métallurgie

Siècle
âge, centenaire, époque, ère, période, règne,
temps

Siégé
situé

Siège à dossier
chaise

Siège à dossier et à bras
fauteuil

Siège à dossier sans bras
chaise

Siège à New York
ONU

Siège à pieds
chaise

Siège bas
pouf

Siège bas d'une voiture de sport
baquet

Siège bas, en Afrique
tara

Siège d'une voiture de course
baquet

Siège de cérémonie
trône

Siège de la pensée
cerveau

Siège de la voix
gosier

Siège de souverains
trône

Siège généralement à dossier et sans bras
chaise

Siéger
demeurer, localiser, présider, résider, situer,
trôner, trouver

Sien
possessif

Sieste
méridienne, repos, somme

Sieur
monsieur

Sifflage
bruit

Sifflant
strident

Sifflé
sonné

Sifflement
bruit, sifflet, stridence

Siffler
appeler, boire, chahuter, chanter, chuinter,
conspuer, désapprouver, huer, moduler,
siffloter, sonner

Siffler négligemment
siffloter

Sifflet
sifflement, signal

Siffloter
moduler, seriner, siffler

Sigisbée
chevalier, soupirant

Sigle
abréviation, acronyme

**Sigle d'une ancienne formation politique
québécoise**
RIN

Sigle de la Society of Automotive Engineers
SAE

Sigle prononcé comme un mot ordinaire
acronyme

Signal
alarme, alerte, amorce, annonce,
appel, avertisseur, balise, bip, cloche,
commencement, début, feu, gong, indication,
indice, klaxon, marque, panneau, prélude,
prémices, présage, prodrome, promesse,
sémaphore, sifflet, signalisation, signe, sirène,
sonnerie, tocsin, voyant

Signal bref et répété émis par un appareil
bip

Signal de détresse
SOS

Signal fixe
mire

Signal indiquant que la partie est interrompue
tilt

Signal sonore
top

Signalé
brillant, considérable, éclatant, émérite, éminent, épatant, étonnant, excellent, extraordinaire, fameux, formidable, frappant, glorieux, impressionnant, inoubliable, insigne, marquant, mémorable, notable, palpitant, particulier, proéminent, rare, remarquable, saisissant, substantiel, supérieur, surprenant

Signalement
description, marque, portrait

Signaler
alléguer, annoncer, avertir, aviser, baliser, citer, déceler, démasquer, dénoncer, désigner, flécher, illustrer, indiquer, jalonner, marquer, mentionner, montrer, notifier, pointer, préciser, prévenir, révéler, souligner, témoigner, trahir

Signalisation
signal

Signalisé
balisé

Signaliser
baliser, jalonner, tracer

Signature
émargement, empreinte, garantie, griffe, initiales, marque, monogramme, nom, paraphe, sceau, seing, visa

Signature abrégée
paraphe

Signature authentifiant quelque chose
griffe

Signature schématique, souvent abrégée aux initiales du nom
paraphe

Signe
acronyme, annonce, appel, attribut, augure, auspices, avertissement, badge, bip, caractère, caractéristique, chevron, chiffre, démonstration, emblème, expression, figure, geste, graphie, idéogramme, image, indication, indice, insigne, lettre, manifestation, marque, nom, notation, pictogramme, point, prélude, présage, preuve, promesse, représentation, sceau, signal, stigmate, symbole, symptôme, témoignage, témoin, trait

Signé
écrit, noté

Signe d'altération musicale
dièse

Signe d'altération qui baisse d'un demi-ton
bémol

Signe d'autorité suprême
sceptre

Signe de notation musicale
bécarre

Signe distinctif des grades dans l'armée
galon

Signe en forme de S couché
tilde

Signe formé de deux points que l'on met sur les voyelles
tréma

Signe graphique
lettre

Signe graphique des écritures runiques
rune

Signe graphique placé sur les voyelles
accent

Signe graphique sous le c
cédille

Signe moderne du rire
LOL

Signe qui permet de distinguer une chose
critère

Signe typographique
guillemet

Signe utilisé en transcription phonétique
tilde

Signe utilisé en typographie servant à indiquer ce qui est à supprimer
deleatur

Signer
accepter, approuver, attester, authentifier, conclure, dédicacer, écrire, émarger, engager, parapher, ratifier, recruter, souscrire, viser

Signer d'un paraphe
parapher

Signer de ses initiales
parapher

Signet
marque

Signifiant
nom, significatif

Significatif
caractéristique, démonstratif, éloquent, évocateur, expressif, important, marquant, net, parlant, révélateur, signifiant, spécifique, symptomatique, tangible, typique

Signification
acception, clé, clef, intimation, portée, préavis, sens

Signifié
donné, sens

Signifier
annoncer, avertir, aviser, commander, déclarer, dénoter, désigner, donner, enjoindre, exprimer, impliquer, indiquer, intimer, mander, manifester, marquer, montrer, notifier, ordonner, représenter, révéler, rimer, sommer, traduire

Signifier légalement
intimer

Sil
argile

Silence
arrêt, blanc, calme, chut, interruption, motus, mutisme, mystère, ombre, paix, pause, secret, soupir, tranquillité

Silence d'un instrument
tacet

Silence d'une voix
tacet

Silence, en musique
soupir

Silencieux
aphone, coi, discret, feutré, muet, réticent, taciturne

Silène
satyre

Silex
caillou, éolithe, pierre

Silhouette
allure, anatomie, carrure, contour, forme, image, ligne, ombre, profil, reflet

Silicate à structure feuilletée
mica

Silicate naturel d'aluminium à l'éclat laiteux
jade

Silicate naturel de fer
péridot

Silicate naturel de magnésium
talc

Silicate naturel de thorium
thorite

Silioo
quartz

Silice cristallisée
quartz

Silicium
Si

Silicone
élastomère, résine

Silique
fruit

Sillage
passage, trace, traînée, vestige, voie

Sillon
cannelure, entaille, fente, fissure, ligne, microsillon, ornière, piste, pli, raie, rainure, rayon, ride, ridule, rigole, scissure, strie, tranchée, zébrure

Sillon peu profond
rayon

Sillon, trait gravé
gravure

Sillonner
ameublir, arpenter, courir, creuser, explorer, labourer, parcourir, rayer, rider, traverser, visiter

Silo
dock, élévateur, fosse, grenier, magasin, réservoir

Silotage
ensilage, stockage

Silt
limon

Simagrées
affectation, agacerie, chichis, comédie, embarras, façons, grimaces, manières, minauderies, mines, singerie

Simien
anthropoïde, singe

Similaire
analogue, apparenté, approchant, assimilable, comparable, contigu, égal, homogène, homologue, même, parallèle, pareil, proche, ressemblant, semblable, voisin

Similarité
analogie, identité, similitude

Simili
clinquant, faux, imitation

Similicuir
Skaï

Similitude
analogie, assimilation, communauté, comparaison, concordance, conformité, harmonie, identité, parenté, parité, proximité, rapport, ressemblance, similarité, unité, voisinage

Similor
chrysocale

Simoun
vent

Simple
accessible, aisé, austère, banal, basique, bêta, bête, candide, clair, commun, compréhensible, crédule, dépouillé, discret, élémentaire, enfantin, facile, familier, frugal, fruste, humble, immédiat, indécomposable, indivisible, ingénu, innocent, insécable, intelligible, irréductible, limpide, modeste, naïf, nature, naturel, niais, nu, ordinaire, pauvre, populaire, précis, primitif, pur, quelconque, réservé, rond, rudimentaire, rustique, seul, sévère, simplet, sobre, sommaire, uniforme, unique, unitaire

Simple flair
pifomètre

Simple soldat
griveton, gus, troupier

Simplement

aisément, naïvement, purement, seulement, sobrement

Simplet

abruti, ingénu, innocent, naïf, niais, nigaud, primitif, simple

Simplicité

bonhomie, bonté, candeur, crédulité, facilité, frugalité, ingénuité, innocence, modestie, naïveté, naturel, rondeur, sobriété

Simplification excessive

simplisme

Simplifié

résumé

Simplifier

aplanir, faciliter, styliser

Simpliste

basique, caricatural, court, élémentaire, fruste, grossier, indigent, limité, primaire, rudimentaire, schématique, scolaire, sommaire

Simulacre

apparence, caricature, fantôme, frime, illusion, imitation, mensonge, ombre, parodie, semblant, simulation

Simulateur

imposteur, menteur

Simulation

comédie, imitation, simulacre, singerie

Simulé

affecté, artificiel, bidon, factice, faux, feint, virtuel

Simuler

affecter, contrefaire, dissimuler, faire, feindre, imiter, jouer, mimer, prétexter, représenter, reproduire, restituer, sembler, singer

Simuler le fonctionnement d'un terminal

émuler

Simultané

coexistant, coïncident, concomitant, contemporain, synchrone, synchronique

Simultanément

ensemble

Sincère

authentique, candide, carré, direct, droit, exact, fidèle, franc, honnête, loyal, naturel, ouvert, pur, réel, senti, sérieux, spontané, vérace, véridique, véritable, vrai

Sincèrement

rondement, vraiment

Sincérité

authenticité, candeur, droiture, exactitude, foi, franchise, honnêteté, ingénuité, loyauté, naturel, ouverture, probité, pureté, réalité, rondeur, sérieux, spontanéité, véracité, vérité

Sinécure

charge, travail

Singe

anthropoïde, atèle, bouffon, charlot, chimpanzé, clown, gorille, guignol, ouistiti, pitre, primate, rhésus, saï, simien, treuil

Singe à épaisse fourrure

saki

Singe appelé aussi saï

capucin

Singe d'Afrique

babouin, drill

Singe d'Amérique

atèle

Singe d'Amérique à longue barbe

capucin

Singe d'Asie à museau proéminent

macaque

Singe d'Asie, sans queue et à longs bras

gibbon

Singe de petite taille

saïmiri, tamarin

Singe des forêts d'Afrique tropicale

mandrill

Singe dont les cris s'entendent très loin

hurleur

Singe du genre macaque

magot, rhésus

Singe du genre sajou

saï

Singe hurleur d'Amérique centrale

alouate

Singe sans queue

gibbon

Singe voisin du ouistiti

tamarin

Singe-araignée

atèle

Singer

affecter, caricaturer, contrefaire, copier, emprunter, feindre, imiter, jouer, mimer, parodier, pasticher, simuler

Singerie

affectation, bouffonnerie, clownerie, contorsion, facétie, façons, grimace, imitation, manière, minauderie, pitrerie, simagrées, simulation, tour

Singularisé

noté

Singularité

anomalie, bizarrerie, chinoiserie, curiosité, étrangeté, excentricité, extravagance, individualité, originalité, particularité, unicité

Singulier
admirable, anormal, atypique, baroque,
bizarre, curieux, différent, distinct,
drôle, étonnant, étrange, excentrique,
extraordinaire, incroyable, individuel,
inexplicable, inhabituel, insolite, inusité, isolé,
original, paradoxal, particulier, ponctuel,
précis, rare, rarissime, remarquable,
saugrenu, spécial, surprenant, typique,
unique

Singulièrement
beaucoup, curieusement, notamment,
surtout

Sinistre
accident, alarmant, angoissant, catastrophe,
désolé, dommage, effrayant, funèbre,
funeste, glauque, grave, incendie, inquiétant,
lamentable, lugubre, macabre, mauvais,
menaçant, mortel, naufrage, noir, patibulaire,
pauvre, pernicieux, perte, risque, sépulcral,
sévère, sombre, ténébreux, terrible, triste

Sinistré
inondé, victime

Sinistrose
pessimisme

Sinon
autrement, conjonction, excepté, hormis,
hors, ou, sauf, voire

Sinople
vert

Sinoque
fou, loufoque

Sinuer
onduler, serpenter, zigzaguer

Sinueux
courbe, flexueux, ondoyant, ondulé,
onduleux, serpentin, tortueux, zigzagant

Sinuosité
boucle, bouclette, contour, coude, courbe,
courbure, détour, galbe, lacet, méandre,
ondulation, pli, repli, retour, tour, virage,
volute, zigzag

Sinuosité d'un cours d'eau
méandre

Siphon
pompe

Siphonner
aspirer

Sir
titre

Sire
majesté, messire, seigneur, titre

Sirène
alarme, alerte, avertisseur, pétard, signal

Sirénien
lamantin

Sirocco
vent

Sirop
orgeat

Sirop de couleur rouge
grenadine

Sirop fait de jus de grenade
grenadine

**Sirop préparé avec une émulsion d'amandes
douces et amères**
orgeat

Siroter
boire, déguster, laper

Sirupeux
dégoulinant, douceâtre, doucereux, doux,
épais, gluant, mielleux, mièvre, poisseux,
sucré, visqueux

Sis
situé

Sisal
agave

Sismicité
séismicité

Sisymbre
roquette, vélar

Sisymbre officinal
vélar

Site
emplacement, endroit, lieu, panorama,
paysage, place, position, scène, situation,
théâtre, zone

Site archéologique du Mexique
Eltajin

Site archéologique au sud du Vietnam
Ocèo

**Site souterrain de lancement des missiles
stratégiques**
silo

Site Web
portail

Sitiomanie
boulimie

Sitôt
aussitôt, dès, désormais, immédiatement

Situation
avenir, carrière, cas, circonstance,
condition, conjoncture, contexte,
disposition, emplacement, emploi, endroit,
environnement, état, exposition, fonction,
lieu, localisation, moment, occasion,
orientation, paysage, place, point, position,
poste, posture, rang, site, statut, travail

Situation compliquée
intrigue

Situation confuse
gâchis, micmac

Situation d'attente angoissée
suspense

Situation d'un organe hors de sa place habituelle
ectopie

Situation d'une personne
posture

Situation dangereuse
guêpier

Situation de fait
statut

Situation de manque
indigence

Situation de tout repos
sinécure

Situation du corps
posture

Situation embrouillée
imbroglio

Situation engendrant un effet comique
gag

Situation obscure
néant

Situation sans issue
impasse

Situation sociale
condition

Situation stagnante et mauvaise
marasme

Situé
assis, campé, casé, circonscrit, collé,
disposé, dressé, établi, fixé, installé, localisé,
logé, niché, placé, posé, posté, rangé, siégé,
sis

Situé au centre
central

Situé au milieu
médian

Situé au-dessus du rein
surrénal

Situé dans le temps
temporel

Situé plus bas
inférieur

Situé près d'un pôle
polaire

Situer
apercevoir, déceler, découvrir, détecter,
discerner, implanter, installer, localiser,
mettre, placer, remarquer, repérer, résider,
siéger

Six
nombre

Sixain
stance

Skaï
similicuir

Sketch
comédie, numéro, saynète

Ski
sport

Skier
glisser

Skieur
athlète, fondeur, slalomeur, sportif

Skieur acrobatique canadien d'origine québécoise
Brassard

Skipper
pilote

Slalomer
zigzaguer

Slalomeur
skieur, sportif

Slang
argot

Slip
caleçon, culotte

Sloche
gadoue

Slogan
devise, formule

Sloop
bateau, cotre, navire

Sloughi
lévrier

Slow
danse

Sm
samarium

Smala
famille, marmaille, tribu

Smalt
bleu

Smog
brouillard

Smoking
blazer, costume, frac

Sn
étain

Snack
cafétéria, collation

Snob
affecté, apprêté, bêcheur, crâneur, fermé,
hautain, poseur, prétentieux, puant, sélect

Snober
dédaigner, mépriser

Snobisme
affectation, afféterie, pose

SO
orientation

Sobre
abstème, abstinent, ascétique, austère, bref, classique, concis, dépouillé, digne, discret, frugal, léger, mesuré, modéré, nu, pondéré, précis, réservé, sévère, simple, strict, tempérant

Sobrement
discrètement, légèrement, modérément, peu, raisonnablement, sagement, simplement

Sobriété
abstinence, ascétisme, austérité, circonspection, concision, dépouillement, discrétion, frugalité, mesure, modération, pondération, réserve, retenue, sévérité, simplicité, tempérance

Sobriquet
surnom

Soc
rasette

Soccer
football

Sociable
accommodant, affable, agréable, aimable, amène, avenant, communicatif, engageant, facile, familier, liant, ouvert, social, traitable

Social
civil, collectif, humain, mondain, politique, sociable, sociologique

Socialiser
étatiser, nationaliser

Socialisme
étatisme

Sociétaire
acteur, associé, comédien, membre

Société
affaire, assemblée, assistance, association, cercle, clan, club, collectivité, commerce, communauté, compagnie, confrérie, corps, entourage, entreprise, établissement, famille, fédération, firme, fréquentation, groupe, maison, milieu, monde, peuple, public, relation, tribu, trust

Société américaine d'équipements téléphoniques
ITT

Société d'investissement à capital variable
SICAV

Société de savants ou d'artistes
académie

Société protectrice des animaux
SPA

Société Radio-Canada
SRC

Société regroupant les amateurs pratiquant les sports aériens
aéroclub

Sociolecte
parler

Sociologique
social

Sociologue américain né en 1866
Ross

Socle
acrotère, assise, base, fondation, fondement, gaine, piédestal, plateforme, podium, soubassement, support

Socque
chaussure, galoche, sabot

Socquette
bas, chaussette

Soda
boisson, limonade

Sodium
Na

Sœur
femme, fille, frangine, nonne, religieuse, sœurette

Sœur de la mère ou du père
tante

Sœurette
sœur

Sofa
canapé, divan, fauteuil

Soi
personnalité

Soi-disant
censément, faux, présumé, prétendu, pseudo, supposé

Soie
poil

Soie grossière qui entoure le cocon
bourrette

Soierie
tissu

Soif
ambition, appétit, avidité, besoin, curiosité, désir, envie, faim, fièvre, fringale, sensation

Soif de connaître
curiosité

Soiffard
alcoolique, buveur, ivrogne

Soignable
curable

Soignant
aidant, infirmier, médical

Soigné
académique, appliqué, avenant, châtié, consciencieux, coquet, délicat, élégant, élevé, étudié, impeccable, littéraire, minutieux, net, ordonné, peaufiné, pimpant, poli, propre, pur, raffiné, recherché, sérieux, soigneux, soutenu, ténu, travaillé

Soigner
assister, bichonner, châtier, choyer, ciseler, conserver, couver, cultiver, dorloter, élever, entretenir, escroquer, fignoler, gâter, guérir, lécher, ménager, mitonner, panser, peaufiner, ramancher, rétablir, songer, traiter, travailler

Soigner à l'excès
peigner

Soigneur
kinésithérapeute, masseur

Soigneusement
délicatement

Soigneux
appliqué, attentif, consciencieux, diligent, méticuleux, minutieux, ordonné, précis, propre, rangé, rigoureux, scrupuleux, sérieux, soigné, vigilant, zélé

Soin
application, attention, charge, cure, délicatesse, devoir, dévouement, diligence, égard, empressement, exactitude, garde, hygiène, médication, ménagement, minutie, mission, ordre, précaution, préoccupation, prévenance, prudence, recherche, remède, responsabilité, scrupule, sérieux, service, sollicitude, souci, toilette, tracas, traitement, vigilance

Soins
secours

Soins pour enfants en difficulté
guidance

Soir
automne, brunante, crépuscule, déclin, fin, hiver, soirée

Soirée
bal, boum, fête, réception, réunion, sauterie, séance, soir, veillée

Soit
bien, bon, entendu, ou

Soixante-dix
septante

Sol
note, patrie, pays, plancher, terrain, terre, territoire, terroir

Sol apte à la culture d'un vin
terroir

Sol caillouteux
groie

Sol cultivé par les serfs
glèbe

Sol pavé
pavement

Solage
fondation

Solarium
aérium, terrasse

Soldat
appelé, champion, combattant, conscrit, défenseur, evzone, fantassin, guerrier, guetteur, hussard, militaire, piquier, poilu, recrue, reître, serviteur, tankiste, vétéran

Soldat américain
GI

Soldat appartenant à certains corps
zouave

Soldat armé d'une pique
piquier

Soldat armé de l'arc
archer

Soldat chargé du service d'une pièce de canon
canonnier

Soldat courageux et brutal
sabreur

Soldat d'infanterie
fantassin

Soldat d'infanterie légèrement armé
vélite

Soldat d'une unité de tanks, de blindés
tankiste

Soldat de cavalerie légère
carabin

Soldat de l'armée américaine
GI

Soldat de l'armée du génie
sapeur

Soldat de service auprès d'un officier
planton

Soldat des corps de cavalerie
spahi

Soldat fanfaron et peureux de l'ancienne comédie
capitan

Soldat indien
cipaye

Soldat muni d'un fusil
fusilier

Soldat qui assure la garde
sentinelle

Soldat qui pose des mines sous terre
taupin

Soldat vagabond
drille

Soldatesque
  militaire

Solde
  appoint, avoir, balance, bilan, complément,
  dette, différence, excédent, gain, paie,
  paye, promotion, rabais, règlement, reliquat,
  rémunération, restant, reste, rétribution,
  salaire, situation, traitement, vente

Soldé
  accompli

Solder
  accomplir, acquitter, apurer, brader, clôturer,
  discounter, fermer, liquider, payer, régler,
  sacrifier, vendre

Solder à bas prix
  sacrifier

Soldeur
  discounter

Sole
  poisson

Solécisme
  barbarisme, faute, impropriété

Soleil
  astre, culbute, étoile, girasol, hélianthe,
  phaéton, tournesol

Soleil ardent
  cagnard

Soleil brûlant
  cagnard

Solen
  mollusque

Solennel
  affecté, auguste, authentique, cérémoniel,
  cérémonieux, compassé, digne, doctoral,
  emphatique, formel, grandiose, grave,
  guindé, imposant, magistral, majestueux,
  officiel, pédant, pompeux, pontifiant,
  professoral, protocolaire, public, raide,
  sentencieux, sérieux

Solennellement
  gravement

Solenniser
  fêter

Solennité
  apparat, célébration, cérémonial, cérémonie,
  componction, dignité, emphase, fête,
  formalité, gravité, majesté, pompe, raideur,
  sérieux

Solennité, réjouissance
  festival

Solex
  cyclomoteur, motocyclette, vélomoteur

Solfatare
  soufrière

Solicitor
  avocat, notaire

Solidaire
  attaché, connexe, coresponsable, corrélatif,
  dépendant, engagé, interdépendant, lié,
  responsable, soudé, uni

Solidarité
  altruisme, amitié, camaraderie, cohésion,
  dépendance, entraide, fraternité,
  interdépendance, liaison, sororité, union

Solide
  assuré, attesté, bon, concret, consistant,
  costaud, dur, durable, effectif, endurant,
  exact, farouche, ferme, fiable, fidèle, fondé,
  fort, gaillard, incassable, indéchirable,
  indéfectible, indestructible, inébranlable,
  infrangible, inusable, musclé, positif, profond,
  puissant, réel, résistant, rigide, robuste, rude,
  sérieux, stable, sûr, tangible, tenace, vaillant,
  valable, valide, vigoureux, vivace

Solide à base circulaire
  cône

Solide à peu près sphérique
  sphéroïde

Solide à sept faces
  heptaèdre

Solide à six faces
  cube, hexaèdre

**Solide ayant pour base un polygone et dont les
côtés triangulaires ont un même sommet**
  pyramide

Solide ceinture de l'uniforme militaire
  ceinturon

**Solide dont la forme approche de celle de la
sphère**
  sphéroïde

**Solide jaune qui brûle en dégageant une odeur
asphyxiante**
  soufre

Solidement
  fermement, fortement

Solidification
  prise

Solidifié
  congelé

Solidifier
  congeler, épaissir, figer, raffermir

Solidité
  consistance, constance, continuité, courage,
  cran, durabilité, dureté, endurance, fermeté,
  force, pérennité, permanence, persistance,
  résistance, rigidité, robustesse, sérieux,
  stabilité, ténacité, tolérance, vigueur

Soliloque
  aparté, monologue

Soliste
  musicien

Solitaire
abandonné, anachorète, brillant, célibataire, dépeuplé, désert, diamant, écarté, ermite, esseulé, inhabité, isolé, misanthrope, ours, reclus, retiré, sauvage, seul

Solitude
abandon, délaissement, déréliction, désert, isolement, retraite

Solive
poutre

Sollicitation
appel, collecte, demande, instance, pression, prière, requête, tentation

Sollicité
excité

Solliciter
appeler, assiéger, attirer, briguer, convier, demander, exciter, forcer, implorer, importuner, mander, mendier, postuler, pousser, prier, provoquer, quémander, quêter, racoler, réclamer, relancer, requérir, tenter

Solliciter de nouveau
relancer

Solliciter humblement
mendier

Sollicitude
attention, intérêt, prévenance, soin

Solo
seul

Soluble
liquéfiable, résoluble

Soluté
solution

Solution
aboutissement, achèvement, antidote, astuce, clé, clef, combine, conclusion, corrigé, dénouement, épilogue, expédient, explication, fin, formule, issue, liquide, méthode, moyen, panacée, parti, procédé, règlement, remède, réponse, résolution, ressource, résultat, soluté, solvant, teinture, terme, truc

Solution alcaline destinée au nettoyage du linge
lessive

Solution ammoniacale
alcali

Solution aqueuse d'aldéhyde formique
formol

Solution aqueuse de sel
saumure

Solution colloïdale de cellulose et de soude
viscose

Solution d'une substance médicamenteuse
soluté

Solution de sucre dans de l'eau
sirop

Solution huileuse d'essences végétales
oléolat

Solution résineuse
vernis

Solution-type d'un exercice
corrigé

Solutionnable
résoluble

Solutionner
régler, résoudre, trancher

Solvant
acétone, décapant, dissolvant, solution

Somatique
corporel, organique, physiologique, physique

Somatisation
conversion

Sombre
abattu, acariâtre, alarmant, amer, angoissant, assombri, atrabilaire, bas, basané, bilieux, bouché, brumeux, brun, chagrin, couvert, déprimé, dramatique, écœuré, effrayant, foncé, funèbre, funeste, hâlé, inquiétant, lugubre, macabre, mélancolique, menaçant, morne, morose, mystérieux, noir, noirâtre, noiraud, nuageux, obscur, occulte, ombragé, ombreux, opaque, pauvre, pessimiste, plombé, préoccupant, profond, sinistre, soucieux, sourd, souterrain, taciturne, ténébreux, tragique, triste, voilé

Sombré
abandonné, abîmé, coulé, plongé, vautré

Sombrer
abandonner, abîmer, chavirer, couler, dégringoler, disparaître, effondrer, enfoncer, engloutir, enliser, glisser, noyer, perdre, péricliter, périr, plonger, tomber, vautrer

Sombrero
chapeau

Sommaire
abrégé, analyse, aperçu, argument, basique, bref, compendium, concis, condensé, court, digest, élémentaire, épitomé, expéditif, extrait, frugal, fruste, grossier, hâtif, imparfait, indigent, laconique, lapidaire, léger, limité, petit, précipité, précis, primaire, rapide, réducteur, relatif, répertoire, résumé, rudimentaire, schématique, simple, simpliste, succinct, superficiel, table

Sommation
assignation, citation, commandement, demande, injonction, intimation, ordre, ultimatum

Somme
addition, budget, chiffre, compendium, compte, encyclopédie, ensemble, fonds, globalité, masse, montant, œuvre, résultat, sieste, sommeil, total, totalité, volume

Sommé
additionné, alerté

Somme d'argent allouée à titre d'encouragement
prime

Somme d'argent exigée pour la délivrance de quelqu'un
rançon

Somme d'argent risquée au jeu
enjeu

Somme déboursée
débours

Somme déterminée
quantum

Somme donnée comme gage ou dédit de l'exécution d'un marché, d'un contrat
arrhes

Somme due après l'arrêté d'un compte
débet

Somme économisée
pécule

Somme immédiatement disponible
liquidité

Somme payée
paiement

Somme payée aux prêteurs de titres
déport

Somme payée en plus
supplément

Somme qui doit être payée à termes fixes
redevance

Somme toute
enfin, finalement

Sommeil
assoupissement, dodo, dormition, engourdissement, inactivité, inertie, repos, somme, somnolence, torpeur

Sommeil provoqué par suggestion
hypnose

Sommeiller
dormir, somnoler

Sommelier
caviste, échanson, œnologue

Sommer
additionner, alerter, annoncer, assigner, commander, dire, enjoindre, intimer, inviter, ordonner, requérir, signifier, totaliser

Sommet
acmé, aiguille, altitude, apogée, cime, colline, comble, conférence, couronnement, crête, dessus, éminence, faîte, forum, haut, massif, montagne, paroxysme, perfection, pic, pinacle, plafond, pointe, rencontre, réunion, summum, tête, zénith

Sommet arrondi d'une montagne
croupe

Sommet d'un arbre
cime

Sommet d'un organe
apex

Sommet de la tête
sinciput

Sommet frangé
crête

Sommet volcanique de la Martinique
Pelée

Sommet, point culminant
acmé

Sommier
linteau

Sommité
autorité, célébrité, figure, gloire, huile, lumière, maître, mandarin, monsieur, notabilité, notable, personnage, personnalité, phare, pointure, ténor, vedette

Somnambule
automate

Somnifère
barbiturique, dormitif, ennuyant, hypnotique, narcotique, soporifique

Somnolence
langueur, mollesse, sommeil, torpeur

Somnolent
alangui, apathique, assoupi, avachi, endormi, ensommeillé, inactif, indolent, latent, mou, nonchalant

Somnoler
assoupir, dormir, sommeiller

Somptueusement
richement

Somptueux
beau, bel, brillant, coûteux, éblouissant, fastueux, loyal, luxueux, magnifique, opulent, princier, riche, royal, splendide, superbe

Somptueux, fastueux
princier

Somptuosité
apparat, beauté, éclat, faste, lustre, luxe, pompe, richesse, splendeur

Son
accents, bruit, cri, intonation, musique, onde, possessif, résonance, rythme, sonnerie, sonorité, timbre, ton, voix

Son autobiographie s'intitule *Ma vie, je t'aime*
Martel

Son autobiographie s'intitule *Si c'était à refaire*
Ouimet

Son chandail n° 10 des Canadiens a été retiré
Lafleur

Son chandail n° 16 des Canadiens a été retiré
Henri, Richard

Son chandail n° 18 des Canadiens a été retiré
Savard

Son chandail n° 19 des Canadiens a été retiré
Robinson

Son chandail n° 33 des Canadiens a été retiré
Roy

Son chandail n° 4 des Canadiens a été retiré
Béliveau

Son chandail n° 9 des Canadiens a été retiré
Richard

Son d'une langue
phonème

Son de fréquence très élevée
ultrason

Son émis accidentellement par un tuyau d'orgue mal obturé
cornement

Son émis par un appareil
sonnerie

Son émis par un téléphone
tonalité

Son faux et discordant
couac

Son fruit fournit de l'huile
olive

Son génie est célèbre
Aladin

Son histoire est plutôt complexe
Œdipe

Son huile est employée comme purgatif
ricin

Son musical
note

Son perçant
cri

Son souffle réchauffe l'Enfant Jésus
âne

Son surnom est « The Roadrunner »
Cournoyer, Yvan

Sonar
asdic, sonde

Sonate
musique

Sondage
cathétérisme, consolation, consultation, enquête, forage, gallup, prospection, questionnaire, tubage

Sonde
canule, cathéter, drain, sonar, tarière, trépan, tube

Sondé
analysé, approfondi, consulté, creusé, étudié, examiné, exploré, foré, fouillé, inspecté, interrogé, pénétré, percé, pressenti, reconnu, scruté, tâté

Sonder
analyser, approfondir, chaîner, consulter, creuser, étudier, examiner, explorer, forer, fouiller, inspecter, interroger, mesurer, pénétrer, percer, pressentir, questionner, reconnaître, scruter, tâter

Songe
apparence, chimère, fantasme, fiction, illusion, imagination, invention, mirage, rêve, rêverie, songerie, utopie

Songé
pensé

Songe-creux
visionnaire

Songer
considérer, imaginer, méditer, penser, rappeler, réfléchir, remémorer, rêvasser, rêver, soigner

Songerie
méditation, rêvasserie, rêverie, songe

Songeur
absent, absorbé, contemplatif, méditatif, pensif, préoccupé, rêveur, soucieux

Sonnaille
clarine, clochette, grelot

Sonnaille pour le bétail
campane

Sonnailler
tinter

Sonnant
juste, pile, précis, tapant

Sonné
accompli, assommé, bouleversé, carillonné, corné, ébranlé, estourbi, étourdi, fou, frappé, passé, résonné, révolu, sifflé, tinté, tintinnabulé, tourneboulé, vibré

Sonné autour du ring
gong

Sonner
assommer, avertir, bouleverser, carillonner, corner, ébranler, estourbir, étourdir, frapper, prononcer, résonner, retentir, siffler, tinter, tintinnabuler, tournebouler, vibrer

Sonner du cor pour rappeler les chiens
grailler

Sonnerie
appel, carillon, klaxon, signal, son, sonnette, timbre, tocsin

Sonnerie annonçant la sortie de la bête
débuche

Sonnerie d'une clochette d'alarme
tocsin

Sonnerie de chasse annonçant un cerf aux abois
hallali

Sonnerie de clairon
diane

Sonnerie de cloches
glas

Sonnet
poème

Sonnette
bouton, carillon, clarine, cloche, clochette, dring, grelot, sonnerie, timbre

Sonneur
carillonneur

Sonomètre
audiomètre

Sonore
ample, bruyant, écho, éclatant, fort, gros, haut, plein, résonnant, retentissant, strident, tonitruant, tonnant, vibrant

Sonorité
acoustique, résonance, son, timbre, tonalité

Sophisme
paradoxe, paralogisme, raisonnement

Sophiste
ergoteur, rhéteur

Sophistication
recherche

Sophistique
logique

Sophistiqué
affété, artificiel, délicat, étudié, fin, raffiné, recherché, subtil, travaillé

Sophistiquer
perfectionner

Soporifique
dormitif, ennuyeux, sédatif, somnifère

Sorbet
glace, granité

Sorbet au champagne
soyer

Sorbier
alisier, cormier

Sorbier cultivé
cormier

Sorbier domestique
cormier

Sorcellerie
alchimie, magie, satanisme, sortilège

Sorcier
chaman, devin, enchanteur, envoûteur, magicien, marabout, rebouteux, thaumaturge

Sorcière
devineresse, envoûteuse, harpie, matrone, mégère

Sordide
abject, crapuleux, crasseux, dégoûtant, écœurant, glauque, hideux, ignoble, immonde, infâme, infect, innommable, malpropre, mesquin, minable, misérable, nauséabond, nauséeux, pouilleux, repoussant, répugnant, sale, vil

Sorgho
kaoliang

Sorgho d'Extrême-Orient
kaoliang

Sorite
raisonnement

Sornette
baliverne, bêtise, billevesée, blague, calembredaine, chanson, conte, fable, fadaise, faribole, sottise

Sororité
solidarité

Sort
apanage, avenir, baraka, chance, charme, condition, destin, destinée, enchantement, ensorcellement, envoûtement, état, étoile, fatalité, forme, fortune, hasard, lot, maléfice, partage, position, providence, revers, sortilège, vie

Sort jeté
sortilège

Sortable
approprié, convenable, correct, décent, montrable, présentable

Sortant
gagnant

Sorte
acabit, catégorie, classe, espèce, façon, famille, forme, gabarit, genre, groupe, guise, manière, nature, niveau, ordre, race, style, trempe, type, variété

Sorte d'algue brune
varech

Sorte d'assiette large et creuse
écuelle

Sorte d'embruns
poudrin

Sorte d'étendard employé comme ornement
banderole

Sorte d'oie sauvage
bernache

Sorte d'orchidée sans chlorophylle
néottie

Sorte d'ortie
ramie

Sorte d'outil à foret
drille

Sorte de cabriolet
cab

Sorte de cabriolet où le cocher est placé derrière
cab

Sorte de cheval fabuleux
licorne

Sorte de conifère
cèdre

Sorte de couverture
housse

Sorte de flan compact
far

Sorte de fromage
cottage

Sorte de graminée
millet

Sorte de guitare ronde
banjo

Sorte de halo
aura

Sorte de javelot à pointe barbelée
angon

Sorte de loquet
taquet

Sorte de luth
banjo

Sorte de luth à deux manches
téorbe, théorbe

Sorte de nougat très tendre
touron

Sorte de rabot pour racler les os
rugine

Sorte de table creusée en bassin
évier

Sorte de tissu
ratine

Sorti
absenté, aéré, affleuré, allé, baladé, battu, débité, débordé, débouché, décampé, déguerpi, détaché, dévié, dit, éclipsé, édité, éliminé, émergé, enlevé, esquivé, évadé, expulsé, fréquenté, fusé, issu, jailli, lancé, levé, né, oxygéné, parti, percé, point, poussé, proféré, promené, publié, quitté, raconté, répandu, repoussé, ressorti, retiré, sailli, surgi, vidé

Sorti depuis peu d'une école
émoulu

Sorti du droit chemin
dévoyé

Sortie
algarade, apparition, attaque, balade, bretelle, débouché, départ, dépense, échappée, échappement, écoulement, édition, émergence, émersion, équipée, escapade, évacuation, exit, fin, invective, issue, lancement, parution, passage, porte, promenade, publication, tour, virée

Sortie d'un organe hors de sa cavité
hernie

Sortie d'un personnage
exit

Sortie hors de l'eau
émersion

Sortilège
charme, diablerie, enchantement, ensorcellement, envoûtement, évocation, fascination, incantation, jettatura, magie, maléfice, sorcellerie, sort

Sortir
abandonner, absenter, aérer, affleurer, balader, battre, débiter, déborder, déboucher, décamper, dégager, déguerpir, dépêtrer, détacher, dévier, dire, éclipser, éditer, éliminer, émaner, émerger, esquiver, évacuer, évader, expulser, extraire, faire, fréquenter, fuser, jaillir, lancer, lever, oxygéner, partir, percer, poindre, pousser, proférer, promener, provenir, publier, quitter, raconter, répandre, ressortir, retirer, saillir, sourdre, surgir, tirer, vider

Sortir comme la sueur
exsuder

Sortir de l'œuf
éclore

Sortir de la jante
déjanter

Sortir de sa colère
dérager

Sortir de terre
déraciner

Sortir en un jet subit et puissant
jaillir

Sortir et étaler
déballer

Sosie
besson, clone, double, jumeau, jumelle, ménechme, réplique, ressemblance

Sot
abruti, absurde, ahuri, andouille, âne, balourd, benêt, bêta, bête, borné, bourricot, confus, cruche, dadais, déraisonnable, étourdi, gourde, idiot, imbécile, inepte, inintelligent, insensé, lourd, maladroit, malavisé, niais, nigaud, nul, pécore, penaud, pimbêche, ridicule, stupide

Sotte
bécasse, bourrique, péronnelle

Sottement
bêtement

Sottise
absurdité, ânerie, babiole, bagatelle, baliverne, balourdise, bêtise, bévue, bourde, bricole, broutille, crétinerie, énormité, fadaise, faribole, faute, folie, foutaise, futilité, gaffe, gaminerie, idiotie, imbécillité, impair, ineptie, inintelligence, injure, insanité, maladresse, misère, niaiserie, nullité, perle, platitude, rien, sornette, stupidité, vétille

Sottisier
bêtisier

Sou
argent, cent, centime, monnaie, pièce, rotin

Soubassement
assiette, assise, base, fondation, fondement, socle, support

Soubresaut
bond, cahot, frisson, raté, saccade, saut, secousse, spasme, sursaut

Soubrette
domestique, lisette, servante

Soubreveste
veste

Souche
ascendance, descendance, extraction, famille, filiation, lignage, ligne, lignée, naissance, origine, parenté, race, racine, sang, talon, tronc

Souchong
infusion

Souci
adversité, agacement, alarme, angoisse, anxiété, aria, contrariété, crainte, désagrément, difficulté, embarras, embêtement, empoisonnement, ennui, hantise, inquiétude, peine, plaie, poids, préoccupation, problème, soin, tourment, tracas

Souci de conformité totale à un type idéal
purisme

Soucier
chicaner, ennuyer

Soucieux
acariâtre, angoissé, anxieux, bilieux, chagrin, contemplatif, contrarié, ennuyé, inquiet, pensif, préoccupé, sombre, songeur, tendu, tourmenté, tracassé

Soucoupe
gamelle

Soucoupe volante
ovni

Soudage
assemblage, soudure

Soudain
brusque, brusquement, brutal, brutalement, fortuit, foudroyant, fulgurant, imprévu, impromptu, inattendu, inopiné, instantané, prompt, rapide, soudainement, subit, subitement, subito

Soudain, imprévu
brusque

Soudainement
soudain

Soudaineté
rapidité

Soudard
affreux, reître, sabreur

Soudé
allié, solidaire, uni

Souder
accoler, accoupler, adhérer, adjoindre, agglutiner, ajointer, allier, braser, conglomérer, joindre, réunir, river, unir

Souder de nouveau
ressouder

Soudeur
ouvrier

Soudoyé
acheté

Soudoyer
acheter, corrompre, payer, stipendier, suborner

Soudure
adhérence, assemblage, brasure, jonction, raccord, soudage

Soue
étable, porcherie

Souffert
abîmé, éprouvé

Soufflant
sidérant, stupéfiant, suffocant

Soufflard
grisou

Souffle
air, âme, bouffée, bruit, courant, créativité, effluve, émanation, enthousiasme, esprit, exaltation, exhalaison, expiration, force, haleine, inspiration, lyrisme, poussée, rafale, respiration, soupir, veine, vent, verve, vie

Soufflé
abasourdi, approprié, bombé, boursouflé, chuchoté, conseillé, craché, délassé, détendu, dicté, entremets, épaté, essoufflé, éteint, étonné, exhalé, expiré, gonflé, haleté, impressionné, insinué, inspiré, pulsé, respiré, sidéré, stupéfait, suggéré, surpris, susurré, vomi

Souffle d'air
bouffée

Souffle du nord-ouest
noroît

Souffler
abasourdir, ahaner, anhéler, approprier, asseoir, chuchoter, conseiller, cracher, délasser, détendre, dicter, ébrouer, épater, essouffler surprendre, éteindre, étonner, exhaler, expirer, glisser, gonfler, haleter, impressionner, insinuer, inspirer, murmurer, pousser, prendre, proposer, ravir, reposer, respirer, sidérer, soupirer, stupéfier, suffoquer, suggérer, susurrer, ventiler, vomir

Souffler bruyamment en secouant la tête (S')
ébrouer

Soufflerie
aérage, aérateur, aération

Soufflet
affront, brick, camouflet, claque, gifle, humiliation, mortification, offense, outrage

Souffleter
battre, gifler

Souffleur de verre
verrier

Souffrance
algie, chagrin, désolation, deuil, douleur, épreuve, géhenne, mal, malaise, martyre, peine, supplice, torture

Souffrance physique ou morale
douleur, tourment

Souffrant
affligé, atteint, dolent, incommodé, indisposé, malade, maladif

Souffre-douleur
martyr, victime

Souffreteux
cacochyme, faible, fragile, maladif, malingre

Souffrir
détériorer, encaisser, endurer, éprouver, gémir, mourir, pâtir, peiner, ressentir, sentir, subir, supporter, tolérer

Soufre
jaune

Soufrer
mécher

Soufrière
solfatare

Souhait
ambition, aspiration, attente, demande, désir, envie, espérance, espoir, rêve, vœu, volonté

Souhaitable
enviable, opportun

Souhaitable, tentant
enviable

Souhaité
voulu

Souhaiter
aimer, ambitionner, appeler, aspirer, attendre, convoiter, demander, désirer, envier, espérer, jalouser, prétendre, rêver, viser, vouloir

Souillant
polluant

Souille
bauge

Souillé
abject, éclaboussé, impur, malpropre, sale, sali, terni, vicié

Souillé de terre
terreux

Souiller
avilir, barbouiller, baver, calomnier, cochonner, contaminer, corrompre, crotter, déshonorer, diffamer, éclabousser, entacher, flétrir, galvauder, gangréner, gâter, infecter, maculer, polluer, profaner, salir, tacher, ternir, violer

Souiller à nouveau
resalir

Souillure
accroc, avilissement, contamination, corruption, éclaboussure, faute, flétrissure, impureté, nuisance, ordure, péché, pollution, salissure, tache, tare

Souk
bazar, désordre, fouillis, marché, pagaille

Soûl
bourré, content, enivré, grisé, ivre, plein, rassasié, repu

Soûler
assommer, boire, enivrer, étourdir, fatiguer, griser, rassasier, saturer

Soulagé
adouci, allégé, enlevé, rasséréné, rassuré

Soulageant
aidant, apaisant

Soulagement
décharge, diminution, libération, réconfort, sédation

Soulager
adoucir, aider, alléger, apaiser, assister, atténuer, calmer, consoler, débarrasser, décharger, délester, délivrer, diminuer, endormir, épancher, guérir, lénifier, libérer, modérer, ôter, radoucir, rasséréner, rassurer, réduire, remédier, secourir, tempérer

Soulane
adret

Soulevé
enlevé, exalté, excité, hissé, levé

Soulèvement
émeute, mutinerie, putsch, rébellion, révolte, sédition

Soulèvement inflammatoire de l'épiderme
pustule

Soulèvement populaire
émeute

Soulever
aborder, agiter, allumer, ameuter, attirer, causer, déchaîner, déclencher, déterminer, électriser, élever, enflammer, engendrer, enivrer, enlever, enthousiasmer, entraîner, évoquer, exalter, exciter, hausser, hisser, lever, occasionner, poser, produire, provoquer, rehausser, relever, remonter, remuer, retrousser, susciter, transporter, trousser

Soulier
babouche, chaussure, escarpin

Soulier élégant
escarpin

Souligné
accentué, accusé, prononcé

Souligner
accentuer, accuser, insister, marquer, montrer, noter, ourler, ponctuer, préciser, rehausser, relever, scander, signaler, témoigner

Soumettre
abaisser, aplatir, apprivoiser, asservir, assouplir, assujettir, attacher, captiver, conquérir, contraindre, courber, dominer, dompter, écraser, enchaîner, exposer, fléchir, inféoder, maîtriser, mater, museler, obéir, offrir, opprimer, pacifier, présenter, proposer, ranger, réduire, satisfaire, subjuguer

Soumettre à des fumigations
fumiger

Soumettre à l'établissement du cadastre
cadastrer

Soumettre à un apprêt
apprêter

Soumettre à un compactage
compacter

Soumettre à un recyclage
recycler

Soumettre à un stress
stresser

Soumettre à un test
tester

Soumettre à un traitement particulier du coton pour lui donner un aspect soyeux
similiser

Soumettre à une analyse
analyser

Soumettre à une imposition directe ou indirecte
taxer

Soumettre à une lotion
lotionner

Soumis
apprivoisé, asservi, bas, captif, conquis, courbé, déférent, discipliné, docile, dominé, doux, écrasé, gouvernable, humble, inféodé, maniable, obéissant, pacifié, rampant, résigné, respectueux, servile, souple

Soumis à un supérieur
subordonné

Soumis à une température très élevée
calciné

Soumis, comme un vassal
inféodé

Soumission
discipline, docilité, esclavage, humilité, obédience, obéissance, offre, oppression, servage, servitude, suivisme, sujétion, vassalité

Soumission à l'autorité du pape
papisme

Soupape
clapet, dérivatif, diode, diversion, exutoire, issue, obturateur, valve

Soupape à clapet
valve

Soupape de chaudière à vapeur
reniflard

Soupape en forme de couvercle à charnière
clapet

Soupçon
apparence, attention, défiance, doute, indice, méfiance, nuance, ombrage, ombre, opinion, parcelle, pointe, présomption, relent, suspicion, teinte, trace, zeste

Soupçonné
senti

Soupçonner
conjecturer, deviner, douter, entrevoir, flairer, imaginer, incriminer, pressentir, présumer, sentir, subodorer, supposer, suspecter

Soupçonner intuitivement
subodorer

Soupçonneux
craintif, défiant, flaireur, incrédule, jaloux, méfiant, ombrageux, suspicieux

Soupe
bouillon, julienne, nourriture, potage

Soupe à l'oignon
tourin

Soupe au lait
emporté

Soupe faite de pain
panade

Soupe grossière
pâtée

Soupe très épaisse
pâtée

Soupente
réduit

Souper
collation, dîner, lunch, manger, médianoche, repas, réveillon

Soupeser
apprécier, estimer, évaluer, jauger, peser, supputer

Soupeur
dîneur, mangeur

Soupir
bruit, gémissement, plainte, silence, souffle

Soupirail
fenêtre, regard

Soupirant
amant, amoureux, galant, prétendant, sigisbée

Soupirant délicat et passionné
céladon

Soupirer
expirer, geindre, gémir, lamenter, plaindre, pleurer, souffler

Soupirs
pleurs

Souple
accommodant, agile, aisé, alerte, complaisant, compréhensif, conciliant, décontracté, dégagé, délié, diplomate, docile, doux, élastique, étirable, extensible, félin, flexible, fluide, gracieux, habile, large, léger, leste, liant, malléable, maniable, meuble, mobile, moelleux, mou, obéissant, onctueux, ondoyant, plastique, pliable, politique, preste, soumis, vif

Souplesse
adaptabilité, adresse, agilité, aisance, compréhension, diplomatie, doigté, élasticité, finesse, flexibilité, légèreté, liberté, malléabilité, maniabilité, mollesse, plasticité

Souquenille
blouse

Souquer
bloquer, ramer, serrer

Source
amont, base, cause, commencement, étincelle, ferment, filon, fondement, fontaine, foyer, générateur, germe, idée, mère, mine, motif, naissance, original, origine, pépinière, principe, racine, raison, référence, résurgence, rivière, sujet, texte, trésor, veine

Source d'eau chaude jaillissant par intermittence
geyser

Source d'eau thermale
eaux

Source d'ondes hertziennes
quasar

Source de lumière
lampe

Source de lumière électrique
lampe

Source de profits
filon

Source de richesse
pactole

Source lumineuse servant d'éclairage, lanterne
fanal

Sourcier
radiesthésiste, rhabdomancien

Sourciller
ciller, rechigner, tiquer

Sourcilleux
sévère

Sourd
assourdi, caché, cotonneux, diffus, enroué, éteint, étouffé, feutré, indistinct, latent, malentendant, mat, mou, muet, secret, sombre, souterrain, vague, voilé

Sourdre
apparaître, couler, échapper, éclore, émaner, émerger, filtrer, fuser, jaillir, naître, paraître, poindre, répandre, sortir, suinter, surgir, transpirer

Souriant
accort, affable, agréable, allègre, enjoué, épanoui, gai, jovial, joyeux, plaisant, réjoui, rieur

Souricière
guêpier, piège, ratière, tapette

Sourire
amuser, convenir, favoriser, plaire, rictus, rire, risette

Sourire d'un enfant
risette

Sourire grimaçant
rictus

Souris
gris

Sournois
cauteleux, dissimulateur, double, faux, fourbe, hypocrite, indirect, insidieux, patelin, perfide, pervers, rusé, secret, subreptice, tortueux, traître

Sournoiserie
fourberie

Sous
dessous, préposition

Sous le toit de la maison
grenier

Sous un véhicule
essieu

Sous-alimenté
dénutri

Sous-arbrisseau épineux
ronce

Sous-classe d'amphibiens
urodèles

Sous-classe des rhizopodes
amibien

Sous-continent asiatique
indien

Sous-ensemble
partie

Sous-entendre
suggérer

Sous-entendu
allusif, allusion, inexprimé, latent, tacite

Sous-entendu dans l'expression de la pensée
ellipse

Sous-estime
déprise

Sous-estimer
méjuger, mésestimer

Sous-fifre
subordonné

Sous-homme
ruine

Sous-jacent
latent, subjacent

Sous-marin
taupe

Sous-marin porteur de missiles
lanceur

Sous-œuvre
fondation

Sous-officier
sergent

Sous-officier d'un grade intermédiaire
adjudant

Sous-ordre
subalterne, subordonné

Sous-ordre de reptiles
ophidien

Sous-sol
cave

Sous-tasse
soucoupe

Sous-traitant
tâcheron

Sous-vêtement
combiné, corset, dessous, gaine, linge, lingerie

Sous-vêtement féminin
bustier

Sous-vêtement féminin couvrant le buste
caraco

Sous-vêtement masculin
caleçon

Souscripteur
abonné, adhérent

Souscription
adhésion, collecte

Souscrire
abonner, accéder, accepter, acquiescer, adhérer, admettre, approuver, consentir, contracter, contribuer, signer

Souscrit
contracté

Soustraction
décompte

Soustraire
affranchir, décompter, déduire, dérober, détourner, dispenser, distraire, divertir, élaguer, emporter, enlever, libérer, ôter, prendre, rafler, retenir, retirer, voler

Soustrait
accaparé, affranchi, enlevé, évadé, ôté, retenu

Soutache
cordon, galon, tresse

Soutaché
galonné, garni

Soutacher
galonner, garnir, orner

Soutane
robe, vêtement

Soutane d'intérieur
simarre

Soute
cale

Soutenable
tenable, vivable

Soutenant
aidant

Soutènement
appui, étai, étayage, soutien

Soutenir
accoter, accouder, adhérer, affirmer, aider, alimenter, appuyer, assister, assurer, attester, avancer, caler, cautionner, certifier, collaborer, concourir, conforter, consolider, continuer, corroborer, défendre, empatter, encourager, endurer, entourer, épauler, épouser,

étayer, favoriser, financer, fortifier, garantir, inciter, jurer, maintenir, nourrir, parrainer, participer, patronner, pistonner, plaider, porter, poursuivre, pousser, prétendre, professer, promouvoir, protéger, raffermir, recommander, réconforter, rehausser, remonter, renforcer, retenir, seconder, secourir, servir, sponsoriser, stimuler, subsidier, subventionner, suivre, supporter, sustenter, tenir

Soutenir en appuyant
accoter

Soutenir par un câble
haubaner

Soutenu
académique, accentué, affirmé, assidu, châtié, constant, continu, continué, élevé, encouragé, entouré, étudié, garanti, incessant, ininterrompu, intense, littéraire, noble, persévérant, persistant, plein, profond, puissant, rapide, recherché, régulier, relevé, retenu, roulant, soigné, suivi, vif

Soutenu par de nombreuses personnes
entouré

Soutenu par un ample jupon
juponné

Souterrain
caché, clandestin, cratère, excavation, galerie, larvé, occulte, oubliette, parallèle, secret, sombre, sourd, subreptice, ténébreux, tunnel

Soutien
accord, adepte, aide, allié, allocation, appui, assistance, auxiliaire, aval, bastion, béquille, champion, collaboration, concours, contrefort, coopération, défense, défenseur, encouragement, étai, garant, partisan, patronage, pilier, piston, pivot, protecteur, protection, recommandation, réconfort, recours, refuge, renfort, secours, soutènement, subside, subvention, support, tenant, tuteur, viatique

Soutien apporté par un mécène
mécénat

Soutien-gorge
brassière, bustier, soutif

Soutien-gorge découvrant le haut de la poitrine
balconnet

Soutiré
enlevé

Soutirer
arracher, clarifier, élier, enlever, escroquer, extirper, extorquer, obtenir, prélever, transvaser

Souvenance
mémoire, rappel, souvenir

Souvenir
cadeau, évocation, image, impression, mémoire, ombre, passé, pensée, rappel, reconnaître, relique, réminiscence, ressouvenance, retenir, revoir, souvenance, témoin, trace, vestige

Souvent
beaucoup, communément, fréquemment, généralement, habituellement, volontiers

Souvenu
revu

Souverain
absolu, affranchi, altesse, arbitre, autonome, chef, divin, duc, efficace, empereur, extrême, idéal, indépendant, infaillible, libre, magistral, maître, monarque, omnipotent, parfait, potentat, prince, puissant, radjah, raja, rajah, régnant, roi, royal, seigneur, supérieur, suprême, sûr, tsar, tzar

Souverain brahmanique, en Inde
radjah, raja, rajah

Souverain de l'Égypte ancienne
pharaon

Souverain de l'Empire ottoman
sultan

Souverain de l'Iran
chah, schah, shah

Souverain de la Perse
chah, schah, shah

Souverain du royaume d'Israël
Omri

Souverain musulman
calife

Souverain turc
bey

Souverain vassal du sultan
bey

Souveraine d'un État
princesse

Souverainement
fort

Souveraineté
autorité, empire, légitimité, maîtrise, pourpre, pouvoir, puissance, trône

Soyeux
doux, lustré, satiné, velouté

Spa
jacuzzi

Spacieux
ample, étendu, grand, immense, large, vaste

Spadassin
bretteur, ferrailleur, nervi, sbire, sicaire, tueur

Spaghetti
pâte

Sparadrap
adhésif, diachylon, emplâtre, poupée

Spart
alfa, graminée

Spartiate
austère, chaussure, monacal, sandale

Spasme
contraction, contracture, convulsion, crampe,
crispation, frisson, sanglot, secousse,
soubresaut, tiraillement, tremblement

Spasmes des muscles masticateurs
trismus

Spasmodique
nerveux

Spasmodiquement
nerveusement

Spasmophilie
tétanie

Spathe
bractée

Spatial
cosmique, interplanétaire, intersidéral,
interstellaire

Spationef
astronef

Spatule
cuiller, gâche

Spatule pour servir le poisson
truelle

Speaker
animateur, annonceur, présentateur

Spécial
atypique, bizarre, caractéristique, distinctif,
étrange, exceptionnel, exclusif, extraordinaire,
individuel, original, particulier, personnel,
ponctuel, propre, singulier, spécifique,
technique, unique

Spécialement
exprès, nommément, notamment, surtout

Spécialisation
spécialité

Spécialisé
pointu, technique

Spécialiste
expert, médecin, podologue, praticien, pro,
professionnel

Spécialiste dans le traitement des aliénés
aliéniste

Spécialiste de l'actuariat
actuaire

Spécialiste de l'agronomie
agronome

Spécialiste de l'aménagement des territoires
urbaniste

Spécialiste de l'analyse
analyste

Spécialiste de l'ergonomie
ergonome

Spécialiste de l'étude des sols
pédologue

Spécialiste de l'exploration sous-marine
océanaute

Spécialiste de l'histoire du Moyen Âge
médiéviste

**Spécialiste de l'installation des équipements
d'eau dans une construction**
plombier

Spécialiste de l'ornithologie
ornithologue

Spécialiste de la botanique
botaniste

Spécialiste de la confection de chaussures
bottier

Spécialiste de la géographie
géographe

Spécialiste de la géologie
géologue

Spécialiste de la gestion des finances
financier

Spécialiste de la gymnastique
gymnaste

Spécialiste de la physique
physicien

Spécialiste de la pose des dalles
dalleur

Spécialiste de la science des vins
œnologue

Spécialiste de la sinologie
sinologue

Spécialiste de la soudure
soudeur

Spécialiste de la virologie
virologue

Spécialiste de la volée au tennis
volleyeur

Spécialiste de monnaies et de médailles
numismate

Spécialiste de rhumatologie
rhumatologue

Spécialiste des arts graphiques
graphiste

Spécialiste des civilisations orientales
orientaliste

Spécialiste des courses de vitesse
sprinter

Spécialiste des cultures en serres
serriste

Spécialiste des langues romanes
romaniste

Spécialiste des lois
légiste

Spécialiste des maladies infantiles
pédiatre

Spécialiste des prises de vues
caméraman

Spécialiste des troubles de la vision
oculiste

Spécialiste des truquages audiovisuels, des effets spéciaux
truquiste

Spécialiste des vins
œnologue

Spécialiste du droit canon
canoniste

Spécialiste du droit civil
civiliste

Spécialiste du droit féodal
feudiste

Spécialiste du droit pénal
pénaliste

Spécialiste du slalom
slalomeur

Spécialiste éminent
sommité

Spécialiste en création de modèles
styliste

Spécialiste en linguistique
linguiste

Spécialiste en similigravure
similiste

Spécialiste envoyé à l'étranger
coopérant

Spécialiste extrêmement adroit, virtuose
acrobate

Spécialité
branche, discipline, domaine, fief, mets, partie, plat, profession, spécialisation, sphère, terrain, travail, truc

Spécialité asiatique
nem

Spécialité médicale
pédiatrie

Spécialité médicale qui étudie les affections du sein
sénologie

Spécialité médicale qui traite des virus
virologie

Spécieux
apparent, frivole, illusoire, imaginaire, insidieux, trompeur, vain

Spécification
titre

Spécificité
caractère, différence, génie, originalité, propre, qualité, trait

Spécifié
précisé

Spécifier
caractériser, définir, déterminer, distinguer, fixer, indiquer, mentionner, préciser, stipuler

Spécifique
déterminé, exclusif, individuel, particulier, personnel, ponctuel, précis, propre, significatif, spécial, typique

Spécifiquement
notamment

Spécimen
archétype, corrigé, échantillon, exemplaire, exemple, individu, modèle, prototype, représentant, type

Spectacle
attraction, divertissement, exhibition, film, gala, numéro, panorama, présentation, récital, représentation, revue, scène, séance, show, tableau, théâtre, vue

Spectacle chorégraphique
ballet

Spectacle du tonnerre que l'on voit surtout l'été
orage

Spectacle merveilleux
féerie

Spectacle qui a lieu l'après-midi
matinée

Spectacle tauromachique
corrida

Spectaculaire
frappant, retentissant, surprenant, théâtral

Spectateur
assistant, audience, auditeur, observateur, présent, téléspectateur, témoin, voyeur

Spectateurs
assistance, galerie, parterre, public, salle

Spectral
fantomatique

Spectre
apparition, ectoplasme, épouvantail, esprit, fantôme, gamme, menace, mort, obsession, ombre, registre, revenant

Spectre d'un mort
lémure

Spéculateur
agioteur

Spéculateur qui joue à la hausse sur les valeurs boursières
haussier

Spéculateur sans envergure
margoulin

Spéculateur se livrant à l'agiotage
agioteur

Spéculatif
abstrait

Spéculation
agiotage, calcul, pensée, théorie

Spéculation frauduleuse sur les fonds publics
agiotage

Spéculé
pensé

Spéculer
agioter, boursicoter, commercer, penser

Spéculer frauduleusement
agioter

Speech
laïus

Spélonque
caverne

Spencer
veste

Sphère
aire, ballon, boule, boulette, cadre, cercle, champ, domaine, espace, étendue, globe, limite, mappemonde, milieu, mouvance, orbite, pays, périmètre, région, secteur, spécialité, terrain, terre, univers, zone

Sphère d'un astre
orbe

Sphéricité
rondeur, rotondité

Sphérique
circulaire, globeux, rond, sphéroïdal

Sphéroïdal
sphérique

Sphinx à buste de femme
sphinge

Sphinx femelle
sphinge

Spica
bandage

Spicilège
florilège

Spinal
rachidien

Spirale
arabesque, enroulement, hélice, serpentin, torsade, volute, vrille

Spire
volute

Spirée
filipendule, ulmaire

Spirite
médium, voyant

Spiritualiser
sublimer

Spiritualité
âme

Spirituel
abstrait, amusant, brillant, drôle, enlevé, facétieux, fin, hilarant, humoristique, immatériel, incorporel, intellectuel, intérieur, malicieux, malin, mental, métaphysique, moral, mystique, pétillant, piquant, plaisant, religieux, satirique, subtil, vif

Spiritueux
alcool, apéritif, arac, liqueur

Spleen
cafard, déprime, ennui, mélancolie, neurasthénie, nostalgie, regret, tristesse

Splendeur
apparat, beauté, brillant, éclat, faste, gloire, grandeur, lumière, lustre, luxe, magnificence, panache, pompe, prestige, prospérité, rayonnement, richesse, somptuosité

Splendide
admirable, beau, bel, brillant, éblouissant, étincelant, fastueux, florissant, glorieux, luxueux, magistral, magnifique, merveilleux, pompeux, princier, radieux, rayonnant, royal, somptueux, sublime, superbe

Spoliation
gel

Spolié
accaparé, frustré, lésé, ôté

Spolier
accaparer, déposséder, dépouiller, dessaisir, frustrer, léser, ôter, priver, voler

Spongieux
aqueux, flasque, poreux

Sponsor
mécène, parrain

Sponsorisation
mécénat

Sponsoriser
financer, parrainer, soutenir

Spontané
authentique, automatique, direct, frais, franc, impulsif, inconscient, inné, instinctif, involontaire, irréfléchi, libre, machinal, mécanique, naïf, nature, naturel, primesautier, sauvage, sincère, vrai

Spontanéité
fraîcheur, naturel, sincérité

Spontanément
naïvement

Sporadique
intermittent

Spore à un seul noyau de certains champignons
spermatie

Sport
amusement, boxe, exercice, foot, golf, gymnastique, jeu, karaté, polo, rugby, ski, squash, tennis

Sport appelé football en Europe
soccer

Sport collectif
polo

Sport d'équipe
hockey, soccer

Sport d'équipe de vingt-deux joueurs et un ballon
football

Sport d'équipe se jouant à l'aide de battes de bois, de balles et de guichets
cricket

Sport d'équipe se jouant avec un ballon ovale
football, rugby

Sport d'hiver
ski

Sport d'origine japonaise
judo

Sport dans lequel Michael Jordan s'est illustré
basket

Sport de ballon
soccer

Sport de ballon appelé football partout dans le monde, sauf en Amérique du Nord
soccer

Sport de combat
boxe, judo

Sport de combat japonais
judo, karaté

Sport de combat nippon
aïkido

Sport de combat voisin du karaté
taekwondo

Sport de glisse
ski

Sport de raquette
badminton, tennis

Sport dérivé du cricket
baseball

Sport équestre
polo

Sport nautique
surf

Sport nautique que des gens pratiquent à la planche
surf

Sport olympique
bobsleigh

Sport olympique d'été
tennis

Sport opposant deux équipes qui se renvoient le ballon au-dessus d'un filet
volley

Sport où l'on fait glisser un palet sur la glace
curling

Sport où le ballon est manipulé uniquement par les mains
handball

Sport que l'on ne peut pas pratiquer au Québec l'hiver
baseball

Sport similaire au tennis
badminton

Sport, ancêtre du tennis
paume

Sportif
acrobate, ardu, athlète, carré, difficile, droit, gymnaste, hockeyeur, honnête, joueur, juste, skieur, slalomeur

Sportif de la classe des 20 à 45 ans
senior

Sportif qui tire au but
tireur

Spot
projecteur

Sprat
haranguet

Sprint
course, pointe

Sprinter
accélérer, courir, foncer

Spume
écume

Squale
requin, roussette

Squame
écaille, pellicule

Squameux
écailleux

Square
carré, jardin, place

Squash
sport

Squatter
annexer

Squelette
architecture, armature, canevas, carcasse, charpente, os, ossature, ossements, plan, restes, schéma, structure, trame

Squelette d'un être vivant
charpente

Squelette de la corne de certains ruminants
cornillon

Squelettique
émacié, étique, famélique, maigre, osseux

Squirrhe
tumeur

Sr
senior, stéradian, strontium

Sri
lanka

SS
nazi

St
saint

Stabiliser
accrocher, assainir, consolider, fixer, raffermir

Stabilité
aplomb, assiette, calme, constance, continuité, équilibre, fermeté, immutabilité, permanence, solidité

Stable
assis, assuré, constant, continu, durable, équilibré, établi, ferme, fixe, immuable, inaltérable, inchangé, invariable, permanent, persistant, solide, stationnaire, statique, viable

Stade
arène, cap, degré, échelon, étage, étape, fréquence, niveau, palier, partie, période, phase, point, position, rang, temps, terrain

Stade correspondant à l'apparition de talles
tallage

Stade du cycle végétatif qui marque le début du développement du fruit
nouaison

Stage
apprentissage, formation, préparation, séminaire

Stagiaire
apprenti

Stagnant
dormant, immobile, mort

Stagnation
arrêt, calme, inactivité, marasme

Stagner
croupir, encroûter, enliser, languir, patiner, pâtir, piétiner, plafonner, séjourner, traîner, végéter, vivoter

Stalle
box, compartiment, écurie, loge

Stalle d'écurie
box

Stance
couplet, sixain, strophe

Stand
kiosque, rayon

Standard
classique, commun, conforme, courant, étalon, fréquent, habituel, modèle, moyen, moyenne, normalisé, normalité, norme, ordinaire, référence, règle, type

Standardisation
uniformité

Standardisé
uniforme

Standardiser
aligner, normaliser, unifier, uniformiser

Standardiste
opérateur

Standing
classe, position

Star
acteur, artiste, célébrité, comédien, étoile, gloire, starlette, talent, vedette

Starlette
actrice, artiste, comédienne, étoile, figurante, interprète, star, vedette

Starter
démarreur

Stase
congestion, œdème

Station
arrêt, attente, attitude, gare, halte, pause, position, posture

Station balnéaire d'Israël
Eilat

Station balnéaire mexicaine située sur la côte Pacifique
Acapulco

Station de métro
gare

Station thermale
thermes

Station-service
garage

Stationnaire
étale, fixe, immobile, stable

Stationnarité
statisme

Stationné
resté

Stationnement
garage, parcage

Stationner
arrêter, garer, gîter, parquer, rester

Stationner dans un parc, dans un parking
parquer

Statique
immobile, stable

Statisme
stationnarité

Statistique
état

Statuaire
sculpteur, sculpture

Statue
figure, idole, sculpture

Statue antique recouverte d'écrits satiriques
pasquin

Statue d'homme soutenant un entablement
atlante

Statue d'homme soutenant une corniche
atlante

Statue de Mercure
hermès

Statuer
arrêter, décider, établir, juger, ordonner, régler, résoudre, trancher

Statuette
figurine, sculpture, tanagra

Statufier
paralyser, pétrifier, tétaniser

Stature
carrure, classe, dimension, envergure, étoffe, gabarit, grandeur, hauteur, importance, mensuration, qualité, taille, trempe, valeur

Statut
condition, état, loi, position, règlement, rôle, situation

Statutaire
régulier

Ste
sainte

Steak
bifteck, tournedos

Stèle
cippe, monolithe, monument, pierre

Stellaire
astral, étoilé, sidéral

Stem
virage

Stemm
virage

Stemmate
ocelle

Sténo
dactylo, sténographe, sténographie

Sténodactylo
dactylo

Sténographe
sténo

Sténographie
sténo

Steppe
lande, pampa, plaine, prairie, toundra

Steppe de l'Afrique du Sud
veld

Steppe de la zone arctique
toundra

Stéradian
sr

Stéréo
stéréophonie, stéréophonique

Stéréophonie
stéréo

Stéréophonique
stéréo

Stéréotype
banalité, cliché, platitude, poncif, type

Stéréotypé
immuable

Stéréotypie
itération

Stérer
corder

Stérile
aride, aseptique, byzantin, désertique, futile, improductif, inculte, incultivable, inefficace, infécond, infertile, infructueux, ingrat, inutile, maigre, oiseux, pauvre, pouilleux, sec, vain, vide

Stérilisateur
étuve

Stérilisation
asepsie

Stérilisé
châtré, coupé

Stériliser
appauvrir, aseptiser, castrer, châtrer, couper, désinfecter, dessécher, émasculer, épuiser, étuver, javelliser, pasteuriser, purifier, tarir

Stériliser du lait
upériser

Stérilité
agénésie, aridité, futilité, improductivité, inefficacité, infécondité, infertilité, inutilité, pauvreté, vanité

Sternutation
éternuement

Stetson
chapeau

Stibium
Sb

Stick
badine, baguette, bâton, bâtonnet, cravache, jonc

Stigmate
cicatrice, empreinte, flétrissure, marque, signe, symptôme, trace, vestige

Stigmatisé
marqué

Stigmatiser
blâmer, condamner, épingler, fustiger, marquer, réprouver, vitupérer

Stimulant
activant, adjuvant, analeptique, caféine, cordial, dopant, encourageant, éperon, exaltant, excitant, fortifiant, incitatif, motivant, réconfortant, remontant, réparateur, revigorant, tonifiant, tonique, vivifiant

Stimulation des ventes
promotion

Stimulé
aiguisé, exalté, excité, surexcité

Stimuler
accélérer, activer, aider, aiguillonner, aiguiser, animer, attiser, augmenter, aviver, doper, dynamiser, encourager, enflammer, enhardir, éperonner, éveiller, exalter, exciter, fortifier, fouetter, inciter, inviter, motiver, piquer, pousser, presser, raffermir, ranimer, réanimer, réconforter, remonter, réveiller, revigorer, revigoter, soutenir, surexciter, tonifier, vivifier

Stimulus
excitant

Stipe
pédicule

Stipendier
corrompre, soudoyer

Stipulation
condition, convention

Stipulé
dicté

Stipuler
dicter, dire, énoncer, indiquer, mentionner, porter, préciser, prescrire, spécifier

Stock
approvisionnement, assortiment, dépôt, lot, provision, quantité, réserve, volant

Stockage
cumul, emmagasinage, silotage

Stockage dans un réservoir conçu à cet effet
silotage

Stocker
archiver, entasser, entreposer

Stoïcisme
austérité, caractère, courage, dureté, fermeté, héroïsme, impassibilité, imperturbabilité, patience

Stoïque
austère, courageux, dur, ferme, héroïque, impassible, patient

Stolon
bourgeon, coulant

Stomacal
gastrique

Stomate
pore

Stomatite
champignon, muguet

Stomatologiste
médecin

Stop
arrêt, basta, halte

Stoppage
raccommodage, ravaudage, réparation, reprise

Stoppé
enrayé, étouffé

Stopper
arrêter, bloquer, cesser, empêcher, enrayer, étouffer, immobiliser, interrompre, juguler, maîtriser, paralyser, raccommoder, ravauder, réfréner, rentraire, réparer, repriser, suspendre

Store
jalousie, rideau, voilage, voile

Stout
ale, bière, cervoise

Strabisme
loucherie

Stradivarius
violon

Strapontin
place, siège

Strass
diamant, doublet, imitation, toc

Strasse
bourre

Stratagème
artifice, astuce, feinte, ficelle, finesse, piège, rouerie, ruse, tour, truc

Strate
assise, banc, classe, couche, lit, niveau

Stratège
chef, manœuvrier, responsable, tacticien

Stratégie
calcul, jeu, manœuvre, moyen, plan, politique, procédure, programme, ruse, tactique

Stratégique
militaire, tactique

Stratocumulus
nuage

Stratus
nuage

Stress
accablement, agression, angoisse, anxiété, nervosité, pression, tension

Stressant
angoissant

Stressé
agité, angoissé, anxieux, contracté, crispé, nerveux, oppressé, tendu

Stresser
contracter, perturber

Strict
assujettissant, astreignant, austère, autoritaire, classique, contraignant, draconien, drastique, dur, étroit, exact, exigeant, ferme, flexible, intraitable, intransigeant, juste, littéral, même, parfait, pointilleux, précis, puritain, radical, raide, restreint, rigide, rigoriste, rigoureux, sévère, sobre, tatillon

Strictement
purement

Striction
contraction, rétrécissement

Stridence
acuité, sifflement, stridulation

Strident
acéré, aigre, aigu, criard, déchirant, éclatant, perçant, sifflant, sonore, suraigu, tonitruant

Stridulation
bruit, stridence

Strie
cannelure, faille, fêlure, fente, hachure, ligne, raie, rainure, rayon, rayure, ride, sillon, striure, trait, zébrure

Strié
hachuré, rayé, vermiculé, zébré

Strier
hachurer, rayer, vermiculer, zébrer

Strige
vampire

Striure
raie, strie

Strongle
ver

Strontium
Sr

Strophe
couplet, division, stance

Strophe de huit vers
huitain

Strophe de quatre vers
quatrain

Strophe de sept vers
septain

Strophe de six vers
sixain

Strophe de trois vers
tercet

Structure
agencement, architecture, armature, arrangement, bâtiment, canevas, carcasse, charpente, composition, configuration, constitution, construction, contexture, disposition, économie, forme, ordonnance, ordonnancement, ordre, organisation, organisme, ossature, plan, régime, réseau, schème, squelette, texture

Structuré
agencé, arrangé, bâti, charpenté, construit, coordonné, ordonné, organisé

Structure allongée reliant deux organes
pédoncule

Structure d'un réseau
trame

Structure du corps humain
charpente

Structure du vers moderne
mètre

Structure en forme d'épi
spicule

Structure en forme de petit tube
tubule

Structure générale d'un organisme
anatomie

Structurel
formel

Structurer
agencer, arranger, bâtir, charpenter, construire, étager, ordonner, organiser, rythmer

Strudel
pâtisserie

Strume
goitre

Stuc
camelote, stucco

Stucateur
ornemaniste, sculpteur

Stucco
stuc

Studieux
appliqué, assidu, laborieux, sérieux, travailleur

Studio
appartement, atelier, flat, garçonnière, living, logement, plateau

Studio d'habitation de petite surface
studette

Studio, petit appartement
flat

Stupéfaction
ébahissement, stupeur, surprise

Stupéfaire
stupéfier

Stupéfait
abasourdi, ahuri, baba, bleu, coi, confondu,
déconcerté, ébahi, ébaubi, éberlué, effaré,
épaté, époustouflé, estomaqué, étonné,
immobile, interdit, interloqué, médusé,
muet, pantois, scié, sidéré, soufflé, stupéfié,
stupide, suffoqué, surpris

Stupéfié
abasourdi, ahuri, consterné, ébahi, ébaubi,
immobile, stupéfait, stupide

Stupéfier
abasourdir, ahurir, atterrer, confondre,
consterner, ébahir, éberluer, effarer, épater,
époustoufler, estomaquer, étonner, étourdir,
foudroyer, méduser, paralyser, renverser,
scier, sidérer, souffler, stupéfaire, suffoquer,
surprendre

Stupeur
abasourdissement, abattement,
abrutissement, ahurissement,
anéantissement, ébahissement, hébétude,
obnubilation, prostration, saisissement,
stupéfaction, surprise

Stupide
abasourdi, abêti, abruti, absurde, ahuri, âne,
balourd, bête, borné, bourricot, bourrique,
confondu, ébahi, éberlué, hébété, idiot,
imbécile, immobile, inepte, inintelligence,
insensé, interdit, interloqué, lourd, médusé,
niais, nul, obtus, ridicule, sidéré, sot,
stupéfait, stupéfié, suffoqué

Stupidement
bêtement

Stupidité
aberration, absurdité, ânerie, balourdise,
bêtise, bévue, boulette, bourde, crétinerie,
crétinisme, débilité, erreur, faute, folie, gaffe,
idiotie, imbécillité, ineptie, inintelligence,
niaiserie, nullité, sottise

Style
acabit, accent, aiguille, air, allure, apparence,
aspect, cachet, calibre, caractère, catégorie,
classe, dégaine, design, écriture, élégance,
empreinte, esthétique, expression, façon,
facture, forme, genre, goût, langue, main,
manière, mode, ordre, patte, phrase,
plume, poinçon, prose, registre, rhétorique,
sceau, sorte, tige, ton, tonalité, touche, tour,
tournure, type, vigueur

Stylé
raffiné

Style d'improvisation vocale
scat

Style de danse
swing

Style de jazz
bebop

Style de jazz, né à New York
bop

Style de musique
rap

Style élevé et hardi de l'auteur inspiré
lyrisme

Style musical
blues, house, pop, rap, rock

Style musical dont les textes sont parlés
rap

Style ornemental
rococo

Style vocal propre au jazz
scat

Stylet
arme, couteau, dague, poignard, rostre

Stylicien
styliste

Styliser
épurer, figurer, schématiser, simplifier,
symboliser

Stylisme
esthétique

Styliste
créateur, designer, designeur, stylicien

Stylo
feutre, marqueur, plume, surligneur

Stylo à bille
Bic

Stylo à encre grasse
feutre

Stylo le plus vendu dans le monde
Bic

Styptique
astringent

Su
appris, connu, senti

Suaire
linceul

Suant
transpirant

Suave
agréable, céleste, délectable, délicat,
délicieux, doux, enchanteur, exquis, gracieux,
harmonieux, mélodieux, odorant

Suavement
délicieusement, doucement

Suavité
délicatesse, douceur, grâce, velouté

Subalterne
bas, exécutant, inférieur, mineur, moindre,
petit, second, secondaire, subordonné

Subalterne qui endosse les fautes d'un supérieur
lampiste

Subdivisé
désuni, ramifié

Subdiviser
partager, sectionner

Subdivision
division, partie, portion, rameau, ramification, secteur, section

Subdivision d'un ensemble
section

Subdivision d'un lobe
lobule

Subdivision d'une compagnie de soldats
peloton

Subdivision de la police
brigade

Suber
liège

Subir
accepter, écoper, endurer, éprouver, essuyer, passer, pâtir, purger, recevoir, ressentir, souffrir, supporter, vivre, voir

Subir le rouissage
rouir

Subir les inégalités de la route
tressauter

Subir une nouvelle cuisson
recuire

Subir une régression
régresser

Subit
brusque, brutal, foudroyant, fulgurant, immédiat, imprévu, impromptu, inopiné, instantané, prompt, rapide, soudain

Subitement
soudain, subito

Subito
soudain, subitement

Subjectif
arbitraire, individuel, partial, particulier, personnel, relatif, tendancieux

Subjugué
conquis, dominé, ébloui, émerveillé, séduit

Subjuguer
asservir, captiver, charmer, circonvenir, conquérir, dominer, dompter, éblouir, embobiner, émerveiller, emparer, enchaîner, enchanter, ensorceler, entortiller, envahir, envoûter, fasciner, gagner, ravir, séduire, soumettre

Sublime
accompli, admirable, adorable, beau, bel, délicieux, divin, élevé, épatant, éthéré, excellent, extraordinaire, fameux, grand, haut, idyllique, ineffable, magique, merveilleux, noble, parfait, prodigieux, pur, remarquable, splendide, supérieur, transcendant

Sublimer
distiller, élever, ennoblir, gazéifier, idéaliser, magnifier, purifier, spiritualiser, transcender, vaporiser

Sublimité
beauté, hauteur

Submergé
accablé, anéanti, coulé, débordé, inondé, plongé

Submerger
accabler, anéantir, couvrir, déborder, dépasser, écraser, emparer, emporter, engloutir, envahir, inonder, noyer, plonger, surcharger

Submersion
naufrage

Subodoré
senti

Subodorer
deviner, entrevoir, flairer, pressentir, sentir, soupçonner, suspecter

Subordination
esclavage, hiérarchie, obédience, obéissance, servitude, sujétion, vassalité

Subordonné
adjoint, dépendant, employé, inférieur, lié, subalterne, tributaire

Suborné
acheté

Suborner
acheter, acquérir, corrompre, soudoyer

Suborneur
corrupteur, séducteur

Subreptice
faux, furtif, secret, sournois, souterrain

Subséquemment
ainsi, après, ensuite

Subséquent
ultérieur

Subside
aide, allocation, bourse, contribution, don, donation, secours, soutien, subvention

Subsidiaire
accessoire, annexe, secondaire

Subsidier
rémunérer, soutenir, subventionner

Subsistance
denrée, nourriture, pain, pitance

Subsistant
restant

Subsisté
duré, resté

Subsister
conserver, continuer, demeurer, durer, exister, maintenir, perdurer, pérenniser, persister, rester, surnager, survivre, tenir, végéter, vivoter, vivre

Substance
chose, contenu, corps, essence, essentiel, fond, matière, nature, objet, principal, produit, quintessence, réalité, substrat, suc, sujet

Substance accélérant le transit intestinal
laxatif

Substance alimentaire grasse
beurre

Substance alimentaire résultant de la fermentation du caillé sous l'action de la présure sur le lait
fromage

Substance ayant des propriétés analogues, extraite de végétaux divers
camphre

Substance brune très odorante
musc

Substance chimique propre à doper
dopant

Substance chimique qui, ajoutée, augmente l'activité
activeur

Substance chimique semblable aux composés organiques, dans laquelle le carbone est remplacé par le silicium
silicone

Substance colorante de l'organisme
pigment

Substance destinée à relever le goût des aliments
condiment

Substance dont l'injection provoque la synthèse d'anticorps spécifiques
antigène

Substance dont on enduit la semelle des skis
fart

Substance employée dans la préparation des cuirs
tannin

Substance étalée sur une surface
couche

Substance étrangère à l'organisme capable d'entraîner la production d'anticorps
antigène

Substance explosive
dynamite

Substance extraite d'algues marines
gélose

Substance extraite de l'opium
codéine

Substance extraite de la caillette des jeunes ruminants, contenant un enzyme qui fait cailler le lait
présure

Substance extraite de la résine de gaïac
gaïacol

Substance farineuse composée d'amidon
fécule

Substance filiforme
soie

Substance friable dans l'eau
sel

Substance gluante accumulée en bordure des paupières
chassie

Substance grasse comestible
margarine

Substance grasse de couleur jaune
cire

Substance grasse qui forme la gaine de certaines fibres nerveuses
myéline

Substance indispensable à l'organisme
vitamine

Substance liquide qui dissout d'autres substances
solvant

Substance médicamenteuse sous forme de solution
soluté

Substance métallique sulfureuse
matte

Substance minérale à l'épreuve du feu
amiante

Substance minérale fibreuse
asbeste

Substance moelleuse renfermée dans la cavité du crâne
cerveau

Substance molle
moelle

Substance molle du corps de l'homme
chair

Substance mucilagineuse transparente
gomme

Substance noire
suie

Substance odorante extraite de la fève tonka
coumarine

Substance odoriférante
aromate

Substance onctueuse liquide
huile

Substance organique d'origine végétale
tanin

Substance organique du groupe des scléroprotéines
osséine

Substance organique soluble
enzyme

Substance poreuse
éponge

Substance propre à teindre
teinture

Substance protéinique
enzyme

Substance qui constitue le cerveau
cervelle

Substance qui constitue les défenses d'éléphant
ivoire

Substance qui contient le microbe ou le virus affaibli d'une maladie
vaccin

Substance qui endort
somnifère

Substance qui lie entre elles les diverses parties d'un corps solide
gluten

Substance qui purge
purgatif

Substance qui recouvre l'ivoire
cément

Substance qui sert à lier
ciment

Substance riche en calcaire
nacre

Substance sirupeuse et sucrée
miel

Substance soluble dans l'eau
sel

Substance stérile qui entoure un minerai
gangue

Substance toxique des piquants de certaines plantes
venin

Substance utilisée comme succédané du sucre
saccharine

Substance végétale odoriférante
aromate

Substance végétale, composée de pectines, utilisée comme laxatif
mucilage

Substance vitreuse dont on fait des vases
opaline

Substance vitreuse fondue à chaud
émail

Substance, teneur
contenu

Substantiel
coquet, important, joli, nutritif, réel, riche, rondelet, sensible, sérieux, signalé

Substantiellement
sensiblement

Substantif
nom

Substantif verbal
supin

Substituer
permuter, remplacer, troquer

Substitut
ersatz, remplaçant, représentant, succédané, suppléant, synonyme

Substitution
changement, commutation, échange, permutation, remplacement

Substrat
essence, fond, substance, support

Subsumer
enclore

Subterfuge
artifice, attrape, détour, feinte, moyen, piège, prétexte, ruse, tour

Subtil
abstrait, adroit, affûté, aigu, aiguisé, alambiqué, astucieux, clairvoyant, compliqué, délicat, délié, difficile, diplomate, fertile, fin, futé, habile, imperceptible, ingénieux, léger, malin, pénétrant, perspicace, quintessencié, raffiné, roué, rusé, sagace, sophistiqué, spirituel, ténu, vif

Subtilement
délicatement, finement

Subtilisé
enlevé

Subtiliser
chaparder, dérober, escamoter, prendre, rafler, ravir, voler

Subtilité
adresse, argutie, artifice, casuistique, complication, délicatesse, difficulté, finasserie, finesse, habileté, ingéniosité, intelligence, nuance, perspicacité, préciosité, raffinement, ruse, ténuité

Subvenir
fournir, pourvoir, satisfaire, subventionner, suffire

Subvention
aide, allocation, bourse, contribution, don, donation, encouragement, financement, prime, secours, soutien, subside

Subventionner
financer, payer, soutenir, subsidier, subvenir

Subversif
anarchiste, contestataire, décapant, destructeur, pernicieux, rebelle, révolutionnaire, séditieux

Subversion
bouleversement, contestation, sédition

Subvertir
défaire, démolir

Suc
eau, ferment, jus, liquide, quintessence, sève, substance

Suc de certains fruits
eau

Suc de fruit
rob

Succédané
ersatz, remplacement, substitut

Succédané de crabe
surimi

Succédané du sucre
saccharine

Succédé
alterné

Succéder
alterner, défiler, passer, relayer, relever, remplacer, suivre

Succéder à
remplacer

Succès
bonheur, célébrité, cote, exploit, fortune, gain, gloire, mode, percée, performance, prospérité, prouesse, record, réussite, tabac, triomphe, tube, victoire, vogue

Successeur
héritier

Successeur, imitateur
épigone

Successeurs
postérité

Succession
alternance, cascade, chaîne, chapelet, chronologie, cortège, cours, course, défilé, déroulement, échelle, enchaînement, enfilade, énumération, fil, file, filiation, gamme, hérédité, héritage, kyrielle, legs, liaison, mutation, ordre, partage, procession, rang, rangée, relève, remplacement, ribambelle, rotation, roulement, série, suite, train

Succession de contractions rythmées d'un muscle
clonus

Succession de souverains de la même famille
dynastie

Succession rapide
carrousel

Successivement
après

Succinct
abrégé, bref, concis, condensé, court, elliptique, laconique, lapidaire, léger, maigre, modeste, petit, précis, prompt, ramassé, rapide, résumé, rudimentaire, schématique, sommaire, superficiel

Succion
aspiration

Succombé
décédé

Succombe à un désir
craque

Succomber
agoniser, décéder, disparaître, expirer, mourir, périr, tomber

Succube
démon, démone, diablesse

Succulence
délicatesse

Succulent
affable, agréable, bon, délectable, délicat, délicieux, doux, excellent, exquis, fameux, savoureux

Succursale
agence, annexe, antenne, comptoir, dépendance, filiale

Suce
tétine

Sucer
absorber, aspirer, boire, lécher, manger, pomper, suçoter, téter

Sucette
suçon, tétine

Suceur de sang
vampire

Suçoir
trompe

Suçon
bleu, bonbon, sucette

Suçoter
lécher, sucer, téter

Sucrage
édulcoration

Sucre
édulcorant, saccharose

Sucré
chaptalisé, doucereux, doux, édulcoré, hypocrite, melliflu, miellé, mielleux, mièvre, onctueux, patelin, sirupeux

Sucre brut en morceaux
casson

Sucre le plus répandu dans la nature sous forme libre
glucose

Sucre qui n'a été raffiné qu'une fois
cassonade

Sucre roux
cassonade

Sucrer
adoucir, chaptaliser, édulcorer

Sucrerie
bonbon, chatterie, confiserie, douceur, friandise, gâterie, gourmandise

Sucrette
saccharine

Sucrier
saupoudreuse

Sud
austral, méridional, midi

Sud-ouest
SO

Sudation
sueur, transpiration

Sudiste
Lee, sécessionniste

Sudoral
sudorifère, sudoripare

Sudorifère
sudoral

Sudoripare
sudoral

Sué
coulé

Suède
suédine

Suédine
suède

Suée
peur, sueur, transpiration

Suer
ahaner, besogner, dégouliner, dégoutter, distiller, échiner, exhaler, exsuder, peiner, respirer, ruisseler, sécréter, sentir, suinter, transpirer

Suer à nouveau
ressuer

Sueur
perspiration, sudation, suée, transpiration

Suffire
aller, contenter, convenir, satisfaire, subvenir

Suffisamment
assez

Suffisance
fatuité, fierté, gloriole, insolence, morgue, orgueil, présomption, prétention, vanité

Suffisant
acceptable, admissible, altier, arrogant, assez, avantageux, convenable, correct, cuistre, décent, fat, fier, glorieux, honnête, honorable, immodeste, important, infatué, outrecuidant, passable, pédant, poseur, prétentieux, puant, raisonnable, satisfaisant, satisfait, supérieur, vain, vainqueur, vaniteux

Suffixe
affixe, ite, particule

Suffocant
accablant, ahurissant, asphyxiant, confondant, éberluant, écrasant, effarant, époustouflant, estomaquant, étonnant irritant, étouffant, médusant, oppressant, pantelant, renversant, sidérant, soufflant, stupéfiant, toxique

Suffocation
ahurissant, asphyxie, oppression, stupéfiant

Suffocation due à la colère, à la rage
pâmoison

Suffoqué
abasourdi, étonné, étouffé, outré, pantois, stupéfait, stupide, surpris

Suffoquer
abasourdir, asphyxier, estomaquer, étonner, étouffer, oppresser, pétrifier, renverser, respirer, scandaliser, scier, sidérer, souffler, stupéfier, surprendre

Suffrage
acceptation, acquiescement, adhésion, approbation, assentiment, avis, plébiscite, scrutin, voix, vote

Suffrage, dans une élection
vote

Suffragette
féministe

Suggéré
dicté, soufflé

Suggérer
avancer, conseiller, dicter, évoquer, hasarder, insinuer, inspirer, proposer, rappeler, recommander, souffler

Suggestion
association, conseil, indication, influence, proposition, recommandation, voix

Suggestionner
manipuler

Suicidaire
kamikaze

Suicide
autodestruction, autolyse, kamikaze

Suicide par incision du ventre
seppuku

Suicide rituel, au Japon
seppuku

Suicider (Se)
détruire, supprimer, tuer

Suif
graisse

Suiffer
graisser, lubrifier

Suiffeux
graisseux

Suintant
humide, trempé

Suinté
coulé

Suinter
couler, dégoutter, distiller, échapper, écouler,
exsuder, filtrer, perler, pleurer, ressuer,
ruisseler, sécréter, sourdre, suer, transpirer,
transsuder

Suinter de nouveau
ressuer

Suisse
bedeau, écureuil, helvète, tamia

Suite
accompagnement, alternance, cascade,
chaîne, chapelet, cohérence, conséquence,
continuation, contrecoup, cortège,
cour, cours, cycle, défilé, déroulement,
développement, échelle, effet, enchaînement,
enfilade, équipage, escorte, fil, file, filiation,
gamme, gens, implication, incidence, kyrielle,
lendemain, liaison, lien, ordre, poursuite,
procession, produit, prolongement, rang,
rangée, régiment, reliquat, répercussion,
reste, résultat, retombée, ribambelle,
séquelle, séquence, série, succession, train

Suite complexe de transformations
alchimie

Suite d'anneaux entrelacés
chaîne

Suite d'arbres fruitiers
espalier

Suite d'aventures
épopée

Suite d'éléments
tissu

Suite de bruits violents
pétarade

Suite de cinq cartes de même couleur
quinte

Suite de détonations
pétarade

Suite de détours d'un cours d'eau
méandre

Suite de mots
liste

Suite de personnes
cortège

Suite de sons modulés émis par la voix
chant

Suite de souverains d'une même lignée
dynastie

Suite interminable
kyrielle

Suite musicale accompagnant un ballet
ballet

Suite ordonnée d'éléments
séquence

Suites
bilan

Suivant
futur, postérieur, prochain, selon, ultérieur

Suiveur
copieur, épigone, imitateur, mouton, suiveux

Suiveux
suiveur

Suivi
accompagné, adopté, assidu, cohérent,
constant, continu, contrôle, incessant,
ininterrompu, logique, ordonné, poursuivi,
régulier, soutenu, surveillance, talonné

Suivisme
copie, imitation, soumission

Suiviste
conformiste

Suivre
accompagner, accomplir, adhérer, adopter,
border, coller, comprendre, côtoyer,
descendre, écouter, embrasser, emprunter,
ensuivre, entraver, épier, épouser, escorter,
filer, imiter, longer, obéir, observer, parcourir,
pister, pourchasser, poursuivre, prendre,
regarder, remonter, remplir, respecter,
soutenir, succéder, surveiller, talonner,
traquer

Sujet
affaire, argument, article, cause, champ,
citoyen, discipline, domaine, dossier, enclin,
esprit, fait, fond, fondement, gouverné,
habitant, idée, inférieur, malade, matière,
mobile, modèle, motif, objet, patient,
personne, point, pourquoi, problème, propos,
question, raison, ressortissant, science,
source, substance, teneur, terrain, thème,
vassal

Sujet à des accès de mauvaise humeur
quinteux

Sujet à oublier
oublieux

Sujet à pécher
peccable

Sujet d'étude
question

Sujet de contrariété
désagrément

Sujet féminin
elle

Sujet non musulman de l'Empire ottoman
raïa

Sujétion
asservissement, assujettissement, captivité,
chaîne, contrainte, dépendance, esclavage,
gêne, incommodité, joug, obédience,
obéissance, oppression, servitude,
soumission, subordination

Sulfate
couperose, vitriol

Sulfate basique d'aluminium et de potassium
alunite

Sulfate de magnésium hydraté
epsomite

Sulfate double
alun

Sulfate double de potassium et d'aluminium
alun

Sulfate naturel de zinc
blende

Sulfure jaune d'arsenic utilisé en peinture
orpiment

Sulfure naturel de plomb
galène

Sultan
altesse, padischah

Sumac
amarante

Summum
apogée, comble, faîte, maximum, paroxysme,
perfection, sommet, zénith

Super
énorme, épatant, étonnant, extra,
extraordinaire, formidable, génial,
supercarburant, terrible

Super-préfet
igame

Superbe
admirable, arrogance, arrogant, beau,
bel, brillant, canon, dédaigneux, dédain,
excellent, fantastique, fier, fierté, glorieux,
hauteur, imposant, insolence, magistral,
magnifique, mépris, merveilleux, morgue,
orgueil, orgueilleux, présomption, princier,
ravissant, remarquable, somptueux,
splendide

Supercarburant
super

Supercherie
attrape, duperie, fraude, imposture, leurre,
mascarade, tour, tricherie, tromperie

Supérette
magasin

Superfétatoire
accessoire, inutile, superflu

Superficialité
futilité

Superficie
aire, dimension, espace, étendue, surface

Superficiel
affecté, apparent, bénin, creux, cutané,
évaporé, extérieur, frivole, futile, incomplet,
inconsistant, insouciant, léger, limité, oiseux,
petit, puéril, rudimentaire, sommaire, succint,
vain, vide

Superfin
surfin

Superflu
accessoire, inutile, luxe, oiseux, parasite,
redondant, superfétatoire, surabondant, vain

Superfluité
luxe

Supérieur
abbesse, arrogant, chef, condescendant,
culminant, dédaigneux, directeur,
dirigeant, distingué, dominant, éclatant,
élevé, émérite, éminent, encadrement,
excellent, exceptionnel, extra, fameux,
fier, fin, grand, haut, hautain, hiérarchie,
incomparable, magistral, meilleur, patron,
plafond, possédant, prééminent, premier,
prépondérant, prétentieux, prieur, recteur,
signalé, souverain, sublime, suffisant,
suprême, unique

Supérieur d'une abbaye
abbé

**Supérieur de certaines communautés
religieuses**
prieur

Supérieur par le rang
major

Supérieure d'une communauté religieuse
mère

Supériorité
autorité, avantage, éminence, hauteur,
hégémonie, primauté, suprématie

Superlatif
suprême

Supermarché
épicerie, magasin

Superposable
égal

Superposer
accumuler, amonceler, empiler, entasser,
étager

Superposer par lits
liter

Superposition
application, empilage, tas

Superpuissance
géant

Supervisé
encadré

Superviser
coiffer, encadrer, inspecter

Supplantation
éviction

Supplanter
déposséder, détrôner, éclipser, éliminer, évincer, remplacer

Suppléance
intérim

Suppléant
adjoint, assesseur, intérimaire, remplaçant, substitut

Suppléer
combler, compenser, compléter, contrebalancer, corriger, pallier, racheter, remplacer, réparer

Supplément
accroissement, addenda, additif, addition, ajout, annexe, appendice, appoint, bonus, complément, différence, excédent, extra, plus, rabiot, rallonge, renfort, surcroît, surplus

Supplément de torsion qu'on fait subir au fil
surfilage

Supplémentaire
accessoire, annexe

Suppliant
pressant

Supplication
obsécration, prière

Supplice
affres, angoisse, calvaire, châtiment, douleur, exécution, géhenne, mal, martyre, peine, question, sévices, souffrance, torture, tourment

Supplice de la question pour arracher des aveux aux criminels
géhenne

Supplice du feu
autodafé

Supplice, grande souffrance
martyre

Supplicier
crucifier, torturer, tourmenter

Supplicier en fixant sur une croix
crucifier

Supplier
adjurer, conjurer, demander, implorer, prier

Supplique
demande, prière, requête

Support
armature, assise, base, béquille, cintre, colonne, contribution, essieu, étai, matériau, pied, piédestal, pilier, pivot, poutre, présentoir, protecteur, pylône, socle, soubassement, soutien, substrat, véhicule

Support à trois pieds
trépied

Support allongé et grêle
pédicule

Support contenant une burette pour l'huile et une autre pour le vinaigre
huilier

Support d'information
disque

Support d'une ampoule électrique
douille

Support d'une dent artificielle
pivot

Support formé d'une barre horizontale
tréteau

Support où perchent les oiseaux
perchoir

Support souple d'un matelas de lit
sommier

Supportable
admissible, buvable, passable, possible, tenable, tolérable, vivable

Supporté
entouré, éprouvé, retenu

Supporte la tête
cou

Supporter
accepter, admettre, assumer, avaler, digérer, encaisser, endosser, endurer, éprouver, étayer, excuser, maintenir, pardonner, partisan, passer, pâtir, porter, résister, retenir, souffrir, soutenir, subir, tolérer, vivre, vouloir

Supposé
apparent, censé, faux, fictif, hypothétique, présumé, prétendu, pseudo, putatif

Supposer
admettre, attribuer, concevoir, conjecturer, croire, exiger, imaginer, impliquer, induire, inventer, nécessiter, penser, poser, postuler, présumer, prêter, réclamer, soupçonner, supputer, suspecter

Supposer, parier
gager

Supposition
conjecture, hypothèse, présomption, prévision

Suppôt
agent, complice, employé, fauteur, partisan, séide, serviteur

Suppression
abolition, abrogation, annulation, arrêt, coupure, destruction, levée, prescription, privation, radiation, rature, retrait

Suppression de toutes marques distinctives
banalisation

Supprimé
abrogé, annulé, détruit, enlevé, étouffé, évité, résorbé, retranché

Supprimer
abattre, ablater, abolir, abroger, amputer, anéantir, annihiler, annuler, aplanir, arrêter, assassiner, balayer, bannir, barrer, biffer, briser, casser, censurer, chasser, couper, déléaturer, démolir, détruire, dissiper, écarter, effacer, élaguer, éliminer, empêcher, enlever, éradiquer, escamoter, éteindre, étouffer, éviter, exclure, fusiller, gommer, inhiber, lapider, lever, liquider, ôter, oublier, prescrire, radier, rayer, résorber, retirer, retrancher, sabrer, suicider, taire, tuer

Supprimer l'humidité contenue dans un corps
dessécher

Supprimer la taxe
détaxer

Suppuré
coulé

Suppurer
abcéder

Supputation
calcul

Supputer
calculer, conjecturer, estimer, évaluer, examiner, imaginer, jauger, mesurer, soupeser, supposer

Supra
avant

Suprématie
ascendant, autorité, domination, hégémonie, maîtrise, omnipotence, prédominance, prééminence, prépondérance, primauté, règne, supériorité

Suprématie d'un peuple
hégémonie

Suprématie de fait
primauté

Suprême
absolu, accompli, capital, dernier, désespéré, divin, extrême, filet, final, grand, magistral, parfait, purée, souverain, supérieur, superlatif, terminal, ultime

Suprêmement
énormément

Sur
acerbe, acescent, acide, acidulé, âcre, aigre, aigrelet, concernant, contre, derrière, dessus, entre, parmi, suret, suri, tourné, vers

Sûr
assuré, attesté, authentique, avéré, bon, certain, confiant, convaincu, dévoué, efficace, éprouvé, établi, évident, exact, fatal, ferme, fiable, fidèle, formel, indéfectible, loyal, officiel, positif, précis, radical, sérieux, solide, souverain, véritable, vrai

Sur la boussole
ENE, ESE, est, NE, NNE, NNO, NO, nord, ONO, OSO, ouest, SE, SO, SSE, SSO, sud

Sur la croix de Jésus
INRI

Sur lequel il est difficile de marcher
raboteux

Sur lequel on peut skier
skiable

Sur ses gardes (Aux)
aguets

Sur ses pieds
debout

Sur un chantier, baraque qui fait office de bureau
guérite

Sur un timbre grave
gravement

Surabondamment
immodérément, trop

Surabondance
débauche, débordement, déluge, excès, exubérance, flux, foisonnement, infinité, luxuriance, mer, pléthore, prodigalité, profusion, redondance, saturation, surcharge, surproduction

Surabondant
abusif, excessif, luxuriant, redondant, superflu

Surabonder
foisonner

Suraigu
aigu, criard, perçant, strident

Surajouté
postiche

Suranné
ancien, antédiluvien, antique, archaïque, arriéré, attardé, caduc, démodé, dépassé, désuet, fossile, gothique, inactuel, obsolète, périmé, rétrograde, rococo, vieilli, vieillot, vieux

Surcharge
accroissement, correction, débauche, débordement, excédent, excès, fardeau,

rajout, rature, surabondance, surcroît,
rajout, rature, surabondance, surcroît,
surplus

Surchargé
abusé, accablé, accru, affairé, alourdi,
bondé, bourré, chargé, comble, complet,
débordé, écrasé, farci, grevé, lourd,
pléthorique, ponctionné, raturé, rempli,
surimposé, surtaxé, tarabiscoté

Surchargeant
alourdissant

Surcharger
abuser, accabler, accroître, ajouter, alourdir,
bourrer, charger, écraser, farcir, grever,
ponctionner, raturer, remplir, submerger,
surimposer, surtaxer

Surchauffé
surexcité, survolté

Surchauffer
surexciter, survolter

Surclassé
écrasé

Surclasser
distancer, éclipser, écraser, surpasser

Surcroît
accroissement, augmentation, excédent,
supplément, surcharge, surplus

Surdité
hypoacousie

Surdosage
overdose

Surdose
overdose

Surdoué
aigle, crack, phénix, précoce, prodige

Sureau
hièble

Surélévation
altitude, rehaussement

Surélevé
accru, agrandi

Surélever
agrandir, élever, ennoblir, exhausser, hausser,
monter, rehausser, remonter, surhausser

Surelle
oseille

Sûrement
assurément, certainement, certes,
fatalement, forcément, immanquablement,
inévitablement, infailliblement,
obligatoirement, oui

Surenchère
offre, suroffre

Surenchérir
relancer

Surestimé
abusé, amplifié, exagéré, gonflé, majoré,
surévalué, surfait

Surestimer
abuser, amplifier, exagérer, gonfler, majorer,
surfaire

Suret
acide, acidulé, aigre, aigrelet, sur

Sûreté
acuité, adresse, agilité, assurance, caution,
clairvoyance, dextérité, efficacité, fermeté,
fiabilité, gage, garant, garantie, habileté,
justesse, lucidité, ordre, précision, protection,
sécurité

Sûreté du Québec
SQ

Surévalué
surestimé, surfait

Surévaluer
surfaire

Surexcitation
acclamation, agitation, euphorie, fébrilité,
fièvre, nervosité

Surexcité
agité, augmenté, déchaîné, délirant,
échauffé, effervescent, énervé, enfiévré,
enflammé, enragé, exalté, excité, fiévreux,
frénétique, stimulé, surchauffé, survolté,
transporté, trépidant

Surexciter
augmenter, déchaîner, échauffer, électriser,
énerver, enfiévrer, enflammer, exalter, exciter,
incendier, irriter, stimuler, surchauffer,
survolter, transporter

Surface
aire, apparence, dehors, dimension, espace,
étendue, extérieur, façade, face, plan,
superficie

Surface convexe et extérieure d'une voûte
extrados

Surface couverte de gazon
pelouse

Surface couverte de plantes herbacées
prairie

Surface d'érosion, en pente
glacis

Surface de terre
sol

Surface décorative pyramidée
gable

**Surface divisée et graduée de certains
appareils**
cadran

Surface extérieure d'un volume
périphérie

Surface latérale d'un piston
jupe

Surface très glissante
patinoire

Surfaire
amplifier, exagérer, gonfler, majorer, surestimer, surévaluer

Surfait
exagéré, outré, surestimé, surévalué

Surfer
naviguer

Surfeur
planchiste

Surfil
surfilage

Surfilage
couture, surfil

Surfilé
cousu

Surfin
superfin

Surgeler
congeler, frigorifier, geler

Surgeon
pousse, rejeton

Surgi
advenu, coulé, sorti

Surgir
advenir, apparaître, bondir, déboucher, débouler, développer, éclore, élever, émerger, jaillir, manifester, montrer, naître, paraître, percer, poindre, pointer, présenter, produire, sortir, sourdre, survenir, venir

Surgir de nouveau
ressurgir, resurgir

Surgissement
éclosion, venue

Surhaussé
accru

Surhausser
accroître, agrandir, élever, hausser, monter, rehausser, remonter, surélever

Surhomme
géant, héros, titan

Surhumain
excessif, surnaturel, surréel, titanesque

Suri
aigre, aigri, sur

Surimposé
surchargé

Surimposer
surcharger, surtaxer

Surin
couteau, poignard

Suriner
poignarder

Surir
aigrir, tourner

Surligneur
feutre, stylo

Surmenage
dépression, épuisement, fatigue, harassement

Surmenant
harassant

Surmené
fatigué, harassé

Surmener
abrutir, épuiser, éreinter, exténuer, fatiguer, forcer, harasser

Surmonté
dominé

Surmonter
coiffer, contenir, contrôler, couronner, dominer, dompter, endormir, franchir, maîtriser, ravaler, surplomber, vaincre

Surmulet
rouget

Surnager
flotter, maintenir, nager, rester, subsister, survivre

Surnaturel
céleste, divin, extraordinaire, fabuleux, fantastique, féerique, irréel, magique, merveilleux, miraculeux, prodigieux, surhumain

Surnom
mimi, nom, pseudonyme, sobriquet

Surnom donné à l'équipe de hockey de Montréal
CH, Glorieux, Habs, Tricolore

Surnom donné aux Canadiens de Montréal
CH, Glorieux, Habs, Tricolore

Surnom familier
sobriquet

Surnombre
excédentaire, surnuméraire

Surnommé
dit

Surnommer
affubler, appeler, baptiser, qualifier

Surnuméraire
employé, excédentaire, surnombre

Suroffre
surenchère

Suros
exostose

Surpassé
dominé, écrasé

Surpasser
battre, dépasser, devancer, distancer, dominer, éclipser, écraser, effacer, enfoncer, excéder, passer, surclasser

Surpeuplé
populeux

Surplis
vêtement

Surplombé
débordé, dominé

Surplomber
avancer, culminer, déborder, dépasser, dominer, surmonter

Surplus
accroissement, ajout, augmentation, complément, excédent, excès, pléthore, rab, rabiot, rallonge, reliquat, restant, reste, supplément, surcharge, surcroît, surproduction

Surplus de marchandises
débord

Surprenant
admirable, ahurissant, anormal, bizarre, curieux, déconcertant, drôle, époustouflant, étonnant, étourdissant, étrange, frappant, inattendu, incroyable, inopiné, inouï, insolite, inusité, prodigieux, remarquable, signalé, singulier, spectaculaire, stupéfiant, troublant

Surprendre
ahurir, apercevoir, attraper, capter, circonvenir, coincer, déceler, décevoir, déconcerter, découvrir, dérober, discerner, duper, ébahir, ébouriffer, épater, estomaquer, étonner, intercepter, intriguer, pincer, piquer, prendre, remarquer, renverser, saisir, scier, souffler, stupéfier, suffoquer, tromper, voir

Surprendre, déranger
décoiffer

Surpris
abasourdi, ahuri, déconcerté, décontenancé, désorienté, ébahi, ébaubi, épaté, estomaqué, étonné, frappé, renversé, saisi, scié, sidéré, soufflé, stupéfait, suffoqué

Surprise
cadeau, consternation, ébahissement, épatement, étonnement, imprévu, impromptu, inattendu, présent, sensation, stupéfaction, stupeur

Surprise-partie
boum, sauterie

Surproduction
surabondance, surplus

Surprotéger
couver, materner

Surréaliste
surréel

Surréel
surhumain, surréaliste

Sursaut
bond, effort, frisson, réaction, saut, soubresaut, tentative, tressaillement, tressautement

Sursauter
bondir, réagir, sauter, tressaillir, tressauter

Surseoir
ajourner, différer, reculer, remettre, reporter, retarder, suspendre

Sursis
ajournement, délai, marge, moratoire, remise, répit, report, retardé, temps

Surtaxé
surchargé

Surtaxer
surcharger, surimposer

Surtout
avant, charrette, davantage, notamment, particulièrement, principalement, singulièrement, spécialement

Surveillance
attention, conduite, contrôle, défense, direction, espionnage, faction, garde, guet, inspection, observation, protection, sécurité, suivi, tutelle, veille, vigie, vigilance

Surveillance attentive
vigilance

Surveillance collective de jeunes enfants
garderie

Surveillance exercée de nuit par la police
guet

Surveillant
argus, garde, gardien, geôlier, guetteur, pion, vigile

Surveillant vigilant, espion
argus

Surveillé
épié

Surveiller
accompagner, contrôler, épier, espionner, garder, guetter, inspecter, observer, protéger, suivre

Surveiller quelqu'un
veiller

Survenance
arrivée

Survenir
advenir, affluer, apparaître, arriver, déclarer, intervenir, manifester, poindre, présenter, produire, surgir, venir

Survenu
advenu

Survêtement à larges manches
casaque

Survie
maintien

Survivant
miraculé, réchappé, rescapé, restant

Survivre
conserver, demeurer, durer, maintenir,
persister, réchapper, résister, rester, subsister,
surnager, tenir, végéter, vivoter

Survol
examen, parcours

Survoler
effleurer, examiner, feuilleter, lire, parcourir,
planer, regarder

Survolté
agité, déchaîné, électrisé, énervé, enflammé,
exalté, galvanisé, surchauffé, surexcité

Survolter
déchaîner, électriser, enflammer, exalter,
galvaniser, surchauffer, surexciter, transporter

Susceptible
acariâtre, chatouilleux, colérique, délicat,
irritable, ombrageux, prompt, sensible

Susceptible de fondre
fusible

**Susceptible de recevoir impressions,
influences...**
réceptif

Susceptible de subir l'ablation
ablatif

Susceptible de tomber
labile

Suscitateur
fauteur

Suscité
allumé, amené, donné, excité

Susciter
allumer, amener, animer, appeler, apporter,
attirer, catalyser, causer, créer, déchaîner,
déclencher, déterminer, donner, engendrer,
entraîner, éveiller, évoquer, exciter, faire,
fomenter, imposer, inspirer, motiver,
occasionner, opérer, procurer, produire,
provoquer, soulever, valoir

Susciter l'indignation
scandaliser

Susciter la pitié
apitoyer

Susciter un sentiment néfaste
fomenter

Susdénommé
susdit

Susdit
susdénommé, susmentionné

Susmentionné
susdit

Suspect
douteux, équivoque, interlope, louche,
trouble, véreux

Suspecter
conjecturer, deviner, douter, entrevoir, flairer,
incriminer, pressentir, présumer, soupçonner,
subodorer, supposer

Suspendre
abandonner, accrocher, ajourner, appendre,
arrêter, attacher, bloquer, cesser, couper,
dégrader, démettre, destituer, différer,
discontinuer, enrayer, fermer, fixer, geler,
interdire, interrompre, lever, pendre, reculer,
remettre, renvoyer, reporter, repousser,
réserver, retarder, stopper, surseoir

Suspendre son travail
chômer

Suspendu
abandonné, accroché, irrésolu, pendu,
renvoyé, retardé

Suspens (En)
flottant, hésitant, inachevé, incertain, indécis,
interrompu, irrésolu, perplexe, suspendu,
suspense

Suspense
suspens

Suspension
abandon, amortisseurs, arrêt, cessation,
délai, discontinuation, fixation, gel,
interruption, lampe, levée, lustre, moratoire,
pause, plafonnier, relâche, repos, ressort,
trêve, vacances

Suspension de la respiration
apnée

Suspente
hauban

Suspicieux
méfiant, soupçonneux

Suspicion
défiance, doute, méfiance, présomption,
soupçon

Sustenter
alimenter, nourrir, soutenir

Sustenter (Se)
manger, restaurer

Susurré
soufflé

Susurrement
murmure

Susurrer
chuchoter, murmurer, roucouler, souffler

Suture
couture, jointure, jonction

Suturer
coudre, recoudre

Suzerain
seigneur

Svelte
délié, effilé, élancé, élégant, fin, fuselé, léger, longiligne, mince

Sveltesse
élégance, finesse, gracilité, minceur, ténuité

Sweater
cardigan, chandail, gilet, tricot

Swing
rythme

Swinguer
bouger, chauffer

Sybarite
jouisseur

Sybaritisme
viveur, volupté

Sycophante
cafard, délateur

Syllabaire
abc, abécédaire

Syllabe rythmique utilisée en chanson
tralala

Syllogisme
raisonnement

Sylphe
elfe, esprit, génie, sylphide

Sylphide
sylphe

Sylvain
faune

Sylve
bois

Sylvestre
forestier

Sylvicole
forestier

Sylviculteur
paysan

Symbiose
accord, association, commensalisme, entente, harmonie, mutualisme, union

Symbole
allégorie, archétype, attribut, caractère, chevron, chiffre, effigie, emblème, figure, image, incarnation, insigne, logo, marque, nombre, notation, personnification, représentation, signe, trait, type

Symbole de l'unité de mesure décacoulomb
daC

Symbole de l'unité de mesure exacoulomb
EC

Symbole de l'unité de mesure nanonewton
nN

Symbole de la gastronomie
toque

Symbole de la ville de Québec
Frontenac

Symbole des apôtres
credo

Symbole du désir
Éros

Symbole formé d'un ensemble de signes graphiques
logo

Symbole graphique
icône

Symbolique
figuratif

Symboliser
désigner, évoquer, exprimer, figurer, incarner, qualifier, représenter, styliser

Symétrie
balancement, concordance, correspondance, équilibre, harmonie, opposition, proportion, régularité, ressemblance

Symétrique
opposé, pendant, régulier

Sympa
gentil

Sympathie
accord, affection, affinité, amitié, attachement, attirance, attraction, attrait, bienveillance, compassion, complaisance, condoléances, conformité, convenance, cordialité, écho, faible, faveur, fraternité, harmonie, inclination, intérêt, penchant, pitié, popularité, sensibilité, tendresse, unisson

Sympathie pour les étrangers
xénophilie

Sympathique
affable, agréable, aimable, amical, avenant, charmant, cordial, engageant, favorable, fraternel, gentil, gracieux, invisible, plaisant

Sympathisant
adepte, tenant

Symphonie
chœur, harmonie, musique

Symposium
carrefour, colloque, conférence, congrès, forum, réunion, séminaire

Symptomatique
significatif

Symptomatique du rhume
enrhumé

Symptôme
indication, indice, manifestation, marque, présage, preuve, signe, stigmate

Synagogue
temple

Synallagmatique
bilatéral

Synchrone
simultané

Synchronique
simultané

Synchronisation
accord, coordination

Syncope
défaillance, éblouissement, étourdissement,
évanouissement, faiblesse, malaise,
pâmoison

Syndic
gérant, liquidateur, mandataire, représentant

Syndicat
association, consortium, coopérative,
coordination, fédération, groupement, union

Syndiqué
associé

Syndrome
maladie

Synergie
association, combinaison, conjugaison

Synode
concile

Synonyme
équivalent, substitut

Synonymie
équivalence, homologie

Synopsis
abrégé, argument, canevas, guide, intrigue,
maquette, mémento, plan, résumé, scénario,
trame

Synoptique
général

Syntacticien
puriste

Synthèse
abrégé, alliance, association, combinaison,
composition, conclusion, déduction,
enseignement, généralisation, jonction,
mariage, raisonnement, reconstitution,
résumé, réunion, traduction

Synthétique
artificiel

Synthétiser
récapituler, résumer

Synthoniseur
récepteur

Syrinx
nymphe

Systématique
dogmatique, logique, organisé, réglé, régulier

Systématiquement
toujours

Systématisé
coordonné

Systématiser
normaliser, réglementer

Système
appareil, astuce, combinaison, construction,
dispositif, doctrine, école, filon, formule,
gouvernement, idée, idéologie, manière,
mécanisme, méthode, moyen, pensée, plan,
procédé, recette, régime, théorie, thèse

Système d'allumage d'un moteur à explosion
allumeur, delco

**Système d'articulation permettant de garder un
corps dans une position invariable**
cardan

Système de détection
radar

Système de fermeture
verrou

Système de fossés d'effondrement
rift

Système de glisseurs
torseur

Système de localisation
GPS

Système de représentation
notation

Système de suspension
cardan

Système de télécopie
fax

Système de télévision en couleurs
SECAM

Système des lois relatives aux impôts
fiscalité

Système informatique à accès facile
convivial

Système installé dans un four pour griller
grilloir

**Système linguistique mixte limité à quelques
règles**
sabir

**Système moral ou religieux tendant à limiter
les interdictions**
laxisme

Système optique
objectif

Système pileux
pilosité

Système, enseignement
doctrine

T

Ta
tantale

Tabac
acclamation, marron, perlot, pétun, succès, trèfle

Tabac à fumer
caporal

Tabac à mâcher
chique

Tabac d'origine brésilienne
pétun

Tabac mêlé de chanvre indien
kif

Tabacomanie
tabagisme

Tabagie
pharmacie

Tabagisme
nicotinisme, tabacomanie

Tabasser
battre, boxer, rosser, rouer

Tabatière
lucarne

Tabellion
greffier, notaire

Tabla
timbale

Tablar
étagère

Tablard
étagère

Table
banc, barème, bibliographie, bureau, catalogue, comptoir, console, crédence, cuisine, desserte, énumération, établi, étal, gastronomie, guéridon, index, inventaire, liste, meuble, plan, plaque, plateau, pupitre, répertoire, restaurant, sommaire, tableau, tablette, tablier

Table commune des officiers
popote

Table consacrée
autel

Table creusée en bassin
évier

Table de boucher
étal

Table de pressoir
maie

Table de travail de boucher
étal

Table de travail des menuisiers
établi

Table des tarifs
barème

Table où l'on célèbre la messe
autel

Table où sont servis les mets dans une réception
buffet

Table ronde munie d'un seul pied central
guéridon

Tableau
analyse, ardoise, babillard, barème, cadre, description, diptyque, énumération, état, figure, fresque, graphique, image, inventaire, miroir, peinture, portrait, récit, relevé, répertoire, représentation, retable, scène, spectacle, table, tarif, toile, triptyque, vision, vue

Tabler
escompter, espérer

Tables
annales

Tabletier
ébéniste

Tablette
ais, degré, étagère, pastille, planche, planchette, plaque, plaquette, rayon, rayonnage, table, tirette

Tablette à calculer
abaque

Tablette de métaldéhyde
méta

Tablette de rangement
rayon

Tablette ou jeton
tessère

Tablette sur laquelle on écrit ou dessine
ardoise

Tablier
blouse, damier, devantier, échiquier, épiploon, étal, plateforme, protection, rideau, sarrau, serpillière, table, trappe

Tabloïd
quotidien

Tabou
brûlant, interdit, intouchable, inviolable, prohibé, sacré

Tabouer
tabouiser

Tabouiser
interdire, tabouer

Tabouret
escabeau, siège

Tac
interjection

Tache
accroc, albugo, altération, auréole, bavure, déshonneur, ecchymose, éclaboussure, flétrissure, goutte, macule, madrure, maille, maillure, marque, meurtrissure, moucheture, nævus, noir, panachure, péché, pétéchie, piqûre, rougeur, saleté, salissure, souillure, tacheture, talure, tare, taveluure, tiqueture, trace

Tâche
activité, besogne, boulot, corvée, devoir, fonction, labeur, mission, obligation, occupation, œuvre, office, opération, ouvrage, pensum, rôle, travail

Taché
blet, éclaboussé, marqué, sali, tapé, tigré, veiné

Tâché
travaillé

Tâche accomplie à titre gratuit
bénévolat

Tache blanchâtre sur la cornée
leucome

Tache blanche de la cornée
albugo

Tache blanche résultant d'un éclat provoqué par l'outil du lapidaire
givrure

Tache blanche située à la base de l'ongle
lunule

Tache congénitale sur la peau
nævus

Tache d'encre, pâté
pochon

Tache d'humidité sur du papier
piqûre

Tache dans le bois
maillure

Tache de ce qui est tavelé
tavelure

Taché de graisse
graisseux

Tache de rousseur
éphélide

Tâche ennuyeuse
pensum

Tache lumineuse
spot

Tache opaque de la cornée
taie

Taché par endroits
tapé

Tache qui se forme sur la prunelle de l'œil
maille

Tache ronde sur l'aile d'un insecte
ocelle

Tache rouge sur la peau
rougeur

Tache roussâtre
rousseur

Tache violacée de la peau
vibice

Taché, en parlant d'un fruit
talé

Tacher
barbouiller, cochonner, crotter, éclabousser, entacher, flétrir, gâter, graisser, maculer, marquer, moucheter, noircir, salir, souiller, tacheter, taveler, ternir

Tâcher
appliquer, bosser, chercher, efforcer, escrimer, essayer, évertuer, ingénier, manier, œuvrer, tenter, travailler

Tâcheron
besogneux, manœuvre

Taches congénitales sur la peau
nævi

Tacheté
bariolé, bigarré, grivelé, madré, marqué, marqueté, moucheté, ocellé, piqué, piqueté, pommelé, tigré, tiqueté, tisonné, truité, zébré

Tacheter
marbrer, marquer, marqueter, moucheter, pigmenter, piqueter, pointiller, tacher, zébrer

Tacheture
tache

Tachisme
pointillisme

Tachiste
peintre, pointilliste

Tacite
implicite, inexprimé, informulé

Tacitement
implicitement

Taciturne
écœuré, morne, morose, muet, renfermé, réservé, secret, silencieux, sombre, taiseux, ténébreux

Tacot
bazou, chignole, voiture

Tact
attention, décence, délicatesse, diplomatie, doigté, éducation, élégance, entregent, finesse, habileté, intuition, jugement, obligeance, politesse, prévenance, prudence, pudeur

Tacticien
stratège

Tactile
palpable

Tactique
adroit, astuce, astucieux, malin, manœuvre,
méthode, moyen, plan, politique,
préstratégique, procédure, recette, stratégie,
stratégique, technique, truc

Tænia
ver

Taffetas léger de soie
pongé

Tafia
rhum

Tag
bombage, graffiti

Tagal
abaca

Tagine
ragoût

Tagliatelle
pâte

Tahiti
pays

Taie
albugo, enveloppe, leucome, néphélion

Taillable
corvéable

Taillade
balafre, blessure, cicatrice, coupure, entaille,
estafilade, plaie, rayure

Taillader
balafrer, buriner, censurer, charcuter, couper,
déchiqueter, déchirer, entailler, labourer,
lacérer, raviner, rayer, sabrer, scarifier

Taillage
émondage, façonnage, taille

Taillanderie
grosserie

Taille
ampleur, calibre, carrure, ceinture, coupe,
dimension, ébranchage, écimage, élagage,
émondage, émondement, entretaille, étêtage,
format, gabarit, grandeur, gravure, grosseur,
hauteur, importance, longueur, mesure,
pointure, proportion, redevance, stature,
taillage, taxe, tonte, tonture, tranchant

Taillé
coupé, haché, rasé

Taillé comme un écot
écoté

Taille-douce
taille

Tailler
affûter, appointer, biseauter, bretteler,
brillanter, chanfreiner, chantourner,
charpenter, ciseler, couper, débillarder,

découper, dégarnir, denteler, dresser,
ébarber, ébiseler, ébourgeonner, ébrancher,
échancrer, écimer, éclaircir, élaguer,
émonder, épanneler, équarrir, ergoter, étêter,
étronçonner, facetter, fendre, gosser, hacher,
inciser, patronner, raccourcir, rafraîchir, raser,
ravaler, recéper, retondre, rustiquer, sculpter,
tondre, trancher

Tailler à l'aide de ciseaux
ciseler

Tailler de nouveau
retailler

Tailler en biseau
biseauter, ébiseler

Tailler finement
ciseler

Tailler un arbre près du sol
recéper

Tailler un morceau de bois avec un canif
gosser

Tailleur
ajusteur, costume, coupeur, couturier,
culottier, essayeur, faiseur, giletier, lapidaire

Taillis
bocage, bois, buisson, cépée, fourré, gaulis,
maquis

Tailloir
abaque, tranchoir

Taire
bâillonner, cacher, celer, censurer, dissimuler,
enfouir, escamoter, étouffer, museler,
occulter, omettre, oublier, ravaler, refouler,
supprimer, voiler

Taiseux
taciturne

Tajine
ragoût

Talc
poudre

Talé
abîmé, blet, foulé, meurtri, tapé

Talent
adresse, aisance, aptitude, art, brio,
capacité, compétence, dextérité, disposition,
doigté, don, faculté, force, génie, habileté,
industrie, instinct, maestria, mérite, panache,
prédisposition, prodige, qualité, star, virtuose,
virtuosité

Talent brillant
brio

Talentueux
doué, grand

Taler
abîmer, ennuyer, fouler, harceler, importuner,
meurtrir, tanner, tourmenter

Talion
châtiment

Talisman
amulette, charme, fétiche, grigri, mascotte, phylactère, relique

Talisman porte-bonheur
grigri

Talle
pousse

Talmouse
gifle

Taloche
claque

Talocher
taper

Talon
pioche, souche

Talonné
suivi

Talonner
accélérer, assiéger, harceler, persécuter, pourchasser, poursuivre, presser, relancer, suivre, tarabuster, tourmenter, traquer

Talqué
poudré

Talquer
saupoudrer

Talure
altération, blessure, meurtrissure, tache

Talus
ados, banquette, berge, butte, chaussée, colline, glacis, inclinaison, levée, parapet, pente, remblai

Talus de terre au-dessus du fossé
escarpe

Talus destiné à protéger les plantes
ados

Tam-tam
boucan, bruit, charivari, tambour, tambourin, tapage, tumulte

Tamachek
touareg

Tamarin
tamaris

Tamaris
tamarin

Tambour
barillet, basque, conga, cylindre, darbouka, tambourin, timbale, tourniquet

Tambour allongé
conga

Tambour ou danse
conga

Tambourin
danse, darbouka, tambour, timbale

Tambourinage
pianotage, tapotement

Tambouriner
claquer, frapper, pianoter, taper, tapoter

Tamia
écureuil, rongeur, suisse

Tamia rayé
suisse

Tamis
blutoir, chinois, claie, crible, passoire, sas, van

Tamis à bluter
blutoir

Tamis grossier
tamiseur

Tamisage
tri

Tamisant
apaisant

Tamisé
adouci, allégé, coulé, diffus, doux, estompé

Tamiser
adoucir, alléger, atténuer, bluter, cribler, estomper, filtrer, passer, sasser, trier, vanner, voiler

Tamiser de la farine pour la séparer du son
bluter

Tamiseur
sasseur

Tamiseuse
vanneuse

Tampon
amortisseur, bâillon, bonde, bondon, bouchon, cachet, couvercle, flamme, marque, oblitération, tapon, timbre

Tamponné
affranchi

Tamponnement
coup, heurt

Tamponner
achopper, affranchir, boucher, défoncer, démolir, emboutir, emplafonner, essuyer, estampiller, étancher, étendre, frotter, heurter, imbiber, oblitérer, percuter, poinçonner, sécher, télescoper, timbrer

Tan
écorce

Tanagra
statuette, vénus

Tancer
admonester, chapitrer, disputer, gourmander, gronder, houspiller, morigéner, quereller, rabrouer, réprimander, sermonner

Tandem
bicyclette, binôme, couple, duo, paire

Tandis
cependant, comme

Tangage
balancement, houle, oscillation

Tangent
adjacent, juste

Tangente
tg

Tangerine
agrume, clémentine

Tangible
authentique, certain, charnel, concret,
effectif, établi, exact, incontestable,
manifeste, matériel, net, objectif, palpable,
positif, réel, sensible, significatif, solide,
véridique, véritable, vrai

Tango
danse

Tanguer
balancer, bouger, chanceler, danser, onduler,
osciller, tituber, vaciller, zigzaguer

Tanière
abri, antre, bauge, cachette, caverne, gîte,
liteau, refuge, repaire, retraite, terrier, trou

Tanin
astringent

Tank
automitrailleuse, blindé, char, citerne, panzer,
réservoir

Tanker
pétrolier

Tankiste
militaire, soldat

Tannage
tannerie

Tannant
agaçant, ennuyeux, lassant

Tanne
kyste

Tanné
agacé, basané, bistre, boucané, bronzé,
brun, bruni, chromé, doré, ennuyé, exaspéré,
hâlé, mégi, préparé

Tanner
agacer, ambrer, boucaner, bronzer, brunir,
chromer, cuivrer, ennuyer, fatiguer, hâler,
lasser, mégir, mégisser, préparer, taler

Tanner une peau à l'alun
mégir

Tannerie
chamoisage, maroquinerie, mégisserie,
peausserie, tannage

Tanneur
mégissier, peaussier

Tant
autant, si, tellement

Tantale
Ta

Tante
tantine, tata

Tantine
tante, tata

Tantôt
bientôt

Tapage
barouf, battage, bazar, boucan, brouhaha,
bruit, chahut, charivari, désordre, éclat,
esclandre, fracas, potin, publicité, raffut,
sabbat, sarabande, scandale, tintamarre,
train, tumulte, vacarme

Tapageur
braillard, bruyant, clinquant, criard,
ostentatoire, outrancier, provocateur,
vociférant, voyant

Tapant
juste, précis, sonnant

Tape
bouchon, claque, coup, gifle, tapette

Tapé
fou, loufoque, meurtri, saisi, taché, talé

Tape-à-l'œil
tapageur

Tapecul
balançoire, tilbury

Tapée
armée, floppée, foule, foultitude, kyrielle,
masse, multitude, quantité, ribambelle, tas,
tripotée

Taper
bagarrer, battre, boxer, brûler, brutaliser,
calotter, chauffer, cogner, dactylographier,
demander, dérouiller, emprunter, fesser,
frapper, heurter, pianoter, quémander,
réclamer, rosser, rouer, saisir, talocher,
tambouriner, tapoter, toucher

Taper contre quelque chose
tosser

Taper sur une caisse enregistreuse
tiper

Tapette
battoir, piège, souricière, tape

Tapeur
quémandeur

Tapi
abrité, accroupi, blotti, caché, embusqué,
niché, pelotonné, ramassé, recroquevillé,
terré

Tapioca
farine, fécule

Tapir (Se)
abriter, blottir, cacher, clapir, dissimuler, nicher, pelotonner, recroqueviller, réfugier, retirer, terrer

Tapis
carpette, chemin, couche, jonchée, lirette, lit, moquette, natte, paillasson, revêtement, tatami, tenture

Tapis couvrant le sol de certains locaux
tatami

Tapis d'Orient tissé
kilim

Tapis de feuilles ou de débris végétaux des sous-bois
jonchée

Tapis dont la trame est constituée de lanières de tissu usagé
lirette

Tapis où l'on pratique les arts martiaux
tatami

Tapis roulant servant au chargement
convoyeur

Tapisser
coller, couvrir, joncher, napper, orner, parsemer, recouvrir, revêtir, tendre

Tapisserie
broderie, portière, tenture

Tapon
bouchon, tampon

Taponner
toucher

Tapotement
tambourinage

Tapoter
caresser, frapper, pianoter, tambouriner, taper

Tapoter sur quelque chose
pianoter

Tapuscrit
texte

Taquet
battant, loquet, repère

Taquin
agaçant, badin, coquin, espiègle, facétieux, farceur, gamin, goguenard, gouailleur, lutin, malicieux, moqueur, narquois, railleur

Taquiné
énervé, excité

Taquiner
agacer, blaguer, chatouiller, chicaner, chiner, écœurer, exciter, lutiner, niaiser, picoter, plaisanter, rire, titiller

Taquinerie
agacerie, attrape, misère, plaisanterie, quolibet, tour

Taquinerie plutôt agréable
agacerie

Tarabiscot
rabot

Tarabiscoté
affecté, affété, alambiqué, amphigourique, ampoulé, baroque, biscornu, chargé, compliqué, contourné, embarrassé, embrouillé, emprunté, foisonnant, lourd, maniéré, orné, précieux, quintessencié, surchargé, tourmenté

Tarabusté
énervé, hanté, préoccupé

Tarabuster
agacer, asticoter, chiffonner, contrarier, fatiguer, habiter, hanter, harceler, importuner, miner, obséder, préoccuper, presser, ronger, talonner, titiller, tourmenter, tracasser, travailler, turlupiner

Tarage
pesage, pesée

Tarasconnade
fanfaronnade

Taraud
perceuse

Taraudage
ajustage, filetage, harcèlement

Taraudant
aigu, térébrant

Tarauder
fileter, forer, miner, obnubiler, obséder, percer, perforer, ronger, tenailler, torturer, tourmenter, transpercer, trouer, turlupiner, vriller

Taraudeur
perceur

Tarbouche
fez

Tard
tardivement

Tarder
atermoyer, attendre, différer, lambiner, lanterner, musarder, traînasser, traîner

Tardif
avancé, indu, lent

Tardivement
tard

Tare
altération, corruption, défaut, défectuosité, déficience, handicap, imperfection, maladie, malfaçon, malformation, poids, souillure, tache, travers, vice

Tarente
gecko

Tarentule
araignée, lycose

Tarer
corrompre

Targe
bouclier

Targette
verrou

Targuer (Se)
compter, espérer, flatter, prétendre, vanter

Targui
touareg

Tari
asséché

Tarière
sonde, vrille

Tarif
barème, cote, coût, montant, prix, punition, tableau, taux, valeur

Tarifer
coter

Tarification
taxation

Tarin
blair, chardonneret, nez

Tarir
achever, assécher, consumer, dessécher, dissiper, engloutir, épuiser, éteindre, raréfier, sécher, stériliser, vider

Taro
aracée, colocase

Tarpan
cheval

Tartan
plaid

Tartarin
vantard

Tarte
gâteau, pâtisserie, quiche, tartelette, tocard, toquard, tourte

Tartelette
barquette, pâtisserie, tarte

Tartelette à base d'amandes
amandine

Tartelette au fromage
dariole

Tartine
beurrée, développement, discours, laïus, palabres, rôtie, tirade, tranche

Tartine de beurre
beurrée

Tartiner
enduire, napper, recouvrir

Tartre
résidu

Tartreux
calcaire, sédimentaire

Tartufe
bigot, cafard, hypocrite, imposteur

Tartuferie
bigoterie, fausseté

Tartuffe
bigot, cafard, hypocrite, imposteur

Tartufferie
bigoterie, fausseté

Tas
accumulation, amas, amoncellement, bloc, cargaison, cumul, empilage, empilement, entassement, fatras, masse, meule, meute, moisson, monceau, montagne, monticule, multitude, pile, pyramide, ramassis, réunion, superposition, tapée

Tas de choses
pile

Tas de foin
meule

Tas de pierres
cairn

Tas de sel
mulon

Tas non attaché
liasse

Tassage
tassement

Tasse
bol, gobelet, récipient

Tassé
compact, comprimé, contracté, court, dense, écrasé, fort, ratatiné, recroquevillé, resserré, serré

Tasseau
liteau

Tassement
affaissement, baisse, compactage, compression, crise, damage, effondrement, pilonnage, pressage, ralentissement, récession, recul, tassage

Tasser
accumuler, bourrer, compacter, comprimer, contracter, damer, écraser, empiler, encaquer, entasser, masser, pilonner, pousser, presser, ratatiner, réduire, resserrer, serrer

Tasser la neige avec les skis
damer

Tasser le sol
damer

Tata
tante, tantine, tatie

Tatami
tapis

Tâté
sondé

Tâte-vin
pipette

Tâter
ausculter, étudier, examiner, explorer, fouiller, interroger, manier, manipuler, palper, pressentir, questionner, sonder, tâtonner, toucher, tripoter

Tâter de nouveau
retâter

Tatie
tata

Tatillon
chicanier, chipoteur, difficile, maniaque, méticuleux, minutieux, pinailleur, pointilleux, regardant, scrupuleux, strict, tracassier, vétilleux

Tâtonnement
essai, hésitation

Tâtonner
bégayer, chercher, errer, essayer, expérimenter, hésiter, palper, tâter

Tatou
priodonte

Tatoué
marqué

Tatouer
marquer

Taudis
baraque, bauge, bicoque, bidonville, bouge, cambuse, écurie, galetas, gourbi, masure, porcherie, réduit, turne

Taulard
détenu, prisonnier

Taule
prison

Taulier
hôtelier, patron

Taupe
barbouze, espion, indic, indicateur, lamie, mouchard

Taupe aquatique d'eau douce
desman

Taure
génisse, vache

Taureau
bœuf

Taurillon
veau

Tautologie
pléonasme, truisme

Taux
barème, chiffre, cote, cours, fur, pourcentage, prix, proportion, quotient, rapport, ratio, tarif, teneur, valeur

Taux d'acide urique dans le sang
uricémie

Taux de glucose dans le sang
glycémie

Taux de potassium dans le sang
kaliémie

Taux excessif
surtaux

Taux trop élevé
surtaux

Tavelé
marqué, moucheté

Taveler
marquer, tacher

Tavelure
altération, tache

Taverne
auberge, brasserie, buvette, cabaret, café, estaminet, gargote, guinguette

Tavernier
cafetier, restaurateur

Taxable
assujetti, imposable

Taxation
imposition, tarification

Taxe
annone, charge, contribution, dîme, droit, fiscalité, gabelle, imposition, impôt, patente, redevance, taille

Taxé
affranchi

Taxe due à l'État
redevance

Taxe provinciale
TVQ

Taxe supplémentaire
surtaxe

Taxe sur certains produits de consommation, aux États-Unis
excise

Taxe sur les produits et services
TPS

Taxer
accuser, affranchir, appeler, baptiser, charger, imposer, nommer, qualifier, reprocher, traiter, voler

Taxer trop haut
surtaxer

Taxidermiste
empailleur

Taximètre
compteur

Tb
terbium

Tc
technétium

Tchador
foulard, voile

Tchin-tchin
santé

Te
tellure

Té
biveau, équerre

Technétium
Tc

Technicien
médecin, praticien, pro

Technicien chargé de l'installation des serrures
serrurier

Technicité
technique

Technique
adresse, art, artifice, astuce, combine, facture, ficelle, formule, habileté, maîtrise, manière, mécanique, méthode, métier, moyen, patte, pointu, pratique, procédé, procédure, processus, professionnel, recette, science, scientifique, spécial, spécialisé, tactique, technicité, technologie, virtuosité

Technique artisanale de décoration de la soie
batik

Technique d'obtention d'images par rayonnement
imagerie

Technique de descente à skis
godille

Technique de relaxation
yoga

Technique hindoue
yoga

Technologie
technique

Teck
acajou

Teckel
basset, beagle

Teddy-bear
peluche

Tee-shirt
gaminet, maillot

Tégument de la noix de muscade
macis

Teigne
chameau, favus, gale, gallérie, gerce, importun, méchant, mite, papillon, pelade, peste, poison, rosse, vipère

Teigne du cuir chevelu
favus

Teigne qui ronge les étoffes
gerce

Teigneux
acariâtre, agressif, batailleur, hargneux, mauvais, méchant

Teindre
brésiller, cocheniller, colorer, garancer, nuancer, raciner, safraner, teinter

Teindre de nouveau
reteindre

Teindre en bleu
azurer

Teindre en bleu azur
azurer

Teindre en ocre
ocrer

Teint
carnation, coloration, coloré, coloris, couleur, nuance, peau, teinté, ton

Teint de nouveau
reteint

Teinte
brin, coloris, couleur, dose, grain, nuance, relent, semblant, soupçon, ton, tonalité, touche, trace

Teinté
coloré, fumé, teint

Teinte plate appliquée de façon uniforme
aplat

Teinte vive que donne le sang affluant au visage
incarnat

Teinter
colorer, fumer, teindre

Teinter de la couleur du bistre
bistrer

Teinture
alcoolé, apparence, badigeon, bain, colorant, coloration, couleur, dehors, élixir, rinçage, solution, vernis

Teinture d'un rouge vif
garance

Teinture tirée de la garance
garance

Teinturier
blanchisseur, nettoyeur

Tek
acajou

Tel
ainsi, comme, pareil, semblable

Télamon
atlante

Télé
récepteur, téléviseur, télévision

Télé-Métropole
TVA

Télécommande
manette, zapette

Télécommander
guider, manipuler

Télécopie
fax

Télécopié
faxé

Télécopier
faxer

Télédiffusé
télévisé

Télédiffuser
téléviser

Télédistribution
télévision

Téléfilm
dramatique, pièce

Télégramme
câble

Télégraphe
sémaphore

Télégraphie sans fil
TSF

Télégraphier
câbler

Téléguider
guider, manipuler

Téléimprimeur
télex

Téléobjectif
objectif

Téléphérique
télésiège

Téléphone
appareil, bigophone, biniou, cellulaire, combiné, grelot, mobile, portable

Téléphone à haut-parleur
interphone

Téléphoner
appeler

Téléphonie
phonie

Téléphoniste
opérateur

Télescopage
choc, collision, heurt, rencontre

Télescope
lunette, radiotélescope

Télescope double
binocle

Télescoper
accrocher, achopper, cogner, emboutir, heurter, percuter, tamponner

Téléscripteur
télex

Télésiège
téléphérique, téléski

Téléski
télésiège

Téléspectateur
spectateur

Télévisé
télédiffusé

Téléviser
télédiffuser

Téléviseur
poste, récepteur, télé, télévision

Télévision
poste, télé, télédistribution, téléviseur, TV

Télévision Quatre-Saisons
TQS

Télex
téléimprimeur, téléscripteur

Tellement
aussi, autant, si, tant, très

Tellure
calavérite, Te

Tellurien
terrestre

Tellurique
terrestre

Téméraire
audacieux, aventureux, courageux, dangereux, entreprenant, hardi, hasardé, hasardeux, imprudent, insensé, osé, périlleux, présomptueux, risqué

Témérité
audace, courage, hardiesse, imprudence, impudence, intrépidité, présomption

Témoignage
citation, déposition, gage, garant, hommage, marque, preuve, protestation, rapport, relation, signe, témoin, trace

Témoignage d'estime
hommage

Témoignage d'opposition
protestation

Témoignage d'un triomphe
trophée

Témoignages de respect
égards

Témoigné
marqué, noté

Témoigner
affirmer, assurer, attester, certifier, démontrer, déposer, exprimer, indiquer, jurer, manifester, marquer, montrer, prouver, révéler, signaler, souligner

Témoin
assistant, attestation, auditeur, bâton, déposant, galerie, marque, observateur, présent, repère, signe, souvenir, spectateur, témoignage, trace, vestige

Témoin d'un huissier
recors

Témoin lumineux
voyant

Témoin oculaire
spectateur

Tempe du cheval
larmier

Tempérament
caractère, constitution, humeur, nature, naturel, personnalité, présence, santé

Tempérance
abstinence, continence, frugalité, mesure, sobriété

Tempérant
ascète, continent, frugal, mesuré, modéré, raisonnable, sobre

Température
climat, fièvre, météo

Température élevée
chaleur

Température plus basse que la température de confort du corps humain
froid

Température très basse de l'air ambiant, de l'atmosphère
froideur

Tempéré
adouci, affadi, affaibli, allégé, amorti, atténué, clément, corrigé, doux, équilibré, modéré, océanique, pondéré, posé, raisonnable, tiède

Tempérer
adoucir, affadir, affaiblir, alléger, amoindrir, amortir, apaiser, assagir, assouplir, atténuer, attiédir, calmer, contenir, corriger, couper, diminuer, freiner, juguler, lénifier, mitiger, modérer, nuancer, pondérer, rabattre, radoucir, rafraîchir, réchauffer, réfréner, refroidir, soulager

Tempête
agitation, bouleversement, bourrasque, chaos, cyclone, débordement, déchaînement, déferlement, désordre, explosion, grain, orage, ouragan, protestation, tonnerre, tornade, tourmente, trombe, trouble, typhon

Tempête très violente qui a lieu l'été
ouragan

Tempête violente et courte
tourmente

Tempêter
crier, déchaîner, emporter, exploser, fulminer, gronder, pester, protester, tonitruer, tonner

Tempétueusement
orageusement

Tempétueux
agité, houleux, tourmenté

Temple
église, mosquée, sanctuaire, synagogue

Temple consacré à tous les dieux
panthéon

Temple d'Égypte creusé dans le roc
spéos

Temple des Muses
musée

Temple des pays d'Extrême-Orient
pagode

Temple du culte musulman
mosquée

Tempo
cadence, rythme, train, vitesse

Temporaire
court, éphémère, fugace, intérimaire, intermittent, momentané, occasionnel, passager, précaire, provisoire, remplaçant, saisonnier, transitoire

Temporalité
temps

Temporel
éphémère, fini, matériel, mortel, séculier, terrestre

Temporisateur
dilatoire, procrastinateur

Temporisation
atermoiement

Temporisé
retardé

Temporiser
attendre, différer, retarder

Temps
âge, arrêt, date, délai, distance, durée, époque, ère, étape, fréquence, heure, instant, interruption, marge, météo, moment, pause, période, recul, règne, répit, rythme, saison, siècle, stade, sursis, temporalité, tolérance

Temps consacré par les gens de loi à une affaire
vacation

Temps de la vie
jeunesse

Temps de repos
récréation, vacances

Temps de révolution de la Terre autour du Soleil
année

Temps de sommeil
sieste

Temps du noviciat
probation

Temps libre
loisir

Temps pendant lequel un oiseau couve ses œufs
couvaison

Temps prévu
météo

Temps que l'on passe sans travailler
chômage

Tenable
endurable, soutenable, supportable, tolérable, vivable

Tenace
accrocheur, acharné, buté, coriace, durable, entêté, farouche, ferme, fort, indéracinable, indestructible, ineffaçable, inextirpable, infatigable, irréductible, obstiné, opiniâtre, patient, persévérant, persistant, rebelle, résistant, solide, têtu, vivace, volontaire

Ténacité
acharnement, caractère, entêtement, fermeté, hargne, obstination, opiniâtreté, patience, persévérance, pugnacité, résolution, solidité, volonté

Tenaille
étau, pince, pincette

Tenaille utilisée par le vétérinaire
moraille

Tenailler
étreindre, hanter, lanciner, miner, obséder, oppresser, ronger, tarauder, torturer, tourmenter, tracasser

Tenancier
directeur, gérant, patron

Tenant
adepte, apôtre, appui, avocat, champion, défenseur, détenteur, disciple, partisan, soutien, sympathisant

Tendance
appétence, appétit, aptitude, courant, direction, disposition, école, facilité, impulsion, inclination, instinct, mode, mouvance, mouvement, orientation, parti, penchant, pente, prédisposition, propension, pulsion, sens, tournure

Tendance à accorder des avantages aux membres de sa famille
népotisme

Tendance à faire, à penser, à dire du mal
malignité

Tendance à suivre ce qui se fait ou se dit
suivisme

Tendance innée et puissante
instinct

Tendance naturelle
propension

Tendance naturelle à parler abondamment
loquacité

Tendance politique de l'extrême gauche
gauchisme

Tendancieux
partial, subjectif

Tender
wagon

Tenderie
piège, rets

Tendeur
raidisseur, tenseur

Tendeur de pièges
piégeur

Tendineux
nerveux

Tendon
ligament, muscle

Tendre
adorable, affable, affectif, affectueux, aimant, alangui, allonger, amoureux, attendrissant, avancer, bander, bienveillant, cajoler, câlin, caressant, charmant, cher, contracter, délicat, délicieux, disposer, distendre, donner, doux, dresser, étendre, étirer, fondant, gentil, jeune, lancer, langoureux, moelleux, mol, mou, pâle, pastel, présenter, produire, raidir, recouvrir, sensible, sentimental, tapisser, tirer, touchant

Tendre au même résultat
converger

Tendre avec effort
bander

Tendre de nouveau
retendre

Tendre des pièges aux oiseaux
oiseler

Tendre le plus possible
étarquer

Tendre un piège
piéger

Tendre vers un point
graviter

Tendre vers un seul et même point
converger

Tendre, tirer
distendre

Tendrement
amoroso, chèrement

Tendresse
adoration, affection, amitié, amour,
attachement, bonté, cajolerie, dilection,
faible, goût, penchant, sympathie

Tendron
gamine, jeunesse

Tendu
anxieux, brûlant, contracté, crispé, critique,
difficile, dur, épineux, explosif, inquiet, lourd,
noué, pénible, pesant, préoccupé, raide,
rigide, soucieux, stressé

Ténèbres
noir, noirceur, nuit, obscurantisme, obscurité,
ombre, opacité

Ténébreux
abscons, abstrus, complexe, compliqué,
couvert, difficile, énigmatique, fumeux,
funèbre, impénétrable, incertain,
incompréhensible, inextricable, mélancolique,
mystérieux, noir, obscur, ombragé, ombreux,
secret, sibyllin, sinistre, sombre, souterrain,
taciturne, trouble

Ténébrion
ver

Ténesme
épreintes, proctalgie

Teneur
composition, contenu, fond, matière, objet,
pourcentage, proportion, quantité, sujet, taux,
titre

Teneur du sang en glucose
glycémie

Teneur en boues d'un cours d'eau
turbidité

Teneur en sel d'un milieu
salinité

Ténia
bothriocéphale, cénure, échinocoque, ver

Tenir
accrocher, adhérer, administrer, agripper,
amarrer, appuyer, attacher, avoir, coller,
conserver, contenir, continuer, contrôler,
défendre, délibérer, demeurer, détenir,
diriger, durer, engager, estimer, étreindre,
exécuter, exercer, fixer, garder, gérer,
gouverner, immobiliser, jauger, jouer, laisser,
loger, maintenir, maîtriser, mener, observer,
occuper, persister, porter, posséder, prendre,
recevoir, remplir, renfermer, résister,
respecter, rester, retenir, serrer, soutenir,
subsister, survivre, visser, vivoter

Tenir bon
persévérer, résister

Tenir caché, secret
receler

Tenir pour suspect
suspecter

Tenir pour vrai
croire

Tenir séance
siéger

Tenir secret
celer, receler

Tenir seul l'enjeu contre le banquier
banco

Tennis
sport

Tenon
about, pivot

Ténor
sommité, ténorino, voix

Ténor très léger
ténorino

Ténorino
ténor

Ténoriser
chanter

Tenseur
tendeur

Tentant
affriolant, aguichant, alléchant, appétissant,
attirant, désirable, engageant, ensorcelant,
enviable, excitant, grisant, invitant, ragoûtant,
séduisant, troublant

Tentateur
démon, diablo, séducteur, serpent

Tentation
aiguillon, appel, attirance, attraction, attrait,
démangeaison, désir, envie, incitation,
inclination, penchant, séduction, sollicitation

Tentative
brouillon, coup, démarche, effort, entreprise,
essai, expérience, expérimentation,
manœuvre, recherche, sursaut, velléité

Tente
abri, canadienne, chapiteau, guitoune, tipi,
wigwam, yourte

Tenté
alléché, éprouvé, excité, séduit

**Tente abritant les artistes et les spectateurs
d'un cirque ambulant**
chapiteau

Tente d'un cirque
chapiteau

Tente de forme conique des Amérindiens
tipi

Tente de peau des nomades de l'Asie centrale
iourte

Tente des Amérindiens
tipi, wigwam

Tente en feutre, chez les Mongols
yourte

Tenter
allécher, appâter, attirer, aventurer, enthousiasmer, entreprendre, éprouver, essayer, exciter, expérimenter, hasarder, inciter, intéresser, inviter, oser, plaire, risquer, séduire, solliciter, tâcher

Tenter de nouveau
ressayer, retenter

Tenter une nouvelle fois
réessayer

Tenture
draperie, écran, portière, rideau, tapis, tapisserie

Tenu
agrippé, logé, resté, retenu

Ténu
arachnéen, délicat, délié, discret, faible, fin, fluet, fragile, frêle, gracile, grêle, impalpable, léger, menu, mince, petit, soigné, subtil

Tenue
accoutrement, administration, assiette, atours, attitude, comportement, conduite, correction, costume, décence, direction, distinction, effets, équipage, fringues, frusques, genre, gestion, habillement, habit, maintien, manières, mine, mise, nippes, politesse, port, posture, présentation, prestance, propreté, pudeur, retenue, réticence, sapes, toilette, tolérance, vêtement

Tenue obligatoire
uniforme

Tenue ridicule
accoutrement

Ténuité
délicatesse, finesse, fragilité, gracilité, impalpabilité, minceur, subtilité, sveltesse

Téorbe
luth

Tépide
tiède

Tépidité
tiédeur

Téranewton
Tn

Téraoctet
To

Tératesla
Tt

Terbium
Tb

Tercer
labourer

Térébrant
déchirant, perçant, perforant, taraudant, torturant, violent, vrillant

Tergal
dacron

Tergiversation
atermoiement, hésitation

Tergiversé
ergoté, retardé

Tergiverser
attendre, biaiser, délibérer, ergoter, finasser, hésiter, osciller, réfléchir, ruser

Terme
aboutissement, achèvement, annuité, borne, bout, but, conclusion, date, délai, dénouement, échéance, énoncé, expiration, fin, hermès, issue, limite, loyer, mot, nom, résolution, solution, trimestre, vocable

Terme affectueux donné à un père
papa

Terme d'échecs
pat

Terme de billard électrique
tilt

Terme de bridge
rob, robre

Terme de chimie
tellurate

Terme de cuisine japonaise
sushi

Terme de mépris
fi

Terme de photographie
ISO

Terme de poker
flush, full

Terme de séparation définitive
adieu

Terme de tennis
ace

Terme grossier
juron

Terme injurieux désignant un homme de rien
bélître

Terme par lequel les Juifs désignent les non-Juifs
goï

Terme qui, suivi d'un numéro, sert à désigner un morceau de musique dans l'œuvre complète d'un compositeur
opus

Terme utilisé principalement par les taoïstes
tao

Terme, au football
tacle

Terme, aux échecs
mat, pat

Terminaison
conclusion, extrémité, fin

Terminal
aérogare, aéroport, dernier, extrême, final,
suprême, ultime

Terminé
abouti, accompli, achevé, arrêté, bouclé,
clos, clôturé, complet, conclu, évanoui,
fermé, fini, liquidé, vidé

Terminé en tête arrondie
capité

Termine une prière
amen

Terminer
aboutir, accomplir, achever, arrêter, borner,
boucler, cesser, clore, clôturer, compléter,
conclure, consommer, couronner, épuiser,
évanouir, fermer, finir, limiter, liquider, passer,
régler, vider

Terminologie
langage, lexique

Terminus
gare, halte

Ternaire
trois

Terne
anodin, atone, blafard, blanc, blême,
brouillé, décoloré, défraîchi, délavé, écœuré,
effacé, éteint, fade, lalot, fané, froid, gris,
grisâtre, incolore, inconsistant, inexpressif,
inintéressant, insipide, livide, mat, maussade,
monotone, morne, neutre, pâle, pâlot, passé,
plat, terni, terreux, triste, vitreux

Terni
abîmé, altéré, avili, décoloré, défraîchi,
délavé, déprécié, diffamé, discrédité,
éclaboussé, éclipsé, effacé, entaché, éteint,
fané, obscurci, passé, sali, souillé, terne

Ternir
abîmer, altérer, avilir, décolorer, défraîchir,
délaver, déprécier, diffamer, discréditer,
éclabousser, éclipser, effacer, émaner,
entacher, éteindre, faner, flétrir, obscurcir,
pâlir, passer, salir, souiller, tacher, voiler

Terrain
aire, base, camp, champ, domaine,
emplacement, espace, formation,
lotissement, matière, parcelle, partie, place,
rayon, secteur, sol, spécialité, sphère, stade,
sujet, terre, territoire, terroir, zone

Terrain à végétation broussailleuse
garrigue

Terrain caillouteux
Crau

Terrain cultivé entouré d'une clôture
clos

Terrain en pente
talus

Terrain marécageux
savane

Terrain non cultivé et abandonné
friche

Terrain où l'on cultive des végétaux
jardin

Terrain où se disputent les courses de chevaux
turf

Terrain planté d'arbres
plantation

Terrain planté d'arbres fruitiers
ouche, verger

Terrain planté d'orangers
orangeraie

Terrain planté de vignes
vignoble

**Terrain pour élever et étudier de petits
animaux**
terrarium

Terrain pour élever et étudier les batraciens
terrarium

Terrain qui n'est pas encore essouché
abatis, abattis

Terrains que la mer laisse à découvert
lais

Terraqué
terrestre

Terrasse
balcon, belvédère, esplanade, gradin,
plateforme, solarium, toit, trottoir, véranda

Terrassé
abattu, accablé, consterné, écrasé, horrifié,
vaincu

Terrasse d'un bâtiment exposée au soleil
solarium

Terrasse extérieure
patio

Terrassement
déblai, remblai

Terrasser
abattre, accabler, anéantir, atterrer, briser,
consterner, creuser, démolir, dompter,
écraser, étendre, faucher, foudroyer, frapper,
horrifier, maîtriser, mater, renverser, vaincre

Terrassier
piocheur

Terre
argile, bien, champ, continent, contrée,
domaine, exploitation, foncier, fonds, géo,

globe, île, lieu, monde, parcelle, pays, planète, propriété, région, sol, sphère, terrain, territoire, terroir, univers

Terré
abrité, tapi

Terre ammoniacale
terramare

Terre d'alluvions au fond des vallées
palus

Terre desséchée et pulvérisée
poudre

Terre détrempée
boue, gadoue

Terre entourée d'eau
île

Terre essartée
essart

Terre frontière gouvernée par un marquis
marquisat

Terre imperméable et stérile
gâtine

Terre inculte où l'on fait paître le bétail
pâtis

Terre labourée
labour

Terre labourée et non ensemencée
guéret

Terre légère
erbue

Terre libre exempt de toute redevance
alleu

Terre maigre
erbue

Terre marécageuse
gâtine

Terre non cultivée
friche

Terre non ensemencée qu'on laisse reposer
jachère

Terre plantée de seigle
ségala

Terre tenue d'un seigneur
tènement

Terre très argileuse
glaise

Terre-plein
plateforme

Terreau
compost, humus, vivier

Terrer (Se)
abriter, cacher, calfeutrer, claquemurer, claustrer, cloîtrer, dissimuler, embusquer, isoler, planquer, réfugier, retirer, tapir

Terrestre
charnel, corporel, grossier, matériel, mondain, physique, séculier, tellurien, tellurique, temporel, terraqué, terrien

Terreur
affolement, affres, alarme, angoisse, bandit, crainte, effroi, épouvante, frayeur, fripouille, frousse, horreur, intimidation, panique, peur, phobie, terrorisme, trouille, vaurien

Terreux
blafard, blême, boueux, brouillé, cadavérique, cireux, crotté, hâve, livide, maculé, pâle, pâlichon, pâlot, plombé, sale, terne, vitreux

Terrible
abject, affolant, affreux, atroce, catastrophique, cauchemardesque, déchaîné, dément, désastreux, désobéissant, effrayant, effroyable, épatant, épouvantable, fantastique, formidable, fou, furieux, génial, hideux, horrible, horrifique, indiscipliné, indocile, infernal, inhumain, inquiétant, intenable, méchant, noir, paniquant, patibulaire, pénible, redoutable, remarquable, rude, sensationnel, sinistre, super, terrifiant, tragique, turbulent, violent

Terriblement
énormément, gravement, rudement, très, vraiment

Terrien
agriculteur, campagnard, foncier, paysan, rural, terrestre

Terrier
abri, cache, cavité, creux, gîte, repaire, retraite, tanière, trou

Terrifiant
abject, affolant, alarmant, effarant, épouvantable, terrible

Terrifié
affolé, alarmé, apeuré, horrifié

Terrifier
affoler, alarmer, angoisser, apeurer, effarer, effrayer, épouvanter, horrifier, paniquer, terroriser

Terril
crassier

Terrine
pâté

Territoire
aire, canton, chefferie, circonscription, contrée, district, enclave, état, fief, nation, paroisse, patrie, pays, possession, province, région, secteur, sol, terrain, terre, terroir, zone

Territoire d'un vicaire
vicariat

Territoire enfermé dans un autre
enclave

Territoire placé sous la juridiction d'un évêque
diocèse

Territoire sur la côte de la Chine
Macao

Terroir
campagne, pays, province, région, sol, terrain, terre, territoire

Terrorisant
affolant, alarmant

Terrorisé
affolé, alarmé, horrifié

Terroriser
affoler, alarmer, apeurer, effrayer, épouvanter, horrifier, intimider, pétrifier, terrifier

Terrorisme
terreur

Terser
labourer

Tertio
troisièmement

Tertre
butte, colline, dune, éminence, hauteur, mont, monticule, tumulus

Terzetto
trio

Tessiture
ambitus, diapason, étendue, registre

Tesson
débris, têt

Test
carapace, contrôle, coque, coquille, cuirasse, épreuve, essai, évaluation, examen, expérience, expérimentation, expertise, interrogation, mesure, pilote, vérification

Testateur
disposant

Testé
attesté

Tester
contrôler, éprouver, essayer, expérimenter, vérifier

Têt
coupelle, tesson

Tétanie
spasmophilie

Tétanisé
transi

Tétaniser
clouer, figer, foudroyer, geler, glacer, paralyser, pétrifier, statufier

Têtard
crapaud, larve

Tête
aiguille, avers, bille, bobine, bouille, caboche, cerveau, cervelle, chef, ciboulot, cigare, cime, coco, commencement, crâne, début, devant, esprit, face, facultés, faîte, figure, front, génie, haut, jugement, leader, lucidité, meneur, mine, museau, ogive, pièce, promoteur, raison, sommet, trogne, trombine, tronche, visage

Tête coupée d'animal
hure

Tête d'ail
gousse

Tête d'une bague
chaton

Tête d'une broche métallique
rivure

Tête d'une écluse
musoir

Tête de rocher
étoc

Tête de ténia
scolex

Tête du cochon
hure

Tête du lit
chevet

Tête du sanglier
hure

Tête ou buste d'un dieu surmontant une gaine
hermès

Tête-à-tête
dialogue, entretien, entrevue

Tête-de-loup
balai, balayette, brosse

Tête-de-moineau
jacée

Téter
boire, lécher, sucer, suçoter

Tétine
mamelle, pis, suce, sucette

Tétraédrique
pyramidal

Tétrapode
mammifère

Tétras
coq

Têtu
acharné, boudeur, buté, cabochard, entêté, entier, insistant, obstiné, opiniâtre, persévérant, résolu, tenace

Texte
copie, document, écrit, énoncé, formulation, libellé, livre, livret, manuscrit, parole, rédaction, source, tapuscrit, travail

Texte en vers
poème

Texte entouré d'un filet qui le met en valeur
encadré

Texte introductif
prologue

Texte lyrique et épique relativement bref
cantilène

Texte mis en valeur par un filet
encadré

Texte préliminaire
préambule

Textes
loi

Textile
étoffe, tissu

Textile artificiel à fibres courtes
fibranne

Textuel
authentique, conforme, exact, fidèle, littéral,
précis, propre

Texture
agencement, composition, consistance,
constitution, construction, contexture,
organisation, ossature, plan, structure, trame

Tézig
toi

Tézigue
toi

Tg
tangente

Th
thermie, thorium

Thaï
thaïlandais

Thaïlandais
siamois, thaï

Thaïlande
siam

Thallium
Tl

Thaumaturge
magicien, sorcier

Thé
boisson, infusion, tisane

Thé noir de Chine
souchong

Théâtral
ampoulé, déclamatoire, dramatique,
emphatique, forcé, grandiloquent,
histrionique, pompeux, ronflant, scénique,
spectaculaire, tragique

Théâtre
amphi, boulevard, cadre, comédie,
compagnie, drame, emplacement, endroit,
farce, mélodrame, opéra, planches, revue,
salle, scène, site, spectacle, tragédie,
tréteaux, troupe, vaudeville

Théâtre du Nouveau Monde
TNM

Théâtre national
TN

Théâtre National Populaire
TNP

Thébaïde
retraite

Thébaïne
paramorphine

Thébaïsme
opiomanie

Théière
récipient

Théisme
déisme

Théiste
croyant, déiste

Thématique
thème

Thème
argument, fond, idée, leitmotiv, matière,
motif, objet, point, prétexte, problème,
propos, question, sujet, thématique,
traduction

Théogonie
mythologie

Théologien musulman
ouléma, uléma

Théorbe
luth

Théoricien
idéologue, penseur

Théoricien de la tactique
tacticien

Théorie
concept, conception, cortège, défilé,
doctrine, dogme, hypothèse, idée, idéologie,
loi, opinion, pensée, philosophie, position,
précepte, principe, procession, règle,
ribambelle, spéculation, système, thèse

Théorie de la pensée
noétique

Théorie particulière
thèse

Théorie politique de Fidel Castro et de ses partisans
castrisme

Théorique
abstrait, fictif, formel, pur, virtuel

Théoriser
formuler, interpréter

Théosophie
cabale

Thérapeute
médecin, praticien

Thérapeutique
curatif, médecine, médical, médication,
thérapie, traitement

Thérapie
analyse, cure, médicament, médication,
psychanalyse, psychothérapie, régime,
remède, soins, thérapeutique, traitement

Thermal
hydrominéral

Thermes
bains, hammam

Thermie
th

Thermique
calorifique, géothermique, thermogène

Thermo
chaleur

Thermocautère
cautère

Thermocollant
adhésif

Thermogène
thermique

Thésard
doctorant

Thésaurisation
épargne

Thésauriser
accumuler, amasser, capitaliser, économiser,
entasser, épargner

Thésaurus
lexique

Thèse
allégation, argument, assertion, conception,
conviction, doctorat, doctrine, idéologie,
opinion, pensée, proposition, raisonnement,
système, théorie, traité

Thiamine
aneurine

Thon
germon, poisson

Thon blanc
germon

Thon de la Méditerranée
bonite

Thorax
buste, poitrail, poitrine, poumon, torse, tronc

Thorium
Th

Thromboembolie
thrombose

Thrombose
embolie, thromboembolie

Thulium
Tm

Thune
argent, monnaie

Thuriféraire
flatteur, laudateur, louangeur

Thyade
bacchante

Thym
farigoule, serpolet

Thymie
humeur

Thymus du veau
ris

Thyratron
triode

Ti
titane

Ti-Zoune
Guimond

Tiare du pape
trirègne

Tibia
os

Tibial
jambier

Tic
bizarrerie, grimace, habitude, manie, marotte,
mimique, rictus, travers

Ticket
billet, bulletin, carte, coupon, place

Tiédasse
attiédi, tiède, tiédi

Tiède
attiédi, doux, hésitant, indécis, indifférent,
mitigé, modéré, moite, mou, nonchalant,
réservé, réticent, tempéré, tépide, tiédasse,
tiédi, timide

Tièdement
indifféremment, nonchalamment

Tiédeur
attiédissement, détachement, douceur,
impassibilité, indifférence, modération,
moiteur, mollesse, neutralité, pâleur,
réticence, tépidité, timidité

Tiédi
adouci, tiédasse, tiède

Tiédir
adoucir, atténuer, chauffer, climatiser,
diminuer, faiblir, mollir, réchauffer, refroidir

Tien
possessif, ton

Tiercelet
sacret

Tiercer
labourer

Tierceron
nervure

Tiers
autrui, étranger, inconnu, intermédiaire, intrus, médiateur, négociateur

Tiers-point
lime

Tifosi
fanatique

Tige
aiguille, antenne, arbre, baguette, barre, bâton, bielle, branche, brin, broche, chalumeau, chaume, cheville, cylindre, éteule, fût, hampe, paille, pédicule, pédoncule, perche, queue, style, tringle, tuyau, verge

Tige au collet d'une plante
talle

Tige cylindrique
rivet, vis

Tige cylindrique munie d'une tête et d'un filetage
boulon

Tige d'acier ou de métal
aiguille

Tige de fer pour soutenir des ouvrages de plâtre
fenton

Tige de graminée
paille

Tige de la vigne
sarment

Tige de métal ou de bois destinée à être enfoncée dans quelque chose
fiche

Tige de métal pointue
poinçon

Tige de roseau
glui

Tige des céréales
chaume, paille

Tige droite
flèche

Tige droite de certaines plantes
canne

Tige fixée dans le plat-bord d'une barque
tolet

Tige fixée dans le sol pour soutenir des plantes
tuteur

Tige ligneuse de plantes arborescentes
stipe

Tige métallique
clou, goujon

Tige métallique servant de support
tringle

Tige mobile servant à fermer une porte
loquet

Tige pour attiser le feu
tisonnier

Tige provenant d'un bourgeon axillaire
stolon

Tige rampante
stolon

Tige rigide articulée à ses extrémités
bielle

Tige servant à attiser le feu
ringard

Tige terminée en pointe
aiguille

Tigelle
rejeton

Tignasse
chevelure, cheveux, crinière, perruque, postiche, toison

Tigre
fauve, félin

Tigré
grivelé, marqueté, moucheté, ocellé, pommelé, rayé, taché, tacheté, tiqueté, truité, vergeté, zébré

Tigre ou lion
fauve

Tigrer
rayer, zébrer

Tilbury
cabriolet, tapecul

Tilleul
arbre, vert

Tillole
barque

Tilt
clic, déclenchement, déclencheur, déclic, flash

Timbale
batterie, gobelet, godet, tabla, tambour, tambourin

Timbalier
percussionniste

Timbrage
affranchissement, estampillage

Timbre
accent, cachet, cloche, clochette, étiquette, grelot, marque, patch, poinçon, sceau, son,

sonnerie, sonnette, sonorité, tampon, ton,
tonalité, vignette, voix

Timbré
affranchi, fou, loufoque, marqué

Timbre vocal plus aigu que le timbre normal
fausset

Timbrer
affranchir, estampiller, marquer, tamponner

Timide
coincé, complexé, craintif, effacé,
effarouchable, effarouché, embarrassé,
faible, farouche, frileux, gauche, gêné,
hésitant, indécis, introverti, mou, peureux,
pogné, pudibond, pusillanime, réservé,
sauvage, tiède, timoré, transi

Timidité
appréhension, confusion, crainte, embarras,
faiblesse, frilosité, gaucherie, gêne, honte,
humilité, indécision, inhibition, introversion,
modestie, pudeur, pusillanimité, réserve,
tiédeur

Timon
barre, flèche, gouvernail, palonnier

Timonier
nautonier, pilote

Timoré
couard, craintif, dégonflé, effarouché, frileux,
froussard, peureux, pleutre, poltron, prudent,
pusillanime, timide

Tin
béquille, billot

Tincal
borax

Tine
cuvette

Tintamarre
barouf, boucan, brouhaha, bruit, cacophonie,
charivari, fracas, potin, ramdam, sabbat,
tapage, vacarme

Tinté
sonné

Tintement
bruit, carillon, tintinnabulement

Tintement d'une cloche d'église
glas

Tintement lent et répété annonçant la mort
glas

Tinter
carillonner, corner, résonner, retentir,
sonnailler, sonner, tintinnabuler, vibrer

Tintinnabulé
sonné

Tintinnabulement
tintement

Tintinnabuler
sonner, tinter

Tipi
chapiteau, tente

Tipule
moustique

Tique
acarien, acarus, ixode

Tiquer
rechigner, sourciller, tressaillir

Tiqueté
tacheté, tigré

Tiqueture
tache

Tir
décharge, feu, lancer, rafale, salve

Tir soutenu d'un ou plusieurs canons
canonnade

Tirade
allocution, couplet, développement, discours,
laïus, monologue, réplique, tartine

Tirage
aérage, aération, cliché, conflit, difficulté,
édition, épreuve, étirage, friction, gravure,
halage, heurt, impression, photo, publication,
tension, tiraillement, traction, trait, tréfilage,
typographie

Tiraillement
spasme, tension, tirage

Tirailler
ballotter, canarder, convulser, déchirer,
écarteler, harceler, houspiller, importuner,
partager, tourmenter

Tirailleur algérien
turco

Tirant
ganse

Tirant sur le bleu
bleuâtre

Tire
voiture

Tiré
allongé, amené, défait, enlevé, étiré, fatigué,
imprimé, tué

Tire-au-flanc
fainéant, paresseux

Tire-fesses
téléski

Tire-fond
vis

Tirelire
cagnotte, caisse, cassette, épargne

Tirer
abaisser, abattre, allonger, amener, assécher,
botter, déduire, dégager, dégainer, dépêtrer,
descendre, détirer, distendre, éditer,
emprunter, enlever, entraîner, étendre, étirer,
exprimer, extirper, extraire, fermer, gagner,

haler, imprimer, inférer, lisser, obtenir, ouvrir, photocopier, pomper, pousser, prendre, puiser, raidir, ramener, recevoir, récolter, recueillir, relever, remonter, remorquer, reproduire, retirer, sortir, tendre, touer, tracer, tracter, traîner, treuiller, trouver, tuer, viser, voler

Tirer au moyen d'un véhicule ou d'un procédé mécanique
tracter

Tirer comme conséquence d'un fait
inférer

Tirer d'erreur
détromper

Tirer d'un mauvais pas
débourber

Tirer de l'ivresse
dessouler

Tirer de son fourreau
dégainer

Tirer de son portefeuille
débourser

Tirer le lait du pis
traire

Tirer le meilleur parti possible de quelque chose
optimiser

Tirer plaisir
jouir

Tirer un véhicule derrière soi
remorquer

Tirer une flèche d'un arc
décocher

Tiret
coupure, division, trait

Tirette
tablette

Tireur
chasseur, escrimeur, fusil, fusilier, gâchette, toueur

Tireur à l'arc
archer

Tiroir
case, casier, compartiment

Tisane
boisson, décoction, infusion, macération, thé

Tison
braise, brandon

Tisonné
fourgonné, tacheté

Tisonner
fourgonner

Tisonnier
fourgon, râble, ringard

Tissage
tramage

Tissage artisanal
lirette

Tissé comme le damas
damassé

Tisser
arranger, brocher, combiner, comploter, échafauder, entrelacer, fabriquer, ficeler, manigancer, monter, nouer, ourdir, tramer, tresser

Tisser de nouveau
retisser

Tisserand
licier, tisseur

Tisseur
licier, tisserand

Tissu
alaise, alèse, brocart, cachemire, chair, coton, cotonnade, drap, enchaînement, enchevêtrement, enfilade, étoffe, gabardine, lainage, linge, matière, mélange, membrane, peau, popeline, satin, serge, série, soierie, textile, toile

Tissu à armure façonnée
peluche

Tissu à chaîne de soie
popeline

Tissu à mailles
jersey

Tissu à mailles lâches
cellular

Tissu à mailles rondes
tulle

Tissu à poils longs
peluche

Tissu adipeux sous-cutané du porc
lard

Tissu composé de fibres d'amiante
amiante

Tissu conjonctif blanchâtre, élastique, résistant et parfaitement lisse
cartilage

Tissu couvrant la tête et la gorge des religieuses
guimpe

Tissu couvrant le corps d'un animal
tégument

Tissu d'armure croisé
coutil

Tissu d'armure sergé en laine
serge

Tissu damassé
basin

Tissu de coton
  denim

Tissu de coton gratté pour avoir un aspect velouté
  veloutine

Tissu de coton pelucheux
  finette, pilou

Tissu de coton, fin et serré
  percale

Tissu de crêpe épais
  crépon

Tissu de joncs entrelacés
  natte

Tissu de laine
  drap, flanelle, tartan

Tissu de laine à côtes très fines
  gabardine

Tissu de laine cardée
  tweed

Tissu de laine épais
  ratine

Tissu de laine imperméable
  loden

Tissu de laine ou de coton
  molleton

Tissu de réserve d'une graine destiné à être consommé par l'embryon
  albumen

Tissu de soie
  soierie, taffetas

Tissu de soie ou de laine
  damas

Tissu du corps humain
  chair

Tissu écossais de laine ou de coton
  tartan

Tissu en armure toile
  linon

Tissu en fibres de raphia
  rabane

Tissu en laine feutrée caractérisé par sa légèreté
  feutrine

Tissu fait de fils de lin, de coton, etc.
  toile

Tissu formé avec des aiguilles
  tricot

Tissu léger
  tulle

Tissu léger de laine
  serge

Tissu léger en coton
  flanelle

Tissu léger et transparent
  gaze

Tissu molletonné utilisé pour confectionner la doublure de certains vêtements
  ouatine

Tissu nourricier typique des angiospermes
  albumen

Tissu peu serré de crin
  étamine

Tissu polaire
  polar

Tissu pour emmailloter un bébé
  lange

Tissu qui imite l'aspect d'une peau fine
  suédine

Tissu qui produit une sécrétion sucrée
  nectaire

Tissu sergé
  denim

Tissu serré de soie
  crêpe

Tissu souple de coton
  cellular

Tissu spongieux
  diploé

Tissu synthétique
  lycra

Tissu très ajouré
  dentelle

Tissu végétal
  liber

Tissu végétal épais
  liège

Titan
  colosse, géant, goliath, hercule, mastodonte, surhomme

Titano
  Ti

Titanesque
  colossal, cyclopéen, démesuré, énorme, formidable, géant, gigantesque, herculéen, monstrueux, monumental, prométhéen, surhumain

Titanique
  colossal, gigantesque

Titi
  gamin, gavroche, gone

Titillant
  racoleur

Titillé
  énervé, préoccupé

Titiller
  agacer, allécher, asticoter, attirer, chatouiller, chicoter, préoccuper, provoquer, taquiner, tarabuster, toucher, tracasser, turlupiner

Titine
  verrue

Titrage
degré, titre

Titre
acte, aloi, appellation, billet, bon,
cause, cédule, certificat, comte, degré,
dénomination, diplôme, division, document,
effet, fonction, frontispice, grade, instrument,
intitulé, loi, manchette, motif, nom, papier,
pièce, poids, qualification, qualité, raison,
rang, rubrique, sir, sire, spécification, teneur,
titrage, traite, valeur, warrant

Titre accordé à une femme qui n'a pas droit au titre de lady
mistress

Titre d'honneur
altesse

Titre d'un album de France D'Amour
Nomade

Titre d'un album du groupe Pink Floyd
Meddle

Titre d'un alliage
aloi

Titre d'un article
rubrique

Titre d'un film de Steven Spielberg
ET

Titre d'un magazine
GEO

Titre de certains ouvrages de liturgie
rational

Titre de noblesse
baron, comte, lord, marquis

Titre de noblesse au Japon
kami

Titre de pair
pairie

Titre de patron
patronat

Titre de respect indien
sahib

Titre des pasteurs
révérend

Titre des souverains mongols
kan, khan

Titre donné à certains religieux
dom

Titre donné à un prêtre séculier
abbé

Titre donné aux bourgeoises
madame

Titre donné aux princesses indiennes
bégum

Titre donné dans l'Inde musulmane aux grands dignitaires
nabab

Titre et dignité de pair
pairie

Titre féodal donné à certains seigneurs
sire

Titre héréditaire d'un ordre de chevalerie
baronnet

Titre honorifique dans l'Empire ottoman
pacha

Titre honorifique de religieux et de religieuses
révérend

Titre honorifique indien
pandit

Titre indiquant la matière d'un article
rubrique

Titre légal d'une monnaie
aloi

Titre porté par des souverains du Moyen-Orient
chah, schah, shah

Titre porté par les souverains éthiopiens
négus

Titre pris par Mussolini
duce

Titre religieux
imam

Titre seigneurial
marquis

Titrer
intituler

Titres
honneurs

Titubant
vacillant

Tituber
chanceler, flageoler, osciller, tanguer,
trébucher, vaciller, zigzaguer

Tituber dans sa marche
tanguer

Titulaire
détenteur, porteur, possesseur

Titulaire d'un abonnement
abonné

Titulaire d'un baccalauréat
bachelier

Titulaire d'une charge militaire
officier

Tl
thallium

Tm
thulium

TN
téranewton

TNT
explosif, trinitrotoluène

To
téraoctet

Toast
allocution, discours, rôtie, tranche

Toboggan
traîneau

Toc
camelote, citron, clinquant, cochonnerie,
imitation, onomatopée, pacotille, quincaillerie,
strass, verroterie

Tocade
aventure, béguin, fantaisie, flirt, lubie,
passade, passion

Tocante
montre

Tocard
abruti, nullard, nullité, ridicule, ringard, tarte

Tocsin
alarme, glas, signal, sonnerie

Toge
enveloppe, robe, vêtement

Toge ornée de bandes pourpres
trabée

Tohu-bohu
agitation, barouf, chaos, désordre, potin,
sabbat, tapage, tintamarre, tumulte, vacarme

Toi
tézig, tózigue, tu

Toile
batiste, canevas, coutil, film, hollande,
indienne, linge, linoléum, linon, moleskine,
mousseline, peinture, tableau, tissu, voile,
voilure

Toile croisée et serrée
coutil

Toile d'un parachute
voilure

Toile de chanvre très résistante
treillis

Toile de coton à carreaux
vichy

**Toile de coton assez grossière, de qualité très
ordinaire**
calicot

Toile de coton lustrée
percaline

Toile de lin d'un tissu très fin et très serré
batiste

Toile de lin fine
linon

Toile protectrice
prélart

Toile qui sépare la scène de la salle
rideau

Toilettage
épuration, lifting, toilette

Toilette
ablution, astiquage, atour, bain, habillement,
habit, mise, nettoiement, parure, propreté,
soin, tenue, toilettage, vêtements

Toiletté
épuré

Toiletter
bichonner, corriger, décrasser, épurer, laver,
nettoyer, pomponner, retoucher

Toilettes
cabinets, latrines, waters

Toilettes féminines
atours

Toiser
chaîner, dévisager, examiner, inspecter,
mépriser, mesurer, observer, regarder, scruter

Toison
agnelin, chevelure, cheveux, crinière,
fourrure, lainage, laine, pelage, poil, tignasse

Toit
abri, asile, couverture, demeure, domicile,
foyer, gîte, habitation, havre, logement,
logis, maison, nid, pénates, refuge, retraite,
terrasse, toiture

Toit vitré
verrière

Toiture
couverture, faîtage, toit

Tôlard
bagnard, détenu, prisonnier

Tôle
prison

Tolérable
acceptable, admissible, buvable, endurable,
possible, supportable, tenable, vivable

Tolérance
complaisance, compréhension, délai,
indulgence, largeur, latitude, laxisme,
libéralisme, mansuétude, marge, patience,
permissivité, relâchement, résistance,
respect, solidité, temps, tenue, tolérantisme,
volant

Tolérance excessive
laxisme

Tolérant
accommodant, complaisant, compréhensif,
conciliant, débonnaire, doux, endurant,
facile, indulgent, large, libéral, magnanime,
ouvert, permissif

Tolérantisme
tolérance

Toléré
admis, licite, permis, possible

Tolérer
accepter, admettre, autoriser, avaler,
comporter, digérer, endurer, excuser,

pardonner, passer, permettre, respecter, souffrir, supporter, vouloir

Toliara
tuléar

Tôlier
hôtelier, patron

Tollé
chahut, charivari, clameur, cri, haro, huée, protestations

Tomahawk
hache

Tomaison
division

Tomate
écarlate, rouge

Tombal
tumulaire

Tombant
ballant, flasque, pendant, retombant

Tombe
caveau, cénotaphe, cercueil, fosse, sépulcre, sépulture, tombeau

Tombé
abattu, pendu, roulé, vautré

Tombeau
caveau, cénotaphe, cercueil, hypogée, koubba, marabout, mausolée, sarcophage, sépulcre, sépulture, tombe

Tombeau des pharaons égyptiens à base quadrangulaire dont les quatre faces triangulaires se rejoignent en un seul sommet
pyramide

Tombeau vide élevé à la mémoire d'un mort
cénotaphe

Tombée
chute, crépuscule, fin

Tombée de la nuit
brunante, brune

Tombée du jour
brunante

Tomber
abattre, affaiblir, affaler, apaiser, approcher, arriver, atténuer, baisser, basculer, calmer, capituler, céder, cesser, choir, chuter, couler, culbuter, décliner, dégoutter, dégringoler, descendre, dévaler, dévisser, diminuer, disparaître, ébouler, échapper, écrouler, effondrer, éteindre, faiblir, faillir, glisser, mourir, pendre, périr, piquer, pleuvoir, réduire, rouler, ruisseler, sauter, sombrer, succomber, traîner, trébucher, valdinguer, valser, vautrer, verser

Tomber en ruine
périr

Tomber malade de nouveau
rechuter

Tomber par morceaux
ébouler

Tomber sur
rencontrer

Tomber, en parlant de la neige
neiger

Tomber, en parlant du crachin
crachiner

Tombereau
charrette, multitude, torrent

Tombeur
casanova, lovelace, séducteur

Tombola
loterie

Tome
division, livre, volume

Tomenteux
velu

Tomette
briquette

Tomodensitomètre
scanneur, scanner

Ton
accent, carnation, coloration, coloris, couleur, degré, facture, forme, inflexion, intonation, langue, manière, mode, modulation, note, nuance, parole, patte, plume, possessif, registre, son, style, teint, teinte, tien, timbre, tonalité, touche, tournure, voix

Ton pathétique excessif
pathos

Tonalité
accent, carnation, coloration, coloris, couleur, degré, facture, forme, intonation, note, nuance, registre, sonorité, style, teinte, timbre, ton, touche, tournure

Tondage
tonte, tonture

Tondaison
tonte, tonture

Tondeuse
faucheuse

Tondre
couper, déposséder, dépouiller, escroquer, faucher, raser, ratiboiser, tailler

Tondu
pelé, ras, rasé

Tong
chaussure, sandale

Tonicité
intensité, tonus, vivacité

Tonifiant
fortifiant, reconstituant, remontant, réparateur, revigorant, roboratif, stimulant, tonique, vivifiant

Tonifié
affermi

Tonifier
affermir, durcir, dynamiser, fortifier, raffermir, ragaillardir, raviver, revivifier, stimuler, vivifier

Tonique
accentué, bienfaisant, cordial, dynamique, énergique, excitant, fortifiant, généreux, réconfortant, remontant, remuant, revigorant, roboratif, sain, salubre, stimulant, tonifiant, vif, vivifiant

Tonique, cordial
remontant

Tonitruant
assourdissant, bruyant, éclatant, énorme, perçant, résonnant, retentissant, sonore, strident, tonnant, vibrant

Tonitruer
aboyer, brailler, crier, égosiller, époumoner, exploser, fulminer, hurler, mugir, rugir, tempêter, tonner, vociférer

Tonka
fève

Tonnage
capacité, contenance, cubage, gabarit, jauge, tonneau, volume

Tonnant
éclatant, grondeur, retentissant, sonore, tonitruant, vibrant

Tonneau
baril, barrique, boucaut, caque, feuillette, foudre, fût, futaille, jauge, muid, pièce, tonnage

Tonneau pour mettre le vin
fût

Tonnelet
baril, fût

Tonnelier
commerçant

Tonnelle
berceau, charmille, gloriette, pergola

Tonnelle couverte d'une vigne grimpante
pampre

Tonner
crier, éclater, exploser, fulminer, gronder, hurler, indigner, pester, protester, râler, rouspéter, rugir, tempêter, tonitruer, vitupérer, vociférer

Tonnerre
éclair, foudre, fracas, grondement, orage, tempête

Tonsure
alopécie, calvitie, pelade

Tonsuré
rasé

Tonsurer
raser

Tonte
coupe, rasage, taille, tondage, tondaison, tonture

Tonton
oncle

Tonture
taille, tondage, tondaison, tonte

Tonus
dynamisme, énergie, pep, punch, ressort, tonicité, vitalité

Top
bip

Top-model
mannequin, modèle

Top-modèle brésilienne
Bündchen, Gisele

Topaze
chrysolithe, fluor, jaune

Topette
bouteille, flacon

Topo
discours, exposé, laïus, plan

Topographie
relief

Toponymie
linguistique

Toquade
dada, folie, foucade, manie

Toquard
abruti

Toque
bombe, bonnet, chapeau, coiffure

Toqué
épris, féru, fou

Toque ronde et plate
béret

Torche
flambeau, lampe, torque, tortillon

Torcher
bâcler, bousiller, cochonner, essuyer, expédier, gâcher, nettoyer, trousser

Torchis
pisé, torchon

Torchon
chiffon, lavette, loque, serpillière, serviette, torchis

Tordage
torsion

Tordant
drôle

Tordeur
essoreuse

Tordeuse
chenille

Tordre
câbler, convulser, corder, courber, déformer, distordre, fausser, forcer, gauchir, mailler, plier, ployer, presser, torsader, tortiller, tourner, vriller

Tordre à plusieurs tours
tortiller

Tordre plusieurs fils pour former un câble
câbler

Tordu
absurde, arqué, baroque, biscornu, bizarre, busqué, cagneux, compliqué, contourné, courbé, courbe, croche, déformé, déjeté, dévié, difforme, embrouillé, extravagant, farfelu, fou, gauche, gauchi, noueux, pervers, plié, recroquevillé, retors, saugrenu, tors, tortu, tortueux, torturé, tourmenté, vrillé

Tore
boudin

Toréador
matador, torero

Torero
matador, toréador

Torero chargé de la mise à mort
espada, matador

Torgnole
gifle

Tornade
bourrasque, cyclone, grain, ouragan, rafale, tempête, tourmente, trombe, typhon

Toron
cordon

Toronner
câbler

Torpeur
abattement, accablement, apathie, assoupissement, atonie, dépression, engourdissement, inaction, inactivité, indolence, langueur, léthargie, prostration, sommeil, somnolence

Torpiller
couler, démolir, ruiner, saborder, saboter, saper

Torque
bijou, torche

Torréfacteur
brûloir

Torréfaction
grillage

Torréfier
brûler, calciner, griller, rôtir

Torrent
avalanche, averse, bordée, cascade, cataracte, déferlement, déluge, fleuve, flot, flux, multitude, pluie, rivière, ruée, ruisseau, tombereau

Torrentiel
abondant, diluvial, diluvien, impétueux, torrentueux, violent

Torrentueux
impétueux, torrentiel

Tors
contourné, difforme, noué, noueux, tordu, torsadé, tortu, vrillé

Torsade
frange, rudenture, spirale, tresse

Torsadé
tors

Torsader
cordeler, corder, natter, tordre, tortiller, tresser

Torse
buste, poitrail, poitrine, thorax, tronc

Torsion
bistournage, contorsion, contraction, crispation, déformation, distorsion, tordage, torticolis

Tort
affront, atteinte, défaut, dégât, démérite, dommage, erreur, faute, injustice, lésion, mal, nuisance, outrage, préjudice, travers

Torticolis
torsion

Tortilla
galette

Tortillard
train

Tortille
chemin

Tortillement
balancement, déhanchement, trémoussement

Tortiller
balancer, cordeler, corder, remuer, tordre, torsader, tourner, tresser

Tortiller en cordon
cordonner

Tortillon
bourrelet, serpentin, torche

Tortoir
bâton

Tortu
arqué, bancal, faux, retors, tordu, tors, tortueux

Tortue d'eau douce vivant surtout dans la vase
cistude

Tortueux
anfractueux, artificieux, dissimulé, flexueux, fourbe, hypocrite, oblique, ondoyant, perfide, retors, serpentin, sinueux, sournois, tordu, tortu, traître

Torturant
aigu, lancinant, térébrant

Torture
affres, agonie, atrocité, calvaire, douleur,
épreuve, géhenne, gêne, mal, martyre, peine,
question, souffrance, supplice, tourment

Torturé
tordu, tourmenté

Torture, supplice
martyre

Torturer
crucifier, déchirer, défigurer, déformer,
dénaturer, dévorer, forcer, hanter,
infliger, martyriser, oppresser, persécuter,
questionner, ronger, supplicier, tarauder,
tenailler, tourmenter, violenter

Torve
louche

Tôt
matinal, précocement

Total
absolu, addition, aveugle, chiffre, complet,
compte, ensemble, entier, finalement,
général, global, inconditionnel, intégral,
masse, molaire, montant, mortel, note,
parfait, plein, plénier, profond, radical,
résultat, royal, somme, totalité, tout, unanime

Total des sommes d'argent reçues
recette

Total, quantité
somme

Totalement
absolument, bien, carrément,
essentiellement, purement, tout

Totalement déraisonnable
délirant

Totalisé
additionné

Totaliser
additionner, compter, cumuler, grouper,
rassembler, réunir, sommer

Totalitaire
absolu, arbitraire, autocratique, autoritaire,
despotique, dictatorial, omnipotent, oppressif,
tyrannique

Totalitarisme
dictature, fascisme

Totalité
bloc, ensemble, entier, entièreté, globalité,
intégralité, intégrité, masse, parc, plénitude,
somme, total, tout, universalité

Totem
amulette

Totémisme
fétichisme, idolâtrie, religion

Toto
lente, pou

Touage
halage

Touareg
maure, more, tamachek, targui

Toubib
médecin, praticien

Touchant
adjacent, affectif, attachant, attendrissant,
concernant, désarmant, émouvant,
pathétique, poétique, poignant, prenant,
tendre, vibrant

Touche
accent, air, allure, apparence, bouton, brin,
cachet, dégaine, expression, genre, griffe,
main, manière, note, nuance, patte, style,
teinte, ton, tonalité, tournure

Touché
affecté, ému, éprouvé, lésé, marqué

Toucher
aborder, accoster, adresser, affecter, apitoyer,
atteindre, attendrir, attouchement, avoisiner,
blesser, bouleverser, caresser, chatouiller,
cogner, concerner, confiner, contact,
contacter, côtoyer, désarmer, ébranler,
effleurer, émouvoir, empocher, encaisser,
entamer, éprouver, examiner, fléchir, frapper,
froisser, frôler, gagner, heurter, intéresser,
interpeller, joindre, jouxter, léser, manier,
manipuler, marquer, offenser, palpation,
palper, pénétrer, percevoir, persuader, rafler,
rallier, recevoir, recouvrer, regarder, remuer,
rencontrer, taper, taponner, tâter, titiller,
tripoter, troubler, trouver

Toucher la rive
arriver

Toucher légèrement
frôler

Toucher les limites de
confiner

Toucher terre
apponter, atterrir

Toucher une somme d'argent
empocher

Toue
bac, esquif

Touée
câble

Touer
haler, remorquer, tirer, tracter, traîner

Toueur
haleur, remorqueur, tireur

Touffe
aigrette, bosquet, bouquet, buisson, crêpe,
crinière, épi, gerbe, houppe, huppe, mèche,

panache, plumet, toupet, toupillon, trochée,
trochet

Touffe d'arbrisseaux
buisson

Touffe de cheveux
houppe, mèche

Touffe de crins derrière le boulet du cheval
fanon

Touffe de jeunes tiges de bois
cépée

Touffe de plumes décorant une coiffure
plumet

Touffe de plumes que portent certains oiseaux
huppe

Touffe de poils
barbe

Touffe de rejets de bois
cépée

Touffe de ronces
roncier

Touffeur
chaleur, étouffement, moiteur

Touffu
abondant, broussailleux, compact,
compliqué, dense, dru, embrouillé,
épais, feuillu, foisonnant, fourni, hirsute,
impénétrable, luxuriant, serré

Touiller
mélanger, tourner

Toujours
cependant, constamment, continuellement,
continûment, encore, immanquablement,
inéluctablement, invariablement,
perpétuellement, systématiquement

Toujours divisible par deux
pair

Toundra
steppe

Toupet
aplomb, audace, culot, effronterie, épi,
front, hardiesse, houppe, impertinence,
impudence, insolence, mèche,
outrecuidance, touffe

Toupie
jouet, moine, pirouette, sabot

Toupiller
tournoyer

Toupillon
houppette, touffe

Tour
abri, air, allure, alternance, art, artifice,
astuce, attrape, balade, belvédère, blague,
bordure, cabriole, cercle, circonférence,
circonvolution, circuit, circumduction,
combine, contour, coude, coup, courbe,
détour, direction, évolution, excursion,

facétie, façon, farce, ficelle, forme, giration,
immeuble, locution, marche, méandre,
mystification, niche, numéro, pérégrination,
périmètre, périphérie, périple, pirouette,
plaisanterie, pourtour, promenade,
randonnée, révolution, ronde, rotation,
singerie, sinuosité, sortie, stratagème, style,
subterfuge, supercherie, taquinerie, tournée,
tournure, tr, truc, virée, virevolte, visite, volte,
voyage

Tour complet
boucle

Tour complet d'une spirale
spire

Tour complet, pirouette
volte

Tour d'adresse et de passe-passe
jonglerie

Tour d'une mosquée
minaret

Tour d'une ville
beffroi

Tour de reins
lombago, lumbago

Tour malicieux
niche

Tour municipale d'où l'on faisait le guet
beffroi

Tour ou clocher érigé près d'une église
campanile

Tour principale d'un château fort
donjon

Tour sur soi-même
pirouette

Tourbe
boue, bourbe, bourbier, bousin, gazon,
multitude, peuple, plèbe, populace, racaille,
tournière

Tourbe de qualité inférieure
bousin

Tourbillon
agitation, ouragan, rafale, remous, trombe

Tourbillonnement
agitation

Tourbillonner
agiter, tourner, tournoyer, voleter, voltiger

Tourd
labre

Tourelle
abri, belvédère, casemate, lanterne

Tourie
bouteille

Tourillon
pivot

Touriste
aoûtien, croisiériste, estivant, hivernant, juillettiste, vacancier, visiteur, voyageur

Tourment
adversité, affres, agitation, angoisse, anxiété, bourrèlement, cauchemar, chagrin, croix, déchirement, désolation, épreuve, malaise, martyre, obsession, peine, souci, supplice, torture, tracas

Tourmente
agitation, bouleversement, bourrasque, commotion, cyclone, ébranlement, orage, ouragan, perturbations, tempête, tornade, trouble, tumulte

Tourmenté
accidenté, affligé, affolé, agité, alambiqué, alarmé, alarmiste, angoissé, anxieux, bileux, bilieux, bosselé, chaotique, compliqué, contourné, contrarié, énervé, fiévreux, hanté, houleux, inégal, inquiet, irrégulier, montueux, mouvementé, oppressé, orageux, possédé, préoccupé, secoué, soucieux, tarabiscoté, tempétueux, tordu, torturé, tracassé, travaillé, troublé, tumultueux, vallonné

Tourmenter
affliger, affoler, alarmer, angoisser, assaillir, assiéger, brutaliser, chicaner, chiffonner, déchirer, dévorer, effrayer, ennuyer, gêner, habiter, hanter, harceler, importuner, infester, inquiéter, lanciner, maltraiter, martyriser, molester, obséder, oppresser, persécuter, préoccuper, presser, ronger, secouer, supplicier, taler, talonner, tarabuster, tarauder, tenailler, tirailler, torturer, tracasser, travailler, troubler, turlupiner

Tourmenter moralement
tarauder

Tourmenteur
bourreau, tortionnaire

Tourmentin
foc, pétrel

Tournage
filmage, réalisation

Tournailler
tourner, tournoyer

Tournant
angle, bouleversement, changement, circulatoire, coin, coude, courbe, courbure, croisement, détour, giratoire, lacet, méandre, pivotant, renversement, rotatif, rotatoire, rupture, virage, zigzag

Tourné
aigre, aigri, altéré, alterné, avarié, contourné, débordé, disposé, éventé, exposé, noté, orienté, piqué, pourri, roulé, sur

Tourne-disque
phono, platine

Tourne-oreille
charrue

Tourneboulé
secoué, sonné

Tournebouler
bouleverser, bousculer, secouer, sonner, troubler

Tournebroche
barbecue, marmiton, rôtissoire

Tournedos
bifteck, filet, steak

Tournée
acide, aigre, balade, circuit, déplacement, inspection, parcours, pérégrination, périple, ronde, tour, virée, visite, voyage

Tourner
aigrir, aléser, altérer, alterner, bistourner, braquer, brasser, cailler, chavirer, contourner, corrompre, déborder, dégénérer, dérouler, disposer, éluder, éviter, évoluer, exposer, exprimer, fatiguer, filmer, fonctionner, formuler, gâter, graviter, jouer, malaxer, marcher, mélanger, obliquer, orbiter, orienter, papillonner, passer, permuter, piquer, pirouetter, pivoter, pourrir, présenter, rabattre, réaliser, relayer, remuer, retourner, rouler, surir, tordre, tortiller, touiller, tourbillonner, tournailler, tournicoter, tourniquer, tournoyer, virer, virevolter, visser, volter, voltiger, zigzaguer

Tourner au nord, en parlant du vent
nordir

Tourner comme une toupie
toupiner

Tourner en dérision
bafouer

Tourner en faisant plusieurs tours
tournoyer

Tourner en ridicule
moquer

Tourner en sens contraire
dévirer

Tourner en spirale
tournoyer

Tourner le dos à
dédaigner

Tourner les pages
feuilleter

Tourner mal
dégénérer

Tourner quelqu'un en ridicule par des compliments ironiques
persifler

Tourner sur soi
tournoyer

Tourner sur soi-même
pivoter

Tourner sur un pivot
pivoter

Tourner vers
braquer

Tournesol
girasol, hélianthe, soleil

Tournette
cage, roulette

Tournicoter
tourner

Tournière
tourbe

Tourniole
abcès, phlegmon

Tourniquer
tourner, tournoyer

Tourniquet
tambour

Tournis
étourdissement, vertige

Tournoi
challenge, championnat, compétition,
concours, épreuve, joute, match

Tournoi ouvert aux professionnels et aux amateurs
open

Tournoiement
remous

Tournoyer
pirouetter, pivoter, toupiller, tourbillonner,
tournailler, tourner, tourniquer, virevolter,
voleter, voltiger

Tournure
allure, apparence, aspect, construction,
couleur, cours, déborder, développement,
direction, expression, extérieur, face, façon,
forme, formule, genre, locution, maintien,
manière, marche, physionomie, port,
prestance, style, tendance, ton, tonalité,
touche, tour, visage

Touron
friandise, nougat

Tourte
quiche, tarte

Tourte à base de crème, d'œufs et de lardons
quiche

Tourtereau
amoureux

Tourterelle
colombe, gris

Toussailler
tousser, toussoter

Tousser
cracher, expectorer, graillonner, toussailler,
toussoter

Tousser d'une petite toux peu bruyante
toussoter

Tousser légèrement et souvent
toussoter

Toussotement
toux

Toussoter
expectorer, toussailler, tousser

Tout
bloc, chaque, complet, complètement,
ensemble, entier, entièrement, extrêmement,
intégral, intégralité, plein, pleinement,
pronom, total, totalement, totalité, très

Tout à coup
soudain

Tout alcool de la série aliphatique possédant deux fonctions alcool
glycol

Tout aliment apprêté
mets

Tout appareil de navigation aérienne qui n'est pas un aérostat
aérodyne

Tout appareil volant plus lourd que l'air
aérodyne

Tout autour
alentour

Tout ce qui entre dans la composition d'un lit
literie

Tout ce qui sert à transmettre
véhicule

Tout composé organique dérivant de l'ammoniac
amide

Tout contre
auprès

Tout élément filamenteux
fibre

Tout État puissant et son territoire
empire

Tout gonflement pathologique
tumeur

Tout le monde
tous

Tout le temps
constamment

Tout liquide organique
humeur

Tout moyen de transport
véhicule

Tout petit
infime, petiot

Tout petit parasite
acarien

Tout seul
seulet

Tout son soûl (À)
satiété

Tout-petit
bébé

Tout-puissant
puissant, souverain

Toute cérémonie du culte
office

Toute maladie causée par des bacilles
bacillose

Toute maladie de la peau
dermatose

Toute nébuleuse spirale analogue à celle dont fait partie le Soleil
galaxie

Toute personne ou chose
chacun

Toute petite branche avec des feuilles
ramille

Toute philosophie qui ramène l'existence à l'idée
idéalisme

Toute structure en forme d'amande
amygdale

Toute-épice
nigelle

Toute-puissance
pouvoir

Toutefois
cependant, mais, néanmoins, nonobstant, pourtant, seulement

Toutes les levées, dans certains jeux de cartes
chelem

Toutes taxes comprises
TTC

Toutou
chien, chiot, peluche

Toux
angine, expectoration, quinte, toussotement

Toxémie
empoisonnement, intoxication

Toxi-infection
botulisme

Toxicité
malignité, nocivité, nocuité, nuisance

Toxicomane
intoxiqué, opiomane

Toxicomane qui absorbe ou fume de l'opium
opiomane

Toxicomanie de ceux qui abusent du tabac
tabagisme

Toxicomanie due à l'usage de l'opium
opiomanie

Toxine
toxique

Toxique
asphyxiant, dangereux, délétère, empoisonné, mauvais, méphitique, nocif, nuisible, pathogène, poison, suffocant, toxine, vénéneux, venimeux

Tr
tour

Trac
angoisse, anxiété, appréhension, crainte, frousse, peur, trouille

Traçage
tracement

Tracas
adversité, affolement, agitation, angoisse, anxiété, aria, cassement, crainte, désagrément, difficulté, embarras, embêtement, ennui, hantise, inquiétude, peine, plaie, soin, souci, tourment

Tracassé
alarmé, anxieux, contrarié, énervé, inquiet, préoccupé, soucieux, tourmenté, travaillé

Tracasser
agacer, alarmer, chagriner, chicaner, chicoter, chipoter, contrarier, embêter, ennuyer, inquiéter, lanciner, miner, obséder, préoccuper, ronger, tarabuster, tenailler, titiller, tourmenter, travailler, troubler, turlupiner

Tracasserie
brimade, ennui, misère, vexation

Tracassier
tatillon

Trace
apparence, auréole, cicatrice, conséquence, couture, empreinte, foulée, impression, indication, indice, lueur, marque, mémoire, ombre, ornière, particule, pas, passée, piste, preuve, relent, repère, reste, séquelle, sillage, soupçon, souvenir, stigmate, tache, teinte, témoignage, témoin, traînée, vestige, voie

Tracé
dessin, figure, forme, graphique, plan, pointillé, trait, trajet

Trace creusée dans le sol
ornière

Trace d'encre
bavure

Trace d'une bête
foulée

Trace d'une roue dans le sol
ornière

Trace de lumière
rayon

Tracé généré par un cardiographe
cardiogramme

Tracé géométrique sommaire
diagramme

Tracé par une main tremblante
tremble

Trace qui reste sur un corps après son froissement
froissure

Trace, reste
relent

Tracement
traçage

Tracer
baliser, brosser, circonscrire, construire, crayonner, décrire, dessiner, ébaucher, esquisser, figurer, former, frayer, indiquer, inscrire, jalonner, marquer, matérialiser, montrer, ouvrir, piqueter, signaliser, tirer

Tracer à l'aide de piquets
piqueter

Tracer un profil
profiler

Tracer une laie
layer

Traceret
poinçon, traçoir

Traceur
marqueur

Traçoir
traceret

Tract
brochure, pamphlet, papillon

Tracter
remorquer, tirer, touer

Traction
locomotion, pompe, remorquage, remorque, tirage

Tractionnaire
routier

Tradition
convention, coutume, croyance, délivrance, folklore, habitude, héritage, légende, legs, livraison, mode, mythe, passé, pratique, rite, rituel, us, usage

Traditionalisme
routine

Traditionaliste
bourgeois, formel, orthodoxe

Traditionnel
classique, habituel, ordinaire, orthodoxe, populaire, rituel

Traditionnellement
généralement

Traducteur
bilingue, interprète

Traduction
adaptation, expression, interprétation, manifestation, reflet, représentation, synthèse, thème, transcodage, transposition, version

Traduction littérale
calque

Traduction, transcription
décodage

Traduire
déchiffrer, décoder, décrypter, dénoter, exprimer, gloser, manifester, montrer, peindre, porter, refléter, reproduire, restituer, révéler, signifier, trahir, transcoder, transcrire, transposer

Traduire une grande joie
rayonner

Trafic
carambouillage, circulation, commerce, contrebande, magouille, malversation, maquignonnage, mouvement, négoce, passage, traite, tripotage

Traficoter
trafiquer

Trafiquant
négociant, passeur

Trafiqué
frelaté

Trafiquer
adultérer, altérer, bricoler, combiner, commercer, contrefaire, dénaturer, fabriquer, faire, falsifier, ficher, frelater, fricoter, magouiller, manigancer, négocier, piper, traficoter, tramer, travestir, tripoter, truquer

Tragédie
accident, calamité, catastrophe, désastre, drame, malheur, pièce, théâtre

Tragédien
acteur, comédien

Tragi-comédie
théâtre

Tragicomédie de Corneille
Le Cid

Tragique
abominable, calamiteux, catastrophique, déchirant, dramatique, effroyable, émouvant, funeste, grave, pathétique, poignant, sombre, terrible, théâtral, triste

Trahi
abandonné, déserté, dévoilé, frustré, senti, vendu

Trahir
abandonner, altérer, déceler, déformer, dénaturer, dénoncer, dénoter, déserter, desservir, dévoiler, divulguer, donner, fausser, frustrer, indiquer, livrer, manifester, pervertir, prouver, révéler, sentir, signaler, traduire, tromper, vendre

Trahison
adultère, défection, déloyauté, dénonciation, désertion, duperie, félonie, forfaiture, fourberie, inconstance, infidélité, lâchage, lâcheté, malversation, perfidie, traîtrise, turpitude

Trahison d'un vassal envers son seigneur
félonie

Trahison, hypocrisie
fourberie

Traille
bac, esquif

Train
aérotrain, allure, arroi, batterie, cadence, convoi, derrière, direct, équipage, erre, express, flotte, marche, métro, omnibus, panoplie, pas, rail, rame, rapide, rythme, série, succession, suite, tapage, tempo, tortillard, tramway, tumulte, vacarme, vitesse

Train à grande vitesse
TGV

Train-train
ronron, routine

Traînailler
rôder, traîner

Traînant
lâche, languissant, lent, monotone, morne, mou, pendant

Traînard
dernier, lambin, traîneur

Traînasse
traîneur

Traînassé
resté

Traînasser
lambiner, paresser, rester, rôder, tarder, traîner

Traîne
filet, queue, senne

Traîné
pendu, resté, vautré

Traîne-misère
misérable, pouilleux, tapeur

Traîneau
briska, filet, luge, senne, toboggan, troïka

Traîneau à patins
luge

Traîneau articulé à plusieurs places, qui peut glisser très vite sur des pistes de glace
bobsleigh

Traînée
bavure, chevelure, coulure, dégoulinade, marque, sillage, trace, zébrure

Traîner
allonger, amener, attarder, attendre, bretter, déambuler, dormir, durer, entraîner, éterniser, flâner, haler, lambiner, languir, lanterner, musarder, muser, paresser, passer, pendouiller, pendre, perpétuer, piétiner, poursuivre, prolonger, promener, ramper, remorquer, rester, rôder, stagner, tarder, tirer, tomber, touer, traînailler, traînasser, transporter, trimballer, vautrer

Traîneur
retardataire, traînard, traînasse

Trait
attaque, attribut, barre, brocard, caractère, caractéristique, corde, coup, dard, dessin, épigramme, fait, filet, flèche, glyphe, gorgée, hachure, javelot, jet, lampée, lance, ligne, marque, particularité, pique, pointe, raie, raillerie, rainure, rature, rayon, rayure, saillie, sarcasme, signe, spécificité, strie, symbole, tirage, tiret, tracé

Trait d'esprit
boutade

Trait d'esprit brillant
saillie

Trait d'union
tiret

Trait de génie
illumination

Trait discontinu fait de points
pointillé

Trait par lequel on biffe
biffure

Trait qui divise
division

Trait vertical de certaines lettres
hampe

Traitable
accommodant, conciliant, facile, influençable, maniable, sociable

Traite
mulsion, parcours, titre, trafic, trajet

Traité
accord, alliance, charte, concordat, contrat, convention, cours, discours, dissertation, encyclopédie, engagement, entente, essai, étude, livre, manuel, mémoire, pacte, paix, protocole, thèse

Traite d'un animal domestique femelle
mulsion

Traité de botanique
herbier

Traitement
accueil, appointements, conditionnement, cure, émoluments, gages, gain, honoraires, intervention, manipulation, médecine, médication, opération, paie, paye, procédé, remède, rémunération, revenu, salaire, soins, solde, thérapeutique, thérapie, transformation

Traitement de finition consistant à donner un aspect régulier et poli à une surface
surfaçage

Traitement de mépris
snobisme

Traitement des cuirs, des étoffes
apprêt

Traitement médical
thérapie

Traiter
aborder, accueillir, agiter, appeler, brasser, brusquer, composer, conclure, discuter, étudier, examiner, exposer, insulter, malmener, maltraiter, manier, manipuler, mener, négocier, parlementer, qualifier, recevoir, régaler, soigner, taxer, transiger

Traiter à l'ozone pour purifier
ozoniser

Traiter au soufre
soufrer

Traiter avec de la chaux
chauler

Traiter avec le plus grand mépris
fouler

Traiter avec mépris
vilipender

Traiter avec rudesse
rabrouer

Traiter comme une chose
chosifier

Traiter de haut
snober

Traiter de manière rude
brusquer

Traiter gentiment
mignoter

Traiter quelqu'un avec douceur
câliner

Traiter quelqu'un avec mépris
snober

Traiter rudement en montrant de la mauvaise humeur
rudoyer

Traiter une plante de manière à l'empêcher de grandir
naniser

Traître
adultère, dangereux, délateur, déloyal, déserteur, espion, faux, félon, fourbe, infidèle, insidieux, judas, lâche, parjure, perfide, renégat, sournois, tortueux, transfuge, trompeur, vendu, vilain

Traîtresse
adultère

Traîtrise
déloyauté, félonie, fourberie, perfidie, piège, trahison, tromperie

Traits
visage

Trajectoire
chemin, espace, itinéraire, parcours, portée

Trajectoire d'un corps céleste
orbite

Trajet
chemin, circuit, course, distance, espace, étape, itinéraire, longueur, parcours, route, tracé, traite, voie, vol, voyage

Trajet sinueux
slalom

Tralala
apparat, chichi, façons, luxe

Tram
omnibus, tramway

Tramage
tissage

Trame
canevas, charpente, complot, enchevêtrement, fil, fond, intrigue, manigance, maquette, ossature, plan, ruse, scénario, schéma, squelette, synopsis, texture

Tramer
combiner, comploter, concerter, conjurer, conspirer, couver, échafauder, fabriquer, fricoter, machiner, magouiller, manigancer, méditer, mijoter, monter, mûrir, nouer, ourdir, préméditer, préparer, projeter, tisser, trafiquer

Traminot
wattman

Tramontane
vent

Trampoline
tremplin

Tramway
omnibus, train, tram

Tranchant
abrupt, acéré, affûté, aigre, aigu, aiguisé, autoritaire, bref, brutal, cassant, catégorique, coupant, décisif, dogmatique, émoulu, fil,

impératif, impérieux, incisif, péremptoire, rude, sec, taille

Tranche
barde, bord, bout, carre, classe, côté, morceau, part, partie, phase, plage, portion, quartier, rondelle, tartine, toast, tronçon

Tranché
abattu, carré, contrasté, coupé, désuni, distinct, enlevé, franc, haché, net

Tranche de bœuf grillé ou à griller
bifteck

Tranche de gros poisson
darne

Tranche de lard fumé
bacon

Tranche de pain de mie grillée au four
biscotte

Tranche de pain grillée
rôtie, toast

Tranche de pain recouverte de confiture
tartine

Tranche de pain séchée au four
biscotte

Tranche de viande de bœuf à griller
steak

Tranche de viande mince et ronde
médaillon

Tranche de viande roulée et farcie
paupiette

Tranche mince de poisson
escalope

Tranche mince de viande
escalope

Tranche ronde de filet de bœuf
tournedos

Tranchée
abri, boyau, circonvallation, drain, fossé, fosse, jauge, rigole, sape, sillon

Tranchefile de relieur
comète

Trancher
abattre, arbitrer, choisir, cisailler, contraster, couper, décider, découper, détacher, détonner, fendre, hacher, juger, régler, résoudre, ressortir, rompre, sectionner, solutionner, statuer, tailler

Tranchet
couteau

Tranchoir
coupoir, couteau, tailloir

Tranquille
béat, calme, discret, égal, facile, gentil, heureux, impassible, impavide, lent, pacifique, paisible, placide, quiet, relax, sage, serein, uni

Tranquille et silencieux
coi

Tranquillement
calmement, gentiment, posément, sagement, sereinement

Tranquillisant
apaisant, calmant, rassurant, sédatif

Tranquillisé
rasséréné, rassuré

Tranquilliser
apaiser, calmer, pacifier, rasséréner, rassurer, sécuriser

Tranquillité
accalmie, calme, égalité, flegme, ordre, paix, placidité, quiétude, repos, sagesse, sécurité, sérénité, silence

Tranquillité d'esprit
sérénité

Transaction
accommodement, accord, affaire, arrangement, commerce, composition, compromis, conciliation, concordat, échange, entente, marché, négoce, opération, transfert

Transaction malhonnête
tripotage

Transat
chaise, transatlantique

Transatlantique
paquebot, transat

Transbahuter
porter, transférer, transporter, voiturer

Transbordeur
ferry

Transcendant
éclatant, haut, sublime

Transcender
sublimer

Transcodage
traduction

Transcoder
traduire

Transcription
graphie, report

Transcrire
copier, recopier, reporter, traduire

Transcrire à l'aide d'un code secret
coder

Transcrire un message sous forme codée
encoder

Transcrit
noté

Transe
anxiété, enthousiasme, exaltation, extase, hypnose

Transféré
transmis

Transférer
aliéner, céder, convoyer, délocaliser, déménager, déplacer, donner, léguer, mener, porter, reporter, transbahuter, transmettre, transplanter, transporter, véhiculer, virer

Transfert
aliénation, cession, délocalisation, déménagement, déplacement, identification, projection, redistribution, report, transaction, translation, transmission, transplantation, transport, virement

Transfert de fonds d'un compte à un autre
virement

Transfiguration
métamorphose

Transfigurer
changer

Transfini
aleph

Transformable
amovible

Transformation
adaptation, altération, aménagement, avatar, conversion, devenir, métamorphose, mue, mutation, reconversion, refonte, réforme, renouveau, traitement, variation

Transformation d'une surface lisse en plus grenue
grainage

Transformation du fer en acier
aciérage

Transformation profonde et durable
mutation

Transformation profonde secrète
chimie

Transformation radicale
métamorphose

Transformé
autre, déguisé, différent, évolué

Transformer
altérer, changer, commuer, convertir, déformer, dénaturer, élaborer, façonner, fausser, modifier, refondre, réformer, remanier, rénover, résoudre, rhabiller, travestir, varier

Transformer dans le but d'adapter
remodeler

Transformer en carbonate
carbonater

Transformer en chose
réifier

Transformer en gel
gélifier

Transformer en ions
ioniser

Transformer en ozone
ozoniser

Transformer en peroxyde
péroxyder, suroxyder

Transformer en robot
robotiser

Transformer en satellite
satelliser

Transformer en savon
saponifier

Transformer en star
stariser

Transformer en vedette
stariser

Transformer en verglas
verglacer

Transformer un métal en feuilles
laminer

Transformer une matière organique en charbon
carboniser

Transformer une substance en fluide gazeux
gazéifier

Transfuge
déserteur, dissident, espion, félon, judas, parjure, rebelle, renégat, révolté, traître

Transfuser
infuser

Transgresser
déroger, franchir, manquer, mépriser, outrepasser, piétiner, violer

Transgression
accroc, infraction, péché, violation

Transhumance
migration

Transi
cloué, congelé, engourdi, figé, gelé, glacé, languide, médusé, paralysé, pétrifié, refroidi, saisi, tétanisé, timide

Transiger
arranger, composer, entendre, négocier, pactiser, traiter

Transir
congeler, geler, givrer, glacer, paralyser, saisir

Transistor
poste, radio

Transistor à effet de champ
MOS

Transit
passage, transport

Transitaire
transporteur

Transiter
passer

Transition
adaptation, ajustement, changement, enchaînement, évolution, liaison, lien, passage, pont, progression

Transitionnel
transitoire

Transitoire
court, éphémère, épisodique, fugace, fugitif, intérimaire, momentané, passager, précaire, provisoire, temporaire, transitionnel

Translation
transfert, transport

Translucide
diaphane, limpide, lucide, transparent

Transmettre
adresser, céder, circuler, communiquer, conduire, déléguer, diffuser, donner, émettre, enseigner, envoyer, expédier, exprimer, infuser, injecter, inoculer, laisser, léguer, négocier, passer, perpétuer, propager, répercuter, révéler, transférer, véhiculer

Transmettre en duplex
duplexer

Transmettre par câble
câbler

Transmettre par contagion
contagionner

Transmettre par télévision
téléviser

Transmettre par télex
télexer

Transmis
adressé, émis, enseigné, légué, propagé, transféré

Transmission
cession, contagion, diffusion, émission, hérédité, transfert

Transmission d'un message sur écran
télex

Transmission d'une maladie
contagion

Transmission de coutumes
tradition

Transmission fondée sur les liens du sang
hérédité

Transmuer
convertir

Transmutation
mutation

Transmuter
convertir, muer, muter

Transparaître
apparaître, paraître

Transparence
clarté, compréhensibilité, diaphanéité, évidence, intelligibilité, limpidité, netteté, pureté

Transparent
accessible, clair, compréhensible, cristallin, diaphane, diapositive, évident, incolore, intelligible, limpide, net, pénétrable, pur, translucide, vaporeux, vitreux

Transpercé
perforé

Transpercer
crever, cribler, darder, embrocher, empaler, encorner, éventrer, forer, larder, mouiller, pénétrer, percer, perforer, tarauder, traverser, tremper, trouer, vriller

Transpercer à plusieurs reprises
larder

Transpercer d'un pieu
empaler

Transpirant
suant

Transpiration
moiteur, sudation, suée, sueur

Transpiration des feuilles
sudation

Transpiré
coulé

Transpirer
dégouliner, dégoutter, ébruiter, éventer, exhaler, exsuder, filtrer, montrer, percer, perler, répandre, respirer, révéler, ruisseler, sourdre, suer, suinter

Transplantation
greffe, repiquage, transfert

Transplanter
acclimater, dépoter, greffer, planter, repiquer, replanter, transférer

Transport
accès, acheminement, adoration, ardeur, cession, charroi, déchaînement, délire, déplacement, effusion, élan, enthousiasme, envoi, exaltation, excitation, expédition, extase, ferroutage, fret, ivresse, locomotion, messagerie, mouvement, passion, port, portage, poste, rage, ravissement, roulage, transfert, transit, translation

Transport de chaleur, de courant, causé par le déplacement d'un fluide
convection

Transport de marchandises par des camions
roulage

Transport en voiture
voiturage

Transport par chariots
charroi

Transport par traîneaux
traînage

Transport par voitures attelées
voiturage

Transportable
amovible, portable, portatif

Transportation
exil

Transporté
amené, emballé, émerveillé, enlevé, éperdu,
exalté, excité, fervent, ivre, roulé, surexcité

Transporter
amener, camionner, charrier, conduire,
convoyer, déménager, déplacer, électriser,
emballer, émerveiller, emmener, emporter,
enfiévrer, enivrer, enthousiasmer, entraîner,
exalter, exciter, galvaniser, mener, porter,
promener, ravir, reporter, rouler, soulever,
surexciter, survolter, traîner, transbahuter,
transférer, trimballer, véhiculer, voiturer

Transporter au loin
emmener

Transporter dans un camion
camionner

Transporter du bois hors du lieu de la coupe
débarder

Transporter en carrosse
carrosser

Transporter la pierre hors de la carrière
débarder

Transporter le bois par flottage
draver

Transporter sur des chariots
charroyer

Transporteur
camionneur, cargo, convoyeur, méthanier,
pétrolier, roulier, routier, transitaire, voiturier

Transporteur nautique
clipper

Transposer
adapter, intervertir, inverser, modifier,
permuter, renverser, traduire

Transposition
adaptation, traduction

Transsuder
filtrer, suinter

Transvasé
versé

Transvaser
couler, dépoter, soutirer, verser, vider

Transvaser à l'aide d'un siphon
siphonner

Transvider
vider

Trapèze
agrès, quadrilatère

Trapéziste
acrobate

Trappe
écoutille, fenêtre, nasse, piège, piégeage,
ratière, tablier

Trappeur
traqueur

Trappiste
père

Trapu
ardu, balèze, baraqué, bouleux, boulot, calé,
costaud, courtaud, difficile, épais, ferré, fort,
gros, instruit, lourd, massif, mastoc, musclé,
puissant, qualifié, râblé, ramassé, robuste,
savant

Traque
battue, chasse, poursuite, rabat, rabattage

Traquenard
embûche, embuscade, galère, guêpier, piège,
rets

Traquer
chasser, forcer, harceler, piéger, pourchasser,
poursuivre, rabattre, suivre, talonner

Traqueur
chasseur, trappeur

Trauma
blessure, commotion, lésion

Traumatisant
affolant

Traumatisé
abasourdi, choqué, horrifié, secoué

Traumatiser
abasourdir, affecter, bouleverser, choquer,
commotionner, ébranler, frapper, horrifier,
perturber, secouer

Traumatisme
choc, commotion, secousse

Travail
acte, action, activité, affaire, besogne, boulot,
business, charbon, corvée, devoir, effort,
emploi, entreprise, état, étude, exécution,
façon, facture, fonction, force, industrie,
intérim, job, labeur, livre, métier, mission,
occupation, œuvre, opération, ouvrage,
peine, pensum, place, poste, profession,
recherche, rôle, service, sinécure, situation,
spécialité, tâche, texte

Travail à jour exécuté en fils tressés et noués
macramé

Travail à l'étampe
étampage

Travail à la muleta, dans une corrida
faena

Travail à la pioche
piochage

Travail acharné
piochage

Travail d'amateur, peu soigné
bricolage

Travail d'une semaine
semaine

Travail de l'esprit
étude

Travail de la terre
culture

Travail de labourage
labour

Travail de menuiserie
boiserie

Travail du bois
menuiserie

Travail du fer forgé
serrurerie

Travail du fileur
filage

Travail facile et bien rémunéré
sinécure

Travail fourni
rendement

Travail grossier
ravaudage

Travail pénible
corvée

Travail qui consiste à niveler un terrain
régalage

Travail sollicité
corvée

Travail temporaire
intérim

Travail, aspect du damassé
damassure

Travaillant
bosseur, bûcheur, trimeur

Travaillé
agité, aiguisé, amélioré, appris, besogné,
bossé, bûché, ciselé, coulé, cultivé, déformé,
élaboré, étudié, excité, fatigué, fermenté,
fignolé, fouillé, galéré, gauchi, gondolé,
gonflé, gratté, inquiété, joué, labouré, léché,
malaxé, marné, modelé, obnubilé, obsédé,
occupé, œuvré, ouvragé, ouvré, peaufiné,
pétri, poli, potassé, préoccupé, raffiné,
ramé, recherché, soigné, sophistiqué, tâché,
tourmenté, tracassé, trimé, trituré, troublé

Travailler
agir, agiter, aiguiser, améliorer, analyser,
apprendre, besogner, bosser, boulonner,
bûcher, ciseler, crever, cultiver, déformer,
élaborer, étudier, exciter, exercer, façonner,
fatiguer, fermenter, fignoler, fouiller, galérer,
gauchir, gêner, gondoler, gonfler, gratter,
harceler, inquiéter, jouer, labourer, lanciner,
malaxer, manier, marner, modeler, obnubiler,
obséder, occuper, œuvrer, ouvrager, ouvrer,
pétrir, polir, potasser, pousser, préoccuper,
produire, ramer, remuer, ronger, soigner,
tâcher, tarabuster, tourmenter, tracasser,
trimer, triturer, troubler

Travailler à l'aide de la toupie
toupiller

Travailler à la molette
moleter

Travailler au jardin en amateur
jardiner

Travailler avec effort
trimer

Travailler dur
marner, trimer, turbiner

Travailler en surface un terrain après la moisson
déchaumer

Travailler fort
cravacher, ramer

Travailler la terre
cultiver, sarcler

Travailler les fibres textiles afin de les démêler à l'aide de cardes
cardage

Travailler un métal
forger

Travailler une peau de manière à la rendre grenue
chagriner

Travailler, raboter à la varlope
varloper

Travailleur
abatteur, actif, affairé, agriculteur, appliqué,
bosseur, bûcheur, consciencieux, courageux,
diligent, employé, laborieux, ouvrier,
prolétaire, salarié, sérieux, studieux, zélé

Travailleur manuel
ouvrier

Travailleur social
TS

Travailleur, porteur chinois ou hindou
coolie

Travaux
galère

Travaux forcés
bagne

Travers
aloyau, défaut, faiblesse, faute, flanc,
imperfection, petitesse, tare, tic, tort, vice

Traversable
guéable

Traverse
barlotière, barre, barreau, contrariété,
difficulté, épar, épreuve, malheur, passe,
revers, traversin, traversine

Traversé
perforé

Traversée
croisière, passage, vol, voyage

Traverser
arroser, couper, croiser, enjamber, filtrer,
franchir, infiltrer, parcourir, passer, pénétrer,
percer, perforer, sillonner, transpercer, vivre

Traversier
bac, ferry

Traversin
coussin, oreiller, polochon, traverse

Traversine
traverse

Travertin
pierre

Travesti
altéré, déguisé, drag, masqué

Travestir
affubler, altérer, camoufler, contrefaire,
costumer, déformer, déguiser, dénaturer,
dissimuler, falsifier, farder, fausser, gauchir,
maquiller, masquer, modifier, trafiquer,
transformer, truquer, vêtir

Travestissement
caricature, parodie

Trébuchement
chute

Trébucher
achopper, broncher, buter, chopper, chuter,
cogner, enfarger, hésiter, tituber, tomber

Tréfilage
étirage, tirage

Tréfilé
étiré

Tréfiler
étirer

Trèfle
tabac

Tréflé
trilobé

Tréfonds
fond, profondeur, recoin, repli, secret

Treillage
claie, clôture, grillage, palmette, treillis

Treillage en bois ou en fer
claie

Treille
pampre, vigne

Treillis
armature, clôture, grillage, treillage

Treillis couvert de verdure
tonnelle

Treillis d'osier
claie

Treillis métallique
grillage

Trek
randonnée

Tremblaie
peupleraie

Tremblant
apeuré, bredouillant, chancelant, chevrotant,
craintif, frémissant, oscillant, palpitant,
pantelant, peureux, tremblotant, vacillant

Tremblement
frisson, palpitation, secousse, spasme,
tremblote, trémolo, trille, vibration

Tremblement de la voix destiné à émouvoir
trémolo

Tremblement de terre
séisme

Tremblement vocal
trémolo

Trembler
agiter, alarmer, appréhender, ballotter,
chevroter, clignoter, craindre, danser,
flageoler, frémir, frissonner, grelotter,
inquiéter, palpiter, remuer, scintiller,
trembloter, trémuler, trépider, tressaillir,
vaciller, vibrer

Trembler de fatigue
flageoler

Trembler légèrement
trembloter

Trembleur
vibreur

Tremblotant
tremblant, vacillant

Tremblote
tremblement

Trembloter
chevroter, grelotter, trembler, vaciller

Trémie
auge, mangeoire

Trémière
passerose

Trémolo
tremblement, vibrato

Trémoussement
tortillement

Trempe
caractère, carrure, correction, énergie, envergure, étoffe, qualité, sorte, stature, valeur

Trempé
coulé, dégoulinant, dégouttant, détrempé, douché, fort, humide, imbibé, imprégné, macéré, moite, mouillé, noyé, plongé, ruisselant, saucé, suintant

Tremper
affermir, aguerrir, arroser, asperger, baigner, blinder, couper, détremper, diluer, doucher, durcir, endurcir, façonner, fortifier, humecter, imbiber, immerger, imprégner, inonder, macérer, mariner, mélanger, mouiller, nager, noyer, plonger, raffermir, saucer, transpercer

Tremper de nouveau
retremper

Tremper les racines de végétaux dans du pralin
praliner

Trempette
baignade, bain

Tremplin
marchepied, plongeoir, trampoline

Tremplin très flexible, en usage dans les cirques
batoude

Trémuler
trembler, trépider, vibrer

Trench
imper

Trente
nombre

Trépan
burin, couronne, drille, foreuse, sonde

Trépas
décès, disparition, fin, mort

Trépassé
décédé, défunt, macchabée, mort

Trépasser
agoniser éteindre, décéder, expirer, mourir, périr

Trépidant
agité, animé, bouillonnant, échevelé, effervescent, frénétique, mouvementé, surexcité, tumultueux, vibrant

Trépidation
palpitation, secousse, vibration

Trépider
branler, osciller, trembler, trémuler, vibrer

Trépied
chevrette, selle

Trépigner
piaffer, piétiner, sauter, sautiller

Trépointe
bande

Très
assai, assez, beaucoup, bien, bigrement, bougrement, énormément, exceptionnellement, excessivement, extrêmement, fantastiquement, fichtrement, follement, formidablement, fort, grandement, hautement, moult, parfaitement, prodigieusement, raide, remarquablement, tellement, terriblement, tout, trop

Très abattu, accablé
prostré

Très abondant, copieux
plantureux

Très agréable
délicieux

Très aigu
suraigu

Très amaigri
émacié

Très aplati
écrasé

Très chaud
bouillant

Très content, ravi
enchanté

Très court
mini, ras

Très difficile à supporter
invivable

Très distingué
éminent

Très drôle
tordant

Très émouvant
bouleversant

Très étonné
éberlué

Très exactement
recta

Très fatigué
rendu

Très fin
ténu

Très fluctuant
volatil

Très grand
géant

Très grand courage
héroïsme

Très grand cours d'eau se déversant dans la mer
fleuve

Très grand nombre
multitude, myriade

Très grande quantité
foison, infinité

Très grave maladie
sida

Très gros
énorme

Très gros chien de garde, de race anglaise
mastiff

Très gros repas
bombance

Très important
crucial

Très inquiétant
affolant

Très intense
puissant

Très médiocre
piètre

Très mince
ténu

Très orné
fleuri

Très petit
menu, minime

Très petit chien originaire du Mexique
chihuahua

Très petit corps de forme sphérique
globule

Très petite carpe
carpillon

Très petite île
îlette, îlot

Très petite quantité
larme, zeste

Très petite racine
radicelle

Très peuplé
populeux

Très rare
rarissime

Très rigoureux
sibérien

Très rouge
rubicond

Très sévère, très rigoureux
draconien, drastique

Trésor
amour, ange, argent, beauté, bijou, butin, capital, cassette, chéri, fortune, magot, merveille, mine, pactole, patrimoine, perfection, perle, prodige, réserve, ressources, richesse, source

Trésor public
fisc

Trésorerie
argent, finances

Trésorier
argentier, caissier, comptable

Tressage
nattage

Tressaillement
frisson, sursaut

Tressaillir
frémir, palpiter, sauter, sursauter, tiquer, trembler

Tressautant
vacillant

Tressautement
saut, secousse, sursaut

Tressauter
cahoter, sauter, sursauter, vaciller

Tresse
attache, baderne, bourdalou, cadenette, cordon, galon, garcette, natte, passement, soutache, torsade

Tresse de fils de coton
mèche

Tresse servant à fixer
raban

Tresser
cordonner, entrelacer, natter, ourdir, tisser, torsader, tortiller

Tréteau
chevalet

Tréteaux
plateau, scène, théâtre

Treuil
cabestan, cric, élévateur, haleur, machine, pouliot, singe, winch

Treuil à axe horizontal
guindeau

Treuil pour enrouler un câble
dévidoir

Treuil vertical
vindas

Treuiller
remorquer, tirer

Trêve
accalmie, armistice, cessation, halte, interruption, paix, pause, relâche, rémission, répit, suspension

Tri
choix, classement, écrémage, présélection, sélection, tamisage, triage, vote

Triade
trilogie, trinité

Triage
calibrage, choix, classement, criblage, sélection, tri

Trial
motocross

Trialcool
triol

Triangle
trigone

Tribord
bord, droite

Tribu
cité, clan, corporation, coterie, division, ethnie, famille, groupe, horde, maisonnée, parti, peuplade, phratrie, smala, société

Tribu errante
horde

Tribu israélite établie en Haute-Galilée
Aser

Tribulations
adversité, aventure, peine

Tribun
débatteur, défenseur, harangueur, orateur, parleur

Tribunal
aréopage, assises, conseil, cour, juridiction, jury, parquet, pénitencerie, prétoire

Tribunal ordinaire du Saint-Siège
rote

Tribune
ambon, article, chaire, débat, discussion, échafaud, estrade, forum, galerie, jubé, rostre

Tribune de certaines basiliques
ambon

Tribut
châtiment, contribution, hommage, imposition, impôt, prix, punition, rançon, récompense, salaire, sanction

Tributaire
subordonné

Tricentenaire
anniversaire

Triche
tricherie

Triché
copié, fraudé, menti, pompé, truandé, truqué

Tricher
copier, dissimuler, filouter, frauder, mentir, pomper, truander, truquer

Tricherie
arnaque, filouterie, fraude, friponnerie, malhonnêteté, supercherie, triche, tromperie, truandage

Tricheur
arnaqueur, biseauteur, copieur, filou, fraudeur, malhonnête, pipeur, truqueur, truquiste

Tricorne
chapeau

Tricot
bâton, cardigan, chandail, gilet, jersey, lainage, maille, pull, sweater, tricotage, trique

Tricot à manches longues
gilet

Tricot avec ou sans manches
pull

Tricot fin en poil de chèvre
cachemire

Tricot orné de dessins géométriques
jacquard

Tricotage
tricot

Tricycle
triporteur

Trident
fourche

Trié
désuni, écrémé, enlevé

Trier
archiver, arranger, calibrer, choisir, classer, classifier, cribler, diviser, écrémer, émonder, filtrer, monder, ordonner, organiser, ranger, sasser, sélectionner, tamiser, ventiler

Trière
galère, trirème

Trieur
sélectionneur

Trieuse
batteuse, crible, volette

Triforium
galerie

Trifouiller
fourrager

Trigone
triangle

Trille
tremblement

Trilobé
tréflé

Trilogie
triade

Trimarder
cheminer, errer, vagabonder

Trimardeur, vagabond
chemineau

Trimballer
charroyer, porter, traîner, transporter, voiturer

Trimé
travaillé

Trimer
besogner, peiner, travailler

Trimère
polymère

Trimestre
quartier, terme

Trimeur
travaillant

Tringle
baguette, barre, broche, brochette, tige, verge

Tringle de bois fixée à un mur
liteau

Trinité
triade

Trinitrotoluène
TNT

Trinquer
boire

Trio
terzetto

Triode
thyratron

Triol
trialcool

Triomphal
chaleureux, délirant, éclatant, enthousiaste, glorieux, retentissant

Triomphant
vainqueur, victorieux

Triomphateur
champion, vainqueur, victorieux

Triomphe
apothéose, consécration, exaltation, règne, réussite, revanche, sacre, satisfaction, succès, victoire

Triomphé
dominé, réussi

Triompher
dominer, exceller, exulter, gagner, jubiler, pavoiser, prédominer, prévaloir, régner, réjouir, réussir, vaincre

Triompher de
surmonter

Tripal
abdominal

Tripatouiller
tripoter

Tripe
boyau, intestin, viscère

Triperie
abats, viscères

Tripes
abats, boyaux, entrailles, intestins, ventre, viscères

Triple
trois

Triplé
augmenté, renforcé

Tripler
augmenter, renforcer

Triplet de nucléotides
codon

Triporteur
tricycle

Tripotage
cuisine, fraude, fricotage, intrigue, magouille, malversation, manigance, manipulation, manœuvre, micmac, pelotage, trafic

Tripotée
tapée

Tripoter
chipoter, farfouiller, fouiner, fricoter, lutiner, magouiller, malaxer, manier, manigancer, manipuler, palper, patouiller, pétrir, tâter, toucher, trafiquer, tripatouiller, triturer

Triptyque
carnet, tableau

Trique
arme, bâton, gourdin, matraque, tricot

Triqueballe
chariot, fardier

Triquet
échafaudage

Trirème
galère, trière

Trisaïeul
aïeul, parent

Trisomie
mongolisme

Trissoc
charrue

Tristan et...
Iseult, Iseut

Triste
abattu, accablant, affligé, affligeant, affreux, amer, amère, attristant, attristé, austère, cafardeux, calamiteux, chagrin, contrarié, cruel, déchirant, découragé, déçu, déplorable, dépouillé, désolé, douloureux, écœuré, éploré, fâcheux, froid, funèbre, funeste, glauque, grave, gris, grisâtre, lamentable, lugubre, macabre, malheureux, maussade, mauvais, médiocre, mélancolique, misérable, morne, morose, navrant, noir, nu, obscur, pâlot, pauvre, peiné, pénible, piètre, piteux, pitoyable, regrettable, rude, sévère, sinistre, sombre, terne, tragique

Triste, mélancolique
  saturnien

Tristement
  amèrement

Tristesse
  abattement, accablement, acrimonie,
  affliction, amertume, austérité, blues,
  bourdon, cafard, chagrin, dépit, dépression,
  désarroi, désolation, deuil, douleur, ennui,
  froideur, grisaille, malaise, mélancolie,
  monotonie, morosité, nostalgie, peine, spleen

Tristesse mélancolique
  nostalgie

Tristesse vague
  mélancolie

Triton
  mouron

Trituré
  travaillé

Triturer
  broyer, concasser, égruger, mâcher, malaxer,
  manier, mastiquer, pétrir, piler, pulvériser,
  travailler, tripoter

Triturer avec les dents
  mastiquer

Trivial
  banal, commun, évident, grossier, inélégant,
  ordinaire, ordurier, vulgaire

Trivialité
  obscénité, vulgarité

Troc
  change, compensation, échange

Trochée
  touffe

Trochet
  touffe

Trochile
  colibri

Trogne
  figure, tête

Troïka
  traîneau

Trois
  nombre, ternaire, triple

Trois dames
  brelan

Trois fois
  ter

Trois pieds
  verge

Trois premiers ministres du Québec sont issus de cette famille
  Johnson

Trois-mâts
  voilier

Troisième âge
  vieillesse

Troisième couplet d'un chœur lyrique
  épode

Troisième doigt de la main
  majeur, médius

Troisième estomac des ruminants
  feuillet

Troisième fils de Jacob
  Levi

Troisième glaciation de l'ère quaternaire
  riss

Troisième jour de la décade
  tridi

Troisième ordre majeur
  prêtrise

Troisième pape
  Anaclet

Troisième partie de l'intestin grêle
  iléon

Troisième personne
  tiers

Troisième planète du système solaire à partir du soleil
  Terre

Troisième poche digestive des oiseaux
  gésier

Troisième roi des Hébreux
  Salomon

Troisième ville la plus peuplée du Québec
  Laval

Troisièmement
  tertio

Troll
  farfadet, génie, lutin

Trombe
  cataracte, colonne, cyclone, déluge, tempête,
  tornade, tourbillon

Trombidion
  acarien, acarus, aoûtat

Trombine
  figure, tête

Tromblon
  arme, chapeau

Trombone
  agrafe, attache

Trompe
  avertisseur, canal, cor, corne, cornet, suçoir,
  trompillon

Trompé
  abusé, bluffé, cocu, égaré, enjôlé, frustré,
  leurré, roulé, séduit

Trompe d'un insecte suceur
  suçoir

Trompe-l'œil
attrape, façade, fard, mirage

Tromper
abuser, arnaquer, attraper, avoir, berner, blouser, bluffer, circonvenir, décevoir, déjouer, duper, égarer, éluder, embobiner, empaumer, empiler, endormir, enjôler, entôler, errer, escroquer, estamper, feindre, feinter, filouter, finasser, flouer, fourvoyer, frauder, frustrer, jobarder, leurrer, mentir, mystifier, occuper, piéger, pigeonner, piper, rouler, séduire, surprendre, trahir, voler

Tromper par de fausses apparences
mentir

Tromper, berner
jobarder

Tromperie
abus, adultère, arnaque, attrape, blague, bluff, chimère, dol, duperie, escroquerie, fable, falsification, farce, fausseté, feinte, fourberie, fraude, hypocrisie, illusion, imposture, leurre, malversation, mensonge, mirage, mystification, piperie, supercherie, traîtrise, tricherie

Tromperie d'une personne qui se fait passer pour ce qu'elle n'est pas
imposture

Tromperie hypocrite
fourberie

Trompeter
carillonner, claironner, clamer, crier, divulguer, glatir, proclamer, publier

Trompette
buccin, bugle, clairon, corne, cornet

Trompette-de-la-mort
girolle

Trompeur
apparent, artificieux, bluffeur, captieux, chimérique, décevant, déloyal, double, dupeur, fallacieux, faussaire, faux, fictif, fourbe, hypocrite, illusoire, imaginaire, insidieux, mensonger, menteur, mystificateur, patelin, perfide, pipeur, spécieux, traître, vain

Trompillon
trompe

Tronc
bassin, bille, billot, boîte, buste, coffre, coffret, écot, fût, grume, poitrail, poitrine, rondin, souche, thorax, torse

Tronc d'arbre
écot, fût, rondin

Tronc d'arbre abattu
grume

Tronc, sans tête ni membres
torse

Tronche
figure, tête

Tronchet
billot

Tronçon
bille, billon, billot, extrait, fragment, grume, morceau, part, partie, passage, portion, rondin, section, segment, tranche

Tronçon de bois gros et court
billot

Tronçonner
couper, scier

Tronçonneur
scieur

Trône
couronne, fauteuil, pouvoir, royauté, siège, souveraineté

Trôner
régner, siéger

Tronqué
abrégé, altéré, écourté

Tronquer
abréger, adultérer, altérer, amputer, couper, dénaturer, diminuer, écourter, élaguer, estropier, mutiler, raccourcir, réduire, rogner

Trop
beaucoup, bien, exagérément, excès, excessivement, fort, immodérément, surabondamment, très

Trop bon
bonasse

Trop fardé
peint

Trop mûr et altéré
blet

Trop répété
rebattu

Trop uniforme
monotone

Trop-plein
excédent, excès

Trope
métaphore

Trophée
butin, capture, coupe, dépouille, médaille, prise, prix, récompense

Trophée amérindien
scalp

Trophée de la LNH remis au meilleur compteur de la saison
Art Ross

Trophée dont rêvent tous les footballeurs canadiens
Grey

Trophée dont rêvent tous les footballeurs universitaires canadiens
  Vanier

Trophée dont rêvent tous les joueurs de hockey
  Stanley

Trophée dont rêvent toutes les joueuses de hockey
  Clarkson

Trophée du monde du cinéma
  Oscar

Trophée remis chaque année à la meilleure équipe de football canadien
  Grey

Trophée remis chaque année à la meilleure équipe de football universitaire canadien
  Vanier

Tropical
  chaud, exotique, torride

Troquer
  changer, commercer, échanger, remplacer, substituer

Troquet
  bistro, bistrot, brasserie, café

Trot
  allure, amble

Trot assis
  tapecul

Trotter
  accourir, ambler, cheminer, courir, marcher, trottiner

Trotteur
  cheval

Trottiner
  marcher, trotter

Trottinette
  patinette

Trottoir
  accotement, banquette, bitume, terrasse

Trou
  abri, absence, accroc, ajour, ajutage, alvéole, amnésie, anfractuosité, blanc, bled, bourbier, brèche, cavité, chas, chatière, cratère, créneau, creux, crevasse, dalot, déchirure, déficit, dépression, excavation, faiblesse, fenêtre, fente, fissure, flache, fondrière, forure, fosse, gouffre, lacune, manque, omission, ope, orifice, ornière, oubli, ouverture, patelin, perce, perforation, poquet, pore, prison, ravin, retraite, tanière, terrier, trouée, vide, village

Trou creusé dans le sol
  puits

Trou d'un objet évidé
  évidure

Trou d'une aiguille
  chas

Trou dans la paroi d'un navire
  dalot

Trou dans un mur
  ope

Trou dans une pièce de fonderie
  grumelure

Trou de mémoire
  blanc

Trou de nez
  narine

Trou de vidange d'une embarcation
  nable

Trou évasé dans une plaque de métal
  étampure

Trou fait avec un foret
  forure

Trou, caverne
  cave

Troubadour
  aède, poète

Troublant
  alarmant, charmeur, déconcertant, déroutant, émoustillant, enivrant, ensorcelant, envoûtant, étonnant, excitant, fascinant, inquiétant, louche, provocant, saisissant, suggestif, surprenant, tentant

Trouble
  affolement, agitation, altération, ambigu, anarchie, angoisse, boueux, bouleversement, bourbeux, brouillé, commotion, confus, confusion, crise, délire, dérangement, dérèglement, désarroi, désordre, désorganisation, détresse, dysfonctionnement, égarement, embarras, émeute, émoi, émotion, équivoque, fangeux, fièvre, flou, folie, froid, gêne, inavouable, incertain, indécis, indéfini, indistinct, inquiétude, louche, malaise, malsain, nébuleux, nuisance, obscur, perplexité, perturbation, remous, suspect, tempête, ténébreux, tourmente, troublé, tumulte, turbide, vague, vaseux, vertige, vitreux

Troublé
  affecté, affligé, affolé, agité, ahuri, alarmiste, altéré, boueux, brouillé, confus, déboussolé, décontenancé, détruit, égaré, embarrassé, émotionné, ému, excité, hagard, hébété, houleux, incertain, inquiet, ivre, mouvementé, orageux, perplexe, tourmenté, travaillé, trouble, tumultueux, turbide, turbulent

Trouble de l'appétit
  dysorexie, pica

Trouble de l'écriture
  dyslogie

Trouble de l'élocution
palilalie

Trouble de l'odorat
dysosmie

Trouble de la marche
dysbasie

Trouble de la mémoire, amnésie partielle
dysmnésie

Trouble de la vision binoculaire
strabisme

Trouble de la vision caractérisé par une diminution du pouvoir d'accommodation liée au vieillissement
presbytie

Trouble de la vision des objets éloignés
myopie

Trouble de la vue
strabisme

Trouble du langage
dyslogie, dysphasie

Trouble du sujet qui ne peut se tenir debout
astasie

Trouble-fête
triste

Troubler
affecter, affliger, affoler, ahurir, aliéner, altérer, assiéger, assombrir, atteindre, attendrir, aveugler, bouleverser, bousculer, brouiller, chambouler, charmer, confondre, contrarier, contrecarrer, déboussoler, décomposer, déconcerter, décontenancer, démonter, déranger, dérégler, désarçonner, désorganiser, désorienter, déstabiliser, détruire, ébranler, égarer, embarrasser, embrouiller, émoustiller, émouvoir, enfiévrer, enivrer, ensorceler, entraver, exciter, faiblir, fasciner, gêner, incommoder, inquiéter, intimider, mêler, obscurcir, perturber, pervertir, remuer, séduire, toucher, tourmenter, tournebouler, tracasser, travailler, turlupiner

Troubler en provoquant une stupeur mêlée d'effroi
effarer

Troubler la tranquillité
inquiéter

Troubles de la digestion, sans lésions organiques
dyspepsie

Troué
perforé

Troué par les mites
mité

Trouée
brèche, clairière, déchirure, échappée, faille, ouverture, passage, percée, trou

Trouer
ajourer, déchirer, percer, perforer, piquer, tarauder, transpercer

Trouillard
lâche, pleutre

Trouille
peur, terreur, trac

Troupe à cheval
cavalerie

Troupe de cavaliers dans un carrousel
quadrille

Troupe de chiens
meute

Troupe de soldats au combat
bataillon

Troupe passive de personnes
troupeau

Troupeau
attroupement, bande, bestiaux, bétail, cheptel, essaim, foule, harde, harpail, multitude, nuée, peuple, plèbe, populace, populo, troupe

Troupeau de bêtes sauvages
harde

Troupeau de bœufs conduits par un gardian
manade

Troupeau de ruminants sauvages
harde

Troupier
bidasse, biffin

Trousse
boîte, étui, poche, pochette, sacoche

Troussé
relevé

Trousse où l'on range les médicaments
pharmacie

Trousseau à l'usage d'un nouveau-né
layette

Trousser
botteler, brider, expédier, hâter, lever, relever, remonter, retrousser, soulever, torcher

Trouvaille
astuce, création, découverte, idée, illumination, innovation, invention, nouveauté

Trouvé
noté

Trouver
atteindre, avérer, comprendre, concevoir, contacter, créer, déceler, déchiffrer, découvrir, dégoter, dégotter, dénicher, détecter, déterrer, deviner, éclaircir, estimer, être, exister, forger, gésir, imaginer, innover, inventer, joindre, juger, localiser, loger, obtenir, pêcher, percer, prendre, procurer, puiser, rejoindre, relever, remarquer, rencontrer, repérer, résider, résoudre, saisir, siéger, tirer, toucher, voir

Trouver la réponse
résoudre

Trouver un nouveau logement (Se)
reloger

Trouvère
aède, ménestrel

Truand
bandit, brigand, crapule, gangster, malfaiteur, malfrat, pirate, voleur

Truandage
tricherie

Truandé
escroqué, fraudé, triché, volé

Truander
escroquer, frauder, tricher, voler

Trublion
agitateur, comploteur, importun, perturbateur, provocateur, rebelle

Truc
artifice, astuce, bidule, chose, combine, domaine, engin, expédient, ficelle, filon, formule, machin, manière, méthode, procédé, recette, ruse, secret, secteur, solution, spécialité, stratagème, tactique, tour

Truc, machin
trucmuche

Trucage
contrefaçon, falsification, fraude

Truchement
canal, entremise

Truck
wagon

Trucmuche
chose, machin, untel

Truculence
verdeur

Truculent
coloré, imagé, original, picaresque, pittoresque, savoureux

Truffe
chocolat, muscadine, museau, nez

Truffé
bourré, chargé, émaillé, empli, farci, garni, lardé, rempli

Truffer
bourrer, charger, émailler, emplir, farcir, garnir, larder, remplir

Truie
cochon, porc

Truisme
banalité, évidence, lapalissade, platitude, tautologie

Truite
omble, poisson

Truité
tacheté, tigré

Truite mouchetée
omble

Truquage
altération

Truqué
altéré, artificiel, bidon, faux, triché

Truquer
adultérer, altérer, bidonner, biseauter, changer, falsifier, fausser, filouter, maquiller, modifier, piper, retoucher, trafiquer, travestir, tricher

Truqueur
tricheur, truquiste

Truquiste
tricheur, truqueur

Trust
association, cartel, combinat, conglomérat, consortium, entente, groupe, holding, pool, société

Tsar
empereur, souverain

Tsarine
impératrice

Tsigane
bohémien, gitan, nomade, romanichel, zingaro

TT
tératesla

Tu
inavoué, inexprimé, loi

Tuage
abatage, abattage

Tuant
assassinant, assommant, crevant, énervant, épuisant, éreintant, exténuant, fatigant, harassant, pénible, usant, vannant

Tuant, usant
épuisant

Tuba contrebasse
hélicon

Tubage
intubation, sondage

Tubard
tuberculeux

Tube
baguette, boyau, canal, canalisation, canule, conduit, conduite, drain, éprouvette, musique, oléoduc, pipeline, pipette, rouleau, sonde, succès, tubulure, tuyau

Tube à deux électrodes
diode

Tube à trois électrodes
triode

Tube contenant la poudre d'une cartouche
douille

Tube creux servant à lancer des projectiles
sarbacane

Tube destiné à favoriser l'écoulement
drain

Tube en spirale
serpentin

Tube fluorescent
néon

Tube gradué
burette

Tube métallique d'une structure tubulaire
tubulure

Tube métallique équipé d'un système optique
périscope

Tube pour enrouler du fil à coudre
fusette

Tube recourbé
siphon

Tube respiratoire des nageurs sous-marins
tuba

Tuber
cuveler

Tubercule
éminence, nodule

Tubercule comestible
patate

Tuberculeux
tubard

Tubérosité
adénome, apophyse, éminence, tumeur

Tubulaire
cylindrique

Tubulure
conduit, tube, tuyau

Tué
abattu, anéanti, détruit, étouffé, mort, occis, tiré, victime

Tue-chien
colchique

Tue-loup
aconit

Tuer
abattre, abolir, anéantir, assassiner, bousiller, chagriner, décimer, dégoûter, descendre, désespérer, détruire, échiner, écraser, égorger, éliminer, empoisonner, emporter, épuiser, éreinter, étouffer, étrangler, exécuter, exténuer, exterminer, fatiguer, faucher, foudroyer, fusiller, immoler, lapider, liquider, lyncher, massacrer, mourir, noyer, occire, occuper, peiner, piquer, poignarder, ruiner, saigner, suicider, supprimer, tirer

Tuer à coups de pierre
lapider

Tuer avec une arme à feu
buter

Tuer en sacrifice
immoler

Tuer par asphyxie dans un liquide
noyer

Tuer subitement
foudroyer

Tuer un animal par égorgement
saigner

Tuer un taureau à coups d'épée
estoquer

Tuerie
abatage, abattage, abattoir, boucherie, carnage, destruction, hécatombe, massacre, saignée

Tueur
abatteur, assassin, bourreau, criminel, meurtrier, nervi, sbire, sicaire, spadassin

Tueur à gages
sicaire, spadassin

Tuf
peperino

Tuf calcaire
travertin

Tuile
biscuit, catastrophe, ennui

Tuléar
toliara

Tulipe
fleur

Tulliste
tullois

Tullois
tulliste

Tuméfaction
adénome, bleu, enflure, œdème

Tuméfié
enflé, gonflé

Tuméfier
enfler, gonfler, grossir

Tumescent
enflé

Tumeur
abcès, adénome, angiome, anthrax, bosse, bouton, cancer, carcinome, enflure, épithélioma, excroissance, fibrome, granulation, grosseur, intumescence, kyste, lipome, molluscum, néoplasme, phlegmon, polype, sarcome, squirrhe, tubérosité, verrue

Tumeur à l'aspect d'un champignon
fongus

Tumeur au coude du cheval
éponge

Tumeur au jarret du cheval
jarde, jardon

Tumeur avec perforation, sur la peau des bovins
varon

Tumeur bénigne
lipome

Tumeur bénigne de l'os
ostéome

Tumeur bénigne qui se développe dans une glande
adénome

Tumeur conjonctive bénigne
fibrome

Tumeur d'une glande
adénome

Tumeur de la gencive
épulis

Tumeur du tissu musculaire
myome

Tumeur formée par des tissus fibreux
fibrome

Tumeur inflammatoire de la gencive
épulide

Tumeur maligne
sarcome

Tumeur maligne causée par une multiplication anarchique de cellules
cancer

Tumeur osseuse
éparvin

Tumeur osseuse du canon du cheval
suros

Tumeur osseuse du jarret du cheval
épervin

Tumeur qui se développe aux dépens d'une glande
adénome

Tumeur sur la peau des bovins
varon

Tumulaire
tombal

Tumulte
agitation, boucan, brouhaha, bruit, chahut, charivari, clameur, cohue, désordre, éclat, foin, fracas, hourvari, ramdam, remous, tapage, tourmente, train, trouble, vacarme

Tumultueux
agité, animé, houleux, insensé, intense, orageux, tourmenté, trépidant, troublé, turbulent

Tumulus
cairn, galgal, tertre

Tune
argent, monnaie

Tunique
boubou, cafetan, caftan, cotte, enveloppe, gandoura, kimono, robe

Tunique de l'œil
cornée, rétine, uvée

Tunique interne du cœur
endocarde

Tunique moyenne de l'œil
uvée

Tunique sans manches
gandoura

Tunnel
galerie, souterrain

Turban
bandeau, bonnet, chapeau, coiffe

Turbide
brouillé, troublé, trouble

Turbin
boulot

Turbo
mollusque, turbocompresseur

Turbocompresseur
turbo

Turborail
autorail

Turbulence
agitation, air, pétulance, remous

Turbulent
agité, bruyant, chahuteur, dissipé, dur, espiègle, intenable, malcommode, méchant, pétulant, remuant, terrible, troublé, tumultueux, vif

Turc
ottoman

Turf
courses, hippisme, hippodrome, pelouse

Turfiste
joueur, parieur

Turgescent
enflé, gonflé

Turion
bourgeon

Turlupin
farceur

Turlupiner
tarabuster, tarauder, titiller, tourmenter, tracasser, troubler

Turlute
chant

Turluter
chanter, fredonner

Turne
taudis

Turnep
rave, rutabaga

Turpitude
abjection, bassesse, compromission,
débauche, déshonneur, honte, horreur,
ignominie, immoralité, indignité, infamie,
lâcheté, laideur, opprobre, ordure, scandale,
trahison, vice

Turquin
turquoise

Turquoise
ottomane, turquin

Tutélaire
protecteur

Tutelle
administration, autorité, curatelle,
dépendance, égide, emprise, garde,
mainmise, pouvoir, protection, surveillance

Tuteur
appui, bâton, échalas, étai, gardien, parrain,
perche, pique, protecteur, rame, responsable,
soutien

Tuteurer
ramer

Tuyau
boisseau, boyau, buse, canal, canalisation,
canule, chalumeau, cheminée, conduit,
conduite, drain, flexible, oléoduc, pipe,
pipeline, pli, renseignement, tige, tube,
tubulure, tuyauterie, tuyère

Tuyau en caoutchouc
durit

Tuyau pour diriger la flamme sur les objets qu'on veut souder
chalumeau

Tuyau pour le transport à grande distance de fluides
pipeline

Tuyauter
rancarder, renseigner

Tuyauterie
canalisation, tuyau

Tuyère
tuyau

TV
télévision

Type
acabit, archétype, asticot, bonhomme,
bougre, canon, catégorie, citoyen, classe,
coco, division, échantillon, espèce, étalon,
être, exemple, famille, figure, forme, gabarit,
garçon, gars, genre, gonze, gus, homme,
idéal, individu, loustic, matrice, mec,
modalité, mode, modèle, monsieur, moule,
nature, niveau, oiseau, ordre, original,
personne, personnification, prototype, race,
représentant, sorte, spécimen, standard,
stéréotype, style, symbole, variété, zèbre

Type d'écriture à la main
script

Type d'intégration économique
unionisme

Type de bœuf possédant une bosse sur le dos
zébu

Type de carrosserie automobile en forme de fourgonnette
break

Type de femme fatale
vamp

Type de peuplier
tremble

Type de pistolet automatique
mauser

Type illuminé qui dirige une secte
Raël

Type qui dort
dormeur

Type qui est à la tête d'une université
recteur

Type qui est dans le secret
initié

Type qui fait des tapisseries
licier

Type qui glane
glaneur

Type qui lit
lecteur

Type qui nettoie les égouts
égoutier

Type qui perce dans la vie
perceur

Type qui possède des rentes
rentier

Type qui tient une mercerie
mercier

Typer
caractériser, marquer

Typha
roseau

Typhon
cyclone, ouragan, tempête, tornade

Typhon des Philippines
Baguio

Typique
caractéristique, distinctif, original,
particulier, personnel, propre, remarquable,
représentatif, significatif, singulier, spécifique

Typo
composition, imprimerie, typographie

Typographe
composeur, imprimeur

Typographie
composition, imprimerie, tirage, typo

Typomètre
règle

Tyran
autocrate, despote, dictateur, oppresseur, potentat, tyranneau

Tyran subalterne
tyranneau

Tyranneau
autocrate, despote, dictateur, oppresseur, potentat, tyran

Tyrannie
autocratie, autoritarisme, contrainte, despotisme, dictature, diktat, emprise, esclavage, joug, oppression, servitude

Tyrannique
absolu, arbitraire, autoritaire, impérieux, oppressif, pesant, totalitaire, violent

Tyranniser
asservir, opprimer, persécuter

Tyrolienne
chant

Tzar
empereur, souverain

Tzigane
bohémien, gitan, nomade, romanichel, zingaro

Tzigane nomade
romano

U

Ubac
ombrée, versant

Ubiquiste
omniprésent, ubiquitaire

Ubiquitaire
ubiquiste

Ubuesque
burlesque, ridicule

Ufologie
ovnilogie

Uhlan
hastaire, lancier

Ukase
commandement, décision, décret, diktat, ordre

Ulcérant
vexant

Ulcération
carie, chancre, lésion, ulcère

Ulcération superficielle
aphte

Ulcère
chancre, plaie, ulcération

Ulcéré
blessé, contrarié, exaspéré, froissé, humilié, irrité, mortifié, révolté, scandalisé, vexé

Ulcère qui ronge les chairs
chancre

Ulcérer
affliger, blesser, contrarier, exaspérer, froisser, heurter, humilier, irriter, mortifier, piquer, révolter, scandaliser, vexer

Ulmaire
spirée

Ulnaire
cubital

Ultérieur
futur, postérieur, prochain, subséquent, suivant

Ultérieurement
après, ensuite

Ultimatum
commandement, exigence, injonction, intimation, ordre, sommation

Ultime
définitif, dernier, extrême, final, suprême, terminal

Ultimo
bref, enfin, finalement

Ultra
mieux

Ultraviolets
UV

Ululement
hululation

Ululer
huer

Ulve
algue

Un
chacun, seul, unique

Un billion
téra

Un centième de florin
kreutzer

Un centième de rouble russe
kopeck

Un centième de sievert
rem

Un certain nombre
plusieurs

Un de ses albums s'intitule *Precious*
Ima

Un de ses spectacles s'intitule *100 % vache folle*
Gauthier

Un de ses spectacles s'intitule *Arrête ton cinéma*
Badouri

Un de ses spectacles s'intitule *Condamné à l'excellence*
Matte

Un de ses spectacles s'intitule *Gare au gros nounours !*
Jean

Un de ses spectacles s'intitule *L'Africassé*
Diouf

Un de ses spectacles s'intitule *Les vraies affaires*
Nantel

Un de ses spectacles s'intitule *Suivre la parade*
Houde

Un de ses spectacles s'intitule *Tout est relatif*
Paquin

Un de ses spectacles s'intitule *Toute la vérité*
Pilote

Un décimètre cube
litre

Un des apôtres de Jésus
Thomas

Un des cinq continents du monde
Afrique

Un des cinq Grands Lacs de l'Amérique du Nord
Érié, Huron

Un des comédiens de *Broue*
Côté

Un des créateurs phare de Montréal prénommé Yves-Jean
Lacasse

Un des douze apôtres
Judas

Un des fils de Sem
Aram

Un des Grands Lacs
Érié

Un des jeux de l'orgue
régale

Un des membres de Crampe en masse
Gratton

Un des membres de Rock et Belles Oreilles
Ducharme, Landry, Lepage

Un des membres des Bleu poudre
Brassard, Chevalier

Un des membres des Chick'n Swell
Dufresne

Un des membres des Cyniques
Dubois, Grenier, Laurendeau

Un des membres des Grandes Gueules
Gaudet, Pelletier, Sirois, Tessier

Un des membres des Justiciers masqués
Audette, Trudel

Un des membres des Mecs comiques
Baril, Morissette, Perron

Un des membres du Groupe sanguin
Lévesque, Pilote, Turcotte

Un des pères de la Confédération
Cartier, Macdonald, Tupper

Un des plus grands constructeurs aéronautiques et aérospatiaux au monde
Boeing

Un des satellites de Saturne
Pandore

Un dollar
piastre

Un homme à la voix forte
stentor

Un litre de vin rouge
kil

Un milliard de milliards
trillion

Un milliardième
nano

Un millier de milliards
billion

Un million de billions
trillion

Un million de hertz
mégahertz

Un million de millions
billion

Un Olivier comique
Guimond

Un peu acide
suret

Un peu bizarre
farfelu

Un peu folle
fofolle

Un peu fou
fada, follet, foufou

Un peu grand
grandelet

Un peu ivre
éméché

Un peu jaune
jaunet

Un peu long
longuel

Un peu maigre
maigriot

Un peu pâle
pâlot

Un peu pauvre
pauvret

Un peu simple d'esprit
simplet

Un peu sur
suret

Un peu sure
surette

Un peu trop maigre
maigrelet

Un peu trop simple
simplet

Un pont montréalais porte son nom
Cartier

Un quart de pinte
demiard

Un signe de moquerie
nique

Un temps fort long
éternité

Unanime
absolu, collectif, commun, complet, entier,
général, total, universel

Unanimité
accord, assentiment, conformité, consensus,
consentement, ensemble, entente, harmonie

Unau
bradype, paresseux

Une
première

Une année en contient quatre
saisons

Une chanson des Colocs
Julie

Une des couleurs aux cartes
pique

**Une des plus grandes nations amérindiennes
du Québec**
Cris, Innus

Une des six équipes originales de la LNH
Bruins, Canadiens, Rangers

Une des trois parties égales
tiers

**Une des vedettes masculines de Certains
l'aiment chaud**
Curtis

Une très petite quantité
once

Uni
allié, associé, attaché, calme, coalisé,
cohérent, connexe, égal, homogène,
indissociable, joint, lié, lisse, monochrome,
monotone, nivelé, plain, plan, plat, réuni,
solidaire, soudé, tranquille, unicolore,
uniforme

Uni par traité
allié

Uniate
chrétien

Unicité
singularité

Unicolore
uni

Unicorne
licorne

Unification
fusion

Unifier
aligner, égaliser, fusionner, harmoniser,
homogénéiser, niveler, normaliser,
rassembler, regrouper, réunir, standardiser,
uniformiser, unir

Uniforme
analogue, atone, cohérent, constant, continu,
égal, habit, homogène, identique, insipide,
invariable, même, monotone, morne, pareil,
plat, réglé, régulier, semblable, simple,
standardisé, uni, vêtement

Uniformiser
aligner, aplanir, égaliser, homogénéiser,
niveler, normaliser, standardiser, unifier

Uniformité
cohérence, égalité, homogénéité,
identité, monotonie, platitude, régularité,
ressemblance, standardisation, unité,
univocité

Uniformité ennuyeuse
monotonie

Unijambiste
impotent

Unilingue
monolingue

Uniment
également, invariablement, régulièrement

Union
accord, accouplement, adhérence, adhésion, alliance, amalgame, amitié, amour, assemblage, association, attachement, bloc, camaraderie, coalition, combinaison, communion, concorde, confédération, conjonction, conjugaison, entente, fédération, fraternité, front, fusion, groupement, harmonie, jonction, liaison, ligue, mariage, mélange, parti, rapport, relation, réunion, solidarité, symbiose, syndicat

Union d'une mortaise et d'un tenon par des chevilles
enlaçure

Union des démocrates pour la République
UDR

Union des républiques socialistes soviétiques
URSS

Union étroite des divers éléments d'un corps
cohérence

Union légitime
mariage

Unique
admirable, curieux, étonnant, exceptionnel, exclusif, extraordinaire, impayable, incomparable, incroyable, inégalable, inimitable, inouï, irremplaçable, isolé, nonpareil, particulier, précis, seul, simple, singulier, spécial, stupéfiant, supérieur, un

Unique athlète féminine canadienne médaillée aux Jeux olympiques d'été et d'hiver
Clara, Hughes

Uniquement
purement, seulement

Unir
accoler, accoupler, accrocher, adapter, adjoindre, agglutiner, agréger, ajointer, allier, amalgamer, annexer, aplanir, apparier, appondre, assembler, associer, assortir, attacher, cimenter, combiner, confondre, conjuguer, égaler, égaliser, fédérer, fiancer, fondre, fusionner, grouper, incorporer, intégrer, joindre, lier, liguer, marier, mélanger, mêler, raccorder, rapprocher, rassembler, regrouper, relier, réunir, souder, unifier

Unir de façon indissoluble
cheviller

Unir par syncope
syncoper

Unissant
agglutinant

Unisson
accord, consonance, harmonie, sympathie

Unitaire
simple

Unité
accord, bataillon, cohérence, cohésion, communauté, compagnie, composant, composante, conformité, constituant, corps, division, élément, ensemble, entité, formation, harmonie, homogénéité, identité, individu, indivisibilité, item, mesure, pièce, régiment, régularité, section, similitude, troupe, uniformité

Unité administrative
paroisse

Unité binaire de quantité d'information
bit

Unité d'enseignement dans un programme éducatif
module

Unité d'équivalent de dose
rem

Unité de compte correspondant à mille francs
kilofranc

Unité de mesure agraire
are

Unité de mesure calorifique
BTU

Unité de mesure de l'activité d'un radionucléide
becquerel

Unité de mesure de masse valant 0,2 gramme
carat

Unité de mesure utilisée en typographie, valant 4,21 millimètres
pica

Unité de puissance de mille watts
kilowatt

Unité de quantité de chaleur
thermie

Unité du discours
phrase

Unité du lexique
lexie

Unité égale au dixième du bel
décibel

Unité élémentaire de capacité de stockage d'information
bit

Unité militaire de plusieurs compagnies
bataillon

Unité monétaire
devise, dollar

Unité monétaire équivalant à 100 kopecks
rouble

Univalent
monovalent

Univers
cercle, ciel, cosmos, création, domaine,
espace, galaxie, globe, milieu, monde,
nature, pays, planète, sphère, terre

Universal Transverse Mercator
UTM

Universalité
totalité

Universel
astral, céleste, commun, complet,
cosmique, encyclopédique, général, global,
international, mondial, omniscient, planétaire,
savant, unanime

Universellement
partout

Université
faculté, lycée

Université de Montréal
UdeM

Université de Sherbrooke
UdeS

Université du Québec à Montréal
UQAM

Univocité
uniformité

Untel
individu, quelqu'un, trucmuche

Uppercut
crochet

Uraete
aigle, aiglon

Urbain
affable, amène, citadin, civil, communal,
courtois, habitant, municipal, poli

Urbanité
affabilité, amabilité, aménité, civilité,
courtoisie, politesse

Ure
aurochs, bison

Urémie
hyperazotémie

Urfa
édesse

Urgence
empressement, gravité, hâte

Urgent
impératif, impérieux, pressant, pressé

Urique
acide

Urne
amphore, cérame, cratère, jarre, vase

Urologue
médecin, néphrologue

Ursidé
ours

Urticaire
prurit

Urtication
brûlure, piqûre

Urus
aurochs, bison

Us
coutume, habitude, mœurs, tradition, usage

Usage
activité, application, bienséance,
consommation, coutume, dépense, emploi,
exercice, fonction, fonctionnement, habitude,
jouissance, maniement, mode, mœurs,
politesse, pratique, procédure, recours, règle,
rite, rituel, tradition, us, usufruit, utilisation,
utilité

Usagé
décrépit, défraîchi, délabré, détérioré, éculé,
élimé, fatigué, passé, usé, vétuste, vieilli,
vieux

Usage excessif
abus

Usager
abonné, client, utilisateur

Usager d'un CB
cébiste

Usant
crevant, épuisant, éreintant, exténuant,
fatigant, tuant

Usé
abîmé, abrasé, absorbé, affaibli, amoindri,
antique, avachi, banal, commun, décati,
déchiré, décrépit, déformé, défraîchi,
délabré, démodé, détérioré, détruit, dévasté,
éculé, élimé, émoussé, entamé, épuisé,
éteint, facile, fatigué, fini, fripé, limé, lustré,
mort, pauvre, râpé, rebattu, réchauffé,
ressassé, rogné, ruiné, usagé, vieilli, vieillot,
vieux

User
abîmer, abraser, absorber, affaiblir, amoindrir,
avachir, consommer, consumer, corroder,
décatir, dépenser, détériorer, détruire,
dévorer, élimer, émousser, entamer, épuiser,
éroder, faiblir, fatiguer, gâter, harasser, limer,
manger, miner, mordre, prendre, râper, roder,
rogner, ruiner, vieillir

User de
utiliser

User de ruse
finasser

User jusqu'à la corde
élimer, râper

User par abrasion, par frottement
abraser

User par frottement
abraser, élimer, éroder, raguer

User un relief jusqu'à disparition
araser

Usinage
ajustage, alésage, fraisage

Usine
aciérie, entreprise, fabrique, fonderie, industrie, manufacture, ruche

Usine où est fabriqué le fil
filature

Usine où l'on fabrique de l'acier
aciérie

Usine où l'on fabrique le papier
papeterie

Usine où l'on fond et purifie les métaux
fonderie

Usine où l'on produit le coke
cokerie

Usine où l'on traite le riz
rizerie

Usine où le bois est débité en sciages
scierie

Usine qui produit du courant électrique
centrale

Usine, atelier de torréfaction
brûlerie

Usiner
aléser, fabriquer, façonner, faire, manufacturer

Usinier
entrepreneur, fabricant, industriel, manufacturier

Usité
banal, courant, coutumier, employé, fréquent, habituel, ordinaire, répandu, usuel, utilisé

Ustensible de cuisine
friteuse

Ustensile
accessoire, appareil, chose, cuiller, engin, instrument, matériel, objet, outil, plat, récipient

Ustensile à deux branches pour attiser le feu
pincette

Ustensile à long manche
balai

Ustensile creux
récipient

Ustensile de cuisine
casserole, écumoire, gril, poêle, râpe

Ustensile de cuisine pour délayer
moussoir

Ustensile de ménage
plumeau

Ustensile de nettoyage
brosse

Ustensile destiné à arroser les plantes
arrosoir

Ustensile pour cuire plusieurs œufs
œufrier

Ustensile pour dénoyauter les fruits
videlle

Ustensile servant à faire cuire sur le charbon
gril

Ustensile servant à filtrer ou à tamiser
passoire

Ustensile servant à garder les plats chauds
réchaud

Ustensile servant à la cuisson de tourtes
tourtière

Usuel
accoutumé, banal, commun, courant, coutumier, familier, fréquent, habituel, normal, ordinaire, quotidien, rituel, usité, vulgaire

Usuellement
généralement

Usufruit
jouissance, usage

Usufruitier
possesseur

Usure
abrasion, affaiblissement, amoindrissement, caducité, corrosion, décrépitude, dégradation, détérioration, diminution, dommage, éraillement, érosion, fatigue, frai, intérêt, rodage, vétusté

Usure des monnaies en circulation
frai

Usurier
prêteur

Usurpateur
imposteur, intrus

Usurpation
accaparement, appropriation, confiscation, empiètement, iniquité, mainmise

Usurpation et exercice du pouvoir par un tyran
tyrannie

Usurpatoire
illégal

Usurpé
accaparé, faux

Usurper
accaparer, approprier, arroger, attribuer, dérober, emparer, empiéter, envahir, ravir, saisir, voler

Ut
do, note

Utile
avantageux, bien, bon, commode, efficace, expédient, fructueux, indispensable, judicieux, nécessaire, opportun, payant, pratique, précieux, profitable, prudent, salutaire, secourable

Utile au tannage
tannant

Utilement
avantageusement, bien, efficacement, fructueusement, profitablement

Utilisateur
consommateur, usager

Utilisation
application, dépense, destination, emploi, exploitation, fonction, maniement, pratique, recours, usage, utilité

Utilisation d'un mot d'une autre langue
emprunt

Utilisé
appliqué, employé, saisi, usité

Utilisé sur le vert
putter

Utiliser
appliquer, consommer, dépenser, employer, exploiter, manier, prendre, recourir, saisir

Utiliser Internet
naviguer

Utiliser la technique d'émulation
émuler

Utiliser pour la première fois
étrenner

Utilitaire
camion, fonctionnel, intéressé, matérialiste, pratique, prosaïque, réaliste

Utilité
avantage, bien, bienfait, commodité, efficacité, figurant, fonction, intérêt, nécessité, profit, rôle, secours, service, usage, utilisation, valeur

Utopie
chimère, fantasme, idéal, illusion, mirage, mythe, rêve, rêverie, songe

Utopique
abstrait, chimérique, idéaliste, illusoire, imaginaire, impossible, inaccessible, irréalisable, irréaliste, mythique

Utopisme
idéalisme, idéalité

Utopiste
idéaliste, idéologue, illuminé, poète, rêveur

Utricule
vésicule

UV
rayon, ultraviolets

Uvule
luette

V

Va
commandement, voltampère

Va-et-vient
balancement, bercement, passage, voyage

Vacance
carence, disponibilité, inoccupation,
interruption, vacation, vacuité, vide

Vacances
congé, détente, interruption, loisirs,
permission, relâche, repos, séjour,
suspension, villégiature

Vacances qui se résument à tuer l'orignal
chasse

Vacancier
aoûtien, campeur, estivant, hivernant,
juillettiste, touriste, villégiateur, visiteur

Vacancier qui va dans un lieu de villégiature l'été
estivant

Vacant
abandonné, disponible, inhabité, inoccupé,
libre, vide

Vacarme
barouf, boucan, bruit, cacophonie, chahut,
charivari, clameur, éclat, fracas, potin,
raffut, ramdam, sabbat, sarabande, tapage,
tintamarre, train, tumulte

Vacataire
auxiliaire, contractuel, intérimaire, pigiste

Vacation
audience, commission, débat, indemnité,
rétribution, réunion, séance, session, vacance

Vacations
cessation, émoluments, honoraires

Vaccin
antidote, immunisation, inoculation, piqûre,
remède

Vaccin contre la typhoïde
TAB

Vaccin contre le venin de serpent
anavenin

Vaccine
variole

Vacciner
immuniser, inoculer, piquer, prémunir,
protéger

Vaccinostyle
lancette

Vache
carne, dur, génisse, méchant, rosse, sévère,
taure

Vache mythique
Io

Vachement
follement

Vacher
berger, bouvier, gardian, gardien, gaucho,
manadier

Vacherie
abri, étable, rosserie

Vacherin
entremets, fromage

Vachette
cuir, génisse, peau

Vacillant
branlant, chancelant, clignant, clignotant,
faible, flageolant, flottant, frissonnant,
hésitant, incertain, indécis, instable, irrésolu,
mobile, oscillant, palpitant, papillonnant,
scintillant, titubant, tremblant, tremblotant,
tressautant, versatile

Vacillation
balancement, doute

Vacillé
affaibli

Vaciller
affaiblir, balancer, branler, chambranler,
chanceler, chavirer, cligner, clignoter, danser,
faiblir, flageoler, fléchir, frissonner, hésiter,
osciller, palpiter, papilloter, remuer, scintiller,
tanguer, tituber, trembler, trembloter,
tressauter

Vaciller sur ses jambes
tituber

Vacuité
néant, rien, vacance, vide, viduité

Vacuum
vide

Vade-mecum
agenda, almanach, guide

Vadrouille
balai, promenade

Vadrouiller
déambuler, errer, flâner, musarder, rôder,
voyager

Vagabond
aventurier, chemineau, clochard, errant,
galvaudeux, gueux, instable, itinérant,
nomade, rôdeur, routard, voyageur

Vagabond qui parcourt les chemins
chemineau

Vagabondage
errance, flânerie

Vagabondé
divagué, erré, trimardé, vagué, voyagé

Vagabonder
divaguer, errer, rôder, trimarder, vaguer, voyager

Vagissement
cri

Vague
afflux, ambigu, ample, approximatif, avalanche, brisant, brumeux, confus, coulée, déferlement, élusif, errant, évasif, faible, flot, flottant, flou, fumeux, houle, imparfait, imprécis, imprécision, incertain, indécis, indéfini, indéterminable, indétermination, indéterminé, indiscernable, insignifiant, lâche, lame, large, lointain, marée, mouton, nébuleux, obscur, obscurité, onde, ondulation, quelconque, rouleau, ruée, rush, série, sourd, trouble, vaguelette, vaporeux

Vague à l'âme
mélancolie

Vague humaine de spectateurs sportifs
ola

Vaguelette
vague

Vaguement
approximativement, confusément, évasivement, faiblement, imparfaitement, imprécisément, indistinctement, légèrement, peu

Vaguer
divaguer, errer, vagabonder

Vaillamment
bravement

Vaillance
bravoure, cœur, courage, hardiesse, héroïsme, intrépidité, valeur

Vaillant
acharné, brave, courageux, crâne, dispos, fougueux, gaillard, hardi, héroïque, intrépide, pêchu, preux, solide, valeureux, vert, vigoureux

Vain
byzantin, captieux, chimérique, creux, dérisoire, fallacieux, fat, faux, fier, frivole, futile, glorieux, illusoire, imaginaire, important, impossible, inefficace, infatué, infécond, infructueux, inopérant, insignifiant, inutile, mensonger, mondain, oiseux, orgueilleux, prétentieux, puéril, spécieux, stérile, suffisant, superficiel, superflu, trompeur, vaniteux, vide

Vaincre
abattre, anéantir, battre, conquérir, culbuter, défaire, dominer, dompter, éclipser, écraser, éliminer, endormir, enfoncer, franchir, gagner, laminer, maîtriser, mater, persuader, piler, renverser, surmonter, terrasser, triompher

Vaincu
abattu, anéanti, battu, conquis, défait, dominé, écœuré, écrasé, enfoncé, laminé, maîtrisé, perdant, renversé, terrassé

Vaine gloire
gloriole

Vaine imagination
chimère

Vainement
inutilement

Vainqueur
avantageux, champion, conquérant, gagnant, lauréat, premier, prétentieux, suffisant, triomphant, triomphateur, victorieux

Vaisseau
artère, bateau, bâtiment, canal, capillaire, navire, nef, veine

Vaisseau qui porte le sang du cœur aux organes
artère

Vaisseau spatial
astronef, spationef

Vaisselier
buffet, dressoir

Vaisselle
plonge, porcelaine, poterie, service

Vaisselle d'argent
grosserie

Val
vallée, vallon

Valable
acceptable, admissible, autorisé, bon, capable, compétent, efficace, estimable, fondé, justifié, légitime, payant, qualifié, recevable, réglementaire, sérieux, solide, valide

Valait 1/100 d'un forint
fillér

Valait environ 4 km
lieue

Valdinguer
chuter, dégringoler, rouler, tomber, valser

Valet
camérier, carte, domestique, esclave, laquais, page, serviteur

Valet de comédie
pasquin

Valet de pied
laquais

Valétudinaire
cacochyme, malade, maladif

Valeur
acception, action, aloi, ampleur, bravoure, calibre, capacité, capital, carrure, classe, cotation, courage, cours, coût, crânerie, dignité, dimension, distinction, efficacité,

emprunt, envergure, étoffe, évaluation,
fermeté, force, générosité, grandeur,
héroïsme, intérêt, lustre, mérite, montant,
morale, niveau, noblesse, norme, obligation,
papier, part, poids, pointure, portée, prix,
qualité, rente, repère, sens, SICAV, stature,
tarif, taux, titre, trempe, utilité, vaillance,
validité, vérité, vertu

Valeur correspondant à mille francs
kilofranc

Valeur en caisse
encaisse

Valeur énergétique
calorie

Valeur la plus petite
minimum

Valeur morale
moralité

Valeureusement
bravement

Valeureux
brave, courageux, héroïque, intrépide, vaillant

Validation
confirmation, consécration

Valide
admissible, autorisé, fort, gaillard, ingambe,
légal, réglementaire, robuste, sain, solide,
valable, vigoureux

Validé
garanti

Valider
adopter, approuver, attester, authentifier,
composter, confirmer, entériner, garantir,
homologuer, légaliser, ratifier, sanctionner

Validité
conformité, légalité, régularité, valeur

Valise
bagage, balluchon, malle, mallette,
paquetage, poche

Valises ou effets qu'on emporte avec soi en voyage
bagages

Vallée
canyon, cluse, combe, dépression, gorge,
goulet, ravin, ravine, val, vallon

Vallée étroite et profonde aux parois verticales
canyon

Vallée étroite, encaissée, très profonde
gorge

Vallée fluviale noyée par la mer
ria

Vallée sauvage
ravin

Vallée très large
val

Vallon
val, vallée

Vallonné
accidenté, onduleux, tourmenté

Vallonnement
ondulation

Valoir
apporter, approcher, attirer, causer, coûter,
égaler, exister, faire, mériter, peser, procurer,
susciter

Valorisation
amendement, hausse

Valoriser
gratifier, majorer

Valse
ballet, danse

Valse lente
boston

Valser
bostonner, danser, tomber, valdinguer

Valseur
danseur

Valve
charnière, clapet, détecteur, diode,
obturateur, redresseur, robinet, soupape

Vampire
fantôme, goule, strige

Vampire femelle
goule

Vampire, sangsue
suceur

Van
fourgon, tamis

Vanda
orchidée

Vandale
barbare, casseur, déprédateur, destructeur,
dévastateur, iconoclaste, profanateur,
ravageur, saccageur

Vandaliser
profaner, saccager

Vandalisme
barbarie

Vanesse
morio, vulcain

Vanille des Antilles
vanillon

Vanillier
épiphyte, orchidacée

Vanité
amusement, complaisance, fatuité, fierté,
fragilité, frivolité, fumée, futilité, gloriole,
inanité, inconsistance, inefficacité,
infatuation, insignifiance, inutilité, jactance,
morgue, néant, orgueil, ostentation,

outrecuidance, pompe, précarité,
présomption, prétention, stérilité, suffisance,
vide

Vanité tirée de petites choses
gloriole

Vaniteux
bêcheur, bellâtre, crâneur, cuistre, fat, fier,
glorieux, infatué, outrecuidant, pédant,
poseur, puant, satisfait, suffisant, vain

Vannant
tuant

Vanne
barrage, bonde, déversoir, écluse, pique,
piqûre, plaisanterie, pointe, quolibet, raillerie,
rosserie, sarcasme

Vanné
brisé, épuisé, éreinté, fatigué, fourbu,
harassé, mort, recru, rompu

Vanneau
penne

Vanner
bluter, cribler, épuiser, éreinter, exténuer,
fatiguer, filtrer, harasser, passer, sasser,
tamiser

Vannerie simple en paille
lacerie

Vanneuse
tamiseuse

Vantail
battant, panneau, porte, volet

Vantant
célébrant

Vantard
affabulateur, bluffeur, crâneur, faiseur,
fanfaron, hâbleur, matamore, menteur,
rodomont, tartarin

Vantardise
bluff, bravade, fanfaronnade, hâblerie,
jactance

Vanté
admiré, exagéré, exalté

Vanter
admirer, aduler, célébrer, complimenter,
exagérer, exalter, glorifier, louer, préconiser,
prôner, recommander

Vanter (Se)
frimer, prétendre, targuer

Vanter exagérément
surfaire

Vapeur
alcoolat, brouillard, brume, buée, effluve,
émanation, esprit, exhalaison, fumée, gaz,
humidité, nuage, nuée

Vapeur d'eau
buée, rosée

**Vapeur d'eau qui se dépose sur les végétaux
l'été**
rosée

Vapeur d'un liquide en ébullition
buée

Vapeur exhalée par un liquide chaud
fumée

Vapeur invisible
gaz

Vapeur qui se condense
rosée

Vaporeux
aérien, ailé, arachnéen, brumeux,
délicat, éthéré, fin, flou, fondu, incertain,
inconsistant, indécis, léger, nébuleux,
sfumato, transparent, vague, voilé

Vaporisateur
aérosol, atomiseur, flacon

Vaporisé
évaporé

Vaporiser
arroser, atomiser, disperser, dissiper,
évaporer, gazéifier, imprégner, parfumer,
pulvériser, répandre, sublimer, volatiliser

Varappe
alpinisme, escalade, grimpe

Varapper
escalader, grimper

Varappeur
alpiniste, escaladeur, grimpeur, rochassier

Varech
algue, fucus, goémon

Vareuse
blazer, blouson, caban, cape, veste

Variabilité
précarité, versatilité

Variable
changeant, discontinu, flottant, fluctuant,
fugitif, grandeur, imprévisible, incertain,
inconstant, inégal, insaisissable, instable,
irrégulier, mobile, modulable, mouvant,
ondoyant, paramètre, réglable, versatile,
volatil

Variance
variation

Variante
leçon, mouture, variété, version

Variante d'un film
version

Variation
aléa, alternance, amplitude, changement,
décalage, déviation, différence, dispersion,
écart, évolution, fluctuation, inégalité,
modification, mouvement, mutation,
oscillation, saute, transformation, variance,
variété, vicissitude

Varicelle
picote

Varié
alterné, bariolé, bigarré, changeant, composé, divers, étendu, évolué, grand, multiple, plural

Varier
alterner, bigarrer, bouger, changer, diverger, diversifier, évoluer, fluctuer, modifier, osciller, renouveler, transformer

Variété
acabit, assortiment, changement, choix, collection, différence, diversité, division, échantillon, éclectisme, espèce, éventail, forme, gamme, genre, hétérogénéité, ligne, manière, mélange, mosaïque, palette, pluralité, sorte, type, variante, variation, version

Variété d'ail bisannuelle
poireau

Variété d'aloès ou de bois d'aigle odoriférant
calambour

Variété d'armoise
absinthe

Variété d'euphorbe
épurge

Variété d'opale employée en joaillerie
girasol

Variété d'orge commune
paumelle

Variété de bananier
plantain

Variété de café
moka, robusta

Variété de calcédoine
agate

Variété de cerisier qui produit les guignes
guignier

Variété de citronnier à fruit doux
limettier

Variété de corégone
lavaret

Variété de corindon
rubis

Variété de coton produit en Égypte
jumel

Variété de courge consommée à l'état jeune
courgette

Variété de daphné
garou

Variété de feldspath
andésite

Variété de fève à petit grain
féverole

Variété de groseillier à fruits noirs
cassis

Variété de grosse pomme de terre jaune et farineuse
hollande

Variété de gypse d'un blanc immaculé
albâtre

Variété de haricot africain
niébé

Variété de hibou
duc

Variété de jade
néphrite

Variété de jade à faible teneur en calcium, en magnésium et en fer
jadéite

Variété de laitue
batavia, romaine

Variété de laitue, à feuilles ondulées et croquantes
batavia

Variété de lignite d'un noir luisant
jais

Variété de luzerne à fleurs jaunes
lupuline

Variété de mandarine à peau rouge
tangerine

Variété de menthe aux propriétés stimulantes
pouliot

Variété de mésange
nonnette

Variété de narcisse à fleurs jaunes et odorantes
jonquille

Variété de navet
turnep

Variété de navet fourrager
turneps

Variété de parmesan
grana

Variété de pâtes
gnocchi

Variété de pêche
pavie

Variété de pêche à peau lisse
brugnon

Variété de perche
achigan

Variété de petite olive
picholine

Variété de peuplier
liard

Variété de piment
paprika

Variété de poire fondante
bergamote

Variété de poivrier grimpant
bétel

Variété de pomme
reinette

Variété de pomme bicolore
rambour

Variété de prune de couleur violet foncé
quetsche

Variété de réséda
gaude

Variété de roche volcanique
ponce

Variété de sauge
orvale

Variété de sorbier
alisier

Variété de sumac
fustet

Variété de thon
bonite

Variété de thym
serpolet

Variété de verre limpide
cristal

Variété de vignes
cépage

Variété de vignes à raisins oblongs
olivette

Variété du français québécois
joual

Variété régionale d'une langue
dialecte

Variété transparente d'opale
hyalite

Variole
alastrim, clavelée, picote, vaccine, vérole

Varlope
doucine, mouchette, rabot

Varloper
raboter

Vasard
vaseux

Vase
amphore, bassin, bol, boue, bouette, bourbe,
bourbier, canope, cérame, coupe, cratère,
cruche, dépôt, fange, gadoue, jarre, lécythe,
limon, pot, potiche, récipient, urne

Vase à boire
calice

Vase à boire en métal
hanap

Vase à deux anses symétriques
amphore

Vase à eau bénite
bénitier

Vase à flancs arrondis
urne

Vase à long col
matras

Vase antique
cratère

Vase antique à deux anses
amphore

Vase en forme de cruche
buire

Vase sacré
calice, ciboire, Graal, patène

Vase sacré à couvercle
ciboire

Vaseline
graisse

Vaser
épiloguer

Vaseux
abruti, boueux, bourbeux, brumeux, confus,
embarrassé, embrouillé, fangeux, fatigué,
limoneux, nébuleux, obscur, trouble, vasard

Vasistas
fenêtre

Vasque
coupe

Vassal
feudataire, serf, sujet

Vassal n'ayant pas reçu de fief
bachelier

Vassalisé
inféodé

Vassaliser
asservir, inféoder

Vassalité
allégeance, asservissement, assujettissement,
dépendance, satellisation, servitude,
soumission, subordination

Vaste
ambitieux, ample, colossal, considérable,
énorme, étendu, gigantesque, grand,
immense, important, imposant, infini, large,
profond, spacieux

Vaste bassin
golfe

Vaste bassin de l'Amérique du Sud
Amazonie

Vaste bassin protégé
rade

Vaste emplacement couvert où se tient un marché
halles

Vaste étendue couverte de dunes dans les déserts de sable
erg

Vaste étendue d'eau salée
mer, océan

Vaste étendue plane
nappe

Vaste local
salle

Vaste pâturage
prairie

Vaste paysage
panorama

Vaste peinture murale
fresque

Vaste péninsule de l'extrémité sud-ouest de l'Asie
Arabie

Vaste plaine d'Amérique du Sud
pampa

Vaste résidence d'un chef d'État
palais

Vaste salle permettant la pratique des exercices du corps
gymnase

Vaste trou naturel
cratère

Vastitude
immensité, infini, infinité

Vatican
papauté

Vaticinateur
devin, prophète, visionnaire

Vaticination
oracle, prédiction, prévision, prophétie

Vaticiner
prédire

Vaudeville
ballade, chanson, comédie, pièce, théâtre

Vaudevillesque
grotesque, loufoque

Vaurien
bandit, brigand, canaille, chenapan, coquin, fainéant, fripon, fripouille, galapiat, galopin, garnement, gredin, pendard, polisson, sacripant, scélérat, terreur, voyou

Vautour
chacal, charognard, condor, griffon, gypaète, pirate, rapace, requin

Vautour de petite taille
urubu

Vautour fauve
griffon

Vautré
abandonné, adonné, affalé, avachi, couché, étalé, étendu, prélassé, roulé, sombré, tombé, traîné

Vautrer (Se)
abandonner, adonner, affaler, avachir, complaire, coucher, étaler, prélasser, rouler, sombrer, tomber, traîner

Veau
bouvillon, box, broutart, daim, nigaud, paresseux, taurillon, vélin

Veau abattu pour la boucherie à l'âge de quelques jours
crevard

Veau mort-né
velot

Vecteur
véhicule

Vécu
authentique, éprouvé, expérience, parcours, réel, véridique, véritable, vrai

Vedette
acteur, artiste, bateau, canot, célébrité, embarcation, étoile, gloire, personnalité, pointure, reine, sommité, star, starlette

Vedette admirée du public
idole

Vedette de *Barbarella*
Fonda

Vedette de *La fureur de vaincre*
Lee

Vedette de la télésérie *Batman*
West

Vedette de *Starbuck*
Huard

Vedette de *Superman*
Reeves

Vedette de *Troie*
Pitt

Vedette de *Wall Street*
Douglas

Vedette du film *La mort d'un bûcheron*
Laure

Vedette du film *Le fugitif*
Ford

Vedette du film *Le kid en kimono*
Lewis

Vedette du film *Un après-midi de chien*
Pacino

Vedette féminine de *L'Impact*
Leoni

Vedette féminine de *Mon cousin Vinny*
Tomei

Vedette féminine de *Sliver*
Stone

Vedette masculine de *Grease*
  Travolta
Vedette masculine de *Justice sauvage*
  Seagal
Vedette masculine de *L'éducation de Rita*
  Caine
Vedette masculine de *La dernière tentation du Christ*
  Dafoe
Vedette masculine de *Mystic River*
  Eastwood
Vedette masculine de *Rapides et dangereux*
  Diesel
Vedette masculine de *Sergent Bilko*
  Martin
Vedette masculine de *Sommersby*
  Gere
Vedette masculine de *Une histoire d'amour*
  O'Neal
Vedette masculine déchue de la télésérie *Mon oncle Charlie*
  Sheen
Vedette masculine du film *Le feu de St Elmo*
  Estevez
Vedette masculine du film *Le patient anglais*
  Fiennes
Védisme
  hindouisme
Végétal
  arbre, plante
Végétal aquatique
  algue
Végétal ligneux
  arbre
Végétal sans racines
  algue
Végétal variable dans sa couleur que l'on rencontre fréquemment sur les troncs des arbres
  lichen
Végétalien
  herbivore
Végétarien
  macrobiotique
Végétation
  flore, verdure
Végétation arctique de mousses et de lichens
  toundra
Végétation d'arbrisseaux
  brousse
Végétation dense et peu accessible des régions méditerranéennes
  maquis
Végétation des sous-bois
  brande

Végéter
  anémier, atrophier, croupir, dépérir, encroûter, étioler, faner, languir, moisir, patauger, patiner, piétiner, rabougrir, stagner, subsister, survivre, vivoter
Véhémence
  animosité, âpreté, ardeur, chaleur, enthousiasme, feu, flamme, force, fougue, frénésie, fureur, furie, hostilité, impétuosité, intensité, passion, vigueur, violence, virulence, vivacité
Véhément
  agressif, ardent, bouillant, bouillonnant, emporté, enflammé, farouche, fougueux, frénétique, impétueux, passionné, vif, violent
Véhiculant
  allant
Véhicule
  autobus, autocar, automobile, berline, break, fiacre, limousine, moto, motocycle, motocyclette, organe, support, vecteur, voiture
Véhicule à deux roues
  moto
Véhicule à deux roues de diamètre différent
  bicycle
Véhicule à patins que l'on traîne sur la neige
  traîneau
Véhicule à une ou deux roues
  brouelle
Véhicule aménagé en bibliothèque
  bibliobus
Véhicule automobile de transport en commun
  autobus
Véhicule automoteur pour le transport sur rail
  autorail
Véhicule d'entraînement
  mulet
Véhicule destiné surtout au transport en commun
  autocar
Véhicule ferroviaire
  fourgon
Véhicule glissant sur coussin d'air
  aéroglisseur
Véhicule hippomobile découvert avec capote à soufflet
  calèche
Véhicule muni d'un compteur
  taxi
Véhicule qui tient lieu de bibliothèque
  bibliobus
Véhicule rapide
  bolide

Véhicule récréatif
VR

Véhicule sans moteur destiné à être tiré
remorque

Véhicule servant aux travaux agricoles
tracteur

Véhicule spatial
astronef, navette

Véhicule sur rails
wagon

Véhicule utilitaire sport
VUS

Véhiculer
acheminer, camionner, charrier, convoyer, diffuser, répandre, répercuter, transférer, transmettre, transporter, voiturer

Veille
éveil, faction, garde, hier, insomnie, quart, surveillance, veillée, vigilance

Veille de certaines fêtes religieuses
vigile

Veille du 1er novembre
Halloween

Veillée
soirée, veille

Veilleur
épieur, factionnaire, garde, gardien, guetteur, rondier, sentinelle, vigie, vigile

Veilleur de nuit
vigile

Veilleuse
lampe, lanterne

Veinard
heureux

Veine
aubaine, baraka, bol, canal, chance, filon, gisement, inspiration, nervure, pot, souffle, source, vaisseau, veinure, verve

Veiné
madré, marbré, marqueté, taché, veineux, vergeté, zébré

Veiner
jasper, marbrer, zébrer

Veineux
veiné

Veinure
nervure, veine

Vêlage
parturition, vêlement

Vélaire
guttural

Vélar
sisymbre, violier

Vêlement
vêlage

Vélin
cuir, parchemin, veau

Velléitaire
faible, flottant, mou, versatile

Velléité
désir, intention, tentative

Vélo
bécane, bi, bicyclette, célérifère, cycle, cyclisme, vélocipède

Vélo à trois roues
tricycle

Vélo tout-terrain
Bicross

Véloce
prompt, rapide, vif, vite

Vélocement
vite

Vélocipède
bécane, bi, cycle, vélo

Vélocipède à deux roues de taille inégale
bicycle

Vélocité
célérité, prestesse, promptitude, rapidité, vitesse, vivacité

Vélomoteur
solex

Velours de coton
velvet

Velouté
bouillon, crème, douceur, doux, duveté, duveteux, lustré, moelleux, onctueux, onctuosité, pelucheux, potage, satiné, soyeux, suavité, velouteux

Velouter
adoucir

Velouteux
duveteux, velouté

Velu
barbu, chevelu, lanugineux, moustachu, peluché, poilu, pubescent, tomenteux, villeux

Venaison
gibier

Vénal
corrompu, corruptible, cupide, intéressé, mercenaire

Vénalité
bassesse, corruption, cupidité, mercantilisme

Vend au rabais
discompte

Vend de la marchandise de piètre qualité
camelote

Vendange
cueillette, récolte

Vendangeon
aoûtat

Vendanger
cueillir, récolter

Vendangette
grive

Vendangeur
vigneron

Vendangeuse
aster

Vendetta
vengeance

Vendeur
accrocheur, alléchant, boutiquier, camelot, commerçant, commis, détaillant, grossiste, marchand, négociant, racoleur, représentant

Vendeur d'oiseaux
oiselier

Vendeur de diamants
diamantaire

Vendeur de légumes
légumier

Vendre
accomplir, aliéner, brader, céder, débiter, dénoncer, donner, échanger, écouler, faire, laisser, liquider, livrer, monnayer, négocier, placer, réaliser, rétrocéder, revendre, solder, trahir

Vendre à bas prix
brader, solder

Vendre à un receleur
fourguer

Vendre au détail
débiter, revendre

Vendre ce qu'on a acheté
revendre

Vendre hors d'un pays
exporter

Vendre par licitation
liciter

Vendredi
jour

Vendu
aliéné, bradé, cédé, commercialisé, corrompu, crapule, débité, délateur, dénoncé, donné, échangé, enlevé, félon, judas, liquidé, livré, monnayé, négocié, pourri, réalisé, rétrocédé, revendu, trahi, traître

Venelle
rue, ruelle

Vénéneux
toxique, venimeux

Vénérable
apprécié, auguste, avancé, canonique, considéré, digne, éminent, estimable, honorable, noble, respectable, respecté, révéré, sacré, saint

Vénération
adoration, adulation, amour, crainte, culte, dévotion, passion, respect, révérence

Vénération immodérée
culte

Vénéré
admiré, adoré, adulé, aimé, chéri, déifié, estimé, honoré, idolâtré, respecté, révéré

Vénérer
admirer, adorer, aduler, aimer, chérir, déifier, estimer, honorer, idolâtrer, respecter, révérer

Vénerie
chasse

Venette
peur

Vengeance
châtiment, punition, représailles, rétorsion, revanche, riposte, vendetta

Vengeance identique
talion

Venger
dédommager, laver, punir, redresser, riposter

Vengeur
justicier, rancunier

Véniel
anodin, bénin, excusable, insignifiant, léger, négligeable, pardonnable, rémissible

Venimeux
acerbe, aigre, fielleux, haineux, mauvais, méchant, médisant, perfide, vénéneux, vipérin, virulent

Venin
acrimonie, animosité, bave, calomnie, fiel, haine, malignité, médisance, perfidie, poison

Venir
abouler, aller, apparaître, approcher, arriver, avancer, croître, découler, déplacer, émaner, entrer, paraître, passer, poindre, pousser, produire, rapprocher, remonter, rendre, résulter, surgir, survenir

Venir au monde
naître

Venir au vent
lofer

Venir avec
accompagner

Venir dans un pays étranger pour s'y établir, souvent définitivement
immigrer

Venir en abondance
pleuvoir

Venir en courant
accourir

Venir en hâte
accourir

Venir en se pressant
accourir

Vénitien
roux

Vent
air, alizé, aquilon, autan, bise, blizzard, bora, brise, chergui, fœhn, föhn, gaz, harmattan, khamsin, mistral, noroît, nouvelle, odeur, risée, simoun, sirocco, souffle, tramontane, zef, zéphyr

Vent chaud et sec des montagnes Rocheuses
chinook

Vent chaud et sec qui souffle du Sahara vers le bassin méditerranéen
sirocco

Vent chaud et violent du désert
simoun

Vent d'est originaire du Sahara
harmattan

Vent de sable chaud et sec du désert arabique et saharien
simoun

Vent des Rocheuses
chinook

Vent doux et agréable
zéphyr

Vent du nord
borée

Vent du nord-est
bora, nordet

Vent du nord-ouest
noroît

Vent du sud-est
suet

Vent du sud-est soufflant du Sahara, très chaud et sec
sirocco

Vent du sud-ouest
suroît

Vent entre le nord et l'ouest
galerne

Vent qui souffle en Égypte pendant une période de cinquante jours
khamsin

Vent saisonnier
mousson

Vent sec
bise

Vent tropical
mousson

Vent violent
autan, mistral

Vente
braderie, cession, débit, écoulement, liquidation, réalisation, solde

Venté
aéré, éventé, venteux

Vente au rabais
discompte, solde

Vente aux enchères (À l')
encan

Vente de seconde main de menues denrées
regrat

Vente des restes d'un restaurant
regrat

Vente publique aux enchères
criée

Vente publique de soldes
braderie

Vente-débarras
brocante

Venteux
éventé, venté

Ventilateur
aérateur

Ventilation
aérage, aération, répartition

Ventilé
aéré

Ventiler
aérer, dispatcher, répartir, souffler, trier

Ventouse ambulacraire des échinodermes
podion

Ventral
abdominal

Ventripotent
gros, obèse, pansu, rebondi, ventru

Ventru
adipeux, bedonnant, bombé, corpulent, gras, gros, obèse, pansu, rebondi, renflé, ventripotent

Venu
allé, apparu, approché, arrivé, avancé, déplacé, développé, issu, passé, poussé, produit, rapproché, rendu

Venue
accession, apparition, approche, arrivée, avènement, commencement, croissance, début, développement, entrée, irruption, pousse, surgissement

Venue à l'état liquide
fondue

Venue au monde
naissance

Venue inopinée
survenue

Vénus
beauté, déesse, houri, tanagra

Vénusté
beauté, grâce

Ver
annélide, arénicole, ascaride, asticot, filaire, lombric, strongle, tænia, ténébrion, ténia, vermisseau

Ver blanc
asticot, man

Ver de terre
lombric

Ver long et fin
filaire

Ver luisant
cicindèle

Ver marin
néréide, néréis, sabelle, serpule

Ver marin vivant dans la vase
néréide

Ver marin, plat, sans tube digestif
convolute

Ver parasite
filaire

Ver parasite de l'intestin des mammifères
ténia

Ver parasite du mouton
cénure

Ver plat d'eau douce carnivore
planaire

Ver plat et segmenté
ténia

Ver plat parasite
douve

Ver qui suce le sang des vertébrés
sangsue

Vérace
sincère, véridique

Véracité
authenticité, exactitude, fidélité, franchise, justesse, réalité, sincérité, véridicité, vérité

Véranda
galerie, terrasse

Verbal
oral, vocal

Verbalement
oralement

Verbe
discours, langage, langue, logos, parole, propos

Verbe introductif rarement utilisé à l'infinitif
apparoir

Verbeux
babillard, bavard, délayé, diffus, logomachique, logorrhéique, long, phraseur, prolixe, redondant

Verbiage
bavardage, caquetage, délayage, logomachie, logorrhée, longueurs, papotage, phraséologie, remplissage

Verdâtre
blafard, blême, glauque, livide, olivâtre, plombé, vert

Verdeur
crudité, énergie, gaillardise, jeunesse, rudesse, truculence, vigueur, vitalité

Verdict
adage, arrêt, arrêté, décision, jugement, ordonnance, réponse, sentence

Verdir
blêmir, pâlir, verdoyer

Verdoyant
herbeux, herbu

Verdoyer
verdir

Verdure
gazon, herbe, plantes, salade, végétation, vert

Véreux
corrompu, déloyal, douteux, gâté, indélicat, louche, malhonnête, marron, pourri, suspect

Verge
baguette, bâton, tige, tringle

Verger
champ, fruitier, plantation

Verger d'orangers
orangeraie

Vergeté
rayé, tigré, veiné

Vergeture
marque, vibice

Verglas
frimas, gel, gelée, givre, glace

Vergne
aulne

Vergogne
honte, pudeur, scrupule

Vergue
espar

Vergue longue et mince des voiles latines
antenne

Véridicité
fidélité, véracité, vérité

Véridique
attesté, authentique, avéré, exact, fidèle, réel, sincère, tangible, vécu, vérace, véritable, vrai

Vérificateur
auditeur, inspecteur, mireur, vérifieur

Vérification
audit, confirmation, contrôle, essai, examen, filtrage, filtre, preuve, révision, test

Vérification d'un texte d'après les manuscrits
recension

Vérifié
coulé, éprouvé, noté, révisé, revu

Vérifier
apurer, auditer, avérer, confirmer, constater, contrôler, corroborer, éprouver, essayer, examiner, expérimenter, expertiser, filtrer, inspecter, justifier, montrer, pointer, prouver, récoler, repasser, réviser, revoir, tester, voir

Vérifieur
contrôleur, vérificateur

Vérin
cric, levier

Vérisme
réalisme

Vériste
réaliste

Véritable
attesté, authentique, avéré, bon, effectif, essentiel, fidèle, franc, incontestable, juste, naturel, pur, réel, sincère, sûr, tangible, vécu, véridique, vrai

Véritablement
vraiment

Vérité
authenticité, axiome, certitude, conviction, croyance, dogme, évangile, évidence, exactitude, fait, fidélité, franchise, justesse, loi, maxime, naturel, postulat, principe, réalité, ressemblance, rigueur, sincérité, valeur, véracité, véridicité, vrai, vraisemblance

Verlan
argot

Vermeil
cramoisi, écarlate, empourpré, fleuri, rouge, rougeaud, rubicond, sanguin

Vermicelle
pâte

Vermiculé
strié

Vermiculer
strier

Vermiforme
cæcum

Vermifuge qui provoque l'expulsion des ténias
ténifuge

Vermillon
cinabre, corail, grenat, rouge

Vermine
canaille, crapule, fripouille, gale, gredin, parasites, pou, poux, puce, punaise, racaille

Vermineux
pouilleux

Vermisseau
ver

Vermoulu
fatigué, piqué, piqueté, rongé

Vermoulure
piqûre

Vermouth
bitter, martini

Verni
brillant, chanceux, laqué, luisant, lustré, peint, vernissé

Vernir
laquer, lustrer, peindre

Vernir de nouveau
revernir

Vernir la poterie
vernisser

Vernis
apparence, brillant, clinquant, croûte, dehors, écorce, émail, enduit, façade, glacis, laque, lustre, masque, poli, teinture

Vernis à ongles non transparent
laque

Vernissage
ouverture

Vernissé
brillant, luisant, verni

Vérole
variole

Véronique
scrofulariacée

Verrat
cochon, goret, porc

Verre
bock, canon, carreau, chope, coupe, cristal, flûte, glace, gobelet, godet, lentille, lorgnon, mazagran, monocle, pot, vitre

Verre à bière
bock

Verre à pied, haut et étroit
flûte

Verre de bière
demi

Verre de contact
lentille

Verre de sécurité
plexiglas

Verre épais d'un blanc laiteux
opaline

Verre fabriqué en Bohême
bohème

Verre feuilleté de sécurité
triplex

Verre optique
monocle

Verre poli
miroir

Verre très résistant
Pyrex

Verrerie
cristallerie, miroiterie, vitrerie

Verres
lunettes

Verrier
félatier

Verrière
vitrage, vitrail

Verroterie
pacotille, toc

Verrou
fermeture, loquet, serrure, targette

Verrouillage
condamnation, fermeture

Verrouiller
barricader, bloquer, boucler, cadenasser,
condamner, encercler, enfermer, fermer,
paralyser

Verrue
envie, laideur, lentigo, nævus, papillome,
titine, tumeur

Verrue des bovins
fic

Vers
devers, environ, pied, poème, poésie, pour,
rime, sur

Versant
adret, aspect, côté, coteau, face, facette,
flanc, pan, pente, ubac

Versant d'une montagne exposé au nord
ubac

Versant exposé au soleil
adret

Versatile
capricieux, changeant, fantasque, incertain,
inconstant, inégal, instable, irrésolu,
lunatique, mobile, mouvant, ondoyant,
vacillant, variable, velléitaire

Versatilité
caprice, changement, incohérence,
inconstance, instabilité, mobilité, variabilité

Versé
capable, connaisseur, jeté, transvasé

Versement
dépôt, paiement, règlement, remise

Verser
affecter, apporter, basculer, capoter, coucher,
couler, culbuter, débourser, déposer,
déverser, donner, épandre, incorporer,
jeter, mettre, muter, nommer, payer, régler,
remettre, renverser, répandre, servir, tomber,
transvaser, virer

Verser de l'argent, dépenser
débourser

Verser des larmes
larmoyer

Verser, répandre
épancher

Verset
division

Verset chanté avant et après un psaume
antienne

Verset chanté avant un psaume
antienne

Verseuse
cafetière

Versicolore
changeant

Versificateur
aède, poète, rimeur

Versifier
poétiser, rimailler, rimer

Version
état, exposé, interprétation, leçon, mouture,
narration, rapport, récit, relation, traduction,
variante, variété

Verso
derrière, dos, envers, revers

Verso d'une lettre
dos

Versus
contre, vs

Vert
absinthe, acerbe, acide, aigre, alerte, allègre,
amande, anis, blafard, blême, bleu, bronze,
campagne, céladon, couleur, cru, dispos,
écolo, écologiste, égrillard, émeraude,
épinard, fringant, gaillard, gaulois, glauque,
graveleux, green, herbu, ingambe, jade,
juvénile, leste, livide, nature, olivâtre, olive,
osé, pistache, polisson, pomme, sinople,
tilleul, vaillant, verdâtre, verdure, vif,
vigoureux

Vert pâle
céladon

Vert-de-gris utilisé en teinture
verdet

Vert, au golf
green

Vertébral
rachidien

Vertébré couvert de plumes et muni d'ailes
oiseau

Vertébré inférieur, vivant dans l'eau
poisson

Vertébré ovipare
oiseau

Vertébré rampant
reptile

Vertèbres
rachis

Vertement
brutalement, crûment, durement, nuement, nûment, rudement, sèchement, sévèrement, vivement

Vertical
debout, droit, perpendiculaire

Verticalement
debout

Verticalité
aplomb

Vertige
acrophobie, éblouissement, égarement, enivrement, étourdissement, euphorie, exaltation, excitation, folie, frisson, griserie, ivresse, malaise, tournis, trouble

Vertigineux
effréné, fou

Vertu
capacité, caractéristique, chasteté, cœur, courage, don, faculté, fidélité, honnêteté, intégrité, mérite, modestie, morale, moralité, pouvoir, probité, propriété, pudeur, pureté, qualité, réputation, sagesse, valeur

Vertueusement
purement

Vertueux
agréable, angélique, beau, bel, bon, chaste, continent, édifiant, exemplaire, fidèle, honnête, impartial, intègre, méritant, méritoire, moral, pur, sage

Verve
bagou, bagout, brio, éloquence, esprit, faconde, fougue, fureur, gouaille, inspiration, loquacité, prolixité, souffle, veine, vivacité

Vésanie
folie, psychose

Vesce
vesceron

Vesceron
vesce

Vésicule
ampoule, bouton, bulle, pustule, utricule

Vésicule placée à la partie inférieure du vestibule de l'oreille interne
saccule

Vespa
scooter

Vessie de caoutchouc gonflée d'air
ballon

Veste
anorak, blazer, blouson, boléro, caban, canadienne, cardigan, dolman, doudoune, gilet, hoqueton, jaquette, paletot, redingote,

saharienne, soubreveste, spencer, vareuse, veston, vêtement

Veste chaude à capuchon
anorak

Veste courte
spencer

Veste courte à capuche, chaude et imperméable
parka

Veste courte et ample, serrée à la taille
blouson

Veste d'un complet masculin
veston

Veste d'uniforme
tunique

Veste de jockey
casaque

Veste de sport
anorak, vareuse

Veste de sport en flanelle
blazer

Veste en peau de mouton
touloupe

Veste en tissu bleu marine
blazer

Veste imperméable à capuchon
kabig

Veste resserrée aux hanches
blouson

Vestibule
antichambre, entrée, hall, porche

Vestige
apparence, empreinte, marque, reliquat, reste, sillage, souvenir, stigmate, témoin, trace

Vestiges
débris, décombres, épave, ruines

Veston
blazer, blouson, boléro, gilet, jaquette, veste

Vêtement
accoutrement, aube, bleu, chasuble, combinaison, costume, culotte, froc, guenille, habillement, habit, haillon, linge, livrée, loque, nippe, paletot, robe, salopette, sape, soutane, surplis, tenue, toge, uniforme, veste, vêture

Vêtement à capuchon
coule

Vêtement ample
simarre

Vêtement court
camisole

Vêtement court sans manches
gilet

Vêtement couvrant la jambe et le pied
bas

Vêtement d'enfant d'une seule pièce
barboteuse

Vêtement d'extérieur servant à protéger le corps du froid et des intempéries
manteau

Vêtement d'homme
redingote

Vêtement de bain
maillot

Vêtement de bébé fermé dans le dos
brassière

Vêtement de certaines peuplades d'Afrique
pagne

Vêtement de chœur
cappa

Vêtement de dessus
cape

Vêtement de grossesse
kangourou

Vêtement de nuit
pyjama

Vêtement de travail
blouse, salopette, sarrau

Vêtement ecclésiastique
aube

Vêtement en laine
lainage

Vêtement en lambeaux
guenille

Vêtement en tissu polaire
polar

Vêtement féminin
corsage

Vêtement imperméable
ciré

Vêtement japonais
kimono

Vêtement liturgique
cappa, étole, surplis

Vêtement long
soutane

Vêtement masculin
pardessus

Vêtement oriental ample et long
cafetan, caftan

Vêtement oriental en forme de longue pelisse
cafetan, caftan

Vêtement oriental très ample
cafetan, caftan

Vêtement porté sur la toge
épitoge

Vêtement que l'on portait par-dessus les autres au Moyen Âge
surcot

Vêtement qui couvre le torse
chemise

Vêtement souple qui moule le corps
maillot

Vêtement traditionnel des femmes musulmanes
burka

Vêtement traditionnel des Tahitiens
paréo

Vêtements
effets, fringues, toilette

Vêtements très abîmés
loques

Vêtements très usés
hardes

Vêtements usagés
nippes

Vétéran
ancien, briscard, doyen, poilu, soldat, vieux

Vétérinaire spécialisé dans les soins des chevaux
hippiatre

Vétillard
chicanier

Vétille
babiole, bagatelle, bêtise, bricole, broutille, détail, faribole, fifrelin, futilité, jouet, minutie, misère, niaiserie, rien, sottise

Vétillé
chicané, chipoté, ergoté

Vétiller
chicaner, chipoter, ergoter

Vétilleux
chicaneur, chicanier, ergoteur, tatillon

Vêtir
accoutrer, affubler, costumer, couvrir, déguiser, fagoter, fringuer, habiller, harnacher, porter, revêtir, travestir

Veto
opposition, refus

Vêtu
accoutré, affublé, couvert, déguisé, fringué, habillé, mis, nippé, paré, recouvert, sapé

Vêtu de loques
loqueteux

Vêture
revêtement, vêtement

Vétuste
abîmé, ancien, antique, branlant, croulant, défraîchi, dégradé, délabré, détérioré, endommagé, périmé, usagé, vieilli, vieux

Vétusté
caducité, usure, vieillesse

Veuglaire
canon

Veule
apathique, avachi, chiffe, couard, faible,
inerte, lâche, mou

Veulerie
apathie, avachissement, couardise, faiblesse,
lâcheté, mollesse, poltronnerie

Veuvage
viduité

**Veuve qui s'immolait sur le bûcher funéraire
de son mari, en Inde**
sati

Vexant
acerbe, agaçant, blessant, choquant,
cinglant, contrariant, crispant, désagréable,
désobligeant, exaspérant, excédant, froissant,
humiliant, insultant, irritant, mortifiant,
offensant, piquant, rageant, râlant, ulcérant

Vexation
affront, avanie, blessure, brimade, dépit,
gifle, humiliation, insulte, molestation,
mortification, persécution, rebuffade,
sarcasme, tracasserie

Vexé
blessé, choqué, contrarié, dépité, froissé,
heurté, humilié, indigné, mortifié, offensé,
offusqué, scandalisé, ulcéré

Vexer
achopper, atteindre, blesser, choquer, cingler,
dépiter, fâcher, froisser, heurter, humilier,
indigner, mortifier, offenser, offusquer,
outrager, piquer, scandaliser, ulcérer

Vexille
oriflamme

Via
par

Viabilité
praticabilité

Viable
carrossable, durable, praticable, sain, stable

Viaduc
pont

Viande
bifteck, carnage, chair

Viande bouillie
bouilli

Viande crue
tartare

Viande cuite longuement dans sa graisse
rillettes

Viande d'agneau
agnelle

Viande du gibier
gibier

Viande fumée
boucan

Viande grillée
grillade

Viande mijotée dans une sauce
fricassée

Viande préparée et cuite sur le gril
grillade

Viande que l'on mange crue
tartare

Viande vendue en boucherie
veau

Viander
pâturer

Viatique
aide, secours, soutien

Vibice
purpura, vergeture

Vibrant
ardent, bouleversant, cuivré, déchirant,
éclatant, émotif, émouvant, intense, lyrique,
passionné, pathétique, prenant, retentissant,
sensible, sonore, tonitruant, tonnant,
touchant, trépidant

Vibraphone
xylophone

Vibrateur
vibreur

Vibration
agitation, battement, ébranlement,
frémissement, frisson, onde, palpitation,
pulsation, tremblement, trépidation

Vibration sonore
ultrason

Vibration sonore non perceptible par l'homme
infrason

Vibrato
trémolo

Vibré
sonné

Vibrer
frémir, frissonner, palpiter, résonner, retentir,
sonner, tinter, trembler, trémuler, trépider,
vrombir

Vibreur
ronfleur, trembleur, vibrateur

Vibrion
microbe

Vibrisse
moustache

Vicaire
abbé, ablégat, prêtre

Viciant
polluant

Vicissitude
accident, aléa, cahot, ennui, variation

Vicomté
seigneurie

Victime
blessé, hostie, martyr, mort, prise, proie,
sinistré, tué

Victoire
conquête, consécration, exploit, gain,
performance, prouesse, réussite, succès,
triomphe

Victoire de Napoléon
Iéna

Victoire éclatante et prestigieuse
triomphe

Victorieux
champion, conquérant, gagnant, glorieux,
triomphant, triomphateur, vainqueur

Victuailles
denrées, nourriture, vivres

Vidage
largage

Vidange
gadoue, purge

Vidanger
évacuer, purger, vider

Vidangeur
éboueur

Vide
abandonné, asséché, blanc, cavité, cosmos,
cratère, creux, dénudé, dépeuplé, désert,
disponible, écœuré, ennui, espace, fenêtre,
fente, fissure, frivole, futile, futilité, inanité,
inhabité, inoccupé, insignifiant, insipide,
interruption, inutile, jour, lacune, libre,
manque, morne, mort, néant, nu, omission,
ouverture, plat, rasé, ravin, rien, stérile,
superficiel, trou, vacance, vacant, vacuité,
vacuum, vain, vanité

Vidé
brisé, écœuré, épuisé, éreinté, fatigué,
fourbu, harassé, recru, rompu, sorti, terminé

Vide de sens
creux

Vide ou incomplètement chargé
lège

Vide-grenier
brocante

Vide-ordures
dévaloir, poubelle

Vidéo
bande, magnétoscope

Vidéoclip
clip

Vider
assécher, assommer, avaler, boire,
déblayer, dégarnir, démonter, dépouiller,
désencombrer, désobstruer, dessécher,
déverser, écoper, épuiser, éreinter, étriper,
évacuer, évider, éviscérer, exclure, expulser,
fatiguer, finir, harasser, ingurgiter, jeter,
nettoyer, ôter, purger, régler, résoudre,
retirer, saigner, sécher, sortir, tarir, terminer,
transvaser, transvider, vidanger

Vider l'eau d'un bateau
écoper

Vidoir
poubelle

Viduité
vacuité, veuvage

Vie
action, âge, agitation, âme, animation,
bio, biographie, chaleur, destin, destinée,
dynamisme, énergie, entrain, esprit, état,
existence, force, fortune, histoire, jour,
mouvement, passé, passion, pétulance,
pittoresque, santé, sort, souffle, vigueur,
vitalité

Vie en commun d'un couple
ménage

Vie humaine dans sa durée
âge

Vieil
âgé, ancien, antique, centenaire, démodé,
séculaire, vieilli, vieux

Vieillard
âgé, aîné, ancien, birbe, centenaire, géronte,
patriarche, vieux

Vieillard crédule
géronte

Vieille chaussure
savate

Vieille voiture
bazou, guimbarde

Vieillerie
antiquaille, antiquité, brocante, friperie,
rogaton, vieillesse

Vieilleries
hardes, nippes

Vieillesse
âge, ancienneté, antiquité, caducité, déclin,
décrépitude, sénescence, sénilité, vétusté,
vieillerie

Vieillesse extrême
décrépitude

Vieilli
archaïque, défraîchi, dépassé, désuet,
détérioré, fané, flétri, obsolète, passé, périmé,
suranné, usagé, usé, vétuste, vieil, vieillot

Vieillir
affaiblir, affiner, dater, décatir, décliner,
démoder, faner, flétrir, mûrir, user

Vieillissement
déchéance, sclérose

Vieillissement très précoce
sénilisme

Vieillot
ancien, antique, caduc, démodé, dépassé,
désuet, périmé, ringard, rococo, suranné,
usé, vieilli, vieux

Vielleur
vielleux

Vielleux
vielleur

Viennoiserie
brioche, croissant

Vient après l'aîné
cadet

Vietnamien
annamite

Vieux
âgé, ancestral, ancien, ancré, antique,
arriéré, caduc, confirmé, croulant, décrépit,
défraîchi, délabré, démodé, dépassé, désuet,
élimé, éloigné, enraciné, fatigué, fossile,
gâteux, historique, invétéré, lointain, long,
obsolète, révolu, sénile, suranné, usagé, usé,
vétéran, vétuste, vieil, vieillard, vieillot

Vieux bateau
rafiot

Vieux bouc
bouquin

Vieux lambeau d'étoffe
haillon

Vieux livre
bouquin

Vieux morceaux
ferraille

Vieux vêtement
fripe

Vieux, affaibli par l'âge
décrépit

Vif
acerbe, acéré, actif, agile, agressif, aigre,
aigu, alerte, allant, allègre, allegretto, allegro,
animé, âpre, ardent, brillant, brûlant,
brusque, brutal, caustique, chaud, cinglant,
coloré, criard, cru, cuisant, déluré, dur,
éclatant, emporté, enlevé, éperdu, éveillé,
exalté, exaspéré, extrême, fébrile, fleuri, fort,
fougueux, frais, franc, fringant, fulgurant,
gai, gaillard, grand, guilleret, haut, impatient,
impétueux, impulsif, ingambe, intense,
irascible, juvénile, léger, leste, malicieux,
mobile, mordant, mutin, ouvert, passionné,
pénétrant, perçant, pétillant, pétulant,
pimpant, piquant, preste, primesautier,
profond, prompt, puissant, rapide, réceptif,
remuant, saisissant, sanguin, sémillant,
souple, soutenu, spirituel, subtil, tonique,
turbulent, véhément, véloce, vert, virulent,
vivant, vivifiant, volcanique, voyant

Vif et enjoué
sémillant

Vif et pénétrant
perçant

Vif plaisir des sens
volupté

Vif-argent
mercure

Vifs reproches
foudres

Vigie
factionnaire, garde, gardien, guetteur,
planton, sentinelle, surveillance, veilleur,
vigile

Vigilance
attention, circonspection, éveil, œil,
précaution, prudence, soin, surveillance,
veille

Vigilant
assidu, attentif, circonspect, empressé,
précautionneux, prévoyant, prudent,
regardant, soigneux

Vigile
factionnaire, garde, gardien, guetteur,
matines, planton, sentinelle, surveillant,
veilleur, vigie

Vigne
clos, pampre, raisin, treille, vignoble

Vigne blanche
clématite

Vigne cultivée en hauteur
hautin

Vigne grimpant le long d'un mur
treille

Vigneau
bigorneau

Vigneron
vendangeur, viticulteur

Vignette
estampe, étiquette, marque, ornement,
timbre

Vignoble
clos, plantation, vigne

Vignot
bigorneau

Vigogne
alpaga, lama

Vigoureusement
fort, fortement, nerveusement

Vigoureux
athlétique, costaud, énergique, ferme, fort, fringant, gaillard, mâle, nerveux, puissant, résistant, robuste, solide, vaillant, valide, vert, vivace

Vigoureux malgré son âge avancé
vert

Vigueur
activité, ardeur, autorité, chaleur, couleur, dynamisme, énergie, fermeté, force, fougue, jeunesse, maturité, nerf, puissance, punch, relief, robustesse, sève, solidité, style, véhémence, verdeur, vie, virilité, vitalité

Vigueur nouvelle
regain

Vigueur, ressort
tonus

VIH
sida

Vil
abject, affreux, avili, bas, corrompu, dépravé, fangeux, honteux, ignoble, immonde, impur, indigne, infâme, innommable, lâche, laid, méprisable, mesquin, misérable, mordant, petit, plat, rampant, répugnant, servile, sordide

Vil flatteur
lécheur

Vilain
affreux, désagréable, détestable, disgracieux, exécrable, hideux, honteux, horrible, inquiétant, insupportable, laid, malhonnête, mauvais, méchant, moche, roturier, sale, traître

Vilainement
méchamment, salement

Vilebrequin
arbre, chignole, manivelle

Vilebrequin pour forer
trépan

Vilement
bassement, lâchement, servilement

Vilenie
abjection, bassesse, bourbe, bourbier, hideur, ignominie, indignité, infamie, lâcheté, laideur, noirceur, petitesse, saleté

Vilipendé
accablé, accusé, agressé

Vilipender
accabler, accuser, affronter, agonir, agresser, attaquer, bafouer, décrier, dénigrer, honnir, injurier, médire, vitupérer

Villa
bungalow, camp, chalet, cité, cottage, maison, maisonnette, pavillon

Village
agglomération, bled, bourg, bourgade, commune, endroit, hameau, localité, paroisse, patelin, trou

Village aux habitations dispersées
bourgade

Village chez les Hottentots
kraal

Village cri du Nord-du-Québec
Chisasibi, Eastmain, Mistissini, Nemaska

Village fortifié
bastide

Village fortifié de l'Afrique du Nord
ksar

Village nordique du Nord-du-Québec
Inukjuak, Kuujjuaq

Villageois
habitant

Villanelle
ballade, chanson

Ville
bourg, cité, commune, métropole

Ville à l'est du lac Saint-Jean
Alma

Ville au nord de Montréal
Laval

Ville au sud ouest de Montréal
Dorval

Ville canadienne autrefois nommée Berlin
Kitchener

Ville canadienne située face à la ville de Détroit
Windsor

Ville célèbre pour sa crise de 1990
Oka

Ville célèbre pour son zoo
Granby

Ville d'Afghanistan
Harat, Herat

Ville d'Afrique du Nord où l'on paie avec des dinars
Tripoli

Ville d'Algérie
Alger, Batna, Oran, Saïda, Sétif

Ville d'Algérie orientale
Sétif

Ville d'Arabie saoudite
Médine

Ville d'Argentine
Cordoba, Salta

Ville d'Australie, sur l'océan Indien
Adélaïde

Ville d'Érythrée
Asmara

Ville d'Éthiopie
Harar

Ville d'Hawaï
Honolulu

Ville d'Indonésie
Bogor, Medan

Ville d'Irak
Arbil, Erbil, Hilla

Ville d'Israël
Lod

Ville d'Italie célèbre pour sa tour penchée
Pise

Ville d'Oklahoma
Tulsa

Ville d'origine de Justin Bieber
London

Ville d'origine du défenseur Scott Stevens
Kitchener

Ville de Birmanie
Pegu, Prome

Ville de Bolivie
Oruro

Ville de Californie
Anaheim

Ville de Chaudière-Appalaches
Beauceville, Disraeli, Lévis, Montmagny

Ville de Chine
Wuxi

Ville de Chine, capitale de la province de Shanxi
Taïyuan

Ville de Chine, capitale de la province du Chiang-su
Nanjing

Ville de Cisjordanie
Bethléem

Ville de Colombie
Armenia, Bogota, Cali, Neiva

Ville de Colombie méridionale
Pasto

Ville de Floride
Miami

Ville de Galilée
Cana

Ville de Haute-Égypte
Edfou

Ville de l'Abitibi-Témiscamingue
Amos, Belleterre, Duparquet, Macamic, Malartic, Senneterre, Témiscaming

Ville de l'agglomération de Longueuil
Boucherville, Brossard

Ville de l'Alaska
Anchorage, Juneau

Ville de l'Alberta
Calgary, Edmonton

Ville de l'Arizona
Phoenix, Tucson

Ville de l'Égypte ancienne
Tanis

Ville de l'Égypte méridionale
Assouan

Ville de l'Estrie
Asbestos, Coaticook, Danville, Magog, Richmond, Scotstown, Sherbrooke, Stanstead, Valcourt, Waterloo, Waterville, Windsor

Ville de l'État de New York
Albany, Buffalo

Ville de l'État de Washington
Seattle

Ville de l'île de Montréal
Beaconsfield, Dorval, Hampstead, Kirkland, Westmount

Ville de l'île de Taiwan
Ilan

Ville de l'Illinois
Chicago

Ville de l'Inde
Agra, Akola, Delhi, Eluru, Gaya, Indore, Meerut, Patna, Pune, Salem, Simla

Ville de l'Inde de plus de 5 000 000 d'habitants
Bangalore

Ville de l'Inde, capitale du Rajasthan
Jaipur

Ville de l'Indiana
Indianapolis

Ville de l'Iran
Arak, Qom, Qum

Ville de l'Ohio
Cincinnati, Cleveland, Colombus, Toledo

Ville de l'Ontario
Barrie, Brampton, Guelph, Hamilton, Kingston, Kitchener, London, Mississauga, Ottawa, Toronto, Waterloo, Windsor

Ville de l'Oregon
Portland

Ville de l'Outaouais
Gatineau, Gracefeild, Maniwaki, Thurso

Ville de l'Outaouais, où est né Stéphane Richer
Ripon

Ville de la Californie
Anaheim, Fresno, Sacramento

Ville de la Capitale-Nationale
Beaupré, Clermont, Donnacona, Neuville, Portneuf, Québec

Ville de la Colombie-Britannique
Burnaby, Kelowna, Nanaimo, Vancouver, Victoria

Ville de la Corée du Sud
Taegu

Ville de la Côte d'Ivoire
Abidjan, Man

Ville de la Côte-Nord
Fermont, Forestville, Schefferville

Ville de la Floride
Jacksonville, Miami, Orlando, Tampa

Ville de la Gaspésie célèbre pour son festival country
Matane

Ville de la Gaspésie–Îles-de-la-Madeleine
Bonaventure, Chandler, Gaspé, Murdochville, Paspébiac, Percé

Ville de la Géorgie
Atlanta

Ville de la Jordanie
Irbid

Ville de la Mauricie
Louiseville, Shawinigan

Ville de la Montérégie
Beauharnois, Bedford, Belœil, Boucherville, Bromont, Brossard, Candiac, Carignan, Chambly, Châteauguay, Contrecœur, Cowansville, Delson, Dunham, Farnham, Granby, Hudson, Huntingdon, Léry, Longueuil, Marieville, Mercier, Pincourt, Richelieu, Sutton, Varennes, Waterloo

Ville de la Montérégie fusionnée à Sorel
Tracy

Ville de la Montérégie fusionnée à Tracy
Sorel

Ville de la Montérégie réputée pour ses monts
Sutton

Ville de la Montérégie, entre La Prairie et Delson
Candiac

Ville de la MRC d'Abitibi-Ouest
Duparquet, Macamic

Ville de la MRC d'Arthabaska
Daveluyville, Warwick

Ville de la MRC de Bonaventure
Bonaventure, Paspébiac

Ville de la MRC de Brome-Missisquoi
Bedford, Bromont, Dunham, Farnham, Sutton

Ville de la MRC de Caniapiscau
Schefferville

Ville de la MRC de Charlevoix-Est
Clermont

Ville de la MRC de Coaticook
Waterville

Ville de la MRC de D'Autray
Lavaltrie

Ville de la MRC de L'Assomption
Charlemagne, Repentigny

Ville de la MRC de L'Érable
Princeville

Ville de la MRC de La Côte-de-Beaupré
Beaupré

Ville de la MRC de La Côte-de-Gaspé
Murdochville

Ville de la MRC de La Haute-Côte-Nord
Forestville

Ville de la MRC de La Haute-Yamaska
Waterloo

Ville de la MRC de La Matapédia
Causapscal

Ville de la MRC de La Rivière-du-Nord
Prévost

Ville de la MRC de La Vallée-de-l'Or
Malartic, Senneterre

Ville de la MRC de La Vallée-de-la-Gatineau
Maniwaki

Ville de la MRC de La Vallée-du-Richelieu
Carignan, Chambly

Ville de la MRC de Lac-Saint-Jean-Est
Desbiens

Ville de la MRC de Marguerite-D'Youville
Contrecœur, Varennes

Ville de la MRC de Maria-Chapdelaine
Normandin

Ville de la MRC de Memphrémagog
Stanstead

Ville de la MRC de Mirabel
Mirabel

Ville de la MRC de Papineau
Thurso

Ville de la MRC de Portneuf
Donnacona, Neuville, Portneuf

Ville de la MRC de Roussillon
Candiac, Châteauguay, Léry, Mercier

Ville de la MRC de Rouville
Richelieu

Ville de la MRC de Témiscamingue
Belleterre, Témiscaming

Ville de la MRC de Témiscouata
Dégelis, Pohénégamook

Ville de la MRC de Thérèse-De Blainville
Blainville, Lorraine, Rosemère

Ville de la MRC de Vaudreuil-Soulanges
Hudson, Pincourt

Ville de la MRC des Appalaches
Disraeli

Ville de la MRC des Laurentides
Barkmere

Ville de la MRC des Moulins
Mascouche

Ville de la MRC des Pays-d'en-Haut
Estérel

Ville de la MRC des Sources
Danville

Ville de la MRC du Haut-Saint-François
Scotstown

Ville de la MRC du Rocher-Percé
Percé

Ville de la MRC du Val-Saint-François
Valcourt, Windsor

Ville de la Palestine
Gaza

Ville de la Pennsylvanie
Philadelphie, Pittsburgh

Ville de la région de Québec
Beauport

Ville de la Rive-Sud de Montréal
Boucherville, Brossard, Longueuil

Ville de la Russie
Orel

Ville de la Saskatchewan
Regina, Saskatoon

Ville de la Tunisie méridionale
Gafsa

Ville de la vallée de l'Okanagan
Kelowna

Ville de Lanaudière
Berthierville, Charlemagne, Joliette,
Lachenaie, Lavaltrie, Mascouche, Repentigny,
Terrebonne

Ville de Malaisie
Ipoh

Ville de Mésopotamie
Édesse

Ville de Russie
Moscou, Oufa, Penza, Toula

Ville de Syrie
Émèse, Homs

Ville de Tunisie
Nabeul, Tunis

Ville de Turquie
Nicée, Urfa

Ville des Émirats arabes unis
Dubaï

Ville des États-Unis
Albany, Albuquerque, Anaheim, Anchorage,
Atlanta, Austin, Baltimore, Boston, Buffalo,
Burlington, Chicago, Cincinnati, Cleveland,
Colombus, Dallas, Denver, Détroit,
Fresno, Honolulu, Houston, Indianapolis,
Jacksonville, Juneau, Memphis, Miami,
Milwaukee, Nashville, Newark, Orlando,
Philadelphie, Phoenix, Pittsburgh, Portland,
Reno, Sacramento, Salem, Seattle, Tampa,
Tucson, Washington

Ville des États-Unis associée à la chasse aux sorcières
Salem

Ville des États-Unis, au Texas
Houston

Ville des Laurentides
Barkmere, Blainville, Boisbriand, Estérel,
Lachute, Lorraine, Mirabel, Prévost,
Rosemère

Ville des Territoires du Nord-Ouest
Yellowknife

Ville du Bas-Saint-Laurent
Amqui, Causapscal, Dégelis, Matane,
Pohénégamook, Rimouski

Ville du Brésil
Campos

Ville du Brésil dont le carnaval est célèbre pour ses marionnettes géantes
Olinda

Ville du Cameroun
Édéa

Ville du Canada
Edmonton, Fredericton, Halifax, Iqaluit,
Ottawa, Regina, Victoria, Whitehorse,
Winnipeg, Yellowknife

Ville du Centre-du-Québec
Bécancour, Daveluyville, Drummondville,
Nicolet, Plessisville, Princeville, Victoriaville,
Warwick

Ville du Chili
Santiago, Talca

Ville du Chili central
Talca

Ville du Chili méridional
Osorno

Ville du Colorado
Denver

Ville du comté de Rivière-du-Loup, où est né Mario Dumont
Cacouna

Ville du Ghana
Accra, Tamale

Ville du Japon
Akita, Fuji, Itami, Kofu, Mito, Nagano, Nara,
Oita, Omiya, Omuta, Osaka, Otsu, Saga,
Sakai, Suita, Toyama, Toyota, Tsu, Uji, Yao

Ville du Japon de 18 000 000 d'habitants
Osaka

Ville du Japon de 8 500 000 habitants
Nagoya

Ville du Japon où a lieu le Festival de la neige
Sapporo

Ville du Lac-Saint-Jean
Péribonka

Ville du Liban
Saïda

Ville du Maine
Portland

Ville du Mali
Gao, Mopti, Ségou

Ville du Manitoba
Winnipeg

Ville du Maroc
Fès, Salé, Taza

Ville du Maroc septentrional
Nador

Ville du Maryland
Baltimore

Ville du Massachusetts
Boston, Salem

Ville du Mexique
Mérida, Mexico

Ville du Mexique central
Léon

Ville du Mexique occidental
Tepic

Ville du Michigan
Détroit

Ville du Minnesota
Minneapolis, Duluth

Ville du Népal
Patan

Ville du Nevada
Reno

Ville du New Jersey
Newark

Ville du Nigeria
Ila, Ilesha, Ilorin, Jos, Kano, Zaria

Ville du Nigeria de 3 800 000 habitants
Kano

Ville du Nigeria oriental
Enugu

Ville du nord de la Syrie
Hama

Ville du nord de la Tunisie
Béja

Ville du nord du Pérou
Piura

Ville du Nord-du-Québec
Chapais, Chibougamau, Matagami, Radisson

Ville du Nord-du-Québec où un incendie fit 48 morts le 1er janvier 1980
Chapais

Ville du nord-est du Brésil
Olinda

Ville du nord-ouest de la Syrie
Alep

Ville du Nouveau-Brunswick
Fredericton, Moncton

Ville du Nouveau-Mexique
Albuquerque

Ville du Nunavut
Iqaluit

Ville du Pakistan
Lahore

Ville du Pérou
Ica, Lima

Ville du Québec
Anjou, Oka, Beauport, Lachenaie

Ville du Québec où l'on célèbre le Festibière
Québec

Ville du Québec où les gens sont plus détendus
Eastman

Ville du Québec où se trouve un aéroport international
Dorval

Ville du Québec, sur la rive sud de la rivière des Outaouais, à l'ouest de Montréal
Rigaud

Ville du Saguenay–Lac-Saint-Jean
Alma, Desbiens, Normandin, Roberval, Saguenay

Ville du Sénégal
Thiès

Ville du Soudan
Méroé

Ville du sud de l'Inde
Erode, Mahé

Ville du sud-est du Nigeria
Aba

Ville du sud-ouest de l'Ontario
London

Ville du sud-ouest du Nigeria
Ede, Ife, Oyo

Ville du Tchad méridional
Sarh

Ville du Tennessee
Memphis, Nashville

Ville du Territoire du Yukon
Whitehorse

Ville du Texas
Austin, Dallas, Houston

Ville du Venezuela
Caracas, Valencia

Ville du Vermont
Burlington

Ville du Vietnam
Hue

Ville du Wisconsin
Milwaukee

Ville éternelle
Rome

Ville fondée par Champlain
Québec

Ville francophone la plus importante d'Amérique du Nord
Montréal

Ville importante
cité

Ville la plus au sud du Canada
Windsor

Ville natale de Guy Lafleur
Thurso

Ville natale de Jean Lapointe, située près de Mont-Joli
Price

Ville ontarienne située au cœur de la région des Mille-Îles
Kingston

Ville ontarienne sur les rives du lac Simcoe
Barrie

Ville ou bourg affranchi du joug féodal
commune

Ville où est célébré le Festival du doré Baie-James
Chapais

Ville où évolue le Lightning, dans la LNH
Tampa

Ville où évoluent les Bulldogs, dans la LAH
Hamilton

Ville où évoluent les Roughriders, dans la LCF
Regina

Ville où habite Jacques Demers
Hudson

Ville où se déroule le Festival international du cinéma francophone en Acadie
Moncton

Ville où se déroule le Festivent
Lévis

Ville où se trouve Disneyland
Anaheim

Ville où se trouve Disneyworld
Orlando

Ville où se trouve la brasserie Sleeman
Guelph

Ville où se trouve le Quartier DIX30
Brossard

Ville où se trouve le Temple de la renommée du football canadien
Hamilton

Ville phare de la mode dans le monde
Paris

Ville portuaire des États-Unis dans le Maryland
Baltimore

Ville principale
métropole

Ville autrefois le site d'un aéroport international
Mirabel

Ville qui regroupe les arrondissements Chicoutimi, Jonquière et La Baie
Saguenay

Ville située à l'ouest de Montréal
Hudson

Ville située dans la vallée de la Matapédia
Amqui

Ville située en face de la ville de Québec
Lévis

Ville située entre le lac Memphrémagog et le mont Orford
Magog

Ville située face à Trois-Rivières
Bécancour

Ville située sur l'île de Vancouver
Nanaimo, Victoria

Ville située sur la rive sud du Saint-Laurent, en amont de Trois-Rivières
Nicolet

Ville sur les rives de la rivière des Outaouais
Gatineau

Ville vedette d'une chanson de Lucien Boyer, En revenant de...
Rigaud

Villégiateur
estivant, vacancier

Villégiature
séjour, vacances

Villeux
poilu, velu

Vin
alcool, aligoté, blanc, boisson, picrate, riesling, rosé, rouge, vinasse, xérès

Vin additionné de résine
résiné

Vin apéritif et tonique
quinquina

Vin blanc
asti

Vin blanc sec
xérès

Vin blanc très fruité
sauternes

Vin de liqueur
muscat, porto, tokaï

Vin doux et sucré
muscat

Vin liquoreux
alicante, malaga

Vin médiocre
piquette, vinasse

Vinaigre
condiment

Vinaigré
acidulé, piquant

Vinaigrer
aciduler, assaisonner

Vinaigrette
poivrade, sauce

Vinasse
picrate, vin

Vindicatif
rageur, rancunier

Vindicte
punition

Vineux
rouge

Vingt-cinq
quarteron

Vinicole
viticole

Vinyle
disque

Violacé
violâtre, violet

Violation de la loi
crime

Violation de serment
parjure

Violâtre
violacé

Violemment
âprement, fort, fortement, rudement,
vivement

Violence
agression, agressivité, animosité, âpreté,
ardeur, brutalité, déchaînement, férocité,
force, fougue, frénésie, fureur, furie, hostilité,
intensité, sévices, véhémence, virulence,
vivacité

Violence impétueuse
furie, volcan

Violent
agressif, aigu, âpre, ardent, brusque, brutal,
coléreux, dangereux, dur, emporté, enlevé,
enragé, éperdu, explosif, extrême, fébrile,
fort, fou, fougueux, fulgurant, funeste,
furibond, furieux, grand, gros, impérieux,
impétueux, impulsif, intense, irascible,
irrépressible, offensif, passionné, profond,
puissant, rageur, rude, sanglant, sauvage,
térébrant, terrible, torrentiel, tortionnaire,
tyrannique, véhément, virulent

Violente diarrhée
cholérine

Violente dispute accompagnée de coups
bagarre

Violente douleur abdominale
colique

Violente perturbation atmosphérique
tempête

Violenter
abuser, agresser, altérer, brusquer, brutaliser,
contraindre, dénaturer, forcer, rudoyer,
torturer, violer

Violer son serment (Se)
parjurer

Violer une chose sacrée
profaner

Violet
aubergine, couleur, incarnat, lilas, mauve,
parme, violacé, violine, zinzolin

Violet de Lauth
thionine

Violeur
violateur

Violier
matthiole, vélar

Violine
violet

Violiste
gambiste

Violon
stradivarius

Violoné
chantourné

Violoneux
ménétrier, musicien, violoniste

Violoniste
violoneux

Violoniste de village
ménétrier, violoneux

Violoniste populaire
violoneux

**Violoniste russe naturalisé américain né
en 1920**
Stern

Viorne
clématite

Vipère
aspic, céraste, gale, ophidien, péliade, peste,
poison, serpent, teigne

Vipère à cornes
céraste

Vipère à museau arrondi
péliade

Vipère d'Afrique
céraste

Vipère nordique au cou net
péliade

Vipérin
venimeux

Virage
boucle, coude, courbe, détour, lacet, méandre, retournement, sinuosité, stem, stemm, tournant, zigzag

Virage, en ski
stem, stemm

Virée
balade, bordée, escapade, promenade, randonnée, sortie, tour, tournée, voyage

Virement
transfert

Virer
congédier, dégommer, déposer, évincer, exclure, expulser, licencier, limoger, obliquer, pivoter, tourner, transférer, verser

Vireux
fétide, nauséabond

Virevolte
palinodie, pirouette, retournement, revirement, tour

Virevolter
tourner, tournoyer, voleter, voltiger

Viril
brutal, costaud, énergique, ferme, mâle, masculin, puissant

Virologiste
virologue

Virologue
virologiste

Virtualité
éventualité, latence, possibilité, possible, potentialité

Virtuel
éventuel, latent, possible, potentiel, probable, simulé, théorique

Virtuose
aigle, artiste, as, champion, crack, expert, habile, maestro, maître, prodige, talent

Virtuosité
adresse, art, brio, habileté, maîtrise, panache, patte, talent, technique

Virulence
animosité, âpreté, feu, fougue, frénésie, fureur, impétuosité, nocivité, véhémence, violence

Virulent
acerbe, agressif, âpre, cinglant, contagieux, corrosif, cuisant, décapant, incisif, infectieux, nocif, venimeux, vif, violent

Virus
bactérie, cause, germe, maladie, manie, passion, vice

Vis
boulon, hélice, manillon, piton

Vis-à-vis
devant

Visa
acceptation, autorisation, certificat, passeport, signature

Visage
air, allure, apparence, aspect, caractère, expression, face, figure, frimousse, front, image, masque, mine, minois, museau, physionomie, poire, tête, tournure, traits

Visage d'enfant
frimousse

Visage grotesque ou plaisant
trogne

Viscéral
inconscient, instinctif, intuitif, irraisonné, profond

Viscère
boyau, cœur, intestin, tripe

Viscère abdominal creux qui fait suite à l'estomac
intestin

Viscères
abats, boyaux, entrailles, triperie

Viscosité
poisse

Visé plus haut
susvisé

Visée
ambition, but, désir, dessein, fin, finalité, intention, objectif, plan, prétention, projet, vues

Viser
ajuster, ambitionner, briguer, chercher, concerner, convoiter, désirer, intéresser, lorgner, loucher, mirer, pointer, poursuivre, prétendre, rechercher, référer, regarder, signer, souhaiter, tirer, vouloir

Viser avec une arme à feu
mirer

Visible
apparent, clair, concret, distinct, évident, extérieur, flagrant, manifeste, net, notable, observable, ostensible, patent, perceptible, public, réel, sensible, voyant

Visible, discernable
lisible

Visiblement
sensiblement

Vision
apparition, appréhension, chimère, clairvoyance, concept, conception, fantasme, fantôme, forme, hallucination, hantise, idée, illusion, image, intuition, mirage, obsession, œil, opinion, optique, regard, représentation, rêve, révélation, revenant, tableau, vue

Vision globale
synthèse

Vision hallucinatoire
fantasme

Vision objective et sans illusion de la réalité
réalisme

Visionnaire
annonciateur, chimérique, devin, extravagant, halluciné, illuminé, précurseur, prophète, rêveur, romanesque, vaticinateur

Visionner
regarder

Visite
consultation, démarche, descente, entrevue, examen, excursion, fouille, inspection, perquisition, réception, rencontre, ronde, tour, tournée, visiteur, voyage

Visité par des fantômes
hanté

Visiter
courir, examiner, explorer, faire, fouiller, fréquenter, inspecter, parcourir, passer, pratiquer, reconnaître, saluer, sillonner, voir, voisiner

Visiteur
commensal, démarcheur, estivant, excursionniste, hôte, invité, promeneur, touriste, vacancier, visite, voyageur

Visqueux
adipeux, collant, doucereux, épais, gluant, gras, huileux, hypocrite, melliflu, mielleux, patelin, poisseux, sirupeux

Vissage
fixation, serrage

Visser
accrocher, attacher, boulonner, fixer, joindre, mater, réprimer, serrer, tenir, tourner

Visualisé
affiché

Visualiser
afficher

Visuel
oculaire, optique

Vital
capital, central, crucial, décisif, essentiel, fondamental, important, incontournable, indispensable, majeur, premier, primordial

Vitalisme
animisme

Vitalité
activité, allant, ardeur, dynamisme, énergie, entrain, force, jouvence, pep, pétulance, punch, santé, sève, tonus, verdeur, vie, vigueur

Vitamine B1
thiamine

Vite
bientôt, expéditivement, hâtivement, lestement, prestement, presto, promptement, rapide, rapidement, rondement, véloce, vélocement

Vitesse
allure, cadence, célérité, diligence, erre, force, hâte, pas, prestesse, promptitude, rapidité, régime, rythme, tempo, train, vélocité

Vitesse acquise
lancée

Vitesse acquise d'un navire
erre

Vitesse d'exécution d'une œuvre
tempo

Vitesse d'un mobile par rapport à celle du son
mach

Viticole
vinicole

Viticulteur
vigneron

Vitiligo
achromie

Vitrage
fenêtre, glace, verrière, vitrail

Vitrail
gemmail, rosace, rose, verrière, vitrage

Vitrail d'église, de forme circulaire
rosace

Vitrail de grande dimension
verrière

Vitre
carreau, fenêtre, glace, verre, vitrine

Vitré
vitreux

Vitre arrière d'une automobile
lunette

Vitrerie
verrerie

Vitreux
blafard, blême, cadavérique, cireux, embrumé, hâve, livide, terne, terreux, transparent, trouble, vitré

Vitrine
devanture, étalage, montre, vitre

Vitriol
sulfate

Vitupérer
admonester, blâmer, critiquer, désapprouver, fustiger, indigner, renauder, stigmatiser, tonner, vilipender

Vivable
acceptable, accommodant, habitable, possible, soutenable, supportable, tenable, tolérable

Vivace
coriace, durable, endurant, enraciné, impérissable, indestructible, persistant, résistant, robuste, rustique, solide, tenace, vigoureux, vivant

Vivacité
abatage, abattage, activité, acuité, agilité, alacrité, allant, animation, ardeur, brillant, brio, chaleur, couleur, dynamisme, éclat, élan, emportement, entrain, feu, force, fougue, fraîcheur, impétuosité, intensité, jeunesse, mordant, pétulance, prestesse, promptitude, rapidité, réactivité, tonicité, véhémence, vélocité, verve, violence

Vivacité gaie, entraînante
alacrité

Vivacité turbulente
pétulance

Vivant
animé, durable, dynamique, énergique, enlevé, éveillé, expressif, frais, fréquenté, imagé, parlant, pétillant, pittoresque, ressemblant, ressuscité, sauvé, sémillant, vif, vivace

Vivat
acclamation, bravo, clameur, hourra, ovation

Vive agitation
fièvre

Vive compétition, lutte
bagarre

Vive démangeaison
prurit

Vive discussion
altercation

Vive inquiétude
alarme

Vivement
ardemment, beaucoup, brutalement, crûment, durement, fixement, fort, fortement, infiniment, intensément, prestement, profondément, promptement, rapidement, rondement, sèchement, vertement, violemment

Viveur
débauché, fêtard, jouisseur, noceur, sybarite

Vivier
alevinier, pépinière, réservoir, terreau

Vivifiant
dopant, exaltant, excitant, fortifiant, ravigotant, reconstituant, réparateur, revigorant, roboratif, stimulant, tonifiant, tonique, vif

Vivifié
animé, exalté

Vivifier
animer, doper, exalter, fortifier, ragaillardir, ranimer, ravigoter, réanimer, reconstituer, remonter, revigorer, revitaliser, stimuler, tonifier

Vivoir
living, salle, salon, séjour

Vivoter
dépérir, encroûter, étioler, languir, stagner, subsister, survivre, tenir, végéter

Vivre
aliment, avoir, connaître, couler, demeurer, denrée, durer, endurer, éprouver, être, exister, habiter, loger, passer, perpétuer, résider, rester, séjourner, subir, subsister, supporter, traverser, voir

Vivre au ralenti
vivoter

Vivre dans la même demeure
cohabiter

Vivre en nomade
nomadiser

Vivres
munitions, nourriture, victuailles

Vocable
adage, appellation, mot, nom, terme

Vocabulaire
glossaire, langage, lexique

Vocabulaire populaire
argot

Vocal
oral, verbal

Vocaliser
chanter, iodler

Vocation
attirance, destinée, disposition, fonction, goût, inclination, mission, passion, penchant, prédilection, propension, rôle, sacerdoce

Vociférant
tapageur

Vociférateur
braillard, brailleur

Vocifération
clameur, cri, hurlement

Vociférer
aboyer, beugler, brailler, crier, écrier, égosiller, époumoner, hurler, rugir, tonitruer, tonner

Vodka
alcool

Vœu
demande, désiderata, désir, engagement, espoir, prière, promesse, résolution, rêve, serment, souhait, volonté

Vogue
célébrité, cote, cours, crédit, faveur, mode, popularité, renom, réputation, succès

Voguer
cingler, naviguer

Voici
préposition, voilà

Voici de nouveau
revoici

Voie
allée, artère, autoberge, autoroute, avenue,
axe, boulevard, brisées, canal, carrière,
chaussée, chemin, conduit, couloir, dessein,
direction, façon, file, filière, fonction, foulée,
itinéraire, ligne, méthode, métier, moyen,
orientation, parcours, passage, pénétrante,
piste, possibilité, procédé, profession, radiale,
rocade, route, rue, sentier, sillage, trace, trajet

Voie aérienne
viaduc

Voie bordée d'arbres
allée

Voie d'accès
avenue

Voie de communication
artère

Voie ferrée
rail

Voie lactée
galaxie

Voie qui contourne une région
rocade

Voie urbaine
rue

Voies de fait
sévices

Voilà
préposition, voici

Voilà de nouveau
revoilà

Voilage
gauchissement, rideau, store, voile,
voilement, voilure

Voile
apparence, aura, bonnette, brigantine,
brume, civadière, clinfoc, couvert, crêpe,
dériveur, diablotin, écran, enveloppe, foulard,
gaze, haïk, houari, litham, manteau, masque,
perroquet, prétexte, rideau, store, tchador,
toile, voilage, voilette, voilure, yachting

Voilé
brumeux, cassé, déguisé, diffus, discret,
embué, enroué, éraillé, estompé, gauchi,
invisible, masqué, nébuleux, obscur, rauque,
secret, sombre, sourd, vaporeux

Voile basse du mât de l'avant
misaine

Voile carrée gréée sur un mât de hune
hunier

Voile noir des femmes musulmanes
tchador

Voilé par des vapeurs
vaporeux

Voile porté par les musulmanes chiites
tchador

Voile qui enveloppe le tabernacle d'un autel
conopée

Voile transparent
gaze

Voile triangulaire d'un navire
foc

Voilement
gauchissement, voilage, voilure

Voiler
aveugler, cacher, camoufler, couvrir, déguiser,
disparaître, dissimuler, éclipser, embrumer,
embuer, enrober, enrouer, envelopper,
escamoter, estomper, farder, fausser, filtrer,
gauchir, gondoler, jouer, masquer, obscurcir,
pallier, recouvrir, taire, tamiser, ternir

Voilette
voile

Voilier
brick, caneton, caravelle, catamaran, clipper,
dériveur, esquif, goélette, monocoque,
quillard, yacht

Voilier à balancier utilisé en Malaisie
prao

Voilier à deux mâts
ketch

Voilier à trois coques
trimaran

Voilier à un seul mât
cotre

Voilier d'Extrême-Orient
jonque

Voilier fin de carène
clipper

Voilier marchand gréé en brick
senau

Voilure
gauchissement, plan, toile, voilage, voile,
voilement

Voir
apercevoir, apprécier, comprendre, concevoir,
connaître, considérer, constater, consulter,
croiser, découvrir, discerner, distinguer,
embrasser, entrevoir, envisager, estimer,
étudier, examiner, figurer, fréquenter,
imaginer, juger, observer, percevoir, réaliser,
regarder, remarquer, rencontrer, représenter,
saisir, subir, surprendre, trouver, vérifier,
visiter, vivre

Voir un film à l'aide d'un appareil de visualisation
visionner

Voire
même, sinon

Voirolle
barque

Voisin
adjacent, affin, ambiant, analogue, attenant, connexe, contigu, frontalier, près, prochain, proche, rapproché, similaire

Voisin de l'ail
oignon

Voisin de l'antilope
okapi

Voisin de la belette
mangouste

Voisin de la mouette
goéland

Voisin de la sardine
alose

Voisin des cloportes
ligie

Voisin du bouleau
aulne

Voisin du chacal
coyote

Voisin du goéland
mouette

Voisin du lama
alpaga

Voisin du laurier
sassafras

Voisin du litchi
longane

Voisin du longane
letchi, litchi

Voisin du mouton
mouflon

Voisin, contigu
proche

Voisinage
abords, alentours, analogie, approche, approches, entourage, environs, parages, promiscuité, proximité, secteur, similitude, voisins

Voisinage de termes linguistiques dans différentes langues proches
adstrat

Voisinage désagréable
promiscuité

Voisine de l'asperge
asparagus

Voisine de l'iris
ixia

Voisine de la perce-neige
nivéole

Voisiner
fréquenter, visiter

Voisins
voisinage

Voiturage
charriage

Voiture
auto, automobile, berline, bolide, break, buggy, cab, cabriolet, carriole, char, chariot, coupé, fiacre, fourgon, guimbarde, limousine, rame, tacot, tire, véhicule, wagon

Voiture à cheval
fiacre

Voiture à cheval, découverte et à quatre roues
calèche

Voiture à deux roues
charrette

Voiture à moteur
motrice

Voiture à quatre portes
berline

Voiture à quatre roues
landau, omnibus

Voiture automobile
taxi

Voiture d'enfant
landau

Voiture de charge
tombereau

Voiture de dépannage
dépanneuse

Voiture de location munie d'un taximètre
taxi

Voiture de transport
chariot

Voiture en forme de fourgonnette
break

Voiture fermée de transport
omnibus

Voiture hippomobile
fiacre

Voiture inconfortable, mal suspendue
tapecul

Voiture légère et rapide munie d'une capote mobile
cabriolet

Voiture publique peu confortable
patache

Voiture publique transportant des voyageurs dans une ville
omnibus

Voiture rapide
bolide

Voiture rurale
char

Voiture se déplaçant sur un seul rail
monorail

Voiture spacieuse à quatre portes et six glaces latérales
limousine

Voiture très légère
sulky

Voiture utilisée lors de parades
char

Voiturer
acheminer, charrier, convoyer, transbahuter, transporter, trimballer, véhiculer

Voiturier
roulier, transporteur

Voiturier qui transportait des marchandises
roulier

Voix
accent, appel, articulation, avertissement, avis, conseil, gazouillement, inspiration, intonation, organe, parole, partie, son, suffrage, suggestion, ténor, timbre, ton, vote

Voix au-dessus du baryton
ténor

Voix d'homme
basse, ténor

Voix d'un chanteur
organe

Voix de femme
alto

Voix de femme ou d'enfant la plus grave
contralto

Voix masculine aiguë
fausset

Voix nasillarde
nasonnement

Vol
arnaque, bande, brigandage, cambriolage, carambouillage, chapardage, dépouillage, envol, envolée, escroquerie, essor, fauche, filouterie, fraude, grivèlerie, larcin, malversation, maraudage, maraude, nuée, pillage, piraterie, rapine, resquille, trajet, traversée, volée

Vol accompli avec circonstances aggravantes
qualifié

Vol au-dessus d'un lieu
survol

Vol de produits de la terre avant leur récolte
maraudage

Vol-au-vent
timbale

Volage
adultère, cavaleur, changeant, coureur, fantasque, frivole, inconstant, infidèle, léger, perfide

Volaille
oiseau, poule, volatile

Volaille appréciée dans le temps des Fêtes
dinde

Volailler
poulailler

Volant
aérien, bande, falbala, fanfreluche, garniture, marge, mobile, navigant, réserve, stock, volet

Volatil
changeant, évaporable, fluctuant, instable, mouvant, variable

Volatile
oiseau, volaille

Volatilisé
évaporé

Volatiliser
pulvériser, vaporiser

Volcan actif de la Sicile
Etna

Volcan actif du Japon
Aso

Volcan constitué par des émissions de boue
salse

Volcan de l'Antarctique
Erebus

Volcan des Andes de Colombie
Ruiz

Volcan des Philippines
Apo

Volcan du Japon
Aso

Volcan du Pérou
Misti

Volcan sous-marin
guyot

Volcanique
ardent, bouillant, explosif, vif

Volé
accaparé, enlevé, frustré, plumé, truandé

Volée
bande, correction, décharge, envol, essaim, essor, grêle, groupe, nuage, nuée, pluie, rafale, salve, troupe, vol

Volée de coups
correction, pâtée, roulée

Voler
accaparer, approprier, barboter, cambrioler, chaparder, délester, déposséder, dépouiller, dérober, détourner, détrousser, dévaliser, élancer, emporter, enlever, envoler,

escamoter, escroquer, estamper, extorquer, filouter, flotter, flouer, frauder, grappiller soustraire, kidnapper, marauder, ondoyer, onduler, piller, piquer, planer, plumer, prendre, priver, rafler, rançonner, ravir, spolier, subtiliser, taxer, tirer, tromper, truander, usurper, voleter, voltiger

Voler au-dessus
survoler

Voler dans les jardins
marauder

Voler de façon irrégulière
voleter

Voler de nouveau
revoler

Voler en battant des ailes
voltiger

Voler en trompant
entôler

Voler par ruse, par tromperie
filouter

Volerie
chasse, pillage

Volet
abattant, contrevent, étape, feuillet, jalousie, pan, partie, persienne, phase, vantail, volant

Volet à lames en claire-voie
persienne

Voleter
flotter, ondoyer, onduler, papillonner, planer, tourbillonner, tournoyer, virevolter, voler, voltiger

Volette
claie, trieuse

Voleur
aigrefin, arnaqueur, bandit, brigand, cambrioleur, canaille, charlatan, cleptomane, coquin, crapule, détrousseur, escamoteur, escroc, faisan, filou, forban, fraudeur, fripon, gangster, griveleur, larron, malandrin, malfaiteur, maraudeur, pickpocket, pillard, pirate, resquilleur, truand

Voleur adroit
fripon

Voleur de grands chemins
malandrin

Volière
cage, colombier, gloriette

Volige
ais

Volontaire
bénévole, conscient, consentant, décidé, délibéré, déterminé, énergique, entêté, fantassin, fort, intentionnel, libre, obstiné, opiniâtre, partant, persévérant, prémédité, réfléchi, résolu, tenace, voulu

Volontaire lors d'un attentat-suicide
kamikaze

Volontairement
exprès, librement, sciemment

Volontarisme
bénévolat

Volonté
acharnement, âme, caractère, courage, cran, décision, décret, demande, désir, dessein, dessin, détermination, effort, énergie, exigence, fermeté, gré, guise, idée, intention, mode, nerf, obstination, opiniâtreté, persévérance, prière, projet, propos, requête, résolution, ressort, souhait, ténacité, vœu, vouloir

Volonté de commettre une infraction
tentative

Volonté de Dieu
oracle

Volonté faible
velléité

Volontiers
aisément, bien, couramment, facilement, fréquemment, gaiement, gaîment, habituellement, ordinairement, oui, souvent

Voltage
potentiel

Voltampère
VA

Voltampère réactif
var

Volte
pirouette, tour

Volte-face
conversion, palinodie, pirouette, reniement, retournement, virage, virevolte

Volter
tourner

Voltige
acrobatie, cabriole, cascade, saut

Voltiger
flotter, papillonner, planer, tourbillonner, tourner, tournoyer, virevolter, voler, voleter, zigzaguer

Voltigeur
acrobate, cascadeur, cigare

Volubile
babillard, bavard, causant, causeur, éloquent, faconde, jasant, jaseur, loquace, loquacité, phraseur, prolixe

Volubilis
ipomée

Volubilité
bagou, bagout, exubérance, faconde, loquacité, prolixité, rapidité

Volume
alésage, ampleur, bouquin, calibre,
capacité, contenance, cubage, dimension,
encombrement, espace, étendue, gabarit,
grosseur, importance, intensité, jauge, livre,
masse, opuscule, ouvrage, place, publication,
puissance, quantité, recueil, somme, tome,
tonnage

Volumètre normalisé
vumètre

Volumineux
abondant, ample, enflé, fort, gros

Volute
arabesque, circonvolution, courbe,
enroulement, hélice, ondulation, repli,
serpentin, sinuosité, spirale, spire

Vomitif
émétique, nauséeux

Vorace
affamé, avide, boulimique, cupide, glouton,
goinfre, goulu, gourmand, inassouvi,
inextinguible, insatiable, rapace

Voracement
goulûment

Voracité
appétit, âpreté, avidité, boulimie, cupidité,
gloutonnerie, goinfrerie, insatiabilité, rapacité

Votant
électeur

Votation
scrutin, vote

Vote
adoption, avis, consultation, élection,
plébiscite, référendum, scrutin, suffrage, tri,
voix, votation

Votó
adopté, choisi, élu

Vote au moyen de bulletins
scrutin

Voter
adopter, choisir, élire

Voter une nouvelle fois
revoter

Votre
possessif

Voué
appelé, condamné, consacré, dédié, destiné,
dévoué, donné, employé, louangé, offert,
porté, prédestiné, promis

Vouer
appeler, condamner, consacrer, dédier,
destiner, dévouer, donner, employer,
louanger, offrir, porter, prédestiner, promettre

Vouer au malheur
maudire

Vouer au mépris public
honnir

Vouloir
accepter, accorder, adopter, aimer,
ambitionner, approuver, attendre, autoriser,
briguer, commander, concéder, convoiter,
daigner, demander, désirer, détermination,
endurer, entendre, envier, exiger, intention,
jalouser, laisser, ordonner, permettre,
prescrire, prétendre, réclamer, requérir,
résolution, revendiquer, rêver, souhaiter,
supporter, tolérer, viser, volonté

Vouloir à nouveau
revouloir

Voulu
conscient, délibéré, désiré, envié, exigé, fixé,
intentionnel, opportun, prémédité, prescrit,
requis, souhaité, volontaire

Voussoir
claveau

Voussoyer
vouvoyer

Voûte
arc, arcade, arceau, arche, berceau, cintre,
coupole, dôme, plafond

Voûté
arqué, cambré, cintré, courbé, gibbeux, plié,
rond

Voûte céleste
firmament

Voûte en forme d'arc
arche

Voûte sphérique
calotte

Voûter
arquer, cambrer, cintrer, courber, plier

Vouvoyer
voussoyer

Voyage
balade, cheminement, circuit, croisière,
déplacement, errance, excursion, expédition,
exploration, itinéraire, locomotion, navette,
parcours, passage, périple, promenade,
route, tour, tournée, trajet, traversée, virée,
visite

Voyagé
vagabondé

Voyage de tourisme par mer
croisière

Voyage en plusieurs endroits
tournée

Voyage rapide
virée

Voyageant
allant

Voyager
aller, balader, bourlinguer, circuler,
déambuler, déplacer, migrer, naviguer, partir,
promener, vadrouiller, vagabonder

Voyager en transit
transiter

Voyager sur l'eau
naviguer

Voyageur
ambulant, aventurier, bourlingueur,
explorateur, migrateur, nomade, passager,
promeneur, routard, touriste, vagabond,
visiteur

Voyageur de commerce
vendeur

Voyant
cartomancien, clair, clinquant, criant, criard,
devin, diseur, distinct, éclatant, évident,
extralucide, flagrant, léger, manifeste,
médium, observable, ostensible, ostentatoire,
outrancier, perceptible, prophète, pythonisse,
sibylle, signal, spirite, tapageur, vif, visible

Voyant et sans valeur
clinquant

Voyelles
ea, eo

Voyou
aigrefin, brigand, canaille, chenapan, coquin,
crapule, filou, fripon, fripouille, galopin,
garnement, polisson, sauvageon, vaurien

VR
caravane

Vrai
attesté, authentique, avéré, bon, certain,
complet, convenable, correct, effectif,
essentiel, exact, fidèle, fieffé, franc, frivole,
indubitable, juste, logique, loyal, naturel,
objectif, parfait, pur, réel, sacré, senti,
sincère, spontané, sûr, tangible, vécu,
véridique, véritable, vérité

Vraiment
absolument, assurément, authentiquement,
bien, effectivement, extrêmement,
franchement, gravement, parfaitement,
réellement, sérieusement, sincèrement,
terriblement, véritablement

Vraisemblable
admissible, plausible, possible, probable

Vraisemblance
vérité

Vraquier
céréalier, charbonnier

Vrillant
térébrant

Vrille
drille, foret, hélice, mèche, percerette,
perceuse, spirale, tarière

Vrillé
tordu, tors

Vriller
enrouler, pénétrer, percer, tarauder, tordre,
transpercer

Vrillette
anobie

Vrombir
bourdonner, gronder, mugir, ronfler, rugir,
vibrer

Vrombissement
bruit, ronron

Vs
versus

Vu
aperçu, compris, considéré, noté, perçu, saisi

Vu que
car

Vue
ambition, appréciation, aspect, avis, but,
concept, conception, coupe, dessein,
horizon, idée, image, jugement, œil, opinion,
panorama, paysage, pensée, perspective,
plan, position, présence, profil, projet, regard,
scène, section, spectacle, tableau, vision,
yeux

Vue circulaire
panorama

Vue d'ensemble
aperçu

Vue d'ensemble d'un site
paysage

Vue étendue d'un paysage
panorama

Vue rapide et non détaillée
survol

Vues
impression, objectif, visée

Vulcain
papillon, vanesse

Vulgaire
abject, banal, bas, commun, courant,
grossier, inélégant, obscène, ordinaire,
parvenu, pauvre, poissard, populace,
populacier, populaire, prosaïque, quelconque,
trivial, usuel

Vulgairement
vulgo

Vulgarisation
diffusion

Vulgariser
diffuser, propager, répandre

Vulgarité
  bassesse, grossièreté, obscénité, trivialité
Vulgo
  vulgairement
Vulnérabilité
  faiblesse, fragilité, précarité
Vulnérable
  faible, fragile, sensible
Vultueux
  bouffi, rouge, rougeaud, rubicond

W

W.-C.
  toilettes
Wagon
  fourgon, lorry, plateau, pullman, tender,
  truck, voiture
Wagon à bords hauts
  tombereau
Wagon à plateforme
  truck
Wagon destiné aux bagages et au courrier
  fourgon
Wagonnet
  benne, berline, chariot, lorry
Wagonnet de mine
  berline
**Wagonnet plat et léger, poussé à bras
d'homme et servant à transporter des
matériaux**
  lorry
Wallaby
  kangourou
Warrant
  garantie, titre
Wastringue
  rabot
Water-ballast
  ballast
Waters
  toilettes
Wattman
  chauffour, traminot
Wb
  weber
Weber
  Wb
Wellingtonia
  séquoia
Wendat
  amérindien, autochtone, huron
Whiskey
  whisky
Whisky
  alcool, bourbon, rye, scotch, whiskey
**Whisky à base de maïs, fabriqué aux
États-Unis**
  bourbon
Whisky américain
  bourbon
Whisky canadien
  rye

Whisky de seigle
rye
Whist
bridge
Wigwam
hutte, tente
Winch
cabestan, treuil
Wou-si
wuxi

X

Xanthie
noctuelle
Xe
xénon
Xénon
Xe
Xénophobe
chauvin, nationaliste, raciste
Xénophobie
chauvinisme, haine, nationalisme, racisme
Xérès
manzanilla, sherry, vin
Xérodermie
ichtyose
Xylophone
balafon, marimba, vibraphone
Xylophone africain
marimba

Y

Yacht
bateau, voilier

Yachting
plaisance, régate, voile

Yachtman
navigateur, plaisancier

Yack
bœuf, buffle, karbau

Yak
bœuf, buffle

Yankee
étasunien

Yb
ytterbium

Yearling
cheval, poulain

Yeuse
chêne

Yeux
chasses, mirettes, regard, vue

Yogi
ascète

Yole
canot

Youpi
hourra

Yourte
tente

Youyou
canot, esquif

Yoyo
jouet

Ypres
leper

Ysopet
recueil

Ytterbium
Yb

Yucca
liliacée

Z

Zancle
coupoir

Zani
bouffon

Zanni
bouffon

Zanzi
zanzibar

Zanzibar
zanzi

Zapette
télécommande

Zapper
éparpiller, papillonner, pitonner

Zapping
pitonnage

Zèbre
type

Zébré
marqué, rayé, strié, tacheté, tigré, veiné

Zébrer
marquer, rayer, strier, tacheter, tigrer, veiner

Zébrure
bande, marque, raie, rainure, rayure, sillon, strie, traînée

Zébu
bison

Zef
vent

Zélateur
adepte, défenseur, fervent, panégyriste, partisan, propagandiste, propagateur, prosélyte, séide

Zèle
activité, application, ardeur, assiduité, attention, chaleur, cœur, dévotion, dévouement, diligence, empressement, enthousiasme, entrain, ferveur, feu, flamme, passion, scrupule, sérieux

Zélé
ardent, assidu, attentif, chaleureux, chaud, courageux, dévoué, diligent, dissident, empressé, enflammé, enthousiaste, fervent, fougueux, passionné, prompt, soigneux, travailleur

Zèle, dévouement pour son pays
civisme

Zénana
harem, sérail

Zénith
acmé, apogée, cime, comble, faîte, pinacle, sommet, summum

Zéphyr
brise, vent

Zeppelin
aéronef, aérostat, ballon, dirigeable

Zéro
aucun, incapable, mauvais, néant, nul, nullité, rien

Zeste
écorce, peau, pincée, pointe, soupçon

Zézaiement
blèsement, blésité

Zézayer
bléser, grasseyer, prononcer, zozoter

Zigoto
loustic

Zigzag
crochet, détour, lacet, méandre, sinuosité, tournant, virage

Zigzagant
sinueux

Zigzaguer
louvoyer, onduler, serpenter, sinuer, slalomer, tanguer, tituber, tourner, voltiger

Zinc
avion, bar, bistro, bistrot, café, zn

Zingaro
gitan, tsigane, tzigane

Zingibéracée
cardamome

Zinguer
galvaniser, métalliser

Zinzin
bidule, fou, loufoque, objet

Zinzolin
violet

Zirconium
Zr

Zizanie
brouille, désaccord, désunion, discorde, mésentente, mésintelligence, tension

Zn
zinc

Zodiacal
astral, diffus

Zombi
ectoplasme, esprit, fantoche, fantôme, marionnette, pantin, revenant

Zombie
ectoplasme, esprit, fantoche, fantôme, marionnette, pantin, revenant

Zonage
répartition

Zone
aire, bidonville, cadre, champ, division, domaine, endroit, espace, lieu, pays, périmètre, quartier, région, secteur, site, sphère, terrain, territoire

Zone d'action
orbite

Zone d'exploitation contrôlée
ZEC

Zone d'ombre
pénombre

Zone du globe terrestre
sima

Zone du zodiaque
décan

Zone externe du globe terrestre
sial

Zone industrielle
ZI

Zone occupée par un animal
territoire

Zone qui s'étend autour d'un point
périmètre

Zone réservée pour les rassemblements de troupes
camp

Zone semi-aride du Brésil
sertão

Zone située entre les bras d'un fleuve
delta

Zone, surface quelconque
périmètre

Zonier
frontalier

Zoo
ménagerie, parc

Zoom
objectif

Zoophilie
bestialité

Zoroastrien de l'Inde
parsi

Zoroastrisme
parsisme

Zouave
amuseur, clown

Zoulou
cafre

Zozotement
blèsement, blésité

Zozoter
bléser, grasseyer, zézayer

Zr
zirconium

Zucchini
courgette

Zygote
œuf

Zymase
ferment

PARTIE 2

ALLEMAGNE · LÄNDER

LAND	CAPITALE
Bade-Wurtemberg	Stuttgart
Basse-Saxe	Hanovre
Bavière	Munich
Berlin	Berlin
Brandebourg	Potsdam
Brême	Brême
Hambourg	Hambourg
Hesse	Wiesbaden
Mecklembourg-Poméranie-Occidentale	Schwerin
Rhénanie-du-Nord-Westphalie	Düsseldorf
Rhénanie-Palatinat	Mayence
Sarre	Sarrebruck
Saxe	Dresde
Saxe-Anhalt	Magdebourg
Schleswig-Holstein	Kiel
Thuringe	Erfurt

ALPHABETS · ALPHABET ARABE

Alif	Jim	Dhal	Shin	Za	Qaf	Nun	Hamza
Ba	Ha	Ra	Sad	Ayn	Kaf	Ha	
Ta	Kha	Zay	Dad	Ghayn	Iam	Waw	
Tha	Dal	Sin	Ta	Fa	Mim	Ya	

ALPHABETS · ALPHABET GREC

Alpha	Epsilon	Iota	Nu	Rhô	Phi
Bêta	Dzêta ou zêta	Kappa	Ksi ou xi	Sigma	Khi
Gamma	Êta	Lambda	Omicron	Tau	Psi
Delta	Thêta	Mu	Pi	Upsilon	Oméga

ALPHABETS · ALPHABET HÉBREU

Aleph	Heh	Tet	Mem	Peh	Resh
Bet	Vav	Yud	Nun	Tzadi	Shin
Gimal	Zayin	Kaf	Samech	Kuf	
Dalet	Het	Lamed	Ayin	Tav	

ALPHABETS • ALPHABETS RADIO

LETTRE	INTERNATIONAL	FRANÇAIS	LETTRE	INTERNATIONAL	FRANÇAIS
A	Alfa	Anatole	N	November	Nicolas
B	Bravo	Berthe	O	Oscar	Oscar
C	Charlie	Célestine	P	Papa	Pierre
D	Delta	Désiré	Q	Québec	Quintal
E	Echo	Eugène	R	Romeo	Raoul
F	Foxtrot	François	S	Sierra	Suzanne
G	Golf	Gaston	T	Tango	Thérèse
H	Hotel	Henri	U	Uniform	Ursule
I	India	Irma	V	Victor	Victor
J	Juliet	Joseph	W	Whisky	William
K	Kilo	Kléber	X	X-ray	Xavier
L	Lima	Louis	Y	Yankee	Yvonne
M	Mike	Marcel	Z	Zulu	Zoé

ANIMAUX • ANIMAUX HYBRIDES

NOM	CROISEMENT ENTRE	NOM	CROISEMENT ENTRE
Bardot	Ânesse et cheval	Léporide	Lièvre et lapin
Beefalo	Vache et bison	Liard	Léopard femelle et lion
Cama	Lama femelle et dromadaire	Ligre	Tigresse et lion
Caraval	Serval femelle et caracal	Liguard	Jaguar femelle et lion
Cattalo	Bisonne et taureau	Mulet ou mule	Âne et jument
Chabin	Chèvre et mouton	Ocema	Ocelot femelle et puma
Cochonlier	Laie et cochon	Ovicarpe	Brebis et bouc
Cocquard	Poule et faisan	Pizzly ou prizzly	Ours polaire et grizzly
Crocotte	Chienne et loup	Pumapard	Léopard femelle et puma
Dzo	Vache (ou taureau) et yack	Sanglochon	Truie et sanglier
Jaglion	Lionne et jaguar	Servical	Caracal femelle et serval
Jaguatigre	Tigresse et jaguar	Tigard	Léopard femelle et tigre
Jagulep	Léopard femelle et jaguar	Tigron	Lionne et tigre
Lamel	Dromadaire femelle et lama	Zébrâne	Âne et zèbre
Léopon	Lionne et léopard	Zébrule	Cheval et zèbre
Léotig	Tigresse et léopard	Zipiok	Zébu et yack
Lépjag	Jaguar femelle et léopard		

ANIMAUX • MÂLE, FEMELLE ET PETIT

ANIMAL	MÂLE	FEMELLE	PETIT
Abeille	Faux bourdon	Reine, ouvrière	Larve, nymphe
Aigle	-	Aigle féminin	Aiglon, aiglonne
Âne	Beaudet	Ânesse	Ânon, bourricot
Anguille	-	-	Civelle, cibale, bouiron, montinette
Antilope	-	-	Antilopin
Autruche	-	-	Autruchon
Baleine	-	-	Baleineau, baleinon
Bécasse	-	-	Bécasseau
Bécassine	-	-	Bécau
Bison	-	Bisonne	Bisonneau, veau
Blaireau	-	Blairelle	Blaireautin
Bombyx	-	-	Chenille, ver à soie
Bouquetin	-	Étagne	Cabri (moins de 6 mois), éterlou, éterle
Brochet	-	-	Brocheton, lanceron, poignard, sifflet
Buffle	-	Bufflesse, bufflonne	Buffletin, buffleton, bufflon, bufflette
Caille	-	-	Cailleteau
Canard	-	Cane	Caneton, canette, canardeau, canichon, halbran
Carpe	-	-	Carpeau, carpillon
Cerf		Biche	Faon, hère (première année), daguet (deuxième année), vardet (jeune mâle)
Chamois, isard	-	Chèvre	Cabri
Chat	Matou	Chatte	Chaton, chattée (portée)
Cheval	Étalon, ongre	Jument, cavale, poulinière	Poulain, pouliche, yearling (né l'année précédente)
Chèvre	Bouc	Chèvre, bique, biquette	Chevreau, chevrette, chevrelle, cabri, biquet, biquette
Chevreuil	-	Biche, chevrette	Chevrillard, faon, chevrotin (jusqu'à 6 mois)
Chien	-	Chienne	Chiot, chiennée (portée)
Chouette	-	-	Chouetton
Cigogne	-	Cigogne	Cigogneau
Cochon, porc, pourceau	Verrat	Truie, cochonne, coche	Porcelet, cochonnet, cochon de lait, goret, gorette, cochette, nourrain, verrasson, cochonnée (portée)

1267

ANIMAL	MÂLE	FEMELLE	PETIT
Colin	-	-	Colinot, merluchon
Congre	-	-	Fouet
Corbeau	-	-	Corbillat, corbillot
Corneille	-	-	Corneillard, corneillon
Couleuvre	-	-	Couleuvreau
Crapaud	-	Crapaude	Têtard, crapelet
Cygne	-	-	Oison, cygneau
Daim	-	Daine	Daguet, faon
Dauphin	-	-	Delphineau
Dinde	Dindon	Dinde	Dindonneau
Dromadaire	-	-	Dromelon
Élan	-	-	Faon
Éléphant	-	Éléphante	Éléphanteau, éléphantelle
Faisan	-	Faisane, poule faisane, faisande	Faisandeau, pouillard
Faucon	-	-	Fauconneau, émerillon
Flamant	-	-	Poussin
Girafe	-	-	Girafon, girafeau
Gnou	-	-	Gaou
Gorille	-	-	Gorillon
Grenouille	-	-	Têtard, grenouillon, grenouillette
Grue	-	-	Gruau, gruon
Guépard	-	-	Guépardeau
Hanneton	-	-	Ver blanc, man, mordette
Hérisson	-	Hérissonne	-
Héron	-	Héronne	Héronneau
Hirondelle	-	-	Hirondeau, arondelat
Insecte (général)	-	-	Œuf, larve, nymphe
Lampyre	-	-	Ver luisant
Lapin	Bouquin	Lapine, hase	Lapereau
Léopard	-	-	Léopardeau
Lévrier	-	Levrette	Levron, levronne
Lézard	-	-	Lézardeau
Lièvre	Bouquin	Hase	Levreau
Lion	-	Lionne	Lionceau, lioncelle, lionçonne
Loup	-	Louve	Louveteau, louvard

ANIMAUX • MÂLE, FEMELLE ET PETIT (SUITE)

ANIMAL	MÂLE	FEMELLE	PETIT
Loutre	-	-	Loutron
Mammifère (général)	-	-	Progéniture, petit, portée
Manchot	-	Manchote	Poussin
Maquereau	-	Maquerelle	Lisette
Marmotte	-	-	Marmotton
Merle	-	Merlette, merlesse	Merleau, merlot
Moineau	-	Moinelle, moinette	Moinet
Morue	-	-	Morueau
Mouche	-	-	Asticot (larve), moucheron
Mouton	Bélier	Brebis	Agneau, agnelle, agnelet, broutard, antenais, antenaise, vacive, vassiveau
Oie	Jars	Oie	Oison, oisonet
Oiseau (général)	-	Oiselle	Oisillon, oiselet, poussin, nichée
Orignal	-	-	Faon
Ours	-	Ourse	Ourson, oursonne
Outarde	-	-	Outardeau
Paon	-	Paonne	Paonneau
Papillon	-	-	Chenille
Perdrix	Garron, bourdon	Chanterelle	Perdreau, pouillard, mouillard
Perruche	-	-	Perruchon
Phacochère	-		Marcassin
Phoque	-	-	Blanchon, chiot, veau
Pigeon	-	Pigeonne	Pigeonneau
Pingouin	-	Pingouine	Pingouineau
Pinson	-	Pinsonne	-
Pintade	-	-	Pintadeau
Poisson (général)	-	-	Frai, alevin, œuf, fretin, nourrain
Poney	-	Ponette	-
Poule	Coq, chapon	Poule, poularde	Poussin, poulet, poulette, cochet, coquelet
Rainette	-	-	Têtard
Rat	-	Rate	Raton
Renard	-	Renarde	Renardeau
Rhinocéros	-	Rhinocère	Rhinocéron
Rossignol	-	-	Rossignolet

ANIMAUX • MÂLE, FEMELLE ET PETIT (SUITE)

ANIMAL	MÂLE	FEMELLE	PETIT
Salamandre	-	-	Têtard
Sanglier	-	Laie	Marcassin, ragot
Saumon	-	-	Saumoneau, tacon, smolt, parr, samlet
Serpent	-	-	Serpenteau
Serin	-	Serine	-
Singe	-	Guenon	Guenard, guenaud, guenuche
Souris	-	Souris	Souriceau, souricelle
Tigre	-	Tigresse	Tigreau
Tourterelle	-	-	Tourtereau
Triton	-	-	Têtard
Truite	-	-	Truitelle, truiton
Turbot	-	Turbote	Turbotin
Vache	Taureau, bœuf	Vache, taure	Veau, velle, génisse, taurillon, taure, bouvillon, broutard, broutarde, vachette, novillo
Vipère	-	-	Vipereau
Zèbre	-	Zébresse, zébrelle	Zébreau, zébrion, zébron

ANIMAUX • RACES DE CHATS

Abyssin	British shorthair	Havana brown	Ragdoll
American curl	Burmese	Himalayen	Scottish fold
American shorthair	Burmilla	Korat	Selkirk rex
American wirehair	Chartreux	Maine coon	Siamois
Angora turc	Colorpoint shorthair	Manx	Sibérien
Bilanais	Cornish	Mau égyptien	Singapura
Bengal	Cymric	Norvégien	Somali
Birman	Devon rex	Ocicat	Sphynx
Bleu russe	Exotic shorthair	Oriental	Tonkinois
Bobtail japonais	Foldex	Persan	York chocolat
Bombay	Foreign Burmese	Pixie-bob	

ANIMAUX • RACES DE CHIENS

Affenpinscher	Barbet	Basset hound	Berger allemand
Airedale terrier	Barzoï (lévrier russe)	Beagle	Berger anglais (bobtail)
Akita	Basenji	Bedlington terrier	Berger australien

Berger belge	Cairn terrier	Épagneul Cavalier King Charles	Lévrier anglais (greyhound)
Berger d'Islande	Cane corso	Épagneul Clumber	Lévrier écossais
Berger de Beauce (beauceron)	Caniche miniature	Épagneul d'eau irlandais	Lévrier irlandais
Berger de Maremme et Abruzzes	Caniche royal	Épagneul des champs	Lévrier persan
Berger des Pyrénées	Caniche toy	Épagneul du Sussex	Lhassa apso
Berger du Caucase	Carlin	Épagneul français	Malamute d'Alaska
Berger hollandais	Chien à loutre	Épagneul japonais	Mastiff
Berger picard	Chien chinois à crête	Épagneul King Charles	Mâtin napolitain (mâtin de Naples)
Berger polonais	Chien d'eau américain	Épagneul springer anglais	Mudi
Bichon frisé	Chien d'eau portugais	Épagneul springer gallois	Norfolk terrier
Bichon havanais	Chien de Canaan	Épagneul tibétain	Norwich terrier
Bichon maltais	Chien de montagne des Pyrénées	Esquimau canadien	Papillon
Border collie	Chien du Groenland	Eurasier	Parson Russel terrier
Border terrier	Chien nu du Mexique	Fox terrier	Pékinois
Bouledogue anglais	Chihuahua	Foxhound	Petit basset griffon
Bouledogue français	Chow-chow	Golden retriever	Petit chien russe
Bouvier appenzellois	Cocker américain	Grand bouvier suisse	Petit lévrier italien (levrette d'Italie)
Bouvier australien	Cocker anglais	Grand danois (dogue allemand)	Pinscher allemand
Bouvier bernois	Colley	Griffon belge	Pinscher nain
Bouvier des Flandres	Colley barbu	Griffon bruxellois	Pitbull
Boxer	Coonhound	Harrier	Pointer
Braque allemand	Coton de Tuléar	Husky sibérien	Poméranien
Braque d'Auvergne	Dalmatien	Jack Russell terrier	Pudelpointer
Braque de Weimar	Doberman	Komondor	Puli
Braque français	Dogue argentin	Kuvasz	Retriever à poil plat
Braque hongrois à poil court	Dogue de Bordeaux	Labrador	Retriever de la baie de Chesapeake
Briard	Dogue du Tibet	Lakeland terrier	Retriever de la Nouvelle-Écosse
Bull terrier	Épagneul bleu de Picardie	Leonberg	Rottweiler
Bullmastiff	Épagneul breton	Lévrier afghan	Saint-bernard

ANIMAUX • RACES DE CHIENS (SUITE)

Saint-hubert	Setter irlandais	Terrier australien	Terrier tibétain
Samoyède	Shar Pei	Terrier australien à poil soyeux	Vizsla (braque hongrois à poil court)
Schapendoes néerlandais	Shetland	Terrier Dandie Dinmont	Welsh corgi
Schipperke	Shiba	Terrier de Boston	Welsh terrier
Schnauzer géant	Shih Tzu	Terrier de Manchester	Westie (West Highland terrier)
Schnauzer nain	Skye terrier	Terrier écossais	Whippet
Schnauzer standard	Spitz finlandais	Terrier irlandais	Yorkshire terrier
Sealyham terrier	Spitz-loup	Terrier Kerry Blue	
Setter anglais	Teckel	Terrier noir russe	
Setter Gordon	Terre-neuve	Terrier tchèque	

ASTROLOGIE • ASTROLOGIE AMÉRINDIENNE

SIGNE	DATE	SIGNE	DATE
Oie	22 décembre - 19 janvier	Pivert	21 juin - 21 juillet
Loutre	20 janvier - 18 février	Saumon	22 juillet - 21 août
Loup	19 février - 20 mars	Ours brun	22 août - 21 septembre
Faucon	21 mars - 19 avril	Corbeau	22 septembre - 22 octobre
Castor	20 avril - 20 mai	Serpent	23 octobre - 22 novembre
Cerf	21 mai - 20 juin	Chouette	23 novembre - 21 décembre

ASTROLOGIE • ASTROLOGIE ARABE

SIGNE	DATE	SIGNE	DATE
Coutelas	24 novembre - 3 janvier	Lance	16 juin - 22 juillet
Massue paysanne	4 janvier - 10 février	Fronde	23 juillet - 4 septembre
Arc	11 février - 19 mars	Épée	5 septembre - 14 octobre
Couteau	20 mars - 1er mai	Masse de fer	15 octobre - 23 novembre
Poignard	2 mai - 15 juin		

ASTROLOGIE • ASTROLOGIE CHINOISE

SIGNE	DATE
Rat	1912, 1924, 1936, 1948, 1960, 1972, 1984, 1996, 2008
Bœuf	1913, 1925, 1937, 1949, 1961, 1973, 1985, 1997, 2009
Tigre	1914, 1926, 1938, 1950, 1962, 1974, 1986, 1998, 2010
Chat	1915, 1927, 1939, 1951, 1963, 1975, 1987, 1999, 2011

ASTROLOGIE • ASTROLOGIE CHINOISE (SUITE)

SIGNE	DATE
Dragon	1916, 1928, 1940, 1952, 1964, 1976, 1988, 2000, 2012
Serpent	1917, 1929, 1941, 1953, 1965, 1977, 1989, 2001, 2013
Cheval	1918, 1930, 1942, 1954, 1966, 1978, 1990, 2002, 2014
Chèvre	1919, 1931, 1943, 1955, 1967, 1979, 1991, 2003, 2015
Singe	1920, 1932, 1944, 1956, 1968, 1980, 1992, 2004, 2016
Coq	1921, 1933, 1945, 1957, 1969, 1981, 1993, 2005, 2017
Chien	1922, 1934, 1946, 1958, 1970, 1982, 1994, 2006, 2018
Cochon	1923, 1935, 1947, 1959, 1971, 1983, 1995, 2007, 2019

ASTROLOGIE • ASTROLOGIE OCCIDENTALE

SIGNE	DATE	SIGNE	DATE
Capricorne	23 décembre - 20 janvier	Cancer	22 juin - 22 juillet
Verseau	21 janvier - 18 février	Lion	23 juillet - 23 août
Poissons	19 février - 20 mars	Vierge	24 août - 23 septembre
Bélier	21 mars - 20 avril	Balance	24 septembre - 23 octobre
Taureau	21 avril - 20 mai	Scorpion	24 octobre - 22 novembre
Gémeaux	21 mai - 21 juin	Sagittaire	23 novembre - 22 décembre

ASTRONOMIE • CONSTELLATIONS

CONSTELLATIONS DE L'HÉMISPHÈRE NORD					
NOM	ABRÉVIATION	NOM	ABRÉVIATION	NOM	ABRÉVIATION
Aigle	Aql	Dauphin	Del	Orion	Ori
Andromède	And	Dragon	Dra	Pégase	Peg
Bélier	Ari	Flèche	Sge	Persée	Per
Bouvier	Boo	Gémeaux	Gem	Petit Cheval	Equ
Cancer	Cnc	Girafe	Cam	Petit Chien	CMi
Cassiopée	Cas	Grande Ourse	UMa	Petit Lion	LMi
Céphée	Cep	Hercule	Her	Petit Renard	Vul
Chevelure de Bérénice	Com	Lézard	Lac	Petite Ourse	UMi
Chiens de chasse	CVn	Licorne	Mon	Poissons	Psc
Cocher	Aur	Lion	Leo	Serpent	Ser
Couronne boréale	CrB	Lynx	Lyn	Taureau	Tau
Cygne	Cyg	Lyre	Lyr	Toucan	Tuc

CONSTELLATIONS DE L'HÉMISPHÈRE SUD

NOM	ABRÉVIATION	NOM	ABRÉVIATION	NOM	ABRÉVIATION
Autel	Ara	Fourneau	For	Poisson austral	PsA
Balance	Lib	Grand Chien	CMa	Poisson volant	Vol
Baleine	Cet	Grue	Gru	Poupe	Pup
Boussole	Pyx	Horloge	Hor	Règle	Nor
Burin	Cae	Hydre	Hya	Réticule	Ret
Caméléon	Cha	Hydre mâle	Hyi	Sagittaire	Sgr
Capricorne	Cap	Indien	Ind	Scorpion	Sco
Carène	Car	Lièvre	Lep	Sculpteur	Scl
Centaure	Cen	Loup	Lup	Sextant	Sex
Colombe	Col	Machine pneumatique	Ant	Table	Men
Compas	Cir	Microscope	Mic	Télescope	Tel
Corbeau	Crv	Mouche	Mus	Triangle	Tri
Coupe	Crt	Octant	Oct	Triangle austral	TrA
Couronne australe	CrA	Oiseau de paradis	Aps	Verseau	Aqr
Croix du Sud	Cru	Ophiuchus	Oph	Vierge	Vir
Dorade	Dor	Paon	Pav	Voiles	Vel
Écu de Sobieski	Sct	Peintre	Pic		
Éridan	Eri	Phénix	Phe		

ASTRONOMIE • LES 25 ÉTOILES LES PLUS BRILLANTES VUES DE LA TERRE

RANG	NOM	CONSTELLATION	RANG	NOM	CONSTELLATION
1	Sirius	Grand Chien	11	Capella A	Cocher
2	Canopus	Carène	12	Altaïr	Aigle
3	Arcturus	Bouvier	13	Aldébaran	Taureau
4	Alpha Centauri A	Centaure	14	Capella B	Cocher
5	Véga	Lyre	15	Épi	Vierge
6	Rigel	Orion	16	Antarès	Scorpion
7	Procyon	Petit Chien	17	Pollux	Gémeaux
8	Achernar	Éridan	18	Fomalhaut	Poisson austral
9	Bételgeuse	Orion	19	Deneb	Cygne
10	Agena	Centaure	20	Mimosa	Croix du Sud

ASTRONOMIE • LES 25 ÉTOILES LES PLUS BRILLANTES VUES DE LA TERRE (SUITE)

RANG	NOM	CONSTELLATION	RANG	NOM	CONSTELLATION
21	Alpha Centauri B	Centaure	24	Adhara	Grand Chien
22	Régulus	Lion	25	Shaula	Scorpion
23	Acrux 1	Croix du Sud			

ASTRONOMIE • PLANÈTES

ORDRE À PARTIR DU SOLEIL	NOM	DIAMÈTRE	PÉRIODE DE ROTATION	PÉRIODE DE RÉVOLUTION	SATELLITES
1	Mercure	4 880 km	58 j	88 j	0
2	Vénus	12 100 km	243 j	225 j	0
3	Terre	12 760 km	24 h	365,25 j	1
4	Mars	6 790 km	24,5 h	687 j	2
5	Jupiter	142 800 km	10 h	12 ans	67
6	Saturne	120 600 km	10 h	29,5 ans	62
7	Uranus	50 800 km	16 h	84 ans	27
8	Neptune	48 600 km	18 h	165 ans	14

AUTRICHE • ÉTATS

ÉTAT	CAPITALE
Basse-Autriche	Sankt Pölten
Burgenland	Eisenstadt
Carinthie	Klagenfurt
Haute-Autriche	Linz
Salzbourg	Salzbourg
Styrie	Graz
Tyrol	Innsbruck
Vienne	Vienne
Vorarlberg	Bregenz

BELGIQUE • PROVINCES

PROVINCE	CHEF-LIEU	RÉGION
Anvers	Anvers	Région flamande
Brabant flamand	Louvain	Région flamande
Brabant wallon	Wavre	Région wallonne
Bruxelles-Capitale	Bruxelles	Région Bruxelles-Capitale
Flandre-Occidentale	Bruges	Région flamande
Flandre-Orientale	Gand	Région flamande

BELGIQUE • PROVINCES (SUITE)

PROVINCE	CHEF-LIEU	RÉGION
Hainaut	Mons	Région wallonne
Liège	Liège	Région wallonne
Limbourg	Hasselt	Région flamande
Luxembourg	Arlon	Région wallonne
Namur	Namur	Région wallonne

CALENDRIERS • CALENDRIER GRÉGORIEN

MOIS						
Janvier	Mars	Mai	Juillet	Septembre	Novembre	
Février	Avril	Juin	Août	Octobre	Décembre	
JOURS						
Lundi	Mardi	Mercredi	Jeudi	Vendredi	Samedi	Dimanche

CALENDRIERS • CALENDRIER HÉBREU

MOIS					
Tichri	Kislev	Chevat	Nissane	Sivane	Av
Hèchvane	Téveth	Adar	Iyar	Tamouz	Éloul

CALENDRIERS • CALENDRIER JULIEN

MOIS					
Ianuarius	Martius	Maius	Quintilis	September	November
Februarius	Aprilis	Iunius	Sextilis	October	December

CALENDRIERS • CALENDRIER MUSULMAN

MOIS					
Mouharram	Rabia al awal	Joumada al oula	Rajab	Ramadan	Dhou al qi`da
Safar	Rabia ath-thani	Joumada ath-thania	Chaabane	Chawwal	Dhou al-hijja

CALENDRIERS • CALENDRIER RÉPUBLICAIN

MOIS					
Vendémiaire	Frimaire	Pluviôse	Germinal	Prairial	Thermidor
Brumaire	Nivôse	Ventôse	Floréal	Messidor	Fructidor
JOURS					
Primidi	Tridi	Quintidi	Septidi	Nonidi	
Duodi	Quartidi	Sextidi	Octidi	Décadi	

CANADA • GOUVERNEURS GÉNÉRAUX

ANNÉES DE MANDAT	NOM
1861-1868	Vicomte Monck
1868-1872	Baron Lisgar
1872-1878	Comte de Dufferin
1878-1883	Marquis de Lorne
1883-1888	Marquis de Lansdowne
1888-1893	Lord Stanley
1893-1898	Comte d'Aberdeen
1898-1904	Comte de Minto
1904-1911	Comte Grey
1911-1916	Son Altesse Royale le prince Arthur
1916-1921	Duc de Devonshire
1921-1926	Lord Byng
1926-1931	Vicomte Willingdon
1931-1935	Comte de Bessborough
1935-1940	Lord Tweedsmuir
1940-1946	Comte d'Athlone
1946-1952	Vicomte Alexander
1952-1959	Vincent Massey
1959-1967	Georges-P. Vanier
1967-1974	Roland Michener
1974-1979	Jules Léger
1979-1984	Edward Schreyer
1984-1990	Jeanne Sauvé
1990-1995	Ramon John Hnatyshyn
1995-1999	Roméo LeBlanc
1999-2005	Adrienne Clarkson
2005-2010	Michaëlle Jean
2010-	David Lloyd Johnston

CANADA • PREMIERS MINISTRES

ANNÉES DE MANDAT	NOM	PARTI POLITIQUE	ÉVÉNEMENTS MARQUANTS DURANT LE MANDAT
1867-1873	Sir John A. Macdonald	Parti libéral-conservateur	• Confédération du Canada • Démission à la suite du scandale du Pacifique
1873-1878	Alexander Mackenzie	Parti libéral	• Scandale du Pacifique

ANNÉES DE MANDAT	NOM	PARTI POLITIQUE	ÉVÉNEMENTS MARQUANTS DURANT LE MANDAT
1878-1891	Sir John A. Macdonald	Parti libéral-conservateur	• Pendaison de Louis Riel • Mort en fonction
1891-1892	Sir John Abbott	Parti libéral-conservateur	• Démission pour des raisons de santé
1892-1894	Sir John Thompson	Parti libéral-conservateur	• Premier premier ministre catholique • Question des écoles du Manitoba • Mort en fonction
1894-1896	Sir Mackenzie Bowell	Parti conservateur (historique)	• Question des écoles du Manitoba
1896	Sir Charles Tupper	Parti conservateur (historique)	• Question des écoles du Manitoba • Ne siégera jamais au Parlement
1896-1911	Sir Wilfrid Laurier	Parti libéral	• Question des écoles du Manitoba • Seconde Guerre des Boers • Premier premier ministre franco-canadien
1911-1920	Sir Robert Borden	Parti conservateur (historique)	• Première Guerre mondiale • Crise de la conscription • Introduction de l'impôt sur le revenu
1920-1921	Arthur Meighen	Parti national libéral et conservateur	
1921-1926	Mackenzie King	Parti libéral	• Démission en raison de l'affaire King-Byng
1926	Arthur Meighen	Parti conservateur (historique)	• Nommé à la suite de l'affaire King-Byng
1926-1930	Mackenzie King	Parti libéral	• Grande Dépression
1930-1935	Richard Bedford Bennett	Parti conservateur (historique)	• Grande Dépression
1935-1948	Mackenzie King	Parti libéral	• Deuxième Guerre mondiale • Création de Radio-Canada • Crise de la conscription
1948-1957	Louis St-Laurent	Parti libéral	• Entrée du Canada dans l'OTAN et à l'ONU
1957-1963	John Diefenbaker	Parti progressiste-conservateur	• Crise des missiles de Cuba
1963-1968	Lester B. Pearson	Parti libéral	• Centenaire du Canada • Création du nouveau drapeau canadien
1968-1979	Pierre Elliott Trudeau	Parti libéral	• Crise d'octobre • Loi sur les mesures de guerre • Loi sur les langues officielles
1979-1980	Joe Clark	Parti progressiste-conservateur	• Plus jeune premier ministre • Battu lors d'une motion de censure

CANADA • PREMIERS MINISTRES (SUITE)

ANNÉES DE MANDAT	NOM	PARTI POLITIQUE	ÉVÉNEMENTS MARQUANTS DURANT LE MANDAT
1980-1984	Pierre Elliott Trudeau	Parti libéral	• Référendum de 1980 au Québec • Charte canadienne des droits et libertés • Rapatriement de la Constitution
1984-1984	John Turner	Parti libéral	• Nommé par Trudeau
1984-1993	Brian Mulroney	Parti progressiste-conservateur	• Accord du lac Meech • Introduction de la TPS • Accord de Charlottetown • Tuerie à l'École polytechnique • Guerre du Golfe
1993	Kim Campbell	Parti progressiste-conservateur	• Première femme premier ministre • Ne siégera jamais au Parlement
1993-2003	Jean Chrétien	Parti libéral	• Référendum de 1995 au Québec • Attentats du 11 septembre 2001 • Invasion de l'Afghanistan • Opposition à la guerre en Irak • Scandale des commandites • Protocole de Kyoto
2003-2006	Paul Martin	Parti libéral	• Scandale des commandites • Loi sur le mariage civil
2006-2015	Stephen Harper	Parti conservateur	• Guerre d'Afghanistan • Crise financière mondiale • Grippe A(H_1N_1) • Débat sur les F-35
2015-	Justin Trudeau	Parti libéral	• Premier cabinet ministériel respectant la parité hommes-femmes • Projet de loi sur l'aide médicale à mourir • Projet de loi sur la légalisation de la marijuana

CANADA • PROVINCES ET TERRITOIRES

PROVINCE	SIGLE	CAPITALE	VILLE LA PLUS PEUPLÉE	ENTRÉE DANS LA CONFÉDÉRATION	GENTILÉ
Alberta	AB	Edmonton	Calgary	1905	Albertain
Colombie-Britannique	BC	Victoria	Vancouver	1871	Britanno-Colombien
Île-du-Prince-Édouard	PE	Charlottetown	Charlottetown	1873	Prince-Édouardien
Manitoba	MB	Winnipeg	Winnipeg	1870	Manitobain
Nouveau-Brunswick	NB	Fredericton	Saint John	1867	Néo-Brunswickois
Nouvelle-Écosse	NS	Halifax	Halifax	1867	Néo-Écossais

CANADA · PROVINCES ET TERRITOIRES (SUITE)

PROVINCE	SIGLE	CAPITALE	VILLE LA PLUS PEUPLÉE	ENTRÉE DANS LA CONFÉDÉRATION	GENTILÉ
Nunavut	NU	Iqaluit	Iqaluit	1999	Nunavutois
Ontario	ON	Toronto	Toronto	1867	Ontarien
Québec	QC	Québec	Montréal	1867	Québécois
Saskatchewan	SK	Regina	Saskatoon	1905	Saskatchewanais
Terre-Neuve-et-Labrador	NL	St. John's	St. John's	1949	Terre-Neuvien-et-Labradorien
Territoires du Nord-Ouest	NT	Yellowknife	Yellowknife	1870	Ténois
Yukon	YT	Whitehorse	Whitehorse	1898	Yukonais

CANADA · PROVINCES ET TERRITOIRES · EMBLÈMES

PROVINCE	FLEUR	OISEAU	ARBRE	DEVISE
Alberta	Rose aciculaire	Grand-duc d'Amérique	Pin tordu	*Fort et libre*
Colombie-Britannique	Cornouiller du Pacifique	Geai de Steller	Thuya géant de Californie	*Splendeur sans déclin*
Île-du-Prince-Édouard	Sabot de la vierge	Geai bleu	Chêne rouge d'Amérique	*Les petits sous la protection des grands*
Manitoba	Anémone pulsatile	Chouette lapone	Épinette blanche	*Glorieux et libres*
Nouveau-Brunswick	Violette cucullée	Mésange à tête noire	Sapin beaumier	*L'espoir renaît*
Nouvelle-Écosse	Fleur de mai	Balbuzard pêcheur	Épinette rouge	*Une main défend et l'autre conquiert*
Nunavut	Saxifrage à feuilles opposées	Perdrix des neiges	-	*Nunavut, notre force*
Ontario	Trille blanc	Plongeon huard	Pin blanc d'Amérique	*Fidèle elle commença, fidèle elle restera*
Québec	Iris versicolore	Harfang des neiges	Bouleau jaune	*Je me souviens*
Saskatchewan	Lis des prairies	Tétras à queue fine	Bouleau à papier	*La force de plusieurs peuples*
Terre-Neuve-et-Labrador	Sarracénie pourpre	Macareux moine	Épinette noire	*Cherchez d'abord le royaume de Dieu*
Territoires du Nord-Ouest	Dryade à huit pétales	Faucon gerfaut	Mélèze laricin	*aucune*
Yukon	Épilobe en épi	Grand corbeau	Sapin subalpin	*aucune*

CHIFFRES ROMAINS • SYMBOLES ET EXEMPLES

SYMBOLES		EXEMPLES							
VALEUR	CHIFFRE ROMAIN	1	I	11	XI	10	X	100	C
1	I	2	II	12	XII	20	XX	200	CC
5	V	3	III	13	XIII	30	XXX	300	CCC
10	X	4	IV	14	XIV	40	XL	400	CD
50	L	5	V	15	XV	50	L	500	D
100	C	6	VI	16	XVI	60	LX	600	DC
500	D	7	VII	17	XVII	70	LXX	700	DCC
1 000	M	8	VIII	18	XVIII	80	LXXX	800	DCCC
		9	IX	19	XIX	90	XC	900	CM

CINÉMA • CÉSAR

ANNÉE	CÉSAR DE LA MEILLEURE ACTRICE	CÉSAR DU MEILLEUR ACTEUR	CÉSAR DU MEILLEUR FILM	CÉSAR DU MEILLEUR FILM ÉTRANGER
1976	Romy Schneider	Philippe Noiret	Le vieux fusil	Parfum de femme
1977	Annie Girardot	Michel Galabru	Monsieur Klein	Nous nous sommes tant aimés
1978	Simone Signoret	Jean Rochefort	Providence	Une journée particulière
1979	Romy Schneider	Michel Serrault	L'argent des autres	L'arbre aux sabots
1980	Miou-Miou	Claude Brasseur	Tess	Manhattan
1981	Catherine Deneuve	Gérard Depardieu	Le dernier métro	Kagemusha
1982	Isabelle Adjani	Michel Serrault	La guerre du feu	Elephant Man
1983	Nathalie Baye	Philippe Léotard	La balance	Victor Victoria
1984	Isabelle Adjani	Coluche	À nos amours Le bal	Fanny et Alexandre
1985	Sabine Azéma	Alain Delon	Les ripoux	Amadeus
1986	Sandrine Bonnaire	Christophe Lambert	Trois hommes et un couffin	La rose pourpre du Caire
1987	Sabine Azéma	Daniel Auteuil	Thérèse	Le nom de la rose
1988	Anémone	Richard Bohringer	Au revoir les enfants	Le dernier empereur
1989	Isabelle Adjani	Jean-Paul Belmondo	Camille Claudel	Bagdad Café
1990	Carole Bouquet	Philippe Noiret	Trop belle pour toi	Les liaisons dangereuses
1991	Anne Parillaud	Gérard Depardieu	Cyrano de Bergerac	Le cercle des poètes disparus

ANNÉE	CÉSAR DE LA MEILLEURE ACTRICE	CÉSAR DU MEILLEUR ACTEUR	CÉSAR DU MEILLEUR FILM	CÉSAR DU MEILLEUR FILM ÉTRANGER
1992	Jeanne Moreau	Jacques Dutronc	Tous les matins du monde	Toto le héros
1993	Catherine Deneuve	Claude Rich	Les nuits fauves	Talons aiguilles
1994	Juliette Binoche	Pierre Arditi	Smoking/No Smoking	La leçon de piano
1995	Isabelle Adjani	Gérard Lanvin	Les roseaux sauvages	Quatre mariages et un enterrement
1996	Isabelle Huppert	Michel Serrault	La haine	Land and Freedom
1997	Fanny Ardant	Philippe Torreton	Ridicule	Breaking the Waves
1998	Ariane Ascaride	André Dussolier	On connaît la chanson	Les virtuoses
1999	Élodie Bouchez	Jacques Villeret	La vie rêvée des anges	La vie est belle
2000	Karin Viard	Daniel Auteuil	Vénus Beauté Institut	Tout sur ma mère
2001	Dominique Blanc	Sergi Lopez	Le goût des autres	In the Mood for Love
2002	Emmanuelle Devos	Michel Bouquet	Le fabuleux destin d'Amélie Poulin	Mulholland Drive
2003	Isabelle Carré	Adrien Brody	Le pianiste	Bowling for Columbine
2004	Sylvie Testud	Omar Sharif	Les invasions barbares	Mystic River
2005	Yolande Moreau	Mathieu Amalric	L'esquive	Lost in Translation
2006	Nathalie Baye	Michel Bouquet	De battre mon cœur s'est arrêté	Million Dollar Baby
2007	Marina Hands	François Cluzet	Lady Chatterley	Little Miss Sunshine
2008	Marion Cotillard	Mathieu Amalric	La graine et le mulet	La vie des autres
2009	Yolande Moreau	Vincent Cassel	Séraphine	Valse avec Bachir
2010	Isabelle Adjani	Tahar Rahim	Un prophète	Gran Torino
2011	Sara Forestier	Eric Elmosnino	Des hommes et des dieux	The Social Network
2012	Bérénice Béjo	Omar Sy	The Artist	Une séparation
2013	Emmanuelle Riva	Jean-Louis Trintignant	Amour	Argo
2014	Sandrine Kiberlain	Guillaume Gallienne	Les garçons et Guillaume, à table!	Alabama Monroe
2015	Adèle Haenel	Pierre Niney	Timbuktu	Mommy
2016	Catherine Frot	Vincent Lindon	Fatima	Birdman

CINÉMA · GALA DU CINÉMA QUÉBÉCOIS

ANNÉE	PRIX DE LA MEILLEURE ACTRICE	PRIX DU MEILLEUR ACTEUR	PRIX DU MEILLEUR FILM	PRIX-HOMMAGE
1999	Pascale Montpetit	Alexis Martin	*Le violon rouge*	Marcel Sabourin
2000	Karine Vanasse	Gabriel Arcand	*Post mortem*	Frédéric Back
2001	Marie-Josée Croze	Paul Ahmarani	*Maelström*	Gilles Carle
2002	Élise Guilbault	Luc Picard	*Un crabe dans la tête*	Anne-Claire Poirier
2003	Karine Vanasse	Pierre Lebeau	*Québec-Montréal*	Rock Demers
2004	Marie-Josée Croze	Serge Thériault	*Les invasions barbares*	Richard Grégoire
2005	Pascale Bussières	Roy Dupuis	*Mémoires affectives*	Michel Brault
2006	Élise Guilbault	Marc-André Grondin	*C.R.A.Z.Y.*	Denise Filiatrault
2007	Céline Bonnier	Paul Ahmarani Olivier Gourmet	*Congorama*	Pierre Curzi
2008	Guylaine Tremblay	Roy Dupuis	*Continental, un film sans fusil*	Jean-Claude Labrecque
2009	Isabelle Blais	Natar Ungalaaq	*Ce qu'il faut pour vivre*	Fernand Dansereau
2010	Anne Dorval	Sébastien Ricard	*J'ai tué ma mère*	René Malo
2011	Lubna Azabal	Claude Legault	*Incendies*	Jean Lapointe
2012	Vanessa Paradis	Gilbert Sicotte	*Monsieur Lazhar*	Paule Baillargeon
2013	Rachel Mwanza	Julien Poulin	*Rebelle*	Michel Côté
2014	Pierrette Robitaille	Antoine Bertrand	*Louis Cyr. l'homme le plus fort du monde*	Micheline Lanctôt
2015	Anne Dorval	Antoine Olivier Pilon	*Mommy*	André Mélançon
2016	Céline Bonnier	Gilbert Sicotte	*La passion d'Augustine*	François Dompierre

CINÉMA · OSCARS

ANNÉE	OSCAR DE LA MEILLEURE ACTRICE	OSCAR DU MEILLEUR ACTEUR	OSCAR DU MEILLEUR FILM	OSCAR DU MEILLEUR FILM ÉTRANGER
1929	Janet Gaynor	Emil Jannings	*Les ailes*	-
1930	Norma Shearer	George Arliss	*À l'ouest, rien de nouveau*	-
1930	Mary Pickford	Warner Baxter	*The Broadway Melody*	-
1931	Marie Dressler	Lionel Barrymore	*Cimarron*	-

ANNÉE	OSCAR DE LA MEILLEURE ACTRICE	OSCAR DU MEILLEUR ACTEUR	OSCAR DU MEILLEUR FILM	OSCAR DU MEILLEUR FILM ÉTRANGER
1932	Helen Hayes	Wallace Beery Fredric March	Grand Hôtel	-
1934	Katharine Hepburn	Charles Laughton	Cavalcade	-
1935	Claudette Colbert	Clark Gable	New York-Miami	-
1936	Bette Davis	Victor McLaglen	Les révoltés du Bounty	-
1937	Luise Rainer	Paul Muni	The Great Ziegfeld	-
1938	Luise Rainer	Spencer Tracy	La vie d'Émile Zola	-
1939	Bette Davis	Spencer Tracy	Vous ne l'emporterez pas avec vous	-
1940	Vivien Leigh	Robert Donat	Autant en emporte le vent	-
1941	Ginger Rogers	James Stewart	Rebecca	-
1942	Joan Fontaine	Gary Cooper	Qu'elle était verte ma vallée	-
1943	Greer Garson	James Cagney	Mrs. Miniver	-
1944	Jennifer Jones	Paul Lukas	Casablanca	-
1945	Ingrid Bergman	Bing Crosby	La route semée d'étoiles	-
1946	Joan Crawford	Ray Milland	Le poison	-
1947	Olivia de Havilland	Fredric March	Les plus belles années de notre vie	-
1948	Loretta Young	Ronald Colman	Le mur invisible	Sciuscià
1949	Jane Wyman	Laurence Olivier	Hamlet	Monsieur Vincent
1950	Olivia de Havilland	Broderick Crawford	Les fous du roi	The Bicycle Thief
1951	Judy Holliday	José Ferrer	Ève	The Walls of Malapega
1952	Vivien Leigh	Humphrey Bogart	Un Américain à Paris	Rashomon
1953	Shirley Booth	Gary Cooper	Sous le plus grand chapiteau du monde	Jeux interdits
1954	Audrey Hepburn	William Holden	Tant qu'il y aura des hommes	(Non attribué)
1955	Grace Kelly	Marlon Brando	Sur les quais	Gate of Hell
1956	Anna Magnani	Ernest Borgnine	Marty	Samurai, The Legend of Musashi
1957	Ingrid Bergman	Yul Brynner	Le tour du monde en 80 jours	La Strada
1958	Joanne Woodward	Alec Guinness	Le pont de la rivière Kwai	The Nights of Cabiria

ANNÉE	OSCAR DE LA MEILLEURE ACTRICE	OSCAR DU MEILLEUR ACTEUR	OSCAR DU MEILLEUR FILM	OSCAR DU MEILLEUR FILM ÉTRANGER
1959	Susan Hayward	David Niven	Gigi	Mon oncle
1960	Simone Signoret	Charlton Heston	Ben Hur	Black Orpheus
1961	Elizabeth Taylor	Burt Lancaster	La garçonnière	The Virgen Spring
1962	Sophia Loren	Maximilian Schell	West Side Story	Through a Glass Darkly
1963	Anne Bancroft	Gregory Peck	Lawrence d'Arabie	Sundays and Cybele
1964	Patricia Neal	Sidney Poitier	Tom Jones	8 1/2
1965	Julie Andrews	Rex Harrison	My Fair Lady	Yesterday, Today and Tomorrow
1966	Julie Christie	Lee Marvin	La mélodie du bonheur	The Shop on Main Street
1967	Elizabeth Taylor	Paul Scofield	Un homme pour l'éternité	Un homme, une femme
1968	Katharine Hepburn	Rod Steiger	Dans la chaleur de la nuit	Closely Watched Trains
1969	Barbra Streisand Katharine Hepburn	Cliff Robertson	Oliver	Guerre et paix
1970	Maggie Smith	John Wayne	Macadam Cowboy	Z
1971	Glenda Jackson	George C. Scott	Patton	Investigation of a Citizen Above Suspicion
1972	Jane Fonda	Gene Hackman	French Connection	The Garden of the Finzi Continis
1973	Liza Minnelli	Marlon Brando	Le parrain	The Discreet Charm of the Bourgeoisie
1974	Glenda Jackson	Jack Lemmon	L'arnaque	Day for Night
1975	Ellen Burstyn	Art Carney	Le parrain II	Amarcord
1976	Louise Fletcher	Jack Nicholson	Vol au-dessus d'un nid de coucou	Dersu Uzala
1977	Faye Dunaway	Peter Finch	Rocky	Black and White in Color
1978	Diane Keaton	Richard Dreyfuss	Annie Hall	Madame Rosa
1979	Jane Fonda	Jon Voight	Voyage au bout de l'enfer	Préparez vos mouchoirs
1980	Sally Field	Dustin Hoffman	Kramer contre Kramer	Le tambour
1981	Sissy Spacek	Robert De Niro	Des gens comme les autres	Moscow Does Not Believe in Tears
1982	Katharine Hepburn	Henry Fonda	Les chariots de feu	Mephisto

CINÉMA • OSCARS (SUITE)

ANNÉE	OSCAR DE LA MEILLEURE ACTRICE	OSCAR DU MEILLEUR ACTEUR	OSCAR DU MEILLEUR FILM	OSCAR DU MEILLEUR FILM ÉTRANGER
1983	Meryl Streep	Ben Kingsley	Gandhi	Volver a Empezar (To Begin Again)
1984	Shirley MacLaine	Robert Duvall	Tendres passions	Fanny et Alexandre
1985	Sally Field	F. Murray Abraham	Amadeus	Dangerous Moves
1986	Geraldine Page	William Hurt	Out of Africa	The Official Story
1987	Marlee Matlin	Paul Newman	Platoon	The Assault
1988	Cher	Michael Douglas	Le dernier empereur	Le festin de Babette
1989	Jodie Foster	Dustin Hoffman	Rain Man	Pelle le Conquérant
1990	Jessica Tandy	Daniel Day-Lewis	Driving Miss Daisy	Cinema Paradiso
1991	Kathy Bates	Jeremy Irons	Il danse avec les loups	Journey of Hope
1992	Jodie Foster	Anthony Hopkins	Le silence des agneaux	Méditerranée
1993	Emma Thompson	Al Pacino	Impitoyable	Indochine
1994	Holly Hunter	Tom Hanks	La liste de Schindler	Belle Époque
1995	Jessica Lange	Tom Hanks	Forrest Gump	Burnt by the Sun
1996	Susan Sarandon	Nicolas Cage	Braveheart	Antonia's Line
1997	Frances McDormand	Geoffrey Rush	Le patient anglais	Kolya
1998	Helen Hunt	Jack Nicholson	Titanic	Character
1999	Gwyneth Paltrow	Roberto Benigni	Shakespeare in Love	La vie est belle
2000	Hilary Swank	Kevin Spacey	Beauté américaine	Tout sur ma mère
2001	Julia Roberts	Russell Crowe	Gladiateur	Tigres et dragons
2002	Halle Berry	Denzel Washington	Un homme d'exception	No Man's Land
2003	Nicole Kidman	Adrien Brody	Chicago	Nowhere in Africa
2004	Charlize Theron	Sean Penn	Le seigneur des anneaux (Le retour du roi)	Les invasions barbares
2005	Hilary Swank	Jamie Foxx	Million Dollar Baby	Mar adentro
2006	Reese Witherspoon	Philip Seymour Hoffman	Collision	Mon nom est Tsotsi
2007	Helen Mirren	Forest Whitaker	Agents troubles	La vie des autres
2008	Marion Cotillard	Daniel Day-Lewis	No Country for Old Men	Les faussaires
2009	Kate Winslet	Sean Penn	Slumdog Millionaire	Departures
2010	Sandra Bullock	Jeff Bridges	Démineurs	Dans ses yeux
2011	Natalie Portman	Colin Firth	Le discours du roi	In a Better World

CINÉMA • OSCARS (SUITE)

ANNÉE	OSCAR DE LA MEILLEURE ACTRICE	OSCAR DU MEILLEUR ACTEUR	OSCAR DU MEILLEUR FILM	OSCAR DU MEILLEUR FILM ÉTRANGER
2012	Meryl Streep	Jean Dujardin	*The Artist*	*Une séparation*
2013	Jennifer Lawrence	Daniel Day-Lewis	*Argo*	*Amour*
2014	Cate Blanchett	Matthew McConaughey	*Gravity*	*La grande bellezza*
2015	Julianne Moore	Eddie Redmayne	*Birdman*	*Ida*
2016	Brie Larson	Leonardo DiCaprio	*Spotlight*	*Le fils de Saul*

CUISINE • CÉPAGES LES PLUS CONNUS

ROUGES			
Auxerrois (côt, malbec)	Cinsault	Mourvèdre	Syrah
Cabernet franc	Gamay	Nebbiolo	Tannat
Cabernet sauvignon	Grenache	Pinot noir	Tempranillo
Carignan	Merlot	Sangiovese	Zinfandel
BLANCS			
Aligoté	Marsanne	Pinot gris	Savangin
Chardonnay	Muscadet	Riesling	Sémillon
Chenin	Muscat	Roussanne	Sylvaner
Gewurztraminer	Petit manseng	Sauvignon	Viognier

CUISINE • CÉRÉALES ET PSEUDO-CÉRÉALES COURAMMENT UTILISÉES EN CUISINE

Alpiste	Blé poulard	Épeautre	Millet des oiseaux	Riz sauvage
Amarante	Chia	Fonio	Millet japonais	Sarrasin
Amidonnier	Coix	Froment	Millet perle	Seigle
Avoine	Digitaire	Kamut	Orge	Sorgho
Blé	Éleusine	Maïs	Quinoa	Teff
Blé dur	Engrain	Millet commun	Riz	Triticale

CUISINE • COQUILLAGES COURAMMENT UTILISÉS EN CUISINE

Amande de mer	Coquille Saint-Jacques	Palourde	Patelle
Bigorneau	Couteau	Pétoncle	
Buccin	Huître	Praire	
Coque	Moule	Telline	

CUISINE · CRUSTACÉS COURAMMENT UTILISÉS EN CUISINE

Araignée de mer	Crevette grise	Langouste
Cigale de mer	Crevette rose	Langoustine
Crabe	Écrevisse	Limule
Crabe royal du Kamtchatka	Gamba	Tourteau
Crevette géante d'eau douce	Homard	

CUISINE · ÉPICES ET HERBES COURAMMENT UTILISÉES EN CUISINE

PARTIES SOUTERRAINES (BULBE, RHIZOME, ETC.)		
Ail	Curcuma (rhizome)	Réglisse
Arachide	Échalote	Wasabi
Ase fétide ou asa fœtida (résine)	Gingembre (rhizome)	Zédoaire (rhizome)
Cardamome	Oignon	
Céleri	Raifort	
PARTIES AÉRIENNES (TIGES, FEUILLES, ETC.)		
Absinthe	Coriandre	Origan
Ache	Estragon	Oseille
Aneth	Fenouil	Persil
Balsamine	Feuilles de combava	Romarin
Basilic	Laurier	Sarriette
Bourrache	Livèche	Sauge
Cannelle (et casse)	Marjolaine	Serpolet
Céleri	Mélisse	Thym
Cerfeuil	Menthe	Verveine
Ciboulette	Mloukhiya	
Citronnelle	Myrte	
INFLORESCENCES		
Ail	Capucine	Safran
Bourrache	Ciboulette	
Câpre	Clou de girofle	
FRUITS		
Badiane	Cubèbe	Piment
Bergamote	Baie de genièvre	Piment de la Jamaïque
Cardamome	Mahaleb	Sumac
Citron	Noix de muscade (et macis)	Tamarinier
Combava	Paprika	Vanille

CUISINE • ÉPICES ET HERBES COURAMMENT UTILISÉES EN CUISINE (SUITE)

GRAINES		
Ajowan	Céleri	Moutarde
Amande	Coriandre	Nigelle
Aneth	Cumin	Pavot
Anis	Fenugrec	Poivre
Achiote (ou rocou)	Fève tonka (ou coumarou)	Sésame
Anis vert	Fève de nez	Soumbala
Cacao	Fenouil	
Carvi	Maniguette	

MÉLANGES D'ÉPICES		
Bouquet garni	Furikake	Quatre-épices
Chili	Garam masala	Ras el hanout
Cinq baies	Harissa	Sambal
Cinq épices	Masala	Zaatar
Colombo	Pesto	
Curry	Pistou	

CUISINE • FRUITS COURAMMENT UTILISÉS EN CUISINE

Abricot	Clémentine	Kiwi	Myrtille	Poire
Airelle	Coing	Kumquat	Nectarine	Pomme
Ananas	Figue fraîche	Lime	Noisette	Prune
Avocat	Fraise	Litchi	Noix	Quetsche
Banane	Fraise des bois	Mandarine	Orange	Raisin
Bleuet	Framboise	Mangue	Orange sanguine	Tomate
Canneberge	Fruit de la passion	Marron	Pamplemousse	
Cassis	Grenade	Melon	Papaye	
Cerise	Groseille	Mirabelle	Pastèque	
Citron	Kaki	Mûre	Pêche	

CUISINE • LÉGUMES COURAMMENT UTILISÉS EN CUISINE

Ail	Brocoli	Chou de Bruxelles	Citrouille	Haricot
Artichaut	Carotte	Chou frisé	Concombre	Laitue
Asperge blanche	Catalonia	Chou romanesco	Courge	Mâche
Asperge verte	Céleri branche	Chou rouge	Courgette	Maïs
Aubergine	Céleri-rave	Chou chinois	Endive	Navet
Bette	Champignon	Chou-fleur	Épinard	Oignon
Betterave rouge	Chou blanc	Chou-rave	Fenouil	Panais

CUISINE • LÉGUMES COURAMMENT UTILISÉS EN CUISINE (SUITE)

Pâtisson	Poireau	Pomme de terre	Radis	Rutabaga
Petit oignon blanc	Pois mange-tout	Potimarron	Radis long	Salsifis
Petit pois	Poivron	Potiron	Rhubarbe	Topinambour

CUISINE • PÂTISSERIES

Amandine	Corne de gazelle	Gâteau au fromage	Pain perdu
Baba au rhum	Craquelin	Gâteau aux carottes	Palet
Baklava	Crème brûlée	Gâteau aux fruits	Panettone
Bavarois	Crêpe	Gâteau d'anniversaire	Paris-brest
Beigne	Croissant	Gâteau renversé	Pithiviers
Beignet	Croquignole	Gâteau roulé	Pouding
Biscuit	Crumble	Gaufre	Pouding au pain
Brioche	Crumpet	Gaufre de Bruxelles	Pouding chômeur
Bûche	Cupcake	Grand-père	Profiterole
Bugne	Éclair	Jésuite	Quatre-quarts
Cake	Far breton	Kouign amann	Queue de castor
Cake-pop	Feuilleté	Limousin	Religieuse
Cannelé	Financier	Macaron	Rose des sables
Cannoli	Flan	Madeleine	Sablé
Carré aux dattes	Flan pâtissier	Mendiant	Saint-honoré
Charlotte	Fondant au chocolat	Meringue	Spéculoos
Chausson	Forêt-noire	Millefeuille	Spritz
Chocolatine	Fraisier	Moka	Sucre à la crème
Chou à la crème	Framboisier	Mont-blanc	Tarte
Chouquette	Galette	Muffin	Tarte Tatin
Clafoutis	Galette des rois	Nougat	Tiramisu
Colombe de Pâques	Gâteau	Opéra	Tropézienne
Cookie	Gâteau au chocolat	Pain d'épice	Trou de beigne

CUISINE • POISSONS COURAMMENT UTILISÉS EN CUISINE

Anchois	Daurade	Merlan	Raie	Saumon
Anguille	Flétan	Merlu	Rascasse	Sole
Bar	Goberge	Morue	Rouget	Thon
Brochet	Lieu noir	Omble chevalier	Saint-pierre	Tilapia
Cabillaud	Lotte	Perche	Sandre	Truite
Colin	Mahi-mahi	Plie	Sardine	Turbot

ÉLÉMENTS ET SYMBOLES CHIMIQUES

N° ATOMIQUE	ÉLÉMENT	SYMBOLE	N° ATOMIQUE	ÉLÉMENT	SYMBOLE
1	Hydrogène	H	37	Rubidium	Rb
2	Hélium	He	38	Strontium	Sr
3	Lithium	Li	39	Yttrium	Y
4	Béryllium	Be	40	Zirconium	Zr
5	Bore	B	41	Niobium	Nb
6	Carbone	C	42	Molybdène	Mo
7	Azote	N	43	Technétium	Tc
8	Oxygène	O	44	Ruthénium	Ru
9	Fluor	F	45	Rhodium	Rh
10	Néon	Ne	46	Palladium	Pd
11	Sodium	Na	47	Argent	Ag
12	Magnésium	Mg	48	Cadmium	Cd
13	Aluminium	Al	49	Indium	In
14	Silicium	Si	50	Étain	Sn
15	Phosphore	P	51	Antimoine	Sb
16	Soufre	S	52	Tellure	Te
17	Chlore	Cl	53	Iode	I
18	Argon	Ar	54	Xénon	Xe
19	Potassium	K	55	Césium	Cs
20	Calcium	Ca	56	Baryum	Ba
21	Scandium	Sc	57	Lanthane	La
22	Titane	Ti	58	Cérium	Ce
23	Vanadium	V	59	Praséodyme	Pr
24	Chrome	Cr	60	Néodyme	Nd
25	Manganèse	Mn	61	Prométhium	Pm
26	Fer	Fe	62	Samarium	Sm
27	Cobalt	Co	63	Europium	Eu
28	Nickel	Ni	64	Gadolinium	Gd
29	Cuivre	Cu	65	Terbium	Tb
30	Zinc	Zn	66	Dysprosium	Dy
31	Gallium	Ga	67	Holmium	Ho
32	Germanium	Ge	68	Erbium	Er
33	Arsenic	As	69	Thulium	Tm
34	Sélénium	Se	70	Ytterbium	Yb
35	Brome	Br	71	Lutécium	Lu
36	Krypton	Kr	72	Hafnium	Hf

ÉLÉMENTS ET SYMBOLES CHIMIQUES (SUITE)

N° ATOMIQUE	ÉLÉMENT	SYMBOLE	N° ATOMIQUE	ÉLÉMENT	SYMBOLE
73	Tantale	Ta	96	Curium	Cm
74	Tungstène	W	97	Berkélium	Bk
75	Rhénium	Re	98	Californium	Cf
76	Osmium	Os	99	Einsteinium	Es
77	Iridium	Ir	100	Fermium	Fm
78	Platine	Pt	101	Mendélévium	Md
79	Or	Au	102	Nobélium	No
80	Mercure	Hg	103	Lawrencium	Lr
81	Thallium	Tl	104	Rutherfordium	Rf
82	Plomb	Pb	105	Dubnium	Db
83	Bismuth	Bi	106	Seaborgium	Sg
84	Polonium	Po	107	Bohrium	Bh
85	Astate	At	108	Hassium	Hs
86	Radon	Rn	109	Meitnerium	Mt
87	Francium	Fr	110	Darmstadtium	Ds
88	Radium	Ra	111	Roentgenium	Rg
89	Actinium	Ac	112	Copernicium	Cn
90	Thorium	Th	113	Ununtrium	Uut
91	Protactinium	Pa	114	Flérovium	Fl
92	Uranium	U	115	Ununpentium	Uup
93	Neptunium	Np	116	Livermorium	Lv
94	Plutonium	Pu	117	Ununseptium	Uus
95	Américium	Am	118	Ununoctium	Uuo

ESPAGNE • COMMUNAUTÉS AUTONOMES

COMMUNAUTÉ AUTONOME	CAPITALE
Andalousie	Séville
Aragon	Saragosse
Canaries	Santa Cruz de Tenerife et Las Palmas de Gran Canaria
Cantabrie	Santander
Castille-et-León	Valladolid
Castille-La Manche	Tolède
Catalogne	Barcelone
Communauté de Madrid	Madrid
Communauté forale de Navarre	Pampelune

ESPAGNE • COMMUNAUTÉS AUTONOMES (SUITE)

COMMUNAUTÉ AUTONOME	CAPITALE
Communauté valencienne	Valence
Estrémadure	Mérida
Galice	Saint-Jacques-de-Compostelle
Îles Baléares	Palma de Majorque
La Rioja	Logrono
Région de Murcie	Murcie
Communauté autonome basque	Vitoria-Gasteiz
Principauté des Asturies	Oviedo

ÉTATS-UNIS • ÉTATS

ÉTAT	ABRÉVIATION	CAPITALE	VILLE LA PLUS PEUPLÉE	ANNÉE D'ENTRÉE DANS L'UNION
Alabama	AL	Montgomery	Birmingham	1819
Alaska	AK	Juneau	Anchorage	1959
Arizona	AZ	Phoenix	Phoenix	1912
Arkansas	AR	Little Rock	Little Rock	1836
Californie	CA	Sacramento	Los Angeles	1850
Caroline du Nord	NC	Raleigh	Charlotte	1789
Caroline du Sud	SC	Columbia	Columbia	1788
Colorado	CO	Denver	Denver	1876
Connecticut	CT	Hartford	Bridgeport	1788
Dakota du Nord	ND	Bismarck	Fargo	1889
Dakota du Sud	SD	Pierre	Sioux Falls	1889
Delaware	DE	Dover	Wilmington	1787
Floride	FL	Tallahassee	Jacksonville	1845
Géorgie	GA	Atlanta	Atlanta	1788
Hawaï	HI	Honolulu	Honolulu	1959
Idaho	ID	Boise	Boise	1890
Illinois	IL	Springfield	Chicago	1818
Indiana	IN	Indianapolis	Indianapolis	1816
Iowa	IA	Des Moines	Des Moines	1846
Kansas	KS	Topeka	Wichita	1861
Kentucky	KY	Frankfort	Louisville	1792
Louisiane	LA	Bâton-Rouge	La Nouvelle-Orléans	1812
Maine	ME	Augusta	Portland	1820

ÉTAT	ABRÉVIATION	CAPITALE	VILLE LA PLUS PEUPLÉE	ANNÉE D'ENTRÉE DANS L'UNION
Maryland	MD	Annapolis	Baltimore	1788
Massachusetts	MA	Boston	Boston	1788
Michigan	MI	Lansing	Détroit	1837
Minnesota	MN	Saint Paul	Minneapolis	1858
Mississippi	MS	Jackson	Jackson	1817
Missouri	MO	Jefferson	Kansas City	1821
Montana	MT	Helena	Billings	1889
Nebraska	NE	Lincoln	Omaha	1867
Nevada	NV	Carson City	Las Vegas	1864
New Hampshire	NH	Concord	Manchester	1788
New Jersey	NJ	Trenton	Newark	1787
New York	NY	Albany	New York	1788
Nouveau-Mexique	NM	Santa Fe	Albuquerque	1912
Ohio	OH	Columbus	Columbus	1803
Oklahoma	OK	Oklahoma City	Oklahoma City	1907
Oregon	OR	Salem	Portland	1859
Pennsylvanie	PA	Harrisburg	Philadelphie	1787
Rhode Island	RI	Providence	Providence	1790
Tennessee	TN	Nashville	Memphis	1796
Texas	TX	Austin	Houston	1845
Utah	UT	Salt Lake City	Salt Lake City	1896
Vermont	VT	Montpelier	Burlington	1791
Virginie	VA	Richmond	Virginia Beach	1788
Virginie-Occidentale	WV	Charleston	Charleston	1863
Washington	WA	Olympia	Seattle	1889
Wisconsin	WI	Madison	Milwaukee	1848
Wyoming	WY	Cheyenne	Cheyenne	1890

ÉTATS-UNIS • PRÉSIDENTS

ANNÉES DE MANDAT	NOM	PARTI POLITIQUE	ÉVÉNEMENTS MARQUANTS DURANT LE MANDAT
1789-1797	George Washington	Indépendant	• Premier président • Ratification de la Constitution
1797-1801	John Adams	Fédéraliste	• Washington devient la capitale fédérale
1801-1809	Thomas Jefferson	Démocrate-républicain	• Achat de la Louisiane

ÉTATS-UNIS • PRÉSIDENTS (SUITE)

ANNÉES DE MANDAT	NOM	PARTI POLITIQUE	ÉVÉNEMENTS MARQUANTS DURANT LE MANDAT
1809-1817	James Madison	Démocrate-républicain	
1817-1825	James Monroe	Démocrate-républicain	
1825-1829	John Quincy Adams	Démocrate-républicain	
1829-1837	Andrew Jackson	Démocrate	
1837-1841	Martin Van Buren	Démocrate	
1841	William H. Harrison	Whig	• Décédé durant son mandat
1841-1845	John Tyler	Whig	
1845-1849	James K. Polk	Démocrate	
1849-1850	Zachary Taylor	Whig	• Décédé durant son mandat
1850-1853	Millard Fillmore	Whig	
1853-1857	Franklin Pierce	Démocrate	
1857-1861	James Buchanan	Démocrate	
1861-1865	Abraham Lincoln	Républicain	• Abolition de l'esclavage • Guerre de Sécession • Assassiné durant son mandat
1865-1869	Andrew Johnson	Démocrate	• Achat de l'Alaska
1869-1877	Ulysses S. Grant	Républicain	
1877-1881	Rutherford B. Hayes	Républicain	
1881	James A. Garfield	Républicain	• Assassiné durant son mandat
1881-1885	Chester A. Arthur	Républicain	
1885-1889	S. Grover Cleveland	Démocrate	
1889-1893	Benjamin Harrison	Républicain	
1893-1897	S. Grover Cleveland	Démocrate	
1897-1901	William McKinley	Républicain	• Assassiné durant son mandat
1901-1909	Theodore Roosevelt	Républicain	
1909-1913	William H. Taft	Républicain	
1913-1921	T. Woodrow Wilson	Démocrate	• Droit de vote des femmes • Première Guerre mondiale
1921-1923	Warren G. Harding	Républicain	• Décédé durant son mandat
1923-1929	J. Calvin Coolidge	Républicain	
1929-1933	Herbert C. Hoover	Républicain	• Krach boursier
1933-1945	Franklin D. Roosevelt	Démocrate	• Deuxième Guerre mondiale • Décédé durant son mandat
1945-1953	Harry S. Truman	Démocrate	• Création des Nations Unies • Début de la guerre froide
1953-1961	Dwight D. Eisenhower	Républicain	• Début de la guerre du Vietnam
1961-1963	John F. Kennedy	Démocrate	• Crise des missiles de Cuba • Assassiné durant son mandat

ÉTATS-UNIS • PRÉSIDENTS (SUITE)

ANNÉES DE MANDAT	NOM	PARTI POLITIQUE	ÉVÉNEMENTS MARQUANTS DURANT LE MANDAT
1963-1969	Lyndon B. Johnson	Démocrate	• Assassinat de Martin Luther King
1969-1974	Richard Nixon	Républicain	• Affaire du Watergate • Escalade de la guerre du Vietnam • Démissionne avant la fin de son mandat
1974-1977	Gerald Ford	Républicain	• Succède à Nixon sans avoir été élu • Fin de la guerre du Vietnam
1977-1981	Jimmy Carter	Démocrate	• Révolution islamique en Iran • Invasion soviétique de l'Afghanistan • Accident nucléaire à Three Mile Island
1981-1989	Ronald Reagan	Républicain	• Escalade de la guerre froide • Affaire Iran-Contra
1989-1993	George Bush	Républicain	• Fin de la guerre froide • Guerre du Golfe
1993-2001	Bill Clinton	Démocrate	• Affaire Lewinsky
2001-2009	George W. Bush	Républicain	• Attentats du 11 septembre 2001 • Guerres d'Afghanistan et d'Irak
2009-2016	Barack Obama	Démocrate	• Premier président noir • Crise bancaire et financière • Loi sur l'assurance maladie • Soutien au mariage homosexuel • Chambre des représentants dominée par les Républicains

FRANCE • DÉPARTEMENTS ET AUTRES TERRITOIRES

DÉPARTEMENTS	CHEF-LIEU	RÉGION
Ain	Bourg-en-Bresse	Rhône-Alpes
Aisne	Laon	Picardie
Allier	Moulins	Auvergne
Alpes-de-Haute-Provence	Digne	Provence-Alpes-Côte d'Azur
Alpes-Maritimes	Nice	Provence-Alpes-Côte d'Azur
Ardèche	Privas	Rhône-Alpes
Ardennes	Charleville-Mézières	Champagne-Ardenne
Ariège	Foix	Midi-Pyrénées
Aube	Troyes	Champagne-Ardenne
Aude	Carcassonne	Languedoc-Roussillon
Aveyron	Rodez	Midi-Pyrénées
Bas-Rhin	Strasbourg	Alsace

DÉPARTEMENTS	CHEF-LIEU	RÉGION
Territoire de Belfort	Belfort	Franche-Comté
Bouches-du-Rhône	Marseille	Provence-Alpes-Côte d'Azur
Calvados	Caen	Basse-Normandie
Cantal	Auriac	Auvergne
Charente	Angoulême	Poitou-Charentes
Charente-Maritime	La Rochelle	Poitou-Charentes
Cher	Bourges	Centre
Corrèze	Tulle	Limousin
Corse-du-Sud	Ajaccio	Corse
Côte-d'Or	Dijon	Bourgogne
Côtes-d'Armor	Saint-Brieuc	Bretagne
Creuse	Guéret	Limousin
Deux-Sèvres	Niort	Poitou-Charentes
Dordogne	Périgueux	Aquitaine
Doubs	Besançon	Franche-Comté
Drôme	Valence	Rhône-Alpes
Essonne	Évry	Île-de-France
Eure	Évreux	Haute-Normandie
Eure-et-Loir	Chartres	Centre
Finistère	Quimper	Bretagne
Gard	Nîmes	Languedoc-Roussillon
Gers	Auch	Midi-Pyrénées
Gironde	Bordeaux	Aquitaine
Haut-Rhin	Colmar	Alsace
Haute-Corse	Bastia	Corse
Haute-Garonne	Toulouse	Midi-Pyrénées
Haute-Loire	Le Puy	Auvergne
Haute-Marne	Chaumont	Champagne-Ardenne
Hautes-Pyrénées	Tarbes	Midi-Pyrénées
Haute-Saône	Vesoul	Franche-Comté
Haute-Savoie	Annecy	Rhône-Alpes
Haute-Vienne	Limoges	Limousin
Hautes-Alpes	Gap	Provence-Alpes-Côte d'Azur
Hauts-de-Seine	Nanterre	Île-de-France
Hérault	Montpellier	Languedoc-Roussillon
Ille-et-Vilaine	Rennes	Bretagne

DÉPARTEMENTS	CHEF-LIEU	RÉGION
Indre	Châteauroux	Centre
Indre-et-Loire	Tours	Centre
Isère	Grenoble	Rhône-Alpes
Jura	Lons-le-Saunier	Franche-Comté
Landes	Mont-de-Marsan	Aquitaine
Loir-et-Cher	Blois	Centre
Loire	Saint-Étienne	Rhône-Alpes
Loire-Atlantique	Nantes	Pays de la Loire
Loiret	Orléans	Centre
Lot	Cahors	Midi-Pyrénées
Lot-et-Garonne	Agen	Aquitaine
Lozère	Mende	Languedoc-Roussillon
Maine-et-Loire	Angers	Pays de la Loire
Manche	Saint-Lô	Basse-Normandie
Marne	Châlons-sur-Marne	Champagne-Ardenne
Mayenne	Laval	Pays de la Loire
Meurthe-et-Moselle	Nancy	Lorraine
Meuse	Bar-le-Duc	Lorraine
Morbihan	Vannes	Bretagne
Moselle	Metz	Lorraine
Nièvre	Nevers	Bourgogne
Nord	Lille	Nord-Pas-de-Calais
Oise	Beauvais	Picardie
Orne	Alençon	Basse-Normandie
Paris	Paris	Île-de-France
Pas-de-Calais	Arras	Nord-Pas-de-Calais
Puy-de-Dôme	Clermont-Ferrand	Auvergne
Pyrénées-Atlantiques	Pau	Aquitaine
Pyrénées-Orientales	Perpignan	Languedoc-Roussillon
Rhône	Lyon	Rhône-Alpes
Saône-et-Loire	Mâcon	Bourgogne
Sarthe	Le Mans	Pays de la Loire
Savoie	Chambéry	Rhône-Alpes
Seine-et-Marne	Melun	Île-de-France
Seine-Maritime	Rouen	Haute-Normandie
Seine-Saint-Denis	Bobigny	Île-de-France

FRANCE • DÉPARTEMENTS ET AUTRES TERRITOIRES (SUITE)

DÉPARTEMENTS	CHEF-LIEU	RÉGION
Somme	Amiens	Picardie
Tarn	Albi	Midi-Pyrénées
Tarn-et-Garonne	Montauban	Midi-Pyrénées
Val-d'Oise	Pontoise	Île-de-France
Val-de-Marne	Créteil	Île-de-France
Var	Toulon	Provence-Alpes-Côte d'Azur
Vaucluse	Avignon	Provence-Alpes-Côte d'Azur
Vendée	La Roche-sur-Yon	Pays de la Loire
Vienne	Poitiers	Poitou-Charentes
Vosges	Épinal	Lorraine
Yonne	Auxerre	Bourgogne
Yvelines	Versailles	Île-de-France
Guadeloupe	Basse-Terre	Guadeloupe
Guyane	Cayenne	Guyane
La Réunion	Saint-Denis	La Réunion
Martinique	Fort-de-France	Martinique
Mayotte	Mamoudzou	Mayotte
COLLECTIVITÉS D'OUTRE-MER		
Île de Clipperton	-	-
Saint-Barthélémy	Gustavia	-
Saint-Martin	Marigot	-
Saint-Pierre-et-Miquelon	Saint-Pierre	-
Polynésie française	Papeete	-
PAYS D'OUTRE-MER À STATUT PARTICULIER		
Nouvelle-Calédonie	Nouméa	-
Wallis-et-Futuna	Mata-Utu	-
TERRITOIRES D'OUTRE-MER À STATUT PARTICULIER		
Terres australes et antarctiques françaises		

FRANCE • MONARQUES DE FRANCE DEPUIS 987

ANNÉES DE RÈGNE	NOM	FAMILLE
987-996	Hugues Capet	Capet
996-1031	Robert II le Pieux	Capet
1031-1060	Henri Ier	Capet
1060-1108	Philippe Ier	Capet
1108-1137	Louis VI le Gros	Capet

ANNÉES DE RÈGNE	NOM	FAMILLE
1137-1180	Louis VII le Jeune	Capet
1180-1223	Philippe II Auguste	Capet
1223-1226	Louis VIII le Lion	Capet
1226-1270	Louis IX (Saint Louis)	Capet
1270-1285	Philippe III le Hardi	Capet
1285-1314	Philippe IV le Bel	Capet
1314-1316	Louis X le Hutin	Capet
1316	Jean Ier le Posthume	Capet
1316-1322	Philippe V le Long	Capet
1322-1328	Charles IV le Bel	Capet
1328-1350	Philippe VI	Valois
1350-1364	Jean II le Bon	Valois
1364-1380	Charles V le Sage	Valois
1380-1422	Charles VI le Bien-aimé	Valois
1422-1461	Charles VII	Valois
1461-1483	Louis XI	Valois
1483-1498	Charles VIII	Valois
1498-1515	Louis XII	Valois
1515-1547	François Ier	Valois
1547-1559	Henri II	Valois
1559-1660	François II	Valois
1560-1574	Charles IX	Valois
1574-1589	Henri III	Valois
1589-1610	Henri IV	Bourbon
1610-1643	Louis XIII le Juste	Bourbon
1643-1715	Louis XIV le Roi-Soleil	Bourbon
1715-1774	Louis XV le Bien-Aimé	Bourbon
1774-1792	Louis XVI	Bourbon
1804-1814	Napoléon Ier	Bonaparte
1814-1815	Louis XVIII le Désiré	Bourbon
1815	Napoléon Ier	Bonaparte
1815-1824	Louis XVIII le Désiré	Bourbon
1824-1830	Charles X	Bourbon
1830-1848	Louis-Philippe Ier le Roi citoyen	Orléans
1852-1870	Napoléon III	Bonaparte

FRANCE • PREMIERS MINISTRES DE LA V^E RÉPUBLIQUE

ANNÉES DE MANDAT	NOM	PARTI POLITIQUE
1959-1962	Michel Debré	Union pour la nouvelle République
1962-1968	Georges Pompidou	Union pour la nouvelle République
1968-1969	Maurice Couve de Murville	Union pour la défense de la République
1969-1972	Jacques Chaban-Delmas	Union des démocrates pour la République
1972-1974	Pierre Messmer	Union des démocrates pour la République
1974-1976	Jacques Chirac	Union des démocrates pour la République
1976-1981	Raymond Barre	Union pour la démocratie française
1981-1984	Pierre Mauroy	Parti socialiste
1984-1986	Laurent Fabius	Parti socialiste
1986-1988	Jacques Chirac	Rassemblement pour la République
1988-1991	Michel Rocard	Parti socialiste
1991-1992	Édith Cresson	Parti socialiste
1992-1993	Pierre Bérégovoy	Parti socialiste
1993-1995	Édouard Balladur	Rassemblement pour la République
1995-1997	Alain Juppé	Rassemblement pour la République
1997-2002	Lionel Jospin	Parti socialiste
2002-2005	Jean-Pierre Raffarin	Union pour un mouvement populaire
2005-2007	Dominique de Villepin	Union pour un mouvement populaire
2007-2012	François Fillon	Union pour un mouvement populaire
2012-2014	Jean-Marc Ayrault	Parti socialiste
2014-	Manuel Valls	Parti socialiste

FRANCE • PRÉSIDENTS DE LA V^E RÉPUBLIQUE

ANNÉES DE MANDAT	NOM	PARTI POLITIQUE
1959-1969	Charles de Gaulle	Union pour la nouvelle République
1969-1974	Georges Pompidou	Union pour la défense de la République
1974-1981	Valéry Giscard d'Estaing	Union pour la démocratie française
1981-1995	François Mitterrand	Parti socialiste
1995-2007	Jacques Chirac	Rassemblement pour la République
2007-2012	Nicolas Sarkozy	Union pour un mouvement populaire
2012-	François Hollande	Parti socialiste

RÉGION	CHEF-LIEU	DÉPARTEMENTS	
Alsace	Strasbourg	Bas-Rhin	Haut-Rhin
Aquitaine	Bordeaux	Dorgogne Gironde Landes	Lot-et-Garonne Pyrénées-Atlantiques
Auvergne	Clermont-Ferrand	Allier Cantal	Haute-Loire Puy-de-Dôme
Basse-Normandie	Caen	Calvados Manche	Orne
Bourgogne	Dijon	Côte-d'Or Nièvre	Saône-et-Loire Yonne
Bretagne	Rennes	Côtes-d'Armor Finistère	Ille-et-Vilaine Morbihan
Centre	Orléans	Cher Eure-et-Loir Indre	Indre-et-Loire Loir-et-Cher Loiret
Champagne-Ardenne	Châlons-sur-Marne	Ardennes Aube	Marne Haute-Marne
Corse	Ajaccio	Corse-du-Sud	Corse-du-Nord
Franche-Comté	Besançon	Doubs Jura	Haute-Saône Territoire de Belfort
Guadeloupe	Basse-Terre	Guadeloupe	
Guyane	Cayenne	Guyane	
Haute-Normande	Rouen	Eure	Seine-Maritime
Île-de-France	Paris	Essonne Hauts-de-Seine Paris Seine-Saint-Denis	Seine-et-Marne Val-de-Marne Val-d'Oise Yvelines
Languedoc-Roussillon	Montpellier	Aude Gard Hérault	Lozère Pyrénées-Orientales
La Réunion	Saint-Denis	La Réunion	
Limousin	Limoges	Corrèze Creuse	Haute-Vienne
Lorraine	Metz	Meurthe-et-Moselle Meuse	Moselle Vosges
Martinique	Fort-de-France	Martinique	
Mayotte	Mamoudzou	Mayotte	
Midi-Pyrénées	Toulouse	Ariège Aveyron Haute-Garonne Gers	Lot Hautes-Pyrénées Tarn Tarn-et-Garrone
Nord-Pas-de-Calais	Lille	Nord	Pas-de-Calais

FRANCE • RÉGIONS (SUITE)

RÉGION	CHEF-LIEU	DÉPARTEMENTS	
Pays de la Loire	Nantes	Loire-Atlantique Maine-et-Loire Mayenne	Sarthe Vendée
Picardie	Amiens	Aisne Oise	Somme
Poitou-Charentes	Poitiers	Charente Charente-Maritime	Deux-Sèvres Vienne
Provence-Alpes-Côte d'Azur	Marseille	Alpes-de-Haute-Provence Alpes-Maritimes Bouches-du-Rhône	Hautes-Alpes Var Vaucluse
Rhône-Alpes	Lyon	Ain Ardèche Drôme Haute-Savoie	Isère Loire Rhône Savoie

GÉOGRAPHIE • LES 25 PAYS LES PLUS PEUPLÉS DU MONDE

RANG	PAYS	POPULATION
1	Chine	1 373 505 511
2	Inde	1 250 662 547
3	États-Unis	322 924 557
4	Indonésie	255 461 700
5	Brésil	204 300 000
6	Pakistan	191 169 265
7	Nigeria	177 155 754
8	Bangladesh	157 026 370
9	Russie	146 267 288
10	Japon	127 100 000
11	Mexique	119 713 203
12	Philippines	101 359 514
13	Éthiopie	96 633 458
14	Vietnam	93 421 835
15	Égypte	88 198 791
16	Turquie	81 619 392
17	Allemagne	81 197 500
18	Iran	80 840 713
19	République démocratique du Congo	77 433 744
20	France	66 977 769
21	Thaïlande	65 104 000

GÉOGRAPHIE • LES 25 PAYS LES PLUS PEUPLÉS DU MONDE (SUITE)

RANG	PAYS	POPULATION
22	Royaume-Uni	63 665 597
23	Italie	60 782 668
24	Birmanie	55 746 253
25	Tanzanie	49 639 138

GÉOGRAPHIE • LES 25 PLUS GRANDES ÎLES DU MONDE

RANG	NOM	PAYS	CONTINENT	SUPERFICIE (KM²)
1	Australie	Australie	Océanie	7 617 930
2	Groenland	Danemark	Amérique du Nord	2 130 800
3	Nouvelle-Guinée	Indonésie et Papouasie-Nouvelle-Guinée	Océanie	786 000
4	Bornéo	Brunei, Indonésie et Malaisie	Asie	725 500
5	Madagascar	Madagascar	Afrique	578 041
6	Baffin	Canada	Amérique du Nord	507 451
7	Sumatra	Indonésie	Asie	425 000
8	Honshu	Japon	Asie	227 414
9	Victoria	Canada	Amérique du Nord	217 291
10	Grande-Bretagne	Royaume-Uni	Europe	216 777
11	Ellesmere	Canada	Amérique du Nord	196 236
12	Célèbes	Indonésie	Asie	174 600
13	Sud	Nouvelle-Zélande	Océanie	150 737
14	Java	Indonésie	Asie	126 700
15	Nord	Nouvelle-Zélande	Océanie	114 050
16	Terre-Neuve	Canada	Amérique du Nord	108 860
17	Cuba	Cuba	Amérique du Nord	105 007
18	Luçon	Philippines	Asie	104 688
19	Islande	Islande	Europe	102 828
20	Mindanao	Philippines	Asie	94 630
21	Irlande	Irlande et Royaume-Uni	Europe	84 406
22	Hokkaido	Japon	Asie	78 073
23	Sakhaline	Russie	Asie	76 400
24	Hispaniola	Haïti et République dominicaine	Amérique du Nord	74 700
25	Banks	Canada	Amérique du Nord	70 028

GÉOGRAPHIE • LES 25 PLUS GRANDS LACS DU MONDE

RANG	NOM	PAYS	CONTINENT	SUPERFICIE (KM²)
1	Mer Caspienne	Azerbaïdjan, Iran, Kazakhstan, Russie, Turkménistan	Asie	371 000
2	Lac Michigan-Huron	Canada, États-Unis	Amérique du Nord	117 702
3	Lac Supérieur	Canada, États-Unis	Amérique du Nord	82 414
4	Lac Victoria	Kenya, Ouganda, Tanzanie	Afrique	69 485
5	Lac Tanganyika	Burundi, République démocratique du Congo, Tanzanie, Zambie	Afrique	32 893
6	Lac Baïkal	Russie	Asie	31 500
7	Grand Lac de l'Ours	Canada	Amérique du Nord	31 080
8	Lac Malawi	Malawi, Mozambique, Tanzanie	Afrique	30 044
9	Grand Lac des Esclaves	Canada	Amérique du Nord	28 930
10	Lac Érié	Canada, États-Unis	Amérique du Nord	25 719
11	Lac Winnipeg	Canada	Amérique du Nord	23 553
12	Lac Ontario	Canada, États-Unis	Amérique du Nord	19 477
13	Lac Balkhach	Kazakhstan	Asie	18 428
14	Lac Ladoga	Russie	Europe	18 130
15	Mer d'Aral	Kazakhstan, Ouzbékistan	Asie	17 160
16	Lac Vostok	Antarctique	Antarctique	15 690
17	Lac Maracaibo	Venezuela	Amérique du Sud	13 210
18	Tonlé Sap	Cambodge	Asie	13 000
19	Lagoa dos Patos	Brésil	Amérique du Sud	10 140
20	Lac Onega	Russie	Europe	9 891
21	Lac Bangwelo	Zambie	Afrique	9 840
22	Lac Nicaragua	Nicaragua	Amérique Centrale	8 624
23	Lac Volta	Ghana	Afrique	8 502
24	Lac Titicaca	Bolivie, Pérou	Amérique du Sud	8 135
25	Lac Athabasca	Canada	Amérique du Nord	7 920

GÉOGRAPHIE • LES 25 PLUS GRANDS PAYS DU MONDE

RANG	PAYS	SUPERFICIE (KM²)
1	Russie	17 098 242
2	Canada	9 984 670

GÉOGRAPHIE • LES 25 PLUS GRANDS PAYS DU MONDE (SUITE)

RANG	PAYS	SUPERFICIE (KM²)
3	Chine	9 598 095
4	États-Unis	9 371 175
5	Brésil	8 514 877
6	Australie	7 692 060
7	Inde	3 287 263
8	Argentine	2 780 400
9	Kazakhstan	2 724 910
10	Algérie	2 381 743
11	République démocratique du Congo	2 344 858
12	Danemark	2 210 573
13	Arabie saoudite	2 149 680
14	Mexique	1 964 375
15	Indonésie	1 910 931
16	Soudan	1 861 484
17	Libye	1 759 540
18	Iran	1 648 195
19	Mongolie	1 564 100
20	Pérou	1 285 216
21	Tchad	1 284 000
22	Niger	1 267 000
23	Angola	1 246 700
24	Mali	1 241 238
25	Afrique du Sud	1 221 037

GÉOGRAPHIE • LES 20 PLUS GRANDS PORTS DU MONDE

RANG	NOM	PAYS	TRAFIC ANNUEL (MILLIONS DE TONNES)
1	Port de Ningbo-Zhoushan	Chine	873
2	Port de Shanghai	Chine	755
3	Port de Singapour	Singapour	581
4	Port de Tianjin	Chine	540
5	Port de Tangshan	Chine	501
6	Port de Canton	Chine	500
7	Port de Tsingtao	Chine	480
8	Port de Rotterdam	Pays-Bas	445
9	Port de Dalian	Chine	420

GÉOGRAPHIE • LES 20 PLUS GRANDS PORTS DU MONDE (SUITE)

RANG	NOM	PAYS	TRAFIC ANNUEL (MILLIONS DE TONNES)
10	Port de Port Hedland	Australie	372
11	Port de Rizhao	Chine	353
12	Port de Yingkou	Chine	331
13	Port de Hong Kong	Chine	298
14	Port de Qinhuangdao	Chine	274
15	Port de Busan	Corée du Sud	266
16	Port de la Louisiane du Sud	États-Unis	265
17	Port de Shenzhen	Chine	223
18	Port de Xiamen	Chine	205
19	Port d'Anvers	Belgique	199
20	Port Klang	Malaisie	162

GÉOGRAPHIE • LES 25 PLUS HAUTS SOMMETS DU MONDE

RANG	NOM	PAYS	ALTITUDE (M)
1	Everest	Chine, Népal	8 848
2	K2	Chine, Pakistan	8 611
3	Kangchenjunga	Inde, Népal	8 586
4	Lhotse	Chine, Népal	8 516
5	Makalu	Chine, Népal	8 485
6	Cho Oyu	Chine, Népal	8 188
7	Dhaulagiri I	Népal	8 167
8	Manaslu	Népal	8 163
9	Nanga Parbat	Pakistan	8 126
10	Annapurna I	Népal	8 091
11	Gasherbrum I	Chine, Pakistan	8 080
12	Broad Peak	Chine, Pakistan	8 051
13	Gasherbrum II	Chine, Pakistan	8 034
14	Shishapangma	Chine	8 027
15	Gyachung Kang Gasherbrum III	Chine, Népal Chine, Pakistan	7 952 7 946
16	Annapurna II	Népal	7 937
17	Gasherbrum IV	Chine, Pakistan	7 932
18	Himalchuli	Népal	7 893
19	Distaghil Sar	Pakistan	7 884
20	Ngadi Chuli Nuptse	Népal Népal	7 871 7 864

GÉOGRAPHIE • LES 25 PLUS HAUTS SOMMETS DU MONDE (SUITE)

RANG	NOM	PAYS	ALTITUDE (M)
21	Khunyang Chhish	Pakistan	7 823
22	Masherbrum	Pakistan	7 821
23	Nanda Devi	Inde	7 816
24	Chomo Lonzo	Chine	7 804
25	Batura Sar	Pakistan	7 795

GÉOGRAPHIE • LES 25 PLUS LONGS COURS D'EAU DU MONDE

RANG	NOM	PAYS TRAVERSÉS	CONTINENT	EMBOUCHURE	LONGUEUR (KM)
1	Amazone	Pérou, Brésil	Amérique du Sud	Océan Atlantique	7 025
2	Nil	Burundi, Rwanda, Tanzanie, Ouganda, Soudan, Égypte	Afrique	Mer Méditerranée	6 671
3	Yangzi Jiang (fleuve Bleu)	Tibet, Chine	Asie	Mer de Chine (océan Pacifique)	6 300
4	Missouri (affluent du Mississippi)	États-Unis	Amérique du Nord	Fleuve Mississippi	5 970
5	Ob	Russie	Asie	Océan Arctique	5 410
6	Huang He (fleuve Jaune)	Chine	Asie	Océan Pacifique	4 845
7	Congo	République démocratique du Congo, République du Congo, Angola	Afrique	Océan Atlantique	4 700
8	Amour	Chine, Russie	Asie	Océan Pacifique	4 667
9	Lena	Russie	Asie	Océan Arctique	4 400
10	Irtych (affluent de l'Ob)	Chine, Kazakhstan, Russie	Asie	Fleuve Ob	4 200
11	Niger	Guinée, Mali, Bénin, Niger, Nigeria	Afrique	Océan Atlantique	4 184
12	Ienisseï	Russie	Asie	Océan Arctique	4 129
13	Parana	Brésil, Paraguay, Argentine	Amérique du Sud	Océan Atlantique	4 025
14	Mékong	Chine, Tibet, Birmanie, Thaïlande, Laos, Cambodge, Vietnam	Asie	Océan Pacifique	4 023
15	Mississippi	États-Unis	Amérique du Nord	Océan Atlantique	3 779

GÉOGRAPHIE • LES 25 PLUS LONGS COURS D'EAU DU MONDE (SUITE)

RANG	NOM	PAYS TRAVERSÉS	CONTINENT	EMBOUCHURE	LONGUEUR (KM)
16	Yukon	Canada, États-Unis (Alaska)	Amérique du Nord	Océan Pacifique	3 701
	Volga	Russie	Europe	Mer Caspienne	3 700
17	Madeira (affluent de l'Amazone)	Bolivie, Brésil	Amérique du Sud	Fleuve Amazone	3 380
18	Purus (affluent de l'Amazone)	Pérou, Brésil	Amérique du Sud	Fleuve Amazone	3 380
19	São Francisco	Brésil	Amérique du Sud	Océan Atlantique	3 198
20	Gange	Inde, Bangladesh	Asie	Océan Indien	3 090
21	Rio Grande	États-Unis, Mexique	Amérique du Nord	Océan Atlantique	3 060
22	Saint-Laurent	États-Unis, Canada	Amérique du Nord	Océan Atlantique	3 057
23	Indus	Tibet, Inde, Pakistan	Asie	Océan Indien	3 040
24	Brahmapoutre (affluent du Gange)	Tibet, Inde, Bangladesh	Asie	Fleuve Gange	2 900
25	Danube	Allemagne, Autriche, Slovaquie, Hongrie, Croatie, Serbie, Bulgarie, Roumanie, Moldavie, Ukraine	Europe	Mer Noire	2 857

GÉOGRAPHIE • LES 25 VILLES LES PLUS PEUPLÉES DU MONDE

RANG	VILLE	PAYS	POPULATION
1	Tokyo	Japon	37 833 000
2	Dehli	Inde	24 953 000
3	Shanghaï	Chine	22 991 000
4	Mexico	Mexique	20 843 000
5	São Paulo	Brésil	20 831 000
6	Bombay	Inde	20 741 000
7	Osaka-Kobe	Japon	20 123 000
8	Pékin	Chine	19 520 000
9	New York-Newark	États-Unis	18 591 000
10	Le Caire	Égypte	18 419 000
11	Dacca	Bangladesh	16 982 000
12	Karachi	Pakistan	16 126 000
13	Buenos Aires	Argentine	15 024 000

GÉOGRAPHIE • LES 25 VILLES LES PLUS PEUPLÉES DU MONDE (SUITE)

RANG	VILLE	PAYS	POPULATION
14	Calcutta	Inde	14 766 000
15	Istanbul	Turquie	13 954 000
16	Chongqing	Chine	12 916 000
17	Rio de Janeiro	Brésil	12 825 000
18	Manille	Philippines	12 764 000
19	Lagos	Nigeria	12 614 000
20	Los Angeles-Long Beach	États-Unis	12 308 000
21	Moscou	Russie	12 063 000
22	Canton	Chine	11 843 000
23	Kinshasa	Congo	11 116 000
24	Tianjin	Chine	10 860 000
25	Paris	France	10 764 000

GÉOGRAPHIE • LES SEPT MERVEILLES DU MONDE

NOM	LOCALISATION	PAYS ACTUEL
Colosse de Rhodes	Rhodes	Grèce
Jardins suspendus de Babylone	Mésopotamie	Irak
Phare d'Alexandrie	Île de Pharos	Égypte
Pyramide de Khéops	Gizeh	Égypte
Statue chryséléphantine de Zeus à Olympie	Olympie	Grèce
Temple d'Artémis	Éphèse	Turquie
Tombeau de Mausole	Halicarnasse	Turquie

GÉOGRAPHIE • LES SEPT MERVEILLES DU MONDE MODERNE

NOM	PAYS	CONTINENT
Barrage d'Itaipu	Brésil, Paraguay	Amérique du Sud
Canal de Panama	Panama	Amérique du Nord
Empire State Building	États-Unis	Amérique du Nord
Golden Gate Bridge	États-Unis	Amérique du Nord
Plan Delta	Pays-Bas	Europe
Tour du CN	Canada	Amérique du Nord
Tunnel sous la Manche	France, Royaume-Uni	Europe

GÉOGRAPHIE • LES SEPT NOUVELLES MERVEILLES DE LA NATURE

NOM	PAYS	CONTINENT
Amazonie	Bolivie, Brésil, Colombie, Équateur, Guyana, Guyane (France), Pérou, Suriname, Venezuela	Amérique du Sud
Baie d'Halong	Vietnam	Asie
Chutes d'Iguazu	Argentine, Brésil	Amérique du Sud
Île de Jeju	Corée du Sud	Asie
Montagne de la Table	Afrique du Sud	Afrique
Parc national de Komodo	Indonésie	Asie
Parc national de la rivière souterraine de Puerto Princesa	Philippines	Asie

GÉOGRAPHIE • LES SEPT NOUVELLES MERVEILLES DU MONDE

NOM	LOCALISATION	CONTINENT
Grande Muraille	Chine	Asie
Pétra	Jordanie	Asie
Christ Rédempteur	Brésil	Amérique
Machu Picchu	Pérou	Amérique
Chichén Itzá	Mexique	Amérique
Colisée de Rome	Italie	Europe
Taj Mahal	Inde	Asie

GÉOGRAPHIE • MERS

LOCALISATION	MER	PAYS CÔTIERS
Océan Arctique	Mer de Baffin	Canada, Danemark (Groenland)
	Mer de Barents	Norvège, Russie
	Mer de Beaufort	Canada, États-Unis
	Mer Blanche	Russie
	Mer du Groenland	Danemark (Groenland), Norvège
	Mer de Kara	Russie
	Mer du Labrador	Canada, Danemark (Groenland)
	Mer de Laptev	Russie
	Mer de Lincoln	Canada, Danemark (Groenland)
	Mer de Melville	Canada
	Mer du Prince Gustave-Adolphe	Canada
	Mer de Sibérie orientale	Russie
	Mer des Tchouktches	États-Unis, Russie
	Mer de Wandel	Danemark (Groenland)

LOCALISATION	MER	PAYS CÔTIERS
Océan Atlantique	**Mer d'Argentine**	Argentine
	Mer Baltique	Allemagne, Danemark, Estonie, Finlande, Lettonie, Lituanie, Pologne, Russie, Suède
	Mer des Caraïbes	Bahamas, Belize, Colombie, Costa Rica, Cuba, États-Unis, Jamaïque, Haïti, Honduras, Mexique, Nicaragua, Panama, Porto Rico, République dominicaine, Venezuela, ainsi que les pays des Petites Antilles
	Mer Celtique	France, Irlande, Royaume-Uni
	Mer d'Écosse	Danemark, Irlande, Royaume-Uni
	Mer des Hébrides	Royaume-Uni
	Mer d'Irlande	Irlande, Royaume-Uni
	Mer d'Irminger	Danemark (Groenland), Islande
	Mer d'Iroise	France
	La Manche	France, Royaume-Uni
	Mer Noire	Bulgarie, Géorgie, Roumanie, Russie, Turquie, Ukraine
	Mer du Nord	Allemagne, Belgique, Danemark, France, Norvège, Pays-Bas, Royaume-Uni, Suède
	Mer de Norvège	Danemark, Islande, Norvège, Royaume-Uni
	Mer des Sargasses	Aucun
	Mer Méditerranée	Albanie, Algérie, Bosnie-Herzégovine, Chypre, Croatie, Égypte, Espagne, France, Grèce, Israël, Italie, Liban, Libye, Malte, Maroc, Monaco, Monténégro, Slovénie, Syrie, Tunisie, Turquie
Mer Méditerranée	**Mer Adriatique**	Albanie, Croatie, Bosnie-Herzégovine, Italie, Monténégro, Slovénie
	Mer d'Alboran	Algérie, Espagne, Gibraltar (Royaume-Uni) Maroc
	Mer des Baléares	Espagne
	Mer Égée	Grèce, Turquie
	Mer Ionienne	Grèce, Italie, Albanie
	Bassin Levantin	Chypre, Égypte, Grèce, Israël, Liban, Libye, Palestine, Syrie, Turquie
	Mer de Libye	Grèce, Libye
	Mer Ligure	France, Italie, Monaco
	Mer de Marmara	Turquie

LOCALISATION	MER	PAYS CÔTIERS
Mer Méditerranée (suite)	Mer de Sardaigne	Espagne, Italie
	Mer de Sicile	Italie
	Mer Tyrrhénienne	France, Italie
Océan Austral	Mer d'Amundsen	Antarctique
	Mer de Bellingshausen	Antarctique
	Mer des Cosmonautes	Antarctique
	Mer de Davis	Antarctique
	Mer de l'Entente	Antarctique
	Mer de Lazarev	Antarctique
	Mer de Mawson	Antarctique
	Mer de Riiser Larsen	Antarctique
	Mer du Roi Haakon VII	Antarctique
	Mer de Ross	Antarctique
	Mer de la Scotia	Antarctique, Argentine, Chili, Royaume-Uni
	Mer de Somov	Antarctique
	Mer Dumont d'Urville	Antarctique
	Mer de Weddell	Antarctique
Océan Indien	Mer d'Andaman	Birmanie, Inde, Indonésie, Malaisie, Thaïlande
	Mer d'Arabie	Inde, Oman, Pakistan
	Mer de Bali	Indonésie
	Mer de Florès	Indonésie
	Mer des Laquedives	Indes, Maldives, Sri Lanka
	Golfe Persique	Arabie saoudite, Bahreïn, Émirats arabes unis, Irak, Iran, Koweït, Oman, Qatar
	Mer Rouge	Arabie saoudite, Djibouti, Égypte, Érythrée, Jordanie, Somalie, Soudan, Yémen
	Mer de Savu	Indonésie, Timor oriental
	Mer de la Sonde	Indonésie
	Mer de Timor	Australie, Indonésie, Timor oriental
Océan Pacifique	Mer d'Arafura	Australie, Indonésie, Papouasie-Nouvelle-Guinée
	Mer de Banda	Indonésie, Timor oriental
	Mer de Béring	États-Unis, Russie
	Mer de Bismarck	Papouasie-Nouvelle-Guinée
	Mer de Bohol	Philippines

LOCALISATION	MER	PAYS CÔTIERS
Océan Pacifique (suite)	Mer de Célèbes	Indonésie, Malaisie, Philippines
	Mer de Chine méridionale	Brunei, Cambodge, Chine, Indonésie, Malaisie, Philippines, Singapour, Taïwan, Thaïlande, Vietnam
	Mer de Chine orientale	Chine, Corée du Sud, Japon, Taïwan
	Mer de Corail	Australie, Papouasie-Nouvelle-Guinée, Nouvelle-Calédonie (France), Salomon, Vanuatu
	Mer d'Halmahera	Indonésie
	Mer du Japon	Corée du Nord, Corée du Sud, Japon, Russie
	Mer Jaune	Chine, Corée du Nord, Corée du Sud
	Mer de Java	Indonésie
	Mer de Luçon	Philippines
	Mer des Moluques	Indonésie
	Mer d'Okhotsk	Japon, Russie
	Mer des Philippines	États-Unis, Indonésie, Japon, Micronésie, Palaos, Philippines, Taïwan
	Mer des Salomon	Papouasie-Nouvelle-Guinée, Salomon
	Mer de Seram	Indonésie
	Mer intérieure de Seto	Japon
	Mer de Sibuyan	Philippines
	Mer de Sulu	Malaisie, Philippines
	Mer de Tasman	Australie, Nouvelle-Zélande
	Mer de Visayan	Philippines
Mers fermées	Mer d'Aral	Kazakhstan, Ouzbékistan
	Mer Caspienne	Azerbaïdjan, Iran, Kazakhstan, Russie, Turkménistan

GÉOGRAPHIE • OCÉANS

NOM	SUPERFICIE (KM²)
Océan Pacifique	165 250 000
Océan Atlantique	106 400 000
Océan Indien	73 556 000
Océan Antarctique	20 327 000
Océan Arctique	14 090 000

GRAMMAIRE · CONJONCTIONS

À moins que	C'est-à-dire	Donc	Ou	Sinon
Ainsi	Car	En outre	Par conséquent	Soit
Ainsi que	Cependant	Enfin	Parce que	Tandis que
Alors que	Comme	Et	Pourtant	Toutefois
Au contraire	D'ailleurs	Lorsque	Puis	Vu que
Au reste	De manière que	Mais	Puisque	
Au surplus	De peur que	Néanmoins	Quand	
Aussitôt que	De plus	Ni	Que	
Bien que	De sorte que	Or	Si	

GRAMMAIRE · DÉTERMINANTS

DÉTERMINANTS DÉFINIS (ARTICLES)					
L'	La	Le	Les		
DÉTERMINANTS DÉMONSTRATIFS					
Ce	Ces	Cet	Cette		
DÉTERMINANTS EXCLAMATIFS					
Combien de	Que de	Quel	Quelle	Quelles	Quels
DÉTERMINANTS INDÉFINIS					
D'	De	Des	Un	Une	
DÉTERMINANTS INTERROGATIFS					
Combien de	Quel	Quelle	Quelles	Quels	
DÉTERMINANTS NUMÉRAUX					
Zéro	Une	Trois	Cinq	Sept	Neuf
Un	Deux	Quatre	Six	Huit	…
DÉTERMINANTS PARTITIFS					
De l'	De la	Des	Du		
DÉTERMINANTS POSSESSIFS					
Leur	Mes	Notre	Son	Ton	
Leurs	Mon	Sa	Ta	Vos	
Ma	Nos	Ses	Tes	Votre	
DÉTERMINANTS QUANTITATIFS					
Aucun	Certaine	Différents	Nul	Telle	Toute la
Aucune	Certaines	Même	Nulle	Telles	Toutes les
Autre	Certains	Mêmes	Plusieurs	Tels	
Autres	Chaque	N'importe quel	Quelques	Tous les	
Certain	Différentes	N'importe quelle	Tel	Tout le	

GRAMMAIRE • DÉTERMINANTS (SUITE)

DÉTERMINANTS RELATIFS					
Laquelle	Lequel	Lesquelles	Lesquels		

GRAMMAIRE • INTERJECTIONS

Adieu	Chouette	Flac	Huhau	Ouh
Ah	Chut	Floc	Hum	Ouiche
Aïe	Ciao	Flop	Hurrah	Ouille
Alerte	Ciel	Flûte	Jarnicoton	Ouin
Alléluia	Clac	Foin	La	Oust
Allo	Clic	Fouchtra	Lala	Ouste
Areu	Comment	Foutre	Lalala	Paf
Arrière	Corbleu	Gare	Las	Palsambleu
Atchoum	Coucou	Glagla	Malepeste	Pan
Attention	Couic	Grâce	Malheur	Parbleu
Badaboum	Crac	Grrr	Mazette	Pardi
Bah	Cré	Gué	Merci	Pardieu
Bang	Crénom	Ha	Merde	Parole
Banzaï	Cric	Halte	Meuh	Patatras
Bardaf	Da	Han	Miam	Pécaire
Basta	Dame	Hardi	Mince	Péchère
Baste	Debout	Haro	Miséricorde	Peuchère
Belote	Dia	He	Mmm	Peuh
Bonjour	Diable	Hein	Morbleu	Pff
Bonsoir	Diantre	Hello	Mordienne	Pfft
Bordel	Dias	Hem	Mordieu	Pfut
Bouh	Ding	Hep	Morguenne	Pif
Boum	Doucement	Heu	Morguienne	Plaf
Bravissimo	Drelin	Hi	Motus	Ploc
Bravo	Dring	Hip	Mouais	Plouf
Broum	Eh	Ho	Na	Pouah
Brrr	Euh	Holà	Oh	Pouce
Bye	Eureka	Hop	Ohé	Pouf
Calmos	Evoe	Hou	Olé	Pouh
Caramba	Evohe	Houp	Ollé	Poum
Chapeau	Fi	Hourra	Ouah	Prosit
Chic	Fichtre	Hourrah	Ouais	Prout
Chiche	Fixe	Hue	Ouf	Pschitt

GRAMMAIRE • INTERJECTIONS (SUITE)

Psitt	Sacristi	Splash	Tonnerre	Vivement
Pst	Salut	Stop	Tudieu	Vlan
Raca	Saperlipopette	Tac	Turlututu	Vroom
Rantanplan	Saperlotte	Taïaut	Va	Vroum
Rataplan	Sapristi	Taratata	Ventrebleu	Waouh
Rebelote	Scrogneugneu	Tayaut	Vertubleu	Youp
Rebonjour	Slurp	Tchao	Vertuchou	Youpi
Rebonsoir	Smack	Tchin	Vertudieu	Youpie
Sacrebleu	Snif	Tintin	Vivat	Zou
Sacredieu	Sniff	Toc	Vive	Zut

GRAMMAIRE • ONOMATOPÉES

Aïe	Beurk	Boum	Clac	Couic
Atchoum	Bip	Broum	Clic	Crac
Badaboum	Bip-bip	Brrr	Cocorico	Cric
Berk	Bla-bla-bla	Chut	Coin-coin	Ding
Dong	Han	Pff	Psitt	Teuf-teuf
Drelin	Hem	Pfft	Psst	Tic
Dring	Hep	Pft	Pst	Tic-tac
Euh	Hum	Pfut	Rantanplan	Toc
Flac	Kss kss	Pif	Rataplan	Toc-toc
Flic-flac	Miam-miam	Pin pon	Ronron	Vlan
Floc	Miaou	Ploc	Snif	Vroom
Flop	Paf	Plouf	Sniff	Vroum
Glouglou	Pan	Pouah	Tac	
Gong	Patatras	Pouf	Taratata	

GRAMMAIRE • PRÉFIXES ET SUFFIXES

PRÉFIXES		
SENS	PRÉFIXE	EXEMPLE
À l'inverse	ana-	anarchie
Aile	ptéro-	ptérodactyle
Aimer	phil-, philo-	philanthropie, philosophie
Air	aéri-, aéro-, pneum-, pneumo-	aérien, aéroport, pneumatique, pneumonie
Ajout	ad-	addition
Ancien	archéo-, paléo-	archéologie, paléolithique

PRÉFIXES		
SENS	PRÉFIXE	EXEMPLE
Animal	zoo-	zoologique
Après	post-	postérieur
Art	techn-, techno-	technique, technologie
Artère	artério-	artériosclérose
Articulation	arthr-, arthro-	arthrite, arthrose
Au travers, au-delà	dia-, par-, per-, trans-, tré-	diaspora, parcourir, perforer, transporter, trépasser
Autour	circ-, para-, péri-	circulaire, parascolaire, périmètre
Autre	allo-, hétéro-	allophone, hétérogène
Avant	anté-, pré-, pro-	antérieur, préscolaire, projeter
Avec	co-, col-, com-, con-, cor-, sym-, syn-	copropriété, collectif, commun, connaître, correct, symbole, synonyme
Bactérie	bactério-	bactériologique
Beau	calli-	calligraphie
Bien, bon	eu-	euphorie
Billiard	péta-	pétamètre
Billiardième	femto-	femtomètre
Billion	téra-	téramètre
Billionième	pico-	picomètre
Bois	xylo-	xylophone
Bronche	bronch-	bronchite
Caché	crypt-, crypto-	cryptage, cryptogramme
Caractère	typo-	typographie
Caverne	spéléo-	spéléologie
Cent	hecto-	hectomètre
Centième	centi-	centimètre
Cercle	cycl-, cyclo-	cyclique, cyclone
Cessation	ex-	ex-conjoint
Chair	sarco-	sarcophage
Chaleur	therm-, thermo-	thermique, thermomètre
Champ	agri-, agro-	agriculture, agronome
Champignon	myco-	mycologie
Cheval	hipp-, hippo-	hippique, hippodrome
Chlore	chloro-	chlorophyle
Cinq	penta-, quinqu-, quint-	pentagone, quinquagénaire, quintuplé

PRÉFIXES		
SENS	PRÉFIXE	EXEMPLE
Cœur	cardia-, cardio-	cardiaque, cardiologie
Contre	anti-	antiâge
Corps	soma-, somato-	somatique, somatologie
Couleur	chromat-, chromo-	chromatique, chromosome
Court	brachy-	brachycardie
Dans	em-, en-, endo-, im-, in-, intra-	embarquer, entourer, endomètre, importance, infiltrer, intramusculaire
Déchéance	cata-	cataclysme
Démon	démon-, démono-	démoniaque, démonologue
Dent	odonto-	odontologie
Deux	bi-, bis-, di-, double-	bicyclette, bisannuel, dioxide, double-clic
Dévier	per-	pervertir
Dieu	théo-	théologie
Difficulté, anomalie	dys-	dyslexie
Direction, but	a-	alunir
Disque	disc-, disco-	discaire, discographie
Dix	déc-, déca-	décuplé, décamètre
Dixième	déci-	décimètre
Doigt	dactylo-	dactylographe
Double, des deux côtés	ambi-, amphi-	ambivalent, amphibie
Douze	dodéca-	dodécagone
Droit	rect-	rectangle
Droiture	ortho-	orthographe
Durée	horo-	horodateur
Eau	hydr-, hydro-	hydrique, hydro-électricité
Écriture	graph-, grapho-	graphique, graphologie
Égal	iso-	isocèle
Électricité	électr-, électro-	électrification, électrochoc
Élevé	acro-	acrobatie
Élevé dans les airs	météor-, météoro-	météorite, météorologique
Éloigner	apo-	apostrophe
Enfant	péd-, pédo-	pédiatre, pédopsychiatre
Enlevé, opposé	dé-, dés-, dis-	défaire, déshonorer, disparition
Enseignement	didact-	didactique

PRÉFIXES		
SENS	PRÉFIXE	EXEMPLE
Environnement	éco-	écosystème
Épais	pachy-	pachyderme
Espace, astre	astér-, astro-, cosmo-, spatio-	astéroïde, astronaute, cosmonaute, spationaute
Étranger	xéno-	xénophobie
Être humain	anthropo-	anthropologie
Extérieur	ecto-, exo-, extra-	ectoplasme, exotique, extraterrestre
Famille du conjoint	beau-, belle-	beau-père, belle-mère
Faux	pseudo-	pseudonyme
Femme	gynéco-	gynécologie
Feu	igni-, pyro-	ignifuge, pyromane
Fixe, solide, tridimensionnel	stéréo-	stéréoscopie
Fleur (le meilleur de)	antho-	anthologie
Foie	hépat-	hépatite
Force	dynam-, dynamo-	dynamique, dynamomètre
Forme	morpho-	morphologie
Froid	cryo-, frigo-	cryogénie, frigorifique
Fumée	fumi-	fumigène
Globe	sphér-	sphérique
Grand	macro-, méga-, mégalo-	macroéconomie, mégalithe, mégalomane
Gravité, pression	baro-	baromètre
Haine	miso-	misogyne
Homme	andro-	andropause
Hors	ex-	expropriation
Huit	oct-, octa-, octo-	octuplé, octogone, octaèdre
Idée	idé-, idéo-	idéal, idéologie
Image	icono-, vidéo-	iconographie, vidéocassette
Imitation	simili-	similicuir
Insecte	entomo-	entomologie
Insuffisant	mal-, mé-, més-	malfait, méfait, mésaventure
Internet	cyber-	cyberespace
Jardin	horti-	horticulture
Jeu	lud-	ludique

PRÉFIXES		
SENS	PRÉFIXE	EXEMPLE
Lait	galacto-, lact-, lacto-	galaxie, lactation, lactose
Larynx	laryng-, laryngo-	laryngite, laryngologie
Légende, mensonge	myth-, mytho-	mythologie, mythomane
Lexique	lexico-	lexicographe
Lieu	topo-	topographie
Livre	biblio-	bibliothèque
Loin	télé-	téléphone
Loin de, séparation	ab-, abs-	ablation, absence
Longueur	longi-	longitude
Lumière	photo-	photographie
Machine	mécano-	mécanographie
Main	chir-, chiro-	chirurgie, chiropratie
Maladie	noso-, pato-	nosocomial, pathologie
Manger	phago-	phagocyte
Mauvais	caco-	cacophonie
Médicament	pharmac , pharmaco-	pharmaceutique, pharmacologie
Mémoire	mnémo-	mnémotechnique
Mer	thalasso	thalassothérapie
Mère	matern-, matri-	maternité, matriarcal
Mesure	metr-, métro-	métrique, métronome
Mille	kilo-	kilomètre
Milliard	giga-	gigamètre
Milliardième	nano-	nanomètre
Millième	milli-	millimètre
Million	méga-	mégamètre
Millionième	micro-	micromètre
Œil	ocul-, oculo-, ophtalm-, ophtalmo-, opt-, opto-	oculaire, oculomoteur, ophtalmique, ophtalmologique, optique, optométriste
Mort	nécro-, thanato-	nécrologie, thanatologue
Moteur	moto-	motorisé
Mouvement	ciné-	cinématographique
Musique	mélo-, musico-	mélomane, musicographie
Nature	phys-, physio-	physique, physiothérapie
Nerf	neuro-, nerv-, névr-	neurologique, nervosité, névralgique
Neuf	non-, nona-	nonuplé, nonagone

PRÉFIXES		
SENS	PRÉFIXE	EXEMPLE
Nez	rhin-, rhino-	rhinite, rhinocéros
Nombreux	multi-, pluri-, poly-	multiplication, pluriel, polyvalent
Nouveau	néo-	néologisme
Oiseau	ornitho-	ornithologie
Opposition, inversion	contra-, contre-	contralto, contradiction, contrejour
Or, doré	chrys-, chryso-	chrysanthème, chrysostome
Oreille	ot-, oto-	otite-, oto-rhino-laryngologie
Os	osté-, ostéo-	ostéite, ostéopathe
Par soi-même	auto-	autonomie
Particulier	idio-	idiotise
Peau	derm-, dermo-, dermato-	dermique, dermoponcture, dermatologie
Pédalier	vélo-	véloroute
Pensée	psych-, psycho-	psychique, psychologue
Père	patern-, patri-	parternité, patriarcal
Petit	micro-, mini-	microéconomie; minijupe
Pétrole	oléo-, pétro-	oléoduc, pétrolifère
Peu	oligo-	oligoélément
Peuple	dém-, démo-	démagogie, démocratie
Pied	péd-, pédi-, pod-, podo-	pédale, pédiatre, podium, podomètre
Pierre	lith-, litho-	lithiase, lithologie
Plante	phyto-	phytoplancton
Pluie	pluvi-, pluvio-	pluvieux, pluviomètre
Pour, favorable à	pro-	pronucléaire
Premier	proto-	prototype
Près	juxta-	juxtaposer
Presque	quasi-	quasi-synonyme
Quadrillion	yotta-	yottamètre
Quadrillionième	yocto-	yoctomètre
Quatre	quadr-, quadri-, tétra-	quadruplé, quadrilatère, tétraède
Racine	rhizo-	rhizome
Radiation d'une onde	radio-	radioactivité
Rapide	tachy-	tachycardie
Rein	néphr-, néphro-	néphrite, néphrologie
Relation	entre-, inter-	entrecroiser, international

PRÉFIXES

SENS	PRÉFIXE	EXEMPLE
Répétition	r-, re-, ré-	rajuster, refaire, réagir
Retirer	é-	ébarbé
Retour	rétro-	rétroactif
Rêve	onir-	onirique
Rotation	gyro-	gyrophare
Rupture, séparation	schizo-	schizophrénie
Sacré	hiéro-	hiéroglyphe
Sainteté	saint-, sainte-	Saint-André
Sang	héma-, hémato-, hémo-	hématite, hématologie, hémoglobine
Sans, privation	a-, an-, il-, im-, in-, ir-	acéphale, anormal, illogique, impropre, ingérable, irrégulier
Second	vice-	vice-roi
Semblable	homéo-, homo-	homéopathie, homologue
Sept	hepta-, sept-	heptagone, septuplé
Signe	séma-	sémantique
Six	hexa-, sex-	hexagone, septuplé
Société	socio-	sociologie
Soleil	hélio-	héliocentrisme
Sommeil	hypno-, narco-	hypnose, narcolepsie
Sous, inférieur, peu	hypo-, infra-, sou-, sous-, sub-, sus-	hypoglycémie, infrarouge, soutirer, sous-développement, subalpin, suspension
Strato	strato-	stratosphère
Sucre	gluc-, gluco-, glyc-	glucide, glucose, glycémie
Sur, supérieur, beaucoup, au-dessus	archi-, épi-, extra-, hyper-, méta-, outre-, super-, ultra	archipel, épiderme, extraordinaire, hyperactif, métadonnée, outrepasser, superficiel, ultrason
Temps	chron-, chrono-	chronique, chronologique
Terre	géo-	géographie
Tout	omni-, pan-	omniscient, pandémie
Trilliard	zetta-	zettamètre
Trilliardième	zepto-	zeptomètre
Trillion	exa-	examètre
Trillionième	atto-	attomètre
Trois	tri-, triple	triangle, triple-sec
Un	mono-, uni-	monoculture, uniforme
Vent	anémo-	anémomètre

PRÉFIXES

SENS	PRÉFIXE	EXEMPLE
Ventre	gastr-, gastro-	gastrique, gastronomie
Vers	vermi-	vermifuge
Vibration	vibro-	vibromasseur
Vie	bio-	biologique
Vieillissement	géronto-	gérontologie
Vin	œno-, vini-, vino-	œnologie, vinicole, vinologie
Vivant	vivi-	vivisection
Voix	phon-, phono-	phonétique, phonographe

SUFFIXES PRODUCTEURS DE NOMS ET D'ADJECTIFS

SENS	SUFFIXE	EXEMPLE
Abondance	-eux, -issime, -u, -ueux	nombreux, richissime, velu, luxueux
Action	-ade, -age, -aille, -aison, -ance, -ation, -ement, -ence, -is, -isation, -ison, -issement, -tion, -ure	glissade, abordage, entaille, pendaison, confiance, intubation, aménagement, prudence, tournis, automatisation, trahison, vieillissement, attraction, aventure
Aile	-ptère	hélicoptère
Amitié, attrait	-phile, -philie	francophile, haltérophilie
Angle	-gone	polygone
Appartenance	-ard, -in	campagnard, marin
Approximation	-âtre	noirâtre
Arbre	-ier	pommier
Aspect	-ure	parure
Caractéristique	-aire, -al, -ant, -ard, -é, -el, -er, -ier, -erie, -esque, -esse, -eté, -eur, -eux, -if, -in, -ique, -iste, -ité, -té, -u	populaire, musical, plaisant, vantard, imagé, annuel, boulanger, saisonnier, fourberie, burlesque, gentillesse, honnêteté, rageur, amoureux, actif, plaisantin, colérique, égoïste, rapidité, clarté, barbu
Chaleur	-therme	isotherme
Collectif	-ade, -age, -aille, -as, -asse, -erie	peuplade, feuillage, ferraille, amas, liasse, batterie
Commandement	-archie, -arque	anarchie, monarque
Commerce	-erie	boulangerie
Conduit	-duc	gazoduc, viaduc
Construction	-ade	esplanade

SUFFIXES PRODUCTEURS DE NOMS ET D'ADJECTIFS

SENS	SUFFIXE	EXEMPLE
Contenance	-fère, -ier	aurifère, beurrier
Course	-drome	hippodrome
Croyance	-ien, -isme, -iste, -oxe, -oxie	freudien, populisme, communiste, paradoxe, orthodoxie
Culture	-cole, -culteur	agricole, apiculteur
Dent	-odonte, -odontie	mastodonte, orthodontie
Diminutif	-ceau, -cule, -eau, -elle, -et, -ette, -ille, -in, -iole, -on, -ot, -ule	lionceau, ventricule, lapereau, ruelle, livret, fillette, brindille, plaisantin, bestiole, ourson, chiot, pellicule
Divination	-mancie	cartomancie
Doigts	-dactyle	ptérodactyle
Douleur	-algie	névralgie
Durée	-ée	journée
Écriture	-graphie, -graphe, -gramme	photographie, géographe, télégramme
Empreinte	-type	stéréotype
Enseignement	-agogie, -agogique, -agogue, -pédie, -pédique	démagogie, pédagogique, synagogue, encyclopédie, orthopédique
État	-age, -ie, -itude	esclavage, léthargie, solitude
Face, base	-èdre	dodécaèdre
Femme	-gyne	androgyne
Forme	-oïde	sinusoïde
Fraction	-ième	dixième
Fuite	-fuge	vormifuge, centrifuge
Humain	-anthrope	philanthrope
Institution	-at	orphelinat
Lieu	-age, -il, -oir, -oire	marécage, chenil, abattoir, patinoire
Lieu de conservation	-thèque	bibliothèque
Loi	-nome, -nomie	ergonome, économie
Maladie	-ite, -ose, -pathe, -pathie	otite, arthrose, sociopathe, hémopathie
Manie	-mane, -manie	cleptomane, pyromanie
Marche	-grade	plantigrade
Mariage	-game, -gamie	monogame, polygamie
Mesure	-mètre, -métrie	diamètre, géométrie
Métier ou profession	-aire, -ateur, -er, -eur, -ier, -iste, -on	notaire, administrateur, boucher, chanteur, cuisinier, violoniste, bûcheron
Monde	-cosme	microcosme

SUFFIXES PRODUCTEURS DE NOMS ET D'ADJECTIFS		
SENS	SUFFIXE	EXEMPLE
Navigateur	-naute	astronaute
Nom	-nyme	patronyme
Nourriture	-phage, -vore	anthropophage, carnivore
Objet	-aire, -ard, -oir, -oire, -on	grammaire, étendard, aiguisoir, baignoire, bouchon
Ordre	-ième	dixième
Origine	-ais, -ard, -ien, -ique, -ois	montréalais, montagnard, italien, volcanique, québécois
Péjoratif	-ace, -aille, -ard, -asse	populace, canaille, mouchard, bonasse
Peur	-phobie	agoraphobie
Pierre	-lithe	monolithe
Plantation	-aie, -eraie	chênaie, roseraie
Porter	-phore	amphore
Possession	-aire	propriétaire
Possibilité	-able, -ible	probable, éligible
Pouvoir	-crate, -cratie	aristocrate, démocratie
Production	-fique, -game, -gène	honorifique, cryptogame, fumigène
Produit alimentaire	-ade, -age	grillade, fromage
Quantité	-ée	bordée
Relatif à	-aire, -ique	bancaire, botanique
Reproduction	-pare	ovipare
Résultat de l'action	-ure	capture
Roue	-cycle	tricycle
Science	-logie, -logiste, -logue, -technie	écologie, biologiste, géologue, pyrotechnie
Sentiment	-pathie	sympathie
Singe	-pithèque	australopithèque
Son	-phone, -phonie	téléphone, radiophonie
Tête	-céphale	bicéphale
Tombeau	-taphe	épitaphe
Traitement médical	-atre, -atrie, -pathe, -pathie -pathique, -thérapie	pédiatre, psychiatrie, naturopathe, homéopathie, ostéopathique, physiothérapie
Tueur	-cide	génocide
Ville	-pole	métropole
Vision	-scope, -scopie	télescope, endoscopie

GRAMMAIRE • PRÉFIXES ET SUFFIXES (SUITE)

SUFFIXES PRODUCTEURS DE VERBES		
SENS	SUFFIXE	EXEMPLE
Action	-er, -ir, -iser	donner, finir, robotiser
Diminutif	-eler, -iller, -iner, -oter	craqueler, fendiller, trottiner, frisotter
Péjoratif	-asser, -nicher, -oter	rêvasser, pleurnicher, vivoter
Qui rend	-ifier	bonifier, simplifier
SUFFIXE PRODUCTEUR D'ADVERBES		
SENS	SUFFIXE	EXEMPLE
De façon	-ment	doucement

GRAMMAIRE • PRÉPOSITIONS

À	Avec	En dépit de	Pendant
À cause de	Chez	En face de	Pour
À condition de	Contre	En faveur de	Près de
À force de	D'après	En vue de	Quant à
À travers	Dans	Entre	Sans
Afin de	De	Excepté	Sauf
Après	Depuis	Grâce à	Selon
Au lieu de	Derrière	Hormis	Sous prétexte de
Au niveau de	Dès	Hors	Suivant
Au delà de	Devant	Malgré	Sur
Au-dessous de	Durant	Outre	Vers
Avant	En	Parallèlement à	Vis-à-vis de
Avant de	En comparaison de	Parmi	Vu

GRAMMAIRE • PRONOMS

PRONOMS DÉMONSTRATIFS					
Ça	Cela	Celles-là	Celui-là	Ceux-là	
Ce	Celles	Celui	Ceux		
Ceci	Celles-ci	Celui-ci	Ceux-ci		
PRONOMS INDÉFINIS					
Aucun	Bon nombre	Chacun	D'autres	L'autre	La plupart
Aucune	Certain	Chacune	Je ne sais qui	L'un	Les autres
Beaucoup	Certaines	D'aucuns	Je ne sais quoi	L'une	N'importe lequel

GRAMMAIRE • PRONOMS (SUITE)

PRONOMS INDÉFINIS					
N'importe lesquelles	Pas un	Plus d'une	Quelques-uns	Tous	
N'importe lesquels	Pas une	Plusieurs	Qui	Tout	
N'importe quoi	Personne	Quelqu'un	Quiconque	Toutes	
Nul	Peu	Quelque chose	Quoi	Un autre	
Nulle	Plus d'un	Quelques-unes	Rien	Une autre	
PRONOMS INTERROGATIFS					
Auquel	Desquelles	Lesquelles	Qu'est-ce qui	Quels	Qui est-ce qui
Auxquelles	Duquel	Lesquels	Que	Qui	Quoi
Auxquels	Lequel	Qu'est-ce que	Quel	Qui est-ce que	
PRONOMS NUMÉRAUX					
Zéro	Une	Trois	Cinq	Sept	Neuf
Un	Deux	Quatre	Six	Huit	…
PRONOMS PERSONNELS					
Elle	Il	Le	Me	Se	Tu
Elles	Ils	Les	Moi	Soi	Vous
En	Je	Leur	Nous	Te	Y
Eux	La	Lui	On	Toi	
PRONOMS POSSESSIFS					
La leur	La tienne	Le nôtre	Les miennes	Les siens	
La mienne	La vôtre	Le sien	Les miens	Les tiennes	
La nôtre	Le leur	Le tien	Les nôtres	Les tiens	
La sienne	Le mien	Le vôtre	Les siennes	Les vôtres	
PRONOMS RELATIFS					
Auquel	Desquelles	Laquelle	Lesquels	Quels	
Auxquelles	Dont	Lequel	Où	Qui	
Auxquels	Duquel	Lesquelles	Que		

GRÈCE • PÉRIPHÉRIES

PÉRIPHÉRIES	CAPITALE
Attique	Athènes
Crète	Héraklion
Égée-Méridionale	Ermoúpoli

GRÈCE • PÉRIPHÉRIES (SUITE)

PÉRIPHÉRIES	CAPITALE
Égée-Septentrionale	Mytilène
Épire	Ioannina
Grèce-Centrale	Lamía
Grèce-Occidentale	Patras
Îles Ioniennes	Corfou
Macédoine-Centrale	Thessalonique
Macédoine-Occidentale	Kozani
Macédoine-Orientale-et-Thrace	Komotiní
Péloponnèse	Tripoli
Thessalie	Larissa

HISTOIRE • EMPEREURS ROMAINS

ANNÉES DE RÈGNE	NOM	ANNÉES DE RÈGNE	NOM
27 av. J.-C. – 14 apr. J.-C.	Auguste	217-218	Macrin
14-37	Tibère	218-222	Élagabal
37-41	Caligula	222-235	Alexandre Sévère
41-54	Claude	235-238	Maximin Ier
54-68	Néron	238	Gordien Ier
68-69	Galba	238	Gordien II
69	Othon	238	Balbin et Pupien
69	Vitellius	238-244	Gordien III
69-79	Vespasien	244-249	Philippe l'Arabe
79-81	Titus	249-251	Decius
81-96	Domitien	251-253	Gallus
96-98	Nerva	253-260	Valérien
98-117	Trajan	260-268	Gallien
117-138	Hadrien	268-270	Claude II le Gothique
138-161	Antonin le Pieux	270-275	Aurélien
161-180	Marc Aurèle	275-276	Tacite
161-169	Lucius Verus	276-282	Probus
180-192	Commode	282-283	Carus
193	Pertinax	283-284	Numérien
193	Didus Julianus	283-285	Carin
193-211	Septime Sévère	286-305	Dioclétien
211-217	Caracalla	286-305	Maximien
211-212	Geta	293-306	Constance Chlore

HISTOIRE • EMPEREURS ROMAINS (SUITE)

ANNÉES DE RÈGNE	NOM	ANNÉES DE RÈGNE	NOM
293-310	Galère	375-392	Valentinien II
305-307	Sévère	379-395	Théodose
305-310	Maximin Daïa	395-423	Honorius
306-337	Constantin Ier	425-455	Valentinien III
307-324	Licinius	455	Pétrone Maxime
337-340	Constantin II	455-456	Avitus
337-350	Constant	457-461	Majorien
337-361	Constance II	461-465	Sévère
361-363	Julien l'Apostat	467-472	Anthémius
363-364	Jovien	472	Olybrius
364-375	Valentinien Ier	473-474	Glycérius
364-378	Valens	474-475	Népos
375-383	Gratien	475-476	Romulus Augustule

HISTOIRE • PAPES DEPUIS 1500

ANNÉES DE RÈGNE	NOM	ANNÉES DE RÈGNE	NOM
1492-1503	Alexandre VI	1621-1623	Grégoire XV
1503	Pie III	1623-1644	Urbain VIII
1503-1513	Jules II	1644-1655	Innocent X
1513-1521	Léon X	1655-1667	Alexandre VII
1522-1523	Adrien VI	1667-1669	Clément IX
1523-1534	Clément VII	1670-1676	Clément X
1534-1549	Paul III	1676-1689	Innocent XI
1550-1555	Jules III	1689-1691	Alexandre VIII
1555	Marcel II	1691-1700	Innocent XII
1555-1559	Paul IV	1700-1721	Clément XI
1559-1565	Pie IV	1721-1724	Innocent XIII
1566-1572	Pie V	1724-1730	Benoît XIII
1572-1585	Grégoire XIII	1730-1740	Clément XII
1585-1590	Sixte Quint	1740-1758	Benoît XIV
1590	Urbain VII	1758-1769	Clément XIII
1590-1591	Grégoire XIV	1769-1774	Clément XIV
1591	Innocent IX	1775-1799	Pie VI
1592-1605	Clément VIII	1800-1823	Pie VII
1605	Léon XI	1823-1829	Léon XII
1605-1621	Paul V	1829-1830	Pie VIII

HISTOIRE • PAPES DEPUIS 1500 (SUITE)

ANNÉES DE RÈGNE	NOM	ANNÉES DE RÈGNE	NOM
1831-1846	Grégoire XVI	1958-1963	Jean XXIII
1846-1878	Pie IX	1963-1978	Paul VI
1878-1903	Léon XIII	1978	Jean-Paul Ier
1903-1914	Pie X	1978-2005	Jean-Paul II
1914-1922	Benoît XV	2005-2013	Benoît XVI
1922-1939	Pie XI	2013-	François
1939-1958	Pie XII		

HUMOUR • OLIVIER

ANNÉE	OLIVIER DE L'ANNÉE	DÉCOUVERTE DE L'ANNÉE	SPECTACLE DE L'ANNÉE
1999	Lise Dion	Martin Matte	-
2000	Lise Dion	Crampe en masse	*Grandeur Nature*, de Martin Petit *Mario Jean*, de Mario Jean
2001	Jean-Michel Anctil	Réal Béland	*Face à face*, de Patrick Huard
2002	Lise Dion	Louis-José Houde	*Lise Dion en tournée*, de Lise Dion
2003	Jean-Michel Anctil	Patrick Groulx	*Louis-José Houde*, de Louis-José Houde
2004	Jean-Michel Anctil	Jean Thomas Jobin	*Simplement… Mario Jean*, de Mario Jean
2005	Martin Matte	Christopher Williams	*Humour libre*, de Martin Petit
2006	Martin Matte	Rachid Badouri	*Urgence de vivre*, de Jean-Marc Parent
2007	Les Grande Gueules	Alexandre Barrette	*Tout est relatif*, de Laurent Paquin
2008	Louis-José Houde	André Sauvé	*Condamné à l'excellence*, de Martin Matte
2009	Louis-José Houde	Philippe Laprise	*Suivre la parade*, de Louis-José Houde
2010	Louis-José Houde	Pierre Hébert	*Vu d'même*, de Sylvain Larocque
2011	Jean-François Mercier	Guillaume Wagner	*Martin Petit et le micro de feu*, de Martin Petit
2012	Philippe Bond	François Bellefeuille	*Torture*, de Jean-Marc Parent
2013	Sugar Sammy	Adib Alkhalidey	*En français SVP!*, de Sugar Sammy
2014	Sugar Sammy	Simon Leblanc	*Être*, d'André Sauvé
2015	Martin Matte	Katherine Levac	*François Bellefeuille*, François Bellefeuille
2016	Mike Ward	Phil Roy	*Un peu princesse*, de Stéphane Rousseau

IRLANDE • COMTÉS

COMTÉ	CAPITALE	PROVINCE
Carlow	Carlow	Leinster
Cavan	Cavan	Ulster

COMTÉ	CAPITALE	PROVINCE
Clare	Ennis	Munster
Cork	Cork	Munster
Donegal	Lifford	Ulster
Dublin	Dublin	Leinster
Galway	Galway	Connacht
Kerry	Tralee	Munster
Kildare	Naas	Leinster
Kilkenny	Kilkenny	Leinster
Laois	Portlaoise	Leinster
Leitrim	Carrick-on-Shannon	Connacht
Limerick	Limerick	Munster
Longford	Longford	Leinster
Louth	Dundalk	Leinster
Mayo	Castlebar	Connacht
Meath	Navan	Leinster
Monaghan	Monaghan	Ulster
Offaly	Tullamore	Leinster
Roscommon	Roscommon	Connacht
Sligo	Sligo	Connacht
Tipperary-Nord	Nenagh	Munster
Tipperary-Sud	Clonmel	Munster
Waterford	Waterford	Munster
Wesmeath	Mullingar	Leinster
Wexford	Wexford	Leinster
Wicklow	Wicklow	Leinster

IRLANDE • PROVINCES

Connacht	Leinster	Munster	Ulster

ITALIE • RÉGIONS

RÉGION	CAPITALE	RÉGION	CAPITALE
Abruzzes	L'Aquila	Molise	Campobasso
Basilicate	Potenza	Ombrie	Pérouse
Calabre	Catanzaro	Piémont	Turin
Campanie	Naples	Pouille	Bari

ITALIE • RÉGIONS (SUITE)

RÉGION	CAPITALE	RÉGION	CAPITALE
Émilie-Romagne	Bologne	**Sardaigne**	Cagliari
Frioul-Vénétie julienne	Trieste	**Sicile**	Palerme
Latium	Rome	**Toscane**	Florence
Ligurie	Gênes	**Trentin-Haut-Adige**	Trente
Lombardie	Milan	**Vallée d'Aoste**	Aoste
Marches	Ancône	**Vénétie**	Venise

JEUX OLYMPIQUES • DISCIPLINES OLYMPIQUES D'ÉTÉ

Athlétisme	Football	Pentathlon moderne
Aviron	Golf	Plongeon
Badminton	Gymnastique (artistique)	Rugby à 7
Basket-ball	Gymnastique (rythmique)	Taekwondo
Boxe	Gymnastique (trampoline)	Tennis
Canoë-kayak (course en ligne)	Haltérophilie	Tennis de table
Canoë-kayak (slalom)	Handball	Tir à l'arc
Cyclisme (BMX)	Hockey sur gazon	Tir sportif
Cyclisme (sur piste)	Judo	Triathlon
Cyclisme (sur route)	Lutte (gréco-romaine)	Voile
Cyclisme (de montagne)	Lutte (libre)	Volley-ball
Équitation	Natation	Volley-ball de plage
Escrime	Natation synchronisée	Water-polo

JEUX OLYMPIQUES • DISCIPLINES OLYMPIQUES D'HIVER

Biathlon	Luge	Skeleton
Bobsleigh	Patinage artistique	Ski acrobatique
Combiné nordique	Patinage de vitesse	Ski alpin
Curling	Patinage de vitesse sur courte piste	Ski de fond
Hockey sur glace	Saut à ski	Surf des neiges

JEUX OLYMPIQUES • VILLES ORGANISATRICES DES JEUX D'ÉTÉ

ANNÉE	VILLE	PAYS	ANNÉE	VILLE	PAYS
1896	Athènes	Grèce	**1904**	Saint-Louis	États-Unis
1900	Paris	France	**1908**	Londres	Royaume-Uni

JEUX OLYMPIQUES • VILLES ORGANISATRICES DES JEUX D'ÉTÉ (SUITE)

ANNÉE	VILLE	PAYS	ANNÉE	VILLE	PAYS
1912	Stockholm	Suède	1976	Montréal	Canada
1920	Anvers	Belgique	1980	Moscou	URSS
1924	Paris	France	1984	Los Angeles	États-Unis
1928	Amsterdam	Pays-Bas	1988	Séoul	Corée du Sud
1932	Los Angeles	États-Unis	1992	Barcelone	Espagne
1936	Berlin	Allemagne	1996	Atlanta	États-Unis
1948	Londres	Royaume-Uni	2000	Sydney	Australie
1952	Helsinki	Finlande	2004	Athènes	Grèce
1956	Melbourne	Australie	2008	Pékin	Chine
1960	Rome	Italie	2012	Londres	Royaume-Uni
1964	Tokyo	Japon	2016	Rio de Janeiro	Brésil
1968	Mexico	Mexique	2020	Tokyo	Japon
1972	Munich	Allemagne de l'Ouest			

JEUX OLYMPIQUES • VILLES ORGANISATRICES DES JEUX D'HIVER

ANNÉE	VILLE	PAYS	ANNÉE	VILLE	PAYS
1924	Chamonix	France	1980	Lake Placid	États-Unis
1928	Saint-Moritz	Suisse	1984	Sarajevo	Yougoslavie
1932	Lake Placid	États-Unis	1988	Calgary	Canada
1936	Garmisch-Partenkirchen	Allemagne	1992	Albertville	France
1948	Saint-Moritz	Suisse	1994	Lillehammer	Norvège
1952	Oslo	Norvège	1998	Nagano	Japon
1956	Cortina d'Ampezzo	Italie	2002	Salt Lake City	États-Unis
1960	Squaw Valley	États-Unis	2006	Turin	Italie
1964	Innsbruck	Autriche	2010	Vancouver	Canada
1968	Grenoble	France	2014	Sotchi	Russie
1972	Sapporo	Japon	2018	Pyeongchang	Corée du Sud
1976	Innsbruck	Autriche	2022	Pékin	Chine

JOAILLERIE • BIJOUX

BIJOUX DE BRAS			
Bracelet	Gourmette	Montre	Semainier

JOAILLERIE • BIJOUX (SUITE)

BIJOUX DE CORPS			
Bouton	Broche	Épingle	Épinglette

BIJOUX DE COU			
Chaîne	Jaseran	Pendentif	Torque
Chaînette	Jeannette	Rang de perles	Wampum
Collier	Médaillon	Rivière	
Croix	Pectoral	Sautoir	

BIJOUX DE DOIGT			
Alliance	Chevalière	Jonc	Solitaire
Anneau	Diamant	Marquise	
Bague	Esclavage	Navette	

BIJOUX DE TÊTE			
Bandeau	Couronne	Ferronnière	Tiare
Barrette	Diadème	Fronteau	

BIJOUX D'OREILLE			
Boucle d'oreille	Dormeuse	Pendant d'oreille	
Créole	Girandole	Pendeloque	

JOAILLERIE • GEMMES

NOM	COULEUR	NOM	COULEUR
Agate	Couleurs variées	Lapis-lazuli	Bleu
Aigue-marine	Bleu	Malachite	Vert
Alexandrite	Vert ou rouge	Morganite	Rose
Amazonite	Vert bleuté	Obsidienne	Gris foncé
Améthyste	Violet	Onyx	Noir
Aventurine	Vert	Opale	Couleurs variées
Azurite	Bleu	Péridot	Vert
Chrysoprase	Vert	Pierre de lune	Blanc
Citrine	Jaune	Quartz	Couleurs variées
Cornaline	Rouge	Quartz fumé	Brun
Grenat	Rouge	Quartz rose	Rose
Héliodore	Jaune	Rhodonite	Rose
Héliolite	Orange	Sardoine	Orange
Hématite	Gris métallique	Serpentine	Vert
Jade	Vert	Sodalite	Bleu
Jaspe	Rouge	Spinelle	Rouge
Labradorite	Bleu et vert métallique	Sugilite	Violet

JOAILLERIE • GEMMES (SUITE)

NOM	COULEUR	NOM	COULEUR
Tanzanite	Bleu	**Turquoise**	Turquoise
Topaze	Jaune ou bleu	**Zircon**	Couleurs variées
Tourmaline	Couleurs variées		

JOAILLERIE • GEMMES ORGANIQUES

NOM	COULEUR	NOM	COULEUR
Ambre	Jaune	**Mellite**	Jaune
Corail	Blanc, rose ou rouge	**Nacre**	Blanc
Jais	Noir	**Perle**	Blanc ou noir

JOAILLERIE • MÉTAUX ET ALLIAGES

Acier inoxydable	Bronze	Or	Platine
Argent	Cuivre	Or blanc	Rhodium
Argent sterling	Laiton	Palladium	Titane

JOAILLERIE • PIERRES PRÉCIEUSES

NOM	COULEUR	NOM	COULEUR
Diamant	Transparent	**Rubis**	Rouge
Émeraude	Vert	**Saphir**	Bleu

MUSIQUE • FÉLIX

ANNÉE	INTERPRÈTE MASCULIN	INTERPRÈTE FÉMININE	RÉVÉLATION DE L'ANNÉE	GROUPE DE L'ANNÉE	CHANSON DE L'ANNÉE
1979	Claude Dubois	Fabienne Tibeault	Fabienne Tibeault	Fiori-Séguin	*Le blues du businessman*, Claude Dubois
1980	Daniel Lavoie	Ginette Reno	Diane Tell	Offenbach	*Je ne suis qu'une chanson*, Ginette Reno
1981	Daniel Lavoie	Diane Tell	Martine St-Clair	Corbeau	*En flèche*, Diane Tell
1982	Claude Dubois	Diane Dufresne	Pied de poule	Corbeau	*Plein de tendresse*, Claude Dubois
1983	Claude Dubois	Céline Dion	Céline Dion	Men Without Hats	*J't'aime comme un fou*, Robert Charlebois
1984	Daniel Lavoie	Céline Dion	Martine Chevrier	UZEB	*Tension, attention*, Daniel Lavoie

ANNÉE	INTERPRÈTE MASCULIN	INTERPRÈTE FÉMININE	RÉVÉLATION DE L'ANNÉE	GROUPE DE L'ANNÉE	CHANSON DE L'ANNÉE
1985	Corey Hart	Céline Dion	Rock et Belles Oreilles	The Box	*Une colombe*, Céline Dion
1986	Claude Dubois	Martine St-Clair	Nuance	Madame	*Ce soir, l'amour est dans tes yeux*, Martine St-Clair
1987	Patrick Norman	Marjo	Marc Drouin	Nuance	*Chats sauvages*, Marjo
1988	Michel Rivard	Céline Dion	Mitsou	Madame	*Incognito*, Céline Dion
1989	Roch Voisine	Johanne Blouin	Roch Voisine	UZEB	*Hélène*, Roch Voisine
1990	Mario Pelchat	Joe Bocan	Laurence Jalbert	Les B.B.	*Un beau grand bateau*, Gerry Boulet
1991	Luc de Larochellière	Julie Masse	Julie Masse	Vilain Pingouin	*Je sais, je sais*, Marjo
1992	Richard Séguin	Marie Carmen	Kathleen	Les B.B.	*Aux portes du matin*, Richard Séguin
1993	Richard Séguin	Marie Carmen	Les Colocs	Les Colocs	*La légende Oochigeas*, Roch Voisine
1994	Daniel Bélanger	Céline Dion	Zébulon	Les Colocs	*Encore et encore*, Laurence Jalbert
1995	Roch Voisine	Lara Fabian	Éric Lapointe	Beau Dommage	*Pour que tu m'aimes encore*, Céline Dion
1996	Kevin Parent	Céline Dion	Noir Silence	Noir Silence	*Seigneur*, Kevin Parent
1997	Bruno Pelletier	Céline Dion	Lise Dion	Zébulon	*Father on the Go*, Kevin Parent
1998	Kevin Parent	Lynda Lemay	Lili Fatale	Dubmatique	*Fréquenter l'oubli*, Kevin Parent
1999	Bruno Pelletier	Isabelle Boulay	Garou	Les Colocs	*Le temps des cathédrales*, Bruno Pelletier
2000	Bruno Pelletier	Isabelle Boulay	Daniel Boucher	La Chicane	*Je ne t'aime plus*, Mario Pelchat
2001	Garou	Isabelle Boulay	Gabrielle Destroismaisons	Les Respectables	*La désise*, Daniel Boucher
2002	Garou et Daniel Bélanger	Isabelle Boulay	Mélanie Renaud	Les Respectables	*Je n'ai que mon âme*, Natasha Saint-Pier
2003	Sylvain Cossette	Isabelle Boulay	Ariane Moffatt	Les Cowboys fringants	*Et c'est pas fini*, Star Académie 2003
2004	Corneille	Marie-Hélène Thibert	Ben Charest	Les Cowboys fringants	*J't'aime tout court*, Nicola Ciccone

MUSIQUE • FÉLIX (SUITE)

ANNÉE	INTERPRÈTE MASCULIN	INTERPRÈTE FÉMININE	RÉVÉLATION DE L'ANNÉE	GROUPE DE L'ANNÉE	CHANSON DE L'ANNÉE
2005	Dany Bédar	Marie-Hélène Thibert	Les Trois Accords	Pierre Lapointe	*Les étoiles filantes*, Les Cowboys fringants
2006	Dany Bédar	Ariane Moffatt	Malajube	Kaïn	*Évangéline*, Annie Blanchard
2007	Nicola Ciccone	Isabelle Boulay	Tricot Machine	Mes Aïeux	*Dégénérations*, Mes Aïeux
2008	Gregory Charles	Isabelle Boulay	Alfa Rococo	Karkwa	*Je veux tout*, Ariane Moffatt
2009	Nicola Ciccone	Ginette Reno	Cœur de pirate	Mes Aïeux	*Fais-moi la tendresse*, Ginette Reno
2010	Maxime Landry	Marie-Mai	Bernard Adamus	Mes Aïeux	*Cache-cache*, Maxime Landry
2011	Éric Lapointe	Marie-Mai	Brigitte Boisjoli	Les Cowboys fringants	*On va s'aimer encore*, Vincent Vallières
2012	Vincent Vallières	Cœur de pirate	Lisa LeBlanc	Mes Aïeux	*Sans cri ni haine*, Marie-Mai
2013	Marc Dupré	Marie-Mai	Les sœurs Boulay	Mes Aïeux	*Nous sommes les mêmes*, Marc Dupré
2014	Alex Nevsky	Marie-Mai	Klô Pelgag	Les sœurs Boulay	*On leur a fait croire*, Alex Nevsky
2015	Jean Leloup	Ariane Moffatt	Philippe Brach	Galaxie	*Paradis City*, Jean Leoup

MUSIQUE • INSTRUMENTS DE LA MUSIQUE CLASSIQUE

CORDES		
Alto	Guitare classique	Viole de gambe
Archiluth	Harpe	Violon
Clavecin	Luth	Violoncelle
Clavicorde	Mandoline	
Contrebasse	Piano	
BOIS		
Basson	Contrebasson	Hautbois
Clarinette	Cor anglais	Piccolo
Clarinette basse	Flûte traversière	Saxophone
CUIVRES		
Clairon	Euphonium	Trombone
Cor	Saxhorn	Trompette
Cornet à pistons	Saxtuba	Tuba

MUSIQUE • INSTRUMENTS DE LA MUSIQUE CLASSIQUE (SUITE)

PERCUSSIONS		
Blocs chinois	Fouet	Timbales
Caisse claire	Glockenspiel	Triangle
Célesta	Gong	Vibraphone
Cymbales	Grelots	Xylophone
Cymbales antiques	Grosse caisse	
Enclumes	Tambour à corde (Lion's Roar)	

MUSIQUE • NOTATION DE LA MUSIQUE

CLÉS			
Clé de sol	Clé de fa	Clé d'ut	
ALTÉRATIONS			
Bécarre	Bémol	Dièse	
GAMME			
Do	Mi	So	Si
Ré	Fa	La	

FIGURES DE NOTES			
NOM	DURÉE	NOM	DURÉE
Carrée	8 temps	**Croche**	1/2 temps
Ronde	4 temps	**Double croche**	1/4 de temps
Blanche	2 temps	**Triple croche**	1/8 de temps
Noire	1 temps	**Quadruple croche**	1/16 de temps

FIGURES DE SILENCES			
NOM	DURÉE	NOM	DURÉE
Bâton de pause	8 temps	**Demi-soupir**	1/2 temps
Pause	4 temps	**Quart de soupir**	1/4 de temps
Demi-pause	2 temps	**Huitième de soupir**	1/8 de temps
Soupir	1 temps	**Seizième de soupir**	1/16 de temps

TEMPOS			
NOM	SIGNIFICATION	NOM	SIGNIFICATION
Largo	Large (lent)	**Allegretto**	Assez allègre
Lento	Lent	**Allegro**	Allègre, gai
Adagio	À l'aise	**Vivace**	Vif
Andante	Allant	**Presto**	Rapide
Moderato	Modéré	**Prestissimo**	Très rapide

NUANCES GÉNÉRALES			
NOM	**SIGNIFICATION**	**NOM**	**SIGNIFICATION**
Forte	Fort	**Pianissimo**	Très faible
Fortissimo	Très fort	**Pianississimo**	Très très faible
Fortississimo	Très très fort	**Piano**	Faible
Mezza voce	À mi-voix	**Poco forte**	Un peu fort
Mezzo forte	Moyennement fort	**Sotto voce**	Murmuré
Mezzo piano	Moyennement faible		

NUANCES POUR UN ENSEMBLE DE NOTES			
NOM	**SIGNIFICATION**	**NOM**	**SIGNIFICATION**
Calando	En ralentissant beaucoup et en diminuant le son	**Morendo**	En laissant mourir le son en ralentissant
Crescendo	En augmentant progressivement le son	**Più forte**	Plus fort
Decrescendo	En diminuant le son	**Rinforzando**	En renforçant progressivement le son
Diminuendo	En diminuant le son	**Sforzando**	En renforçant le son d'une note ou d'un accord
Meno forte	Moins fort	**Smorzando**	En laissant mourir le son sans ralentir

MYTHOLOGIE • ÉQUIVALENCES ENTRE LES DIEUX GRECS ET ROMAINS

NOM GREC	NOM ROMAIN	DOMAINE
Aphrodite	**Vénus**	Déesse de l'Amour et du Plaisir
Apollon	**Apollon**	Dieu de la Beauté, de la Lumière et de l'Art
Arès	**Mars**	Dieu de la Guerre et de la Destruction
Artémis	**Diane**	Déesse de la Chasse et de la Nature
Asclépios	**Esculape**	Dieu de la Médecine
Athéna	**Minerve**	Déesse de la Sagesse et de la Pensée
Cronos	**Saturne**	Roi des Titans
Déméter	**Cérès**	Déesse de l'Agriculture et des Moissons
Dionysos	**Bacchus**	Dieu de la Vigne et du Vin
Éris	**Discorde**	Déesse-mère de tous les fléaux
Éros	**Cupidon**	Dieu de l'Amour
Gaïa	**Terra**	Personnification de la Terre
Hadès	**Pluton**	Dieu des Enfers

MYTHOLOGIE · ÉQUIVALENCES ENTRE LES DIEUX GRECS ET ROMAINS (SUITE)

NOM GREC	NOM ROMAIN	DOMAINE
Hécate	Trivia	Déesse de la Magie
Hélios	Sol	Dieu du Soleil
Héphaïstos	Vulcain	Dieu du Feu, des Forges et des Volcans
Héra	Junon	Déesse du Mariage et protectrice de la femme
Hermès	Mercure	Dieu du Commerce et des Voyageurs et messager des dieux
Hestia	Vesta	Déesse protectrice du Foyer
Hypnos	Somnus	Dieu du Sommeil
Léto	Latone	Mère d'Apollon et d'Artémis/Diane
Ouranos	Uranus	Dieu du Ciel
Perséphone	Prospérine	Reine des Enfers
Poséidon	Neptune	Dieu des Mers et des Océans
Séléné	Luna	Déesse de la Lune, associée à Diane
Zeus	Jupiter	Roi des dieux et dieu du Ciel

MYTHOLOGIE · PRINCIPALES DIVINITÉS ÉGYPTIENNES

NOM	DOMAINE
Amon	Dieu créateur, dieu de Thèbes
Anubis	Dieu embaumeur
Apis	Taureau sacré, dieu de la Fertilité et de la Force
Aton	Dieu solaire
Hathor	Déesse de l'Amour et de la Joie
Horus	Dieu du Ciel
Isis	Déesse-mère
Maet	Déesse de la Vérité, de l'Ordre et de la Justice
Osiris	Dieu de la Mort
Ptah	Dieu des Artisans
Rê (ou Râ)	Dieu Soleil
Seth	Dieu de la Violence et du Mal
Sobek	Dieu crocodile
Thot	Dieu du Savoir

MYTHOLOGIE • PRINCIPALES DIVINITÉS GRECQUES

DIVINITÉS OLYMPIENNES	
NOM	**DOMAINE**
Aphrodite	Déesse de l'Amour et du Plaisir
Apollon	Dieu de la Beauté, de la Lumière et de l'Art
Arès	Dieu de la Guerre et de la Destruction
Artémis	Déesse de la Chasse et de la Nature
Athéna	Déesse de la Sagesse et de la Pensée
Déméter	Déesse de l'Agriculture et des Moissons
Dionysos	Dieu de la Vigne et du Vin
Hadès	Dieu des Enfers
Héphaïstos	Dieu du Feu, des Forges et des Volcans
Héra	Déesse du Mariage et protectrice de la femme
Hermès	Dieu du Commerce et des Voyageurs et messager des dieux
Hestia	Déesse du Feu sacré et du Foyer
Poséidon	Dieu des Mers et des Océans
Zeus	Roi des dieux et dieu du Ciel

DIVINITÉS PRIMORDIALES	
NOM	**DOMAINE**
Ananké	Déesse de l'Inévitable, de la Compulsion et de la Nécessité
Chaos	Le vide d'où tout le reste provient
Cronos	Dieu du Temps, père de Zeus
Érèbe	Dieu des Ténèbres et des Ombres
Éros	Dieu de l'Amour et de l'Attraction
Éther	Dieu de l'Air et de la Lumière
Gaïa	Personnification de la Terre, mère des Titans
Héméra	Déesse de la Lumière du jour
Hypnos	Dieu du Sommeil
Nèsoi	Déesses des Îles et de la Mer
Nyx	Déesse de la Nuit
Ouranos	Dieu des Cieux, père des Titans
Ouréa	Dieux des Montagnes
Phanès	Dieu de la Procréation
Pontos	Dieu de la Mer, père des poissons et des créatures marines
Tartare	Dieu de la partie la plus sombre des Enfers
Thalassa	Esprit de la mer
Thanatos	Dieu de la Mort, frère de Hypnos

MORTELS DIVINISÉS	
NOM	DOMAINE
Achille	Héros de la guerre de Troie
Amphiaraos	Héros de la guerre des Sept Chefs contre Thèbes
Ariane	Femme immortelle de Dionysos
Aristée	Héros de Thessalie, inventeur
Asclépios	Dieu de la Médecine
Bolina	Nymphe immortelle
Castor	Jumeau de Pollux
Endymion	Plongé dans un sommeil éternel pour ne pas vieillir ni mourir
Éole	Dieu des Vents
Ganymède	Échanson des dieux
Glaucos	Pécheur immortel
Héraclès	Héros
Hilaire	Épouse de Castor
Ino	Déesse des Mers calmes
Lampsaque	Honorée comme déesse pour son assistance aux Grecs
Minos	Juge des Enfers
Orithye	Déesse des rafales froides des montagnes
Palémon	Dieu marin avec sa mère, Ino
Phébé	Épouse de Pollux
Pollux	Jumeau de Castor
Psyché	Déesse de l'Âme
Sémélé	Maîtresse de Zeus
MUSES	
NOM	DOMAINE
Aédé	Muse de la Chanson
Arché	Muse des Origines
Mélété	Muse de la Méditation et de l'Exercice
Mnémé	Muse de la Mémoire
Calliope	Muse de la Poésie épique
Clio	Muse de l'Histoire
Érato	Muse de la Poésie lyrique
Euterpe	Muse de la Musique
Melpomène	Muse de la Tragédie
Polymnie	Muse de la Rhétorique
Terpsichore	Muse de la Danse

MUSES (SUITE)	
NOM	DOMAINE
Thalie	Muse de la Comédie
Uranie	Muse de l'Astronomie
NYMPHES	
NOM	DOMAINE
LES ÉPIGÉES	NYMPHES DU MONDE TERRESTRE
Les Alséides	Nymphes des Sous-bois
Les Auloniades	Nymphes des Bosquets et des Vallées
Les Corycides	Nymphes des Grottes
Les Dryades	Nymphes des Forêts
Les Épimélides	Nymphes des Pommiers
Les Hamadryades	Nymphes des Arbres
Les Hespérides	Nymphes des Pommes d'or
Les Hyléores	Nymphes des Conifères
Les Limoniades	Nymphes des Fleurs et des Plantes
Les Méliades	Nymphes des Frênes
Les Napées	Nymphes des Bois et des Prés
Les Oréades	Nymphes des Montagnes et des Bois
LES HYDRIADES	NYMPHES DU MONDE AQUATIQUE
Les Crénées	Nymphes des Fontaines
Les Haliades	Nymphes des Mers et des Plages
Les Héléades	Nymphes des Marais
Les Limnades	Nymphes des Lacs
Les Naïades	Nymphes des Eaux douces et des Rivières
Les Néréides	Nymphes de la mer Égée
Les Océanides	Nymphes des Océans et des Mers
Les Pégées	Nymphes des Sources
Les Potamides	Nymphes des Fleuves et des Rivières
Les Psamides	Nymphes des Sables et des Plages
LES OURANIES	NYMPHES DU MONDE CÉLESTE
Les Alcyonides	Filles du géant Alcyonée
Les Héliades	Filles d'Hélios
Les Hyades	Nymphes des Pluies
Les Néphélées	Nymphes des Nuages
Les Pléiades	Filles du titan Atlas
LES LAMPADES	NYMPHES DU MONDE DES ENFERS

MYTHOLOGIE • PRINCIPALES DIVINITÉS GRECQUES (SUITE)

TITANS	
NOM	DOMAINE
Coéos	Dieu de l'Intellect et de l'Axe du ciel
Crios	Titan
Cronos	Chef des Titans, père de Zeus
Hypérion	Dieu de la Lumière, avec Théia
Japet	Dieu de la Mortalité
Mnémosyne	Déesse de la Mémoire et du Souvenir, mère des Muses
Océan	Dieu des Océans
Phébé	Déesse de l'Intellect et des Prophéties
Rhéa	Déesse de la Fertilité et de la Maternité
Téthys	Déesse des Rivières et des Nuages
Théia	Déesse de la Vue et de la Lumière du ciel
Thémis	Déesse de l'Ordre et de la Loi divine

MYTHOLOGIE • PRINCIPALES DIVINITÉS HINDOUES

NOM	DOMAINE
Brahma	Dieu créateur
Brahman	Principe suprême
Lakshmi	Femme de Vishnu
Parvati	Femme de Shiva
Sarasvati	Femme de Brahma
Shiva	Dieu destructeur
Vishnu	Dieu protecteur

MYTHOLOGIE • PRINCIPALES DIVINITÉS NORDIQUES

NOM	DOMAINE
Balder	Dieu bien-aimé
Freya	Déesse de l'Amour
Freyr	Dieu de la Vie
Frigga	Première déesse
Heimdall	Gardien du Bifrost
Hel	Déesse des Enfers
Hermod	Messager des Dieux
Hoder	Dieu des Ténèbres et de l'Hiver
Idun	Déesse de la Jeunesse éternelle

MYTHOLOGIE • PRINCIPALES DIVINITÉS NORDIQUES (SUITE)

NOM	DOMAINE
Loki	Dieu de la Ruse
Njörd	Dieu des Océans
Odin	Père des dieux
Sif	Déesse à la chevelure d'or
Thor	Dieu du Tonnerre
Tyr	Dieu de la Guerre

MYTHOLOGIE • PRINCIPALES DIVINITÉS ROMAINES

NOM	DOMAINE
Angita	Déesse de la Guérison et de la Sorcellerie
Aurore	Déesse de l'Aurore
Bacchus	Dieu de la Vigne, de la Fête et de l'Ivresse
Bellone	Déesse de la Guerre
Cerbère	Protecteur de la porte des Enfers
Cérès	Déesse de l'Agriculture et des Moissons
Cupidon	Dieu de l'Amour
Cybèle	Déesse de la Fécondité
Diane	Déesse de la Chasse et de la Lune
Discorde	Déesse-mère de tous les fléaux
Esculape	Dieu de la Médecine
Fama	Déesse de la Renommée et des Ragots
Faunus	Dieu des Bergers
Fortune	Déesse du Hasard et de la Chance
Janus	Dieu des Passages
Junon	Reine des dieux, protectrice des femmes mariées
Jupiter	Roi des dieux et dieu du Ciel
Juventas	Déesse de la Jeunesse
Kerta	Déesse du Chaos
Latone	Mère d'Apollon et de Diane
Libitina	Déesse des Funérailles
Luna	Déesse de la Lune, associée à Diane
Lupercus	Dieu des Troupeaux
Mars	Dieu de la Guerre et du Combat
Mater Matuta	Déesse marine bienfaisante
Mercure	Dieu du Commerce et des Voyageurs et messager des dieux

MYTHOLOGIE • PRINCIPALES DIVINITÉS ROMAINES (SUITE)

NOM	DOMAINE
Minerve	Déesse de la Sagesse et de la Pensée
Neptune	Dieu des Mers et des Océans
Orcus	Messager de la Mort
Pluton	Dieu des Enfers
Priape	Dieu protecteur des Vergers et des Vignobles
Proserpine	Reine des Enfers
Salus	Déesse de la Santé
Saturne	Roi des Titans
Sol	Ancien dieu du Soleil
Somnus	Dieu du Sommeil
Sylvain	Dieu de la Forêt
Tellus	Déesse personnifiant la Terre en formation, ancêtre des dieux et des monstres
Terminus	Dieu des Frontières
Terra	Déesse-mère, personnification de la Terre
Trivia	Déesse de la Magie
Uranus	Dieu du Ciel
Vénus	Déesse de la Beauté et de l'Amour
Vesta	Déesse protectrice du foyer
Vulcain	Dieu du Feu et du Fer

ORGANISATIONS INTERNATIONALES • PAYS MEMBRES • ACCORD DE LIBRE-ÉCHANGE NORD-AMÉRICAIN (ALÉNA)

Canada	États-Unis	Mexique

ORGANISATIONS INTERNATIONALES • PAYS MEMBRES • AGENCE INTERNATIONALE DE L'ÉNERGIE (AIE)

Allemagne	Estonie	Japon	Royaume-Uni
Australie	États-Unis	Luxembourg	Slovaquie
Autriche	Finlande	Norvège	Suède
Belgique	France	Nouvelle-Zélande	Suisse
Canada	Grèce	Pays-Bas	Turquie
Corée du Sud	Hongrie	Pologne	
Danemark	République d'Irlande	Portugal	
Espagne	Italie	République tchèque	

ORGANISATIONS INTERNATIONALES • PAYS MEMBRES • AGENCE POUR L'ÉNERGIE NUCLÉAIRE (AEN)

Allemagne	États-Unis	Italie	République tchèque
Australie	Fédération de Russie	Japon	Royaume-Uni
Autriche	Finlande	Luxembourg	Slovaquie
Belgique	France	Mexique	Slovénie
Canada	Grèce	Norvège	Suède
Corée du Sud	Hongrie	Pays-Bas	Suisse
Danemark	Irlande	Pologne	Turquie
Espagne	Islande	Portugal	

ORGANISATIONS INTERNATIONALES • PAYS MEMBRES • COMMONWEALTH

AFRIQUE		
Afrique du Sud	Malawi	Rwanda
Botswana	Maurice	Seychelles
Cameroun	Mozambique	Sierra Leone
Ghana	Namibie	Swaziland
Kenya	Nigeria	Tanzanie
Lesotho	Ouganda	Zambie
AMÉRIQUE		
Antigua-et-Barbuda	Dominique	Sainte-Lucie
Bahamas	Grenade	Saint-Vincent-et-les-Grenadines
Barbade	Guyana	Trinité-et-Tobago
Belize	Jamaïque	
Canada	Saint-Christophe-et-Niévès	
ASIE		
Bangladesh	Malaisie	Singapour
Brunei	Maldives	Sri Lanka
Inde	Pakistan	
EUROPE		
Chypre	Malte	Royaume-Uni
OCÉANIE		
Australie	Papouasie-Nouvelle-Guinée	Tuvalu
Kiribati	Salomon	Vanuatu
Nauru	Samoa	
Nouvelle-Zélande	Tonga	

ORGANISATIONS INTERNATIONALES • PAYS MEMBRES • COMMUNAUTÉ DES ÉTATS INDÉPENDANTS (CEI)

Arménie	Kazakhstan	Mongolie	Tadjikistan
Azerbaïdjan	Kirghizistan	Ouzbékistan	Turkménistan
Biélorussie	Moldavie	Russie	

ORGANISATIONS INTERNATIONALES • PAYS MEMBRES • CONSEIL DE L'ARCTIQUE

Canada	États-Unis	Islande	Suède
Danemark	Finlande	Norvège	Russie

ORGANISATIONS INTERNATIONALES • PAYS MEMBRES • G7

Allemagne	États-Unis	Italie	Royaume-Uni
Canada	France	Japon	

ORGANISATIONS INTERNATIONALES • PAYS MEMBRES • G20

Afrique du Sud	Brésil	France	Mexique
Allemagne	Canada	Inde	Royaume-Uni
Arabie saoudite	Chine	Indonésie	Russie
Argentine	Corée du Sud	Italie	Turquie
Australie	États-Unis	Japon	Union européenne

ORGANISATIONS INTERNATIONALES • PAYS MEMBRES • LIGUE ARABE

Algérie	Émirats arabes unis	Maroc	Soudan
Arabie saoudite	Irak	Mauritanie	Syrie
Bahreïn	Jordanie	Oman	Tunisie
Comores	Koweït	Palestine	Yémen
Djibouti	Liban	Qatar	
Égypte	Libye	Somalie	

ORGANISATIONS INTERNATIONALES • PAYS MEMBRES • ORGANISATION DE COOPÉRATION ET DE DÉVELOPPEMENT ÉCONOMIQUES (OCDE)

Allemagne	Danemark	Hongrie	Mexique	Royaume-Uni
Australie	Espagne	Irlande	Norvège	Slovaquie
Autriche	Estonie	Islande	Nouvelle-Zélande	Slovénie
Belgique	États-Unis	Israël	Pays-Bas	Suède
Canada	Finlande	Italie	Pologne	Suisse
Chili	France	Japon	Portugal	Turquie
Corée du Sud	Grèce	Luxembourg	République tchèque	

ORGANISATIONS INTERNATIONALES • PAYS MEMBRES • ORGANISATION DES ÉTATS AMÉRICAINS (OEA)

Antigua-et-Barbuda	Canada	États-Unis	Mexique	Sainte-Lucie
Argentine	Chili	Grenade	Nicaragua	Salvador
Bahamas	Colombie	Guatemala	Panama	Suriname
Barbade	Costa Rica	Guyana	Paraguay	Trinité-et-Tobago
Belize	Cuba	Haïti	Pérou	Uruguay
Bolivie	Dominique	Honduras	République dominicaine	Venezuela
Brésil	Équateur	Jamaïque	Saint-Christophe-et-Niévès	

ORGANISATIONS INTERNATIONALES • PAYS MEMBRES • ORGANISATION DES PAYS EXPORTATEURS DE PÉTROLE (OPEP)

Algérie	Équateur	Libye
Angola	Irak	Nigeria
Arabie saoudite	Iran	Qatar
Émirats arabes unis	Koweït	Venezuela

ORGANISATIONS INTERNATIONALES • PAYS MEMBRES • ORGANISATION DU TRAITÉ DE L'ATLANTIQUE NORD (OTAN)

Albanie	Espagne	Italie	Portugal
Allemagne	Estonie	Lettonie	République tchèque
Belgique	États-Unis	Lituanie	Roumanie
Bulgarie	France	Luxembourg	Royaume-Uni
Canada	Grèce	Norvège	Slovaquie
Croatie	Hongrie	Pays-Bas	Slovénie
Danemark	Islande	Pologne	Turquie

ORGANISATIONS INTERNATIONALES • PAYS MEMBRES • ORGANISATION INTERNATIONALE DE LA FRANCOPHONIE (OIF)

Albanie	Burundi	Côte d'Ivoire
Andorre	Cambodge	Djibouti
Arménie	Cameroun	Dominique
Belgique (et Communauté française)	Canada (et Nouveau-Brunswick, Québec)	Égypte
Bénin	Cap-Vert	France
Bulgarie	Chypre	Gabon
Burkina Faso	Comores	Ghana

ORGANISATIONS INTERNATIONALES • PAYS MEMBRES • ORGANISATION INTERNATIONALE DE LA FRANCOPHONIE (OIF) (SUITE)

Grèce	Maroc	Sainte-Lucie
Guinée	Maurice	São Tomé-et-Principe
Guinée-Bissau	Mauritanie	Sénégal
Guinée équatoriale	Moldavie	Seychelles
Haïti	Monaco	Suisse
Laos	Niger	Tchad
Liban	Qatar	Togo
Luxembourg	République démocratique du Congo	Tunisie
Macédoine	République du Congo	Vanuatu
Madagascar	Roumanie	Vietnam
Mali	Rwanda	

ORGANISATIONS INTERNATIONALES • PAYS MEMBRES • UNION AFRICAINE (UA)

Afrique du Sud	Guinée-Bissau	République du Congo
Algérie	Guinée équatoriale	Rwanda
Angola	Kenya	São Tomé-et-Principe
Bénin	Lesotho	Sénégal
Botswana	Liberia	Seychelles
Burkina Faso	Libye	Sierra Leone
Burundi	Madagascar	Somalie
Cameroun	Malawi	Soudan
Cap-Vert	Mali	Soudan du Sud
Comores	Maurice	Swaziland
Côte d'Ivoire	Mauritanie	Tanzanie
Djibouti	Mozambique	Tchad
Égypte	Namibie	Togo
Éthiopie	Niger	Tunisie
Gabon	Nigeria	Ouganda
Gambie	République arabe sahraouie démocratique	Zambie
Ghana	République centrafricaine	Zimbabwe
Guinée	République démocratique du Congo	

ORGANISATIONS INTERNATIONALES • PAYS MEMBRES • UNION EUROPÉENNE (UE)

Allemagne	Espagne	Italie	Portugal
Autriche	Estonie	Lettonie	République tchèque
Belgique	Finlande	Lituanie	Roumanie
Bulgarie	France	Luxembourg	Royaume-Uni
Chypre	Grèce	Malte	Slovaquie
Croatie	Hongrie	Pays-Bas	Slovénie
Danemark	Irlande	Pologne	Suède

ORGANISATIONS INTERNATIONALES • PAYS MEMBRES • ZONE DE LIBRE-ÉCHANGE AMÉRICAIN (ZLÉA)

Antigua-et-Barbuda	Équateur	Pérou
Argentine	États-Unis	République dominicaine
Bahamas	Grenade	Sainte-Lucie
Barbade	Guatemala	Saint-Christophe-et-Niévès
Belize	Guyana	Saint-Vincent-et-les-Grenadines
Bolivie	Haïti	Salvador
Brésil	Honduras	Suriname
Canada	Jamaïque	Trinité-et-Tobago
Chili	Mexique	Uruguay
Colombie	Nicaragua	Venezuela
Costa Rica	Panama	
Dominique	Paraguay	

ORGANISATIONS INTERNATIONALES • SIGLES

NOM	SIGLE
Accord de libre-échange centre-européen	ALECE
Accord de libre-échange d'Amérique centrale	ALÉAC
Accord de libre-échange nord-américain	ALÉNA
Accord de partenariat trans-Pacifique	TPP
Agence internationale de l'énergie	AIE
Agence internationale de l'énergie atomique	AIEA
Agence internationale de l'énergie renouvelable	IRENA
Agence multilatérale de garantie des investissements	MIGA
Agence pour l'énergie nucléaire	EAN
Alliance bolivarienne pour les Amériques	ALBA
Alliance du Pacifique	-
Amnistie internationale	AI

NOM	SIGLE
ASEAN Plus Trois	ASEAN+3
Association des États de la Caraïbe	AEC
Association des nations de l'Asie du Sud-Est	ASEAN
Association européenne de libre-échange	AELE
Association internationale de développement	AID
Association sud-asiatique pour la coopération régionale	ASACR
Australia, New Zealand, United States Security Treaty	ANZUS
Banque africaine de développement	BAD
Banque asiatique de développement	BASD
Banque de développement du Conseil de l'Europe	BDCE
Banque des règlements internationaux	BRI
Banque européenne pour la reconstruction et le développement	BERD
Banque internationale pour la reconstruction et le développement	BIRD
Banque islamique de développement	BID
Banque mondiale	BM
Banque ouest-africaine de développement	BOAD
Black Sea Naval Co-operation Task Group	BLACKSEAFOR
Centre international pour le règlement des différends relatifs aux investissements	CIRDI
Chambre de commerce internationale	CCI
Club de Londres	-
Club de Paris	-
Comité international de la Croix-Rouge	CICR
Commission des Nations Unies pour le droit commercial international	CNUDCI
Commonwealth	-
Communauté andine	CAN
Communauté caribéenne	CARICOM
Communauté d'Afrique de l'Est	EAC
Communauté d'États latino-américains et caraïbes	CELAC
Communauté des États indépendants	CEI
Communauté des États sahélo-sahariens	CEN-SAD
Communauté des pays de langue portugaise	-
Communauté du Pacifique	CPS
Communauté économique centre-asiatique	CECA
Communauté économique des États de l'Afrique centrale	CEEAC
Communauté économique des États de l'Afrique de l'Ouest	CEDEAO
Communauté économique des Pays des Grands Lacs	CEPGL

NOM	SIGLE
Communauté économique et monétaire de l'Afrique centrale	CEMAC
Communauté économique eurasiatique	CEEA
Conseil de coopération du Golfe	CCG
Conseil de l'Arctique	-
Conseil de l'Europe	-
Conseil de paix et de sécurité	-
Conseil de sécurité des Nations Unies	CS
Conseil des États de la mer Baltique	-
Conseil nordique	-
Coopération économique pour l'Asie-Pacifique	APEC
Cour pénale internationale	CPI
Dialogue pour la coopération asiatique	-
Espace économique commun	EEC
Eurocorps	-
Fonds de développement des Nations Unies pour la femme	UNIFEM
Fonds des Nations Unies pour l'enfance	UNICEF
Fonds mondial pour la nature	WWF
Fonds monétaire international	FMI
Forum des îles du Pacifique	-
Greater Arab Free Trade Area	GAFTA
Greenpeace	-
Groupe de Cairns	-
Groupe des 77	G77
Groupe des 90	G90
Groupe des huit	G8
Groupe des quinze	G15
Groupe des vingt	G20
Groupe mélanésien Fer de lance	GMFL
Haut-Commissariat des Nations Unies aux droits de l'homme	HCDH
Haut Commissariat des Nations Unies pour les réfugiés	HCR
Institut royal des relations internationales	EGMONT
Ligue arabe	-
Marché commun centraméricain	MCCA
Marché commun de l'Afrique orientale et australe	COMESA
Marché commun du Golfe	-
Marché commun du Sud	MERCOSUR

NOM	SIGLE
Médecins sans frontières	MSF
Mouvement des non-alignés	NAM
Organisation de coopération de Shanghai	OCS
Organisation de coopération économique	ECO
Organisation de coopération économique de la mer Noire	OCEMN
Organisation de coopération et de développement économiques	OCDE
Organisation de l'aviation civile internationale	OACI
Organisation de la coopération islamique	OCI
Organisation de l'unité africaine	OUA
Organisation des États américains	OEA
Organisation des États de la Caraïbe orientale	OECO
Organisation des Nations Unies	ONU
Organisation des Nations Unies pour l'alimentation et l'agriculture	FAO
Organisation des Nations Unies pour l'éducation, la science et la culture	UNESCO
Organisation des pays arabes exportateurs de pétrole	OPAEP
Organisation des pays exportateurs de pétrole	OPEP
Organisation du Traité de l'Atlantique Nord	OTAN
Organisation du traité de sécurité collective	OTSC
Organisation européenne pour la recherche nucléaire	CERN
Organisation internationale de la francophonie	OIF
Organisation internationale de normalisation	ISO
Organisation internationale du travail	OIT
Organisation internationale pour les migrations	OIM
Organisation islamique pour l'éducation, les sciences et la culture	IESCO
Organisation latino-américaine de l'énergie	OLADE
Organisation maritime internationale	OMI
Organisation météorologique mondiale	OMM
Organisation mondiale contre la torture	OMCT
Organisation mondiale de la propriété intellectuelle	OMPI
Organisation mondiale de la Santé	OMS
Organisation mondiale du commerce	OMC
Organisation mondiale du tourisme	OMT
Organisation pour l'agriculture et l'alimentation	FAO
Organisation pour l'interdiction des armes chimiques	OIAC
Organisation pour la démocratie et le développement	GUAM
Organisation pour la sécurité et la coopération en Europe	OSCE

ORGANISATIONS INTERNATIONALES · SIGLES (SUITE)

NOM	SIGLE
Plan de Colombo	-
Programme alimentaire mondial	PAM
Programme des Nations Unies pour l'environnement	PNUE
Reporters sans frontières	RSF
Société financière internationale	SFI
Système d'intégration centraméricain	SICA
Union africaine	UA
Union des nations sud-américaines	UNASUR
Union du Maghreb arabe	UMA
Union économique et monétaire ouest-africaine	UEMOA
Union eurasiatique	-
Union européenne	UE
Union internationale des télécommunications	UIT
Union latine	UL
Union pour la Méditerranée	UpM
Zone de libre-échange des Amériques	ZLÉA
Zone de libre-échange transatlantique	TAFTA
Zone euro-méditerranéenne de libre-échange	-

PAYS · CAPITALES ET MONNAIES

PAYS	CAPITALE	MONNAIE
Afghanistan	Kaboul	Afghani
Afrique du Sud	Bloemfontein, Le Cap, Pretoria	Rand sud-africain
Albanie	Tirana	Lek albanais
Algérie	Alger	Dinar algérien
Allemagne	Berlin	Euro
Andorre	Andorre-la-Vieille	Euro
Angola	Luanda	Kwanza angolais
Antigua-et-Barbuda	Saint John's	Dollar des Caraïbes orientales
Arabie saoudite	Riyad	Riyal saoudien
Argentine	Buenos Aires	Peso argentin
Arménie	Erevan	Dram
Australie	Canberra	Dollar australien
Autriche	Vienne	Euro
Azerbaïdjan	Bakou	Manat azerbaïdjanais
Bahamas	Nassau	Dollar bahaméen

PAYS • CAPITALES ET MONNAIES (SUITE)

PAYS	CAPITALE	MONNAIE
Bahreïn	Manama	Dinar bahreïni
Bangladesh	Dacca	Taka
Barbade	Bridgetown	Dollar barbadien
Belgique	Bruxelles	Euro
Belize	Belmopan	Dollar bélizien
Bénin	Porto-Novo	Franc CFA
Bhoutan	Thimphou	Ngultrum
Biélorussie	Minsk	Rouble biélorusse
Birmanie	Naypyidaw	Kyat
Bolivie	La Paz, Sucre	Boliviano bolivien
Bosnie-Herzégovine	Sarajevo	Mark convertible
Botswana	Gaborone	Pula botswanais
Brésil	Brasilia	Réal brésilien
Brunei	Bandar Seri Begawan	Dollar de Brunei
Bulgarie	Sofia	Lev bulgare
Burkina Faso	Ouagadougou	Franc CFA
Burundi	Bujumbura	Franc burundais
Cambodge	Phnom Penh	Riel
Cameroun	Yaoundé	Franc CFA
Canada	Ottawa	Dollar canadien
Cap-Vert	Praia	Escudo cap-verdien
Chili	Santiago	Peso chilien
Chine	Pékin	Yuan
Chypre	Nicosie	Euro
Colombie	Bogotá	Peso colombien
Comores	Moroni	Franc comorien
Corée du Nord	Pyongyang	Won nord-coréen
Corée du Sud	Séoul	Won sud-coréen
Costa Rica	San José	Colon costaricien
Côte d'Ivoire	Yamoussoukro	Franc CFA
Croatie	Zagreb	Kuna
Cuba	La Havane	Peso cubain
Danemark	Copenhague	Couronne danoise
Djibouti	Djibouti	Franc de Djibouti
Dominique	Roseau	Dollar des Caraïbes orientales
Égypte	Le Caire	Livre égyptienne

PAYS	CAPITALE	MONNAIE
Émirats arabes unis	Abou Dabi	Dirham des Émirats arabes unis
Équateur	Quito	Dollar américain
Érythrée	Asmara	Nakfa érythréen
Espagne	Madrid	Euro
Estonie	Tallinn	Euro
États-Unis	Washington	Dollar américain
Éthiopie	Addis-Abeba	Birr éthiopien
Fidji	Suva	Dollar de Fidji
Finlande	Helsinki	Euro
France	Paris	Euro
Gabon	Libreville	Franc CFA
Gambie	Banjul	Dalasi gambien
Géorgie	Tbilissi	Lari
Ghana	Accra	Cedi
Grèce	Athènes	Euro
Grenade	Saint-Georges	Dollar des Caraïbes orientales
Guatemala	Guatemala	Quetzal guatémaltèque
Guinée	Conakry	Franc guinéen
Guinée équatoriale	Malabo	Franc CFA
Guinée-Bissau	Bissau	Franc CFA
Guyana	Georgetown	Dollar guyanien
Haïti	Port-au-Prince	Gourde haïtienne
Honduras	Tegucigalpa	Lempira hondurien
Hongrie	Budapest	Forint hongrois
Inde	New Delhi	Roupie indienne
Indonésie	Jakarta	Roupie indonésienne
Irak	Bagdad	Dinar irakien
Iran	Téhéran	Rial iranien
Irlande	Dublin	Euro
Islande	Reykjavik	Couronne islandaise
Israël	Jérusalem, Tel Aviv-Jaffa	Shekel
Italie	Rome	Euro
Jamaïque	Kingston	Dollar jamaïcain
Japon	Tokyo	Yen
Jordanie	Amman	Dinar jordanien
Kazakhstan	Astana	Tenge

PAYS	CAPITALE	MONNAIE
Kenya	Nairobi	Shilling kényan
Kirghizistan	Bichkek	Som
Kiribati	Tarawa	Dollar australien
Koweït	Koweït	Dinar koweïtien
Laos	Vientiane	Kip
Lesotho	Maseru	Loti lesothan
Lettonie	Riga	Euro
Liban	Beyrouth	Livre libanaise
Liberia	Monrovia	Dollar libérien
Libye	Tripoli	Dinar libyen
Liechtenstein	Vaduz	Franc suisse
Lituanie	Vilnius	Litas
Luxembourg	Luxembourg	Euro
Macédoine	Skopje	Denar
Madagascar	Antananarivo	Ariary malgache
Malaisie	Kuala Lumpur, Putrajaya	Ringgit
Malawi	Lilongwe	Kwacha malawien
Maldives	Malé	Rufiyaa
Mali	Bamako	Franc CFA
Malte	La Valette	Euro
Maroc	Rabat	Dirham marocain
Marshall	Majuro	Dollar américain
Maurice	Port-Louis	Roupie mauricienne
Mauritanie	Nouakchott	Ouguiya mauritanien
Mexique	Mexico	Peso mexicain
Micronésie	Palikir	Dollar américain
Moldavie	Chisinau	Leu moldave
Monaco	Monaco	Euro
Mongolie	Oulan-Bator	Tugrik
Monténégro	Podgorica	Euro
Mozambique	Maputo	Metical mozambicain
Namibie	Windhoek	Dollar namibien
Nauru	Yaren	Dollar australien
Népal	Katmandou	Roupie népalaise
Nicaragua	Managua	Córdoba nicaraguayen
Niger	Niamey	Franc CFA

PAYS	CAPITALE	MONNAIE
Nigeria	Abuja	Naira nigérian
Norvège	Oslo	Couronne norvégienne
Nouvelle-Zélande	Wellington	Dollar néo-zélandais
Oman	Mascate	Rial omanais
Ouganda	Kampala	Shilling ougandais
Ouzbékistan	Tachkent	Sum
Pakistan	Islamabad	Roupie pakistanaise
Palaos	Melekeok	Dollar américain
Palestine	Jérusalem, Ramallah	Shekel
Panama	Panama	Balboa panaméen
Papouasie-Nouvelle-Guinée	Port Moresby	Kina
Paraguay	Asunción	Guaraní paraguayen
Pays-Bas	Amsterdam, La Haye	Euro
Pérou	Lima	Nuevo sol péruvien
Philippines	Manille	Peso philippin
Pologne	Varsovie	Złoty polonais
Portugal	Lisbonne	Euro
Qatar	Doha	Riyal qatari
République centrafricaine	Bangui	Franc CFA
République démocratique du Congo	Kinshasa	Franc congolais
République dominicaine	Saint-Domingue	Peso dominicain
République du Congo	Brazzaville	Franc CFA
République tchèque	Prague	Couronne tchèque
Roumanie	Bucarest	Leu roumain
Royaume-Uni	Londres	Livre sterling
Russie	Moscou	Rouble russe
Rwanda	Kigali	Franc rwandais
Saint-Christophe-et-Niévès	Basseterre	Dollar des Caraïbes orientales
Saint-Marin	Saint-Marin	Euro
Saint-Vincent-et-les-Grenadines	Kingstown	Dollar des Caraïbes orientales
Sainte-Lucie	Castries	Dollar des Caraïbes orientales
Salomon	Honiara	Dollar des îles Salomon
Salvador	San Salvador	Dollar américain
Samoa	Apia	Tala
São Tomé-et-Principe	São Tomé	Dobra santoméen
Sénégal	Dakar	Franc CFA

PAYS	CAPITALE	MONNAIE
Serbie	Belgrade	Dinar serbe
Seychelles	Victoria	Roupie seychelloise
Sierra Leone	Freetown	Leone sierra-léonais
Singapour	Singapour	Dollar de Singapour
Slovaquie	Bratislava	Euro
Slovénie	Ljubljana	Euro
Somalie	Mogadiscio	Shilling somalien
Soudan	Khartoum	Livre soudanaise
Soudan du Sud	Djouba	Livre sud-soudanaise
Sri Lanka	Sri Jayawardenapura	Roupie srilankaise
Suède	Stockholm	Couronne suédoise
Suisse	Berne	Franc suisse
Suriname	Paramaribo	Dollar de Surinam
Swaziland	Mbabane	Lilangeni swazilandais
Syrie	Damas	Livre syrienne
Tadjikistan	Douchanbé	Somoni
Tanzanie	Dodoma	Shilling tanzanien
Tchad	N'Djamena	Franc CFA
Thaïlande	Bangkok	Baht
Timor oriental	Dili	Dollar américain
Togo	Lomé	Franc CFA
Tonga	Nuku'alofa	Pa'anga
Trinité et Tobago	Port-d'Espagne	Dollar trinidadien
Tunisie	Tunis	Dinar tunisien
Turkménistan	Achgabat	Manat turkmène
Turquie	Ankara	Livre turque
Tuvalu	Funafuti	Dollar australien
Ukraine	Kiev	Hryvnia
Uruguay	Montevideo	Peso uruguayen
Vanuatu	Port-Vila	Vatu
Vatican	Vatican	Euro
Venezuela	Caracas	Bolívar vénézuélien
Vietnam	Hanoï	Dong
Yémen	Sanaa	Rial yéménite
Zambie	Lusaka	Kwacha zambien
Zimbabwe	Harare	Dollar du Zimbabwe

PAYS • LANGUES OFFICIELLES ET GENTILÉS

PAYS	LANGUES OFFICIELLES	GENTILÉ
Afghanistan	Dari, pachto	Afghan
Afrique du Sud	Afrikaans, anglais	Sud-Africain
Albanie	Albanais	Albanais
Algérie	Arabe	Algérien
Allemagne	Allemand	Allemand
Andorre	Catalan	Andorran
Angola	Portugais	Angolais
Antigua-et-Barbuda	Anglais	Antiguayen
Arabie saoudite	Arabe	Saoudien
Argentine	Espagnol	Argentin
Arménie	Arménien	Arménien
Australie	Anglais	Australien
Autriche	Allemand	Autrichien
Azerbaïdjan	Azéri	Azerbaïdjanais
Bahamas	Anglais	Bahaméen
Bahreïn	Arabe	Bahreïnien, Bahreïnite
Bangladesh	Bengali	Bangladais
Barbade	Anglais	Barbadien
Belgique	Français, néerlandais, allemand	Belge
Belize	Anglais, créole, espagnol, maya	Bélizien
Bénin	Français	Béninois
Bhoutan	Dzongkha	Bhoutanais
Biélorussie	Russe	Biélorusse
Birmanie	Birman	Birman
Bolivie	Espagnol, quechua, aymara	Bolivien
Bosnie-Herzégovine	Bosnien, croate, serbe	Bosnien, Bosniaque
Botswana	Anglais, tswana	Botswanais
Brésil	Portugais	Brésilien
Brunei	Malais	Brunéien
Bulgarie	Bulgare	Bulgare
Burkina Faso	Français	Burkinabé
Burundi	Kirundi, français	Burundais
Cambodge	Khmer	Cambodgien
Cameroun	Français, anglais	Camerounais

PAYS • LANGUES OFFICIELLES ET GENTILÉS (SUITE)

PAYS	LANGUES OFFICIELLES	GENTILÉ
Canada	Anglais, français	Canadien
Cap-Vert	Portugais	Cap-Verdien
Chili	Espagnol	Chilien
Chine	Mandarin	Chinois
Chypre	Grec, turc	Chypriote
Colombie	Espagnol	Colombien
Comores	Arabe, français, shikomor	Comorien
Corée du Nord	Coréen	Nord-Coréen
Corée du Sud	Coréen	Sud-Coréen
Costa Rica	Espagnol	Costaricain
Côte d'Ivoire	Français	Ivoirien
Croatie	Croate	Croate
Cuba	Espagnol	Cubain
Danemark	Danois	Danois
Djibouti	Arabe, français	Djiboutien
Dominique	Anglais	Dominiquais
Égypte	Arabe	Égyptien
Émirats arabes unis	Arabe	Émirien
Équateur	Espagnol	Équatorien
Érythrée	Tigrinya, arabe, anglais	Érythréen
Espagne	Espagnol	Espagnol
Estonie	Estonien	Estonien
États-Unis	Anglais	Américain
Éthiopie	Amharique	Éthiopien
Fidji	Anglais, fidjien, hindoustani	Fidjien
Finlande	Finnois	Finlandais
France	Français	Français
Gabon	Français	Gabonais
Gambie	Anglais	Gambien
Géorgie	Géorgien	Géorgien
Ghana	Anglais	Ghanéen
Grèce	Grec	Grec
Grenade	Anglais	Grenadin
Guatemala	Espagnol	Guatémaltèque
Guinée	Français	Guinéen
Guinée équatoriale	Espagnol, français	Équato-Guinéen

PAYS	LANGUES OFFICIELLES	GENTILÉ
Guinée-Bissau	Portugais	Bissau-Guinéen
Guyana	Anglais	Guyanien
Haïti	Français, créole haïtien	Haïtien
Honduras	Espagnol	Hondurien
Hongrie	Hongrois	Hongrois
Inde	Hindi, anglais	Indien
Indonésie	Indonésien	Indonésien
Irak	Arabe, kurde	Irakien
Iran	Persan	Iranien
Irlande	Irlandais, anglais	Irlandais
Islande	Islandais	Islandais
Israël	Hébreu, arabe	Israélien
Italie	Italien	Italien
Jamaïque	Anglais	Jamaïcain
Japon	Japonais	Japonais
Jordanie	Arabe	Jordanien
Kazakhstan	Kazakh	Kazakhstanais
Kenya	Swahili, anglais	Kényan
Kirghizistan	Kirghize, russe	Kirghiz
Kiribati	Gilbertin, anglais	Kiribatien
Koweït	Arabe	Koweïtien
Laos	Lao, français	Laotien
Lesotho	Sesotho, anglais	Mosotho
Lettonie	Letton	Letton
Liban	Arabe	Libanais
Liberia	Anglais	Libérien
Libye	Arabe	Libyen
Liechtenstein	Allemand	Liechtensteinois
Lituanie	Lituanien	Lituanien
Luxembourg	Luxembourgeois, français, allemand	Luxembourgeois
Macédoine	Macédonien, albanais	Macédonien
Madagascar	Malagasy, français, anglais	Malgache
Malaisie	Malais	Malaisien
Malawi	Anglais, chichewa	Malawite
Maldives	Divehi	Maldivien
Mali	Français	Malien

PAYS	LANGUES OFFICIELLES	GENTILÉ
Malte	Maltais, anglais	Maltais
Maroc	Arabe	Marocain
Marshall	Marshallais, anglais	Marshallais
Maurice	Anglais	Mauricien
Mauritanie	Arabe	Mauritanien
Mexique	Espagnol	Mexicain
Micronésie	Anglais	Micronésien
Moldavie	Roumain	Moldave
Monaco	Français	Monégasque
Mongolie	Mongol	Mongol
Monténégro	Serbe	Monténégrin
Mozambique	Portugais	Mozambicain
Namibie	Anglais	Namibien
Nauru	Nauruan, anglais	Nauruan
Népal	Népalais	Népalais
Nicaragua	Espagnol	Nicaraguayen
Niger	Français	Nigérien
Nigeria	Anglais	Nigérian
Norvège	Norvégien	Norvégien
Nouvelle-Zélande	Anglais, maori	Néo-Zélandais
Oman	Arabe	Omanais
Ouganda	Anglais, swahili	Ougandais
Ouzbékistan	Ouzbek	Ouzbek
Pakistan	Anglais, ourdou	Pakistanais
Palaos	Anglais, paluan	Palauan
Palestine	Arabe	Palestinien
Panama	Espagnol	Panaméen
Papouasie-Nouvelle-Guinée	Anglais	Papouan-Néo-Guinéen
Paraguay	Espagnol, guarani	Paraguayen
Pays-Bas	Néerlandais, frison, limbourgeois	Néerlandais
Pérou	Espagnol, quechua, aymara	Péruvien
Philippines	Filipino, anglais	Philippin
Pologne	Polonais	Polonais
Portugal	Portugais	Portugais
Qatar	Arabe	Qatarien

PAYS	LANGUES OFFICIELLES	GENTILÉ
République centrafricaine	Sango, français	Centrafricain
République démocratique du Congo	Français	Congolais
République dominicaine	Espagnol	Dominicain
République du Congo	Français	Congolais
République tchèque	Tchèque	Tchèque
Roumanie	Roumain	Roumain
Royaume-Uni	Anglais	Britannique
Russie	Russe	Russe
Rwanda	Kiyarwanda	Rwandais
Saint-Christophe-et-Niévès	Anglais	Christophien
Saint-Marin	Italien	Saint-Marinais
Saint-Vincent-et-les-Grenadines	Anglais	Vincentais
Sainte-Lucie	Anglais, créole, français	Lucien
Salomon	Anglais	Salomonais
Salvador	Espagnol	Salvadorien
Samoa	Samoan, anglais	Samoen
São Tomé-et-Principe	Portugais	Santoméen
Sénégal	Français	Sénégalais
Serbie	Serbe	Serbe
Seychelles	Créole seychellois, anglais, français	Seychellois
Sierra Leone	Anglais	Sierra-Léonais
Singapour	Anglais, chinois, malais, tamoul	Singapourien
Slovaquie	Slovaque	Slovaque
Slovénie	Slovène	Slovène
Somalie	Arabe	Somalien
Soudan	Arabe	Soudanais
Soudan du Sud	Anglais	Sud-Soudanais
Sri Lanka	Cingalais, tamoul	Srilankais
Suède	Suédois	Suédois
Suisse	Allemand, français, italien, romanche	Suisse
Suriname	Néerlandais	Surinamien
Swaziland	Anglais, siswati	Swazi
Syrie	Arabe	Syrien
Tadjikistan	Tadjik	Tadjik

PAYS • LANGUES OFFICIELLES ET GENTILÉS (SUITE)

PAYS	LANGUES OFFICIELLES	GENTILÉ
Tanzanie	Swahili, anglais	Tanzanien
Tchad	Français, arabe	Tchadien
Thaïlande	Thaï	Thaïlandais
Timor oriental	Tétoum, portugais	Est-Timorais
Togo	Français	Togolais
Tonga	Tongien, anglais	Tongien
Trinité-et-Tobago	Anglais	Trinidadien
Tunisie	Arabe	Tunisien
Turkménistan	Turkmène	Turkmène
Turquie	Turc	Turc
Tuvalu	Tuvaluan, anglais	Tuvaluan
Ukraine	Ukrainien	Ukrainien
Uruguay	Espagnol	Uruguayen
Vanuatu	Bichlamar, anglais, français	Vanouatais
Vatican	Italien, latin	Vaticane
Venezuela	Espagnol	Vénézuélien
Vietnam	Vietnamien	Vietnamien
Yémen	Arabe	Yéménite
Zambie	Anglais	Zambien
Zimbabwe	Anglais	Zimbabwéen

PAYS • PAYS PAR CONTINENT ET PAR RÉGION DU MONDE

AFRIQUE

AFRIQUE DE L'EST

Burundi	Kenya	Ouganda	Somalie
Comores	Madagascar	Tanzanie	Soudan du Sud
Djibouti	Malawi	Réunion	Zambie
Érythrée	Maurice	Rwanda	Zimbabwe
Éthiopie	Mozambique	Seychelles	

AFRIQUE CENTRALE

Angola	Gabon	République démocratique du Congo	
Cameroun	Guinée équatoriale	São Tomé-et-Principe	
Congo	République centrafricaine	Tchad	

AFRIQUE DU NORD			
Algérie	Libye	Sahara occidental	Tunisie
Égypte	Maroc	Soudan	
AFRIQUE AUSTRALE			
Afrique du Sud	Lesotho	Swaziland	
Botswana	Namibie		
AFRIQUE DE L'OUEST			
Bénin	Gambie	Liberia	Nigeria
Burkina Faso	Ghana	Mali	Sénégal
Cap-Vert	Guinée	Mauritanie	Sierra Leone
Côte d'Ivoire	Guinée-Bissau	Niger	Togo
AMÉRIQUE			
CARAÏBES			
Antigua-et-Barbuda	Dominique	République dominicaine	Trinité-et-Tobago
Bahamas	Grenade	Saint-Kitts-et-Nevis	
Barbade	Haïti	Saint-Vincent-et-les-Grenadines	
Cuba	Jamaïque	Sainte-Lucie	
AMÉRIQUE CENTRALE			
Belize	Guatemala	Nicaragua	Salvador
Costa Rica	Honduras	Panama	
AMÉRIQUE DU SUD			
Argentine	Chili	Guyana	Suriname
Bolivie	Colombie	Paraguay	Uruguay
Brésil	Équateur	Pérou	Venezuela
AMÉRIQUE DU NORD			
Canada	États-Unis	Mexique	
ASIE			
ASIE CENTRALE			
Kazakhstan	Ouzbékistan	Turkménistan	
Kirghizistan	Tadjikistan		
ASIE DE L'EST			
Chine	Corée du Sud	Mongolie	
Corée du Nord	Japon	Taïwan	
ASIE DU NORD			
Russie			

ASIE DU SUD

Afghanistan	Inde	Népal	
Bangladesh	Iran	Pakistan	
Bhoutan	Maldives	Sri Lanka	

ASIE DU SUD-EST

Birmanie	Indonésie	Philippines	Timor oriental
Brunei	Laos	Singapour	Vietnam
Cambodge	Malaisie	Thaïlande	

MOYEN-ORIENT

Arabie saoudite	Émirats arabes unis	Koweït	Syrie
Arménie	Géorgie	Liban	Turquie
Azerbaïdjan	Iraq	Oman	Yémen
Bahreïn	Israël	Palestine	
Chypre	Jordanie	Qatar	

EUROPE

EUROPE DE L'EST

Bélarus	Moldavie	Roumanie	Ukraine
Bulgarie	Pologne	Russie	
Hongrie	République tchèque	Slovaquie	

EUROPE DU NORD

Danemark	Irlande	Lituanie	Suède
Estonie	Islande	Norvège	
Finlande	Lettonie	Royaume-Uni	

EUROPE DE L'OUEST

Allemagne	France	Monaco	
Autriche	Liechtenstein	Pays-Bas	
Belgique	Luxembourg	Suisse	

EUROPE DU SUD

Albanie	Espagne	Malte	Serbie
Andorre	Grèce	Monténégro	Slovénie
Bosnie-Herzégovine	Italie	Portugal	Vatican
Croatie	Macédoine	Saint-Marin	

OCÉANIE

AUSTRALASIE

Australie	Nouvelle-Zélande		

PAYS • PAYS PAR CONTINENT ET PAR RÉGION DU MONDE (SUITE)

MÉLANÉSIE			
Fidji	Indonésie	Timor oriental	
Îles Salomon	Papouasie-Nouvelle-Guinée	Vanuatu	
MICRONÉSIE			
États fédérés de Micronésie	Marshall	Palaos	
Kiribati	Nauru		
POLYNÉSIE			
Samoa	Tonga	Tuvalu	

PAYS • SIGLES

PAYS	SIGLE À 3 LETTRES	SIGLE À 2 LETTRES
Afghanistan	AFG	AF
Afrique du Sud	ZAF	ZA
Albanie	ALB	AL
Algérie	DZA	DZ
Allemagne	DEU	DE
Andorre	AND	AD
Angola	AGO	AO
Antigua-et-Barbuda	ATG	AG
Arabie saoudite	SAU	SA
Argentine	ARG	AR
Arménie	ARM	AM
Australie	AUS	AU
Autriche	AUT	AT
Azerbaïdjan	AZE	AZ
Bahamas	BHS	BS
Bahreïn	BHR	BH
Bangladesh	BGD	BD
Barbade	BRB	BB
Belgique	BEL	BE
Belize	BLZ	BZ
Bénin	BEN	BJ
Bhoutan	BTN	BT
Biélorussie	BLR	BY
Birmanie	MMR	MM
Bolivie	BOL	BO

PAYS • SIGLES (SUITE)

PAYS	SIGLE À 3 LETTRES	SIGLE À 2 LETTRES
Bosnie-Herzégovine	BIH	BA
Botswana	BWA	BW
Brésil	BRA	BR
Brunei	BRN	BN
Bulgarie	BGR	BG
Burkina Faso	BFA	BF
Burundi	BDI	BI
Cambodge	KHM	KH
Cameroun	CMR	CM
Canada	CAN	CA
Cap-Vert	CPV	CV
Chili	CHL	CL
Chine	CHN	CN
Chypre	CYP	CY
Colombie	COL	CO
Comores	COM	KM
Corée du Nord	PRK	KP
Corée du Sud	KOR	KR
Costa Rica	CRI	CR
Côte d'Ivoire	CIV	CI
Croatie	HRV	HR
Cuba	CUB	CU
Danemark	DNK	DK
Djibouti	DJI	DJ
Dominique	DMA	DM
Égypte	EGY	EG
Émirats arabes unis	ARE	AE
Équateur	ECU	EC
Érythrée	ERI	ER
Espagne	ESP	ES
Estonie	EST	EE
États-Unis	USA	US
Éthiopie	ETH	ET
Fidji	FJI	FJ
Finlande	FIN	FI
France	FRA	FR

PAYS	SIGLE À 3 LETTRES	SIGLE À 2 LETTRES
Gabon	GAB	GA
Gambie	GMB	GM
Géorgie	GEO	GE
Ghana	GHA	GH
Grèce	GRC	GR
Grenade	GRD	GD
Guatemala	GTM	GT
Guinée	GIN	GN
Guinée équatoriale	GNQ	GQ
Guinée-Bissau	GNB	GW
Guyana	GUY	GY
Haïti	HTI	HT
Honduras	HND	HN
Hongrie	HUN	HU
Inde	IND	IN
Indonésie	IDN	ID
Irak	IRQ	IQ
Iran	IRN	IR
Irlande	IRL	IE
Islande	ISL	IS
Israël	ISR	IL
Italie	ITA	IT
Jamaïque	JAM	JM
Japon	JPN	JP
Jordanie	JOR	JO
Kazakhstan	KAZ	KZ
Kenya	KEN	KE
Kirghizistan	KGZ	KG
Kiribati	KIR	KI
Koweït	KWT	KW
Laos	LAO	LA
Lesotho	LSO	LS
Lettonie	LVA	LV
Liban	LBN	LB
Liberia	LBR	LR
Libye	LBY	LY

PAYS	SIGLE À 3 LETTRES	SIGLE À 2 LETTRES
Liechtenstein	LIE	LI
Lituanie	LTU	LT
Luxembourg	LUX	LU
Macédoine	MKD	MK
Madagascar	MDG	MG
Malaisie	MYS	MY
Malawi	MWI	MW
Maldives	MDV	MV
Mali	MLI	ML
Malte	MLT	MT
Maroc	MAR	MA
Marshall	MHL	MH
Maurice	MUS	MU
Mauritanie	MRT	MR
Mexique	MEX	MX
Micronésie	FSM	FM
Moldavie	MDA	MD
Monaco	MCO	MC
Mongolie	MNG	MN
Monténégro	MNE	ME
Mozambique	MOZ	MZ
Namibie	NAM	NA
Nauru	NRU	NR
Népal	NPL	NP
Nicaragua	NIC	NI
Niger	NER	NE
Nigeria	NGA	NG
Norvège	NOR	NO
Nouvelle-Zélande	NZL	NZ
Oman	OMN	OM
Ouganda	UGA	UG
Ouzbékistan	UZB	UZ
Pakistan	PAK	PK
Palaos	PLW	PW
Palestine	PSE	PS
Panama	PAN	PA

PAYS	SIGLE À 3 LETTRES	SIGLE À 2 LETTRES
Papouasie-Nouvelle-Guinée	PNG	PG
Paraguay	PRY	PY
Pays-Bas	NLD	NL
Pérou	PER	PE
Philippines	PHL	PH
Pologne	POL	PL
Portugal	PRT	PT
Qatar	QAT	QA
République centrafricaine	CAF	CF
République démocratique du Congo	COD	CD
République dominicaine	DOM	DO
République du Congo	COG	CG
République tchèque	CZE	CZ
Roumanie	ROU	RO
Royaume-Uni	GBR	GB
Russie	RUS	RU
Rwanda	RWA	RW
Saint-Christophe-et-Niévès	KNA	KN
Saint-Marin	SMR	SM
Saint-Vincent-et-les-Grenadines	VCT	VC
Sainte-Lucie	LCA	LC
Salomon	SLB	SB
Salvador	SLV	SV
Samoa	WSM	WS
São Tomé-et-Principe	STP	ST
Sénégal	SEN	SN
Serbie	SRB	RS
Seychelles	SYC	SC
Sierra Leone	SLE	SL
Singapour	SGP	SG
Slovaquie	SVK	SK
Slovénie	SVN	SI
Somalie	SOM	SO
Soudan	SDN	SD
Soudan du Sud	SSD	SS
Sri Lanka	LKA	LK

PAYS	SIGLE À 3 LETTRES	SIGLE À 2 LETTRES
Suède	SWE	SE
Suisse	CHE	CH
Suriname	SUR	SR
Swaziland	SWZ	SZ
Syrie	SYR	SY
Tadjikistan	TJK	TJ
Tanzanie	TZA	TZ
Tchad	TCD	TD
Thaïlande	THA	TH
Timor oriental	TLS	TL
Togo	TGO	TG
Tonga	TON	TO
Trinité-et-Tobago	TTO	TT
Tunisie	TUN	TN
Turkménistan	TKM	TM
Turquie	TUR	TR
Tuvalu	TUV	TV
Ukraine	UKR	UA
Uruguay	URY	UY
Vanuatu	VUT	VU
Vatican	VAI	VA
Venezuela	VEN	VE
Vietnam	VNM	VN
Yémen	YEM	YE
Zambie	ZMB	ZM
Zimbabwe	ZWE	ZW

PAYS-BAS • PROVINCES ET TERRITOIRES

PROVINCE	CAPITALE
Brabant-Septentrional	Bois-le-Duc
Drenthe	Assen
Flevoland	Lelystad
Frise	Leeuwarden
Groningue	Groningue
Gueldre	Arnhem
Hollande-Méridionale	La Haye (Den Haag)

PAYS-BAS • PROVINCES ET TERRITOIRES (SUITE)

PROVINCE	CAPITALE	
Hollande-Septentrionale	Haarlem	
Limbourg	Maastricht	
Overijssel	Zwolle	
Utrecht	Utrecht	
Zélande	Middelbourg	
TERRITOIRES D'OUTRE-MER		
NOM DU TERRITOIRE	CHEF-LIEU	LOCALISATION
Aruba	Oranjestad	Petites Antilles
Bonaire	Kralendijk	Petites Antilles
Curaçao	Willemstad	Petites Antilles
Saba	The Bottom	Petites Antilles
Saint-Eustache	Oranjestad	Petites Antilles
Saint-Martin	Philipsburg	Petites Antilles

PERSONNAGES DE LA BIBLE

Aaron	Aser	Damaris	Fille de Jaïre
Abaddon	Assourbanipal	Daniel	Gabriel
Abednego	Aveugle de Bethsaïde	David	Gamaliel
Abel	Azarias	Débora	Gédéon
Abraham	Barabbas	Denys l'Aréopagite	Gog
Absalom	Barjésu	Diable	Goliath
Adam	Barnabé	Disciples	Grande prostituée
Agar	Barthélemy	Élie	Hanania
Agrippa I	Bartimée	Éliézer	Hénoch
Agrippa II	Benjamin	Élisabeth	Hérode
Akân	Bête de l'Apocalypse	Élisée	Hérode Antipas
Alphée	Boaz ou Booz	Éphrahim	Hérode Archélaos
Amos	Caïn	Ésaïe ou Isaïe	Hérode Philippe II
Anân	Caïphe	Ésaü	Hérodiade
Ananias	Canaan	Esdras	Hérodiens
Ananie	Cham	Esther	Hiram
André	Cléophas	Étienne	Isaac
Anges	Coré	Évangélistes	Isaïe ou Ésaïe
Anne	Corneille	Ève	Isha
Apollos	Craignant-Dieu	Ézéchiel	Ismaël
Arétas IV	Dalila	Félix	Israël

Jacob	Le bon larron	Nicanor	Sanhédrin
Jacques le Mineur	Le mauvais larron	Nicodème	Sarah
Jacques le Majeur	Léa	Nicolas	Satan
Jacques le Juste	Lévi	Nimrod	Saül, roi d'Israël
Jean	Longin le Centurion	Noé	Scribe
Jean le Baptiste	Loth	Ohola	Sem
Jeanne	Luc	Oholiba	Séphora
Jérémie	Lydie	Osée	Septante disciples
Jésus de Nazareth	Lysanias	Osnappar	Seth
Jethro	Magog	Parménas	Shadrach
Jézabel	Mahalalel	Paul	Silas
Joab	Malachie	Pharisiens	Siméon de Jérusalem
Joachim	Marc	Philémon	Simon
Job	Marie de Béthanie	Philippe, apôtre	Simon de Cyrène
Joël	Marie-Madeleine	Philippe, diacre	Simon le Magicien
Jonas	Marie Salomé	Pierre	Simon le Zélote
Jonathan	Marie, mère de Jacques	Ponce Pilate	Simon, frère de Jésus
Joseph Barsabas	Marie, mère de Jésus	Poul	Suzanne
Joseph d'Arimathie	Marthe	Prochore	Syméon
Joseph, patriarche	Mathusalem	Quatre Cavaliers de l'Apocalypse	Thaddée
Joseph, père adoptif de Jésus	Matthias	Quirinius	Thomas ou Dydime
Josias	Matthieu	Rachel	Tibère
Josué	Meshach	Rahab	Timon
Juda Macchabée	Michel	Rama	Timothée
Judas Iscariote	Misaël	Rebecca	Tite
Judas le Galiléen	Misraïm	Rois mages	Tobie
Jude, apôtre	Moïse	Ruben	Urie le Hittite
Jude, frère de Jésus	Myriam	Ruth	Yared
Judith	Naboth	Sadducéens	Zacharie, père de Jean le Baptiste
Kénan	Nabuchodonosor	Salomé la Myrophore	Zacharie, prophète
Ketourah	Naomi	Salomé, fille d'Hérodiade Salomon	Zachée
Lamech, descendant de Caïn	Nathan	Samaritains	Zébédée
Lamech, père de Noé	Nathanaël	Samson	Zélotes
Lazare	Néhémie	Samuel	

PORTUGAL · DISTRICTS ET RÉGIONS AUTONOMES

DISTRICT	CAPITALE	DISTRICT	CAPITALE
Aveiro	Aveiro	**Leiria**	Leiria
Beja	Beja	**Lisbonne**	Lisbonne
Braga	Braga	**Portalegre**	Portalegre
Bragance	Bragance	**Porto**	Porto
Castelo Branco	Castelo Branco	**Santarém**	Santarém
Coimbra	Coimbra	**Setúbal**	Setúbal
Évora	Évora	**Viana do Castelo**	Viana do Castelo
Faro	Faro	**Vila Real**	Vila Real
Guarda	Guarda	**Viseu**	Viseu
RÉGION AUTONOME	CAPITALE	RÉGION AUTONOME	CAPITALE
Açores	Ponta Delgada	**Madère**	Funchal

QUÉBEC · CIRCONSCRIPTIONS ÉLECTORALES FÉDÉRALES

ABITIBI-TÉMISCAMINGUE	
Abitibi–Baie-James–Nunavik–Eeyou (partie)	Abitibi–Témiscamingue (partie)
BAS-SAINT-LAURENT	
Haute-Gaspésie–La Mitis–Matane–Matapédia (partie)	Rimouski-Neigette–Témiscouata–Les Basques
Montmagny–L'Islet–Kamouraska–Rivière-du-Loup (partie)	
CAPITALE-NATIONALE	
Beauport–Limoilou	Montmorency–Charlevoix–Haute-Côte-Nord (partie)
Charlesbourg–Haute-Saint-Charles	Portneuf–Jacques-Cartier
Louis-Hébert	Québec
Louis-Saint-Laurent	
CENTRE-DU-QUÉBEC	
Bas-Richelieu–Nicolet–Bécancour (partie)	Mégantic–L'Érable (partie)
Drummond	Richmond–Arthabaska (partie)
CHAUDIÈRE-APPALACHES	
Beauce (partie)	Mégantic–L'Érable (partie)
Lévis–Bellechasse	Montmagny–L'Islet–Kamouraska–Rivière-du-Loup (partie)
Lotbinière–Chutes-de-la-Chaudière	
CÔTE-NORD	
Manicouagan	Montmorency–Charlevoix–Haute-Côte-Nord (partie)
ESTRIE	
Beauce (partie)	Compton–Stanstead
Brome–Mississquoi (partie)	Mégantic–L'Érable (partie)

QUÉBEC · CIRCONSCRIPTIONS ÉLECTORALES FÉDÉRALES (SUITE)

ESTRIE

Shefford (partie)	Richmond–Arthabaska (partie)
Sherbrooke	

GASPÉSIE–ÎLES-DE-LA-MADELEINE

Gaspésie–Îles-de-la-Madeleine	Haute-Gaspésie–La Mitis–Matane–Matapédia (partie)

LANAUDIÈRE

Berthier–Maskinongé (partie)	Repentigny
Joliette	Terrebonne–Blainville (partie)
Montcalm	

LAURENTIDES

Argenteuil–Papineau–Mirabel (partie)	Rivière-des-Mille-Îles
Laurentides–Labelle	Rivière-du-Nord
Marc-Aurèle-Fortin (partie)	Terrebonne–Blainville (partie)

LAVAL

Alfred-Pellan	Laval–Les Îles
Laval	Marc-Aurèle-Fortin (partie)

MAURICIE

Berthier–Maskinongé (partie)	Saint-Maurice–Champlain
Trois-Rivières	

MONTÉRÉGIE

Bas-Richelieu–Nicolet–Bécancour (partie)	Saint-Bruno–Saint-Hubert
Beauharnois–Salaberry	Saint-Hyacinthe–Bagot
Brome-Mississquoi (partie)	Saint-Jean
Brossard–La Prairie	Saint-Lambert
Chambly–Borduas	Shefford (partie)
Châteauguay–Saint-Constant	Vaudreuil-Soulanges
Longueuil–Pierre-Boucher	Verchères–Les Patriotes

MONTRÉAL

Ahuntsic	Mont-Royal
Bourassa	Notre-Dame-de-Grâce–Lachine
Hochelaga	Outremont
Honoré-Mercier	Papineau
Jeanne-Le Ber	Pierrefonds–Dollard
Lac-Saint-Louis	Rosemont–La Petite-Patrie
La Pointe-de-l'Île	Saint-Laurent–Cartierville
LaSalle–Émard	Saint-Léonard–Saint-Michel
Laurier–Sainte-Marie	Westmount–Ville-Marie

QUÉBEC • CIRCONSCRIPTIONS ÉLECTORALES FÉDÉRALES (SUITE)

NORD-DU-QUÉBEC

Abitibi–Baie-James–Nunavik–Eeyou (partie)	Abitibi–Témiscamingue (partie)

OUTAOUAIS

Argenteuil–Papineau–Mirabel (partie)	Hull–Aylmer
Gatineau	Pontiac

SAGUENAY–LAC-SAINT-JEAN

Chicoutimi–Le Fjord	Roberval–Lac-Saint-Jean
Jonquière–Alma	

QUÉBEC • CIRCONSCRIPTIONS ÉLECTORALES PROVINCIALES

ABITIBI-TÉMISCAMINGUE

Abitibi-Est	Rouyn-Noranda–Témiscamingue
Abitibi-Ouest	

BAS-SAINT-LAURENT

Côte-du-Sud (partie)	Rimouski
Matane-Matapédia	Rivière-du-Loup–Témiscouata

CAPITALE-NATIONALE

Charlesbourg	Louis-Hébert
Charlevoix–Côte-de-Beaupré	Montmorency
Chauveau	Portneuf
Jean-Lesage	Taschereau
Jean-Talon	Vanier-Les Rivières
La Peltrie	

CENTRE-DU-QUÉBEC

Arthabaska	Johnson (partie)
Drummond–Bois-Francs	Nicolet-Bécancour

CHAUDIÈRE-APPALACHES

Beauce-Nord	Côte-du-Sud (partie)
Beauce-Sud (partie)	Lévis
Bellechasse	Lotbinière-Frontenac
Chutes-de-la-Chaudière	Mégantic (partie)

CÔTE-NORD

Duplessis (partie)	René-Lévesque

ESTRIE

Beauce-Sud (partie)	Richmond
Mégantic (partie)	Saint-François
Orford	Sherbrooke

GASPÉSIE–ÎLES-DE-LA-MADELEINE

Bonaventure	Îles-de-la-Madeleine
Gaspé	

LAVAL

Chomedey	Mille-Îles
Fabre	Sainte-Rose
Laval-des-Rapides	Vimont

LANAUDIÈRE

Berthier	Masson
Bertrand (partie)	Repentigny
Joliette	Rousseau (partie)
L'Assomption	Terrebonne

LAURENTIDES

Argenteuil	Labelle
Bertrand (partie)	Mirabel
Blainville	Rousseau (partie)
Deux-Montagnes	Saint-Jérôme
Groulx	

MAURICIE

Champlain	Saint-Maurice
Laviolette	Trois-Rivières
Maskinongé	

MONTRÉAL

Acadie	Mercier
Anjou–Louis-Riel	Mont-Royal
Bourassa-Sauvé	Nelligan
Bourget	Notre-Dame-de-Grâce
Crémazie	Outremont
D'Arcy-McGee	Pointe-aux-Trembles
Gouin	Robert-Baldwin
Hochelaga-Maisonneuve	Rosemont
Jacques-Cartier	Saint-Henri–Sainte-Anne
Jeanne-Mance–Viger	Saint-Laurent
LaFontaine	Sainte-Marie–Saint-Jacques
Laurier-Dorion	Verdun
Marguerite-Bourgeoys	Viau
Marquette	Westmount–Saint-Louis

QUÉBEC · CIRCONSCRIPTIONS ÉLECTORALES PROVINCIALES (SUITE)

MONTÉRÉGIE	
Beauharnois	Châteauguay
Borduas	Granby
Brome-Missisquoi	Huntingdon
Chambly	Iberville
Johnson (partie)	Saint-Jean
La Pinière	Sanguinet
Laporte	Soulanges
La Prairie	Taillon
Marie-Victorin	Vachon
Montarville	Vaudreuil
Richelieu	Verchères
Saint-Hyacinthe	
NORD-DU-QUÉBEC	
Duplessis (partie)	Ungava (partie)
OUTAOUAIS	
Chapleau	Papineau
Gatineau	Pontiac
Hull	
SAGUENAY–LAC-SAINT-JEAN	
Chicoutimi	Lac-Saint-Jean
Dubuc	Roberval
Jonquière	

QUÉBEC · LIEUTENANTS-GOUVERNEURS

ANNÉES DE MANDAT	NOM
1867-1873	Narcisse-Fortunat Belleau
1873-1876	René-Édouard Caron
1876-1879	Luc Letellier de Saint-Just
1879-1884	Théodore Robitaille
1884-1887	Louis François Rodrigue Masson
1887-1892	Auguste-Réal Angers
1892-1998	Joseph-Adolphe Chapleau
1898-1908	Louis-Amable Jetté
1908-1911	Charles-Alphonse-Pantaléon Pelletier
1911-1915	François Langelier
1915-1918	Pierre-Évariste Leblanc

QUÉBEC • LIEUTENANTS-GOUVERNEURS (SUITE)

ANNÉES DE MANDAT	NOM
1918-1923	Charles Fitzpatrick
1923-1924	Louis-Philippe Brodeur
1924-1929	Narcisse Pérodeau
1929-1929	Lomer Gouin
1929-1934	Henry George Carroll
1934-1940	Ésioff-Léon Patenaude
1940-1950	Eugène Fiset
1950-1958	Gaspard Fauteux
1958-1961	Onésime Gagnon
1961-1966	Paul Comtois
1966-1978	Hugues Lapointe
1978-1984	Jean-Pierre Côté
1984-1990	Gilles Lamontagne
1990-1996	Martial Asselin
1996-1996	Jean-Louis Roux
1996-2007	Lise Thibault
2007-2015	Pierre Duchesne
2015-	Michel Doyon

QUÉBEC • MUNICIPALITÉS RÉGIONALES DE COMTÉ (MRC)

MRC	CHEF-LIEU	RÉGION
Abitibi	Amos	Abitibi-Témiscamingue
Abitibi-Ouest	La Sarre	Abitibi-Témiscamingue
Acton	Acton Vale	Montérégie
Antoine-Labelle	Mont-Laurier	Laurentides
Argenteuil	Lachute	Laurentides
Arthabaska	Victoriaville	Centre-du-Québec
Avignon	Nouvelle	Gaspésie–Îles-de-la-Madeleine
Beauce-Sartigan	Saint-Georges	Chaudière-Appalaches
Beauharnois-Salaberry	Beauharnois	Montérégie
Bellechasse	Saint-Lazare-de-Bellechasse	Chaudière-Appalaches
Bonaventure	New Carlisle	Gaspésie–Îles-de-la-Madeleine
Bécancour	Bécancour	Centre-du-Québec
Brome-Missisquoi	Cowansville	Montérégie
Caniapiscau	Fermont	Côte-Nord
Charlevoix	Baie-Saint-Paul	Capitale-Nationale

MRC	CHEF-LIEU	RÉGION
Charlevoix-Est	Clermont	Capitale-Nationale
Coaticook	Coaticook	Estrie
D'Autray	Berthierville	Lanaudière
Deux-Montagnes	Deux-Montagnes	Laurentides
Drummond	Drummondville	Centre-du-Québec
Joliette	Joliette	Lanaudière
Kamouraska	Saint-Pascal	Bas-Saint-Laurent
L'Assomption	L'Assomption	Lanaudière
L'Érable	Plessisville	Centre-du-Québec
L'Île-d'Orléans	Sainte-Famille	Capitale-Nationale
L'Islet	Saint-Jean-Port-Joli	Chaudière-Appalaches
La Côte-de-Beaupré	Château-Richer	Capitale-Nationale
La Côte-de-Gaspé	Gaspé	Gaspésie–Îles-de-la-Madeleine
La Haute-Côte-Nord	Les Escoumins	Côte-Nord
La Haute-Gaspésie	Sainte-Anne-des-Monts	Gaspésie–Îles-de-la-Madeleine
La Haute-Yamaska	Granby	Montérégie
La Jacques-Cartier	Shannon	Capitale-Nationale
La Matanie	Matane	Bas-Saint-Laurent
La Matapédia	Amqui	Bas-Saint-Laurent
La Mitis	Mont-Joli	Bas-Saint-Laurent
La Nouvelle-Beauce	Sainte-Marie	Chaudière-Appalaches
La Rivière-du-Nord	Saint-Jérôme	Laurentides
La Vallée-de-l'Or	Val-d'Or	Abitibi-Témiscamingue
La Vallée-de-la-Gatineau	Gracefield	Outaouais
La Vallée-du-Richelieu	Belœil	Montérégie
Lac-Saint-Jean-Est	Alma	Saguenay–Lac-Saint-Jean
Le Domaine-du-Roy	Roberval	Saguenay–Lac-Saint-Jean
Le Fjord-du-Saguenay	Saint-Honoré	Saguenay–Lac-Saint-Jean
Le Golfe-du-Saint-Laurent	Côte-Nord-du-Golfe-du-Saint-Laurent	Côte-Nord
Le Granit	Lac-Mégantic	Estrie
Le Haut-Richelieu	Saint-Jean-sur-Richelieu	Montérégie
Le Haut-Saint-François	Cookshire-Eaton	Estrie
Le Haut-Saint-Laurent	Huntingdon	Montérégie
Le Rocher-Percé	Chandler	Gaspésie–Îles-de-la-Madeleine
Le Val-Saint-François	Richmond	Estrie
Les Appalaches	Thetford Mines	Chaudière-Appalaches

MRC	CHEF-LIEU	RÉGION
Les Basques	Trois-Pistoles	Bas-Saint-Laurent
Les Chenaux	Saint-Luc-de-Vincennes	Mauricie
Les Collines-de-l'Outaouais	Chelsea	Outaouais
Les Etchemins	Lac-Etchemin	Chaudière-Appalaches
Les Jardins-de-Napierville	Napierville	Montérégie
Les Laurentides	Saint-Faustin–Lac-Carré	Laurentides
Les Maskoutains	Saint-Hyacinthe	Montérégie
Les Moulins	Terrebonne	Lanaudière
Les Pays-d'en-Haut	Sainte-Adèle	Laurentides
Les Sources	Asbestos	Estrie
Lotbinière	Sainte-Croix	Chaudière-Appalaches
Manicouagan	Baie-Comeau	Côte-Nord
Marguerite-D'Youville	Verchères	Montérégie
Maria-Chapdelaine	Dolbeau-Mistassini	Saguenay–Lac-Saint-Jean
Maskinongé	Louiseville	Mauricie
Matawinie	Rawdon	Lanaudière
Memphrémagog	Magog	Estrie
Minganie	Havre-Saint-Pierre	Côte-Nord
Montcalm	Sainte-Julienne	Lanaudière
Montmagny	Montmagny	Chaudière-Appalaches
Mékinac	Saint-Tite	Mauricie
Nicolet-Yamaska	Nicolet	Centre-du-Québec
Papineau	Papineauville	Outaouais
Pierre-De Saurel	Sorel-Tracy	Montérégie
Pontiac	Campbell's Bay	Outaouais
Portneuf	Cap-Santé	Capitale-Nationale
Rimouski-Neigette	Rimouski	Bas-Saint-Laurent
Rivière-du-Loup	Rivière-du-Loup	Bas-Saint-Laurent
Robert-Cliche	Beauceville	Chaudière-Appalaches
Roussillon	Delson	Montérégie
Rouville	Marieville	Montérégie
Sept-Rivières	Sept-Îles	Côte-Nord
Témiscamingue	Ville-Marie	Abitibi-Témiscamingue
Témiscouata	Témiscouata-sur-le-Lac	Bas-Saint-Laurent
Thérèse-De Blainville	Boisbriand	Laurentides
Vaudreuil-Soulanges	Vaudreuil-Dorion	Montérégie

QUÉBEC · MUNICIPALITÉS RÉGIONALES DE COMTÉ (MRC) (SUITE)

VILLES ET AGGLOMÉRATIONS AYANT DES RESPONSABILITÉS DE MRC		
NOM	VILLE-CENTRE	RÉGION
Gatineau	Gatineau	Outaouais
La Tuque (agglomération)	La Tuque	Mauricie
Laval	Laval	Laval
Îles-de-la-Madeleine (agglomération)	Les Îles-de-la-Madeleine	Gaspésie–Îles-de-la-Madeleine
Lévis	Lévis	Chaudière-Appalaches
Longueuil (agglomération)	Longueuil	Montérégie
Mirabel	Mirabel	Laurentides
Montréal (agglomération)	Montréal	Montréal
Québec (agglomération)	Québec	Capitale-Nationale
Rouyn-Noranda	Rouyn-Noranda	Abitibi-Témiscamingue
Shawinigan	Shawinigan	Mauricie
Sherbrooke	Sherbrooke	Estrie
Trois-Rivières	Trois-Rivières	Mauricie

QUÉBEC · PREMIÈRES NATIONS

NATION	FAMILLE LINGUISITIQUE	LANGUE	RÉPARTITION GÉOGRAPHIQUE
Abénaquis	Algonquiens	Abénaqui	Centre-du-Québec
Algonquins	Algonquiens	Algonquien	Abitibi-Témiscamingue et Outaouais
Attikameks	Algonquiens	Attikamek	Mauricie
Cris	Algonquiens	Cri	Côte-Nord, Saguenay–Lac-Saint-Jean, Nord-du-Québec
Hurons-Wendats	Iroquoiens	Wendat	Région de Québec
Innus (Montagnais-Naskapis)	Algonquiens	Innu	Côte-Nord, Saguenay–Lac-Saint-Jean, Nord-du-Québec
Inuits du Québec	Eskimo-aléoutes	Inuit	Nord-du-Québec
Malécites	Algonquiens	Malécite	Bas-Saint-Laurent
Micmacs	Algonquiens	Micmac	Gaspésie et Maritimes
Mohawks	Iroquoiens	Mohawk	Région de Montréal

QUÉBEC · PREMIÈRES NATIONS · COMMUNAUTÉS ET RÉSERVES

ABÉNAQUIS

Odanak	Wôlinak		

ALGONQUINS

Hunter's Point	Kitigan Zibi	Pikogan	Winneway
Kebaowek	Kitiganik	Simosagigan	
Kitcisakik	Oueskarinis	Timiskaming	

ATTIKAMEKS

Manawan	Opitciwan	Wemotaci	

CRIS

Chisasibi	Nemaska	Waswanipi	
Eastmain	Oujé-Bougoumou	Wemindji	
Mistissini	Waskaganish	Whapmagoostui	

HURONS-WENDATS

Wendake			

INNUS

Essipit	Matimekosh	Pakua Shipi	Uashat Mak Mani-Utenam
Mashteuiatsh	Nutashkuan	Pessamit	Unamen Shipi

INUITS

Akulivik	Ivujivik	Kuujjuaq	Salluit
Aupaluk	Kangiqsualujjuaq	Kuujjuarapik	Tasiujaq
Chisassibi	Kangiqsujuaq	Puvirnituq	Umiujaq
Inukjuak	Kangirsuk	Quaqtaq	

MALÉCITES

Cacouna	Whitworth		

MICMACS

Gesgapegiag	Gespeg	Listuguj	

MOHAWKS

Akwesasne	Doncaster	Kahnawake	Kanesatake

QUÉBEC · PREMIERS MINISTRES

ANNÉES DE MANDAT	NOM	PARTI POLITIQUE	ÉVÉNEMENTS MARQUANTS DURANT LE MANDAT
1867-1873	Pierre-Joseph-Olivier Chauveau	Conservateur	• Premier premier ministre du Québec • Grand feu du Saguenay–Lac-Saint-Jean • Démissionne pour être président du Sénat du Canada

ANNÉES DE MANDAT	NOM	PARTI POLITIQUE	ÉVÉNEMENTS MARQUANTS DURANT LE MANDAT
1873-1874	Gédéon Ouimet	Conservateur	• Démission en cours de mandat
1874-1878	Charles-Eugène Boucher de Boucherville	Conservateur	• Démis de ses fonctions
1878-1879	Henri-Gustave Joly de Lotbinière	Libéral	
1879-1882	Joseph-Adolphe Chapleau	Conservateur	• Démissionne pour aller au fédéral
1882-1884	Joseph-Alfred Mousseau	Conservateur	• Démissionne pour être juge à la Cour supérieure du Québec
1884-1887	John Jones Ross	Conservateur	
1887-1887	Louis-Olivier Taillon	Conservateur	
1887-1891	Honoré Mercier	Libéral	• Guerre des Boers
1891-1892	Charles-Eugène Boucher de Boucherville	Conservateur	• Démission en cours de mandat
1892-1896	Louis-Olivier Taillon	Conservateur	• Démissionne pour aller au fédéral
1896-1897	Edmund James Flynn	Conservateur	
1897-1900	Félix-Gabriel Marchand	Libéral	• Meurt en fonction
1900-1905	Simon-Napoléon Parent	Libéral	• Démission en cours de mandat
1905-1920	Lomer Gouin	Libéral	• Première Guerre mondiale • Conscription • Démission en cours de mandat
1920-1936	Louis-Alexandre Taschereau	Libéral	• Grande Dépression • Inauguration du pont Jacques-Cartier • Démission en cours de mandat
1936-1936	Adélard Godbout	Libéral	• Grande Dépression
1936-1939	Maurice Duplessis	Union nationale	• Grande Dépression • Deuxième Guerre mondiale
1939-1944	Adélard Godbout	Libéral	• Deuxième Guerre mondiale • Conscription • Droit de vote des femmes • Création d'Hydro-Québec
1944-1959	Maurice Duplessis	Union nationale	• Deuxième Guerre mondiale • Adoption du drapeau du Québec • Refus global • Ouverture de la voie maritime du Saint-Laurent • Meurt en fonction

ANNÉES DE MANDAT	NOM	PARTI POLITIQUE	ÉVÉNEMENTS MARQUANTS DURANT LE MANDAT
1959-1960	Paul Sauvé	Union nationale	• Début de la Révolution tranquille • Meurt en fonction
1960-1960	Antonio Barrette	Union nationale	• Révolution tranquille
1960-1966	Jean Lesage	Libéral	• Révolution tranquille
1966-1968	Daniel Johnson (père)	Union nationale	• Révolution tranquille • Expo 67 • « Vive le Québec libre! » • Centième anniversaire de la Confédération • Création de Télé-Québec • Meurt en fonction
1968-1970	Jean-Jacques Bertrand	Union nationale	• Création de l'Université du Québec
1970-1976	Robert Bourassa	Libéral	• Crise d'octobre • Jeux olympiques de Montréal
1976-1985	René Lévesque	Parti québécois	• Loi 101 • Référendum de 1980 • Rapatriement de la Constitution • Charte québécoise des droits et libertés • Démission en cours de mandat
1985-1985	Pierre Marc Johnson	Parti québécois	
1985-1994	Robert Bourassa	Libéral	• Tuerie à la Polytechnique • Accord du lac Meech • Crise d'Oka • Accord de Charlottetown
1994-1994	Daniel Johnson (fils)	Libéral	
1994-1996	Jacques Parizeau	Parti québécois	• Référendum de 1995 • Démission en cours de mandat
1996-2001	Lucien Bouchard	Parti québécois	• Déluge du Saguenay de 1996 • Verglas de 1998 • Démission en cours de mandat
2001-2003	Bernard Landry	Parti québécois	• Attentats du 11 septembre
2003-2012	Jean Charest	Libéral	• Grève étudiante de 2012
2012-2014	Pauline Marois	Parti québécois	
2014-	Philippe Couillard	Libéral	

QUÉBEC · RÉGIONS ADMINISTRATIVES

NOM	MRC		PLUS GRANDE VILLE
Abitibi-Témiscamingue	Abitibi Abitibi-Ouest	La Vallée-de-l'Or Témiscamingue	Rouyn-Noranda
Bas-Saint-Laurent	Kamouraska La Matapédia La Mitis Les Basques	Matane Rimouski-Neigette Rivière-du-Loup Témiscouata	Rimouski
Capitale-Nationale	Charlevoix Charlevoix-Est L'Île-d'Orléans	La Côte-de-Beaupré La Jacques-Cartier Portneuf	Québec
Centre-du-Québec	Arthabaska Bécancour Drummond	L'Érable Nicolet-Yamaska	Drummondville
Chaudière-Appalaches	Beauce-Sartigan Bellechasse L'Islet La Nouvelle-Beauce Les Appalaches	Les Etchemins Lotbinière Montmagny Robert-Cliche	Lévis
Côte-Nord	Caniapiscau La Haute-Côte-Nord Le Golfe-du-Saint-Laurent	Manicouagan Minganie Sept-Rivières	Sept-Îles
Estrie	Coaticook Le Granit Le Haut-Saint-François	Le Val-Saint-François Les Sources Memphrémagog	Sherbrooke
Gaspésie–Îles-de-la-Madeleine	Avignon Bonaventure La Côte-de-Gaspé	La Haute-Gaspésie Le Rocher-Percé	Gaspé
Laval	-		Laval
Lanaudière	D'Autray Joliette L'Assomption	Les Moulins Matawinie Montcalm	Terrebonne
Laurentides	Antoine-Labelle Argenteuil Deux-Montagnes La Rivière-du-Nord	Les Laurentides Les Pays-d'en-Haut Mirabel Thérèse-De Blainville	Saint-Jérôme
Mauricie	Les Chenaux Maskinongé	Mékinac	Trois-Rivières

QUÉBEC · RÉGIONS ADMINISTRATIVES (SUITE)

NOM	MRC		PLUS GRANDE VILLE
Montérégie	Acton	Les Jardins-de-Napierville	Longueuil
	Beauharnois-Salaberry	Les Maskoutains	
	Brome-Missisquoi	Marguerite-D'Youville	
	La Haute-Yamaska	Pierre-De Saurel	
	La Vallée-du-Richelieu	Roussillon	
	Le Haut-Richelieu	Rouville	
	Le Haut-Saint-Laurent	Vaudreuil-Soulanges	
Montréal	-		Montréal
Nord-du-Québec	-		Chibougamau
Outaouais	La Vallée-de-la-Gatineau	Papineau	Gatineau
	Les Collines-de-l'Outaouais	Pontiac	
Saguenay–Lac-Saint-Jean	Lac-Saint-Jean-Est	Le Fjord-du-Saguenay	Saguenay
	Le Domaine-du-Roy	Maria-Chapdelaine	

ROYAUME-UNI · DIVISIONS ADMINISTRATIVES

ANGLETERRE (COMTÉS ET AUTORITÉS UNITAIRES)		
Bath and North East Somerset	East Sussex	Norfolk
Bedfordshire	Essex	North Somerset
Berkshire	Gloucestershire	North Yorkshire
Blackburn with Darwen	Herefordshire	Northamptonshire
Blackpool	Hertfordshire	Northumberland
Bournemouth	Hull	Nottingham
Brighton and Hove	Île de Wight	Portsmouth
Bristol	Kent	Redcar and Cleveland
Buckinghamshire	Lancashire	Rutland
Cambridgeshire	Leicester	Shropshire
Cheshire	Leicestershire	Somerset
Cornwall	Lincolnshire	South Gloucestershire
Cumbria	Lincolnshire du Nord	South Yorkshire
Darlington	Lincolnshire du Nord-Est	Southampton
Derbyshire	Luton	Southend-on-Sea
Devon	Medway	Staffordshire
Dorset	Merseyside	Stockton-on-Tees
Durham	Middlesbrough	Stoke-on-Trent
East Riding of Yorkshire	Milton Keynes	Suffolk

ROYAUME-UNI • DIVISIONS ADMINISTRATIVES (SUITE)

ANGLETERRE (COMTÉS ET AUTORITÉS UNITAIRES)

Surrey	West Midlands	Peterborough
Swindon	Grand Manchester	Plymouth
Telford and Wrekin	Grand Londres	Poole
Thurrock	Halton	West Sussex
Torbay	Hampshire	West Yorkshire
Tyne and Wear	Hartlepool	Wiltshire
Warrington	Nottinghamshire	Worcestershire
Warwickshire	Oxfordshire	York

ÉCOSSE (AUTORITÉS UNITAIRES)

Aberdeenshire	Dundee	Highland
Angus	East Ayrshire	Inverclyde
Argyll and Bute	East Dunbartonshire	Midlothian
City of Aberdeen	East Lothian	Moray
City of Edinburgh	East Renfrewshire	North Ayrshire
City of Glasgow	Falkirk	North Lanarkshire
Clackmannanshire	Fife	Orcades
Dumfries and Galloway	Hébrides extérieures	Perth and Kinross

IRLANDE DU NORD (DISTRICTS)

Antrim	Carrickfergus	Dungannon and South Tyrone
Ards	Castlereagh	Fermanagh
Armagh	Coleraine	Larne
Ballymena	Cookstown	Limavady
Ballymoney	Craigavon	Lisburn
Banbridge	Derry	Magherafelt
Belfast	Down	Moyle

PAYS DE GALLES (AUTORITÉS UNITAIRES)

Blaenau Gwent	Flintshire	Powys
Bridgend	Gwynedd	Rhondda Cynon Taf
Caerphilly	Isle of Anglesey	Swansea
Cardiff	Merthyr Tydfil	Torfaen
Carmarthenshire	Monmouthshire	Vale of Glamorgan
Ceredigion	Neath Port Talbot	Wrexham
Conwy	Newport	
Denbighshire	Pembrokeshire	

ANNÉES DE RÈGNE	MONARQUES D'ANGLETERRE	MAISON
924-939	Æthelstan	Wessex
939-946	Edmond	Wessex
946-955	Eadred	Wessex
955-959	Eadwig	Wessex
959-975	Edgar	Wessex
975-978	Édouard le Martyr	Wessex
978-1013	Æthelred le Malavisé	Wessex
1013-1014	Sven à la Barbe fourchue	Jelling
1014-1016	Æthelred le Malavisé	Wessex
1016	Edmond Côte-de-Fer	Wessex
1016-1035	Knut le Grand	Jelling
1035-1040	Harold Pied-de-Lièvre	Jelling
1040-1042	Harthacnut	Jelling
1042-1066	Édouard le Confesseur	Wessex
1066	Harold Godwinson	Wessex
1066-1087	Guillaume Ier le Conquérant	Normands
1087-1100	Guillaume II le Roux	Normands
1100-1135	Henri Ier Beauclerc	Normands
1135-1154	Étienne	Blois
1154-1189	Henri II Court-manteau	Plantagenêt
1189-1199	Richard Ier Cœur de Lion	Plantagenêt
1199-1216	Jean sans Terre	Plantagenêt
1216-1272	Henri III	Plantagenêt
1272-1307	Édouard Ier	Plantagenêt
1307-1327	Édouard II	Plantagenêt
1327-1377	Édouard III	Plantagenêt
1377-1399	Richard II	Plantagenêt
1399-1413	Henri IV	Plantagenêt
1413-1422	Henri V	Plantagenêt
1422-1461	Henri VI	Plantagenêt
1461-1470	Édouard IV	Plantagenêt
1470-1471	Henri VI	Plantagenêt
1471-1483	Édouard IV	Plantagenêt
1483	Édouard V	Plantagenêt
1483-1485	Richard III	Plantagenêt
1485-1509	Henri VII	Tudor

ROYAUME-UNI • MONARQUES D'ANGLETERRE ET DU ROYAUME-UNI (SUITE)

ANNÉES DE RÈGNE	MONARQUES D'ANGLETERRE	MAISON
1509-1547	Henri VIII	Tudor
1547-1553	Édouard VI	Tudor
1553	Jane Grey	Tudor
1553-1558	Marie Ire	Tudor
1558-1603	Élisabeth Ire	Tudor
1603-1625	Jacques Ier	Stuart
1625-1649	Charles Ier	Stuart
1660-1685	Charles II	Stuart
1685-1688	Jacques II	Stuart
1689-1694	Marie II	Stuart
1689-1702	Guillaume III	Stuart
1702-1707	Anne	Stuart
1707-1714	Anne Stuart	Stuart
1714-1727	George Ier	Hanovre
1727-1760	George II	Hanovre
1760-1820	George III	Hanovre
1820-1830	George IV	Hanovre
1830-1837	Guillaume IV	Hanovre
1837-1901	Victoria	Hanovre
1901-1910	Édouard VII	Saxe-Cobourg-Gotha
1910-1936	George V	Windsor
1936	Édouard VIII	Windsor
1936-1952	George VI	Windsor
1952-	Élisabeth II	Windsor

ROYAUME-UNI • NATIONS CONSTITUTIVES ET TERRITOIRES D'OUTRE-MER

NATIONS CONSTITUTIVES	CAPITALE	
Angleterre	Londres	
Écosse	Édimbourg	
Irlande du Nord	Belfast	
Pays de Galles	Cardiff	
TERRITOIRES BRITANNIQUES D'OUTRE-MER	CAPITALE	LOCALISATION
Akrotiri and Dhekelia	Cantonnement d'Episkopi	Europe
Anguilla	The Valley	Antilles
Bermudes	Hamilton	Océan Atlantique
Géorgie du Sud et Îles Sandwich du Sud	King Edward Point	Océan Atlantique

TERRITOIRES BRITANNIQUES D'OUTRE-MER	CAPITALE	LOCALISATION
Gibraltar	Gibraltar	Europe
Îles Caïmans	George Town	Antilles
Îles Malouines	Port Stanley	Amérique du Sud
Îles Pitcairn	Adamstown	Océan Pacifique
Îles Turques et Caïques	Cockburn Town	Antilles
Îles Vierges britanniques	Road Town	Antilles
Montserrat	Plymouth	Amérique du Nord (Antilles)
Sainte-Hélène, Ascension et Tristan da Cunha	Jamestown	Océan Atlantique
Territoire britannique de l'Antarctique	Rothera	Antarctique
Territoire britannique de l'océan Indien	-	Océan Indien

ROYAUME-UNI • PREMIERS MINISTRES DEPUIS 1900

ANNÉES DE MANDAT	NOM	PARTI POLITIQUE	ÉVÉNEMENTS MARQUANTS DURANT LE MANDAT
1895-1902	Robert Gascoyne-Cecil	Conservateur	• Seconde Guerre des Boers
1902-1905	Arthur Balfour	Conservateur	
1905-1908	Henry Campbell-Bannerman	Libéral	
1908-1916	Herbert Henry Asquith	Libéral	• Première Guerre mondiale
1916-1922	David Lloyd George	Libéral	• Première Guerre mondiale
1922-1923	Andrew Bonar Law	Conservateur	• Seul premier ministre né hors des îles Britanniques
1923	Stanley Baldwin	Conservateur	
1924	Ramsay MacDonald	Travailliste	• Premier chef de gouvernement travailliste
1924-1929	Stanley Baldwin	Conservateur	
1929-1935	Ramsay MacDonald	Travailliste	• Crise économique
1935-1937	Stanley Baldwin	Conservateur	• Abdication d'Édouard VIII
1937-1940	Neville Chamberlain	Conservateur	• Seconde Guerre mondiale
1940-1945	Winston Churchill	Conservateur	• Seconde Guerre mondiale
1945-1951	Clement Attlee	Travailliste	• Fondation de l'OTAN • Début de la guerre froide • Guerre de Corée
1951-1955	Winston Churchill	Conservateur	• Guerre de Corée
1955-1957	Anthony Eden	Conservateur	
1957-1963	Harold Macmillan	Conservateur	
1963-1964	Alexander Douglas-Home	Conservateur	

ROYAUME-UNI • PREMIERS MINISTRES DEPUIS 1900 (SUITE)

ANNÉES DE MANDAT	NOM	PARTI POLITIQUE	ÉVÉNEMENTS MARQUANTS DURANT LE MANDAT
1964-1970	Harold Wilson	Travailliste	• Auteur de plusieurs réformes sociales
1970-1974	Edward Heath	Conservateur	• Violences en Irlande du Nord
1974-1976	Harold Wilson	Travailliste	• Entrée dans la CEE
1976-1979	James Callaghan	Travailliste	• Hiver du mécontentement
1979-1990	Margaret Thatcher	Conservateur	• Première femme premier ministre • Fin de la guerre froide
1990-1997	John Major	Conservateur	• Guerre du Golfe
1997-2007	Tony Blair	Travailliste	• Mort de Diana • Guerres d'Irak et d'Afghanistan • Attentats de Londres
2007-2010	Gordon Brown	Travailliste	• Crise financière mondiale
2010-2016	David Cameron	Conservateur	• Intervention militaire en Libye • Émeutes de 2011
2016-	Theresa May	Consevateur	• Débats et référendum sur le Brexit

SPORTS • BASEBALL • LIGUE MAJEURE DE BASEBALL (MLB)

LIGUE AMÉRICAINE			
DIVISION	ÉQUIPE	VILLE	ÉTAT OU PROVINCE
Est	**Blue Jays de Toronto**	Toronto	Ontario
	Orioles de Baltimore	Baltimore	Maryland
	Rays de Tampa Bay	St. Petersburg	Floride
	Red Sox de Boston	Boston	Massachusetts
	Yankees de New York	New York	New York
Centrale	**Indians de Cleveland**	Cleveland	Ohio
	Royals de Kansas City	Kansas City	Missouri
	Tigers de Détroit	Détroit	Michigan
	Twins du Minnesota	Minneapolis	Minnesota
	White Sox de Chicago	Chicago	Illinois
Ouest	**Angels de Los Angeles d'Anaheim**	Anaheim	Californie
	Astros de Houston	Houston	Texas
	Athletics d'Oakland	Oakland	Californie
	Mariners de Seattle	Seattle	Washington
	Rangers du Texas	Arlington	Texas

SPORTS • BASEBALL • LIGUE MAJEURE DE BASEBALL (MLB) (SUITE)

LIGUE NATIONALE			
DIVISION	ÉQUIPE	VILLE	ÉTAT OU PROVINCE
Centrale	Brewers de Milwaukee	Milwaukee	Wisconsin
	Cardinals de Saint-Louis	Saint-Louis	Missouri
	Cubs de Chicago	Chicago	Illinois
	Pirates de Pittsburgh	Pittsburgh	Pennsylvanie
	Reds de Cincinnati	Cincinnati	Ohio
Est	Braves d'Atlanta	Atlanta	Géorgie
	Marlins de Miami	Miami	Floride
	Mets de New York	New York	New York
	Nationals de Washington	Washington, DC	-
	Phillies de Philadelphie	Philadelphie	Pennsylvanie
Ouest	Diamondbacks de l'Arizona	Phoenix	Arizona
	Dodgers de Los Angeles	Los Angeles	Californie
	Giants de San Francisco	San Francisco	Californie
	Padres de San Diego	San Diego	Californie
	Rockies du Colorado	Denver	Colorado

SPORTS • BASEBALL • POSITIONS

Arrêt-court	Premier but	Voltigeur de centre
Deuxième but	Receveur	Voltigeur de droite
Lanceur	Troisième but	Voltigeur de gauche

SPORTS • BASEBALL • SÉRIES MONDIALES

SAISON	VAINQUEUR	SAISON	VAINQUEUR
1903	Pilgrims de Boston	1915	Red Sox de Boston
1904	-	1916	Red Sox de Boston
1905	Giants de New York	1917	White Sox de Chicago
1906	White Sox de Chicago	1918	Red Sox de Boston
1907	Cubs de Chicago	1919	Reds de Cincinnati
1908	Cubs de Chicago	1920	Indians de Cleveland
1909	Pirates de Pittsburgh	1921	Giants de New York
1910	Athletics de Philadelphie	1922	Giants de New York
1911	Athletics de Philadelphie	1923	Yankees de New York
1912	Red Sox de Boston	1924	Senators de Washington
1913	Athletics de Philadelphie	1925	Pirates de Pittsburgh
1914	Braves de Boston	1926	Cardinals de Saint-Louis

SPORTS • BASEBALL • SÉRIES MONDIALES (SUITE)

SAISON	VAINQUEUR	SAISON	VAINQUEUR
1927	Yankees de New York	1963	Dodgers de Los Angeles
1928	Yankees de New York	1964	Cardinals de Saint-Louis
1929	Athletics de Philadelphie	1965	Dodgers de Los Angeles
1930	Athletics de Philadelphie	1966	Orioles de Baltimore
1931	Cardinals de Saint-Louis	1967	Cardinals de Saint-Louis
1932	Yankees de New York	1968	Tigers de Détroit
1933	Giants de New York	1969	Mets de New York
1934	Cardinals de Saint-Louis	1970	Orioles de Baltimore
1935	Tigers de Détroit	1971	Pirates de Pittsburgh
1936	Yankees de New York	1972	Athletics d'Oakland
1937	Yankees de New York	1973	Athletics d'Oakland
1938	Yankees de New York	1974	Athletics d'Oakland
1939	Yankees de New York	1975	Reds de Cincinnati
1940	Reds de Cincinnati	1976	Reds de Cincinnati
1941	Yankees de New York	1977	Yankees de New York
1942	Cardinals de Saint-Louis	1978	Yankees de New York
1943	Yankees de New York	1979	Pirates de Pittsburgh
1944	Cardinals de Saint-Louis	1980	Phillies de Philadelphie
1945	Tigers de Détroit	1981	Dodgers de Los Angeles
1946	Cardinals de Saint-Louis	1982	Cardinals de Saint-Louis
1947	Yankees de New York	1983	Orioles de Baltimore
1948	Indians de Cleveland	1984	Tigers de Détroit
1949	Yankees de New York	1985	Royals de Kansas City
1950	Yankees de New York	1986	Mets de New York
1951	Yankees de New York	1987	Twins du Minnesota
1952	Yankees de New York	1988	Dodgers de Los Angeles
1953	Yankees de New York	1989	Athletics d'Oakland
1954	Giants de New York	1990	Reds de Cincinnati
1955	Dodgers de Brooklyn	1991	Twins du Minnesota
1956	Yankees de New York	1992	Blue Jays de Toronto
1957	Braves de Milwaukee	1993	Blue Jays de Toronto
1958	Yankees de New York	1994	---
1959	Dodgers de Los Angeles	1995	Braves d'Atlanta
1960	Pirates de Pittsburgh	1996	Yankees de New York
1961	Yankees de New York	1997	Marlins de la Floride
1962	Yankees de New York	1998	Yankees de New York

SPORTS • BASEBALL • SÉRIES MONDIALES (SUITE)

SAISON	VAINQUEUR	SAISON	VAINQUEUR
1999	Yankees de New York	2008	Phillies de Philadelphie
2000	Yankees de New York	2009	Yankees de New York
2001	Diamondbacks de l'Arizona	2010	Giants de San Francisco
2002	Angels de Los Angeles d'Anaheim	2011	Cardinals de Saint-Louis
2003	Marlins de la Floride	2012	Giants de San Francisco
2004	Red Sox de Boston	2013	Red Sox de Boston
2005	White Sox de Chicago	2014	Giants de San Francisco
2006	Cardinals de Saint-Louis	2015	Royals de Kansas City
2007	Red Sox de Boston		

SPORTS • BASKET-BALL • CHAMPIONS DE LA NBA

SAISON	CHAMPIONS	SAISON	CHAMPIONS
1950	Lakers de Minneapolis	1974	Celtics de Boston
1951	Royals de Rochester	1975	Warriors de Golden State
1952	Lakers de Minneapolis	1976	Celtics de Boston
1953	Lakers de Minneapolis	1977	Trail Blazers de Portland
1954	Lakers de Minneapolis	1978	Bullets de Washington
1955	Nationals de Syracuse	1979	Supersonics de Seattle
1956	Warriors de Philadelphie	1980	Lakers de Los Angeles
1957	Celtics de Boston	1981	Celtics de Boston
1958	Hawks de Saint-Louis	1982	Lakers de Los Angeles
1959	Celtics de Boston	1983	76ers de Philadelphie
1960	Celtics de Boston	1984	Celtics de Boston
1961	Celtics de Boston	1985	Lakers de Los Angeles
1962	Celtics de Boston	1986	Celtics de Boston
1963	Celtics de Boston	1987	Lakers de Los Angeles
1964	Celtics de Boston	1988	Lakers de Los Angeles
1965	Celtics de Boston	1989	Pistons de Détroit
1966	Celtics de Boston	1990	Pistons de Détroit
1967	76ers de Philadelphie	1991	Bulls de Chicago
1968	Celtics de Boston	1992	Bulls de Chicago
1969	Celtics de Boston	1993	Bulls de Chicago
1970	Knicks de New York	1994	Rockets de Houston
1971	Bucks de Milwaukee	1995	Rockets de Houston
1972	Lakers de Los Angeles	1996	Bulls de Chicago
1973	Knicks de New York	1997	Bulls de Chicago

SPORTS • BASKET-BALL • CHAMPIONS DE LA NBA (SUITE)

SAISON	CHAMPIONS	SAISON	CHAMPIONS
1998	Bulls de Chicago	2008	Celtics de Boston
1999	Spurs de San Antonio	2009	Lakers de Los Angeles
2000	Lakers de Los Angeles	2010	Lakers de Los Angeles
2001	Lakers de Los Angeles	2011	Mavericks de Dallas
2002	Lakers de Los Angeles	2012	Heat de Miami
2003	Spurs de San Antonio	2013	Heat de Miami
2004	Pistons de Détroit	2014	Spurs de San Antonio
2005	Spurs de San Antonio	2015	Warriors de Golden State
2006	Heat de Miami	2016	Cavaliers de Cleveland
2007	Spurs de San Antonio		

SPORTS • BASKET-BALL • NATIONAL BASKETBALL ASSOCIATION (NBA)

CONFÉRENCE EST			
DIVISION	ÉQUIPE	VILLE	ÉTAT OU PROVINCE
Atlantique	76ers de Philadelphie	Philadelphie	Pennsylvanie
	Celtics de Boston	Boston	Massachusetts
	Knicks de New York	New York	New York
	Nets de Brooklyn	Brooklyn	New York
	Raptors de Toronto	Toronto	Ontario
Centrale	Pistons de Détroit	Détroit	Michigan
	Pacers de l'Indiana	Indianapolis	Indiana
	Cavaliers de Cleveland	Cleveland	Ohio
	Bulls de Chicago	Chicago	Michigan
	Bucks de Milwaukee	Milwaukee	Wisconsin
Sud-Est	Hawks d'Atlanta	Atlanta	Géorgie
	Heat de Miami	Miami	Floride
	Hornets de Charlotte	Charlotte	Caroline de Nord
	Magic d'Orlando	Orlando	Floride
	Wizards de Washington	Washington, DC	-
CONFÉRENCE OUEST			
DIVISION	ÉQUIPE	VILLE	ÉTAT OU PROVINCE
Nord-Ouest	Jazz de l'Utah	Salt Lake City	Utah
	Nuggets de Denver	Denver	Colorado
	Thunder d'Oklahoma City	Oklahoma City	Oklahoma
	Timberwolves du Minnesota	Minneapolis	Minnesota
	Trail Blazers de Portland	Portland	Oregon

SPORTS • BASKET-BALL • NATIONAL BASKETBALL ASSOCIATION (NBA) (SUITE)

DIVISION	ÉQUIPE	VILLE	ÉTAT OU PROVINCE
Pacifique	Clippers de Los Angeles	Los Angeles	Californie
	Kings de Sacramento	Sacramento	Californie
	Lakers de Los Angeles	Los Angeles	Californie
	Suns de Phoenix	Phoenix	Arizona
	Warriors de Golden State	Oakland	Californie
Sud-Ouest	Grizzlies de Memphis	Memphis	Tennessee
	Mavericks de Dallas	Dallas	Texas
	Pellicans de La Nouvelle-Orléans	La Nouvelle-Orléans	Louisiane
	Rockets de Houston	Houston	Texas
	Spurs de San Antonio	San Antonio	Texas

SPORTS • BASKET-BALL • POSITIONS

Ailier fort	Arrière	Meneur	Petit ailier	Pivot

SPORTS • FOOTBALL AMÉRICAIN • GAGNANTS DU SUPER BOWL (NFL)

SAISON	VAINQUEUR	SAISON	VAINQUEUR
1966	NFL Packers de Green Bay	1981	NFC 49ers de San Francisco
1967	NFL Packers de Green Bay	1982	NFC Redskins de Washington
1968	AFL Jets de New York	1983	AFC Raiders d'Oakland
1969	AFL Chiefs de Kansas City	1984	NFC 49ers de San Francisco
1970	AFC Colts de Baltimore	1985	NFC Bears de Chicago
1971	NFC Cowboys de Dallas	1986	NFC Giants de New York
1972	AFC Dolphins de Miami	1987	NFC Redskins de Washington
1973	AFC Dolphins de Miami	1988	NFC 49ers de San Francisco
1974	AFC Steelers de Pittsburgh	1989	NFC 49ers de San Francisco
1975	AFC Steelers de Pittsburgh	1990	NFC Giants de New York
1971	NFC Cowboys de Dallas	1991	NFC Redskins de Washington
1972	AFC Dolphins de Miami	1992	NFC Cowboys de Dallas
1973	AFC Dolphins de Miami	1993	NFC Cowboys de Dallas
1974	AFC Steelers de Pittsburgh	1994	NFC 49ers de San Francisco
1975	AFC Steelers de Pittsburgh	1995	NFC Cowboys de Dallas
1976	AFC Raiders d'Oakland	1996	NFC Packers de Green Bay
1977	NFC Cowboys de Dallas	1997	AFC Broncos de Denver
1978	AFC Steelers de Pittsburgh	1998	AFC Broncos de Denver
1979	AFC Steelers de Pittsburgh	1999	NFC Rams de Saint-Louis
1980	AFC Raiders d'Oakland	2000	AFC Ravens de Baltimore

SAISON	VAINQUEUR	SAISON	VAINQUEUR
2001	AFC Patriots de la Nouvelle-Angleterre	2009	NFC Saints de la Nouvelle-Orléans
2002	NFC Buccaneers de Tampa Bay	2010	NFC Packers de Green Bay
2003	AFC Patriots de la Nouvelle-Angleterre	2011	NFC Giants de New York
2004	AFC Patriots de la Nouvelle-Angleterre	2012	AFC Ravens de Baltimore
2005	AFC Steelers de Pittsburgh	2013	NFC Seahawks de Seattle
2006	AFC Colts d'Indianapolis	2014	AFC Patriots de la Nouvelle-Angleterre
2007	NFC Giants de New York	2015	AFC Broncos de Denver
2008	AFC Steelers de Pittsburgh		

SPORTS • FOOTBALL AMÉRICAIN • LIGUE NATIONALE DE FOOTBALL (NFL)

AMERICAN FOOTBALL CONFERENCE (AFC)			
DIVISION	ÉQUIPE	VILLE	ÉTAT
Est	Bills de Buffalo	Buffalo	New York
	Dolphins de Miami	Miami	Floride
	Patriots de la Nouvelle-Angleterre	Foxborough	Massachusetts
	Jets de New York	East Rutherford	New Jersey
Nord	Ravens de Baltimore	Baltimore	Maryland
	Bengals de Cincinnati	Cincinnati	Ohio
	Browns de Cleveland	Cleveland	Ohio
	Steelers de Pittsburgh	Pittsburgh	Pennsylvanie
Ouest	Broncos de Denver	Denver	Colorado
	Chiefs de Kansas City	Kansas City	Missouri
	Raiders d'Oakland	Oakland	Californie
	Chargers de San Diego	San Diego	Californie
Sud	Texans de Houston	Houston	Texas
	Colts d'Indianapolis	Indianapolis	Indiana
	Jaguars de Jacksonville	Jacksonville	Floride
	Titans du Tennessee	Nashville	Tennessee
NATIONAL FOOTBALL CONFERENCE (NFC)			
DIVISION	ÉQUIPE	VILLE	ÉTAT
Est	Cowboys de Dallas	Arlington	Texas
	Giants de New York	East Rutherford	New Jersey
	Eagles de Philadelphie	Philadelphie	Pennsylvanie
	Redskins de Washington	Washington	District de Columbia

NATIONAL FOOTBALL CONFERENCE (NFC)			
DIVISION	ÉQUIPE	VILLE	ÉTAT
Nord	Bears de Chicago	Chicago	Illinois
	Lions de Détroit	Détroit	Michigan
	Packers de Green Bay	Green Bay	Wisconsin
	Vikings du Minnesota	Minneapolis	Minnesota
Ouest	Cardinals de l'Arizona	Glendale	Arizona
	Rams de Saint-Louis	Saint-Louis	Missouri
	49ers de San Francisco	Santa Clara	Californie
	Seahawks de Seattle	Seattle	Washington
Sud	Falcons d'Atlanta	Atlanta	Géorgie
	Panthers de la Caroline	Charlotte	Caroline du Nord
	Saints de La Nouvelle-Orléans	La Nouvelle-Orléans	Louisiane
	Buccaneers de Tampa Bay	Tampa	Floride

SPORTS · FOOTBALL AMÉRICAIN · POSITIONS

ESCOUADE DÉFENSIVE		
Cornerback	Defensive tackle	Safety
Defensive end	Linebacker	
ESCOUADE OFFENSIVE		
Centre	Quarterback	Wide receiver
Offensive guard	Running back	
Offensive tackle	Tight end	
ESCOUADE SPÉCIALE		
Gunner	Kicker	Punter
Holder	Long snapper	
Kick returner	Punt returner	

SPORTS · FOOTBALL CANADIEN · COUPE GREY

SAISON	CHAMPIONS	SAISON	CHAMPIONS
1954	Eskimos d'Edmonton	1961	Blue Bombers de Winnipeg
1955	Eskimos d'Edmonton	1962	Blue Bombers de Winnipeg
1956	Eskimos d'Edmonton	1963	Tiger-Cats de Hamilton
1957	Tiger-Cats de Hamilton	1964	Lions de la Colombie-Britanique
1958	Blue Bombers de Winnipeg	1965	Tiger-Cats de Hamilton
1959	Blue Bombers de Winnipeg	1966	Roughriders de la Saskatchewan
1960	Rough Riders d'Ottawa	1967	Tiger-Cats de Hamilton

SPORTS • FOOTBALL CANADIEN • COUPE GREY (SUITE)

SAISON	CHAMPIONS	SAISON	CHAMPIONS
1968	Rough Riders d'Ottawa	1992	Stampeders de Calgary
1969	Rough Riders d'Ottawa	1993	Eskimos d'Edmonton
1970	Alouettes de Montréal	1994	Lions de la Colombie-Britannique
1971	Stampeders de Calgary	1995	Stallions de Baltimore
1972	Tiger-Cats de Hamilton	1996	Argonauts de Toronto
1973	Rough Riders d'Ottawa	1997	Argonauts de Toronto
1974	Alouettes de Montréal	1998	Stampeders de Calgary
1975	Eskimos d'Edmonton	1999	Tiger-Cats de Hamilton
1976	Rough Riders d'Ottawa	2000	Lions de la Colombie-Britannique
1977	Alouettes de Montréal	2001	Stampeders de Calgary
1978	Eskimos d'Edmonton	2002	Alouettes de Montréal
1979	Eskimos d'Edmonton	2003	Eskimos d'Edmonton
1980	Eskimos d'Edmonton	2004	Argonauts de Toronto
1981	Eskimos d'Edmonton	2005	Eskimos d'Edmonton
1982	Eskimos d'Edmonton	2006	Lions de la Colombie-Britannique
1983	Argonauts de Toronto	2007	Roughriders de la Saskatchewan
1984	Blue Bombers de Winnipeg	2008	Stampeders de Calgary
1985	Lions de la Colombie-Britannique	2009	Alouettes de Montréal
1986	Tiger-Cats de Hamilton	2010	Alouettes de Montréal
1987	Eskimos d'Edmonton	2011	Lions de la Colombie-Britannique
1988	Blue Bombers de Winnipeg	2012	Argonauts de Toronto
1989	Roughriders de la Saskatchewan	2013	Roughriders de la Saskatchewan
1990	Blue Bombers de Winnipeg	2014	Stampeders de Calgary
1991	Argonauts de Toronto	2015	Eskimos d'Edmonton

SPORTS • FOOTBALL CANADIEN • LIGUE CANADIENNE DE FOOTBALL (LCF)

DIVISION	ÉQUIPE	VILLE	PROVINCE
Est	Alouettes de Montréal	Montréal	Québec
	Argonauts de Toronto	Toronto	Ontario
	Rouge et Noir d'Ottawa	Ottawa	Ontario
	Tiger-Cats de Hamilton	Hamilton	Ontario
Ouest	Blue Bombers de Winnipeg	Winnipeg	Manitoba
	Eskimos d'Edmonton	Edmonton	Alberta
	Lions de la Colombie-Britannique	Vancouver	Colombie-Britannique
	Roughriders de la Saskatchewan	Regina	Saskatchewan
	Stampeders de Calgary	Calgary	Alberta

SPORTS · FOOTBALL CANADIEN · POSITIONS

ATTAQUE	
Bloqueur	Demi offensif
Centre	Garde
Centre arrière	Quart-arrière
Demi inséré	Receveur éloigné
DÉFENSE	
Ailier défensif	Maraudeur
Demi de coin	Plaqueur défensif
Demi défensif	Secondeur

SPORTS · GOLF · GRAND CHELEM DEPUIS 1980

ANNÉE	THE MASTERS	OPEN AMÉRICAIN	OPEN BRITANNIQUE	CHAMPIONNAT DE LA PGA
1980	Seve Ballesteros	Jack Nicklaus	Tom Watson	Jack Nicklaus
1981	Tom Watson	David Graham	Bill Rogers	Larry Nelson
1982	Craig Stadler	Tom Watson	Tom Watson	Ray Floyd
1983	Seve Ballesteros	Larry Nelson	Tom Watson	Hal Sutton
1984	Ben Crenshaw	Fuzzy Zoeller	Seve Ballesteros	Lee Trevino
1985	Bernhard Langer	Andy North	Sandy Lyle	Hubert Green
1986	Jack Nicklaus	Ray Floyd	Greg Norman	Bob Tway
1987	Larry Mize	Scott Simpson	Nick Faldo	Larry Nelson
1988	Sandy Lyle	Curtis Strange	Seve Ballesteros	Jeff Sluman
1989	Nick Faldo	Curtis Strange	Mark Calcavecchia	Payne Stewart
1990	Nick Faldo	Hale Irwin	Nick Faldo	Wayne Grady
1991	Ian Woosnam	Payne Stewart	Ian Baker-Finch	John Daly
1992	Fred Couples	Tom Kite	Nick Faldo	Nick Price
1993	Bernhard Langer	Lee Janzen	Greg Norman	Paul Azinger
1994	José Maria Olazábal	Ernie Els	Nick Price	Nick Price
1995	Ben Crenshaw	Corey Pavin	John Daly	Steve Elkington
1996	Nick Faldo	Steve Jones	Tom Lehman	Mark Brooks
1997	Tiger Woods	Ernie Els	Justin Leonard	Davis Love III
1998	Mark O'Meara	Lee Janzen	Mark O'Meara	Vijay Singh
1999	José Maria Olazábal	Payne Stewart	Paul Lawrie	Tiger Woods
2000	Vijay Singh	Tiger Woods	Tiger Woods	Tiger Woods
2001	Tiger Woods	Retief Goosen	David Duval	David Toms
2002	Tiger Woods	Tiger Woods	Ernie Els	Rich Beem

SPORTS · GOLF · GRAND CHELEM DEPUIS 1980 (SUITE)

ANNÉE	THE MASTERS	OPEN AMÉRICAIN	OPEN BRITANNIQUE	CHAMPIONNAT DE LA PGA
2003	Mike Weir	Jim Furyk	Ben Curtis	Shaun Micheel
2004	Phil Mickelson	Retief Goosen	Todd Hamilton	Vijay Singh
2005	Tiger Woods	Michael Campbell	Tiger Woods	Phil Mickelson
2006	Phil Mickelson	Geoff Ogilvy	Tiger Woods	Tiger Woods
2007	Zach Johnson	Ángel Cabrera	Padraig Harrington	Tiger Woods
2008	Trevor Immelman	Tiger Woods	Padraig Harrington	Padraig Harrington
2009	Ángel Cabrera	Lucas Glover	Stewart Cink	Yong-Eun Yang
2010	Phil Mickelson	Graeme McDowell	Louis Oosthuizen	Martin Kaymer
2011	Charl Schwartzel	Rory McIlroy	Darren Clarke	Keegan Bradley
2012	Bubba Watson	Webb Simpson	Ernie Els	Rory McIlroy
2013	Adam Scott	Justin Rose	Phil Mickelson	Jason Dufner
2014	Bubba Watson	Martin Kaymer	Rory McIlroy	Rory McIlroy
2015	Jordan Spieth	Jordan Spieth	Zach Johnson	Jason Day
2016	Dany Willett	Dustin Johnson	Henrik Stenson	Jimmy Walker

SPORTS · HOCKEY · COUPE STANLEY

ANNÉE	CHAMPION	ANNÉE	CHAMPION
1918	Arenas de Toronto	1936	Red Wings de Détroit
1919	-	1937	Red Wings de Détroit
1920	Sénateurs d'Ottawa	1938	Black Hawks de Chicago
1921	Sénateurs d'Ottawa	1939	Bruins de Boston
1922	St. Patricks de Toronto	1940	Rangers de New York
1923	Sénateurs d'Ottawa	1941	Bruins de Boston
1924	Canadiens de Montréal	1942	Maple Leafs de Toronto
1925	Cougars de Victoria (WCHL)	1943	Red Wings de Détroit
1926	Maroons de Montréal	1944	Canadiens de Montréal
1927	Sénateurs d'Ottawa	1945	Maple Leafs de Toronto
1928	Rangers de New York	1946	Canadiens de Montréal
1929	Bruins de Boston	1947	Maple Leafs de Toronto
1930	Canadiens de Montréal	1948	Maple Leafs de Toronto
1931	Canadiens de Montréal	1949	Maple Leafs de Toronto
1932	Maple Leafs de Toronto	1950	Red Wings de Détroit
1933	Rangers de New York	1951	Maple Leafs de Toronto
1934	Black Hawks de Chicago	1952	Red Wings de Détroit
1935	Maroons de Montréal	1953	Canadiens de Montréal

SPORTS • HOCKEY • COUPE STANLEY (SUITE)

ANNÉE	CHAMPION	ANNÉE	CHAMPION
1954	Red Wings de Détroit	1986	Canadiens de Montréal
1955	Red Wings de Détroit	1987	Oilers d'Edmonton
1956	Canadiens de Montréal	1988	Oilers d'Edmonton
1957	Canadiens de Montréal	1989	Flames de Calgary
1958	Canadiens de Montréal	1990	Oilers d'Edmonton
1959	Canadiens de Montréal	1991	Penguins de Pittsburgh
1960	Canadiens de Montréal	1992	Penguins de Pittsburgh
1961	Black Hawks de Chicago	1993	Canadiens de Montréal
1962	Maple Leafs de Toronto	1994	Rangers de New York
1963	Maple Leafs de Toronto	1995	Devils du New Jersey
1964	Maple Leafs de Toronto	1996	Avalanche du Colorado
1965	Canadiens de Montréal	1997	Red Wings de Détroit
1966	Canadiens de Montréal	1998	Red Wings de Détroit
1967	Maple Leafs de Toronto	1999	Stars de Dallas
1968	Canadiens de Montréal	2000	Devils du New Jersey
1969	Canadiens de Montréal	2001	Avalanche du Colorado
1970	Bruins de Boston	2002	Red Wings de Détroit
1971	Canadiens de Montréal	2003	Devils du New Jersey
1972	Bruins de Boston	2004	Lightning de Tampa Bay
1973	Canadiens de Montréal	2005	Saison annulée
1974	Flyers de Philadelphie	2006	Hurricanes de la Caroline
1975	Flyers de Philadelphie	2007	Ducks d'Anaheim
1976	Canadiens de Montréal	2008	Red Wings de Détroit
1977	Canadiens de Montréal	2009	Penguins de Pittsburgh
1978	Canadiens de Montréal	2010	Blackhawks de Chicago
1979	Canadiens de Montréal	2011	Bruins de Boston
1980	Islanders de New York	2012	Kings de Los Angeles
1981	Islanders de New York	2013	Blackhawks de Chicago
1982	Islanders de New York	2014	Kings de Los Angeles
1983	Islanders de New York	2015	Blackhawks de Chicago
1984	Oilers d'Edmonton	2016	Penguins de Pittsburgh
1985	Oilers d'Edmonton		

50 BUTS EN 50 MATCHS

SAISON	NOM	SAISON	NOM
1944-45	Maurice Richard	1984-85	Wayne Gretzk
1980-81	Mike Bossy	1988-89	Mario Lemieux
1981-82	Wayne Gretzky	1990-91	Brett Hull
1983-84	Wayne Gretzky	1991-92	Brett Hull

LE PLUS DE POINTS (EN SAISON RÉGULIÈRE)

RANG	NOM	POINTS	RANG	NOM	POINTS
1	Wayne Gretzky	2857	6	Marcel Dionne	1771
2	Mark Messier	1887	7	Steve Yzerman	1755
3	Jaromir Jagr	1868	8	Mario Lemieux	1723
4	Gordie Howe	1850	9	Joe Sakic	1641
5	Ron Francis	1798	10	Phil Esposito	1590

LE PLUS DE BUTS (EN SAISON RÉGULIÈRE)

RANG	NOM	BUTS	RANG	NOM	BUTS
1	Wayne Gretzky	894	6	Phil Esposito	717
2	Gordie Howe	801	7	Mike Gartner	708
3	Jaromir Jagr	749	8	Mark Messier	694
4	Brett Hull	741	9	Steve Yzerman	692
5	Marcel Dionne	731	10	Mario Lemieux	690

LE PLUS DE PASSES (EN SAISON RÉGULIÈRE)

RANG	NOM	PASSES	RANG	NOM	PASSES
1	Wayne Gretzky	1963	6	Jaromir Jagr	1119
2	Ron Francis	1249	7	Adam Oates	1079
3	Mark Messier	1193	8	Steve Yzerman	1063
4	Raymond Bourque	1169	9	Gordie Howe	1049
5	Paul Coffey	1135	10	Marcel Dionne	1040

LE PLUS DE PARTIES JOUÉES

RANG	NOM	PARTIES JOUÉES	RANG	NOM	PARTIES JOUÉES
1	Gordie Howe	1767	6	Dave Andreychuk	1639
2	Mark Messier	1756	7	Scott Stevens	1635
3	Ron Francis	1731	8	Jaromir Jagr	1629
4	Mark Recchi	1652	9	Larry Murphy	1615
5	Chris Chelios	1651	10	Raymond Bourque	1612

LE PLUS DE MINUTES DE PÉNALITÉ

RANG	NOM	MINUTES DE PÉNALITÉ	RANG	NOM	MINUTES DE PÉNALITÉ
1	Tiger Williams	3966	6	Rob Ray	3207
2	Dale Hunter	3565	7	Craig Berube	3149
3	Tie Domi	3515	8	Tim Hunter	3146
4	Marty McSorley	3381	9	Chris Nilan	3043
5	Bob Probert	3300	10	Rick Tocchet	2972

GARDIENS AVEC LE PLUS DE VICTOIRES

RANG	NOM	VICTOIRES	RANG	NOM	VICTOIRE
1	Martin Brodeur	691	6	Jacques Plante	437
2	Patrick Roy	551	7	Roberto Luongo	436
3	Ed Belfour	484	8	Tony Esposito	423
4	Curtis Joseph	454	9	Glenn Hall	407
5	Terry Sawchuk	447	10	Grant Fuhr	403

GARDIENS AVEC LE PLUS DE BLANCHISSAGES

RANG	NOM	BLANCHISSAGES	RANG	NOM	BLANCHISSAGES
1	Martin Brodeur	125	6	Tiny Thompson	81
2	Terry Sawchuk	103	6	Alex Connell	81
3	George Hainsworth	94	6	Dominik Hašek	81
4	Glenn Hall	84	9	Tony Esposito	76
5	Jacques Plante	82	9	Ed Belfour	76

GARDIENS AVEC LES MEILLEURS MOYENNES DE BUTS ALLOUÉS

RANG	NOM	MOYENNE	RANG	NOM	MOYENNE
1	Alex Connell	1,91	6	Dave Kerr	2,15
2	George Hainsworth	1,93	7	Dominik Hašek	2,2
3	Charlie Gardiner	2,02	8	Martin Brodeur	2,23
4	Lorne Chabot	2,04	9	Ken Dryden	2,24
5	Tiny Thompson	2,08	10	Henrik Lundqvist	2,26

SPORTS · HOCKEY · LIGUE NATIONALE DE HOCKEY (LNH)

ASSOCIATION DE L'EST			
DIVISION	ÉQUIPE	VILLE	ÉTAT OU PROVINCE
Atlantique	Bruins de Boston	Boston	Massachusetts
	Canadiens de Montréal	Montréal	Québec
	Lightning de Tampa Bay	Tampa	Floride
	Maple Leafs de Toronto	Toronto	Ontario
	Panthers de la Floride	Sunrise	Floride
	Red Wings de Détroit	Détroit	Michigan
	Sabres de Buffalo	Buffalo	New York
	Sénateurs d'Ottawa	Ottawa	Ontario
Métropolitaine	Blue Jackets de Columbus	Columbus	Ohio
	Capitals de Washington	Washington	District de Columbia
	Devils du New Jersey	Newark	New Jersey
	Flyers de Philadelphie	Philadelphie	Pennsylvanie
	Hurricanes de la Caroline	Raleigh	Caroline du Nord
	Islanders de New York	Uniondale	New York
	Penguins de Pittsburgh	Pittsburgh	Pennsylvanie
	Rangers de New York	New York	New York

ASSOCIATION DE L'OUEST			
DIVISION	ÉQUIPE	VILLE	ÉTAT OU PROVINCE
Centrale	Avalanche du Colorado	Denver	Colorado
	Blackhawks de Chicago	Chicago	Illinois
	Blues de Saint-Louis	Saint-Louis	Missouri
	Jets de Winnipeg	Winnipeg	Manitoba
	Predators de Nashville	Nashville	Tennessee
	Stars de Dallas	Dallas	Texas
	Wild du Minnesota	Saint Paul	Minnesota
Pacifique	Canucks de Vancouver	Vancouver	Colombie-Britannique
	Coyotes de Phoenix	Glendale	Arizona
	Ducks d'Anaheim	Anaheim	Californie
	Flames de Calgary	Calgary	Alberta
	Kings de Los Angeles	Los Angeles	Californie
	Oilers d'Edmonton	Edmonton	Alberta
	Sharks de San José	San José	Californie

SPORTS · HOCKEY · POSITIONS

Attaquant	Centre	Défenseur	Gardien de but

SPORTS · HOCKEY · TABLEAU D'HONNEUR DE LA COUPE STANLEY

NOMBRE	ÉQUIPE	NOMBRE	ÉQUIPE
24	Canadiens de Montréal	3	Devils du New Jersey
11	Red Wings de Détroit	2	Avalanche du Colorado
6	Blackhawks de Chicago		Flyers de Philadelphie
	Bruins de Boston		Kings de Los Angeles
5	Oilers d'Edmonton	1	Ducks d'Anaheim
4	Islanders de New York		Flames de Calgary
	Penguins de Pittsburgh		Hurricanes de la Caroline
	Rangers de New York		Stars de Dallas

SPORTS · HOCKEY · TROPHÉE HART

ANNÉE	JOUEUR	ÉQUIPE	ANNÉE	JOUEUR	ÉQUIPE
1924	Frank Nighbor	Sénateurs d'Ottawa	1939	Toe Blake	Canadiens de Montréal
1925	Billy Burch	Tigers de Hamilton	1940	Ebbie Goodfellow	Red Wings de Détroit
1926	Nels Stewart	Maroons de Montréal	1941	Bill Cowley	Bruins de Boston
1927	Herb Gardiner	Canadiens de Montréal	1942	Tommy Anderson	Americans de Brooklyn
1928	Howie Morenz	Canadiens de Montréal	1943	Bill Cowley	Bruins de Boston
1929	Roy Worters	Americans de New York	1944	Babe Pratt	Maple Leafs de Toronto
1930	Nels Stewart	Maroons de Montréal	1945	Elmer Lach	Canadiens de Montréal
1931	Howie Morenz	Canadiens de Montréal	1946	Max Bentley	Blackhawks de Chicago
1932	Howie Morenz	Canadiens de Montréal	1947	Maurice Richard	Canadiens de Montréal
1933	Eddie Shore	Bruins de Boston	1948	Buddy O'Connor	Rangers de New York
1934	Aurèle Joliat	Canadiens de Montréal	1949	Sid Abel	Red Wings de Détroit
1935	Eddie Shore	Bruins de Boston	1950	Charlie Rayner	Rangers de New York
1936	Eddie Shore	Bruins de Boston	1951	Milt Schmidt	Bruins de Boston
1937	Babe Siebert	Canadiens de Montréal	1952	Gordie Howe	Red Wings de Détroit
1938	Eddie Shore	Bruins de Boston	1953	Gordie Howe	Red Wings de Détroit

SPORTS • HOCKEY • TROPHÉE HART (SUITE)

ANNÉE	JOUEUR	ÉQUIPE	ANNÉE	JOUEUR	ÉQUIPE
1954	Al Rollins	Red Wings de Détroit	1976	Bobby Clarke	Flyers de Philadelphie
1955	Ted Kennedy	Blackhawks de Chicago	1977	Guy Lafleur	Canadiens de Montréal
1956	Jean Béliveau	Maple Leafs de Toronto	1978	Guy Lafleur	Canadiens de Montréal
1957	Gordie Howe	Canadiens de Montréal	1979	Bryan Trottier	Islanders de New York
1958	Gordie Howe	Red Wings de Détroit	1980	Wayne Gretzky	Oilers d'Edmonton
1959	Andy Bathgate	Red Wings de Détroit	1981	Wayne Gretzky	Oilers d'Edmonton
1960	Gordie Howe	Rangers de New York	1982	Wayne Gretzky	Oilers d'Edmonton
1961	Bernie Geoffrion	Red Wings de Détroit	1983	Wayne Gretzky	Oilers d'Edmonton
1962	Jacques Plante	Canadiens de Montréal	1984	Wayne Gretzky	Oilers d'Edmonton
1963	Gordie Howe	Canadiens de Montréal	1985	Wayne Gretzky	Oilers d'Edmonton
1964	Jean Béliveau	Red Wings de Détroit	1986	Wayne Gretzky	Oilers d'Edmonton
1965	Bobby Hull	Canadiens de Montréal	1987	Wayne Gretzky	Oilers d'Edmonton
1966	Bobby Hull	Blackhawks de Chicago	1988	Mario Lemieux	Penguins de Pittsburgh
1967	Stan Mikita	Blackhawks de Chicago	1989	Wayne Gretzky	Kings de Los Angeles
1968	Stan Mikita	Blackhawks de Chicago	1990	Mark Messier	Oilers d'Edmonton
1969	Phil Esposito	Blackhawks de Chicago	1991	Brett Hull	Blues de Saint-Louis
1970	Bobby Orr	Bruins de Boston	1992	Mark Messier	Rangers de New York
1971	Bobby Orr	Bruins de Boston	1993	Mario Lemieux	Penguins de Pittsburgh
1972	Bobby Orr	Bruins de Boston	1994	Sergueï Fiodorov	Red Wings de Détroit
1973	Bobby Clarke	Bruins de Boston	1995	Eric Lindros	Flyers de Philadelphie
1974	Phil Esposito	Bruins de Boston	1996	Mario Lemieux	Penguins de Pittsburgh
1975	Bobby Clarke	Flyers de Philadelphie	1997	Dominik Hašek	Sabres de Buffalo

SPORTS • HOCKEY • TROPHÉE HART (SUITE)

ANNÉE	JOUEUR	ÉQUIPE	ANNÉE	JOUEUR	ÉQUIPE
1998	Dominik Hašek	Sabres de Buffalo	2009	Aleksandr Ovetchkine	Capitals de Washington
1999	Jaromír Jágr	Penguins de Pittsburgh	2010	Henrik Sedin	Canucks de Vancouver
2000	Chris Pronger	Blues de Saint-Louis	2011	Corey Perry	Ducks d'Anaheim
2001	Joe Sakic	Avalanche du Colorado	2012	Ievgueni Malkine	Penguins de Pittsburgh
2002	José Théodore	Canadiens de Montréal	2013	Aleksandr Ovetchkine	Capitals de Washington
2003	Peter Forsberg	Avalanche du Colorado	2014	Sidney Crosby	Penguins de Pittsburgh
2004	Martin St-Louis	Lightning de Tampa Bay	2015	Carey Price	Canadiens de Montréal
2005	Saison annulée		2016	Patrick Kane	Blackhawks de Chicago
2008	Aleksandr Ovetchkine	Capitals de Washington			

SPORTS • SOCCER • COUPE DU MONDE

ANNÉE	PAYS ORGANISATEUR	PAYS GAGNANT	ANNÉE	PAYS ORGANISATEUR	PAYS GAGNANT
1930	Uruguay	Uruguay	1982	Espagne	Italie
1934	Italie	Italie	1986	Mexique	Argentine
1938	France	Italie	1990	Italie	Allemagne de l'Ouest
1950	Brésil	Uruguay	1994	États-Unis	Brésil
1954	Suisse	Allemagne de l'Ouest	1998	France	France
1958	Suède	Brésil	2002	Corée du Sud et Japon	Brésil
1962	Chili	Brésil	2006	Allemagne	Italie
1966	Angleterre	Angleterre	2010	Afrique du Sud	Espagne
1970	Mexique	Brésil	2014	Brésil	Allemagne
1974	Allemagne de l'Ouest	Allemagne de l'Ouest	2018	Russie	-
1978	Argentine	Argentine	2022	Qatar	-

SPORTS • SOCCER • POSITIONS

Attaquant	Défenseur	Gardien de but	Milieu de terrain

SUISSE • CANTONS

CANTON	CHEF-LIEU	CANTON	CHEF-LIEU
Appenzell Rhodes-Extérieures	Herisau	**Nidwald**	Stans
Appenzell Rhodes-Intérieures	Appenzell	**Obwald**	Sarnen
Argovie	Aarau	**Saint-Gall**	Saint-Gall
Bâle-Ville	Bâle	**Schaffhouse**	Schaffhouse
Bâle-Campagne	Liestal	**Schwyz**	Schwyz
Berne	Berne	**Soleure**	Soleure
Fribourg	Fribourg	**Tessin**	Bellinzone
Genève	Genève	**Thurgovie**	Frauenfeld
Glaris	Glaris	**Uri**	Altdorf
Grisons	Coire	**Valais**	Sion
Jura	Delémont	**Vaud**	Lausanne
Lucerne	Lucerne	**Zoug**	Zoug
Neuchâtel	Neuchâtel	**Zurich**	Zurich

SYMBOLIQUE • ANNIVERSAIRES DE MARIAGE

ANNIVERSAIRE	TRADITIONNEL	MODERNE
1 an	Papier	Horloges
2 ans	Coton	Porcelaine
3 ans	Cuir	Cristal, verrerie
4 ans	Fruits, fleurs	Accessoires ménagers
5 ans	Bois	Argenterie
6 ans	Fer	Bois
7 ans	Laine, cuivre	Parures de bureau
8 ans	Bronze, poterie	Toile, dentelle
9 ans	Poterie, osier	Cuir
10 ans	Fer-blanc, aluminium	Bijoux avec diamant
11 ans	Acier	Bijoux modernes
12 ans	Soie, toile	Perles
13 ans	Dentelle	Tissu, fourrures
14 ans	Ivoire	Bijoux en or
15 ans	Cristal	Montres
20 ans	Porcelaine	Platine
25 ans	Argent	Argent
30 ans	Perle	Diamant
35 ans	Corail	Jade

SYMBOLIQUE • ANNIVERSAIRES DE MARIAGE (SUITE)

ANNIVERSAIRE	TRADITIONNEL	MODERNE
40 ans	Rubis	Rubis
45 ans	Saphir	Saphir
50 ans	Or	Or
55 ans	Émeraude	Émeraude
60 ans	Diamant	Diamant
75 ans	Diamant	Diamant

SYMBOLIQUE • FLEURS DE NAISSANCE

MOIS	FLEUR	MOIS	FLEUR
Janvier	Œillet	Juillet	Pied-d'alouette
Février	Violette	Août	Glaïeul
Mars	Jonquille	Septembre	Reine-marguerite
Avril	Pois de senteur	Octobre	Souci
Mai	Muguet	Novembre	Chrysanthème
Juin	Rose	Décembre	Narcisse

SYMBOLIQUE • PIERRES DE NAISSANCE

MOIS	PIERRE	MOIS	PIERRE
Janvier	Grenat	Juillet	Rubis
Février	Améthyste	Août	Péridot
Mars	Aigue-marine	Septembre	Saphir
Avril	Diamant	Octobre	Opale
Mai	Émeraude	Novembre	Topaze
Juin	Perle	Décembre	Turquoise

TÉLÉVISION • ARTIS ET MÉTROSTAR

ANNÉE	PERSONNALITÉ FÉMININE	PERSONNALITÉ MASCULINE	COMÉDIE ET HUMOUR	JEUNESSE
1986	Martine St-Clair	André-Philippe Gagnon	-	-
1987	Ginette Reno	Michel Louvain	-	-
1988	Ginette Reno	Michel Louvain	-	Marie Eykel
1989	Louise-Josée Mondoux	Jean-Luc Mongrain	Pauline Martin	Nathalie Simard

TÉLÉVISION • ARTIS ET MÉTROSTAR (SUITE)

ANNÉE	PERSONNALITÉ FÉMININE	PERSONNALITÉ MASCULINE	COMÉDIE ET HUMOUR	JEUNESSE
1990	Nathalie Gascon	Jean-Luc Mongrain	Pauline Martin	Marc-André Coallier
1991	Marina Orsini	Jean-Luc Mongrain	Marcel Béliveau	Marc-André Coallier
1992	Marina Orsini	Jean-Luc Mongrain	Pauline Martin	Marc-André Coallier
1993	Claire Lamarche	Jean-Luc Mongrain	Dominque Michel	Marc-André Coallier
1994	Pascale Bussières	Patrice L'Écuyer	André-Philippe Gagnon	Marc-André Coallier
1995	Sonia Benezra	Patrice L'Écuyer	Claude Meunier	Grégory Charles
1996	Dominique Michel	Patrice L'Écuyer	Claude Meunier	André Robitaille
1997	Christiane Charette	Patrice L'Écuyer	Claude Meunier	Hugo St-Cyr
1998	Sophie Lorain	Michel Côté	Patrice L'Écuyer	Hugo St-Cyr
1999	Rita Lafontaine	Serge Postigo	Guy A. Lepage	Hugo St-Cyr
2000	Rita Lafontaine	Patrice L'Écuyer	Guy A. Lepage	Hugo St-Cyr
2001	Sophie Lorain	Simon Durivage	Michel Barette	Hugo St-Cyr
2002	Sophie Lorain et Véronique Cloutier	Marc Labrèche	Michel Barette	François Chénier
2003	Sophie Lorain	Guy A. Lepage	Gildor Roy	Luck Mervil
2004	Sophie Thibault	Patrice L'Écuyer	Gildor Roy	Danielle Proulx
2005	Guylaine Tremblay	Rémy Girard	Martin Matte	Mariloup Wolfe
2006	Guylaine Tremblay	Rémy Girard	-	Guy Jodoin
2007	Guylaine Tremblay	Charles Lafortune	-	Mariloup Wolfe
2008	Guylaine Tremblay	Charles Lafortune	-	Claude Legault
2009	Guylaine Tremblay	Patrick Huard	-	Mariloup Wolfe
2010	Véronique Cloutier	Patrick Huard	-	Guy Jodoin
2011	Véronique Cloutier	Charles Lafortune	-	Yan England
2012	Véronique Cloutier	Guy A. Lepage	Anne Dorval et Daniel Brière	Yan England
2013	Guylaine Tremblay	Claude Legault	Anne Dorval et Daniel Brière	Yan England
2014	Guylaine Tremblay	Claude Legault	Anne Dorval et Martin Matte	Yan England
2015	Guylaine Tremblay	Claude Legault	Julie Le Breton et Martin Matte	Philippe Laprise
2016	Guylaine Tremblay	Martin Matte	Julie Le Breton et Martin Matte	Sarah-Jeanne Labrosse

TÉLÉROMAN ET TÉLÉSÉRIE

ANNÉE	PREMIER RÔLE FÉMININ	PREMIER RÔLE MASCULIN
1986	Nicole Leblanc	Jean Besré
1987	Andrée Boucher	Jacques Thisdale
1988	Andrée Boucher	Gilles Pelletier
1989	Andrée Boucher	Gilles Pelletier
1990	Angèle Coutu	Jacques Thisdale
1991	Marina Orsini	Roy Dupuis
1992	Marina Orsini	Roy Dupuis
1993	Macha Grenon	Jean Besré
1994	Pascale Bussières	Patrice L'Écuyer
1995	Macha Grenon	Patrice L'Écuyer
1996	Joëlle Morin	Francis Reddy

	TÉLÉSÉRIES		TÉLÉROMANS	
ANNÉE	RÔLE FÉMININ	RÔLE MASCULIN	RÔLE FÉMININ	RÔLE MASCULIN
1997	Sophie Lorain	Benoît Brière	Angèle Coutu	Serge Postigo
1998	Sophie Lorain	Luc Picard	Angèle Coutu	Claude Blanchard
1999	Francine Ruel	Luc Picard	Francine Ruel	Serge Postigo
2000	Francine Ruel	Michel Côté	Francine Ruel	Robert Brouillette
2001	Sophie Lorain	Luc Picard	Isabelle Brossard	Robert Brouillette
2002	Sophie Lorain	Benoît Langlais	Rita Lafontaine et Élise Guilbault	Patrick Labbé
2003	Sophie Lorain	Roy Dupuis	Élise Guilbault	Denis Bouchard
2004	Sophie Lorain	Pierre Lebeau	Guylaine Tremblay	Denis Bouchard
2005	Hélène Bourgeois-Leclerc	Rémy Girard	Guylaine Tremblay	Denis Bouchard
2006	Hélène Bourgeois-Leclerc	Rémy Girard et Luc Picard	Guylaine Tremblay	Denis Bouchard
2007	Hélène Bourgeois-Leclerc	Claude Legault	Guylaine Tremblay	Denis Bouchard
2008	Marie-Chantal Perron	Claude Legault	Guylaine Tremblay	Denis Bouchard
2009	Frédérick De Grandpré	Sophie Prégent	Guylaine Tremblay	Claude Legault
2010	Marina Orsini	Marc Messier	Anne Dorval	Denis Bouchard
2011	Hélène Florent	Claude Legault	Anne Dorval	Daniel Brière
2012	Hélène Florent	Denis Bouchard	Élise Guilbault	Germain Houde
2013	Hélène Florent	Claude Legault	Guylaine Tremblay	Guy Nadon
2014	Hélène Florent	Claude Legault	Guylaine Tremblay	Paul Doucet

TÉLÉVISION • ARTIS ET MÉTROSTAR (SUITE)

TÉLÉSÉRIES			TÉLÉROMANS	
ANNÉE	RÔLE FÉMININ	RÔLE MASCULIN	RÔLE FÉMININ	RÔLE MASCULIN
2015	Marina Orsini	Claude Legault	Guylaine Tremblay	Guy Nadon
2016	Marianne Fortier	Sylvain Marcel	Guylaine Tremblay	Guy Nadon

TÉLÉVISION • GÉMEAUX

SÉRIES DRAMATIQUES			
ANNÉE	MEILLEURE SÉRIE DRAMATIQUE	MEILLEUR PREMIER RÔLE FÉMININ	MEILLEUR PREMIER RÔLE MASCULIN
1987	Le temps d'une paix	Murielle Dutil	Marcel Sabourin
1988	Des dames de cœur	Markita Boies et Paule Baillargeon	Raymond Legault et Marc Messier
1989	Lance et compte : troisième saison	Marie Tifo	Michel Côté
1990	L'héritage	Marina Orsini	Raymond Bouchard
1991	Les filles de Caleb	Marina Orsini	Roy Dupuis
1992	Bombardier	Rita Lafontaine	Gilbert Sicotte
1993	Scoop II	Jacqueline Barrette	Jacques Godin
1994	Blanche	Marie-Renée Patry	Marc Béland
1995	Scoop IV	Andrée Lachapelle	Rémy Girard
1996	Omertà	Nicole Leblanc	Luc Picard
1997	Cher Olivier	Élise Guilbault	Benoît Brière
1998	Omertà II	Isabel Richer	Luc Picard
1999	Omertà III	Micheline Lanctôt	Michel Côté
2000	Chartrand et Simonne	Sophie Lorain	Luc Picard
2001	Fortier	Céline Bonnier	Luc Guérin
2002	La vie, la vie	Julie McClemens	Germain Houde
2003	Fortier	Céline Bonnier	Paul Doucet
2004	Grande Ourse	Geneviève Rioux	Luc Picard
2005	L'héritière de Grande Ourse	Fanny Mallette	Claude Legault
2006	Minuit, le soir	Sylvie Léonard	Claude Legault
2007	Minuit, le soir	Louise Forestier	Emmanuel Bilodeau
2008	Les Lavigueur, la vraie histoire	Laurence Lebœuf	Pierre Verville
2009	Les invincibles	Catherine Trudeau	Stéphane Crête
2010	Aveux	Laurence Lebœuf	Guy Nadon
2011	19-2	Maude Guérin	Réal Bossé

SÉRIES DRAMATIQUES

ANNÉE	MEILLEURE SÉRIE DRAMATIQUE	MEILLEUR PREMIER RÔLE FÉMININ	MEILLEUR PREMIER RÔLE MASCULIN
2012	*Apparences*	Myriam Leblanc	Alexis Martin
2013	*19-2*	Élise Guilbault	Claude Legault
2014	*Mensonges*	Fanny Malette	François Létourneau
2015	*19-2*	Macha Grenon	Claude Legault

TÉLÉROMANS

ANNÉE	MEILLEUR TÉLÉROMAN	MEILLEUR PREMIER RÔLE FÉMININ	MEILLEUR PREMIER RÔLE MASCULIN
1991	*Jamais deux sans toi*	Angèle Coutu	Jean Besré
1992	*Jamais deux sans toi*	Angèle Coutu	Jean Besré
1993	*Cormoran*	Angèle Coutu	Jean Besré
1994	*Cormoran*	Louise Portal	Jean-Louis Millelle
1995	*Montréal P.Q.*	Hélène Loiselle	Guy Provost
1996	*Sous un ciel variable*	Louise Portal	Michel Forget
1997	*4 et demi...*	Dominique Pétin	Guy Provost
1998	*Sous le signe du lion*	Danielle Proulx	Jacques Godin
1999	*4 et demi...*	Rita Lafontaine	Gilbert Sicotte
2000	*4 et demi...*	Rita Lafontaine	Alain Zouvi
2001	*4 et demi...*	Marie-Thérèse Fortin	Jacques Godin
2002	*Le monde de Charlotte*	Marie-Thérèse Fortin	Henri Chassé
2003	*Le monde de Charlotte*		
2004	*Annie et ses hommes*	Guylaine Tremblay	Denis Bouchard
2005	*Annie et ses hommes*	Guylaine Tremblay	Denis Bouchard
2006	*Annie et ses hommes*	Marie-Thérèse Fortin	Denis Bouchard
2007	*Annie et ses hommes*	Monique Mercure	Denis Bouchard
2008	*Annie et ses hommes*	Guylaine Tremblay	Sébastien Delorme
2009	*Providence*	Monique Mercure	Denis Bouchard
2010	*Providence*	Élise Guilbault	Normand D'Amour
2011	*Yamaska*	Marie-Chantal Perron	Normand D'Amour
2012	*Providence*	Évelyne Brochu	Guy Nadon
2013	*O'*	Marie-Thérèse Fortin	Guy Nadon
2014	*O'*	Marie-Thérèse Fortin	Guy Nadon
2015	*Unité 9*	Sophie Lorain	Guy Nadon

TÉLÉVISION · GÉMEAUX (SUITE)

COMÉDIES			
ANNÉE	MEILLEURE COMÉDIE	MEILLEUR PREMIER RÔLE FÉMININ	MEILLEUR PREMIER RÔLE MASCULIN
2001	Un gars, une fille	-	-
2002	Un gars, une fille	-	-
2003	Rumeurs	Lynda Johnson	James Hyndman
2004	Rumeurs	Louison Danis	Rémy Girard
2005	Rumeurs	Anne Dorval	Marc Labrèche
2006	Rumeurs	Anne Dorval	Marc Labrèche
2007	François en série	Suzanne Clément	Stéphane Crête
2008	Les hauts et les bas de Sophie Paquin	Suzanne Clément	Marc Labrèche
2009	Les Parent	Valérie Blais	Antoine Bertrand
2010	Les Parent	Anne Dorval	Patrick Huard
2011	Les Parent	Anne Casabonne	Éric Bernier
2012	Les Parent	Anne Dorval	Éric Bernier
2013	Les Parent	Anne Casabonne	Claude Legault
2014	Les beaux malaises	Julie Le Breton	Martin Matte
2015	Les beaux malaises	Julile Le Breton	Martin Matte

TRANSPORTS · BATEAUX

Acatium	Balancelle	Bateau de sauvetage	Bette
Accon	Baleinier	Bateau frigorifique	BIBO
Acon	Baleinière	Bateau-hôpital	Birème
Actuaire	Baliseur	Bateau océanographique	Bisquine
Actuariole	Balse	Bateau solaire	Bitumier
Aéroglisseur	Bananier	Bateau-citerne	Blin
Aérohydroplane	Banléa	Bateau-mouche	Boër
Allège	Barge	Bateau-phare	Bolincheur
Annexe	Baris	Bateau-pompe	Booanga
Asphaltier	Barque	Bathyscaphe	Boutre
Aviso	Barquerolle	Bâtiment	Boyer
Bac	Barquette	Beden-safor	Brick
Bachot	Bateau à roues à aubes	Bermudien	Brick-goélette
Baggala	Bateau à vapeur	Betchete	Brigantin

Brigantine	Chebec	Djemé d'Alexandrie	Galoupille
Brise-glace	Chelande	Dogre	Galupe
Brûlot	Chelingue	Dogrebot	Garde-côtes
Bugalet	Chimiquier	Doni	Garde-pêche
Busse	Chitiha	Doris	Garoo-ku
Butanier	Chris-craft	Drague	Gay-boa
Buyse	Cigare	Dragueur de mines	Gay-diang
Cabin cruiser	Cimentier	Drakkar	Gay-you
Câblier	Cinq-mâts	Dromon	Gig
Caboteur	Citernier	Dryak	Goélette
Caïque	Classe J	Dundee	Gommier
Cange	Clipper	Dungiryah	Gondole
Canoë	Contre-torpilleur	Dynamoptère	Gourabe
Canonnière	Coquillier	Embarcation	Gourse
Canot	Coracle	Escorteur	Grésillon
Cap-hornier	Corallière	Escorteur d'escadre	Gribane
Caracore	Cordier	Farcy	Gros bois
Caraque	Corocore	Fargues	Grumier
Caravelle	Corvette	Felouque	Gulet
Carèbe	Cotre	Ferry	Harenguier
Cargo	Coulé	Filadière	Heut
Casco	Couralin	Fileyeur	Hors-bord
Caseyeur	Coureau	Flambart	Houari
Catalan	Crayer	Flat	Hourque
Catamaran	Crevettier	Flobart	House boat
Catboat	Croiseur	Flûte	Huilier
Catur	Cuirassé	Foiler	Huissier
Célès	Currach	Fougue	Jonque
Cercure	Cuseforme	FPSO	Jukung
Céréalier	Cutter	Frégate	Kalice
Chaland	Dahabi	Fuste	Kayak
Chaloupe	Dahabieh	Fûtreau	Kayak de mer
Chalutier	Dériveur	Gabare	Kerror
Charbonnier	Destroyer	Galéasse	Ketch
Chasse-marée	Dette	Galère	Keulnaar
Chasseur de mines	Dinga	Galion	Kistie
Chatte	Dinghy	Galiote	Knörr

Koff	Navire bétailler	Patilé	Pros
Kogge	Navire-cargo	Patrouilleur	Pyroscaphe
Koleh	Navire-citerne	Pédalo	Quatre-mâts
Lambo	Navire de forage	Péniche	Quéror
Lamparo	Navire musée	Pénichette	Querror
Lanche	Navire négrier	Pentamaran	Quillard
Langard	Navire sablier	Pentécontère	Quinquérème
Langoustier	Navire-école	Perana	Rabelo
Lantcha	Nef	Périssoire	Radeau
Lantione	Nègue-chien	Pétrolier	Rafiot
Laser	Nephtis	Phajofnée	Raft
Lasse	Neure	Phosphatier	Ramberte
Liberty ship	Ngalawa	Phosphoriquier	Ravitailleur
Liburne	Norvégienne	Piahiap	Rechifté
Ligneur	Oneraria	Picoteux	Remorqueur
Liner	Optimist	Pidjadjap	Rigue
Lougre	Orang-bohé	Pinardier	Roulier
Mahonne	Oumiak	Pinasse	ROV
Man'o'war	Pabouk	Pinisi	Sacolève
Manché	Padewakang	Pink	Saëtte
Marie-salope	Pahic	Pinque	Saique
Menaïca	Palandrie	Pirogue	Sambouk
Méthanier	Palangrier	Planche à voile	Sammereux
Minéralier	Palme	Plate	Sampan
Misainier	Pamban-manché	Plett	Sandale
Mistique	Pamphile	Pointu	Sandbagger
Monocoque	Panamax	Polacre	Sandeq
Monoxyle	Panoure	Polacron	Sangue
Morutier	Panse	Ponton	Sardinier
Mouilleur de mines	Pansway	Poon	Savoyarde
Moulin-bateau	Paquebot	Porte-avions	Scaphé
Mourre de pouar	Paranza	Porte-conteneurs	Schooner
Mulet	Paranzella	Postillon	Scoridor
Multicoque	Paraos	Poudouacan	Scute
Nageret	Pareggia	Pousseur	Seineur
Nave	Patache	Prao	Sélandre
Navire	Patamar	Propanier	Senau

TRANSPORTS • BATEAUX (SUITE)

Senneur	Tapeau	Transbordeur	Vedette
Sept-mâts	Tartane	Traversier	Voilier
Sharpie	Taureau	Trimaran	Voirolle
Sinago	Tchickirne	Trirème	Voiture amphibie
Sitiha	Tekhõsen	Trois-mâts	Vraquier
Six-mâts	Tender	Trunkdeck	Walla-walla
Skiff	Terre-neuvas	Ttopo	Warka-mowée
Sloop	Terre-neuvier	Turf tialk	Weyschuyt
Smak	Thonier	Turret-deck	Whaleback
Sneakbox	Tillole	Txalupa	Wherry de Portsmouth
Snékar	Tjalk	Unterseeboot	Yacht
Snik	Tjotier	Usser	Yawl
Soïma	Torpilleur	Usserius	Yole
Soufrier	Toueur à chaîne	Uxer	Yole de Bantry
Sous-marin	Trabaccolo	Vaca	Youyou
Taffarel	Traînière	Vaisseau	Zaroug
Tanker	Transatlantique	Vaquelotte	

TRANSPORTS • CONSTRUCTEURS AUTOMOBILES

MARQUE	NATIONALITÉ	SEGMENT
4Stroke	France	Rétro
Abarth	Italie	Sport
AC Cars	Royaume-Uni	Sport
Acrea	France	Loisirs
Acura	Japon	Haut de gamme
Alfa Romeo	Italie	Haut de gamme, sport
Alpina	Allemagne	Préparation
Alpine	France	Sport, compétition
AMG	Allemagne	Performance, luxe
Ariel	Royaume-Uni	Sport
Ascari	Royaume-Uni	Sport
Aston Martin	Royaume-Uni	Performance, luxe, sport, compétition
Audi	Allemagne	Haut de gamme, luxe, sport, compétition
Bentley	Royaume-Uni	Luxe
Bertone	Italie	Carrosserie, prototypes performance

MARQUE	NATIONALITÉ	SEGMENT
BMW	Allemagne	Haut de gamme, luxe, sport, compétition
Brabus	Allemagne	Préparation, performance, luxe
Brilliance	Chine	Généraliste
Bugatti	France	Performance, luxe
Buick	États-Unis	Haut de gamme
Cadillac	États-Unis	Haut de gamme, luxe
Caparo	Royaume-Uni	Sport
Caterham	Royaume-Uni	Sport, compétition
Chang'an Motors	Chine	Généraliste
Chery	Chine	Généraliste
Chevrolet	États-Unis	Généraliste, compétition
Chrysler	États-Unis	Haut de gamme
Citroën	France	Généraliste, compétition
Cobra Cars	Espagne	Sport, rétro
COURB	France	Voitures électriques
Dacia	Roumanie	Généraliste, bas prix
Daihatsu	Japon	Urbaines
Datsun	Japon	Généraliste, bas prix
De Clercq	France	Luxe, rétro
De La Chapelle	France	Sport, rétro
De Tomaso	Italie	Performance
Derways	Russie	Tout-terrain
Devon	États-Unis	Prototype performance
Dodge	États-Unis	Généraliste, compétition
Dongfeng	Chine	Généraliste
Donkervoort	Pays-Bas	Sport
Edran	Belgique	Sport
Equus	États-Unis	Sport, rétro
Exagon	France	Sport, écologie
FAW	Chine	Généraliste
Ferrari	Italie	Performance, compétition
Fiat	Italie	Généraliste
Fisker	États-Unis	Luxe, écologie
Ford	États-Unis	Généraliste, compétition
Fornasari	Italie	Sport
FSO	Pologne	Généraliste

TRANSPORTS • CONSTRUCTEURS AUTOMOBILES (SUITE)

MARQUE	NATIONALITÉ	SEGMENT
GAZ	Russie	Généraliste
Geely	Chine	Généraliste
Gillet	Belgique	Performance
GMC	États-Unis	Tout-terrain
Gumpert	Allemagne	Sport
Hafei	Chine	Généraliste
Hennessey	États-Unis	Tuning
Hindustan Motors	Inde	Généraliste
Holden	Australie	Généraliste, compétition
Honda	Japon	Généraliste, compétition
Hurtan	Espagne	Rétro
Hyundai	Corée du Sud	Généraliste
Infiniti	Japon	Haut de gamme, luxe
Iran Khodro	Iran	Généraliste
Isuzu	Japon	Tout-terrain
IZh	Russie	Généraliste
Jaguar	Royaume-Uni	Haut de gamme, luxe
Jeep	États-Unis	Tout-terrain
Jiangling	Chine	Généraliste
Joss	Australie	Sport
Kia	Corée du Sud	Généraliste
Koenigsegg	Suède	Performance
Lada	Russie	Généraliste, compétition
Lamborghini	Italie	Performance
Lancia	Italie	Généraliste, haut de gamme
Land Rover	Royaume-Uni	Tout terrain, luxe
Landwind	Chine	Généraliste
Leopard	Pologne	Sport
Lexus	Japon	Haut de gamme, luxe
Lincoln	États-Unis	Haut de gamme, luxe
Lotus Cars	Royaume-Uni	Sport
Mahindra	Inde	Généraliste, tout-terrain
Marcos	Royaume-Uni	Sport
Maruti	Inde	Généraliste
Maserati	Italie	Luxe, performance
Mastretta	Mexique	Sport

MARQUE	NATIONALITÉ	SEGMENT
Mazda	Japon	Généraliste
McLaren	Royaume-Uni	Performance
MDI	France	Écologie
Mega	France	Sport
Mercedes-Benz	Allemagne	Haut de gamme, luxe, sport, compétition
MG	Royaume-Uni	Sport, décapotables
Mini	Allemagne	Urbaines, compétition
Mitsubishi	Japon	Généraliste
Morgan	Royaume-Uni	Sport, rétro
Nismo	Japon	Performance
Nissan	Japon	Généraliste, compétition
Noble	Royaume-Uni	Sport
Opel	Allemagne	Généraliste
Pagani	Italie	Performance
Panoz	États-Unis	Performance
Pars Khodro	Iran	Généraliste
Perana	Afrique du Sud	Sport
Perodua	Malaisie	Urbaines
Peugeot	France	Généraliste, compétition
PGO	France	Sport, loisirs
Porsche	Allemagne	Performance, luxe, sport, compétition
Proto Motors	Corée du Sud	Sport
Radical	Royaume-Uni	Sport
Renault	France	Généraliste, compétition
Rinspeed	Suisse	Personnalisation automobile
Rolls-Royce	Royaume-Uni	Luxe
Rossion	États-Unis	Sport
Ruf	Allemagne	Luxe, sport, performance
Saab	Suède	Haut de gamme, luxe
Saipa	Iran	Généraliste
Saker	Nouvelle-Zélande	Sport, performance
Saleen	États-Unis	Sport, performance
Samsung	Corée du Sud	Haut de gamme
Santana	Espagne	Tout-terrain
Scion	États-Unis	Urbaines
Seat	Espagne	Généraliste, compétition

TRANSPORTS • CONSTRUCTEURS AUTOMOBILES (SUITE)

MARQUE	NATIONALITÉ	SEGMENT
Secma	France	Loisirs, sport
Shelby	États-Unis	Sport
Škoda	République tchèque	Généraliste, compétition
Smart	Allemagne	Urbaines
Spada Vetture Sport	Italie	Performance
Spyker	Pays-Bas	Sport
SRT	États-Unis	Préparation
SsangYong	Corée du Sud	Tout-terrain
SSC	États-Unis	Sport
Subaru	Japon	Généraliste, compétition
Suzuki	Japon	Urbaines, tout-terrain
Tata Motors	Inde	Généraliste
Tauro	Espagne	Luxe, sport, performance
Tesla	États-Unis	Sport, écologie
Tommy Kaira	Japon	Personnalisation automobile
Toyota	Japon	Généraliste, compétition
Tramontana	Espagne	Sport
UAZ	Russie	Tout-terrain
Ultima	Royaume-Uni	Sport
Vauxhall	Royaume-Uni	Généraliste
Venturi Automobiles	Monaco	Sport, écologie, compétition
Volvo	Suède	Haut de gamme, luxe, sport
VXR	Royaume-Uni	Préparation, sport
Westfield	Royaume-Uni	Sport
Wiesmann	Allemagne	Sport, rétro
Zastava	Serbie	Généraliste
ZAZ	Ukraine	Généraliste
ZIL	Russie	Limousines

TRANSPORTS • RÉSEAUX DE TRANSPORT EN COMMUN DU QUÉBEC

NOM	SIGLE
Agence métropolitaine de transport	AMT
Conseil intermunicipal de transport	CIT
Réseau de transport collectif régional	RTCR

TRANSPORTS · RÉSEAUX DE TRANSPORT EN COMMUN DU QUÉBEC (SUITE)

NOM	SIGLE
Réseau de transport de la Capitale	**RTC**
Réseau de transport de Longueuil	**RTL**
Société de transport de l'Outaouais	**STO**
Société de transport de Laval	**STL**
Société de transport de Lévis	**STL**
Société de transport de Montréal	**STM**
Société de transport de Sherbrooke	**STS**
Société de transport de Trois-Rivières	**STTR**
Société de transport du Saguenay	**STS**
Société des transports de Rimouski	**STR**

UNITÉS DE MESURE · UNITÉS ET SYMBOLES

UNITÉ	SYMBOLE	USAGE
Acre	-	Superficie
Ampère	A	Intensité de courant électrique
Are	a	Superficie
Arpent	-	Superficie
Aune	-	Longueur
Bar	bar	Pression des fluides
Baril	bl	Volume
Barye	Ba	Pression
Baud	Bd	Vitesse de modulation d'un signal
Becquerel	Bq	Radioactivité
Boisseau	-	Volume
Brasse	fm	Longueur
Calorie	cal	Énergie, quantité de chaleur
Candela	cd	Intensité lumineuse
Carat	ct	Pureté / masse des métaux
Centigramme	cg	Masse
Centilitre	cl	Volume
Centimètre	cm	Longueur
Chaîne	-	Longueur
Chopine	chop	Volume
Clou	-	Longueur
Coudée	-	Longueur
Coulomb	C	Charge électrique et quantité d'électricité

UNITÉ	SYMBOLE	USAGE
Dalton	Da	Masse
Décibel	dB	Son
Décilitre	dl	Volume
Décimètre	dm	Longueur
Degré Celsius	°C	Température
Demiard	-	Volume
Denier	-	Masse
Doigt	-	Longueur
Drachme	-	Volume
Dyne	dyn	Force
Empan	-	Longueur
Erg	erg	Travail, énergie
Fahrenheit	°F	Température
Farad	F	Capacité électrique
Gal	Gal	Accélération
Gallon	gal	Volume
Gauss	G	Induction magnétique
Gille	-	Volume
Gon	gon	Angle plan
Grade	gr	Angle plan
Grain	-	Masse
Gramme	g	Masse
Gray	Gy	Dose radioactive et karma
Hectare	ha	Superficie
Henry	H	Inductance électrique
Hertz	Hz	Fréquence
Heure	h	Temps
Joule	J	Travail, énergie et quantité de chaleur
Katal	kat	Activité catalytique
Kelvin	K	Température
Kilogramme	kg	Masse
Kilomètre	km	Longueur
Lieue	-	Longueur
Litre	L	Volume
Livre	lb	Masse
Lumen	lm	Flux lumineux

UNITÉS DE MESURE • UNITÉS ET SYMBOLES (SUITE)

UNITÉ	SYMBOLE	USAGE
Lux	lx	Éclairement lumineux
Main	-	Longueur
Mètre	m	Longueur
Mètre carré	m²	Superficie
Mètre cube	m³	Volume
Mile carré	-	Superficie
Mille	mi	Longueur
Milligramme	mg	Masse
Millilitre	ml	Volume
Millimètre	mm	Longueur
Mine	-	Capacité
Minime	-	Volume
Minute	min	Temps
Mole	mol	Quantité de matière
Muid	-	Capacité de liquide
Newton	N	Force
Nit	nt	Luminance
Nœud	nd	Vitesse
Obole	-	Poids
Ohm	Ω	Résistance électrique
Once	oz	Masse
Pascal	Pa	Pression, contrainte
Paume	-	Longueur
Perche	-	Longueur
Perche carrée	-	Superficie
Pica	-	Longueur
Pied	p	Longueur
Pied carré	p²	Superficie
Pied cube	p³	Volume
Pinte	pt	Volume
Phone	-	Puissance sonore subjective
Point	-	Longueur
Poise	P	Viscosité
Pouce	po	Longueur
Psi	-	Pression mécanique
Quart	-	Volume

UNITÉ	SYMBOLE	USAGE
Radian	rad	Angle plan
Rem	rem	Radiations absorbées par un corps vivant
Seconde	s	Temps
Setier	-	Capacité
Siemens	S	Conductance électrique
Sievert	Sv	Dose équivalente et dose efficace
Sone	-	Puissance sonore subjective
Stéradian	sr	Angle solide
Stère	st	Volume (bois)
Talent	-	Poids
Tec	-	Énerge thermique
Tesla	T	Induction magnétique, densité de flux magnétique
Tex	tex	Finesse des fibres textiles
Torr	Torr	Pression
Toise	-	Longueur
Tonne	t	Masse
Tonneau	-	Volume
Var	var	Puissance électrique réactive
Verge	yd	Longueur
Verge carrée	-	Superficie
Vergée	-	Superficie
Volt	V	Force électromotrice et différence de potentiel (ou tension)
Watt	W	Puissance, flux énergétique et flux thermique
Weber	Wb	Flux d'induction magnétique

INDEX DES TABLEAUX

O

P

Q